OXFORD
angol–magyar

szótár nyelvtanulóknak

OXFORD
UNIVERSITY PRESS

OXFORD
UNIVERSITY PRESS

Great Clarendon Street, Oxford OX2 6DP

Oxford University Press is a department of the University of Oxford.
It furthers the University's objective of excellence in research, scholarship,
and education by publishing worldwide in

Oxford New York

Auckland Bangkok Buenos Aires Cape Town Chennai Dar es Salaam Delhi
Hong Kong Istanbul Karachi Kolkata Kuala Lumpur Madrid Melbourne
Mexico City Mumbai Nairobi São Paulo Shanghai Taipei Tokyo Toronto

OXFORD and OXFORD ENGLISH are registered trade marks of
Oxford University Press in the UK and in certain other countries

ISBN: 978 0 19 431531 9

Text capture and typesetting by Oxford University Press
Printed in China

ACKNOWLEDGEMENTS
Designed by: Peter Burgess
Study pages and appendices designed by Ben Weiner
Cover design: Richard Morris, Stonesfield Design
Illustrations: Julian Baker, Jeremy Bays, David Burroughs, Martin Cox. Mark Dunn,
David Eaton, Margaret Heath, Karen Hiscock, Margaret Jones, Jason Lewis, Nigel Paige,
Martin Shovel, Mick Stubbs, Paul Thomas, Harry Venning, Graham White, Michael Woods,
Hardlines, Technical Graphics, Oxford University Press
Maps © Oxford University Press

Tartalom

Előszó

Jelen szótár kifejezetten magyar nyelvtanulóknak készült, olyanoknak, akik középhaladó és haladó szintű nyelvtudással rendelkeznek. A szótár az ezredfordulóra kiadott rendkívül népszerű *Oxford Wordpower Dictionary* egynyelvű szótáron alapszik, és a mai angol nyelv minden olyan szavát és kifejezését tartalmazza, melyekre a tanulóknak ezen a szinten szükségük van. Egyaránt használható csoportos és egyéni tanulásra, és főleg középiskolai tanulóknak készült. Ez a kétnyelvű szótár az egynyelvű kiadás számos jellemző vonását megőrizte: több ezer példamondatot, szófaji meghatározást, nyelvtani szerkezetet, fonetikai átírást és az állandó szókapcsolatokra, valamint az adott szóhoz kapcsolódó egyéb szavakra vonatkozó megjegyzéseket tartalmaz. Számos szó mellett a szó használatára vonatkozó magyar nyelvű magyarázat található, mely többek között a magyar nyelvtanulók számára felmerülő nehézségekre is felhívja a figyelmet.

Külön köszönetet szeretnék mondani Peter Sherwoodnak, a Londoni Egyetem tanárának (Senior Lecturer in Hungarian Language and Literature, University College London), a Pro Cultura Hungarica díj kitüntetettjének, aki kimagasló munkát végzett mint a magyar fordításokat szerkesztő-lektoráló csoport vezetője. Szintén köszönet illeti a többi szerkesztő-lektort: Helen Cowardot, Laczik Andreát, Vernier Veronikát és Rézműves Zoltánt kiváló munkájukért. Hálás köszönettel tartozom a kitűnő magyar fordítógárdának: Andor Katalinnak, Siórétiné Gyepes Juditnak, Stráner Nórának, Szentirmay Lyane-nak, Zentai Katalinnak és Zoltán Erikának, akik a legtöbb munkát végezték azért, hogy az eredeti egynyelvű szótárt kétnyelvűvé alakítsák.

Janet Phillips
szerkesztő
Oxford, 2002

Útmutató a szótárhoz

Szókeresés és helyesírás

csillag jelöli a fontos szavakat

> ***borrow** /'bɒrəʊ/ *verb* [*I,T*] borrow (sth) (from/off sb/sth) **1** kölcsönvesz, kölcsönkér, kölcsönt vesz fel: *We'll have to*

zárójelben találhatók az írásváltozatok

> *** organize** (also -ise) /'ɔːɡənaɪz/ *verb* **1** [*T*] (meg)szervez **2** [*I,T*] (meg)szervez, rendez

azonos helyesírású szavakat különböző számok jelölnek

> **bark¹** /bɑːk/ *noun* **1** [*U*] fakéreg **2** [*C*] ugatás
> *** bark²** /bɑːk/ *verb* **1** [*I*] bark (at sb/sth) ugat **2** [*I,T*] bark (sth) (out) (at sb) ráripakodik

amerikai helyesírás

> *** centre¹** (*US* center) /'sentə(r)/ *noun* **1** [*C*, usually sing.*] vminek a közepe: *I work in*

A címszóval kapcsolatos szavak és kifejezések

idioms (kifejezések)

> **IDIOMS** be back on your feet újra egészséges, talpra állt (*nehézségek után*) | be rushed/run off your feet agyondolgozza magát: *Over Christmas we were rushed off our feet at work.* | fall/land on your feet talpára esik, feltalálja magát: *After some ups and downs at school, Rob has really*

(az idióma jelentése a nyíl → utáni szónál található)

> *landed on his feet.* | find your feet → FIND¹ | get/have cold feet → COLD¹

phrasal verbs (többszavas igék)

(használatukra vonatkozó magyarázatot lásd az A11. oldalon)

> **PHRASAL VERBS** run sb/sth down **1** elüt **2** ócsárol | run (sth) down kimerül, kimerít: *Turn the lights off or you'll run the battery down.*

azonos helyesírású de eltérő szófajú szavak, vagy képzett szavak (a szó képzővel – pl. **-ly**, **-ness** stb. – alkotott származéka)

> **coherent** /kəʊ'hɪərənt/ *adj.* jól érthető/szerkesztett, világos, összefüggő ❶ Ellentéte: **incoherent**.
> ▸ **coherence** *noun* [*U*] jól érthetőség
> **coherently** *adv.* érthető stílusban

Jelentés

Minden cím- ill. képzett szónak, kifejezésnek, idiómának magyar fordítása van. Egy címszón belül a különböző jelentéseket számok vezetik be.

> **fringe¹** /frɪndʒ/ *noun* [*C*] **1** (*US* bangs [*plural*]) frufru ➾ Ábra **hair** alatt. **2** rojt **3** (*brit*) (terület, csoport) széle, pereme: *people **on the fringes of** the socialist party*

A címszót tartalmazó angol példamondatok segítik a megértést és mutatják a helyes szóhasználatot. A példákat részben vagy egészben lefordítottuk, amikor azokat a címszó fordítása nem fedi pontosan.

★ **attention¹** /əˈtenʃn/ noun [U] **1** figyelem: *I shouted in order to attract her attention.* • *Shy people hate to be the centre of attention* (az érdeklődés középpontjába kerülni). • *to hold sb's attention* lekötni vki figyelmét

a címszóval azonos jelentésű szó

discontent /ˌdɪskənˈtent/ (also **discontentment** /ˌdɪskənˈtentmənt/) noun [U]

a címszóval azonos jelentésű amerikai angol szó

nappy /ˈnæpi/ noun [C] (plural **nappies**) (US **diaper**) pelenka: *Does his nappy need*

Külön jelöljük, ha a szót átvitt értelemben használják.

captive¹ /ˈkæptɪv/ adj. fogoly: *They were taken captive by masked gunmen.* • (átv) *a captive audience* lenyűgözött közönség

Nyelvtan

a szófaj megjelölése (főnév, ige stb.)

blossom¹ /ˈblɒsəm/ noun [C,U] virág, virágzás (főleg gyümölcsfáké): *The apple tree is in blossom.*

blossom² /ˈblɒsəm/ verb [I] **1** virágzik

megszámlálható [C] és megszámlálhatatlan [U] főnevek

egyes számban használatos szó

★ **shadow¹** /ˈʃædəʊ/ noun **1** [C] vminek az árnyéka: *The shadows lengthened as the sun went down.* ⟳ Ábra **shade¹** alatt. **2** [U] beárnyékolt rész: *His face was in shadow.* **3** [sing.] parányi rész: *I know without a shadow of doubt* (kétség sem férhet hozzá) *that he's lying.*

többes számban használatos szó

premises /ˈpremɪsɪz/ noun [plural] épület (üzleté, intézményé): *Smoking is not*

főnév, mely után az ige egyes számban vagy többes számban állhat

★ **committee** /kəˈmɪti/ noun [C, with sing. or plural verb] bizottság: *to be/sit on a com-*

rendhagyó többes szám

★ **child** /tʃaɪld/ noun [C] (plural **children** /ˈtʃɪldrən/) gyerek, vkinek a gyereke: *She*

tárgyas [T] és tárgyatlan [I] igék	**★ hide¹** /haɪd/ *verb* (*pt* **hid** /hɪd/; *pp* **hidden** /'hɪdn/) **1** [T] elrejt, eldug: *Where shall I hide the money?* • *You couldn't see Bill in the photo – he was hidden behind John.* **2** [I] elrejtőzik **3** [T] **hide sth (from sb)** eltitkol
rendhagyó igék alakjai	**★ take** /teɪk/ *verb* [T] (*pt* **took** /tʊk/; *pp* **taken** /'teɪkən/) **1** (el)visz, magával visz: *Could*
a szóvégi mássalhangzó megkettőződik az -ed vagy –ing képzők előtt	**abet** /ə'bet/ *verb* [T] (**abetting; abetted**) **IDIOM** **aid and abet** → AID²
melléknevek rendhagyó közép- és felsőfokkal	**★ good¹** /ɡʊd/ *adj.* (**better** /'betə(r)/, **best** /best/) **1** jó: *That's a really good idea!* •

Nyelvtani tudnivalók

könnyen összetéveszthető szavak megkülönböztetése	A főétkezések nevei a következők: **breakfast, lunch** és **dinner.** A **tea** és **supper** általában csak kisebb étkezések (de lásd még a magyarázatot a **dinner** szónál). Az étkezések között fogyasztott néhány falat a **snack.**
egy adott szóhoz kapcsolódó szókincs	**obstinate** /'ɒbstɪnət/ *adj.* makacs ❶ Szinonimája: **stubborn.**
	BSE /ˌbiː es 'iː/ *noun* [U] kergemarha-kór ↪ Lásd CJD.
	dissuade /dɪ'sweɪd/ *verb* [T] **dissuade sb (from doing sth)** lebeszél vkit vmiről ❶ Ellentéte: **persuade.**
szócsaládok	You **rent** a flat from a **landlord/landlady.** The landlord/lady **lets** the flat to you, the **tenant.** The money you have to pay is called **rent.** Your flat may be **furnished** or **unfurnished.** A person who shares the flat with you is your **flatmate.**

A szavak helyes használata

Milyen szerkezetekben használják a szavakat mondatban (sb = somebody; sth = something)	★ **consider** /kən'sɪdə(r)/ *verb* [T] **1** consider sb/sth (for/as sth); consider doing sth fontolgat: *She had never considered nurs-*
Milyen elöljáró áll az egyes szavak után.	★ **dependent** /dɪ'pendənt/ *adj.* **1** dependent (on sb/sth) (vkitől/vmitől) függő, eltar
Egyes melléknevek, melyek nem állhatnak főnév előtt, csak a **be**, **seem** stb. igék után.	★ **asleep** /ə'sliːp/ *adj.* (*főnév előtt nem állhat*) alvó, alva: *The baby is fast/sound*
Melléknevek, melyek csak főnév előtt állhatnak.	**lone** /ləʊn/ *adj.* (*csak főnév előtt*) **1** egyedülálló, magányos ❶ Szinoni-
A szavak stiláris értéke: formális (hivatalos írott szövegben), bizalmas (kötetlen beszédben, de nem használják pl. iskolai dolgozatokban stb.) vagy szleng.	**culpable** /'kʌlpəbl/ *adj.* (*formális*) vétkes **sloshed** /slɒʃt/ *adj.* (*szleng*) piás

Kiejtés

fonetikai átírás	★ **thorough** /'θʌrə/ *adj.* alapos: *a thorough search* • *Pam is slow but she is very thorough.*
hangsúly jelölése	**headquarters** /ˌhed'kwɔːtəz/ *noun* [*plural, with sing. or plural verb*] (*abbr.* **HQ**) főhadiszállás, székház

angol–magyar

szótár nyelvtanulóknak

Aa

A, a¹ /eɪ/ noun [C,U] (plural **A's**; **a's**) **1** A/a betű: *'Andy' begins with (an) 'A'.* **2** (A) (zene) A/a: *A major* A-dúr • *A minor* a-moll • *A flat* Asz/asz **3** (A) (okt) jeles (*ha A a legjobb és F a legrosszabb osztályzat*): *I got an 'A' for my essay.*

★ **a²** /ə; erős alak eɪ/ (also an /ən; erős alak æn/) (*magánhangzó előtt* **an**) *indefinite article* **❶** A határozatlan névelő az egyes számú megszámlálható főnevek előtt kötelező, ha a főnév előtt nincs más determináns (pl. **this, my, some** stb.). **1** egy: *A cup of coffee, please.* • *We've got an apple and two oranges.* • *I saw a dog chasing a cat this morning. The cat climbed up a tree.* • *Have you got a dictionary?* Van szótárad? **2** egy (*magyarra általában nem fordítjuk*): *He's a doctor.* • *She's a Muslim.* • *You are a clever boy.* • *'Is that an eagle?' 'No, it's a falcon.'* **3** minden egyes: *I usually drink two litres of water a day* (egy nap alatt). • *twice a week* kétszer egy héten • *He was travelling at about 80 miles an hour* (óránként 80 mérföldes sebességgel). **4** (*mennyiséget jelentő kifejezések részeként*): *a lot of money* • *a few cars* **5** egy: *An elephant can live for up to eighty years.* **❶** A többesszámú alak ugyanezt jelenti: *Elephants can live for up to eighty years.* ❺ Lásd a *Rövid nyelvtani összefoglalást*.

the AA /ˌeɪ ˈeɪ/ abbr. (brit) Autóklub

aback /əˈbæk/ adv.
PHRASAL VERB take sb aback → TAKE

★ **abandon** /əˈbændən/ verb [T] **1** otthagy: *The bank robbers abandoned the car just outside the city.* **2** abbahagy: *The search for the missing sailors was abandoned after two days.*
▶ **abandonment** noun [U] elhagyás, feladás

abashed /əˈbæʃt/ adj. zavarban lévő, szégyenkező: *'I'm sorry', said Ali, **looking abashed.***

abattoir /ˈæbətwɑː(r)/ (brit) noun [C] vágóhíd

abbey /ˈæbi/ noun [C] apátság

abbreviate /əˈbriːvieɪt/ verb [T] rövidít: *'Kilometre' is usually abbreviated to 'km'.* ❺ Lásd abridge.

abbreviation /əˌbriːviˈeɪʃn/ noun [C] rövidítés

ABC /ˌeɪ biː ˈsiː/ noun [sing.] **1** ábécé **2** alapismeretek: *an ABC of Gardening*

abdicate /ˈæbdɪkeɪt/ verb **1** [I] lemond a trónról: *The Queen abdicated in favour of her son.* **2** [T] lemond (*hatalomról, tisztségről*): *to **abdicate** responsibility* elhárítja a felelősséget
▶ **abdication** /ˌæbdɪˈkeɪʃn/ noun [C,U] lemondás

abdomen /ˈæbdəmən/ noun [C] has, hasüreg
▶ **abdominal** /æbˈdɒmɪnl/ adj. hasi

abduct /æbˈdʌkt/ verb [T] elrabol (*embert*): *He has been abducted by a terrorist group.*
▶ **abduction** noun [C,U] emberrablás

abet /əˈbet/ verb [T] (**abetting; abetted**)
IDIOM aid and abet → AID²

abhor /əbˈhɔː(r)/ verb [T] (**abhorring; abhorred**) iszonyodik vmitől: *All civilized people abhor the use of torture.*

abhorrence /əbˈhɒrəns/ noun [U] irtózás vmitől: *Protesters expressed their **abhorrence** of war.*

abhorrent /əbˈhɒrənt/ adj. visszataszító: *The idea of slavery is **abhorrent** to us nowadays.*

abide /əˈbaɪd/ verb
IDIOM can't/couldn't abide sb/sth/doing sth utál
PHRASAL VERB abide by sth betart (*törvényt, ígéretet*), tartja magát vmihez

★ **ability** /əˈbɪləti/ noun [C,U] (plural **abilities**) (an) **ability to do sth** képesség: *an ability to make decisions* • *A person of his ability will have no difficulty getting a job.*

ablaze /əˈbleɪz/ adj. (*főnév előtt nem állhat*) lángban álló: *Soldiers used petrol to set the building **ablaze.***

★ **able** /ˈeɪbl/ adj. **1** be able to do sth (*segédigeként használják*) képes vmire:

[I] tárgyatlan (*ige*): *He laughed.*

[T] tárgyas (*ige*): *He ate an apple.*

Will you be able to come to a meeting next week? • *I was able to solve the problem quickly.* • *Many men don't feel able to express their emotions.* ❶ Szenvedő szerkezetben a **can/could** alakot kell használni: *The arrangement can't be changed.* ➔ Lásd még a *Rövid nyelvtani összefoglalást.* **2** ügyes, tehetséges: *one of the ablest/most able students in the class*
▸ **ably** /'eɪbli/ *adv.* ügyesen

able-'bodied *adj.* egészséges, életerős

abnormal /æb'nɔːml/ *adj.* természetellenes: *abnormal weather conditions* ❶ Ellentéte: **normal.**
▸ **abnormally** *adv.* szokatlanul, természetellenesen: *abnormally high temperatures*

abnormality /ˌæbnɔː'mæləti/ *noun* [C,U] (*plural* **abnormalities**) rendellenesség: *an abnormality of the heart*

aboard /ə'bɔːd/ *adv., prep.* fedélzeten/fedélzetre (*vonat, hajó, repülő vagy busz*): *We climbed aboard the train.* • *Welcome aboard this flight to Caracas.*

abode /ə'bəʊd/ *noun* [*sing.*] (*írott nyelv*) lakóhely
IDIOM (of) no fixed abode/address → FIXED

abolish /ə'bɒlɪʃ/ *verb* [T] eltöröl, megszüntet: *When was capital punishment abolished here?*

abolition /ˌæbə'lɪʃn/ *noun* [U] megszüntetés: *the abolition of slavery in the US*

abominable /ə'bɒmɪnəbl/ *adj.* visszataszító, undorító
▸ **abominably** /-əbli/ *adv.* visszataszítóan, undorítóan

Aboriginal /ˌæbə'rɪdʒənl/ (*also* **Aborigine** /ˌæbə'rɪdʒəni/) *noun* [C] ausztrál bennszülött
▸ **Aboriginal** *adj.* bennszülött

abort /ə'bɔːt/ *verb* [T] **1** félbehagy, leállít: *The company aborted the project when they realized it was costing too much.* **2** elvetél

abortion /ə'bɔːʃn/ *noun* [C,U] terhesség művi megszakítása, abortusz: *to have an abortion* ➔ Vesd össze **miscarriage.**

abortive /ə'bɔːtɪv/ *adj.* félbemaradt, sikertelen: *He made two abortive attempts to escape from prison.*

abound /ə'baʊnd/ *verb* [I] **1** bőven van: *Animals abound in the forest.* • *Rumours*
abound about the actor's arrest. **2** abound with sth bővelkedik vmiben: *The lake abounds with fish.*

★ **about¹** /ə'baʊt/ *adv.* **1** (*főleg US* **around**) körülbelül: *I got home at about half past seven.* **2** (*informális*) majdnem: *Dinner's just about ready.* **3** (*also* **around**) minden irányban, sokfelé: *I could hear people moving about upstairs.* • *Don't leave your clothes lying about.* **4** (*also* **around**) (*bizonyos igék után*) tétlenül, céltalanul: *The kids spend most evenings sitting about, bored.* **5** (*also* **around**) jelen van, létezik: *It was very late and there were few people about.*
IDIOM be about to do sth rövidesen megtesz vmit/megtörténik vmi: *The film's about to start.* • *I was just about to explain when she interrupted me.*

★ **about²** /ə'baʊt/ *prep.* **1** -ról/-ről (*vmivel kapcsolatban*): *Let's talk about something else.* • *What's your book about?* • *He told me all about his family.* • *I don't like it, but there's nothing I can do about it.* **2** (*also* **around**) sokfelé, mindenfelé: *We wandered about the town for an hour.* • *Lots of old newspapers were scattered about the room.* **3** vkivel/vmivel kapcsolatban: *There's something about him that I don't quite trust.* • *I like the food, the climate, and everything else about this country.*
IDIOM how/what about...? **1** (akkor használjuk, amikor tudakozódunk vki/vmi felől, véleményt vagy óhajt akarunk megtudni): *How about Ruth? Have you heard from her lately?* • *I'm going to have chicken. What about you?* És te? **2** Van kedved/kedvetek?: *What about going to a film tonight?*

a,bout-'turn (*US* a,bout-'face) *noun* [C] pálfordulás: *The government did an about-turn over tax.* ➔ Lásd **turn.**

★ **above** /ə'bʌv/ *prep.* **1** fölött: *The people in the flat above make a lot of noise.* **2** a fenti(ek): *Contact me at the above address/the address above.* ❶ Ellentéte: **below,** de a **below** szó jelzőként nem használható: *Contact me at the address below.* **3** több mint, -nál/-nél több: *children aged 11 and above* • *You must get above 50% to pass.* • *above-average* (átlag feletti) *temperatures* ❶ Ellentéte: **below.** ➔ Lásd **over. 4** magasabb beosztású: *The* *person above me is the department manager.* ❶ Ellentéte: **below. 5** vmit nem tart magához méltónak (*fölötte áll vminek*): *He seems to think he's above helping with the cleaning.*

IDIOMS above all legfőképpen, mindenekelőtt: *Above all, stay calm!* | **(be) above board** tisztességes (*elsősorban üzlet*)

abrasive /əˈbreɪsɪv/ *adj.* **1** durva, szemcsés: *an abrasive cleaner* **2** goromba, agresszív

abreast /əˈbrest/ *adv.* **abreast (of sb/sth)** egymás mellett, egy vonalban: *The soldiers marched two abreast.*

IDIOM be/keep abreast of sth jól informált

abridge /əˈbrɪdʒ/ *verb* [T] rövidít ➔ Lásd **abbreviate**.

★ **abroad** /əˈbrɔːd/ *adv.* külföldön, külföldre: *to live abroad* • *My mother has never been abroad.* • *She often goes abroad on business.*

abrupt /əˈbrʌpt/ *adj.* **1** hirtelen, váratlan: *an abrupt change of plan* **2** nyers (modorú) ▸ **abruptly** *adv.* hirtelen(ül), kurtán **abruptness** *noun* [U] **1** váratlanság, hirtelenség **2** nyers modor

abscess /ˈæbses/ *noun* [C] tályog

abscond /əbˈskɒnd/ *verb* [I] (*formális*) **abscond (from sth) (with sth)** elszökik, megszökik: *to abscond from prison* • *She absconded with all the company's money.*

absence /ˈæbsəns/ *noun* **1** [C,U] hiányzás, távollét: *absences due to illness* • *I have to make all the decisions in my boss's absence.* **2** [U] hiány: *In the absence of a doctor, try to help the injured person yourself.* ❶ Ellentéte: **presence.**

★ **absent** /ˈæbsənt/ *adj.* **1 absent (from sth)** hiányzó, távol lévő ❶ Ellentéte: **present. 2** szórakozott: *an absent stare* ▸ **absently** *adv.* figyelmetlenül, szórakozottan

absentee /ˌæbsənˈtiː/ *noun* [C] távollévő, hiányzó

absenteeism /ˌæbsənˈtiːɪzəm/ *noun* [U] gyakori hiányzás

absent-ˈminded *adj.* feledékeny, szórakozott ❶ Szinonimája: **forgetful.** ▸ **absent-mindedly** *adv.* szórakozottan

absolute /ˈæbsəluːt/ *adj.* **1** teljes, totális:

The whole trip was an absolute disaster. **2** abszolút: *Spending on the Health Service has increased in absolute terms* (reál értékben). • *None of the political parties had an absolute majority.*

★ **absolutely** *adv.* **1** /ˈæbsəluːtli/ teljesen: *It's absolutely freezing outside!* • *I absolutely refuse to believe that.* • *He made absolutely no effort* (semmiféle erőfeszítést nem tett) *to help me.* **2** /ˌæbsəˈluːtli/ tökéletesen, hogyne: *'It is a good idea, isn't it?' 'Oh, absolutely!'*

absolve /əbˈzɒlv/ *verb* [T] **absolve sb (from/of sth)** felment, feloldoz: *The driver was absolved of any blame for the train crash.*

★ **absorb** /əbˈzɔːb; əbˈsɔːb/ *verb* [T] **1** **absorb sth (into sth)** felszív(ódik), abszorbeál: *a drug that is quickly absorbed into the bloodstream* • *Black clothes absorb the sun's heat.* **2** felfog, befogad: *to absorb information* **3 absorb sth (into sth)** magába olvaszt: *Over the years many villages have been absorbed into the city.* **4** leköti vki figyelmét: *History is a subject that absorbs her.* **5** felfog (ütést, lökést): *The front of the car is designed to absorb most of the impact of a crash.* ▸ **absorption** /əbˈzɔːpʃn; əbˈsɔːpʃn/ *noun* [U] felszív(ód)ás, beolvadás, abszorpció

absorbed /əbˈzɔːbd; əbˈsɔːbd/ *adj.* **absorbed (in sth)** elmélyedt/elmerült vmiben: *He was absorbed in his work and didn't hear me come in.*

absorbent /əbˈzɔːbənt; əbˈsɔːbənt/ *adj.* nedvszívó: *an absorbent cloth*

absorbing /əbˈzɔːbɪŋ; əbˈsɔːbɪŋ/ *adj.* érdekfeszítő: *an absorbing book*

abstain /əbˈsteɪn/ *verb* [I] **1** (*formális*) **abstain (from sth/doing sth)** tartózkodik vmitől: *The doctor said I should abstain from (drinking) alcohol until I'm better.* ❶ Főnév: **abstinence. 2** tartózkodik (*szavazáskor*): *Two people voted in favour, two voted against and one abstained.* ❶ Főnév: **abstention.**

abstention /əbˈstenʃn/ *noun* [C,U] tartózkodás (*szavazáskor*)

abstinence /ˈæbstɪnəns/ *noun* [U] (*formális*) tartózkodás vmitől: *The doctor* *advised total abstinence from alcohol.* **❶** Ige: **abstain**.

abstract¹ /'æbstrækt/ *adj.* **1** elvont, absztrakt: *It is hard to imagine an abstract idea like 'eternity'.* **❶** Ellentéte: **concrete**. **2** *(műv)* absztrakt: *an abstract painting*

abstract² /'æbstrækt/ *noun* [C] **1** absztrakt mű **2** kivonat, absztrakt **IDIOM** **in the abstract** elméletben

ıabstract 'noun *noun* elvont főnév

absurd /əb'sɜːd/ *adj.* esztelen, abszurd
▶ **absurdity** *noun* [C,U] *(plural* **absurdities)** képtelenség
absurdly *adv.* nevetségesen

abundance /ə'bʌndəns/ *noun* [U, sing.] bőség: *These flowers grow here in abundance* (bőségesen). • *There is an abundance of wildlife* (vadban bővelkedik) *in the forest.*

abundant /ə'bʌndənt/ *adj.* bőséges, rengeteg: *abundant supplies of food*
▶ **abundantly** *adv.* bőségesen: *Calcium is found most abundantly in milk.* • *She made her wishes abundantly clear* (félreérthetetlenül megmondta).

abuse¹ /ə'bjuːz/ *verb* [T] **1** visszaél vmivel: *The politician was accused of abusing his position in order to become rich.* **2** gorombán beszél vkivel **3** durván/rosszul bánik vkivel: *The girl had been sexually abused.*

abuse² /ə'bjuːs/ *noun* **1** [C,U] visszaélés: *an abuse of power* • *the dangers of drug abuse* a droggal való visszaélés veszélyei **2** [U] sértegetés: *The other driver leaned out of the car and* **hurled abuse** *at me* (sértéseket vágott a fejemhez). • *racial abuse* bántalmazás faji okból **3** [U] durva/goromba bánásmód: *He subjected his children to verbal and physical abuse* (szóbeli és fizikai bántalmazás). • *a victim of sexual abuse* (szexuális erőszak)

abusive /ə'bjuːsɪv/ *adj.* sértő: *an abusive remark*

abysmal /ə'bɪzməl/ *adj.* rettenetesen rossz *(minőségű)*
▶ **abysmally** *adv.* mérhetetlenül, mélységesen

abyss /ə'bɪs/ *noun* [C] fenéketlen mélység

academic¹ /ˌækə'demɪk/ *adj.* **1** tanulmányi, oktatási: *the academic year* **2** humán

tudományokkal kapcsolatos: *academic subjects such as History* **❶** Ellentéte: **non-academic**. **3** elméleti, pusztán elvi: *It's academic which one I prefer because I can't have either of them.*
▶ **academically** /-kli/ *adv.* tudományos szempontból

academic² /ˌækə'demɪk/ *noun* [C] egyetemi vagy főiskolai oktató

academy /ə'kædəmi/ *noun* [C] *(plural* **academies)** **1** felsőoktatási intézmény **2** *(also* **Academy)** tudományos társaság

accelerate /ək'seləreɪt/ *verb* [I,T] felgyorsul, felgyorsít: *The driver slowed down for the bend then accelerated away.* • *The government plans to accelerate the pace of reform.*
▶ **acceleration** /əkˌselə'reɪʃn/ *noun* [U] (fel)gyorsulás, (fel)gyorsítás

accelerator /ək'seləreɪtə(r)/ *noun* [C] gázpedál

★ **accent** /'æksənt; -sent/ *noun* **1** [C,U] akcentus, kiejtés: *He speaks with a strong Scottish accent.* **2** [C] hangsúly: *In the word 'because' the accent is on the second syllable.* **3** [C] ékezet **4** [C, usually sing.] hangsúly *(átv)*: *In all our products the accent is on quality.*

accentuate /ək'sentʃueɪt/ *verb* [T] hangsúlyoz, kiemel: *She uses make-up to accentuate her eyes.*

★ **accept** /ək'sept/ *verb* **1** [I,T] elfogad: *Please accept this small gift.* • *Do I have to pay in cash or will you accept a cheque?* • *Why won't you accept my advice?* **2** [I,T] beleegyezik, elfogad: *Thank you for your invitation. I am happy to accept.* • *She has accepted the job.* **3** [I,T] belát, vállal vmit: *They refused to accept responsibility for the accident.* **4** [T] befogad, felvesz: *The university has accepted me on the course.*

acceptable /ək'septəbl/ *adj.* **1** elfogadható, megengedhető: *One or two mistakes are acceptable but no more than that.* **2** elfogadható, megfelelő: *We hope that you will consider our offer acceptable.* **❶** Ellentéte: **unacceptable**.
▶ **acceptability** /əkˌseptə'bɪləti/ *noun* [U] elfogadhatóság
acceptably /ək'septəbli/ *adv.* elfogadhatóan

acceptance /ək'septəns/ noun [C,U] elfogadás: *His ready acceptance of the offer surprised me.* Meglepett, milyen gyorsan elfogadta. • *He quickly gained acceptance in the group* (befogadták). • *The new methods have received widespread acceptance* (széles körben elfogadták).

access¹ /'ækses/ noun [U] **1** access (to sth) bemenet, megközelíthetőség: *Access to the garden is through the kitchen.* **2** access (to sth) hozzáférési lehetőség: *Do you have access to a personal computer?* **3** access (to sb) láthatás: *They are divorced, but he has regular access to the children.*

access² /'ækses/ verb [T] (*infor*) hozzáfér, elér: *Click on the icon to access a file.*

accessible /ək'sesəbl/ adj. **1** elérhető, megközelíthető: *The island is only accessible by boat.* **2** könnyen hozzáférhető, elérhető: *This television programme aims to make history more accessible to children.* ❶ Ellentéte: **inaccessible**.
▶ **accessibility** /ək͵sesə'bıləti/ noun [U] hozzáférhetőség: *Computers have given people greater accessibility to information.*

accession /æk'seʃn/ noun [U] hivatalba/hatalomra/trónra lépés

accessory /ək'sesəri/ noun [C] (*plural* accessories) **1** kiegészítő kellék, tartozék: *The car has accessories such as an electronic alarm.* **2** [*usually plural*] divatkellék (*ékszer, táska stb.*) **3** an accessory (to sth) bűntárs

★ **accident** /'æksıdənt/ noun [C] baleset: *I hope they haven't had an accident.* • *a car accident* • *a fatal accident* végzetes baleset • *I didn't mean to kick you – it was an accident* (véletlen volt).
IDIOM **by accident** véletlenül: *I knocked the vase over by accident.*

accidental /͵æksı'dentl/ adj. véletlen: *Police do not know if the explosion was accidental or caused by a bomb.*
▶ **accidentally** /-təli/ adv. véletlenül

¹**accident-prone** adj. balesetre hajlamos

acclaim /ə'kleɪm/ verb [T] dicsér, ujjongva/tetszéssel fogad: *a highly acclaimed new film* • *The novel has been acclaimed as a modern classic.*
▶ **acclaim** noun [U] tetszésnyilvánítás:

The film received widespread critical acclaim (széles körben tetszést aratott).

acclimatize (also -ise) /ə'klaɪmətaɪz/ verb [I,T] **acclimatize** (**yourself/sb/sth**) (**to sth**) akklimatizálódik, hozzászokik vmihez
▶ **acclimatization** (also -isation) /ə͵klaɪmətaɪ'zeɪʃn/ noun [U] hozzászokás, alkalmazkodás
acclimatized (also -ised) adj. akklimatizálódott, alkalmazkodott

accolade /'ækəleɪd/ noun [C] elismerés, megtiszteltetés

accommodate /ə'kɒmədeɪt/ verb [T] **1** elhelyez, férőhelyet nyújt: *The car park can accommodate 800 cars.* **2** elszállásol: *During the conference, you will be accommodated in a nearby hotel.* **3** (*formális*) figyelembe vesz: *The proposal tries to accommodate the special needs of minority groups.*

accommodating /ə'kɒmədeɪtɪŋ/ adj. készséges, alkalmazkodó

★ **accommodation** /ə͵kɒmə'deɪʃn/ noun [U] szállás: *rented accommodation* ❶ Az **accommodation** meg nem számlálható főnév, ezért határozatlan névelő nem állhat előtte. A következő mondat helytelen: ~~I will help you to find an accommodation.~~ Helyesen: *I will help you to find somewhere to live.*

accompaniment /ə'kʌmpənimənt/ noun [C] kísérő, kiegészítő: *He only drinks wine as an accompaniment to food.*

★ **accompany** /ə'kʌmpəni/ verb [T] (*pres. part.* accompanying; *3rd pers. sing. pres.* accompanies; *pt, pp* accompanied) **1** (el)kísér: *He went to America accompanied by his wife.* • *Massive publicity accompanied the film's release.* **2** accompany sb (on sth) (*zene*) kísér: *She accompanied him on the guitar.*

accomplice /ə'kʌmplɪs/ noun [C] an accomplice (to/in sth) bűntárs: *She was charged with being an accomplice to the murder.*

accomplish /ə'kʌmplɪʃ/ verb [T] megvalósít, véghezvisz

accomplished /ə'kʌmplɪʃt/ adj. kiváló, gyakorlott: *an accomplished actor*

accomplishment /ə'kʌmplɪʃmənt/ noun **1** [U] megvalósítás **2** [C] képesség: *Draw-*

ing and singing were among her many accomplishments.

accord¹ /əˈkɔːd/ *noun* [C] egyezmény: *the Helsinki accords on human rights* az emberi jogok helsinki egyezménye

IDIOMS **in accord** egyetértésben, összhangban | **of your own accord** saját elhatározásából: *He wasn't sacked from his job – he left of his own accord.*

accord² /əˈkɔːd/ *verb* (*formális*) **1** [T] nyújt **2** [I] **accord (with sth)** összhangban van: *The results accord closely with our predictions.*

accordance /əˈkɔːdns/ *noun*

IDIOM **in accordance with sth** vminek megfelelően, vmivel összhangban: *to act in accordance with instructions* az utasításoknak megfelelően cselekszik

accordingly /əˈkɔːdɪŋli/ *adv.* **1** vminek megfelelően: *I realized that I was in danger and acted accordingly.* **2** (*formális*) következésképpen: *The cost of materials rose sharply last year. Accordingly, we were forced to increase our prices.*

★ **according to** /əˈkɔːdɪŋ tə/ *prep.* / maghánhangzó előtt tu/ **1** szerint: *According to Mick, it's a brilliant film.* **2** vmi szerint, vminek megfelelően: *Everything went off according to plan.*

accordion /əˈkɔːdiən/ *noun* [C] tangóharmonika ➲ Magyarázat a **piano** szónál.

accost /əˈkɒst/ *verb* [T] megszólít, leszólít

★ **account¹** /əˈkaʊnt/ *noun* [C] **1** beszámoló: *She gave the police a full account of the robbery.* **2** (*abbr.* **a/c**) bankszámla: *to open/close an account* • *I have an account with/at Barclays.* • *I paid the cheque into my bank account.*

> You use a **current** account (folyószámla) to pay for things with a **cheque**. You can save money in a **deposit** or **savings** account (takarékbetét).

3 [*usually plural*] könyvelés: *If you are self-employed you have to* **keep** *your own accounts* (könyvelést vezetni). **4** folyószámla (üzletben vagy szolgáltatónál): *Most customers* **settle/pay** *their account* (rendezik a számlát) *in full at the end of each month.*

IDIOMS **by all accounts** mindenki szerint: *By all accounts, she's a very good doctor.* | **by**

your own account vki szerint: *By his own account* (saját bevallása szerint), *Peter was not very good at his job.* | **on account of** miatt: *Our flight was delayed on account of bad weather.* | **on no account; not on any account** semmiképpen sem: *On no account should you walk home by yourself.* | **take account of sth; take sth into account** figyelembe/tekintetbe vesz: *We'll take account of your comments.* • *We'll take your comments into account.*

account² /əˈkaʊnt/ *verb*

PHRASAL VERB **account for sth 1** magyarázattal/magyarázatul szolgál **2** vmilyen összeget tesz ki: *Sales to Europe accounted for 80% of our total sales last year.*

accountable /əˈkaʊntəbl/ *adj.* felelősségre vonható: *She is too young to* **be held accountable** *for what she did.*
  ▸ **accountability** /-əˈbɪləti/ *noun* [U] felelősségre vonhatóság

accountancy /əˈkaʊntənsi/ *noun* [U] könyvelés, könyvelői munka

accountant /əˈkaʊntənt/ *noun* [C] könyvelő

accumulate /əˈkjuːmjəleɪt/ *verb* **1** [T] felhalmoz, összegyűjt: *Over the years, I've accumulated hundreds of books.* **2** [I] felgyülemlik: *Dust soon accumulates if you don't clean the house for a week or so.*
  ▸ **accumulation** /ə,kjuːmjəˈleɪʃn/ *noun* [C,U] felhalmoz(ód)ás

★ **accurate** /ˈækjərət/ *adj.* pontos, hibátlan: *That clock isn't very accurate.* ❶ Ellentéte: **inaccurate**.
  ▸ **accuracy** /ˈækjərəsi/ *noun* [U] pontosság, szabatosság ❶ Ellentéte: **inaccuracy**.
  accurately *adv.* pontosan

accusation /,ækjuˈzeɪʃn/ *noun* [C,U] vád, vádolás

★ **accuse** /əˈkjuːz/ *verb* [T] **accuse sb (of sth/doing sth)** vádol vkit vmivel: *He was accused of murder.*

the accused /əˈkjuːzd/ *noun* [C] (*plural* **the accused**) a vádlott

accusing /əˈkjuːzɪŋ/ *adj.* vádló, szemrehányó: *He gave me an accusing look.*
  ▸ **accusingly** *adv.* vádlóan

accustom /əˈkʌstəm/ *verb* [T] accustom **yourself/sb/sth to sth** hozzászokik vmihez

---

❶ = magyarázat [C] megszámlálható (*főnév*): one book, two books [U] megszámlálhatatlan (*főnév*): some sugar

accustomed /ə'kʌstəmd/ adj. **1 accustomed to sth** hozzá van szokva vmihez: It took a while for my eyes to get accustomed to the dark room. **2** (formális) megszokott, szokásos

ace /eɪs/ noun [C] **1** ász: the ace of spades **Ɔ** Magyarázat a **card** szónál. **2** ász (teniszben): to serve an ace ászt üt

★ **ache¹** /eɪk/ noun [C] fájdalom: to have toothache **❶** Az ache szó gyakran szerepel szóösszetételekben. A brit angolban rendszerint névelő nélkül használják. Az: I've got toothache. A **headache** szó előtt azonban mindig van névelő: I've got a bad headache. Az amerikai angolban az ache előtt rendszerint van névelő, különösen akkor, ha egy konkrét esetről beszélünk: I have an awful toothache.

ache² /eɪk/ verb [I] fájdalmat érez: His legs ached after playing football. • She was aching all over. Mindene fájt.

★ **achieve** /ə'tʃiːv/ verb [T] **1** megvalósít, véghez visz vmit: They have achieved a lot in a short time. **2** elér, elnyer vmit: You have achieved the success you deserve.

★ **achievement** /ə'tʃiːvmənt/ noun [C,U] teljesítmény, eredmény: He enjoys climbing mountains because it gives him **a sense of achievement** (sikerélmény).

Achilles' heel /ə,kɪliːz 'hiːl/ noun [C] Achilles-sarka/gyenge pontja vkinek

★ **acid¹** /'æsɪd/ noun [C,U] (kémia) sav: sulphuric acid kénsav **Ɔ** Lásd **alkali, base**.

acid² /'æsɪd/ adj. **1** savanyú **2** (also **acidic** /ə'sɪdɪk/) savas: an acid solution savas oldat **Ɔ** Lásd **alkaline**.

acidity /ə'sɪdəti/ noun [U] savasság

,**acid 'rain** noun [U] savas eső

acknowledge /ək'nɒlɪdʒ/ verb [T] **1** elismer, beismer: He **acknowledged (the fact) that** he had made a mistake. • He is acknowledged to be the country's greatest writer. Az ország legnagyobb írójának tartják. **2** elismer, köszönetet mond: The manager sent a card to all the staff to acknowledge their hard work.

acknowledgement /ək'nɒlɪdʒmənt/ noun **1** [U] tudomásulvétel: The president gave a smile of acknowledgement to the photographers. **2** [C,U] visszaigazolás: I haven't received (an) acknowledgement of my job application yet. **3** [C, usually plural] köszönetnyilvánítás

acne /'ækni/ noun [U] pattanásos bőr

acorn /'eɪkɔːn/ noun [C] makk

acoustic /ə'kuːstɪk/ adj. **1** akusztikai, hanggal kapcsolatos **2** (zene) akusztikus, nem elektromos: an acoustic guitar

acoustics /ə'kuːstɪks/ noun [plural] akusztika

acquaintance /ə'kweɪntəns/ noun **1** [C] ismerős (személy) **2** [U] **acquaintance with sb/sth** felületes ismeret(ség)

acquainted /ə'kweɪntɪd/ adj. (formális) **1 be/become/get acquainted with sth** megismerkedik vmivel, járatos vmiben: I went for a walk to **get acquainted** with my new neighbourhood. **2 acquainted (with sb)** felületes ismeretségben (van vkivel)

acquiesce /,ækwi'es/ verb [I] (írott nyelv) **acquiesce in/to sth** beleegyezik, belenyugszik
▸ **acquiescence** /,ækwi'esns/ noun [U] belenyugvás, (hallgatólagos) beleegyezés

acquire /ə'kwaɪə(r)/ verb [T] (formális) (meg)szerez, szert tesz: She acquired an American accent while living in New York. • The company has acquired shares in a rival business.

acquisition /,ækwɪ'zɪʃn/ noun (formális) **1** [U] megszerzés, megvásárlás: a study of language acquisition (nyelvelsajátítás) in children **2** [C] szerzemény: This sculpture is the museum's latest acquisition.

acquit /ə'kwɪt/ verb [T] (**acquitting**; **acquitted**) **1 acquit sb (of sth)** (jog) felment: The jury acquitted her of murder. **❶** Ellentéte: **convict**. **2** (formális) **acquit yourself...** vhogyan viselkedik: He **acquitted himself well** (kitett magáért) in his first match as a professional.
▸ **acquittal** /ə'kwɪtl/ noun [C,U] (jog) felmentés

acre /'eɪkə(r)/ noun [C] angol hold, 0,405 hektár: a farm of 20 acres/a 20-acre farm

acrobat /'ækrəbæt/ noun [C] akrobata, artista

acrobatic /,ækrə'bætɪk/ adj. akrobatikus

acrobatics /,ækrə'bætɪks/ noun [U] akrobatika

[I] **tárgyatlan** (ige): He laughed.   [T] **tárgyas** (ige): He ate an apple.

acronym /'ækrənɪm/ noun [C] **an acronym (for sth)** mozaikszó

★ **across** /ə'krɒs/ adv., prep. **1** át, keresztül: *The stream was too wide to jump across.* • *He walked across the field.* • *A smile spread across his face.* • *The river was about 20 metres across.* • *The bank has 800 branches across the country* (mindenfelé az országban). **2** vminek a túloldalán: *There's a bank just across the road.* • *The house across the road from us* (szemben levő) *is for sale.*

> Az **across** vagy az **over** jelentése „a másik oldalon" vagy „a másik oldalra": *I ran across/over the road.* Amikor valami magas dologról beszélünk, akkor rendszerint az **over** szót használjuk: *I can't climb over that wall.* A **room** szóval kapcsolatban rendszerint az **across** elöljárót használjuk: *I walked across the room to the door.*

IDIOM across the board mindenkit egyaránt érintve: *Salaries have been cut across the board.*

acrylic /ə'krɪlɪk/ noun [C,U] akril

★ **act¹** /ækt/ verb **1** [I] **act (on sth)** cselekszik: *The doctor knew he had to act quickly to save the child.* • *I'm always giving my brother advice but he never acts on it* (sohasem fogadja meg). **2** [I] **act as sth** vmilyen minőségben cselekszik vagy működik **3** [I] viselkedik: *Stop acting like a child!* • *Although she was trying to act cool, I could see she was really upset.* • *He hasn't really hurt himself – he's just acting* (csak megjátszotta)! **4** [I,T] (film, szính) szerepel

★ **act²** /ækt/ noun [C] **1** cselekedet: *In a typical act of generosity they refused to accept any money.* • *to commit a violent act*

> Az **act** és az **action** főnevek jelenthetik ugyanazt: *It was a brave act/action.* Az **act** után állhat **of,** az **action** után nem: *It was an act of bravery.* Az **activity** szó rendszeres tevékenységet jelent: *I like outdoor activities such as walking and gardening.*

2 (gyakran **Act**) felvonás: *How many scenes are there in Act 4?* **3** (műsor)szám: *Did you enjoy the clowns' act?* **4** (gyakran **Act**) törvény: *The government passed an act* (elfogadott egy törvényt) *forbidding* the keeping of guns. **5** színlelés: *She seems very happy but she's just putting on an act* (csak megjátssza).

IDIOMS be/get in on the act beszáll vmibe/a buliba | **get your act together** összeszedi magát: *If he doesn't get his act together, he's going to lose his job.* | **a hard act to follow** → HARD¹ | **in the act (of doing sth)** vmi végrehajtása közben: *He was looking through the papers on her desk and she caught him in the act* (tetten érte).

acting¹ /'æktɪŋ/ adj. (ideiglenesen) megbízott, ügyvezető: *the acting director*

acting² /'æktɪŋ/ noun [U] színjátszás

★ **action** /'ækʃn/ noun **1** [U] cselekvés, tett: *Now is the time for action.* • *If we don't take action* (cselekszünk) *quickly, it'll be too late!* ❶ Ellentéte: **inaction.** **2** [C] cselekedet: *The doctor's quick action saved the child's life.* • *They should be judged by their actions, not by what they say.* ➔ Magyarázat az **act²** szónál. **3** [sing.] cselekmény: *The action takes place in London during the Second World War.* **4** [U] akció, izgalmas esemény: *There's not much action in this boring town.* • *I like films with lots of action.* • *an action-packed* (izgalmas) *film* **5** [U] hadművelet: *Their son was killed in action* (hősi halált halt). **6** [sing.] hatás: *They're studying the action of alcohol on the brain.* **7** [C,U] jogi eljárás kezdeményezése: *He is going to take legal action against* (bepereli) *the hospital.*

IDIOMS in action játék/működés közben: *We shall have a chance to see their new team in action next week.* | **into action** beindítás: *We'll put the plan into action immediately.* | **out of action** rossz (nem működik): *The coffee machine's out of action again.*

activate /'æktɪveɪt/ verb [T] működésbe hoz

★ **active** /'æktɪv/ adj. **1** aktív, élénk: *My grandfather is very active for his age.* • *I have a very active social life.* • *I was at the meeting but I didn't take an active part in the discussion.* ❶ Ellentéte: **inactive. 2** működő: *an active volcano* **3** (nyelv) cselekvő: *In the sentence 'The dog bit him', the verb is active.* ❶ Úgy is mondhatjuk: *The verb is in the active.* ➔ Lásd **passive.**

activist /'æktɪvɪst/ noun [C] aktivista

★ **activity** /æk'tɪvəti/ noun (plural **activities**)
1 [U] tevékenység, sürgés-forgás: The house was full of activity on the morning of the wedding. **❶** Ellentéte: **inactivity**. **2** [C] időtöltés, elfoglaltság: The hotel offers a range of leisure activities. **➔** Magyarázat az **act²** szónál.

★ **actor** /'æktə(r)/ noun [C] színész

actress /'æktrəs/ noun [C] színésznő

★ **actual** /'æktʃuəl/ adj. tényleges, valóságos: The actual damage to the car was not as great as we had feared. • They seemed to be good friends but **in actual fact** (valójában) they hated each other.

★ **actually** /'æktʃuəli/ adv. **1** igazán: You don't actually believe her, do you? • I can't believe that I'm actually going to America! **2** tulajdonképpen: He actually expected me to cook his meal for him!

> Az **actually** szót gyakran használjuk beszélgetés közben, ha valakinek a figyelmét magunkra akarjuk vonni, vagy ha valakit udvariasan ki akarunk javítani: Actually, I wanted to show you something. Have you got a minute? • We aren't married, actually. • I don't agree about the book. I think it's rather good, actually.
>
> Az **actually** nem jelenti azt, hogy „jelenleg". Ennek kifejezésére a **currently**, az at **present** és az **at the moment** kifejezéseket használjuk: He is currently working on an article about China. • I'm studying for my exams at present.

acupuncture /'ækjupʌŋktʃə(r)/ noun [U] akupunktúra

acute /ə'kju:t/ adj. **1** súlyos, válságos: an acute shortage of food • acute pain **2** heveny: acute appendicitis **➔** Vesd össze **chronic**. **3** éles: Dogs have an acute sense of smell. **4** intelligens, lényegbevágó: The report contains some acute observations on the situation.
  ▸ **acutely** adv. élénken

a,cute 'angle noun [C] hegyesszög

AD /,eɪ 'di:/ abbr. i.sz., időszámításunk szerint(i), Kr. u., Krisztus után(i): AD 44 **➔** Lásd **BC**.

ad /æd/ noun [C] (informális) hirdetés

adage /'ædɪdʒ/ noun [C] szállóige

adamant /'ædəmənt/ adj. (formális) hajthatatlan
  ▸ **adamantly** adv. hajthatatlanul

★ **adapt** /ə'dæpt/ verb **1** [I,T] adapt (yourself) (to sth) alkalmazkodik vmihez, beleilleszkedik vhova: He was quick to adapt (himself) to the new system. **2** [T] adapt sth (for sth) átalakít, átdolgoz: The teacher adapts the coursebook to suit the needs of her students.

adaptable /ə'dæptəbl/ adj. alkalmazkodó(nak bizonyul), rugalmas: He is not very adaptable. • Successful businesses are highly adaptable to economic change.

adaptation /,ædæp'teɪʃn/ noun **1** [C] átdolgozás, adaptáció **2** [U] alkalmazkodás, beilleszkedés

adapted /ə'dæptɪd/ adj. alkalmas: Chickens are poorly adapted for flight.

adaptor (adapter is) /ə'dæptə(r)/ noun [C] **1** (el) elosztó **2** adapter

★ **add** /æd/ verb **1** [I,T] add (sth) (to sth) hozzáad: I added a couple more items to the shopping list. • The noise of the crowd added to (fokozta) the excitement of the race. **2** [I,T] összead: If you **add** 3 **and** 3 **together**, you get 6. • **Add** $8 **to** the total, to cover postage and packing. • Ronaldo cost more than all the other players added together (mint az összes többi együtt). • Don't ask me to work it out – I can't add. **❶** Ellentéte: **subtract**. Gyakran használjuk a **plus** szót, amikor két számot összeadunk: 2 plus 2 is 4. **3** [T] hozzátesz: 'By the way, please don't tell anyone I phoned you,' she added.

PHRASAL VERBS **add sth on (to sth)** hozzáad: 10% will be added on to your bill as a service charge. | **add up** (ált. tagadó mondatokban) összeáll: I'm sorry, but your story just doesn't add up. | **add (sth) up** összead: The waiter hadn't added up the bill correctly. | **add up to sth** kitesz vmennyit: How much does all the shopping add up to (mennyit tesz ki)?

added /'ædɪd/ adj. hozzáadott, vmivel kiegészített: milk with added vitamins

'added to prep. ráadásul

adder /'ædə(r)/ noun [C] keresztesvipera

addict /'ædɪkt/ noun [C] káros szenvedély rabja: a drug addict

▶ **addicted** /ə'dıktıd/ *adj.* **addicted (to sth)** függ vmitől: *He is addicted to heroin.* Heroinfüggő. ❶ Szinonimája: **hooked on**.
addiction *noun* [C,U] függőség

addictive /ə'dıktıv/ *adj.* függőséget okozó: *a highly addictive drug* • *an addictive game*

★ **addition** /ə'dıʃn/ *noun* **1** [U] hozzáadás ➔ Lásd **subtraction**. **2** [C] **an addition (to sth)** gyarapodás, gyarapítás: *an addition to the family*
[IDIOM] **in addition (to sth)** azonkívül még: *She speaks five foreign languages in addition to English.*

additional /ə'dıʃənl/ *adj.* hozzáadott, külön: *a small additional charge* (pótdíj) *for the use of the swimming pool*
▶ **additionally** /-ʃənəli/ *adv.* azonfelül

additive /'ædətıv/ *noun* [C] adalékanyag: *food additives*

★ **address¹** /ə'dres/ *noun* [C] **1** cím: *Let me give you my home/business/email address.* • *She no longer lives at this address.* • *a change of address* • *an address book* **2** (üdvözlő)beszéd

address² /ə'dres/ *verb* [T] **1 address sth (to sb/sth)** megcímez **2** beszédet mond **3** (*formális*) **address (yourself to) sth** nekilát: *The government is finally addressing the question of corruption.* **4 address sb as sth** vkit vmilyen néven vagy címen szólít: *She prefers to be addressed as 'Ms'.* **5** (*formális*) **address sth to sb** mondanivalóját vkivel közli: *Would you kindly address any complaints you have to the manager.* Ha panasza van, kérjük közölje az ügyvezetővel.

adept /ə'dept/ *adj.* **adept (at sth)** hozzáértő, ügyes ❶ Ellentéte: **inept**.

adequate /'ædıkwət/ *adj.* **1** elegendő **2** elfogadható: *Your work is adequate but I'm sure you could do better.* ❶ Ellentéte: **inadequate**.
▶ **adequacy** /'ædıkwəsi/ *noun* [U] vminek megfelelő volta
adequately *adv.* kielégítően: *The mystery has never been adequately explained.*

adhere /əd'hıə(r)/ *verb* [I] (*formális*) **1 adhere (to sth)** ragad/tapad vmihez: *Make sure that the paper adheres firmly to the wall.* **2 adhere to sth** kitart vmi mellett, tartja magát vmihez

adherent /əd'hıərənt/ *noun* [C] támogatója/híve vminek
▶ **adherence** *noun* [U] ragaszkodás vmihez, kitartás vmi mellett

adhesive¹ /əd'hi:sıv/ *noun* [C] ragasztó: *a fast-drying adhesive*

adhesive² /əd'hi:sıv/ *adj.* ragadós: *He sealed the parcel with adhesive tape* (ragasztószalag).

ad hoc /ˌæd 'hɒk/ *adj.* alkalmi: *an ad hoc committee* • *Staff training takes place occasionally* **on an ad hoc basis** (igény szerint).

adjacent /ə'dʒeısnt/ *adj.* **adjacent (to sth)** szomszédos: *There was a fire in the adjacent building.* • *She works in the office adjacent to mine.*

adjectival /ˌædʒek'taıvl/ *adj.* melléknévi

★ **adjective** /'ædʒıktıv/ *noun* [C] melléknév: *The adjective 'reserved' is often applied to British people.* • *What adjective would you use to describe my sister?*

adjoining /ə'dʒɔınıŋ/ *adj.* szomszéd(os): *A scream came from the adjoining room.*

adjourn /ə'dʒɜ:n/ *verb* [I,T] elnapol: *The meeting adjourned for lunch.*
▶ **adjournment** *noun* [C] elnapolás

adjudicate /ə'dʒu:dıkeıt/ *verb* [I,T] (*írott nyelv*) eldönt vmit, ítéletet hoz
adjudicator /ə'dʒu:dıkeıtə(r)/ *noun* [C] (döntő)bíró

★ **adjust** /ə'dʒʌst/ *verb* **1** [T] megigazít, (*tech*) beállít vmit **2** [I] **adjust (to sth)** hozzászokik vmihez, alkalmazkodik vmihez: *She found it hard to adjust to working at night.*
▶ **adjustment** *noun* [C,U] módosítás: *We'll just* **make** *a few* **minor adjustments** *and the room will look perfect.*

adjustable /ə'dʒʌstəbl/ *adj.* változtatható: *an adjustable mirror* állítható tükör

ad lib /ˌæd 'lıb/ *adj., adv.* rögtönzött(en): *She had to speak ad lib because she couldn't find her notes.*
▶ **ad lib** *verb* [I] (**ad libbing**; **ad libbed**) rögtönöz: *The singer forgot the words so he had to ad lib.*

admin = ADMINISTRATION

administer /əd'mınıstə(r)/ *verb* [T] (*for-*

mális) **1** igazgat (*intézményt*) **2** bead (*orvosságot*)

administration /əd,mmɪ'streɪʃn/ *noun* **1** (also **admin** /'ædmɪn/) [U] ügyvitel **2** (also **admin** /'ædmɪn/) [*sing.*] vezető testület: *She works in admin, on the second floor.* **3** (gyakran **the Administration**) [c] kormányzat: *the Clinton Administration*

administrative /əd'mɪnɪstrətɪv/ *adj.* adminisztratív, közigazgatási

administrator /əd'mɪnɪstreɪtə(r)/ *noun* [c] ügyvezető, adminisztrátor

admirable /'ædmərəbl/ *adj.* (*formális*) csodálatra méltó
▸ **admirably** /-əbli/ *adv.* nagyszerűen: *She dealt with the problem admirably.*

admiral /'ædmərəl/ *noun* [c] admirális

admiration /,ædmə'reɪʃn/ *noun* [U] **admiration** (for/of sb/sth) csodálat vki/ vmi iránt: *I have great admiration for what he's done.*

★ **admire** /əd'maɪə(r)/ *verb* [T] **admire sb/sth (for sth/doing sth)** (meg)csodál, nagyra becsül: *Everyone admired the way he dealt with the problem.* ● *I've always admired her for being such a wonderful mother.* ● *We stopped at the top of the hill to admire the view.*

admirer /əd'maɪərə(r)/ *noun* [c] rajongó: *I've always been a great admirer of her books.*

admiring /əd'maɪərɪŋ/ *adj.* elragadtatott
▸ **admiringly** *adv.* elragadtatással

admission /əd'mɪʃn/ *noun* **1** [c,U] **admission (to sth)** felvétel (*vmilyen intézménybe*): *Admissions to British universities have increased by 15% this year.* ➋ Lásd **entrance**. **2** [U] belépődíj: *The museum charges half-price admission on Mondays.* **3** [c] beismerés

★ **admit** /əd'mɪt/ *verb* (**admitting; admitted**) **1** [I,T] **admit sth; admit to sth/doing sth; admit (that...)** beismer, elismer: *He refused to admit to the theft.* ● *After trying four times to pass the exam, I finally **admitted** **defeat*** (elismertem a vereséget). ● *I have to admit (that) I was wrong.* ● *She admitted having broken the computer.* ➊ Ellentéte: **deny**. **2** [T] **admit sb/sth (into/to sth)** felvesz vkit vhova: *He was admitted to hospital with suspected appendicitis.*

admittance /əd'mɪtns/ *noun* [U] (*formális*) bebocsátás: *The journalist tried to gain admittance* (bejutni) *to the minister's office.*

admittedly /əd'mɪtɪdli/ *adv.* tagadhatatlan, hogy: *The work is very interesting. Admittedly, I do get rather tired.*

adolescence /,ædə'lesns/ *noun* [U] serdülőkor

adolescent /,ædə'lesnt/ *noun* [c] *adj.* serdülő ➋ Lásd **teenager**.

adopt /ə'dɒpt/ *verb* **1** [I,T] örökbe fogad: *They couldn't have children so they adopted.* **2** [T] (*vmilyen eljárást*) alkalmaz: *What approach did you adopt when dealing with the problem?*
▸ **adopted** *adj.* örökbe fogadott
adoption *noun* [c,U] örökbefogadás

adoptive /ə'dɒptɪv/ *adj.* örökbe fogadó: *the baby's adoptive parents*

adorable /ə'dɔːrəbl/ *adj.* imádni való (*gyermek vagy állat*)

adore /ə'dɔː(r)/ *verb* [T] **1** imád vkit/vmit: *Kim adores her older sister.* **2** rajong vkiért: *She adores children.*
▸ **adoration** /,ædə'reɪʃn/ *noun* [U] rajongás, imádat
adoring *adj.* rajongó: *his adoring fans*

adorn /ə'dɔːn/ *verb* [T] **adorn sth (with sth)** felékesít vmivel

adrenalin /ə'drenəlɪn/ *noun* [U] adrenalin

adrift /ə'drɪft/ *adj.* (*főnév előtt nem állhat*) sodródó (*csónak vagy hajó*)

★ **adult** /'ædʌlt; ə'dʌlt/ *noun* [c] *adj.* felnőtt

adultery /ə'dʌltəri/ *noun* [U] (*formális*) házasságtörés: *to **commit adultery*** házasságtörést követ el

adulthood /'ædʌlthʊd; ə'dʌlt-/ *noun* [U] felnőttkor

advance¹ /əd'vɑːns/ *verb* **1** [I] előrenyomul: *The army advanced towards the city.* ➊ Ellentéte: **retreat**. **2** [I,T] halad, előmozdít (*fejlődést*): *Our research has not advanced much recently.*

advance² /əd'vɑːns/ *noun* **1** [c, *usually sing.*] előrenyomulás ➊ Ellentéte: **retreat**. **2** [c,U] fejlődés: *advances in computer technology* **3** [c] előleg
IDIOM **in advance (of sth)** előtt, előzetesen:

You should book tickets for the concert well in advance (jó előre).

advance³ /əd'vɑːns/ *adj.* (csak főnév előtt) előzetes: *There was no advance warning* (nem jelezték előre) *of the earthquake.*

★ **advanced** /əd'vɑːnst/ *adj.* **1** haladó (szint): *an advanced English class* **2** fejlett: *a country that is not very advanced industrially*

ad'vanced level = A LEVEL

★ **advantage** /əd'vɑːntɪdʒ/ *noun* **1** [C] an advantage (over sb) fölény, előny: *Her experience gave her a big advantage over the other people applying for the job.* • *Living abroad means he has the advantage of being fluent in two languages.* • *Some runners try to gain an unfair advantage by taking drugs.* **2** [C,U] előny: *the advantages and disadvantages of a plan* • *The traffic is so bad here that there is no advantage in having a car.* ❶ Ellentéte: **disadvantage**.

ᴵᴰᴵᴼᴹ **take advantage of sb/sth 1** kihasznál (alkalmat, lehetőséget): *We should take full advantage of these low prices while they last.* **2** kihasznál vkit: *You shouldn't let him take advantage of you like this.*

advantageous /ˌædvən'teɪdʒəs/ *adj.* előnyös

advent /'ædvent/ *noun* [sing.] **1** (formális) érkezés, megjelenés **2** (Advent) (vall) advent

adventure /əd'ventʃə(r)/ *noun* [C,U] kaland: *Our journey through the jungle was quite an adventure!* • *an adventure film*

adventurous /əd'ventʃərəs/ *adj.* **1** kalandvágyó, vállalkozó szellemű: *I'm not an adventurous cook – I like to stick to recipes I know.* **2** kalandos: *an adventurous holiday*

★ **adverb** /'ædvɜːb/ *noun* [C] határozószó

adversary /'ædvəsəri/ *noun* [C] (*plural* adversaries) (*formális*) ellenség, ellenfél

adverse /'ædvɜːs/ *adj.* (*formális*) kedvezőtlen: *Our flight was cancelled because of adverse weather conditions.* ❶ Ellentéte: **favourable**. ➔ Lásd még **unfavourable**.
▶ **adversely** *adv.* negatívan

adversity /əd'vɜːsəti/ *noun* [C,U] (*plural* adversities) (*formális*) viszontagság, csapás

★ **advert** /'ædvɜːt/ *noun* [C] (*brit, informális*) reklám

★ **advertise** /'ædvətaɪz/ *verb* **1** [I,T] hirdet (újságban, tévében stb.): *a poster advertising a new type of biscuit* • *The job was advertised in the local newspapers.* **2** [I] **advertise for sb/sth** (hirdetés útján) keres vkit/vmit
▶ **advertising** *noun* [U] hirdetés, hirdetési: *The magazine gets a lot of money from advertising.* • *an advertising campaign* reklámhadjárat • *an advertising agency* reklámiroda

★ **advertisement** /əd'vɜːtɪsmənt/ (*informális* **advert, ad**) *noun* [C] hirdetés: *an advertisement for a new brand of washing powder* • *to put an advertisement in a newspaper*

★ **advice** /əd'vaɪs/ *noun* [U] tanács: *She took her doctor's advice* (megfogadta) *and gave up smoking.* • *Let me give you some advice ...* ❶ Az **advice** megszámlálhatlan főnév. Azt mondhatjuk, hogy **a piece of advice** és **a lot of advice**, de helytelen az ~~an advice~~ vagy a ~~some advices.~~

advisable /əd'vaɪzəbl/ *adj.* (*formális*) tanácsos, ajánlatos: *It is advisable to reserve a seat.* ❶ Ellentéte: **inadvisable**.

★ **advise** /əd'vaɪz/ *verb* **1** [I,T] **advise (sb) (to do sth); advise (sb) (against sth/against doing sth); advise (sb) on sth** tanácsol: *I would strongly advise you to take the job.* • *The newspaper article advised against* (a cikk szerint nem tanácsos) *eating too much meat.* • *She advises the Government on economic affairs.* **2** [T] (*formális*) **advise sb (of sth)** tanácsot ad (hivatalos minőségben)

adviser (US **advisor**) /əd'vaɪzə(r)/ *noun* [C] tanácsadó: *an adviser on economic affairs*

advisory /əd'vaɪzəri/ *adj.* tanácsadó: *an advisory committee* • *He acted in an advisory capacity only* (csak tanácsadói minőségben).

advocate¹ /'ædvəkeɪt/ *verb* [T] (*formális*) szót emel vki/vmi mellett

advocate² /'ædvəkət/ *noun* [C] **1** an advocate (of sth) szószóló, pártoló **2** védő-ügyvéd

aerial¹ /'eəriəl/ (US **antenna**) *noun* [C] antenna

aerial² /'eəriəl/ *adj.* légi: *an aerial photograph of the town*

aerobics /eə'rəubɪks/ *noun* [U] (*sp*) aerobic: *I do aerobics twice a week to keep fit.* ➲ Ábra az A7. oldalon.

aerodynamics /ˌeərəudaɪ'næmɪks/ *noun* [U, *plural*] aerodinamika
▸ **aerodynamic** *adj.* (*tech*) aerodinamikai: *the aerodynamic design of a racing car*

★ **aeroplane** /'eərəpleɪn/ (also **plane**; US **airplane**) *noun* [C] repülőgép

aerosol /'eərəsɒl/ *noun* [C] aeroszol(os) flakon

aesthetic /iːs'θetɪk/ (US **esthetic** /es'θetɪk/) *adj.* esztétikai: *The columns are there for purely aesthetic reasons.*
▸ **aesthetically** (US also **esthetically**) /-kli/ *adv.* esztétikailag: *The design is aesthetically pleasing as well as practical.*

afar /ə'fɑː(r)/ *adv.* (írott nyelv)
IDIOM **from afar** távolról

★ **affair** /ə'feə(r)/ *noun* **1** [C] eset, ügy **2** (**affairs**) [*plural*] (köz)ügyek: *the minister for foreign affairs* külügyminiszter • *current affairs* aktuális események **3** [*sing.*] (előtte mindig birtokos névmás áll) magánügy: *What happened between us is my affair.* **4** [C] (szerelmi) viszony: *She's having an affair with her boss.*
IDIOM **state of affairs** → STATE¹

★ **affect** /ə'fekt/ *verb* [T] **1** hatást gyakorol, befolyásol: *Her personal problems seem to be affecting her work.* ➲ Magyarázat az **influence** szónál. **2** hatással van vkire: *The whole community was affected by the terrible tragedy.*

> Vigyázat! Az **affect** szó általában ige, az **effect** általában főnév: *Smoking can affect your health.* • *Smoking can have a bad effect on* (károsítja) *your health.*

affected /ə'fektɪd/ *adj.* mesterkélt, affektált (viselkedés) ❶ Ellentéte: **unaffected**.
▸ **affectation** /ˌæfek'teɪʃn/ *noun* [C,U] mesterkéltség, modorosság

★ **affection** /ə'fekʃn/ *noun* [C,U] (an) affection (for/towards sb/sth) vonzalom, szeretet: *Mark felt great affection for both his sisters.*

affectionate /ə'fekʃənət/ *adj.* szeretettel-jes
▸ **affectionately** *adv.* gyengéden, szeretettel

affiliate /ə'fɪlieɪt/ *verb* [T] (ált. szenvedő szerkezetben) **affiliate sth (to sth)** csatlakozik vmihez: *Our local club is affiliated to the national association.*
▸ **affiliated** *adj.* vmihez tartozó (szervezetileg)
▸ **affiliation** /əfɪli'eɪʃn/ *noun* [C,U] csatlakozás, kapcsolat

affinity /ə'fɪnəti/ *noun* [C,U] (*plural* affinities) **1** (an) affinity (for/with sb/sth) vonzódás: *He had always had an affinity for wild and lonely places.* **2** (an) affinity (with sb/sth); (an) affinity (between A and B) hasonlóság

affirm /ə'fɜːm/ *verb* [T] (formális) (jog) állít vmit
▸ **affirmation** /ˌæfə'meɪʃn/ *noun* [C,U] helyeslés: *She nodded her head in affirmation.* Jóváhagyólag bólintott.

affirmative /ə'fɜːmətɪv/ *adj.* (formális) igenlő, (nyelv) állító: *an affirmative answer* ❶ Úgy is mondhatjuk **an answer in the affirmative**. Ellentéte: **negative**.

afflict /ə'flɪkt/ *verb* [T] (ált. szenvedő szerkezetben, formális) **afflict sb/sth (with sth)** (fájdalom, bánat) kínoz vkit: *He had been afflicted with a serious illness since childhood.*
▸ **affliction** *noun* [C,U] megpróbáltatás, csapás

affluent /'æfluənt/ *adj.* jómódú: *Hugh comes from a very affluent family.*
▸ **affluence** *noun* [U] gazdagság: *Increased exports have brought new affluence.*

★ **afford** /ə'fɔːd/ *verb* [T] (rendszerint a *can*, a *could*, vagy a *be able to* után) **afford sth/ to do sth 1** megengedheti magának (anyagilag vagy időben): *We couldn't afford a television in those days.* • *I've spent more money than I can afford.* **2** nem engedheti meg (hogy vmi bekövetkezzék): *The other team was very good so we couldn't afford to make any mistakes.*
▸ **affordable** *adj.* megfizethető: *affordable prices*

affront /ə'frʌnt/ *noun* [C] **an affront (to sb/sth)** sértés, támadás

---

[I] **tárgyatlan** (ige): *He laughed.*   [T] **tárgyas** (ige): *He ate an apple.*

afield /əˈfiːld/ adv.
IDIOM **far afield** → FAR²

afloat /əˈfləʊt/ adj. (főnév előtt nem állhat) **1** (a felszínen) lebegő: A life jacket helps you **stay afloat** (a felszínen maradni) if you fall in the water. **2** talpon maradó (üzleti vállalkozás)

afoot /əˈfʊt/ adj. (főnév előtt nem állhat) készülőben lévő

★ **afraid** /əˈfreɪd/ adj. (főnév előtt nem állhat) **1** afraid (of sb/sth); afraid (of doing sth/to do sth) szorongó: Are you afraid of dogs? • Ben is afraid of going out after dark. • I was too afraid to answer the door. **2** afraid (that...); afraid (of doing sth) aggódó: We were afraid (attól tartottunk) that you would be angry. • to be afraid of offending sb **3** afraid for sb/sth félt vkit/vmit: When I saw the gun I was afraid for my life.

> Vesd össze az **afraid** és **frightened** szavakat: az **afraid** csak főnév után állhat, a **frightened** főnév előtt vagy főnév után is: a frightened animal • The animal was afraid/frightened.

IDIOM **I'm afraid (that...)** attól tartok, sajnos: I'm afraid I can't come on Sunday. • 'Is the factory going to close?' 'I'm afraid so.' • 'Is this seat free?' 'I'm afraid not/it isn't.'

afresh /əˈfreʃ/ adv. (formális) újra: to start afresh

African American noun [c] adj. afroamerikai

Afro-Caribbean /ˌæfrəʊ kærəˈbiːən/ noun [c], adj. afrokaribi

★ **after** /ˈɑːftə(r)/ prep., conj., adv. **1** után: Ian phoned just after six o'clock. • the week after next • After we had finished our dinner, we went into the garden. • I went out yesterday morning, and **after that** I was at home all day. • That was in April. Soon after, I heard that he was ill. **❶** Mondat végén gyakoribb az **afterwards** szó: We played tennis and went to Angela's house afterwards. **2** ...after... után (ismételten vagy hosszasan): **day after day** (nap nap után) of hot weather • I've told the children **time after time** (újra meg újra) not to do that. **3** mögött, után: Shut the door after you. • C comes after B in the alphabet. **4** utána (kutat, keres): The police were after him. •

Nicky is **after** a job in advertising. **5** azok után, következtében: After the way he behaved I won't invite him here again. **6** vki után (nevezik el): We called our son William after his grandfather.
IDIOM **after all 1** mégis: So you decided to come after all! **2** végtére is: She can't understand. After all, she's only two.

'**after-effect** noun [c] (kellemetlen) utóhatás

aftermath /ˈɑːftəmæθ/ noun [sing.] vmilyen (ált. nem kívánatos) esemény után beállt helyzet

★ **afternoon** /ˌɑːftəˈnuːn/ noun [c,u] délután: What are you doing this afternoon? • I'll see you tomorrow afternoon. • I studied all afternoon. • I usually go for a walk **in the afternoon**. • Are you busy **on Friday afternoon**?

> Amikor egy bizonyos délutánról beszélünk, akkor helyesen **on Monday, Tuesday, Wednesday,** etc. **afternoon,** de amikor általában arról van szó, hogy valamit ebben a napszakban csinálunk, akkor az **in the afternoon** kifejezést használjuk.

IDIOM **good afternoon** jó napot kívánok **❶** Gyakran csak annyit mondunk, **Afternoon**: 'Good afternoon, Mrs Davies.' • 'Afternoon, Jack.' Magyarázat a **morning** szónál.

aftershave /ˈɑːftəʃeɪv/ noun [c,u] borotválkozás utáni arcvíz

afterthought /ˈɑːftəθɔːt/ noun [c, usually sing.] utógondolat

★ **afterwards** /ˈɑːftəwədz/ (US also **afterward**) adv. azután, később: He was taken to hospital and died shortly afterwards. • Afterwards, I realized I'd made a terrible mistake.

★ **again** /əˈɡen; əˈɡeɪn/ adv. **1** újra, megint: Could you say that again, please? • I hope you'll soon be well again. **2** újra, megint: 'Is that enough?' 'No, I'd like half as much again, please'.
IDIOMS **again and again** újra meg újra: He said he was sorry again and again, but she wouldn't listen. | **then/there again** azonban, viszont: She might pass her test, but then again she might not. | **yet again** → YET

★ **against** /əˈɡenst; əˈɡeɪnst/ prep. **1** ellen: We played football against a school from *another district.* **2** ellen: *Are you for or against the plan?* ❸ Ellentéte: **for**. **3** ellen: *It's against the law* (a törvény tiltja) *to buy cigarettes before you are sixteen.* **4** ellen: *Take these pills as a precaution against malaria.* **5** szemben, ellen: *We had to cycle against the wind.* **6** vmihez/vminek támasztva: *I put the ladder against the wall.*

★ **age¹** /eɪdʒ/ *noun* **1** [C,U] kor: *Ali is seventeen years of age* (tizenhét éves). • *She left school at the age of sixteen* (tizenhat éves korában). • *He needs some friends of his own age* (vele egykorú).

> Ha valakinek a kora felől érdeklődünk, a kérdés általában **How old is she?**, a válasz **She's eighteen** vagy **She's eighteen years old** (sohasem „She's eighteen years"). További, a korral kapcsolatos kifejezések: *I'm nearly nineteen.* • *a girl of eighteen* • *an eighteen-year-old girl* • *The robber is of medium height and aged about 16 or 17.*

2 [C,U] (élet)kor: *a problem that often develops in middle age* • *Her sons will look after her in her old age.* **3** [U] öregkor: *a face lined with age* • *The doctor said she died of old age.* ➔ Lásd **youth**. **4** [C] kor: *the computer age* • *the history of art through the ages* **5** (ages) [plural] (informális) nagyon hosszú idő: *We had to wait (for) ages* (órákig) *at the hospital.* • *It's ages since* (nagyon régóta nem) *I've done any exercise.*

IDIOMS the age of consent nagykorúság, törvényes kor (*amikor vki törvényesen szexuális életet kezdhet*) | come of age nagykorúvá válik: *My father gave me a watch when I came of age.* | feel your age → FEEL¹ | under age kiskorú

age² /eɪdʒ/ *verb* [I,T] (*pres. part.* ageing or aging; *pt, pp* aged /eɪdʒd/) öregszik, öregít: *My father seems to have aged a lot recently.* • *I could see her illness had aged her.* • *an ageing* (öregedő) *aunt*

aged /eɪdʒd/ *adj.* (*főnév előtt nem állhat*) éves: *The woman, aged 26, was last seen at Victoria Station.*
  ▸ aged /eɪdʒɪd/ (the aged) *noun* a nagyon öregek/idősek: *services for the sick and aged*

¹**age group** *noun* [C] korosztály

★ **ageism** (US also agism) /eɪdʒɪzəm/ *noun* [U] életkor miatti hátrányos megkülönböztetés: *ageism in job advertisements*
  ▸ ageist *adj.* életkor miatt diszkrimináló

★ **agency** /eɪdʒənsi/ *noun* [C] (*plural* agencies) **1** iroda, ügynökség **2** (US) kormányszerv

agenda /əˈdʒendə/ *noun* [C] napirend: *The first item on the agenda* (az első napirendi pont) *at the meeting will be security.* • *The government have set an agenda for reform over the next ten years.* • *In our company, quality is high on the agenda* (nagyon fontos kérdés).

★ **agent** /ˈeɪdʒənt/ *noun* [C] **1** ügynök: *Most actors and musicians have their own agents.* • *a travel agent* • *an estate agent* ingatlanügynök **2** (also ˌsecret ˈagent) titkosügynök

aggravate /ˈægrəveɪt/ *verb* [T] **1** súlyosbít **2** (*informális*) dühít
  ▸ aggravation /ˌægrəˈveɪʃn/ *noun* [C,U] **1** súlyosbodás, súlyosbítás **2** kellemetlenség

aggregate /ˈægrɪgət/ *noun*
  IDIOM on aggregate összesítésben: *Our team won 3-1 on aggregate.*

aggression /əˈgreʃn/ *noun* [U] **1** agresszió **2** támadás

★ **aggressive** /əˈgresɪv/ *adj.* **1** agresszív: *an aggressive dog* • *Some people get aggressive after drinking alcohol.* **2** rámenős, törtető: *an aggressive salesman*
  ▸ aggressively *adv.* agresszíven

aggressor /əˈgresə(r)/ *noun* [C] támadó (fél)

aggrieved /əˈgriːvd/ *adj.* (*formális*) sértett, megsértődött

agile /ˈædʒaɪl/ *adj.* fürge
  ▸ agility /əˈdʒɪləti/ *noun* [U] agilitás: *This sport is a test of both physical and mental agility* (testi és szellemi gyorsaságot).

agitate /ˈædʒɪteɪt/ *verb* [I] agitate (for/against sth) agitál, kampányt indít (vmi mellett/ellen): *to agitate for reform*

agitated /ˈædʒɪteɪtɪd/ *adj.* nyugtalan, izgatott
  ▸ agitation /ˌædʒɪˈteɪʃn/ *noun* [U] izgatottság, nyugtalanság

AGM /ˌeɪ dʒiː ˈem/ *abbr.* (Annual General

Meeting *rövidítése* (*főleg brit*) évi köz-
gyűlés

agnostic /æɡˈnɒstɪk/ *noun* [C] agnosz-
tikus

★ ago /əˈɡəʊ/ *adv.* (*vmennyi idővel*) ezelőtt:
Patrick left ten minutes ago. • *That was a
long time ago.* • *How long ago did this hap-
pen?*

> Az **ago** határozó mellett egyszerű
> múlt időt használunk: *I arrived in Brit-
> ain three months ago.* Vesd össze az **ago**
> és **before** szavakat! Az **ago** a jelenhez
> viszonyít, a **before** egy múlt időpont-
> hoz: *Ann married Simon two years ago.* •
> *She had left her first husband six months
> before* (hat hónappal korábban).

agonize (*also* **-ise**) /ˈæɡənaɪz/ *verb* [I]
gyötrődik: *to agonize over a difficult deci-
sion*

agonized (*also* **-ised**) /ˈæɡənaɪzd/ *adj.*
gyötrelmes: *an agonized cry*

agonizing (*also* **-ising**) /ˈæɡənaɪzɪŋ/ *adj.*
fájdalmas, gyötrő: *an agonizing choice* •
an agonizing headache

agony /ˈæɡəni/ *noun* [C,U] (*plural* **agonies**)
kín, gyötrelem: *to be/scream in agony*

agoraphobia /ˌæɡərəˈfəʊbiə/ *noun* [U]
nyílt térségtől való szorongás ❶ Ellen-
téte: **claustrophobia**.

> ▶ **agoraphobic** *adj.* agorafóbiás

★ agree /əˈɡriː/ *verb* **1** [I] agree (with sb/sth);
agree (that...) egyetért: *I agree with Paul.* •
Do you agree that we should travel by train?
• *I'm afraid I don't agree.* ❶ Ellentéte: **dis-
agree**. **2** [I] agree (to sth/to do sth) bele-
egyezik: *Paul has agreed to lend me his car
for the weekend.* ❶ Ellentéte: **refuse**. **3** [I,T]
agree (to do sth); agree (on sth) meg-
állapodik (vmiben): *They agreed to meet
again the following day.* • *Can we agree on a
price?* • *We agreed a price of £500.* **4** [I]
agree with sth egyetért vmivel: *I don't
agree with experiments on animals.* **5** [I]
megegyezik: *The two accounts of the acci-
dent do not agree.*

> **IDIOM** not agree with sb (*étel*) árt vkinek

agreeable /əˈɡriːəbl/ *adj.* **1** kellemes
❶ Ellentéte: **disagreeable**. **2** (*formális*)
hajlandó beleegyezni: *If you are agreeable*

(ha Önöknek is megfelel), *we would like to
visit your offices on 21 May.*

> ▶ **agreeably** /-əbli/ *adv.* kellemesen: *I was
> agreeably surprised by the film.*

★ agreement /əˈɡriːmənt/ *noun* **1** [U]
egyetértés: *She nodded her head in agree-
ment.* • *We are totally in agreement with
what you have said.* ❶ Ellentéte: **disagree-
ment**. **2** [C] megállapodás, szerződés:
*Please sign the agreement and return it to
us.* • *The leaders reached an agreement*
(megállapodásra jutottak) *after five days
of talks.* • *We never break an agreement*
(szegünk szerződést).

★ agriculture /ˈæɡrɪkʌltʃə(r)/ *noun* [U]
mezőgazdaság és állattenyésztés

> ▶ **agricultural** /ˌæɡrɪˈkʌltʃərəl/ *adj.* mező-
> gazdasági

ah /ɑː/ *interj.* ó!: *Ah, there you are.*

aha /ɑːˈhɑː/ *interj.* aha!: *Aha! Now I under-
stand.*

★ ahead /əˈhed/ *adv., adj.* ahead (of sb/sth)
1 (vki/vmi) előtt, elöl, előre: *I could see the
other car about half a mile ahead of us.* •
Look straight ahead and don't turn round!
2 vki/vmi előtt, előbbre: *London is about
five hours ahead of New York.* • *The Japan-
ese are way ahead of us* (jóval előttünk) *in
their research.* **3** előtt, előre (a jövőre
nézve): *He's got a difficult time ahead of
him* (vár rá). • *We must think ahead and
make a plan.* **4** vezetés, előny (verseny-
ben): *The goal put Italy 2-1 ahead*
(vezetéshez juttatta) *at half-time.* ➔ Lásd
behind.

> **IDIOMS** ahead of your time korát megelőző |
> streets ahead → STREET

aid¹ /eɪd/ *noun* **1** [U] segítség: *to walk with
the aid of a stick* • *He had to go to the aid of
a child in the river.* ➔ Lásd **first aid**. **2** [C]
segítség, segédeszköz: *a hearing aid*
hallókészülék • *dictionaries and other
study aids* **3** [U] segély: *We sent aid to the
earthquake victims.* • *economic aid*

> **IDIOM** in aid of sb/sth vki/vmi támogatá-
> sára: *a concert in aid of charity*

aid² /eɪd/ *verb* [T] (*formális*) (elő)segít:
Sleep aids recovery from illness.

> **IDIOM** aid and abet támogat (*rosszban/
> bűncselekményben*), segítséget nyújt

aide /eɪd/ *noun* [C] (*pol*) tanácsadó

AIDS (brit is **Aids**) /eɪdz/ noun [U] (**Acquired Immune Deficiency Syndrome** rövidítése) AIDS: *He was HIV positive for three years before developing full-blown Aids.* • *to contract Aids* • *the Aids virus*

ailing /'eɪlɪŋ/ adj. beteg, gyengélkedő: *an ailing economy*

ailment /'eɪlmənt/ noun [C] (formális) kisebb betegség

★ **aim¹** /eɪm/ noun **1** [C] cél(kitűzés): *His only aim in life is to make money.* **2** [U] célzás: *She picked up the gun, took aim* (célzott) *and fired.* • *Jo's aim was good and she hit the target.*

★ **aim²** /eɪm/ verb **1** [I] aim to do sth; aim at/for sth szándékozik, célba vesz, törekszik (vmire): *We aim to leave after breakfast.* • *The company is aiming at a 25% increase in profit.* **2** [T] aim sth at sb/sth célba vesz (vmivel vkit): *The advertising campaign is aimed at young people.* **3** [I,T] aim (sth) (at sb/sth) célba vesz, irányít (vmit) (vmire/vkire)

IDIOM be aimed at sth/doing sth törekszik vmire, vminek/vkinek az a szándéka: *The new laws are aimed at reducing heavy traffic in cities.*

aimless /'eɪmləs/ adj. céltalan: *an aimless discussion*
  ▸ **aimlessly** adv. céltalanul

ain't /eɪnt/ (informális) short for AM NOT, IS NOT, ARE NOT, HAS NOT, HAVE NOT ❶ Az **ain't** használatát helytelennek tekintik.

★ **air¹** /eə(r)/ noun **1** [U] levegő: *Open a window – I need some fresh air.* • *the pure mountain air* **2** [U] levegő: *to throw a ball high into the air* • *in the open air* a szabadban **3** [U] légi (út, szállítás): *to travel by air* (repülővel) • *an air ticket* repülőjegy **4** [sing.] an air (of sth) benyomás, fellépés: *She has a confident air.*

IDIOMS a breath of fresh air → BREATH | clear the air → CLEAR³ | in the air a levegőben, készülőben: *A feeling of change was in the air.* | in the open air → OPEN¹ | on (the) air (rádió, tévé) műsort sugároz: *This radio station is on the air 24 hours a day.* | vanish, etc. into thin air → THIN¹

air² /eə(r)/ verb **1** [I,T] szárít: *Put the sheets on the washing line to air.* **2** [I,T] szellőztet: *Open the window to air the room.* **3** [T]

nyilvánosság elé tár: *The discussion gave people a chance to air their views.*

¹**air bag** noun [C] légzsák

airbase /'eəbeɪs/ noun [C] légitámaszpont

¹**air bed** (brit) (also ¹**air mattress**) noun [C] felfújható gumimatrac

airborne /'eəbɔ:n/ adj. **1** (főnév előtt nem állhat) repülés közben felszállás után **2** (csak főnév előtt) levegőben terjedő

¹**air conditioning** noun [U] légkondicionálás
  ▸ ¹**air-conditioned** adj. légkondicionált

★ **aircraft** /'eəkrɑ:ft/ noun [C] (plural **aircraft**) repülőgép

¹**aircraft carrier** noun [C] repülőgép-anyahajó

airfield /'eəfi:ld/ noun [C] (kisebb) repülőtér

¹**air force** noun [C, with sing. or plural verb] légierő(k) ⊃ Lásd **army**, **navy**.

¹**air hostess** (also **hostess**) noun [C] légi utaskísérő(nő) ❶ Szinonimája: **stewardess**. ⊃ Lásd **air steward**.

¹**airing cupboard** noun [C] szárítószekrény (*Angol otthonokban található, általában fűtött, beépített szekrény, ahol ruhát, ágyneműt szárítanak.*)

airless /'eələs/ adj. levegőtlen: *The room was hot and airless.*

airline /'eəlaɪn/ noun [C] légitársaság

airliner /'eəlaɪnə(r)/ noun [C] utasszállító repülőgép

airmail /'eəmeɪl/ noun [U] légiposta: *I sent the parcel (by) airmail.*

airplane /'eəpleɪn/ (US) = AEROPLANE

★ **airport** /'eəpɔ:t/ noun [C] repülőtér

¹**air raid** noun [C] légitámadás

airsick /'eəsɪk/ adj. légibeteg ⊃ Lásd **carsick**, **seasick**, **travel-sick**.

airspace /'eəspeɪs/ noun [U] légtér

¹**air steward** noun [C] légi utaskísérő ⊃ Lásd **air hostess**.

airstrip /'eəstrɪp/ (also ¹**landing strip**) noun [C] fel-/leszállópálya

airtight /'eətaɪt/ adj. légmentes

¹**air traffic con'troller** noun [C] légiirányító

airy /'eəri/ adj. levegős, szellős

aisle /aɪl/ noun [C] templomhajó, sorok közti folyosó

ajar /əˈdʒɑː(r)/ adj. (főnév előtt nem állhat) kissé nyitott (ajtó)

akin /əˈkɪn/ adj. **akin to sth** hasonló vmihez

à la carte /ˌɑː lɑː ˈkɑːt/ adj., adv. étlap szerint(i): Do you want to order à la carte or take the set menu? Az étlap szerint rendeljünk, vagy kérjük a menüt?

★ **alarm¹** /əˈlɑːm/ noun **1** [U] rémület: She jumped up in alarm (rémülten). **2** [sing.] riadó, riasztás: A small boy saw the smoke and raised the alarm (riasztott). **3** [C] riasztó, vészjelző: The burglars set off the alarm when they broke the window. • The fire/burglar alarm went off (tűzjelző- /riasztóberendezés megszólalt) in the middle of the night. **4** [C] = ALARM CLOCK
IDIOM a false alarm → FALSE

alarm² /əˈlɑːm/ verb [T] megrémít

a'larm clock (also **alarm**) noun [C] ébresztőóra: She set the alarm clock for half past six.

alarmed /əˈlɑːmd/ adj. **alarmed (at/by sth)** riadt, ijedt (vmitől)

alarming /əˈlɑːmɪŋ/ adj. ijesztő
▸ **alarmingly** adv. aggasztóan

alas /əˈlæs/ interj. (formális) Ó jaj!

albeit /ˌɔːlˈbiːɪt/ conj. (formális) (ha)bár: He finally agreed to come, albeit unwillingly.

albino /ælˈbiːnəʊ/ noun [C] (plural albinos) albínó

album /ˈælbəm/ noun [C] **1** nagylemez, album (CD-n, kazettán): The band are about to release their third album. ➔ Lásd single²(2). **2** album: a photograph/stamp album

★ **alcohol** /ˈælkəhɒl/ noun [U] **1** szesz **2** alkohol

alcoholic¹ /ˌælkəˈhɒlɪk/ adj. szeszes, alkoholtartalmú: alcoholic drinks ❶ Ellentéte: non-alcoholic. Alkoholmentes ital fordítása lehet soft drink is.

alcoholic² /ˌælkəˈhɒlɪk/ noun [C] alkoholista ❶ A teetotaller jelentése „antialkoholista".

alcoholism /ˈælkəhɒlɪzəm/ noun [U] alkoholizmus

alcove /ˈælkəʊv/ noun [C] fali fülke

ale /eɪl/ noun [U, C] angol típusú barna sör

alert¹ /əˈlɜːt/ adj. **alert (to sth)** éber, készenlétben álló: Security guards must be alert at all times. • to be alert to possible changes

alert² /əˈlɜːt/ noun [C] riadó: a bomb alert
IDIOM on the alert (for sth) készültségben, résen (áll) vmire

alert³ /əˈlɜːt/ verb [T] alert sb (to sth) riaszt vkit, felhívja vki figyelmét vmire

A level (formális ad'vanced level) noun [C] az érettséginek körülbelül megfelelő brit vizsgák egyike, az egyetemi felvételhez legalább két tárgyból kell letenni: How many A levels have you got? • I'm doing my A levels this summer. ➔ Vesd össze GCSE.

algae /ˈældʒiː; ˈælgi/ noun [plural, with sing. or plural verb] moszat, alga

algebra /ˈældʒɪbrə/ noun [U] algebra

alias¹ /ˈeɪliəs/ noun [C] álnév: Castorri is known to the police under several aliases.

alias² /ˈeɪliəs/ adv. álnéven, felvett néven: Norma Jean Baker, alias Marilyn Monroe

alibi /ˈæləbaɪ/ noun [C] (plural alibis) an alibi (for sth) alibi: He had a good alibi for the night of the robbery.

alien¹ /ˈeɪliən/ noun [C] **1** más bolygóról származó lény **2** (formális) külföldi állampolgár

alien² /ˈeɪliən/ adj. **1** külföldi, idegen: an alien land **2** alien (to sb) idegen, (vkitől) távol álló

alienate /ˈeɪliəneɪt/ verb [T] alienate sb (from sb/sth) elidegenít: The Prime Minister's new policies on defence have alienated many of his supporters.
▸ **alienation** /ˌeɪliəˈneɪʃn/ noun [U] elidegenedés, elidegenítés

alight¹ /əˈlaɪt/ adj. égő: A cigarette set the petrol alight (lángra lobbantotta). ❶ Csak főnév után állhat az alight, főnév előtt a burning szót használjuk: The whole building was alight. • a burning building

alight² /əˈlaɪt/ verb [I] (írott nyelv) alight (from sth) (járműről) leszáll

align /əˈlaɪn/ verb [T] **1** align sth (with sth) egyenesbe/egyvonalba állít: to align the

❶ = magyarázat [C] megszámlálható (főnév): one book, two books

[U] megszámlálhatatlan (főnév): some sugar

wheels of a car **2 align yourself with sb** felsorakozik vki mellé

alignment /əˈlaɪnmənt/ *noun* **1** [U] egyenesbe/egyvonalba állítás **2** [C,U] összehangolódás

alike /əˈlaɪk/ *adj., adv.* (*főnév előtt nem állhat*) **1** hasonló: *The two children are very alike.* **2** egyformán: *We try to treat women and men alike in this company.* • *The book is popular with adults and children alike.*

alimony /ˈælɪməni/ *noun* [U] házastársi tartásdíj

★ **alive** /əˈlaɪv/ *adj.* **1** életben: *The quick action of the doctors kept the child alive.* ❶ Az **alive** a főnév után áll, főnév előtt a **living** szót használjuk: *Are her parents alive?* • *Does she have any living relatives?* **2** továbbra is él: *Many old traditions are very much alive in this area of the country.* **3** életteli, élénk: *In the evening the town really comes alive* (feléled).

alkali /ˈælkəlaɪ/ *noun* [C,U] lúg ➔ Lásd **acid, base**.
▶ **alkaline** *adj.* lúgos

★ **all¹** /ɔːl/ *determiner, pron.* **1** az összes, (az) egész: *All (of) the food has gone.* • *They've eaten all of it.* • *They've eaten it all.* Mind megették. • *This money is all yours.* Ez a pénz mind a tiéd. • *All of it is yours.* • *all week* • *He worked hard all his life.* **2** mind(en), mindannyian: *All (of) my children can swim.* • *My children can all swim.* • *She's read all (of) these books.* • *She's read them all.* • *The people at the meeting all voted against the plan.* • *All of them voted against the plan.* **3** mindössze, mindaz: *I wrote down all I could remember.* • *All I've eaten today is one banana.*

IDIOMS above all → ABOVE | **after all** → AFTER | **for all 1** ellenére: *For all her wealth and beauty, she was never very happy.* **2** nem számít/érdekes: *For all I know* (nem érdekel), *he's probably remarried by now.* | **in all** összesen: *There were ten of us in all.* | **not all that...** nem nagyon/annyira: *The film wasn't all that good.* | **(not) at all** egyáltalán (nem): *I didn't enjoy it at all.* ❶ Ha valaki megköszön valamit, így válaszolhatunk: **not at all** (szívesen!/kérem!/szóra sem érdemes).

★ **all²** /ɔːl/ *adv.* **1** teljesen: *He has lived all alone since his wife died.* • *I forgot all about it.* •

They got all excited about it. **2** mindkét fél számára: *The score was two all.*

IDIOMS all along kezdettől fogva, mindvégig: *I knew you were joking all along.* | **all the better, harder, etc.** még/annál inkább: *It will be all the more difficult with two people missing.*

allay /əˈleɪ/ *verb* [T] (*formális*) enyhít, csillapít

the ˌall-ˈclear *noun* [*sing.*] veszély végének jelzése

allege /əˈledʒ/ *verb* [T] (*formális*) állít
▶ **allegation** /ˌæləˈgeɪʃn/ *noun* [C] állítás: *to make allegations of police corruption* rendőrségi visszaélésre utaló állításokat tenni
alleged /əˈledʒd/ *adj.* (csak főnév előtt) állítólagos
allegedly /əˈledʒɪdli/ *adv.* állítólag(osan): *The man was allegedly shot while trying to escape.*

allegiance /əˈliːdʒəns/ *noun* [U, C] (*formális*) elkötelezettség, lojalitás: *Many people switched allegiance* (megváltoztatta pártállását) *and voted against the government.*

allergic /əˈlɜːdʒɪk/ *adj.* **allergic (to sth)** allergiás (vmire): *I'm allergic to cow's milk.* • *an allergic reaction to house dust*

allergy /ˈælədʒi/ *noun* [C] (*plural allergies*) **an allergy (to sth)** allergia

alleviate /əˈliːvieɪt/ *verb* [T] csillapít, enyhít: *The doctor gave me an injection to alleviate the pain.*
▶ **alleviation** /əˌliːviˈeɪʃn/ *noun* [U] csillapítás

alley /ˈæli/ (*also* **alleyway** /ˈæliweɪ/) *noun* [C] átjáró, sikátor

alliance /əˈlaɪəns/ *noun* [C] szövetség: *The two parties formed an alliance.* ➔ Lásd **ally**.

allied *adj.* /ˈælaɪd; əˈlaɪd/ **1** szövetséges **2 allied (to sth)** (vmivel) szoros kapcsolatban álló: *The newspaper is closely allied to the government.*

alligator /ˈælɪgeɪtə(r)/ *noun* [C] aligátor

ˌall-ˈin *adj.* mindent magában foglaló: *an all-in price*

allocate /ˈæləkeɪt/ *verb* [T] **allocate sth (to/for sb/sth)** kiutal, kijelöl vmilyen

---

[I] **tárgyatlan (ige):** *He laughed.*

[T] **tárgyas (ige):** *He ate an apple.*

célra: *The government has allocated half the budget for education.*
▶ **allocation** /ˌæləˈkeɪʃn/ *noun* [C,U] juttatás

allot /əˈlɒt/ *verb* [T] (**allotting; allotted**) **allot sth (to sb/sth)** kioszt: *We all finished the exam in the allotted (előírt) time.*

allotment /əˈlɒtmənt/ *noun* [C] (*brit*) bérelhető parcella/veteményes kert

‚**all-ˈout** *adj.* (*csak főnév előtt*), **all out** *adv.* teljes erőbevetésű, totális: *an all-out effort* ● *We're going all out to win.*

★ **allow** /əˈlaʊ/ *verb* [T] **1 allow sb/sth to do sth; allow sth** megenged, engedélyez: *Photography is not allowed inside the cathedral.*

> Vesd össze az **allow** igét a **permit** és **let** szavakkal! Az **allow** igét formális és közvetlen stílusban is használhatjuk. Különösen gyakori a **be allowed to** szenvedő szerkezetben. A **permit** ige formális, általában az írott nyelvben használjuk. A **let** ige nagyon gyakori a beszélt nyelvben. Ügyeljünk az **allow sb to do sth** és a **let sb do sth** helyes használatára! A **let** ige nem szerepel szenvedő alakban: *Visitors are not allowed/permitted to smoke in this area.* ● *Smoking is not allowed/permitted.* Tilos a dohányzás. ● *I'm not allowed to smoke in my bedroom.* ● *My dad won't let me smoke in my bedroom.*

2 megenged: *No dogs allowed.* ● *I'm only allowed out on Friday and Saturday nights.* **3 allow sb sth** enged(élyez) vkinek vmit: *My contract allows me four weeks' holiday a year.* **4 allow sb/sth to do sth** lehetővé tesz: *Working part-time would allow me to spend more time with my family.* **5 allow sth (for sb/sth)** hagy/szán vmit/vmennyit (vmire/vkire): *You should allow about 30 minutes for each question.*

PHRASAL VERB **allow for sb/sth** előre számít vkire/vmire, belekalkulál: *The journey should take about two hours, allowing for heavy traffic.*

allowance /əˈlaʊəns/ *noun* [C] **1** megengedett mennyiség: *Most flights have a 20 kg baggage allowance.* **2** juttatás, pótlék, térítés

IDIOM **make allowances for sb/sth** (különös) tekintettel van vkire/vmire

‚**all ˈright** (*also informális* **alright**) *interj.*, *adv.*, *adj.* (*főnév előtt nem állhat*) **1** jó, rendben: *Is everything all right?* **2** jól: *Do you feel all right?* **3** hogyne: '*Can you get me some stamps?' 'Yes, all right.'* ❶ Ha valaki megköszön valamit vagy elnézést kér valamiért, válaszolhatjuk **That's all right** (Rendben van. Szóra sem érdemes): *'Thanks for the lift home.' 'That's (quite) all right.'* ● *'I'm so sorry I'm late.' 'That's all right. We haven't started yet anyway.'*

‚**all-ˈround** *adj.* (*csak főnév előtt*) sokoldalú: *a superb all-round athlete*

‚**all-ˈrounder** *noun* [C] sokoldalú ember

allude /əˈluːd/ *verb* [I] (*formális*) **allude to sb/sth** finoman utal vkire/vmire
▶ **allusion** /əˈluːʒn/ *noun* célzás: *He likes to make allusions to* (burkolt célzásokat tenni) *the size of his salary.*

ally /ˈælaɪ/ *noun* [C] (*plural* **allies**) **1** szövetséges állam ➔ Lásd **alliance**. **2** szövetséges: *the Prime Minister's political allies*

almighty /ɔːlˈmaɪti/ *adj.* **1** mindenható: *Almighty God* **2** (*csak főnév előtt, informális*) hatalmas: *Suddenly we heard the most almighty crash.*

almond /ˈɑːmənd/ *noun* [C] mandula

★ **almost** /ˈɔːlməʊst/ *adv.* majdnem: *I almost fell into the water.* ● *There's almost nothing left.* Szinte semmi sem maradt (belőle).

★ **alone** /əˈləʊn/ *adj.*, *adv.* **1** egyedül: *The old man lives alone.* ● *Are you alone? Can I speak to you for a moment?* ❶ Az **alone** nem állhat főnév előtt. Szinonimái az **on your own** és **by yourself**, amelyek gyakoriak a közvetlen, beszélt nyelvben. **2** (*főnév vagy névmás után*) egyedül, csak: *You alone can help us.*

IDIOMS **go it alone** egymaga végzi el | **leave sb/sth alone** → LEAVE[1] | **let alone** → LET

★ **along** /əˈlɒŋ/ *prep.*, *adv.* **1** végig vmin: *I walked slowly along the road.* **2** vmi mentén: *Our house is about halfway along the street* (körülbelül az utca közepén). **3** előre: *We moved along slowly with the crowd.* **4** (*informális*) együtt vkivel: *We're going for a walk. Why don't you come along too?*

IDIOMS all along → ALL² | along with sb/sth vkivel/vmivel együtt | go along with sb/sth egyetért vkivel/vmivel

alongside /əˌlɒŋˈsaɪd/ adv., prep. **1** vki/vmi mellé/mellett **2** együtt vkivel/vmivel: the opportunity to work alongside experienced musicians

aloof /əˈluːf/ adj. **1** zárkózott: Her shyness made her seem aloof. **2** aloof (from sb/sth) távol/eltávolodva vkitől/vmitől

aloud /əˈlaʊd/ adv. hangosan: to read aloud from a book

★ **alphabet** /ˈælfəbet/ noun [C] ábécé

alphabetical /ˌælfəˈbetɪkl/ adj. betűrendes: The names are listed in alphabetical order.
▸ **alphabetically** /-kli/ adv. ábécérendben

alpine /ˈælpaɪn/ adj. alpesi

★ **already** /ɔːlˈredi/ adv. **1** már: We got there at 6.30 but Marsha had already left. **2** már(is): Have you finished already? Már kész is vagy? ● Surely you're not going already!

alright /ɔːlˈraɪt/ (informális) = ALL RIGHT

★ **also** /ˈɔːlsəʊ/ adv. (nem szerepel tagadó mondatban) is

> Az **also** helyett a **too** és as **well** nagyon gyakori a beszélt nyelvben. Az **also** a főige előtt, de a létige után áll: He also enjoys reading. ● He has also been to Australia. ● He is also intelligent. A **too** vagy as **well** a kifejezés vagy mondat végén áll: I really love this song, and I liked the first one too/as well.

IDIOM not only ... but also → ONLY

altar /ˈɔːltə(r)/ noun [C] oltár

alter /ˈɔːltə(r)/ verb [I,T] (meg)változik, (meg)változtat

alteration /ˌɔːltəˈreɪʃn/ noun [C,U] (an) alteration (to/in sth) változ(tat)ás: We want to make a few alterations to the house before we move in.

alternate¹ /ɔːlˈtɜːnət/ adj. **1** váltakozó: There will be alternate periods of sun and showers tomorrow. **2** minden másod: He ;works alternate weeks.
▸ **alternately** adv. felváltva: The bricks were painted alternately white and red.

alternate² /ˈɔːltəneɪt/ verb **1** [I] alternate with sth; alternate between A and B váltakozik vmivel: She seemed to alternate between hating him and loving him (hol szerette, hol utálta). **2** [T] alternate A with B váltogat vmit, felváltva csinál vmit: He alternated periods of work with periods of rest.
▸ **alternation** /ˌɔːltəˈneɪʃn/ noun [C,U] váltakozás

alternative¹ /ɔːlˈtɜːnətɪv/ adj. (csak főnév előtt) **1** egy más(ik) **2** alternatív: alternative medicine
▸ **alternatively** adv. vagy(lagosan)

alternative² /ɔːlˈtɜːnətɪv/ noun [C] an alternative (to sth) választási lehetőség (vmi helyett), alternatíva: There are several alternatives open to us at the moment.

★ **although** /ɔːlˈðəʊ/ conj. **1** bár, habár: Although she was tired, she stayed up late watching television. **2** de, (ha)bár: I love dogs, although I wouldn't have one as a pet.

> A **though** és **although** jelentése azonos, de a mondat végén csak **though** állhat: She knew all her friends would be at the party. She didn't want to go, though (mégsem). Hangsúlyosabb alak az **even though**: She didn't want to go, although/though/even though she knew all her friends would be there.

altitude /ˈæltɪtjuːd/ noun **1** [sing.] tengerszint feletti magasság: The plane climbed to an altitude of 10 000 metres. **2** [usually plural] (tengerszint feletti) magasság, magaslat: You need to carry oxygen when you are climbing at high altitudes.

alto /ˈæltəʊ/ noun [C] (plural altos) alt

★ **altogether** /ˌɔːltəˈgeðə(r)/ adv. **1** teljesen, egészen: I don't altogether agree with you. ● At the age of 55 he stopped working altogether. ● This time the situation is altogether different. **2** összesen: Altogether there were six of us. **3** mindent egybevéve: Altogether, this town is a pleasant place to live.

> Ne tévesszük össze az **altogether** szót az **all together** kifejezéssel, amely jelentése „minden(t)/mindenki(t) együtt/egyben/egybe": Put your books all together on the table. ● Let's sing. All together now!

aluminium /ˌæljəˈmɪniəm/ (US **aluminum** /əˈluːmɪnəm/) (symbol **Al**) noun [U] alumínium: aluminium foil

★ **always** /ˈɔːlweɪz/ adv. **1** mindig: I always get up at 6.30. **2** mindig (is): Tony has always been shy. **3** örökké: I shall always remember this moment. **4** (csak **continuous** igeidőkben állhat) folyton: She's always complaining about something. **5** végső soron: If you haven't got enough money, I could always lend you some.

> Az **always** általában a főige előtt vagy a létige után áll: He always wears those shoes. • I have always wanted to visit Egypt. • Fiona is always late. Mondat elején akkor használjuk, ha valakit felszólítunk valamire: Always stop and look before you cross the road.

Alzheimer's disease /ˈæltshaɪməz dɪziːz/ noun [sing.] Alzheimer-kór

AM /ˌeɪ ˈem/ abbr. (amplitude modulation rövidítése) KH (középhullám) (rádiósáv)

a.m. /ˌeɪ ˈem/ abbr. (ante meridiem rövidítése) (US **A.M.**) de. (délelőtt): 10 a.m.

am → BE[1]

amalgamate /əˈmælɡəmeɪt/ verb [I,T] egyesül, egybeolvad, egyesít, összeolvaszt
► **amalgamation** /əˌmælɡəˈmeɪʃn/ noun [C,U] egyesülés

amass /əˈmæs/ verb [T] felhalmoz, összehord: We've amassed a lot of information on the subject.

amateur¹ /ˈæmətə(r)/ noun [C] **1** amatőr ❶ Ellentéte: **professional**. **2** műkedvelő, dilettáns

amateur² /ˈæmətə(r)/ adj. **1** amatőr: an amateur production of a play • an amateur photographer ❶ Ellentéte: **professional**. **2** (also **amateurish** /-rɪʃ/) dilettáns: The painting was an amateurish fake.

★ **amaze** /əˈmeɪz/ verb [T] meghökkent, elképeszt: Sometimes your behaviour amazes me!

★ **amazed** /əˈmeɪzd/ adj. **amazed (at/by sb/sth); amazed (to do sth/that...)** nagyon meglepődött (vmitől): I was amazed by the change in his attitude.

amazement /əˈmeɪzmənt/ noun [U] döbbenet: He looked at me **in amazement**

(meglepődve). • **To** my **amazement** (meglepetésemre), I passed the test easily.

★ **amazing** /əˈmeɪzɪŋ/ adj. bámulatos, döbbenetes, elképesztő
► **amazingly** adv. hihetetlenül

ambassador /æmˈbæsədə(r)/ noun [C] nagykövet: the Spanish Ambassador to Britain ➔ Lásd még **embassy, consul**.

amber /ˈæmbə(r)/ noun [U] **1** borostyánkő **2** sárga: The three colours in traffic lights are red, amber and green.
► **amber** adj. aranyossárga

ambiguity /ˌæmbɪˈɡjuːəti/ noun [C,U] (plural **ambiguities**) félreérthetőség, kétértelműség: A lot of humour depends on ambiguity.

ambiguous /æmˈbɪɡjuəs/ adj. félreérthető, kétértelmű
► **ambiguously** adv. kétértelműen

★ **ambition** /æmˈbɪʃn/ noun **1** [C] **ambition (to do/be sth); ambition (of doing sth)** vágy, cél, ambíció: He finally **achieved** his **ambition** of becoming a doctor. **2** [U] ambíció, becsvágy: One problem of young people today is their lack of ambition.

★ **ambitious** /æmˈbɪʃəs/ adj. **1 ambitious (to be/do sth)** törekvő, nagyravágyó, céltudatos: We are ambitious to succeed. **2** (rendkívül) igényes, nagyratörő: The company have announced ambitious plans for expansion.

ambivalent /æmˈbɪvələnt/ adj. ambivalens, vegyes
► **ambivalence** noun [C,U] vegyes érzelmek

★ **ambulance** /ˈæmbjələns/ noun [C] mentőautó

ambush /ˈæmbʊʃ/ noun [C,U] (leshelyről) támadás, rajtaütés: The robbers were waiting in ambush (lesben).
► **ambush** verb [T] csapdába ejt, rajtaüt

amen /ɑːˈmen; eɪˈmen/ interj. ámen

amenable /əˈmiːnəbl/ adj. hajlandó, fogékony vmire, készséges: I'm amenable to (szívesen fogadok) any suggestions you may have.

amend /əˈmend/ verb [T] módosít, helyesbít

amendment /əˈmendmənt/ noun [C,U] kiegészítés, módosítás

amends /ə'mendz/ *noun* [*plural*]
[IDIOM] **make amends** jóvátesz

amenity /ə'miːnəti/ *noun* [*C*] (*plural* **amenities**) szórakozási lehetőség, komfort: *Among the town's amenities are two cinemas and a sports centre.*

★**American** /ə'merikən/ *adj.*, *noun* [*C*] amerikai

A₁merican ¹football (*US* **football**) *noun* [*U*] amerikai futball

A₁merican ¹Indian *adj.*, *noun* [*C*] (amerikai) indián

amiable /'eimiəbl/ *adj.* kellemes, kedves, barátságos
▶ **amiably** /-əbli/ *adv.* kedvesen

amicable /'æmikəbl/ *adj.* barátságos, baráti
▶ **amicably** *adv.* barátságosan, baráti alapon

amid /ə'mid/ (*also* **amidst** /ə'midst/) *prep.* (*írott nyelv*) között, közepette

amiss /ə'mis/ *adj.* (*főnév előtt nem állhat*) *adv.* helytelen(ül): *I could sense that something was amiss* (valami nem stimmelt).
[IDIOMS] **not come/go amiss** jól jön: *A bit more money wouldn't come amiss.* | **take sth amiss** rossz néven vesz: *Please don't take my remarks amiss.*

ammunition /ˌæmju'niʃn/ *noun* [*U*] **1** lőszer, munició **2** vki/vmi ellen felhasználható dolog/információ

amnesia /æm'niːziə/ *noun* [*U*] emlékezetvesztés, amnézia

amnesty /'æmnəsti/ *noun* [*C*] (*plural* **amnesties**) amnesztia, (köz)kegyelem: *The government granted a general amnesty for all political prisoners.*

★**among** /ə'mʌŋ/ (*also* **amongst** /ə'mʌŋst/) *prep.* között: *I often feel nervous when I'm among strangers.* • *Discuss it amongst yourselves and let me know your decision.* • *Among other things* (többek között), *the drug can cause headaches and sweating.* • *On his death, his money will be divided among his children.* ➔ Magyarázat és ábra a **between** szónál.

amoral /ˌeɪ'mɒrəl/ *adj.* amorális ➔ Vesd össze **moral**, **immoral**.

★**amount¹** /ə'maʊnt/ *noun* [*C*] **1** mennyiség: *I spent an enormous amount of time preparing for the exam.* **2** pénzösszeg: *You are requested to pay the full amount within seven days.*

amount² /ə'maʊnt/ *verb* [*I*] **amount to sth 1** kitesz vmennyit: *The cost of the repairs amounted to £5000.* **2** egyenlő/egyenértékű vmivel: *Whether I tell her today or tomorrow, it amounts to the same thing.*

amp /æmp/ *noun* [*C*] **1** (*formális* **ampere** /'æmpeə(r)/) amper **2** (*informális*) (hang)erősítő

amphitheatre (*brit*) (*US* **-ter**) /'æmfiθiətə(r)/ *noun* [*C*] amfiteátrum

ample /'æmpl/ *adj.* bőven elég: *We've got ample time to make a decision.* • *ample space* • *I'm not sure how much the trip will cost, but I should think £500 will be ample.*
▶ **amply** /'æmpli/ *adv.* bőségesen

amplifier /'æmplifaɪə(r)/ (*informális* **amp**) *noun* [*C*] (hang)erősítő

amplify /'æmplifaɪ/ *verb* [*T*] (*pres. part.* **amplifying**; *3rd pers. sing. pres.* **amplifies**; *pt, pp* **amplified**) **1** (fel)erősít **2** bővebben kifejt
▶ **amplification** /ˌæmplifi'keiʃn/ *noun* [*U*] **1** erősítés **2** (részletesebb) kifejtés

amputate /'æmpjuteɪt/ *verb* [*I,T*] amputál
▶ **amputation** /ˌæmpju'teiʃn/ *noun* [*C,U*] amputálás

★**amuse** /ə'mjuːz/ *verb* [*T*] szórakoztat: *Everybody laughed but I couldn't understand what had amused them.* • *I did some crosswords to amuse myself on the journey.*

★**amused** /ə'mjuːzd/ *adj.* **be amused** jól szórakozik vmin, élvez vmit: *I was amused to hear his account of what happened.*
[IDIOM] **keep sb/yourself amused** szórakoztat vkit/saját magát

★**amusement** /ə'mjuːzmənt/ *noun* **1** [*U*] derültség: *Much to the pupils' amusement, the teacher fell off his chair.* **2** [*C*] szórakozás(i lehetőség)

a¹musement arcade (*also* **arcade**) *noun* [*C*] játékterem

★**amusing** /ə'mjuːziŋ/ *adj.* mulatságos, szórakoztató

an → A²

anaemia (US anemia) /ə'niːmɪə/ noun [U] vérszegénység
▶ **anaemic** (US anemic) adj. vérszegény

anaesthetic (US anesthetic) /ˌænəs'θetɪk/ noun [C,U] érzéstelenítő: You'll need to be under anaesthetic for the operation. • The dentist gave me a local anaesthetic. • Did you have a **general anaesthetic** (elaltattak) for your operation?

anaesthetist (US anesthetist) /ə'niːs-θətɪst/ noun [C] aneszteziológus, altatóorvos

anaesthetize (also -ise; US anesthetize) /ə'niːsθətaɪz/ verb [T] érzéstelenít

anagram /'ænəgræm/ noun [C] anagramma

analogous /ə'næləgəs/ adj. (formális) analogous (to/with sth) hasonló, analóg

analogy /ə'nælədʒi/ noun [C] (plural analogies) an analogy (between A and B) párhuzam: You could make an analogy between the human body and a car engine. **IDIOM** by analogy analógia alapján

★ **analyse** (US analyze) /'ænəlaɪz/ verb [T] elemez, analizál

★ **analysis** /ə'næləsɪs/ noun (plural analyses /-siːz/) **1** [C,U] elemzés, vizsgálat: Some samples of the water were sent to a laboratory for analysis. **2** [C] értelmezés: Your analysis of the situation is different from mine.

analyst /'ænəlɪst/ noun [C] szakértő, elemző: a political analyst

analytical /ˌænə'lɪtɪkl/ (also analytic /ˌænə'lɪtɪk/) adj. elemző

anarchic /ə'nɑːkɪk/ adj. anarchikus

anarchism /'ænəkɪzəm/ noun [U] anarchizmus
▶ **anarchist** noun [C] anarchista

anarchy /'ænəki/ noun [U] anarchia

anatomy /ə'nætəmi/ noun (plural anatomies) **1** [U] anatómia, bonctan **2** [C] testi felépítés: the anatomy of the frog
▶ **anatomical** /ˌænə'tɒmɪkl/ adj. bonctani, anatómiai

ancestor /'ænsestə(r)/ noun [C] előd, ős **➲** Lásd descendant.

ancestry /'ænsestri/ noun [C, usually sing.; U] (plural ancestries) származás, eredet: He is of Irish ancestry.

anchor¹ /'æŋkə(r)/ noun [C] horgony, vasmacska

anchor² /'æŋkə(r)/ verb **1** [I,T] lehorgonyoz **2** [T] rögzít

anchovy /'æntʃəvi/ noun [C,U] (plural -ies) szardella

ancient /'eɪnʃənt/ adj. **1** ősi, ókori: ancient civilizations • an ancient tradition **2** nagyon öreg: I can't believe he's only 30 – he looks ancient!

★ **and** /ənd, ən; erős alak ænd/ conj. **1** és **❶** Amikor a két főnév szorosan összefügg, nem szükséges másodszor is kitenni a második névelőt, birtokos jelzőt, stb: a knife and fork • my father and mother. **2** meg: Twelve and six is eighteen.

> A **hundred** után kiolvasáskor mindig az **and** szó áll a többi szám előtt: 2264 = two thousand, two hundred and sixty-four.

3 és, egyre csak: The situation is getting worse and worse. • I shouted and shouted but nobody answered. **4** és: I'll try and find out what's going on.

android /'ændrɔɪd/ noun ember formájú robot

anecdote /'ænɪkdəʊt/ noun [C] anekdota

anemia, anemic (US) = ANAEMIA, ANAEMIC

anesthetic (US) = ANAESTHETIC

anesthetist (US) = ANAESTHETIST

anesthetize (US) = ANAESTHETIZE

anew /ə'njuː/ adv. (írott nyelv) újra, újból: I wish I could start my life anew!

angel /'eɪndʒl/ noun [C] angyal

angelic /æn'dʒelɪk/ adj. angyali
▶ **angelically** /-kli/ adv. angyalian

★ **anger¹** /'æŋgə(r)/ noun [U] düh, harag: He could not hide his anger at the news. • She was shaking with anger.

anger² /'æŋgə(r)/ verb [T] feldühít

★ **angle¹** /'æŋgl/ noun [C] **1** (mértani) szög: a **right angle** derékszög • at an angle of 40° 40 fokos szögben • The three angles of a triangle add up to 180°. **2** (látó)szög: Viewed from this angle, the building looks bigger than it really is.
IDIOM at an angle ferdén, ferde

---

❶ = magyarázat [C] megszámlálható (főnév): one book, two books

[U] megszámlálhatatlan (főnév): some sugar

angle² /'æŋgl/ *verb* **1** [I,T] elfordít: *Angle the lamp towards the desk.* **2** [T] **angle sth (at/to/towards sb)** irányít vmit (vki felé), célba vesz: *The new magazine is angled at young professional people.*

PHRASAL VERB **angle for sth** megpróbál kicsikarni vmit: *She was angling for an invitation to our party.*

angler /'æŋglə(r)/ *noun* [C] horgász ➔ Lásd **fisherman**.

Anglican /'æŋglɪkən/ *noun* [C] *adj.* anglikán

angling /'æŋglɪŋ/ *noun* [U] horgászás: *He goes angling at weekends.* ➔ Lásd **fishing**.

Anglo- /'æŋgləʊ/ (*szóösszetételekben*) angol(-), anglo-: *Anglo-American relations*

Anglo-Saxon /ˌæŋgləʊ 'sæksn/ *noun* **1** [C] angolszász **2** (also ,Old 'English) [U] óangol
▸ **Anglo-Saxon** *adj.* angolszász

★ **angry** /'æŋgri/ *adj.* (**angrier; angriest**) **angry (with sb) (at/about sth)** mérges, dühös: *Calm down, there's no need to get angry.* • *My parents will be angry with me if I get home late.*
▸ **angrily** *adv.* mérgesen

anguish /'æŋgwɪʃ/ *noun* [U] (*írott nyelv*) gyötrelem
▸ **anguished** *adj.* fájdalommal teli

angular /'æŋgjələ(r)/ *adj.* szögletes

★ **animal** /'ænɪml/ *noun* [C] állat: *the animal kingdom* az állatvilág • *Humans are social animals.*

animated /'ænɪmeɪtɪd/ *adj.* **1** élénk: *an animated discussion* **2** animációs: *an animated cartoon*

animation /ˌænɪ'meɪʃn/ *noun* [U] **1** élénkség **2** animáció: *computer animation*

★ **ankle** /'æŋkl/ *noun* [C] boka: *an ankle chain* • *The water only came up to my ankles.*

annex /ə'neks/ *verb* [T] bekebelez, hozzácsatol, annektál
▸ **annexation** /ˌænek'seɪʃn/ *noun* [C,U] annektálás, annexió

annexe (*főleg US* **annex**) /'æneks/ *noun* [C] melléképület

annihilate /ə'naɪəleɪt/ *verb* [T] megsemmisít
▸ **annihilation** /əˌnaɪə'leɪʃn/ *noun* [U] megsemmisítés

anniversary /ˌænɪ'vɜːsəri/ *noun* [C] (*plural* **anniversaries**) évforduló

annotated /'ænəteɪtɪd/ *adj.* jegyzetekkel ellátott/kiegészített

★ **announce** /ə'naʊns/ *verb* [T] **1** bejelent, kihirdet: *They announced that our train had been delayed.* **2** határozottan közöl: *She stormed into my office and announced that she was leaving.*

★ **announcement** /ə'naʊnsmənt/ *noun* [C,U] közlemény, bejelentés, hirdetmény: *Ladies and gentlemen, I'd like to make an announcement.* • *Announcement of the verdict was accompanied by cheers.*

announcer /ə'naʊnsə(r)/ *noun* [C] műsorközlő, bemondó

★ **annoy** /ə'nɔɪ/ *verb* [T] bosszant, zavar: *It really annoys me when you act so selfishly.*

annoyance /ə'nɔɪəns/ *noun* **1** [U] bosszúság, bosszankodás **2** [C] bosszúság

★ **annoyed** /ə'nɔɪd/ *adj.* bosszús, mérges: *She's annoyed with herself for making such a stupid mistake.* • *He's annoyed that nobody believes him.*

★ **annoying** /ə'nɔɪŋ/ *adj.* bosszantó

★ **annual¹** /'ænjuəl/ *adj.* **1** évi, évenkénti: *an annual festival* **2** évi, (egy) évre szóló, éves: *What's the average annual salary for a nurse?*
▸ **annually** *adv.* évenként, évente

annual² /'ænjuəl/ *noun* [C] évkönyv

anomalous /ə'nɒmələs/ *adj.* kivételes: *In a few anomalous cases, these drugs have made people ill.*

anomaly /ə'nɒməli/ *noun* [C] (*plural* **anomalies**) rendellenesség: *We discovered an anomaly in the sales figures for August.*

anon. /ə'nɒn/ *abbr.* névtelen (*író/szerző*)

anonymity /ˌænə'nɪməti/ *noun* [U] névtelenség

anonymous /ə'nɒnɪməs/ *adj.* névtelen: *An anonymous caller told the police that a robbery was going to take place.* • *an anonymous letter*
▸ **anonymously** *adv.* névtelenül

anorak /'ænəræk/ *noun* [C] (*brit*) **1** anorák **2** (*szleng*) unalmas adathalmazokat élvezettel bemagoló ember: *He's a real*

[I] **tárgyatlan (ige):** *He laughed.*   [T] **tárgyas (ige):** *He ate an apple.*

anorak – he can name every player in the World Cup.

anorexia /ˌænəˈreksiə/ (also **anorexia nervosa** /ˌænəˌreksiə nɜːˈvəʊsə/) noun [U] anorexia, beteges étvágytalanság
▸ **anorexic** *adj., noun* [C] anorexiás

★ **another** /əˈnʌðə(r)/ *determiner, pron.* **1** még egy, egy újabb: *Would you like another drink?* **2** egy másik: *If you've already seen that film, we can go and see another.*
IDIOMS one after another/the other → ONE[1] | **yet another →** YET

★ **answer[1]** /ˈɑːnsə(r)/ *verb* [I,T] **1** válaszol, felel: *I asked her what the matter was but she didn't answer.* ● *I've asked you a question, now please answer me.* ● *Answer all the questions on the form.* ● *He hasn't answered my letter yet.* ● *When I asked him how much he earned, he answered that it was none of my business.* ● *'No!' he answered* (vágott vissza) *angrily.*

> Az **answer** és **reply** igéket használjuk leggyakrabban a „felel/válaszol" fordítására: *I asked him a question but he didn't answer.* ● *I sent my application but they haven't replied yet.* Ha megemlítjuk, hogy kinek vagy mire válaszolunk, az **answer** igét elöljárószó nélkül, a **reply** igét pedig **to** elöljárószóval használjuk. A **respond** ige formális és kevésbé gyakori ebben az értelemben: *Applicants must respond within seven days.* Gyakrabban fordul elő a „valamire a kívánt módon reagál" jelentéssel: *Despite all the doctor's efforts the patient did not respond to treatment.*

2 felvesz (telefont), ajtót nyit (csengetésre): *Can you answer the phone for me, please?* ● *I rang their doorbell but nobody answered.*
PHRASAL VERBS answer back válaszol, reagál | **answer (sb) back** visszabeszél, felesel | **answer for sb/sth 1** felel/felelős vkiért/vmiért: *Somebody will have to answer for all the damage that has been caused.* **2** jótáll/kezeskedik vkiért/vmiért | **answer to sb (for sth)** felelősséggel tartozik vkinek: *All sales clerks answer to the store manager.*

★ **answer[2]** /ˈɑːnsə(r)/ *noun* [C] **an answer (to sb/sth) 1** válasz, felelet: *The answer to your question is that I don't know.* ● *They've made me an offer and I have to give them an answer by Friday.* ● *I knocked on the door and waited but there was no answer.* ● *My answer to question 5 was wrong.* ● *What was the answer* (helyes válasz) *to question 4?* **2** megoldás: *I didn't have any money so the only answer was to borrow some.*
IDIOMS in answer (to sth) válaszul (vmire) | **the short answer is... →** SHORT

answerable /ˈɑːnsərəbl/ **answerable to sb (for sth)** vkinek (vmiért) felelősséggel tartozó

answering machine (brit also **answerphone** /ˈɑːnsəfəʊn/) *noun* [C] üzenetrögzítő: *I rang him and left a message on his answering machine.*

ant /ænt/ *noun* [C] hangya

antagonism /ænˈtægənɪzəm/ *noun* [C,U] **antagonism (towards sb/sth); antagonism (between A and B)** (kibékíthetetlen) ellentét, ellenségeskedés
▸ **antagonistic** /ænˌtægəˈnɪstɪk/ *adj.* ellenséges (érzelem)

antagonize (also **-ise**) /ænˈtægənaɪz/ *verb* [T] magára haragít

Antarctic[1] /ænˈtɑːktɪk/ *adj.* déli-sarki ⊃ Lásd Arctic[1].

the Antarctic[2] /ænˈtɑːktɪk/ *noun* [sing.] Déli-sark(vidék) ⊃ Lásd the Arctic[2].

antelope /ˈæntɪləʊp/ *noun* [C] (*plural* **antelope** or **antelopes**) antilop

antenatal /ˌæntiˈneɪtl/ *adj.* születés előtti: *an antenatal clinic* terhesgondozó

antenna /ænˈtenə/ *noun* [C] **1** (*plural* **antennae** /-niː/) csáp, tapogató ❶ Szinonimája: **feelers. 2** (*plural* **antennas**) (US) = AERIAL[1]

anthem /ˈænθəm/ *noun* [C] himnusz: *the national anthem*

anthology /ænˈθɒlədʒi/ *noun* [C] (*plural* **anthologies**) antológia

anthropology /ˌænθrəˈpɒlədʒi/ *noun* [U] embertan
▸ **anthropological** /ˌænθrəpəˈlɒdʒɪkl/ *adj.* embertan

antibiotic /ˌæntibaɪˈɒtɪk/ *noun* [C] antibiotikum

antibody /'æntibɒdi/ noun [C] (plural anti-bodies) ellenanyag, antitest

anticipate /æn'tɪsɪpeɪt/ verb [T] előre lát, számít vmire: to anticipate a problem • I anticipate that the situation will get worse.

anticipation /æn,tɪsɪ'peɪʃn/ noun [U] **1** előzetes várakozás/felkészülés: The government has reduced tax in anticipation of an early general election. **2** várakozás: They queued outside the stadium in excited anticipation.

anticlimax /,ænti'klaɪmæks/ noun [C,U] nagy csalódás (nagy izgalom utáni üresség): When the exams were over we all had a sense of anticlimax.

anticlockwise /,ænti'klɒkwaɪz/ (US ,counter-'clockwise) adv., adj. az óramutató járásával ellentétes irányú/irányban: Turn the lid anticlockwise/in an anticlockwise direction. **❶** Ellentéte: **clockwise**.

antics /'æntɪks/ noun [plural] bohóckodás, felelőtlen viselkedés

antidote /'æntidəʊt/ noun [C] **1** ellenméreg: an antidote to snake bites **2** ellenszer: A Mediterranean cruise was the perfect antidote to a long cold winter.

antipathy /æn'tɪpəθi/ noun [C,U] (plural antipathies) antipathy (to/towards sb/sth) ellenszenv

antiperspirant /,ænti'pɜ:spərənt/ noun [C,U] dezodor, izzadásgátló

antiquated /'æntikweɪtɪd/ adj. elavult

antique /æn'ti:k/ adj. antik: an antique vase
► **antique** noun [C] régiség

antiquity /æn'tɪkwəti/ noun (plural antiquities) **1** [U] ókor **2** [C, usually plural] ókori emlék(ek): Greek/Roman antiquities **3** [U] vminek a régi volta

anti-Semitism /,ænti 'semətɪzəm/ noun [U] antiszemitizmus
► **anti-Semitic** /,ænti sə'mɪtɪk/ adj. antiszemita

antiseptic /,ænti'septɪk/ noun [C,U] fertőtlenítőszer: Put an antiseptic/some antiseptic on that scratch.
► **antiseptic** adj. fertőtlenítő: antiseptic cream

antisocial /,ænti'səʊʃl/ adj. **1** nehezen beilleszkedő, társadalomellenes: anti-social behaviour **2** emberkerülő

antithesis /æn'tɪθəsɪs/ noun [C,U] (plural antitheses /æn'tɪθəsi:z/) (formális) **1** ellentéte vminek **2** ellentét (két dolog között)

antler /'æntlə(r)/ noun [C, usually plural] agancs: a pair of antlers

anus /'eɪnəs/ noun [C] végbélnyílás

anxiety /æŋ'zaɪəti/ noun [C,U] (plural anx-ieties) aggodalom (különösen a jövő miatt), szorongás: a feeling/state of anx-iety • There are anxieties over the effects of unemployment.

* **anxious** /'æŋkʃəs/ adj. **1** anxious (about/for sb/sth) aggódó: I'm anxious about my exam. Aggaszt a vizsgám. • I began to get anxious when they still hadn't arrived at 9 o'clock. • an anxious look/expression aggasztó: For a few anx-ious moments we thought we'd missed the train. **3** anxious to do sth; anxious for sth alig várja, hogy
► **anxiously** adv. aggódva, izgatottan

* **any** /'eni/ determiner, pron., adv. **1** (tagadó és kérdő mondatokban some helyett áll): We didn't have any lunch. (Egyáltalán) nem ebédeltünk. • I speak hardly any (szinte semmit sem) Spanish. • Do you have any questions? Van kérdésed? • I don't like any of his books. Egyik könyve sem tetszik. **Ͻ** Magyarázat a some szónál. **2** akármelyik, bármelyik: Take any book you want. • Come round any time (bármikor). **3** (tagadó és kérdő mondat-okban) egyáltalán, valamennyire (több-nyire nem fordítjuk): I can't run any faster. **IDIOM** any moment/second/minute/day (now) rövidesen, azonnal: She should be home any minute now (perceken belül).

* **anybody** /'enibɒdi/ (also anyone) pron. **1** (tagadó mondatban) senki, (kérdő mon-datban) valaki: I didn't know anybody at the party. • Is there anybody here who can speak Japanese? • Would anybody else (még valaki) like to come with me? **❶** A somebody és anybody között ugyanaz a különbség, mint a some és any között. **Ͻ** Magyarázat a some és somebody szó-nál. **2** akárki, bárki: Anybody can learn to swim.

* **anyhow** /'enihaʊ/ adv. **1** (also anyway)

különben is, akárhogy is: *I don't want to go out tonight, and anyhow I haven't got any money.* • *Sorry, you can't come over now, and Luke isn't in, anyhow* (egyébként sincs itthon). **2** (also **anyway**) de mégis, de azért: *I don't think we'll succeed, but anyhow we can try.* • *I'm afraid I can't come to your party, but thanks anyhow.* **3** (also **anyway**) legalábbis: *Everybody wants to be rich – well, most people anyhow.* **4** (also **anyway**) na mindegy, na jól van (ha témát változtatunk vagy visszatérünk egy előzőre): *Anyhow, that's enough about my problems. How are you?* **5** rendetlenül, össze-vissza: *She piled the papers in a heap on her desk, just anyhow.*

★ **anyone** /'eniwʌn/ = ANYBODY

anyplace /'enipleɪs/ (*US*) = ANYWHERE

★ **anything** /'eniθɪŋ/ *pron.* **1** (*ált. tagadó és kérdő mondatokban, tagadó mondatban*) semmi, (*kérdő mondatban*) valami: *It was so dark that I couldn't see anything at all.* • *There isn't anything interesting in the newspaper today.* • *Did you buy anything?* • *'I'd like a kilo of apples please.' 'Anything else* (még valamit)?' ❶ A **something** és **anything** között ugyanaz a különbség, mint a **some** és **any** között. ➷ Magyarázat a **some** szónál. **2** bármi, akármi: *I'll do anything you say.*

IDIOMS **anything but** egyáltalán nem: *Their explanation was anything but clear.* | **anything like sb/sth** (*tagadó mondatban*) közel sem olyan, (*kérdő mondatban*) valamennyire is: *She isn't anything like her sister, is she?* • *This car isn't anything like as fast as mine.* • *Does Oxford look anything like Cambridge?* | **as happy, quick, etc. as anything** (*beszélt nyelv*) nagyon boldog/gyors stb | **like anything** → LIKE² | **not come to anything** → COME

★ **anyway** /'eniweɪ/ = ANYHOW

★ **anywhere** /'eniweə(r)/ (*US* also **anyplace**) *adv.* **1** (*ált. tagadó és kérdő mondatokban*) (*tagadó mondatban*) sehol, sehová, (*kérdő mondatban*) valahol, valahová: *I can't find my keys anywhere.* • *Is there a post office anywhere near here?* • *You can't buy the book anywhere else* (máshol). ❶ A **somewhere** és **anywhere** között ugyanaza a különbség, mint a **some** és **any** között. ➷ Magyarázat a **some** szónál. **2** bárhol/

bárhová, akárhol/akárhová: *You can sit anywhere you like.*

★ **apart** /ə'pɑːt/ *adv.* **1** széjjel, egymástól távol: *The doors slowly slid apart.* • *The houses are ten metres apart.* • *I'm afraid our ideas are too far apart.* **2** darabokra: *The material was so old that it just fell/came apart in my hands.*

IDIOMS **take sth apart** szétszed: *He took the whole bicycle apart.* | **tell A and B apart** megkülönböztet: *It's very difficult to tell the twins apart.*

★ **apart from** (*főleg US* **aside from**) *prep.* **1** kivéve, vmi/vki kivételével: *There's nobody here apart from me.* **2** vmin kívül: *Apart from music, she also loves sport and reading.*

apartheid /ə'pɑːthaɪt/ *noun* [U] faji elkülönítés, fajvédő politika

apartment /ə'pɑːtmənt/ *noun* [C] **1** (*főleg US*) = FLAT²(1) **2** (*nyaralásra bérelt*) lakás: *a self-catering apartment*

apartment block *noun* [C] (*főleg US*) bérház

apathetic /ˌæpə'θetɪk/ *adj.* fásult, közönyös: *Many students are apathetic about politics.*

apathy /'æpəθi/ *noun* [U] fásultság, közöny: *There is widespread apathy towards the elections.*

ape¹ /eɪp/ *noun* [C] emberszabású majom: *Chimpanzees and gorillas are apes.*

ape² /eɪp/ *verb* [T] majmol: *The children were aping the teacher's way of walking.*

aperitif /əˌperə'tiːf/ *noun* [C] aperitif

apiece /ə'piːs/ *adv.* egyenként, fejenként: *Coates and Winterbotham scored a goal apiece.*

apologetic /əˌpɒlə'dʒetɪk/ *adj.* bocsánatkérő: *He was most apologetic about his son's bad behaviour.* • *I wrote him an apologetic letter.*
▶ **apologetically** /-kli/ *adv.* bocsánatkérően

★ **apologize** (also **-ise**) /ə'pɒlədʒaɪz/ *verb* [I] **apologize (to sb) (for sth)** bocsánatot kér: *You'll have to apologize to your teacher for being late.* ❶ Bocsánatkérésnél rendszerint az **I'm sorry** kifejezést használjuk.

★ **apology** /ə'pɒlədʒi/ *noun* [C,U] (*plural*

apologies) (an) apology (to sb) (for sth) bocsánatkérés: *Please accept our apologies (szíves elnézését kérjük) for the delay.* • *a letter of apology*

apostrophe /ə'pɒstrəfi/ *noun* [C] **1** hiányjel (*kihagyott betű(k) esetén*): *I'm hungry.* • *We'll come and get you at 6.00.* **2** aposztróf (*a birtokos jele*): *the boy's room* a fiú szobája

appal (US **appall**) /ə'pɔ:l/ *verb* [T] (**appalling**; **appalled**) (*ált. szenvedő szerkezetben*) megdöbbent, elborzaszt
► **appalling** /ə'pɔ:lɪŋ/ *adj.* megdöbbentő
appallingly *adv.* megdöbbentően

apparatus /ˌæpə'reɪtəs/ *noun* [U] felszerelés, készülék

apparent /ə'pærənt/ *adj.* **1** (*csak főnév előtt*) látszólagos **2 apparent (to sb)** nyilvánvaló

apparently /ə'pærəntli/ *adv.* úgy tűnik, hogy, állítólag: *Apparently, he's already been married twice.* • *He was apparently undisturbed* (mintha nem is zavarta volna) *by the news.*

★ **appeal¹** /ə'pi:l/ *verb* [I] **1 appeal to sb (for sth); appeal for sth** folyamodik: *She appealed to the kidnappers to let her son go.* **2 appeal (to sb)** vonz, csábít: *The idea of living in the country doesn't appeal to me at all.* **3 appeal to sth** apellál vmire: *We aim to appeal to people's generosity.* **4 appeal (against/for sth)** (*jog*) fellebbez: *He decided to appeal against his conviction .* • *The player fell down and appealed for a penalty* (tizenegyest reklamált).

★ **appeal²** /ə'pi:l/ *noun* **1** [C] kérés, felhívás: *The police have made an urgent appeal for witnesses to come forward.* **2** [C] **an appeal to sth** folyamodás vki/vmihez **3** [C] fellebbezés **4** [U] vonzerő

appealing /ə'pi:lɪŋ/ *adj.* **1** vonzó **2** kérő, könyörgő: *an appealing look*
► **appealingly** *adv.* **1** vonzóan **2** könyörgően

★ **appear** /ə'pɪə(r)/ *verb* [I] **1** *linking verb* **appear to be/do sth**; **appear (that)...** tűnik, látszik: *She appears to be very happy in her job.* ❶ Melléknév: **apparent**. **2** előtűnik: *The bus appeared from round the corner.* ❶ Ellentéte: **disappear**. **3** jelentkezik, megjelenik, föltűnik: *The disease is thought to have appeared in Africa.* **4** megjelenik: *The article appeared in this morning's paper.* **5** fellép: *to appear on television/in a play*

★ **appearance** /ə'pɪərəns/ *noun* **1** [U] külső, látszat: *A different hairstyle can completely change your appearance.* • *He gives the appearance of being extremely confident.* Rendkívül magabiztosnak tűnik. **2** [*sing.*] megjelenés: *the appearance of television in the home in the 1950s* **3** [C] fellépés

appendicitis /əˌpendə'saɪtɪs/ *noun* [U] vakbélgyulladás

appendix /ə'pendɪks/ *noun* [C] **1** (*plural* **appendixes**) vakbél **2** (*plural* **appendices** /-dɪsi:z/) függelék

appetite /'æpɪtaɪt/ *noun* [C,U] étvágy: *Some fresh air and exercise should give you an appetite.* • *He has a great **appetite for** work/life.* • *loss of appetite*
IDIOM whet sb's appetite → WHET

appetizer (also **appetiser**) /'æpɪtaɪzə(r)/ (*főleg US*) = STARTER

appetizing (also **appetising**) /'æpɪtaɪzɪŋ/ *adj.* étvágygerjesztő: *an appetizing smell*

applaud /ə'plɔ:d/ *verb* **1** [I,T] (meg)tapsol: *The audience applauded loudly.* • *The team was applauded as it left the field.* **2** [T] (*ált. szenvedő szerkezetben*) elismeréssel fogad: *The decision was applauded by everybody.*

applause /ə'plɔ:z/ *noun* [U] taps: *Let's all give a big **round of applause** to the cook!*

★ **apple** /'æpl/ *noun* [C,U] alma

appliance /ə'plaɪəns/ *noun* [C] (háztartási) gép: *washing machines and other domestic appliances*

applicable /ə'plɪkəbl; 'æplɪkəbl/ *adj.* (*főnév előtt nem állhat*) **applicable (to sb/sth)** alkalmazható, érvényes: *This part of the form is only applicable* (vonatkozik) *to married women.*

applicant /'æplɪkənt/ *noun* [C] pályázó, jelentkező: *There were over 200 applicants for the job.*

application /ˌæplɪ'keɪʃn/ *noun* **1** [C,U] (an) **application (to sb) (for sth)** pályázat, kérelem: *Applications for the job should be made to the Personnel Manager.* • *To become a member, fill in the **application***

form. **2** [C,U] alkalmazás **3** [U] szorgalom, igyekezet

applied /ə'plaɪd/ *adj.* alkalmazott (*tudomány*) ❶ Ellentéte: **pure.**

★ **apply** /ə'plaɪ/ *verb* (*pres. part.* **applying**; *3rd pers. sing. pres.* **applies**; *pt, pp* **applied**) **1** [I] **apply (to sb)** (**for sth**) kérvényez vmit, folyamodik vmiért, megpályáz: *I've applied to that company for a job.* • *She's applying for a place at university.* **2** [I] **apply (to sb/sth)** vonatkozik: *This information applies to all children born after 1997.* **3** [T] **apply sth (to sth)** alkalmaz: *new technology which can be applied to solving problems in industry* **4** [T] (*ált. szenvedő szerkezetben*) vonatkozik, vmire alkalmazható: *I don't think the term 'music' can be applied to that awful noise.* **5** [T] **apply sth (to sth)** alkalmaz: *Apply the cream to the infected area twice a day.* **6** [T] **apply yourself/sth (to sth/doing sth)** összpontosít vmire: *to apply your mind to sth*

appoint /ə'pɔɪnt/ *verb* [T] **1 appoint sb (to sth)** kinevez: *He's been appointed (as) assistant to Dr Beale.* **2** (*formális*) **appoint sth (for sth)** kitűz (*időpontot*), kijelöl (*helyet*): *A date for the meeting is still to be appointed.* • *Everyone was assembled at the **appointed place,** at the **appointed time.***

★ **appointment** /ə'pɔɪntmənt/ *noun* [C,U] **an appointment (with sb)** (megbeszélt) időpont/találkozó: *I have an appointment with Dr Sula at 3 o'clock.* Három órára vagyok bejelentve Dr Sulánál. • *I'd like to **make an appointment** (időpontot kérni) to see the manager.* • *I realized I wouldn't be able to **keep the appointment** so I cancelled it.* • *Visits are by appointment* (előzetes bejelentkezés alapján) *only.* **2** [C] megbizatás, állás: *a temporary/permanent appointment* **3** [U] **appointment (to sth)** kinevezés

appraisal /ə'preɪzl/ *noun* [C,U] (*formális*) értékelés, megítélés

appraise /ə'preɪz/ *verb* [T] (*formális*) felbecsül, értékel

appreciable /ə'priːʃəbl/ *adj.* jelentős, figyelemreméltó

★ **appreciate** /ə'priːʃieɪt/ *verb* **1** [T] (nagyra) értékel, (meg)becsül: *My boss doesn't appreciate me.* • *You can't really appreciate foreign literature in translation.* **2** [T]

tisztán lát, felfog: *I appreciate your problem but I'm afraid I can't help you.* **3** [T] nagyra értékel: *I really appreciate* (igazán hálás vagyok) *your help.* **4** [I] növekszik az értéke

appreciation /ə,priːʃi'eɪʃn/ *noun* [U] **1** méltánylás: *I'm afraid I have little appreciation* (nem sokra becsülöm) *of modern architecture.* **2** nagyrabecsülés, elismerés: *We bought him a present to show our appreciation for all the work he had done.* **3** (*gazd*) helyes megítélés, érzékelés **4** értéknövekedés

appreciative /ə'priːʃətɪv/ *adj.* **1** elismerő, hálás: *an appreciative audience* **2 appreciative (of sth)** hálás: *He was very appreciative of our efforts to help.*

apprehensive /,æprɪ'hensɪv/ *adj.* aggódó: *I'm feeling apprehensive about tomorrow's exam.*
  ▸ **apprehension** /-ʃn/ *noun* [C,U] aggódás, aggodalom

apprentice /ə'prentɪs/ *noun* [C] ipari/kereskedelmi tanuló: *an apprentice electrician*

apprenticeship /ə'prentɪʃɪp/ *noun* [C,U] inasévek, szakmai gyakorlat: *He served a two-year apprenticeship as a carpenter.*

★ **approach¹** /ə'prəʊtʃ/ *verb* [I,T] közeledik: *The day of the exam approached.* • *When you approach the village you will see a garage on your left.* **2** [T] megközelít (*pl. problémát*) **3** [T] puhatolózik vkinél vmilyen ügyben: *I'm going to approach my bank manager about a loan.*

approach² /ə'prəʊtʃ/ *noun* **1** [C] hozzáállás, viszonyulás: *Parents don't always know what approach to take with teenage children.* **2** [*sing.*] közeledés: *the approach of winter* **3** [C] kérés: *The company has **made an approach to** us for financial assistance.* **4** [C] vhova vezető út: *the approach to the village*

approachable /ə'prəʊtʃəbl/ *adj.* **1** barátságos, nyitott **2** (*főnév előtt nem állhat*) megközelíthető ❶ Szinonimája: **accessible.**

★ **appropriate¹** /ə'prəʊpriət/ *adj.* **appropriate (for/to sth)** megfelelő, alkalmas: *The matter will be dealt with by the appropriate* (illetékes) *authorities.* • *I don't think this*

film is very appropriate for children.
❶ Ellentéte: **inappropriate.**
▶ **appropriately** *adv.* megfelelően, találóan

appropriate² /ə'prəʊprieɪt/ *verb* [T] eltulajdonít

★ **approval** /ə'pruːvl/ *noun* [U] beleegyezés, jóváhagyás: *Everybody gave their approval to the proposal.*

★ **approve** /ə'pruːv/ *verb* **1** [I] **approve (of sb/sth)** helyesel: *His father didn't approve of him becoming a dancer. • Do you approve of my idea?* **❶** Ellentéte: **disapprove.** **2** [T] jóváhagy: *We need to get an accountant to approve these figures.*

approving /ə'pruːvɪŋ/ *adj.* helyeslő: *'I agree entirely,' he said with an approving* (bátorító) *smile.*
▶ **approvingly** *adv.* helyeslően

approx. *abbr.* (approximate, approximately rövidítése) (írott nyelv) kb., körülbelül(i)

★ **approximate** /ə'prɒksɪmət/ *adj.* körülbelüli

★ **approximately** /ə'prɒksɪmətli/ *adv.* körülbelül

approximation /ə,prɒksɪ'meɪʃn/ *noun* [C] hozzávetőleges válasz/összeg stb.

Apr. *abbr.* (April rövidítése) ápr.: *2 Apr. 1993*

apricot /'eɪprɪkɒt/ *noun* [C] sárgabarack

★ **April** /'eɪprəl/ *noun* [U, C] (*abbr.* **Apr.**) április **⟳** Példák és magyarázat a **January** szónál.

₁April ¹Fool's Day *noun* [*sing.*] április elseje **❶** April Fool (április bolondja) az, akit április elsején sikerül megtréfálni.

apron /'eɪprən/ *noun* [C] kötény **⟳** Ábra **overall²** alatt.

apt /æpt/ *adj.* **1** megfelelő, találó: *I thought 'complex' was an apt description of the book.* **2 apt to do sth** hajlamos vmit megtenni

aptitude /'æptɪtjuːd/ *noun* [U, C] aptitude (**for sth/for doing sth**) adottság: *She has an aptitude for learning languages.*

aptly /'æptli/ *adv.* találóan: *The winner of the race was aptly named Alan Speedy.*

aquarium /ə'kweəriəm/ *noun* [C] (*plural* **aquariums** or **aquaria** /-riə/) akvárium

Aquarius /ə'kweəriəs/ *noun* [C,U] (*asztrol*) Vízöntő

aquatic /ə'kwætɪk/ *adj.* vízi: *aquatic plants • aquatic sports*

aqueduct /'ækwɪdʌkt/ *noun* [C] (ókori római stílusú, felszín felett vezetett) vízvezeték(-rendszer)

★ **Arab** /'ærəb/ *noun* [C], *adj.* arab

★ **Arabic** /'ærəbɪk/ *noun* [*sing.*] arab nyelv

arable /'ærəbl/ *adj.* (*mezőg*) szántóföldi: *arable land • arable farmers* földműveléssel (nem állattenyésztéssel) foglalkozó gazdák

arbitrary /'ɑːbɪtrəri/ *adj.* önkényes
▶ **arbitrarily** *adv.* önkényesen

arbitrate /'ɑːbɪtreɪt/ *verb* [I,T] eldönt (vitát)
▶ **arbitration** /,ɑːbɪ'treɪʃn/ *noun* [U] döntőbíráskodás

arc /ɑːk/ *noun* [C] ív, körív

arcade /ɑː'keɪd/ *noun* [C] **1** árkád: *a shopping arcade* üzletsor **2** (also '**amusement arcade**) játékterem

arch¹ /ɑːtʃ/ *noun* [C] **1** boltív **⟳** Lásd **archway. 2** lábboltozat

arch² /ɑːtʃ/ *verb* [I,T] (meg)hajlít, ível

archaeological (*US* archeological) /,ɑːkɪə-'lɒdʒɪkl/ *adj.* régészeti

archaeologist (*US* archeologist) /,ɑːkɪ-'ɒlədʒɪst/ *noun* [C] régész

archaeology (*US* archeology) /,ɑːkɪ'ɒlədʒi/ *noun* [U] régészet

archaic /ɑː'keɪɪk/ *adj.* régi(es), elavult

archbishop /,ɑːtʃ'bɪʃəp/ *noun* [C] érsek: *the Archbishop of Canterbury* **❶** A canterbury érsek az anglikán egyház feje. **⟳** Lásd **bishop.**

archer /'ɑːtʃə(r)/ *noun* [C] (*sp*) íjász

archery /'ɑːtʃəri/ *noun* [U] (*sp*) íjászat

★ **architect** /'ɑːkɪtekt/ *noun* [C] építészmérnök

architectural /,ɑːkɪ'tektʃərəl/ *adj.* építészeti

architecture /'ɑːkɪtektʃə(r)/ *noun* [U] **1** építőművészet **2** építészet(i stílus): *modern architecture*

archives /'ɑːkaɪvz/ *noun* [*plural*] (also **arch-**

[I] **tárgyatlan** (*ige*): He laughed.　　　[T] **tárgyas** (*ige*): He ate an apple.

ive [C]) levéltár: *archive material* (levéltári anyag) *on the First World War*

archway /'ɑːtʃweɪ/ *noun* [C] boltíves átjáró/kapu ➲ Lásd **arch**.

Arctic¹ /'ɑːktɪk/ *adj.* **1** északi-sarki ➲ Lásd **Antarctic¹. 2** (arctic) sarkvidéki (hideg)

the Arctic² /'ɑːktɪk/ *noun* [*sing.*] az Északi-sark(vidék) ➲ Lásd **the Antarctic².**

the ¡Arctic ˈCircle *noun* [*sing.*] Északi-sarkkör

ardent /'ɑːdnt/ *adj.* lelkes, heves: *He was an ardent supporter of the Government.*
▸ **ardently** *adv.* lelkesen, hevesen

arduous /'ɑːdjuəs; -dʒu-/ *adj.* nagy/sok fáradsággal járó, vesződséges: *an arduous journey* • *arduous work*

are → BE

★ **area** /'eəriə/ *noun* **1** [C] terület, körzet: *Forests cover a large area of the country.* • *built-up areas* ➲ Magyarázat a **district** szónál. **2** [C,U] (mat) terület: *The area of the office is 35 square metres.* • *The office is 35 square metres in area.* Az iroda területe 35 négyzetméter. ➲ Lásd **volume. 3** [C] rész: *The restaurant has a non-smoking area.* **4** [C] részterület: *Training is one area of the business that we could improve.*

arena /əˈriːnə/ *noun* [C] **1** aréna, (sport)csarnok **2** küzdőtér

aren't *short for* ARE NOT

arguable /'ɑːgjuəbl/ *adj.* **1** bízvást állítható: *It is arguable* (talán igaz) *that all hospital treatment should be free.* **2** vitatható: *It is arguable whether the case should have ever gone to trial.*
▸ **arguably** /-əbli/ *adv.* minden bizonnyal: *'King Lear' is arguably Shakespeare's best play.*

★ **argue** /'ɑːgjuː/ *verb* **1** [I] argue (with sb) (about/over sth) vitatkozik, veszekedik: *I never argue with my husband about money.* • *The EU is arguing with the US over farm subsidies.* ➲ Lásd **fight¹**(4), **quarrel². 2** [I,T] argue that...; argue (for/against sth) érvel (vmi mellett/ellen): *He argued against buying a new computer.*

★ **argument** /'ɑːgjumənt/ *noun* **1** [C,U] an argument (with sb) (about/over sth) vita, szóváltás: *Sue had an argument with her father about politics.* • *He accepted the deci-*

sion without argument. **2** [C] érv(ek): *What are the **arguments for/against** lower taxes?*

argumentative /ˌɑːgjuˈmentətɪv/ *adj.* vitatkozó, okoskodó

arid /'ærɪd/ *adj.* nagyon száraz (*talaj, éghajlat*)

Aries /'eəriːz/ *noun* [C,U] (*asztrol*) Kos

arise /əˈraɪz/ *verb* [I] (*pt* arose /əˈrəʊz/; *pp* arisen /əˈrɪzn/) felmerül, adódik: *If any problems arise, let me know.*

aristocracy /ˌærɪˈstɒkrəsi/ *noun* [C, with sing. or plural verb] (*plural* aristocracies) arisztokrácia, nemesség ❶ Szinonimája: **nobility**.

aristocrat /'ærɪstəkræt/ *noun* [C] arisztokrata, nemes
▸ **aristocratic** /ˌærɪstəˈkrætɪk/ *adj.* arisztokratikus

arithmetic /əˈrɪθmətɪk/ *noun* [U] számtan: *I'm not very good at **mental arithmetic** (*fejszámolás*).*

★ **arm¹** /ɑːm/ *noun* [C] **1** kar (*testrész*): *He was carrying a newspaper under his arm* (a hóna alatt). **2** ujj (*ruháé*) **3** karfa
IDIOMS **arm in arm** karonfogva: *The two friends walked arm in arm.* | **cross/fold your arms** összefonja a karját: *She folded her arms and waited.* • *James was sitting with his arms crossed.* | **twist sb's arm** → TWIST¹ | **with open arms** → OPEN¹

arm² /ɑːm/ *verb* [I,T] felfegyverez, felfegyverkezik ➲ Lásd **armed, arms.**

armadillo /ˌɑːməˈdɪləʊ/ *noun* [C] (*plural* -os) tatu

armaments /'ɑːməmənts/ *noun* [*plural*] fegyverzet

armband /'ɑːmbænd/ *noun* [C] **1** karszalag **2** úszógumi (*karon*)

armchair /'ɑːmtʃeə(r)/ *noun* [C] karosszék

armed /ɑːmd/ *adj.* felfegyverzett, fegyveres: *armed robbery* • *the armed forces* ❶ Ellentéte: **unarmed**.

armful /'ɑːmfʊl/ *noun* [C] nyaláb(nyi)

armhole /'ɑːmhəʊl/ *noun* [C] karkivágás

armistice /'ɑːmɪstɪs/ *noun* [C] fegyverszünet

armour (*US* armor) /'ɑːmə(r)/ *noun* [U] páncél: *a suit of armour* teljes páncélzat

armoured (*US* **armored**) /'ɑːməd/ *adj.*
páncélozott, páncélos

armpit /'ɑːmpɪt/ *noun* [*C*] hónalj

arms /ɑːmz/ *noun* [*plural*] **1** fegyverek,
fegyverzet: *a reduction in nuclear arms*
2 (also **coat of arms**) címer(pajzs)
IDIOM up in arms dühösen tiltakozik: *The
workers were up in arms over the news.*

★ **army** /'ɑːmi/ *noun* [*C*, with sing. or plural
verb] (*plural* **armies**) **1** (*kat*) hadsereg,
szárazföldi erők: *the British Army* • *She
joined the army* (belépett a hadseregbe) *at
the age of eighteen.* • *The army is/are
advancing towards the border.* • *an army
officer* ➔ Lásd **air force, navy. 2** egy sereg
(*ember, stb.*)

A-road *noun* [*C*] (*brit*) főútvonal

aroma /ə'rəʊmə/ *noun* [*C*] illat

arose *past tense of* ARISE

★ **around** /ə'raʊnd/ *adv., prep.* **1** (also **about**)
körül, körbe: *David will show you around*
(körülvezet). • *They wandered around the
town, looking at the shops.* **2** vissza: *Turn
around* (fordulj meg) *and go back the way
you came.* **3** körbe(n): *The park has a wall
all around.* • *Gather around so that you can
all see.* • *We sat down around the table.*
❶ 1., 2. és 3. jelentésekben **around** helyett
round is használható. **4** (also **about**) vmi
környékén: *Is there a bank around here* (a
közelben)? **5** (also **about**) jelen: *I went to
the house but there was nobody around*
(senki nem volt ott). **6** (also **about**)
körül(belül): *I'll see you around seven* (hét
óra körül). **7** (also **about**) csak úgy (*célta-
lanul tevékenykedik*): *'What are you
doing?' 'Nothing, just lazing around* (sem-
mit, csak úgy lustálkodom).'

arouse /ə'raʊz/ *verb* [*T*] kivált (*vmilyen
reakciót*): *to arouse sb's curiosity/interest*
▸ **arousal** *noun* [*U*] izgalmi állapot

arr. *abbr.* (**arrives** rövidítése) érk.: *arr. York
07.15*

★ **arrange** /ə'reɪndʒ/ *verb* **1** [*T*] (el)rendez
vmit: *The books were arranged in alphabet-
ical order.* • *to arrange flowers* **2** [*I,T*]
**arrange (for) sth; arrange to do sth;
arrange (sth) with sb** (meg)szervez,
intézkedik, elintézi, hogy: *She arranged
for her mother to look after the baby.* • *an*

arranged marriage a házaspár szülei által
megbeszélt házasság

★ **arrangement** /ə'reɪndʒmənt/ *noun* **1** [*C*,
usually plural*] előkészület(ek), intéz-
kedés(ek), (meg)szervezés: *We need to
make arrangements for the party.* **2** [*C,U*]
megállapodás: *They have an arrangement
to share the cost of the food.* • *We both need
to use the computer so we'll have to come to
some arrangement* (megállapodásra jut).
3 [*C*] elrendezés: *a flower arrangement*
virágdísz

array /ə'reɪ/ *noun* [*C*] tárgyak egész
sora/gyűjteménye: *a vast array of vases of
different shapes and sizes* különböző alakú
és méretű vázák egész sora

arrears /ə'rɪəz/ *noun* [*plural*] hátralék(os
tartozás)
IDIOMS be in arrears; fall/get into arrears
hátralékban van: *I'm in arrears with the
rent.* | be paid in arrears a fizetést utólag
kapja meg

★ **arrest¹** /ə'rest/ *verb* [*T*] letartóztat

★ **arrest²** /ə'rest/ *noun* [*C,U*] letartóztatás:
The police made ten arrests after the riot. •
The wanted man is now under arrest (le
van tartóztatva).

★ **arrival** /ə'raɪvl/ *noun* **1** [*U*] érkezés: *On our
arrival we were told that our rooms had not
been reserved.* **2** [*C*] (újonnan) érkező
(személy, dolog): *We brought in extra
chairs for the late arrivals* (későnjövők).

★ **arrive** /ə'raɪv/ *verb* [*I*] **1** **arrive (at/in...)**
(meg)érkezik

> Vigyázat! Város, ország stb. esetében
> **arrive in**, épület stb. esetében **arrive at**.

2 elérkezik (*vmi ideje*): *The day of the wed-
ding had finally arrived.*
PHRASAL VERB arrive at sth vmire jut: *We
finally arrived at a decision.*

arrogant /'ærəgənt/ *adj.* öntelt, gőgös
▸ **arrogance** *noun* [*U*] önteltség, gőg
arrogantly *adv.* öntelten

arrow /'ærəʊ/ *noun* [*C*] **1** nyíl(vessző)
➔ Lásd **archer. 2** nyíl (*pl. útjelző táblán*)

arsenic /'ɑːsnɪk/ *noun* [*U*] arzén

arson /'ɑːsn/ *noun* [*U*] gyújtogatás

arsonist /'ɑːsənɪst/ *noun* [*C*] gyújtogató

★ **art** /ɑːt/ *noun* **1** [*U*] (képző)művészet: *an art* *gallery* képtár • *an art class* rajzóra • *modern art* ➔ Lásd **work of art. 2** [*C, U*] jártasság, (vminek a) művészete: *There's an art to writing a good letter.* A jó levélírásnak is megvan a maga művészete. **3 (the arts)** [*plural*] képzőművészet, irodalom és zene **4 (arts)** [*plural*] bölcsész(et)tudományok ❶ Rendszerint különbséget teszünk **arts** (vagy **arts subjects**) és **sciences** (vagy **science subjects**) között.

artefact /ˈɑːtɪfakt/ *noun* [*c*] (mű)tárgy, alkotás

artery /ˈɑːtəri/ *noun* [*C*] (*plural* **arteries**) ütőér ➔ Lásd **vein**.

arthritis /ɑːˈθraɪtɪs/ *noun* [*U*] ízületi gyulladás

artichoke /ˈɑːtɪtʃəʊk/ (also ˌglobe ˈartichoke) *noun* [*C*] (*növ*) articsóka

★ **article** /ˈɑːtɪkl/ *noun* [*c*] **1** (áru)cikk: *articles of clothing* ruházati cikkek **2** újságcikk **3** névelő ➔ Lásd a *Rövid nyelvtani összefoglalást.*

articulate¹ /ɑːˈtɪkjələt/ *adj.* jól tudja magát kifejezni ❶ Ellentéte: **inarticulate**.

articulate² /ɑːˈtɪkjuleɪt/ *verb* [*I,T*] tagoltan/érthetően beszél, jól fejezi ki magát

articulated /ɑːˈtɪkjuleɪtɪd/ *adj.* (*brit*) csuklós (*jármű*)

★ **artificial** /ˌɑːtɪˈfɪʃl/ *adj.* mű-, mesterséges
▸ **artificially** *adv.* mesterségesen

ˌartificial inˈtelligence *noun* [*U*] mesterséges intelligencia

artillery /ɑːˈtɪləri/ *noun* [*U*] tüzérség

★ **artist** /ˈɑːtɪst/ *noun* [*c*] (képző)művész

artistic /ɑːˈtɪstɪk/ *adj.* **1** (képző)művészeti: *the artistic director of the theatre* **2** művészi
▸ **artistically** /-kli/ *adv.* művészi módon: *She isn't artistically inclined.* Nincs érzéke a művészethez.

artistry /ˈɑːtɪstri/ *noun* [*U*] művészi kifejezőkészség, művészi tökéletesség

artwork /ˈɑːtwɜːk/ *noun* **1** [*U*] illusztrációs anyag: *a piece of artwork* **2** [*C*] műalkotás

★ **as** /əz/; erős alak æz/ *conj., prep., adv.* **1** amint, (a)mikor: *The phone rang just as I was leaving the house.* • *As she walked along the road, she thought about her* *father.* **2 (as... as)** olyan ... mint: *Andrea's almost as tall as me.* • *Andrea's almost as tall as I am.* • *I'd like an appointment as soon as possible* (minél előbb). • *She earns twice as much as* (kétszer annyit) *her husband.* **3** mint, vmiként (*vmilyen minőségben*): *He works as a train driver.* • *Think of me as your friend, not as your boss.* • *You could use this white sheet as a tablecloth.* **4** úgy, ahogy: *Please do as I tell you.* • *Leave the room as it is.* **5** amint: *As you know,* I've decided to resign. **6** mivel: *I didn't buy the dress, as I decided it was too expensive.*

IDIOMS **as for** ami (pedig) vkit/vmit illeti: *Laura's upstairs. As for Alex, I've no idea where he is.* | **as if; as though** mintha: *She looks as if/though she's just got out of bed.* | **as it were** mintegy: *She felt, as it were, a stranger in her own house.* | **as of; as from** (vmilyen időpont)tól kezdve/kezdődően: *As from next week, Tim Shaw will be managing this department.* | **as to** vmit illetően: *I was given no instructions as to how to begin.*

ASA /ˌeɪ es ˈeɪ/ *abbr.* (**American Standards Association** *rövidítése*) ASA (*filmérzékenység*)

asap /ˌeɪ es eɪ ˈpiː/ *abbr.* (**as soon as possible** *rövidítése*) amilyen gyorsan csak lehet, mielőbb

asbestos /æsˈbestəs/ *noun* [*U*] azbeszt

ascend /əˈsend/ *verb* [*I,T*] (*formális*) felmegy, felszáll ❶ Ellentéte: **descend**.
▸ **ascending** *adj.* emelkedő: *The questions are arranged in ascending order of difficulty.*

ascent /əˈsent/ *noun* [*C*] **1** (fel)emelkedés, megmászás (*hegyé*): *the ascent of Everest* **2** emelkedő út: *There was a steep ascent before the path became flat again.* ❶ Ellentéte: **descent**.

ascertain /ˌæsəˈteɪn/ *verb* [*T*] (*formális*) meggyőződik vmiről

ascribe /əˈskraɪb/ *verb* [*T*] **ascribe sth to sb/sth** tulajdonít vmit vkinek/vminek: *Many people ascribe this play to Shakespeare.*

★ **ash** /æʃ/ *noun* **1** [*U*] (also **ashes** [*plural*]) hamu: *cigarette ash* • *the ashes of a fire* **2 (ashes)** [*plural*] hamvak, vkinek a hamvai **3** [*C*] kőris(fa)

★ **ashamed** /əˈʃeɪmd/ *adj.* (*főnév előtt*

nem állhat) **ashamed (of sth/sb/yourself)**; **ashamed that...**; **ashamed to do sth** szégyenkező, szégyenlős: *She was ashamed of (szégyellte) her old clothes.* • *I'm ashamed of (szégyenkezem) you!* • *She felt ashamed (szégyellte magát) that she hadn't helped him.* ❶ Ellentéte: **unashamed**.

ashore /əˈʃɔː(r)/ *adv.* parton, partra (vetve): *to go ashore*

ashtray /ˈæʃtreɪ/ *noun* [C] hamutartó

Asian /ˈeɪʃn; ˈeɪʒn/ *noun* [C], *adj.* ázsiai ❶ Angliában az **Asian** szóval gyakran az országban nagy számban élő, Indiából, Pakisztánból, Bangladeshből vagy Sri Lankából származó lakosokra utalnak.

aside /əˈsaɪd/ *adv.* **1** félre, arrébb: *We stood aside to let the man go past.* **2** félre: *I try to* **set aside** *(félretenni) a little money each month.*

aˈside from *prep.* *(főleg US)* = APART FROM

★ **ask** /ɑːsk/ *verb* **1** [I,T] **ask (sb) (about sb/sth); ask sb sth** (meg)kérdez: *We need to ask (érdeklődni) about tickets.* • *Can I ask you a question?* **2** [I,T] **ask (sb) for sth; ask sth (of sb); ask sb to do sth** kér vmit (vkitől), megkér vkit vmire: *She sat down and asked for a cup of coffee.* • *You are asking too much of him.* • *Ring this number and ask for Mrs Khan.* • *I asked him if he would drive me home.* • *I asked him to drive me home.* **3** [I,T] engedélyt kér (vmire): *I'm sure she'll let you go if you ask.* • *He asked to use our phone.* • *We asked if we could go home early.* **4** [T] **ask sb (to sth)** meghív **5** [T] vmennyit kér: *How much are they asking for their car?*
IDIOMS **ask for trouble/it** magának keresi a bajt: *Driving when you're tired is just asking for trouble.* | **if you ask me** véleményem szerint
PHRASAL VERBS **ask after sb** érdeklődik vki felől: *Tina asked after you today.* | **ask sb out** szórakozni/randevúra hív: *He's too shy to ask her out.*

askew /əˈskjuː/ *adv., adj.* *(főnév előtt nem állhat)* ferdén, ferde

★ **asleep** /əˈsliːp/ *adj.* *(főnév előtt nem állhat)* alvó, alva: *The baby is fast/sound asleep. A baba mélyen alszik.* • *It didn't take me long to* **fall asleep** *(elaludni) last*

night. ❶ Az **asleep** csak főnév után, **sleeping** főnév előtt is állhat: *a sleeping child.* ➌ Magyarázat a **sleep²** szónál.

asparagus /əˈspærəgəs/ *noun* [U] *(növ)* spárga

★ **aspect** /ˈæspekt/ *noun* [C] **1** vonása vminek: *What are the main aspects of your job?* **2** szempont *(vmilyen oldala vminek)*

asphalt /ˈæsfælt/ *noun* [U] aszfalt

asphyxiate /əsˈfɪksieɪt/ *verb* [I,T] (meg)fullaszt, megfullad
▸ **asphyxiation** /əsˌfɪksiˈeɪʃn/ *noun* [U] (meg)fulladás

aspire /əˈspaɪə(r)/ *verb* [I] *(formális)* **aspire to sth/to do sth** törekszik vmire: *He aspired to a career in acting* • *an aspiring actor*
▸ **aspiration** /ˌæspəˈreɪʃn/ *noun* [C,U] törekvés, ambíció

aspirin /ˈæsprɪn; ˈæspərɪn/ *noun* [C,U] aszpirin

ass /æs/ *noun* [C] *(áll)* szamár

assailant /əˈseɪlənt/ *noun* [C] *(formális)* támadó

assassin /əˈsæsɪn/ *noun* [C] merénylő
▸ **assassinate** /əˈsæsɪneɪt/ *verb* [T] merényletet követ el ➌ Magyarázat a **kill** szónál.
assassination /əˌsæsɪˈneɪʃn/ *noun* [C,U] merénylet

assault /əˈsɔːlt/ *noun* [C,U] **assault (on sb/sth)** **1** roham **2** tettlegesség
▸ **assault** *verb* [T] tettleg bántalmaz: *He was charged with assaulting a police officer.*

assemble /əˈsembl/ *verb* **1** [I,T] összegyűlik, összegyűjt **2** [T] összeszerel

assembly /əˈsembli/ *noun* *(plural* **assemblies)** **1** [C,U] gyűlés: *school assembly* **2** [U] összeszerelés, összeállítás

asˈsembly line *noun* [C] futószalag

assent /əˈsent/ *noun* [U] *(formális)* **assent (to sth)** hozzájárulás, jóváhagyás: *The committee gave their assent (beleegyezését adta) to the proposed changes.*
▸ **assent** *verb* [I] **assent (to sth)** hozzájárul, elfogad

assert /əˈsɜːt/ *verb* [T] **1** határozottan állít **2** magabiztosan viselkedik: *You ought to assert yourself more.* • *to assert your authority* érvényesíti tekintélyét

assertion /ə'sɜːʃn/ noun **1** [C] határozott állítás **2** [U] jogok érvényesítése/követelése

assertive /ə'sɜːtɪv/ adj. magabiztos
▸ **assertively** adv. magabiztosan
assertiveness noun [U] magabiztos viselkedés

assess /ə'ses/ verb [T] **1** felmér, megállapít **2** assess sth (at sth) felbecsül, becsül vmire: They assessed the cost of repairs at £200.
▸ **assessment** noun [C,U] becslés, felmérés, értékelés: I made a careful assessment of the risks involved.

assessor /ə'sesə(r)/ noun [C] vizsgabiztos, döntőbíró: College lecturers acted as external assessors of the exam results.

asset /'æset/ noun [C] **1** an asset (to sb/sth) erőssége vkinek/vminek: She's a great asset (nagy nyereséget jelent) to the organization. **2** [usually plural] (gazd) vagyon

assign /ə'saɪn/ verb [T] **1** assign sth to sb/sth kijelöl, átenged: We have assigned 20% of our budget to the project. **2** assign sb to sth megbíz (feladattal)

assignment /ə'saɪnmənt/ noun [C,U] megbízatás, feladat: The reporter disappeared while on (an) assignment in the war zone.

assimilate /ə'sɪmɪleɪt/ verb **1** [I,T] assimilate sb/sth (into sth) asszimilálódik, beilleszkedik **2** [T] befogad: to assimilate new facts/information/ideas
▸ **assimilation** /ə,sɪmə'leɪʃn/ noun [U] asszimiláció, befogadás

assist /ə'sɪst/ verb [I,T] (formális) assist (sb) in/with sth; assist (sb) in doing sth segítséget nyújt, támogat

assistance /ə'sɪstəns/ noun [U] (formális) segítség, támogatás: financial assistance for poorer families • She shouted for help but nobody came to her assistance.

★ **assistant** /ə'sɪstənt/ noun [C] **1** helyettes: the assistant manager **2** (US clerk) bolti eladó: a shop/sales assistant

Assoc. (also assoc.) abbr. (association rövidítése) szövetség

★ **associate¹** /ə'səʊsiət/ noun [C] munkatárs: a business associate üzlettárs

★ **associate²** /ə'səʊʃieɪt/ verb **1** [T] associate sb/sth (with sb/sth) kapcsolatba hoz: I always associate the smell of the sea with my childhood. A tenger szaga mindig a gyermekkoromat idézi föl. **2** [I] associate with sb összejár vkivel **3** [T] associate yourself with sth csatlakozik (pl. véleményhez) ❶ Ellentéte: disassociate.

association /ə,səʊsi'eɪʃn/ noun **1** [U] társulás: We work in association with (együtt) our New York office. **2** [C] társaság, egyesület **3** [C,U] képzettársítás

assorted /ə'sɔːtɪd/ adj. (össze)válogatott, vegyes: a bowl of assorted fruit

assortment /ə'sɔːtmənt/ noun [C] választék, készlet: You'll find a wide assortment of gifts in our shop.

Asst (also asst) abbr. (assistant rövidítése) (-)helyettes, (-)gyakornok

★ **assume** /ə'sjuːm/ verb [T] **1** feltételez: I assume that you have the necessary documents. • Everyone assumed Ralph was guilty. • Everyone assumed Ralph to be guilty. **2** felvesz (jogtalanul): to assume a false name **3** átvesz (hatalmat, dolgok irányítását): to assume control of sth

assumption /ə'sʌmpʃn/ noun **1** [C] feltételezés: We'll work on the assumption that guests will be hungry when they arrive. • It's unfair to make assumptions about a person's character before you know them. • a reasonable/ false assumption jogos/ hamis feltételezés **2** [U] the assumption of sth átvétel (hatalomé, munkáé)

assurance /ə'ʃɔːrəns/ noun **1** [C] határozott ígéret: They gave me an assurance that (biztosítottak róla, hogy) the work would be finished by Friday. **2** [U] (ön)bizalom

assure /ə'ʃʊə(r); ə'ʃɔː(r)/ verb [T] **1** biztosít vkit vmiről: I assure you that it is perfectly safe. • Let me assure you of my full support. **2** biztosít: The success of the new product assured the survival of the company. ➔ Lásd ensure.

assured /ə'ʃɔːd/ adj. magabiztos: The doctor had a calm and assured (határozott) manner.

asterisk /'æstərɪsk/ noun [C] csillag (a * jel)

asthma /'æsmə/ noun [U] asztma

asthmatic /æs'mætɪk/ noun [C] asztmás (ember)

▶ **asthmatic** *adj.* asztmás

astonish /ə'stɒnɪʃ/ *verb* [T] meglep, megdöbbent

▶ **astonished** *adj.* be astonished megdöbbenben

astonishing /ə'stɒnɪʃɪŋ/ *adj.* meglepő, megdöbbentő

▶ **astonishingly** *adv.* meglepően, megdöbbentően

astonishment /ə'stɒnɪʃmənt/ *noun* [U] meglepetés, döbbenet: *He dropped his book in astonishment.*

astound /ə'staʊnd/ *verb* [T] (*ált. szenvedő szerkezetben*) elképeszt, meghökkent

astounded /ə'staʊndɪd/ *adj.* döbbent: *We sat in astounded silence.*

astounding /ə'staʊndɪŋ/ *adj.* döbbenetes, elképesztő

astray /ə'streɪ/ *adv.*
IDIOMS go astray eltéved, elkallódik | lead sb astray → LEAD¹

astride /ə'straɪd/ *adv.*, *prep.* lovaglóülésben: *to sit astride a horse*

astrologer /ə'strɒlədʒə(r)/ *noun* [C] csillagjós

astrology /ə'strɒlədʒi/ *noun* [U] asztrológia ➔ Lásd **horoscope, zodiac.**

astronaut /'æstrənɔːt/ *noun* [C] űrhajós

astronomer /ə'strɒnəmə(r)/ *noun* [C] csillagász

astronomical /ˌæstrə'nɒmɪkl/ *adj.* **1** csillagászati **2** csillagászati (*árak, számok*): *astronomical house prices*

astronomy /ə'strɒnəmi/ *noun* [U] csillagászat

astute /ə'stjuːt/ *adj.* okos, jó ítélőképességű

asylum /ə'saɪləm/ *noun* [U] menedékjog: *to give sb political asylum*

★ **at** /ət; erős alak æt/ *prep.* **1** -on/-en/-ön/-n, -nál/-nél, -ban/-ben: *at the bottom/top of the page* • *He was standing at the door.* • *Change trains at Chester.* • *We were at home all weekend.* • *Are the children at school?* • *'Where's Peter?' 'He's at Sue's.'* **2** -kor, vmilyen életkorban: *I start work at 9 o'clock.* • *at the weekend* hétvégén • *at night* este, éjszaka • *at Easter* • *She got married at 18* (18 éves korában). **3** -ra/-re:

What are you looking at? • *He pointed a gun at the policeman.* • *Don't shout at me!* **4** -on/-en/-ön/-n: *I was surprised at her behaviour.* • *We laughed at his jokes.* **5** (elöljáróként cselekvésre, történésre utaló idiomatikus kifejezésekben): *They were* **hard at work**. Keményen dolgoztak. • *The two countries were* **at war** (háborúban álltak egymással). **6** -ként, -val/-vel: *We were travelling at about 50 miles per hour.* **7** jó/rossz vmiben/vmiből: *She's very* **good at** *French* (jó franciából).

ate *past tense of* EAT

atheism /'eɪθiɪzəm/ *noun* [U] ateizmus

▶ **atheist** *noun* [C] ateista

athlete /'æθliːt/ *noun* [C] atléta, sportoló

athletic /æθ'letɪk/ *adj.* **1** atléta-: *athletic ability* **2** kisportolt

athletics /æθ'letɪks/ *noun* [U] atlétika

atishoo /ə'tɪʃuː/ *interj.* hapci

atlas /'ætləs/ *noun* [C] (*plural* atlases) atlasz: *a road atlas of Europe*

★ **atmosphere** /'ætməsfɪə(r)/ *noun* **1** [C, usually sing.] (the atmosphere) (*földr*) légkör **2** [sing.] levegő: *a smoky atmosphere* **3** [sing.] légkör, hangulat: *The atmosphere of the meeting was relaxed.*

atmospheric /ˌætməs'ferɪk/ *adj.* **1** légköri **2** hangulatkeltő, hangulatos: *atmospheric music*

atom /'ætəm/ *noun* [C] atom ➔ Lásd **molecule.**

atomic /ə'tɒmɪk/ *adj.* atom-: *atomic physics* ➔ Lásd **nuclear.**

a₁tomic ˈbomb (also 'atom bomb) *noun* [C] atombomba

a₁tomic ˈenergy *noun* [U] atomenergia

atrocious /ə'trəʊʃəs/ *adj.* gyalázatos

▶ **atrociously** *adv.* csapnivalóan

atrocity /ə'trɒsəti/ *noun* [C,U] (*plural* atrocities) kegyetlenkedés, atrocitás: *Both sides were accused of committing atrocities during the war.*

★ **attach** /ə'tætʃ/ *verb* [T] **1** attach sth (to sth) hozzákapcsol, csatol ❶ Ellentéte: **detach. 2** (*ált. szenvedő szerkezetben*) attach sb/sth to sb/sth vmihez tartozik: *The research centre is attached to the university.* **3** attach sth to sb/sth vmit tulajdonít

---

[*I*] **tárgyatlan** (*ige*): *He laughed.*

[*T*] **tárgyas** (*ige*): *He ate an apple.*

vminek: *Don't attach too much importance to what they say.*

IDIOM (with) no strings attached; without strings → STRING¹

attached /ə'tætʃt/ *adj.* attached to sb/sth ragaszkodik vkihez/vmihez

attachment /ə'tætʃmənt/ *noun* 1 [C] tartozék, melléklet (*e-mailhez*) 2 [C,U] attachment (to/for sb/sth) ragaszkodás: *emotional attachment* érzelmi kötődés

★ **attack¹** /ə'tæk/ *noun* 1 [C,U] (an) attack (on sb/sth) támadás: *The town was under attack from all sides.* • *an outspoken attack on government policy* 2 [C] (*orv*) roham: *an attack of asthma/flu/nerves* 3 [C] (*sp*) támadás

★ **attack²** /ə'tæk/ *verb* 1 [I,T] (meg)támad 2 [T] támadást intéz vki/vmi ellen: *Steffi attacked Guy's right-wing political views.* 3 [T] (*betegség*) megtámad 4 [I,T] (*sp*) támad: *This team attacks better than it defends.*

attacker /ə'tækə(r)/ *noun* [C] támadó

attain /ə'teɪn/ *verb* [T] megvalósít, elér

attainable /ə'teɪnəbl/ *adj.* megvalósítható: *realistically attainable targets*

attainment /ə'teɪnmənt/ *noun* 1 [U] megvalósítás: *the attainment of the government's objectives* 2 [C] teljesítmény, szerzett ismeretek

★ **attempt¹** /ə'tempt/ *verb* [T] attempt (to do) sth megkísérel vmit: *Don't attempt to make him change his mind.* • *She was accused of attempted murder.* Gyilkossági kísérlettel vádolták.

★ **attempt²** /ə'tempt/ *noun* [C] 1 an attempt (to do sth/at doing sth) próbálkozás, vmi megkísérlése: *The thief made no attempt to run away.* • *I failed the exam once but passed at the second attempt.* • *They failed in their attempt to reach the North Pole.* 2 an attempt (on sb/sth) merénylet vki/vmi ellen: *an attempt on sb's life* gyilkossági kísérlet

IDIOM a last-ditch attempt → LAST¹

★ **attend** /ə'tend/ *verb* 1 [T] jár vhova: *Do you attend church regularly?* • *The children attend the local school.* 2 [I] (*formális*) attend to sb/sth figyelmet fordít vkire/

vmire, foglalkozik vkivel/vmivel: *Please attend to this matter immediately.*

attendance /ə'tendəns/ *noun* 1 [U] részvétel: *Attendance at lectures is compulsory.* Az előadások látogatása kötelező. 2 [C,U] látogatottság: *There was a poor attendance at the meeting.*

attendant¹ /ə'tendənt/ *noun* [C] kiszolgáló személyzet (*nyilvános helyen: benzinkutas, ruhatáros stb.*), őr: *a car park attendant*

attendant² /ə'tendənt/ *adj.* (*csak főnév előtt, formális*) velejáró: *unemployment and all its attendant social problems*

★ **attention¹** /ə'tenʃn/ *noun* [U] 1 figyelem: *I shouted in order to attract her attention.* • *Shy people hate to be the centre of attention* (az érdeklődés középpontjába kerülni). • *to hold sb's attention* lekötni vki figyelmét 2 intézkedés: *The hole in the roof needs urgent attention.* • *to require medical attention* (orvosi ellátás) 3 (*kat*) vigyázz: *to stand/come to attention* vigyázzba(n) áll

IDIOMS catch sb's attention/eye → CATCH¹ | draw (sb's) attention to sth → DRAW¹ | pay attention → PAY¹

attention² /ə'tenʃn/ *interj.* Figyelem!

attentive /ə'tentɪv/ *adj.* attentive (to sb/sth) figyelmes: *The hotel staff were very attentive to our needs.* ❶ Ellentéte: inattentive.
▶ attentively *adv.* figyelmesen

attic /'ætɪk/ *noun* [C] tetőtér, padlásszoba ➔ Lásd loft.

★ **attitude** /'ætɪtjuːd/ *noun* [C] an attitude (to/towards sb/sth) hozzáállás: *She has a very positive attitude to her work.*

attorney /ə'tɜːni/ (*US*) = LAWYER

★ **attract** /ə'trækt/ *verb* [T] 1 vonz: *I waved to attract the waiter's attention* (hogy felhívjam magamra a pincér figyelmét). • *The new film has attracted a lot of publicity.* 2 (*ált. szenvedő szerkezetben*) vonzódik vkihez/vmihez: *She's attracted to older men.*

attraction /ə'trækʃn/ *noun* 1 [U] vonzódás, vonzás: *sexual attraction* 2 [C] látványosság, szórakozási lehetőség: *The city offers all kinds of tourist attractions.*

★ **attractive** /ə'træktɪv/ adj. vonzó, csábító
  ▸ **attractively** adv. vonzó formában/módon
  attractiveness noun [U] vonz(ó)erő, varázs

attribute¹ /ə'trɪbjuːt/ verb [T] attribute sth to sb/sth vkinek/vminek tulajdonít: *Mustafa attributes his success to hard work.* ● *a poem attributed to Shakespeare*

attribute² /'ætrɪbjuːt/ noun [C] tulajdonság: *physical attributes*

atypical /ˌeɪ'tɪpɪkl/ adj. (*formális*) nem tipikus ❶ Ellentéte: **typical**. ➾ Vesd össze **untypical**.

aubergine /'əʊbəʒiːn/ (*főleg US* eggplant) noun [C,U] padlizsán

auburn /'ɔːbən/ adj. (*haj*) vörösesbarna, gesztenyebarna

auction¹ /'ɔːkʃn/ noun [C,U] árverés: *The house was sold at/by auction.*

auction² /'ɔːkʃn/ verb [T] auction sth (off) árverésen elad, elárverez

auctioneer /ˌɔːkʃə'nɪə(r)/ noun [C] árverési kikiáltó

audible /'ɔːdəbl/ adj. hallható: *Her speech was barely audible.* ❶ Ellentéte: **inaudible**.
  ▸ **audibly** /-əbli/ adv. hallhatóan

★ **audience** /'ɔːdiəns/ noun [C] **1** [with sing. or plural verb] közönség, hallgatóság: *The audience was/were wild with excitement.* **2** kihallgatás, audiencia: *He was granted an audience with the President.*

audio /'ɔːdiəʊ/ adj. audio-: *audio equipment* ● *audio tape* magnószalag

ˌaudio-'visual adj. audiovizuális

audit /'ɔːdɪt/ noun [C] könyvvizsgálat (*pl. vállalaté*): *to carry out an audit*

audition¹ /ɔː'dɪʃn/ noun [C] meghallgatás (*előadóművészé*)

audition² /ɔː'dɪʃn/ verb **1** audition (for sth) [I] meghallgatáson vesz részt: *I auditioned for a part in the play.* **2** audition sb [T] előadóművészt meghallgat

auditor /'ɔːdɪtə(r)/ noun [C] könyvvizsgáló

auditorium /ˌɔːdɪ'tɔːriəm/ noun [C] (*plural* auditoriums *or* auditoria) nézőtér, előadóterem

Aug. abbr. (August rövidítése) aug.: *10 Aug. 1957*

augur /'ɔːɡə(r)/ verb
  IDIOM augur well/ill for sb/sth (*formális*) jóval/rosszal biztat/kecsegtet

★ **August** /'ɔːɡəst/ noun [U, C] (*abbr.* Aug.) augusztus ➾ Példák és magyarázat a January szónál.

★ **aunt** /ɑːnt/ (*informális* auntie, aunty /'ɑːnti/) noun [C] **1** nagynéni: *Aunt Ellen* **2** (*informális*) néni (*szülők nőismerősei megszólításaként*)

au pair /ˌəʊ 'peə(r)/ noun (*brit*) [C] külföldi fiatal (rendszerint lány), aki nyelvtanulás céljából egy családnál lakik, segít a ház körül és vigyáz a gyerekekre ➾ Vesd össze **babysitter**.

aura /'ɔːrə/ noun [C] (*formális*) aura, kisugárzás

aural /'ɔːrəl/ adj. hallás-, halló-: *an aural comprehension* (hallás utáni megértés) *test* ➾ Lásd **oral**.

auspices /'ɔːspɪsɪz/ noun [plural]
  IDIOM under the auspices of sb/sth vki támogatásával, védnöksége/égisze alatt

auspicious /ɔː'spɪʃəs/ adj. kedvező, sokat ígérő: *She made an auspicious start to her professional career when she won her first race.* ❶ Ellentéte: **inauspicious**.

austere /ɒ'stɪə(r)/ adj. **1** egyszerű, dísztelen **2** szigorú, rideg (*személy*) **3** önmegtartóztató, aszketikus
  ▸ **austerity** /ɒ'sterəti/ noun [U] **1** szükség, takarékossági intézkedés: *War was followed by many years of austerity.* **2** ridegség, aszketizmus

authentic /ɔː'θentɪk/ adj. **1** hiteles, valódi: *an authentic Van Gogh painting* **2** valósághű: *an authentic model of the building*
  ▸ **authenticity** /ˌɔːθen'tɪsəti/ noun [U] hitelesség, valódiság

★ **author** /'ɔːθə(r)/ noun [C] szerző, író: *a well-known author of detective novels*
  ▸ **authorship** noun [U] a szerző személyazonossága, szerzőség

authoritarian /ɔːˌθɒrɪ'teəriən/ adj. tekintélyelvű, ellentmondást nem tűrő: *authoritarian parents*

authoritative /ɔː'θɒrətətɪv/ adj. **1** tekintélyt parancsoló: *an authoritative tone of voice* **2** hiteles, mérvadó: *They will be able* *to give you authoritative advice on the problem.*

★ **authority** /ɔːˈθɒrəti/ noun (plural authorities) **1** [U] tekintély, hatáskör: *Children often begin to question their parents' authority at a very early age.* • *You must get this signed by a person in authority.* **2** [U] authority (to do sth) felhatalmazás, engedély: *The police have the authority (joguk van) to question anyone they wish.* • *He was sacked for using a company vehicle without authority.* **3** [C, often plural] hatóság(ok): *I have to report this to the authorities.* **4** [U] határozottság, tekintély: *He spoke with authority.* **5** [C] an authority (on sth) szaktekintély

authorize (also -ise) /ˈɔːθəraɪz/ verb [T] felhatalmaz: *He authorized his secretary to sign letters in his absence*
▸ **authorization** (also -isation) /ˌɔːθəraɪˈzeɪʃn/ noun [U] fel/meghatalmazás

autistic /ɔːˈtɪstɪk/ adj. autista

autobiography /ˌɔːtəbaɪˈɒɡrəfi/ noun [C,U] (plural autobiographies) önéletrajz **➔** Lásd biography.
▸ **autobiographical** /ˌɔːtəbaɪəˈɡræfɪkl/ adj. önéletrajzi

autograph /ˈɔːtəɡrɑːf/ noun [C] autogram: *The players stopped outside the stadium to sign autographs* (hogy autogramot adjanak/osszanak).
▸ **autograph** verb [T] aláír, dedikál

automate /ˈɔːtəmeɪt/ verb [T] (ált. szenvedő szerkezetben) automatizál

★ **automatic¹** /ˌɔːtəˈmætɪk/ adj. **1** önműködő, automata **2** automatikus, reflexszerű: *My reaction was automatic.* **3** automatikus(an következő): *All the staff have an automatic right to a space in the car park.*
▸ **automatically** /-kli/ adv. automatikusan

automatic² /ˌɔːtəˈmætɪk/ noun [C] automata gép/fegyver/autó: *This car is an automatic.*

automation /ˌɔːtəˈmeɪʃn/ noun [U] automatizálás

automobile /ˈɔːtəməbiːl/ (főleg US) = CAR(1)

autonomy /ɔːˈtɒnəmi/ noun [U] autonómia, önrendelkezés, önállóság

▸ **autonomous** /ɔːˈtɒnəməs/ adj. autonóm, önálló

autopsy /ˈɔːtɒpsi/ noun [C] (plural autopsies) boncolás

★ **autumn** /ˈɔːtəm/ (ált. US fall) noun [C,U] (évszak) ősz: *In autumn the leaves on the trees begin to fall.*
▸ **autumnal** /ɔːˈtʌmnəl/ adj. őszi(es)

auxiliary /ɔːɡˈzɪliəri/ adj. (csak főnév előtt) kisegítő: *auxiliary nurses/troops/staff*

au‚xiliary 'verb noun [C] segédige **➔** Vesd össze modal.

avail /əˈveɪl/ noun [U]
IDIOMS of little/no avail hasztalan, eredménytelen | to little/no avail hiába, eredménytelenül: *They searched everywhere, but to no avail.*

availability /əˌveɪləˈbɪləti/ noun [U] hozzáférhetőség: *You will receive the colour you order, subject to availability* (amíg a készlet tart).

★ **available** /əˈveɪləbl/ adj. **1** available (to sb) kapható, hozzáférhető **2** (személy) elérhető: *The minister was not available for comment.*

avalanche /ˈævəlɑːnʃ/ noun [C] lavina

the avant-garde /ˌævɒŋˈɡɑːd/ noun [sing.] (műv) az avantgárd
▸ **avant-garde** adj. avantgárd

Ave. abbr. (avenue rövidítése) fasor, sugárút: *26 Elm Ave.*

avenge /əˈvendʒ/ verb [T] avenge sth; avenge yourself on sb megbosszul, bosszút áll vkin vmiért: *He wanted to avenge his father's murder.* • *He wanted to avenge himself on his father's murderer.* **➔** Lásd revenge.

avenue /ˈævənjuː/ noun [C] **1** (abbr. Ave.) széles utca, (fákkal szegélyezett) sugárút: *I live on Tennyson Avenue.* **➔** Magyarázat a road szónál. **2** útja-módja vminek: *We must explore every avenue open to us.*

★ **average¹** /ˈævərɪdʒ/ noun **1** [C] (mat) átlag: *He has scored 93 goals at an average of 1·55 per game.* **2** [sing., U] átlag: *On average* (átlagosan), *I buy a newspaper about twice a week.*

★ **average²** /ˈævərɪdʒ/ adj. **1** (csak főnév előtt) átlagos **2** átlag(os): *children of above/*

MÁSSALHANGZÓK p **p**en | b **b**ad | t **t**ea | d **d**id | k **c**at | g **g**ot | tʃ **ch**in | dʒ **J**une | f **f**all | v **v**an | θ **th**in

below average intelligence **3** közepes, középszerű: *Her work is rather average.*

average³ /'ævərɪdʒ/ verb [T] átlagot kiszámít/vesz: *If we average 50 miles an hour, we should arrive at about 4 o'clock.*

PHRASAL VERB average out (at sth) vmilyen átlagot elér/ad

averse /ə'vɜːs/ adj. (*formális*) averse to sth (*gyakran tagadó mondatban*) vmitől idegenkedő, vmit elutasító: *He is not averse to trying out new ideas.*

aversion /ə'vɜːʃn/ noun [C, usually sing.] an aversion (to sb/sth/doing sth) idegenkedés vmitől, irtózás vmitől: *He had an aversion to getting up early.*

avert /ə'vɜːt/ verb [T] elhárít (bajt): *The accident could have been averted.*

aviary /'eɪviəri/ noun [C] (*plural* aviaries) madárház

aviation /,eɪvi'eɪʃn/ noun [U] repülőstan

avid /'ævɪd/ adj. **1** (*ált. hobbiról*) lelkes: *an avid collector of antiques* **2** avid for sth mohó: *Journalists crowded round the entrance, avid for news.*
▶ **avidly** adv. mohón: *He read avidly as a child.*

avocado /,ævə'kɑːdəʊ/ noun [C] (*plural* avocados) avokádó

★ **avoid** /ə'vɔɪd/ verb [T] **1** avoid sth/doing sth kerül vmit **2** el/kikerül vkit/vmit: *I leave home at 7 o'clock in order to avoid the rush hour.*
▶ **avoidance** noun [U] vki/vmi (el)kerülése

avoidable /ə'vɔɪdəbl/ adj. elkerülhető ❶ Ellentéte: **unavoidable.**

await /ə'weɪt/ verb [T] (*formális*) (meg)vár, várakozik vmire: *We sat down to await the arrival of the guests.*

awake¹ /ə'weɪk/ verb (*pt* awoke /ə'wəʊk/; *pp* awoken /ə'wəʊkən/) [I,T] (*formális*) felébred, felébreszt vkit/vmit ❶ A wake up gyakoribb kifejezés, mint az awake.

★ **awake²** /ə'weɪk/ adj. (*főnév előtt nem állhat*) ébren (lévő), nem alvó: *I was sleepy this morning but I'm wide awake* (teljesen ébren vagyok) *now.* • *I found it difficult to stay awake.* • *I hope our singing didn't keep you awake last night.* ❶ Ellentéte: **asleep.**

awaken /ə'weɪkən/ verb (*formális*) **1** [I,T] felébred, felébreszt ❶ Sokkal gyakoribb

kifejezés a **wake up. 2** [T]. felébreszt, (*érzést*) kivált: *The film awakened memories of her childhood.*

PHRASAL VERB awaken sb to sth ráébreszt: *The letter awakened me to the seriousness of the situation.*

awakening /ə'weɪkənɪŋ/ noun [sing.] **1** ébredezés (*érzésé*): *the awakening of an interest in the opposite sex* **2** ráébredés vmire: *It was a rude awakening* (keserves csalódás) *when I suddenly found myself - unemployed.*

★ **award¹** /ə'wɔːd/ noun [C] **1** díj, jutalom, kitüntetés: *This year the awards for best actor and actress went to two Americans.* **2** kártérítés(i összeg): *She received an award of £5000 for damages.*

★ **award²** /ə'wɔːd/ verb [T] award sth (to sb) odaítél, megítél (*díjat, pénzt*): *The court awarded £10000 each to the workers injured in the accident.*

★ **aware** /ə'weə(r)/ adj. **1** aware (of sb/sth); aware (that) tudatában van vminek, tisztában van vmivel: *I am well aware of the problems you face.* • *I suddenly became aware that someone was watching me.* • *There is no other entrance, as far as I am aware* (tudomásom szerint). ❶ Ellentéte: **unaware. 2** (*kifejezetten*) érdeklődik vmi iránt, járatos vmiben: *Many young people are very politically aware.*

awareness /ə'weənəs/ noun [U] tájékozottság, tudatosság: *People's awareness of healthy eating has increased in recent years.*

awash /ə'wɒʃ/ adj. (*főnév előtt nem állhat*) awash (with sth) elárasztott: (*átv*) *The city was awash with rumours.* A városban futótűzként terjedt a szóbeszéd.

★ **away** /ə'weɪ/ adv., adj. ➲ Lásd még phrasal verbs, pl. give away, take away. **1** away (from sb/sth) el, másfelé: *Go away!* • *I asked him a question, but he just looked away.* **2** away (from sth) vmilyen távolságra vmitől: *The village is two miles away from the sea.* • *My parents live five minutes away.* **3** vmennyi időre lévő (*a jövőben*): *Our summer holiday is only three weeks away.* **4** away (from sth) (*személyekről*) távollevő, hiányzó: *My neighbours are away on holiday at the moment.* • *Vijay was away from school for two weeks* *with measles.* **5** el (a helyére): *Put your books away now.* • *They cleared the dishes away.* ➔ Vesd össze **throw sth away** (eldob, kidob a szemétbe). **6** megállás/ megszakítás nélkül: *They chatted away for hours.* **7** idegenben (*meccs stb. színhelye*): *Our team's playing away on Saturday.* • *an away match/game* ❶ Ellentéte: **(at) home.** **8** el (amíg vmi el nem fogy/tűnik): *The crash of thunder slowly died away.* • *He's given most of his money away.*

IDIOMS **do away with sb/sth** megszabadul vkitől/vmitől, megszüntet (*intézkedést*): *The government are going to do away with the tax on fuel.* • *Some of the protesters wanted to do away with the king.* • *The director decided to do away with the musicians* (a zenészek nélkül oldja meg) *in the last scene.* | **right/straight away** rögtön, azonnal: *I'll phone the doctor right away.*

awe /ɔː/ *noun* [U] **in awe; in awe of sb/ sth** félelemmel vagy bámulattal vegyes tisztelet: *As a young boy he was very much in awe of his uncle.*

awe-inspiring *adj.* tiszteletet és félelmet vagy bámulatot ébresztő

awesome /'ɔːsəm/ *adj.* **1** döbbenetes, ijesztő: *an awesome task* **2** (*US, szleng*) tök jó

* **awful** /'ɔːfl/ *adj.* **1** rémes, borzasztó: *What an awful thing to say!* • *I feel awful – I think I'll go to bed.* **2** borzalmas, szörnyű: *I'm afraid there's been some awful news.*

IDIOM **an awful lot (of sth/sb)** (*informális*) borzasztó sok: *We've got an awful lot of work to do.* • *I feel an awful lot better* (sokkal jobban).

awfully /'ɔːfli/ *adv.* (*informális*) borzasztóan, rettentően: *I'm awfully sorry.*

awkward /'ɔːkwəd/ *adj.* **1** kínos, nehéz, kellemetlen: *That's an awkward question.* • *You've put me in an awkward position.* • *an awkward customer* • *The box isn't heavy but it's awkward to carry.* **2** alkalmatlan, nehéz(kes): *My mother always phones at an awkward time.* • *This tin-opener is very awkward to clean.* **3** kínos: *to feel awkward* • *There was an awkward silence.* **4** kényelmetlen, esetlen: *I was sitting with my legs in an awkward position.*

▶ **awkwardly** *adv.* ügyetlenül, esetlenül, rosszul

awkwardness *noun* [U] ügyetlenség, feszélyezettség, nehézkesség

awoke *past tense* of AWAKE[1]

awoken *past participle* of AWAKE[1]

awry /əˈraɪ/ *adj., adv.* (*főnév előtt nem állhat*) **1** hibás, kudarcba fulladt: *All my plans for the party had gone awry.* **2** rendetlen, összekuszált: *She rushed out, her hair all awry.*

axe[1] (*főleg US* **ax**) /æks/ *noun* [C] fejsze, balta ➔ Ábra **garden[1]** alatt.

axe[2] (*also főleg US* **ax**) /æks/ *verb* [T] **1** eltávolít vkit/vmit, megszüntet (*állást*): *Hundreds of jobs have been axed.* **2** nagy mértékben lecsökkent: *School budgets are to be axed.* ❶ Főleg sajtónyelvben használt ige.

axis /'æksɪs/ *noun* [C] (*plural* **axes** /'æksiːz/) **1** (*képzeletbeli*) tengely: *The earth rotates on its axis.* **2** (*mat*) tengely: *the horizontal/vertical axis of the graph*

axle /'æksl/ *noun* [C] (kerék)tengely

Bb

B, b[1] /biː/ *noun* [C,U] (*plural* **B's; b's**) **1** B/b betű **2** (**B**) (*zene*) H/h: *B major* H-dúr • *B minor* h-moll • *B flat* B/b **3** (**B**) (*okt*) jó (*ha A a legjobb és F a legrosszabb osztályzat*)

b.[2] *abbr.* (**born** rövidítése) sz./szül.: *J S Bach, b. 1685*

BA /ˌbiː 'eɪ/ *abbr.* (**Bachelor of Arts** rövidítése) BA (*humán tárgyból egyetemi fokozat*) ➔ Lásd **BSc, MA.**

baa /bɑː/ *noun* [sing.] bégetés

B & B /ˌbiː ən 'biː/ *abbr.* (**bed and breakfast** rövidítése) szállás reggelivel, panzió

---

babble¹ /'bæbl/ noun [sing.] **1** hangzavar: *a babble of voices* **2** vizcsobogás (*köveken*)

babble² /'bæbl/ verb [I] **1** hadar, alig érthetően beszél **2** csobog (*víz, köveken*)

babe /beɪb/ noun [C] **1** (*főleg US, szleng*) szivi **2** (*szleng*) csinibaba, bombázó **3** (*rég*) csecsemő

★ **baby** /'beɪbi/ noun [C] (*plural* **babies**) **1** kisbaba, csecsemő: *I'm going to **have a baby**.* • *She's **expecting a baby** (gyereket vár) early next year.* • *When's the baby **due**?* • *a baby boy/girl* **2** állatkölyök, madárfióka **3** (*US, szleng*) vki kedvese, barátnője

ˈ**baby boom** noun [*usually sing.*] demográfiai hullám, (hirtelen) születésszám-emelkedés

ˈ**baby boomer** noun [C] demográfiai hullám idején született személy

ˈ**baby carriage** (*US*) = PRAM

babyish /'beɪbiɪʃ/ adj. kisbabás, dedós: *This book is a bit too babyish for Robert now.*

babysit /'beɪbisɪt/ verb [I] (**babysitting**; *pt*, *pp* **babysat**) gyerekre vigyáz a szülők távollétében
▸ **babysitter** noun [C] bébiszitter

bachelor /'bætʃələ(r)/ noun [C] **1** nőtlen férfi, agglegény

> A mai nyelvben a nem házas férfira vagy nőre leggyakrabban használt szó a **single**: *a single man/woman*.

2 diplomás (*személy*): *a Bachelor of Arts/Science*

back¹ /bæk/ noun [C] **1** hát: *Do you sleep **on your back** or on your side?* • *She was standing **with her back** to me.* **2** vminek a háta/hátsó része, vége: *I sat **at the back of** the class.* • *The answers are **in the back of** the book.* • *Write your address **on the back of** the cheque.* **3** széktámla: *He put his coat over the back of the chair.*

IDIOMS **at/in the back of your mind** tudat alatt, vki tudata mélyén: *With next week's exam at the back of my mind, I couldn't relax and enjoy the film.* | **back to front** fordítva (a hátulja elöl): *You've got your jumper on back to front.* ➔ Lásd **way¹**(3). | **behind sb's back** vki háta mögött, vki tudta nélkül: *They criticized her behind her back.* ❶ Ellentéte: **to sb's face.** | **get off sb's back** (*informális*) leszáll vkiről: *I've told*

her *I'll do the job by Monday, so I wish she'd get off my back!* | **know sth like the back of your hand** → KNOW¹ | **a pat on the back** → PAT² | **turn your back on sb/sth** hátat fordít vkinek/vminek: *He turned his back on his career and went to live in the country.*

back to front

back to front   inside out

upside down

★ **back²** /bæk/ adj. **1** (*csak főnév előtt*) hátsó, hátulsó: *the back door* • *the back row of the theatre* • *back teeth* **2** hátralékos, kifizetetlen: *back pay/rent/taxes*
IDIOM **take a back seat** a háttérben marad (*átv*)

★ **back³** /bæk/ adv. **1** vissza: *I'll **be back** about six o'clock.* • *It started to rain so I **came back** home.* • *Go back to sleep.* • *Could I **have** my pen **back** (visszakaphatnám), please?* • *I've got to **take** these books **back** to the library.* **2** vissza, hátra: *She walked away without **looking back**.* • *Could everyone **move back** a bit, please?* ❶ Ellentéte: **forward.** **3** vissza: *The police were unable to **keep** the crowds **back**.* • *She tried to **hold back** her tears.* **4** (*válaszként*) vissza: *He said he'd **phone** me **back** in half an hour.* **5** (*valamikor*) régen: *I met him a few years **back** (néhány évvel ezelőtt).* • ***Think back** to your first day at school.*
IDIOM **back and forth** (*rendszeresen*) oda-vissza: *Travelling back and forth to work takes up quite a bit of time.*

★ **back⁴** /bæk/ verb **1** [I,T] tolat, hátrál: *He backed the car into the parking space.* **2** [I] háttal áll vminek: *Many of the colleges back onto the river.* **3** [T] támogat: *We can*

[I] **tárgyatlan (ige):** *He laughed.*   [T] **tárgyas (ige):** *He ate an apple.*

go ahead with the scheme if the bank will agree to back us. **4** [*T*] *(lóra, csapatra)* tesz, fogad: *Which horse are you backing in the 2 o'clock race?*

PHRASAL VERBS **back away** (**from sb/sth**) hátrál vmitől: *He began to back slowly away from the snake.* | **back down** visszakozik, meghátrál: *I think you are right to demand an apology. Don't back down now.* | **back out** (**of sth**) visszalép vmitől: *You promised you would come with me. You can't back out of it now!* | **back sb/sth up** támogat: *I'm going to say exactly what I think at the meeting. Will you back me up?* • *All the evidence backed up* (alátámasztotta) *what the woman had said.* | **back (sth) up** tolat *(járművel)* | **back sth up** *(infor)* másolatot készít

back 'bench *noun* [*C, usually plural*] *(brit)* nem vezető pozícióban lévő alsóházi képviselő helye a brit parlamentben: *to sit on the back benches*
▸ **,back-'bencher** *noun* [*C*] nem vezető pozícióban lévő brit alsóházi képviselő

backbone /'bækbəʊn/ *noun* **1** [*C*] *(hát)*gerinc **❶** Szinonimája: **spine**. **2** [*sing.*] vmi gerince, legfontosabb része: *Agriculture is the backbone of the country's economy.*

backcloth /'bækklɒθ/ = BACKDROP

backdate /,bæk'deɪt/ *verb* [*T*] korábbra keltez, visszamenőleg érvényesít: *The pay rise will be backdated to 1 April.*

backdrop /'bækdrɒp/ (*also* **backcloth**) *noun* [*C*] *(szính)* háttérfüggöny

backer /'bækə(r)/ *noun* [*C*] támogató

backfire /,bæk'faɪə(r)/ *verb* [*I*] visszafelé sül el

★ **background** /'bækɡraʊnd/ *noun* **1** [*sing., U*] háttér: *You can see the mountains in the background of the photo.* • *I could hear a child crying in the background.* • *The film star's husband prefers to stay in the background.* • *I like to have background music when I'm studying.* • *The talks are taking place against a background of increasing tension.* • *background information* ➜ Lásd **foreground.** **2** [*C*] *(családi, társadalmi)* háttér

backhand /'bækhænd/ *noun* [*sing.*] fonák (ütés) **❶** Ellentéte: **forehand.**

backing /'bækɪŋ/ *noun* [*U*] *(anyagi)* támogatás: *financial backing*

backlash /'bæklæʃ/ *noun* [*sing.*] politikai, társadalmi esemény, fejlemény által kiváltott heves reakció

backlog /'bæklɒɡ/ *noun* [*C, usually sing.*] lemaradás, elvégzetlen munka: *I've got a backlog of work to catch up on.*

backpack¹ /'bækpæk/ *noun* [*C*] hátizsák **❶** Szinonimája: **rucksack.** ➜ Ábra **bag¹** alatt.

backpack² /'bækpæk/ *verb* [*I*] hátizsákkal túrázik **❶** A **go backpacking** kifejezés a hátizsákos turizmusra vonatkozik: *We went backpacking round Europe last summer.*
▸ **backpacker** *noun* [*C*] hátizsákos turista

backside /'bæksaɪd/ *noun* [*C*] *(informális)* *(testrész)* fenék

backstage /,bæk'steɪdʒ/ *adv.* a színfalak/kulisszák mögött

backstroke /'bækstrəʊk/ *noun* [*U*] hátúszás: *Can you do backstroke?* ➜ Ábra az A7. oldalon.

backtrack /'bæktræk/ *verb* [*I*] **1** ugyanazon az úton megy vissza, amelyen jött: *We got lost in the wood and had to backtrack.* **2** **backtrack** (**on sth**) visszatáncol/-lép: *Unions forced the company to backtrack on its plans to close the factory.*

'back-up *noun* **1** [*U*] erősítés: *The police officer requested urgent back-up from the rest of the team.* **2** [*C*] *(infor)* biztonsági másolat: *Always make a back-up of your files.*

★ **backward** /'bækwəd/ *adj.* **1** *(csak főnév előtt)* hátrafelé/visszafelé irányuló: *a backward step/glance* **❶** Ellentéte: **forward.** **2** elmaradott

backwards /'bækwədz/ (*also* **backward**) *adv.* **1** hátrafelé, visszafelé: *Could everybody take a step backwards?* **2** visszafelé *(a megszokottal ellentétes irányban)*: *Can you say the alphabet backwards?* **❶** Ellentéte: **forwards.**
IDIOM **backward(s) and forward(s)** fel-alá, előre-hátra: *The dog ran backwards and forwards, barking loudly.*

backwater /'bækwɔːtə(r)/ *noun* [*C*] elmaradott terület

backyard /ˌbæk'jɑːd/ *noun* [C] **1** (*brit*) hátsó udvar **2** (*US*) hátsó kert

bacon /'beɪkən/ *noun* [U] angolszalonna ➾ Magyarázat a **meat** szónál.

bacteria /bæk'tɪəriə/ *noun* [*plural*] baktérium(ok) ➾ Lásd **virus**, **germ**.

* **bad** /bæd/ *adj.* (**worse** /wɜːs/, **worst** /wɜːst/) **1** rossz: *bad weather* • *Our family's had a bad time recently.* • *I'm afraid I've got some bad news for you.* **2** gyenge, rossz minőségű: *bad driving/management* **3** bad (**at sth/at doing sth**) rossz vmiben (*rosszul csinálja*): *a bad teacher* • *I've always been bad at sport.* **4** komoly, súlyos: *The traffic was very bad* (rémes) *on the way to work.* • *She went home with a bad headache.* • *That was a bad mistake!* **5** rossz, romlott (*étel*): *These eggs will go bad* (megromlanak) *if we don't eat them soon.* **6** beteg(es), gyenge (*testrész*): *He's always had a bad heart.* • *Keith's off work with a bad back.* **7** rossz (*ember, viselkedés*) **8** (*főnév előtt nem állhat*) **bad for sb/sth** ártalmas: *Sugar is bad for your teeth.* **9** bad (**for sth/to do sth**) nem alkalmas: *This is a bad time to phone.*

IDIOMS **not bad** (*informális*) egész jó | **too bad** (*informális*) kár: *'I'd much rather stay at home.'* *'Well that's just too bad. We've said we'll go.'*

baddy (also **baddie**) /'bædi/ *noun* [C] (*plural* **baddies**) (*informális*) rosszfiú (*regényben, filmen*) ➊ Ellentéte: **goody**.

badges

visitor's badge

VISITOR
J.E. BAYS

VOTE for COATES

Dr. N. Norton

badge (*US* button)

name badge

badge /bædʒ/ *noun* [C] jelvény, kitűző

badger /'bædʒə(r)/ *noun* [C] borz

bad 'language *noun* [U] káromkodás: *to use bad language*

badly /'bædli/ *adv.* (**worse** /wɜːs/, **worst** /wɜːst/) **1** rosszul: *'Can you speak French?'* *'Only very badly.'* • *She did badly in the exams.* **2** súlyosan, komolyan: *He was badly hurt in the accident.* **3** nagyon: *He badly needed a holiday.*

IDIOM **badly off** szegény: *They don't seem too badly off.* ➊ Ellentéte: **well off**.

badminton /'bædmɪntən/ *noun* [U] tollaslabda

bad-'tempered *adj.* rosszkedvű, zsémbes: *a bad-tempered old man*

baffle /'bæfl/ *verb* [T] zavarba ejt: *His illness baffled the doctors.*
▸ **baffled** *adj.* meg van zavarodva, értetlen
baffling *adj.* felfoghatatlan

bag¹ /bæg/ *noun* **1** [C] zacskó: *a plastic bag* **2** [C] táska, szatyor: *a shopping bag* • *Have you packed your bags yet?* **3** [C] egy zacskó tartalma: *a bag of crisps* ➾ Ábrát lásd még

bags

handle   handle

suitcase   backpack (*Brit also* rucksack)   bumbag (*US* fanny pack)

strap   buckle   flap   handle   strap   pocket

handbag (*US* purse)   briefcase   basket   STAR   carrier bag (*Brit also* carrier)   holdall

container alatt. **4 (bags)** [*plural*] szem alatti táskák: *I've got terrible bags under my eyes.* **5 (bags)** [*plural*] (*brit*) **bags (of sth)** rengeteg: *There's no hurry – we've got bags of time.*

bag² /bæg/ *verb* [T] (**bagging**; **bagged**) (*in-formális*) megkaparint: *Somebody's bagged the seats by the pool!*

bagel /'beɪgl/ *noun* [C] gyűrű alakú péksütemény ➾ Ábra **bread** alatt.

★ **baggage** /'bægɪdʒ/ *noun* [U] poggyász: *excess baggage* túlsúly (súlyhatár feletti poggyász) • *I went to wait for my suitcase at baggage reclaim* (repülőtéri poggyász-kiadás). **❶** Szinonimája: **luggage**.

baggy /'bægi/ *adj.* bő, buggyos: *a baggy pullover*

bagpipes /'bægpaɪps/ *noun* [*plural*] duda ➾ Magyarázat a **piano** szónál.

baguette /bæ'get/ *noun* [C] **1** (also ,French 'loaf, ,French 'stick) bagett (*hosszú, keskeny francia kenyér*) **2** bagett(ből készült) szendvics: *a cheese baguette* ➾ Ábra **bread** alatt.

bail¹ /beɪl/ *noun* [U] (*jog*) óvadék: *She was released on bail* (óvadék fejében szabad-lábra helyezték) *of £2 000.* • *The judge set bail* (az óvadékot megállapította) *at £10 000.* • *The judge refused him bail* (óvadék fejében sem helyezte szabadláb-ra). • *She was granted bail* (óvadékot tet-tek le érte).

bail² /beɪl/ *verb* [T] (*ált. szenvedő szerkezetben*) óvadék ellenében (ideiglene-sen) szabadlábra helyez: *He was bailed to appear in court on 15 March.*
PHRASAL VERB **bail sb out 1** óvadékot tesz le vkiért: *Her parents went to the police sta-tion and bailed her out.* **2** kihúz vkit a pácból (*ált. pénzzel*): *If you get into trouble, don't expect me to bail you out again!*

bailiff /'beɪlɪf/ *noun* [C] bírósági végre-hajtó

bait /beɪt/ *noun* [U] **1** csalétek, csali **2** csa-létek, mézesmadzag: *Free offers are often used as bait to attract customers.*

★ **bake** /beɪk/ *verb* [I,T] **1** sül, süt (*kenyeret, süteményt stb.*): *I could smell bread baking in the oven.* • *On his birthday she baked him a cake.* ➾ Magyarázat a **cook** szónál.

2 kiszárad, kiszárít: *The hot sun baked the earth.*

baker /'beɪkə(r)/ *noun* **1** [C] pék **2** (**the baker's**) [*sing.*] péküzlet: *Get a loaf at the baker's.*

bakery /'beɪkəri/ *noun* [C] (*plural* **bakeries**) pékség, sütöde

baking /'beɪkɪŋ/ *adj.* perzselő: *The workers complained of the baking heat in the office.*

★ **balance¹** /'bæləns/ *noun* **1** [*sing.*] **(a) bal-ance (between A and B)** egyensúly: *The course provides a good balance between academic and practical work.* • *Tourism has upset the delicate balance of nature on the island.* **2** [U] egyensúly(i helyzet): *to lose your balance* • *It's very difficult to keep your balance when you start learning to ski.* • *You need a good sense of balance* (egyensúly-érzék) *to ride a motor bike.* **3** (**the balance**) [C, *sing.*] hátralék, egyenleg: *You can pay a 10% deposit now, with the balance due in one month.* • *to check your bank balance* **4** [C] mérleg
IDIOMS **in the balance** bizonytalan: *Follow-ing poor results, the company's future hangs in the balance.* | **(catch/throw sb) off bal-ance** kibillent az egyensúlyából: *A strong gust of wind caught me off balance and I nearly fell over.* | **on balance** mindent összevéve: *On balance, I've had a pretty good year.* | **strike a balance (between A and B)** → STRIKE²

★ **balance²** /'bæləns/ *verb* **1** [I,T] egyensúly-ban van/tart, egyensúlyoz (vmit) **2** [I,T] egyensúlyban van (*bevétel-kiadás*): *I must have made a mistake – the accounts don't balance.* • *She is always very careful to balance her weekly budget* (kijöjjön a heti keretéből). **3** [I,T] **balance (sth) (out) (with sth)** kiegyenlít, egyensúlyoz: *The loss in the first half of the year was balanced out by the profit in the second half.* **4** [T] **balance sth against sth** mérlegel: *In planning the new road, we have to balance the benefit to motorists against the damage to the environment.*

balanced /'bælənst/ *adj.* kiegyensúlyo-zott, mértéktartó: *I like this newspaper because it gives a balanced view.* • *a bal-anced diet* **❶** Ellentéte: **unbalanced**.

balance of 'payments *noun* [*sing.*] fizetési mérleg

balance of 'power noun [sing.] **1** hatalmi/ politikai egyensúly **2** a mérleg nyelve (kisebb politikai párt szerepe)

'**balance sheet** noun [C] pénzügyi kimutatás, mérleg

★ **balcony** /'bælkəni/ noun [C] (plural balconies) **1** erkély Ⓢ Lásd patio, terrace, veranda. **2** (főleg US) (szính) erkély

★ **bald** /bɔːld/ adj. **1** kopasz: to go bald (meg)kopaszodik ● He has a bald patch on the top of his head. Ⓢ Ábra hair alatt. **2** egyszerű, sallangmentes: the bald truth a meztelen igazság

balding /'bɔːldɪŋ/ adj. kopaszodó: a balding man in his fifties

bale /beɪl/ noun [C] bála, köteg: a bale of hay/cloth/paper

balk /bɔːk/ (főleg US) = BAULK

★ **ball** /bɔːl/ noun [C] **1** labda: a tennis/golf/rugby ball ● a football ● The children threw snowballs at each other. Ⓢ Ábra az A7. oldalon. **2** gömbölyű tárgy, golyó: a ball (gombolyag) of wool ● We had meatballs (húsgombóc) for dinner. **3** (sp) rúgás, dobás (labdáé): That was a great ball from the defender. **4** bál **5** (szleng) (here)golyó

IDIOMS on the ball (informális) naprakész: With so many new developments, you really have to be on the ball. | set/start the ball rolling elindít, beindít vmit (pl. közös tevékenységet, beszélgetést): I asked the students which English writers they had read to set the ball rolling.

ballad /'bæləd/ noun [C] ballada, lírai dal

'**ball 'bearing** noun [C] golyóscsapágy

ballerina /ˌbæləˈriːnə/ noun [C] balett-táncosnő

ballet /'bæleɪ/ noun [C,U] balett: He wants to be a ballet dancer.

'**ball game** noun [C] **1** labdajáték **2** (US) baseball mérkőzés

IDIOM a (whole) new/different ball game teljesen más/új dolog: I'm used to working outside, so sitting in an office all day is a whole new ball game for me.

balloon /bə'luːn/ noun [C] **1** léggömb, luftballon: to blow up/burst/pop a balloon **2** (also hot-'air balloon) hőlégballon

ballot /'bælət/ noun [C,U] titkos szavazás:

The union will hold a ballot on the new pay offer. ● The committee are elected by ballot every year.
▶ **ballot** verb [T] **ballot sb (about/on sth)** megszavaztat vkiket vmiről: The union is balloting its members on strike action.

'**ballot box** noun **1** [C] szavazóurna **2** (the ballot box) [sing.] titkos szavazási rendszer: People will express their opinion through the ballot box.

ballpark /'bɔːlpɑːk/ noun [C] baseball-stadion
IDIOMS a ballpark figure/estimate hozzávetőleges becslés: We asked the builders for a ballpark figure, to give us an idea of how much it would cost. | in the ballpark (informális) körülbelül azonos nagyságrendű: All the bids for the contract were in the same ballpark.

ballpoint /'bɔːlpɔɪnt/ (also ˌballpoint 'pen) noun [C] golyóstoll Ⓢ Lásd biro.

ballroom /'bɔːlruːm; -rʊm/ noun [C] táncterem

ˌ**ballroom 'dancing** noun [U] társasági tánc

baloney /bə'ləʊni/ noun [U] (US, beszélt nyelv) süket duma: Don't give me that baloney!

bamboo /ˌbæm'buː/ noun [C,U] bambusz(nád): a bamboo chair

★ **ban** /bæn/ verb [T] (banning; banned) ban sth; ban sb (from sth/from doing sth) megtilt/betilt vmit, eltilt vkit vmitől: He was banned from driving for a year.
▶ **ban** noun [C] a ban (on sth) tilalom: There is a ban on smoking in this office. ● the beef ban marhastop ● to impose/lift a ban tilalmat bevezet/felold

banal /bə'nɑːl/ adj. elcsépelt, banális: a banal comment

★ **banana** /bə'nɑːnə/ noun [C] banán: a bunch of bananas ● a banana skin banánhéj

★ **band** /bænd/ noun [C] **1** [with sing. or plural verb] (könnyűzene) zenekar, együttes: a rock/jazz band ● He plays the drums in a band. ● The band has/have announced that it/they is/are going to split up. **2** [with sing. or plural verb] csapat, csoport: A small band of rebels is/are hiding in the hills. **3** szalag, pánt: She rolled up the papers and put an

elastic band (gumiszalag) *round them.*
4 (eltérő színű) csík: *She wore a red pull-over with a green band across the middle.*
5 (also **waveband**) hullámsáv

bandage /'bændɪdʒ/ *noun* [C] kötés
(*seben*), kötözőanyag
▸ **bandage** *verb* [T] **bandage sth/sb (up)** bekötöz

bandit /'bændɪt/ *noun* [C] bandita, útonálló

bandwagon /'bændwægən/ *noun*
IDIOM **climb/jump on the bandwagon** másokat majmol, meglovagolja a konjunktúrát

bang¹ /bæŋ/ *verb* [I,T] **1** (be)csapódik, becsap vmit: *Somewhere in the house, I heard a door bang.* ● *He banged his fist* (öklével verte) *on the table.* **2** véletlenül nekimegy/nekiütődik vminek: *As I was crossing the room in the dark I banged into a table.*

★ **bang²** /bæŋ/ *noun* [C] **1** csattanás, dörej: *There was an enormous bang when the bomb exploded.* **2** kemény ütés: *a nasty bang on the head*
IDIOM **with a bang** remekül: *Our team's season started with a bang when we won our first five matches.*

bang³ /bæŋ/ *adv.* (*főleg brit, informális*) éppen, pont: *Our computers are bang up to date* (vadonatújak). ● *The shot was bang on target.*
IDIOM **bang goes sth** (*informális*) ugrott (*vmilyen terv, ötlet*), lőttek vminek, vmi befuccsol: *'It's raining!' 'Ah well, bang goes our picnic!'*

bang⁴ /bæŋ/ *interj.* bumm!, durr!

banger /'bæŋə(r)/ *noun* [C] (*brit, informális*) **1** virsli, kolbász **2** tragacs **3** petárda

bangle /'bæŋgl/ *noun* [C] karperec

bangs /bæŋz/ (*US*) = FRINGE¹(1) ➔ Ábra hair alatt.

banish /'bænɪʃ/ *verb* [T] (*formális*) **1** száműz: *They were banished from the country for demonstrating against the government.* **2** elűz: *She banished all hope of winning from her mind.*

banister (also **bannister**) /'bænɪstə(r)/ *noun* [C, often plural] lépcsőkorlát: *The children love sliding down the banister.*

banjo /'bændʒəʊ/ *noun* [C] (*plural* **banjos**) bendzsó ➔ Magyarázat a **piano** szónál.

★ **bank¹** /bæŋk/ *noun* [C] **1** bank: *I need to go to the bank to get some money out.* ● *a bank account/loan* ● *I need to check my bank balance* (számlaegyenlegemet). ● *a bank manager/robber* **2** -bank: *a databank* ● *a blood bank in a hospital* **3** folyópart, csatornapart **4** (föld)töltés: *There were grassy banks on either side of the road.* **5** felhőtaraj, (hó)torlasz: *a bank of clouds*

bank² /bæŋk/ *verb* [I] **bank (with/at...)** vmelyik bankban tartja a pénzét: *I've banked with NatWest for years.*
PHRASAL VERB **bank on sb/sth** készpénznek vesz

banker /'bæŋkə(r)/ *noun* [C] bankár, magasrangú banktisztviselő

bank ¹holiday *noun* [C] (*brit*) hivatalos ünnepnap, munkaszüneti nap (*nem szombat vagy vasárnap*)

banking /'bæŋkɪŋ/ *noun* [U] bankszakma: *a career in banking*

banknote /'bæŋknəʊt/ (also **note**; *US* **bill**) *noun* [C] bankjegy

★ **bankrupt** /'bæŋkrʌpt/ *adj.* tönkrement: *to go bankrupt* (csődbe jut)
▸ **bankrupt** *verb* [T] tönkretesz, csődbe visz

bankruptcy /'bæŋkrʌptsi/ *noun* [C,U] (*plural* **bankruptcies**) csőd, fizetésképtelenség: *The company filed for bankruptcy* (fizetésképtelenséget jelentett be) *in 1999.*

bank statement (also **statement**) *noun* [C] számlakivonat

banner /'bænə(r)/ *noun* [C] transzparens, lobogó

banquet /'bæŋkwɪt/ *noun* [C] bankett, díszebéd, díszvacsora

banter /'bæntə(r)/ *noun* [U] heccel(őd)és
▸ **banter** *verb* [I] heccel, ugrat

baptism /'bæptɪzəm/ *noun* [C,U] keresztelés, keresztelő ➔ Lásd **christening**.
▸ **baptize** (also **-ise**) /bæp'taɪz/ *verb* [T] megkeresztel ➔ Lásd **christen**.

Baptist /'bæptɪst/ *noun, adj.* baptista

★ **bar¹** /bɑ:(r)/ *noun* [C] **1** bár, kávézó, büfé: *a wine/coffee/snack bar*

Nagy-Britanniában az a bár, ahol alkohol is kapható, nem külön épület (kivétel a **wine bar**, borozó), hanem rendszerint egy pub, szálloda, étterem stb. része. A **pub** kétféle bárral is rendelkezhet. A **lounge bar** kényelmesebb (és gyakran drágább), mint a **public bar**.

2 bárpult: *We sat on stools **at the bar***. **3** a **bar (of sth)** *(szappan)* darab, *(csokoládé)* tábla, *(arany)* rúd: *a bar of soap/chocolate* **4** *(kereszt)*rúd, korlát, rács **5** a **bar (to sth)** akadály: *Lack of education is not always a bar* (nem okvetlenül zárja ki) *to success in business.* **6** *(zene)* ütem

IDIOM **behind bars** *(informális)* rács mögött: *The criminals are now safely behind bars.*

bar² /bɑː(r)/ *verb* [T] (**barring; barred**) **1** *(ált. szenvedő szerkezetben)* berácsoz: *All the windows were barred.* **2** korláttal elzár, eltorlaszol: *A line of police officers barred the entrance to the embassy.* **3** bar sb from sth/from doing sth eltilt vkit vmitől/vhonnan, kizár: *He was barred from the club for fighting.*

bar³ /bɑː(r)/ *prep.* vmi kivételével: *All the seats were taken, bar one.*

barbarian /bɑːˈbeəriən/ *noun* [C] barbár *(ember)*

barbaric /bɑːˈbærɪk/ *adj.* barbár, kegyetlen: *barbaric treatment of prisoners*
▶ **barbarism** /ˈbɑːbərɪzəm/ *noun* [U] barbárság, kegyetlenkedés: *acts of barbarism committed in war*

barbecue /ˈbɑːbɪkjuː/ *(abbr. BBQ) noun* [C] **1** fémből készült keret/váz nyílt tűz fölötti sütéshez **2** szabadtéri sütés: *Let's have a barbecue on the beach.* ➔ Lásd **roast²**(2).
▶ **barbecue** *verb* [T] nyílt tűzön sütött: *barbecued steak*

barbed wire /ˌbɑːbd ˈwaɪə(r)/ *noun* [U] szögesdrót: *a barbed wire fence*

barber /ˈbɑːbə(r)/ *noun* **1** [C] borbély, férfifodrász ➔ Vesd össze **hairdresser**. **2** (the **barber's**) [*sing.*] *(brit)* borbélyüzlet, férfifodrászat

bar code *noun* [C] vonalkód

★ **bare** /beə(r)/ *adj.* **1** csupasz, meztelen *(testrész)*: *bare arms/feet/shoulders* ➔ Lásd

naked, nude. 2 csupasz: *bare walls* **3** épphogy elegendő: *You won't pass your exams if you just do **the bare minimum**.* • *I don't take much luggage when I travel, just **the bare essentials**.*

IDIOM **with your bare hands** puszta kézzel: *She killed him with her bare hands.*

barefoot /ˈbeəfʊt/ *adj., adv.* mezítláb(as): *We walked barefoot along the beach.*

barely /ˈbeəli/ *adv.* (*Főleg **can** és **could** után, annak hangsúlyozására, hogy vmit nehéz megcsinálni.*) alig, éppen hogy/csak: *I was so tired I could barely stand up.* • *I earn barely enough money to pay my rent.* ➔ Lásd **hardly**.

bargain¹ /ˈbɑːɡən/ *noun* [C] **1** jó/alkalmi vétel: *At that price, it's an absolute bargain!* • *a bargain price* **2** alku, egyezség: *Let's **make a bargain** – I'll lend you the money if you'll help me with my work.* • *I lent him the money but he didn't **keep his side of the bargain*** (megszegte az alkut).

IDIOMS **into the bargain** ráadásul: *They gave me free tickets and a free meal into the bargain.* | **strike a bargain (with sb)** → STRIKE²

bargain² /ˈbɑːɡən/ *verb* [I] bargain (with sb) (about/over/for sth) alkudozik, alkuszik vkivel vmire: *They bargained over the price.*

PHRASAL VERB **bargain for/on sth** *(ált. tagadó mondatokban)* számít vmire, fel van készülve vmire: *When I agreed to help him I didn't bargain for how much it would cost me.*

barge¹ /bɑːdʒ/ *noun* [C] bárka, uszály(hajó)

barge² /bɑːdʒ/ *verb* [I,T] átfurakodik: *He barged (his way) angrily through the crowd.*

baritone /ˈbærɪtəʊn/ *noun* [C] bariton

bark¹ /bɑːk/ *noun* **1** [U] fakéreg **2** [C] ugatás

★ **bark²** /bɑːk/ *verb* **1** [I] bark (at sb/sth) ugat **2** [I,T] bark (sth) (out) (at sb) ráripakodik vkire: *The boss came in, barked out* (elordított) *some orders and left again.*

barley /ˈbɑːli/ *noun* [U] **1** *(mezőg)* árpa **2** árpaszem

barmaid /ˈbɑːmeɪd/ *(US* **bartender**) *noun* [C] pultosnő

barman /ˈbɑːmən/ *noun* [C] (*plural* **-men** /-mən/) *(US* **bartender**) pultos, csapos

---

[I] **tárgyatlan** *(ige)*: *He laughed.*   [T] **tárgyas** *(ige)*: *He ate an apple.*

bar mitzvah /ˌbɑː ˈmɪtsvə/ noun [C] bár-micvó (zsidó szertartás)

barn /bɑːn/ noun [C] csűr, pajta

barometer /bəˈrɒmɪtə(r)/ noun [C] 1 barométer 2 (átv) barométer: Results of local elections are often a barometer of the government's popularity.

baron /ˈbærən/ noun [C] 1 báró 2 -báró, mágnás: drug/oil barons

baroness /ˈbærənəs/ noun [C] bárónő, báróné

barracks /ˈbærəks/ noun [C, with sing. or plural verb] (plural barracks) kaszárnya, laktanya

barrage /ˈbærɑːʒ/ noun [C] 1 pergőtűz 2 (kérdések, megjegyzések) özöne: The minister faced a barrage of questions from reporters.

barrel /ˈbærəl/ noun [C] 1 hordó: a beer/wine barrel 2 puskacső, ágyúcső

barren /ˈbærən/ adj. (geol, növ) terméketlen, meddő

barricade /ˌbærɪˈkeɪd/ noun [C] barikád: The demonstrators put up barricades to keep the police away.
▸ **barricade** verb [T] eltorlaszol
PHRASAL VERB **barricade yourself in** elbarikádozza magát: Demonstrators took over the building and barricaded themselves in.

★ **barrier** /ˈbæriə(r)/ noun [C] 1 korlát, sorompó, határ: The mountains form a natural barrier between the two countries. ➔ Lásd crash barrier. 2 a barrier (to sth) akadály, korlát, gát: When you live in a foreign country, the language barrier is often the most difficult problem to overcome.

barring /ˈbɑːrɪŋ/ prep. kivéve ha, hacsak nem történik vmi: Barring any unforeseen problems, we'll be moving house in a month.

barrister /ˈbærɪstə(r)/ noun [C] angol ügyvéd (bíróság előtti felszólalási joggal) ➔ Magyarázat a lawyer szónál.

barrow /ˈbærəʊ/ noun [C] 1 (brit) talicska 2 (also wheelbarrow) egykerekű targonca, talicska

ˈ**bar staff** noun [U, with plural verb] a bárpultnál dolgozók ➔ Lásd barmaid, barman.

bartender /ˈbɑːtendə/ (US) = BARMAID, BARMAN

barter /ˈbɑːtə(r)/ verb [I,T] barter sth (for sth); barter (with sb) (for sth) elcserél vmit, cserébe ad vmit vmiért, cserekereskedelmet folytat: The prisoners bartered with the guards for writing paper and books.
▸ **barter** noun [U] árucsere, csereüzlet

★ **base¹** /beɪs/ noun [C] 1 alap, alapzat: the base of a column/glass/box ● I felt a terrible pain at the base of my spine (a farokcsontom táján). 2 alap, kiindulópont: With these ingredients as a base, you can create all sorts of interesting dishes. ● The country needs a strong economic base. 3 bázis, kiindulási pont: This hotel is an ideal base for touring the region. 4 (kat) támaszpont: an army base 5 alappont (a baseball pálya négy pontjának egyike, amit a futónak érintenie kell)

★ **base²** /beɪs/ verb [T] (ált. szenvedő szerkezetben) **base sb/sth in...** vhová helyezi a tevékenysége központját: I'm based in New York, although my job involves a great deal of travel. ● a Cardiff-based company
PHRASAL VERB **base sth on sth** vmire alapoz, vmin alapszik: This film is based on a true story.

baseball /ˈbeɪsbɔːl/ noun [U] baseball: a baseball cap ➔ Ábra hat alatt.

basement /ˈbeɪsmənt/ noun [C] alagsor, szuterén: a basement flat ➔ Lásd cellar.

bases 1 plural of BASIS 2 plural of BASE¹

bash¹ /bæʃ/ verb (informális) 1 [I,T] nagy erővel megüt, bever nekiütközik: I didn't stop in time and bashed into the car in front. 2 [T] hevesen bírál, kritizál, ostoroz: The candidate continued to bash her opponent's policies.

bash² /bæʃ/ noun [C] 1 erős ütés: He gave Alex a bash on the nose. 2 (informális) buli: Are you going to Gary's birthday bash?
IDIOM **have a bash (at sth/at doing sth)** (brit, beszélt nyelv) megpróbál vmit

bashful /ˈbæʃfl/ adj. félénk, szégyenlős

★ **basic** /ˈbeɪsɪk/ adj. 1 alap-, alapvető: basic information/facts/ideas 2 alap-, alapfokú: This course teaches basic computer skills. ● The basic pay is £200 a week – extra for overtime.

★ **basically** /ˈbeɪsɪkli/ adv. alapjában véve

basics /ˈbeɪsɪks/ noun [plural] az alapok,

vminek az alapjai: *So far, I've only learnt the basics of computing.*

★ **basin** /'beɪsn/ *noun* [C] **1** (also **washbasin**; *US* **sink**) mosdó(kagyló) ➲ Ábra **plug¹** alatt. **2** (*konyha*) nagy öblös edény/tál **3** (*geol*) medence: *the Amazon Basin*

★ **basis** /'beɪsɪs/ *noun* (*plural* **bases** /'beɪsiːz/) **1** [*sing.*] (*átv*) alap: *We made our decision on the basis of the reports which you sent us.* **2** [*sing.*] cselekvés alapja/módja: *They meet on a regular basis* (rendszeresen). • *to employ sb on a temporary/voluntary/part-time basis* **3** [C] alap, kiindulópont: *She used her diaries as a basis for her book.*

bask /bɑːsk/ *verb* [I] **bask (in sth) 1** sütkérezik: *The snake basked in the sunshine.* **2** sütkérezik (*sikerben, népszerűségben stb.*): *The team was still basking in the glory of winning the cup.*

★ **basket** /'bɑːskɪt/ *noun* [C] **1** kosár: *a wastepaper basket* papírkosár • *a shopping basket* • *a clothes/laundry basket* szennyeskosár ➲ Ábra **bag¹** alatt. **2** kosár (*kosárlabdában*) ➲ Ábra az A7. oldalon. **3** (*kosárlabdában*) egy-, két- vagy hárompontos dobás
IDIOM put all your eggs in one basket → EGG¹

basketball /'bɑːskɪtbɔːl/ *noun* [U] kosárlabda

bass /beɪs/ *noun* **1** [U] (*zene*) basszus szólam **2** [C] basszus ➲ Lásd **tenor**, **baritone**. **3** (also ,**double 'bass**) nagybőgő **4** [C] (also ,**bass gui'tar**) basszusgitár ➲ Magyarázat a **piano** szónál.
▶ **bass** *adj.* (*csak főnév előtt*) basszus-: *a bass drum* • *Can you sing the bass part* (basszus szólamot) *in this song?*

bassoon /bə'suːn/ *noun* [C] fagott ➲ Magyarázat a **piano** szónál.

bat¹ /bæt/ *noun* [C] **1** (*asztalitenisz, krikett, baseball*) ütő: *a cricket bat* ➲ Lásd **club**, **racket**, **stick**. Ábra az A7. oldalon. **2** denevér
IDIOM off your own bat önszántából, saját elhatározásából: *She went and apologized to the teacher off her own bat.*

bat² /bæt/ *verb* [I] (**batting**; **batted**) labdát üt (*krikettben, baseballban*)
IDIOM not bat an eyelid; (*US*) not bat an eye szeme sem rebben

batch /bætʃ/ *noun* [C] csoport, turnus, adag

bated /'beɪtɪd/ *adj.*
IDIOM with bated breath lélegzet-visszafojtva

★ **bath¹** /bɑːθ/ *noun* **1** [C] (also **bathtub** /'bɑːθtʌb/) fürdőkád **2** [*sing.*] fürdés (*fürdőkádban*): *to have a bath* • (*főleg US*) *Would you prefer to take a bath or a shower?* **3** (**baths**) [*plural*] (*brit, rég*) nyilvános fürdő: *Roman baths*

bath² /bɑːθ/ *verb* **1** [T] (meg)fürdet **2** [I] (*rég*) (meg)fürdik (*kádban*): *I prefer to bath in the mornings.*

bathe /beɪð/ *verb* **1** [T] kimos, áztat: *She bathed the wound with antiseptic.* **2** [I] (*rég*) fürdik (*pl. tengerben*) ➲ Lásd **sunbathe**.

bathed /beɪðd/ *adj.* (*írott nyelv*) **bathed in sth** (*főnév előtt nem állhat*) vmiben úszó, vmivel elárasztott: *The room was bathed in moonlight.*

bathrobe /'bɑːθrəʊb/ (*US* **robe**) *noun* [C] fürdőköpeny

★ **bathroom** /'bɑːθruːm; -rʊm/ *noun* [C] **1** fürdőszoba **2** (*US*) vécé, fürdőszoba ➲ Magyarázat a **toilet** szónál.

bathtub /'bɑːθtʌb/ (also **bath**) *noun* [C] fürdőkád

bat mitzvah /ˌbæt 'mɪtsvə/ *noun* [C] bat-micvó (*zsidó szertartás*)

baton /'bætɒn/ *noun* [C] **1** gumibot **2** karmesteri pálca **3** stafétabot

batsman /'bætsmən/ *noun* [C] (*plural* **-men** /-mən/) krikettjátékos (*aki üt*)

battalion /bə'tæliən/ *noun* [C] zászlóalj

batter¹ /'bætə(r)/ *verb* [I,T] ver: *The wind battered against the window.* • *He battered* (betörte) *the door down.*

batter² /'bætə(r)/ *noun* [U] palacsintatészta, híg tésztaanyag (*panírozásra*)

battered /'bætəd/ *adj.* ütött-kopott: *a battered old hat*

★ **battery** *noun* (*plural* **batteries**) **1** /'bætri/ [C] elem, akkumulátor: *to recharge a flat* (lemerült) *battery* **2** /'bætri/ [C] (*brit*) baromfiketrec-sorozat: *a battery hen/farm* ➲ Lásd **free-range**. **3** /'bætəri/ [U] tettlegesség: *He was charged with assault and battery.*

★ **battle¹** /'bætl/ noun 1 [C,U] csata, ütközet: *the battle of Trafalgar* • *to die/be killed in battle* 2 [C] a battle (with sb) (for sth) küzdelem: *a legal battle for custody of the children* szülői felügyeleti jogért folyó per 3 [C, usually sing.] a battle (against/for sth) küzdelem, harc: *After three years she lost her battle against cancer.*

IDIOM a losing battle → LOSE

battle² /'bætl/ verb [I] battle (with/against sb/sth) (for sth); battle (on) küzd, küszködik: *Mark is battling with his maths homework.* • *The little boat battled against the wind.* • *The two brothers were battling for control of the family business.* • *Life is hard at the moment but we're battling on.*

battlefield /'bætlfi:ld/ (also **battleground** /'bætlɡraʊnd/) noun [C] csatatér

battleship /'bætlʃɪp/ noun [C] csatahajó

bauble /'bɔ:bl/ noun [C] 1 bizsu 2 (*gömbölyű*) karácsonyfadísz

baulk (*főleg US* balk) /bɔ:k/ verb [I] baulk (at sth) visszariad vmitől: *She liked horses, but she baulked at trying to ride one.*

bawl /bɔ:l/ verb [I,T] üvölt, bömböl

★ **bay** /beɪ/ noun [C] 1 öböl: *The harbour was in a sheltered bay.* 2 egy bizonyos célra kijelölt terület: *a parking/loading bay*

IDIOM hold/keep sb/sth at bay védekezik vki/vmi ellen

bayonet /'beɪənət/ noun [C] szurony

bay ˈwindow noun [C] fal síkjából dobozszerűen kiemelt ablak

bazaar /bə'zɑ:(r)/ noun [C] 1 bazár 2 (*brit*) jótékony célú vásár: *The school held a bazaar to raise money for the homeless.*

BBC /ˌbi: bi: 'si:/ abbr. (**British Broadcasting Corporation** *rövidítése*) BBC (*brit rádió-/tv-társaság, ill. csatornája*): *a BBC documentary* • *watch a programme on BBC1*

BBQ abbr. = BARBECUE

BC /ˌbi: 'si:/ abbr. (**before Christ** *rövidítése*) i.e., időszámításunk előtt(i), Kr.e., Krisztus előtt(i): *300 BC* ⊃ Lásd AD.

★ **be¹** /bi/; erős alak bi:/ verb 1 linking verb [T] (there is/are) van, létezik: *I tried phoning them but there was no answer.* • *There are some people outside.* • *There are a lot of trees in our garden.* 2 [I] van: *Katrina's in her office.* • *Where are the scissors?* • *The bus*

be	
present tense	past tense
I am (I'm)	I was
you are (you're)	you were
he/she/it is	he/she/it was
(he's/she's/it's)	
we are (we're)	we were
you are (you're)	you were
they are (they're)	they were
past participle	been
present participle	being
negative short forms	aren't, isn't,
	wasn't, weren't

stop is five minutes' walk from here. • *St Tropez is on the south coast.* 3 linking verb [I] (*jelenidőben olykor nincs magyar megfelelője*) van: *My birthday is on April 24th.* • *It's 6 o'clock.* • *It was Tuesday yesterday.* • *Sue'll be 21 in June.* • *He's older than Miranda.* • *It's ages since I last saw him.* Nagyon régóta nem láttam. 4 [I] linking verb (*jelenidőben olykor nincs magyar megfelelője*) van: *This is my father, John.* • *I'm Alison.* • *He's Italian. He's from Milan.* • *He's a doctor.* • *What's that?* • *A lion is a mammal.* • *'What colour is your car?' 'It's green.'* • *How much was your ticket?* • *The film was excellent.* • *She's very friendly.* • *'How is your wife?' 'She's fine, thanks.'* 5 [I] (*csak perfect igeidőkben*) elmegy vhová és visszatér, jár: *Have you ever been to Japan?*

Vesd össze **has/have gone**: *Julia's gone to the doctor's* (elment az orvoshoz és még nem jött vissza). • *Julia's been to the doctor's today* (volt ma az orvosnál).

IDIOMS be yourself természetesen viselkedik: *Don't be nervous – just be yourself and the interview will be fine.* | -to-be (*összetett főnevekben*) leendő: *his bride-to-be* • *mothers-to-be*

be² /bi/; erős alak bi:/ auxiliary verb 1 (*folyamatos szerkezetek és continuous igeidők képzésére használatos*) ⊃ Lásd a *Rövid nyelvtani összefoglalást.* 2 be to do sth úgy van, hogy, a terv/megállapodás szerint: *You are to leave here at 10 o'clock at the latest.* 3 if sb/sth were to do sth ha mégis, ha úgy lenne: *If they were to offer me the job, I'd probably take it.*

★ **beach** /biːtʃ/ noun [C] (homokos/kavicsos) tengerpart: to sit **on the beach**

beacon /'biːkən/ noun [C] jelzőtűz, világítótorony

bead /biːd/ noun [C] **1** gyöngyszem (fa, üveg vagy műanyag) **2** (**beads**) [plural] nyaklánc (gyöngyszemekből) **3** csepp: There were **beads of sweat** on his forehead.

★ **beak** /biːk/ noun [C] csőr (madáré)

beaker /'biːkə(r)/ noun [C] **1** papír- vagy műanyagpohár ➲ Ábra **cup**¹ alatt. **2** (kísérleteknél használatos) csőröspohár

beam¹ /biːm/ noun [C] **1** fénysugár: the beam of a torch • The car's headlights were **on full beam** (fényszóróra állítva). • a laser beam lézersugár **2** gerenda **3** sugárzó mosoly

beam² /biːm/ verb **1** [I] beam (at sb/sth) boldogan mosolyog: I looked at Sam and he beamed back at me. **2** [T] (rádió, tévé) sugároz, közvetít: The programme was beamed live by satellite to many different countries. **3** [I] sugároz (fényt, meleget): The sun beamed down on them.

★ **bean** /biːn/ noun [C] bab(szem): soya beans • a tin of baked beans (paradicsomos bab) • green beans • coffee beans kávészem • cocoa beans kakaóbab
IDIOMS full of beans/life → FULL¹ | spill the beans → SPILL

★ **bear**¹ /beə(r)/ noun [C] medve: a polar/grizzly/brown bear ➲ Lásd **teddy bear**.

★ **bear**² /beə(r)/ verb (pt bore /bɔː(r)/; pp borne /bɔːn/) **1** [T] (kérdő és tagadó mondatban can/could segédigével használjuk) elvisel, (el)tűr: I can't bear (ki nem állhatom) spiders. • She couldn't bear the thought of anything happening to him. • How can you bear to listen to that music? • The pain was almost more than he could bear. **⊕** Szinonimája: stand vagy endure. **2** [T] **not bear sth/doing sth** nem bírja el, nem állja ki: These figures won't bear close examination. Ezek az adatok nem állják ki a vizsgálat próbáját. • What I would do if I lost my job doesn't bear thinking about (még gondolni is rossz rá). **3** (formális) vállalja a felelősséget: Customers will bear the full cost (viseli a teljes költségét) of the improvements. **4** [T] érez: Despite what they did, she bears no resentment towards them

(nem neheztel rájuk). • He's not the type to **bear a grudge** (haragot táplál) against anyone. **5** [T] hordoz (súlyt) **6** [T] (formális) hordoz, viseli vminek a nyomát: The waiters came in bearing trays of food. • He still **bears the scars** of his accident. • She **bore a strong resemblance** (nagyon hasonlított) to her mother. **7** [T] (írott nyelv) szül: She bore him four children, all sons. **⊕** Gyakoribb kifejezés: She had four children. Amikor vkinek a születéséről beszélünk a **be born** kifejezést használjuk: Robert was born in 1996. **8** [I] fordul vmerre (elágazásnál): Where the road forks, bear left.
IDIOMS bear the brunt of sth viseli vminek a nehezét: Her sons usually bore the brunt of her anger. | bear fruit meghozza a gyümölcsét: At last our hard work is beginning to bear fruit. | bear in mind that; bear/keep sb/sth in mind → MIND¹ | bear witness (to sth) (formális) bizonyít: The burning buildings and empty streets bore witness to a recent attack.
PHRASAL VERBS bear down (on sb/sth) **1** közeledik fenyegetően: We could see the hurricane bearing down on the town. **2** nyomást gyakorol | bear sb/sth out igazol: The evidence bears out my theory. | bear up tartja magát (a nehézségek ellenére): How is he bearing up after his accident? Hogy van a baleset óta? | bear with sb/sth türelmes: Bear with me (egy kis türelmet kérek) – I won't be much longer.

bearable /'beərəbl/ adj. elviselhető **⊕** Ellentéte: unbearable.

★ **beard** /biəd/ noun [C,U] szakáll: I'm going to grow a beard. ➲ Lásd goatee, moustache. Ábra hair alatt.

bearded /'biədid/ adj. szakállas

bearer /'beərə(r)/ noun [C] vmit vivő vagy hozó személy: I'm sorry to be the bearer of bad news. Sajnos rossz hírem van számodra.

bearing /'beəriŋ/ noun **1** [U, sing.] **(a) bearing on sth** összefüggés, vonatkozás, következmény: Her comments **had no bearing** (nem befolyásolták) on our decision. **2** [U, sing.] testtartás, magatartás: a man of dignified bearing előkelő modorú ember **3** [C] tájolás, iránymeghatározás

IDIOMS get/find your bearings tájékozódik | lose your bearings → LOSE

beast /biːst/ noun [C] (*formális*) állat: *a wild beast*

★ **beat¹** /biːt/ verb (*pt* beat; *pp* beaten /'biːtn/) **1** [T] beat sb (at sth); beat sth legyőz, megdönt (*rekordot*): *He always beats me at tennis.* • *If you want to keep fit, you can't beat swimming* (az úszás a legjobb). **2** [I,T] üt, ver: *The man was beating the donkey with a stick.* **3** [I,T] dobog, dobol: *Her heart beat faster as she ran to pick up her child.* • *We could hear the drums beating in the distance.* • *The bird beat its wings* (verdesett a szárnyával). **4** [T] felver (*pl. tojást cukorral*) **IDIOMS** beat about the bush köntörfalaz: *Stop beating about the bush and tell me how much money you need.* | (it) beats me (*beszélt nyelv*) fogalmam sincs: *It beats me where he's gone.* • *'Why is she angry?' 'Beats me!'* | off the beaten track félreeső helyen

PHRASAL VERBS beat sb/sth off elkerget, visz-szaver: *The thieves tried to take his wallet but he beat them off.* | beat sb to sth megelőz: *She beat me back to the house.* • *I wanted to ring him first but Aisha beat me to it.* | beat sb up összever vkit: *He was badly beaten up outside the pub last night.*

beat² /biːt/ noun **1** [C] dobogás, dobbanás: *Her heart skipped a beat* (elállt a szív-verése) *when she saw him.* **2** [*sing.*] dobolás, dobogás: *the beat of the drums* ⊃ Lásd **heartbeat. 3** [C] ritmus, ütem **4** [*sing.*] őrjárat: *Having more policemen on the beat helps reduce crime.*

beating /'biːtɪŋ/ noun [C] **1** verés: *The boys got a beating when they were caught stealing.* **2** vereség **IDIOM** take a lot of/some beating ver-hetetlen: *Mary's cooking takes some beating.*

beautician /bjuː'tɪʃn/ noun [C] kozme-tikus

★ **beautiful** /'bjuːtɪfl/ adj. gyönyörű, szép: *a beautiful woman* • *The view from the top of the hill was really beautiful.* • *What a beau-tiful day – the weather's perfect!* • *He has a beautiful voice.* • *A beautiful perfume filled the air.*

A **beautiful** és **pretty** általában nőkre vonatkozik. Férfiakkal kapcsolatban

a **handsome** vagy **good-looking** szót használjuk.

▶ **beautifully** /-fli/ adv. szépen, gyönyö-rűen: *She was beautifully dressed.* • *He plays the piano beautifully.*

★ **beauty** /'bjuːti/ noun (*plural* beauties) **1** [U] szépség: *music of great beauty* **2** [C] szépség, szép nő: *She grew up to be a beauty.* **3** [C] szép példány: *Look at this tomato – it's a beauty!*

ˈ**beauty spot** noun [C] (*brit*) szép/kies táj

beaver /'biːvə(r)/ noun [C] hód

became *past tense* of BECOME

★ **because** /bɪ'kɒz; bɪ'kəz/ conj. mert **❶** A köznyelvben a **because** szó első szótagját gyakran nem ejtik. Ilyenkor a szó kiejtése /kɒz; kəz/, írása **'cause, cos** vagy **coz.**

★ be'cause of prep. miatt: *They didn't go for a walk because of the rain.*

beck /bek/ noun **IDIOM** at sb's beck and call vkinek mindig rendelkezésére áll

beckon /'bekən/ verb [I,T] odahív, int vkinek: *She beckoned me over to speak to her.*

★ **become** /bɪ'kʌm/ linking verb [I] (*pt* became /bɪ'keɪm/; *pp* become) lesz vmi, válik vmivé: *Mr Saito became Chairman in 1998.* • *They became friends.* • *She became nervous as the exam date came closer.*

Ugyanezt jelenti a **get** ige és az utána álló melléknév: *She got nervous as the exam date came closer.* • *He's getting more like you every day.* Beszélt nyelvben igen gyakori, és kevésbé formális, mint a **become.**

PHRASAL VERB become of sb/sth történik vkivel vmi: *What became of Alice? I haven't seen her for years!*

BEd /ˌbiː 'ed/ abbr. (Bachelor of Education rövidítése) BEd (*tanári képesítés*)

bed¹ /bed/ noun **1** [C,U] ágy: to **make the bed** megveti az ágyat • to **make up the bed** megágyaz • *What time do you usually go to bed?* Mikor fekszel le általában? • *She was lying on the bed.* • *When he rang I was already in bed* (ágyban). • *It's time for bed.* Ideje lefeküdni. • *to get into/out of bed* • *a single bed* egyszemélyes ágy • *a double*

❶ = magyarázat [C] megszámlálható (*főnév*): *one book, two books*

[U] megszámlálhatatlan (*főnév*): *some sugar*

beds

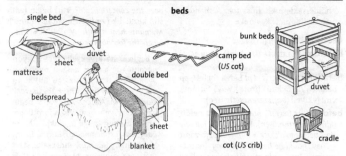

single bed • sheet • duvet • mattress • bedspread • double bed • sheet • blanket • bunk beds • camp bed (US cot) • duvet • cot (US crib) • cradle

bed franciaágy • **twin beds** két egyszemélyes ágy egymás mellett • **bunk beds** emeletes ágy **2** (-bedded) -ágyas: *a twin-bedded room* kétágyas szoba **3** [C]: *the sea bed* tengerfenék • *the river bed* folyómeder **4** (also 'flower bed) [C] virágágy

IDIOMS **bed and breakfast**; **B & B** szállás reggelivel, panzió | **go to bed with sb** (*informális*) lefekszik vkivel

bed² /bed/ *verb* [T] (**bedding**; **bedded**) be(le)ágyaz: *The bricks were bedded in sand to improve drainage.*

PHRASAL VERB **bed down** szokatlan helyen alszik (*pl. autóban*): *We couldn't find a hotel so we bedded down for the night in the van.*

bedclothes /'bedkləʊðz/ (*brit* also 'bedcovers) *noun* [*plural*] ágynemű

bedding /'bedɪŋ/ *noun* [U] ágynemű (*beleértve matracot, párnát is*)

bedraggled /bɪ'drægld/ *adj.* rendetlen és csapzott: *bedraggled hair*

bedridden /'bedrɪdn/ *adj.* ágyhoz kötött (*beteg*)

★ **bedroom** /'bedru:m; -rʊm/ *noun* [C] hálószoba: *You can sleep in the spare bedroom.* • *a three-bedroom house*

bedside /'bedsaɪd/ *noun* [*sing.*] az ágy széle/oldala: *She sat at his bedside* (*betegágyánál*) *all night long.* • *A book lay open on the bedside table* (*éjjeliszekrény*).

bedsit /'bedsɪt/ (also 'bedsitter) *noun* [C] (*brit*) albérleti szoba, garzon

bedspread /'bedspred/ *noun* [C] ágytakaró ➔ Ábra **bed¹** alatt.

bedtime /'bedtaɪm/ *noun* [U] lefekvési idő

★ **bee** /bi:/ *noun* [C] (*áll*) méh: *a swarm of bees* méhraj

> Bees **buzz** or **hum**. They may **sting** if they are angry. They live in **beehives**.

beech /bi:tʃ/ *noun* **1** (also 'beech tree) [C] bükkfa **2** [U] bükk(fa) (*anyag*)

★ **beef** /bi:f/ *noun* [U] marhahús: *a slice of roast beef* ➔ Magyarázat a **meat** szónál.

beefburger /'bi:fbɜːgə(r)/ *noun* [C] hamburger ➔ Lásd **hamburger**.

beefy /'bi:fi/ *adj.* tagbaszakadt

beehive /'bi:haɪv/ (also **hive**) *noun* [C] méhkaptár

★ **been** /bi:n/ *past participle* of BE, GO¹

> A be és go múlt idejű melléknévi igeneve **been**: *I've never been* (soha nem voltam) *seriously ill.* • *I've never been to* (soha nem jártam) *Lisbon.* A go múlt idejű melléknévi igeneve **gone** is lehet, de ennek más a jelentése. Hasonlítsuk össze a következő mondatokat: *I'm cold because I've just been outside* (épp most jöttem kintről). • *Jim's not here, I'm afraid – he's just gone out* (épp most ment el).

beep /bi:p/ *noun* [C] (**beep** 'beep) tülkölés ▸ **beep** *verb* [I,T] tülköl: *I beeped my horn at the dog.*

beeper /'bi:pə(r)/ (US) → BLEEPER

★ **beer** /bɪə(r)/ *noun* **1** [U] sör **2** [C] egy fajta sör, egy pohár sör ➔ Ábra **cup¹** alatt.

> A **lager** világos, hidegen fogyasztott sör, a **bitter** keserű barna sör, ideális

---

[I] **tárgyatlan** (*ige*): *He laughed.* [T] **tárgyas** (*ige*): *He ate an apple.*

hőmérséklete kb. húsz fok. A **shandy** sör és limonádé keveréke.

beetle /'biːtl/ *noun* [C] bogár

beetroot /'biːtruːt/ (*US* **beet**) *noun* [C,U] cékla

befall /bɪ'fɔːl/ *verb* [T] (*pt* **befell** /bɪ'fel/; *pp* **befallen** /bɪ'fɔːlən/) (*írott nyelv*) történik vmi (vkivel) (*baj, szerencsétlenség*)

★**before**[1] /bɪ'fɔː(r)/ *prep., conj.* **1** előtt (*időben, sorrendben*): *You can call me any time before* 10 *o'clock.* • *the week before last* • *They should be here before long* (hamarosan). • *Turn the lights off before* (mielőtt) *you leave.* • *'H' comes before 'N' in the alphabet.* • *A very difficult task lies before us.* • *a company that puts profit before safety* (a nyereséget fontosabbnak tartja a biztonságnál) **2** (*formális*) előtt (*helyre vonatkozóan*): *They knelt before the altar.* • *You will appear before the judge tomorrow.* ➔ Vesd össze a **front**[1] szócikkében található **in front of** kifejezéssel. **3** inkább minthogy/semhogy: *I'd die before I apologized to him!*

★**before**[2] /bɪ'fɔː(r)/ *adv.* előzőleg, korábban: *I think we've met somewhere before* (valahol már). • *It was fine yesterday but it rained the day before* (tegnapelőtt).

beforehand /bɪ'fɔːhænd/ *adv.* előzőleg, előbb: *If you visit us, phone beforehand to make sure we're in.*

befriend /bɪ'frend/ *verb* [T] (*írott nyelv*) (meg)barátkozik

beg /beg/ *verb* [I,T] (**begging; begged**) **1** beg (sb) for sth; beg sth (of/from sb); beg (sb) to do sth könyörög vmiért: *He begged for forgiveness.* • *We begged him to lend us the money.* ❶ Szinonimája: **entreat** vagy **implore**. **2** beg (for) sth (from sb) koldul **IDIOM** I beg your pardon (*formális*) **1** elnézést, bocsánatot kérek: *I beg your pardon. I picked up your bag by mistake.* **2** Tessék?

began *past tense* of BEGIN

beggar /'begə(r)/ *noun* [C] koldus

★**begin** /bɪ'gɪn/ *verb* (*pres. part.* **beginning**; *pt* **began** /bɪ'gæn/; *pp* **begun** /bɪ'gʌn/) **1** [I,T] (el)kezd: *Shall I begin or will you?* • *When do you begin work?* • *The carpet is beginning to look dirty.* **2** [I] (el)kezdődik: *What time*

does the concert begin? **3** [I] begin (with sth) kezdődik (*vmilyen módon, valahol*): *My name begins with 'W' not 'V'.* • *This is where the footpath begins.*

A **begin** és **start** igék jelentése nagyon hasonló, de a **start** beszélt nyelvben gyakoribb. Utánuk az ige állhat *to* vagy *-ing* alakban: *The baby began/started crying/to cry.* Amikor a **begin** vagy **start** ige *-ing* alakban fordul elő, utána mindig az ige *to* alakja áll: *The baby was just beginning/starting to cry.* Van néhány jelentés, ahol csak a **start** igét használhatjuk, pl.: *I couldn't start* (elindítani) *the car.* • *We'll have to start* (elindulni) *early if we want to be in Dover by 8 o'clock.*

IDIOM to begin with **1** eleinte: *To begin with they were very happy.* **2** először is: *We can't possibly go. To begin with, it's too far and we can't afford it either.*

▸ **beginner** *noun* [C] kezdő

★**beginning** /bɪ'gɪnɪŋ/ *noun* [C] kezdet, vminek az eleje: *I've read the article from beginning to end.* • *We're going away at the beginning of the school holidays.*

begrudge /bɪ'grʌdʒ/ *verb* [T] begrudge (sb) sth **1** irigyel, sajnál vkitől vmit: *He's worked hard. I don't begrudge him his success.* **2** nem szívesen tesz/ad vmit: *I begrudge paying so much money in tax each month.*

behalf /bɪ'hɑːf/ *noun*
IDIOM on behalf of sb; on sb's behalf vki nevében: *I would like to thank you all on behalf of my colleagues and myself.*

★**behave** /bɪ'heɪv/ *verb* **1** [I] behave well, badly, etc. (towards sb) viselkedik (*vmilyen módon*): *He behaves as if/though he was the boss.* **2** [I,T] behave (yourself) jól/rendesen viselkedik: *I want you to behave yourselves while we're away.* ❶ Ellentéte: **misbehave**. **3** (-behaved) (*összetett melléknevekben*) vmilyen magaviseletű: *a well-behaved child* • *a badly-behaved class*

★**behaviour** (*US* **behavior**) /bɪ'heɪvjə(r)/ *noun* [U] viselkedés, magatartás: *He was sent out of the class for bad behaviour.*

★**behind** /bɪ'haɪnd/ *prep., adv.* **1** mögött, mögé: *There's a small garden behind the* *house.* • *The sun went behind a cloud.* • *You go on ahead. I'll follow on behind.* • *Look behind you before you drive off.* • *He ran off but the police were close behind.* **2 behind (in/with) (sth)** le van maradva (*vmihez/vkihez képest*): *The train is twenty minutes behind schedule* (késik). • *Jane is behind the rest of the class in maths.* • *We are a month behind* (egyhavi hátralékunk van) *with the rent.* ➔ Lásd **ahead. 3** vki/vmi mögött áll: *Whatever she decides, her family will be behind her.* **4** vmi rejlik vmi mögött: *What is the reason behind his sudden change of opinion?* **5** vmi már a múlté: *It's time you* **put** *your problems behind you.* Ideje, hogy túltedd magadat a problémáidon. **6** az előző helyen, ott (*felejt vmit*): *Oh no! I've* **left** *the tickets behind* (otthagytam).

beige /beɪʒ/ *adj., noun* [U] drapp

being¹ ➜ BE

being² /'biːɪŋ/ *noun* **1** [U] lét, létezés: *When did the organization* **come into being** (létesült)? **2** [C] lény: *a human being*

belated /bɪ'leɪtɪd/ *adj.* megkésett: *a belated apology*
▶ **belatedly** *adv.* megkésve: *They have realized, rather belatedly, that they have made a mistake.*

belch /beltʃ/ *verb* **1** [I] böfög **2** [T] okád (*füstöt*)
▶ **belch** *noun* [C] böfögés, böffenés

belie /bɪ'laɪ/ *verb* [T] (*pres. part.* **belying**; *3rd pers. sing. pres.* **belies**; *pt, pp* **belied**) meghazudtol, megcáfol: *His smiling face belied his true feelings.*

★belief /bɪ'liːf/ *noun* **1** [*sing., U*] **belief in sb/sth** hit: *She has lost her belief in God.* ➔ Lásd **disbelief. 2** [*sing., U*] (*formális*) **belief (that...)** meggyőződés: *There is a general belief that things will soon get better.* • **Contrary to popular belief** (a közfelfogással ellentétben), *the north of the country is not poorer than the south.* **3** [C] meggyőződés (*vallási, politikai*)
IDIOM **beyond belief** hihetetlenül: *The amount of money we owe has increased beyond belief.*

believable /bɪ'liːvəbl/ *adj.* (el)hihető
❶ Ellentéte: **unbelievable.**

★believe /bɪ'liːv/ *verb* **❶** Az igét *continuous*

igeidőkben nem használjuk, azonban *-ing* alakban gyakran előfordul: *Believing* (abban a hiszemben, hogy) *the house to be empty, she quietly let herself in.* **1** [T] (el)hisz (vmit) (vkinek): *Nobody believes a word she says.* • *He could scarcely believe his eyes.* Alig hitt szemének. **❶** Ellentéte: **disbelieve. 2** [T] **believe (that)...** úgy gondolja/tudja/véli, hogy: *'Does Pat still work there?' 'I believe so.'* • *The escaped prisoner is believed to be in this area.* • *Four people are still missing, believed drowned.* **3 don't/can't believe sth** nem tudja felfogni, hogy: *I can't believe (that) you're telling me to do it again!* **4** [I] hisz vmiben
IDIOMS **believe it or not** akár hiszed, akár nem: *Believe it or not, English food can sometimes be quite good.* | **give sb to believe/understand (that)** (*gyakran szenvedő szerkezetben*) okot ad arra, hogy vki azt higgye: *I was given to believe that I had got the job.*

PHRASAL VERBS **believe in sb/sth** hisz vkiben/vmiben: *Do you believe in God?* | **believe in sth; believe in doing sth** bízik/hisz vkiben/vmiben, híve vminek: *He doesn't believe in killing animals for their fur.*

believer /bɪ'liːvə(r)/ *noun* [C] hívő, vallásos
IDIOM **be a (great/firm) believer in sth** jónak/helyesnek tart vmit: *He is a great believer in getting things done on time.*

belittle /bɪ'lɪtl/ *verb* [T] lebecsül, becsmérel

★bell /bel/ *noun* [C] **1** harang, csengettyű: *Her voice came back clear as a bell* (kristálytisztán). **2** csengő: *a doorbell*
IDIOM **ring a bell** → RING²

bellow /'beləʊ/ *verb* **1** [I,T] **bellow (sth) (at sb)** üvölt, ordít **2** [I] bőg, bömböl
▶ **bellow** *noun* [C] bömbölés (*bikáé*), ordítás

belly /'beli/ *noun* [C] (*plural* **bellies**) has, gyomor

'belly button *noun* [C] (*informális*) köldök

★belong /bɪ'lɒŋ/ *verb* [I] **1** **belong to sb** vkié/vmié, vkinek a tulajdona: *Who does this pen belong to?* **2** **belong to sth** vmihez tartozik, vmilyen szervezet tagja: *Do you belong to any political party?* **3** vhová való: *It took quite a long time before we felt we* *belonged* (otthon éreztük magunkat) *in the village.*

belongings /bɪˈlɒŋɪŋz/ *noun* [*plural*] vki holmija: *They lost all their belongings in the fire.*

beloved /bɪˈlʌvd/ ❶ Főnév előtt a kiejtése /bɪˈlʌvɪd/. *adj.* (*formális*) szeretett

★ **below** /bɪˈləʊ/ *prep., adv.* alatt, alá: *The temperature fell below freezing during the night.* • *Her marks in the exam were below average.* • *I live on the floor below* (egy emelettel lejjebb). ➔ Magyarázat az **under** szónál. ❶ Ellentéte: **above**.

★ **belt¹** /belt/ *noun* [*c*] **1** öv, szíj ➔ Lásd **seat belt**. **2** szállítószalag: *The suitcases were carried round on a conveyor belt.* • *the fan belt* (ékszíj) *of a car* **3** övezet, zóna: *the green belt* (zöldövezet) *around London* • *the commuter belt* a nagyvárost körülvevő kisebb települések
IDIOMS **below the belt** (*informális*) tisztességtelen, övön aluli: *That remark was rather below the belt.* | **tighten your belt** → TIGHTEN | **under your belt** (*informális*) elér vmit: *She's already got four tournament wins under her belt.* Már négy győzelemmel dicsekedhet.

belt² /belt/ *verb* (*informális*) **1** [*T*] megver vkit **2** [*I*] száguld: *I was belting along on my bicycle.*
PHRASAL VERBS **belt sth out** teli tüdőből kiabál/énekel, bömböl: *In the restaurant, loudspeakers were belting out Spanish pop music.* | **belt up** (*szleng*) fogd be a szád: *Belt up! I can't think with all this noise.*

bemused /bɪˈmjuːzd/ *adj.* tanácstalan

★ **bench** /bentʃ/ *noun* [*c*] **1** pad: *a park bench* **2** (*Nagy-Britanniában*) képviselőcsoportok helye a parlamentben: *the Government front bench* (vezető pozícióban levő képviselők helye a parlamentben) • *the Labour back benches* (nem vezető pozícióban levő képviselők helye a parlamentben) **3** munkapad

benchmark /ˈbentʃmɑːk/ *noun* [*c*] mérce, szabvány: *These new safety features set a benchmark for other manufacturers to follow.*

★ **bend¹** /bend/ *verb* (*pt, pp* bent /bent/) **1** [*T*] (meg/be)hajlít: *to bend a piece of wire into an S shape* **2** [*I*] kanyarodik: *The road bends to the left here.* **3** [*I*] (előre/hátra/le)hajol: *He bent down to tie up his shoelaces.*
IDIOM **bend the rules** rugalmasan kezeli a szabályokat

★ **bend²** /bend/ *noun* [*c*] kanyar, görbület: *a sharp bend in the road*
IDIOM **round the bend** (*informális*) őrült: *His behaviour is driving me round the bend* (megőrjít).

★ **beneath** /bɪˈniːθ/ *prep., adv.* **1** alatt, alá: *The ship disappeared beneath the waves.* • *He seemed a nice person but there was a lot of anger beneath the surface.* ➔ Magyarázat az **under** szónál. **2** vki méltóságán aluli: *She felt that cleaning for other people was beneath her.*

benefactor /ˈbenɪfæktə(r)/ *noun* [*c*] jótékony adományozó, jótevő

beneficial /ˌbenɪˈfɪʃl/ *adj.* **beneficial (to sb/sth)** jótékony hatású, előnyös: *A good diet is beneficial to health.*

★ **benefit¹** /ˈbenɪfɪt/ *noun* **1** [*U, c*] előny, haszon: *A change in the law would be to everyone's benefit.* • *I can't see the benefit of doing things this way.* • *the benefits of modern technology* **2** [*U*] (*brit*) segély: *child/sickness/housing benefit* gyermekgondozási segély/táppénz/lakástámogatás • *I'm not entitled to unemployment benefit* (munkanélküli segély). **3** [*c*, *usually plural*] nem pénzbeli juttatások: *a company car and other benefits*
IDIOMS **for sb's benefit** vkinek a kedvéért: *For the benefit of the newcomers, I will start again.* | **give sb the benefit of the doubt** a jobbik eshetőséget tételezi fel vkiről: *I'll give you the benefit of the doubt as to whether you deliberately kept the letter from me or not.*

benefit² /ˈbenɪfɪt/ *verb* (**benefiting; benefited** or **benefitting; benefitted**) **1** [*T*] hasznára van, kedvez: *The new tax laws will benefit people on low wages.* **2** [*I*] **benefit (from sth)** hasznát látja, hasznot húz vmiből

benevolent /bəˈnevələnt/ *adj.* (*formális*) jóindulatú, segítőkész
▶ **benevolence** *noun* [*U*] jóindulat

benign /bɪˈnaɪn/ *adj.* **1** jóságos **2** jóindulatú (*betegség*): *a benign tumour* ❶ Ellentéte: **malignant**.

bent¹ *past tense, past participle of* BEND¹

bent² /bent/ *adj.* **1** (be/meg)hajlított, görbe: *Do this exercise with your knees bent.* • *It was so funny we were* **bent double** *with laughter* (majd megszakadtunk a nevetéstől). **2** (*brit, informális*) korrupt: *a bent policeman*
🔲 **be bent on sth/on doing sth** eltökélt szándéka, hogy: *They seem bent on moving house.*

bent³ /bent/ *noun* [*sing.*] **a bent for sth/doing sth** hajlam: *She has a bent for music.* Érzéke van a zenéhez.

bequeath /br'kwi:ð/ *verb* [*T*] (*formális*) **bequeath sth (to sb)** hagyományoz (vkinek): *He bequeathed £1000 to his favourite charity.* ❶ A **leave** szó gyakoribb ebben az értelemben.

bequest /br'kwest/ *noun* [*C*] (*formális*) örökség: *He left a bequest to each of his grandchildren.*

bereaved /br'ri:vd/ *adj.* **1** gyászoló **2** (**the bereaved**) *noun* [*plural*] a gyászoló család

bereavement /br'ri:vmənt/ *noun* (*formális*) **1** [*U*] gyász **2** [*C*] haláleset: *There has been a bereavement in the family.*

beret /'bereɪ/ *noun* [*C*] svájcisapka ➔ Ábra **hat** alatt.

★ **berry** /'beri/ *noun* [*C*] (*plural* **berries**) bogyó: *a raspberry/strawberry/blueberry*

berserk /bə'zɜ:k/ *adj.* (*főnév előtt nem állhat*) nagyon dühös: *to go berserk*

berth /bɜ:θ/ *noun* [*C*] **1** fekhely (*hajón, hálókocsiban*): *a cabin with four berths* **2** kikötőhely

beset /br'set/ (*pres. part.* **besetting**; *pt, pp* **beset**) *verb* [*T*] (*írott nyelv*) sújt vkit/vmit (*baj/szerencsétlenség*): *The team has been beset by injuries* (sok volt a sérülés) *all season.*

★ **beside** /br'saɪd/ *prep.* mellett, mellé: *Come and sit beside me.* • *He kept his bag close beside him at all times.*
🔲 **beside the point** lényegtelen, mellékes | **beside yourself (with sth)** magán kívül van (vmitől): *Emily was almost beside herself with grief.*

besides /br'saɪdz/ *prep., adv.* vkin/vmin kívül, ráadásul: *There will be six people coming, besides you and David.* • *I don't*

want to go out tonight. **Besides** (különben is), *I haven't got any money.*

besiege /br'si:dʒ/ *verb* [*T*] **1** (meg)ostromol **2** (*ált. szenvedő szerkezetben*) meg/lerohan vkit/vmit: *The actor was besieged by fans and reporters.*

besotted /br'sɒtɪd/ *adj.* (*főnév előtt nem állhat*) **besotted (with/by sb/sth)** bele van esve vkibe

★ **best¹** /best/ *adj.* (*a* **good** *felsőfoka*) legjobb: *His latest book is by far his best.* • *I'm going to wear my best shirt to the interview.* • *Who in the class is* **best** *at maths?* • *It's best to arrive early if you want a good seat.* • *Who's your* **best** *friend?*
🔲 **your best bet** (*informális*) a legcélszerűbb: *There's nowhere to park in the city centre. Your best bet is to go in by bus.* | **the best/better part of sth** → PART¹

★ **best²** /best/ *adv.* (*a* **well** *felsőfoka*) legjobban: *He works best in the morning.* • *Which of these dresses do you like best?* • *one of Britain's best-loved TV stars*
🔲 **as best you can** amilyen jól csak tudod

★ **best³** /best/ *noun* [*sing.*] (**the best**) a legjobb(ak): *When you pay that much for a meal you expect the best.* • *Even the best of us make mistakes sometimes.* • *They are the best of friends.* • *The best we can hope for is that the situation doesn't get any worse.* ➔ Lásd **second-best.**
🔲 **all the best** (*informális*) minden jót (*kíván vkinek*) | **at best** a legjobb esetben: *We won't be able to deliver the goods before March, or, at best, the last week in February.* | **at its/your best** a legjobb formában (*van*): *This is an example of Beckett's work at its best.* • *No one is at their best first thing in the morning.* | **be (all) for the best** nem is baj: *I didn't get the job, but I'm sure it's all for the best.* | **bring out the best/worst in sb** a legjobbat/legrosszabbat hozza ki vkiből | **do/try your best** minden tőle telhetőt megtesz/megpróbál | **look your best** a lehető legjobban néz ki | **make the best of sth/a bad job** jó képet vág a rosszhoz

best ¹man *noun* [*sing.*] tanú (*vőlegényé*) ➔ Magyarázat a **wedding** szónál.

best-¹seller *noun* [*C*] bestseller, sikerkönyv

▶ **'best-selling** *adj.* sikeres: *a best-selling novel*

★ **bet¹** /bet/ *verb* [I,T] (*pres. part.* **betting**; *pt, pp* **bet** or **betted**) **1** bet (sth) (on sth) fogad (*pénzben, tétben*): *I bet him £10* (10 fontban fogadtam) *he couldn't stop smoking for a week.* ❶ Szinonimája: **gamble** vagy **put money on sth. 2** (*beszélt nyelv*) biztos benne, hogy, esküdni merne, hogy: *I bet he arrives late – he always does.*

IDIOM **you bet** (*beszélt nyelv*) mi az hogy!: *'Are you coming too?' 'You bet (I am)!'*

bet² /bet/ *noun* [C] **1** fogadás (*pénzben, tétben*): *Did you* **have a bet** (fogadtál) *on that race?* • *to win/lose a bet* **2** vélemény: *My bet is that he's missed the train.*

IDIOMS **your best bet →** BEST¹ | **hedge your bets →** HEDGE²

betide /bɪˈtaɪd/ *verb*
IDIOM **woe betide sb →** WOE

betray /bɪˈtreɪ/ *verb* [T] **1** elárul vkit/vmit: *to betray your country* ➔ Magyarázat a **traitor** szónál. **2** elárul, cserbenhagy: *If you take the money, you'll* **betray** *her* **trust** (visszaélsz a bizalmával). • *When parents get divorced the children often* **feel betrayed. 3** elárul vmit, vmiről tanúskodik: *Her steady voice did not betray the emotion she was feeling.*

▶ **betrayal** /bɪˈtreɪəl/ *noun* [C,U] árulás

★ **better¹** /ˈbetə(r)/ *adj.* **1** (*a* **good** *középfoka*) **better than sb/sth** jobb: *I think her second novel was much better than her first.* • *He's far better at English than me.* • *It would be better to take the train.* • *You'd be better* (jobban tennéd) *getting the train than driving.* **2** (*a* **well** *középfoka*) jobban van (*betegség után*)

★ **better²** /ˈbetə(r)/ *adv.* (*a* **well** *középfoka*) jobban: *I think you could have done this better.* • *Sylvie speaks English better than I do.*

IDIOMS **(be) better off 1** jobban tenné, ha: *You look terrible. You'd be better off at home in bed.* **2** (*a* **well off** *középfoka*) jobban áll anyagilag: *We're much better off now I go out to work too.* | **the best/better part of sth →** PART¹ | **you, etc. had better** jobb (lesz), ha, jobban teszed, ha: *I think we'd better go before it gets dark.* | **know better (than that/than to do sth) →** KNOW¹ | **think better of (doing) sth →** THINK

★ **better³** /ˈbetə(r)/ *noun* [*sing.*] jobb (minő-

ségű): *The hotel wasn't very good. I must say we'd expected better.*

IDIOM **get the better of sb/sth** (le)győz (*pl. vitában*): *When we have an argument she always gets the better of me.*

▶ **'betting shop** *noun* [C] fogadóiroda ➔ Lásd **bookmaker's**.

between/among

| a plant growing between the slabs | a plant growing among the rocks |

between /bɪˈtwiːn/ *prep., adv.* **1 between A and B; in between** között, közé: *I was sitting between Sam and Charlie.* • *She was standing* **in between** *the desk* **and** *the wall.* • *They said they would arrive between 4 and 5 o'clock.* • *They've got this shirt in size 10 and size 16, but nothing in between.* • *There's some sort of disagreement between them.* • *to choose between two jobs* • *What's the difference between 'some' and 'any'?* **2** együtt: *Between us we saved up enough money to buy a car.* **3** között (*felosztás*): *The money was divided equally between the two children.* • *We ate all the chocolates between us.* Megosztoztunk a csokoládén.

A **between** szót rendszerint két ember/dolog esetében használjuk: *sitting between her mother and father* • *between the ages of 12 and 14.* Néha azonban használhatjuk akkor is, ha kettőnél több emberről/dologról van szó és ezekre mint egyénekre/egyedekre gondolunk (lásd a fenti 3. jelentést): *We drank a bottle of wine between the three of us.* Az **among** szót mindig kettőnél több emberre vagy tárgyra használjuk, amikor ezeken egy csoportot értünk: *You're among friends here.*

beverage /ˈbevərɪdʒ/ *noun* [C] (*írott nyelv*) ital

beware /bɪˈweə(r)/ *verb* [I] (*csak felszólító és főnévi igenév alakban*) **beware (of sb/sth)** óvakodik: *Beware of the dog!* Vigyázat! A kutya harap!

---

❶ = magyarázat   [C] megszámlálható (*főnév*): one book, two books

[U] megszámlálhatatlan (*főnév*): some sugar

bewilder /bɪˈwɪldə(r)/ verb [T] teljesen összezavar, meghökkent: I was completely bewildered by his sudden change of mood.
▸ **bewildered** adj. zavart, rémült: a bewildered expression
bewildering adj. meghökkentő: a bewildering experience
bewilderment noun [U] elképedés: to stare at sb in bewilderment

bewitch /bɪˈwɪtʃ/ verb [T] megbabonáz

★**beyond** /bɪˈjɒnd/ prep., adv. **1** túl: We could see the mountains and the sea beyond. • Does the motorway continue beyond Birmingham? • Most people don't go on working beyond the age of 65. **2** több mint vmi: The house is **far beyond** (sokkal többe került) what I could afford. • I haven't heard anything beyond a few rumours (egypár pletykán kívül). **3** lehetetlen (vmit megtenni): The car was completely **beyond repair** (nem lehetett megjavítani). • The situation is **beyond** my **control** (nem tudom irányítani). **4** meghalad: The activity was beyond the students' abilities.
IDIOM **be beyond sb** (informális) érthetetlen (vmi vki számára): Why she wants to go and live there is quite beyond me.

bias¹ /ˈbaɪəs/ noun (plural biases) **1** [C,U] elfogultság: a bias against women drivers • The BBC has been accused of political bias. **2** [C, usually sing.] hangsúly, hajlam: a course with a strong scientific bias egy olyan tanfolyam, ahol a hangsúly a természettudományos tárgyakon van

bias² /ˈbaɪəs/ verb [T] (biasing; biased or biassing; biassed) elfogultságot tanúsít: Good newspapers should not be biased towards a particular political party.
▸ **biased** adj. elfogult: a biased report

bib /bɪb/ noun [C] partedli

the Bible /ˈbaɪbl/ noun [C] a Biblia
▸ **biblical** /ˈbɪblɪkl/ adj. bibliai

bibliography /ˌbɪbliˈɒɡrəfi/ noun [C] (plural bibliographies) **1** bibliográfia **2** könyvjegyzék

bicentenary /ˌbaɪsenˈtiːnəri/ noun [C] (plural bicentenaries) (US **bicentennial** /ˌbaɪsenˈteniəl/) kétszáz éves évforduló

biceps /ˈbaɪseps/ noun [C] (plural biceps) bicepsz

bicker /ˈbɪkə(r)/ verb [I] civódik: My parents are always bickering about money.

★**bicycle** /ˈbaɪsɪkl/ (also **bike**) noun [C] kerékpár ↺ Lásd **cyclist**, ill. magyarázat a **bike** szónál.

bid¹ /bɪd/ verb (**bidding**; pt, pp bid) [I,T] **bid (sth) (for sth)** licitál, (ár)ajánlatot tesz vmire: I wanted to buy the vase but another man was bidding against me.

bid² /bɪd/ noun [C] **1 a bid (for sth); a bid (to do sth)** kísérlet (vminek az elérésére/megszerzésére): His bid for freedom had failed. • Tonight the Ethiopian athlete will **make a bid** (kísérletet tesz) to break the world record. **2** átvételi vagy felvásárlási ajánlat: Granada mounted a hostile **takeover bid** (ellenséges felvásárlási ajánlat) for Forte. • At the auction we **made a bid** (licitáltunk) of £100 for the chair. **3** versenytárgyalás, árajánlat
▸ **bidder** noun [C] aki árajánlatot tesz (árverésen): The house was sold to the highest bidder (a legtöbbet licitálónak).

bide /baɪd/ verb
IDIOM **bide your time** (ki)várja az alkalmas időt: I'll bide my time until the situation improves.

bidet /ˈbiːdeɪ/ noun [C] bidé

biennial /baɪˈeniəl/ adj. kétévenkénti

★**big** /bɪɡ/ adj. (**bigger; biggest**) **1** nagy: a big house/town/army • This dress is too big for me. **❶** Ellentéte: **small**. **2** nagy, fontos: They had a big argument yesterday. • That was the biggest decision I've ever had to make. • some of the big names in Hollywood **3** (csak főnév előtt, informális) idősebb: a big brother/sister

A **big** vagy **large** szót egyaránt használhatjuk amikor méretről vagy mennyiségről van szó. A **large** hivatalosabb és személyleírásban nem használatos: a big/large house • a big baby. A **great** szót ált. akkor használjuk amikor egy jelentős személyről/eseményről beszélünk: great occasion/musician. Megszámlálhatatlan főnevek előtt a jelentése „nagy": great happiness/care/sorrow. Méretet/mennyiséget stb. kifejező melléknevek előtt a jelentést kihangsúlyozza. Lásd **great¹**(4).

IDIOMS **Big deal!** (*informális*) Nem nagy ügy!: *'Look at my new bike!' 'Big deal! It's not as nice as mine.'* | **a big deal/no big deal** (*informális*) (nem) nagy ügy: *Birthday celebrations are a big deal in our family.* | **give sb a big hand** → HAND¹

bigamy /'bɪɡəmi/ *noun* [U] bigámia
▸ **bigamist** *noun* [C] bigámista

big 'business *noun* [U] **1** nagyvállalatok: *links between politics and big business* **2** nagy üzlet: *Health and fitness have become big business.*

'big-head (*informális*) *noun* [C] beképzelt ember
▸ **,big-'headed** *adj.* beképzelt

'big mouth (*informális*) *noun* [C] nagyszájú ember

bigot /'bɪɡət/ *noun* [C] bigott ember: *a religious/racial bigot*
▸ **bigoted** *adj.* bigott
bigotry /'bɪɡətri/ *noun* [U] bigottság

the 'big time *noun* [sing.] siker: *an actor who finally made/hit the big time* (sikeres lett)

'big time¹ *adv.* (*főleg US, szleng*) nagyon: *You screwed up big time* (jól elizélted), *Wayne!*

'big-time² *adj.* (*csak főnév előtt*) nagystílű: *a big-time drug dealer/politician*

★ **bike** /baɪk/ *noun* [C] bicikli, motorbicikli: *Hasan's just learnt to ride a bike* (biciklizni).

> A „biciklizik" jelentése **go on a/your bike** vagy **go by bike**. Használhatjuk még a **ride a bike** vagy **cycle** igét is.

bikini /bɪ'ki:ni/ *noun* [C] bikini

bilingual /,baɪ'lɪŋɡwəl/ *adj.* **1** kétnyelvű: *a bilingual dictionary* ➔ Lásd **monolingual**. **2** kétnyelven beszélő: *Our children are bilingual in English and Spanish.*

★ **bill¹** /bɪl/ *noun* **1** [C] (*US* **check**) számla: *an electricity bill* • *Can I have the bill, please?* • *to pay a bill* **2** [C] (*US*) = NOTE¹ (4) **3** [C] törvényjavaslat: *The bill was passed/defeated.* **4** [sing.] műsor: *Which bands are on the bill at the festival?* **5** [C] (madár)csőr
IDIOM **foot the bill** → FOOT²

bill² /bɪl/ *verb* [T] (*ált. szenvedő szerkezetben*) **bill sb/sth as sth** reklámoz

vkit/vmit vhol/vhogyan: *This young player is being billed as 'the new Pele'* (Peléhez hasonlítják).

billboard /'bɪlbɔ:d/ (*brit also* **hoarding**) *noun* [C] hirdetőtábla

billfold /'bɪlfəʊld/ (*US*) = WALLET

billiards /'bɪliədz/ *noun* [U] biliárd: *to have a game of/play billiards* ❶ Ha egy másik főnév előtt áll a végén nincs **s**: *a billiard table.* ➔ Lásd **snooker, pool¹**(5).

★ **billion** /'bɪljən/ *number* milliárd: *billions of dollars* ❶ Számolásnál **s** nélkül használjuk: *three billion yen.* Régebben a **billion** jelentése 1 000 000 000 000 volt, ma erre a **trillion** szót használjuk. ➔ Lásd a *Számokkal kapcsolatos kifejezések* részt.

billow /'bɪləʊ/ *verb* [I] **1** lengedezik: *curtains billowing in the breeze* **2** gomolyog: *Smoke billowed from the chimneys.*

bins

waste-paper basket
(*US* wastebasket)

bin
litter

rubbish

litter bin

dustbin
(*US* garbage/trash can)

bin /bɪn/ *noun* [C] **1** szemétvödör, kuka: *to throw sth in the bin* • *a litter bin* • *The dustmen come to empty the bins on Wednesdays.* **2** -tartó, tárolóláda: *a bread bin*

binary system /'baɪnəri sɪstəm/ *noun* [sing.] kettes számrendszer

bind¹ /baɪnd/ *verb* [T] (*pt, pp* **bound** /baʊnd/) **1** bind sb/sth (to sb/sth); bind A and B (together) összeköt: *They bound the prisoner's hands behind his back.* **2** bind A to B; bind A and B (together) összeköt: *The two countries are bound together by a common language.* **3** bind sb (to sth) kötelez vkit: *to be bound by a law/an agreement* • *The contract binds you to completion of the work within two years.* **4** (*ált. szenvedő szerkezetben*) beköt (*könyvet*)

bind² /bamd/ *noun* [*sing.*] (*brit, informális*) nyűg: *I find housework a real bind.*

binding¹ /'bamdɪŋ/ *adj.* kötelező érvényű: *This contract is legally binding.*

binding² /'bamdɪŋ/ *noun* **1** [C] kötés (*könyvé*) **2** [C,U] szegély **3** (**bindings**) [*plural*] kötés (*sílécen*)

binge¹ /bɪndʒ/ *noun* [C] (*informális*) tivornya: *to go on a binge* kirúg a hámból

binge² /bɪndʒ/ *verb* [I] (*pres. part.* **bingeing** or (*US* also **binging**) (*informális*) **binge (on sth**) zabál, italozik: *When she's depressed she binges on chocolate*

bingo /'bɪŋgəʊ/ *noun* [U] bingó: *a bingo hall*

binoculars /bɪ'nɒkjələz/ *noun* [*plural*] látcső, távcső: *a pair of binoculars* ➔ Lásd **telescope**.

biochemistry /ˌbaɪəʊ'kemɪstri/ *noun* [U] biokémia

biodegradable /ˌbaɪəʊdɪ'greɪdəbl/ *adj.* környezetbarát, biológiailag lebomló **❶** Ellentéte: **non-biodegradable**.

biodiversity /ˌbaɪəʊdaɪ'vɜːsəti/ *noun* [U] természetes életközösség

biogas /'baɪəgæs/ *noun* [U] biogáz

biographer /baɪ'ɒɡrəfə(r)/ *noun* [C] életrajzíró

biography /baɪ'ɒɡrəfi/ *noun* [C,U] (*plural* **biographies**) életrajz: *a biography of Napoleon* ➔ Lásd **autobiography**.
▸ **biographical** /ˌbaɪə'ɡræfɪkl/ *adj.* életrajzi

biological /ˌbaɪə'lɒdʒɪkl/ *adj.* biológiai: *biological research* • *biological weapons*

biology /baɪ'ɒlədʒi/ *noun* [U] biológia
▸ **biologist** *noun* [C] biológus

birch /bɜːtʃ/ *noun* **1** (also '**birch tree**) [C] nyírfa **2** [U] nyír(fa) (*anyag*)

★ **bird** /bɜːd/ *noun* [C] madár

> Birds **fly** and **sing**. They build **nests** and lay **eggs**.

IDIOM kill two birds with one stone → KILL¹

'**bird of 'prey** *noun* [C] ragadozó madár

birdwatcher /'bɜːdwɒtʃə(r)/ *noun* [C] madármegfigyelő **❶** Hivatalosabb szó: **ornithologist**.

▸ **birdwatching** *noun* [U] a madárvilág tanulmányozása

biro™ /'baɪrəʊ/ *noun* [C] (*plural* **biros**) golyóstoll ➔ Lásd **ballpoint**.

★ **birth** /bɜːθ/ *noun* **1** [C,U] születés, szülés: *The baby weighed 3 kilos at birth.* • *It was a difficult birth.* • *What's your date of birth?* **2** [U] származás: *She's always lived in England but she's German by birth* (*születésű*). **3** [*sing.*] (meg)születés: *the birth of an idea* **IDIOM** give birth (to sb) szül: *She gave birth to her second child at home.*

'**birth certificate** *noun* [C] születési anyakönyvi kivonat

'**birth control** *noun* [U] születésszabályozás ➔ Lásd **contraception, family planning**.

★ **birthday** /'bɜːθdeɪ/ *noun* [C] születésnap: *My birthday's on November 15th.* • *my eighteenth birthday* • *a birthday present/card/cake*

> Amikor valakinek születésnapja van, a **Happy Birthday!** kifejezéssel gratulálunk. Ha jól ismerjük az illetőt, születésnapi üdvözletet vagy ajándékot küldünk neki. A tizennyolcadik születésnap különösen fontos esemény, mert jogilag ekkor lesz az ember nagykorú.

birthmark /'bɜːθmɑːk/ *noun* [C] anyajegy

birthplace /'bɜːθpleɪs/ *noun* **1** [C] születési hely **2** [*sing.*] vminek a szülőhazája/bölcsője: *Greece is the birthplace of the Olympic Games.*

'**birth rate** *noun* [C] születési arány(szám)

★ **biscuit** /'bɪskɪt/ *noun* [C] **1** (*US* **cookie**) keksz: *a chocolate biscuit* • *a packet of biscuits* **2** (*US*) zsemleféle

bisexual /ˌbaɪ'sekʃuəl/ *adj.* biszexuális ➔ Lásd **heterosexual, homosexual, gay, lesbian**.

bishop /'bɪʃəp/ *noun* [C] **1** püspök ➔ Lásd **archbishop. 2** futó (*sakkban*)

★ **bit¹** /bɪt/ *noun* **1** (a bit) [*sing.*] egy kicsit/kissé: *I was a bit annoyed with him.* • *I'm afraid I'll be a little bit late tonight.* • *Could you be a bit quieter, please?* • *It must have rained quite a bit* (elég sokat) *during the* *night.* **2 (a bit)** [*sing.*] egy kicsit, egy kis időre: *Could you move forward a bit?* • *I'm just going out for a bit.* **3** [*C*] **a bit of sth** darab, rész: *There were bits of broken glass all over the floor.* • *Could you give me a bit of advice* (egy kis tanácsot)? • *Which bit of the film did you like best?* **4** [*C*] (*infor*) bit **5** [*C*] zabla

IDIOMS **bit by bit** lassanként, apránként: *Bit by bit we managed to get the information we needed.* | **a bit much** (*informális*) (ez már) túlzás/sok: *It's a bit much expecting me to work on Sundays.* | **a bit of a** (*informális*) egy kis: *I've got a bit of a problem...* | **bits and pieces** (*informális*) egy-két apróság: *I've finished packing except for a few bits and pieces.* | **do your bit** (*informális*) kiveszi a részét vmiből: *It won't take long to finish if we all do our bit.* | **not a bit** egyáltalán nem: *The holiday was not a bit what we had expected.* | **to bits** **1** darabokra: *She angrily tore the letter to bits.* **2** nagyon: *I was thrilled to bits* (ujjongtam a boldogságtól) *when I won the competition.*

bit² *past tense of* BITE¹

bitch¹ /bɪtʃ/ *verb* [*I*] (*informális*) **bitch (about sb/sth)** szid, panaszkodik: *She's not the kind of person who would bitch about you behind your back.*

bitch² /bɪtʃ/ *noun* [*C*] **1** szuka **2** (*szleng*) szajha, ribanc

bitchy /'bɪtʃi/ *adj.* rosszindulatú: *a bitchy remark*

★ **bite¹** /baɪt/ *verb* (*pt* bit /bɪt/; *pp* bitten /'bɪtn/) **1** [*I,T*] **bite (into sth); bite (sb/sth)** (meg)harap: *He picked up the bread and bit into it hungrily.* **2** [*I,T*] (meg)csíp (*rovar*), (meg)mar (*kígyó*)

Ha egy darázs, méh vagy medúza csíp meg, a **sting** igét használjuk.

3 [*I*] érződik a negatív hatása: *In the South the job losses are starting to bite.*
IDIOM **bite sb's head off** majdnem leharapja vki fejét

★ **bite²** /baɪt/ *noun* **1** [*C*] harapás, falat: *She took a big bite of the apple.* **2** [*C*] csípés (*rovaré*), marás (*kígyóé*): *I'm covered in mosquito bites.* **3** [*sing.*] (*informális*) harapnivaló: *Would you like a bite to eat before you go?*

bitten *past participle of* BITE¹

★ **bitter¹** /'bɪtə(r)/ *adj.* **1** keserű (*átv*): *a bitter quarrel* **2** **bitter (about sth)** elkeseredett (*vmivel kapcsolatban*): *She was very bitter about not getting the job.* **3** keserű, keserves: *Failing the exam was a bitter disappointment to him.* • *I've learnt from bitter experience* (saját bőrömön tapasztaltam) *not to trust him.* **4** keserű, kesernyés: *bitter coffee* **5** kegyetlen hideg, metsző: *a bitter wind*
▸ **bitterness** *noun* [*U*] keserűség

bitter² /'bɪtə(r)/ *noun* [*U*] (*brit*) népszerű angol barna sör: *A pint of bitter, please.*

bitterly /'bɪtəli/ *adv.* **1** (*negatív érzéseket kifejező, ill. hidegre vonatkozó melléknevekkel*) nagyon: *bitterly disappointed/resentful* • *a bitterly cold winter/wind* **2** keserűen: *'I've lost everything,' he said bitterly.*

bitty /'bɪti/ *adj.* egyenetlen, darabos: *Your essay is rather bitty.*

bizarre /bɪ'zɑː(r)/ *adj.* bizarr

bk (*plural* bks) *abbr.* (**book** rövidítése) könyv, kötet

★ **black¹** /blæk/ *adj.* **1** fekete: *a black hat* • *black coffee with sugar* • *black humour* • *The film was a black comedy* (fekete humorral átszőtt vígjáték). **2** fekete, néger: *the black population of Britain* • *black culture* **3** haragos: *to give sb a black look* **4** reménytelen: *The economic outlook for the coming year is rather black.*
IDIOMS **black and blue** kék(re)-zöld(re) (*sérüléstől*): *He was beaten black and blue.* | **black and white** fekete-fehér (*tévé, fénykép*)

★ **black²** /blæk/ *noun* **1** [*U*] fekete: *People often wear black at funerals.* **2** (*ált.* Black) [*C*] néger, fekete (*bőrű*)
▸ **blackness** *noun* [*U*] sötétség
IDIOMS **be in the black** van pénze a bankszámláján ❶ Ellentéte: **be in the red**. | **in black and white** írásba(n): *I won't believe we've got the contract till I see it in black and white.*

black³ /blæk/ *verb*
PHRASAL VERB **black out** (*rövid időre*) elveszti az eszméletét

blackberry /'blækbəri/ *noun* [*C*] (*plural* blackberries) szeder

blackbird /'blækbɜːd/ noun [C] feketerigó

blackboard /'blækbɔːd/ (US **chalkboard**) noun [C] iskolatábla

blackcurrant /ˌblæk'kʌrənt/ noun [C] fekete ribiszke

blacken /'blækən/ verb [T] 1 befeketít 2 bemocskol, megrágalmaz: to blacken sb's name

ˌblack ˈeye noun [C] monokli (véraláfutás szem körül): He got a black eye in the fight.

blackhead /'blækhed/ noun [C] mitesszer

blacklist /'blæklɪst/ noun [C] feketelista: to be on sb's blacklist
▶ blacklist verb [T] feketelistára tesz

ˌblack ˈmagic noun [U] fekete mágia

blackmail /'blækmeɪl/ noun [U] zsarolás
▶ blackmail verb [T] blackmail sb (into doing sth) (meg)zsarol vkit, zsarolással rávesz vkit (vmire)
blackmailer noun [C] zsaroló

ˌblack ˈmarket noun [usually sing.] feketepiac: to buy/sell sth on the black market

blackout /'blækaʊt/ noun [C] 1 elsötétítés (háborúban) 2 eszméletvesztés, ájulás: to have a blackout 3 áramszünet

blacksmith /'blæksmɪθ/ noun [C] kovács

bladder /'blædə(r)/ noun [C] (anat) hólyag

★ **blade** /bleɪd/ noun [C] 1 penge (késé stb.) ➲ Ábra **garden¹** alatt. 2 lapát (pl. turbináé, malomkeréké), szárny (légcsavaré) 3 fűszál, szalmaszál: a blade of grass

★ **blame¹** /bleɪm/ verb [T] 1 blame sb (for sth); blame sth on sb/sth hibáztat/okol vkit (vmiért), ráhárítja vkire a felelősséget vmiért: The teacher blamed me for the accident. • Some people blame the changes in the climate on pollution. 2 not blame sb (for sth) megért vkit/vminek az okát: I don't blame you for feeling fed up.
IDIOMS be to blame (for sth) hibás vmiben, oka vminek: The police say that careless driving was to blame for the accident. | shift the blame/responsibility (for sth) (onto sb) → SHIFT¹

blame² /bleɪm/ noun [U] blame (for sth) felelősség (vmi rossz miatt): The government must take the blame (magára kell vállalnia a felelősséget) for the economic crisis. • The report put the blame on rising prices (az áremelkedésre hárítja a felelős-

séget). • Why do I always get the blame? Miért vagyok mindig én a hibás?

blameless /'bleɪmləs/ adj. (írott nyelv) ártatlan

bland /blænd/ adj. 1 egyhangú, színtelen: a rather bland style of writing 2 íztelen, fűszerezetlen 3 kifejezéstelen, közömbös
▶ blandly adv. közömbösen

★ **blank¹** /blæŋk/ adj. 1 üres (kazetta, papír stb.): a blank video/cassette/piece of paper/ page 2 üres, kifejezéstelen (tekintet): a blank expression on his face • My mind went blank (teljesen leblokkoltam) when I saw the exam questions.
▶ blankly adv. értetlenül: She stared at me blankly, obviously not recognizing me.

blank² /blæŋk/ noun [C] üres/kitöltendő hely/rovat: Fill in the blanks in the following exercise. • (átv) My mind was a complete blank. Kihagyott az emlékezetem.
IDIOM draw a blank → DRAW¹

ˌblank ˈcheque noun [C] biankó csekk

★ **blanket¹** /'blæŋkɪt/ noun [C] 1 takaró ➲ Ábra **bed¹** alatt. 2 takaró (átv): a blanket of snow
▶ blanket verb [T] blanket sth (in/with sth) betakar vmit (átv): The countryside was blanketed in snow.
IDIOM a wet blanket → WET¹

blanket² /'blæŋkɪt/ adj. (csak főnév előtt) általános: There is a blanket ban on journalists (minden újságíróra vonatkozó tilalom) reporting the case.

blare /bleə(r)/ verb [I,T] blare (sth) (out) bömböl, üvölt (pl. zene): Car horns were blaring (tülköltek az autók) in the street outside. • The loudspeaker blared out pop music.
▶ blare noun [U, sing.] harsogás: the blare of a siren szirénázás

blasphemy /'blæsfəmi/ noun [U] istenkáromlás
▶ blasphemous /'blæsfəməs/ adj. istenkáromló

blast¹ /blɑːst/ noun [C] 1 (bomba) robbanás 2 széllökés: a blast of cold air 3 tülkölés, szirénázás: The driver gave a few blasts on his horn.

blast² /blɑːst/ verb [T] 1 robbant: They blasted a tunnel through the mountainside.

2 élesen bírál: *Union leaders last night blasted the government's proposals.*
PHRASAL VERB **blast off** fel-/kilő *(űrhajót)*

blast-off *noun* [U] kilövés *(űrhajóé)*

blatant /'bleitnt/ *adj.* kirívó, szembetűnő: *a blatant lie* ❶ Negatív értelemben használják.
▸ **blatantly** *adv.* kirívóan

blaze¹ /bleiz/ *noun* **1** [C] (nagy) tűz, tűzvész: *It took firefighters four hours to put out the blaze.* **2** [*sing.*] **a blaze of sth** ragyogás (*fényé, színé*): *In the summer the garden was a blaze of colour.* • *The new theatre was opened in **a blaze of publicity*** (a média érdeklődésének kereszttüzében).

blaze² /bleiz/ *verb* [I] **1** lángol, lobog *(tűz)* **2 blaze (with sth)** ragyog (vmitől): *I woke up to find that the room was blazing with sunshine.* • *(átv) 'Get out!' she shouted, her eyes blazing with anger* (szikrázott a szeme a dühtől).

blazer /'bleizə(r)/ *noun* [C] blézer: *a school blazer*

bleach¹ /bli:tʃ/ *verb* [T] fehérít, szőkít

bleach² /bli:tʃ/ *noun* [C,U] hipó, fehérítő(szer)

bleak /bli:k/ *adj.* **1** kilátástalan, sivár: *a bleak future for the next generation* **2** kietlen, kopár: *the bleak Arctic landscape* **3** zord: *a bleak winter's day*
▸ **bleakly** *adv.* **1** siváran **2** zordan
▸ **bleakness** *noun* [U] **1** sivárság **2** kilátástalanság

bleary /'bliəri/ *adj.* (kialvatlanság miatt) kivörösödött, fátyolos *(szem)*: *We were all rather bleary-eyed after the journey.*
▸ **blearily** *adv.* fátyolos szemmel

bleat /bli:t/ *verb* **1** [I] béget, mekeg **2** [I,T] mekeg(ő hangon beszél)
▸ **bleat** *noun* [C] mekegés

★ **bleed** /bli:d/ *verb* [I] (*pt, pp* bled /bled/) vérzik
▸ **bleeding** *noun* [U] vérzés: *He wrapped a scarf around his arm to stop the bleeding.*

bleep¹ /bli:p/ *noun* [C] csipogás *(elektromos műszeré)*

bleep² /bli:p/ *verb* **1** [I] csipog *(műszer)*: *Why is the computer bleeping?* **2** (*US* also beep) [T] csipogtat *(személyhívón hív)*:

Please bleep the doctor on duty immediately.

bleeper /'bli:pə(r)/ (*US* beeper) *noun* [C] csipogó, személyhívó ❶ Szinonimája: **pager**.

blemish /'blemiʃ/ *noun* [C] folt, *(átv)* szégyenfolt
▸ **blemish** *verb* [T] *(átv)* bemocskol, foltot ejt vmin: *The defeat has blemished the team's perfect record.*

blend¹ /blend/ *verb* **1** [T] **blend A with B; blend A and B (together)** kever, elegyít: *First blend the flour and the melted butter together.* **2** [I] **blend (in) with sth** harmonizál **3** [I] **blend (into sth)** beleolvad *(a környezetébe)*: *These animals' ability to blend into their surroundings provides a natural form of defence.*

blend² /blend/ *noun* [C] keverék, elegy: *He had the right blend of enthusiasm and experience.*

blender /'blendə(r)/ *noun* [C] robotgép

bless /bles/ *verb* [T] (*pt, pp* blessed /blest/) áld
IDIOMS **be blessed with sth/sb** meg van áldva *(anyagi, szellemi javakkal)*: *The West of Ireland is an area blessed with many fine sandy beaches.* | **Bless you!** Egészségedre!

blessed /'blesid/ *adj.* áldott, boldog, szent: *the Blessed Virgin Mary* • *Blessed are the pure in heart.* • *(formális) The cool breeze brought blessed relief from the heat.*

blessing /'blesiŋ/ *noun* [C] **1** áldás, beleegyezés: *It's a great blessing that we have two healthy children.* • *Not getting that job was **a blessing in disguise*** (kellemetlenség, amiről csak később derül ki, hogy mennyi jó származik belőle). • *They got married without their parents' blessing.* **2** [*usually sing.*] áldás: *The priest said a blessing.*

blew *past tense* of BLOW¹

blimey /'blaimi/ (also cor blimey /,kɔː 'blaimi/) *exclam.* (*brit, szleng*) a francba: *Blimey, it's hot today.*

★ **blind¹** /blaind/ *adj.* **1** vak: *a blind person* • *to be completely/partially blind*

---

❶ = magyarázat [C] **megszámlálható** *(főnév)*: *one book, two books*

[U] **megszámlálhatatlan** *(főnév)*: *some sugar*

A **blind** szó helyett olykor a **partially sighted** vagy **visually impaired** (csökkentlátó) kifejezéseket használják.

2 be blind (to sth) nem akar észrevenni vmit: *He was completely blind to her faults.* **3** vak, meggondolatlan: *He drove down the motorway in a blind panic.* **4** beláthatatlan: *You should never overtake on a blind corner.*

▶ **blindly** *adv.* vakon: *She groped blindly for the light switch.* • *He wanted to decide for himself instead of blindly following his parents' advice.*

blindness *noun* [U] vakság

IDIOM **turn a blind eye (to sth)** úgy tesz, mintha nem venne észre vmit

blind² /blamd/ *verb* [T] **1** megvakít, elvakít: *Just for a second I was blinded by the sun.* **2 blind sb (to sth)** elvakít, elkápráztat

blind³ /blamd/ *noun* **1** [C] roló (*ablakon*) **2 (the blind)** *noun* [*plural*] a vakok

blind 'date *noun* [C] harmadik személy által szervezett randevú, ill. az ezen résztvevő személy'

blindfold /'blamdfəʊld/ *noun* [C] szemkötő

▶ **blindfold** *verb* [T] beköt (*szemet*)

'blind spot *noun* [C] **1** holttér (*vezetés közben nem látható útszakasz*) **2** érzéketlenség vmi iránt: *The judge had a blind spot where police corruption was concerned.*

blink /blɪŋk/ *verb* **1** [I,T] hunyorog, pislog **⊃** Lásd **wink. 2** [I] pislákol

▶ **blink** *noun* [C] hunyorgás, pislogás

blip /blɪp/ *noun* [C] **1** villanás (*képernyőn*) **2** átmeneti zavar: *The Chancellor dismissed rising inflation as a temporary blip.*

bliss /blɪs/ *noun* [U] felhőtlen boldogság

▶ **blissful** /-fl/ *adj.* tökéletesen boldog, elragadtatott: *three blissful weeks on the Mediterranean* • *We remained in blissful ignorance* (ártatlan tudatlanság) *of what was going on.*

blissfully /-fəli/ *adv.* (zavartalanul) boldogan, tökéletesen: *blissfully ignorant*

blister¹ /'blɪstə(r)/ *noun* [C] hólyag (*bőrön*)

blister² /'blɪstə(r)/ *verb* [I,T] **1** felhólyagzik, felhólyagzást okoz (*bőrön*) **2** felpattogzik,

[I] **tárgyatlan** (*ige*): *He laughed.*

---

felhólyagzik (*festék*): *The paint is starting to blister.*

blistering /'blɪstərɪŋ/ *adj.* tikkasztó, gyilkos (*iram*): *the blistering midday heat* • *The runners set off at a blistering pace.*

blitz /blɪts/ *noun* [C] **a blitz (on sth)** rajtaütés: *The police are planning a blitz on vandalism.*

blizzard /'blɪzəd/ *noun* [C] hóvihar

bloated /'bləʊtɪd/ *adj.* püffedt, duzzadt

blob /blɒb/ *noun* [C] folt, paca: *a blob of paint/cream/ink*

bloc /blɒk/ *noun* [C, with sing. or plural verb] koalíció, blokk (*országoké*)

★ **block¹** /blɒk/ *noun* [C] **1** tömb: *a block of wood* • *huge concrete blocks* **2** lakóház, irodaház: *a block of flats* **⊃** Lásd **apartment block**, **office block**. **3** háztömb (*mint utcarész*): *The restaurant is three blocks away.* **4** blokk, egység **5** [*usually sing.*] akadály, dugulás: *a block to further progress in the talks* **⊃** Lásd **roadblock**.

IDIOM **have a block (about sth)** leblokkol (*zavarában*): *I had a complete mental block.*

★ **block²** /blɒk/ *verb* [T] **1 block sth (up)** eltorlaszol **2** gátol, akadályoz: *The management tried to block the deal.* **3** akadályoz (*pl. kilátást*): *Get out of the way – you're blocking the view!*

PHRASAL VERBS **block sth off** eltorlaszol, lezár (*területet*) | **block sth out** kirekeszt (*kellemetlen gondolatokat*): *She tried to block out the memory of the crash.*

blockade /blɒ'keɪd/ *noun* [C] ostromzár, blokád

▶ **blockade** *verb* [T] ostromzár alá vesz

blockage /'blɒkɪdʒ/ *noun* [C] akadály, elzáródás: *a blockage in the drainpipe* • *There are blockages* (torlódás) *on some major roads.*

blockbuster /'blɒkbʌstə(r)/ *noun* [C] bombasiker

block 'capital *noun* [C, usually plural] nyomtatott nagybetű: *Please write your name in block capitals.*

bloke /bləʊk/ *noun* [C] (brit, szleng) pasas: *He's a really nice bloke.*

blond (also **blonde**) /blɒnd/ *noun* [C] *adj.* szőke **❶** Ha nőről beszélünk, a **blonde**

[T] **tárgyas** (*ige*): *He ate an apple.*

melléknevet használjuk: *She's tall, slim and blonde.* A **blonde** főnévi alakot rendszerint csak nőnemben használjuk: *She's a blonde.* ➔ Lásd még **brunette.**

★ **blood** /blʌd/ *noun* [U] vér: *The heart pumps blood around the body.* ➔ Lásd **bleed.**

IDIOMS **in your blood** családi vonás, a vérében van: *A love of the countryside was in his blood.* | **in cold blood** → COLD¹ | **shed blood** → SHED² | **your (own) flesh and blood** → FLESH

bloodbath /'blʌdbɑːθ/ *noun* [sing.] vérfürdő

blood-curdling *adj.* vérfagyasztó: *a blood-curdling scream*

blood donor *noun* [C] véradó

blood group (also **blood type**) *noun* [C] vércsoport: *'What blood group are you?''O.'*

bloodless /'blʌdləs/ *adj.* **1** vértelen, áldozatok nélküli: *a bloodless coup* **2** sápadt, vértelen

blood pressure *noun* [U] vérnyomás: *to have high/low blood pressure*

bloodshed /'blʌdʃed/ *noun* [U] vérontás: *Both sides in the war want to avoid further bloodshed.*

bloodshot /'blʌdʃɒt/ *adj.* vérbe borult (*szem*)

blood sport *noun* [C] vadászat

bloodstain /'blʌdsteɪn/ *noun* [C] vérfolt
▸ **bloodstained** *adj.* vérfoltos

bloodstream /'blʌdstriːm/ *noun* [sing.] véráram: *drugs injected straight into the bloodstream*

bloodthirsty /'blʌdθɜːsti/ *adj.* vérszomjas

blood transfusion *noun* [C] vérátömlesztés

blood vessel *noun* [C] ér ➔ Lásd még **vein, artery, capillary** .

bloody /'blʌdi/ *adj.* (**bloodier; bloodiest**) **1** véres, vérengző: *a bloody war* **2** vérfoltos **3** also *adv.* (*brit, szleng*) rohadt(ul), átkozott(ul): *The bloody train was late again this morning.* • *What a bloody stupid thing to say!* • *We had a bloody good time.* ❶ Ezt a szót sokan durvának, bántónak tartják.

bloody-minded *adj.* (*brit, informális*) akadékoskodó

▸ **bloody-mindedness** *noun* [U] akadékoskodás

bloom¹ /bluːm/ *noun* [C] virág
IDIOM **in bloom** virágzásban

bloom² /bluːm/ *verb* [I] virágzik

blossom¹ /'blɒsəm/ *noun* [C,U] virág, virágzás (*főleg gyümölcsfáké*): *The apple tree is in blossom.*

blossom² /'blɒsəm/ *verb* [I] **1** virágzik (*főleg fa*) **2** blossom (into sth) kivirul, kibontakozik: *This young runner has blossomed into a top-class athlete.*

blot¹ /blɒt/ *noun* [C] **1** paca, folt **2** a blot on sth szégyenfolt

blot² /blɒt/ *verb* [T] (**blotting; blotted**) **1** pacát ejt, foltot ejt **2** felitat
PHRASAL VERB **blot sth out** eltakar, elrejt: *Fog blotted out the view completely.* • *She tried to blot out the memory of what happened* (kiirtani az emléket).

blotch /blɒtʃ/ *noun* [C] piros folt (*bőrön*)
▸ **blotchy** (also **blotched**) *adj.* piros foltos (*bőr*)

blotting paper *noun* [U] itatóspapír

★ **blouse** /blaʊz/ *noun* [C] blúz

★ **blow¹** /bləʊ/ *verb* (*pt* **blew** /bluː/; *pp* **blown** /bləʊn/) **1** [I,T] fúj (*szél*): *A gentle breeze was blowing.* **2** [I] száll, repked (*szélben*): *The balloons blew away.* **3** [I,T] fúj (*szájjal*): *to blow bubbles/smoke rings* • *to blow (sb) a kiss* csókot dob • *The policeman asked me to blow into the breathalyser.* **4** [I,T] fúj (*hangszert*): *He blew a few notes on the trumpet.* **5** [T] (*informális*) elszalaszt (*alkalmat*): *I think I've blown my chances of promotion.* • *You had your chance and you blew it.* **6** [T] (*informális*) **blow sth (on sth)** elveri a pénzét: *She blew all her savings on a trip to China.* **7** [I,T] kiég (*biztosíték*)
IDIOM **blow your nose** kifújja az orrát
PHRASAL VERBS **blow over** elmúlik, véget ér (*rossz idő, válság stb.*): *The scandal will soon blow over.* | **blow up 1** felrobban **2** kitör (*veszekedés, rossz idő*): *A huge row blew up about money.* **3** (*informális*) dühbe gurul | **blow sth up 1** felrobbant **2** felfúj: *to blow up a balloon* **3** nagyít (*fényképet*)

★ **blow²** /bləʊ/ *noun* [C] **1** ütés: *She aimed a blow at me.* **2** a blow (to sb/sth) (*sors*)-

csapás: *It was a blow when I didn't get the job.* **3** fújás: *Give your nose a blow!*
IDIOMS a blow-by-blow account, description, etc. (of sth) minden (apró) részletre kiterjedő beszámoló | come to blows (with sb) (over sth) veszekedni/verekedni kezd (vkivel) (vmi miatt) | deal sb/sth a blow; deal a blow to sb/sth → DEAL¹

ˈblow-dry *verb* [*T*] (*pt, pp* **blow-dried**) szárít (*hajat, kézi hajszárítóval*)

blown *past participle of* BLOW¹

blowout /ˈbləʊaʊt/ *noun* [*C*] (*informális*) **1** gumidefekt: *We had a blowout on the motorway.* **2** eszem-iszom

★ **blue¹** /bluː/ *adj.* **1** kék: *His eyes were bright blue.* • *light/dark blue* **2** (*informális*) szomorú (*dalokban gyakran használják*)
IDIOMS black and blue → BLACK¹ | once in a blue moon → ONCE

★ **blue²** /bluː/ *noun* **1** [*C,U*] kék szín: *a deep blue* • *dressed in blue* **2** (the blues) [*plural, with sing. or plural verb*] blues-zene: *a blues singer* **3** (the blues) [*plural*] (*informális*) rossz hangulat: *to have the blues*
IDIOM out of the blue váratlanul: *I didn't hear from him for years and then this letter came out of the blue.*

ˈblue-collar *adj.* fizikai (*dolgozó*) ⊃ Lásd white-collar.

blueprint /ˈbluːprɪnt/ *noun* [*C*] tervezet, tervrajz

bluff¹ /blʌf/ *verb* [*I,T*] blöfföl, bedumál vkinek/vmit: *They tried to bluff their parents into believing there was no school that day.*
IDIOM bluff your way in, out, through, etc. sth blöfföl; begmagyaráz, bedumál vkinek/vmit; kimagyarázza magát: *We managed to bluff our way into the stadium by saying we were journalists.*

bluff² /blʌf/ *noun* [*U, C*] blöff
IDIOM call sb's bluff → CALL¹

bluish (also blueish) /ˈbluːɪʃ/ *adj.* (*informális*) kékes: *bluish green*

blunder¹ /ˈblʌndə(r)/ *noun* [*C*] baklövés: *I'm afraid I've made a terrible blunder.*

blunder² /ˈblʌndə(r)/ *verb* [*I*] baklövést követ el
PHRASAL VERB blunder about, around, etc. botorkál: *We blundered about in the dark, trying to find the light switch.*

blunt /blʌnt/ *adj.* **1** életlen **❶** Ellentéte: sharp. **2** nyers(en őszinte) (*ember, beszéd*)
▶ **blunt** *verb* [*T*] kicsorbít
bluntly *adv.* kereken, nyersen (*megmond vmit*): *To put it bluntly* (őszintén szólva), *you can't sing in tune.*
bluntness *noun* [*U*] **1** nyers őszinteség **2** életlenség

blur¹ /blɜː(r)/ *noun* [*C, usually sing.*] homályos kép: *Without my glasses, their faces were just a blur.*

blur² /blɜː(r)/ *verb* [*I,T*] (**blurring; blurred**) elhomályosít, elhomályosul
▶ **blurred** *adj.* homályos, elmosódott

blurt /blɜːt/ *verb*
PHRASAL VERB blurt sth out kifecseg

blush /blʌʃ/ *verb* [*I*] elpirul: *She blushed with shame.*
▶ **blush** *noun* [*C, usually sing.*] elpirulás, pír

blusher /ˈblʌʃə(r)/ *noun* [*U, C*] arcpirosító

blustery /ˈblʌstəri/ *adj.* szeles, viharos: *The day was cold and blustery.*

BO /ˌbiː ˈəʊ/ *abbr.* (**body odour** rövidítése) (kellemetlen) testszag

boar /bɔː(r)/ *noun* [*C*] (*plural* **boar** or **boars**) **1** kandisznó **2** vaddisznó ⊃ Magyarázat a **pig** szónál.

★ **board¹** /bɔːd/ *noun* **1** [*C*] deszka: *floorboards* padlódeszka **2** [*C*] deszkalap: *an ironing board* vasalódeszka • *a surfboard* szörfdeszka • *a noticeboard* hirdetőtábla • *board games* társasjáték **3** [*C, with sing. or plural verb*] vezetőség: *The board of directors is/are meeting to discuss the firm's future.* • *a board meeting* **4** [*U*] ellátás: *The prices are for a double room and* **full board** (teljes panzió).
IDIOMS above board → ABOVE | across the board → ACROSS | on board a fedélzeten (*hajón, tömegközlekedési eszközön*): *All the passengers were safely on board.*

board² /bɔːd/ *verb* [*I,T*] felszáll (*hajóra, tömegközlekedési eszközre*): *Lufthansa flight LH120 to Hamburg is now boarding at Gate 27.*
PHRASAL VERB board sth up bedeszkáz: *Nobody lives there now – it's all boarded up.*

boarder /ˈbɔːdə/ *noun* [*C*] (*brit*) **1** bennlakó (*tanuló*) **2** bérlő ⊃ Lásd lodger.

ˈboarding card *noun* [*C*] beszállókártya (*repülőn, hajón*)

'boarding house *noun* [C] panzió (*kis magánszálló, amely heti vagy havi alapon szállást és étkezést is biztosít*)

'boarding school *noun* [C] bentlakásos iskola

boardroom /'bɔːdruːm; -rʊm/ *noun* [C] ülésterem

boast /bəʊst/ *verb* **1** [I] henceg: *I wish she wouldn't boast about her family so much.* **2** [T] büszkélkedik: *The town boasts over a dozen restaurants.*
▸ **boast** *noun* [C] dicsekvés

boastful /'bəʊstfl/ *adj.* hencegő

★ **boat** /bəʊt/ *noun* [C] **1** csónak: *The cave can only be reached by boat/in a boat.* • *a rowing/fishing/motor boat* **2** hajó
IDIOM rock the boat → ROCK²

bob /bɒb/ *verb* (**bobbing**; **bobbed**) [I,T] gyorsan fel-le mozog/mozgat: *The boats in the harbour were bobbing up and down* (himbálóztak) *in the water.* • *She bobbed her head* (lehúzta a fejét) *down below the top of the wall.*
PHRASAL VERB bob up hirtelen felbukkan: *He disappeared and then bobbed up again on the other side of the pool.*

bobsleigh /'bɒbsleɪ/ (US **bobsled** /'bɒbsled/) *noun* [C] bob **⊃** Lásd még **sleigh, sledge, toboggan**.

bode /bəʊd/ *verb*
IDIOM bode well/ill (for sb/sth) előre jelez, jósol (jót/rosszat)

bodily¹ /'bɒdɪli/ *adj.* testi, fizikai: *First we must attend to their bodily needs.*

bodily² /'bɒdɪli/ *adv.* fizikálisan: *She picked up the child and carried him bodily from the room.*

★ **body** /'bɒdi/ *noun* (*plural* **bodies**) **1** [C] test, törzs: *the human body* • *She had injuries to her head and body.* **2** [C] holttest: *The police have found a body in the canal.* **3** [C, with sing. or plural verb] testület: *The governing body of the college meets/meet once a month.* **4** [sing.] fórész, vmi zöme: *We agree with the body of the report, although not with certain details.* **5** [C] (*formális*) (idegen) tárgy/test: *The doctor removed a foreign body from the child's ear.*
IDIOM in a body együttesen, testületileg

bodybuilding /'bɒdɪbɪldɪŋ/ *noun* [U] testépítés

▸ **bodybuilder** *noun* [C] (*sp*) testépítő (*ember*)

bodyguard /'bɒdiɡɑːd/ *noun* [C] testőr, testőrség

'body language *noun* [U] testbeszéd

'body odour *noun* [U] (*abbr.* **BO**) (kellemetlen) testszag

bodywork /'bɒdiwɜːk/ *noun* [U] karosszéria

bog /bɒɡ/ *noun* [C,U] mocsár: *a peat bog*

bogey /'bəʊɡi/ *noun* [C] **1** mumus, rém **2** (*informális*) takony

bogged 'down *adj.* **1** megfeneklik, elakad (*jármű*) **2** belegabalyodik (vmibe) (*átv*): *We got bogged down in a long discussion.*

boggle /'bɒɡl/ *verb* [I] **boggle (at sth)** összezavarodik: '*What will happen if his plan doesn't work?*' '*The mind boggles!*' (Megáll az ész!)' **⊃** Lásd még **mind-boggling**.

boggy /'bɒɡi/ *adj.* mocsaras

bogus /'bəʊɡəs/ *adj.* ál, hamis: *a bogus policeman*

★ **boil¹** /bɔɪl/ *verb* **1** [I] (fel)forr: *Water boils at* 100°C. • *The kettle's boiling.* **2** [T] (fel)forral **3** [I,T] vízben főz: *Put the potatoes on to boil, please.* • *to boil an egg* **4** [I] dühöng (*ember*): *She was boiling with rage.* Majd megpukkadt dühében.
PHRASAL VERBS boil down to sth a lényeg az, hogy: *What it all boils down to is that you don't want to spend too much money.* | boil over **1** kifut (*folyadék*): *You let the soup boil over.* **2** kitör belőle a düh

boil² /bɔɪl/ *noun* **1** [sing.] forrás, forralás (*folyadéké*): *You'll have to give those shirts a boil* (ki kell főzni) *to get them clean.* **2** [C] kelés

boiler /'bɔɪlə(r)/ *noun* [C] kazán

'boiler suit *noun* [C] (US **coveralls**) kezeslábas (*munkaruha*)

boiling /'bɔɪlɪŋ/ (also ,boiling 'hot) *adj.* (*informális*) tűzforró: *It's boiling hot in here.* • *Can I open a window? I'm boiling.* Megsülök.

'boiling point *noun* [C] forráspont

boisterous /'bɔɪstərəs/ *adj.* zsivajgó, lármás: *Their children get a bit too boisterous sometimes.*

★ **bold** /bəʊld/ adj. **1** bátor, merész: Not many people are bold enough to say exactly what they think. **2** élénk, erős (szín, minta): bold, bright colours **3** félkövér (betűtípus)
▸ **bold** noun [U] félkövér betű: The important words are highlighted **in bold**.
boldly adv. merészen, nyíltan: He stepped boldly forward. • a boldly coloured (élénk színű) shirt
boldness noun [U] bátorság, merészség

bollard /ˈbɒlɑːd/ noun [C] terelőkúp

bolshie (also **bolshy**) /ˈbɒlʃi/ adj. (brit, informális) akadékoskodó

bolster /ˈbəʊlstə(r)/ verb [T] **bolster sb/sth (up)** támogat, erősít: His remarks did nothing to bolster my confidence.

bolt¹ /bəʊlt/ noun [C] **1** anyás csavar **2** retesz

bolt² /bəʊlt/ verb **1** [I] megbokrosodik **2** [T] **bolt sth (down)** bekap vmit (ennivalót): She bolted down a sandwich and dashed out of the house. **3** [T] odacsavaroz: All the tables have been bolted to the floor so that nobody can steal them. **4** [T] elretesz: Make sure that the door is locked and bolted.

bolt³ /bəʊlt/ adv.
IDIOM **bolt upright** egyenesen: to sit/stand bolt upright

★ **bomb¹** /bɒm/ noun **1** [C] bomba: Fortunately, the car bomb failed to **go off** (nem robbant fel). **2** (**the bomb**) [sing.] az atombomba: How many countries have the bomb now? **3** (**a bomb**) [sing.] (informális) egy vagyon: That must have cost you a bomb!

bomb² /bɒm/ verb **1** [T] bombáz **2** [I] (brit, informális) **bomb along, down, up, etc.** száguld: He was bombing along at 100 miles an hour when the police stopped him.

bombard /bɒmˈbɑːd/ verb [T] bombáz (átv is): They bombarded the city until the enemy surrendered. • The reporters bombarded the minister with questions.
▸ **bombardment** noun [C,U] bombázás: The main radio station has **come under** enemy **bombardment**.

bomb disposal noun [U] hatástalanítás (fel nem robbant bombáé): a bomb disposal expert tűzszerész

bomber /ˈbɒmə(r)/ noun [C] **1** bombázó (repülőgép) **2** robbantó (terrorista)

bombshell /ˈbɒmʃel/ noun [C, usually sing.] bombahír (általában kellemetlen): The chairman **dropped a bombshell** when he said he was resigning (bejelentése bombaként hatott).

bona fide /ˌbəʊnə ˈfaɪdi/ adj. igazi, jóhiszemű: This car park is for the use of bona fide customers only.

bond /bɒnd/ noun **1** [C] kötelék: Our two countries are united by bonds of friendship. **2** [C] kötvény: government bonds

★ **bone¹** /bəʊn/ noun **1** [C] csont, (hal)szálka: He's broken a bone in his hand. • This fish has got a lot of bones in it. **2** [U] csont (anyag)
IDIOMS **have a bone to pick with sb** elszámolnivalója van vkivel | **make no bones about (doing) sth** nem tétovázik vmit megtenni: She made no bones about (habozás nélkül) telling him exactly what she thought about him.

bone² /bəʊn/ verb [T] kicsontoz, szálkátlanít: to bone a fish

bone-'dry adj. csontszáraz: Give that plant some water – it's bone-dry.

bone marrow (also **marrow**) noun [U] csontvelő

bonfire /ˈbɒnfaɪə(r)/ noun [C] örömtűz, máglya

Bonfire Night noun [C] az 1605-ös összeesküvés évfordulója, november 5-én

Ezen a napon a britek tűzijátékokat gyújtanak, és máglyán elégetnek egy **guy** nevű bábot, annak emlékére, hogy egy Guy Fawkes nevű merénylőnek nem sikerült felrobbantania a Parlamentet.

bonkers /ˈbɒŋkəz/ adj. (szleng) őrült: I'd go bonkers (bedilíznék) if I worked here full-time.

bonnet /ˈbɒnɪt/ (US **hood**) noun [C] **1** motorháztető **2** főkötő

bonus /ˈbəʊnəs/ noun [C] (plural **bonuses**) **1** jutalom, prémium: All our employees receive an annual bonus. **2** ráadás (vmi jó, amit nem vártunk el): I enjoy my job, and having my own office is **an added bonus**.

bony /ˈbəʊni/ adj. csontos: long bony fingers

boo /buː/ noun [C] (plural **boos**) **1** pfujozás, lehurrogás: *The minister's speech was met with boos from the audience.* **2** bumm!
▶ **boo** interj. pfuj!
boo verb [I,T] kifütyül

boob /buːb/ noun [C] (szleng) **1** cici **2** baki
▶ **boob** verb [I] bakizik, buta hibát ejt: *I'm afraid I've boobed again.*

booby prize /ˈbuːbi praɪz/ noun [C] tréfás vigaszdíj

booby trap /ˈbuːbi træp/ noun [C] álcázott bomba/akna
▶ **booby-trap** verb [T] álcázott bombát helyez el vmin/vhol

boogie /ˈbuːgi/ noun (also **boogie-woogie** /-ˈwuːgi/) [U] bugi-vugi
▶ **boogie** verb [I] (informális) diszkózik, táncol

⋆ **book¹** /bʊk/ noun **1** [C] könyv: *I'm reading a book on astrology.* ⚫ *She's writing a book about her life abroad.* ⚫ *Do you have any books by William Golding?* ⚫ *hardback/paperback books* **2** [C] füzet: *an exercise book* ⚫ *a notebook* ⚫ *a sketch book* ⚫ *a book of stamps* ⚫ *a chequebook* **3** (**books**) [plural] főkönyv: *We employ an accountant to keep the books* (a könyvelést végzi).
IDIOMS be in sb's good/bad books (informális) jó/rossz vkinél: *He's been in his girlfriend's bad books since he forgot her birthday.* | by the book az előírásoknak megfelelően: *A policeman must always do things by the book.* | (be) on sb's books a tagok sorába tartozik: *The employment agency has hundreds of qualified secretaries on its books.*

⋆ **book²** /bʊk/ verb **1** [I,T] előre lefoglal/vált (jegyet): *Have you booked a table, sir?* ⚫ *to book a seat on a plane/train/bus* ⚫ *I've booked a hotel room for you/I've booked you a hotel room.* ⚫ *I'm sorry, but this evening's performance is fully booked* (minden jegy elkelt). **2** [T] (informális) felír (vmi szabálytalanság miatt): *The police booked her for dangerous driving.* ⚫ *The player was booked* (sárga lapot kapott) *for a foul and then sent off for arguing.*
PHRASAL VERBS book in bejelentkezik (érkezéskor pl. szállodába) | book sb in szállást foglal vki számára: *I've booked you in at the George Hotel.*

bookcase /ˈbʊkkeɪs/ noun [C] könyvszekrény

bookie /ˈbʊki/ noun [C] (informális) bukméker

booking /ˈbʊkɪŋ/ noun [C,U] helyfoglalás, jegyelővétel: *Did you manage to make a booking?* ⚫ *No advance booking is necessary.*

booking office noun [C] jegypénztár

bookkeeping /ˈbʊkkiːpɪŋ/ noun [U] könyvelés

booklet /ˈbʊklət/ noun [C] ismertető/tájékoztató füzet, brosúra

bookmaker /ˈbʊkmeɪkə(r)/ (informális **bookie**) noun **1** [C] bukméker **2** (**bookmaker's**) [sing.] fogadóiroda ➲ Lásd még **betting shop**.

bookmark /ˈbʊkmɑːk/ noun [C] (infor is) könyvjelző

bookseller /ˈbʊkselə(r)/ noun [C] könyvkereskedő

bookshop /ˈbʊkʃɒp/ (US **bookstore**) noun [C] könyvesbolt ➲ Lásd még **library**.

bookstall /ˈbʊkstɔːl/ (US ˈnews-stand) noun [C] könyves stand, könyvesbódé

bookworm /ˈbʊkwɜːm/ noun [C] könyvmoly (ember)

boom¹ /buːm/ noun [C] **1** fellendülés: *There was a boom in car sales in the 1980s.* **2** [usually sing.] dörgés, dübörgés: *the boom of distant guns*

boom² /buːm/ verb **1** [I,T] boom (sth) (out) dörög, morajlik: *The loudspeaker boomed out instructions to the crowd.* **2** [I] fellendül (vállalkozás), virágzik: *Business is booming in the computer industry.*

boomerang /ˈbuːməræŋ/ noun [C] bumeráng

boon /buːn/ noun [C] áldás: *The new software will prove a boon to home computer users.*

boost¹ /buːst/ verb [T] növel, fellendít: *to boost sales* ⚫ *The good exam result boosted her confidence.*

boost² /buːst/ noun [C] fellendülés: *a boost in exports* ⚫ *The president's visit gave a boost to the soldiers' morale.*

⋆ **boot¹** /buːt/ noun [C] **1** csizma, bakancs, magas szárú cipő: *ski boots* ⚫ *walking/climbing boots* ⚫ *football boots* ➲ Ábra **shoe¹** alatt. ❶ Általában többes számban

---

❶ = magyarázat   [C] megszámlálható (főnév):
                    one book, two books

[U] megszámlálhatatlan (főnév):
some sugar

használjuk, kivéve ha egy fél párról van szó. **2** (*US* **trunk**) csomagtartó (*autóban*)

boot² /buːt/ verb (*informális*) **1** [T] belerúg: *He booted the ball over the fence.* **2** [I,T] (*infor*) beindítja a rendszert

PHRASAL VERB **boot sb/sth out** kirúg vkit: *The boys were booted out of the club for fighting.*

booth /buːð/ noun [C] fülke, bódé: *a phone booth*

booty /ˈbuːti/ noun [U] hadizsákmány

booze¹ /buːz/ noun [U] (*informális*) pia

booze² /buːz/ verb [I] (*informális*) piál: *He went out boozing with some friends on Saturday.*

booze-up noun [C] (*brit, informális*) ivászat

★ **border¹** /ˈbɔːdə(r)/ noun [C] **1** országhatár: *The refugees escaped across/over the border.* • *the Moroccan border* • *the border between France and Italy* • *Italy's border with France*

> Ha egy ország határáról beszélünk, a **border** vagy a **frontier** szavakat használhatjuk. A **border** általában természetes határt jelent: *The river forms the border between the two countries.* A **boundary** szó kisebb területek, például megyék határára utal: *the county boundary.*

2 szegély, bordűr (*díszítés*)

border² /ˈbɔːdə(r)/ verb [T] határol, szegélyez: *The road was bordered with trees.*

PHRASAL VERB **border on sth 1** határos vmivel, közel van vmihez: *The dictator's ideas bordered on madness.* **2** érintkezik vmivel: *Our garden borders on the railway line.*

borderline /ˈbɔːdəlaɪn/ noun [sing.] határ(vonal): *He's a borderline case* (határeset) – *he may pass the exam or he may fail.*

★ **bore¹** /bɔː(r)/ verb **1** [T] untat: *I hope I'm not boring you.* **2** [I,T] fúr (*lyukat*) **3** past tense of BEAR²

bore² /bɔː(r)/ noun **1** [C] unalmas/fárasztó alak **2** [sing.] (*informális*) kellemetlen/bosszantó dolog, nyűg: *It's such a bore having to learn these lists of irregular verbs.*

bored /bɔːd/ adj. **bored (with sth)** unatkozó, unott: *I'm bored with eating the same*

thing every day. • *The children **get bored*** (unatkoznak) *on long journeys.* • *He gave a **bored** yawn.* • *We were **bored stiff*** (halálra untak magunkat).

> Vigyázat! A **be bored** jelentése „unatkozik", az „unalmas" megfelelője viszont a **boring**.

boredom /ˈbɔːdəm/ noun [U] unalom: *I sometimes eat out of boredom.*

boring /ˈbɔːrɪŋ/ adj. unalmas: *a boring film/job/speech/man* ⊃ Magyarázat a **bored** szónál.

★ **born¹** /bɔːn/ verb (**be born**) (meg)születik: *Where were you born?* • *I'm going to give up work after the baby is born.* • *The idea of free education for all was born in the nineteenth century.* • *His unhappiness was born out of a feeling of frustration.*

born² /bɔːn/ adj. **1** született/termett vmire: *She's a born leader.* **2** (-born) (*összetett melléknevekben*) -i születésű: *This Kenyan-born athlete now represents Denmark.*

born-again adj. (*csak főnév előtt*) megtért (*új hitre tért*): *a born-again Christian*

borne /bɔːn/ past participle of BEAR²

borough /ˈbʌrə/ noun [C] önkormányzattal rendelkező város(rész)

borrow/lend

She's lending her son some money.   He's borrowing some money from his mother.

★ **borrow** /ˈbɒrəʊ/ verb [I,T] **borrow (sth) (from/off sb/sth) 1** kölcsönvesz, kölcsönkér, kölcsönt vesz fel: *We'll have to borrow a lot of money to buy a car.* • *I had to borrow from the bank* (kölcsönt vettem fel) *to pay for my car.* • *Could I borrow* (kölcsönkérhetném) *your pen for a minute?* • *He's always borrowing off* (pénzt kölcsönöz)

[I] **tárgyatlan** (ige): *He laughed.*   [T] **tárgyas** (ige): *He ate an apple.*

his mother. • *I borrowed* (kikölcsönöztem) *a book from the library.*

Vigyázat! Ne keverjük össze a **borrow** szót és ellentétét, a **lend** szót.

2 plagizál, átvesz (*gondolatokat, szavakat stb.*): *That idea is borrowed from another book.*

borrower /'bɒrəʊə(r)/ *noun* [C] kölcsönkérő

bosom /'bʊzəm/ *noun* **1** [*sing.*] (*formális*) kebel: *She clutched the child to her bosom.* **2** [C] mell

IDIOM **in the bosom of sth** vmi közelében/mélyén: *He was glad to be back in the bosom of his family* (családja körében).

bosom ¹friend *noun* [C] testi-lelki jóbarát

★ **boss¹** /bɒs/ *noun* [C] (*informális*) főnök: *OK. You're the boss.* Te döntesz.

boss² /bɒs/ *verb* [T] boss sb (about/around) parancsolgat

bossy /'bɒsi/ *adj.* parancsolgató, akarnok
▸ **bossily** *adv.* parancsolóan
bossiness *noun* [U] parancsolgatás

botanist /'bɒtənɪst/ *noun* [C] botanikus

botany /'bɒtəni/ *noun* [U] botanika
▸ **botanical** /bə'tænɪkl/ *adj.* botanikus: *botanical gardens*

botch /bɒtʃ/ *verb* [T] botch sth (up) összecsap, elfuserál (*munkát*): *I've completely botched up this typing, I'm afraid.*

★ **both** /bəʊθ/ *determiner, pron., adv.*
1 mindkét: *Both women were French.* • *Both the women were French.* • *Both of the women were French.* • *I liked them both.* • *We were both very tired.* • *Both of us were tired.* • *They both live in London/Both of them live in London.*

A **both** előtt nem állhat határozott névelő (**the**) vagy a birtokos névmás (**my/your/his** stb.).

2 both... and...: mind ..., mind ..., ... is, ... is: *Both he and his wife are vegetarian.*

★ **bother¹** /'bɒðə(r)/ *verb* **1** [T] zavar, bosszant: *I'm sorry to bother you, but could I speak to you for a moment?* • *Don't bother Geeta with that now – she's busy.* ❶ Szinonimája: **trouble**. **2** [I] bother (to do sth/doing sth); bother (about/with sth)

(*ált. tagadó*) fárad vmivel, gondot csinál magának vmiből: *'Shall I make you something to eat?''No, don't bother – I'm not hungry.'* • *He didn't even bother to say thank you.* • *Don't bother waiting for me – I'll catch you up later.* • *Don't bother about the washing-up. I'll do it later.*

IDIOMS **can't be bothered (to do sth)** nem vesződik vmivel, nem izgatja magát vmivel: *I can't be bothered to do my homework now.* | **not be bothered (about sth)** (*főleg brit, informális*) neki mindegy/nem fontos: *'What would you like to do this evening?''I'm not bothered really.'*

bother² /'bɒðə(r)/ *noun* [U] gond, kellemetlenség: *Thanks for all your help. It's saved me a lot of bother.*

bothered /'bɒðəd/ *adj.* nyugtalan, aggódó: *Sam doesn't seem too bothered* (nem nagyon zavarja) *about losing his job.*

★ **bottle¹** /'bɒtl/ *noun* [C] **1** palack (*műanyag is*), üveg: *a beer bottle* sörösüveg • *an empty bottle* **2** egy üveg (*mennyiség*): *a bottle of beer* egy üveg sör ➲ Ábra container alatt.

bottle² /'bɒtl/ *verb* [T] palackoz: *After three or four months the wine is bottled.* • *bottled water*

PHRASAL VERB **bottle sth up** elfojtja az érzelmeit: *You'll make yourself ill if you keep your feelings bottled up.*

bottle bank *noun* [C] üveggyűjtő konténer

bottleneck /'bɒtlnek/ *noun* [C] **1** útszűkület **2** akadály (*főleg iparban, üzleti életben*)

bottle-opener *noun* [C] sörnyitó

★ **bottom¹** /'bɒtəm/ *noun* **1** [C, *usually sing.*] alja/feneke vminek: *The house is at the bottom* (a hegy lábánál) *of a hill.* • *I think I've got a pen in the bottom of my bag.* • *The sea is so clear that you can see the bottom.* • *There's a label on the bottom of the box.* **2** [*sing.*] vminek a túlsó vége: *The bus stop is at the bottom of the road.* **3** [*sing.*] vminek a legalja (*lista, ranglétra stb.*): *She started at the bottom and now she's the Managing Director.* **4** [C] fenék (*emberé*) **5** (**bottoms**) [*plural*] alsó (*rész*) (*pizsamáé stb.*): *pyjama bottoms* • *track suit bottoms* ➲ Magyarázat a **trousers** szónál.

IDIOMS **be at the bottom of sth** vmi okozója,

vmi oka/mozgatója: *I'm sure Molly Potter is at the bottom of all this.* | **from the (bottom of your) heart** → HEART | **get to the bottom of sth** vminek a mélyére hatol/végére jár

bottom² /'bɒtəm/ *adj.* legalsó: *I live on the bottom floor.*

bottomless /'bɒtəmləs/ *adj.* feneketlen

,**bottom ˈline** *noun* [*sing.*] **1** (**the bottom line**) lényeg: *A musical instrument should look and feel good, but the bottom line is how it sounds.* **2** kiadás/bevétel egyenlege **3** az elfogadható legalacsonyabb ár

bough /baʊ/ *noun* [*C*] faág (*vastag*)

bought /bɔ:t/ *past tense, past participle of* BUY¹

boulder /'bəʊldə(r)/ *noun* [*C*] sziklatömb

boulevard /'bu:ləvɑ:d/ *noun* [*C*] széles út (*gyakran fasorral szegélyezett*)

bounce /baʊns/ *verb* **1** [*I,T*] visszapattan (*labda stb.*), ütöget (*labdát stb.*): *A small boy came down the street, bouncing a ball.* **2** [*I*] ugrál: *The children were bouncing on their beds.* ➔ Ábra hop¹ alatt. **3** [*I,T*] visszajön (*fedezetlen csekk*)
▸ **bounce** *noun* [*C*] visszapattanás
PHRASAL VERB **bounce back** gyorsan összeszedi magát

bouncy /'baʊnsi/ *adj.* **1** rugalmas: *a bouncy ball/surface* **2** energikus

bound¹ /baʊnd/ *adj.* **1 bound to do sth** minden bizonnyal megtesz vmit: *You've done so much work that you're bound to pass the exam.* **2** (*főnév előtt nem állhat*) köteles (*jogilag, erkölcsileg*): *She felt bound (kötelességének érezte) to refuse the offer.* **3 bound (for...)** tart vmerre (*jármű*)
IDIOM **bound up with sth** vmivel szorosan összefüggő: *From that moment his life was inextricably bound up with hers. Attól a pillanattól életük szétbonthatatlanul összekapcsolódott.*

bound² /baʊnd/ *verb* [*I*] szökell: *She bounded out of the house to meet us.*
▸ **bound** *noun* [*C*] szökkenés: *With a couple of bounds he had crossed the room.*

bound³ *past tense, past participle of* BIND¹

★ **boundary** /'baʊndri/ *noun* [*C*] (*plural* **boundaries**) határ: *The main road is the boundary between the two districts.* ● Scien-

tists continue to push back the boundaries of human knowledge. ➔ Magyarázat a border szónál.

boundless /'baʊndləs/ *adj.* határtalan: *boundless energy*

bounds /baʊndz/ *noun* [*plural*] határok: *Price rises must be kept within reasonable bounds* (*ésszerű határok között*).
IDIOM **out of bounds** tiltott (terület): *This area is out of bounds to all staff.*

bouquet /bu'keɪ/ *noun* [*C*] csokor

bourbon /'bɜːbən/ *noun* [*C,U*] amerikai whisky

the bourgeoisie /ˌbɔːʒwɑːˈziː/ *noun* [*sing.*, *with sing. or plural verb*] burzsoázia
▸ **bourgeois** /'bʊəʒwɑː/ *adj.* burzsoá: *bourgeois attitudes/ideas/values*

bout /baʊt/ *noun* [*C*] **1** erőbedobás: *a bout of hard work* (egy kis) erőfeszítés **2** roham (*betegség*): *I'm just recovering from a bout of flu.*

boutique /buːˈtiːk/ *noun* [*C*] butik

bovine /'bəʊvaɪn/ *adj.* szarvasmarha-: *bovine diseases*

★ **bow¹** /baʊ/ *verb* **1** [*I,T*] **bow (sth) (to sb)** meghajol, (le)hajt (*fejet*): *He bowed his head respectfully.* **2** [*I*] **bow to sb/sth** meghajol vmi előtt (*vélemény, döntés stb.*): *I do not think the unions should bow to pressure from the Government.*
PHRASAL VERB **bow out (of sth/as sth)** leköszön (*fontos pozícióról*): *After a. long and successful career, she has decided to bow out of politics.* ● *He finally bowed out as chairman after ten years.*

bow² /baʊ/ *noun* [*C*] **1** meghajlás: *The director of the play came on stage to take a bow* (meghajolni). **2** hajó orra ➔ Lásd még stern.

bow³ /bəʊ/ *noun* [*C*] **1** masni: *He tied his laces in a bow*. Masnira kötötte a cipőfűzőjét. **2** íj **3** vonó (*hangszeré*)

★ **bowel** /'baʊəl/ *noun* [*C, usually plural*] bél

bowl¹ /'bəʊl/ *noun* [*C*] **1** tál (*mély*): *a soup bowl* levescsésze **2** egy tál (*mennyiség*): *I usually have a bowl of cereal for break-*

bowl

fast. **3** tál (*mosogató, mosdó stb.*)

bowl² /bəʊl/ *verb* [ɪ,T] labdát dob (*krikett-ben*)

PHRASAL VERB **bowl sb over 1** feldönt **2** rabul ejt: *I was absolutely bowled over by the beautiful scenery.*

bow legs /bəʊ 'legz/ *noun* [*plural*] kari-káláb(ak)
▸ **bow-legged** /ˌbəʊ 'legɪd/ *adj.* görbe lábú

bowler /'bəʊlə(r)/ *noun* [C] **1** (also ˌbowler 'hat) (*US* derby) keménykalap ⊃ Ábra hat alatt. **2** dobó (*krikettben*)

bowling /'bəʊlɪŋ/ *noun* [U] (*sp*) teke: *to go bowling* • *a bowling alley* bowling terem

In bowling you roll a ball down a **lane** (pálya) towards a group of **pins** (bábuk) and try to knock them all down.

bowls /bəʊlz/ *noun* [U] tekejáték: *to play bowls* ❶ A játék célja, hogy nagyobb fagolyókat minél közelebb gurítsanak egy kisebb golyóhoz.

bow tie /ˌbəʊ 'taɪ/ *noun* [C] csokornyak-kendő

★ **box¹** /bɒks/ *noun* **1** [C] doboz: *a cardboard box* • *a shoebox* ⊃ Ábra **container** alatt. **2** [C] egy doboz (*mennyiség*): *a box of chocolates/matches/tissues* **3** [C] rubrika, négyzet: *Write your full name in the box below.* **4** [C] fülke, boksz: *a telephone box* • *the witness box* tanúk padja **5** (**the box**) [*sing.*] (*brit, informális*) tévé: *What's on the box tonight?*

★ **box²** /bɒks/ *verb* **1** [ɪ,T] (*sp*) bokszol **2** [T] dobozba csomagol: *a boxed set of CDs*
PHRASAL VERB **box sb/sth in** körülzár: *Someone parked behind us and boxed us in.*

boxer /'bɒksə(r)/ *noun* [C] bokszoló

'**boxer shorts** (also **boxers**) *noun* [*plural*] bokszer(nadrág) ⊃ Magyarázat a **trousers** szónál.

boxing /'bɒksɪŋ/ *noun* [U] (*sp*) boksz, ökölvívás: *the world middleweight boxing champion* • *boxing gloves* bokszkesztyű

★'**Boxing Day** *noun* [C] (*brit*) Karácsony más(od)napja, december 26-a ❶ Angliá-ban és Wales-ben munkaszüneti nap.

'**box number** *noun* [C] jelige (*újsághir-detésben*)

'**box office** *noun* [C] jegypénztár (*szín-házban, moziban*)

★ **boy** /bɔɪ/ *noun* [C] fiú: *They've got three chil-dren – two boys and a girl.* • *I used to play here when I was a boy.*

boycott /'bɔɪkɒt/ *verb* [T] bojkottál
▸ **boycott** *noun* [C] bojkott: *a boycott of the local elections*

boyfriend /'bɔɪfrend/ *noun* [C] udvarló, barát

boyhood /'bɔɪhʊd/ *noun* [U] gyermekkor (*fiúé*)

boyish /'bɔɪʃ/ *adj.* fiús: *a boyish smile*

ˌ**Boy ˈScout** (also **Scout**) *noun* [C] cserkész ⊃ Lásd **Guide**.

★ **bra** /brɑː/ *noun* [C] melltartó

brace¹ /breɪs/ *noun* **1** [C] fogszabályozó **2** (**braces**) (*US* **suspenders**) [*plural*] nadrágtartó

brace² /breɪs/ *verb* [T] **brace sth/yourself (for sth)** felkészül (*vmilyen kellemetlen dologra*): *You'd better brace yourself* (légy erős) *for some bad news.*

★ **bracelet** /'breɪslət/ *noun* [C] karkötő

bracing /'breɪsɪŋ/ *adj.* frissítő (*levegő, éghajlat stb.*): *bracing sea air*

bracket¹ /'brækɪt/ *noun* [C] **1** [*usually plu-ral*] (*főleg US* **parenthesis**) zárójel: *A trans-lation of each word is given in brackets.* **2** age, income, price, etc. bracket kategória (*ár, jövedelem, kor stb.*): *to be in a high income bracket* **3** falikar, polctartó

bracket² /'brækɪt/ *verb* [T] **1** zárójelbe tesz **2** **bracket A and B (together)**; **bracket A with B** egy kalap alá vesz

brag /bræg/ *verb* [ɪ] (**bragging; bragged**) **brag (to sb) (about/of sth)** henceg: *She's always bragging to her friends about how clever she is.*

braid /breɪd/ *noun* **1** [U] zsinórozás **2** (*US*) = **PLAIT** ⊃ Ábra **hair** alatt.

Braille /breɪl/ *noun* [U] Braille-írás: *The signs were written **in Braille**.*

★ **brain** /breɪn/ *noun* **1** [C] agy: *He suffered serious brain damage in a road accident.* • *a brain surgeon* **2** [C,U] ész: *She has a very quick brain and learns fast.* • *He hasn't got the brains to be a doctor.* **3** [C] (*informális*) fej (*okos ember*): *He's one of the best brains* *in the country.* **4 (the brains)** [*sing.*] az ész (*olyan ember, aki vmi mozgatórugója*): *She's the real brains in the organization.*

IDIOMS **have sth on the brain** (*informális*) folyton a fejében jár vmi: *I've had that song on the brain all day.* | **rack your brains** → RACK²

brainchild /'bremtʃaɪld/ *noun* [*sing.*] agyszülemény: *The music festival was the brainchild of a young teacher.*

brain-dead *adj.* **1** (*orv*) agyhalott **2** (*informális*) elhülyült: *He's brain-dead from watching too much TV.*

brainless /'bremləs/ *adj.* (*informális*) ostoba

brainpower /'brempaʊə(r)/ *noun* [*U*] szellemi képesség: *Most humans only use a fraction of their total brainpower.*

brainstorm¹ /'bremstɔːm/ *noun* [*C*] **1** pillanatnyi elmezavar: *I had a brainstorm in the exam and couldn't answer any questions.* **2** (*US*) = BRAINWAVE

brainstorm² /'bremstɔːm/ *verb* [*I,T*] ötleteket gyűjt: *We'll spend five minutes brainstorming ideas on how we can raise money.*

brainwash /'bremwɒʃ/ *verb* [*T*] **brainwash sb (into doing sth)** átnevel: *Television advertisements try to brainwash people into buying things that they don't need.*
▸ **brainwashing** *noun* [*U*] agymosás

brainwave /'bremweɪv/ (*US*) (also **brainstorm**) *noun* [*C*] (*informális*) hirtelen jó ötlet: *If I have a brainwave* (*valami beugrik*), *I'll let you know.*

brainy /'bremi/ *adj.* (*informális*) okos

braise /breɪz/ *verb* [*T*] párol

★ **brake¹** /breɪk/ *noun* [*C*] fék (*átv is*): *The Government must try to put a brake on* (megfékez) *inflation.*

brake² /breɪk/ *verb* [*I*] fékez: *If the driver hadn't braked in time, the car would have hit me.*

bran /bræn/ *noun* [*U*] korpa (*gabonáé*)

★ **branch¹** /brɑːntʃ/ *noun* [*C*] **1** faág **2** fiók(üzlet): *The company I work for has branches in Paris, Milan and New York.* **3** tudományág: *Psychiatry is a branch of medicine.*

branch² /brɑːntʃ/ *verb*
PHRASAL VERBS **branch off** elágazik (*út*) | **branch out (into sth)** új dologba kezd: *The singer has recently branched out into acting.*

★ **brand¹** /brænd/ *noun* [*C*] **1** márka: *a brand name* **2** speciális fajta: *a strange brand of humour*

brand² /brænd/ *verb* [*T*] **1** égetéssel megjelöl, megbillogoz **2 brand sb (as sth)** megbélyegez vkit: *She was branded as a troublemaker after she complained about her long working hours.*

brandish /'brændɪʃ/ *verb* [*T*] hadonászik (*főleg fegyverrel*): *The robber was brandishing a knife.*

brand 'new *adj.* vadonatúj

brandy /'brændi/ *noun* [*C,U*] (*plural* **brandies**) konyak, pálinka

brash /bræʃ/ *adj.* rámenős: *Her brash manner makes her unpopular with strangers.*
▸ **brashness** *noun* [*U*] rámenősség

brass /brɑːs/ *noun* **1** [*U*] sárgaréz **2** [*sing.*, *with sing. or plural verb*] a rézfúvósok

brat /bræt/ *noun* [*C*] csibész (*rossz gyermek*)

bravado /brə'vɑːdəʊ/ *noun* [*U*] színlelt bátorság

★ **brave¹** /breɪv/ *adj.* bátor: *'This may hurt a little, so try and be brave,' said the dentist.* • *a brave decision* ❶ Szinonimája: **gallant**.
▸ **bravely** *adv.* bátran

brave² /breɪv/ *verb* [*T*] szembeszáll, mit sem törődik vmivel: *She braved the rain and went out into the street.*

bravery /'breɪvəri/ *noun* [*U*] bátorság: *a medal for bravery*

bravo /brɑː'vəʊ/ *interj.* bravó

brawl /brɔːl/ *noun* [*C*] dulakodás
▸ **brawl** *verb* [*I*] dulakodik: *We saw some football fans brawling in the street.*

brawn /brɔːn/ *noun* [*U*] testi erő: *To do this kind of job you need more brawn than brain.*
▸ **brawny** *adj.* izmos: *He folded his brawny arms across his chest.*

brazen /'breɪzn/ *adj.* arcátlan: *She's a brazen liar!*
▸ **brazenly** *adv.* szemérmetlenül: *He brazenly admitted he'd been having an affair.*

ð **then** | s **so** | z **zoo** | ʃ **she** | ʒ **vision** | h **how** | m **man** | n **no** | ŋ **sing** | l **leg** | r **red** | j **yes** | w **wet**

Bra'zil nut noun [C] brazíliai dió

breach¹ /briːtʃ/ noun **1** [C,U] **breach (of sth)** (vmi) megszegés(e), (vmi) megsértés(e): *Giving private information about clients is a breach of confidence* (titoksértés). • *The company was found to be in breach of contract* (szerződésszegés). **2** [C] szakítás: *The incident caused a breach between the two countries.* **3** [C] rés: *The waves made a breach in the sea wall.*

breach² /briːtʃ/ verb [T] **1** megszeg, megsért: *He accused the Government of breaching international law.* **2** rést vág/üt

bread

baguette
bagel
roll
slice
croissant
crust
loaf of bread

bread /bred/ noun [U] kenyér: *a piece/slice of bread* • *a loaf of bread* • *wholemeal bread*

breadcrumbs /'bredkrʌmz/ noun [plural] zsemlemorzsa

★ **breadth** /bredθ/ noun **1** [C,U] szélesség: *We measured the length and breadth of the garden.* **2** [U] széles kör: *I was amazed at the breadth of her knowledge.* ❶ Melléknév: **broad**.
IDIOM **the length and breadth of sth** → LENGTH

breadwinner /'bredwɪnə(r)/ noun [C, usually sing.] kenyérkereső

★ **break¹** /breɪk/ verb (pt broke /brəʊk/; pp broken /'brəʊkən/) **1** [I,T] eltörik, eltör: *He broke his leg in a car accident.* **2** [I,T] (gép, szerkezet) elromlik, tönkremegy, elront, tönkretesz: *The photocopier has broken.* **3** [T] megszeg: *to break the law/rules/speed limit* • *I never break my promises.* **4** [I,T] kis szünetet tart: *Let's break for coffee now.* • *We decided to break the journey and stop for lunch.* **5** [T] abbahagy: *Once you start smoking it's very difficult to break the habit* (leszokni). • *Suddenly, the silence was broken by the sound of a bird singing.* **6** [I] elkezdődik: *The day was breaking* (virradt)

as I left the house. • *We ran indoors when the storm broke* (kitört). • *When the story broke in the newspapers, nobody could believe it.* **7** [I] (hullám) megtörik: *I watched the waves breaking on the rocks.* **8** [I] (hang) mutál, elcsuklik: *Most boys' voices break when they are 13 or 14 years old.* • *His voice was breaking with emotion as he spoke.* ❶ További kifejezések a **break** igével kapcsolatban a kifejezésben szereplő főnévnél, melléknévnél stb. találhatók, pl. **break even** lásd **even**.

PHRASAL VERBS **break away (from sb/sth)** **1** elszabadul/megszökik (vkitől/vmitől) **2** (pol) elszakad

break down 1 (jármű, gép, szerkezet) elromlik **2** (tárgyalás) megszakad **3** könynyekre fakad: *He broke down in tears when he heard the news.* | **break sth down 1** le-/betör vmit: *The police had to break down the door to get into the house.* **2** elemekre bont: *Food is broken down in our bodies by the digestive system.*

break in betör | **break in (on sth)** közbeszól: *The waiter broke in on our conversation to tell me I had a phone call.*

break into sth 1 betör vhova: *Thieves broke into his car and stole the radio.* • (átv) *The company is trying to break into the Japanese market.* **2** hirtelen elkezd vmit: *to break into song* (dalra fakad) /a run (futásnak ered)

break off abbahagy, elhallgat: *He started speaking and then broke off in the middle of a sentence.* | **break (sth) off** letör (vmit), letörik, leszakad: *Could you break off another bit of chocolate for me?* | **break sth off** (kapcsolatot) megszakít: *After a bad argument, they decided to break off their engagement* (felbontják az eljegyzést).

break out kitör | **break out in sth** (vki bőrén) kiüljön: *to break out in spots/a rash* | **break out (of sth)** megszökik (vhonnan)

break through (sth) áttör (vmin): *The protesters were trying to break through the line of police.*

break up 1 véget ér: *The meeting broke up just before lunch.* **2** (brit) (tanítás) befejeződik: *When do you break up for the summer holidays?* Mikor kezdődik a nyári szünidő? | **break up (with sb)** szakít (vkivel) | **break (sth) up** darabokra törik/tör: *The ship broke up on the rocks.* |

break sth up véget vet vminek: *The police broke up the fight.*

break with sth szakít vmivel: *to break with tradition/the past*

★ **break²** /breɪk/ *noun* [C] **1** törés **2** szünet, megszakítás, rés: *Wait for a break in the traffic before you cross the road.* **3** szünet (időtartam): *We worked all day without a break.* • *to* **take a break** ➜ Magyarázat az **interval** szónál. **4 break (in sth); break (with sb/sth)** változás (vmiben), (meg)szakadás (vmiben), szakítás (vmivel): *The incident led to a break in diplomatic relations.* • *She wanted to make a complete break with the past.* **5** *(informális)* esély, lehetőség: *to give sb a break*

IDIOMS **break of day** hajnal | **give sb a break 1** békén hagy vkit: *Give me a break and stop nagging, OK!* **2** *(főleg US)* tisztességesen bánik vkivel

breakage /ˈbreɪkɪdʒ/ *noun* [C, usually plural] törés: *Customers must pay for any breakages.*

breakaway /ˈbreɪkəweɪ/ *adj.* *(csak főnév előtt)* szakadár
▸ **breakaway** *noun* [C] elszakadás, különválás

breakdown /ˈbreɪkdaʊn/ *noun* [C] **1** üzemzavar, meghibásodás: *I hope we don't have a breakdown* (nem robban le a kocsink) *on the motorway.* **2** kudarc, megszakadás: *The breakdown of the talks means that a strike is likely.* **3** (also ,nervous ˈbreakdown) *noun* [C] idegösszeroppanás: *He had a breakdown after losing his job.* **4** elemzés: *I would like a full breakdown of how the money was spent.*

★ **breakfast** /ˈbrekfəst/ *noun* [C,U] reggeli: *to have breakfast* reggelizik • *What do you usually have* **for breakfast** (reggelire)? • *to eat a big breakfast* ❶ Az **English breakfast** (gabonapehely vagy müzli, tükörtojás, szalonna, paradicsom, pirítós stb.) és a **Continental breakfast** (kenyér, lekvár, kávé) kifejezéseket hotelekben használják.

IDIOM **bed and breakfast** → BED¹

ˈ**break-in** *noun* [C] betörés

breakneck /ˈbreɪknek/ *adj.* *(csak főnév előtt)* nyaktörő: *He drove her to the hospital at breakneck speed.*

breakthrough /ˈbreɪkθruː/ *noun* [C] **breakthrough (in sth)** áttörés: *Scientists are*

hoping to **make a breakthrough** in cancer research.

ˈ**break-up** *noun* [C] **1** felbomlás: *the break-up of a marriage* **2** szétesés, felbomlás: *the break-up of the Soviet Union*

★ **breast** /brest/ *noun* [C] **1** mell **2** kebel **3** begy

breastfeed /ˈbrestfiːd/ *verb* [I,T] (*pt, pp* **breastfed**) szoptat

breaststroke /ˈbreststrəʊk/ *noun* [U] mellúszás: *to do (the) breaststroke* mellen úszik ➜ Lásd **backstroke**, **butterfly**, **crawl**. Ábra az A7. oldalon.

★ **breath** /breθ/ *noun* **1** [U] lélegzet, lehelet: *to have bad breath* büdös a lehelete **2** [C] lélegzés: *Take a few deep breaths* (vegyen néhány mély lélegzetet) *before you start running.*

IDIOMS **a breath of fresh air** egy kis friss levegő: *Let's go for a walk. I need a breath of fresh air.* • *(átv)* *James's happy face is like a breath of fresh air in that miserable place.* | **catch your breath** → CATCH¹ | **get your breath (again/back)** (újra) normálisan lélegzik, kifújja magát | **hold your breath** visszatartja a lélegzetét: *We all held our breath as we waited for her reply.* | **(be/get) out of/short of breath** liheg, levegő után kapkod | **say sth, speak, etc. under your breath** suttogva beszél, suttogva mond vmit | **take your breath away** elállítja a lélegzetét: *The spectacular view took our breath away.* ❶ Melléknév: **breathtaking.** | **take a deep breath** → DEEP¹ | **with bated breath** → BATED

breathalyse *(US breathalyze)* /ˈbreθəlaɪz/ *verb* [T] megszondáz(tat)

breathalyser *(US Breathalyzer)* /ˈbreθəlaɪzə(r)/ *noun* alkoholszonda

★ **breathe** /briːð/ *verb* [I,T] lélegzik, lélegzetet vesz: *Breathe out* as you lift the weight and *breathe in* as you lower it. • *I hate having to breathe (in) other people's cigarette smoke.*
▸ **breathing** *noun* [U] légzés: *heavy/irregular breathing* • *These deep breathing exercises will help you relax.*

IDIOM **not breathe a word (of/about sth) (to sb)** *(titokról)* egy szót se szól: *If you breathe a word of this to my mother, I'll never speak to you again!*

breather /'bri:ðə(r)/ noun [C] (informális) szusszanás: to **have/take a breather** kifújja magát

breathless /'breθləs/ adj. **1** kifulladt **2** eláll a lélegzete: to be breathless with excitement
▶ **breathlessly** adv. lélegzet-visszafojtva, lihegve

breathtaking /'breθteɪkɪŋ/ adj. lélegzetelállító: breathtaking scenery

breath test noun [C] alkoholszondázás

breed¹ /bri:d/ verb (pt, pp bred /bred/) **1** [I] (állat) szaporodik ❶ Szinonimája: **mate**. **2** [T] tenyészt **3** [T] okoz, vmilyen következményhez vezet: This kind of thinking breeds intolerance.
▶ **breeding** noun [U] tenyésztés, szaporodás

breed² /bri:d/ noun [C] (állat) fajta: a breed of cattle

breeder /'bri:də(r)/ noun [C] tenyésztő: a dog breeder

breeding ground noun [C] **1** szaporodási hely **2** táptalaj: a breeding ground for crime

breeze¹ /bri:z/ noun [C] szellő: A warm breeze was blowing.

breeze² /bri:z/ verb [I] breeze along, in, out, etc. fesztelenül jön/megy: He just breezed in twenty minutes late without a word of apology.

breezy /'bri:zi/ adj. **1** kissé szeles **2** feszte- len: You're bright and breezy this morning!

brevity /'brevəti/ noun [U] rövidség, tömörség ❶ Melléknév: **brief**.

brew /bru:/ verb **1** [T] sört főz **2** [T] (teát/kávét) főz **3** [I] (tea) forró vízben ázik: Leave it to brew for a few minutes.
[IDIOM] **be brewing** (baj) készülődik: There's trouble brewing.

brewery /'bru:əri/ noun [C] (plural breweries) sörfőzde, sörgyár

bribe /braɪb/ noun [C] csúszópénz: to **accept/take bribes** csúszópénzt elfogad
▶ **bribe** verb [T] **bribe sb (with sth)** megveszteget vkit (vmivel)
bribery /'braɪbəri/ noun [U] megvesztegetés

bric-a-brac /'brɪk ə bræk/ noun [U] csecsebecse, nipp, kacat

★ **brick** /brɪk/ noun [C,U] tégla: a house built of red brick

bricklayer /'brɪkleɪə(r)/ noun [C] kőműves

brickwork /'brɪkwɜːk/ noun [U] téglafal

bridal /'braɪdl/ adj. (csak főnév előtt) menyasszonyi, menyegzői

★ **bride** /braɪd/ noun [C] (az esküvő napján) menyasszony: a **bride-to-be** leendő menyasszony ➜ Magyarázat a **wedding** szónál.

★ **bridegroom** /'braɪdgruːm/ (also **groom**) noun [C] (esküvő napján) vőlegény ➜ Magyarázat a **wedding** szónál.

bridesmaid /'braɪdzmeɪd/ noun [C] koszorúslány ➜ Magyarázat a **wedding** szónál.

★ **bridge¹** /brɪdʒ/ noun **1** [C] híd: a bridge over the River Danube • a footbridge gyaloghíd **2** [sing.] (hajón) parancsnoki híd **3** [U] (kártyajáték) bridzs

bridge² /brɪdʒ/ verb [T] hidat épít vmi fölött
[IDIOM] **bridge a/the gap** szakadékot áthidal: Baby food bridges the gap between milk and solid food.

bridle /'braɪdl/ noun [C] kantár

★ **brief¹** /bri:f/ adj. rövid: a brief description • Please be brief. We don't have much time. ❶ Főnév: **brevity**.
[IDIOM] **in brief** röviden: In brief, the meeting was a disaster.

brief² /bri:f/ noun [C] munkaköri utasítás, eligazítás: He was given the brief of improving the image of the organization.

brief³ /bri:f/ verb [T] tájékoztatást ad: The minister has been fully briefed on what questions to expect.

briefcase /'bri:fkeɪs/ noun [C] aktatáska ➜ Ábra **bag¹** alatt.

briefing /'bri:fɪŋ/ noun [C,U] eligazítás: a press/news briefing sajtótájékoztató

briefly /'bri:fli/ adv. **1** gyorsan: She glanced briefly at the letter. **2** röviden: I'd like to comment very briefly on that last statement.

briefs /bri:fs/ noun [plural] alsónadrág, bugyi ❶ Ha egy darabot említünk, az a **pair of briefs** szóösszetételt használjuk.

brigade /brɪ'geɪd/ noun [C] **1** dandár **2** brigád: the fire brigade tűzoltóság

brigadier /ˌbrɪɡəˈdɪə(r)/ noun [C] dandártábornok

★ **bright** /braɪt/ adj. **1** fényes, ragyogó: a bright, sunny day • eyes bright with happiness **2** (szín) élénk: a bright yellow jumper ❶ Ellentéte: **soft**. **3** okos: a bright child • a bright idea **4** ígéretes: The future looks bright. **5** vidám
▶ **brightly** adv. fényesen, vidáman: brightly-coloured (élénk színű) clothes
brightness noun [U] ragyogás, élénkség
IDIOM look on the bright side → LOOK¹

brighten /ˈbraɪtn/ verb [I,T] **brighten (sth) (up)** felvidul, felderül, felvidít: His face brightened when he saw her. • to brighten up sb's day boldogabbá tesz

★ **brilliant** /ˈbrɪliənt/ adj. **1** ragyogó: brilliant sunshine **2** kiváló: a brilliant young scientist • That's a brilliant idea! **3** (informális) nagyszerű: That was a brilliant film!
▶ **brilliance** noun [U] **1** ragyogás **2** éleselméjűség, ragyogó technika
brilliantly adv. ragyogóan

brim¹ /brɪm/ noun [C] **1** (edény) szél(e): The cup was full to the brim (csordultig tele). **2** karima ➲ Ábra **hat** alatt.

bring/fetch/take

Bring the newspaper.

Fetch the newspaper.

Take the newspaper.

brim² /brɪm/ verb [I] (**brimming; brimmed**) **brim (with sth)** színültig tele van (vmivel): His eyes were brimming with tears (könnyben úszott).
PHRASAL VERB brim over (with sth) túlcsordul: The bowl was brimming over with water. • (átv) to be brimming over with health/happiness majd kicsattan az egészségtől/boldogságtól

bring /brɪŋ/ verb [T] (pt, pp **brought** /brɔːt/) **1** hoz: Is it all right if I bring a friend to the party? • My sister went to Spain on holiday and brought me back a T-shirt. • (átv) He will bring valuable skills and experience to the team. **2** elővesz: She brought the book down (leemelte) off the shelf. **3** hoz, eredményez: The sight of her brought a smile to his face. • Money doesn't always bring happiness. **4** vhova juttat: Their screams brought people running from all directions. • Add water to the mixture and bring it to the boil (forrald fel). • An injury can easily **bring** an athlete's career **to an end** (véget vet) . **5** bring yourself to do sth kényszeríti magát vmire: The film was so horrible that I couldn't bring myself to watch it. ❶ További kifejezések a **bring** igével kapcsolatban a kifejezésben szereplő főnévnél, melléknévnél stb. találhatók, pl. **bring up the rear** lásd **rear**.
PHRASAL VERBS bring sth about előidéz: to bring about changes in people's lives
bring sth back 1 visszahoz vmit, visszaállít: Nobody wants to bring back the days of child labour. **2** felelevenít: The photographs brought back memories of his childhood.
bring sb/sth down (hatalmat) megdönt | **bring sth down** csökkent: to bring down the price of sth
bring sth forward 1 előrehoz: The date of the meeting has been brought forward by two weeks. ❶ Ellentéte: **put sth back**. **2** (témát) felvet
bring sb in felkér, alkalmaz vkit: A specialist was brought in to set up the new computer system. | **bring sth in** bevezet: The government have brought in a new law on dangerous dogs.
bring sth off (sikert) elér: The team brought off an amazing victory.
bring sth on okoz, előidéz: Her headaches are brought on by stress.

bring sth out közzétesz vmit, kihoz: *When is the company bringing out its next new model?*

bring sb round eszméletére térít: *I splashed cold water on his face to try to bring him round.* | **bring sb round (to sth)** meggyőz vkit (*hogy egyetértsen vmivel/vkivel*): *After a lot of discussion we finally brought them round to our point of view.* | **bring sth round to sth** (*beszélgetést*) ráterel vmire: *I finally brought the conversation round to the subject of money.*

bring sb up felnevel: *a well-brought-up child* | **bring sth up 1** kihány vmit **2** (*témát*) felvet

brink /brɪŋk/ *noun* [*sing.*] **the brink (of sth)** széle/határa (vminek): *Just when the band were on the brink of becoming famous* (a hírnév kapujában), *they split up.*

brisk /brɪsk/ *adj.* **1** élénk, fürge, sürgő-forgó: *They set off at a brisk pace* (gyors tempóban). • *Trading has been brisk this morning.* **2** határozott és gyakorlatias
► **briskly** *adv.* fürgén, határozottan
briskness *noun* [*U*] élénkség, fürgeség, határozottság

bristle¹ /ˈbrɪsl/ *noun* [*C*] **1** borosta, sörte: *The bristles on my chin hurt the baby's face.* ➾ Ábra **hair** alatt. **2** (a partvis) szőre

bristle² /ˈbrɪsl/ *verb* [*I*] **1** (*szőr*) feláll **2** **bristle (with sth) (at sb/sth)** dühösen reagál, kihoz a sodrából
PHRASAL VERB **bristle with sth** telis-tele van vmivel, hemzseg vmitől

Brit /brɪt/ *noun* [*C*] (*informális*) brit ember

* **Britain** /ˈbrɪtn/ = GREAT BRITAIN ➾ Magyarázat a **United Kingdom** szónál.

* **British** /ˈbrɪtɪʃ/ *adj.* **1** brit **2** (**the British**) *noun* [*plural*] a britek

the British Isles *noun* [*plural*] a Brit-szigetek ❶ A British Isles csak földrajzi meghatározás, nem politikai.

Briton /ˈbrɪtn/ *noun* [*C*] brit ember

Általában újságban szerepel, ill. amikor Nagy-Britannia korábbi lakosait említjük: *Three Britons killed in air crash.* • the Ancient Britons . Egyébként az a **British man**, a **British woman** kifejezéseket használjuk.

brittle /ˈbrɪtl/ *adj.* törékeny: *brittle bones/ nails*

broach /brəʊtʃ/ *verb* [*T*] szóba hoz, szóvá tesz: *How will you broach the subject of the money he owes us?*

B-road *noun* [*C*] (*GB*) másodrendű út, mellékút

* **broad** /brɔːd/ *adj.* **1** széles: *a broad street/river* • *broad shoulders* • *a broad smile* ❶ Ellentéte: **narrow**. Főnév: **breadth**.

A **broad** helyett gyakrabban használ-juk a **wide** szót, amikor az oldalak közötti távolságot említjük: *The gate is four metres wide.*

2 sokrétű: *We sell a broad range* (szé-leskörű választék) *of products.* **3** általános (*nem részletes*): *I'll explain the new system in broad terms* (nagy vonalakban). **4** (*be-szédstílus*) erős: *She has a broad Somerset accent.*
IDIOM **(in) broad daylight** fényes nap(pal): *He was attacked in broad daylight.*

broad bean *noun* [*C*] zöldbab

* **broadcast** /ˈbrɔːdkɑːst/ *verb* [*I,T*] (*pt, pp* **broadcast**) (*tévé*) közvetít: *The Olympics are broadcast live* (élőben közvetítik) *around the world.*
► **broadcast** *noun* [*C*] közvetítés, adás: *a news broadcast*

broadcaster /ˈbrɔːdkɑːstə(r)/ *noun* [*C*] rádióbemondó, tévébemondó

broaden /ˈbrɔːdn/ *verb* [*I,T*] **broaden (sth) (out)** (ki)szélesedik, (ki)szélesít: *The river broadens out beyond the bridge.* • (*átv*) *Travel broadens the mind* (bővíti a látó-kört).

broadly /ˈbrɔːdli/ *adv.* **1** széles (*mosollyal*): *to smile broadly* **2** általában: *Broadly speaking* (nagyjából), *the scheme will work as follows...*

broad-minded *adj.* liberális gondol-kozású ❶ Ellentéte: **narrow-minded**.

broadsheet /ˈbrɔːdʃiːt/ *noun* [*C*] (*nagy-alakú*) minőségi napilap

broccoli /ˈbrɒkəli/ *noun* [*U*] brokkoli

brochure /ˈbrəʊʃə(r)/ *noun* [*C*] prospek-tus, (ismertető) füzet

broil /brɔɪl/ *verb* [*T*] (*főleg US*) = GRILL²(1)

broke¹ *past tense of* BREAK¹

broke² /brəʊk/ adj. (*főnév előtt nem állhat, informális*) egy vasa sincs: *I'm absolutely broke.*

broken¹ *past participle* of BREAK¹

★**broken²** /'brəʊkən/ adj. **1** tönkrement, törött, eltört: *The washing machine's broken.* • *Watch out! There's broken glass on the floor.* • *a broken leg* • **How did the window get broken** (hogy tört be)? ➔ Ábra **chip²** alatt. **2** (*ígéret, megállapodás*) megszegett **3** szaggatott, egyenetlen: *a broken line* • *a broken night's sleep* **4** (*idegen nyelv*) tört: *to speak in broken English*

,**broken-'down** adj. **1** rossz állapotú, roskadozó: *a broken-down old building* **2** (*jármű*) lerobbant

,**broken-'hearted** adj. megtört, mélyen lesújtott

,**broken 'home** noun [C] csonka család: *Many of the children came from broken homes.*

broker /'brəʊkə(r)/ noun [C] tőzsdeügynök, bróker: *an insurance broker*

brolly /'brɒli/ noun [C] (*plural* **brollies**) (*brit, informális*) esernyő

bronchitis /brɒŋ'kaɪtɪs/ noun [U] hörghurut

bronze /brɒnz/ noun **1** [U] bronz **2** = BRONZE MEDAL
▸ **bronze** adj. bronz

bronzed /brɒnzd/ adj. lebarnult

,**bronze 'medal** noun [C] bronzérem ➔ Lásd **gold medal, silver medal.**

brooch /brəʊtʃ/ noun [C] bross, kitűző

brood¹ /bru:d/ verb [I] **1 brood (on/over/about sth)** tépelődik (vmin) **2** kotlik

brood² /bru:d/ noun [C] fészekalja

broody /'bru:di/ adj. **1** gyermekre vágyó **2** kotlós(tyúk): *a broody hen*

brook /brʊk/ noun [C] csermely, patak

broom /bru:m/ noun [C] seprű, partvis ➔ Ábra **brush¹** alatt.

broomstick /'bru:mstɪk/ noun [C] seprűnyél

Bros abbr. (**Brothers** rövidítése) Fivérek (*cég nevében*): *Wentworth Bros Ltd*

broth /brɒθ/ noun [U] raguleves: *chicken broth*

brothel /'brɒθl/ noun [C] bordélyház

★**brother** /'brʌðə(r)/ noun [C] **1** fiútestvér, fivér: *a younger/older brother* ➔ Lásd **half-brother, stepbrother.**

> Nincs általános szó a „testvér" fordítására: *Have you got any brothers and sisters?* A **sibling** szó nagyon formális.

2 testvér **3** (*informális*) társ

brotherhood /'brʌðəhʊd/ noun **1** [U] testvériség: *the brotherhood of man* **2** noun [C, with sing. or plural verb] szervezet, közösség

'**brother-in-law** noun [C] (*plural* **brothers-in-law**) sógor

brotherly /'brʌðəli/ adj. testvéri, felebaráti: *brotherly love/advice*

brought *past tense, past participle* of BRING

brow /braʊ/ noun [C] **1** [*usually plural*] (also '**eyebrow**) szemöldök **2** homlok **3** [*sing.*] hegyorom: *Suddenly a car came over the brow of the hill.*

brown¹ /braʊn/ noun, adj. **1** [C,U] barna szín, barna: *brown eyes/hair* • *the yellows and browns of the trees in autumn* • *You don't look nice in brown.* • A barna nem a te színed. **2** lebarnult: *Although I often sunbathe, I never seem to* **go brown** (lesülni).

brown² /braʊn/ verb [I,T] barnul, barnít, (meg)pirít: *Brown the meat in a frying pan.*

brownie /'braʊni/ noun [C] **1** (**Brownie**) kiscserkész lány **2** csokoládétorta

,**brown 'paper** noun [U] vastag csomagolópapír

browse /braʊz/ verb **1** [I] nézelődik, böngészget: *I spent hours browsing in the local bookshop.* **2** [I] **browse through sth** átlapoz vmit, átböngész vmit: *I enjoyed browsing through the catalogue but I didn't order anything.* **3** [T] (*számítógépen*) keres vmit, böngészik: *I've just been browsing the Internet for information on Iceland.*
▸ **browse** noun [*sing.*] böngészés

browser /'braʊzə(r)/ noun [C] (*infor*) böngésző(program): *an Internet browser*

★**bruise** /bru:z/ noun [C] ütés nyoma, (kékzöld) folt ➔ Lásd még **black eye.**

▶ **bruise** verb beüt (és nyoma marad), felsért, kék-zöld foltos lesz [I,T]: I fell over and bruised my arm. • Handle the fruit carefully or you'll bruise it.

brunette /bruːˈnet/ noun [C] sötétbarna hajú nő ⊃ Lásd **blond**.

brunt /brʌnt/ noun

IDIOM bear the brunt of sth → BEAR²

brushes

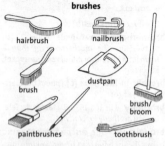

hairbrush   nailbrush

brush   dustpan

brush/broom

paintbrushes   toothbrush

brush¹ /brʌʃ/ noun **1** [C] kefe, ecset, seprű: I took a brush and swept the snow from the path. • a toothbrush • a paintbrush ecset • a hairbrush **2** [sing.] seprés, kefélés: The floor needs a brush.

IDIOM a brush with sb/sth nézeteltérés, összetűzés: My only brush with the law was when I was stopped for speeding.

★ **brush²** /brʌʃ/ verb **1** [T] (le)kefél: Make sure you **brush your teeth** (fogat mos) twice a day. • to **brush your hair 2** [I,T] finoman megérint: Her hand brushed his cheek. • Leaves brushed against (súrolták) the car as we drove along the narrow road.

PHRASAL VERBS brush sb/sth aside **1** elhárít: She brushed aside the protests and continued with the meeting. **2** félresöpör: He hurried through the crowd, brushing aside the reporters who tried to stop him. | brush sth off (sth)/away lesöpör: I brushed the dust off my jacket. | brush sth up/brush up on sth (tudást) felfrissít: She took a course to brush up her Spanish.

brush-off noun

IDIOM give sb the brush-off (informális) leráz vkit: I'd ask her to go out with me but I'm scared she'd give me the brush-off.

brusque /bruːsk/ adj. szűkszavúan nyers:

He gave a brusque 'No comment!' and walked off.

▶ **brusquely** adv. nyersen

Brussels sprout /ˌbrʌslz ˈspraʊt/ (also Brussel sprout, sprout) noun [C, usually plural] kelbimbó

brutal /ˈbruːtl/ adj. brutális

▶ **brutally** adv. brutálisan: He was brutally honest and told her that he didn't love her any more.

brutality /bruːˈtæləti/ noun [C,U] (plural brutalities) brutalitás

brute¹ /bruːt/ noun [C] **1** brutális ember **2** vadállat

brute² /bruːt/ adj. állati, brutális, nyers: I think you'll have to use **brute force** to get this window open.

BSc /ˌbiː es ˈsiː/ abbr. (**Bachelor of Science** rövidítése) BSc (természettudományi tárgyból egyetemi fokozat) ⊃ Lásd **BA**, **MSc**.

BSE /ˌbiː es ˈiː/ noun [U] kergemarha-kór ⊃ Lásd **CJD**.

BST /ˌbiː es ˈtiː/ abbr. (**British Summer Time** rövidítése) brit nyári időszámítás

BTEC /ˈbiː tek/ noun [C] (**Business and Technician Education Council** rövidítése) felsőfokú kereskedelmi vagy műszaki képzés/vizsga: She's doing a BTEC in design.

★ **bubble¹** /ˈbʌbl/ noun [C] buborék, bugyborék

bubble² /ˈbʌbl/ verb [I] **1** bugyborékol, rotyog: The clear water bubbled up (felbugyogott) out of the ground. **2** bubble (over) (with sth) boldogan sugárzik (vmitől)

bubble bath noun [U] pezsgőfürdő

bubblegum /ˈbʌblɡʌm/ noun [U] rágógumi (felfújható) ⊃ Lásd **chewing gum**.

bubbly /ˈbʌbli/ adj. **1** bugyborékoló, pezsgő, habzó **2** életteli

buck¹ /bʌk/ noun [C] **1** (US, informális) amerikai dollár **2** (plural buck or bucks) bak, hím ⊃ Magyarázat a **deer** szónál.

IDIOM pass the buck → PASS¹

buck² /bʌk/ verb [I] ugrándozik

PHRASAL VERB buck (sb/sth) up (informális) lelkesít, felvidít, összeszedi magát: Drink this – it'll buck you up. • Unless you buck your

---

❶ = magyarázat   [C] **megszámlálható** (főnév): one book, two books

[U] **megszámlálhatatlan** (főnév): some sugar

ideas up (ha nem szeded össze magad), you'll never pass the exam.

★ **bucket** /'bʌkɪt/ noun [C] **1** vödör **2** (also **bucketful**) vödörnyi
IDIOM **a drop in the bucket** → DROP²

buckle¹ /'bʌkl/ noun [C] csat ➐ Ábra bag¹, ill. **shoe** alatt.

buckle² /'bʌkl/ verb [I,T] **1** becsatol **2** hajlik, görbül, deformálódik: *Some railway lines buckled in the heat.*

bud /bʌd/ noun [C] bimbó, rügy: *rosebuds*
IDIOM **nip sth in the bud** → NIP

Buddhism /'bʊdɪzəm/ noun [U] buddhizmus

Buddhist /'bʊdɪst/ noun [C], adj. buddhista

budding /'bʌdɪŋ/ adj. kibontakozó: *Have you got any tips for budding* (kezdő) *young photographers?*

buddy /'bʌdi/ noun [C] (plural **buddies**) (informális) haver

budge /bʌdʒ/ verb [I,T] (ált. tagadó mondatokban) **1** (meg)moccan, elmozdul, megmozdít: *I tried as hard as I could to loosen the screw but it simply wouldn't budge.* • *We just couldn't budge the car when it got stuck in the mud.* **2** véleményt változtat, enged: *Neither side in the dispute is prepared to budge.*

budgerigar /'bʌdʒərɪɡɑː(r)/ (informális **budgie**) noun [C] törpepapagáj

★ **budget¹** /'bʌdʒɪt/ noun [C,U] **1** költségvetés, büdzsé: *What's your monthly budget for food?* • *a country's defence budget* • *The work was finished on time and within budget* (a tervezett költségeken belül). • *The builders are already 20% over budget* (túllépték a költségvetésben előirányzott összeget). **2** (also **Budget**) évi állami költségvetés: *Do you think taxes will go up in this year's budget?*

budget² /'bʌdʒɪt/ verb [I,T] budget (sth) (for sth) (költséget) (be)tervez, előirányoz: *The government has budgeted £10 billion for education.*

budget³ /'bʌdʒɪt/ adj. (informális) (hirdetésben) kedvezményes: *budget holidays*

budgie /'bʌdʒi/ (informális) = BUDGERIGAR

buff /bʌf/ noun [C] (informális) nagy szakértő: *a film/computer buff*

buffalo /'bʌfələʊ/ noun [C] (plural **buffalo** or **buffaloes**) bivaly, bölény: *a herd of buffalo*

buffer /'bʌfə(r)/ noun [C] **1** konfliktus kezelésére szolgáló dolog/személy stb.: *UN forces are acting as a buffer between the two sides in the war.* **2** ütköző

buffet¹ /'bʊfeɪ/ noun [C] **1** (étkezés) svédasztal(os terítés): *Lunch was a cold buffet.* • *a buffet lunch* **2** büfé, büfékocsi

buffet² /'bʌfɪt/ verb [T] hány-vet, ide-oda dobál: *The boat was buffeted by the rough sea.*

bug¹ /bʌɡ/ noun **1** [C] (főleg US) rovar, bogár, poloska **2** [C] enyhe vírus: *I've got the bug that's going round.* **3** [C] (üzem)zavar: *There's a bug in the software.* **4** (ált. **the...bug**) [sing.] (informális) mánia: *They've been bitten by the golf bug.* **5** [C] lehallgatókészülék, poloska

bug² /bʌɡ/ verb [T] (**bugging; bugged**) **1** lehallgat, lehallgatókészülékkel felszerel: *Be careful what you say. This room is bugged.* **2** (informális) bosszant, piszkál: *It bugs him that he's not as successful as his brother.*

buggy /'bʌɡi/ (plural **buggies**) noun [C] (brit) (összecsukható) gyermekkocsi

★ **build¹** /bɪld/ verb (pt, pp built /bɪlt/) **1** [T] épít: *The house is built of stone.* **2** [I] (területet) építkezésre használ: *There's plenty of land to build on around here.* **3** [T] épít, fejleszt: *The government is trying to build a more modern society.* • *This book claims to help people to build their self-confidence.*
PHRASAL VERBS **build sth in/on; build sth into/onto sth** beépít vmit vhova, épít vmit vmihez: *They've made sure that a large number of checks are built into the system.* • *We're planning to build two more rooms onto the back of the house.* | **build (sth) on sth** épít/alapoz (vmit) vmire: *Now that we're beginning to make a profit, we must build on this success.* • *a society built on the principle of freedom and democracy* | **build up (to sth)** növekszik: *The traffic starts to build up at this time of day.* | **build sth up 1** (ügyet) felfúj: *I don't think it's a very serious matter – it's just been built up in the newspapers.* **2** erősít, fejleszt: *You'll*

[I] **tárgyatlan** (ige): *He laughed.*   [T] **tárgyas** (ige): *He ate an apple.*

need to build up your strength again slowly after the operation.

build² /bɪld/ *noun* [C,U] testalkat: *He has a very athletic build.*

> Vesd össze a **build** és **figure** szavakat! A **build** általában férfiak és nők erős, izmos stb. testi felépítésére vonatkozik. A **figure** szó jelentése „alak", elsősorban nőkre vonatkozóan használják.

builder /'bɪldə(r)/ *noun* [C] építési vállalkozó

★ **building** /'bɪldɪŋ/ *noun* 1 [C] épület 2 [U] építés, építkezés: *building materials* építőanyagok • *the building industry* építőipar

'**building site** *noun* [C] építkezési terület, telek

'**building society** *noun* [C] (*brit*) ház ill. lakás építésére vagy vásárlására hitelt adó, bankjellegű pénzbefektetési intézmény

'**build-up** *noun* [C, usually sing.] 1 a build-up (of sth) fokozódás, felhalmozódás: *The build-up of tension in the area has made war seem more likely.* 2 a build-up (to sth) a készülődés izgalmas percei (vmi előtt): *The players started to get nervous in the build-up to the big game.*

-built /bɪlt/ (*összetett melléknevekben*) felépítésű, termetű: *a tall well-built man*

ı**built-'in** *adj.* beépített: *built-in cupboards*

ı**built-'up** *adj.* (*terület*) beépített, lakott: *a built-up area*

bulb /bʌlb/ *noun* [C] 1 (also '**light bulb**) villanykörte: *The bulb's gone* (kiégett a körte) *in this lamp.* 2 gumó, (virág)hagyma: *a tulip bulb*

bulbous /'bʌlbəs/ *adj.* vaskos: *a bulbous red* (borvirágos) *nose*

bulge¹ /bʌldʒ/ *noun* [C] dudor

bulge² /bʌldʒ/ *verb* [I] 1 kidudorodik, kidülled: *My stomach is starting to bulge.* Kezdek pocakosodni. 2 bulge (with sth) tele van tömve (vmivel): *His bags were bulging with presents for the children.*

bulging /'bʌldʒɪŋ/ *adj.* 1 kidülledő: *He has rather bulging eyes.* 2 dugig tömött: *She came home with bulging carrier bags.*

bulk /bʌlk/ *noun* 1 the bulk (of sth) [sing.] nagy(obb) része (vminek), zöme (vminek): *The bulk of the work has been done.* 2 [U] ormótlan alak/méret: *The cupboard isn't especially heavy – it's its bulk that makes it hard to move.* • *He slowly lifted his vast bulk out of the chair.*

IDIOM in bulk nagy tételben, nagyban: *If you buy in bulk, it's 10% cheaper.*

bulky /'bʌlki/ *adj.* ormótlan, vaskos: *a bulky parcel*

bull /bʊl/ *noun* [C] 1 bika ➔ Magyarázat a **cow** szónál. 2 hím

bulldog /'bʊldɒg/ *noun* [C] buldog

bulldoze /'bʊldəʊz/ *verb* [T] buldózerrel lerombol, (*földet*) buldózerrel egyenletessé tesz

bulldozer /'bʊldəʊzə(r)/ *noun* [C] buldózer

★ **bullet** /'bʊlɪt/ *noun* [C] lövedék, golyó: *The bullet hit her in the arm.* • *a bullet wound*

bulletin /'bʊlətɪn/ *noun* [C] 1 hírösszefoglaló, hivatalos jelentés/közlemény: *a news bulletin* 2 hírlevél: *As a member of the fan club, she receives a monthly bulletin.*

'**bulletin board** (*US*) = NOTICEBOARD

bulletproof /'bʊlɪtpruːf/ *adj.* golyóálló

bullfight /'bʊlfaɪt/ *noun* [C] bikaviadal
▸ **bullfighter** *noun* [C] bikaviador
bullfighting *noun* [U] bikaviadal

bullion /'bʊliən/ *noun* [U] rúdarany, rúdezüst: *The dollar price of gold bullion has risen by more than 10%.*

'**bull's-eye** *noun* [C] célfekete, céltábla közepe

bully¹ /'bʊli/ *noun* [C] (*plural* **bullies**) erőszakoskodó és kötekedő személy

bully² /'bʊli/ *verb* [T] (*pres. part.* **bullying**; *3rd pers. sing. pres.* **bullies**; *pt, pp* **bullied**) bully sb (into doing sth) megfélemlít, terrorizál: *Don't try to bully me into making a decision.*
▸ **bullying** *noun* zsaroló erőszak, sanyargatás: *Bullying is a serious problem in many schools.*

bum /bʌm/ *noun* [C] (*informális*) 1 (*brit*) popsi, fenék 2 (*főleg US*) csavargó 3 (*főleg US*) semmirekellő személy

bumbag /'bʌmbæg/ (*US* '**fanny pack**) *noun* [C] (*informális*) övtáska ➔ Ábra **bag¹** alatt.

bump¹ /bʌmp/ verb **1** [I] bump against/into sb/sth belebotlik vkibe/vmibe **2** [T] bump sth (against/on sth) véletlenül beleüt vmit (vmibe): *I bumped my knee on the edge of the table.* **3** [I] zötyög, döcög: *The car bumped along the track to the farm.*
PHRASAL VERBS bump into sb véletlenül összefut vkivel: *I bumped into an old friend on the bus today.* | bump sb off (*szleng*) eltesz vkit láb alól | bump sth up (*informális*) (*összeget*) felver: *All this publicity will bump up sales of our new product.*

bump² /bʌmp/ noun [C] **1** puffanás: *She fell and hit the ground with a bump.* **2** púp, dudor **3** egyenetlenség, hepehupa: *There are a lot of bumps in the road.*

bumper¹ /'bʌmpə(r)/ noun [C] lökhárító

bumper² /'bʌmpə(r)/ adj. bőséges: *a bumper harvest*

bumpy /'bʌmpi/ adj. egyenetlen, göröngyös, hepehupás: *a bumpy road* • *a bumpy flight* ❶ Ellentéte: smooth.

bun /bʌn/ noun [C] **1** édes süteményfajta: *a currant bun* **2** zsemle(fajta): *a hamburger bun* **3** konty: *She wears her hair in a bun.*
➔ Ábra hair alatt.

bunch¹ /bʌntʃ/ noun **1** [C] (egy) csomó (vmi): *He bought her a bunch (csokor) of flowers for her birthday.* • *a bunch (fürt) of bananas/grapes* • *a bunch of keys* kulcscsomó **2** (bunches) [*plural*] két copf ➔ Ábra hair alatt. **3** [C, with sing. or plural verb] (*informális*) banda, csapat: *My colleagues are the best bunch of people I've ever worked with.*

bunch² /bʌntʃ/ verb [I,T] bunch (sth/sb) (up/together) csoportosul, szorosan együtt marad, felnyalábol, összefogva tart: *The runners bunched up as they came round the final bend.* • *He kept his papers bunched together in his hand.*

bundle¹ /'bʌndl/ noun [C] köteg: *a bundle of letters*

bundle² /'bʌndl/ verb [T] **1** bundle sth (up) csomóba köt, kötegbe fog: *I bundled up the old newspapers.* **2** tuszkol: *He was arrested and bundled into a police car.*

bung¹ /bʌŋ/ noun [C] dugasz, dugó

bung² /bʌŋ/ verb [T] (*brit, informális*) hajít/vág vmit vhova: *We bunged the suitcases into the car and drove away.*

bungalow /'bʌŋgələʊ/ noun [C] földszintes ház

bunged 'up adj. (*informális*) bedugult: *I've got a cold and my nose is all bunged up.*

bungee jumping /'bʌndʒi dʒʌmpɪŋ/ noun [U] kötélugrás

bungle /'bʌŋgl/ verb [I,T] elfuserál, eltol: *a bungled robbery*

bunk /bʌŋk/ noun [C] **1** (hajón/vonaton) hálóhely **2** (also 'bunk bed) emeletes ágy ➔ Magyarázat és ábra a bed szónál.
IDIOM do a bunk (*brit, informális*) meglóg, lelép

bunker /'bʌŋkə(r)/ noun [C] **1** bunker, óvóhely **2** (*golf*) homokcsapda

bunny /'bʌni/ noun [C] (*plural* bunnies) nyuszi

buoy¹ /bɔɪ/ noun [C] bója

buoy² /bɔɪ/ verb [T] buoy sb/sth (up) **1** lelket önt vkibe, felvidít: *His encouragement buoyed her up during that difficult period.* **2** magas szinten tart: *Share prices were buoyed by news of a takeover.*

buoyant /'bɔɪənt/ adj. **1** (*anyag*) úsztatható, úszik a vízen **2** vidám, jókedvű: *The team were in buoyant mood after their win.* **3** magas szintet tartó, élénk: *Despite the recession, the property market remained buoyant.*
▶ buoyancy /-ənsi/ noun [U] élénkség: *the buoyancy of the German economy*

★ **burden¹** /'bɜːdn/ noun [C] teher, megterhelés: *Having to make all the decisions is a terrible burden for me.* • *I don't want to be a burden to my children when I'm old.*

burden² /'bɜːdn/ verb [T] burden sb/yourself (with sth) terhel vkit, terheli magát (vmivel)

bureau /'bjʊərəʊ/ noun [C] (*plural* bureaux or bureaus /-rəʊz/) **1** (*főleg US*) kormányhivatal: *the Federal Bureau of Investigation* **2** iroda, hivatal: *a tourist information bureau* **3** (*brit*) íróasztal

bureaucracy /bjʊə'rɒkrəsi/ noun (*plural* bureaucracies) **1** [U] bürokrácia **2** [C,U] közigazgatás
▶ bureaucratic /ˌbjʊərə'krætɪk/ adj. bürokratikus

bureaucrat /'bjʊərəkræt/ noun [C] bürokrata

bureau de change /ˌbjʊərəʊ də ˈʃɑːnʒ/ noun [C] (plural **bureaux de change**) (brit) pénzváltó iroda/hely

burger /ˈbɜːɡə(r)/ = HAMBURGER(1)

-burger /bɜːɡə(r)/ (szóösszetételekben) **1** - burger: a cheeseburger **2** hús nélküli, burgerszerű étel: a veggie burger

burglar /ˈbɜːɡlə(r)/ noun [C] betörő: The burglars broke in by smashing a window. ➔ Magyarázat a **thief** szónál.
▸ **burgle** /ˈbɜːɡl/ verb [T] betör vhova: Our flat was burgled while we were out.

burglar alarm noun [C] riasztóberendezés

burglary /ˈbɜːɡləri/ noun [C,U] (plural **burglaries**) betörés(es lopás): He is in prison for burglary.

burial /ˈberiəl/ noun [C,U] temetés: The burial took place on Friday. ➔ Magyarázat a **funeral** szónál.

burly /ˈbɜːli/ adj. nagydarab, tagbaszakadt

★ **burn¹** /bɜːn/ verb (pt, pp **burnt** /bɜːnt/ or **burned** /bɜːnd/) **1** [T] éleget, megéget: The whole building was burnt to the ground (porig égett). • If you get too close to the fire, you'll burn yourself. • All the people inside the building were burnt to death. **2** [I] megég, leég: I can't spend too much time in the sun because I burn easily. • They burned to death. **3** [T] kiéget: He dropped his cigarette and it burned a hole in the carpet. **4** [I] ég (átv is): Firemen raced to the burning building. • You have a temperature, your forehead's burning (forró a homlokod). **5** [T] (tüzelőanyagot) éget: an oil-burning lamp **6** [I] ég, világít: I don't think he went to bed at all – I could see his light burning all night. **7** [I] burn (with sth) (érzelemtől) forr, ég: She was burning with indignation.
IDIOM sb's ears are burning → EAR
PHRASAL VERBS **burn down** porig ég, ki/leég, porrá/szénné ég: The fire could not be brought under control and the school burned down. | **burn sth down** porig éget: The house was burnt down in a fire some years ago. | **burn (sth) off** leéget | **burn sth out** (ált. szenvedő szerkezetben) kiéget: the burnt-out (kiégett) wreck of a car | **burn yourself out** (ált. szenvedő szerkezetben) teljesen kifárasztja magát: I've been studying so hard recently I feel completely burned out (kimerültem). | **burn (sth) up** teljesen

elég(et): The space capsule burnt up on its re-entry into the earth's atmosphere.

burn² /bɜːn/ noun [C] égési seb/sérülés/folt: He was taken to hospital with **minor burns** (enyhébb égési sérülésekkel). • There's a cigarette burn on the carpet.

burning /ˈbɜːnɪŋ/ adj. (csak főnév előtt) **1** heves: a burning ambition/desire **2** égető, sürgős: a burning issue/question **3** égető, perzselő: the burning sun

Burns Night /ˈbɜːnz naɪt/ noun [U, C] Robert Burns skót költő születésnapjának ünneplése január 25-én

burp /bɜːp/ verb [I] böfög
▸ **burp** noun [C] böffentés, böfögés

burrow¹ /ˈbʌrəʊ/ noun [C] (földben) lyuk

burrow² /ˈbʌrəʊ/ verb [I] lyukat ás, (földet) feltúr: These animals burrow for food. • (átv) She burrowed (kotorászott) in her handbag for her keys.

bursar /ˈbɜːsə(r)/ noun [C] (tanintézetben) gazdasági igazgató/vezető

bursary /ˈbɜːsəri/ noun [C] (plural **bursaries**) ösztöndíj

★ **burst¹** /bɜːst/ verb (pt, pp **burst**) **1** [I,T] kipukkad, kidurran, szétreped, kipukkaszt: The ball burst when I kicked it. • You'll burst that tyre if you blow it up any more. • (átv) If I eat any more I'll burst! Szétpukkadok, ha még egy falatot eszem. • If it rains much more, the river will burst its banks (kilép a medréből). **2** [I] **burst into, out of, through, etc.** beront vhova, kirohan vhonnan, átvágtat vmin: She burst into the manager's office and demanded to speak to him.
IDIOMS **be bursting (with sth)** majd szétpukkad (vmitől), tele van (vmivel): I packed so many clothes that my suitcase was bursting (majdnem szétrepedt). • She was bursting with pride when she won the race. | **be bursting to do sth** alig várja, hogy vmit megtegyen: I'm bursting to tell someone the news but it's a secret. | **burst (sth) open** felpattan, kivágódik, feltép vmit: Suddenly the doors burst open and five police officers rushed in.
PHRASAL VERBS **burst in on sb/sth** ráront vkire, beront vhova: The police burst in on the gang as they were counting the money. | **burst into sth** hirtelen rákezd: On hearing

the news she burst into tears (könnyekre
fakadt). • *The lorry hit a wall and burst into
flames* (lángra lobbant). | **burst out**
1 rákezd: *He looked so ridiculous that I burst
out laughing* (kitört belőlem a nevetés).
2 felkiált: *Finally she burst out, 'I can't stand
it any more!'*

burst² /bɜːst/ *noun* [C] **1** kitörés, hirtelen
fellángolás: *a burst of energy* (erőbedobás)/
enthusiasm/speed • *a burst of applause*
(tapsvihar)/*gunfire* • *He prefers to work in
short bursts* (kampányszerűen). **2** törés,
repedés: *a burst in a water pipe* csőtörés

★ **bury** /'beri/ *verb* [T] (*pres. part.* **burying**; *3rd
pers. sing. pres.* **buries**; *pt, pp* **buried**)
1 eltemet **2** elás: *Our dog always buries its
bones in the garden.* **3** (*ált. szenvedő
szerkezetben*) elrejt: *At last I found the
photograph, buried at the bottom of a
drawer.* • (*átv*) *Karen was buried* (belete-
metkezett) *in a book and didn't hear us
come in.*

★ **bus** /bʌs/ *noun* [C] (*plural* **buses**) autóbusz,
busz: *Where do you usually get on/off the
bus?* • *We'll have to hurry up if we want to
catch the 9 o'clock bus.* • *We'd better run or
we'll miss the bus* (lekéssük a buszt). **❶** Ha
busszal utazunk, az **on the bus** vagy **by
bus** kifejezést használjuk: *'How do you get
to work?' 'On the bus.'*

> The **bus driver** may take your **fare** and
> give you your **ticket**, or there may be a
> **conductor** who collects the fares. You
> can get on or off at a **bus stop**, and the
> place where most bus routes start is the
> **bus station**.

★ **bush** /bʊʃ/ *noun* **1** [C] bokor: *a rose bush*
2 (*gyakran* **the bush**) [U] erdős-bozótos
terület (*főleg Afrikában és Ausztráliá-
ban*)
IDIOM beat about the bush → BEAT¹

bushy /'bʊʃi/ *adj.* bozontos: *bushy hair/eye-
brows*

busier, busiest, busily → BUSY¹

★ **business** /'bɪznəs/ *noun* **1** [U] üzlet,
vállalkozás, kereskedelem: *She's planning
to set up in business as a hairdresser*
(fodrászüzletet nyit). • *I'm going to go into
business* (vállalkozásba kezdek) *with my
brother.* • *They are very easy to do business
with.* Könnyű velük üzleti tevékenységet

folytatni. **2** [U] hivatalos ügy, üzleti ügy,
kiküldetés: *The manager will be away on
business* (hivatalos ügyben) *next week.* • *a
business trip* hivatalos/üzleti út **3** [U]
üzleti/vásárlói forgalom: *Business has
been good for the time of year.* **4** [C] üzlet,
vállalkozás, cég: *She aims to start a busi-
ness of her own* (saját vállalkozásba kezd).
• *Small businesses are finding it hard to sur-
vive at the moment.* • *a business execu-
tive/partner* **5** [U] (magán)ügy, vki dolga/
feladata: *The friends I choose are my busi-
ness, not yours.* • *Our business is to collect
the information, not to comment on it.* •
*'How much did it cost?' 'It's none of your
business* (semmi közöd hozzá)*!'* **6** [U] ügy,
dolog: *First we have some unfinished busi-
ness from the last meeting to deal with.*
7 [*sing.*] eset, ügy: *The divorce was an awful
business.* • *I found the whole business very
depressing.*
IDIOMS get down to business nekilát a
munkának: *Let's just have a cup of coffee
before we get down to business.* | go out of
business (üzlet) végleg bezár | have no
business to do sth/doing sth nincs joga
vmit megtenni: *You have no business to
read/reading my letters without asking me.*
| mind your own business → MIND² | mon-
key business → MONKEY

businesslike /'bɪznəslaɪk/ *adj.* határozott
és gyakorlatias: *She has a very businesslike
manner.*

businessman /'bɪznəsmæn; 'bɪznəsmən/
noun [C] (*plural* **-men** /-men; -mən/)
1 üzletember **2** jó üzleti érzékkel ren-
delkező ember

business studies *noun* [U] üzletvezetési
tanulmányok: *a course in business studies*

businesswoman /'bɪznəswʊmən/ *noun*
[C] (*plural* **-women** /-wɪmɪn/) **1** üzletasz-
szony **2** jó üzleti érzékkel rendelkező nő

busk /bʌsk/ *verb* [I] utcán zenél/énekel

busker /'bʌskə(r)/ *noun* [C] utcai zenész/
énekes

bust¹ /bʌst/ *verb* (*pt, pp* **bust** or **busted**)
(*informális*) **1** [T] széttör, tönkretesz **2** [T]
letartóztat: *He was busted for possession of
heroin.*

bust² /bʌst/ *adj.* (*főnév előtt nem állhat,
informális*) elromlott, tönkrement

ð then | s so | z zoo | ʃ she | ʒ vision | h how | m man | n no | ŋ sing | l leg | r red | j yes | w wet

IDIOM go bust (*informális*) (*üzlet*) tönkremegy

bust³ /bʌst/ *noun* [C] **1** mellszobor **2** mell, mellbőség **3** (*informális*) razzia: *a drugs bust*

bustle¹ /'bʌsl/ *verb* **1** [I,T] sürög-forog, tuszkol: *He bustled about the kitchen making tea.* • *They bustled her out of the room before she could see the body.* **2** [I] bustle (with sth) nyüzsög/hangos (vmitől): *The streets were bustling with shoppers.*

bustle² /'bʌsl/ *noun* [U] nyüzsgés, sürgésforgás: *She loved the bustle of city life.*

bust-up *noun* [C] (*informális*) nagy veszekedés, balhé: *He had a bust-up with his boss over working hours.*

★ **busy¹** /'bɪzi/ *adj.* (busier; busiest) **1** busy (at/with sth); busy (doing sth) elfoglalt: *Don't disturb him. He's busy.* • *She's busy with her preparations for the party.* **2** (*időszak*) mozgalmas, zsúfolt: *I've had rather a busy week.* **3** (*hely*) zsúfolt, forgalmas **4** (*főleg US*) (*telefon*) foglalt: *The line's busy at the moment. I'll try again later.*

▸ **busily** *adv.* tevékenyen, buzgón: *When I came in she was busily writing something at her desk.*

IDIOM get busy nekilát a munkának: *We'll have to get busy if we're going to be ready in time.*

busy² /'bɪzi/ *verb* [T] (*pres. part.* busying; *3rd pers. sing. pres.* busies; *pt, pp* busied) busy yourself with sth; busy yourself doing sth vmivel foglalkozik/foglalatoskodik, serénykedik

busybody /'bɪzibɒdi/ *noun* [C] (*plural* busybodies) fontoskodó ember

★ **but¹** /bət; *erős alak* bʌt/ *conj.* **1** de, hanem, azonban: *The weather will be sunny but cold.* • *Theirs is not the first but the second house on the left.* • *James hasn't got a car but his sister has.* • *She's been learning Italian for five years but she doesn't speak it very well.* • *Excuse me, but is your name David Harries?* **2** de hiszen: *'Here's the book you lent me.' 'But it's all dirty and torn!'* • *'But that's not possible!'*

IDIOM but then de, habár: *We could go swimming. But then perhaps it's too cold.* • *He's brilliant at the piano. But then (de hiszen) so was his father.*

★ **but²** /bət; *erős alak* bʌt/ *prep.* kivéve: *I've told no one but you about this.* • *We've had nothing but trouble* (semmi más, csak baj) *with this washing machine!*

IDIOM but for sb/sth vki/vmi nélkül: *We wouldn't have managed but for your help.*

★ **butcher¹** /'bʊtʃə(r)/ *noun* [C] **1** hentes, mészáros: *She went to the butcher's for some sausages.* **❶** A the butcher jelentése „a hentes", a the butcher's jelentése „a húsbolt". **2** tömeggyilkos

butcher² /'bʊtʃə(r)/ *verb* [T] lemészárol

butchery /'bʊtʃəri/ *noun* [U] mészárlás

butler /'bʌtlə(r)/ *noun* [C] főkomornyik

butt¹ /bʌt/ *verb* [T] öklel (*fejjel, szarvval*)

PHRASAL VERB butt in (on sb/sth) közbevág: *I'm sorry to butt in but could I speak to you urgently for a minute?*

butt² /bʌt/ *noun* [C] **1** vastagabb vége (vminek): *the butt of a rifle* puskatus **2** csikk **3** (*főleg US, informális*) popsi, fenék: *Get up off your butt and do some work!* **4** gúnyolódás célpontja: *Fat children are often the butt of other children's jokes.* **5** öklelés

★ **butter¹** /'bʌtə(r)/ *noun* [U] vaj: *First, melt a little butter in the pan.*

butter² /'bʌtə(r)/ *verb* [T] megvajaz: *I'll cut the bread and you butter it.* • *hot buttered toast*

butterfly /'bʌtəflaɪ/ *noun* **1** [C] (*plural* butterflies) pillangó, lepke

Caterpillars develop into butterflies.

2 [*sing.*] pillangóúszás

IDIOM have butterflies (in your stomach) (*informális*) nagyon izgul (*fél*), lámpalázas

buttermilk /'bʌtəmɪlk/ *noun* [U] (*tejtermék*) író

buttock /'bʌtək/ *noun* [C, usually plural] fenék, tompor

★ **button** /'bʌtn/ *noun* [C] **1** gomb: *One of the buttons on my jacket has come off.* • *to do up/undo your buttons* **2** gomb, (*készüléken*) billentyű: *Press the button to ring the bell.* • *To dial the same number again, push the 'redial' button.* • *Which button turns the volume down?* • *To print a file, simply click on the 'print' button.* • *Double*

---

❶ = magyarázat   [C] megszámlálható (*főnév*): one book, two books

[U] megszámlálhatatlan (*főnév*): some sugar

click the right mouse button. ➔ Ábra **handle²** alatt.

buttonhole /ˈbʌtnhəʊl/ *noun* [C] **1** gomblyuk **2** (*brit*) gomblyukvirág

★ **buy¹** /baɪ/ *verb* [T] (*pt, pp* **bought** /bɔːt/) **buy sth (for sb); buy sb sth** vesz, vásárol: *I'm going to buy a new dress for the party.* ● *Can I buy you a coffee?* ● *He bought the necklace as a present for his wife.*

IDIOM **buy time** időt nyer: *He took a few days' holiday in order to buy some time before giving them his final decision.*

PHRASAL VERBS **buy sb off** (*informális*) lefizet/lepénzel vkit: *The construction company tried to buy off the opposition by offering them discounts on the properties they were planning to build.* | **buy sb out** kifizet/kivásárol vkit: *After the divorce, she bought him out and kept the house for herself.*

buy² /baɪ/ *noun* [C] vétel, üzlet: *I think your house was a very good buy.*

buyer /ˈbaɪə(r)/ *noun* [C] **1** vásárló, vevő: *I think we've found a buyer for our house!* **2** anyagbeszerző

buyout /ˈbaɪaʊt/ *noun* [C] (*részvények*) felvásárlás, kivásárlás

buzz¹ /bʌz/ *verb* **1** [I] zümmög, zúg: *A large fly was buzzing against the windowpane.* **2** [I] **buzz (with sth)** zúg (vmitől), hangos (vmitől): *Her head was buzzing with questions.* ● *The room was buzzing with activity.* **3** [I,T] csönget: *The doctor will buzz for you when he's ready.*

buzz² /bʌz/ *noun* **1** [C] zümmögés: *the buzz of insects* **2** [*sing.*] moraj, mormogás: *I could hear the buzz of conversation in the next room.* **3** [*sing.*] (*informális*) nagy izgalom/élmény: *a buzz of expectation* ● *Flying on Concorde gave him a real buzz.* ● *She gets a buzz out of* (mindig feldobja) *shopping for expensive clothes.*

buzzer /ˈbʌzə(r)/ *noun* [C] berregő: *Press your buzzer if you know the answer to a question.*

buzzword /ˈbʌzwɜːd/ *noun* [C] divatos szó/kifejezés: *Self-organization is the current buzzword.*

★ **by** /baɪ/ *prep., adv.* **1** mellett, mellé, nagyon közel: *Come and sit by me.* ● *We stayed in a cottage by the sea.* ● *The shops are close by.* **2** (*mozgást jelentő igék után*) el vki/vmi mellett: *He walked straight by me without speaking.* ● *We stopped to let the ambulance get by.* **3** (*időpont*) -ra/-re/-ig: *I'll be home by 7 o'clock.* ● *He should have telephoned by now/by this time.* ➔ Vesd össze **until.** **4** (*ált. the nélkül*) (*időszak*) közben, alatt: *By day we covered about thirty miles and by night we rested.* ● *We had to work by candlelight* (gyertyafénynél)*.* **5** által: *She was knocked down by a car.* ● *The event was organized by local people.* ● *I was deeply shocked by the news.* ● *Who was the book written by?/Who is the book by?* **6** azáltal, hogy, segítségével: *You can get hold of me by phoning this number.* ● *Will you be paying by cheque?* ● *The house is heated by electricity.* ● *by bus/car/plane/bicycle* ● *We went in by the back door.* **7** következtében: *I got on the wrong bus by mistake/accident* (véletlenül)*.* ● *I met an old friend by chance.* **8** szerint: *It's 8 o'clock by my watch.* ● *By law you have to attend school from the age of five.* ● *She's French by birth.* ● *He's a doctor by profession.* **9** (*szorozva, osztva*) -val/-vel: *4 multiplied by 5 is 20.* ● *6 divided by 2 is 3.* **10** -szor/-szer/-ször: *The table is six feet by three feet* (hatszor három láb)*.* **11** (*gyakran the névelővel*) (*mértékegység*) -nként, (*időszak*) -ra/-re: *You can rent a car by the day, the week or the month.* ● *Copies of the book have sold by the million* (milliószám)*.* ● *They came in one by one.* ● *Day by day* (napról napra) *she was getting better.* **12** (*mennyiség*) -val/-vel: *Prices have gone up by 10 per cent.* **13** vminél fogva: *He grabbed me by the arm.*

IDIOMS **by and large** → LARGE | **by the way** → WAY¹

bye /baɪ/ (*also* **bye-bye** /ˈbaɪbaɪ/) *interj.* (*informális*) viszlát, szia(sztok): *Bye! See you tomorrow.*

by-election *noun* [C] pótválasztás, időközi választás ➔ Lásd **general election.**

bygone /ˈbaɪɡɒn/ *adj.* (*csak főnév előtt*) régmúlt: *a bygone era*

bygones /ˈbaɪɡɒnz/ *noun* [*plural*]

IDIOM **let bygones be bygones** borítsunk fátylat a múltra

bypass¹ /ˈbaɪpɑːs/ *noun* [C] **1** város megkerülésére szolgáló út ➔ Lásd **ring**

[I] **tárgyatlan** (*ige*): *He laughed.*　　　　[T] **tárgyas** (*ige*): *He ate an apple.*

road. **2** bypass műtét: *a triple bypass operation*

bypass² /'baɪpɑːs/ *verb* [⊤] ki-/meg-/elkerül: *Let's try to bypass the city centre.* • *(átv) It's no good trying to bypass the problem.*

by-product *noun* [C] **1** melléktermék **2** következmény

bystander /'baɪstændə(r)/ *noun* [C] ácsor-

gó/bámészkodó ember: *Several **innocent** bystanders were hurt when the two gangs attacked each other.*

byte /baɪt/ *noun* [C] (*infor*) bájt

byword /'baɪwɜːd/ *noun* [usually sing.] **1 a byword for sth** jelképe vminek: *A limousine is a byword for luxury.* **2** (*főleg US*) szállóige

Cc

C, c¹ /siː/ *noun* [C,U] (*plural* **C's; c's**) **1** C/c betű **2** (C) (*zene*) C/c: *C major* C-dúr • *C minor* c-moll • *C sharp* Cisz/cisz **3** (C) (*okt*) közepes (*ha A a legjobb és F a legrosszabb osztályzat*)

c² /siː/ *abbr.* **1** (C) Celsius fok: *Water freezes at 0°C.* **2** (*dátum előtt*) kb: *c 1770*

cab /kæb/ *noun* [C] **1** (*főleg US*) = TAXI¹ **2** vezetőfülke

cabaret /'kæbəreɪ/ *noun* [C,U] kabaré

★ **cabbage** /'kæbɪdʒ/ *noun* [C,U] káposzta

cabin /'kæbɪn/ *noun* [C] **1** (hajó)kabin, (utas)fülke **2** utastér (*repülőn*) **3** faház, kunyhó: *a log cabin*

cabinet /'kæbɪnət/ *noun* [C] **1** fiókos/polcos szekrény: *a medicine cabinet* • *a filing cabinet* iratszekrény **2** (also **the Cabinet**) [with sing. or plural verb] (*pol*) kabinet, kormánytanács

cable /'keɪbl/ *noun* **1** [C] drótkötél **2** [C,U] kábel, vezeték: *underground/overhead cables* • *a telephone cable* **3** = CABLE TELEVISION

cable car *noun* [C] drótkötélpályás felvonó, sikló

cable television (also **cable TV**) *noun* [U] kábeltelevízió

cackle /'kækl/ *verb* [I] vihog
▶ **cackle** *noun* [C] vihogás

cactus /'kæktəs/ *noun* [C] (*plural* **cactuses** or **cacti** /'kæktaɪ/) kaktusz

cadet /kə'det/ *noun* [C] kadét

cadge /kædʒ/ *verb* [I,⊤] (*informális*) cadge

(sth) (from/off sb) kunyerál: *He's always trying to cadge money off me.*

Caesarean (also **-rian**; *US* also **cesarean**) /sɪ'zeərɪən/ *noun* [C] császármetszés: *to have a Caesarean* ❶ Más néven **Caesarean section** vagy US **C-section**.

★ **cafe** /'kæfeɪ/ *noun* [C] eszpresszó, kávéház, kis étterem ❶ Nagy-Britanniában a **cafe** nem árul szeszes italokat, csak a **pub** vagy **bar**.

cafeteria /ˌkæfə'tɪərɪə/ *noun* [C] önkiszolgáló étterem (*gyakran gyárban, hivatalban*) ➔ Lásd **canteen**.

caffeine /'kæfiːn/ *noun* [U] koffein ➔ Lásd **decaffeinated**.

★ **cage** /keɪdʒ/ *noun* [C] kalitka, ketrec
▶ **cage** *verb* [⊤] kalitkába/ketrecbe zár
caged /keɪdʒd/ *adj.* bezárt: *He felt like a caged animal in the tiny office.*

cagey /'keɪdʒi/ *adj.* (*informális*) **cagey (about sth)** óvatos, gyanakvó

cagoule /kə'guːl/ *noun* [C] kapucnis eső-/széldzseki

★ **cake¹** /keɪk/ *noun* **1** [C,U] sütemény, torta: *to make/bake a cake* • *a piece/slice of birthday cake* **2** [C] pogácsa (formájúra sütött étel): *fish/potato cakes*

IDIOMS **have your cake and eat it** a kecske is jóllakik és a káposzta is megmarad: *You can't go out every night and pass your exams. You can't have your cake and eat it.* | **a piece of cake** → PIECE¹

cake² /keɪk/ verb [T] (ált. szenvedő szerkezetben) **cake sth (in/with sth)** vastagon rászárad vmire: *boots caked in mud*

calamity /kəˈlæməti/ noun [C,U] (plural calamities) katasztrófa, csapás

★ **calculate** /ˈkælkjuleɪt/ verb [T] **1** kiszámít **2** úgy számol, hogy: *We calculated that the advantages would be greater than the disadvantages.*

IDIOM **be calculated to do sth** szándékosan tesz: *His remark was clearly calculated to annoy me.*

calculating /ˈkælkjuleɪtɪŋ/ adj. számító: *Her cold, calculating approach made her many enemies.*

calculation /ˌkælkjuˈleɪʃn/ noun **1** [C,U] (ki)számítás: *I'll have to do a few calculations before telling you how much I can afford.* **2** [U] (formális) kitervelés

calculator /ˈkælkjuleɪtə(r)/ noun [C] számológép: *a pocket calculator*

caldron (főleg US) = CAULDRON

★ **calendar** /ˈkælmdə(r)/ noun [C] **1** naptár

A **calendar** gyakran jelent képes falinaptárt. A **diary** jelentése zsebnaptár vagy előjegyzési naptár.

2 naptár: *Wimbledon is a major event in the sporting calendar.*

calendar month (also month) noun [C] naptári hónap

calendar year (also year) noun [C] naptári év

calf /kɑːf/ noun [C] (plural calves /kɑːvz/) **1** borjú ❶ A borjúhús jelentése *veal*. Magyarázat a **meat** és **cow** szavaknál. **2** borjú, kölyök (pl. elefánté) **3** vádli: *I've strained a calf muscle.*

calibre (US caliber) /ˈkælɪbə(r)/ noun [sing., U] képesség, rátermettség: *The company's employees are of (a) high calibre.*

CALL¹ /kɔːl/ abbr. (**computer-assisted language learning** rövidítése) számítógépes nyelvtanulás

★ **call²** /kɔːl/ verb **1** [I,T] **call (out) to sb; call (sth) (out)** kiált, felolvas, hív vkit: *'Hello, is anybody there?' she called.* • *He called out the names and the winners stepped forward.* • *I could hear a man calling his dog.* **2** [I,T] telefonál: *Who's calling (beszél),*

please? • *We're just in the middle of dinner. Can I call you back later?* **3** [T] hív vkit/vmit vminek: *His wife is called Silvia.* • *They called the baby Freddie.* • *It was very rude to call her fat.* • *Are you calling me a liar?* **4** [T] hív vkit vhová: *Can you call everybody in for lunch?* • *I think we had better call the doctor.* Azt hiszem, hogy jobb ha kihívjuk az orvost. **5** [T] összehív vmit: *to call a meeting/an election* (választást kiír)/*a strike* **6** [I] **call (in/round) (on sb/at…)** be/felugrik vkihez: *I called in on Mike on my way home.* **7** [I] **call at…** megáll (vonat, állomáson): *This is the express service to London, calling at Manchester and Birmingham.*

IDIOMS **call sb's bluff** színvallásra kényszerít | **call it a day** (informális) abbahagy vmit: *Let's call it a day* (mára elég lesz) – *I'm exhausted.* | **call sb names** csúfol | **call the shots/tune** (informális) vki a hangadó | **call/bring sb/sth to mind** → MIND¹

PHRASAL VERBS **call by** (informális) beugrik vkihez: *I'll call by to pick up the book on my way to work.* | **call for sb** (brit) érte jön/megy, beszól vkiért: *I'll call for you when it's time to go.* | **call for sth** igényel: *The crisis calls for immediate action.* • *This calls for a celebration!* | **call sth off** lemond vmit: *The football match was called off because of the bad weather.* | **call sb out** kihív vkit (sürgős esetben): *We had to call out the doctor in the middle of the night.* | **call sb up 1** (főleg US) felhív (telefonon) **2** behív (katonának): *All men under 30 were called up to fight in the war.* | **call sth up** előhív (adatokat számítógépen): *The bank clerk called up my account details on screen.*

★ **call³** /kɔːl/ noun **1** (also **'phone call**) [C] telefonhívás, telefonbeszélgetés: *Were there any calls for me while I was out?* • *I'll give you a call at the weekend.* • *to make a local call* • *a long-distance call* **2** [C] hívás, kiáltás: *a call for help* • *That bird's call is easy to recognize.* **3** [C] rövid látogatás: *We could pay a call on Dave on our way home.* • *The doctor has several calls to make this morning.* **4** [C] követelés: *There have been calls for the President to resign.* **5** [C,U] **call for sth** szükség van vmire: *The doctor said there was no call for concern.*

IDIOMS **at sb's beck and call** → BECK | **(be) on**

call ügyeletes: *Dr Young will be on call this weekend.*

'**call box** *noun* [C] telefonfülke

caller /'kɔ:lə(r)/ *noun* [C] telefonáló, hívó

callous /'kæləs/ *adj.* kőszívű

★ **calm¹** /kɑːm/ *adj.* **1** nyugodt, csendes: *Try to keep calm.* ● *She spoke in a calm voice.* ● *The city is calm again after last night's riots.* **2** sima, csendes (*tenger*) ❶ Ellentéte: rough. **3** (szél)csendes (*idő*)
▶ **calmly** *adv.* nyugodtan, higgadtan
calmness *noun* [U] nyugodtság, higgadtság

calm² /kɑːm/ *verb* [I,T] calm (sb/sth) (down) megnyugszik, megnyugtat: *I did some breathing exercises to calm my nerves.*

calm³ /kɑːm/ *noun* [C,U] nyugalom, béke: *the calm of country life*

Calor gas™ /'kælə gæs/ *noun* [U] bután-gáz

calorie /'kæləri/ *noun* [C] kalória: *a low-calorie drink/yoghurt/diet*

calves *plural of* CALF

camcorder /'kæmkɔːdə(r)/ *noun* [C] video-kamera

came *past tense of* COME

★ **camel** /'kæml/ *noun* [C] teve

cameo /'kæmiəʊ/ *noun* [C] (*plural* cameos) kisebb karakterszerep: *Sean Connery plays a cameo role as the dying king.*

★ **camera** /'kæmərə/ *noun* [C] fényképe-zőgép, filmfelvevő gép, kamera: *a video/television camera*

cameraman /'kæmrəmæn/, **camera-woman** /'kæmrəwʊmən/ *noun* [C] (*plural* -men /-mən/) (*plural* -women /-wɪmɪn/) operatőr ➔ Lásd photographer.

camouflage /'kæməflɑːʒ/ *noun* [U] **1** álcá-zás **2** természetes rejtőszín, álca: *The polar bear's white fur provides effective camou-flage against the snow.*
▶ **camouflage** *verb* [T] álcáz

camp¹ /kæmp/ *noun* [C,U] tábor: *a refugee camp* ● *The climbers set up camp at the foot of the mountain.*

★ **camp²** /kæmp/ *verb* [I] **camp (out)** táborozik, kempingezik ❶ Gyakori a go camping kifejezésben: *They went camping in France last year.*

★ **campaign¹** /kæm'peɪn/ *noun* [C] **1** kam-pány: *to launch an advertising/election campaign* **2** hadjárat

★ **campaign²** /kæm'peɪn/ *verb* [I] campaign (for/against sb/sth) kampányt indít: *Local people are campaigning for lower speed limits in the town.*
▶ **campaigner** *noun* [C] kampány részt-vevője: *an animal rights campaigner*

'**camp bed** (*US* cot) *noun* [C] kempingágy ➔ Ábra bed¹ alatt.

camper /'kæmpə(r)/ *noun* [C] **1** kemping-ező **2** (*brit also* camper van) lakóautó **3** (*US*) = CARAVAN (1)

camping /'kæmpɪŋ/ *noun* [U] kemping-ezés: *to go on a camping holiday*

campsite /'kæmpsaɪt/ *noun* [C] kemping ❶ A camping szó az angolban csak „kempingezést" jelent, és nem használ-ható annak a helynek a jelölésére, ahol kempingezünk.

campus /'kæmpəs/ *noun* [C,U] (*plural* cam-puses) egyetem/főiskola épületei és terü-lete: *the college campus*

★ **can¹** /kən; *erős alak* kæn/ *modal verb* (*negative* cannot /'kænɒt/; *short form* can't /kɑːnt/; *pt* could /kəd; *erős alak* /kʊd/; *negative* could not; *short form* couldn't /'kʊdnt/) **1** (*képesség kifejezése*) tud (*vmit csinálni*): *Can you ride a bike?* ● *He can't speak French.*

> Nincs főnévi és melléknévi igenév alakja. A jövő idő és a *perfect* igeidők képzésére a **be able to** szerkezetet használjuk: *He's been able to swim for almost a year.* A **could have** alakot akkor használjuk, amikor vki meg tudott volna tenni vmit, de nem tette meg: *She could have passed the exam but she didn't really try.*

2 (*engedély kérése/adása*): *Can I have a drink, please?*

> Amikor múltbeli engedélyről beszé-lünk általában, a **could** segédigét használjuk: *I could do anything I wanted when I stayed with my grandma.*
>
> Ha azonban egy bizonyos esetről van szó, a **could** helyett a **be allowed to** szerkezetet használjuk: *They were*

allowed to visit him in hospital yester-day.

3 (*segítség kérése/felajánlása*): *Can I help at all?* ➔ Lásd a *Rövid nyelvtani össze-foglalást.* **4** (*jellemző viselkedés/hatás*): *Wasp stings can be very painful.* **5** (*nem lehet, hogy vmi igaz; tagadó mondatok-ban*): *That can't be Maria – she's in London.* **6** (*a feel, hear, see, smell, hear, taste igék előtt*)

Ezeket az igéket *continuous* ige-időkben nem használjuk. Ha az érzékelés egy bizonyos időpontra vonatkozik, a **can** segédigét hasz-náljuk: *I can smell something burning.* (nem *I'm smelling…*).

★ **can²** /kæn/ *noun* [C] **1** kanna: *an oil can* • *a watering can* **2** konzerv: *a can of sardines* • *a can of beer* dobozos sör ➔ Ábra **container** alatt. **❶** A brit angolban a **tin** élelmiszert tartalmazó konzervet jelent, a **can** pedig italt tartalmazót.

can³ /kæn/ *verb* [T] (**canning**; **canned**) kon-zervál: *canned fruit*

★ **canal** /kə'næl/ *noun* [C] (*földr, anat*) csatorna

canary /kə'neəri/ *noun* [C] (*plural* **canaries**) kanári

★ **cancel** /'kænsl/ *verb* [T] (**cancelling**; **cancelled**; *US* **canceling**; **canceled**) **1** elma-rad vmi, töröl: *All flights have been can-celled because of the bad weather.* ➔ Lásd **postpone**. **2** lemond/visszavon vmit: *to cancel a reservation*

PHRASAL VERB **cancel (sth) out** kiegyenlíti egymást: *Our debts cancel each other out.*

cancellation /ˌkænsə'leɪʃn/ *noun* [C,U] lemondás, törlés: *We had to make a last-minute cancellation.*

★ **cancer** /'kænsə(r)/ *noun* [C,U] **1** (*orv*) rák: *She has lung cancer.* **2** (**Cancer**) (*asztrol*) Rák

cancerous /'kænsərəs/ *adj.* rákos: *a can-cerous growth* • *cancerous cells*

candid /'kændɪd/ *adj.* őszinte, szóki-mondó **❶** Főnév: **candour**.
▶ **candidly** *adv.* őszintén

candidacy /'kændɪdəsi/ *noun* [U] jelöltség

★ **candidate** /'kændɪdət/ *noun* [C] **1** jelölt, pályázó **2** vizsgázó

candle /'kændl/ *noun* [C] gyertya: *to light/blow out a candle*

candlelight /'kændllaɪt/ *noun* [U] gyer-tyafény: *They had dinner by candlelight.*

candlestick /'kændlstɪk/ *noun* [C] gyertya-tartó

candour (*US* **candor**) /'kændə(r)/ *noun* [U] őszinteség, szókimondás **❶** Melléknév: **candid**.

candy /'kændi/ *noun* [C,U] (*plural* **candies**) (*US*) = SWEET² (1) [U]

cane /keɪn/ *noun* **1** [C,U] nád: *sugar cane* • *a cane chair* **2** [C] (séta)bot

canine /'keɪnaɪn/ *adj.* kutya-: *canine behavioural problems*

canister /'kænɪstə(r)/ *noun* [C] palack

cannabis /'kænəbɪs/ *noun* [U] hasis

cannibal /'kænɪbl/ *noun* [C] kannibál
▶ **cannibalism** /'kænɪbəlɪzəm/ *noun* [U] emberevés

cannon /'kænən/ *noun* [C] (*plural* **cannon** or **cannons**) ágyú: *Soldiers were placing cannon balls* (ágyúgolyókat) *in the can-nons on the castle ramparts.*

cannot /'kænɒt/ → CAN¹

canoe /kə'nuː/ *noun* [C] kenu ➔ Lásd **kayak**.
▶ **canoe** *verb* [I] (*pres. part.* **canoeing**; *3rd pers. sing. pres.* **canoes**; *pt, pp* **canoed**) kenuzik: *They canoed down the river.* **❶** Amikor a kenuzáson szabadidős tevékenységet értünk a **go canoeing** kife-jezést használjuk: *We're going canoeing on the river tomorrow.*

canon /'kænən/ *noun* [C] kanonok

canopy /'kænəpi/ *noun* [C] (*plural* **can-opies**) baldachin, védőernyő: *The highest branches in the rainforest form a dense can-opy.* • *a parachute canopy*

can't *short for* CANNOT

canteen /kæn'tiːn/ *noun* [C] menza, üzemi étkezde: *the staff canteen* ➔ Lásd **cafe-teria**.

canter /'kæntə(r)/ *verb* [I] könnyű vág-tában megy/lovagol
▶ **canter** *noun* [*sing.*] könnyű vágta ➔ Lásd **gallop**, **trot**.

canvas /'kænvəs/ *noun* **1** [U] (*vitorla/sátor*) vászon, ponyva **2** [C] (*festő)vászon*

canvass /ˈkænvəs/ verb **1** [I,T] canvass **(sb) (for sth)** korteskedik, szavazatokat/ aláírásokat gyűjt: *to canvass for votes* • *He's canvassing for the Conservative Party.* • *The Prime Minister is trying to canvass support for the plan.* **2** [T] kipuhatol (*véleményt*)

canyon /ˈkænjən/ noun [C] kanyon, szurdok

★ **cap¹** /kæp/ noun [C] **1** sapka: *a baseball cap* • *a shower cap* ➜ Ábra **hat** alatt. **2** válogatottság: *He won his first cap* (először válogatták be a válogatottba) *against France.* **3** kupak ➜ Magyarázat és ábra a **top¹** szónál.

cap² /kæp/ verb [T] (**capping; capped**) **1** befed: *mountains capped with snow* **2** maximál egy célra fordítandó összeget **3** felülmúl **4** (*sp*) válogatott csapatba beválaszt

IDIOM **to cap it all** mindennek tetejébe: *I had a row with my boss, my bike was stolen, and now to cap it all I've lost my keys!*

capability /ˌkeɪpəˈbɪləti/ noun [C,U] (*plural* **capabilities**) capability **(to do sth/of doing sth)** képesség: *Animals in the zoo have lost the capability to catch/of catching food for themselves.* • *I tried to fix the computer, but it was beyond my capabilities.*

★ **capable** /ˈkeɪpəbl/ adj. **1** capable **of (doing) sth** képes vmire/vmit megtenni: *He's capable of passing the exam if he tries harder.* • *That car is capable of 180 miles per hour.* • *I do not believe that she's capable of stealing.* **2** ügyes, rátermett: *She's a very capable teacher.* ❶ Ellentéte: **incapable.**
▸ **capably** adv. ügyesen

capacity /kəˈpæsəti/ noun (*plural* **capacities**) **1** [sing., U] térfogat, űrtartalom: *The tank has a capacity of 1000 litres.* • *The stadium was filled to capacity* (zsúfolásig megtelt). **2** [sing.] a capacity **(for sth/for doing sth)**; a capacity **(to do sth)** képesség (vmire): *That book is beyond the capacity of young children.* • *a capacity for hard work/for learning languages* **3** [C] vkinek vmilyen minősége: *In his capacity as chairman of the council...* **4** [sing., U] teljesítmény: *The power station is working at full capacity* (maximális teljesítménnyel).

cape /keɪp/ noun [C] **1** pelerin ➜ Lásd **cloak. 2** (*földr*) fok

★ **capital¹** /ˈkæpɪtl/ noun **1** (also ˌcapital 'city) [C] főváros: *Madrid is the capital of Spain.* **2** [U] tőke **3** (also ˌcapital 'letter) [C] nagybetű: *Write your name in capitals.* **4** [C] vminek a Mekkája: *Niagara Falls is the honeymoon capital* (a nászutasok paradicsoma) *of the world.*

capital² /ˈkæpɪtl/ adj. **1** főbenjáró (*bűn*) **2** nagy (*kezdőbetű*)

ˌcapital inˈvestment noun [U] beruházás

capitalism /ˈkæpɪtəlɪzəm/ noun [U] kapitalizmus
▸ **capitalist** noun [C] adj. kapitalista, tőkés

capitalize (also **-ise**) /ˈkæpɪtəlaɪz/ verb
PHRASAL VERB **capitalize on sth** kihasznál, hasznosít

ˌcapital 'punishment noun [U] halálbüntetés ➜ Lásd **death penalty, corporal punishment.**

capitulate /kəˈpɪtʃuleɪt/ verb [I] (*formális*) megadja magát
▸ **capitulation** /kəˌpɪtʃuˈleɪʃn/ noun [C,U] fegyverletétel, kapituláció

capricious /kəˈprɪʃəs/ adj. szeszélyes, kiszámíthatatlan

Capricorn /ˈkæprɪkɔːn/ noun [C,U] (*asztrol*) Bak

capsize /kæpˈsaɪz/ verb [I,T] felborul, felborít (*hajó*)

capsule /ˈkæpsjuːl/ noun [C] **1** kapszula **2** tok

Capt abbr. (**Captain** rövidítése) kapitány

★ **captain¹** /ˈkæptɪn/ noun [C] **1** kapitány **2** (csapat)kapitány **3** százados

captain² /ˈkæptɪn/ verb [T] vezet (*csapatot*)

caption /ˈkæpʃn/ noun [C] képaláírás

captivate /ˈkæptɪveɪt/ verb [T] lenyűgöz
▸ **captivating** adj. elragadó

captive¹ /ˈkæptɪv/ adj. fogoly: *They were taken captive by masked gunmen.* • (*átv*) a *captive audience* lenyűgözött közönség
IDIOMS **hold sb captive** rabságban tart | **take sb captive** foglyul ejt ❶ Szinonimája: **hold/take sb prisoner.**

captive² /ˈkæptɪv/ noun [C] fogoly

captivity /kæpˈtɪvəti/ noun [U] fogság, rabság: *Wild animals are often unhappy in captivity.*

---

captor /'kæptə(r)/ noun [C] foglyul ejtő

capture¹ /'kæptʃə(r)/ verb [T] **1** elfog **2** elfoglal: *The town has been captured by the rebels.* • *The company has captured 90% of the market.* **3** felkelt (*érdeklődést*), megragad (*fantáziát*): *The story captured the children's imagination/interest/attention.* **4** rögzít, megörökít: *This poem captures the atmosphere of the carnival.* • *The robbery was captured on video.*

capture² /'kæptʃə(r)/ noun [U] foglyul ejtés, elfoglalás

★ **car** /kɑ:(r)/ noun [C] **1** (*főleg US* **automobile**) (személy)autó: *a new/second-hand car* • *Where can I park the car?* • *They had a car crash.* • *to get into/out of a car* • *a car pound* szabálytalan parkolás miatt elszállított autók tárolóhelye

> A **car** szóval kapcsolatos további kifejezések: **go in the car** vagy **go by car**. Szinonimájuk a **drive** ige: *I come to work in the car/by car.* • *I drive to work.*

2 (*brit*) (vasúti) kocsi: *a dining/sleeping car* **3** (*US*) = CARRIAGE(1)

carafe /kə'ræf/ noun [C] kancsó

caramel /'kærəmel/ noun **1** [U] karamell **2** [C,U] karamellcukorka

carat (*US* **karat**) /'kærət/ noun [C] karát: *a 18-carat gold ring*

★ **caravan** /'kærəvæn/ noun [C] **1** (*US* **camper**) lakókocsi **❶** A go caravanning jelentése „lakókocsival nyaralni menni". **2** karaván

carbohydrate /ˌkɑ:bəʊ'haɪdreɪt/ noun [C,U] szénhidrát: *a diet that is high in carbohydrate*

carbon /'kɑ:bən/ noun [U] (*symbol* C) szén

carbon ¹copy noun [C] **1** indigóval készült másolat **2** pontos mása vminek

carbon di¹oxide /ˌkɑ:bən daɪ'ɒksaɪd/ noun [U] (*symbol* CO2) szén-dioxid

carbon mon¹oxide /ˌkɑ:bən mən'ɒksaɪd/ noun [U] (*symbol* CO) szén-monoxid

¹carbon paper noun [U] indigó

¹car ¹boot sale noun [C] saját használt tárgyak bolhapiacszerű kiárusítása

carburettor (*US* **carburetor**) /ˌkɑ:bə'retə(r)/ noun [C] karburátor

carcass /'kɑ:kəs/ noun [C] tetem (*állaté*) **➲** Lásd **corpse**.

carcinogenic /ˌkɑ:sɪnə'dʒenɪk/ adj. rákkeltő

★ **card** /kɑ:d/ noun **1** [U] kártya, karton **2** [C] kártya: *a business card* névkártya • *a membership/identity/credit card* **3** [C] képeslap, üdvözlőkártya: *a Christmas/birthday card* • *a get-well card* **4** (also **'playing card**) [C] játékkártya: *a pack of cards* **5** (**cards**) [*plural*] kártyajáték: *Let's play cards.* • *Let's have a game of cards.* • *I never win at cards!*

> A **pack** of cards is divided into four **suits**, two red (**hearts** and **diamonds**) and two black (**clubs** and **spades**). Each suit has an **ace**, a **king**, a **queen**, a **jack** and nine other cards, numbered from 2 to 10. Before we play cards we **shuffle**, **cut** and **deal** the cards.

IDIOM **on the cards**; (*US*) **in the cards** (*informális*) valószínű: *Their marriage break-up has been on the cards for some time now.*

★ **cardboard** /'kɑ:dbɔ:d/ noun [U] kartonpapír

cardiac /'kɑ:diæk/ adj. (*formális*) szív-: *cardiac surgery* • *a cardiac arrest* szívleállás

cardigan /'kɑ:dɪgən/ noun [C] kardigán **➲** Magyarázat a **sweater** szónál.

cardinal /'kɑ:dɪnl/ noun [C] **1** bíboros **2** (also ˌcardinal 'number) tőszám(név) **➲** Lásd **ordinal**.

★ **care¹** /keə(r)/ noun **1** [U] care (for sb) gondoskodás, ellátás: *All the children in their care were healthy and happy.* • *This hospital provides free medical care.* • *She's in intensive care* (intenzív osztály). • *skin/hair care products* **2** [U] care (over sth/in doing sth) elővigyázat, óvatosság: *You should take more care over your homework.* • *This box contains glasses – please handle it with care.* **3** [C,U] gond: *Since Charlie retired he doesn't have a care in the world.* • *It was a happy life, free from care.*

IDIOMS **in care** állami gondozásban él: *They were taken into care after their parents died.* | **take care (that.../to do sth)** vigyáz: *Goodbye and take care!* • *Take care that you don't spill your tea.* • *He took care not to arrive too*

[I] **tárgyatlan** (*ige*): *He laughed.* [T] **tárgyas** (*ige*): *He ate an apple.*

early. | **take care of sb/sth** gondoskodik vkiről/vmiről | **take care of yourself/sb/sth** vigyáz magára/vkire/vmire

★ **care²** /keə(r)/ *verb* [*I,T*] care (about sb/sth) törődik vkivel/vmivel: *He really cares about his staff.* • *I don't care what you do.* **IDIOMS I, etc. couldn't care less** (*informális*) fütyülök rá: *I couldn't care less what Barry thinks.* | **who cares?** (*informális*) kit érdekel? | **would you care for.../to do sth** (*formális*) kér(sz) vmit, parancsol(sz) vmit **PHRASAL VERBS care for sb** gondoskodik vkiről, gondoz: *Who cared for her while she was ill?* | **care for sb/sth** szeret: *I don't care for that colour very much.*

★ **career¹** /kə'rɪə(r)/ *noun* [*C*] **1** pályafutás: *a successful career in politics* **2** (élet)pálya: *She started her career as an English teacher and later became a writer.*

career² /kə'rɪə(r)/ *verb* [*I*] száguld: *The car careered off the road and crashed into a wall.*

carefree /'keəfriː/ *adj.* gondtalan

★ **careful** /'keəfl/ *adj.* **1** careful (of/with sth); careful (to do sth) óvatos, figyelmes: *Be careful!* • *Please be very careful of the traffic.* • *Be careful with that knife.* • *Be careful you don't fall.* • *I was careful not to say anything about the money.* • *a careful driver* **2** gondos, figyelmes: *I'll need to give this matter some careful thought.* • *a careful worker*
  ▶ **carefully** /'keəfəli/ *adv.* gondosan, figyelmesen: *Please listen carefully.*

★ **careless** /'keələs/ *adj.* **1** careless (about/ with sth) gondatlan: *careless driving* **2** figyelmetlen: *a careless mistake*
  ▶ **carelessly** *adv.* figyelmetlenül, hanyagul, könnyedén
  carelessness *noun* [*U*] figyelmetlenség, gondatlanság

carer /'keərə(r)/ (*US* **caregiver** /'keəgɪvə(r)/) *noun* [*C*] gondozó

caress /kə'res/ *verb* [*T*] simogat
  ▶ **caress** *noun* [*C*] simogatás

caretaker /'keəteɪkə(r)/ (*US* **janitor**) *noun* [*C*] gondnok, házmester

★ **cargo** /'kɑːgəʊ/ *noun* [*C,U*] (*plural* **cargoes**; *US also* **cargos**) rakomány (hajón, repü-

lőn): *Luggage is carried in the cargo hold of the plane.* • *a cargo ship*

the Caribbean /ˌkærɪ'biːən/ *noun* [*sing.*] a Karib-(tengeri) szigetek
  ▶ **Caribbean** *adj.* Karib-tengeri

caricature /'kærɪkətʃʊə(r)/ *noun* [*C*] karikatúra

caring /'keərɪŋ/ *adj.* gondoskodó: *We must work towards a more caring society.*

carnation /kɑː'neɪʃn/ *noun* [*C*] szekfű

carnival /'kɑːnɪvl/ *noun* [*C*] karnevál

carol /'kærəl/ (*also* ˌChristmas 'carol) *noun* [*C*] karácsonyi ének

carousel /ˌkærə'sel/ *noun* [*C*] **1** (*US*) = MERRY-GO-ROUND **2** (repülőtéri) csomagszállító-szalag ➔ Ábra **roundabout¹** alatt.

ˈ**car park** (*US* ˈ**parking lot**) *noun* [*C*] autóparkoló: *a multi-storey car park*

★ **carpenter** /'kɑːpəntə(r)/ *noun* [*C*] ács ➔ Lásd **joiner**.

carpentry /'kɑːpəntri/ *noun* [*U*] ácsmunka

★ **carpet** /'kɑːpɪt/ *noun* **1** [*C,U*] szőnyeg: *a fitted carpet* faltól falig szőnyeg ➔ Lásd **rug**. **2** [*C*] takaró: *The fields were under a carpet of snow.*
  ▶ **carpeted** *adj.* szőnyeggel borított

★ **carriage** /'kærɪdʒ/ *noun* [*C*] **1** (*US* **car**) vasúti kocsi: *a first-class carriage* **2** lovas hintó

carriageway /'kærɪdʒweɪ/ *noun* [*C*] (*brit*) autópálya/autóút egy irányba haladó sávja(i): *the southbound carriageway of the motorway* ➔ Lásd **dual carriageway**.

carrier /'kærɪə(r)/ *noun* [*C*] **1** fuvarozó, szállítmányozó, légitársaság: *the Dutch carrier, KLM* **2** hordozó, anyahajó: *an aircraft carrier* **3** bacilusgazda **4** (*brit*) = CARRIER BAG

ˈ**carrier bag** (*brit also* **carrier**) *noun* [*C*] papír-/nejlonzacskó, szatyor ➔ Ábra **bag¹** alatt.

★ **carrot** /'kærət/ *noun* **1** [*C,U*] sárgarépa: *grated carrot* **2** [*C*] mézesmadzag: *The management have offered them the carrot of a £500 bonus if they agree to work extra hours.*

★ **carry** /'kæri/ *verb* (*pres. part.* **carrying**; *3rd* *pers. sing. pres.* **carries**; *pt, pp* **carried**) **1** [T] visz, cipel, hord: *Could you carry this bag for me?* • *She was carrying the rucksack on her back.* **2** [T] magával visz: *I never carry much money with me when I go to London.* • *Do the police carry guns* (fegyvert visel) *in your country?* **3** [T] szállít, visz: *A train carrying hundreds of passengers crashed yesterday.* • *Strong winds carried the boat off course.* **4** [T] hordoz (betegséget) **5** [T] *(ált. szenvedő szerkezetben)* megszavaz vmit: *The motion was carried by 12 votes to 9.* **6** [I] *(hang)* távolban hallható: *You'll have to speak louder if you want your voice to carry to the back of the room.*

IDIOMS **be/get carried away** elragadtatja magát: *I got so carried away watching the race that I forgot how late it was.* | **carry weight** sokat nyom a latban vkinél: *Nick's views carry a lot of weight with our manager.*

PHRASAL VERBS **carry it/sth off** sikeresen elvégez vmit: *He felt nervous before he started his speech but he carried it off very well.* | **carry on (with sth/doing sth)** tovább-(csinál vmit): *They ignored me and carried on with their conversation.* • *She intends to carry on studying.* | **carry on sth** folytat *(tevékenységet)*: *to carry on a conversation/a business* | **carry out sth 1** végrehajt: *to carry out orders* **2** (el)végez *(pl. feladatot)*: *to carry out tests/an investigation*

carrycot /'kærikɒt/ *noun* [C] bébihordozó
➔ Ábra **pram** alatt.

carry-on *noun* [C] *(főleg US)* kézipoggyász

carsick /'kɑːsɪk/ *adj.* hányingere van *(autózástól)*: *to get/feel/be carsick* ➔ Lásd **airsick, seasick, travel-sick**.

cart¹ /kɑːt/ *noun* [C] kocsi, szekér

cart² /kɑːt/ *verb* [T] *(informális)* hurcol: *We left our luggage at the station because we didn't want to cart it around all day.*

cartilage /'kɑːtɪlɪdʒ/ *noun* [C,U] porc

carton /'kɑːtn/ *noun* [C] *(papír/műanyag)* doboz: *a carton of milk/orange juice* ➔ Ábra **container** alatt.

cartoon /kɑː'tuːn/ *noun* [C] **1** humoros rajz, karikatúra **2** rajzfilm

cartoonist /kɑː'tuːnɪst/ *noun* [C] karikaturista

cartridge /'kɑːtrɪdʒ/ *noun* [C] **1** töltény **2** tok, kazetta

carve /kɑːv/ *verb* **1** [I,T] carve (sth) (out of sth) farag, vés: *The statue is carved out of marble.* • *He carved his name on the desk.* **2** [T] szeletel *(húst)*

carving /'kɑːvɪŋ/ *noun* [C,U] faragás, vésés

cascade¹ /kæ'skeɪd/ *noun* [C] **1** vízesés **2** zuhatag: *a cascade of blond hair*

cascade² /kæ'skeɪd/ *verb* [I] zuhog: *Water cascaded from the roof.*

★ **case** /keɪs/ *noun* **1** [C] eset: *In some cases, people have had to wait two weeks for a doctor's appointment.* • *Most of us travel to work by tube – or, in Jim's case, by train and tube.* • *Cases of the disease are very unusual in this country.* **2** **(the case)** [sing.] a helyzet: *The man said he worked in Cardiff, but we discovered later that this was not the case.* **3** [C] *(jog)* eset, (bűn)ügy: *The police deal with hundreds of murder cases a year.* • *The case will come to court in a few months.* **4** [C, usually sing.] érvelés: *She tried to make a case for shorter working hours* (érvelni a rövidebb munkaidő mellett), *but the others disagreed.* **5** [C] *(szóösszetételekben)* tartó, tok: *She put her glasses back in the case.* • *a pencil case* • *a pillowcase* párnahuzat • *a bookcase* könyvszekrény **6** (also **'suitcase**) [C] bőrönd

IDIOMS **(be) a case of sth/doing sth** pusztán arról van szó, hogy: *There's no secret to success in this business. It's just a case of hard work.* Csak keményen kell dolgozni. | **in any case** mindenesetre, különben is, mindenképpen: *I don't know how much tickets for the match cost, but I'm going in any case.* | **in case** arra az esetre, ha (netalán): *I think I'll take an umbrella in case it rains.* • *I wasn't intending to buy anything but I took my cheque book just in case* (mindenesetre).

Vesd össze az **in case** és **if** szavakat: az *I'll take an umbrella in case it rains.* akkor használatos, ha magunkkal viszünk esernyőt óvatosságból, mert később eshet. Az *If it's raining, I'll catch the bus.* mondatban a busszal való közlekedés csak eső esetén következne be.

in case of sth *(formális)* vmi (rossz) esetén:

In case of fire, break this glass. | **in that case** abban az esetben: *'I'm busy on Tuesday.''Oh well, in that case we'll have to meet another day.'* | **prove your/the case/point** → PROVE

ˈcase study noun [C] (*plural* **case studies**) esettanulmány

★ **cash¹** /kæʃ/ noun [U] **1** készpénz: *Would you prefer me to pay **in cash** or by cheque?* ● *How much cash have you got with/on you?*

> A **cash** szó vonatkozhat pénzérmére és papírpénzre egyaránt, a **change** jelentése viszont „aprópénz", „váltópénz".

2 (*informális*) pénz: *I'm a bit short of cash this month.*

cash² /kæʃ/ verb [T] bevált (*csekket*)
PHRASAL VERB **cash in (on sth)** hasznot húz vmiből

cashback /'kæʃbæk/ noun [U] **1** készpénz visszatérítés **2** készpénzfelvétel bankkártyával történő fizetéskor (élelmiszeráruházak szolgáltatása vásárlóik számára)

ˈcash card (*US* ˈAT'M card) noun [C] bankkártya, ATM kártya ⊃ Lásd **cheque card, credit card**.

ˈcash desk noun [C] pénztár

cashew /'kæʃuː; kæˈʃuː/ (also **ˈcashew nut**) noun [C] kesudió

ˈcash flow noun [*sing.*] likviditás, vállalati pénzforgalom: *The company has cash-flow problems.*

cashier /kæˈʃɪə(r)/ noun [C] pénztáros

ˈcash machine (also **ˈcash dispenser, cashpoint**; *US* also **ATM** /ˌeɪ tiː 'em/) noun [C] bankjegykiadó automata

cashmere /'kæʃmɪə(r)/ noun [U] kasmír

ˈcash register noun [C] kassza(fiók)

casino /kəˈsiːnəʊ/ noun [C] (*plural* **casinos**) (játék)kaszinó

cask /kɑːsk/ noun [C] hordó

casserole /'kæsərəʊl/ noun **1** [C,U] tűzálló edényben készült étel: *chicken casserole* **2** [C] fedeles tűzálló edény ⊃ Ábra **pan** alatt.

★ **cassette** /kə'set/ noun [C] (*magnó-, videó-*) kazetta: *to put on/play/listen to a cassette* ● *to rewind a cassette* ● *to fast forward a cassette* ⊃ Lásd **video.**

casˈsette reˈcorder (also **casˈsette player**) noun [C] (kazettás) magnó

cast¹ /kɑːst/ verb (*pt, pp* **cast**) **1** [T] (*gyakran szenvedő szerkezetben*) vkire kioszt egy szerepet: *She always seems to be cast in the same sort of role.* **2** [I,T] kidobja (a horgot)
IDIOMS **cast doubt on sth** kétségbe von vmit, megkérdőjelez vmit: *The newspaper report casts doubt on the truth of the Prime Minister's statement.* | **cast an eye/your eye(s) over sb/sth** gyorsan átnéz vmit, rápillant vmire | **cast light on sth** fényt derít vmire: *Can you cast any light on the problem?* | **cast your mind back** visszagondol vmire: *She cast her mind back to the day she met her husband.* | **cast a shadow (across/over sth)** árnyat vet: (*átv*) *The accident cast a shadow over the rest of the holiday.* | **cast a/your vote** szavaz
PHRASAL VERB **cast around/about for sth** keresgél: *Jack cast around desperately for a solution to the problem.*

cast² /kɑːst/ noun [C, *with sing. or plural verb*] szereposztás: *The entire cast was/were excellent.*

castaway /'kɑːstəweɪ/ noun [C] hajótörött

caste /kɑːst/ noun [C,U] kaszt: *Hindu society is based on a caste system.*

ˌcast ˈiron noun [U] öntöttvas

ˌcast-ˈiron adj. öntöttvas(ból készült): (*átv*) *a cast-iron (szilárd) alibi*

★ **castle** /'kɑːsl/ noun [C] vár, kastély: *a medieval castle*

ˈcast-off noun [C, *usually plural*] levetett ruha: *When I was little I had to wear my sister's cast-offs.*

castrate /kæ'streɪt/ verb [T] (ki)herél, kasztrál ⊃ Lásd **neuter²**.
▶ **castration** /kæ'streɪʃn/ noun [U] kiherélés

casual /'kæʒuəl/ adj. **1** nemtörődöm, közömbös: *I'm not happy about your casual attitude to your work.* ● *It was only a casual remark* (odavetett megjegyzés) *so I don't know why he got so angry.* **2** kényelmes, lezser (*viselet*) **3** alkalmi: *Most of the building work was done by casual labour.* ● *a casual job*
▶ **casually** /'kæʒuəli/ adv. lezserül: *She*

walked in casually and said, 'I'm not late, am I?' • *to dress casually*

casualty /'kæʒuəlti/ *noun* (*plural* **casualties**) **1** [C] sérült, sebesült, (halálos) áldozat **2** [C] áldozat: *Many small companies became casualties of the economic crisis.* **3** (also '**casualty department**; *US* e'**mergency room**, ER) [U] baleseti sebészet/osztály

★ **cat** /kæt/ *noun* [C] **1** macska **2** a macskafélék családjába tartozó ragadozó: *the big cats*

> A young cat is called a **kitten**. A male cat is called a **tom**. Cats **purr** and **miaow**.

catalogue (*US* catalog) /'kætəlɒg/ *noun* [C] **1** katalógus, árjegyzék **2** (*katasztrófák stb.*) sorozata: *a catalogue of disasters/errors/injuries*
▶ **catalogue** *verb* [T] katalógusba vesz

catalytic converter /ˌkætəˌlɪtɪk kən-'vɜːtə(r)/ *noun* [C] katalizátor

catapult¹ /'kætəpʌlt/ (*US* **slingshot**) *noun* [C] csúzli

catapult² /'kætəpʌlt/ *verb* [T] katapultál, kilövi magát, fellő: (*átv*) *The success of his first film catapulted him to fame.* Az első filmsikere után híres sztár lett belőle.

cataract /'kætərækt/ *noun* [C] (szürke)-hályog

catarrh /kə'tɑː(r)/ *noun* [U] hurut

catastrophe /kə'tæstrəfi/ *noun* [C] katasztrófa (*átv is*)
▶ **catastrophic** /ˌkætə'strɒfɪk/ *adj.* katasztrofális: *The war had a catastrophic effect on the whole country.*

★ **catch¹** /kætʃ/ *verb* (*pt, pp* **caught** /kɔːt/) **1** [T] elkap, (meg)fog, megragad **2** [T] elkap/fog, nyakon csíp: *to catch a thief* • *to catch a fish* **3** [T] rajtakap, tetten ér: *I caught her taking money from my purse.* **4** [T] felszáll (*járműre*), elér (*járművet*). **⊕** Ellentéte: **miss**. **5** [T] elér vmit: *We arrived just in time to catch the beginning of the film.* • *If I phone her now, I might just catch her before she leaves the office.* **6** [I,T] be(le)akad, becsíp vmit vhová: *His jacket caught on a nail and ripped.* • *If we leave early, we won't get caught in the traffic* (elkerüljük a csúcsforgalmat). **7** [T] ütés éri: *The branch caught him on the head.*

8 [T] megkap (*betegséget*): *to catch a cold/flu/measles* **9** [T] (meg)ért: *I'm sorry – I didn't quite catch what you said. Could you repeat it?*

IDIOMS **catch sb's attention/eye** elkapja vkinek a tekintetét: *I tried to catch the waiter's eye so that I could get the bill.* | **catch your breath 1** kifújja magát **2** elakad a lélegzete | **catch your death (of cold)** halálra fázik: *Don't go out without a coat – you'll catch your death!* | **catch fire** tüzet fog, meggyullad | **catch sb red-handed** tetten ér: *The police caught the burglars red-handed.* | **catch sight/a glimpse of sb/sth** megpillant | **catch the sun 1** rásüt a nap: *The panes of glass flashed as they caught the sun.* **2** lesül (*a napon*)

PHRASAL VERBS **catch on** (*informális*) **1** (el)terjed: *The idea has never really caught on in this country.* **2** megért vmit, kapcsol: *She's sometimes a bit slow to catch on.* | **catch sb out** kifog vkin: *Ask me anything you like – you won't catch me out.* | **catch up (with sb); catch sb up** utolér vkit: *Sharon's missed so much school she'll have to work hard to catch up with the rest of the class.* • *Go on ahead – I'll catch you up in a minute.* | **catch up on sth** lemaradást behoz: *I'll have to go into the office at the weekend to catch up on my work.* | **be/get caught up in sth** belekeveredik vmibe: *I seem to have got caught up in a rather complicated situation.*

catch² /kætʃ/ *noun* [C] **1** elkapás (*labdáé*) **2** fogás (*halászat*): *The fishermen brought their catch to the harbour.* **3** zár, kilincs: *a window catch* **4** csel, csapda: *It looks like a good offer but I'm sure there must be a catch in it* (valami gyanús van a dologban).

catchment area /'kætʃmənt eəriə/ *noun* [C] vonzáskörzet

catchphrase /'kætʃfreɪz/ *noun* [C] divatos frázis

catchy /'kætʃi/ *adj.* fülbemászó (*dallam*)

categorical /ˌkætə'gɒrɪkl/ *adj.* határozott, félreérthetetlen: *The answer was a categorical 'no'.*
▶ **categorically** /-kli/ *adv.* határozottan: *The Minister categorically denied the rumour.*

categorize (also **-ise**) /'kætəgəraɪz/ *verb* [T] osztályoz, csoportokra oszt

★ **category** /'kætəgəri/ *noun* [C] (*plural* **cat-**

egories) kategória: *These books are divided into categories according to subject.*

cater /'keɪtə(r)/ *verb* [I] **1 cater for sb/sth; cater to sth** ellát vkit, gondoskodik vkiről: *The menu caters to all tastes* (minden ízlést kielégít). **2** gondoskodik az (élelmiszer)ellátásról: *Our firm caters for the 5 000 staff and visitors at the festival.*

caterer /'keɪtərə(r)/ *noun* [C] (élelmiszer)ellátásról gondoskodó személy/cég

catering /'keɪtərɪŋ/ *noun* [U] élelmezés, (élelmiszer)ellátás: *the hotel and catering industry* (vendéglátóipar) • *Who's going to do the catering at the wedding?*

caterpillar /'kætəpɪlə(r)/ *noun* [C] hernyó

cathedral /kə'θiːdrəl/ *noun* [C] székesegyház

Catholic (also ˌRoman 'Catholic) /'kæθlɪk/ *noun* [C], *adj.* (római) katolikus
▸ **Catholicism** (also ˌRoman Ca'tholicism) /kə'θɒləsɪzəm/ *noun* [U] katolicizmus

cattle /'kætl/ *noun* [plural] szarvasmarha: *a herd of cattle* ➔ Magyarázat a **cow** szónál.

caught *past tense, past participle of* CATCH[1]

cauldron (főleg US **caldron**) /'kɔːldrən/ *noun* [C] üst

cauliflower /'kɒliflaʊə(r)/ *noun* [C,U] karfiol

'cause = BECAUSE

★ **cause[1]** /kɔːz/ *noun* **1** [C] ok: *The police do not know the cause of the accident.* **2** [U] cause (for sth) ok, indok: *The doctor assured us that there was no cause for concern.* • *I don't think you have any real cause for complaint.* **3** [C] ügy: *We are all committed to the cause of racial equality.*
ᴵᴰᴵᴼᴹˢ **be for/in a good cause** jó ügyet szolgál | **a lost cause** → LOST[2]

★ **cause[2]** /kɔːz/ *verb* [T] okoz: *The fire was caused by an electrical fault.* • *High winds caused many trees to fall during the night.* Az erős szél következtében sok fa kidőlt az éjszaka. • *Is your leg causing you any pain?*

caustic /'kɔːstɪk/ *adj.* **1** maró, égető **2** csípős, gúnyos: *a caustic remark*

caution[1] /'kɔːʃn/ *noun* **1** [U] óvatosság: *Any advertisement that asks you to send money should be treated with caution.* **2** [C] óvás, figyelmeztetés

caution[2] /'kɔːʃn/ *verb* [I,T] **1 caution (sb) against sth** óva(tosságra) int vkit vmivel szemben: *The President's advisers have cautioned against calling an election too early.* **2** figyelmeztet: *Dixon was cautioned by the referee for wasting time.*

cautionary /'kɔːʃənəri/ *adj.* figyelmeztető: *The teacher told us a cautionary tale* (tanulságos mese) *about a girl who cheated in her exams.*

★ **cautious** /'kɔːʃəs/ *adj.* óvatos, elővigyázatos: *I'm very cautious about expressing my opinions in public.*
▸ **cautiously** *adv.* óvatosan

cavalry /'kævlri/ *noun* [sing., with sing. or plural verb] **1** lovasság **2** páncélosalakulat

cave[1] /keɪv/ *noun* [C] barlang: *When it started to rain, we ran to shelter in a cave.*

cave[2] /keɪv/ *verb*
ᴾᴴᴿᴬˢᴬᴸ ᵛᴱᴿᴮ **cave in 1** beomlik: *The roof of the tunnel had caved in.* **2** beadja a derekát: *He finally caved in and agreed to the plan.*

cavern /'kævən/ *noun* [C] nagyobb barlang

caviar (also **caviare**) /'kæviɑː(r)/ *noun* [U] kaviár

caving /'keɪvɪŋ/ *noun* [U] barlangászás: *to go caving*

cavity /'kævəti/ *noun* [C] (plural **cavities**) üreg, lyuk (fogé): *a cavity in a tooth* • *a wall cavity*

CBI /ˌsiː biː 'aɪ/ *abbr.* (Confederation of British Industry rövidítése) Brit Iparvállalatok Szövetsége

cc /ˌsiː 'siː/ *abbr.* (cubic centimetre/centimetres rövidítése) cm³, köbcentiméter: *a 1 200 cc engine*

CCTV /ˌsiː siː tiː 'viː/ *abbr.* zárt láncú televízió, ipari kamera

CD /ˌsiː 'diː/ (also ˌcompact 'disc) *noun* [C] CD-lemez

ˌC'D player *noun* [C] CD-lejátszó

CD-ROM /ˌsiː diː 'rɒm/ *abbr.* (Compact Disc Read-Only Memory rövidítése) CD-ROM

cease /siːs/ *verb* [I,T] (formális) be-/megszüntet, megszűnik: *Fighting in the* area has now ceased. • *That organization has ceased to exist.*

ceasefire /'si:faɪə(r)/ *noun* [*C*] tűzszünet ➔ Lásd **truce**.

ceaseless /'si:sləs/ *adj.* szüntelen, szakadatlan
▶ **ceaselessly** *adv.* szakadatlanul

cede /si:d/ *verb* [*T*] (*írott nyelv*) átenged vmit vkinek

★ **ceiling** /'si:lɪŋ/ *noun* [*C*] **1** mennyezet: *a room with a high/low ceiling* **2** felső határ, plafon: *The Government has put a 10% ceiling on wage increases.*

★ **celebrate** /'selɪbreɪt/ *verb* [*I,T*] (meg)ünnepel: *When I got the job we celebrated by going out for a meal.* • *Nora celebrated her 90th birthday yesterday.*
▶ **celebratory** /ˌseləˈbreɪtəri/ *adj.* ünnepi: *We went out for a celebratory meal.*

celebrated /'selɪbreɪtɪd/ *adj.* (*formális*) híres: *a celebrated poet*

celebration /ˌselɪˈbreɪʃn/ *noun* [*C,U*] ünnepség, ünnepély, ünneplés: *Christmas celebrations* • *I think this is an occasion for celebration!*

celebrity /səˈlebrəti/ *noun* [*C*] (*plural* **celebrities**) ismert személyiség: *a TV celebrity*

celery /'seləri/ *noun* [*U*] zeller: *a stick of celery*

celibate /'selɪbət/ *adj.* (*formális*) szüzességi fogadalmat tett (*férfi, nő*)
▶ **celibacy** /'selɪbəsi/ *noun* [*U*] cölibátus

cell /sel/ *noun* [*C*] **1** sejt: *red blood cells* **2** cella

cellar /'selə(r)/ *noun* [*C*] pince ➔ Lásd **basement**.

cellist /'tʃelɪst/ *noun* [*C*] csellista

cello /'tʃeləʊ/ *noun* [*C*] (*plural* **cellos**) cselló, gordonka ➔ Magyarázat a **piano** szónál.

Cellophane™ /'seləfeɪn/ *noun* [*U*] celofán

cellphone /'selfəʊn/ (also ˌcellular 'phone) *noun* [*C*] mobiltelefon

cellular /'seljələ(r)/ *adj.* sejtekből álló, üreges: *cellular tissue*

★ **Celsius** /'selsiəs/ *adj.* (*abbr.* **C**) Celsius: *The temperature tonight will fall to 7°C.* ❶ Kimondva **seven degrees Celsius**.

Celtic /'keltɪk/ *adj.* kelta

cement¹ /sɪˈment/ *noun* [*U*] cement

cement² /sɪˈment/ *verb* [*T*] **1** (ki)cementez **2** megszilárdít: *This agreement has cemented the relationship between our two countries.*

cemetery /'semətri/ *noun* [*C*] (*plural* **cemeteries**) temető ➔ Lásd **graveyard**, **churchyard**.

censor¹ /'sensə(r)/ *verb* [*T*] cenzúráz
▶ **censorship** *noun* [*U*] cenzúra, cenzúrázás: *state censorship of radio and television programmes*

censor² /'sensə(r)/ *noun* [*C*] cenzor

censure /'senʃə(r)/ *verb* [*T*] (*írott nyelv*) elítélő bírálatot mond: *The attorney was censured for not revealing the information earlier.*
▶ **censure** *noun* [*U*] elítélő bírálat

census /'sensəs/ *noun* [*C*] (*plural* **censuses**) népszámlálás

★ **cent** /sent/ *noun* [*C*] (*abbr.* **c, ct**) cent ➔ Lásd **per cent**.

centenary /sen'ti:nəri/ *noun* [*C*] (*plural* **centenaries**) (*US* **centennial** /sen'teniəl/) századik évforduló, centenárium

center (*US*) = CENTRE

centigrade /'sentɪɡreɪd/ (also **Celsius**) *adj.* (*abbr.* **C**) Celsius: *The temperature rose today to 5°C.* ❶ Kimondva **five degrees centigrade**. ➔ Lásd még **Fahrenheit**.

★ **centimetre** (*US* **centimeter**) /'sentɪˌmi:tə(r)/ *noun* [*C*] (*abbr.* **cm**) centiméter

★ **central** /'sentrəl/ *adj.* **1** közép-, központi: *a map of central Europe* • *Our flat is very central* (központi fekvésű). **2** központi, fő: *The film's central character is a fifteen-year-old girl.* **3** (*csak főnév előtt*) központi: *central government* • *the central nervous system*

ˌcentral 'heating *noun* [*U*] központi fűtés

centralize (also **-ise**) /'sentrəlaɪz/ *verb* [*T*] (*ált. szenvedő szerkezetben*) központosít
▶ **centralization** (also **-isation**) /ˌsentrəlaɪˈzeɪʃn/ *noun* [*U*] központosítás

centrally /'sentrəli/ *adv.* központilag: *a centrally located* (központi fekvésű) *hotel*

★ **centre¹** (*US* **center**) /'sentə(r)/ *noun* **1** [*C*, *usually sing.*] vminek a közepe: *I work in the centre of London.* • *the town centre* • *She hit the target dead centre* (a kellős

közepén). ➔ Magyarázat a **middle** szónál.
2 [C] központ (*intézménye, tevékenysége*): *a sports/health/shopping centre* • *This university is a centre of excellence for medical research.* **3** [C] központ, középpont: *major urban/industrial centres* • *She always likes to be **the centre of attention**.* • *You should bend your legs to keep a low **centre of gravity*** (súlypont). **4** (*sing., with sing. or plural verb*) (*pol*) közép: *Her views are left of centre.*

centre² (*US* center) /'sentə(r)/
PHRASAL VERB **centre on/around sb/sth** vhol/vmi körül összpontosul: *The life of the village centres on the church, the school and the pub.*

-centric /'sentrik/ (*szóösszetételekben*) -centrikus: *eurocentric policies*

★ **century** /'sentʃəri/ *noun* [C] (*plural* **centuries**) (*év*)század: *We live in the 21st century.* • *People have been making wine in this area for centuries.*

ceramic /sə'ræmɪk/ *adj.* kerámia
▶ **ceramic** *noun* [C, usually plural] kerámia: *an exhibition of ceramics by Picasso*

★ **cereal** /'sɪəriəl/ *noun* [C,U] **1** gabona(félék) **2** főleg reggelire fogyasztott gabonapehely-féleség (kukoricapehely, zabpehely stb.): *a bowl of cereal*

cerebral /'serəbrəl/ *adj.* agyi, intellektuális

ceremonial /ˌserɪ'məʊniəl/ *adj.* ünnepélyes: *a ceremonial occasion*
▶ **ceremonially** /-niəli/ *adv.* ünnepélyesen

★ **ceremony** /'serəməni/ *noun* (*plural* **ceremonies**) **1** [C] ünnepély, szertartás: *a wedding ceremony* **2** [U] ünnepélyesség: *The new hospital was opened **with great ceremony**.*

★ **certain** /'sɜːtn/ *adj.* **1** (*főnév előtt nem állhat*) certain (that...); certain (of sth) bizonyos vmiben: *She's absolutely certain that there was somebody outside her window.* • *We're not quite certain what time the train leaves.* • *I'm certain of one thing – he didn't take the money.* **2** certain (that...); certain (to do sth) bizonyos (*be fog következni*): *It is almost certain that unemployment will increase this year.* • *The Director is certain to agree.* • *They face cer-*

tain death. ➔ Magyarázat a **sure** szónál.
3 (*csak főnév előtt*) bizonyos: *You can only contact me at certain times of the day.* **4** (*csak főnév előtt*) valamennyi: *I suppose I have **a certain amount of** respect for Mr Law.* **5** valamiféle: *There was a certain feeling of autumn in the air.* **6** (*formális*) egy bizonyos: *I received a letter from a certain Mrs Berry.*

IDIOMS **for certain** bizonyosan: *I don't know for certain what time we'll arrive.* | **make certain (that...)** **1** biztosít: *They're doing everything they can to make certain that they win.* **2** meggyőződik vmiről: *We'd better phone before we go to make certain he's expecting us.*

certainly /'sɜːtnli/ *adv.* **1** minden bizonynyal **2** természetesen, feltétlenül

certainty /'sɜːtnti/ *noun* (*plural* **certainties**) **1** [U] bizonyosság: *We can't say with certainty that there is life on other planets.* ❶ Ellentéte: **uncertainty**. **2** [C] (holt)biztos: *It's now almost a certainty our team will win the league.*

★ **certificate** /sə'tɪfɪkət/ *noun* [C] bizonyítvány, tanúsítvány: *a birth/marriage certificate* születési/házassági anyakönyvi kivonat • *a medical certificate* orvosi igazolás

certify /'sɜːtɪfaɪ/ *verb* [T] (*pres. part.* **certifying**; *3rd pers. sing. pres.* **certifies**; *pt, pp* **certified**) **1** (*hivatalosan*) igazol **2** oklevéllel lát el: *a certified accountant* hites könyvvizsgáló

cesarean (*US*) = CAESAREAN

cf. *abbr.* (**compare** rövidítése) vö.

CFC /ˌsiː ef 'siː/ *noun* [C,U] freon ➔ Lásd **ozone layer**.

ch. *abbr.* (**chapter** rövidítése) fejezet

★ **chain¹** /tʃeɪn/ *noun* **1** [C,U] lánc: *a length of chain* • *a bicycle chain* **2** [C] lánc, láncolat: *a chain of mountains/a mountain chain* • *The book examines the complex **chain of events** that led to the Russian Revolution.* • *The Managing Director is at the top of the **chain of command**.* • *a chain of supermarkets* • *a fast-food chain*

chain² /tʃeɪn/ *verb* [T] **chain sb/sth (to sth)**; **chain sb/sth (up)** odaláncol: *The dog is kept chained up outside.*

'**chain-smoke** verb [I] egyik cigarettáról a másikra gyújt
▸ **chain-smoker** noun [C] erős dohányos

'**chain store** noun [C] áruházlánchoz tartozó üzlet

★ **chair¹** /tʃeə(r)/ noun **1** [C] szék: *a kitchen chair* • *an armchair* **2** [sing.] *(összejövetelt levezető)* elnök **3** [C] tanszékvezető: *She holds the chair of economics at London University.*

chair² /tʃeə(r)/ verb [T] elnököl: *to chair a meeting*

★ **chairman** /'tʃeəmən/ noun [C] (plural -men /-men/) **1** elnök *(cégnél)* **2** elnök *(értekezleten)*
▸ **chairmanship** noun [sing.] elnöki pozíció

chairperson /'tʃeəpɜːsn/ noun [C] (plural -persons) elnök *(értekezleten)*

chairwoman /'tʃeəwʊmən/ noun [C] (plural -women /-wɪmɪn/) elnöknő *(értekezleten)*

chalet /'ʃæleɪ/ noun [C] faház *(nyaraló)*

chalk¹ /tʃɔːk/ noun **1** [U] *(geol)* mészkő: *chalk cliffs* mészkő szirtek **2** [C,U] kréta, pasztellkréta

chalk² /tʃɔːk/ verb [I,T] krétával ír/rajzol
PHRASAL VERB **chalk sth up** sikert ér el: *The team has chalked up five wins this summer.*

chalkboard /'tʃɔːkbɔːd/ *(US)* = BLACK-BOARD

★ **challenge¹** /'tʃælɪndʒ/ noun [C] **1** kihívás *(átv)*: *I'm finding my new job an exciting challenge.* • *The company will have to face many challenges in the coming months.* • *How will this government meet the challenge* (megfelelni a kihívásnak) *of rising unemployment?* **2** a challenge (to sb) (to do sth) kihívás *(küzdelemre)*: *The Prime Minister should accept our challenge and call a new election now.*

★ **challenge²** /'tʃælɪndʒ/ verb [T] **1** challenge sb (to sth/to do sth) kihív vkit *(versengésre)*: *They've challenged us to a football match this Saturday.* **2** megkérdőjelez: *to challenge sb's authority*

challenger /'tʃælɪndʒə(r)/ noun [C] kihívó

challenging /'tʃælɪndʒɪŋ/ adj. kihívást jelentő: *a challenging job*

chamber /'tʃeɪmbə(r)/ noun [C] **1** kamara *(testület vagy annak épülete)*: *a council*

chamber **2** *(orv)* kamra: *the four chambers of the heart* • *the chamber of a gun* töltényűr **3** helyiség: *a burial chamber*

chambermaid /'tʃeɪmbəmeɪd/ noun [C] szobaasszony *(szállodában)*

'**chamber music** noun [U] kamarazene

champagne /ʃæm'peɪn/ noun [U, C] pezsgő

★ **champion¹** /'tʃæmpiən/ noun [C] **1** bajnok: *a world champion* • *a champion swimmer* **2** vminek a bajnoka/harcosa: *a champion of free speech*

champion² /'tʃæmpiən/ verb [T] ügyért kiáll, pártol: *to champion the cause of human rights*

championship /'tʃæmpiənʃɪp/ noun [C, usually plural] bajnokság

★ **chance¹** /tʃɑːns/ noun **1** [C] **a chance of (doing) sth; a chance (that...)** esély: *I think there's a good chance that she'll be the next Prime Minister.* • *to have a slim/an outside chance* (halvány remény) *of success* • *I think we stand a good chance* (van esélyünk) *of winning the competition.* • *Is there any chance of getting tickets for tonight's concert?* ➜ Lásd még **opportunity**, **possibility**. **2** [C] **chance (of doing sth/to do sth)** lehetőség: *If somebody invited me to America, I'd jump at the chance* (megragadnám a lehetőséget). • *Be quiet and give her a chance* (adj neki egy esélyt) *to explain.* • *I think you should tell him now. You may not get another chance.* ➜ Magyarázat az **occasion** szónál. **3** [C] kockázat: *We may lose some money but we'll just have to take that chance.* • *Fasten your seat belt – you shouldn't take (any) chances* (ne kockáztassunk). • *We took a chance on the weather and planned to have the party outside.* **4** [U] a véletlen *(szerencse)*: *We have to plan every detail – I don't want to leave anything to chance* (a véletlenre bízni). • *We met by chance* (véletlenül) *as I was walking down the street.*
IDIOMS **by any chance** esetleg, netán: *Are you, by any chance, going* (nem megy véletlenül) *into town this afternoon?* | **the chances are (that)...** *(informális)* valószínűleg: *The chances are that it will rain tomorrow.* | **no chance** *(informális)* kizárt dolog: *'Perhaps your mother will give you the money.' 'No chance!'* | **on the off chance**

abban a reményben, hogy esetleg: *I didn't think you'd be at home, but I just called in on the off chance.*

chance² /tʃɑːns/ verb **1** [T] (*informális*) chance sth/doing sth megkockáztat vmit: *It might be safe to leave the car here, but I'm not going to chance it.* **2** [I] (*formális*) chance to do sth véletlenül tesz vmit: *I chanced to see the letter on his desk.*

chance³ /tʃɑːns/ adj. (*csak főnév előtt*) véletlen: *a chance meeting*

chancellor /'tʃɑːnsələ(r)/ noun [C] **1** kancellár: *the German chancellor* **2** (also ˌChancellor of the Ex'chequer) (*brit*) pénzügyminiszter

chandelier /ˌʃændə'lɪə(r)/ noun [C] csillár

★ **change¹** /tʃeɪndʒ/ verb **1** [I,T] változik, változtat: *This town has changed a lot.* **2** [I,T] change (sb/sth) to/into sth; change (from A) (to/into B) vált(ozik), változtat: *The traffic lights changed from green to red.* ● *They changed* (átalakították) *the spare bedroom into a study.* ● *The new job changed him into a more confident person.* **3** [T] change sth (for sth) változtat, (ki)cserél: *Could I change this blouse for a larger size?* ● *to change jobs* ● *to change a wheel on a car* ● *to change direction* ● *Can I change* (áttehetném) *my appointment from Wednesday to Thursday?* **4** [T] to change sth (with sb) (*többes számú főnévvel*) cserél: *The teams change ends at half-time.* **5** [I,T] change (out of sth) (into sth) átöltözik: *I had a shower and changed before going out.* ● *He's changed* (váltott) *his shirt.* ● *She changed out of her work clothes and into a clean dress.* ❶ A get changed „átöltözik" gyakran használt kifejezés: *You can get changed in the bedroom.* **6** [T] tisztára cserél: *The baby's nappy needs changing* (tisztába kell tenni). ● *to change the bed* áthúzza az ágyat **7** [T] change sth (for/into sth) felvált (*pénzt*): *Can you change a ten-pound note for two fives?* ● *I'd like to change* (beváltanék) *fifty pounds into US dollars.* **8** [I,T] átszáll: *Can we get to London direct or do we have to change (trains)?*

IDIOMS change hands gazdát cserél | change your mind meggondolja magát | change/swap places (with sb) → PLACE¹ | change the subject témát vált | change your tune

(*informális*) más húrokat penget (*átv*) | change your ways megjavul, jobb emberré lesz | chop and change → CHOP¹

PHRASAL VERB change over (from sth) (to sth) áttér vmire: *The theatre has changed over to a computerized booking system.*

★ **change²** /tʃeɪndʒ/ noun **1** [C,U] change (in/to sth) változás **2** [C] a change (of sth) változás, csere: *a change of address* ● *a change of clothes* egy váltás ruha **3** [U] visszajáró pénz: *I got 40p change.* **4** [U] aprópénz: *He needs some change for the phone.* ● *Have you got change for* (fel tud váltani) *a twenty-pound note?*

IDIOMS a change for the better/worse javulás/rosszabbodás | a change of heart (*vélemény*) változtatás, megenyhülés | for a change a változatosság kedvéért: *I usually cycle to work, but today I decided to walk for a change.* | make a change változatosságot jelent, üdítőleg hat

changeable /'tʃeɪndʒəbl/ adj. változékony: *English weather is very changeable.*

changeover /'tʃeɪndʒəʊvə(r)/ noun [C] átalakulás, rendszervált(oz)ás

'changing room noun [C] öltöző

★ **channel¹** /'tʃænl/ noun [C] **1** tévécsatorna: *Which channel is the film on?* ➜ Lásd station¹(4). **2** (*távk*) csatorna: *terrestrial/satellite channels* **3** út, mód: *a channel of communication* ● *You have to order new equipment through the official channels.* **4** (*víz elvezetésére szolgáló*) csatorna: *a drainage channel* szennyvíz csatorna **5** (*földr*) (hajózható) tengerszoros/folyószakasz **6** (the Channel) (also the ˌEnglish 'Channel) a La Manche csatorna

channel² /'tʃænl/ verb [T] (channelling; channelled; US is channeling; channeled) elvezet, levezet (*vizet*): *Water is channelled from the river to the fields.* ● (*átv*) *You should channel your energies* (levezetni a fölös energiádat) *into something constructive.*

the ˌChannel 'Tunnel noun [sing.] a La Manche csatorna alatt vezető alagút

chant¹ /tʃɑːnt/ noun **1** [C] rigmus, szlogen: *A chant of 'we are the champions' went round the stadium.* **2** [C,U] (*vall*) korál

chant² /tʃɑːnt/ verb [I,T] kántál: *to chant slogans*

chaos /ˈkeɪɒs/ noun [U] káosz: *The country was in chaos after the war.* • *The heavy snow has caused chaos on the roads.*

chaotic /keɪˈɒtɪk/ adj. kaotikus

chap /tʃæp/ noun [C] (*főleg brit, informális*) fickó

chapel /ˈtʃæpl/ noun [C,U] kápolna: *a Methodist chapel*

chaperone /ˈʃæpərəʊn/ noun [C] gardedám (*fiatal lányt kísérő idősebb hölgy*)
  ▸ **chaperone** verb [T] kísér, gardíroz

★ **chapter** /ˈtʃæptə(r)/ noun [C] fejezet: (*átv*) *The last few years have been a difficult chapter in the country's history.*

★ **character** /ˈkærəktə(r)/ noun **1** [C, usually sing.; U] jelleg: *These two songs are very different in character.* **2** [U] jellem: *The match developed into a test of character rather than just physical strength.* **3** [U] egyéniség, karakter: *Modern houses often seem to lack character.* **4** [U] hírnév: *The article was a vicious attack on the President's character.* **5** [C] (*informális*) alak, pasas: *Neil's quite a character.* • *I saw a suspicious-looking character* (gyanús alakot) *outside the bank.* **6** [C] szereplő: *The main character in the film is a young boy.* **7** [C] betű, írásjel: *Chinese characters*
  IDIOM **in/out of character** jellemző/nem jellemző vkire: *Emma's rude reply was completely out of character.*

characteristic¹ /ˌkærəktəˈrɪstɪk/ noun [C] a characteristic of (sb/sth) jellegzetesség: *The chief characteristic of fish is they live in water.*

characteristic² /ˌkærəktəˈrɪstɪk/ adj. characteristic of (sb/sth) jellemző ❶ Ellentéte: **uncharacteristic**.
  ▸ **characteristically** /-kli/ adv. jellegzetesen: *'No' he said, in his characteristically direct manner.*

characterize (also **-ise**) /ˈkærəktəraɪz/ verb [T] (*formális*) **1** (gyakran szenvedő szerkezetben) jellemez vkit/vmit: *the tastes that characterize Thai cooking* **2** characterize sb/sth (as sth) jellemez, vkit/vmit leír vmilyennek: *The President characterized the meeting as friendly and positive.*

charade /ʃəˈrɑːd/ noun **1** [C] (merő) színlelés: *They pretend to be friends but it's all a charade.* **2** (**charades**) [U] kitalálós

társasjáték (*amelyben némán eljátsszák vmilyen könyv vagy film címét*)

charcoal /ˈtʃɑːkəʊl/ noun [U] faszén

★ **charge¹** /tʃɑːdʒ/ noun **1** [C,U] ár, díj: *The hotel makes a small charge for changing currency.* • *We deliver free of charge* (ingyen). ➔ Magyarázat a **price** szónál. **2** [C,U] vád: *He was arrested on a charge of murder.* • *The writer dismissed the charge that his books were childish.* **3** [U] megbízatás: *Who is in charge of* (megbízott vezető) *the office while Alan's away?* • *The assistant manager had to take charge of* (irányítani) *the team when the manager resigned.* **4** [C] roham, támadás **5** [C] (fiz) töltés: *a positive/negative charge*
  IDIOMS **bring/press charges (against sb)** (jog) vádat emel | **reverse the charges** → REVERSE¹

charge² /tʃɑːdʒ/ verb **1** [I,T] charge (sb/sth) for sth felszámít, kér (pénzt): *We charge £35 per night for a single room.* ➔ Lásd **overcharge**. **2** [T] charge sb (with sth) vádol: *Six men have been charged with attempted robbery.* **3** [I,T] ráront, megrohan: *The bull put its head down ready to charge (us).* • *The children charged into the room.* **4** [T] (fiz) feltölt: *to charge a battery* ➔ Lásd **recharge**.

chariot /ˈtʃæriət/ noun [C] (tört) harci szekér

charisma /kəˈrɪzmə/ noun [U] karizma, vonzerő: *The president has great charisma.*
  ▸ **charismatic** /ˌkærɪzˈmætɪk/ adj. karizmatikus

charitable /ˈtʃærətəbl/ adj. **1** jószívű: *Some people accused him of lying, but a more charitable explanation was that he had made a mistake.* **2** jótékony(sági)

★ **charity** /ˈtʃærəti/ noun (plural **charities**) **1** [C,U] jótékony célú intézmény: *We went on a sponsored walk to raise money for charity.* **2** [U] jótékonyság: *to act out of charity*

¹**charity shop** noun [C] használt áruk boltja (*amelynek bevétele jótékony célokat szolgál*)

★ **charm¹** /tʃɑːm/ noun **1** [C,U] báj: *The charm of the island lies in its unspoilt beauty.* • *Barry found it hard to resist Linda's charms.*

2 [C] amulett: *a necklace with a lucky charm on it*

★ **charm²** /tʃɑːm/ *verb* [T] **1** elbűvöl **2** megóv: *He has led a charmed life* (szerencsés csillagzat alatt született).

charming /'tʃɑːmɪŋ/ *adj.* bájos: *a charming old church*
  ► **charmingly** *adv.* elbűvölően

charred /'tʃɑːd/ *adj.* szénné égett

chart¹ /tʃɑːt/ *noun* **1** [C] grafikon: *a temperature chart* • *This chart shows the company's sales for this year.* ⊃ Lásd **pie chart, flow chart. 2** [C] térkép (tengeré vagy égbolté): *navigation charts* **3** (the charts) [*plural*] slágerlista

chart² /tʃɑːt/ *verb* [T] **1** (*részletesen*) feldolgoz: *This television series charts the history of the country since independence.* **2** feltérképez (*tengereket vagy égboltot*): *an uncharted coastline*

charter¹ /'tʃɑːtə(r)/ *noun* [C,U] **1** alapszabály: *The club's charter does not permit women to become members.* **2** bérbevétel (*hajóé, repülőé*): *a charter airline*

charter² /'tʃɑːtə(r)/ *verb* [T] kibérel (*hajót, repülőt*)

chartered /'tʃɑːtəd/ *adj.* (*csak főnév előtt*) okleveles: *a chartered accountant*

charter flight *noun* [C] charter-járat

★ **chase¹** /tʃeɪs/ *verb* **1** [I,T] chase (after) sb/sth kerget: *The dog chased the cat up a tree.* **2** [I] rohan(gál): *The kids were chasing around the park.*

★ **chase²** /tʃeɪs/ *noun* [C] üldözés: *an exciting car chase*
  IDIOM **give chase** üldözőbe vesz: *The robber ran off and the policeman gave chase.*

chasm /'kæzəm/ *noun* [C] **1** szakadék **2** szakadék (*átv*)

chassis /'ʃæsi/ *noun* [C] (*plural* chassis /'ʃæsiz/) karosszéria

chaste /tʃeɪst/ *adj.* (*rég*) **1** tiszta, szemérmes: *She gave him a chaste kiss on the cheek.* **2** erényes
  ► **chastity** /'tʃæstəti/ *noun* [U] tisztaság, szüzesség

chat¹ /tʃæt/ *verb* [I] (**chatting; chatted**) chat (with/to sb) (about sth) cseveg: *The two grandmothers sat chatting about the old days.*

PHRASAL VERB **chat sb up** (*brit, informális*) ismerkedni próbál (*nővel*)

chat² /tʃæt/ *noun* [C,U] csevegés: *I'll have a chat with Jim about the arrangements.*

chat show *noun* [C] televíziós/rádiós beszélgető műsor

chatter /'tʃætə(r)/ *verb* [I] **1** fecseg **2** vacog (vkinek a foga)
  ► **chatter** *noun* [U] fecsegés

chatty /'tʃæti/ *adj.* **1** beszédes, fecsegő **2** csevegő: *a chatty letter*

chauffeur /'ʃəʊfə(r)/ *noun* [C] sofőr: *a chauffeur-driven limousine*
  ► **chauffeur** *verb* [T] autón visz vkit (*sofőrként*)

★ **cheap¹** /tʃiːp/ *adj.* **1** nem drága ❶ Szinonimája: **inexpensive.** Ellentéte: **expensive. 2** igénytelen, gyenge minőségű: *The clothes in that shop look cheap.*
  IDIOM **dirt cheap** → DIRT

cheap² /tʃiːp/ *adv.* (*informális*) olcsón: *I got this coat cheap in the sale.*
  IDIOM **be going cheap** (*informális*) olcsón kapható

cheaply /'tʃiːpli/ *adv.* olcsón

★ **cheat¹** /tʃiːt/ *verb* **1** [T] becsap vkit: *The shopkeeper cheated customers by giving them too little change.* **2** [I] **cheat (at sth)** csal: *Paul was caught cheating in the exam.* • *to cheat at cards* **3** [I] **cheat (on sb)** megcsal vkit
  PHRASAL VERB **cheat sb (out) of sth** kicsal vkitől vmit: *They tried to cheat the old lady out of her savings.*

cheat² /tʃiːt/ *noun* [C] csaló

★ **check¹** /tʃek/ *verb* **1** [I,T] **check (sth) (for sth)** ellenőriz (*minőséget*): *Check your work for mistakes before you hand it in.* **2** [I,T] **check (sth) (with sb)** megbizonyosodik vmiről: *You'd better check with Tim that it's OK to borrow his bike.* **3** [T] uralkodik magán, visszafogja magát, lassít: *She almost told her boss what she thought of him, but checked herself in time.* • *Phil checked his pace as he didn't want to tire too early.* **4** [T] (*US*) = TICK¹(2)
  PHRASAL VERBS **check in (at...); check into...** bejelentkezik | **check sth in** felcímkéz: *We checked in our luggage and went through to the departure lounge.* | **check sth off** kipipál: *The boxes were all checked off as*

---

❶ = magyarázat [C] megszámlálható (*főnév*):
  one book, two books

[U] megszámlálhatatlan (*főnév*):
  some sugar

they were unloaded. | **check (up) on sb/sth** érdeklődik vkiről/vmiről: *We call my grandmother every evening to check up on her.* | **check up on sb/sth** ellenőrzi, hogy | **check out (of…)** kijelentkezik (*szállodából*) | **check sb/sth out 1** leellenőriz: *We need to check out these rumours of possible pay cuts.* **2** (*főleg US, szleng*) tájékozódik vmiről, megtekint vmit: *I'm going to check out that new club tonight.*

★ **check²** /tʃek/ *noun* **1** [C] a check (on sth) ellenőrzés: *We carry out/do regular checks on our products.* ● *I don't go to games, but I like to keep a check* (figyelemmel kísér) *on my team's results.* **2** [C,U] kockás minta: *a check jacket* ● *a pattern of blue and red checks* **3** [U] sakk/sekk (*a király/királynő veszélyben van*) ⊃ Lásd **checkmate**. **4** (*US*) = CHEQUE **5** (*US*) = BILL¹ (1) **6** (*US*) = TICK² (1) **IDIOM** **hold/keep sth in check** féken tart: *government measures to keep inflation in check*

checkbook (*US*) = CHEQUEBOOK

checked /tʃekt/ *adj.* kockás

checkers /'tʃekəz/ (*US*) = DRAUGHT¹(2)

ˈcheck-in *noun* [C] **1** jegy- és poggyász-kezelés (*repülőtéren*): *Our check-in time is 10.30 a.m.* **2** jegykezelő pult (*repülőtéren*)

ˈchecking account (*US*) = CURRENT ACCOUNT

checklist /'tʃeklɪst/ *noun* [C] lista (*az elvégzendő/beszerzendő dolgokról*)

checkmate /ˌtʃek'meɪt/ *noun* [U] matt ⊃ Lásd **check²**(3).

checkout /'tʃekaʊt/ *noun* [C] pénztár (*bevásárlóközpontban*)

checkpoint /'tʃekpɔɪnt/ *noun* [C] ellen-őrző pont: *an army checkpoint*

ˈcheck-up *noun* [C] (*orv*) kivizsgálás

cheddar /'tʃedə(r)/ *noun* [U] cheddar sajt

★ **cheek** /tʃiːk/ *noun* **1** [C] orca **2** [C,U] (*brit*) pimaszság: *He's got a cheek, asking to bor-row money again!* **IDIOM** **(with) tongue in cheek** → TONGUE

cheekbone /'tʃiːkbəʊn/ *noun* [C] pofa-csont

cheeky /'tʃiːki/ *adj.* (*brit*) (**cheekier; cheeki-est**) szemtelen
▶ **cheekily** *adv.* arcátlanul

★ **cheer¹** /tʃɪə(r)/ *verb* **1** [I,T] biztat, éljenez

2 [T] jókedvre derít: *They were all cheered by the good news.* **PHRASAL VERBS** **cheer sb on** buzdít: *As the run-ners started the last lap the crowd cheered them on.* | **cheer (sb/sth) up** felvidít: *Cheer up* (fel a fejjel)*! Things aren't that bad.* ● *A few pictures would cheer this room up* (*derűsebbé tenné*) *a bit.*

★ **cheer²** /tʃɪə(r)/ *noun* [C] éljenzés: *The crowd gave a cheer when the president appeared.*

★ **cheerful** /'tʃɪəfl/ *adj.* vidám
▶ **cheerfully** /-fəli/ *adv.* vidáman
cheerfulness *noun* [U] vidámság

cheerio /ˌtʃɪəri'əʊ/ *interj.* (*brit, informális*) viszlát

cheerleader /'tʃɪəliːdə(r)/ *noun* [C] elő-szurkoló, (*amerikai sporteseményeken*) előre betanult koreográfia szerint szur-koló, formaruhás lány

cheers /tʃɪəz/ *interj.* (*informális*) **1** egész-ségére: *'Cheers,' she said, raising her wine glass.* **2** (*brit*) viszontlátásra **3** (*brit*) köszönöm

cheery /'tʃɪəri/ *adj.* derűs: *a cheery remark/wave/smile*
▶ **cheerily** *adv.* derűsen

★ **cheese** /tʃiːz/ *noun* **1** [U] sajt: *a piece of cheese* ● *a cheese sandwich* **2** [C] sajt-féleség: *a wide selection of cheeses*

cheesecake /'tʃiːzkeɪk/ *noun* [C,U] túró-torta

cheetah /'tʃiːtə/ *noun* [C] gepárd

chef /ʃef/ *noun* [C] séf

★ **chemical¹** /'kemɪkl/ *adj.* kémiai: *a chem-ical reaction*
▶ **chemically** /-kli/ *adv.* kémiailag

★ **chemical²** /'kemɪkl/ *noun* [C] vegyszer: *Sulphuric acid is a dangerous chemical.* ● *chemical weapons/warfare* vegyi fegy-verek/hadviselés

★ **chemist** /'kemɪst/ *noun* [C] **1** (*US druggist*) gyógyszerész **2** (**the chemist's**) (*US drug-store*) gyógy- és illatszertár (*ahol fotócikkeket is árulnak*) **3** vegyész

★ **chemistry** /'kemɪstri/ *noun* [U] **1** kémia: *a chemistry lesson* **2** kémiai összetétel

★ **cheque** (*US* check) /tʃek/ *noun* [C,U] csekk: *She wrote out a cheque for £20.* ● *I went to*

[I] **tárgyatlan** (*ige*): He laughed.

[T] **tárgyas** (*ige*): He ate an apple.

the bank **to cash a cheque** (csekket beváltani). • *Can I* **pay by cheque**?

chequebook (*US* **checkbook**) /'tʃekbʊk/ *noun* [C] csekkfüzet

'**cheque card** *noun* [C] (*brit*) csekk-kártya ⊃ Lásd **cash card, credit card.**

cherish /'tʃerɪʃ/ *verb* [T] **1** (*szeretettel*) óv: *The ring was her most cherished possession.* **2** ápol (*gondolatot, emléket*): *a cherished memory*

cherry /'tʃeri/ *noun* [C] (*plural* **cherries**) **1** cseresznye **2** (*also* '**cherry tree**) cseresznyefa

chess /tʃes/ *noun* [U] sakk: *Can you* **play chess?**

★ **chest** /tʃest/ *noun* [C] **1** mellkas **2** szekrény, láda
    IDIOM **get sth off your chest** (*informális*) kimondja (ami a szívét nyomja)

chestnut /'tʃesnʌt/ *noun* [C] **1** (*also* '**chestnut tree**) gesztenyefa **2** gesztenye: *roast chestnuts* ⊃ Lásd **conker.**

'**chest of 'drawers** *noun* [C] fiókos szekrény, sublót

★ **chew** /tʃuː/ *verb* [I,T] **1** rág **2 chew (on) sth** rágcsál: *The dog was chewing on a bone.*

'**chewing gum** (*also* **gum**) *noun* [U] rágógumi ⊃ Lásd **bubblegum.**

chewy /'tʃuːi/ *adj.* rágós: *chewy meat/ toffee*

chic /ʃiːk/ *adj.* elegáns
    ► **chic** *noun* [U] elegancia

chick /tʃɪk/ *noun* [C] kiscsirke

★ **chicken¹** /'tʃɪkɪn/ *noun* **1** [C] csirke **2** [U] csirkehús: *chicken soup* ❶ A **chicken** szó a madarat és a húsát is jelenti.

> A male chicken is called a **cock** (*US* **rooster**), a female is called a **hen** and a young bird is called a **chick**.

IDIOM **Don't count your chickens (before they're hatched)** → COUNT¹

chicken² /'tʃɪkɪn/ *verb*
    PHRASAL VERB **chicken out (of sth)** (*informális*) kibújik vmi alól: *Mark chickened out of swimming across the river when he saw how far it was.*

chickenpox /'tʃɪkɪnpɒks/ *noun* [U] bárányhimlő

chicory /'tʃɪkəri/ (*US* **endive**) *noun* [U] endívia

chief¹ /tʃiːf/ *adj.* (*csak főnév előtt*) **1** fő: *One of the chief reasons for his decision was money.* **2** elsőszámú, fő: *the chief executive of a company*

★ **chief²** /tʃiːf/ *noun* [C] **1** főnök: *the chief of police* **2** törzsfőnök

chiefly /'tʃiːfli/ *adv.* főleg: *His success was due chiefly to hard work.*

chieftain /'tʃiːftən/ *noun* [C] törzsfőnök

chiffon /'ʃɪfɒn/ *noun* [U] sifon (*átlátszó fehér textilféleség*)

chihuahua /tʃɪ'wɑːwə/ *noun* csivava (*mexikói kutyafajta*)

chilblain /'tʃɪlbleɪn/ *noun* [C] (*orv*) fagyás

★ **child** /tʃaɪld/ *noun* [C] (*plural* **children** /'tʃɪldrən/) gyerek, vkinek a gyereke: *She has two children but both are married and have moved away.* • *an only child* egyetlen gyerek • *They have adopted two children.* Két gyereket örökbe fogadtak. • *a foster child* nevelt gyermek • *a six-year-old child*

childbirth /'tʃaɪldbɜːθ/ *noun* [U] szülés: *His wife died in childbirth.*

childcare /'tʃaɪldkeə(r)/ *noun* [U] gyermekgondozás: *Some employers provide childcare facilities.*

childhood /'tʃaɪldhʊd/ *noun* [C,U] gyermekkor: *Harriet had a very unhappy childhood.* • *childhood memories*

childish /'tʃaɪldɪʃ/ *adj.* gyermeteg
    ► **childishly** *adv.* gyerekesen

> A **childlike** szó azt jelenti, hogy valaki bizonyos szempontból gyermek módjára viselkedik: *His childlike enthusiasm delighted us all.* Ha azt mondjuk valakiről, hogy **childish**, akkor rosszallásunkat fejezzük ki: *Don't be so childish! You can't always have everything you want.*

childless /'tʃaɪldləs/ *adj.* gyerektelen

childlike /'tʃaɪldlaɪk/ *adj.* gyerekes ⊃ Lásd **childish.**

childminder /'tʃaɪldmaɪndə(r)/ *noun* [C] (*brit*) gyermekgondozó

'**children's home** *noun* [C] gyermekotthon

chili (*US*) = CHILLI

chill¹ /tʃɪl/ *noun* **1** [*sing.*] csípős hideg: *There's a chill in the air.* • (*átv*) *A chill of fear went down my spine.* A hideg futkározott a hátamon. **2** [*C*] (*informális*) megfázás: *to catch a chill*

chill² /tʃɪl/ *verb* [*I,T*] lehűl, le/behűt: *It's better to chill white wine before you serve it.*

chilli (*US* chili) /'tʃɪli/ *noun* [*C,U*] (*plural* chillies; *US* chilies) (*növ*) csili(paprika): *chilli powder*

chilling /'tʃɪlɪŋ/ *adj.* dermesztő: *a chilling ghost story*

chilly /'tʃɪli/ *adj.* (**chillier; chilliest**) fagyos: *a chilly morning* • *We got a very chilly* (hűvös) *reception.*

chime /tʃaɪm/ *verb* [*I,T*] harangoz, cseng(et)
► **chime** *noun* harangszó, csengő hangja
PHRASAL VERB **chime in** (**with sth**) (*informális*) közbeszól

★ **chimney** /'tʃɪmni/ *noun* [*C*] kémény

chimney sweep *noun* [*C*] kéményseprő

chimpanzee /ˌtʃɪmpæn'ziː/ (*informális* **chimp** /tʃɪmp/) *noun* [*C*] csimpánz

★ **chin** /tʃɪn/ *noun* [*C*] (*biol*) áll

china /'tʃaɪnə/ *noun* [*U*] **1** porcelán **2** porcelánedény

chink /tʃɪŋk/ *noun* [*C*] rés: *Daylight came in through a chink between the curtains.*

chinos /'tʃiːnəʊz/ *noun* [*plural*] vastag vászonnadrág: *a pair of chinos*

chintz /tʃɪnts/ *noun* [*U*] mintás karton

chip

crack

★ **chip¹** /tʃɪp/ *noun* [*C*] **1** csorba: *This dish has a chip in it.* **2** letört darabka **3** (*US* French fry) [*usually plural*] hasábburgonya **4** (also **potato chip**) (*US*) = CRISP² **5** (also 'micro-chip) *noun* [*C*] (*infor*) mikrochip **6** zseton
IDIOM **have a chip on your shoulder** (**about sth**) (*informális*) nem tud napirendre térni fölötte: *My dad still has a chip on his shoulder about being thrown out of school.*

chip² /tʃɪp/ *verb* [*I,T*] (**chipping; chipped**) **1** lepattint **2** megpöccinti a labdát

PHRASAL VERB **chip in** (**with sth**) (*informális*) **1** közbeszól **2** hozzájárul (*pénzzel*): *We all chipped in and bought him a present when he left.*

chip shop (also **chippy** /'tʃɪpi/) *noun* [*C*] (*Nagy-Britanniában*) hasábburgonyát, sült halat és egyéb sülteket árusító bolt

chiropodist /kɪ'rɒpədɪst/ (*US* **podiatrist**) *noun* [*C*] pedikűrös

chirp /tʃɜːp/ *verb* [*I*] csiripel

chisel /'tʃɪzl/ *noun* [*C*] véső ➔ Ábra **tool** alatt.

chivalry /'ʃɪvəlri/ *noun* [*U*] lovagiasság
► **chivalrous** /'ʃɪvəlrəs/ *adj.* lovagias

chive /tʃaɪv/ *noun* [*C, usually plural*] snidling

chlorine /'klɔːriːn/ *noun* [*U*] (*symbol* **Cl**) klór

chock-a-block /ˌtʃɒk ə 'blɒk/ *adj.* (*főnév előtt nem állhat*) dugig van: *The High Street was chock-a-block with shoppers.*

chocoholic /ˌtʃɒkə'hɒlɪk/ *noun* [*C*] csokoládémániás

★ **chocolate** /'tʃɒklət/ *noun* **1** [*U, C*] csokoládé, csokoládé/csokoládés desszert: *a bar of milk/plain chocolate* • *a chocolate milkshake* • *a box of chocolates* **2** [*C,U*] csokoládé ital: *a mug of hot chocolate* **3** [*U*] csokoládébarna

★ **choice¹** /tʃɔɪs/ *noun* **1** [*C*] **a choice** (**between A and B**) választás vkik/vmik között: *David was forced to **make a choice** between moving house and losing his job.* **2** [*U*] választási lehetőség: *We have no choice but to cancel our trip.* • *to have freedom of choice* ❶ Szinonimája: **option**. **3** [*C,U*] választék: *This cinema offers a choice of six different films every night.* **4** [*C*] a választott: *Barry would be my choice as team captain.* ❶ Ige: **choose**.

choice² /tʃɔɪs/ *adj.* kiváló minőségű: *choice beef*

choir /'kwaɪə(r)/ *noun* [*C, with sing. or plural verb*] énekkar

★ **choke¹** /tʃəʊk/ *verb* **1** [*I,T*] **choke** (**on sth**) fuldoklik, fojtogat: *She was choking on a fish bone.* • *The smoke choked us.* ➔ Lásd

choke

strangle. 2 [T] *(ált. szenvedő szerkezetben)* **choke sth (up) (with sth)** eldugaszol: *The roads to the coast were choked with traffic* (bedugult a forgalom).
PHRASAL VERB **choke sth back** visszafojt: *to choke back tears/anger*

choke² /tʃəʊk/ *noun* [C] **1** *(tech)* szivató **2** fuldoklás: *A tiny choke of laughter escaped her.*

cholera /'kɒlərə/ *noun* [U] kolera

cholesterol /kə'lestərɒl/ *noun* [U] koleszterin

★ **choose** /tʃuːz/ *verb* [I,T] *(pt* chose /tʃəʊz/; *pp* chosen /'tʃəʊzn/) **1** choose (between A and/or B); choose (A) (from B); choose sb/sth as sth választ: *You choose – I can't decide.* • *Amy had to choose between getting a job or going to college.* **2** choose (to do sth) elhatároz vmit, vmi mellett dönt: *You are free to leave whenever you choose.* **❶** Főnév: **choice.**
IDIOM **pick and choose** → PICK¹

choosy /'tʃuːzi/ *adj.* *(informális)* válogatós

★ **chop¹** /tʃɒp/ *verb* [T] **(chopping; chopped)** **chop sth (up) (into sth)** felaprít: *Chop the onions up into small pieces.*
IDIOM **chop and change** váltogat *(véleményt, terveket)*
PHRASAL VERBS **chop sth down** kivág *(fát)* | **chop sth off (sth)** levág vmiről vmit/vmennyit

chop² /tʃɒp/ *noun* [C] **1** borda **Ɔ** Lásd **steak. 2** szeletelés, ütés: *a karate chop*

chopper /'tʃɒpə(r)/ *noun* [C] *(informális)* helikopter

chopping board *noun* [C] vágódeszka **Ɔ** Ábra **kitchen** alatt.

choppy /'tʃɒpi/ *adj.* hullámzó *(tenger)*

chopsticks /'tʃɒpstɪks/ *noun* [plural] evőpálcikák

choral /'kɔːrəl/ *adj.* kórus-

chord /kɔːd/ *noun* [C] *(zene)* akkord

chore /tʃɔː(r)/ *noun* [C] fárasztó kötelesség: *household chores* mindennapi házimunka

choreograph /'kɒriəɡrɑːf/ *verb* [T] koreográfál
▸ **choreographer** /ˌkɒri'ɒɡrəfə(r)/ *noun* [C] koreográfus

choreography /ˌkɒri'ɒɡrəfi/ *noun* [U] koreográfia

chorus¹ /'kɔːrəs/ *noun* **1** [C] *(zene)* refrén **❶** Szinonimája: **refrain. 2** [C] kórus *(hoszszabb mű része)* **3** [C, with sing. or plural verb]* énekkar **4** [C, with sing. or plural verb]* ének- és tánckar **5 a chorus of sth** [sing.] kórus *(többek közösen hangoztatott véleménye): a chorus of cheers/criticism/disapproval*

chorus² /'kɔːrəs/ *verb* [T] kórusban énekel/hangoztat

chose *past tense* of CHOOSE

chosen *past participle* of CHOOSE

Christ /kraɪst/ *(also* Jesus, Jesus 'Christ /ˌdʒiːzəs 'kraɪst/) *noun* Krisztus

christen /'krɪsn/ *verb* [T] **1** (meg)keresztel: *The baby was christened Simon Mark.* **Ɔ** Lásd **baptize. 2** elnevez

christening /'krɪsnɪŋ/ *noun* [C] keresztelő **Ɔ** Lásd **baptism.**

★ **Christian** /'krɪstʃən/ *noun* [C] *adj.* keresztény

Christianity /ˌkrɪsti'ænəti/ *noun* [U] kereszténység

★ **Christmas** /'krɪsməs/ *noun* **1** [C,U] karácsony **2 (Christmas Day)** [C] karácsony (első) napja **❶** A köznyelvben a **Christmas** írásban **Xmas** is lehet.

Christmas card *noun* [C] karácsonyi üdvözlőlap

Christmas 'carol *(also* carol) *noun* [C] karácsonyi ének

Christmas 'cracker = CRACKER(2)

Christmas 'dinner *noun* [C] karácsonyi ebéd/vacsora: *We had a traditional Christmas dinner that year, with roast turkey, Christmas pudding and all the trimmings.*

Christmas 'Eve *noun* [C] karácsony este

Christmas 'pudding *noun* [C,U] angol karácsonyi sütemény *(kuglóf alakú, aszalt gyümölccsel töltött, vanília sodóval öntik le, melegen fogyasztják)*

Christmas tree *noun* [C] karácsonyfa

chrome /krəʊm/ *(also* chromium /'krəʊmiəm/) *noun* [U] króm

chromosome /'krəʊməsəʊm/ *noun* [C] kromoszóma

chronic /'krɒnɪk/ *adj.* krónikus: *There is a*

chronic shortage of housing in the city.
➲ Vesd össze **acute.**
▶ **chronically** /-kli/ *adv.* krónikusan

chronicle /'krɒnɪkl/ *noun* [*c, often plural*] (*tört*) krónika

chronological /ˌkrɒnə'lɒdʒɪkl/ *adj.* időrendi: *This book describes the main events in his life **in chronological order** (időrendben).*
▶ **chronologically** /-kli/ *adv.* időrendben

chrysalis /'krɪsəlɪs/ (*plural* **chrysalises**) *noun* [*c*] (*biol*) báb

chrysanthemum /krɪ'sænθəməm/ *noun* [*c*] krizantém

chubby /'tʃʌbi/ *adj.* dundi

chuck /tʃʌk/ *verb* [*T*] (*informális*) elhajít, kidob vmit
PHRASAL VERBS chuck sth in felad, abbahagy vmit: *He's chucked his job in because he was fed up.* Otthagyta az állását, mert elege volt. | **chuck sb out (of sth)** kidob vkit vhonnan: *They were chucked out of the cinema for making too much noise.*

chuckle /'tʃʌkl/ *verb* [*I*] kuncog: *Bruce chuckled to himself as he read the letter.*
▶ **chuckle** *noun* [*c*] kuncogás

chug /tʃʌɡ/ *verb* [*I*] (**chugging; chugged**) **1** pöfög **2 chug along, down, up, etc.** elpöfög: *The train chugged out of the station.*

chunk /tʃʌŋk/ *noun* [*c*] nagy darab: *chunks of bread and cheese*

chunky /'tʃʌŋki/ *adj.* **1** súlyos: *chunky jewellery* **2** zömök és vaskos: *He was a short man with chunky legs.* **3** darabos (*étel, ital*): *chunky banana milkshake*

★ **church** /tʃɜːtʃ/ *noun* **1** [*c,U*] (*keresztény*) templom: *Do you go to church regularly?* ❶ Ha valaki szentmisére/istentiszteletre megy a templomba, akkor a **church** szó előtt nincs névelő. Helyesen **to church, in church, at church**: *Was Mrs Stevens at church today?* **2** (**Church**) [*c*] vmilyen egyház: *the Methodist Church* **3** (**Church, the Church**) [*sing.*] az egyház: *the conflict between Church and State*

churchgoer /'tʃɜːtʃɡəʊə(r)/ *noun* [*c*] rendszeresen templomba járó ember

the ˌChurch of ˈEngland (*abbr.* **C. of E.**)

noun [*sing.*] az anglikán egyház ➲ Lásd **Anglican.**

churchyard /'tʃɜːtʃjɑːd/ *noun* [*c*] templomkert (*egyben temető is*) ➲ Lásd **cemetery, graveyard.**

churn /tʃɜːn/ *verb* **1** [*I,T*] churn (sth) (up) kavarog, felkavar (*vizet, sarat*): *The dark water churned beneath the huge ship.* • *Vast crowds had churned the field into a sea of mud.* **2** [*I*] felkavarodik vmitől a gyomra: *Reading about the murder in the paper made my stomach churn.* **3** [*T*] vajat köpül **PHRASAL VERB churn sth out** (*informális*) ont: *Modern factories can churn out cars at an amazing speed.*

chute /ʃuːt/ *noun* [*c*] ledobó akna: *a laundry/rubbish chute* • *a water chute* vízicsúszda

chutney /'tʃʌtni/ *noun* [*U*] édes, fűszeres indiai öntet húsételekhez

CIA /ˌsi: aɪ 'eɪ/ *abbr.* (**Central Intelligence Agency** rövidítése) CIA (*US Központi Hírszerző Ügynökség*)

ciabatta /tʃə'bætə/ *noun* [*U, c*] olasz kenyérféleség

cider /'saɪdə(r)/ *noun* [*U*] **1** (*brit*) almabor: *dry/sweet cider* **2** (*US*) almalé

cigar /sɪ'ɡɑː(r)/ *noun* [*c*] szivar

cigarette /ˌsɪɡə'ret/ *noun* [*c*] cigaretta: *a packet of cigarettes*

ciga'rette lighter (*also* **lighter**) *noun* [*c*] öngyújtó

cinder /'sɪndə(r)/ *noun* [*c*] parázs

★ **cinema** /'sɪnəmə/ *noun* **1** [*c*] (*brit*) mozi: *What's on at the cinema this week?*

> Az amerikai angolban a mozi épülete **movie theater,** de ha moziba megyünk, akkor a mozi elnevezése **the movies**: *There are five movie theaters in this town.* • *Let's go to the movies this evening.*

2 [*U*] a film(ipar): *one of the great successes of British cinema*

cinnamon /'sɪnəmən/ *noun* [*U*] fahéj

circa /'sɜːkə/ *prep.* (*abbr.* **c**) (*írott nyelv*) körülbelül: *The vase was made circa 600 AD.*

★ **circle¹** /'sɜːkl/ *noun* **1** [*c*] kör: *to draw a circle* • *We all stood in a circle and held hands.* •

She cut out a circle of paper. **2** [C] *(baráti/szakmai)* kör: *He has a large circle of friends.* • *Her name was well known in artistic circles.* **3 (the circle, the dress circle)** *(US* **balcony)** [sing.] első emeleti erkély *(színházban, moziban)*

IDIOM a vicious circle → VICIOUS

* **circle²** /'sɜːkl/ *verb* **1** [I,T] köröz **2** [T] bekarikáz

circuit /'sɜːkɪt/ *noun* **1** [C] körpálya: *The cars have to complete ten circuits of the track.* **2** [C] áramkör **3** [sing.] körverseny: *She's one of the best players on the tennis circuit.*

* **circular¹** /'sɜːkjələ(r)/ *adj.* **1** kerek **2** kör-: *a circular tour of Oxford*

circular² /'sɜːkjələ(r)/ *noun* [C] körlevél

circulate /'sɜːkjəleɪt/ *verb* [I,T] **1** kering, köröz vmit: *Rumours were circulating about the Minister's private life.* • *We've circulated a copy of the report to each department.* **2** kering: *Blood circulates round the body.*

circulation /ˌsɜːkjə'leɪʃn/ *noun* **1** [U] *(orv)* vérkeringés **2** [U] vminek a forgalma/terjedése/terjesztése: *the circulation of news/information/rumours* • *Old five pence coins are no longer in circulation* (nincs forgalomban). **3** [C, usually sing.] (eladott) példányszám: *This newspaper has a circulation of over a million.*

circumcise /'sɜːkəmsaɪz/ *verb* [T] *(vall)* körülmetél
  ▶ **circumcision** /ˌsɜːkəm'sɪʒn/ *noun* [C,U] *(vall)* körülmetélés

circumference /sə'kʌmfərəns/ *noun* [C,U] *(mat)* kerület: *The Earth is about 40 000 kilometres in circumference.* ➔ Lásd diameter, radius.

* **circumstance** /'sɜːkəmstəns/ *noun* **1** [C, usually plural] körülmény(ek): *Police said there were no suspicious circumstances surrounding the boy's death.* • *In normal circumstances I would not have accepted the job, but at that time I had very little money.* **2 (circumstances)** [plural] *(formális)* anyagi helyzet

IDIOMS in/under no circumstances semmilyen körülmények között: *Under no circumstances should you enter my office.* | in/under the circumstances az adott

helyzetben: *My father was ill at that time, so under the circumstances I decided not to go on holiday.*

circumstantial /ˌsɜːkəm'stænʃl/ *adj.* *(jog)* a körülményekből kikövetkeztethető: *circumstantial evidence* közvetett bizonyíték

* **circus** /'sɜːkəs/ *noun* [C] cirkusz(i előadás)

CIS /ˌsiː/ *abbr.* **the Commonwealth of Independent States** *rövidítése)* Független Államok Közössége

cistern /'sɪstən/ *noun* [C] ciszterna

cite /saɪt/ *verb* [T] *(formális)* idéz vkitől, hivatkozik vkire/vmire

* **citizen** /'sɪtɪzn/ *noun* [C] **1** állampolgár **2** lakos, polgár: *the citizens of Paris* ➔ Lásd senior citizen.

citizenship /'sɪtɪzənʃɪp/ *noun* [U] állampolgárság

citrus /'sɪtrəs/ *adj.* citrom- és narancsfélék

* **city** /'sɪti/ *noun* *(plural* **cities)** **1** [C] nagyváros: *the city centre* • *Many people are worried about housing conditions in Britain's inner cities* (belső kerületek). **2 (the City)** [sing.] London legrégebbi része, Nagy-Britannia pénzügyi központja

civic /'sɪvɪk/ *adj.* városi, polgári: *civic pride* lokálpatriotizmus • *the civic centre* egy város(rész) középületeinek együttese

civil /'sɪvl/ *adj.* **1** *(csak főnév előtt)* polgári, lakossági: *civil disorder* **2** *(csak főnév előtt)* polgári, civil: *civil engineering* általános mérnöki tevékenység • *a civil wedding* polgári esküvő **3** *(csak főnév előtt)* *(jog)* polgári: *civil courts* **4** kimért(en udvarias): *I know you don't like the director, but do try and be civil to him.*
  ▶ **civilly** /'sɪvəli/ *adv.* kimért udvariassággal

* **civilian** /sə'vɪliən/ *noun* [C] civil személy

* **civilization** (also **civilisation**) /ˌsɪvəlaɪ'zeɪʃn/ *noun* **1** [C,U] civilizáció: *the civilizations of ancient Greece and Rome* • *Western civilization* **2** [U] civilizáció(s folyamat), civilizálódás **3** [U] az emberi civilizáció: *Global warming poses a threat to the whole of civilization.*

civilize (also **-ise**) /'sɪvəlaɪz/ *verb* [T] civilizál

* **civilized** (also **-ised**) /'sɪvəlaɪzd/ *adj.* **1** civilizált **2** kulturált: *a civilized conversation*

---

❶ = magyarázat [C] megszámlálható *(főnév)*: *one book, two books* [U] megszámlálhatatlan *(főnév)*: *some sugar*

,civil 'rights (also ,civil 'liberties) *noun* [*plural*] polgárjogok

,civil 'servant *noun* [*C*] (*főleg brit*) köztisztviselő

the ,civil 'service *noun* [*sing.*] közhivatalok (*a minisztériumok és az ott dolgozók*)

,civil 'war *noun* [*C,U*] polgárháború

CJD /,si: dʒeɪ 'di:/ *abbr.* Creutzfeldt-Jakob kór ➔ Lásd BSE.

cl *abbr.* (centilitre, centilitres *rövidítése*) cl, centiliter

clad /klæd/ *adj.* (*főnév előtt nem állhat, rég*) vmibe öltözött: *The children were warmly clad in coats, hats and scarves.*

★ **claim¹** /kleɪm/ *verb* 1 [*T*] claim (that); claim (to be sth) állít, bizonygat vmit: *Colin claims the book belongs to him.* 2 [*I,T*] claim (for sth) igényt jelent be vmire, folyamodik vmiért: *The police are keeping the animal until somebody claims it.* • *Don't forget to claim for your travel expenses when you get back.* • (*átv*) *No one has claimed responsibility* (senki nem vállalta a felelősséget) *for the bomb attack.* 3 [*T*] (*halálos áldozatokat*) követel: *The earthquake claimed thousands of lives.*

★ **claim²** /kleɪm/ *noun* [*C*] 1 a claim (that) állítás 2 a claim (to sth) jogcíme van vmire: *You will have to prove your claim to the property in a court of law.* 3 a claim (for sth) követelés: *to make an insurance claim* • *After the accident he decided to put in a claim for compensation* (kártérítési igényt jelent be).

IDIOM **stake a/your claim** → STAKE²

claimant /'kleɪmənt/ *noun* [*C*] 1 igénylő: *a claimant to the throne* trónkövetelő 2 (*brit*) igénylő, igényjogosult: *a benefit claimant*

clairvoyant /kleə'vɔɪənt/ *noun* [*C*] látnok

clam¹ /klæm/ *noun* [*C*] kagyló

clam² /klæm/ *verb* (**clamming**; **clammed**) PHRASAL VERB **clam up (on sb)** (*informális*) egy kukkot se szól többet

clamber /'klæmbə(r)/ *verb* [*I*] clamber up, down, out etc. mászik, kapaszkodik: *She managed to clamber up the over the wall.*

clammy /'klæmi/ *adj.* hideg és nyirkos/ ragadós: *clammy hands*

clamour (*US* clamor) /'klæmə(r)/ *verb* [*I*]

---

clamour for sth (*lármásan*) követel: *The public are clamouring for an answer to all these questions.*
▶ **clamour** (*US* clamor) *noun* [*sing.*] lárma: *the clamour of angry voices*

clamp¹ /klæmp/ *noun* [*C*] 1 fogó (*szerszám*) 2 (also wheel clamp) (*brit*) kerékbilincs

clamp² /klæmp/ *verb* [*T*] 1 clamp A and B (together); clamp A to B összeerősít: *The metal rods were clamped together.* 2 szorosan tart, összeszorít: *Her lips were clamped tightly together.* 3 kerékbilincset tesz fel: *Oh no! My car's been clamped.*
PHRASAL VERB **clamp down on sb/sth** (*informális*) szigorúan fellép vki/vmi ellen: *The police are clamping down on people who drink and drive.*

clampdown /'klæmpdaʊn/ *noun* [*C*] szigorított ellenőrzés: *a clampdown on tax evasion*

clan /klæn/ *noun* [*C*, with sing. or plural verb] klán (*különösen Skóciában*)

clandestine /klæn'destɪn/ *adj.* (*formális*) titkos, tilalmas

clang /klæŋ/ *verb* [*I,T*] cseng (*fém*): *The iron gates clanged shut* (döngve bezárult).
▶ **clang** *noun* [*C*] csengés (*pl. fémé*): *the clang* (kongás) *of bells*

clank /klæŋk/ *verb* [*I,T*] csörömpöl, csörget: *The lift clanked its way up to the seventh floor.*
▶ **clank** *noun* [*C*] csörgés, csörömpölés

★ **clap¹** /klæp/ *verb* (**clapping**; **clapped**) 1 [*I,T*] tapsol 2 [*T*] ráüt/csap vmivel vmire: *'Oh no, I shouldn't have said that,' she said, clapping a hand over her mouth.*

clap² /klæp/ *noun* [*C*] 1 csattanás, dörrenés: *a clap of thunder* 2 taps(olás)

clarification /,klærəfɪ'keɪʃn/ *noun* [*U*] vminek a tisztázása/elmagyarázása ➔ Lásd clarity.

clarify /'klærəfaɪ/ *verb* [*T*] (*pres. part.* clarifying; *3rd pers. sing. pres.* clarifies; *pt, pp* clarified) tisztáz vmit, el-/megmagyaráz ❶ Melléknév: clear.

clarinet /,klærə'net/ *noun* [*C*] klarinét ➔ Magyarázat a **piano** szónál.

clarity /'klærəti/ *noun* [*U*] (*átv*) tisztaság, érthetőség: *clarity of expression* ➔ Lásd clarification.

---

clash¹ /klæʃ/ *verb* **1** [*I*] **clash (with sb) (over sth)** összeütközés (vkivel vmi miatt), összecsapás: *A group of demonstrators clashed with police outside the Town Hall.* **2** [*I*] **clash (with sth)** (*két esemény*) egybeesik, ütközik: *It's a pity the two concerts clash. I wanted to go to both of them.* **3** [*I*] **clash (with sth)** nem illik vmihez, nem megy hozzá (*pl. színben, mintában*): *That tie clashes with your shirt.* **4** [*I,T*] (*két fémtárgy*) csattanva egymásnak ütközik, csattantva összeüt: *Their swords clashed.*

clash² /klæʃ/ *noun* [*C*] **1** összecsapás, összetűzés: *a clash between police and demonstrators* **2** (érdek)ellentét: *a clash of opinions* • *There was a personality clash between the two men* (nem fértek össze). **3** fémes csattanás

clasp¹ /klɑːsp/ *noun* [*C*] kapocs, csat: *the clasp on a necklace/brooch/handbag*

clasp² /klɑːsp/ *verb* [*T*] szorosan tart/átölel: *Kevin clasped the child in his arms.*

class¹ /klɑːs/ *noun* **1** [*C, with sing. or plural verb*] (*okt*) osztály **2** [*C,U*] óra (*iskolában*): *We watched an interesting video in class* (az órán) *yesterday.* **3** [*U; C, with sing. or plural verb*] társadalmi osztály **4** [*C*] (*rendszertani*) osztály: *There are several different classes of insects.* **5** [*U*] (*informális*) kiváló minőség, kiemelkedő teljesítmény: *Pele was a football player of great class.* **6** [*C*] (*összetett melléknevekben*) -osztályú: *a first-class carriage on a train* **7** [*C*] (*brit, összetett melléknevekben*) (*egyetemi államvizsgán*) osztályzat, minősítés: *a first-class degree*

class² /klɑːs/ *verb* [*T*] **class sb/sth (as sth)** vilyen osztályba/kategóriába sorol: *Certain animals and plants are now classed as 'endangered species'.*

classic¹ /ˈklæsɪk/ *adj.* (*ált. főnév előtt*) **1** tipikus, klasszikus: *It was a classic case of bad management.* **2** klasszikus (*pl. könyv, színdarab*): *the classic film 'Gone With The Wind'*

classic² /ˈklæsɪk/ *noun* **1** [*C*] klasszikus mű: *All of Charles Dickens' novels are classics.* **2** (**Classics**) [*U*] klasszika-filológia

classical /ˈklæsɪkl/ *adj.* (*ált. főnév előtt*) klasszikus: *classical architecture* • *classical ballet* • *I prefer classical music to pop.* ➜ Lásd **jazz, pop, rock**.

► **classically** /-kli/ *adv.* klasszikusan, hagyományosan

classified /ˈklæsɪfaɪd/ *adj.* (*hivatalos nyelvben*) titkos, bizalmas: *classified information*

classified ad/**vertisement** (*brit, informális* ˌclassified 'ad) *noun* [*usually plural*] apróhirdetés

classify /ˈklæsɪfaɪ/ *verb* [*T*] (*pres. part.* **classifying;** *3rd pers. sing. pres.* **classifies;** *pt, pp* **classified**) **classify sb/sth (as sth)** vilyen osztályba sorol
► **classification** /ˌklæsɪfɪˈkeɪʃn/ *noun* [*C,U*] (*tud*) osztályozás, besorolás

classmate /ˈklɑːsmeɪt/ *noun* [*C*] osztálytárs

classroom /ˈklɑːsruːm; -rʊm/ *noun* [*C*] tanterem

classy /ˈklɑːsi/ *adj.* (**classier; classiest**) (*informális*) előkelő: *a classy restaurant*

clatter /ˈklætə(r)/ *verb* [*I,T*] zörget, csörömpöl, zakatol: *The horses clattered down the street.*
► **clatter** *noun* [*usually sing.*] zörgés, csattogás

clause /klɔːz/ *noun* [*C*] **1** (*jog*) cikkely, paragrafus **2** (*nyelv*) tagmondat

claustrophobia /ˌklɔːstrəˈfəʊbiə/ *noun* [*U*] (*pszich*) klausztrofóbia

claustrophobic /ˌklɔːstrəˈfəʊbɪk/ *adj.* **1** klausztrofóbiás: *I always feel claustrophobic in lifts.* **2** klausztrofóbiát keltő: *a claustrophobic little room*

claw¹ /klɔː/ *noun* [*C*] **1** (*áll*) karom **2** olló, karom

claw² /klɔː/ *verb* [*I,T*] **claw (at) sb/sth** megkarmol, karmaival megragad: *The cat was clawing at the furniture.*

clay /kleɪ/ *noun* [*U*] agyag ➜ Ábra **pot¹** alatt.

★ **clean¹** /kliːn/ *adj.* **1** tiszta **2** szalonképes: *a clean joke* ❶ Az 1. és 2. jelentés ellentéte **dirty**. **3** tiszta múltú, büntetlen előéletű: *a clean driving licence*
IDIOM **a clean sweep** elsöprő győzelem, minden díj elnyerése: *The Rumanians made a clean sweep of all the gymnastics events.* ❶ Főnév: **cleanliness**.

★ **clean²** /kliːn/ *verb* **1** [*T*] tisztít **2** [*I,T*] (ki)takarít: *Mr Burrows comes in to clean* *after office hours.* **❶** A **clean** helyett gyakran **do the cleaning** használatos: *I do the cleaning once a week.*

PHRASAL VERBS **clean sth out** kitisztítja vmi belsejét: *I'm going to clean out all the cupboards next week.* | **clean (sth) up** ki-/feltakarít vmit, kitisztít vmit: *I'm going to clean up the kitchen before Mum and Dad get back.* • *Oh no, you've spilt coffee on the new carpet! Can you clean it up?* ➔ Lásd **dry-clean, spring-clean.**

clean³ /kliːn/ *adv.* (*informális*) teljesen, tökéletesen: *I clean forgot it was your birthday.*

IDIOMS **come clean (with sb) (about sth)** (*informális*) kirukkol az igazsággal: *She decided to come clean with Martin about her relationship with Tom.* | **go clean out of your mind** teljesen kimegy vki fejéből

cleaner /ˈkliːnə(r)/ *noun* [C] **1** takarító(nő) **2** tisztítószer, takarítóeszköz: *liquid floor cleaners* • *a vacuum cleaner* **3** (**the cleaner's**) (also ˌdry-ˈcleaner's) vegytisztító

cleanliness /ˈklenlinəs/ *noun* [U] tisztaság: *High standards of cleanliness are important in a hotel kitchen.*

cleanly /ˈkliːnli/ *adv.* simán, könnyen: *The knife cut cleanly through the rope.*

cleanse /klenz/ *verb* [T] tisztít (*bőrt, sebet*) ➔ Lásd **ethnic cleansing.**

cleanser /ˈklenzə(r)/ *noun* [C] bőr-/arctisztító szer

ˌclean-ˈshaven *adj.* frissen borotvált (*arc*)

* **clear¹** /klɪə(r)/ *adj.* **1** tiszta, világos: *His voice wasn't very clear on the telephone.* • *She gave me clear directions on how to get there.* **2 clear (about/on sth)** biztos vmiben, tisztában van vmivel: *I'm not quite clear about the arrangements for tomorrow.* **❶** Ige: **clarify. 3 clear (to sb)** nyilvánvaló (vki számára): *There are clear advantages to the second plan.* • *It was clear to me that he was not telling the truth.* **4** tiszta, áttetsző: *The water was so clear that we could see the bottom of the lake.* **5 clear (of sth)** szabad, mentes vmilyen akadálytól: *The roads are now clear of snow.* **6** tiszta, makulátlan: *a clear sky* • *a clear skin* **7** tiszta, vétlen: *It wasn't your fault. You can have a completely clear conscience.*

IDIOM **make yourself clear; make sth**

clear/plain (to sb) világosan beszél, félreérthetetlenül vki értésére ad vmit: *He made it quite clear that he was not happy with the decision.*

* **clear²** /klɪə(r)/ *adv.* **1** (also **clearly**) tisztán, világosan: *We can hear the telephone loud and clear* (jól hallható) *from here.* **2 clear (of sth)** vmitől távol(abb), odébb: *Stand clear of the doors.* Vigyázat, az ajtók záródnak!

IDIOM **keep/stay/steer clear (of sb/sth)** távol tartja magát vmitől/vkitől, (el)kerül

* **clear³** /klɪə(r)/ *verb* **1** [T] el-/megtisztít, eltakarít vmit: *to clear the roads of snow/to clear snow from the roads* • *It's your turn to clear the table* (leszedni az asztalt). **2** [I] eloszlik, elszáll (*pl. füst*): *The fog slowly cleared and the sun came out.* **3** [I] kitisztul (*ég,víz stb.*): *After a cloudy start, the weather will clear during the afternoon.* **4** [T] **clear sb (of sth)** tisztáz (vmilyen vád alól): *The man has finally been cleared of murder.* **5** [T] simán átugrik vmit, kikerül vmit: *The horse cleared the fence easily.* **6** [T] fel-/leszállási engedélyt ad: *At last the plane was cleared for take-off.* **7** [T] **clear sth (with sb)** jóváhagyat vmit (vkivel): *I'll have to clear it with the manager before I can refund your money.* **8** [I]: *The cheque will take three days to clear.* A csekk összege három napon belül kerül számlájára.

IDIOMS **clear the air** tiszta vizet önt a pohárba, eloszlat (*pl. kételyt*): *I'm sure if you discuss your feelings with her it will help to clear the air between you.* | **clear your throat** köszörüli a torkát

PHRASAL VERBS **clear off** (*informális*) tűnj el, eredj (innen) | **clear sth out** kitakarít, lomtalanít | **clear up** javul (*időjárás, betegség*): *We can go out for a walk if it clears up later on.* • *The doctor told him to stay at home until his cold cleared up.* | **clear (sth) up** rendet rak, kitakarít: *Make sure you clear up properly before you leave.* | **clear sth up** megold, tisztáz (*problémát, félreértést stb.*): *There's been a slight misunderstanding but we've cleared it up now.*

clearance /ˈklɪərəns/ *noun* [U] **1** lomtalanítás: *The shop is having a clearance sale* (kiárusítás). **2** tér, mozgástér: *There was not enough clearance for the bus to pass* *under the bridge safely.* **3** hivatalos engedély: *She was given clearance to work at the nuclear research establishment.*

ˌclear-ˈcut *adj.* világos, félreérthetetlen

ˌclear-ˈheaded *adj.* tisztafejű, józan

clearing /ˈklɪərɪŋ/ *noun* [C] tisztás, irtás

clearly /ˈklɪəli/ *adv.* **1** tisztán, világosan: *to hear/see sth clearly* **2** világosan, értelmesen: *I'm so tired that I can't think clearly.* **3** nyilvánvalóan: *She clearly doesn't want to speak to you any more.*

ˌclear-ˈsighted *adj.* tisztán látó

cleavage /ˈkliːvɪdʒ/ *noun* [C,U] dekoltázs

clef /klef/ *noun* [C] (*zene*) kulcs: *the bass clef* basszuskulcs • *treble clef* violinkulcs

clementine /ˈklemənti:n/ *noun* [C] mag nélküli mandarin

clench /klentʃ/ *verb* [T] összeszorít: *She clenched her fists.* Ökölbe szorította a kezét.

clergy /ˈklɜːdʒi/ *noun* [plural] papság: *a member of the clergy*

clergyman /ˈklɜːdʒimən/ *noun* [C] (*plural* -men /-mən; -men/) pap, lelkész

clergywoman /ˈklɜːdʒiwʊmən/ *noun* [C] (*plural* -women /-wɪmɪn/) női lelkész

clerical /ˈklerɪkl/ *adj.* **1** irodai, hivatal(nok)i: *clerical work* **2** papi

★ **clerk** /klɑːk/ *noun* [C] **1** tisztviselő, hivatalnok **2** (also **sales clerk**) (*US*) = SHOP ASSISTANT

★ **clever** /ˈklevə(r)/ *adj.* **1** okos, értelmes, ügyes **2** ügyes, ötletes (*pl. eszköz*): *a clever device* • *a clever plan*
▸ **cleverly** *adv.* ügyesen, ötletesen
cleverness *noun* [U] okosság, ötletesség

cliché /ˈkliːʃeɪ/ *noun* [C] közhely

click¹ /klɪk/ *verb* **1** [I,T] kattan, kattant: *The door clicked shut.* • *He clicked his fingers* (ujjával csettintett) *at the waiter.* **2** [I,T] **click (on sth)** (*infor*) (egérrel) rákattint: *To open a file, click on the*

menu. • *Position the pointer and double click the left-hand mouse button.* **3** [I] (*brit, informális*) rögtön összebarátkoznak: *We met at a party and just clicked.* **4** [I] (*informális*) hirtelen (minden) világossá válik: *Once I'd found the missing letter, everything clicked into place.*

click² /klɪk/ *noun* [C] **1** kattanás: *the click of a switch* **2** kattintás

★ **client** /ˈklaɪənt/ *noun* [C] **1** ügyfél **2** kliens (*felhasználó*)

> Vigyázat! A **client** szó nem használható a boltban, étteremben kiszolgált személyre, ő a **customer**. A **clientele** szélesebb jelentésű, formális szó, akikre vonatkozik, azok egyaránt lehetnek **clients** és **customers**.

clientele /ˌkliːənˈtel/ *noun* [U] vevőkör, ügyfelek ➜ Magyarázat a **client** szónál.

★ **cliff** /klɪf/ *noun* [C] (*tengerparti*) sziklaszirt

★ **climate** /ˈklaɪmət/ *noun* [C] **1** éghajlat: *a dry/humid/tropical climate* **2** (*szellemi*) légkör: *What is the current climate of opinion* (közhangulat) *regarding the death penalty?* • *the political climate*

climatic /klaɪˈmætɪk/ *adj.* éghajlati

climax /ˈklaɪmæks/ *noun* [C] (*műalkotás, esemény stb.*) csúcspont: *The novel reaches a dramatic climax in the final chapter.*
▸ **climax** *verb* [I] a tetőpontra hág

★ **climb¹** /klaɪm/ *verb* **1** [I,T] **climb (up) (sth)** (fel)mászik vmire: *to climb a tree/mountain/rope* • *She climbed the stairs to bed.* • *to climb up a ladder* **2** [I] (*nehezen*) mászik, kúszik: *I managed to climb out of the window.* • *Can you climb down from there?* **3** [I] hegyet mászik ❶ Ha valaki kedvtelésből mászik hegyet, általában a **go climbing** kifejezést használjuk: *I go climbing in the Alps most summers.* **4** [I] emelkedik: *The plane climbed steadily.* • *The road climbed steeply up the side of the mountain.* • (*átv*) *The value of the dollar climbed against the pound.*
IDIOM climb/jump on the bandwagon → BANDWAGON
PHRASAL VERB climb down (over sth) (*informális*) visszakozik

climb² /klaɪm/ *noun* [C] (meg)mászás

climbdown /ˈklaɪmdaʊn/ *noun* [C] vissza-

click

What was that name again?

clicking his fingers

kozás, meghátrálás: *a government climb-down*

climber /'klaɪmə(r)/ *noun* [C] hegymászó

clinch /klɪntʃ/ *verb* [T] (*informális*) (*vitában, üzleti tárgyaláson*) végre eléri, amit akar: *to clinch a deal*

cling /klɪŋ/ *verb* [I] (*pt, pp* **clung** /klʌŋ/) **1 cling (on) to sb/sth; cling together** kapaszkodik: *She clung to the rope with all her strength.* **2 cling (on) to sth** kitart (*elképzelés, hit mellett*), ragaszkodik vmihez: *They were still clinging to the hope that the girl would be found alive.* **3 cling to sb/sth** (rá)tapad: *Her wet clothes clung to her.*

▸ **clingy** *adj.* tapadós: *a clingy* (önállótlan) *child* ● *a clingy* (testhezálló) *sweater*

'**cling film** *noun* [U] háztartási nejlonfólia

clinic /'klɪnɪk/ *noun* [C] **1** klinika **2** rendelés(i idő): *Dr Greenall's clinic is from 2 to 4 on Mondays.*

clinical /'klɪnɪkl/ *adj.* **1** klinikai: *Clinical trials* (klinikai tesztek) *of the new drug have proved successful.* **2** rideg, érzéketlen

clinically /'klɪnɪkli/ *adv.* **1** orvosi vizsgálat alapján: *to be clinically dead* **2** ridegen, érzéketlenül

clink /klɪŋk/ *noun* [*sing.*] csengés (üvegé, fémé): *the clink of glasses*

Cheers!

They clinked their glasses.

▸ **clink** *verb* [I,T] csörög, koccint

clip¹ /klɪp/ *noun* [C] **1** csipesz, kapocs: *a paper clip* ● *a hair-clip* **2** filmrészlet, klip ➔ Lásd **trailer**. **3** (*informális*) ütés (*kézzel*): *She gave the boy a clip round the ear* (nyaklevest). **4** nyírás, vágás

clip² /klɪp/ *verb* (**clipping; clipped**) **1** [I,T] odacsíptet vmit vmihez: *Clip the photo to the letter, please.* **2** [T] nyír, nyirbál **3** [T] odaütődik vmihez: *My wheel clipped the pavement and I fell off my bike.*

'**clip art** *noun* [U] clip art gyűjtemény

clippers /'klɪpəz/ *noun* [*plural*] kisméretű fém vágóeszköz, csíptető: *a pair of nail clippers* körömcsipesz

clipping /'klɪpɪŋ/ (*US*) = CUTTING¹ (1)

clique /kliːk/ *noun* [C] érdekcsoport, klikk

clitoris /'klɪtərɪs/ *noun* [C] csikló

cloak /kləʊk/ *noun* **1** [C] köpönyeg ➔ Lásd **cape**. **2** [*sing.*] lepel (*átv is*): *a cloak of mist*

cloakroom /'kləʊkruːm/ *noun* [C] ruhatár

clobber /'klɒbə(r)/ *verb* [T] (*brit, informális*) ráhúz vkire, ellátja vki baját

★ **clock¹** /klɒk/ *noun* [C] **1** óra (*szerkezet*): *an alarm clock* ➔ Lásd **watch**. **2** kilométer-/mérföldszámláló (*járműé*): *My car has only 10 000 miles on the clock*.

IDIOMS against the clock versenyt futva az idővel: *It was a race against the clock to get the building work finished on time.* | **around/round the clock** éjjel-nappal: *They are working round the clock to repair the bridge.* | **put the clock/clocks forward/back** órát előre-/visszaállít (*téli/nyári időszámításra*)

clock² /klɒk/ *verb*

PHRASAL VERBS clock in/on; clock off blokkol (*bélyegzőóránál*) | **clock sth up** elér, teljesít (*vmilyen mennyiséget*): *Our car clocked up* (futott) *over 2 000 miles while we were on holiday.*

clockwise /'klɒkwaɪz/ *adv., adj.* az óramutató járásával megegyező(en): *Turn the handle clockwise.* ● *to move in a clockwise direction* ❶ Ellentéte: **brit anticlockwise**, *US* **counter-clockwise**.

clockwork /'klɒkwɜːk/ *noun* [U] óramű, lendkerék (*pl. felhúzható gyermekjátékban*): *a clockwork toy* ● *The plan went like clockwork* (mint a karikacsapás).

clog¹ /klɒg/ *noun* [C] fapapucs, klumpa

clog² /klɒg/ *verb* (**clogging; clogged**) [I,T] **clog (sth) (up) (with sth)** eldugul, eltorlaszol: *The drain is always clogging up.* ● *The roads were clogged with traffic.*

clone /kləʊn/ *noun* [C] klón
▸ **clone** *verb* klónoz

★ **close¹** /kləʊz/ *verb* [I,T] **1** becsukódik, becsuk: *The door closed quietly.* ● *to close a door/window* **2** zár(ul), lezár: *What time do the shops close?* ● *The police have closed the road to traffic.* **3** véget ér, befejez: *The meeting closed at 10pm.* ● *Detectives have closed the case on the missing girl.* ❶ Ellentéte: **open**.

PHRASAL VERBS close (sth) down végleg bezár(at): *The factory has had to close* *down.* | **close in (on sb/sth)** bekerít: *The army is closing in on the enemy troops.* | **close sth off** lezár, elzár (területet): *The police closed off the city centre.*

★ **close²** /kləʊz/ *noun* [*sing.*] zárás, vminek a vége: *the close of trading on the stock market*

IDIOM **bring sth/come/draw to a close** befejez(ődik): *The chairman brought the meeting to a close.* • *The guests began to leave as the evening drew to a close* (a végéhez közeledett).

★ **close³** /kləʊs/ *adj., adv.* **1** (*főnév előtt nem állhat*) **close (to sb/sth); close (together)** vkihez/vmihez/egymáshoz közel: *Is our hotel close to the beach?* • *The tables are quite close together.* • *to follow close behind someone* • *I held her close* (szorosan). **2** közeli (*barát, rokon*): *They invited only close friends to the wedding.* **3** szoros (*versenyeredmény*) ➔ Magyarázat a **near¹** szónál. **4** alapos: *On close examination, you could see that the banknote was a forgery.* **5** fülledt (*idő, levegő*): *It's so close today that there might be a storm.*
▶ **closely** *adv.* közelről: *to watch sb closely* • *The insect closely* (erősen) *resembles a stick.*

closeness *noun* [*U*] **1** közelség **2** bensőséges viszony

IDIOMS **at close quarters** közvetlen közel(ről) | **close by (sb/sth)** egészen közel: *She lives close by.* | **close/near/dear to sb's heart** → **HEART** | **close on** idestova: *He was born close on a hundred years ago.* | **a close shave/thing** egy hajszál híján megtörtént baj: *I wasn't injured, but it was a close shave.* | **close up (to sb/sth)** vmi/vki közvetlen közelében: *You can't tell it's a forgery until you look at it close up.* | **come close (to sth/to doing sth)** kis híján megtesz vmit: *We didn't win but we came close.*

close⁴ /kləʊs/ *noun* [*C*] (*utcanevekben*) köz: *5 Devon Close*

★ **closed** /kləʊzd/ *adj.* zárt, zárva: *Keep your mouth closed.* • *The supermarket is closed.*
❶ Ellentéte: **open**.

,**closed-,circuit 'television** (*abbr.* **CCTV**) *noun* [*C,U*] zárt láncú televízió, ipari kamera

closet /'klɒzɪt/ *noun* [*C*] (*főleg US*) beépített szekrény

close-up /'kləʊsʌp/ *noun* [*C*] közelkép

'**closing time** *noun* [*C*] záróra, zárási idő

closure /'kləʊʒə(r)/ *noun* [*C,U*] (*közg*) végleges bezárás: *The firm is threatened with closure.*

clot¹ /klɒt/ *noun* [*C*] (vér)rög

clot² /klɒt/ *verb* [*I,T*] (**clotting; clotted**) (*orv*) (meg)alvad

★ **cloth** /klɒθ/ *noun* (*plural* **cloths** /klɒθs/) **1** [*U*] textília, anyag **2** [*C*] (*vmilyen célra használt*) -rongy: *a tablecloth* abrosz • *Where can I find a cloth to wipe this water up?*

clothe /kləʊð/ *verb* [*T*] (fel)öltöztet, (fel)ruház vkit: *to feed and clothe a child*

clothed /kləʊðd/ *adj.* **clothed (in sth)** vmibe öltözött: *He was clothed in leather from head to foot.*

★ **clothes** /kləʊðz/ *noun* [*plural*] ruha(nemű): *She was wearing new clothes.*
➔ Lásd **garment**.

Figyelem! A **clothes** szó mindig többes számú. Ha egyetlen ruhadarabról beszélünk, használhatjuk az **item/piece/article of clothing** kifejezéseket: *A kilt is an item of clothing worn in Scotland.*

'**clothes line** *noun* [*C*] ruhaszárító kötél

'**clothes peg** (*also* **peg**; *US* '**clothes pin**) *noun* [*C*] ruhacsipesz

★ **clothing** /'kləʊðɪŋ/ *noun* [*U*] ruházat, ruhák: *You will need waterproof/outdoor/winter clothing.* **❶** A **clothing** szó formálisabb, mint a **clothes**.

,**clotted 'cream** *noun* [*U*] (*brit*) sűrű tejszín

★ **cloud¹** /klaʊd/ *noun* **1** [*C,U*] felhő: *The sun disappeared behind a cloud.* • *A band of thick cloud is spreading from the west.* **2** [*C*] (*füst/por/homok stb.*) -felhő: *Clouds of smoke were pouring from the burning building.*

IDIOMS **every cloud has a silver lining** minden rosszban van valami jó (is) | **under a cloud** rossz szemmel néz ik: *She left her job under a cloud because she'd been accused of stealing.*

cloud² /klaʊd/ *verb* **1** [*I,T*] elhomályosul, elhomályosít: *His eyes clouded with tears* (könnyben úsztak). **2** [*T*] elhomályosít: *Her personal involvement in the case was*

---

❶ = magyarázat   [*C*] megszámlálható (*főnév*): *one book, two books*

[*U*] megszámlálhatatlan (*főnév*): *some sugar*

beginning to **cloud her judgement** (befolyásolta ítélőképességét). **3** [T] megzavar, beárnyékol: *Illness has clouded the last few years of his life.*

PHRASAL VERB **cloud over** befelhősödik, beborul

cloudburst /'klaʊdbɜːst/ *noun* [C] felhőszakadás

cloudless /'klaʊdləs/ *adj.* felhőtlen

cloudy /'klaʊdi/ *adj.* **1** felhős **2** zavaros (*folyadék*): *cloudy water*

clout /klaʊt/ *noun* (*informális*) **1** [C] erős ütés (*kézzel*): *to give someone a clout* **2** [U] hatalom, befolyás: *He has a lot of clout in the company.*

clove /kləʊv/ *noun* [C] **1** szegfűszeg **2** fokhagymagerezd

clover /'kləʊvə(r)/ *noun* [C] lóhere

clown¹ /klaʊn/ *noun* [C] **1** bohóc **2** bohóckodó ember: *At school, Jan was always the class clown.*

clown² /klaʊn/ *verb* [I] **clown** (**about/ around**) bohóckodik: *Stop clowning around and get some work done!*

★ **club¹** /klʌb/ *noun* **1** [C] klub, (sport)egyesület: *to join a club* • *to be a member of a club* • *a tennis/football/golf club* **2** (also **nightclub**) [C] éjszakai mulató **3** [C] furkósbot, bunkósbot **4** [C] golfütő ➔ Ábra 742. oldalon. Lásd **bat**, **racket**, **stick**. **5** [C] treff (*kártyaszín, kártyalap*): *I played a club.* • *the jack of clubs* treff bubi ➔ Magyarázat a **card** szónál.

club² /klʌb/ *verb* (**clubbing**; **clubbed**) **1** [T] bunkósbottal elver: *The victim was clubbed to death with a baseball bat.* **2** [I] **go clubbing** diszkózik

PHRASAL VERB **club together (to do sth)** összedobják a pénzt vmire: *We clubbed together to buy him a leaving present.*

cluck /klʌk/ *noun* [C] kotkodácsolás
▸ **cluck** *verb* [I] kotkodácsol

clue /kluː/ *noun* [C] **a clue (to sth)** nyom(ravezető jel): *The police were looking for clues to his disappearance.* • *the clues* (*meghatározások*) *for solving a crossword puzzle* **IDIOM** **not have a clue** (*informális*) fogalma sincs vmiről

clued-up /ˌkluːd 'ʌp/ (*US also* ˌclued-'in) *adj.*

clued-up (on sth) sokat tud vmiről, jól tájékozott: *I'm not really clued-up on the technical details.*

clueless /'kluːləs/ *adj.* (*informális*) semmit sem ért vmihez/vmiből, hülye vmihez: *I'm absolutely clueless about computers.*

clump /klʌmp/ *noun* [C] facsoport, bokorcsoport

clumsy /'klʌmzi/ *adj.* (**clumsier**; **clumsiest**) **1** ügyetlen, esetlen: *She undid the parcel with clumsy fingers.* **2** ügyetlen, otromba (*pl. megjegyzés*): *He made a clumsy apology.* **3** otromba (alakú): *a clumsy piece of furniture*
▸ **clumsily** *adv.* ügyetlenül, nehézkesen
clumsiness *noun* [U] ügyetlenség, esetlenség

clung *past tense, past participle* of CLING

cluster¹ /'klʌstə(r)/ *noun* [C] csoport (osulás) (*egymáshoz közel lévő emberek, növények, tárgyak*): *a cluster of schoolchildren*

cluster² /'klʌstə(r)/ *verb*
PHRASAL VERB **cluster around sb/sth** csoportosul vki/vmi körül: *The tourists clustered around their guide.*

clutch¹ /klʌtʃ/ *verb* [T] szorosan tart, szorongat: *He clutched his mother's hand in fear.*
PHRASAL VERB **clutch at sth** vmit megpróbál megragadni: *She clutched at the money but the wind blew it away.*

clutch² /klʌtʃ/ *noun* **1** [C] kuplung: *to press/release the clutch* **2** (**clutches**) [*plural*] vki fölötti hatalom: *He fell into the enemy's clutches* (a karmai közé).

clutter¹ /'klʌtə(r)/ *noun* [U] rendetlenül hagyott holmi: *Who left all this clutter on the floor?*
▸ **cluttered** *adj.* rendetlen: *a cluttered desk*

clutter² /'klʌtə(r)/ *verb* [T] **clutter sth (up)** rendetlenséget csinál: *Don't leave those books there – they're cluttering up the table.*

cm *abbr.* (**centimetre(s)** *rövidítése*) cm, centiméter

Co. *abbr.* **1** (**company** *rövidítése*) társaság, és Tsa: *W Smith & Co.* **2** (**county** *rövidítése*) megye: *Co. Down*

c/o *abbr.* (**care of** *rövidítése*) vki címén (*levélen*): *Andy Kirkham, c/o Mrs Potter*

[I] **tárgyatlan** (*ige*): *He laughed.*

[T] **tárgyas** (*ige*): *He ate an apple.*

★ **coach¹** /kəʊtʃ/ noun [C] **1** edző: *a tennis coach* **2** (*brit*) távolsági busz: *It's cheaper to travel by coach than by train.* **3** (*US* car) vasúti kocsi **4** (*lóvontatású*) (posta)kocsi ◆ Lásd **carriage, car.**

coach² /kəʊtʃ/ verb [I,T] coach sb (in/for sth) (*sp*) edz vkit

coal /kəʊl/ noun **1** [U] szén: *a lump of coal* ● *a coal fire* **2** (**coals**) [*plurál*] égő széndarabok ◆ Ábra **fireplace** alatt.

coalition /ˌkəʊəˈlɪʃn/ noun [C, with sing. or plural verb] koalíció: *a coalition between the socialists and the Green Party*

ˈ**coal mine** noun [C] szénbánya ◆ Lásd **colliery.**

ˈ**coal miner** (also **miner**) noun [C] szénbányász

coarse /kɔːs/ adj. **1** durva, darabos: *coarse salt* ● *coarse cloth* ❶ Ellentéte: **fine. 2** közönséges, durva (*ember, ill. viselkedés*)
▶ **coarsely** adv. durván: *Chop the onion coarsely* (nem nagyon apróra). ● *He laughed coarsely.*

coarsen /ˈkɔːsn/ verb [I,T] eldurvul, eldurvít

★ **coast¹** /kəʊst/ noun [C] tengerpart: *Scarborough is on the east coast.*

coast² /kəʊst/ verb [I] **1** (*motor/pedálozás nélkül*) legurul **2** könnyen győz: *They coasted to victory.*

coastal /ˈkəʊstl/ adj. tengerparti: *coastal areas*

coastguard /ˈkəʊstɡɑːd/ noun [C] parti őr(ség)

coastline /ˈkəʊstlaɪn/ noun [C] tengerpart, partvidék: *a rocky coastline*

★ **coat¹** /kəʊt/ noun [C] **1** kabát: *to put your coat on* ◆ Lásd **overcoat, raincoat. 2** (*áll*) bunda, szőrzet: *a dog with a smooth coat* **3** réteg (*külső bevonaté*): *The walls will probably need two coats of paint.*

coat² /kəʊt/ verb [T] coat sth (with/in sth) bevon vmit vmivel

ˈ**coat hanger** (also **hanger,** ˈ**clothes-hanger**) noun [C] vállfa

coating /ˈkəʊtɪŋ/ noun [C] bevonat, burkolat: *wire with a plastic coating*

ˌ**coat of** ˈ**arms** (also **arms**) noun [C] címer(pajzs)

coax /kəʊks/ verb [T] coax sb (into/out of sth/doing sth); coax sth out of/from sb szelíden/hízelegve rábeszél vkit vmire: *The child wasn't hungry, but his mother coaxed him into eating a little.* ● *At last he coaxed a smile out of her* (kicsalt belőle).

cobble /ˈkɒbl/ verb
PHRASAL VERB cobble sth together vmit hanyagul összecsap

cobbler /ˈkɒblə(r)/ noun [C] (*rég*) cipész

cobbles /ˈkɒblz/ (also **cobblestones** /ˈkɒblstəʊnz/) noun [plurál] macskakő
▶ **cobbled** adj. macskaköves

cobra /ˈkəʊbrə/ noun [C] kobra

cobweb /ˈkɒbweb/ noun [C] pókháló ◆ Vesd össze **web.**

cocaine /kəʊˈkeɪn/ (*informális* **coke**) noun [U] kokain

cock¹ /kɒk/ noun [C] **1** (*US* **rooster**) kakas ◆ Magyarázat a **chicken** szónál. **2** hím (*madár*)

cock² /kɒk/ verb [T] testrészét (ujját, fülét) felemeli: *The horse cocked its ears* (hegyezte a fület) *on hearing the noise.*
PHRASAL VERB cock sth up (*brit, szleng*) elbaltáz vmit ◆ Lásd **cock-up.**

cock-a-doodle-doo /ˌkɒk ə ˌduːdl ˈduː/ noun [sing.] kukurikú

cockerel /ˈkɒkərəl/ noun [C] fiatal/kis kakas

cockney /ˈkɒkni/ noun **1** [C] London East End negyedéből származó személy **2** [U] a londoni East End nyelvjárása: *a cockney accent*

cockpit /ˈkɒkpɪt/ noun [C] **1** pilótafülke **2** pilótafülke (*versenyautóban*)

cockroach /ˈkɒkrəʊtʃ/ (*US* **roach**) noun [C] svábbogár, csótány

cocktail /ˈkɒkteɪl/ noun [C] **1** koktél (*italkeverék*) **2** -koktél : *a prawn cocktail*

ˈ**cock-up** noun [C] (*szleng*) baklövés, elbaltázott/elfuserált dolog/helyzet ◆ Lásd **cock².**

cocoa /ˈkəʊkəʊ/ noun [U, C] kakaó(por): *a cup of cocoa*

coconut /ˈkəʊkənʌt/ noun [C,U] kókuszdió

cod /kɒd/ noun [C,U] (*plural* **cod**) tőkehal

code¹ /kəʊd/ noun **1** [C,U] kód, rejtjel: *They managed to break/crack the enemy code* (jelkulcsát megfejtették) . • *They wrote letters to each other in code.* ➔ Lásd **decode.** **2** [C] kódjel: *What's the code for Stockholm?* ➔ Lásd **bar code, postcode.** **3** [C] szabályzat: *a code of practice* (szakmai) kódex • *the Highway Code* KRESZ

code² /kəʊd/ *verb* [T] **1** kódol, rejtjelez: *coded messages* ➊ Ellentéte: **decode.** **2** vmilyen rendszer szerint rendez: *The files are colour-coded: blue for Europe, green for Africa.*

coerce /kəʊ'ɜːs/ *verb* [T] (*formális*) **coerce sb (into sth/doing sth)** kényszerít vkit vmire
▸ **coercion** /kəʊ'ɜːʃn/ *noun* [U] kényszer(ítés), erőszak

coexist /ˌkəʊɪɡ'zɪst/ *verb* [I] egy helyen/időben egyszerre él/létezik
▸ **coexistence** *noun* [U] együttélés

C. of E. /ˌsi: əv 'i:/ *abbr.* (**Church of England** *rövidítése*) anglikán egyház, ill. annak tagja

★**coffee** /'kɒfi/ *noun* **1** [U] (szemes/darált) kávé: *Coffee is the country's biggest export.* • *coffee beans* **2** [U, C] (egy csésze) kávé: *Would you prefer tea or coffee?* • *a cup of coffee* • *Two coffees please.* • *black/white coffee* • *weak/strong coffee* • *fresh coffee* (frissen őrölt kávéból) • *instant coffee* neszkávé • *decaffeinated* (koffeinmentes) *coffee*

ˈ**coffee bar** (also ˈ**coffee shop**) *noun* [C] (*brit*) kávézó

ˈ**coffee pot** *noun* [C] kávéskanna

ˈ**coffee table** *noun* [C] dohányzóasztal

coffin /'kɒfɪn/ *noun* [C] (*US* **casket**) koporsó ➔ Magyarázat a **funeral** szónál.

cog /kɒɡ/ *noun* [C] fog (*fogaskeréké*)

cognac /'kɒnjæk/ *noun* **1** [U] konyak **2** [C] egy pohár konyak

cohabit /kəʊ'hæbɪt/ *verb* [I] (*formális*) együtt él (*élettárssal*)

coherent /kəʊ'hɪərənt/ *adj.* jól érthető/szerkesztett, világos, összefüggő ➊ Ellentéte: **incoherent.**
▸ **coherence** *noun* [U] jól érthetőség
coherently *adv.* érthető stílusban

cohesion /kəʊ'hi:ʒn/ *noun* [U] összetartó erő, összetartás: *What the team lacks is cohesion.*

coil¹ /kɔɪl/ *verb* [I,T] felteker, összegöngyölődik: *a snake coiled under a rock*

coil

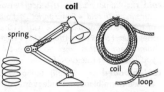

spring

coil

loop

coil² /kɔɪl/ *noun* [C] (*kötél, drót*) köteg, tekercs

★**coin¹** /kɔɪn/ *noun* [C] pénzérme: *a pound coin*

coin² /kɔɪn/ *verb* [T] új szót/kifejezést alkot: *Who was it who coined the phrase 'a week is a long time in politics'?*

coincide /ˌkəʊɪn'saɪd/ *verb* [I] **coincide (with sth) 1** időben egybeesik: *The Queen's visit is timed to coincide with the country's centenary celebrations.* **2** megegyezik vmivel, egybevág: *Our views coincide completely.*

coincidence /kəʊ'ɪnsɪdəns/ *noun* [C,U] véletlen (*dolgok véletlen egybeesése*)

coincidental /kəʊˌɪnsɪ'dentl/ *adj.* véletlen
▸ **coincidentally** /-təli/ *adv.* véletlenül

Coke™ /kəʊk/ *noun* (*informális*) **1** [U] Coca-Cola **2** [C] egy pohár/üveg/doboz Coca-Cola

coke /kəʊk/ *noun* [U] **1** koksz (*kőszénből készült tüzelőanyag*) **2** (*informális*) *noun* [U] kokain

Col. *abbr.* (**colonel** *rövidítése*) ezredes

cola /'kəʊlə/ *noun* [C,U] kóla, egy pohár/doboz kóla

colander /'kʌləndə(r)/ *noun* [C] szűrőedény ➔ Ábra **kitchen** alatt.

★**cold¹** /kəʊld/ *adj.* **1** hideg: *The water's cold.* • *a cold drink* • *Have your soup before it gets cold* (kihűl). • *I'm cold.* Fázom. ➊ Vesd össze **hot, cool, warm. 2** rideg (*személy, viselkedés*): *She gave me a cold, hard look.* **IDIOMS** **cold turkey** egyik pillanatról a másikra (*abbahagy vmit*), elvonási tünetek: *I gave up smoking cold turkey.* | **get/have cold feet** (*informális*) begyullad, elveszti a bátorságát: *She started to get cold feet as her wedding day approached.* | **in cold blood** hidegvérrel: *to kill sb in cold* *blood* | **in a cold sweat** hideg verejtékben: *I woke up in a cold sweat.*

★ **cold²** /kəʊld/ *noun* **1** [*sing.*, *U*] hideg: *He was shivering with cold.* ● *Come on, let's get out of the cold and go indoors.* **2** [*C,U*] nátha, megfázás: *I think I'm getting a cold.* ● *Wear some warm clothes when you go out or you'll catch cold* (megfázol).

ˌ**cold-'blooded** *adj.* **1** (*áll*) hideg vérű ● Lásd **warm-blooded.** **2** hidegvérű: *cold-blooded killers*

ˌ**cold-'hearted** *adj.* szívtelen, kőszívű

coldly /'kəʊldli/ *adv.* hidegen, ridegen

coldness /'kəʊldnəs/ *noun* [*U*] hidegség, ridegség

colic /'kɒlɪk/ *noun* [*U*] hascsikarás

collaborate /kə'læbəreɪt/ *verb* [*I*] **1 collaborate (with sb) (on sth)** együttműködik vkivel: *She collaborated with another author on the book.* **2 collaborate (with sb)** (*megszállókkal*) együttműködik, kollaborál ❶ A szót elítélő értelemben használják.

▶ **collaboration** /kə,læbə'reɪʃn/ *noun* [*U*] **1** együttműködés **2** kollaborálás

collaborator *noun* [*C*] **1** közreműködő **2** kollaboráns

collage /'kɒlɑːʒ/ *noun* [*C,U*] kollázs

★ **collapse¹** /kə'læps/ *verb* [*I*] **1** összeomlik: *A lot of buildings collapsed in the earthquake.* ● *The company collapsed, leaving hundreds of people out of work.* **2** (*személy*) összeesik: *The winner collapsed at the end of the race.* **3** összecsuk, összecsukható (*kicsire*)

collapse² /kə'læps/ *noun* **1** [*C,U*] összeomlás, meghiúsulás (*vállalkozásé, tervé stb.*): *The peace talks were on the brink/verge of collapse.* **2** [*sing.*, *U*] összedőlés (*építményé*): *the collapse of the motorway bridge* **3** [*sing.*, *U*] (*orv*) összeesés

collapsible /kə'læpsəbl/ *adj.* összecsukható: *a collapsible bed*

★ **collar¹** /'kɒlə(r)/ *noun* [*C*] **1** gallér ● Lásd **dog collar, blue-collar, white-collar. 2** nyakörv

collar² /'kɒlə(r)/ *verb* [*T*] (*informális*) nyakon csíp: *The police officer collared the thief.*

collarbone /'kɒləbəʊn/ *noun* [*C*] kulcscsont

collateral /kə'lætərəl/ *noun* [*U*] biztosíték, fedezet (*pénzkölcsönre*)

★ **colleague** /'kɒliːg/ *noun* [*C*] kolléga

★ **collect¹** /kə'lekt/ *verb* **1** [*T*] (össze)gyűjt, összeszed: *All the exam papers will be collected at the end.* **2** [*T*] (*hobby*) gyűjt vmit **3** [*I,T*] másoktól pénzt gyűjt: *to collect for charity* ● *The landlord collects the rent at the end of each month.* **4** [*I*] összegyűlik (*több ember*): *A crowd collected to see what was going on.* **5** [*T*] (*főleg brit*) értemegy (és elhoz): *to collect the children from school* **6** [*T*] **collect yourself/sth** összeszedi magát, rendezi a gondolatait: *She collected herself and went back into the room as if nothing had happened.* ● *I tried to **collect my thoughts** before the exam.*

collect² /kə'lekt/ *adj.*, *adv.* (*US*) (*telefon*) hívott fél által fizetett: *a collect call* R-beszélgetés ● *She called me collect.* ❶ A brit angolban a **make a reverse-charge call** vagy a **reverse the charges** kifejezést használják.

collected /kə'lektɪd/ *adj.* higgadt: *She felt cool, calm and collected before the interview.*

★ **collection** /kə'lekʃn/ *noun* **1** [*C*] gyűjtemény: *a stamp collection* **2** [*C,U*] -gyűjtés (*vmilyen helyről vagy személyektől*): *rubbish collections* **3** [*C*] egy halom/csoport (*ember/tárgy*): *a large collection of papers on the desk* **4** [*C*] (*vers/elbeszélés/levél*) gyűjtemény **5** [*C*] gyűjtés (*jótékony célra*) **6** [*C*] (*divat*) kollekció

collective¹ /kə'lektɪv/ *adj.* kollektív, közös: *collective responsibility*

▶ **collectively** *adv.* közösen, együttesen: *We took the decision collectively at a meeting.*

collective² /kə'lektɪv/ *noun* [*C*, with sing. or plural verb] szövetkezet, munkaközösség

collector /kə'lektə(r)/ *noun* [*C*] (*gyakran szóösszetételekben*) -gyűjtő, -szedő: *a stamp collector* ● *a ticket/rent/tax collector*

★ **college** /'kɒlɪdʒ/ *noun* **1** [*C,U*] kb. főiskola (*oktatási intézmény, ahová az iskola befejezése, 16 éves kor után lehet beiratkozni*): *an art college* ● *a sixth-form college* (*oktatási intézmény 16-18 év közöttiek* számára, akik az A Level vizsgákra készülnek • *She's studying Spanish at the college of further education.*

A **college** szót **the** nélkül használjuk, ha az intézményről beszélünk, ahová diákok járnak: *He's at college in York.* • *She's going to college in October.* Ha magáról az épületről beszélünk, kitesszük a **the** névelőt: *I went to an art exhibition at the college last night.*

2 [C] (*Nagy-Britanniában*) egy nagyobb egyetem önálló szervezeti egysége: *King's College, London* **3** [C] (*US*) egyetem

collide /kə'laɪd/ *verb* [I] **collide (with sb/sth)** összeütközik vkivel/vmivel

colliery /'kɒliəri/ *noun* [C] (*plural* **collieries**) (*főleg brit*) (szén)bányatelep

collision /kə'lɪʒn/ *noun* [C,U] összeütközés: *a head-on collision* frontális ütközés
IDIOM **be on a collision course (with sb/sth)** **1** elkerülhetetlen az összeütközés vkivel/vmivel: *I'm not surprised they're arguing – they've been on a collision course over money all week.* **2** egyenesen vmi felé tart (*össze fog vele ütközni*): *The ship was on a collision course with an iceberg.*

colloquial /kə'ləʊkwiəl/ *adj.* köznyelvi
► **colloquially** /-kwiəli/ *adv.* a köznyelvben, a hétköznapi beszédben

collusion /kə'luːʒn/ *noun* [U] (*formális*) összejátszás: *The drugs were brought into the country with the collusion of customs officials.*

cologne /kə'ləʊn/ *noun* [U] kölni(víz) (*also* ,eau de co'logne)

colon /'kəʊlən/ *noun* [C] kettőspont

colonel /'kɜːnl/ *noun* [C] ezredes

colonial /kə'ləʊniəl/ *adj.* gyarmati: *Spain used to be a major colonial* (gyarmatosító) *power.*

colonialism /kə'ləʊniəlɪzəm/ *noun* [U] gyarmati rendszer

colonist /'kɒlənɪst/ *noun* [C] gyarmati telepes

colonize (*also* **-ise**) /'kɒlənaɪz/ *verb* [T] gyarmatosít
► **colonization** (*also* **-isation**) /,kɒlənaɪ'zeɪʃn/ *noun* [U] gyarmatosítás

colony /'kɒləni/ *noun* [C] (*plural* **colonies**) **1** gyarmat **2** [*with sing. or plural verb*] település, kolónia (*külföldieké idegen országban*) **3** (*áll, növ*) kolónia: *a colony of ants*

color (*US*) = COLOUR

colossal /kə'lɒsl/ *adj.* hatalmas: *a colossal building* • *a colossal amount of money*

★ **colour¹** (*US* **color**) /'kʌlə(r)/ *noun* **1** [C,U] szín: *'What colour is your car?' 'Red.'* • *What colours do the Swedish team play in?* • *a dark/deep colour* • *a bright colour* • *a light/pale colour* • *Those flowers certainly give the room a bit of colour.*

Vmilyen színű, vmilyen színe van, az angolban **is** + a szín (és nem **has** + a szín).

2 [U] színes (*nem fekete-fehér*): *All the pictures in the book are in colour.* • *a colour television* **3** [U] (*arc*)pír: *You look much better now, you've got a bit more colour.* • *Colour flooded her face when she thought of what had happened.* **4** [U] szín(esség): *It's a busy area, full of activity and colour.*
IDIOMS **off colour** beteg(es) | **with flying colours** → FLYING

★ **colour²** (*US* **color**) /'kʌlə(r)/ *verb* [T] **1** (ki)színez: *Colour the picture with your crayons.* **2** befolyásol (*gondolatot, véleményt*): *You shouldn't let one bad experience colour your attitude to everything.*
PHRASAL VERB **colour sth in** kiszínez (*rajzot, ábrát*)

'colour-blind (*US* **'color-blind**) *adj.* színvak, színtévesztő

coloured /'kʌləd/ (*US* **colored**) *adj.* **1** színes, (-)színű: *a coffee-coloured dress* • *brightly-coloured lights* **2** színesbőrű

Napjainkban ez a szó sértőnek számít, helyette, ha valakinek a faji hovatartozásáról beszélünk, használjuk értelemszerűen a **black**, **Asian**, stb. szavakat.

colourful (*US* **colorful**) /'kʌləfl/ *adj.* **1** színes, élénk színű: *a colourful shirt* **2** színes, eseménydús: *a colourful story* • *He has a rather colourful past.*

colouring (*US* **coloring**) /'kʌlərɪŋ/ *noun* **1** [U] színárnyalat, színezés: *to have fair/dark colouring* **2** [C,U] színezék

colourless (US **colorless**) /'kʌlələs/ adj.
1 színtelen: a colourless liquid, like water
2 színtelen, unalmas

'**colour scheme** (US '**color scheme**) noun [C]
színösszeállítás

colt /kəʊlt/ noun [C] (hím) csikó

★ **column** /'kɒləm/ noun [C] **1** oszlop: Nelson's Column is a monument in London. **2** -
oszlop: a column of smoke **3** hasáb
(nyomtatott szövegben, újságban) **4** rovat
(újságban, lapban): the travel/gossip column **5** (szám)oszlop: to add up a column of
figures **6** menetoszlop: a column of troops

columnist /'kɒləmnɪst/ noun [C] rovatvezető (újságé), állandó cikkíró: a gossip
columnist

coma /'kəʊmə/ noun [C] kóma

comatose /'kəʊmətəʊs/ adj. **1** (informális)
ájultan alvó **2** kómás, kómában lévő

★ **comb¹** /kəʊm/ noun **1** [C] fésű **2** [C, usually
sing.] fésülés: Give your hair a comb
(fésüld meg) before you go out.

comb² /kəʊm/ verb [T] **1** (meg)fésül **2** comb
sth (for sb/sth) átfésül (területet): Police
are combing the woodland for the murder
weapon.

combat¹ /'kɒmbæt/ noun [C,U] küzdelem,
ütközet: unarmed combat

combat² /'kɒmbæt/ verb [T] harcol vmi
ellen: to combat terrorism/heart disease

combatant /'kɒmbətənt/ noun [C] harcos,
harcoló (személy)

★ **combination** /ˌkɒmbɪ'neɪʃn/ noun [C,U]
kombináció, összeállítás: On this course,
you may study French in combination with
Spanish or Italian (spanyollal vagy olasszal párosítva).

★ **combine¹** /kəm'baɪn/ verb **1** [I,T] combine
(with sb/sth) egyesül, egyesít, kever(edik): The two organizations combined to
form one company. • Bad planning, combined with bad luck, led to the company's
collapse. **2** [T] combine A and/with B két
vagy több tulajdonságot egyesít magában: This car combines speed and reliability.

combine² /'kɒmbaɪn/ (brit also ˌcombine
'harvester) noun [C] kombájn ➾ Lásd harvest.

combined /kəm'baɪnd/ adj. egyesült,

egyesített: The **combined efforts** of the
emergency services prevented a major disaster.

combustion /kəm'bʌstʃən/ noun [U]
(el)égés: an internal combustion engine
robbanómotor

★ **come** /kʌm/ verb [I] (pt came /keɪm/; pp
come) **1** jön: Come here, please. • Come and
see what I've found. • I hope you can come to
my party. • They're coming to stay for a
week. • The children came running into the
room. **2** come (to...) vhová megérkezik,
jön, vhová ér: What time are you coming
home? • Has the newspaper come yet? •
After a few hours in the jungle, we came to a
river. • Her hair comes down (leér) to her
waist. • The water in the pool came up to
our knees. • The time has come to say goodbye. **3** jön, következik: March comes after
February. • Charlie came second in the
exam. • I can't wait to find out what comes
next in the story. **4** come in sth kapható,
van: This blouse comes in a choice of four
colours. **5** vhonnan/vmiből jön, származik: Wool comes from sheep. **6** kibomlik,
ki-/meglazul: Your blouse has come
undone. **7** come to do sth megtörténik
vmi, vki vmilyen helyzetbe kerül: How
did you come to lose your passport? **8** come
to/into sth: We were all sorry when the holiday came to an end (véget ért). • The
military government came to power (hatalomra jutott) in a coup d'état. **❶** További
kifejezések a **come** igével kapcsolatban a
kifejezésben szereplő főnévnél, melléknévnél stb. találhatók, pl. **come to a head**
lásd **head**.

IDIOMS **come and go** jön és már megy is: The
pain in my ear comes and goes. | **come easily/naturally to sb** vmi vkinek a vérében
van, könnyen megy vmi vkinek: Apologizing does not come easily to her. | **come to
nothing; not come to anything** hiábavaló,
kudarcba fullad: Unfortunately, all his
efforts came to nothing. | **come what may**
bármi történjék is: He promised to support
her come what may. | **how come...?**
(informális) hogyhogy?, hogy lehet (az),
hogy: How come you're back so early? | **to
come** (főnév után) a jövőben: You'll regret
it in years to come. | **when it comes to
sth/to doing sth** ha vmire kerül a sor, ami

❶ = magyarázat [C] megszámlálható (főnév):
one book, two books

[U] megszámlálhatatlan (főnév):
some sugar

vmit/vkit illet: *When it comes to value for money, these prices are hard to beat.*

PHRASAL VERBS **come about** (meg)történik, bekövetkezik: *How did this situation come about?*

come across/over (as sth) vmilyen benyomást kelt: *Elizabeth comes across as being rather shy.* | **come across sb/sth** véletlenül talál(kozik), összefut vkivel: *I came across this book in a second-hand shop.* ❶ Szinonimája: **encounter**.

come along 1 (el)jön: *An old man was coming along the road.* **2** = COME ON (2) **3** = COME ON (3)

come apart szétesik, darabokra esik: *This old coat is coming apart at the seams.*

come away (from sth) lejön, leválik vmiről: *The wallpaper is coming away from the wall in the corner.* | **come away with sth** vmilyen érzéssel/benyomással távozik: *We came away with a very favourable impression of Cambridge.*

come back 1 visszajön: *I don't know what time I'll be coming back.* **2** visszajön (a divatba): *Flared trousers are coming back again.* | **come back (to sb)** (ismét) eszébe jut: *When I went to Italy again, my Italian started to come back to me.*

come before sb/sth megelőz vmit, fontosabb vminél: *Mark feels his family comes before his career.*

come between sb and sb (átv) közéjük áll, vki/vmi elválaszt vkiket: *Arguments over money came between the two brothers.*

come by sth megszerez vmit, hozzájut vmihez: *Fresh vegetables are hard to come by in the winter.*

come down 1 leszakad, leesik: *The power lines came down in the storm.* **2** (rep) földet ér, leszáll: *The helicopter came down in a field.* **3** lemegy (ár) | **come down to sth/to doing sth** (informális) a lényeg(e) az, hogy: *It all comes down to having the right qualifications.* | **come down with sth** ágynak esik, megbetegszik: *I think I'm coming down with flu.*

come forward ajánlkozik, felajánlja segítségét: *The police are asking witnesses to come forward.*

come from... vhonnan származik: *Where do you come from originally?* | **come from (doing) sth** vmiből származik, vminek a következménye: *'I'm tired.' 'That comes from all the late nights you've had.'*

come in 1 bejön: *Come in and sit down.* **2** (dagály) beáll ❐ Lásd **tide¹**. **3** bejön, divatba jön: *Punk fashions came in in the seventies.* **4** (hír, információ) jön, érkezik: *Reports are coming in of fighting in Beirut.* | **come in for sth** részesül vmiben (kellemetlen dologban): *The government came in for a lot of criticism.*

come of sth/of doing sth lesz belőle vmi: *We've written to several companies asking for help but nothing has come of it yet.*

come off 1 lejön, levehető: *Does the hood come off?* **2** (informális) sikerül, összejön, bejön: *The deal seems unlikely to come off.* **3** (informális, utána határozószó áll) vhogyan jár: *Unfortunately, Dennis came off worst in the fight.* | **come off (sth) 1** leesik vmiről: *Kim came off her bicycle and broke her leg.* **2** lejön, leválik vmiről: *One of the legs has come off this table.* | **come off it** (beszélt nyelv) ugyan már, miket beszélsz?: *'I thought it was quite a good performance.' 'Oh, come off it – it was awful!'*

come on 1 színre lép, beáll (játékba): *The audience jeered every time the villain came on.* **2** (also **come along**) fejlődik, alakul: *Your English is coming on nicely.* **3** (**Come on!**) (also **Come along!**) Siess!, Gyerünk!: *Come on or we'll be late!* **4** kezdődik, (ki)alakul: *I think I've got a cold coming on* (bujkál bennem).

come out 1 kijön: *The rain stopped and the sun came out.* **2** megjelenik: *The report came out in 1998.* **3** kiderül: *It was only after his death that the truth came out.* **4** (fotó) sikerül: *Only one of our photos came out.* | **come out (of sth)** kijön, eltávolítható: *Red wine stains don't come out easily.* | **come out against sth** fellép vmi ellen: *The Prime Minister came out against capital punishment.* | **come out in sth** kiütések jelentkeznek a testén: *Heat makes him come out in a rash.* | **come out with sth** váratlanul előáll vmivel: *The children came out with all kinds of stories.*

come over = COME ACROSS/OVER | **come over (to...)** (from...) meglátogat (messziről): *They've invited us to come over to Australia for a holiday.* | **come over sb** (vmilyen érzés/érzelem) elfogja: *A feeling of despair came over me.*

come round 1 elérkezik (esemény): *The end of the holidays always comes round*

[I] **tárgyatlan** (ige): *He laughed.*   [T] **tárgyas** (ige): *He ate an apple.*

comeback

very quickly. **2** (also **come to**) magához tér ❶ Ellentéte: **pass out**. | **come round (to...)** (f)eljön, átjön *(vkihez vendégségbe)*: *Do you want to come round for lunch on Saturday?* | **come round (to sth)** egyetért vkivel *(korábbi véleményét megváltoztatva)*: *They finally came round to our way of thinking.*

come through *(hír, információ)* érkezik, befut: *The football results are just coming through.* | **come through (sth)** megúszik, túlél vmit: *to come through an enemy attack*

come to = COME ROUND(2) | **come to sth 1** *(összeg)* kitesz vmennyit, vmennyire rúg: *The bill for the meal came to £35.* **2** vmeddig jut/süllyed: *We will sell the house to pay our debts if we have to but we hope it won't come to that.*

come under vhová tartozik *(kategóriába, rovatba stb.),* vhol található

come up 1 felmerül, közbejön: *Something's come up at work so I won't be home until late tonight.* **2** *(téma)* szóba kerül, felmerül: *The subject of religion came up.* **3** felkel, feljön *(nap, hold)* **4** *(növ)* kikel | **come up against sb/sth** beleütközik *(akadályba, problémába)* | **come up to sth** megüt *(mértéket, minőséget)*: *This piece of work does not come up to your usual standard.* | **come up with sth** előáll vmivel *(pl. megoldással)*

comeback /'kʌmbæk/ *noun [C]* visszatérés *(hatalomba, népszerűségbe stb.)*: *The former world champion is hoping to make a comeback.*

comedian /kə'miːdiən/ *noun [C]* komikus *(színész)* ❶ A női komikusra *(komikára)* néha a **comedienne** /kə,miːdi'en/ szót használják.

comedown /'kʌmdaʊn/ *noun [C, usually sing.]* *(informális)* lecsúszás *(társadalmilag)*: *It's a bit of a comedown for her having to move to a smaller house.*

comedy /'kɒmədi/ *noun (plural* **comedies**) **1** [C] vígjáték ➔ Lásd **tragedy**. **2** [U] komikum, mulatságosság

comet /'kɒmɪt/ *noun [C]* üstökös

★ **comfort¹** /'kʌmfət/ *noun* **1** [U] kényelem, jólét: *to live/travel in comfort* **2** [U] kényelem(érzet), jó közérzet: *This car has been specially designed for extra comfort.*

❶ Ellentéte: **discomfort**. **3** [U] vigasz(talás): *I tried to offer a few words of comfort.* **4 be a comfort (to sb)** *[sing.]* *(személy)* vigasz, támasz: *You've been a real comfort to me.* **5** [C] kényelem *(kényelmet nyújtó dolog)*

comfort² /'kʌmfət/ *verb* [T] (meg)vigasztal: *to comfort a crying child*

★ **comfortable** /'kʌmftəbl/ *adj.* **1** *(informális* **comfy**) kényelmes: *Sit down and make yourselves comfortable.* ● *a comfortable* (kellemes) ❶ Ellentéte: **uncomfortable**. **2** kényelmes, kellemes, felszabadult: *He did not feel comfortable in the presence of so many women.* **3** kényelmes *(anyagi helyzet)*: *They are not wealthy but they're quite comfortable.* ► **comfortably** *adv.* kényelmesen

comic¹ /'kɒmɪk/ *adj.* komikus, vidám: *a comic scene in a play*

comic² /'kɒmɪk/ *noun [C]* **1** komikus *(színész)* **2** *(főleg US* 'comic book') képregényújság

comical /'kɒmɪkl/ *adj.* komikus, vicces ► **comically** /-kli/ *adv.* komikusan, nevetségesen, viccesen

'**comic strip** *noun [C]* képregény *(újságban)*

coming /'kʌmɪŋ/ *noun [C]* megjelenés *(újdonságé, találmányé)*: *The coming of the computer meant the loss of many jobs.* ► **coming** *adj.* jövő, következő: *We've got a lot of plans for the coming year.*

comma /'kɒmə/ *noun [C]* vessző *(írásjel)*

★ **command¹** /kə'mɑːnd/ *verb* **1** [I,T] *(formális)* **command (sb to do sth)** (meg)parancsol vkinek vmit: *I command you to leave now!* **2 command sb/sth** [T] vmit vezet, irányít: *to command a ship/a regiment/an army* **3** [T] kivált, kelt vmit *(érzelmet, véleményt)*: *The old man commanded great respect.*

★ **command²** /kə'mɑːnd/ *noun* **1** [C] parancs, utasítás: *The captain's commands must be obeyed without question.* **2** [U] parancsnokság, irányítás, uralkodás vmi felett: *Who is in command of the expedition?* ● *to take command of* a situation **3** *[sing.]* képesség, tudás: *She has a good command of French.* Nagyon jól tud franciául. **IDIOMS** **at/by sb's command** *(formális)* vkinek a parancsára | **be at sb's command** vki vkinek rendelkezésére áll: *I'm completely at your command.*

commandeer /ˌkɒmən'dɪə(r)/ *verb* [T] katonai/rendőri célra rekvirál/igénybe vesz

commander /kə'mɑːndə(r)/ *noun* [C] **1** parancsnok **2** (*brit*) korvettkapitány (*tengerészeti rendfokozat*)

commanding /kə'mɑːndɪŋ/ *adj.* **1** (*kat*) parancsnok(ló): *Who is your commanding officer?* **2** tiszteletet parancsoló: *to speak in a commanding tone of voice*

commandment (also **Commandment**) /kə-'mɑːndmənt/ *noun* [C] (*formális*) parancsolat

commando /kə'mɑːndəʊ/ *noun* [C] (*plural* **commandos**) kommandós, kommandó-alakulat tagja

commemorate /kə'meməreɪt/ *verb* [T] megemlékezik, megünnepel (*vki/vmi emlékét*): *a statue commemorating all the soldiers who died in the last war*
▶ **commemoration** /kəˌmeməˈreɪʃn/ *noun* [C,U] megemlékezés: *The concerts were held in commemoration of* (emlékére) *the 200th anniversary of Mozart's death.*

commence /kə'mens/ *verb* [I,T] (*formális*) **commence sth/doing sth** elkezd, elkez-dődik
▶ **commencement** *noun* [C,U] megkez-d(őd)és, elkezdés

commend /kə'mend/ *verb* [T] (*formális*) elismerően nyilatkozik vkiről/vmiről: *Dan was commended for his excellent work.*

commendable /kə'mendəbl/ *adj.* (*for-mális*) dicséretre méltó: *She acted with commendable honesty and fairness.*

★ **comment¹** /'kɒment/ *noun* [C,U] **comment (on sth)** megjegyzés, észrevétel: *The chancellor was not available for comment.* • *I heard someone make a rude comment about my clothes.* ➔ Lásd **observation**, **remark**.
IDIOM **no comment** nincs hozzáfűznivaló

comment² /'kɒment/ *verb* [I] **comment (on sth)** megjegyzést fűz vmihez: *Several peo-ple commented on how ill David looked.*

commentary /'kɒməntri/ *noun* (*plural* **commentaries**) **1** [C,U] helyszíni közve-títés: *a sports commentary* **2** [C] kom-mentár **3** [C,U] **be a commentary on sth**

vmilyen fényt vet vmire: *This drug scan-dal is a sad commentary on the state of the sport.* A doppingbotrány a sportág jelen-legi helyzetéről árulkodik.

commentate /'kɒmənteɪt/ *verb* [I] com-mentate (on sth) közvetít (*pl. riporter*)

commentator /'kɒmənteɪtə(r)/ *noun* [C] **1** helyszíni közvetítő: *a sports commenta-tor* **2** kommentátor: *a political commenta-tor*

commerce /'kɒmɜːs/ *noun* [U] keres-kedelem

★ **commercial¹** /kə'mɜːʃl/ *adj.* **1** kereske-delmi: *commercial law* **2** hasznot hozó, kommersz: *The film was not a commercial success.* **3** kereskedelmi, tömegtermelésre specializálódott: *commercial airlines*
▶ **commercially** /-ʃəli/ kereskedelmileg: *The factory was closed down because it was no longer commercially viable.*

commercial² /kə'mɜːʃl/ *noun* [C] rádió/TV reklám: *a commercial break*

commercialism /kə'mɜːʃəlɪzəm/ *noun* [U] üzleti beállítottság/szemlélet

commercialize (also **-ise**) /kə'mɜːʃəlaɪz/ *verb* [T] elüzletiesít: *Christmas has become very commercialized over recent years.*
▶ **commercialization** (also **-isation**) /kəˌmɜːʃəlaɪˈzeɪʃn/ *noun* elüzletiesítés

commiserate /kə'mɪzəreɪt/ *verb* [I] (*formális*) **commiserate (with sb) (on/ over/for sth)** együttérez: *I commiserated with Debbie over losing her job.*

commission¹ /kə'mɪʃn/ *noun* **1** gyakran (**Commission**) [C, with sing. or plural verb] (szak)bizottság: *A commission was appoin-ted to investigate the causes of the accident.* **2** [C,U] jutalék: *Agents get 10% commission on everything they sell.* **3** [C,U] kezelési költség (*bankban stb.*) **4** [C] felkérés, megbízás (*művészt munka elvégzésére*): *He received a commission to write a play for the festival.*

commission² /kə'mɪʃn/ *verb* [T] **commis-sion sb (to do sth); commission sth (from sb)** felkér, megbíz (*művészt munkával*): *to commission an architect to design a build-ing*

commissioner /kə'mɪʃənə(r)/ *noun* [C] rendőrfőnök, kormánybiztos

★ **commit** /kə'mɪt/ *verb* [T] (**committing;**

committed) 1 elkövet: *to commit a crime* bűnt követ el • *to commit suicide* **2 commit sb/yourself (to sth/to doing sth)** elkötelezi magát vmire/vkit vminek: *I can't commit myself to helping you tomorrow.* **3 commit yourself (on sth)** állást foglal vmi mellett: *I'm not going to commit myself on who will win the election.* ➔ Lásd **noncommittal**. **4** (*formális*) pénzt fordít vmire: *The government has committed £2 billion to education.* **5** (*formális*) **commit sb to sth** bezár(at) vkit (*börtönbe, elmegyógyintézetbe stb.*)

commitment /kəˈmɪtmənt/ *noun* **1** [U] **commitment (to sth)** elkötelezettség: *their commitment to protecting the environment* **2** [C,U] kötelezettség: *When I make a commitment* (kötelezettséget vállal) *I always stick to it.* • *Helen now works fewer hours because of family commitments.*

committed /kəˈmɪtɪd/ *adj.* **committed (to sth)** elkötelezett: *The company is committed to providing quality products.*

★ **committee** /kəˈmɪti/ *noun* [C, with sing. or plural verb] bizottság: *to be/sit on a committee* • *The planning committee meets/ meet twice a week.*

commodity /kəˈmɒdəti/ *noun* [C] (*plural* **commodities**) árucikk: *Salt was once a very valuable commodity.*

★ **common¹** /ˈkɒmən/ *adj.* **1** gyakori, közönséges: *Pilot error is the commonest/most common cause of plane crashes.* • *The daisy is a common wild flower.* **2 common (to sb/sth)** közös: *This type of behaviour is common to most children of that age.* • *We have a common interest in gardening.* **3** (*csak főnév előtt*) hétköznapi, átlag-: *The officers had much better living conditions than the common soldiers.* **4** (*brit, informális*) közönséges, ordenáré: *Don't speak like that. It's common!* ❶ Az **1**. és **3**. jelentés ellentéte **uncommon**.

▢▢▢▢ be common/public knowledge → KNOWLEDGE

common² /ˈkɒmən/ *noun* [C] füves-bokros közterület

▢▢▢▢ have sth in common (with sb/sth) közös vonása van vkivel: *to have a lot in common with sb* | in common with sb/sth (*formális*) vkihez hasonlóan: *This com-*

pany, *in common with many others, is losing a lot of money.*

common 'ground *noun* [U] közös vélemény/hit, közös nevező

common 'law *noun* [U] szokásjog, polgári jog

commonly /ˈkɒmənli/ *adv.* általában

commonplace /ˈkɒmənpleɪs/ *adj.* mindennapos

common room *noun* [C] közös helyiség iskolában, egyetemen, ahol a diákok vagy tanárok tartózkodhatnak, amikor nincs órájuk

the Commons /ˈkɒmənz/ (also the House of 'Commons) *noun* [sing.] Alsóház (*a brit parlamentben*) ➔ Magyarázat a **Parliament** szónál.

common 'sense *noun* [U] józan ész

the Commonwealth /ˈkɒmənwelθ/ *noun* [sing.] a Brit Nemzetközösség

commotion /kəˈməʊʃn/ *noun* [sing., U] lárma, izgalom (*tömegben*)

communal /kəˈmjuːnl; ˈkɒmjənl/ *adj.* köz-: *a communal kitchen*

commune /ˈkɒmjuːn/ *noun* [C, with sing. or plural verb] kommuna

★ **communicate** /kəˈmjuːnɪkeɪt/ *verb* **1** [I,T] kapcsolatot tart, közöl (*hírt, ötletet, érzést stb.*): *Parents often have difficulty communicating with their teenage children.* • *Our boss is good at communicating her ideas to the team.* **2** [T] (*formális, ált. szenvedő szerkezetben*) terjeszt (*betegséget*) **3** [I] nyílik vhova (*pl. ajtó*): *two rooms with a communicating door* (átjáróajtó)

★ **communication** /kə,mjuːnɪˈkeɪʃn/ *noun* **1** [U] kommunikáció: *Radio is the only means of communication in remote areas.* • *We are in regular communication with our head office in New York.* **2** (**communications**) [*plural*] távközlés **3** [C] (*formális*) üzenet

communicative /kəˈmjuːnɪkətɪv/ *adj.* közlékeny: *Paul has excellent communicative skills* (jó a beszédkészsége).

communion /kəˈmjuːniən/ *noun* [U] **1** (*formális*) lelki közösség **2** (**Communion**) áldozás, úrvacsora

communiqué /kəˈmjuːnɪkeɪ/ *noun* [C] (*írott nyelv*) hivatalos közlemény

communism /'kɒmjunɪzəm/ noun [U] kommunizmus

communist (also **Communist**) /'kɒmjə-nɪst/ noun [C], adj. kommunista: *communist sympathies*

* **community** /kə'mjuːnəti/ noun (plural **communities**) **1** (**the community**) [sing.] a közösség: *Recent increases in crime have disturbed the whole community.* **2** [C, with sing. or plural verb, U] közösség, társadalmi csoport/réteg: *the Asian community in Britain* • *the business community* • *There is a strong sense of community (közösségi szellem) in the neighbourhood.*

com'munity centre noun [C] művelődési ház

commute /kə'mjuːt/ verb [I] ingázik, bejár (naponta a munkahelyére, iskolába, stb. vonattal, busszal): *A lot of people commute to London from nearby towns.*
▶ **commuter** noun [C] bejáró (naponta a munkahelyére, iskolába, stb. vonattal, busszal), ingázó

compact /kəm'pækt/ adj. kicsi és hordozható: *a compact camera*

compact 'disc noun [C] (abbr. **CD**) CD-lemez

companion /kəm'pæniən/ noun [C] társ: *a travelling companion* útitárs

companionship /kəm'pæniənʃɪp/ noun [U] társaság (vkié)

* **company** /'kʌmpəni/ noun (plural **companies**) **1** [C, with sing. or plural verb] cég, vállalat, társaság: *The company is/are planning to build a new factory.* ❶ Vállalatok nevében nagy kezdőbetűvel írjuk, rövidítése Co.: *the Walt Disney Company* • *Milton & Co.* **2** [C, with sing. or plural verb] társulat: *a ballet company* **3** [U] vkinek a társasága: *I always enjoy Rachel's company.* • *Jeff is very good company.* **4** [U] vendég(ek): *Sorry, I wouldn't have called if I'd known you had company.*

IDIOMS **keep sb company** vkivel van, hogy az ne legyen egyedül | **part company** → PART²

comparable /'kɒmpərəbl/ adj. comparable (to/with sb/sth) vmihez hasonló, vmivel összehasonlítható: *The population of Britain is comparable to that of France.*

comparative¹ /kəm'pærətɪv/ adj. **1** összehasonlító: *a comparative study of systems*

of government **2** viszonylagos: *He had problems with the written exam but passed the practical exam with comparative ease* (viszonylag könnyen). **3** középfok(ú) (melléknév alakja)

comparative² /kəm'pærətɪv/ noun [C] (nyelv) középfok

comparatively /kəm'pærətɪvli/ adv. viszonylag

* **compare** /kəm'peə(r)/ verb **1** [T] compare A and B; compare A with/to B összehasonlít: *I'm quite a patient person, compared with him* (hozzá képest). • *Compared to the place where I grew up, this town is exciting.* **2** [T] compare A to B hasonlít vkit/vmit vkihez/vmihez: *When it was built, people compared the stadium to a spaceship.* **3** [I] compare (with/to sb/sth) felér vkivel/vmivel: *Her last film was brilliant but this one simply doesn't compare.*

IDIOM **compare notes (with sb)** tapasztalatot/véleményt cserél: *At the beginning of term we met and compared notes about the holidays.*

* **comparison** /kəm'pærɪsn/ noun [C,U] összehasonlítás: *Put the new one and the old one side by side, for comparison* (az összehasonlítás kedvéért). • *It's hard to make comparisons* (párhuzamot vonni) *between two athletes from different sports.*

IDIOM **by/in comparison (with sb/sth)** vmihez/vkihez képest: *In comparison with many other people, they're quite well off.*

compartment /kəm'pɑːtmənt/ noun [C] **1** vasúti fülke: *a first-class compartment* **2** rekesz (szekrényben stb.)

* **compass** /'kʌmpəs/ noun [C] **1** iránytű: *to use a compass* **2** (**compasses**) [plural] körző: *a pair of compasses*

compassion /kəm'pæʃn/ noun [U] compassion (for sb) szánalom, együttérzés: *to have/feel/show compassion*
▶ **compassionate** /-ʃənət/ adj. együttérző, szolidáris

compatible /kəm'pætəbl/ adj. compatible (with sb/sth) **1** kompatibilis, csereszabatos: *These two computer systems are not compatible.* **2** összeegyeztethető, összeillő: *Lee's diet is not compatible with his active lifestyle.* ❶ Ellentéte: **incompatible**.
▶ **compatibility** /kəm,pætə'bɪləti/ noun

[U] **1** összeegyeztethetőség, összeférhetőség **2** kompatibilitás

compatriot /kəm'pætriət/ *noun* [C] honfitárs

compel /kəm'pel/ *verb* [T] (**compelling**; **compelled**) (*formális*) compel sb to do sth kényszerít: *I felt compelled* (kénytelen voltam) *to tell her what I really thought of her.*

compelling /kəm'pelɪŋ/ *adj.* kényszerítő: *compelling evidence* ➲ Lásd **compulsion.**

compensate /'kɒmpenseɪt/ *verb* **1** [I] compensate (for sth) kárpótol, ellensúlyoz: *His willingness to work hard compensates for his lack of skill.* **2** [I,T] compensate (sb) (for sth) kártalanít

compensation /ˌkɒmpen'seɪʃn/ *noun* **1** [U] compensation (for sth) kártalanítás, kártérítés: *I got £5 000 (in) compensation for my injuries.* **2** [C,U] kárpótlás: *City life can be very tiring but there are compensations* (megvannak a pozitívumai).

compère /'kɒmpeə(r)/ *noun* [C] (*brit*) konferanszié
  ▸ **compère** *verb* (be)konferál [T]

★**compete** /kəm'piːt/ *verb* [I] compete (in sth) (against/with sb) (for sth) versenyez: *We'll be competing against seven other teams for the trophy.*

competence /'kɒmpɪtəns/ *noun* [U] hozzáértés: *She quickly proved her competence in her new position.* ❶ Ellentéte: **incompetence.**

competent /'kɒmpɪtənt/ *adj.* **1** hozzáértő, szakképzett: *a highly competent player* • *She is competent at her job.* ❶ Ellentéte: **incompetent. 2** megfelelő, elég jó: *The singer gave a competent, but not particularly exciting, performance.*
  ▸ **competently** *adv.* hozzáértően, megfelelően

★**competition** /ˌkɒmpə'tɪʃn/ *noun* **1** [C] verseny: *to go in for/enter a competition* indul egy versenyen/benevez egy versenyre • *They hold a competition* (versenyt tartanak) *every year to find the best young artist.* • *He came second in an international piano competition.* **2** [U] versengés: *He is in competition with* (versenyben van) *three other people for promotion.* • *There was fierce competition*

(kíméletlen versengés) *among the players for places in the team.* **3** (**the competition**) [*sing., with sing. or plural verb*] a konkurencia

competitive /kəm'petətɪv/ *adj.* **1** verseny-: *The travel industry is a highly competitive business.* • *competitive sports* **2** versenyképes: *They are trying to make the company competitive in the international market.* **3** versenyző szellemű
  ▸ **competitively** *adv.* versenyképesen: *Their products are competitively priced.*
  competitiveness *noun* [U] versenyképesség

competitor /kəm'petɪtə(r)/ *noun* [C] versenyző, versenytárs, konkurencia

compilation /ˌkɒmpɪ'leɪʃn/ *noun* **1** [C] válogatás: *a compilation CD of the band's greatest hits* **2** [U] összeállítás, szerkesztés

compile /kəm'paɪl/ *verb* [T] összeállít, szerkeszt (könyvet, műsort stb.): *to compile a dictionary/a report/a list*

complacent /kəm'pleɪsnt/ *adj.* önelégült: *He had won his matches so easily that he was in danger of becoming complacent.*
  ▸ **complacency** /kəm'pleɪsnsi/ *noun* [U] önteltség
  complacently *adv.* öntelten

★**complain** /kəm'pleɪn/ *verb* [I] **1** complain (to sb) (about sth/that...) panaszkodik (vkinek) (vmiről/hogy): *People are always complaining about the weather.* ➲ Magyarázat a **grumble** szónál. **2** (*formális*) complain of sth panasza(i) van(nak) (*pl. fájdalmai*): *He went to the doctor, complaining of chest pains.*

★**complaint** /kəm'pleɪnt/ *noun* complaint (about sth); complaint (that...) **1** [C] panasz: *You should make a complaint* (panaszt tesz) *to the company that made the machine.* **2** [U] panaszkodás, reklamáció: *I wrote a letter of complaint* (panaszlevelet) *to the manager about the terrible service I had received.* • *Jim's behaviour never gave the teachers cause for complaint.* **3** [C] panasz, betegség: *a heart complaint*

complement¹ /'kɒmplɪmənt/ *noun* [C] (*formális*) **1** kiegészítő: *A cream sauce is the perfect complement to this dessert.* **2** (teljes) létszám: *Without a full complement of players, the team will not be able to*

❶ = magyarázat   [C] **megszámlálható** (*főnév*): *one book, two books*   [U] **megszámlálhatatlan** (*főnév*): *some sugar*

133 compose

take part in the match. **3** *(nyelv)* bővítmény: *In 'He's friendly', 'friendly' is a complement.*

complement² /ˈkɒmplɪment/ *verb* [T] kiegészít, jól megy hozzá: *The colours of the furniture and the carpet complement each other.*

complementary /ˌkɒmplɪˈmentri/ *adj.* (egymást) kiegészítő: *They work well together because their skills are complementary: he's practical and she's creative.*

★ **complete¹** /kəmˈpliːt/ *adj.* **1** teljes, hiánytalan: *I gave a complete list of the stolen items to the police.* **2** *(főnév előtt nem állhat)* kész, befejezett: *The repair work should be complete by Friday.* **❶** Az 1. és 2. jelentés ellentéte **incomplete**. **3** complete (with sth) vmivel együtt: *The computer comes complete with instruction manual and printer.* **4** *(csak főnév előtt)* teljes: *It was a complete waste of time.*
▶ **completeness** *noun* [U] teljesség

★ **complete²** /kəmˈpliːt/ *verb* [T] **1** kiegészít: *We need two more players to complete the team.* **2** befejez: *When the building has been completed, it will look impressive.* ● *He completed his teacher training course in June 1997.* **3** kitölt *(űrlapot, kérdőívet)*

completely /kəmˈpliːtli/ *adv.* teljesen

completion /kəmˈpliːʃn/ *noun* [U] *(formális)* befejezés, elkészülés: *You will be paid on completion of the work* (a munka befejeztével).

★ **complex¹** /ˈkɒmpleks/ *adj.* bonyolult, összetett: *a complex problem/subject*

complex² /ˈkɒmpleks/ *noun* [C] **1** épületegyüttes, komplexum: *a shopping/sports complex* **2** a complex (about sth) komplexus: *He's got a complex about his height.* ● *an inferiority complex* kisebbségi érzés

complexion /kəmˈplekʃn/ *noun* [C] **1** arcszín: *a dark/fair complexion* **2** [usually sing.] jelleg: *These announcements put a different complexion on* (más színben tünteti fel) *our situation.*

complexity /kəmˈpleksəti/ *noun* (plural **complexities**) **1** [U] bonyolultság: *an issue of great complexity* **2** [C] bonyolult összetevő: *I haven't time to explain the complexities of the situation now.*

compliant /kəmˈplaɪənt/ *adj.* *(formális)*

compliant (with sth) vminek megfelelő: *All new products must be compliant with EU specifications.*
▶ **compliance** *noun* [U] teljesítés *(parancsé, tervé)*: *A hard hat must be worn at all times in compliance with safety regulations* (a rendszabályoknak megfelelően).

★ **complicate** /ˈkɒmplɪkeɪt/ *verb* [T] komplikál, bonyolít: *Let's not complicate things by adding too many details.*
▶ **complicated** *adj.* bonyolult

complication /ˌkɒmplɪˈkeɪʃn/ *noun* [C] **1** bonyodalom **2** szövődmény: *Unless he develops complications, he'll be out of hospital in a week.*

complicity /kəmˈplɪsəti/ *noun* [U] *(formális)* bűnrészesség

compliment¹ /ˈkɒmplɪmənt/ *noun* **1** [C] a compliment (on sth) bók: *People often pay her compliments* (bókolnak) *on her piano playing.* **2** (compliments) [plural] *(formális)* üdvözlet, díjmentes szolgáltatás: *Tea and coffee are provided with the compliments of the hotel management* (az igazgatóság ajándéka).

compliment² /ˈkɒmplɪment/ *verb* [T] compliment sb (on sth) bókol, dicsér

complimentary /ˌkɒmplɪˈmentri/ *adj.* **1** dicsérő: *He made several complimentary remarks about her work.* **2** tisztelet- *(jegy, példány stb.)*: *a complimentary theatre ticket*

comply /kəmˈplaɪ/ *verb* [I] *(pres. part.* **complying**; *3rd pers. sing. pres.* **complies**; *pt, pp* **complied**) *(formális)* comply (with sth) eleget tesz *(parancsnak, előírásoknak)*: *All office buildings must comply with the fire and safety regulations.*

component /kəmˈpəʊnənt/ *noun* [C] alkotóelem, összetevő: *the components of a machine/system*
▶ **component** *adj.* összetevő: *the component parts* (alkatrészei) *of an engine*

compose /kəmˈpəʊz/ *verb* **1** [T] képez *(részek egy egészet)*: *the parties that compose the coalition government* **2** [I,T] szerez *(zenét)* **3** [T] megfogalmaz: *I sat down and composed a letter of reply.* **4** [T] lehiggad: *The news came as such a shock that it took me a while to compose myself* (összeszedni magamat).

[I] **tárgyatlan** *(ige)*: *He laughed.*   [T] **tárgyas** *(ige)*: *He ate an apple.*

composed /kəm'pəʊzd/ adj. **1 be composed of sth** áll vmiből: *The committee is composed of politicians from all parties.* **2** higgadt: *Although he felt very nervous, he managed to appear composed.*

composer /kəm'pəʊzə(r)/ noun [C] zeneszerző

composite /'kɒmpəzɪt/ adj. összetett
▸ **composite** noun [C] több részből álló dolog: *The document was a composite of information from various sources.*

composition /ˌkɒmpə'zɪʃn/ noun **1** [U] összetétel: *the chemical composition of a substance* • *the composition of the population* **2** [C] zenemű **3** [U] zeneszerzés: *She studied both musical theory and composition.* **4** [C] fogalmazás: *Write a composition of about 300 words on one of the following subjects.*

compost /'kɒmpɒst/ noun [U] komposzt

composure /kəm'pəʊʒə(r)/ noun [U] higgadtság: *The goalkeeper couldn't regain his composure after his mistake.*

compound¹ /'kɒmpaʊnd/ noun [C] **1** keverék, vegyület: *a chemical compound* **2** (szó)összetétel: *'Car park' and 'bad-tempered' are compounds.* **3** kerítéssel körülvett épületcsoport

compound² /kəm'paʊnd/ verb [T] (*írott nyelv*) megnehezít

comprehend /ˌkɒmprɪ'hend/ verb [T] (*formális*) felfog, megért: *She's too young to comprehend what has happened.*

comprehensible /ˌkɒmprɪ'hensəbl/ adj. érthető: *The book is written in clear, comprehensible language.* ❶ Ellentéte: **incomprehensible**.

comprehension /ˌkɒmprɪ'henʃn/ noun **1** [U] (*formális*) felfogóképesség: *The horror of war is beyond comprehension* (felfoghatatlan). ❶ Ellentéte: **incomprehension**. **2** [C,U] megértési gyakorlat (*hallott vagy olvasott szövegé*): *(a) listening comprehension*

comprehensive¹ /ˌkɒmprɪ'hensɪv/ adj. **1** átfogó, minden részletre kiterjedő: *a guide book giving comprehensive information on the area* **2** (*brit*) (*okt*) egységes: *a comprehensive education system*

comprehensive² /ˌkɒmprɪ'hensɪv/ (also **compre'hensive school**) noun [C] (*brit*)

egységes angol középiskola: *I went to the local comprehensive.*

comprehensively /ˌkɒmprɪ'hensɪvli/ adv. átfogóan, széleskörűen

compress /kəm'pres/ verb [T] **compress sth (into sth)** összesűrít, tömörít: *Divers breathe compressed air from tanks.* • *He found it hard to compress his ideas into a single page.*
▸ **compression** /kəm'preʃn/ noun [U] (össze)sűrítés, tömörítés

comprise /kəm'praɪz/ verb [T] **1** áll vmiből: *a house comprising three bedrooms, kitchen, bathroom and a living room* **2** alkot (*részek egészet*): *Women comprise 62% of the staff.*

compromise¹ /'kɒmprəmaɪz/ noun [C,U] a **compromise (between/on sth)** megegyezés, kompromisszum: to **reach a compromise** megegyezésre jutni • *Both sides will have to be prepared to **make compromises** (kompromisszumot kötni).*

compromise² /'kɒmprəmaɪz/ verb **1** [I] **compromise (with sb) (on sth)** egyezségre jut, kompromisszumot köt: *Unless both sides are prepared to compromise (kölcsönösen engedményeket tenni), there will be no peace agreement.* • *The company never compromises on the quality of its products.* **2** [T] **compromise sb/sth/yourself** kompromittál vkit/vmit/magát, veszélyes/nehéz helyzetbe sodor vkit/magát: *He compromised himself by accepting money from them.*

compulsion /kəm'pʌlʃn/ noun **1** [U] kényszer: *There is no compulsion to take part.* ❶ Ige: **compel**. **2** [C] késztetés, kényszerűség: *Tony sometimes felt a strong compulsion to tell lies.*

compulsive /kəm'pʌlsɪv/ adj. **1** kényszeres: *compulsive eating* **2** megrögzött: *a compulsive gambler/shoplifter* **3** érdekfeszítő: *This book makes compulsive reading.*
▸ **compulsively** adv. kényszeresen, érdekfeszítően

★ **compulsory** /kəm'pʌlsəri/ adj. kötelező: *English is a compulsory subject on this course.* • *It is compulsory to wear a hard hat on the building site.* ❶ Ellentéte: **non-compulsory, voluntary, optional**.

compute /kəm'pju:t/ *verb* [T] (*formális*) kiszámít

★**computer** /kəm'pju:tə(r)/ *noun* [C] számítógép: *The bills are all done by computer* (számítógéppel). • *a computer program* • *a home/personal computer* • *computer software/games* • *computer animations* • *a computer engineer* • *First of all, the details are fed into a computer.* ➜ Ábra az A10. oldalon.

computerize (also **-ise**) /kəm'pju:təraɪz/ *verb* [T] számítógéppel feldolgoz/ellát: *The whole factory has been computerized.* • *We have now computerized the library catalogue.*
▸ **computerization** (also **-isation**) /kəm,pju:təraɪ'zeɪʃn/ *noun* [U] számítógépes feldolgozás

com·puter-·literate *adj.* számítógépet használni tudó

computing /kəm'pju:tɪŋ/ *noun* [U] számítástechnika: *She did a course in computing.*

Con (also **Cons**) *abbr.* (**Conservative** rövidítése) (*brit*) Konzervatív Párt (tagja/képviselője)

con¹ /kɒn/ *verb* [T] (**conning; conned**) (*informális*) **con sb (into doing sth/out of sth)** becsap, átver: *He conned her into investing in a company that didn't really exist.* • *The old lady was conned out of her life savings.* Kicsalták az idős hölgy összegyűjtött pénzét.

con² /kɒn/ *noun* [C] (*informális*) átverés
IDIOM **the pros and cons** → PRO

concave /kɒn'keɪv/ *adj.* homorú ➜ Lásd **convex**.

conceal /kən'si:l/ *verb* [T] (*formális*) **conceal sth/sb (from sb/sth)** eltitkol: *She tried to conceal her anger from her friend.*
▸ **concealment** *noun* [U] eltitkolás: *the concealment of the facts of the case*

concede /kən'si:d/ *verb* [T] (*formális*) **1** elismer: *When it was clear that he would lose the election, he conceded defeat.* • *She conceded that the problem was mostly her fault.* **2 concede sth (to sb)** átenged vmit vkinek: *They lost the war and had to concede territory to their enemy.* ❶ Főnév: **concession**.

conceit /kən'si:t/ *noun* [U] beképzeltség
▸ **conceited** *adj.* beképzelt

conceivable /kən'si:vəbl/ *adj.* elképzelhető: *I made every conceivable effort to succeed.* ❶ Ellentéte: **inconceivable**.
▸ **conceivably** /-əbli/ *adv.* feltehetőleg: *She might just conceivably* (nincs kizárva, hogy) *be telling the truth.*

conceive /kən'si:v/ *verb* **1** [T] (*formális*) kigondol, megfogalmaz: *He conceived the idea for the novel during his journey through India.* **2** [I,T] (*formális*) **conceive (of) sb/sth (as sth)** vmilyennek tart vkit/vmit: *He started to conceive of the world as a dangerous place.* **3** [I,T] teherbe esik ❶ Főnév: **conception**.

★**concentrate** /'kɒnsntreɪt/ *verb* [I,T] **1 concentrate (sth) (on sth/doing sth)** koncentrál: *I need to concentrate on passing this exam.* • *I tried to concentrate my thoughts on the problem.* **2** koncentrálódik: *Most factories are concentrated in one small area of the town.*

concentrated /'kɒnsntreɪtɪd/ *adj.* **1** koncentrált, együttes: *With one concentrated effort we can finish the work by tonight.* **2** hígítatlan: *concentrated orange juice* ❶ Ellentéte: **dilute**.

★**concentration** /,kɒnsn'treɪʃn/ *noun* **1** [U] **concentration (on sth)** koncentrálás, összpontosítás: *This type of work requires total concentration.* • *Don't lose (your) concentration or you might make a mistake.* **2** [C] **concentration (of sth)** koncentráció: *There is a high concentration of chemicals in the drinking water here.*

,**concen'tration camp** *noun* [C] koncentrációs tábor

concentric /kən'sentrɪk/ *adj.* koncentrikus

★**concept** /'kɒnsept/ *noun* [C] **the concept (of sth/that...)** fogalom: *It is difficult to grasp the concept* (megérteni a fogalmat) *of eternity.*
▸ **conceptual** /kən'septʃuəl/ *adj.* fogalmi

conception /kən'sepʃn/ *noun* [C,U] **1** (a) **conception (of sth)** elképzelés, fogalom: *We have no real conception of what people suffered during the war.* **2** elgondolás, koncepció **3** fogamzás ❶ Ige: **conceive**.

★**concern¹** /kən'sɜ:n/ *verb* [T] **1** érint vkit/vmit (*átv*): *This does not concern you.* • *It is important that no risks are taken* *where safety is concerned.* • *As far as I'm concerned* (ami engem illet), *you can do what you like.* **2** kapcsolatos vmivel: *The main problem concerns the huge cost of the project.* **3** nyugtalanít, aggaszt: *What concerns me is that we have no long-term plan.* **4 concern yourself with sth** foglalkozik vmivel, törődik vmivel: *You needn't concern yourself with the hotel booking.*

IDIOMS be concerned in sth érinti vmi, belekeveredik vmibe: *She was concerned in a drugs case some years ago.* | **be concerned with sth** foglalkozik vmivel: *Tonight's programme is concerned with the effects of the law on ordinary people.*

★**concern²** /kən'sɜːn/ *noun* **1** [C,U] concern (for/about/over sb/sth); concern (that...) nyugtalanság, aggodalom: *The safety officer assured us that there was no cause for concern* (ok az aggodalomra). • *My main concern* (gondom) *is that we'll run out of money.* **2** [C] vki dolga, köze van hozzá: *Financial matters are not my concern.* **3** [C] konszern: *a large industrial concern*

IDIOM a going concern → GOING²

concerned /kən'sɜːnd/ *adj.* concerned (about/for sth); concerned (that...) nyugtalan vki/vmi miatt: *If you are concerned about your baby's health, you should consult a doctor immediately.* ❶ Ellentéte: unconcerned.

concerning /kən'sɜːnɪŋ/ *prep.* vmit illetően: *She refused to answer questions concerning her private life.*

★**concert** /'kɒnsət/ *noun* [C] koncert, hangverseny: *The band is on tour doing concerts all over the country.* • *a concert hall* ❶ Lásd még **recital**.

IDIOM in concert (with sb/sth) (*formális*) vkivel/vmivel egyetértésben

concerted /kən'sɜːtɪd/ *adj.* együttes, koncentrált: *We must all make a concerted effort* (együttes erőfeszítést tesz) *to finish the work on time.*

concertina /ˌkɒnsə'tiːnə/ *noun* [C] hatszögletű harmonika ❶ Magyarázat a **piano** szónál.

concerto /kən'tʃɜːtəʊ/ *noun* [C] (*plural* concertos) verseny(mű): *Mozart's second piano concerto*

concession /kən'seʃn/ *noun* **1** [C,U] (a) concession (to sb/sth) engedmény: *Employers* have been forced to **make concessions** (engedményeket tesz) *to the union.* ❶ Ige: concede. **2** [C] kedvezményes ár: *Concessions are available for students and pensioners.*

concessionary /kən'seʃənəri/ *adj.* engedményes: *a concessionary fare*

conciliation /kənˌsɪli'eɪʃn/ *noun* [U] békéltetés: *All attempts at conciliation have failed and civil war seems inevitable.*

conciliatory /kən'sɪliətəri/ *adj.* békéltető: *a conciliatory speech/gesture*

concise /kən'saɪs/ *adj.* tömör: *He gave a clear and concise summary of what happened.*
▸ **concisely** *adv.* tömören
conciseness *noun* [U] tömörség

conclude /kən'kluːd/ *verb* **1** [T] conclude sth from sth (vmi alapján) következtet vmire: *From the man's strange behaviour I concluded that he was drunk.* **2** [I,T] (*formális*) befejez: *The Prince concluded his tour with a visit to a charity concert.* **3** [T] conclude sth (with sb) megköt (*szerződést, üzletet*): *conclude a business deal/treaty*

★**conclusion** /kən'kluːʒn/ *noun* **1** [C] the conclusion (that...) végső következtetés: *After trying to phone Bob for days, I came to the conclusion* (arra a következtetésre jutottam) *that he was on holiday.* • *Have you reached any conclusions from your studies?* **2** [C, usually sing.] (*formális*) befejezés: *Let us hope the peace talks reach a successful conclusion* (sikeresen végződnek). **3** [U] (*szerződés*)kötés: *The summit ended with the conclusion of an arms-reduction treaty.*

IDIOMS a foregone conclusion → FOREGONE | **in conclusion** befejezésül | **jump to conclusions** → JUMP¹

conclusive /kən'kluːsɪv/ *adj.* döntő: *The blood tests gave conclusive proof of Robson's guilt.* ❶ Ellentéte: inconclusive.
▸ **conclusively** *adv.* egyértelműen

concoct /kən'kɒkt/ *verb* [T] **1** összekotyvaszt **2** kiagyal
▸ **concoction** /kən'kɒkʃn/ *noun* [C] keverék

concourse /'kɒŋkɔːs/ *noun* [C] csarnok

concrete¹ /'kɒŋkriːt/ *adj.* konkrét: *Can you*

give me a concrete example of what you mean? ❶ Ellentéte: **abstract**.
▶ **concretely** *adv.* konkrétan

concrete² /ˈkɒŋkriːt/ *noun* [U] beton

concrete³ /ˈkɒŋkriːt/ *verb* [T] **concrete sth (over)** betonoz

concur /kənˈkɜː(r)/ *verb* [I] (**concurring**; **concurred**) (*formális*) egyetért

concurrent /kənˈkʌrənt/ *adj.* egyidejű
▶ **concurrently** *adv.* egyidejűleg: *The semi-finals are played concurrently.*

concuss /kənˈkʌs/ *verb* [T] (*ált. szenvedő szerkezetben*) agyrázkódást kap: *I was slightly concussed when I fell off my bicycle.* Enyhe agyrázkódást szenvedtem, amikor leestem a biciklimről.
▶ **concussion** /kənˈkʌʃn/ *noun* agyrázkódás

★ **condemn** /kənˈdem/ *verb* [T] **1 condemn sb/sth (for/as sth)** elítél vkit, vmilyennek ítél vmit: *A government spokesman condemned the bombing as a cowardly act of terrorism.* **2 condemn sb (to sth/to do sth)** vmire ítél vkit: *The murderer was condemned to death.* • (*átv*) *Their poor education condemns them to a series of low-paid jobs.* **3 condemn sth (as sth)** lebontásra, megsemmisítésre stb. ítél: *The building was condemned as unsafe and was demolished.*

condemnation /ˌkɒndemˈneɪʃn/ *noun* [C,U] elítélés, rosszallás: *The bombing brought condemnation from all around the world.*

condensation /ˌkɒndenˈseɪʃn/ *noun* [U] lecsapódás

condense /kənˈdens/ *verb* **1** [I,T] lecsapódik (*gőz*): *Steam condenses into water when it touches a cold surface.* ➔ Lásd **evaporate**. **2** [T] **condense sth (into sth)** tömörít: *We'll have to condense these three chapters into one.*

condescend /ˌkɒndɪˈsend/ *verb* [I] **1 condescend (to sb)** lekezel vkit, leereszkedik vkihez **2 condescend (to do sth)** méltóztat vmit megtenni: *Celia only condescends to speak to me when she wants me to do something for her.*
▶ **condescending** *adj.* leereszkedő (*átv*): *a condescending smile*

condescension /ˌkɒndɪˈsenʃn/ *noun* [U] leereszkedés (*átv*)

★ **condition¹** /kənˈdɪʃn/ *noun* **1** [U, *sing.*] állapot: *to be in poor/good/excellent condition* • *He isn't in a condition to drive home.* **2** [C] feltétel: *One of the conditions of the job is that you agree to work on Sundays.* • *He said I could borrow his bike* **on one condition** (egy feltétellel) – *that I didn't let anyone else ride it.* **3** (**conditions**) [*plural*] körülmények: *The prisoners were kept in terrible conditions.* • *poor living/housing/working conditions* **4** [C] betegség: *to have a heart/lung condition*

IDIOMS **on condition (that…)** azzal a feltétellel, hogy: *I agreed to help on condition that I got half the profit.* | **on no condition** (*formális*) semmi esetre sem: *On no condition must the press find out about this.* | **out of condition** rossz formában/kondícióban van (*ember*)

condition² /kənˈdɪʃn/ *verb* [T] kondicionál, vmire szoktat: *Boys are conditioned to feel that they are stronger than girls.*

★ **conditional** /kənˈdɪʃənl/ *adj.* **1 conditional (on/upon sth)** vmitől függő: *My university place is conditional on my getting good marks in the exams.* ❶ Ellentéte: **unconditional**. **2** (*nyelv*) feltételes: *'Unless you study, you won't pass the exam' is a conditional sentence.* ➔ Lásd még a **Rövid nyelvtani összefoglalást**.
▶ **conditionally** /-ʃənəli/ *adv.* feltételesen

conditioner /kənˈdɪʃənə(r)/ *noun* [C,U] kondicionáló szer, (haj)balzsam: *Do you use conditioner on your hair?*

condolence /kənˈdəʊləns/ *noun* [C, *usually plural*; U] részvét(nyilvánítás): *to offer your condolences* részvétét nyilvánítja vkinek • *a message of condolence*

condom /ˈkɒndɒm/ *noun* [C] gumióvszer

condominium /ˌkɒndəˈmɪniəm/ (*informális* **condo** /ˈkɒndəʊ/) *noun* [C] (*US*) társasház

condone /kənˈdəʊn/ *verb* [T] elnéz (*átv*): *I can never condone violence – no matter what the circumstances are.*

conducive /kənˈdjuːsɪv/ *adj.* (*formális*) **conducive (to sth)** elősegítő: *This hot weather is not conducive* (nem kedvez) *to hard work.*

conduct¹ /kən'dʌkt/ *verb* [T] **1** (*formális*) lefolytat (*főleg kutatást*): *to conduct tests/a survey/an inquiry* **2** vezényel **3** (*formális*) **conduct yourself well, badly, etc.** vhogyan viselkedik **4** (*fiz*) vezet (*hőt, hangot, áramot*): *Rubber does not conduct electricity.*

conduct² /'kɒndʌkt/ *noun* [U] **1** viselkedés: *His conduct has always been of the highest standard.* • *a code of conduct* illemkódex **2** (*formális*) **conduct of sth** irányítás, lebonyolítás: *She was criticized for her conduct of the bank's affairs.*

conductor /kən'dʌktə(r)/ *noun* [C] **1** karmester **2** (*brit*) kalauz **3** (*US*) = GUARD¹ (5) **4** (*fiz*) vezető (*hőé, áramé*)

cone /kəʊn/ *noun* [C] **1** kúp, tölcsér: *traffic cones* terelőbója • *an ice cream cone* ❶ Melléknév: **conical**. **2** (*növ*) toboz ➔ Lásd **conifer**.

confectionery /kən'fekʃənəri/ *noun* [U] édesség

confederation /kən,fedə'reɪʃn/ *noun* [C,U] szövetség, konföderáció: *a confederation of independent republics*

confer /kən'fɜ:(r)/ *verb* (**conferr**ing; **conferr**ed) **1** [I] **confer (with sb) (on/about sth)** tanácskozik: *The President is conferring with his advisers.* **2** [T] (*irott nyelv*) **confer sth (on sb)** adományoz (*címet, rangot stb.*)

★ **conference** /'kɒnfərəns/ *noun* [C] konferencia: *an international conference on global warming*

★ **confess** /kən'fes/ *verb* [I,T] **confess (to sth/to doing sth)**; **confess (sth) (to sb)** bevall (*bűnt, hibát*): *The young woman confessed to the murder of her boyfriend/to murdering her boyfriend.* • *They confessed to their mother that they had spent all the money.* ➔ Lásd **own up (to sth).** Az utóbbi kifejezés bizalmasabb.

confession /kən'feʃn/ *noun* [C,U] vallomás, gyónás: *The police persuaded the man to make a full confession.*

confetti /kən'feti/ *noun* [U] konfetti

confide /kən'faɪd/ *verb* [T] **confide sth to sb** bizalmasan elmond: *She did not confide her love to anyone.*

PHRASAL VERB **confide in sb** bizalmába fogad vkit

★ **confidence** /'kɒnfɪdəns/ *noun* [U] **1** **confidence (in sb/sth)** bizalom: *The public is losing confidence in the present government.* • *I have every confidence* (fenntartás nélkül bízom) *in Emily's ability to do the job.* **2** önbizalom, magabiztosság: *I didn't have the confidence to tell her I thought she was wrong.* • *to be full of confidence* tele van önbizalommal • *She suffers from a lack of confidence.* • *'Of course we will win,' the team captain said with confidence.* ➔ Lásd **self-confidence. 3** bizalom (*vki titoktartásában*): *The information was given to me in strict confidence* (a legszigorúbb titoktartás mellett). • *It took a while to win/gain her confidence* (elnyerni a bizalmát).

confidence trick *noun* [C] szélhámosság

★ **confident** /'kɒnfɪdənt/ *adj.* **confident (of sth/that...)**; **confident (about sth)** magabiztos, biztos vmiben: *Kate feels confident of passing/that she can pass the exam.* • *You should feel confident about your own abilities.* • *Dillon has a very confident manner.* ➔ Lásd **self-confident.**
▶ **confidently** *adv.* magabiztosan: *She stepped confidently onto the stage and began to sing.*

confidential /,kɒnfɪ'denʃl/ *adj.* bizalmas, titkos: *The letter was marked 'private and confidential'.*
▶ **confidentiality** /,kɒnfɪ,denʃi'æləti/ *noun* [U] titkosság
confidentially /-ʃəli/ *adv.* bizalmasan

confine /kən'faɪn/ *verb* [T] **1** **confine sb/sth (in/to sth)** bezár vkit/vmit (*ált. vmilyen kis helyre*): *The prisoners are confined to their cells for long periods at a time.* **2** **confine sb/sth/yourself to sth** vmihez tartja magát, vmire szorítkozik: *Please confine your questions to the topic.*

confined /kən'faɪnd/ *adj.* zárt (*tér, hely*)

confinement /kən'faɪnmənt/ *noun* [U] elzárás: *to be kept in solitary confinement* (magánzárkában)

confines /'kɒnfaɪnz/ *noun* [*plural*] (*formális*) vmi határa(i): *Patients are not allowed beyond the confines of the hospital grounds.*

★ **confirm** /kən'fɜ:m/ *verb* [T] **1** megerősít (*gyanút, hírt stb.*), (*vissza*)igazol: *Seeing the two of them together confirmed our*

---

❶ = magyarázat   [C] megszámlálható (*főnév*): one book, two books

[U] megszámlálhatatlan (*főnév*): some sugar

suspicions. • *Can you confirm that you will be able to attend?* **2** bérmál (katolikus), konfirmál (protestáns): *He was confirmed at the age of thirteen.*

► **confirmation** /ˌkɒnfəˈmeɪʃn/ noun [U, C] megerősítés, visszaigazolás: *We are waiting for confirmation of the report.*

confirmed /kənˈfɜːmd/ adj. (csak főnév előtt) megrögzött: *a confirmed bachelor*

confiscate /ˈkɒnfɪskeɪt/ verb [T] elkoboz: *Any cigarettes found in school will be confiscated.*

► **confiscation** /ˌkɒnfɪˈskeɪʃn/ noun [C,U] elkobzás

★ **conflict¹** /ˈkɒnflɪkt/ noun [C,U] **1 (a) conflict with sb/sth (over sth)** konfliktus, nézeteltérés: *an armed conflict* • *The new laws have brought the Government into conflict with the unions over pay increases.* **2** összeütközés, ellentmondás (nézetek, kívánságok között): *Many women have to cope with the conflict between their career and their family.* • *a conflict of interests* érdekellentét/összeférhetetlenség

conflict² /kənˈflɪkt/ verb [I] **A and B conflict; A conflicts with B** ellentmond: *The statements of the two witnesses conflict.* • *John's statement conflicts with yours.* • *conflicting* (egymásnak ellentmondó) *results*

conform /kənˈfɔːm/ verb [I] **conform (to sth)** **1** összhangban van (törvénnyel, szabállyal): *This building does not conform to fire regulations.* **2** beilleszkedik vhova, aláveti magát vminek: *Children are under a lot of pressure to conform when they first start school.*

► **conformity** /kənˈfɔːməti/ noun [U] alkalmazkodás, betartás

conformist /kənˈfɔːmɪst/ noun [C] alkalmazkodó (ember) **❶** Ellentéte: **nonconformist.**

confront /kənˈfrʌnt/ verb [T] **1 confront sth; confront sb with sb/sth** szembekerül, szembesít vkit vkivel/vmivel: *to confront a problem/a difficulty/an issue* • *When the police confronted him with the evidence, he confessed.* **2** szembeszegül (ellenséggel, veszéllyel): *The unarmed demonstrators were confronted by a row of soldiers.*

confrontation /ˌkɒnfrʌnˈteɪʃn/ noun [C,U] összeütközés (átv is)

★ **confuse** /kənˈfjuːz/ verb [T] **1** (ált. szenvedő szerkezetben) összezavar: *He confused everybody with his pages of facts and figures.* **2 confuse A and/with B** összetéveszt vmit/vkit vmivel/vkivel: *I often confuse Lee with his brother.* **3** bonyolít: *The situation is confused by the fact that so many organizations are involved.*

★ **confused** /kənˈfjuːzd/ adj. **1** zavarodott (ember): *When he regained consciousness he was dazed and confused.* **2** zavaros (nehezen érthető): *The article is very confused.*

► **confusedly** /-ədli/ adv. zavar(odot)tan

★ **confusing** /kənˈfjuːzɪŋ/ adj. zavaros (nehezen érthető), zavarba ejtő: *Her instructions were contradictory and confusing.*

► **confusingly** adv. zavaróan, zavarba ejtően

★ **confusion** /kənˈfjuːʒn/ noun [U] **1** zavar(odottság): *He stared in confusion at the exam paper.* • *There is still a great deal of confusion as to the true facts.* **2** zűrzavar: *Their unexpected visit threw all our plans into confusion.* **3** összecserélés: *To avoid confusion, all luggage should be labelled with your name and destination.*

congeal /kənˈdʒiːl/ verb [I,T] (meg)alvad, (meg)alvaszt, megdermed (folyadék): *congealed (alvadt) blood*

congenial /kənˈdʒiːniəl/ adj. (formális) kellemes: *We spent an evening in congenial company.*

congenital /kənˈdʒenɪtl/ adj. veleszületett

congested /kənˈdʒestɪd/ adj. zsúfolt, bedugult: *The streets of London are congested with traffic.*

► **congestion** /kənˈdʒestʃən/ noun [U] torlódás: *severe traffic congestion*

conglomerate /kənˈɡlɒmərət/ noun [C] több vállalat egyesülése

conglomeration /kənˌɡlɒməˈreɪʃn/ noun [C] konglomerátum

★ **congratulate** /kənˈɡrætʃuleɪt/ verb [T] **congratulate sb (on sth)** gratulál vkinek (vmilyen alkalomból): *I congratulated Sue on passing her driving test.*

★ **congratulations** /kənˌɡrætʃuˈleɪʃnz/ noun [plural] **congratulations (on sth)** Gra-

---

[I] **tárgyatlan** (ige): *He laughed.*

[T] **tárgyas** (ige): *He ate an apple.*

tulálok!: *Congratulations on the birth of your baby boy!* ❶ Születésnap alkalmából a **Happy Birthday!** kifejezéssel gratulálunk.

congregate /'kɒŋgrɪgeɪt/ *verb* [*I*] összegyűlik, gyülekezik

congregation /ˌkɒŋgrɪ'geɪʃn/ *noun* [*C, with sing. or plural verb*] gyülekezet

★ **congress** /'kɒŋgres/ *noun* [*C*] **1** kongresszus: *a medical congress* **2** (**Congress**) (*pol*) kongresszus (*pl az USA-ban*) ❶ Az USA-ban a **Senate** és a **House of Representatives** alkotja.

congressional /kən'greʃənl/ *adj.* kongresszusi

conical /'kɒnɪkl/ *adj.* kúpos ❶ Főnév: **cone**.

conifer /'kɒnɪfə(r); 'kəʊn-/ *noun* [*C*] tűlevelű fa
▸ **coniferous** /kə'nɪfərəs/ *adj.* tűlevelű

conjecture /kən'dʒektʃə(r)/ *verb* [*I,T*] (*formális*) feltételez
▸ **conjecture** *noun* [*C,U*] feltételezés

conjugate /'kɒndʒəgeɪt/ *verb* [*T*] ragoz (*igét*)
▸ **conjugation** /ˌkɒndʒu'geɪʃn/ *noun* [*C,U*] (ige)ragozás

conjunction /kən'dʒʌŋkʃn/ *noun* [*C*] kötőszó: *'And', 'but' and 'or' are conjunctions.*
IDIOM **in conjunction with sb/sth** vkivel/vmivel együtt

conjure /'kʌndʒə(r)/ *verb* [*I*] bűvészkedik
▸ **conjuring** *noun* bűvész-
PHRASAL VERB **conjure sth up 1** felidéz: *Hawaiian music conjures up images of sunshine and sandy beaches.* **2** elővarázsol: *Mum can conjure up a meal out of almost anything.*

conjuror (also **conjurer**) /'kʌndʒərə(r)/ *noun* [*C*] bűvész ➲ Lásd **magician**.

conker /'kɒŋkə(r)/ (*brit, informális*) (also ˌhorse 'chestnut) *noun* [*C*] vadgesztenye

★ **connect** /kə'nekt/ *verb* **1** [*I,T*] **connect (sth) (up) (to/with sth)** összekapcsol: *The tunnels connect (up) ten metres further on.* • *The printer is connected to the computer.* • *This motorway connects (összeköti) Oxford with Birmingham.* ❶ Ellentéte: **disconnect**. **2** [*T*] **connect sb/sth (with sb/sth)**

összefüggésbe hoz: *There was no evidence that she was connected with the crime.* **3** [*I*] **connect (with sth)** (*repülőjárathoz, vonathoz stb.*) csatlakozása van: *a connecting flight*

★ **connection** /kə'nekʃn/ *noun* **1** [*C*] a connection between A and B; a connection with/to sth kapcsolat (*nem érzelmi*), összefüggés: *Is there any connection between the two organizations?* • *What's your connection with Brazil?* **2** [*C*] érintkezés (*elektromos*), illesztés (*cső stb.*): *The radio doesn't work. There must be a loose connection somewhere.* **3** [*C*] (*közl*) csatlakozás: *Our bus was late so we missed our connection.*
IDIOMS **in connection with sb/sth** (*formális*) vmivel kapcsolatban: *I am writing to you in connection with your application.* | **in this/that connection** (*formális*) ezzel/azzal kapcsolatban

connive /kə'naɪv/ *verb* [*I*] **connive at sth; connive (with sb) (to do sth)** összejátszik: *The two parties connived to get rid of the president.*

connoisseur /ˌkɒnə'sɜː(r)/ *noun* [*C*] műértő, ínyenc

connotation /ˌkɒnə'teɪʃn/ *noun* [*C*] mellékjelentés: *'Spinster' means a single woman but it has negative connotations.*

★ **conquer** /'kɒŋkə(r)/ *verb* [*T*] **1** meghódít: *Napoleon's ambition was to conquer Europe.* • (*átv*) *The young singer conquered the hearts of audiences all over the world.* **2** leküzd (*nehézséget, betegséget stb.*): *She's trying to conquer her fear of flying.*

conqueror /'kɒŋkərə(r)/ *noun* [*C*] hódító (*háborúban*)

conquest /'kɒŋkwest/ *noun* **1** [*C, U*] meghódítás (*pl. országé*): *the Norman conquest* Anglia meghódítása a normannok által 1066-ban • *the conquest of Mount Everest* **2** [*C*] meghódított terület, hódítás

conscience /'kɒnʃəns/ *noun* [*C,U*] lelkiismeret: *a clear/a guilty conscience* tiszta/rossz lelkiismeret
IDIOM **have sth on your conscience** vmi nyomja a lelkiismeretét: *I'll write and apologize – I've had it on my conscience for weeks.*

conscientious /ˌkɒnʃi'enʃəs/ *adj.* lelkiismeretes
► **conscientiously** *adv.* lelkiismeretesen

conscientious ob'jector *noun* [C] a katonai szolgálatot lelkiismereti okokból megtagadó személy

* **conscious** /'kɒnʃəs/ *adj.* **1** eszméleténél levő: *The injured driver was still conscious when the ambulance arrived.* ● Ellentéte: **unconscious.** **2** conscious (of sth/that...) vmi tudatában lévő: *She didn't seem conscious of the danger.* • *Bill suddenly became conscious that someone was following him.* **3** tudatos: *We made a conscious effort to treat both children equally.* ➜ Lásd még a hasonló jelentésű **deliberate** szót.
► **consciously** *adv.* tudatosan

* **consciousness** /'kɒnʃəsnəs/ *noun* **1** [U] eszmélet: *to lose consciousness* elájul • *She regained consciousness* (magához tért) *after two weeks in a coma.* **2** [U, sing.] consciousness (of sth) tudat(osság): *There is (a) growing consciousness of the need to save energy.*

conscript¹ /kən'skrɪpt/ *verb* [T] behív (katonának)
► **conscription** *noun* [U] sorozás

conscript² /'kɒnskrɪpt/ *noun* [C] újonc (katona) ➜ Lásd **volunteer¹**(2).

consecrate /'kɒnsɪkreɪt/ *verb* [T] fel-/beszentel
► **consecration** /ˌkɒnsɪ'kreɪʃn/ *noun* [C,U] (fel)szentelés

consecutive /kən'sekjətɪv/ *adj.* egymást követő: *This is the team's fourth consecutive win.*
► **consecutively** *adv.* folyamatosan, egyfolytában

consensus /kən'sensəs/ *noun* [sing., U] (a) consensus (among/between sb) (on/about sth) megegyezés, konszenzus: *to reach a consensus* megegyezésre/konszenzusra jut • *There is no consensus among experts about the causes of global warming.*

consent¹ /kən'sent/ *verb* [I] consent (to sth) beleegyezik vmibe

consent² /kən'sent/ *noun* [U] beleegyezés: *The child's parents had to give their consent to the operation.*
IDIOM the age of consent → AGE¹

* **consequence** /'kɒnsɪkwəns/ *noun* **1** [C]

következmény: *Many people may lose their jobs as a consequence of* (következtében) *recent poor sales.* **2** [U] (formális) fontosság: *It is of no consequence.* Nem lényeges.

consequent /'kɒnsɪkwənt/ *adj.* (formális, csak főnév előtt) vmiből következő/származó: *The lack of rain and consequent poor harvests have led to food shortages.*
► **consequently** *adv.* következésképpen: *She didn't work hard enough, and consequently failed the exam.*

conservation /ˌkɒnsə'veɪʃn/ *noun* [U] **1** környezetvédelem, természetvédelem: *Conservation groups are protesting against the plan to build a road through the forest.* **2** megőrzés: *the conservation of energy* energiatakarékosság ● Ige: **conserve.**

conservationist /ˌkɒnsə'veɪʃənɪst/ *noun* [C] környezetvédő

conservatism /kən'sɜːvətɪzəm/ *noun* [U] **1** konzervativizmus **2** (ált. **Conservatism**) a brit konzervatív párt elvei

* **conservative¹** /kən'sɜːvətɪv/ *adj.* **1** konzervatív **2** (**Conservative**) konzervatív (a brit konzervatív párthoz tartozó) **3** óvatos: *Even a conservative estimate* (óvatos becslés) *would put the damage at about £4 000 to repair.*
► **conservatively** *adv.* **1** szolídan **2** óvatosan

conservative² /kən'sɜːvətɪv/ *noun* [C] **1** konzervatív **2** (ált. **Conservative**) konzervatív (a brit konzervatív párt tagja)

Con'servative Party *noun* [C] a brit konzervatív párt ➜ Lásd még **Labour Party, Liberal Democrats.**

conservatory /kən'sɜːvətri/ *noun* [C] (plural conservatories) üvegház

conserve /kən'sɜːv/ *verb* [T] konzervál, megóv: *to conserve water* ● Főnév: **conservation.**

* **consider** /kən'sɪdə(r)/ *verb* [T] **1** consider sb/sth (for/as sth); consider doing sth fontolgat: *She had seriously considered nursing as a career.* **2** consider sb/sth (as/to be) sth; consider that... vkit/vmit vminek/vmilyennek tart: *He considered the risk (to be) too great.* • *He considered that the risk was too great.* • *Jane considers herself an expert on the subject.* **3** tekintettel van

vmire/vkire: *I can't just move abroad – I have to consider my family.*

★ **considerable** /kənˈsɪdərəbl/ *adj.* jelentős (*méret, mennyiség*): *A considerable number of people preferred the old building to the new one.*

▸ **considerably** /-əbli/ *adv.* jelentősen: *This flat is considerably larger than our last one.*

considerate /kənˈsɪdərət/ *adj.* **considerate (towards sb)**; **considerate (of sb) (to do sth)** figyelmes **❶** Ellentéte: **inconsiderate**.

★ **consideration** /kənˌsɪdəˈreɪʃn/ *noun* **1** [U] (*formális*) megfontolás: *I have given some consideration to the idea but I don't think it would work.* **2** [C] szempont: *If he changes his job, the salary will be an important consideration.* **3** [U] **consideration (for sb/sth)** figyelmesség: *Most drivers show little consideration for cyclists.*

IDIOM **take sth into consideration** figyelembe vesz vmit

considering /kənˈsɪdərɪŋ/ *prep., conj.* figyelembe véve: *Considering you've only been studying for a year, you speak English very well.*

consign /kənˈsaɪn/ *verb* [T] (*formális*) **consign sb/sth to sth** vmit vhova tesz (*mert felesleges*): *I think I can consign this junk mail straight to the bin.*

consignment /kənˈsaɪnmənt/ *noun* [C] szállítmány: *a new consignment of books*

★ **consist** /kənˈsɪst/ *verb* **❶** Az igét *continuous* igeidőkben nem használjuk, azonban *-ing* alakban gyakran előfordul: *It's a full-time course consisting of six different modules.*

PHRASAL VERBS **consist in sth** áll vmiben (*vmi lényege*): *Her job consisted in welcoming the guests as they arrived.* | **consist of sth** áll vmiből: *The band consists of a singer, two guitarists and a drummer.*

consistency /kənˈsɪstənsi/ *noun* (*plural* **consistencies**) **1** [U] következetesség: *Your work lacks consistency. Sometimes it's excellent but at other times it's full of mistakes.* **❶** Ellentéte: **inconsistency**. **2** [C, U] sűrűség (*folyadéké*): *The mixture should have a thick, sticky consistency.*

consistent /kənˈsɪstənt/ *adj.* **1** következetes, konzekvens **2** **consistent (with sth)** vmivel megegyező: *I'm afraid your*

statement is not consistent with what the other witnesses said. **❶** Ellentéte: **inconsistent**.

▸ **consistently** *adv.* következetesen: *We must try to maintain a consistently high standard.*

consolation /ˌkɒnsəˈleɪʃn/ *noun* [C,U] vigasz: *It was some consolation to me to know that I wasn't the only one who had failed the exam.*

console /kənˈsəʊl/ *verb* [T] vigasztal

consolidate /kənˈsɒlɪdeɪt/ *verb* [I,T] megszilárdít (*átv*): *We're going to consolidate what we've learnt so far by doing some revision exercises today.*

▸ **consolidation** /kənˌsɒlɪˈdeɪʃn/ *noun* [U] megszilárdítás (*hatalomé, helyzeté stb.*)

consonant /ˈkɒnsənənt/ *noun* [C] mássalhangzó: *The letters 't', 'm', 's' and 'b' are all consonants.* **⊃** Lásd **vowel**.

consortium /kənˈsɔːtiəm/ *noun* [C] (*plural* **consortiums** or **consortia** /-tiə/) konzorcium

conspicuous /kənˈspɪkjuəs/ *adj.* szembetűnő **❶** Ellentéte: **inconspicuous**.

▸ **conspicuously** *adv.* szembetűnően

conspiracy /kənˈspɪrəsi/ *noun* [C,U] (*plural* **conspiracies**) összeesküvés: *a conspiracy against the president*

conspirator /kənˈspɪrətə(r)/ *noun* [C] összeesküvő

conspire /kənˈspaɪə(r)/ *verb* [I] **1** **conspire (with sb) (to do sth)** összeesküvést sző: *A group of terrorists were conspiring to blow up the plane.* **2** **conspire (against sb/sth)** (minden) összeesküszik vki ellen: *When we both lost our jobs in the same week, we felt that everything was conspiring against us.*

constable (also po‚lice ˈconstable) /ˈkʌnstəbl/ *noun* [C] (*brit*) közrendőr

constabulary /kənˈstæbjələri/ *noun* [C] (*plural* **constabularies**) rendőrség (*helyi*)

★ **constant** /ˈkɒnstənt/ *adj.* **1** állandó: *The constant noise gave me a headache.* **2** egyenletes: *You use less petrol if you drive at a constant speed.*

constantly /ˈkɒnstəntli/ *adv.* állandóan: *The situation is constantly changing.*

constellation /ˌkɒnstəˈleɪʃn/ noun [C] csillagkép

consternation /ˌkɒnstəˈneɪʃn/ noun [U] megdöbbenés, szörnyülködés: *We stared at each other **in consternation*** (döbbenten).

constipated /ˈkɒnstɪpeɪtɪd/ adj. székrekedés(e) (van)
▸ **constipation** /ˌkɒnstɪˈpeɪʃn/ noun [U] székrekedés: *to suffer from/have constipation*

constituency /kənˈstɪtjuənsi/ noun [C] (plural **constituencies**) választókerület

constituent /kənˈstɪtjuənt/ noun [C] **1** alkotóelem: *Hydrogen and oxygen are the constituents of water.* **2** választópolgár (egy adott választókerületben)

constitute /ˈkɒnstɪtjuːt/ verb, linking verb [T] (formális) ❶ Az igét continuous igeidőkben nem használjuk, azonban -ing alakban gyakran előfordul: *Management has to fix a maximum number of hours as constituting a day's work.* **1** alkot, képez: *Women constitute a high proportion of part-time workers.* **2** jelent: *The presence of the troops constitutes a threat to peace.*

constitution /ˌkɒnstɪˈtjuːʃn/ noun **1** [C] alkotmány: *the United States constitution* **2** [U] összetétel: *the constitution of DNA*

constitutional /ˌkɒnstɪˈtjuːʃənl/ adj. alkotmányos: *It is not constitutional to imprison a person without trial.*

constrain /kənˈstreɪn/ verb [T] (formális) **constrain sb/sth (to do sth)** korlátoz, kényszerít: *The company's growth has been constrained by high taxes.*

constraint /kənˈstreɪnt/ noun [C,U] korlátozó tényező, megszorítás: *There are always some financial constraints on a project like this.*

constrict /kənˈstrɪkt/ verb [I,T] **1** összeszorul, összeszorít: *She felt her throat constrict with fear.* • *The valve constricts the flow of air.* **2** korlátoz
▸ **constriction** noun [C,U] **1** (össze)szorítás, összeszorulás **2** korlátozás

construct /kənˈstrʌkt/ verb [T] épít: *Early houses were constructed out of mud and sticks.* ❶ A **construct** formálisabb, mint a **build**.

★ **construction** /kənˈstrʌkʃn/ noun **1** [U] építés, építkezés: *A new bridge is now **under construction**.* • *He works in the construction industry.* Az építőiparban dolgozik. **2** [C] (formális) építmény, épület: *The new pyramid was a construction of glass and steel.* **3** [C] szerkezet: *a grammatical construction*

constructive /kənˈstrʌktɪv/ adj. építő (kritika): *constructive suggestions/criticism/advice*
▸ **constructively** adv. segítő szándékkal, építő módon

construe /kənˈstruː/ verb [T] (formális) **construe sth (as sth)** vhogyan értelmez/magyaráz vmit: *Her confident manner is often construed as arrogance.* ➲ Lásd **misconstrue**.

consul /ˈkɒnsl/ noun [C] konzul ➲ Lásd **ambassador**.
▸ **consular** /ˈkɒnsjələ(r)/ adj. konzuli

consulate /ˈkɒnsjələt/ noun [C] konzulátus ➲ Lásd **embassy**.

consult /kənˈsʌlt/ verb **1** [T] **consult sb/sth (about sth)** fordul vkihez (tanácsért), utánanéz vminek (pl. szótárban): *If the symptoms continue, consult your doctor.* **2** [I] **consult with sb** tanácskozik: *Harry consulted with his brothers before selling the family business.*

consultancy /kənˈsʌltənsi/ noun **1** [C] tanácsadó cég **2** [U] szaktanácsadás

consultant /kənˈsʌltənt/ noun [C] **1** tanácsadó: *a firm of management consultants* **2** (brit) (orv) szakorvos: *a consultant psychiatrist* osztályvezető pszichiáter

consultation /ˌkɒnslˈteɪʃn/ noun [C,U] **1** tanácskozás: *Diplomats met for consultations on the hostage crisis.* • *The measures were introduced without consultation.* **2** (formális) konzultálás, utánanézés (pl lexikonban): *a consultation with a doctor*

consume /kənˈsjuːm/ verb [T] (formális) **1** fogyaszt (üzemanyagot, energiát, időt): *This car consumes a lot of petrol.* **2** fogyaszt (ételt, italt, kalóriát): *Wrestlers can consume up to 10 000 calories in a day.* ❶ Főnév: **consumption**. **3** elhamvaszt (tűz) **4** elemészt (érzés): *She was consumed by grief when her son was killed.*

★ **consumer** /kənˈsjuːmə(r)/ noun [C]

containers

box   box   matchbox   packet (*US* pack)   packet (*US* package)   sachet   packet

straw   carton   carton   tub   cap/top   tube   top   bag   bag

tin/can (*US* can)   can   top   spray   can   top   cork   bottle   lid   jar

fogyasztó: *a consumer society* fogyasztói társadalom

consuming /kən'sju:mɪŋ/ *adj.* (*csak főnév előtt*) emésztő (*pl. szenvedély*): *Sport is her consuming passion.*

consummate¹ /'kɒnsəmət/ *adj.* (*csak főnév előtt, formális*) mesteri, tökéletes: *a consummate performer/professional*

consummate² /'kɒnsəmeɪt/ *verb* [T] (*formális*) beteljesít házasságot (*szexuális aktussal*)
▶ **consummation** /ˌkɒnsə'meɪʃn/ *noun* [C,U] vminek a betetőzése

consumption /kən'sʌmpʃn/ *noun* [U] fogyasztás (*üzemanyagé, ételé*): *a car with low fuel consumption* • *The meat was declared unfit for human consumption.* **❶** Ige: **consume**.

cont. (*also* **contd**) *abbr.* (**continued** rövidítése) folyt.: *cont. on p 91*

★ **contact¹** /'kɒntækt/ *noun* **1** [U] contact (with sb/sth) kapcsolat: *They are trying to **make contact** with the kidnappers.* • *We **keep in contact** with our office in New York.* • *It's a pity to **lose contact** with old schoolfriends.* **2** [U] contact (with sb/sth) érintkezés: *This product should not **come into contact** (nem érintkezhet) with food.* **3** [C] kapcsolat (*személy*): *business contacts*

contact² /'kɒntækt/ *verb* [T] kapcsolatba lép

contact lens *noun* [C] kontaktlencse

contagious /kən'teɪdʒəs/ *adj.* ragályos (*betegség*): *Smallpox is a highly contagious disease.* • (*átv*) *Her laugh is contagious* (ragadós). ➔ Magyarázat az **infectious** szónál.
▶ **contagion** /kən'teɪdʒən/ *noun* [U] fertőzés

★ **contain** /kən'teɪn/ *verb* [T] **❶** Az igét *continuous* igeidőkben nem használjuk, azonban *-ing* alakban gyakran előfordul: *petrol containing lead.* **1** tartalmaz: *Each box contains 24 tins.* **2** fékez, visszatart: *efforts to contain inflation* • *She found it hard to contain her anger.*

container /kən'teɪnə(r)/ *noun* [C] **1** tartály, edény: *a plastic container* **2** konténer: *a container lorry/ship*

contaminate /kən'tæmɪneɪt/ *verb* [T] fertőz, szennyez: *The town's drinking water was contaminated with poisonous chemicals.*
▶ **contamination** /kənˌtæmɪ'neɪʃn/ *noun* [U] fertőzés, szennyez(őd)és

contemplate /'kɒntəmpleɪt/ *verb* [T] **1** fontolóra vesz: *Before her illness she had never contemplated retiring.* **2** szemlélődik, tanulmányoz

▶ **contemplation** /ˌkɒntəmˈpleɪʃn/ noun [U] **1** elmélkedés **2** tanulmányozás

★ **contemporary¹** /kənˈtemprəri/ adj. **1** korabeli: *The programme includes contemporary film footage of the First World War.* **2** kortárs: *contemporary music/art/society*

contemporary² /kənˈtemprəri/ noun [C] (plural **contemporaries**) kortárs

contempt /kənˈtempt/ noun [U] **contempt (for sb/sth)** megvetés, lenézés: *The teacher treated my question* **with contempt**.
▶ **contemptuous** /kənˈtemptʃuəs/ adj. megvető, lenéző

contend /kənˈtend/ verb **1** [I] **contend with/against sb/sth** megküzd (problémával): *She's had a lot of problems to contend with.* **2** [T] (formális) határozottan állít: *The young man contended that he was innocent.* **3** [I] **contend (for sth)** versenyez: *Two athletes are contending for first place.*

contender /kənˈtendə(r)/ noun [C] versenyző, esélyes: *There are only two serious contenders for the leadership.*

★ **content¹** /kənˈtent/ adj. (főnév előtt nem állhat) **content (with sth)**; **content to do sth** (meg)elégedett, meg van elégedve: *I don't need a new car – I'm perfectly content with the one I've got.*

★ **content²** /ˈkɒntent/ noun [plural, sing.] tartalom: *Add the contents of this packet to a pint of cold milk.* ● *The content of the essay is good.* ● *Many processed foods have a high sugar content.*

content³ /kənˈtent/ noun [sing.]
IDIOM **to your heart's content** → HEART

content⁴ /kənˈtent/ verb [T] **content yourself with sth** megelégszik vmivel: *The restaurant was closed, so we had to content ourselves with a sandwich.*

contented /kənˈtentɪd/ adj. (meg)elégedett: *The baby gave a contented chuckle.*
▶ **contentedly** adv. (meg)elégedetten

contention /kənˈtenʃn/ noun **1** [U] (formális) vita **2** [C] (formális) meggyőződés, álláspont: *The government's contention is that unemployment will start to fall next year.*
IDIOM **in contention (for sth)** versenyben (van): *Four teams are still in contention for the cup.*

contentious /kənˈtenʃəs/ adj. vitatott: *a contentious issue*

contentment /kənˈtentmənt/ noun [U] (meg)elégedettség

★ **contest¹** /ˈkɒntest/ noun [C] verseny, küzdelem: *I've decided to* **enter** *that writing contest.* ● *The by-election will be a contest between the two main parties.*

contest² /kənˈtest/ verb [T] **1** verseng: *Twenty-four teams will contest next year's World Cup.* **2** vitat: *They contested the decision, saying that the judges had not been fair.*

contestant /kənˈtestənt/ noun [C] versenyző

★ **context** /ˈkɒntekst/ noun [C,U] **1** körülmények, összefüggés: *His decision can only be understood* **in context**. **2** szövegösszefüggés: *You can often guess the meaning of a word from its context.* ● *Taken* **out of context** (összefüggéseiből kiragadva), *his comment made no sense.*

★ **continent** /ˈkɒntɪnənt/ noun **1** [C] kontinens **2** (**the Continent**) [sing.] (brit) Európa (Nagy-Britannia nélkül)

continental /ˌkɒntɪˈnentl/ adj. **1** kontinentális **2** (brit) európai (Nagy-Britannia nélkül): *continental holidays*

contingency /kənˈtɪndʒənsi/ noun [C] (plural **contingencies**) előre nem látott váratlan esemény: *We'd better make* **contingency plans** (tartalékterv) *just in case something goes wrong.* ● *We've tried to prepare for every possible contingency.*

contingent /kənˈtɪndʒənt/ noun [C, with sing. or plural verb] **1** küldöttség: *the Irish contingent at the conference* **2** (kat) kontingens

continual /kənˈtɪnjuəl/ adj. folytonos, állandó: *His continual phone calls started to annoy her.* ➔ Lásd **incessant**.
▶ **continually** adv. folytonosan, állandóan

continuation /kənˌtɪnjuˈeɪʃn/ noun [sing., U] folytatódás, folytatás: *The team are hoping for a continuation of their recent good form.* ● *Continuation of the current system* (a jelen rendszer fenntartása) *will be impossible.*

★ **continue** /kənˈtɪnjuː/ verb **1** [I] folytatódik: *If the pain continues, see your doctor.* **2** [I,T] **continue (doing/to do sth)**;

continue (with sth) folytat, tovább (csinál vmit): *They ignored me and continued their conversation.* • *He continued working/to work late into the night.*

continued /kən'tmju:d/ *adj.* folytonos, tartós: *There are reports of continued fighting near the border.*

continuity /ˌkɒntɪ'nju:əti/ *noun* [U] folytonosság, állandóság: *The pupils will have the same teacher for two years to ensure continuity.*

★ **continuous** /kən'tmjuəs/ *adj.* folytonos, szakadatlan: *There was a continuous line of cars stretching for miles.*
▶ **continuously** *adv.* megállás nélkül: *It has rained continuously here for three days.*

the con'tinuous tense (also **the pro'gressive tense**) *noun* [C] folyamatos igeidő: *In the sentence 'Jane is brushing her hair' the verb is in the present continuous (tense).* ⊃ Lásd a *Rövid nyelvtani összefoglalást.*

contort /kən'tɔːt/ *verb* [I,T] eltorzul, eltorzít: *His face contorted/was contorted with pain.*
▶ **contortion** *noun* [C] grimasz, eltorzulás

contour /'kɒntʊə(r)/ *noun* [C] **1** körvonal, kontúr: *I could just make out the contours of the house in the dark.* **2** (also **'contour line**) szintvonal (*térképen*)

contraception /ˌkɒntrə'sepʃn/ *noun* [U] fogamzásgátlás: *a reliable form of contraception* ⊃ Lásd **birth control**, **family planning**.

contraceptive /ˌkɒntrə'septɪv/ *noun* [C] fogamzásgátló (*szer/eszköz*)
▶ **contraceptive** *adj.* fogamzásgátló

★ **contract¹** /'kɒntrækt/ *noun* [C] (*jog*) szerződés: *They signed a three-year contract with a major record company.*

contract² /kən'trækt/ *verb* **1** [I,T] összehúzódik, összehúz: *Metals contract as they cool.* ❶ Ellentéte: **expand**. **2** [T] elkap (*betegséget*): *to contract pneumonia* **3** [I,T] (*jog*) szerződést köt: *His firm has been contracted to supply all the furniture for the new building.*
PHRASAL VERB **contract sth out (to sb)** alvállalkozóval dolgoztat

contraction /kən'trækʃn/ *noun* **1** [U] összehúzódás: *the expansion and contraction of a muscle* **2** [C] (*orv*) szülési fájdalom

3 [C] (*nyelv*) egy vagy két szó összevonása: *'Mustn't' is a contraction of 'must not'.*

contractor /kən'træktə(r)/ *noun* [C] vállalkozó, szállító

contractual /kən'træktʃuəl/ *adj.* szerződéses, szerződésbe foglalt

contradict /ˌkɒntrə'dɪkt/ *verb* [T] ellentmond: *These instructions seem to contradict previous ones.*

contradiction /ˌkɒntrə'dɪkʃn/ *noun* [C,U] ellentmondás: *This letter is in complete contradiction to their previous one.*

contradictory /ˌkɒntrə'dɪktəri/ *adj.* ellentmondó: *Contradictory reports appeared in the newspapers.*

contraflow /'kɒntrəfləʊ/ *noun* [C] a forgalom ideiglenes átterelése az ellenkező irányú belső sávba

contralto /kən'træltəʊ/ *noun* [C,U] mély alt (*énekhangú énekesnő*)

contraption /kən'træpʃn/ *noun* [C] szerkentyű: *The first aeroplanes were dangerous contraptions.*

contrary¹ /'kɒntrəri/ *adj.* **1** (*csak főnév előtt*) ellenkező, ellentétes: *I thought it was possible, but she took the contrary view.* **2 contrary to sth** ellentétben vmivel: *Contrary to popular belief* (a közhiedelemmel ellentétben), *not all boxers are stupid.*

contrary² /'kɒntrəri/ *noun*
IDIOMS **on the contrary** ellenkezőleg: *'You look as if you're not enjoying yourself.' 'On the contrary, I'm having a great time.'* | **to the contrary** (*formális*) ellenkező (*értelmű dolog*): *Unless I hear anything to the contrary, I shall assume that the arrangements haven't changed.*

★ **contrast¹** /'kɒntrɑːst/ *noun* **1** [U] ellentét: *In contrast to previous years, we've had a very successful summer.* **2** [C,U] **(a) contrast (to/with sb/sth); (a) contrast (between A and B)** különbség, kontraszt: *There is a tremendous contrast between the climate in the valley and the climate in the hills.* **3** [C] ellentéte vminek: *This house is quite a contrast to your old one!*

★ **contrast²** /kən'trɑːst/ *verb* **1** [T] **contrast (A and/with B)** szembeállít **2** [I] **contrast with sb/sth** különbözik, elüt: *This comment contrasts sharply with his previous remarks.*

contravene /ˌkɒntrə'viːn/ verb [T] (formális) megszeg (törvényt, szabályt)
► **contravention** /ˌkɒntrə'venʃn/ noun [C,U] megszegés (törvényszegés, szabálysértés)

★ **contribute** /'kɒntrɪbjuːt; kən'trɪbjuːt/ verb **contribute (sth) (to/towards sth) 1** [I,T] hozzájárul: Would you like to contribute towards our collection for famine relief? **2** [I] elősegít, hozzájárul: It is not known whether the bad weather contributed to the accident. **3** [I,T] (cikket) ír (külső munkatársként)

contribution /ˌkɒntrɪ'bjuːʃn/ noun [C] a contribution (to/toward sth) hozzájárulás, közreműködés: If we all **make a small contribution**, we'll be able to buy Ray a good present.

contributor /kən'trɪbjətə(r)/ noun [C] hozzájáruló (személy), külső munkatárs (lapnál)

contributory /kən'trɪbjətəri/ adj. hozzájáruló: Alcohol was a contributory factor (szerepet játszott) in her death.

contrive /kən'traɪv/ verb [T] **1** sikerül vmit megtenni (nehézségek ellenére): If I can contrive to get off work early, I'll see you later. **2** kieszel vmit (néha becstelen módon): He contrived a scheme to cheat insurance companies.

contrived /kən'traɪvd/ adj. mesterkélt: The ending of the film seemed rather contrived.

★ **control¹** /kən'trəʊl/ noun **1** [U] control (of/over sb/sth) hatalom: Rebels managed to **take control** of the radio station. • Some teachers find it difficult to **keep control** (kézben tartani) of their class. • He **lost control** of the car (elvesztette a kormány feletti uralmát) and crashed. • I was late because of circumstances **beyond my control**. Rajtam kívülálló körülmények miatt késtem el. **2** [C,U] **(a)** control (on/over sth) ellenőrzés, irányítás, szabályozás: price controls • the company's **quality control** procedures **3** [C] vezérlő berendezés: the controls of an aeroplane/a TV • a control panel vezérlőpult **4** [sing.] ellenőrzési pont: to go through passport control
IDIOMS be in control (of sth) ura a helyzetnek | **be/get out of control** irányíthatatlanná/kezelhetetlenné válik: The

demonstration got out of control and fighting broke out. | **under control** ellenőrzés alatt/alá: It took several hours to bring the fire under control.

★ **control²** /kən'trəʊl/ verb [T] (controlling; controlled) **1** irányít, (meg)fékez: One family controls the company. • Police struggled to control the crowd. • I couldn't control myself any longer and burst out laughing. **2** szabályoz, ellenőriz: measures to control price rises
► **controller** noun [C] ellenőr, irányító: air traffic controllers

controversial /ˌkɒntrə'vɜːʃl/ adj. vitás, vitatható: a controversial decision

controversy /'kɒntrəvɜːsi; kən'trɒvəsi/ noun [C,U] (plural controversies) vita (nyilvános)

conurbation /ˌkɒnɜː'beɪʃn/ noun [C] (földr) konurbáció

convalesce /ˌkɒnvə'les/ verb [I] lábadozik
► **convalescence** /ˌkɒnvə'lesns/ noun [sing., U] lábadozás, gyógyulás
convalescent /ˌkɒnvə'lesnt/ adj. lábadozó

convene /kən'viːn/ verb [I,T] (formális) összegyűlik, összehív

convenience /kən'viːniəns/ noun **1** [U] kényelem: a building designed **for the convenience** of disabled people • **For convenience** (könnyebbség kedvéért), you can pay for everything at once. **2** [C] komfort: houses with all the modern conveniences **3** [C] (brit) (nyilvános) illemhely

con'**venience food** noun [C,U] félkész étel, készétel

★ **convenient** /kən'viːniənt/ adj. **1** megfelelő, alkalmas: It isn't convenient to talk at the moment. ❶ Ellentéte: **inconvenient**. **2** közel (fekszik) vmihez: Our house is convenient for the shops.
► **conveniently** adv. kényelmesen, célszerűen

convent /'kɒnvənt/ noun [C] zárda ➲ Lásd monastery.

convention /kən'venʃn/ noun **1** [C,U] szokás(ok): A speech by the bride's father is one of the conventions of a wedding. • The film shows no respect for convention. **2** [C] kongresszus, nagygyűlés **3** [C] egyezmény (ált. nemzetközi): the Geneva Convention

conventional /kənˈvenʃənl/ adj. hagyományos, konvencionális ❶ Ellentéte: **unconventional**.
▶ **conventionally** /-ʃənəli/ adv. hagyományos módon

converge /kənˈvɜːdʒ/ verb [I] **converge (on sb/sth)** összefut, összegyűlik (több irányból): *Fans from all over the country converge on the village during the annual music festival.*

conversant /kənˈvɜːsnt/ adj. (formális) **conversant with sth** jártas vmiben: *All employees should be conversant with basic accounting.*

★ **conversation** /ˌkɒnvəˈseɪʃn/ noun [C,U] beszélgetés, társalgás: *I had a long conversation with her about her plans for the future. • His job is his only topic of conversation* (témája).
IDIOM deep in thought/conversation → DEEP¹

converse /kənˈvɜːs/ verb [I] (formális) társalog, beszélget

conversely /ˈkɒnvɜːsli/ adv. (formális) ellenben, és fordítva: *People who earn a lot of money have little time to spend it. Conversely, many people with limitless time do not have enough money to do what they want.*

conversion /kənˈvɜːʃn/ noun [C,U] **(a) conversion (from sth) (into/to sth)** 1 átszámítás, átváltás: *a conversion table for miles and kilometres* 2 átalakítás 3 (vall) áttérés

convert¹ /kənˈvɜːt/ verb [I,T] 1 **convert (sth) (from sth) (into/to sth)** átalakul, átalakít: *a sofa that converts* (átalakítható) *into a double bed • How do you convert* (számítjuk át) *pounds into kilos?* 2 **convert (sb) (from sth) (to sth)** áttér, meg/áttérít: *As a young man he converted to Islam. • to convert people to Christianity*

convert² /ˈkɒnvɜːt/ noun [C] **a convert (to sth)** (vall) áttért (személy)

convertible¹ /kənˈvɜːtəbl/ adj. átalakítható: *convertible* (konvertibilis) *currencies*

convertible² /kənˈvɜːtəbl/ noun [C] (sport)kocsi (felnyitható tetővel)

convex /ˈkɒnveks/ adj. domború: *a convex lens* ➔ Lásd **concave**.

convey /kənˈveɪ/ verb [T] 1 **convey sth (to sb)** közöl, átad: *The film conveys a lot of information but in an entertaining way. • Please convey my sympathy* (adja át részvétem) *to her at this sad time.* 2 (formális) szállít, visz

conˈveyor belt noun [C] futószalag

convict¹ /kənˈvɪkt/ verb [T] **convict sb (of sth)** bűnösnek mond ki, elítél: *He was convicted of armed robbery and sent to prison.* ❶ Ellentéte: **acquit**.

convict² /ˈkɒnvɪkt/ noun [C] elítélt, fegyenc

conviction /kənˈvɪkʃn/ noun 1 [C,U] elítélés: *He has several previous convictions* (többször volt már büntetve) *for burglary.* 2 [C] meggyőződés, hit: *religious convictions* 3 [U] meggyőződés: *He played without conviction and lost easily.*

★ **convince** /kənˈvɪns/ verb [T] 1 **convince sb (of sth/that...)** meggyőz: *She convinced him of the need to go back. • I couldn't convince her that I was right.* 2 **convince sb (to do sth)** rábeszél, rábír: *The salesman convinced them to buy a new cooker.*

★ **convinced** /kənˈvɪnst/ adj. (főnév előtt nem állhat) meg van győződve vmiről: *He's convinced of his ability to win.*

★ **convincing** /kənˈvɪnsɪŋ/ adj. 1 meggyőző: *Her explanation for her absence wasn't very convincing.* 2 fölényes (győzelem): *a convincing win*
▶ **convincingly** adv. 1 meggyőzően 2 fölényesen

convoy /ˈkɒnvɔɪ/ noun [C,U] konvoj: *a convoy of lorries • warships travelling in convoy*

convulse /kənˈvʌls/ verb [I,T] görcsösen rángatózik, görcsös rángatózást okoz: *He was convulsed with pain.*

convulsion /kənˈvʌlʃn/ noun [C, usually plural] görcsös rángatózás: *Children sometimes have convulsions when they are ill.*

coo /kuː/ verb [I] 1 turbékol 2 gügyög, gőgicsél: *He went to the cot and cooed over the baby.*

★ **cook¹** /kʊk/ verb 1 [I,T] főz (ételt készít): *My mother taught me how to cook. • The sauce should be cooked on low heat for twenty minutes. • He cooked us a meal.* 2 [I] fő, sül: *I could smell something cooking in the kitchen.*

Az ételek készítésének módjai: **boiling** vízben főzés, **frying** zsiradékban sütés serpenyőben, **grilling** grillezés, mikor az ételt felülről éri a hő, **toast** kenyérpirítás grillsütőben vagy kenyérpirítóban. A süteményt és kenyeret, esetleg krumplit is sütőben sütik (**bake**). A **roast** szót használják, mikor húst vagy krumplit zsiradékban sütnek a sütőben.

PHRASAL VERB **cook sth up** (*informális*) kifőz (*kifogást, hazugságot*): *She cooked up an excuse for not arriving on time.*

cook² /kʊk/ *noun* [C] szakács: *My sister is an excellent cook* (kitűnően főz).

cookbook (also **'cookery book**) /'kʊkbʊk/ *noun* [C] szakácskönyv

★ **cooker** /'kʊkə(r)/ *noun* [C] (gáz- vagy villany)tűzhely

cookery /'kʊkəri/ *noun* [U] konyhaművészet: *Chinese cookery*

'cookery book (also **cookbook**) *noun* [C] szakácskönyv

cookie /'kʊki/ (*US*) = BISCUIT

★ **cooking** /'kʊkɪŋ/ *noun* [U] **1** főzés, sütés: *Cooking is one of her hobbies.* ❶ Ha az ételkészítésről mint házimunkáról beszélünk, a **do the cooking** kifejezést használjuk: *In our house, I do the cleaning and my husband does the cooking* (én takarítok és a férjem főz). **2** étel (*vmilyen módon elkészítve*): *He missed his mother's cooking* (az anyja főzte).

★ **cool¹** /kuːl/ *adj.* **1** hűvös, hűsítő: *a cool evening* ● *What I'd like is a long cool drink.* ➾ Magyarázat a **cold¹** szónál. **2** nyugodt, higgadt: *She always manages to remain cool under pressure.* **3** közömbös, hűvös (*vkivel szemben*): *When we first met, she was rather cool towards me.* **4** (*szleng*) állati jó, szuper: *Those are cool shoes you're wearing!*

★ **cool²** /kuːl/ *verb* **1** [I,T] **cool (sth/sb) (down/off)** ki/lehűl, lehűt: *Let the soup cool (down).* ● *After the game we needed to cool off.* ● *A nice cold drink will soon cool you down.* **2** [I] (el)lanyhul (*érzelem*)

PHRASAL VERB **cool (sb) down/off** megnyugszik, megnyugtat

cool³ /kuːl/ *noun* [sing.] (**the cool**) hűvösség: *We sat in the cool of a cafe.*

IDIOM **keep/lose your cool** megőrzi/elveszti hidegvérét

cooling-'off period *noun* [C] gondolkodási idő, melyet vitázó felek kapnak vagy maguknak adnak

coolly /'kuːlli/ *adv.* higgadtan, hűvösen: *She explained the conflict coolly.*

coolness /'kuːlnəs/ *noun* [U] hűvösség, higgadtság: *the coolness of the water* ● *his coolness under stress* ● *their coolness towards strangers*

coop /kuːp/ *verb*
PHRASAL VERB **coop sb/sth up (in sth)** bezárva tart vhol: *The children were cooped up indoors all day.*

cooperate (*brit* also **co-operate**) /kəʊˈɒpəreɪt/ *verb* [I] **cooperate (with sb/sth)** **1** együtt dolgozik: *Our company is cooperating with a Danish firm on this project.* **2** együttműködik: *If everyone cooperates by following the instructions, there will be no problem.*

cooperation (*brit* also **co-operation**) /kəʊˌɒpəˈreɪʃn/ *noun* [U] **cooperation (with sb)** együttműködés: *Schools are working in close cooperation with parents to improve standards.* ● *The police thanked the public for their cooperation in the investigation.*

cooperative¹ (*brit* also **co-operative**) /kəʊˈɒpərətɪv/ *adj.* **1** egyesített, együttműködésen alapuló: *a cooperative business venture* **2** segítőkész, készséges: *My firm were very cooperative and allowed me to have time off.* ❶ Ellentéte: **uncooperative**.

cooperative² (*brit* also **co-operative**) /kəʊˈɒpərətɪv/ *noun* [C] szövetkezet: *a workers' cooperative*

coordinate¹ (*brit* also **co-ordinate**) /kəʊˈɔːdɪneɪt/ *verb* [T] összehangol: *It is her job to coordinate the various departments.*

coordinate² (*brit* also **co-ordinate**) /kəʊˈɔːdɪnət/ *noun* [C] (*föld*) koordináta

coordination (*brit* also **co-ordination**) /kəʊˌɔːdɪˈneɪʃn/ *noun* [U] **1** összehangolás **2** mozgáskoordináció: *Children's coordination improves as they get older.*

coordinator (*brit* also **co-ordinator**) /kəʊˈɔːdɪneɪtə(r)/ *noun* [C] szervező, koordinátor

cop¹ /kɒp/ (also **copper**) noun [C] (informális) zsaru

cop² /kɒp/ verb (**copping**; **copped**) (informális)

PHRASAL VERB cop out (of sth) kibújik vmilyen feladat alól: *She was going to help me with the cooking but she copped out at the last minute.*

cope /kəʊp/ verb [I] cope (with sb/sth) megbirkózik vmivel, boldogul: *She sometimes finds it difficult to cope with all the pressure at work.*

copious /'kəʊpiəs/ adj. bőséges: *She made copious notes at the lecture.*
▶ **copiously** adv. kiadósan, bőségesen

'cop-out noun [C] (informális) kibúvó (vmilyen feladat alól)

copper /'kɒpə(r)/ noun 1 [U] vörösréz 2 [C, plural] (brit) garas: *I only had a few coppers left.* 3 (also cop) [C] (informális) zsaru

co-pro'duce verb [T] koprodukcióban hoz létre vmt

copse /kɒps/ noun [C] cserjés

copulate /'kɒpjuleɪt/ verb [I] (formális) közösül, párzik
▶ **copulation** /ˌkɒpju'leɪʃn/ noun [U] közösülés, párzás

★ **copy¹** /'kɒpi/ noun [C] (plural **copies**) 1 másolat: *I kept a copy of the letter I wrote.* • *the master copy* eredeti példány • *to make a copy of a computer file* ➔ Lásd **photocopy**. 2 példány: *I managed to buy the last copy of the book left in the shop.*

★ **copy²** /'kɒpi/ verb (pres. part. **copying**; 3rd pers. sing. pres. **copies**; pt, pp **copied**) 1 [T] másol: *The children copied pictures from a book.* • *It is illegal to copy videos.* 2 [T] copy sth (down/out) lemásol, átmásol: *I copied down the address on the brochure.* • *I copied out the letter more neatly.* 3 (also photocopy) [T] fénymásolatot készít 4 [T] utánoz: *She copies everything her friends do.* 5 [I] copy (from sb) puskázik: *He was caught copying from another student in the exam.*

copyright /'kɒpiraɪt/ noun [C,U] szerzői jog

coral /'kɒrəl/ noun [U] korall: *a coral reef* korallzátony

cord /kɔːd/ noun 1 [C,U] kötél 2 [C,U] (főleg US) szigetelt vezeték 3 (cords) [plural] kord(bársony) nadrág

cordial /'kɔːdiəl/ adj. szívélyes: *a cordial greeting/smile*
▶ **cordially** /-diəli/ adv. szívélyesen, tisztelettel

cordless /'kɔːdləs/ adj. vezeték/drót nélküli: *a cordless phone/kettle/iron*

cordon¹ /'kɔːdn/ noun [C] kordon

cordon² /'kɔːdn/ verb
PHRASAL VERB cordon sth off kordonnal lezár: *The street where the bomb was discovered was quickly cordoned off.*

corduroy /'kɔːdərɔɪ/ noun [U] kordbársony

core /kɔː(r)/ noun 1 [C] magház: *an apple core* (csutka) 2 [sing.] veleje/magva vminek: *the core curriculum* keret/alaptanterv • *What's the core issue here?* 3 [C] (csill) egy égitest magja: *the earth's core* a Föld magja
IDIOM to the core teljesen: *The news shook him to the core.* A hír velejéig megrázta.

cork /kɔːk/ noun 1 [U] parafa 2 [C] dugó ➔ Ábra **container** alatt.

corkscrew /'kɔːkskruː/ noun [C] dugóhúzó ➔ Ábra **kitchen** alatt.

★ **corn** /kɔːn/ noun 1 [U] (főleg brit) gabona: *a field of corn* • *a corn field* 2 [U] (US) = MAIZE 3 [C] tyúkszem

corner¹ /'kɔːnə(r)/ noun [C] 1 sarok: *Put the lamp in the corner of the room.* • *Write your address in the top right-hand corner.* • *The shop is on the corner of Wall Street and Long Road.* • *He went round the corner at top speed.* Teljes sebességgel fordult be a sarkon. ➔ Ábra a következő oldalon. 2 zug, szeglet: *a remote corner of Scotland* 3 nehéz helyzet: *to get yourself into a corner* 4 (sp) szögletrúgás
IDIOMS cut corners figyelmen kívül hagyja (hogy időt vagy pénzt takarítson meg) | (just) round the corner a közelben: *There's a phone box just round the corner.*

★ **corner²** /'kɔːnə(r)/ verb [T] 1 sarokba szorít: *He cornered me at the party and started telling me all his problems.* 2 (gazd) mindent felvásárol (hogy monopolhelyzetbe kerüljön): *That company's really cornered the market in health foods.*

corner

The car is in the corner.

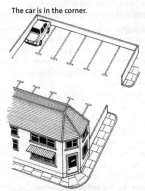

The shop is on the corner.

cornflakes /'kɔːnfleɪks/ noun [plural] kukoricapehely (tejjel leöntve, reggelihez fogyasztott étel)

cornflour /'kɔːnflaʊə(r)/ noun [U] gabonaliszt, finom kukoricaliszt (gyakran mártások sűrítésére használják)

corn on the cob noun [U] főtt kukorica(cső)

corny /'kɔːni/ adj. (informális) elcsépelt, banális: a corny joke szakállas vicc

coronary¹ /'kɒrənri/ adj. (orv) szívkoszorúérrel kapcsolatos

coronary² /'kɒrənri/ noun [C] (plural coronaries) (orv) szívroham (egy fajtája)

coronation /ˌkɒrə'neɪʃn/ noun [C] koronázás(i szertartás)

coroner /'kɒrənə(r)/ noun [C] halottkém

Corp. abbr. (Corporation rövidítése, US) Rt., részvénytársaság: West Coast Motor Corp.

corporal /'kɔːpərəl/ noun [C] tizedes, káplár

corporal punishment noun [U] testi fenyítés ➔ Lásd capital punishment.

corporate /'kɔːpərət/ adj. testületi: corporate (egyetemleges) responsibility

corporation /ˌkɔːpə'reɪʃn/ noun [C, with sing. or plural verb] **1** (közg) társaság, vállalat, részvénytársaság: multinational corporations • the British Broadcasting Corporation **2** (brit) önkormányzat

corps /kɔː(r)/ noun [C, with sing. or plural verb] (plural corps /kɔː(r)/) **1** (kat) hadtest, alakulat: the medical corps **2** testület: the diplomatic corps

corpse /kɔːps/ noun [C] holttest ➔ Lásd carcass.

★ **correct¹** /kə'rekt/ adj. **1** helyes, pontos: Well done! All your answers were correct. • Have you got the correct time, please? **2** illő, megfelelő: What's the correct form of address for a vicar? ❶ Ellentéte: incorrect.
▶ **correctly** adv. **1** hibátlanul, helyesen **2** illendően, megfelelően
correctness noun [U] vminek a helyes volta, illendőség

★ **correct²** /kə'rekt/ verb [T] kijavít: to correct a test • He's always correcting me when I'm talking to people.
▶ **correction** noun [C,U] javítás, helyesbítés

corrective /kə'rektɪv/ adj. javító célú: to take corrective action

correlate /'kɒrəleɪt/ verb [I,T] összefüggésben van/összefüggésbe hoz vmivel, viszonyul, viszonyít
▶ **correlation** /ˌkɒrə'leɪʃn/ noun [C,U] (kölcsönös) összefüggés, viszony: There is a correlation between a person's diet and height.

correspond /ˌkɒrə'spɒnd/ verb [I] **1** correspond (to/with sth) (meg)egyezik vmivel, megfelel vminek: Does the name on the envelope correspond with the name inside the letter? **2** (formális) correspond (with sb) levelezik vkivel: They corresponded for a year before they got married.

correspondence /ˌkɒrə'spɒndəns/ noun **1** [U] (formális) levelezés: There hasn't been any correspondence between them for years. **2** [C,U] szoros kapcsolat, összefüggés, megegyezés: There is no correspondence between the two sets of figures.

correspondent /ˌkɒrə'spɒndənt/ noun [C] **1** tudósító: a foreign correspondent külföldi tudósító **2** levelező

corresponding /ˌkɒrə'spɒndɪŋ/ adj. (csak főnév előtt) megfelelő: Sales are up 10% compared with the corresponding period last year.

▶ **correspondingly** *adv.* vminek megfelelő, vmivel arányosan

* **corridor** /ˈkɒrɪdɔː(r)/ *noun* [C] folyosó

corroborate /kəˈrɒbəreɪt/ *verb* [T] (*formális*) megerősít, alátámaszt: *The witness corroborated Mr Patton's statement about the night of the murder.*
▶ **corroboration** /kəˌrɒbəˈreɪʃn/ *noun* [U] megerősítés, alátámasztása vminek

corrode /kəˈrəʊd/ *verb* [I,T] korrodál
▶ **corrosion** /kəˈrəʊʒn/ *noun* [U] korrózió
corrosive /kəˈrəʊsɪv/ *adj.* maró (*hatású*), korróziót okozó

corrugated /ˈkɒrəgeɪtɪd/ *adj.* hullám- (*lemez, papír*)

corrupt¹ /kəˈrʌpt/ *adj.* korrupt, erkölcstelen

corrupt² /kəˈrʌpt/ *verb* [T] megveszteget, megront: *Too many people are corrupted by power.*

corruption /kəˈrʌpʃn/ *noun* [U] **1** korrupció **2** korrumpálás

corset /ˈkɔːsɪt/ *noun* [C] fűző

cos = BECAUSE

cosmetic¹ /kɒzˈmetɪk/ *noun* [*usually plural*] szépítőszer(ek) ➲ Lásd **make-up**.

cosmetic² /kɒzˈmetɪk/ *adj.* **1** kozmetikai **2** látszat-, nem lényegi: *changes in government policy which are purely cosmetic*

cosmic /ˈkɒzmɪk/ *adj.* kozmikus

cosmopolitan /ˌkɒzməˈpɒlɪtən/ *adj.* kozmopolita

the cosmos /ˈkɒzmɒs/ *noun* [*sing.*] a világegyetem

* **cost¹** /kɒst/ *noun* **1** [C,U] ár, költség: *The hospital was built at a cost of £10 million.* ➲ Magyarázat a **price** szónál. **2** (*sing., U*) ár: *He achieved great success but only at the cost of* (*árán*) *a happy family life.* **3** (costs) [*plural*] perköltség(ek): *a £250 fine and £100 costs*
IDIOMS **at all costs/at any cost** mindenáron: *We must win at all costs.* | **cover the cost (of sth)** → COVER¹ | **to your cost** saját kárán: *Life can be lonely at university, as I found out to my cost* (saját bőrömön).

* **cost²** /kɒst/ *verb* [T] (*pt, pp* cost) **1** vmibe/vmennyibe kerül: *How much does a return ticket to London cost?* • (*informális*) *How much did your car cost*

you? **2** (*átv*) vmibe kerül: *That one mistake cost him his job* (állásába került).
IDIOM **cost the earth/a fortune** egy vagyonba kerül

co-star /ˈkəʊstɑː(r)/ *verb* (co-starring; co-starred) (*film, szính*) **1** [T] sztárokat együtt szerepeltet **2** [I] együtt szerepel vkivel: *Kate Winslet co-stars with Leonardo DiCaprio in the film.*
▶ **co-star** *noun* [C] vkivel együtt szereplő színész

costly /ˈkɒstli/ *adj.* (costlier; costliest) **1** költséges, drága: *a costly repair bill* **2** (*átv*) drága: *a costly mistake*

costume /ˈkɒstjuːm/ *noun* [C,U] **1** viselet: *Welsh national costume* **2** jelmez: *One of the children was dressed in a pirate's costume.* **3** (also 'swimming costume) [C] (*brit, informális*) fürdőruha ➲ Lásd **bikini**.

cosy /ˈkəʊzi/ *adj.* (cosier; cosiest) (*US* cozy) barátságos, otthonos: *The room looked cosy and inviting in the firelight.*

cot /kɒt/ (*US* crib) *noun* [C] **1** gyermekágy **2** (*US*) = CAMP BED ➲ Ábra **bed¹** alatt.

cottage /ˈkɒtɪdʒ/ *noun* [C] kis vidéki ház/nyaraló

ˌcottage ˈcheese *noun* [U] túró

ˌcottage ˈpie *noun* [C,U] = SHEPHERD'S PIE

* **cotton** /ˈkɒtn/ *noun* [U] **1** pamut, cérna **2** (*US*) = COTTON WOOL

ˌcotton ˈwool *noun* [U] vatta

couch¹ /kaʊtʃ/ *noun* [C] dívány, heverő

couch² /kaʊtʃ/ *verb* [T] (*ált. szenvedő szerkezetben, formális*) megfogalmaz vmit (*vmilyen (pl. régies) stílusban*): *His reply was couched in very polite terms.*

* **cough¹** /kɒf/ *verb* **1** [I] köhög **2** [T] cough (up) sth felköhög vmit: *When I started coughing (up) blood I called the doctor.*
PHRASAL VERB **cough (sth) up** (*informális*) leperkál (*kelletlenül kifizet*): *Come on, cough up what you owe me!*

cough² /kɒf/ *noun* [C] **1** köhögés, köhintés: *He gave a nervous cough before he started to speak.* **2** köhögés (*betegség*): *Kevin's got a bad cough.* Kevin csúnyán köhög.

* **could** /kəd; *erős alak* kʊd/ *modal verb* (*negative* could not; *short form* couldn't /ˈkʊdnt/) **1** tudott (*vmit tenni*): *I could run* *three miles without stopping when I was younger.*

Ha a múltban egy bizonyos esetről van szó, **was/were able to** vagy **managed to** használatos: *The firemen were able to/managed to rescue the children.* Tagadó mondatban viszont **could not** is használható: *The firemen couldn't rescue the children.*

2 (*udvarias engedély kérése*) szabad volt: *Ellen said we could stay at her house* (megszállhatunk nála). • *Could I possibly borrow* (esetleg kölcsönkérhetném) *your car?* **3** lehet, hogy (*tesz/tett/tehetett volna vmit*): *I could do it now if you like.* • *She could be famous one day.* • *He could have gone to university but he didn't want to.* • *You could have said* (megmondhattad volna) *you were going to be late!* • *He could have had an accident.* Lehet, hogy balesete volt. **4** (*udvarias kérés*): *Could you open* (ki tudnád nyitni) *the door? My hands are full.* ⊃ Lásd a *Rövid nyelvtani összefoglalá*st. **5** (*javaslattétel*): *`What do you want to do tonight?' `We could go* (elmehetünk/elmehetnénk) *to the cinema or we could just stay in.'* **6** (*érzékelést kifejező igékkel kapcsolatban*)

Ezek az igék *continuous* igeidőkben nem használatosak. Ha a múlt egy adott időpontjában éppen történő cselekvést akarunk kifejezni, a **could** segédigével megtehetjük: *We could hear/see children playing outside* (nem ~~We were hearing...~~).

★ **council** (also **Council**) /'kaʊnsl/ *noun* [*c*, *with sing. or plural verb*] **1** tanács, önkormányzat: *My dad's on the local council.* • *a council house* tanácsi lakás **2** tanács(adó) testület): *the Arts Council*

councillor /'kaʊnsələ(r)/ *noun* [*c*] tanácstag

counsel[1] /'kaʊnsl/ *verb* [*T*] (counselling; counselled; *US* counseling; counseled) **1** tanácsol, segítséget ad **2** (*írott nyelv*) javasol, ajánl: *Mr Dean's lawyers counselled him against making public statements.*

counsel[2] /'kaʊnsl/ *noun* [*U*] **1** (*írott nyelv*) tanács, javaslat **2** peres fél jogi képvi-

selője, ügyész: *the counsel for the defence/ prosecution*

counselling (*US* **counseling**) /'kaʊnsəlɪŋ/ *noun* [*U*] tanácsadás

counsellor (*US* **counselor**) /'kaʊnsələ(r)/ *noun* [*C*] tanácsadó: *a marriage counsellor*

★ **count**[1] /kaʊnt/ *verb* **1** [*I*] számol: *Close your eyes and count (up) to 20.* **2** [*T*] **count sth** megszámol **3** [*T*] beleszámít: *There were thirty people on the bus, not counting the driver.* **4** [*I*] **count (for sth)** számít (*fontossággal bír*): *I sometimes think my opinion counts for nothing at work.* **5** [*I*] **count (as sth)** érvényes, vminek tekinthető: *The referee had already blown his whistle so the goal didn't count.* **6** [*I,T*] vminek tekint/tart: *You should count yourself lucky to have a good job.*

IDIOM **Don't count your chickens (before they're hatched)** ne igyál előre a medve bőrére

PHRASAL VERBS **count against sb** vmi ellene szól: *Do you think my age will count against me?* | **count on sb/sth** számít vkire/vmire: *Can I count on you to help me?* | **count sb/sth out 1** leszámol vmit (*lassan, egyenként vki elé*): *She carefully counted out the money into my hand.* **2** (*informális*) nem számít vkire: *If you're going swimming, you can count me out* (rám ne számíts)!

count[2] /kaʊnt/ *noun* [*c*] **1** [*usually sing.*] számolás, számítás, végösszeg: *At the last count* (a legfrissebb adatok szerint), *there were nearly 2 million unemployed.* • *On the count of three, all lift together.* Háromra mindenki emelje! **2** [*usually plural*] vitapont: *I proved her wrong on all counts.* Minden pontban megcáfoltam.

IDIOM **keep/lose count (of sth)** tudja/nem tudja, hol tart (*a számolásban*): *I've lost count of the number of times* (nem tudom hányadszor) *he's told that joke!*

countable /'kaʊntəbl/ *adj.* (*nyelv*) megszámlálható: *'Chair' is a countable noun, but 'sugar' isn't.* • *Countable nouns are marked [C] in this dictionary.* ❶ Ellentéte: **uncountable.** ⊃ Magyarázat az **uncountable** szónál. Lásd a *Rövid nyelvtani összefoglalást.*

countdown /'kaʊntdaʊn/ *noun* [*c*] viszszaszámlálás: *the countdown to the lift-off* *of a rocket* • *(átv) The countdown to this summer's Olympic Games has started.*

counter¹ /'kaʊntə(r)/ *noun* [C] **1** pult, pénztárablak (*bankban*): *The man behind the counter in the bank was very helpful.* **2** zseton **3** elektronikus számláló (*gép*)

counter² /'kaʊntə(r)/ *verb* [I,T] **1** szembehelyezkedik, reagál (*kritikára*): *He countered our objections with a powerful defence of his plan.* **2** kivéd, elhárít: *The shop has installed security cameras to counter theft.*

counter³ /'kaʊntə(r)/ *adv.* counter to sth ellenkező irányban, ellentétben vmivel: *The results of these experiments run counter to* (ellentétesek) *previous findings.*

counteract /ˌkaʊntər'ækt/ *verb* [T] ellensúlyoz

counter-attack *noun* [C] ellentámadás
▶ counter-attack *verb* [I,T] ellentámadást indít

counter-clockwise (*US*) = ANTICLOCKWISE

counterfeit /'kaʊntəfɪt/ *adj.* hamis(ított)

counterfoil /'kaʊntəfɔɪl/ *noun* [C] ellenőrzőszelvény

counterpart /'kaʊntəpɑːt/ *noun* [C] vkinek a megfelelője (*aki másik országban vagy szervezetnél ugyanazt a pozíciót tölti be*): *the French President and his Italian counterpart*

counter-productive *adj.* vki szándékával ellentétes hatást kiváltó

countless /'kaʊntləs/ *adj.* (*csak főnév előtt*) számtalan: *I've tried to phone him countless times but he's not there.*

★ **country** /'kʌntri/ *noun* (*plural* **countries**) **1** [C] ország ❶ Vesd össze **state, land.** Ez utóbbi hivatalosabb és irodalmibb, mint country: *Explorers who set out to discover new lands.* **2** (**the country**) [*sing.*] az ország, lakossága: *a survey to find out what the country really thinks* **3** (**the country**) [*sing.*] vidék: *Do you live in a town or in the country?* ➔ Vesd össze **countryside, scenery.** **4** [U] táj, vidék: *We looked down over miles of open country.* • *hilly country* ❶ Szinonímája: **terrain. 5** = COUNTRY AND WESTERN

country and western *noun* [U] country-zene

countryman /'kʌntrimən/ *noun* [C] (*plural* -men /-mən/) honfitárs: *a fellow countryman*

the countryside /'kʌntrisaɪd/ *noun* [U, *sing.*] vidék: *beautiful countryside* • *From the hill there is a magnificent view of the surrounding countryside.* ➔ Magyarázat a **country** szónál.

county /'kaʊnti/ *noun* [C] (*plural* **counties**) megye, közigazgatási terület (*melynek saját önkormányzata van*): *the county of Nottinghamshire* • *Orange County, California* ➔ Vesd össze **province, state** ¹(4).

coup /kuː/ *noun* [C] **1** (*also* coup d'état /kuː deɪ'tɑː/) államcsíny: *a coup to overthrow the President* • *an attempted coup* puccskísérlet **2** mesterfogás: *Getting the Prime Minister to open the conference was a real coup.*

★ **couple¹** /'kʌpl/ *noun* [C, with sing. or plural verb] pár (*házaspár, szerelmespár stb.*): *a married couple* ➔ Lásd még **pair.**
IDIOM a couple of people/things **1** egy pár **2** néhány

couple² /'kʌpl/ *verb* [T] (*ált. szenvedő szerkezetben*) (össze)kapcsol(ódik) (*vmivel*): *The fog, coupled with the amount of traffic on the roads, made driving very difficult.*

coupon /'kuːpɒn/ *noun* [C] kupon, szelvény: *a coupon worth 10% off your next purchase*

★ **courage** /'kʌrɪdʒ/ *noun* [U] bátorság: *It took real courage to go back into the burning building.* • *She showed great courage all through her long illness.*
▶ courageous /kə'reɪdʒəs/ *adj.* bátor
IDIOM pluck up courage → PLUCK¹

courgette /kɔː'ʒet/ (*főleg US* zucchini) *noun* [C] cukkini

courier /'kʊriə(r)/ *noun* [C] **1** futár, küldönc: *The package was delivered by motorcycle courier.* **2** idegenvezető

★ **course** /kɔːs/ *noun* **1** [C] a course (in/on sth) tanfolyam: *I've decided to enrol on a computer course.* • *I'm going to take/do a course in self-defence.* **2** [C,U] (út)irány: *The hijackers forced the captain to change course and head for Cuba.* • *to be on/off course* tartja az irányt/eltér a helyes iránytól • (átv) *I'm on course* (jó tempóban haladok) *to finish this work by the end of the week.* • *The road follows the course of the river.* **3** (also ,course of 'action) [c] követendő út/eljárás/lépések: *In that situation resignation was the only course open to him.* **4** [sing.] folyamat, menet: *events that changed the course of history* • *In the normal course of events such problems do not arise.* **5** [c] fogás (étkezésnél): *a three-course lunch* • *I had chicken for the main course.* ➔ Vesd össze **dish**(2). **6** [c] (sport)pálya: *a golf course* • *a racecourse* **7** [c] **a course (of sth)** (orv) kúra, kezelés: *The doctor put her on a course of tablets.*

IDIOMS **be on a collision course (with sb/sth)** → COLLISION | **in the course of sth** vmi folyamán: *He mentioned it in the course of conversation.* | **in the course of time** idővel | **in due course** → DUE¹ | **a matter of course** → MATTER¹ | **of course** természetesen, persze: *Of course, having children has changed their lives a lot.* • *'Can I use your phone?' 'Of course (you can).'*

> Vigyázat! Egyszerű igenlő válaszként nem használatos. Az **Are you hungry?** kérdésre az igenlő válasz **Yes, I am.** Itt az **Of course** sértő lehet, pl. azt sugallhatja, hogy túl sokáig tart az étel elkészítése.

coursebook /'kɔːsbʊk/ *noun* [c] tankönyv

★ **court¹** /kɔːt/ *noun* **1** [c,u] bíróság: *A man has been charged and will appear in court tomorrow.* • *Bill's company are refusing to pay him so he's decided to take them to court.* **2** (the court) [sing.] a bíróság (egy adott tárgyaláson) **3** [c,u] pálya (bizonyos labdajátékoknál): *a tennis/squash/badminton court* ➔ Vesd össze **pitch¹**.

court² /kɔːt/ *verb* [T] **1** udvarol (keresi vkinek a kegyét): *Politicians from all parties will be courting voters this week.* **2** kihívja (a veszélyt, bajt): *Britain is courting ecological disaster if it continues to dump waste in the North Sea.*

courteous /'kɜːtiəs/ *adj.* előzékeny, udvarias ❶ Ellentéte: **discourteous**.
▶ **courteously** *adv.* előzékenyen

courtesy /'kɜːtəsi/ *noun* (plural **courtesies**) **1** [u] előzékenység, udvariasság: *She*

didn't even **have the courtesy** to say that she was sorry. **2** [c] (formális) (kölcsönös) udvariaskodások: *The two presidents exchanged courtesies before their meeting.* **IDIOM** **(by) courtesy of sb** (formális) vki (szíves) engedélyével: *These pictures are being shown by courtesy of BBC TV.*

,court 'martial *noun* [c] hadbíróság: *His case will be heard by a court martial.*
▶ **court-martial** *verb* hadbíróság elé állít

,court of 'law (also court) *noun* [c] bíróság, törvényszék

courtship /'kɔːtʃɪp/ *noun* [c,u] (rég) udvarlás

courtyard /'kɔːtjɑːd/ *noun* [c] udvar

★ **cousin** /'kʌzn/ (also ,first 'cousin) *noun* [c] unokatestvér ❶ Mindkét nemben ugyanaz a szó használatos. A **second cousin** jelentése „másod-unokatestvér".

cove /kəʊv/ *noun* [c] kis öböl: *a sandy cove*

★ **cover¹** /'kʌvə(r)/ *verb* [T] **1** **cover sb/sth (up/over) (with sth)** (be)takar/fed, eltakar: *Could you cover the food and put it in the fridge?* • *She couldn't look any more and covered her eyes.* ❶ Ellentéte: **uncover**. **2** leplez: *Paula laughed to cover her embarrassment.* **3** **cover sb/sth in/with sth** (be)borít: *The eruption of the volcano covered the town in a layer of ash.* • *Graffiti covered the walls.* **4** borít: *The floods cover an area of about 15 000 square kilometres.* **5** foglalkozik vmivel, kiterjed vmire: *All the papers covered the election in depth.* **6** megtesz (távolságot) **7** fedez (költséget): *We'll give you some money to cover your expenses.* • *We made so little money at our school dance that we didn't even cover the cost of the band.* **8** **cover sb/sth against/for sth** (közg) biztosít(ást nyújt) vmi ellen: *The insurance policy covers us for any damage to our property.* **9** **cover (for sb)** helyettesít: *Matt's phoned in sick so we'll have to find someone to cover (for him).*

PHRASAL VERBS **cover (sth) up** (el)leplez | **cover up for sb** (le)fedezi (vki hibáit/bűntetteit)

★ **cover²** /'kʌvə(r)/ *noun* **1** [c] borító, huzat: *a plastic cover for a computer* • *a duvet cover* **2** [c] fedőlap (pl. könyvé): *I read the magazine from cover to cover* **3** [u] **cover (against sth)** (közg) biztosítás vmi ellen: *The policy provides cover against theft.* **4** [u] fedél, fedezék: *When the storm started we had to* *take cover* in a shop doorway. • When the gunfire started everyone *ran for cover*. **5 (the covers)** [*plural*] ágynemű **6** [*C,U*] a **cover (for sth)** fedőszerv: *The whole company was just a cover for all kinds of criminal activities.* • *police officers working under cover* beépített rendőrök ➔ Lásd még **undercover**. **7** [*U*] helyettesítés: *Joanne's off next week so we'll have to arrange cover.* **IDIOM** **under (the) cover of sth** vmi leple alatt: *They attacked under cover of darkness.*

coverage /'kʌvərɪdʒ/ *noun* [*U*] **1** tudósítás (*és az amire kiterjed*): *TV coverage of the Olympic Games was excellent.* **2** anyag (*amivel egy könyv, cikk stb. foglalkozik*): *The grammar section provides coverage of all the most problematic areas.*

coveralls /'kʌvərɔːlz/ (*US*) = OVERALL²(2) ➔ Ábra **overall²** alatt.

covered /'kʌvəd/ *adj.* **1 covered in/with sth** vmivel (be)borított/borított: *She was covered in mud/sweat/dust.* • *nuts covered with chocolate* **2** fedett: *a covered shopping centre*

covering /'kʌvərɪŋ/ *noun* [*C*] takaró, borítás: *There was a thick covering of dust over everything.*

covering letter *noun* [*C*] kísérőlevél: *To apply for the job, send your CV with a covering letter.*

covert /'kəʊvɜːt/ *adj.* titkos, álcázott: *a covert police operation*
▸ **covertly** *adv.* lopva

cover-up *noun* [*C*] eltitkolás (*pl. bűné a nyilvánosság elől*): *Several newspapers have claimed that there has been a government cover-up.*

covet /'kʌvət/ *verb* [*T*] (*formális*) sóvárog vmi után (*ami általában a másé*)

★ **cow** /kaʊ/ *noun* [*C*] **1** tehén: *to milk a cow* tehenet fej • *a herd of cows* ❶ **Cow** gyakran a hím állatot is jelenti. ➔ Lásd még **bull, ox, calf, cattle.** ➔ Magyarázat a **meat** szónál. **2** -tehén (*néhány nagyobb emlős (pl. elefánt, bálna) nősténye*)

coward /'kaʊəd/ *noun* [*C*] gyáva (*ember*)
▸ **cowardly** *adj.* gyáva

cowardice /'kaʊədɪs/ *noun* [*U*] gyávaság

cowboy /'kaʊbɔɪ/ *noun* [*C*] **1** marha-

pásztor, cowboy **2** (*brit, informális*) fuser, kontár: *a cowboy builder*

cower /'kaʊə(r)/ *verb* [*I*] meglapul (*félelmében*), gyáván megbújik: *The dog cowered under the table when the storm started.*

coy /kɔɪ/ *adj.* **1** félénk (*vagy annak tetteti magát*), szemérmeskedő: *She gave him a coy smile.* **2** zárkózott, szemérmes: *Don't be coy – tell me how much you earn.*
▸ **coyly** *adv.* **1** félénken, szemérmesen és kacéran **2** szűkszavúan, szemérmesen

coz = BECAUSE

cozy (*US*) = COSY

crab /kræb/ *noun* [*C,U*] (tengeri) rák

★ **crack¹** /kræk/ *verb* **1** [*I,T*] (meg)reped, (el)reped, megrepeszt ➔ Ábra **chip²** alatt. **2** [*T*] feltör (*pl. tojást*): *Crack two eggs into a bowl.* **3** [*I,T*] pattog(tat), ropog(tat): *to crack a whip/your knuckles* **4** [*T*] beüt, ráüt: *She cracked the thief over the head with her umbrella.* **5** [*I*] összeroppan (*problémák súlya alatt*): *He cracked under the strain of all his problems.* **6** [*I*] elcsuklik (*vki hangja*) **7** [*T*] (*informális*) megold, felgöngyölít (*pl. bűnesetet*): *to crack (megfejt) a code* • *The police have cracked an international drug-smuggling ring.* **8** [*T*] szellemeskedik, elsüt egy viccet: *Stop cracking jokes and do some work!*

IDIOM **get cracking** (*brit, informális*) gyorsan nekilát vminek: *I have to finish this job today so I'd better get cracking.*

PHRASAL VERBS **crack down (on sb/sth)** szigorú(bb)an fellép vki ellen | **crack up 1** (*informális*) idegösszeroppanást kap: *He cracked up when his wife left him.* **2** (*szleng*) kirobban belőle a röhögés

★ **crack²** /kræk/ *noun* **1** [*C*] repedés: (*átv*) *They had always seemed happy together, but then cracks began to appear in their relationship.* ➔ Ábra **chip²** alatt. **2** [*C*] nyílás, rés: *a crack in the curtains* **3** [*C*] csattanás, dörrenés: *There was a loud crack as the gun went off.* **4** [*C*] ütés **5** [*C*] (*informális*) szellemes/gúnyos megjegyzés, beköpés: *She made a crack about his bald head.* **6** [*U*] crack (*egyfajta kábítószer*)

IDIOMS **the crack of dawn** pirkadat | **have a crack (at sth/at doing sth)** (*informális*) megpróbál(kozik): *I'm not sure how to play but I'll have a crack at it.*

crack³ /kræk/ *adj.* elit, elsőrangú: *crack troops* • *He's a crack shot with a rifle.*

crackdown /'krækdaʊn/ *noun* [C] kemény rendőrségi fellépés: *Fifty people have been arrested in a police crackdown on street crime.*

cracker /'krækə(r)/ *noun* [C] **1** sós keksz **2** (also ,Christmas 'cracker) Színes papírral borított, cső alakú karton dobozka, benne apró ajándékkal. A karácsonyi összejövetelen a két végén széthúzzák, ilyenkor pukkanó hangot ad. **3** (*brit, informális*) igazi gyöngyszem: *That story he told was a real cracker.*

crackers
cheese
cracker   Christmas cracker

crackle /'krækl/ *verb* [I] recseg-ropog: *The radio started to crackle and then it stopped working.*

▶ **crackle** *noun* [sing.] recsegés-ropogás

cradle¹ /'kreɪdl/ *noun* [C] bölcső ➔ Ábra **bed¹** alatt.

cradle² /'kreɪdl/ *verb* [T] átfogva tart (*gyengéden a karjaiban*)

craft /krɑːft/ *noun* **1** [C,U] (*kézműves*) mesterség: *an arts and crafts* (iparművészeti) *exhibition* • *I studied craft and design at school.* ➔ Lásd **handicraft**. **2** [C] szakma, mesterség: *He regards acting as a craft.* **3** [C] (*plural* **craft**) (*légi vagy vízi*) jármű

craftsman /'krɑːftsmən/ *noun* [C] (*plural* - **men** /-men/) kézműves, mesterember

craftsmanship /'krɑːftsmənʃɪp/ *noun* [U] (*kézműves*) szaktudás

crafty /'krɑːfti/ *adj.* dörzsölt, ravasz (*személy*)

▶ **craftily** *adv.* alattomosan, fortélyosan

crag /kræg/ *noun* [C] kőszirt

craggy /'krægi/ *adj.* **1** sziklás **2** markáns (*arc*)

cram /kræm/ *verb* (**cramming**; **crammed**) **1** [T] bezsúfol: *I managed to cram all my clothes into the bag.* • *We only spent two days in Rome but we managed to cram a lot of sightseeing in.* **2** [I] bezsúfolódik: *He only had a small car but they all managed to cram in.* **3** [I] magol: *She's cramming for her exams* (magol a vizsgáira).

crammed /kræmd/ *adj.* tömve van: *That book is crammed with useful information.*

cramp /kræmp/ *noun* [U] görcs

cramped /kræmpt/ *adj.* szűk, telezsúfolt: *a cramped flat*

crane¹ /kreɪn/ *noun* [C] (*tech*) daru

crane² /kreɪn/ *verb* [I,T] nyújtogatja a nyakát: *We all craned forward to get a better view.*

crank /kræŋk/ *noun* [C] rögeszmés alak

cranny /'kræni/ *noun* [C] (*plural* **crannies**) repedés, rés

IDIOM **every nook and cranny** → NOOK

crap /kræp/ *noun* [U] (*szleng*) marhaság: *Cut the crap!* Elég a süket dumából! **❶** Sokan sértőnek tartják ezt a szót.

★ **crash¹** /kræʃ/ *verb* **1** [I,T] összetör, belerohan vmibe (*jármű*): *He crashed into the car in front* (beleütközött az előtte haladó autóba). **2** [I] (be)lecsapódik: *The tree crashed to the ground.* **3** [I] csattan: *I could hear thunder crashing outside.* **4** [I] összeomlik (*üzleti vállalkozás*), leesik (*pénz/részvény értéke*) **5** [I] (*infor*) lefagy: *We lost the data when the computer crashed.*

★ **crash²** /kræʃ/ *noun* [C] **1** reccsenés, csattanás: *I heard a crash and ran outside.* **2** összeütközés (*jármű*): *a car crash* autóbaleset • *a plane crash* repülőszerencsétlenség **3** (*pénzügyi*) összeomlás: *the Stock Market crash of 1987* az 1987-es tőzsdekrach **4** (*infor*) lefagyás (*tech, váratlan*) rendszer-leállás

crash³ /kræʃ/ *adj.* gyorsított: *She did a crash course* (intenzív tanfolyam) *in Spanish before going to work in Madrid.*

'crash barrier *noun* [C] kordon

'crash helmet *noun* [C] bukósisak ➔ Ábra **hat** alatt.

,crash-'land *verb* [I] kényszerleszállást végez

▶ **crash-landing** *noun* [C] kényszerleszállás: *to make a crash-landing*

crass /kræs/ *adj.* otromba: *It was a crass comment to make when he knew how upset she was.*

crate /kreɪt/ *noun* [C] rekesz (*szállítás/tárolás céljára*), láda

---

crater /'kreɪtə(r)/ noun [C] kráter, tölcsér alakú mélyedés: The bomb left a large crater. • craters on the moon • the volcano's crater a tűzhányó tölcsére

crave /kreɪv/ verb [I,T] **crave (for) sth** áhítozik vmire, sóvárog vmi után: Sometimes I really crave for some chocolate.

craving /'kreɪvɪŋ/ noun [C] (heves) vágyakozás, megkívánás: When she was pregnant she used to **have cravings for** all sorts of peculiar food.

★**crawl¹** /krɔːl/ verb [I] **1** kúszik, mászik (földön): Their baby has just started to crawl. **2** araszol (jármű): The traffic crawls through the centre of town in the rush hour. ➔ Ábra **kneel** alatt. **3** (informális) **crawl (to sb)** behízelgi magát: He only got promoted because he crawled to the manager. **IDIOM** **be crawling with sth** hemzseg: The kitchen was crawling with insects. • (átv) The village is always crawling with tourists at this time of year.

crawl² /krɔːl/ noun **1** [sing.] lépésben haladás: The traffic slowed to a crawl. **2** (gyakran **the crawl**) [sing., U] gyorsúszás ➔ Ábra **A7.** oldalon.

crayon /'kreɪən/ noun [C,U] rajzkréta, színes ceruza
▸ **crayon** verb [I,T] (rajzkrétával, színes ceruzával) rajzol

craze /kreɪz/ noun [C] **a craze (for sth)** divatőrület, mánia: There was a craze for that kind of music last year. • Pocket TVs are the latest craze among teenagers.

★**crazy** /'kreɪzi/ adj. (crazier; craziest) (informális) **1** őrült, esztelen: You must be crazy (meg vagy őrülve) to turn down such a wonderful offer. **2** dühös: She goes crazy (dühbe gurul) when people criticize her. **3** **crazy about sb/sth** megőrül vmiért, rajong vmiért: He's always been crazy about horses. **4** **go crazy** tombol: The fans went crazy when their team scored the first goal.
▸ **crazily** adv. őrülten, bolond módon
craziness noun [U] őrültség, tébolyodottság

creak /kriːk/ verb [I] nyikorog, recseg(tet): The floorboards creaked when I walked across the room.
▸ **creak** noun [C] nyikorgás
creaky adj. nyikorgó: creaky stairs

★**cream¹** /kriːm/ noun **1** [U] tejszín: whipped cream tejszínhab **2** [C,U] krém, kenőcs (kozmetikai vagy orvosi): (an) antiseptic cream **3** (**the cream**) [sing.] vminek a színejava, a legjobbak

cream² /kriːm/ adj., noun [U] krémszínű

cream³ /kriːm/ verb
PHRASAL VERB **cream sb/sth off** lefölöz, megszerzi a javát: The big clubs cream off the country's best young players.

creamy /'kriːmi/ adj. (creamier; creamiest) **1** krémes (állagú), krémmel töltött: a creamy sauce **2** krémszínű: creamy (krémszínű és bársonyos) skin

crease¹ /kriːs/ noun [C] **1** gyűrődés **2** él (nadrágon, stb.)

crease² /kriːs/ verb [I,T] gyűr, gyűrődik: Hang up your jacket or it will crease. • Crease (összehajt) the paper carefully down the middle.

★**create** /kri'eɪt/ verb [T] teremt, létrehoz, (benyomást) kelt: a plan to create new jobs in the area • He created a bad impression (rossz benyomást keltett) at the interview.

creation /kri'eɪʃn/ noun **1** [U] létrehozás, alkotás: the creation of new independent states **2** (ált. **the Creation**) [sing.] (vall) a világ teremtése **3** [C] alkotás: This dish is a new creation (új kreáció).

creative /kri'eɪtɪv/ adj. **1** kreatív **2** alkotóképes: His creative life went on until he was well over 80.
▸ **creatively** adv. alkotó módon, kreatívan

creativity /ˌkriːeɪ'tɪvəti/ noun [U] alkotóképesség: We want teaching that encourages children's creativity.

creator /kri'eɪtə(r)/ noun [C] vminek a létrehozója/megalkotója: He was the creator of some of the best-known characters in literature.

★**creature** /'kriːtʃə(r)/ noun [C] teremtmény, élőlény: sea creatures

crèche /kreʃ/ noun [C] bölcsőde

credentials /krə'denʃlz/ noun [plural] **1** (szakmai) előélet, előzetes gyakorlat: He has the perfect credentials for the job. **2** igazolvány, bizonyítvány

credibility /ˌkredə'bɪləti/ noun [U] szavahihetőség, hitelesség: The Prime Minister had lost all credibility and had to resign.

credible /'kredəbl/ adj. **1** hihető: *It's hardly credible that such a thing could happen without him knowing it.* **❶** Ellentéte: **incredible. 2** lehetséges, elfogadható: *We need to think of a credible alternative to nuclear energy.*

★ **credit¹** /'kredɪt/ noun **1** [U] hitel (*vásárláshoz/szolgáltatáshoz*): *I bought the television* **on credit. 2** [C,U] (*gazd*) hitel **3** [U] (*gazd*) fedezet (*bankszámlán*): *No bank charges are made if your account remains* **in credit** (ha van a számláján fedezet). **4** [C] (*gazd*) befizetés (*bankszámlára*): *There have been several credits to her account over the last month.* **❶** Ellentéte: **debit**. **5** [U] elismerés: *He got* **all the credit** *for the success of the project.* • *I can't* **take** *any* **credit** (nem az én érdemem); *the others did all the work.* • *She didn't do very well but at least* **give her credit for** *trying.* **6** [*sing.*] **a credit to sb/sth** dicsőség, büszkesége vminek/vkinek: *She is a credit to her school.* **7** (the credits) [*plural*] stáblista **8** [C] (*US*) (*okt*) kredit (*a felsőoktatásban sikeresen teljesített tantárgy*)

IDIOMS **do sb credit** dicsőségére válik: *His courage and optimism do him credit.* | (be) **to sb's credit** becsületére legyen mondva: *The company, to its credit, apologized and refunded my money.* | **have sth to your credit** hírnevét öregbíti: *He has three best-selling novels to his credit.*

credit² /'kredɪt/ verb [T] **1** (*gazd*) átutal, számlájára ír vkinek: *Has the cheque been credited to my account yet?* **2** **credit sb/sth with sth; credit sth to sb/sth** vkinek vmit tulajdonít: *Of course I wouldn't do such a stupid thing – credit me with a bit more sense than that!* **3** (*főleg tagadó és kérdő mondatokban*) elhisz, felfog: *I simply cannot credit that he has made the same mistake again!*

creditable /'kredɪtəbl/ adj. elfogadható, elég jó: *It was a creditable result considering that three players were injured.*

credit card noun [C] hitelkártya: *Can I pay by credit card?* **❍** Lásd **cash card**, **cheque card**.

creditor /'kredɪtə(r)/ noun [C] hitelező

creed /kriːd/ noun [C] hitvallás, világnézet

creek /kriːk/ noun [C] **1** (*brit*) fjord, kis öböl **2** (*US*) patak

creep¹ /kriːp/ verb [I] (*pt, pp* **crept** /krept/) **1** lopakodik **2** (*lassan*) araszol előre: *The traffic was only creeping along.*

IDIOM **make your flesh creep** → FLESH

PHRASAL VERB **creep in** beszivárog, fel-felbukkan (*vmilyen jelenség*): *All sorts of changes are beginning to creep into the education system.*

creep² /kriːp/ noun [C] (*informális*) szemét alak, nyalizó (*szleng*)

IDIOM **give sb the creeps** (*informális*) végigfut a hátán a hideg tőle: *There's something about him that gives me the creeps.*

creeper /'kriːpə(r)/ noun [C] kúszónövény

creepy /'kriːpi/ adj. (*informális*) hátborzongató

cremate /krə'meɪt/ verb [T] elhamvaszt (*halottat*)
▸ **cremation** /krə'meɪʃn/ noun [U,C] hamvasztás **❍** Magyarázat a **funeral** szónál.

crematorium /ˌkremə'tɔːriəm/ noun [C] krematórium

Creole (also *creole*) /'kriːəʊl/ noun **1** [C] kreol **2** [C,U] (*nyelv*) kreol

crept *past tense, past participle of* CREEP¹

crescendo /krə'ʃendəʊ/ noun [C] (*plural* **crescendos**) crescendo

crescent /'kresnt/ noun [C] **1** sarló alakú **2** félkör alakban épült házsor

cress /kres/ noun [U] zsázsa

crest /krest/ noun [C] **1** (*áll*) bóbita **2** hegygerinc **3** hullámtaraj

crestfallen /'krestfɔːlən/ adj. csüggedt, letört

crevasse /krə'væs/ noun [C] (*földr*) glecscserhasadék

crevice /'krevɪs/ noun [C] hasadék, repedés

★ **crew** /kruː/ noun [C, with sing. or plural verb] **1** legénység, személyzet (*hajón, repülőn*) **2** csapat (*munkatársak*): *a camera crew* stáb

crib¹ /krɪb/ (*főleg US*) = COT **❍** Ábra **bed¹** alatt.

crib² /krɪb/ verb [I,T] (**cribbing**; **cribbed**) crib (sth) (from/off sb) plagizál

crick /krɪk/ noun [*sing.*] görcsös fájdalom

▶ **crick** verb megrándít [T]: *I've cricked my neck.*

cricket /ˈkrɪkɪt/ noun **1** [U] krikett

> In cricket the **bowler** bowls the ball to the **batsman** who tries to hit it with a **bat** and then score a **run** by running from one end of the **pitch** to the other.

2 [C] tücsök

cricketer /ˈkrɪkɪtə(r)/ noun [C] krikett-játékos

★ **crime** /kraɪm/ noun **1** [C] bűncselekmény: *to commit a crime* bűncselekményt követ el **2** [U] bűnözés: *There has been an increase in car crime recently.* • *to fight crime* a bűnözés ellen harcol **3** (ált. **a crime**) [sing.] bűn, vétek: *It is a crime to waste food when people are starving.*

★ **criminal**[1] /ˈkrɪmɪnl/ noun [C] bűnöző

★ **criminal**[2] /ˈkrɪmɪnl/ adj. **1** (csak főnév előtt) bűnügyi: *Deliberate damage to public property is a criminal offence.* A köztulajdon megrongálása bűncselekmény. • *criminal law* büntetőjog **2** bűnös (cselekedet): *a criminal waste of taxpayers' money* az adófizetők pénzének bűnös pazarlása

crimson /ˈkrɪmzn/ adj., noun [U] bíborvörös

cringe /krɪndʒ/ verb [I] **1** szégyenkezik, kínosan feszeng: *awful family photographs which make you cringe* **2** lapul: *The dog cringed in terror when the man raised his arm.*

crinkle /ˈkrɪŋkl/ verb [I,T] crinkle (sth) (up) összegyűr(ődik): *He crinkled the silver paper up into a ball.*
▶ **crinkly** /ˈkrɪŋkli/ adj. gyűrött: *crinkly material*

cripple /ˈkrɪpl/ verb [T] tönkretesz: *The recession has crippled the motor industry.*

crippling /ˈkrɪplɪŋ/ adj. megnyomorító: *They had crippling debts and had to sell their house.*

crisis /ˈkraɪsɪs/ noun [C,U] (plural crises /-siːz/) válság, krízis: *a friend you can rely on in times of crisis*

crisp[1] /krɪsp/ adj. **1** friss, ropogós: *Store the biscuits in a tin to keep them crisp.* • *a crisp salad/apple* • *a crisp cotton dress* **2** csípős (időjárás), friss: *a crisp winter morning*

3 határozott (modor): *a crisp* (csattanós) *reply*
▶ **crisply** adv. határozottan: *'I disagree,' she said crisply.*
crispy adj. (informális) = CRISP[1](1,2)

crisp[2] /krɪsp/ (US chip, po'tato chip) noun [C] burgonyaszirom: *a packet of crisps*

criss-cross /ˈkrɪs krɒs/ adj. (csak főnév előtt) cikcakkos: *a criss-cross pattern*
▶ **criss-cross** verb [I,T] keresztez, szabdal: *Many footpaths criss-cross the countryside.*

criterion /kraɪˈtɪəriən/ noun [C] (plural criteria /-riə/) előfeltétel, kritérium: *What are the criteria for deciding who gets a place on the course?*

critic /ˈkrɪtɪk/ noun [C] **1** bíráló: *He is a long-standing critic of the council's transport policy.* **2** kritikus: *a film/a restaurant/an art critic*

★ **critical** /ˈkrɪtɪkl/ adj. **1** critical (of sb/sth) kritizáló, kritikus hangvételű **2** (csak főnév előtt) kritikai: *a critical guide to this month's new films* **3** válságos, veszélyes: *The patient is in a critical condition* (válságos állapotban van). **4** döntő, kritikus (időpont): *The talks between the two leaders have reached a critical stage.*
▶ **critically** /-ɪkli/ adv. **1** bírálóan, kritikusan **2** súlyosan, kritikusan: *a critically ill patient* • *a critically important decision*

★ **criticism** /ˈkrɪtɪsɪzəm/ noun **1** [C,U] kritika: *The council has come in for severe criticism* (súlyos kritikában részesült) *over the plans.* **2** [U] kritika, műbírálat: *literary criticism*

★ **criticize** (also **-ise**) /ˈkrɪtɪsaɪz/ verb [I,T] criticize (sb/sth) (for sth) kritizál, bírál

critique /krɪˈtiːk/ noun [C] (mű)bírálat

croak /krəʊk/ verb [I] brekeg
▶ **croak** noun [C] brekegés, krákogás

crochet /ˈkrəʊʃeɪ/ noun [U] horgolás
▶ **crochet** verb [I,T] (pt, pp crocheted /-ʃeɪd/) horgol ⊃ Lásd **knit**.

crockery /ˈkrɒkəri/ noun [U] (porcelán/cserép)edények (csészék, tányérok, tálak) ⊃ Lásd **cutlery**.

crocodile /ˈkrɒkədaɪl/ noun [C] krokodil

croissant /'krwæsɒ̃/ noun [C] kifli ➲ Ábra
bread alatt.

crony /'krəʊni/ noun [C] (plural **cronies**)
(informális) cimbora (gyakran elítélő)

crook /krʊk/ noun [C] **1** (informális)
csirkefogó **2** görbület, hajlat: the crook of
your arm

crooked /'krʊkɪd/ adj. **1** ferde, görbe (nem
szabályos): That picture is crooked. •
crooked teeth **2** (informális) tisztességte-
len, csalárd: a crooked accountant

★ **crop¹** /krɒp/ noun **1** [C] termés: a crop of
apples **2** [C, usually plural] termények
3 [sing.] nemzedék, évjárat, termés: the
recent crop of movies about aliens

crop² /krɒp/ verb (**cropping**; **cropped**) **1** [T]
(hajat) rövidre nyír: cropped hair **2** [I]
terményt előállít
PHRASAL VERB **crop up** felbukkan: We should
have finished this work yesterday but some
problems cropped up.

cropper /'krɒpə(r)/ noun
IDIOM **come a cropper** (informális) **1** elvá-
gódik, felbukik **2** megbukik

★ **cross¹** /krɒs/ noun [C] **1** áthúzás, átikszelés
(mert hibás): I drew a cross (odarajzoltam
egy keresztet) on the map to show where
our house is. • Incorrect answers were
marked with a cross. **2** (the Cross) (vall)
feszület ➲ Lásd **crucifix**. **3** [usually sing.] a
cross (between A and B) (biol) keresztezett
fajta: a fruit which is a cross between a
peach and an apple **4** (sp) keresztlabda
IDIOM **noughts and crosses** → NOUGHT

★ **cross²** /krɒs/ verb **1** [I,T] cross (over) (from
sth/to sth) átmegy, átlép: to cross the road
• Which of the runners crossed the finishing
line first? **2** [I] keresztezik egymást (utak)
3 [T] keresztbe helyez vmit vmin: to cross
your arms ➲ Ábra az A6. oldalon. **4** [T] fel-
bosszant (tiltakozással): He's an important
man. It could be dangerous to cross him.
5 [T] cross sth with sth keresztez (növényt,
állatot): If you cross a horse with a donkey,
you get a mule. **6** [I,T] (sp) keresztbe pasz-
szol
IDIOMS **cross my heart (and hope to die)**
(beszélt nyelv) bizony isten | **cross your
fingers**; **keep your fingers crossed** → FIN-
GER¹ | **cross your mind** átfut az agyán: It

never once crossed my mind that she was
lying.
PHRASAL VERBS **cross sth off (sth)** kihúz (listá-
ról) | **cross sth out** áthúz (vmit ami hibás)

cross³ /krɒs/ adj. (informális) cross (with
sb) (about sth/for doing sth) dühös: I was
really cross with her for leaving me with all
the work. ❶ A **cross** kevésbé formális,
mint az **angry**.
▶ **crossly** adv. dühösen: 'Be quiet,' Dad said
crossly.

crossbar /'krɒsbɑː(r)/ noun [C] **1** (sp) felső
kapufa **2** váz (kerékpáré)

cross-'country adj. terep-: cross-country
running • cross-country skiing sífutás
▶ **cross-'country** adv. árkon-bokron át: We
walked about 10 miles cross-country before
we saw a village.

cross-e'xamine verb [T] (jog) kihallgat
(tanút)
▶ **cross-e,xami'nation** noun [C,U] (jog) tanú-
kihallgatás, keresztkérdések feltevése

cross-'eyed adj. kancsal

crossfire /'krɒsfaɪə(r)/ noun [U] kereszt-
tűz: The journalist was killed in crossfire. •
(átv) When my parents argued, I sometimes
got **caught in the crossfire** (két tűz közé
kerültem).

crossing /'krɒsɪŋ/ noun [C] **1** átkelőhely:
a pedestrian/border crossing **2** (brit **level
crossing**) út és vasút kereszteződése
3 átkelés (tengeren, folyón): We had a
rough crossing.

cross-legged /,krɒs 'legd/ adj., adv.
törökülésben: to sit **cross-legged** ➲ Ábra
az A6. oldalon.

cross 'purposes noun
IDIOM **at cross purposes** félreértés, zavar

cross 'reference noun [C] utalás (szöveg-
ben)

crossroads /'krɒsrəʊdz/ noun [C] (plural
crossroads) útkereszteződés: When you
come to the next crossroads turn right.
A következő kereszteződésnél fordulj
jobbra.

cross section noun [C] **1** metszeti kép: a
cross section of the human brain **2** kereszt-
metszet (átv): The families we studied were
chosen to represent a cross section of soci-
ety.

ð **then** | s **so** | z **zoo** | ʃ **she** | ʒ **vision** | h **how** | m **man** | n **no** | ŋ **sing** | l **leg** | r **red** | j **yes** | w **wet**

crosswalk /'krɒswɔːk/ (US) = PEDESTRIAN CROSSING

★ **crossword** /'krɒswɜːd/ (also 'crossword puzzle) noun [C] keresztrejtvény: Every morning I try to **do the crossword** (megfejteni a keresztrejtvényt) in the newspaper.

crotch /krɒtʃ/ (also **crutch**) noun [C] a lábszár/nadrágszár felső elágazási helye

crouch /kraʊtʃ/ verb [I] **crouch (down)** guggol: He crouched down behind the sofa. ➜ Ábra **kneel** alatt.

crow¹ /krəʊ/ noun [C] varjú
IDIOM **as the crow flies** légvonalban: It's a kilometre as the crow flies but three kilometres by road.

crow² /krəʊ/ verb [I] **1** kukorékol **2** (informális) dicsekszik, fennhéjázva beszél

crowbar /'krəʊbɑː(r)/ noun [C] feszítőrúd

★ **crowd¹** /kraʊd/ noun **1** [C, with sing. or plural verb] tömeg: The crowd was/were extremely noisy. • He pushed his way through the crowd. **2** (the crowd) [sing.] köznép: He wears weird clothes because he wants to **stand out from the crowd** (kiemelkedni a tömegből). **3** [C, with sing. or plural verb] (informális) (a szokásos) társaság: John, Linda and Barry will be there – all the usual crowd (a szokásos csapat).

★ **crowd²** /kraʊd/ verb **1** [I] **crowd around/round (sb)** vki köré gyűlik **2** [T] megtölt, eláraszt (a tömeg): Groups of tourists crowded the main streets. • (átv) Memories crowded her mind. Emlékek sokasága kavargott az agyában.
PHRASAL VERBS **crowd into sth; crowd in bezsúfolódik**: Somehow we all crowded into their small living room. | **crowd sb/sth into sth; crowd sb/sth in** bezsúfol: Ten prisoners were crowded into one small cell. | **crowd sth out; crowd sb out (of sth)** kiszorít vkit vhonnan: Students crowd out the cafe at lunchtimes. • Smaller companies are being crowded out of the market.

crowded /'kraʊdɪd/ adj. zsúfolt: a crowded bus

crown¹ /kraʊn/ noun **1** [C] korona: the crown jewels koronaékszerek **2** (the Crown) [sing.] a Korona (mint az állam jelképe): an area of land belonging to the Crown koronabirtok **3** [sing.] fejtető ➜ Ábra **hat** alatt. **4** [sing.] hegytető

crown² /kraʊn/ verb [T] **1** (átv is) megkoronáz: the newly crowned British champion **2** (gyakran szenvedő szerkezetben) **crown sth (with sth)** befed vmit vmivel: The mountain was crowned with snow. • (átv) Her years of hard work were finally crowned with success (siker koronázta).

crowning /'kraʊnɪŋ/ adj. (csak főnév előtt) vminek a csúcsa (átv): Winning the World Championship was the crowning moment of her career.

★ **crucial** /'kruːʃl/ adj. **crucial (to/for sth)** alapvető, döntő: Early diagnosis of the illness is crucial for successful treatment.
  ▶ **crucially** /-ʃəli/ adv. döntően

crucifix /'kruːsəfɪks/ noun [C] feszület

crucifixion /ˌkruːsə'fɪkʃn/ noun [C,U] keresztre feszítés

crucify /'kruːsɪfaɪ/ verb [T] (pres. part. **crucifying**; 3rd pers. sing. pres. **crucifies**; pt, pp **crucified**) keresztre feszít

crude /kruːd/ adj. **1** kidolgozatlan, egyszerű: The method was crude but very effective. • She explained how the system worked **in crude terms** (nagyjából). **2** trágár, durva (modor): He's always telling crude jokes. **3** nyers (feldolgozatlan): crude oil
  ▶ **crudely** adv. durván: a crudely drawn face

★ **cruel** /kruːəl/ adj. (**crueller**; **cruellest**) kegyetlen: a cruel punishment
  ▶ **cruelly** /'kruːəli/ adv. kegyetlenül

★ **cruelty** /'kruːəlti/ noun (plural **cruelties**) **1** [U] **cruelty (to sb/sth)** kegyetlenség: cruelty to children **2** [C, usually plural] kegyetlenkedés: the cruelties of war

cruise¹ /kruːz/ verb [I] **1** körutazást tesz hajón: to cruise around the Caribbean **2** (egyenletes sebességgel) halad (autó, repülő): cruising at 80 kilometres an hour

cruise² /kruːz/ noun [C] hajóút, tengeri/folyami körutazás: They're planning to **go on a cruise**.

cruiser /'kruːzə(r)/ noun [C] **1** hadihajó **2** motoros jacht

crumb /krʌm/ noun [C] morzsa

crumble /'krʌmbl/ verb [I,T] **crumble (up)** morzsol, morzsolódik: We crumbled

---

❶ = magyarázat [C] **megszámlálható** (főnév): one book, two books

[U] **megszámlálhatatlan** (főnév): some sugar

up the bread and threw it to the birds. •
(*átv*) Support for the government is begin-
ning to crumble (kezd csökkenni).
▶ **crumbly** *adj.* morzsálódó, porhanyós:
This cheese has a crumbly texture.

crumple /'krʌmpl/ *verb* [I,T] crumple (sth)
(into sth); crumple (sth) (up) összegyűr,
összegyűrődik: *She crumpled the letter
into a ball and threw it away.*

crunch¹ /krʌntʃ/ *verb* 1 [T] crunch sth (up)
ropogtat: *to crunch an apple* 2 [I] recseg-
(tet), csikorog(tat): *We crunched through
the snow.* Átgázoltunk a ropogós havon.
▶ **crunchy** *adj.* ropogós (*elsősorban enni-
való*): *a crunchy apple*

crunch² /krʌntʃ/ *noun* [*sing.*] reccsenés,
recsegés, ropogás: *There was a loud crunch
as he sat on the box of eggs.*
IDIOM if/when it comes to the crunch ha
eljön a döntő pillanat: *If it comes to the
crunch, I'll stay and fight.*

crusade /kru:'seɪd/ *noun* [C] 1 hadjárat,
kampány: *Mr Khan is leading a crusade
against drugs in his neighbourhood.* 2 (Cru-
sade) keresztes hadjárat
▶ **crusader** *noun* [C] keresztes lovag

crush¹ /krʌʃ/ *verb* [T] 1 összeroppant,
összetapos: *He was crushed to death by a
lorry.* 2 crush sth (up) (*apró darabokra*) tör:
Crush the garlic and fry in oil. ➔ Ábra
squeeze¹ alatt. 3 lever, megsemmisít: *The
army was sent in to crush the rebellion.*

crush² /krʌʃ/ *noun* 1 [*sing.*] tolongás, (*kis
helyre bezsúfolt*) tömeg: *There was such a
crush that I couldn't get near the bar.* 2 [C]
(*informális*) a crush (on sb) fellángolás
(*érzelem*): *Maria had a huge crush on her
teacher.*

crushing /'krʌʃɪŋ/ *adj.* (*csak főnév előtt*)
megsemmisítő: *a crushing defeat*

crust /krʌst/ *noun* [C,U] 1 (*kenyér,
sütemény*) héja ➔ Ábra **bread** alatt.
2 kéreg: *the earth's crust*

crusty /'krʌsti/ *adj.* 1 ropogós, kérges:
crusty bread 2 (*informális*) mogorva: *a
crusty old man*

crutch /krʌtʃ/ *noun* [C] 1 mankó: *She
was on crutches (mankóval járt) for two
months.* ➔ Vesd össze **walking stick.** 2 =
CROTCH

crux /krʌks/ *noun* [*sing.*] lényeg, bökkenő:

The **crux of the matter** is how to stop this
from happening again.

★ **cry¹** /kraɪ/ *verb* (*pres. part.* crying; *3rd pers.
sing. pres.* cries; *pt, pp* cried) 1 [I] sír: *The
child was crying for her mother.* 2 [I,T] cry
(out) felkiált, kiabál: *We could hear some-
one crying for help.* • 'Look,' he cried, 'There
they are!'
IDIOMS a shoulder to cry on → SHOULDER¹ |
cry your eyes out kisírja a szemét
PHRASAL VERB cry out for sth nagy szüksége
van rá: *Birmingham is crying out for a new
transport system.*

★ **cry²** /kraɪ/ *noun* (*plural* cries) 1 [C] kiáltás,
kiabálás: *the cries of the children in the
playground* • *We heard Adam give a cry
of pain* (felkiáltott fájdalmában) *as the
dog bit him.* • (*átv*) Her suicide attempt
was really *a cry for help* (segélykiáltás).
2 [*sing.*] sírás: *After a good cry I felt much
better.*
IDIOM a far cry from sth/from doing sth
→ FAR¹

crying /'kraɪɪŋ/ *adj.* (*csak főnév előtt*) ret-
tentő nagy: *There's a crying need (égető
szükség) for more doctors.* • *It's a crying
shame* (rettenetes szégyen) *that so many
young people can't find jobs.*

crypt /krɪpt/ *noun* [C] kripta

cryptic /'krɪptɪk/ *adj.* rejtett: *a cryptic mes-
sage/remark*
▶ **cryptically** /-kli/ *adv.* rejtélyesen

crystal /'krɪstl/ *noun* 1 [C,U] kristály: *salt
crystals* 2 [U] kristályüveg: *a crystal vase*

₁**crystal 'ball** *noun* [C] kristálygömb

₁**crystal 'clear** *adj.* 1 kristálytiszta 2 töké-
letesen érthető: *The meaning is crystal
clear.*

cu. *abbr.* (cubic rövidítése) köb: *a volume of 3
cu.ft*

cub /kʌb/ *noun* 1 [C] (*áll*) kölyök 2 (the
Cubs) [*plural*] kiscserkészek 3 (Cub) (also
₁Cub 'Scout) [C] kiscserkész

cube¹ /kju:b/ *noun* [C] 1 kocka 2 (*mat*)
vminek a köbe: *The cube of 5* (öt a har-
madikon) *is 125.*

cube² /kju:b/ *verb* [T] (*ált. szenvedő
szerkezetben*) (*mat*) köbre emel: *Four
cubed* (négy a harmadikon) *is 64.*

cubic /'kju:bɪk/ *adj.* (*mat*) köb(-) (*cm, m,

stb. űrtartalmú): *If a box is 4cm long, 4cm wide and 4cm high, its volume is 64 cubic centimetres.*

cubicle /'kjuːbɪkl/ *noun* [C] fülke, kabin: *There are cubicles at the swimming pool for changing your clothes.*

cuckoo /'kʊkuː/ *noun* [C] kakukk

cucumber /'kjuːkʌmbə(r)/ *noun* [C,U] uborka

cuddle /'kʌdl/ *verb* [I,T] ölelget, ölelkezik
▶ **cuddle** *noun* [C] ölelés: *He **gave** the child a cuddle.*

PHRASAL VERB cuddle up (to/against sb/sth); cuddle up (together) odabújik vkihez, összebújik: *They cuddled up together for warmth.*

cuddly /'kʌdli/ *adj.* ölelgetni való: *a cuddly toy*

cue /kjuː/ *noun* [C] **1** jel, végszó: *When Julia puts the tray on the table, that's your cue to come on stage.* **2** (*viselkedési*) minta, utánzás: *I'm not sure how to behave at a Japanese wedding, so I'll **take** my **cue** from the hosts.* **3** dákó ➔ Ábra az A7. oldalon.
IDIOM (right) on cue a megfelelő pillanatban: *Just as I was starting to worry about Stan, he phoned right on cue.*

cuff /kʌf/ *noun* [C] **1** kézelő **2** (**cuffs**) (also **handcuffs**) [*plural*] bilincs **3** pofon
IDIOM off the cuff rögtönözve, kapásból: *I haven't got the figures here, but, off the cuff, I'd say the rise is about 10%.*

cufflink /'kʌflɪŋk/ *noun* [*usually plural*] mandzsettagomb

cuisine /kwɪ'ziːn/ *noun* [U] (*formális*) (*nemzeti*) konyha (*főzésmód*): *Italian cuisine* ❶ Kevésbé hivatalosan **cooking**.

cul-de-sac /'kʌl də sæk/ *noun* [C] (*plural* **cul-de-sacs**) zsákutca

culinary /'kʌlməri/ *adj.* (*formális*) főzési, étkezési: *the culinary delights of Mexico*

cull /kʌl/ *verb* [T] **1** ritkít (*állatállományt*) **2** kiválaszt (*információt*): *I managed to cull some useful addresses from the Internet.*
▶ **cull** *noun* [C] állatállomány kiselejtezése: *a deer cull*

culminate /'kʌlmɪneɪt/ *verb* [I] (*formális*) **culminate in sth** eléri a csúcspontot: *The team's efforts culminated in victory in the championships.*

▶ **culmination** /ˌkʌlmɪ'neɪʃn/ *noun* [*sing.*] csúcspont: *The joint space mission was the culmination of years of research.*

culpable /'kʌlpəbl/ *adj.* (*formális*) vétkes

culprit /'kʌlprɪt/ *noun* [C] a bűnös

cult /kʌlt/ *noun* [C] **1** szekta **2** kultusz, istenítés: *cult movies* felkapott filmek

cultivate /'kʌltɪveɪt/ *verb* [T] **1** művel (*talajt*): *to cultivate the soil* **2** termeszt: *Olives have been cultivated for centuries in Mediterranean countries.* **3** ápol (*kapcsolatot*): *He cultivated links with colleagues abroad.*
▶ **cultivation** /ˌkʌltɪ'veɪʃn/ *noun* [U] **1** megművelés **2** termesztés **3** ápolás: *the cultivation of a good relationship with local firms*

cultivated /'kʌltɪveɪtɪd/ *adj.* **1** művelt (*ember*) **2** megművelt **3** (*növ*) termesztett

★**cultural** /'kʌltʃərəl/ *adj.* **1** kulturális: *The country's cultural diversity* (kulturális sokszínűség) *is a result of taking in immigrants from all over the world.* ➔ Lásd **multicultural. 2** kulturális: *The city has a rich cultural life.*
▶ **culturally** /-rəli/ *adv.* kulturálisan

★**culture** /'kʌltʃə(r)/ *noun* **1** [C,U] kultúra: *the language and culture of the Aztecs* **2** [U] művészetek

cultured /'kʌltʃəd/ *adj.* kulturált

'culture shock *noun* [U] kultúrsokk

cumbersome /'kʌmbəsəm/ *adj.* **1** ormótlan **2** nehézkes: *cumbersome legal procedures*

cumulative /'kjuːmjələtɪv/ *adj.* halmozódó: *a cumulative effect*

cunning /'kʌnɪŋ/ *adj.* ravasz, alattomos: *He was as cunning as a fox.* • *a cunning trick* ❶ Szinonimája: **sly** vagy **wily.**
▶ **cunning** *noun* [U] ravasszág
cunningly *adv.* alattomosan

cup¹ /kʌp/ *noun* [C] **1** csésze: *a teacup* ➔ Ábra a következő oldalon. **2** (*sp*) kupa: *Our team won the cup in the basketball tournament.* **3** (*csésze alakú*) tartó: *an egg-cup*
IDIOM not sb's cup of tea nem az esete

cup² /kʌp/ *verb* [T] (**cupping; cupped**) csésze alakúra formál: *I cupped my hands to take a drink from the stream.*

cup

rim
handle
cup
saucer
mug

beaker   plastic cup/beaker

wine glass

beer glass

★ **cupboard** /'kʌbəd/ noun [C] szekrény

cupful /'kʌpfʊl/ noun [C] csészényi

curable /'kjʊərəbl/ adj. gyógyítható
❶ Ellentéte: **incurable**.

curator /kjʊə'reɪtə(r)/ noun [C] kurátor

curb¹ /kɜːb/ verb [T] kordában tart: He
needs to learn to curb his anger.

curb² /kɜːb/ noun [C] **1** a curb (on sth)
korlátoz vmit: a curb on local government
spending **2** (főleg US) = KERB

curdle /'kɜːdl/ verb [I,T] (konyha) megsa-
vanyodik, megváltoztatja az állagát
(folyadék) ➔ Lásd blood-curdling.

★ **cure¹** /kjʊə(r)/ verb [T] **1** cure sb (of sth)
meggyógyít **2** kigyógyít **3** tartósít
(pácolással, füstöléssel stb.)

cure² /kjʊə(r)/ noun [C] a cure (for sth)
1 gyógymód **2** gyógyulás: The new drug
brought about a miraculous cure.

curfew /'kɜːfjuː/ noun [C] **1** kijárási tila-
lom: The government imposed a dusk-to-
dawn curfew (éjszakai kijárási tilalom).
2 (US) a hazaérkezés kötelező időpontja:
She has a ten o'clock curfew.

curiosity /ˌkjʊəri'ɒsəti/ noun (plural
curiosities) **1** [U] kíváncsiság: Out of curi-
osity (kíváncsiságból), he opened her let-

ter. **2** [C] különlegesség: The museum was
full of historical curiosities.

★ **curious** /'kjʊəriəs/ adj. **1** curious (about
sth); curious (to do sth) kíváncsi **2** különös:
It was curious that she didn't tell anyone
about the incident.
▶ **curiously** adv. **1** furcsa módon **2** kíván-
csian

curl¹ /kɜːl/ verb **1** [I,T] göndörödik, göndörít
2 [I] tekeredik
PHRASAL VERB curl up összegömbölyödik:
The cat curled up in front of the fire.

curl² /kɜːl/ noun [C] **1** göndör hajtincs: Her
hair fell in curls round her face. **2** karika
(alakú)

curler /'kɜːlə(r)/ noun [C] hajcsavaró

curly /'kɜːli/ adj. göndör **❶** Ellentéte:
straight. ➔ Ábra hair alatt.

currant /'kʌrənt/ noun [C] **1** mazsolaféle
➔ Lásd még raisin, sultana. **2** (gyakran
szóösszetételekben) bogyós termésű gyü-
mölcs: blackcurrants

★ **currency** /'kʌrənsi/ noun (plural curren-
cies) **1** [C,U] pénznem: a weak/strong/sta-
ble currency **2** [U] elfogadottság: The new
ideas soon gained currency.

★ **current¹** /'kʌrənt/ adj. **1** aktuális, jelenlegi
2 használatos: Is this word still current?

current² /'kʌrənt/ noun **1** [C] (földr.) ár: to
swim against/with the current • (átv) a cur-
rent of anti-government feeling **2** [U] elek-
tromos áram

'**current account** (US 'checking account)
noun [C] folyószámla

ˌ**current af'fairs** noun [plural] aktuális
események

currently /'kʌrəntli/ adv. jelenleg ➔ Ma-
gyarázat az **actually** szónál.

curriculum /kə'rɪkjələm/ noun [C] (plural
curriculums or curricula /-lə/) tanterv:
Latin is not on the curriculum at our school.
➔ Lásd syllabus.

curriculum vitae (US resumé)
/kəˌrɪkjələm 'viːtaɪ/ noun [C] (abbr. CV)
önéletrajz

curry /'kʌri/ noun [C,U] (plural curries)
fűszeres indiai étel rizzsel körítve: a
hot/mild curry csípős/kevésbé csípős
curry
▶ **curried** adj. curry-vel fűszerezett

curse 166

curse¹ /kɜːs/ noun [C] **1** káromkodás **2** átok: *The family seemed to be under a curse.* • *the curse of drug addiction*

curse² /kɜːs/ verb **1** [I,T] curse (sb/sth) (for sth) káromkodik, átkozódik: *He dropped the box, cursing himself for his clumsiness.* **2** [T] megátkoz

cursor /ˈkɜːsə(r)/ noun [C] kurzor ➔ Ábra az A10. oldalon.

cursory /ˈkɜːsəri/ adj. futólagos: *a cursory glance*

curt /kɜːt/ adj. kurta: *She gave him a curt reply and slammed the phone down.*
▶ **curtly** adv. kurtán
curtness noun [U] udvariatlan sietség

curtail /kɜːˈteɪl/ verb [T] (formális) rövidre fog: *I had to curtail my answer as I was running out of time.*
▶ **curtailment** noun [C,U] megkurtítás

★ **curtain** /ˈkɜːtn/ noun [C] **1** (US also drape) függöny: *Could you draw the curtains, please?* El/be tudnád húzni a függönyt? **2** függöny (átv): *a curtain of mist* ködfátyol

curtsy (also **curtsey**) /ˈkɜːtsi/ noun [C] (plural **curtsies** or **curtseys**) pukedli
▶ **curtsy** (also **curtsey**) verb [I] pukedlizik

★ **curve¹** /kɜːv/ noun [C] görbe vonal

curve² /kɜːv/ verb [I,T] görbül, görbít: *The bay curved round to the south.* • *a curved line*

cushion¹ /ˈkʊʃn/ noun [C] **1** díszpárna ❶ Az ágyban a párna **pillow**. **2** párnázat: *A hovercraft rides on a cushion of air.*

cushion² /ˈkʊʃn/ verb [T] **1** felfog (ütést): *The snow cushioned his fall.* **2** megkímél: *She spent her childhood on a farm, cushioned from the effects of the war.*

cushy /ˈkʊʃi/ adj. (informális) könnyű, kényelmes: *a cushy job*

custard /ˈkʌstəd/ noun [U] tejsodó

custodian /kʌˈstəʊdiən/ noun [C] **1** (formális) gondnok **2** (US) = CARETAKER

custody /ˈkʌstədi/ noun [U] **1** (jog) felügyeleti jog: *After the divorce, the mother had custody of the children.* **2** (jog) őrizet: *The man was kept in custody until his trial.*

★ **custom** /ˈkʌstəm/ noun **1** [C,U] szokás: *according to local custom* ➔ Magyarázat a

habit szónál. **2** [sing.] (formális) szokás: *It's my custom to drink tea in the afternoon.* **3** [U] (brit) vevőkör: *The local shop lost a lot of custom when the new supermarket opened.* ➔ Lásd **customs**.

customary /ˈkʌstəməri/ adj. szokásos

★ **customer** /ˈkʌstəmə(r)/ noun [C] **1** vevő, vendég: *The shop assistant was serving a customer.* ➔ Lásd **client**. **2** (informális, bizonyos melléknevek után) pasi/nő: *a tough/an awkward/an odd/customer*

★ **customs** (also **Customs**) /ˈkʌstəmz/ noun [plural] vám: *a customs officer* vámtiszt ➔ Lásd **excise**.

★ **cut¹** /kʌt/ verb (pres. part. **cutting**; pt, pp **cut**) **1** [I,T] vág **2** [T] cut sth (from sth) leszel: *She cut two slices of bread (from the loaf).* **3** [T] cut sth (in/into sth) felvág (darabokra): *She cut the cake into eight (pieces).* **4** [T] levág (lerövidít): *I cut my own hair.* • *to have your hair cut* **5** [T] (ki)vág: *They cut a path through the jungle.* **6** [T] lecsökkent, lerövidít: *to cut taxes* • *Several violent scenes in the film were cut.* **7** [T] (infor) kitöröl, kivág: *Use the cut and paste buttons to change the order of the paragraphs.* **8** [I] cut across, along, through, etc. (sth) átvág vhol: *It's much quicker if we cut across the field.* **9** [T] (beszélt nyelv) abbahagy: *Cut the chat and get on with your work!* **10** [T] megbánt: *His cruel remarks cut her deeply.* ❶ További kifejezések a **cut** igével kapcsolatban a kifejezésben szereplő főnévnél, melléknévnél stb. találhatók, pl. a **cut corners** lásd **corner**.

PHRASAL VERBS **cut across sth** átnyúlik: *The question of aid for the earthquake victims cuts across national boundaries.*
cut sth back; cut back (on sth) csökkent: *to cut back on public spending*
cut sth down 1 levág, kivág: *to cut down a tree* **2** lerövidít: *I have to cut my essay down to 2000 words.* | **cut sth down; cut down (on sth)** lecsökkent: *You should cut down on fatty foods.*
cut in (on sb/sth) közbevág: *She kept cutting in on our conversation.*
cut sb off (gyakran szenvedő szerkezetben) megszakít (telefonbeszélgetést) | **cut sb/sth off** (gyakran szenvedő szerkezetben) kikapcsol (szolgáltatást) | **cut sth off** elvág, eltorlaszol: *We must cut off all possible escape routes.* | **cut sth off (sth)** levág

MÁSSALHANGZÓK p pen | b bad | t tea | d did | k cat | g got | tʃ chin | dʒ June | f fall | v van | θ thin vmit vhonnan | cut sb/sth off (from sb/sth) (*gyakran szenvedő szerkezetben*) elvág (*a külvilágtól*)

cut sth open felnyit, felvág: *She fell and cut her head open.*

cut sth out 1 kivág vmit vhonnan 2 kivág, kihagy: *Cut out the boring details!* 3 (*főleg US, informális*) abbahagy: *Cut that out and leave me alone!* 4 (*informális*) elhagy: *You'll only lose weight if you cut out sweet things from your diet.* | be cut out for sth; be cut out to be sth vmire alkalmas: *You're not cut out to be a soldier.*

cut sth up felaprít

★ **cut²** /kʌt/ *noun* [C] 1 vágás: *He had a deep cut on his forehead.* • *to have a cut and blow-dry* (hajvágás és beszárítás) 2 a cut (in sth) csökkenés, csökkentés: *a cut in government spending* • *a power cut* áramszünet 3 hússzelet: *cheap cuts of lamb* 4 (*informális*) sáp (*tisztességtelen részesedés*) ➔ Lásd short cut.

cutback /'kʌtbæk/ *noun* [C] leépítés: *The management were forced to make cutbacks in staff.*

cute /kjuːt/ *adj.* édes, aranyos

cutlery /'kʌtləri/ *noun* [U] evőeszközök ➔ Lásd crockery.

cutlet /'kʌtlət/ *noun* [C] bordaszelet

ˈ**cut-off** *noun* [C] (*csak főnév előtt*) végső határidő: *The cut-off date is 12 May.*

ˈ**cut-price** (*US* 'cut-rate) *adj.* leengedett ár: *cut-price offers* olcsó ajánlatok • *a cut-price store* filléres bolt

cutters /'kʌtəz/ *noun* [*plural*] vágóeszköz: *a pair of wire cutters*

ˈ**cut-throat** *adj.* kíméletlen: *cut-throat business practices*

cutting¹ /'kʌtɪŋ/ *noun* [C] 1 (*US* clipping) kivágás: *press cuttings* újságkivágás 2 dugvány

cutting² /'kʌtɪŋ/ *adj.* éles, bántó: *a cutting remark*

CV /ˌsiː 'viː/ *noun* (curriculum vitae *rövidítése*) [*sing.*] önéletrajz

cwt. *abbr.* (hundredweight *rövidítése*) (*GB*) 50,8 kg, (*US*) 45,4 kg

cyanide /'saɪənaɪd/ *noun* [U] cián

cybercafe /'saɪbəkæfeɪ/ *noun* [C] netcafe

cyberspace /'saɪbəspeɪs/ *noun* [U] virtuális tér

★ **cycle¹** /'saɪkl/ *noun* [C] 1 körforgás, ciklus: *the life cycle of a frog* 2 kerékpár vagy motorkerékpár ❶ Szinonimája: bike.

cycle² /'saɪkl/ *verb* [I] kerékpározik: *He usually cycles to school.* ❶ A go cycling szórakozásból történő kerékpározást jelent: *We go cycling most weekends.*

cyclic /'saɪklɪk/ (also cyclical /'sɪklɪkl/) *adj.* ciklikus

cyclist /'saɪklɪst/ *noun* [C] kerékpáros

cyclone /'saɪkləʊn/ *noun* [C] ciklon

cylinder /'sɪlɪndə(r)/ *noun* [C] 1 henger 2 (*tech*) henger
▶ cylindrical /sə'lɪndrɪkl/ *adj.* henger alakú

cymbal /'sɪmbl/ *noun* [C, usually plural] cintányér

cynic /'sɪnɪk/ *noun* [C] cinikus ember
▶ cynical /'sɪnɪkl/ *adj.* cinikus: *a cynical remark*

cynically /-kli/ *adv.* cinikusan

cynicism /'sɪnɪsɪzəm/ *noun* [U] cinizmus

Cyrillic /sɪ'rɪlɪk/ *noun* [U] cirill írás

Dd

D, d¹ /diː/ *noun* [C,U] (*plural* D's; d's) 1 D/d betű 2 (D) (*zene*) d hang: *D major* D-dúr • *D minor* d-moll • *D sharp* Disz/disz • *D flat* Desz/desz 3 (D) (*okt*) (erős) elégséges (*ha A a legjobb és F a legrosszabb osztályzat*)

d.² *abbr.* (died *rövidítése*) megh.: *W A Mozart, d. 1791*

dab¹ /dæb/ *verb* [I,T] (dabbing; dabbed) (*óvatosan*) megnyomogat: *He dabbed the cut with some cotton wool.*

ð **then** | s **so** | z **zoo** | ʃ **she** | ʒ **vision** | h **how** | m **man** | n **no** | ŋ **sing** | l **leg** | r **red** | j **yes** | w **wet**

PHRASAL VERB dab sth on/off (sth) (óvatosan) rátesz vagy levesz: to dab some antiseptic on a wound

dab² /dæb/ noun [C] **1** érintés: She gave her eyes a dab with a handkerchief. **2** csipetnyi: a dab of perfume

dabble /'dæbl/ verb **1** [I] belekontárkodik: to dabble in politics **2** [T] belemárt: We sat on the bank and dabbled our toes in the river.

★ **dad** /dæd/ noun [C] (informális) apu

★ **daddy** /'dædi/ noun [C] (plural daddies) (informális) apuka

daffodil /'dæfədɪl/ noun [C] nárcisz

daft /dɑːft/ adj. (informális) ostoba: a daft idea

dagger /'dægə(r)/ noun [C] tőr

★ **daily¹** /'deɪli/ adj. napi
  ▶ daily adv. naponta

daily² /'deɪli/ noun [C] (plural dailies) (informális) napilap

dainty /'deɪnti/ adj. **1** finom: a dainty lace handkerchief **2** kecses, finom: Veronica took a dainty bite of the giant hot dog.
  ▶ daintily adv. kecsesen

dairy¹ /'deəri/ noun [C] (plural dairies) **1** tejgazdasági épület **2** tejüzem

dairy² /'deəri/ adj. (csak főnév előtt) **1** tej-: dairy products/produce tejtermék(ek) **2** tejelő: dairy cattle • a dairy farm tejgazdaság

daisy /'deɪzi/ noun [C] (plural daisies) százszorszép, margaréta

dam /dæm/ noun [C] gát
  ▶ dam verb [T] elrekeszt, eltorlaszol

★ **damage¹** /'dæmɪdʒ/ noun **1** [U] damage (to sth) kár: Earthquakes can cause terrible damage in urban areas. • It will take weeks to repair the damage done by the vandals. **2** (damages) [plural] kártérítés: She was awarded damages of £100 000.

★ **damage²** /'dæmɪdʒ/ verb [T] megrongál, kárt okoz
  ▶ damaging adj. káros: These rumours could be damaging to her reputation.

dame /deɪm/ noun [C] (Dame) (brit) női (lovagi) rang: Dame Judi Dench

damn¹ /dæm/ verb [I,T] (szleng) a francba, a fene egye meg: Damn (it)! I've left my money behind.

damn² /dæm/ (also damned) adj., adv. (szleng) **1** baromi: It's a damn good book! **2** átkozott: Some damn fool has parked too close to me.

damn³ /dæm/ noun
  IDIOM not give a damn (about sb/sth) (szleng) fütyül (vmire): I don't give a damn what he thinks about me.

damning /'dæmɪŋ/ adj. elítélő, lesújtó: There was a damning article about the book in the newspaper.

★ **damp¹** /dæmp/ adj. nyirkos: The house had been empty and felt rather damp.
  ▶ damp noun [U] nyirkosság: She hated the damp and the cold of the English climate. ➔ Magyarázat a **wet** szónál.

damp² /dæmp/ verb [T] damp sth (down) **1** (tüzet) elfojt: He tried to damp (down) the flames. **2** csillapít, fékez: He tried to damp down their expectations in case they failed.

dampen /'dæmpən/ verb [T] **1** csillapít, mérsékel: to dampen sb's enthusiasm **2** megnedvesít

★ **dance¹** /dɑːns/ noun **1** [C] tánc **2** [U] tánc(művészet): She's very interested in modern dance. **3** [C] (rég) bál, táncest: My parents met at a dance.

★ **dance²** /dɑːns/ verb **1** [I,T] táncol: I can't dance very well. • to dance the samba **2** [I] ugrándozik: She was dancing up and down with excitement.

dancer /'dɑːnsə(r)/ noun [C] táncos(nő): a ballet dancer

dandelion /'dændɪlaɪən/ noun [C] gyermekláncfű

dandruff /'dændrʌf/ noun [U] (fejbőrön) korpa

★ **danger** /'deɪndʒə(r)/ noun **1** [U, C] veszély: His life was **in danger**. • They are now **out of danger**. • If things carry on as they are, **there's a danger that** (félő, hogy) the factory may have to close. **2** [C] **a danger (to sb/sth)** veszély (vki/vmi számára): Drunk drivers are a danger to everyone on the road.

★ **dangerous** /'deɪndʒərəs/ adj. veszélyes: a dangerous animal/road/illness • Police warn that the man is highly dangerous (közveszélyes).

dab /dæb/ noun [C] **1** érintés: She gave her eyes a dab with a handkerchief. **2** csipetnyi: a dab of perfume

damn¹ /dæm/ verb [I,T] (szleng) a francba, a

❶ = magyarázat [C] megszámlálható (főnév): one book, two books
[U] megszámlálhatatlan (főnév): some sugar

▶ **dangerously** adv. veszélyesen: *He was standing dangerously close to the cliff edge.*

dangle /'dæŋgl/ verb [I,T] (le)lóg(at): *She sat on the fence with her legs dangling (lábát lóbálva).* • *The police dangled a rope from the bridge and the man grabbed it.*

dank /dæŋk/ adj. nyirkos és hideg

★ **dare¹** /deə(r)/ verb **1** [I] *(ált. tagadó mondatokban)* dare (to) do sth mer megtenni vmit, merészel: *Nobody dared (to) speak.* • *I daren't ask her to lend me any more money.* ❶ A tagadó alakja dare not (általában daren't /deənt/) vagy do not/does not (don't/doesn't) dare. Múlt időben did not (didn't) dare. **2** [T] dare sb (to do sth) bátorít vkit, rávesz vkit, hogy vmit megtegyen: *Can you jump off that wall? Go on, I dare you!*
IDIOMS don't you dare ne merészeld: *Don't you dare tell my parents about this!* | how dare you hogy merészelsz: *How dare you speak to me like that!* | I dare say alighanem: *'I think you should accept the offer.' 'I dare say you're right.'*

★ **dare²** /deə(r)/ noun [C, usually sing.] vakmerőség, merészség: *'Why did you try to swim across the river?' 'For a dare (vakmerőségből).'*

daredevil /'deədevl/ noun [C] vakmerő ember

daring /'deərɪŋ/ adj. merész, vakmerő: *a daring attack*
▶ **daring** noun [U] merészség: *The climb required skill and daring.*

★ **dark¹** /dɑːk/ adj. **1** sötét: *It was a dark night, with no moon.* • *What time does it get dark (sötétedik) in winter?* **2** (szín, árnyalat) sötét: *dark blue* ❶ Ellentéte: light vagy pale. **3** (főleg brit) sötét (hajú/bőrű/szemű ember): *She was small and dark with brown eyes.* **4** (csak főnév előtt) titokzatos: *He seemed friendly, but there was a dark side to his character.* **5** (csak főnév előtt) szomorú, sötét: *the dark days of the recession*

★ **dark²** /dɑːk/ noun [sing.] (the dark) a sötét(ség): *He's afraid of the dark.* • *Why are you sitting alone in the dark?*
IDIOMS before/after dark sötétedés előtt/után | (be/keep sb) in the dark (about sth) bizonytalanságban tart (vkit): *Don't keep me in the dark. Tell me!*

darken /'dɑːkən/ verb [I,T] (el)sötétedik, (el)sötétít

dark glasses noun [plural] napszemüveg

darkness /'dɑːknəs/ noun [U] sötétség: *We sat in total darkness, waiting for the lights to come back on.*

darkroom /'dɑːkruːm; -rʊm/ noun [C] *(fotó)* sötétkamra

darling /'dɑːlɪŋ/ noun [C] drágám, kedvesem

darn /dɑːn/ verb [I,T] stoppol *(pl. zoknit)*

dart¹ /dɑːt/ noun **1** [C] dárda, (dobó)nyíl: *The keeper fired a tranquillizer dart into the tiger.* **2** (darts) [U] célbadobó játék

> You throw darts at a **dartboard**.

dart² /dɑːt/ verb [I,T] szökken, (pillantást) vet: *A rabbit darted across the field.* • *She darted an angry glance at me.*

dash¹ /dæʃ/ noun **1** [sing.] rohanás: *Suddenly the prisoner made a dash for the door (az ajtó felé rohant).* **2** [C, usually sing.] egy cseppnyi: *a dash of lemon juice* **3** [C] gondolatjel ➔ Lásd hyphen.

dash² /dæʃ/ verb **1** [I] rohan: *We all dashed for shelter when it started to rain.* • *I must dash – I'm late.* **2** [I,T] odavág: *She dashed her racket to the ground.*
IDIOM dash sb's hopes (of sth/of doing sth) meghiúsítja vki reményeit
PHRASAL VERB dash sth off lefirkant: *I dashed off a note to my boss and left.*

dashboard /'dæʃbɔːd/ noun [C] műszerfal

★ **data** /'deɪtə; 'dɑːtə/ noun [U, plural] adatok: *to gather/collect data* • *data capture* • *data retrieval* adatvisszakeresés

database /'deɪtəbeɪs/ noun [C] adatbázis

★ **date¹** /deɪt/ noun **1** [C] dátum, időpont: *What's the date today?/What date is it today?/What's today's date?* • *What's your date of birth* (születési idő(pont))*?* • *We'd better fix a date* (megbeszél egy időpontot) *for the next meeting.* **2** [sing.] időpont: *We can discuss this at a later date* (egy későbbi időpontban). ➔ Lásd sell-by date. **3** [C] randevú: *Shall we make a date* (megbeszél egy randevút) *to have lunch together?* • *I've got a date with Roxanne on Friday night.* ➔ Lásd blind date. **4** [C] datolya

---

[I] **tárgyatlan** (ige): *He laughed.*

[T] **tárgyas** (ige): *He ate an apple.*

IDIOMS out of date 1 régimódi, elavult: *out-of-date methods/machinery* 2 érvénytelen: *I must renew my passport. It's out of date.* | to date (*formális*) mostanáig: *We've had very few complaints to date.* | up to date 1 ultramodern: *The new kitchen will be right up to date.* 2 tájékozott, naprakész: *In this report we'll bring you up to date with the latest news from the area.*

★ **date²** /deɪt/ *verb* 1 [T] vmikorra teszi vmi keletkezését: *The skeleton has been dated at about 3 000 BC.* 2 [T] keltez, dátumot ír: *The letter is dated 24 March, 2000.* 3 [I,T] elavul: *We chose a simple style so that it wouldn't date as quickly.*

PHRASAL VERB date back to...; date from... (*vmilyen korból*) származik, ered: *The house dates back to the seventeenth century.*

dated /'deɪtɪd/ *adj.* régimódi, elavult: *This sort of jacket looks rather dated now.*

★ **daughter** /'dɔːtə(r)/ *noun* [C] (vki) lány(a)

daughter-in-law *noun* [C] (*plural* daughters-in-law) (vki) meny(e)

daunt /dɔːnt/ *verb* [T] (*ált. szenvedő szerkezetben*) megrémít, elijeszt: *Don't be daunted by all the controls.*
▸ **daunting** *adj.* ijesztő: *a daunting task*

dawdle /'dɔːdl/ *verb* [I] piszmog, andalog: *Stop dawdling! We've got to be there by two.*

dawn¹ /dɔːn/ *noun* 1 [U, C] hajnal, virradat: *before/at dawn* • *Dawn was breaking* (hajnalodott) *as I set off to work.* 2 [*sing.*] hajnal, kezdet: *the dawn of civilization*
IDIOM the crack of dawn → CRACK²

dawn² /dɔːn/ *verb* [I] 1 (*formális*) hajnalodik, virrad: *The day dawned bright and cold.* • (*átv*) *A new era of peace is dawning.* 2 dawn (on sb) vmi világossá válik vki számára: *Suddenly it dawned on me* (ráeszméltem). *'Of course!' she said. 'You're Mike's brother!'*

★ **day** /deɪ/ *noun* 1 [C,U] nap: *'What day is it today?' 'Tuesday.'* • *We're meeting again the day after tomorrow* (holnapután). • *The next/following day I saw Mark again.* • *I'd already spoken to him the day before/the previous day.* • *I have to take these pills twice a day.* • *I work six days a week.* *Sunday's my day off* (szabadnap). • *It's been raining all day (long).* • *Owls sleep by day*

(nappal) *and hunt at night.* 2 [C] (munka)nap: *She's expected to work a seven-hour day.* 3 [C] (*also* days) kor: *in Shakespeare's day* • *There weren't so many cars in those days* (akkoriban).

IDIOMS at the end of the day → END¹ | break of day → BREAK² | call it a day → CALL¹ | day by day napról napra, nap mint nap: *Day by day, she was getting a little bit stronger.* | day in, day out nap nap után: *He sits at his desk working, day in, day out.* | day-to-day (minden)napi, mindennapos | from day to day; from one day to the next napról napra, egyik napról a másikra: *Things change so quickly that we never know what will happen from one day to the next.* | have a field day → FIELD DAY | it's early days (yet) → EARLY | make sb's day (*informális*) nagyon boldoggá tesz vkit | one day; some day majd egyszer/valamikor: *Some day we'll go back and see all our old friends.* | the other day a múltkor, a minap: *I bumped into him in town the other day.* | the present day → PRESENT¹ | these days mostanában, manapság

daybreak /'deɪbreɪk/ *noun* [U] hajnal, virradat

daydream /'deɪdriːm/ *noun* [C] ábránd, álmodozás: *The child stared out of the window, lost in a daydream.*
▸ **daydream** *verb* [I] ábrándozik, álmodozik: *Don't just sit there daydreaming – do some work!*

daylight /'deɪlaɪt/ *noun* [U] nappal(i világosság): *The colours look quite different in daylight.* • *daylight hours*
IDIOM broad daylight → BROAD

day re'turn *noun* [C] (*brit*) napi retúrjegy

daytime /'deɪtaɪm/ *noun* [U] nappal, napközben: *These flowers open in the daytime and close again at night.* • *daytime TV*

daze /deɪz/ *noun*
IDIOM in a daze kábulatban

dazed /deɪzd/ *adj.* kábult: *He had a dazed expression on his face.*

dazzle /'dæzl/ *verb* [T] (*ált. szenvedő szerkezetben*) 1 (*fény*) elvakít: *She was dazzled by the other car's headlights.* 2 elkápráztat: *He had been dazzled by her beauty.*

▶ **dazzling** *adj.* vakító, káprázatos: *a dazzling light*

★dead¹ /ded/ *adj.* **1** halott: *My father's dead. He died two years ago.* • *Police found a dead body* (holttest) *under the bridge.* • *The man was shot dead* (agyonlőtte) *by a masked gunman.* • *dead leaves* lehullott levelek ❶ Főnév: **death**. Ige: **die**. **2** holt: *Latin is a dead language.* ❶ Ellentéte: **living**. **3** (*főnév előtt nem állhat*) elzsibbadt, meggémberedett: *Oh no, my foot's gone dead.* **4** (*főnév előtt nem állhat*) rossz: *I picked up the telephone but the line was dead* (nem volt vonal). • *This battery's dead* (kimerült). **5** élettelen, kihalt: *This town is completely dead after 11 o'clock at night.* **6** (*csak főnév előtt*) teljes, abszolút: *a dead silence/calm* • *The arrow hit the dead centre* (a kellős közepe) *of the target.*

IDIOMS a dead end **1** zsákutca **2** kilátástalanság: *a dead-end job* | drop dead → DROP¹

dead² /ded/ (the dead) *noun [plural]* a halottak, a holtak: *a church service in memory of the dead*

IDIOM in the dead of night az éjszaka közepén/mélyén

dead³ /ded/ *adv.* teljesen, nagyon: *The car made a strange noise and then stopped dead* (teljesen leállt). • *He's dead keen to start work.*

deaden /'dedn/ *verb* [T] csillapít, tompít: *They gave her drugs to try and deaden the pain.*

¦dead ¹heat *noun* [C] holtverseny

deadline /'dedlaɪn/ *noun* [C] határidő: *I usually set myself a deadline* (határidőt szabok magamnak) *when I have a project to do.* • *A journalist is used to having to meet deadlines* (határidőt betart).

deadlock /'dedlɒk/ *noun* [sing., U] holtpont: *Talks have reached (a) deadlock.* • *to try to break the deadlock*

deadly /'dedli/ *adj., adv.* (deadlier; deadliest) **1** halálos (*átv is*): *a deadly poison/weapon/disease* • *They're deadly enemies.* **2** teljesen, halálosan: *I'm not joking. In fact I'm deadly serious.* **3** életveszélyes: *That player is deadly when he gets in front of the goal.*

deadpan /'dedpæn/ *adj.* szenvtelen: *He*

told the joke with a completely deadpan face (pléhpofával).

★deaf /def/ *adj.* **1** süket: *to go deaf* megsüketül **2** (the deaf) *noun [plural]* a süketek **3** deaf to sth nem akarja meghallani: *She's deaf to my advice.*
▶ **deafness** *noun* [U] süketség

deafen /'defn/ *verb* [T] (*ált. szenvedő szerkezetben*) megsüketít
▶ **deafening** *adj.* fülsüketítő: *deafening music*

★deal¹ /di:l/ *verb* (*pt, pp* dealt /delt/) **1** [I,T] deal (sth) (out); deal (sth) (to sb) (*kártyát*) oszt **2** [I] deal (in sth); deal (with sb) kereskedik (vmivel/vkivel): *He deals in second-hand cars.* **3** [I,T] (*informális*) (*kábítószerrel*) üzletel, kereskedik

IDIOM deal sb/sth a blow; deal a blow to sb/sth **1** ütést mér vkire/vmire: *He was dealt a nasty blow to the head.* **2** csapást jelent (vki számára): *This news dealt a terrible blow to my father.*

PHRASAL VERBS deal sth out szétoszt: *The profits will be dealt out among us.* | deal with sb/sth foglalkozik vkivel/vmivel, (el)intéz vmit, bánik vkivel, kezel vkit/vmit: *He's a difficult man. Nobody quite knows how to deal with him.* • *My secretary will deal with my correspondence while I'm away.* | deal with sth foglalkozik vmivel: *This chapter deals with letter-writing.*

★deal² /di:l/ *noun* [C] **1** (*ker*) üzlet, megegyezés, megállapodás: *We're hoping to do a deal with an Italian company.* • *Let's make a deal* (egyezzünk meg) *not to criticize each other's work.* • *'I'll help you with your essay if you'll fix my bike.' 'OK, it's a deal* (megegyeztünk)*!* **2** bánásmód: *With high fares and unreliable services, rail users are getting a raw deal* (rosszul járnak). • *The new law aims to give pensioners a fair deal.* **3** (*kártyában*) osztás

IDIOMS a big deal/no big deal → BIG | a good/great deal (of sth) jó sok: *I've spent a great deal of time on this report.*

dealer /'di:lə(r)/ *noun* [C] **1** kereskedő: *a dealer in gold and silver* • *a drug dealer* **2** (*kártyában*) osztó

dealing /'di:lɪŋ/ *noun* **1** (dealings) [*plural*] kereskedelmi kapcsolat: *We had some dealings with that firm several years ago.* **2** [U] kereskedés: *share dealing*

dealt *past tense, past participle of* DEAL¹

★**dear¹** /dɪə(r)/ *adj.* **1** drága, kedves, tisztelt (*levélben*): *Dear Sarah,...* • *Dear Sir or Madam,...* **2** dear (to sb) kedves: *It was a subject that was very dear to him* (szívügye). • *She's one of my dearest friends.* **3** (*brit*) drága (*ár*)

IDIOM close/dear/near to sb's heart → HEART

dear² /dɪə(r)/ *interj.* **1** jaj: *Dear me! Aren't you ready?* **2** (*rég*) kedvesem: *Would you like a cup of tea, dear?*

dearly /'dɪəli/ *adv.* **1** nagyon: *I'd dearly like to go there again.* **2** (*formális*) drágán: *I've already paid dearly for that mistake.*

dearth /dɜ:θ/ *noun* [*sing.*] **a dearth (of sb/sth)** hiány, szükség (vmiben)

★**death** /deθ/ *noun* [*C,U*] halál (*átv is*), halálozás: *There were two deaths and many other people were injured in the accident.* • *The police do not know the cause of death.* • *There was no food and people were starving to death* (éhen haltak). • *the death of communism* **❶** Melléknév: **dead**. Ige: **die**.

IDIOMS catch your death → CATCH¹ | a matter of life and/or death → MATTER¹ | put sb to death (*ált. szenvedő szerkezetben, formális*) kivégez | sick to death of sb/sth → SICK¹ | sudden death → SUDDEN

deathly /'deθli/ *adj., adv.* halálos, halálosan: *There was a deathly silence.*

death penalty *noun* [*sing.*] halálbüntetés **つ** Lásd **capital punishment**.

death toll *noun* [*C*] halálos áldozatok száma

debase /dɪ'beɪs/ *verb* [*T*] (*ált. szenvedő szerkezetben, formális*) leértékel, lealacsonyít

debatable /dɪ'beɪtəbl/ *adj.* vitatható: *It's debatable whether people have a better lifestyle these days.*

debate¹ /dɪ'beɪt/ *noun* [*C,U*] tanácskozás, vita: *There's been a lot of debate about the cause of acid rain.*

debate² /dɪ'beɪt/ *verb* **1** [*I,T*] megtárgyal, megvitat **2** [*T*] megbeszél: *They debated whether to go or not.*

debit¹ /'debɪt/ *noun* [*C*] (*bankszámláról*) kifizetés, terhelés **❶** Ellentéte: **credit¹**. **つ** Lásd **direct debit**.

debit² /'debɪt/ *verb* [*T*] bankszámláról kifizet, bankszámlát megterhel

debit card *noun* [*C*] bankkártya (*fizetésre használatos csekkfüzet helyett*) **つ** Vesd össze **credit card**.

debris /'debri:/ *noun* [*U*] törmelék(ek), roncs(ok)

★**debt** /det/ *noun* **1** [*C*] tartozás, adósság: *to pay off a debt* **2** [*U*] adósság, eladósodás: *After he lost his job, he got into debt* (eladósodott). **3** [*C, usually sing.*] (*formális*) tartozás, (le)kötelezettség: *In his speech he acknowledged his debt to his family for their support.*

IDIOMS be in/out of debt tartozása van/nincs | be in sb's debt (*formális*) vki lekötelezettje

debtor /'detə(r)/ *noun* [*C*] adós

début (also **debut**) /'deɪbju:/ *noun* [*C*] első fellépés, debütálás: *She made her début in London in 1959.*

Dec. *abbr.* (**December** rövidítése) dec.: *5 Dec. 1999*

decade /'dekeɪd; dɪ'keɪd/ *noun* [*C*] évtized

decadence /'dekədəns/ *noun* [*U*] dekadencia, hanyatlás
▸ **decadent** /'dekədənt/ *adj.* dekadens, hanyatló

decaffeinated /ˌdi:'kæfɪneɪtɪd/ *adj.* koffeinmentes

decapitate /dɪ'kæpɪteɪt/ *verb* [*T*] (*formális*) lefejez

★**decay¹** /dɪ'keɪ/ *verb* [*I*] **1** romlik, rothad, korhad: *the decaying carcass of a dead sheep* **❶** Szinonimája: **rot**. **2** hanyatlik, romlik: *His business empire began to decay.*
▸ **decayed** *adj.* tönkrement, rothadt, korhadt: *a decayed tooth* szuvas fog

decay² /dɪ'keɪ/ *noun* [*U*] hanyatlás, pusztulás: *tooth decay* fogszuvasodás • *The old farm was in a terrible state of decay* (düledező állapotban).

the deceased /dɪ'si:st/ *noun* [*sing.*] (*formális*) az elhunyt (személy): *Many friends of the deceased were present at the funeral.*
▸ **deceased** *adj.* elhunyt

deceit /dɪ'si:t/ *noun* [*U*] csalás, félrevezetés

deceitful /dɪ'si:tfl/ *adj.* megtévesztő, fondorlatos

decline

▶ **deceitfully** /-fəli/ adv. hamisan, megtévesztő szándékkal

deceitfulness noun [U] csalárdság, hamisság

* **deceive** /dɪˈsiːv/ verb [T] **deceive sb/yourself (into doing sth)** becsap vkit, elhitet vkivel vmit, ámítja magát (vmivel): He deceived his mother into believing that he had earned the money. • You're deceiving yourself if you think there's an easy solution to the problem. ❶ Főnév: **deception** vagy **deceit**.

* **December** /dɪˈsembə(r)/ noun [U, C] (abbr. **Dec.**) december ➔ Példák és magyarázat a **January** szónál.

decency /ˈdiːsnsi/ noun [U] illem, tisztesség, illemtudó viselkedés: She had the decency to (annyira legalább tisztességes volt, hogy) admit that it was her fault.

decent /ˈdiːsnt/ adj. **1** rendes, megfelelő: All she wants is a decent job with decent wages. **2** tisztességes, rendes **3** az illemszabályoknak megfelelő: I can't come to the door – I'm not decent (illendően felöltözve). ❶ Ellentéte: **indecent**.
▶ **decently** adv. **1** illendően, tisztességesen **2** elég jól, tűrhetően

deception /dɪˈsepʃn/ noun [C,U] megtévesztés, csalás: He had obtained the secret papers **by deception** (csalással). ❶ Ige: **deceive**.

deceptive /dɪˈseptɪv/ adj. csalóka, megtévesztő: The water is deceptive – it's much deeper than it looks.
▶ **deceptively** adv. megtévesztően: She made the task sound deceptively easy.

decibel /ˈdesɪbel/ noun [C] decibel

* **decide** /dɪˈsaɪd/ verb **1** [I,T] **decide (to do sth); decide against (doing) sth; decide about/on sth; decide that...** dönt (vmi mellett/ellen/vmiről), határoz: We've decided not to invite Isabel. • She decided against borrowing the money. • They decided on a name for the baby. • He decided that it was too late to go. • The date hasn't been decided yet. **2** [T] eldönt vmit: Your votes will decide the winner. **3** [T] rávesz vkit (döntésre): What finally decided you to leave? ❶ Főnév: **decision**. Melléknév: **decisive**.

decided /dɪˈsaɪdɪd/ adj. (csak főnév előtt) határozott, egyértelmű: There has been a decided improvement in his work. ❶ Ellentéte: **undecided**.

deciduous /dɪˈsɪdʒuəs/ adj. lombhullató ➔ Lásd **evergreen**.

decimal[1] /ˈdesɪml/ adj. tízes: decimal currency

decimal[2] /ˈdesɪml/ noun [C] tizedes tört

decipher /dɪˈsaɪfə(r)/ verb [T] megfejt (képírást, rejtjelet), kibetűz

* **decision** /dɪˈsɪʒn/ noun **1** [C,U] **a decision (to do sth); a decision on/about sth; a decision that...** döntés, elhatározás, határozat: Have you **made a decision** (döntöttél) yet? • I **took the decision** (úgy döntöttem) that I believed to be right. **2** [U] jó és gyors döntési képesség: We are looking for someone with decision for this job. ❶ Ige: **decide**.

decisive /dɪˈsaɪsɪv/ adj. **1** döntő: the decisive battle of the war **2** határozott ❶ Ellentéte: **indecisive**. Ige: **decide**.
▶ **decisively** adv. határozottan, magabiztosan

decisiveness noun [U] határozottság, magabiztosság

deck /dek/ noun [C] **1** (hajón) fedélzet, (buszon) utastér, (emeletes buszon) szint **2** (US) = PACK[1] (6)
IDIOM **on deck** fedélzeten, fedélzetre: I'm going out on deck for some fresh air.

deckchair /ˈdektʃeə(r)/ noun [C] nyugágy

* **declaration** /ˌdekləˈreɪʃn/ noun **1** [C,U] nyilatkozat, hivatalos bejelentés: In his speech he made a strong declaration of support for the rebels. • a declaration of war **2** [C] vámárunyilatkozat, adóbevallás: a customs/tax declaration

* **declare** /dɪˈkleə(r)/ verb [T] **1** bejelent, kijelent: to declare war (hadat üzen) on another country • I declare that the winner of the award is Joan Taylor. **2** (vám/adó ügyben) nyilatkozik, bevall: You must declare all your income on this form.

decline[1] /dɪˈklaɪn/ verb **1** [I] hanyatlik, gyengül: declining profits • The standard of education has declined in this country. **2** [I,T] (formális) visszautasít, udvariasan elhárít: Thank you for the invitation but I'm afraid I have to decline.

decline[2] /dɪˈklaɪn/ noun [C,U] **(a) decline (in sth)** hanyatlás, gyengülés, romlás: a *decline in sales* • *As an industrial power, the country is in decline* (hanyatlóban van).

decode /ˌdiːˈkəʊd/ *verb* [T] (*rejtjelet*) megfejt ❶ Ellentéte: **encode**.

decoder /ˌdiːˈkəʊdə(r)/ *noun* [C] dekóder: *a satellite/video decoder*

decompose /ˌdiːkəmˈpəʊz/ *verb* [I,T] szét-mállik, elrothad, felbomlaszt: *The body was so badly decomposed that it couldn't be identified.*

decor /ˈdeɪkɔː(r)/ *noun* [U, sing.] berendezés és dísztárgyak, (lak)berendezési stílus

★ **decorate** /ˈdekəreɪt/ *verb* 1 [T] **decorate sth (with sth)** díszít vmit (vmivel) 2 [I,T] (*főleg brit*) kifest, tapétáz
▶ **decorator** *noun* [C] szobafestő, lakberendező

decoration /ˌdekəˈreɪʃn/ *noun* 1 [C,U] dekoráció, díszítés 2 [U] festés/mázolás, felújítás 3 [C] kitüntetés, érdemrend

decorative /ˈdekərətɪv/ *adj.* mutatós

decoy /ˈdiːkɔɪ/ *noun* [C] csalétek, csali
▶ **decoy** *verb* [T] lépre csal, félrevezet

★ **decrease¹** /dɪˈkriːs/ *verb* [I,T] csökken, csökkent: *Profits have decreased by 15%.* ❶ Ellentéte: **increase**.

★ **decrease²** /ˈdiːkriːs/ *noun* [C,U] **(a) decrease (in sth)** csökkenés, csökkentés: *a 10% decrease in sales*

decree /dɪˈkriː/ *noun* [C] rendelet
▶ **decree** *verb* [T] (*pt, pp* **decreed**) elrendel

decrepit /dɪˈkrepɪt/ *adj.* rozoga, megrokkant

dedicate /ˈdedɪkeɪt/ *verb* [T] 1 **dedicate sth to sth** szentel vmit vminek, áldoz vmit vminek: *He dedicated his life to helping the poor.* 2 **dedicate sth to sb** ajánl/dedikál vmit vkinek: *He dedicated the book he had written to his brother.*

dedicated /ˈdedɪkeɪtɪd/ *adj.* odaadó, elkötelezett: *dedicated nurses and doctors*

dedication /ˌdedɪˈkeɪʃn/ *noun* 1 [U] odaadás, elkötelezettség: *I admire her dedication to her career.* 2 [C] (*könyvben*) ajánlás, dedikálás

deduce /dɪˈdjuːs/ *verb* [T] következtet: *From his name I deduced that he was Polish.* ❶ Főnév: **deduction**.

deduct /dɪˈdʌkt/ *verb* [T] **deduct sth (from sth)** levon: *Marks will be deducted for untidy work.*

deduction /dɪˈdʌkʃn/ *noun* [C,U] 1 következtetés, deduktív gondolkodás: *It was a brilliant piece of deduction by the detective.* ❶ Ige: **deduce**. 2 **deduction (from sth)** levonás: *What is your total income after deductions?* ❶ Ige: **deduct**.

deed /diːd/ *noun* [C] 1 (*formális*) cselekedet, tett: *a brave/a good/an evil deed* 2 ingatlan tulajdonjogát bizonyító okirat

deem /diːm/ *verb* [T] (*formális*) (*vminek/vmilyennek*) tart/tekint: *He did not even deem it necessary to apologize.*

★ **deep¹** /diːp/ *adj.* 1 mély: *a deep hole* • *a coat with deep pockets* • *deep shelves* • *shelves 40 centimetres deep* • *The water is only a metre deep.* • *a deep voice* • *I was in a deep sleep* (mély álomban). ➔ Lásd **depth**. 2 (*szín*) sötét-, mély-: *a deep red* 3 (*érzelem*) mély, mélységes: *He felt a very deep love for the child.* 4 alapos: *His books show a deep understanding of human nature.*
▶ **the deep** *noun* [U] (vminek a) közepe: *in the deep of the night* az éjszaka közepén (*írott nyelv*) the deep a tenger (mélye)
deeply *adv.* 1 mélyen: *to breathe deeply* 2 mélységesen: *a deeply unhappy person*
IDIOMS **deep in thought/conversation** belemerülve a gondolataiba/beszélgetésbe | **take a deep breath** mély levegőt vesz: *He took a deep breath then walked on stage.*

★ **deep²** /diːp/ *adv.* mélyen: *He gazed deep into her eyes.* • *He dug his hands deep into his pockets.*
IDIOMS **deep down** a lelke mélyén: *I tried to appear optimistic but deep down I knew there was no hope.* | **dig deep** → DIG¹

deepen /ˈdiːpən/ *verb* [I,T] mélyül, mélyít

deep-ˈfreeze (*also* **freezer**) *noun* [C] fagyasztó, mélyhűtő

deep-ˈrooted (*also* ˌ**deep-ˈseated**) *adj.* mélyen gyökerező: *deep-rooted fears*

deer /dɪə(r)/ *noun* [C] (*plural* **deer**) szarvas

> A male deer is called a **buck** or, especially if it has fully-grown **antlers**, a **stag**. The female is a **doe** and a young deer a **fawn**. **Venison** is the meat from deer.

deerstalker /'dɪəstɔːkə(r)/ noun vadász-sapka

deface /dɪ'feɪs/ verb [T] elcsúfít, (meg)rongál

default¹ /dɪ'fɔːlt/ noun [sing.] (infor) alapértelmezés

IDIOM **by default** vmi elmulasztása miatt: They won by default (ellenfél hiányában), because the other team didn't turn up.

default² /dɪ'fɔːlt/ verb [I] **1** default (on sth) nem tesz eleget (vminek), elmulaszt (vmit): to default on payments **2** default (to sth) (infor) alapértelmezés szerint működik

★ **defeat¹** /dɪ'fiːt/ verb [T] **1** legyőz **2** meghaladja vki képességeit: I've tried to work out what's wrong with the car but it defeats me. **3** meghiúsít: The local residents are determined to defeat the council's building plans.

defeat² /dɪ'fiːt/ noun [C,U] vereség, kudarc: This season they have had two victories and three defeats. • She refused to **admit defeat** and kept on trying.

defeatism /dɪ'fiːtɪzəm/ noun [U] kishitűség

defeatist /dɪ'fiːtɪst/ adj. kishitű: a defeatist attitude/view
▶ **defeatist** noun [C] kishitű ember

defecate /'defəkeɪt/ verb [I] (orv) székel

defect¹ /'diːfekt/ noun [C] fogyatékosság, hiányosság, hiba: a speech defect • defects in the education system
▶ **defective** /dɪ'fektɪv/ adj. hibás, sérült, fogyatékos

defect² /dɪ'fekt/ verb [I] disszidál, átpártol
▶ **defection** noun [C,U] átpártolás, disszidálás

★ **defence** (US defense) /dɪ'fens/ noun **1** [U] védelem: Would you fight **in defence of** your country (hazád védelmében)? • When her brother was criticized she leapt to his defence (harciasan megvédte). • I must say in her **defence** (védelmében) that I have always found her very reliable. ➔ Lásd self-defence. **2** [C] a defence (against sth) védekezés (vmi ellen): the body's defences against disease **3** [U] honvédelem: Spending on defence needs to be reduced. **4** [C] (jog) védelem: His defence was that he was only carrying out orders. **5** (the defence) [sing., with sing. or plural verb] (jog) a

védelem: The defence claims/claim that many of the witnesses were lying. ➔ Lásd the prosecution. **6** (ált. the defence) [sing., U] (sp) védekezés, védőjátékosok: She plays in defence.

defenceless /dɪ'fensləs/ adj. védtelen

★ **defend** /dɪ'fend/ verb **1** [T] defend sb/sth/yourself (against/from sb/sth) (meg)véd, védekezik **2** [T] (jog) véd **3** [I,T] (sp) védekezik **4** [T] megvéd: She successfully defended her title. • He is the defending champion (címvédő bajnok).

defendant /dɪ'fendənt/ noun [C] vádlott

defender /dɪ'fendə(r)/ noun [C] védő, védőjátékos

defense (US) = DEFENCE

defensive¹ /dɪ'fensɪv/ adj. **1** védekező, védelmi: The troops took up a defensive position. ❶ Ellentéte: offensive. **2** védekező: When I asked him about his new job, he became very defensive.

defensive² /dɪ'fensɪv/ noun
IDIOM **on the defensive** védekező magatartás: My questions about her past immediately put her on the defensive.

defer /dɪ'fɜː(r)/ verb [T] (deferring; deferred) (formális) halaszt, elodáz: She deferred her place at university for a year.

deference /'defərəns/ noun [U] tiszteletadás
IDIOM **in deference to sb/sth** a tiszteletet megadva vkinek, tiszteletben tartva vmit: In deference to her father's wishes, she didn't mention the subject again.

defiance /dɪ'faɪəns/ noun [U] ellenszegülés: an **act of defiance** • He continued smoking **in defiance of** (ellenére) the doctor's orders.

defiant /dɪ'faɪənt/ adj. ellenszegülő
▶ **defiantly** adv. ellenszegülve, dacosan, kihívóan

deficiency /dɪ'fɪʃnsi/ noun (plural deficiencies) deficiency (in/of sth) [C,U] hiány(osság), fogyatékosság: a deficiency of vitamin C • The problems were caused by deficiencies in the design.

deficient /dɪ'fɪʃnt/ adj. deficient (in sth) hiányos, -szegény: food that is deficient in minerals

---

[I] **tárgyatlan** (ige): He laughed.

[T] **tárgyas** (ige): He ate an apple.

deficit /'defɪsɪt/ *noun* [C] hiány, deficit: *a trade deficit*

define /dɪ'faɪm/ *verb* [T] **1** meghatároz **2** pontosan körvonalaz, értelmez: *We need to define the problem before we can attempt to solve it.*

★ **definite** /'defmət/ *adj.* **1** határozott, biztos: *I'll give you a definite decision in a couple of days.* **❶** Ellentéte: **indefinite.** **2** egyértelmű, feltűnő: *There has been a definite change in her attitude recently.*

the ₁definite 'article *noun* [C] a határozott névelő **➔** Lásd a *Rövid nyelvtani összefoglalást.* Vesd össze **indefinite article.**

definitely /'defmətli/ *adv.* határozottan, feltétlenül

definition /ˌdefɪ'nɪʃn/ *noun* [C,U] meghatározás

definitive /dɪ'fɪnətɪv/ *adj.* végleges, hiteles, tökéletes: *This is the definitive version.* • *the definitive performance of Hamlet* ▸ **definitively** *adv.* véglegesen

deflate /ˌdiː'fleɪt/ *verb* **1** [I,T] leereszt **❶** Ellentéte: **inflate. 2** [T] elbátortalanít, lelohaszt: *I felt really deflated when I got my exam results.*

deflect /dɪ'flekt/ *verb* **1** [I,T] irányt változtat, elüt, elterel(ődik): *The ball deflected off a defender and into the goal.* **2** [T] eltérít: *Nothing could deflect her from her aim.*

deflection /dɪ'flekʃn/ *noun* [C,U] irányváltoztatás, eltérítés

deforestation /ˌdiːfɒrɪ'steɪʃn/ *noun* [U] erdőirtás

deform /dɪ'fɔːm/ *verb* [T] eltorzít, deformál

deformed /dɪ'fɔːmd/ *adj.* torz

deformity /dɪ'fɔːməti/ *noun* (*plural* **deformities**) [C,U] torzulás, testi fogyatékosság

defraud /dɪ'frɔːd/ *verb* [T] **defraud sb (of sth)** kicsal (pénzt), sikkaszt: *He defrauded the company of millions.*

defrost /ˌdiː'frɒst/ *verb* **1** [T] leolvaszt: *to defrost a fridge* **2** [I,T] kiolvad, kiolvaszt: *Defrost the chicken thoroughly before cooking.* **➔** Lásd **de-ice.**

deft /deft/ *adj.* fürge, ügyes ▸ **deftly** *adv.* fürgén, ügyesen

defunct /dɪ'fʌŋkt/ *adj.* megszűnt, egykori

defuse /ˌdiː'fjuːz/ *verb* [T] **1** hatástalanít (*bombát*) **2** enyhít: *She defused the tension by changing the subject.*

defy /dɪ'faɪ/ *verb* [T] (*pres. part.* **defying;** *3rd pers. sing. pres.* **defies;** *pt, pp* **defied**) **1** ellenszegül **❶** Melléknév: **defiant.** Főnév: **defiance. 2 defy sb to do sth** buzdít vkit (*szinte lehetetlenre*): *I defy you* (hát csak próbáld meg) *to prove me wrong.* **3** szinte lehetetlenné tesz: *It's such a beautiful place that it defies description.*

degenerate¹ /dɪ'dʒenəreɪt/ *verb* [I] elfajul, degenerálódik: *The calm discussion degenerated into a nasty argument.* ▸ **degeneration** /dɪˌdʒenə'reɪʃn/ *noun* [U] elkorcsosulás, romlás

degenerate² /dɪ'dʒenərət/ *adj.* romlott, elfajzott

degradation /ˌdegrə'deɪʃn/ *noun* [U] **1** megalázás, megalázottság: *the degradation of being in prison* **2** romlás, degradáció: *environmental degradation*

degrade /dɪ'greɪd/ *verb* [T] megaláz, lealacsonyít: *It's the sort of film that really degrades women.* ▸ **degrading** *adj.* megalázó

★ **degree** /dɪ'griː/ *noun* **1** [C] (*hő*) fok: *Water boils at 100 degrees Celsius (100° C).* • *three degrees below zero/minus three degrees (-3°)* **2** [C] szög: *a forty-five degree (45°) angle* • *An angle of 90 degrees is called a right angle.* **3** [C,U] fok: *There is always a degree of risk involved in mountaineering.* • *I sympathize with her* **to some degree** (bizonyos fokig). **4** [C] diploma: *She's got a degree in Philosophy.* • *to do a Chemistry degree*

Nagy-Britanniában az egyetemi tanulmányok sikeres elvégzése után szerzett diploma a **degree.** A különböző főiskolai tanulmányok befejezése után **diploma** szerezhető. Ezek a tanulmányok, tanfolyamok lehetnek rövidebbek és gyakorlatiasabb jellegűek, mint az egyetemi végzettséget biztosítóak. A **diploma** azonban posztgraduális fokozatot is jelenthet. Nagy-Britanniában az egyetemen elérhető legjobb eredmény a **first** fokozat, ezt követi a **two-one,** a **two-two,** a **third,** a **pass,** és a sikertelen eredmény a **fail.**

dehydrate /ˌdiːˈhaɪdreɪt/ verb **1** [T] (ált. szenvedő szerkezetben) dehidrál, vizet kivon **2** [I,T] kiszárad, túl sok vizet veszít
► **dehydration** /ˌdiːhaɪˈdreɪʃn/ noun [U] kiszáradás, vízveszteség

de-ice /ˌdiː ˈaɪs/ verb [T] jégtelenít: *The car windows need de-icing.* ➔ Lásd **defrost**.

deign /deɪn/ verb [T] (*formális*) **deign to do sth** méltóztat vmit megtenni, hajlandó megtenni vmit: *He didn't even deign to look up when I entered the room.*

deity /ˈdeɪəti/ noun [C] (*plural* **deities**) (*formális*) isten(nő), istenség

dejected /dɪˈdʒektɪd/ adj. lehangolt, csüggedt
► **dejectedly** adv. lehangoltan
dejection noun [U] lehangoltság

★ **delay¹** /dɪˈleɪ/ verb **1** [T] késleltet: *The plane was delayed for several hours* (több órát késett) *because of bad weather.* **2** [I,T] **delay (sth/doing sth)** halaszt: *I was forced to delay the trip until the following week.*

delay² /dɪˈleɪ/ noun [C,U] késés, késedelem: *If you smell gas, report it without delay* (azonnal).

delegate¹ /ˈdelɪɡət/ noun [C] küldött

delegate² /ˈdelɪɡeɪt/ verb [I,T] munkát kiad/-oszt: *You can't do everything yourself – you must learn how to delegate.*

delegation /ˌdelɪˈɡeɪʃn/ noun **1** [C, with sing. or plural verb] küldöttség: *The British delegation walked out of the meeting in protest.* **2** [U] megbízás

delete /dɪˈliːt/ verb [T] töröl (*írást*)
► **deletion** /dɪˈliːʃn/ noun [C,U] törlés

★ **deliberate¹** /dɪˈlɪbərət/ adj. **1** szándékos: *Was it an accident or was it deliberate?* ❶ Szinonimája: **intentional**. **2** megfontolt: *She spoke in a calm, deliberate voice.*

deliberate² /dɪˈlɪbəreɪt/ verb [I,T] (*formális*) tanakodik, fontolgat: *The judges deliberated for an hour before announcing the winner.*

★ **deliberately** /dɪˈlɪbərətli/ adv. **1** szándékosan ❶ Szinonimája: **purposely**. **2** megfontoltan

deliberation /dɪˌlɪbəˈreɪʃn/ noun (*formális*) **1** [C,U] fontolgatás, mérlegelés: *After much deliberation, I decided to reject the offer.* **2** [U] nagy körültekintés

delicacy /ˈdelɪkəsi/ noun (*plural* **delicacies**) **1** [U] finomság, törékenység **2** [U] tapintat, gyengédség: (*átv*) *Be tactful! It's a matter of some delicacy* (kicsit kényes). **3** [C] (*étel*) finomság, csemege: *Try this dish – it's a local delicacy.*

★ **delicate** /ˈdelɪkət/ adj. **1** finom, érzékeny, törékeny: *delicate skin* • *the delicate mechanisms of a watch* **2** betegségre hajlamos, kényes: *He was a delicate child and often in hospital.* **3** (*szín*) halvány: *a delicate shade of pale blue* **4** finom: *Repairing this is going to be a very delicate operation.*
► **delicately** adv. finoman

delicatessen /ˌdelɪkəˈtesn/ noun [C] delikát szaküzlet

★ **delicious** /dɪˈlɪʃəs/ adj. finom

delight¹ /dɪˈlaɪt/ noun **1** [U] gyönyör(űség), boldogság: *She laughed with delight* (boldogan) *as she opened the present.* **2** [C] élvezet: *The story is a delight to read.*
► **delightful** /-fl/ adj. elbűvölő
delightfully /-fəli/ adv. elbűvölően

★ **delight²** /dɪˈlaɪt/ verb [T] elbűvöl
PHRASAL VERB **delight in sth/in doing sth** örömét leli vmiben: *He delights in playing tricks on people.*

delighted /dɪˈlaɪtɪd/ adj. **delighted (at/with/about sth); delighted to do sth/that...** nagyon boldog

delinquency /dɪˈlɪŋkwənsi/ noun [U] (*formális*) (fiatalkori) bűnözés

delinquent /dɪˈlɪŋkwənt/ adj., noun [C] bűnöző: *a juvenile delinquent*

delirious /dɪˈlɪriəs/ adj. **1** zavaros tudatú (*láztól*) **2** iszonyúan boldog
► **deliriously** adv. mámorosan

★ **deliver** /dɪˈlɪvə(r)/ verb **1** [I,T] kézbesít **2** [T] szülést levezet: *to deliver a baby* **3** [T] (*formális*) mond, bejelent: *to deliver a speech/lecture* (előadást tart)/*warning* **4** [I] **deliver (on sth)** (*informális*) teljesít: *The new leader has made a lot of promises, but can he deliver on them?*
IDIOM **come up with/deliver the goods** → GOODS

delivery /dɪˈlɪvəri/ noun (plural **deliveries**) **1** [C,U] kézbesítés: *Please allow 28 days for delivery.* **2** [C] szállítmány: *The shop is waiting for a new delivery of apples.* **3** [C] szülés: *an easy delivery*

delta /ˈdeltə/ noun [C] delta(torkolat)

delude /dɪˈluːd/ verb [T] félrevezet, ámít: *If he thinks he's going to get rich quickly, he's deluding himself.* ❶ Főnév: **delusion**.

deluge¹ /ˈdeljuːdʒ/ noun [C] **1** özönvíz **2 a deluge (of sth)** (vminek az) áradat(a): *The programme was followed by a deluge of complaints from the public.*

deluge² /ˈdeljuːdʒ/ verb [T] (ált. szenvedő szerkezetben) eláraszt: *They were deluged with applications for the job.*

delusion /dɪˈluːʒn/ noun [C,U] tévhit: *He seems to be **under the delusion** that he's popular.* ❶ Ige: **delude**.

de luxe /ˌdə ˈlʌks/ adj. luxus-: *a de luxe hotel*

delve /delv/ verb [I] **delve into sth** kutat vhol, kotorászik: *She delved into the bag and brought out a tiny box.* • *(átv)* *We must delve into the past to find the origins of the custom.*

★ **demand¹** /dɪˈmɑːnd/ noun **1** [C] **a demand (for sth/that...)** kérés, követelés: *a demand for changes in the law* **2** (**demands**) [plural] követelmények, igények: *Running a marathon **makes huge demands** (nagyon igénybe veszi) **on** the body.* **3** [U, sing.] **demand (for sth/sb)** kereslet, igény: *We no longer sell that product because there is no demand for it.*

   IDIOMS **in demand** kapós: *I'm in demand this weekend – I've had three invitations!* | **on demand** kérésre: *This treatment is available from your doctor on demand.*

★ **demand²** /dɪˈmɑːnd/ verb [T] **1 demand to do sth/that...**; **demand sth** követel: *I walked into the office and demanded to see the manager.* • *Your behaviour was disgraceful and I demand an apology.* **2** igényel, követel: *a sport that demands skill as well as strength*

demanding /dɪˈmɑːndɪŋ/ adj. igényes, megerőltető: *a demanding schedule/boss*

demise /dɪˈmaɪz/ noun [sing.] **1** végső kudarc, vmi megszűnése: *Poor business*

decisions led to the company's demise. **2** (írott nyelv) elhalálozás

demo /ˈdeməʊ/ noun (plural **-os**) (informális) demó, bemutató kazetta: *a demo tape*

★ **democracy** /dɪˈmɒkrəsi/ noun (plural **democracies**) [C,U] demokrácia

democrat /ˈdeməkræt/ noun [C] **1** demokrata **2** (**Democrat**) (USÁ-ban) a Demokrata Párt tagja ➔ Lásd **Republican**.

★ **democratic** /ˌdeməˈkrætɪk/ adj. demokratikus: *a democratic decision*
   ▸ **democratically** /-kli/ adv. demokratikusan: *a democratically elected government*

the ˌDemoˈcratic Party noun [sing.] (USÁ-ban) a Demokrata Párt ❶ A másik nagy párt **the Republican Party**.

demolish /dɪˈmɒlɪʃ/ verb [T] lerombol: *The old shops were demolished and a supermarket was built in their place.* • *(átv)* *She demolished his argument in one sentence.*
   ▸ **demolition** /ˌdeməˈlɪʃn/ noun [C,U] lerombolás

demon /ˈdiːmən/ noun [C] démon

★ **demonstrate** /ˈdemənstreɪt/ verb **1** [T] **demonstrate sth (to sb)** bemutat, szemléltet: *The crew demonstrated the use of lifejackets just after take-off.* **2** [I] **demonstrate (against/for sb/sth)** tüntet

★ **demonstration** /ˌdemənˈstreɪʃn/ noun **1** [C,U] szemléltetés, bemutatás: *This accident is a clear demonstration of the system's faults.* **2** [C] **a demonstration (against/for sb/sth)** tüntetés

demonstrative /dɪˈmɒnstrətɪv/ adj. nyíltszívű

demonstrator /ˈdemənstreɪtə(r)/ noun [C] tüntető

demoralize (also **-ise**) /dɪˈmɒrəlaɪz/ verb [T] elbátortalanít, lehangol: *Repeated defeats demoralized the team.*
   ▸ **demoralization** (also **-isation**) /dɪˌmɒrəlaɪˈzeɪʃn/ noun [U] elbátortalanítás **demoralizing** (also **demoralising**) adj. lehangoló

demure /dɪˈmjʊə(r)/ adj. illedelmes (lány, fiatal nő)

den /den/ noun [C] *(átv is)* barlang, odú: *a gambling den*

denial /dɪˈnaɪəl/ noun **1** [C] cáfolat, visszautasítás: *The minister issued a denial that he was involved in the scandal.* **2** [C,U] **(a) denial (of sth)** (vmi) visszautasítás(a)/megtagadás(a): *a denial of personal freedom* **3** [U] tagadás, el nem ismerés: *He's been in denial ever since the accident.* **❶** Ige: **deny.**

denim /ˈdenɪm/ noun [U] farmeranyag: *a denim jacket* farmerdzseki

denomination /dɪˌnɒmɪˈneɪʃn/ noun [C] felekezet

denote /dɪˈnəʊt/ verb [T] jelöl, jelent: *In algebra the sign x always denotes an unknown quantity.*

denounce /dɪˈnaʊns/ verb [T] megvádol, leleplez, megbélyegez: *The actor has been denounced as a bad influence on young people.* **❶** Főnév: **denunciation.**

dense /dens/ adj. **1** sűrű: *dense forests* • *areas of dense population* • *dense fog* **2** (*informális*) hülye
▶ **densely** adv. sűrűn: *densely populated areas*

density /ˈdensəti/ noun (*plural* **densities**) **1** [U] sűrűség: *There is a high density of wildlife in this area.* **2** [C,U] fajsúly: *Lead has a high density.*

dent[1] /dent/ noun [C] horpadás

dent[2] /dent/ verb [T] behorpaszt

dental /ˈdentl/ adj. fogorvosi, fogászati: *dental care/treatment*

dentist /ˈdentɪst/ noun **1** [C] fogorvos **2** (**the dentist's**) [*sing.*] fogorvosi rendelő, fogászat: *I have to go to the dentist's today.*

dentures /ˈdentʃəz/ noun [*plural*] műfogsor

denunciation /dɪˌnʌnsiˈeɪʃn/ noun [C,U] elítélés **❶** Ige: **denounce.**

deny /dɪˈnaɪ/ verb [T] (*pres. part.* **denying**; *3rd pers. sing. pres.* **denies**; *pt, pp* **denied**) **1** **deny sth/doing sth; deny that...** visszautasít, tagad: *In court he denied all the charges.* • *She denied telling lies/that she had told lies.* **❶** Ellentéte: **admit.** **2** (*formális*) **deny sb sth; deny sth (to sb)** megtagad vkitől vmit: *She was denied permission to remain in the country.* **❶** Főnév: **denial.**

deodorant /diˈəʊdərənt/ noun [C,U] dezodor

dep. *abbr.* (**departs** rövidítése) ind.: *dep. London 15.32*

depart /dɪˈpɑːt/ verb [I] (*formális*) elindul: *The next train to the airport departs from platform 2.* **❶** Főnév: **departure.** **⊃** Magyarázat a **leave**[1] szónál.

★ **department** /dɪˈpɑːtmənt/ noun [C] (*abbr.* **Dept**) **1** tanszék, osztály, részleg: *the Modern Languages department* • *She works in the accounts department.* **2** minisztérium

departmental /ˌdiːpɑːtˈmentl/ adj. osztály-, tanszéki, miniszteri: *There is a departmental meeting once a month.*

de'partment store noun [C] áruház

★ **departure** /dɪˈpɑːtʃə(r)/ noun [C,U] **1** indulás, távozás: *Passengers should check in at least one hour before departure.* **❶** Ige: **depart. 2** **a departure (from sth)** eltérés (vmitől): *a departure from normal practice*

★ **depend** /dɪˈpend/ verb
IDIOM **that depends; it (all) depends** (önálló mondatként vagy a mondat elején) attól függ: '*Can you lend me some money?*' '*That depends. How much do you want?*' • *I don't know whether I'll see him. It depends what time he gets here.*

PHRASAL VERBS **depend on sb/sth** számít vkire/vmire: *If you ever need any help, you know you can depend on me.* | **depend on sb/sth (for sth)** függ vkitől/vmitől, rá van utalva vkire/vmire | **depend on sth** függ vmitől: *His whole future depends on these exams.*

dependable /dɪˈpendəbl/ adj. megbízható

dependant (*főleg US* **dependent**) /dɪˈpendənt/ noun [C] eltartott: *insurance cover for you and all your dependants*

dependence /dɪˈpendəns/ noun [U] **dependence on sb/sth** függőség vkitől/vmitől: *The country wants to reduce its dependence on imported oil.*

dependency /dɪˈpendənsi/ noun [U] függőség, alárendeltség

★ **dependent** /dɪˈpendənt/ adj. **1** **dependent (on sb/sth)** (vkitől/vmitől) függő, eltartott: *The industry is heavily dependent on government funding.* • *Do you have any dependent children?* **2** **dependent on sb/sth** vkitől/vmitől függő: *The price you pay is dependent on the number in your group.* **❶** Ellentéte: **independent.**

depict /dɪ'pɪkt/ verb [T] **1** ábrázol: *a painting depicting a country scene* **2** leír, bemutat: *The novel depicts rural life a century ago.*

deplete /dɪ'pliːt/ verb [T] (*készletet*) kimerít: *We are depleting the world's natural resources.*
▶ **depletion** /dɪ'pliːʃn/ noun [U] kimerítés, felélés

deplorable /dɪ'plɔːrəbl/ adj. (*formális*) szánalmas
▶ **deplorably** /-əbli/ adv. szánalmasan

deplore /dɪ'plɔː(r)/ verb [T] (*formális*) megvet: *I deplore such dishonest behaviour.*

deploy /dɪ'plɔɪ/ verb [T] **1** harci készültségbe állít, bevet **2** hasznosít
▶ **deployment** noun [U] készenlétbe helyezés, hasznosítás, bevetés: *the deployment of troops*

deport /dɪ'pɔːt/ verb [T] kitoloncol
▶ **deportation** /ˌdiːpɔː'teɪʃn/ noun [C,U] kitoloncolás

depose /dɪ'pəʊz/ verb [T] eltávolít vkit a hivatalából, megfoszt a trónjától: *There was a revolution and the dictator was deposed.*

deposit¹ /dɪ'pɒzɪt/ verb [T] **1** letesz, lerak: *He deposited his bags on the floor and sat down.* **2** üledéket lerak: *mud deposited by a flood* **3** pénzt bankba tesz: *He deposited £20 a week into his savings account.* **4** deposit sth (in sth); deposit sth (with sb/sth) letétbe helyez: *Valuables can be deposited in the hotel safe.*

deposit² /dɪ'pɒzɪt/ noun [C] **1** a deposit (on sth) előleg: *to pay a deposit* **2** a deposit (on sth) [usually sing.] letét: *Boats can be hired for £5 an hour, plus £20 deposit.* **3** (bank)betét **4** üledék: *mineral deposits*

de'posit account noun [C] (*brit*) betétszámla, folyószámla

depot /'depəʊ/ noun [C] **1** garázs (*buszok, teherautók stb. számára*) **2** raktár **3** (*US*) kis pályaudvar

depreciate /dɪ'priːʃieɪt/ verb [I] elértéktelenedik
▶ **depreciation** /dɪˌpriːʃi'eɪʃn/ noun [C,U] értékcsökkenés, devalválódás

depress /dɪ'pres/ verb [T] **1** elkedvetlenít **2** csökkent (*árat, forgalmat*), pangást idéz

elő: *The reduction in the number of tourists has depressed local trade.* **3** (*formális*) lenyom (*billentyűt, pedált*)
▶ **depressing** adj. lehangoló, nyomasztó
depressingly adv. nyomasztóan

depressed /dɪ'prest/ adj. **1** lehangolt, depressziós **2** nyomott, pangó (*kereskedelem, ipar stb.*)

★ **depression** /dɪ'preʃn/ noun **1** [U] depresszió: *clinical/post-natal depression* **2** [C,U] (*közg*) válság: *The country was in the grip of (an) economic depression.* **3** [C] mélyedés: *Rainwater collects in shallow depressions in the ground.*

deprive /dɪ'praɪv/ verb [T] deprive sb/sth of sth megfoszt, megvon: *The prisoners were deprived of food.*
▶ **deprivation** /ˌdeprɪ'veɪʃn/ noun [U] megvonás, hiány

deprived /dɪ'praɪvd/ adj. hátrányos helyzetű: *He came from a deprived background.*

Dept abbr. (department rövidítése) osztály, részleg: *the Sales Dept*

★ **depth** /depθ/ noun **1** [C,U] mélység (*átv is*): *The hole should be 3 cm in depth.* • *the depth of a shelf* • *He tried to convince her of the depth of his feelings for her.* **2** [C, usually plural] vminek a legmélye, vminek a közepe: *in the depths of winter* ❶ Melléknév: **deep**.
IDIOMS in depth alaposan: *to discuss a problem in depth* | out of your depth (*az amerikai angolban csak átvitt értelemben fordul elő*) elveszti a talajt a lába alól (*átv is*): *When they start discussing politics I soon get out of my depth.*

deputation /ˌdepjə'teɪʃn/ noun [C, with sing. or plural verb] küldöttség

deputize (also -ise) /'depjətaɪz/ verb [I] deputize (for sb) képvisel vkit, helyettesít vkit

★ **deputy** /'depjəti/ noun [C] (*plural* deputies) helyettes: *the deputy head of a school*

derail /dɪ'reɪl/ verb [T] kisiklat (*vonatot*)

derailment /dɪ'reɪlmənt/ noun [C,U] kisiklás

deranged /dɪ'reɪndʒd/ adj. őrült

derby /'dɑːbi/ noun [C] (*plural* derbies) **1** (*brit*) verseny, helyi rangadó: *a motor-*

cycle derby **2** *(brit)* **(the Derby)** az epsomi derbi (lóverseny) **3** *(US)* = BOWLER(1)

derelict /'derəlɪkt/ *adj.* elhanyagolt, gazdátlan (*főleg épület, terület*): *a derelict house*

deride /dɪ'raɪd/ *verb* [T] kicsúfol
  ► **derision** /dɪ'rɪʒn/ *noun* [U] kigúnyolás: *Her comments were met with derision.* Magyarázatát gúnyolódva fogadták.
  derisive /dɪ'raɪsɪv/ *adj.* gúnyos: *'What rubbish!' he said with a derisive laugh.*

derisory /dɪ'raɪsəri/ *adj.* nevetséges(en kicsi/értéktelen): *Union leaders rejected the derisory pay offer.*

derivation /ˌderɪ'veɪʃn/ *noun* [C,U] alapszó (*képzett szóé*)

derivative /dɪ'rɪvətɪv/ *noun* [C] képzett szó, származékszó: *'Sadness' is a derivative of 'sad.'*

derive /dɪ'raɪv/ *verb* **1** [T] (*formális*) **derive sth from sth** ered, fakad vmiből: *I derive great satisfaction from my work* (örömömet lelem a munkámban). **2** [I,T] ered, nyer (*pl. nevet*): *The town derives its name from the river on which it was built.* A város a nevét arról a folyóról kapta, amely mellett épült.

derogatory /dɪ'rɒgətri/ *adj.* lekicsinylő, elítélő: *derogatory comments about the standard of my work*

descend /dɪ'send/ *verb* [I,T] (*formális*) lefelé megy: *The plane started to descend* (leereszkedni) *and a few minutes later we landed.* ● *She descended the stairs slowly.* ❶ Ellentéte: **ascend**.
  IDIOM **be descended from sb**: *He says he's descended from a Russian prince.* Azt állítja magáról, hogy egy orosz hercegtől származik.

descendant /dɪ'sendənt/ *noun* [C] leszármazott ➔ Lásd **ancestor**.

descent /dɪ'sent/ *noun* **1** [C] leereszkedés (*magas helyről*): *The pilot informed us that we were about to begin our descent.* **2** [U] (le)származás: *He is of Italian descent* (származású).

★ **describe** /dɪ'skraɪb/ *verb* [T] **describe sb/sth (to/for sb); describe sb/sth (as sth)** jellemez, leír: *It's impossible to describe how I felt.*

★ **description** /dɪ'skrɪpʃn/ *noun* **1** [C,U] leírás: *The man gave the police a detailed description of the burglar.* **2** [C] -fajta: *It must be a tool of some description* (valamifajta), *but I don't know what it's for.*

descriptive /dɪ'skrɪptɪv/ *adj.* leíró (*művészien*): *a piece of descriptive writing* ● *She gave a highly descriptive account of the journey.*

desert¹ /dɪ'zɜːt/ *verb* **1** [T] elhagy: *Many people have deserted the countryside and moved to the towns.* **2** [I,T] megszökik (*katonaságtól*)
  ► **desertion** *noun* [C,U] elhagyás, szökés

★ **desert²** /'dezət/ *noun* [C,U] sivatag

deserted /dɪ'zɜːtɪd/ *adj.* elhagyatott: *a deserted house*

deserter /dɪ'zɜːtə(r)/ *noun* [C] katonaszökevény

desert island *noun* [C] lakatlan sziget

★ **deserve** /dɪ'zɜːv/ *verb* [T] megérdemel: *We deserve a break.* ● *He deserves to be punished severely for such a crime.* ❶ Az igét *continuous* igeidőkben nem használjuk, azonban *-ing* alakban gyakran előfordul: *There are other aspects of the case deserving attention* (figyelmet érdemlő).

deservedly /dɪ'zɜːvɪdli/ *adv.* megérdemelten

deserving /dɪ'zɜːvɪŋ/ *adj.* **deserving (of sth)** támogatást/segítséget érdemlő: *This charity is a most deserving cause.*

★ **design¹** /dɪ'zaɪn/ *noun* **1** [U] tervezés: *Design faults* (konstrukciós hibákat) *have been discovered in the car.* **2** [U] (forma)tervezés: *to study industrial design* ● *graphic design* **3** [C] **a design (for sth)** tervrajz, szerkezeti rajz: *The architect showed us her design for the new theatre.* **4** [C] minta (*dísz*) ❶ Szinonimája: **pattern**.

★ **design²** /dɪ'zaɪn/ *verb* **1** [I,T] (meg)tervez: *to design cars/dresses/houses* **2** [T] vmilyen célra tervez: *The bridge wasn't designed for such heavy traffic.*

designate /'dezɪgneɪt/ *verb* [T] (*gyakran szenvedő szerkezetben, formális*) **1** **designate sb/sth (as) sth** kijelöl vmit/vkit vmire: *Who has she designated (as) her deputy?* **2** jelez: *These arrows designate the emergency exits.*

---

designer /dɪ'zamə(r)/ noun [C] tervező: *a fashion/jewellery designer* • *designer jeans* márkás farmer

desirable /dɪ'zaɪərəbl/ adj. **1** kívánatos: *Experience is desirable but not essential for this job.* **2** vonzó ❶ Ellentéte: **undesirable**.

desire¹ /dɪ'zaɪə(r)/ noun [C,U] **(a) desire (for sb/sth/to do sth)** vágy: *I have no desire to visit that place again.* • *She felt a surge of desire for him.*

desire² /dɪ'zaɪə(r)/ verb [T] ❶ Az igét continuous igeidőkben nem használjuk, azonban *-ing* alakban gyakran előfordul: *Not desiring another argument, she turned away.* **1** (*formális*) vágyik vmire: *They have everything they could possibly desire.* • *The service in the restaurant left a lot to be desired* (sok kívánnivalót hagy maga után). **2** (meg)kíván vkit

★ **desk** /desk/ noun [C] **1** íróasztal, iskolapad: *He has a desk job* (hivatali munka). **2** pult: *an information desk* • *Take your suitcases and tickets to the check-in desk.*

desktop /'desktɒp/ noun [C] **1** íróasztal munkafelülete **2** vezérlőpult (*számítógép képernyőjén*) **3** (also ,desktop com'puter) asztali számítógép ➔ Lásd **laptop**.

,desktop 'publishing (*abbr.* **DTP**) noun [U] elektronikus kiadványszerkesztés

desolate /'desələt/ adj. **1** kihalt, sivár: *desolate wasteland* **2** reményvesztett
▸ **desolation** /,desə'leɪʃn/ noun [U] sivárság, elhagyatottság: *a scene of desolation.* • *He felt utter desolation when his wife died.*

despair¹ /dɪ'speə(r)/ noun [U] kétségbeesés: *I felt like giving up in despair* (kétségbeesésemben).
▸ **despairing** adj. kétségbeesett, elkeseredett: *a despairing cry* ➔ Lásd **desperate**.

despair² /dɪ'speə(r)/ verb [I] **despair (of sb/sth)** kétségbeesik, felhagy a reménnyel: *We began to despair of ever finding somewhere to live.*

despatch /dɪ'spætʃ/ = DISPATCH

★ **desperate** /'despərət/ adj. **1** mindenre elszánt: *She became desperate when her money ran out.* **2** kétségbeesett: *I made a desperate attempt to persuade her to change her mind.* **3** be desperate (for sth/to do sth) rettenetesen vágyik vmire: *I'm desperate for a drink.* **4** komoly, borzasztó:

There is a desperate shortage of skilled workers.
▸ **desperately** adv. borzasztóan: *She was desperately unlucky not to win.*
desperation /,despə'reɪʃn/ noun [U] végső kétségbeesés

despicable /dɪ'spɪkəbl/ adj. hitvány, aljas: *a despicable act of terrorism*

despise /dɪ'spaɪz/ verb [T] megvet, lenéz: *I despise him for lying to me.*

despite /dɪ'spaɪt/ prep. ellenére: *Despite having very little money, they enjoy life.* • *The scheme went ahead despite public opposition.* • *He helped me despite the fact that he was busy.* ❶ Szinonimája: **in spite of**.

despondent /dɪ'spɒndənt/ adj. **despondent (about/over sth)** elkeseredett, (el)csüggedt: *She was becoming increasingly despondent about finding a job.*
▸ **despondency** /dɪ'spɒndənsi/ noun [U] elkeseredettség, csüggedés

dessert /dɪ'zɜːt/ noun [C,U] édesség, desszert (*az étkezés utolsó fogása*): *What would you like for dessert?* ➔ Lásd **pudding**, **sweet**.

dessertspoon /dɪ'zɜːtspuːn/ noun [C] desszertkanál

destabilize /,diː'steɪbəlaɪz/ verb [T] destabilizál, megingat ➔ Lásd **stabilize**.

destination /,destɪ'neɪʃn/ noun [C] cél(állomás): *I finally reached my destination two hours late.* • *popular holiday destinations*

destined /'destɪnd/ adj. **1** destined for sth/to do sth rendeltetett vmire: *I think she is destined for success.* • *He was destined to become one of the country's leading politicians.* **2** destined for... vhová tartó (*jármű*): *a bus destined for New York*

destiny /'destəni/ noun (*plural* **destinies**) [C,U] sors, végzet: *She felt that it was her destiny to be a great singer.*

destitute /'destɪtjuːt/ adj. nyomorgó
▸ **destitution** /,destɪ'tjuːʃn/ noun [U] nyomor

★ **destroy** /dɪ'strɔɪ/ verb [T] **1** lerombol, megsemmisít: *The building was destroyed by fire.* • *The defeat destroyed his confi-*

dence. **2** elpusztít: *The horse had to be destroyed.*

destroyer /dɪˈstrɔɪə(r)/ *noun* [C] **1** torpedóromboló **2** romboló (*ember*)

★**destruction** /dɪˈstrʌkʃn/ *noun* [U] pusztulás, pusztítás: *The war brought death and destruction to the city.* • *the destruction of the rainforests*

destructive /dɪˈstrʌktɪv/ *adj.* romboló, pusztító: *destructive weapons* • *the destructive effects of drink and drugs*

detach /dɪˈtætʃ/ *verb* [T] detach sth (from sth) leválaszt, elkülönít: *Detach the form at the bottom of the page.* ❶ Ellentéte: attach.

detachable /dɪˈtætʃəbl/ *adj.* leválasztható, levehető: *a coat with a detachable hood*

detached /dɪˈtætʃt/ *adj.* **1** különálló (*ház*) **2** pártatlan, közömbös

detachment /dɪˈtætʃmənt/ *noun* **1** [U] pártatlanság **2** [C] (*kat*) különítmény

★**detail¹** /ˈdiːteɪl/ *noun* [C,U] részlet: *On the application form you should give details of your education and experience.* • *The work involves close attention to detail.*
  ▸ **detailed** *adj.* részletes: *a detailed description*
  IDIOMS go into detail(s) részletekbe bocsátkozik: *I can't go into detail now.* | in detail részletesen, alaposan: *We haven't discussed the matter in detail yet.*

detail² /ˈdiːteɪl/ *verb* [T] részletez, felsorol: *He detailed all the equipment he needed for the job.*

detain /dɪˈteɪn/ *verb* [T] fogva tart, feltartóztat: *A man has been detained by the police for questioning.* • *Don't let me detain you if you're busy.* ➔ Lásd detention.

detect /dɪˈtekt/ *verb* [T] észlel, felfedez: *I detected a slight change in his attitude.*
  ▸ **detection** *noun* [U] leleplezés: *The crime escaped detection for many years.* A bűntényt évekig nem fedezték fel.

★**detective** /dɪˈtektɪv/ *noun* [C] detektív

deˈtective story *noun* [C] krimi ➔ Lásd még thriller.

detector /dɪˈtektə(r)/ *noun* [C] jelzőkészülék: *a smoke/metal/lie detector*

detention /dɪˈtenʃn/ *noun* [U, C] **1** letar-

tóztatás, feltartóztatás: *They were kept in detention for ten days.* **2** (*okt*) bezárás (*iskolában büntetésként*) ❶ Ige: detain.

deter /dɪˈtɜː(r)/ *verb* [T] (**deterring**; **deterred**) deter sb (from doing sth) megakadályoz, elrettent: *The council is trying to deter visitors from bringing their cars into the city centre.* ❶ Főnév: deterrent.

detergent /dɪˈtɜːdʒənt/ *noun* [C,U] tisztítószer

deteriorate /dɪˈtɪəriəreɪt/ *verb* [I] elfajul (*helyzet*), (meg)romlik: *The political tension is deteriorating into civil war.*
  ▸ **deterioration** /dɪˌtɪəriəˈreɪʃn/ *noun* [C,U] rosszabbodás, megromlás

★**determination** /dɪˌtɜːmɪˈneɪʃn/ *noun* [U] **1** determination (to do sth) eltökéltség: *her determination to win* **2** (*formális*) döntés, meghatározás: *the determination of future government policy*

determine /dɪˈtɜːmɪn/ *verb* [T] **1** (*formális*) megállapít: *We need to determine what happened immediately before the accident.* **2** meghatároz: *The results of the tests will determine what treatment you need.* • *Age and experience will be determining factors in our choice of candidate.* **3** (*formális*) eldönt, megszab: *A date for the meeting has yet to be determined.*

★**determined** /dɪˈtɜːmɪnd/ *adj.* determined (to do sth) határozott, céltudatos: *He is determined* (eltökélt szándéka, hogy) *to leave school.* • *She's a very determined athlete.*

determiner /dɪˈtɜːmɪnə(r)/ *noun* [C] (*nyelv*) determináns (*névelő, névmás stb.*): *'Her', 'most' and 'those' are all determiners.*

deterrent /dɪˈterənt/ *noun* [C] elrettentő példa: *Their punishment will be a deterrent to others.*
  ▸ **deterrent** *adj.* elrettentő

detest /dɪˈtest/ *verb* [T] utál: *They absolutely detest each other.*

detonate /ˈdetəneɪt/ *verb* [I,T] felrobban(t)

detour /ˈdiːtʊə(r)/ *noun* [C] **1** (el)kerülő út, kitérés: *to make a detour* **2** (*US*) = DIVERSION(2)

detract /dɪˈtrækt/ *verb* [I] detract from sth

levon (*vmi értékéből*): *These criticisms in no way detract from the team's achievements.*

detriment /'detrɪmənt/ *noun*
IDIOM **to the detriment of sb/sth** vki/vmi kárára/rovására: *Doctors claim that the changes will be to the detriment of patients.*
▸ **detrimental** /ˌdetrɪ'mentl/ *adj.* káros: *Too much alcohol is **detrimental to** your health.*

deuce /djuːs/ *noun* [U] negyven mind (*teniszben*)

devalue /ˌdiː'væljuː/ *verb* [T] leértékel (*átv is*): *The pound has been devalued against the dollar.*
▸ **devaluation** /ˌdiːˌvæljuː'eɪʃn/ *noun* [U] leértékelés (*pénzé*)

devastate /'devəsteɪt/ *verb* [T] **1** elpusztít, feldúl: *a land devastated by war* **2** feldúl (*átv*): *This tragedy has devastated the community.*
▸ **devastation** /ˌdevə'steɪʃn/ *noun* [U] pusztulás, pusztítás: *a scene of total devastation*

devastated /'devəsteɪtɪd/ *adj.* lesújtott: *They were devastated when their baby died.*

devastating /'devəsteɪtɪŋ/ *adj.* **1** pusztító, megsemmisítő: *a devastating explosion* **2** lesújtó

★ **develop** /dɪ'veləp/ *verb* **1** [I,T] (ki)fejlődik, (ki)fejleszt, kialakul: *to develop from a child into an adult* • *a scheme to help pupils develop their natural talents* • *Scientists have developed a drug against this disease.* **2** [T] kap (*betegséget*): *to develop cancer/Aids* **3** [I] (*probléma*) kialakul, fellép: *Trouble is developing along the border.* **4** [T] kifejt (*gondolatot, történetet stb.*): *She went on to develop this theme later in the lecture.* **5** [T] (*fotó*) előhív **6** [T] beépít (*felhasználatlan területet*)

developed /dɪ'veləpt/ *adj.* fejlett: *a highly developed economy*

developer /dɪ'veləpə(r)/ (*also* '**property developer**) *noun* [C] építési vállalkozó

developing /dɪ'veləpɪŋ/ *adj.* fejlődő (*ország*)

★ **development** /dɪ'veləpmənt/ *noun* **1** [U] (ki)fejlődés: *a child's intellectual development* **2** [U, C] (ki)fejlesztés: *She works in research and development* for a drug com-

pany. **3** [C] fejlemény: *new developments in the Middle East* **4** [C,U] beépítés: *a new housing development* (lakópark)

deviate /'diːvieɪt/ *verb* [I] **deviate (from sth)** eltér: *He never once deviated from his original plan.*

deviation /ˌdiːvi'eɪʃn/ *noun* [C,U] eltérés (*a szokásostól*), devianciá: *sexual deviation* • *a deviation from our usual way of doing things*

★ **device** /dɪ'vaɪs/ *noun* [C] **1** eszköz, szerkezet: *a security device* • *labour-saving devices* (háztartási gépek) *such as washing machines and vacuum cleaners* ➔ Magyarázat a **tool** szónál. **2** fortély: *Critics dismissed the speech as a political device for winning support.*

devil /'devl/ *noun* [C] **1** (**the Devil**) ördög ➔ Lásd **Satan**. **2** a gonosz, rossz szellem **3** (*beszélt nyelv*) elvetemült ember: *The poor devil* (szegény) *died in hospital two days later.* • *Those kids can be little devils sometimes.*
IDIOMS **be a devil** Ne légy gyáva! (*biztatás*): *Go on, be a devil – buy both of them.* | **speak/talk of the devil** falra festi az ördögöt (*átv*)

devious /'diːviəs/ *adj.* fondorlatos, ravasz: *a devious trick/plan*
▸ **deviously** *adv.* fondorlatosan

devise /dɪ'vaɪz/ *verb* [T] kigondol: *to devise a plan*

devoid /dɪ'vɔɪd/ *adj.* (*formális*) **devoid of sth** -talan/-telen, vminek híjával lévő: *devoid of hope/ambition/imagination*

devolution /ˌdiːvə'luːʃn/ *noun* [U] a közigazgatás decentralizálása

devote /dɪ'vəʊt/ *verb* [T] **devote yourself/sth to sb/sth** vkinek/vminek szenteli magát/vmit: *Schools should devote more time to science subjects.*

devoted /dɪ'vəʊtɪd/ *adj.* **devoted (to sb/sth)** odaadó

devotee /ˌdevə'tiː/ *noun* [C] **a devotee (of sb/sth)** rajongó, híve vkinek/vminek: *Devotees of science fiction will enjoy this new film.*

devotion /dɪ'vəʊʃn/ *noun* [U] **devotion (to sb/sth)** **1** rajongás, odaadás **2** szentelés, ráfordítás (*idő, energia*): *devotion to duty* odaadó kötelességteljesítés **3** vallási áhitat

devour /dɪˈvaʊə(r)/ *verb* [T] **1** felfal, mohón eszik **2** fal (*könyvet, újságot*)

devout /dɪˈvaʊt/ *adj.* hívő, vallásos: *a devout Muslim family*
▶ **devoutly** *adv.* vallásosan, őszintén

dew /djuː/ *noun* [U] harmat

dexterity /dekˈsterəti/ *noun* [U] (kéz)-ügyesség

diabetes /ˌdaɪəˈbiːtiːz/ *noun* [U] cukorbaj

diabetic¹ /ˌdaɪəˈbetɪk/ *noun* [C] cukorbajos személy

diabetic² /ˌdaɪəˈbetɪk/ *adj.* diabetikus: *diabetic chocolate*

diagnose /ˈdaɪəgnəʊz/ *verb* [T] diagnose sth (as sth); diagnose sb as/with sth (*orv*) diagnosztizál, meghatároz/megállapít betegséget: *After a couple of minutes I diagnosed the trouble – a flat battery.*

diagnosis /ˌdaɪəgˈnəʊsɪs/ *noun* [C,U] (*plural* diagnoses /-siːz/) (*orv*) diagnózis, kórisme: *to make a diagnosis* felállítja a diagnózist

diagonal /daɪˈægənl/ *adj.* átlós: *a diagonal line*
▶ **diagonally** /-nəli/ *adv.* átlósan

diagram /ˈdaɪəgræm/ *noun* [C] (sematikus) ábra, grafikon

dial¹ /ˈdaɪəl/ *noun* [C] **1** óralap, számlap, programkapcsoló: *a dial for showing air pressure* **2** kerek állomáskereső (*rádión*), forgatógomb (*tűzhelyen stb.*) **3** (szám)-tárcsa (*régi telefonokon*)

dial² /ˈdaɪəl/ *verb* [I,T] (dialling; dialled; US dialing; dialed) tárcsáz (*telefonon*): *to dial direct to Singapore* • *to dial Singapore direct* • *to dial the wrong number* rossz számot hív

dialect /ˈdaɪəlekt/ *noun* [C,U] nyelvjárás: *a local dialect*

dialling code (also code) *noun* [C] (*brit*) országhívó és körzetszám, körzeti hívószám

dialling tone (*brit*) (US **dial tone**) *noun* [C, usually sing.] tárcsahang

★ **dialogue** (US **dialog**) /ˈdaɪəlɒg/ *noun* [C,U] **1** párbeszéd: *This movie is all action, with*

very little dialogue. **2** megbeszélés: *(a) dialogue between the major political parties*

dialogue box (US **dialog box**) *noun* [C] párbeszéd panel

diameter /daɪˈæmɪtə(r)/ *noun* [C] átmérő
➲ Lásd **radius, circumference**.

★ **diamond** /ˈdaɪəmənd/ *noun* **1** [C,U] gyémánt **2** [C] rombusz **3** [C] káró (*kártyaszín, kártyalap*): *the seven of diamonds* • *Diamonds are trumps.* Káró az adu. ➲ Magyarázat a **card** szónál.
▶ **diamond** *adj.* gyémánt- (*hatvanadik évforduló*) ➲ Lásd **silver, golden**.

diaper /ˈdaɪəpə(r)/ (US) = NAPPY

diaphragm /ˈdaɪəfræm/ *noun* [C] **1** rekeszizom **2** pesszárium

diarrhoea (US **diarrhea**) /ˌdaɪəˈrɪə/ *noun* [U] hasmenés

★ **diary** /ˈdaɪəri/ *noun* [C] (*plural* diaries) **1** határidőnapló: *I'll just check in my diary to see if I'm free that weekend.* ➲ Magyarázat a **calendar** szónál. **2** napló: *Do you keep a diary?* Vezetsz naplót?

dice /daɪs/ *noun* [C] (*plural* dice) dobókocka: *Throw the dice to see who goes first.*

dictate /dɪkˈteɪt/ *verb* **1** [I,T] dictate (sth) to sb) diktál, tollbamond **2** [I,T] dictate (sth) (to sb) diktál, előír, parancsol: *Parents can't dictate to their children how they should run their lives.* **3** [T] megszab: *The kind of house people live in is usually dictated by how much they earn.*

dictation /dɪkˈteɪʃn/ *noun* [C,U] diktálás, tollbamondás: *We had a dictation in English today.*

dictator /dɪkˈteɪtə(r)/ *noun* [C] diktátor
▶ **dictatorship** *noun* [C,U] diktatúra: *a military dictatorship*

★ **dictionary** /ˈdɪkʃənri/ *noun* [C] (*plural* dictionaries) **1** szótár: *to look up a word in a dictionary* • *a bilingual/monolingual dictionary* **2** lexikon, szakszótár: *a dictionary of idioms* • *a medical dictionary*

did *past tense of* DO

didn't *short for* DID NOT

★ **die** /daɪ/ *verb* (*pres. part.* **dying**; *3rd pers. sing. pres.* **dies**; *pt, pp* **died**) **1** [I,T] die (from/of sth) meghal (*vmiben*): *Thousands of people have died from this disease.* • *to die of hunger* éhen hal • *to die for what* *you believe in* • *to die a natural/violent death* természetes/erőszakos halállal hal meg ❶ Melléknév: **dead**. Főnév: **death**. **2** [I] kihal (*szokás*), megszűnik: *The old customs are dying.* • *Our love will never die.* **3** [I] meghal (*pl. a rémülettől, nevetéstől*): *I nearly died laughing when he told us.*

IDIOMS **be dying for sth/to do sth** (*beszélt nyelv*) majd meghal vmiért (*átv*), sóvárog vmiért: *I'm dying for a cup of coffee.* | **die hard** nehezen/lassan változik: *Old attitudes towards women die hard.* | **die laughing** majd meghal a nevetéstől: *I thought I'd die laughing when he told that joke.* | **to die for** (*informális*) mindent megtenne vmiért: *They have a house in town that's to die for.*

PHRASAL VERBS **die away** elhal (*hang*), elhalványul: *The sound of the engine died away as the car drove into the distance.* | **die down** alábbhagy: *Let's wait until the storm dies down before we go out.* | **die off** kihal (*család, faj stb.*) | **die out** kihal (*szokás*), megszűnik: *The use of horses on farms has almost died out in this country.*

diesel /'diːzl/ *noun* **1** [U] dízelolaj: *a diesel engine* • *a taxi that runs on diesel* **2** [C] dízelmotor: *My new car's a diesel.* ⊃ Lásd **petrol**.

★ **diet¹** /'daɪət/ *noun* **1** [C,U] étrend, táplálkozás: *They live on a diet of rice and vegetables.* • *I always try to have a healthy, balanced diet.* • *Poor diet is a cause of ill health.* **2** [C] diéta: *a low-fat diet* zsírszegény diéta • *a sugar-free diet* cukormentes diéta

▸ **dietary** /'daɪətəri/ *adj.* étrendi: *dietary habits/requirements*

IDIOM **be/go on a diet** fogyókúrán van, fogyókúrázik

diet² /'daɪət/ *verb* [I] fogyókúrázik

differ /'dɪfə(r)/ *verb* [I] **1** differ (from sb/sth) különbözik, eltér: *How does this car differ from the more expensive model?* **2** differ (with sb) (about/on sth) másként vélekedik: *I'm afraid I differ with you on that question.*

★ **difference** /'dɪfrəns/ *noun* **1** [C] a difference (between A and B) különbség, eltérés: *What's the difference between this computer and that cheaper one?* • *From a distance it's hard to tell the difference*

(megkülönböztetni) *between the twins.* **2** [C,U] **difference (in sth) (between A and B)** különbség, különbözet: *There's an age difference of three years between the two children.* • *There's very little difference in price since last year.* • *We gave a 30% deposit and must pay the difference when the work is finished.* **3** [C] nézeteltérés: *All couples have their differences from time to time.* • *There was a difference of opinion over how much we owed.*

IDIOMS **make a, some, etc. difference (to sb/sth)** számít, vmilyen jelentősége van, változást hoz: *Marriage made a big difference to her life.* | **make no difference (to sb/sth); not make any difference** nem számít: *It makes no difference to us if the baby is a girl or a boy.* Mindegy nekünk, hogy a gyerek fiú lesz-e vagy lány. | **split the difference** → SPLIT¹

★ **different** /'dɪfrənt/ *adj.* **1** different (from/to sb/sth) különböző, más (mint): *The play was different from anything I had seen before.* • *The two houses are very different in style.* • *You'd look completely different with short hair.* ❶ Ellentéte: **similar**. Az amerikai angolban a **different than** kifejezést is használják. **2** különféle, különböző: *This coat is available in three different colours.*

▸ **differently** *adv.* másként: *I think you'll feel differently about it tomorrow.*

differentiate /ˌdɪfə'renʃieɪt/ *verb* **1** [I,T] **differentiate between A and B; differentiate A (from B)** megkülönböztet, különbséget tesz: *It is hard to differentiate between these two types of seed.* **2** [T] **differentiate sth (from sth)** megkülönböztet: *The coloured feathers differentiate the male bird from the plain brown female.* **3** [T] különbséget tesz: *We don't differentiate between the two groups – we treat everybody alike.* ❶ Szinonimája: **distinguish**.

★ **difficult** /'dɪfɪkəlt/ *adj.* **1** difficult (for sb) (to do sth) nehéz, bonyolult: *a difficult test/problem* • *I find it difficult to get up early in the morning.* • *I'm in a difficult situation – whatever I do, somebody will be upset.* **2** nehéz (természetű) (*ember*): *a difficult customer*

★ **difficulty** /'dɪfɪkəlti/ *noun* (*plural* difficulties) **1** [U, C] difficulty (in sth/in doing sth)

❶ = magyarázat [C] megszámlálható (*főnév*): *one book, two books*

[U] megszámlálhatatlan (*főnév*): *some sugar*

nehézség: *I'm sure you won't* **have** *any* **difficulty** *getting a visa for America.* ● **We had no difficulty** *selling our car.* ● *We found a hotel* **without difficulty** (könnyen). ● **With difficulty** (nehezen), *I managed to persuade Alice to lend us the money.* ● *I could see someone* **in difficulty** (bajban) *in the water so I went to help them.* ● *If you borrow too much money you may* **get into** *financial* **difficulties** (bajba kerülhet). **2** [*U*] nehézség(i fok): *The questions start easy and then increase in difficulty.*

diffident /ˈdɪfɪdənt/ *adj.* félénk: *He has a very diffident manner.*
▶ **diffidence** *noun* [*U*] félénkség, szégyenlősség

★ **dig¹** /dɪɡ/ *verb* [I,T] (*pres. part.* **digging**; *pt, pp* **dug** /dʌɡ/) (fel/ki)ás: *to dig a hole*
IDIOMS **dig deep (into sth)** erőfeszítést tesz pénz, felszerelés, stb. megszerzésére: *Charities for the homeless are asking people to dig deep into their pockets* (nyúljanak mélyen a zsebükbe) *in this cold weather.* |
dig your heels in megmakacsolja magát: *The union dug its heels in and waited for a better pay offer.*
PHRASAL VERBS **dig (sth) in; dig sth into sth** bevág(ódik), belesüllyeszt: *My neck is all red where my collar is digging in.* | **dig sb/sth out (of sth) 1** kiás **2** előás, előkotor: *Bill went into the attic and dug out some old photos.* | **dig sth up 1** kiás **2** (fel)ás: *Workmen are digging up the road in front of our house.* **3** előás (információt): *Newspapers have dug up some embarrassing facts about his private life.*

dig² /dɪɡ/ *noun* **1** [*C*] bökés (ált. könyökkel): *to give sb a dig in the ribs* **2** [*C*] csípős megjegyzés: *The others kept* **making digs** *at him because of the way he spoke.* **3** [*C*] ásatás: *an archaeological dig*

★ **digest** /daɪˈdʒest/ *verb* [T] **1** (meg)emészt: *I'm not going to go swimming until I've digested my lunch.* **2** megemészt, megért: *The lecture was interesting, but too much to digest all at once.*

digestion /daɪˈdʒestʃən/ *noun* [C,U] emésztés
▶ **digestive** /daɪˈdʒestɪv/ *adj.* emésztő-: *the digestive system*

digit /ˈdɪdʒɪt/ *noun* [*C*] arab számjegy

o-9-ig: *a six-digit telephone number* hatszámjegyű telefonszám

digital /ˈdɪdʒɪtl/ *adj.* **1** digitális: *a digital recording* ● *a digital camera/TV* **2** számkijelzős: *a digital watch*

dignified /ˈdɪɡnɪfaɪd/ *adj.* méltóságteljes, tiszteletet parancsoló: *dignified behaviour* ❶ Ellentéte: **undignified**.

dignity /ˈdɪɡnəti/ *noun* [*U*] méltóság: *to behave* **with dignity**

digress /daɪˈɡres/ *verb* [I] (*formális*) eltér (a tárgytól)
▶ **digression** /daɪˈɡreʃn/ *noun* [C,U] elkalandozás (a tárgytól)

dike → DYKE

dilapidated /dɪˈlæpɪdeɪtɪd/ *adj.* düledező, rozzant (ház, bútor stb.)
▶ **dilapidation** /dɪˌlæpɪˈdeɪʃn/ *noun* [*U*] düledező/rozzant állapot

dilemma /dɪˈlemə/ *noun* [*C*] nehéz helyzet, dilemma: *Doctors* **face a** *moral* **dilemma** *of when to keep patients alive artificially and when to let them die.* ● *to be* **in a dilemma**

dilute /daɪˈluːt/ *verb* [T] **dilute sth (with sth)** (fel)hígít
▶ **dilute** *adj.* hígított

dim¹ /dɪm/ *adj.* (**dimmer**; **dimmest**) **1** homályos, tompa (*fény*): *The light was too dim to read by.* ● *a dim shape in the distance* ● *My memories of my grandmother are quite dim.* **2** (*informális*) buta **3** (*informális*) kilátástalan: *The prospects of the two sides reaching an agreement look dim.*
▶ **dimly** *adv.* halványan, homályosan

dim² /dɪm/ *verb* [I,T] (**dimming**; **dimmed**) elhalványul, elhalványít: *The lights dimmed.* ● *to dim the lights*

dime /daɪm/ *noun* [*C*] tízcentes amerikai pénzérme

dimension /daɪˈmenʃn/ *noun* **1** [C,U] méret, kiterjedés **2** (**dimensions**) [*plural*] méretek, dimenzió, nagyság: *to measure the dimensions of a room* ● (*átv*) *The full dimensions of this problem are only now being recognized.* **3** [*C*] szempont: *to add a new dimension to a problem/situation* **4** (**-dimensional**) /-ʃənəl/ (összetett melléknevekben) -dimenziós: *a three-dimensional object*

diminish /dɪˈmɪnɪʃ/ verb [I,T] (formális)
fogy, csökken(t): The world's rainforests are
diminishing fast. • The bad news did noth-
ing to diminish her enthusiasm for the plan.

diminutive /dɪˈmɪnjətɪv/ adj. (formális)
apró

dimple /ˈdɪmpl/ noun [C] gödröcske
(arcon)

din /dɪn/ noun [sing.] lárma, zaj

dine /daɪn/ verb [I] (formális) étkezik,
vacsorázik, ebédel: We dined at an exclu-
sive French restaurant.

PHRASAL VERB **dine out** étteremben eszik

diner /ˈdaɪnə(r)/ noun [C] **1** étteremben
étkező ember **2** (US) olcsó étterem

dinghy /ˈdɪŋgi/ noun [C] (plural dinghies)
1 kis vitorláshajó ➔ Lásd yacht. **2** csónak

dingy /ˈdɪndʒi/ adj. koszos, nyomorú-
ságos: a dingy room/hotel

dining room noun [C] ebédlő

★ **dinner** /ˈdɪnə(r)/ noun [C,U] ebéd, vacsora
(a nap főétkezése): Would you like to go out
for/to dinner (elmenni valahová vacso-
rázni) one evening? • I never eat a big din-
ner. • What's for dinner, Mum? **2** [C]
díszvacsora: The club is holding its annual
dinner next week.

dinner jacket (US tuxedo) noun [C] szmo-
king

dinosaur /ˈdaɪnəsɔː(r)/ noun [C] dino-
saurus

Dip.¹ abbr. (diploma rövidítése) okl.,
bizonyítvány

dip² /dɪp/ verb (dipping; dipped) **1** [T] dip sth
(into sth); dip sth (in) megmárt, belemárt:
Julie dipped her toe into the pool to see how
cold it was. **2** [I,T] hirtelen leereszkedik,
csökken: The road suddenly dipped down to
the river. • The company's sales have dipped
disastrously this year.

PHRASAL VERB **dip into sth 1** hozzányúl (a
(megtakarított) pénzéhez stb.): Tim had to
dip into his savings to pay for his new suit.
2 beleolvas: I've only dipped into the book.

dip³ /dɪp/ noun **1** [C] csökkenés: a dip in
sales/temperature **2** [C] mélyedés: The cot-
tage was in a dip in the hills. **3** [C]
(informális) megmártózás: We went for a
dip before breakfast. **4** [C,U] sűrű mártás
(keksz, zöldség stb. mártogatásához): a
cheese/chilli dip

diphtheria /dɪfˈθɪəriə/ noun [U] diftéria

diphthong /ˈdɪfθɒŋ/ noun [C] kettős ma-
gánhangzó

diploma /dɪˈpləʊmə/ noun [C] **a diploma
(in sth)** oklevél, bizonyítvány (tan-
folyam/főiskola elvégzéséről): I'm study-
ing for a diploma in hotel management.
➔ Magyarázat a **degree** szónál.

diplomacy /dɪˈpləʊməsi/ noun [U]
1 diplomácia: If diplomacy fails, there is a
danger of war. **2** diplomáciai érzék: He
handled the tricky situation with tact and
diplomacy.

diplomat /ˈdɪpləmæt/ noun [C] diplomata

diplomatic /ˌdɪpləˈmætɪk/ adj. **1** diplomá-
ciai: to break off diplomatic relations **2** dip-
lomatikus: He searched for a diplomatic
reply so as not to offend her.
▸ **diplomatically** /-kli/ adv. **1** diplomáciai-
lag **2** diplomatikusan

dire /ˈdaɪə(r)/ adj. (formális) iszonyú,
végzetes: dire consequences/poverty
IDIOM **be in dire straits** végszükségben van:
The business is in dire straits financially.

★ **direct¹** /daɪˈrekt; dɪ-/ adj., adv. **1** egye-
nes(en), közvetlen(ül): The British Prime
Minister is in direct contact with the US Pres-
ident. • a direct attack on the capital • As a
direct result of the new road, traffic jams in
the centre have been reduced. • You should
protect your skin from direct sunlight.
2 közvetlen(ül): a direct flight to Hong
Kong • This bus goes direct to London.
3 egyenes, nyílt (beszéd, ember, visel-
kedés): Politicians never give a **direct answer**
to a **direct question**. • She sometimes
offends people with her direct way of speak-
ing. **❶** Az 1., 2. és a 3. jelentés ellentéte
indirect. **4** (csak főnév előtt) egyenes,
teljesen: What she did was in direct oppos-
ition (szöges ellentéte) to my orders.

★ **direct²** /daɪˈrekt; dɪ-/ verb [T] **1 direct sth
to/towards sb/sth; direct sth at sb/sth**
irányít: In recent weeks the media's atten-
tion has been directed towards events
abroad. • The advert is directed at young
people. **2** vezet, irányít, rendez (színdara-
bot, filmet): A policeman was directing the
traffic. • to direct a play/film **3** direct sb

(to...) útbaigazít: *I was directed to an office at the end of the corridor.* ➔ Magyarázat a **lead¹**(1) szónál. **4** (*formális*) utasít: *Take the tablets as directed by your doctor.*

di‚rect ¹debit *noun* [C,U] átutalási megbízás

★ **direction** /daɪˈrekʃn; dɪ-/ *noun* **1** [C,U] irány: *A woman was seen running in the direction of* (irányába) *the station.* • *We met him coming in the opposite direction* (az ellenkező irányban/irányból). • *I think the new speed limit is still too high, but at least it's a step in the right direction* (egy lépés a helyes megoldás felé). • *I think the wind has changed direction.* • *I've got such a hopeless sense of direction* (tájékozódó képesség) *– I'm always getting lost.* **2** [C,U] irány, cél: *I want a career that gives me a (sense of) direction in life.* **3** [*usually plural*] útbaigazítás, használati utasítás, előírás: *I'll give you directions to my house.* **4** [U] irányítás, vezetés: *This department is under the direction of Mrs Walters.*

directive /daɪˈrektɪv; dɪ-/ *noun* [C] irányelv, szabályzat, utasítás, előírás: *an EU directive on safety at work*

directly¹ /daɪˈrektli; dɪ-/ *adv.* **1** közvetlenül, pontosan, egyenesen: *The bank is directly opposite the supermarket.* • *He refused to answer my question directly.* • *Lung cancer is directly related to smoking.* ❶ Ellentéte: **indirectly.** **2** mindjárt: *Wait where you are. I'll be back directly.*

directly² /daɪˈrektli; dɪ-/ *conj.* rögtön azután, hogy…, mihelyt: *I phoned him directly I heard the news.*

di‚rect ¹object *noun* [C] (*nyelv*) tárgy: *In the sentence 'Anna bought a record', 'a record' is the direct object.* ➔ Lásd a *Rövid nyelvtani összefoglalást.* Lásd **indirect object.**

★ **director** /daɪˈrektə(r); dɪ-/ *noun* [C] **1** igazgató: *the managing director of Rolls Royce* • *She's on the board of directors of a large computer company.* • *the director of studies of a language school* **2** rendező: *a film/ theatre director*

directory /daɪˈrektəri; dɪ-/ *noun* [C] (*plural* **directories**) címjegyzék: *the telephone directory* telefonkönyv • *I tried to look up Joe's number but he's ex-directory* (titkos telefonszám).

di‚rect ¹speech *noun* [U] (*nyelv*) egyenes beszéd ➔ Lásd a *Rövid nyelvtani összefoglalást.* Lásd **indirect speech.**

★ **dirt** /dɜːt/ *noun* [U] **1** piszok **2** föld: *a dirt track* földút **3** ocsmányság: *The press are always trying to dig up dirt on the President's love life.*

IDIOM **dirt cheap** nagyon olcsó(n)

★ **dirty¹** /ˈdɜːti/ *adj.* (**dirtier; dirtiest**) **1** piszkos ❶ Ellentéte: **clean. 2** trágár: *to tell a dirty joke* disznó viccet mond **3** aljas: *He's a dirty player.* • *He doesn't sell the drugs himself – he gets kids to do his dirty work for him.*

IDIOMS **dirty great/big** (*brit, informális*) piszkosul nagy: *When I looked around he was pointing a dirty great gun at me.* | **a dirty word** csúnya szó (*átv*): *Work is a dirty word to Frank.* | **play dirty** (*informális*) csal

dirty² /ˈdɜːti/ *verb* [I,T] (*pres. part.* **dirtying**; *3rd pers. sing. pres.* **dirties**; *pt, pp* **dirtied**) bepiszkol(ódik), bepiszkít ❶ Ellentéte: **clean.**

disability /ˌdɪsəˈbɪləti/ *noun* (*plural* **disabilities**) [C,U] rokkantság, (szellemi/testi) fogyatékosság: *physical/mental disability*

disable /dɪsˈeɪbl/ *verb* [T] (*gyakran szenvedő szerkezetben*) megnyomorít: *Many soldiers were disabled* (megrokkant) *in the war.*

disabled /dɪsˈeɪbld/ *adj.* **1** rokkant, testi/ szellemi fogyatékos, mozgássérült: *A car accident left her permanently disabled.* **2** (**the disabled**) *noun* [*plural*] a rokkantak, (szellemi/testi) fogyatékosok: *The hotel has improved facilities for the disabled* (mozgássérültek számára).

★ **disadvantage** /ˌdɪsədˈvɑːntɪdʒ/ (*ellened szól*) *noun* [C] hátrány: *What are the advantages and disadvantages of nuclear power?* • *Your main disadvantage* (ellened szól) *is your lack of experience.* ❶ Ellentéte: **advantage.**

IDIOMS **put sb/be at a disadvantage** hátrányos helyzetbe hoz/hátrányos helyzetben van: *The fact that you don't speak the language will put you at a disadvantage in France.* | **to sb's disadvantage** (*formális*) vki kárára: *The agreement will be to your disadvantage – don't accept it.*

disadvantaged /ˌdɪsədˈvɑːntɪdʒd/ *adj.*

hátrányos helyzetű: *extra help for the most disadvantaged members of society*

disadvantageous /ˌdɪsædvænˈteɪdʒəs/ *adj.* hátrányos

★ **disagree** /ˌdɪsəˈgriː/ *verb* [I] **1** disagree (with sb/sth) (about/on sth) nem ért egyet, ellenkezik: *Noel often disagrees with his father about politics.* • *They strongly disagreed with my idea.* **2** ellentmond, különbözik: *These two sets of statistics disagree.* ❶ Ellentéte: **agree**.
PHRASAL VERB disagree with sb árt vkinek (étel)

disagreeable /ˌdɪsəˈgriːəbl/ *adj.* (*formális*) kellemetlen ❶ Ellentéte: **agreeable**.
▸ **disagreeably** /-əbli/ *adv.* mogorván

disagreement /ˌdɪsəˈgriːmənt/ *noun* [C,U] disagreement (with sb) (about/on sth) nézeteltérés, véleménykülönbség: *It's normal for couples to have disagreements.* • *The conference ended in disagreement.* ❶ Ellentéte: **agreement**.

disallow /ˌdɪsəˈlaʊ/ *verb* [T] elutasít, nem ismer el: *The goal was disallowed because the player was offside.*

★ **disappear** /ˌdɪsəˈpɪə(r)/ *verb* [I] **1** eltűnik: *He walked away and disappeared into a crowd of people.* **2** kihal (*szokás, faj stb.*): *Plant and animal species are disappearing at an alarming rate.* ❶ Ellentéte: **appear**.
▸ **disappearance** *noun* [C,U] eltűnés, kihalás

disappoint /ˌdɪsəˈpɔɪnt/ *verb* [T] csalódást okoz

★ **disappointed** /ˌdɪsəˈpɔɪntɪd/ *adj.* disappointed (about/at sth); disappointed (in/with sb/sth); disappointed that... csalódott, kiábrándult: *Lucy was deeply disappointed at not being chosen for the team.* • *We were disappointed with our hotel.* • *I'm disappointed in you.* • *I was disappointed to hear that you can't come to the party.*

★ **disappointing** /ˌdɪsəˈpɔɪntɪŋ/ *adj.* csalódást keltő, elkeserítő: *It has been a disappointing year for the company.*
▸ **disappointingly** *adv.* kiábrándítóan

★ **disappointment** /ˌdɪsəˈpɔɪntmənt/ *noun* **1** [U] kiábrándultság, csalódás: *To his great disappointment* (legnagyobb bánatára) *he failed to get the job.* **2** [C] a disap-

pointment (to sb) csalódás: *She has suffered many disappointments in her career.*

disapproval /ˌdɪsəˈpruːvl/ *noun* [U] rosszallás: *She shook her head in disapproval* (rosszallóan).

★ **disapprove** /ˌdɪsəˈpruːv/ *verb* [I] disapprove (of sb/sth) rosszall, helytelenít: *His parents strongly disapproved of him leaving college before he had finished his course.*
▸ **disapproving** *adj.* rosszalló: *After he had told the joke there was a disapproving silence.*
disapprovingly *adv.* rosszallóan

disarm /dɪsˈɑːm/ *verb* **1** [T] lefegyverez **2** [I] leszerel (*fegyverzetet*) **3** [T] kiengesztel: *Jenny could always disarm the teachers with a smile.* Jenny egy mosollyal mindig le tudta venni a tanárokat a lábukról.

disarmament /dɪsˈɑːməmənt/ *noun* [U] leszerelés (*fegyverzeté*): *nuclear disarmament*

disassociate = DISSOCIATE

★ **disaster** /dɪˈzɑːstə(r)/ *noun* **1** [C] katasztrófa, csapás: *earthquakes, floods and other natural disasters* **2** [C,U] katasztrófa: *This year's lack of rain could spell disaster* (katasztrófát okoz) *for the region.* **3** [C,U] (*informális*) katasztrófa: *The school play was an absolute disaster.*

disastrous /dɪˈzɑːstrəs/ *adj.* katasztrofális, végzetes: *Our mistake had disastrous results.*
▸ **disastrously** *adv.* katasztrofálisan

disband /dɪsˈbænd/ *verb* [I,T] feloszlik

disbelief /ˌdɪsbɪˈliːf/ *noun* [U] hitetlenség: *'It can't be true!' he shouted in disbelief* (hitetlenül).

disbelieve /ˌdɪsbɪˈliːv/ *verb* [T] nem hisz el vmint, kétségbe von ❶ Ellentéte: **believe**.

disc (*főleg US* **disk**) /dɪsk/ *noun* [C] **1** korong **2** = DISK **3** (*orv*) porckorong

discard /dɪsˈkɑːd/ *verb* [T] (*formális*) eldob

discern /dɪˈsɜːn/ *verb* [T] észlel: *I discerned a note of anger in his voice.*
▸ **discernible** *adj.* észrevehető, kivehető: *The shape of a house was just discernible through the mist.*

discerning /dɪˈsɜːnɪŋ/ *adj.* igényes, jó ítélőképességű: *The discerning music lover* *will appreciate the excellence of this recording.*

discharge¹ /dɪs'tʃɑːdʒ/ *verb* [T] **1** kibocsát, kienged (*folyadékot, gázt stb.*): *Smoke and fumes are discharged from the factory.* **2** elenged, hazaküld: *to discharge sb from hospital* **3** teljesít, végrehajt (*feladatot*): *to discharge a duty/task*

discharge² /'dɪstʃɑːdʒ/ *noun* [C,U] **1** el-/kibocsátás, kiengedés: *The wounded soldier was given a medical discharge.* **2** szivárgás: *The discharge of oil from the leaking tanker could not be prevented.* **2** kifolyt anyag, váladék: *yellowish discharge from a wound*

disciple /dɪ'saɪpl/ *noun* [C] tanítvány

disciplinary /ˌdɪsə'plɪnəri/ *adj.* büntető, fegyelm(ezés)i

★ **discipline¹** /'dɪsəplɪn/ *noun* **1** [U] fegyelem, fegyelmezés: *A good teacher must be able to maintain discipline* (fegyelmet tart) *in the classroom.* **2** [U] fegyelem, fegyelmezés: *It takes a lot of self-discipline* (önfegyelem) *to study for three hours a day.* ● *Having to get up early every day is good discipline for a child.* **3** [C] tudományág, sportág: *Barry's a good all-round athlete, but the long jump is his strongest discipline.*

discipline² /'dɪsəplɪn/ *verb* [T] **1** fegyelmez: *You should discipline yourself to practise the piano every morning.* **2** megbüntet

disc jockey (*abbr.* '**DJ**) *noun* [C] lemezlovas

disclaim /dɪs'kleɪm/ *verb* [T] tagad: *to disclaim responsibility/knowledge*

disclose /dɪs'kləʊz/ *verb* [T] (*formális*) közzétesz: *The newspapers did not disclose the victim's name.*

disclosure /dɪs'kləʊʒə(r)/ *noun* [C,U] leleplezés, felfedett titok: *He resigned following disclosures about his private life.*

disco /'dɪskəʊ/ *noun* [C] (*plural* discos) diszkó: *Are you going to the school disco?* ➲ Lásd club¹(2).

discolour (*US* discolor) /dɪs'kʌlə(r)/ *verb* [I,T] színét veszti (*fénytől, piszoktól*)

discomfort /dɪs'kʌmfət/ *noun* **1** [U] egy kis fájdalom, kényelmetlenség: *There may be some discomfort after the operation.*

❶ Ellentéte: **comfort**. **2** [U] feszélyezettség

disconcert /ˌdɪskən'sɜːt/ *verb* [T] (*ált. szenvedő szerkezetben*) zavarba hoz: *She was disconcerted when everyone stopped talking and looked at her.*

▸ **disconcerting** *adj.* zavarba ejtő, meghökkentő

disconcertingly *adv.* meghökkentően, zavaróan

disconnect /ˌdɪskə'nekt/ *verb* [T] **1** kikapcsol (*vizet, gázt, áramot*) **2** leválaszt: *The brake doesn't work because the cable has become disconnected* (levált) *from the lever.*

discontent /ˌdɪskən'tent/ (*also* discontentment /ˌdɪskən'tentmənt/) *noun* [U] elégedetlenség: *The management could sense growing discontent among the staff.*

▸ **discontented** *adj.* elégedetlen: *to be/feel discontented*

discontinue /ˌdɪskən'tɪnjuː/ *verb* [T] (*formális*) abbahagy, megszüntet

discord /'dɪskɔːd/ *noun* (*formális*) [U] viszály

discordant /dɪs'kɔːdənt/ *adj.* disszonáns, eltérő: *Her criticism was the only discordant note in the discussion.*

discount¹ /'dɪskaʊnt/ *noun* [C,U] árengedmény: *Staff get (a) 20% discount on all goods.*

discount² /dɪs'kaʊnt/ *verb* [T] figyelmen kívül hagy, mellőz: *I think we can discount that idea. It's just not practical.*

discourage /dɪs'kʌrɪdʒ/ *verb* [T] **discourage sb (from doing sth)** lebeszél vkit vmiről, elbátortalanít, ellenez: *I tried to discourage Jake from giving up his job.* ● *Don't let these little problems discourage you.* ❶ Ellentéte: **encourage**.

▸ **discouraged** *adj.* elbátortalanodott

discouraging *adj.* elkedvetlenítő

discouragement /dɪs'kʌrɪdʒmənt/ *noun* [C,U] helytelenítés, ellenzés

★ **discover** /dɪ'skʌvə(r)/ *verb* [T] **1** felfedez: *Who discovered the lost city of Machu Picchu?* **2** rájön vmire, felfedez: *I think I've discovered why the computer won't print out.*

▸ **discoverer** *noun* [C] felfedező

discovery /dɪˈskʌvəri/ noun (plural discoveries) [C,U] felfedezés: scientific discoveries

discredit /dɪsˈkredɪt/ verb [T] rontja vki hitelét-tekintélyét: Journalists are trying to discredit the President by inventing stories about his love life.
▶ **discredit** noun [U] rossz hírnév, szégyen

discreet /dɪˈskriːt/ adj. tapintatos
▶ **discreetly** adv. tapintatosan ❶ Főnév: **discretion**. Ellentéte: **indiscreet**.

discrepancy /dɪsˈkrepənsi/ noun [C,U] (plural discrepancies) eltérés: There is a discrepancy between these two sets of figures.

discretion /dɪˈskreʃn/ noun [U] 1 megítélés: You must decide what is best. Use your discretion. Tégy belátásod szerint. 2 tapintat: This is confidential but I know I can rely on your discretion. ❶ Melléknév: **discreet**.
IDIOM **at sb's discretion** vki megítélése szerint: Pay increases are awarded at the discretion of the director.

discriminate /dɪˈskrɪmɪneɪt/ verb 1 [I] discriminate (against sb) különbséget tesz (vki hátrányára): It is illegal to discriminate against any ethnic or religious group. 2 [I,T] discriminate (between A and B) megkülönböztet: The immigration law discriminates between political and economic refugees.

discrimination /dɪˌskrɪmɪˈneɪʃn/ noun [U] 1 discrimination (against sb) megkülönböztetés: sexual/racial/religious discrimination • Discrimination against disabled people is illegal. 2 (formális) felismerés (különbségeké): discrimination between right and wrong

discus /ˈdɪskəs/ noun 1 [C] diszkosz 2 (the discus) [sing.] diszkoszvetés

★ **discuss** /dɪˈskʌs/ verb [T] discuss sth (with sb) megbeszél, megtárgyal: I must discuss the matter with my parents before I make a decision.

★ **discussion** /dɪˈskʌʃn/ noun [C,U] megbeszélés, vita: After much discussion we all agreed to share the cost. • We had a long discussion about art.
IDIOM **under discussion** megvitatás alatt: Plans to reform the Health Service are under discussion in Parliament.

disdain /dɪsˈdeɪn/ noun [U] lenézés: Monica felt that her boss always treated her ideas with disdain.
▶ **disdainful** /-fl/ adj. disdainful (of sb/sth) lekicsinylő, megvető
disdainfully /-fəli/ adv. lekicsinylően

★ **disease** /dɪˈziːz/ noun [C,U] betegség: an infectious/contagious disease • These children suffer from a rare disease. • Rats and flies spread disease. • Smoking causes heart disease.

> Az **illness** és a **disease** szavak használata hasonló. A **disease** szót akkor használjuk, ha a betegség tünetekkel meghatározható, megnevezhető, baktérium vagy vírus okozta és fertőző. Az **illness** inkább a rossz egészségi állapot vagy a betegség időszakának leírására használatos.

▶ **diseased** adj. beteg: His diseased kidney had to be removed.

disembark /ˌdɪsɪmˈbɑːk/ verb [I] (formális) kiszáll (hajóról, repülőről) ❶ Ellentéte: **embark**.
▶ **disembarkation** /ˌdɪsˌembɑːˈkeɪʃn/ noun [U] kiszállás

disenchanted /ˌdɪsɪnˈtʃɑːntɪd/ adj. kiábrándult: Fans are already becoming disenchanted with the new team manager.
▶ **disenchantment** noun [U] kiábrándulás

disentangle /ˌdɪsɪnˈtæŋgl/ verb [T] kiszabadít, kibogoz (átv is): My coat got caught up in some bushes and I couldn't disentangle it. • (átv) Listening to the woman's story, I found it hard to disentangle the truth from the lies.

disfigure /dɪsˈfɪgə(r)/ verb [T] eltorzít: His face was permanently disfigured by the fire.

disgrace¹ /dɪsˈgreɪs/ noun 1 [U] szégyen: She left the company in disgrace after admitting stealing from colleagues. 2 [sing.] a disgrace (to sb/sth) szégyen, szégyenteljes dolog: Teachers who hit children are a disgrace to their profession.

disgrace² /dɪsˈgreɪs/ verb [T] szégyent hoz vkire: My brother disgraced himself by starting a fight at the wedding.

disgraceful /dɪsˈgreɪsfl/ adj. szégyenletes
▶ **disgracefully** /-fəli/ adv. szégyenletesen

disgruntled /dɪsˈgrʌntld/ adj. elégedetlen

disguise¹ /dɪsˈɡaɪz/ verb [T] disguise sb/sth (as sb/sth) álcáz, leplez (átv): *They disguised themselves as fishermen.* • *His smile disguised his anger.*

disguise² /dɪsˈɡaɪz/ noun [C,U] álruha: *She is so famous that she has to go shopping in disguise* (álruhában). • *The robbers were wearing heavy disguises.*

disgust¹ /dɪsˈɡʌst/ noun [U] disgust (at sth) undor, felháborodás: *The film was so bad that we walked out in disgust* (felháborodva). • *Much to my disgust* (elfogott az undor, amikor), *I found a hair in my soup.*

disgust² /dɪsˈɡʌst/ verb [T] **1** felháborít **2** undorít

disgusted /dɪsˈɡʌstɪd/ adj. be disgusted (at/with sb/sth) felháborodik vmin

disgusting /dɪsˈɡʌstɪŋ/ adj. undorító, gusztustalan

disgustingly /dɪsˈɡʌstɪŋli/ adv. **1** felháborítóan (*gyakran irigység kifejezésére*): *Our neighbours are disgustingly rich.* **2** viszszataszítóan: *disgustingly dirty*

★ **dish¹** /dɪʃ/ noun **1** [C] tál **2** [C] étel(fajta), fogás: *The main dish was curry. It was served with a selection of side dishes.* • *Paella is a typical Spanish dish.* ➜ Vesd össze **course**(5). **3 (the dishes)** [*plural*] (asztali) edények: *to wash the dishes* **4** (also **'satellite dish**) parabolaantenna

dish² /dɪʃ/ verb
PHRASAL VERBS **dish sth out** (*informális*) osztogat, csak úgy szórja: *to dish out advice* | **dish sth up** (*informális*) feltálal (*ételt*)

disheartened /dɪsˈhɑːtnd/ adj. csüggedt

disheartening /dɪsˈhɑːtnɪŋ/ adj. elkeserítő, kiábrándító ❶ Ellentéte: **heartening**.

dishevelled (*US* **disheveled**) /dɪˈʃevld/ adj. zilált, rendetlen

dishonest /dɪsˈɒnɪst/ adj. nem becsületes, tisztességtelen ❶ Ellentéte: **honest**.
▸ **dishonestly** adv. tisztességtelenül
dishonesty noun [U] becstelenség, tisztességtelenség ❶ Ellentéte: **honesty**.

dishonour¹ (*US* **dishonor**) /dɪsˈɒnə(r)/ noun [U, sing.] (*formális*) szégyen: *Her illegal trading has brought dishonour on the company.* ❶ Ellentéte: **honour**.

▸ **dishonourable** /-nərəbl/ adj. nem becsületes, szégyenletes ❶ Ellentéte: **honourable**.

dishonour² (*US* **dishonor**) /dɪsˈɒnə(r)/ verb [T] (*formális*) szégyent hoz vkire/vmire

dishwasher /ˈdɪʃwɒʃə(r)/ noun [C] mosogatógép

disillusion /ˌdɪsɪˈluːʒn/ verb [T] kiábrándít vkit
▸ **disillusion** (also **disillusionment**) noun [U] kiábrándulás, csalódás: *I feel increasing disillusion with the government.*

disillusioned /ˌdɪsɪˈluːʒnd/ adj. kiábrándult, csalódott: *She's disillusioned with nursing.*

disinfect /ˌdɪsɪnˈfekt/ verb [T] fertőtlenít

disinfectant /ˌdɪsɪnˈfektənt/ noun [C,U] fertőtlenítőszer

disintegrate /dɪsˈɪntɪɡreɪt/ verb [I] szétesik
▸ **disintegration** /ˌdɪsˌɪntɪˈɡreɪʃn/ noun [U] szétesés, felbomlás

disinterested /dɪsˈɪntrəstɪd/ adj. nem érdekelt vmiben, pártatlan, elfogulatlan: *disinterested advice* ➜ Vesd össze **uninterested**, ami mást jelent.

disjointed /dɪsˈdʒɔɪntɪd/ adj. (*gondolat, írás, beszéd*) széteső, összefüggéstelen

disk /dɪsk/ noun [C] **1** (*US*) = DISC **2** diszk, kompaktlemez ➜ Lásd **floppy disk, hard disk**.

'disk drive noun [C] lemezmeghajtó ➜ Ábra az A10. oldalon.

diskette /dɪsˈket/ noun [C] floppy/ hajlékony lemez ➜ Lásd **hard disk**. Ábra az A10. oldalon.

dislike¹ /dɪsˈlaɪk/ verb [T] dislike sb/sth; dislike doing sth nem szeret vmit, idegenkedik vmitől: *What is it that you dislike about living here?* ❶ Ellentéte: **like**.

dislike² /dɪsˈlaɪk/ noun [U, sing.] (a) dislike (of/for sb/sth) idegenkedés vkitől/vmitől, ellenszenv: *She couldn't hide her dislike for him.* • *He seems to have a strong dislike of hard work.*
IDIOM **take a dislike to sb/sth** kezd nem szeretni, megutál vkit/vmit: *He took an instant dislike to his boss.*

dislocate /ˈdɪsləkeɪt/ verb [T] kificamít (*testrészt*)

▶ **dislocation** /ˌdɪslə'keɪʃn/ *noun* [C,U] kificamítás, ficam

dislodge /dɪs'lɒdʒ/ *verb* [T] **dislodge sth (from sth)** elmozdít vmit (*a helyéről*)

disloyal /dɪs'lɔɪəl/ *adj.* **be disloyal (to sb/sth)** hűtlen vkihez, illojális ❶ Ellentéte: **loyal**.
▶ **disloyalty** /-'lɔɪəlti/ *noun* [U] hűtlenség, illojalitás

dismal /'dɪzməl/ *adj.* **1** lehangoló, nyomasztó: *dismal surroundings* ❶ Szinonimája: **miserable**. **2** (*informális*) nagyon gyenge minőségű, gyászos (*átv*): *a dismal standard of work*

dismantle /dɪs'mæntl/ *verb* [T] szétszed

dismay /dɪs'meɪ/ *noun* [U] döbbenet: *I realized to my dismay that I was going to miss the plane.*
▶ **dismay** *verb* [T] (*ált. szenvedő szerkezetben*) megdöbbent: *I was dismayed to hear* (megdöbbenve értesültem) *that my old school had been knocked down.*

dismember /dɪs'membə(r)/ *verb* [T] megcsonkít, feldarabol (*holttestet*)

dismiss /dɪs'mɪs/ *verb* [T] **1 dismiss sb/sth (as sth)** elvet (*ötletet, gondolatot*): *He dismissed the idea as nonsense.* **2 dismiss sb (from sth)** elbocsát (*állásból*): *He was dismissed for refusing to obey orders.* ❶ A **fire** és a **sack** szavak kevésbé formálisak, mint a **dismiss**. **3** elenged vkit: *The lesson ended and the teacher dismissed the class.* **4** (*jog*) megszünteti a bírósági eljárást
▶ **dismissal** /dɪs'mɪsl/ *noun* [C,U] elutasítás, elbocsátás: *She was hurt at their dismissal of her offer of help.* • *a case of unfair dismissal*

dismissive /dɪs'mɪsɪv/ *adj.* **dismissive (of sb/sth)** elutasító (*hozzáállás vkihez/vmihez*): *The boss was dismissive of* (semmibe vette) *all the efforts I had made.*
▶ **dismissively** *adv.* elutasítóan

dismount /dɪs'maʊnt/ *verb* [I] leszáll (*lóról, kerékpárról stb.*) ❶ Ellentéte: **mount**.

disobedient /ˌdɪsə'biːdiənt/ *adj.* engedetlen, szófogadatlan ❶ Ellentéte: **obedient**.
▶ **disobedience** *noun* [U] engedetlenség

disobey /ˌdɪsə'beɪ/ *verb* [I,T] nem engedelmeskedik: *He was punished for disobeying orders* (parancsmegtagadás miatt). ❶ Ellentéte: **obey**.

disorder /dɪs'ɔːdə(r)/ *noun* **1** [U] rendetlenség, összevisszaság: *His financial affairs are in complete disorder.* ❶ Ellentéte: **order**. **2** [U] rendzavarás, zavargás: *Disorder broke out on the streets of the capital.* **3** [C,U] (*orv*) rendellenesség, (működési) zavar: *treatment for eating disorders* • *a kind of mental disorder*
▶ **disordered** /dɪs'ɔːdəd/ *adj.* rendetlen

disorderly /dɪs'ɔːdəli/ *adj.* **1** (*személy, viselkedés*) rendbontó, féktelen: *They were arrested for being drunk and disorderly* (részegen garázdálkodó). **2** rendetlen ❶ Ellentéte: **orderly**.

disorganization (also **-isation**) /dɪsˌɔːɡənaɪ'zeɪʃn/ *noun* [U] rendetlenség, rendezetlenség ❶ Ellentéte: **organization**.

disorganized /dɪs'ɔːɡənaɪzd/ (also **-ised**) *adj.* rendezetlen, rosszul szervezett, kaotikus ❶ Ellentéte: **organized**.

disorientate /dɪs'ɔːriəntent/ (*főleg US* **disorient** /dɪs'ɔːrient/) *verb* [T] meg-/összezavar, félrevezet
▶ **disorientation** /dɪsˌɔːriən'teɪʃn/ *noun* [U] zavarodottság, tájékozódási zavar, dezorientáció

disown /dɪs'əʊn/ *verb* [T] megtagad, kitagad: *When he was arrested, his family disowned him.*

disparage /dɪ'spærɪdʒ/ *verb* [T] (*formális*) becsmérel
▶ **disparaging** *adj.* becsmérlő: *disparaging remarks*

dispatch (*brit also* **despatch**) /dɪ'spætʃ/ *verb* [T] (*formális*) elküld: *Your order will be dispatched within 7 days.*

dispel /dɪ'spel/ *verb* [T] (**dispelling; dispelled**) eloszlat: *His reassuring words dispelled all her fears.*

dispensable /dɪ'spensəbl/ *adj.* nélkülözhető, szükségtelen ❶ Ellentéte: **indispensable**.

dispense /dɪ'spens/ *verb* [T] (*formális*) ad, szolgáltat vmit: *a machine that dispenses hot and cold drinks*
PHRASAL VERB **dispense with sb/sth** lemond

vmiről, megválik/megszabadul vkitől: *They decided to dispense with luxuries and live a simple life.*

dispenser /dɪˈspensə(r)/ *noun* [C] adagoló gép/automata: *a cash dispenser* pénzautomata • *a soap dispenser*

disperse /dɪˈspɜːs/ *verb* [I,T] feloszlik, feloszlat: *The police arrived and quickly dispersed the crowd.*

dispirited /dɪˈspɪrɪtɪd/ *adj.* csüggedt, reményvesztett

displace /dɪsˈpleɪs/ *verb* [T] **1** helyére lép, felvált: *She hoped to displace Seles as the top tennis player in the world.* **2** elűz: *refugees displaced by the war*

★ **display¹** /dɪˈspleɪ/ *verb* [T] **1** kiállít vmit **2** mutat, elárul (*érzelmet, tulajdonságot*): *She displayed no interest in the discussion.*

★ **display²** /dɪˈspleɪ/ *noun* [C] **1** kiállítás: *a window display in a shop* **2** -bemutató: *a firework display* **3** megnyilatkozás, megnyilvánulás (*érzelemé, tulajdonságé*) **4** (*számítógép*)képernyő

IDIOM **be on display** ki van állítva: *Treasures from the sunken ship are on display at the museum.*

displease /dɪsˈpliːz/ *verb* [T] (*formális*) bosszant, magára vonja vki haragját
▸ **displeased** *adj.* elégedetlen ❶ Ellentéte: **pleased**.

displeasure /dɪsˈpleʒə(r)/ *noun* [U] (*formális*) nemtetszés, elégedetlenség: *I wrote to express my displeasure at not having been informed sooner.*

disposable /dɪˈspəʊzəbl/ *adj.* eldobható, egyszer használatos: *a disposable razor*

disposal /dɪˈspəʊzl/ *noun* [U] megszabadulás vmitől, vminek az eltávolítása: *the disposal of dangerous chemical waste* • *bomb disposal* robbanóanyag hatástalanítása

IDIOM **be at sb's disposal** vki rendelkezésére áll

dispose /dɪˈspəʊz/ *verb*
PHRASAL VERB **dispose of sb/sth** megszabadul vkitől/vmitől, túlad vkin/vmin

disproportionate /ˌdɪsprəˈpɔːʃənət/ *adj.* disproportionate (to sth) aránytalan(ul nagy vagy kicsi): *Her salary is disproportionate to the amount of work she has to do.*

▸ **disproportionately** *adv.* aránytalanul

disprove /ˌdɪsˈpruːv/ *verb* [T] megcáfol vmit

★ **dispute¹** /ˈdɪspjuːt; dɪˈspjuːt/ *noun* [C,U] **(a)** dispute (between A and B) (over/about sth) vita, nézeteltérés: *a pay dispute* bérvita
IDIOM **be in dispute** vitája van (vkivel): *He is in dispute with the tax office about how much he should pay.*

dispute² /dɪˈspjuːt/ *verb* [T] vitatkozik vmiről, vitat vmit: *The player disputed the referee's decision.*

disqualify /dɪsˈkwɒlɪfaɪ/ *verb* [T] (*pres. part.* disqualifying; *3rd pers. sing. pres.* disqualifies; *pt, pp* disqualified) disqualify sb (from sth/doing sth); disqualify sb (for sth) eltilt vmitől, kizár (*pl. versenyből*), diszkvalifikál: *The team were disqualified for cheating.*
▸ **disqualification** /dɪsˌkwɒlɪfɪˈkeɪʃn/ *noun* [C,U] eltiltás, kizárás (*pl. versenyből*)

disregard /ˌdɪsrɪˈɡɑːd/ *verb* [T] figyelmen kívül hagy: *These are the latest instructions. Please disregard* (tekintse tárgytalannak) *any you received before.*
▸ **disregard** *noun* [U, *sing.*] disregard (for sb/sth) semmibevevése vminek: *He rushed into the burning building with complete disregard for his own safety.*

disrepair /ˌdɪsrɪˈpeə(r)/ *noun* [U] leromlott/elhanyagolt állapot: *Over the years the building fell into disrepair* (tönkrement).

disreputable /dɪsˈrepjətəbl/ *adj.* tisztességtelen, rosszhírű: *disreputable business methods* ❶ Ellentéte: **reputable**.

disrepute /ˌdɪsrɪˈpjuːt/ *noun* [U] rossz hír(e vminek): *Such unfair decisions bring the legal system into disrepute* (rossz fényt vetnek a jogrendszerre).

disrespect /ˌdɪsrɪˈspekt/ *noun* [U] disrespect (for/to sb/sth) tiszteletlenség ❶ Ellentéte: **respect**.
▸ **disrespectful** /-fl/ *adj.* tiszteletlen ❶ Ellentéte: **respectful**.
disrespectfully /-fəli/ *adv.* tiszteletlenül

disrupt /dɪsˈrʌpt/ *verb* [T] tönkreteszi/ megzavarja vminek a működését: *The strike severely disrupted flights to Spain.*
▸ **disruption** *noun* [C,U] zavar (*vminek a működésében*)

disruptive /dɪsˈrʌptɪv/ adj. zavart keltő, bomlasztó

dissatisfaction /ˌdɪsˌsætɪsˈfækʃn/ noun [U] dissatisfaction (with/at sb/sth) elégedetlenség: There is some dissatisfaction among teachers with the plans for the new exam. ❶ Ellentéte: satisfaction.

dissatisfied /dɪsˈsætɪsfaɪd/ adj. dissatisfied (with sb/sth) elégedetlen ❶ Ellentéte: satisfied.

dissect /dɪˈsekt/ verb [T] felboncol, feldarabol (tanulmányozás céljából)
▸ **dissection** noun [C,U] (fel)boncolás, preparálás (növényé)

dissent¹ /dɪˈsent/ noun [U] (formális) nézeteltérés, véleménykülönbség: There is some dissent within the Labour Party on these policies.

dissent² /dɪˈsent/ verb [I] (formális) dissent (from sth) eltér a véleménye (a hivatalostól)
▸ **dissenting** adj. más nézet(ek)et valló

dissertation /ˌdɪsəˈteɪʃn/ noun [C] diszszertáció, értekezés, szakdolgozat ➔ Lásd thesis.

disservice /dɪsˈsɜːvɪs/ noun [U, sing.]
IDIOM **do (a) disservice to sb/sth** rossz szolgálatot tesz vkinek/vminek: The minister's comments do the teaching profession a great disservice.

dissident /ˈdɪsɪdənt/ noun [C] másként gondolkodó, a kormánnyal élesen szembenálló személy: left-wing dissidents
▸ **dissidence** noun [U] véleménykülönbség, a hivatalostól eltérő vélemény(ek) (vallása)

dissimilar /dɪˈsɪmɪlə(r)/ adj. dissimilar (from/to sb/sth) másféle, eltérő ❶ Ellentéte: similar.

dissociate /dɪˈsəʊʃieɪt; -ˈsəʊs-/ (also disassociate /ˌdɪsəˈsəʊʃieɪt; -ˈsəʊs-/) verb [T] dissociate sb/sth/yourself (from sth) szét-/különválaszt: She dissociated herself (elhatárolta magát) from the views of the extremists in her party. ❶ Ellentéte: associate.

dissolve /dɪˈzɒlv/ verb [I,T] felold(ódik), felolvad (szilárd anyag folyadékban), felold

dissuade /dɪˈsweɪd/ verb [T] dissuade sb (from doing sth) lebeszél vkit vmiről. ❶ Ellentéte: persuade.

★ **distance¹** /ˈdɪstəns/ noun 1 [C,U] távolság: We can walk home from here – it's no distance. • The house is within walking distance (gyalog is kényelmesen elérhető) of the shops. 2 [sing.] nagy távolság(ra levő pont): At this distance I can't read the number on the bus. • From a distance the village looks quite attractive.
IDIOMS **in the distance** messze, a távolban: I could just see Paul in the distance. | **keep your distance** távol tartja magát vkitől/vmitől, megtartja a három lépés távolságot: Rachel's got a bad cold so I'm keeping my distance until she gets better. | **within striking distance** → STRIKE²

distance² /ˈdɪstəns/ verb [T] distance yourself from sb/sth elhatárolja magát vmitől/vkitől: She was keen to distance herself from the views of her colleagues.

★ **distant** /ˈdɪstənt/ adj. 1 messzi, távoli: travel to distant parts of the world • in the not-too-distant future a közeljövőben 2 távoli (rokon) 3 távolságtartó, kimért (modor): He has a rather distant manner. 4 elgondolkodó, merengő: She had a distant look in her eyes.

distaste /dɪsˈteɪst/ noun [U, sing.] utálat, ellenszenv: She looked around the dirty kitchen with distaste.

distasteful /dɪsˈteɪstfl/ adj. ízetlen, ellenszenves: a distasteful remark

distil (US distill) /dɪˈstɪl/ verb [T] (distilling; distilled) lepárol, desztillál

distillery /dɪˈstɪləri/ noun [C] (plural distilleries) szeszfőzde

★ **distinct** /dɪˈstɪŋkt/ adj. 1 határozott, jól látható/hallható: There has been a distinct improvement in your work recently. • I had the distinct impression that she was lying. 2 distinct (from sth) (vmitől) eltérő, jól megkülönböztethető: Her books fall into two distinct groups: the novels and the travel stories. • This region, as distinct from other parts of the country, relies heavily on tourism. ❶ Mindkét jelentés ellentéte indistinct.

★ **distinction** /dɪˈstɪŋkʃn/ noun 1 [C,U] (a) distinction (between A and B) megkülönböztetés, különbség: We must make a dis-

tinction *between classical and popular music here.* **2** [*C,U*] kiválóság, elismertség: *a violinist* *of distinction* (neves) **3** [*C*] (*okt*) kitűnő(en megfelelt): *James got a distinction in maths.*

IDIOM draw a distinction between sth and sth → DRAW¹

distinctive /dɪˈstɪŋktɪv/ *adj.* sajátos, jellegzetes: *The soldiers were wearing their distinctive red berets.*
▸ **distinctively** *adv.* jellegzetesen, jól megkülönböztethetően

distinctly /dɪˈstɪŋktli/ *adv.* **1** tisztán, világosan (*érzékel*): *I distinctly heard her say that she would be here on time.* **2** nagyon, rendkívül: *His behaviour has been distinctly odd recently.*

★ **distinguish** /dɪˈstɪŋɡwɪʃ/ *verb* **1** [*I,T*] distinguish between A and B; distinguish A from B különbséget tesz (A és B között): *People who are colour-blind often can't distinguish red from green.* ❶ Szinonimája: **differentiate**. **2** [*T*] distinguish A (from B) megkülönbözteti A-t (B-től): *distinguishing features* megkülönböztető jegy(ek) • *The power of speech distinguishes humans from animals.* **3** [*T*] (*nagy nehezen*) kivesz, meglát/meghall: *They were too far away for me to distinguish what they were saying.* **4** [*T*] distinguish yourself (*teljesítményével*) kitűnik: *She distinguished herself in the exams.*

distinguishable /dɪˈstɪŋɡwɪʃəbl/ *adj.* **1** megkülönböztethető **2** (*nehezen/alig*) felismerhető, kivehető: *The letter is so old that the signature is barely distinguishable.* ❶ Ellentéte: **indistinguishable**.

distinguished /dɪˈstɪŋɡwɪʃt/ *adj.* kiváló, előkelő: *a distinguished guest*

distort /dɪˈstɔːt/ *verb* [*T*] **1** (el)torzít: *Her face was distorted with grief.* **2** eltorzít, meghamisít: *Foreigners are often given a distorted view of this country.*
▸ **distortion** *noun* [*C,U*] (el)torzítás, (el)torzulás

distract /dɪˈstrækt/ *verb* [*T*] distract sb (from sth) elvonja vki figyelmét

distracted /dɪˈstræktɪd/ *adj.* figyelmetlen, zaklatott

distraction /dɪˈstrækʃn/ *noun* [*C,U*] figyelmet zavaró dolog

IDIOM to distraction az őrületbe: *The noise of the traffic outside at night is driving me to distraction.*

distraught /dɪˈstrɔːt/ *adj.* zaklatott, kiborult

distress¹ /dɪˈstres/ *noun* [*U*] **1** kétségbeesés, kín: *She was in such distress that I didn't want to leave her on her own.* **2** (*vég*)veszély: *The ship's captain radioed that it was in distress.*

distress² /dɪˈstres/ *verb* [*T*] kétségbe ejt, lesújt
▸ **distressed** *adj.* kétségbeesett, csüggedt
distressing *adj.* kétségbeejtő: *a distressing experience/illness*

★ **distribute** /dɪˈstrɪbjuːt; ˈdɪstrɪbjuːt/ *verb* [*T*] **1** distribute sth (to/among sb/sth) terjeszt, szétoszt **2** terjeszt (*árut*) **3** eloszt: *Make sure that the weight is evenly distributed.*

★ **distribution** /ˌdɪstrɪˈbjuːʃn/ *noun* **1** [*sing., U*] terjesztés, szétosztás **2** [*sing., U*] eloszlás, elosztás, elterjedés: *a map to show the distribution of rainfall in Africa*

distributor /dɪˈstrɪbjətə(r)/ *noun* [*C*] (*ker*) terjesztő (*árué*)

★ **district** /ˈdɪstrɪkt/ *noun* [*C*] **1** terület, körzet: *rural districts* • *the financial district* (üzleti negyed) *of the city* **2** kerület, körzet: *the district council* • *postal districts*

A **district** egy város vagy ország kisebb egysége, amelynek rendszerint konkrét határa van: *the district controlled by a council.* A **region** nagyobb egység egy országon belül, konkrét határok nélkül: *the industrial regions of the country.* Az **area** a legáltalánosabb jelentésű szó, használható akár **district**, akár **region** értelemben: *the poorer areas of a town* • *an agricultural area of the country.* A **part** szót inkább akkor használjuk, amikor egy város bizonyos részéről beszélünk: *Which part of Paris do you live in?*

distrust /dɪsˈtrʌst/ *noun* [*U, sing.*] (a) distrust (of sb/sth) bizalmatlanság
▸ **distrust** *verb* [*T*] nem bízik vkiben/vmiben ➲ Vesd össze **mistrust**.
distrustful *adj.* bizalmatlan, gyanakvó

★ **disturb** /dɪˈstɜːb/ *verb* [*T*] **1** (meg)zavar:

Their sleep was disturbed by a loud crash.
2 zavar, nyugtalanít: *It disturbed her to think that he might be unhappy.* **3** meg-/elmozdít: *I noticed a number of things had been disturbed in my bedroom.*

disturbance /dɪˈstɜːbəns/ noun [C,U]
zavar(ó körülmény), rendellenesség: *They were arrested for causing a disturbance (rendzavarásért) in the town centre.* • *emotional disturbance*

disturbed /dɪˈstɜːbd/ adj. (szellemileg, érzelmileg) zavart, zavarodott: *a school for disturbed young people*

disturbing /dɪˈstɜːbɪŋ/ adj. nyugtalanító

disuse /dɪsˈjuːs/ noun [U] használatlanság, használaton kívüli állapot: *The farm buildings had been allowed to fall into disuse.*

disused /ˌdɪsˈjuːzd/ adj. már nem használt, elhagyott: *a disused railway line*

ditch¹ /dɪtʃ/ noun [C] (vizes)árok
IDIOM a last-ditch attempt → LAST¹

ditch² /dɪtʃ/ verb [T] (informális, átv) dob, ejt: *She ditched her old friends when she became famous.*

dither /ˈdɪðə(r)/ verb [I] habozik, nem tud határozni

ditto /ˈdɪtəʊ/ noun [C] macskaköröm, dettó
▸ **ditto** adv. dettó, úgyszintén: *'I'm starving.' 'Ditto (én is).'*

divan /dɪˈvæn/ noun [C] (brit) dívány, heverő

★ **dive¹** /daɪv/ verb [I] (pt dived; US also dove /dəʊv/; pp dived) **1** dive (off/from sth) (into sth); dive in fejest ugrik: *A passer-by dived in and saved the drowning man.* ➜ Ábra az A7. oldalon. **2** búvárkodik, víz alatt úszik: *people diving for pearls* • *I'm hoping to go diving on holiday.* **3** hirtelen le-/alábukik, vetődik: *He dived under the table and hid there.* • *The goalkeeper dived to save the penalty.*
PHRASAL VERB dive into sth (zsebbe, táskába) hirtelen benyúl: *She dived into her bag and brought out an old photograph.*

dive² /daɪv/ noun [C] **1** fejesugrás, vízbeugrás **2** le-/alábukás: *Despite a desperate dive, the goalkeeper couldn't stop the ball.*

diver /ˈdaɪvə(r)/ noun [C] **1** búvár **2** (vízbe)ugró, (sp) műugró

diverge /daɪˈvɜːdʒ/ verb [I] diverge (from sth) **1** elágazik (vonal, út stb.) **2** eltér, különbözik: *Attitudes among teachers diverge on this question.*

diverse /daɪˈvɜːs/ adj. sokféle, különböző: *people from diverse social backgrounds* • *My interests are very diverse.* ❶ Főnév: **diversity**.

diversify /daɪˈvɜːsɪfaɪ/ verb [I,T] (pres. part. **diversifying**; 3rd pers. sing. pres. **diversifies**; pt, pp **diversified**) diversify (sth) (into sth) különböző irányokba fejlődik, választékot bővít (vállalkozás): *To remain successful in the future, the company will have to diversify.* • *Latin diversified into several different languages.*
▸ **diversification** /daɪˌvɜːsɪfɪˈkeɪʃn/ noun [C,U] változatossá tétel/válás

diversion /daɪˈvɜːʃn/ noun **1** [C,U] irányváltoztatás, eltérítés (addigi irányától): *the diversion of a river to prevent flooding* • *the diversion (átirányítás, átcsoportosítás) of government funds to areas of greatest need* **2** [C] (US detour) terelőút **3** [C] figyelemelterelés: *Some prisoners created a diversion while others escaped.*

diversity /daɪˈvɜːsəti/ noun [U] sokféleség: *cultural and ethnic diversity*

divert /daɪˈvɜːt/ verb [T] divert sb/sth (from sth) (to sth); divert sth (away from sth) eltérít, átirányít: *During the road repairs, all traffic is being diverted.* • *Government money was diverted from defence to education.* • *attempts to divert attention away from their mistakes*

★ **divide¹** /dɪˈvaɪd/ verb **1** [I,T] divide (sth) (up) (into sth) részekre oszlik/oszt: *The house was divided up into flats.* **2** [T] divide sth (out/up) (between/among sb) szétoszt, eloszt: *The robbers divided the money out between themselves.* **3** [T] divide sth (between A and B) megoszt: *They divide their time between their two homes.* **4** [T] elválaszt, kettéoszt: *The river divides the old part of the city from the new.* **5** [T] megoszt (emberek egységét) **6** [T] divide sth by sth (mat) oszt: *10 divided by 5 is 2.* ❶ Ellentéte: **multiply**.

divide² /dɪˈvaɪd/ noun [C] a divide

❶ = magyarázat [C] megszámlálható (főnév): one book, two books

[U] megszámlálhatatlan (főnév): some sugar

(between A and B) különbség (*amely elválaszt*): *a divide between the rich and the poor*

di‧vided 'highway (*US*) = DUAL CARRIAGE-WAY

dividend /'dɪvɪdend/ *noun* [C] (*közg*) osztalék

divine /dɪ'vaɪn/ *adj.* isteni

diving /'daɪvɪŋ/ *noun* [U] fejesugrás, műugrás, búvárkodás

'diving board *noun* [C] ugródeszka, trambulin

divisible /dɪ'vɪzəbl/ *adj.* (*mat*) osztható: *12 is divisible by 3.*

★ **division** /dɪ'vɪʒn/ *noun* **1** [U, sing.] division (of sth) (into sth); division (of sth) (between A and B) elosztás, megosztás: *There is a growing economic division* (megosztottság) *between the north and south of the country.* • *an unfair division of the profits* **2** [U] (*mat*) osztás **3** [C] a division (in/within sth); a division (between A and B) véleménykülönbség, nézeteltérés: *deep divisions within the Labour Party* **4** [C] osztály, részleg (*szervezeté*): *the company's sales division* • *the First Division a* labdarúgó bajnokság első osztálya **5** [C] választóvonal, határ: *The river marks the division between the two counties.*

divisive /dɪ'vaɪsɪv/ *adj.* (*formális*) megosztó, ellentétet szító: *a divisive policy*

★ **divorce**[1] /dɪ'vɔ:s/ *noun* [C,U] válás: *to get a divorce*

★ **divorce**[2] /dɪ'vɔ:s/ *verb* [T] **1** elválik (vkitől): *My parents got divorced when I was three.* • *She divorced him a year after their marriage.* **2** divorce sb/sth from sth elválaszt, elszakít: *Sometimes these modern novels seem completely divorced from everyday life.*
  ▶ **divorced** *adj.* elvált

divorcee /dɪˌvɔː'siː/ *noun* [C] elvált személy

divulge /daɪ'vʌldʒ/ *verb* [T] (*formális*) titkot elárul, nyilvánosságra hoz: *The phone companies refused to divulge details of their costs.*

Diwali /diː'wɑːli/ *noun* [sing.] számos indiai vallás októberi vagy novemberi ünnepe, melynek során az emberek kivilágítják otthonukat

DIY /ˌdiː aɪ 'waɪ/ *abbr.* (ˌdo it 'yourself rövidítése) csináld magad: *a DIY expert*

dizzy /'dɪzi/ *adj.* **1** szédülő: *I feel/get dizzy* (szédülök) *in high places.* **2** szédítő: *the dizzy pace of life in London* • *The following year, the band's popularity reached dizzy heights.*
  ▶ **dizziness** *noun* [U] szédülés

DJ /'diː dʒeɪ/ (also 'disc jockey) *noun* [C] lemezlovas

DNA /ˌdiː en 'eɪ/ *noun* [U] DNS (*dezoxiribonukleinsav*)

do	
present tense	**past tense**
I do	I did
you do	you did
he/she/it **does**	he/she/it **did**
we do	we did
you do	you did
they do	they did
past participle	**done**
present participle	**doing**
negative short forms	**don't, doesn't, didn't**

★ **do**[1] /də; erős alak duː/ *auxiliary verb* **1** (*segédige kérdő és tagadó mondatokban, rövid válaszokban és mondatvégi utókérdésekben*) ⊃ Lásd a *Rövid nyelvtani összefoglalást.* **2** (*a főige hangsúlyozására*): *I can't find the receipt now but I'm sure I did pay the phone bill.* **3** (*a főige megismétlésének elkerülésére*): *He earns a lot more than I do.*

★ **do**[2] /duː/ *verb* ⊃ Vesd össze make[1]. **1** [T] csinál, tesz: *What are you doing?* • *What is the government doing about pollution?* • *What do you do?* Mi a foglalkozásod? • *Have you done your homework?* • *I do twenty minutes' exercise every morning.* • *to do the cooking/cleaning/ironing* • *to do judo/aerobics/windsurfing* • *What did you do with the keys?* **2** [I,T] vhogy halad, teljesít, hatással van: *'How's your daughter doing at school?' 'She's doing well.'* • *Last week's win has done wonders for the team's confidence.* • *This latest scandal will do nothing for* (ártani fog) *his government's reputation.* **3** [T] (meg)csinál, teljesít vmit: *The photocopier does 60 copies a minute.* • *to do a painting/drawing* **4** [T] elvégez, nyújt (*szolgáltatást*): *Do you do eye tests* here? **5** [T] tanul (*vmilyen tárgyat*): *to do French/a course/a degree* **6** [T] megold (*kérdést*), elvégez (*feladatot*): *I can't do question three.* **7** [T] bizonyos távolságot megtesz, vmilyen sebességet elér: *This car does 120 miles per hour.* **8** [T] vmilyen hátást kivált: *A holiday will do you good.* • *The storm did a lot of damage.* **9** [I,T] megteszi, jó lesz: *If you haven't got a pen, a pencil will do.*

IDIOMS be/have to do with sb/sth köze van vmihez: *It's nothing to do with you!* | could do with sth jól jönne/esne: *I could do with a holiday.* | how do you do? → HOW | make do with sth → MAKE¹

PHRASAL VERBS do away with sth megszabadul vmitől, eltöröl: *Most European countries have done away with their royal families.* | do sb out of sth kiforgat vkit vmiből, kicsal vkitől vmit: *They've done me out of my share of the money!* | do sth up **1** begombol, megköt (*pl. cipőfűzőt*), felhúz (*cipzárat*): *Do up your jacket.* **2** felújít, modernizál (*épületet*): *They're doing up the old cottage.* | do without (sth) megvan/boldogul vmi nélkül: *If there isn't any coffee left, we'll just have to do without.*

do³ /du:/ *noun* [C] (*plural* dos /du:z/) (*brit, informális*) party, estély: *We're having a bit of a do to celebrate Tim's birthday.*
IDIOM dos and don'ts szabályok (*mit tegyünk és mit ne tegyünk*): *the dos and don'ts of mountain climbing*

docile /'dəʊsaɪl/ *adj.* engedelmes

dock¹ /dɒk/ *noun* **1** [C,U] dokk **2** (docks) [*plural*] dokkok (*a hozzájuk tartozó épületekkel, irodákkal stb.*): *He works down at the docks.* **3** [C, usually sing.] vádlottak padja: *He's been in the dock several times already.* **4** (*US*) = LANDING STAGE

dock² /dɒk/ *verb* **1** [I,T] (*hajó*) kiköt, kikötőben áll: *The ship had docked/was docked at Lisbon.* **2** [T] fizetésből levon (*büntetésként*): *They've docked £20 off my wages because I was late.*

★ **doctor¹** /'dɒktə(r)/ *noun* (*abbr. Dr*) **1** [C] orvos: *Our family doctor is Dr Young.* • *I've got a doctor's appointment at 10 o'clock.*

A doctor **sees** or **treats** his/her **patients**. He/she may **prescribe** treatment or **medicine**. This is written on a **prescription**.

2 (the doctor's) [*sing.*] orvos(i rendelő): *I'm going to the doctor's today.* **3** [C] (egyetemi) doktor: *a Doctor of Philosophy*

doctor² /'dɒktə(r)/ *verb* [T] **1** meghamisít: *The results of the survey had been doctored.* **2** belekever (*ételbe, italba*)

doctorate /'dɒktərət/ *noun* [C] doktori cím

doctrine /'dɒktrɪn/ *noun* [C,U] tanok összessége, doktrína (*egyházé, politikai párté*)

★ **document** /'dɒkjumənt/ *noun* [C] okmány, irat, dokumentum

documentary /,dɒkju'mentri/ *noun* [C] (*plural* documentaries) dokumentumfilm, dokumentumműsor

doddle /'dɒdl/ *noun* [*sing.*] (*brit, informális*) gyerekjáték (*átv*): *The exam was an absolute doddle!*

dodge¹ /dɒdʒ/ *verb* **1** [I,T] félreugrik: *I had to dodge between the cars to cross the road.* **2** [T] kibújik (*feladat, kötelesség alól*)

dodge² /dɒdʒ/ *noun* [C] (*informális*) svindli, trükk (*vmi elkerülésére*): *The man had been involved in a massive tax dodge.*

dodgy /'dɒdʒi/ *adj.* (dodgier; dodgiest) (*brit, informális, átv*) zavaros, gyanús: *a dodgy business deal* • *This meat looks a bit dodgy.*

doe /dəʊ/ *noun* [C] bizonyos emlősök nősténye (*pl. őz, nyúl*) ➔ Magyarázat a **deer** szónál.

does → DO

doesn't *short for* DOES NOT

★ **dog¹** /dɒg/ *noun* [C] **1** kutya

A dog can **bark**, **growl** or **whine**. Dogs **wag** their tails when they are happy.

2 kan (*kutyáé vagy más állaté*)

dog² /dɒg/ *verb* [T] (dogging; dogged) sarkában/nyomában van vkinek: *A shadowy figure was dogging their every move.* • (*átv*) *Bad luck and illness have dogged her career from the start.*

'dog collar *noun* [C] (*informális*) papi gallér

'dog-eared *adj.* szamárfüles

dogged /'dɒgɪd/ *adj.* makacs, kitartó: *I was impressed by his dogged determination to succeed.*

▶ **doggedly** adv. makacsul, konokul: *She doggedly refused all offers of help.*

dogma /'dɒgmə/ noun [C,U] dogma

dogmatic /dɒg'mætɪk/ adj. dogmatikus
  ▶ **dogmatically** /-kli/ adv. dogmatikusan, ellentmondást nem tűrően

dogsbody /'dɒgzbɒdi/ noun [C] (plural **dogsbodies**) (brit, informális) kuli (alantas munkát végző személy)

doldrums /'dɒldrəmz/ noun [plural]
  IDIOM **in the doldrums 1** pangás: *Business has been in the doldrums recently.* **2** nyomott kedélyállapot

dole¹ /dəʊl/ verb (informális)
  PHRASAL VERB **dole sth out** szűkmarkúan oszt szét, szűken mér

the dole² /dəʊl/ noun [sing.] (brit, informális) munkanélküli segély: *to be/go on the dole*

doleful /'dəʊlfl/ adj. bánatos: *She looked at him with doleful eyes.*
  ▶ **dolefully** /-fəli/ adv. bánatosan

doll /dɒl/ noun [C] játékbaba

★ **dollar** /'dɒlə(r)/ noun **1** [C] (symbol $) dollár: *There are 100 cents in a dollar.* **2** (the dollar) [sing.] a dollár értéke (a nemzetközi pénzpiacon): *The dollar has fallen against the pound.*

dollop /'dɒləp/ noun [C] (informális) (vmilyen puha anyagból, főleg ételből) halom, kupac: *a dollop of cream*

dolphin /'dɒlfɪn/ noun [C] delfin

domain /də'meɪn; dəʊ-/ noun [C] szakterület, tevékenységi kör: *I don't know – that's outside my domain.* ● *This issue is now in the public domain* (a nyilvánosság számára hozzáférhető).

dome /dəʊm/ noun [C] kupola

★ **domestic** /də'mestɪk/ adj. **1** belföldi, hazai: *domestic flights ● domestic affairs/ politics* **2** (csak főnév előtt) házi, háztartási, családi: *domestic chores/tasks ● the growing problem of **domestic violence*** (családon belüli erőszak) *● domestic gas supplies* **3** (áll) házi-: *domestic animals* **4** házias

domesticated /də'mestɪkeɪtɪd/ adj. **1** (áll) háziasított, szelídített **2** házias

dominance /'dɒmɪnəns/ noun [U] uralkodó/vezető szerep, dominancia: *Japan's dominance of the car industry*

dominant /'dɒmɪnənt/ adj. erős(ebb), domináló: *His mother was the dominant influence in his life.*

dominate /'dɒmɪneɪt/ verb **1** [I,T] vezető szerepet játszik, ural: *She always tends to dominate the conversation.* **2** [T] (épület, magas hely) kimagaslik, uralja a környéket: *The cathedral dominates the area for miles around.*
  ▶ **domination** /ˌdɒmɪ'neɪʃn/ noun [U] uralom, hatalom vki/vmi felett

domineering /ˌdɒmɪ'nɪərɪŋ/ adj. uralkodni vágyó, parancsolgató

dominion /də'mɪniən/ noun (formális) **1** [U] uralom, hatalom (vki/vmi felett): *to have dominion over an area* **2** [C] domínium

domino /'dɒmɪnəʊ/ noun [C] (plural **dominoes**) dominó

donate /dəʊ'neɪt/ verb [T] **donate sth (to sb/sth)** adományoz

donation /dəʊ'neɪʃn/ noun [C] adomány (pénz stb.)

done¹ past participle of DO²

★ **done**² /dʌn/ adj. (főnév előtt nem állhat) **1** kész, elvégzett, befejezett: *I've got to go out as soon as this job is done.* **2** (étel) jól át-/megfőtt: *The meat's ready but the vegetables still aren't done.*
  IDIOM **over and done with** rég el van intézve/ be van fejezve

done³ /dʌn/ interj. rendben, áll az alku: *'I'll give you twenty pounds for it.' 'Done!'*

donkey /'dɒŋki/ noun [C] (áll) szamár
  IDIOM **donkey's years** (brit, informális) nagyon hosszú idő

donor /'dəʊnə(r)/ noun [C] **1** (szervátültetésnél) donor, véradó: *a blood/kidney donor* **2** adományozó

don't → DO

doodle /'du:dl/ verb [I] szórakozottan firkálgat
  ▶ **doodle** noun [C] firkálás, irkafirka

doom /du:m/ noun [U] fenyegető végzet: *a sense of impending doom* a közelgő baj előérzete ● *She's always full of **doom and gloom**.*

▶ **doomed** adj. kudarcra ítélt, a sorsa meg van pecsételve

★ **door** /dɔː(r)/ noun [C] **1** ajtó: to open/shut/close the door • to answer the door ajtót nyit • I could hear someone knocking on the door. • the front/back door **2** (bejárat) ajtó: I looked through the door and saw her sitting there.

IDIOMS (from) door to door háztól házig: The journey takes about five hours, door to door. • a door-to-door salesman házaló ügynök | **next door (to sb/sth)** a közvetlen szomszédban | **out of doors** kint, a szabadban ❶ Szinonimája: **outdoors**. Ellentéte: **indoors**.

doorbell /'dɔːbel/ noun [C] kapu-/ajtó-csengő

doormat /'dɔːmæt/ noun [C] **1** lábtörlő **2** (informális) mások lábtörlője

doorstep /'dɔːstep/ noun [C] bejárati lépcső, küszöb

IDIOM on your/the doorstep nagyon közel, a küszöbön: The sea was right on our doorstep.

doorway /'dɔːweɪ/ noun [C] kapu(alj), ajtó(nyílás): She was standing in the doorway.

dope¹ /dəʊp/ noun (informális) **1** [U] kábítószer, drog (főleg vadkender vagy marihuána) **2** [C] ostoba ember, tökkelütött alak

dope² /dəʊp/ verb [T] elkábít, titokban (altató)szert ad be

dopey /'dəʊpi/ adj. **1** kábult, kótyagos **2** (informális) buta, lökött

dormant /'dɔːmənt/ adj. alvó, nem működő: a dormant volcano

dormitory /'dɔːmətri/ noun [C] (plural dormitories) (also dorm) **1** hálóterem **2** (US) kollégiumi épület (egyetem, főiskola területén)

dosage /'dəʊsɪdʒ/ noun [C, usually sing.] adag(olás) (gyógyszeré)

dose¹ /dəʊs/ noun [C] **1** adag (gyógyszeré): Take a large dose of this medicine before going to bed. ➔ Lásd **overdose**. **2** adag (vmi kellemetlen): a dose of the flu • I can only stand him in small doses.

dose² /dəʊs/ verb [T] gyógyszert bead/

bevesz: She dosed herself with aspirin and went to work.

doss /dɒs/ verb (brit, szleng)
PHRASAL VERBS doss down ledől aludni (nem rendes ágyba) | **doss about/around** ellötyögi az időt: We just dossed about in class yesterday.

★ **dot¹** /dɒt/ noun [C] pont, pötty

> Egy e-mail cím megadásakor a **dot** szót használjuk. Az „ann@smithuni.co.uk" e-mail címet a következőképpen kell angolul felolvasni: Ann **at** smithuni **dot** co **dot** uk.

IDIOM on the dot (informális) hajszál pontosan

dot² /dɒt/ verb [T] (dotting; dotted) (ált. szenvedő szerkezetben) ponttal (meg)jelöl
IDIOMS be dotted about/around elszórtan (egy bizonyos területen) | **be dotted with** vkik/vmik tarkítják, vkik/vmik elszórtan vannak rajta: a hillside dotted with sheep

dotcom /dɒt'kɒm/ noun [C] Interneten keresztül árusító cég

dote /dəʊt/ verb [I] dote on sb/sth imád, bálványoz

▶ **doting** adj. vakon imádó

dotted line noun [C] pontozott vonal: Sign on the dotted line.

★ **double¹** /'dʌbl/ adj., determiner **1** kétszeres, dupla: His income is double hers. **2** kettős, dupla: double doors • Does 'necessary' have (a) double 's'? • My phone number is two four double three four. **3** kétszemélyes, dupla: a double garage ➔ Magyarázat a **bed¹** szónál. Ábra **bed¹** alatt.

★ **double²** /'dʌbl/ adv. duplán, kettesével: When I saw her with her twin sister I thought I was seeing double.

★ **double³** /'dʌbl/ noun **1** [U] vmi kétszerese **2** [C] (szeszesital) dupla **3** [C] hasonmás **4** [C] dublőr **5** [C] kétágyas szoba (szállodában) ➔ Lásd single²(3). **6** (doubles) [plural] (sp) páros ➔ Lásd single²(4).

★ **double⁴** /'dʌbl/ verb **1** [I,T] megduplláz(ódik), kettővel megszoroz **2** [I] double (up) as sth vmi egyébként is szolgál (eredeti funkciója mellett)
PHRASAL VERB double (sb) up/over kétrét

görnyed/görnyeszt: *to be doubled up with pain/laughter*

double 'bass (also **bass**) *noun* [C] nagybőgő ⊃ Magyarázat a **piano** szónál.

double-'breasted *adj.* kétsoros gombolású (*kabát, zakó*)

double-'check *verb* [I,T] újra átnéz, nagy gonddal ellenőriz

double-'cross *verb* [T] becsap (*cinkostársat*)

double-'decker *noun* [C] emeletes busz

double 'Dutch *noun* [U] halandzsa (*érthetetlen szöveg*): *The listening comprehension in the exam was really hard. It all sounded like double Dutch* (*kínaiul hangzott*) *to me!*

double 'figures *noun* [U] kétjegyű szám: *Inflation is now in double figures.*

double 'glazing *noun* [U] dupla ablak
▸ **double-'glazed** *adj.* dupla üvegezésű

double-'park *verb* [I,T] (*ált. szenvedő szerkezetben*) parkoló jármű mellett párhuzamosan parkol

doubly /'dʌbli/ *adv.* **1** kétszeresen, kétféleképpen is: *He was doubly blessed with both good looks and talent.* **2** a szokásosnál többször/alaposabban: *I made doubly sure that the door was locked.*

★ **doubt¹** /daʊt/ *noun* [C,U] doubt (about sth); doubt that ...; doubt as to sth kétség, kétely: *I have some doubts about the job.*
IDIOMS cast doubt on sth → CAST¹ **| give sb the benefit of the doubt →** BENEFIT¹ **| in doubt** kétséges, bizonytalan(kodó) **| no doubt** nem kétséges, hogy: *No doubt she'll write when she has time.* **| without (a) doubt** kétségtelenül, egyértelműen: *It was, without doubt, the coldest winter for many years.*

★ **doubt²** /daʊt/ *verb* [T] kételkedik

doubtful /'daʊtfl/ *adj.* **1** kétséges, kérdéses **2** doubtful (about sth/about doing sth) bizonytalan, határozatlan
▸ **doubtfully** /-fəli/ *adv.* kételkedve, bizonytalanul

doubtless /'daʊtləs/ *adv.* kétségtelenül

dough /dəʊ/ *noun* [U] **1** nyers tészta (*sütés előtt*) **2** (*informális*) dohány (*pénz*)

doughnut (*US* **donut**) /'dəʊnʌt/ *noun* [C] fánk

dour /dʊə(r)/ *adj.* rideg, barátságtalan (*modor, arckifejezés*)

douse (also **dowse**) /daʊs/ *verb* [T] **1** douse sth (with sth) tüzet elolt (*folyadékkal*) **2** douse sb/sth (in/with sth) folyadékba márt, meg-/lelocsol

dove¹ /dʌv/ *noun* [C] galamb

dove² /dəʊv/ (*US*) *past tense* of DIVE¹

dowdy /'daʊdi/ *adj.* rosszul öltözött, slampos

★ **down¹** /daʊn/ *adv., prep.* **1** le, lent: *Can you get that book down from the top shelf?* • *She's down in the basement.* • *Her hair hung down her back.* • *The rain was running down the window.* **2** vmin végig (*mozgásban*): *We sailed down the river towards the sea.* • *Go down this road.* **3** (*álló/függőleges helyzetből*) le: *I think I'll sit/lie down.* **4** délen, délre: *We went down to Devon for our holiday.* **5** lejjebb: *Do you mind if I turn the heating down a bit?* **6** le-(ír): *Put these dates down in your diary.* **7** down to sb/sth egészen vmiig, még az(t) is: *We had everything planned down to the last detail.*
IDIOMS be down to sb vkire marad, vkire vár (*feladat, kötelesség*) **| be down to sth** már csak .... (kevés) van belőle: *I'm down to my last shirt.* **| down and out** teljesen tönkrement, lecsúszott (*se pénze, se állása, se otthona*) **| down under** (*informális*) Ausztrália, Ausztráliában

down² /daʊn/ *verb* [T] (*informális*) felhajt (*italt*): *She downed her drink in one.*

down³ /daʊn/ *adj.* **1** szomorú, rosszkedvű **2** (*a korábbinál*) kisebb, kevesebb **3** nem működik (*számítógép szolgáltatás*)

down⁴ /daʊn/ *noun* [U] pehely, pihe
IDIOM ups and downs → UP

down-and-out *noun* [C] teljesen tönkrement, lecsúszott (*személy*)

downcast /'daʊnkɑːst/ *adj.* **1** csüggedt **2** lesütött, földre szegzett (*szem, tekintet*)

downfall /'daʊnfɔːl/ *noun* [sing.] (*anyagi, erkölcsi, társadalmi*) bukás

downgrade /ˌdaʊn'ɡreɪd/ *verb* [T] downgrade sb/sth (from sth) (to sth) visszaminősít, lefokoz

downhearted /ˌdaʊn'hɑːtɪd/ *adj.* szomorú, lehangolt

downhill /ˌdaʊn'hɪl/ *adj., adv.* lefelé (*hegyoldalon*) ❶ Ellentéte: **uphill**.
IDIOM **go downhill** romlik

download /ˌdaʊn'ləʊd/ *verb* [T] letölt (*fájlt*)

downmarket /ˌdaʊn'mɑːkɪt/ *adj., adv.* olcsó és gyenge minőségű, bóvli

downpour /'daʊnpɔː(r)/ *noun* [C] felhőszakadás

downright /'daʊnraɪt/ *adj.* (*csak főnév előtt*) teljes, komplett
▶ **downright** *adv.* igazán, kimondottan: *The way he spoke to me was downright rude!* ❶ Mind a melléknévi, mind a határozói alakot általában negatív értelemben használjuk.

downside /'daʊnsaɪd/ *noun* [C, usually sing.] vmi negatív oldala, hátulütője: *All good ideas have a downside.*

Down's syndrome /'daʊnz sɪndrəʊm/ *noun* [U] Down-kór

★ **downstairs** /ˌdaʊn'steəz/ *adv.* (*emeletes házban*) le, lent: *He fell downstairs and broke his arm.* ❶ Ellentéte: **upstairs**.
▶ **downstairs** *adj.* (*emeletes házban*) lenti: *a downstairs toilet* ❶ Ellentéte: **upstairs**.

downstream /ˌdaʊn'striːm/ *adv.* (*folyón*) lefelé ❶ Ellentéte: **upstream**.

down-to-'earth *adj.* talpraesett, gyakorlatias

downtrodden /'daʊntrɒdn/ *adj.* elnyomott, leigázott (*személy*)

downturn /'daʊntɜːn/ *noun* [usually sing.] **a downturn (in sth)** (*gazd*) hanyatlás, gyengülés ❶ Ellentéte: **upturn**.

★ **downward** /'daʊnwəd/ *adj., adv.* (*csak főnév előtt*) lefelé irányuló/tartó
▶ **downwards** /'daʊnwədz/ *adv.* lefelé: *She laid the picture face downwards on the table.* ❶ Ellentéte: **upward(s)**.

dowry /'daʊri/ *noun* [C] (*plural* **dowries**) hozomány

dowse = DOUSE

doz. *abbr.* (**dozen** *rövidítése*) (*plural* **doz**) tucat

doze¹ /dəʊz/ *verb* [I] szundikál, bóbiskol
▶ **doze** *noun* [sing.] szundikálás, bóbiskolás
PHRASAL VERB **doze off** elszundít, elbóbiskol

★ **dozen** /'dʌzn/ (*abbr.* **doz.**) *noun* [C] (*plural* **dozen**) tucat: *half a dozen eggs*
IDIOM **dozens (of sth)** (*informális*) egy csomó

dozy /'dəʊzi/ *adj.* **1** álmos, elpilledt (*brit, informális*) buta, lüke

Dr *abbr.* (**doctor** *rövidítése*) Dr./dr.: *Dr Timothy Woodhouse*

drab /dræb/ *adj.* unalmas, szürke: *a drab grey office building*

draft¹ /drɑːft/ *noun* [C] **1** vázlat, piszkozat **2** bankátutalás: *Payment must be made by bank draft.* **3** (*US*) = DRAUGHT¹(1)

draft² /drɑːft/ *verb* [T] **1** vázlatot/piszkozatot ír **2** (*US, ált. szenvedő szerkezetben*) (*kat*) besoroz: *He was drafted into the army.*

drafty (*US*) = DRAUGHTY

★ **drag¹** /dræg/ *verb* (**dragging; dragged**) **1** [T] húz, vonszol **2** [T] magával hurcol: *She's always dragging me along to boring museums.* **3** [I] **drag (on)** a végtelenségbe nyúlik, nem akar véget érni **4** [T] áthúz (*számítógép képernyőjén*)
PHRASAL VERB **drag sth out** (*időben*) elnyújt | **drag sth out (of sb)** kiszed vkiből (*titkot, információt*)

drag² /dræg/ *noun* **1** (**a drag**) [sing.] (*informális*) nyűg, kellemetlenség **2** [U] férfi színész által viselt női jelmez: *men in drag* **3** [C] szippantás (*cigarettából*): *He took a long drag on his cigarette.*

dragon /'drægən/ *noun* [C] (*mesebeli*) sárkány

★ **drain¹** /dreɪn/ *noun* [C] szennyvízcsatorna
IDIOMS **a drain on sb/sth** nagy igénybevétel, érvágás (*idő, erő, pénz stb.*) | (**go**) **down the drain** (*informális*) kidobott, elpocsékolt

★ **drain²** /dreɪn/ *verb* **1** [I,T] kiszárad, kiszárít, lecsapol: *Drain* (*szűrd le*) *the pasta and add the sauce.* **2** [I,T] **drain sth (from/out of sth)**; **drain sth (away/off)** (*folyadék*) elfolyik, elszív, lecsapol: *The sink's blocked – the water won't drain away at all.* • (*átv*) *He felt all his anger begin to drain away* (*elpárolog*). **3** [T] az utolsó cseppig kiissza: *He drained his glass in one gulp.* **4** [T] **drain sb/sth (of sth)** elszív (*erőt, pénzt stb.*): *The experience left her emotionally drained.*

---

❶ = magyarázat [C] megszámlálható (*főnév*): one book, two books

[U] megszámlálhatatlan (*főnév*): some sugar

drainage /'dreɪnɪdʒ/ noun [U] csatorna-hálózat

draining board noun [C] edényszárító

drainpipe /'dreɪmpaɪp/ noun [C] eresz-csatorna

drama /'drɑːmə/ noun **1** [C] (televízió-/rádió)játék, színmű, színdarab: a contemporary drama **2** [U] drámairodalom, színművészet: a drama school **3** [C,U] dráma(i esemény): a real-life courtroom drama

★ **dramatic** /drə'mætɪk/ adj. **1** drámai, megrázó **2** izgalmas, hatásos **3** szín(házi), drámai **4** drámázó, vmiből nagy ügyet csináló

  ▸ **dramatically** /-kli/ adv. **1** drámai módon **2** teátrálisan

dramatist /'dræmətɪst/ noun [C] drámaíró

dramatize (also **-ise**) /'dræmətaɪz/ verb **1** [T] dramatizál, színpadra alkalmaz **2** [I,T] drámát csinál vmiből, nagy feneket kerít vminek

  ▸ **dramatization** (also **-isation**) /ˌdræmətaɪ-'zeɪʃn/ noun [C,U] dramatizálás, (színpadi stb.) feldolgozás

drank past tense of DRINK[1]

drape /dreɪp/ verb [T] **1** drape sth round/over sth (ruhát, anyagot) ráterít vmire **2** drape sb/sth (in/with sth) (ált. szenvedő szerkezetben) vmivel beburkol, (be)borít

  ▸ **drape** noun [C] (US) = CURTAIN

drastic /'dræstɪk/ adj. erőteljes, drasztikus, szigorú

  ▸ **drastically** /-kli/ adv. drasztikusan

draught[1] /drɑːft/ noun **1** (US draft) [C] huzat **2** (**draughts**) (US checkers) [U] dáma (játék)

  ▸ **draughty** adj. huzatos

draught[2] /drɑːft/ adj. csapolt (sör)

draughtsman /'drɑːftsmən/ (US draftsman) noun [C] (plural -men /-mən/) műszaki rajzoló

★ **draw[1]** /drɔː/ verb (pt drew /druː/; pp drawn /drɔːn/) **1** [I,T] (le)rajzol **2** [I] húzódik vmerre: The train drew into the station (megérkezett az állomásra). • I became more anxious as my exams drew nearer (közeledtek). **3** [T] előhúz, kihúz: She drew the cork out of the bottle. • I tried to draw

him aside. **4** [T] el-/behúz (függönyt): to draw the curtains **5** [T] draw sth (from sth) levon (következtetést, tanulságot): Can we draw any conclusions from this survey? • There are important lessons to be drawn from this tragedy. **6** [T] draw sth (from sb/sth) merít vhonnan (átv): He draws the inspiration for his stories from his family. Családja ihleti történetei megírására. **7** [T] draw sth (from sb); draw sb (to sb/sth) kivált (vmilyen reakciót), vonz: The advertisement has drawn criticism from people all over the country. • The musicians drew quite a large crowd. **8** [I,T] döntetlen eredményt ér el: The two teams drew. • The match was drawn.

  IDIOMS **bring sth/come/draw to an end** → END[1] | **draw (sb's) attention to sth** felhívja a figyelmet vmire | **draw a blank** eredménytelenül végződik: Detectives investigating the case have drawn a blank so far. | **draw a distinction between sth and sth** különbséget tesz két dolog között | **draw the line at sth** vmire már nem hajlandó, megszabja a határt: I do most of the cooking but I draw the line at washing up as well! | **draw lots** sorsot húz

  PHRASAL VERBS **draw in** rövidülnek a napok: The days/nights are drawing in. | **draw out** hosszabbodnak a napok | **draw sth out** pénzt kivesz a bankból | **draw up** megáll (jármű) | **draw sth up** megfogalmaz, összeállít (dokumentumot)

draw[2] /drɔː/ noun [C] **1** döntetlen: The match ended in a draw. **2** sorshúzás, sorsolás: She won her bike in a prize draw.

drawback /'drɔːbæk/ noun [C] hátrány

★ **drawer** /drɔː(r)/ noun [C] fiók

★ **drawing** /'drɔːɪŋ/ noun **1** [C] rajz ➔ Magyarázat a painting szónál. **2** [U] rajzolás

drawing pin (US thumbtack) noun [C] rajzszög

drawing room noun [C] (rég) szalon

drawl /drɔːl/ verb [I,T] vontatottan beszél

  ▸ **drawl** noun [sing.] vontatott beszéd-stílus: to speak with a drawl

drawn[1] past participle of DRAW[1]

drawn[2] /drɔːn/ adj. nyúzott

drawn-'out adj. elhúzódó: long drawn-out negotiations

dread[1] /dred/ verb [T] retteg: She dreaded

[I] **tárgyatlan** (ige): He laughed.

[T] **tárgyas** (ige): He ate an apple.

having to tell him what had happened. • *I* **dread** *to think what my father will say.*
▶ **dreaded** *adj.* rettegett

dread² /dred/ *noun* [U, *sing.*] rettegés: *He lived* **in dread of** *the same thing happening to him one day.*

dreadful /'dredfl/ *adj.* szörnyű: *I'm afraid there's been a dreadful mistake.*

dreadfully /'dredfəli/ *adv.* **1** szörnyen (*mentegetőzéskor*): *I'm dreadfully sorry.* **2** borzasztóan, rémesen: *The party went dreadfully and everyone left early.*

dreadlocks /'dredlɒks/ *noun* [*plural*] hosszú, csimbókokban viselt haj ➔ Ábra **hair** alatt.

★ **dream¹** /dri:m/ *noun* **1** [C] álom: *I had a strange dream last night.* • *That horror film has given me bad dreams.* ➔ Lásd **nightmare. 2** [C] álom: *His dream was to sail around the world.* • *My dream house would have a swimming pool.* • *Becoming a professional dancer was a* **dream come true** (beteljesült álom) *for Nicola.* **3** [*sing.*] álmodozás: *You've been in a dream all morning!*

★ **dream²** /dri:m/ *verb* (*pt, pp* **dreamed** /dri:md/ or **dreamt** /dremt/) **1** [I,T] **dream (about sb/sth); dream (that)** álmodik ➔ Lásd **daydream. 2** [I] **dream (about/of sth/doing sth)** ábrándozik vmiről **3** [I] **dream (of doing sth/that...)** (*ált. tagadó mondatokban*) álmában jut eszébe, álmodik róla: *I* **wouldn't dream of** *telling Stuart that I don't like his music.* • *When I watched the Olympics on TV, I* **never dreamt** (álmomban sem gondoltam volna) *that one day I'd be here competing!*
PHRASAL VERB **dream sth up** (*informális*) kiagyal, kifundál

dreamer /'dri:mə(r)/ *noun* [C] álmodozó

dreamy /'dri:mi/ *adj.* álmodozó, ábrándozó: *a dreamy look/expression*
▶ **dreamily** *adv.* álmodozón

dreary /'drɪəri/ *adj.* (**drearier; dreariest**) sivár, barátságtalan, unott

dredge /dredʒ/ *verb* [T] (ki)kotor
PHRASAL VERB **dredge sth up** felhoz, előás (*kellemetlen emléket a múltból*): *The newspaper had dredged up all sorts of embarrassing details about her private life.*

dregs /dregz/ *noun* [*plural*] **1** üledék

2 söpredék: *These people were regarded as the dregs of society.*

drench /drentʃ/ *verb* [T] (*ált. szenvedő szerkezetben*) átáztat, átitat: *to get drenched* bőrig ázik

★ **dress¹** /dres/ *noun* **1** [C] női ruha **2** [U] ruha, öltözet, viselet: *formal/casual dress* • *He was wearing Hungarian national dress.*

★ **dress²** /dres/ *verb* **1** [I,T] (fel)öltözik, (fel)öltöztet: *Aren't you dressed yet?* ❶ Ellentéte: **undress.** A **get dressed** kifejezést gyakrabban használjuk mint a **dress** igét. **2** [I] öltöz(köd)ik: *to dress well/badly/casually* • *to be well dressed/ badly dressed/casually dressed* **3** [T] bekötöz (*sebet*)
IDIOM (**be**) **dressed in sth** visel (*ruhát*): *The people at the funeral were all dressed in black.*
PHRASAL VERB **dress up 1** vminek felöltözik, jelmezt ölt: *The children decided to dress up as pirates.* **2** (*elegánsan*) felöltözik, kiöltözik: *You don't need to dress up for the party.*

dresser /'dresə(r)/ *noun* [C] (*főleg brit*) tálaló

dressing /'dresɪŋ/ *noun* **1** [C] kötés (*seben*), kötszer **2** [C,U] (saláta)öntet

dressing gown (also **bathrobe;** *US* **robe**) *noun* [C] fürdőköpeny, köntös, pongyola

dressing table *noun* [C] fésülködőasztal

drew *past tense of* DRAW¹

dribble /'drɪbl/ *verb* **1** [I,T] csepeg, csurog: *The paint dribbled down the side of the pot.* **2** [I] nyáladzik, csurog a nyála **3** [I] cselezve labdát vezet, driblizik: *Ronaldo dribbled round the goalkeeper and scored.*

dried¹ *past tense, past participle of* DRY²

dried² /draɪd/ *adj.* szárított, aszalt, porított (*étel*): *dried milk/fruit*

drier¹ *adj.* → DRY¹

drier² (also **dryer**) /'draɪə(r)/ *noun* [C] szárító: *a hairdrier*

drift¹ /drɪft/ *verb* [I] **1** sodródik: *The boat drifted out to sea.* **2** sodródik, bolyong: *He drifted from room to room.* • *She drifted into acting.* **3** (fel)halmozódik: *The snow drifted up to two metres deep in some places.*
PHRASAL VERB **drift apart** eltávolodik egymástól

drift² /drɪft/ noun **1** [C] sodródás, lassú eltolódás: *the country's drift into economic decline* **2** [*sing.*] vminek a lényege: *I don't understand all the details of the plan but I get the drift.* **3** [C] hókupac, futóhomok

drill¹ /drɪl/ noun **1** [C] fúró(gép): *a dentist's drill* ➜ Ábra **tool** alatt. **2** [U] gyakorlatozás **3** [C] gyakorlat, drill **4** [C,U] gyakorlat: *a fire drill* tűzvédelmi gyakorlat

drill² /drɪl/ verb **1** [I,T] (át)fúr, kifúr: *to drill a hole in sth* • *to drill for oil* **2** [T] (be)gyakoroltat, (be)sulykol vkibe vmit

drily (also **dryly**) /'draɪli/ adv. száraz humorral: *'We've got a meeting this afternoon.' 'Oh, I can hardly wait,' Peter said drily.*

★ **drink¹** /drɪŋk/ verb (*pt* drank /dræŋk/; *pp* drunk /drʌŋk/) **1** [I,T] iszik: *Would you like anything to drink?* **2** [I,T] iszik (*alkoholt*), részegeskedik: *I never drink and drive* (vezetek italosan), *so I'll have an orange juice.* • *Her father used to drink heavily but he's teetotal now .* Régebben iszákos volt az apja, de most antialkoholista.

PHRASAL VERBS **drink to sb/sth** vkinek az egészségére iszik: *We all drank to the future of the bride and groom.* ➜ Lásd **toast².** | **drink (sth) up** megiszik

★ **drink²** /drɪŋk/ noun [C,U] **1** ital, innivaló: *Can I have a drink please?* • *a drink of milk* • *soft drinks* üdítőital **2** szeszes ital: *He's got a drink problem.* Iszik. • *Shall we go for a drink?*

drink-'driver (also **,drunk-'driver**) noun [C] ittas vezető
▸ **drink-driving** noun [U] ittas vezetés

drinker /'drɪŋkə(r)/ noun [C] iszákos, vki aki sokat iszik vmiből: *a heavy drinker* • *I'm not a big coffee drinker.*

drinking /'drɪŋkɪŋ/ noun [U] iszákosság: *Her drinking became a problem.*

'drinking water noun [U] ivóvíz

drip¹ /drɪp/ verb (**dripping; dripped**) [I,T] csöpög, csöpögtet: *The tap is dripping.* • *Her finger was dripping blood.*

drip² /drɪp/ noun **1** [*sing.*] csöpög(tet)és **2** [C] csepp: *We put a bucket under the hole in the roof to catch the drips.* **3** [C] infúzió: *She's on a drip.*

★ **drive¹** /draɪv/ verb (*pt* drove /drəʊv/; *pp* driven /'drɪvn/) **1** [I,T] vezet (*járművet*): *to drive a car/train/bus/lorry* **2** [I,T] kocsival megy/jár, autón elvisz: *I usually drive to work.* • *We drove Amy to the airport.*

> Az autót, autóbuszt, teherautót vagy vonatot „vezet" ige angolul **drive**, a „(motor)kerékpározik" vagy „állat hátán közlekedik" igék megfelelője pedig **ride**: *She was driving a red BMW.* • *Riding a motorbike is fun but dangerous.* • *I learnt to ride a horse when I was six.* A **ride** főnév rövid utazást jelent kerékpáron, lóháton, de autón vagy autóbuszon is, különösen ha valaki utasként utazik: *Let's go for a bike ride at the weekend.* • *It's only a short bus ride into Oxford.* A **drive** főnevet használhatjuk autózás/kocsikázás jelentésben is: *He took us for a drive/ride in the country.*

3 [T] hajt, kerget, terel (*állatot*): *The dogs drove the sheep into the field.* **4** [T] beüt, bever (*pl. szöget*): *to drive a post into the ground* **5** [T] késztet vkit vmire: *His constant stupid questions drive me mad* (megőrjítenek). • *to drive sb to despair* kétségbe ejt **6** [T] hajt, hajszol: *You shouldn't drive yourself so hard.* **7** [T] hajt, működtet

IDIOMS **be driving at** (*informális*) céloz vmire: *I'm afraid I don't understand what you are driving at.* | **drive sth home (to sb)** megértet vmit (vkivel)

PHRASAL VERBS **drive off** elhajt (*kocsival*) | **drive sb/sth off** elkerget: *The defenders drove off each attack.*

★ **drive²** /draɪv/ noun **1** [C] autózás, kocsi(ká)zás: *The supermarket is only a five-minute drive away.* • *Let's go for a drive.* ➜ Magyarázat a **drive¹**(2) szónál. **2** [C] kocsifeljáró **3** [C] utca: *They live at 23 Woodlands Drive.* **4** [C] kampány, mozgalom: *The company is launching a big sales drive.* **5** [U] energia, vállalkozókedv: *You need lots of drive to run your own company.* **6** [C,U] ösztön: *a strong sex drive* **7** [C] hosszú, egyenes ütés (*sportban*): *This player has the longest drive in golf.* **8** [C] (*infor*) meghajtó: *a 224 MB hard drive* • *a CD drive* ➜ Lásd **disk drive.** **9** [U] hajtómű: *a car with four-wheel drive* négykerék meghajtású autó

'drive-by adj. (*US, csak főnév előtt*) mozgó

autóból végrehajtott (*bűntény*): *drive-by killings*

drive-in noun [c] (*US*) autós- (*mozi, vendéglő*)

driven *past participle* of DRIVE[1]

★ **driver** /'draɪvə(r)/ noun [c] sofőr, (kocsi)-vezető: *a bus/train driver*

drive-through noun [c] (*főleg US*) autós-(*vendéglő, bank*)

★ **driving**[1] /'draɪvɪŋ/ noun [U] (*autó stb.*) vezetés: *She was arrested for dangerous driving.* • *Joe's having **driving lessons**.* • *She works as a **driving instructor**.* • *a **driving school*** • *Did you pass your **driving test** (gépjárművezetői vizsga) first time?* • *How long have you had a **driving licence** (jogosítvány)?*

driving[2] /'draɪvɪŋ/ adj. erőteljes: *driving rain* felhőszakadás • *driving ambition* • *Who's the **driving force** (hajtóerő) behind this plan?*

drizzle /'drɪzl/ noun [U] szemerkélő eső
▸ **drizzle** verb [I] szemerkél (*eső*)

drone /drəʊn/ verb [I] zúg, búg: *the sound of the tractors droning away in the fields*
PHRASAL VERB **drone on** monoton hangon beszél: *We had to listen to the chairman drone on about sales for hours.*
▸ **drone** noun [sing.] zúgás, monoton beszéd

drool /druːl/ verb [I] **1** csurog a nyála (*kívánástól*) **2 drool (over sb/sth)** odavan vmiért: *teenagers drooling over photographs of their favourite pop stars*

droop /druːp/ verb [I] lekonyul, elhervad, ellankad
▸ **drooping** adj. lankadt, lecsüngő: *a drooping moustache*

★ **drop**[1] /drɒp/ verb (**dropping**; **dropped**) **1** [T] leejt, elejt **2** [I] (le)esik: *At the end of the race she dropped to her knees exhausted.* **3** [I,T] leesik, (le)csökken, (le)csökkent: *The temperature will drop to minus 3 overnight.* • *They ought to drop their prices.* • *to drop your voice* halkabban beszél **4** [T] **drop sb/sth (off)** letesz vkit/vmit vhol (*járműről*): *Drop me off at the traffic lights, please.* **5** [T] **drop sb/sth (from sth)** kihagy vkit/vmit (vhonnan): *Joe has been dropped from the team.* **6** [T] abbahagy vmit: *I'm going to drop geography next term.*

IDIOMS **drop dead** (*informális*) holtan esik össze | **drop sb a line** (*informális*) néhány sort ír vkinek: *Do drop me a line when you've time.*

PHRASAL VERBS **drop back; drop behind (sb)** lemarad: *Towards the end of the race she dropped behind the other runners.* | **drop by**; **drop in (on sb)** fel-/beugrik vkihez (*látogatóba*): *We were in the area so we thought we'd drop in and see you.* | **drop off** (*informális*) elbóbiskol: *I dropped off in front of the television.* | **drop out (of sth)** visszalép (vmitől), lemorzsolódik, kimarad (vhonnan): *to drop out of a competition*

★ **drop**[2] /drɒp/ noun **1** [c] csepp: *a drop of blood/rain* **2** [c, *usually sing.*] egy kevés (*folyadék*): *I just have a drop of milk in my coffee.* **3** [sing.] csökkenés: *a drop in prices/temperature* **4** [sing.] esési mélység: *a sheer drop of 40 metres to the sea* **5 (drops)** [plural] cseppek (*orvosság*)
IDIOMS **at the drop of a hat** (azon)nyomban | **a drop in the ocean**; (*US*) **a drop in the bucket** csepp a tengerben: *The money we made was a drop in the ocean compared to the amount we need.*

drop-dead adv. (*informális*) bomba (*csinos, szép*): *She's drop-dead gorgeous.*

drop-out noun [c] **1** lemorzsolódott tanuló **2** társadalmi szokások ellen passzívan lázadó ember

droppings /'drɒpɪŋz/ noun [plural] ürülék (*kis állatoké, madaraké*)

drought /draʊt/ noun [c,U] szárazság, aszály

drove *past tense* of DRIVE[1]

★ **drown** /draʊn/ verb **1** [I,T] vízbe fullad, vízbe fojt: *The girl fell into the river and drowned.* • *Twenty people were drowned in the floods.* **2** [T] **drown sb/sth (out)** elnyom, elnyel (*vmilyen hangot nagyobb hangerővel*)

drowsy /'draʊzi/ adj. álmos, kába
▸ **drowsily** adv. álmosan
drowsiness noun [U] kábaság

drudgery /'drʌdʒəri/ noun [U] fáradságos munka, kulimunka

★ **drug**[1] /drʌg/ noun [c] **1** kábítószer: *He doesn't drink or **take drugs** (kábítószert szed).* • *She suspected her son was **on drugs** (kábítószerezik).* • *hard drugs* kemény drog • *soft drugs* könnyű drog **2** gyógy-szer: *drug companies*

drug² /drʌg/ *verb* [T] (**drugging; drugged**) **1** elkábít **2** kábítószert kever (*ételbe, italba*)

drug addict *noun* [C] kábítószerfüggő személy

▶ **drug addiction** *noun* [U] kábítószer-függőség

druggist /'drʌgɪst/ (*US*) = CHEMIST (1)

drugstore /'drʌgstɔ:(r)/ (*US*) = CHEMIST(2)

drum¹ /drʌm/ *noun* [C] **1** (*zene*) dob: *She plays the drums in a band.* ➔ Magyarázat a **piano** szónál. **2** dobalakú tartály, fémhordó: *an oil drum*

drum² /drʌm/ *verb* (**drumming; drummed**) **1** [I] dobol **2** [I,T] dobol (*pl. ujjakkal*): *to drum your fingers on the table*

drum

Please hold...

drumming her fingers

PHRASAL VERBS **drum sth into sb** belesulykol, fejébe ver: *Road safety should be drummed into children from an early age.* | **drum sth up** reklámoz: *to drum up more custom* vevőket szerez

drummer /'drʌmə(r)/ *noun* [C] dobos

drumstick /'drʌmstɪk/ *noun* [C] **1** dobverő **2** (*baromfi*) alsócomb

★ **drunk¹** /drʌŋk/ *adj.* (*főnév előtt nem állhat*) részeg, ittas: *to get drunk* berúg

▶ **drunk** (*rég* **drunkard**) *noun* [C] részeg (ember)

drunk² *past participle of* DRINK¹

drunken /'drʌŋkən/ *adj.* (*csak főnév előtt*) **1** részeg, ittas: *drunken drivers* **2** részeg: *drunken singing*

▶ **drunkenly** *adv.* részegen

drunkenness *noun* [U] részegség

★ **dry¹** /draɪ/ *adj.* (**drier; driest**) **1** száraz: *The washing isn't dry yet.* • *a dry climate* ❶ Ellentéte: **wet. 2** száraz (*haj, bőr, humor*): *a dry sense of humour* **3** száraz, unalmas: *dry legal documents* **4** alkoholfogyasztást tiltó (*ország*): *Saudi Arabia is a dry country.*

▶ **dryness** *noun* [U] **1** szárazság **2** fanyar humor

IDIOM **be left high and dry** → HIGH¹

★ **dry²** /draɪ/ *verb* [I,T] (*pres. part.* **drying;** *3rd pers. sing. pres.* **dries;** *pt, pp* **dried**) (meg)szárad, (meg)szárít: *to dry your hands on a towel*

PHRASAL VERBS **dry (sth) out** kiszárad, kiszárít: *Don't allow the soil to dry out.* | **dry up** **1** kiszárad, elapad **2** megszűnik: *Because of the recession a lot of building work has dried up.* **3** belesül a mondandójába: *When he came on stage and saw the audience, he dried up completely* (nem tudott megszólalni). | **dry (sth) up** eltöröl(get) (*edényt*)

dry-'clean *verb* [T] szárazon/vegyileg tisztít

dry-'cleaner's (*also* **cleaner's**) *noun* [C] vegytisztító

dry 'land *noun* [U] szárazföld: *I was glad to be back on dry land again.*

DTP /ˌdi: ti: 'pi:/ *abbr.* (**desktop publishing** *rövidítése*) elektronikus kiadványszerkesztés

dual /'dju:əl/ *adj.* (*csak főnév előtt*) kettős: *to have dual nationality*

dual 'carriageway (*US* ˌdi,vided 'highway) *noun* [C] (*nem autópályának minősülő*) osztottpályás, többsávos autóút

dub /dʌb/ *verb* [T] (**dubbing; dubbed**) **1** vkit/vmit elnevez vkinek/vminek, vkit vminek csúfol: *Bill Clinton was dubbed 'Slick Willy'.* **2 dub sth (into sth)** szinkronizál (*filmet*): *an English film dubbed into Hungarian* **3** zenei egyveleget készít (*felvételekből*)

dubious /'dju:biəs/ *adj.* **1 dubious (about sth/about doing sth)** bizonytalan (vmivel kapcsolatban), kétkedő **2** kétes, gyanús, félreérthető: *dubious financial dealings*

▶ **dubiously** *adv.* **1** bizonytalanul, kétkedőn **2** gyanúsan, félreérthetően

duchess /'dʌtʃəs/ *noun* [C] hercegnő, hercegné

★ **duck¹** /dʌk/ *noun* **1** [C] (*plural* **ducks** *or* **duck**) kacsa ➔ Ábra a következő oldalon.

A male duck is called a **drake** and a young duck is a **duckling**. Ducks **quack**.

2 [U] kacsa(hús)

ð **then** | s **so** | z **zoo** | ʃ **she** | ʒ **vision** | h **how** | m **man** | n **no** | ŋ **sing** | l **leg** | r **red** | j **yes** | w **wet**

duck² /dʌk/ *verb*
1 [I,T] félrekapja a fejét, behúzza a nyakát, fedezékbe ugrik: *The boys ducked out of sight* (eltűntek) *behind a hedge.* • *I had to duck my head down* (le kellett hajolnom) *to avoid the low doorway.* **2** [I,T] (*informális*) **duck (out of) sth** kibújik (vmi alól) (*átv*): *The President is trying to duck responsibility* (elhárítani a felelősséget) *for the crisis.* **3** [T] víz alá nyom

duck

He ducked.

duct /dʌkt/ *noun* [C] cső: *an air duct* • *tear ducts* könnycsatorna

dud /dʌd/ *noun* [C] (*informális*) hamisítvány: *a dud cheque/coin/firework* fedezetlen csekk/hamis pénzérme/selejt petárda

dude /duːd/ *noun* [C] (*főleg US, szleng*) pacák, krapek

★ **due¹** /djuː/ *adj.* **1** (*főnév előtt nem állhat*) várható: *The conference is due to start in four weeks' time.* • *What time is the next train due (in)?* • *The baby is due in May.* **2** (*főnév előtt nem állhat*) esedékes: *The rent is due on the fifteenth of each month.* **3** **due to sb** jogosult, jár neki **4** **due to sb/sth** vkinek/vminek köszönhető, tudható be **5** **due for sth** jogosult

IDIOM **in due course** megfelelő időben

due² /djuː/ *adv.* (*north, south, east, west előtt*) egyenesen vmelyik égtáj felé: *The aeroplane was flying due east.*

due³ /djuː/ *noun*

IDIOM **give sb his/her due** megadja vkinek azt ami megilleti

duel /'djuːəl/ *noun* [C] párbaj

duet /dju'et/ (*also* **duo**) *noun* [C] (*zene*) kettős, duó **Ɔ** Lásd **solo**.

duffel coat (*also* **duffle coat**) /'dʌflkəʊt/ *noun* [C] kapucnis gyapjúkabát

dug *past tense, past participle of* DIG¹

duke /djuːk/ (*also* **Duke**) *noun* [C] herceg **Ɔ** Lásd **duchess**.

★ **dull** /dʌl/ *adj.* **1** unalmas **2** buta, borús (*idő*) **3** tompa: *Her head hit the floor with a dull thud.* • *a dull pain* **❶** Ellentéte: **sharp**.
▸ **dullness** *noun* [U] unalom, tompaság

dully *adv.* unalmasan, tompán

duly /'djuːli/ *adv.* (*formális*) megfelelően, kellő időben: *We all duly assembled at 7.30 as agreed.*

dumb /dʌm/ *adj.* **1** néma: *to be deaf and dumb* • (*átv*) *They were* **struck dumb** *with amazement.* Elállt a szavuk a csodálkozástól. **2** (*informális*) buta
▸ **dumbly** *adv.* bután: *Ken did all the talking, and I just nodded dumbly.*

dumbfounded /dʌm'faʊndɪd/ *adj.* elképedt

dummy /'dʌmi/ *noun* [C] (*plural* **dummies**) **1** (*kirakati*) próbababa **2** (*informális*) ostoba (*ember*) **3** (*US* **pacifier**) cumi **4** mű-, ál-, hamis (*tárgy*): *The robbers used dummy* (*játék*) *handguns in the raid.*

dump¹ /dʌmp/ *verb* [T] **1** kiönt, lerak: *Nuclear waste should not be dumped in the sea.* • (*átv*) *I wish you wouldn't keep dumping* (ne zúdítanád rám) *the extra work on me.* **2** lehajigál **3** (*informális*) ejt vkit

dump² /dʌmp/ *noun* [C] **1** szemétdomb: *a rubbish dump* **2** (*informális*) koszfészek **❶** Szinonimája: **tip**.

IDIOM **down in the dumps** maga alatt van

dumpling /'dʌmplɪŋ/ *noun* [C] nokedli, gombóc

dune /djuːn/ (*also* '**sand dune**) *noun* [C] homokdomb

dung /dʌŋ/ *noun* [U] állati ürülék, ganéj

dungarees /ˌdʌŋgə'riːz/ (*US overalls*) *noun* [*plural*] kertésznadrág: *a pair of dungarees*

dungeon /'dʌndʒən/ *noun* [C] (*föld alatti*) (*vár*)börtön

duo /'djuːəʊ/ *noun* [C] (*plural* **duos**) kettős, duó

dupe /djuːp/ *verb* [T] becsap vkit, rávesz vkit vmire: *The woman was duped into carrying the drugs.*

duplicate¹ /'djuːplɪkeɪt/ *verb* [T] **1** (le)másol, sokszorosít **2** (meg)ismétel: *We don't want to duplicate the work of other departments.*
▸ **duplication** /ˌdjuːplɪ'keɪʃn/ *noun* [U] másolás, (meg)ismétlés

duplicate² /'djuːplɪkət/ *noun* [C] másolat, másodpéldány

❶ = magyarázat [C] megszámlálható (*főnév*): *one book, two books*

[U] megszámlálhatatlan (*főnév*): *some sugar*

▶ **duplicate** adj. (csak főnév előtt) másolt: a duplicate key

IDIOM in duplicate két példányban

durable /'djʊərəbl/ adj. tartós: a durable fabric

▶ **durability** /ˌdjʊərə'bɪləti/ noun [U] tartósság

duration /dju'reɪʃn/ noun [U] időtartam: Please remain seated for the duration of the flight.

duress /dju'res/ noun [U] kényszer, erőszak: He signed the confession under duress.

★ **during** /'djʊərɪŋ/ prep. vminek a folyamán/idején, alatt, közben: During the summer holidays we went swimming every day. • Grandpa was taken very ill during the night.

> A during szót tartalmazó kifejezések arra adnak választ, hogy mikor történik vmi, a for viszont arra, hogy mennyi ideje tart vmi: I went shopping during my lunch break. I was out for about 25 minutes.

dusk /dʌsk/ noun [U] alkony ⊃ Lásd dawn, twilight.

★ **dust¹** /dʌst/ noun [U] por: a thick layer of dust • chalk/coal dust • a speck of dust porszem

▶ **dusty** adj. poros

★ **dust²** /dʌst/ verb [I,T] letöröl(get) (port)

dustbin /'dʌstbɪn/ (US garbage can, trash can) noun [C] szemetes kuka ⊃ Ábra bin alatt.

duster /'dʌstə(r)/ noun [C] portörlő rongy

dustman /'dʌstmən/ noun [C] (plural -men /-mən/) szemetes (ember)

dustpan /'dʌstpæn/ noun [C] szemétlapát: Where do you keep your dustpan and brush? ⊃ Ábra brush¹ alatt.

Dutch /dʌtʃ/ adj. holland ⊃ Lásd a Földrajzi nevek és térképek c. részt.

dutiful /'dju:tɪfl/ adj. kötelességtudó: a dutiful son

★ **duty** /'dju:ti/ noun (plural duties) **1** [C,U] kötelesség: A soldier must do his duty. • a sense of moral duty **2** [C,U] feladat, szolgálat: Which nurses are on night duty

(éjszakai ügyeletesek) this week? **3** [C] vám, illeték

IDIOM on/off duty ügyeletes/szolgálaton kívül: The porter's on duty from 8 till 4. • What time does she go off duty?

duty-'free adj., adv. vámmentes: an airport duty-free shop ⊃ Lásd tax-free.

duvet /'du:veɪ/ noun [C] paplan ⊃ Lásd eiderdown, quilt. Ábra bed¹ alatt.

DVD /ˌdi: vi: 'di:/ noun [C] digitális videolemez: a DVD-ROM drive ⊃ Ábra az A10. oldalon.

dwarf¹ /dwɔ:f/ noun [C] (plural dwarfs or dwarves /dwɔ:vz/) törpe

dwarf² /dwɔ:f/ verb [T] eltörpít: The skyscraper dwarfs all the other buildings around.

dwell /dwel/ verb [I] (pt, pp dwelt /dwelt/ or dwelled) (rég, formális) lakik, tartózkodik

PHRASAL VERB dwell on/upon sth hosszasan időzik (tárgynál)

dweller /'dwelə(r)/ noun [C] (gyakran szóösszetételekben) lakó: city-dwellers

dwelling /'dwelɪŋ/ noun [C] (formális) lakás, lakóhely

dwindle /'dwɪndl/ verb [I] dwindle (away) csökken, gyengül, fogy: Their savings dwindled away to nothing.

dye¹ /daɪ/ verb [T] (pres. part. dyeing; 3rd pers. sing. pres. dyes; pt, pp dyed) (be)fest (textíliát, hajat)

dye² /daɪ/ noun [C,U] festék

dying present participle of DIE

dyke (also dike) /daɪk/ noun [C] **1** gát **2** (főleg brit) árok

dynamic /daɪ'næmɪk/ adj. dinamikus

▶ **dynamism** /'daɪnəmɪzəm/ noun [U] lendület

dynamite /'daɪnəmaɪt/ noun [U] **1** dinamit **2** szenzáció

dynamo /'daɪnəməʊ/ noun [C] (plural dynamos) dinamó

dynasty /'dɪnəsti/ noun [C] (plural dynasties) dinasztia

dysentery /'dɪsəntri/ noun [U] vérhas

dyslexia /dɪs'leksiə/ noun [U] diszlexia

▶ **dyslexic** noun [C] adj. diszlexiás

[I] **tárgyatlan** (ige): He laughed. [T] **tárgyas** (ige): He ate an apple.

Ee

E, e¹ /iː/ *noun* [C] (*plural* **E's; e's**) **1** E/e betű **2** (E) (*zene*) E/e: *E major* E-dúr • *E minor* e-moll • *E flat* Esz/esz **3** (E) (*okt*) gyenge elégséges (*ha A a legjobb és F a legroszszabb osztályzat*)

E² *abbr.* (**east(ern)** *rövidítése*) K(-i): *E Asia* Kelet-Ázsia

ea. *abbr.* (**each** *rövidítése*) db, darabja

★ **each** /iːtʃ/ *determiner, pron.* mindegyik, minden egyes: *Each lesson lasts an hour.* • *Each of the lessons lasts an hour.* • *The lessons each last an hour.* • *These T-shirts are £8 each* (darabja).

each other

He's looking at himself. | They're looking at each other.

each 'other *pron.* egymást: *Emma and Dave love each other very much.* • *We looked at each other.*

★ **eager** /'iːgə(r)/ *adj.* **eager (to do sth); eager (for sth)** lelkes, buzgó: *eager for success* sikerre áhítozik

▸ **eagerly** *adv.* buzgón, türelmetlenül

eagerness *noun* [U] türelmetlenség, buzgóság

eagle /'iːgl/ *noun* [C] sas

★ **ear** /ɪə(r)/ *noun* **1** [C] fül **2** [*sing.*] **an ear (for sth)** jó hallása van: *Yuka has a good ear for languages* (jó nyelvérzéke van). **3** [C] kalász (*búzáé*), cső (*kukoricáé*): *an ear of corn*

IDIOMS **sb's ears are burning** megérzi, hogy róla beszélnek, csuklik (*átv*) | **go in one ear and out the other** egyik fülén be, a másikon ki | **play (sth) by ear** hallás után játszik | **play it by ear** rögtönöz: *We don't know what Alan's reaction will be, so we'll just have to play it by ear.* | **prick up your ears** → PRICK¹

earache /'ɪəreɪk/ *noun* [U] fülfájás ➜ Magyarázat az **ache** szónál.

eardrum /'ɪədrʌm/ *noun* [C] dobhártya

earl /ɜːl/ *noun* [C] gróf

'ear lobe *noun* [C] fülcimpa

★ **early** /'ɜːli/ *adj., adv.* (**earlier; earliest**) **1** korán, elején: *I have to get up early on weekday mornings.* • *I think John's in his early twenties.* • *The project is still in its early stages.* **2** korábban: *She arrived five minutes early for her interview.*

IDIOMS **at the earliest** legkorábban | **the early hours** hajnal | **an early/a late night** → NIGHT | **early on** kezdetén: *He achieved fame early on in his career.* | **an early riser** korán kelő | **it's early days (yet)** (még) túl korai

earmark /'ɪəmɑːk/ *verb* [T] **earmark sb/sth (for sth/sb)** előre félre tesz/kijelöl, kiválaszt: *Everybody says Laura has been earmarked* (kiszemelték) *as the next manager.*

★ **earn** /ɜːn/ *verb* [T] **1** keres (*pénzt*): *It's hard to earn a living* (megélni) *as an artist.* **2** kiérdemel vmit: *The team's victory today has earned them a place in the final.* **3** kamatozik, profitot hoz

earnest /'ɜːnɪst/ *adj.* komoly: *an earnest young man* • *They were having a very earnest discussion.*

▸ **earnestly** *adv.* komolyan

IDIOM **in earnest 1** komolyan gondol vmit: *He was in earnest about wanting to leave university.* **2** igazán: *After two weeks work began in earnest on the project.*

earnings /'ɜːnɪŋz/ *noun* [*plural*] kereset

earphones /'ɪəfəʊnz/ *noun* [*plural*] fejhallgató

earring /'ɪərɪŋ/ *noun* [C] fülbevaló: *Do these earrings clip on or are they for pierced ears?*

earshot /'ɪəʃɒt/ *noun* [U]

IDIOM **(be) out of/within earshot** hallótávolságon kívül/belül

★ **earth¹** /ɜːθ/ *noun* **1** (*also* **the earth, the Earth**) [*sing.*] a Föld: *The earth goes round the sun.* **2** [*sing.*] (száraz)föld, a föld felszíne: *The spaceship fell towards earth. • I could feel the earth shake when the earthquake started.* **3** [U] talaj ➔ Magyarázat a **ground** szónál. **4** [C, usually sing.] (US **ground**) földelés

IDIOMS **charge/pay the earth** (informális) egy vagyont kér/fizet | **cost the earth/ a fortune** → COST² | **how/why/where/ who etc. on earth** (informális, nyomatékosításkor és csodálkozás kifejezésekor): *Where on earth* (hol a csodában) *have you been?*

earth² /ɜːθ/ (US **ground**) verb [T] (le)földel

earthquake /'ɜːθkweɪk/ (informális **quake**) noun [C] földrengés

earthworm /'ɜːθwɜːm/ noun [C] (földi)giliszta

ease¹ /iːz/ noun [U] gondtalanság, könnyedség: *She answered the questions with ease.* ❸ Melléknév: **easy.** Ellentéte: **unease.**

IDIOM **(be/feel) at (your) ease** nyugodt (lelkiállapotban van)

ease² /iːz/ verb **1** [I,T] enyhül, enyhít: *The pain should ease by this evening. • This money will ease their financial problems a little.* ❸ Melléknév: **easy. 2** [T] óvatosan mozdít: *He eased the key into the lock.*

IDIOM **ease sb's mind** megnyugtat: *The doctor tried to ease her mind about her son's illness.*

PHRASAL VERBS **ease off** enyhül: *Let's wait until the rain eases off.* | **ease up** lazít

easel /'iːzl/ noun [C] festőállvány

easily /'iːzəli/ adv. **1** könnyen, simán **2** easily the best, worst, nicest, etc. vitán felül a legjobb/legrosszabb/legszebb stb.: *It's easily his best novel.*

★ **east¹** /iːst/ noun [sing.] (abbr. E) **1** (also **the east**) kelet: *Which way is east? • a cold wind from the east • Which county is to the east of Oxfordshire?* **2** (**the east**) kelet: *Norwich is in the east of England.* **3** (**the East**) (a) Kelet ➔ Lásd **the Far East, the Middle East.**

east² /iːst/ (also **East**) adj., adv. keleti, keletre: *They headed east. • the East Coast of America • We live east of the city. • an east wind*

eastbound /'iːstbaʊnd/ adj. keletre tartó: *The eastbound carriageway of the motorway is blocked.*

★ **Easter** /'iːstə(r)/ noun [U] húsvét: *the Easter holidays • Are you going away at Easter?*

'Easter egg noun [C] húsvéti tojás

easterly /'iːstəli/ adj. **1** keleti (irány): *They travelled in an easterly direction.* **2** keleti (szél): *cold easterly winds*

★ **eastern** (also **Eastern**) /'iːstən/ adj. **1** keleti, kelet-: *the eastern shore of the lake* **2** keleti, keletről származó: *Eastern cookery*

eastward /'iːstwəd/ adj. (also **eastwards**) adj., adv. kelet felé: *to travel in an eastward direction • The Amazon flows eastwards.*

★ **easy¹** /'iːzi/ adj. (**easier**; **easiest**) **1** könnyű, egyszerű ❸ Ellentéte: **hard. 2** kényelmes, gondtalan, könnyed: *an easy life • My mind's easier now.* ❸ Ige, főnév: **ease.** ➔ Lásd **uneasy.**

IDIOMS **free and easy** → FREE¹ | **I'm easy** (informális) nekem mindegy: *'Would you like to go first or second?' 'I'm easy.'*

★ **easy²** /'iːzi/ adv. (**easier**; **easiest**)

IDIOMS **easier said than done** (beszélt nyelv) könnyebb mondani, mint megtenni: *'You should get her to help you.' 'That's easier said than done.'* | **go easy on sb/on/with sth** (informális) **1** elnéző vkivel: *Go easy on him – he's just a child.* **2** takarékoskodik vmivel: *Go easy on the salt.* | **take it/things easy** lazít, nem csinál gondot semmiből

easy 'chair noun [C] fotel

easy-'going adj. semmiből gondot nem csináló, lezser

★ **eat** /iːt/ verb (pt ate /et/, /eɪt/; pp eaten /'iːtn/) **1** [I,T] (meg)eszik: *Eat your dinner up* (fejezd be a vacsorádat), *Joe.* **2** [I] eszik, étkezik: *What time shall we eat?*

IDIOMS **have sb eating out of your hand** kezes báránnyá változtat vkit | **have your cake and eat it** → CAKE¹

PHRASAL VERBS **eat sth away/eat away at sth** szétmorzsol, megeszi, kikezdi (rozsda, időjárás stb.): *The sea had eaten away at the cliff.* | **eat out** étteremben étkezik

eater /'iːtə(r)/ noun [C] evő: *My uncle's a big eater. • We're not great meat eaters in our family.*

eau de cologne /ˌəʊ də kə'ləʊn/ (also **cologne**) noun [U] kölni(víz)

eaves /iːvz/ noun [plural] eresz: *There's a bird's nest under the eaves.*

eavesdrop /'i:vzdrɒp/ verb [I] (eavesdropping; eavesdropped) eavesdrop (on sb/sth) hallgatózik, kihallgat vmit: *They caught her eavesdropping on their conversation.*

ebb¹ /eb/ verb [I] **1** apad, visszaáramlik **❶** Szinonimája: go out. **2** ebb (away) hanyatlik, csökken *(átv)*: *The crowd's enthusiasm began to ebb.*

the ebb² /eb/ noun [sing.] apály: *the ebb and flow of the tide* apály és dagály • *the ebb tide* apály ➲ Lásd még tide.
IDIOM the ebb and flow (of sth) hullámzás *(átv, pl. érzéseké)*

ebony /'ebəni/ noun [U] ében(fa)

eccentric /ɪk'sentrɪk/ adj. hóbortos, furcsa
▸ eccentric noun [C] különc
eccentricity /ˌeksen'trɪsəti/ noun [C,U] *(plural eccentricities)* különcség, rigolya

echo¹ /'ekəʊ/ noun [C] *(plural echoes)* visszhang

echo² /'ekəʊ/ verb **1** [I] visszhangzik: *Their footsteps echoed in the empty church.* **2** [I,T] echo sth (back); echo (with/to sth) visszhangoz, visszhangzik (vmitől): *The hall echoed with their laughter* (zengett a nevetésüktől). **3** [T] tükröz, ismétel: *The newspaper article echoed my views completely.*

eclair /ɪ'kleə(r)/ noun [C] piskóta alakú, krémmel töltött, csokoládéval borított sütemény

eclipse¹ /ɪ'klɪps/ noun [C] *(nap/hold)* fogyatkozás: *a total/partial eclipse of the sun*

eclipse² /ɪ'klɪps/ verb [T] eltakar *(égitest a másikat),* elhomályosít

eco-friendly /ˌi:kəʊ 'frendli/ adj. környezetbarát: *eco-friendly products*

ecologist /i'kɒlədʒɪst/ noun [C] ökológus

ecology /i'kɒlədʒi/ noun [U] ökológia
▸ ecological /ˌi:kə'lɒdʒɪkl/ adj. ökológiai: *an ecological disaster*
ecologically adv. ökológialag, ökológiai szempontból

★ **economic** /ˌi:kə'nɒmɪk; ˌekə-/ adj. **1** *(csak főnév előtt)* gazdasági: *The country faces growing economic problems.* **2** nyereséges, kifizetődő: *The mine was closed because it was not economic.* ➲ Vesd össze economical. **❶** Ellentéte: uneconomic.

▸ economically /ˌi:kə'nɒmɪkli; ˌekə-/ adv. gazdaságilag: *The country was economically very underdeveloped.*

economical /ˌi:kə'nɒmɪkl; ˌekə-/ adj. gazdaságos, olcsó: *an economical car to run* ➲ Vesd össze economic. **❶** Ellentéte: uneconomical.
▸ economically /ˌi:kə'nɒmɪkli; ˌekə-/ adv. gazdaságosan, takarékosan

economics /ˌi:kə'nɒmɪks; ˌekə-/ noun [U] közgazdaságtan, gazdálkodás: *a degree in economics* • *the economics of a company*

economist /ɪ'kɒnəmɪst/ noun [C] közgazdász

economize (also -ise) /ɪ'kɒnəmaɪz/ verb [I] economize (on sth) takarékoskodik (vmivel)

★ **economy** /ɪ'kɒnəmi/ noun *(plural economies)* **1** (also the economy) [C] gazdaság, gadasági élet/helyzet/rendszer **2** [C,U] ésszerű gazdálkodás, takarékoskodás: *Our department is making economies* (takarékoskodik) *in the amount of paper it uses.* • *economy class* turistaosztály (repülőn)

ecosystem /'i:kəʊsɪstəm/ noun [C] ökoszisztéma

ecstasy /'ekstəsi/ noun [C,U] *(plural ecstasies)* örömmámor, eksztázis: *to be in ecstasy* • *She went into ecstasies* (ujjongott az örömtől) *about the ring he had bought her.*

ecstatic /ɪk'stætɪk/ adj. örömtől mámoros

eczema /'eksɪmə/ noun [U] ekcéma, bőrkiütés

ed. abbr. **1** (edited by, editor rövidítése) szerk. **2** (edition rövidítése) kiadás

eddy /'edi/ noun [C] *(plural eddies)* örvény, forgatag

★ **edge¹** /edʒ/ noun [C] **1** széle: *The leaves were brown and curling at the edges.* • *I stood at the water's edge.* **2** éle vminek
IDIOMS an/the edge on/over sb/sth előny vkivel/vmivel szemben: *She knew she had the edge over the other candidates.* | (be) on edge feszült, nyugtalan

edge² /edʒ/ verb **1** [T] *(ált. szenvedő szerkezetben)* edge sth (with sth) szegélyez: *The cloth was edged with lace.* **2** [I,T] edge (sth/your way) across, along, away, back, etc. (lassan) közeleg/közelít: *We edged closer* (közelebb furakodtunk) *to get a better view.* • *She edged her chair* (közelebb húzta a székét) *up to the window.*

edgeways /'edʒweɪz/ (also **edgewise** /-waɪz/) *adv.*

IDIOM not get a word in edgeways → WORD[1]

edgy /'edʒi/ *adj.* (*informális*) nyugtalan, ideges

edible /'edəbl/ *adj.* ehető, fogyasztásra alkalmas ➊ Ellentéte: **inedible**.

edifice /'edɪfɪs/ *noun* [C] (*formális*) monumentális épület

edit /'edɪt/ *verb* [T] **1** szerkeszt (*cikket, lapot*), könyvet sajtó alá rendez **2** szerkeszt/(össze)vág (*filmet*)

edition /ɪ'dɪʃn/ *noun* [C] kiadás: *a paperback/hardback edition* • *the morning edition of a newspaper* • *this week's edition of the BBC's current affairs programme 'Panorama'*

★ **editor** /'edɪtə(r)/ *noun* [C] **1** (lap)szerkesztő, rovatvezető **2** (*film*) szerkesztő, vágó

editorial /ˌedɪ'tɔːriəl/ *noun* [C] vezércikk

educate /'edʒukeɪt/ *verb* [T] nevel, taníttat

educated /'edʒukeɪtɪd/ *adj.* művelt, képzett: *a highly-educated woman*

★ **education** /ˌedʒu'keɪʃn/ *noun* [C, usually sing.; U] nevelés, oktatás: *primary/secondary/higher/adult education* • *She received an excellent education.*
▸ **educational** /-ʃənl/ *adj.* nevelési, tanulmányi, ismeretterjesztő: *an educational toy/visit/experience*

eel /iːl/ *noun* [C] angolna

eerie (also **eery**) /'ɪəri/ *adj.* kísérteties, hátborzongató: *an eerie noise*
▸ **eerily** *adv.* kísérteties(en), hátborzongatóan
eeriness *noun* [U] hátborzongató volta vminek

★ **effect** /ɪ'fekt/ *noun* **1** [C,U] **(an) effect (on sb/sth)** eredmény, hatás, következmény: *the effects of acid rain on the lakes and forests* • *Her shouting had little or no effect on him* (alig hatott rá). • *Despite her terrible experience, she seems to have suffered no ill effects* (nem szenvedett maradandó káro-

sodást). ➲ Lásd **after-effect, side-effect** és a magyarázatot az **affect** szónál. **2** [C,U] hatás: *How does the artist create the effect of* (ábrázolja) *moonlight?* • *He likes to say things just for effect* (a hatás kedvéért). **3** (**effects**) [*plural*] (*formális*) ingóságok
IDIOMS come into effect hatályba lép | in effect **1** tulajdonképpen, gyakorlatilag: *Though they haven't made an official announcement, she is, in effect, the new director.* **2** érvényes: *The new rules will be in effect from next month.* | take effect **1** hatni kezd, használ (*gyógyszer*): *The anaesthetic took effect immediately.* **2** érvénybe lép: *The ceasefire takes effect from midnight.* | to this/that effect ehhez/ahhoz hasonló (*jelentés*): *I told him to leave her alone, or words to that effect.*

★ **effective** /ɪ'fektɪv/ *adj.* **1** hatékony, hatásos: *a medicine that is effective against the common cold* • *That picture would look more effective on a dark background.* ➊ Ellentéte: **ineffective**. **2** tényleges: *The soldiers gained effective control of the town.*
▸ **effectiveness** *noun* [U] hatékonyság

effectively /ɪ'fektɪvli/ *adv.* **1** hatékonyan, eredményesen **2** gyakorlatilag: *It meant that, effectively, they had lost.*

effeminate /ɪ'femɪnət/ *adj.* nőies, elpuhult (*férfi*)

★ **efficient** /ɪ'fɪʃnt/ *adj.* eredményes, jól működő, ügyes: *Our secretary is very efficient.* • *You must find a more efficient way of organizing your time.* ➊ Ellentéte: **inefficient**.
▸ **efficiency** /ɪ'fɪʃnsi/ *noun* [U] hatékonyság, teljesítmény, hatásfok
efficiently *adv.* eredményesen

effluent /'efluənt/ *noun* [U] ipari szennyvíz

★ **effort** /'efət/ *noun* **1** [U] erőfeszítés, fáradozás: *They have put a lot of effort into their studies* (sok energiát fektettek a tanulásba) *this year.* • *He made no effort to contact his parents.* **2** [C] **an effort (to do sth)** erőfeszítés, próbálkozás

effortless /'efətləs/ *adj.* könnyed, erőfeszítést nem igénylő
▸ **effortlessly** *adv.* könnyedén, erőfeszítés nélkül

EFL /ˌiː ef 'el/ *abbr.* (**English as a Foreign Lan-**

ð **then** | s **so** | z **zoo** | ʃ **she** | ʒ **vision** | h **how** | m **man** | n **no** | ŋ **sing** | l **leg** | r **red** | j **yes** | w **wet**

guage *rövidítése*) az angol mint idegen nyelv

e.g. /,iː ˈdʒiː/ *abbr.* (**exempli gratia** *rövidítése*) pl.

egalitarian /iˌɡælɪˈteəriən/ *adj.* egyenlőségre törekvő

★ **egg¹** /eɡ/ *noun* **1** [C] tojás

> A female bird **lays** her eggs and then **sits** on them until they **hatch**.

2 [C,U] tojás: *boiled eggs* főtt tojás • *fried eggs* tükörtojás • *poached eggs* bevert tojás • *scrambled eggs* tojásrántotta **3** [C] petesejt
> **IDIOM** put all your eggs in one basket mindent egy lapra tesz fel (*átv*)

egg² /eɡ/ *verb*
> **PHRASAL VERB** egg sb on (to do sth) uszít: *He hit the boy again and again as his friends egged him on.*

eggcup /ˈeɡkʌp/ *noun* [C] tojástartó

eggplant /ˈeɡplɑːnt/ (*főleg US*) = AUBERGINE

eggshell /ˈeɡʃel/ *noun* [C,U] tojáshéj

ego /ˈiːɡəʊ/ *noun* [C] (*plural* egos) az én, ego: *It was a blow to her ego when she lost her job.*

egocentric /ˌeɡəʊˈsentrɪk/ *adj.* énközpontú, önző

egoism /ˈeɡəʊɪzəm/ ˈiːɡ-/ (also **egotism** /ˈeɡətɪzəm/ ˈiːɡ-/) *noun* [U] önzés, egoizmus
> ▶ egoist /ˈeɡəʊɪst/ ˈiːɡ-/ (also **egotist** /ˈeɡətɪst/ ˈiːɡə-/) *noun* [C] egoista

egoistic /ˌeɡəʊˈɪstɪk/ ˌiːɡə-/ (also **egotistical** /ˌeɡəˈtɪstɪkl/ ˌiːɡə-/, **egotistic** /ˌeɡəˈtɪstɪk/ ˌiːɡə-/) *adj.* önző, egoista

eh /eɪ/ *interj.* (*brit, informális*) **1** ugye?, nemde?: *'Good party, eh?'* **2** tessék?

Eid (also **Id**) /iːd/ *noun* [C] muzulmán ünnep

eiderdown /ˈaɪdədaʊn/ *noun* [C] pehelypaplan, dunyha ➔ Lásd duvet.

★ **eight** /eɪt/ *number* **1** nyolc ➔ Példák a six szónál. **2** (eight-) (*szóösszetételekben*) nyolc-: *an eight-sided shape*

★ **eighteen** /ˌeɪˈtiːn/ *number* tizennyolc ➔ Példák a six szónál.

eighteenth /ˌeɪˈtiːnθ/ *pron., determiner,*

adv. tizennyolcadik ➔ Példák a sixth szónál.

eighth¹ /eɪtθ/ *noun* [C] nyolcad(rész)

eighth² /eɪtθ/ *pron., determiner, adv.* nyolcadik ➔ Példák a sixth szónál.

eightieth /ˈeɪtiəθ/ *pron., determiner, adv.* nyolcvanadik ➔ Példák a sixth szónál.

★ **eighty** /ˈeɪti/ *number* nyolcvan ➔ Példák a sixty szónál.

★ **either¹** /ˈaɪðə(r); ˈiːðə(r)/ *determiner, pron.* **1** egyik, bármelyik (*kettő közül*): *You can choose either soup or salad* (vagy levest vagy salátát). • *You can ask either of us for advice.* • *Either of us is willing to help.* **2** mindkét, mindkettő: *It is a pleasant road, with trees on either side.*

★ **either²** /ˈaɪðə(r); ˈiːðə(r)/ *adv.* **1** sem: *I don't like Pat and I don't like Nick much either.* • *'I can't remember his name.' 'I can't either.'* ❶ Itt a **neither can I** is helyes. Állító mondatokkal való egyetértésre példák a **too** szónál. **2** (nem) is: *The restaurant is quite good. And it's not expensive either.*

either³ /ˈaɪðə(r); ˈiːðə(r)/ *conj.* **either... or... ** vagy... vagy

ejaculate /iˈdʒækjuleɪt/ *verb* **1** [I] kilövell, ejakulál **2** [I,T] (*rég*) kibök (*szavakat*)
> ▶ ejaculation /iˌdʒækjuˈleɪʃn/ *noun* [C,U] ejakuláció

eject /iˈdʒekt/ *verb* **1** [T] (*formális, gyakran szenvedő szerkezetben*) **eject sb (from sth)** kidob, kilök **2** [I,T] kivesz (*pl. kazettát magnóból*), kiad (*pl. magnókazettát*) **3** [I] katapultál

eke /iːk/ *verb*
> **PHRASAL VERB** eke sth out beoszt (*pénzt*)

elaborate¹ /ɪˈlæbərət/ *adj.* bonyolult, körülményes, részletesen/finoman kidolgozott: *an elaborate pattern*

elaborate² /ɪˈlæbəreɪt/ *verb* [I] (*formális*) **elaborate (on sth)** bővebben kifejt, részletez: *Could you elaborate on that idea?*

elapse /ɪˈlæps/ *verb* [I] (*formális*) (el)múlik, (el)telik (*idő*)

elastic¹ /ɪˈlæstɪk/ *noun* [U] gumiszalag, gumírozott szövet

elastic² /ɪˈlæstɪk/ *adj.* rugalmas (*átv is*)

e₁lastic ˈband *noun* [C] gumiszalag, gumipánt

❶ = magyarázat [C] megszámlálható (*főnév*): one book, two books   [U] megszámlálhatatlan (*főnév*): some sugar

elated /i'leɪtɪd/ *adj.* mámoros
▶ **elation** /i'leɪʃn/ *noun* [U] mámor

★ **elbow¹** /'elbəʊ/ *noun* [C] könyök

elbow² /'elbəʊ/ *verb* [T] könyökkel lök: *She elbowed me out of the way.* ➔ Ábra az A6. oldalon.

'elbow room *noun* [U] mozgástér

★ **elder¹** /'eldə(r)/ *adj.* *(csak főnév előtt)* idősebb *(családtag)*

elder² /'eldə(r)/ *noun* 1 [*sing.*] **(the elder)** az idősebb *(családtag)* 2 **(my, etc. elder)** [*sing.*] idősebb nálam/nálad stb. 3 **(elders)** [*plural*] az idősebbek: *Do children still respect the opinions of their elders?*

elderly /'eldəli/ *adj.* 1 idős ❶ Az old szó udvarias formája. 2 **(the elderly)** *noun* [*plural*] idős emberek: *The elderly need special care in winter.* ➔ Lásd **old.**

★ **eldest** /'eldɪst/ *adj., noun* [C] legidősebb *(családtag)*

★ **elect** /ɪ'lekt/ *verb* [T] 1 **elect sb (to sth); elect sb (as sth)** (be/meg)választ: *He was elected to Parliament in 1970.* 2 *(formális)* **elect to do sth** dönt (vmi mellett), azt választja, hogy

★ **election** /ɪ'lekʃn/ *noun* [C,U] választás: *to hold an election • to stand for election* indul a választáson

> In Britain, **general elections** are held about every five years. Sometimes **by-elections** are held at other times. In each **constituency** voters must choose one person from a list of **candidates**.

elective /ɪ'lektɪv/ *noun* [C] *(főleg US)* fakultatív *(tantárgy)*: *Students can choose from a range of electives offered by the science department.*

elector /ɪ'lektə(r)/ *noun* [C] választó *(személy)* ❶ Gyakoribb szó a **voter.**
▶ **electoral** /ɪ'lektərəl/ *adj.* választási, választó-: *the electoral register/roll*

electorate /ɪ'lektərət/ *noun* [C, with sing. or plural verb] választók

★ **electric** /ɪ'lektrɪk/ *adj.* 1 elektromos, villany-: *an electric current • an electric kettle* 2 felvillanyozott *(hangulat)*

★ **electrical** /ɪ'lektrɪkl/ *adj.* elektromos: *an electrical appliance • an electrical engineer* villamosmérnök

the e₁lectric 'chair *noun* [*sing.*] villamosszék

★ **electrician** /ɪ₁lek'trɪʃn/ *noun* [C] villanyszerelő

★ **electricity** /ɪ₁lek'trɪsəti/ *noun* [U] villany(áram), elektromosság

> Electricity is usually **generated** in power stations. It may also be produced by **generators** or by **batteries.**

e₁lectric 'razor *noun* [C] villanyborotva

e₁lectric 'shock (also **shock**) *noun* [C] áramütés

electrify /ɪ'lektrɪfaɪ/ *verb* [T] *(pres. part.* electrifying; *3rd pers. sing. pres.* electrifies; *pt, pp* electrified) 1 villamosít 2 felvillanyoz

electrocute /ɪ'lektrəkjuːt/ *verb* [T] halálos áramütéssel sújt/megöl
▶ **electrocution** /ɪ₁lektrə'kjuːʃn/ *noun* [U] halálos áramütés

electrode /ɪ'lektrəʊd/ *noun* [C] elektród

★ **electronic** /ɪ₁lek'trɒnɪk/ *adj.* 1 elektronikus: *electronic equipment • This dictionary is available in electronic form* (számítógépes lemezen) 2 számítógépes, számítógépen keresztül történő: *electronic banking/shopping*
▶ **electronically** /-kli/ *adv.* elektronikusan, számítógépen

★ **e₁lectronic 'mail** *noun* [U] *(formális)* = EMAIL

electronics /ɪ₁lek'trɒnɪks/ *noun* [U] elektronika

elegant /'elɪɡənt/ *adj.* elegáns
▶ **elegance** /'elɪɡəns/ *noun* [U] elegancia
elegantly *adv.* elegánsan

★ **element** /'elɪmənt/ *noun* 1 [C] rész, (alap)elem 2 [C, usually sing.] **an element of sth** egy kis vmi: *There was an element of truth in what he said.* 3 [C] elemek: *The criminal element at football matches causes a lot of trouble.* 4 [C] *(kémia)* elem 5 [C] fűtőelem 6 **(the elements)** [*plural*] a természeti erők/elemek: *to be exposed to the elements*
IDIOM **in/out of your element** elemében van: *Bill's in his element speaking to a large group of people.*

★ **elementary** /₁elɪ'mentri/ *adj.* 1 alap-,

---

kezdő: *an elementary course in English* • *a book for elementary students* **2** alapfokú: *elementary physics*

ele'mentary school *noun* [C] (*US*) elemi iskola, általános iskola

★ **elephant** /'elɪfənt/ *noun* [C] elefánt

An elephant has **tusks** and a **trunk**.

elevate /'elɪveɪt/ *verb* [T] (*formális*) felemel, előléptet: *an elevated platform* • *He was elevated to the Board of Directors.*

elevation /ˌelɪ'veɪʃn/ *noun* **1** [C,U] (*formális*) felemelkedés, előléptetés: *his elevation to the presidency* **2** [C] tengerszint feletti magasság: *The city is at an elevation of 2 000 metres.*

elevator /'elɪveɪtə(r)/ (*US*) = LIFT²(1)

★ **eleven** /ɪ'levn/ *number* tizenegy ➔ Példák a **six** szónál.

eleventh /ɪ'levnθ/ *pron., determiner, adv.* tizenegyedik ➔ Példák a **sixth¹** szónál.

elf /elf/ *noun* [C] (*plural* **elves** /elvz/) manó

elicit /i'lɪsɪt/ *verb* [T] (*formális*) **elicit sth (from sb)** kiderít/-erőszakol

eligible /'elɪdʒəbl/ *adj.* **eligible (for sth/to do sth)** jogosult: *to be eligible to vote* ➊ Ellentéte: **ineligible**.

eliminate /ɪ'lɪmɪneɪt/ *verb* [T] **1** eltávolít, kiküszöböl: *We must try and eliminate the problem.* **2** (*gyakran szenvedő szerkezetben*) (*versenyből*) kiselejtez: *The school team was eliminated* (kiesett) *in the first round of the competition.*
▶ **elimination** /ɪˌlɪmɪ'neɪʃn/ *noun* [U] megszüntetés, (*versenyből*) kiesés

elite /eɪ'liːt; ɪ'liːt/ *noun* [C, with sing. or plural verb] elit, előkelő

elitism /eɪ'liːtɪzəm; ɪ-/ *noun* [U] elitizmus
▶ **elitist** /-tɪst/ *adj., noun* [C] elitista

elk /elk/ (*US* **moose**) *noun* [C] jávorszarvas

elm /elm/ (*also* **'elm tree**) *noun* [C] szilfa

elongated /'iːlɒŋgeɪtɪd/ *adj.* hosszúkás

elope /ɪ'ləʊp/ *verb* [I] **elope (with sb)** megszökik (vkivel) (*hogy titokban házasságot kössön/kössenek*)

eloquent /'eləkwənt/ *adj.* (*formális*) hatásos, ékes(szóló)
▶ **eloquence** *noun* [U] ékesszólás
eloquently *adv.* ékesszólóan, kifejezően

★ **else** /els/ *adv.* (*kérdőszavak és az any-, every-, no-, some-* összetételei után) más: *This isn't mine. It must be someone else's .* • *Was it you who phoned me, or somebody else?* • *Everybody else* is allowed to stay up late. • *You'll have to pay.* *Nobody else* will. • *What else* would you like? • *Shall we go somewhere else* for a change?

IDIOM **or else** mert különben, vagy: *You'd better go to bed now or else you'll be tired in the morning.* • *He's either forgotten or else he's decided not to come.*

★ **elsewhere** /ˌels'weə(r)/ *adv.* máshol, máshova: *He's travelled a lot – in Europe and elsewhere.*

ELT /ˌiː el 'tiː/ *abbr.* (**English Language Teaching** rövidítése) az angol (mint idegen) nyelv tanítása

elude /i'luːd/ *verb* [T] (*formális*) **1** egérutat nyer, kitér (vmi elől): *The escaped prisoner eluded the police for three days.* **2** nem jut eszébe: *I remember his face but his name eludes me.*

elusive /i'luːsɪv/ *adj.* megfoghatatlan, meghatározhatatlan

elves *plural of* ELF

'em /əm/ *pron.* (*informális*) = THEM

emaciated /ɪ'meɪʃieɪtɪd/ *adj.* csont és bőr, kórosan lesoványodott
▶ **emaciation** /ɪˌmeɪsi'eɪʃn/ *noun* [U] kóros legyengülés

email /'iːmeɪl/ *noun* [C,U] elektronikus levelezés, e-mail (üzenet): *I'll send you an email as soon as I hear any news.* • *Did you get my email?* • *Have you got email on your computer?*
▶ **email** *verb* [T] e-mail-t küld

emancipate /ɪ'mænsɪpeɪt/ *verb* [T] (*formális*) egyenjogúvá tesz, felszabadít
▶ **emancipation** /ɪˌmænsɪ'peɪʃn/ *noun* [U] emancipáció, felszabadítás

embankment /ɪm'bæŋkmənt/ *noun* [C] rakpart, töltés

embargo /ɪm'bɑːgəʊ/ *noun* [C] (*plural* **embargoes**) embargó, zárlat: *to impose an embargo on sth* • *to lift/remove an embargo*

embark /ɪm'bɑːk/ *verb* [I] hajóra száll ➊ Ellentéte: **disembark**.
▶ **embarkation** /ˌembɑː'keɪʃn/ *noun* (*hajóba*) beszállás

PHRASAL VERB embark on sth (*formális*) belefog, hozzálát

embarrass /ɪmˈbærəs/ *verb* [T] zavarba/kínos helyzetbe hoz: *Don't ever embarrass me in front of my friends again!*

★ **embarrassed** /ɪmˈbærəst/ *adj.* feszélyezett, zavart: *I felt so embarrassed when I dropped my glass.*

★ **embarrassing** /ɪmˈbærəsɪŋ/ *adj.* kínos, kellemetlen, zavaró: *an embarrassing question/mistake/situation*
► **embarrassingly** *adv.* kínosan

embarrassment /ɪmˈbærəsmənt/ *noun*
1 [U] feszengés, zavar **2** [C] zavaró tényező

embassy /ˈembəsi/ *noun* [C] (*plural* **embassies**) nagykövetség ➲ Lásd **consulate**.

embed /ɪmˈbed/ *verb* [T] (**embedding**; **embedded**) (*ált. szenvedő szerkezetben*) beágyaz vmit vmibe, rögzít vmit: *The axe was embedded in the piece of wood.*

ember /ˈembə(r)/ *noun* [C, usually plural] parázs

embezzle /ɪmˈbezl/ *verb* [T] elsikkaszt
► **embezzlement** *noun* [U] sikkasztás

emblem /ˈembləm/ *noun* [C] jelkép: *The dove is the emblem of peace.*

embody /ɪmˈbɒdi/ *verb* [T] (*pres. part.* **embodying**; *3rd pers. sing. pres.* **embodies**; *pp, pt* **embodied**) (*formális*) **1** megtestesít: *To me she embodies all the best qualities of a teacher.* **2** magába foglal: *This latest model embodies many new features.*
► **embodiment** *noun* [C] vmi megtestesítője: *She is the embodiment of a caring mother.*

embrace /ɪmˈbreɪs/ *verb* **1** [I,T] ölel **2** [T] (*formális*) felölel: *His report embraced all the main points.* **3** [T] (*formális*) híve lesz vminek: *She embraced Christianity in her later years.*
► **embrace** *noun* [C] ölelés

embroider /ɪmˈbrɔɪdə(r)/ *verb* **1** [I,T] (ki)hímez **2** [T] (*történetet*) kiszínez
► **embroidery** /-dəri/ *noun* [U] hímzés

embryo /ˈembriəʊ/ *noun* [C] (*plural* **embryos** /-əʊz/) embrió, magzat ➲ Lásd **foetus**.
► **embryonic** /ˌembriˈɒnɪk/ *adj.* embrio-

nális: *The plan, as yet, only exists in embryonic form.*

emerald /ˈemərəld/ *noun* [C] smaragd
► **emerald** (also ˌemerald ˈgreen) *adj.* smaragd(zöld)

emerge /iˈmɜːdʒ/ *verb* [I] emerge (from sth) **1** felbukkan, kiemelkedik: *A man emerged from the shadows.* • (*átv*) *The country emerged from the war in ruins.* **2** kiderül: *During investigations it emerged that she was lying about her age.*
► **emergence** /-dʒəns/ *noun* [U] felbukkanás, megjelenés: *the emergence of Aids in the 1980s*

★ **emergency** /iˈmɜːdʒənsi/ *noun* [C,U] (*plural* **emergencies**) vészhelyzet: *In an emergency phone 999 for help.* • *The government has declared a state of emergency* (szükségállapot). • *an emergency exit* vészkijárat

eˈmergency room (US) = CASUALTY (3)

eˈmergency services *noun* [plural] (*brit*) rendőrség, tűzoltóság, mentők

emigrant /ˈemɪɡrənt/ *noun* [C] kivándorló ➲ Lásd **immigrant**.

emigrate /ˈemɪɡreɪt/ *verb* [I] emigrate (from...) (to...) kivándorol
► **emigration** /ˌemɪˈɡreɪʃn/ *noun* [C,U] kivándorlás ➲ Lásd **immigrant, immigration, migrate**.

eminent /ˈemɪnənt/ *adj.* (*formális*) kiváló (*személy*): *an eminent scientist*

eminently /ˈemɪnəntli/ *adv.* (*formális*) kiválóan: *She is eminently suitable for the job.*

emit /iˈmɪt/ *verb* [T] (**emitting**; **emitted**) (*formális*) kibocsát
► **emission** /iˈmɪʃn/ *noun* [C,U] kibocsátás, kiáramlás: *sulphur dioxide emissions from power stations*

★ **emotion** /iˈməʊʃn/ *noun* [C,U] érzelem: *to control/express your emotions* • *He showed no emotion as the police took him away.*

★ **emotional** /iˈməʊʃənl/ *adj.* **1** érzelmi, lelki: *emotional problems* **2** heves érzelmeket kiváltó: *an emotional speech* **3** érzelgős: *She always gets very emotional* (elérzékenyedik) *when I leave.*
► **emotionally** /-ʃənəli/ *adv.* érzelmileg, lelkileg

emotive /ɪˈməʊtɪv/ adj. mély érzelmeket kiváltó, érzelemkeltő: *emotive language* • *an emotive issue*

empathy /ˈempəθi/ noun [C,U] **empathy (with/for sb/sth); empathy (between A and B)** empátia: *Some adults have (a) great empathy with children.*
► **empathize** (also **-ise**) /ˈempəθaɪz/ verb [I] **empathize (with sb/sth)** együtt érez, beleéli magát (vki helyzetébe): *He's a popular teacher because he empathizes with his students.*

emperor /ˈempərə(r)/ noun [C] császár

★ **emphasis** /ˈemfəsɪs/ noun [C,U] (plural **emphases** /-siːz/) **1 emphasis (on sth)** hangsúly: *You should put a greater emphasis on quality rather than quantity when you write.* **2** (nyelv) hangsúly: *In the word 'photographer' the emphasis is on the second syllable.* • *I underlined the key phrases of my letter for emphasis.* ❶ Szinonimája: **stress**[1].

★ **emphasize** (also **-ise**) /ˈemfəsaɪz/ verb [T] **emphasize (that...)** hangsúlyoz ❶ Szinonimája: **stress**[2].

emphatic /ɪmˈfætɪk/ adj. hangsúlyos, nyomatékos: *an emphatic refusal*
► **emphatically** /-kli/ adv. nyomatékosan

empire /ˈempaɪə(r)/ noun [C] **1** birodalom ➔ Lásd **emperor, empress. 2** (gazd) nagyhatalom

empirical /ɪmˈpɪrɪkl/ adj. (formális) tapasztalati: *empirical evidence*

★ **employ** /ɪmˈplɔɪ/ verb [T] **1 employ sb (in sth); employ sb (as sth)** alkalmaz: *Three people are employed on the task of designing a new computer system.* ➔ Lásd **unemployed. 2** (formális) **employ sth (as sth)** alkalmaz/használ vmit (vmiként): *In an emergency, an umbrella can be employed as a weapon.*

employee /ɪmˈplɔɪiː/ noun [C] alkalmazott

employer /ɪmˈplɔɪə(r)/ noun [C] munkaadó

employment /ɪmˈplɔɪmənt/ noun [U] **1** állás, alkalmazás: *to be in/out of employment* • *This bank can give employment to ten extra staff.* • *It is difficult to find employment in the north.* ➔ Lásd **unemployment.** Magyarázat a **work**[1] szónál. **2** (formális) alkalmazás: *the employment of force*

em'ployment agency noun [C] munkaközvetítő iroda

empower /ɪmˈpaʊə(r)/ verb [T] (formális, ált. szenvedő szerkezetben) felhatalmaz, képessé tesz
► **empowerment** noun [U] felhatalmazás

empress /ˈemprəs/ noun [C] császárnő, császárné

★ **empty**[1] /ˈempti/ adj. üres: *The bus was half empty.* • *It was an empty threat.* • *My life feels empty now the children have left home.*
► **emptiness** /ˈemptinəs/ noun [U] üresség, értelmetlenség

★ **empty**[2] /ˈempti/ verb (pres. part. **emptying**; 3rd pers. sing. pres. **empties**; pt, pp **emptied**) **1** [T] **empty sth (out/out of sth)** kiürít **2** [I] kiürül

empty-'handed adj. üres kézzel, eredménytelenül: *The robbers fled empty-handed.*

EMU /ˌiː em ˈjuː/ abbr. (**Economic and Monetary Union** rövidítése) (az EU) gazdasági és pénzügyi unió(ja) ➔ Lásd **euro.**

emulate /ˈemjuleɪt/ verb [T] (formális) utánoz, felülmúlni próbál ❶ Bizalmasabb szó a **copy.**

★ **enable** /ɪˈneɪbl/ verb [T] **enable sb/sth to do sth** lehetővé/képessé tesz

enamel /ɪˈnæml/ noun [U] **1** zománc, máz: *enamel paint* **2** fogzománc

enc. (also **encl.**) abbr. (**enclosed** rövidítése) melléklet, mellékelve

enchanted /ɪnˈtʃɑːntɪd/ adj. **1** elvarázsolt **2** (formális) elbűvölt, elragadtatott: *The audience was enchanted by her singing.*

enchanting /ɪnˈtʃɑːntɪŋ/ adj. elbűvölő, elragadó

encircle /ɪnˈsɜːkl/ verb [T] (formális) körülvesz

★ **enclose** /ɪnˈkləʊz/ verb [T] **1 enclose sth (in sth)** (ált. szenvedő szerkezetben) bezár, bekerít: *He gets very nervous in enclosed spaces.* **2** mellékel: *Can I enclose a letter with this parcel?* • *Please find enclosed* (mellékelve küldök) *a cheque for £100.*

enclosure /ɪnˈkləʊʒə(r)/ noun [C] **1** elkerített terület **2** melléklet

encode /ɪnˈkəʊd/ (also **code**) verb [T] kódol, rejtjelez ❶ Ellentéte: **decode.**

encore¹ /'ɒŋkɔː(r)/ interj. Bravó! Hogy volt!

encore² /'ɒŋkɔː(r)/ noun [C] ráadás

encounter¹ /m'kaʊntə(r)/ verb [T] **1** szembekerül: *I've never encountered any discrimination at work.* ❶ Szinonimája: **meet with. 2** (formális) véletlenül találkozik, összefut vkivel ❶ Szinonimája: **come across.**

encounter² /m'kaʊntə(r)/ noun [C] **an encounter (with sb/sth); an encounter (between A and B)** váratlan találkozás/ szembekerülés (gyakran kellemetlen): *I've had a number of close encounters* (nagyon kellemetlen eset) *with bad drivers.*

* **encourage** /m'kʌrɪdʒ/ verb [T] **1** **encourage sb/sth (in sth/to do sth)** buzdít, bátorít **2** elősegít, ösztönöz: *The government wants to encourage new businesses.* ❶ Ellentéte: **discourage.**
  ▸ **encouragement** noun [C,U] buzdítás, bátorítás
  encouraging adj. bíztató, ösztönző

encroach /m'krəʊtʃ/ verb [I] (formális) **encroach (on/upon sth)** túlzottan beavatkozik, betolakodik: *I do hope that I am not encroaching too much* (nem élek nagyon vissza) *upon your free time.*

encyclopedia (also **encyclopaedia**) /m,saɪklə'piːdɪə/ noun [C] (plural **encyclopedias**) enciklopédia, lexikon

end¹ /end/ noun [C] **1** (vmi) vége(e): *My house is at the end of the street.* • *There are some seats at the far end of* (a túlsó végében) *the room.* • *I'm going on holiday at the end of October.* ❶ Az end szó állhat főnév előtt: *the end house* • *the end seat,* ilyenkor jelentése "utolsó". ➔ Lásd a **finish** főnevet, amely csak futamok és versenyek végét jelenti!

> Az **in the end** kifejezés jelentése "végül": *We were too tired to cook, so in the end we decided to eat out.* Az **at the end of sth** kifejezés jelentése "vminek a végén": *At the end of the meal we had a row about who should pay for it.*

2 (formális) cél **3** vég (vmiből megmaradt): *a cigarette end* csikk
IDIOMS **at an end** (formális) végét járja | **at the end of the day** (beszélt nyelv) végül

(is): *At the end of the day, you have to make the decision yourself.* | **at the end of your tether** türelmének és erejének végső határán | **at a loose end** → LOOSE¹ | **at your wits' end** → WIT | **bring sth/come/draw to an end** befejez(ődik), véget ér | **a dead end** → DEAD¹ | **end to end** egymás mellett/ mellé, egy vonalban: *They put the tables end to end.* | **in the end** végül (is): *He wanted to get home early but in the end it was midnight before he left.* | **make ends meet** kijön a pénzéből, éppen hogy megél | **make sb's hair stand on end** → HAIR | **a means to an end** → MEANS | **no end of sth** (beszélt nyelv) rengeteg: *She has given us no end of trouble.* | **odds and ends** → ODDS | **on end 1** felállítva: *That story made my hair stand on end* (égnek állt tőle a hajam). **2** egyfolytában: *He sits and reads for hours on end.* | **put an end to sth** vet vminek

* **end²** /end/ verb [I,T] **end (in/with sth)** véget ér, befejeződik, befejez: *How does this story end?* • *The match ended in a draw.*
  PHRASAL VERB **end up (as sth); end up (doing sth)** kikötö (átv), végül vmi lesz/vmit csinál: *We got lost and ended up in the centre of town.* • *There was nothing to eat at home so we ended up getting a takeaway.*

endanger /m'deɪndʒə(r)/ verb [T] veszélyeztet, károsít: *Smoking endangers your health.*

endangered /m'deɪndʒəd/ adj. (áll, növ) kipusztulással fenyegetett, veszélyeztetett: *The giant panda is an endangered species.*

endear /m'dɪə(r)/ verb [T] (formális) **endear sb/yourself to sb** megkedveltet vkivel vkivel: *She managed to endear herself to everybody by her kindness.*
  ▸ **endearing** adj. megnyerő
  endearingly adv. megnyerően, bájosan

endeavour (US **endeavor**) /m'devə(r)/ verb [I] (formális) **endeavour (to do sth)** törekszik, igyekszik
  ▸ **endeavour** noun [C,U] igyekezet, erőfeszítés

* **ending** /'endɪŋ/ noun [C] **1** befejezés, vég: *That film has a happy ending* (hepiend). **2** végződés

endive /'endaɪv/ (US) = CHICORY

* **endless** /'endləs/ adj. végtelen: *The possi-*

bilities are endless. • *Our plane was delayed for hours and the wait seemed endless.*
▶ **endlessly** *adv.* egyfolytában

endorse /ɪn'dɔːs/ *verb* [T] **1** támogat, jóváhagy, hitelesít: *Members of all parties endorsed a ban on firearms.* **2** (*brit, ált. szenvedő szerkezetben*) (*szabálysértést*) hivatalosan bejegyez (*jogosítványba*)
▶ **endorsement** *noun* [C,U] **1** támogatás, jóváhagyás, hitelesítés **2** (*brit*) (*szabálysértésről*) hivatalos bejegyzés (*jogosítványban*)

end product *noun* [C] végtermék

endurance /ɪn'djʊərəns/ *noun* [U] kitartás, állóképesség

endure /ɪn'djʊə(r)/ *verb* (*formális*) **1** [T] elvisel: *She endured ten years of loneliness.* ❶ Szinonimája: **bear.** **2** [I] (ki)tart ❶ Szinonimája: **last.**
▶ **enduring** *adj.* sokáig tartó, tartós

★ **enemy** /'enəmi/ *noun* (*plural* **enemies**) [C] ellenség: *They used to be friends but became bitter enemies.* • *He has made several enemies* (ellenséget szerzett) *during his career.* • *The enemy is/are approaching.* • *enemy forces* ellenséges erők ❶ Főnév: **enmity.**

★ **energetic** /ˌenə'dʒetɪk/ *adj.* energikus, erélyes
▶ **energetically** /-kli/ *adv.* energikusan, határozottan

★ **energy** /'enədʒi/ *noun* (*plural* **energies**) **1** [U] energia: *Children are usually full of energy.* **2** [U] erő, energia: *nuclear energy* **3** (**energies**) [*plural*] energia: *She devoted all her energies to helping the blind.*

enforce /ɪn'fɔːs/ *verb* [T] (*törvényt, szabályt*) érvényre juttat, rákényszerít: *How will they enforce the new law?*
▶ **enforced** *adj.* kényszerből adódó: *enforced redundancies*
enforcement *noun* [U] végrehajtás

engage /ɪn'geɪdʒ/ *verb* [T] (*formális*) **1** (*figyelmet, érdeklődést*) leköt: *You need to engage the students' attention right from the start.* **2** **engage sb (as sth)** alkalmaz vkit (vmiként) **3** **engage (with sth)** (*gép részeit/szerkezetét*) kapcsol(ja): *Engage the clutch before selecting a gear.*
PHRASAL VERB **engage in sth** részt vesz

★ **engaged** /ɪn'geɪdʒd/ *adj.* **1** (*formális*)

engaged (in/on sth) el van foglalva (vmivel) **2 engaged (to sb)** jegyes(e vkinek): *We've just got engaged* (eljegyeztük egymást). **3** (*US* **busy**) (*telefon*) foglalt **4** (*vécé*) foglalt ❶ Ellentéte: **vacant.**

engagement /ɪn'geɪdʒmənt/ *noun* [C] **1** eljegyzés: *He broke off their engagement.* **2** (*formális*) kötelezettség, előre megbeszélt program: *I have a prior engagement* (korábbi kötelezettség).

en'gagement ring *noun* [C] jegygyűrű

★ **engine** /'endʒɪn/ *noun* [C] **1** motor: *This engine runs on diesel.* ➔ Magyarázat a **motor** szónál. **2** mozdony

'**engine driver** (also '**train driver**; *US* **engineer**) *noun* [C] mozdonyvezető

★ **engineer¹** /ˌendʒɪ'nɪə(r)/ *noun* [C] **1** mérnök, szerelő: *a civil/a chemical/an electrical/a mechanical engineer* **2** (*US*) = ENGINE DRIVER

engineer² /ˌendʒɪ'nɪə(r)/ *verb* [T] (*formális*) kitervel: *Her promotion was engineered by her father.*

engineering /ˌendʒɪ'nɪərɪŋ/ *noun* [U] mérnöki munka, mérnöki tudományok: *civil engineering*

★ **English¹** /'ɪŋglɪʃ/ *noun* **1** [U] (az) angol (nyelv): *Do you speak English?* **2** (**the English**) [*plural*] az angolok

English² /'ɪŋglɪʃ/ *adj.* angol

> Vigyázat! A skótok (**the Scots**) és a walesiek (**the Welsh**) nem angolok, hanem britek (**British**)! Magyarázat a **United Kingdom** szónál.

Englishman /'ɪŋglɪʃmən/ *noun* [C] (*plural* -**men** /-mən; -men/) angol ember

> Általában azt mondják **I'm English.** (nem ~~I'm an Englishman~~). Egy angol nőre mondhatják, hogy **Englishwoman**, de ez nem gyakori.

engrave /ɪn'greɪv/ *verb* [T] **engrave B on A; engrave A with B** rávés, gravíroz: *The cup is engraved with his name.*

engraving /ɪn'greɪvɪŋ/ *noun* [C,U] vésés, metszet

engrossed /ɪn'grəʊst/ *adj.* **engrossed (in/with sth)** belemélyedt (vmibe): *She was completely engrossed in her book.*

---

❶ = magyarázat [C] megszámlálható (*főnév*): one book, two books

[U] megszámlálhatatlan (*főnév*): some sugar

enhance /ɪnˈhɑːns/ verb [T] (*formális*) javít, fokoz

enigma /ɪˈnɪɡmə/ noun [C] (*plural* **enigmas**) rejtély
▶ **enigmatic** /ˌenɪɡˈmætɪk/ adj. rejtélyes

* enjoy /ɪnˈdʒɔɪ/ verb [T] **1 enjoy sth/enjoy doing sth** élvez vmit, nagyon szeret vmit/vmit csinálni: *Did you enjoy the meal?* **2 enjoy yourself** jól szórakozik/érzi magát

enjoyable /ɪnˈdʒɔɪəbl/ adj. élvezetes, nagyon kellemes

enjoyment /ɪnˈdʒɔɪmənt/ noun [U, C] öröm, élvezet: *She gets a lot of enjoyment from teaching.*

enlarge /ɪnˈlɑːdʒ/ verb [I,T] növel, (*fény-képet*) nagyít, megnagyobbodik: *I'm going to have this photo enlarged.*
PHRASAL VERB **enlarge on sth** részletesen kifejt vmit

enlargement /ɪnˈlɑːdʒmənt/ noun [C,U] bővítés, (meg)nagyobbodás, (*fénykép*) nagyítás: *an enlargement of a photo* ● *EU enlargement* (csatlakozás)

enlighten /ɪnˈlaɪtn/ verb [T] (*formális*) felvilágosít

enlightened /ɪnˈlaɪtnd/ adj. felvilágosult

enlist /ɪnˈlɪst/ verb **1** [T] (*támogatást*) elnyer: *We need to enlist your support.* **2** [I,T] (*hadseregbe*) bevonul, besorozzák

enmity /ˈenməti/ noun [U] ellenségeskedés

enormity /ɪˈnɔːməti/ noun [sing.] (*formális*) iszonyú nagyság, borzalom: *the enormity of the task*

* enormous /ɪˈnɔːməs/ adj. hatalmas, óriási: *an enormous building* ● *enormous pleasure*
▶ **enormously** adv. rettenetesen

enough¹ /ɪˈnʌf/ determiner, pron. elég, elegendő: *Not everybody can have a book – there aren't enough.* ● *I've had enough* (elegem van abból, hogy) *of living in a city.* ● *Don't give me any more work. I've got quite enough* (éppen elég) *already.*

enough² /ɪˈnʌf/ adv. (*ige, melléknév és határozó után*) eleget, elég(gé): *Does she speak Italian well enough to get the job?* **Ⴑ** *Ábra* **too** alatt.
IDIOMS **fair enough** → FAIR¹ | **funnily,**

strangely, etc. **enough** furcsa módon, érdekes, hogy: *Funnily enough, I thought exactly the same myself.* | **sure enough**
→ SURE

* enquire (also **inquire**) /ɪnˈkwaɪə(r)/ verb (*formális*) [I,T] **enquire (about sb/sth)** érdeklődik/tudakozódik (vmi felől): *Could you enquire when the trains to Cork leave?*
PHRASAL VERBS **enquire after sb** érdeklődik vki (egészségi állapota) felől | **enquire into sth** kivizsgál vmit

enquirer /ɪnˈkwaɪərə(r)/ noun [C] (*formális*) érdeklődő személy

enquiring /ɪnˈkwaɪərɪŋ/ adj. **1** érdeklődő: *We should encourage children to have an enquiring mind.* **2** fürkésző: *He gave me an enquiring look.*
▶ **enquiringly** adv. érdeklődően

* enquiry (also **inquiry**) /ɪnˈkwaɪəri/ noun (*plural* **enquiries**) **1** [C] (*formális*) **an enquiry (about/concerning/into sb/sth)** érdeklődés, tudakozódás (vki/vmi felől): *I'll make some enquiries* (érdeklődni fogok) *into English language courses in Oxford.* **2** [U] érdeklődés, kérdezősködés: *After weeks of enquiry he finally found what he was looking for.* **3** [C] **enquiry (into sth)** nyomozás, vizsgálat

enrage /ɪnˈreɪdʒ/ verb [T] (*formális*) felbőszít

enrich /ɪnˈrɪtʃ/ verb [T] **1** dúsít, (fel)javít: *These cornflakes are enriched with vitamins/are vitamin-enriched.* **2** gazdagít
Ⴔ Ellentéte: **impoverish**.

enrol (US **enroll**) /ɪnˈrəʊl/ verb [I,T] (**enrolling**; **enrolled**) (*intézménybe*) felvesz, beiratkozik (*brit*): *I've enrolled on an Italian course.*
▶ **enrolment** (US **enrollment**) noun [U] beiratkozás, felvétel, beiratás: *Enrolment for the course will take place next week.*

en route /ˌɒn ˈruːt/ adv. **en route (from...) (to...); en route (for...)** útban (vhonnan)/(vhova)/(vmi felé): *The car broke down when we were en route for Dover.*

ensemble /ɒnˈsɒmbl/ noun [C, with sing. or plural verb] együttes: *a brass/wind/string ensemble* ● *The ensemble is/are based in Leeds.*

[I] **tárgyatlan** (*ige*): He laughed.   [T] **tárgyas** (*ige*): He ate an apple.

ensue /ɪnˈsjuː/ verb [I] (formális) következik

en suite /ˌɒn ˈswiːt/ adj., adv. hozzá tartozó (fürdőszoba): The bedroom has a bathroom en suite.

ensure (US insure) /ɪnˈʃɔː(r)/ verb [T] biztosít, gondoskodik vmiről: Please ensure that the door is locked before you leave. ⊃ Lásd assure.

entail /ɪnˈteɪl/ verb [T] (formális) együtt jár (vmivel): What does the job entail?

entangled /ɪnˈtæŋɡld/ adj. belegabalyodott, belekeveredett: The bird was entangled in the net. • (átv) I've got myself entangled in some financial problems.

★ **enter** /ˈentə(r)/ verb [I,T] (formális) belép: Don't enter without knocking. • They all stood up when he entered the room. ❶ Főnevek: entrance, entry.

> Vigyázat! Az **enter** ige után nincs elöljáró! Sokkal gyakoribb a **come into** és **go into**.

2 [T] (vmilyen) pályára lép, (intézményben) tag lesz, elkezd (iskolát, stb.): She entered the legal profession in 1998. • to enter school/college/university ❶ Főnév: entrant. 3 [T] belekezd: When she entered the relationship, she had no idea he was already married. • We have just entered a new phase in international relations. 4 [I,T] enter (for) sth; enter sb (in/for sth) benevez vmire, bejelentkezik vmire: I entered a competition in the Sunday paper and I won £20! 5 [T] enter sth (in/into/on/onto sth) listára vesz, beír: I've entered all the data onto the computer. • Enter your password and press return.

PHRASAL VERBS enter into sth 1 belekezd vmibe: I don't want to enter into details now. **2** közrejátszik vmiben: This is a business matter. Friendship doesn't enter into it. | **enter into sth (with sb)** belekezd vmibe (vkivel): The government has entered into negotiations with the unions.

enterprise /ˈentəpraɪz/ noun **1** [C] vállalkozás, vállalat **2** [U] vállalkozó szellem: We need men and women of enterprise and energy.

enterprising /ˈentəpraɪzɪŋ/ adj. vállalkozó szellemű

★ **entertain** /ˌentəˈteɪn/ verb **1** [T] entertain

(sb) (with sth) szórakoztat **2** [I,T] vendégeket fogad, vendégül lát: They entertain a lot./They do a lot of entertaining.

entertainer /ˌentəˈteɪnə(r)/ noun [C] szórakoztató személy (énekes/táncos stb.): a street entertainer

entertaining /ˌentəˈteɪnɪŋ/ adj. szórakoztató, mulattató

★ **entertainment** /ˌentəˈteɪnmənt/ noun [U, C] szórakozás, szórakozási lehetőség: the entertainment industry

enthral (US enthrall) /ɪnˈθrɔːl/ verb [T] (enthralling; enthralled) elbűvöl: He was enthralled by her story.
▸ **enthralling** adj. elbűvölő

★ **enthusiasm** /ɪnˈθjuːziæzəm/ noun [U] enthusiasm (for/about sth/doing sth) lelkesedés: Jan showed great enthusiasm for the new project.

enthusiast /ɪnˈθjuːziæst/ noun [C] rajongó, lelkes ember

★ **enthusiastic** /ɪnˌθjuːziˈæstɪk/ adj. enthusiastic (about sth/doing sth) lelkes
▸ **enthusiastically** /-kli/ adv. lelkesen

entice /ɪnˈtaɪs/ verb [T] entice sb (into sth/doing sth) csábít: Advertisements try to entice people into buying more things than they need.
▸ **enticement** noun [C,U] csábítás, csábító ajánlat

enticing /ɪnˈtaɪsɪŋ/ adj. csábító

★ **entire** /ɪnˈtaɪə(r)/ adj. (csak főnév előtt) teljes, egész ❶ Az entire szó erősebb, mint a whole.
▸ **entirely** adv. teljesen: I entirely agree with you.

entirety /ɪnˈtaɪərəti/ noun [U] teljesség: We must consider the problem in its entirety.

entitle /ɪnˈtaɪtl/ verb [T] entitle sb (to sth) (ált. szenvedő szerkezetben) feljogosít: I think I'm entitled (jár nekem) to a day's holiday – I've worked hard enough.

entitled /ɪnˈtaɪtld/ adj. (könyv, színdarab) (vmilyen) című

entity /ˈentəti/ noun [C] (plural entities) önálló/független egység: The kindergarten and the school are in the same building but they're really separate entities.

★ **entrance** /ˈentrəns/ noun **1** [C] the entrance (to/of sth) bejárat: I'll meet you at *the entrance to the theatre.* **2** [C] **entrance (into/onto sth)** megjelenés (*ált. figyelmet felkeltő*): *He made a dramatic entrance onto the stage.* ❶ Szinonimaként használható az **entry** szó. Az **1** és **2** jelentés ellentéte **exit. 3** [U] **entrance (to sth)** belépés(i engedély): *They were refused entrance to the disco because they were wearing shorts.* • *an entrance fee* belépődíj ❶ Szinonimája: **entry.** ➔ Lásd **admission, admittance. 4** [U] **entrance (into/to sth)** engedély (*belépéshez/felvételhez*): *You don't need to take an entrance exam* (felvételi vizsgát) *to get into university.* ➔ Lásd **admission.**

entrant /'entrənt/ *noun* [C] jelentkező, pályakezdő

entreat /ɪn'triːt/ *verb* [T] (*formális*) esedezik ❶ Szinonimája: **beg.**

entrust /ɪn'trʌst/ *verb* [T] (*formális*) **entrust A with B/entrust B to A** megbíz vkit vmivel, rábíz vmit vkire: *I entrusted Rachel with the arrangements for the party./I entrusted the arrangements for the party to Rachel.*

★ **entry** /'entri/ *noun* (*plural* **entries**) **1** [C] belépés: *The thieves forced an entry* (betörtek) *into the building.* ❶ Szinonimája: **entrance. 2** [U] **entry (to/into sth)** belépési engedély: *The immigrants were refused entry at the airport.* • *The sign says 'No Entry* (tilos a belépés)'. • *an entry visa* ❶ Szinonimája: **entrance.** ➔ Lásd **admission, admittance. 3** [U] részvételi jog, felvétel: *countries seeking entry into the European Union* **4** [C] (versenyre) nevező, nevezés: *There were fifty entries for the Eurovision song contest.* • *The winning entry is number 45!* **5** [C] bejegyzés: *an entry in a diary* • *You'll find 'ice-skate' after the entry for 'ice'.* **6** [C] (*US*) bejárat ❶ Szinonimája: **entrance.**

envelop /ɪn'veləp/ *verb* [T] (*formális*) beborít: *The hills were enveloped in mist.*

★ **envelope** /'envələʊp; 'ɒn-/ *noun* [C] boríték ➔ Lásd **stamped addressed envelope, self-addressed envelope.**

> After writing a letter you **address** the envelope, **seal** it and stick a stamp in the top right-hand corner.

enviable /'enviəbl/ *adj.* irigylésre méltó

❶ Ellentéte: **unenviable.** Ige és főnév: **envy.**

envious /'enviəs/ *adj.* **envious (of sb/sth)** irigy (vkire/vmire) ❶ Szinonimája: **jealous.** Ige és főnév: **envy.**
► **enviously** *adv.* irigyen

★ **environment** /ɪn'vaɪrənmənt/ *noun* **1** [C,U] környezet: *a pleasant working environment* **2** (**the environment**) [*sing.*] a környezet: *We need stronger laws to protect the environment.* ➔ Lásd az A8. oldalt. Lásd **surroundings.**
► **environmental** /ɪnˌvaɪrən'mentl/ *adj.* környezetvédelmi, környezeti: *environmental science*
environmentally /-təli/ *adv.* környezeti szempontból: *These products are environmentally friendly* (környezetbarát).

environmentalist /ɪnˌvaɪrən'mentəlɪst/ *noun* [C] környezetvédő

envisage /ɪn'vɪzɪdʒ/ *verb* [T] (*formális*) előre lát, elképzel: *I don't envisage any problems with this.*

envoy /'envɔɪ/ *noun* [C] követ

★ **envy¹** /'envi/ *noun* [U] **envy (of sb)** ; **envy (at/of sth)** irigység
IDIOM **be the envy of sb** irigység tárgya: *The city's transport system is the envy of many of its European neighbours.* ➔ Lásd **enviable, envious.**

envy² /'envi/ *verb* [T] (*pres. part.* **envying**; *3rd pers. sing. pres.* **envies**; *pt, pp* **envied**) **envy sb/sth** irigyel vkit vmiért/vkitől vmit: *I've always envied your good luck.* • *I don't envy you that job.*

epic /'epɪk/ *adj.* hősies, nagyszerű, nagyszabású: *an epic struggle/journey*
► **epic** *noun* [C] eposz, hősköltemény

epidemic /ˌepɪ'demɪk/ *noun* [C] járvány

epilepsy /'epɪlepsi/ *noun* [U] epilepszia

epileptic /ˌepɪ'leptɪk/ *noun* [C] epilepsziás ember
► **epileptic** *adj.* epilepsziás: *an epileptic fit*

epilogue /'epɪlɒg/ *noun* [C] epilógus ➔ Lásd **prologue.**

episode /'epɪsəʊd/ *noun* [C] epizód, rész(let): *That's an episode in my life I'd rather forget.* • *the last episode of the television serial 'Pride and Prejudice'*

epitaph /'epɪtɑːf/ *noun* [C] sírfelirat

epitome /ɪˈpɪtəmi/ noun [sing.] the epitome (of sth) vmi tökéletes példája, megtestesítője vminek: *Her clothes are the epitome of good taste.*

epitomize (also -ise) /ɪˈpɪtəmaɪz/ verb [T] megtestesít, tökéletes példája vminek: *This building epitomizes modern trends in architecture.*

epoch /ˈiːpɒk/ noun [C] korszak

★ **equal¹** /ˈiːkwəl/ adj. **1** equal (to sb/sth) egyenlő: *This animal is equal in weight to a small car.* • *They are of equal weight.* • *Divide it into two equal parts.* ❶ Ellentéte: **unequal. 2** egyenlő, egyenrangú: *This company has an equal opportunities policy* (egyenlő esélyt biztosít a munkavállalók számára). **3** (*formális*) equal to sth alkalmas vmire, képes vmire: *I'm afraid Bob just isn't equal to the job* (meghaladja Bob képességeit).
IDIOM be on equal terms (with sb) ugyanolyan feltételekkel rendelkezik

equal² /ˈiːkwəl/ verb [T] (equalling; equalled; US equaling; equaled) **1** linking verb egyenlő: *44 plus 17 equals 61 is written: 44 + 17 = 61.* **2** felér vmivel, ugyanolyan jó, mint vki/vmi: *He ran an excellent race, equalling the world record.*

equal³ /ˈiːkwəl/ noun [C] egyenrangú társ/partner: *to treat sb as an equal*

★ **equality** /iˈkwɒləti/ noun [U] egyenlőség, egyenjogúság: *racial equality* ❶ Ellentéte: **inequality.**

equalize (also -ise) /ˈiːkwəlaɪz/ verb [I] (*sp*) kiegyenlít

★ **equally** /ˈiːkwəli/ adv. **1** egyformán: *They both worked equally hard.* • *His money was divided equally between his children.* **2** (*formális*) ugyanakkor: *I do not think what he did was right. Equally, I can understand why he did it.*

equate /iˈkweɪt/ verb [T] equate sth (with sth) azonosnak tekint: *You can't always equate money with happiness.*

equation /iˈkweɪʒn/ noun [C] (*mat*) egyenlet

the equator (also the Equator) /iˈkweɪtə(r)/ noun [sing.] az egyenlítő: *The island is on the equator.*

equestrian /iˈkwestriən/ adj. (*formális*) lovas-

equip /iˈkwɪp/ verb [T] (equipping; equipped) equip sb/sth (with sth) **1** (*ált. szenvedő szerkezetben*) felszerel: *The flat has a **fully-equipped** kitchen.* **2** felkészít: *The course equips students with all the skills necessary to become a chef.*

★ **equipment** /iˈkwɪpmənt/ noun [U] felszerelés ❶ Az **equipment** megszámlálhatatlan főnév. Ha egy darabot említünk, az **a piece of equipment** kifejezést kell használni: *a very useful piece of kitchen equipment.*

equivalent /iˈkwɪvələnt/ adj. equivalent (to sth) egyenértékű (vmivel), megfelel (vminek): *The British House of Commons is roughly equivalent to the American House of Representatives.*
▸ **equivalent** noun [C] vmi megfelelője

er /ɜː(r)/ interj. hát, ööö

era /ˈɪərə/ noun [C] korszak: *We are living in the era of the computer.*

eradicate /iˈrædɪkeɪt/ verb [T] (*formális*) kiirt, véglegesen eltüntet
▸ **eradication** /iˌrædɪˈkeɪʃn/ noun [U] eltüntetés, felszámolás

erase /iˈreɪz/ verb [T] (*formális*) kitöröl, letöröl: (*átv*) *He tried to erase the memory of those terrible years from his mind.* ❶ A „kiradíroz" (ceruzaírást) ige megfelelője általában **rub out.**
▸ **eraser** (*főleg US*) = RUBBER (2)

erect¹ /iˈrekt/ adj. **1** egyenesen (álló): *He stood with his head erect.* ❶ Szinonimája: **upright. 2** (*férfi nemiszerv*) merev

erect² /iˈrekt/ verb [T] (*formális*) felállít: *to erect a statue*

erection /iˈrekʃn/ noun **1** [C] erekció: *to get/have an erection* **2** [U] (*formális*) felállítás, felépítés

erode /iˈrəʊd/ verb [T] (*ált. szenvedő szerkezetben*) kimar, kiváj, lepusztít (*tenger/az időjárás*): *The cliff has been eroded by the sea.*
▸ **erosion** /iˈrəʊʒn/ noun [U] erózió

erotic /iˈrɒtɪk/ adj. erotikus

err /ɜː(r)/ verb [I] (*formális*) téved
IDIOM err on the side of sth túlzottan vmilyen: *It is better to err on the side of caution. Biztos ami biztos.*

errand /'erənd/ noun [C] (rég) kisebb megbízás/elintéznivaló

erratic /ɪ'rætɪk/ adj. kiszámíthatatlan
▶ **erratically** /-kli/ adv. kiszámíthatatlanul, összevissza

error /'erə(r)/ noun **1** [C] (formális) hiba: The telephone bill was far too high due to a **computer error**. • an **error of judgement** téves megítélés • to **make an error**

> Az **error** szó hivatalosabb, mint a **mistake**. Néhány kifejezésben csak az **error** szó használható, pl.: an error of judgement • human error.

2 [U] tévedés: The letter was sent to you **in error** (tévedésből). • The accident was the result of **human error**.
IDIOM trial and error → TRIAL

erupt /ɪ'rʌpt/ verb [I] **1** (vulkán) kitör **2** kitör (vmiben): The demonstration erupted into violence. **3** dühbe gurul: George erupted when he heard the news.
▶ **eruption** noun [C,U] kitörés: a volcanic eruption

escalate /'eskəleɪt/ verb [I,T] **1 escalate (sth) (into sth)** fokozódik (vmivé), súlyosbodik, fokoz: The demonstrations are escalating into violent protest in all the major cities. **2** emel(kedik), növekszik: The cost of housing has escalated in recent years.
▶ **escalation** /ˌeskə'leɪʃn/ noun [C,U] növekedés, fokozódás

escalator /'eskəleɪtə(r)/ noun [C] mozgólépcső

escapade /ˌeskə'peɪd/ noun [C] (veszélyes) kaland

escape¹ /ɪ'skeɪp/ verb **1** [I] **escape (from sb/sth)** megszökik, kimenekül: Two prisoners have escaped. **2** [I,T] megmenekül, elkerül vmit, megúszik vmit: The two men in the other car escaped unhurt in the accident. • David Smith escaped injury when his car skidded off the road. • to **escape criticism/punishment 3** [T] nem jut vki eszébe, elkerüli vki figyelmét: His name escapes me. • to **escape sb's notice 4** [I] szivárog: There's gas escaping somewhere.
▶ **escaped** adj. szökött: an escaped prisoner

escape² /ɪ'skeɪp/ noun **1** [C,U] **escape (from sth)** szökés: When the guard fell asleep they were able to **make their escape**. • She had a **narrow/lucky escape** (egy hajszálon múlt

az élete) when a lorry crashed into her car.
Ⓢ Lásd még **fire escape**. **2** [U, sing.] menekülés, teljes kikapcsolódás: For him, listening to music is a means of escape. • an escape from reality

escort¹ /'eskɔːt/ noun [C] **1** [with sing. or plural verb] kíséret: an armed escort • He arrived **under police escort** (rendőrségi kísérettel). **2** (formális) kísérő (társ) **3** (fizetett) (női) kísérő/szórakoztató partner, konzumnő: an escort agency

escort² /es'kɔːt/ verb [T] **1** kísér: The President's car was escorted by several police cars. **2** elkísér (vkit vhova), kikísér: Philip escorted her to the door.

Eskimo /'eskɪməʊ/ noun [C] [plural **Eskimo** or **Eskimos**] (rég) eszkimó

> Az inuitok nem szeretik, ha eszkimóknak nevezik őket.

ESL /ˌiː es 'el/ abbr. (English as a Second Language rövidítése) az angol mint második nyelv

esp. abbr. **1** (especially rövidítése) különösen **2** (ESP) /ˌiː es 'piː/ (English for Specific/Scientific Purposes rövidítése) a szakmai angol nyelv tanítása

especial /ɪ'speʃl/ adj. (csak főnév előtt, formális) különleges: This will be of especial interest to you.

★ **especially** /ɪ'speʃəli/ adv. **1** különösen, főleg: She loves animals, especially dogs. • He was very disappointed with his mark in the exam, especially as he had worked so hard for it. **2** főleg, elsősorban, kifejezetten: I made this especially for you. ❶ Bizalmasabb szó: **specially**. **3** különösen: It's not an especially difficult exam. • 'Do you like jazz?' 'Not especially.'

espionage /'espiənɑːʒ/ noun [U] kémkedés ❶ Ige: **spy**.

Esq. abbr. (Esquire rövidítése) (főleg brit, formális) úr (címzésben): Edward Hales, Esq. ❶ Ma már elavulóban, helyette a **Mr** használatos: Mr Edward Hales.

★ **essay** /'eseɪ/ noun [C] **an essay (on/about sth)** fogalmazás, rövid értekezés, esszé: We have to write a 1000-word essay on tourism for homework.

essence /'esns/ noun **1** [U] lényeg, esszencia: The essence of the problem is that there

essential   228

is not enough money available. • *Although
both parties agree in essence* (lényegében),
some minor differences remain. **2** [C,U]
eszencia, kivonat: *vanilla essence*

★**essential** /ɪˈsenʃl/ *adj.* létfontosságú,
nélkülözhetetlen, elengedhetetlen: *essen-
tial medical supplies* • *It is essential that all
school-leavers should have a qualification.*
▸ **essential** *noun* [C, *usually plural*] alap-
vető dolog: *food, and other essentials such
as clothing and heating*

★**essentially** /ɪˈsenʃəli/ *adv.* alapvetően

★**establish** /ɪˈstæblɪʃ/ *verb* [T] **1** alapít,
felállít: *The school was established in 1875.* •
*Before we start on the project we should
establish some rules.* **2** (kapcsolatot)
létesít: *The government is trying to estab-
lish closer links between the two countries.*
3 **establish sb/sth (as sth)** elfogadtatja
magát (vmiként), elfogadtat vmit (vmi-
ként): *She has been trying to establish her-
self as a novelist for years.* **4** megállapít:
*The police have not been able to establish
the cause of the crash.*

★**establishment** /ɪˈstæblɪʃmənt/ *noun* **1** [C]
(*formális*) intézmény: *an educational
establishment* **2** **(the Establishment)** [*sing.*]
a fennálló rendszert képviselő csoport,
vezető réteg **3** [U] létesítés, bevezetés

★**estate** /ɪˈsteɪt/ *noun* [C] **1** (föld)birtok
2 (*brit*) telep: *an industrial estate* ipartelep
• *a housing estate* lakótelep **3** (*ingó és
ingatlan*) vagyon

es'tate agent (*US* Realtor™, 'real estate
agent) *noun* [C] ingatlanügynök

es'tate car (*US* 'station wagon) *noun* [C]
kombi

esteem /ɪˈstiːm/ *noun* [U] (*formális*) nagy
tisztelet, nagyrabecsülés

esthetic (*US*) = AESTHETIC

★**estimate¹** /ˈestɪmət/ *noun* [C] **1 an estimate
(of sth)** becslés: *Can you give me a rough
estimate* (hozzávetőleges becslést) *of how
many people will be at the meeting?* • *At
a conservative estimate* (szerény becslés
alapján), *the job will take six months to
complete.* **2 an estimate (for sth/doing sth)**
árajánlat, költségvetés ➔ Lásd quotation.
IDIOM **a ballpark figure/estimate** → BALL-
PARK

★**estimate²** /ˈestɪmeɪt/ *verb* [T] **estimate sth**

❶ = magyarázat [C] megszámlálható (*főnév*):
one book, two books

(at sth); **estimate that...** (fel)becsül: *The
police estimated the crowd at 10 000.* • *She
estimated that the work would take three
months.*

estimation /ˌestɪˈmeɪʃn/ *noun* [U]
(*formális*) becslés, vélemény: *Who is to
blame, in your estimation?*

estranged /ɪˈstreɪndʒd/ *adj.* **1** különélő
(*házastárs*) **2 estranged (from sb)** elhi-
degült (vkitől): *He became estranged from
his family following an argument.*

estuary /ˈestʃuəri/ *noun* [C] (*plural* **estuar-
ies**) (tölcsér)torkolat

etc. *abbr.* (etcetera rövidítése) stb.

eternal /ɪˈtɜːnl/ *adj.* **1** örökkévaló, örök(ös)
2 szüntelen: *I'm tired of these eternal argu-
ments!*
▸ **eternally** /-əli/ *adv.* örökké: *I'll be eter-
nally grateful if you could help me.*

eternity /ɪˈtɜːnəti/ *noun* **1** [U] örökké-
valóság **2 (an eternity)** [*sing.*] egy örökké-
valóság: *It seemed like an eternity before
the ambulance arrived.*

ethical /ˈeθɪkl/ *adj.* **1** etikai, erkölcsi: *That is
an ethical problem.* **2** erkölcsös, etikus:
*Although she didn't break the law, her
behaviour was certainly not ethical.*

ethics /ˈeθɪks/ *noun* **1** [U] erkölcstan, etika
2 [*plural*] etika: *The medical profession has
its own code of ethics* (etikai szabályok).

ethnic /ˈeθnɪk/ *adj.* etnikai, nemzetiségi:
ethnic minorities

ethnic 'cleansing *noun* [U] etnikai tiszto-
gatás

ethnicity /eθˈnɪsəti/ *noun* [U] nemzetiségi
hovatartozás

etiquette /ˈetɪket/ *noun* [U] illemsza-
bályok, etikett: *social/professional eti-
quette*

etymology /ˌetɪˈmɒlədʒi/ *noun* (*plural*
etymologies) [C,U] etimológia

euphemism /ˈjuːfəmɪzəm/ *noun* [C,U]
eufemizmus: *'Pass away' is a euphemism
for 'die'.*

euphoria /juːˈfɔːriə/ *noun* [U] (*formális*)
eufória

euro /ˈjʊərəʊ/ *noun* [C] [*plural* **euro** or
euros] (*symbol* €) euro ➔ Lásd **EMU**.

[U] megszámlálhatatlan (*főnév*):
some sugar

Eurocheque /'jʊərəʊtʃek/ *noun* [c] euro-csekk

★**European¹** /ˌjʊərə'piːən/ *adj.* európai: *European languages*

★**European²** /ˌjʊərə'piːən/ *noun* [c] európai (*ember*)

the Euro,pean 'Union *noun* [sing.] (*abbr* **EU**) az Európai Unió

euthanasia /ˌjuːθə'neɪziə/ *noun* [u] euta-názia

evacuate /ɪ'vækjueɪt/ *verb* [T] evakuál, kitelepít, kiürít: *Thousands of people were evacuated from the war zone.*
▸ **evacuation** /ɪˌvækju'eɪʃn/ *noun* [c,u] evakuálás

evade /ɪ'veɪd/ *verb* [T] **1** megmenekül (vkitől/vmitől), elkerül (vkit/vmit): *They managed to evade capture and escaped to France.* **2** kitér (vmi elől): *to evade responsibility* • *to evade a question* ❶ Főnév: **evasion.**

evaluate /ɪ'væljueɪt/ *verb* [T] (*formális*) kiértékel, felbecsül: *We evaluated the situation very carefully before we made our decision.*
▸ **evaluation** /ɪˌvælju'eɪʃn/ *noun* [c,u] (ki)értékelés

evaporate /ɪ'væpəreɪt/ *verb* [I] **1** (el)-párolog: *The water evaporated in the sunshine.* ➔ Lásd **condense.** **2** elpárolog, eltűnik: *All her confidence evaporated when she saw the exam paper.*
▸ **evaporation** /ɪˌvæpə'reɪʃn/ *noun* [u] párolgás

evasion /ɪ'veɪʒn/ *noun* [c,u] **1** kibúvó, kitérés vmi elől: *He has been sentenced to two years' imprisonment for **tax evasion** (adócsalás).* • *an evasion of responsibility* **2** mellébeszélés, kitérő válasz: *The President's reply was full of evasions.* ❶ Ige: **evade.**

evasive /ɪ'veɪsɪv/ *adj.* kitérő: *Ann gave an evasive answer.*

eve /iːv/ *noun* [c] előest: *Christmas Eve* • *He injured himself on the eve of the final.*

★**even¹** /'iːvn/ *adj.* **1** lapos, sima: *The game must be played on an even surface.* **2** egyenletes, szabályos: *He's very **even-tempered** (nyugodt természetű).* **3** kiegyensúlyozott: *The contest was very even until the last few minutes of the game.* ❶ 1-3 kifejezés

ellentéte **uneven. 4** (*mat*) páros: *2, 4, 6, 8, 10, etc. are even numbers.* ❶ Ellentéte: **odd.**
IDIOMS **be/get even (with sb)** (*informális*) bosszút áll vkin | **break even** nullszaldót ér el

★**even²** /'iːvn/ *adv.* **1** még: *It isn't very warm here even in summer* (még nyáron sem). • *He didn't even open* (még csak fel sem bontotta) *the letter.* **2** even more, less, bigger, nicer, etc. még (*az összehasonlítást nyomatékosítja*): *You know even less about it than I do.*
IDIOMS **even if** még akkor is/se ha: *I wouldn't ride a horse, even if you paid me.* | **even so** annak ellenére is: *There are a lot of spelling mistakes – even so it's quite a good essay.* | **even though** noha: *I like her very much, even though she can be very annoying.* ➔ Magyarázat az **although** szónál.

★**evening** /'iːvnɪŋ/ *noun* [c,u] este: *What are you doing this evening?* • *I went to the cinema on Saturday evening.* • *Tom usually goes swimming on Wednesday evenings.* • *Most people watch television in the evening.* • *an evening class* esti tanfolyam
IDIOM **good evening** jó estét kívánok ❶ Gyakran csak annyit mondunk, hogy **Evening:** *'Good evening, Mrs Wilson.' 'Evening, Mr Mills.'*

★**evenly** /'iːvnli/ *adv.* egyenletesen, kiegyenlítetten: *The match was very evenly balanced* (az erőviszonyok kiegyenlítettek voltak). • *Spread the cake mixture evenly in the tin.*

★**event** /ɪ'vent/ *noun* [c] **1** esemény: *a historic event* **2** alkalom: *a fund-raising event* **3** (verseny)szám
IDIOMS **at all events/in any event** mindenesetre: *I hope to see you soon, but in any event I'll phone you on Sunday.* | **in the event of sth** (*formális*) vminek az esetén: *In the event of fire, leave the building as quickly as possible.*

★**eventful** /ɪ'ventfl/ *adj.* eseménydús

eventual /ɪ'ventʃuəl/ *adj.* (*csak főnév előtt*) végső: *It is impossible to say what the eventual cost will be.*

★**eventually** /ɪ'ventʃuəli/ *adv.* végül

★**ever¹** /'evə(r)/ *adv.* **1** (*kérdésben, tagadásban, összehasonlításkor, valamint if kezdetű mellékmondatokban használják*) valaha (is): *Do you ever wish you were famous?*

[I] **tárgyatlan** (*ige*): *He laughed.*

[T] **tárgyas** (*ige*): *He ate an apple.*

• *Nobody ever* (soha senki nem) *comes to see me.* • *She **hardly ever*** (szinte soha sem) *goes out.* • *Today is hotter **than ever*** (mint eddig bármikor). • *This is the best meal I have ever had.* • *Have you ever been to Spain?* **2** (*when, where, who, how stb.* kérdőszavakkal kezdődő kérdésekben csodálkozást és meglepődést kifejez ki): ***How ever*** (hogy a csudába) *did he get back so quickly?* • ***What ever*** (mi a csudára) *were you thinking about when you wrote this?* ➜ Lásd **whatever, whenever, however** stb.

IDIOMS **(as) bad, good, etc. as ever** mint mindig: *In spite of his problems, Andrew is as cheerful as ever.* | **ever after** azontúl (mindig): *The prince married the princess and they lived happily ever after* (és boldogan éltek míg meg nem haltak). | **ever since...** azóta (mindig): *She has had a car ever since she was at university.* | **ever so/ever such** (a) (*brit, informális*) annyira, nagyon: *He's ever so kind.* • *He's ever such a kind man.* | **for ever** → FOREVER (1)

ever-² /'evə(r)/ (*szóösszetételekben*) állandóan: *the ever-growing problem of pollution*

evergreen /'evəgriːn/ *noun* [C], *adj.* örökzöld ➜ Lásd **deciduous**.

everlasting /ˌevə'lɑːstɪŋ/ *adj.* (*formális*) örökké tartó: *everlasting life/love*

★ **every** /'evri/ *determiner* **1** (*egyes számú főnévvel*) mindegyik, minden egyes: *There are 200 students in the school, and she knows every one of them.* ➜ Magyarázat az **everyone** szónál. **2** minden (lehetséges): *You have every chance of success.* • *She had every reason to be angry.* **3** minden (egyes): *We see each other every day.* • *Take the medicine every four hours.* • *I work **every other day*** (minden másnap). • *One in every three marriages ends in divorce.* Minden harmadik házasság válással végződik.

everybody *pron.* = EVERYONE

everyday /'evrideɪ/ *adj.* (*csak főnév előtt*) mindennapi: *The computer is now part of everyday life.*

★ **everyone** /'evriwʌn/ (*also* **everybody** /'evribɒdi/) *pron.* [*with sing. verb*] mindenki: *Is everyone here?* • *I'm sure everybody else will agree with me.*

Az **everyone** csak embert jelenthet, utána nem áll **of**. Az **every one** jelentése „minden egyes", utána gyakran áll **of**: *Every one of his records has been successful.*

➜ Magyarázat még a **somebody** szónál.

everyplace /'evripleɪs/ (*US*) = EVERYWHERE

★ **everything** /'evriθɪŋ/ *pron.* [*with sing. verb*] **1** minden: *Sam lost everything in the fire.* • *We can leave **everything else*** (minden egyebet) *until tomorrow.* **2** vkinek a mindene: *Money isn't everything.*

everywhere /'evriweə(r)/ *adv.* mindenhol, mindenhová

evict /ɪ'vɪkt/ *verb* [T] kilakoltat: *They were evicted for not paying the rent.*
  ▶ **eviction** *noun* [C,U] kilakoltatás

★ **evidence** /'evɪdəns/ *noun* [U] **evidence (of/for sth); evidence that...** bizonyíték, nyom: *There was no evidence of a struggle in the room.* • *Her statement to the police was **used in evidence*** (bizonyítékként használták) *against him.* • *The witnesses to the accident will be asked to **give evidence*** (tanúvallomást tenni) *in court.* **❶** Az **evidence** megszámlálhatatlan főnév. Ha egy bizonyítékról beszélünk, akkor a **piece of evidence** kifejezést kell használni: *One **piece of evidence** is not enough to prove somebody guilty.*

IDIOM **(to be) in evidence** látható (*jelen van*): *When we arrived there was no ambulance in evidence.*

evident /'evɪdənt/ *adj.* nyilvánvaló

evidently /'evɪdəntli/ *adv.* **1** szemmel láthatóan, nyilvánvalóan: *She was evidently extremely shocked at the news.* **2** azt mondják: *Evidently he has decided to leave.*

evil¹ /'iːvl/ *adj.* gonosz

evil² /'iːvl/ *noun* [C,U] a rossz, gonoszság: *The play is about the good and evil in all of us.* • *Drugs and alcohol are two of the evils of modern society.*

IDIOM **the lesser of two evils** → LESSER

evoke /ɪ'vəʊk/ *verb* [T] (*formális*) felidéz, kivált: *For me, that music always evokes hot summer evenings.* • *Her novel evoked a lot of interest.*

evolution /ˌiːvə'luːʃn; ˌev-/ *noun* [U]

1 (*biol*) törzsfejlődés: *Darwin's theory of evolution* **2** fejlődés, evolúció: *Political evolution is a slow process.*

evolve /i'vɒlv/ *verb* **1** [*I,T*] (*formális*) kibontakozik: *His style of painting has evolved gradually over the past 20 years.* **2** [*I*] **evolve (from sth)** kifejlődik

ewe /juː/ *noun* [*C*] (anya)juh ➜ Magyarázat a **sheep** szónál.

★ **exact¹** /ɪg'zækt/ *adj.* **1** pontos: *I can't tell you the exact number of people who are coming.* • *He's in his mid-fifties. Well, 56 to be exact.* • *She's the exact opposite* (épp az ellenkezője) *of her sister.* **2** precíz: *You need to be very exact when you calculate the costs.*
▸ **exactness** *noun* [*U*] pontosság, precizitás

exact² /ɪg'zækt/ *verb* [*T*] (*formális*) **exact sth (from sb)** megkövetel

exacting /ɪg'zæktɪŋ/ *adj.* gondosságot/pontosságot igénylő: *exacting work*

★ **exactly** /ɪg'zæktli/ *adv.* **1** pontosan: *You've arrived at exactly the right moment.* **2** (*beszélt nyelv*) pontosan (így igaz): *'I don't think she's old enough to travel on her own.''Exactly.'*
IDIOM **not exactly** (*beszélt nyelv*) **1** nem éppen: *He's not exactly the most careful driver I know.* **2** nem egészen: *'So you think I'm wrong?''No, not exactly, but ...'*

★ **exaggerate** /ɪg'zædʒəreɪt/ *verb* [*I,T*] (el)túloz
▸ **exaggeration** /ɪg,zædʒə'reɪʃn/ *noun* [*C, U*] túlzás

★ **exam** /ɪg'zæm/ (*formális* **examination**) *noun* [*C*] vizsga: *an English exam* • *the exam results* • *to do/take/sit an exam* vizsgázik • *to pass/fail an exam* átmegy/megbukik a vizsgán ❶ Egy **test** ált. kisebb jelentőségű és rendszerint rövidebb, mint egy **exam**.

★ **examination** /ɪg,zæmɪ'neɪʃn/ *noun* **1** [*C,U*] vizsgálat, ellenőrzés: *On close examination* (tüzetesebben megvizsgálva), *it was found that the passport was false.* • *a medical examination* **2** [*C*] (*formális*) vizsga ❶ A gyakrabban használt kifejezés **exam**.

★ **examine** /ɪg'zæmɪn/ *verb* [*T*] **1** tanulmányoz: *These theories will be examined in more detail later on in the lecture.* **2** **examine sb/sth (for sth)** át-/megvizsgál: *The detective examined the room for clues.* **3** (*formális*) **examine sb (in/on sth)** (le)vizsgáztat: *You will be examined on everything that has been studied in the course.*

examiner /ɪg'zæmɪnə(r)/ *noun* [*C*] vizsgáztató

★ **example** /ɪg'zɑːmpl/ *noun* [*C*] **1** **an example (of sth)** példa vmire: *Can you give me an example of what you mean?* • *This is a typical example of a Victorian house.* **2** **an example (to sb)** példa vki számára: *Joe's bravery should be an example to us all.*
IDIOMS **follow sb's example/lead** → FOLLOW | **for example**; e.g. például: *In many countries, Italy, for example, family life is much more important than here.* | **set a(n) (good/bad) example (to sb)** (jó/rossz) példát mutat

exasperate /ɪg'zæspəreɪt/ *verb* [*T*] felbosszant: *She was exasperated by the lack of progress.*
▸ **exasperating** *adj.* bosszantó
exasperation /ɪg,zæspə'reɪʃn/ *noun* [*U*] bosszúság, méreg (*átv*): *She finally threw the book across the room in exasperation.*

excavate /'ekskəveɪt/ *verb* [*I,T*] feltár (*romokat*)
▸ **excavation** /,ekskə'veɪʃn/ *noun* [*C,U*] ásatás

exceed /ɪk'siːd/ *verb* [*T*] **1** meghalad (*mennyiségileg*): *The weight should not exceed 20 kilos.* **2** túllép: *He was stopped by the police for exceeding the speed limit* (mert túllépte a megengedett sebességet). ➜ Lásd **excess, excessive.**

exceedingly /ɪk'siːdɪŋli/ *adv.* (*formális*) nagymértékben, rendkívül: *an exceedingly difficult problem*

excel /ɪk'sel/ *verb* (**excelling; excelled**) (*formális*) **1** [*I*] **excel (in/at sth/doing sth)** kiemelkedik vmiben: *Anne excels at sports.* **2** [*T*] **excel yourself** (*brit*) felülmúlja önmagát: *Rick's cooking is always good but this time he really excelled himself.*

excellence /'eksələns/ *noun* [*U*] kiválóság, tökély: *The head teacher said that she wanted the school to be a centre of academic excellence.*

★ **excellent** /'eksələnt/ adj. kiváló: *He speaks excellent German.* Kiválóan beszél németül.
► **excellently** adv. kiválóan

★ **except¹** /ɪk'sept/ prep. **except (for) sb/sth; except that...** kivéve, csak: *It was a good hotel except that it was rather noisy.*

except² /ɪk'sept/ verb [T] *(formális)* **except sb/sth (from sth)** *(gyakran szenvedő szerkezetben)* kihagy: *Nobody is excepted* (senki nem maradhat ki) *from helping with the housework.*
► **excepting** prep. kivéve: *I swim every day excepting Sundays.*

★ **exception** /ɪk'sepʃn/ noun [C] kivétel: *Everybody was poor as a student and I was no exception.*
IDIOMS **make an exception (of sb/sth)** kivételt tesz: *We don't usually allow children under 14 in, but we'll make an exception in your case.* | **with the exception of** kivéve: *He has won every major tennis championship with the exception of Wimbledon.* | **without exception** kivétel nélkül: *Everybody without exception must take the test.*

exceptional /ɪk'sepʃənl/ adj. kivételes: *You will only be allowed to leave early in exceptional circumstances.*
► **exceptionally** /-ʃənəli/ adv. kivételesen

excerpt /'eksɜ:pt/ noun [C] részlet, szemelvény

excess¹ /ɪk'ses/ noun [sing.] **an excess (of sth)** túl sok, felesleg: *An excess of fat in your diet can lead to heart disease.*
IDIOM **in excess of** több mint: *Her debts are in excess of £1000.* **❶** Ige: **exceed.**

excess² /'ekses/ adj. *(csak főnév előtt)* túl (sok), plusz: *Cut any excess fat off the meat.* **❶** Ige: **exceed.**

excessive /ɪk'sesɪv/ adj. túlzott, mértéktelen: *He was driving at excessive speed when he crashed.*
► **excessively** adv. túlságosan

★ **exchange¹** /ɪks'tʃeɪndʒ/ noun 1 [C,U] csere: *a useful exchange of information* • *We can offer free accommodation* **in exchange for** (cserébe) *some help in the house.* 2 [U] valutaárfolyam: *What's the* **exchange rate/rate of exchange** (átváltási árfolyam) *for dollars?* • *Most of the country's* **foreign**

exchange (valuta) *comes from oil.* ➔ Lásd **Stock Exchange.** 3 [C] diákcsere: *She went on an exchange to Germany when she was sixteen.* 4 [C] szóváltás: *She ended up having a* **heated exchange** (heves vita) *with her neighbours about the noise the night before.* 5 (also '**telephone exchange**) [C] telefonközpont

★ **exchange²** /ɪks'tʃeɪndʒ/ verb [T] **exchange A for B; exchange sth (with sb)** (ki/fel)-cserél: *I would like to exchange this skirt for a bigger size.* • *They exchanged glances.* Összenéztek.

excise /'eksaɪz/ noun [U] fogyasztási adó ➔ Lásd **customs.**

excitable /ɪk'saɪtəbl/ adj. izgága

excite /ɪk'saɪt/ verb [T] 1 izgalomba hoz, (fel)izgat: *Don't excite the baby too much or we'll never get him off to sleep.* 2 előidéz, kivált *(indulatokat)*: *The programme excited great interest.*

★ **excited** /ɪk'saɪtɪd/ adj. **excited (about/at/by sth)** izgatott, lelkes
► **excitedly** adv. izgatottan

★ **excitement** /ɪk'saɪtmənt/ noun [U] izgalom, izgatott várakozás: *There was* **great excitement** *as the winner's name was announced.* • *The match was* **full of excitement.**

★ **exciting** /ɪk'saɪtɪŋ/ adj. izgalmas

exclaim /ɪk'skleɪm/ verb [I,T] felkiált

exclamation /ˌekskləˈmeɪʃn/ noun [C] felkiáltás **❶** Szinonimája: **interjection.**

ˌexclaˈmation mark (US ˌexclaˈmation point) noun [C] felkiáltójel

★ **exclude** /ɪk'sklu:d/ verb [T] *(continuous igeidőkben nem állhat)* 1 nem tartalmaz: *The price excludes all extras such as drinks or excursions.* 2 **exclude sb/sth (from sth)** kizár, kirekeszt: *Women are excluded from the temple.* • *Jake was excluded from the game for cheating.* **❶** Ellentéte: **include.** 3 kizár *(vminek a lehetőségét)*: *The police had* **excluded the possibility** *that the child had run away.*

★ **excluding** /ɪk'sklu:dɪŋ/ prep. vmi nélkül, kivéve: *Lunch costs £10 per person excluding drinks.* **❶** Ellentéte: **including.**

exclusion /ɪk'sklu:ʒn/ noun [U] kizárás

exclusive¹ /ɪk'sklu:sɪv/ adj. 1 *(csak főnév*

előtt) kizárólagos: *This car is for the Director's exclusive use.* • *an exclusive interview* (exkluzív interjú) *with the Prime Minister* **2** exkluzív, előkelő: *an exclusive restaurant* • *a flat in an exclusive part of the city* **3** exclusive of sb/sth vmi nélkül, vmi kivételével: *Lunch costs £7 per person exclusive of drinks.*

exclusive² /ɪk'sklu:sɪv/ *noun* [C] exkluzív riport

exclusively /ɪk'sklu:sɪvli/ *adv.* kizárólagosan: *The swimming pool is reserved exclusively for members of the club.*

excrement /'ekskrɪmənt/ *noun* [U] (*formális*) ürülék ❶ Szinonimája: **faeces**.

excrete /ɪk'skri:t/ *verb* [T] (*formális*) székletet ürít

excruciating /ɪk'skru:ʃieɪtɪŋ/ *adj.* kínzó, gyötrő

excursion /ɪk'skɜ:ʃn/ *noun* [C] kirándulás (*csoportos*): *to go on an excursion to the seaside* ➔ Magyarázat a **travel** szónál.

excusable /ɪk'skju:zəbl/ *adj.* megbocsátható ❶ Ellentéte: **inexcusable**.

★ **excuse¹** /ɪk'skju:s/ *noun* [C] **an excuse (for sth/doing sth)** kifogás, mentség: *There's no excuse for rudeness.* • *He always finds an excuse for not helping with the housework.* • *to make an excuse* mentegetőzik

★ **excuse²** /ɪk'skju:z/ *verb* [T] **1** excuse sb/sth (for sth/for doing sth) megbocsát: *Please excuse the interruption but I need to talk to you.* **2** magyarázkodik, mentegetőzik: *Nothing can excuse* (megbocsáthatatlan) *such behaviour.* **3** excuse sb (from sth) mentesít vkit vmi alól: *She excused herself* (elnézést kért) *and left the meeting early.*

> Az **excuse me** kifejezést akkor használjuk, ha valakit félbeszakítunk, vagy ha ismeretlen embert szólítunk meg: *Excuse me, can you tell me the way to the station?* Az amerikai angolban és néha a brit angolban is az **excuse me** bocsánatkérés is lehet: *Did I tread on your toe? Excuse me.*

execute /'eksɪkju:t/ *verb* [T] **1** execute sb (for sth) (*ált. szenvedő szerkezetben*) kivégez **2** (*formális*) megvalósít, végrehajt
▸ **execution** /ˌeksɪ'kju:ʃn/ *noun* **1** [C,U]

kivégzés **2** [U] (*formális*) megvalósítás, végrehajtás

executioner /ˌeksɪ'kju:ʃənə(r)/ *noun* [C] hóhér

executive¹ /ɪg'zekjətɪv/ *adj.* **1** vezető beosztású: *an executive director of the company* • *executive decisions/jobs/duties* **2** menedzser-: *an executive briefcase* diplomata táska

executive² /ɪg'zekjətɪv/ *noun* **1** [C] menedzser: *She's a senior executive in a computer company.* **2** [*sing.*] főnökség

exemplary /ɪg'zempləri/ *adj.* példamutató: *exemplary behaviour*

exemplify /ɪg'zemplɪfaɪ/ *verb* [T] (*pres. part.* **exemplifying**; *3rd pers. sing. pres.* **exemplifies**; *pt, pp* **exemplified**) példa vmire

exempt¹ /ɪg'zempt/ *adj.* (*főnév előtt nem állhat*) exempt (from sth) mentes: *Children under 16 are exempt from dental charges.*
▸ **exemption** /ɪg'zempʃn/ *noun* [C,U] mentesség

exempt² /ɪg'zempt/ *verb* [T] (*formális*) exempt sb/sth (from sth) felment/mentesít (vmi alól)

★ **exercise¹** /'eksəsaɪz/ *noun* **1** [U] (*fizikai vagy szellemi*) (torna)gyakorlat: *The doctor advised him to take regular exercise.* • *Swimming is a good form of exercise.* **2** [C, often plural*] gyakorlat: *I do keep-fit exercises* (kondicionáló tornagyakorlatokat végzek) *every morning.* • *breathing/stretching/relaxation exercises* **3** [C] (*iskolai*) feladat, gyakorlat: *an exercise on phrasal verbs* **4** [C] **an exercise in sth** vminek a gyakorlása: *The project is an exercise in getting the best results at a low cost.* **5** [U] (*formális*) exercise of sth (*hatalom, jog*) gyakorlása: *the exercise of patience/judgement/discretion* **6** [C, usually plural*] gyakorlat: *military exercises* hadgyakorlat

★ **exercise²** /'eksəsaɪz/ *verb* **1** [I] edz, gyakorlatokat végez **2** [T] (*hatalmat, jogot*) gyakorol: *You should exercise your right to vote.*

exercise book *noun* [C] **1** (*brit*) (*US* notebook) füzet **2** (*US*) = workbook

exert /ɪg'zɜ:t/ *verb* [T] **1** kifejt, gyakorol (*befolyást, erőt*): *Parents exert a powerful*

influence on their children's opinions.
2 exert yourself erőfeszítés(eke)t tesz: *You won't make any progress if you don't exert yourself a bit more.*

exertion /ɪgˈzɜːʃn/ *noun* [U, C] erőkifejtés: *At his age physical exertion was dangerous.*
• *I'm tired after the exertions of the past few days.*

exhale /eksˈheɪl/ *verb* [I] (*formális*) kifújja a levegőt **⊙** Ellentéte: **inhale**.

exhaust¹ /ɪgˈzɔːst/ *noun* **1** [U] kipufogógáz: *car exhaust fumes/emissions* **2** [C] (**exˈhaust pipe**; *US* **tailpipe**) kipufogócső

★ **exhaust²** /ɪgˈzɔːst/ *verb* [T] **1** kimerít/-fáraszt: *The long journey to work every morning exhausted him.* **2** kimerít (*készletet, témát*): *All the supplies of food have been exhausted.* • *Well, I think we've exhausted that topic.*

★ **exhausted** /ɪgˈzɔːstɪd/ *adj.* kimerült

★ **exhausting** /ɪgˈzɔːstɪŋ/ *adj.* kimerítő, fárasztó: *Teaching young children is exhausting work.*

exhaustion /ɪgˈzɔːstʃən/ *noun* [U] kimerültség

exhaustive /ɪgˈzɔːstɪv/ *adj.* kimerítő, teljes: *This list is certainly not exhaustive.* **⊃** Lásd még **exhausting**, aminek más a jelentése.

exhibit¹ /ɪgˈzɪbɪt/ *noun* [C] kiállítási tárgy

exhibit² /ɪgˈzɪbɪt/ *verb* [T] **1** kiállít vmit vhol **2** (*formális*) vmit (ki)mutat (*pl. érzelmeket*): *The refugees are exhibiting signs of exhaustion and stress.*

★ **exhibition** /ˌeksɪˈbɪʃn/ *noun* **1** [C] kiállítás, tárlat: *an exhibition of photographs* • *Her paintings will be on exhibition* (*ki fogják állítani*) *in London for the whole of April.* **2** [C] bemutató: *We saw an exhibition of Scottish dancing last night.* **3** [*sing.*] (*formális*) be-/megmutatás, bemutató: *The game was a superb exhibition of football at its best.*

exhibitor /ɪgˈzɪbɪtə(r)/ *noun* [C] kiállító (*művész*)

exhilarate /ɪgˈzɪləreɪt/ *verb* [T] (*ált. szenvedő szerkezetben*) felvillanyoz, örömmel tölt el: *We felt exhilarated by our walk along the beach.*
▸ **exhilarating** *adj.* élvezetes

exhilaration /ɪgˌzɪləˈreɪʃn/ *noun* [U] lelkes izgalom

exile /ˈeksaɪl/ *noun* **1** [U] száműzetés: *He went into exile after the revolution of 1968.* • *They lived in exile for many years.* **2** [C] száműzött **⊃** Lásd **refugee**.
▸ **exile** *verb* [T] (*ált. szenvedő szerkezetben*) száműz

★ **exist** /ɪgˈzɪst/ *verb* [I] **1** (*continuous igeidőkben nem állhat*) létezik **2 exist (on sth)** fenntartja magát, megél

existence /ɪgˈzɪstəns/ *noun* **1** [U] létezés: *This is the oldest human skeleton in existence* (*a létező*). • *How did the universe come into existence* (*keletkezett*)? **2** [*sing.*] (*szegényes*) életvitel: *They lead a miserable existence* (*nyomorognak*) *in a tiny flat in London.*

existing /ɪgˈzɪstɪŋ/ *adj.* (*csak főnév előtt*) létező, fennálló

★ **exit¹** /ˈeksɪt; ˈegzɪt/ *noun* [C] **1** kijárat: *an emergency exit* vészkijárat **2** távozás: *If I see her coming, I'll make a quick exit* (*gyorsan lelépek*). • *an exit visa* kiutazóvízum **⊙** Az **1.** és **2.** jelentésben ellentéte **entrance**. **3** lehajtósáv, kijárat

exit² /ˈeksɪt; ˈegzɪt/ *verb* [I,T] (*formális*) távozik: *I exited* (*kiléptem*) *the database and switched off the computer.*

exonerate /ɪgˈzɒnəreɪt/ *verb* [T] (*formális, ált. szenvedő szerkezetben*) (*jog*) felment

exorbitant /ɪgˈzɔːbɪtənt/ *adj.* (*formális*) túl drága

exotic /ɪgˈzɒtɪk/ *adj.* egzotikus

★ **expand** /ɪkˈspænd/ *verb* [I,T] kiterjed, kiterjeszt **⊙** Ellentéte: **contract**.
PHRASAL VERB **expand on sth** részletez, kifejt

expanse /ɪkˈspæns/ *noun* [C] (*hatalmas*) térség (*szárazföld, tenger, égbolt*)

★ **expansion** /ɪkˈspænʃn/ *noun* [U] növekedés

expansive /ɪkˈspænsɪv/ *adj.* (*formális*) beszédes, barátságos

expatriate /ˌeksˈpætriət/ (*informális* **expat**) *noun* [C] külföldön élő személy

★ **expect** /ɪkˈspekt/ *verb* [T] **1** vár vmit, számít vmire: *She's expecting a letter from the bank soon.* • *I expect that it will rain this afternoon.* • *I know the food's not so good, but what did you expect from such a cheap* *restaurant?* • *She's expecting a baby in the spring.* ⊃ Magyarázat a **wait¹** szónál. **2 expect sth (from sb); expect sb to do sth** elvár vkitől vmit: *Factory workers are often expected to work at night.* **3** (brit) feltételez vmit: *'Will you be able to help me later on?' 'I expect so.'*

expectancy /ɪk'spektənsi/ *noun* [U] várakozás, remény: *a look/feeling of expectancy* ⊃ Lásd **life expectancy**.

expectant /ɪk'spektənt/ *adj.* **1** várakozó, reménykedő **2** várandós
▸ **expectantly** *adv.* várakozón

expectation /ˌekspek'teɪʃn/ *noun* (*formális*) **1** [U] **expectation (of sth)** várakozás, remény: *The dog was sitting under the table in expectation of food* (ennivalóra várva). **2** [C, *usually plural*] elvárás, remény: *They had great expectations for their daughter.*
IDIOMS against/contrary to (all) expectation(s) minden várakozás ellenére | **not come up to (sb's) expectations** nem váltotta be a hozzá fűzött reményeket

expedient /ɪk'spiːdiənt/ *adj.* (*formális*) célszerű, előnyös: *The government decided that it was expedient not to increase taxes until after the election.*
▸ **expediency** /-ənsi/ *noun* [U] célszerűség, megalkuvás

expedition /ˌekspə'dɪʃn/ *noun* [C] **1** expedíció **2** kirándulás, kiruccanás

expel /ɪk'spel/ *verb* [T] (**expelling**; **expelled**) **1** kiutasít: *The boy was expelled* (kicsapták) *from school for smoking.* **2** kiszorít vmit vhonnan **⊕** Főnév: **expulsion**.

expend /ɪk'spend/ *verb* [T] (*formális*) **expend sth (on sth)** ráfordít (*pénzt, időt stb.*)

expendable /ɪk'spendəbl/ *adj.* (*formális*) jelentéktelen, feláldozható: *In a war human life is expendable.*

expenditure /ɪk'spendɪtʃə(r)/ *noun* [U, *sing.*] (*formális*) (*pénz*) kiadás

★ **expense** /ɪk'spens/ *noun* **1** [C,U] ráfordítás, költség: *The movie was filmed in Tahiti at great expense.* **2** (**expenses**) [*plural*] költségek
IDIOMS at sb's expense 1 vkinek a költségén **2** vkinek a rovására | **at the expense of sth** vminek a rovására/kárára: *He was a suc-*

cessful businessman, but it was at the expense of his family life.

★ **expensive** /ɪk'spensɪv/ *adj.* költséges, drága **⊕** Ellentéte: **inexpensive** vagy **cheap**.
▸ **expensively** *adv.* költségesen, drágán

★ **experience¹** /ɪk'spɪəriəns/ *noun* **1** [U] tapasztalat: *We all learn by experience.* • *I know from experience what will happen.* **2** [C] élmény

experience² /ɪk'spɪəriəns/ *verb* [T] átél (*tapasztalatot szerez*)

★ **experienced** /ɪk'spɪəriənst/ *adj.* tapasztalt **⊕** Ellentéte: **inexperienced**.

★ **experiment¹** /ɪk'sperɪmənt/ *noun* [C,U] kísérlet: *to carry out/perform/conduct/do an experiment* kísérletet végez • *We need to prove this theory by experiment.*
▸ **experimentally** /-təli/ *adv.* kísérletileg

experiment² /ɪk'sperɪmənt/ *verb* [I] **experiment (on/with sth)** kísérletezik

experimental /ɪkˌsperɪ'mentl/ *adj.* kísérleti

★ **expert** /'ekspɜːt/ *noun* [C] **an expert (at/in/on sth)** szakértő, szakember
▸ **expert** *adj.* tapasztalt, szakszerű: *He's an expert cook.* • *expert advice*
expertly *adv.* szakszerűen

expertise /ˌekspɜː'tiːz/ *noun* [U] szakértelem: *I was amazed at his expertise on the word processor.*

expire /ɪk'spaɪə(r)/ *verb* [I] (*formális*) lejár (*vminek az érvényessége*) **⊕** Bizalmasabb szó: **run out**.

expiry /ɪk'spaɪəri/ *noun* [U] lejárat (*érvényességé, határidőé*): *The expiry date on this yoghurt was 20 November.*

★ **explain** /ɪk'spleɪn/ *verb* [I,T] **explain (sth) (to sb)** megmagyaráz: *She explained how I should fill in the form.* • *'This work isn't very good.' 'I wasn't feeling very well.' 'Oh, that explains it then.'*

> Vigyázat! Helyesen: **Explain it to me.** (soha ~~Explain me it~~).

IDIOM explain yourself 1 magyarázattal szolgál: *I really don't see why I should have to explain myself to you.* **2** megérteti magát
PHRASAL VERB explain sth away kimagyaráz vmit

[I] **tárgyatlan** (*ige*): *He laughed.* [T] **tárgyas** (*ige*): *He ate an apple.*

★ **explanation** /ˌeksplə'neɪʃn/ *noun* [C,U]
magyarázat: *He could not give an explanation for his behaviour.* • *That idea needs some explanation.*

explanatory /ɪk'splænətri/ *adj.* magyarázó: *explanatory notes* • *Those instructions are self-explanatory* (maguktól értetődőek).

explicable /ɪk'splɪkəbl; 'eksplɪkəbl/ *adj.*
megmagyarázható ❶ Ellentéte: **inexplicable**.

explicit /ɪk'splɪsɪt/ *adj.* 1 világos, érthető: *I gave you explicit instructions not to touch anything.* • *She was quite explicit about her feelings on the subject.* ➜ Lásd **implicit**.
2 szókimondó, félreérthetetlen: *Some of the sex scenes in that TV play were very explicit.*
▶ **explicitly** *adv.* félreérthetetlenül

★ **explode** /ɪk'spləʊd/ *verb* [I,T] felrobban, felrobbant: *The bomb exploded without warning.* • *(átv) My father exploded (feldühödött) when I told him how much the car would cost to repair.* ❶ Főnév: **explosion.**

★ **exploit**[1] /ɪk'splɔɪt/ *verb* [T] 1 kihasznál, kizsákmányol 2 hasznosít, kiaknáz
▶ **exploitation** /ˌeksplɔɪ'teɪʃn/ *noun* [U]
1 kizsákmányolás 2 kitermelés, kiaknázás

exploit[2] /'eksplɔɪt/ *noun* [C] hőstett

exploration /ˌeksplə'reɪʃn/ *noun* [C,U]
felfedezés, kutatás

exploratory /ɪk'splɒrətri/ *adj.* kutató, felfedező: *The doctors are doing some exploratory tests.*

★ **explore** /ɪk'splɔː(r)/ *verb* [I,T] felfedező utat tesz: *(átv) We need to explore all the possibilities* (felkutatni az összes lehetőséget) *before we decide.*

explorer /ɪk'splɔːrə(r)/ *noun* [C] felfedező

★ **explosion** /ɪk'spləʊʒn/ *noun* [C] 1 robbanás 2 *(demográfiai stb.)* robbanás
❶ Ige: **explode.**

explosive[1] /ɪk'spləʊsɪv/ *adj.* 1 robbanékony 2 pattanásig feszült: *The situation is explosive.*

explosive[2] /ɪk'spləʊsɪv/ *noun* [C] robbanóanyag

★ **export**[1] /ɪk'spɔːt/ *verb* [I,T] 1 exportál

❶ Ellentéte: **import**. 2 *(infor)* kivisz *(adatot)*

★ **export**[2] /'ekspɔːt/ *noun* 1 [U] export 2 [C, usually plural] exportcikk ❶ Ellentéte: **import**.
▶ **exporter** *noun* [C] exportőr ❶ Ellentéte: **importer**.

expose /ɪk'spəʊz/ *verb* [T] 1 **expose sth (to sb); expose sb/sth (as sth)** leleplez vmit/vkit 2 **expose sb/sth to sth** kitesz vkit *(veszélynek stb.)*: *to be exposed to radiation/danger* 3 **expose sb to sth** kitesz vkit *(vmilyen hatásnak)*: *I like jazz because I was exposed to it as a child.* 4 *(fotó)* exponál

exposed /ɪk'spəʊzd/ *adj.* szabadon álló, védtelen *(hely)*

exposure /ɪk'spəʊʒə(r)/ *noun* 1 [U, C] nyilvánosságra hozás, reklámozás, kiteregetés *(átv)*: *The new movie has been given a lot of exposure in the media.* 2 [U] kitettség *(vmilyen hatásnak)*: *Exposure to radiation is almost always harmful.* 3 [U] *(veszedelmes megfagyás)* lehűlés 4 [C] *(fotó)* felvétel

★ **express**[1] /ɪk'spres/ *verb* [T] 1 kifejez: *to express fears/concern about sth* 2 **express yourself** kifejezi magát

express[2] /ɪk'spres/ *adj., adv.* 1 expressz: *an express coach* • *We'd better send the parcel express.* 2 határozott, egyértelmű: *It was her express wish that he should have the picture after her death.*

express[3] /ɪk'spres/ (also **ex'press train**) *noun* [C] expresszvonat

★ **expression** /ɪk'spreʃn/ *noun* 1 [C,U] vminek a kifejezése: *Freedom of expression (szólásszabadság) is a basic human right.* • *an expression (jel) of gratitude/sympathy/anger* 2 [C] arckifejezés 3 [C] *(nyelv)* kifejezés: *a slang/an idiomatic expression*

expressive /ɪk'spresɪv/ *adj.* kifejező
▶ **expressively** *adv.* kifejezően

expressly /ɪk'spresli/ *adv.* 1 határozottan: *I expressly told you not to do that.* 2 kifejezetten: *These scissors are expressly designed for left-handed people.*

expressway /ɪk'spresweɪ/ *(US)* = MOTORWAY

expulsion /ɪk'spʌlʃn/ *noun* [C,U] kitiltás,

kicsapás: *There have been three expulsions from school this year.* ❶ Ige: **expel**.

exquisite /ɪkˈskwɪzɪt; ˈekskwɪzɪt/ *adj.* elragadó, páratlan szépségű, tökéletes

ext. *abbr.* (**extension** *rövidítése*) mellék (*telefoné*): *ext. 3492*

★ **extend** /ɪkˈstend/ *verb* **1** [T] kiterjeszt, meghosszabbít: *Could you extend your visit for a few days?* • *Since my injury I can't extend* (kinyújt) *this leg fully.* **2** [I,T] kiterjed, kiterjeszt **3** [T] (*formális*) nyújt, ad: *to extend hospitality/a warm welcome/an invitation to sb*

extension /ɪkˈstenʃn/ *noun* [C] **1** meghosszabbítás **2** új épületszárny **3** mellékállomás: *Can I have extension 4342, please?*

extensive /ɪkˈstensɪv/ *adj.* kiterjedt, terjedelmes
▸ **extensively** *adv.* alaposan, széleskörűen

★ **extent** /ɪkˈstent/ *noun* [U] **the extent of sth** terjedelem: *The full extent of the damage is not yet known.*
 IDIOMS **to a certain/to some extent** bizonyos mértékig | **to what extent** mennyire

exterior¹ /ɪkˈstɪəriə(r)/ *adj.* külső ❶ Ellentéte: **interior**.

exterior² /ɪkˈstɪəriə(r)/ *noun* [C] vkinek/vminek a külseje: *Despite his calm exterior, Steve suffers badly from stress.*

exterminate /ɪkˈstɜːmɪneɪt/ *verb* [T] kiírt
▸ **extermination** /ɪkˌstɜːmɪˈneɪʃn/ *noun* [U] kiirtás

★ **external** /ɪkˈstɜːnl/ *adj.* **1** külső: *The cream is for external use only* (csak külsőleg). **2** külső, idegen: *You will be tested by an external examiner.* ❶ Ellentéte: **internal**.

extinct /ɪkˈstɪŋkt/ *adj.* **1** kihalt **2** kialudt (*vulkán*)
▸ **extinction** /ɪkˈstɪŋkʃn/ *noun* [U] kipusztulás: *The giant panda is in danger of extinction.*

extinguish /ɪkˈstɪŋgwɪʃ/ *verb* [T] (*formális*) kiolt, elolt (*tüzet*) ❶ Bizalmasabb kifejezés: **put out**.
▸ **extinguisher** (also **ˈfire extinguisher**) *noun* [C] tűzoltókészülék

extort /ɪkˈstɔːt/ *verb* [T] (*formális*) **extort sth (from sb)** kierőszakol, kizsarol
▸ **extortion** *noun* [U] kierőszakolás

extortionate /ɪkˈstɔːʃənət/ *adj.* kierőszakolt, uzsora- (*ár*)

★ **extra¹** /ˈekstrə/ *adj., adv.* többlet, extra: *I'll need some extra money for the holidays.* • *'What size is this sweater?' 'Extra large.'* • *Is wine included in the price of the meal or is it extra?* • *I tried to be extra nice* (különösen kedves) *to him yesterday because it was his birthday.*

extra² /ˈekstrə/ *noun* [C] **1** kiegészítő, extra: *Optional extras include a colour printer, a scanner and a CD burner.* **2** statiszta

extract¹ /ɪkˈstrækt/ *verb* [T] (*formális*) kihúz: *I wasn't able to extract an apology from her.*

extract² /ˈekstrækt/ *noun* [C] részlet

extraction /ɪkˈstrækʃn/ *noun* (*formális*) **1** [C,U] kitermelés, kihúzás **2** [U] származás: *He's an American but he's of Italian extraction.*

extra-curricular /ˌekstrə kəˈrɪkjələ(r)/ *adj.* tanórán kívüli (*nem kötelező*)

extradite /ˈekstrədaɪt/ *verb* [T] (*jog*) kiad (*bűnözőt, stb.*)
▸ **extradition** /ˌekstrəˈdɪʃn/ *noun* [C,U] (*jog*) kiadatás

★ **extraordinary** /ɪkˈstrɔːdnri/ *adj.* **1** különleges, kivételes **2** szokatlan ❶ Ellentéte: **ordinary**.
▸ **extraordinarily** /ɪkˈstrɔːdnrəli/ *adv.* különlegesen, rendkívül

extravagant /ɪkˈstrævəgənt/ *adj.* **1** pazarló **2** túlzott: *The advertisements made extravagant claims for the new medicine.*
▸ **extravagance** *noun* [C,U] pazarlás
 extravagantly *adv.* mértéktelenül

★ **extreme** /ɪkˈstriːm/ *adj.* **1** (*csak főnév előtt*) a legnagyobb: *extreme care/difficulty/heat/poverty* **2** szélsőséges: *Her extreme views on immigration are shocking to most people.* **3** (*csak főnév előtt*) a legtávolabbi, (leg)szélső ➔ Lásd **moderate, radical**.
▸ **extreme** *noun* [C] véglet: *Alex used to be very shy but now she's gone to the opposite extreme.*

extremely /ɪkˈstriːmli/ *adv.* különlegesen

exˈtreme sport *noun* [C] különösen veszélyes sport

extremist /ɪkˈstriːmɪst/ *noun* [C] szélsőséges ➔ Lásd **moderate, radical**.

▶ **extremism** *noun* [U] szélsőségesség

extremity /ɪk'stremətɪ/ *noun* [C] (*plural* **extremities**) vég(let), szélső pont

extricate /'ekstrɪkeɪt/ *verb* [T] kiment vkit/vmit: *I finally managed to extricate myself from the meeting by saying that I had a train to catch.*

extrovert /'ekstrəvɜːt/ *noun* [C] extrovertált, kifelé forduló ember ➊ Ellentéte: introvert.

exuberant /ɪg'zjuːbərənt/ *adj.* életkedvvel teli

▶ **exuberance** *noun* [U] kirobbanó életkedv

★ **eye¹** /aɪ/ *noun* [C] **1** szem: *to open/close your eyes.* • *The morning after the fight he had a black eye* (véraláfutás a szeme körül). ➌ Lásd **blink, wink. 2** látás: *He has sharp eyes.* Kitűnő a látása. • *She has an eye for detail.* A legapróbb részletet is észreveszi. **3** a tű foka

IDIOMS **as far as the eye can see** → FAR² | **be up to your eyes in sth** (*informális*) nyakig van vmiben: *I'm up to my eyes in work.* | **before sb's very eyes** a szeme láttára | **cast an eye/your eye(s) over sb/sth** → CAST¹ | **catch sb's attention/eye** → CATCH¹ | **cry your eyes out** → CRY¹ | **an eye for an eye** szemet szemért | **have (got) your eye on sb** szemmel tart vkit | **have (got) your eye on sth** kinézett magának vmit: *I've got my eye on a suit that I saw in the sales.* | **in the eyes of sb/in sb's eyes** vkinek a véleménye szerint | **in the public eye** → PUBLIC¹ | **keep an eye on sb/sth** vigyáz vkire/vmire, gondoskodik vkiről/vmiről | **keep an eye open/out (for sb/sth)** figyel/szemmel tart vkit/vmit | **keep your eyes peeled/skinned**

(for sb/sth) nyitva tartja a szemét (*átv*) | **look sb in the eye** → LOOK¹ | **the naked eye** → NAKED | **not bat an eye** → BAT² | **see eye to eye (with sb)** → SEE | **set eyes on sb/sth** → SET¹ | **turn a blind eye** → BLIND¹ | **with your eyes open** minden információ birtokában: *You went into the new job with your eyes open, so you can't complain now.*

eye² /aɪ/ *verb* [T] (*pres. part.* **eyeing** or **eying**; *pt, pp* **eyed**) szemügyre vesz: *She eyed him with suspicion.*

eyeball /'aɪbɔːl/ *noun* [C] szemgolyó

eyebrow /'aɪbraʊ/ *noun* [C] szemöldök
IDIOM **raise your eyebrows** → RAISE

'**eye-catching** *adj.* szembeötlő, feltűnő

eyeglasses /'aɪglɑːsɪz/ (*US*) = GLASSES

eyelash /'aɪlæʃ/ (also **lash**) *noun* [C] szempilla

'**eye level** *noun* [U] szemmagasság(ban lévő): *an eye-level grill*

eyelid /'aɪlɪd/ (also **lid**) *noun* [C] szemhéj
IDIOM **not bat an eyelid** → BAT²

eyeliner /'aɪlaɪnə(r)/ *noun* [U] szemceruza

'**eye-opener** *noun* [C] az igazságot leleplező élmény: *That television programme was a real eye-opener.*

eyeshadow /'aɪʃædəʊ/ *noun* [U] szemhéjfesték

eyesight /'aɪsaɪt/ *noun* [U] látás: *good/poor eyesight*

eyesore /'aɪsɔː(r)/ *noun* [C] szemet bántó látvány: *All this litter in the streets is a real eyesore.*

eyewitness /'aɪwɪtnəs/ (also **witness**) **an eyewitness (to sth)** *noun* [C] szemtanú

Ff

F, f¹ /ef/ *noun* [C,U] (*plural* **F's; f's**) **1** F/f betű **2** (F) (*zene*) F/f hang: *F major* F-dúr • *F minor* f-moll • *F sharp* Fisz/fisz **3** (F) (*okt*) elégtelen (*ha A a legjobb és F a legroszszabb osztályzat*)

f² *abbr.* **1** (F) (**Fahrenheit** *rövidítése*) F: *Water*

freezes at 32°F. **2** (**female, feminine** *rövidítése*) nő(i), nőnem(ű)

FA /ˌef 'eɪ/ *abbr.* (**the Football Association** *rövidítése*) (*brit*) Labdarúgó Szövetség: *the FA Cup*

fable /'feɪbl/ *noun* [C] tanmese, állatmese

fabric /ˈfæbrɪk/ *noun* **1** [C,U] anyag, textil: *cotton fabrics* pamutanyag **2** [*sing.*] struktúra, szerkezet

fabulous /ˈfæbjələs/ *adj.* **1** kitűnő **2** óriási, mesés: *fabulous wealth/riches/beauty*

façade (also **facade**) /fəˈsɑːd/ *noun* [C] **1** homlokzat **2** külszín, látszat

★ **face¹** /feɪs/ *noun* [C] **1** arc: *He came in with a smile on his face.* • *Her face lit up* (felderült az arca) *when John came into the room.* **2** előlap/oldallap: *the north face of the mountain* hegy északi lejtője • *He put the cards* **face up/down** (lapjával felfelé/ lefelé) *on the table.* • *a clock face* az óra számlapja **3** (-faced) (összetett melléknevekben) -arcú: *red/round/sour-faced*

IDIOMS **face to face (with sb/sth)** szemtől szembe | **keep a straight face** → STRAIGHT¹ | **lose face** → LOSE | **make/pull faces/a face (at sb/sth)** kelletlen arcot vág | **make/pull faces** pofákat vág | **save face** → SAVE¹ | **to sb's face** szemtől szembe: *I wanted to say that I was sorry to her face, not on the phone.* ❶ Ellentéte: **behind sb's back**.

★ **face²** /feɪs/ *verb* [T] **1** vmilyen irányba néz: *The garden faces south.* • *Can you all face the front, please?* **2** szembenéz vmivel (átv): *He couldn't face going to work yesterday.* • *We are faced with a difficult decision.* Súlyos döntés vár ránk.

IDIOM **let's face it** (informális) el kell fogadnunk, tudomásul kell vennünk: *Let's face it, we can't afford another holiday.*

PHRASAL VERB **face up to sth** belát vmit: *She had to face up to the fact that she was wrong.*

facecloth /ˈfeɪsklɒθ/ *noun* [C] arc-/ kéztörlő

faceless /ˈfeɪsləs/ *adj.* jellegtelen: *faceless civil servants*

facelift /ˈfeɪslɪft/ *noun* [C] arcfelvarrás ➔ Lásd plastic surgery.

facet /ˈfæsɪt/ *noun* [C] **1** szempont: *There are many facets to this argument.* **2** csiszolt drágakő egy(ik) lapja

facetious /fəˈsiːʃəs/ *adj.* szellemeskedő: *He kept making facetious remarks during the lecture.*
▶ **facetiously** *adv.* szellemeskedve

ˌface ˈvalue *noun* [U, *sing.*] névérték

IDIOM **take sb/sth at (its, his, etc.) face value**

látszatnak hisz: *Don't take his story at face value* (ne vedd szó szerint). *There's something he hasn't told us yet.*

facial /ˈfeɪʃl/ *adj.* arc-: *a facial expression* • *facial hair* arcszőr

facile /ˈfæsaɪl/ *adj.* felületes

facilitate /fəˈsɪlɪteɪt/ *verb* [T] (*formális*) elősegít

★ **facility** /fəˈsɪləti/ *noun* (*plural* **facilities**) **1** (**facilities**) [*plural*] megfelelő felszerelés, (szórakozási, sportolási) lehetőség **2** [C] (vmilyen eszköz extra) funkció(ja), alkalmas(ság) vmire

facsimile /fækˈsɪməli/ *noun* [C,U] hasonmás (kép, szöveg) ➔ Lásd fax.

★ **fact** /fækt/ *noun* **1** [C] tény: *We need to know all the facts before we can decide.* • *I know* **for a fact** (biztosan tudom) *that Peter wasn't ill yesterday.* • **The fact that** *I am older than you makes no difference at all.* • *You've got to* **face (the) facts**. Szembe kell nézned a tényekkel. **2** [U] tények: *The film is based on fact.* ❶ Ellentéte: **fiction**.

IDIOMS **as a matter of fact** → MATTER¹ | **facts and figures** részletes információk | **the fact (of the matter) is (that)...** az igazság az, (hogy) | **a fact of life** megváltoztathatatlan tény: *Most people now see unemployment as just another fact of life.* | **the facts of life** a nemi élet tényei | **hard facts** → HARD¹ | **in (actual) fact 1** valójában **2** tulajdonképpen: *It was cold. In fact it was freezing.*

factor /ˈfæktə(r)/ *noun* [C] **1** tényező: *His unhappiness at home was a major factor in his decision to leave.* **2** (mat) osztó

★ **factory** /ˈfæktri; -təri/ *noun* [C] (*plural* **factories**) gyár

factual /ˈfæktʃuəl/ *adj.* tényszerű ➔ Lásd fictional.

faculty /ˈfæklti/ *noun* [C] (*plural* **faculties**) **1** képesség: *the faculty of sight* **2** (also **Faculty**) (egyetemi) kar, fakultás: *the Faculty of Law/the Law Faculty* • *a teacher in the English Faculty* ❶ A **the Faculty** jelentheti egy egyetem vagy főiskola valamely tanszékének tanári karát is. Ebben az esetben az ige állhat egyes vagy többes számban: *The Faculty has/have been invited to the meeting.*

fad /fæd/ noun [C] (informális) múló divathóbort

★ **fade** /feɪd/ verb 1 [I,T] kifakul, kifakít 2 [I] **fade (away)** elhalványul: The smile faded from his face.

faeces (US **feces**) /'fiːsiːz/ noun [plural] bélsár, ürülék

fag /fæg/ noun (brit) 1 [C] (szleng) cigi 2 [sing.] (informális) robot: I've got to wash the car. What a fag!

Fahrenheit /'færənhaɪt/ noun [U] (abbr. F) (fiz) Fahrenheit: Water freezes at 32° Fahrenheit (32°F).

★ **fail¹** /feɪl/ verb 1 [I,T] megbukik, kudarcot vall: She failed her driving test. ➜ Lásd **pass, succeed.** 2 [T] megbuktat ❶ Ellentéte: **pass.** 3 [I] **fail to do sth** elmulaszt (vmit megtenni): She never fails to do her homework. 4 [I,T] nem váltja be a hozzá fűzött reményeket: If the crops fail, people will starve. • I think the government has failed us. 5 [I] romlik: His health is failing. 6 [I] leáll, meghibásodik (szerkezet)

fail² /feɪl/ noun [C] bukás ❶ Ellentéte: **pass.** IDIOM **without fail** feltétlenül

failing¹ /'feɪlɪŋ/ noun [C] gyenge pont: She's not very patient – that's her only failing.

failing² /'feɪlɪŋ/ prep. vmi hiányában: Ask Jackie to go with you, or failing that, try Anne.

★ **failure** /'feɪljə(r)/ noun 1 [U] sikertelenség 2 [C] kudarc, sikertelen ember: His first attempt at skating was a miserable failure. ❶ Az 1. és 2. jelentésben ellentéte **success.** 3 [C,U] **failure to do sth** (el)mulasztás 4 [C,U] hiba: She died of heart failure (szívelégtelenség miatt). • There's been a failure in the power supply (áramkimaradás).

★ **faint¹** /feɪnt/ adj. 1 halvány, csekély: a faint light/sound • There is still a faint hope that they will find more people alive. 2 aléltság: I feel faint. 3 bátortalan, erőtlen: He made a faint protest. IDIOM **not have the faintest/foggiest (idea)** sejtelme sincs róla

faint² /feɪnt/ verb [I] elájul

faint-'hearted adj. bátortalan, nyúlszívű

★ **fair¹** /feə(r)/ adj., adv. 1 megfelelő, elfogad-

ható: I think it's fair to say that the number of homeless people is increasing. 2 fair (to/on sb) méltányos, igazságos: That's not fair (on me)! • a fair trial ❶ Az 1. és 2. jelentésben ellentéte **unfair.** 3 jó(kora): They have a fair chance of success. 4 világos, szőke (haj, bőr) 5 szép, tiszta (idő)
IDIOMS **fair enough** (beszélt nyelv) rendben | **fair play** korrekt eljárás, (sp) tisztességes játék | (more than) **your fair share of sth** több, mint méltányos

fair² /feə(r)/ noun [C] 1 (also **funfair**) vidámpark, vurstli 2 vásár: a trade fair ipari vásár

fairground /'feəɡraʊnd/ noun [C] vásár terület, vásár(tér)

fair-'haired adj. szőke

★ **fairly** /'feəli/ adv. 1 igazságosan ❶ Ellentéte: **unfairly.** 2 eléggé: He is fairly tall. ➜ Magyarázat a **rather** szónál.

fairness /'feənəs/ noun [U] igazságosság, korrektség

fairy /'feəri/ noun [C] (plural **fairies**) tündér

'fairy tale (also 'fairy story) noun [C] tündérmese

★ **faith** /feɪθ/ noun 1 [U] **faith (in sb/sth)** bizalom vkiben/vmiben, hit: I've got great/ little faith in his ability to do the job. • I have lost faith in him. 2 [U] (vall) hit: I've lost my faith. 3 [C] vallás
IDIOM **in good faith** jóhiszeműen

★ **faithful** /'feɪθfl/ adj. **faithful (to sb/sth)** 1 hűséges: He was always faithful to his wife. ❶ Szinonimája: **loyal.** Ellentéte: **unfaithful.** 2 hiteles, pontos
▶ **faithfully** /-fəli/ adv. pontosan, megbízhatóan

A **Yours faithfully** hivatalos levelek befejező formulája, jelentése „Kiváló tisztelettel".

faithfulness noun [U] hűség ➜ Lásd **fidelity.**

fake¹ /feɪk/ noun [C] 1 hamisítvány 2 szélhámos
▶ **fake** adj. hamis (nem valódi)

fake² /feɪk/ verb [T] 1 hamisít 2 megjátszik, tettet (érzést)

falcon /'fɔːlkən/ noun [C] sólyom

---

❶ = magyarázat   [C] **megszámlálható** (főnév): one book, two books

[U] **megszámlálhatatlan** (főnév): some sugar

★fall¹ /fɔːl/ *verb* [I] (*pt* fell /fel/; *pp* fallen /'fɔːlən/) **1** esik, leesik: *He fell off the ladder onto the grass.* **2 fall (down/over)** elesik: *The little boy fell over and hurt his knee.* **3** lelóg: *Her hair fell down over her shoulders.* **4** csökken **❶** Ellentéte: **rise. 5** vereséget szenved: *The Government fell (a kormány megbukott) because of the scandal.* **6** (*írott nyelv*) elesik (*háborúban*): *Millions of soldiers fell in the war.* **7** vki/vmi állapota elváltozik: *He fell asleep* (elaludt) *on the sofa.* • *They fell in love* (szerelmes lett) *with each other in Spain.* • *My shoes are falling to pieces* (szétesik). **8** (*formális*) (*vmilyen időpontra*) esik: *My birthday falls on a Sunday this year.* **9** (*vmilyen csoportba*) tartozik: *Animals fall into two groups: those with backbones and those without.*

IDIOMS fall flat → FLAT¹ | fall/slot into place → PLACE¹ | fall short (of sth) → SHORT¹

PHRASAL VERBS fall apart szétesik | fall back on sb/sth vmire/vkire támaszkodik (*átv*): *When the electricity was cut off we fell back on candles.* | fall for sb (*informális*) beleesik vkibe | fall for sth (*informális*) bedől vminek | fall out (with sb) összevész vkivel | fall through meghiúsul

★fall² /fɔːl/ *noun* **1** [C] esés: *She had a nasty fall from her horse.* **2** [C] **a fall (of sth)** esés, hullás: *We have had a heavy fall of snow. Rengeteg hó esett.* • *a fall of four metres* **3** [C] **a fall (in sth)** csökkenés **❶** Szinonimája: **drop.** Ellentéte: **rise. 4** [*sing.*] **the fall of sth** (*pol*) bukás **5** (falls) [*plural*] vízesés **6** [C] (*US*) = AUTUMN

fallacy /'fæləsi/ *noun* (*plural* fallacies) [C,U] (*formális*) tévhit: *It's a fallacy to believe that money brings happiness.*

fallen *past participle* of FALL¹

fallible /'fæləbl/ *adj.* esendő **❶** Ellentéte: **infallible.**

fallout /'fɔːlaʊt/ *noun* [U] radioaktív szennyeződő anyag

★false /fɔːls/ *adj.* **1** helytelen, téves: *I got a completely false impression of him from our first meeting.* **❶** Ellentéte: **true. 2** mű-: *false hair/eyelashes/teeth* **❶** Ellentéte: **real** vagy **natural. 3** hamis: *This suitcase has a false bottom* (duplafenekű). • *a false name/passport* **4** színlelt, hamis: *a false smile* • *false modesty*

IDIOMS false alarm vaklárma | false friend megtévesztően hasonló (*szó*): *'Sympathetic' and 'szimpatikus' are false friends. Sympathetic doesn't mean 'szimpatikus' but 'részvétteljes' or 'együttérző'.* | under false pretences hamis ürüggyel: *She got into the club under false pretences – she isn't a member at all!*

false teeth *noun* [*plural*] műfogsor

falsify /'fɔːlsɪfaɪ/ *verb* [T] (*pres. part.* falsifying; *3rd pers. sing. pres.* falsifies; *pt, pp* falsified) (*formális*) meghamisít: *to falsify data*

falter /'fɔːltə(r)/ *verb* [I] **1** botladozik, akadozik: *The engine faltered and stopped.* **2** bizonytalankodik: *Sampras faltered and missed the ball.*

★fame /feɪm/ *noun* [U] hírnév: *The town's only claim to fame* (jogcím a hírnévre) *is that there was a riot there.*

famed /feɪmd/ *adj.* famed (for sth) híres vmiről **⊃** Lásd a gyakrabban használt **famous** szót.

★familiar /fə'mɪliə(r)/ *adj.* **1** familiar (to sb) ismerős, ismert: *to look/sound familiar* • *It was a relief to see a familiar face in the crowd.* **2** familiar with sth tájékozott vmiben **❶** Az **1.** és **2.** jelentésben ellentéte **unfamiliar. 3** familiar (with sb) bizalmaskodó: *I was annoyed by the waiter's familiar behaviour.*

familiarity /fə,mɪli'ærəti/ *noun* [U] **1** familiarity (with sth) tájékozottság vmiben **2** bizalmaskodás

familiarize (also -ise) /fə'mɪliəraɪz/ *verb* [T] **1** familiarize sb (with sth) megismertet vkit vmivel **2** familiarize yourself (with sth) megismerkedik vmivel

★family /'fæməli/ *noun* (*plural* families) **1** [C, with sing. or plural verb] család: *a nuclear family* a szűk család • *an extended family* a rokonság

> A **family** főnevet egyes számú ige követi, ha a családról, mint egységről beszélünk: *Almost every family in the village owns a television.* Többes számot akkor használunk, ha a család egyes tagjairól beszélünk: *My family are all very tall.* A **family** szó állhat egy másik főnév előtt is, ha olyasmit nevezünk meg, ami az egész családdal

kapcsolatos, vagy ami az egész családé: *family entertainment* • *the family car.*

2 [C,U] gyerekek: *Do you have any family?* Vannak gyermekeid? • *We are planning to start a family next year.* Jövő évre tervezzük az első gyereket. • *to bring up/raise a family* **3** [C] (áll, növ) család

IDIOM run in the family öröklődik a családban: *Red hair runs in the family.*

'**family name** *noun* [C] családi név ➜ Magyarázat a **name** szónál.

,**family 'planning** *noun* [U] családtervezés ➜ Lásd **contraception**.

,**family 'tree** *noun* [C] családfa: *How far back can you trace your family tree?*

famine /'fæmɪn/ *noun* [C,U] éhínség: *There is a severe famine in many parts of Africa.*

famished /'fæmɪʃt/ *adj.* (informális, főnév előtt nem állhat) farkaséhes

★ **famous** /'feɪməs/ *adj.* famous (for sth) híres ➜ Lásd **infamous**, **notorious**.

famously /'feɪməsli/ *adv.* emlékezetesen: *the words he famously uttered just before he died*

IDIOM get on/along famously nagyszerűen kijönnek egymással

★ **fan¹** /fæn/ *noun* [C] **1** rajongó: *football fans* • *a fan club* • *fan mail* rajongók levelei **2** ventilátor: *a fan heater* ventilátoros hősugárzó **3** legyező

fan² /fæn/ *verb* [T] (fa**nn**ing; fa**nn**ed) **1** legyez **2** fúj(ja a tüzet)

PHRASAL VERB fan out (*nagy területen*) szétoszlik: *The police fanned out across the field.*

fanatic /fə'nætɪk/ *noun* [C] fanatikus, megszállott: *a religious/health-food fanatic* ❶ Szinonimája: **fiend** vagy **freak**.

▸ **fanatical** /-kl/ (also **fanatic**) *adj.* megszállott: *He's fanatical about keeping things tidy.*
fanatically /-kli/ *adv.* megszállottan
fanaticism /-tɪsɪzəm/ *noun* [C,U] megszállottság, vakbuzgóság

'**fan belt** *noun* [C] ékszíj

fancy¹ /'fænsi/ *verb* [T] (*pres. part.* fancying; *3rd pers. sing. pres.* fancies; *pt, pp* fancied) **1** (*brit, informális*) (meg)kíván vmit, vmihez van kedve: *What do you fancy to eat?* •

I don't fancy going out in this rain. **2** (*brit, informális*) (*szexuálisan*) vonzódik vkihez **3** fancy yourself (as) sth vminek képzeli magát: *He fancied himself (as) a poet.*

fancy² /'fænsi/ *adj.* bonyolult, túl díszes: *My father doesn't like fancy food.* • *I just want a pair of black shoes – nothing fancy.*

fancy³ /'fænsi/ *noun*

IDIOMS take sb's fancy megtetszik: *If you see something that takes your fancy, I'll buy it for you.* | take a fancy to sb/sth megkedvel

,**fancy 'dress** *noun* [U] jelmez: *It was a Hallowe'en party and everyone went in fancy dress.*

fanfare /'fænfeə(r)/ *noun* [C] harsonaszó

fang /fæŋ/ *noun* [C] agyar, méregfog

fanny pack /'fæni pæk/ (*US*) = BUMBAG

fantasize (also -ise) /'fæntəsaɪz/ *verb* [I,T] fantáziál, elképzel

fantastic /fæn'tæstɪk/ *adj.* **1** (*informális*) fantasztikus **2** különös, hihetetlen **3** (*informális*) hatalmas
▸ **fantastically** /-kli/ *adv.* különlegesen

fantasy /'fæntəsi/ *noun* [C,U] (*plural* fantasies) fantázia (*képtelen agyszülemény*): *I have a fantasy about going to live in the Bahamas.* • *They live in a world of fantasy.* ➜ Magyarázat az **imagination** szónál.

fanzine /'fænzi:n/ *noun* [C] rajongók magazinja

FAQ /,ef eɪ 'kju:/ *abbr.* (frequently asked questions rövidítése) FAQ (*leggyakrabban feltett kérdések az Interneten*)

★ **far¹** /fɑ:(r)/ *adj.* (farther /'fɑ:ðə(r)/ or further /'fɜ:ðə(r)/, farthest /'fɑ:ðɪst/ or furthest /'fɜ:ðɪst/) **1** távoli, messze ❶ Ebben az értelemben állító mondatban nem használható. **2** (*csak főnév előtt*) túlsó, távolabbi: *the far side of the river* **3** (*csak főnév előtt*) szélső: *politicians from the far left of the party*

IDIOM a far cry from sth/from doing sth vmitől nagyon különböző, teljesen más

★ **far²** /fɑ:(r)/ *adv.* (farther /'fɑ:ðə(r)/ or further /'fɜ:ðə(r)/, farthest /'fɑ:ðɪst/ or furthest /'fɜ:ðɪst/) **1** messze, távol: *The school's not far from here.* • *How far did we walk yesterday?* • *Don't sit too far (away) from the stage.* • *How much further is it?*

A **far** ebben az értelemben rendszerint tagadó és kérdő mondatokban használatos. Állító mondatokban az **a long way** kifejezést használjuk: *It's a long way to the sea.* Néhány tagadó értelmű, de formailag állító mondatban viszont használható a **far**: *Let's get a bus. It's much too far to walk.*

2 sokkal, jóval: *She's far more intelligent than I thought.* • *There's far too much salt in this soup.* **3** (vala)meddig: *How far have you got with your homework?* • *The company employs local people as far as possible* (amennyire lehetséges). **4** sokáig: *We danced far into the night* (késő éjszakáig). **IDIOMS** **as far as** (egészen) ...-ig: *We only walked as far as the river.* | **as/so far as** vmit illetően, ami vmit/vkit illet: *As far as I know* (tudomásom szerint), *she's not coming.* • *As far as school work is concerned*, he's hopeless. • *As far as I'm concerned* (számomra), *this is the most important point.* • *As far as I can see* (amennyire látom), *the accident was John's fault.* | **as far as the eye can see** ameddig a szem ellát | **by far** messze, vitathatatlanul: *Carmen is by far the best student in the class.* | **far afield** messze, távol: *to explore further afield* | **far from doing sth** nemhogy...-na/-ne: *Far from enjoying the film, he fell asleep in the middle.* | **far from sth** egyáltalán nem: *He's far from happy.* | **far from it** (*informális*) távolról sem, éppen ellenkezőleg: *'Did you enjoy your holiday?' 'No, far from it. It was awful.'* | **few and far between** → FEW | **go far 1** (*tagadó mondatokban*) elég vmiből: *This food won't go very far between three of us.* **2** sikeres, viszi vmire (*az életben*) | **go too far** túl messzire megy: *He's always been quite rude, but this time he's gone too far* (ez már sok). | **so far** mostanáig, eddig | **so far so good** (*beszélt nyelv*) eddig rendben volna, eddig megvolnánk

faraway /ˈfɑːrəweɪ/ *adj.* (csak főnév előtt) **1** (*írott nyelv*) távoli, messzi **2** távolba meredő, révedező (*tekintet*): *with a faraway look in her eyes*

farce /fɑːs/ *noun* [C] **1** kutyakomédia **2** (*szính*) bohózat
▸ **farcical** /ˈfɑːsɪkl/ *adj.* bohózatba illő, nevetséges

★ **fare¹** /feə(r)/ *noun* [C] viteldíj: *Adults pay full fare, children pay half fare.*

fare² /feə(r)/ *verb* [I] (*formális*) boldogul, sikerül

the ˌFar ˈEast *noun* [*sing.*] Távol-Kelet
➔ Lásd **the Middle East**.

farewell /ˌfeəˈwel/ *interj.* (*rég*) Isten vele!
▸ **farewell** *noun* [C] búcsú: *He said his farewells* (elbúcsúzott) *and left.*

ˌfar-ˈfetched *adj.* a valóságtól elrugaszkodott, valószínűtlen

★ **farm¹** /fɑːm/ *noun* [C] gazdaság, farm: *to work on a farm* • *farm buildings/workers/animals*

★ **farm²** /fɑːm/ *verb* [I,T] gazdálkodik

farmer /ˈfɑːmə(r)/ *noun* [C] gazdálkodó, farmer

farmhouse /ˈfɑːmhaʊs/ *noun* [C] lakóépület (*farmon, gazdaságban*)

farming /ˈfɑːmɪŋ/ *noun* [U] gazdálkodás: *farming methods* • *farming areas* mezőgazdasági területek

farmyard /ˈfɑːmjɑːd/ *noun* [C] gazdasági udvar

ˌfar-ˈreaching *adj.* széles körű, nagy horderejű: *far-reaching changes*

ˌfar-ˈsighted *adj.* **1** előrelátó **2** (*US*) = LONG-SIGHTED

fart /fɑːt/ *verb* [I] (*informális*) fingik
▸ **fart** *noun* [C] fing

★ **farther** /ˈfɑːðə(r)/ *comparative* of FAR
➔ Magyarázat a **further** szónál.

★ **farthest** /ˈfɑːðɪst/ *superlative* of FAR

★ **fascinate** /ˈfæsɪneɪt/ *verb* [T] elbűvöl, lebilincsel
▸ **fascinating** *adj.* elbűvölő, lebilincselő
fascination /ˌfæsɪˈneɪʃn/ *noun* [C,U] vonzerő, vmi vonzereje

fascism (also **Fascism**) /ˈfæʃɪzəm/ *noun* [U] fasizmus
▸ **fascist** (also **Fascist**) /ˈfæʃɪst/ *noun* [C], *adj.* fasiszta

★ **fashion** /ˈfæʃn/ *noun* **1** [C,U] divat: *What is the latest fashion* (legújabb divat)? • *a fashion show/model* • *Jeans are always in fashion* (divatos). • *I think hats will come back into fashion* (megint divatba jön). • *That colour is out of fashion* (már nem divatos). **2** [*sing.*] mód: *He's behaving in a very strange fashion* (nagyon furcsán).

★ **fashionable** /ˈfæʃnəbl/ *adj.* divatos, felkapott: *a fashionable area/dress/opinion* • *fashionable society* ❶ Ellentéte: **unfashionable** vagy **old-fashioned**.
  ► **fashionably** /-əbli/ *adv.* divatosan

★ **fast¹** /fɑːst/ *adj.* **1** gyors, sebes: *a fast car/worker* ➜ Magyarázat a **quick** szónál. **2** siet (*óra*): *The clock is five minutes fast.* Öt percet siet az óra. ❶ Ellentéte: **slow**. **3** nagy fényerejű (*pl. film*) **4** (*csak főnév után*) rögzített: *He made the boat fast before he got out.* **5** (*csak főnév után*) színtartó (*anyag*): *Do you think the colour in this T-shirt is fast?*
  IDIOMS **fast and furious** szédületes gyorsaságú és energiájú | **hard and fast** → **HARD¹**

fast² /fɑːst/ *adv.* mélyen, erősen: *Sam was fast asleep by ten o'clock.* • *Our car was stuck fast in the mud.*

fast³ /fɑːst/ *verb* [*I*] böjtöl
  ► **fast** *noun* [*C*] böjt

★ **fasten** /ˈfɑːsn/ *verb* **1** [*I,T*] **fasten sth (up)** (be)kapcsol(ódik), (be)gombol(ódik): *Please fasten your seat belts.* **2** [*T*] **fasten sth (on/to sth)**; **fasten A and B (together)** odaerősít, összekapcsol **3** [*T*] rögzít

fastener /ˈfɑːsnə(r)/ (*also* **fastening** /ˈfɑːsnɪŋ/) *noun* [*C*] kapocs, -zár (*pl. cipzár, tépőzár*), csat

fast food *noun* [*U*] gyorséttermi étel (*hamburger stb.*): *a fast food restaurant*

fast forward *verb* [*T*] gyorsan előrecsévél (*hang-/videoszalagot*)
  ► **fast forward** *noun* [*U*] gyors előre-(csévélés): *Press fast forward to advance the tape.* • *the fast-forward button* ➜ Lásd **rewind**.

fastidious /fæˈstɪdiəs/ *adj.* igényes, kényes ízlésű

★ **fat¹** /fæt/ *adj.* (**fatter**; **fattest**) **1** kövér, elhízott: *You'll get fat if you eat too much.* ❶ Ellentéte: **thin**.

  > A **fat** szó emberekre vonatkozóan nem udvarias. Helyette udvariasabb a **plump**, a **stout**, vagy az **overweight**.

2 vastag: *a fat wallet/book*

★ **fat²** /fæt/ *noun* **1** [*U*] zsír, háj ❶ Melléknév: **fatty**. **2** [*C,U*] (*konyha*) zsiradék, zsír, olaj

★ **fatal** /ˈfeɪtl/ *adj.* **1** halálos: *a fatal accident/disease* ➜ Lásd **mortal**. **2** végzetes: *She made the fatal mistake of trusting him.*
  ► **fatally** /-əli/ *adv.* életveszélyesen: *fatally injured*

fatality /fəˈtæləti/ *noun* [*C*] (*plural* **fatalities**) halálos áldozat(ok), elesettek (*háborúban*)

★ **fate** /feɪt/ *noun* [*C,U*] sors, végzet ❶ Szinonimája: **fortune**.

fateful /ˈfeɪtfl/ *adj.* sorsdöntő: *a fateful decision*

★ **father¹** /ˈfɑːðə(r)/ *noun* [*C*] **1** apa **2** (**Father**) (*vall*) atya: *Father O'Reilly*

father² /ˈfɑːðə(r)/ *verb* [*T*] nemz (*gyermeket*): *to father a child*

Father Christmas *noun* [*C*] Télapó

fatherhood /ˈfɑːðəhʊd/ *noun* [*U*] apaság

father-in-law *noun* [*C*] (*plural* **fathers-in-law**) após

fatherly /ˈfɑːðəli/ *adj.* atyai

fathom /ˈfæðəm/ *verb* [*T*] (*ált. tagadó*) (meg)ért vmit

fatigue /fəˈtiːg/ *noun* [*U*] **1** kimerültség: *mental/physical fatigue* **2** (*fiz*) anyagkifáradás: *metal fatigue*

fatten /ˈfætn/ *verb* [*T*] **fatten sb/sth (up)** (meg/fel)hízlal

fattening /ˈfætnɪŋ/ *adj.* hízlaló (*étel*)

fatty /ˈfæti/ *adj.* (**fattier**; **fattiest**) zsíros (*étel*)

faucet /ˈfɔːsɪt/ (*US*) = **TAP²** (1)

★ **fault¹** /fɔːlt/ *noun* [*C,U*] hiba, hiányosság: *It will be your own fault if you don't pass your exams.* • *a major fault in the design* ➜ Magyarázat a **mistake** szónál.
  IDIOMS **be at fault** hibás ➜ Lásd a gyakrabban használt **make a mistake** kifejezést. | **find fault (with sb/sth)** → **FIND¹**

fault² /fɔːlt/ *verb* [*T*] kifogásol: *It was impossible to fault her English.*

faultless /ˈfɔːltləs/ *adj.* hibátlan, tökéletes: *a faultless performance*

faulty /ˈfɔːlti/ *adj.* hibásan működő, rossz (*pl. gép*)

fauna /'fɔːnə/ noun [U] (*áll*) állatvilág: *the flora and fauna of South America*

faux pas /ˌfəʊ 'pɑː/ noun [C] (*plural* **faux pas** /ˌfəʊ 'pɑːz/) illemszabály megsértése, baklövés: *to make a faux pas*

★ **favour¹** (*US* **favor**) /'feɪvə(r)/ noun **1** [C] szívesség: *Would you do me a favour?* • *Could I ask you a favour?* • *Are they paying you, or are you doing it as a favour?* **2** [U] **favour (with sb)** rokonszenv, jóindulat: *I'm afraid I'm out of favour with my neighbour.* • *The new boss's methods didn't find favour* (nem tetszett) *with the staff.*

IDIOMS **in favour of sb/sth** egyetért vmivel | **in sb's favour** vki javára, vki mellett: *The committee decided in their favour.*

★ **favour²** (*US* **favor**) /'feɪvə(r)/ verb [T] **1** támogat, vki/vmi mellett dönt **2** kedvez vkinek: *Parents must try not to favour one of their children.*

favourable (*US* **favorable**) /'feɪvərəbl/ adj. **1** előnyös, kedvező: *He made a favourable impression on the interviewers.* **2** kedvező (*pl. időjárás*) **❶** Ellentéte: **unfavourable** vagy **adverse**.
  ▸ **favourably** (*US* **favorably**) /-əbli/ adv. kedvezően

★ **favourite¹** (*US* **favorite**) /'feɪvərɪt/ adj. kedvenc, kedvelt

favourite² (*US* **favorite**) /'feɪvərɪt/ noun [C] **1** kedvenc (*személy*) **2** favourite (for sth/to do sth) esélyes, favorit: *Mimms is the hot favourite for the leadership of the party.* **❶** Ellentéte: **outsider**.

favouritism (*US* **favoritism**) /'feɪvərɪtɪzəm/ noun [U] részrehajlás: *The referee was accused of showing favouritism.*

fawn¹ /fɔːn/ adj., noun [U] sárgásbarna

fawn² /fɔːn/ noun [C] szarvasborjú, őzgida **⊃** Magyarázat a **deer** szónál.

fax¹ /fæks/ noun **1** [C,U] fax: *They need an answer today so I'll send a fax.* • *They contacted us by fax.* **2** [C] (also **'fax machine**) fax(gép): *What's your fax number?*

fax² /fæks/ verb [T] **fax sth (to sb); fax sb (sth)** (el)faxol

faze /feɪz/ verb [T] (*informális*) zavarba hoz, bosszant: *He doesn't get fazed by things going wrong.*

FBI /ˌef biː 'aɪ/ abbr. (**Federal Bureau of Inves-** tigation rövidítése, US) FBI (US Szövetségi Nyomozó Iroda)

FC /ˌef 'siː/ abbr. (**Football Club** rövidítése, *brit*) futball klub: *Everton FC*

FCO /ˌef siː 'əʊ/ abbr. (**Foreign and Common-wealth Office** rövidítése) Brit Külügyminisztérium (és a Nemzetközösség Hivatala)

★ **fear¹** /fɪə(r)/ noun [C,U] félelem: *He was shaking with fear* (remegett a félelemtől) *after the accident.* • *People in this area live in constant fear of crime.* • *My fears for his safety were unnecessary.*

IDIOM **no fear** (*beszélt nyelv*) Ki van zárva!, Szó sem lehet róla!

★ **fear²** /fɪə(r)/ verb **1** [T] fél vkitől/vmitől **2** [T] tart (*vmi rossztól*): *Thousands of people are feared dead* (félő, hogy több ezren haltak meg) *in the earthquake.*

PHRASAL VERB **fear for sb/sth** aggódik, félt vkit/vmit

fearful /'fɪəfl/ adj. (*formális*) **1** be fearful (of sth/doing sth); be fearful that… fél vmitől, fél, hogy ❍ Lásd a **frightened** és a **scared** szavakat és a magyarázatot az **afraid** szónál. Ezek a szavak sokkal gyakoribbak. **2** rettenetes, szörnyű
  ▸ **fearfully** /-fəli/ adv. **1** ijedten, elszörnyedve **2** szörnyen, rettenetesen
  fearfulness noun [U] félelem

fearless /'fɪələs/ adj. félelmet nem ismerő, vakmerő
  ▸ **fearlessly** adv. vakmerően, bátran
  fearlessness noun [U] vakmerőség

feasible /'fiːzəbl/ adj. megvalósítható: *a feasible plan*
  ▸ **feasibility** /ˌfiːzə'bɪləti/ noun [U] megvalósíthatóság

feast /fiːst/ noun [C] (ünnepi) lakoma
  ▸ **feast** verb [I] **feast (on sth)** lakmározik

feat /fiːt/ noun [C] (hős)tett, nagy teljesítmény: *That new bridge is a remarkable feat of engineering.* • *Persuading Helen to give you a pay rise was no mean feat* (nem kis teljesítmény volt).

★ **feather** /'feðə(r)/ noun [C] (madár)toll

★ **feature¹** /'fiːtʃə(r)/ noun [C] **1** jellegzetesség, sajátosság: *Mountains and lakes are the main features of the landscape of Wales.* • *Noise is a feature of city life.*

2 arcvonás: *Her eyes are her best feature. A szeme a legszebb rajta.* **3 a feature (on sth)** színes (újság)cikk, érdekes TV műsor *(egy adott témáról)* **4** (also '**feature film**) játékfilm

▸ **featureless** *adj.* jellegtelen: *a dull, featureless landscape*

feature² /'fiːtʃə(r)/ *verb* **1** [T] kiemelkedő szerepet kap *(pl. filmben)* **2** [I] **feature in sth** szerepel: *Does marriage feature in your future plans?* ❶ Szinonimája: **figure**.

Feb. *abbr.* (**February** rövidítése) febr.: *18 Feb. 1993*

★ **February** /'februəri/ *noun* [U, C] (*abbr.* **Feb.**) február ➔ Példák és magyarázat a **January** szónál.

feces (US) = FAECES

fed *past tense, past participle of* FEED¹

federal /'fedərəl/ *adj.* (össz-)szövetségi, központi: *That is a federal not a state law.* Ez nem állami, hanem össz-szövetségi törvény.

federation /ˌfedə'reɪʃn/ *noun* [C] államszövetség

ˌ**fed ˈup** *adj..* (*informális, főnév előtt nem állhat*) **fed up (with/of sb/sth/doing sth)** elege van vmiből

★ **fee** /fiː/ *noun* [C] **1** [*usually plural*] tandíj, tiszteletdíj *(orvosnak, ügyvédnek)*, díj: *school/legal fees* • *Most ticket agencies will charge a small fee* (kisebb összeget számítanak fel). **2** vizsga-/tag-/belépődíj: *How much is the entrance fee?* ➔ Magyarázat a **pay²** szónál.

feeble /'fiːbl/ *adj.* **1** gyenge, erőtlen: *a feeble old man* • *a feeble cry* **2** gyenge *(érv, kifogás)*: *a feeble argument/excuse*

★ **feed¹** /fiːd/ *verb* (*pt, pp* **fed** /fed/) **1** [T] **feed sb/sth (on) (sth)** (meg)etet vkit/vmit **2** [I] **feed (on sth)** táplálkozik *(állat, csecsemő)* **3** [T] **feed A (with B)**; **feed B into/to/through A** ellát *(pl. hírekkel)*, adagol *(gépbe)*: *Metal sheets are fed through the machine one at a time.*

feed² /fiːd/ *noun* **1** [C] etetés: *When's the baby's next feed due?* **2** [U] takarmány: *cattle feed*

feedback /'fiːdbæk/ *noun* [U] visszajelzés: *The teacher will give you feedback on the test.*

★ **feel¹** /fiːl/ *verb* (*pt, pp* **felt** /felt/) ❶ Visszaható névmás nem állhat utána. **1** *linking verb* [I] (*melléknévvel*) (vhogyan) érzi magát: *to feel cold* (fázik) /*sick* (hányingere van) /*tired/happy* • *How are you feeling today?* • *She's not feeling very well.* Nem érzi magát nagyon jól. • *You'll feel better in the morning.* **2** *linking verb* [I] vmilyen érzést kelt, úgy érzi/gondolja, hogy: *My new coat feels like leather but it's not.* Az új kabátom tapintásra olyan, mintha bőrből lenne, de nem abból van. • *He felt as if he had been there before.* • *I felt (that) it was a mistake not to ask her advice.*

> Ebben az értelemben a **feel** ige alanya gyakran **it**: *It feels as if it is going to snow soon.*

3 [T] érez vmit, úgy érzi, mintha: *I can't feel anything in this hand.* • *My head feels as though it will burst.* Úgy érzem rögtön szétrobban a fejem. • *I don't feel any sympathy for Matt at all.* • *You could feel the tension in the courtroom.* **4** [T] (meg)tapogat, (meg)tapint **5** [I] **feel (about) (for sb/sth)** keres *(tapogatódzva)*, keresgél vmit, kotorászik vhol **6** [T] érzékeny vmire, szenved vmitől: *Do you feel the cold in winter?* • *She felt it badly when her mother died.*

IDIOMS **feel free (to do sth)** (*informális*) ne habozzon *(megtenni vmit)*: *Feel free to use the phone.* Nyugodtan használja a telefont. | **feel like sth/doing sth** kedve van vmihez | **feel your age** érzi, hogy öregszik | **not feel yourself** nem érzi magát a legjobban

PHRASAL VERBS **feel for sb** együttérez vkivel | **feel up to sth/to doing sth** elég erősnek érzi magát vmihez, kedve van vmit megtenni

★ **feel²** /fiːl/ *noun* [*sing.*] **1** érzés, benyomás: *You can tell it's wool by the feel.* • *The town has a friendly feel.* **2** tapintás, megérintés: *Let me have a feel of that material.*

feelers /'fiːləz/ *noun* [*plural*] (*áll*) csáp, tapogató ❶ Szinonimája: **antennae**.

★ **feeling** /'fiːlɪŋ/ *noun* **1** [C] **a feeling (of sth)** érzés, érzet: *a feeling of hunger/happiness* • *I've got a funny feeling in my leg.* **2** [*sing.*] (meg)érzés: *I get the feeling that Jan doesn't like me.* • *I have a nasty feeling that Jan didn't get our message.* **3** [C,U] feeling(s)

---

❶ = magyarázat   [C] megszámlálható (*főnév*): one book, two books

[U] megszámlálhatatlan (*főnév*): some sugar

(about/on sth) vélemény, álláspont: *My own feeling is that we should postpone the meeting.* **4** [*U; C, usually plural*] érzés: *I don't want to hurt his feelings.* • *Let's sing it again, this time with feeling.* **5** [*C,U*] **(a) feeling/feelings (for sb/sth)** érzék vmihez, érzelem: *She doesn't have much (of a) feeling for music.* • *He still has feelings for his ex-wife.* Még mindig érez valamit a volt felesége iránt. **6** [*U*] érzet, érzékelés: *After the accident he lost all feeling in his legs.*

IDIOMS **bad/ill feeling** harag, rossz hangulat *(emberek között)*: *The decision caused a lot of bad feeling at the factory.* | **no hard feelings** → HARD¹

feet *plural of* FOOT¹

feline /ˈfiːlaɪn/ *adj.* macskafélék családjára jellemző, macskaszerű

fell¹ *past tense of* FALL¹

fell² /fel/ *verb* [*T*] ledönt, kivág *(fát)*

fellow¹ /ˈfeləʊ/ *noun* [*C*] **1** tag *(tudományos/ művészeti társaságban)*, egyetemi tanár *(bizonyos egyetemeken pl. Oxford, Cambridge)*: *a fellow of the Royal College of Surgeons* **2** tudományos kutató *(állandó vagy ideiglenes státusban)*: *Jill is a research fellow in the biology department.* **3** *(rég)* fickó, cimbora

fellow² /ˈfeləʊ/ *adj. (csak főnév előtt)* -társ: *Her fellow students were all older than her.* • *fellow workers/passengers/citizens*

fellowship /ˈfeləʊʃɪp/ *noun* **1** [*U*] baráti viszony, bajtársiasság **2** [*C*] egyesület, szövetség, közösség **3** [*C*] egyetemi tanári/ kutatói állás

felt¹ *past tense, past participle of* FEEL¹

felt² /felt/ *noun* [*U*] filc

,**felt-tip ˈpen** *(also* **felt ˈtip)** *noun* [*C*] filctoll

★ **female¹** /ˈfiːmeɪl/ *adj.* **1** női *(nemhez tartozó)*, -nő/-lány: *a female artist/ employer/ student* **2** nőstény **3** bibés/ termős *(virág)*

female² /ˈfiːmeɪl/ *noun* [*C*] **1** nőstény, bibés virág **2** nő, lány, asszony

> A **female** és **male** szavak az élőlények nemére utalnak. Ha a nemekre jellemző egyes tulajdonságokról beszélünk, a **feminine** és a **masculine** szavakat használjuk.

★ **feminine** /ˈfemənɪn/ *adj.* **1** női, nőies: *My*

daughter always dresses like a boy. She hates looking feminine.* ➲ Lásd **masculine** és a magyarázatot a **female** szónál. **2** *(abbr.* **fem)** *(nyelv)* nőnemű: *'Lioness' is the feminine form of 'lion'.* • *The German word for flower is feminine.* ➲ Lásd **masculine, neuter.**

> **femininity** /ˌfeməˈnɪnəti/ *noun* [*U*] női természet, nőiesség

feminism /ˈfemɪnɪzəm/ *noun* [*U*] feminizmus

> **feminist** /ˈfemənɪst/ *noun* [*C*] *adj.* feminista

★ **fence¹** /fens/ *noun* [*C*] kerítés

IDIOM **sit on the fence** → SIT

fence² /fens/ *verb* **1** [*T*] (be)kerít **2** [*I*] *(sp)* vív

PHRASAL VERBS **fence sb/sth in 1** elkerít, bekerít **2** korlátoz: *She felt fenced in by so many responsibilities.* | **fence sth off** kerítéssel elválaszt

fencing /ˈfensɪŋ/ *noun* [*U*] vívás

fend /fend/ *verb*

PHRASAL VERBS **fend for yourself** gondoskodik magáról, saját lábán áll | **fend sb/sth off** elhárít, kivéd: *Politicians usually manage to fend off awkward questions.*

fender /ˈfendə(r)/ *noun* [*C*] **1** *(US)* = WING (4) **2** kandallórács

ferment¹ /fəˈment/ *verb* [*I,T*] erjeszt, (meg)erjed

ferment² /ˈfɜːment/ *noun* [*U*] forrongás: *Serbia is in ferment.*

fern /fɜːn/ *noun* [*C*] páfrány

ferocious /fəˈrəʊʃəs/ *adj.* vad, kegyetlen, gyilkos: *a ferocious beast/attack/ storm/ war*

> **ferociously** *adv.* vadul, kegyetlenül

ferocity /fəˈrɒsəti/ *noun* [*U*] kegyetlenség, vadság

★ **ferry¹** /ˈferi/ *noun* [*C*] *(plural* **ferries**) komp, átkelőhajó: *a car ferry*

ferry² /ˈferi/ *verb* [*T*] *(pres. part.* **ferrying**; *3rd pers. sing. pres.* **ferries**; *pt, pp* **ferried**) szállít *(vizi-, vagy más járművel ált. rövid távolságra)*: *We share the job of ferrying the children to school.*

fertile /ˈfɜːtaɪl/ *adj.* **1** termékeny *(növény, talaj, ember)* **2** élénk, gazdag *(pl. képzelet)* ❶ Ellentéte: **infertile**. ➲ Lásd **sterile**.

[*I*] **tárgyatlan (ige):** He laughed.　　　　[*T*] **tárgyas (ige):** He ate an apple.

▶ **fertility** /fə'tɪləti/ noun [U] termékenység ❶ Ellentéte: **infertility**.

fertilize (also -ise) /'fɜːtɪlaɪz/ verb [T] **1** megtermékenyít **2** (mű)trágyáz
▶ **fertilization** (also -isation) /ˌfɜːtəlaɪ'zeɪʃn/ noun [U] **1** megtermékenyítés **2** (mű)trágyázás

fertilizer (also -iser) /'fɜːtɪlaɪzə(r)/ noun [C,U] (mű)trágya ➔ Lásd **manure**.

fervent /'fɜːvənt/ adj. szenvedélyes, buzgó, heves: She's a fervent believer in women's rights. • a fervent belief/hope/desire
▶ **fervently** adv. szenvedélyesen, hevesen

fervour (US **fervor**) /'fɜːvə(r)/ noun [U] szenvedély, lelkesedés

fester /'festə(r)/ verb [I] **1** elfertőződik, meggyűlik: a festering sore **2** elmérgesedik (pl. helyzet, gondolat)

★ **festival** /'festɪvl/ noun [C] **1** fesztivál **2** ünnep (elsősorban vallási)

festive /'festɪv/ adj. örömteli, ünnepi: the festive season a karácsonyi ünnepek

festivity /fe'stɪvəti/ noun (plural **festivities**) **1** [plural] ünnepség(ek): The festivities went on until dawn. **2** [U] vidámság, mulatság: The wedding was followed by three days of festivity.

★ **fetch** /fetʃ/ verb [T] **1** (főleg brit) (érte megy és) elhoz: Shall I fetch you your coat?/Shall I fetch your coat for you? ➔ Ábra **bring** alatt. **2** eladható valamennyiért, vmennyit hoz: 'How much will your car fetch?' 'It should fetch about £900.'

fête /feɪt/ noun [C] szórakoztató szabadtéri rendezvény (általában jótékonysági célra): the school/church fête

fetus (US) = FOETUS

feud /fjuːd/ noun [C] a feud (between A and B); a feud (with sb) (over sb/sth) ellenségeskedés, viszály: a family feud
▶ **feud** verb [I] ellenségeskedik, viszálykodik

feudal /'fjuːdl/ adj. feudális, hűbéri: the feudal system

feudalism /'fjuːdəlɪzəm/ noun [U] feudalizmus

fever /'fiːvə(r)/ noun **1** [C,U] (magas) láz: A high fever can be dangerous. ❶ Ha azt akarjuk mondani, hogy valakinek láza van, használjuk a **he/she has a temperature** kifejezést. **2** [sing.] a fever (of sth) izgalom, láz

feverish /'fiːvərɪʃ/ adj. **1** lázas: a feverish cold/dream **2** (ált. főnév előtt) izgatott, lázas
▶ **feverishly** adv. lázasan (pl. dolgozik)

★ **few** /fjuː/ determiner, adj., pron. [used with a plural countable noun and a plural verb] **1** kevés, nem sok: Few people live to be 100. • There are fewer cars here today than yesterday. • Few of the players played really well. **2** (a few) néhány, egy-két: I've got a few things to do first. ➔ Magyarázat a **less** szónál.

IDIOMS **few and far between** nem gyakori, ritka: Pubs are a bit few and far between in this area. | **a good few; quite a few** elég sok, egész sok: It's been a good few years since I saw him last.

ff. abbr. (and the following pages, lines, etc. rövidítése) és a köv. lapok(on)/sorok(ban): British Politics, p10 ff.

fiancé /fi'ɒnseɪ/ noun [C] vőlegény

fiancée /fi'ɒnseɪ/ noun [C] menyasszony

fiasco /fi'æskəʊ/ noun [C] (plural **fiascos**; US also **fiascoes**) kudarc, fiaskó

fib /fɪb/ noun [C] (informális) füllentés: Please don't tell fibs. ❶ Szinonimája: **lie**.
▶ **fib** verb [I] (**fibbing**; **fibbed**) füllent

fibre (US **fiber**) /'faɪbə(r)/ noun **1** [U] (növényi) rost (ételben): Wholemeal bread is high in fibre (gazdag növényi rostokban). **2** [C,U] rost(anyag): Cotton and wool are natural fibres. • Nylon is a man-made/synthetic fibre. **3** [C] rostszál: cotton fibres pamutszál • wood fibres farost • nerve fibres idegszál • muscle fibres izomrost

fibreglass (US **fiberglass**) /'faɪbəglɑːs/ (also **glass 'fibre**) noun [U] üvegszál

fickle /'fɪkl/ adj. szeszélyes, megbízhatatlan: a fickle friend

★ **fiction** /'fɪkʃn/ noun [U] regényirodalom (regény, novella, stb., nem tényirodalom): I don't read much fiction. Nem sok regényt olvasok. ❶ Ellentéte: **non-fiction**. ➔ Lásd **fact**, **drama**, **poetry**.

fictional /'fɪkʃənl/ adj. képzelt, kitalált (csak irodalmi alkotásban szereplő): The *book gave a fictional account of a doctor's life.* ➔ Lásd **factual**.

fictitious /fɪkˈtɪʃəs/ *adj.* nem létező, kitalált: *The novel is set in a fictitious village called Paradise.*

fiddle¹ /ˈfɪdl/ *noun* [C] (*informális*) **1** hegedű **2** (*brit*) csalás: *a tax fiddle*

fiddle² /ˈfɪdl/ *verb* **1** [I] fiddle (about/around) (with sth) babrál vmit/vmivel: *He sat nervously, fiddling with a pencil.* **2** [T] (*informális*) (meg)hamisít (*hivatalos papírokat*): *She fiddled her expenses form.*

fiddly /ˈfɪdli/ *adj.* (*informális*) babrás (*munka*)

fidelity /fɪˈdeləti/ *noun* [U] **1** (*formális*) fidelity (to sb/sth) hűség ❶ Bizalmasabb szó: **faithfulness**. Ellentéte: **infidelity**. **2** hitelesség, hűség ➔ Lásd **hi-fi**.

fidget /ˈfɪdʒɪt/ *verb* [I] fidget (with sth) fészkelődik, játszik vmivel (*idegesen, unottan stb.*)

▸ **fidgety** *adj.* izgő-mozgó, nyugtalan

★ **field¹** /fiːld/ *noun* [C] **1** mező, rét, (*szántó*)föld (*többnyire bekerítve*) **2** (*szak*)terület: *He's an expert in the field of economics.* • *That question is outside my field.* **3** pálya, mező: *a football field* • *an airfield* • *a battlefield* ➔ Lásd **pitch**. **4** -tér (*pl. erőtér, látótér*): *a magnetic field* • *It's outside my field of vision.* **5** -mező (*lelőhely*): *a coalfield* • *a North Sea oilfield*

field² /fiːld/ *verb* **1** [I,T] elkap/megállít/ visszadob (*labdát krikettben*): *Our team is fielding and yours is batting.* **2** [T] csapatot összeállít (*pl. futballban*)

ˈfield day *noun*

IDIOM **have a field day** jó napja van, élvezi a helyzetet: *The newspapers always have a field day when there's a political scandal.*

ˈfield event *noun* [C] dobó/ugró szám(ok) (*atlétikában*) ➔ Lásd **track event**.

fieldwork /ˈfiːldwɜːk/ *noun* [U] helyszíni munka, terepmunka, iskolai gyakorlat

fiend /fiːnd/ *noun* [C] **1** szörnyeteg (*személy*) **2** (*informális*) vminek a megszállottja, -mániás: *a health fiend* ❶ Szinonimája: **fanatic**.

fiendish /ˈfiːndɪʃ/ *adj.* **1** pokoli, ördögi

2 (*informális*) pokolian agyafúrt: *a fiendish plan*

▸ **fiendishly** *adv.* pokolian, szörnyen

★ **fierce** /fɪəs/ *adj.* **1** vad, támadó: *The house was guarded by fierce dogs.* **2** brutális, erőszakos: *fierce competition for jobs* • *a fierce attack* ❶ Főnév: **ferocity**.

▸ **fiercely** *adv.* erőszakosan, brutálisan, vadul

fiery /ˈfaɪəri/ *adj.* **1** tüzes, izzó: *She has fiery red hair.* Lángvörös haja van. **2** heves, lobbanékony: *a fiery temper*

★ **fifteen** /ˌfɪfˈtiːn/ *number* tizenöt ➔ Példák a **six** szónál.

fifteenth /ˌfɪfˈtiːnθ/ *pron., determiner, adv.* tizenötödik ➔ Példák a **sixth¹** szónál.

fifth¹ /fɪfθ/ *pron., determiner, adv.* ötödik ➔ Példák a **sixth¹** szónál.

fifth² /fɪfθ/ *noun* [C] vminek az ötöde

fiftieth /ˈfɪftiəθ/ *pron., determiner, adv.* ötvenedik ➔ Példák a **sixth¹** szónál.

★ **fifty** /ˈfɪfti/ *number* ötven ➔ Példák a **six** szónál.

ˌfifty-ˈfifty *adj., adv.* fele-fele arányban, egyenlően: *You've got a fifty-fifty chance* (ötvenszázalékos esély) *of winning.* • *We'll divide the money fifty-fifty.*

fig¹ /fɪg/ *noun* [C] füge

fig.² *abbr.* **1** (figure vagy illustration rövidítése) ábra: *See diagram at fig. 2.* **2** (figurative, figuratively rövidítése) átv, átvitt értelem(ben)

★ **fight¹** /faɪt/ *verb* (*pt, pp* fought /fɔːt/) **1** [I,T] fight (against sb) harcol, verekszik **2** [I,T] fight (against) sth küzd vmi ellen, harcol vmivel: *to fight a fire/a decision/prejudice* • *to fight against crime/disease* **3** [I] fight (for sth/to do sth) harcol vmiért: *to fight for your rights* **4** [I] fight (with sb) (about/over sth) veszekszik ➔ Lásd **argue, quarrel²**.

PHRASAL VERB **fight back** visszaüt, visszavág

★ **fight²** /faɪt/ *noun* **1** [C] a fight (with sb/sth); a fight (between A and B) verekedés: *Don't get into a fight at school, will you?* • *Fights broke out between rival groups of fans.* **2** a fight (against/for sth) (to do sth) [sing.] küzdelem, harc: *Workers won their fight against the management to stop the factory from closing down.* **3** (*főleg US*) a fight (with sb/sth) (about/over sth) veszekedés, vita: *I had a fight with my mum over what time I had to be home.* **4** [U] harci kedv: *I've had some bad luck but I've still got plenty of fight in me.*

IDIOM pick a fight → PICK¹

fighter /ˈfaɪtə(r)/ *noun* [C] **1** (also 'fighter plane) vadászrepülőgép: *a fighter pilot • a jet fighter* **2** harcos, bokszoló

figurative /ˈfɪɡərətɪv/ *adj.* (*abbr.* fig.) átvitt értelmű Ɔ Lásd literal, metaphor.
► **figuratively** *adv.* átvitt értelemben

★ **figure¹** /ˈfɪɡə/ *noun* [C] **1** szám, összeg: *The unemployment figures are lower this month. • What sort of figure are you thinking of for your house?* **2** számjegy: *Write the numbers in figures, not words. • He has a six-figure income/an income in six figures* (hat számjegyű). *• Interest rates are now down to single figures* (egy számjegyű). *• double figures* két számjegyű szám **3** (figures) [*plural*] (*informális*) számtan, számolás: *I don't have a head for figures.* **4** személyiség: *an important political figure* **5** alak (*főleg vonzó nőé*) Ɔ Magyarázat a build² szónál. **6** alak, figura (*nehezen kivehető, ismeretlen*): *Two figures were coming towards us in the dark.* **7** (*abbr.* fig.) ábra

IDIOMS a ballpark figure/estimate → BALLPARK | facts and figures → FACT | in round figures/numbers → ROUND¹

figure² /ˈfɪɡə(r)/ *verb* **1** [I] figure (as sth) (in/among sth) szerepel: *Women don't figure much in his novels.* ❶ Szinonimája: feature. **2** [T] figure (that) (*főleg US*) gondol, hisz

IDIOM it/that figures (*informális*) Ez várható volt!, Stimmel!

PHRASAL VERBS figure on sth/on doing sth (*főleg US*) vmit tervez, vmire számít: *I figure on arriving in New York on Wednesday.* | figure sb/sth out magyarázatot talál vmire: *I can't figure out why she married him in the first place.*

,figure of 'eight (*US* ,figure 'eight) *noun* [C] (*plural* figures of eight) nyolcas alak (*minta*)

,figure of 'speech *noun* [C] (*plural* figures of speech) szókép, metafora

★ **file¹** /faɪl/ *noun* [C] **1** dosszié, irattartó **2** (*infor*) állomány, fájl: *to open/close a file • to create/delete/save/copy a file* **3** a file (on sb/sth) akta, kartoték: *The police are

now keeping a file on all known football hooligans.* **4** reszelő: *a nail file*

IDIOMS on file iktatva van, szerepel az adattárban: *We have all the information you need on file.* | in single file libasorban | the rank and file → RANK¹

file² /faɪl/ *verb* **1** [T] file sth (away) irattartóba tesz, irattároz (*iratokat*): *I filed the letters away in a drawer.* **2** [I] file in, out, past, etc. libasorban halad: *The children filed out of the classroom.* **3** [T] file sth (away, down, etc.) (le)reszel

★ **fill** /fɪl/ *verb* **1** [I,T] fill (sth/sb) (with sth) megtölt, eltölt (*pl. érzelemmel*), megtelik vmivel: *Can you fill the kettle for me? • The news filled him with excitement.* **2** [T] betölt (*állást*), időt tölt (*vmilyen tevékenységgel*): *I'm afraid that teaching post has just been filled.*

PHRASAL VERBS fill sth in **1** (*US* also fill sth out) kitölt (*pl. űrlapot*) **2** betöm | fill (sth) up megtelik, megtölt

fillet (*US* filet) /ˈfɪlɪt/ *noun* [C,U] filé (*kicsontozott hús/hal*)

filling¹ /ˈfɪlɪŋ/ *noun* **1** [C] (fog)tömés: *a gold filling* **2** [C,U] (*konyha*) töltelék

filling² /ˈfɪlɪŋ/ *adj.* laktató (*étel*)

★ **film¹** /fɪlm/ *noun* **1** (*US* also movie) [C,U] (játék)film: *There's a good film on at the local cinema this week. • to watch a film on TV • to see a film at the cinema • a horror/documentary/feature film • a film director/producer/critic • a film studio • The programme included film of the town one hundred years ago.* **2** [C,U] filmművészet, filmipar: *She's studying film and theatre. • the film industry* **3** [U] (*fotó*) film (*tekercs*): *to have a film developed • Fast* (nagy érzékenységű) *film is better if there's not much light.* **4** [*usually sing.*] hártya, vékony réteg: *The oil forms a film on the surface of the water.*

★ **film²** /fɪlm/ *verb* [I,T] (filmet) forgat, filmre vesz

'**film star** *noun* [C] filmcsillag

filter¹ /ˈfɪltə(r)/ *noun* [C] szűrő: *a coffee filter • an oil filter • The photographer created the strange effect with a pink filter.*

filter² /ˈfɪltə(r)/ *verb* **1** [T] (meg)szűr **2** [I] filter in, out, through, etc. be-/átszűrődik, be-/ki-/átszivárog: *Sunlight filtered into *the room through the curtains.* • *(átv) News of her illness filtered through to her friends.* **PHRASAL VERB** **filter sb/sth out (of sth)** kiszűr: *This chemical filters impurities out of the water.* • *(átv) This test is designed to filter out weaker candidates before the interview stage.*

filth /fɪlθ/ *noun* [U] **1** mocsok: *The room was covered in filth.* **2** trágárság

filthy /'fɪlθi/ *adj.* (**filthier; filthiest**) **1** mocskos **2** trágár

fin /fɪn/ *noun* [C] **1** uszony **2** (*rep*) (függőleges) vezérsík

★ **final¹** /'faml/ *adj.* **1** (*csak főnév előtt*) utolsó **2** végleges: *The judge's decision is always final.* • *I'm not lending you the money, and that's final!* **IDIOM** **the last/final straw** → STRAW

★ **final²** /'faml/ *noun* **1** [C] döntő: *The first two runners in this race go through to the final.* ➜ Lásd **semi-final.** **2** (**finals**) [*plural*] záróvizsga (*egyetemen, főiskolán*): *I'm taking my finals in June.*

finale /fɪ'nɑːli/ *noun* [C] finálé

finalist /'faməlɪst/ *noun* [C] döntős ➜ Lásd **semi-finalist.**

finalize (also **-ise**) /'faməlaɪz/ *verb* [T] véglegesít

★ **finally** /'faməli/ *adv.* **1** végül (is), végre: *It was dark when the plane finally took off.* **❶** Szinonimája: **eventually. 2** végezetül, befejezésül: *Finally, I would like to thank you for a pleasant evening.* **❶** Szinonimája: **lastly. 3** véglegesen: *We haven't decided finally who will get the job.*

★ **finance¹** /'faɪnæns/ *noun* **1** [U] (alap)tőke, anyagi eszközök: *How will you raise the finance to start the project?* **2** [U] pénzügy **3** (**finances**) [*plural*] pénzügyek, pénzügyi források: *What are our finances like (hogy állunk anyagilag) at the moment?*

finance² /'faɪnæns; fə'næns/ *verb* [T] finanszíroz, pénzel: *Your trip will be financed by the company.*

financial /faɪ'nænʃl; fə'næ-/ *adj.* pénzügyi ▶ **financially** /-ʃəli/ *adv.* anyagilag, pénzügyileg

finch /fɪntʃ/ *noun* [C] pinty(őke)

★ **find¹** /faɪnd/ *verb* [T] (*pt, pp* **found** /faʊnd/) **1** (meg)talál: *After six months she finally*

found a job. • *I never seem to find the time* (időt szakítani) *to write letters these days.* • *We'd like to go on holiday but we can't find the money* (nem tudjuk előteremteni). **2** (rá)talál: *This animal can be found* (megtalálható) *all over the world.* **3** vmilyennek talál vmit: *I find that book very hard to understand.* • *How are you finding life as a student?* **4** talál, felfedez: *I got home to find that I'd left the tap on all day.* • *Ben turned a corner and suddenly found himself in the port* (a kikötőben találta magát). **5** odatalál, odaér (*magától*): *These birds find their way to Africa every winter.*

IDIOMS **find fault (with sb/sth)** hibát talál vkiben/vmiben | **find your feet** megszokik vhol, megtalálja a helyét **PHRASAL VERBS** **find (sth) out** megtud, rájön vmire, kiderít: *Have you found out how much it costs?* **❶** A **find out** ige nem jelenti azt, hogy „kitalál". | **find sb out** rajtakap: *He had used a false name for years before they found him out.*

find² /faɪnd/ *noun* [C] lelet, felfedezés: *Archaeologists made some interesting finds when they dug up the field.* • *This new young player is quite a find!*

finder /'faɪndə(r)/ *noun* [C] megtaláló, kereső (*fényképezőgépen*)

finding /'faɪndɪŋ/ *noun* [C, *usually plural*] feltárt tények, kutatási eredmények: *the findings of a survey/report/committee*

★ **fine¹** /faɪn/ *adj.* **1** jól (van) (*jól érzi magát*): *'How are you?' 'Fine thanks* (köszönöm, jól).' • *'Do you want to change places?' 'No, I'm fine here, thanks.'* **2** jó, elég (*így ahogy van*): *'Some more milk in your coffee?' 'No, that's fine, thanks.'* • *Don't cook anything special – a sandwich will be fine.* • *That's fine by me.* Részemről rendben van. **❶** Első és második jelentése nem használható kérdő vagy tagadó alakban. (Nem használható ~~Are you fine?~~ vagy ~~This isn't fine.~~) **3** jó/szép idő: *Let's hope it stays fine tomorrow.* **4** (*csak főnév előtt*) kitűnő, finom: *a fine piece of work* • *fine detail/carving/china* **5** (nagyon) vékony: *My hair's too fine for that hairstyle.* • *a fine pencil* **❶** Ellentéte: **thick. 6** finom szemű **❶** Ellentéte: **coarse. 7** finom (*részletek*): *I couldn't understand the finer points of his argument.* • *There's a fine line between*

ð **then** | s **so** | z **zoo** | ʃ **she** | ʒ **vision** | h **how** | m **man** | n **no** | ŋ **sing** | l **leg** | r **red** | j **yes** | w **wet**

(nincs éles határvonal) *being reserved and being unfriendly.*

★ **fine²** /faɪn/ *noun* [C] (pénz)bírság: *a parking fine* • *You'll get a fine if you park your car there.*

▶ **fine** *verb* [T] fine sb (for sth/doing sth) (meg)bírságol

finely /'faɪnli/ *adv.* **1** finomra (*vágott/ őrölt*): *The onions must be finely chopped.* **2** tökéletesen (*fel-/behangolt*)

★ **finger¹** /'fɪŋɡə(r)/ *noun* [C] ujj: *little finger, ring finger, middle finger, forefinger (or index finger), thumb* ❶ Az angol nyelvben a hüvelykujjat nem mindig számítják az ujjak közé, néha négy ujjról és hüvelykujjról beszélnek: *Hold your pen between your finger and thumb.* A lábujjak neve *toes.*

IDIOMS cross your fingers; keep your fingers crossed szurkol vkinek, szorít vkinek: *I'll keep my fingers crossed for you in your exams.* | have green fingers → GREEN¹ | snap your fingers → SNAP¹

finger² /'fɪŋɡə(r)/ *verb* [T] (meg)tapint, kézbe vesz

fingermark /'fɪŋɡəmɑːk/ *noun* [C] (maszatos) ujjnyom

fingernail /'fɪŋɡəneɪl/ (also **nail**) *noun* [C] köröm (*kézen*)

fingerprint /'fɪŋɡəprɪnt/ *noun* [C] ujjlenyomat

fingertip /'fɪŋɡətɪp/ *noun* [C] ujjhegy
IDIOM have sth at your fingertips vmi a kisujjában van

★ **finish¹** /'fɪnɪʃ/ *verb* **1** [I,T] finish (sth/doing sth) befejez(ődik): *Haven't you finished yet?* • *The Ethiopian won and the Kenyan finished second.* **2** [T] finish sth (off/up) megeszi, megissza **3** [T] finish sth (off) befejez: *She stayed up all night to finish off the article.* • *He's just putting the finishing touches to* (az utolsó simításokat végzi) *his painting.*

PHRASAL VERBS finish sb/sth off (*informális*) megöl, kikészít: *The last hill finished me off.* | finish with sb (*informális*) szakít vkivel | finish with sb/sth végez vkivel/vmivel: *I'll borrow that book when you've finished with it.*

finish² /'fɪnɪʃ/ *noun* [C] **1** vég(e vminek), finis: *I enjoyed the film from start to finish.*

2 végső kidolgozás (*pl. fényezés vagy lakk egy munkadarab felületén*)

★ **finished** /'fɪnɪʃt/ *adj.* **1** (*főnév előtt nem állhat*) finished (with sb/sth) kész (vmivel): *I won't be finished with the computer for another hour or so.* **2** (*főnév előtt nem állhat*) vége: *The business is finished – there's no more money.* **3** elkészített, befejezett: *the finished product/article*

finite /'faɪnaɪt/ *adj.* véges ❶ Ellentéte: infinite.

fir /fɜː(r)/ (also 'fir tree) *noun* [C] fenyő(fa)

'fir cone *noun* [C] (fenyő)toboz

★ **fire¹** /'faɪə(r)/ *noun* **1** [C,U] tűz(eset): *It took a long time to put out the fire* (hogy eloltsák a tüzet). • *In very hot weather, dry grass can catch fire* (meggyullad). • *Did someone set fire to* (meggyújtotta) *that wood?* • *Help! The frying pan's on fire* (ég)! **2** [C] tűz: *They tried to light a fire* (tüzet gyújtani) *to keep warm.* • *Don't let the fire go out* (kialudjon a tűz)! ⊃ Ábra fireplace alatt. **3** [C] kályha, tűzhely: *a gas/an electric fire* **4** [U] tűz (*lőfegyveré*): *The soldiers came under fire from all sides.* • *I could hear gunfire* (fegyverropogást) *in the distance.* **IDIOMS** get on/along like a house on fire → HOUSE¹ | open fire → OPEN² | come/be under fire erősen támadják: *The government has come under fire from all sides for its foreign policy.*

fire² /'faɪə(r)/ *verb* **1** [I,T] fire (sth) (at sb/sth); fire (sth) (on/into sb/sth) elsüt (*fegyvert*), lő: *The soldiers fired on the crowd.* • (*átv*) *If you stop firing questions at me* (ha nem bombáznál kérdésekkel), *I might be able to answer!* **2** [T] (*informális*) kirúg vkit (*állásából*) **3** [T] fire sb with sth tűzbe hoz: *Her speech fired me with determination.* Beszéde elszánttá tett.

'fire alarm *noun* [C] tűzjelző (készülék)

firearm /'faɪərɑːm/ *noun* [C] lőfegyver

'fire brigade (US 'fire department) *noun* [C, with sing. or plural verb] tűzoltóság

-fired /'faɪəd/ (*szóösszetételekben*) -tüzelésű: *gas-fired central heating*

'fire engine *noun* [C] tűzoltóautó

'fire escape *noun* [C] tűzlépcső

'fire extinguisher (also **extinguisher**) *noun* [C] tűzoltókészülék

---

❶ = magyarázat [C] megszámlálható (*főnév*): *one book, two books*

[U] megszámlálhatatlan (*főnév*): *some sugar*

firefighter /ˈfaɪəfaɪtə(r)/ *noun* [C] tűzoltó

firelight /ˈfaɪəlaɪt/ *noun* [U] tűzfény

fireman /ˈfaɪəmən/ (*plural* **-men** /-mən/) = FIREFIGHTER

fireplace

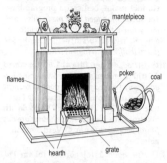

mantelpiece

poker

coal

flames

hearth

grate

fireplace /ˈfaɪəpleɪs/ *noun* [C] kandalló

fireside /ˈfaɪəsaɪd/ *noun* [sing.] a kandalló melletti hely: *Come and sit by the fireside.*

fire station *noun* [C] tűzoltóság, tűzoltó-állomás

firewood /ˈfaɪəwʊd/ *noun* [U] tűzifa

firework /ˈfaɪəwɜːk/ *noun* [C] rakéta, petárda (*tűzijátékhoz*)

firing squad *noun* [C] kivégzőosztag

★ **firm¹** /fɜːm/ *adj.* **1** tömör, kemény, szilárd **2** erőteljes, szilárd: *She kept a firm grip on her mother's hand.* • *a firm commitment/offer* **3** firm (with sb) határozott (vkivel), szilárd: *It is important to have a firm grasp* (alapos tudás) *of grammar.*
▶ **firmly** *adv.* **1** határozottan, szilárdan: *to say sth firmly* **2** határozottan (*mozdulatlanul*): *Keep your eyes firmly fixed on the road ahead.*
firmness *noun* [U] **1** keménység **2** határozottság
IDIOM **a firm hand** kemény kéz: *Those children need a teacher with a firm hand* (keménykezű tanár).

★ **firm²** /fɜːm/ *noun* [C, with sing. or plural verb] cég

★ **first¹** /fɜːst/ *determiner* első: *You've won first prize!* • *What were your first impressions of this country?* • *King Charles I* ❶ Kimondva: **(King) Charles the First.** ➲ Lásd **one.**

IDIOMS **at first glance/sight** első látásra: *The task seemed impossible at first glance, but in fact it was quite easy.* | **first/last thing** → THING

★ **first²** /fɜːst/ *adv.* **1** elsőnek: *He always wants to come first* (nyerni akar) *when he plays a game.* • *Do you want to go first or second?* **2** előbb **3** először **4** kezdetben: *When I first started my job I hated it.* **5** először ❶ Szinonimája: **firstly.**
IDIOMS **at first** eleinte: *At first I thought he was joking, but then I realized he was serious.* | **come first** mindennél előbbre való | **first and foremost** mindenekelőtt, elsősorban | **first come, first served** (*informális*) érkezési sorrendben: *Tickets are sold on a first come, first served basis.* | **first of all** elsősorban, mindenekelőtt | **first off** (*informális*) először is: *First off, let's decide what we do.* | **head first** → HEAD¹

★ **first³** /fɜːst/ *noun, pron.* **1** [sing.] (az) első: *Are we the first to arrive?* • *They enjoyed the holiday – their first for ten years.* **2** (a first) [C] első alkalom **3** [C] (*brit*) a legjobb minősítésű egyetemi diploma: *He got a first in History.*
IDIOM **from the (very) first** elejétől fogva

first aid *noun* [U] elsősegély: *a first aid kit/course* • *to give sb first aid*

first class *adj., adv.* **1** elsőrendű, kitűnő: *a first-class player* első osztályú (*szolgáltatás*): *He always travels first class.* • *Ten first-class stamps, please.*

> A brit posta levél küldésekor kétféle szolgáltatást ajánl: a **first-class mail** gyorsabb, a **second-class mail** olcsóbb, de a levél kézbesítése hosszabb ideig tart.

3 jeles/kitűnő minősítéssel végzett: *a First Class honours degree* jeles/kitűnő egyetemi diploma

the first floor *noun* [C] **1** (*brit*) első emelet: *I live in a flat on the first floor.* • *a first-floor flat* **2** (*US*) földszint

first gear *noun* [C] első sebesség (*fokozat*): *To move off, put the car into first gear and slowly release the clutch.*

first-hand /ˌfɜːst ˈhænd/ *adj., adv.* első kézből való, maga is (*közvetlenül pl. lát, hall, tapasztal vmit*): *He gave me a first-hand account of the accident.* • *I've experienced the problem first-hand.*

firstly /'fɜːstli/ *adv.* először (*felsorolásban*): *They were angry firstly because they had to pay extra, and secondly because no one had told them about it.* ❶ Szinonimája: **first**.

first name *noun* [C] keresztnév ➲ Magyarázat a **name¹** szónál.

the ˌfirst ˈperson *noun* [*sing.*] (*nyelv*) első személy: *'I am' is the first person singular of the verb 'to be'.* • *The author writes in the first person.*

ˌfirst-ˈrate *adj.* elsőrendű, kiváló

★ **fish¹** /fɪʃ/ *noun* (*plural* **fish** or **fishes**) [C,U] hal: *How many fish have you caught?* • *We're having fish for dinner.* • *a fish finger* panírozott halrudacska ❶ **Fish** sokkal gyakoribb mint többes szám. **Fishes** alakot akkor használhatjuk, ha többféle halról beszélünk: *The list of endangered species includes nearly 600 fishes* (halfajtát).

Nagy-Britanniában a **fish and chips** (sült hal hasábburgonyával) elterjedt gyorsétel fajta, amit a **fish and chip shop** árusít.

★ **fish²** /fɪʃ/ *verb* [I] **1** fish (for sth) halászik, horgászik: *They often go fishing at weekends.* **2** fish (around) (in sth) (for sth) kotorászik: *She fished (around) for her keys in the bottom of her bag.*
PHRASAL VERBS **fish for sth** vadászik (*átv*): *to fish for an invitation* | **fish sth out (of sth)** kihalászik vmit/vkit vhonnan

fisherman /'fɪʃəmən/ *noun* [C] (*plural* -men /-men/) halász ➲ Lásd **angler**.

fishing /'fɪʃɪŋ/ *noun* [U] halászat, horgászás ➲ Lásd **angling**.

ˈfishing rod *noun* [C] horgászbot

fishmonger /'fɪʃmʌŋgə(r)/ *noun* (*brit*) **1** [C] halárus **2** (**the fishmonger's**) [*sing.*] halbolt

fishy /'fɪʃi/ *adj.* **1** halszagú, halízű: *a fishy smell* **2** (*informális*) gyanús, kétes: *The police thought the man's story sounded extremely fishy.*

fist /fɪst/ *noun* [C] ököl: *She clenched her fists* (ökölbe szorította a kezét) *in anger.*

★ **fit¹** /fɪt/ *verb* (**fitting**; **fitted**) **1** [I,T] megfelel, jó (*a mérete/formája*), (bele)illik vhova: *These jeans fit very well.* **2** [I,T] fit (sb/sth) in/into/on/onto sth be(le)fér vhova/

vmibe, elfér vhol **3** [T] felszerel vmit, helyére rak/illeszt: *The builders are fitting new windows today.* • *I can't fit these pieces of the model together.* **4** [T] való vmire, illik vkire: *That description fits Jim perfectly.*
PHRASAL VERBS **fit sb/sth in; fit sb/sth in/into** sth időt szakít, beilleszt a programjába: *The doctor managed to fit me in this morning.* • *You're trying to fit too much into one day.* | **fit in (with sb/sth)** beilleszkedik: *She found it difficult to fit in at school.*

★ **fit²** /fɪt/ *adj.* (**fitter; fittest**) **1** fit (for sth/to do sth) jó erőben van, fitt: *Swimming is a good way to keep fit.* • *She goes to keep-fit classes.* Kondicionáló tornára jár. ❶ Ellentéte: **unfit**. **2** fit (for sb/sth); fit to do sth alkalmas, megfelelő: *These houses are not fit (for people) to live in.* ➲ Vesd össze **suitable**.

fit³ /fɪt/ *noun* **1** [C] görcsös roham (*pl. epilepsziás roham*): *to have fits* **2** [C] görcs, roham (*érzelmi*): *a fit of laughter/anger* **3** [*sing.*] (*ált. melléknév után*) jól/rosszul áll (*pl. ruhadarab*): *a good/bad/tight/loose fit*

fitness /'fɪtnəs/ *noun* [U] **1** erőnlét **2** fitness for sth/to do sth alkalmasság

fitted /'fɪtɪd/ *adj.* beépített (*pl. szekrény*): *a fitted carpet* faltól falig szőnyeg • *a fitted kitchen*

fitting¹ /'fɪtɪŋ/ *adj.* **1** (*formális*) megfelelő, illő **2** (-**fitting**) -szabott (*ruha*): *a tight-fitting dress* testre simuló ruha • *loose-fitting trousers*

fitting² /'fɪtɪŋ/ *noun* [C, *usually plural*] szerelvények, tartozékok (*lakberendezésnél, pl. csapok*) ➲ Lásd **fixture**.

★ **five** /faɪv/ *number* **1** öt ➲ Lásd **fifth**. Például a **six** szónál. **2** (**five-**) (*szóösszetételekben*) öt-: *a five-day week*

fiver /'faɪvə(r)/ *noun* [C] (*brit, informális*) egy ötös (*ötfontos bankjegy*)

★ **fix¹** /fɪks/ *verb* [T] **1** rögzít: *Can you fix this new handle to the door?* • (*átv*) *I can't keep my mind fixed* (koncentrál) *on my work.* **2** megjavít ❶ Szinonimája: **repair**. **3** fix sth (up) megállapít, kitűz (*időpontot*): *We need to fix the price.* **4** fix sth (up) el-/berendez, elkészít: *They're fixing up their spare room for the new baby.* **5** (*ált. szenvedő szerkezetben, informális*) bundázik (*vesztegetéssel elintéz vmit*): *Many fans believe that the match was fixed* (a meccs bunda volt). **6** fix sth (for sb) (*főleg US*) elkészít (*ételt, italt vkinek*): *Can I fix you a drink/a drink for you?*

PHRASAL VERB fix sb up (with sth) (*informális*) elintéz, (be)szerez: *I can fix you up with a place to stay.*

fix² /fɪks/ *noun* **1** [C] megoldás (*ami könnyű vagy gyors*): *There's no quick fix to this problem.* **2** [*usually sing.*] (*informális*) cikis helyzet: *I was in a real fix.* **3** [*usually sing.*] (*informális*) bunda (*pl. futballmeccsnél*)

fixation /fɪkˈseɪʃn/ *noun* [C] a fixation (with sth) mánia

fixed /fɪkst/ *adj.* **1** rögzített, véglegesített: *a fixed date/price/rent* ⊃ Lásd **movable**. **2** mozdíthatatlan, fix: *He has such fixed ideas* (rögeszméi).

IDIOM (of) no fixed abode/address (*formális*) állandó lakhellyel nem rendelkező

fixture /ˈfɪkstʃə(r)/ *noun* [C] **1** kiírt verseny/sportesemény: *to arrange/cancel/play a fixture* **2** [*usually plural*] tartozék, szerelvény: *fixtures and fittings* ⊃ Lásd **fitting**.

fizz /fɪz/ *noun* [U] pezsgés: *This lemonade's lost its fizz.*
 ▸ **fizz** *verb* [I] pezseg, sistereg

fizzle /ˈfɪzl/ *verb*
PHRASAL VERB fizzle out ellaposodik, lelohad: *The game started well but it soon fizzled out.*

fizzy /ˈfɪzi/ *adj.* pezsgő, habzó, szénsavas
 ❶ A szénsavat tartalmazó ital vagy ásványvíz jelzője **sparkling**, (nem *fizzy*). ⊃ Lásd **still**.

fizzy 'drink (*US* soda) *noun* [C] szénsavas üdítő(ital)

fjord /ˈfiːɔːd/ *noun* [C] fjord

flabbergasted /ˈflæbəgɑːstɪd/ *adj.* (*informális*) meglepett, paff

flabby /ˈflæbi/ *adj.* petyhüdt: *a flabby stomach*

★ **flag¹** /flæg/ *noun* [C] zászló

flag² /flæg/ *verb* [I] (flagging; flagged) (el)lankad
PHRASAL VERB flag sb/sth down leint (*járművet*): *to flag down a taxi*

flag day *noun* [C] (*brit*) jótékony célú gyűjtés napja

flagrant /ˈfleɪɡrənt/ *adj.* (*csak főnév előtt*) felháborító, kirívó

flail /fleɪl/ *verb* [I,T] hadonászik: *The insect's legs were flailing in the air.* ● *Don't flail your arms about like that.*

flair /fleə(r)/ *noun* **1** (a) flair for sth [*sing.*] érzék vmihez: *She has a flair for languages* (jó nyelvérzék). **2** [U] (stílus)érzék, kreativitás: *That poster is designed with her usual flair.*

flak /flæk/ *noun* [U] (*informális*) kritika: *He'll get some flak for missing that goal.*

flake¹ /fleɪk/ *noun* [C] pehely: *snowflakes*

flake² /fleɪk/ *verb* [I] flake (off) (le)hámlik: *This paint is beginning to flake (off).*

flamboyant /flæmˈbɔɪənt/ *adj.* **1** különc(ködő): *a flamboyant gesture/personality* **2** rikító, hivalkodó: *flamboyant colours*
 ▸ **flamboyance** *noun* [U] vmi/vki hivalkodó volta
flamboyantly *adv.* hivalkodóan

★ **flame** /fleɪm/ *noun* [C,U] láng: *The flame of the candle flickered by the open window.* ● *The house was in flames when the fire engine arrived.* ● *The piece of paper burst into flames* (lángra lobban) *in the fire.* ❶ A gáztűzhely főzőégője **ring**.

flaming /ˈfleɪmɪŋ/ *adj.* (*csak főnév előtt*) **1** heves: *We had a flaming argument over the bills.* **2** lobogó (*tűz*) **3** (*szleng*) rohadt (*harag kifejezése*): *I can't get in – I've lost the flaming key.* **4** láng(oló) (*szín, főleg vörös*): *flaming red hair*

flamingo /fləˈmɪŋɡəʊ/ *noun* [C] flamingó

flammable /ˈflæməbl/ *adj.* gyúlékony
 ❶ Szinonimája a gyakrabban használt **inflammable**. Ellentéte: **non-flammable**.

flan /flæn/ *noun* [C,U] gyümölccsel/sajttal/zöldséggel töltött vajastészta-kosárka

flank¹ /flæŋk/ *noun* [C] **1** horpasz **2** (*kat*) szárny

flank² /flæŋk/ *verb* [T] (*ált. szenvedő szerkezetben*) szegélyez: *The road was flanked by trees.*

flannel /ˈflænl/ *noun* **1** [U] flanell **2** [C] arc-/kéztörlő

flap

flap¹ /flæp/ noun [C] **1** fül (sapkán) **2** felhajtható lap (sátoron, borítékon stb.) ➲ Ábra **bag¹** alatt.
[IDIOM] be in/get into a flap (informális) izgul

flap² /flæp/ verb (flapping; flapped) **1** [I,T] lobog (főleg szélben), csapkod: The bird flapped its wings and flew away. **2** [I] (informális) idegeskedik

flare¹ /fleə(r)/ verb [I] lobogva ég
[PHRASAL VERB] flare up **1** fellobban (tűz) **2** fellángol (indulat)

flare² /fleə(r)/ noun **1** [sing.] fellobbanás (lángé) **2** [C] jelzőfény

flared /fleəd/ adj. lefelé szélesedő (nadrág, szoknya)

★ **flash¹** /flæʃ/ verb **1** [I,T] (fel)villan, rávillant: The neon sign above the door flashed on and off (villogott) all night. • That lorry driver's flashing his lights at us. **2** [I] elsuhan, átvillan: I saw something flash past the window. • Thoughts kept flashing through my mind and I couldn't sleep. **3** [T] felvillant egy pillanatra: The detective flashed his card and went straight in. **4** [T] továbbít (rádión, televízión stb.)
[PHRASAL VERB] flash back visszapillant a múltba: Something he said made my mind flash back to my childhood.

★ **flash²** /flæʃ/ noun **1** [C] (fel)villanás: a flash of lightning villám **2** [C] a flash (of sth) hirtelen ötlet/érzelem: a flash of inspiration • The idea came to me in a flash. **3** [C,U] vaku
[IDIOMS] in/like a flash egy pillanat alatt | (as) quick as a flash → QUICK¹

flashback /'flæʃbæk/ noun [C,U] visszapillantás (filmben, regényben stb.)

flashlight /'flæʃlaɪt/ (US) = TORCH (1)

flashy /'flæʃi/ adj. (flashier; flashiest) feltűnést keltő: a flashy sports car

flask /flɑːsk/ noun [C] **1** (brit) termosz **2** lombik

★ **flat¹** /flæt/ adj., adv. (flatter; flattest) **1** sík, lapos(an): I need a flat surface to write this letter on. • She lay flat on her back (hanyatt feküdt) in the sunshine. • He fell flat on his face (hasra esett) in the mud. **2** lapos: You need flat shoes (lapossarkú cipő) for walking. **3** unalmas: Things have been a bit flat since Alex left. **4** (csak főnév

előtt) határozott (visszautasítás, tagadás stb.): He answered our request with a flat 'No!' **5** (symbol ♭) (zene) félhanggal leszállított ➲ Lásd **sharp¹**(9). **6** (zene) hamis(an) (lejjebb): You're singing flat. ➲ Lásd **sharp¹**(10). **7** állott (ital): The lemonade has gone flat (kiment belőle a buborék). **8** (brit) lemerült (elem, akku) **9** defektes (autógumi) **10** egységes, átalánydíjszabás: We charge a flat fee of £20, however long you stay. **11** (időhatározó után) kerek(en): She can get up and out of the house in ten minutes flat.
[IDIOMS] fall flat nem sikerül, rosszul sül el (vicc, történet stb.) | flat out megállás nélkül: He's been working flat out for two weeks.

flat² /flæt/ noun **1** [C] (főleg US apartment) lakás: a block of flats lakótömb ➲ Lásd még **apartment block**, **bedsit**, **penthouse**.

Az amerikai angolban az **apartment** szót használják „lakás" értelemben. A brit angolban az **apartment** szó általában nyaralás céljából bérelt lakást jelent: We're renting an apartment in the South of France.

You **rent** a flat from a **landlord**/**landlady**. The landlord/lady **lets** the flat to you, the **tenant**. The money you have to pay is called **rent**. Your flat may be **furnished** or **unfurnished**. A person who shares the flat with you is your **flatmate**.

2 [C] (symbol ♭) (zene) leszállító módosító jel ➲ Lásd **sharp**. **3** [sing.] the flat (of sth) lap(os felület): He beat on the door with the flat of his hand (tenyerével). **4** [C] (főleg US) defektes kerék

flatly /'flætli/ adv. **1** határozottan, kereken: He flatly denied the allegations. **2** unalmasan, egyhangúan

flatten /'flætn/ verb [I,T] flatten (sth) (out) (le)simul, (ki/le)simít, lelapít

flatter /'flætə(r)/ verb [T] **1** hízeleg **2** flatter yourself (that) áltatja magát: He flatters himself that he speaks fluent French. **3** (ált. szenvedő szerkezetben) hízelgő vkire nézve: I felt very flattered when they gave me the job.

flattering /'flætərɪŋ/ adj. hízelgő

flattery /'flætəri/ noun [U] hízelgés

flaunt /flɔːnt/ verb [T] kérkedik vmivel

flautist /'flɔːtɪst/ (US **flutist**) noun [C] fuvolás

★ **flavour¹** (US **flavor**) /'fleɪvə(r)/ noun [C,U]
1 íz, zamat: ten different flavours of yoghurt • yoghurt in ten different flavours
2 [sing.] ízelítő: This video will give you a flavour of what the city is like.

flavour² (US **flavor**) /'fleɪvə(r)/ verb [T]
ízesít: Add a little nutmeg to flavour the sauce. • strawberry-flavoured milkshake

flavouring (US **flavoring**) /'fleɪvərɪŋ/ noun [C,U] ízesítő: This orange juice contains no artificial flavourings.

flaw /flɔː/ noun [C] **1 a flaw (in sth)** hiba, tévedés: There are some flaws in her argument. **2** repedés, hiba **3 a flaw (in sb/sth)** jellemhiba
▸ **flawed** adj. hibás

flawless /'flɔːləs/ adj. hibátlan: a flawless diamond

flea /fliː/ noun [C] bolha

flea market noun [C] bolhapiac

fleck /flek/ noun [C, usually plural] pötty

flee /fliː/ verb [I,T] (pt, pp **fled** /fled/) **flee (to.../into...); flee (from) sb/sth** (el)menekül: The robbers fled the country with £100 000.

fleet /fliːt/ noun [C, with sing. or plural verb]
1 flotta: a fishing fleet **2 a fleet (of sth)** (jármű)állomány

★ **flesh** /fleʃ/ noun [U] **1** hús (nem táplálék)
❶ Az élelemül szolgáló állati „hús" angolul **meat**. **2** gyümölcs/zöldség húsa
IDIOMS your (own) flesh and blood saját vére/családja | **in the flesh** személyesen | **make your flesh creep** borsódzik tőle az ember háta: The way he smiled made her flesh creep.

flew past tense of FLY¹

flex¹ /fleks/ (főleg US **cord**) noun [C,U] kábel

At the end of a flex there is a **plug** which you fit into a **socket** or a **power point**.

flex² /fleks/ verb [T] megmozgat (lábát, karját, izmait)

flexible /'fleksəbl/ adj. **1** hajlékony **2** rugalmas: flexible working hours ❶ Ellentéte: **inflexible**.

▸ **flexibility** /ˌfleksə'bɪlɪti/ noun [U]
1 hajlékonyság **2** rugalmasság

flexitime /'fleksitaɪm/ (ált. US **flextime** /'flekstaɪm/) noun [U] rugalmas munkaidő: She works flexitime.

flick /flɪk/ verb **1** [T] **flick sth (away, off, onto, etc.)** (le)pöcköl: She flicked the dust off her jacket. **2** [I,T] **flick (sth) (away, off, out, etc.)** (fel/le)kattint: She flicked the switch and the light came on.
▸ **flick** noun [C] pöccintés, gombnyomás
PHRASAL VERB flick/flip through sth átlapoz

flicker¹ /'flɪkə(r)/ verb [I] **1** pislákol, felvillan: The candle flickered and went out. **2** felvillan (gondolat), fellobban (érzelem): A smile flickered across her face. Mosoly villant át az arcán. **3** megrebben: His eyelids flickered for a second and then he lay still.

flicker² /'flɪkə(r)/ noun [C, usually sing.]
1 felvillanás, vibrálás: the flicker of the television/flames **2** rezzenés **3** fellobbanás (érzelemé): a flicker of hope

flies → FLY

★ **flight** /flaɪt/ noun **1** [C] repülőút: a direct/scheduled/charter flight • They met **on a flight** to Australia. • a manned space flight to Mars **2** [C] repülőjárat: Flight number 340 from London to New York is boarding now. **3** [U] repülés: It's unusual to see swans **in flight** (repülés közben). **4** [C] két emelet közötti lépcsősor: a flight of stairs **5** [U, sing.] menekülés: the refugees' flight from the war zone

flight attendant noun [C] (főleg US) légi utaskísérő

flimsy /'flɪmzi/ adj. **1** vékony, gyenge: a flimsy bookcase • a flimsy blouse **2** gyatra (átv): He gave a **flimsy excuse** (gyenge kifogás) for his absence.

flinch /flɪntʃ/ verb [I] **1 flinch (at sth); flinch (away)** hátrahőköl: She couldn't help flinching away as the dentist came towards her with the drill. **2 flinch from sth/doing sth** meghátrál vmi elől (átv): She didn't flinch from telling him the whole truth.

fling¹ /flɪŋ/ verb [T] (pt, pp **flung** /flʌŋ/) dob, hajít: He flung his coat on the floor.

fling² /flɪŋ/ noun [C] rövid mulatozás/viszony

flint /flɪnt/ noun **1** [U] kova(kő) **2** [C] tűzkő

ð **then** | s **so** | z **zoo** | ʃ **she** | ʒ **vision** | h **how** | m **man** | n **no** | ŋ **sing** | l **leg** | r **red** | j **yes** | w **wet**

flip /flɪp/ verb (**flipping**; **flipped**) 1 [I,T] (át/fel/ki)fordít: *She flipped the book open (felcsapta a könyvet) and started to read.* 2 [T] feldob: *Let's flip a coin to see who starts.* 3 [I] flip (out) (beszélt nyelv) kibarul (átv)

PHRASAL VERB flick/flip through sth → FLICK

flip-flop (US thong) noun lábujjak közötti pánttal ellátott szandál/papucs ➾ Ábra shoe¹ alatt.

flippant /ˈflɪpənt/ (informális flip) adj. komolytalan

flipper /ˈflɪpə(r)/ noun [C] 1 úszóláb 2 (gumi)uszony

flipping /ˈflɪpɪŋ/ adj. (szleng) rohadt (harag kifejezésére)

flirt¹ /flɜːt/ verb [I] flirt (with sb) kacérkodik, flörtöl: *Who was that boy Irene was flirting with at the party?* • (átv) to flirt with danger

PHRASAL VERB flirt with sth kacérkodik (pl. a gondolattal): *She had flirted with the idea of becoming a teacher for a while.*

flirt² /flɜːt/ noun [C] kacér nő, csélcsap férfi

flit /flɪt/ verb [I] (**flitting**; **flitted**) flit (from A to B); flit (between A and B) cikázik (átv is): *She flits from one job to another.*

★ **float¹** /fləʊt/ verb 1 [I] úszik, lebeg 2 [I] float (in/on sth) lebeg (vízen) 3 [T] (közg) tőzsdére visz: *The company was floated on the stock market in 1999.* 4 [I,T] lebegtet (árfolyamot)

float² /fləʊt/ noun [C] 1 felvonulásokon használt, kerekeken vontatott feldíszített dobogó: *a carnival float* 2 úszó (horgászzsinóron) 3 úszóöv

floating /ˈfləʊtɪŋ/ adj. nem állandó: *London's floating population*

flock¹ /flɒk/ noun [C] 1 nyáj, madárraj ➾ Lásd herd. 2 sereg (átv): *flocks of tourists*

flock² /flɒk/ verb [I] összesereglik: *People are flocking to her latest exhibition.*

flog /flɒg/ verb [T] (**flogging**; **flogged**) 1 (ált. szenvedő szerkezetben) (meg)korbácsol 2 (brit, informális) elpasszol, elad

flogging /ˈflɒgɪŋ/ noun [C,U] megkorbácsolás

★ **flood¹** /flʌd/ verb [I,T] 1 elönt, kiárad, eláraszt: *The River Trent floods almost every*

year. 2 flood in/into/out of sth özönlik: *Since the television programme was shown, phone calls have been flooding into the studio.* 3 elönt (érzelem, gondolat stb.): *At the end of the day all his worries came flooding back.*

★ **flood²** /flʌd/ noun [C] 1 ár(víz) 2 a flood (of sth) özön, áradat

floodlight /ˈflʌdlaɪt/ noun [C] reflektorfény

floodlit /ˈflʌdlɪt/ adj. fényszórókkal megvilágított, kivilágított: *a floodlit hockey match*

★ **floor¹** /flɔː(r)/ noun 1 [C, usually sing.] padló(zat): *Don't come in – there's broken glass on the floor!* ➾ Magyarázat a ground szónál. 2 [C] emelet: *My office is on the second floor.*

> Nagy-Britanniában a földszint a **ground floor**, az első emelet first **floor**, Amerikában azonban a földszint a **first floor**, az első emelet pedig a **second floor**.

3 [C, usually sing.] vmi feneke: *the ocean/valley/cave/forest floor*

floor² /flɔː(r)/ verb [T] (informális) padlóra küld: *Some of the questions I was asked in the interview completely floored me.*

floorboard /ˈflɔːbɔːd/ noun [C] padlódeszka

flop¹ /flɒp/ verb [I] (**flopping**; **flopped**) 1 flop into, onto sth; flop (down/back) leroskad (a fáradtságtól): *I was so tired that all I could do was flop onto the sofa and watch TV.* 2 flop around, back, down, etc. lecsüng: *I can't bear my hair flopping in my eyes.* Ki nem állhatom, ha a szemembe lóg a hajam. 3 megbukik (könyv, film stb.)

flop² /flɒp/ noun [C] bukás (könyvé, filmé stb.): *a box-office flop*

floppy /ˈflɒpi/ adj. lelógó: *a floppy hat* széles karimájú kalap

floppy disk (also floppy) noun [C] floppy/hajlékony lemez: *Don't forget to back up your files onto a floppy disk.* ➾ Lásd hard disk. Ábra az A10. oldalon.

flora /ˈflɔːrə/ noun [plural] növényzet: *the flora and fauna of Australia*

floral /ˈflɔːrəl/ adj. virágos

---

❶ = magyarázat [C] **megszámlálható** (főnév): one book, two books

[U] **megszámlálhatatlan** (főnév): some sugar

florist /'flɒrɪst/ *noun* **1** [C] virágárus **2** (**the florist's**) [*sing.*] virágbolt

flounder /'flaʊndə(r)/ *verb* [I] **1** belezavarodik: *The questions they asked her at the interview had her floundering helplessly.* **2** bajban van: *The business is floundering.* **3** kapálódzik

★ **flour** /'flaʊə(r)/ *noun* [U] liszt

flourish¹ /'flʌrɪʃ/ *verb* **1** [I] virágzik (*átv is*): *a flourishing business* **2** [T] lobogtat: *He proudly flourished two tickets for the concert.*

flourish² /'flʌrɪʃ/ *noun* [C] lendületes mozdulat: *He opened the door for her with a flourish.*

flout /flaʊt/ *verb* [T] semmibe vesz: *to flout the rules of the organization* • *to flout sb's advice* rá se hederít vkire

★ **flow¹** /fləʊ/ *noun* [*sing.*] **a flow (of sth/sb)** **1** folyás, ömlés: *Press hard on the wound to stop the flow of blood.* **2** áramlás: *the flow of information between the school and the parents* **3** áradat: *Once Charlie's in full flow* (teljes lendületben), *it's hard to stop him talking.*

IDIOM **the ebb and flow (of sth)** → EBB²

★ **flow²** /fləʊ/ *verb* [I] **1** folyik, áramlik: *This river flows south into the English Channel.* • *a fast-flowing stream* • *Traffic began to flow normally again after the accident.* **2** könnyedén gördül (*szavak, ötletek stb.*): *As soon as we sat down at the table, the conversation began to flow.* **3** leng(edezik) (*haj, ruha*): *a long flowing dress*

'**flow chart** (also '**flow diagram**) *noun* [C] (*infor*) folyamatábra

★ **flower¹** /'flaʊə(r)/ *noun* [C] virág ➔ Lásd még **petal**, **bud**, **stem**.

> We **pick** flowers and **arrange** them in a vase. A **bunch** of flowers that is given or carried on a special occasion is called a **bouquet**.

★ **flower²** /'flaʊə(r)/ *verb* [I] virágzik

'**flower bed** *noun* [C] virágágy

flowerpot /'flaʊəpɒt/ *noun* [C] virágcserép ➔ Ábra **pot¹** alatt.

flowery /'flaʊəri/ *adj.* **1** virágos, virágzó: *a flowery dress* **2** szóvirágokkal teli (*stílus*)

flown *past participle of* FLY¹

fl oz *abbr.* (**fluid ounce(s)** rövidítése) (*GB*) 28,4 ccm, (*US*) 29,5 ccm

flu /fluː/ (*formális* **influenza**) *noun* [U] influenza

fluctuate /'flʌktʃueɪt/ *verb* [I] **fluctuate (between A and B)** ingadozik: *The number of students fluctuates between 100 and 150.*
▶ **fluctuation** /ˌflʌktʃu'eɪʃn/ *noun* [C,U] ingadozás

fluent /'fluːənt/ *adj.* **1** **fluent (in sth)** folyékony (*nyelvtudás*): *After a year in France she was fluent in French* (folyékonyan beszélt franciául). **2** gördülékeny (*beszéd, stílus*): *He speaks fluent German.*
▶ **fluency** /'fluːənsi/ *noun* [U] gördülékenység (*beszéd, stílus*)
fluently *adv.* folyékonyan

fluff /flʌf/ *noun* [U] pihe, bolyh

fluffy /'flʌfi/ *adj.* bolyhos, pelyhes: *a fluffy kitten* • *fluffy clouds/towels*

fluid¹ /'fluːɪd/ *noun* [C,U] folyadék: *The doctor told her to drink plenty of fluids.* • *cleaning fluid*

fluid² /'fluːɪd/ *adj.* **1** folyékony (*átv is*), könnyed: *I like her fluid style of dancing.* **2** kialakulófélben (*pl. terv*)

'**fluid 'ounce** *noun* [C] (*abbr.* **fl oz**) űrmérték (*GB* 0,0284 liter, *US* 0,0295 liter) ➔ Lásd a **Számokkal kapcsolatos kifejezések** részt.

fluke /fluːk/ *noun* [C, *usually sing.*] (*informális*) mázli

flung *past tense, past participle of* FLING¹

fluorescent /ˌflɔː'resnt; ˌfluə'r-/ *adj.* **1** világító: *fluorescent lighting* fénycsöves világítás **2** fluoreszkáló

fluoride /'flɔːraɪd/ *noun* [U] fluorid

flurry /'flʌri/ *noun* [C] (*plural* **flurries**) **1** izgatott kapkodás: *a flurry of activity* **2** hóvihar, zápor

flush¹ /flʌʃ/ *verb* **1** [I] (el/ki)pirul: *Susan flushed and could not hide her embarrassment.* **❶** Gyakoribb szó: **blush**. **2** [I,T] lehúzza (*a vécét*): *Please remember to flush the toilet.* • *The toilet won't flush.* **3** [T] **flush sth away, down, etc.** lefolyóba önt (*mosogatóba, vécébe*): *You can't flush tea leaves down the sink.*

flush² /flʌʃ/ *noun* [C, *usually sing.*]

1 (el/ki)pirulás: *The cold wind brought a flush to our cheeks.* **2** vízöblítés

flushed /flʌʃt/ *adj.* kipirult, felhevült

fluster /'flʌstə(r)/ *verb* [T] (*ált. szenvedő szerkezetben*) összezavar vkit (*a túl sok tennivaló*): *Don't get flustered.*
  ▸ **fluster** *noun* [C] idegesség: *I always get in a fluster before exams.* Vizsgák előtt mindig nagyon ideges vagyok.

flute /fluːt/ *noun* [C] fuvola ➔ Magyarázat a **piano** szónál.
  ▸ **flutist** /'fluːtɪst/ (*US*) = FLAUTIST

flutter¹ /'flʌtə(r)/ *verb* **1** [I,T] lebeg, csapkod: *The flags were fluttering in the wind.* • *The bird fluttered its wings and tried to fly.* **2** [I] (*az izgalomtól*) gyorsan ver, remeg (*szív, gyomor*)

flutter² /'flʌtə(r)/ *noun* [C, usually sing.] **1** lebegtetés, verdesés: *the flutter of wings/eyelids* **2** (*brit, szleng*) fogadás (*lóversenyen stb.*): *I sometimes have a flutter on the horses.* Néha fogadok a lovakra.

★ **fly¹** /flaɪ/ *verb* (*pres. part.* **flying**; *3rd pers. sing. pres.* **flies**; *pt* **flew** /fluː/; *pp* **flown** /fləʊn/) **1** [I,T] repül, száll **2** [I,T] repül(őn utazik), repülőn szállít: *My daughter is flying (out) to Singapore next week.* **3** [I,T] vezet (*repülőgépet*) **4** [I] (el)repül (*átv is*): *A large stone came flying through the window.* • *I slipped and my shopping went flying everywhere.* • *Suddenly the door flew open* (*kivágódott*) *and Mark came running in.* • *The weekend has just flown by.* **5** [I,T] lobog(tat) (*a levegőben*): *The flags are flying.* • *to fly a kite* sárkányt ereget
  ❶ Főnév: **flight**.
  IDIOMS **as the crow flies** → CROW¹ | **fly off the handle** (*informális*) kijön a sodrából | **let fly (at sb/sth) 1** ráförmed vkire **2** rátámad (*fizikailag*): *She let fly at him with her fists.*

★ **fly²** /flaɪ/ *noun* [C] **1** (*plural* **flies**) légy: *Flies buzzed round the dead cow.* **2** (*also* **flies** [*plural*]) slicc (*nadrágon*)

flying /'flaɪɪŋ/ *adj.* repülő, szálló: *flying insects*
  IDIOMS **with flying colours** kitűnő eredménnyel: *Martin passed the exam with flying colours.* | **get off to a flying start** vól indul

flying 'saucer *noun* [C] repülő csészealj

flying 'visit *noun* [C] futó látogatás: *I can't stop. This is just a flying visit.*

flyover /'flaɪəʊvə(r)/ (*US* **overpass**) *noun* [C] felüljáró (*járművek számára*)

FM /ˌef 'em/ *abbr.* (**frequency modulation** *rövidítése*) URH (*rádiósáv*)

foal /fəʊl/ *noun* [C] csikó ➔ Magyarázat a **horse** szónál.

foam¹ /fəʊm/ *noun* [U] **1** (*also* **foam 'rubber**) habszivacs **2** hab (*folyadék felszínén*) **3** hab: *shaving foam*

foam² /fəʊm/ *verb* [I] habzik

fob /fɒb/ *verb* (**fobbing**; **fobbed**)
  PHRASAL VERB **fob sb off (with sth) 1** leráz vkit (*átv*): *Don't let them fob you off with any more excuses.* **2** rásóz vkire vmit: *Don't try to fob me off with that old car.*

focal point /'fəʊkl pɔɪnt/ *noun* [sing.] középpont (*érdeklődésé, eseményé*)

focus¹ /'fəʊkəs/ *verb* [I,T] (**focusing**; **focused** *or* **focussing**; **focussed**) **focus (sth) (on sth) 1** összpontosít: *to focus on a problem* **2** beállít vmire (*fényképezőgépet*), összpontosít (*tekintetet*)

focus² /'fəʊkəs/ *noun* [C, usually sing.] (*plural* **focuses** *or* **foci** /'fəʊsaɪ/) fókusz, középpont: *The school used to be the focus of village life.*
  IDIOM **in focus/out of focus** éles/nem éles (*fénykép*)

fodder /'fɒdə(r)/ *noun* [U] takarmány

foe /fəʊ/ *noun* [C] (*írott nyelv*) ellenség

foetus (*US* **fetus**) /'fiːtəs/ *noun* [C] (*plural* **foetuses**; **fetuses**) magzat ➔ Lásd még **embryo**.

fog /fɒg/ *noun* [U, C] köd: *Patches of dense fog are making driving dangerous.*

> A **fog** sűrűbb mint a **mist**, a **haze** pedig hőség okozta ködfátyol. Lásd még **smog**.

foggy /'fɒgi/ *adj.* (**foggier**; **foggiest**) ködös
  IDIOM **not have the faintest/foggiest (idea)** → FAINT¹

foil¹ /fɔɪl/ *noun* **1** [U] (*also* **tinfoil**) alufólia: *aluminium foil* **2** [C] (*sp*) vívótőr

foil² /fɔɪl/ *verb* [T] meghiúsít: *The prisoners were foiled in their attempt to escape.*

foist /fɔɪst/ *verb*

PHRASAL VERB foist sth on/upon sb rásóz (*átv*): *Jeff had a lot of extra work foisted on him when his boss was away.*

★ **fold¹** /fəʊld/ *verb* **1** [T] fold sth (up) összehajt(ogat) **❶** Ellentéte: **unfold**. **2** [I] fold (up) összecsukódik: *This table folds up (összecsukható) flat.* • *a folding bed* **3** [T] fold A in B; fold B round/over A becsomagol vmit vmibe **4** [I] bezár (*üzlet stb., mert nem sikeres*)

IDIOM cross/fold your arms → ARM¹

★ **fold²** /fəʊld/ *noun* [C] **1** (be)hajtás **2** berakás (*anyagon*): *the folds of a dress/curtain* **3** karám

folder /ˈfəʊldə(r)/ *noun* [C] **1** iratgyűjtő **2** (*infor*) (állomány)könyvtár

foliage /ˈfəʊliɪdʒ/ *noun* [U] (*formális*) lomb(ozat)

folk¹ /fəʊk/ *noun* **1** (*US* folks) [*plural*] (*informális*) emberek: *Old folk often don't like change.* • *country folk* **2** (folks) [*plural*] (*informális*) emberek (*barátságos megszólítás*): *What shall we do today, folks?* **3** folks [*plural*] (*informális*) a család: *How are your folks?* **4** (also 'folk music) [U] népzene

folk² /fəʊk/ *adj.* népi, nép-: *Robin Hood is an English folk hero.* • *folk music* • *a folk song*

folklore /ˈfəʊklɔː(r)/ *noun* [U] folklór

follicle /ˈfɒlɪkl/ *noun* [C] szőrtüsző: *a hair follicle*

★ **follow** /ˈfɒləʊ/ *verb* **1** [I,T] követ, utána jön/megy: *You go first and I'll follow (on) later.* • *The dog followed her (around) wherever she went.* • *I'll have soup followed by spaghetti.* **2** [T] irányt követ: *Follow this road for a mile.* • *The road follows the river.* **3** [T] követ (*utasítást, példát, tanácsot stb.*): *When lighting fireworks, it is important to follow the instructions carefully.* **4** [I,T] követ, megért vkit/vmit: *The children couldn't follow the plot of that film.* **5** [T] figyelemmel kísér: *Have you been following the tennis championships?* **6** [I] follow (on) (from sth) (vmiből) következik: *It doesn't follow that old people can't lead active lives.* • *Intermediate Book One follows on from (folytatása) Elementary Book Two.*

IDIOMS as follows a következő(k): *The names of the successful candidates are as follows...*

| follow sb's example/lead vki példáját/útmutatását követi | follow in sb's footsteps vki nyomdokain halad: *He followed in his father's footsteps and joined the army.* | follow your nose egyenesen előre megy: *Turn right at the lights and after that just follow your nose until you get to the village.* | follow suit vkit utánoz/követ | a hard act to follow → HARD¹

PHRASAL VERBS follow sth through végigcsinál | follow sth up **1** további lépéseket tesz: *You should follow up your letter with a phone call.* **2** nyomon követ: *We need to follow up the story about the school.*

follower /ˈfɒləʊə(r)/ *noun* [C] vki/vmi követője

following¹ /ˈfɒləʊɪŋ/ *adj.* következő: *the following day másnap* • *Please could you bring the following items to the meeting...*

following² /ˈfɒləʊɪŋ/ *noun* **1** [*sing.*] rajongók (*csapaté, együttesé stb.*): *The Brazilian team has a large following all over the world.* **2** (the following) [*plural*] a következő(k) (*felsorolás előtt*)

following³ /ˈfɒləʊɪŋ/ *prep.* vmit követően

'follow-up *noun* [C] folytatás: *As a follow-up to the television series, the BBC is publishing a book.*

folly /ˈfɒli/ *noun* [C,U] (*plural* follies) (*formális*) ostobaság: *It would be folly to ignore their warnings.*

★ **fond** /fɒnd/ *adj.* **1** (*főnév előtt nem állhat*) be fond of sb/sth; be fond of doing sth kedvel: *Elephants are very fond of bananas.* • *Teachers often grow fond (megszeret) of their students.* **❶** A like igét általánosabb értelemben használják mint a be fond of kifejezést. **2** (*csak főnév előtt*) kedves, gyöngéd: *I have fond memories (kedves emlékek) of my grandmother.*

fondle /ˈfɒndl/ *verb* [T] (meg)simogat

fondly /ˈfɒndli/ *adv.* szeretettel: *Miss Murphy will be fondly remembered by all her former students.*

fondness /ˈfɒndnəs/ *noun* [U, *sing.*] (a) fondness (for sb/sth) (elő)szeretet: *I've always had a fondness for cats. Mindig is szerettem a macskákat.* • *My grandmother talks about her schooldays with fondness.*

★ **food** /fuːd/ *noun* **1** [U] ennivaló, élelmiszer: *Food and drink will be provided after the meeting.* **2** [*C,U*] étel, eledel: *My favourite food is pasta.* • *baby food* • *dog food* • *health foods*

food chain *noun* [*usually sing.*] (ált. **the food chain**) táplálkozási lánc: *Insects are fairly low down (on) the food chain.*

food poisoning *noun* [*U*] ételmérgezés

food processor *noun* [*c*] háztartási robotgép

foodstuff /'fu:dstʌf/ *noun* [*c, usually plural*] élelmiszer: *There has been a sharp rise in the cost of basic foodstuffs.*

★ **fool¹** /fu:l/ *noun* [*c*] bolond: *I felt such a fool when I realized my mistake.* ❶ Melléknév: **foolish.** ➲ Lásd **April Fool.**

　ɪᴅɪᴏᴍ **make a fool of sb/yourself** bolondot csinál vkiből/magából

★ **fool²** /fu:l/ *verb* **1** [*T*] **fool sb (into doing sth)** becsap, bolondít: *Don't be fooled into believing everything that the salesman says.* **2** [*I*] bolondozik: *You didn't really believe me, did you? I was only fooling.* Csak vicceltem.

　ᴘʜʀᴀsᴀʟ ᴠᴇʀʙ **fool about/around** bolondozik (*pl. veszélyes tárggyal*): *Stop fooling around with that knife!*

foolhardy /'fu:lhɑ:di/ *adj.* vakmerő

★ **foolish** /'fu:lɪʃ/ *adj.* **1** buta, meggondolatlan: *I was foolish enough to trust him.* **2** nevetséges: *I felt a bit foolish when I couldn't remember the man's name.*
　▶ **foolishly** *adv.* ostoba módon
　foolishness *noun* [*U*] ostobaság

foolproof /'fu:lpru:f/ *adj.* könnyen kezelhető, biztonságos (*terv, szerkezet stb.*): *Our security system is absolutely foolproof.*

★ **foot¹** /fʊt/ *noun* [*c*] (*plural* **feet** /fi:t/) **1** láb(fej): *People usually* **get to** *their* **feet** (felállnak) *for the national anthem.* • *I usually go to school* **on foot** (gyalog). • *I need to sit down - I've been* **on my feet** (talpon) *all day.* • *Don't walk around* **in bare feet** (mezítláb). • *She sat by the fire and the dog sat at her feet.* • *a foot brake/pedal/pump* **2** **(-footed)** (*összetett melléknevekben és határozószavakban*) -lábú, -járású: *There are no left-footed (ballábas) players in the team.* • *a four-footed creature* **3** talp (*zokni stb.*) **4** [*sing.*] **the foot of sth** vmi alja/lába/vége: *There's a note at the foot of*

the page. • *the foot of the stairs* • *the foot of the bed* **5** (*abbr.* **ft**) láb (*30,48 cm*): *I'm five foot six (inches).* • *a six-foot high wall* ➲ Lásd a *Számokkal kapcsolatos kifejezések* részt.

ɪᴅɪᴏᴍs **be back on your feet** újra egészséges, talpra állt (*nehézségek után*) | **be rushed/run off your feet** agyondolgozza magát: *Over Christmas we were rushed off our feet at work.* | **fall/land on your feet** talpára esik, feltalálja magát: *After some ups and downs at school, Rob has really landed on his feet.* | **find your feet → FIND¹** | **get/have cold feet → COLD¹** | **get/start off on the right/wrong foot (with sb)** (*informális*) jól/rosszul kezd (*kapcsolatot*): *I seem to have got off on the wrong foot with the new boss.* | **have one foot in the grave** (*informális*) fél lábbal a sírban van | **put your foot down** (*informális*) a sarkára áll (*átv*): *I put my foot down and told Andy he couldn't use our car any more.* | **put your foot in it** (*informális*) (*ostobán*) elszólja magát | **put your feet up** kényelembe helyezi magát: *I'm so tired that I just want to go home and put my feet up.* | **set foot in/on sth → SET¹** | **stand on your own (two) feet** megáll a maga lábán (*átv*) | **under your feet** láb alatt (*átv*): *Would somebody get these children out from under my feet?*

foot² /fʊt/ *verb*
　ɪᴅɪᴏᴍ **foot the bill (for sth)** (*informális*) kifizet vmit, megfizet vmiért

footage /'fʊtɪdʒ/ *noun* [*U*] filmfelvétel (*vmilyen eseményről*)

★ **football** /'fʊtbɔ:l/ *noun* **1** [*U*] futball: *a football pitch/match*

　Az amerikai angolban a **soccer** szó jelenti ezt a játékot, mivel ott a **football** szó az **American Football** játékot jelöli.

　2 [*c*] futball-labda

★ **footballer** /'fʊtbɔ:lə(r)/ *noun* [*c*] labdarúgó, futballista

football pools (also **the pools**) *noun* [*plural*] totó

foothold /'fʊthəʊld/ *noun* [*c*] támpont (*lábnak, hegymászáskor*) (*átv*) *We need to get a foothold* (megvetni a lábunkat) *in the European market.*

footing /'fʊtɪŋ/ noun [sing.] **1** támaszték (lábnak, pl. hegymászáskor): Climbers usually attach themselves to a rope in case they lose their **footing**. • (átv) The company is now **on a firm footing** (szilárd alapokon). **2** helyzet (vkihez/vmihez viszonyítva): to be **on an equal footing** with sb egyenlő elbánásban részesül

footnote /'fʊtnəʊt/ noun [C] lábjegyzet

footpath /'fʊtpɑːθ/ noun [C] ösvény, gyalogút: a public footpath

footprint /'fʊtprɪnt/ noun [C] lábnyom ➌ Lásd **track**.

footstep /'fʊtstep/ noun [C] lépés (zaja)
IDIOM follow in sb's footsteps → FOLLOW

footwear /'fʊtweə(r)/ noun [U] lábbeli ➌ Ábra **shoe**[1] alatt.

★ **for¹** /fə(r); erős alak fɔː(r)/ prep. **1** -nak/ -nek, részére, számára: Here is a letter for you. • He made lunch for them. • It's a book for children. **2** -ra/-re, -ért (cél): What's this gadget for? • What did you do that for? Ezt minek csináltad? • Do you learn English for your job or for fun (az állásod miatt vagy csak kedvtelésből)? • Phone now for information. • to go for a walk/swim/drink **3** -ért (segítséget nyújtva), -nak/-nek: What can I do for you? • Doctors are fighting for his life. • I took her classes for her (helyette) while she was ill. **4** vmi ellen: You should take some medicine for your cold. • shampoo for dry hair ➌ Lásd még **against**(4). **5** vmi mellett (támogatva): Are you for or against shops opening on Sundays? **6** be/stand for jelent: What's the 'C' for in 'BBC'? • What's the Hungarian for 'door'? **7** -ban/-ben (végez vmilyen tevékenységet): She plays hockey for England. Az angol válogatottban gyeplabdázik. **8** -nál/-nél (dolgozik): He works for a British law firm. **9** -ba/-be, felé (úti cél): Is this the train for Glasgow? • They set off for the shops. **10** miatt: Ben didn't want to come for some reason (valamilyen okból). • He was sent to prison for robbery. • I couldn't speak for laughing (a nevetéstől). • If it weren't/hadn't been for you (nélküled), I would never have got to the airport on time. **11** -ért, vmiért cserébe: I bought this car for £2 000. • You get one point for each correct answer. • I want to exchange this sweater for a larger one. • The officer was accused of giving

secret information for cash. **12** vmennyi ideje/ideig/időre: I'm going away for a few days. • for a while/a long time/ages • They have left the town **for good** (örökre). • He was in prison for 20 years. Húsz évig volt börtönben. • He has been in prison for 20 years. Húsz éve van börtönben.

13 -szor/-szer/-ször (valahány alkalommal): I'm warning you for the last time (utoljára). • I met him for the second time (másodszor) yesterday. **14** -ra/-re (valamilyen alkalomra): What did they give you for your birthday? • Shall we have eggs for breakfast? • I'm going to my parents' for Christmas. • The appointment is for 10.30. **15** valamilyen távolságnyit: He walked for ten miles. **16** (melléknév után) vmihez képest, vmit figyelembe véve: She's tall for her age. • It's quite warm for January. • It's unusual for Alex to be late. Alex nem szokott késni. • I think Sandra is perfect for this job. Szerintem ez az állás pont Sandrának való.
IDIOMS be (in) for it (brit, informális) nem ússza meg szárazon: If you arrive late again you'll be in for it. | for all ellenére: For all his money (akármilyen gazdag is), he's a very lonely man. | for ever → FOREVER (1)

for² /fə(r); erős alak fɔː(r)/ conj. (formális) hiszen: The children soon lost their way, for they had never been in the forest alone before.

★ **forbid** /fə'bɪd/ verb [T] (pres. part. forbidding; pt forbade or forbad /fə'bæd/; pp forbidden /fə'bɪdn/) **1** (ált. szenvedő szerkezetben) tilos: Smoking is forbidden inside the building. **2** forbid sb to do sth megtilt vmit vkinek

forbidding /fə'bɪdɪŋ/ adj. félelmetes: The coast near the village is rather grey and forbidding.

★ **force¹** /fɔːs/ noun **1** [U] erő(szak): The force of the explosion knocked them to the ground. ● The police **used force** (erőszakot alkalmazott) to break up the demonstration. **2** [U] hatalom, befolyás: the force of public opinion **3** [C] erő, hatalom: Britain is no longer a major force in international affairs. ● Julia has been **the driving force** (hajtóerő) behind the company's success. **4** [C] testület (vmilyen célra képzett emberek): a highly trained workforce jól képzett munkaerő ● the police force **5** [C, usually plural] erő(k) (katonai, rendőri stb.): the armed forces fegyveres erők **6** [C,U] (fiz) erő: the force of gravity

IDIOMS **bring sth/come into force** hatályba lép/léptet (törvény): The government brought new anti-pollution legislation into force last year. | **force of habit** a szokás hatalma | **in force 1** nagy számban: The police were present in force at the football match. **2** hatályban, érvényben: The new speed limit is now in force. | **join forces (with sb)** egyesítik erőiket: The two companies joined forces to win the contract.

★ **force²** /fɔːs/ verb [T] **1 force sb (to do sth); force sb (into sth/doing sth)** (ki)kényszerít, (ki)erőszakol: The President was forced into resigning. **2** erőszakkal csinál vmit: The window had been forced (open). Kifeszítették az ablakot. ● We had to force our way through the crowd. Át kellett furakodnunk a tömegen. **3** kierőszakol: to force a smile/laugh ● To force the issue, I gave them until midday to decide.

forceful /'fɔːsfl/ adj. erős (átv), nagy hatású: He has a very forceful personality. ● a forceful speech

forceps /'fɔːseps/ noun [plural] (orv) csipesz, fogó: a pair of forceps

forcible /'fɔːsəbl/ adj. (csak főnév előtt) erőszakos: The police made a forcible entry into the building.
▶ **forcibly** /'fɔːsəbli/ adv. erőszakkal: The squatters were forcibly removed by the police.

ford /fɔːd/ noun [C] gázló

fore /fɔː(r)/ noun
IDIOM **be/come to the fore** előtérben van, élre kerül

forearm /'fɔːrɑːm/ noun [C] alsókar

foreboding /fɔː'bəʊdɪŋ/ noun [U, C] rossz előérzet: She was suddenly filled with a sense of foreboding.

★ **forecast** /'fɔːkɑːst/ verb [T] (pt, pp **forecast**) előrelát, megjósol: Rain has been forecast for tomorrow.
▶ **forecast** noun [C] prognózis, előrejelzés: the sales forecast for the coming year ➲ Lásd **weather forecast**.

forecourt /'fɔːkɔːt/ noun [C] **1** előkert **2** kiszolgálóterület (benzinkútnál)

forefinger /'fɔːfɪŋgə(r)/ noun [C] mutatóujj

forefront /'fɔːfrʌnt/ noun [sing.] előtér (átv): Our department is right at the forefront of (élenjáró) scientific research.

forego = FORGO

foregone /'fɔːgɒn/ adj.
IDIOM **a foregone conclusion** előre eldöntött ügy

foreground /'fɔːgraʊnd/ noun [sing.] előtér (pl. képen, átv is): Notice the artist's use of colour in the foreground of the picture. ● He likes to be in the foreground at every meeting. ❶ Ellentéte: **background**.

forehand /'fɔːhænd/ noun [C] tenyeres (ütés) ❶ Ellentéte: **backhand**.

★ **forehead** /'fɔːhed/ 'fɒrɪd/ noun [C] homlok

★ **foreign** /'fɒrən/ adj. **1** külföldi, idegen ❶ Főnév: **foreigner**. **2** (csak főnév előtt) külügyi, kül-: foreign affairs/trade ● the French Foreign Minister **3** idegen (nem odavaló): The X-ray showed up a foreign body in her stomach.

the ˌForeign and ˈCommonwealth Office (abbr. **FCO**) noun [sing., with sing. or plural verb] Brit Külügyminisztérium (és a Nemzetközösség Hivatala) ❶ Régi elnevezése, a **Foreign Office**, még mindig használatos.

★ **foreigner** /'fɒrənə(r)/ noun [C] külföldi (ember) ❶ Melléknév: **foreign**.

ˌforeign exˈchange noun [C,U] valuta/deviza(piac)

the ˌForeign ˈSecretary noun [C] (a brit) külügyminiszter ➲ Lásd **Home Secretary**.

foremost /'fɔːməʊst/ adj. legkiválóbb: Laurence Olivier was among the foremost actors of the last century.
IDIOM **first and foremost** → FIRST²

forename /'fɔːneɪm/ noun [C] (formális) keresztnév, utónév ➲ Magyarázat a **name** szónál.

---

forensic /fəˈrensɪk; -zɪk/ *adj.* (*csak főnév előtt*) törvényszéki: *The police are carrying out forensic tests to try and find out the cause of death.*

forerunner /ˈfɔːrʌnə(r)/ *noun* [C] a fore-runner (of sb/sth) előfutár: *Country music was undoubtedly one of the forerunners of rock and roll.*

foresee /fɔːˈsiː/ *verb* [T] (*pt* **foresaw** /fɔː-ˈsɔː/; *pp* **foreseen** /fɔːˈsiːn/) előrelát, megjósol: *Nobody could have foreseen the result of the election.* ➔ Lásd **unforeseen**.

foreseeable /fɔːˈsiːəbl/ *adj.* előrelátható: *It's unlikely that the hospital will be closed in the foreseeable future* (belátható időn belül).

foresight /ˈfɔːsaɪt/ *noun* [U] előrelátás, körültekintés: *My neighbour had the fore-sight to move house before the new motor-way was built.* ➔ Lásd **hindsight**.

foreskin /ˈfɔːskɪn/ *noun* [C] fityma

* **forest** /ˈfɒrɪst/ *noun* [C,U] erdő: *a tropical rainforest* esőerdő • *a forest fire* ❶ A **forest** nagyobb erdő, mint a **wood**. ➔ Lásd még **jungle**.

forestall /fɔːˈstɔːl/ *verb* [T] megelőz, elébe vág (*átv*)

forestry /ˈfɒrɪstri/ *noun* [U] erdőgazdál-kodás, erdészet

forethought /ˈfɔːθɔːt/ *noun* [U] előrelátás

* **forever** /fərˈevə(r)/ *adv.* **1** (also **for ever**) örökké, örökre: *I wish the holidays would last forever!* • *I'll regret it forever more.* **2** (*csak continuous igeidőkben állhat*) foly-ton, örökké (*rosszallást fejez ki*): *Our neighbours are forever having noisy parties.*

foreword /ˈfɔːwɜːd/ *noun* [C] előszó

forfeit /ˈfɔːfɪt/ *verb* [T] eljátszik (*pl. jogot vmire*), meg van fosztva vmitől: *Because of his violent behaviour he forfeited the right to visit his children.*
▸ **forfeit** *noun* [C] zálog (*játékban*)

forgave *past tense of* FORGIVE

forge¹ /fɔːdʒ/ *verb* [T] **1** hamisít ➔ Lásd **counterfeit**. **2** kiépít (*kapcsolatokat*): *Our school has forged links with a school in Romania.*
PHRASAL VERB **forge ahead** előretör: *I think it's now time to forge ahead with our plans to open a new shop.*

forge² /fɔːdʒ/ *noun* [C] kovácsműhely

forgery /ˈfɔːdʒəri/ *noun* (*plural* **forgeries**) **1** [U] hamisítás **2** [C] hamisítvány

* **forget** /fəˈget/ *verb* (*pt* **forgot** /fəˈgɒt/; *pp* **forgotten** /fəˈgɒtn/) **1** [T] **forget (doing) sth** elfelejt, nem emlékszik: *I've forgotten what I was going to say.* • *I've forgotten her telephone number.* • *He forgot that he had invited her to the party.* ❶ A **forget doing sth** leginkább tagadó szerkezetben használatos: **never forget doing sth**: *I'll never forget meeting my husband for the first time.* Soha nem fogom elfelejteni az első találkozást a férjemmel. **2** [I,T] **forget (about) sth**; **forget to do sth** megfeled-kezik vmiről, elfelejt megtenni vmit: *'Did you feed the cat?' 'Sorry, I forgot.'* • *Don't forget to do your homework!* Ne felejtsd el megcsinálni a házifeladatot! **3** [T] elfelejt vmit magával vinni: *When my father got to the airport he realized he'd forgotten his passport.*

> Amikor megnevezzük hogy, „hol" felejtettünk valamit, a **leave** igét használjuk: *He left his passport at home.* Otthon felejtette az útlevelét (nem *He forgot his passport at home*).

4 [I,T] **forget (about) sb/sth**; **forget about doing sth** elfelejt, nem izgatja magát vmi miatt: *Forget about your work and enjoy yourself!* • *'I'm sorry I shouted at you.' 'Forget it'* (semmi baj). ′

forgetful /fəˈgetfl/ *adj.* feledékeny ❶ Szi-nonimája: **absent-minded**.

forgivable /fəˈgɪvəbl/ *adj.* megbocsátható

* **forgive** /fəˈgɪv/ *verb* [T] (*pt* **forgave** /fəˈgeɪv/; *pp* **forgiven** /fəˈgɪvn/) **1** **forgive sb/yourself (for sth/for doing sth)** meg-bocsát vmit vkinek: *I can't forgive his behaviour last night.* • *I can't forgive him for his behaviour last night.* • *I can't forgive him for behaving like that last night.* **2** **forgive me (for doing sth)** bocsásson meg/ne haragudjon, hogy (*udvarias forma*): *For-give me for asking, but where did you get that dress?*
▸ **forgiveness** *noun* [U] megbocsátás: *He begged for forgiveness* (bocsánatért ese-dezett) *for what he had done.*

forgiving /fəˈgɪvɪŋ/ *adj.* elnéző

forgo (also **forego**) /fɔːˈgəʊ/ *verb* [T] (*pt* **for-**

---

went /fɔː'went/; *pp* **forgone** /fɔː'gɒn/)
(*formális*) lemond vmiről

forgot *past tense of* FORGET

forgotten *past participle of* FORGET

★ **fork¹** /fɔːk/ *noun* [C] **1** villa (*evőeszköz*)
2 vasvilla: *a garden fork* ➔ Ábra **garden¹**
alatt. **3** elágazás: *a fork in the road*

★ **fork²** /fɔːk/ *verb* [I] **1** elágazik: *The road
forks at the top of the hill.* **2** balra/jobbra
megy (*útelágazásnál*): *Fork right up the
hill.*

PHRASAL VERB **fork out** (**for sth**) (*informális*)
leszurkol (*pénzt*): *I forked out over £20 for
that book.*

forlorn /fə'lɔːn/ *adj.* elhagyatott

★ **form¹** /fɔːm/ *noun* **1** [C] forma, fajta,
változat: *Swimming is an excellent form of
exercise.* • *We never eat meat in any form.*
2 [C,U] alak, forma: *The articles will be pub-
lished in book form.* **3** [C] űrlap, kérdőív: *an
entry form* (nevezési lap) *for a competition*
• *to fill in an application form* (jelentkezési
lap) **4** [C] (*okt*) osztály

> Angliában a középiskolai osztályok
> elnevezése korábban **first/second/
> third** stb. **form** volt, most **Year 7**
> egészen **Year 11**-ig. A két utolsó év (16-
> 18 éves tanulók) elnevezése azonban
> még ma is **the sixth form**.

5 [C] (*nyelv*) alak **6** [U] erőnlét: *to be in/out
of form* jó/rossz az erőnléte **7** [U] forma: *to
be on/off form* jó formában van/nincs jó
formában • *On present form the Italian
team should win easily.*

IDIOM **true to form** → TRUE

★ **form²** /fɔːm/ *verb* **1** [I,T] (ki)alakul,
(ki)alakít, formál: *A pattern was beginning
to form* (kialakulófélben volt) *in the
monthly sales figures.* • *These tracks were
formed by rabbits.* **2** [T] megalakít, képez:
to form a government • *In English the past
tense is usually formed by adding '-ed'.* **3** [T]
vmilyen alakzatot vesz fel: *The police
formed a circle around the house.* • *to form a
line/queue* **4** linking verb [T] képez, alkot:
The survey formed part of (részét képezi) *a
larger programme of market research.* **5** [T]
kialakít, formál: *I haven't formed an opin-
ion about the new boss yet.* • *to form a
friendship*

★ **formal** /'fɔːml/ *adj.* **1** formális, ünne-

pélyes: *She has a very formal manner.* • *a
formal occasion* **2** hivatalos: *I shall make a
formal complaint to the hospital about the
way I was treated.* **❶** Ellentéte: **informal**.

▶ **formally** /-məli/ *adv.* **1** a formaságok-
nak eleget téve **2** hivatalosan, szabály-
szerűen

formality /fɔː'mæləti/ *noun* (*plural* **for-
malities**) **1** [C] formaság, formalitás: *There
are certain formalities to attend to before
we can give you a visa.* **2** [U] választékosság

format¹ /'fɔːmæt/ *noun* [C] alak,
formátum: *It's the same book but in a dif-
ferent format.*

format² /'fɔːmæt/ *verb* [T] (**formatting**; for-
matted) **1** (*infor*) formattál: *to format a
disk* **2** formáz: *to format a letter*

formation /fɔː'meɪʃn/ *noun* **1** [U] mega-
lakulás, megalakítás **2** [C,U] alakzat,
képződmény: *rock formations* • *A number
of planes flew over in formation*
(kötelékben). • *formation dancing*

formative /'fɔːmətɪv/ *adj.* alakító, for-
máló: *A child's early years are thought to be
the most formative ones.*

★ **former** /'fɔːmə(r)/ *adj.* (*csak főnév előtt*)
volt, régebbi: *Bill Clinton, the former Ameri-
can President* • *In former times people often
had larger families.*

★ **the former** /'fɔːmə(r)/ *noun* [*sing.*] az
előbbi: *Of the two hospitals in the town –
the General and the Royal – the former has
the better reputation.* ➔ Lásd **the latter**.

★ **formerly** /'fɔːməli/ *adv.* régebben,
valamikor: *The hotel was formerly a castle.*
❶ A múltbeli szokás kifejezésére, amikor
gyakran használjuk a „régebben", „vala-
mikor" szavakat, vagy ezt vagy a gyako-
ribb **used to be** szerkezetet használják:
The hotel used to be a castle.

formidable /'fɔːmɪdəbl; fə'mɪd-/ *adj.*
1 félelmetes **2** hatalmas, nehéz (*átv*):
*Reforming the education system will be a for-
midable task.*

formula /'fɔːmjələ/ *noun* [C] (*plural* **formu-
las** or **formulae** /-liː/) **1** képlet: *What is the
formula for converting miles to kilometres?*
2 a formula for (doing) sth recept (*átv is*):
the formula for the new vaccine • *Unfortu-
nately, there's no magic formula for a per-
fect marriage.*

formulate /ˈfɔːmjəleɪt/ *verb* [T] **1** kidolgoz *(tervet, ötletet)* **2** megszövegez: *She struggled to formulate a simple answer to his question.*

fort /fɔːt/ *noun* [C] erőd(ítmény)

forth /fɔːθ/ *adv.*

IDIOMS **and so forth** és így tovább | **back and forth** → BACK³

forthcoming /ˌfɔːθˈkʌmɪŋ/ *adj.* **1** elkövetkezendő: *Look in the local paper for a list of **forthcoming events.*** **2** *(főnév előtt nem állhat)* rövidesen rendelkezésre álló: *If no money is forthcoming, we shall not be able to continue the project.* **3** *(főnév előtt nem állhat)* készséges, nyílt: *Kate isn't very forthcoming about her previous job.*

forthright /ˈfɔːθraɪt/ *adj.* határozott, szókimondó

★ **fortieth** /ˈfɔːtiəθ/ *pron., determiner, adv.* negyvenedik Ɔ Példák a **sixth¹** szónál.

fortification /ˌfɔːtɪfɪˈkeɪʃn/ *noun* [C, usually plural] erődítmény

fortify /ˈfɔːtɪfaɪ/ *verb* [T] *(pres. part. fortifying; 3rd pers. sing. pres.* **fortifies;** *pt, pp* **fortified)** megerősít, erődít: *to fortify a city*

fortnight /ˈfɔːtnaɪt/ *noun* [C, usually sing.] *(brit)* két hét: *School finishes in a fortnight/in a fortnight's time* (két hét múlva).

fortnightly /ˈfɔːtnaɪtli/ *adj., adv.* kéthetenként(i)

fortress /ˈfɔːtrəs/ *noun* [C] erőd, vár

fortunate /ˈfɔːtʃənət/ *adj.* szerencsés ❶ Ellentéte: **unfortunate.**

★ **fortunately** /ˈfɔːtʃənətli/ *adv.* szerencsére

★ **fortune** /ˈfɔːtʃuːn/ *noun* **1** [C,U] vagyon: *I always **spend a fortune** on presents at Christmas.* • *She went to Hollywood in search of **fame and fortune*** (hogy hírnevet és vagyont szerezzen). **2** [U; C, usually plural] szerencse, sors: *Fortune was not on our side that day.* • *The country's fortunes depend on its industry being successful.* **3** [C] sors, végzet: *Show me your hand and I'll try to **tell your fortune*** (jövendőt mondani).

IDIOM **cost the earth/a fortune** → COST²

ˈ**fortune teller** *noun* [C] jövendőmondó, jós(nő)

★ **forty** /ˈfɔːti/ *number* negyven Ɔ Példák a **sixty** szónál.

IDIOM **forty winks** *(informális)* szundikálás *(napközben)*

forum /ˈfɔːrəm/ *noun* [C] **a forum (for sth)** fórum: *Television is now an important forum for political debate.*

★ **forward¹** /ˈfɔːwəd/ *adv.* (also **forwards**) előre: *Keep going forward and try not to look back.* • *a big step forward in the fight against Aids* ❶ Ellentéte: **back** vagy **backward(s).** A **forward** sok igei kifejezésben szerepel, például a **bring, come, look, put** igékkel. A kifejezések jelentését lásd a megfelelő igénél.

IDIOMS **backward(s) and forward(s)** → BACKWARDS | **put the clock/clocks forward/back** → CLOCK¹

★ **forward²** /ˈfɔːwəd/ *adj.* **1** *(csak főnév előtt)* előre: *forward planning* **2** korai, idő előtti ❶ Ellentéte: **backward.** **3** tolakodó *(átv):* *I hope you don't think I'm being too forward, asking you so many questions.*

forward³ /ˈfɔːwəd/ *verb* [T] **1** továbbít *(levelet stb.)* **2** elősegít, előmozdít: *I'm trying to forward my career in publishing.*

forward⁴ /ˈfɔːwəd/ *noun* [C] *(sp)* csatár

ˈ**forwarding address** *noun* [C] új postai cím

ˈ**forward-looking** *adj.* előretekintő, haladó (szemléletű)

forwent *past tense of* FORGO

fossil /ˈfɒsl/ *noun* [C] kövület

foster /ˈfɒstə(r)/ *verb* [T] **1** *(főleg brit)* (fel)nevel *(nevelőszülőként): to foster a homeless child* Ɔ Vesd össze **adopt.** **2** elősegít, táplál *(érzelmet, gondolatot): to foster sb's friendship/trust*

▸ **foster** *adj.* *(csak főnév előtt)* nevelő-(szülő), fogadott *(gyermek): a foster father/mother/family* • *a foster child*

fought *past tense, past participle of* FIGHT¹

foul¹ /faʊl/ *adj.* **1** büdös, undorító: *a foul-smelling cigar* • *This coffee tastes foul!* **2** *(főleg brit)* pocsék: *He's **in a foul temper/mood*** (pocsék hangulatban). • *The foul weather prevented our plane from taking off.* **3** durva, közönséges *(beszéd): foul language*

IDIOM **fall foul of sb/sth** összeütközésbe kerül vmivel/vkivel: *At sixteen she fell foul of the law for the first time.*

ʌ **cup** | ɜː **fur** | ə **ago** | eɪ **pay** | əʊ **home** | aɪ **five** | aʊ **now** | ɔɪ **join** | ɪə **near** | eə **hair** | ʊə **pure**

foul² /faʊl/ *verb* **1** [I,T] (*sp*) szabályta-lanságot vét: *Owen was fouled inside the box and the referee awarded his team a penalty.* **2** [T] bepiszkít: *Dogs must not foul the pavement.*

PHRASAL VERB foul sth up (*beszélt nyelv*) elszúr: *The delay on the train fouled up my plans for the evening.*

foul³ /faʊl/ *noun* [C] (*sp*) szabálytalanság: *He was sent off for a foul on the goalkeeper.*

foul play *noun* [U] **1** bűntett: *The police suspect foul play.* **2** (*sp*) szabálytalan játék

found¹ *past tense, past participle of* FIND¹

found² /faʊnd/ *verb* [T] **1** alapít, létesít: *This museum was founded in 1683.* **2 found sth (on sth)** (*ált. szenvedő szerkezetben*) alapoz vmit vmire: *The book was founded on real life.* A könyv igaz történeten alapul.

* **foundation** /faʊnˈdeɪʃn/ *noun* **1** (*foundations*) [*plural*] alap(ozás) (*épületé*) **2** [C,U] alap, (meg)alapozás: *This coursebook aims to give students a solid foundation in grammar.* • *That rumour is completely without foundation* (teljesen megalapozatlan). **3** [C] alapítvány **4** [U] (meg)alapítás (*intézményé, szervezeté*)

founder /ˈfaʊndə(r)/ *noun* [C] alapító (*intézményé, szervezeté*)

founder member *noun* [C] alapító tag

foundry /ˈfaʊndri/ *noun* [C] (*plural* **foundries**) öntöde

* **fountain** /ˈfaʊntən/ *noun* [C] **1** szökőkút **2** sugár(ban feltörő folyadék, stb.): *a fountain of blood/sparks* **3** vminek a kincsestára/tárháza, aranybánya (*átv*): *Ed's a fountain of information* on football.

fountain pen *noun* [C] töltőtoll

* **four** /fɔː(r)/ *number* **1** négy ⭢ Példák a **six** szónál. **2** (**four-**) (*szóösszetételekben*) négy-: *four-legged animals*

IDIOM on all fours négykézláb: *The children went through the tunnel on all fours.*

four-letter word *noun* [C] trágárság

foursome /ˈfɔːsəm/ *noun* [C, *usually sing.*] négytagú csoport, négyes (*sportban*): *Can you make up a foursome for tennis tomorrow?*

* **fourteen** /ˌfɔːˈtiːn/ *number* tizennégy ⭢ Példák a **six** szónál.

* **fourteenth** /ˌfɔːˈtiːnθ/ *pron., determiner, adv.* tizennegyedik

* **fourth** /fɔːθ/ *pron., determiner, adv.* negyedik ❶ A ¼ törtet a **quarter** szóval fejezzük ki: *a quarter of an hour.*

four-wheel drive *adj.* négykerékmeghajtású

fowl /faʊl/ *noun* [C] (*plural* **fowl** or **fowls**) baromfi, háziszárnyas

* **fox** /fɒks/ *noun* [C] róka

A fox is often described as **sly** or **cunning**. A female fox is a **vixen**, and a young fox is a **cub**.

---

foyer /ˈfɔɪeɪ/ *noun* [C] előcsarnok (*moziban, színházban, szállodában stb.*)

fraction /ˈfrækʃn/ *noun* [C] **1** vminek a tört része/töredéke: *For a fraction of a second I thought the car was going to crash.* **2** tört(számnév)

fractionally /ˈfrækʃənəli/ *adv.* egy egész kicsit: *fractionally faster*

fracture /ˈfræktʃə(r)/ *noun* [C,U] (*csont*)törés
▸ **fracture** *verb* [I,T] eltör(ik) (*csont vagy más kemény anyag*): *She fell and fractured her ankle.* • *A water pipe fractured* (megrepedt) *and flooded the bathroom.*

fragile /ˈfrædʒaɪl/ *adj.* törékeny

fragment¹ /ˈfrægmənt/ *noun* [C] töredék: *The builders found fragments of Roman pottery on the site.* • *I heard only a fragment of their conversation.*

fragment² /fræɡˈment/ *verb* [I,T] (*formális*) darabokra hullik/tör: *The country is becoming increasingly fragmented by civil war.*

fragrance /ˈfreɪɡrəns/ *noun* [C,U] illat

fragrant /ˈfreɪɡrənt/ *adj.* illatos

frail /freɪl/ *adj.* törékeny (*testalkat, egészség*)

frailty /ˈfreɪlti/ *noun* [C,U] (*plural* **frailties**) (*testi, jellembeli*) gyengeség, esendőség

* **frame¹** /freɪm/ *noun* [C] **1** keret: *a window frame* **2** váz, alváz: *the frame of a bicycle/ an aircraft* **3** [*usually plural*] szemüveg-

keret **4** [*usually sing.*] testalkat, testfelépítés: *He has a large frame but he's not fat.* **IDIOM frame of mind** lelkiállapot, hangulat: *I'm not in the right frame of mind for a party.*

frame² /freɪm/ *verb* [T] **1** bekeretez **2** (*ált. szenvedő szerkezetben*) hamisan vádol vkit: *The man claimed that he had been framed by the police.* **3** (*formális*) megfogalmaz vhogyan: *The question was very carefully framed.*

framework /'freɪmwɜ:k/ *noun* [C] **1** szerkezet, váz: (*átv*) *the basic framework of society* **2** keretek, alapok (*tevékenységé*): *The plan may be changed but it will provide a framework on which we can build.*

franc /fræŋk/ *noun* [C] frank (*pénznem*)

franchise /'fræntʃaɪz/ *noun* **1** [C,U] felhasználási engedély, koncesszió: *They have the franchise to sell this product in Cyprus.* • *Most fast-food restaurants are operated under franchise* (koncesszióba van adva). **2** [U] (*formális*) választójog

frank /fræŋk/ *adj.* őszinte, nyílt: *To be perfectly frank with you, I don't think you'll pass your driving test.*
▸ **frankly** *adv.* őszintén (szólva)
frankness *noun* [U] őszinteség

frankfurter /'fræŋkfɜ:tə(r)/ (*US also* **wiener**) *noun* [C] virsli, frankfurti

frantic /'fræntɪk/ *adj.* **1** kétségbeesett: *The mother went frantic* (magánkívül volt) *when she couldn't find her child.* • *frantic cries for help* **2** lázas (*átv*), zaklatott: *a frantic search for the keys* • *Things get frantic* (tiszta bolondokháza van itt) *around Christmas.*
▸ **frantically** /-kli/ *adv.* **1** őrjöngve **2** lázasan (*átv*)

fraternal /frə'tɜ:nl/ *adj.* (*formális*) testvéri(es): *fraternal* (felebaráti) *love/rivalry*

fraternity /frə'tɜ:nəti/ *noun* (*plural* **fraternities**) **1** [U] testvériesség, baráti összetartás **2** [C] baráti társaság, szövetség, közösség (*azonos foglalkozású, érdeklődésű emberek*): *the medical fraternity* az orvostársadalom

fraud /frɔːd/ *noun* **1** [C,U] csalás, szélhámosság: *credit card fraud* **2** [C] csaló, szélhámos

fraudulent /'frɔːdjələnt/ *adj.* (*formális*) tisztességtelen, csalással szerzett: *the fraudulent use of stolen cheques*

fraught /frɔːt/ *adj.* **1 fraught with sth** vmivel terhelt/súlyosbított: *a situation fraught with danger* (vészterhes) • *fraught with difficulty* nehézségekkel teli **2** feszült, gondterhelt: *Things are usually fraught at work on Mondays.*

fray /freɪ/ *verb* [I,T] **1** (ki)rojtosodik, foszl(adoz)ik (*anyag*): *This shirt is beginning to fray at the cuffs.* • *a frayed rope* **2** felborzolódik (*indulat, idegek stb.*): *Tempers began to fray* (az indulatok felizzottak) *towards the end of the match.*

freak¹ /friːk/ *noun* [C] **1** (*informális*) (-)buzi, (-)rajongó: *a fitness/computer freak* **❶** Szinonimája: **fanatic**. **2** szokatlan, rendkívüli: *a freak accident/storm/result* • *The other kids think Ally's a freak* (különc) *because she doesn't watch TV.*

freak² /friːk/ *verb* [I,T] (*informális*) **freak (sb) (out)** a frászt kapja, a frászt hozza vkire: *She freaked out when she heard the news.*

freckle /'frekl/ *noun* [C, *usually plural*] szeplő **➲** Lásd **mole**.
▸ **freckled** *adj.* szeplős

★ **free¹** /friː/ *adj.* **1** szabad: *The government set Mandela free* (szabadon engedte) *in 1989.* • *a park where dogs can run free* **2 free (to do sth)** szabad, korlátozás nélküli: *There is free movement of people across the border.* • *free speech/press* **3** ingyen(es): *Admission to the museum is free/free of charge.* • *Children under five usually travel free on trains.* **4** szabad: *I don't get much free time.* • *Is this seat free?* **5 free from/of sth** mentes vmitől: *free of worries* • *free from pain*

IDIOMS feel free → FEEL¹ | **free and easy** oldott, fesztelen: *The atmosphere in our office is very free and easy.* | **get, have, etc. a free hand** szabad kezet kap vmihez | **of your own free will** szabad akaratából, önként

★ **free²** /friː/ *verb* [T] **1 free sb/sth (from sth)** kiszabadít: *to free a prisoner* **2 free sb/sth of/from sth** megszabadít vkit vmitől: *The medicine freed her from pain for a few hours.* **3 free sb/sth (up) for sth; free sb/sth (up) to do sth** szabaddá tesz, módot ad

---

ð **then** | s **so** | z **zoo** | ʃ **she** | ʒ **vision** | h **how** | m **man** | n **no** | ŋ **sing** | l **leg** | r **red** | j **yes** | w **wet**

vkinek vmire: *If I cancel my trip, that will free me to see you on Friday.*

¡**free 'agent** *noun* [C] a maga ura, szabad/független ember

★ **freedom** /'fri:dəm/ *noun* 1 [U] szabadság: *The opposition leader was given his freedom after 25 years.* 2 [C,U] szabadság, lehetőség, hogy vki vmit megtegyen: *You have the freedom to come and go as you please.* • *freedom of speech* • *the rights and freedoms* (az egyén szabadságjogai) *of the individual* ⊃ Lásd **liberty**. 3 [U] **freedom from sth** mentesség vmitől (*kellemetlen dologtól*): *freedom from fear/hunger/pain* 4 [U] **the freedom of sth** használati jog, szabad bejárása van vhova: *You can have the freedom of the ground floor, but please don't go upstairs.*

¡**freedom fighter** *noun* [C] szabadságharcos

¡**free 'enterprise** *noun* [U] szabad (üzleti) vállalkozás

freehand /'fri:hænd/ *adj., adv.* (rajz) szabadkézi, szabadkézzel: *a freehand sketch* • *to draw freehand*

¡**free 'kick** *noun* [C] (*futball*) szabadrúgás

freelance /'fri:lɑ:ns/ *adj., adv.* szabadúszó(ként): *a freelance journalist* • *She works freelance.*
▸ **freelance** *verb* [I] szabadúszóként dolgozik
freelancer (also **freelance**) *noun* [C] szabadúszó (*személy*)

freely /'fri:li/ *adv.* 1 szabadon: *the country's first freely elected president* 2 nyíltan, kertelés nélkül: *I freely admit that I made a mistake.*

Freemason /'fri:meɪsn/ (also **mason**) *noun* [C] szabadkőműves

¡**free-'range** *adj.* (baromfi és a tojása) parlagi (*nem nagyüzemi*): *free-range hens/eggs* ⊃ Lásd **battery**.

¡**free 'speech** *noun* [U] szólásszabadság

freeway /'fri:weɪ/ (US) = MOTORWAY

★ **freeze¹** /fri:z/ *verb* (*pt* **froze** /frəʊz/; *pp* **frozen** /'frəʊzn/) 1 [I,T] (meg/be)fagy, (meg/be)fagyaszt: *Water freezes at 0° Celsius.* • *The ground was frozen solid* (keményre fagyott) *for most of the winter.* • *frozen peas* 2 [I] (*időjárás*) fagy: *I think it's going to freeze tonight.* 3 [I,T] nagyon

fázik, (majd) megfagy: *It was so cold on the mountain that we thought we would freeze to death.* • *I'm frozen stiff* (teljesen össze vagyok fagyva). 4 [I] (mozdulat közben) megdermed, kővé mered (*rémülettől*): *The terrible scream made her freeze with terror.* • *Suddenly the man pulled out a gun and shouted 'Freeze* (senki se mozduljon)*!'* 5 [T] befagyaszt (*kiadásokat, árakat stb.*)

freeze² /fri:z/ *noun* [C] 1 (*időjárás*) fagy 2 befagyasztás (*kiadásoké, áraké stb.*)

freezer /'fri:zə(r)/ *noun* [C] fagyasztó, mélyhűtő ⊃ Lásd **fridge**.

freezing¹ /'fri:zɪŋ/ *adj.* (*informális*) dermesztő hideg: *I'm freezing. Majd megfagyok.* • *It's absolutely freezing outside.*

freezing² /'fri:zɪŋ/ (also **'freezing point**) *noun* [U] fagypont: *Last night the temperature fell to six degrees below freezing.*

freight /freɪt/ *noun* [U] (teher)szállítmány: *Your order will be sent by air freight.* • *a freight train* tehervonat

freighter /'freɪtə(r)/ *noun* [C] teherhajó, teherszállító repülőgép

★ **French fry** *noun* [usually plural] (*főleg US*) = CHIP

¡**French 'window** (US ¡**French 'door**) *noun* [C] (*kertre/erkélyre/teraszra nyíló*) üvegajtó

frenzied /'frenzid/ *adj.* vad, őrjöngő, eszeveszett: *a frenzied attack* • *frenzied activity*

frenzy /'frenzi/ *noun* [C, usually sing.; U] őrjöngés, lázas/kapkodó tevékenység: *There's no need to get in a frenzy* (tombolni). • *I could hear a frenzy of activity* (nagy sürgés-forgás) *in the kitchen.*

frequency /'fri:kwənsi/ *noun* (*plural* frequencies) 1 [U, C] gyakoriság, gyakori előfordulás: *Fatal accidents have decreased in frequency in recent years.* • *The frequency of child deaths from cancer near the nuclear power station is being investigated.* 2 [C,U] rezgésszám, frekvencia: *high-frequency/low-frequency sounds*

★ **frequent¹** /'fri:kwənt/ *adj.* gyakori
❶ Ellentéte: **infrequent**.
▸ **frequently** *adv.* gyakran

frequent² /fri'kwent/ *verb* [T] (*formális*) gyakran/rendszeresen jár vhova: *He*

---

❶ = magyarázat [C] **megszámlálható** (*főnév*): one book, two books

[U] **megszámlálhatatlan** (*főnév*): some sugar

spent most of his evenings in Paris frequenting bars and clubs.

* fresh /freʃ/ adj. **1** friss (nem tartósított): *fresh bread/fruit/flowers* ➔ Lásd stale. **2** friss (nem régi): *fresh blood/footprints • Write a few notes while the lecture is still fresh in your mind.* **3** új: *They have decided to make a fresh start* (új életet kezdenek) *in a different town. • I'm sure he'll have some fresh ideas on the subject.* **4** édes(víz) (nem tengervíz) **5** friss, üde, üdítő: *Open the window and let some fresh air in.* **6** friss, kipihent: *I'll think about the problem again in the morning when I'm fresh.* **7** fresh from/out of sth nemrég került ki vhonnan: *a young teacher fresh from university*
▶ **freshly** adv. frissen, nemrég: *freshly baked bread*

freshness noun [U] **1** frissesség **2** újszerűség
IDIOM break fresh/new ground → GROUND¹

freshen /'freʃn/ verb [T] freshen sth (up) felfrissít, feldob vmit: *Some new wallpaper would freshen up this room.*
PHRASAL VERB freshen up felfrissíti magát, felfrissül

fresher /'freʃə(r)/ noun [C] (brit) elsőéves (egyetemista, főiskolás)

freshman /'freʃmən/ noun [C] (plural -men /-mən/) (US) elsőéves (egyetemista, főiskolás)

fret¹ /fret/ verb [I] (fretting; fretted) fret (about/at/over sth) nyugtalankodik, gyötrődik

fret² /fret/ noun [C] érintő, bund (gitár nyakán)

Fri. abbr. (Friday rövidítése) péntek: *Fri. 27 May*

friction /'frɪkʃn/ noun [U] **1** súrlódás: *You have to put oil in the engine to reduce friction between the moving parts.* **2** friction (between A and B) (emberek közötti) súrlódás(ok): *There is a lot of friction between the older and younger members of staff.*

Friday /'fraɪdeɪ; -di/ noun [C,U] (abbr. **Fri.**) péntek ❶ A hét napjainak nevét mindig nagy kezdőbetűvel írjuk. Példák a **Monday** szónál.

fridge /frɪdʒ/ (formális **refrigerator**) (US **icebox**) noun [C] hűtőszekrény, frizsider ➔ Lásd freezer.

* friend /frend/ noun [C] **1** (jó)barát: *an old friend • We're only inviting close friends* (közeli barátokat) *and relatives to the wedding. • Helen's my best friend. • A friend of mine/One of my friends told me about this restaurant. •* to make friends ➔ Lásd boyfriend, girlfriend, penfriend. **2** a friend of/to sth (jótékonysági szervezet, eszme) baráti körének tagja, pártoló tag: *the Friends of the Churchill Hospital*
IDIOMS be/make friends (with sb) barátkozik, összebarátkozik vkivel: *Tony finds it hard to make friends* (nehezen barátkozik). | a false friend → FALSE

* friendly¹ /'frendli/ adj. (friendlier; friendliest) **1** friendly (to/toward(s) sb) barátságos, kedves: *a friendly smile/atmosphere* **2** friendly with sb baráti viszonyban van, jóban van vkivel: *Nick's become quite friendly with the boy next door. • Are you on friendly terms with your neighbours?* ❶ Az 1. és 2. jelentés ellentéte unfriendly. **3** (szóösszetételekben) -barát: *Our computer is extremely user-friendly* (felhasználóbarát). *• ozone-friendly sprays* **4** barátságos, baráti: *a friendly argument • I've organized a friendly match against my brother's team.*
▶ **friendliness** noun [U] barátságosság, barátságos stílus/modor

friendly² /'frendli/ noun [C] (plural friendlies) barátságos mérkőzés

* friendship /'frendʃɪp/ noun [C,U] a friendship (with sb); a friendship (between A and B) barátság, baráti viszony: *a close/lasting/lifelong* (szoros/tartós/életre szóló) *friendship • Our relationship is based on friendship, not love.*

fright /fraɪt/ noun [C,U] ijedtség, rémület: *I hope I didn't give you a fright* (rémítettelek meg). *• The child cried out in fright* (ijedtében).

* frighten /'fraɪtn/ verb [T] megijeszt, megrémít
PHRASAL VERB frighten sb/sth away/off elriaszt: *Walk quietly so that you don't frighten the birds away.*

* frightened /'fraɪtnd/ adj. **1** ijedt, rémült: *Frightened children were calling for their mothers.* **2** frightened of sb/sth megijed, fél vkitől/vmitől: *When I was young I was frightened of spiders.* ➔ Magyarázat az **afraid** szónál.

[I] **tárgyatlan** (ige): *He laughed.*

[T] **tárgyas** (ige): *He ate an apple.*

★**frightening** /ˈfraɪtnɪŋ/ adj. ijesztő, rémisztő: a frightening experience • It's frightening that time passes so quickly.

frightful /ˈfraɪtfl/ adj. (rég) **1** rémes: The weather this summer has been frightful. **2** szörnyű, rettenetes: We're in a frightful rush.

frightfully /ˈfraɪtfəli/ adv. (rég) borzasztóan, rettentően: I'm frightfully sorry.

frill /frɪl/ noun [C] **1** fodor (ruhán) **2** [usually plural] fölösleges cicoma: We just want a plain simple meal – no frills.
  ► **frilly** adj. fodros

fringe¹ /frɪndʒ/ noun [C] **1** (US **bangs** [plural]) frufru ➜ Ábra **hair** alatt. **2** rojt **3** (brit) (terület, csoport) széle, pereme: people **on the fringes of** the socialist party

fringe² /frɪndʒ/ verb
  IDIOM be fringed with sth szegélyez: The lake was fringed with pine trees.

'fringe benefit noun [C, usually plural] fizetésen kívüli juttatás ❶ Közvetlenebb szó a **perk**.

frisk /frɪsk/ verb **1** [T] (meg)motoz **2** [I] ugrándozik, hancúrozik

frisky /ˈfrɪski/ adj. játékos (kedvű)

fritter /ˈfrɪtə(r)/ verb
  PHRASAL VERB fritter sth away (on sth) elherdál, elfecsérel (időt, pénzt)

frivolity /frɪˈvɒləti/ noun [U] komolytalanság, komolytalan viselkedés

frivolous /ˈfrɪvələs/ adj. komolytalan(kodó), könnyelmű

frizzy /ˈfrɪzi/ adj. göndör, bongyor (haj)

fro /frəʊ/ adv.
  IDIOM to and fro → TO

frog /frɒg/ noun [C] béka

frogman /ˈfrɒgmən/ noun [C] (plural -men /-mən/) békaember: police frogmen

★**from** /frəm; erős alak frɒm/ prep. **1** -ból/-ből, -tól/-től, -ról/-ről: She comes home from work at 7 o'clock. • Water was dripping from the tap. • Peter's on holiday from next Friday. • The supermarket is open **from** 8am **till** 8pm every day. **2** -ból/-ből (személytől), -tól/-től: I borrowed this jacket from my sister. • 'Where do you come from (hová való(si) vagy)?' 'I'm from Australia (Ausztráliából).' • quotations from Shakespeare **3** -ból/-ből (nyersanyagból): Paper is **made from** wood.

> A **made of** azt az anyagot jelenti, amiből egy tárgy készült, annak lényegi (kémiai) megváltoztatása nélkül: a table made of wood • a house made of bricks.

4 -tól/-től (vmilyen távolságra): The house is five miles from the town centre. **5** -tól/-től (kezdve): Tickets cost from £3 to £11. **6** -ról/-ről, -ból/-ből (eredeti állapot): The time of the meeting has been changed **from** 7 **to** 8 o'clock. • The article was translated from Hungarian **into** English. • Things have gone **from** bad **to** worse. A helyzet tovább romlott **7** -tól/-től, -ból/-ből (vkitől/vmitől elválasztva, elvéve): Children don't like being separated from their parents for a long period. • (számtanban) 8 from 12 leaves 4. **8** -tól/-től (védelem vmitől): There was no shelter from the wind. • This game will stop you **from** getting bored (elűzi az unalmadat). **9** -tól/-től, miatt: to suffer from cold and hunger **10** -ból/-ből, vminek az alapján: You can tell quite a lot from a person's handwriting. **11** -tól/-től (megkülönböztetés): Can you tell margarine from butter? • Is Hungarian very different from Finnish?
  IDIOM from... on -tól (kedzve) (folyamatosan): She never spoke to him again **from** that day on. • **From** now on you must earn your own living.

★**front¹** /frʌnt/ noun **1** (the front) [C, usually sing.] eleje, elülső oldala vminek: a dress with buttons down the front • the front (homlokzat) of a building • a card with flowers **on the front** • She spilt coffee all down her front (elöl végigöntötte magát). **2** (the front) [C, usually sing.] vminek az elülső része, vmi előtti rész: Young children should not travel **in the front of** the car. • There is a small garden **at the front of** the house. ➜ Vesd össze **outside**.

> **On the front of** azt jelenti, hogy „vminek az elülső részén": The number is shown on the front of the bus. **In front (of sth)** azt jelenti, hogy „vmi előtt" (térben): A car has stopped in front of the bus. • There were three people in front of me in the queue. **At/In the front (of sth)** jelentése „vminek a belsejében legelöl": The driver sits at the front of the

bus. Figyeljük meg a következő mondatokat is: *The teacher usually stands in front of the class.* • *The noisy children were asked to sit at the front of the class* (az első padban).

3 [C] (tevékenységi) terület, tér (*átv*): *Things are difficult* **on the domestic/political/economic front** *at the moment.* • *Progress has been made* **on all fronts. 4** (**the front**) [*sing.*] a front (*háborúban*): *to be sent to the front* **5** [*sing.*] megjátszás, látszat: *His brave words were just a front.* **6** [C] (időjárási) front: *A cold front is moving in from the north.*

IDIOMS **back to front** → BACK¹ | **in front** elöl, előre, a többiek előtt: *Some of the children ran on in front.* • *After three laps the Kenyan runner was in front* (vezetett). | **in front of sb/sth** vmi/vki előtt (*hely*): *The bus stops right in front of our house.* • *The book was open in front of her on the desk.* ❶ Az **in front of** mást jelent, mint az **opposite**. ➲ Ábra **opposite** alatt. **2** mások előtt (*közönség, hallgatóság*): *I couldn't talk about that in front of my parents.* | **up front** (*informális*) előlegként: *I want half the money up front and half when the job is finished.*

front² /frʌnt/ *adj.* (*csak főnév előtt*) elülső, elöl lévő: *the front door* • *to sit in the front row* • *front teeth*

frontal /ˈfrʌntl/ *adj.* (*csak főnév előtt*) elölről/szemből jövő, frontális: *a frontal attack*

frontier /ˈfrʌntɪə(r)/ *noun* **1** [C] (**the frontier**) (**between A and B**) (ország)határ: *the end of frontier controls in Europe* ➲ Magyarázat a **border** szónál. **2 the frontiers** [*plural*] vmi határa(i): *Scientific research is constantly* **pushing back the frontiers of** *our knowledge about the world.*

front-ˈpage *adj.* (*újság*) címlap-, szenzációs: *front-page news*

* **frost¹** /frɒst/ *noun* [C,U] fagy: *There was a* **hard frost** *last night.* • *It will be a chilly night with some* **ground frost** (talaj menti fagy).

frost² /frɒst/ *verb* [T] (*főleg US*) = ICE²

PHRASAL VERB **frost over/up** be-/eljegesedik, befagy: *The window has frosted over/up.* ➲ Lásd **defrost.**

frostbite /ˈfrɒstbaɪt/ *noun* [U] fagyás (*testrésze*)

frosted /ˈfrɒstɪd/ *adj.* homályosított (*üveg, ablak*)

frosting /ˈfrɒstɪŋ/ (*főleg US*) = ICING

frosty /ˈfrɒsti/ *adj.* **1** nagyon hideg, fagyos **2** fagyos (*viselkedés*): *a frosty welcome*

froth¹ /frɒθ/ *noun* [U] hab, tajték
▶ **frothy** *adj.* habos

froth² /frɒθ/ *verb* [I] habzik: *The mad dog was frothing at the mouth.*

frown /fraʊn/ *verb* [I] elkomorul (*arckifejezés*)
▶ **frown** *noun* komorság, rosszalló/mogorva arckifejezés

PHRASAL VERB **frown on/upon sth** helytelenít, elítél: *Smoking is very much frowned upon these days.*

froze *past tense of* FREEZE¹

frozen¹ *past participle of* FREEZE¹

frozen² /ˈfrəʊzn/ *adj.* **1** mélyhűtött, mirelit **2** (*informális*) nagyon fázik, lefagyott (*testrész*): *I was* **frozen stiff** (agyonfagytam). ❶ Szinonimája: **freezing. 3** befagyott (*víz*)

* **fruit** /fruːt/ *noun* **1** [C,U] gyümölcs: *fresh fruit* • *citrus fruit* narancs, citrom, grépfrút stb. • *fruit juice* ❶ Az **a fruit** kifejezéssel egy gyümölcsfajtáról beszélünk: *Most big supermarkets sell all sorts of tropical fruits.* Ha egy darab gyümölcsről van szó, rendszerint megnevezzük a gyümölcsöt: *Would you like an apple?* vagy az egyes számú alakot használjuk: *Would you like some fruit?* **2** [C] gyümölcs (*a növény része*) **3** [*plural*] **the fruits (of sth)** vminek a gyümölcse(i), eredménye: *It will be years before we see the fruits of this research.*
IDIOM **bear fruit** → BEAR²

fruitful /ˈfruːtfl/ *adj.* eredményes, gyümölcsöző: *fruitful discussions*

fruition /fruˈɪʃn/ *noun* [U] (*formális*) megvalósulás, beérés (*pl. tervé*): *After months of hard work, our efforts were* **coming to fruition.**

fruitless /ˈfruːtləs/ *adj.* eredménytelen, sikertelen: *a fruitless search*

frustrate /frʌˈstreɪt/ *verb* [T] **1** frusztrál, elcsüggeszt **2** (*formális*) meghiúsít: *The rescue work has been frustrated by bad weather conditions.*
▶ **frustrated** *adj.* frusztrált, lelombozott:

He felt very frustrated at his lack of progress in learning Chinese.

frustrating *adj.* frusztráló, idegesítő

frustration /frʌˈstreɪʃn/ *noun* [C,U] csalódás(t okozó dolog), frusztráltság, csalódottság, kudarc(élmény): *He felt anger and frustration at no longer being able to see very well.* • *Every job has its frustrations.*

★ **fry¹** /fraɪ/ *verb* [I,T] (*pres. part.* frying; *3rd pers. sing. pres.* fries; *pt, pp* fried /fraɪd/) (meg/ki)süt (*forró zsiradékban*): *a fried egg* ➋ Magyarázat a **cook** szónál.

fry² /fraɪ/ (*főleg US*) (*US also* ˌFrench ˈfry) *noun* [C, usually plural] (*plural* fries) hasábburgonya

¹**frying pan** (*US* frypan) *noun* [C] nyeles serpenyő ➋ Ábra **pan** alatt.

ft *abbr.* (**foot** *vagy* **feet** *rövidítése*) láb (*30,48 cm*): *a room 10 ft by 6 ft*

★ **fuel¹** /ˈfjuːəl/ *noun* **1** [U] üzemanyag **2** [C] üzemanyagfajta

fuel² /ˈfjuːəl/ *verb* [T] (**fuelling**; **fuelled**) (*US* **fueling**; **fueled**) táplál, tüzel (*érzelmet*), tápot ad (*érzelemnek*): *Her interest in the Italian language was fuelled by a visit to Rome.*

fugitive /ˈfjuːdʒətɪv/ *noun* [C] szökevény ➋ Lásd **refugee**.

fulfil (*US* **fulfill**) /fʊlˈfɪl/ *verb* [T] (**fulfilling**; **fulfilled**) **1** teljesít, valóra vált (*vágyat, tervet stb.*): *He finally fulfilled his childhood dream of becoming a doctor.* • *to fulfil your ambition/potential* **2** teljesít (*követelményt*), megfelel (*követelménynek*): *to fulfil a duty/obligation/promise/need* • *The conditions of entry to university in this country are quite difficult to fulfil.* **3** vmiként szolgál, vmilyen szerepet játszik: *Italy fulfils a very important role within the European Union.* **4** kielégít vkit, megelégedésére szolgál: *I need a job that really fulfils me.*

▶ **fulfilled** *adj.* elégedett és boldog: *When I had my baby I felt totally fulfilled.*

fulfilling *adj.* megelégedésre szolgáló, megelégedést nyújtó: *a fulfilling experience.*

fulfilment /fʊlˈfɪlmənt/ (*US* **fulfillment**) *noun* [U] (be)teljesítése/(be)teljesülése/elérése vminek (*célnak, vágynak*): *the ful-*

filment of your dreams/hopes/ambitions • *to find personal/emotional fulfilment*

★ **full¹** /fʊl/ *adj.* **1** tele, teli: *The bin is full up* (dugig van). • *a full bottle* • (*átv*) *We've got a full* (mozgalmas) *day tomorrow.* **2** full of **sb/sth** vmivel tele/teli: *The room was full of people.* • *full of energy* **3** full (up) jóllakott, tele van **4** (*csak főnév előtt*) teljes: *I should like a full report* (részletes jelentést) *on the accident, please.* • *Full details of today's TV programmes are on page 20.* • *He took full responsibility for what had happened.* • *Please give your full name and address.* **5** (*csak főnév előtt*) maximális, a legjobb/legnagyobb: *She got full marks* (100%-ot) *in her French exam.* • *The train was travelling at full speed.* **6** full of **sb/sth/yourself** el van telve vmivel/vkivel (*érzelemmel/élménnyel/önmagával*): *When she got back from holiday she was full of everything they had seen.* • *He's full of himself since he got that new job.* **7** telt (*alak*): *She's got quite a full figure.* • *He's quite full in the face.* **8** bő (*ruha*)

IDIOMS **at full stretch** teljes gőzzel/intenzitással (*működik*): *When the factory is operating at full stretch, it employs 800 people.* | **full of beans/life** tele élettel/életkedvvel/energiával: *They came back from holiday full of beans.* | **have your hands full** → **HAND¹** | **in full** teljes egészében: *Your money will be refunded in full.* • *Please write your name in full* (teljes nevét). | **in full swing** (már) javában (tart): *When we arrived the party was already in full swing.* | **in full view (of sb/sth)** vki szeme láttára: *In full view of the guards, he tried to escape over the prison wall.* | **to the full** maradéktalanul, fenékig (*átv*): *to enjoy life to the full*

full² /fʊl/ *adv.* full in/on (**sth**) telibe, pont: *John hit him full in the face.* • *The two cars crashed full on* (egymásba rohantak).

ˌfull-ˈblown *adj.* kifejlett, kész, totális: *to have full-blown Aids*

ˌfull ˈboard *noun* [U] teljes panzió (napi három étkezés) ➋ Lásd **half board**, **bed and breakfast**.

ˌfull-ˈlength *adj.* **1** teljes hosszúságú, életnagyságú **2** teljes terjedelmű, rövidítés nélküli: *a full-length film* (egész estés) játékfilm **3** hosszú, földig érő (*ruha, szoknya stb.*)

full moon noun [sing.] telihold

full-scale adj. (csak főnév előtt) **1** széles körű, minden eszközt igénybe vevő: The police have started a full-scale murder investigation. **2** eredeti méretű: a full-scale plan/model

full stop (főleg US **period**) noun [C] pont (mondatvégi írásjel)

full-time adj., adv. teljes munkaidős/munkaidőben: He has a full-time job. • He works full-time. • We employ 800 full-time staff. ➔ Lásd part-time.

fully /ˈfʊli/ adv. teljesen, teljes egészében: I'm fully aware of the problem. • All our engineers are fully trained.

fully-fledged (US also **full-fledged**) adj. teljesen (ki)fejlett: Computer science is now a fully-fledged academic subject (ma már teljes értékű tudományág).

fumble /ˈfʌmbl/ verb [I] matat, kotorászik (ügyetlenül): 'It must be here somewhere', she said, fumbling in her pocket for her key.

fume /fjuːm/ verb [I] mérgelődik, dúl-fúl haragjában

fumes /fjuːmz/ noun [plural] (rossz szagú, az egészségre veszélyes) füst, gáz(ok): diesel/petrol/exhaust fumes

fun¹ /fʌn/ noun [U] szórakozás, jó mulatság: We had a lot of fun at the party last night. • The party was great fun. • Have fun! Érezd jól magad! • It's no fun (nem tréfadolog) having to get up at 4 o'clock every day.
IDIOMS (just) for fun/for the fun of it (csak) szórakozásból | in fun viccből, heccből: It was said in fun. | make fun of sb/sth (ki)csúfol, kinevet: The children are always making fun of him because of his accent. | poke fun at sb/sth → POKE

fun² /fʌn/ adj. mulatságos, szórakoztató: to have a fun time/day out • Brett's a fun guy.

> Vigyázat! Ha valaki/valami **funny**, az megnevettet vagy furcsának találjuk. Mást jelent, mint a **fun**: Jane is fun (jó vele lenni). • Jane is funny (állandóan vicceseket mond és megnevettet/furcsa lány).

function¹ /ˈfʌŋkʃn/ noun [C] **1** szerep, feladat, rendeltetés, funkció: to perform/fulfil a function **2** társadalmi esemény: The princess attends hundreds of official functions every year.

function² /ˈfʌŋkʃn/ verb [I] működik, funkcionál ❶ Szinonimája: operate.

functional /ˈfʌŋkʃənl/ adj. **1** célszerű, gyakorlati: cheap functional furniture **2** működő, alkalmazásban lévő: The system is now fully functional.

function key noun [C] funkcióbillentyű (komputeren)

fund¹ /fʌnd/ noun **1** [C] (vmilyen célra gyűjtött) (pénz)alap: They contributed £30 to the disaster relief fund. **2** (funds) [plural] tőke, anyagi eszközök: The hospital is trying to raise funds (előteremteni a pénzt) for a new kidney machine.

fund² /fʌnd/ verb [T] anyagilag támogat, finanszíroz (beruházást, iskolát, jótékonysági akciót stb.)

fundamental /ˌfʌndəˈmentl/ adj. alapvető, lényeges: There will be fundamental changes in the way the school is run. • There is a fundamental difference between your opinion and mine.
▸ **fundamentally** /-təli/ adv. alapvetően, lényegét tekintve

fundamentals /ˌfʌndəˈmentlz/ noun [plural] alapelemek, alaptételek

fund-raiser noun [C] szponzorszerző
▸ **fund-raising** noun [U] szponzorszerzés: fund-raising events adománygyűjtő rendezvények

funeral /ˈfjuːnərəl/ noun [C] temetés: The funeral will be held next week.

> The body of the dead person is carried in a **coffin**, on which there are often **wreaths** of flowers. The coffin is buried in a **grave** or the body is **cremated**.

funeral director (US also **mortician**) noun [C] temetkezési vállalkozó

funfair /ˈfʌnfeə(r)/ (also **fair**) noun [C] vidámpark, vurstli

fungus /ˈfʌŋɡəs/ noun [C,U] (plural **fungi** /-ɡaɪ/ or **funguses**) gomba(féle) (rendszertani név) ➔ Lásd még mould, toadstool, mushroom.
▸ **fungal** adj. gomba-, gombás: a fungal disease gombásodás • a fungal infection gombás fertőzés

funnel /'fʌnl/ *noun* [C] **1** tölcsér **Ⴢ** Ábra **kitchen** alatt. **2** kémény (*hajóé, gőzmozdonyé*)

funnily /'fʌnəli/ *adv.* furán, különösen: *She's walking very funnily.*
IDIOM **funnily enough** meglepő/fur(cs)a módon: *Funnily enough, my parents weren't at all cross about it.*

★**funny** /'fʌni/ *adj.* (**funnier; funniest**) **1** vicces, mulatságos: *a funny story* **2** furcsa, különös: *The engine is making a funny noise.* • *It's funny that they didn't phone.* • *That's funny* – *he was here a moment ago and now he's gone.* • *Can I sit down for a minute? I feel a bit funny.* Nem érzem túl jól magam. **Ⴢ** Magyarázat a **fun²** szónál.

★**fur** /fɜː(r)/ *noun* **1** [U] (állati) szőr(zet) **2** [C,U] szőrme, prém: *a fur coat*

furious /'fjʊəriəs/ *adj.* **1 furious (with sb)**; **furious (at sth)** nagyon mérges, dühös: *He was furious with her for losing the car keys.* **Ⴢ** Főnév: **fury. 2** heves, vad: *A furious row has broken out over the closing of the school.*
▶ **furiously** *adv.* dühösen, dühödten
IDIOM **fast and furious** → FAST¹

furnace /'fɜːnɪs/ *noun* [C] kohó, kazán

furnish /'fɜːnɪʃ/ *verb* [T] (be)bútoroz: *The room was comfortably furnished.*
▶ **furnished** *adj.* bútorozott: *She's renting a furnished room in Birmingham.*

furnishings /'fɜːnɪʃɪŋz/ *noun* [plural] berendezés (*szobáé, házé*)

★**furniture** /'fɜːnɪtʃə(r)/ *noun* [U] bútor(ok), bútorzat: *modern/antique/second-hand furniture* • *garden/office furniture* **Ⴢ** Vigyázat! A **furniture** megszámlálhatatlan főnév: *They only got married recently and they haven't got much furniture.* Ha egyetlen bútordarabról beszélünk, az a **piece of furniture** kifejezést használjuk: *The only nice piece of furniture in the room was an antique desk.*

furrow /'fʌrəʊ/ *noun* [C] barázda (*felszántott földön, arcon*) **Ⴢ** Lásd **wrinkle.**

furry /'fɜːri/ *adj.* szőrös, bundás: *a small furry animal*

★**further¹** /'fɜːðə(r)/ *adj., adv.* **1** tovább(i): *Are there any further questions?* • *Please let us know if you require any further information.* • *I have nothing further to say on the*

subject. • *The museum is closed until further notice* (további intézkedésig). • *Can I have time to consider the matter further?* **2** (*a far* középfoka) tovább (*térben, időben*): *It's not safe to go any further.* • *I can't remember any further back than 1970.*

> Ha távolságról beszélünk, a **further** és a **farther** szót egyaránt használhatjuk: *Bristol is further/farther from London than Oxford is.* • *I jumped further/farther than you did.* Minden egyéb értelemben csak a **further** szót lehet használni: *We need a further* (még egy) *week to finish the job.*

IDIOM **further afield** → FAR²

further² /'fɜːðə(r)/ *verb* [T] (*formális*) támogat, elősegít: *to further the cause of peace*

further edu'cation *noun* [U] (*abbr.* **FE**) (*brit*) továbbképzés (*nem egyetemi*) **Ⴢ** Lásd **higher education.**

furthermore /ˌfɜːðə'mɔː(r)/ *adv.* továbbá, azonkívül

★**furthest** /'fɜːðɪst/ *superlative* of FAR

furtive /'fɜːtɪv/ *adj.* titkolt, lopva ejtett/ megtett: *a furtive glance at the letter*
▶ **furtively** *adv.* lopva, titokban

fury /'fjʊəri/ *noun* [U] düh, tombolás **Ⴢ** Melléknév: **furious.**

fuse¹ /fjuːz/ *noun* [C] **1** (*el*) biztosíték: *A fuse has blown* (kiégett). **2** gyújtózsinór, kanóc

fuse² /fjuːz/ *verb* [I,T] **1** (két rész/dolog) összenő, egybeolvad, egybeolvaszt: *As they heal, the bones will fuse together.* • *The two companies have been fused into one large organization.* **2** kiég/kicsap (*biztosíték*), kicsap (*biztosítékot*)

fuselage /'fjuːzəlɑːʒ/ *noun* [C] repülőgép törzse

fusion /'fjuːʒn/ *noun* [U, *sing.*] egybe-/ összeolvadás, egyesülés, fúzió

fuss¹ /fʌs/ *noun* [*sing.*, U] rumli, nagy felhajtás: *The waiter didn't make a fuss* (nem csinált nagy ügyet belőle) *when I spilt my drink.* • *What's all the fuss about?*
IDIOM **make/kick up a fuss (about/over sth)** nagy hűhót csap vmi körül, nagy ügyet csinál vmiből | **make a fuss of/over sb/sth** körülugrál, nagy ügyet csinál vmiből: *My*

grandmother used to make a big fuss of me when she visited.

fuss² /fʌs/ *verb* [I] **1** kis dolgokat is felfúj: *Stop fussing. We're not going to be late.* **2 fuss (over sb/sth)** túl nagy jelentőséget tulajdonít vminek, vacakol: *Stop fussing over all the details.*

IDIOM **not be fussed (about sb/sth)** (*brit, beszélt nyelv*) neki mindegy: *'Where do you want to go for lunch?' 'I'm not fussed.'*

fussy /'fʌsi/ *adj.* **1 fussy (about sth)** akadékoskodó, kicsinyeskedő: *He is very fussy about food* (finnyás). ➔ Lásd **particular, picky. 2** túl díszes: *a fussy pattern*

futile /'fju:taɪl/ *adj.* eredménytelen, hiábavaló: *They made a last, futile attempt to make him change his mind.*
▸ **futility** *noun* [U] hiábavalóság

★ **future** /'fju:tʃə(r)/ *noun* **1 (the future)** [sing.] a jövő: *Who knows what will happen in the future?* • *in the near/distant future* a közeljövőben/a távoli jövőben • *What*

does the future hold for you? **2** [C] vki/vmi jövője: *Our children's futures depend on a good education.* **3** [U] biztató kilátások a jövőre: *I can see no future in this country.* **4 (the future; the future tense)** [sing.] jövő idő ➔ Lásd a *Rövid nyelvtani összefoglalást*
▸ **future** *adj.* leendő, későbbi (*csak főnév előtt*): *She met her future husband when she was still at school.* • *You can keep that book for future reference.*

IDIOM **in future** ezután, a jövőben: *Please try to be more careful in future.*

the future perfect *noun* [sing.] befejezett jövő idő: *'We'll have been married for ten years next month' is in the future perfect.*

futuristic /ˌfju:tʃə'rɪstɪk/ *adj.* **1** ultramodern: *futuristic design/furniture* **2** az elképzelt jövőt megjelenítő: *a futuristic movie/novel*

fuzzy /'fʌzi/ *adj.* elmosódott, homályos: *a fuzzy photo*

Gg

G, g¹ /dʒi:/ *noun* [C,U] (*plural* **G's; g's**) **1** G/g betű **2 (G)** (*zene*) g (hang): *G major* G-dúr • *G minor* g-moll • *G sharp* Gisz/gisz • *G flat* Gesz/gesz

g² *abbr.* (gram(s) rövidítése) g

gable /'geɪbl/ *noun* [C] orom(fal)

gadget /'gædʒɪt/ *noun* [C] (*informális*) (*ügyes kis*) eszköz, szerkentyű: *This car has all the latest gadgets.*

Gaelic /'geɪlɪk; 'gælɪk/ *adj., noun* [U] gael, kelta: *Irish Gaelic*

gag¹ /gæg/ *noun* [C] **1** szájpecek, száj betömésére szolgáló anyag **2** (*film, szính*) geg

gag² /gæg/ *verb* [T] (**gagging; gagged**) vki száját felpeckeli/betömi, elnémít (*átv*)

gage (*US*) = GAUGE¹

★ **gain¹** /geɪn/ *verb* **1** [T] (meg)szerez, (el)nyer: *They managed to gain access* (sikerült hozzájutniuk) *to secret information.* • *The country gained its independence*

ten years ago. **2** [T] fokozatosan elér vmit: *The train was gaining speed* (gyorsult). • *to gain weight* (meg)hízik • *to gain confidence* felbátorodik **❶** Ellentéte: **lose. 3** [I,T] **gain (sth) (by/from sth/doing sth)** előnyhöz jut: *I've got **nothing to gain** by staying in this job.* **❶** Ellentéte: **lose.**

IDIOM **gain ground** tért hódít, erősödik, (el)terjed

PHRASAL VERBS **gain in sth** növekszik, gyarapodik: *He's gained in confidence* (nőtt az önbizalma) *in the past year.* | **gain on sb/sth** egyre jobban behoz, már-már utolér: *I saw the other runners were gaining on me so I increased my pace.*

★ **gain²** /geɪn/ *noun* [C,U] nyereség, növekedés, fejlődés: *We hope to make a gain when we sell our house.* • *a gain in weight* of one kilo egy kiló(nyi) hízás/súlygyarapodás

gait /geɪt/ *noun* [sing.] járás(mód)

gal. *abbr.* (**gallon, gallons** rövidítése) gallon

[I] **tárgyatlan** (*ige*): *He laughed.*   [T] **tárgyas** (*ige*): *He ate an apple.*

gala /'gɑːlə/ noun [C] ünnepély, gála: *a swimming gala*

galaxy /'gæləksi/ noun [C] (*plural* **galaxies**) csillagrendszer

gale /geɪl/ noun [C] szélvihar, orkán

gallant /'gælənt/ adj. (*formális*) **1** bátor, hősies: *gallant soldiers* • *He made a gallant attempt to speak French, but nobody could understand him.* **Ө** Szinonimája: **brave**. **2** (*férfi*) gáláns, udvarias

gallantry /'gæləntri/ noun [C,U] (*plural* **gallantries**) **1** bátorság, hősiesség **2** udvariasság, gáláns viselkedés (*férfiaké nőkkel szemben*)

gallery /'gæləri/ noun [C] (*plural* **galleries**) **1** galéria, kiállítóterem: *an art gallery* **2** erkély, karzat (*színházban, előadóteremben*)

gallon /'gælən/ noun [C] (*abbr.* **gal.**) gallon (*űrmérték: 4,5 liter*): *There are 8 pints in a gallon.* **Ө** Az amerikai gallon 3,8 liter.

gallop /'gæləp/ verb [I] vágtázik, vágtat (*ló, lovas*) **Ɔ** Lásd **canter**, **trot**.
▶ **gallop** noun [sing.] vágta(tás)

gallows /'gæləʊz/ noun [C] (*plural* **gallows**) akasztófa, bitó

galore /gə'lɔː(r)/ adj. (*csak főnév után*) bőven, rengeteg: *There were presents galore.*

gamble¹ /'gæmbl/ verb [I,T] **gamble (sth) (on sth)** szerencsejátékot játszik, pénzt feltesz (*kártyában, lóversenyen stb.*): *to gamble on horses* • *She gambled all her money on the last race.* **Ө** Szinonimája: **bet**.
▶ **gambler** noun szerencsejátékos: *He's a compulsive gambler.*
gambling noun [U] szerencsejáték, hazárdjáték
PHRASAL VERB **gamble on sth/on doing sth** biztosra vesz vmi bizonytalant: *I wouldn't gamble on the weather staying fine.*

gamble² /'gæmbl/ noun [C] kockázatos vállalkozás: *Setting up this business was a bit of a gamble, but it paid off in the end.*

★ **game¹** /geɪm/ noun **1** [C] **a game (of sth)** (*csoportos*) játék, csapatsport, játszma: *Shall we play a game?* Játsszunk valamit? • *Let's have a game of chess.* • *a game of football* • *'Monopoly' is a very popular board game* (*társasjáték*). **2** [C] játék:

Some children were playing a game of cowboys and Indians. **3** [C] (*sp*) játéktudás: *My new racket has really improved my game.* **4** (**games**) [*plural*] sportverseny: *Where were the last Olympic Games held?* **5** [C] (*informális*) (alattomos) játszma: *Stop playing games with me* (ne szórakozz velem) *and tell me where you've hidden my bag.* **6** [U] vad(ászott állat): *big game* nagyvad
IDIOM **give the game away** elszólja magát, akaratlanul elárul (*titkot*): *It was the expression on her face that gave the game away.*

game² /geɪm/ adj. vagány, belevaló: *I've never been sailing before but I'm game* (benne vagyok) *to try.*

gamekeeper /'geɪmkiːpə(r)/ noun [C] vadőr

game show noun [C] televíziós vetélkedő játék

gander /'gændə(r)/ noun [C] gúnár

gang¹ /gæŋ/ noun [C, with sing. or plural verb] **1** bűnbanda **2** banda, galeri: *The woman was robbed by a gang of youths.* • *gang warfare* (bandaháború)/*violence* **3** (*informális*) baráti társaság

gang² /gæŋ/ verb
PHRASAL VERB **gang up on sb** (*informális*) összebeszél/összefog vki ellen

gangrene /'gæŋgriːn/ noun [U] üszkösödés (*testrésze*)
▶ **gangrenous** /'gæŋgrɪnəs/ adj. üszkösödő (*testrész*)

gangster /'gæŋstə(r)/ noun [C] gengszter

gangway /'gæŋweɪ/ noun [C] **1** ülések közötti kis folyosó (*moziban, repülőgépen stb.*) **2** hajóhíd, hajópalló

gaol (also **jail**) /dʒeɪl/ noun [C,U] (*brit*) börtön **Ɔ** Magyarázat a **prison** szónál.
▶ **gaol** /dʒeɪl/ verb [T] (*brit*) bebörtönöz
gaoler (also **jailer**) /'dʒeɪlə(r)/ noun [C] (*brit, rég*) börtönőr

★ **gap** /gæp/ noun [C] **1 a gap (in/between sth)** rés, hézag: *The sheep got out through a gap in the fence.* **2** kihagyás, szünet: *I returned to teaching after a gap of about five years.* • *a gap in the conversation* **3** szakadék (*emberek, nézetek között*): *The gap between the rich and the poor is getting wider.* **4** hiány(zó rész): *In this exercise you*

have to fill (in) the gaps in the sentences. • *I think our new product should fill a gap in the market* (hiánypótló a piacon).
IDIOM bridge a/the gap → BRIDGE²

gape /geɪp/ *verb* [I] **1 gape (at sb/sth)** tátott szájjal bámul, a szája is tátva marad: *We gaped in astonishment when we saw what Amy was wearing.* **2 gape (open)** tátong: *a gaping hole/wound*

★ **garage** /'gærɑːʒ; 'gærɪdʒ/ *noun* [C] **1** garázs **2** benzinkút és szerelőműhely; autószerviz: *a garage mechanic* ➔ Lásd **petrol station.**

garbage /'gɑːbɪdʒ/ (*főleg US*) = RUBBISH

garbage can (*US*) = DUSTBIN

garbled /'gɑːbld/ *adj.* zavaros, nehezen érthető

garden¹ /'gɑːdn/ *noun* [C] **1** (*US* yard) kert: *the back/front garden* ➔ Magyarázat a **yard** szónál. **2** (gardens) [*plural*] (köz)park, liget

garden² /'gɑːdn/ *verb* [I] kertészkedik

garden centre *noun* [C] kertészeti szaküzlet

gardener /'gɑːdnə(r)/ *noun* [C] kertész

gardening /'gɑːdnɪŋ/ *noun* [U] kertészkedés: *I'm going to do some gardening this afternoon.*

garden party *noun* [C] kerti fogadás

gargle /'gɑːgl/ *verb* [I] gargalizál

garish /'geərɪʃ/ *adj.* rikító, csiricsáré
🛈 Szinonimája: **gaudy.**

garlic /'gɑːlɪk/ *noun* [U] fokhagyma: *a clove of garlic* egy gerezd fokhagyma

garment /'gɑːmənt/ *noun* [C] (*formális*) ruha(darab) ➔ Lásd **clothes.**

garnish /'gɑːnɪʃ/ *verb* [T] díszít, körít (*étélt*): *Garnish the soup with a little parsley.*
▸ **garnish** *noun* [U, C] díszítés, körítés (*ételen, tálon*)

garrison /'gærɪsn/ *noun* [C] helyőrség

★ **gas¹** /gæs/ *noun* (*plural* gases) **1** [C,U] gáz: *Hydrogen is a gas.* **2** [U] (háztartási) földgáz: *a gas cooker* **3** [U] (*US*) = PETROL

gas² /gæs/ *verb* [T] (gassing; gassed) gázzal megöl, elgázosít

gas chamber *noun* [C] gázkamra

gash /gæʃ/ *noun* [C] hosszú/mély vágás, seb: *He had a nasty gash in his arm.*
▸ **gash** *verb* [T] (mélyen) bevág, felhasít

gas mask *noun* [C] gázálarc

gas meter *noun* [C] gázóra

gasoline /'gæsəliːn/ (also **gas**) (*US*) = PETROL

gasp /gɑːsp/ *verb* **1** [I] **gasp (at sth)** felhördül, eláll a lélegzete: *She gasped in surprise as she read the letter.* **2** [I] liheg, zihál: *He lay there gasping for breath* (levegő után kapkodva).

---

garden equipment

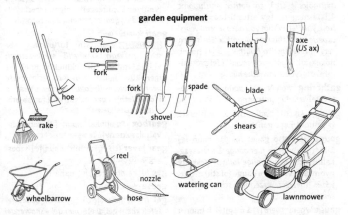

▶ **gasp** noun [C] felhördülés: to give a gasp of surprise/pain/horror

'**gas station** (US) = PETROL STATION

gastronomic /ˌgæstrə'nɒmɪk/ adj. gasztronómiai, konyhaművészeti

*　**gate** /geɪt/ noun [C] **1** kapu (falon, kerítésen) **2** (also **gateway**) kapu: Drive through the gates and you'll find the car park on the right. **3** (rep) (beszálló)kapu: Swissair Flight 139 to Geneva is now boarding at gate 16.

gateau /'gætəʊ/ noun [C] (plural **gateaux**) torta

gatecrash /'geɪtkræʃ/ verb [I,T] hívatlanul beállít vhova

▶ **gatecrasher** noun hívatlan látogató, betolakodó

gateway /'geɪtweɪ/ noun [C] **1** = GATE (2) **2** [sing.] **the gateway to sth** kapu(bejárat)

*　**gather** /'gæðə(r)/ verb **1** [I,T] **gather (round)** **(sb/sth); gather sb/sth (round) (sb/sth)** vki/vmi köré gyűlik, összegyűlik, összegyűjt: A crowd soon gathered at the scene of the accident. • We all gathered round and listened to what the guide was saying. **2** [T] **gather sth (together/up)** összegyűjt, összeszed: He gathered up all his papers and put them away. • They have gathered together a lot of information on the subject. **3** [T] (formális) (be)gyűjt, szed (virágot, gyümölcsöt stb.): to gather mushrooms **4** [I,T] megért, úgy értesül/tud: I gather from your letter that you have several years' experience of this kind of work. • 'She's been very ill recently.' 'So I gather. ' **5** [T] növel, növekszik: I gathered speed (felgyorsultam) as I cycled down the hill.

gathering /'gæðərɪŋ/ noun [C] összejövetel: a family gathering

gaudy /'gɔːdi/ adj. rikító, csiricsáré **❶** Szinonimája: **garish**.

gauge¹ (US also **gage**) /geɪdʒ/ noun [C] **1** mérőműszer: a fuel gauge **2** szélesség, kaliber: a narrow-gauge railway keskeny nyomtávú vasút **3 a gauge (of sth)** mérce, jelzés (helyzet, érzelmek stb. megítélésében)

gauge² /geɪdʒ/ verb [T] **1** megítél, felmér: It was difficult to gauge the mood of the audience. **2** (műszerrel) meg-/felmér

gaunt /gɔːnt/ adj. nagyon sovány, csont és bőr

gauze /gɔːz/ noun [U] géz, tüll

gave past tense of GIVE¹

gawp /gɔːp/ verb [I] (informális) **gawp (at sb/sth)** bambán bámul

gay¹ /geɪ/ adj. **1** homoszexuális, meleg: the gay community of New York • a gay bar/club **❶** Főnév: **gayness**. **⊃** Lásd **homosexual, lesbian, bisexual, heterosexual**. **2** (rég) vidám, jókedvű **❶** Főnév: **gaiety**.

gay² /geɪ/ noun [C] homoszexuális/meleg személy (főleg férfi) **⊃** Lásd **lesbian**.

gaze /geɪz/ verb [I] bámul, bámészkodik: She sat at the window gazing dreamily into space.

▶ **gaze** noun [sing.] nézés, tekintet

GB abbr. (Great Britain rövidítése) GB, Nagy-Britannia

GCSE /ˌdʒiː siː es 'iː/ abbr. (General Certificate of Secondary Education rövidítése) középiskolai záróvizsga (16 éves korban) **⊃** Vesd össze **A level**.

*　**gear¹** /gɪə(r)/ noun **1** [C,U] sebesség(váltó) (autóban): Most cars have four or five forward gears and a reverse. • first/second/top/reverse gear • to change gear **2** [U] felszerelés: camping gear **3** [U] öltözék **4** [U] (informális) szerkó **5** [sing.] (vmilyen konkrét célt szolgáló) szerkezet: the landing gear of an aeroplane futómű

gear² /gɪə(r)/ verb

PHRASAL VERBS **gear sth to/towards sb/sth** (gyakran szenvedő szerkezetben) vkihez/vmihez, ill. vkinek/vminek az igényeihez igazít: There is a special course geared towards the older learner. | **gear up (for sb/sth); gear sb/sth up (for sb/sth)** felkészül, felkészít

gearbox /'gɪəbɒks/ noun [C] sebességváltó(szekrény)

'**gear lever** (US 'gearshift) noun [C] sebességváltó (kar)

gee /dʒiː/ interj. (US) jé!, nahát!

geese plural of GOOSE

gel /dʒel/ noun [C,U] (gyakran szóösszetételekben) gél, zselé: hair gel • shower gel

gelatin /'dʒelətm/ (also **gelatine** /'dʒelətiːn/) noun [U] zselatin

gelignite /'dʒelɪɡnaɪt/ noun [U] gelignit (robbanóanyag)

gem /dʒem/ noun [C] **1** drágakő **2** párját ritkító személy/dolog, gyöngyszem (átv)

Gemini /'dʒemɪnaɪ/ noun [C,U] (asztrol) Ikrek

Gen. abbr. (General rövidítése) tábornok

gender /'dʒendə(r)/ noun [C,U] **1** (formális) (biol) nem ❶ Szinonimája: **sex**. **2** (nyelv) nem

gene /dʒiːn/ noun [C] gén

★ **general¹** /'dʒenrəl/ adj. **1** általános: the general public (a nagyközönség) **2** (csak főnév előtt) átfogó, általános: Your general health is very good. • As a general rule (általában véve), most common verbs in English are irregular. **3** általános (nem specializált): The quiz tests your general knowledge (általános műveltség). • a general hospital közkórház **4** (gyakran szóösszetételekben) fő-: a general manager vezérigazgató

IDIOM in general **1** általában: I'm interested in music in general, and jazz in particular. **2** egészében véve

general² /'dʒenrəl/ noun [C] (abbr. **Gen.**) tábornok

general election noun [C] képviselőválasztás ➔ Lásd by-election.

generalization (also -isation) /,dʒenrəlaɪ-'zeɪʃn/ noun [C,U] általánosítás: You can't **make sweeping generalizations about** French people if you've only been there for a day!

generalize (also -ise) /'dʒenrəlaɪz/ verb [I] generalize (about sth) általánosít

★ **generally** /'dʒenrəli/ adv. **1** általában: He is generally considered to be a good doctor. **2** többnyire **3** nagy általánosságban: Generally speaking, houses in the U.S. are bigger than houses in Britain.

generate /'dʒenəreɪt/ verb [T] létrehoz: to generate (termel/fejleszt) heat/electricity

★ **generation** /,dʒenə'reɪʃn/ noun **1** [C] generáció ❶ A generation szót egyes számban használják, mellette az ige állhat egyes vagy többes számban: The younger generation only seem/seems to be

interested in money. **2** [C] emberöltő: A generation ago mobile phones did not exist. **3** [U] fejlesztés, termelés (áram, hő stb.)

the generation gap noun [sing.] nemzedéki ellentét

generator /'dʒenəreɪtə(r)/ noun [C] generátor

generosity /,dʒenə'rɒsəti/ noun [U] nagylelkűség, bőkezűség

★ **generous** /'dʒenərəs/ adj. **1** nagylelkű, bőkezű: It was very generous of your parents to lend us the money. **2** bőséges: a generous helping of pasta

▶ **generously** adv. nagylelkűen, bőségesen

genetic /dʒə'netɪk/ adj. genetikai
▶ **genetically** /-kli/ adv. genetikailag

genetically modified adj. (abbr. **GM**) génkezelt, genetikailag módosított

genetic engineering noun [U] génsebészet

genetics /dʒə'netɪks/ noun [U] genetika

genial /'dʒiːniəl/ adj. barátságos

genie /'dʒiːni/ noun (plural **genies** or **genii** /'dʒiːniaɪ/) dzsinn

genitals /'dʒenɪtlz/ (also **genitalia** /,dʒenɪ-'teɪliə/) noun [plural] (formális) nemi szervek
▶ **genital** /'dʒenɪtl/ adj. nemi szervi

genius /'dʒiːniəs/ noun **1** [U] lángész: Her idea was **a stroke of genius** (zseniális ötlet). **2** [C] zseni ➔ Lásd prodigy. **3** [sing.] a genius for (doing) sth különleges képesség vmilyen területen

genocide /'dʒenəsaɪd/ noun [U] népirtás

genome /'dʒiːnəʊm/ noun [C] génállomány: the decoding of the human genome

gent /dʒent/ (informális) = GENTLEMAN

genteel /dʒen'tiːl/ adj. előkelő(sködő)
▶ **gentility** /dʒen'tɪləti/ noun [U] előkelőség, nemesi származás

★ **gentle** /'dʒentl/ adj. **1** gyengéd: 'I'll try and be as gentle (óvatos) as I can,' said the dentist. **2** szelíd: gentle exercise • a gentle slope/breeze
▶ **gentleness** /'dʒentlnəs/ noun [U] szelídség, gyengédség
gently /'dʒentli/ adv. gyengéden

gentleman /'dʒentlmən/ noun [C] (plural

-men /-mən/) **1** úriember: *Everyone likes Joe because he's a real gentleman.* **2** (*formális*) úr: *Ladies and gentlemen* **3** (*rég*) uraság

the 'Gents *noun* [*sing.*] (*brit, informális*) Férfiak (*férfi vécé*) ➜ Magyarázat a **toilet** szónál.

★ **genuine** /'dʒenjuɪn/ *adj.* **1** valódi, eredeti ➜ Lásd **imitation. 2** őszinte, becsületes
▸ **genuinely** *adv.* őszintén

geographer /dʒi'ɒgrəfə(r)/ *noun* [C] földrajztudós, földrajzszakos hallgató

★ **geography** /dʒi'ɒgrəfi/ *noun* [U] **1** földrajz (*tudományág*): *human/physical geography* **2** földrajz
▸ **geographical** /,dʒi:ə'græfɪkl/ *adj.* földrajzi
geographically /-kli/ *adv.* földrajzilag

geologist /dʒi'ɒlədʒɪst/ *noun* [C] geológus

geology /dʒi'ɒlədʒi/ *noun* [U] geológia
▸ **geological** /,dʒi:ə'lɒdʒɪkl/ *adj.* geológiai

geometric /,dʒi:ə'metrɪk/ (also **geometrical** /-ɪkl/) *adj.* **1** mértani **2** geometrikus: *a geometric design/pattern*
▸ **geometrically** /-kli/ *adv.* geometrikusan

geometry /dʒi'ɒmətri/ *noun* [U] mértan

geothermal /,dʒi:ə'θɜ:ml/ *adj.* geotermikus: *geothermal energy*

geriatrics /,dʒeri'ætrɪks/ *noun* [U] geriátria
▸ **geriatric** *adj.* geriátriai

germ /dʒɜ:m/ *noun* **1** [C] baktérium, vírus
❶ A **germ** szó a baktérium és a vírus mindennapi elnevezése. ➜ Lásd **bacteria, virus. 2** [*sing.*] **the germ of sth** vminek a csírája (*átv*): *the germ of an idea*

German measles /,dʒɜ:mən 'mi:zlz/ *noun* [U] rubeola

germinate /'dʒɜ:mmeɪt/ *verb* [I,T] (ki)csírázik, csíráztat
▸ **germination** /,dʒɜ:mɪ'neɪʃn/ *noun* [U] csírázás

gerund /'dʒerənd/ *noun* [C] igéből képzett -ing végű főnév: *In the phrase 'His hobby is collecting stamps', 'collecting' is a gerund.*

gesticulate /dʒe'stɪkjəleɪt/ *verb* [I] gesztikulál

gesture¹ /'dʒestʃə(r)/ *noun* [C] **1** vmit kife-

jező mozdulat: *I saw the boy* **make a rude gesture** *at the teacher.* **2** gesztus, jelzés

gesture² /'dʒestʃə(r)/ *verb* [I] kéz-/test-mozdulatot tesz

★ **get** /get/ *verb* (*pres. part.* **getting;** *pt* **got** /gɒt/; *pp* **got;** *US* **gotten** /'gɒtn/) **1** [T] (*szenvedő szerkezetben nem állhat*) kap, beszerez: *I got a letter from my sister.* • *Did you get your mother a present?* • *She got a job in a travel agency.* • *Louise got 75% in the exam.* • *I'll come if I can get time off work.* • *to get a shock/surprise* meglepetés ér **2** [T] **have/has got sth** vkinek van vmije: *I've got a lot to do* (sok dolgom van) *today.* • *Lee's got blond hair.* • *Have you got a spare pen?* **3** [T] (*szenvedő szerkezetben nem állhat*) (el)hoz: *Go and get me a pen, please.* **4** [I] vmivé/vmilyenné válik: *It's getting dark.* • *to get angry/bored/hungry/fat/pregnant* • *I can't* **get used to** (hozzászokni) *my new bed.* • *to* **get dressed** (fel)öltözik • *When did you get married* (kötöttél házasságot)? • *Just give me five minutes to* **get ready** (elkészül). • *He's always* **getting into trouble** (bajba kerül) *with the police.* • *She's shy, but not once you* **get to know** (megismer) *her.* **5** [I] (el)jut/ (meg)érkezik vhova: *Can you tell me how to get to the hospital?* • *What time do you usually get home?* • *How far have you got with your book?* ➜ Lásd **get in, on** stb. **6** [I,T] eljut, eljuttat: *I can't swim so I couldn't get across the river.* • *My grandmother's 92 and doesn't get out* (nem hagyja el) *of the house much.* • *We couldn't get the piano upstairs* (felvinni). • *My foot was swollen and I couldn't get my shoe off* (levenni). **7** [I] (*szenvedő szerkezetben a be ige helyett*): *She got bitten by a dog.* Megharapta egy kutya. • *Be careful with your camera or it'll get stolen* (el fogják lopni). **8** [T] **get sth done, mended, etc.** vmit elvégeztet: *I'm going to* **get my hair cut** (le fogom vágatni a hajamat). **9** [T] **get sb/sth to do sth** rávesz vkit vmire; eléri, hogy: *I can't get the television to work.* **10** [T] (e)lkap (*betegséget*): *I think I'm getting a cold.* • *He gets really bad headaches.* **11** [T] (járműre) száll, (járművel) utazik: *Shall we get the bus?* **12** [T] elkap/-talál: *He got me by the throat and threatened to kill me.* **13** [T] meghall/-ért: *I'm sorry, I didn't get that. Could you repeat it?* • *Did you get that joke*

---

❶ = magyarázat   [C] megszámlálható (*főnév*): one book, two books

[U] megszámlálhatatlan (*főnév*): some sugar

that Karen told? **14** [*T*] **get (sb) sth; get sth (for sb)** (*ételt*) készít: *Can I get you anything to eat?* **15** [*I*] **get to do sth** lehetősége van vmire: *Did you get to try the new computer?* **16** [*I*] (*az ige* -**ing** *alakjával*) kezd: *I got talking to a woman on the bus.* ● *We'd better get going* (jobb lesz, ha indulunk) *if we don't want to be late.*

IDIOM get **somewhere/nowhere (with sb/ sth)** elér/nem ér el vmi eredményt: *I'm getting nowhere with my research.* ❶ További kifejezések a **get** igével kapcsolatban a kifejezésben szereplő főnévnél, melléknévnél találhatók, pl. **get rid of** lásd **rid**.

PHRASAL VERBS get **about/around** jár, utazik | **get about/around/round** elterjed: *The rumour got around that Freddie wore a wig.*
get sth across (to sb) megértet
get ahead előrejut, sikeres lesz
get along 1 (*beszélt nyelv, ált.* **continuous** igeidőkben) távozik: *I'd love to stay, but I should be getting along now.* **2** → GET ON
get around 1 → GET ABOUT/AROUND **2** → GET ABOUT/AROUND/ROUND | **get around sb** → GET ROUND/AROUND SB | **get around sth** → GET ROUND/AROUND STH | **get around to sth/doing sth** → GET ROUND/AROUND TO STH/DOING STH
get at sb macerál | **get at sb/sth** hozzáfér vkihez/vmihez | **get at sth** (*csak* **continuous** igeidőkben *állhat*) célozgat vmire: *I'm not quite sure what you're getting at – am I doing something wrong?*
get away (from…) elmenekül: *He kept talking and I couldn't get away from him.* | **get away with sth/doing sth** megúszik vmit: *He lied but he got away with it.*
get back vissza-/hazatér | **get sth back** visszakap | **get back to sb** visszajelez vkinek: *I'll get back to you on the price when I've checked it.* | **get back to sth** folytat: *I woke up early and couldn't get back to sleep.* ● *Let's get back* (térjünk vissza) *to the point you raised earlier.*
get behind (with sth) elmarad vmivel: *to get behind with your work/rent*
get by (on/in/with sth) megél, elboldogul: *It's hard to get by on £100 a week.* ● *I can get by in Spanish.*
get sb down elkeserít | **get down to sth/doing sth** hozzálát: *I must get down to answering these letters.*
get in megérkezik | **get in; get into sth**

1 beszáll (*autóba*) **2** (meg)nyer (*pl. választást*) | **get sb in** megbíz vkit (*ház körüli munka elvégzésével*) | **get sth in 1** bevisz/-szerez: *I'd better get the washing in from outside.* **2** szóhoz jut, hozzájut vmihez (*átv*): *He talked non-stop and I couldn't get a word in.* | **get in on sth** bekapcsolódik (*vmilyen tevékenységbe*)
get into sb (*informális*) hatást gyakorol vkire: *I wonder what's got into him* (Nem tudom, mi ütött belé) *– he isn't usually unfriendly.* | **get into sth 1** magára húz (*ruhadarabot*) **2** belefog/-keveredik vmibe: *How did you get into the music business?* ● *She has got into the habit of turning up late.* ● *We got into an argument about politics.* **3** egyre többet foglalkozik vmivel: *I've been getting into yoga recently.*
get off (sb/sth) elenged: *Get off (me) or I'll call the police!* | **get off (sth) 1** leszáll (*járműről*) **2** elszabadul (*munkából*): *I might be able to get off early today.* | **get off (with sth)** megúszik vmit: *to get off with a warning*
get on 1 boldogul **2** öregszik: *He's getting on – he's over 70, I'm sure.* **3** nagyon múlik (*az idő*): *Time's getting on – we should leave.* ❶ Az 1. és a 2. jelentésben csak **continuous** igeidőkben. | **get on/along** boldogul: *How are you getting on in your course?* | **get on/onto sth** felszáll vmire | **get on for** (*csak* **continuous** igeidőkben *állhat*) közeledik vmihez (*időben*): *I'm not sure how old he is but he must be getting on for 50.* | **get on to sb (about sth)** felveszi a kapcsolatot vkivel (*vmilyen ügyben*) | **get on/along with sb; get on/along (together)** jól kijön vkivel: *Do you get on well with your colleagues?* | **get on/along with sth** halad/boldogul vmivel: *How are you getting on with that essay?* | **get on with sth** folytat: *to get on with your work*
get out napvilágra kerül | **get sth out (of sth)** kivesz | **get out of sth/doing sth** kihúzza magát vmi alól | **get sth out of sb** kiszed vmit vkiből (*átv*): *His parents finally got the truth out of him.* | **get sth out of sb/sth** szerez/kap vmit vkitől/vmiből: *I get a lot of pleasure out of music.*
get over sth 1 megold **2** túlteszi magát vmin, kigyógyul vmiből: *He still hasn't got over his wife's death.* | **get sth over with** (*informális*) túljut vmin
get round → GET ABOUT/AROUND/

ROUND | **get round/around sb** (*informális*) levesz vkit a lábáról (*átv*) | **get round/around sth** megkerül (*problémát*) | **get round/around to sth/doing sth** időt talál vmire: *I've been meaning to write for ages but I haven't got round to it yet.*

get through sth elfogyaszt, elvégez: *I got through* (elkölt) *a lot of money at the weekend.* | **get (sb) through (sth)** túljut(tat) vmin, átvészel vmit | **get through (to sb) 1** megérteti vkivel **2** telefonon elér vkit **get to sb** (*informális*) letör vkit (*átv*): *The criticism is beginning to get to the team manager.*

get sb/sth together összegyűjt | **get together (with sb)** összejön (*társaság*) **get up** feláll | **get (sb) up** felkel, felébreszt | **get up to sth 1** eljut vmeddig **2** vmiben sántikál (*átv*): *I wonder what the children are getting up to?*

getaway /ˈɡetəweɪ/ *noun* [C] menekülés: *to make a getaway* • *a getaway car/driver*

get-together *noun* [C] (*informális*) összejövetel

ghastly /ˈɡɑːstli/ *adj.* rettenetes: *a ghastly accident/mistake*

ghetto /ˈɡetəʊ/ *noun* [C] (*plural* **ghettos** or **ghettoes**) gettó

★ **ghost** /ɡəʊst/ *noun* [C] szellem: *a ghost story*

ghostly /ˈɡəʊstli/ *adj.* kísérteties

ghost town *noun* [C] kísértetváros (*lakatlan*)

ghostwriter /ˈɡəʊstraɪtə(r)/ *noun* [C] néger (*más helyett dolgozó író*)

★ **giant** /ˈdʒaɪənt/ *noun* [C] óriás (*átv is*): *the multinational oil giants*
  ▶ **giant** *adj.* hatalmas: *a giant new shopping centre*

gibberish /ˈdʒɪbərɪʃ/ *noun* [U] értelmetlen beszéd

giddy /ˈɡɪdi/ *adj.* szédülő, szédítő

★ **gift** /ɡɪft/ *noun* [C] **1** ajándék: *a gift shop* • *This week's magazine contains a free gift.* • *The company made a gift of a computer* (számítógépet ajándékozott) *to a local school.* ➔ Magyarázat a **present** szónál. **2** a gift (for sth/doing sth) adottság

gifted /ˈɡɪftɪd/ *adj.* tehetséges

gig /ɡɪɡ/ *noun* [C] (*informális*) hakni,

fellépés: *The band are doing gigs all around the country.*

gigantic /dʒaɪˈɡæntɪk/ *adj.* óriási

giggle /ˈɡɪɡl/ *verb* [I] kuncog
  ▶ **giggle** *noun* [C] kuncogás: *I've got the giggles.* Nem bírom abbahagyni a nevetést.

gill /ɡɪl/ *noun* [C, *usually plural*] kopoltyú

gilt /ɡɪlt/ *noun* [U] aranyozás

gimmick /ˈɡɪmɪk/ *noun* [C] trükk, ravasz fogás: *Magazines often use free gifts or other gimmicks to get people to buy them.*

gin /dʒɪn/ *noun* [C,U] gin

ginger /ˈdʒɪndʒə(r)/ *noun* [U], *adj.* **1** gyömbér **2** vörösessárga/-szőke: *ginger hair*

ginger ale *noun* [U] gyömbérszörp

A **ginger beer** hasonló ital, de abban van egy kis alkohol.

gingerly /ˈdʒɪndʒəli/ *adv.* óvatosan: *I removed the bandage very gingerly and looked at the cut.*

gipsy = GYPSY

giraffe /dʒəˈrɑːf/ *noun* [C] (*plural* **giraffe** or **giraffes**) zsiráf

girder /ˈɡɜːdə(r)/ *noun* [C] koszorúgerenda

★ **girl** /ɡɜːl/ *noun* [C] **1** lány **2** vkinek a lánya: *They have two boys and a girl.* **3** fiatal nő: *The girl at the cash desk was very helpful.* **4** (**girls**) [*plural*] barátnők: *a night out with the girls*

★ **girlfriend** /ˈɡɜːlfrend/ *noun* [C] **1** barátnő (*férfié*): *Have you got a girlfriend?* **2** (*főleg US*) barátnő (*nőé*)

Girl Guide *noun* [C] (*rég*) cserkészlány
  ❶ Modern megfelelője **guide**.

girlhood /ˈɡɜːlhʊd/ *noun* [U] leánykor

girlish /ˈɡɜːlɪʃ/ *adj.* lányos: *a girlish figure/giggle*

giro /ˈdʒaɪrəʊ/ *noun* (*plural* **giros**) (*brit*) **1** [U] (*gazd*) zsíró **2** [C] pénzesutalvány (*hivatalosan kiutalt segély*)

gist /dʒɪst/ *noun* **the gist (of sth)** [*sing.*] vminek a lényege: *I know a little Spanish so I could get the gist of what he said.*

★ **give¹** /ɡɪv/ *verb* (*pt* **gave** /ɡeɪv/; *pp* **given** /ˈɡɪvn/) **1** [T] **give sb sth; give sth to sb** ad: *I gave Jackie a book for her birthday.* • *I gave my bag to my friend to look after.* **2** [T] **give** sb sth; **give sth to sb** megterhel vmivel: *Playing chess gives me a headache* (fejfájást okoz). **3** [T] kivált vkiből vmit (érzést): *Swimming always gives me a good appetite.* • *to give sb a surprise/shock/fright* **4** [T] **give (sb) sth; give sth to sb** ad, közöl (elhatározást, ítéletet, véleményt): *to give advice/permission* • *The judge gave him five years in prison.* **5** [T] **give sb sth; give sth to sb** (elő)ad, nyilatkozik: *to give a speech/ lecture* • *to give evidence* (tanuvallomást tesz) *in court* • *Sarah's giving me cooking lessons.* **6** [T] **give (sb) sth for sth; give (sb) sth (to do sth)** fizet vkinek vmiért: *How much did you give him for fixing the car?* • (átv) *I'd give anything* (mindent megadnék) *to be able to sing like that.* **7** [T] rászánja az időt: *We need to give some thought to this matter.* **8** [T] **give (sb/sth) sth** tesz vmit vkivel/vmivel: *to give sb a kiss/push/bite* • *to give sth a clean/ wash/polish* • *Give me a call* (hívj fel) *when you get home.* • *She opened the door and gave a shout of horror* (rémülten felsikoltott). **9** [T] rendez, szervez: *to give a party* **10** [I] enged (vmilyen nyomásnak, húzásnak)

IDIOMS **give or take** plusz-mínusz: *It took us two hours to get here, give or take five minutes.* | **not care/give a damn (about sb/sth)** → DAMN³ ❶ További kifejezések a **give** igével kapcsolatban a kifejezésben szereplő főnévnél, melléknévnél stb. találhatók, pl. **give way** lásd **way**.

PHRASAL VERBS **give sth away** elajándékoz: *We are giving away a free CD with this month's issue.* | **give sth/sb away** elárul

give (sth) back visszaad

give sth in benyújt, bead vmit: *I have to give this essay in by Friday.* | **give in (to sb/sth)** megadja magát, enged

give sth off kibocsát vmit (*gázt, hőt*)

give out felad kimerül, felmondja a szolgálatot: *His heart gave out and he died.* | **give sth out** kioszt

give up felad, abbahagy: *I give up. What's the answer?* | **give sb up; give up on sb** lemond vkiről | **give sth up; give up doing sth** leszokik vmiről: *to give up smoking* | **give yourself/sb up (to sb)** feladja magát | **give sth up (to sb)** átenged vmit

give² /gɪv/ *noun* [U] rugalmasság

IDIOM **give and take** kölcsönös engedmény:

There has to be some give and take for a marriage to succeed.

giveaway /ˈgɪvəweɪ/ *noun* [C] (*informális*) **1** apró ajándék **2** árulkodó jel: *She said she didn't know anything but her face was a dead giveaway.*

given¹ /ˈgɪvn/ *adj.* (*csak főnév előtt*) adott: *At any given time, up to 200 people are using the library.*

given² /ˈgɪvn/ *prep.* figyelembe véve: *Given that you had no help, you did very well.*

given name (*főleg US*) = FIRST NAME ➔ Magyarázat a **name** szónál.

glacier /ˈglæsiə(r)/ *noun* [C] gleccser

★ **glad** /glæd/ *adj.* **1** (*főnév előtt nem állhat*) **glad (about sth); glad to do sth/that...** boldog: *I'm glad (to hear) he's feeling better.* • *I'll be glad when these exams are over.*

> A **glad** és a **pleased** szavak egy bizonyos esemény vagy helyzet okozta örömöt fejeznek ki, a **happy** szó egyfajta lelkiállapotot jelent, és jelzőként is használható: *This kind of music always makes me feel happy.* • *She's such a happy child; she's always laughing.*

2 **glad (of sth); glad (if...)** hálás vmiért
▸ **gladness** *noun* [U] (*írott nyelv*) öröm

gladiator /ˈglædieɪtə(r)/ *noun* [C] gladiátor

gladly /ˈglædli/ *adv.* örömmel: *'Could you help me carry these bags?' 'Gladly.'*

glamorize (also **-ise**) /ˈglæməraɪz/ *verb* [T] megszépít

glamour (*US* also **glamor**) /ˈglæmə(r)/ *noun* [U] ragyogás, varázs: *the glamour of show business*
▸ **glamorous** /-mərəs/ *adj.* ragyogó
glamorously *adv.* ragyogóan

glance¹ /glɑːns/ *verb* [I] pillant: *She glanced round the room to see if they were there.*
PHRASAL VERB **glance off (sth)** lepattan vhonnan

glance² /glɑːns/ *noun* [C] pillantás: *to take/have a glance at the newspaper headlines*
IDIOMS **at a (single) glance** egyetlen pillantással | **at first glance/sight** → FIRST¹

gland /glænd/ noun [C] mirigy: *sweat glands*

glare¹ /gleə(r)/ verb [I] **1** glare (at sb/sth) lesújtó pillantást vet vkire **2** vakítóan ragyog

glare² /gleə(r)/ noun **1** [U] vakító fény: *the glare of the sun/a car's headlights* **2** [C] dühös pillantás

glaring /'gleərɪŋ/ adj. **1** kirívó, szembeszökő: *a glaring mistake/injustice* **2** vakító **3** dühös: *glaring eyes*
  ▸ **glaringly** adv. szembeszökően: *a glaringly obvious mistake*

★ **glass** /glɑːs/ noun **1** [U] üveg: *a sheet/pane of glass • a glass jar/dish/vase* **2** [C] pohár: *a wine/brandy glass • a glass of water* ➲ Ábra **cup¹** alatt.

★ **glasses** /'glɑːsɪz/ (US also **eyeglasses**) noun [plural] szemüveg: *My sister has to wear glasses. • I need a new pair of glasses.* Új szemüvegre van szükségem. • *reading glasses • dark glasses/sunglasses*

glass 'fibre (also **fibreglass**) noun [U] üvegszál

glasshouse /'glɑːshaʊs/ noun [C] üvegház ➲ Lásd **hothouse**.

glassy /'glɑːsi/ adj. **1** üvegszerű **2** kifejezéstelen

glaze¹ /gleɪz/ verb [T] **1** (be)üvegez ➲ Lásd **double-glazing**. **2** glaze sth (with sth) mázzal von be
  PHRASAL VERB **glaze over** üvegessé válik (*tekintet*)

glaze² /gleɪz/ noun [C,U] fényes bevonat, máz

glazed /gleɪzd/ adj. üveges (*tekintet*)

glazier /'gleɪziə(r)/ noun [C] üveges

gleam /gliːm/ noun [C, usually sing.] **1** halvány villanás: *the gleam of moonlight on the water* **2** felvillanás (*vkinek a tekintetében*): *I saw a gleam of amusement in his eyes.* **3** egy kevés: *a faint gleam of hope* reménysugár
  ▸ **gleam** verb [I] sugárzik, csillog: *gleaming white teeth • Their eyes gleamed with enthusiasm.*

glee /gliː/ noun [U] (kár)öröm
  ▸ **gleeful** /-fl/ adj. örvendező
  gleefully /-fəli/ adv. örvendezve

glen /glen/ noun [C] hegyszoros

glib /glɪb/ adj. sima beszédű, nagy dumájú: *a glib salesman/politician • a glib answer/excuse*
  ▸ **glibly** adv. behízelgőn, bőbeszédűen

glide /glaɪd/ verb [I] **1** siklik: *The dancers glided across the floor.* **2** vitorlázó repülést végez: *to go gliding*

glider /'glaɪdə(r)/ noun [C] vitorlázó repülőgép ➲ Lásd **hang-glider**.
  ▸ **gliding** noun [U] vitorlázó repülés

glimmer /'glɪmə(r)/ noun [C] **1** pislákoló fény: *a faint glimmer of light* **2** vminek a halvány jele (*átv*): *a glimmer of hope* reménysugár
  ▸ **glimmer** verb [I] pislákol

glimpse /glɪmps/ noun [C] **1** a glimpse (at/of sth) futó pillantás: *I just managed to catch a glimpse* (megpillantani) *of the fox.* **2** a glimpse (into/of sth) bepillantás
  ▸ **glimpse** verb [T] megpillant

glint /glɪnt/ verb [I] villog: *His eyes glinted* (felcsillant) *at the thought of the money.*
  ▸ **glint** noun [C] (fel)villanás

glisten /'glɪsn/ verb [I] csillog: *Her eyes glistened with tears.*

glitter /'glɪtə(r)/ noun [U] **1** csillogás: *the glitter of jewellery* **2** tündöklés: *the glitter of a show business career* **3** csillámpapír, csillámpor
  ▸ **glitter** verb [I] ragyog

glittering /'glɪtərɪŋ/ adj. **1** ragyogó (*átv*): *a glittering career/performance* **2** csillogó

gloat /gləʊt/ verb [I] gloat (about/over sth) más kárán örvendezik

global /'gləʊbl/ adj. **1** globális **2** teljes-(körű): *a global view*
  ▸ **globally** /-bəli/ adv. mindenre kiterjedően

globalize (also **-ise**) /'gləʊbəlaɪz/ verb [I,T] globalizál(ódik)
  ▸ **globalization** (also **-isation**) /ˌgləʊbəlaɪ-'zeɪʃn/ [U] globalizáció: *the globalization of world trade*

the ˌglobal 'village noun [sing.] a modern technika által behálózott és összekötött világ

ˌglobal 'warming noun [sing.] globális felmelegedés ➲ Lásd **greenhouse effect**.

globe /gləʊb/ noun **1** (the globe) [sing.] földgolyó: *to travel all over the globe* bejárja a világot **2** [C] földgömb **3** [C] gömb

globetrotter /'gləʊbtrɒtə(r)/ *noun* [C] (*informális*) világjáró

globule /'glɒbjuːl/ *noun* [C] apró gömb (*folyadékcsepp*)

gloom /gluːm/ *noun* [U] **1** rosszkedv **2** sűrű homály, sötétség

gloomy /'gluːmi/ *adj.* (gloomier; gloomiest) **1** sötét, lehangoló: *a gloomy corridor/room* **2** komor: *a gloomy forecast/thought*
▶ **gloomily** *adv.* komoran

glorified /'glɔːrɪfaɪd/ *adj.* (*csak főnév előtt*) (fel)magasztalt, szebb színben feltüntetett

glorify /'glɔːrɪfaɪ/ *verb* [T] (*pres. part.* glorifying; *3rd pers. sing. pres.* glorifies; *pt, pp* glorified) dicsőít, (fel)magasztal, (meg)szépít

glorious /'glɔːriəs/ *adj.* **1** dicsőséges: *a glorious victory* **2** ragyogó: *a glorious day/view*
▶ **gloriously** *adv.* ragyogóan

glory¹ /'glɔːri/ *noun* [U] **1** dicsőség: *The team was welcomed home in a blaze of glory* (kitörő lelkesedéssel). **2** vki/vmi dísz(e), különleges szépség

glory² /'glɔːri/ *verb* (*pres. part.* glorying; *3rd pers. sing. pres.* glories; *pt, pp* gloried)
PHRASAL VERB **glory in sth** kérkedik vmivel

gloss¹ /glɒs/ *noun* [U, sing.] fényes felület, máz: *gloss paint/photographs* ➔ Lásd **matt**.

gloss² /glɒs/ *verb*
PHRASAL VERB **gloss over sth** elnagyol(va beszél)

glossary /'glɒsəri/ *noun* [C] (*plural* glossaries) szójegyzék

glossy /'glɒsi/ *adj.* (glossier; glossiest) fényes: *glossy hair* • *a glossy magazine* fényes papírra nyomott folyóirat

★ **glove** /glʌv/ *noun* [C] kesztyű: *a pair of gloves* • *leather/woollen/rubber gloves* ➔ Lásd **mitten**.

★ **glow** /gləʊ/ *verb* [I] **1** parázslik, izzik: *A cigarette glowed in the dark.* **2** glow (with sth) ragyog (örömtől, izgalomtól): *to glow with health/pride*
▶ **glow** *noun* [sing.] vöröses fény: *the glow of the sky at sunset*

glower /'glaʊə(r)/ *verb* [I] glower (at sb/sth) mérgesen néz

glowing /'gləʊɪŋ/ *adj.* elragadtatott: *a glowing* (ragyogó) *report from his teacher*
▶ **glowingly** *adv.* elragadtatva

glucose /'gluːkəʊs/ *noun* [U] szőlőcukor

★ **glue¹** /gluː/ *noun* [U] ragasztó

glue² /gluː/ *verb* [T] (*pres. part.* gluing) glue A (to/onto B); glue A and B (together) ragaszt
IDIOM **glued to sth** (*informális*) vminek a rabja (*átv*): *to be glued to the television*

glum /glʌm/ *adj.* komor
▶ **glumly** *adv.* komoran

glut /glʌt/ *noun* [C, usually sing.] felesleg, bőség

glutton /'glʌtn/ *noun* [C] **1** nagyétkű **2** (*informális*) **a glutton for sth** nagy munkabírású, kemény/kellemetlen feladatokat szívesen vállaló: *a glutton for punishment/work*

gluttony /'glʌtəni/ *noun* [U] falánkság

GM /ˌdʒiː 'em/ *abbr.* (genetically modified *rövidítése*) génkezelt, genetikailag módosított

GMT /ˌdʒiː em 'tiː/ *abbr.* (Greenwich Mean Time *rövidítése*) greenwichi idő

gnarled /nɑːld/ *adj.* bütykös: *a gnarled hand/tree*

gnash /næʃ/ *verb*
IDIOM **gnash your teeth** csikorgatja a fogát, fel van háborodva

gnat /næt/ *noun* [C] szúnyog **❶** Szinonimája: **midge**.

gnaw /nɔː/ *verb* **1** [I,T] gnaw (away) (at/on) sth rágcsál **2** [I] gnaw (away) at sb rágódik vmin (*átv*): *Fear of the future gnawed away at her all the time.*

gnome /nəʊm/ *noun* [C] manó

★ **go¹** /gəʊ/ *verb* [I] (*pres. part.* going; *3rd pers. sing. pres.* goes /gəʊz/; *pt* went /went/; *pp* gone /gɒn/) **1** megy, jár: *She goes to school by bus.* • *We went to the beach in Sue's car.* • *You'll be late if you go by bike/on your bike.* • *to go on foot* gyalog megy • *We're going to London tomorrow.* • *He went to the cinema yesterday.* • *We've still got fifty miles to go* (még hátra van). • *How fast does this car go?* • *I threw the ball and the dog went running after it* (utánaszaladt).

go

288

Amikor azt mondjuk, hogy valaki elment valahova, majd onnan visz-szajött, akkor a **go** ige *past participle* alakja **been**. A **gone** alak azt jelenti, hogy valaki elment valahova, de még nem jött vissza: *I've just been to Berlin. I got back this morning.* ● *John's gone to Peru. He'll be back in two weeks.*

2 vhova megy (*vmilyen határozott céllal*): *Shall we go swimming?* ● *to go for a swim/drive/drink/walk/meal* ● *We went on a school trip.* ● *They've gone on holiday.* ● *We went to watch the match.* **3** vhova jár (*iskola, intézmény*): *to go to school/hospital/prison/university* **4** távozik, elmegy: *I have to go now. It's nearly 4 o'clock.* ● *What time does the train go?* **5** vhová vezet (*út*): *Where does this road go to?* **6** vhova befér, vhova tartozik: *Where does this vase go* (hol a helye)*?* ● *My clothes won't all go in one suitcase.* **7** vmi vhogy alakul: *How's the new job going?* **8** *linking verb* vmilyenné válik: *to go blind/grey/bald/mad* megvakul/-őszül/-kopaszodik/-őrül ● *The baby has gone to sleep* (elaludt). **9** vmilyen marad: *Many mistakes go unnoticed.* **10** elfogy/-tűnik: *Has your headache gone yet?* ● *That awful carpet will have to go.* ● *About half my salary goes on rent* (lakbérre megy el). ● *Jeans never go out of fashion* (nem megy ki a divatból). **11** működik: *This clock doesn't go.* **12** elromlik: *The brakes on the car have gone.* ● *His sight/voice/mind has gone.* **13 go** (*with sth*)*;* **go** (*together*) jól illik vmihez (*pl. ízben, színben*) **14** hangzik vhogy: *How does that song go?* **15** (el)múlik **16** elkezd: *Everybody ready? Let's go!* Induljunk! **17** felhangzik: *The bell went early today.* ● *Cats go 'miaow'* (nyávognak). **18** (*beszélt nyelv, informális*) azt mondja: *I said, 'How are you, Jim?' and he goes, 'It's none of your business!'* **19** (*informális, csak continuous* igeidőkben állhat) megszerezhető, rendelkezésre áll: *Are there any jobs going* (van üres állás) *in the shop?* **20** (*informális*) ne tedd, nehogy: *You can borrow my bike again, but don't go breaking it this time!* ● *I hope John doesn't go and tell everyone about our plan.*

IDIOMS as people, things, etc. go (a többihez) viszonyítva: *As Chinese restaurants go, it wasn't bad.* | **be going to do sth**

1 szándékozik: *We're going to sell our car.* **2** be fog következni: *It's going to rain soon.* | **go all out for sth; go all out to do sth** mindent belead | **go for it** (*informális*) mégis megtesz vmit: *'Do you think we should buy it?' 'Yeah, let's go for it* (rajta)*!'* | **have a lot going for you** előnyös a helyzeted | **Here goes!** Most figyelj! | **to go** még hátra van: *How long (is there) to go before we finish?* ❶ További kifejezések a **go**igével kapcsolatban a kifejezésekben szereplő főnévnél, melléknévnél stb. találhatók, pl. **go astray** lásd **astray**.

PHRASAL VERBS **go about** → GO ROUND/AROUND/ABOUT | **go about sth/doing sth** nekilát | **go about with sb** → GO ROUND/AROUND/ABOUT WITH SB

go after sb/sth utánaszalad (*megpróbálja elfogni*)

go against sb hátrányos vkinek | **go against sb/sth** nem vesz figyelembe (*figyelmeztetést, tanácsot*)

go ahead 1 (meg/el)kezdődik: *Although several members were missing, the meeting went ahead* (megtartották) *without them.* **2** előremegy | **go ahead (with sth)** megtesz vmit (*bizonytalanság vagy nehézségek ellenére*), folytat: *We went ahead with the match in spite of the rain.* ● *'Can I take this chair?' 'Sure, go ahead* (elviheted)*.'*

go along (előre)halad, folytatódik | **along with sb/sth** elfogad, egyetért

go around → GO ROUND/AROUND/ABOUT | **go around with sb** → GO ROUND/AROUND/ABOUT WITH SB

go away 1 eltűnik/-múlik/-megy: *Just go away and leave me alone!* **2** elutazik: *We're going away to the coast this weekend.*

go back (to sth) 1 visszatér vhova **2** viszszanyúlik (*időben*): *The church goes back to the fifteenth century.* | **go back (to sth/doing sth)** visszatér (*vmilyen témára, tevékenységhez*) | **go back on sth** visszavon vmit: *to go back on your word*

go by 1 múlik: *As time went by, her confidence grew.* **2** elhalad: *She watched the cars go by.* | **go by sth** eligazodik (*vminek a segítségével*): *You can't go by the railway timetables – the trains are very unreliable.*

go down 1 elsüllyed **2** lemegy (*a nap*) **3** lemegy, csökken (*ár, színvonal*) | **go down (with sb)** (*határozókkal, elsősorban* **well** és **badly** mellett, vagy **how** kezdetű

❶ = magyarázat [C] megszámlálható (*főnév*): one book, two books

[U] megszámlálhatatlan (*főnév*): some sugar

kérdésekben) vmilyen fogadtatásban részesül: *The film went down well with the critics.* | **go down with sth** meg-/elkap (*betegséget*)

go for sb megtámad | **go for sb/sth 1** érvényes vkire/vmire: *We've got problems but the same goes for all couples.* **2** választ vkit/vmit

go in eltűnik (*a nap*) | **go in for sth** benevez, jelentkezik (*vizsgára, versenyre*) | **go in for sth/doing sth** (*érdeklődésből*) csinál vmit

go into sth 1 beleütközik (*járművel*) **2** belekezd (*vmilyen munkakörbe*) **3** részletez: *to go into the details*

go off 1 felrobban **2** durran, csattan: *I woke up when my alarm clock went off* (megszólalt). **3** kikapcsol (*pl. fűtés, világítás*) **4** elromlik (*étel, ital*) **5** romlik (*színvonal*) | **go off sb/sth** már nem szeret vkit/vmit | **go off (with sb)** (el)távozik vkivel | **go off with sth** eltulajdonít

go on 1 bekapcsol (*pl. fűtés, világítás*) **2** elmúlik (*idő*) **3** (*főleg continuous igeidőkben*) történik: *What's going on here?* **4** folytatódik: *This is a difficult time but it won't go on forever.* **5** (*biztatás, nógatás kifejezésére*): *Oh go on, let me borrow your car. I'll bring it back soon.* | **go on sth** vmire alapoz (*átv*): *The police have very little to go on in their investigation.* | **go on (about sb/sth)** (*hosszan, unalmasan*) beszél vmiről/vkiről: *She went on and on about her work.* | **go/be on (at sb) (about sth)** nyaggat: *She's always (going) on at me to mend the roof.* | **go on (doing/with sth)** folytat: *We don't want to go on living here* (tovább itt élni) *for the rest of our lives.* • *Go on. What happened next?* | **go on to do sth** áttér (*egy következő tevékenységre*)

go out 1 elmegy (*szórakozni, kirándulni*): *Let's go out for a meal tonight.* • *to go out for a meal/a walk* **2** el-/kialszik (*fény*) **3** kimegy (*a divatból*) **4** beáll az apály: *Is the tide coming in or going out?* Apály van vagy dagály? ❶ Szinonimája: **ebb.** ➔ Lásd **tide¹.** | **go out (with sb); go out (together)** jár vkivel: *Is Fiona going out with anyone?*

go over sth (*gondosan*) átgondol/-néz vmit | **go over to sth** áttér vmire

go round (*főleg enough után*) mindenki számára: *There aren't enough jobs to go round.* | **go round/around/about** (el)terjed (*pl. hír, betegség*): *There's a rumour going*

round (az a hír járja) *that he's going to resign.* • *There's a virus going round at work.* | **go round (to...)** átmegy vkihez: *I'm going round to Jo's for dinner.* | **go round/around/about with sb** időt tölt vkivel

go through sikerül (*elfogadták, megszavazták*) | **go through sth 1** átkutat/-néz **2** áttanulmányoz, átnéz: *to go through sb's homework* **3** keresztülmegy, átél (*kellemetlenséget*) | **go through with sth** véghezvisz vmit: *Will she go through with her threat to leave him?*

go together (*két vagy több dolog*) **1** összetartozik **2** illenek egymáshoz

go towards sth hozzájárul (*költségekhez*)

go under 1 alámerül **2** (*informális*) tönkremegy (*cég*)

go up 1 felmegy, emelkedik (*átv*): *Prices have gone up by 10%.* **2** leég: *to go up in flames* **3** megépül

go with sth 1 velejár **2** jól megy/illik hozzá: *What colour carpet would go with the walls?*

go without (sth) nélkülöz vmit: *to go without sleep/sugar*

go² /gəʊ/ *noun* [C] (*plural* **goes** /gəʊz/) **1** vkinek a sora (*ő következik*): *Hurry up – it's your go.* ❶ Szinonimája: **turn.** **2** (*informális*) **a go (at sth/doing sth)** próbálkozás: *Shall I **have a go** at fixing it?* • *I've never played before, but I'll **give it a go*** (megpróbálom). • *Andrew passed his driving test **first go*** (első nekifutásra).

IDIOMS **be on the go** (*informális*) tevékenykedik: *I've been on the go all day.* Megnem álltam egész nap. | **have a go at sb** (*informális*) piszkál vkit | **make a go of sth** (*informális*) sikerül vkinek vmi, sikeres vmiben

goad /gəʊd/ *verb* [T] **goad sb/sth (into sth/doing sth)** piszkál vkit

go-ahead¹ *noun* [*sing.*] **the go-ahead (for sth)** engedély, jóváhagyás: *It looks like the council are going to **give us the go-ahead** for the new building.*

go-ahead² *adj.* vállalkozó szellemű

★ **goal** /gəʊl/ *noun* [C] **1** (*sp*) kapu **2** gól: *Everton won by three goals to two.* • *to score a goal* **3** cél: *This year I should **achieve** my goal of visiting all the capitals of Europe.*

goalkeeper /ˈgəʊlkiːpə(r)/ (*informális*

[*I*] **tárgyatlan** (*ige*):*He laughed.*   [*T*] **tárgyas** (*ige*): *He ate an apple.*

goalie /'gəʊli/ or **keeper**) noun [C] (sp) kapus

goalless /'gəʊlləs/ adj. gól nélküli: a goalless draw gól nélküli, döntetlen • The match finished goalless.

goalpost /'gəʊlpəʊst/ noun [C] (sp) kapufa

goat /gəʊt/ noun [C] kecske

goatee /gəʊ'tiː/ noun [C] kecskeszakáll ⊃ Ábra **hair** alatt.

gobble /'gɒbl/ verb [T] (informális) **gobble sth (up/down)** behabzsol

gobbledegook (also **gobbledygook**) /'gɒbldiguːk/ noun [U] (informális) halandzsa (pl. hivatali nyelv)

go-between noun [C] közvetítő

goblin /'gɒblɪn/ noun [C] gonosz manó

gobsmacked /'gɒbsmækt/ adj. (informális) megdöbbent

★ **god** /gɒd/ noun **1** [sing.] (God) (the nélkül) Isten: Do you believe in God? **2** (fem. **goddess**) [sing.] istennő: Mars was the Roman god of war.

A **God** szó sok kifejezésben fordul elő. Egyesek úgy gondolják, hogy Isten nevét nem helyes ilyen módon használni. Az **Oh my God!** kellemes vagy kellemetlen meglepetést fejez ki: Oh my God! I've won the lottery! A **thank God** boldogságot vagy megkönnyebbülést jelez: Thank God you've arrived - I was beginning to think you'd had an accident. A **for God's sake** kérések nyomatékosítására és sürgetésre szolgál, vagy azt mutatja, hogy valakire haragszunk: For God's sake, shut up!

godchild /'gɒdtʃaɪld/ (also **god-daughter**, **godson**) noun [C] keresztgyermek

goddess /'gɒdes/ noun [C] istennő

godfather /'gɒdfɑːðə(r)/ (also **godmother**, **godparent**) noun [C] keresztapa

godforsaken /'gɒdfəseɪkən/ adj. isten háta mögötti

godsend /'gɒdsend/ noun [C] égből pottyant (váratlan szerencse)

goggles /'gɒglz/ noun [plural] védőszemüveg ⊃ Lásd **mask**.

going¹ /'gəʊɪŋ/ noun **1** [sing.] (formális)

távozás **2** [U] gyorsaság, teljesítmény: Three children in four years? That's **not bad going**! **3** [U] út (átv is): The path up the mountain was **rough going** (nehezen járhatónak bizonyult). • It'll be **hard going** (kemény munka lesz) to finish this by Friday!

IDIOM get out, go, leave, etc. while the going is good kilépés vmiből (még időben/jókor)

going² /'gəʊɪŋ/ adj.

IDIOMS a going concern jól menő (sikeres üzlet) | the going rate (for sth) szokásost (ár)

going-'over noun [sing.] (informális) **1** felülvizsgálat, átvizsgálás: Give the car a good going-over before you buy it. **2** agybafőbe verés

goings-'on noun [plural] (informális) szokatlan/gyanús események

go-kart /'gəʊ kɑːt/ noun [C] go-kart

★ **gold** /gəʊld/ noun **1** [U] (symbol Au) (fém)arany: solid/22 carat gold **2** [C] = GOLD MEDAL **3** [U, C] arany(színű)
▶ **gold** adj. arany(ozott) ⊃ Lásd **golden**.
IDIOMS (as) good as gold → GOOD¹ | have a heart of gold → HEART

★ **golden** /'gəʊldən/ adj. **1** arany, aranyszínű: golden hair/sand **2** legfőbb/-jobb: The golden rule is 'Keep your eye on the ball'. • a golden opportunity kitűnő alkalom **3** arany- (ötvenedik évforduló): They're celebrating their golden wedding this year. ⊃ Lásd **silver, diamond**.
IDIOM the golden rule (of sth) → RULE¹(2)

goldfish /'gəʊldfɪʃ/ noun [C] (plural goldfish) aranyhal

gold 'medal (also **gold**) noun [C] aranyérem ⊃ Lásd **silver medal, bronze medal**.

gold 'medallist noun [C] aranyérmes

gold mine noun [C] aranybánya (átv is): He's a gold mine of information.

★ **golf** /gɒlf/ noun [U] golf: to play a round of golf • a golf course golfpálya

golfer /'gɒlfə(r)/ noun [C] golfozó

golly /'gɒli/ interj. (informális) ejha, a mindenit

gone¹ past participle of GO¹

gone² /gɒn/ adj. (főnév előtt nem állhat) eltűnt/-fogyott: He waited for a moment, *and then he was gone.* • *Is all the ice cream gone?*

A **gone** „eltűnt" vagy „elfogyott" jelentésben a **be** igével együtt használatos, mint a fenti példákban. Amikor arról beszélünk, hogy valami valahová tűnt, akkor a **have** segédigét kell használni: *Nobody knows where John has gone.*

gone³ /gɒn/ *prep.* elmúlt: *It's gone six already!*

gonna /'gɒnə/ (*informális, a going to helyett, kötetlen stílusban használják*)

A **gonna** kifejezést ne használjuk (hacsak nem másolunk valamit), mert hibásnak vehetik és kijavítják. Ne használjuk a **wanna** (= want to) és a **gotta** (= got to) alakokat sem.

goo /gu:/ *noun* [U] (*informális*) ragacs, trutymó

★ **good¹** /gʊd/ *adj.* (**better** /'betə(r)/, **best** /best/) **1** jó: *That's a really good idea!* • *Were the children good while we were out?* **2 good at sth; good with sb/sth** jó vmiben, ért vmihez: *Are you good at languages?* • *He's very good with children.* **3** kellemes: *It's good to be home again.* • *good news* • **Have a good time** (jó szórakozást) *at the party!* **4 good (to sb); good of sb (to do sth)** segítőkész, kedves: *It was good of you to come.* **5 good (for sb/sth)** jó (vkinek/ vmire), hasznos: *Green vegetables are very good for you.* **6 good (for sb/sth)** alkalmas, megfelelő: *This beach is very good for surfing.* • *Thursday would be a good day for me.* **7** jó, elfogadható: *a good excuse/explanation/reason* **8 good (for sth)** jó, használható: *I've only got one good pair of shoes.* • *This ticket's good* (érvényes) *for another three days.* **9 (a good…)** jó (*sok/ nagy stb.*), alapos: *a good many/few* (jó sok/jónéhány) *people* • *a good distance* jó messze • *a good ten minutes/a good three miles* • *Take a good look at* (jól nézd meg) *this photograph.* • *What you need is a good rest.* • *Give the fruit a good wash before you eat it.* **10** jó: *'Lisa's invited us to dinner next week.' 'Oh, good* (örülök)*!'*

IDIOMS **a good/great many** → MANY | **as good as** szinte: *The project is as good as finished.* | **(as) good as gold** (olyan) jó, mint

egy angyal | **be in/for a good cause** → CAUSE¹ | **in good faith** → FAITH | **good for you, him, her, etc.** (*informális*) gratulálok | **for good measure** → MEASURE² | **so far so good** → FAR²

good² /gʊd/ *noun* [U] **1** (a) jó: *the difference between good and evil* **2** (vmi) előnye/haszna: *She did it for the good of her country* (az országa javára)*.* • *I know you don't want to go into hospital, but it's for your own good* (saját érdeked)*.* • *What's the good of* (mire jó) *learning French?* ⊃ Lásd még **goods**.

IDIOMS **be no good (doing sth)** nincs (semmi) értelme/haszna, semmit sem ér: *It's no good standing here in the cold.* | **do you good** jót tesz vkinek: *It'll do you good to meet some new people.* | **for good** végleg: *I hope they've gone for good this time!* | **not much good** (*informális*) nincs sok haszna | **a/the world of good** → WORLD

★ **goodbye** /ˌgʊd'baɪ/ *interj.* viszontlátásra: *We said goodbye to Steven at the airport.* ► **goodbye** *noun* [C] búcsú(zás): *We said our goodbyes* (elbúcsúztunk) *and left.*

Good 'Friday *noun* [C] nagypéntek

good-'humoured *adj.* jókedvű

★ **goodie** = GOODY

goodies /'gʊdiz/ *noun* [plural] (*informális*) finomságok: *There were lots of cakes and other goodies on the table.*

good-'looking *adj.* jóképű ⊃ Magyarázat a **beautiful** szónál.

good-'natured *adj.* jólelkű, kellemes (ember)

goodness /'gʊdnəs/ *noun* [U] **1** jóság ❶ Szinonimája: **virtue.** **2** (táp)érték: *Wholemeal bread has more goodness in it than white.*

A **goodness** szó sok kifejezésben szerepel. A **Goodness (me)!** jelentése „Te jó ég!"; a **Thank goodness** jelentése „Hála Istennek!": *Thank goodness it's stopped raining!* A **For goodness' sake** hangsúlyos kérést vagy dühös felszólítást jelent: „Az ég/Isten szerelmére": *For goodness' sake, hurry up!*

★ **goods** /gʊdz/ *noun* [plural] **1** áruk, árucikkek: *electrical goods* • *stolen goods*

2 (*főleg US* **freight**) teheráru: *a goods train* tehervonat • *a heavy goods vehicle* (= HGV) **IDIOM come up with/deliver the goods** (*informális*) teljesíti ígéretét

good 'sense *noun* [U] józan ítélőképesség: *He had the good sense* (volt annyi esze) *to refuse the offer.*

goodwill /ˌɡʊdˈwɪl/ *noun* [U] jóakarat: *The visit was designed to promote friendship and goodwill.*

goody (*also* **goodie**) /ˈɡʊdi/ *noun* [C] (*plural* **goodies**) (*informális*) (a) jók (*filmben, könyvben*) **❶** Ellentéte: **baddy.**

goody-goody *noun* [C] bezzeg-gyerek **❶** Pejoratív értelmű szó, főleg gyerekek, ill. gyerekekre alkalmazzák.

gooey /ˈɡuːi/ *adj.* (*informális*) ragacsos

goof /ɡuːf/ *verb* [I] (*főleg US, informális*) buta hibát követ el: *I goofed.* Elszúrtam.

goose /ɡuːs/ *noun* [C] (*plural* **geese** /ɡiːs/) liba

> A male goose is called a **gander** and a young goose is a **gosling.**

gooseberry /ˈɡʊzbəri/ *noun* [C] (*plural* **gooseberries**) egres **IDIOM play gooseberry** fölösleges harmadikként van jelen, a gyertyát tartja

goose pimples (*also* **goose bumps** /ˈɡuːs-bʌmps/) *noun* [*plural*] libabőr

gore¹ /ɡɔː(r)/ *noun* [U] (*kiontott*) vér **❶** Melléknév: **gory.**

gore² /ɡɔː(r)/ *verb* [T] felöklel: *She was gored to death by a bull.*

gorge¹ /ɡɔːdʒ/ *noun* [C] szurdok

gorge² /ɡɔːdʒ/ *verb* [I,T] **gorge (yourself) (on/with sth)** teleeszi magát (vmivel)

gorgeous /ˈɡɔːdʒəs/ *adj.* (*informális*) csodás, nagyszerű, vonzó: *What gorgeous weather!* • *You look gorgeous in that dress.* ► **gorgeously** *adv.* gyönyörűen

gorilla /ɡəˈrɪlə/ *noun* [C] gorilla

gory /ˈɡɔːri/ *adj.* vérrel és erőszakkal teli: *a gory film*

gosh /ɡɒʃ/ *interj.* (*informális*) a mindenit!, hűha!

gosling /ˈɡɒzlɪŋ/ *noun* [C] kisliba

gospel /ˈɡɒspl/ *noun* **1** (Gospel) [*sing.*] evangélium: *St John's Gospel* **2** (*also* ˌgos-

pel 'truth) [U] szentírás (*átv*): *You can't take what he says as gospel.* **3** (*also* 'gospel music) [U] (*zene*) gospel

gossip /ˈɡɒsɪp/ *noun* **1** [U; C, *usually sing*] pletyka, pletykálkodás: *a piece of gossip* pletyka • *Matt phoned me up to tell me the latest gossip.* • *The two neighbours were having a good gossip over the fence.* **2** [C] pletykafészek (*emberről*) ► **gossip** *verb* [I] pletykál

gossip column *noun* [C] pletykarovat

got *past tense, past participle of* GET

gotta /ˈɡɒtə/ (*US, informális*) kell, van (*valamije*): *I gotta go* (= I have got to go). • *Gotta* (= have you got a) *minute?*

> Ne használjuk a **gotta** szót (kivéve, ha valaki kiejtését utánozzuk), mert hibának tekinthető! Hasonló a **gonna, wanna** szó is.

gotten (*US*) *past participle of* GET

gouge /ɡaʊdʒ/ *verb* [T] vés, váj **PHRASAL VERB gouge sth out** kiváj vmit

gourmet /ˈɡʊəmeɪ/ *noun* [C] ínyenc

★ **govern** /ˈɡʌvn/ *verb* **1** [I,T] kormányoz, irányít: *Britain is governed by the Prime Minister and the Cabinet.* **2** [T] (*gyakran szenvedő szerkezetben*) meghatároz, szabályoz: *Our decision will be governed by the amount of money we have to spend.*

★ **government** /ˈɡʌvənmənt/ *noun* **1** [C] (*gyakran* the Government) a kormány: *a central/coalition/communist/democratic/ federal/military/provisional government* • *government policy* **❶** A **government** szó egyes és többes számú igével is állhat. Ha a kormányra, mint egységre gondolunk, egyes számban áll az ige: *The Government welcomes the proposal.* Többes számú igét használunk, ha a kormány tagjaira gondolunk: *The Government are still discussing the problem.* ➔ Lásd **local government, opposition. 2** [U] kormányzás, kormány(zat): *weak/strong/corrupt government* • *Which party is in government* (van kormányon)? ► **governmental** /ˌɡʌvnˈmentl/ *adj.* kormány-, kormányzati: *a governmental department*

governor /ˈɡʌvənə(r)/ *noun* [C] **1** kormányzó: *the Governor of New York State*

2 választmány/igazgatótanács tagja: *the governor of the Bank of England* • *school governors*

gown /gaʊn/ *noun* [C] **1** estélyi ruha: *a ball gown* **2** talár, köpeny

GP /ˌdʒiː 'piː/ *abbr.* (General Practitioner rövidítése) körzeti orvos

★ **grab** /græb/ *verb* (**grabbing**; **grabbed**) **1** [I,T] grab sth (from sb) megkaparint, megmarkol, megragad vmit: *Helen grabbed the toy car from her little brother.* • *Grab hold of his arm* (jól ragadd meg a karját) *in case he tries to run!* • *Someone had arrived before us and grabbed all the seats.* • (átv) *I'll try to grab the waitress's attention.* ➔ Lásd snatch. **2** [I] grab at/for sth vmi után kap: *Jonathan grabbed at the ball but missed.* **3** [T] sietősen csinál vmit: *I'll just grab something to eat* (bekapok valamit) *and then we'll go.*
▸ **grab** /græb/ *noun* [C] odakapás: *She made a grab for the boy* (a fiú után kapott).

grace /greɪs/ *noun* [U] **1** kecsesség, finomság **2** haladék: *They've given me a month's grace to get the money.* **3** asztali ima/áldás: *to say grace*
IDIOMS sb's **fall from grace** vki kegyeiből való kiesés | **have the grace to do sth** van benne annyi jó érzés, hogy | **with good grace** készségesen, méltóságát megőrizve: *He accepted the refusal with good grace.*

graceful /'greɪsfl/ *adj.* kecses, finom: *a graceful dancer* • *graceful curves* ➔ Vesd össze gracious.
▸ **gracefully** /-fəli/ *adv.* kecsesen, elegánsan: *The goalkeeper rose gracefully to catch the ball.* • *She accepted the decision gracefully* (zokszó nélkül).
gracefulness *noun* [U] kecsesség, elegancia

graceless /'greɪsləs/ *adj.* **1** modortalan **2** esetlen, ormótlan, csúnya
▸ **gracelessly** *adv.* **1** modortalanul **2** esetlenül

gracious /'greɪʃəs/ *adj.* **1** nagyon/rendkívül kedves, barátságos: *a gracious smile* **2** (*csak főnév előtt*) nagystílű (*életmód*): *gracious living* ➔ Vesd össze graceful.
IDIOM good gracious! te jó ég!
▸ **graciously** *adv.* kedvesen, nyájasan

graciousness *noun* [U] **1** kedvesség **2** elegancia, jómód

grade[1] /greɪd/ *noun* [C] **1** minőség, szint, fok(ozat), rang: *Which grade of petrol do you need?* **2** osztályzat: *He got good/poor grades this term.* **3** (US) (*iskolai*) osztály
IDIOM make the grade (*informális*) megüti a mértéket: *She wanted to be a professional tennis player, but she didn't make the grade.*

grade[2] /greɪd/ *verb* [T] (*gyakran szenvedő szerkezetben*) besorol, osztályoz: *I've graded their work from 1 to 10.*

gradient /'greɪdiənt/ *noun* [C] lejtés, lejtő: *The hill has a gradient of 1 in 4.* • *a steep gradient*

★ **gradual** /'grædʒuəl/ *adj.* fokozatos
▸ **gradually** *adv.* fokozatosan

graduate[1] /'grædʒuət/ *noun* [C] **1** a graduate (in sth) diplomás, okleveles: *a law graduate/a graduate in law* • *a graduate of London University/a London University graduate* ➔ Lásd postgraduate, undergraduate, bachelor, student. **2** (US) (középiskolát) végzett személy: *a high-school graduate*

graduate[2] /'grædʒueɪt/ *verb* [I] **1** graduate (in sth) (from sth) diplomát szerez: *She graduated in History from Cambridge University.* **2** (US) graduate (from sth) diplomát / oklevelet / végbizonyítvány szerez **3** graduate (from sth) to sth előrelép: *She's graduated from being a classroom assistant to teaching.*

graduation /ˌgrædʒu'eɪʃn/ *noun* **1** [U] diplomaszerzés, tanulmányok befejezése **2** [*sing.*] diplomaosztás

graffiti /grə'fiːti/ *noun* [U, *plural*] falfirka

graft /grɑːft/ *noun* [C] **1** oltvány **2** (*orv*) átültetés: *a skin graft*
▸ **graft** *verb* [T] graft sth onto sth átültet vmit vhova: *Skin from his leg was grafted onto the burnt area of his face.* ➔ Lásd transplant.

★ **grain** /greɪn/ *noun* **1** [U, C] gabona, szem: *The US is a major producer of grain.* • *a few grains of rice* [C] **a grain of sth** egy szemernyi: *a grain of sand* • (átv) *There isn't a grain of truth in the rumour.* **3** [U] erezet: *to cut a piece of wood along/across the grain*
IDIOM (be/go) against the grain meggyőződése ellen van

★ **gram** (also **gramme**) /græm/ noun [C]
(abbr. **g**) gramm

★ **grammar** /'græmə(r)/ noun **1** [U] nyelvtan
2 [U] nyelvtan(i tudás): *You have a good
vocabulary, but your grammar needs
improving.* **3** [C] nyelvtankönyv: *a French
grammar*

grammar school noun [C] gimnázium
(Nagy-Britanniában 11-18 éves tehetsége-
sebb diákok számára)

grammatical /grə'mætɪkl/ adj. **1** nyelv-
tani **2** nyelvtanilag helyes: *The sentence is
not grammatical.*
  ▸ **grammatically** /-kli/ adv. nyelvtanilag

gramme = GRAM

gran /græn/ noun [C] (brit, informális) = GRAND-
MOTHER

★ **grand¹** /grænd/ adj. **1** impozáns, fontos
(személy): *Our house isn't very grand, but it
has a big garden.* • *She thinks she's very
grand because she drives a Porsche.* • *the
Grand Hotel* ❶ Főnév: **grandeur**. **2** (infor-
mális) remek: *You've done a grand job!*
  ▸ **grandly** adv. hangzatosan
  grandness noun [U] nagyszerűség

grand² /grænd/ noun [C] (plural **grand**)
(szleng) 1000 font/dollár

grandad /'grændæd/ noun [C] (brit,
informális) nagypapa

grandchild /'græntʃaɪld/ (plural **grand-
children**) (also **granddaughter**, **grandson**)
noun [C] unoka

grandeur /'grændʒə(r)/ noun [U] (formá-
lis) **1** nagyszerűség: *the grandeur* (fenség)
of the Swiss Alps **2** kiválóság (személyé)

★ **grandfather** /'grænfɑːðə(r)/ noun [C]
nagyapa

grandfather clock noun [C] (nagy) álló
ingaóra

grandiose /'grændiəʊs/ adj. grandiózus

grandma /'grænmɑː/ noun [C] (informá-
lis) nagymama, nagyi

★ **grandmother** /'grænmʌðə/ noun [C] nagy-
mama

grandpa /'grænpɑː/ noun [C] (informális)
nagypapa

grandparent /'grænpeərənt/ noun (also **grand-**

mother, grandfather) noun [C] nagyszülő:
a great-grandparent dédszülő

Tisztázhatjuk, hogy melyik ági
nagyszülőkről van szó: **my mater-
nal/paternal grandfather** vagy **my
mother's/father's father** „anyai/apai
nagyapám".

grand pi'ano noun [C] zongora

grand 'slam noun [C] grand slam
(teniszben/rögbiben)

grandstand /'grændstænd/ noun [C] lelátó,
tribün

grand 'total noun [C] végösszeg

granite /'grænɪt/ noun [U] gránit

granny /'græni/ (plural **grannies**) noun [C]
(informális) nagyi

grant¹ /grɑːnt/ verb [T] **1** (formális) (hiva-
talosan) megad: *He was granted permis-
sion to leave early.* **2** elismer: *I grant you
that New York is an interesting place but I
still wouldn't want to live there.*
  IDIOMS **take sb/sth for granted** természetes-
nek vesz: *In developed countries we take
running water for granted.* | **take sth for
granted** biztosra vesz, számít vmire: *We
can take it for granted that the new stu-
dents will have at least an elementary
knowledge of English.*

grant² /grɑːnt/ noun [C] állami támogatás:
a student grant ösztöndíj • *to apply for/be
awarded a grant*

granted /'grɑːntɪd/ adv. ez igaz, de: *'We've
never had any problems before.' 'Granted,
but this year there are 200 more people
coming.'*

granule /'grænjuːl/ noun [C] szemcse:
instant coffee granules

★ **grape** /greɪp/ noun [C] szőlő: *a bunch of
grapes* • *white grapes* • *black grapes*
  ➔ Lásd még **currant, raisin, sultana.**
  IDIOM **sour grapes** → SOUR

grapefruit /'greɪpfruːt/ noun [C] (plural
grapefruit or **grapefruits**) grépfrút

the grapevine /'greɪpvaɪn/ noun [sing.]
szóbeszéd: *I heard on/through the grape-
vine that you're moving.*

graph /grɑːf/ noun [C] grafikon

graphic /'græfɪk/ adj. **1** (csak főnév előtt)
grafikus: *graphic design* • *a graphic artist*

❶ = magyarázat [C] **megszámlálható** (főnév):
one book, two books

[U] **megszámlálhatatlan** (főnév):
some sugar

2 szemléletes: *She described the accident in graphic detail.*
▸ **graphically** /-kli/ *adv.* szemléletesen

graphics /'græfiks/ *noun* [*plural*] grafika: *computer graphics*

grapple /'græpl/ *verb* [*I*] **grapple (with sb)** dulakodik, küszködik

★ **grasp¹** /grɑːsp/ *verb* [*T*] **1** megragad: *Lisa grasped the child firmly by the hand.* • (*átv*) *to grasp an opportunity* **2** megért, felfog: *I don't think you've grasped how serious the situation is.*
PHRASAL VERB **grasp at sth** kap vmi után

grasp² /grɑːsp/ *noun* [*usually sing.*] **1** erős fogás, markolás: *Get a good grasp on the rope.* • *I grabbed the boy, but he slipped from my grasp.* **2** felfogóképesség: *He has a good grasp of English grammar.* **3** hatalom (*vmi elérésére*): *Finally their dream was within their grasp.*

grasping /'grɑːspɪŋ/ *adj.* kapzsi

★ **grass** /grɑːs/ *noun* [*U*] fű: *a blade of grass* fűszál ➔ Lásd még **lawn**.

grasshopper /'grɑːshɒpə(r)/ *noun* [*C*] szöcske

grass 'roots *noun* [*plural*] közemberek (*szervezetben*): *the grass roots of the party*

grassy /'grɑːsi/ *adj.* füves

grate¹ /greɪt/ *verb* **1** [*T*] reszel: *grated cheese* **2** [*I*] **grate (on sb)** idegeire megy vkinek **3** [*I*] **grate (against/on sth)** csikorog, nyikorog

grate² /greɪt/ *noun* [*C*] (*tűz*)rostély ➔ Ábra **fireplace** alatt.

★ **grateful** /'greɪtfl/ *adj.* **grateful (to sb) (for sth)**; **grateful (that...)** hálás: *We are very grateful to you for all the help you have given us.* • *He was very grateful that you did as he asked.* • *I would be grateful if you would send me one of your brochures.*
❶ Ellentéte: **ungrateful**. Főnév: **gratitude**.
▸ **gratefully** /-fəli/ *adv.* hálásan

grater /'greɪtə(r)/ *noun* [*C*] reszelő ➔ Ábra **kitchen** alatt.

gratify /'grætɪfaɪ/ *verb* [*T*] (*pres. part.* **gratifying**; *3rd pers. sing. pres.* **gratifies**; *pt, pp* **gratified**) (*ált. szenvedő szerkezetben, formális*) jóleső érzést kelt
▸ **gratifying** *adj.* örömteli: *It is gratifying (jóleső érzés) to see such good results.*

grating /'greɪtɪŋ/ *noun* [*C*] fémrács

gratitude /'grætɪtjuːd/ *noun* [*U*] **gratitude (to sb) (for sth)** hála ❶ Ellentéte: **ingratitude**.

grave¹ /greɪv/ *noun* [*C*] sír: *I put some flowers on my grandmother's grave.* ➔ Lásd **tomb**.
IDIOM **have one foot in the grave** → FOOT¹

grave² /greɪv/ *adj.* (*formális*) **1** komoly, súlyos: *These events could have grave consequences for us all.* • *The children were in grave danger.* **2** (*ember*) komor ❶ Főnév: **gravity**. Mindkét jelentésben gyakoribb a **serious** szó.
▸ **gravely** *adv.* **1** súlyosan: *gravely ill* **2** mély szomorúsággal, zordan

gravel /'grævl/ *noun* [*U*] kavics

gravestone /'greɪvstəʊn/ *noun* [*C*] sírkő ➔ Lásd **headstone**, **tombstone**.

graveyard /'greɪvjɑːd/ *noun* [*C*] temető ➔ Lásd **cemetery**, **churchyard**.

gravity /'grævəti/ *noun* [*U*] **1** gravitáció: *the force of gravity* **2** (*formális*) súlyosság, fontosság ❶ Gyakoribb a **seriousness** szó. Melléknév: **grave**.

gravy /'greɪvi/ *noun* [*U*] mártás(féle) (*pecsenyelé*) ➔ Lásd **sauce**.

gray (*főleg US*) = GREY

graze¹ /greɪz/ *verb* **1** [*I*] legel: *There were cows grazing by the river.* **2** [*T*] le-/felhorzsol: *The child fell and grazed her knee.* **3** [*T*] (*éppen csak*) súrol: *The bullet grazed his shoulder.*

graze² /greɪz/ *noun* [*C*] horzsolás

grease¹ /griːs/ *noun* [*U*] zsír, gépzsír: *engine grease* • *You'll need very hot water to get all the grease off those pans.*

grease² /griːs/ *verb* [*T*] kizsíroz: *Grease the tin thoroughly to stop the cake from sticking.*

greasy /'griːsi/ *adj.* zsíros: *greasy skin/hair* • *greasy food*

★ **great¹** /greɪt/ *adj.* **1** nagy: *We had great difficulty in solving the problem.* • *The party was a great success.* **2** jelentős, kiváló: *Einstein was perhaps the greatest scientist of the century.* ➔ Magyarázat a **big** szónál. **3** (*informális*) klassz, csodás: *We had a great time in Paris.* • *It's great to see you again.* **4** (*informális*) rendkívül (*jó/nagy*)

[*I*] **tárgyatlan** (*ige*): *He laughed.*   [*T*] **tárgyas** (*ige*): *He ate an apple.*

sok stb.), rendkívüli: *There was a great big dog in the garden.* • *They were great friends.*
5 (great-) déd-

Egy rokoni kapcsolatot jelentő szó előtt a **great** szó az előző generációt jelzi: **great-grandchild** (dédunoka) **great-grandparents** (dédszülők) **great-great grandfather** (ükapa) **great-aunt** (valamelyik szülő nagynénje).

▶ **greatness** noun [U] nagyság, kiválóság
IDIOMS go to great lengths → LENGTH | a good/great deal → DEAL² | a good/great many → MANY

great² /greɪt/ noun [C, usually plural] (informális) (vmi) legjelentősebb képviselő(je): *That film is one of the all-time greats* (minden idők egyik legjobbja).

Great Britain (also Britain) (abbr **GB**) Nagy-Britannia: Anglia, Wales és Skócia ➒ Magyarázat a **United Kingdom** szónál.

greatly /ˈgreɪtli/ adv. nagyon

* **greed** /griːd/ noun [U] greed (for sth) mohóság, kapzsiság

greedy /ˈgriːdi/ adj. (greedier; greediest) greedy (for sth) mohó, kapzsi: *Don't be so greedy – you've had three pieces of cake already.*
▶ **greedily** adv. mohón
greediness noun [U] mohóság, kapzsiság

* **green¹** /griːn/ adj. **1** zöld: *dark/light/pale green* **2** zöld, környezetvédő: *the Green party* • *green* (környezetkímélő) *products* **3** (informális) zöldfülű **4** irigy: *He was green with envy* (sárga az irigységtől) *when he saw his neighbour's new car.* **5** sápadt: *At the sight of all the blood he turned green* (elsápadt) *and fainted.*
IDIOMS give sb/get the green light (informális) zöld utat ad/kap | have green fingers; (US) have a green thumb (informális) jó keze/érzéke van a kertészkedéshez/növényekhez

* **green²** /griːn/ noun **1** [C,U] zöld: *They were dressed in green.* • *The room was decorated in greens and blues.* **2 (greens)** [plural] zöldség(félék): *To have a healthy complexion you should eat more greens.* **3** [C] (brit) füves térség (falu közepén) **4** [C] golfpálya **5 (Green)** [C] a Zöldek szervezetének tagja

green belt noun [C,U] (brit) zöldövezet

green card noun [C] zöldkártya

greenery /ˈgriːnəri/ noun [U] növényzet, zöld

greengrocer /ˈgriːnɡrəʊsə(r)/ noun (brit) **1** [C] zöldség- és gyümölcsárus ➒ Lásd **grocer**. **2 (the greengrocer's)** [sing.] zöldségbolt

greenhouse /ˈgriːnhaʊs/ noun [C] üvegház ➒ Lásd **hothouse**.

the greenhouse effect noun [sing.] az üvegházhatás ➒ Lásd **global warming**.

greenhouse gas noun [C] üvegházhatást előidéző gáz: *a government commitment to reduce emissions of greenhouse gases*

greenish /ˈgriːnɪʃ/ adj. zöldes

green pepper noun [C] zöldpaprika

greet /griːt/ verb [T] **1** greet sb (with sth) üdvözöl, fogad: *He greeted me with a friendly smile.* • (átv) *As we entered the house we were greeted by the smell of cooking.* **2** greet sb/sth (as/with sth) (ált. szenvedő szerkezetben) fogad vkit/vmit (vhogyan): *The news was greeted with a loud cheer.*

greeting /ˈgriːtɪŋ/ noun [C] üdvözlés, üdvözlet: *'Hello' and 'Hi' are informal greetings.*

gregarious /grɪˈɡeəriəs/ adj. társas, társaságot kedvelő

grenade /grəˈneɪd/ noun [C] gránát

grew past tense of GROW

* **grey¹** (főleg US gray) /greɪ/ adj. **1** szürke: *dark/light/pale grey* • *He was wearing a grey suit.* **2** ősz (hajú): *He's going grey* (őszül). **3** szürke, borús: *grey skies* • *a grey day* **4** egyhangú, unalmas

grey² /greɪ/ (főleg US gray) noun [C,U] szürke: *dressed in grey*

greyhound /ˈgreɪhaʊnd/ noun [C] agár: *greyhound racing*

greyish /ˈgreɪɪʃ/ (főleg US grayish) adj. szürkés

grid /grɪd/ noun [C] **1** négyzetrács: *She drew a grid to show how the students had scored in each part of the test.* **2** rács(ozat) **3** négyzetháló: *a grid reference* **4** elektromos hálózat: *the National Grid*

gridlock /ˈgrɪdlɒk/ noun [U] hatalmas

közlekedési dugó (*a közlekedés megbénul*)

▸ **gridlocked** *adj.* (*közlekedés*) megbénult/ bedugult

grief /griːf/ *noun* [U] mély fájdalom/bánat
IDIOM **good grief** (*beszélt nyelv*) Te jó ég!: *Good grief! Whatever happened to you?*

grievance /ˈgriːvəns/ *noun* [C] a grievance (against sb) súlyos panasz

grieve /griːv/ *verb* 1 [I] grieve (for sb) kesereg (vki után), bánkódik 2 [T] (*formális*) mély fájdalmat okoz: *It grieved him that he could do nothing to help her.*

★ **grill¹** /grɪl/ *noun* [C] 1 grill 2 grillező, grillsütő 3 → GRILLE

grill² /grɪl/ *verb* 1 (*főleg US* broil) [I,T] grillez: *grilled steak* 2 [T] (*informális*) grill sb (about sth) faggat, vallat

grille /grɪl/ (also **grill**) *noun* [C] védőrács

grim /grɪm/ *adj.* (**grimmer**; **grimmest**) 1 komor, zord 2 elkeserítő: *The news is grim, I'm afraid.* 3 komor, nyomasztó: *a grim block of flats* 4 (*brit, informális*) nyamvadt: *I'm feeling grim today.*

▸ **grimly** *adv.* komoran, kérlelhetetlenül

grimace /ˈgrɪməs/ /grɪˈmeɪs/ *noun* [C] grimasz, eltorzult arckifejezés: *a grimace of pain*

▸ **grimace** *verb* [I] grimaszol: *She grimaced with pain.*

grime /graɪm/ *noun* [U] szenny

grimy /ˈgraɪmi/ *adj.* mocskos

grin /grɪn/ *verb* [I] (**grinning**; **grinned**) grin (at sb) szélesen elmosolyodik, vigyorog: *She grinned at me as she came into the room.*

▸ **grin** *noun* [C] széles mosoly, vigyorgás

grind¹ /graɪnd/ *verb* [T] (*pt, pp* **ground** /graʊnd/) 1 grind sth (down/up); grind (to/into sth) őröl, darál: *Wheat is ground into flour.* • *ground coffee* 2 köszörül: *to grind a knife on a stone* 3 grind sth in/into sth belenyom vmit vmibe: *He ground his cigarette into the ashtray.* 4 csikorgat: *Some people grind their teeth while they're asleep.*

IDIOM **grind to a halt/standstill** lassan leáll

grind² /graɪnd/ *noun* [sing.] (*informális*) idegőrlő meló, gürcölés: *the daily grind of working life*

grinder /ˈgraɪndə(r)/ *noun* [C] daráló: *a coffee grinder*

grip¹ /grɪp/ *verb* [I,T] (**gripping**; **gripped**) 1 megmarkol, (meg)szorít: *She gripped my arm in fear.* 2 leköt, magával ragad: *The book grips you from start to finish.*
❶ Melléknév: **gripping**.

grip² /grɪp/ *noun* 1 [sing.] a grip (on sb/sth) szorítás, (erős) fogás: *I relaxed my grip.* • *The climber slipped and lost her grip.* • (*átv*) *The teacher kept a firm grip* (határozottan kézben tartotta) *on the class.* 2 [sing.] a grip (on sth) megértés, felfogás 3 [C] kameramozgató

IDIOMS **come/get to grips with sth** kezd tisztában lenni vmivel, kezd megbirkózni vmivel | **get/keep/take a grip/hold (on yourself)** (*informális*) összeszedi magát | **in the grip of sth** vmi fogságában: *a country in the grip of recession*

gripe /graɪp/ *noun* [C] (*informális*) nyavalygás, siránkozás

▸ **gripe** *verb* [I] nyavalyog, siránkozik

gripping /ˈgrɪpɪŋ/ *adj.* izgalmas, magával ragadó: *a gripping film*

grisly /ˈgrɪzli/ *adj.* hátborzongató, szörnyű: *a grisly crime* ⊃ Lásd **gruesome**. Jelentése hasonló.

gristle /ˈgrɪsl/ *noun* [U] porcogó

▸ **gristly** *adj.* porcogós

grit¹ /grɪt/ *noun* [U] 1 homokszem, porszem, kis kavics: *I've got some grit/a piece of grit in my shoe.* 2 (*informális*) karakánság

grit² /grɪt/ *verb* [T] (**gritting**; **gritted**) felszór, csúszásmentesít
IDIOM **grit your teeth** 1 összeszorítja a fogát: *She gritted her teeth against the pain as the doctor examined her injured foot.* 2 összeszedi bátorságát

gritty /ˈgrɪti/ *adj.* 1 szemcsés: *a layer of gritty dust* 2 eltökélt: *gritty determination* • *a gritty performance from the British player* 3 szépítés nélküli: *a gritty description of urban violence* • *gritty realism* ⊃ Lásd **nitty-gritty**.

groan /grəʊn/ *verb* [I] groan (at/with sth) nyög, nyöszörög, sóhajtozik: *He groaned with pain.* • *All the students were **moaning** and **groaning*** (panaszkodtak) *about the amount of work they had to do.*

► **groan** noun nyögés, sóhaj

grocer /'grəʊsə(r)/ noun **1** [C] fűszeres ➔ Lásd **greengrocer**. **2** (**the grocer's**) [sing.] fűszerbolt

groceries /'grəʊsəriz/ noun [plural] élelmiszer: Can you help me unload the groceries from the car, please?

groggy /'grɒɡi/ adj. (informális) roggyant: She felt a bit groggy when she came round from the operation.

groin /grɔɪn/ noun [C] ágyék

groom¹ /gruːm/ noun [C] **1** (also **bridegroom**) (esküvő napján) vőlegény ➔ Magyarázat a **wedding** szónál. **2** lóápoló

groom² /gruːm/ verb [T] **1** (áll) gondoz: to groom a horse **2** groom sb (for/as sth) (ált. szenvedő szerkezetben) betanít vkit (vmire)

groove /gruːv/ noun [C] barázda, horony

grope /grəʊp/ verb **1** grope (about/around) (for sth) [I] tapogatva keres: He groped around for the light switch. **2** [T] (informális) tapperol, tapogat

gross /grəʊs/ adj. **1** (csak főnév előtt) bruttó, nyers: gross income ❶ Ellentéte: net. **2** (formális, csak főnév előtt) nagyon komoly, vétkes: gross indecency/negligence/misconduct **3** durva, visszataszító **4** kövér és ronda, böhöm

grossly /'grəʊsli/ adv. rettenetesen, durván: That is grossly unfair.

grotesque /grəʊˈtesk/ adj. groteszk

grotty /'grɒti/ adj. (brit, informális) ócska: She lives in a grotty flat.

★ **ground¹** /graʊnd/ noun **1** (**the ground**) [sing.] föld (felszín): We sat on the ground to eat our picnic. ● He slipped off the ladder and fell to the ground. ● waste ground használatlan földterület **2** [U] talaj, terület: solid/marshy/stony ground ➔ Lásd **Earth**, **land**, **soil**, **floor**. **3** [C] terület, tér: a sports ground sportpálya ● a playground **4** (**grounds**) [plural] kert, (épületet körülvevő) terület: the grounds of the palace **5** [U] téma(kör), terület: The lecture went over **the same old ground**/covered a lot of **new ground**. ● to be on dangerous ground veszélyes vizeken evez **6** [C, usually plural] grounds (for sth/doing sth) ok,

indok: She retired **on** medical **grounds** (egészségügyi okokból). ● grounds for divorce **7** (US) = EARTH¹ (4)

IDIOMS **above/below ground** a felszínen/a föld alatt | **break fresh/new ground** új utat tör, újít | **gain ground** → GAIN¹ | **get off the ground** sikeresen beindul | **hold/keep/ stand your ground** kitart álláspontja mellett, nem enged a véleményéből | **thin on the ground** ritka(ság), alig található: Jobs for people with my skills are fairly thin on the ground these days.

ground² /graʊnd/ verb [T] **1** (ált. szenvedő szerkezetben) (repülőgép) felszállását meggátolja: to be grounded by fog **2** (ált. szenvedő szerkezetben) szobafogságra ítél **3** (főleg US) = EARTH²

ground³ past tense, past participle of GRIND¹

ground beef (US) = MINCE

ground crew (also 'ground staff) noun [C,U] földi személyzet

ground 'floor (US ,first 'floor) noun [C] földszint: a ground-floor flat ➔ Magyarázat a **floor** szónál.

grounding /'graʊndɪŋ/ noun [sing.] a grounding (in sth) alap(ozás): This book provides a good grounding in English grammar.

groundless /'graʊndləs/ adj. alaptalan: Our fears were groundless.

groundnut /'graʊndnʌt/ noun [C] (brit) amerikai mogyoró, földimogyoró

groundwork /'graʊndwɜːk/ noun [U] alapozás, alaptanulmányok

★ **group¹** /gruːp/ noun [C] **1** [with sing. or plural verb] csoport: Our discussion group is/are meeting this week. ● A group of us are planning to meet for lunch. ● Students were standing **in groups** waiting for their exam results. ● He is in the 40-50 **age group**. ● people of many different social groups ● a pressure group érdekvédelmi csoport ● Which blood group do you belong to? ● Divide the class into groups. ❶ A group szó állhat egyes vagy többes számú igével. Ha a csoport tagjaira, az összegyűlt egyénekre gondolunk, gyakoribb a többes szám. **2** (egy tulajdonoshoz tartozó) vállalatok **3** (rég) (zenei) együttes: a pop group ➔ Lásd **band**.

group² /gru:p/ verb [I,T] group (sb/sth) (around/round sb/sth); group (sb/sth) (together) csoportosul, csoportosít: *Group these words according to their meaning.*

grouse /graʊs/ noun [C] (*plural* grouse) fajd

grovel /ˈɡrɒvl/ verb [I] (grovelling; grovelled; *US* groveling; groveled) 1 grovel (to sb) (for sth) le-/megalázkodik: *to grovel for forgiveness* 2 grovel (around/about) (for sth) négykézláb mászik (vmit keresve)
▶ grovelling adj. (meg/le)alázkodó: *I wrote a grovelling letter to my bank manager.*

★ **grow** /grəʊ/ verb (*pt* grew /gru:/; *pp* grown /grəʊn/) 1 [I] grow (in sth) nő, növekszik: *Plants grow from seeds.* • *Palm trees don't grow in cold climates.* • *Kittens soon grow into cats.* • *a growing child* • *She's growing in confidence all the time.* • *You must invest if you want your business to grow.* 2 [T] termeszt, termel: *We grow vegetables in our garden.* 3 [T] növeszt: *Claire's growing her hair long.* • *to grow a beard* 4 linking verb [I] válik vmilyenné, vmilyen lesz: *It began to grow dark.* Sötétedett. • *to grow older/wiser/taller/bigger* • *The teacher was growing more and more impatient.* ❶ A get szó kevésbé formális.
PHRASAL VERBS grow into sth 1 válik vmilyen emberré: *She has grown into a very attractive young woman.* 2 belenő: *The coat is too big for him, but he will soon grow into it.* | grow on sb kezdi megkedvelni, egyre jobban tetszik: *I didn't like ginger at first, but it's a taste that grows on you.* | grow out of sth kinő vmit: *She's grown out of that dress I made her last year.* | grow (sth) out (hajat) lenöveszt | grow up 1 felnő, felnőtté válik: *What do you want to be when you grow up?* • *She grew up in Spain.* 2 (érzés) kifejlődik, kialakul: *A close friendship has grown up between them.*

growing /ˈɡrəʊɪŋ/ adj. növekvő: *A growing number of people* (egyre többen) *are becoming vegetarian these days.*

growl /graʊl/ verb [I] growl (at sb/sth) morog
▶ growl noun [C] morgás

grown /grəʊn/ adj. kifejlett, felnőtt: *a fully-grown elephant*

grown-ˈup¹ adj. érett, felnőtt(es): *She's very grown-up for her age.*

grown-up² noun [C] felnőtt

★ **growth** /grəʊθ/ noun 1 [U] növekedés, fejlődés: *population growth* • *a growth* (fejlődő/húzó) *industry* 2 [C] daganat, kinövés: *a cancerous growth* 3 [U] növekedés: *several days' growth of beard*

grub /ɡrʌb/ noun 1 [C] lárva 2 [U] (*informális*) kaja

grubby /ˈɡrʌbi/ adj. (grubbier; grubbiest) (*informális*) koszos

grudge¹ /ɡrʌdʒ/ noun [C] a grudge (against sb) neheztelés: *to bear a grudge against sb* neheztel vkire

grudge² /ɡrʌdʒ/ verb [T] grudge sb sth; grudge doing sth sajnál/irigyel vkitől vmit, vonakodik vmit (megtenni): *I grudge having to pay so much tax.* ➔ Lásd begrudge.

grudging /ˈɡrʌdʒɪŋ/ adj. nem szívből jövő, vonakodva adott/kifejezett: *grudging thanks*
▶ grudgingly adv. vonakodva

gruelling (*US* grueling) /ˈɡruːəlɪŋ/ adj. kimerítő: *a gruelling nine-hour march*

gruesome /ˈɡruːsəm/ adj. hátborzongató ➔ Lásd grisly. Jelentése hasonló.

gruff /ɡrʌf/ adj. mogorva, rekedtes
▶ gruffly adv. mogorván

grumble /ˈɡrʌmbl/ verb [I] zsörtölődik, zúgolódik: *The students were always grumbling about the standard of the food.*

> Vesd össze a **grumble, moan, complain** szavakat. A **complain** szó a két másikkal ellentétben konstruktívabb cselekvést jelent: *He complained to the manager about the poor service.*

▶ grumble noun [C] 1 panasz, elégedetlenkedés 2 mor(mo)gás, dörgés

grumpy /ˈɡrʌmpi/ adj. (*informális*) mogorva, zsörtölődő
▶ grumpily adv. mogorván

grunt /ɡrʌnt/ verb [I,T] felmordul: *I tried to find out her opinion but she just grunted when I asked her.*
▶ grunt noun [C] röffen(t)és

★ **guarantee¹** /ˌɡærənˈtiː/ noun [C,U] 1 garancia 2 szavatosság, garancialevél: *The watch comes with a year's guarantee.* • *Is the computer still under guarantee* (garanciás)? ➲ Lásd **warranty**. **3** biztosíték, garancia

guarantee² /ˌgærənˈtiː/ *verb* [T] **1** megígér, biztosít, garantál **2** garanciát ad/biztosít, szavatol: *This washing machine is guaranteed for three years.* **3** biztosít: *Tonight's win guarantees the team a place in the final.*

★ **guard¹** /gɑːd/ *noun* **1** [C] *őr: a security guard* ➲ Lásd **warder, bodyguard**. **2** [U] őrség: *Soldiers **keep guard** at the gate.* • *Who is **on guard**?* • *The prisoner arrived **under** armed **guard*** (fegyveres őrizet mellett). • *a guard dog* **3** [*sing.,* with *sing. or plural verb*] kíséret: *The president always travels with an armed guard.* **4** [C] (*gyakran szóösszetételekben*) védő(szerkezet): *a fireguard* kandallórács • *a mudguard* sárhányó **5** (*US* **conductor**) [C] vonatkísérő **6** [U] védőállás

IDIOMS **be on your guard** elővigyázatos, résen áll | **off (your) guard** készületlen(ül): *The question caught me off (my) guard* (váratlanul ért).

★ **guard²** /gɑːd/ *verb* [T] **1** őriz, véd: *The building was guarded by men with dogs.* • (*átv*) *a closely guarded secret* féltve őrzött titok **2** őriz

PHRASAL VERB **guard against sth** óvakodik vmitől

guarded /ˈgɑːdɪd/ *adj.* tartózkodó **❶** Ellentéte: **unguarded**.
  ▸ **guardedly** *adv.* óvatosan, körültekintően

guardian /ˈgɑːdiən/ *noun* [C] **1** vmi védelmezője/őre **2** gyám

guerrilla (also **guerilla**) /gəˈrɪlə/ *noun* [C] gerilla

★ **guess¹** /ges/ *verb* **1** [I,T] **guess (at sth)** találgat, arra gondol, hogy: *We can only guess at her reasons for leaving.* **2** [I,T] el-/kitalál, becsül: *Can you guess my age?* • *You'll never guess what Adam just told me!* **3** [T] (*főleg US, informális*) feltételez: *I guess you're tired after your long journey.* **4** [T] elképzel: *Guess what! I'm getting married!*

★ **guess²** /ges/ *noun* [C] találgatás: *If you don't know the answer, then **have a guess*** (találgass)! • *I don't know how far it is, but **at a guess*** (feltehetően) *I'd say about 50*

miles. • *I'd say it'll take about four hours, but that's just **a rough guess*** (durva becslés).

IDIOMS **anybody's/anyone's guess** senki sem tudhatja: *What's going to happen next is anybody's guess.* | **your guess is as good as mine** én sem tudok többet, mint te: *'Where's Ron?' 'Your guess is as good as mine.'*

guesswork /ˈgeswɜːk/ *noun* [U] találgatás: *I arrived at the answer **by pure guesswork**.*

★ **guest** /gest/ *noun* [C] vendég: *Who is the guest speaker at the conference?*

IDIOM **be my guest** (*informális*) Csak nyugodtan/bátran!: *'Do you mind if I have a look at your newspaper?' 'Be my guest!'*

'**guest house** *noun* [C] vendégház, panzió

guidance /ˈgaɪdns/ *noun* [U] **guidance (on sth)** eligazítás, tanács(adás): *The centre offers guidance for unemployed people on how to find work.*

★ **guide¹** /gaɪd/ *noun* [C] **1** útmutató: *Your Guide to Using the Internet* • *Have we got a TV guide* (tévéműsor) *for this week?* **2** (also **guidebook**) útikalauz, útikönyv **3** idegenvezető: *a tour guide* **4** eligazítás: *As a rough guide* (körülbelül)*, use twice as much water as rice.* **5** (**Guide**) cserkészlány **❶** Fiúk számára hasonló szervezet: **the** Scouts.

★ **guide²** /gaɪd/ *verb* [T] **1** útbaigazít, eligazít: *He guided us through the busy streets to our hotel.* ➲ Magyarázat a **lead** szónál. **2** befolyásol, irányít: *I was guided by your advice.* **3** segítséget nyújt, eligazít: *The manual will guide you through every step of the procedure.* **4** irányít: *A crane lifted the piano and two men carefully guided it through the window.*

guided /ˈgaɪdɪd/ *adj.* vezetett, irányított: *a guided tour*

guideline /ˈgaɪdlaɪn/ *noun* [C] **1** [*usually plural*] irányelv **2** segítség: *These figures are a useful guideline when buying a house.*

guillotine /ˈgɪləʊtiːn/ *noun* [C] **1** papírvágó **2** nyaktiló
  ▸ **guillotine** *verb* [T] **1** guillotine-nal kivégez **2** (*brit*) papírvágóval vág

★ **guilt** /gɪlt/ *noun* [U] **1** **guilt (about/at sth)** bűntudat **2** bűnösség: *We took his refusal to answer questions as an admission of guilt.* **❶** Ellentéte: **innocence**. **3** felelősség:

It's difficult to say whether the guilt lies (felelősség terheli) *with the parents or the children.*

guilty /'gɪlti/ *adj.* **1 guilty (of sth)** bűnös, vétkes: *She pleaded guilty/not guilty* (bűnösnek/ártatlannak vallotta magát) *to the crime.* • *to be guilty of murder* • *The jury found him guilty of fraud.* **◑** Ellentéte: **innocent. 2 guilty (about sth)**: *I feel really guilty* (bűntudatom van) *about lying to Sam.* • *It's hard to sleep with a guilty conscience* (lelkiismeretfurdalással).
▸ **guiltily** *adv.* bűntudattal

guinea pig /'gɪni pɪg/ *noun* [C] **1** tengerimalac **2** kísérleti alany

guise /gaɪz/ *noun* [C] megjelenési forma: *The President was at the meeting in his guise as chairman of the charity* (alapítványi elnöki minőségében). • *His speech presented racist ideas under the guise of nationalism* (a nacionalizmus köntösében).

★ **guitar** /gɪ'tɑ:(r)/ *noun* [C] gitár: *an acoustic/electric/a Hawaiian/rhythm guitar* • *He plays lead guitar* (szólógitáros) *in the band.* ➔ Magyarázat a **piano** szónál.

guitarist /gɪ'tɑ:rɪst/ *noun* [C] gitáros

gulf /gʌlf/ *noun* **1** [C] öböl **2 (the Gulf)** [*sing.*] a Perzsa-öböl **3** [C] szakadék (*átv*): *the gulf between rich and poor*

gull /gʌl/ (also **seagull**) *noun* [C] sirály

gullible /'gʌləbl/ *adj.* hiszékeny

gulp¹ /gʌlp/ *verb* **1** [I,T] **gulp sth (down); gulp (for) sth** mohón nyel vmit, (be)fal/vedel: *He gulped down his breakfast.* • *She finally came to the surface, desperately gulping (for) air* (levegő után kapkodva). **2** [I] nagyot nyel

gulp² /gʌlp/ *noun* [C] **1** nyelés, kortyolás: *I drank my coffee in one gulp* (egy hajtásra). **2 a gulp (of sth)** egy korty

gum /gʌm/ *noun* **1** [C] fogíny **2** [U] (papír)ragasztó **3** (also '**chewing gum**) [U] rágógumi ➔ Lásd **bubblegum**.

★ **gun¹** /gʌn/ *noun* [C] **1** lőfegyver: *The robber held a gun to the bank manager's head.*

> A **gun** szóval gyakran használt igék a **load**, **unload**, **point**, **aim**, **fire**. Különböző típusú lőfegyverek a

machine gun, pistol, revolver, rifle, shotgun.

2 adagoló (*eszköz*): *a grease gun* zsírzóprés • *a staple gun* szögbelövő
IDIOM jump the gun → JUMP¹

gun² /gʌn/ *verb* [T] (**gunning; gunned**)
PHRASAL VERB gun sb down (*ált. szenvedő szerkezetben*) meg-/lelő vkit

gunboat /'gʌnbəʊt/ *noun* [C] ágyúnaszád

gunfire /'gʌnfaɪə(r)/ *noun* [U] lövöldözés

gunman /'gʌnmən/ *noun* [C] (*plural* **-men** /-mən/) fegyveres bűnöző

gunpoint /'gʌnpɔɪnt/ *noun*
IDIOM at gunpoint fegyvert rászegezve: *He held the hostages at gunpoint.*

gunpowder /'gʌnpaʊdə(r)/ *noun* [U] lőpor, puskapor

gunshot /'gʌnʃɒt/ *noun* [C] lövés

gurgle /'gɜːgl/ *verb* [I] **1** bugyog, csörgedezik: *a gurgling stream* **2** gurgulázik, gőgicsél
▸ **gurgle** *noun* [C] **1** bugyogás, csörgedezés **2** gurgulázás, gőgicsélés

guru /'gʊru:/ *noun* [C] guru: *an Indian guru* • *a management/fashion guru*

gush /gʌʃ/ *verb* **1** [I] **gush (out of/from/into sth); gush out/in** ömlik, kibuggyan: *Blood gushed from the wound.* **2** [T] áraszt: *The broken pipe was gushing water all over the road.* **3** [I,T] ömleng, áradozik
▸ **gush** *noun* [C] áradat: *a sudden gush of water*

gust /gʌst/ *noun* [C] szélroham, erős széllökés
▸ **gust** *verb* [I] (*szél*) felerősödik

gusto /'gʌstəʊ/ *noun*
IDIOM with gusto nagy élvezettel, nagy lelkesedéssel

gut¹ /gʌt/ *noun* **1** [C] bél, zsiger ➔ Lásd **intestine**, amely szakszó. **2 (guts)** [*plural*] belső részek (*ált. állaté*) **3 (guts)** [*plural*] (*informális*) lelkierő, merészség: *It takes guts* (lelkierő kell ahhoz, hogy) *to admit that you are wrong.* • *I don't have the guts* (nincs merszem) *to tell my boss what he's doing wrong.* **4** [C] (*sör*)has
IDIOM work/sweat your guts out a belét is kidolgozza, kizsigereli magát

gut² /gʌt/ *verb* [T] (**gutting; gutted**)

[I] **tárgyatlan** (*ige*): *He laughed.*

[T] **tárgyas** (*ige*): *He ate an apple.*

1 kibelez **2** elpusztít (*épület belsejét*): *The warehouse was gutted by fire.*

gut³ /gʌt/ *adj.* (*csak főnév előtt*) lelki, érzelmi: *a gut feeling* (lelke mélyéből fakadó érzés)/*reaction*

gutter /'gʌtə(r)/ *noun* [*C*] **1** (eresz)csatorna **2** (*utcai*) csatorna **3** a társadalom legalja: *She rose from the gutter to become a great star.*

guy /gaɪ/ *noun* **1** [*C*] (*informális*) fickó, pasi: *He's a nice guy.* • *At the end of the film the bad/good guys escape.* **2** (**guys**) [*plural*] (*informális*) srácok: *What do you guys want to eat?* **3** [*sing.*] (*brit*) bábu ➔ Lásd **Bonfire Night**.

guzzle /'gʌzl/ *verb* [*I,T*] (*informális*) zabál/vedel

gym /dʒɪm/ *noun* **1** (*formális* **gymnasium**) [*C*] tornaterem: *I work out at the gym twice a week.* **2** (*also* **gymnastics**) [*U*] torna: *gym shoes* tornacipő

gymnasium /dʒɪm'neɪziəm/ *noun* [*C*] (*plural* **gymnasiums** *or* **gymnasia** /-zɪə/) = GYM(1)

gymnast /'dʒɪmnæst/ *noun* [*C*] tornász

gymnastics /dʒɪm'næstɪks/ (*also* **gym**) *noun* [*U*] (*talaj- és szer*)torna: *I did gymnastics* (tornásztam) *at school.*

gynaecology (*US* **gynecology**) /ˌgaɪnə-'kɒlədʒi/ *noun* [*U*] nőgyógyászat
▶ **gynaecological** (*US* **gyne-**) /ˌgaɪnəkə-'lɒdʒɪkl/ *adj.* nőgyógyászati
gynaecologist (*US* **gyne-**) /ˌgaɪnə-'kɒlədʒɪst/ *noun* [*C*] nőgyógyász

gypsy (*also* **gipsy**) /'dʒɪpsi/ *noun* [*C*] (*plural* **gypsies**) cigány ➔ Lásd **traveller**.

Hh

H, h /eɪtʃ/ *noun* [*C*] (*plural* **H's**; **h's**) H/h betű

ha¹ /hɑː/ *interj.* **1** Nocsak!: *Ha! I knew he was hiding something!* **2** (**ha! ha!**) ha-ha-ha **3** (*also* **ha! ha!**) (*beszélt nyelv*) haha (*egyáltalán nem szellemes*): *Ha! Ha! Very funny! Now give me back my shoes.*

ha² *abbr.* (**hectare(s)** *rövidítése*) ha, hektár

★ **habit** /'hæbɪt/ *noun* **1** [*C*] **a/the habit (of doing sth)** szokás: *I'm trying to get into the habit* (megszokni) *of hanging up my clothes every night.* • *Once you start smoking it's hard to break the habit* (leszokni). • *You can borrow some money this time, but don't make a habit of it* (ebből ne csinálj rendszert). ❶ Melléknév: **habitual**.

A **habit** egyéni szokás. A **custom** egy csoport, közösség vagy nép szokása: *the custom of giving presents at Christmas.*

2 [*U*] (meg)szokás: *I think I only smoke out of habit now.*
IDIOMS force of habit → FORCE¹ | **kick the habit** → KICK¹

habitable /'hæbɪtəbl/ *adj.* lakható ❶ Ellentéte: **uninhabitable**.

habitat /'hæbɪtæt/ *noun* [*C*] környezet, élettér: *I've seen bears in their natural habitat.*

habitation /ˌhæbɪ'teɪʃn/ *noun* [*U*] (*formális*) lakhely

habitual /hə'bɪtʃuəl/ *adj.* **1** megrögzött: *a habitual liar* **2** szokásos: *He had his habitual cigarette after lunch.*
▶ **habitually** /-tʃuəli/ *adv.* szokás(a) szerint

hack /hæk/ *verb* [*I,T*] **1** **hack (away) (at) sth** vagdos, nyes(eget) **2** (*informális*) **hack (into) (sth)** betör mások számítógépes adattárába

hacker /'hækə(r)/ *noun* [*C*] (*informális*) hekker

had¹ /hæd; həd/ *past tense, past participle* of HAVE

had² /hæd/ *adj.*
IDIOM be had (*informális*) átverték: *I've been had. This watch I bought doesn't work.*

hadn't *short for* HAD NOT

hair

straight hair

curly hair

wavy hair

moustache

He is bald.

He has receding hair. | goatee | beard | He has a bald patch. | ponytail | bristles/ stubble | He has long straight hair. | He has dreadlocks.

parting

plait (US braid)

pigtails (US braids)

bunches

bun

fringe (US bangs)

haemophilia (US **hemophilia**) /ˌhiːməˈfɪliə/ noun [U] vérzékenység

haemophiliac (US **hemophiliac**) /ˌhiːməˈfɪliæk/ noun [C] hemofíliás, vérzékeny

haemorrhage (US **hemorrhage**) /ˈhemərɪdʒ/ noun [C,U] belső vérzés
▶ **haemorrhage** verb [I] belső vérzésben szenved

haemorrhoids (főleg US **hemorrhoids**) /ˈhemərɔɪdz/ noun [plural] aranyér

haggard /ˈhægəd/ adj. nyúzott

haggis /ˈhægɪs/ noun [C,U] skót nemzeti étel (birkagyomorba töltött, darált, fűszerezett belsőség)

haggle /ˈhægl/ verb [I] **haggle (with sb) (over/about sth)** alkudozik: In the market, some tourists were haggling over the price of a carpet.

hail¹ /heɪl/ verb 1 [T] hail sb/sth as sth kikiált vkit/vmit vminek: The book was hailed as a masterpiece. 2 [T] (le/oda)int: to hail a taxi 3 [I] jégeső esik

hail² /heɪl/ noun 1 [U] jégeső 2 [sing.] a hail of sth zápor (átv): a hail of bullets/abuse

hair /heə(r)/ noun 1 [U, C] haj, szőr(zet): He has got short black hair. • Dave's losing his hair (kopaszodik). • The dog left hairs all over the furniture. 2 (-haired) adj. (szó-

összetételekben) -hajú, -szőrű: a dark-haired woman • a long-haired dog

> Some special words for the colour of hair are: **auburn**, **blond**, **fair**, **ginger** and **red**. In order to look after or style your hair you **brush**, **comb**, **wash** (or **shampoo**) it and then **blow-dry** it. You can **part** it (or have **a parting**) in the middle or on one side. When you go to the **hairdresser's** you can have your hair **cut** or **permed**.

3 bolyh(ozat): The leaves and stem are covered in fine hairs.

IDIOMS keep your hair on (beszélt nyelv) nyugi! | let your hair down (informális) elengedi magát, felenged | make sb's hair stand on end égnek áll a haja tőle | not turn a hair szeme se rebben | split hairs → SPLIT¹

hairbrush /ˈheəbrʌʃ/ noun [C] hajkefe ⊃ Ábra brush¹ alatt.

haircut /ˈheəkʌt/ noun [C] 1 hajvágás: You need (to have) a haircut. 2 frizura

hairdo /ˈheəduː/ noun [C] (informális) frizura

hairdresser /ˈheədresə(r)/ noun 1 [C] fodrász ❶ A **barber** jelentése „borbély, férfifodrász". 2 **(the hairdresser's)** [sing.] fodrászüzlet

hairdryer (also **hairdrier**) /'heədraɪə(r)/ noun [C] hajszárító

hairgrip /'heəɡrɪp/ noun [C] hajcsat

hairless /'heələs/ adj. szőrtelen ⊃ Lásd **bald**.

hairline¹ /'heəlam/ noun [C] a haj szélének körvonala a homlokon

hairline² /'heəlam/ adj. hajszálvékony (*repedés*): *a hairline fracture of the leg*

hairpin bend /ˌheəpɪn 'bend/ noun [C] (*brit*) hajtűkanyar

hair-raising adj. hajmeresztő: *a hair-raising experience*

hairspray /'heəspreɪ/ noun [U, C] hajlakk ❶ Szinonimája: **lacquer**.

hairstyle /'heəstaɪl/ noun [C] frizura

hairstylist /'heəstaɪlɪst/ (also **stylist**) noun [C] fodrász

hairy /'heəri/ adj. (**hairier**; **hairiest**) 1 szőrös, hajas 2 (*szleng*) cikis

halal /'hælæl/ adj. (*csak főnév előtt*) (*vall*) muszlim szertartás szerint leölt állat húsa

★ **half¹** /hɑːf/ determiner, noun [C] (*plural* **halves** /hɑːvz/) fél, vmi fele: *three and a half kilos of potatoes* • *Two halves make a whole.* • *half an hour* fél óra • *an hour and a half* másfél óra • *two and a half hours* • *Giggs scored in the first half* (az első félidőben). ❶ Ige: **halve**.

> A **half** előtt általában nem áll határozott névelő. Ha a **half** főnév előtt áll, az *of* szó kitehető, de nem kötelező: *More than half (of) the girls could speak a foreign language.* Névmás előtt azonban az *of* szó kötelező: *Less than half of them turned up yesterday.* Ha a **half** szót a(n) követi, az *of* nem szerepelhet, mint általában mértéket és minőséget kifejező szókapcsolatban: *half an hour.* A „fél font" (összeg) fordítása **50p**, a „fél év" fordítása leggyakrabban **six months**.

> **IDIOMS** break, cut, etc. sth in half ketté-/félbetör, ketté-/félbevág | go half and half/go halves (with sb) (in/on sth) (*brit*) osztozik (*költségeken*) | do nothing/not do anything by halves nem végez félmunkát

★ **half²** /hɑːf/ adv. félig, (fele)részben: *half full* • *The hotel was only half finished* (félig készült el.) • *He's half German.*

> **IDIOMS** half past... fél (*óra 30*): *half past six* fél hét ❶ A brit angolban a hétköznapi nyelvben pl. a 6 óra 30 perc kifejezésére a **half six** is használatos. | not half as much, many, good, bad, etc. feleannyi/feleannyira sem olyan jó, rossz stb.: *This episode wasn't half as good as the last.*

half-baked adj. (*informális*) kellően át nem gondolt: *a half-baked idea*

half board noun [U] (*brit*) félpanzió ⊃ Lásd **full board**, **bed and breakfast**.

half-brother noun [C] féltestvér (*férfi*) ⊃ Vesd össze **stepbrother**.

half-hearted adj. kelletlen
► **half-heartedly** adv. ímmel-ámmal

half-sister noun [C] féltestvér (*nő*) ⊃ Vesd össze **stepsister**.

half-term noun [C] (*brit*) egyhetes szünet az iskolai félév közepén

half-time noun [U] (*sp*) félidő

halfway /ˌhɑːf'weɪ/ adj., adv. félúton ❶ Szinonimája: **midway**.

★ **hall** /hɔːl/ noun [C] 1 (also **hallway**) előszoba, előtér: *an entrance hall* előcsarnok 2 terem: *a concert hall* ⊃ Lásd **town hall**.

hallmark /'hɔːlmɑːk/ noun [C] 1 jellemző (vonás): *The ability to motivate students is the hallmark of a good teacher.* 2 fémjel(zés)

hallo = HELLO

hall of residence noun [C] (*plural* **halls of residence**) (*US* **dormitory**) kollégium, diákszálló

Hallowe'en /ˌhæləʊ'iːn/ noun [sing.] (also **Halloween**) mindenszentek előestéje (október 31-e)

> Azt tartja a mondás, hogy **Hallowe'en** alkalmából előjönnek a boszorkányok és a szellemek. A gyerekek ilyenkor boszorkánynak öltöznek és megtréfálják az embereket. Az USA-ban házról házra járnak, és azt mondják, **trick or treat**, ilyenkor mindig kapnak valamilyen édességet.

hallucination /həˌluːsɪˈneɪʃn/ noun [C,U] hallucináció

halo /ˈheɪləʊ/ noun [C] (plural **halos** or **haloes**) glória

halt /hɔːlt/ noun [sing.] megállás (rövid időre): Work **came to a halt** (megállt) when the machine broke down.
► **halt** verb (formális) megáll(ít), feltartóztat

IDIOM **grind to a halt/standstill** → GRIND¹

halve /hɑːv/ verb 1 [I,T] felére csökken(t): Shares in the company have halved in value. 2 [T] (meg)felez: First halve the peach and then remove the stone.

ham /hæm/ noun [U] sonka ⊃ Lásd **bacon**, **pork**. Magyarázat a **meat** szónál.

hamburger /ˈhæmbɜːɡə(r)/ noun 1 (also **burger**) [C] hamburger ⊃ Lásd **beefburger**. 2 [U] (US) = MINCE

hamlet /ˈhæmlət/ noun [C] falucska

★ **hammer¹** /ˈhæmə(r)/ noun 1 [C] kalapács ⊃ Ábra **tool** alatt. 2 (**the hammer**) [sing.] kalapácsvetés

hammer² /ˈhæmə(r)/ verb 1 [I,T] **hammer sth (in/into/onto sth)** kalapál: She hammered the nail into the wall. 2 [I] dörömböl: He hammered on the door until somebody opened it.

IDIOMS **hammer sth into sb** besulykol | **hammer sth out** kidolgoz (pl. megoldást)

hammering /ˈhæmərɪŋ/ noun 1 [U] kalapálás 2 [C] (brit, informális) tönkreverés (átv)

hammock /ˈhæmək/ noun [C] függőágy

hamper¹ /ˈhæmpə(r)/ verb [T] (ált. szenvedő szerkezetben) akadályoz: The building work was hampered by bad weather.

hamper² /ˈhæmpə(r)/ noun [C] fedeles kosár

hamster /ˈhæmstə(r)/ noun [C] hörcsög

★ **hand¹** /hænd/ noun 1 [C] kéz: to hold hands • He **took** the child **by the hand** (kézen fogta). • She was on her hands and knees (négykézláb) looking for an earring. ⊃ Ábra **kneel** alatt. 2 (**a hand**) [sing.] (informális) segítség: I'll give you a hand with the washing up. • Do you want/need a hand? 3 [C] óramutató: the hour/minute/second hand 4 [C] (segéd)munkás: farm-

hands 5 [C] egy játékosnak kiosztott kártyalapok: have a good/bad hand 6 (-**handed**) adj. (szóösszetételekben) -kezes: heavy-handed nehézkes/ügyetlen • right-handed/left-handed

IDIOMS (**close/near**) **at hand** (formális) kéznél: Help is close at hand. | **be an old hand (at sth)** → OLD | **be on hand** kéznél van: There is always an adult on hand to help when the children are playing outside. | **by hand 1** kézzel 2 személyesen (kézbesítés) | **catch sb red-handed** → CATCH¹ | **change hands** → CHANGE¹ | a **firm hand** → FIRM¹ | (**at**) **first hand** első kézből: Did you get this information first hand? ⊃ Lásd **second-hand**. | **get, have, etc. a free hand** → FREE¹ | **get, etc. the upper hand** → UPPER | **get/lay your hands on sb/sth 1** (meg)szerez 2 (informális) megkaparint: Just wait till I get my hands on that boy! Csak kerüljön a kezem közé az a gyerek! | **give sb a big hand** megtapsol | **hand in hand 1** kézen fogva: The couple walked hand in hand along the beach. 2 (szorosan) együtt (jár vmivel): Drought and famine usually go hand in hand. | **your hands are tied** meg van kötve a keze | **hands off (sb/sth)** (informális) ne nyúlj | **hands up 1** jelentkezik (iskolában): Hands up (tegye fel a kezét) who'd like to go on the trip this afternoon? 2 Fel a kezekkel! | **have a hand in sth** része/szerepe van vmiben | **have sb eating out of your hand** → EAT | **have your hands full** rengeteg a dolga | a **helping hand** → HELP¹ | **hold sb's hand** fogja vki kezét (átv): I'll come to the dentist's with you to hold your hand. | **hold hands (with sb)** fogják egymás kezét | **in hand 1** elintézés alatt: The situation is in hand. ● Ellentéte: **out of hand**. 2 tartalék: If you have time and nerve (ha marad még időd) at the end of the exam, check what you have written. | **in safe hands** → SAFE¹ | **in your hands** vki kezében: The matter is in the hands of a solicitor. | **keep your hand in** nem esik/jön ki a gyakorlatból: I have a game of tennis from time to time just to keep my hand in. | **lend (sb) a hand/lend a hand (to sb)** → LEND | **off your hands** többé nem az ő dolga | **on your hands** vki gondja/feladata: We seem to have a problem on our hands. | **on the one hand... on the other (hand)** egyrészt..., másrészt ... |

get/be out of hand kicsúszik a kezéből, elfajul: *Violence at football matches is getting out of hand.* ❶ Ellentéte: **in hand.** | **out of your hands** már nem az ő kezében van, már nem az ő dolga: *The matter is out of my hands.* | **shake sb's hand/shake hands (with sb)/shake sb by the hand** → SHAKE¹ | **to hand** kéznél: *I'm afraid I haven't got my diary to hand.* | **try your hand at sth** → TRY¹ | **turn your hand to sth** ért vmihez: *She can turn her hand to all sorts of jobs.* | **wash your hands of sb/sth** → WASH¹ | **with your bare hands** → BARE

★ **hand²** /hænd/ *verb* [T] **hand sb sth; hand sth to sb** átad, átnyújt

🔲 **have (got) to hand it to sb** leveszi a kalapját vki előtt (*átv*): *You've got to hand it to Rita: she's a great cook.*

🔲 **PHRASAL VERBS hand sth back (to sb)** visszaad | **hand sth down (to sb)** továbbad (*szokást, kinőtt ruhát, játékot stb.*) | **hand sth in (to sb)** átad, lead (*vmilyen hatóságnak*) | **hand sth on (to sb)** továbbad | **hand sth out (to sb)** kioszt | **hand (sb/sth) over (to sb)** átad, odaad: *She resigned as chairperson and handed over to one of her younger colleagues.* ● *Could you hold the line while I see if I can hand you over to my boss?* ● *People were tricked into handing over large sums of money.* | **hand sth round** körbead

handbag /'hændbæg/ (*US* purse) *noun* [C] női táska, retikül ❶ Szinonimája: **shoulder bag.** ➔ Ábra **bag¹** alatt.

handbook /'hændbʊk/ *noun* [C] kézikönyv

handbrake /'hændbreɪk/ (*US* e'mergency brake, 'parking brake) *noun* [C] kézifék

handcuffs /'hændkʌfs/ (*also* cuffs) *noun* [plural] (kéz)bilincs

handful /'hændfʊl/ *noun* **1** [C] a handful (of sth) maréknyi **2** [sing.] néhány **3** (a handful) [sing.] (*informális*) nehezen kezelhető: *The little girl is quite a handful.* A kislánnyal nem lehet bírni.

handgun /'hændgʌn/ *noun* [C] kézi lőfegyver

handicap¹ /'hændikæp/ *noun* **1** [C] hátrány **2** (*sp*) (esélytelen versenytársnak) adott előny **3** (*rég*) *noun* [C,U] rokkantság, (szellemi/testi) fogyatékosság

Sokan bántónak tartják ezt a szót, inkább a **disability** használatos.

handicap² /'hændikæp/ *verb* [T] (**handicapping; handicapped**) (*ált. szenvedő szerkezetben*) hátrányos helyzetbe hoz: *They were handicapped by their lack of education.*

handicapped /'hændikæpt/ *adj.* (*rég*) rokkant, testi/szellemi fogyatékos, mozgássérült

Sokan bántónak tartják ezt a szót, inkább a **disabled** használatos.

handicraft /'hændikrɑːft/ *noun* **1** [C] kézművesség **2** (**handicrafts**) [plural] kézműipari termék

handiwork /'hændiwɜːk/ *noun* [U] vki kezemunkája: *She put the dress on and stood back to admire her handiwork.* ● *This looks like the handiwork of a vandal.*

handkerchief /'hæŋkətʃɪf; -tʃiːf/ *noun* [C] (*plural* **handkerchiefs** *or* **handkerchieves** /-tʃiːvz/) zsebkendő

Bizalmasabb stílusban a **hanky/hankie** szót használják. A papírzsebkendő **paper handkerchief** vagy **tissue.**

handles/knobs/buttons

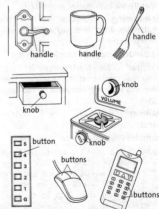

★ **handle¹** /'hændl/ *verb* [T] **1** megfog, hozzányúl: *Wash your hands before you*

❶ = magyarázat [C] megszámlálható (*főnév*): one book, two books

[U] megszámlálhatatlan (*főnév*): some sugar

handle food. **2** bánik vkivel/vmivel, kezel vkit/vmit: *This port handles 100 million tons of cargo each year.* • *I have a problem at work and I don't know how to handle it.*

▸ **handler** *noun* [C] kezelő: *baggage/dog/food handlers*

handle² /'hændl/ *noun* [C] kilincs, fogantyú, nyél, fül: *She turned the handle and opened the door.* ➲ Ábra **bag¹**, **cup**, ill. **pan** alatt. Ábra az előző oldalon.
IDIOM **fly off the handle** → FLY¹

handlebar /'hændlbɑ:(r)/ *noun* [C, usually plural] kerékpárkormány

'**hand luggage** (US '**carry-on bag**) *noun* [U] kézipoggyász

handmade /,hænd'meɪd/ *adj.* kézzel készített

handout /'hændaʊt/ *noun* [C] **1** segélyadomány **2** nyomtatott/sokszorosított lap (*kiosztásra*)

handpicked /,hænd'pɪkt/ *adj.* gondosan (ki/meg)válogatott

handrail /'hændreɪl/ *noun* [C] korlát, karfa

handset /'hændset/ *noun* [C] telefonkagyló

handshake /'hændʃeɪk/ *noun* [C] kézfogás

★ **handsome** /'hænsəm/ *adj.* **1** jóképű (*férfi*)
➲ Magyarázat a **beautiful** szónál. **2** tekintélyes, szép (*összeg, ajánlat stb.*): *a handsome profit*
▸ **handsomely** *adv.* nagyvonalúan, bőségesen: *Her efforts were handsomely rewarded.*

,**hands-'on** *adj.* gyakorlati: *She needs some hands-on computer experience.*

handwriting /'hændraɪtɪŋ/ *noun* [U] kézírás

handwritten /,hænd'rɪtn/ *adj.* kézzel írott

handy /'hændi/ *adj.* (**handier**; **handiest**) **1** praktikus, jól használható: *a handy tip* • *a handy gadget* **2** **handy (for sth/doing sth)** kéznél lévő, könnyen elérhető: *Always keep a first-aid kit handy for emergencies.* **3** ügyes (*kezű*): *James is very handy around the house.*
IDIOM **come in handy** jól jön: *Don't throw that box away – it may come in handy.*

handyman /'hændimæn/ *noun* [C] (*plural* -**men**) ezermester

★ **hang¹** /hæŋ/ *verb* (*pt, pp* **hung** /hʌŋ/) **1** [I,T] (fel)akaszt vmit, lóg, függ: *I left the washing hanging on the line all day.* **2** [T] felakaszt vkit: *He was hanged for murder.*
❶ A **hanged** csak a **2.** jelentés múlt ideje ill. múlt idejű melléknévi igeneve. **3** [I] **hang (above/over sb/sth)** vmi lóg a levegőben (*kellemetlen, fenyegető*): *Smog hung in the air over the city.*
IDIOMS **be/get hung up (about/on sb/sth)** ki van akadva vki/vmi miatt: *She's really hung up about her parents' divorce.* | **hang (on) in there** (*beszélt nyelv*) kitart: *The worst part is over now. Just hang on in there and be patient.*

PHRASAL VERBS **hang about/around** (*informális*) lóg, lézeng | **hang back 1** húzódozik, habozik **2** lemarad(ozik) | **hang on 1** egy kicsit vár: *Hang on a minute.* **2** kapaszkodik, fogózkodik: *Hang on – don't let go!* | **hang on sth** függ vmitől | **hang on to sth 1** (*informális*) megtart vmit, ragaszkodik vmihez: *Let's hang on to the car for another year.* **2** szorosan fog: *He hung on to the child's hand as they crossed the street.* | **hang out** (*informális*) csatangol: *The local kids hang out at the mall.* | **hang sth out** kiteregel (*ruhát*) | **hang over sb** vmi lóg a feje fölött, nyomaszt: *This essay has been hanging over me for days.* | **hang up** leteszi a telefont | **hang sth up** felakaszt vmit: *Hang your coat up over there.* | **hang up on sb** (*informális*) lecsapja a kagylót

hang² /hæŋ/ *noun*
IDIOM **get the hang of (doing) sth** (*informális*) belejön vmibe, kitanulja vminek a csínját-bínját: *It took me a long time to get the hang of my new computer.*

hangar /'hæŋə(r)/ *noun* [C] hangár

hanger /'hæŋə(r)/ (also '**coat hanger**, '**clothes hanger**) *noun* [C] vállfa

hanger-on /,hæŋər 'ɒn/ *noun* [C] (*plural* **hangers-on**) vki sleppjéhez tartozó alak

'**hang-glider** *noun* [C] sárkányrepülő
➲ Lásd **glider**.
▸ **hang-gliding** *noun* [U] sárkányrepülés

hanging /'hæŋɪŋ/ *noun* [C,U] (fel)akasztás (*emberé*)

hangman /'hæŋmən/ *noun* **1** [C] hóhér **2** [*sing.*] akasztófa (*játék*)

hangover /'hæŋəʊvə(r)/ *noun* [C] másnaposság

[I] **tárgyatlan** (ige): *He laughed.*

[T] **tárgyas** (ige): *He ate an apple.*

'hang-up noun [C] (szleng) a hang-up (about sb/sth) flúg, lelki probléma

hanker /'hæŋkə(r)/ verb [I] hanker after/for sth sóvárog vmi után

hanky (also **hankie**) /'hæŋki/ noun [C] (plural **hankies**) (informális) zsepi

haphazard /hæp'hæzəd/ adj. ötletszerű, rendszertelen
▶ **haphazardly** adv. ötletszerűen, rendszertelenül

★ **happen** /'hæpən/ verb [I] **1** történik: How did the accident happen?

> A **happen** és a formálisabb **occur** rendszerint előre meg nem tervezett, míg a **take place** kifejezés valamilyen előre tervezett eseményre vonatkoznak: The wedding took place on Saturday June 13th.

2 happen to sb/sth történik vkivel/ vmivel: What do you think has happened to Julie? She should have been here an hour ago. **3** happen to do sth vki véletlenül/történetesen csinál vmit: I happened to meet him in London yesterday.
IDIOMS as it happens/happened történetesen: As it happens, I did remember to bring the book you wanted. | **it (just) so happens** → **SO¹**

happening /'hæpənɪŋ/ noun [C, usually plural] esemény: Strange happenings have been reported in that old hotel.

> A **happening** ált. valamilyen véletlenül megtörtént esemény, míg az **event** rendszerint előre tervezett és különleges vagy fontos.

happily /'hæpɪli/ adv. **1** boldogan: I would happily give up my job if I didn't need the money. **2** szerencsére: The police found my handbag and, happily, nothing had been stolen.

★ **happy** /'hæpi/ adj. (**happier**; **happiest**) **1** happy (to do sth); happy for sb; happy that... boldog, elégedett: You look very happy today. • Congratulations! I'm very happy for you. ❶ Ellentéte: **unhappy** vagy **sad**. ➔ Magyarázat a **glad** szónál. **2** boldog: a happy marriage/memory/childhood • The film is sad but it has a happy ending. **3** happy (with/about sth) elégedett: I'm not very happy with what you've done.

4 (főnév előtt nem állhat) be happy to do sth szívesen megtesz vmit **5** (**Happy**) boldog (jókívánságokban): Happy Birthday! **6** (csak főnév előtt) szerencsés: a happy coincidence. ❶ Ellentéte: **unhappy**.
▶ **happiness** noun [U] boldogság, elégedettség

,happy-go-'lucky adj. könnyed, gondtalan

'happy hour noun [C, usually sing.] (általában esti) időszak, amikor a kocsmák, bárok olcsóbban árulják a szeszes italokat

harass /'hærəs; hə'ræs/ verb [T] zaklat
▶ **harassment** noun [U] zaklatás: She accused her boss of **sexual harassment**.

harassed /'hærəst; hə'ræst/ adj. agyonhajszolt, zaklatott

harbour¹ (US **harbor**) /'hɑːbə(r)/ noun [C,U] kikötő

harbour² (US **harbor**) /'hɑːbə(r)/ verb [T] **1** táplál (magában) (vmilyen érzelmet), foglalkozik (gondolattal, titokban): She began to **harbour doubts** (titokban kételkedni kezdett) about the decision. **2** bújtat: They were accused of harbouring terrorists.

★ **hard¹** /hɑːd/ adj. **1** kemény ❶ Ellentéte: **soft**. **2** hard (for sb) (to do sth) nehéz: This book is hard to understand./It is a hard book to understand. • It's hard for young people to find good jobs nowadays. • I find his attitude very hard to take (nehéz elviselni). ❶ Ellentéte: **easy**. **3** nehéz, kemény, fáradságos: It's a hard climb to the top of the hill. • **Hard work** is said to be good for you. • He's a hard worker. **4** keményen/Szorgalmasan dolgozik. **4** kemény, szigorú: You have to be hard to succeed in business. ❶ Ellentéte: **soft** vagy **lenient**. **5** nehéz, keserves: to have a hard time/day/life/ childhood **6** kemény (hideg): The forecast is for a hard winter/frost. ❶ Ellentéte: **mild**. **7** kemény (víz): We live in a **hard water** area. ❶ Ellentéte: **soft**.
▶ **hardness** noun [U] keménység
IDIOMS a hard act to follow nehéz felülmúlni | **be hard at it** keményen dolgozik vmin | **be hard on sb/sth 1** keményen bánik vkivel/vmivel: Don't be too hard on her – she's only a child. **2** igazságtalanul bánik vkivel: Moving the office to

the country is a bit hard on the people who haven't got a car. | **give sb a hard time** (*informális*) megkeseríti vki életét | **hard and fast** merev (*szabály stb.*): *There are no hard and fast rules about this.* | **hard facts** rideg tények | **hard luck** → LUCK | **hard of hearing** nagyothalló | **hard to swallow** nehezen hihető | **have a hard job doing/to do sth; have a hard time doing sth** nagy nehézségekkel csinál meg vmit | **learn the hard way** → LEARN | **no hard feelings** (*beszélt nyelv*) Nincs harag!: *'No hard feelings, I hope,' he said, offering me his hand.* | **the hard way** saját kárán: *She won't listen to my advice so she'll just have to learn the hard way.* | **take a hard line (on sth)** keményen lép fel vmivel szemben

* **hard²** /hɑːd/ adv. **1** keményen, szorgalmasan: *He worked hard all his life.* **2** erősen, keményen: *It was raining/snowing hard.* • *He hit her hard across the face.*
IDIOMS be hard up (for sth) rosszul áll (*főleg anyagilag*) | **be hard pressed/pushed/put to do sth** szorongatott helyzetben van: *He was hard pressed to explain his wife's sudden disappearance.* | **die hard** → DIE | **hard done by** (*brit*) méltánytalanul (bánnak vele): *He felt very hard done by when he wasn't chosen for the team.*

hardback /ˈhɑːdbæk/ noun [C] kemény kötésű (könyv): *This book is only available in hardback.* ➔ Lásd **paperback**.

hard-'boiled adj. kemény (*tojás*)

hard 'core noun [sing., with sing. or plural verb] kemény mag (*csoporté*)

hard 'currency noun [U] kemény valuta

hard 'disk noun [C] (*infor*) merevlemez, winchester ➔ Lásd **floppy disk**.

hard 'drug noun [C, usually plural] kemény drog ➔ Lásd **soft**.

harden /ˈhɑːdn/ verb **1** [I,T] (meg)keményedik, (meg)szilárdul, (meg)keményít, (meg)szilárdít: *The concrete will harden in 24 hours.* • *The firm has hardened its attitude on this question.* **2** [T] (*ált. szenvedő szerkezetben*) **harden sb (to sth/doing sth)** hozzászoktat, hozzáedz (*kellemetlenhez*): *a hardened* (edzett) *reporter/* (megrögzött) *criminal* • *Police officers are hardened to* (hozzászoknak) *seeing dead bodies.* **3** [I] megkeményedik (*vki vonásai, hangja*)

hard-'headed adj. realista, keményfejű: *a hard-headed businessman*

hard-'hearted adj. keményszívű, könyörtelen **❶** Ellentéte: **soft-hearted**.

hard-'hitting adj. kíméletlenül kritikus: *a hard-hitting campaign/speech*

* **hardly** /ˈhɑːdli/ adv. **1** alig: *There's hardly any coffee left.* Alig maradt kávé. • *Hardly anyone* (jóformán senki) *has bothered to reply.* • *We hardly ever* (szinte soha) *go out nowadays.* ➔ Lásd **almost**. **2** (*A can és could segédigék után, ill. a főige előtt gyakran hangsúlyozza, hogy vmi nehezen végezhető el.*): *Speak up – I can hardly hear you* (alig hallak). **3** alighogy…, (máris): *We'd hardly sat down at the table when the phone rang.*

> Az írott nyelvben előfordul, hogy a **hardly** a mondat elején áll. Ilyenkor fordított szórend követi: *Hardly had we sat down at the table, when the phone rang.*

4 aligha: *You can/could hardly expect me to believe that excuse!* • *I could hardly believe it* (nem akartam hinni a szememnek) *when I saw the letter.* ➔ Lásd **barely**, **scarcely**.

hard-'nosed adj. realista: *hard-nosed journalists/politicians*

hardship /ˈhɑːdʃɪp/ noun [C,U] szűkölködés, megpróbáltatás: *This new tax is going to cause a lot of hardship.*

hard 'shoulder (*US* **shoulder**) noun [C] leállósáv

hardware /ˈhɑːdweə(r)/ noun [U] **1** (*infor*) hardver ➔ Lásd **software**. **2** vas- és fémárú: *a hardware shop*

hard-'wearing adj. (*brit*) strapabíró (*ruha, anyag*)

hard-'working adj. szorgalmas

hardy /ˈhɑːdi/ adj. (**hardier; hardiest**) szívós, ellenálló: *a hardy* (téltűrő) *plant*

hare /heə(r)/ noun [C] mezei nyúl

harem /ˈhɑːriːm/ noun [C] hárem

* **harm¹** /hɑːm/ noun [U] kár, sérelem: *Peter ate some of those berries but they didn't **do** him **any harm*** (nem lett semmi baja). • *Experienced staff watch over the children to* *make sure they don't **come to any harm** (nehogy bajuk essen).*

IDIOMS **no harm done** (*informális*) nincs semmi baj: *'Sorry about what I said to you last night.''That's all right, Jack – no harm done!'* | **out of harm's way** biztonságban: *Put the medicine out of harm's way.* | **there is no harm in doing sth; it does no harm** (**for sb**) **to do sth** nem árt, ha: *I'm sure he'll say no, but there's no harm in asking.* Biztos vagyok benne, hogy nemet fog mondani, de azért megkérdezhetjük.

harm² /hɑːm/ *verb* [T] árt, bajt okoz

★ **harmful** /ˈhɑːmfl/ *adj.* **harmful (to sb/sth)** ártalmas: *Traffic fumes are harmful to the environment.*

★ **harmless** /ˈhɑːmləs/ *adj.* ártalmatlan
  ► **harmlessly** *adv.* ártalmatlanul

harmonica /hɑːˈmɒnɪkə/ *noun* [C] szájharmonika

harmonious /hɑːˈməʊniəs/ *adj.* **1** békés, harmonikus **2** harmonikus: *a harmonious combination of colours*
  ► **harmoniously** *adv.* **1** békésen, harmonikusan **2** harmonikusan: *The clarinets played harmoniously together.*

harmonize (*also* **-ise**) /ˈhɑːmənaɪz/ *verb* **1** **harmonize (with sth/sb)** [I] harmonizál, összhangban van **2** **harmonize sth (with sth)** [T] (*írott nyelv*) összhangba hoz, egyeztet
  ► **harmonization** (*also* **-isation**) /ˌhɑːmənaɪˈzeɪʃn/ *noun* [U] harmonizálás, összehangolás

harmony /ˈhɑːməni/ *noun* (*plural* **harmonies**) [C,U] harmónia, összhang: *We need to live more **in harmony with** our environment.* • *There are some beautiful harmonies in that music.*

harness¹ /ˈhɑːnɪs/ *noun* [C] **1** lószerszám **2** kantár: *a safety harness*

harness² /ˈhɑːnɪs/ *verb* [T] **1** **harness sth (to sth)** felszerszámoz: *Two ponies were harnessed to the cart.* **2** hasznosít (*energiát*): *to harness the sun's rays as a source of energy*

harp /hɑːp/ *noun* [C] hárfa
  ► **harpist** *noun* [C] hárfás

harpoon /hɑːˈpuːn/ *noun* [C] szigony
  ► **harpoon** *verb* [T] megszigonyoz

harrowing /ˈhærəʊɪŋ/ *adj.* szívszoron-

gató: *The programme showed harrowing scenes of the victims of the war.*

harsh /hɑːʃ/ *adj.* **1** kíméletlen: *a harsh punishment/criticism* • *The judge had some **harsh words** for the journalist's behaviour.* **2** kemény, bántó, éles: *She grew up in the harsh environment of New York City.* • *a harsh light/voice* **3** érdes, durva: *This soap is too harsh for a baby's skin.*
  ► **harshly** *adv.* **1** keményen **2** durván
  harshness *noun* [U] **1** keménység (*átv*) **2** keménység (*átv*), érdesség

harvest /ˈhɑːvɪst/ *noun* **1** [C,U] aratás, betakarítás, szüret **2** [C] termés: *This year's wheat harvest was very poor.*
  ► **harvest** *verb* [I,T] arat, betakarít, (le)szüretel **Ɔ** Lásd **combine harvester**.

has /həz/ erős alak hæz/ → HAVE

'has-been *noun* [C] (*informális*) levitézlett (ember), divatjamúlt dolog

hash /hæʃ/ *noun* [U] **1** sült burgonyás húspogácsa **2** = HASHISH
  IDIOM **make a hash of sth** (*informális*) elbaltáz vmit

hashish /ˈhæʃiːʃ/ (*also* **hash**) *noun* [U] hasis

hasn't *short for* HAS NOT

hassle¹ /ˈhæsl/ *noun* (*informális*) **1** [C,U] hercehurca, zűrzavar: *It's going to be a hassle having to change trains with all this luggage.* **2** [U] vitatkozás: *I've decided what to do – please don't give me any hassle about it* (ne próbálj lebeszélni róla).

hassle² /ˈhæsl/ *verb* [T] (*informális*) zargat: *I wish he'd stop hassling me about decorating the house.*

haste /heɪst/ *noun* [U] sietség: *It was obvious that the letter had been written **in haste** (kapkodva).

hasten /ˈheɪsn/ *verb* (*formális*) **1** [I] **hasten to do sth** igyekszik, siet (*megtenni vmit*): *She hastened to apologize.* **2** [T] siettet, (meg/fel)gyorsít

hasty /ˈheɪsti/ *adj.* **1** sietős, gyors: *He said a hasty 'goodbye' and left.* **2** **hasty (in doing sth/to do sth)** elhamarkodott
  ► **hastily** *adv.* sietve

hat /hæt/ *noun* [C] kalap, sapka **Ɔ** Ábra a következő oldalon.
  IDIOM **at the drop of a hat** → DROP²

hats

woolly hat
crown
brim
bowler hat
peak (US bill)
baseball cap
cap
ribbon
sun hat
hard hat
visor
beret
top hat
crash helmet

hatch¹ /hætʃ/ verb **1** [I] hatch (out) kikel (madár, rovar stb.): *Ten chicks hatched (out) this morning.* **2** [T] (ki)keltet (pl. madarat): *How long do these eggs take to hatch?* **3** [T] hatch sth (up) kitervel, forral (vmi rosszat): *He hatched a plan to avoid paying any income tax.*

hatch² /hætʃ/ noun [C] **1** fedélzeti raktárfedél (hajón) **2** tálalóablak **3** ajtó (repülőgépen, űrhajón)

hatchback /'hætʃbæk/ noun [C] ötajtós autó

hatchet /'hætʃɪt/ noun [C] kis balta ➔ Ábra **garden¹** alatt.

★ **hate¹** /heɪt/ verb [T] **1** gyűlöl, utál: *I hate grapefruit.* • *He hates driving at night.* • *I hate it when it's raining like this.* • *I hate to see the countryside spoilt.* ➔ Lásd **detest** és **loathe**, amelyek még erősebb érzelmeket fejeznek ki. **2** ne haragudjon, hogy: *I hate to bother you, but did you pick up my keys by mistake?*

hate² /heɪt/ noun **1** [U] gyűlölet: *Do you feel any hate towards the kidnappers?* **2** [C] gyűlölet tárgya: *Plastic flowers are one of my pet hates.* Az egyik dolog, amit a legjobban utálok, az a műanyag virág.

hateful /'heɪtfl/ adj. hateful (to sb) gyűlöletes, utálatos: *It was a hateful thing to say.*

hatred /'heɪtrɪd/ noun [U] hatred (for/of sb/sth) gyűlölet, gyűlölködés

'hat-trick noun [C] mesterhármas: *to score a hat-trick*

haughty /'hɔːti/ adj. gőgös: *She gave me a haughty look.*
▸ **haughtily** adv. gőgösen

haul¹ /hɔːl/ verb [T] vontat: *A lorry hauled the car out of the mud.*

haul² /hɔːl/ noun **1** [C, usually sing.] a haul (of sth) jó fogás: *a good haul of fish* **2** [sing.] távolság, út: *It seemed a long haul back home at night.*

haulage /'hɔːlɪdʒ/ noun [U] (brit) szállítás, szállítási díj

haunt¹ /hɔːnt/ verb [T] **1** (gyakran szenvedő szerkezetben) kísért, jár (kísértet): *The house is said to be haunted.* Azt mondják, ebben a házban kísértetek járnak. **2** kísért (rémkép, gondolat): *His unhappy face has haunted me for years.*

haunt² /hɔːnt/ noun [C] törzshely: *This cafe has always been a favourite haunt of mine.*

haunting /'hɔːntɪŋ/ adj. vissza-visszatérő: *a haunting song* állandóan a fülben motoszkáló dallam

have	
present tense	past tense
I have (I've)	I had (I'd)
you have (you've)	you had (you'd)
he/she/it has	he/she/it had
(he's/she's/it's)	(he'd/she'd/it'd)
we have (we've)	we had (we'd)
you have (you've)	you had (you'd)
they have (they've)	they had (they'd)
past participle	had
present participle	having
negative short forms	haven't, hasn't, hadn't

★ **have¹** /həv; erős alak hæv/ auxiliary verb (a befejezett igealakok képzéséhez használt segédige) ➔ Lásd a **Rövid nyelvtani össze-foglalást**.

have² /hæv/ verb [T] ❶ Egyes jelentésekben have got is használható, különösen a brit angolban, azonban csak az egyszerű jelenidőben. **1** (brit also have got) (con-

haven

tinuous igeidőkben és szenvedő szerkezetben nem állhat) van (vkinek vmije) *(birtoklás kifejezése): I've got a new camera.* • *He's got dark hair.* • *to have patience* • *Have you got any brothers and sisters?* • *Do you have time to check my work?* **2** csinál vmit *(a mellette álló főnév nevezi meg a cselekvést): What time do you have breakfast (reggelizik)?* • *to have a drink/something to eat* iszik/eszik vmit • *to have a shower* zuhanyozik • *to have an argument/talk/chat* vitatkozik/beszélget/cseveg **3** átél vmit: *to have fun* szórakozik • *to have problems/difficulties* problémái/nehézségei vannak • *to have an idea/an impression/a feeling* van egy ötlete/benyomása/érzése • *to have an accident* balesetet szenved • *She had her bag stolen on the underground.* Ellopták a táskáját a földalattin. **4** (also **have got**) *(continuous igeidőkben és szenvedő szerkezetben nem állhat)* vkinek vmilyen baja/betegsége van: *She's got a bad cold.* Nagyon megfázott. • *to have flu/a headache/cancer/Aids* influenzás/fáj a feje/rákos/AIDS-es **5** (**have sth done**) vmit (meg)csináltat: *I have my hair cut every six weeks.* Hat hetente vágatom a hajamat. • *You should have your eyes tested.* Meg kellene vizsgáltatnod a szemedet. **6** (also **have got**) vmilyen dolga van: *Do you have any homework tonight?* **7** (also **have got**) *(continuous igeidőkben nem állhat)* tart vmit vhol: *The dog had me by the leg.* A lábamnál fogva tartott a kutya. **8** vki/vmi vmilyen állapotba kerül: *The music soon had everyone dancing.* A zene hatására hamarosan mindenki táncolt. • *I'll have dinner ready when you get home.* Elkészítem az ebédet mire hazajössz. **9** vendégül lát, meghív *(ebédre, italra stb.): We're having some people to dinner tomorrow.*

IDIOM **have had it** *(informális)* lerobban: *This television has had it.* ❶ További kifejezések a **have** igével kapcsolatban a kifejezésben szereplő főnévnél, melléknévnél stb. találhatók, pl. **not have a clue** lásd **clue**.

PHRASAL VERBS **have sb on** ugrat: *Don't listen to what Jimmy says – he's only having you on.* | **have (got) sth on 1** *(szenvedő szerkezetben nem állhat)* visel, hord *(ruhát): She's got a green jumper on.* Zöld

pulóver van rajta. **2** *(informális)* vmilyen programja/elfoglaltsága van: *I've got a lot on this week.* Ezen a héten nagyon sok dolgom van. | **have sth out** kivetet, kihúzat: *to have a tooth out*

haven /ˈheɪvn/ *noun* [C] **a haven (of sth)**; **a haven (for sb/sth)** rév, menedék: *The lake is a haven for water birds.* • *a* **tax haven** adóparadicsom

★ **have to** /ˈhæv tə, ˈhæf tə; erős alak, ill. magánhangzó előtt ˈhæv tuː, ˈhæf tuː/ (also **have got to**) *modal verb (szenvedő szerkezetben nem állhat)* kell, muszáj: *I usually have to work on Saturday mornings.* • *Do you have to have a visa to go to America?* • *She's got to go to the bank this afternoon.* • *We don't have to go to the party if you don't want to.* ➔ Lásd a *Rövid nyelvtani összefoglalást.*

havoc /ˈhævək/ *noun* [U] pusztítás, rombolás: *The rail strikes will* **cause havoc** (zűrzavart kelt) *all over the country.*

hawk /hɔːk/ *noun* [C] sólyom

> Hawks are a type of **bird of prey**.

hay /heɪ/ *noun* [U] széna

hay fever *noun* [U] szénanátha

haywire /ˈheɪwaɪə(r)/ *adj.*
IDIOM **be/go haywire** *(informális)* megbolondul *(átv): I can't do any work because the computer's gone haywire.*

hazard¹ /ˈhæzəd/ *noun* [C] kockázat, veszély: *Smoking is a serious health hazard.*

hazard² /ˈhæzəd/ *verb* [T] megkockáztat: *I don't know what he paid for the house but I could* **hazard a guess.**

hazardous /ˈhæzədəs/ *adj.* kockázatos, veszélyes

haze /heɪz/ *noun* **1** [C,U] pára, ködfátyol ➔ Magyarázat a **fog** szónál. **2** [sing.] zavarosság *(szellemi)*

hazel¹ /ˈheɪzl/ *noun* [C] mogyorófa/-bokor

hazel² /ˈheɪzl/ *adj.* mogyorószínű

hazelnut /ˈheɪzlnʌt/ *noun* [C] mogyoró

hazy /ˈheɪzi/ *adj.* **1** párás: *The fields were hazy in the early morning sun.* **2** ködös, zavaros *(pl. gondolatok): a hazy memory* **3** bizonytalan *(vki): She's a bit hazy about the details of the trip.*

---

❶ = magyarázat [C] megszámlálható *(főnév)*: one book, two books   [U] megszámlálhatatlan *(főnév)*: some sugar

★ **he¹** /hi:/ pron. ő (hímnem, mindig a mondat alanya): I spoke to John before he left.

Ha általában akarunk valakire utalni, akár férfi, akár nő, a következő módokon használhatjuk a személyes névmásokat: ha a mondat alanya **he or she**, ha a tárgya vagy elöljáró után áll **him or her**, ha birtokos **his or her**. Az alanyeset írásban: **he/she** vagy **s/he**: If you are not sure, ask your doctor. He/she can give you further information. Informális stílusban használhatjuk a **they**, **them**, illetve **their** szavakat: Everybody knows what they want. • When somebody asks me a question I always try to give them a quick answer. Az általánosság kifejezhető többes számmal is: A baby cries when s/he is tired. vagy: Babies cry when they are tired.

he² /hi:/ noun [sing.] hím (állat): Is your cat a he or a she?

★ **head¹** /hed/ noun [C] **1** fej (testrész): She turned her head to look at him. **2** (-headed) (összetett melléknevekben) -fejű: a bald-headed man • a three-headed monster **3** ész, fej (átv): Use your head! • A horrible thought entered my head. Szörnyű gondolatom támadt. • Barry's got it into his head (fejébe vette) that glasses would make him more attractive. • Who's been putting such weird ideas into your head? Ki beszélte tele a fejed ezekkel az ostobaságokkal? **4** vminek a feje/eleje: to sit at the head of the table az asztalfőn ül • the head of a nail • the head of the queue **5** -fő, fő-, vezető: the head of the family • Several heads of state (államfő) attended the funeral. • the head waiter főpincér **6** (also head 'teacher) iskolaigazgató **7** (heads) fej (pénzérmén): Heads or tails? Heads I go first, tails you do. Fej vagy írás? Ha fej, én leszek az első, ha írás, te.

IDIOMS a/per head fejenként: How much will the meal cost a head? | be/fall head over heels (in love) fülig szerelmes/belebolondul vkibe | bite sb's head off → BITE¹ | can't make head or tail of sth képtelen el-/kiigazodni rajta: I can't make head or tail of this exercise. | come/bring sth to a head megérik (átv), dűlőre/döntésre visz | do sb's head in (brit, informális) kiborít

vkit | go to sb's head fejébe száll (ital, dicsőség): Wine always goes straight to my head. • If you keep telling him how clever he is, it will go to his head! | have a head for sth jó feje/érzéke van vmihez: You need a good head for heights if you live on the top floor! • to have a head for business/figures jó üzleti érzéke van/érzéke van a számokhoz | head first **1** fejjel előre: Don't go down the slide head first. **2** gyorsan, meggondolatlanul: Don't rush head first into a decision. | hit the nail on the head → HIT¹ | hold your head high; hold up your head emelt fővel jár: She managed to hold her head high and ignore what people were saying. | keep your head nem veszti el a fejét, megőrzi a lélekjelenlétét | keep your head above water nehezen tartja fenn magát (átv) | keep your head down behúzza a fejét/nyakát (hogy ne vegyék észre) | laugh, scream, etc. your head off halálra neveti/sikítja stb. magát | lose your head → LOSE | off the top of your head → TOP¹ | out of/off your head (informális) magánkívül van | put/get your heads together összedugja a fejét vkivel | a roof over your head → ROOF | shake your head → SHAKE¹ | take it into your head to do sth a fejébe vesz: I don't know why Kevin took it into his head to enter that marathon!

★ **head²** /hed/ verb **1** [I] megy/halad/tart vmerre: The ship headed towards the harbour. • Where are you heading? Merre tartasz? • I think it's time to head for home. **2** [T] vezet, irányít **3** [T] vezet, vmi élén van/áll **4** [T] (gyakran szenvedő szerkezetben) vmilyen címet ad (írásnak): The report was headed 'The State of the Market'. **5** [T] fejel (labdát)

★ **headache** /'hedeɪk/ noun [C] **1** fejfájás: I've got a splitting headache (hasogató fejfájás). **⊃** Magyarázat az **ache** szónál. **2** gond: Paying the bills is a constant headache.

headband /'hedbænd/ noun [C] fejpánt

heading /'hedɪŋ/ noun [C] címsor: I've grouped our ideas under three main headings.

headland /'hedlənd; -lænd/ noun [C] földnyelv

headlight /'hedlaɪt/ (also headlamp /'hedlæmp/) noun [C] fényszóró (autón)

headline /'hedlam/ noun 1 [C] cím
(*újságcikké*) 2 (**the headlines**) [*plural*]
(*rádió, tévé*) főbb híreink (röviden)

headlong /'hedlɒŋ/ adv., adj. 1 fejjel előre
(*való*): *I tripped and fell headlong into the
road.* ● *a headlong rush* fejvesztett
rohanás 2 meggondolatlan(ul): *He rushed
headlong into buying the business.*

head-'on adj., adv. frontális(an): *a head-on
crash* frontális ütközés

headphones /'hedfəʊnz/ noun [*plural*]
fejhallgató

headquarters /ˌhed'kwɔːtəz/ noun [*plural,
with sing. or plural verb*] (*abbr.* **HQ**)
főhadiszállás, székház

headset /'hedset/ noun [C] mikrofonnal
ellátott fejhallgató

head 'start noun [*sing.*] kezdeti előny
➔ Lásd **start²** (4).

headstone /'hedstəʊn/ noun [C] sírkő
➔ Lásd még **gravestone, tombstone**.

headstrong /'hedstrɒŋ/ adj. önfejű,
konok

head 'teacher (also **head**) noun [C] isko-
laigazgató

headway /'hedweɪ/ noun
IDIOM **make headway** (előre)halad

heal /hiːl/ verb [I,T] **heal (over/up)** meg-/
begyógyul, meg-/begyógyít: *The cut will
heal up in a few days.* ● (*átv*) *Nothing he said
could heal the damage done to their rela-
tionship.*

healer /'hiːlə(r)/ noun gyógyító: *a faith
healer*

★ **health** /helθ/ noun [U] **1** egészségi állapot:
*Fresh fruit and vegetables are good for your
health.* ● *in good /poor health* ● (*átv*) *the
health of your marriage/finances* **2** egész-
ség: *As long as you have your health, noth-
ing else matters.* **3** egészségügy: *health and
safety regulations*

'**health centre** noun [C] rendelőintézet

'**health food** noun [C,U] bioétel

'**health officer** noun [C] védőnő

the 'health service noun [C] társadalom-
biztosítás ➔ Lásd **the National Health Ser-
vice**.

★ **healthy** /'helθi/ adj. (**healthier; healthiest**)
egészséges: *a healthy child/plant* ● *a*

healthy lifestyle ● *There was plenty of
healthy competition between the brothers.*
❶ Ellentéte: **unhealthy**.
▶ **healthily** adv. egészségesen

heap¹ /hiːp/ noun [C] **1 a heap (of sth)**
kupac, rakás: *a heap of books* ● *All his
clothes are in a heap on the floor!* ➔ Ma-
gyarázat a **pile** szónál. **2** (*informális*) **a
heap (of sth); heaps (of sth)** egy csomó,
rengeteg: *I've got a heap of work to do.* ●
There's heaps of time before the train leaves.
IDIOM **heaps better, more, older, etc.**
(*informális*) sokkal jobb, több, idősebb
stb.

heap² /hiːp/ verb [T] **1 heap sth (up)**
halomba rak, felhalmoz: *I'm going to heap
all the leaves up over there.* ● *Add six heaped
tablespoons of flour.* Adjunk hozzá hat
púpozott evőkanál lisztet. **2 heap A
on/onto B; heap B with A** felhalmoz, elhal-
moz: *He heaped food onto his plate.* ● *The
press heaped the team with praise.*

★ **hear** /hɪə(r)/ verb (*pt, pp* **heard** /hɜːd/)
❶ Az igét első és második jelentésében
continuous igeidőkben nem használjuk,
azonban *-ing* alakban gyakran előfordul:
*Not hearing what he'd said over the roar of
the machines, she just nodded in reply.* **1** [I,T]
(meg)hall: *Can you speak a little louder – I
can't hear very well.*

> Vesd össze a **hear** és a **listen** szavakat.
> A **hear** azt jelenti, hogy odafigyelés
> nélkül is meghallunk valamit. A **listen**
> tudatos cselekvés, amikor (meg)hall-
> gatunk valamit/valakit: *I always wake
> up when I hear the milkman come.* ● *I
> love listening to music in the evening.* ●
> *Listen* (Idefigyelj) – *I've got something
> to tell you.* Néha a **hear** szót is
> használják **listen** jelentésében: *We'd
> better hear what they have to say.*

2 [I,T] hallo(tta)m, hogy: *I hear that you've
been offered a job in Canada.* ● *'I passed my
test!' 'So I've heard – well done!'* ● *I was sorry
to hear about your mum's illness.* **3** [T]
tárgyal (*ügyet a bíróság*): *Your case will be
heard this afternoon.*

IDIOMS **hear! hear!** Halljuk! Halljuk! |
won't/wouldn't hear of sth hallani sem
akar/akart: *I wanted to go to art
school but my parents wouldn't hear of it.*

PHRASAL VERBS **hear from sb** hírt kap vkitől |

hear of sb/sth hall vkiről/vmiről: *Have you heard of the Bermuda Triangle?*

hearing /'hɪərɪŋ/ *noun* **1** [U] hallás **2** [C] (*jog*) tárgyalás: *a court/disciplinary hearing* **3** [sing.] meg-/kihallgatás: *to get/give sb a fair hearing*

IDIOMS **hard of hearing** → HARD¹ | **in/within sb's hearing** vki füle hallatára

'**hearing aid** *noun* [C] hallókészülék

hearsay /'hɪəseɪ/ *noun* [U] szóbeszéd

hearse /hɜːs/ *noun* [C] halottaskocsi

★ **heart** /hɑːt/ *noun* **1** [C] szív (*átv is*): *When you exercise your heart beats faster.* • *heart disease/failure* • *She has a kind heart.* • *They say he died of a broken heart.* **2** (-hearted) (*összetett melléknevekben*) -szívű: *kind-hearted* jószívű • *cold-hearted* **3** [sing.] **the heart (of sth)** vminek a közepe/lényege: *Rare plants can be found in the heart of the forest.* • *Let's get straight to the heart of the matter.* **4** [C] kőr (*kártyaszín, kártyalap*): *the queen of hearts* kőr dáma • *Play a heart, if you've got one.* ➲ Magyarázat a **card** szónál.

IDIOMS **after your own heart** kedvére való, magamfajta (*ember*) | **at heart** a szíve mélyén: *My father seems strict but he's a very kind man at heart.* | **break sb's heart** összetöri vki szívét | (**off**) **by heart** kívülről, könyv nélkül: *Learning lists of words off by heart isn't a good way to increase your vocabulary.* | **a change of heart** → CHANGE² | **close/dear/near to sb's heart** szívének kedves, szívéhez közelálló: *a subject that is very dear to my heart* szívügyem | **cross my heart** → CROSS² | **from the (bottom of your) heart** vki szíve mélyéből: *I mean what I said from the bottom of my heart.* | **have a heart of gold** aranyból van a szíve | **have/with sb's (best) interests at heart** → INTEREST¹ | **heart and soul** szívvel-lélekkel | **your heart is not in sth** ímmel-ámmal csinál vmit | **your heart sinks** elcsügged, elszomorodik: *When I saw the queues of people in front of me my heart sank.* | **in your heart (of hearts)** szíve legmélyén: *She knew in her heart of hearts that she was making the wrong decision.* | **lose heart** → LOSE | **not have the heart (to do sth)** nincs szíve vmit megtenni: *I didn't have the heart to say no.* | **pour your heart out (to sb)** → POUR | **set your heart on sth; have your heart set on sth** nagyon vágy(akoz)ik vmire | **take heart (from sth)** felbátorodik | **take sth to heart** a szívére/lelkére vesz | **to your heart's content** kedve szerint | **with all your heart; with your whole heart** (tiszta) szívből: *I hope with all my heart that things work out for you.* | **young at heart** → YOUNG¹

heartache /'hɑːteɪk/ *noun* [U] szívfájdalom

'**heart attack** *noun* [C] szívroham: *She's had a heart attack.*

heartbeat /'hɑːtbiːt/ *noun* [C] szívdobogás

heartbreak /'hɑːtbreɪk/ *noun* [U] szívet tépő fájdalom

heartbreaking /'hɑːtbreɪkɪŋ/ *adj.* szívet tépő

heartbroken /'hɑːtbrəʊkən/ *adj.* megtört, mélyen lesújtott

hearten /'hɑːtn/ *verb* [T] (*ált. szenvedő szerkezetben*) bátorít, lelkesít ❶ Ellentéte: **dishearten**.

heartening /'hɑːtnɪŋ/ *adj.* lelkesítő ❶ Ellentéte: **disheartening**.

heartfelt /'hɑːtfelt/ *adj.* szívből jövő: *a heartfelt apology*

hearth /hɑːθ/ *noun* [C] kandalló, tűzhely ➲ Ábra **fireplace** alatt.

heartily /'hɑːtɪli/ *adv.* **1** lelkesen: *He joined in heartily with the singing.* **2** bőségesen, alaposan

heartland /'hɑːtlænd/ *noun* [C] központ, szív (*országé stb.*): *Germany's industrial heartland*

heartless /'hɑːtləs/ *adj.* szívtelen
▸ **heartlessly** *adv.* szívtelenül
heartlessness *noun* [U] szívtelenség

'**heart-rending** *adj.* szívszaggató: *The mother of the missing boy made a heart-rending appeal on television.*

'**heart-to-**'**heart** *noun* [C] bizalmas (beszélgetés): *John's teacher had a heart-to-heart with him to find out what was worrying him.*

hearty /'hɑːti/ *adj.* **1** szívélyes, szívből jövő: *a hearty welcome* **2** lelkes, szívből jövő: *a hearty laugh* **3** bőséges: *a hearty appetite* hatalmas étvágy **4** lelkes,

ʌ **cup** | ɜː **fur** | ə **ago** | eɪ **pay** | əʊ **home** | aɪ **five** | aʊ **now** | ɔɪ **join** | ɪə **near** | eə **hair** | ʊə **pure**

meggyőződéses: *He nodded his head in hearty agreement.*

★ **heat¹** /hi:t/ *noun* **1** [*U*] hő(ség), meleg: *This fire doesn't **give out** much heat.* **2** [*U*] (*gyakran a **the** határozott névelővel*) hőség (*időjárás*): *I like the English climate because I can't stand the heat.* **3** [*U*] tűz (*a tűzhely hőt adó része*): *Remove the pan from the heat.* **4** [*U*] tűz (*átv*), felindulás: ***In the heat of the moment*** (a pillanat hevében), *she threatened to resign.* **5** [*C*] előfutam

IDIOM **be on heat** tüzel (*nőstény állat*)

★ **heat²** /hi:t/ *verb* [*I,T*] **heat (sth) (up)** (fel)melegít, (fel)melegszik, (fel)hevít, (fel)forrósodik: *Wait for the oven to heat up before you put the pie in.*

heated /'hi:tɪd/ *adj.* heves (*ember, vita*): *a heated argument*
▶ **heatedly** *adv.* hevesen, indulatosan

heater /'hi:tə(r)/ *noun* [*C*] fűtőberendezés: *an gas heater* • *a water heater* bojler

heath /hi:θ/ *noun* [*C*] hangafüves puszta

heather /'heðə(r)/ *noun* [*U*] hanga

heating /'hi:tɪŋ/ *noun* [*U*] fűtés ➔ Lásd **central heating**.

heatwave /'hi:tweɪv/ *noun* [*C*] hőhullám (*időjárás*), kánikula

heave¹ /hi:v/ *verb* **1** [*I,T*] nagy nehezen felemel, lök, vonszol: *Take hold of this rope and heave!* • *We heaved the cupboard up the stairs.* **2** [*I*] **heave (with sth)** zihál, hullámzik: *His chest was heaving with the effort of carrying the cooker.* **3** [*I*] (*gyomor*) felfordul: *The sight of all that blood made her stomach heave.*

IDIOM **heave a sigh** nagyot sóhajt: *He heaved a sigh of relief.*

heave² /hi:v/ *noun* [*C,U*] lökés, hajítás

heaven /'hevn/ *noun* **1** [*sing.*] mennyország: *to go to/be in heaven* ❶ Határozott névelő, **the**, nem állhat előtte. A **heaven** szó néhány kifejezésben a **God** szó helyett áll, mivel sokan nem helyeslik annak indokolatlan használatát. ➔ Magyarázat a **God** szónál. Lásd **hell**. **2** [*U, C*] mennyország: *It was heaven being away from work for a week.* Mennyei volt egy hétig nem dolgozni. **3** **(the heavens)** [*plural*] (*irod*) égbolt

heavenly /'hevnli/ *adj.* **1** (*csak főnév előtt*)

égi: *heavenly bodies* égitestek **2** (*informális*) mennyei

★ **heavy** /'hevi/ *adj.* (**heavier; heaviest**) **1** nehéz, súlyos: *This box is too heavy for me to carry.* • **How heavy** (milyen/mennyire nehéz) *is your suitcase?* • *a heavy coat* • *heavy soil* zsíros föld **2** erős, nagy, súlyos: *heavy rain* • *heavy traffic* • *a heavy smoker/drinker* • *The sound of his heavy breathing* (ziháló légzés) *told her that he was asleep.* • *He is a heavy sleeper.* Mélyen szokott aludni. • *a heavy meal* **3** nehéz (*átv*), komoly, zsúfolt: *His latest novel makes **heavy reading*** (nehéz olvasmány). • *Things got a bit heavy when she started talking about her failed marriage.* • *a heavy day/schedule* ❶ Mindegyik jelentés ellentéte **light**.
▶ **heavily** *adv.* nehezen, súlyosan, erősen: *a heavily loaded van* • *to sleep heavily* (mélyen) • *to drink/smoke heavily* erősen iszik/dohányzik • *to rely heavily on sb*
heaviness *noun* [*U*] nehézség, súly

IDIOM **make heavy weather of sth** agyonbonyolít vmit

heavy-'duty *adj.* nagy teherbírású, strapabíró: *a heavy-duty carpet/tyre*

heavy-'handed *adj.* **1** nehézkes, ügyetlen: *a heavy-handed approach* **2** vaskezű: *heavy-handed police methods*

heavy 'industry *noun* [*C,U*] nehézipar

heavy 'metal *noun* [*U*] heavy metál

heavyweight /'heviweɪt/ *noun* [*C*] (*sp*) nehézsúlyú: *the world heavyweight boxing champion*

heck /hek/ *exclam., noun* (*informális*) franc, fene: *Oh heck* (a francba), *I'm going to be late!* • *We had to wait a heck of a long time* (fene sokat)! • *Who the heck are you?*

IDIOMS **for the heck of it** (*informális*) csak úgy, heccből | **what the heck!** (*informális*) és akkor mi van, kit érdekel: *It means I'll be late for work but what the heck!*

heckle /'hekl/ *verb* [*I,T*] kellemetlen kérdésekkel, közbeszólásokkal zavar (*pl. szónokot*)
▶ **heckler** *noun* [*C*] előadót kellemetlen kérdésekkel, közbeszólásokkal zavaró személy

hectare /'hekteə(r)/ *noun* [*C*] (*abbr.* **ha**) hektár

hectic /'hektɪk/ adj. lázas (átv), mozgalmas
► **hectically** /-kli/ adv. lázasan (átv)

he'd /hiːd/ short for HE HAD; HE WOULD

★ **hedge¹** /hedʒ/ noun [C] sövény

hedge² /hedʒ/ verb [I] kertel
IDIOM **hedge your bets** bebiztosítja magát (azzal, hogy egyszerre több dolgot támogat)

hedgehog /'hedʒhɒg/ noun [C] sündisznó

hedgerow /'hedʒrəʊ/ noun [C] sövénykerítés

heed¹ /hiːd/ verb [T] (formális) hallgat vmire/vkire (pl. tanácsra)

heed² /hiːd/ noun (formális)
IDIOM **take heed (of sb/sth); pay heed (to sb/sth)** megfogad (pl. tanácsot): You should take heed of your doctor's advice.

★ **heel¹** /hiːl/ noun [C] **1** sarok (testrész, ill. harisnyán, zoknin, cipőn) **2** (-heeled) -sarkú: high-heeled/low-heeled shoes ➔ Ábra shoe¹ alatt.
IDIOMS **dig your heels in** → DIG¹ | **head over heels** → HEAD¹

heel² /hiːl/ verb [T] (meg)sarkal

hefty /'hefti/ adj. (informális) erős, jól megtermett: a hefty young man

★ **height** /haɪt/ noun **1** [C,U] magasság: The nurse is going to check your height and weight. • We need a fence that's about two metres **in height** (magasságú). • We are now flying at a height of 10 000 metres. • An aeroplane **gains** or **loses** height. ❶ Melléknév: high. ➔ Magyarázat a tall szónál. ❶ A repülőgép repülési magasságára a hivatalosabb szó altitude. **2** [C, usually plural] magasság, magaslat: I'm afraid of heights. Tériszonyom van. **3** [U] csúcspont (átv): at/in the height of summer a nyár derekán

heighten /'haɪtn/ verb [I,T] kiemel (átv), fokoz(ódik): I'm using yellow paint to heighten the sunny effect of the room.

heir /eə(r)/ noun [C] **heir (to sth)** örökös: He's the heir to a large fortune. ❶ Ha az örökös nő, gyakran az **heiress** szót használják.

heirloom /'eəluːm/ noun [C] családi ereklye

held past tense, past participle of HOLD¹

★ **helicopter** /'helɪkɒptə(r)/ noun [C] helikopter

hell /hel/ noun **1** [sing.] pokol: to go to/be in hell ❶ Határozott névelő, **the**, nem állhat előtte. ➔ Lásd **heaven**. **2** [C,U] (informális) pokol: He went through hell when his wife left him. A poklot is megjárta, amikor a felesége elhagyta. • Her parents made her life hell. A szülei pokollá tették az életét. ❶ Vigyázat! A **hell** szó következő jelentéseit sokan bántónak találják. **3** [U] (szleng) a francba, a fenébe: Oh hell, I've forgotten my money! **4** (**the hell**) (szleng) franc, fene (kérdő és felkiáltó mondatban): Why the hell didn't you tell me this before? Mi a fenéért nem mondtad ezt korábban? • The hell I will! Egy frászt fogom!
IDIOMS **a/one hell of a...** (informális) pokoli (nyomatékosító): He got into a hell of a fight. | **all hell broke loose** (informális) pokoli felfordulás támadt | **(just) for the hell of it** (informális) heccből, csak úgy | **give sb hell** (informális) gyötör, (alaposan) letol vkit | **like hell** (informális) mint egy őrült (munkát, erőfeszítést jelentő szavak után): I'm working like hell at the moment.

he'll /hiːl/ short for HE WILL

hellish /'helɪʃ/ adj. pokoli

★ **hello** (brit also **hallo**) /hə'ləʊ/ interj. **1** Jó napot!, szia

> A **hello** szót csak találkozáskor használják, búcsúzáskor nem.

2 halló (telefonbeszélgetés elején)

helm /helm/ noun [C] (hajó) kormányrúd, kormánykerék
IDIOM **be at the helm** kormányoz (átv is)

helmet /'helmɪt/ noun [C] sisak: a crash helmet bukósisak ➔ Ábra hat alatt.

★ **help¹** /help/ verb **1** [I,T] **help (sb) (with sth); help (sb) (to) do sth; help sb (across, over, out of, into, etc)** segít (vkinek vmiben), segít (vkit vmivel), átsegít, kisegít vhonnan, be-/felsegít vhova: Can I help? • Could you help me with the cooking? • I helped her to organize the day.

> Üzletben az eladó általában a **Can I help you?** kérdéssel fogadja a vásárlókat.

2 [I,T] segít, használ: *If you apologize to him it might help.* **3** [T] **help yourself (to sth)** vesz magának (*ételből, italból*), kiszolgálja magát: *'Can I borrow your pen?' 'Yes, help yourself.'* (Parancsolj.) **4** [T] **help yourself to sth** elcsen **5** [I] (*beszélt nyelv*) Segítség!

IDIOMS **can/can't/could(n't) help (doing) sth/yourself** meg tudja állni/nem tudja/tudta megállni (*hogy ne csináljon vmit*): *It was so funny I couldn't help laughing.* • *I just couldn't help myself – I had to laugh.* | **a helping hand** segítő kéz (*átv*): *My neighbour is always ready to give me a helping hand.* A szomszédom mindig kész segédkezet nyújtani.

PHRASAL VERB **help (sb) out** kisegít (*pl. nehéz helyzetből*)

★ **help²** /help/ *noun* **1** [U] **help (with sth)** segítség (vmiben): *Do you need any help with that?* • *This map isn't much help.* • *She stopped smoking **with the help of** her family and friends.* • *'Run and **get help*** (hozz segítséget) *– my son's fallen in the river!'* **2** [*sing.*] **a help (to sb)** segítség (vkinek): *Your directions were a great help.*

helper /'helpə(r)/ *noun* [C] segítőtárs

★ **helpful** /'helpfl/ *adj.* segítőkész, szolgálatkész, hasznos: *helpful advice*
  ▶ **helpfully** *adv.* szolgálatkész
  helpfulness *noun* [U] segítőkészség

helping /'helpɪŋ/ *noun* [C] (*étel*)adag: *After two helpings of pasta, I couldn't eat any more.* ⟳ Lásd **portion**.

helpless /'helpləs/ *adj.* tehetetlen, gyámoltalan: *a helpless baby*
  ▶ **helplessly** *adv.* tehetetlenül: *They watched helplessly as their house went up in flames.*
  helplessness *noun* [U] tehetetlenség

hem¹ /hem/ *noun* [C] felhajtás (*ruhán*)

hem² /hem/ *verb* [T] (**hemming**; **hemmed**) felvarr (*ruha alját*)
  PHRASAL VERB **hem sb in** körülzár: *We were hemmed in by the crowd and could not leave.*

hemisphere /'hemɪsfɪə(r)/ *noun* [C] **1** félteke: *the northern hemisphere* **2** félgömb

hemophilia, hemophiliac (*US*) = HAEMOPHILIA, HAEMOPHILIAC

hemorrhage (*US*) = HAEMORRHAGE

hemorrhoids (*US*) = HAEMORRHOIDS

hemp /hemp/ *noun* [U] (*vad*)kender

★ **hen** /hen/ *noun* [C] **1** tyúk ⟳ Magyarázat a **chicken** szónál. **2** tojó: *a hen pheasant* ❶ A hímnemű madár **cock**.

hence /hens/ *adv.* (*formális*) ebből eredően: *I've got some news to tell you – hence the letter.*

henceforth /ˌhensˈfɔːθ/ (also **henceforward** /ˌhensˈfɔːwəd/) *adv.* (*írott nyelv*) a továbbiakban

henchman /'hentʃmən/ *noun* [C] (*plural* -men /-mən/) bérenc

¹**hen party** (also **hen night**) *noun* [C] lánybuli, ötye ⟳ Lásd **stag night**.

henpecked /'henpekt/ *adj.*: *a henpecked husband* papucsférj

hepatitis /ˌhepəˈtaɪtɪs/ *noun* [U] (*fertőző*) májgyulladás

★ **her¹** /hɜː(r)/ *pron.* őt, neki stb. (*nőnem; a mondat tárgya, részeshatározója vagy elöljárószó utáni alakja*): *He told Sue that he loved her.* ⟳ Lásd **she**. Magyarázat a **he** szónál.

★ **her²** /hɜː(r)/ *determiner* a(z) (ő)…-(j)a(i)/-(j)e(i) (*nőnem*): *Fiona has broken her leg.* ⟳ Lásd **hers**.

herald /'herəld/ *verb* [T] (*írott nyelv*) beharangoz: *The minister's speech heralded a change of policy.*

herb /hɜːb/ *noun* [C] fűszernövény, gyógynövény ⟳ Lásd **spice**.

herbal /'hɜːbl/ *adj.* (*gyógy*)füvekből készült: *herbal remedies*

herd¹ /hɜːd/ *noun* [C] nyáj, csorda, gulya: *a herd of cattle* ⟳ Lásd **flock**.

herd² /hɜːd/ *verb* [T] (össze)terel: *The prisoners were herded onto the train.*

★ **here¹** /hɪə(r)/ *adv.* **1** (*ige vagy elöljárószó után*) itt, ide, innen: *Come (over) here.* • *The school is a mile from here.* **2** itt (*a mondat elején nyomatékosít*): *Here comes the bus.* • *Here we are.* Megjöttünk!

Ha a **here** a mondat elején áll és a mondat alanya főnév, a szórend: **here is/are** + főnév: *Here are the children.* Ha a **here** a mondat elején áll és a mondat alanya névmás, a szórend: **here** +

névmás + **am/are/is**: *Here they are*. A **Here you are** kifejezést használjuk, amikor átnyújtunk valakinek valamit. Jelentése „Tessék": *Here you are – this is that book I was talking about.*

3 itt (*nyomatékosít*): *I think you'll find this book here very useful.* **4** itt, ezen a ponton: *Here the speaker stopped and looked around the room.*

IDIOMS **here and there** itt is, ott is, helyenként | **here goes** (*informális*) rajta!, na gyerünk! (*főleg az első kísérletnél*): *I've never done a backward dive before, but here goes!* | **here's to sb/sth** igyunk vkire/ vmire (*poharköszöntőben*): *Here's to a great holiday!* | **here you are** tessék (*amikor átnyújtunk valakinek valamit*) | **neither here nor there** mellékes, nem oszt és nem szoroz: *My opinion is neither here nor there – if you like the dress, then buy it.*

here² /hɪə(r)/ *interj.* Itt vagyok. (*figyelemfelkeltés pl. segítség felajánlásakor*): *Here, let me help!*

hereabouts /ˌhɪərə'baʊts/ (*US* **hereabout**) *adv.* errefelé, a környéken

hereafter /ˌhɪər'ɑːftə(r)/ *adv.* (*írott nyelv*) a továbbiakban

hereditary /hə'redɪtri/ *adj.* örökletes: *a hereditary disease*

heredity /hə'redəti/ *noun* [U] (át)öröklés

heresy /'herəsi/ *noun* [C,U] (*plural* **heresies**) eretnekség

heretic /'herətɪk/ *noun* [C] eretnek (*ember*)
▸ **heretical** /hə'retɪkl/ *adj.* eretnek

heritage /'herɪtɪdʒ/ *noun* [C, usually sing.] (*nemzeti*) örökség

hermit /'hɜːmɪt/ *noun* [C] remete

hernia /'hɜːniə/ *noun* [C,U] sérv

★ **hero** /'hɪərəʊ/ *noun* [C] (*plural* **heroes**) **1** hős: *The team were given a **hero's welcome** (hősként fogadták őket) on their return home.* **2** főhős ➾ Lásd még **heroine**, **villain**.

heroic /hə'rəʊɪk/ *adj.* hősies: *a heroic effort*
▸ **heroically** /-kli/ *adv.* hősiesen

heroin /'herəʊɪn/ *noun* [U] heroin

heroine /'herəʊɪn/ *noun* [C] **1** hősnő **2** (*női*) főhős ➾ Lásd még **hero**.

heroism /'herəʊɪzəm/ *noun* [U] hősiesség

herring /'herɪŋ/ *noun* [C,U] (*plural* **herring** or **herrings**) hering
IDIOM **a red herring** → RED

hers /hɜːz/ *pron.* az övé (*nőnem*): *I didn't have a pen but Helen lent me hers.*

★ **herself** /hɜː'self/ *pron.* **1** (*saját*) magát (*nőnem*): *Irene looked at herself in the mirror.* **2** ő maga (*nőnem*): *She told me the news herself.*
IDIOMS **(all) by herself** **1** egyedül (*nőnem*) ➾ Magyarázat az **alone** szónál. **2** önállóan (*nőnem*) | **(all) to herself** egyedül az övé (*nőnem*)

he's *short for* HE IS, HE HAS

hesitant /'hezɪtənt/ *adj.* hesitant (**to do/about doing sth**) határozatlan, bizonytalan: *I'm very hesitant about criticizing him too much.*
▸ **hesitancy** /-ənsi/ *noun* [U] tétovázás, habozás
hesitantly *adv.* vonakodva

★ **hesitate** /'hezɪteɪt/ *verb* [I] hesitate (**about/ over sth**); hesitate (**to do sth**) habozik, tétovázik: *He hesitated before going into the room.* • *She's still hesitating about whether to accept the job or not.* • *Don't hesitate to phone if you have any problems.*
▸ **hesitation** /ˌhezɪ'teɪʃn/ *noun* [U,C] tétovázás, habozás: *She agreed without a moment's hesitation.*

heterosexual /ˌhetərə'sekʃuəl/ *adj.* heteroszexuális ➾ Lásd **bisexual**, **homosexual**, **gay**, **lesbian**.
▸ **heterosexual** *noun* [C] heteroszexuális egyén

het up /het 'ʌp/ *adj.* (*informális, főnév előtt nem állhat*) het up (**about/over sth**) felkapja a vizet

hexagon /'heksəgən/ *noun* [C] hatszög
▸ **hexagonal** /heks'ægənl/ *adj.* hatszögletű

hey /heɪ/ *interj.* (*informális*) hahó!, halló!: *Hey, what are you doing?*
IDIOM **hey presto** hipp-hopp!

heyday /'heɪdeɪ/ *noun* [sing.] vkinek/ vminek a fénykora

HGV /ˌeɪtʃ dʒiː 'viː/ *abbr.* (**heavy goods vehicle** rövidítése) (*brit*) nagy teherszállító jármű, kamion

hi /haɪ/ *interj.* (*informális*) helló

[I] **tárgyatlan** (*ige*): *He laughed.*

[T] **tárgyas** (*ige*): *He ate an apple.*

hibernate /'haɪbəneɪt/ verb [I] téli álmot alszik
▸ **hibernation** /ˌhaɪbə'neɪʃn/ noun [U] téli álom

hiccup (also **hiccough**) /'hɪkʌp/ noun **1** [C] csuklás **2** (**hiccups, the hiccups**) [plural] csuklási roham: Don't eat so fast or you'll get hiccups! • If you **have the hiccups**, try holding your breath. **3** [C] (kisebb) fennakadás: There's been a slight hiccup in our holiday arrangements.
▸ **hiccup** (also **hiccough**) verb [I] csuklik

★ **hide¹** /haɪd/ verb (pt **hid** /hɪd/; pp **hidden** /'hɪdn/) **1** [T] elrejt, eldug: Where shall I hide the money? • You couldn't see Bill in the photo – he was hidden behind John. **2** [I] elrejtőzik **3** [T] hide sth (from sb) eltitkol

hide² /haɪd/ noun **1** [C,U] nyersbőr **2** [C] leshely

hide-and-'seek noun [U] bujócska

hideous /'hɪdiəs/ adj. förtelmes: a hideous sight • a hideous crime
▸ **hideously** adv. iszonyatosan

hiding /'haɪdɪŋ/ noun **1** [U] bujkálás: to be in/go into hiding **2** [C, usually sing.] (informális) verés, elfenekelés: You deserve a good hiding for what you've done.

hierarchy /'haɪərɑːki/ noun [C] (plural **hierarchies**) hierarchia, rangsor
▸ **hierarchical** /ˌhaɪə'rɑːkɪkl/ adj. hierarchikus

hieroglyphics /ˌhaɪərə'ɡlɪfɪks/ noun [plural] képírás

hi-fi /'haɪ faɪ/ noun [C] hi-fi berendezés
▸ **hi-fi** adj. hi-fi: a hi-fi system

higgledy-piggledy /ˌhɪɡldi 'pɪɡldi/ adv., adj. (informális) összevissza

★ **high¹** /haɪ/ adj. **1** magas: What's the highest mountain in the world? • She was wearing high heels. **❶** Ellentéte: low. Főnév: height. **⊃** Magyarázat a tall szónál. **2** vmilyen magas(ságú): The hedge is one metre high. • knee-high boots **3** magas(an elhelyezkedő): a high shelf • The castle was built on high ground. **❶** Ellentéte: low. **4** magas (szintű): high prices • at high speed • a high level of unemployment • He's got a high temperature. • Oranges are high in vitamin C. **❶** Ellentéte: low. **5** jó minőségű: high-quality goods • Her work is of a very high standard. Kitűnő minőségű

munkát végez. • He has a high opinion of you. Jó véleménnyel van róla. **❶** Ellentéte: low. **6** magas beosztású: Sue's quite high up in the company. **7** nemes, erkölcsös: high ideals **8** magas (hang) **❶** Ellentéte: low. **9** (informális) high (on sth) be van állítva/lőve **10** magasabb sebességi fokozat **❶** Ellentéte: low.
IDIOM be left high and dry cserben hagynak vkit

★ **high²** /haɪ/ adv. **1** magasan, magasra: The sun was high in the sky. • I can't jump any higher. **❶** Főnév: height. **2** magasan (hang) **❶** Ellentéte: low.
IDIOMS high and low mindenfelé: We've searched high and low for the keys. | run high (indulat) felcsap, felfokozódik: Emotions are running high in the neighbourhood where the murders took place.

★ **high³** /haɪ/ noun [C] **1** magaslat, csúcs: Profits reached an all-time high last year. **2** magas légnyomású terület **3** (informális) lelkesültség: He was on a high (fel volt dobva) after passing all his exams. • She talked about the highs and lows of her career (sikereiről és kudarcairól). **4** (informális) mámoros állapot (alkoholtól, drogtól) **❶** Mindegyik ellentéte: low.
IDIOM on high (formális) odafönt: The order came from on high.

highbrow /'haɪbraʊ/ adj. intellektuális, igényes: highbrow newspapers

high-'class adj. kiváló minőségű: a high-class restaurant

High 'Court noun [C] legfelsőbb bíróság

higher edu'cation noun [U] felsőoktatás **⊃** Lásd further education.

'high jump noun [sing.] magasugrás **⊃** Lásd long jump.

highland /'haɪlənd/ adj. **1** hegyvidéki: highland streams **⊃** Lásd lowland. **2** [plural] felső-skóciai

high-'level adj. magas szintű: high-level talks

highlight¹ /'haɪlaɪt/ verb [T] **1** hangsúlyoz/kiemel vmit **2** (filctollal) kijelöl

highlight² /'haɪlaɪt/ noun **1** [C] vminek a fénypontja **2** (**highlights**) [plural] melír(ozás) (hajban)

highlighter /'haɪlaɪtə(r)/ (also **'highlighter pen**) noun [C] szövegkiemelő filctoll

* highly /'haɪli/ adv. **1** magasan, nagyon: *highly trained/educated/developed* • *a highly paid job* • *It's highly unlikely that anyone will complain.* **2** elismeréssel: *I think very highly of your work.*

highly 'strung adj. túlfeszített (idegzetű), érzékeny

Highness /'haɪnəs/ noun [C] **(your/his/her Highness)** őfelsége

high-'powered adj. **1** nagy teljesítményű: *a high-powered engine* **2** befolyásos, dinamikus: *high-powered executives*

'high-rise adj. (csak főnév előtt) sokemeletes

'high school noun [C,U] középiskola

'high street noun [C] (brit) főutca: *The Post Office is in the High Street.*

high-tech (also **hi-tech**) /'haɪ tek/ adj. csúcstechnológiát alkalmazó/képviselő: *high-tech industries*

high 'tide noun [U] dagály **❶** Ellentéte: **low tide**.

highway /'haɪweɪ/ noun [C] (főleg US) országút ➾ Magyarázat a **road** szónál.

hijack /'haɪdʒæk/ verb [T] **1** eltérít (járművet, repülőt) ➾ Lásd **kidnap**. **2** (erőszakkal) átveszi az irányítást: *The peace rally was hijacked by right-wing extremists.*
▶ **hijack** noun [C] (gép)rablás
hijacker noun [C] légi kalóz, géprabló
hijacking noun [C,U] géprablás

hike /haɪk/ noun [C] gyalogtúra: *We went on a ten-mile hike at the weekend.*
▶ **hike** verb [I] kirándul, túrázik **❶** A go hiking kifejezést használjuk, ha hosszabb túráról beszélünk.
hiker noun [C] turista, (gyalog)túrázó

hilarious /hɪ'leəriəs/ adj. (rendkívül) mulatságos, vicces
▶ **hilariously** adv. falrengetően (humoros)

hilarity /hɪ'lærəti/ noun [U] hangos jókedv

hill /hɪl/ noun [C] (nem magas) hegy, domb ➾ Lásd **uphill**, **downhill**.

hillside /'hɪlsaɪd/ noun [C] domboldal

hilltop /'hɪltɒp/ noun [C] dombtető

hilly /'hɪli/ adj. dimbes-dombos

hilt /hɪlt/ noun [C] markolat

IDIOM **to the hilt** teljes mértékben: *I'll defend you to the hilt.*

* him /hɪm/ pron. őt, neki stb. *(hímnem; a mondat tárgya, részeshatározója vagy elöljárószó utáni alakja)*: *Helen told Ian that she loved him.* ➾ Magyarázat a **he** szónál.

* himself /hɪm'self/ pron. **1** (saját) magát (hímnem): *He cut himself when he was shaving.* **2** ő maga (hímnemű): *He told me the news himself.*
IDIOMS **(all) by himself 1** egyedül (hímnem) ➾ Magyarázat az **alone** szónál. **2** önállóan (hímnem) | **(all) to himself** egyedül az övé (hímnem)

hind /haɪnd/ adj. (állat) hátsó (láb)

> A hátsó lábak megnevezése lehet **back legs** is. Az első lábak neve **front legs** vagy **forelegs.**

hinder /'hɪndə(r)/ verb [T] hátráltat, akadályoz: *A lot of scientific work is hindered by lack of money.*

hindrance /'hɪndrəns/ noun [C] akadály (gátló tényező/személy)

hindsight /'haɪndsaɪt/ noun [U] utólagos megértése vminek: *With hindsight* (ha tudtam volna), *I wouldn't have lent him the money.* ➾ Lásd **foresight**.

Hindu /'hɪndu:; ˌhɪn'du:/ noun [C] adj. hindu: *Hindu beliefs*

Hinduism /'hɪndu:ɪzəm/ noun [U] hinduizmus

hinge¹ /hɪndʒ/ noun [C] csuklópánt, zsanér

hinge² /hɪndʒ/ verb
PHRASAL VERB **hinge on sth** vmitől függ: *The future of the project hinges on the meeting today.*

hint¹ /hɪnt/ noun [C] **1** célzás, utalás: *If you keep mentioning parties, maybe they'll take the hint* (megértik a célzást) *and invite you.* **2** előjel: *The first half of the match gave no hint of* (nem sejtette) *the excitement to come.* **3** parányi: *There was a hint of sadness in his voice.* **4** tanács: *helpful hints*

hint² /hɪnt/ verb [I,T] **hint (at sth); hint that...** célzást tesz vmire

* hip¹ /hɪp/ noun [C] (anat) csípő: *He stood with his hands on his hips.*

hip² /hɪp/ *interj.*

IDIOM hip, hip, hurray/hurrah hip, hip, hurrá!

hippie (also **hippy**) /ˈhɪpi/ *noun* [C] (*plural* **hippies**) hippi

hippopotamus /ˌhɪpəˈpɒtəməs/ *noun* [C] (*plural* **hippopotamuses** /-sɪz/ or **hippopotami** /-maɪ/) (*informális* **hippo** /ˈhɪpəʊ/) víziló

★ **hire¹** /ˈhaɪə(r)/ *verb* [T] **1** (*US* **rent**) hire sth (from sb) bérbe vesz

A brit angolban a **hire** ige azt jelenti, hogy valamit rövid időre veszünk bérbe: *We hired a car for the day.* A **rent** ige hosszabb időre szóló bérbevételt jelent: *to rent a house/flat/television.* Az amerikai angolban a **rent** igét használják mindkét esetben.

2 (*rövid időre*) alkalmaz vkit, felfogad vkit: *We'll have to hire somebody to mend the roof.*

Az amerikai angolban a **hire** ige állandó alkalmazást is jelent: *We just hired a new secretary.*

3 (*US* **rent**) hire sth (out) (to sb) bérbe ad

A brit angolban vagy a **rent** vagy a **let** ige jelenti a hosszabb időre szóló bérbeadást: *Mrs Higgins rents out rooms to students.* ● *We let our house while we were in France for a year.*

hire² /ˈhaɪə(r)/ *noun* [U] kölcsönzés: *car hire* ● *Do you have bicycles for hire?*

hire ˈpurchase *noun* [U] (*brit*) (*abbr.* **hp**) részletre történő vásárlás: *We're buying the video on hire purchase.*

★ **his¹** /hɪz/ *determiner* a(z) (ő)...-(j)a(i)/-(j)e(i) (*hímnem*): *Matthew has hurt his shoulder.* ➔ Magyarázat a **he** szónál.

★ **his²** *pron.* az övé (*hímnem*): *This is my book so that one must be his.* ➔ Magyarázat a **he** szónál.

hiss /hɪs/ *verb* [I,T] sziszeg: *The cat hissed at me.* ● *The speech was hissed and booed.* A beszédet kifütyülték. ● *'Stay away from me!' she hissed.*
▸ **hiss** *noun* [C] sziszegés

historian /hɪˈstɔːriən/ *noun* [C] történész

historic /hɪˈstɒrɪk/ *adj.* történelmi

jelentőségű: *The ending of apartheid was a historic event.*

★ **historical** /hɪˈstɒrɪkl/ *adj.* történelmi, történeti: *historical events/records* ● *This house has great historical interest.*
▸ **historically** /-kli/ *adv.* történelmi szempontból

★ **history** /ˈhɪstri/ *noun* (*plural* **histories**) **1** [U] történelem: *an important moment in history* ● *She has a degree in history.* ➔ Lásd **natural history**. **2** [C, *usually sing.*] vkinek/vminek a története: *a new history of Europe* ● *He has a history of violence.* ● *a patient's medical history*

IDIOMS go down in/make history beírja a nevét a történelembe: *She made history by becoming the first woman President.* | the rest is history a többi már történelem (*azt már mindenki tudja*)

★ **hit¹** /hɪt/ *verb* [T] (*pres. part.* **hitting**; *pt, pp* **hit**) **1** nekiütődik vminek, megüt vkit: *The bus left the road and hit a tree.* ● *to hit somebody in the eye/across the face/on the nose*

A **strike** ige választékosabb, mint a **hit**. A **beat** jelentése „ütlegel": *He was badly beaten in the attack.*

2 hit sth (on/against sth) beüt (*testrészt vhova*) **3** árt vkinek/vminek, sújt: *Inner city areas have been badly hit by unemployment.* ● *Her father's death has hit her very hard* (nagyon megviselte). **4** nehézségekbe ütközik: *Things were going really well until we hit this problem.* **5** elér vhová: *If you follow this road, you should hit the motorway in about ten minutes.* ● *The price of oil hit a new high yesterday* (újabb rekordot döntött). **6** rájön vmire: *I thought I recognized the man's face and then it hit me: he was my old maths teacher!*

IDIOMS hit it off (with sb) (*informális*) jól kijön vkivel: *When I first met Tony's parents, we didn't really hit it off.* | hit the jackpot megüti a főnyereményt | hit the nail on the head fején találja a szöget

PHRASAL VERBS hit back (at sb/sth) nem marad adós a válasszal: *The Prime Minister hit back at his critics.* | hit on sth rábukkan, rájön vmire: *I finally hit on a solution to the problem.* | hit out (at sb/sth) megtámad vkit: *The man hit out at the policeman.*

★ **hit²** /hɪt/ *noun* [C] **1** ütés: *The ship took a dir-*

ect hit (telitalálatot kapott) *and sank.* • *She gave her brother a hard hit on the head.* ⊃ Lásd miss. **2** siker: *a hit single* nagysikerű lemez **3** (*infor*) találat (*keresőprogramban*)

IDIOM make a hit (with sb) (*informális*) jó benyomást kelt: *The new teacher seems to have made a hit with the girls.*

hit-and-'miss (*also* ,hit-or-'miss) *adj.* (*informális*) találomra/vaktában történő: *This method is a bit hit-or-miss, but it usually works.*

hit-and-'run *adj.* cserbenhagyásos (*gázolás*)

hitch¹ /hɪtʃ/ *verb* **1** [*I,T*] (*informális*) autóstoppol: *We missed the bus so we had to hitch a lift* (autóstoppal kellett mennünk). ⊃ Lásd hitchhike. **2** [*T*] hozzá-/összekapcsol: *to hitch a trailer to the back of a car*

hitch² /hɪtʃ/ *noun* [*C*] (*apró*) fennakadás: *a technical hitch*

hitchhike /'hɪtʃhaɪk/ (*informális* hitch) *verb* [*I*] autóstoppol

A hitchhike hosszabb, szórakozásból történő autóstoppos utazást jelent. A hitch is jelentheti ugyanezt, de jelenthet rövidebb utat is, például mert elromlott az autónk vagy lekéstük a buszt. A hitch igének lehet tárgya is: *I hitched a lift/ride to the nearest petrol station.* A thumb a lift kifejezés ugyanezt jelenti.

▸ hitchhiker *noun* [*C*] stoppos

hi-tech = HIGH-TECH

hitherto /,hɪðə'tu:/ *adv.* (*formális*) mostanáig

HIV /,eɪtʃ aɪ 'vi:/ *abbr.* (human immunodeficiency virus *rövidítése*) HIV-vírus: *He's HIV positive.*

hive /haɪv/ (*also* beehive) *noun* [*C*] méhkaptár

hiya /'haɪjə/ *interj.* (*informális*) szia

HM *abbr.* (His/Her Majesty's *rövidítése*) Őfelsége: *HMS* (Őfelsége hadihajója) *Invincible*

hm *interj.* hm

hoard¹ /hɔːd/ *noun* [*C*] (*titkos*) készlet

hoard² /hɔːd/ *verb* [*I,T*] hoard (sth) (up) felhalmoz

hoarding /'hɔːdɪŋ/ *noun* [*C*] (*brit*) hirdetőtábla

hoarse /hɔːs/ *adj.* rekedt
▸ hoarsely *adv.* rekedten

hoax /həʊks/ *noun* [*C*] álhír: *The fire brigade answered the call, but found that it was a hoax.*

hob /hɒb/ (*US* stovetop) *noun* [*C*] tűzhely főzőlapja

hobble /'hɒbl/ *verb* [*I*] biceg

★**hobby** /'hɒbi/ *noun* [*C*] (*plural* hobbies) hobbi **❶** Szinonimája: pastime.

hockey /'hɒki/ *noun* [*U*] **1** gyeplabda

Az amerikai angolban a gyeplabda általában **field hockey**, hogy megkülönböztessék a jégkorongtól, ami **ice hockey**.

2 (*US*) = ICE HOCKEY

hoe /həʊ/ *noun* [*C*] kapa ⊃ Ábra garden¹ alatt.

hog¹ /hɒg/ *noun* [*C*] (kan) disznó
IDIOM go the whole hog (*informális*) apait-anyait belead: *Why not go the whole hog and buy the most expensive one?*

hog² /hɒg/ *verb* [*T*] (hogging; hogged) (*informális*) kisajátít magának: *The red car was hogging the middle of the road so no one could overtake.*

Hogmanay /'hɒgməneɪ/ *noun* [*C*] szilveszter (*skót elnevezése*)

hoist /hɔɪst/ *verb* [*T*] felvon, felhúz

★**hold¹** /həʊld/ *verb* (*pt, pp* held /held/) **1** [*T*] (*kézzel*) megfog, tart: *The woman was holding a baby in her arms.* ⊃ Ábra az A6. oldalon. **2** [*T*] vhol/vhogyan tart vmit: *Hold your head up straight.* **3** [*T*] megtart: *Is that branch strong enough to hold you?* **4** [*T*] rendez, szervez: *to hold a party* • *The Olympic Games are held every four years.* **5** [*I*] megmarad (*nem változik*): *I hope this weather holds till the weekend.* **6** [*T*] vmibe belefér: *How much does this bottle hold?* **7** [*T*] (*erőszakkal*) tart vkit vhol: *The terrorists are holding three men hostage* (három embert tartanak túszként). **8** [*T*] rendelkezik vmivel: *Does she hold a British passport?* **9** [*T*] (*formális*) vkiről/vmiről tart vmit: *They **hold** the view* (véleményük szerint) *that we shouldn't spend any more money.* • *I **hold** the parents responsible.* A szülőket tartom felelősnek. **10** [*I,T*] (telefonáláskor) tartja a vonalat: *Will you **hold** the line?* **11** [*T*] (beszélgetést) folytat: *It's impossible to **hold** a conversation here.*

IDIOM **Hold it!** (beszélt nyelv) Állj! Ne mozdulj! ❶ További kifejezések a **hold** igével kapcsolatban a kifejezésekben szereplő főnévnél, melléknévnél stb. találhatók, pl. **hold your own** lásd **own**.

PHRASAL VERBS **hold sth against sb** nehezet vkire vmiért | **hold sb/sth back 1** hátráltat **2** visszatart | **hold sth back 1** eltitkol **2** magába fojt: *He fought to **hold** back tears of anger and frustration.* | **hold off (sth/doing sth)** késlekedik, késleltet | **hold on 1** vár: *Hold on. I'll be with you in a minute.* **2** kitart: *They managed to **hold** on until a rescue party arrived.* | **hold onto sb/sth** belekapaszkodik | **hold onto sth** megtart vmit, ragaszkodik vmihez | **hold out** kitart vmi: *How long will our supply of water **hold** out?* | **hold sth out** odanyújt | **hold out for sth** (informális) kitart vmi mellett: *Union members are **holding** out for a better pay offer.* | **hold sb/sth up** feltartóztat: *We were **held** up by the traffic.* | **hold up sth** kirabol

hold² /həʊld/ *noun* **1** [*C*] fogás vmin/vkin: *to have a firm **hold** on the rope* szorosan tartja a kötelet • *judo/wrestling **holds*** **2** [*sing.*] **a hold (on/over sb/sth)** befolyás vkire/vmire, hatalom **3** [*C*] raktár

IDIOMS **catch, get, grab, take, etc. hold (of sb/sth) 1** elkap vkit/vmit **2** hatással van vkire/vmire | **get hold of sb** elér vkit, felveszi a kapcsolatot vkivel | **get hold of sth** beszerez vmit

holdall /ˈhəʊldɔːl/ *noun* [*C*] sporttáska ➔ Ábra **bag¹** alatt.

holder /ˈhəʊldə(r)/ *noun* [*C*] (gyakran szóösszetételekben) **1** vminek a birtokosa: *a season ticket **holder*** • *the world record **holder** in the 100 metres* **2** tartó: *a toothbrush **holder***

hold-up *noun* [*C*] **1** feltartóztatás **2** rablás

★ **hole** /həʊl/ *noun* [*C*] lyuk, üreg: *There are **holes** in my socks.* • *a mouse **hole*** • *an eighteen-hole golf course*

★ **holiday** /ˈhɒlədeɪ; brit also -di/ *noun* **1** (US vacation) [*C,U*] vakáció, szabadság: *We're going to Italy for our summer **holidays** this year.* • *Mr Philips isn't here - he's away on **holiday**.* • *I'm going to **take** a week's **holiday*** (kiveszek egy hét szabadságot) *in May.* • *the school/Christmas/Easter/summer holidays*

A **leave** szó olyan időszakot jelent, amikor valamilyen ok miatt nem megyünk dolgozni: *sick **leave*** betegszabadság • *maternity **leave*** szülési szabadság • *unpaid **leave*** fizetés nélküli szabadság.

2 [*C*] szabadnap: *New Year's Day is a **bank/public holiday*** (munkaszüneti nap).

A **holiday** szó ebben a jelentésben a brit angolban és az amerikai angolban egyaránt használatos. A **day off** olyan nap, amikor nem megyünk dolgozni: *I'm having two days **off*** (kiveszek két szabadnapot) *next week*.

holiday camp *noun* [*C*] (brit) üdülőtelep

holidaymaker /ˈhɒlədeɪmeɪkə(r); -dɪmeɪ-/ *noun* [*C*] (brit) nyaraló

★ **hollow¹** /ˈhɒləʊ/ *adj.* **1** üreges: *a hollow tree* **2** beesett: *hollow cheeks* • *hollow-eyed* mélyen ülő szemű **3** üres, hazug: *hollow promises/threats* **4** kongó: *hollow footsteps*

hollow² /ˈhɒləʊ/ *verb*
PHRASAL VERB **hollow sth out** kiváj

hollow³ /ˈhɒləʊ/ *noun* [*C*] (földr) teknő

holly /ˈhɒli/ *noun* [*U*] magyal

holocaust /ˈhɒləkɔːst/ *noun* **1** [*C*] népirtás, pusztítás: *a nuclear holocaust* **2** (the Holocaust) [*sing.*] holokauszt

hologram /ˈhɒləgræm/ *noun* [*C*] hologram, lézerkép

holster /ˈhəʊlstə(r)/ *noun* [*C*] pisztolytáska

★ **holy** /ˈhəʊli/ *adj.* (holier; holiest) **1** szent: *the Holy Bible* • *holy water* szenteltvíz **2** szent életű
▶ **holiness** *noun* [*U*] szentség

homage /ˈhɒmɪdʒ/ *noun* [*U*; *C*, usually *sing.*] (formális) **homage (to sb/sth)** tiszteletadás: *Thousands came to **pay/do homage*** (kegyeletüket leróni) *to the dead leader.*

---

❶ = magyarázat   [*C*] **megszámlálható** (főnév): *one book, two books*

[*U*] **megszámlálhatatlan** (főnév): *some sugar*

★ **home¹** /həʊm/ noun 1 [C,U] otthon: *She left home* (elköltözött a szülői házból) *at the age of 21.* ● *Children from broken homes* (a csonka családból származó gyerekek) *sometimes have learning difficulties.* ● *That old house would make an ideal family home.* ➔ Magyarázat a **house** szónál.

> Vigyázat! A **to** elöljárószót nem használjuk a **home** szó előtt: *It's time to go home.* ● *She's usually tired when she gets/arrives home.* Amikor másnak az otthonáról beszélünk, azt mondjuk **at Jane and Andy's** vagy **at Jane and Andy's place/house.**

2 [C] otthon (*intézmény*): *a children's home* gyermekotthon ● *an old people's home* idősek otthona **3** [sing.] the home of sth vminek a bölcsője (*átv*)

IDIOMS **at home 1** otthon (*a házban/lakásban*): *Is anybody at home?*

> Az amerikai angolban a **home** szót gyakran használják az **at** elöljáró nélkül: *Is anybody home?*

2 otthonos hely: *Please make yourself at home.* Érezd magad otthon! ● *I felt quite at home on the ship.* **3** (*sp*) hazai pályán | **romp home/to victory →** ROMP

★ **home²** /həʊm/ adj. (*csak főnév előtt*) **1** otthoni: *home cooking* házi koszt ● *your home address/town* ● *a happy home life* boldog családi élet **2** (*főleg brit*) hazai, országon belüli: *The Home Secretary is responsible for home affairs.* A belügyekért a belügyminiszter a felelős. **3** (*sp*) hazai: *a home game* hazai mérkőzés ❶ Ellentéte: **away**.

★ **home³** /həʊm/ adv. haza(felé), otthon (*lakásban, országban*): *We must be getting home soon.* ● *She'll be flying home for New Year.*

IDIOMS **bring sth home to sb** rádöbbent vkit vmire | **drive sth home (to sb) →** DRIVE¹

home⁴ /həʊm/ verb

PHRASAL VERB **home in on sb/sth** célra repül hazatalál

homecoming /'həʊmkʌmɪŋ/ noun [C,U] hazatérés

home-ˈgrown adj. saját termesztésű

homeland /'həʊmlænd/ noun [C] haza, szülőföld

homeless /'həʊmləs/ adj. **1** hajléktalan **2** (the homeless) noun [plural] a hajléktalanok

▸ **homelessness** noun [U] hajléktalanság

homely /'həʊmli/ adj. (*brit*) otthonos (*hely*)

home-ˈmade adj. házi (*otthon készített*)

the ˈHome Office noun [sing.] (*brit*) belügyminisztérium

homeopath (also **homoeopath**) /'həʊmɪəpæθ/ noun [C] homeopata

homeopathy (also **homoeopathy**) /ˌhəʊmiˈɒpəθi/ noun [U] homeopátia

▸ **homeopathic** (also **homoeopathic**) /ˌhəʊmɪəˈpæθɪk/ adj. hasonszenvi

ˈhome page noun [C] (*infor*) honlap

the ˌHome ˈSecretary noun [C] (*brit*) belügyminiszter ➔ Lásd the Foreign Secretary.

homesick /'həʊmsɪk/ adj. **homesick (for sb/sth)** honvágytól szenvedő: *She was very homesick for Canada.* Honvágya volt Kanada után.

▸ **homesickness** noun honvágy

homeward /'həʊmwəd/ adj. hazatartó: *the homeward journey*

▸ **homeward** adv. hazafelé: *to travel homeward*

★ **homework** /'həʊmwɜːk/ noun [U] (*írásbeli*) házi feladat: *We've got a translation to do for homework.* ❶ A **homework** meg nem számlálható főnév, tehát nem tehető többes számba. Ha egy házi feladatról beszélünk, azt mondjuk **a piece of homework**. ➔ Magyarázat a **housework** szónál.

homicidal /ˌhɒmɪˈsaɪdl/ adj. (*jog*) gyilkos indulatú

homicide /'hɒmɪsaɪd/ noun [C,U] (*főleg US*) (*jog*) emberölés

homonym /'hɒmənɪm/ noun [C] (*nyelv*) azonos alakú szó

homophone /'hɒməfəʊn/ noun [C] (*nyelv*) azonos hangzású szó: *'Flower' and 'flour' are homophones.*

homosexual /ˌhəʊməˈsekʃuəl/, ˌhɒm-/ adj. homoszexuális ➔ Lásd **heterosexual, bisexual, gay, lesbian**.

▸ **homosexual** noun homoszexuális

[I] **tárgyatlan** (*ige*): He laughed.   [T] **tárgyas** (*ige*): He ate an apple.

homosexuality /ˌhəʊməˌsekʃuˈæləti; ˌhɒm-/ *noun* [U] homoszexualitás

Hon *abbr.* **1** (**Honorary** *rövidítése*) tisztelet-beli, disz-: *Hon President* **2** (**Honourable** *rövidítése*) brit rang, ill. megszólítás (*pl. parlamentben*)

* **honest** /ˈɒnɪst/ *adj.* **1** becsületes, őszinte: *To be honest* (őszintén szólva), *I don't think that's a very good idea.* **2** őszinte: *an honest face/opinion* **❶** Mindkét jelentés ellen-téte: **dishonest**.
  ▸ **honesty** *noun* [U] becsületesség **❶** El-lentéte: **dishonesty**.

honestly /ˈɒnɪstli/ *adv.* **1** őszintén **2** igazán: *I honestly don't know where she has gone.* **3** Nahát! Ejnye!

honey /ˈhʌni/ *noun* [U] méz

> A **honey** szó jelentése lehet **darling** is, elsősorban az amerikai angolban.

honeycomb /ˈhʌnikəʊm/ *noun* [C,U] lép (*méhsejt*)

honeymoon /ˈhʌnimuːn/ *noun* [C] nászút: *We had our first argument while we were on our honeymoon.*

honk /hɒŋk/ *verb* [I,T] dudál (*autó*)

honorary /ˈɒnərəri/ *adj.* **1** tiszteletbeli: *to be awarded an honorary degree* **2** gyakran (**Honorary**) (*abbr.* **Hon**) tiszteletbeli (*díjazás nélküli*)

honour¹ (*US* honor) /ˈɒnə(r)/ *noun* **1** [U] tisztelet: *the guest of honour* díszvendég **❷** Lásd **dishonour**. **2** [*sing.*] (*formális*) megtiszteltetés **3** [U] becsületesség: *I give you my word of honour.* Becsületszavamat adom. **4** (**Honours**) [*plural*] (*okt*): *an hon-ours degree* egyetemi diploma (szakosí-tással)
  IDIOM **in honour of sb/sth; in sb/sth's hon-our** vkinek a tiszteletére

honour² (*US* honor) /ˈɒnə(r)/ *verb* [T] **1** hon-our sb/sth (with sth) megtisztel: *I am very honoured by the confidence you have shown in me.* **2** állja a szavát

honourable (*US* honorable) /ˈɒnərəbl/ *adj.* **1** tiszteletreméltó **❶** Ellentéte: **dishon-ourable**. **2** (**the Honourable**) (*abbr.* **the Hon**) igen tisztelt
  ▸ **honourably** /-əbli/ *adv.* becsületesen

Hons /ɒnz/ *abbr.* (**Honours** *rövidítése*) dip-loma (szakosítással): *John North BSc (Hons)*

hood /hʊd/ *noun* [C] **1** kapucni **2** (*főleg brit*) vászontető **3** (*US*) = ʙᴏɴɴᴇᴛ (1)

hoof /huːf/ *noun* [C] (*plural* hoofs or hooves /huːvz/) pata **➾** Vesd össze paw.

* **hook¹** /hʊk/ *noun* [C] **1** (*kampó alakú*) fogas, horog: *Put your coat on the hook over there.* ● *a fish-hook* **2** (*sp*) horog(ütés): *a right hook*
  IDIOMS **get/let sb off the hook** (*informális*) megmenekül/megment a bajból | **off the hook** nincs letéve (*telefon*)

hook² /hʊk/ *verb* **1** [I,T] hozzá-kapcsol(ódik), ráerősít: *We hooked the trailer to the back of the car.* **2** [T] átfűz vmit vmin: *Hook the rope through your belt.*
  PHRASAL VERB **hook (sth) up (to sth)** bekap-csol (*készülékbe, áramba*)

hook and 'eye *noun* [C] párizsi kapocs

hooked /hʊkt/ *adj.* **1** horgas: *a hooked nose* **2** (*főnév előtt nem állhat, informális*) **hooked (on sth)** vminek a rabja **❶** Szi-nonimája: **addicted**. **3** (*főnév előtt nem állhat, informális*) **hooked (on sth)** oda-van vmiért: *Suzi is hooked on computer games.*

hooky /ˈhʊki/ *noun*
  IDIOM **play hooky** (*US*, *rég*, *informális*) → ᴛʀᴜᴀɴᴛ

hooligan /ˈhuːlɪɡən/ *noun* [C] huligán: *football hooligans* **➾** Lásd **lout**, **yob**.
  ▸ **hooliganism** /-ɪzəm/ *noun* [U] huliga-nizmus

hoop /huːp/ *noun* [C] (*fém, műanyag*) karika

hooray = ʜᴜʀʀᴀʏ

hoot¹ /huːt/ *noun* **1** [C] (*főleg brit*) (*rövid és hangos*) nevetés, kiabálás: *hoots of laugh-ter* **2** [*sing.*] (*beszélt nyelv*) vicces alak: *Bob is a real hoot!* **3** [C] tülkölés **4** [C] huhogás

hoot² /huːt/ *verb* [I,T] dudál: *The driver hooted (his horn) at the dog.* ● *They hooted with laughter* (harsányan nevettek).

hoover /ˈhuːvə(r)/ *verb* [I,T] (*brit*) porszí-vózik: *This carpet needs hoovering.* **❶** Szi-nonimája: **vacuum**.
  ▸ **Hoover™** *noun* [C] porszívó **❶** Szinoni-mája: **vacuum cleaner**.

hooves /huːvz/ *plural of* ʜᴏᴏꜰ

hop/jump/bounce

hopping

jumping

bouncing

hop¹ /hɒp/ verb [I] (**hopping**; **hopped**)
1 féllábon ugrál **2** szökdécsel, ugrándozik
3 hop (from sth to sth) ugrik (egyik
tárgyról stb. a másikra)
IDIOM hop it! (szleng) Tűnés!
PHRASAL VERBS hop in/into sth; hop out/out
of sth (informális) kiugrik/beugrik
(autóba, autóból) | hop on/onto sth; hop
off sth (informális) felugrik/leugrik
(járműre, járműről)

hop² /hɒp/ noun **1** [C] szökdécselés **2** [C]
komló **3** (hops) [plural] komló virága

★ **hope¹** /həʊp/ verb [I,T] hope that...; hope
to do sth; hope (for sth) remél: 'Is it raining?' 'I
hope not.' • 'Are you coming to London?' 'I'm
not sure yet but **I hope so**.' • I hope that you
feel better soon. • Hoping to hear from you
soon. (gyakran baráti hangvételű levél
végén)

★ **hope²** /həʊp/ noun **1** [C,U] (a) hope (of/for
sth); (a) hope of doing sth; (a) hope that...
remény: There is no hope of finding any-
body else alive. • David has **high hopes**
(nagyon bízik benne) of becoming a jockey.
• She never **gave up hope** (feladta a
reményt) that she would get better.
2 [sing.] vkinek a reménysége: Please help
me! You're my **last hope**.
IDIOMS dash sb's hopes (of sth/of doing sth)
→ DASH² | **in the hope of sth/that...** abban
a reményben, hogy | pin (all) your hopes
on sb/sth → PIN² | a ray of hope → RAY

hopeful /ˈhəʊpfl/ adj. **1** hopeful (about
sth); hopeful that... bizakodó **2** reményt
keltő, biztató

hopefully /ˈhəʊpfəli/ adv. **1** (informális)
remélhetőleg: Hopefully, we'll be finished
soon. **2** reménykedve

hopeless /ˈhəʊpləs/ adj. **1** reménytelen

2 (informális) hopeless (at sth) (főleg brit)
reménytelen(ül rossz)
▶ **hopelessly** adv. kilátástalanul: They
were hopelessly lost.
hopelessness noun [U] reménytelenség,
kilátástalanság

horde /hɔːd/ noun [C] horda

horizon /həˈraɪzn/ noun **1** [sing.] horizont:
The ship appeared on/disappeared over the
horizon. **2** (horizons) [plural] látókör: For-
eign travel is a good way of expanding your
horizons.
IDIOM on the horizon a láthatáron (átv)

★ **horizontal** /ˌhɒrɪˈzɒntl/ adj. vízszintes: on
the horizontal bars a nyújtón ➔ Vesd
össze **vertical**, **perpendicular**.
▶ **horizontally** /-təli/ adv. vízszintesen

hormone /ˈhɔːməʊn/ noun [C] hormon

★ **horn** /hɔːn/ noun [C] **1** szarv **2** duda: to
sound your horn **3** kürt: the French horn
➔ Magyarázat a **piano** szónál.

horoscope /ˈhɒrəskəʊp/ noun [C]
horoszkóp: What does my horoscope for
next week say? ➔ Lásd **astrology**, **zodiac**.

horrendous /hɒˈrendəs/ adj. (informális)
förtelmes
▶ **horrendously** adv. förtelmesen

★ **horrible** /ˈhɒrəbl/ adj. **1** (informális) utá-
latos, rettenetes: Don't be so horrible! • I've
got **a horrible feeling** that I've forgotten
something. **❶** Szinonimája: **horrid**. **2** iszo-
nyatos: a horrible death/nightmare
▶ **horribly** /-əbli/ adv. iszonyatosan

horrid /ˈhɒrɪd/ adj. (informális) utálatos:
horrid weather • I'm sorry that I was so hor-
rid last night. **❶** Szinonimája: **horrible**.

horrific /həˈrɪfɪk/ adj. **1** rettenetes: a hor-
rific murder/accident/attack **2** (informális)
szörnyűséges
▶ **horrifically** /-kli/ adv. szörnyűségesen:
horrifically expensive

horrify /ˈhɒrɪfaɪ/ verb [T] (pres. part. horri-
fying; 3rd pers. sing. pres. horrifies; pt, pp
horrified) megrémít
▶ **horrifying** adj. rémisztő

horror /ˈhɒrə(r)/ noun **1** [U, sing.] rémület:
They watched **in horror** as the building col-
lapsed. **2** [U] rémség, horror-: a horror
film/story horrorfilm/rémtörténet

★ **horse** /hɔːs/ *noun* **1** [c] ló: *horse riding*

A male horse is a **stallion**, a female horse is a **mare** and a young horse is a **foal**.

2 (**the horses**) [*plural*] (*informális*) lóverseny

IDIOM **on horseback** lóháton ❶ A lovasrendőrök elnevezése **mounted police**.

horse **chestnut** *noun* [c] **1** vadgesztenyefa **2** vadgesztenye

horseman /ˈhɔːsmən/ *noun* [c] (*plural* -men /-mən/) lovas (*férfi*)

horsepower /ˈhɔːspaʊə(r)/ *noun* [c] (*plural* **horsepower**) (*abbr.* **hp**) lóerő

horse racing (also **racing**) *noun* [u] lóverseny

Horse racing takes place at a **racecourse**. People often **bet** on the results of horse races.

horseshoe /ˈhɔːsʃuː/ (also **shoe**) *noun* [c] patkó

horsewoman /ˈhɔːswʊmən/ *noun* [c] (*plural* -women /-wɪmɪn/) lovas (*nő*)

horticulture /ˈhɔːtɪkʌltʃə(r)/ *noun* [u] kertészet
▶ **horticultural** /ˌhɔːtɪˈkʌltʃərəl/ *adj.* kertészeti

hose /həʊz/ (also **hosepipe** /ˈhəʊzpaɪp/) *noun* [c,u] öntözőcső ➔ Ábra garden¹ alatt.

hospice /ˈhɒspɪs/ *noun* [c] (*gyógyíthatatlan betegeket gondozó*) szeretetotthon

hospitable /hɒˈspɪtəbl; ˈhɒspɪtəbl/ *adj.* vendégszerető ❶ Ellentéte: **inhospitable**.

★ **hospital** /ˈhɒspɪtl/ *noun* [c] kórház: *He was rushed to hospital in an ambulance.* • *to be admitted to/discharged from hospital* kórházba felvesz/kórházból elbocsát • *a psychiatric/mental hospital*

Ha azt mondjuk **he goes to hospital** vagy **he is in hospital** („the" nélkül), akkor az illetőt a kórházban gyógyítják: *His mother's in hospital.* • *She cut her hand and had to go to hospital.* A **the hospital** egy meghatározott kórházat jelent, vagy azt, hogy csak átmenetileg, nem betegként megyünk oda: *He went to the hospital to visit Muriel.*

A person who is being treated in a hospital by **doctors** and **nurses** is a **patient**. If you have an accident, you are taken first to the **casualty** department (*US* **emergency room**).

hospitality /ˌhɒspɪˈtæləti/ *noun* [u] vendégszeretet

★ **host** /həʊst/ *noun* [c] **1** (*vendéglátó*) házigazda ➔ Lásd **hostess**. **2** műsorvezető **3** *a host/hosts of sb/sth* rengeteg
▶ **host** *verb* [T] vendégül lát: *The city is aiming to host the Olympic Games in ten years' time.*

★ **hostage** /ˈhɒstɪdʒ/ *noun* [c] túsz: *The robbers tried to take the staff hostage* (megpróbálták a személyzetet túszul ejteni). • *The hijackers say they will hold the passengers hostage* (túszként tartják fogva) *until their demands are met.* ➔ Lásd **ransom**.

hostel /ˈhɒstl/ *noun* [c] **1** (*olcsó*) szálló: *a student/youth hostel* **2** hajléktalanszálló

hostess /ˈhəʊstəs; -es/ *noun* [c] **1** (*vendéglátó*) háziasszony ➔ Lásd **host**. **2** műsorvezető (*nő*) **3** (also **air hostess**) légi utaskísérő(nő) ❶ Szinonimája: **stewardess**. ➔ Lásd **air steward**.

hostile /ˈhɒstaɪl/ *adj.* hostile (to/towards sb/sth) ellenséges, elutasító: *a hostile crowd* • *They are very hostile to any change.*

hostility /hɒˈstɪləti/ *noun* **1** [u] hostility (to/towards sth) ellenszenv, utálat **2** (**hostilities**) [*plural*] háborús cselekmények

★ **hot¹** /hɒt/ *adj.* (**hotter**; **hottest**) **1** forró: *Can I open the window? I'm really hot.* • *It was boiling hot* (hőség) *on the beach.* • *Don't touch the plates – they're red hot* (tűzforróak)!

Valaminek a hőmérsékletét a következő melléknevekkel írhatjuk le: **freezing** (cold), **cold**, **cool**, **tepid** (víz), **warm**, **hot** vagy **boiling** (hot). Magyarázat a **cold¹** szónál.

2 csípős (*étel*) **3** (*informális*) rázós (*ügy*): *The newspaper found the story too hot to handle.* **4** (*informális*) izgalmas, menő: *This band is hot stuff!*
IDIOM **in hot pursuit (of sb)** (vkinek a) sarkában (*átv*)

hot² /hɒt/ *verb* (**hotting**; **hotted**)
PHRASAL VERB **hot up** (*brit, informális*) felfor-

rósodik (*átv*): *The election campaign has really hotted up in the past few days.*

hot-¹air balloon (also **balloon**) noun [C] hőlégballon

hot cross bun noun [C] (*húsvétkor fogyasztott*) mazsolás, vajas pogácsa, tetején kereszt minta

¹hot dog noun [C] hotdog (*virsli kifliben*)

★ **hotel** /həʊˈtel/ noun [C] szálloda: *to stay in/at a hotel* • *I've booked a double room at the Grand Hotel.* • *a two-star hotel*

You book a **double**, **single** or **twin-bedded** room at a hotel. When you arrive you **check in** or **register** and when you leave you **check out**.

hotelier /həʊˈteliə(r); -lieɪ/ noun [C] szállodaigazgató, szállodatulajdonos

hothouse /ˈhɒthaʊs/ noun [C] melegház **⊃** Lásd **greenhouse**.

hotline /ˈhɒtlaɪn/ noun [C] forródrót (*közvetlen telefonvonal*)

hotly /ˈhɒtli/ adv. **1** indulatosan: *They hotly denied the newspaper reports.* **2** elszántan: *The dog ran off, hotly pursued by its owner.*

hot-¹water bottle noun [C] meleg vizes gumipalack

hound¹ /haʊnd/ noun [C] vadászkutya: *a foxhound*

hound² /haʊnd/ verb [T] üldöz (*átv*): *Many famous people complain of being hounded by the press.*

★ **hour** /ˈaʊə(r)/ noun **1** [C] óra (*időtartam*): *He studies for three hours* (három óra hosszat) *most evenings.* • *In two hours' time* (két óra múlva) *I'll be having lunch.* • *Japan is eight hours ahead of the UK.* • *I get paid by the hour.* Óradíjat kapok. • *How much do you get paid per/an hour* (óránként)? **2** [C] órányi (*távolság*): *London is only two hours away.* **3** (hours) [*plural*] hivatali/nyitvatartási idő: *Employees are demanding shorter working hours.* **4** [C] idő, időszak: *I'm going shopping in my lunch hour.* • *The traffic is very bad in the rush hour* (csúcsforgalom idején). **5** (the hour) [*sing.*] egész óra: *Buses are on the hour* (mindig egészkor) *and at twenty past the hour.* **6** (hours) [*plural*] órák (*hosszú*

idő): *He went on speaking for hours and hours.*

IDIOMS **at/till all hours** bármikor/bármeddig, akármikor/akármeddig, sokáig: *She stays out till all hours.* | **the early hours** → **EARLY**

hourly /ˈaʊəli/ adj., adv. **1** óránként (*ismétlődő*): *an hourly news bulletin* **2** óránkénti, egy órára szóló: *What is your hourly rate of pay?* Mennyit kapsz egy órára?

★ **house¹** /haʊs/ noun [C] (*plural* **houses** /ˈhaʊzɪz/) **1** családi ház: *a four-bedroomed house* **⊃** Lásd még **bungalow**, **cottage**, **detached**, **flat**, **maisonette**, **semi-detached**, **terrace**, **terraced**.

A **home** szó azt a helyet jelenti, ahol lakunk, amelyet az otthonunknak érzünk, akkor is, ha az nem családi ház. A **house** csupán egy épület: *Let's go home to my flat.* • *We've only just moved into our new house and it doesn't feel like home yet.*

You can **build**, **do up**, **redecorate** or **extend** a house. You may **rent** a house from somebody or **let** it out to somebody else. If you want to **move house**, you go to an **estate agent**.

2 [*usually sing.*] háznép: *Don't shout. You'll wake the whole house up.* **3** épület: *a warehouse* **4** ház: *a fashion/publishing house* **5** -ház (*vendéglő*): *a curry/spaghetti house* • *house wine* házibor **6** (House) (*pol*) képviselőház: *the House of Commons* alsóház • *the Houses of Parliament* **⊃** Magyarázat a **Parliament** szónál. **7** [*usually sing.*] nézőközönség, nézőtér: *There was a full house* (telt ház) *for the play this evening.*

IDIOMS **get on/along like a house on fire** azonnal összemelegednek | **move house** → **MOVE¹** | **on the house** ingyenes (*a vendéglő tulajdonosa fizeti*): *Your first drink is on the house.*

house² /haʊz/ verb [T] **1** elszállásol, szállást biztosít vkinek **2** elhelyez(kedik)

houseboat /ˈhaʊsbəʊt/ noun [C] lakóhajó

housebound /ˈhaʊsbaʊnd/ adj. házhoz kötött

household /ˈhaʊshəʊld/ noun [C] háztartás: *household expenses*

householder /'haʊshəʊldə(r)/ *noun* [C]
(ház)tulajdonos, lakásbérlő

housekeeper /'haʊskiːpə(r)/ *noun* [C]
házvezetőnő

housekeeping /'haʊskiːpɪŋ/ *noun* [U]
1 háztartás (*tevékenység*) **2** háztartási
kiadások

the ¦**House of** ¦**Commons** *noun* [sing.]
Alsóház (*Nagy-Britanniában*)

the ¦**House of** ¦**Lords** *noun* [sing.] Lordok
Háza (*Nagy-Britanniában*)

the ¦**House of** ¦**Repre'sentatives** *noun*
[sing.] képviselőház (*az Egyesült Államok-
ban*) ➔ Lásd **Congress, the Senate.**

¦**house-proud** *adj.* házias (*sokat ad az
otthona minőségére*)

¦**house-to-'house** *adj.* minden házat
érintő: *The police are making house-to-
house enquiries.*

¦**house-warming** *noun* [C] lakásavató

housewife /'haʊswaɪf/ *noun* [C] (*plural*
housewives) háztartásbeli, háziasszony
❶ Férfi megfelelője **house husband.**

★ **housework** /'haʊswɜːk/ *noun* [U]
házimunka

> Vigyázat! Az iskolában feladott
> otthon végzendő írásbeli feladat
> **homework.**

housing /'haʊzɪŋ/ *noun* [U] lakóhely (*min-
denféle lakhatási lehetőség: ház, lakás
stb.*), lakásügy

¦**housing estate** *noun* [C] lakótelep

hover /'hɒvə(r)/ *verb* [I] **1** lebeg (*madár
stb.*) **2** várakozik, téblábol: *He hovered ner-
vously outside the office.*

hovercraft /'hɒvəkrɑːft/ *noun* [C] (*plural*
hovercraft) légpárnás hajó

★ **how** /haʊ/ *adv., conj.* **1** hogyan: *How do you
spell your name?* • *Can you show me how to
use this machine?*

> Vigyázat! Ha egy szó vagy kifejezés
> angol megfelelőjére kérdezünk rá,
> csak a következő kérdések helyesek:
> **What is this/'X' (called) in English?,
> What is the English for this/'X'?, How do
> you say 'X' in English?**

2 hogy (*van, érez vmivel kapcsolatban*):
'How is your mother?' • *How do you feel
about your son joining the army?*

A **how** szót csak akkor használjuk,
ha valakinek az egészsége felől
érdeklődünk. Amikor valakinek a
tulajdonságairól vagy a külsejéről
kérdezünk, akkor a **what...like?** kife-
jezést használjuk: *'What is your mother
like?' 'Well, she's much taller than me and
she's got dark hair.'*

3 milyen: *How was the weather?* • *How did
the interview go?* Hogy ment az interjú?
4 hány, mennyi: *How old are you?* • *How
much is that?* **5** milyen: *How strange!* • *I
can't believe how expensive it is!*
IDIOMS **how/what about...?** → ABOUT² | **how
come?** → COME | **how do you do?**
(*formális*) jó napot kívánok, üdvözlöm
(*ismerkedéskor, bemutatkozás után
mondják*)

> Vigyázat! A **How do you do?** és a **How are
> you?** kérdésre más-más a válasz: *'How
> do you do?' 'How do you do?'* • *'How are
> you?' 'I'm fine./Very well./Much better.'*

★ **however** /haʊ'evə(r)/ *adv., conj.* **1** (*for-
mális*) (ám)bár, azonban: *Sales are poor
this month. There may, however, be an
increase before Christmas.* **2** de hát hogy:
However did you manage to find me here?
❶ Ha csak a **how** szót használjuk, a
kérdés nem fejez ki akkora meglepetést.
3 akárhogy (is): *However I sat I couldn't get
comfortable.* • *You can dress however you
like.* **4** (*melléknév vagy határozószó előtt*)
akármennyire: *He won't wear a hat how-
ever cold it is.* • *You can't catch her however
fast* (bármilyen gyorsan) *you run.*

howl /haʊl/ *verb* [I] vonít, üvölt
▶ **howl** *noun* [C] vonítás, üvöltés

h.p. (also **HP**) /ˌeɪtʃ 'piː/ *abbr.* **1** (**horsepower**
rövidítése) LE, lóerő **2** (*brit*) (**hire purchase**
rövidítése) részletre

HQ /ˌeɪtʃ 'kjuː/ *abbr.* (**headquarters**
rövidítése) székház, központ

hr *abbr.* (**hour** rövidítése) (*plural* **hrs**) h, óra:
3 hrs 15 min.

hub /hʌb/ *noun* [usually sing.] **1 the hub (of
sth)** középpont: *the commercial hub of the
city* **2** kerékagy

hubbub /'hʌbʌb/ *noun* [sing., U] **1** hang-
zavar **2** nyüzsgés: *the hubbub of city life*

huddle¹ /'hʌdl/ *verb* [I] **huddle (up)
(together) 1** összehúzódik, összebújik:

---

❶ = magyarázat [C] **megszámlálható** (*főnév*):
one book, two books

[U] **megszámlálhatatlan** (*főnév*):
some sugar

The campers huddled together around the fire. **2** összekuporodik: *She huddled up in her sleeping bag.*
▶ **huddled** *adj.* összebújva

huddle² /ˈhʌdl/ *noun* [C] kupac: *They all stood in a huddle, laughing and chatting.*

huff /hʌf/ *noun* [C]
IDIOM in a huff (*informális*) sértődöttség: *Did you see Stan go off in a huff (dúlvafúlva távozott) when he wasn't chosen for the team?*

hug /hʌg/ *verb* [T] (**hugging**; **hugged**) **1** átölel **2** magához szorít: *She hugged the parcel to her chest.* **3** (hajó) a part mentén halad: *to hug the coast*
▶ **hug** *noun* [C] ölelés: *She gave him a hug* (átölelte).

★ **huge** /hjuːdʒ/ *adj.* hatalmas, óriási: *a huge amount • a huge building • The film was a huge success.*
▶ **hugely** *adv.* roppant módon: *hugely successful*

huh /hʌ/ *interj.* (*informális*) mi?: *They've gone away, huh? They didn't tell me.*

hull /hʌl/ *noun* [C] hajótest

hullabaloo /ˌhʌləbəˈluː/ *noun* [sing.] zsivaj

hum /hʌm/ *verb* (**humming**; **hummed**) **1** [I] zümmög, búg **2** [I,T] dúdol
▶ **hum** *noun* [sing.] búgás: *the hum of machinery/distant traffic*

★ **human¹** /ˈhjuːmən/ *adj.* emberi: *The disaster was caused by human error.*
▶ **humanly** *adv.* emberileg: *They did all that was humanly possible to rescue him.*

human² /ˈhjuːmən/ (also ˌhuman ˈbeing) *noun* [C] emberi lény

humane /hjuːˈmeɪn/ *adj.* emberséges: *Zoo animals must be kept in humane conditions.*
❶ Ellentéte: **inhumane.**
▶ **humanely** *adv.* emberségesen

humanitarian /hjuːˌmænɪˈteəriən/ *adj.* emberbar/ti: *humanitarian aid*

humanity /hjuːˈmænəti/ *noun* [U] **1** emberiség: *crimes against humanity* ❶ Szinonimája: **the human race.** **2** emberség: *The prisoners were treated with humanity.* ❶ Ellentéte: **inhumanity.**

ˌhuman ˈnature *noun* [U] az emberi természet

the ˌhuman ˈrace *noun* [sing.] az emberi

nem, az emberiség ❶ Szinonimája: **humanity.**

ˌhuman ˈrights *noun* [plural] emberi jogok

humble¹ /ˈhʌmbl/ *adj.* **1** szerény ❶ Főnév: **humility.** ➔ Lásd **modest.** **2** egyszerű: *She comes from a humble background.*
▶ **humbly** /ˈhʌmbli/ *adv.* alázatosan

humble² /ˈhʌmbl/ *verb* [T] megaláz

humid /ˈhjuːmɪd/ *adj.* nyirkos, párás
▶ **humidity** *noun* [U] páratartalom

humiliate /hjuːˈmɪlieɪt/ *verb* [T] megaláz
▶ **humiliating** *adj.* megalázó: *a humiliating defeat*
humiliation /hjuːˌmɪliˈeɪʃn/ *noun* [C,U] megaláztatás

humility /hjuːˈmɪləti/ *noun* [U] alázat(osság) ❶ Melléknév: **humble.**

humorous /ˈhjuːmərəs/ *adj.* humoros
▶ **humorously** *adv.* humorosan

★ **humour¹** (*US* humor) /ˈhjuːmə(r)/ *noun* [U] **1** humor: *Rose has a good sense of humour* (humorérzék). **2** (-humoured) (*US* -humored) (összetett melléknevekben) -humorú, -kedvű: *good-humoured*

humour² (*US* humor) /ˈhjuːmə(r)/ *verb* [T] kedvében jár vkinek

humourless /ˈhjuːmələs/ (*US* humorless) *adj.* humorérzék nélküli

hump /hʌmp/ *noun* [C] púp

hunch¹ /hʌntʃ/ *noun* [C] (*informális*) sejtés, gyanú: *I'm not sure, but I've got a hunch that she's got a new job.*

hunch² /hʌntʃ/ *verb* [I,T] összehúzza magát

hunchback /ˈhʌntʃbæk/ *noun* [C] púpos ember

★ **hundred** /ˈhʌndrəd/ *number* **1** (*plural* hundred) száz: *two hundred • There were a/one hundred people in the room.* ➔ Példák a **six** szónál.

Számok kimondásakor (pl. 1420), a **hundred** után **and** szót teszünk: *one thousand four hundred **and** twenty.*

2 (hundreds) (*informális*) egy csomó: *I've got hundreds of things to do today.* ➔ Lásd a *Számokkal kapcsolatos kifejezések* részt.

hundredth¹ /ˈhʌndrədθ/ *noun* [C] egyszázad rész

[I] **tárgyatlan** (ige): *He laughed.*   [T] **tárgyas** (ige): *He ate an apple.*

hundredth² /'hʌndrədθ/ *pron., determiner, adv.* (a) századik ➔ Példák a **sixth¹** szónál.

hundredweight /'hʌndrədweɪt/ *noun* [C] (*abbr.* **cwt.**) súlymérték (*50,802 kg*) ➔ Lásd a *Számokkal kapcsolatos kifejezések* részt.

hung *past tense, past participle of* HANG¹

★ **hunger¹** /'hʌŋgə(r)/ *noun* **1** [U] éhség: *In the Third World many people die of hunger* (hal éhen) *each year.* ➔ Lásd thirst. **2** [U] éhség(érzet): *Hunger is one reason why babies cry.* **3** [sing.] hunger (for sth) erős vágy vmire: *a hunger for knowledge* (tudásszomj)

hunger² /'hʌŋgə(r)/ *verb* (*formális*)
PHRASAL VERB **hunger for/after sth** sóvárog vmi után

hunger strike *noun* [C,U] éhségsztrájk: *to be/go on hunger strike*

★ **hungry** /'hʌŋgri/ *adj.* (hungrier; hungriest) **1** éhes ➔ Lásd thirsty. **2** hungry for sth mohón vágyódik: *I'm hungry for some excitement tonight.*
▸ hungrily *adv.* mohón
IDIOM **go hungry** éhezik, koplal

hunk /hʌŋk/ *noun* [C] **1** nagy darab: *a hunk of bread* **2** (*informális*) férfias és vonzó férfi

★ **hunt¹** /hʌnt/ *verb* [I,T] **1** vadászik: *Owls hunt at night.* ❶ A sportszerű vadászatra gyakran a **go hunting** kifejezést használjuk. **2** hunt (for) (sb/sth) keres, köröz vkit/vmit: *The police are still hunting the murderer.*

hunt² /hʌnt/ *noun* [C] **1** vadászat: *a fox-hunt* **2** [usually sing.] a hunt (for sb/sth) vadászat, körözés: *The police have launched a hunt for the missing child.*

hunter /'hʌntə(r)/ *noun* [C] vadász: *prehistoric hunters and gatherers*

hunting /'hʌntɪŋ/ *noun* [U] vadászat ➔ Lásd shoot.

hurdle¹ /'hɜːdl/ *noun* **1** [C] gát, akadály: *to clear a hurdle* **2** (hurdles) [plural] (sp) gátfutás: *the 200 metres hurdles* **3** [C] akadály (*átv*)

hurdle² /'hɜːdl/ *verb* [I,T] hurdle (over sth) átugorja az akadályt/gátat

hurl /hɜːl/ *verb* [T] (el)hajít vmit (*nagy erővel*)

hurray (also **hooray**) /hʊ'reɪ/ (also **hurrah** /hə'rɑː/) *interj.* éljen!
IDIOM hip, hip, hurray/hurrah → HIP²

hurricane /'hʌrɪkem; -kən/ *noun* [C] hurikán

hurried /'hʌrid/ *adj.* sietős: *a hurried meal*
▸ hurriedly *adv.* kapkodva, sebtében: *I hurriedly got up and dressed.* ● *a hurriedly arranged meeting*

★ **hurry¹** /'hʌri/ *noun* [U] sietség: *Take your time. There's **no hurry**.* Nem sürgős.
IDIOMS **in a hurry** sietősen: *She got up late and left in a hurry.* | **in a hurry (to do sth)** siet (megtenni vmit) (*türelmetlenül*): *They are in a hurry to get the job done before the winter.* | **in no hurry (to do sth); not in any hurry (to do sth)** **1** nem sürgős (megtenni vmit): *We weren't in any hurry so we stopped to admire the view.* **2** egyhamar nem (*tulajdonképpen nem akarja megtenni*): *I am in no hurry to repeat that experience.*

★ **hurry²** /'hʌri/ *verb* (*pres. part.* hurrying; *3rd pers. sing. pres.* hurries; *pt, pp* hurried) **1** [I] siet: *Several people hurried to help.* **2** hurry sb (into sth/doing sth) [T] sürget/siettet vkit: *He was hurried into a decision.* **3** (*ált. szenvedő szerkezetben*) vmit elsiet
PHRASAL VERB **hurry up (with sth)** (*informális*) igyekszik: *Hurry up* (gyerünk) *or we'll miss the train.*

★ **hurt¹** /hɜːt/ *verb* (*pt, pp* hurt) **1** [T, I] megsebesül, megsebesít: *Did he hurt himself?* ● *These shoes hurt* (ez a cipő nyom); *they're too tight.*

> Vesd össze **hurt, injure, wound**. **Wound** jelentése „megsebesít" késsel, karddal, fegyverrel stb.: *a wounded soldier.* **Injure** jelentése „megsebesül balesetben": *Five people were killed in the crash and twelve others were injured.* **Hurt** és **injured** jelentése hasonló, de **hurt** gyakoribb, ha a sérülés nem nagyon jelentős: *I hurt my leg when I fell off my bike.*

2 [I] fáj: *My leg hurts.* ● *It hurts when I lift my leg.* ● *Where exactly does it hurt?* **3** [T] megbánt vkit: *I didn't want to hurt his feelings.*
IDIOM **it won't/wouldn't hurt (sb/sth) (to do sth)** (*informális*) nem ártana, ha (*pl. ha megtennél vmit*): *It wouldn't hurt you to help with the housework occasionally.*

★ **hurt²** /hɜːt/ adj. **1** sérült: *None of the passengers were* **badly/seriously hurt** (súlyosan sérült). **2** (meg)sértett: *She was* **deeply hurt** *that she had not been invited to the party.*

hurt³ /hɜːt/ noun [U] sértettség: *There was hurt and anger in her voice.*

hurtful /'hɜːtfl/ adj. **hurtful (to sb)** sértő, bántó

hurtle /'hɜːtl/ verb [I] száguld (veszedelmes sebességgel): *The lorry* **came hurtling** (száguldva közeledett) *towards us.*

★ **husband** /'hʌzbənd/ noun [C] férj: *my ex-husband*

hush¹ /hʌʃ/ verb [I] (beszélt nyelv) halkabban!, Pszt!: *Hush now and try to sleep.*
PHRASAL VERB **hush sth up** eltussol

hush² /hʌʃ/ noun [sing.] csend

hush-'hush adj. (informális) nagyon titkos

husky¹ /'hʌski/ adj. rekedt

husky² /'hʌski/ noun [C] (plural **huskies**) eszkimó kutya

hustle /'hʌsl/ verb [T] (ki/el)lökdös

hut /hʌt/ noun [C] kunyhó: *a wooden/mud hut*

hutch /hʌtʃ/ noun [C] (nyúl)ketrec

hydrant /'haɪdrənt/ noun [C] (utcai) tűzcsap

hydraulic /haɪ'drɔːlɪk/ adj. hidraulikus: *hydraulic brakes*

hydroelectric /,haɪdrəʊ'lektrɪk/ adj. hidroelektromos: *hydroelectric power*

hydrogen /'haɪdrədʒən/ noun [U] (symbol H) hidrogén

hydrospeeding /'haɪdrəʊspiːdɪŋ/ noun [U] vízisíhez hasonló sport, ahol a sportoló szörfdeszkán fekszik

hygiene /'haɪdʒiːn/ noun [U] higiénia: *personal hygiene* testápolás

hygienic /haɪ'dʒiːnɪk/ adj. higiénikus
▶ **hygienically** /-kli/ adv. higiénikusan

hymn /hɪm/ noun [C] (vall) egyházi ének

hype¹ /haɪp/ noun [U] (túlzott) reklámozás (nagy hűhó): *Don't believe all the hype – the book is rubbish!*

hype² /haɪp/ verb [T] **hype sth (up)** agyonreklámoz: *His much-hyped new movie is released next week.*

hypermarket /'haɪpəmɑːkɪt/ noun [C] (brit) óriási bevásárlóközpont

hyphen /'haɪfn/ noun [C] kötőjel ➔ Lásd **dash**.

hyphenate /'haɪfəneɪt/ verb [T] kötőjellel ír
▶ **hyphenation** /,haɪfə'neɪʃn/ noun [U] szavak elválasztása

hypnosis /hɪp'nəʊsɪs/ noun [U] hipnózis: *She was questioned* **under hypnosis**.

hypnotize (also **-ise**) /'hɪpnətaɪz/ verb [T] hipnotizál
▶ **hypnotic** /hɪp'nɒtɪk/ adj. hipnotikus
hypnotism /'hɪpnətɪzəm/ noun [U] hipnotizálás
hypnotist /'hɪpnətɪst/ noun [C] hipnotizőr

hypochondriac /,haɪpə'kɒndriæk/ noun [C] képzelt beteg

hypocrisy /hɪ'pɒkrəsi/ noun [U] képmutatás

hypocrite /'hɪpəkrɪt/ noun [C] álszent
▶ **hypocritical** /,hɪpə'krɪtɪkl/ adj. képmutató
hypocritically /-kli/ adv. álszent módon

hypodermic /,haɪpə'dɜːmɪk/ adj. injekciós tű: *a hypodermic needle/syringe*

hypothesis /haɪ'pɒθəsɪs/ noun [C] (plural **hypotheses** /-siːz/) feltevés

hypothetical /,haɪpə'θetɪkl/ adj. föltevésen alapuló, feltételezett: *a hypothetical question*
▶ **hypothetically** /-kli/ adv. feltéve

hysteria /hɪ'stɪəriə/ noun [U] hisztéria: *mass hysteria*

hysterical /hɪ'sterɪkl/ adj. **1** hisztérikus: *hysterical laughter* ● *She was hysterical with grief.* **2** (informális) rendkívül mulatságos
▶ **hysterically** /-kli/ adv. **1** hisztérikusan **2** rendkívüli módon (pl. mulatságos): *hysterically funny*

hysterics /hɪ'sterɪks/ noun [plural] **1** hisztérikus állapot: *She* **went into hysterics** (hisztérikus rohamot kapott) *when they told her the news.* ● (informális) *My father would* **have hysterics** (magánkívül lenne a dühtől) *if he knew I was going out with you.* **2** (informális) visszafojthatatlan nevetés: *The comedian had the audience* **in hysterics**. *A humorista műsorán a közönség fetrengett a nevetéstől.*

Hz /hɜːts/ abbr. (**Hertz** rövidítése) Hz, hertz

Ii

I, i¹ /aɪ/ noun [C] (plural **I's; i's**) I/i betű

★ **I²** /aɪ/ pron. én

★ **ice¹** /aɪs/ noun [U] jég: *I slipped on a patch of ice.* • *black ice* vékony, nehezen látható jégréteg az utakon
IDIOMS **break the ice** megtöri a jeget: *The interviewer asked him about his journey to break the ice.* | **cut no ice (with sb)** nincs hatással vkire: *His excuses cut no ice with me.* | **on ice 1** jégbe hűtött **2** későbbre halaszt, felfüggeszt: *We've had to put our plans to go to Australia on ice for the time being.*

ice² /aɪs/ (főleg *US* **frost**) verb [T] cukormázzal bevon (*süteményt*) ➔ Lásd **icing**.
PHRASAL VERB **ice (sth) over/up** befagy: *The windscreen of the car had iced over in the night.*

iceberg /'aɪsbɜːg/ noun [C] jéghegy
IDIOM **the tip of the iceberg** → TIP¹

icebox /'aɪsbɒks/ (*US*) = FRIDGE

ice-'cold adj. jéghideg, jeges: *ice-cold beer*

ice 'cream noun **1** [U] fagylalt **2** [C] egy (adag) fagylalt

ice cube noun [C] jégkocka

iced /aɪst/ adj. jeges, hűtött (*ital*): *iced tea*

ice hockey (*US* **hockey**) noun [U] jéghoki

ice 'lolly noun [C] (plural **ice lollies**) (*US* **Popsicle**) jégkrém nyalóka ➔ Lásd **lollipop**.

ice rink (also **rink**) noun [C] (*mű*)jégpálya

ice-skate (also **skate**) verb [I] korcsolyázik
❶ A **go ice-skating** kifejezés gyakoribb, ha azt akarjuk kifejezni, hogy valaki kedvtelésből korcsolyázik.

ice skating (also **skating**) noun [U] korcsolyázás

icicle /'aɪsɪkl/ noun [C] jégcsap

icing /'aɪsɪŋ/ (*US* **frosting**) noun [U] cukormáz (*süteményen*)

icon /'aɪkɒn/ noun [C] **1** (*infor*) ikon: *Click on the printer icon with the mouse.* ➔ Ábra az A10. oldalon. **2** bálvány: *Madonna and other pop icons of the 1980s* **3** (also **ikon**) ikon (*szentkép*)

icy /'aɪsi/ adj. **1** jeges: *icy winds/water/weather* **2** jéggel borított: *icy roads*

I'd /aɪd/ short for I HAD, I WOULD

ID /ˌaɪ 'diː/ abbr. (**identification** vagy **identity** rövidítése, *informális*) személyazonosság(i): *an ID card*

Id /iːd/ = EID

★ **idea** /aɪ'dɪə/ noun **1** [C] **an idea (for sth); an idea (of sth/of doing sth)** ötlet, javaslat: *That's a good idea!* • *He's got an idea* for a new play. • *I had the bright idea of getting Jane to help me with my homework.* • *It was your idea to invite so many people to the party.* **2** [*sing.*] **an idea (of sth)** elképzelés vmiről: *You have no idea how difficult it was to find a time that suited everybody.* • *The programme gave a good idea* (hű képet nyújtott) *of what life was like before the war.* • *Staying in to watch the football on TV is not my idea of a good time* (nem igazán tekintem jó szórakozásnak). **3** [C] **an idea (about sth)** elgondolás, elképzelés: *She has her own ideas about how to bring up children.* **4** (**the idea**) [*sing.*] **the idea (of sth/of doing sth)** cél, szándék: *The idea of the course is to teach the basics of car maintenance.*
IDIOMS **get the idea** érti miről van szó: *Right! I think I've got the idea now.* | **get the idea that...** azt képzeli, hogy: *Where did you get the idea* (honnan vetted, hogy) *that I was paying for this meal?* | **have an idea that...** az az érzése, hogy, úgy sejti: *I'm not sure but I have an idea that they've gone on holiday.* | **not have the faintest/foggiest (idea)** → FAINT¹

★ **ideal¹** /aɪ'diːəl/ adj. **ideal (for sb/sth)** ideális, eszményi: *In an ideal world there would be no poverty.* • *It would be an ideal opportunity* (kitűnő alkalom) *for you to practise your Spanish.*

ideal² /aɪ'diːəl/ noun [C] **1** eszmény: *She finds it hard to live up to her parents' high ideals.* • *political/moral/social ideals* **2** [*usually sing.*] **an ideal (of sth)** eszménykép: *It's my ideal of what a family home should be.*

idealism /ɑɪˈdiːəlɪzəm/ *noun* [U] idealizmus **Ͻ** Lásd **realism**.
▸ **idealist** *noun* [C] idealista (*ember*): *Most people are idealists when they are young.*
idealistic /ˌɑɪdɪəˈlɪstɪk/ *adj.* idealista

idealize (also -ise) /ɑɪˈdɪəlɑɪz/ *verb* [T] eszményít

ideally /ɑɪˈdiːəli/ *adv.* **1** tökéletesen: *They are ideally suited to each other.* **2** ideális esetben: *Ideally, no class should be larger than 25.*

identical /ɑɪˈdentɪkl/ *adj.* **1** identical (to/with sb/sth) ugyanolyan, egyforma: *That watch is identical to the one I lost yesterday.* **2** (the identical) (*csak főnév előtt*) ugyanaz: *This is the identical room we stayed in last year.*
▸ **identically** /-kli/ *adv.* egyformán

i͵dentical ˈtwin *noun* [C] (*biol*) egypetéjű iker

identifiable /ɑɪˌdentɪˈfɑɪəbl/ *adj.* azonosítható, felismerhető: *The house is easily identifiable by the large tree outside.*

★**identification** /ɑɪˌdentɪfɪˈkeɪʃn/ *noun* [U, C] **1** azonosítás: *the identification of the bodies of those killed in the explosion* **2** (*abbr.* ID) [U] személyazonosságot igazoló okmány: *Do you have any identification?* **3** identification (with sb/sth) azonosulás vkivel/vmivel: *children's identification with TV heroes*

identification parade *noun* [C] (*informális* **identity parade**) azonosítási eljárás

★**identify** /ɑɪˈdentɪfɑɪ/ *verb* [T] (*pres. part.* identifying; *3rd pers. sing. pres.* identifies; *pt, pp* identified) identify sb/sth (as sb/sth) felismer, azonosít: *The police need someone to identify the body.* • *We must identify* (megállapít) *the cause of the problem before we look for solutions.*
PHRASAL VERBS **identify with sb** azonosul vkivel/vmivel: *I found it hard to identify with the woman in the film.* | **identify (yourself) with sb/sth** azonosságot vállal vkivel/vmivel: *She became identified* (azonosítják) *with the new political party.* | **identify sth with sth** azonosnak tekint: *You can't identify nationalism with fascism.*

★**identity** /ɑɪˈdentəti/ *noun* [C,U] (*plural* **identities**) azonosság, vkinek a kiléte, identitás: *There are few clues to the identity*

of the killer. • *The region has its own cultural identity.* • *The arrest was a case of mistaken identity* (tévedésből származó személycsere).

iˈdentity card (also ˌID card) *noun* [C] személy(azonosság)i igazolvány/kártya

identity parade *noun* (*informális*) = IDENTIFICATION PARADE

ideology /ˌɑɪdiˈɒlədʒi/ *noun* [C,U] (*plural* **ideologies**) világnézet, ideológia
▸ **ideological** /ˌɑɪdiəˈlɒdʒɪkl/ *adj.* világnézeti

idiom /ˈɪdiəm/ *noun* [C] kifejezés, idióma

idiomatic /ˌɪdiəˈmætɪk/ *adj.* **1** anyanyelvi szintű (*nyelvi fordulatokban gazdag*): *He speaks good idiomatic English.* **2** idiomatikus: *an idiomatic expression*

idiot /ˈɪdiət/ *noun* [C] (*informális*) hülye, ostoba (*ember*)
▸ **idiotic** /ˌɪdiˈɒtɪk/ *adj.* hülye, ostoba
idiotically /-kli/ *adv.* ostobán

idle /ˈɑɪdl/ *adj.* **1** lusta: *He has the ability to succeed but he is just bone idle.* **2** tétlen: *She can't bear to be idle.* **3** szünetelő (üzem): *The factory stood idle while the machines were being repaired.* **4** (*csak főnév előtt*) hiábavaló, üres: *an idle promise/threat* • *idle chatter/curiosity*
▸ **idleness** *noun* [U] semmittevés
idly /ˈɑɪdli/ *adv.* tétlenül, lustán

idol /ˈɑɪdl/ *noun* [C] **1** bálvány: *a pop/football/teen/screen idol* **2** (*vall*) bálvány(kép)

idolize (also -ise) /ˈɑɪdəlɑɪz/ *verb* [T] bálványoz, istenít

idyllic /ɪˈdɪlɪk/ *adj.* idillikus: *an idyllic holiday*

i.e. /ˌɑɪ ˈiː/ *abbr.* (**id est** rövidítése) azaz

★**if** /ɪf/ *conj.* **1** ha, amennyiben: *If you see him, give him this letter.* • *I might see her tomorrow. If not, I'll see her at the weekend.* **2** amikor, valahányszor: *If I try to phone her, she just hangs up.* **3** hogy (vajon) ...-e: *They asked if we would like to go too.* **Ͻ** Magyarázat a **whether** szónál. **4** ha (talán) (*udvarias kérés és javaslat esetén*): *If I might suggest something...*
IDIOMS **as if →** AS | **even if →** EVEN² | **if I were you** a helyedben: *If I were you, I'd leave now.* | **if it wasn't/weren't for sb/sth** ha nincs/nem lenne vki/vmi: *If it wasn't for*

him, I wouldn't stay in this country. | **if only** bárcsak: *If only he'd write.*

igloo /ˈɪɡluː/ *noun* [C] (*plural* **igloos**) jégkunyhó

ignite /ɪɡˈnaɪt/ *verb* [I,T] (*formális*) meggyullad, meggyújt: *A spark from the engine ignited the petrol.*

ignition /ɪɡˈnɪʃn/ *noun* **1** [C] gyújtás (*gépkocsiban*): *to turn the ignition on/off* ● *First of all, put the key in the ignition* (dugd be a slusszkulcsot). **2** [U] gyulladás, (meg)gyújtás

ignominious /ˌɪɡnəˈmɪniəs/ *adj.* (*formális*) szégyenletes: *The team suffered an ignominious defeat.*
► **ignominiously** *adv.* szégyenletesen

ignorance /ˈɪɡnərəns/ *noun* [U] **ignorance (of/about sth)** tudatlanság: *The workers were in complete **ignorance** of the management's plans.*

ignorant /ˈɪɡnərənt/ *adj.* **1 ignorant (of/about sth)** tájékozatlan, tudatlan: *Many people are ignorant of their rights.* **2** (*informális*) bunkó (*átv*): *an ignorant person/remark*

★ **ignore** /ɪɡˈnɔː(r)/ *verb* [T] nem vesz tudomást vmiről, figyelmen kívül hagy vmit: *I said hello to Debbie but she totally ignored me* (úgy tett, mintha nem látott volna). ● *Alison ignored her doctor's advice about smoking less.*

> Vigyázat! Az *ignore* és a *be ignorant* jelentése nem ugyanaz.

ikon = ICON(3)

★ **ill¹** /ɪl/ *adj.* **1** (US **sick**) (*főnév előtt nem állhat*) beteg: *I can't drink milk because it makes me **feel ill*** (rossz érzem magam tőle). ● *My mother was **taken ill*** (megbetegedett) *suddenly last week.* ● *My grandfather is **seriously ill** in hospital.* ➲ Magyarázat a **sick** szónál. **2** (*csak főnév előtt*) rossz, káros: *He resigned because of **ill health.*** ● *I'm glad to say I suffered no **ill effects*** (nem ártott meg) *from all that rich food.* ❶ Főnév: **illness**.

ill² /ɪl/ *adv.* **1** (*gyakran szóösszetételekben*) rosszul, helytelenül: *You would be **ill-advised*** (nem lenne tanácsos) *to drive until you have fully recovered.* **2** nehezen, alig: *They could ill afford* (aligha enged-

hetik meg maguknak) *the extra money for better heating.*

IDIOMS **augur well/ill for sb/sth** → AUGUR | **bode well/ill (for sb/sth)** → BODE

I'll /aɪl/ *short for* I WILL, I SHALL

★ **illegal** /ɪˈliːɡl/ *adj.* törvényellenes, illegális ❶ Ellentéte: **legal**.
► **illegally** /-ɡəli/ *adv.* törvényellenesen, illegálisan

illegible /ɪˈledʒəbl/ *adj.* olvashatatlan: *Your handwriting is quite illegible.* ❶ Ellentéte: **legible**.
► **illegibly** /-əbli/ *adv.* olvashatatlanul

illegitimate /ˌɪləˈdʒɪtəmət/ *adj.* **1** (*rég*) törvénytelen (*gyermek*) **2** jogellenes: *the illegitimate use of company money* ❶ Ellentéte: **legitimate**.
► **illegitimacy** /ˌɪləˈdʒɪtəməsi/ *noun* [U] **1** törvénytelenség (*házasságon kívül születés*) **2** jogszerűtlenség

ill 'fated *adj.* végzetes, szerencsétlen: *the ill-fated ship, the Titanic*

illicit /ɪˈlɪsɪt/ *adj.* törvénybe ütköző, tiltott: *the illicit trade in ivory* ● *They were having an illicit affair.*

illiterate /ɪˈlɪtərət/ *adj.* **1** írástudatlan ❶ Ellentéte: **literate**. **2** rosszul megírt (*írásmű*) **3** (*ált. főnév után*) tudatlan, tájékozatlan: *computer illiterate*
► **illiteracy** /ɪˈlɪtərəsi/ *noun* [U] írástudatlanság, analfabetizmus: *adult illiteracy* ❶ Ellentéte: **literacy**.

★ **illness** /ˈɪlnəs/ *noun* [U, C] betegség: *He's missed a lot of school through illness.* ● *There is a history of mental illness* (elmebetegség) *in the family.* ● *minor/serious/childhood illnesses* ● *My dad is just getting over his illness* (gyógyulófélben van). ❶ Melléknév: **ill**. ➲ Magyarázat a **disease** szónál.

illogical /ɪˈlɒdʒɪkl/ *adj.* nem logikus ❶ Ellentéte: **logical**.
► **illogicality** /ɪˌlɒdʒɪˈkæləti/ *noun* [C,U] (*plural* **illogicalities**) logikátlanság
illogically *adv.* következetlenül

ill-'treat *verb* [T] rosszul/kegyetlenül bánik vkivel/vmivel: *This cat has been ill-treated.*
► **ill-'treatment** *noun* [U] rossz/kegyetlen bánásmód

illuminate /ɪˈluːmɪneɪt/ *verb* [T] (*formális*)

---

❶ = magyarázat [C] **megszámlálható** (*főnév*): *one book, two books*

[U] **megszámlálhatatlan** (*főnév*): *some sugar*

1 kivilágít vmit: *The palace was illuminated by spotlights.* **2** megmagyaráz

illuminating /ɪˈluːmɪneɪtɪŋ/ *adj.* tanulságos: *an illuminating discussion*

illumination /ɪˌluːmɪˈneɪʃn/ *noun* **1** [U, C] (meg)világítás: *These big windows give good illumination.* **2** (**illuminations**) [*plural*] (*brit*) díszkivilágítás

illusion /ɪˈluːʒn/ *noun* **1** [C,U] illúzió, tévhit: *I have no illusions about the situation.* • *I think Peter's under the illusion that he will be the new director.* **2** [C] érzékcsalódás: *an optical illusion*

illusory /ɪˈluːsəri/ *adj.* (*formális*) képzelt (nem reális): *The profits they had hoped for proved to be illusory.*

★ **illustrate** /ˈɪləstreɪt/ *verb* [T] **1** szemléltet: *These statistics illustrate the point that I was making very well.* **2** illusztrál (*könyvet stb.*)

illustration /ˌɪləˈstreɪʃn/ *noun* **1** [C] illusztráció (*ábra*): *colour illustrations* **2** [U] illusztrálás **3** [C] szemléltető példa: *Can you give me an illustration of what you mean?*

illustrious /ɪˈlʌstriəs/ *adj.* (*formális*) nagyhírű

I'm /aɪm/ *short for* I AM

★ **image** /ˈɪmɪdʒ/ *noun* [C] **1** vkiről/vmiről kialakított kép, imázs: *When you meet him, he's very different from his public image.* **2** kép(zet), emlékkép: *I have an image of my childhood as always sunny and happy.* **3** ábrázolás, kép: *horrific images of war* **4** kép(más): *A perfect image of the building was reflected in the lake.* • (*átv*) *He's the (spitting) image of his father* (tökéletes mása).

imagery /ˈɪmɪdʒəri/ *noun* [U] szókép: *poetic imagery*

imaginable /ɪˈmædʒɪnəbl/ *adj.* elképzelhető: *His house was equipped with every imaginable luxury.*

★ **imaginary** /ɪˈmædʒɪnəri/ *adj.* képzeletbeli: *Many children have imaginary friends.*

★ **imagination** /ɪˌmædʒɪˈneɪʃn/ *noun* **1** [U, C] képzelőerő: *He has a lively imagination.*

> Az **imagination** szó az alkotó képzelőerőt jelenti, a **fantasy** olyan gondolatokat és történeteket, ame-

lyeknek semmi közük nincs a valósághoz.

2 [C, *usually sing.*] képzelőtehetség, fantázia: *If you use your imagination, you should be able to guess the answer.*
▶ **imaginatively** *adv.* ötletesen

imaginative /ɪˈmædʒɪnətɪv/ *adj.* ötletes, nagy képzelőtehetségű: *She's always full of imaginative ideas.*

★ **imagine** /ɪˈmædʒɪn/ *verb* [T] **1** imagine that...; imagine sb/sth (doing/as sth) elképzel: *Imagine that you're lying on a beach.* • *It's not easy to imagine your brother as a doctor.* **2** elképzel, képzelődik: *I thought I heard someone downstairs, but I must have been imagining things.* **3** feltételez vmit: *I imagine he'll be coming by car.*

imbalance /ɪmˈbæləns/ *noun* [C] an imbalance (between A and B); an imbalance (in/of sth) aránytalanság, kiegyensúlyozatlanság: *an imbalance in the numbers of men and women teachers*

imbecile /ˈɪmbəsiːl/ *noun* [C] idióta

IMF /ˌaɪ em ˈef/ *abbr.* (the International Monetary Fund *rövidítése*) Nemzetközi Valuta Alap

imitate /ˈɪmɪteɪt/ *verb* [T] utánoz: *Small children learn by imitating their parents.* • *The girls used to imitate her and laugh behind her back.*

imitation /ˌɪmɪˈteɪʃn/ *noun* **1** [C] utánzat, mű-: *Some artificial flowers are good imitations of real ones.* ➲ Lásd **genuine**. **2** [C,U] utánzás: *Good pronunciation of a language is best learnt by imitation.* • *Can you do any imitations of politicians?*

immaculate /ɪˈmækjələt/ *adj.* **1** makulátlan: *immaculate white shirts* **2** tökéletes: *His performance of 'Romeo' was immaculate.*
▶ **immaculately** *adv.* tökéletesen, kifogástalanul

immaterial /ˌɪməˈtɪəriəl/ *adj.* immaterial (to sb/sth) lényegtelen: *It's immaterial to me whether we go today or tomorrow.*

immature /ˌɪməˈtjʊə(r)/ *adj.* éretlen: *an immature body* • *I think he's too immature to take his work seriously.* ❶ Ellentéte: **mature**.

[*I*] **tárgyatlan** (*ige*): *He laughed.*　　　　[*T*] **tárgyas** (*ige*): *He ate an apple.*

immediacy /ɪˈmiːdiəsi/ *noun* [U] közvetlen/sürgős jelleg: *Letters do not have the same immediacy as email.*

★ **immediate** /ɪˈmiːdiət/ *adj.* **1** azonnali: *I'd like an immediate answer to my proposal.* **2** (*csak főnév előtt*) közvetlen, sürgős: *Tell me what your immediate needs are.* **3** (*csak főnév előtt*) közvetlen: *They won't make any changes in the immediate future* (a közeljövőben). • *your immediate family*

immediately /ɪˈmiːdiətli/ *adv., conj.* **1** azonnal: *Can you come home immediately after work?* **2** közvetlenül: *He wasn't immediately involved in the crime.* • *Who's the girl immediately in front of Simon?* **3** (*brit*) amint: *I opened the letter immediately I got home.*

immense /ɪˈmens/ *adj.* óriási: *immense difficulties/importance/power*

immensely /ɪˈmensli/ *adv.* rendkívül, nagyon: *immensely enjoyable* • *'Did you enjoy the party?' 'Yes, immensely.'*

immensity /ɪˈmensəti/ *noun* [U] végtelen nagyság: *the immensity of the universe*

immerse /ɪˈmɜːs/ *verb* [T] **1 immerse sth (in sth)** belemerít: *Make sure the spaghetti is fully immersed* (teljesen fedje el) *in the boiling water.* **2 immerse yourself (in sth)** belemerül vmibe (*átv*): *Rachel's usually immersed in a book.*

★ **immigrant** /ˈɪmɪɡrənt/ *noun* [C] bevándorló: *an illegal immigrant* • *London has a high immigrant population.*

> Great Britain has many immigrant communities which make it a **multicultural society** (multikulturális társadalom). Groups of immigrants or children of immigrants who share a common cultural tradition form an **ethnic minority** (etnikai kisebbség).

★ **immigration** /ˌɪmɪˈɡreɪʃn/ *noun* [U] **1** bevándorlás: *controls on immigration* **2** (also **immiˈgration control**) külföldiek útlevél-ellenőrzése (*az országba történő belépéskor*): *to go through customs and immigration* ➔ Lásd **emigrate, emigrant, emigration.**

> Létezik az **immigrate** ige, de nagyon ritkán használják, helyette inkább a **be an immigrant** kifejezést, vagy az

emigrate igét, ami arra a helyre utal, ahonnan valaki jött: *My parents emigrated to this country from Jamaica.*

imminent /ˈɪmɪnənt/ *adj.* küszöbönálló, fenyegető: *Heavy rainfall means that flooding is imminent.*
▶ **imminently** *adv.* szinte azonnal

immobile /ɪˈməʊbaɪl/ *adj.* mozdulatlan(ul): *The hunter stood immobile until the lion had passed.* ❶ Ellentéte: **mobile.**
▶ **immobility** /ˌɪməˈbɪləti/ *noun* [U] mozdulatlanság, dermedtség

immobilize (also **-ise**) /ɪˈməʊbəlaɪz/ *verb* [T] mozdulatlanságra kárhoztat, megbénít (*átv*): *The railways have been completely immobilized by the strike.* • *This device immobilizes the car* (ez a szerkezet lehetetlenné teszi az autó elindítását) *to prevent it being stolen.* ❶ Ellentéte: **mobilize.**

immobilizer (also **-iser**) /ɪˈməʊbəlaɪzə/ *noun* [C] indításgátló

immoral /ɪˈmɒrəl/ *adj.* erkölcstelen ❶ Ellentéte: **moral.** ➔ Lásd **amoral,** amelynek más a jelentése.
▶ **immorality** /ˌɪməˈræləti/ *noun* [U] erkölcstelenség ❶ Ellentéte: **morality.**
immorally /-rəli/ *adv.* erkölcstelenül

immortal /ɪˈmɔːtl/ *adj.* halhatatlan ❶ Ellentéte: **mortal.**
▶ **immortality** /ˌɪmɔːˈtæləti/ *noun* [U] halhatatlanság

immortalize (also **-ise**) /ɪˈmɔːtəlaɪz/ *verb* [T] megörökít: *He immortalized their relationship in a poem.*

immune /ɪˈmjuːn/ *adj.* **1 immune (to sth)** (*orv*) immunis, védett: *to be immune to measles* **2 immune (to sth)** nem érzékeny vmire: *You can say what you like – I'm immune to criticism!* **3 immune (from sth)** védett, mentesítve van vmitől: *Young children are immune from prosecution* (nem büntethetőek).

immunity /ɪˈmjuːnəti/ *noun* [U] védelem, immunitás: *In many countries people have no immunity to diseases like measles.* • *diplomatic immunity* diplomáciai mentesség

immunize (also **-ise**) /ˈɪmjʊnaɪz/ *verb* [T] védőoltásban részesít: *You will need to be immunized against cholera.* ❶ Az **inoculate** és a **vaccinate** jelentése is ugyanaz.

▶ **immunization** (also **-isation**) /ˌɪmjʊnaɪ-ˈzeɪʃn/ noun [C,U] védőoltás

imp /ɪmp/ noun [C] kobold, krampusz

★ **impact** /ˈɪmpækt/ noun **1** [C, usually sing.] an impact (on/upon sb/sth) hatás, befolyás: *I hope this anti-smoking campaign will* **make/have an impact** *on young people.* **2** [U] (neki)csapódás, lökés: *The impact of the crash threw the passengers out of their seats.* • *The bomb exploded on impact* (becsapódáskor).

impair /ɪmˈpeə(r)/ verb [T] megrongál, gyengít: *impaired hearing* csökkent hallás

impale /ɪmˈpeɪl/ verb [T] impale sb/sth (on sth) átdöf: *The boy fell out of the tree and impaled his leg on some railings.*

impart /ɪmˈpɑːt/ verb [T] (formális) **1** impart sth (to sb) átad, közöl (információt, tudást): *He rushed home eager to impart the good news.* **2** impart sth (to sth) nyújt vmit (átv): *The low lighting imparted a romantic atmosphere to the room.*

impartial /ɪmˈpɑːʃl/ adj. pártatlan
▶ **impartiality** /ˌɪmˌpɑːʃiˈæləti/ noun [U] pártatlanság ❶ Ellentéte: **partiality**.
impartially adv. részrehajlás nélkül

impassable /ɪmˈpɑːsəbl/ adj. járhatatlan: *Flooding and fallen trees have made many roads impassable.* ❶ Ellentéte: **passable**.

impassive /ɪmˈpæsɪv/ adj. egykedvű, közömbös
▶ **impassively** adv. egykedvűen

★ **impatient** /ɪmˈpeɪʃnt/ adj. **1** impatient (at sth/with sb) türelmetlen: *The passengers are getting impatient at the delay.* • *It's no good being impatient with small children.* ❶ Ellentéte: **patient**. **2** impatient for/to do sth alig várja, hogy: *By the time they are sixteen many young people are impatient to leave school.*
▶ **impatience** noun [U] türelmetlenség: *He began to explain for the third time with growing impatience.*
impatiently adv. türelmetlenül

impeccable /ɪmˈpekəbl/ adj. kifogástalan: *impeccable behaviour* • *His accent is impeccable.*
▶ **impeccably** /-bli/ adv. kifogástalanul

impede /ɪmˈpiːd/ verb [T] (formális) késleltet, akadályoz: *The completion of the new*

motorway has been impeded by bad weather conditions.

impediment /ɪmˈpedɪmənt/ noun [C] (formális) **1** an impediment (to sth) akadály, nehezítő tényező: *The high rate of tax will be a major impediment to new businesses.* **2** beszédhiba: *a speech impediment*

impending /ɪmˈpendɪŋ/ adj. (csak főnév előtt) közelgő, fenyegető: *There was a feeling of impending disaster in the air.*

impenetrable /ɪmˈpenɪtrəbl/ adj. **1** áthatolhatatlan **2** felfoghatatlan: *an impenetrable mystery*

imperative¹ /ɪmˈperətɪv/ adj. sürgős, elengedhetetlen: *It's imperative that you see a doctor immediately.*

the imperative² /ɪmˈperətɪv/ noun [C] (nyelv) felszólító mód

imperceptible /ˌɪmpəˈseptəbl/ adj. észrevehetetlen: *The difference between the original painting and the copy was almost imperceptible.* ❶ Ellentéte: **perceptible**.
▶ **imperceptibly** /-əbli/ adv. észrevétlenül: *Almost imperceptibly winter was turning into spring.*

imperfect¹ /ɪmˈpɜːfɪkt/ adj. hibás, nem tökéletes: *This is a very imperfect system.* ❶ Ellentéte: **perfect**.
▶ **imperfectly** adv. hiányosan

the imperfect² /ɪmˈpɜːfɪkt/ noun [U] (nyelv) folyamatos múlt: *In 'I was having a bath', the verb is in the imperfect.* ❶ Ennek az igeidőnek a gyakrabban használt elnevezése **past continuous** vagy **past progressive**.

imperial /ɪmˈpɪəriəl/ adj. **1** császári, birodalmi: *the imperial palace* **2** az Egyesült Királyságban használt súly- és mértékrendszer ➔ Lásd **metric**, **inch**, **foot**, **yard**, **ounce**, **pound**, **pint**, **gallon**.

imperialism /ɪmˈpɪəriəlɪzəm/ noun [U] imperializmus
▶ **imperialist** noun [C] imperialista

impersonal /ɪmˈpɜːsənl/ adj. **1** személytelen: *The hotel room was very impersonal.* **2** nem személyeskedő: *Can we try to keep the discussion as impersonal as possible, please?*

impersonate /ɪmˈpɜːsəneɪt/ verb [T]

megszemélyesít (*színész*): *a comedian who impersonates politicians*
▶ **impersonation** /ɪmˌpɜːsəˈneɪʃn/ *noun* [C,U] megszemélyesítés, alakítás (*színészi*)
impersonator *noun* [C] imitátor, utánzóművész

impertinent /ɪmˈpɜːtɪnənt/ *adj.* (*formális*) pimasz, szemtelen ❶ Ellentéte: **polite** vagy **respectful** (nem *pertinent*).
▶ **impertinence** *noun* [U] pimaszság, szemtelenség
impertinently *adv.* pimaszul

imperturbable /ˌɪmpəˈtɜːbəbl/ *adj.* (*formális*) higgadt (*nem könnyen hozható ki a sodrából*)

impervious /ɪmˈpɜːviəs/ *adj.* impervious (to sth) 1 érzéketlen: *She was impervious to criticism.* 2 vízhatlan, légmentesen záró

impetuous /ɪmˈpetʃuəs/ *adj.* meggondolatlan, féktelen: *impetuous behaviour* ❶ Gyakrabban használt szó **impulsive**.
▶ **impetuously** *adv.* meggondolatlanul

impetus /ˈɪmpɪtəs/ *noun* [U, *sing.*] (an) impetus (for sth); (an) impetus (to do sth) ösztönzés, lendület (*átv*): *This scandal provided the main impetus for changes in thee rules.* • *I need fresh impetus to start working on this essay again.*

impinge /ɪmˈpɪndʒ/ *verb* [I] (*formális*) impinge on/upon sth (*negatív*) hatást gyakorol vmire: *I'm not going to let my job impinge on my home life.*

implant /ˈɪmplɑːnt/ *noun* [C] (*orv*) beültetett szerv

implausible /ɪmˈplɔːzəbl/ *adj.* valószínűtlen: *an implausible excuse* ❶ Ellentéte: **plausible**.

implement¹ /ˈɪmplɪmənt/ *noun* [C] szerszám, gépezet: *farm implements* ➔ Magyarázat a **tool** szónál.

implement² /ˈɪmplɪment/ *verb* [T] alkalmaz, végrehajt: *Some teachers are finding it difficult to implement the government's educational reforms.*
▶ **implementation** /ˌɪmplɪmenˈteɪʃn/ *noun* [U] végrehajtás, megvalósítás

implicate /ˈɪmplɪkeɪt/ *verb* [T] implicate sb (in sth) vkit belekever vmibe: *He was implicated in the scandal.*

implication /ˌɪmplɪˈkeɪʃn/ *noun* 1 [C, usu-ally plural] implications (for/of sth) hatás, következmény: *The new law will have serious implications for our work.* 2 [C,U] burkolt célzás, következtetés: *The implication of what she said was that we had made a bad mistake.* ❶ Ige: **imply**. 3 [U] implication (in sth) érintettség, belekeveredés: *The player's implication in this scandal could affect his career.* ❶ Ige: **implicate**.

implicit /ɪmˈplɪsɪt/ *adj.* 1 hallgatólagos: *We had an implicit agreement that we would support each other.* ➔ Lásd **explicit**. 2 teljes: *I have implicit faith in your ability to do the job.*
▶ **implicitly** *adv.* 1 hallgatólagosan 2 teljesen

implore /ɪmˈplɔː(r)/ *verb* [T] (*formális*) könyörög vkinek: *She implored him not to leave her alone.* ❶ Szinonimája: **beg**.

imply /ɪmˈplaɪ/ *verb* [T] (*pres. part.* **imply**-ing; *3rd pers. sing. pres.* **implies**; *pt, pp* **implied**) céloz vmire, sejtet vmit: *He didn't say so – but he implied that I was lying.* ❶ Főnév: **implication**.

impolite /ˌɪmpəˈlaɪt/ *adj.* udvariatlan: *I think it was impolite of him to ask you to leave.* ❶ Ellentéte: **polite**.
▶ **impolitely** *adv.* udvariatlanul

★ **import¹** /ˈɪmpɔːt/ *noun* 1 [C, usually plural] behozatal: *What are your country's major imports?* ❶ Ellentéte: **export**. 2 [U] (also **importation**) behozatal: *new controls on the import of certain goods from abroad*

★ **import²** /ɪmˈpɔːt/ *verb* [T] 1 import sth (from...) importál: *Britain imports wine from France.* • (*átv*) *We need to import some extra help from somewhere.* ❶ Ellentéte: **export**. 2 (*infor*) beemel (*adatot*)
▶ **importer** *noun* [C] importőr ❶ Ellentéte: **exporter**.

★ **importance** /ɪmˈpɔːtns/ *noun* [U] fontosság: *The decision was of great importance to the future of the business.*

★ **important** /ɪmˈpɔːtnt/ *adj.* 1 important (to sb); important (for sb/sth) (to do sth); important that... fontos: *an important meeting* • *This job is very important to me.* • *It's important not to be late.* • *It's important for people to see the results of what they do.* • *It was important to me that you were there.* 2 befolyásos, jelentős: *He was one of the most important writers of his time.*

▶ **importantly** *adv.* **1** jelentőségteljesen **2** fontoskodva

importation /ˌɪmpɔːˈteɪʃn/ (also **import**) *noun* [U] (*ker*) behozatal

impose /ɪmˈpəʊz/ *verb* **1** [T] **impose sth (on/upon sb/sth)** bevezet (*átv*), ráerőltet: *A new tax will be imposed* (új adót fognak kivetni) *on cigarettes.* ● *Parents should try not to impose their own ideas on their children.* **2** [I] **impose (on/upon sb/sth)** megterhel vkit vmivel, alkalmatlankodik vkinek vmivel: *I hate to impose on you but can you lend me some money?*
▶ **imposition** /ˌɪmpəˈzɪʃn/ *noun* **1** [U] ráerőltetés, (*erőszakos*) bevezetés **2** [c] alkalmatlankodás

imposing /ɪmˈpəʊzɪŋ/ *adj.* tekintélyes, impozáns: *a large, imposing house*

★ **impossible** /ɪmˈpɒsəbl/ *adj.* **1** lehetetlen **❶** Ellentéte: **possible**. **2** kezelhetetlen, borzasztó: *He's always been an impossible child.*
▶ the **impossible** *noun* [*sing.*] a lehetetlen: *Don't attempt the impossible!*
impossibility /ɪmˌpɒsəˈbɪləti/ *noun* [C,U] (*plural* **impossibilities**) lehetetlenség

impossibly /ɪmˈpɒsəbli/ *adv.* különlegesen, rettentően: *impossibly complicated*

impostor /ɪmˈpɒstə(r)/ *noun* [C] szélhámos

impotent /ˈɪmpətənt/ *adj.* **1** tehetetlen **2** (*orv*) impotens
▶ **impotence** *noun* [U] **1** tehetetlenség **2** (*orv*) impotencia

impoverish /ɪmˈpɒvərɪʃ/ *verb* [T] (*formális*) elszegényít, tönkretesz **❶** Ellentéte: **enrich**.

impractical /ɪmˈpræktɪkl/ *adj.* **1** megvalósíthatatlan, nem célszerű: *It would be impractical to take our bikes on the train.* **2** nem gyakorlatias: *He's clever but completely impractical.* **❶** Ellentéte: **practical**.

imprecise /ˌɪmprɪˈsaɪs/ *adj.* pontatlan **❶** Ellentéte: **precise**.

★ **impress** /ɪmˈpres/ *verb* [T] **1 impress sb (with sth); impress sb that…** jó benyomást kelt: *It impressed me* (jó benyomást tett rám azzal, hogy) *that he understood immediately what I meant.* **2** (*formális*) **impress sth on/upon sb** megértet (*átv*):

I wish you could impress on John that he must pass these exams.

★ **impression** /ɪmˈpreʃn/ *noun* [C] **1** benyomás (*átv*): *What's your first impression of the new director?* ● *I'm not sure but I have/get the impression* that Jane's rather unhappy. ● *I was under the impression* (azt hittem) *that you were married.* **2** benyomás, hatás: *She gives the impression* (azt a benyomást kelti, mintha) *of being older than she really is.* ● *Do you think I made a good impression on* your parents? **3** utánzás: *My brother can do a good impression* (jól tudja utánozni) *of the Prime Minister.* **4** vminek a lenyomata

impressionable /ɪmˈpreʃənəbl/ *adj.* befolyásolható, érzékeny: *Sixteen is a very impressionable age.*

★ **impressive** /ɪmˈpresɪv/ *adj.* lenyűgöző

imprint /ˈɪmprɪnt/ *noun* [C] lenyomat: *the imprint of a foot* (lábnyom) *in the sand*

imprison /ɪmˈprɪzn/ *verb* [T] (*gyakran szenvedő szerkezetben*) bebörtönöz
▶ **imprisonment** *noun* [U] börtönbüntetés: *She was sentenced to five years' imprisonment.* Öt év börtönbüntetésre ítélték.

improbable /ɪmˈprɒbəbl/ *adj.* valószínűtlen, hihetetlen: *It is highly improbable that she will arrive tonight.* **❶** Szinonimája: **unlikely**. Ellentéte: **probable**.
▶ **improbability** /ɪmˌprɒbəˈbɪləti/ *noun* [U] valószínűtlenség
improbably /-əbli/ *adv.* alig hihetően

impromptu /ɪmˈprɒmptjuː/ *adj.* rögtönzött: *an impromptu party*

improper /ɪmˈprɒpə(r)/ *adj.* **1** tisztességtelen, törvényellenes: *She had been involved in improper business deals.* **2** szemérmetlen, helytelen: *He lost his job for making improper suggestions to several of the women.* **❶** Ellentéte: **proper**.
▶ **improperly** *adv.* nem megfelelően, helytelenül **❶** Ellentéte: **properly**.

impropriety /ˌɪmprəˈpraɪəti/ *noun* [U, c] (*plural* **improprieties**) (*formális*) helytelen viselkedés, illetlenség: *She was unaware of the impropriety of her remark.*

★ **improve** /ɪmˈpruːv/ *verb* [I,T] javul, javít: *Your work has greatly improved.*
PHRASAL VERB improve on/upon sth felül-

múl: *Nobody will be able to improve on that score.*

★ **improvement** /ɪmˈpruːvmənt/ *noun* [C,U]
(an) improvement (on/in sth) javulás

> Az **improvement in** azt jelenti, hogy valami jobb lett, mint volt: *There's been a considerable improvement in your mother's condition.* Az **improvement on** kifejezést akkor használjuk, amikor két dolgot összehasonlítunk, és azt mondjuk, hogy az egyik jobb a másiknál: *These marks are an improvement on your previous ones.*

improvise /ˈɪmprəvaɪz/ *verb* [I,T] **1** rögtönöz: *If you're short of teachers today you'll just have to improvise* (meg kell oldanod a problémát valahogy). **2** improvizál
➤ **improvisation** /ˌɪmprəvaɪˈzeɪʃn/ *noun* **1** [U] rögtönzés **2** [C,U] improvizálás

impudent /ˈɪmpjədənt/ *adj.* (*formális*) pimasz ❶ Bizalmasabb szó: **cheeky**.
➤ **impudently** *adv.* pimaszul
impudence *noun* [U] pimaszság

impulse /ˈɪmpʌls/ *noun* [C] **1** [*usually sing.*] **an impulse (to do sth)** késztetés, ellenállhatatlan vágy: *She felt a terrible impulse to rush out of the house and never come back.* **2** (*fiz*) impulzus: *nerve/electrical impulses*
IDIOM **on (an) impulse** ösztönösen: *When I saw the child fall in the water, I just acted on impulse and jumped in after her.*

impulsive /ɪmˈpʌlsɪv/ *adj.* ösztönös, impulzív
➤ **impulsively** *adv.* ösztönösen
impulsiveness *noun* [U] ösztönösség

impure /ɪmˈpjʊə(r)/ *adj.* **1** nem tiszta (*többféle anyagot tartalmaz*): *impure metals* **2** (*rég*) tisztátalan, erkölcstelen ❶ Ellentéte: **pure**.

impurity /ɪmˈpjʊərəti/ *noun* (*plural* **impurities**) **1** [C, *usually plural*] szennyező anyag: *impurities in the water* **2** [U] (*rég*) erkölcstelenség ➔ Lásd **purity**.

★ **in¹** /ɪn/ *adv., prep.* ❶ További kifejezések az **in** elöljáróval kapcsolatban a kifejezésben szereplő főnévnél, ill. igénél találhatók, pl. in **time**, give in lásd **time**, **give**. **1** -ban/-ben, -ba/-be: *in a box* • *an island in the Pacific* • *He lay in bed.* • *His wife's in hos-*

pital. • *My suitcase is full. I can't get any more in.* Többet nem tudok beletenni. • *When does the train get in ?* Mikor érkezik a vonat? **2** otthon, benn (*munkahelyen*): *I phoned him last night but he wasn't in.* • *She won't be in till late today.* Ma későn jön be. **3** -ban/-ben, folyamán, vmennyi idő alatt: *in spring/summer/autumn/winter* • *You could walk there in about an hour* (egy óra alatt). **4** vmennyi idő múlva: *I'll be finished in ten minutes.* **5** -ban/-ben (*vmilyen öltözékben*): *They were all dressed in black for the funeral.* • *a woman in a yellow dress* **6** -ban/-ben (*vmilyen állapotban*): *My father is in poor health.* • *This room is in a mess* (rendetlen)*!* • *Richard's in love* (szerelmes). • *He's in his mid-thirties.* **7** vmilyen szakmában (dolgozik): *She's got a good job in advertising.* • *He's in the army.* **8** benne: *What's in this casserole?* **9** vmilyen alakban: *We sat in a circle.* • *She had her hair in plaits* (copfban) **10** vmilyen módon: *Please write in pen* (tollal). • *They were talking in Polish.* • *to work in groups* **11** vmilyen lelkiállapotban: *I watched in horror* (elszörnyedve) *as the plane crashed to the ground.* • *He was in such a rage I didn't dare to go near him.* **12** vmilyen mennyiségben: *One family in ten* (tíz család közül egy) *owns a dishwasher.* **13** benyújtva (*a megfelelő hivatalba*): *Entries should be in by 20 March.* **14** magas (*tengerszint*): *The tide's coming in.* Jön a dagály.
IDIOMS **be in for it/sth** vmilyen kellemetlenség vár vkire: *He'll be in for a shock when he gets the bill.* • *You'll be in for it* (majd jól kikapsz) *when Mum sees what you've done.* | **be/get in on sth** részt vesz: *I'd like to be in on the new project.* | **have (got) it in for sb** (*informális*) betart vkinek (*vmiért haragszik rá*): *The boss has had it in for me ever since I asked to be considered for the new post.*

in² /ɪn/ *noun*
IDIOM **the ins and outs (of sth)** minden csínja-bínja: *Will somebody explain the ins and outs of the situation to me?*

in³ /ɪn/ *adj.* (*informális*) menő (*divatos*): *the in place to go* • *The colour grey is very in this season.*

in.⁴ *abbr.* (**inch, inches** rövidítése) hüvelyk (2,54 cm)

inability /ˌɪnəˈbɪləti/ noun [sing.] inability (to do sth) alkalmatlanság, képesség hiánya: He has a complete inability to listen to other people's opinions. ✪ Melléknév: **unable**.

inaccessible /ˌɪnækˈsesəbl/ adj. megközelíthetetlen (hely): That beach is inaccessible by car. ✪ Ellentéte: **accessible**.
► **inaccessibility** /ˌɪnækˌsesəˈbɪləti/ noun [U] megközelíthetetlenség

inaccurate /ɪnˈækjərət/ adj. pontatlan, hibás ✪ Ellentéte: **accurate**.
► **inaccuracy** /ɪnˈækjərəsi/ noun (plural inaccuracies) pontatlanság ✪ Ellentéte: **accuracy**.

inaction /ɪnˈækʃn/ noun [U] tétlenség: The crisis was blamed on the government's earlier inaction. ✪ Ellentéte: **action**.

inactive /ɪnˈæktɪv/ adj. tétlen, inaktív ✪ Ellentéte: **active**.
► **inactivity** /ˌɪnækˈtɪvəti/ noun [U] tétlenség ✪ Ellentéte: **activity**.

inadequate /ɪnˈædɪkwət/ adj. **1** inadequate (for sth/to do sth) nem megfelelő: the problem of inadequate housing **2** alkalmatlan: There was so much to learn in the new job that for a while I felt totally inadequate. ✪ Ellentéte: **adequate**.
► **inadequately** adv. nem megfelelően **inadequacy** /ɪnˈædɪkwəsi/ noun [C,U] (plural inadequacies) alkalmatlanság: his inadequacy as a parent

inadvertent /ˌɪnədˈvɜːtənt/ adj. akaratlan, véletlen ✪ Ellentéte: **intentional** vagy **deliberate**.
► **inadvertently** adv. véletlenül, nem szándékosan: She had inadvertently left the letter where he could find it.

inadvisable /ˌɪnədˈvaɪzəbl/ adj. nem tanácsos ✪ Ellentéte: **advisable**.

inane /ɪˈneɪn/ adj. bárgyú: an inane remark
► **inanely** adv. bárgyún

inappropriate /ˌɪnəˈprəʊpriət/ adj. nem megfelelő (vmilyen alkalomra) ✪ Ellentéte: **appropriate**.

inarticulate /ˌɪnɑːˈtɪkjələt/ adj. **1** kifejezésképtelen (személy) **2** artikulálatlan ✪ Ellentéte: **articulate**.
► **inarticulately** adv. érthetetlenül, artikulálatlanul

inasmuch as /ˌɪnəzˈmʌtʃ əz/ conj. (for-

mális) mivel: We felt sorry for the boys inasmuch as they had not realized that what they were doing was wrong.

inattention /ˌɪnəˈtenʃn/ noun [U] figyelmetlenség: a moment of inattention ✪ Ellentéte: **attention**.

inattentive /ˌɪnəˈtentɪv/ adj. figyelmetlen: One inattentive student (egy diák, aki nem figyel) can disturb the whole class. ✪ Ellentéte: **attentive**.

inaudible /ɪnˈɔːdəbl/ adj. nem hallható ✪ Ellentéte: **audible**.
► **inaudibly** /-bli/ adv. alig hallhatóan

inaugurate /ɪˈnɔːgjəreɪt/ verb [T] **1** beiktat (személyt) **2** felavat
► **inaugural** /ɪˈnɔːgjərəl/ adj. (csak főnév előtt) beiktatási, avatási, megnyitó: the President's inaugural speech **inauguration** /ɪˌnɔːgjəˈreɪʃn/ noun [U,C] beiktatás, felavatás

inauspicious /ˌɪnɔːˈspɪʃəs/ adj. (formális) baljóslatú: an inauspicious start ✪ Ellentéte: **auspicious**.

Inc. (also inc.) /ɪŋk/ abbr. (incorporated rövidítése) (US) Rt, Részvénytársaság: Manhattan Drugstores Inc.

incalculable /ɪnˈkælkjələbl/ adj. felbecsülhetetlen: an incalculable risk

incapable /ɪnˈkeɪpəbl/ adj. **1** incapable of sth/doing sth képtelen: She is incapable of hard work/working hard. • He's quite incapable of unkindness. **2** alkalmatlan: As a doctor, she's totally incapable. ✪ Ellentéte: **capable**.

incapacitate /ˌɪnkəˈpæsɪteɪt/ verb [T] megbénít (átv): They were completely incapacitated by the heat in Spain.

incarnation /ˌɪnkɑːˈneɪʃn/ noun [C] **1** (vall) inkarnáció, előző élet: He believed he was a prince in a previous incarnation. **2** the incarnation of sth vminek a megtestesülése: She is the incarnation of goodness. ➔ Lásd **reincarnation**.

incendiary /ɪnˈsendiəri/ adj. (kat) gyújtó: an incendiary device

incense /ˈɪnsens/ noun [U] tömjén

incensed /ɪnˈsenst/ adj. incensed (by/at sth) feldühödött

incentive /ɪnˈsentɪv/ noun [C,U] (an) incentive (for/to sb/sth) (to do sth) ösztönzés

incessant /m'sesnt/ adj. megszakítás nélküli, folyamatos: *incessant rain/chatter* ➲ Lásd **continual**.
▶ **incessantly** adv. megszakítás nélkül

incest /'msest/ noun [U] vérfertőzés

incestuous /m'sestjuəs/ adj. **1** vérfertőző: *an incestuous relationship* **2** zárt, belterjes: *Life in a small community can be very incestuous.*

★ **inch¹** /mtʃ/ noun [C] (abbr. **in.**) hüvelyk (2,54 cm)

inch² /mtʃ/ verb [I,T] inch forward, past, through, etc. araszol: *He inched (his way) forward along the cliff edge.*

incidence /'msɪdəns/ noun [sing.] (formális) **an incidence of sth** vminek a gyakorisága: *a high incidence of crime*

★ **incident** /'msɪdənt/ noun [C] (formális) váratlan esemény, incidens: *There were a number of incidents after the football match.* • *a diplomatic incident*

incidental /ˌmsɪ'dentl/ adj. **incidental (to sth)** mellékes: *The book contains various themes that are incidental to the main plot.*

incidentally /ˌmsɪ'dentəli/ adv. mellesleg: *Incidentally, that new restaurant you told me about is excellent.* ❶ Ugyanezt jelenti a **by the way** kifejezés is.

incinerate /m'smərent/ verb [T] (formális) elhamvaszt

incinerator /m'smərentə(r)/ noun [C] hulladékégető

incision /m'sɪʒn/ noun [C] (formális) (be)metszés

incite /m'saɪt/ verb [T] **incite sb (to sth)** felbujt: *He was accused of inciting the crowd to violence.*
▶ **incitement** noun [C,U] felbujtás

incl. abbr. (**including** vagy **inclusive** rövidítése) vmivel együtt, beleértve: *total £59.00 incl. tax*

inclination /ˌmklɪ'neɪʃn/ noun [C,U] inclination (to do sth); inclination (towards/for sth) hajlam, hajlandóság: *He did not show the slightest inclination to help.* • *She had no inclination for a career in teaching.*

incline¹ /m'klam/ verb **1** [I] (formális) incline to/towards sth hajlik vmire: *I don't know what to choose, but I'm inclining towards the fish.* **2** [T] (formális) lehor-gaszt, előrehajol: *They sat round the table, heads inclined, deep in discussion.* **3** [I] incline towards sth lejt/dől vmilyen irányba: *The land inclines towards the shore.*

incline² /'mklam/ noun [C] (formális) lejtő, emelkedő: *a steep/slight incline*

inclined /m'klamd/ adj. **1** inclined (to do sth) (főnév előtt nem állhat) hajlik vmire: *I know Amir well so I'm inclined to believe what he says.* **2** inclined to do sth hajlamos (vmilyen cselekedetre): *She's inclined to change her mind very easily.* **3** hajlama van vmire, érzéke van vmihez: *to be musically inclined*

★ **include** /m'klu:d/ verb [T] (continuous igeidőkben nem állhat) **1** tartalmaz: *The price of the holiday includes the flight.* • *The crew included one woman.* A személyzetnek volt egy női tagja. ❶ Ellentéte: **exclude**. **2** include sb/sth (as/in/on sth) bevesz/-von (vmilyen csoportba): *The children immediately included the new girl in their games.* • *Everyone was disappointed, myself included* (magamat is beleértve).
▶ **inclusion** /m'klu:ʒn/ noun [U] beleszámítás

including /m'klu:dɪŋ/ prep. beleszámítva ❶ Ellentéte: **excluding**.

inclusive /m'klu:sɪv/ adj. **1** inclusive (of sth) vmit tartalmazó, magában foglaló: *Is that an inclusive price* (ez a teljes ár) *or are there some extras?* • *The rent is inclusive of electricity.* **2** (csak főnév után) beleértve, beleszámítva: *You are booked at the hotel from Monday to Friday inclusive.*

> Amikor időtartamról van szó, az amerikai angolban gyakran a **through** elöljárót használják az **inclusive** helyett: *We'll be away from Friday through Sunday.*

incognito /ˌmkɒg'ni:təʊ/ adv. inkognitóban: *to travel incognito*

incoherent /ˌmkəʊ'hɪərənt/ adj. összefüggéstelen ❶ Ellentéte: **coherent**.
▶ **incoherence** noun [U] összefüggéstelenség
incoherently adv. összefüggéstelenül

★ **income** /'mkʌm; -kəm/ noun [C,U]

jövedelem: *It's often difficult for a family to live on one income.* • *a high/low income* • *my monthly/annual income* • *your **gross/net** income* (bruttó/nettó jövedelem) • *a source of income* ➲ Magyarázat a **pay²** szónál.

income tax *noun* [U] jövedelemadó

incoming /ˈmkʌmɪŋ/ *adj.* (csak főnév előtt) **1** bejövő, beérkező: *incoming flights* • *incoming telephone calls* **2** (új hivatalba) belépő: *the incoming government*

incomparable /mˈkɒmprəbl/ *adj.* összehasonlíthatatlan ❶ Ige: compare.

incompatible /ˌmkəmˈpætəbl/ *adj.* incompatible with sb/sth összeegyeztethetetlen, összeférhetetlen: *The working hours of the job are incompatible with family life.* ❶ Ellentéte: compatible.
▶ **incompatibility** /ˌmkəmˌpætəˈbɪləti/ *noun* [C,U] (plural incompatibilities) összeegyeztethetetlenség, összeférhetetlenség

incompetent /mˈkɒmpɪtənt/ *adj.* alkalmatlan: *He is completely incompetent at his job.* ❶ Ellentéte: competent.
▶ **incompetent** *noun* [C] alkalmatlan személy: *She's a total incompetent at basketball.*
incompetence *noun* [U] alkalmatlanság, hozzá nem értés
incompetently *adv.* hozzá nem értően

incomplete /ˌmkəmˈpliːt/ *adj.* hiányos ❶ Ellentéte: complete.
▶ **incompletely** *adv.* hiányosan

incomprehensible /mˌkɒmprɪˈhensəbl/ *adj.* érthetetlen ❶ Ellentéte: comprehensible vagy understandable.
▶ **incomprehension** /mˌkɒmprɪˈhenʃn/ *noun* értetlenség

inconceivable /ˌmkənˈsiːvəbl/ *adj.* felfoghatatlan, elképzelhetetlen: *It's inconceivable that he would have stolen anything.* ❶ Ellentéte: conceivable.

inconclusive /ˌmkənˈkluːsɪv/ *adj.* eredménytelen, nem meggyőző: *an inconclusive discussion* • *inconclusive evidence* (nem bizonyító erejű) ❶ Ellentéte: conclusive.
▶ **inconclusively** *adv.* eredménytelenül

incongruous /mˈkɒŋgruəs/ *adj.* nem odaillő: *That huge table looks rather incongruous in such a small room.*
▶ **incongruously** *adv.* oda nem illően
incongruity /ˌmkɒnˈgruːəti/ *noun* [U] az összhang hiánya

inconsiderate /ˌmkənˈsɪdərət/ *adj.* tapintatlan, meggondolatlan ❶ Szinonimája: thoughtless. Ellentéte: considerate.
▶ **inconsiderately** *adv.* tapintatlanul, meggondolatlanul

inconsistent /ˌmkənˈsɪstənt/ *adj.* **1** inconsistent (with sth) ellentmondó, ellentétes: *The witnesses' accounts of the event are inconsistent.* • *These new facts are inconsistent with the earlier information.* **2** kiegyensúlyozatlan, következetlen: *She's so inconsistent – sometimes her work is good and sometimes it's really awful.* ❶ Ellentéte: consistent.
▶ **inconsistency** /-ənsi/ *noun* [C, U] (plural inconsistencies) következetlenség ❶ Ellentéte: consistency.
inconsistently *adv.* következetlenül

inconspicuous /ˌmkənˈspɪkjuəs/ *adv.* alig észrevehető: *I tried to **make** myself as **inconspicuous** as possible.* ❶ Ellentéte: conspicuous.
▶ **inconspicuously** *adv.* szinte észrevétlenül

incontinent /mˈkɒntɪnənt/ *adj.* (orv) inkontinens (vizeletét/székletét visszatartani nem tudó)
▶ **incontinence** *noun* [U] (orv) inkontinencia

inconvenience /ˌmkənˈviːniəns/ *noun* [U, c] kényelmetlenség, alkalmatlanság: *We apologize for any inconvenience caused by the delays.*
▶ **inconvenience** *verb* [T] kényelmetlenséget okoz, alkalmatlankodik

inconvenient /ˌmkənˈviːniənt/ *adj.* alkalmatlan ❶ Ellentéte: convenient.
▶ **inconveniently** *adv.* nem megfelelően, kényelmetlenül

incorporate /mˈkɔːpəreɪt/ *verb* [T] incorporate sth (in/into/within sth) belefoglal ❶ Szinonimája: include.
▶ **incorporation** /mˌkɔːpəˈreɪʃn/ *noun* [U] bejegyzés, belefoglalás

incorporated /mˈkɔːpəreɪtɪd/ *adj.* (abbr. Inc.) (gazd) bejegyzett

incorrect /ˌɪnkəˈrekt/ adj. helytelen, téves ❶ Ellentéte: **correct**.
► **incorrectly** adv. helytelenül

incorrigible /ɪnˈkɒrɪdʒəbl/ adj. javíthatatlan: *an incorrigible liar*

★ **increase¹** /ɪnˈkriːs/ verb [I,T] **increase (sth) (from A) (to B); increase (sth) (by sth)** növel, növekszik: *The rate of inflation has increased by 1% to 7%.* • *She increased her speed* (növelte a sebességét) *to overtake the lorry.* ❶ Ellentéte: **decrease** vagy **reduce**.

★ **increase²** /ˈɪnkriːs/ noun [C,U] **(an) increase (in sth)** növekedés: *There has been a sharp increase* (gyors emelkedés) *of nearly 50% on last year's figures.* • *A further increase in unemployment is expected.* • *a wage increase* ❶ Ellentéte: **decrease** vagy **reduction**.

IDIOM **on the increase** növekszik, gyakoribbá válik

increasingly /ɪnˈkriːsɪŋli/ adv. növekvő mértékben, egyre inkább: *increasingly difficult/important/dangerous*

incredible /ɪnˈkredəbl/ adj. **1** hihetetlen ❶ Ellentéte: **credible** ➔ Lásd **unbelievable**. **2** (*informális*) hihetetlen, fantasztikus
► **incredibly** adv. hihetetlenül

incriminate /ɪnˈkrɪmɪneɪt/ verb [T] vádol (*bizonyítékkal szolgál vki ellen*)

incubate /ˈɪŋkjubeɪt/ verb **1** [T] kikeltet (*tojást*) **2** [I] lappang

incubation /ˌɪŋkjuˈbeɪʃn/ noun **1** [U] keltetés **2** [C] (also **incu'bation period**) (*orv*) lappangási időszak

incubator /ˈɪŋkjubeɪtə(r)/ noun [C] **1** (*orv*) inkubátor **2** keltetőgép

incur /ɪnˈkɜː(r)/ verb [T] (**incurred**; **incurring**) (*formális*) kiteszi magát vminek: *to incur debts/sb's anger* adósságba veri magát/kihívja vkinek a haragját

incurable /ɪnˈkjʊərəbl/ adj. gyógyíthatatlan ❶ Ellentéte: **curable**.
► **incurably** /-əbli/ adv. gyógyíthatatlanul

indebted /ɪnˈdetɪd/ adj. **indebted (to sb) (for sth)** hálás vkinek vmiért

indecent /ɪnˈdiːsnt/ adj. szemérmetlen: *indecent photos/behaviour/language* ❶ Ellentéte: **decent**.

► **indecency** /-nsi/ noun [U, sing.] szemérmetlenség
indecently adv. szemérmetlenül

indecision /ˌɪndɪˈsɪʒn/ (also **indecisiveness**) noun [U] határozatlanság, döntésképtelenség: *This indecision about the future is really worrying me.*

indecisive /ˌɪndɪˈsaɪsɪv/ adj. döntésképtelen, határozatlan ❶ Ellentéte: **decisive**.
► **indecisively** adv. habozva, határozatlanul

★ **indeed** /ɪnˈdiːd/ adv. **1** valóban: *'Have you had a good holiday?' 'We have indeed.'* **2** igazán: *Thank you very much indeed.* • *She's very happy indeed.* **3** valójában, sőt: *It's important that you come at once. Indeed, it's essential.* **4** nahát: *'They were talking about you last night.' 'Were they indeed!'*

indefensible /ˌɪndɪˈfensəbl/ adj. védhetetlen, tarthatatlan, elfogadhatatlan

indefinable /ˌɪndɪˈfaɪnəbl/ adj. meghatározhatatlan
► **indefinably** /-əbli/ adv. megfoghatatlanul

indefinite /ɪnˈdefɪnət/ adj. határozatlan, bizonytalan ❶ Ellentéte: **definite**.

the in,definite 'article noun [C] határozatlan névelő ➔ Lásd **the definite article**. Lásd a *Rövid nyelvtani összefoglalást*.

indefinitely /ɪnˈdefɪnətli/ adv. határozatlan ideig/időre: *The meeting was postponed indefinitely.*

indelible /ɪnˈdeləbl/ adj. kitörölhetetlen: *indelible ink* vegytinta
► **indelibly** /-əbli/ adv. kitörölhetetlenül: *That day is stamped indelibly on my memory.*

indent /ɪnˈdent/ verb [T] új bekezdést kezd

★ **independence** /ˌɪndɪˈpendəns/ noun [U] **independence (from sb/sth)** függetlenség: *financial/full independence*

Július 4-e a függetlenség napja **Independence Day** az USA-ban. Azt ünneplik, hogy 1776-ban Amerika ezen a napon kiáltotta ki a Nagy-Britanniától való függetlenségét.

★ **independent** /ˌɪndɪˈpendənt/ adj. **1** independent (of/from sb/sth) független, szabad: *an independent state* • *independent* (nem állami pénzen működő) *schools/ television* • *an independent body/review/ opinion poll* **2 independent (of/from sb/sth)** független (*anyagilag*): *I got a part-time job because I wanted to be financially independent from my parents.* ❶ Ellentéte: **dependent.**

▶ **independently** *adv.* **independently (of sb/sth)** függetlenül, önállóan

indescribable /ˌɪndɪˈskraɪbəbl/ *adj.* leírhatatlan

▶ **indescribably** /-əbli/ *adv.* leírhatatlanul

indestructible /ˌɪndɪˈstrʌktəbl/ *adj.* elpusztíthatatlan

★ **index** /ˈɪndeks/ *noun* [C] (*plural* **indexes**) **1** névmutató, tárgymutató: *to look a word up in the index.* **2** (also **'card index**) kartotéklapok **3** (*plural* **indexes** or **indices**) mérőszám: *the cost-of-living index*

▶ **index** *verb* [T] katalógust készít: *The books in the library are indexed by subject and title.*

ˈ**index finger** *noun* [C] mutatóujj ❶ Szinonimája: **forefinger.**

★ **Indian** /ˈɪndiən/ *noun* [C] *adj.* **1** indiai **2** (amerikai) indián ➔ Lásd **West Indian.**

★ **indicate** /ˈɪndɪkeɪt/ *verb* **1** [T] jelez, mutat **2** [T] sejtet **3** [T] mutat vhová, mutatja az irányt **4** [I,T] (*jármű*) indexel: *The lorry indicated left but turned right.*

indication /ˌɪndɪˈkeɪʃn/ *noun* [C,U] **an indication (of sth/doing sth); an indication that...** vminek az előjele/nyoma, utalás vmire: *There was no indication of a struggle.* • *There is every indication (minden jel arra mutat) that he will make a full recovery.*

indicative /ɪnˈdɪkətɪv/ *adj.* (*formális*) vmire utaló: *Is the unusual weather indicative of climatic changes* (klimatikus változásokat jelez)?

indicator /ˈɪndɪkeɪtə(r)/ *noun* [C] **1** mutató, -mérő: *The unemployment rate is a reliable indicator of economic health.* **2** (*US* **turn signal**) (*közl*) index

indices /ˈɪndɪsiːz/ *plural of* INDEX (3)

indictment /ɪnˈdaɪtmənt/ *noun* [C] **1** vádirat **2 an indictment (of sth)** szégyenfolt: *The fact that many children leave school with no qualifications is an indictment of our education system.*

indifference /ɪnˈdɪfrəns/ *noun* [U] **indifference (to sb/sth)** közöny: *He has always shown indifference to the needs of others.*

indifferent /ɪnˈdɪfrənt/ *adj.* **1** indifferent (to sb/sth) közönyös **2** középszerű: *The standard of football in the World Cup was rather indifferent.*

▶ **indifferently** *adv.* közönyösen

indigenous /ɪnˈdɪdʒənəs/ *adj.* bennszülött, őshonos

indigestible /ˌɪndɪˈdʒestəbl/ *adj.* emészthetetlen

indigestion /ˌɪndɪˈdʒestʃən/ *noun* [U] emésztési zavarok: *Peppers give me indigestion.*

indignant /ɪnˈdɪgnənt/ *adj.* **indignant (with sb) (about/at sth); indignant that...** méltatlankodó

▶ **indignantly** *adv.* méltatlankodva

indignation /ˌɪndɪgˈneɪʃn/ *noun* [U] **indignation (at/about sth); indignation that...** felháborodás

indirect /ˌɪndəˈrekt; -daɪˈr-/ *adj.* **1** közvetett: *an indirect result* **2** kitérő, köntörfalazó: *She gave only an indirect answer to my question.* **3** kerülő (*út*) ❶ Ellentéte: **direct.**

▶ **indirectly** *adv.* nem közvetlenül ❶ Ellentéte: **directly.**

ˌindirect ˈ**object** *noun* [C] részeshatározó: *In the sentence, 'I wrote him a letter', 'him' is the indirect object.* ➔ Lásd **direct object.** Lásd a **Rövid nyelvtani összefoglalást.**

ˌindirect ˈ**speech** (also reˌported ˈspeech) *noun* [U] függő beszéd ❶ Harry mondata így hangzott: *I'll phone again later.* Függő beszédben ez így alakul át: *Harry said that he would phone again later.* ➔ Lásd **direct speech.** Lásd a **Rövid nyelvtani összefoglalást.**

indiscreet /ˌɪndɪˈskriːt/ *adj.* tapintatlan ❶ Ellentéte: **discreet.**

▶ **indiscreetly** *adv.* tapintatlanul

indiscretion /ˌɪndɪˈskreʃn/ *noun* [C,U] tapintatlanság

indiscriminate /ˌɪndɪˈskrɪmɪnət/ *adj.* meggondolatlan, válogatás nélküli: *He's indiscriminate in his choice of friends.*

▶ **indiscriminately** *adv.* meggondolatlanul, válogatás nélkül

indispensable /ˌɪndɪˈspensəbl/ *adj.* nélkülözhetetlen ❶ Szinonimája: **essential**. Ellentéte: **dispensable**.

indisputable /ˌɪndɪˈspjuːtəbl/ *adj.* vitathatatlan

indistinct /ˌɪndɪˈstɪŋkt/ *adj.* homályos, bizonytalan körvonalú: *indistinct figures/ sounds/memories* ❶ Ellentéte: **distinct**.
▶ **indistinctly** *adv.* homályosan

indistinguishable /ˌɪndɪˈstɪŋgwɪʃəbl/ *adj.* **indistinguishable (from sth)** megkülönböztethetetlen ❶ Ellentéte: **distinguishable**.

⋆ **individual¹** /ˌɪndɪˈvɪdʒuəl/ *adj.* **1** (*csak főnév előtt*) egyedi: *Each individual animal* (minden egyes állat) *is weighed and measured.* **2** egyéni: *an individual portion of butter* • *Children need individual attention when they are learning to read.* • *I like her individual style of dressing.*

individual² /ˌɪndɪˈvɪdʒuəl/ *noun* [*C*] egyén: *Are the needs of society more important than the rights of the individual?* • *He's a strange individual.* Fura egy alak.

individuality /ˌɪndɪˌvɪdʒuˈæləti/ *noun* [*U*] egyéniség

individually /ˌɪndɪˈvɪdʒuəli/ *adv.* egy(én)enként

indivisible /ˌɪndɪˈvɪzəbl/ *adj.* oszthatatlan

indoctrinate /ɪnˈdɒktrɪneɪt/ *verb* [*T*] ráerőlteti a nézeteit vkire
▶ **indoctrination** /ɪnˌdɒktrɪˈneɪʃn/ *noun* [*U*] nézetek erőszakos besulykolása

⋆ **indoor** /ˈɪndɔː(r)/ *adj.* (*csak főnév előtt*) benti: *an indoor swimming pool* ❶ Ellentéte: **outdoor**.

⋆ **indoors** /ˌɪnˈdɔːz/ *adv.* be, bent (*épületben*): *Let's go indoors.* • *Oh dear! I've left my sunglasses indoors.* ❶ Ellentéte: **outdoors** vagy **out of doors**.

induce /ɪnˈdjuːs/ *verb* [*T*] (*formális*) **1** rávesz vkit vmire: *Nothing could induce him to change his mind.* **2** előidéz

inducement /ɪnˈdjuːsmənt/ *noun* [*C,U*] ösztönzés: *The player was offered a car as an inducement to join the club.*

induction /ɪnˈdʌkʃn/ *noun* [*U, C*] beve-

zetés vmibe, beiktatás: *an induction day for new students*

indulge /ɪnˈdʌldʒ/ *verb* **1** [*I,T*] **indulge (yourself) (in sth)** kényeztet vkit vmivel, élvezkedik: *I'm going to indulge myself and go clothes shopping.* • *Maria never indulges in gossip.* **2** [*T*] elkényeztet: *On Sundays he indulges his passion for fishing* (átengedi magát a horgászás örömeinek).

indulgence /ɪnˈdʌldʒəns/ *noun* **1** [*U*] élvhajhászás: *to lead a life of indulgence* • *Over-indulgence in chocolate makes you fat.* **2** [*C*] élvezkedés: *A cigar after dinner is my only indulgence.*

indulgent /ɪnˈdʌldʒənt/ *adj.* engedékeny: *indulgent parents*
▶ **indulgently** *adv.* elnézően

⋆ **industrial** /ɪnˈdʌstriəl/ *adj.* ipari: *industrial development/workers* • *an industrial region/country/town*

inˌdustrial ˈaction *noun* [*U*] sztrájk: *to threaten (to take) industrial action*

industrialist /ɪnˈdʌstriəlɪst/ *noun* [*C*] gyáriparos

industrialize (also **-ise**) /ɪnˈdʌstriəlaɪz/ *verb* [*I,T*] iparosít
▶ **industrialization** (also **-isation**) /-eɪʃn/ *noun* [*U*] iparosítás

industrious /ɪnˈdʌstriəs/ *adj.* szorgalmas

⋆ **industry** /ˈɪndəstri/ *noun* (*plural* **industries**) [*C,U*] ipar(ág): *heavy/light industry* • *the tourist/catering/entertainment industry*

inedible /ɪnˈedəbl/ *adj.* (*formális*) nem ehető ❶ Ellentéte: **edible**.

ineffective /ˌɪnɪˈfektɪv/ *adj.* hatástalan ❶ Ellentéte: **effective**.

inefficient /ˌɪnɪˈfɪʃnt/ *adj.* nem hatékony, rosszul működő: *an inefficient secretary/heating system* ❶ Ellentéte: **efficient**.
▶ **inefficiency** /-ənsi/ *noun* [*U*] elégtelenség, szakszerűtlenség
inefficiently *adv.* nem hatékonyan

ineligible /ɪnˈelɪdʒəbl/ *adj.* **ineligible (for/to do sth)** nem számbajöhető ❶ Ellentéte: **eligible**.
▶ **ineligibility** /ɪnˌelɪdʒəˈbɪləti/ *noun* [*U*] alkalmatlanság, megválaszthatatlanság

inept /ɪˈnept/ *adj.* **inept (at sth)** ügyetlen:

---

❶ = magyarázat [*C*] **megszámlálható** (*főnév*): *one book, two books*

[*U*] **megszámlálhatatlan** (*főnév*): *some sugar*

She is totally inept at dealing with people.
❶ Ellentéte: **adept**.

inequality /,ɪnɪˈkwɒləti/ *noun* [C,U] (*plural* **inequalities**) egyenlőtlenség **❶** Ellentéte: **equality**.

inert /ɪˈnɜːt/ *adj.* mozgásképtelen

inertia /ɪˈnɜːʃə/ *noun* [U] **1** mozgásképtelenség **2** (*fiz*) tehetetlenségi erő

inescapable /,ɪnɪˈskeɪpəbl/ *adj.* (*formális*) elkerülhetetlen: *an inescapable conclusion/fact*

inevitable /ɪnˈevɪtəbl/ *adj.* ki-/elkerülhetetlen (*szükségszerűen bekövetkező*)
▶ **the inevitable** *noun* [*sing.*] a megváltoztathatatlan
inevitability /ɪn,evɪtəˈbɪləti/ *noun* [U] elkerülhetetlenség
inevitably /-əbli/ *adv.* elkerülhetetlenül

inexcusable /,ɪnɪkˈskjuːzəbl/ *adj.* megbocsáthatatlan **❶** Ellentéte: **excusable**.

inexhaustible /,ɪnɪɡˈzɔːstəbl/ *adj.* kimeríthetetlen

inexpensive /,ɪnɪkˈspensɪv/ *adj.* nem drága **❶** Szinonimája: **cheap**(1). Ellentéte: **expensive**.
▶ **inexpensively** *adv.* olcsón

inexperience /,ɪnɪkˈspɪəriəns/ *noun* [U] tapasztalatlanság: *The mistakes were all due to inexperience.* **❶** Ellentéte: **experience**.
▶ **inexperienced** *adj.* tapasztalatlan

inexplicable /,ɪnɪkˈsplɪkəbl/ *adj.* megmagyarázhatatlan **❶** Ellentéte: **explicable**.
▶ **inexplicably** /-əbli/ *adv.* megmagyarázhatatlanul

infallible /ɪnˈfæləbl/ *adj.* **1** tévedhetetlen **2** tökéletesen megbízható (*működésű*) **❶** Ellentéte: **fallible**.
▶ **infallibility** /ɪn,fæləˈbɪləti/ *noun* [U] tévedhetetlenség, csalhatatlanság

infamous /ˈɪnfəməs/ *adj.* **infamous (for sth)** hírhedt **❶** Szinonimája: **notorious** ➪ Lásd **famous**.

infancy /ˈɪnfənsi/ *noun* [U] csecsemőkor, kisgyermekkor: (*átv*) *Research in this field is still in its infancy* (*gyerekcipőben jár*).

infant /ˈɪnfənt/ *noun* [C] csecsemő, kisgyermek (*4-7 éves korig*): *There is a high*

rate of infant mortality (csecsemőhalandóság). • *Mrs Davies teaches infants.*

> A beszélt illetve a bizalmas stílusban gyakrabban használják a **baby**, **toddler** és a **child** szavakat.

infantile /ˈɪnfəntaɪl/ *adj.* gyerekes: *infantile jokes*

infantry /ˈɪnfəntri/ *noun* [U, with sing. or plural verb] (*kat*) gyalogság

infant school *noun* [C] óvoda (*4-7 év közötti gyerekeknek*)

infatuated /ɪnˈfætʃueɪtɪd/ *adj.* **infatuated (with sb/sth)** rajongó, odavan vkiért/vmiért: *The young girl was infatuated with one of her teachers.*
▶ **infatuation** /ɪn,fætʃuˈeɪʃn/ *noun* [C,U] rajongó szeretet, belehabarodás

★**infect** /ɪnˈfekt/ *verb* [T] **1** infect sb/sth (with sth) (*ált. szenvedő szerkezetben*) megfertőz: *We must clean the wound before it becomes infected* (elfertőződik). **2** megfertőz (*átv*): *Paul's happiness infected the whole family* (átragadt az egész családra).

★**infection** /ɪnˈfekʃn/ *noun* **1** [U] (meg)fertőzés, (meg)fertőződés: *A dirty water supply can be a source of infection.* **2** [C] (*orv*) fertőzés: *She is suffering from a chest infection.* • *Infections can be caused by bacteria or viruses.* ➪ Lásd még **germ**.

★**infectious** /ɪnˈfekʃəs/ *adj.* fertőző, ragályos: *Flu is very infectious.* • (*átv*) *infectious laughter*

> Az **infectious** betegségek általában a lélegzettel, cseppfertőzéssel, a **contagious** betegségek pedig fizikai érintkezéssel terjednek.

infer /ɪnˈfɜː(r)/ *verb* [T] (**inferring**; **inferred**) **infer sth (from sth)** vmiből következtet(ést levon): *I inferred from our conversation that he was unhappy with his job.*
▶ **inference** *noun* következtetés

inferior /ɪnˈfɪəriə(r)/ *adj.* **inferior (to sb/sth)** alacsonyabb rendű (vkinél/vminél), rosszabb minőségű: *This material is obviously inferior to that one.* • *Don't let people make you feel inferior.* **❶** Ellentéte: **superior**.

▶ **inferior** noun vkinél alacsonyabb rendű személy, vki alárendeltje: *She always treats me as her intellectual inferior.*
inferiority /ɪnˌfɪəri'ɒrəti/ noun [U] alacsonyabbrendűség, alárendelt helyzet

inferi'ority complex noun [C] kisebbrendűségi érzés/komplexus

infertile /ɪn'fɜːtaɪl/ adj. terméketlen, meddő (élőlény, talaj) ❶ Ellentéte: **fertile**.
▶ **infertility** /ˌɪnfɜː'tɪləti/ noun [U] terméketlenség, meddőség: *infertility treatment* ❶ Ellentéte: **fertility**.

infested /ɪn'festɪd/ adj. infested (with sth) (állatoktól, rovakoroktól) hemzsegő: *The warehouse was infested with rats* (nyüzsgött a patkányoktól).

infidelity /ˌɪnfɪ'deləti/ noun [U, C] (plural **infidelities**) (házastársi, szerelmi) hűtlenség ❶ Bizalmasabb szó: **unfaithfulness**.

infiltrate /'ɪnfɪltreɪt/ verb [T] észrevétlenül beszivárog, beépül (szervezetbe, csoportba stb.): *The police managed to infiltrate the gang of terrorists.*
▶ **infiltration** /-eɪʃn/ noun [C,U] beszivárgás, beépülés (szervezetbe, csoportba stb.)
infiltrator noun [C] beépített ember, tégla

infinite /'ɪnfɪnət/ adj. végtelen, határtalan, kimeríthetetlen: *You need infinite patience for this job.* • *Supplies of oil are not infinite.* ❶ Ellentéte: **finite**.

infinitely /'ɪnfɪnətli/ adv. végtelenül, sokkal: *Compact discs sound infinitely better than audio cassettes.*

infinitive /ɪn'fɪnətɪv/ noun [C] főnévi igenév

> Angolban a főnévi igenév az előtte álló szótól függően állhat a **to** szóval vagy anélkül: *He can sing.* • *He wants to sing.*

infinity /ɪn'fɪnəti/ noun 1 [U] a végtelen, végtelenség, határtalanság: (átv) *The ocean seemed to stretch over the horizon into infinity.* 2 [U, C] (symbol ∞) (mat) végtelen mennyiség

infirmary /ɪn'fɜːməri/ noun [C] (plural **infirmaries**) kórház: *The Manchester Royal Infirmary*

inflamed /ɪn'fleɪmd/ adj. gyulladt (testrész)

inflammable /ɪn'flæməbl/ adj. gyúlé-

kony: *Petrol is highly inflammable.* ➔ Lásd **flammable**, amely azonos jelentésű, de ritkábban használt szó. ❶ Ellentéte: **non-flammable**.

inflammation /ˌɪnflə'meɪʃn/ noun [U,C] gyulladás (testrésze)

inflatable /ɪn'fleɪtəbl/ adj. felfújható: *an inflatable dinghy/mattress*

inflate /ɪn'fleɪt/ verb [I,T] (formális) felfúj, felfújódik ❶ Bizalmasabb szó: **blow up**. Ellentéte: **deflate**.

★ **inflation** /ɪn'fleɪʃn/ noun [U] infláció: *the inflation rate/rate of inflation* • *Inflation now stands at 3%.*

inflection (also **inflexion**) /ɪn'flekʃn/ noun [C,U] 1 (nyelv) ragozás 2 hanglejtés ❶ Szinonimája: **intonation**.

inflexible /ɪn'fleksəbl/ adj. merev, rugalmatlan, hajlíthatatlan (átv is): *He has a very inflexible attitude to change.* ❶ Ellentéte: **flexible**.
▶ **inflexibly** /-əbli/ adv. mereven, hajlíthatatlanul
inflexibility /ɪnˌfleksə'brɪləti/ noun [U] merevség, rugalmatlanság

inflict /ɪn'flɪkt/ verb [T] inflict sth (on sb) ráerőszakol, rákényszerít (vkire vmi kellemetlen dolgot): *Don't inflict your problems on me.*

'**in-flight** adj. (csak főnév előtt) repülés alatti: *in-flight entertainment*

★ **influence¹** /'ɪnfluəns/ noun [C,U] (an) influence (on/upon sb/sth) hatás, befolyás: *Television can have a strong influence on children.* • *Nobody should drive while they are **under the influence of** alcohol* (alkoholos befolyásoltság alatt). • *His new girlfriend has been a good influence on him* (jó hatással van rá).

influence² /'ɪnfluəns/ verb [T] befolyásol, hatással van/hatást gyakorol vkire: *Her style of painting has been influenced by Japanese art.*

> Az **affect** és **influence** szavak jelentése gyakran igen közel áll egymáshoz. Az **affect** szót általában fizikai, az **influence** szót inkább vélemény- vagy viselkedésbeli változás leírására használják: *Drinking alcohol can affect your ability to drive.* • *TV advertisements have*

influenced my attitude towards the homeless.

influential /ˌɪnfluˈenʃl/ *adj.* influential (in sth/in doing sth) befolyásos: *an influential politician* • *He was influential* (fontos szerepe volt) *in getting the hostages set free.*

influenza /ˌɪnfluˈenzə/ *noun* [U] (*formális*) influenza

influx /ˈɪnflʌks/ *noun* [C, usually sing.] an influx (of sb/sth) (into...) betódulás, beözönlés: *the summer influx of visitors from abroad*

★**inform** /ɪnˈfɔːm/ *verb* [T] inform sb (of/about sth) tájékoztat, informál: *You should inform the police of the accident.* • *Do keep me informed* (folyamatosan tájékoztass) *of any changes.*
PHRASAL VERB inform on sb feljelent: *The wife of the killer informed on her husband.*

★**informal** /ɪnˈfɔːml/ *adj.* kötetlen, baráti: *Don't get dressed up for the party – it'll be very informal.* • *The two leaders had informal discussions before the conference began.* ❶ Ellentéte: formal.
▶ **informality** /ˌɪnfɔːˈmæləti/ *noun* [U] közvetlenség, kötetlenség
informally *adv.* közvetlen/kötetlen formában: *I was told informally* (nem hivatalosan) *that our plans had been accepted.*

informant /ɪnˈfɔːmənt/ *noun* [C] besúgó, informátor ➔ Lásd informer.

★**information** /ˌɪnfəˈmeɪʃn/ *noun* [U] information (on/about sb/sth) információ, tájékoztatás: *For further information please send for our brochure.* • *Can you give me some information about evening classes in Italian, please?* ❶ Az information szó megszámlálhatatlan, (tehát HIBÁS ez a mondat *I need an information*). A helyes kifejezés a bit / a piece of information.

infor,mation tech'nology *noun* [U] (*abbr.* IT) informatika

informative /ɪnˈfɔːmətɪv/ *adj.* informatív, információt nyújtó, tanulságos

informed /ɪnˈfɔːmd/ *adj.* (jól) tájékozott/ értesült: *Consumers cannot make informed choices* (megalapozottan választani) *unless they are told all the facts.*

informer /ɪnˈfɔːmə(r)/ *noun* [C] besúgó, spicli ➔ Lásd informant.

infrequent /ɪnˈfriːkwənt/ *adj.* ritka, nem gyakori ❶ Ellentéte: frequent.
▶ **infrequently** *adv.* ritkán, nem gyakran

infringe /ɪnˈfrɪndʒ/ *verb* (*formális*) 1 [T] megszeg (szabályt, törvényt, megállapodást stb.): *The material can be copied without infringing copyright.* 2 [I] infringe on/upon sth korlátoz (jogot, szabadságot): *She refused to answer questions that infringed on her private affairs* (amelyek a magánügyeit érintették).
▶ **infringement** *noun* [C,U] megszegés (szabályé, törvényé stb.), korlátozás (jogoké, szabadságé stb.)

infuriate /ɪnˈfjʊərieɪt/ *verb* [T] (fel)dühít
▶ **infuriating** *adj.* dühítő, őrjítő
infuriatingly *adv.* dühítően

ingenious /ɪnˈdʒiːniəs/ *adj.* 1 ügyes, szellemes, eredeti (dolog, ötlet stb.): *an ingenious plan for making lots of money* 2 találékony, talpraesett
▶ **ingeniously** *adv.* ötletesen, szellemesen
ingenuity /ˌɪndʒəˈnjuːəti/ *noun* [U] ötletesség, találékonyság

ingrained /ɪnˈɡreɪnd/ *adj.* ingrained (in sb/sth) mélyen gyökerező, megrögzött (szokás): *ingrained prejudices*

ingratiate /ɪnˈɡreɪʃieɪt/ *verb* [T] (*formális*) ingratiate yourself (with sb) behízelgi magát, bizalmába férkőzik: *He was always trying to ingratiate himself with his teachers.*
▶ **ingratiating** *adj.* behízelgő: *an ingratiating smile*
ingratiatingly *adv.* behízelgően

ingratitude /ɪnˈɡrætɪtjuːd/ *noun* [U] (*formális*) hálátlanság ❶ Ellentéte: gratitude.

ingredient /ɪnˈɡriːdiənt/ *noun* [C] 1 alkotóelem: *Mix all the ingredients* (az összes hozzávalót) *together in a bowl.* 2 alkotórész, kellék: *The film has all the ingredients of success.* A filmben megvan minden, ami a sikerhez kell.

★**inhabit** /ɪnˈhæbɪt/ *verb* [T] vhol él/lak(ozi)k: *Are the Aran Islands still inhabited* (laknak ott)?

inhabitant /ɪnˈhæbɪtənt/ *noun* [C, usually plural] lakó, lakos (egy bizonyos helyé)

Ha arra vagyunk kíváncsiak, hogy egy bizonyos helyen hányan élnek, azt kérdezzük: *What is the population of...?* (nem *How many inhabitants are there in...?*). A válaszban azonban mondhatjuk azt: *The population is 10 000.* vagy: *It has 10 000 inhabitants.*

inhale /ɪnˈheɪl/ *verb* [I,T] belélegez (vmit): *Be careful not to inhale the fumes from the paint.* ❶ Ellentéte: **exhale**.

inherent /ɪnˈhɪərənt/ *adj.* inherent (in sb/sth) velejárója vminek, vmi szerves része (*átv*): *The risk of collapse is inherent in any business.*
▸ **inherently** *adv.* vmi lényegéből fakadóan, eredendően: *No matter how safe we make them, cars are inherently dangerous.*

inherit /ɪnˈherɪt/ *verb* [T] inherit sth (from sb) 1 örököl (*pénzt, tulajdont stb.*): *I inherited quite a lot of money from my mother. She left me $12 000 when she died.*

> The person who inherits from sb is that person's **heir**.

2 örököl (*tulajdonságot*): *She has inherited her father's gift for languages.*

inheritance /ɪnˈherɪtəns/ *noun* [C,U] öröklés, örökség: *inheritance tax* örökösödési adó

inhibit /ɪnˈhɪbɪt/ *verb* [T] 1 akadályoz, késleltet: *a drug to inhibit the growth of tumours* 2 inhibit sb (from sth/from doing sth) visszatart vkit attól, hogy vmit megtegyen, megakadályoz vkit vmiben: *The fact that her boss was there inhibited her from saying what she really felt.*
▸ **inhibited** *adj.* gátlásos ❶ Ellentéte: **uninhibited**.

inhibition /ˌɪnhɪˈbɪʃn; ˌɪnɪˈb-/ *noun* [C,U] gátlás(osság), félénkség: *After the first day of the course, people started to lose their inhibitions* (megszabadulni feszélyezettségüktől).

inhospitable /ˌɪnhɒˈspɪtəbl/ *adj.* 1 barátságtalan, nem vonzó (*hely*): *the inhospitable Arctic regions* 2 nem vendégszerető (*ember*) ❶ Ellentéte: **hospitable**.

inhuman /ɪnˈhjuːmən/ *adj.* 1 embertelen, kegyetlen: *inhuman treatment* 2 nem emberi: *an inhuman noise*

inhumane /ˌɪnhjuːˈmeɪn/ *adj.* nem emberhez méltó, embertelen: *inhumane conditions* ❶ Ellentéte: **humane**.

inhumanity /ˌɪnhjuːˈmænəti/ *noun* [U] embertelenség, kegyetlenség: *The twentieth century is full of examples of man's inhumanity to man.* ❶ Ellentéte: **humanity**.

★ **initial¹** /ɪˈnɪʃl/ *adj.* (*csak főnév előtt*) kezdeti, első: *My initial reaction was to refuse, but I later changed my mind.*

★ **initial²** /ɪˈnɪʃl/ *noun* [C, usually plural] kezdőbetű (*névé*)

initial³ /ɪˈnɪʃl/ *verb* [T] (initialling; initialled; *US* initialing; initialed) kézjegyével ellát (*csak a neve kezdőbetűit írja*)

initially /ɪˈnɪʃəli/ *adv.* eleinte, kezdetben: *I liked the job initially but it soon got quite boring.*

initiate /ɪˈnɪʃieɪt/ *verb* [T] 1 (*formális*) kezdeményez, (el)kezd: *to initiate peace talks* 2 initiate sb (into sth) megismertet vkit vmivel, bevezet vmibe (*élménybe*): *I wasn't initiated into the joys of skiing until I was 30.* 3 initiate sb (into sth) beavat: *to initiate sb into a secret society*
▸ **initiation** /-eɪʃn/ *noun* [U] be-/felavatás: *All the new students had to go through a strange initiation ceremony.*

★ **initiative** /ɪˈnɪʃətɪv/ *noun* 1 [C] kezdeményezés: *a new government initiative to help people start small businesses* 2 [U] kezdeményezőkészség: *Don't keep asking me how to do it – use your initiative.* 3 (the initiative) [sing.] kezdeményező szerep/pozíció: *The enemy forces have lost the initiative.*
IDIOMS on your own initiative öntevékenyen, saját kezdeményezésére | take the initiative átvesz/kézébe veszi a kezdeményezést: *Let's take the initiative and start organizing things now.*

★ **inject** /ɪnˈdʒekt/ *verb* [T] 1 befecskendez 2 inject sth (into sth) beleinjekció vmit vmibe (*átv*): *They injected a lot of money into the business.*

★ **injection** /ɪnˈdʒekʃn/ *noun* 1 [C,U] (an) injection (of sth) (into sb/sth) injekció: *to give sb an injection • a tetanus injection • An anaesthetic was administered by injection.* ❶ Szinonimája: **jab**. 2 [C] -injekció (*támogatás*): *The theatre needs a huge* **cash injection** *if it is to stay open.* **3** [U, c] befecskendezés, injektálás: *fuel injection*

injunction /ɪnˈdʒʌŋkʃn/ *noun* [c] **an injunction (against sb)** bírósági döntés/ végzés: *A court injunction prevented the programme from being shown on TV.*

★**injure** /ˈɪndʒə(r)/ *verb* [T] sérülést okoz, kárt tesz vkiben: *The goalkeeper seriously injured himself* (megsérült) *when he hit the goalpost.* • *She fell and injured* (megütötte) *her back.* ➔ Magyarázat a **hurt** szónál.

★**injured** /ˈɪndʒəd/ *adj.* **1** sérült, sértett: *an injured arm* • *injured pride* **2** (**the injured**) *noun* [plural] a sérültek, a sebesültek

★**injury** /ˈɪndʒəri/ *noun* [c,u] (*plural* **injuries**) **injury (to sb/sth)** sérülés, sebesülés: *They escaped from the accident with only **minor injuries*** (kisebb sérülésekkel). • *Injury to the head* (fejsérülés) *can be extremely dangerous.*

ˈ**injury time** *noun* [U] (*brit*) (*sp*) hosszabbítás (*mérkőzésen sérülések miatt*)

injustice /ɪnˈdʒʌstɪs/ *noun* [U, c] igazságtalanság: *social injustice* • *People are protesting about the injustice of the new tax.*

IDIOM **do sb an injustice** vkivel igazságtalan, igazságtalanul bánik vkivel

★**ink** /ɪŋk/ *noun* [U, c] tinta: *Please write in ink* (tintával).

inkling /ˈɪŋklɪŋ/ *noun* [usually sing.] **an inkling (of sth/that...)** sejtés, halvány gyanú: *I had an inkling that something was wrong.*

inky /ˈɪŋki/ *adj.* tintás, koromfekete: *inky fingers* • *an inky night sky*

inland /ˌɪnˈlænd/ *adj., adv.* szárazföldi, a szárazföld belsejében: *The village lies twenty miles inland* (húsz mérföldre a tengertől). • *Goods are carried inland along narrow mountain roads.*

ˌ**Inland ˈRevenue** *noun* [sing.] (*brit*) Adóhivatal

ˈ**in-laws** *noun* [plural] (*informális*) (*házasság révén*) vkinek a rokonai

inmate /ˈɪnmeɪt/ *noun* [c] lakó (*intézményé, mint pl. börtön*)

inn /ɪn/ *noun* [c] (*brit*) (*falusi*) fogadó, kocsma

innate /ɪˈneɪt/ *adj.* veleszületett: *the innate ability to learn*

★**inner** /ˈɪnə(r)/ *adj.* (*csak főnév előtt*) **1** belső: *The inner ear is very delicate.* • *an inner courtyard* ❶ Ellentéte: **outer**. **2** belső, titkolt (*érzelem stb.*): *Everyone has inner doubts.*

ˌ**inner ˈcity** *noun* [c] nagyvárosi szegénynegyed (*belterületi*)
▸ **inner-city** *adj.* (*csak főnév előtt*) városi szegénynegyedben lévő: *inner-city schools*

innermost /ˈɪnəməʊst/ *adj.* (*csak főnév előtt*) **1** legbensőbb, legtitkosabb (*érzelem, gondolat*): *She never told anyone her innermost thoughts.* **2** legbelső (*hely*): *the innermost shrine of the temple*

innings /ˈɪnɪŋz/ *noun* [c] (*plural* **innings**) az egyik fél ütési joga/ideje (*krikett*)

★**innocence** /ˈɪnəsns/ *noun* [U] **1** ártatlanság (*bűnügyben*): *The accused man **protested** his innocence throughout his trial.* ❶ Ellentéte: **guilt**. **2** ártatlanság, tapasztalatlanság: *the innocence of childhood*

★**innocent** /ˈɪnəsnt/ *adj.* **1** innocent (of sth) ártatlan, nem bűnös: *to be innocent of a crime* ❶ Szinonimája: **blameless**. Ellentéte: **guilty**. **2** (*csak főnév előtt*) ártatlan (*áldozat*): *innocent victims of a bomb blast* • *an innocent bystander* **3** ártatlan, nem rossz szándékú: *He got very aggressive when I asked an **innocent question** about his past life.* **4** ártatlan, tapasztalatlan: *She was so innocent as to believe that politicians never lie.* ❶ Szinonimája: **naive**.
▸ **innocently** *adv.* ártatlanul: *'What are you doing here?' she asked innocently.*

innocuous /ɪˈnɒkjuəs/ *adj.* (*formális*) ártalmatlan, nem rossz szándékú: *I made an **innocuous remark** about teachers and she got really angry.* ❶ Szinonimája: **harmless**.

innovate /ˈɪnəveɪt/ *verb* [I] újít
▸ **innovation** /ˌɪnəˈveɪʃn/ *noun* [c, u] (**an**) **innovation (in sth)** újítás
innovative /ˈɪnəvətɪv; ˈɪnəveɪtɪv/ *adj.* újító szándékú/jellegű: *innovative methods*
innovator *noun* újító

innuendo /ˌɪnjuˈendəʊ/ *noun* [c,u] (*plural*

ð **then** | s **so** | z **zoo** | ʃ **she** | ʒ **vision** | h **how** | m **man** | n **no** | ŋ **sing** | l **leg** | r **red** | j **yes** | w **wet**

innuendoes or innuendos) burkolt célzás, mellékzönge (*rendszerint rossz, durva*): *His speech was full of sexual innuendo.*

innumerable /ɪˈnjuːmərəbl/ *adj.* megszámlálhatatlanul sok

inoculate /ɪˈnɒkjuleɪt/ *verb* [T] **inoculate sb (against sth)** beolt, védőoltást ad: *The children have been inoculated against tetanus.* ❶ Hasonló jelentésű az **immunize** és a **vaccinate** szó is.
▸ **inoculation** /-eɪʃn/ *noun* (védő)oltás

inoffensive /ˌɪnəˈfensɪv/ *adj.* ártalmatlan, nem bántó ❶ Ellentéte: **offensive**.

inordinate /ɪnˈɔːdɪnət/ *adj.* (*formális*) rendkívüli méretű/nagyságú: *They spent an inordinate amount of time and money on the production.*
▸ **inordinately** *adv.* rendkívüli mértékben, túlságosan

inorganic /ˌɪnɔːˈɡænɪk/ *adj.* (*kémia*) szervetlen ❶ Ellentéte: **organic**.

input¹ /ˈɪnpʊt/ *noun* **1** [C,U] **input (of sth) (into/to sth)** (*eszmei/szellemi*) hozzájárulás: *We need some input from teachers into this book.* **2** [U] (*adat*)bevitel ➷ Lásd **output**.

input² /ˈɪnpʊt/ *verb* [T] (*pres. part.* **inputting**; *pt, pp* **input** or **inputted**) (*infor*) betáplál

inquest /ˈɪŋkwest/ *noun* [C] nyomozás, vizsgálat: *to hold an inquest*

inquire, inquirer, inquiring, inquiry = ENQUIRE, ENQUIRER, ENQUIRING, ENQUIRY

inquisitive /ɪnˈkwɪzətɪv/ *adj.* **1** kíváncsi(skodó) **2** kíváncsi, érdeklődő: *an inquisitive mind* kutató elme
▸ **inquisitively** *adv.* kíváncsi(skodó)an **inquisitiveness** *noun* [U] kíváncsiság, kíváncsiskodás

insane /ɪnˈseɪn/ *adj.* elmebeteg, őrült (*átv is*) ➷ Magyarázat a **mad** szónál.
▸ **insanely** *adv.* esztelenül, őrülten: *insanely jealous* **insanity** /ɪnˈsænəti/ *noun* [U] elmebaj, őrültség (*átv is*)

insanitary /ɪnˈsænətri/ *adj.* (*formális*) nem higiénikus: *The restaurant was closed because of the insanitary conditions of the kitchen.* ➷ Lásd **sanitary**.

insatiable /ɪnˈseɪʃəbl/ *adj.* kielégíthetetlen(ül nagy): *an insatiable desire for knowledge* ● *an insatiable appetite*

inscribe /ɪnˈskraɪb/ *verb* [T] (*formális*) **inscribe A (on/in B); inscribe B (with A)** felír, bevés: *The book was inscribed with the author's name.*

inscription /ɪnˈskrɪpʃn/ *noun* [C] felirat

★ **insect** /ˈɪnsekt/ *noun* [C] rovar: *an insect bite/sting* (csípés)

Néhány egyéb kisméretű állatot, pl. a pókokat is gyakran rovarnak (**insects**) hívják, annak ellenére, hogy ez tudományosan hibás.

insecticide /ɪnˈsektɪsaɪd/ *noun* [C,U] rovarirtó (szer) ➷ Lásd **pesticide**.

insecure /ˌɪnsɪˈkjʊə(r)/ *adj.* **1** **insecure (about sb/sth)** bizonytalan, gátlásos: *Many teenagers are insecure about their appearance.* **2** bizonytalan, nem biztonságos: *The future of the company looks very insecure.* ❶ Ellentéte: **secure**.
▸ **insecurely** *adv.* bizonytalanul, nem biztonságosan **insecurity** *noun* [U] bizonytalanság(érzet) ❶ Ellentéte: **security**.

insensitive /ɪnˈsensətɪv/ *adj.* **insensitive (to sth)** érzéketlen, tapintatlan: *insensitive to pain/criticism* ❶ Ellentéte: **sensitive**.
▸ **insensitively** *adv.* érzéketlenül, tapintatlanul **insensitivity** /ɪnˌsensəˈtɪvəti/ *noun* [U] érzéketlenség vki/vmi iránt, tapintatlanság

inseparable /ɪnˈseprəbl/ *adj.* elválaszthatatlan: *inseparable friends* ❶ Ellentéte: **separable**.

insert /ɪnˈsɜːt/ *verb* [T] (*formális*) beilleszt, betold: *I decided to insert an extra paragraph in the text.* ● *Insert* (bedob) *coins in the slot.*
▸ **insertion** *noun* [C,U] beillesztés, betoldás

inshore /ˈɪnʃɔː/ *adj., adv.* /ˌɪnˈʃɔː(r)/ (*tenger*) partmenti, a part mentén: *inshore fishermen* ● *Sharks don't often come inshore.*

★ **inside¹** /ɪnˈsaɪd/ *prep., adj., adv.* **1** belül(re), belső: *Is there anything inside the box?* ● *Let's go inside.* ● *the inside pages of a news-*

paper **2** (*formális*) vmennyi időn belül: *Your photos will be ready inside an hour.* **3** belső/bizalmas hír/információ: *The robbers seemed to have had some inside information about the bank's security system.* **4** (*szleng*) dutyiban

★ **inside²** /ˌɪnˈsaɪd/ *noun* **1** [C] vminek a belseje, belső része: *The door was locked from the inside* (belülről). • *There's a label somewhere on the inside* (belül). **2** (insides) [*plural*] (*informális*) a test belső részei: *The coffee warmed his insides.*

IDIOM inside out 1 kifordítva: *You've got your jumper on inside out.* ➾ Ábra **back to front** alatt. **2** nagyon alaposan: *She knows these streets inside out.*

insider /ɪnˈsaɪdə(r)/ *noun* [C] beltag, bennfentes: *The book gives us an insider's view of how government works.*

insight /ˈɪnsaɪt/ *noun* [C,U] **(an) insight (into sth)** bepillantás: *The book gives a good insight into the lives of the poor.*

insignificant /ˌɪnsɪɡˈnɪfɪkənt/ *adj.* jelentéktelen, elhanyagolható
▸ **insignificance** *noun* [U] jelentéktelenség, elhanyagolhatóság
insignificantly *adv.* jelentéktelenül, jelentéktelen mértékben

insincere /ˌɪnsɪnˈsɪə(r)/ *adj.* őszintétlen ❶ Ellentéte: **sincere**.
▸ **insincerely** *adv.* őszintétlenül, hazug módon
insincerity /ˌɪnsɪnˈserəti/ *noun* [U] őszintétlenség, hamisság ❶ Ellentéte: **sincerity**.

insinuate /ɪnˈsɪnjueɪt/ *verb* [T] burkoltan vádol, rosszindulatúan céloz(gat): *She seemed to be insinuating that our work was below standard.*
▸ **insinuation** /ɪnˌsɪnjuˈeɪʃn/ *noun* [C,U] rosszindulatú célzás: *to make insinuations about sb's honesty*

insipid /ɪnˈsɪpɪd/ *adj.* jellegtelen, színtelen

★ **insist** /ɪnˈsɪst/ *verb* [I] **1 insist (on sth/doing sth); insist that...** ragaszkodik vmihez: *Dan insisted on coming too.* • *'Have another drink.' 'Oh all right, if you insist* (ha annyira akarod).' **2 insist (on sth); insist that...** nem tágít, vmit makacsul állít: *She insisted on her innocence.*
▸ **insistence** *noun* [U] ragaszkodás vmihez, vmi szigorú megkövetelése

insistent /ɪnˈsɪstənt/ *adj.* **1** insistent (on sth/doing sth); insistent that... vmihez ragaszkodó, vmit makacsul állító: *She was most insistent that we should all be there.* **2** kitartó, hosszan tartó: *the insistent ringing of the telephone*
▸ **insistently** *adv.* **1** kitartóan, vmihez ragaszkodva **2** hosszan, kitartóan

insolent /ˈɪnsələnt/ *adj.* (*formális*) szemtelen, pimasz
▸ **insolence** *noun* [U] szemtelenség, pimaszság
insolently *adv.* szemtelenül, pimaszul

insoluble /ɪnˈsɒljəbl/ *adj.* **1** megoldhatatlan (*pl. probléma*) **2** (*folyadékban*) nem oldódó, oldhatatlan ❶ Ellentéte: **soluble**.

insomnia /ɪnˈsɒmniə/ *noun* [U] álmatlanság: *Do you ever suffer from insomnia?* ➾ Lásd **sleepless**.

insomniac /ɪnˈsɒmniæk/ *noun* [C] álmatlanságban szenvedő ember

★ **inspect** /ɪnˈspekt/ *verb* [T] **1 inspect sb/sth (for sth)** szemügyre vesz, alaposan meg-/átvizsgál **2** ellenőrző látogatást tesz
▸ **inspection** *noun* [C,U] ellenőrzés, tüzetes vizsgálat: *The fire prevention service will carry out an inspection of the building next week.* • *On inspection* (alapos vizsgálat során), *the passport turned out to be false.*

★ **inspector** /ɪnˈspektə(r)/ *noun* [C] **1** felügyelő, ellenőr: *a health and safety inspector* **2** (*brit*) felügyelő (*rendőri rang*) **3** (jegy)ellenőr

inspiration /ˌɪnspəˈreɪʃn/ *noun* **1** [C,U] an inspiration (to/for sth); inspiration (to do/for sth) ihlet, inspiráció: *The beauty of the mountains was a great source of inspiration to the writer.* • *What gave you the inspiration to become a dancer?* **2** [C] (*informális*) hirtelen/ihletett ötlet: *I've had an inspiration – why don't we go to that new club?*

inspire /ɪnˈspaɪə(r)/ *verb* [T] **1 inspire sth; inspire sb (to do sth)** vmire ösztönöz **2 inspire sb (with sth); inspire sth (in sb)** vmilyen érzést/gondolatot ébreszt vkiben, megihlet: *to be inspired with enthusiasm* (lelkesedés tölti el) • *The guide's nervous manner did not inspire much confidence* (nem volt valami bizalomkeltő) *in us.*

[I] **tárgyatlan** (ige): *He laughed.*   [T] **tárgyas** (ige): *He ate an apple.*

▶ **inspiring** adj. gondolatébresztő, inspiráló

inspired /m'spaɪəd/ adj. ihletett, vki/vmi által sugalmazott: The pianist gave an inspired performance. • a politically inspired killing

instability /ˌɪnstə'bɪləti/ noun [U] bizonytalan helyzet, bizonytalanság: There are growing signs of political instability. ❶ Melléknév: **unstable**. Ellentéte: **stability**.

★**install** (US also **instal**) /m'stɔ:l/ verb [T] **1** be-/felszerel, üzembe helyez (készüléket): to install a computer system ❶ Szinonimája: **put in**. **2** install sb (as sth) beiktat vkit (tisztségbe): He was installed as President yesterday.
▶ **installation** /ˌɪnstə'leɪʃn/ noun **1** [U, C] felszerelés (szerkezeté, eszközé) **2** [U] beiktatás (személyé): the installation of a new chairman **3** [C] bázis, telephely: a military/nuclear installation

instalment (US **installment**) /m'stɔ:lmənt/ noun [C] **1** (fizetési) részlet: to pay for sth in instalments **2** rész(let) (folytatásos történeté)

★**instance** /'ɪnstəns/ noun [C] an instance (of sth) példa, eset: In most instances the drug has no side effects.
IDIOM for instance például

★**instant¹** /'ɪnstənt/ adj. **1** azonnali: The film was an instant success. **2** gyorsan/azonnal elkészíthető (étel, rendszerint forró vízzel): instant coffee

instant² /'ɪnstənt/ noun [usually sing.] pillanat, egy adott pillanat: Alex thought for an instant and then agreed. • At that instant I realized I had been tricked. • Stop doing that this instant (most azonnal)!

instantaneous /ˌɪnstən'temiəs/ adj. azonnali, egy pillanat alatt lezajló
▶ **instantaneously** adv. azonnal

instantly /'ɪnstəntli/ adv. rögtön, azonnal

★**instead** /m'sted/ adv., prep. instead (of sb/sth/doing sth) helyett: I couldn't go so my husband went instead (helyettem). • Instead of 7.30 could I come at 8.00?

instigate /'ɪnstɪgeɪt/ verb [T] (formális) ösztönöz, kezdeményez vmit
▶ **instigation** /ˌɪnstɪ'geɪʃn/ noun [U] ösztönzés, kezdeményezés

instil (US **instill**) /m'stɪl/ verb [T] (instilling; instilled) instil sth (in/into sb) belenevel, erősít vkiben (érzést, gondolatot): Parents should try to instil a sense of responsibility into their children.

instinct /'ɪnstɪŋkt/ noun [C,U] ösztön: Birds learn to fly **by instinct** (ösztönösen). • to **act on instinct** ösztönösen cselekszik
▶ **instinctive** /m'stɪŋktɪv/ adj. ösztönös: Your instinctive reaction is to run from danger.
instinctively adv. ösztönösen

★**institute¹** /'ɪnstɪtju:t/ noun [C] intézet, intézmény: the Institute of Science and Technology • institutes of higher education
➲ Vesd össze **institution**.

institute² /'ɪnstɪtju:t/ verb [T] (formális) beindít, bevezet (rendelkezést, módszert, tervezetet stb.): The government has instituted a new scheme for youth training.

★**institution** /ˌɪnstɪ'tju:ʃn/ noun **1** [C] intézmény (szervezet): the financial institutions in the City of London **2** [C] intézmény, intézet (épület): a mental institution elmegyógyintézet • She's been in institutions all her life. **3** [C] (társadalmi) intézmény: the institution of marriage **4** [U] bevezetés, beindítás (rendelkezésé, módszeré stb.): the institution of new safety procedures

institutional /ˌɪnstɪ'tju:ʃənl/ adj. intézményi, intézeti, intézményesített: The old lady is in need of institutional care.

★**instruct** /m'strʌkt/ verb [T] **1** instruct sb (to do sth) utasít **2** (formális) instruct sb (in sth) oktat, (meg)tanít: Children must be instructed in road safety.

★**instruction** /m'strʌkʃn/ noun **1** (instructions) [plural] utasítás, instrukció: Read the instructions (használati utasítás) on the back of the packet carefully. • You should always **follow the instructions**. **2** [C] an instruction (to do sth) parancs, utasítás: The guard was **under strict instructions** (szigorú parancsa volt arra, hogy) not to let anyone in or out. **3** [U] instruction (in sth) tanítás, képzés

instructive /m'strʌktɪv/ adj. tartalmas, tanulságos, (hasznos) információt nyújtó

instructor /m'strʌktə(r)/ noun [C] oktató, tanár: a driving/fitness/golf instructor

★**instrument** /'mstrəmənt/ *noun* [C]
1 eszköz, műszer: *surgical/optical/preci-sion instruments* ➲ Magyarázat a **tool** szónál. **2** hangszer: *'What instrument do you play?' 'The violin.'* ➲ Magyarázat a **piano** szónál.

> There are five kinds of **musical instru-ments**: **stringed instruments** (*violins, guitars*, etc.), **brass instruments** (*horns, trumpets*, etc.), **woodwind instruments** (*flutes, clarinets*, etc.), **keyboard instru-ments** (*piano, organ, synthesizer*, etc.) and **percussion instruments** (*drums, cymbals*, etc.).

3 mérőműszer (*autóban, repülőgépen stb.*): *the instrument panel* (műszerfal) *of a plane* **4** eszköz vki kezében (*átv*): *The press should be more than an instrument of the government.*

★**instrumental** /ˌmstrə'mentl/ *adj.* **1 be instrumental in doing sth** nagy szerepe van vmiben, elősegít vmit: *She was instru-mental in getting him the job.* **2** hang-szeres: *instrumental music*

insubordinate /ˌmsə'bɔːdmət/ *adj.* (*for-mális*) engedetlen, fegyelemsértő
▸ **insubordination** /ˌmsə,bɔːdɪ'neɪʃn/ *noun* [U] fegyelemsértés, engedelmesség meg-tagadása: *He was dismissed from the army for insubordination* (függelemsértés).

insubstantial /ˌmsəb'stænʃl/ *adj.* gyenge, nem megfelelő méretű/szilárdságú: *a hut built of insubstantial materials* ❶ El-lentéte: **substantial**.

insufferable /m'sʌfrəbl/ *adj.* (*formális*) elviselhetetlen(ül kellemetlen), kiállha-tatlan

insufficient /ˌmsə'fɪʃnt/ *adj.* **insufficient (for sth/to do sth)** nem elegendő, kevés ❶ Ellentéte: **sufficient**.
▸ **insufficiently** *adv.* nem eléggé/kellően

insular /'msjələ(r)/ *adj.* szűk látókörű, beszűkült (*átv*) ❶ Szinonimája: **narrow-minded**.
▸ **insularity** /ˌmsjə'lærəti/ *noun* [U] szűklátókörűség

insulate /'msjuleɪt/ *verb* [T] **insulate sth (against/from sth)** (el)szigetel: *The walls are insulated against noise.* • (*átv*) *This industry has been insulated from the effects of competition.*

▸ **insulation** /ˌmsju'leɪʃn/ *noun* [U] (-)szigetelés

★**insult¹** /m'sʌlt/ *verb* [T] megsért, sérteget

insult² /'msʌlt/ *noun* [C] sértés, gorom-baság: *The drivers were standing in the road yelling insults at each other.*

insulting /m'sʌltɪŋ/ *adj.* **insulting (to sb/sth)** sértő, goromba

insuperable /m'suːpərəbl/ *adj.* (*formális*) leküzdhetetlen, áthidalhatatlan (*aka-dály*)

★**insurance** /m'ʃɔːrəns/ *noun* **1** [U] **insur-ance (against sth)** biztosítás: *Builders should always have insurance against per-sonal injury.*

> You **take out** an **insurance policy**. An **insurance premium** is the regular amount you pay to the insurance com-pany. You can take out **life**, **health**, **car**, **travel** and **household insurance**.

2 [U] biztosítás(i üzletág): *He works in insurance.* **3** [U, *sing.*] **(an) insurance (against sth)** védelem/biztosítás vmi ellen: *Many people take vitamin pills as an insurance against illness.*

★**insure** /m'ʃɔː(r)/ *verb* [T] **1 insure your-self/sth (against/for sth)** biztosítást köt, biztosít vmit vmi ellen: *They insured the painting for £10000 against damage or theft.* **2** (*US*) = **ENSURE**

insurmountable /ˌmsə'maʊntəbl/ *adj.* (*formális*) megoldhatatlan, leküzd-hetetlen (*nehézség*) ➲ Lásd **surmount**.

insurrection /ˌmsə'rekʃn/ *noun* [C,U] (*formális*) felkelés, lázadás

intact /m'tækt/ *adj.* (*főnév előtt nem állhat*) ép, sértetlen: *Very few of the build-ings **remained intact** following the earth-quake.*

intake /'mteɪk/ *noun* [C, usually *sing.*] **1** -fogyasztás (*emberi*), -felvétel (*elfogyasz-tott étel, ital stb.*): *The doctor told me to cut down my alcohol intake.* **2** felvettek/belépők száma (*szervezetbe, intéz-ménybe*) **3** -(fel)vétel (*pl. lélegzet*)

intangible /m'tændʒəbl/ *adj.* konkrétan meg nem fogható: *The benefits of good customer relations are intangible.* ❶ Ellentéte: **tangible**.

integral /'mtɪgrəl/ *adj.* **1 integral (to sth)**

szerves(en hozzátartozó): *Spending a year in France is an integral part of the university course.* **2** beépített, vmihez hozzátartozó: *The car has an integral CD player.*

integrate /'ɪntɪgreɪt/ *verb* **1** [T] integrate sth (into sth); integrate A and B/integrate A with B (egy)beolvaszt **2** [I,T] integrate (sb) (into/with sth) beilleszkedik, bevon vkit (*csoportba, közösségbe*), segít vkinek beilleszkedni: *It took Adam a while to integrate into his new school.* ➔ Lásd **segregate.**

▸ **integration** /ˌɪntɪ'greɪʃn/ *noun* [U] beilleszkedés, összevonás: *racial integration* faji integráció • *The aim is to promote closer economic integration* (gazdasági integrációt). ➔ Lásd **segregation.**

integrity /ɪn'tegrəti/ *noun* [U] erkölcsi tartás, tisztesség: *He's a person of great integrity.*

intellect /'ɪntəlekt/ *noun* **1** [U] ész, értelem, intelligencia: *a woman of considerable intellect* **2** [C] kiemelkedően okos ember: *He was one of the most brilliant intellects* (az egyik legnagyobb koponya) *of his time.*

★ **intellectual¹** /ˌɪntə'lektʃuəl/ *adj.* **1** (csak főnév előtt) szellemi, értelmi: *The boy's intellectual development was very advanced for his age.* **2** intellektuális (*gondolkodású*)
▸ **intellectually** *adv.* szellemileg, intellektuálisan

intellectual² /ˌɪntə'lektʃuəl/ *noun* [C] értelmiségi, entellektüel

★ **intelligence** /ɪn'telɪdʒəns/ *noun* [U] **1** értelem, intelligencia: *a person of normal intelligence* • *an intelligence test* **2** értesülés, hírszerzés(i információ): *to receive intelligence about sb*

★ **intelligent** /ɪn'telɪdʒənt/ *adj.* okos, értelmes, intelligens: *All their children are very intelligent.* • *an intelligent question*
▸ **intelligently** *adv.* értelmesen

intelligentsia /ɪnˌtelɪ'dʒentsiə/ (ált. **the intelligentsia**) *noun* [C, with sing. or plural verb] az értelmiség

Az angol nyelvű országokban ezt a szót nagyon ritkán használják, helyette azt mondják valakiről **he/she is an intellectual.** Lásd még **professional², white-collar.**

intelligible /ɪn'telɪdʒəbl/ *adj.* érthető, felfogható (*beszéd, írás*) ❶ Ellentéte: **unintelligible.**

★ **intend** /ɪn'tend/ *verb* [T] **1** intend to do sth/doing sth szándékában áll vmit megtenni: *They had intended staying in Wales for two weeks but the weather was so bad that they left after one.* ❶ Főnév: **intention. 2** intend sth for sb/sth; intend sb to do sth vkinek szán vmit: *You shouldn't have read that letter – it wasn't intended for you.*

★ **intense** /ɪn'tens/ *adj.* rendkívül nagy/erős: *intense heat/cold/pressure* • *intense anger/interest/desire*
▸ **intensely** *adv.* igen nagy mértékben, nagyon: *They obviously dislike each other intensely.*
intensity /-səti/ *noun* [U] hevesség, intenzitás

intensify /ɪn'tensɪfaɪ/ *verb* [I,T] (*pres. part.* **intensifying**; *3rd pers. sing. pres.* **intensifies**; *pt, pp* **intensified**) erősödik, fokoz(ódik), fel-/megerősít: *The government has intensified its anti-smoking campaign.* • *Fighting in the region has intensified.*
▸ **intensification** /ɪnˌtensɪfɪ'keɪʃn/ *noun* [U] erősödés, erősítés, intenzívebbé válás/tevés

intensive /ɪn'tensɪv/ *adj.* **1** erős, intenzív: *an intensive investigation/course* **2** belterjes (*gazdálkodás*): *intensive agriculture*
▸ **intensively** *adv.* **1** alaposan: *This case has been intensively studied.* **2** (*mezőg*) belterjesen

in,tensive 'care *noun* [U] intenzív ellátás/osztály: *She was in intensive care for a week.*

intent¹ /ɪn'tent/ *adj.* **1** be intent (on/upon sth) vmire koncentrál, teljesen leköti a figyelmét vmi: *She was so intent upon her work that she didn't hear me come in.* **2** intent on/upon sth/doing sth elszánt
▸ **intently** *adv.* odaadó figyelemmel: *She looked at him intently.*

intent² /ɪn'tent/ *noun* [U] (*formális*) szándék: *He was charged with possession of a gun with intent to commit a robbery.* • *to do sth with evil/good intent*
IDIOM to/for all intents and purposes gyakorlatilag, tulajdonképpen: *When*

they scored their fourth goal the match was, to all intents and purposes, over.

★ **intention** /ɪnˈtenʃn/ *noun* [C,U] **(an) intention (of doing sth/to do sth)** szándék: *I have no intention of* (nem áll szándékomban) *staying indoors.* • *I borrowed the money with the intention of* (azzal a szándékkal, hogy) *paying it back the next day.*

★ **intentional** /ɪnˈtenʃənl/ *adj.* szándékos **❶** Szinonimája: **deliberate.** Ellentéte: **unintentional** vagy **inadvertent.**
▸ **intentionally** /-ʃənəli/ *adv.* szándékosan

interact /ˌɪntərˈækt/ *verb* [I] **1 interact (with sb)** közös tevékenységet folytat vkivel, kommunikál **2** (*két dolog*) kölcsönhatással van egymásra
▸ **interaction** *noun* [U, C] **interaction (between/with sb/sth)** közös tevékenység

interactive /ˌɪntərˈæktɪv/ *adj.* interaktív: *interactive language-learning techniques* • *interactive computer games*

intercept /ˌɪntəˈsept/ *verb* [T] feltartóztat, lehallgat
▸ **interception** *noun* feltartóztatás: *the interception* (lehallgatás) *of enemy radio signals*

interchangeable /ˌɪntəˈtʃeɪndʒəbl/ *adj.* **interchangeable (with sth)** felcserélhető: *Are these two words interchangeable?*
▸ **interchangeably** /-əbli/ *adv.* egymással felcserélhetően

intercom /ˈɪntəkɒm/ *noun* [C] belső rádió-/telefonkészülék (*irodában, repülőgépen stb.*)

interconnect /ˌɪntəkəˈnekt/ *verb* [I,T] **interconnect (A) (with B); interconnect A and B** összekapcsol, vmihez kapcsolódik

intercontinental /ˌɪntəˌkɒntɪˈnentl/ *adj.* interkontinentális: *intercontinental flights*

intercourse /ˈɪntəkɔːs/ *noun* [U] nemi aktus: *sexual intercourse*

interdependent /ˌɪntədɪˈpendənt/ *adj.* egymástól függő, összefüggő: *interdependent economies/organizations*
▸ **interdependence** *noun* [U] kölcsönös függőség

★ **interest¹** /ˈɪntrəst/ *noun* **1** [U, *sing.*] **an interest (in sb/sth)** érdeklődés vmi iránt:

She's begun to show a great interest (nagyon érdeklődni) *in politics.* • *I wish he'd take more interest in* (nagyobb érdeklődést tanúsítana) *his children.* • *Don't lose interest now!* **2** [U] érdekesség: *I thought this article might be of interest to* (érdekes lehet) *you.* • *Computers hold no interest for me* (nem érdekelnek). • *places of historical interest* (történelmi érdekességű) **3** [C, *usually plural*] vki érdeklő dolgok, érdeklődési terület **4** [U] **interest (on sth)** kamat: *6% interest* • *The interest rate* (kamat) *has never been so high/low.* • *Some companies offer interest-free loans* (kamatmentes kölcsönöket).

IDIOMS be in sb's interest(s) vki érdekében áll: *Using lead-free petrol is in the public interest* (közérdek).

IDIOMS have/with sb's interests at heart vki érdekeit a szívén viseli, vkinek a legjobbat akarja: *You know your father has your best interests at heart.* | **in the interest(s) of sth** vmi érdekében/céljából: *In the interest(s) of safety, please fasten your seat belts.*

★ **interest²** /ˈɪntrəst/ *verb* [T] érdekel vkit: *It might interest you to know that I didn't accept the job.*

PHRASAL VERB interest sb in sth felkelti vki érdeklődését vmi iránt, rábeszél vkit vmire: *Can I interest you in our new brochure?*

★ **interested** /ˈɪntrəstɪd/ *adj.* **1** (*főnév előtt nem állhat*) **be interested (in sth/sb); be interested in doing sth; be interested to do sth** érdekli vki/vmi: *I was interested to hear that you've got a new job. Where is it?* **❶** Ellentéte: **uninterested.**

> Vigyázat! A **be interested in sth/sb** jelentése „érdeklődik vmi/vki iránt", az **interesting** pedig „érdekes".

2 (*csak főnév előtt*) érdekelt vmiben, érdeke fűződik vmihez: *As an interested party* (érdekelt fél), *I was not allowed to vote.* **❶** Ellentéte: **disinterested.**

★ **interesting** /ˈɪntrəstɪŋ/ *adj.* **interesting (to do sth); interesting that...** érdekes: *an interesting person/book/idea/job* • *She presented the information in an interesting way* (színesen).
▸ **interestingly** *adv.* érdekes módon, érdekes (az), hogy

★ **interfere** /ˌɪntəˈfɪə(r)/ *verb* [I] **1 interfere (in**

sth) be(le)avatkozik vmibe **2 interfere (with sb/sth)** megzavar *(folyamatot)*: *She never lets her private life interfere with her career.* **3 interfere (with sth)** *(elítélő értelemben)* hozzányúl vmihez, beleavatkozik: *Many people feel that scientists shouldn't interfere with nature.*
▶ **interfering** *adj.* (kéretlenül) beleavatkozó, alkalmatlankodó

interference /ˌɪntəˈfɪərəns/ *noun* [U] **1 interference (in sth)** (kéretlen) beleavatkozás **2** *(távk)* zavarás, elektromos zaj

interim¹ /ˈɪntərɪm/ *adj. (csak főnév előtt)* átmeneti: *an interim arrangement • The deputy head teacher took over in the interim period* (átmeneti időre) *until a replacement could be found.*

interim² /ˈɪntərɪm/ *noun*
IDIOM **in the interim** közbeeső idő

★ **interior** /ɪnˈtɪəriə(r)/ *noun* **1** [C, *usually sing.*] vminek a belseje: *interior* (belső) *walls* ❶ Ellentéte: **exterior**. **2 (the interior)** [*sing.*] a szárazföld belseje *(távol a tengerparttól)* **3 (the Interior)** [*sing.*] belügy(ek): *the Department of the Interior* Belügyminisztérium

in·terior de·sign *noun* [U] belsőépítészet
▶ **interior designer** *noun* belsőépítész

interjection /ˌɪntəˈdʒekʃn/ *noun* [C] felkiáltás, felkiáltószó ❶ Szinonimája: **exclamation**.

interlude /ˈɪntəluːd/ *noun* [C] közbeeső idő, közjáték: *They finally met again after an interlude of 20 years* (20 év után). ➲ Magyarázat az **interval** szónál.

intermarry /ˌɪntəˈmæri/ *verb (pres. part.* **intermarrying;** *3rd pers. sing. pres.* **intermarries;** *pt, pp* **intermarried)** [I] vegyes házasságot köt *(más vallásúval, kultúrájúval, nemzetiségűvel)*
▶ **intermarriage** /ˌɪntəˈmærɪdʒ/ *noun* vegyes házasság

intermediary /ˌɪntəˈmiːdiəri/ *noun* [C] *(plural* **intermediaries) an intermediary (between A and B)** közvetítő *(személy, szervezet)*

★ **intermediate** /ˌɪntəˈmiːdiət/ *adj.* **1** közbeeső: *an intermediate step/stage in a process* **2** középszintű, középhaladó *(tudás)*: *an intermediate student/book/level*

interminable /ɪnˈtɜːmɪnəbl/ *adj.* végeérhetetlen: *an interminable delay/wait/speech* ❶ Szinonimája: **endless**.
▶ **interminably** /-əbli/ *adv.* végeérhetetlenül

intermission /ˌɪntəˈmɪʃn/ *noun* [C] *(főleg US)* szünet *(film, színdarab stb. közben)* ➲ Magyarázat az **interval** szónál.

intermittent /ˌɪntəˈmɪtənt/ *adj.* időszakos, félbe-félbeszakadó: *There will be intermittent showers* (elszórt záporok).
▶ **intermittently** *adv.* időszakosan, megszakításokkal

intern /ɪnˈtɜːn/ *verb* [T] *(formális)* **intern sb (in sth)** *(ált. szenvedő szerkezetben)* internál *(politikai okokból)*
▶ **internment** *noun* [U] internálás

★ **internal** /ɪnˈtɜːnl/ *adj.* **1** *(ált. főnév előtt)* belső: *internal injuries • an internal exam* belső/házi vizsga **2** belföldi: *a country's internal affairs/trade/markets • an internal flight* ❶ Ellentéte: **external**.
▶ **internally** /-nəli/ *adv.* belsőleg: *This medicine is not to be taken internally* (csak külsőleg!).

★ **international** /ˌɪntəˈnæʃnəl/ *adj.* nemzetközi: *an international agreement/flight/football match* ➲ Lásd **local, national, regional**.
▶ **internationally** /-nəli/ *adv.* nemzetközileg, nemzetközi viszonylatban

★ **the Internet** /ˈɪntənet/ (also **the Net**) *noun* [*sing.*] Internet: *I read about it on the Internet. • an Internet cafe* netcafe

★ **interpret** /ɪnˈtɜːprɪt/ *verb* **1** [T] **interpret sth (as sth)** vmit vhogyan értelmez: *Your silence could be interpreted as arrogance. • How would you interpret this part of the poem?* ❶ Ellentéte: **misinterpret. 2** [I] **interpret (for sb)** tolmácsol

interpretation /ɪnˌtɜːprɪˈteɪʃn/ *noun* [C,U] **1** értelmezés: *His comment is open to interpretation* (többféleképpen értelmezhető). **2** interpretáció, előadás(mód), vmilyen felfogás *(művészi előadóé)*

interpreter /ɪnˈtɜːprɪtə(r)/ *noun* [C] tolmács: *The president spoke through an interpreter.* ➲ Lásd **translator**.

interrelate /ˌɪntərɪˈleɪt/ *verb* [I,T] *(ált.*

szenvedő szerkezetben, formális) kölcsönös kapcsolatban van/áll
▶ **interrelated** *adj.* egymással összefüggő, kölcsönös kapcsolatban álló

interrogate /ɪn'terəgeɪt/ *verb* [T] **interrogate sb (about sth)** kikérdez, kihallgat, vallat vkit
▶ **interrogator** *noun* [C] kihallgató, vallató *(személy)*
interrogation /ɪn,terə'geɪʃn/ *noun* [C,U] kikérdezés, kihallgatás: *The prisoner broke down under interrogation.*

interrogative¹ /,ɪntə'rɒgətɪv/ *adj.* **1** *(formális)* kérdő, vallató: *an interrogative tone/gesture* **2** kérdő: *an interrogative sentence/pronoun/adverb*

interrogative² /,ɪntə'rɒgətɪv/ *noun* [C] kérdőszó

★ **interrupt** /,ɪntə'rʌpt/ *verb* **1** [I,T] **interrupt (sb/sth) (with sth)** félbeszakít vkit/vmit **2** [T] félbeszakít, megszakít: *The programme was interrupted by an important news flash.*

interruption /,ɪntə'rʌpʃn/ *noun* [U, C] félbeszakítás *(személy/dolog, amely megzavar)*: *I've had so many interruptions this morning that I've done nothing!*

intersect /,ɪntə'sekt/ *verb* [I,T] *(út, vonal stb.)* metsz, keresztezik egymást

intersection /,ɪntə'sekʃn/ *noun* [C] útkereszteződés *(több úté)*, csomópont

intersperse /,ɪntə'spɜːs/ *verb* [T] *(ált. szenvedő szerkezetben)* elszórtan elhelyez, vmivel tarkít: *He interspersed his speech with jokes.*

intertwine /,ɪntə'twaɪn/ *verb* [I,T] egybefon, összefonódik, egymásba kapcsolódik *(két dolog)*: *His interests in business and politics were closely intertwined.*

★ **interval** /'ɪntəvl/ *noun* [C] **1** időköz: *There was a long interval between sending the letter and getting a reply.* **2** *(szính, film)* szünet **3** *[usually plural]* a többitől eltérő jellegű időszak: *There'll be a few sunny intervals (néhány rövid napsütéses időszak) between the showers today.*

Az **interval** szóhoz hasonló jelentésű néhány további szó: **intermission**, **break**, **recess**, **interlude** és **pause**. A brit angolban az **interval** egy előadás szünetét jelenti. Ennek amerikai angol megfelelője **intermission**. A **break** szót főleg a munka vagy tanulás megszakítására használjuk, pl. **a lunch/tea break** hivatalban, gyárban, iskolában: *The children play outside in the breaks at school.* • *You've worked so hard you've earned a break.* Az iskolai óraközi szünetre használt amerikai angol szó **recess**. A brit angolban a **recess** hosszabb időszakot jelent, amikor szünetel a hivatali, üzleti élet, pl. a Parlamentben vagy a bíróságokon: *Parliament is in recess.* • *the summer recess.* Az **interlude** két esemény közötti rövidebb idő, ami alatt valami más történik: *a peaceful interlude in the fighting.* A **pause** cselekvés vagy beszéd közbeni rövid megállás: *After a moment's pause, she answered.*

IDIOM **at intervals** időközönként, *(távolság)*-nként: *I write home at regular intervals* (rendszeres időközönként). • *Plant the trees at two-metre intervals* (kétméterenként).

intervene /,ɪntə'viːn/ *verb* [I] **1 intervene (in sth)** közbelép, *(köz)*beavatkozik: *to intervene in a dispute* **2** közbeszól **3** közbejön
▶ **intervention** /,ɪntə'venʃn/ *noun* [U, C] **intervention (in sth)** közbelépés, *(köz)*beavatkozás: *military intervention*

intervening /,ɪntə'viːnɪŋ/ *adj. (csak főnév előtt)* közbeeső, közbenső *(időben)*: *the intervening years/days*

★ **interview¹** /'ɪntəvjuː/ *noun* [C] **1 an interview (for sth)** interjú, felvételi beszélgetés *(állás, továbbtanulás megpályázásakor)*: *to attend an interview* **2 an interview (with sb)** *(sajtóban)* riport, interjú: *The actress refused to give an interview.*

★ **interview²** /'ɪntəvjuː/ *verb* [T] **1 interview sb (for sth)** felvételi beszélgetést folytat vkivel *(állásra, továbbtanulásra pályázóval)* **2 interview sb (about sth)** *(sajtóban)* meginterjúvol vkit **3 interview sb (about sth)** kihallgat, kikérdez *(négyszemközt vagy szűk körben)*

interviewee /,ɪntəvjuːˈiː/ *noun* [C] riportalany, megkérdezett személy

interviewer /'ɪntəvjuːə(r)/ *noun* [C] kérdező, interjút készítő személy

intestine /ɪnˈtestɪn/ noun [c, usually plural] bél ❶ Bizalmasabb szó: **gut**.
▶ **intestinal** /ɪnˈtestɪnl; ˌɪnteˈstaɪnl/ adj. bél-, béllel kapcsolatos

intimacy /ˈɪntɪməsi/ noun [U] meghittség, bensőséges viszony

intimate /ˈɪntɪmət/ adj. **1** (emberi kapcsolat) közeli, bizalmas **2** személyes jellegű, bizalmas: They told each other their most intimate thoughts and secrets. **3** meghitt, hangulatos (hely): an intimate little restaurant **4** alapos, részletes: He's lived here all his life and has an intimate knowledge (nagyon jól ismeri) of the area.
▶ **intimately** adv. közelről, meghitten

intimidate /ɪnˈtɪmɪdeɪt/ verb [T] **intimidate sb (into sth/doing sth)** megfélemlít: She refused to be intimidated by their threats.
▶ **intimidating** adj. megfélemlítő
intimidation /ɪnˌtɪmɪˈdeɪʃn/ noun [U] megfélemlítés

★ **into** /ˈɪntə; magánhangzó előtt ˈɪntu; erős alak ˈɪntu:/ prep. **1** -ba/-be: Come into the house. • I'm going into town. ❶ Ellentéte: **out of**(1). **2** vmi felé, vminek az irányába: We were driving into the sun (a nappal szemben) and had to shade our eyes. **3** vminek neki-, vmibe bele-: I backed the car into a wall. **4** vmibe, vmivé (átalakul, átalakít, cserél): We're turning the spare room into a study. • She changed into her jeans. • Translate the passage into German. **5** vmire vonatkozóan, vmit illetően: an inquiry into safety procedures **6** (mat) -val/ -vel osztva: 7 into 28 goes 4 times
IDIOM be into sth (beszélt nyelv) érdekli vmi, odavan vmiért (pl. hobbiként)

intolerable /ɪnˈtɒlərəbl/ adj. elviselhetetlen ❶ Szinonimája: **unbearable**. Ellentéte: **tolerable**. Ige: **tolerate**.
▶ **intolerably** /-əbli/ adv. elviselhetetlenül

intolerant /ɪnˈtɒlərənt/ adj. **intolerant (of sb/sth)** intoleráns, türelmetlen (pl. mások véleményével): She's very intolerant of young children. ❶ Ellentéte: **tolerant**.
▶ **intolerance** noun [U] intolerancia, türelmetlenség ❶ Ellentéte: **tolerance**.

intonation /ˌɪntəˈneɪʃn/ noun [c,U] hanglejtés, intonáció ❶ Szinonimája: **inflection**.

intoxicated /ɪnˈtɒksɪkeɪtɪd/ adj. (for-

mális) **1** ittas **2** megrészegült (izgalomtól, boldogságtól): She was intoxicated by her success.
▶ **intoxication** /ɪnˌtɒksɪˈkeɪʃn/ noun [U] **1** ittasság **2** megrészegültség vmitől

intranet /ˈɪntrənet/ noun [c] intranet (vállalatok belső információs hálózata)

intransitive /ɪnˈtrænsətɪv/ adj. tárgyatlan (ige) ❶ Ellentéte: **transitive**. Szótárunkban a tárgyatlan igék jelzése [/]. ⊃ Lásd a **Rövid nyelvtani összefoglalást**.
▶ **intransitively** adv. (nyelv) tárgyatlan jelentésben, tárgyatlanul

intrepid /ɪnˈtrepɪd/ adj. merész, félelmet nem ismerő

intricacy /ˈɪntrɪkəsi/ noun **1** (intricacies) [plural] the intricacies of sth bonyolult részletek **2** [U] bonyolultság, összetettség

intricate /ˈɪntrɪkət/ adj. bonyolult: an intricate pattern • The story has an intricate plot.
▶ **intricately** adv. bonyolultan

intrigue¹ /ɪnˈtri:g/ verb [T] (gyakran szenvedő szerkezetben) érdekel, kíváncsivá tesz: I was intrigued by the sudden change in her behaviour.
▶ **intriguing** adj. érdekes, kíváncsiságot keltő: an intriguing story

intrigue² /ˈɪntri:g/ noun [c,U] intrika, áskálódás, fondorlat: The film is about political intrigues against the government. • His new novel is full of intrigue and suspense.

intrinsic /ɪnˈtrɪnzɪk/ adj. (csak főnév előtt) vki/vmi természetéből fakadó: The object is of no intrinsic value (önmagában értéktelen).
▶ **intrinsically** /-kli/ adv. eredendően, lényegében

★ **introduce** /ˌɪntrəˈdjuːs/ verb [T] **1** introduce sth (in/into sth) bevezet, behoz (új gondolatot, találmányt, terméket stb.): The new law was introduced in 1991. **2** introduce sb (to sb) bemutat (vkit vkinek): 'Come with me and I'll introduce you to that girl.' • May I introduce my first guest on the show tonight... **3** introduce yourself (to sb) bemutatkozik (vkinek) **4** introduce sb to sth bevezet vkit (új témába/területre/ tevékenységbe stb.)

Nagy-Britanniában, az alkalomtól függően többféle módon lehet két embert bemutatni egymásnak. Hivatalos, formális bemutatáskor a vezetéknév előtt elmondjuk az illető rangját, címét. Közvetlen, informális szituációban, vagy ha gyerekeket mutatunk be, a keresztnevet használjuk. Mind formális, mind informális bemutatáskor a bemutatandó személyre utalva azt mondjuk this is (nem pedig *he/she is*) (informális) *'John, meet Mary.'* • (informális) *'Mrs Smith, this is my daughter, Jane.'* • (formális) *'May I introduce you. Dr Waters, this is Mr Jones. Mr Jones, Dr Waters.'* A bemutatásra adott köszönt válasz lehet Hello vagy Nice to meet you, a formális válasz pedig How do you do?, amire a másik személy szintén azt mondja How do you do? Bemutatkozáskor gyakran kezet fognak.

* **introduction** /ˌɪntrəˈdʌkʃn/ noun 1 [U] introduction of sth (into sth) bevezetés (vmi újé) 2 [C, usually plural] bemutatás (két embere egymásnak): *I think I'll get my husband to make/do the introductions* (mutassa be egymásnak az embereket, vendégeket). 3 [C] bevezetés (könyvé, írásműé) 4 [C] an introduction (to sth) bevezetés vmilyen témába (könyv kezdőknek) 5 [sing.] an introduction to sth bevezetés, első tapasztalatok

introductory /ˌɪntrəˈdʌktəri/ adj. 1 nyitó, bevezető (eseményhez, könyvhöz, beszélgetéshez stb.): *an introductory speech/chapter/remark* 2 (vmilyen témába, szakterületre) bevezető

introvert /ˈɪntrəvɜːt/ noun [C] introvertált, befelé élő ember ❶ Ellentéte: extrovert.
▶ **introverted** adj.

intrude /ɪnˈtruːd/ verb [I] intrude on/upon sb/sth betolakodik, behatol vhova: *I'm sorry to intrude* (hogy megzavarom) *on your lunch but...*

intruder /ɪnˈtruːdə(r)/ noun [C] betolakodó, betörő

intrusion /ɪnˈtruːʒn/ noun [C,U] (an) intrusion (on/upon/into sth) betolakodás, behatolás: *press intrusion into the affairs of the royals*
▶ **intrusive** /ɪnˈtruːsɪv/ adj. tolakodó

intuition /ˌɪntjuˈɪʃn/ noun [C,U] ösztönös

megérzés: *She knew, by intuition, about his illness although he never mentioned it.*
▶ **intuitive** /ɪnˈtjuːɪtɪv/ adj. ösztönös (megérzésen alapuló)
intuitively adv. ösztönösen megérezve

Inuit /ˈɪnuɪt/ noun [C] (plural Inuit or Inuits) adj. eszkimó

> Napjainkban az angol nyelvben az Inuit szót használják, az Eskimo szó elavultnak számít és kerülendő.

inundate /ˈɪnʌndeɪt/ verb [T] (ált. szenvedő szerkezetben) 1 inundate sb (with sth) eláraszt vmivel ❶ Szinonimája: swamp. 2 (formális) (víz) eláraszt, elönt ❶ Gyakoribb szó a flood.

invade /ɪnˈveɪd/ verb 1 [I,T] (hadsereggel) lerohan, megszáll 2 [T] eláraszt, megszáll: *The whole area has been invaded by tourists.* ❶ Főnév: invasion.
▶ **invader** noun [C] megszálló, betörő (ellenség)

invalid¹ /ɪnˈvælɪd/ adj. 1 érvénytelen 2 nem helytálló, nem eléggé megalapozott: *an invalid argument* 3 (infor) érvénytelen: *an invalid command* ❶ Ellentéte: valid.

invalid² /ˈɪnvəlɪd/ noun [C] rokkant, beteg

invaluable /ɪnˈvæljuəbl/ adj. invaluable (to/for sb/sth) rendkívül hasznos, felbecsülhetetlen értékű: *invaluable help/information/support*

> Vigyázat! Az invaluable nem a valuable ellentéte. A valuable ellentéte valueless vagy worthless.

invariable /ɪnˈveəriəbl/ adj. változatlan

invariably /ɪnˈveəriəbli/ adv. kivétel nélkül, mindig: *She invariably arrives late.*

* **invasion** /ɪnˈveɪʒn/ noun 1 [C,U] invázió, idegen megszállás 2 [C] betolakodás, betörés vhova: *Such questions are an invasion of privacy* (a magánélet megsértése). ❶ Ige: invade.

* **invent** /ɪnˈvent/ verb [T] 1 feltalál vmit 2 kitalál (vmit, ami nem igaz): *I realized that he had invented the whole story.*
▶ **inventor** noun [C] feltaláló

* **invention** /ɪnˈvenʃn/ noun 1 [C] találmány 2 [U] vminek a feltalálása 3 [C,U] kitalált dolog/történet, koholmány

inventive /ɪn'ventɪv/ *adj.* ötletes, találékony
 ▸ **inventiveness** *noun* [U] találékonyság

inventory /'ɪnvəntri/ *noun* [C] (*plural* **inventories**) leltár: *The landlord is coming to make an inventory of the contents of the flat.*

invert /ɪn'vɜ:t/ *verb* [T] (*formális*) (meg)fordít, sorrendet cserél: *What you see in a mirror is an inverted image of yourself* (fordított képmásod).

in,verted 'commas *noun* [plural] (*brit*) idézőjel: *to put sth in inverted commas*

★ **invest** /ɪn'vest/ *verb* [I,T] **invest (sth) (in sth) 1** befektet: *Many firms have invested heavily* (nagy pénzeket fektettek be) *in this project.* **2** beruház vmibe, fordít vmire (*pénzt/időt*): *I'm thinking of investing in a computer.* • *You have to invest a lot of time if you really want to learn a language well.*
 ▸ **investor** *noun* [C] befektető

★ **investigate** /ɪn'vestɪgeɪt/ *verb* [I,T] nyomoz, kutat, (ki)vizsgál: *A murder was reported and the police were sent to investigate.*
 ▸ **investigator** *noun* [C] nyomozó, vizsgálatot végző személy

investigation /ɪn,vestɪ'geɪʃn/ *noun* [C,U] (an) investigation (into sth) [C] vizsgálat, nyomozás: *The airlines are going to carry out an investigation into security procedures at airports.* • *The matter is still under investigation.*

investigative /ɪn'vestɪgətɪv/ *adj.* okfeltáró, nyomozó: *investigative journalism*

investment /ɪn'vestmənt/ *noun* **1** [U, C] (an) investment (in sth) befektetés, beruházás: *investment in local industry* • *The company will have to make an enormous investment to computerize production.* **2** [C] (*informális*) befektetés: *This coat has been a good investment – I've worn it for three years.*

invigilate /ɪn'vɪdʒɪleɪt/ *verb* [I,T] (*brit*) felügyel (*írásbelin*)
 ▸ **invigilator** *noun* [C] felügyelő (*írásbelin*)

invigorate /ɪn'vɪgəreɪt/ *verb* [I,T] erőt ad: *I felt invigorated* (szinte újjászülettem) *after my run.*
 ▸ **invigorating** *adj.* erőt adó, (fel)frissítő

invincible /ɪn'vɪnsəbl/ *adj.* legyőzhetetlen

invisible /ɪn'vɪzəbl/ *adj.* **invisible (to** ★

sb/sth) láthatatlan: *bacteria that are invisible to the naked eye* (puszta szemmel nem láthatók) ❶ Ellentéte: **visible.**
 ▸ **invisibility** /ɪn,vɪzə'bɪləti/ *noun* [U] vminek a nem látható/észrevehető volta, rejtve maradás
 invisibly *adv.* láthatatlanul, észrevétlenül

invitation /,ɪnvɪ'teɪʃn/ *noun* **1** [U] meghívás: *Entry is by invitation only.* • *a letter of invitation* meghívó levél **2** [C] **an invitation to sb/sth (to sth/to do sth)** meghívó: *Did you get an invitation to the conference?*

> You may **accept** an invitation, or you may **turn it down** or **decline** it.

★ **invite** /ɪn'vaɪt/ *verb* [T] **1** invite sb (to/for sth) meghív, felkér vkit vmire: *We invited all the family to the wedding.* • *Successful applicants will be invited for interview next week.* **2** kihív (bajt/veszélyt): *You're inviting trouble if you carry so much money around.*
 PHRASAL VERBS invite sb back **1** meghív vkit othonába (*vmilyen esemény után*): *Shall we invite the others back for coffee after the meeting?* **2** visszahív (*viszonozza a meghívást*), újra meghív | **invite sb in** behív (*lakásába*) | **invite sb out** elhív vkit (*pl. moziba, vendéglőbe*): *We've been invited out to lunch by the neighbours.* | **invite sb over/round** (*informális*) meg-/áthív vkit (*magához vendégségbe*): *I've invited Mohamed and his family round for lunch on Sunday.* ❶ Ask használható **invite** helyett minden jelentésben.

inviting /ɪn'vaɪtɪŋ/ *adj.* hívogató, vonzó: *The smell of cooking was very inviting* (étvágygerjesztő).

in vitro /,ɪn 'vi:trəʊ/ *adj., adv.* lombikban történő: *an egg fertilized in vitro* • *in vitro experiments* • *the development of in vitro fertilization* (mesterséges megtermékenyítés)

invoice /'ɪnvɔɪs/ *noun* [C] (*részletezett*) számla

involuntary /ɪn'vɒləntri/ *adj.* önkéntelen, nem szándékos: *She gave an involuntary gasp of pain as the doctor inserted the needle.* ❶ Ellentéte: **voluntary, deliberate.**
 ▸ **involuntarily** /ɪn'vɒləntrəli/ *adv.* önkéntelenül, nem szándékosan

★ **involve** /ɪn'vɒlv/ *verb* [T] ❶ Az igét első és

második jelentésében *continuous* ige-időkben nem használjuk, azonban *-ing* alakban gyakran előfordul: *There was a serious accident involving a stolen car.* **1** magában foglal, (együtt) jár vmivel: *The job involves a lot of travelling.* **2** vkiről/vmiről szól, részt vesz vmiben: *More than 100 people were involved in the project.* **3 involve sb/sth in (doing) sth** belevon, belekever
▶ **involvement** *noun* [C,U] belekeveredés, közreműködés

involved /ɪnˈvɒlvd/ *adj.* **1** körülményes, bonyolult: *The book has a very involved plot.* **2** (*főnév előtt nem állhat*) **be involved (in sth)** intenzíven részt vesz vmiben, intenzíven foglalkozik vmivel: *I'm very involved in local politics.* **3** (*főnév előtt nem állhat*) **be involved (with sb)** viszonya van vkivel: *She is involved with an older man.*

inward /ˈɪnwəd/ *adv., adj.* **1** (also **inwards**) be(felé): *Stand in a circle facing inwards.* **2** belső: *my inward feelings* ❶ Ellentéte: **outward**.

inwardly /ˈɪnwədli/ *adv.* titkon, lelke mélyén: *He was inwardly relieved that they could not come.*

iodine /ˈaɪədiːn/ *noun* [U] jód

IOU /ˌaɪ əʊ ˈjuː/ *abbr.* (**I owe you** rövidítése) adósságról elismervény

IPA /ˌaɪ piː ˈeɪ/ *abbr.* (**the International Phonetic Alphabet** rövidítése) APhI(-jelek), nemzetközileg elfogadott fonetikai jelek/átírás

IQ /ˌaɪ ˈkjuː/ *abbr.* (**Intelligence Quotient** rövidítése) IQ (*intelligenciahányados*): *have a high/low IQ* ● *an IQ of 120*

IRA /ˌaɪ ɑːr ˈeɪ/ *abbr.* (**the Irish Republican Army** rövidítése) IRA (*az ír republikánus hadsereg*)

irate /aɪˈreɪt/ *adj.* (*formális*) haragvó, dühös

iris /ˈaɪrɪs/ *noun* [C] (*orv*) szivárványhártya

★ **Irish** /ˈaɪrɪʃ/ *adj.* ír, írországi ➌ Lásd a *Földrajzi nevek és térképek* c. részt.

★ **iron¹** /ˈaɪən/ *noun* **1** [U] (*symbol Fe*) vas: *an iron bar* ● *iron ore* vasérc ● *The doctor gave me iron tablets.* ● (*átv*) *The general has an iron will.* **2** [C] vasaló: *a steam iron*

★ **iron²** /ˈaɪən/ *verb* [I,T] vasal ❶ A do the iron-

ing kifejezést gyakran használják az **iron** ige helyett: *I usually do the ironing on Sunday.* **PHRASAL VERB** **iron sth out** elsimít (*nehézségeket*), megold

ironic /aɪˈrɒnɪk/ (also **ironical** /aɪˈrɒnɪkl/) *adj.* **1** gúnyos, irónikus: *an ironic sense of humour* ➌ Lásd **sarcastic**. **2** furcsa (*és jellemző*): *It is ironic that the busiest people are often the most willing to help.*
▶ **ironically** /-kli/ *adv.* **1** gúnyosan **2** jellemző/a sors iróniája, hogy

ironing /ˈaɪənɪŋ/ *noun* [U] a vasalnivaló, a kivasalt ruhanemű: *a large pile of ironing* ➌ Magyarázat az **iron²** szónál.

ironing board *noun* [C] vasalódeszka

irony /ˈaɪrəni/ *noun* (*plural* **ironies**) **1** [C,U] a sors iróniája: *The irony was that he was killed in a car accident soon after the end of the war.* **2** [U] irónia: *'The English are such good cooks', he said with heavy irony* (maró gúnnyal).

irrational /ɪˈræʃənl/ *adj.* irracionális, ésszerűtlen: *an irrational fear of spiders*
▶ **irrationality** /ɪˌræʃəˈnæləti/ *noun* [U] irracionalitás, ésszerűtlenség
irrationally /-nəli/ *adv.* ésszerűtlenül (*nem logikusan*)

irreconcilable /ɪˌrekənˈsaɪləbl/ *adj.* (*formális*) kibékíthetetlen, összeegyeztethetetlen

★ **irregular** /ɪˈregjələ(r)/ *adj.* **1** szabálytalan: *an irregular shape* **2** rendszertelen (*időben*) **3** szabálytalan, szokatlan: *It is highly irregular for a doctor to give information about patients without their permission.* **4** (*nyelv*) rendhagyó: *'Caught' is an irregular past tense form.*
▶ **irregularity** /ɪˌregjəˈlærəti/ *noun* [C,U] (*plural* **irregularities**) **1** rendellenesség, szabálytalanság **2** egyenetlenség
irregularly *adv.* időközönként, szabálytalanul

irrelevancy /ɪˈreləvənsi/ *noun* [C] (*plural* **irrelevancies**) nem fontos dolog (*mert nincs összefüggésben az adott tárggyal*)

irrelevant /ɪˈreləvənt/ *adj.* nem tartozik a tárgyhoz: *That's completely irrelevant to the subject under discussion.* ❶ Ellentéte: **relevant**.
▶ **irrelevance** *noun* [U, C] vmi, aminek

nincs köze az adott tárgyhoz, lényegtelenség ❶ Ellentéte: **relevance**.

irrelevantly adv. nem odaillően

irreparable /ɪˈrepərəbl/ adj. helyrehozhatatlan: *Irreparable damage has been done to the forests of Eastern Europe.*
▶ **irreparably** adv. helyrehozhatatlanul

irreplaceable /ˌɪrɪˈpleɪsəbl/ adj. pótolhatatlan ❶ Ellentéte: **replaceable**.

irrepressible /ˌɪrɪˈpresəbl/ adj. elfojthatatlan, kirobbanó: *young people full of irrepressible good humour*
▶ **irrepressibly** /-əbli/ adv. elfojthatatlanul, kirobbanóan

irresistible /ˌɪrɪˈzɪstəbl/ adj. **1** leküzdhetetlen, ellenállhatatlan: *an irresistible urge to laugh* **2** **irresistible (to sb)** ellenállhatatlan (*annyira vonzó*): *He seems to think he's irresistible to women.*
❶ Ige: **resist**.
▶ **irresistibly** /-əbli/ adv. leküzdhetetlenül

irrespective of /ˌɪrɪˈspektɪv əv/ prep. vmire való tekintet nélkül: *Anybody can take part in the competition, irrespective of age.*

irresponsible /ˌɪrɪˈspɒnsəbl/ adj. meggondolatlan, felelőtlen ❶ Ellentéte: **responsible**.
▶ **irresponsibility** /ˌɪrɪˌspɒnsəˈbɪləti/ noun [U] meggondolatlanság, felelőtlenség
irresponsibly /-əbli/ adv. meggondolatlanul, felelőtlenül

irreverent /ɪˈrevərənt/ adj. tiszteletlen: *This comedy takes an irreverent look at the world of politics.*
▶ **irreverence** noun [U] tiszteletlenség
irreverently adv. tiszteletlenül

irreversible /ˌɪrɪˈvɜːsəbl/ adj. visszafordíthatatlan
▶ **irreversibly** adv. visszafordíthatatlanul

irritable /ˈɪrɪtəbl/ adj. ingerlékeny, ingerült: *to be/feel/get irritable*
▶ **irritability** /ˌɪrɪtəˈbɪləti/ noun [U] ingerlékenység, ingerültség
irritably /-əbli/ adv. ingerülten

irritate /ˈɪrɪteɪt/ verb [T] **1** (fel)ingerel, (fel)bosszant: *It really irritates me the way he keeps repeating himself.* **2** irritál: *I don't use soap because it irritates my skin.*
▶ **irritation** /ˌɪrɪˈteɪʃn/ noun [C,U] **1** inge-

---

rültség, bosszúság **2** irritáció (*enyhe gyulladás*)

is → BE

★ **Islam** /ɪzˈlɑːm/ noun [U] a mohamedán vallás
▶ **Islamic** adj. iszlám: *Islamic law*

★ **island** /ˈaɪlənd/ noun [C] **1** sziget **2** (also 'traffic island) járdasziget

islander /ˈaɪləndə(r)/ noun [C] szigetlakó

isle /aɪl/ noun [C] sziget: *the British Isles* ❶ **Isle** leggyakrabban földrajzi nevekben használatos.

isn't short for IS NOT

isolate /ˈaɪsəleɪt/ verb [T] **isolate sb/sth (from sb/sth)** elszigetel, elkülönít: *Some farms were isolated by the heavy snowfalls.* • *We need to isolate all the animals with the disease.*

isolated /ˈaɪsəleɪtɪd/ adj. **1** **isolated (from sb/sth)** elszigetelt, magányosan álló, elkülönített: *an isolated village* • *I was kept isolated from the other patients.* **2** egyedülálló: *Is this an isolated case or part of a general pattern?*

isolation /ˌaɪsəˈleɪʃn/ noun [U] **isolation (from sb/sth)** elszigeteltség, egyedüllét, elkülönítés: *He lived in complete isolation from the outside world.* • **In isolation** (külön-külön) *each problem does not seem bad, but together they are quite daunting.* ➔ Vesd össze **loneliness**, **solitude**.

★ **issue¹** /ˈɪʃuː; ˈɪsjuː/ noun **1** [C] (vita)pont, kérdés (*melyet tárgyalnak*): *I want to raise the issue of overtime pay* (fel akarom vetni a túlóra kifizetésének a kérdését) *at the meeting.* **2** [C] példány, szám (*újságé, folyóiraté*) **3** [U] kiadás (*könyvé*), kiosztás (*kiutalás*): *the issue of blankets to the refugees*
IDIOM **make an issue (out) of sth** ügyet csinál vmiből: *OK, we disagree on this, but let's not make an issue of it.*

issue² /ˈɪʃuː; ˈɪsjuː/ verb **1** [T] kiad (*pl. újságot*): *to issue a magazine* **2** [T] kiad (*közleményt, vízumot*), ellát (*felszereléssel*): *The new employees were issued with uniforms.* • *The police will issue a statement later today.* **3** [I] (*formális*) ered, árad vmiből (*pl. hang, folyadék*): *An angry voice issued from the loudspeaker.*

IT /ˌaɪ ˈtiː/ abbr. (**Information Technology** rövidítése) informatika

---

★ **it** /ɪt/ pron. **1** (a személyes névmás semleges alakja egyes szám 3. személyben) az/azt, neki, annak, ő/őt: Look at that car. It's going much too fast. ❶ It használatos, ha csecsemőről beszélünk, akinek nem tudjuk a nemét: Is it a boy or a girl? **2** (többnyire a **Who's that?, Who is it?** stb. kérdésre adott válaszban) az: It's your Mum on the phone. • 'Who's that?' 'It's the postman (a postás).' • It's me! Én vagyok! • It's him! Ő az! **3** (egyes szerkezetek alanya- vagy tárgyaként olyan mondatokban, ahol a főige alanya és tárgya a mondat végén van): It's hard for them to talk about their problems. • I think it doesn't really matter what time we arrive. **4** (idővel, dátummal, távolsággal, időjárással, stb. kapcsolatos kifejezésekben az ige alanyaként; bizonyos körülmények leírására): It's Tuesday today. • It's about 100 kilometres from London. • It gets very crowded here in the summer. • I'll come at 7 o'clock if it's convenient. **5** (egyes mondatrészek kiemelésére) az: It was Jerry who (Jerry volt az, aki) said it, not me. • It's your health I'm worried about, not the cost.

IDIOM **that/this is it** Ez az!: That's it! You've solved the puzzle! **2** Befejeztük!, Ennyi!: That's it, I've had enough! I'm going home!

italics /ɪˈtælɪks/ noun [plural] dőlt/kurzív betű/szedés: All the example sentences in this dictionary are printed **in italics**.
▶ **italic** adj. dőlt/kurzív (betű(s), szedés)

itch /ɪtʃ/ noun [C] viszketés: I've got an itch on my back. Viszket a hátam.
▶ **itch** verb [I] viszket

itchy adj. viszketést okoz, viszket: My skin is all itchy. • This shirt is itchy.

it'd /ˈɪtəd/ short for IT HAD, IT WOULD

★ **item** /ˈaɪtəm/ noun [C] **1** tétel, pont (egy sorozatban/listán): Some items arrived too late to be included in the catalogue. • What

is the first item on the agenda? Mi az első napirendi pont? **2** -darab, (áru)cikk: an item of clothing **3** újságcikk: There was an interesting item about Spain in yesterday's news.

itemize (also **-ise**) /ˈaɪtəmaɪz/ verb [T] részletez: an itemized telephone bill

itinerant /aɪˈtɪnərənt/ adj. (csak főnév előtt) vándor (pl. cirkusz, munkás): an itinerant circus family

itinerary /aɪˈtɪnərəri/ noun [C] (plural itineraries) útiterv

it'll /ˈɪtl/ short for IT WILL

it's /ɪts/ short for IT IS; IT HAS

> Vigyázat! It's az it is, it has összevont alakja, az its pedig egyes szám harmadik személyű birtokos jelző: The bird has broken its wing.

★ **its** /ɪts/ determiner a(z) (ő)... -(j)a(i)/-(j)e(i), annak a(z)... -(j)a(i)/-(j)e(i) ⟳Magyarázat az **it's** szónál.

★ **itself** /ɪtˈself/ pron. **1** (ő) maga, magát: The cat was washing itself. **2** maga: The building itself (maga az épület) is beautiful, but it's in a very ugly part of town.

IDIOM **(all) by itself 1** (ön)magától, automatikusan: The central heating comes on by itself before we get up. **2** egyedül: The house stood all by itself on the hillside. ⟳ Magyarázat az **alone** szónál.

ITV /ˌaɪ tiː ˈviː/ abbr. (Independent Television rövidítése) (brit) ITV (hirdetésekből fenntartott brit tv-társaság, ill. annak csatornái)

IUD /ˌaɪ ju ˈdiː/ noun [C] (méhen belüli) fogamzásgátló gyűrű

I've /aɪv/ short for I HAVE

ivory /ˈaɪvəri/ noun [U] elefántcsont

ivy /ˈaɪvi/ noun [U] repkény

Jj

J, j /dʒeɪ/ *noun* [C] (*plural* J's; j's) J/j betű

jab¹ /dʒæb/ *verb* [I,T] **jab sb/sth (with sth);
jab sth into sb/sth; jab (at sth)** megbök,
rábök, beledöf: *She jabbed me in the ribs
with her elbow.*

jab² /dʒæb/ *noun* [C] **1** döfés, bökés: *He
gave me **a jab** in the ribs with the stick.*
2 (*informális*) injekció, szuri: *I'm going to
the doctor's to **have a flu jab** today.* ❶ Szi-
nonimája: injection.

jack¹ /dʒæk/ *noun* [C] **1** (gépkocsi)emelő
2 bubi (*kártyában*) ➡ Magyarázat a **card**
szónál.

jack² /dʒæk/ *verb*
PHRASAL VERBS **jack sth in** (*szleng*) hagy a
fenébe: *Jerry got fed up with his job and
jacked it in.* | **jack sth up** emelővel felemel:
We jacked the car up to change the wheel.

★**jacket** /'dʒækɪt/ *noun* [C] zakó ➡ Lásd **life
jacket**.

,**jacket po'tato** *noun* [C] héjában sült
krumpli

jackknife /'dʒæknaɪf/ *verb* [I] bebicskázik
(*csuklós jármű V alakban*)

the jackpot /'dʒækpɒt/ *noun* [sing.]
főnyeremény
IDIOM **hit the jackpot → HIT¹**

Jacuzzi™ /dʒə'ku:zi/ *noun* [C] jacuzzi

jaded /'dʒeɪdɪd/ *adj.* megcsömörlött, bele-
unt

jagged /'dʒægɪd/ *adj.* egyenetlen, csip-
kézett/éles szélű: *jagged rocks*

jaguar /'dʒægjuə(r)/ *noun* [C] jaguár

jail¹ /dʒeɪl/ *noun* [C,U] börtön: *She was sent
to jail for ten years.* ➡ Magyarázat a **prison**
szónál.

jail² /dʒeɪl/ *verb* [T] bebörtönöz: *She was
jailed for ten years.*

jailer /'dʒeɪlə(r)/ *noun* [C] (*rég*) börtönőr

★**jam¹** /dʒæm/ *noun* **1** [U] (*főleg US* **jelly**)
lekvár, dzsem: *a jar of raspberry jam*
➡ Ábra **container** alatt.

A narancsból vagy citromból készült
dzsem neve **marmalade**.

2 [C] zsúfoltság, torlódás: *We were **stuck in
a traffic jam** (forgalmi dugóban).* **3** [C]
(*informális*) baj: *We're in a bit of a jam
(pácban voltunk) without our passports or
travel documents.*

jam² /dʒæm/ *verb* (**jamming; jammed**) **1** [T]
jam sb/sth in, under, between, etc. sth
beprésel, begyömöszöl: *She managed to
jam everything into her suitcase.* **2** [I,T] **jam
(sth) (up)** beszorul, meg-/elakad, eltorla-
szol: *Something is jamming (up) the
machine.* • *The paper keeps jamming in the
photocopier.* **3** [T] **jam sth (up) (with sb/sth)**
(*ált. szenvedő szerkezetben*) telezsúfol:
*The cupboard was **jammed full** of old news-
papers and magazines.* • *The suitcase was
jam-packed with (zsúfolásig meg volt
töltve) designer clothes.* • *The switchboard
was jammed with calls* (a telefonközpon-
tot elárasztották) *from unhappy custom-
ers.* **4** [T] zavar (*rádióadást*)
PHRASAL VERB **jam on the brakes/jam the
brakes on** beletapos a fékbe

Jan. *abbr.* (**January** rövidítése) jan.: *1 Jan.
1993*

jangle /'dʒæŋgl/ *verb* [I,T] csörög,
csörömpöl, csörget: *The baby smiles if you
jangle your keys.*
▸ **jangle** *noun* [U] csörgés

janitor /'dʒænɪtə(r)/ (*US*) = CARETAKER

★**January** /'dʒænjuəri/ *noun* [U, C] (*abbr.*
Jan.) január: *We're going skiing in January.*
• *last/next January* • *We first met on Janu-
ary 31st, 1989.* • *Christine's birthday is (on)
January 17.* • *Our wedding anniversary is at
the end of January.* • *January mornings can
be very dark in Britain.*

A dátumot a beszélt nyelvben kife-
jezhetjük akár **on January the seven-
teenth**, akár **on the seventeenth of
January**, az amerikai angolban pedig
January seventeenth formában. Az
írott nyelvben a **the** határozott
névelőt és az **of** szócskát általában
nem tesszük ki. A hónapokat mindig
nagy kezdőbetűvel írjuk.

MAGÁNHANGZÓK **i:** see | **i** any | **ɪ** sit | **e** ten | **æ** hat | **ɑ:** arm | **ɒ** got | **ɔ:** saw | **ʊ** put | **u:** too | **u** usual

★ **jar¹** /dʒɑː(r)/ noun [C] **1** (befőttes)üveg: *a jam jar* **2** egy üveg (*méz stb.*): *a jar of honey* ➔ Ábra **container** alatt.

jar² /dʒɑː(r)/ verb (**jarring**; **jarred**) **1** [T] megüt (*vmilyen testrészt*): *He fell and jarred his back.* **2** [I] jar (on sb/sth) irritál, bánt: *The dripping tap jarred on my nerves* (az idegeimre ment).

jargon /'dʒɑːgən/ noun [U] szakmai nyelv, zsargon: *medical/scientific/legal/computer jargon*

jaundice /'dʒɔːndɪs/ noun [U] sárgaság

javelin /'dʒævlɪn/ noun **1** [C] gerely **2** (**the javelin**) [*sing.*] gerelyhajítás

jaw /dʒɔː/ noun **1** [C] állkapocs: *the lower/upper jaw* **2** (**jaws**) [*plural*] száj, pofa (*állaté*)

★ **jazz¹** /dʒæz/ noun [U] dzsessz: *modern/traditional jazz* ➔ Lásd **classical**, **pop**, **rock**.

jazz² /dʒæz/ verb

PHRASAL VERB **jazz sth up** (*informális*) feldob, felvidít

★ **jealous** /'dʒeləs/ adj. **1** féltékeny: *Tim seems to get jealous whenever Sue speaks to another boy!* **2** jealous (of sb/sth) féltékeny (vkire/vmire) ❶ Szinonimája: **envious**.

► **jealously** adv. féltékenyen

jealousy /'dʒeləsi/ noun [C,U] (*plural* **jealousies**) féltékenység

★ **jeans** /dʒiːnz/ noun [*plural*] farmer(nadrág): *a pair of jeans*

Jeep™ /dʒiːp/ noun [C] terepjáró (gépkocsi)

jeer /dʒɪə(r)/ verb [I,T] jeer (at) sb/sth kigúnyol, kifütyül, lehurrog

► **jeer** noun [C, usually plural] gúnyolódás, gúnyos kiáltás: *The Prime Minister was greeted with jeers in the House of Commons today.*

jelly /'dʒeli/ noun (*plural* **jellies**) (*US* jello) **1** [C,U] (gyümölcs)zselé **2** [U] (*főleg US*) dzsem

IDIOM **be/feel like jelly**; **turn to jelly** reszket(ni kezd) mint a kocsonya: *My legs felt like jelly before the exam.*

jellyfish /'dʒelifɪʃ/ noun [C] (*plural* **jellyfish**) medúza

jeopardize (also **-ise**) /'dʒepədaɪz/ verb [T] veszélyeztet, kockáztat: *He would never do anything to jeopardize his career.*

jeopardy /'dʒepədi/ noun

IDIOM **in jeopardy** (élet)veszélyben: *The future of the factory and 15,000 jobs are in jeopardy.*

jerk¹ /dʒɜːk/ verb [I,T] (meg)rándul, zökken, (meg)ránt: *She jerked the door open.* Feltépte az ajtót. ● *His head jerked back* (hátracsuklott) *as the car suddenly set off.*

► **jerky** adj. rángatózó, szaggatott

► **jerkily** adv. rángatózva, lökésszerűen

jerk² /dʒɜːk/ noun [C] **1** rántás, zökkenés **2** (*főleg US, szleng*) seggfej

jersey /'dʒɜːzi/ noun **1** [C] pulóver ❶ A **jersey**, **jumper**, **pullover** és **sweater** jelentése ugyanaz. **2** [U] jersey (*anyag*)

Jesus /'dʒiːzəs/ (also ,Jesus 'Christ) noun [*sing.*] Jézus

★ **jet** /dʒet/ noun [C] **1** lökhajtásos repülőgép **2** sugárban kilövellés (*vízé, gázé, stb.*)

,**jet-'black** adj. koromfekete

,**jet engine** noun [C] sugárhajtómű

'**jet lag** noun [U] hosszú repülőút és időeltolódás okozta fáradtság

► '**jet-lagged** adj. fáradt (*hosszú repülőút és időeltolódás miatt*)

the 'jet set noun [*sing.*] elegáns, világjáró gazdagok

'**Jet Ski™** noun [C] jetski

► '**jet-skiing** noun [U] jetskizés

jetty /'dʒeti/ noun [C] (*plural* **jetties**) (*US* **dock**) móló, stég ❶ Szinonimája: **landing stage**.

★ **Jew** /dʒuː/ noun [C] zsidó

► **Jewish** adj. zsidó

★ **jewel** /'dʒuːəl/ noun **1** [C] drágakő **2** [*plural*] (drágaköves) ékszer

jeweller (*US* **jeweler**) /'dʒuːələ(r)/ noun [C] **1** ékszerész **2** (**jeweller's**) ékszerüzlet

jewellery (*US* **jewelry**) /'dʒuːəlri/ noun [U] ékszerek: *a piece of jewellery*

jig¹ /dʒɪg/ noun [C] dzsig (*tánc*)

jig² /dʒɪg/ verb [I] (**jigging**; **jigged**) jig about/around ugrándozik

jiggle /'dʒɪgl/ verb [T] (*informális*) rázogat: *She jiggled her car keys to try to distract the baby.*

jigsaw /'dʒɪgsɔː/ (also '**jigsaw puzzle**) *noun* [C] összerakós játék ➪ Ábra A7. oldalon.

jingle¹ /'dʒɪŋgl/ *noun* **1** [*sing.*] csilingelés: *the jingle of coins* **2** [C] (rádió, tévé) zenei szignál (*reklámhoz*)

jingle² /'dʒɪŋgl/ *verb* [I,T] csörget, csilingel, csörög: *She jingled the coins in her pocket.*

jinx /dʒɪŋks/ *noun* [*sing.*] (*informális*) balszerencse, vészmadár
▶ **jinxed** *adj.* elátkozott: *After my third accident in a month, I began to think I was jinxed.*

the jitters /'dʒɪtəz/ *noun* [*plural*] (*informális*) izgulás, cidrizés: *Just thinking about the exam gives me the jitters* (rámjön a frász)!

jittery /'dʒɪtəri/ *adj.* (*informális*) beijedt, begyulladt

Jnr *abbr.* → JR.

★ **job** /dʒɒb/ *noun* [C] **1** állás, munka: *She took/got a job as a waitress.* • *A lot of people will lose their jobs if the factory closes.* ➪ Magyarázat a **work¹** szónál.

> You **look for**, **apply for** or **find** a job. A job can be **well-paid/highly-paid** or **badly-paid/low-paid**. A job can be **full-time** or **part-time**, **permanent** or **temporary**. **Job sharing** is becoming popular with people who want to work part-time.

2 munka, feladat: *I always have a lot of jobs to do in the house at weekends.* • *The garage has done a good/bad job on* (jól/rosszul megcsinálta) *our car.* **3** [*usually sing.*] feladat: *It's not his job to tell us what we can and can't do.*
IDIOMS **be out of a job** munkanélküli ❶ Hivatalosabb szó: **unemployed.** | **do the job/trick** (*informális*) elvégzi a dolgot: *This extra strong glue should do the job.* | **have a hard job to do sth/doing sth** → HARD¹ | **it's a good job** (*beszélt nyelv*) jó/szerencse, hogy: *It's a good job you reminded me – I had completely forgotten!* | **just the job/ticket** (*informális*) pont megfelel: *This dress will be just the job for Helen's party.* | **make a bad, good, etc. job of sth** jól, rosszul, stb. elvégez vmit | **make the best of a bad job** → BEST³

jobless /'dʒɒbləs/ *adj.* **1** munkanélküli ❶ Szinonimája: **unemployed. 2** (**the jobless**) *noun* [*plural*] a munkanélküliek

▶ **joblessness** *noun* [U] munkanélküliség ❶ Szinonimája: **unemployment.**

jockey /'dʒɒki/ *noun* [C] zsoké

jodhpurs /'dʒɒdpəz/ *noun* [*plural*] lovaglónadrág

jog¹ /dʒɒg/ *verb* (**jogging; jogged**) **1** [I] lassan fut, kocog ❶ A **go jogging** kifejezés azt jelenti, hogy szórakozásból vagy testedzésként futni megyünk: *I go jogging most evenings.* **2** [T] meglök, megbök: *He jogged my arm and I spilled the milk.*
IDIOM **jog sb's memory** emlékeztet, felfrissíti vkinek az emlékezetét

jog² /dʒɒg/ *noun* [*sing.*] **1** kocogás: *She goes for a jog* (kocogni megy) *before breakfast.* **2** lökés

jogger /'dʒɒgə(r)/ *noun* [C] kocogó

★ **join¹** /dʒɔɪn/ *verb* **1** [T] **join A to B; join A and B (together)** összeköt/összekapcsol/ összeilleszt vmit vmivel: *The Channel Tunnel joins Britain to Europe.* • *The two pieces of wood have been carefully joined together.* **2** [I,T] **join (up); join (with) sb/sth** csatlakozik (vkihez/vmihez): *Do the two rivers join (up)* (találkozik) *at any point?* • *Where does this road join the motorway?* • *Would you like to join us for a drink?* **3** [T] belép (*klubba, pártba stb.*): *I've joined an aerobics class.* • *He joined the company three months ago.* **4** [T] csatlakozik vmihez: *We'd better go and join the queue if we want to see the film.* • *Come downstairs and join the party.* **5** [I,T] **join (with) sb in sth/in doing sth/to do sth; join together in doing sth/to do sth** csatlakozik vkihez, bekapcsolódik vmibe: *Everybody here joins me in wishing you the best of luck in your new job.*
IDIOM **join forces (with sb)** → FORCE¹
PHRASAL VERBS **join in (sth/doing sth)** részt vesz | **join up** bevonul (*katonának stb.*)

join² /dʒɔɪn/ *noun* [C] (össze)illesztés, csatlakozás

joiner /'dʒɔɪnə(r)/ *noun* [C] épületasztalos ➪ Lásd **carpenter.**

★ **joint¹** /dʒɔɪnt/ *noun* [C] **1** ízület **2** csatlakozás, illesztés **3** egybesütni való hús: *a joint of lamb*

★ **joint²** /dʒɔɪnt/ *adj.* (*csak főnév előtt*) közös, együttes: *Have you and your husband got a*

joint account? • *a joint decision* • *a joint venture* vegyes vállalat
► **jointly** *adv.* közösen

* **joke¹** /dʒəʊk/ *noun* **1** [C] vicc, tréfa: *to tell/crack jokes* vicceket mond • *a dirty joke* pajzán vicc • *I'm sorry, I didn't get the joke* (nem értettem meg a viccet).

A **practical joke** azt jelenti, hogy rossz viccet űzünk vkivel, hogy az illetőt nevetségessé tegyük.

2 [*sing.*]: *The salary he was offered was a joke* (nevetséges)!
IDIOMS **play a joke/trick on sb** megtréfál vkit, viccet űz vkivel | **see the joke** megérti a viccet (*a poént*) | **take a joke** érti a tréfát, van humorérzéke: *The trouble with Pete is he can't take a joke.*

joke² /dʒəʊk/ *verb* [I] **1** joke (with sb) (about sth) viccel, tréfálkozik: *She spent the evening laughing and joking with her old friends.* **2** viccel: *I never joke about religion.* • *Don't get upset. I was only joking!*
IDIOM **you must be joking; you're joking** (*beszélt nyelv*) ezt nem gondolod komolyan

joker /'dʒəʊkə(r)/ *noun* [C] **1** tréfacsináló, viccmester **2** dzsóker (*kártya*)

jolly /'dʒɒli/ *adj.* vidám, jókedélyű

jolt¹ /dʒəʊlt/ *verb* [I,T] zökken(t), zötyög(tet), hirtelen meglök: *The lorry jolted along the bumpy track.* • *The crash jolted all the passengers forward.*

jolt² /dʒəʊlt/ *noun* [*usually sing.*] **1** zökkenés, lökés: *The train stopped with a jolt.* **2** megdöbbenés: *His sudden anger gave her quite a jolt.*

jostle /'dʒɒsl/ *verb* [I,T] lökdös(ődik)

jot /dʒɒt/ *verb* (jotting; jotted)
PHRASAL VERB **jot sth down** fel-/lejegyez vmit: *Let me jot down your address.*

journal /'dʒɜːnl/ *noun* [C] **1** (szak)folyóirat: *a medical/scientific journal* **2** napló: *Have you read his journal of the years he spent in India?* ➔ Lásd **diary**.

journalism /'dʒɜːnəlɪzəm/ *noun* [U] újságírás

journalist /'dʒɜːnəlɪst/ *noun* [C] újságíró ➔ Lásd **reporter**.

journey /'dʒɜːni/ *noun* [C] út, utazás: *Did you have a good journey?* • *a two-hour jour-*ney • *The journey to work takes me forty-five minutes.* • *We'll have to break the journey.* ➔ Magyarázat a **travel** szónál.

A **journey** lehet szárazföldi, tengeri vagy légi utazás. A **flight** kifejezetten légi utazást jelent, a tengeri út **voyage**, de ha körutazás üdülés céljából, akkor **cruise**.

jovial /'dʒəʊviəl/ *adj.* kedélyes

joy /dʒɔɪ/ *noun* **1** [U] öröm, boldogság **2** [C] öröm, élvezet: *the joys of fatherhood* • *That class is a joy to teach.* **3** [U] (*brit, informális, tagadó és kérdő mondatokban*) siker, szerencse: *'I asked again if we could have seats with more legroom but got no joy* (nem jártunk sikerrel) *from the check-in clerk.'*
IDIOMS **jump for joy** → JUMP¹ | **sb's pride and joy** → PRIDE¹

joyful /'dʒɔɪfl/ *adj.* örvendetes, örömteli: *a joyful occasion*
► **joyfully** /-fəli/ *adv.* vidáman
joyfulness *noun* [U] vidámság

joyless /'dʒɔɪləs/ *adj.* boldogtalan: *a joyless marriage*

joyriding /'dʒɔɪraɪdɪŋ/ *noun* [U] vad autóút (*lopott autóval*)
► **joyride** *noun* [C] vad autóút (*lopott autóval*)
joyrider *noun* [C] az a személy, aki ellop egy autót és furikázik vele

joystick /'dʒɔɪstɪk/ *noun* [C] joystick, botkormány

JP /,dʒeɪ 'piː/ *abbr.* (**Justice of the Peace** rövidítése) békebíró

Jr. /'dʒuːnɪə(r)/ *abbr.* (US) (*brit also* **Jnr**) (**Junior** rövidítése) Ifj./ifj.: *Sammy Davis Jr.*

jubilant /'dʒuːbɪlənt/ *adj.* (*formális*) ujjongó: *The football fans were jubilant at their team's victory in the cup.*

jubilation /,dʒuːbɪ'leɪʃn/ *noun* [U] (*formális*) ujjongás, örvendezés

jubilee /'dʒuːbɪliː/ *noun* [C] évforduló: *It's the company's golden jubilee* (ötvenéves évfordulója) *this year.*

A **silver jubilee** huszonötéves, a **diamond jubilee** hatvanéves évfordulót jelent.

Judaism /'dʒu:deɪɪzəm/ *noun* [U] a zsidó vallás

★**judge¹** /dʒʌdʒ/ *noun* [C] **1** bíró (*bíróságon*): *The judge sentenced the man to three years in prison.* **2** bíró (*versenyen*): *a panel of judges* zsűri **3** [*usually sing.*] **a judge of sth** vmilyen ítélőképességgel rendelkező személy: *You're a good judge of character.*

★**judge²** /dʒʌdʒ/ *verb* **1** [I,T] (meg)ítél (*vmiből, vmi alapján*): *Judging by/from what he said* (a szavaiból ítélve), *his work is going well.* ● *It's difficult to judge how long the project will take.* ● *The party was judged a great success by everybody.* **2** [T] elbírál **3** [T] elítél vkit/vmit **4** [T] ítélkezik, (*bűnösnek/ártatlannak*) ítél

★**judgement** (also **judgment**) /'dʒʌdʒmənt/ *noun* **1** [U] ítélőképesség: *He always shows excellent judgement in his choice of staff.* ● **to have good/poor/sound** (józan) *judgement* **2** [C,U] vélemény, megítélés: *What, in your judgement, would be the best course of action?* **3** (**judgment**) [C] ítélet, határozat: *The man collapsed when the judgment was read out in court.*

judicial /dʒu:'dɪʃl/ *adj.* bírósági, bírói: *the judicial system*

judicious /dʒu:'dɪʃəs/ *adj.* megfontolt, józan
  ▸ **judiciously** *adv.* megfontoltan

judo /'dʒu:dəʊ/ *noun* [U] cselgáncs ➾ Lásd **martial arts**.

jug /dʒʌg/ (*US* **pitcher**) *noun* [C] kancsó, korsó, köcsög: *a milk jug* ● *a jug of water*

juggle /'dʒʌgl/ *verb* **1** [I] juggle (**with sth**) zsonglőrködik **2** [T] juggle sth (**with sth**) zsonglőrködik (*átv*)

juggler /'dʒʌglə(r)/ *noun* [C] zsonglőr

★**juice** /dʒu:s/ *noun* [C,U] **1** (*gyümölcs/zöldség*) lé: *lemon juice* ● *I'll have an orange juice, please.* **2** szaft **3** (*test*) nedv: *gastric/digestive juices* gyomor-/emésztőnedvek

juicy /'dʒu:si/ *adj.* (**juicier; juiciest**) **1** lédús, szaftos: *juicy oranges* **2** (*informális*) pikáns: *juicy gossip*

jukebox /'dʒu:kbɒks/ *noun* [C] zenegép

Jul. *abbr.* (**July** rövidítése) júl.: *4 Jul. 1999*

★**July** /dʒu'laɪ/ *noun* [U, C] (*abbr.* **Jul.**) július ➾ Példák és magyarázat a **January** szónál.

jumble¹ /'dʒʌmbl/ *verb* [T] (*ált. szenvedő szerkezetben*) **jumble sth (up/together)** összekever, összekuszál

jumble² /'dʒʌmbl/ *noun* **1** [*sing.*] zűrzavar, összevisszaság, halom: *a jumble of papers/ideas* **2** [U] (*brit*) kacat

jumble sale (*US* **rummage sale**) *noun* [C] használt tárgyak vására (*ált. jótékonysági célra*)

jumbo /'dʒʌmbəʊ/ *adj.* (*informális, csak főnév előtt*) óriás (*méretű*)

jumbo 'jet *noun* [C] (*informális* **jumbo**) (*plural* **jumbos**) többszáz személyes sugárhajtású repülőgép

★**jump¹** /dʒʌmp/ *verb* **1** [I] ugrik, ugrál: *to jump into the air* ● *Jump up and down to keep warm.* ➾ Ábra **hop¹** alatt. **2** [I] fel-/beugrik: *The telephone rang and she jumped up to answer it.* ● *A taxi stopped and we jumped in.* **3** [T] átugrik vmit: *The dog jumped the fence.* **4** [I] összerezzen: *'Oh, it's only you – you made me jump* (megijesztettél),*' he said.* **5** [I] **jump (from sth) to sth; jump (by) (sth)** felszökken, hirtelen megnövekszik: *Prices jumped (by) 50% in the summer.* **6** [I] **jump (from sth) to sth** cikázik: *The book kept jumping from the present to the past.*

IDIOMS **climb/jump on the bandwagon** → **BANDWAGON** | **jump for joy** majd kiugrik a bőréből | **jump the gun** elhamarkodja a dolgot | **jump the queue** előrefurakodik (*sorbaállásnál*) | **jump to conclusions** elhamarkodott következtetés(eke)t von le

PHRASAL VERB **jump at sth** kapva kap vmin: *Of course I jumped at the chance to work in New York for a year.*

★**jump²** /dʒʌmp/ *noun* [C] **1** ugrás, összerezzenés ➾ Lásd **high jump, long jump**. **2 a jump (in sth)** felszökkenés **3** akadály

jumper /'dʒʌmpə(r)/ *noun* [C] **1** (*brit*) pulóver ➾ Magyarázat a **sweater** szónál. **2** ugró

jumpy /'dʒʌmpi/ *adj.* (*informális*) ideges, ijedős

Jun. *abbr.* (**June** rövidítése) jún.: *10 Jun. 1999*

junction /'dʒʌŋkʃn/ *noun* [C] útkereszteződés, csomópont, elágazás

★**June** /dʒu:n/ *noun* [U, C] (*abbr.* **Jun.**) június

➲ Példák és magyarázat a **January** szónál.

jungle /'dʒʌŋgl/ *noun* [C,U] őserdő, dzsungel ➲ Magyarázat a **forest** szónál.

junior¹ /'dʒuːniə(r)/ *adj.* **1** junior (to sb) alacsonyabb rangú/beosztású: *a junior officer/doctor/employee* • *A lieutenant is junior to a captain* (a hadnagy a századosnál alacsonyabb rangú) *in the army.* **2** (gyakran **Junior**) (*főleg US*) (*abbr.* **Jr.**; *brit also abbr.* **Jnr**) ifjabb: *Sammy Davis, Junior* **3** (*brit*) ifjúsági ➲ Lásd **senior¹**.

junior² /'dʒuːniə(r)/ *noun* **1** [C] alacsonyabb rangú/beosztású (*személy*) **2** [*sing.*] (*his, her, your, stb. után*) fiatalabb vkinél: *She's two years his junior/his junior by two years.* **3** [C] (*brit*) alsó tagozatos általános iskolás ➲ Lásd **senior²**.

junior school *noun* [C] (*Nagy-Britanniában*) az általános iskola alsó tagozata

junk /dʒʌŋk/ *noun* [U] (*informális*) limlom, ócskaság

junk food *noun* [U] (*informális*) gyorsan elkészített, alacsony tápértékű étel (*pl. hot dog, hamburger*)

junta /'dʒʌntə/ *noun* [C, with sing. or plural verb] katonai klikk

Jupiter /'dʒuːpɪtə(r)/ *noun* [*sing.*] (*csill*) Jupiter

jurisdiction /ˌdʒʊərɪsˈdɪkʃn/ *noun* [U] (*törvénykezési*) hatáskör, fennhatóság: *That question is outside the jurisdiction of this council.*

juror /'dʒʊərə(r)/ *noun* [C] esküdt(szék tagja)

★ **jury** /'dʒʊəri/ *noun* [C, with sing. or plural verb] (*plural* **juries**) **1** esküdtszék: *Has/have the jury reached a verdict?* **2** zsűri, versenybíróság

★ **just¹** /dʒʌst/ *adv.* **1** épp(en): *She's just been to the shops.* • *They came here just before Easter.* • *He was just about to* (épp azon volt, hogy) *break the window when he noticed a policeman.* • *I was just going to* (már épp készültem) *phone my mother when she arrived.* • *Just as* (alighogy) *I was beginning to enjoy myself, John said it was time to go.* • *Just then* (abban a pillanatban) *the door opened.* **2** pont(osan), épp(en): *It's just eight o'clock.* • *That's just*

what I meant. • *You're just as clever as he is.* Épp olyan okos vagy, mint ő. • *The room was too hot before, but now it's just right.* • *He looks just like* (éppúgy néz ki, mint) *his father.* • *My arm hurts just here.* **3** csak: *She's just a child.* • *Just a minute! I'm nearly ready.* **4** alig, épphogy: *I could only just hear what she was saying.* • *We got to the station just in time* (épp idejében). **5** (*gyakran felszólító mondatokban*) csak: *Just let me speak for a moment, will you?* **6** elképzelhető, hogy: *This might just/just might be the most important decision of your life.* **7** valóban, egyszerűen: *The whole day was just fantastic!* • *I just don't want to go to the party.*

IDIOMS all/just the same → SAME | it is just as well (that...) (még) jó, hogy: *It's just as well we remembered to bring your umbrella!* ➲ Lásd még **(just) as well (to do sth)** a **well** szónál. | **just about** körülbelül, nagyjából: *I've just about finished.* • *Karen's plane should be taking off just about now.* | **just in case** mindenesetre | **just now** épp most, pár perce: *I can't come with you just now.* • *I saw Tony just now.* | **just so** pontos(an), precíz(en) | **not just yet** még nem

just² /dʒʌst/ *adj.* igazságos, jogos
▸ **justly** *adv.* igazságosan, jogosan

★ **justice** /'dʒʌstɪs/ *noun* **1** [U] igazság: *a struggle for justice* **2** [U] méltányosság, jogosság: *Everybody realized the justice of what he was saying.* **3** [U] igazságszolgáltatás: *the criminal justice system* **4** [C] (*US*) bíró

IDIOMS do justice to sb/sth; do sb/sth justice igazságosan ítél meg vkit/vmit, méltányosan bánik vkivel: *I don't like him, but to do him justice* (az igazság kedvéért el kell ismernünk), *he's a very clever man.* • *The photograph doesn't do her justice – she's actually very pretty.* | **a miscarriage of justice** → MISCARRIAGE

Justice of the Peace (*abbr.* **JP**) *noun* [C] békebíró

justifiable /'dʒʌstɪfaɪəbl; ˌdʒʌstɪˈfaɪəbl/ *adj.* jogos, indokolható
▸ **justifiably** /'dʒʌstɪfaɪəbli; ˌdʒʌstɪ-ˈfaɪəbli/ *adv.* jogosan

justification /ˌdʒʌstɪfɪˈkeɪʃn/ *noun* [C,U] (a) justification (for sth/doing sth) indok

★ **justify** /'dʒʌstɪfaɪ/ *verb* [T] (*pres. part.* justi-

---

fying; *3rd pers. sing. pres.* **justifies**; *pt, pp* **justified**) indokol, igazol

jut /dʒʌt/ *verb* [I] (**jutting**; **jutted**) **jut (out) (from/into/over sth)** kiugrik, kiáll (*a környezetből*): *rocks that jut out into the sea* (benyúlnak a tengerbe)

juvenile /ˈdʒuːvənaɪl/ *adj.* **1** (*formális*) fiatalkorú: *juvenile crime* **2** éretlen
▸ **juvenile** *noun* [C] fiatalkorú

juvenile deˈlinquent *noun* [C] fiatalkorú bűnöző

juxtapose /ˌdʒʌkstəˈpəʊz/ *verb* [T] (*formális*) egymás mellé helyez: *The artist achieves a special effect by juxtaposing light and dark.*
▸ **juxtaposition** /ˌdʒʌkstəpəˈzɪʃn/ *noun* [U] egymás mellé helyezés

Kk

K, k¹ /keɪ/ *noun* [C] (*plural* **K's**; **k's**) K/k betű

K² /keɪ/ *abbr.* (**one thousand** rövidítése, *informális*) ezer: *She earns 22K (=£22 000) a year.*

kaleidoscope /kəˈlaɪdəskəʊp/ *noun* [C] **1** kavargó változatosság **2** kaleidoszkóp

kangaroo /ˌkæŋɡəˈruː/ *noun* [C] (*plural* **kangaroos**) kenguru

karaoke /ˌkæriˈəʊki/ *noun* [U] karaoke

karat (*US*) = CARAT

karate /kəˈrɑːti/ *noun* [U] karate: *to do karate* ➔ Lásd **martial arts**.

kart /kɑːt/ (also **ˈgo-kart**) *noun* [C] gokart

kayak /ˈkaɪæk/ *noun* [C] kajak

kebab /kɪˈbæb/ *noun* [C] kebab, girosz

keel¹ /kiːl/ *noun* [C] tőkesúly

keel² /kiːl/ *verb*
PHRASAL VERB **keel over** felborul ·

★ **keen** /kiːn/ *adj.* **1** **keen (to do sth/that...)** lelkes, buzgó: *They are both keen gardeners.* • *I failed the first time but I'm keen to try again.* **2** éles, élénk (*ész/járás*), *érzék*): *Foxes have a keen sense of smell.*
IDIOM **keen on sb/sth** lelkesedik/rajong vmiért
▸ **keenly** *adv.* buzgón, élesen
keenness *noun* [U] élesség

★ **keep¹** /kiːp/ *verb* (*pt, pp* **kept** /kept/) **1** [I] marad: *You must keep warm.* • *That child can't keep still.* • *I still keep in touch* (tartom a kapcsolatot) *with my old school friends.* **2** [T] tart: *Please keep my door closed.* • *I'm*

sorry to keep you waiting (megvárakoztattam). **3** [T] (meg)tart, foglal: *Can you keep my seat for me till I get back?* **4** [T] tart, tárol: *Keep your passport in a safe place.* **5** [I] **keep doing sth** folytat, tovább- (*csinál vmit*): *Keep going until you get to the church and then turn left.* • *She keeps asking* (folyton kérdezget) *me silly questions.* **6** [T] meg-/betart (*pl. ígéretet*): *Can you keep a promise?* • *She didn't keep her appointment* (nem ment el) *at the dentist's.* • *to keep a secret* titkot tartani **7** [T] lejegyez: *Keep a record of how much you spend.* • *to keep a diary* naplót vezet **8** [I] eláll, nem romlik meg: *Drink up all the milk – it won't keep in this weather.* **9** [T] eltart vkit: *You can't keep a family on the money I earn.* **10** [T] tart (*állatot*), tenyészt **11** [T] visszatart, feltart(óztat): *What's keeping Jim?*
IDIOM **keep it up** csak így tovább
❶ További kifejezések a **keep** szóval kapcsolatban a kifejezésben szereplő főnévnél, melléknévnél találhatók, pl. **keep count** lásd **count**.
PHRASAL VERBS **keep at it/sth** kitartóan dolgozik vmin, nem hagyja abba
keep away from sb/sth távol tartja magát
keep sb/sth back visszatart | **keep sth back (from sb)** elhallgat vmit
keep sth down el-/lenyom, alacsony szinten tart: *Keep your voice down.* Halkabban beszélj.
keep sb from sth/from doing sth (meg)gátol/akadályoz vkit vmiben |

keep sth from sb elhallgat vmit vki elől
keep off sth távol tartja magát vmitől, elkerül vmit: *Keep off the grass!* Fűre lépni tilos! | **keep sth off (sb/sth)** távol tart vmit vmitől/vkitől
keep on (doing sth) folyton csinál vmit, nem hagy fel vmivel: *He keeps on interrupting me.* | **keep on (at sb) (about sb/sth)** (állandóan) nyaggat vkit, nem hagy békén vkit: *She kept on at me about my homework until I did it.*
keep (sb/sth) out (of sth) távol tart vkit/vmit vhonnan
keep to sth tartja magát vmihez, marad vhol: *Keep to the path!* • *keep to the left/right* balra/jobbra tarts • *He didn't keep to our agreement.* | **keep sth to/at sth** egy bizonyos szinten tart vmit: *We're trying to keep costs to a minimum.* | **keep sth to yourself** nem beszél vmiről: *She keeps her problems to herself.*
keep sth up 1 megtámaszt **2** fenntart: *We want to keep up standards of education.* **3** folytat | **keep up (with sb)** lépést tart (vkivel): *Can't you walk a bit slower? I can't keep up.* | **keep up (with sth)** lépést tart (eseményekkel)

keep² /kiːp/ *noun* [U] a létfenntartáshoz szükséges dolgok
IDIOM **for keeps** *(informális)* örökbe: *Take it. It's yours for keeps.*

keeper /ˈkiːpə(r)/ *noun* [C] **1** őr: *a zookeeper* **2** *(informális)* *(also* **ˈgoalkeeper)** *(sp)* kapus

keeping /ˈkiːpɪŋ/ *noun*
IDIOM **in/out of keeping (with sth)** összhangban/ellentétben van vmivel: *That modern table is out of keeping with the style of the room.* • *The Council's decision is in keeping with government policy.*

keg /keg/ *noun* [C] (kis) hordó
kennel /ˈkenl/ *noun* [C] kutyaól
kept *past tense, past participle of* KEEP¹
kerb *(főleg US* **curb)** /kɜːb/ *noun* [C] járdaszegély: *They stood on the kerb waiting to cross the road.*
kerosene /ˈkerəsiːn/ *(US)* = PARAFFIN
ketchup /ˈketʃəp/ *noun* [U] ketchup
kettle /ˈketl/ *noun* [C] vízforraló kanna: *an electric kettle*
★ **key¹** /kiː/ *noun* [C] **1** kulcs: *We need a spare*

key to the front door. • *a bunch of keys* **2** *[usually sing.]* **the key (to sth)** vminek a nyitja/titka: *A good education is the key to success.* **3** billentyű ➔ Ábra az A10. oldalon. **4** hangnem: *The concerto is in the key of A minor.* **5** megoldás, megfejtés: *an answer key* **6** jelmagyarázat
IDIOM **under lock and key** → LOCK²

key² /kiː/ *verb* [T] **key sth (in)** beír *(számítógépbe)*: *Have you keyed that report yet?* • *First, key in your password.*

key³ /kiː/ *adj.* *(csak főnév előtt)* kulcs(fontosságú)

keyboard /ˈkiːbɔːd/ *noun* [C] **1** billentyűzet ➔ Ábra az A10. oldalon. **2** billentyűs elektronikus hangszer ❶ A szó mindig **keyboards** függetlenül a hangszerek számától. ➔ Magyarázat a **piano** szónál.

keyhole /ˈkiːhəʊl/ *noun* [C] kulcslyuk
keyring /ˈkiːrɪŋ/ *noun* [C] kulcskarika
keyword /ˈkiːwɜːd/ *noun* [C] *(infor is)* kulcsszó

kg *abbr.* **(kilogram, kilograms** rövidítése) kg
khaki /ˈkɑːki/ *adj., noun* [U] khakiszínű (anyag)
kHz /ˈkɪləhɜːts/ *abbr.* **(kilohertz** rövidítése) kHz, kilohertz

★ **kick¹** /kɪk/ *verb* **1** [T] (meg)rúg, rugdos: *He kicked the ball wide of the net.* Nem sikerült berúgnia a labdát a hálóba. • *The police kicked the door down.* **2** [I,T] rúg, rugdalódzik, kapálódzik
IDIOMS **kick the habit** leszokik *(pl. kábítószerről)* | **kick yourself** fel tudná pofozni saját magát | **make, kick up, etc. a fuss** → FUSS¹
PHRASAL VERBS **kick off** játékot kezd *(futball)* | **kick sb out (of sth)** *(informális)* kirúg vkit vhonnan: *to be kicked out of university*

★ **kick²** /kɪk/ *noun* [C] **1** rúgás: *She gave the door a kick and it closed.* **2** *(informális)* élvezet: *He seems to get a real kick out of* (imád) *driving fast.*

ˈkick-off *noun* [C] kezdőrúgás *(futball)*

★ **kid¹** /kɪd/ *noun* **1** [C] *(informális)* srác, kölyök **2** [C] **(kid brother/sister)** *(főleg US, informális)* öccs/húg **3** [C,U] kecskegida, kecskebőr

kid² /kɪd/ *verb* [ɪ,T] (**kid**ding; **kid**ded) (*informális*) viccel, ugrat vkit

kiddy (also **kiddie**) /'kɪdi/ *noun* [C] (*plural* **kiddies**) (*informális*) kölyök

kidnap /'kɪdnæp/ *verb* [T] (**kidnapping**; **kidnapped**) elrabol (*embert zsarolási céllal*): *The child was kidnapped and £50 000 ransom was demanded for her release.* ⊃ Lásd **hijack**.
▸ **kidnapper** *noun* [C] emberrabló
kidnapping *noun* [C, U] emberrablás

kidney /'kɪdni/ *noun* [C,U] vese: *steak and kidney pie*

★ **kill¹** /kɪl/ *verb* **1** [ɪ,T] (meg)öl: *She was killed instantly in the crash.* Szörnyethalt a balesetben.

> A **murder** jelentése „szándékosan meggyilkol": *This was no accident. The old lady was murdered.* Az **assassinate** ige politikai gyilkosságra, merényletre vonatkozik: *President Kennedy was assassinated.* A **slaughter** és **massacre** igék jelentése „lemészárol" (embereket): *Hundreds of people were massacred when the army opened fire on the crowd.* A **slaughter** állat lemészárolását is jelentheti.

2 [T] (*informális*) nagyon fáj: *My feet are killing me.* **3** [T] csírájában elfojt: *The minister's opposition killed the idea stone dead* (megbuktatta a javaslatot). **4** [T] (*beszélt nyelv*) nagyon mérges vkire: *My mum will kill me when she sees this mess.* **5** [T] (*informális*) **kill yourself/sb** halálra neveti magát: *We were killing ourselves laughing.* **IDIOMS kill time, an hour, etc.** agyonüt (*időt*) | **kill two birds with one stone** két legyet üt egy csapásra
PHRASAL VERB kill sth off kiirt

kill² /kɪl/ *noun* [sing.] **1** (meg)ölés: *Lions often make a kill in the evening.* **2** (elejtett) zsákmány: *The eagle took the kill back to its young.*

killer /'kɪlə(r)/ *noun* [C] gyilkos: *a killer disease* • *He's a dangerous killer who may strike again.*

killing /'kɪlɪŋ/ *noun* [C] gyilkosság
IDIOM make a killing egy egész vagyont besöpör

★ **kilo** /'kiːləʊ/ (also **kilogram**, **kilogramme**

/'kɪləgræm/) *noun* [C] (*plural* **kilos**) (*abbr.* **kg**) kiló

★ **kilometre** (*US* **kilometer**) /'kɪləmiːtə(r); kɪ'lɒmɪtə(r)/ *noun* [C] (*abbr* **km**) kilométer

kilt /kɪlt/ *noun* [C] szoknya (*férfié, Skóciában*)

kin /km/ → NEXT OF KIN

★ **kind¹** /kaɪnd/ *noun* [C] fajta, -féle: *The concert attracted people of all kinds* (mindenféle). • *The concert attracted all kinds of people.* • *What kind of* (milyen) *car have you got?* • *In the evenings I listen to music, write letters, that kind of thing* (ehhez hasonló dolgok). ❶ Szinonimája: **sort** vagy **type**.

> Ne felejtsük, hogy a **kind** megszámlálható, ezért a következő mondatok NEM helyesek: ~~Those kind of dogs are really dangerous.~~ vagy ~~I like all kind of music.~~ Helyesen: *That kind of dog is really dangerous./Those kinds of dogs are really dangerous.* ill.: *I like all kinds of music.* A **kinds of** kifejezés után a főnév állhat egyes- vagy többesszámban: *There are so many kinds of camera/cameras on the market that it's hard to know which is best.*

IDIOMS a kind of (*informális*) valamilyen, valamiféle, egy olyan: *I had a kind of feeling that something would go wrong.* • *There's a funny kind of smell in here.* | **kind of** (*informális*) egy kissé: *I'm kind of worried about the interview.* | **of a kind 1** ugyanolyan, azonos jellegű: *The friends were two of a kind* (összeillettek). **2** -féle(ség): *It was tea of a kind.* Teaféle lötty volt.

★ **kind²** /kaɪnd/ *adj.* **kind (to sb); kind (of sb) (to do sth)** kedves vkitől, segítőkész: *It was kind of you to offer, but I don't need any help.* ❶ A **would you be so kind as to** udvariassági kifejezés elavulóban van. Ellentéte: **unkind**.

kindergarten /'kɪndəgɑːtn/ *noun* [C] óvoda ⊃ Lásd **nursery school**.

kind-'hearted *adj.* jószívű

kindly /'kaɪndli/ *adv., adj.* **1** kedves(en), szívélyes(en) **2** szíves: *Would you kindly wait* (legyen szíves várni) *a moment?* **3** jóságos

kitchen utensils

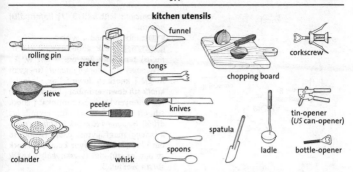

rolling pin · grater · funnel · corkscrew · tongs · chopping board · sieve · peeler · knives · tin-opener (US can-opener) · spatula · colander · whisk · spoons · ladle · bottle-opener

kindness /'kaɪndnəs/ *noun* [C,U] kedvesség

★ **king** /kɪŋ/ *noun* [C] **1** király: *King Edward VII* ➔ Lásd **queen, prince, princess. 2** király (*kártyában*): *the king of spades* ➔ Magyarázat a **card** szónál.

kingdom /'kɪŋdəm/ *noun* [C] **1** királyság: *the United Kingdom* **2** (állat-, növény- stb.) világ: *the animal kingdom*

'**king-size** (also '**king-sized**) *adj.* extra nagy/méretű: *a king-size bed*

kink /kɪŋk/ *noun* [C] kunkor, gubanc

kiosk /'kiːɒsk/ *noun* [C] elárusító bódé

kip /kɪp/ *verb* [I] (**kipping; kipped**) (*brit, szleng*) alszik, szunyál
▶ **kip** *noun* [sing., U] szunyókálás: *I'm going to have a kip.* Hunyok egyet. • *I didn't get much kip last night.*

kipper /'kɪpə(r)/ *noun* [C] sózott füstölt hering

★ **kiss** /kɪs/ *verb* [I,T] (meg)csókol, csókolgat, csókolódzik, (meg)puszil: *They kissed each other goodbye.* Búcsúzóul megcsókolták egymást.
▶ **kiss** *noun* [C] csók, puszi: *a kiss on the lips/cheek*

kit¹ /kɪt/ *noun* [C,U] készlet, felszerelés: *a tool kit* • *a drum kit* • *football/gym kit* • *a kit for a model aeroplane*

kit² /kɪt/ *verb* (**kitting; kitted**)
PHRASAL VERB kit sb/yourself out/up (in/with sth) felszereléssel ellát

kitchen /'kɪtʃɪn/ *noun* [C] konyha: *We usually eat in the kitchen.* ➔ Vesd össze cuisine.

kite /kaɪt/ *noun* [C] (papír)sárkány: *to fly a kite* sárkányt ereget

kitten /'kɪtn/ *noun* [C] kiscica, macskakölyök

kitty /'kɪti/ *noun* [C] (*plural* **kitties**) **1** kassza (*pl. diákközösségé*), félretett pénzösszeg: *All the students in the flat put £5 a week into the kitty.* **2** (*beszélt nyelv*) cica

kiwi /'kiːwiː/ *noun* [C] (*plural* **kiwis**) **1** kivi(madár) **2** (also '**kiwi fruit**) kivi

km *abbr.* (**kilometre, kilometres** rövidítése) km

knack /næk/ *noun* [sing.] (*informális*) **knack (of/for doing sth)** fortélya vminek: *Knitting isn't difficult once you've got the knack of it.*

knead /niːd/ *verb* [T] dagaszt (*tésztát*)

★ **knee** /niː/ *noun* [C] **1** térd: *Angie fell and grazed her knee.* • *She was on her hands and knees* (négykézlábon) *on the floor looking for her earrings.* • *Come and sit on my knee* (ölembe). **2** (*nadrág*) térde
IDIOM on your knees **1** térden **2** gyenge lábon: *When they took over, the company was on its knees.*

kneecap /'niːkæp/ *noun* [C] térdkalács

knee-'deep *adj., adv.* térdig érő: *The water was knee-deep in places.*

kneel /niːl/ *verb* [I] (*pt, pp* **knelt** /nelt/ or **kneeled**) **kneel (down)** (le)térdel ➔ Ábra a következő oldalon.

knew *past tense of* KNOW¹

knickers /'nɪkəz/ (*főleg US* **panties**) *noun* [*plural*] bugyi: *a pair of knickers* egy bugyi

★ **knife¹** /naɪf/ *noun* [C] (*plural* **knives**

ð **then** | s **so** | z **zoo** | ʃ **she** | ʒ **vision** | h **how** | m **man** | n **no** | ŋ **sing** | l **leg** | r **red** | j **yes** | w **wet**

kneel

kneeling   crouching

crawling

squatting   on her hands and knees

/naɪvz/) kés: *The carving knife is very blunt/ sharp.* • *a knife and fork* • *a penknife/pocket knife* (bicska) */flick knife* (rugós bicska) **⊃** Ábra **kitchen** alatt.

knife² /naɪf/ *verb* [T] megkésel, leszúr **❶** Szinonimája: **stab**.

knight /naɪt/ *noun* [C] **1** lovag(i rangot viselő személy Angliában) **2** (középkori) lovag
► **knighthood** /ˈnaɪthʊd/ *noun* [C,U] lovagi rang

★ **knit** /nɪt/ *verb* [I,T] (**knitting; knitted** or US *pt, pp* **knit**) **1** köt (*pl.* pulóvert) **⊃** Lásd **crochet**. **2** (**knit**) (*csak ebben a formában használatos*) szoros: *a closely/tightly knit* (összetartó) *village community*
► **knitting** *noun* [U] kötés: *I usually do some knitting while I'm watching TV.*

ˈ**knitting needle** (also **needle**) *noun* [C] kötőtű

knitwear /ˈnɪtweə(r)/ *noun* [U] kötöttáru

knob /nɒb/ *noun* [C] **1** (kapcsoló)gomb: *the volume control knob* **2** gomb (*pl.* fiókon) **⊃** Ábra **handle²** alatt.

★ **knock¹** /nɒk/ *verb* **1** [I] **knock (at/on sth)** kopog(tat): *Someone is knocking at the door.* **2** [T] **knock sth (on/against sth)** lelök vmit, beüt vmit vmibe (*véletlenségből*): *He knocked the vase onto the floor.* • *She knocked her head on the shelf.* • *to knock sb*

❶ = magyarázat   [C] **megszámlálható** (*főnév*): *one book, two books*

unconscious leüt vkit **3** [T] (*informális*) ócsárol

IDIOM **knock on wood** → **WOOD**

PHRASAL VERBS **knock about/around** (*informális*) teng-leng, lézeng: *Is last week's newspaper still knocking about* (megvan még)? | **knock sb down** fellök, elgázol | **knock sth down** lerombol | **knock off (sth)** (*beszélt nyelv*) befejezi a munkát | **knock sth off 1** (*informális*) enged vmit (*az árból*): *He agreed to knock £10 off the price.* **2** (*szleng*) megfúj vmit (*ellop*) | **knock sb out 1** kiüt, kiütéssel győz **2** elaltat | **knock sb out (of sth)** kiüt (*versenyből*) | **knock sb/sth over** fellök

★ **knock²** /nɒk/ *noun* [C] kopog(tat)ás, ütés: *a nasty knock on the head* • *I thought I heard a knock at the door.* • (*átv*) *She has suffered some hard knocks* (kellemetlenséget) *in her life.*

knocker /ˈnɒkə(r)/ *noun* [C] (*ajtó*) kopogtató

ˌ**knock-ˈon** *adj.*

IDIOM **a knock-on effect** (*főleg brit*) dominóeffektus: *An increase in the price of oil has a knock-on effect on other fuels* (kihat a többi üzemanyag árára).

knockout /ˈnɒkaʊt/ *noun* [C] **1** kiütés **2** (*főleg brit*) kieséses rendszer/verseny

★ **knot¹** /nɒt/ *noun* [C] **1** csomó: *to tie/ untie a knot* **2** csomó (*hajó sebességének mértékegysége*)

knot² /nɒt/ *verb* [T] (**knotting; knotted**) csomót köt, megköt

★ **know¹** /nəʊ/ *verb* (*pt* **knew** /njuː/; *pp* **known** /nəʊn/) **❶** Az igét *continuous* igeidőkben nem használjuk, azonban *-ing* alakban gyakran előfordul: *Knowing how he'd react if he ever found out about it, she kept quiet.* **1** [I,T] **know (about sth); know that...; know sth** tud (vmit), biztos vmiben: *I don't know much about sport.* • *Do you know where this bus stops?* • *Do you know their telephone number?* • *'You've got a flat tyre.' 'I know.'* • *Do you know the way to the restaurant?* • *I just know you'll pass the exam!* • *As far as I know* (a legjobb tudomásom szerint), *the meeting is next Monday afternoon.* • *Many people in western countries don't know what it's like to be hungry.* **2** [T] ismer: *We've known each other for years.* • *I don't know this part of*

[U] **megszámlálhatatlan** (*főnév*): *some sugar*

London well. • *Knowing Katie, she'll be out with her friends.*

A **meet** jelentése „(először) találkozni/ megismerkedni vkivel": *Peter and I met at university in 1997.* A **get to know sb** jelentése „jobban megismerni vkit": *Kevin's wife seems very interesting. I'd like to get to know her better.* Amikor egy helyet először látogatunk meg, a **see** vagy **visit** igét használjuk: *I'd love to go to the States and see/visit San Francisco and New York.*

3 [T] (*csak past és perfect igeidőkben állhat*) látott/hallott/tapasztalt vmit: *I've known him go a whole day without eating.* Tudom, hogy egyszer egy egész napig nem evett. • *It's been known to snow in June.* Már volt olyan, hogy havazott júniusban. **4** [T] (*gyakran szenvedő szerkezetben*) **know sb/sth as sth** vmilyen néven ismer: *Istanbul was previously known as Constantinople.* **5** [T] **know how to do sth** tud vmit csinálni, ért vmihez: *Do you know how to use a computer?*

Vigyázat! Az ige előtt **how to** áll. (A következő mondat helytelen: ~~I know to use a computer.~~)

IDIOMS **God/goodness/Heaven knows 1** isten tudja (hogyan): *They've ordered a new car but goodness knows how they're going to pay for it.* **2** igazán: *I hope I get an answer soon. Goodness knows, I've waited long enough.* | **know better (than that/than to do sth)** van annyi esze, (hogy ne): *I thought you knew better than to go out in the rain with no coat on.* | **know sth inside out/like the back of your hand** (*informális*) úgy ismeri, mint a tenyerét | **know what you are talking about** (*informális*) ért a dologhoz, tudja miről beszél | **know what's what** (*informális*) tudja/érti a módját | **let sb know** értesít vkit | **you know** tudod: *Well, you know, it's rather difficult to explain.* • *I've just met Marta. You know – Jim's ex-wife.* | **you never know**

(*beszélt nyelv*) sosem lehet tudni: *Keep those empty boxes. You never know, they might come in handy one day.*

PHRASAL VERB **know of sb/sth** tud vmiről/ vkiről, tudomása van vmiről/vkiről: *Do you know of any pubs around here that serve food?*

know² /nəʊ/ *noun*

IDIOM **in the know** (*informális*) jól értesült

'**know-all** (*US* '**know-it-all**) *noun* [C] nagyokos

'**know-how** *noun* [U] (*informális*) szakértelem

knowing /ˈnəʊɪŋ/ *adj.* sokatmondó: *a knowing look*

knowingly /ˈnəʊɪŋli/ *adv.* **1** tudatosan: *I've never knowingly lied to you.* **2** sokatmondóan: *He smiled knowingly at her.*

* **knowledge** /ˈnɒlɪdʒ/ *noun* **1** [U, *sing.*] knowledge (**of/about sth**) tudás: *I have a working knowledge* of French (használható nyelvtudás). • *general knowledge* általános tájékozottság **2** [U] vki tudomása szerint: *To my knowledge* (a legjobb tudomásom szerint) *they are still living there.* • *She did it without my knowledge* (tudtomon kívül).

IDIOM **be common/public knowledge** közismert tény

knowledgeable /ˈnɒlɪdʒəbl/ *adj.* tájékozott: *She's very knowledgeable about history.*

► **knowledgeably** /-əbli/ *adv.* intelligensen

knuckle /ˈnʌkl/ *noun* [C] ujjízület

koala /kəʊˈɑːlə/ *noun* [C] koala

kosher /ˈkəʊʃə(r)/ *adj.* kóser

kph /ˌkeɪ piː ˈeɪtʃ/ *abbr.* (**kilometres per hour** rövidítése) km/ó, kilométer per óra

kung fu /ˌkʌŋ ˈfuː/ *noun* [U] kung-fu ➔ Lásd **martial arts**.

kW (also **kw**) /ˈkɪləwɒt/ *abbr.* (**kilowatt** rövidítése) kW, kilowatt(os): *a 2kw electric heater*

Ll

L, l¹ /el/ noun [C] (plural **L's**; **l's**) L/l betű

l² abbr. **1** (l) (**litre(s)** rövidítése) l, liter **2** (brit) (L) (**learner-driver** rövidítése) T (tanuló vezető) **3** (L) (**large (size)** rövidítése) L, nagy méret

Lab abbr. (**Labour** rövidítése) (brit) Munkáspárt (tagja/képviselője)

label¹ /'leɪbl/ noun [C] **1** címke **2** (record label) lemezgyártó cég

label² /'leɪbl/ verb [T] (**labelling; labelled;** US **labeling; labeled**) **1** (ált. szenvedő szerkezetben) címkével ellát **2** label sb/sth (as) sth minősít, vkit/vmit vminek nevez: It is unfair to label a small baby as naughty.

label/tag/ticket

label

price tag

ticket

*★ **laboratory** /lə'bɒrətri/ noun [C] (plural **laboratories**) (informális **lab**) laboratórium ⊃ Lásd **language laboratory**.

laborious /lə'bɔːriəs/ adj. fáradságos: a laborious task/job
▶ **laboriously** adv. sok vesződséggel

labour¹ (US **labor**) /'leɪbə(r)/ noun **1** [U] munka: manual labour fizikai munka **2** [U] munkaerő: There is a shortage of skilled labour (szakmunkás hiány). **3** [U; C, usually sing.] vajúdás: She went into labour (kezdődött a szülési fájásai) in the early hours of this morning. • She was in labour (vajúdott) for ten hours.

labour² (US **labor**) /'leɪbə(r)/ verb [I] **1** labour (away) munkálkodik vmin: She laboured on her book for two years. **2** fáradozik vmin

laboured (US **labored**) /'leɪbəd/ adj. fáradságos: laboured (nehéz) breathing

labourer (US **laborer**) /'leɪbərə(r)/ noun [C] (fizikai) munkás: unskilled farm labourers

the 'Labour Party (also **Labour**) noun [sing., with sing. or plural verb] Munkáspárt (brit): He has always voted Labour. ⊃ Lásd **the Conservative Party, the Liberal Democrats**.

'labour-saving adj. munkát megtakarító: labour-saving devices háztartási gépek

labyrinth /'læbərɪnθ/ noun [C] útvesztő: a labyrinth of corridors ❶ Szinonimája: maze.

lace¹ /leɪs/ noun **1** [U] csipke ❶ Melléknév: lacy. **2** [C] cipőfűző: Your shoelace is undone. • Do up your laces. ⊃ Ábra **shoe¹** alatt.

lace² /leɪs/ verb [I,T] lace (sth) (up) (be)fűz (pl. cipőfűzőt): She was sitting on the end of the bed lacing up her boots.
▶ **lace-up** adj., noun [C] fűzős: lace-up shoes

lack¹ /læk/ noun [U, sing.] a lack (of sth) vminek a hiánya

*★ **lack²** /læk/ verb [T] nincs neki (elég vmiből): She seems to lack the will to succeed.

lacking /'lækɪŋ/ adj. (főnév előtt nem állhat) **1** be lacking in sth nincs elég vmiből: He's certainly not lacking in intelligence. Nagyon is intelligens. **2** hiányzó: I feel there is something lacking in my life (hiányzik valami az életemből).

lacklustre /'læklʌstə(r)/ adj. fakó, középszerű: a lacklustre performance

laconic /lə'kɒnɪk/ adj. (formális) szűkszavú
▶ **laconically** /-kli/ adv. szűkszavúan

lacquer /'lækə(r)/ noun [U] **1** lakk **2** (rég) hajlakk ❶ Szinonimája: **hairspray**.

lacy /'leɪsi/ adj. csipkés

lad /læd/ noun [C] (informális) legény: School has changed since I was a lad.

*★ **ladder** /'lædə(r)/ noun [C] **1** létra: (átv) to climb the ladder of success (a siker lépcsőfokait) ⊃ Lásd **stepladder**. **2** (US **run**) lefutó szem (harisnyán)
▶ **ladder** verb [T] kiszakít (harisnyát)

laden /'leɪdn/ adj. be laden (with sth) (főnév előtt nem állhat) roskadozik vmitől: The travellers were laden down with luggage. • *The orange trees were laden with fruit.*

the ¹Ladies noun [*sing.*] (*brit, informális*) Nők (*női vécé*) ➔ Magyarázat a **toilet** szónál.

ladle¹ /'leɪdl/ noun [C] merőkanál ➔ Ábra **kitchen** alatt.

ladle² /'leɪdl/ verb [T] kimer (*levest*)

★ **lady** /'leɪdi/ noun [C] (*plural* **ladies**) **1** hölgy: *The old lady next door lives alone.* **2** (*formális*) hölgy: *Ladies and gentlemen!* • *Mrs Flinn, there's a lady here to see you.* **3** női (*fő*)nemesi cím: *Lady Elizabeth Groves* ➔ Lásd **Lord**.

ladybird /'leɪdɪbɜːd/ (*US* **ladybug** /'leɪdɪbʌg/) noun [C] katicabogár

lag¹ /læg/ verb [I] (**lagging; lagged**) lag (**behind**) (**sb/sth**) el-/lemarad: *James has missed a lot of classes and is lagging behind the others at school.*

lag² /læg/ (*also* **time lag**) noun [C] késedelem ➔ Lásd **jet lag**.

lager /'lɑːgə(r)/ noun [C,U] (*brit*) egyfajta világos sör

lagoon /lə'guːn/ noun [C] laguna

laid *past tense, past participle* of **LAY¹**

laid-back /ˌleɪd 'bæk/ adj. (*informális*) könnyed, laza

lain *past participle* of **LIE²**

★ **lake** /leɪk/ noun [C] tó: *They've gone sailing on the lake.* • *We all swam in the lake.*

> A **pond** kisebb tavat jelent mint a **lake**.

★ **lamb** /læm/ noun **1** [C] bárány ➔ Magyarázat a **sheep** szónál. **2** [U] bárány-(hús): *lamb chops* csontos bárányszeletek ➔ Magyarázat a **meat** szónál.

lame /leɪm/ adj. **1** sánta

> A **lame** szót emberre vonatkoztatva ritkán használjuk. Ilyen esetben a **limp** ige/főnév gyakoribb: *He's got a limp.* • *You're limping. Have you hurt your leg?*

2 átlátszó (*pl. kifogás*), gyenge (*pl. érvelés*)

lament /lə'ment/ noun [C] (*formális*) siralmas ének/vers, siránkozás
▸ **lament** verb [T] siránkozik

laminated /'læmɪneɪtɪd/ adj. **1** rétegelt: *laminated glass* **2** laminált

★ **lamp** /læmp/ noun [C] lámpa: *a table/desk/ bicycle lamp* • *a sunlamp* kvarclámpa

¹lamp post noun [C] lámpaoszlop

lampshade /'læmpʃeɪd/ noun [C] lámpaernyő

★ **land¹** /lænd/ noun **1** [U] szárazföld: *Penguins can't move very fast on land.* ➔ Magyarázat a **ground** szónál. ❶ Ellentéte: **sea**. **2** [U] föld: *The land rose to the east.* • *She owns 500 acres of land in Scotland.* **3** [U] talaj, föld: *The land is rich and fertile.* • *arid /barren land* • *arable /agricultural/indus-trial land* **4** [C] (*írott nyelv*) ország: *She died far from her native land* (*hazájától*). • *to travel to distant lands* (*távoli országok*) ➔ Magyarázat a **country** szónál.

★ **land²** /lænd/ verb **1** [I,T] leszáll(it): *The pilot landed the aeroplane safely.* • *He fell off the ladder and landed on his back* (*ráesett a hátára*). **2** [I,T] kiköt, partraszáll(it) **3** [T] megszerez: *The company has just landed a million-dollar contract.*

IDIOM **fall/land on your feet** → **FOOT¹**

PHRASAL VERBS **land up (in...)** (*brit, informá-lis*) vmilyen helyzetben találja magát: *He landed up in a prison cell* (*börtönben kötött ki*) *for the night.* | **land sb with sb/sth** (*informális*) nyakába varr vkinek vmit

landfill /'lændfɪl/ noun **1** [C,U] szemét-temető **2** [U] eltemetendő szemét, szemét eltemetése

landing /'lændɪŋ/ noun [C] **1** leszállás (*repülőgépé*): *The plane made an emergency landing* (*kényszerleszállás*) *in a field.* • *a crash landing* kényszerleszállás (*sérü-léssel*) ❶ Ellentéte: **take-off**. **2** lépcső-forduló, emeleti előtér

¹landing card noun [C] kiszállókártya

¹landing stage (*US* **landing**) noun [C] kikötőhely, stég ❶ Szinonimája: **jetty**.

¹landing strip noun [C] fel-/leszállópálya

landlady /'lændleɪdi/ noun [C] (*plural* **landladies**) **1** szállásadónő **2** tulajdonos-nő, üzletvezetőnő (*kocsmában, vendéglő-ben, szállodában*)

landlord /'lændlɔːd/ noun [C] **1** szállásadó

2 tulajdonos, üzletvezető (*kocsmában, vendéglőben, szállodában*)

landmark /'lændmɑːk/ *noun* [*C*] **1** feltűnő építmény, jellegzetes tájékozódási pont: *Big Ben is one of the landmarks on London's skyline* (jellegzetesen rajzolódik ki a horizonton). **2 a landmark (in sth)** mérföldkő, fordulópont

landscape¹ /'lændskeɪp/ *noun* **1** [*C, usually sing.*] táj: *an urban/industrial landscape* ➲ Magyarázat a **scenery** szónál. **2** [*C,U*] tájkép

landscape² /'lændskeɪp/ *verb* [*T*] tájat rendez

landslide /'lændslaɪd/ *noun* [*C*] **1** földcsuszamlás **2** átütő győzelem

lane /leɪn/ *noun* [*C*] **1** ösvény: *a country lane* **2** (*keskeny*) utca: *Crossley Lane* **3** (*közlekedési*) sáv: *a four-lane motorway* • *the inside* (GB *külső*)/*middle/fast/outside* (GB *belső*) *lane* **4** sáv, pálya (*sportban*) **5** hajó/repülő által használt útvonal

★ **language** /'læŋɡwɪdʒ/ *noun* [*C,U*] nyelv: *How many languages can you speak?* • *a language school* • *They fell in love in spite of the language barrier* (a nyelvi különbség ellenére). • *What is your first language* (anyanyelved)? • *written/spoken language* • *legal language* • *bad* (durva/közönséges) *language* • *the language of Shakespeare* • *sign language* jelbeszéd ➲ Lásd **body language**.

language laboratory *noun* [*C*] nyelvi labor(atórium)

lanky /'læŋki/ *adj.* hórihorgas

lantern /'læntən/ *noun* [*C*] lámpás

lap¹ /læp/ *noun* [*C*] **1** öl (*testrész*) **2** kör (*versenypályán*), hossz (*úszóversenyen*): *There are three more laps to go in the race.* **3** hosszú utazás egy szakasza

lap² /læp/ *verb* (**lapping**; **lapped**) **1** [*I*] csobog, csobban: *The waves lapped against the side of the boat* (mosták a csónak oldalát). **2** [*T*] **lap sth (up)** lefetyel: *The cat lapped up the cream.* **3** [*T*] lehagy (*ellenfelet*)

PHRASAL VERB **lap sth up** (*informális*) bevesz vmit/mindent (*élvezettel*)

lapel /lə'pel/ *noun* [*C*] hajtóka (*kabáté*)

lapse¹ /læps/ *noun* [*C*] **1** (*emlékezet*) kihagyás: *a lapse of memory* • *a temporary*

lapse in concentration **2** időköz: *She returned to work after a lapse of ten years bringing up her family.* ➲ Lásd **elapse** igét. **3** mulasztás

lapse² /læps/ *verb* [*I*] **1** lejár: *My membership has lapsed.* **2** lankad, kihagy: *My concentration lapsed during the last part of the exam.*

PHRASAL VERB **lapse into sth** hanyatlik, visszaesik: *to lapse into silence* (elcsendesedik)/*a coma* (kómába esik)

laptop /'læptɒp/ *noun* [*C*] laptop, hordozható számítógép ➲ Lásd **desktop**.

larder /'lɑːdə(r)/ *noun* [*C*] éléskamra, élelmiszeres szekrény ❶ Szinonimája: pantry.

★ **large** /lɑːdʒ/ *adj.* nagy(méretű), tágas, bőséges: *a large area/house/family/appetite* • *a large number of people* • *I'd like a large coffee, please.* • *We have this shirt in small, medium or large.* ➲ Magyarázat a **big** szónál.

IDIOMS **at large 1** általában: *He is well known to scientists but not to the public at large* (a nagyközönség előtt). **2** szabadlábon (*bűnöző*), szabadon (*vadállat*) | **by and large** egészében véve: *By and large the school is very efficient.*

largely /'lɑːdʒli/ *adv.* nagyrészt, főleg: *His success was largely due to hard work.*

large-scale *adj.* nagyarányú, nagyszabású: *large-scale production* (nagyüzemi termelés)/*unemployment*

laryngitis /ˌlærɪn'dʒaɪtɪs/ *noun* [*U*] gégegyulladás

laser /'leɪzə(r)/ *noun* [*C*] lézer

lash¹ /læʃ/ *verb* **1** [*I,T*] ver(des) (*pl. eső ablakot*), csapkod (*pl. hullám*): *The rain lashed against the windows.* **2** [*T*] (*ostorral*) ver, (meg)korbácsol **3** [*T*] **lash A to B**; **lash A and B together** összeköt öz: *The two boats were lashed together.*

PHRASAL VERB **lash out (at/against sb/sth)** odavág vkinek, rátámad vkire: *The actor lashed out at a photographer outside his house.*

lash² /læʃ/ *noun* [*C*] **1** (also **eyelash**) szempilla **2** ostorcsapás, korbácsütés

lass /læs/ (also **lassie** /'læsi/) *noun* [*C*] (*informális*) lányka, fiatalasszony ❶ A

lass szót főleg Skóciában és Észak-Angliában használják.

lasso /læ'suː/ *noun* [C] (*plural* **lassos** or **lassoes**) lasszó
▸ **lasso** *verb* [T] lasszóval megfog

★ **last¹** /lɑːst/ *adj., adv., determiner, noun* [C]
1 (leg)utolsó, utoljára: *December is the last month of the year.* • *The British athlete came in last .* • *Alex was the last to arrive* (utolsóként érkezett). **2** (el)múlt, utoljára: *last night/week/Saturday/summer* • *We have been working on the book for the last six months* (hat hónapja). • *The last time* (az utolsó alkalommal) *I saw her was in London.* • *We'll win this time, because they beat us last time.* • *When did you last have your eyes checked?*

A **the latest** jelentése „legújabb/legfrissebb/legutóbbi". A **the last** egy sorozat utolsó darabjára utal: *His last novel was a huge success, but the latest one is much less popular.*

3 (leg)utolsó: *This is my last chance to take the exam.* • *We finished the last of the bread* (az utolsó szem kenyeret is) *at breakfast so we'd better get some more.* **4** (*csak főnév előtt*) váratlan (*dolog*), alkalmatlan (*személy*): *He's the last person I thought would get the job.* Bárkiről inkább feltételeztem volna, hogy megkapja az állást, de róla nem.
▸ **lastly** *adv.* végül: *Lastly, I would like to thank the band who played this evening.* ❶ Szinonimája: **finally**.

IDIOMS **at (long) last** végre (valahára): *After months of separation they were together at last.* | **first/last thing** → THING | **have the last laugh** végül mégiscsak neki lesz igaza | **have, etc. the last word** övé az utolsó szó | **in the last resort; (as) a last resort** ha minden kötél szakad: *In the last resort my grandad could play in the match.* | **last but not least** utoljára, de nem utolsósorban | **the last/next but one, two, etc.** utolsó előtti stb./ a következő utáni első, második stb.: *I live in the next house but one* (a második házban) *on the right.* • *X is the last letter but two* (hátulról a harmadik betű) *of the alphabet.* | **a last-ditch attempt** végső/kétségbeesett erőfeszítés | **the last minute/moment** az utolsó perc(ben történő): *We arrived at the last minute to*

catch the train. • *a last-minute change of plan* | **the last/final straw** → STRAW

★ **last²** /lɑːst/ *verb* ❶ Az igét *continuous* igeidőkben nem használjuk, azonban *-ing* alakban gyakran előfordul: *An earthquake lasting approximately 20 seconds struck the city last night.* **1** *linking verb* [T] tart vmeddig: *The exam lasts three hours.* • *An earthquake lasting approximately 20 seconds struck the city last night.* **2** [I,T] el-/kitart vmeddig: *Do you think this weather will last till the weekend?* • *This money won't last me till the end of the month.*

lasting /'lɑːstɪŋ/ *adj.* tartós, maradandó: *The museum left a lasting impression on me.*

last name *noun* [C] vezetéknév ➔ Magyarázat a **name** szónál.

latch¹ /lætʃ/ *noun* [C] **1** kallantyú **2** (*állítható*) zárfajta

latch² /lætʃ/ *verb*
PHRASAL VERB **latch on (to sth)** (*informális*) kapcsol: *It took them a while to latch on to what she was talking about.*

★ **late** /leɪt/ *adj., adv.* **1** késő(n), egy időszak vége felé: *in the late afternoon/summer/twentieth century* • *in late May/late in May* • *His mother's in her late fifties* (55 és 60 között van). • *We got back home late in the evening.* **2** késő(n): *I'm sorry I'm late.* Elnézést a késésért. • *She was ten minutes late* (tíz percet késett) *for school.* • *The ambulance arrived too late to save him.* • *to be late* (el van maradva) *with the rent* • *The buses are running late today.* • *to stay up late* (sokáig/késő éjszakáig) **3** késő: *It's getting late* (későre jár) *– let's go home.* **4** (*csak főnév előtt*) néhai: *his late wife*
IDIOMS **an early/a late night** → NIGHT | **later on** később: *Bye – I'll see you a bit later on.* | **sooner or later** → SOON

latecomer /'leɪtkʌmə(r)/ *noun* [C] későn jövő (*személy*)

★ **lately** /'leɪtli/ *adv.* mostanában, az utóbbi időben: *What have you been doing lately?*

★ **latest** /'leɪtɪst/ *adj.* legújabb, legfrissebb, legutolsó: *the latest fashions* • *the latest news* ➔ Magyarázat a **last¹** szónál.

the latest *noun* [*sing.*] (*informális*) a legújabb/legfrissebb dolog/hír: *This is the latest in a series of attacks by this terrorist* *group.* • *This is the very latest in computer technology.*

IDIOM **at the latest** legkésőbb: *You need to hand your projects in by Friday at the latest.*

lather /'lɑːðə(r)/ *noun* [U] szappanhab

Latin /'lætɪn/ *noun* [U] *adj.* latin: *Latin poetry* • *Spanish and other Latin* (újlatin) *languages*

Latin American *noun* [C] *adj.* latinamerikai

latitude /'lætɪtjuːd/ *noun* [U] szélesség(i fok) **❶** A földrajzi szélességet fokokban (**degrees**) mérjük. Lásd **longitude**.

latter /'lætə(r)/ *adj.* (*formális, csak főnév előtt*) későbbi: *Interest rates should fall in the latter half of the year* (az év második felében).
► **latterly** *adv.* az utóbbi időben

the latter *noun* [sing.] *pron.* az utóbbi: *The options were History and Geography. I chose the latter.* **❶** „Az előbbi" megfelelője the **former.**

★ **laugh¹** /lɑːf/ *verb* [I] nevet, kacag: *His jokes always make me laugh.* • *to laugh out loud*
IDIOM **die laughing** → DIE
PHRASAL VERB **laugh at sb/sth 1** nevet vkin/vmin **2** kinevet vkit

laugh² /lɑːf/ *noun* [C] **1** nevetés: *Her jokes got a lot of laughs* (sokakat megnevettetett). • *We all had a good laugh* (jót nevettünk) *at what he'd written.* **2** (*informális*) komikus személy/dolog
IDIOMS **for a laugh** viccből | **have the last laugh** → LAST¹

laughable /'lɑːfəbl/ *adj.* nevetséges

laughing stock *noun* [C] nevetség tárgya

laughter /'lɑːftə(r)/ *noun* [U] nevetés: *Everyone roared with laughter.*

launch¹ /lɔːntʃ/ *verb* [T] **1** vízre bocsát (*hajót*), kilő (*rakétát*) **2** elindít, piacra dob (*vmi új dolgot*): *to launch a new product onto the market*

launch² /lɔːntʃ/ *noun* [C] **1** [usually sing.] vízrebocsátás (*hajóé*), kilövés (*pl. űrhajóé*) **2** motorcsónak

launderette /lɔːn'dret/ (*US* **Laundromat™** /'lɔːndrəmæt/) *noun* [C] önkiszolgáló mosószalon

laundry /'lɔːndri/ *noun* (*plural* **laundries**) **1** [U] a mosás, a szennyes: *dirty laundry*

❶ A mosás elvégzésére a **do the washing** kifejezés gyakoribb, mint „do the laundry". **2** [C] patyolat, mosoda

lava /'lɑːvə/ *noun* [U] láva

lavatory /'lævətri/ *noun* [C] (*plural* **lavatories**) (*formális*) **1** WC **2** mosdó: *Where's the ladies' lavatory, please?* ➔ Magyarázat a **toilet** szónál.

lavender /'lævəndə(r)/ *noun* [U] levendula

lavish¹ /'lævɪʃ/ *adj.* **1** bőkezű, pazarló: *She was always very lavish with her presents.* **2** kiadós, pazar: *a lavish meal*

lavish² /'lævɪʃ/ *verb*
PHRASAL VERB **lavish sth on sb/sth** elhalmoz vkit vmivel

★ **law** /lɔː/ *noun* **1** [C] rendelet, törvény: *There's a new law about wearing seat belts in the back of cars.* **2** (**the law**) [U] törvény, jog: *Stealing is against the law* (törvénylenes). • *to break* (megszegni) *the law* • *to obey* (betartani) *the law* ➔ Lásd **legal**. **3** [U] jog: *She is studying law.* • *My brother works for a law firm* (ügyvédi irodában) *in Brighton.* ➔ Lásd **legal**. **4** [C] szabály, (*természeti*) törvény: *the laws of mathematics/gravity*
IDIOM **law and order** közrend

law-abiding *adj.* törvénytisztelő: *law-abiding citizens*

lawbreaker /'lɔːbreɪkə(r)/ *noun* [C] törvényszegő

law court (also ˌcourt of 'law) *noun* [C] bíróság, törvényszék

> A case is tried in a law court.

lawful /'lɔːfl/ *adj.* törvényes, jogszerű: *We shall use all lawful means to obtain our demands.* ➔ Lásd **legal**, **legitimate**.

lawless /'lɔːləs/ *adj.* törvényellenes
► **lawlessness** *noun* törvényellenesség, féktelenség

lawn /lɔːn/ *noun* [C,U] gyep

lawnmower /'lɔːnməʊə(r)/ *noun* [C] fűnyíró(gép) ➔ Ábra **garden**¹ alatt.

lawsuit /'lɔːsuːt/ *noun* [C] per

★ **lawyer** /'lɔːjə(r)/ *noun* [C] ügyvéd: *to consult a lawyer*

> A **solicitor** olyan ügyvéd, aki jogi tanácsot ad, hiteles okmányokat, pl.

adásvételi szerződést készít. A **barrister** vagy (US) **attorney** bíróság előtt képviseli az ügyet.

lax /læks/ *adj.* laza, felületes: *Their security checks are rather lax.*

★ **lay¹** /leɪ/ *verb* [T] (*pt, pp* **laid** /leɪd/) **1** (le)fektet, (le)helyez, (le)terít: *She laid a sheet over the dead body.* ● *He laid the child gently down on her bed.* ● *'Don't worry,' she said, laying her hand on my shoulder.* **2** (le)fektet (*pl. kábelt*) **3** elkészít vmit: *The police have laid a trap for him* (csapdát állítottak neki). ● *Can you lay the table please?* Megterítenél? **4** tojást rak: *Hens lay eggs.* **5** helyez (*egyes kifejezésekben*): *They laid all the blame on him.* Az egész felelősséget ráhárították. ● *to lay emphasis on sth* hangsúlyt helyezni vmire

PHRASAL VERBS **lay sth down** leszögez (*szabályokat*): *It's all laid down in the rules of the club.* | **lay off (sb)** (*informális*) leszáll vkiről: *Can't you lay off me for a bit?* | **lay sb off** elbocsát: *They've laid off 500 workers at the car factory.* | **lay sth on** (*informális*) gondoskodik vmiről: *They're laying on a trip to London* (egy londoni kirándulást is szerveznek) *for everybody.* | **lay sth out** elrendez, kirak: *All the food was laid out on a table in the garden.*

lay² /leɪ/ *adj.* (*csak főnév előtt*) **1** világi (*civil*): *a lay preacher* **2** laikus

★ **lay³** *past tense of* LIE²

layabout /ˈleɪəbaʊt/ *noun* [C] (*brit, informális*) semmirekellő

ˈ**lay-by** (US ˈ**rest stop**) *noun* [C] (*plural* **lay-bys**) pihenőhely (*autópálya mellett*)

★ **layer** /ˈleɪə(r)/ *noun* [C] réteg: *A thin layer of dust covered everything in the room.* ● *It's very cold. You'll need several layers of clothing.* ● *the top/bottom layer* ● *the inner/outer layer*

layman /ˈleɪmən/ *noun* [C] (*plural* **-men** /-mən/) laikus: *a medical reference book for the layman*

laze /leɪz/ *verb* [I] **laze (about/around)** lustálkodik, henyél

★ **lazy** /ˈleɪzi/ *adj.* (**lazier; laziest**) **1** lusta **2** kényelmes: *a lazy* (álmodozó) *smile* **3** bágyasztó: *a lazy summer's afternoon* ▸ **lazily** *adv.* lustán, kényelmesen **laziness** *noun* [U] lustaság, tunyaság

lb *abbr.* (**pound, pounds** rövidítése) font (*0,45 kg*)

lead¹ /liːd/ *verb* (*pt, pp* **led** /led/) **1** [T] vezet: *She led the horse into its stable.* ● *The receptionist led the way* (mutatta az utat) *to the boardroom.* ● *to lead sb by the hand*

> A **guide** igét használjuk, ha turistát ill. segítségre szoruló embert vezetünk vhová: *to guide visitors around Oxford* ● *He guided the blind woman to her seat.* A **direct** ige jelentése „útbaigazít vkit": *Could you direct me to the nearest Post Office, please?*

2 [I] vezet vhova (*út*): *I don't think this path leads anywhere.* **3** [I] **lead to sth** eredményez: *Eating too much sugar can lead to all sorts of health problems.* **4** [T] **lead sb to do sth** befolyásol vkit vmiben: *He led me to believe* (arra engedett következtetni, hogy) *he really meant what he said.* **5** [T] vmilyen életet él: *They lead a very busy life.* ● *to lead a life of crime* **6** [I,T] vezet, élen halad (*versenyen*): *Hingis is leading by two games to love* (kettő nullra vezet). ● *Williams is leading Hingis* (Williams vezet Hingis ellen) *by two games to love.* **7** [I,T] irányít, vezet: *to lead a discussion*

IDIOM **lead sb astray** félrevezet

PHRASAL VERB **lead up to sth** vezet vmihez, előkészít (*vmilyen eseményt*)

lead² /liːd/ *noun* **1** (**the lead**) [*sing.*] vezetés (*versenyben, sportban*): *The French athlete has gone **into the lead*** (került az élre). ● *Who is **in the lead*** (van az élen)? ● *Britain has **taken the lead*** (vezet) *in developing computer software for that market.* **2** [*sing.*] előny: *The company has a lead of several years in the development of the new technology.* **3** [C] vezető szerep: *Who's playing the lead* (a főszerepet) *in the new film?* ● *Jill played **a lead role** in getting the company back into profit.* ● *the lead guitarist/singer* **4** [C] nyom (*nyomozásnál*): *The police are following* all possible **leads** (minden lehetséges szálon fut a nyomozás) *to track down the killer.* **5** [C] póráz: *All dogs must be **kept on a lead**.* **6** [C] (*elektromos*) vezeték

IDIOM **follow sb's example/lead** → FOLLOW

lead³ /led/ *noun* **1** [U] (*symbol* Pb) ólom **2** [C,U] grafit

★ **leader** /ˈliːdə(r)/ *noun* [C] **1** vezető: *a weak/strong leader* ● *She is a natural leader*

(vezető típus). **2** első (*versenyben*): *The leader has just finished the third lap.* • *The new shampoo soon became a market leader* (a vezető márka).

leadership /'liːdəʃɪp/ *noun* **1** [U] vezetőség, vezetés: *Who will take over the leadership of the party?* **2** [U] vezetés(hez szükséges tulajdonságok): *She's got good leadership skills.* **3** [C, with sing. or plural verb] vezetőség

leading /'liːdɪŋ/ *adj.* **1** vezető, fő: *He's one of the leading experts in this field.* • *She played a leading role in getting the business started.* **2** irányító/rávezető (*kérdés*)

ˌleading ˈquestion *noun* [C] irányító kérdés

ˈlead story *noun* [C] fő hír (*rádió, tévé híradásában*)

* **leaf¹** /liːf/ *noun* [C] (*plural* leaves /liːvz/) (fa)levél: *The trees lose their leaves in autumn.*

leaf² /liːf/ *verb*
 PHRASAL VERB leaf through sth (át)lapoz

* **leaflet** /'liːflət/ *noun* [C] szórólap

leafy /'liːfi/ *adj.* **1** dús: *a leafy bush* **2** lombos

league /liːg/ *noun* [C] **1** liga: *Which team is top of the league* (vezet a bajnokságban) *at the moment?* **2** szövetség: *the League of Nations* **3** szint: *He is so much better than the others. They're just not in the same league.* Nem lehet őket egy lapon említeni.
 IDIOM in league (with sb) szövetkezik vkivel

* **leak¹** /liːk/ *verb* **1** [I,T] szivárog, beázik: *The boat was leaking badly.* **2** [I] csöpög, szivárog: *Water is leaking in through the roof.* **3** [T] leak sth (to sb) kiszivárogtat: *The committee's findings were leaked to the press before the report was published.*
 PHRASAL VERB leak out kiszivárog

* **leak²** /liːk/ *noun* [C] **1** rés, lyuk (*melyen keresztül folyadék, gáz távozik*): *There's a leak in the pipe.* • *The roof has sprung a leak* (lyuk keletkezett). **2** szivárgás: *a gas leak* **3** hír kiszivárogtatása
 ► **leaky** *adj.* szivárgó, lyukas

leakage /'liːkɪdʒ/ *noun* [C,U] (ki)szivárgás

* **lean¹** /liːn/ *verb* (*pt, pp* leant /lent/ or leaned /liːnd/) **1** [I] dől, hajol: *He leaned*

across the table to pick up the phone. • *She leaned out of the window and waved.* • *Just lean back and relax.* **2** [I] hajlik, dől: *That wardrobe leans to the right.* **3** [I,T] lean (sth) against/on sth nekidől vminek, támaszkodik vmire, (neki)támaszt vmit vminek: *Please don't lean bicycles against this window.*

lean² /liːn/ *adj.* **1** sovány (*hús is*) **2** sovány, szűkös: *a lean harvest*

leap¹ /liːp/ *verb* [I] (*pt, pp* leapt /lept/ or leaped /liːpt/) **1** (fel)ugrik, felszökik: *A fish leapt out of the water.* • (*átv*) *Share prices leapt to a record high* (rekordmagasságot értek el) *yesterday.* **2** (fel)ugrik, felpattan: *I looked at the clock and leapt out of bed.*
 PHRASAL VERB leap at sth kapva kap vmin (*pl. lehetőségen*)

leap² /liːp/ *noun* [C] **1** ugrás, szökkenés: *He took a flying leap* (nekirugaszkodott) *but didn't get over the wall.* • (*átv*) *My heart gave a leap* (nagyot dobbant) *when I heard the news.* **2** ugrás (*fejlődésben*): *The development of penicillin was a great leap forward* (óriási előrelépés).

leapfrog /'liːpfrɒg/ *noun* [U] bakugrás

ˈleap year *noun* [C] szökőév

* **learn** /lɜːn/ *verb* (*pt, pp* learnt /lɜːnt/ or learned /lɜːnd/) **1** [I,T] learn (sth) (from sb/sth) (meg)tanul, elsajátít: *I'm not very good at driving yet – I'm still learning.* • *We're learning about China at school.* • *Debbie is learning to play the piano.* • *to learn a foreign language/a musical instrument* • *Where did you learn how to swim?* ➜ Vesd össze **study²**. **2** [I,T] learn (of/about) sth megtud vmit, értesül vmiről **3** [T] kívülről/szóról szóra megtanul **4** [I] okul, tanul (*tapasztalatból*): *It's important to learn from your mistakes.*
 IDIOMS learn the hard way saját kárán tanul | learn your lesson jó lecke vki számára

learned /'lɜːnɪd/ *adj.* nagy tudású

learner /'lɜːnə(r)/ *noun* [C] tanuló: *a learner driver* • *books for young learners*

learning /'lɜːnɪŋ/ *noun* [U] **1** tanulás **2** tudás, műveltség

lease /liːs/ *noun* [C] bérleti szerződés: *The lease on the flat runs out/expires next year.*
 ► **lease** *verb* [T] bérbe vesz: *They lease the land from a local farmer.* • *Part of the build-*

ing is leased out to tenants (bérbe van adva).

★ **least** /liːst/ *determiner, pron., adv.* **1** (*a little* felsőfoka) legkevesebb: *He's got the least experience of all of us.* • *You've done the most work, and I'm afraid John has done the least.* **2** legkevésbé: *I bought the least expensive tickets.* • *My uncle always appears when we're least expecting him.* **❶** Ellentéte: **most**.

IDIOMS at least 1 legalább: *It'll take us at least two hours to get there.* • *It may not be beautiful but at least it's cheap.* **2** legalábbis: *I saw him – at least I think I saw him.* | **at the (very) least** legalább, minimum | **last but not least** → LAST¹ | **least of all** legkevésbé | **not in the least (bit)** egyáltalán nem: *It doesn't matter in the least.* • *I'm not in the least bit worried.* | **to say the least** enyhén szólva

★ **leather** /ˈleðə(r)/ *noun* [U] (kikészített) bőr: *a leather jacket*

★ **leave¹** /liːv/ *verb* (*pt, pp* **left** /left/) **1** [I,T] elmegy, elindul, elhagy: *We should leave now if we're going to get there by eight o'clock.* • *At what age do most people leave school* (fejezik be az iskolát) *in your country?* • *Barry left his wife for another woman.*

> A **leave sb/sth** jelenthet végleges vagy ideiglenes elhagyást: *He leaves the house at 8.00 every morning.* • *He left New York and went to live in Canada.*
>
> A **depart** hivatalosabb és hajóval, vonattal, repülőgéppel való indulást jelent: *The 6.15 train for Bath departs from Platform 3.*

2 [T] vhogyan hagy vkit/vmit: *Leave the door open, please.* • *Don't leave the iron on* (ne hagyd bekapcsolva)*, please.* **3** [T] **leave sth (behind)** hagy vmit vhol, (ott)felejt vmit vhol: *I left my glasses behind at work.* **4** [T] hagy (nyomot) **5** [T] (meg)hagy vmit: *Leave some milk for me, please.* **6** [T] hagy vmit vhol: *I left him a note.* **7** [T] (rá)hagy vkire (örökségként) **8** [T] rábíz vkit/vmit vkire: *I'll leave it to you to organize all the food.*

IDIOMS leave sb/sth alone békén hagy | **leave go (of sth)** elenged | **be left high and dry** → HIGH¹ | **leave sb in the lurch** cserbenhagy | **leave sth on one side** → SIDE¹

PHRASAL VERB leave sb/sth out (of sth) kihagy vkit/vmit (vmiből)

leave² /liːv/ *noun* [U] szabadság: *Diplomats working abroad usually get a month's leave each year.* • *sick leave* betegállomány • *Molly's on maternity leave* (szülési szabadságon van)*.* **➔** Magyarázat a **holiday** szónál.

leaves *plural of* LEAF¹

lecture /ˈlektʃə(r)/ *noun* [C] **1 a lecture (on/about sth)** előadás: *A journalist is coming to give a lecture* (előadást tart) *on the media.* • *a course of lectures* előadássorozat • *In today's lecture she talked about Shakespeare.* **2** rendreutasítás: *I got a lecture from my boss about arriving late.*
▸ **lecture** *verb* **1** [I] előad(ásokat tart) **2** [T] kioktat: *Alex lectures in Maths at Oxford University.*

lecturer /ˈlektʃərə(r)/ *noun* [C] előadó

led *past tense, past participle of* LEAD¹

ledge /ledʒ/ *noun* [C] párkány, kőszirt

leek /liːk/ *noun* [C] póréhagyma

left¹ *past tense, past participle of* LEAVE¹

★ **left²** /left/ *adj.* **1** bal **❶** Ellentéte: **right**. **2** maradt: *Is there any bread left?* • *How long do we have left?* • *If there's any money left over, we'll have a drink.*

★ **left³** /left/ *adv.* balra: *turn left* **❶** Ellentéte: **right**.

★ **left⁴** /left/ *noun* **1** [U] bal oldal: *In Britain we drive on the left.* • *Our house is just to/on the left of that tall building.* • *If you look to your left* (balra) *you'll see the cathedral.* **❶** Ellentéte: **right**. **2 (the Left)** [*with sing. or plural verb*] a baloldal (*politikában*)

left-hand *adj.* (csak főnév előtt) bal (oldali): *the left-hand side of the road* • *a left-hand drive car*

left-handed *adj., adv.* **1** balkezes, bal kézzel: *Are you left-handed?* • *I write left-handed.* **2** balkezes(ek számára készült): *left-handed scissors*

left-luggage office (*brit*) (*US* **baggage room**) *noun* [C] csomagmegőrző

leftovers /ˈleftəʊvəz/ *noun* [*plural*] (étel)maradék

left wing *noun* [*sing.*] **1** [*with sing. or plural verb*] a baloldal, balszárny (*politikában*)

2 baloldal (*sportban*): *to play on the left wing*
▶ **left-wing** *adj.* baloldali **ⓘ** Ellentéte: **right-wing**.

★ **leg** /leg/ *noun* [C] **1** láb(szár) **2** láb (*pl. asztalé*): *a chair/table leg* **3** nadrág szára: *the leg of my trousers/my trouser leg.* **4** szakasz (*utazásé*), forduló (*versenyben*): *The band are in Italy on the first leg of their world tour.* **ⅠⅮⅠⅯⅯ** pull sb's leg → PULL¹ | stretch your legs → STRETCH¹

legacy /'legəsi/ *noun* [C] (*plural* **legacies**) örökség, hagyaték

★ **legal** /'li:gl/ *adj.* **1** (*csak főnév előtt*) jogi: *legal advice* • *to take legal action against sb* beperel vkit • *the legal profession* **2** törvényes, megengedett **ⓘ** Ellentéte: **illegal**. ➔ Lásd **lawful, legitimate**.
▶ **legally** /'li:gəli/ *adv.* jogilag: *Schools are legally responsible for their pupils.*

legality /li:'gæləti/ *noun* [U] törvényesség, jogszerűség

legalize (*also* **-ise**) /'li:gəlaɪz/ *verb* [T] törvényesít, hitelesít

legend /'ledʒənd/ *noun* **1** [C,U] legenda: *the legend of Robin Hood* • *According to legend, Robin Hood lived in Sherwood Forest.* **2** [C] élő legenda: *a movie/jazz/baseball legend*
▶ **legendary** /'ledʒəndri/ *adj.* legendás: *Puskás, the legendary footballer*

leggings /'legɪŋz/ *noun* [*plural*] sztreccs nadrág

legible /'ledʒəbl/ *adj.* olvasható **ⓘ** Ellentéte: **illegible**. ➔ Lásd még **readable**.
▶ **legibility** /,ledʒə'bɪləti/ *noun* [U] olvashatóság
legibly /-əbli/ *adv.* olvashatóan

legislate /'ledʒɪsleɪt/ *verb* [I] legislate (for/against sth) törvényt hoz

legislation /,ledʒɪs'leɪʃn/ *noun* [U] **1** törvénycsomag **2** törvényhozás

legitimate /lɪ'dʒɪtɪmət/ *adj.* **1** indokolt: *a legitimate excuse/question/concern* **2** törvényes ➔ Lásd **lawful, legal**. **3** (*rég*) törvényes (*gyermek*) **ⓘ** Ellentéte: **illegitimate**.
▶ **legitimately** *adv.* **1** joggal **2** törvényesen

leisure /'leʒə(r)/ *noun* [U] szabad idő: *Shorter working hours mean that people have more leisure.* • *leisure activities* **ⅠⅮⅠⅯⅯ** at your leisure (*formális*) amikor ráér

leisure centre *noun* [C] szabadidő-központ

leisurely /'leʒəli/ *adj.* kényelmes (*nem sietős*): *at a leisurely pace*

★ **lemon** /'lemən/ *noun* [C,U] citrom: *a slice of lemon*

lemonade /,lemə'neɪd/ *noun* [C,U] **1** (*brit*) egyfajta citromos ízű, szénsavas üdítő **2** limonádé

★ **lend** /lend/ *verb* [T] (*pt, pp* **lent** /lent/) **1** lend sb sth; lend sth to sb kölcsönad vkinek vmit **ⓘ** Ellentéte: **borrow**. ➔ Ábra **borrow** alatt.

> If a bank, etc. lends you money you must pay it **back/repay** it over a fixed period of time **with interest** (kamatostul).

2 (*formális*) lend sth (to sth) ad, nyújt: *to lend advice/support* • *This evidence lends weight to our theory* (alátámasztja az elméletünket).
ⅠⅮⅠⅯⅯ lend (sb) a hand/lend a hand (to sb) segít
ⅠⅮⅠⅯⅯ lend itself to sth alkalmas vmire

lender /'lendə(r)/ *noun* [C] kölcsönadó, kölcsönző

★ **length** /leŋθ/ *noun* **1** [U, c] hossz(úság): *It took an hour to walk the length* (végigmenni) *of the street.* • *The tiny insect is only one millimetre in length.* • *This snake can grow to a length of two metres.* ➔ Lásd **width, breadth**. **2** [U] (idő)tartam: *Many people complained about the length of time* (hogy milyen sokáig) *they had to wait.* • *the length of a class/film* **3** [U] (*könyv stb.*) terjedelem **4** [C] hossz (*uszodában*): *I can swim a length in 30 seconds.* **5** [C] (levágott) darab (*anyag, spárga*): *a length of material/rope*
ⅠⅮⅠⅯⅯ at length hosszan(dalma)san: *We discussed the matter at great length.* | go to great lengths mindent megtesz (*vminek az érdekében*): *I went to great lengths to find this book for you.* | the length and breadth of sth széltében-hosszában: *They travelled the length and breadth of India.*

lengthen /'leŋθən/ *verb* [I,T] megnyúlik, megtold, meghosszabbít

lengthways /'leŋθweɪz/ (*also* **lengthwise** /'leŋθwaɪz/) *adv.* hosszában

lengthy /'leŋθi/ *adj.* hosszadalmas

lenient /'li:niənt/ adj. elnéző, enyhe
▶ **leniency** /-ənsi/ noun [U] engedékenység, enyheség (ítéleté)
leniently adv. elnézően

lens /lenz/ noun [C] (plural **lenses**) lencse (szemüvegé stb.): contact lenses • a zoom lens

Lent[1] /lent/ noun [U] nagyböjt: to give up eating meat for Lent

lent[2] past tense, past participle of LEND

lentil /'lentl/ noun [C] lencse (növény): lentil soup/stew

Leo /'li:əʊ/ noun [C,U] (asztrol) Oroszlán

leopard /'lepəd/ noun [C] párduc

> A female leopard is called a **leopardess** and a baby is called a **cub**.

leotard /'li:ətɑ:d/ noun [C] testre simuló tornadressz, balett-trikó

leper /'lepə(r)/ noun [C] leprás

leprosy /'leprəsi/ noun [U] lepra

lesbian /'lezbiən/ noun [C] adj. leszbikus: a lesbian relationship
▶ **lesbianism** noun [U] leszbikusság
➔ Lásd **gay, homosexual, bisexual, heterosexual**.

★ **less**[1] /les/ determiner, pron., adv. **1** (megszámlálhatatlan főnévvel) kevesebb(et): It took less time than I thought. • I'm too fat – I must try to eat less.

> A **less** néha megszámlálható főnévvel is előfordul: less cars, de nyelvtanilag a helyes alak: fewer cars.

2 kevésbé, kevesebbet: He's less intelligent than his brother. ➊ Ellentéte: **more**.
IDIOMS **less and less** egyre kevésbé | **more or less** → MORE[2]

less[2] /les/ prep. mínusz: I earn £10 an hour, less tax.

lessen /'lesn/ verb [I,T] csökken(t)

lesser /'lesə(r)/ adj., adv. (csak főnév előtt) kisebb, kevésbé: He is guilty and so, to a lesser extent (kisebb mértékben), is his wife. • a lesser-known (kevésbé ismert) artist
IDIOM **the lesser of two evils** két rossz közül a kisebb

★ **lesson** /'lesn/ noun [C] **1** (tan)óra: She gives piano lessons. • I need to take extra lessons in English conversation. • a driving lesson • In today's lesson we learnt about Ancient Greece. **2** tanulság: I hope we can learn some lessons from this disaster.
IDIOMS **learn your lesson** → LEARN | **teach sb a lesson** → TEACH

★ **let** /let/ verb [T] (pres. part. **letting**; pt, pp **let**) **1** let sb/sth do sth (meg)enged, hagyja (hogy vki megtegyen vmit)

> A **let** ige helyett szenvedő alakban az **allow** vagy **permit** igét használják főnévi igenévvel: They let him take the exam again. • He was allowed to take the exam again. Magyarázat az **allow** szónál. A **let** után to SOHA nem állhat.

2 hagyja (hogy vmi megtörténjen) **3** hadd (segítség felajánlása) **4** enged vkit/vmit vhová: Open the windows and let some fresh air in. **5** javaslat/ötlet kifejezése: 'Let's go to the cinema tonight.' 'Yes, let's.' • Let's go in, shall we? Menjünk be, jó?

> Tagadó alakja **let's not** vagy **don't let's**: Let's not/Don't let's (hadd ne) go to that awful restaurant again.

6 let sth (out) (to sb) kiad (bérbe): There's a flat to let in our block. ➔ Magyarázat a **hire** szónál.
IDIOMS **let alone** nemhogy, nem is beszélve arról, hogy: We haven't decided where we're going yet, let alone booked the tickets. | **let sb/sth go; let go of sb/sth** elenged vkit/vmit | **let sb know** értesít vkit | **let me see; let's see** várjunk csak: Where did I put the keys? Let's see. I think I left them by the phone. | **let sth slip** elárul, kifecseg | **let's say** mondjuk, például | **let yourself go 1** elengedi magát: After work I like to go out with friends and let myself go. **2** elhanyagolja magát
PHRASAL VERBS **let sb down** csalódást okoz, cserbenhagy | **let on (about sth) (to sb)** elárul (titkot) | **let sb off** elenged (büntetést): They let him off with a fine (pénzbírsággal megúszta). | **let sth out** hangot kiad: to let out a scream (felsikolt)/sigh (felsóhajt) /groan (felnyög)/ yell (felordít)

lethal /'li:θl/ adj. halálos: a lethal drug • a lethal (gyilkos) weapon

lethargy /'leθədʒi/ noun [U] letargia, levertség

▶ **lethargic** /ləˈθɑːdʒɪk/ *adj.* letargikus

* **letter** /ˈletə(r)/ *noun* [C] **1** levél: *I got a letter from Matthew this morning.* • *I'm writing a thank-you letter to my uncle for the flowers he sent.*

When you have written a letter you put it in an **envelope**, **address** it, **put/stick** a **stamp** on it and then **post** (*US* **mail**) it. You may **forward** a letter to a person who has moved away.

2 betű: *Write in capital letters* (nagybetűvel). • *small letters*

letter box *noun* [C] **1** levélszekrény **2** (*US* **mailbox**) postaláda

lettuce /ˈletɪs/ *noun* [C,U] fejes saláta

leukaemia (*US* **leukemia**) /luːˈkiːmɪə/ *noun* [U] leukémia

* **level**[1] /ˈlevl/ *noun* [C] **1** szint: *a low level of crime* • *high stress/pollution levels* • *a multi-level shopping centre* **2** szint, színvonal: *He used to play tennis at a high level.* • *an intermediate-level* (középhaladó) *student* • *top-level discussions* **3** szempont: *on a spiritual/personal/professional level* lelki/ egyéni/ szakmai szempontból

* **level**[2] /ˈlevl/ *adj.* **1** vízszintes, sík, egyenletes: *Make sure the shelves are level before you fix them in position.* • *a level* (csapott) *teaspoon of sugar* **2** level (with sb/sth) egy szinten/magasságban, azonos pozícióban: *The teams are level on 34 points.*
IDIOM a level playing field egyenlő esélye(ke)t biztosító helyzet)

level[3] /ˈlevl/ *verb* [T] (**levelling**; **levelled**; *US* **leveling**; **leveled**) (ki)egyenlít, (el)egyenget: *Juventus levelled the score with a late goal.* • *Many buildings were levelled* (összedőlt) *in the earthquake.*
PHRASAL VERBS level sth at sb/sth ráirányít: *They levelled serious criticisms* (keményen megkritizálták) *at the teaching.* | level off/out (ki)egyenlít(ődik)

level crossing (*US* **railroad crossing**) *noun* [C] út és vasút kereszteződése

level-headed *adj.* higgadt, kiegyensúlyozott

lever /ˈliːvə(r)/ *noun* [C] **1** rúd: *the gear lever* (sebességváltó kar) *in a car* **2** emelő(kar)
▶ **lever** *verb* [T] felfeszít: *The police had to lever the door open.*

leverage /ˈliːvərɪdʒ/ *noun* [U] emelőhatás, emelőerő

levy /ˈlevi/ *verb* [T] (*pres. part.* **levying**; *3rd pers. sing. pres.* **levies**; *pt, pp* **levied**) (*írott nyelv*) levy sth (on sb) kivet, behajt (*adót stb.*): *to levy a tax/fine* (bírságol)

liability /ˌlaɪəˈbɪləti/ *noun* (*plural* **liabilities**) **1** [U] (for sth) felelősség, kötelezettség: *We cannot accept liability* (nem vállal felelősséget) *for damage to cars in this car park.* **2** [C] (*informális*) tehertétel

liable /ˈlaɪəbl/ *adj.* (*főnév előtt nem állhat*) **1** liable to do sth hajlamos vmire, könnyen elkövethet vmit **2** liable to sth ki van téve vminek **3** liable (for sth) felelős vmiért

liaise /liˈeɪz/ *verb* [I] liaise (with sb/sth) szorosan együttműködik vkivel

liaison /liˈeɪzn/ *noun* **1** [U, sing.] liaison (between A and B) kapcsolattartás **2** [C] (szerelmi) viszony

liar /ˈlaɪə(r)/ *noun* [C] hazug: *She called me a liar.* ⊃ Lásd a **lie** igét és főnevet.

Lib Dem /ˌlɪb ˈdem/ *abbr.* (**Liberal Democrat** rövidítése) (*brit*) Liberális Demokrata Párt tagja/képviselője

libel /ˈlaɪbl/ *noun* [C,U] rágalom, rágalmazás: *The singer is suing the newspaper for libel.*
▶ **libel** *verb* [T] (**libelling**; **libelled**; *US* **libeling**; **libeled**) (meg)rágalmaz: *The actor claims he was libelled in the magazine article.*

liberal /ˈlɪbərəl/ *adj.* **1** széles látókörű, toleráns: *liberal parents* **2** liberális: *liberal policies/politicians* **3** bőséges, bőkezű
▶ **liberal** *noun* [C] liberális
▶ **liberalism** /-ɪzəm/ *noun* [U] liberalizmus

the Liberal Democrats *noun* [*plural*] Liberális Demokrata Párt (*Nagy-Britanniában*)

liberally /ˈlɪbrəli/ *adv.* bőkezűen, bőségesen

liberate /ˈlɪbəreɪt/ *verb* [T] liberate sb/sth (from sth) felszabadít
▶ **liberation** /ˌlɪbəˈreɪʃn/ *noun* [U] felszabadulás, felszabadítás, emancipáció

liberated /ˈlɪbəreɪtɪd/ *adj.* felszabadult, emancipált

liberty /ˈlɪbəti/ noun [C,U] (plural **liberties**) szabadság(jogok): *civil liberties* ➜ Lásd **freedom**.

IDIOM at liberty (to do sth) jogában áll, hogy vmit megtegyen

Libra /ˈliːbrə/ noun [C,U] (asztrol) Mérleg

librarian /laɪˈbreəriən/ noun [C] könyvtáros

★ **library** /ˈlaɪbrəri; ˈlaɪbri/ noun [C] (plural **libraries**) **1** könyvtár: *My library books are due back tomorrow.* ➜ Lásd **bookshop**. **2** (magán)könyvgyűjtemény

lice plural of LOUSE

★ **licence** (US **license**) /ˈlaɪsns/ noun **1** [C] a licence (for sth/to do sth) (hatósági) engedély, jogosítvány ➜ Lásd **driving licence**. **2** [U] (formális) **licence (to do sth)** felhatalmazás

ˈ**licence plate** (US **license plate**) = NUMBER PLATE

license[1] /ˈlaɪsns/ verb [T] engedélyez

license[2] (US) = LICENCE

licensee /ˌlaɪsənˈsiː/ noun [C] szeszes ital árusítására jogosult személy

ˈ**licensing laws** noun [plural] (brit) italmérésre vonatkozó törvények

★ **lick** /lɪk/ verb [T] (meg)nyal, nyalogat: *The child licked the spoon clean.*
▸ **lick** noun [C] nyalás

licorice = LIQUORICE

lid /lɪd/ noun [C] **1** fedél, fedő ➜ Ábra **container**, ill. **pan** alatt. **2** (also **eyelid**) szemhéj

★ **lie**[1] /laɪ/ verb [I] (pres. part. **lying**; pt, pp **lied**) **lie (to sb) (about sth)** hazudik
▸ **lie** noun [C] hazugság: *to tell a lie* • *That story was just a pack of lies* (szemenszedett hazugság). • *a white lie* kegyes/ártatlan hazugság ➜ Lásd **liar**, **fib**.

★ **lie**[2] /laɪ/ verb [I] (pres. part. **lying**; pt **lay** /leɪ/; pp **lain** /leɪn/) **1** fekszik, hever: *to lie on your back/side/front* • *The book lay open in front of her.*

> A **lie** ige után tárgy nem állhat. A tárgyas ige „lefektet vmit": **lay sth down**.

2 fekszik, elterül: *The hills lie to the north of the town.* • *They're young – their whole lives lie ahead of them* (előttük van). **3** lie

(in sth) abban áll, hogy, vmiben rejlik: *The problem lies in knowing when to stop.*

IDIOMS lie in wait (for sb) lesben áll | **lie low** lapul

PHRASAL VERBS lie about/around pihen, lazít | **lie back** pihen, tétlenkedik | **lie behind sth** vmi rejlik vmi mögött | **lie down** lefekszik **❶** A **have a lie-down** kifejezés jelentése „leheveredik/ledől egy kicsit". | **lie in** (informális) ágyban marad (reggel) **❶** A **have a lie-in** kifejezés jelentése ugyanaz. ➜ Vesd össze **oversleep**. | **lie with sb** (formális) vkitől függ vmi: *It lies with you to accept or reject the proposals.*

ˈ**lie detector** noun [C] hazugságjelző készülék

Lieut. (also **Lt**) abbr. (**Lieutenant** rövidítése) (fő)hadnagy

lieutenant /lefˈtenənt/ noun [C] (fő)hadnagy

★ **life** /laɪf/ noun (plural **lives** /laɪvz/) **1** [U, C] élet: *Do you believe in life after death?* • *to bring sb/come back to life* • *the creature's struggle for life* (létért folyó küzdelme) *in a hostile environment* • *There was no sign of life in the deserted house.* • *plant/animal life* • *Would you risk your life to protect your property?* • *Doctors fought to save her life.* • *I've lived here all my life.* • *I spent my early life in London.* • *He had a long and exciting life.* • *I'm not happy with the situation, but I suppose that's life* (ilyen az élet). **2** [C,U] élet(mód): *They emigrated to start a new life.* • *They lead a busy life.* Nagyon elfoglaltak. • *married life* **3** [U] élet(erő/kedv): *Young children are full of life.* • *These villages come to life* (megtelnek élettel) *in summer.* **4** [U] a való élet: *What's that actor like in real life* (a valóságban)? • *Do you draw people from life* (élő modellt rajzolsz) *or from photos?*

IDIOMS a fact of life → FACT | **the facts of life** → FACT | **full of beans/life** → FULL[1] | **get a life** (beszélt nyelv) legyen már benned egy kis élet! | **have the time of your life** → TIME[1] | **lose your life** → LOSE | **a matter of life and/or death** → MATTER[1] | **take your (own) life** öngyilkosságot követ el | **this is the life** ez aztán az élet! | **a walk of life** → WALK[2] | **a/sb's way of life** → WAY[1]

ˌ**life-and-ˈdeath** (also ˌ**life-or-ˈdeath**) adj. (csak főnév előtt) élethalál: *a life-and-death struggle/matter/decision*

[I] **tárgyatlan** (ige): *He laughed.*

[T] **tárgyas** (ige): *He ate an apple.*

lifebelt /'laɪfbelt/ (also **lifebuoy** /'laɪfbɔɪ/) noun [C] (brit) mentőöv

lifeboat /'laɪfbəʊt/ noun [C] mentőcsónak

life cycle noun [C] életciklus

life expectancy noun [C,U] (plural **life expectancies**) várható élettartam

lifeguard /'laɪfɡɑːd/ noun [C] úszómester, strandőr

life jacket noun [C] mentőmellény

lifeless /'laɪfləs/ adj. élettelen

lifelike /'laɪflaɪk/ adj. életszerű, élethű

lifeline /'laɪflaɪn/ noun [C] életfontosságú dolog: For many old people their telephone is a lifeline.

lifelong /'laɪflɒŋ/ adj. (csak főnév előtt) az egész életen át tartó: a lifelong friend • a lifelong passion for music

life-size(d) adj. életnagyságú

lifespan /'laɪfspæn/ noun [C] élettartam: A mosquito has a lifespan of only a few days.

life story noun [C] (plural **life stories**) élettörténet

lifestyle /'laɪfstaɪl/ noun [C] életmód, -stílus

lifetime /'laɪftaɪm/ noun [C] élet(tartam)

★ **lift¹** /lɪft/ verb **1** [T] lift sb/sth (up) (fel)emel: Lift your arm very gently and see if it hurts. **2** [T] (le)emel: She lifted the suitcase down from the rack. **3** [T] felold, megszüntet (tilalmat, korlátozást): The government decided to lift a ban on imports. **4** [I,T] felvidul, felvidít: The news lifted our spirits. **5** [I] felszáll, eloszlik (köd stb.) **6** [T] (informális) lift sth (from sb/sth) kiollóz (vhonnan), (le)koppint ➔ Lásd shoplifting.
PHRASAL VERB lift off felszáll (űrhajó)

lift² /lɪft/ noun **1** (US **elevator**) [C] lift, felvonó: We'd better take the lift (lifttel megyünk). **2** [C] utazás (vkinek az autójában stb.): Can you give me a lift to the station, please? Elvinnél az állomásra? • I got a lift (felvett) from a passing car. **3** [sing.] (informális) felemelő érzés: Her words of encouragement gave the whole team a lift (feldobta). **4** [sing.] emel-(ked)és
IDIOM thumb a lift ➔ THUMB²

lift-off noun [C] felszállás (űrhajóé)

ligament /'lɪɡəmənt/ noun [C] ínszalag

light¹ /laɪt/ noun **1** [U, C] fény, világosság: a beam/ray of light • strong/dim light ➔ Lásd még sunlight, moonlight, firelight, candlelight. **2** [C] (jelző)lámpa, világítás: All the lights went out/came on. • the lights of the city a város fényei • If the lights are red, stop! • That car hasn't got its lights on.

> A light may be **on** or **off**. You **put, switch** or **turn** a light **on, off** or **out**: Shall I put the light on? • Turn the lights out/off before you leave.

3 [C] tűz (öngyújtó, gyufa): Have you got a light?
IDIOMS bring sth/come to light kiderít/kiderül | cast light on sth → CAST¹ | give sb/get the green light → GREEN¹ | in a good, bad, etc. light jó/rossz megvilágításban: The newspapers often portray him in a bad light. | in the light of vminek a figyelembevételével | set light to sth meggyújt | shed light on sth → SHED²

★ **light²** /laɪt/ adj. **1** könnyű: I'm five kilos lighter than I used to be. • light clothes ❶ Ellentéte: heavy. **2** világos: a light room ❶ Ellentéte: dark. **3** halvány, világos: a light-blue sweater ❶ Ellentéte: dark. **4** könnyű, enyhe: Traffic in London is light on Sundays. • a light wind/breakfast/prison sentence **5** könnyed: a light touch on the shoulder **6** könnyű (nem megterhelő): light exercise/entertainment/reading **7** éber (alvás): a light sleeper
▶ **lightness** noun [U] könnyedség

★ **light³** /laɪt/ verb (pt, pp **lit** or **lighted**) **1** [I,T] meggyullad, meggyújt

> A **lighted** szó főnév előtt melléknévként használatos, a **lit** pedig az ige múlt idejű alakja: Candles were lit in memory of the dead. • The church was full of lighted candles.

2 [T] (meg)világít: The street is well/badly lit. • We only had a small torch to light our way.
PHRASAL VERB light (sth) up **1** meg-/kivilágít **2** felragyog (pl. arc) **3** rágyújt

light⁴ /laɪt/ adv. kevés csomaggal: to travel light

light bulb (also **bulb**) noun [C] villanykörte

lighten /ˈlaɪtn/ verb **1** [T] (meg)könnyít **2** [I,T] kivilágosodik, világosabbá válik/tesz

lighter /ˈlaɪtə(r)/ noun [C] öngyújtó

light-ˈheaded adj. szédült, szédülős

light-ˈhearted adj. **1** szórakoztató: a light-hearted speech **2** gondtalan, jókedvű: She felt light-hearted and optimistic.

lighthouse /ˈlaɪthaʊs/ noun [C] világítótorony

lighting /ˈlaɪtɪŋ/ noun [U] világítás

lightly /ˈlaɪtli/ adv. **1** könnyedén, lágyan: He touched her lightly on the arm. **2** enyhén, egy kissé: lightly cooked/spiced/whisked **3** könnyelműen: We do not take our customers' complaints lightly.

IDIOM get off/be let off lightly enyhe büntetéssel megússza

lightning¹ /ˈlaɪtnɪŋ/ noun [U] villám(lás): The tree was **struck by lightning** (belecsapott a villám). • a flash of lightning villám ➔ Lásd még **thunder**.

lightning² /ˈlaɪtnɪŋ/ adj. (csak főnév előtt) villámgyors: a lightning attack

lightweight /ˈlaɪtweɪt/ noun [C] adj. **1** könnyűsúlyú (ökölvívó): a lightweight boxing champion **2** könnyű: a lightweight suit

light year noun [C] fényév

likeable = LIKEABLE

★**like¹** /laɪk/ verb [T] **1** like sb/sth; like doing sth; like to do sth; like sth about sb/sth szeret, kedvel, vkinek tetszik vki/vmi: I like him a lot. • How do you like (milyennek találod) John's new girlfriend? • I like my coffee strong. • She didn't like it when I shouted at her. • I don't like him borrowing my things without asking. • He seems strange at first, but you'll **get to like** him (meg fogod szeretni). **❶** Ellentéte: **dislike**.

Ha a **like** igét főnévi igenév követi, jelentése „az a szokása/helyesnek tartja, hogy": I like to get up early so that I can go for a run before breakfast.

2 akar: Do what you like. I don't care. • We can go whenever you like.

A **would like** udvariasabb, mint a **want**: Would you like something to eat? • I'd

like to speak to the manager. • We'd like you to come to dinner on Sunday.

A **would like** után mindig a főnévi igenév teljes alakja áll (**-ing** soha).

IDIOMS if you like ha úgy gondolja, ha akarja: 'Shall we stop for a rest?' 'Yes, if you like.' | I like that! (brit, informális) nahát! ez már aztán sok! | like the look/sound/idea/thought of sb/sth vkinek tetszik vki/vmi

★**like²** /laɪk/ prep., conj. **1** vmihez hasonló, olyan, mint: You **look** very/just/exactly like (pont úgy nézel ki, mint) your father. • Those two singers **sound** like (úgy hangzik, mint) cats! • Your house is **nothing** like (egyáltalán nem olyan, mint) how I imagined it.

Ha azt akarjuk megtudni, hogy vki/vmi milyen, a kérdés What's he/she/it like?: Tell me about your town. What's it like? • 'What's your brother like?' 'He's tall and fair, and quite serious.' • What was it like being interviewed on TV?

2 (szóösszetételekben) vmihez hasonló/illő/méltó, -szerű: childlike innocence/simplicity • a very lifelike (élethű) portrait **3** úgy, mint: Stop behaving like children. • Do it like this (így). • She can't draw like her sister can. • I've never seen a butterfly like that (olyan pillangót) before. **4** mint például **5** vkire jellemző: It was just like Maria to be late. **6** (informális) úgy, mintha: She behaves like she owns the place. **7** (szleng) azt gondolta magában: When I saw the colour of my hair I was like 'Wow, I can't believe it!'

IDIOMS like anything (beszélt nyelv) mint egy őrült/az őrültek: We had to pedal like anything to get up the hill. | nothing like → NOTHING | something like körülbelül | that's more like it így/ez már jobb/valami: The sun's coming out now – that's more like it!

like³ /laɪk/ noun **1** [sing.] vkihez/vmihez hasonló (személy, tárgy): I enjoy visiting castles, old churches **and the like** (és így tovább). • We may never see her like/the like of her (hozzá foghatót) again. **2** (likes)

[*plural*] amit vki szeret (csinálni): *What are your likes and dislikes?*
▶ like *adj.* (*formális*) hasonszőrű

likeable (also **likable**) /'laɪkəbl/ *adj.* rokonszenves

likelihood /'laɪklihʊd/ *noun* [U] valószínűség: *There seems very little likelihood of success.*

★ **likely** /'laɪkli/ *adj., adv.* (**likelier; likeliest**) **1** likely (to do sth) valószínű, várható: *The boss is not likely to agree.* • *It's not likely that the boss will agree.* **2** esélyes: *a likely candidate for the job* ❶ Ellentéte: **unlikely**.
IDIOM not likely! (*informális*) azt már ugyan nem!

liken /'laɪkən/ *verb* [T] (*formális*) liken sb/sth to sb/sth (vmihez)hasonlít

likeness /'laɪknəs/ *noun* [C,U] hasonlóság, kép(más): *The witness's drawing turned out to be a good likeness of* (élethű képmása) *the attacker.*

likewise /'laɪkwaɪz/ *adv.* (*formális*) hasonlóképpen: *I shall send a letter of apology and suggest that you do likewise.*

liking /'laɪkɪŋ/ *noun* [sing.] a liking (for sb/sth) vonzódás, vonzalom: *I have a liking for* (szeretem) *spicy food.*
IDIOM too... for your liking túl... vki számára

lilac /'laɪlək/ *noun* [C,U] *adj.* **1** orgona(bokor/virág) **2** halványlila

lilo (also **Li-Lo**) /'laɪləʊ/ *noun* [C] (*plural* **lilos**) (*brit*) gumimatrac

lily /'lɪli/ *noun* [C] (*plural* **lilies**) liliom

limb /lɪm/ *noun* [C] **1** végtag **2** főág (*fáé*)
IDIOM out on a limb nehéz/elszigetelt helyzetben

lime /laɪm/ *noun* **1** [C] apró zöld citromfajta **2** [U] (also **lime 'green**) zöldessárga **3** [U] mész

the limelight /'laɪmlaɪt/ *noun* [U] rivaldafény, az érdeklődés/figyelem középpontja: *to be in/out of the limelight*

★ **limit¹** /'lɪmɪt/ *noun* [C] **1** határ, korlát(ozás): *a speed/age/time limit* • *He was fined for exceeding the speed limit* (a sebességkorlátozás megszegéséért). • *There's a limit to the amount of time* (csak egy meghatározott időt) *I can spend on this.* **2** határ(vonal): *the city limits* • *Lorries*

are not allowed within a two-mile limit of the town centre.
IDIOMS off limits (*US*) = OUT OF BOUNDS | within limits bizonyos mértékig/fokig

★ **limit²** /'lɪmɪt/ *verb* [T] limit sb/sth (to sth) korlátoz

limitation /ˌlɪmɪ'teɪʃn/ *noun* **1** [C,U] (a) limitation (on sth) korlátozás **2** [*plural*] (limitations) korlátok (*emberé*): *to know your own limitations*

limited /'lɪmɪtɪd/ *adj.* korlátozott (*számú stb.*): *a limited period/number* ❶ Ellentéte: **unlimited**.

limited 'company *noun* [C] (*abbr.* **Ltd**) korlátolt felelősségű társaság, kft

limousine /'lɪməziːn; ˌlɪmə'ziːn/ (*informális* **limo** /'lɪməʊ/) *noun* [C] limuzin

limp¹ /lɪmp/ *verb* [I] sántít, biceg: *The player limped off the field with a twisted ankle.*
▶ limp *noun* [sing.] sántítás, bicegés: *to walk with a limp*

limp² /lɪmp/ *adj.* petyhüdt, lottyadt: *Put the flowers in water before they go limp* (elkókadnak).

★ **line¹** /laɪn/ *noun* **1** [C] vonal: *to draw a line* • *a straight/wiggly* (görbe)/*dotted* (szaggatott) *line* • *There's a mistake in the third line.* • *The old lady had lines* (ráncok) *on her face.* • *The ball was definitely over the line.* • *the finishing line of a race* **2** [C] sor: *a long line of people at the bus stop* • *a five-line* (öt soros) *poem* **3** [C] határ(vonal): *to cross state lines* • *There's a thin line between love and hate.* **4** [C] irány(vonal): *He was so drunk he couldn't walk in a straight line* (egyenesen). • *That's not quite the answer, but you're on the right lines* (jó irányban haladsz). • *The two countries are developing along similar lines* (hasonló módon). **5** [C] zsinór, kötél: *Hang out the clothes on the (washing) line* (a szárítókötélre). • *a fishing line* horgászzsinór **6** [C] vezeték, vonal: *I'm sorry – the line is engaged.* • *Can you hold the line?* **7** [C] (vasút)vonal, vágány **8** (lines) [*plural*] szinész szövege (*színdarabban*) **9** [C] (légi stb.) társaság: *an airline* **10** [sing.] árufajta **11** [C] csatavonal: *There's renewed fighting on the front line.* **12** [C] (le)származás: *He comes from a long line of musicians.* Régi zenészcsaládból származik. **13** [C] szakma, mestereség: *What line of business/work are you in?* Mivel foglalkozik?

IDIOMS draw the line at sth/doing sth → DRAW¹ | drop sb a line → DROP¹ | in line for sth esélyes vmire | in line with sth összhangban vmivel: *These changes will bring the industry in line with the new laws.* | on line számítógépes rendszerrel összekapcsolva, számítógépen hozzáférhető | somewhere along/down the line (*informális*) valamikor, valahol | take a hard line (on sth) → HARD¹ | toe the (party) line → TOE²

line² /laɪn/ *verb* [T] **1** (*gyakran szenvedő szerkezetben*) kibélel **2** szegélyez: *Crowds lined the streets to watch the race.*

PHRASAL VERBS line up (for sth) (*US*) sorban áll | line sth up **1** sorba állít/rak **2** (*informális*) megszervez: *Mark had a job lined up* (várta egy állás) *when he left school.*

lined /laɪnd/ *adj.* **1** vonalas, barázdás: *a face lined with age* ● *lined paper* **2** (-lined) (*szóösszetételekben*) szegélyezett, bélelt: *a tree-lined avenue* ● *fur-lined boots*

line dancing [U] sortánc

linen /ˈlɪnɪn/ *noun* [U] **1** lenvászon, vászon- **2** ágynemű, asztalnemű: *bed-linen*

liner /ˈlaɪnə(r)/ *noun* [C] **1** tengerjáró hajó **2** vminek a kibélelésére szolgáló zacskó stb.: *a dustbin liner* szemeteszsák

linger /ˈlɪŋɡə(r)/ *verb* [I] **linger (on)** hosszasan időzik: *Snow may linger* (megmaradhat akár) *till June on high ground.*

lingerie /ˈlænʒəri/ *noun* [U] női fehérnemű

linguist /ˈlɪŋɡwɪst/ *noun* [C] nyelvész, (jó) nyelvérzékkel rendelkező ember

linguistic /lɪŋˈɡwɪstɪk/ *adj.* nyelv(észet)i

linguistics /lɪŋˈɡwɪstɪks/ *noun* [U] nyelvészet, nyelvtudomány

lining /ˈlaɪnɪŋ/ *noun* [C,U] bélés

IDIOM every cloud has a silver lining → CLOUD¹

★ **link¹** /lɪŋk/ *noun* [C] **1** a link (between A and B); a link (with sb/sth) kapcsolat, összefüggés: *There is a strong link between smoking and heart disease.* **2** láncszem **3** összeköttetés, (*kommunikációs*) kap-

csolat: *Click on the links at the bottom of the page.*

link² /lɪŋk/ *verb* [T] **link A to/with B; link A and B (together)** összekapcsol/köt

PHRASAL VERB link up (with sb/sth) összekapcsolódik, összeköttetésben van/áll: *All our branches are linked up by computer.*

link-up *noun* [C] összekapcsolódás, összeköttetés

linoleum /lɪˈnəʊliəm/ (*informális* **lino** /ˈlaɪnəʊ/) *noun* [U] linóleum

★ **lion** /ˈlaɪən/ *noun* [C] oroszlán

> A female lion is called a **lioness** and a young lion is called a **cub**. The noise a lion makes is a **roar**.

★ **lip** /lɪp/ *noun* [C] **1** ajak: *to kiss sb on the lips* szájon csókol vkit ● *a top/upper lip* ● *a bottom/lower lip* **2** (-lipped) (*összetett melléknevekben*) -ajkú: *thin-lipped* **3** csőr (*kancsóé*), perem (*csészéé, tányéré*), szél

IDIOM purse your lips → PURSE²

lip-read *verb* [I,T] (*pt, pp* **lip-read** /-red/) szájról olvas

lipstick /ˈlɪpstɪk/ *noun* [C,U] (ajak)rúzs: *to put on some lipstick*

liqueur /lɪˈkjʊə(r)/ *noun* [U, C] likőr

★ **liquid** /ˈlɪkwɪd/ *noun* [C,U] folyadék
 ▶ **liquid** *adj.* folyékony

liquidate /ˈlɪkwɪdeɪt/ *verb* [T] **1** likvidál, felszámol (*vállalatot, társaságot*) **2** likvidál, megsemmisít
 ▶ **liquidation** /ˌlɪkwɪˈdeɪʃn/ *noun* [U] felszámolás (*üzleté, cégé*): *If the company doesn't secure a big order soon, it will have to go into liquidation* (csődbe megy).

liquidize (also **-ise**) /ˈlɪkwɪdaɪz/ *verb* [T] pépesít, turmixol
 ▶ **liquidizer** (also **liquidiser**) (*brit*) *noun* [C] konyhai robotgép

liquor /ˈlɪkə(r)/ *noun* [U] (*US*) szeszes ital

liquorice (*US* **licorice**) /ˈlɪkərɪʃ/ *noun* [U] édesgyökér

lisp /lɪsp/ *noun* [C] selypítés, pösze beszéd: *He speaks with a slight lisp.*
 ▶ **lisp** *verb* [I,T] selypít, pöszén beszél

★ **list** /lɪst/ *noun* [C] lista, jegyzék: *a checklist*

of everything that needs to be done • *a waiting list* • *Your name is third on the list.*
▶ **list** *verb* [T] jegyzékbe vesz, felsorol

★ **listen** /ˈlɪsn/ *verb* [I] **1** listen (to sb/sth) figyel (vmire), hallgat vmit: *to listen to music/the radio* ➔ Magyarázat a **hear** szónál. **2** listen to sb/sth odafigyel vkire, hallgat vkire: *You should listen to your parents' advice.*
▶ **listen** *noun* [sing.] (*informális*) **Have a listen** (figyelj csak) *and see if you can hear anything.*

PHRASAL VERBS **listen (out) for sth** figyel (*és várja, hogy meghalljon vmit*): *to listen (out) for a knock on the door* | **listen in (on/to sth)** le-/kihallgat (*magánbeszélgetést*): *Have you been listening in on my phone calls?*

listener /ˈlɪsənə(r)/ *noun* [C] hallgatóság (*személy*), (rádió)hallgató: *When I'm unhappy I always phone Charlie — he's such a good listener.* • *The new radio show has attracted a record number of listeners.*

listless /ˈlɪstləs/ *adj.* kedvetlen, fásult
▶ **listlessly** *adv.* kedvetlenül

lit *past tense, past participle of* LIGHT³

liter (*US*) = LITRE

literacy /ˈlɪtərəsi/ *noun* [U] írni-olvasni tudás ❶ Ellentéte: **illiteracy**.

literal /ˈlɪtərəl/ *adj.* **1** eredeti, nem átvitt (*értelem*) ➔ Lásd **figurative**, **metaphor**. **2** szó szerinti (*fordítás*)

literally /ˈlɪtərəli/ *adv.* **1** szó szerint **2** (*informális*) a szó szoros értelmében: *We were literally frozen to death.*

literary /ˈlɪtərəri/ *adj.* irodalmi: *literary criticism*

literate /ˈlɪtərət/ *adj.* **1** írni-olvasni tudó ❶ Ellentéte: **illiterate**. Főnév: **literacy**. ➔ Lásd **numerate**. **2** művelt

★ **literature** /ˈlɪtrətʃə(r)/ *noun* [U] **1** irodalom **2** literature (on sth) vminek az irodalma

★ **litre** (*US* **liter**) /ˈliːtə(r)/ *noun* [C] (*abbr.* l) liter: *ten litres of petrol*

litter /ˈlɪtə(r)/ *noun* **1** [U] szemét, hulladék ➔ Ábra **bin** alatt. **2** [C] (*áll*) alom: *a litter of six puppies*
▶ **litter** *verb* [T] szemetel, szerteszét hever: *The streets were littered with rubbish.*

'litter bin (*US* **trash can**) *noun* [C] szemétláda, hulladékgyűjtő ➔ Ábra **bin** alatt.

★ **little¹** /ˈlɪtl/ *adj.* ❶ A **littler** és **littlest** alakok ritkák. Használjuk a sokkal gyakoribb **smaller** és **smallest** alakokat. **1** kicsi, kis ➔ Magyarázat a **small** szónál.

> Gyakran használatos más jelzőkkel együtt: *a little old lady* • *a cute little kitten* • *What a funny little shop!*

2 rövid, kevés, egy kicsit: *Do you mind waiting a little while?* • *We only live a little way* (nem messze) *from here.* **3** kis, kicsi (*fiatal*): *a little girl/boy* | *I was very naughty when I was little.*

little² /ˈlɪtl/ *adv., pron., determiner* **1** kevés(sé): *I slept very little last night.* • *a little-known author* ➔ Lásd **less**, **least**. **2** (a little) egy kis/kevés: *I like a little sugar in my tea.*

> **A bit (of)** kevésbé formális mint **a little**: *I'm a bit/a little tired.* • *I'll have a bit of/a little cheese, please.*

IDIOM **little by little** lassan(ként): *After the accident her strength returned little by little.*

a little /ə ˈlɪtl/ *adv., pron.* **1** egy kicsit: *This skirt is a little too tight.* ❶ Az **a little bit** kifejezést előszóban gyakran használják az **a little** helyett: *I was feeling a little bit tired so I decided not to go out.* **2** egy kevés: *'Is there any butter left?' 'Yes, just a little.'*

★ **live¹** /lɪv/ *verb* **1** [I] lakik **2** [I,T] él: *She hasn't got long to live.* • *to live to a great age* • *to live a quiet life* • *to live in comfort/poverty* • *I want to live a life before settling down and getting married.*
IDIOM **live/sleep rough** → ROUGH³
PHRASAL VERBS **live by sth** vmi szerint él | **live by doing sth** vmiből él: *They live by hunting and fishing.*
live sth down idővel elfeledteti (*vilyen hibás/zavarbaejtő lépését*): *She felt so stupid. She'd never be able to live it down.*
live for sb/sth vmiért/vkiért él: *He felt he had nothing to live for after his wife died.*
live it up élvezi az életet, kirúg a hámból
live off sb/sth vmin él, vki nyakán él: *Barry lives off tinned food.*
live on tovább él: *Mozart is dead but his music lives on.* | **live on sth** vmin él: *to live on bread and water* **2** (meg)él vmiből: *I don't know how they live on so little money!*

---

❶ = magyarázat   [C] megszámlálható (*főnév*): *one book, two books*   [U] megszámlálhatatlan (*főnév*): *some sugar*

live out sth 1 megvalósítja (*álmait*): *to live out your dreams/fantasies* **2** élete végéig vhol él

live through sth át-/megél (*időszakot*): *She lived through two wars.*

live together együtt él vkivel

live up to sth vmilyen elvárásnak megfelelően él: *Children sometimes find it hard to live up to their parents' expectations.*

live with sb = LIVE TOGETHER | **live with sth** megbarátkozik a gondolattal: *It can be hard to live with the fact that you are getting older.*

★ **live²** /laɪv/ *adj., adv.* **1** élő: *Have you ever touched a real live (eleven) snake?* **2** élő, egyenes (*adás, közvetítés*): *live coverage of the Olympic Games* • *This programme is coming live from Millennium Stadium.* **3** élő (*nem gépi*): *That pub has live music on Saturdays.* **4** élesített (*bomba, gránát*) **5** feszültség alatt álló (*vezeték*)

livelihood /'laɪvlihʊd/ *noun* [c, usually sing.] megélhetés, kenyér(kereset): *to lose your livelihood*

★ **lively** /'laɪvli/ *adj.* (livelier; liveliest) élénk, mozgalmas: *lively children* • *The town is quite lively at night.*

liven /'laɪvn/ *verb*

PHRASAL VERB **liven (sb/sth) up** felélénkül, felélénkít

liver /'lɪvə(r)/ *noun* [c,u] máj: *fried liver and onions*

lives *plural of* LIFE

livestock /'laɪvstɒk/ *noun* [U] állatállomány

living¹ /'lɪvɪŋ/ *adj.* **1** élő, életben levő: *He has no living relatives.* ➔ Magyarázat az **alive** szónál. **2** élő, meglévő: *living languages/traditions* ❶ Ellentéte: **dead.**

living² /'lɪvɪŋ/ *noun* **1** [c, usually sing.] megélhetés, életfenntartás: *What do you do for a living?* Mi a foglalkozásod? **2** [U] élet(mód): *The cost of living* (megélhetési költségek) *has risen in recent years.* • *The standard of living* (életszínvonal) *is very high in that country.*

living room *noun* [c] nappali (*szoba*)

lizard /'lɪzəd/ *noun* [c] gyík

load¹ /ləʊd/ *noun* [c] **1** rakomány, teher: *a truck carrying a load of sand* **2** (*gyakran*

szóösszetételekben*) rakomány: *busloads of tourists* több buszra való turista **3 loads (of sth)** [*plural*] (*informális*) egy csomó

IDIOM **a load of rubbish, etc.** (*informális*) ostobaság

load² /ləʊd/ *verb* **1** [I,T] **load (sth/sb) (up) (with sth); load (sth/sb) (into/onto sth)** meg-/telerak, berak(odik): *They loaded the plane (up) with supplies.* **2** [I] rakodik **3** [T] betölt: *First, switch on the machine and load the disk.* **4** [T] (meg)tölt: *to load film into a camera* • *to load a gun* ❶ Ellentéte: **unload.**

loaded /'ləʊdɪd/ *adj.* **1 loaded (with sth)** megrakott, megterhelt **2** megtöltött **3** elfogult: *The system is loaded in their favour.* **4** (*informális, főnév előtt nem állhat*) tele van pénzzel

loaf /ləʊf/ *noun* [c] (plural **loaves** /ləʊvz/) egy (egész) kenyér, cipó: *a loaf of bread* ➔ Ábra **bread** alatt.

loan /ləʊn/ *noun* **1** [c] kölcsön: *to take out a bank loan* bankkölcsönt vesz fel • *to pay off a loan* **2** [U] (ki)kölcsönzés: *The books are on loan from the library.*

▸ **loan** *verb* [T] (*formális*) **loan sth (to sb)** kölcsön ad ❶ Az amerikai angolban gyakori és kevésbé hivatalos.

loathe /ləʊð/ *verb* [T] gyűlöl, megvet ❶ Az igét *continuous* igeidőkben nem használjuk, azonban *-ing* alakban gyakran előfordul: *Loathing the thought of having to apologize, she knocked on his door.*

▸ **loathsome** /'ləʊðsəm/ *adj.* gyűlöletes, visszataszító

loathing *noun* [U] undor, utálat

loaves *plural of* LOAF

lob /lɒb/ *verb* [I,T] (**lobbing; lobbed**) magasba üt/rúg, átemel (*labdát*)

▸ **lob** *noun* [c] emelt/ívelt labda, átemelés

lobby¹ /'lɒbi/ *noun* [c] (plural **lobbies**) **1** előcsarnok, hall: *a hotel lobby* **2** [with sing. or plural verb] érdekcsoport, lobby: *the anti-smoking lobby*

lobby² /'lɒbi/ *verb* [I,T] (pres. part. **lobbying**; 3rd pers. sing. pres. **lobbies**; pt, pp **lobbied**) lobbizik

lobe /ləʊb/ *noun* [c] **1** (also 'ear lobe) fülcimpa **2** (orv) lebeny

lobster /'lɒbstə(r)/ *noun* [c,u] homár

[I] **tárgyatlan** (*ige*): He laughed.

[T] **tárgyas** (*ige*): He ate an apple.

★ **local¹** /'ləʊkl/ *adj.* helyi, sarki (*pl.* üzlet) ➲ Lásd **international, national, regional.**
► **locally** *adv.* helyben

local² /'ləʊkl/ *noun* [C] **1** [*usually plural*] hely(bel)i (*lakos*) **2** (*brit, informális*) sarki/legközelebbi kocsma

localize (also **-ise**) /'ləʊkəlaɪz/ *verb* [T] lokalizál

'**local time** *noun* [U] helyi idő

locate /ləʊ'keɪt/ *verb* [T] **1** megállapítja a pontos helyét **2** elhelyez vmit, telepít
► **located** *adj.* található: *Where exactly is your office located?*

location /ləʊ'keɪʃn/ *noun* **1** [C] hely(szín) **2** [U] helymeghatározás
IDIOM **on location** külső felvételek (színhelye) (*filmeké*): *The series was filmed on location in Thailand.*

loch /lɒk/ *noun* [C] tó (*Skóciában*)

★ **lock¹** /lɒk/ *verb* **1** [I,T] bezár (*kulccsal*), lezár: *The door won't lock.* Az ajtó nem záródik. **❶** Ellentéte: **unlock. 2** [T] elzár: *Lock your passport in a safe place.* **3** [T] **be locked in sth** vadul vitatkozik/dulakodik/ölelkezik stb.: *The two sides were locked in a bitter dispute.* • *They were locked in a passionate embrace.*
PHRASAL VERBS **lock sth away** elzár | **lock sb in/out** be-/kizár vkit | **lock (sth) up** be-/lezár (*minden bejáratot*): *Make sure that you lock up before you leave.* | **lock sb up** börtönbe zár

★ **lock²** /lɒk/ *noun* [C] **1** zár, lakat: *to turn the key in the lock* ➲ Lásd **padlock. 2** zsilip
IDIOMS **pick a lock** → PICK¹ | **under lock and key** elzárva, lakat alatt

locker /'lɒkə(r)/ *noun* [C] öltözőszekrény

locket /'lɒkɪt/ *noun* [C] medalion

locksmith /'lɒksmɪθ/ *noun* [C] lakatos

locomotive /ˌləʊkə'məʊtɪv/ *noun* [C] mozdony

locust /'ləʊkəst/ *noun* [C] sáska

lodge¹ /lɒdʒ/ *verb* **1** [I] albérletben lakik: *He lodged with a family for his first term at university.* **2** [I,T] befészkeli magát vhova, bevés vmit (*az emlékezetébe*) **3** [T] (*formális*) benyújt, bejelent (*ált. panaszt*)

lodge² /lɒdʒ/ *noun* [C] **1** portásfülke **2** házikó, lak

lodger /'lɒdʒə(r)/ *noun* [C] albérlő ➲ Lásd **boarder.**

lodging /'lɒdʒɪŋ/ *noun* **1** [U] szállás: *The family offered full board and lodging in exchange for English lessons.* **2** (*rég*) (**lodgings**) [*plural*] bútorozott szoba/lakás

loft /lɒft/ *noun* [C] padlásszoba, padlás(tér) ➲ Lásd **attic.**

log¹ /lɒg/ *noun* [C] **1** (fa)tuskó, farönk **2** (also '**logbook**) hajó-/gépnapló: *to keep a log*

log² /lɒg/ *verb* [T] (**logging**; **logged**) naplóba bevezet
PHRASAL VERBS **log in/on** (*infor*) belép (*a rendszerbe*): *You need to key in your password to log on.* | **log off/out** kilép (*a rendszerből*)

logarithm /'lɒgərɪðəm/ (*informális* **log**) *noun* [C] logaritmus

loggerheads /'lɒgəhedz/ *noun*
IDIOM **at loggerheads (with sb)** homlokegyenest ellenkező nézetei vannak

logic /'lɒdʒɪk/ *noun* [U] **1** ésszerű gondolkodás, logika **2** logika (*mint tudomány*)

logical /'lɒdʒɪkl/ *adj.* **1** ésszerű, logikus: *As I see it, there is only one logical conclusion.* **❶** Ellentéte: **illogical. 2** logikus gondolkodású: *a logical mind*
► **logically** /-kli/ *adv.* ésszerűen, logikusan

logo /'ləʊgəʊ/ *noun* [C] (*plural* **logos**) logo, márkajel: *the company/brand logo*

loiter /'lɔɪtə(r)/ *verb* [I] ténfereg, ácsorog

lollipop /'lɒlipɒp/ (also **lolly**) *noun* [C] nyalóka ➲ Lásd **ice lolly.**

lone /ləʊn/ *adj.* (*csak főnév előtt*) **1** egyedülálló, magányos **❶** Szinonimája: **solitary. 2** egyedülálló (*szülő*): *a support group for lone parents*

★ **lonely** /'ləʊnli/ *adj.* (**lonelier**; **loneliest**) **1** magányos, visszavonult: *to feel sad and lonely* **2** (*csak főnév előtt*) elhagyatott, egyedülálló ➲ Magyarázat az **alone** szónál.
► **loneliness** *noun* [U] magányosság ➲ Vesd össze **solitude, isolation.**

loner /'ləʊnə(r)/ *noun* [C] (*informális*) magányos, zárkózott (*ember*)

lonesome /'ləʊnsəm/ *adj.* (*US*) magányos, magára hagy(at)ott ➲ Magyarázat az **alone** szónál.

★ **long¹** /lɒŋ/ *adj.* (**longer** /'lɒŋgə(r)/, **longest**

/lɒŋgɪst/) hosszú: *She has lovely long hair.* • *We had to wait a long time.* • *a very long journey/book/corridor* • *I walked a long way today.* • *Nurses work very long hours.* ❶ Főnév: **length.** ❶ Ellentéte: **short.**

Amikor valami hosszúsága vagy időtartama felől érdeklődünk, ill. erről adunk felvilágosítást, a **long** szót használjuk: *How long is the film?* • *The insect was only 2 millimetres long.* • *a five-mile-long traffic jam.*

▶ **long** *noun* hosszú idő: *I'm sorry I haven't written to you for so long.* • *This shouldn't take long* (sokáig).

IDIOMS **a long shot** nem nagy reményekkel kecsegtető próbálkozás | **at (long) last** → LAST[1] | **at the longest** (*időtartam*) legfeljebb: *It will take a week at the longest.* | **go a long way** bőséges, kiadós | **have a long way to go** (még) hosszú/nagy út áll előtte (*átv is*) | **in the long run** hosszú távon | **in the long/short term** → TERM[1] | **(pull, wear, etc.) a long face** savanyú ábrázat

★ **long²** /lɒŋ/ *adv.* (longer /-ŋgə(r)/, longest /-ŋgɪst/) **1** sokáig, hosszan, régóta: *She didn't stay long.* • *I hope we don't have to wait much longer* (sokkal tovább). • *They won't be gone for long.* • *Just wait here – I won't be long* (nem maradok sokáig). • *'How long will it take* (mennyi ideig tart) *to get there?' 'Not long.'*

Mind a **long** szó, mind a **long time** kifejezés használható időhatározóként. Állító mondatban általában a **long time** szerepel: *They stood there for a long time.* Állító mondatokban a **long** csak más határozószóval együtt szerepel, mint pl. a **too, enough, ago** stb.: *We lived here long ago.* • *I've put up with this noise long enough.* • *I'm going to make a complaint.* Kérdő mondatban mindkettőt használhatjuk: *Were you away long/a long time?* Tagadó mondatokban olykor jelentésbeli különbség van a **long** és a **long time** között: *I haven't been here long.* Csak nemrég érkeztem/Rövid ideje vagyok itt. • *I haven't been here for a long time.* Régóta nem voltam itt/nem jártam errefelé.

2 hosszú idővel vmi előtt/után: *We got*

married **long before** (jóval azelőtt, hogy) *we moved here.* • *Don't worry – they'll be here **before long*** (nemsokára). • *All that happened **long ago*** (régen). **3** (*időben*) végig: *The baby cried **all night long*** (egész éjjel).

IDIOMS **as/so long as** amennyiben, feltéve, hogy: *As long as no problems arise, we should get the job finished by Friday.* | **no/not any longer** többé/már nem: *They no longer live here.* • *They don't live here any longer.*

long³ /lɒŋ/ *verb* [I] **long for sth; long (for sb) to do sth** vágyódik vmire/vmi után, nagyon szeretne vmit: *She longed to return to Greece.*
▶ **longing** *noun* [C,U] vágy(akozás), vágyódás: *a longing for peace*
longingly *adv.* sóvárogva, vágyakozóan

long-'distance *adj., adv.* távolsági (*járat, beszélgetés*): *to phone long-distance*

long-haul *adj.* (*csak főnév előtt*) (*szállítás*) hosszú távú: *a long-haul flight*

longitude /'lɒndʒɪtjuːd; 'lɒŋgɪ-/ *noun* [U] hosszúsági fok ❖ Lásd **latitude.**

long jump *noun* [*sing.*] távolugrás ❖ Lásd **high jump.**

long-'life *adj.* tartós(ított): *a long-life battery* • *long-life milk*

long-'lived *adj.* hosszú életű, hosszan tartó: *a long-lived dispute*

long-range *adj.* **1** hosszú távú: *the long-range weather forecast* **2** nagy hatósugarú: *long-range nuclear missiles*

long-'sighted (*US* ,far-'sighted) *adj.* távollátó ❶ Ellentéte: **short-sighted** (*US* near-sighted).

long-'standing *adj.* régóta fennálló: *a long-standing arrangement*

long-'suffering *adj.* béketűrő

long-'term *adj.* hosszú lejáratú: *long-term planning*

long-'winded *adj.* hosszadalmas

loo /luː/ *noun* [C] (*plural* **loos**) (*brit, informális*) vécé ❖ Magyarázat a **toilet** szónál.

★ **look¹** /lʊk/ *verb* **1** [I] **look (at sth)** (meg)néz (vkit/vmit): *Sorry, I wasn't looking* (nem figyeltem). *Can you show me again?* • *Look carefully at this picture.* • *to look out of the* window • *She blushed and looked away.* • *Look who's come to see us* (jött látogatóba). • *Look where you're going!* ➔ Vesd össze **see**(1-3), **watch¹**(1).

> A **see** igét használjuk, ha látunk valamit: *I saw a girl riding past on a horse*, a **look** igét, ha nézünk vagy figyelünk valamit: *Look carefully. Can you see anything strange?*

2 [I] **look (for sb/sth)** keres (vkit/vmit): *We've been looking for you everywhere.* • *to look for work* **3** linking verb [I] **look (like sb/sth) (to sb); look (to sb) as if.../ as though...** kinéz (vhogyan), (vminek/ vmilyennek) látszik/tűnik (vkinek/vki számára): *to look tired/ill/sad/well/happy* • *The boy looks like his father.* • *That film looks good – I might go and see it.* • *You look (to me) as if/as though you need some sleep.* **4** [I] (ide)figyel: *Look, Tom, I know you are busy but could you give me a hand?* **5** [I] néz vmerre: *This room looks south.* **6** [I] **look to do sth** azt tervezi, hogy: *We are looking to double our profits over the next five years.*

IDIOMS **look bad; not look good** illetlenség(nek tűnik): *It'll look bad if we get there an hour late.* | **look good** biztató(nak tűnik): *This year's sales figures are looking good.* | **look sb in the eye** vki szemébe néz | **look on the bright side (of sth)** a dolgok pozitív/szebbik oldalát nézi | **(not) look yourself** (nem) a szokott formáját mutatja | **never/not look back** egyre sikeresebb

PHRASAL VERBS **look after sb/sth/yourself** felügyel/vigyáz vkire/vmire/magára, gondoskodik vkiről/vmiről, gondoz vkit/ vmit: *I've found somebody to look after the children.* • *The old lady's son looked after all her financial affairs.*

look ahead gondol a jövőre, előrenéz

look at sth 1 megvizsgál vmit, tanulmányoz vmit: *My tooth aches. I think a dentist should look at it.* • *The government is looking at ways of reducing unemployment.* **2** (el)olvas: *Could I look at the newspaper when you've finished with it?* **3** tekint: *Different races and nationalities look at life differently.*

look back (on sth) visszatekint/-néz (vmire)

look down on sb/sth lenéz vkit/vmit

look forward to sth/doing sth nagyon/alig

vár vmit: *I'm really looking forward to the weekend.* • *I look forward to hearing from you.* Várom mielőbbi válaszát. (gyakran használják hivatalos, nem baráti levelek végén)

look into sth tanulmányoz, kivizsgál: *A committee was set up to look into the causes of the accident.*

look on tétlenül figyel/néz: *All we could do was look on as the house burned.* | **look on sb/sth as sth; look on sb with sth** vhogyan tekint vkire/vmire: *They seem to look on me as someone who can advise them.*

look out elővigyázatosnak lenni: *Look out!* (Vigyázz!) *There's a bike coming.* | **look out (for sb/sth)** figyel, hogy észrevegyen/elkerüljön vkit/vmit: *Look out for thieves!*

look round (sth) körül-/körbenéz (vhol): *She looked round but couldn't find anything she liked.* • *to look round a town/shop/ museum*

look through sth átolvas vmit, átnéz vmit

look to sb for sth; look to sb to do sth (el)vár vkitől vmit: *He always looked to his father for advice.*

look up 1 felnéz: *She looked up and smiled.* **2** (*informális*) fellendül, javul: *Business is looking up.* | **look sth up** meg-/kikeres vmit: *to look up a word in a dictionary* | **look sb up** (*szenvedő szerkezetben nem állhat, informális*) felkeres | **look up to sb** felnéz vkire

★ **look²** /lʊk/ noun **1** [C, usually sing.] nézés, pillantás: *Have a look* (Vessen egy pillantást) *at this article.* • *Take a close look* (Figyelmesen olvassa végig) *at the contract before you sign it.* **2** [C, usually sing.] a **look (for sb/sth)** (vki/vmi) keresés(e): *I'll have a good look for that book later.* **3** [C] arckifejezés: *He had a worried look on his face.* **4** (looks) [*plural*] (külső) megjelenés, külső: *He's got good looks and intelligence.* **5** [C] stílus, külső: *The shop has a new look to appeal to younger customers.*

IDIOMS **by/from the look of sb/sth** látszatra: *It's going to be a fine day by the look of it.* | **like the look/sound of sb/sth** → LIKE¹

lookalike /'lʊkəlaɪk/ noun [C] (*ált. személynév után áll*) hasonmás: *an Elvis lookalike*

¹**look-in** noun

IDIOM **(not) give sb a look-in; (not) get/have**

a **look-in** (*informális*) (nem) kap esélyt/lehetőséget

-looking /ˈlʊkɪŋ/ (*összetett melléknevekben*) vmilyennek látszó/tűnő: *an odd-looking building* • *He's very good-looking* (*jóképű*).

lookout /ˈlʊkaʊt/ *noun* [C] őr(szem), megfigyelő: *One of the gang acted as lookout.* **IDIOM** be on the lookout for sb/sth; keep a lookout for sb/sth nyitott szemmel jár (*hogy észrevegyen vmit*)

loom¹ /luːm/ *noun* [C] szövőszék

loom² /luːm/ *verb* [I] **loom (up)** fenyegetően meredez: *The mountain loomed (up) in the distance.*

loony /ˈluːni/ *noun* [C] (*plural* **loonies**) (*szleng*) hülye, lökött
▶ **loony** *adj.* bolond

loop /luːp/ *noun* [C] hurok, csomó, kanyar: *a loop in a rope* ➪ Ábra **coil²** alatt.
▶ **loop** *verb* [I,T] hurkot/csomót köt, teker(edik), (*folyó*) kanyarog: *He was trying to loop a rope over the horse's head.*

loophole /ˈluːphəʊl/ *noun* [C] joghézag, kibúvó

★**loose¹** /luːs/ *adj.* **1** szabad: *The horse managed to* **get loose** (elszabadulni) *and escape.* • *I take the dog to the woods and* **let him loose** (szabadon engedem). • *She wore her long hair loose* (leengedve). **2** laza, lötyögő: *a loose tooth* **3** ömlesztett, kimért (*nem kötegben/csomagban stb.*): *The potatoes were loose, not in bags.* • *loose change* aprópénz • *some* **loose** (különálló) *sheets of paper* **4** bő: *These trousers are much too loose round the waist.* ➊ Ellentéte: **tight**. **5** pontatlan: *a loose translation*
▶ **loosely** *adv.* **1** lazán **2** nagy körvonalakban: *The film is loosely based on the life of Beethoven.*
IDIOMS all hell broke loose → HELL | at a loose end semmi dolga, elfoglaltság nélkül

loose² /luːs/ *noun*
IDIOM on the loose szabad(láb)on (*elmenekült*): *a lion on the loose from a zoo*

,**loose-ˈleaf** *adj.* kivehető/különálló lapokból álló

loosen /ˈluːsn/ *verb* [I,T] meglazít, meglazul: *to loosen your tie/belt* • *Don't*

loosen your grip (továbbra is fogd szorosan) *on the rope or you'll fall.*
PHRASAL VERB loosen (sb/sth) up lazít: *These exercises will help you to loosen up.*

loot /luːt/ *verb* [I,T] fosztogat, kifoszt

lop /lɒp/ *verb* [T] (**lopping**; **lopped**) (*faágat*) lenyes
PHRASAL VERB lop sth off/away levág

lopsided /ˌlɒpˈsaɪdɪd/ *adj.* aszimmetrikus: *a lopsided smile*

lord /lɔːd/ *noun* [C] **1** lord, úr: *Lord and Lady Derby* • *the Lord Mayor* (főpolgármester) *of London* **2** (**the Lord**) [*sing.*] az Úr **3** (**the Lords**) [*with sing. or plural verb*] (*brit*) Lordok Háza: *The Lords has/have voted against the bill.*
IDIOM (good) Lord! Úristen!: *Good Lord, what have you done to your hair!*

★**lorry** /ˈlɒri/ (*brit*) *noun* [C] (*plural* **lorries**) (*főleg US* **truck**) teherautó ➪ Ábra **vehicle** alatt.

★**lose** /luːz/ *verb* (*pt, pp* **lost** /lɒst/) **1** [T] elvesz(í)t: *I've lost my purse.* • *She lost a leg in the accident.* • *He lost his wife last year.* • *to lose your job* **2** [T] (el)veszít: *to lose weight/interest/patience* lefogy/megun/elveszti türelmét • *The company is losing money all the time.* ➊ Ellentéte: **gain**. **3** [I,T] (el)veszít, vereséget szenved: *We played well but we lost 2-1.* • *to lose a court case/an argument* • *Parma lost to Milan in the final.* **4** [T] (el)veszteget: *There's* **no time to lose**. **5** [I,T] veszít (*anyagilag*): *The company lost on the deal.* **6** [T] (*informális*) összezavar (vkit): *You've totally lost me! Please explain again.*
IDIOMS keep/lose your cool → COOL³ | keep/lose count (of sth) → COUNT² | keep/lose your temper → TEMPER | keep/lose track of sb/sth → TRACK¹ | lose your bearings összezavarodik, nem ismeri ki magát vhol | lose face elveszti a tekintélyét | lose your head elveszti a fejét | lose heart elcsügged | lose it (*beszélt nyelv*) nem bír magával | lose your life életét veszti | lose sight of sb/sth szem elől téveszt: *We eventually lost sight of the animal in some trees.* • (*átv*) *We mustn't lose sight of our original aim.* | lose touch (with sb/sth) elveszíti a kapcsolatot (vkivel/vmivel): *I've lost touch with a lot of my old school friends.* | lose your touch

ð then | s so | z zoo | ʃ she | ʒ vision | h how | m man | n no | ŋ sing | l leg | r red | j yes | w wet

kijön a gyakorlatból, nem a régi | **a losing battle** reménytelen küzdelem, szélmalomharc | **win/lose the toss** → TOSS

PHRASAL VERB **lose out (on sth/to sb)** (*informális*) hátrányos helyzetbe kerül, veszít (vmin/vkivel szemben): *If a teacher pays too much attention to the bright students, the others lose out.*

loser /'luːzə(r)/ *noun* [C] **1** vesztes: *He is a bad loser.* Nehezen viseli el a vereséget. **2** örök vesztes

★ **loss** /lɒs/ *noun* **1** [C,U] (a) loss (of sth) veszteség, vmi elvesztése: *loss of blood/sleep* • *weight/hair loss* • *Have you reported the loss of your wallet?* • *The plane crashed with great loss of life.* **2** [C] a loss (of sth) (*anyagi*) veszteség, kár: *The firm made a loss of £5 million.* ➔ Lásd profit. **3** [C] a loss (to sb) veszteség/kár (vki számára)

IDIOMS **at a loss** tanácstalan | **cut your losses** leírja veszteségét, minimalizálja a veszteségeit

lost¹ *past tense, past participle of* LOSE

★ **lost²** /lɒst/ *adj.* **1** eltévedt: *We're completely lost!* • *If you get lost* (eltévedsz), *stop and ask someone the way.* **2** eltűnt, elveszett: *The letter must have got lost in the post.* **3** nem ért vmit: *Sorry, I'm lost. Could you explain the last part again?* **4** lost on sb elsikad vkinél, nem jön be vkinél: *The humour of the situation was completely lost on Joe.*

IDIOMS **get lost** (*szleng*) takarodj!, menj a fenébe! | **lost cause** reménytelen ügy | **lost for words** nem talál szavakat

lost property *noun* [U] talált tárgyak

★ **lot¹** /lɒt/ *noun* **1** [C] a lot (of sth); lots (of sth) sok, rengeteg: *Sit here – there's lots of room.* • *There seem to be quite a lot of new shops opening.* • *An awful lot of people will be disappointed if the concert is cancelled.* • *I've got a lot to do today.*

> Tagadó és kérdő mondatokban a **much** és **many** szavak gyakoribbak: *A lot of girls go to dancing classes, but not many boys.* • *'How much would a car like that cost?' 'A lot!'*

2 [*sing.*, *with sing. or plural verb*] (*informális*) mind, az összes: *When we opened the bag of potatoes the whole lot*

was/were bad. • *The manager has just sacked the lot of them* (az egész bandát)! • *Just one more suitcase and that's the lot* (ezzel kész)! • *'How many of these books shall we take?' 'The lot.'* • *You count those kids and I'll count this lot* (ezeket).

IDIOM **draw lots** → DRAW¹

★ **lot²** /lɒt/ *adv.* (*informális*) **1** (a lot; lots) (*melléknév és határozószó előtt*) sokkal: *a lot bigger* • *They see lots more of each other than before.* **2** (a lot) nagyon, sokat: *Thanks a lot – that's very kind.* • *It generally rains a lot at this time of year.*

a lot of /ə 'lɒt əv/ (*informális* **lots of** /'lɒts əv/) *determiner* sok: *There's been a lot of rain this year.* • *a lot of people* • *Lots of love, Billy.*

lotion /'ləʊʃn/ *noun* [C,U] (*arcra/testre/ hajra*) ápolószer (*folyadék*): *suntan lotion* napolaj

lottery /'lɒtəri/ *noun* [C] (*plural* **lotteries**) lottó

★ **loud** /laʊd/ *adj.*, *adv.* **1** hangos(an): *Could you speak a bit louder.* ❶ Ellentéte: **quiet** vagy **soft**.

> A **loud** szó általában a hangra, zajra vagy az azt kibocsátó dologra vonatkozik: *a loud noise/bang* • *loud music.* A **noisy** szó nagyon, ill. túl hangos személyre, állatra, helyre, eseményre stb. vonatkozik: *a noisy road/party/engine/child.*

2 rikító, feltűnő: *a loud shirt*
▸ **loudly** *adv.* hangosan
loudness *noun* [U] hangerősség

IDIOM **out loud** hangosan, hallhatóan: *Shall I read this bit out loud* (fölolvassam) *to you?*

loudspeaker /ˌlaʊd'spiːkə(r)/ *noun* [C] (also **speaker**) hangszóró, hangfal

lounge¹ /laʊndʒ/ *noun* [C] **1** társalgó **2** váróterem (*repülőtéren*): *the departure lounge*

lounge² /laʊndʒ/ *verb* [I] **lounge (about/ around)** lustálkodik, henyél

louse /laʊs/ *noun* [C] (*plural* **lice** /laɪs/) tetű

lousy /'laʊzi/ *adj.* (*informális*) vacak: *We had lousy weather on holiday.*

lout /laʊt/ *noun* [C] faragatlan fickó, bunkó ➔ Lásd hooligan, yob.

---

❶ = magyarázat   [C] megszámlálható (*főnév*): one book, two books   [U] megszámlálhatatlan (*főnév*): some sugar

lovable (also **loveable**) /'lʌvəbl/ adj. aranyos, szeretetre méltó: a lovable little boy

★ **love¹** /lʌv/ noun **1** [U] szeretet, szerelem: a mother's love for her children • **to be in love** with sb szerelmes vkibe • He's **madly in love** with her. • **to fall in love** with sb beleszeret vkibe • It was **love at first sight**. • a love song/story szerelmes dal/szerelmi történet • How's your **love life**? **2** [U, sing.] szeretet, imádat: a love of adventure **3** [C] vki szerelme: His great love was always music. • Who was your first love? **4** [C] (brit, informális) kedves(em): 'Hello, love. What can I do for you?' ❸ Írásban gyakran **luv**. **5** [U] (teniszeredmény) semmi: The score is forty-love.

IDIOMS **give/send sb your love** vki üdvözletét átadja/küldi vkinek (baráti viszonynál): Give Maria my love when you next see her. | **(lots of) love (from)** (levél végén) sok/millió puszi, (sok) szeretettel: See you soon. Love, Jim | **make love (to sb)** szeretkezik (vkivel)

★ **love²** /lʌv/ verb [T] **1** nagyon szeret, imád: She loves her children. • I love the summer! • I really love swimming in the sea. **2 would love sth/to do sth** nagyon szeretne vmit: 'Would you like to come?' 'I'd love to.' • 'What about a drink?' 'I'd love one.' • We'd love you to come and stay with us.

love affair noun [C] **1** (szerelmi) kapcsolat/viszony: She had a love affair with her tennis coach. **2** nagy lelkesedés, imádat

★ **lovely** /'lʌvli/ adj. (**lovelier**; **loveliest**) **1** gyönyörű, csodás: You look lovely with your hair short. **2** nagyszerű, remek: We had a lovely holiday.
▸ **loveliness** noun [U] (írott nyelv) rendkívüli szépség
IDIOM **lovely and warm, peaceful, fresh, etc.** nagyon meleg, békés, friss stb.: These blankets are lovely and soft.

★ **lover** /'lʌvə(r)/ noun [C] **1** szerető: He discovered that his wife had a lover. • The park was full of young lovers (szerelmespárokkal) holding hands. **2** -kedvelő, -barát: a music lover

loving /'lʌvɪŋ/ adj. **1** kedves, szerető: She's very loving towards her brother. **2** (összetett melléknevekben) (-loving) -kedvelő, -szerető: a fun-loving girl

▸ **lovingly** adv. kedvesen, szeretettel

★ **low¹** /ləʊ/ adj., adv. **1** alacsony(an): That plane is flying very low. • Temperatures were very low last winter. • low wages • low-fat (alacsony zsírtartalmú) yoghurt • a low standard of living **2** (hang) mély, halk: His voice is already lower than his father's. • to speak in low voices **3** lehangolt, gyenge: He's been **feeling** a bit **low** since his illness. **4** (fény, hő) gyenge, alacsony, enyhe: Cook the rice on a low heat for 20 minutes. • The low lighting (hangulatvilágítás) adds to the restaurant's atmosphere. **5** (sebességfokozat) alacsony ❸ Mindegyik értelemben az ellentéte **high**.
IDIOMS **high and low** → HIGH² | **lie low** → LIE² | **run low (on sth)** fogytán van (vmiből), kezd kifogyni (vmi): We're running low on coffee.

low² /ləʊ/ noun [C] mélypont: Unemployment has fallen to a new low. ❸ Ellentéte: **high**.

low-down noun [sing.] (informális)
IDIOM **give sb/get the low-down (on sb/sth)** megmondani/megtudni a legfontosabbakat (vkiről/vmiről)

lower¹ /'ləʊə(r)/ adj. alsó: She bit her lower lip. • the lower deck of a ship ❸ Ellentéte: **upper**.

★ **lower²** /'ləʊə(r)/ verb [T] **1** leenged, leereszt: They lowered the boat into the water. • to lower your head/eyes lehajtja a fejét/lesüti a szemét **2** csökkent, lehalkít: The virus lowers resistance to other diseases. • Could you lower your voice slightly? I'm trying to sleep. ❸ Ellentéte: **raise**.

lower 'case noun [U] (szöveg) kisbetűs: The text is all in lower case. • lower-case letters ❸ Ellentéte: **upper case**.

low-'key adj. visszafogott, nem hivalkodó: The wedding will be very low-key – we're only inviting ten people.

lowland /'ləʊlənd/ noun [C, usually plural] alföld, alacsonyan fekvő terület

low-'lying adj. mélyen fekvő

low 'tide noun [U] apály: At low tide you can walk out to the island. ❸ Ellentéte: **high tide**.

loyal /'lɔɪəl/ adj. lojális, hűséges ❸ Szinonimája: **faithful**. Ellentéte: **disloyal**.
▸ **loyally** adv. lojálisan, hűségesen

[I] **tárgyatlan** (ige): He laughed.

[T] **tárgyas** (ige): He ate an apple.

loyalty /'lɔɪəlti/ noun [C,U] (plural **loyalties**) lojalitás, hűség

lozenge /'lɒzɪndʒ/ noun [C] köhögés/ torokfájás elleni cukorka

L-plate /'el pleɪt/ noun [C] tanuló vezető, T (jelzés)

Ltd /'lɪmətɪd/ abbr. (**Limited** rövidítése, brit) Kft: Pierce and Co Ltd

lubricant /'lu:brɪkənt/ noun [C,U] kenőanyag

lubricate /'lu:brɪkeɪt/ verb [T] megolajoz, be-/megken, síkosít
► **lubrication** /ˌlu:brɪ'keɪʃn/ noun [U] olajozás, kenés

lucid /'lu:sɪd/ adj. (formális) 1 jól érthető, világos: a lucid style/description 2 (elme) világos
► **lucidly** adv. érthetően, világosan
lucidity /lu:'sɪdəti/ noun [U] érthetőség, világosság

★ **luck** /lʌk/ noun [U] szerencse: We'd like to wish you lots of luck in your new career. • He says this necklace will **bring** you luck. • I could hardly believe my luck when they offered me the job. • **With** a bit of luck, we'll finish this job today. • There's no skill in this game – it's all luck. • to have good/bad luck szerencsés/peches
IDIOMS bad luck!; hard luck! pech, balszerencse: 'Bad luck. Maybe you'll win next time.' | **be in/out of luck** van/nincs szerencséje: I was in luck – they had one ticket left! | **good luck (to sb)** sok szerencsét!: Good luck! I'm sure you'll get the job. | **worse luck** → WORSE

★ **lucky** /'lʌki/ adj. (**luckier; luckiest**) 1 szerencsés: He's lucky to be alive after an accident like that. • With so much unemployment, I **count myself lucky** that I've got a job. • 'I'm off on holiday next week.' 'Lucky you (de jó neked)!' 2 szerencsés, sikeres: It's lucky (szerencse, hogy) I got here before the rain started. • a lucky escape 3 szerencsés, szerencsét hozó: a lucky number • It was not my lucky day. ❶ Ellentéte: unlucky.
► **luckily** adv. szerencsére: Luckily, I remembered to bring some money.
IDIOM you'll be lucky kötve hiszem: You're looking for a good English restaurant? You'll be lucky!

lucrative /'lu:krətɪv/ adj. (formális) nagy hasznot hozó: a lucrative contract/business

ludicrous /'lu:dɪkrəs/ adj. nevetséges
► **ludicrously** adv. nevetségesen

lug /lʌg/ verb [T] (**lugging; lugged**) (informális) vonszol, cipel

★ **luggage** /'lʌgɪdʒ/ noun [U] poggyász: You're only allowed one piece of **hand luggage**. ❶ Szinonimája: baggage.

luggage rack noun [C] (vonaton/buszon) csomagtartó ➔ Ábra rack¹ alatt.

lukewarm /ˌlu:k'wɔ:m/ adj. 1 langyos 2 lukewarm (about sb/sth) közömbös, lanyha

lull¹ /lʌl/ noun [C, usually sing.] a lull (in sth) átmeneti nyugalom/szünet, szélcsend

lull² /lʌl/ verb [T] 1 megnyugtat, lecsendesít: She sang a song to lull the children **to sleep** (hogy álomba ringassa). 2 lull sb **into** sth milyen (tév)hitben ringat/tart vkit: Our success lulled us **into a false sense of security**.

lullaby /'lʌləbaɪ/ noun [C] (plural **lullabies**) altatódal

lumber¹ /'lʌmbə(r)/ (főleg US) = TIMBER (1)

lumber² /'lʌmbə(r)/ verb 1 [I] vánszorog, döcög: A family of elephants lumbered past. 2 [T] (informális) lumber sb (with sb/sth) (ált. szenvedő szerkezetben) vki nyakába varr (vmilyen felelősséget), vkire rábíz

luminous /'lu:mɪnəs/ adj. sötétben világító/fénylő

★ **lump¹** /lʌmp/ noun [C] 1 darab, csomó: a lump of coal • a lump of sugar kockacukor 2 púp, dudor, daganat: She noticed a lump in her breast.
IDIOM have/feel a lump in your throat gombóc van a torkában

lump² /lʌmp/ verb [T] **lump A and B together; lump A (in) with B** egy kalap alá vesz
IDIOM lump it (informális) kénytelen elfogadni: That's the deal – like it or lump it (akár tetszik akár nem).

lump sum noun [C] egyszerre kifizetett (nagyobb) összeg

lumpy /'lʌmpi/ adj. hepehupás, csomós: This bed is very lumpy. ❶ Ellentéte: smooth.

lunacy /'lu:nəsi/ noun [U] őrültség

lunar /'lu:nə(r)/ adj. (ált. főnév előtt) hold-

lunatic¹ /'luːnətɪk/ noun [C] (informális) őrült ⊕ Szinonimája: **madman**.

lunatic² /'luːnətɪk/ adj. őrült, eszelős

★ **lunch** /lʌntʃ/ noun [C,U] ebéd: a packed lunch • a picnic lunch • a business lunch • a working lunch munkaebéd • a lunch break

> Az iskolai menzán kapható ebéd fordítása általában **school dinner**.

▸ **lunch** verb [I] (formális) ebédel

'**lunch hour** noun [C, usually sing.] ebédszünet, ebédidő: I went to the shops in my lunch hour.

lunchtime /'lʌntʃtaɪm/ noun [C,U] ebédidő, ebédszünet

★ **lung** /lʌŋ/ noun [C] tüdő

lunge /lʌndʒ/ noun [C, usually sing.] a lunge (at sb); a lunge (for sb/sth) támadó mozdulat (vki felé/vmiért): She made a lunge for the ball. A labda után vetődött.

▸ **lunge** verb [I] támad(óan lép fel): He lunged towards me with a knife.

lurch /lɜːtʃ/ noun [C, usually sing.] megbillenés, zökkenés

▸ **lurch** verb megbillen

IDIOM **leave sb in the lurch** → LEAVE¹

lure¹ /lʊə(r)/ verb [T] (el)csábít: Young people are lured to the city by the prospect of a job and money.

lure² /lʊə(r)/ noun [C] csábítás, vonzerő: the lure of adventure

lurid /'lʊərɪd; 'ljʊər-/ adj. **1** rikító **2** sokkoló, megdöbbentő

▸ **luridly** adv. **1** rikítóan **2** (túl) szemléletesen

lurk /lɜːk/ verb [I] leselkedik: I thought I saw somebody lurking among the trees.

luscious /'lʌʃəs/ adj. ízes, zamatos

lush /lʌʃ/ adj. buján/gazdagon termő

lust¹ /lʌst/ noun **1** [U] erős szexuális vágy, bujaság **2** [C,U] (a) lust (for sth) mohó vágy: a lust for power hatalomszomj • (a) lust for life életöröm

lust² /lʌst/ verb [I] lust (after sb) ; lust (after/for sth) epekedik vki/vmi után: to lust for power

lustful /'lʌstfl/ adj. kéjsóvár

▸ **lustfully** /-fəli/ adv. epekedve, sóvárogva

luxurious /lʌg'ʒʊəriəs/ adj. luxus-, fényűző: a luxurious hotel

▸ **luxuriously** adv. fényűzően

luxury /'lʌkʃəri/ noun (plural luxuries) [U, C] luxus(-), fényűzés: They are living in luxury in Barbados. • to lead a life of luxury • a luxury hotel • It was (an) absolute luxury to do nothing all weekend. • luxury goods, such as chocolate

lynch /lɪntʃ/ verb [T] meglincsel

lyric /'lɪrɪk/ adj. lírai: lyric poems

lyrical /'lɪrɪkl/ adj. lírai, érzelmes: a lyrical melody

lyrics /'lɪrɪks/ noun [plural] dalszöveg

Mm

M, m¹ /em/ noun [C] (plural M's; m's) M/m betű

M² abbr. **1** (also med) (medium (size) rövidítése) M, közepes méret **2** /em/ (motorway rövidítése, brit) autópálya (száma előtt): heavy traffic on the M25 **3** (m) (metre, metres rövidítése) m **4** (m) (million, millions rövidítése) M, millió

MA /ˌem 'eɪ/ abbr. (Master of Arts rövidítése) (humán tárgyból) poszt-graduális tudományos (egyetemi) fokozat ➲ Lásd **BA, MSc.**

mac /mæk/ noun [C] (főleg brit) esőkabát, esőköpeny

macabre /mə'kɑːbrə/ adj. hátborzongató

macaroni /ˌmækə'rəʊni/ noun [U] makaróni

★ **machine** /mə'ʃiːn/ noun [C] (gyakran szóösszetételekben) gép: a washing machine • a machine for making pasta ➲ Magyarázat a **tool** szónál.

ma'chine-gun *noun* [C] gépfegyver

ma,chine-'readable *adj.* számítógéppel olvasható

machinery /məˈʃiːnəri/ *noun* [U] munkagép(ek), gépezet, (*gépi*) szerkezet: *farm machinery*

macho /ˈmætʃəʊ/ *adj.* (*informális*) macsó

mackintosh /ˈmækɪntɒʃ/ (also **mac**) *noun* [C] (*főleg brit, rég*) esőkabát, esőköpeny

★ **mad** /mæd/ *adj.* **1** őrült, bolond: *He went mad when still a young man.* (brit): *You must be mad to drive in this weather.*

Manapság az elmebetegekre a **mentally ill** kifejezést használják a **mad** vagy **insane** szó helyett.

2 (*főnév előtt nem állhat*) mad (at/with sb) (about sth) nagyon dühös (vkire) (vmi miatt): *His laziness drives me mad* (az őrületbe kerget/megőrjít)*! (főleg US*): *Don't get/go mad at him.* **3** (*informális*) mad about/on sb/sth odavan vkiért/vmiért, bolondul vkiért/vmiért: *He's mad on computer games.* ● *Steve's mad about Jane.* **4** őrült, őrjöngő: *The audience was cheering like mad.* ● *When DiCaprio appeared on the balcony his fans went mad* (tomboltak).

madam /ˈmædəm/ *noun* [sing.] **1** (*formális*) asszonyom: *Can I help you, madam?* ➜ Lásd **sir**. **2** (**Madam**) (*levélben*) Hölgyem/Asszonyom: *Dear Madam, I am writing in reply...*

,mad 'cow disease (*informális*) *noun* [U] kergemarha-kór

maddening /ˈmædnɪŋ/ *adj.* őrjítő: *She has some really maddening habits.*
▸ **maddeningly** *adv.* őrületesen, őrjítően

made *past tense, past participle of* MAKE[1]
IDIOM made to measure → MEASURE[2]

madly /ˈmædli/ *adv.* **1** őrülten, vadul: *They were rushing about madly.* **2** (*informális*) őrülten: *madly in love*

madman /ˈmædmən/ *noun* [C] (*plural* **madmen** /-mən/) őrült, bolond ❶ Szinonimája: **lunatic**.

madness /ˈmædnəs/ *noun* [U] őrültség: *It would be madness to take a boat out in this weather.*

★ **magazine** /ˌmægəˈziːn/ (*informális* **mag**

/mæg/) *noun* [C] magazin, képes hetilap/folyóirat

maggot /ˈmægət/ *noun* [C] kukac

★ **magic[1]** /ˈmædʒɪk/ *noun* [U] **1** varázserő, mágia: *He suddenly disappeared, as if by magic* (varázslatos módon/váratlanul). ➜ Lásd **black magic**. **2** varázslat, varázslás **3** (*átv*) varázs: *I'll never forget the magic of that moment.*

magic[2] /ˈmædʒɪk/ *adj.* **1** varázs-: *a magic spell* varázsige ● *There is no magic formula for passing exams – just hard work.* **2** varázserejű, varázslatos: *Respect is the magic ingredient in our relationship.*

magical /ˈmædʒɪkl/ *adj.* **1** mágikus: *a herb with magical powers to heal* **2** csodálatos, varázslatos: *Our holiday was absolutely magical.*
▸ **magically** /-kli/ *adv.* varázslatosan

magician /məˈdʒɪʃn/ *noun* [C] **1** bűvész ➜ Lásd **conjuror**. **2** varázsló ➜ Lásd **wizard**.

magistrate /ˈmædʒɪstreɪt/ *noun* [C] bíró (*elsőfokú bíróságon*)

magnanimous /mægˈnænɪməs/ *adj.* nagylelkű

magnet /ˈmægnət/ *noun* [C] mágnes

magnetic /mægˈnetɪk/ *adj.* **1** mágnes-, mágneses: *magnetic fields* ● *a magnetic tape/disk* **2** vonzó: *a magnetic personality*
▸ **magnetism** /ˈmægnətɪzəm/ *noun* [U] vonzerő, egyéni varázs

magnificent /mægˈnɪfɪsnt/ *adj.* nagyszerű, gyönyörű, csodás: *What a magnificent castle!*
▸ **magnificently** *adv.* csodálatosan, nagyszerűen
magnificence *noun* [U] nagyszerűség, lenyűgöző szépség

magnify /ˈmægnɪfaɪ/ *verb* [T] (*pres. part.* **magnifying**; *3rd pers. sing. pres.* **magnifies**; *pt, pp* **magnified**) **1** ki-/felnagyít: *to magnify sth under a microscope* **2** felnagyít, eltúloz: *to magnify a problem*
▸ **magnification** /ˌmægnɪfɪˈkeɪʃn/ *noun* [U] nagyítás (*mérete/foka*)

'magnifying glass *noun* [C] nagyító(üveg)

magnitude /ˈmægnɪtjuːd/ *noun* [U] nagyság(rend), jelentőség

mahogany /mə'hɒgəni/ noun [U] mahagóni

maid /meɪd/ noun [C] szobalány, szobaasszony ➲ Lásd **chambermaid**.

maiden name /'meɪdn neɪm/ noun [C] leánykori név ➲ Lásd **née**.

maiden voyage /ˌmeɪdn 'vɔɪdʒ/ noun [C] (hajó) első út

★ **mail** /meɪl/ (brit also **post**) noun [U] **1** posta (szolgáltatás, küldemények): to send a parcel by airmail/surface mail • junk mail szórólapok ➲ Magyarázat a **post** és **first class** szavaknál. **2** (főleg US) = E-MAIL
▸ **mail** verb [T] (főleg US) postáz, felad

mailbox /'meɪlbɒks/ noun [C] **1** (US) = LETTER BOX (2) **2** (US) = POSTBOX **3** (elektronikus) postaláda

mailing list noun [C] címjegyzék, levelezőlista

mailman /'meɪlmæn/ (plural -men /-mən/) (US) = POSTMAN

mail order noun [U] postai (meg)rendelés

maim /meɪm/ verb [T] megnyomorít

★ **main¹** /meɪn/ adj. (csak főnév előtt) fő(-), legfőbb, legfontosabb: My main reason for wanting to learn English is to get a better job. • a busy main road forgalmas főút(vonal) • He doesn't earn very much but he's happy, and that's **the main thing** (lényeg).
IDIOM **in the main** (formális) többnyire, úgy általában: We found English people very friendly in the main.

main² /meɪn/ noun **1** [C] fővezeték, főcsatorna: The water main has burst. **2** (**the mains**) [plural] (brit) főcsap, fővezeték, főkapcsoló: Turn the water off at the mains. • mains (hálózati) gas/water/electricity

mainland /'meɪnlænd/ noun [sing.] ország/régió kontinensen, szárazföldön fekvő része (szigetek nélkül)
▸ **mainland** adj. kontinentális: mainland Greece

mainly /'meɪnli/ adv. főleg, nagyrészt

mainstay /'meɪnsteɪ/ noun [C] fő vivőerő, legfőbb forrás/termék/támasz stb.: Cocoa is the mainstay of the country's economy.

mainstream /'meɪnstriːm/ noun [sing.] fő áramlat, elfogadott nézet: The Green Party is not **in the mainstream** of British politics.

★ **maintain** /meɪn'teɪn/ verb [T] **1** fenntart: to maintain law and order **2** karbantart: The house is large and expensive to maintain. **3** fenntart (álláspontot): I still maintain that I was right to sack him. • She has always maintained her innocence. **4** eltart: He has to maintain two children from his previous marriage.

maintenance /'meɪntənəns/ noun [U] **1** karbantartás, fenntartás: car maintenance **2** (brit) tartásdíj: He has to pay maintenance to his ex-wife.

maisonette /ˌmeɪzə'net/ noun [C] (brit) kétszintes (kis)lakás (nagyobb házban)

maize /meɪz/ (US **corn**) noun [U] kukorica
❶ Az enni való kukorica **sweetcorn**.

majestic /mə'dʒestɪk/ adj. fenséges: a majestic mountain landscape
▸ **majestically** /-kli/ adv. méltóságteljesen

majesty /'mædʒəsti/ noun (plural **majesties**) **1** [U] magasztosság, lenyűgöző pompa: the splendour and majesty of the palace **2** (**His/Her/Your Majesty**) [C] (formális) Őfelsége/Felséged: Her Majesty the Queen

★ **major¹** /'meɪdʒə(r)/ adj. **1** (csak főnév előtt) jelentős, súlyos: The patient needs major heart surgery. • There haven't been any major problems. **❶** Ellentéte: **minor**. **2** (zene) dúr: the key of D major ➲ Lásd **minor**.

major² /'meɪdʒə(r)/ noun **1** (abbr. **Maj**) [C] őrnagy **2** [C] (US) főszak (egyetemen/főiskolán): Her major is French. **3** [U] (zene) dúr: a change from major to minor

major³ /'meɪdʒə(r)/ verb
PHRASAL VERB **major in sth** (US) főszakként tanul vmit (egyetemen/főiskolán)

major general noun [C] vezérőrnagy

★ **majority** /mə'dʒɒrəti/ noun (plural **majorities**) **1** [sing., with sing. or plural verb] **majority (of sb/sth)** többség: The majority of students in the class come/comes from Japan. • This treatment is available in the vast majority of hospitals. **❶** Ellentéte: **minority**. **2** [C, usually sing.] **majority (over sb)** (választásnál) többség, számbeli fölény: *He was elected by/with a majority of almost 5 000 votes.* ● **an overall majority** IDIOM **be in the/a majority** többségben van, vminek a túlnyomó részét teszi ki: *Women are in the majority in the teaching profession.*

★ **make¹** /meɪk/ *verb* [T] (*pt, pp* **made** /meɪd/) ➲ Vesd össze **do. 1** készít, csinál: *to make bread* ● *This model is **made of** steel* (acélból készült), *and that one is **made out of** used matches* (használt gyufából van). ● *Cheese is **made from** milk* (tejből készül). ● *Those cars are **made in** Italy.* ● *Shall I make you a sandwich/make a sandwich for you?* ● *to make a hole in sth* ● *to make a law/rule* törvényt hoz/szabályt felállít ● *to make a movie* filmet forgat **2** (*főnévvel*) csinál/ tesz vmit: *to make a mistake/noise* hibát követ el/zajt csap ● *to make a guess/ comment/statement/suggestion* találgat/ megjegyzést tesz/kijelentést tesz/javaslatot tesz ● *to make progress* fejlődik, halad ● *I've made an appointment* (megbeszéltem egy időpontot) *to see the doctor.*

Ezeket a szóösszetételeket gyakran egyetlen igével is kifejezhetjük, pl. **decide** = **make a decision.** A szóösszetételeket melléknévvel bővíthetjük: *He made the right decision.* Helyesen döntött. ● *They made a generous offer.*

3 vmilyenné tesz, vmilyen érzelmet/ reakciót vált ki vkiben, okoz: *The film made me cry* (megríkatott). ● *Flying makes him nervous.* ● *Her remarks made the situation worse.* ● *I'll* **make it clear** (egyértelműen megmondom) *to him that we won't pay.* ● **Make sure** (győződj(ön) meg arról, hogy/ügyelj(en) arra, hogy) *you lock the car.* ● *You don't need to know much of a language to* **make yourself understood** (megértesd magad). ● *to make trouble/a mess/a noise* **4** kényszerít vkit vmire, rávesz vkit vmire: *You can't make her come with us if she doesn't want to.*

Szenvedő szerkezetben a főnévi igenév szerepel mindig a **to** szóval: *He was made to wait at the police station.*

5 (*pénzt*) keres: *How much do you think he makes a month?* ● *to make a lot of money* **6** (*mennyiség*) összesen vmennyi(t tesz ki): *5 and 7 make 12.* **5** meg 7 az 12. **7** (*idő*) vki

órája/számítása szerint: *'What's the time?' 'I make it 6.45.'* **8** linking verb kinevez/megválaszt vmivé, alkalmas arra, hogy vmilyen vki/vmi legyen: *She was made President.* ● *She'd make a good teacher.* **9** linking verb eléri, hogy vmivé válik/vmi lesz belőle: *I'm hoping to make head of the department by the time I'm thirty.* **10** sikerül eljutnia/elmennie vhova: *I can't make the meeting next week.*

IDIOMS **be made for sb/each other** vkihez való/összeillenek/az Isten is egymásnak teremtette őket: *Jim and Alice seem made for each other.* | **make do with sth** beéri vmivel, megelégszik vmivel: *If we can't get limes, we'll have to make do with lemons.* | **make it** sikere van, sikerül megoldani: *She'll never make it as an actress.* ● *He's badly injured – it looks like he might not make it* (nem éli túl). | **make the most of sth** maximálisan kihasznál vmit: *You won't get another chance – make the most of it!* ❶ További kifejezések a **make** igével kapcsolatban a kifejezésben szereplő főnévnél vagy melléknévnél találhatók, pl. **make amends** lásd **amends.**

PHRASAL VERBS **make for sb/sth** vmi felé megy, igyekszik vmerre | **make for sth** (elő)segít, hasznára válik: *Arguing all the time doesn't make for a happy marriage.*

make sb/sth into sb/sth (át)alakít/változtat vkit/vmit vkivé/vmivé: *She made her spare room into an office.*

make sth of sb/sth vhogy ért(elmez) vmit, vmit gondol vkiről/vmiről: *What do you make of Colin's letter?*

make off (with sth) (*informális*) le-/ meglép (vmivel): *Someone's made off with my wallet!*

make sb/sth out 1 megért vkit/vmit, eligazodik vmin: *I just can't make him out.* **2** lát/hall/elolvas/megért vmit: *I could just make out her signature.* | **make sth out** kiállít, kitölt | **make out that…; make yourself out to be sth** vminek/vmilyennek adja ki magát, állítja/elhiteti magáról, hogy: *He made out that he was a millionaire.*

make (yourself/sb) up (*arcot*) kifest, sminkel | **make sth up 1** alkot: *the different groups that make up our society* **2** kiagyal, kitalál: *to make up an excuse* **3** kiegészít: *We need one more person to make up our team.* | **make up for sth** pótol: *Her enthusi-*

asm makes up for her lack of experience. |
make it up to sb (*informális*) kárpótol vkit, meghálál vmit vkinek: *You've done me a big favour. How can I make it up to you?* | **make (it) up (with sb)** kibékül: *Has she made it up with him yet?*

★ **make²** /meɪk/ *noun* [C] gyártmány, típus, márka

IDIOM **on the make** siker-/pénzhajhász(ó): *The country is being ruined by politicians on the make.*

¹**make-believe** *noun* [U] színlelés

★ **maker** /'meɪkə(r)/ *noun* [C] gyártó, készítő: *a film-maker*

makeshift /'meɪkʃɪft/ *adj.* átmeneti, szükség-: *makeshift shelters out of old cardboard boxes*

¹**make-up** *noun* **1** [U] smink, kozmetikai szer(ek): *to put on/take off make-up* ➲ Lásd **cosmetic¹**. ❶ Ige: **make (yourself/sb) up. 2** [*sing.*] (vki) jellem(e)/természet(e)

making /'meɪkɪŋ/ *noun* [*sing.*] készítés, gyártás: *breadmaking* • *This movie has been three years in the making.*

IDIOMS **be the making of sb** vki sikerének titka: *University was the making of Gina. Gina az egyetemnek köszönhette a sikerét.* | **have the makings of sth** alkalmas arra, hogy vmi legyen belőle, megvan az adottsága vmire: *The book has the makings of a good film.*

maladjusted /ˌmælə'dʒʌstɪd/ *adj.* nehezen alkalmazkodó

malaria /mə'leəriə/ *noun* [U] malária

★ **male** /meɪl/ *adj.* hím-, férfi-: *a male goat* • *a male model/nurse* ➲ Lásd **masculine**. Magyarázat a **female** szónál.
  ▸ **male** *noun* [C] hím, férfi

malice /'mælɪs/ *noun* [U] rosszindulat
  ▸ **malicious** /mə'lɪʃəs/ *adj.* rosszmájú, gúnyos, rosszindulatú
  maliciously *adv.* gúnyosan, rosszmájúan, rosszindulatúan

malignant /mə'lɪgnənt/ *adj.* rosszindulatú: *He has a malignant brain tumour.* ❶ Ellentéte: **benign**.

mall /mæl; mɔːl/ *noun* [C] bevásárlóközpont

mallet /'mælɪt/ *noun* [C] fakalapács
  ➲ Ábra **tool** alatt.

malnutrition /ˌmælnjuː'trɪʃn/ *noun* [U] alultápláltság, hiányos táplálkozás
  ▸ **malnourished** /ˌmæl'nʌrɪʃt/ *adj.* alultáplált

malt /mɔːlt/ *noun* [U] maláta

maltreat /ˌmæl'triːt/ *verb* [T] (*formális*) rosszul/kegyetlenül bánik vkivel, bántalmaz
  ▸ **maltreatment** *noun* [U] rossz/kegyetlen bánásmód, bántalmazás

mammal /'mæml/ *noun* [C] emlős

mammoth /'mæməθ/ *adj.* óriási, mamut-

★ **man¹** /mæn/ *noun* (*plural* **men** /men/) **1** [C] (*gyakran szóösszetételekben*) férfi (*vhonnan származó/vmilyen foglalkozású/érdeklődésű is*): *a Frenchman* • *a businessman* • *sportsmen and women* **2** [C] ember: *All men are equal.* **3** [U] az ember(iség): *Early man lived by hunting.* **4** *exclam.* [*sing.*] (*informális, beszélt nyelv, főleg US*) ember (*megszólítás*): *Hey man. Give me a break!*

IDIOMS **the man in the street** (*brit*) az átlagember | **the odd man/one out** → ODD

man² /mæn/ *verb* [T] (**manning; manned**) emberi közreműködéssel/felügyelettel irányít/működtet: *The telephones are manned 24 hours a day.*

★ **manage** /'mænɪdʒ/ *verb* **1** [I,T] (*gyakran a* **can** *vagy* **could** *segédigével*) sikerül (vmit megtenni/megoldani), boldogul vmivel: *However did you manage to find us here?* • *I can't manage this suitcase – it's too heavy.* • *Paula can't manage* (nem tud eljönni) *next Tuesday.* **2** [T] irányít, vezet, kezel: *She manages a small advertising business.* • *You need to manage* (beosztani) *your time more efficiently.* **3** [I] **manage (without/with sb/sth); manage (on sth)** boldogul (vmi nélkül/vmivel): *My grandmother couldn't manage without her neighbours.* • *It's hard for a family to manage on just one income.*

manageable /'mænɪdʒəbl/ *adj.* (könnyen) kezelhető

★ **management** /'mænɪdʒmənt/ *noun* **1** [U] irányítás, vezetés **2** [C,U] vezetőség, igazgatóság, vezetés: *The hotel is now under new management.* ❶ A **management** szó után egyes vagy többes számú ige is állhat: *The management is/are considering making some workers redundant.*

★ **manager** /ˈmænɪdʒə(r)/ *noun* [C] **1** igazgató, vezető: *a bank manager* **2** impresszárió, menedzser **3** menedzser, (vezető)edző (*csapaté*)

manageress /ˌmænɪdʒəˈres/ *noun* [C] (*üzleti/éttermi*) vezetőnő

managerial /ˌmænəˈdʒɪəriəl/ *adj.* vezetési, menedzseri: *Do you have any managerial experience?*

ˌ**managing diˈrector** *noun* [C] ügyvezető igazgató

mandarin /ˈmændərɪn/ *noun* [C] mandarin

mandate /ˈmændeɪt/ *noun* [C, usually sing.] mandátum, fel-/meghatalmazás: *The union leaders had a clear mandate from their members to call a strike.*

mandatory /ˈmændətəri; mænˈdeɪtəri/ *adj.* (*formális*) kötelező: *The crime carries a mandatory life sentence.* **❶** Szinonimája: **obligatory**. Ellentéte: **optional**.

mane /meɪn/ *noun* [C] sörény

maneuver (*US*) = MANOEUVRE

mangle /ˈmæŋgl/ *verb* [T] (*ált. szenvedő szerkezetben*) szét-/összeroncsol: *The motorway was covered with the mangled wreckage of cars.*

mango /ˈmæŋgəʊ/ *noun* [C] (*plural* **mangoes**) mangó

manhole /ˈmænhəʊl/ *noun* [C] aknanyílás

manhood /ˈmænhʊd/ *noun* [U] férfikor

mania /ˈmeɪniə/ *noun* **1** [C] (*informális*) mánia **2** [U] téboly, elmezavar

maniac /ˈmeɪniæk/ *noun* [C] **1** őrült: *to drive like a maniac* **2** -mániás: *a football/sex maniac*

manic /ˈmænɪk/ *adj.* **1** őrült, tébolyult: *His behaviour became more manic as he began to feel stressed.* **2** (*orv*) mániás

manicure /ˈmænɪkjʊə(r)/ *noun* [C,U] manikűr(özés)

manifest /ˈmænɪfest/ *verb* [T] (*formális*) **manifest sth/itself (in/as sth)** megnyilvánul (*vmiben/vmiként*), kinyilvánít vmit: *Mental illness can manifest itself in many forms.*

▸ **manifest** *adj.* nyilvánvaló: *manifest failure*

manifestation /ˌmænɪfeˈsteɪʃn/ *noun* [C,U] (*formális*) megnyilatkozás

manifesto /ˌmænɪˈfestəʊ/ *noun* [C] (*plural* **manifestos**) kiáltvány, manifesztum

manipulate /məˈnɪpjuleɪt/ *verb* [T] **1** manipulál, befolyásol: *Clever politicians know how to manipulate public opinion.* **2** ügyesen/nagy hozzáértéssel tesz/kezel vmit: *The doctor manipulated the bone back into place.*

▸ **manipulation** /məˌnɪpjuˈleɪʃn/ *noun* [C,U] manipuláció, befolyásolás, hozzáértő beavatkozás/kezelés

mankind /mænˈkaɪnd/ *noun* [U] emberiség **➔** Magyarázat a **man** szónál.

manly /ˈmænli/ *adj.* férfias: *a deep manly voice*

▸ **manliness** *noun* [U] férfiasság

ˌ**man-ˈmade** *adj.* mesterséges: *man-made* (*szintetikus*) *fabrics such as nylon and polyester*

mannequin /ˈmænɪkɪn/ *noun* [C] (*rég*) **1** manöken **➔** Lásd **model**. **2** próbababa

★ **manner** /ˈmænə(r)/ *noun* **1** [*sing.*] mód: *to act in a civilized manner* **2** [*sing.*] modor, viselkedés(i mód): *to have an aggressive/a relaxed/a professional manner* **3** (**manners**) [*plural*] elfogadott viselkedési mód/illemszabály(ok), jó modor: *In some countries it is bad manners* (*illetlenség*) *to show the soles of your feet.* ● *Their children have no manners* (*neveletlenek*).

IDIOM **all manner of...** mindenféle: *You meet all manner of people in my job.*

mannerism /ˈmænərɪzəm/ *noun* [C] modorosság

manoeuvre¹ (*US* **maneuver**) /məˈnuːvə(r)/ *noun* **1** [C] manőver, ügyes mozdulat **2** [C,U] manőver(ezés), mesterkedés: *political manoeuvre(s)* **3** **manoeuvres** [*plural*] hadgyakorlat

manoeuvre² (*US* **maneuver**) /məˈnuːvə(r)/ *verb* [I,T] manőverez, ügyesen mozgat/irányít

manor /ˈmænə(r)/ (*also* ˈ**manor house**) *noun* [C] udvarház/kastély vidéki birtokon

manpower /ˈmænpaʊə(r)/ *noun* [U] munkaerő: *There is a shortage of skilled manpower in the computer industry.*

mansion /'mænʃn/ *noun* [C] hatalmas ház

manslaughter /'mænslɔːtə(r)/ *noun* [U] emberölés (*nem szándékos*) ➔ Lásd **murder**.

mantelpiece /'mæntlpiːs/ *noun* [C] kandallópárkány ➔ Ábra **fireplace** alatt.

manual¹ /'mænjuəl/ *adj.* kézi: *Office work can sometimes be more tiring than manual work* (fizikai munka). • *a skilled manual worker* szakképzett fizikai munkás • *Does your car have a manual or an automatic gearbox?*
▶ **manually** *adv.* kézzel

manual² /'mænjuəl/ *noun* [C] kézikönyv, használati/kezelési/javítási útmutató: *a training manual* • *a car manual*

* **manufacture** /ˌmænjuˈfæktʃə(r)/ *verb* [T] gyárt: *a local factory that manufactures furniture* ❶ Szinonimája: **produce**.
▶ **manufacture** *noun* [U] gyártás

manufacturer /ˌmænjuˈfæktʃərə(r)/ *noun* [C] gyártó: *a car manufacturer*

manure /məˈnjuə(r)/ *noun* [U] trágya ➔ Lásd **fertilizer**.

manuscript /'mænjuskrɪpt/ *noun* [C] kézirat

* **many** /'meni/ *determiner, pron.* (többes számú főnévvel, igével) **1** sok: *Have you made many friends at school yet?* • *Not many of my friends smoke.* • *Many of the mistakes were just careless.* • *There are too many mistakes in this essay.*

> Állító mondatokban a **many** szó elég hivatalos: *Many schools teach computing nowadays.* Közvetlen stílusban az a **lot of** vagy a **lots of** kifejezést használják: *A lot of schools teach computing nowadays.* Tagadó és kérdő mondatokban mindig használhatjuk a **many** szót: *I don't know many cheap places to eat.* • *Are there many hotels in this town?*

2 vkik/vmik számára vonatkozó kérdezés/utalás: *How many* (hány) *children have you got?* • *How many* (hányan) *came to the meeting?* • *I don't work as many hours as* (annyi órát, mint) *you.* • *There are half/twice as many* (feleannyi/kétszer

annyi) *boys as girls in the class.* **3** (összetett mellléknevekben) sok-: *a many-sided shape* **4** (**many a**) (egyes számú főnévvel és igével) sok: *I've heard him say that many a time* (sokszor).
IDIOM **a good/great many** jó sok

Maori /'mauri/ *noun* [C] (*plural* **Maori** or **Maoris**) *adj.* maori

* **map** /mæp/ *noun* [C] térkép: *a road/street map* • *I can't find Cambridge on the map.* • *to read a map*
▶ **map** *verb* [T] (**mapping**; **mapped**) feltérképez

maple /'meɪpl/ *noun* [C] juhar(fa): *maple syrup*

Mar. *abbr.* (**March** rövidítése) márc.: *17 Mar. 1956*

marathon /'mærəθən/ *noun* [C] **1** maratoni futás **2** maratoni hosszúságú vmi

marble /'mɑːbl/ *noun* **1** [U] márvány **2** [C] színes üveggolyó **3** (**marbles**) [*plural*] gyerekjáték üveggolyóval

* **March¹** /mɑːtʃ/ *noun* [U, C] (*abbr.* **Mar.**) március ➔ Példák és magyarázat a **January** szónál.

* **march²** /mɑːtʃ/ *verb* **1** [I] menetel, (fel)vonul: *The President saluted as the troops marched past.* • *The demonstrators marched through the centre of town.* **2** [I] határozott léptekkel megy: *She marched up to the manager and demanded an apology.* **3** [T] (el/ki)vezet vkit: *The prisoner was marched away.*

* **march³** /mɑːtʃ/ *noun* [C] **1** (ált. tiltakozó) felvonulás: *a peace march* ➔ Lásd **demonstration**. **2** menetelés

mare /meə(r)/ *noun* [C] kanca ➔ Magyarázat a **horse** szónál.

margarine /ˌmɑːdʒəˈriːn/ *noun* [U] margarin

margin /'mɑːdʒɪn/ *noun* **1** [C] margó, lapszél **2** [C, *usually sing.*] (vmilyen) különbség (*győzelemnél*): *He won by a wide/narrow/comfortable margin.* **3** [C] nyereség(összeg), árrés **4** [C] (vmi) szél(e): *the margins of the Pacific Ocean* **5** [C, *usually sing.*] ráhagyás: *It is a complex operation with little margin for error* (hibahatár).

ʌ **cup** | ɜː **fur** | ə **ago** | eɪ **pay** | əʊ **home** | aɪ **five** | aʊ **now** | ɔɪ **join** | ɪə **near** | eə **hair** | ʊə **pure**

marginal /'mɑːdʒɪnl/ adj. jelentéktelen, csekély: *The differences are marginal.*
▶ **marginally** adv. alig, kis mértékben

marijuana /ˌmærɪˈwɑːnə/ noun [U] marihuána

marina /məˈriːnə/ noun [C] kis kikötő

marine¹ /məˈriːn/ adj. **1** tengeri: *the study of marine life* **2** tengerészeti, (tenger)-hajózási: *marine insurance* hajókárbiztosítás

marine² /məˈriːn/ noun [C] (hadi)tengerész

marital /'mærɪtl/ adj. (csak főnév előtt) házassági: *marital problems*

marital ˈstatus noun [U] (írott nyelv) családi állapot

maritime /'mærɪtaɪm/ adj. tenger(észet)i

★ **mark¹** /mɑːk/ noun [C] **1** folt, nyom: *There's a dirty mark on the front of your shirt.* • *If you put a hot cup down on the table, it will leave a mark* (nyoma marad). ➔ Lásd **birthmark**. **2** (megkülönböztető) jegy, jel: *My horse is the one with the white mark on its face.* **3** (írás)jel: *a question/punctuation/exclamation mark* kérdő-/írás-/felkiáltójel **4** jel(zés): *They stood in silence for two minutes as a mark of respect.* **5** osztályzat, (érdem)jegy, pontszám: *She got very good marks in the exam.* • *The pass mark* (az elfogadáshoz szükséges/minimálisan megkövetelt pontszám) *is 60 out of 100.* • *to get full marks* maximális pontszámot szerez **6** szint, pont: *The race is almost at the half-way mark.* **7** nyom: *The time he spent in prison left its mark on* (nyomott hagyott) *him.* • *He was only eighteen when he first made his mark* (nevet szerzett) *in politics.* **8** vmilyen típus/márka: *the new SL 53 Mark III*

Vigyázat! Nem használhatjuk a **mark** szót, ha magáról a termékről vagy a gyártóról beszélünk. Ilyenkor a helyes szó **brand** vagy **make**: *What make is your car?* • *What brand of coffee do you buy?*

9 (formális) cél(pont): *the arrow hit/missed its mark* • *His judgement of the situation is wide of the mark* (messze jár az igazságtól). **10** (pénznem) márka

IDIOMS on your marks, get set, go! Elkészülni! Vigyázz! Kész! Rajt! | **quick,**

slow, etc. off the mark gyorsan, lassan stb. reagál vmire

★ **mark²** /mɑːk/ verb [T] **1** jelez, (meg)jelöl, feltüntet: *We marked the price on all items in the sale.* **2** nyomot hagy: *The white walls were dirty and marked* (foltos). **3** jelez: *The route is marked in red.* • *This decision marks a change in government policy.* **4** (meg)ünnepel **5** értékel, osztályoz: *Why did you mark that answer wrong?* **6** fog (ellenfél játékosát)

PHRASAL VERBS mark sb/sth down as/for sth kiszemel vkit vmire: *From the first day of school, the teachers marked Fred down as a troublemaker.* | **mark sth out** kijelöl | **mark sth up/down** le-/feláraz: *All goods have been marked down by 15%.*

marked /mɑːkt/ adj. feltűnő: *There has been a marked increase in vandalism in recent years.*

marker /'mɑːkə(r)/ noun [C] jelző, (szöveg)kiemelő: *I've highlighted the important sentences with a marker pen.*

★ **market¹** /'mɑːkɪt/ noun **1** [C] piac, vásár: *a market stall* • *a fish market* ➔ Lásd **flea market, hypermarket, supermarket. 2** [C] piac, kereskedelmi tevékenység: *The company currently has a 10% share of the market.* • *the property/job market* **3** [C,U] piac, kereslet: *The company is hoping to expand into the European Market.* • *There's no market for very large cars.* ➔ Lásd **black market, stock market.**

IDIOM on the market (kereskedelmi) forgalomban, kapható: *This is one of the best cameras on the market.*

market² /'mɑːkɪt/ verb [T] piacra visz, (reklámozással) értékesít/árusít

marketable /'mɑːkɪtəbl/ adj. piacképes, kelendő

marketing /'mɑːkɪtɪŋ/ noun [U] marketing

marketplace noun **1** (the marketplace) [sing.] a piac **2** [C] piac(tér)

market reˈsearch noun [U] piackutatás: *to carry out/do market research*

marking /'mɑːkɪŋ/ noun [C, usually plural] jelzés, mintázat (állaton, pl. folt, petty), felségjel

marksman /'mɑːksmən/ noun [C] (plural -men /-mən/) mesterlövész

marmalade /'mɑːməleɪd/ *noun* [U] narancs- és egyéb citrusfélékből készült lekvár

maroon /mə'ruːn/ *adj., noun* [U] vörösesbarna

marooned /mə'ruːnd/ *adj.* ottrekedt: *The sailors were marooned on a desert island.*

marquee /mɑː'kiː/ *noun* [C] nagy sátor (*pl. kerti ünnepségek, műsorok tartására*)

★ **marriage** /'mærɪdʒ/ *noun* 1 [C,U] házasság: *a happy marriage* 2 [C] házasságkötés ➲ Magyarázat a **wedding** szónál. ❶ Ige: **get married (to sb)** vagy **marry (sb)**.

★ **married** /'mærid/ *adj.* 1 married (to sb) házas, nős, férjes, férjezett: *a married man/woman/couple* • *Sara's married to Mark.* • *They're planning to get married (összeházasodni) in summer.* ❶ Ellentéte: **unmarried** vagy **single**. 2 (*csak főnév előtt*) házas-: *How do you like married life?*

marrow /'mærəʊ/ *noun* 1 [C,U] tök 2 (also **'bone marrow**) *noun* [U] csontvelő

★ **marry** /'mæri/ *verb* (*pres. part.* **marrying**; *3rd pers. sing. pres.* **marries**; *pt, pp* **married**) 1 [I,T] férjhez megy, (meg)nősül, feleségül vesz, összeházasodik: *When did Rick ask you to marry him?*

> A **get married (to sb)** kifejezést sokkal gyakrabban használják, mint a **marry** szót: *When are Sue and Ian getting married?* • *They got married in 1997.*

2 [T] összead, esket ❶ Főnév: **marriage**.

Mars /mɑːz/ *noun* [sing.] Mars ➲ Lásd **Martian**.

marsh /mɑːʃ/ *noun* [C,U] mocsár
▸ **marshy** *adj.* mocsaras

marshal /'mɑːʃl/ *noun* [C] 1 rendező (*nyilvános eseményen*) 2 (US) rendőr/tűzoltó parancsnok, bírósági végrehajtó

martial /'mɑːʃl/ *adj.* (*formális*) hadi, katonai

martial 'arts *noun* [*plural*] küzdősportok

Martian /'mɑːʃn/ *noun* [C] Mars-lakó

martyr /'mɑːtə(r)/ *noun* [C] vértanú, mártír (*átv is*): *Don't be such a martyr! You don't have to do all the housework.*
▸ **martyrdom** /'mɑːtədəm/ *noun* [U] mártírhalál

marvel /'mɑːvl/ *noun* [C] csoda: *the marvels of modern technology*
▸ **marvel** *verb* [I] (**marvelling**; **marvelled**; US **marveling**; **marveled**) (*formális*) **marvel (at sth)** (el)csodálkozik: *We marvelled at how much they had managed to do.*

marvellous (US **marvelous**) /'mɑːvələs/ *adj.* csodálatos, nagyszerű
▸ **marvellously** (US **marvelously**) *adv.* csoda(lato)san

Marxism /'mɑːksɪzəm/ *noun* [U] marxizmus
▸ **Marxist** *noun* [C] *adj.* marxista

marzipan /'mɑːzɪpæn/ *noun* [U] marcipán

mascara /mæ'skɑːrə/ *noun* [U] szempillafesték

mascot /'mæskət; -skɒt/ *noun* [C] kabala

masculine /'mæskjəlɪn/ *adj.* férfias: *a deep, masculine voice* • *Her short hair makes her look quite masculine.* ❶ Az angolban a **masculine** szó hímnemű emberre vagy állatra vontkozik: *'He' is a masculine pronoun.* ➲ Lásd **male**, **manly**, **feminine**. Magyarázat a **female** szónál.
▸ **masculinity** /ˌmæskju'lɪnəti/ *noun* [U] férfiasság

mash /mæʃ/ *verb* [T] paszíroz, áttör (*ételt*): *mashed potatoes* krumplipüré

mask¹ /mɑːsk/ *noun* [C] álarc, maszk ➲ Lásd **gas mask**, **goggles**.

mask² /mɑːsk/ *verb* [T] 1 álarcot ölt: *a masked gunman* 2 palástol: *He masked his anger with a smile.*

masochism /'mæsəkɪzəm/ *noun* [U] mazochizmus
▸ **masochist** /-kɪst/ *noun* [C] mazochista
masochistic /ˌmæsə'kɪstɪk/ *adj.* mazochista

mason /'meɪsn/ *noun* [C] 1 kőműves 2 (also **Freemason**) szabadkőműves

masonry /'meɪsənri/ *noun* [U] falazat

masquerade /ˌmæskə'reɪd; ˌmɑːsk-/ *noun* [C] képmutatás
▸ **masquerade** *verb* [I] **masquerade as sth** kiadja magát vminek: *Two people, masquerading as doctors, knocked at the door and asked to see the child.*

★ **mass¹** /mæs/ *noun* 1 [C] **a mass (of sth)** rengeteg, egy rakás: *a dense mass of smoke* • (*informális*) *There were masses of people* at the market today. **2 (the masses)** [*plural*] a (nép)tömegek **3** [*U*] (*fiz*) tömeg **4 (Mass)** [*C,U*] mise: *to go to Mass*

mass² /mæs/ *adj.* (*csak főnév előtt*) tömeg-, tömeges: *a mass murderer*

mass³ /mæs/ *verb* [*I,T*] összegyűlik, összegyűjt: *The students massed in the square.*

massacre /'mæsəkə(r)/ *noun* [*C*] tömegmészárlás
▸ **massacre** *verb* [*T*] (le)mészárol ⊃ Magyarázat a **kill** szónál.

massage /'mæsɑːʒ/ *noun* [*C,U*] masszázs: *to give sb a massage*
▸ **massage** *verb* [*T*] (meg)masszíroz

masseur /mæ'sɜː(r)/ *noun* [*C*] masszőr

masseuse /mæ'sɜːz/ *noun* [*C*] masszírozónő

massive /'mæsɪv/ *adj.* óriási, hatalmas

mass 'media *noun* [*plural*] tömegtájékoztatási eszközök

mass-pro'duce *verb* [*T*] nagy tömegben gyárt: *mass-produced goods* tömegcikk
▸ **mass production** *noun* [*U*] tömegtermelés

mast /mɑːst/ *noun* [*C*] **1** árboc **2** (antenna)torony

master¹ /'mɑːstə(r)/ *noun* [*C*] **1** mester: *a master builder* • *an exhibition of work by French masters* (festőművészek) • *an Old Master* régi mester (híres festő a 13.-17. századból, ill. képe) **2** (*rég*) tanár: *the chemistry master* **3** eredeti példány, mesterkópia (*pl. filmé*)

master² /'mɑːstə(r)/ *verb* [*T*] **1** elsajátít: *It takes a long time to master a foreign language.* **2** legyőz (*nehézséget*): *to master a situation* ura a helyzetnek

mastermind /'mɑːstəmaɪnd/ *noun* [*C*] vmi kiagyalója: *The mastermind behind the robbery was never caught.*
▸ **mastermind** *verb* [*T*] irányít (*pl. a színfalak mögül*)

masterpiece /'mɑːstəpiːs/ *noun* [*C*] remekmű

Master's degree (also **Master's**) *noun* [*C*] (*ált. a Bachelor's degree diplomát követő*) egyetemi diploma, magiszteri fokozat: *Master of Arts (MA)* bölcsészdiploma • *Master of Science (MSc)* ⊃ Lásd **Bachelor's degree**.

mastery /'mɑːstəri/ *noun* [*U*] **1 mastery (of sth)** alapos ismeret, mesterségbeli tudás: *His mastery of the violin was quite exceptional for a child.* **2 mastery (of/over sb/sth)** uralom vmi fölött: *The battle was fought for mastery of the seas.*

masturbate /'mæstəbeɪt/ *verb* [*I,T*] maszturbál
▸ **masturbation** /ˌmæstə'beɪʃn/ *noun* [*U*] maszturbálás

mat /mæt/ *noun* [*C*] **1** (durva anyagú kis) szőnyeg: *a doormat* lábtörlő ⊃ Lásd **rug**. **2** alátét: *a table mat* • *a beer mat* • *a mouse mat* ⊃ Ábra az A10. oldalon.

★ **match¹** /mætʃ/ *noun* **1** [*C*] gyufa: *to light/strike a match* gyufát gyújt • *a box of matches* **2** [*C*] meccs, mérkőzés: *a tennis/football match* **3** [*sing.*] **a match for sb**; **sb's match** méltó ellenfele vkinek: *Cara is no match for him* (nem versenyezhet) *her mother when it comes to cooking.* • *I think you've met your match in Dave* (Dave-ben méltó ellenfeledre találtál) – *you won't beat him.* **4** [*sing.*] **a match (for sb/sth)** összeillő (*színben, stílusban stb.*): *Those shoes aren't a very good match with your dress.*

★ **match²** /mætʃ/ *verb* **1** [*I,T*] illik vmihez, megy vmihez (*főleg színben*): *That shirt doesn't match your jacket.* • *Your shirt and jacket don't match.* **2** [*T*] összehoz vkit vkivel: *The agency tries to match single people with suitable partners.* **3** [*T*] felér vkivel/vmivel, vetekszik: *The two teams are very evenly matched.* • *Taiwan produces the goods at a price that Europe cannot match.*

PHRASAL VERBS match up megfelel (egymásnak): *The statements of the two witnesses don't match up.* | **match sth up (with sth)** összeilleszt: *What you have to do is match up each noun with the best verb.* | **match up to sb/sth** megfelel vminek: *The film didn't match up to my expectations*

matchbox /'mætʃbɒks/ *noun* [*C*] gyufásdoboz ⊃ Ábra **container** alatt.

matchstick /'mætʃstɪk/ *noun* [*C*] gyufaszál

mate¹ /meɪt/ *noun* [*C*] **1** (*informális*) cimbora: *He's an old mate of mine.* **2** -társ: *a flatmate* lakótárs • *a classmate* osztálytárs

---

❶ = magyarázat [*C*] **megszámlálható** (*főnév*): *one book, two books*

[*U*] **megszámlálhatatlan** (*főnév*): *some sugar*

• *a team-mate* csapattárs • *a playmate* játszótárs **3** (*brit, szleng*) haver (*megszólításként*): *Can you give me a hand, mate?* **4** (*áll*) (a hím/a nőstény) párja **5** tiszt (*hajón*)

mate² /meɪt/ *verb* **1** [I] (*áll*) párzik **2** [T] pároztat **❶** Szinonimája: **breed**.

★ **material¹** /mə'tɪəriəl/ *noun* **1** [C,U] (alap)anyag: *raw materials* • *writing materials* írószerek **2** [C,U] (ruha)anyag **3** [U] (tény)anyag (*pl. kutatáshoz*)

material² /mə'tɪəriəl/ *adj.* **1** anyagi: *We should not value material comforts too highly.* **⊃** Lásd **spiritual**. **2** lényeges: *material evidence* **❶** Ebben a jelentésben ritka, de lásd **immaterial**.

▸ **materially** *adv.* anyagilag, lényegesen

materialism /mə'tɪəriəlɪzəm/ *noun* [U] anyagiasság

▸ **materialist** /-lɪst/ *noun* [C] anyagias ember

materialistic /mə.tɪəriə'lɪstɪk/ *adj.* anyagias

materialize (also -ise) /mə'tɪəriəlaɪz/ *verb* [I] megvalósul: *The pay rise that they had promised never materialized.*

maternal /mə'tɜːnl/ *adj.* **1** anyai: *maternal instincts* **2** (*csak főnév előtt*) anyai: *your maternal grandfather* **⊃** Lásd **paternal**.

maternity /mə'tɜːnəti/ *adj.* anyasági: *maternity clothes* kismamaruha • *a maternity ward* szülészet(i osztály) **⊃** Lásd **paternity**.

mathematician /.mæθəmə'tɪʃn/ *noun* [C] matematikus

★ **mathematics** /.mæθə'mætɪks/ *noun* [U] matematika **❶** A **matek** a brit angolban **maths**, az amerikai angolban pedig **math**. Lásd még **arithmetic**, **algebra**, **geometry**.

▸ **mathematical** /.mæθə'mætɪkl/ *adj.* matematikai

mathematically /-kli/ *adv.* matematikailag: *She's not mathematically inclined.* Nincs érzéke a matematikához.

matinée /'mætneɪ/ *noun* [C] (*film, szính*) délutáni előadás

matrimony /'mætrɪməni/ *noun* [U] (*formális*) házasság

▸ **matrimonial** /.mætrɪ'məʊniəl/ *adj.* házassági

matron /'meɪtrən/ *noun* [C] **1** (*rég*) főnővér **❶** Helyette ma általában a **senior nursing officer** kifejezést használják. **2** iskolai ápolónő

matt (*US also* **matte**) /mæt/ *adj.* matt: *This paint gives a matt finish.* **⊃** Lásd **gloss**.

matted /'mætɪd/ *adj.* csapzott (*haj*)

★ **matter¹** /'mætə(r)/ *noun* **1** [C] ügy, dolog: *It's a personal matter and I don't want to discuss it with you.* • *Finding a job will be **no easy matter** (nem könnyű dolog).* • *to simplify matters* az egyszerűség kedvéért • *to complicate matters* hogy a dolog még bonyolultabb legyen **2** [*sing.*] the matter **(with sb/sth)** baj (vkivel/vmivel): *She looks sad.* **What's the matter** (Mi baja van?) *with her?* • *There seems to be **something the matter** (valami baj van) with the car.* • *Eat that food! There's **nothing the matter** (nincs semmi baja) with it.* **3** [U] anyag: *reading matter* olvasnivaló **4** [U] vmi témája/tartalma: *I don't think the **subject matter** of this programme is suitable for children.*

IDIOMS **a matter of hours, miles, etc.** mindössze vmennyi órán, mérföldön stb. át: *The fight lasted a matter of seconds.* A verekedés csak néhány másodpercig tartott. | **a matter of life and/or death** élethalál kérdése | **another/a different matter** más kérdés: *I can speak a little Japanese, but reading it is quite another matter.* | **as a matter of fact** tulajdonképpen, valójában: *I like them very much, as a matter of fact.* | **for that matter** ami azt illeti, egyébként: *Mick is really fed up with his course. I am too, for that matter.* | **to make matters/things worse →** WORSE | **a matter of course** magától értetődően: *Goods leaving the factory are checked as a matter of course.* | **a matter of opinion** nézőpont kérdése | **(be) a matter of sth/doing sth** vmi kérdése: *Learning a language is largely a matter of practice.* Egy nyelvet megtanulni nagyrészt gyakorlás dolga. | **no matter who, what, where, etc.** akármit/ akárkit stb. : *They never listen no matter what you say.*

★ **matter²** /'mætə(r)/ *verb* [I] **matter (to sb)** (*continuous igeidőkben nem állhat*) számít (vkinek vmi), lényeges (vkinek vmi): *'I'm afraid I forgot that book again.' 'It doesn't matter (nem baj).'* • *It **doesn't** really*

[I] **tárgyatlan** (*ige*): *He laughed.* [T] **tárgyas** (*ige*): *He ate an apple.*

matter how much it costs. • *Nobody's hurt, and that's all that matters.* • *Some things matter more than others.* Vannak dolgok, amelyek fontosabbak. • *It doesn't matter to me what he does in his free time.*

ı**matter-of-**ıfact *adj.* tárgyilagos: *He was very matter-of-fact about his illness.*

mattress /'mætrəs/ *noun* [c] matrac ⊃ Ábra **bed**¹ alatt.

mature /mə'tʃʊə(r)/ *adj.* **1** kifejlett: *a mature tree* **2** érett (*átv*), felnőtt (*módon viselkedő*): *Is she mature enough for such responsibility?* ❶ Ellentéte: **immature**.
▸ **mature** *verb* [ı] komolyodik, érik
maturity /mə'tʃʊərəti/ *noun* [U] **1** (teljes) kifejlődés **2** érettség, kiforrottság

maul /mɔ:l/ *verb* [T] (szét)marcangol (*állat*)

mauve /məʊv/ *adj., noun* [U] mályvaszín(ű)

max. /mæks/ *abbr.* (**maximum** rövidítése) max.: *max. temp 21°C*

maxim /'mæksım/ *noun* [c] mottó, szállóige

maximize (also -ise) /'mæksımaız/ *verb* [T] maximálisan kihasznál/felfokoz: *to maximize profits* ❶ Ellentéte: **minimize**.

★ **maximum** /'mæksıməm/ *noun* [sing.] (*abbr.* **max**) maximum: *The bus can carry a maximum of 40 people.* ❶ Ellentéte: **minimum**.
▸ **maximum** *adj.* (*csak főnév előtt*) maximális

★ **May**¹ /meı/ *noun* [U, c] május ⊃ Példák és magyarázat a **January** szónál.

★ **may**² /meı/ *modal verb* (*negative* **may not**) **1** lehet, hogy: *You may be right.* **2** -hat/-het (*engedély kérése, adása*): *May I use your phone?* Használhatom a telefonodat? • *You may not take photographs in the museum.* A múzeumban nem szabad fényképezni. **3** lehet, hogy: *He may be very clever* (okosnak okos) *but he can't do anything practical.* **4** (*formális, kívánság, remény kifejezése*): *May you both be very happy.* Legyetek mindketten nagyon boldogok. ⊃ Lásd a *Rövid nyelvtani összefoglalást.*
IDIOM **may/might as well (do sth)** → **WELL**¹

★ **maybe** /'meıbi/ *adv.* talán: '*Are you going to come?*' '*Maybe.*' • *There were three, maybe*

four armed men . ⊃ Magyarázat a **perhaps** szónál.

ı**May Day** *noun* [c] május elseje

mayonnaise /ˌmeıə'neız/ *noun* [U] majonéz

mayor /meə(r)/ *noun* [c] polgármester

mayoress /meə'res/ *noun* [c] polgármesternő

maze /meız/ *noun* [c] labirintus ❶ Szinonimája: **labyrinth**.

MBA /ˌem bi: 'eı/ *abbr.* (**Master of Business Administration** rövidítése) posztgraduális tudományos fokozat (*üzletvezetésből*)

MD /ˌem 'di:/ *abbr.* (**Doctor of Medicine** rövidítése) Dr., med. univ. (*orvosi doktorátus*)

★ **me** /mi:/ *pron.* engem, nekem stb. (*a mondat tárgya, részeshatározója vagy elöljárószó utáni alakja*): *He telephoned me yesterday.* • *Hello, is that Frank? It's me* (én vagyok), *Bill.*

meadow /'medəʊ/ *noun* [c] rét, legelő

meagre (*US* **meager**) /'mi:gə(r)/ *adj.* csekély: *a meagre salary*

★ **meal** /mi:l/ *noun* [c] étkezés: *Shall we go out for a meal on Friday?* • *a heavy/light meal*

A főétkezések nevei a következők: **breakfast**, **lunch** és **dinner**. A **tea** és **supper** általában csak kisebb étkezések (de lásd még a magyarázatot a **dinner** szónál). Az étkezések között fogyasztott néhány falat a **snack**.

IDIOM **a square meal** → **SQUARE**²

mealtime /'mi:ltaım/ *noun* [c, usually plural] étkezés időpontja

★ **mean**¹ /mi:n/ *verb* [T] (*pt, pp* **meant** /ment/) **1** jelent: *What does this word mean?* • *Does the name 'Michael Potter' mean anything to you?* ❶ Az igét *continuous* igeidőkben nem használjuk, azonban -*ing* alakban gyakran előfordul: *The weather during filming was terrible, meaning that several scenes had to be reshot later.* **2** úgy érti, hogy, azt akarja mondani, hogy: *Well, she said 'yes' but I think she really meant 'no'.* • *What do you mean by 'a lot of money'?* Mit értesz azon, hogy sok pénz? • *I see what you mean* (értem, hogy mire gondolsz), *but I'm afraid it's not possible.* • *He means what he says.* Komolyan mondja.

> A **mean** igét nem használjuk vélemény kifejezésére. Erre az **I think that...** vagy **in my opinion...** használható: *I think that she'd be silly to buy that car.*
>
> Az **I mean** kifejezést gyakran használjuk, ha magyarázólag hozzáteszünk még valamit a mondottakhoz, vagy további információt adunk valamiről: *What a terrible summer – I mean it's rained almost all the time.* Akkor is használjuk, amikor az elhangzottakat azonnal helyesbítjük: *We went there on Tuesday, I mean* (illetve) *Thursday.*

3 (*gyakran szenvedő szerkezetben*) **mean (sb) to do sth; mean sth (as/for sth/sb); mean sb/sth to be** with sb akar/szándékozik (vmit csinálni), szán vmit vkinek/vmire: *I'm sure she didn't mean to upset you.* • *She meant the present to be for both of us.* Az ajándékot mindkettőnknek szánta. • *It was only meant as a joke.* Csak vicc volt. **4** azt jelenti, hogy: *The shortage of teachers means that classes are larger.* • *This new project will mean working overtime.* **5** mean sth (to sb) vmi számít vkinek, vmi fontos vki számára: *Money means nothing to her.* **6** komolyan gondol vmit, őszintén beszél: *He said he loved me but I don't think he meant it!*

> **IDIOMS** be meant to be sth állítólag vmilyen: *That restaurant is meant to be excellent.* | mean well jót akar

★ **mean²** /miːn/ *adj.* **1** mean (with sth) zsugori: *They're mean (fukarkodnak) with the food in the canteen.* **❶** Ellentéte: **generous**. **2** mean (to sb) undok: *It was mean of him not to invite you too.* Csúnya volt tőle, hogy nem hívott meg téged is. **3** (*csak főnév előtt*) átlag(os): *What is the mean annual temperature* (évi középhőmérséklet) *in California?*
> ▸ **meanness** *noun* [U] kicsinyesség

meander /miˈændə(r)/ *verb* [I] **1** kanyarog **2** kószál

★ **meaning** /ˈmiːnɪŋ/ *noun* **1** [C,U] jelentés,

értelem **2** [U] cél, jelentőség: *With his child dead there seemed to be no meaning in life.*

meaningful /ˈmiːnɪŋfl/ *adj.* **1** értelmes **2** jelentőségteljes: *They kept giving each other meaningful glances.*
▸ **meaningfully** /-fəli/ *adv.* jelentőségteljesen

meaningless /ˈmiːnɪŋləs/ *adj.* semmitmondó, értelmetlen

★ **means** /miːnz/ *noun* **1** [C] (*plural* means) a means (of doing sth) eszköz, mód: *Do you have any means of transport* (közlekedési eszköz)? **2** [*plural*] (*formális*) anyagi eszközök, vagyon: *This car is beyond the means of* (anyagi erején felül) *most people.*
IDIOMS by all means természetesen (*válasz kérésre, javaslatra*) | by means of vmi segítségével | by no means; not by any means egyáltalán nem | a means to an end eszköz (*a cél eléréséhez*)

meant *past tense, past participle* of MEAN¹

meantime /ˈmiːntaɪm/ *noun*
IDIOM in the meantime (idő)közben, addig is: *Our house isn't finished so in the meantime we're living with my mother.*

★ **meanwhile** /ˈmiːnwaɪl/ *adv.* ezalatt

measles /ˈmiːzlz/ *noun* [U] kanyaró **❶** Bár alakilag a **measles** többes számú, a rávonatkozó ige egyes `számban van: In many countries measles is a very dangerous disease.*

measly /ˈmiːzli/ *adj.* (*informális*) nyamvadt: *All that work for this measly payment!*

★ **measure¹** /ˈmeʒə(r)/ *verb* [T] **1** (meg/le)mér (*nagyságot, mennyiséget, de súlyt nem*): *to measure the height/width/length/depth of sth* **2** linking verb vmilyen méretű: *The room measures five metres across.* **3** measure sth (against sth) összevet
PHRASAL VERB measure up (to sth) felér vmivel, megfelel vminek

★ **measure²** /ˈmeʒə(r)/ *noun* **1** [C, usually plural] intézkedés: *The government is to take new measures* (lépéseket tesz) *to reduce inflation.* • *As a temporary measure, the road will have to be closed.* **2** [*sing.*] (*formális*) a/some measure of sth némi, valamennyi **3** [*sing.*] mérték (*átv*) **4** [C] mérték(egység) **➔** Lásd **tape measure**.

IDIOMS for good measure ráadásul | **made to measure** mérték után: *to get a suit made to measure*

measurement /'meʒəmənt/ *noun* **1** [C] méret: *What are the exact measurements of the room?* **2** [U] mérés

* **meat** /mi:t/ *noun* [U] hús: *meat-eating animals • raw/tender/tough/fatty/lean meat • red/white meat • to braise/brown/fry/grill/roast/stew meat*

> Néhány esetben a hús elnevezése különbözik az állat nevétől, amelytől származik. A disznó húsa **pork**, ebből készülhet **ham, bacon**. A marha húsa **beef**, a borjúé **veal**, a birkáé **mutton**, de mind a bárány, mind a húsa **lamb**. A szárnyasok és halak húsának neve ugyanaz, mint az állaté.

meaty /'mi:ti/ *adj.* **1** húsos, hús- **2** húsos: *meaty tomatoes* **3** tartalmas: *a meaty topic for discussion*

Mecca /'mekə/ *noun* **1** [sing.] Mekka **2** (**mecca**) [C, usually sing.] mekka: *Italy is a mecca for art lovers.*

mechanic /mə'kænɪk/ *noun* **1** [C] (gép)szerelő: *a car mechanic* **2** (**mechanics**) [U] (tud) mechanika **3** (**the mechanics**) [plural] mechanizmus

* **mechanical** /mə'kænɪkl/ *adj.* **1** gépi, mechanikai: *a mechanical pump • mechanical engineering* gépészet **2** gépies, mechanikus
  ▸ **mechanically** /-kli/ *adv.* **1** mechanikailag, mechanikusan **2** gépiesen

mechanism /'mekənɪzəm/ *noun* [C] **1** szerkezet **2** mechanizmus

mechanize (also -**ise**) /'mekənaɪz/ *verb* [T] gépesít
  ▸ **mechanization** (also -**isation**) /ˌmekənaɪ'zeɪʃn/ *noun* [U] gépesítés

medal /'medl/ *noun* [C] érem, kitüntetés: *to win a gold/silver/bronze medal in the Olympics*

medallion /mə'dæliən/ *noun* [C] medalion

medallist (US **medalist**) /'medəlɪst/ *noun* [C] érmes: *an Olympic gold medallist* olimpiai aranyérmes

meddle /'medl/ *verb* [I] **meddle (in/with sth)** beleavatkozik

* **media** /'mi:diə/ *noun* [plural] média: *reports in the media* ❶ Bár a **media** többes számú szó, utána az ige gyakran egyes számban áll: *The media always take/takes a great interest in the Royal family.*
  ➔ Lásd **mass media, the press**.

mediaeval = MEDIEVAL

mediate /'mi:dieɪt/ *verb* [I,T] **mediate (in sth) (between A and B)** közbenjár, közvetít vkik között
  ▸ **mediation** /ˌmi:di'eɪʃn/ *noun* [U] közbenjárás, közvetítés
mediator *noun* [C] közvetítő

* **medical¹** /'medɪkl/ *adj.* orvosi, egészségügyi: *medical treatment/care • the medical profession • a medical student*

medical² /'medɪkl/ *noun* [C] orvosi vizsgálat: *to have a medical*

medication /ˌmedɪ'keɪʃn/ *noun* [U,C] (főleg US) gyógyszer(elés): *Are you on any medication?* Szed valamilyen gyógyszert?

medicinal /mə'dɪsɪnl/ *adj.* gyógy-, gyógyhatású: *medicinal plants*

* **medicine** /'medsn/ *noun* **1** [U] orvostudomány: *to study medicine* **2** [C,U] orvosság: *Take this medicine once a day. • cough medicine*

medieval (also **mediaeval**) /ˌmedi'i:vl/ *adj.* középkori

mediocre /ˌmi:di'əʊkə(r)/ *adj.* középszerű: *a mediocre performance*
  ▸ **mediocrity** /ˌmi:di'ɒkrəti/ *noun* [U] középszerűség

meditate /'medɪteɪt/ *verb* [I] **meditate (on/upon sth)** elmélkedik, meditál
  ▸ **meditation** /ˌmedɪ'teɪʃn/ *noun* [U] meditáció

the Mediterranean /ˌmedɪtə'reɪniən/ (informális **the Med.**) *noun* [sing.] Földközi-tenger
  ▸ **Mediterranean** *adj.* mediterrán

* **medium¹** /'mi:diəm/ *adj.* **1** közepes (méret, mennyiség, minőség stb.): *She was of medium height. • Would you like the small, medium or large packet? • a medium-sized car/town/dog* **2** közepesen átsütött (hús)
  ➔ Vesd össze **rare, well done**.

medium² /'mi:diəm/ *noun* **1** [C] (plural **media** or **mediums**) közvetítő eszköz: *English is the medium of instruction* (az

oktatás nyelve) *in the school.* ❍ Lásd
media, mass media. 2 [*C,U*] (*plural* **medi-
ums**) közepes méret: *Have you got this
shirt in (a) medium?* **3** [*C*] (*plural* **mediums**)
(*pszich*) médium

medley /'medli/ *noun* [*C*] **1** (*zene*) egyveleg
2 keverék: *a medley of styles/flavours*

meek /miːk/ *adj.* szelíd, engedékeny
▸ **meekly** *adv.* szelíden, alázatosan
meekness *noun* [*U*] béketűrés

★ **meet** /miːt/ *verb* (*pt, pp* **met** /met/) **1** [*I,T*]
találkozik: *Shall we meet for lunch?* **2** [*I,T*]
megismerkedik vkivel: *Have you two met
before?* Találkoztatok már? **3** [*T*] kimegy
vki elé, vár vkit vhol: *I'll come and meet
you at the station.* **4** [*I,T*] találkozik,
megmérkőzik (*sportban*) **5** [*T*] elszenved
vmit: *We will never know how he met his
death.* Soha nem fogjuk megtudni,
hogyan halt meg. **6** [*I,T*] találkozik, ke-
resztez (*utak*): *His eyes met hers.* **7** [*T*]
kielégít, megfelel: *My salary is enough to
meet our basic needs.* • *to meet a challenge*
IDIOMS **make ends meet** → END¹ | **there is
more to sb/sth than meets the eye** érdeke-
sebb, mint aminek látszik
PHRASAL VERBS **meet up (with sb)** találkozik
vkivel (*előzetes megbeszélés alapján*): *I
have a few things I need to do now, but let's
meet up later.* | **meet with sb** (*főleg US*)
ülésezik | **meet with sth** vmilyen reakció
éri, vmire talál: *to meet with success/
failure/opposition* sikert ér el-/megbukik,
ellenállásba ütközik

★ **meeting** /'miːtɪŋ/ *noun* **1** [*C*] értekezlet:
The group hold regular meetings
(ülésezik). • *We need to have a meeting*
(értekezletet tart) *to discuss this.* • *to
arrange/call/organize a meeting* • *to can-
cel/postpone a meeting* **2** [*sing.*] az egy-
begyűltek **3** [*C*] találkozó, összejövetel:
*Xmas is a time of family meetings and
reunions.*

mega /'megə/ *adj.* (*szleng, ált. főnév előtt*)
marha nagy: *The song was a mega hit last
year.*
▸ **mega** *adv.* rettenetesen: *They're mega
rich.*

megabyte /'megəbaɪt/ *noun* (*abbr.* **MB**)
megabájt: *a 40-megabyte hard disk*

megaphone /'megəfəʊn/ *noun* [*C*] mega-
fon

melancholy /'melənkəli; -kɒli/ *noun* [*U*]
(*formális*) búskomorság
▸ **melancholy** *adj.* búskomor, szomorú

mellow /'meləʊ/ *adj.* **1** meleg, lágy (*szín,
hang*) **2** (le)higgadt
▸ **mellow** *verb* [*I,T*] lehiggad, lehiggaszt

melodrama /'melədrɑːmə/ *noun* [*C,U*]
melodráma

melodramatic /,melədrə'mætɪk/ *adj.*
melodramatikus

melody /'melədi/ *noun* [*C*] (*plural* **melod-
ies**) dallam

melon /'melən/ *noun* [*C,U*] dinnye

★ **melt** /melt/ *verb* **1** [*I,T*] (el/fel)olvad,
(el/fel)olvaszt ❍ Lásd **thaw. 2** [*I*] ellágyul
(*átv*): *My heart melted when I saw the baby.*
PHRASAL VERBS **melt away** el-/feloszlik | **melt
sth down** beolvaszt (*fémet, üveget*)

melting pot *noun* [*C*] olvasztótégely (*átv*):
*New York is a melting pot of different cul-
tures.*

★ **member** /'membə(r)/ *noun* [*C*] tag: *to
become a member of a club* • *a member of
staff/the family*

Member of Parliament *noun* [*C*] (*abbr.*
MP) parlamenti képviselő: *the MP for Bath*

membership /'membəʃɪp/ *noun* [*C,U*]
tagság: *to apply for membership* • *a mem-
bership card/fee* • *Membership* (tagiét-
szám) *has fallen in the past year.*

membrane /'membreɪn/ *noun* [*C*] (*biol*)
hártya

memento /mə'mentəʊ/ *noun* [*C*] (*plural*
mementoes; mementos) emlék(eztető)

memo /'meməʊ/ *noun* [*C*] (*plural* **memos**)
(*formális* **memorandum**) feljegyzés

memoirs /'memwɑːz/ *noun* [*plural*]
emlékiratok

memorabilia /,memərə'bɪliə/ *noun* [*U*]
(*híres emberekkel/eseményekkel stb.
kapcsolatos*) emléktárgyak: *Beatles/war
memorabilia*

memorable /'memərəbl/ *adj.* emléke-
zetes
▸ **memorably** *adv.* emlékezetesen

memorandum /,memə'rændəm/ *noun* (*plural*
memoranda /-də/) (*formális*) = MEMO

memorial /mə'mɔːriəl/ *noun* [*C*] a memor-
ial (to sb/sth) emlékmű, emlékünnepély:

a war memorial • *a memorial service* gyászmise

memorize (also **-ise**) /ˈmeməraɪz/ *verb* [T] kívülről megtanul vmit: *Actors have to memorize their lines.*

★ **memory** /ˈmeməri/ *noun* (*plural* **memories**) **1** [C] emlékezőtehetség: *to have a good/bad memory* • *The drug affects your short-term memory* (rövid távú memória). **2** [C,U] emlékezet: *That day has remained firmly in my memory.* • *Are you going to do your speech from memory, or will you use notes?* **3** [C] emlék: *childhood memories* **4** [C,U] (*infor*) memóriaegység: *My old computer doesn't have enough memory.*

IDIOMS **in memory of sb** vkinek az emlékére | **jog sb's memory** → JOG¹ | **refresh your memory** → REFRESH

men *plural* of MAN¹

menace /ˈmenəs/ *noun* **1** [C, *usually sing.*] a menace (to sb/sth) veszély **2** [U] fenyegetés: *He spoke with menace in his voice.* **3** [C] (*informális*) átok, csapás (*pl. rossz gyerek, ember, dolog stb.*)
▸ **menacing** *adj.* fenyegető

★ **mend¹** /mend/ *verb* [T] (meg)javít ❶ Szinonimája: **repair**.

mend² /mend/
IDIOM **be on the mend** (*informális*) a gyógyulás útján van

menial /ˈmiːniəl/ *adj.* alantas (*munka*): *a menial job*

meningitis /ˌmenɪnˈdʒaɪtɪs/ *noun* [U] agyhártyagyulladás

the menopause /ˈmenəpɔːz/ *noun* [sing.] klimax

menstruate /ˈmenstrueɪt/ *verb* [I] (*formális*) menstruál ❶ Bizalmasabb kifejezés: **have a period.**
▸ **menstruation** /ˌmenstruˈeɪʃn/ *noun* [U] menstruáció

★ **mental** /ˈmentl/ *adj.* (*csak főnév előtt*) **1** szellemi: *mental arithmetic* fejbenszámolás **2** elme-: *a mental illness/hospital*
▸ **mentally** /ˈmentəli/ *adv.* szellemileg: *She's mentally ill.* Elmebeteg.

mentality /menˈtæləti/ *noun* [C] (*plural* **mentalities**) gondolkodásmód: *the criminal mentality*

❶ = magyarázat [C] megszámlálható (*főnév*): *one book, two books*

★ **mention** /ˈmenʃn/ *verb* [T] (meg)említ: *He mentioned (to me) that he might be late.*
IDIOMS **don't mention it** Szóra sem érdemes. | **not to mention** nem is szólva/beszélve: *This is a great habitat for birds, not to mention other wildlife.*
▸ **mention** *noun* [C,U] említés: *There wasn't even a mention of the riots on TV.*

★ **menu** /ˈmenjuː/ *noun* [C] **1** étlap: *What's on the menu?* • *They do a special lunchtime menu here.* **2** (*infor*) menü: *a pull-down menu* ➔ Ábra az A10. oldalon.

MEP /ˌem iː ˈpiː/ *abbr.* (**Member of the European Parliament** *rövidítése*) az Európai Parlament tagja

mercenary¹ /ˈmɜːsənəri/ *adj.* anyagias

mercenary² /ˈmɜːsənəri/ *noun* [C] (*plural* **mercenaries**) zsoldos (katona)

merchandise /ˈmɜːtʃəndaɪz/ *noun* [U] (*formális*) áru

merchant /ˈmɜːtʃənt/ *noun* [C] (nagy)kereskedő

the ˌmerchant ˈnavy *noun* [C, with sing. or plural verb] kereskedelmi flotta

merciful /ˈmɜːsɪfl/ *adj.* könyörületes: *His death was a merciful release from pain.*
▸ **mercifully** /-fəli/ *adv.* könyörületesen, szerencsésen

merciless /ˈmɜːsɪləs/ *adj.* könyörtelen
▸ **mercilessly** *adv.* könyörtelenül

Mercury¹ /ˈmɜːkjəri/ *noun* [sing.] Merkúr

mercury² /ˈmɜːkjəri/ *noun* [U] (*symbol* Hg) higany

★ **mercy** /ˈmɜːsi/ *noun* [U] kegyelem, könyörület: *The prisoners were shown no mercy.*
IDIOM **at the mercy of sb/sth** vki/vmi kénye-kedvének kiszolgáltatva

★ **mere** /mɪə(r)/ *adj.* (*csak főnév előtt*) **1** mindössze: *90% of land is owned by a mere 2% of the population.* **2** merő, puszta: *The mere thought of giving a speech in public makes me feel sick.*
IDIOM **the merest** a legkisebb: *The merest smell of fish makes her feel ill.*

merely /ˈmɪəli/ *adv.* (*formális*) csak, csupán: *I don't want to place an order. I am merely making an enquiry.*

merge /mɜːdʒ/ *verb* **1** [I] merge (with/into sth); merge (together) beolvad, egyesül:

[U] megszámlálhatatlan (*főnév*): *some sugar*

Three small companies merged into one large one. **2** [T] összevon

merger /'mɜːdʒə(r)/ *noun* [C] **a merger (with sb/sth); a merger (between/of A and B)** egyesülés, fúzió

meridian /mə'rɪdiən/ *noun* [C] délkör: *the Greenwich meridian* ➔ Lásd **longitude**.

meringue /mə'ræŋ/ *noun* [C,U] habcsók

merit¹ /'merɪt/ *noun* **1** [U] érdem, érték: *He got the job on merit* (mert megérdemli), *not because he's the manager's son.* **2** [C, usually plural] vki/vmi érdemei: *Each case must be judged on its own merits.*

merit² /'merɪt/ *verb* [T] (*formális*) (meg/ki)érdemel

mermaid /'mɜːmeɪd/ *noun* [C] sellő

merriment /'merɪmənt/ *noun* [U] vidámság, mulatság

merry /'meri/ *adj.* (**merrier**; **merriest**) **1** vidám, derűs: *Merry Christmas* Boldog karácsonyi ünnepeket! **2** (*informális*) spicces
► **merrily** *adv.* vidáman, derűsen

'**merry-go-round** (also **roundabout**; *US* **carousel**) *noun* [C] körhinta, ringlispil ➔ Ábra **roundabout¹** alatt.

mesh /meʃ/ *noun* [C,U] hálószerű anyag: *a fence made of wire mesh* drótkerítés

mesmerize (also -**ise**) /'mezməraɪz/ *verb* [T] megbabonáz

★**mess¹** /mes/ *noun* **1** [C, usually sing.] rendetlenség, piszok: *The kitchen's in a terrible mess!* • *My hair is a mess.* • *Please don't make a mess!* **2** [sing.] kellemetlenség, baj(ok): *The company is in a financial mess.* • *to make a mess of your life* elrontja az életét

mess² /mes/ *verb* [T] (*US, informális*) (be/össze)piszkít

PHRASAL VERBS **mess about/around 1** idétlenkedik **2** szöszmötöl, lézeng: *I like just messing around at home.* | **mess sb about/around** szórakozik vkivel (*átv*) | **mess about/around with sth** babrál, játszik vmivel (*ami nem játék*) | **mess sth up 1** összepiszkol **2** elront, elszúr | **mess with sb/sth** felelőtlenül viselkedik, játszik vmivel (*átv*)

★**message** /'mesɪdʒ/ *noun* **1** [C] üzenet: *Sorry, he's not in. Can I take a message*

(üzenetet felvesz)? • *Could you give a message* to Jake? • *to leave a message on sb's answering machine* **2** [sing.] (eszmei) mondanivaló: *The adverts are trying to get the message across* (megértet) *that smoking kills.*

IDIOM **get the message** (*informális*) veszi a lapot (*átv*)

messenger /'mesɪndʒə(r)/ *noun* [C] hírvivő

Messiah (also **messiah**) /mɪ'saɪə/ *noun* [C] messiás

messy /'mesi/ *adj.* (**messier**; **messiest**) **1** rendetlen, piszkos **2** piszkos: *Painting the ceiling is a messy job.* **3** zűrös: *a messy divorce*

met *past tense* of MEET

★**metal** /'metl/ *noun* [C,U] fém: *to recycle scrap metal* ócskavasat újrahasznosít • *a metal bar/pipe*

metallic /mə'tælɪk/ *adj.* fém-, fémes: *a metallic blue car* metálkék autó • *harsh metallic sounds*

metamorphosis /ˌmetə'mɔːfəsɪs/ *noun* [C] (*plural* **metamorphoses** /-əsiːz/) (*formális*) átalakulás: *the metamorphosis of a tadpole into a frog*

metaphor /'metəfə(r); -fɔː(r)/ *noun* [C,U] hasonlat ➔ Lásd **figurative**, **literal**.
► **metaphorical** /ˌmetə'fɒrɪkl/ *adj.* képletes
metaphorically /-kli/ *adv.* képletesen

meteor /'miːtiə(r); -iɔː(r)/ *noun* [C] hullócsillag

meteoric /ˌmiːti'ɒrɪk/ *adj.* üstökösszerű, gyors: *a meteoric rise to fame*

meteorologist /ˌmiːtiə'rɒlədʒɪst/ *noun* [C] meteorológus

meteorology /ˌmiːtiə'rɒlədʒi/ *noun* [U] meteorológia
► **meteorological** /ˌmiːtiərə'lɒdʒɪkl/ *adj.* meteorológiai

meter /'miːtə(r)/ *noun* [C] **1** (mérő)óra, mérő(műszer): *a parking meter* **2** (*US*) = METRE
► **meter** *verb* [T] mér (*gáz/víz stb. fogyasztást*)

★**method** /'meθəd/ *noun* [C] mód(szer): *modern teaching methods*

methodical /mə'θɒdɪkl/ adj. módszeres, rendszeres
▶ **methodically** /-kli/ adv. módszeresen

methodology /ˌmeθə'dɒlədʒi/ (plural **methodologies**) noun [C,U] módszertan
▶ **methodological** /ˌmeθədə'lɒdʒɪkl/ adj. módszertani

meticulous /mə'tɪkjələs/ adj. aprólékos, pedáns
▶ **meticulously** adv. pedánsan

★ **metre** (US **meter**) /'miːtə(r)/ noun [C] (abbr **m**) méter: a two-metre high wall • Who won the 100 metres?

metric /'metrɪk/ adj. méter-, metrikus ➜ Lásd **imperial**.

metropolis /mə'trɒpəlɪs/ noun [C] világváros, nagyváros
▶ **metropolitan** /ˌmetrə'pɒlɪtən/ adj. világvárosi, nagyvárosi

mezzanine /'mezəniːn; 'metsə-/ noun [C] félemelet: a bedroom on the mezzanine • a mezzanine floor ➜ Magyarázat a **floor¹** szónál.

mg abbr. (milligram(s) rövidítése) mg

MHz /'megəhɜːts/ abbr. (megahertz rövidítése) MHz, megahertz

miaow /mi'aʊ/ noun [C] nyávogás
▶ **miaow** verb [I] nyávog ➜ Lásd **purr**.

mice plural of MOUSE

microchip /'maɪkrəʊtʃɪp/ (also **chip**) noun [C] mikrocsip

microcosm /'maɪkrəʊkɒzəm/ noun [C] a microcosm (of sth) vmi kicsinyben

microphone /'maɪkrəfəʊn/ (informális **mike**) noun [C] mikrofon

microscope /'maɪkrəskəʊp/ noun [C] mikroszkóp: to examine sth under a microscope

microscopic /ˌmaɪkrə'skɒpɪk/ adj. mikroszkopikus, parányi

microwave /'maɪkrəweɪv/ noun [C] **1** mikrohullám **2** (also ˌmicrowave 'oven) mikro(hullámú sütő)

mid /mɪd/ adj. (csak főnév előtt) **1** közép(en lévő): I'm away from mid June. Június közepétől nem vagyok itt. • the mid 1990s a 90-es évek közepe **2** (mid-) (összetett melléknevekben) közép-: a mid-air collision összeütközés a levegőben

★ **midday** /ˌmɪd'deɪ/ noun [U] dél (napszak): We arranged to meet at midday (délben). • the midday sun ➜ Lásd **midnight**.

★ **middle¹** /'mɪdl/ noun **1** [sing.] the middle (of sth) vminek a közepe: the white line in the middle of the road • Here's a photo of me and my brothers. I'm the one in the middle.

> A **centre** és a **middle** jelentése igen hasonló. A **centre** azonban csak akkor használható, ha valaminek pontosan a közepéről van szó: How do you find the centre of a circle? • There was a large table in the middle of the room. • The bee stung me **right in the middle** (kellős közepén) of my back. Ha időtartamról beszélünk, csak a **middle** szót használhatjuk: in the middle of the night • the middle of July.

2 [C] (informális) derék: I want to lose weight around my middle.

IDIOMS be in the middle of sth/doing sth éppen vmilyen tevékenység közepén van | **in the middle of nowhere** az isten háta mögött

middle² /'mɪdl/ adj. (csak főnév előtt) közép-, középső: I wear my ring on my middle finger.

ˌmiddle 'age noun [U] érett kor: in late middle age jó ötvenes
▶ ˌmiddle-'aged adj. középkorú: a middle-aged man

the ˌMiddle 'Ages noun [plural] a középkor

the ˌMiddle 'East noun [sing.] a Közel-Kelet

middleman /'mɪdlmæn/ noun [C] (plural -men /-men/) **1** viszonteladó **2** közvetítő

ˌmiddle school noun [C] (brit) középiskola (9-13 éves gyermekeknek)

midge /mɪdʒ/ noun [C] szúnyog ❶ Szinonimája: gnat.

midget /'mɪdʒɪt/ noun [C] törpe

> Vigyázat! Sokan ezt a szót személyre vonatkoztatva bántónak találják.

the **Midlands** /'mɪdləndz/ noun [sing., with sing. or plural verb] Közép-Anglia

★ **midnight** /'mɪdnaɪt/ noun [U] éjfél: They

left the party at midnight (éjfélkor). • *The clock struck midnight.* ➔ Lásd **midday**.

midriff /'mɪdrɪf/ *noun* [C] mell és derék közti testrész

midst /mɪdst/ *noun* [U] közép: *The country is in the midst of* (közepén) *a recession.* • *There is an enemy in our midst* (közöttünk).

midway /ˌmɪd'weɪ/ *adj., adv.* féluton: *The village lies midway between two large towns.* ❶ Szinonimája: **halfway**.

midweek /ˌmɪd'wiːk/ *noun* [U] a hét közepe
▸ **midweek** *adv.* a hét közepén: *If you travel midweek it's cheaper.*

the Midwest /ˌmɪd'west/ *noun* [sing.] a Középnyugat (*Amerikában*)

midwife /'mɪdwaɪf/ *noun* [C] (*plural* **midwives** /-waɪvz/) szülésznő, bábaasszony

★ **might¹** /maɪt/ *modal verb* (*negative* **might not**; *short form* **mightn't** /'maɪtnt/) **1** (nem túl) valószínű, lehet, hogy: *'Where's Vinay?' 'He might be upstairs.'* • *I think I might have forgotten the tickets.* **2** (*brit, formális*) szabad (*engedély kérése*): *I wonder if I might go home a little early today?* **3** (*függő beszédben, múlt idejű főmondat után a may segédige helyett*): *He said he might be late.* ➔ Lásd még a *Rövid nyelvtani összefoglalást*.

IDIOMS may/might as well (do sth) → WELL¹ | you, etc. might do/have done sth vki legalább csinálna/csinált volna vmit: *They might at least have phoned if they're not coming.* | I might have known Tudhattam volna!: *I might have known he wouldn't help.*

might² /maɪt/ *noun* [U] (*formális*) erő: *I pushed with all my might* (teljes erővel), *but the rock did not move.*

mighty¹ /'maɪti/ *adj.* (**mightier**; **mightiest**) erős, hatalmas

mighty² /'maɪti/ *adv.* (*US, informális*) rettentően, irtó(ra)

migraine /'miːɡreɪn/ *noun* [C,U] migrén

migrant /'maɪɡrənt/ *noun* [C] vándormadár (*átv is*): *migrant workers*

migrate /maɪ'ɡreɪt/ *verb* [I] **1** költözik (*pl. madár*) **2** vándorol (*embercsoport*) ➔ Lásd **emigrate**.
▸ **migration** /maɪ'ɡreɪʃn/ *noun* [C,U] költözés, vándorlás

mike /maɪk/ *noun* [C] (*informális*) mikrofon

milage = MILEAGE

★ **mild** /maɪld/ *adj.* **1** enyhe, könnyű: *a mild soap/winter/illness* **2** könnyű (*étel, ital*): *mild cheese* **3** szelíd, finom
▸ **mildness** *noun* [U] **1** enyheség **2** szelídség

mildly /'maɪldli/ *adv.* **1** enyhén, egy kicsit: *mildly surprised* **2** gyengéden

★ **mile** /maɪl/ *noun* **1** [C] mérföld (*1,6 km*): *The beach is seven miles away.* • *It's a seven-mile drive to the beach.* **2** [C] (*nagyon*) sokkal: *He missed the target by a mile.* • *I'm feeling miles better now.* **3** (**miles**) [*plural*] (*nagyon*) messze: *Is it much further? We've walked miles already.* • *From the top of the hill you can see for miles* (nagyon messzire).

IDIOM see, hear, tell, spot, etc. sb/sth a mile off (*informális*) már messziről: *He's lying - you can tell that a mile off.* Már messziről tudni, hogy hazudik.

mileage (*also* **milage**) /'maɪlɪdʒ/ *noun* **1** [C,U] mérföldekben kifejezett távolság, amelyet egy jármű összesen megtett: *The car is old but it has a low mileage* (kevés mérföld van benne). **2** [U] (*informális*) haszon: *The newspapers got a lot of mileage out of the scandal.*

milestone /'maɪlstəʊn/ *noun* [C] mérföldkő (*átv*)

militant /'mɪlɪtənt/ *adj.* harcias
▸ **militant** *noun* [C] aktivista
militancy /-ənsi/ *noun* [U] harciasság

★ **military** /'mɪlətri/ *adj.* (*csak főnév előtt*) katonai, katona-: *All men have to do two years' military service* (katonai szolgálat). • *to take military action*

militia /mə'lɪʃə/ *noun* [C, with sing. or plural verb] polgárőrség

★ **milk¹** /mɪlk/ *noun* [U] tej: *skimmed/long-life/low-fat milk* sovány/tartós/alacsony zsírtartalmú • *a bottle/carton of milk* • *coconut milk* kókusztej

milk² /mɪlk/ *verb* [T] (meg)fej (*átv is*)

milkman /'mɪlkmən/ *noun* [C] (*plural* **-men** /-mən; -men/) tejes(ember)

milkshake /'mɪlkʃeɪk/ *noun* [C,U] (tej)-turmix

milky /'mɪlki/ adj. tej-, tejes: milky white skin • milky coffee

mill¹ /mɪl/ noun [C] **1** gyár: a cotton/steel mill **2** malom: a windmill **3** daráló: a pepper mill

mill² /mɪl/ verb [T] őröl, darál
PHRASAL VERB mill about/around (informális) nyüzsög

millennium /mɪ'leniəm/ noun [C] (plural millennia /-niə/ or millenniums) évezred, millennium

millet /'mɪlɪt/ noun [U] köles

milligram (also milligramme) /'mɪlɪɡræm/ noun [C] (abbr. mg) milligramm

millilitre (US milliliter) /'mɪlilitə(r)/ noun [C] (abbr. ml) milliliter

millimetre (US millimeter) /'mɪlimitə(r)/ noun [C] (abbr. mm) milliméter

millinery /'mɪlənəri/ noun [U] kalap- (készítés)

★ **million** /'mɪljən/ number **1** millió: Millions of people are at risk from the disease. **❶** Számnevek után a többes számú alakja ugyanaz: six million people. **⊃** Példák a six szónál. **2** (a million; millions) (of) (informális) (egy/több) millió, rengeteg: I still have a million things to do. **⊃** Lásd a Számokkal kapcsolatos kifejezések részt.

millionaire /ˌmɪljə'neə(r)/ noun [C] milliomos

millionth¹ /'mɪljənθ/ pron., determiner milliomodik

millionth² /'mɪljənθ/ noun [C] milliomod(rész)

mime /maɪm/ (US pantomime) noun [U, C] pantomim
▶ mime verb [I,T] némajátékkal utánoz

mimic¹ /'mɪmɪk/ verb [T] (pres. part. mimicking; pt, pp mimicked) utánoz, kifiguráz

mimic² /'mɪmɪk/ noun [C] (jó) utánzó
▶ mimicry /'mɪmɪkri/ noun [U] utánzás

min. abbr. **1** (minimum rövidítése) minimum: min. temp tomorrow 2° **2** (minute, minutes rövidítése) perc

mince /mɪns/ (brit) (US ground 'beef, hamburger) noun [U] darált hús
▶ mince verb [T] (húst) (le)darál

mince 'pie noun [C] kis torta szárított

gyümölcs, dió, mazsola, stb. töltelékkel (hagyományos brit karácsonyi étel)

★ **mind¹** /maɪnd/ noun [C,U] ész, értelem
IDIOMS at/in the back of your mind → BACK¹ | be in two minds (about sth/doing sth)) nem tud dönteni (vmiről), habozik | be/go out of your mind (informális) majd megőrül, magánkívül van | bear in mind that; bear/keep sb/sth in mind nem felejti el, hogy, észben tart: We'll bear/keep your suggestion in mind for the future. | bring/call sb/sth to mind felidéz vkit/vmit, emléhoztet vkire/vmire | cast your mind back → CAST¹ | change your mind → CHANGE¹ | come/spring to mind vki eszébe jut | cross your mind → CROSS² | ease sb's mind → EASE² | frame of mind → FRAME¹ | give sb a piece of your mind → PIECE¹ | go clean out of your mind → CLEAN³ | have/keep an open mind → OPEN¹ | have sb/sth in mind (for sth) elképzel vkit/vmit (vmire), forgat vmit a fejében | keep your mind on sth vmire összpontosít/figyel | make up your mind (el)dönt | on your mind gond (vki lelkét nyomja): Don't bother her – she's got enough on her mind already. | prey on sb's mind → PREY² | put/set sb's mind at rest megnyugtat vkit | slip your mind → SLIP¹ | speak your mind → SPEAK | state of mind → STATE¹ | take sb's mind off sth elterel vki figyelmét vmiről | to my mind szerintem

★ **mind²** /maɪnd/ verb **1** [I,T] (főleg kérdő és tagadó mondatokban) bán vmit, vkit zavar: Do you mind having to travel so far to work every day? • Are you sure your parents won't mind me coming? • 'Would you like tea or coffee?' 'I don't mind (nekem mindegy).' • I wouldn't mind (jól esne) a break right now. **2** [T] (udvarias engedélykérés) kérem/legyen szíves, megtenné(d), hogy, megengedi/megengedted, hogy: Would you mind closing (becsukná) the window? • Do you mind driving? I'm feeling rather tired. • Do you mind (nem zavarja) if I smoke? **3** [T] vigyázz(on)/figyelj(en) vmire!: Mind the step! Vigyázat! Lépcső! Don't mind me (ne is törődj(ön) velem)! I won't disturb you. **4** [T] (főleg brit) vigyáz vmire, szemmel tart vmit
IDIOMS mind you nem szabad elfelejteni, hogy, az a helyzet, hogy: Paul seems very

tired. Mind you, he has been working very hard recently. | **mind your own business** törődj a saját dolgoddal! | **never mind** nem/semmi baj!, ne törődj vele!

PHRASAL VERB **mind out** (*informális*) vigyázz!

mind-blowing *adj.* (*informális*) elképesztő, döbbenetes: *a mind-blowing experience*

'**mind-boggling** *adj.* (*informális*) észbontó

-minded /'mamdɪd/ *adj.* (*összetett melléknevekben*) **1** vmilyen gondolkozású: *a strong-minded* (határozott)/*open-minded/narrow-minded* (széles/szűk látókörű) *person* **2** vmilyen beállítottságú/érdeklődésű: *money-minded*

minder /'mamdə(r)/ *noun* [C] vkire/vmire felügyelő személy: *a childminder*

mindless /'mamdləs/ *adj.* **1** esztelen, értelmetlen: *mindless violence* **2** értelmetlen: *a mindless repetitive task*

★ **mine¹** /mam/ *pron.* az enyém: '*Whose is this jacket?*' '*It's mine.*' ● *May I introduce a friend of mine* (egyik barátomat)? ➔ Lásd **my.**

★ **mine²** /mam/ *noun* [C] **1** bánya: *a coal mine* ➔ Lásd **quarry. 2** akna

mine³ /mam/ *verb* [I,T] bányászik ➔ Lásd **mining. 2** [T] elaknásít, aláaaknáz

minefield /'mamfi:ld/ *noun* [C] **1** aknamező, elaknásított terület **2** aknamező: *a political minefield*

★ **miner** /'mamə(r)/ *noun* [C] bányász

★ **mineral** /'mmərəl/ *noun* [C] ásvány: *the recommended daily intake of vitamins and minerals*

'**mineral water** *noun* [U] ásványvíz

mingle /'mɪŋgl/ *verb* [I,T] **mingle A and B (together); mingle (A) with B** (el)vegyül, vegyít: *His excitement was mingled with fear.* ● *to mingle with the rich and famous*

mini- /'mmi/ (*összetett főnevekben*) mini-: *a miniskirt* ● *minigolf*

miniature /'mmətʃə(r)/ *noun* [C] miniatűr
IDIOM **in miniature** miniatűr/kicsiny másolatban

minibus /'mmibʌs/ *noun* [C] (*főleg brit*) mikrobusz

minimal /'mmɪməl/ *adj.* minimális

minimize (also **-ise**) /'mmɪmaɪz/ *verb* [T] **1** legkisebbre csökkent: *to minimize*

costs/damage/risks **2** lekicsinyel **3** lekicsinyít **❶** Ellentéte: **maximize.**

★ **minimum¹** /'mmɪməm/ *noun* [sing.] minimum: *I need a minimum of seven hours' sleep.* ● *We will try and keep the price of the tickets to a minimum.* **❶** Ellentéte: **maximum.**

★ **minimum²** /'mmɪməm/ *adj.* (*csak főnév előtt*) minimális, legkisebb, legkevesebb: *to introduce a national minimum wage* (bérminimum) **❶** Ellentéte: **maximum.**
▶ **minimum** *adv.* minimum, minimálisan: *We'll need £200 minimum for expenses.*

mining /'mamɪŋ/ *noun* [U] (*összetett főnevekben*) -bányászat: *gold mining*

★ **minister** /'mmɪstə(r)/ *noun* [C] **1** (**Minister**) (*US* **Secretary**) miniszter: *the Minister for Education* ➔ Lásd **Prime Minister, Cabinet Minister. 2** lelkész (*protestáns*) ➔ Lásd **vicar.**

ministerial /,mmɪ'stɪəriəl/ *adj.* miniszteri, minisztériumi

★ **ministry** /'mmɪstri/ *noun* [C] (*plural ministries*) minisztérium: *the Ministry of Defence* **❶** Szinonimája, ill. az US angolban egyetlen megfelelője **Department.**

mink /mɪŋk/ *noun* [C] nerc

★ **minor¹** /'mamə(r)/ *adj.* **1** kisebb, jelentéktelen: *a minor problem* ● *She's gone into hospital for a minor operation.* **❶** Ellentéte: **major. 2** moll: *a symphony in F minor* ➔ Lásd **major.**

minor² /'mamə(r)/ *noun* [C] kiskorú

★ **minority** /mar'nɒrəti/ *noun* [C] (*plural minorities*) **1** [*usually sing.; with sing. or plural verb*] kisebbség: *Only a minority of teenagers become/becomes involved in crime.* **❶** Ellentéte: **majority. 2** kisebbség: *Schools in Britain need to do more to help children of ethnic/racial minorities.*
IDIOM **be in a/the minority** kisebbségben van

mint /mmt/ *noun* **1** [U] menta **2** [C] mentolos cukorka **3** [sing.] pénzverde, pénzjegynyomda
▶ **mint** *verb* [T] pénzt ver: *freshly minted coins*

★ **minus¹** /'mamǝs/ *prep.* **1** mínusz **❶** Ellentéte: **plus. 2** mínusz (*hőmérséklet*): *The temperature will fall to minus 10.*

ð then | s so | z zoo | ʃ she | ʒ vision | h how | m man | n no | ŋ sing | l leg | r red | j yes | w wet

3 (*informális*) nélkül: *We're going to be minus a car for a while.*

minus² /'maɪnəs/ *noun* [C] **1** (also '**minus sign**) (*symbol* –) mínusz(jel) **2** (also '**minus point**) (*informális*) negatívum: *Let's consider the pluses and minuses of moving out of the city.* ❶ Ellentéte: **plus.**

minus³ /'maɪnəs/ *adj.* **1** (*mat*) negatív: *a minus figure* mínusz: *I got A minus (A-) for my essay.* ❶ Ellentéte: **plus.**

minuscule /'mɪnəskjuːl/ *adj.* parányi

★ **minute¹** /'mɪnɪt/ *noun* **1** [C] (*abbr* **min.**) perc: *It's twelve minutes to nine.* **2** [*sing.*] (*beszélt nyelv*) perc, pillanat: *Just/Wait a minute! You've forgotten your notes.* • *Have you got a minute? – I'd like to talk to you.* **3** (**the minutes**) [*plural*] jegyzőkönyv

IDIOMS (**at**) **any minute/moment** (**now**) (*informális*) bármely percben/pillanatban | **in a minute** rögtön, egy perc múlva | **the last minute/moment** → LAST¹(1) | **the minute/moment** (**that**) abban a pillanatban, hogy, amint: *I'll tell him you rang the minute (that) he gets here.* | **this minute** ebben a pillanatban | **up to the minute** (*informális*) legfrissebb, legújabb: *For up to the minute information on flight times, phone this number...*

minute² /maɪˈnjuːt/ *adj.* (*superlative* **minutest**) (*nincs középfoka*) **1** parányi, apró **2** aprólékos, pontos: *She described the man in minute/the minutest detail* (a legapróbb részletességgel)

miracle /'mɪrəkl/ *noun* [C, *sing.*] csoda: *It's a miracle (that) nobody was killed in the crash.*

IDIOM **work/perform miracles** csodát tesz/ művel

miraculous /mɪˈrækjələs/ *adj.* csodálatos, csodával határos: *She's made a miraculous recovery.*

▸ **miraculously** *adv.* csodálatosan, bámulatos módon

mirage /'mɪrɑːʒ; mɪˈrɑːʒ/ *noun* [C] délibáb

★ **mirror** /'mɪrə(r)/ *noun* [C] tükör: *to look in the mirror* • *a rear-view mirror* visszapillantó tükör

> A mirror **reflects** images. What you see in a mirror is a **reflection**.

▸ **mirror** *verb* [T] (vissza)tükröz: *The trees were mirrored in the lake.*

mirth /mɜːθ/ *noun* [U] (*írott nyelv*) jókedv, vidámság

misapprehension /ˌmɪsæprɪˈhenʃn/ *noun* [U, C] (*formális*) tévhit: *I was under the misapprehension* (abban a tévhitben éltem) *that this course was for beginners.*

misbehave /ˌmɪsbɪˈheɪv/ *verb* [I] rosszul viselkedik ❶ Ellentéte: **behave.**

▸ **misbehaviour** (*US* **misbehavior**) /ˌmɪsbɪˈheɪvjə(r)/ *noun* [U] rossz magaviselet

misc. *abbr.* (**miscellaneous** rövidítése) vegyes

miscalculate /ˌmɪsˈkælkjuleɪt/ *verb* [I,T] tévesen számol, rosszul mér fel

▸ **miscalculation** /ˌmɪskælkjuˈleɪʃn/ *noun* [C,U] számolási hiba, téves megítélés/ számítás

miscarriage /'mɪskærɪdʒ/ *noun* [C,U] (el)vetélés ➲ Vesd össze **abortion.**

IDIOM **a miscarriage of justice** téves ítélkezés

miscarry /ˌmɪsˈkæri/ *verb* [I] (*pres. part.* **miscarrying**; *3rd pers. sing. pres.* **miscarries**; *pt, pp* **miscarried**) elvetél

miscellaneous /ˌmɪsəˈleɪniəs/ *adj.* (*abbr.* **misc.**) vegyes: *a box of miscellaneous items*

mischief /'mɪstʃɪf/ *noun* [U] csintalanság, csíny: *The children in Class 9 are always getting into mischief* (rosszalkodnak).

mischievous /'mɪstʃɪvəs/ *adj.* csintalan, huncut

▸ **mischievously** *adv.* pajkosan, gonoszkodva

misconception /ˌmɪskənˈsepʃn/ *noun* [C] félreértés, tévhit: *It is a popular misconception that people need meat to be healthy.*

misconduct /ˌmɪsˈkɒndʌkt/ *noun* [U] (*formális*) etikai vétség, elfogadhatatlan magatartás: *The doctor was dismissed for gross misconduct* (súlyos etikai vétség).

misconstrue /ˌmɪskənˈstruː/ *verb* [T] (*formális*) **misconstrue sth** (**as sth**) félreért(elmez) ➲ Lásd **construe.**

misdemeanour (*US* **misdemeanor**) /ˌmɪsdɪˈmiːnə(r)/ *noun* [C] vétség, szabálysértés

miser /'maɪzə(r)/ *noun* [C] fösvény

▸ **miserly** *adj.* zsugori, fukar

---

❶ = magyarázat [C] megszámlálható (*főnév*): *one book, two books*

[U] megszámlálhatatlan (*főnév*): *some sugar*

★ **miserable** /'mɪzrəbl/ *adj.* **1** nyomorult, szerencsétlen **2** rémes, elkeserítő: *What miserable weather!* ❶ Szinonimája: **dismal. 3** gyatra, jelentéktelen: *a miserable salary*
▸ **miserably** /-əbli/ *adv.* szánalmasan: *I stared miserably out of the window.* • *He failed miserably as an actor.*

★ **misery** /'mɪzəri/ *noun* [U, C] (*plural* miseries) nyomor(úság), gyötrelem
IDIOMS **put sb out of his/her misery** (*informális*) megmond vmit vkinek, hogy ne gyötrődjön/izguljon tovább: *Put me out of my misery – did I pass or not?* | **put sth out of its misery** (*állatnak*) megadja a kegyelemdöfést, (*állatot*) végleg elaltat

misfire /mɪs'faɪə(r)/ *verb* [I] kudarcot vall

misfit /'mɪsfɪt/ *noun* [C] beilleszkedésre képtelen ember, aszociális ember

misfortune /ˌmɪs'fɔːtʃuːn/ *noun* [C,U] (*formális*) balszerencse, szerencsétlenség: *I hope I don't ever* **have the misfortune to** (nem leszek olyan peches, hogy) *meet him again.*

misgiving /ˌmɪs'gɪvɪŋ/ *noun* [C, often plural; U] aggodalom, kétség, rossz előérzet: *I* **had serious misgivings** about leaving him on his own.

misguided /ˌmɪs'gaɪdɪd/ *adj.* félreértett, téves(en értelmezett): *a misguided attempt/belief*

mishap /'mɪshæp/ *noun* [C,U] kisebb baleset, kellemetlenség: *to have a slight mishap*

misinform /ˌmɪsɪn'fɔːm/ *verb* [T] (*formális*) félretájékoztat

misinterpret /ˌmɪsɪn'tɜːprɪt/ *verb* [T] **misinterpret sth (as sth)** félreért(elmez), félremagyaráz ❶ Ellentéte: **interpret.**
▸ **misinterpretation** /ˌmɪsɪntɜːprɪ'teɪʃn/ *noun* [C,U] félreértelmezés: *His comments were* **open to misinterpretation** (könnyen félre lehetett érteni).

misjudge /ˌmɪs'dʒʌdʒ/ *verb* [T] **1** tévesen ítél meg vkit/vmit, rossz véleményt alkot vkiről/vmiről (*tévesen*) **2** tévesen számít/mér fel vmit
▸ **misjudgement** (also **misjudgment**) *noun* [C,U] téves megítélés

mislay /ˌmɪs'leɪ/ *verb* [T] (*pres. part.* mislaying; *3rd pers. sing. pres.* mislays; *pt, pp* mis-

laid /-'leɪd/) nem talál vmit, mert elfelejti, hogy (éppen) hova tette

mislead /ˌmɪs'liːd/ *verb* [T] (*pt, pp* misled /-'led/) félrevezet, megtéveszt
▸ **misleading** *adj.* megtévesztő, félrevezető: *a misleading advertisement*

mismanage /ˌmɪs'mænɪdʒ/ *verb* [T] rosszul irányít/szervez
▸ **mismanagement** *noun* [U] rossz irányítás/igazgatás

misplaced /ˌmɪs'pleɪst/ *adj.* érdemtelenül adott/elpazarolt: *misplaced loyalty*

misprint /'mɪsprɪnt/ *noun* [C] sajtóhiba, gépelési hiba

mispronounce /ˌmɪsprə'naʊns/ *verb* [T] helytelenül/rosszul mond/ejt ki
▸ **mispronunciation** /ˌmɪsprəˌnʌnsi'eɪʃn/ *noun* [C,U] helytelen kiejtés

misread /ˌmɪs'riːd/ *verb* [T] (*pt, pp* misread /-'red/) **misread sth (as sth)** félreért(elmez), félreolvas

misrepresent /ˌmɪsreprɪ'zent/ *verb* [T] (*ált. szenvedő szerkezetben*) tévesen jellemez vkit/vmit, hamis színben tüntet fel: *In the article they were misrepresented as uncaring parents.*
▸ **misrepresentation** /mɪsˌreprɪzen'teɪʃn/ *noun* [C,U] vki/vmi téves/hamis bemutatása/leírása, félrevezetés, ferdítés

★ **Miss¹** /mɪs/ kisasszony

A **Miss, Mrs, Ms** és **Mr** csak vezetéknévvel ill. keresztnév/utónév és vezetéknévvel együtt állhat: *Is there a Miss (Anne) Hudson here?* (és nem ~~Miss Anne~~): *'Dear Miss Harris,' the letter began.*

★ **miss²** /mɪs/ *verb* **1** [I,T] elhibáz, nem talál el: *She tried to catch the ball but she missed* (de nem sikerült). • *The bullet narrowly missed his heart.* **2** [T] eltéveszt, nem lát/hall/ért/talál stb. meg: *The house is on the corner so* **you can't miss it.** • *They completely* **missed the point** (nem értették meg a lényeget). • *My Mum will know there's something wrong. She* **doesn't miss much** (nehéz megtéveszteni). **3** [T] (*járművet*) lekésik, (*alkalmat*) elszalaszt: *Of course I'm coming.* **I wouldn't miss it for the world!** A világért sem hagynám ki! **4** [T] hiányol vkit/vmit: *I'll miss you terribly* *when you go away.* **5** [T] észreveszi, hogy vki/vmi nincs a helyén: *When did you first miss your handbag?* **6** [T] elkerül (*kellemetlenséget*)

PHRASAL VERBS **miss out (on sth)** kimarad vmiből: *You'll miss out on all the fun if you stay at home.* | **miss sb/sth out** kihagy vkit/vmit

miss³ /mɪs/ *noun* [C] hibás dobás/ütés/ próbálkozás

IDIOMS **give sth a miss** (*főleg brit, informális*) kihagy vmit | **a near miss** → NEAR¹

missile /'mɪsaɪl/ *noun* [C] **1** nagy hatótávolságú rakéta(lövedék) **2** lövedék, hajítófegyver: *The rioters threw missiles such as bottles and stones.*

missing /'mɪsɪŋ/ *adj.* **1** eltűnt, elveszett: *a missing person* • *Two files have gone missing* (eltűnt). **2** eltűnt: *Many soldiers were listed as missing in action.* **3** hiányzó

mission /'mɪʃn/ *noun* [C] **1** küldetés, megbíz(at)ás **2** kirendeltség: *a trade mission to China* **3** küldetés **4** missziós telep **5** küldetés, misszió: *Her work with the poor was more than just a job – it was her mission in life* (élethivatás).

missionary /'mɪʃənri/ *noun* [C] (*plural* **missionaries**) misszionárius

misspell /ˌmɪs'spel/ *verb* [T] (*pt, pp* **misspelled** or **misspelt** /-'spelt/) helytelenül betűz, rosszul ír

★ **mist¹** /mɪst/ *noun* [C,U] köd, pára ➲ Magyarázat a **fog** szónál.

mist² /mɪst/ *verb*
PHRASAL VERB **mist (sth) up/over** bepárásít, bepárásodik

★ **mistake¹** /mɪ'steɪk/ *noun* [C] hiba: *to make a mistake* • *a spelling mistake* • *It was a big mistake to trust her.* • *I made the mistake of giving him my address.*

> Az **error** szó formálisabb, mint a **mistake**: *a computing error.* A **fault** szó mellett szerepel, hogy ki a hibás: *The accident wasn't my fault. The other driver pulled out in front of me*; ill. hogy milyen hibáról van szó: *a technical fault.*

IDIOM **by mistake** tévedésből

★ **mistake²** /mɪ'steɪk/ *verb* [T] (*pt* **mistook**

/mɪ'stʊk/; *pp* **mistaken** /mɪ'steɪkən/)
1 mistake A for B összetéveszt vkit/vmit vkivel/vmivel **2** félreért, eltéveszt: *I think you've mistaken my meaning.*

mistaken /mɪ'steɪkən/ *adj.* téves: *a case of mistaken identity* • *a mistaken belief*
▶ **mistakenly** *adv.* tévedésből, tévesen

mister → MR

mistletoe /'mɪsltəʊ/ *noun* [U] fagyöngy

> Nagy-Britanniában a fagyöngy a karácsonyi díszítés része. A hagyomány szerint az alatta állók megcsókolhatják egymást.

mistook *past tense* of MISTAKE²

mistreat /ˌmɪs'triːt/ *verb* [T] kegyetlenül/rosszul bánik vkivel/vmivel
▶ **mistreatment** *noun* [U] rossz bánásmód, kegyetlenkedés

mistress /'mɪstrəs/ *noun* [C] (*rég*) (*nős*) férfi szeretője

mistrust /ˌmɪs'trʌst/ *verb* [T] bizalmatlan vkivel/vmivel szemben
▶ **mistrust** *noun* [U, *sing.*] bizalmatlanság ➲ Lásd **distrust**.

misty /'mɪsti/ *adj.* ködös, párás ➲ Lásd **foggy**.

misunderstand /ˌmɪsʌndə'stænd/ *verb* [I,T] (*pt, pp* **misunderstood** /-'stʊd/) félreért

misunderstanding /ˌmɪsʌndə'stændɪŋ/ *noun* **1** [C,U] félreértés **2** [C] nézeteltérés

misuse /ˌmɪs'juːz/ *verb* [T] helytelen módon/célra használ
▶ **misuse** /ˌmɪs'juːs/ *noun* [U; C, *usually sing.*] helytelen használat, visszaélés

mitigate /'mɪtɪgeɪt/ *verb* [T] (*formális*) csillapít, enyhít
▶ **mitigating** *adj.* enyhítő: *Because of the mitigating circumstances* (enyhítő körülmények) *the judge gave her a shorter sentence.*

mitten /'mɪtn/ *noun* [C] egyujjas kesztyű ➲ Lásd **glove**.

★ **mix¹** /mɪks/ *verb* **1** [I,T] mix (A) (with B); mix (A and B) (together) (össze)kever(edik), vegyül: *Oil and water don't mix.* • *to mix cement* **2** [I] mix (with sb) érintkezik (vkivel)

IDIOM be/get mixed up in sth (*informális*) belekeveredik vmibe

PHRASAL VERBS mix sth up (*sorrendet*) összekever | mix sb/sth up (with sb/sth) összekever vkit/vmit (vkivel/vmivel): *I always see him mixed up with his brother.*

mix² /mɪks/ noun **1** [*C, usually sing.*] keverék (*különböző típusú embereké*) **2** [*C,U*] (*por*) keverék: *cake mix*

★ **mixed** /mɪkst/ adj. **1** felemás, vegyes: *I have mixed feelings about my job.* **2** vegyes: *Was your school mixed (koedukációs) or single-sex?*

mixed 'marriage noun [*C*] vegyes házasság

mixed-'up adj. (*informális*) zavart lelkiállapotú, kiborult

mixer /ˈmɪksə(r)/ noun [*C*] turmixgép, keverőgép: *a food/cement mixer*

★ **mixture** /ˈmɪkstʃə(r)/ noun [*C, sing., U*] keverék: *Monkeys eat a mixture of leaves and fruit.* • *cake mixture*

mix-up noun [*C*] (*informális*) zűrzavar, kavarodás

ml abbr. (**millilitre(s)** rövidítése) ml

mm abbr. (**millimetre(s)** rövidítése) mm: *a 35mm camera*

moan /məʊn/ verb [*I*] **1** nyög, nyöszörög **2** (*informális*) siránkozik: *The English are always moaning about the weather.*
▸ **moan** noun [*C*] nyögés, sóhaj

mob¹ /mɒb/ noun [*C, with sing. or plural verb*] csőcselék, tömeg

mob² /mɒb/ verb [*T*] (**mobbing; mobbed**) körbefog, megrohamoz: *The band was mobbed by fans.*

mobile¹ /ˈməʊbaɪl/ adj. mobilis, mozgékony ❶ Ellentéte: **immobile**.
▸ **mobility** /məʊˈbɪləti/ noun [*U*] mozgékonyság, mobilitás

mobile² /ˈməʊbaɪl/ noun [*C*] **1** lengő szobormű **2** = MOBILE PHONE

mobile 'phone (also **mobile**) noun [*C*] mobiltelefon

mobilize (also **-ise**) /ˈməʊbɪlaɪz/ verb **1** [*T*] mozgósít **2** [*I,T*] mozgósít, megkezdi a mozgósítást ❶ Ellentéte: **immobilize**.

mock¹ /mɒk/ verb [*I,T*] (*formális*) (ki)-gúnyol ❶ A **laugh at** és a **make fun of** kife-

jezések gyakoribbak és kevésbé formálisak.

mock² /mɒk/ adj. (*csak főnév előtt*) ál-, színlelt: *He held up his hands in mock surprise.* • *a mock exam* próbavizsga

mock³ /mɒk/ noun [*usually plural*] próbavizsga

mock-up noun [*C*] modell, makett

modal /ˈməʊdl/ (also **modal 'verb**) noun [*C*] módbeli segédige ➲ Vesd össze **auxiliary verb**. Lásd a *Rövid nyelvtani összefoglalást*.

mode /məʊd/ noun [*C*] **1** mód: *a mode of transport* **2** üzemmód, állás: *Switch the camera to automatic mode.*

★ **model¹** /ˈmɒdl/ noun [*C*] **1** makett, modell **2** modell: *the latest model* **3** példa-/mintakép: *a model student* mintaszerű diák • *Boys often use older brothers as role models* (követendő példákat). **4** manöken, modell **5** (*műv*) modell

★ **model²** /ˈmɒdl/ verb (**modelling; modelled**; *US* **modeling; modeled**) **1** [*T*] model sth/yourself on sb/sth vmi mintájára készít vmit, példaképként követ **2** [*I,T*] manökenként/modellként dolgozik; bemutat **3** [*I,T*] (meg)formál, alakít, makettet készít

modelling (*US* **modeling**) /ˈmɒdlɪŋ/ noun [*U*] manökenség

modem /ˈməʊdem/ noun [*C*] (*számítógép*) modem

★ **moderate¹** /ˈmɒdərət/ adj. **1** mérsékelt, közepes: *moderate exercise/drinking* **2** mérsékelt: *moderate policies/views* ➲ Lásd **extreme**, **radical**.
▸ **moderately** adv. mérsékelten

moderate² /ˈmɒdəreɪt/ verb [*I,T*] mérséklődik, mérsékel

moderate³ /ˈmɒdərət/ noun [*C*] mérsékelt (politikai) nézeteket valló ember ➲ Lásd **extremist**.

moderation /ˌmɒdəˈreɪʃn/ noun [*U*] mértékletesség: *Alcohol can harm unborn babies even if it's taken in moderation* (mértékletesen).

★ **modern** /ˈmɒdn/ adj. modern: *Pollution is one of the major problems in the modern world.* • *modern jazz/architecture* ➲ Lásd **old-fashioned**.

modernize (also **-ise**) /'mɒdənaɪz/ *verb* [T] korszerűsít
▶ **modernization** (also **-isation**) /ˌmɒdənaɪ-'zeɪʃn/ *noun* [U] korszerűsítés

ˌ**modern** ˈ**languages** *noun* [*plural*] élő/modern nyelvek

modest /'mɒdɪst/ *adj.* **1** szerény: *She got the best results in the exam but she was too modest to tell anyone.* ➔ Lásd **humble**, **proud**. **2** kisebb: *a modest pay increase* **3** (*öltözék*) visszafogott
▶ **modesty** *noun* [U] **1** szerénység **2** jelentéktelenség **3** visszafogottság
modestly *adv.* **1** szerényen: *He spoke modestly about his various achievements.* • *to live modestly* **2** mérsékelten **3** visszafogottan

modify /'mɒdɪfaɪ/ *verb* [T] (*pres. part.* **modifying**; *3rd pers. sing. pres.* **modifies**; *pt*, *pp* **modified**) módosít
▶ **modification** /ˌmɒdɪfɪ'keɪʃn/ *noun* [C,U] módosítás

module /'mɒdjuːl/ *noun* [C] egység, modul: *You must complete three modules in your first year.*

mohair /'məʊheə(r)/ *noun* [U] moher

moist /mɔɪst/ *adj.* nyirkos, nedves: *Her eyes were moist with tears.* Könnyes volt a szeme. ➔ Magyarázat a **wet** szónál.
▶ **moisten** /'mɔɪsn/ *verb* [T] meg-/benedvesít

moisture /'mɔɪstʃə(r)/ *noun* [U] nyirkosság, nedvesség

moisturizer (also **-iser**) /'mɔɪstʃəraɪzə(r)/ *noun* [C,U] hidratálókrém

molar /'məʊlə(r)/ *noun* [C] őrlőfog

★ **molasses** /mə'læsɪz/ (*US*) = TREACLE

mold (*US*) = MOULD

moldy (*US*) = MOULDY

mole /məʊl/ *noun* [C] **1** anyajegy ➔ Lásd **freckle**. **2** vakond **3** (*informális*) spicli

molecule /'mɒlɪkjuːl/ *noun* [C] molekula ➔ Lásd **atom**.

molest /mə'lest/ *verb* [T] zaklat, molesztál (*főleg szexuálisan*)

molt (*US*) = MOULT

molten /'məʊltən/ *adj.* olvasztott

mom (*US*) = MUM

★ **moment** /'məʊmənt/ *noun* [C, *sing.*] pil-lanat: *One moment, please.* • *Just at that moment* (abban a pillanatban) *my mother arrived.*
IDIOMS (**at**) **any minute/moment** (**now**) → MINUTE¹ | **at the moment** most, pil-lanatnyilag: *I'm afraid I'm busy at the moment.* | **for the moment/present** egy darabig, pillanatnyilag: *I'm not very happy at work but I'll stay there for the moment.* | **in a moment** rögtön | **the last minute/moment** → LAST¹ | **the minute/moment** (**that**) → MINUTE¹ | **on the spur of the moment** → SPUR¹

momentary /'məʊməntri/ *adj.* pilla-natnyi
▶ **momentarily** /'məʊməntrəli/ *adv.* egy pillanatra

momentous /mə'mentəs/ *adj.* jelentős: *a momentous decision/event*

momentum /mə'mentəm/ *noun* [U] lendület: *The green movement is gathering momentum* (erőteljesen nő).

mommy (*US*) = MUMMY(1)

Mon. *abbr.* (**Monday** rövidítése) hétfő: *Mon. 6 June*

monarch /'mɒnək/ *noun* [C] uralkodó

monarchy /'mɒnəki/ *noun* (*plural* **monarchies**) [C, *sing.,U*] monarchia ➔ Lásd **republic**.

monastery /'mɒnəstri/ *noun* [C] (*plural* **monasteries**) kolostor ➔ Lásd **convent**.

★ **Monday** /'mʌndeɪ; -di/ *noun* [C,U] (*abbr* **Mon.**) hétfő: *I'm going to see her on Monday.* • (*informális*) *I'll see you Monday.* • *I finish work a bit later on Mondays/on a Monday.* • *Monday morning/afternoon/evening/night* • *last/next Monday* • *a week on Monday/Monday week* hétfőhöz egy hétre • *The museum is open Monday to Friday, 10 till 4.30.* • *Did you see that article about Italy in Monday's paper?* ❶ A hét napjainak nevét mindig nagy kezdőbetűvel írjuk.

monetary /'mʌnɪtri/ *adj.* pénzügyi

★ **money** /'mʌni/ *noun* [U] pénz: *Will you earn more money in your new job?* • *The new road will cost a lot of money* (sokba kerül). • *If we do the work ourselves we will save money* (pénzt spórolunk). • *The government make a huge amount of money* (hatalmas összeghez jut) *out of tobacco tax.* ➔ Lásd még **pocket money.**

IDIOMS be rolling in money/in it → ROLL² | get your money's worth jó ellenszolgáltatást kap, megkapja a pénze értékét

mongrel /'mʌŋgrəl/ *noun* [C] (kutya) keverék, korcs ➔ Lásd **pedigree.**

monitor¹ /'mɒnɪtə(r)/ *noun* [C] monitor. ➔ Ábra az A10. oldalon.

monitor² /'mɒnɪtə(r)/ *verb* [T] figyelemmel kísér, rendszeresen ellenőriz

monk /mʌŋk/ *noun* [C] szerzetes ➔ Lásd **nun.**

★ **monkey** /'mʌŋki/ *noun* [C] majom ➔ Lásd **ape.** ❶ Lásd **ape.** A csimpánzokat és gorillákat gyakran említik, mint **monkeys** de a helyes megnevezésük **apes.**

IDIOM monkey business idétlenkedés, disznóság

mono /'mɒnəʊ/ *adj.* mono

monolingual /ˌmɒnə'lɪŋgwəl/ *adj.* egynyelvű ➔ Lásd **bilingual.**

monologue (*US* also **monolog**) /'mɒnəlɒg/ *noun* [C] monológ

monopolize (also -ise) /mə'nɒpəlaɪz/ *verb* [T] kisajátít: *She completely monopolized the conversation.*

monopoly /mə'nɒpəli/ *noun* [C] (*plural* **monopolies**) a monopoly (on/in sth) monopólium, kizárólagos jog

monorail /'mɒnəʊreɪl/ *noun* [C] egyvágányú vasút

monosyllable /'mɒnəsɪləbl/ *noun* [C] egyszótagú szó

monotonous /mə'nɒtənəs/ *adj.* egyhangú, monoton: *a monotonous routine/voice*
▶ **monotonously** *adv.* monoton hangon

monotony /mə'nɒtəni/ *noun* [U] egyhangúság

monsoon /ˌmɒn'suːn/ *noun* [C] monszun

monster /'mɒnstə(r)/ *noun* [C] szörny(eteg): (átv) *The murderer was described as a dangerous monster.*

monstrosity /mɒn'strɒsəti/ *noun* [C] (*plural* **monstrosities**) monstrum/ormótlan épület

monstrous /'mɒnstrəs/ *adj.* **1** szörnyű

2 irtózatos (nagy): *a monstrous spider/wave*

★ **month** /mʌnθ/ *noun* [C] hónap: *next/last month* • *Have you seen this month's 'Vogue'?* • *a six-month course*

monthly¹ /'mʌnθli/ *adj.* havi: *a monthly meeting/magazine*
▶ **monthly** *adv.* havonta: *Are you paid weekly or monthly?*

monthly² /'mʌnθli/ *noun* [C] (*plural* **monthlies**) havi folyóirat/magazin

monument /'mɒnjumənt/ *noun* [C] a monument (to sb/sth) **1** emlékmű **2** műemlék

monumental /ˌmɒnju'mentl/ *adj.* (*csak főnév előtt*) hatalmas: *a monumental success/task*

moo /muː/ *noun* [C] tehénbőgés
▶ **moo** *verb* [I] (tehén) bőg

★ **mood** /muːd/ *noun* **1** [C,U] hangulat, kedv: *to be in a bad/good mood* rosszkedvű/jókedvű • *Turn that music down – I'm not in the mood for it.* (nincs kedvem hozzá). **2** [C] rosszkedv ❶ Szinonimája: **temper. 3** [*sing.*] hangulat

moody /'muːdi/ *adj.* **1** szeszélyes **2** rosszkedvű, morcos
▶ **moodily** *adv.* rosszkedvűen
moodiness *noun* [U] szeszélyesség, rosszkedv

★ **moon** /muːn/ *noun* **1** (the moon) [*sing.*] hold: *a new moon* újhold • *a full moon* telihold/holdtölte • *a half-moon* félhold • *a crescent moon* növekvő/fogyó hold ❶ Melléknév: **lunar. 2** [C] hold: *How many moons does Neptune have?*

IDIOMS be over the moon (*főleg brit, informális*) a hetedik mennyországban érzi magát, iszonyatos boldog | once in a blue moon → ONCE

moonlight /'muːnlaɪt/ *noun* [U] holdfény: *The lake shone in the moonlight.*

moonlit /'muːnlɪt/ *adj.* holdfényes

moor¹ /mɔː(r)/ (also **moorland** /'mɔːlənd/) *noun* [C,U] hangafüves fennsík: *We walked across the moors.* ➔ Lásd **heath.**

moor² /mɔː(r)/ *verb* [I,T] moor (sth to sth) (hajót) kiköt

mooring /'mɔːrɪŋ/ *noun* [C, usually plural]

kikötőhely, kikötéshez felszerelés (*kötél-zet, horgonylánc stb.*)

moose /muːs/ (*főleg US*) = ELK

mop¹ /mɒp/ *noun* [C] nyeles felmosó

mop² /mɒp/ *verb* [T] (**mopping; mopped**) **1** felmos/-töröl **2** le-/megtöröl: *to mop your forehead with a handkerchief*

PHRASAL VERB **mop sth up** feltöröl: *Mop up that tea quickly!*

mope /məʊp/ *verb* [I] **mope (about/around)** búslakodik

moped /'məʊped/ *noun* [C] moped

★ **moral¹** /'mɒrəl/ *adj.* **1** (*csak főnév előtt*) erkölcsi: *Some people won't eat meat on moral grounds* (erkölcsi meggondolásból). • *a moral dilemma/issue* **2** erkölcsös: *to lead a moral life* ❶ Ellentéte: **immoral**. ➜ Vesd össze **amoral**, amelynek más a jelentése.

IDIOM **moral support** lelki támasz

★ **moral²** /'mɒrəl/ *noun* **1** (**morals**) [*plural*] jó modor, erkölcs(i érzék): *Those people have no morals.* **2** [C] tanulság

morale /məˈrɑːl/ *noun* [U] közszellem/-hangulat: *The team's morale is low/high.* • *to boost/raise morale*

★ **morality** /məˈræləti/ *noun* [U] erkölcsi felfogás/elv ❶ Ellentéte: **immorality**.

moralize (also **-ise**) /'mɒrəlaɪz/ *verb* [I] **moralize (about/on sth)** moralizál

morally /'mɒrəli/ *adv.* erkölcsileg, erkölcsösen

morbid /'mɔːbɪd/ *adj.* morbid

★ **more¹** /mɔː(r)/ *determiner, pron.* több: *We had more time than we thought.* • *There's room for three more* (még három) *people.* • *I couldn't eat any more.* • *Tell me more about your job.* ❶ Ellentéte: **less** vagy **fewer**.

IDIOMS **more and more** egyre több: *There are more and more cars on the road.* | **what's more** sőt mi több

★ **more²** /mɔː(r)/ *adv.* **1** (*középfokú melléknevekben és határozókban*): *She was far/much more intelligent than* (sokkal intelligensebb, mint) *her sister.* • *a course for more advanced students* • *Please drive more carefully.* ❶ Ellentéte: **less**. **2** jobban: *I like him far/much more* (sokkal jobban) *than his wife.* ❶ Ellentéte: **less**.

IDIOMS **more or less** többé-kevésbé | **not any more** már nem: *She doesn't live here any more.*

moreover /mɔːˈrəʊvə(r)/ *adv.* (*írott nyelv*) azonfelül

morgue /mɔːg/ *noun* [C] hullaház ➜ Lásd **mortuary**.

★ **morning** /'mɔːnɪŋ/ *noun* [C,U] **1** reggel, délelőtt: *Pat's going to London tomorrow morning.* • *See you in the morning.* • *I've been studying all morning* (egész délelőtt). • *Dave makes breakfast every morning.* • *She only works in the mornings.* **2** hajnal: *I was woken by a noise in the early hours of the morning* (kora hajnalban). • *He got home at three in the morning.*

Az **in** elöljárószót kell használni, ha az **early** vagy a **late** szó áll a **morning**, **afternoon** vagy **evening** előtt: *The accident happened in the early morning.* • *We arrived in the late afternoon.* Az **on** elöljárószót használjuk, ha más melléknév áll e szavak előtt: *School starts on Monday morning.* • *They set out on a cold, windy afternoon.* Nem áll elöljárószó a **this**, **tomorrow**, **yesterday** előtt: *Let's go swimming this morning.* • *I'll phone Liz tomorrow evening.* • *What did you do yesterday afternoon?*

IDIOM **Good morning** (*formális*) Jó reggelt kívánok! ❶ Közvetlenebb szituációban csak **Morning**: *Morning Kay, how are you today?*

moron /'mɔːrɒn/ *noun* [C] (*informális*) hülye, idióta
▶ **moronic** /məˈrɒnɪk/ *adj.* hülye

morose /məˈrəʊs/ *adj.* morózus

morphine /'mɔːfiːn/ *noun* [U] morfium

morsel /'mɔːsl/ *noun* [C] morzsa

mortal¹ /'mɔːtl/ *adj.* **1** halandó ❶ Ellentéte: **immortal**. **2** (*formális*) halálos: *a mortal blow* • *to be in mortal danger* • *They were in mortal fear of the enemy.*
▶ **mortally** /-təli/ *adv.* halálosan

mortal² /'mɔːtl/ *noun* [C] (*formális*) ember(i halandó)

mortality /mɔːˈtæləti/ *noun* [U] **1** halálozás(i arányszám), halandóság: *infant mortality* **2** halandóság

---

❶ = magyarázat [C] megszámlálható (*főnév*): one book, two books

[U] megszámlálhatatlan (*főnév*): some sugar

mortar /'mɔːtə(r)/ noun 1 [U] malter 2 [C] mozsárágyú, aknavető 3 [C] mozsár

mortgage /'mɔːgɪdʒ/ noun [C] (*házra/lakásra*) jelzálogkölcsön, bankkölcsön: *We took out a £40 000 mortgage.*

> You usually borrow money from a **bank** or a **building society**, who decide what **rate of interest** you must pay on the **loan**.

mortician /mɔː'tɪʃn/ (*US*) = UNDERTAKER

mortuary /'mɔːtʃəri/ noun [C] (*plural* mortuaries) hullakamra ⊃ Lásd morgue.

mosaic /məʊ'zeɪk/ noun [C,U] mozaik

Moslem = MUSLIM

mosque /mɒsk/ noun [C] mecset

mosquito /mə'skiːtəʊ; mɒs-/ noun [C] (*plural* mosquitoes) moszkitó, szúnyog

moss /mɒs/ noun [C,U] moha
▶ **mossy** adj. mohás

★ **most¹** /məʊst/ determiner, pron. 1 (*a* many *és* much *felsőfoka*) legtöbb: *Who got the most points?* • *The children had the most fun.* • *We all worked hard but I did the most.* ❶ Ellentéte: **least** vagy **fewest**. 2 a legtöbb: *most people in this country* • *I like most Italian food.*

> A most of szerkezetet kell használni, ha **the, this, my** stb. áll a főnév előtt: *Most of my friends were able to come to the wedding.* • *It rained most of the time we were in Ireland.*

IDIOMS at (the) most legfeljebb | make the most of sth → MAKE¹

★ **most²** /məʊst/ adv. 1 (*mellékneveks és határozók felsőfokában*) leg-: *It's the most beautiful house I've ever seen.* • *I work most efficiently at night.* ❶ Ellentéte: **least**. 2 legjobban: *What do you miss most when you're abroad?* ❶ Ellentéte: **least**. 3 (*formális*) nagyon

mostly /'məʊstli/ adv. többnyire

MOT /ˌem əʊ 'tiː/ abbr. (**Ministry of Transport** *rövidítése*) (also ˌMO'T test) műszaki vizsga (*gépkocsié*): *My car failed its MOT. A kocsim megbukott a műszaki vizsgán.*

motel /məʊ'tel/ noun [C] motel

moth /mɒθ/ noun [C] moly, pille

mothball /'mɒθbɔːl/ noun [C] naftalingolyó

★ **mother¹** /'mʌðə(r)/ noun [C] édesanya ⊃ Lásd mum, mummy, stepmother.

mother² /'mʌðə(r)/ verb [T] anyáskodik

motherhood /'mʌðəhʊd/ noun [U] anyaság

mother-in-law noun [C] (*plural* mothers-in-law) anyós

motherland /'mʌðəlænd/ noun [C] (*formális*) szülőföld, (szülő)haza

motherly /'mʌðəli/ adj. anyai: *motherly instincts/advice*

mother tongue noun [C] anyanyelv

motif /məʊ'tiːf/ noun [C] mintázat/minta, motívum

motion¹ /'məʊʃn/ noun 1 [U] mozgás, mozdulat: *Pull the lever to set the machine in motion* (hogy beindítsd). ⊃ Lásd slow motion. 2 [C] indítvány: *The motion was carried/rejected by a majority of eight votes.*

motion² /'məʊʃn/ verb [I,T] motion to sb (to do sth); motion (for) sb (to do sth) int vkinek

motionless /'məʊʃnləs/ adj. mozdulatlan

motivate /'məʊtɪveɪt/ verb [T] 1 (*gyakran szenvedő szerkezetben*) előidéz 2 motivál, ösztönöz: *I just can't motivate myself to do anything today.*
▶ **motivated** adj. érdeklődő: *highly motivated students*
motivation /ˌməʊtɪ'veɪʃn/ noun [C,U] motiváció, érdeklődés

motive /'məʊtɪv/ noun [C,U] (a) motive (for sth/doing sth) indíték, indítóok, cél

★ **motor¹** /'məʊtə(r)/ noun [C] motor

> Az autó vagy motorkerékpár motorja az **engine** (nem ~~motor~~). Az autóra néha formálisan a **motor car** szót használjuk.

motor² /'məʊtə(r)/ adj. (*csak főnév előtt*) 1 gép-, motoros: *a motor vehicle* gépjármű 2 (*főleg brit*) autó(-): *the motor industry* • *motor racing*

motorbike /'məʊtəbaɪk/ (also *formális* motorcycle) noun [C] motorbicikli

motor boat noun [C] motorcsónak

motor car (*brit, formális*) = CAR (1)

motorcycle /'məʊtəsaɪkl/ (*formális*) = MOTORBIKE

motorcyclist /'məʊtəsaɪklɪst/ *noun* [c] motorkerékpáros

motoring /'məʊtərɪŋ/ *noun* [U] autózás: *a motoring magazine/offence* autós magazin/közlekedési kihágás

motorist /'məʊtərɪst/ *noun* [c] autóvezető ⊃ Lásd pedestrian.

motorized (also -**ised**) /'məʊtəraɪzd/ *adj.* (*csak főnév előtt*) motorizált

motorway /'məʊtəweɪ/ (*US* **expressway**, **freeway**) *noun* [c] autópálya

motto /'mɒtəʊ/ *noun* [c] (*plural* **mottoes** or **mottos**) mottó

mould¹ (*US* **mold**) /məʊld/ *noun* **1** [c] öntőforma **2** [c, *usually sing.*] típus: *She doesn't fit into the usual mould of sales directors.* **3** [U] penész
▸ **mouldy** (*US* **moldy**) *adj.* penészes: *The cheese had gone mouldy.*

mould² (*US* **mold**) /məʊld/ *verb* [T] **mould A (into B); mould B (from/out of A)** formáz

moult (*US* **molt**) /məʊlt/ *verb* [I] vedlik

mound /maʊnd/ *noun* [c] **1** halom, domb **2** (*beszélt nyelv*) **a mound (of sth)** egy halom

★ **mount¹** /maʊnt/ *verb* **1** [T] szervez: *to mount a campaign/an exhibition/an attack* **2** [I] emelkedik, fokozódik: *The tension mounted as the end of the match approached.* **3** [T] (*irott nyelv*) felmegy **4** [I,T] felszáll (*lóra, biciklire*) ❶ Ellentéte: **dismount. 5** [T] **mount sth (on/onto/in sth)** (be)szerel
PHRASAL VERB **mount up** emelkedik, nő

mount² /maʊnt/ *noun* [c] (*abbr.* **Mt**) hegy (*névben*): *Mt Everest*

★ **mountain** /'maʊntən/ *noun* [c] **1** hegy(i): *mountain roads/villages* • *a mountain range* hegylánc **2** **a mountain (of sth)** rengeteg

¹**mountain bike** *noun* [c] hegyi kerékpár ❶ Ha kedvtelésből ezzel kerékpározunk, a **go mountain biking** kifejezést használjuk.

mountaineering /ˌmaʊntə'nɪərɪŋ/ *noun* [U] hegymászás
▸ **mountaineer** /-'nɪə(r)/ *noun* [c] hegymászó

mountainous /'maʊntənəs/ *adj.* **1** hegyes, hegyvidéki: *a mountainous region* **2** hegymagasságú: *mountainous waves*

mountainside /'maʊntənsaɪd/ *noun* [c] hegyoldal

mounted /'maʊntɪd/ *adj.* lovas: *mounted police*

mounting /'maʊntɪŋ/ *adj.* (*csak főnév előtt*) növekvő, fokozódó: *mounting unemployment/tension*

mourn /mɔːn/ *verb* [I,T] **mourn (for/over) sb/sth** gyászol
▸ **mourning** *noun* [U] gyász: *He wore a black armband to show he was in mourning.*

mourner /'mɔːnə(r)/ *noun* [c] gyászoló

mournful /'mɔːnfl/ *adj.* (*írott nyelv*) komor, gyászos: *a mournful song/expression*
▸ **mournfully** /-fəli/ *adv.* komoran

★ **mouse** /maʊs/ *noun* [c] (*plural* **mice** /maɪs/) **1** egér

> Mice, like **rats**, **hamsters**, etc. are members of the **rodent** family.

2 (*plural* also **mouses**) (*infor*) egér: *a mouse mat* ⊃ Ábra az A10. oldalon.

mousse /muːs/ *noun* [C,U] (*felvert, ízesített*) hab: *a chocolate mousse* • *salmon mousse*

★ **moustache** /mə'stɑːʃ/ (*US* **mustache**) *noun* [c] bajusz ⊃ Ábra **hair** alatt.

★ **mouth¹** /maʊθ/ *noun* [c] (*plural* **mouths** /maʊðz/) **1** száj (**-mouthed** /-maʊðd/ (*összetett melléknevekben*) -szájú: *We stared open-mouthed in surprise.* A meglepetéstől nyitva maradt a szánk. • *He's a loud-mouthed* (nagyhangú) *bully.* **3** (*folyó*) torkolat
IDIOM **keep your mouth shut** (*informális*) befogja a száját

mouth² /maʊð/ *verb* [T] (*hangtalanul*) tátog: *Val was outside the window, mouthing something to us.*

mouthful /'maʊθfʊl/ *noun* **1** [c] falat **2** [*sing.*] nyelvtörő (*hosszú és nehezen kiejthető*): *Her name is a bit of a mouthful.*

¹**mouth organ** *noun* [c] szájharmonika

mouthpiece /'maʊθpiːs/ *noun* [c] **1** mikrofonnyílás **2** (*zene*) fúvóka **3** szócső: *Pravda* *was the mouthpiece of the Soviet government.*

mouth-watering *adj.* ínycsiklandó

movable /ˈmuːvəbl/ *adj.* mozgatható **❶** Ellentéte: **fixed.** ➔ Lásd **portable, mobile.**

⋆**move¹** /muːv/ *verb* **1** [I,T] (el)mozdul, (el)mozdít: *The station is so crowded you* **can hardly move.** • *The meeting has been moved* (áttették) *to Thursday.* **2** [I,T] **move (sb/sth) along, down, over, up, etc.** elmozdul vmilyen irányba: *If we move up* (arrébb megyünk) *a bit, Rob can sit here too.* • *Move your head down* (hajts le a fejed) – *I can't see the screen.* **3** [I,T] elköltözik, (munkahelyet, iskolát) változtat: *to* **move house** • *She's moved down* (lement) *to the beginners' class.* **4** [I] **move (on/ahead)** halad, lendületbe jön **5** [I] cselekszik: *Unless we move quickly lives will be lost.* **6** [T] meghat vkit: *Many people were* **moved to tears** (könnyekig meghatódtak) *by the images.*

IDIOMS **get moving** meg-/beindul, mozgásba jön | **get sth moving** meg-/beindít, előmozdít

PHRASAL VERBS **move in (with sb)** összeköltözik | **move on (to sth)** áttér (*más témára, tevékenységre*) | **move off** elindul (*jármű*) | **move out** kiköltözik

⋆**move²** /muːv/ *noun* [C] **1** mozdulat, mozgás: *She was watching every move I made.* **2** költöz(köd)és **3** lépés, cselekedet: *Neither side is prepared to* **make the first move.** • *Asking him to help me was a* **good move.** **4** lépés (*pl. sakkban*): *It's your move.*

IDIOMS **be on the move** úton van | **get a move on** (*informális*) siet: *I'm late – I'll have to get a move on.* • *Get a move on!* Mozgás! | **make a move** elindul: *It's late. Let's make a move.*

⋆**movement** /ˈmuːvmənt/ *noun* **1** [C,U] mozgás: *The dancer's movements* (mozdulatai) *were smooth and controlled.* • *The seat belt doesn't allow much freedom of movement.* • *the slow movement of the clouds across the sky* **2** [C, usually sing.] a **movement (away from/towards sth)** elmozdulás (*átv*) **3** (**movements**) [plural] tevékenysége, vkinek a lépései (*átv*) **4** [C] mozgalom: *the Animal Rights movement* **5** [C] (*zene*) tétel

⋆**movie** /ˈmuːvi/ *noun* (*főleg US*) **1**

= FILM¹ (1): *Let's go and* **see a movie.** • *a science fiction/horror movie* • *a movie director/star* • *a movie theatre* mozi **2** (**the movies**) [*plural*] = CINEMA: *to* **go to the movies**

moving /ˈmuːvɪŋ/ *adj.* **1** megható: *a deeply moving speech/story* **2** mozgó: *It's a computerized machine with few moving parts.*

mow /məʊ/ *verb* [I,T] (*pt* mowed; *pp* mown /məʊn/ or mowed) (füvet) nyír: *to mow the lawn*

PHRASAL VERB **mow sb down** leterít (*átv*), elgázol

mower /ˈməʊə(r)/ *noun* [C] fűnyíró(gép): *a lawnmower* • *an electric mower*

MP /ˌem ˈpiː/ *abbr.* (**Member of Parliament** rövidítése, *főleg brit*) parlamenti képviselő

mpg /ˌem piː ˈdʒiː/ *abbr.* (**miles per gallon** rövidítése) gallononként megtett mérföld: *This car does 40 mpg* (= you can drive 40 miles on one gallon of petrol).

mph /ˌem piː ˈeɪtʃ/ *abbr.* (**miles per hour** rövidítése) mérföld/óra: *a 70 mph speed limit*

⋆**Mr** /ˈmɪstə(r)/ úr: *Mr (Matthew) Botham* ➔ Magyarázat a **Miss** szónál.

⋆**Mrs** /ˈmɪsɪz/ -né, úrnő: *Mrs (Sylvia) Allen* ➔ Magyarázat a **Miss** szónál.

MS /ˌem ˈes/ *abbr.* (**multiple sclerosis** rövidítése) szklerózis multiplex

⋆**Ms** /mɪz; məz/ úrnő: *Ms (Donna) Hackett*

Egyes nők előnyben részesítik a **Ms** megszólítást a **Mrs** vagy a **Miss** megszólítással szemben. A **Ms** akkor is használható, ha nem tudjuk, hogy a megszólított férjezett-e vagy sem. Magyarázat a **Miss** szónál.

MSc /ˌem es ˈsiː/ *abbr.* (**Master of Science** rövidítése) (természettudományi tárgyból) posztgraduális tudományos (egyetemi) fokozat ➔ Lásd **BSc, MA.**

Mt *abbr.* (**Mount** rövidítése) hegy(név): *Mt Everest*

⋆**much** /mʌtʃ/ *determiner, pron., adv.* **1** (*megszámlálhatatlan főnevek előtt, elsősorban tagadó mondatokban és kérdésekben, illetve az* **as, how, so** *és* **too** *szavak után*) sok: *I haven't got much* *money.* • *You've given me too much food.* • **How much** (mennyi) *time have you got?* • *I can't carry that much* (olyan sokat)! • *Eat as much as you can* (amennyit csak tudsz).

Kijelentő mondatokban rendszerint az **a lot of** vagy a gyakoribb **lots of** kifejezést (nem a **much** szót) használjuk: *I've got a lot of experience.*

2 nagyon: *I don't like her very much.* • *Do you see much* (gyakran) *of Sashi?/Do you see Sashi much?* • **much** (sokkal) *taller* • *much more interesting* • *much more quickly* sokkal gyorsabban • *You ate much more* (sokkal többet) *than me.* **3** *(befejezett melléknévi igenév előtt nyomatékosításra szolgál)* nagyon: *She was much loved by all her friends.* ➔ Vesd össze *She was very popular.*.

IDIOMS **much the same** nagyon hasonló: *Softball is much the same as baseball.* | **nothing much** → NOTHING | **not much good (at sth)** nem ért hozzá: *I'm not much good at singing.* Nem nagyon tudok énekelni. | **not much of a...** nem valami jó/nagy | **not up to much** → UP

muck¹ /mʌk/ *noun* [U] **1** trágya **❶** Gyakrabban használt szó: **manure**. **2** *(informális)* mocsok

muck² /mʌk/ *verb (informális)* PHRASAL VERBS **muck about/around** vacakol | **muck sth up** elszúr vmit: *I was so nervous that I completely mucked up my interview.*

mucus /'mju:kəs/ *noun* [U] *(formális)* váladék

★ **mud** /mʌd/ *noun* [U] sár: *to be covered in mud* nyakig sárosan

muddle /'mʌdl/ *verb* [T] **1 muddle sth (up)** összekuszál vmit: *Don't get those papers muddled up!* **2 muddle sb (up)** összezavar vkit: *I do my homework and schoolwork in separate books so that I don't get muddled up* (hogy ne keverjem össze a dolgokat). ► **muddle** *noun* [C,U] zűrzavar: *If you get in a muddle* (ha bajba jutsz), *I'll help you.* **muddled** *adj.* összezavarodott, zavaros

muddy /'mʌdi/ *adj.* sáros

mudguard /'mʌdgɑ:d/ *noun* [C] sárhányó

muesli /'mju:zli/ *noun* [U] müzli

muffin /'mʌfɪn/ *noun* [C] **1** (*US* **English muffin**) ált. melegen és megvajazva

fogyasztott zsemleszerű teasütemény **2** aprósütemény

muffle /'mʌfl/ *verb* [T] tompít *(hangerőt)* ► **muffled** *adj.* tompa, (el)fojtott: *muffled voices/cries*

mug¹ /mʌg/ *noun* [C] **1** bögre: *a coffee mug* • *a mug of tea* ➔ Ábra **cup¹** alatt. **2** *(informális)* mafla ember

mug² /mʌg/ *verb* [T] (**mugging**; **mugged**) utcán kirabol vkit: *Be very careful or you'll get mugged* (különben kizsebelnek). ► **mugger** *noun* [C] útonálló ➔ Magyarázat a **thief** szónál. **mugging** *noun* [C,U] utcai rablótámadás

muggy /'mʌgi/ *adj.* fülledt

mule /mju:l/ *noun* [C] öszvér

mull /mʌl/ *verb* PHRASAL VERB **mull sth over** (el)töpreng vmin

multicultural /ˌmʌlti'kʌltʃərəl/ *adj.* multikulturális

multilateral /ˌmʌlti'lætərəl/ *adj.* többoldalú, multilaterális ➔ Lásd **unilateral**.

multimedia /ˌmʌlti'mi:diə/ *adj.* (*csak főnév előtt*) (*infor*) multimédiás: *multimedia systems/products*

multinational /ˌmʌlti'næʃnəl/ *adj.* multinacionális: *multinational companies* ► **multinational** *noun* [C] multinacionális nagyvállalat

multiple¹ /'mʌltɪpl/ *adj.* többszörös, összetett: *Three drivers died in a multiple pile-up* (tömeges baleset) *on the motorway.*

multiple² /'mʌltɪpl/ *noun* [C] (*mat*) többszörös

multiple-ˈchoice *adj.* feleletválasztós

multiple sclerosis /ˌmʌltɪpl skləˈrəʊsɪs/ *noun* [U] (*abbr* **MS**) szklerózis multiplex

multiplex /'mʌltɪpleks/ (*brit also* ˌ**multiplex ˈcinema**) *noun* [C] multiplex (*többtermes mozi*)

★ **multiply** /'mʌltɪplaɪ/ *verb* (*pres. part.* **multiplying**; *3rd pers. sing. pres.* **multiplies**; *pt, pp* **multiplied**) **1** [I,T] szoroz vmit (A by B); **multiply A and B** szoroz: *2 multiplied by 4 makes 8* **❶** Ellentéte: **divide**. **2** [I,T] megsokszoroz ► **multiplication** /ˌmʌltɪplɪˈkeɪʃn/ *noun* [U] **1** szorzás ➔ Lásd **division, addition, subtraction**. **2** megsokszorozódás

multi-purpose /ˌmʌlti ˈpɜːpəs/ adj. többcélú: a multi-purpose tool

multiracial /ˌmʌltiˈreɪʃl/ adj. soknemzetiségű: We live in a multiracial society.

multitude /ˈmʌltɪtjuːd/ noun [C] (formális) sokaság

mum /mʌm/ (US mom /mɒm/) noun [C] (informális) anyuka ➔ Lásd mummy.

mumble /ˈmʌmbl/ verb [I,T] motyog: I can't hear if you mumble. ➔ Lásd mutter.

★ **mummy** /ˈmʌmi/ noun [C] (plural mummies) 1 (US mommy /ˈmɒmi/) (informális) mami 2 múmia

mumps /mʌmps/ noun [U] mumpsz, fültőmirigy-gyulladás: to have/catch (the) mumps

munch /mʌntʃ/ verb [I,T] munch (on) sth csámcsog

mundane /mʌnˈdeɪn/ adj. mindennapi, közönséges: a mundane job

municipal /mjuːˈnɪsɪpl/ adj. városi, helyhatósági: municipal buildings középületek

munitions /mjuːˈnɪʃnz/ noun [plural] muníció, fegyverzet

mural /ˈmjʊərəl/ noun [C] falfestmény

★ **murder** /ˈmɜːdə(r)/ noun 1 [C,U] gyilkosság: to commit murder gyilkosságot követ el • the murder victim/weapon ➔ Lásd manslaughter. 2 [U] (informális) pokoli: It's murder working here when it's hot.

IDIOM get away with murder mindent megúszik (átv)

▶ **murder** verb [T] meggyilkol ➔ Magyarázat a kill szónál.

murderer noun [C] gyilkos

murderous /ˈmɜːdərəs/ adj. gyilkos

murky /ˈmɜːki/ adj. mocskos: murky water • (átv) According to rumours, the new boss has a murky (ködös) past.

murmur /ˈmɜːmə(r)/ verb [I,T] suttog, mormog

▶ **murmur** noun [C] mormolás

★ **muscle** /ˈmʌsl/ noun [C,U] izom: leg/arm muscles

muscular /ˈmʌskjələ(r)/ adj. 1 izom-: muscular pain 2 izmos

★ **museum** /mjuˈzɪəm/ noun [C] múzeum

mushroom /ˈmʌʃrʊm; -ruːm/ noun [C] gomba ➔ Vesd össze fungus, toadstool.

★ **music** /ˈmjuːzɪk/ noun [U] 1 zene: classical/folk/pop/rock/world music • to write/compose music • a music lesson/teacher 2 kotta: Can you read music?

★ **musical¹** /ˈmjuːzɪkl/ adj. 1 zenei: Can you play a musical instrument? Tudsz valamilyen hangszeren játszani? 2 muzikális 3 dallamos: a musical voice

▶ **musically** /-kli/ adv. 1 zeneileg 2 muzikálisan 3 dallamosan

musical² /ˈmjuːzɪkl/ noun [C] zenés vígjáték, musical

★ **musician** /mjuˈzɪʃn/ noun [C] zenész

★ **Muslim** /ˈmʊzlɪm/ (also **Moslem** /ˈmɒzləm/) noun [C] adj. mohamedán

mussel /ˈmʌsl/ noun [C] éti kagyló

★ **must¹** /mʌst erős alakmʌst/ modal verb (negative must not; short form mustn't /ˈmʌsnt/) 1 kell: I must remember to go to the bank today. • You mustn't (nem szabad) take photographs in here. • You really must see that film. It's great.

> A **must not** jelentése „nem szabad". Ha azt akarjuk kifejezni, hogy valami nem kötelező, szükséges stb., a **do not have to** alakot használjuk: You don't have to pay for the tickets in advance.

2 bizonyosan: I can't find my keys. I must have left them at home. ➔ Lásd a Rövid nyelvtani összefoglalást.

must² /mʌst/ noun [C] feltétlenül ajánlott: This book is a must for all science fiction fans.

mustache /ˈmʌstæʃ; məˈstæʃ/ (US) = MOUSTACHE

mustard /ˈmʌstəd/ noun [U] mustár

musty /ˈmʌsti/ adj. dohos: a musty smell

mutant /ˈmjuːtənt/ noun [C] (biol) mutáns

mutation /mjuːˈteɪʃn/ noun [C,U] mutáció (genetikai változás)

muted /ˈmjuːtɪd/ adj. 1 tompított 2 visszafogott: a muted response

mutilate /ˈmjuːtɪleɪt/ verb [T] (ált. szenvedő szerkezetben) megcsonkít

▶ **mutilation** /ˌmjuːtɪˈleɪʃn/ noun [C,U] megcsonkítás

mutiny /'mjuːtəni/ *noun* [C,U] (*plural* **mutinies**) zendülés
▶ **mutiny** *verb* [I] fellázad

mutter /'mʌtə(r)/ *verb* [I,T] motyog: *She just sat there muttering to herself.* ➲ Lásd **mumble**.

mutton /'mʌtn/ *noun* [U] birkahús ➲ Magyarázat a **meat** szónál.

mutual /'mjuːtʃuəl/ *adj.* **1** kölcsönös: *We have a mutual agreement to help each other out when necessary.* • *I can't stand her and I'm sure the feeling is mutual.* **2** közös: *mutual interests* • *Jane is a mutual friend.*
▶ **mutually** /-uəli/ *adv.* kölcsönösen: *The two views are not mutually exclusive* (nem zárják ki egymást).

muzzle /'mʌzl/ *noun* [C] **1** pofa (*állaté*) **2** szájkosár **3** csőtorkolat (*fegyveré*)
▶ **muzzle** *verb* [T] (*ált. szenvedő szerkezetben*) szájkosarat tesz fel (*átv is*)

★ **my** /maɪ/ *determiner* a(z) ...-(i)m: *This is my husband* (a férjem)*, Jim.* ➲ Lásd **mine¹**.

★ **myself** /maɪ'self/ *pron.* **1** magam: *I felt rather pleased with myself. Meg voltam elégedve magammal.* **2** én magam: *I'll do it myself.*

IDIOM **(all) by myself 1** egyedül ➲ Magyarázat az **alone** szónál. **2** önállóan

★ **mysterious** /mɪ'stɪəriəs/ *adj.* **1** titokzatos **2** titkolódzó: *They're being very mysterious about where they're going tonight.*
▶ **mysteriously** *adv.* rejtélyes módon

★ **mystery** /'mɪstri/ *noun* (*plural* **mysteries**) **1** [C] rejtély: *It's a mystery to me what my daughter sees in her boyfriend.* **2** [U] titokzatosság: *There's a lot of mystery surrounding this case.* **3** [C] krimi

mystic /'mɪstɪk/ *noun* [C] (*vall*) misztikus

mystical /'mɪstɪkl/ (also **mystic** /'mɪstɪk/) *adj.* misztikus

mysticism /'mɪstɪsɪzəm/ *noun* [U] miszticizmus

mystify /'mɪstɪfaɪ/ *verb* [T] (*pres. part.* **mystifying**; *3rd pers. sing. pres.* **mystifies**; *pt, pp* **mystified**) összezavar vkit: *I was mystified by the strange note he'd left.*

myth /mɪθ/ *noun* [C] **1** mítosz **2** téveszme, kitaláció

mythical /'mɪθɪkl/ *adj.* **1** mitikus, mítoszi **2** kitalált

mythology /mɪ'θɒlədʒi/ *noun* [U] mitológia

Nn

N, n¹ /en/ *noun* [C] (*plural* **N's** or **n's**) N/n betű

N² (*US* **No**) *abbr.* (**north(ern)** *rövidítése*) É, észak(i): *N Yorkshire* Észak-Yorkshire

naff /næf/ *adj.* (*brit, informális*) ízléstelen, divatjamúlt, vacak

nag /næg/ *verb* (**nagging**; **nagged**) nag (at) sb **1** [I,T] nyaggat: *My parents are always nagging (at) me to work harder.* **2** [I,T] gyötör: *Doubts nagged me all evening.*

★ **nail** /neɪl/ *noun* [C] **1** köröm: *finger-nails/toenails* **2** szög ➲ Ábra **tool** alatt.
▶ **nail** *verb* [T] szögez
IDIOM **hit the nail on the head** → **HIT¹**
PHRASAL VERB **nail sb down (to sth)** rákényszerít vkit, hogy elkötelezze magát

'**nail brush** *noun* [C] körömkefe ➲ Ábra **brush¹** alatt.

'**nail file** *noun* [C] körömreszelő

'**nail polish** (*brit* '**nail varnish**) *noun* [U] körömlakk

naive (also **naïve**) /naɪ'iːv/ *adj.* naív: *a naive remark/view*
▶ **naively** (also **naïvely**) *adv.* naív módon
naivety (also **naïvety**) /naɪ'iːvəti/ *noun* [U] naivitás

★ **naked** /'neɪkɪd/ *adj.* **1** meztelen: *naked shoulders/arms* ➲ Lásd **bare, nude**. **2** (*csak főnév előtt*) csupasz: *a naked bulb/* (nyílt)

❶ = magyarázat [C] **megszámlálható** (*főnév*): *one book, two books*

[U] **megszámlálhatatlan** (*főnév*): *some sugar*

flame **3** (*csak főnév előtt*) leplezetlen: *naked aggression/ambition/fear*

IDIOM the naked eye szabad szem(mel): *Bacteria are too small to be seen with the naked eye.*

★**name¹** /neɪm/ *noun* **1** [C] név **2** [*sing.*] hír(név): *That part of town has rather a bad name.* ❶ Szinonimája: **reputation.** **3** [C] híres ember: *all the big names in show business*

IDIOMS by name név szerint: *The head teacher knows all the children by name.* | call sb names → CALL¹ | in the name of sb; in sb's name vkinek a nevében/nevén: *The contract is in my name.* | in the name of sth vminek a nevében: *They acted in the name of democracy.* | make a name for yourself; make your name nevet szerez magának

> A first name (az amerikai angolban gyakran given name) a keresztnév, amit a szüleink választanak számunkra. Keresztény országokban a Christian name kifejezést is használják. Lehet valakinek két keresztneve is, a második keresztnév a middle name, ezt ritkán használják, többnyire csak hivatalos iratokban. A két keresztnév közös elnevezése forenames. A family name (vezetéknév) gyakoribb megfelelője a surname. Amikor egy nő férjhez megy, felveheti a férje vezetéknevét, ebben az esetben a házasság előtti vezetéknevét leánykori névnek (maiden name) nevezik.

name² /neɪm/ *verb* [T] **1** name sb/sth (after sb) elnevez: *Colombia was named after Christopher Columbus.*

> Amikor azt mondjuk, hogy valakit egy bizonyos néven neveznek, a be called kifejezést használjuk: *Their youngest is called Mark* (Marknak hívják).

2 nevén nevez, megnevez: *Can you name all the planets?* **3** (*pontosan*) megnevez, megjelöl: *Name your price* (mondja meg az árát) *– we'll pay it!*

nameless /ˈneɪmləs/ *adj.* **1** névtelen **2** anonim, meg nem nevezett: *a well-known public figure who shall remain nameless*

namely /ˈneɪmli/ *adv.* azaz, mégpedig

namesake /ˈneɪmseɪk/ *noun* [C] névrokon

nana /ˈnɑːnə/ *noun* [C] (*informális*) tiszta hülye, lökött: *They made me look* (= seem, appear) *a right nana.*

nanny /ˈnæni/ *noun* [C] (*plural* **nannies**) dajka ➔ Vesd össze **au pair.**

nap /næp/ *noun* [C] szundítás ➔ Lásd **snooze.**
▶ nap *verb* [I] (**napping; napped**) szundít

nape /neɪp/ *noun* [*sing.*] tarkó

napkin /ˈnæpkɪn/ *noun* [C] szalvéta: *a paper napkin* ❶ Szinonimája: **serviette.**

nappy /ˈnæpi/ *noun* [C] (*plural* **nappies**) (*US* **diaper**) pelenka: *Does his nappy need changing?* • *disposable nappies* eldobható pelenka

narcotic /nɑːˈkɒtɪk/ *noun* [C] **1** kábítószer **2** altató
▶ narcotic **1** *adj.* kábító, altató **2** bódító

narrate /nəˈreɪt/ *verb* [T] (*formális*) elmesél/-beszél
▶ narration /nəˈreɪʃn/ *noun* [C,U] elbeszélés, elmondás

narrative /ˈnærətɪv/ *noun* (*formális*) **1** [C] elmesélés, vminek a leírása, történet **2** [U] elbeszélés, elbeszélő képesség

narrator /nəˈreɪtə(r)/ *noun* [C] elbeszélő, narrátor

★**narrow** /ˈnærəʊ/ *adj.* **1** keskeny: *The bridge is too narrow for two cars to pass.* ❶ Ellentéte: **wide** vagy **broad.** **2** szűk (*átv*): *a narrow circle of friends* **3** egy hajszálon múló, nehezen megszerzett: *a narrow escape/victory*
▶ narrow *verb* [I,T] (el)keskenyedik, összehúz
narrowness *noun* [U] **1** keskenység **2** vmi csekélyessége **3** szűklátókörűség
PHRASAL VERB narrow sth down leszűkít

narrowly /ˈnærəʊli/ *adv.* alig, éppen hogy

narrow-ˈminded *adj.* szűk látókörű ❶ Szinonimája: **insular.** Ellentéte: **broadminded.**

nasal /ˈneɪzl/ *adj.* orr-: *a nasal voice* orrhang

★**nasty** /ˈnɑːsti/ *adj.* (**nastier; nastiest**) kellemetlen, undorító: *a nasty accident* csúnya baleset • *I had a nasty feeling he would follow me.* • *When she was asked to*

[I] **tárgyatlan** (*ige*): *He laughed.*   [T] **tárgyas** (*ige*): *He ate an apple.*

*leave she **got/turned nasty*** (nagyon komisz lett.). • *What's that nasty smell in this cupboard?*
► **nastily** *adv.* utálatosan
nastiness *noun* [U] undokság

nation /'neɪʃn/ *noun* [C] nemzet

★ **national¹** /'næʃnəl/ *adj.* nemzeti つ Lásd **international, regional, local.**
► **nationally** *adv.* országosan

national² /'næʃnəl/ *noun* [C, *usually plural*] (*formális*) állampolgár

national 'anthem *noun* [C] nemzeti himnusz

the National Health Service *noun* [*sing.*] (*abbr* **NHS**) (*brit*) Országos Egészségügyi Szolgálat (*Nagy-Britanniában*) つ Lásd **health service.**

National In'surance *noun* [U] (*abbr* **NI**) (*brit*) társadalombiztosítás: *to pay National Insurance contributions*

nationalism /'næʃnəlɪzəm/ *noun* [U] **1** nacionalizmus **2** hazafiasság

nationalist /'næʃnəlɪst/ *noun* [C] hazafi: *a Welsh nationalist*

nationalistic /,næʃnə'lɪstɪk/ *adj.* nacionalista

A **nationalistic** szó rendszerint elítélő, a túltengő hazafias érzést jelenti.

★ **nationality** /,næʃə'næləti/ *noun* [C,U] (*plural* **nationalities**) állampolgárság: *students of many nationalities* • *to have dual nationality* (kettős állampolgárság)

nationalize (also **-ise**) /'næʃnəlaɪz/ *verb* [T] államosít **❶** Ellentéte: **privatize.**
► **nationalization** (also **nationalisation**) /,næʃnəlaɪ'zeɪʃn/ *noun* [U] államosítás

national 'park *noun* [C] nemzeti park

nationwide /,neɪʃn'waɪd/ *adj., adv.* országos: *a nationwide hunt/survey/tour*

native¹ /'neɪtɪv/ *adj.* **1** (*csak főnév előtt*) született: *your native language/country/land/city* anyanyelv/szülőhaza/szülőváros • *native Londoners* **2** (*csak főnév előtt*) bennszülött: *native art/dance*

Vigyázat! A **native** szó ebben az értelemben néha sértőnek minősül.

3 *native (to...)* (ős)honos: *a native species/habitat*

native² /'neɪtɪv/ *noun* [C] **1** (*egy bizonyos hely*) szülötte: • *a native of New York* **2** [*usually plural*] (*rég*) bennszülött

Vigyázat! A **native** szó ebben az értelemben ma már sértő.

Native A'merican *adj., noun* [C] (*amerikai*) indián

native 'speaker *noun* [C] anyanyelvi beszélő: *All our teachers are native speakers.*

NATO (also **Nato**) /'neɪtəʊ/ *abbr.* (**North Atlantic Treaty Organization** *rövidítése*) NATO, Észak-Atlanti Szövetség

★ **natural** /'nætʃrəl/ *adj.* **1** (*csak főnév előtt*) természetes: *I prefer to see animals in their natural habitat* (a természetes élőhelyükön) *rather than in zoos.* • *Britain's natural resources* (természeti kincsei) *include coal and gas.* • *She died of natural causes.* Természetes halállal halt meg. **❶** Ellentéte: **man-made. 2** természetes, mindennapos, normális **❶** Ellentéte: **unnatural. 3** veleszületett, természetes: *a natural gift for languages* **4** (*csak főnév előtt*) vér szerinti: *She's his stepmother not his natural mother.*

natural 'history *noun* [U] természettudomány

naturalist /'nætʃrəlɪst/ *noun* [C] természettudós

naturalize (also **-ise**) /'nætʃrəlaɪz/ *verb* [T] (*ált. szenvedő szerkezetben*) állampolgárságot ad (*külföldinek*)
► **naturalization** (also **-isation**) /,nætʃrəlaɪ'zeɪʃn/ *noun* [U] honosítás, állampolgárság megadása

naturally /'nætʃrəli/ *adv.* **1** természetesen, érthetően: *The team was naturally upset about its defeat.* **2** természettől fogva: *naturally wavy hair* természetes göndör haj **3** természetesen, a szokott módon: *Just act naturally* (viselkedj természetesen).

★ **nature** /'neɪtʃə(r)/ *noun* **1** [U] természet: *the forces of nature* **2** [C,U] vkinek a természete: *He's basically honest **by nature*** (természeténél fogva). • *It's **not in his nature*** (nem jellemző rá) *to be unkind.* • *It's **human nature*** (az emberi természet) *never to be completely satisfied.* **3** [*sing.*] fajta, jelleg **4** (*-natured*) (*összetett mellék-*

nevekben) természetű: *a good-natured man*

IDIOM **second nature** → SECOND¹

naughty /'nɔːti/ *adj.* (*főleg brit*) rossz, haszontalan, engedetlen (*gyerek*): *It was very naughty of you* (csúnya dolog volt tőled) *to eat your sister's sweets.*
▶ **naughtily** *adv.* neveletlenül
naughtiness *noun* [U] pajkosság, szófogadatlanság

nausea /'nɔːziə/ *noun* [U] hányinger
Ↄ Lásd **sick**(2).

nauseate /'nɔːzieɪt/ *verb* [T] émelyít
▶ **nauseating** *adj.* émelyítő

nautical /'nɔːtɪkl/ *adj.* tengeri, hajózási

naval /'neɪvl/ *adj.* (hadi)tengerészeti

navel /'neɪvl/ (*informális* **'belly button**) *noun* [C] köldök

navigable /'nævɪgəbl/ *adj.* hajózható

navigate /'nævɪgeɪt/ *verb* **1** [I] irányít, navigál (*pl. autót*) **2** [T] (*írott nyelv*) hajózik (*csónakot/hajót kormányoz*)
▶ **navigator** *noun* [C] kormányos (*hajó, repülő*)
navigation /ˌnævɪ'geɪʃn/ *noun* [U] hajózás, kormányzás

★ **navy** /'neɪvi/ *noun* [C] (*plural* **navies**) haditengerészet: *to join the navy* • *Their son is **in the Navy*** (a haditengerészetnél szolgál). ❶ A Navy szó után az ige állhat egyes vagy többes számban: *The Navy is/are introducing a new warship this year.* Lásd **army, air force, merchant navy.** Melléknév: **naval.**

ˌnavy **'blue** (also **navy**) *adj., noun* [U] sötétkék

NB (also **nb**) /ˌen 'biː/ *abbr.* (**nota bene** rövidítése) NB! (*figyelem!*): *NB There is an extra charge for reservations*

NE *abbr.* (**north-east(ern)** rövidítése) ÉK, északkelet(i): *NE Scotland* Északkelet-Skócia

★ **near¹** /nɪə(r)/ *adj., adv., prep.* **1** közel: *The library's quite near.* • *We're hoping to move house **in the near future*** (a közeljövőben). • *The day of the exam was getting nearer* (közeledik).

A **close** és a **near** szavak jelentése gyakran azonos, de bizonyos kifejezésekben csak vagy az egyik,

vagy a másik használható: *a close friend/relative* • *the near future* • *a close contest* szoros küzdelem. Magyarázat a **next** szónál.

2 (**near-**) (*összetett melléknevekben*) majdnem: *a near-perfect performance*
IDIOMS **close/dear/near to sb's heart** → HEART | **a near miss** egy hajszálon múló megmenekülés | **nowhere near** megközelítőleg/távolról sem: *We've sold nowhere near enough tickets to make a profit.* | **or near(est) offer; ono** vagy azt megközelítő ajánlat: *Motorbike for sale. £750 ono.*

near² /nɪə(r)/ *verb* [T, I] közeledik

nearby /ˌnɪə'baɪ/ *adj., adv.* a közelben, közeli: *A new restaurant has opened nearby.*

Figyeljük meg, hogy a **nearby** szó melléknévként csak a főnév előtt állhat. A **near** szó főnév előtt így nem használható: *We went out to a nearby restaurant.* • *The restaurant we went to is quite near.*

★ **nearly** /'nɪəli/ *adv.* majdnem: *Linda was so badly hurt she very nearly died.* • *It's not far now. We're nearly there.*
IDIOM **not nearly** közel sem: *It's not nearly as warm as it was yesterday.*

ˌnear-'sighted (US) = SHORT-SIGHTED (1)

neat /niːt/ *adj.* **1** (*gondosan*) elrendezett: *Please keep your room neat and tidy.* • *neat* (elegánsan egyszerű) *appearance/rows of figures* **2** rendszerető **3** ügyes: *a neat* (szellemes) *solution/explanation/idea* **4** (*US, beszélt nyelv*) szuper: *That's a really neat car!* **5** (*US straight*) tiszta (*nem kevert ital*)
▶ **neatly** *adv.* rendezetten, csinosan: *neatly folded clothes*
neatness *noun* [U] **1** rendezettség, csinosság **2** rendszeretet, csinosság **3** világosság, ügyesség

★ **necessarily** /'nesəsərəli; ˌnesə'serəli/ *adv.* szükségszerűen: *The number of tickets available is necessarily limited.*
IDIOM **not necessarily** nem feltétlenül

★ **necessary** /'nesəsəri/ *adj.* **necessary (for sb/sth) (to do sth)** szükséges: *If necessary* (szükség esetén), *I can drive.* ❶ Ellentéte: **unnecessary.**

necessitate /nəˈsesɪteɪt/ verb [T] (formális) szükségessé tesz

necessity /nəˈsesəti/ noun (plural necessities) **1** [U] **necessity (for sth/to do sth)** szükség(esség): They sold the car **out of necessity** (kényszerűségből) **2** [C] szükséglet: Clean water is an absolute necessity.

★ **neck** /nek/ noun **1** [C] nyak (ruháé, palacké is): a polo-neck/V-neck sweater **2** (-necked) (összetett melléknevekben) -nyakú: a round-necked sweater

IDIOMS **by the scruff (of the/your neck)** → SCRUFF | **neck and neck (with sb/sth)** fej fej mellett | **up to your neck in sth** nyakig van vmiben

necklace /ˈnekləs/ noun [C] nyaklánc

necktie /ˈnektaɪ/ (US) = TIE¹ (1)

née /neɪ/ adj. szül(etett) (lánykori neve): Louise Mitchell, née Greenan ⊃ Lásd maiden name.

★ **need¹** /niːd/ verb [T] ❶ Az igét continuous igeidőkben általában nem használjuk, azonban -ing alakban gyakran előfordul: Patients needing emergency treatment will go to the top of the waiting list. A sürgős ellátásra szoruló betegek a várólista elejére kerülnek. **1 need sb/sth (for sth/to do sth)** szüksége van vmire: I need a new film for my camera. • I need to find a doctor. • I need you to help me. Szükségem van a segítségedre. **2** kell: Do we need to buy the tickets in advance? • You didn't need to bring any food but it was very kind of you.

A need ige kérdő alakja **do I need?** stb., a múlt idejű alak **needed** (kérdő formában **did you need?** stb., tagadó alakban **didn't need**).

3 need (sth) doing szükség van arra, hogy: This jumper needs washing. • He needed his eyes testing. Meg kellett vizsgáltatnia a szemét.

★ **need²** /niːd/ modal verb ❶ Jelen idejű alakja minden személyben **need**, tagadó alakja **need not (needn't)**, kérdő alakja **need I?** stb. (Continuous igeidőkben nem állhat, főleg kérdő és tagadó mondatokban használják az if és whether kötőszók után, valamint a hardly, only és never szavak mellett.) kell, szükséges: Need we pay the whole amount now? • You needn't

come to the meeting if you're too busy. • I **hardly need** (aligha kell) remind you that this is very serious.

A **needn't have** és az ige befejezett melléknévi alakja olyan múltbeli cselekvésre utal, amelyről utóbb kiderült, hogy nem volt rá szükség: I needn't have gone to the hospital. Elmentem a kórházba, de kiderült, hogy semmi szükség nem volt rá. A **didn't need to** és utána a főnévi igenév rendszerint azt jelenti, hogy valamit azért nem tettünk meg, mert már tudtuk, hogy nem szükséges: I didn't need to go to the hospital. Nem mentem el a kórházba, mert nem volt rá szükség. Lásd még a **Rövid nyelvtani összefoglalást**.

need³ /niːd/ noun **1** [U, sing.] **need (for sth); need (for sb/sth) to do sth** szükség: We are all **in need of** (szükségünk van) a rest. • There is a growing need (egyre nagyobb a szükség) for language teachers. • There's **no need for** (nem kell) you to come. • Do phone me if you **feel the need** (ha szükségét érzed) to talk to someone. • a campaign to help families **in need** (szükséget szenvedő) **2** [C, usually plural] szükséglet: basic/emotional/physical needs

★ **needle** /ˈniːdl/ noun [C] **1** tű: to thread a needle with cotton ⊃ Lásd pins and needles. **2** (also ˈknitting needle) kötőtű **3** injekciós tű **4** (tech) mutató **5** tűlevél: pine needles

needless /ˈniːdləs/ adj. felesleges, szükségtelen ⊃ Lásd unnecessary. Vigyázat, a két szó jelentése különböző!
▸ **needlessly** adv. szükségtelenül

needlework /ˈniːdlwɜːk/ noun [U] kézimunka

needy /ˈniːdi/ adj. **1** nélkülöző **2** (the needy) noun [plural] a szükséget szenvedők

neg. abbr. (negative rövidítése) negatív

★ **negative¹** /ˈnegətɪv/ adj. **1** ártalmas **2** elutasító, negatív: a negative attitude/sign **3** tagadó: He gave a negative reply. ❶ Ellentéte: affirmative. **4** (orv) negatív **5** (mat) negatív ❶ Az 1., 2., 4. és az 5. jelentés ellentéte positive.

▶ **negatively** adv. **1** negatívan (nemtetszőleg) **2** negatív töltésű

negative² /'negǝtɪv/ noun [C] **1** (nyelv) tagadás, tagadó alak: Aisha answered in **the negative** (elutasítólag). • 'Never', 'neither' and 'nobody' are all negatives. **❶** Ellentéte: affirmative. **2** (fotó) negatív

neglect /nɪ'glekt/ verb [T] **1** elhanyagol: Don't neglect your health. **2 neglect to do sth** elmulaszt vmit megtenni
▶ **neglect** noun [U] elhanyagolás
neglected adj. elhanyagolt: neglected children

negligence /'neglɪdʒǝns/ noun [U] gondatlanság, mulasztás
▶ **negligent** /'neglɪdʒǝnt/ adj. gondatlan
negligently adv. gondatlanul

negligible /'neglɪdʒǝbl/ adj. elhanyagolható

negotiable /nɪ'gǝʊʃiǝbl/ adj. megvitatható: The price is not negotiable/non-negotiable (nem módosítható).

negotiate /nɪ'gǝʊʃieɪt/ verb **1** [I] negotiate (with sb) (for/about sth) tárgyal **2** [T] megtárgyal: to negotiate a deal/settlement **3** [T] leküzd (vmilyen akadályt)
▶ **negotiator** noun [C] tárgyaló fél

negotiation /nɪ,gǝʊʃi'eɪʃn/ noun [plural, U] (meg)tárgyalás: to enter into/break off negotiations • The pay rise is still **under negotiation** (még tárgyalnak róla).

neigh /neɪ/ noun [C] nyerítés
▶ **neigh** verb [I] nyerít

★ **neighbour** (US neighbor) /'neɪbǝ(r)/ noun [C] szomszéd: our **next-door neighbours** közvetlen szomszéd • Britain's nearest neighbour is France. • Try not to look at what your neighbour is writing.

neighbourhood (US neighborhood) /'neɪbǝhʊd/ noun [C] környék(beliek)

neighbouring (US neighboring) /'neɪbǝrɪŋ/ adj. (csak főnév előtt) szomszédos, közeli: neighbouring villages/countries

neighbourly (US neighborly) /'neɪbǝli/ adj. barátságos, jószomszédi

★ **neither** /'naɪðǝ(r); 'niːðǝ(r)/ determiner, pron., adv. **1** sem: Neither team played very well. • Neither of the teams played very well. • 'Would you like tea or juice?' 'Neither (egyiket sem), thanks. I'm not thirsty.'

Figyeljünk arra, hogy a **neither** szó után a főnév és az ige egyes számban áll: Neither day was suitable. A **neither of** után a főnév vagy a névmás többes számban áll, az ige azonban lehet egyes vagy többes számban: Neither of the days is/are suitable.

2 sem: 'I don't like fish.' 'Neither do I.' (informális) 'I don't like fish.' 'Me neither.'

Ugyanezt a **nor** szóval is mondhatjuk: 'I don't like fish.' 'Nor do I.' Figyeljük meg, hogy amikor a **not...either** szavakat használjuk, a szórend megváltozik: I don't eat meat and Carlos doesn't either. • 'I haven't seen that film.' 'I haven't either.'

3 (neither...nor) sem...sem **❶** A neither...nor szavak után az ige állhat egyes vagy többes számban: Neither Stella nor Meena was/were at the meeting.

neon /'niːɒn/ noun [U] (symbol Ne) neon

★ **nephew** /'nefjuː; 'nevjuː/ noun [C] unokaöcs ⊃ Lásd niece.

Neptune /'neptjuːn/ noun [sing.] Neptun(usz)

nerd /nɜːd/ noun [C] unalmas alak, számítógépbuzi
▶ **nerdy** adj. unalmas, ostoba

★ **nerve** /nɜːv/ noun **1** [C] ideg **2** (nerves) [plural] idegesség: Breathing deeply helps to **calm/steady** your nerves. • I was **a bag of nerves** (rettenetesen ideges voltam) before my exam. **3** [U] merészség: He didn't **have the nerve** to ask Maria to go out with him. • Some pilots **lose** their **nerve** (beijed) and can't fly any more. **4** [sing.] pimaszság: You've got a nerve, calling me lazy!
IDIOM get on sb's nerves (informális) idegeire megy

'nerve-racking adj. idegtépő

★ **nervous** /'nɜːvǝs/ adj. **1** nervous (about/of sth/doing sth) ideges, izgatott: I always **get nervous** before a match. • a nervous laugh/voice • a nervous wreck idegroncs **2** ideg-: nervous tension/energy
▶ **nervously** adv. idegesen
nervousness noun [U] idegesség

nervous 'breakdown (also breakdown) noun [C] idegösszeroppanás: to have a nervous breakdown

the ˈnervous system *noun* [*C*] idegrendszer

★ **nest** /nest/ *noun* [*C*] **1** madárfészek **2** fészek: *a wasps' nest*
▶ **nest** *verb* [*I*] fészkel

nestle /ˈnesl/ *verb* [*I,T*] befészkeli magát, odabújik vkihez: *The child nestled her head on her mother's shoulder.*

★ **net¹** /net/ *noun* **1** [*U*] háló **2** [*C*] -háló: *a fishing/mosquito net* ⊃ Lásd **safety net. 3 (the Net)** *noun* [*sing.*] (*informális*) Internet
IDIOM surf the net → SURF²

net² /net/ *verb* [*T*] (**netting**; **netted**) **1** hálóval fog, hálóba talál **2** nyereségre tesz szert

net³ (also **nett**) /net/ *adj.* net (of sth) nettó, tiszta: *I earn about £15 000 net* • *The net weight of the jam is 350g.* • *a net profit*
❶ Ellentéte: **gross.**

netball /ˈnetbɔːl/ *noun* [*U*] necclabda

netting /ˈnetɪŋ/ *noun* [*U*] háló

nettle /ˈnetl/ *noun* [*C*] csalán

★ **network** /ˈnetwɜːk/ *noun* [*C*] **1** hálózat (*(vas)út, ideg*) **2** hálózat (*emberek, cégek*) **3** számítógépes hálózat **4** távközlési hálózat

neurosis /njʊəˈrəʊsɪs/ *noun* [*C*] (*plural* **neuroses** /-əʊsiːz/) idegbaj

neurotic /njʊəˈrɒtɪk/ *adj.* **1** neurotikus, gyenge idegzetű **2** idegbeteg

neuter¹ /ˈnjuːtə(r)/ *adj.* (*nyelv*) semlegesnemű

neuter² /ˈnjuːtə(r)/ *verb* [*T*] kiherél ⊃ Lásd **castrate.**

neutral¹ /ˈnjuːtrəl/ *adj.* **1** semleges: *When my brothers argue I remain neutral.* **2** szürke (*átv*): *a neutral colour/tone of voice*

neutral² /ˈnjuːtrəl; ˈnuːtrəl/ *noun* [*U*] üres állás (*sebességváltóé*)

neutrality /njuːˈtræləti/ *noun* [*U*] semlegesség

neutralize (also **-ise**) /ˈnjuːtrəlaɪz/ *verb* [*T*] semlegesít

★ **never** /ˈnevə(r)/ *adv.* **1** soha: *I've never been to Portugal.* • (*formális*) *Never before has such a high standard been achieved.* **2** egyáltalán nem: *Roy never so much as*

looked at us (ránk se nézett). • *'I got the job!' 'Never* (nahát)*!'*
IDIOMS never mind → MIND² | you never know → KNOW¹

nevertheless /ˌnevəðəˈles/ *adv., conj.* (*formális*) annak ellenére **❶** Szinonimája: **nonetheless.**

★ **new** /njuː/ *adj.* **1** új: *a new film/hospital* • *new evidence* **❶** Ellentéte: **old. 2** új (*másik*): *to make new friends* **❶** Ellentéte: **old. 3** new (to sb) új (*ismeretlen*) **4** new (to sth) új (*gyakorlatlan*): *a new parent/member of the club*
▶ **newness** *noun* [*U*] újszerűség
IDIOM break fresh/new ground → GROUND¹

ˌ**New ˈAge** *adj.* újkori (*a modern nyugati kultúra értékeit tagadó, a lelki értékek és a hit értékét valló*): *New Age travellers* olyan emberek, akik tagadják a modern társadalom értékeit, és a társadalomból kivonulva gépkocsijaikban élnek

newborn /ˈnjuːbɔːn/ *adj.* újszülött

newcomer /ˈnjuːkʌmə(r)/ *noun* [*C*] újonnan érkező

newfangled /ˌnjuːˈfæŋgld/ *adj.* újonnan kifundált

newly /ˈnjuːli/ *adv.* (*ált. egy ige past participle alakja előtt*) újonnan: *the newly appointed Minister of Health*

ˈ**newly-wed** *noun* [*C, usually plural*] új házas

★ **news** /njuːz/ *noun* **1** [*U*] hír: *Have you had any news from Nadia?* • *That's news to me.* Ez nekem új. **❶** A news megszámlálhatatlan főnév. Ha egy hírről beszélünk, akkor az **a piece of news** kifejezést használjuk: *We had two pieces of good news yesterday.* **2** (**the news**) [*sing.*] (*rádió, tévé*) hírek: *I heard about the accident on the news.*
IDIOM break the news (to sb) közli a hírt vkivel

newsagent /ˈnjuːzeɪdʒənt/ (*US* **newsdealer**) *noun* **1** [*C*] újságárus (*boltban*) **2** (**the newsagent's**) [*sing.*] újságos bolt

newsletter /ˈnjuːzletə(r)/ *noun* [*C*] hírlevél

★ **newspaper** /ˈnjuːzpeɪpə(r)/ *noun* **1** (also **paper**) [*C*] újság, napilap, hetilap: *a daily/Sunday newspaper* • *a newspaper article* • *I read about it in the newspaper.* • *a*

---

❶ = magyarázat   [*C*] **megszámlálható** (*főnév*): *one book, two books*

[*U*] **megszámlálhatatlan** (*főnév*): *some sugar*

quality newspaper nívós újság • *a tabloid newspaper* bulvárlap • *a newspaper boy/girl* újságkihordó fiú/lány **2** (also **paper**) [C] újság, szerkesztőség **3** [U] újságpapír

newsreader /'nju:zri:də(r)/ (also **newscaster** /'nju:zkɑ:stə(r)/) *noun* [C] hírolvasó bemondó

'news-stand (US) = BOOKSTALL

new 'year (also **New Year**) *noun* [sing.] új év: *Happy New Year!* • *New Year's Eve* szilveszter • *New Year's Day* újév napja

★ **next** /nekst/ *adj., adv.* **1** (ált. *the* névelővel) a következő: *The next bus leaves in ten minutes.*

> Vesd össze **nearest** és **next**. A **the next** jelentése „a következő" esemény vagy hely: *When is your next appointment?* • *Turn left at the next traffic lights.*, a **the nearest** jelentése „a legközelebbi" térben vagy időben: *Where's the nearest supermarket?*

2 a következő, a jövő: *See you again next Monday.* • *next year/next Christmas* **3** ezután, legközelebb: *I wonder what will happen next.* • *It was ten years until I next saw her.* **4** (**the next**) *noun* [sing.] a következő: *If we miss this train we'll have to wait two hours for the next.*

IDIOM last/next but one, two etc. → LAST¹

next 'door *adj., adv.* szomszédos, szomszédban: *next-door neighbours* • *The school is next door to an old people's home.*

next of 'kin *noun* [C] (plural next of kin) legközelebbi hozzátartozó

★ **next to** *prep.* **1** mellett, mellé: *He sat down next to Gita.* **2** után

IDIOM next to nothing szinte semmi: *We took lots of money but we've got next to nothing left.*

NHS /ˌen eɪtʃ 'es/ *abbr.* (**National Health Service** rövidítése) (brit) Országos Egészségügyi Szolgálat

nibble /'nɪbl/ *verb* [I,T] rágcsál: *The bread had been nibbled by mice.*
> **nibble** *noun* [C] apró harapás, harapnivaló

★ **nice** /naɪs/ *adj.* **1** kellemes: *a nice place/feeling/smile* • *This doesn't taste very nice.* • *It would be nice to spend more time at home.*

• *'Hi, I'm Tony.' 'I'm Ray – nice to meet you* (örülök, hogy találkoztunk).' **2** nice (to sb); nice (of sb) (to do sth); nice (about sth) kedves: *What a nice girl!* **3** (informális) kellemes: *a nice long chat*

IDIOM Nice one! (brit, beszélt nyelv) Ez igen!: *You got the job? Nice one!*
> **nicely** *adv.* **1** szépen **2** kedvesen
> **niceness** *noun* [U] kedvesség

niche /niːtʃ; niːʃ/ *noun* [C] **1** szerep, hely (átv): *to find your niche in life* **2** egy adott értékesítési lehetőség **3** falmélyedés

nick¹ /nɪk/ *noun* [C] bevágás

IDIOM in good/bad nick (brit, szleng) jó/rossz bőrben | in the nick of time épp jókor, éppen hogy (időben)

nick² /nɪk/ *verb* [T] **1** bemetsz, bevág **2** (brit, szleng) elcsíp (letartóztat) **3** (brit, szleng) megfúj (ellop)

nickel /'nɪkl/ *noun* **1** [U] (symbol Ni) nikkel **2** [C] ötcentes

nickname /'nɪkneɪm/ *noun* [C] becenév, gúnynév
> **nickname** *verb* [T] becenevet/gúnynevet ad vkinek

nicotine /'nɪkətiːn/ *noun* [U] nikotin

★ **niece** /niːs/ *noun* [C] unokahúg ⊃ Lásd nephew.

niggle /'nɪgl/ *verb* **1** [I,T] niggle (at) sb piszkál **2** [I] niggle (about/over sth) kukacoskodik

niggling /'nɪglɪŋ/ *adj.* zavaró, nyugtalanító: *a niggling doubt/injury*

★ **night** /naɪt/ *noun* [C,U] **1** éjszaka: *last night* tegnap este/éjjel • *The baby cried all night* (egész éjszaka). • *It's snowing. Why don't you stay the night?* Miért nem maradsz éjszakára? **2** este: *He doesn't get home until 8 o'clock at night.* • *I went out with Kate the other night* (néhány nappal ezelőtt egyik este).

> Figyeljük meg a **night** szó előtt használható elöljárószót. Az **at** a leggyakoribb: *I'm not allowed out after 11 o'clock at night.* A **by** elöljárót akkor használjuk, ha valami olyasmiről beszélünk, amit rendszerint éjszaka csinálunk: *These animals usually sleep by day and hunt by night.* Az **in/during** általában az elmúlt éjszakára vonatkozik: *I woke up twice in the night.*

[I] **tárgyatlan** (ige): *He laughed.*   [T] **tárgyas** (ige): *He ate an apple.*

Az **on** elöljárót akkor használjuk, ha egy bizonyos éjszakáról beszélünk: *on the night of Saturday 30 June.* A **tonight** az előttünk álló éjszakát vagy estét jelenti: *Where are you staying tonight?*

IDIOMS an early/a late night korai/késői lefekvés | good night jó éjszakát | in the/at dead of night → DEAD² | a night out kimaradás, szórakozás *(esti program)*

nightclub /'naɪtklʌb/ *noun* [C] éjszakai mulató

nightdress /'naɪtdres/ *(informális* **nightie** /'naɪti/) *noun* [C] hálóing

nightingale /'naɪtɪŋgeɪl/ *noun* [C] fülemüle

nightlife /'naɪtlaɪf/ *noun* [U] éjszakai élet

nightly /'naɪtli/ *adj., adv.* esti, éjszakai, minden este: *a nightly news bulletin*

nightmare /'naɪtmeə(r)/ *noun* [C] **1** rossz álom: *I had a terrible nightmare about being stuck in a lift.* **2** *(informális)* rémálom

night-time *noun* [U] éjszaka

nightwatchman /naɪt'wɒtʃmən/ *noun* [C] *(plural* **nightwatchmen** /-mən/) éjjeliőr

nil /nɪl/ *noun* [U] null(a), semmi: *We won two-nil/by two goals to nil.* ➔ Magyarázat a **zero** szónál.

nimble /'nɪmbl/ *adj.* fürge, élénk
  ► **nimbly** /'nɪmbli/ *adv.* fürgén, ügyesen

★ **nine** /naɪn/ *number* kilenc ➔ Példák a **six** szónál.
  IDIOM nine to five kilenctől ötig: *a nine-to-five job* nyolcórás munka

★ **nineteen** /ˌnaɪn'tiːn/ *number* tizenkilenc ➔ Példák a **six** szónál.

nineteenth /ˌnaɪn'tiːnθ/ *pron., determiner, adv.* tizenkilencedik ➔ Példák a **sixth** szónál.

ninetieth /'naɪntiəθ/ *pron., determiner, adv.* kilencvenedik ➔ Példák a **sixth** szónál.

★ **ninety** /'naɪnti/ *number* kilencven ➔ Példák a **sixty** szónál.

ninth¹ /naɪnθ/ *noun* [C] kilenced rész(e) vminek ➔ Példák a **sixth** szónál.

ninth² /naɪnθ/ *pron., determiner, adv.* kilencedik ➔ Példák a **sixth** szónál.

nip /nɪp/ *verb* (**nipping**; **nipped**) **1** [I,T] belecsíp, beleharap **2** [I] *(brit, beszélt nyelv)* elugrik vhova
  ► **nip** *noun* [C] csípés, harapás
  IDIOM nip sth in the bud csírájában elfojt

nipple /'nɪpl/ *noun* [C] mellbimbó

nit /nɪt/ *noun* [C] serke

nit-picking *adj.* kicsinyes, szőröző
  ► **nit-picking** *noun* kukacoskodás, szőrözés

nitrogen /'naɪtrədʒən/ *noun* [U] *(symbol* N) nitrogén

the nitty-gritty /ˌnɪti'grɪti/ *noun* [sing.] *(beszélt nyelv)* a lényeg, magja vminek

No.¹ (also **no**; *US symbol* #) *(plural* **Nos**; **nos**) *abbr.* (**number** rövidítése) sz., szám(ú): *No. 10 Downing Street* • *a No. 6 bus* 6-os busz • *tel. no. 512364*

★ **no²** /nəʊ/ *determiner, adv.* **1** nincs, egyáltalán nem, semmi(lyen): *I have no time to talk now.* • *No visitors may enter without a ticket.* • *He's no friend of mine.* • *Alice is feeling no better this morning.* **2** tilos: *No smoking.*

★ **no³** /nəʊ/ *interj.* **1** nem: *'Would you like something to eat?' 'No, thank you.'* ❶ Ellentéte: **Yes, please.** A **no** akkor is használható, ha negatív állítást helyeslünk: *'This programme's not very good.' 'No, you're right. It isn't.'* ❶ Ellentéte: **yes.** **2** ne mondd! *(meglepetés kifejezése)*

nobility /nəʊ'bɪləti/ *noun* **1** (the nobility) [sing., with sing. or plural verb] nemesség, arisztokrácia ❶ Szinonimája: **the aristocracy.** **2** [U] *(formális)* nemesség *(jelleme)*

noble¹ /'nəʊbl/ *adj.* **1** nemes jellemű, nagylelkű: *a noble deed/leader* **2** nemesi származású: *a man of noble birth*
  ► **nobly** /'nəʊbli/ *adv.* **1** nagylelkűen **2** nemesi

noble² /'nəʊbl/ *noun* [C] nemes *(ember)* ❶ Gyakoribb szó: **peer.**

★ **nobody¹** /'nəʊbədi/ (also **no one** /'nəʊ wʌn/) *pron.* senki: *He screamed but nobody came to help him.* • *No one else was around.* • *There was nobody at home.*

A **none of** kifejezést kell használni a **nobody** helyett a **the, his, her, those,** stb. szavak vagy névmás előtt: *None of my friends remembered my birthday.* •

I've asked all my classmates but none of them (egyikük sem) *are free.*

nobody² /'nəʊbədi/ *noun* [C] (*plural* **nobodies**) egy senki: *She rose from being a nobody to a superstar.*

nocturnal /nɒk'tɜːnl/ *adj.* **1** éjszakai **2** (*írott nyelv*) éjjeli

★ **nod** /nɒd/ *verb* [I,T] (**nodding**; **nodded**) bólint, biccent: *Everybody nodded in agreement.* ● *Nod your head if you understand and shake it if you don't.* ➔ Ábra az A6. oldalon.
▸ **nod** *noun* bólintás, biccentés
PHRASAL VERB nod off (*informális*) elbóbiskol

ˌno-ˈgo area *noun* [sing.] veszélyes körzet (*pl. nagyvárosban, ahol sok a bűntény*)

★ **noise** /nɔɪz/ *noun* [C,U] zaj, lárma: *Don't make a noise if you come home late.* ● *Why is the engine making so much noise?*

noiseless /'nɔɪzləs/ *adj.* hangtalan, nesztelen
▸ **noiselessly** *adv.* hangtalanul, zaj nélkül

★ **noisy** /'nɔɪzi/ *adj.* (**noisier; noisiest**) hangos, lármás: *noisy children/traffic/crowds* ● *The classroom was very noisy.* ➔ Magyarázat a **loud** szónál.
▸ **noisily** *adv.* hangosan, zajosan

nomad /'nəʊmæd/ *noun* [C] nomád (*ember*)
▸ **nomadic** *adj.* nomád, vándorló

ˈno-man's-land *noun* [U, sing.] senkiföldje

nominal /'nɒmɪnl/ *adj.* **1** névleges: *the nominal leader of the country* **2** jelképes (*pl. összeg*): *Because we are friends he only charges me a nominal rent.*

nominate /'nɒmɪneɪt/ *verb* [T] **nominate sb/sth (for/as sth)** jelöl, ajánl: *You may nominate a representative to speak for you.*
▸ **nomination** /ˌnɒmɪ'neɪʃn/ *noun* [C,U] jelölés, ajánlás

nominee /ˌnɒmɪ'niː/ *noun* [C] jelölt

non- /nɒn/ (*összetett melléknevekben*) nem-, non-: *non-biodegradable* biológiailag lebonthatatlan ● *non-flammable* éghetetlen

ˌnon-acaˈdemic *adj.* gyakorlati, nem elvont

ˌnon-alcoˈholic *adj.* alkoholmentes

nonchalant /'nɒnʃələnt/ *adj.* közönyös, érzéketlen
▸ **nonchalance** *noun* [U] közönyösség, nemtörődömség
nonchalantly *adv.* közönyösen

noncommittal /ˌnɒnkə'mɪtl/ *adj.* állást nem foglaló, semleges

nonconformist /ˌnɒnkən'fɔːmɪst/ *noun* [C] nonkonformista ❶ Ellentéte: **conformist**.
▸ **nonconformist** *adj.* rendhagyó, nem alkalmazkodó (*pl. viselkedés*)

nondescript /'nɒndɪskrɪpt/ *adj.* jellegtelen, nehezen leírható

★ **none¹** /nʌn/ *pron.* **none (of sb/sth)** semennyi, semmi, egyik(ük) sem: *They gave me a lot of information but none of it was very helpful.* ● *I've got four brothers but none (of them) live/lives nearby.* ● *'Have you brought any books to read?' 'No, none.'*

Ha a **none** of megszámlálhatatlan főnévre vonatkozik, az ige egyes számban áll mellette: *None of the work was done.* Ha a **none** of többes számú főnévre, névmásra vagy egyes számú gyűjtőfőnévre vonatkozik, használhatunk mellette egyes vagy többes számú igét: *None of the trains is/are going to London.* Ha két személyről vagy dologról beszélünk, használjuk a **neither**, ne pedig a **none** szót: *Neither of my brothers lives nearby.* Figyeljünk a **none** és a **no** közti különbségre. A **no** a főnév előtt, a **none** azonban a főnév helyett áll: *I told him that I had no money left.* ● *When he asked me how much money I had left, I told him that I had none.*

none² /nʌn/ *adv.*
IDIOMS none the wiser/worse egyáltalán nem: *We talked for a long time but I'm still none the wiser* (semmivel sem vagyok okosabb). | **none too happy, clean, pleased, etc.** (*informális*) egyáltalán nem

nonetheless /ˌnʌnðə'les/ *adv.* (*írott nyelv*) mégis, azonban ❶ Szinonimája: **nevertheless**.

ˌnon-eˈxistent *adj.* nem létező

ˌnon-ˈfiction *noun* [U] tényirodalom (*nem szépirodalom*) ❶ Ellentéte: **fiction**.

nonplussed /ˌnɒnˈplʌst/ adj. meghökkent, elképedt

ˌnon-reˈnewable adj. nem-megújítható (energia(forrás))

★ **nonsense** /ˈnɒnsns/ noun [U] **1** ostobaság, szamárság: Don't **talk nonsense!** • It's nonsense to say men can't cook. **2** idétlen viselkedés: The head teacher won't stand for any nonsense (nem tűri az idétlenkedést).

nonsensical /nɒnˈsensɪkl/ adj. képtelen, abszurd

ˌnon-ˈsmoker noun [C] nem dohányos **❶** Ellentéte: **smoker**.
▸ ˌnon-ˈsmoking adj. nemdohányzó (pl. fülke)

ˌnon-ˈstarter noun [C] esélytelen (ember, dolog)

ˌnon-ˈstick adj. teflonbevonatú

ˌnon-ˈstop adj., adv. megszakítás nélküli(i): a non-stop (közvetlen) flight • to talk non-stop

ˌnon-ˈviolence noun [U] erőszakmentesség
▸ non-violent adj. erőszakmentes

noodle /ˈnuːdl/ noun [C, usually plural] (hosszú)metélt, cérnametélt

nook /nʊk/ noun [C] zug, sarok
IDIOM every nook and cranny (informális) minden zegét-zugát

★ **noon** /nuːn/ noun [U] dél: At noon the sun is at its highest point in the sky. ➲ Lásd **midnight**.

ˈno one (also nobody) pron. senki ➲ Magyarázat a **nobody¹** szónál.

noose /nuːs/ noun [C] hurok

★ **nor** /nɔː(r)/ conj., adv. **1** neither...nor... sem...sem...: I have neither the time nor the inclination to do the work again. **2** se(m): 'I don't like football.' 'Nor do I.' • 'We haven't been to America.' 'Nor have we.' **❶** Ebben az értelemben **neither** ugyanígy használható: 'I won't be here tomorrow.' 'Nor/Neither will I.' **3** se(m): John never forgot her birthday. Nor their anniversary for that matter.

norm /nɔːm/ noun [C] (gyakran the névelővel) norma, szabály

★ **normal¹** /ˈnɔːml/ adj. normális, szokásos:

It's quite normal to feel angry in a situation like this. **❶** Ellentéte: **abnormal**.

★ **normal²** /ˈnɔːml/ noun [U] normális állapot: temperatures above/below normal • Things are **back to normal** (újra a megszokott) at work.

normality /nɔːˈmæləti/ (US **normalcy** /ˈnɔːmlsi/) noun [U] normalitás

normalize (also -ise) /ˈnɔːməlaɪz/ verb [I,T] (írott nyelv) normalizál, normalizálódik, rendez(ődik): The two countries agreed to normalize relations.

★ **normally** /ˈnɔːməli/ adv. **1** rendszerint: I normally leave the house at 8.30. • Normally he takes the bus. **2** a szokásos módon

★ **north¹** /nɔːθ/ noun [sing.] (abbr. **N**) (also the north) **1** észak: Which way is north? • I live to the north of Belfast. **2** (gyakran the North) északi rész: Houses are cheaper in the North of England than in the South. • I live in the north of Athens. ➲ Lásd **south, east, west**.

★ **north²** /nɔːθ/ adj., adv. **1** (also North) (csak főnév előtt) észak(i), észak-: North London • the north wing of the hospital **2** északra, észak felé: The house faces north. • Is Leeds north of Manchester? **3** északi (szél)

northbound /ˈnɔːθbaʊnd/ adj. északi irányba tartó: northbound traffic

★ ˌnorth-ˈeast¹ noun [sing.] (abbr. **NE**) (also the North-East) északkelet

★ ˌnorth-ˈeast² adj., adv. északkeleti, északkeletre, északkelet felé, északkeleten: the north-east coast of Australia

ˌnorth-ˈeasterly adj. **1** északkeleti: in a north-easterly direction **2** északkeleti (szél)

ˌnorth-ˈeastern adj. (csak főnév előtt) északkeleti

ˌnorth-ˈeastward(s) adv. északkelet felé: Follow the A12 north-eastward.

northerly /ˈnɔːðəli/ adj. **1** északi: Keep going in a northerly direction. **2** északi (szél)

★ **northern** (also Northern) /ˈnɔːðən/ adj. északi, észak-: a northern accent • northern Australia

northerner (also Northerner) /ˈnɔːðənə(r)/ noun [C] északi lakos **❶** Ellentéte: **southerner**.

northernmost /ˈnɔːðənməʊst/ adj. legészakibb: *the northernmost island of Japan*

the ˌNorth ˈPole *noun* [sing.] az Északi-sark

northward /ˈnɔːθwəd/ (also **northwards**) adv., adj. észak felé (tartó): *Continue northwards out of the city.* • *in a northward direction*

⋆**ˌnorth-ˈwest**[1] adj., adv. északnyugati, északnyugat felé, északnyugaton: *the north-west coast of Scotland*

⋆**ˌnorth-ˈwest**[2] *noun* [sing.] (abbr. **NW**) (also **the North-West**) északnyugat

ˌnorth-ˈwesterly adj. 1 északnyugati: *in a north-westerly direction* 2 északnyugati (szél)

ˌnorth-ˈwestern adj. (csak főnév előtt) északnyugati

ˌnorth-ˈwestward(s) adv. északnyugat felé: *Follow the A40 north-westward.*

⋆**nose**[1] /nəʊz/ *noun* [C] 1 orr 2 (-nosed) (összetett melléknevekben) -orrú: *red-nosed* • *big-nosed* 3 orr (hajóé, repülőé stb.)

IDIOMS blow your nose → BLOW[1] | **follow your nose** → FOLLOW | **look down your nose at sb/sth** (főleg brit, informális) lekezel vkit, lefitymál vmit | **poke/stick your nose into sth** (beszélt nyelv) beleüti vmibe az orrát | **turn your nose up at sth** (informális) elhúzza az orrát vmire

nose[2] /nəʊz/ *verb* [I] óvatosan halad

PHRASAL VERB nose about/around (informális) fürkész, szaglász

nosebleed /ˈnəʊzbliːd/ *noun* [C] orrvérzés

nosedive /ˈnəʊzdaɪv/ *noun* [C] zuhanás: *Oil prices took a nosedive* (lezuhantak). ► **nosedive** *verb* [I] 1 hirtelen zuhan 2 zuhanórepülést végez

nostalgia /nɒˈstældʒə/ *noun* [U] nosztalgia: *She was filled with nostalgia for her childhood.* ► **nostalgic** /-dʒɪk/ adj. nosztalgikus, nosztalgiázó ► **nostalgically** /-dʒɪkli/ adv. nosztalgikusan

nostril /ˈnɒstrəl/ *noun* [C] orrlyuk

nosy (also **nosey**) /ˈnəʊzi/ adj. kíváncsi(skodó)

⋆**not** /nɒt/ adv. 1 (használata a **be**, **do**, **have** segédigék és a **can**, **must**, **will** stb. módbeli segédigék tagadóvá alakításara) nem, ne: *It's not/it isn't raining now.* • *He didn't invite me.* • *I hope she will not/won't be late.* • *You're German, aren't you?* ❶ Bizalmasabb stílusú íróott vagy beszélt szövegben a **not** gyakran **n't**. 2 nem, ne: *He told me not to telephone.* • *Not one person replied to my advertisement.* • *It's not easy.* 3 (rövid tagadó válaszokban) nem: *'Do you think they'll get divorced?' 'I hope not.'* • *'Can I borrow £20?' 'Certainly not!'* • *'Whose turn is it to clean?' 'Not mine.'* 4 vagy nem: *Shall we tell her or not?* • *I don't know if/whether he's telling the truth or not.*

IDIOMS not at all 1 szívesen (köszönömre adott válaszban): *'Thanks for the present.' 'Not at all, don't mention it.'* 2 (egyáltalán) nem: *'Do you mind if I come?' 'Not at all.'* • *The instructions are not at all clear.* | **not only... (but) also** nem csak...(hanem) is

notable /ˈnəʊtəbl/ adj. **notable (for sth)** figyelemreméltó, nevezetes

notably /ˈnəʊtəbli/ adv. különös(képp)en, főleg

notch[1] /nɒtʃ/ *noun* [C] 1 fok(ozat): *This meal is certainly a notch above* (egy fokozattal jobb) *the last one we had here.* 2 rovátka

notch[2] /nɒtʃ/ *verb* **PHRASAL VERB notch sth up** elér (kiemelkedő eredményt): *Lewis notched up his best ever time* (élete legjobb idejét futotta) *in the 100 metres.*

⋆**note**[1] /nəʊt/ *noun* 1 [C] feljegyzés, jegyzet: *I'd better make a note of your address.* • *Keep a note of who has paid.* • *The lecturer advised the students to take notes.* 2 [C] pár soros üzenet/levél: *This is just a note to thank you for having us to dinner.* • *to leave a note for sb* • *a sick note from your doctor* orvosi igazolás 3 [C] szél-/lábjegyzet: *See note 5, page 34.* ⊃ Lásd **footnote**. 4 [C] (also **banknote**; US **bill**) bankjegy: *a ten-pound/£10 note* 5 [C] hangjegy 6 [sing.] hangnem: *The meeting ended on a rather unpleasant note.*

IDIOMS compare notes (with sb) → COMPARE | **take note (of sth)** megjegyez vmit

note[2] /nəʊt/ *verb* [T] 1 megfigyel, figyelembe vesz: *He noted a slight change in her attitude towards him.* • *Please note that this office is closed on Tuesdays.* 2 megemlít

PHRASAL VERB note sth down feljegyez

⋆**notebook** /ˈnəʊtbʊk/ *noun* [C] notesz

noted /'nəʊtɪd/ adj. (formális) noted (for/ as sth) nevezetes

notepad /'nəʊtpæd/ noun [C] jegyzettömb

notepaper /'nəʊtpeɪpə(r)/ noun [U] levélpapír

noteworthy /'nəʊtwɜːði/ adj. jelentős, figyelemre méltó

* **nothing** /'nʌθɪŋ/ pron. semmi: I'm bored – there's **nothing to do** (nincs semmi tennivalóm) here. • There was **nothing else** to say. • 'Thank you so much for all your help.' 'It was nothing.' • The doctor said there's nothing wrong with me. Ɔ Magyarázat a **zero** szónál.

IDIOMS be/have nothing to do with sb/sth semmi köze hozzá: That question has nothing to do with the subject. • Put my diary down – it's nothing to do with you. | come to nothing → COME | for nothing 1 hiába: His hard work was all for nothing. 2 ingyen | nothing but semmi más, csak | nothing like 1 egyáltalán nem olyan, mint: She looks nothing like either of her parents. 2 egyáltalán nem: There's nothing like enough food for all of us. | nothing much semmi különös: There's nothing much to do in this town. | (there's) nothing to it semmiség | there is/was nothing (else) for it (but to do sth) nincs más választás

* **notice¹** /'nəʊtɪs/ noun 1 [U] figyelem, odafigyelés: The protests are finally making the government **take notice**. • **Take no notice of** what he said. • It has **come to my notice** (tudomásomra jutott) that you have missed a lot of classes. 2 [C] közlemény, felirat 3 [U] figyelmeztetés, előzetes értesítés: I can't produce a meal at such **short notice** (rövid határidőre) ! • I wish you'd **give** me more notice when you're going on holiday. • The library is closed **until further notice** (további értesítésig).

* **notice²** /'nəʊtɪs/ verb [I,T] (continuous igeidőkben ált. nem állhat) megfigyel, észrevesz: 'What car was the man driving?' 'I didn't notice.' • We didn't notice him leave/leaving.

noticeable /'nəʊtɪsəbl/ adj. észrevehető, megfigyelhető
▸ **noticeably** /-əbli/ adv. észrevehetően

noticeboard /'nəʊtɪsbɔːd/ (US 'bulletin board) noun [C] hirdetőtábla

notify /'nəʊtɪfaɪ/ verb [T] (pres. part. notifying; 3rd pers. sing. pres. notifies; pt, pp notified) notify sb (of sth) értesít, közöl
▸ **notification** /ˌnəʊtɪfɪ'keɪʃn/ noun [C,U] értesítés, közlés

notion /'nəʊʃn/ noun [C] a notion (that.../of sth) fogalom, feltevés: I had a vague notion (halványan emlékeztem) that I had seen her before.

notional /'nəʊʃənl/ adj. elméleti

notoriety /ˌnəʊtə'raɪəti/ noun [U] hírhedtség

notorious /nəʊ'tɔːriəs/ adj. notorious (for/as sth) hírhedt: a notorious drug dealer
Ө Szinonimája: **infamous**.
▸ **notoriously** adv. hírhedten

notwithstanding /ˌnɒtwɪθ'stændɪŋ/ prep., adv. (írott nyelv) valaminek ellenére

* **nought** /nɔːt/ (főleg US **zero**) noun [C] nulla: A million is written with six noughts. • We say 0.1 'nought point one'.
IDIOM **noughts and crosses** amőbajáték

* **noun** /naʊn/ noun [C] főnév: 'James', 'water', and 'happiness' are all nouns. Ɔ Lásd **countable, uncountable**.

nourish /'nʌrɪʃ/ verb [T] 1 táplál 2 (formális) táplál (reményt, érzelmet), vmilyen érzést melenget
▸ **nourishment** noun [U] táplálék

Nov. abbr. (November rövidítése) nov.: 17 Nov. 2001

* **novel¹** /'nɒvl/ noun [C] regény: a romantic/detective novel

novel² /'nɒvl/ adj. újszerű, szokatlan: a novel idea

novelist /'nɒvəlɪst/ noun [C] regényíró

novelty /'nɒvlti/ noun (plural novelties) 1 [U] újszerűség: The novelty of her new job soon wore off. 2 [C] újdonság 3 [C] olcsó ajándéktárgy

* **November** /nəʊ'vembə(r)/ noun [U, C] (abbr. **Nov.**) november Ɔ Példák és magyarázat a **January** szónál.

novice /'nɒvɪs/ noun [C] kezdő, újonc

* **now** /naʊ/ adv., conj. 1 most, jelenleg: Where are you living now? • **From now on** (mától fogva) I'm going to work harder. • **Up till now** we haven't been able to afford our own house. • He will be on his way home

by now. • *I can manage for now but I might need help later.* **2** most azonnal: *You must go to the doctor right now.* **3** na(hát), nos: *What does he want now?* • *Now, let me think.* ❶ **Now then** is használható: *Now then, what was I saying?* **4 now (that)…** most hogy

IDIOMS **any moment/second/minute/day (now)** → ANY | **(every) now and again/then** néha | **just now** → JUST¹ | **right now** → RIGHT²

nowadays /ˈnaʊədeɪz/ *adv.* mostanában ❶ Szinonimája: **today**.

★ **nowhere** /ˈnəʊweə(r)/ *adv.* sehol, sehová: *There's nowhere to stay in this village.* • *I don't like it here, but there's nowhere else for us to sit.*

IDIOMS **get nowhere (with sth)** sehova se jut | **in the middle of nowhere** → MIDDLE¹ | **nowhere near** → NEAR¹

noxious /ˈnɒkʃəs/ *adj.* (*formális*) ártalmas: *noxious gases*

nozzle /ˈnɒzl/ *noun* [C] fúvóka ➔ Ábra **garden¹** alatt.

nr *abbr.* (**near** rövidítése) vmi közelében (*címben*): *Masham, nr Ripon*

nuance /ˈnjuːɑːns/ *noun* [C] finom árnyalat

★ **nuclear** /ˈnjuːkliə(r)/ *adj.* **1** atom-: *nuclear energy/weapons* • *a nuclear power station* ➔ Lásd **atomic**. **2** (atom)mag-

nuclear reˈactor (*also* **reactor**) *noun* [C] atomreaktor

nucleus /ˈnjuːkliəs/ *noun* [C] (*plural* **nuclei** /-kliaɪ/) **1** atom-/sejtmag **2** vmi magva

nude¹ /njuːd/ *adj.* meztelen ➔ Lásd **bare**, **naked**.
▸ **nudity** /ˈnjuːdəti/ *noun* [U] meztelenség

nude² /njuːd/ *noun* [C] akt
IDIOM **in the nude** meztelen(ül)

nudge /nʌdʒ/ *verb* [T] (könyökkel) oldalba bök, meglök ➔ Ábra az A6. oldalon.
▸ **nudge** *noun* [C] oldalba bökés: *to give sb a nudge*

nuisance /ˈnjuːsns/ *noun* [C] kellemetlen(kedő) ember, nyűg: *It's a nuisance having to queue for everything.*

numb /nʌm/ *adj.* zsibbadt, dermedt: *to be numb with cold* • *After the injection the tooth will go numb.*

▸ **numb** *verb* [T] elzsibbaszt, megbénít: *We were numbed by the dreadful news.*
numbness *noun* [U] zsibbadtság, bénultság

★ **number¹** /ˈnʌmbə(r)/ *noun* **1** [C] szám: *2, 4, 6, etc. are even numbers* (páros számok) *and 1, 3, 5, etc. are odd numbers* (páratlan számok). • *a three-figure number* háromjegyű szám **2** [C] -szám: *a telephone/code number* **3** [C,U] száma vminek/vkinek: *Pupils in the school have doubled in number* (megkétszereződött) *in recent years.* • *There are a number of things I don't understand.* **4** [C] (*abbr* **No**; **no**) ház-/sorszám: *room No 347* **5** [C] példány, szám: *Back numbers* (régebbi példányok) *are available from the publishers.* **6** [C] (*informális*) zeneszám

IDIOMS **any number of** számtalan, akárhány: *There could be any number of reasons why she hasn't arrived.* | **in round figures/numbers** → ROUND¹ | **number one** (*informális*) **1** elsőszámú: *We're number one in the used car business.* • *the world's number one athlete* • *the number one priority* **2** saját maga: *Looking after number one is all she thinks about.* | **opposite number** → OPPOSITE

number² /ˈnʌmbə(r)/ *verb* [T] **1** (meg)-számoz **2** kitesz vmilyen számot/összeget: *Our forces number 40 000.*

ˈnumber plate (*US* **license plate**) *noun* [C] rendszámtábla

numeral /ˈnjuːmərəl/ *noun* [C] számjegy: *Roman numerals*

numerate /ˈnjuːmərət/ *adj.* számolni tudó ➔ Lásd **literate**.

numerical /njuːˈmerɪkl/ *adj.* számszerű, szám szerinti: *to put sth in numerical order*

numerous /ˈnjuːmərəs/ *adj.* (*formális*) nagyszámú, sok

nun /nʌn/ *noun* [C] apáca ➔ Lásd **monk**.

★ **nurse¹** /nɜːs/ *noun* [C] ápolónő: *a male nurse* betegápoló • *a community/district nurse* körzeti beteglátogató nővér ➔ Lásd még **health visitor**, **midwife**.

nurse² /nɜːs/ *verb* **1** [T] ápol, gondoz: *She nursed her mother back to health.* • *to nurse an injury* **2** [T] dédelget **3** [T] (*formális*) táplál (*pl.* reményt): *Tim had long nursed the hope that Sharon would marry him.* **4** [I] szoptat, szopik

---

[I] **tárgyatlan** (*ige*): *He laughed.*

[T] **tárgyas** (*ige*): *He ate an apple.*

nursery /'nɜːsəri/ noun [C] (plural nurseries) **1** bölcsőde ➜ Lásd **crèche. 2** faiskola

'nursery rhyme noun [C] gyermekvers

'nursery school noun [C] óvoda ➜ Lásd **kindergarten.**

nursing /'nɜːsɪŋ/ noun [U] betegápolás

'nursing home noun [C] kis magánkórház (gyakran időseknek), öregek otthona

★ **nut** /nʌt/ noun [C] **1** dió, csonthéjas gyümölcs **2** anyacsavar

nutcrackers /'nʌtkrækəz/ noun [plural] diótörő

nutmeg /'nʌtmeg/ noun [C,U] szerecsendió

nutrition /nju'trɪʃn/ noun [U] táplálék, táplálkozás

▶ **nutritional** adj. táplálkozási, táp-

nutritious /nju'trɪʃəs/ adj. tápláló

nuts /nʌts/ adj. (informális, főnév előtt nem állhat) **1** őrült: That phone ringing all the time is driving me nuts (megőrjít) / **2** be nuts about sb/sth bolondul érte: He's absolutely nuts about her.

nutshell /'nʌtʃel/ noun
IDIOM in a nutshell dióhéjban

nutty /'nʌti/ adj. diós(ízű)

nuzzle /'nʌzl/ verb [I,T] kedvesen (oda)-dörgölőzik/-bújik (orrával)

NW abbr. (north-west(ern) rövidítése) ÉNy (-i), északnyugat(i): NW Australia Északnyugat-Ausztrália

nylon /'naɪlɒn/ noun [U] nejlon

Oo

O, o /əʊ/ noun [C] (plural **O's; o's**) **1** O/o betű **2** nulla: My number is five O nine double six. ➜ Magyarázat a **zero** szónál.

oak /əʊk/ noun **1** (also **'oak tree**) [C] tölgyfa **2** [U] tölgy(fa) (anyag)

> A tölgyfa termése **acorn.**

OAP /ˌəʊ eɪ 'piː/ abbr. (old-age pensioner rövidítése) (brit) (öregségi) nyugdíjas

oar /ɔː(r)/ noun [C] evező ➜ Lásd **paddle.**

oasis /əʊ'eɪsɪs/ noun [C] (plural **oases** /-siːz/) oázis

oath /əʊθ/ noun [C] **1** eskü: to swear/take an oath (esküt tesz) of loyalty **2** (rég) káromkodás
IDIOM be on/under oath eskü alatt

oats /əʊts/ noun [plural] zab

obedient /ə'biːdiənt/ adj. obedient (to sb/sth) engedelmes, szófogadó ❶ Ellentéte: **disobedient.**
▶ **obedience** noun [U] engedelmesség
obediently adv. engedelmesen

obese /əʊ'biːs/ adj. elhízott
▶ **obesity** /əʊ'biːsəti/ noun [U] elhízottság

★ **obey** /ə'beɪ/ verb [I,T] engedelmeskedik
❶ Ellentéte: **disobey.**

obituary /ə'bɪtʃuəri/ noun [C] (plural obituaries) nekrológ

★ **object¹** /'ɒbdʒɪkt/ noun [C] **1** tárgy, dolog: everyday/household objects **2** cél **3** the object of sth tárgya vminek: the object of his desire/interest **4** (nyelv) tárgy ❶ Az alábbi két példában: I sent a letter to Mara. • I sent Mara a letter; a letter az ige tárgya (direct object), Mara a részeshatározó (indirect object). ➜ Lásd **subject.**
IDIOM money, etc. is no object nem akadály: They always want the best. Expense is no object.

object² /əb'dʒekt/ verb **1** [I] object (to sb/sth); object (to doing sth/to sb doing sth) ellenez **2** [T] ellenvet
▶ **objector** noun [C] ellenző

objection /əb'dʒekʃn/ noun [C] an objection (to sb/sth); an objection (to doing sth/to sb doing sth) ellenvetés, tiltakozás: I have no objection to you using my desk while I'm away.

objectionable /əb'dʒekʃənəbl/ adj. kellemetlen, ellenszenves

objective¹ /əb'dʒektɪv/ noun [C] cél: to achieve your objective

Study pages (Kiegészítő anyag)

Hely-elöljárók

The lamp is **above** the table.

The meat is **on** the table.

The cat is **under** the table.

The lorry is **in front of** the car.

The car is **behind** the lorry.

The bird is **in / inside** the cage.

The temperature is **below** zero.

Sam is **between** Kim and Tom

Kim is **next to / beside** Sam.

Tom is **opposite** Kim.

The house is **among** the trees.

The girl is leaning **against** the wall.

Mozgást kifejező elöljárók

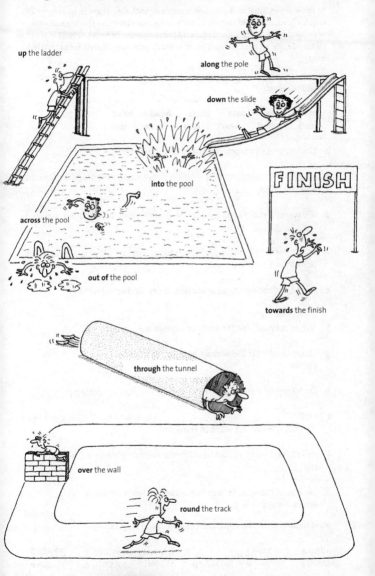

Idioms (Kifejezések)

Az **idiom** olyan, amelynek jelentésére nehéz rájönni, még akkor is, ha külön-külön értjük a benne szereplő szavakat. Ezek a szótárban a kifejezés első legfontosabb szavánál (az **off**, **the** ill. hasonló szavakat nem figyelembe véve), az **IDIOM** jelzés után találhatók. Ha ott nem szerepel jelentés, utalás jelzi, hogy melyik szónál találjuk meg.

Párosítsd a képeket és a mondatokat, azután írj be az üres helyekre a felsorolt szavakból egyet!

eye	eyes	nose	chest	head	head
back	mind	heart	arm	heels	feet

a Doctor, there's something I need to get off my _____.

b I don't know what's wrong with my boss today. I only asked a question and she bit my _____ off!

c We weren't really arguing until Basil came along and decided to stick his _____ in.

d I can't possibly meet you for lunch today. I'm up to my _____ in work at the moment.

e As she walked up the aisle towards Barry, Linda started to get cold _____.

f When John left me for another woman, he broke my _____.

g I have to sit near the water's edge so I can keep an _____ on Emma.

h Oh all right, I'll come and watch it with you. You've twisted my _____.

I I fell _____ over _____ in love with her the moment I saw her, but she doesn't want to know me.

j As I walked away, I could hear them whispering about me behind my _____.

k He was in the shop for ages because he couldn't make up his _____ which T-shirt to buy.

Most fordítsd a szótárat fejjel lefelé, és ellenőrizd a megoldásokat!

a chest (4) **b** head (6) **c** nose (5) **d** eyes (11) **e** feet (2) **f** heart (7) **g** eye (9) **h** arm (3) **i** head; heels (8) **j** back (10) **k** mind (1)

Cselekvést jelentő igék

He **punched** him **in** the stomach.

She **slapped** her **across** the face.

He **pinched** him **on** the arm.

He **tapped** him **on** the shoulder.

She **nudged** her.

He **elbowed** past.

He **nodded** his head.

He **shook** his head.

She **shrugged** his shoulders.

They **held** hands.

They **shook** hands.

She **waved** goodbye **to** him

She **poked** the fire with a stick.

He **poked** the stick **down** the hole.

They **walked** arm i

He **folded** his arms.

He **sat** cross-legged.

She **crossed** her legs

Sports and hobbies

swimming

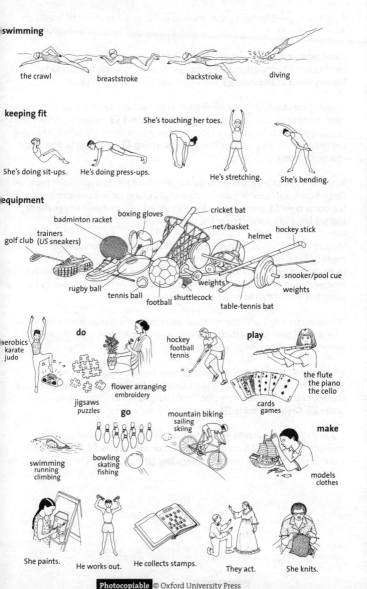

the crawl
breaststroke
backstroke
diving

keeping fit

She's touching her toes.
She's doing sit-ups.
He's doing press-ups.
He's stretching.
She's bending.

equipment

boxing gloves
cricket bat
badminton racket
net/basket
helmet
hockey stick
golf club
trainers (US sneakers)
rugby ball
tennis ball
football
shuttlecock
weights
snooker/pool cue
weights
table-tennis bat

do
aerobics
karate
judo

jigsaws
puzzles

flower arranging
embroidery

hockey
football
tennis

play
the flute
the piano
the cello

cards
games

go
mountain biking
sailing
skiing

swimming
running
climbing

bowling
skating
fishing

make
models
clothes

She paints.
He works out.
He collects stamps.
They act.
She knits.

The Environment (Környezetünk)

Our growing need for food, goods and energy has had many harmful effects on the environment.

Gases produced by cars, power stations and factories cause **acid rain** **1**, which kills trees and fish and damages buildings. By using more **environmentally-friendly forms of transport** **2**, we help reduce this form of pollution.

A layer of carbon dioxide and other gases traps heat and keeps the earth at the right temperature. This is called the **greenhouse effect** **3**. By burning fossil fuels (oil, coal, petrol, etc.) we are producing too much carbon dioxide, which is causing temperatures to rise gradually. This **global warming** **4** could lead to dramatic changes in climate.

A layer of a gas called ozone protects the earth from harmful ultraviolet radiation. Certain chemicals used in industry, such as **CFCs**, have caused a hole to develop in the **ozone layer** **5**. The increased levels of ultraviolet radiation damage plants and sea life, and increase the risk of skin cancer.

Most of the energy we use to heat and light buildings, run machines, etc. is made by burning fossil fuels. These will eventually run out, so we need to use more **alternative sources of energy** **6**, such as **wind** and **solar power**, that are renewable and do not pollute the air. We should also avoid wasting energy by using less electricity and water and insulating our houses.

We are destroying our forests, which produce oxygen and provide habitats for animals and birds. **Deforestation** **7** also allows rain to wash away the soil, making the land useless for growing things.

We pollute water by dumping **waste** **8** from factories and houses, and by accidentally spilling chemicals and oil. **Chemical fertilizers** **9** damage rivers and lakes by causing a layer of tiny plants, called algae, to cover the surface of the **water** **10**. **Organic farming** **11** does not harm the water supply.

Burying rubbish in **landfills** **12** can let harmful chemicals leak through the ground into rivers, and it uses a lot of land. **Burning rubbish** **13** adds to global warming. By sorting our rubbish for **recycling** **14**, we can cut down on waste.

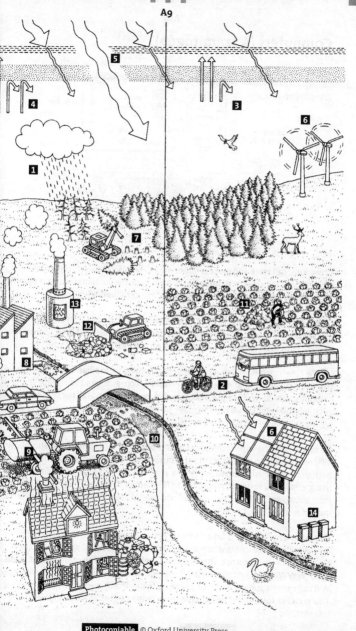

Computers (A számítógép)

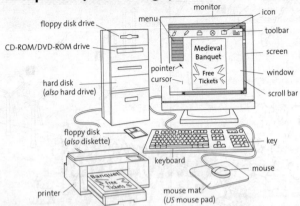

- floppy disk drive
- CD-ROM/DVD-ROM drive
- hard disk (*also* hard drive)
- floppy disk (*also* diskette)
- printer
- menu
- monitor
- pointer
- cursor
- keyboard
- mouse mat (*US* mouse pad)
- icon
- toolbar
- screen
- window
- scroll bar
- key
- mouse

Medieval Banquet
Free Tickets

A computer can **store** and **process** information. This information is called **data** and can be words, numbers or **graphics**. To process data, the computer uses a **program**, which is a set of instructions stored on the computer's **hard drive**.

To **input** data, you can **enter** it using the **keyboard**. If you want to store this data, you **save** it in the computer's memory or onto a **floppy disk**. Large amounts of information, such as books, can be stored on a **CD-ROM**.

On the screen, **icons**, which are arranged in a row on a **toolbar**, and menus show you what programs and data are stored on the computer and what jobs the computer can do. You use the **mouse** to **click on** an icon and tell the computer what job you want it to do and to move to the part of the screen you want to work on. A small marker called a **cursor** shows your position on the screen.

Computers can be connected to other computers to form a **network**. This allows different people to have access to the same information and to communicate with each other using **email** (electronic mail). To communicate with someone using email, you send your message to their **email address**. For example, *john.jones@aol.com* is a typical email address. To say this address, you say 'John dot Jones at A O L dot com'.

The Internet or the **Net** is an enormous network that covers the world. People who want to make information available to the whole world can pay for their own space on the Internet. This is called a **website**. **The Web** or the **World Wide Web** (**WWW**) is the system which lets you **download** information on the Internet. You can enter a subject and find all the websites that have information about it. This is called **surfing** the Net. **Online** services are ones that are available on the Internet.

Phrasal Verbs (Többszavas igék)

A „többszavas igék" kifejezést olyan igékre használjuk, melyek két (néha három) részből állnak: ige + szócska, ill. szócskák (pl. **in**, **for**, **off**). A szócska körülbelül olyan szerepet tölt be, mint egy elöljáró vagy a magyarban az igekötő. Az angol nyelvben a többszavas igék nagyon gyakoriak. Például:

lie down (lefekszik)   *put off* (elhalaszt)
get on with (kijön vkivel)   *look for* (keres)

Közülük néhány jelentése világos (a **lie** és a **down** elemek jelentéséből a **lie down** jelentése adódik), de soknak a jelentése idiomatikus, azaz hiába ismerjük a **put** és **off** szavakat, nem lehet kitalálni a **put off** jelentését.

A szótárban a többszavas igéket a megfelelő szócikk végén találhatjuk meg **phrasal verbs** jelöléssel. A szócskák betűrendben követik az igét.

A többszavas igék négy fajtáját
különböztetjük meg:

1 tárgyatlan többszavas igék

> The fire **went out**.
> My car **broke down**
>   on the motorway.

A szótárban ezeket az igéket **go out**
és **break down** alatt találjuk.

2 tárgyas többszavas igék, ahol a tárgy az ige és a szócska közé vagy a szócska után kerül

a ha a tárgy főnév, a szócska akár a tárgy előtt, akár a tárgy után állhat:
> She **tried on** the red dress.
> She **tried** the red dress **on**.

b ha a tárgy névmás, a szócska csak a *tárgy után* állhat:
> She **tried** it **on**. (soha ~~She tried on it.~~)

A szótárban ezt a fajtát **try sth on** formában találjuk. Ha a **sth** és **sb** szavakat az ige és a szócska között találjuk, tudjuk, hogy a szócska elválhat az igétől.

3 tárgyas többszavas igék, ahol a tárgy csak a szócska után állhat

Az ige és a szócska mindig egymás mellett áll.
> John's **looking after** the children. (soha ~~John's looking the children after.~~)
> John's **looking after** them. (soha ~~John's looking them after.~~)

A szótárban ezt a típust **look after sb** formában találjuk. Ha a **sth** és **sb** szavak a szócska *után* állnak, tudjuk, hogy a szócska nem válhat el az igétől.

4 Három részből álló többszavas igék. A három rész nem válhat el egymástól:

> I can't **put up with** this noise any longer.

A szótárban ez a fajta többszavas ige **put up with sb/sth** formában szerepel. A **sb** vagy **sth** szavak a három rész *után* állnak, amiből tudjuk, hogy ezek nem választhatók el egymástól.

Igealakok

*He promised **to write** me a letter.*
*She suggested **taking** regular exercise.*
*I thanked them **for looking after** me.*
*He let me **borrow** his car for the day.*

★ **promise¹** /ˈprɒmɪs/ *verb* **1** [I,T] promise (to
do sth); promise (sb) that... (meg)ígér: *She
promised not to forget to write.* **2** [T] prom-
ise sth (to sb); promise sb sth (oda)ígér
3 [T] vminek ígérkezik: *It promises to be
an exciting occasion.*

Amikor egy ige után egy másik ige áll, tudni kell, hogy azt milyen alakban
használjuk. Nézzük meg a **promise** ige példáján, hogyan segít a szótár a használatra
vonatkozóan. Amikor egy új igét tanulunk meg, mindig írd mellé, hogy milyen
igealak követi, így hamar megtanuljuk, hogy melyik a helyes igealak.

Az ige jelentése néha sejteti, hogy melyik igealak követi. A következő pontok
segíthetnek abban, hogy megtaláljuk a helyes megoldást.

A **to** + főnévi igenév áll sok olyan ige után, amelyek azt sugallják, hogy egy
cselekvés következik vagy sikeresen befejeződik:

(can) afford to do sth	**advise sb** to do sth
agree to do sth	**allow sb** to do sth
decide to do sth	**ask (sb)** to do sth
forget to do sth	**enable sb** to do sth
hope to do sth	**encourage sb** to do sth
intend to do sth	**expect (sb)** to do sth
manage to do sth	**get sb** to do sth
offer to do sth	**help (sb)** to do sth
plan to do sth	**need (sb)** to do sth
remember to do sth	**persuade sb** to do sth
try to do sth (*vagy* **try** doing sth)	**remind sb** to do sth
volunteer to do sth	**teach sb** to do sth
	tell sb to do sth
	wait (for sb) to do sth
	want (sb) to do sth
	would like (sb) to do sth

Jegyezzük meg a következő igéket, amelyek jelentése a fentiekéhez hasonló, de
utánuk más igealak áll:

consider doing sth	recommend doing sth
let sb do sth	succeed in doing sth
look forward to doing sth	suggest doing sth
make sb do sth	think about doing sth

Az ige -ing végződésű alakja áll, néha elöljárószóval, sok olyan ige után, amelyek azt
sugallják, hogy valamit valószínűleg nem tesznek meg vagy nem fejeznek be:

advise sb against doing sth	**prevent sb** from doing sth
(*vagy* **advise sb not to** do sth)	**put sb off** doing sth
avoid doing sth	**resist** doing sth
dissuade sb from doing sth	**save sb (from)** doing sth

Ügyeljünk azonban a következő igékre!
fail to do sth   forget to do sth   refuse to do sth

Igealakok

Az ige -*ing* végződésű alakja áll, néha elöljárószóval, sok olyan ige után is, amely elmúlt eseményt vagy cselekvést jelent:

admit doing sth	**regret** doing sth
celebrate doing sth	**remember** doing sth
miss doing sth	**thank** sb for doing sth

Az ige -*ing* végződésű alakja gyakori a kezdetet, befejezést, folyamatot jelző igék után:

begin doing sth	**go on** doing sth
carry on doing sth	**put off** doing sth
continue doing sth	**start** doing sth
finish doing sth	

De ezt is mondhatjuk:

start to do sth   begin to do sth   continue to do sth

Általában az ige -*ing* végződésű alakja áll a tetszést, nemtetszést, érzelmeket kifejező igék után:

dread doing sth   **hate** doing sth   **like** doing sth   **love** doing sth   **prefer** doing sth

De ezt is mondhatjuk:

hate to do sth   like to do sth   prefer to do sth

Keressük meg a szótárban ezeket az igéket, hogy lássuk a jelentésbeli különbséget!

Itt szerepel még néhány gyakori ige az utánuk álló igealakkal:

claim to do sth	**pretend** to do sth
dare (to) do sth	**risk** doing sth
deserve to do sth	**see/hear/watch**, etc. sb do sth
end up doing sth	(*vagy* doing sth)*
imagine doing sth	**seem** to do sth
involve doing sth	**spend** time doing sth
practise doing sth	**tend** to do sth

* Ne felejtsük el, hogy főnévi igenév (**to** nélkül) áll a **see /hear** stb. után, ha egy cselekvést az elejétől a végéig követünk; az ige -*ing* végződésű alakját használjuk, ha a cselekvésnek csak egy részét látjuk/halljuk, stb.!

Levélírás

A levelek külalakja

Hivatalos levelek

Írjuk címünket a levél jobb felső sarkába, de a nevünket soha ne írjuk ide! Ez alá írjuk a teljes dátumot, rendszerint egy sor kihagyásával. A címzett címét és beosztását írjuk a levél baloldalára.

Magánlevelek

Írjuk címünket a levél jobb felső sarkába, de a nevünket soha ne írjuk ide! Ez alá írjuk a dátumot, amit rövidíthetünk (rendszerint egy sor kihagyásával). A címzett címét ne írjuk a levélre.

A levelek stílusa

Hivatalos levélben

— használjuk a **Sir** és **Madam** szavakat, vagy a címzett titulusát (**Mr, Ms, Miss, Mrs** stb.) + vezetéknevét
— használjunk: szenvedő szerkezetet, hosszabb mondatokat
— ne használjunk: összevont alakokat és rövidítéseket, többszavas igéket, hétköznapi kifejezéseket és kötőszavakat
— írjunk személytelen stílusban
— a teljes nevet kézzel írjuk alá, és ezt utána ismételjük meg nyomtatott betűkkel

Magánlevélben

— csak keresztnevet használjunk
— használjuk az **I/we** személyes névmásokat
— írhatunk rövidebb mondatokat, elhagyhatjuk pl. a névmásokat stb.
— használhatunk: összevont alakokat és rövidítéseket, többszavas igéket, hétköznapi kifejezéseket és idiómákat
— csak a keresztnevünket írjuk alá

A levelek bekezdésekbe rendezése

1 a levél célja
2 időpontok, tények és további részletek
3 esetleges kérések (pl. szívesség, felvilágosítás stb.)
4 zárósorok/befejezés

A megszólítás és a zárósorok összhangja

Hivatalos levelek 1
Ha nem ismerjük a címzett nevét:
Dear Sir or Madam,
Yours faithfully,
Gwen Hollis

Hivatalos levelek 2
Ha ismerjük a címzett nevét:
Dear Ms/Mr Szabó,
Yours sincerely,
Gwen Hollis

Magánlevelek
Dear Kati,
Yours/Love from/Best wishes,
Gwen

Hivatalos levelekben használatos kifejezések és azok megfelelői magánlevelezésben:

I would be grateful if you could ... →	*Do you think you could... ?*
I look forward to hearing from you. →	*Write back soon/Keep in touch*
I am writing to... →	*Just a note to say ...*
	(Csak azért írom ezt a pár sort...)
I regret to inform you ... →	*I'm really sorry to say ...*
(Sajnálattal közlöm önnel, hogy ...)	
You will be informed of... →	*We'll let you know about ...*
	(Majd értesítünk...)
I enclose a cheque for... →	*Here's the money for ...*
I would be happy to attend an interview. →	*I'd love to come and see you.*
at your convenience →	*when you can make it*
(amikor/ahogy önnek megfelel)	
Further to my letter of September 8th... →	*Hope you got my last letter.*
(Hivatkozással szeptember 8–i levelemre...)	
Please do not hesitate to contact me should →	*Just give me a ring if you need to know*
you require any further information.	*anything else.*
(Bátran keressen meg, ha bármilyen egyéb	
információra lenne szüksége.)	
Please give my regards to ... →	*Give my love to ...*

Hivatalos levél:

Mrs M. Maclennan,
12 St Helen's Road,
Nairn IV12 4EQ.

10 Park Road
Birmingham
B15 4BU

3rd June, 2001

Dear Mrs Maclennan,

Your guest house has been recommended to us by our English teacher, and I am writing to enquire whether you have any rooms available this July.

There are six of us in the group: five students and our teacher. We are planning a trip to Scotland this summer and would be interested in reserving two twin-bedded rooms and two single rooms for three nights, from July 17th to July 19th. If you should have rooms available for those dates, I would be grateful if you could tell me the price of bed and breakfast per person and whether any of the rooms have en-suite bathrooms. I would also need to know whether a deposit is required in advance.

I look forward to hearing from you.

Yours sincerely,
Sandra Garcia

(SANDRA GARCIA)

Magánlevél:

10 Park Rd
Birmingham B15 4BU
3/6/01

Dear Morag,

Sorry I haven't been in touch for ages but I hope you're all well . I'm actually writing to ask you a favour.

On July 16th, I'm coming to Scotland with 5 of my students here, who are really keen to visit as much of Britain as possible. I thought it would be really nice if we could all stay in your B&B in Nairn for a few nights. I'm sure they'd all appreciate your huge breakfasts and general hospitality! We'd come for 3 nights from 17th to 19th July, and we'd need something like two single and two twin-bedded rooms (the latter preferably with en-suite bathrooms). Can you let me know if you can fit us in, and how much you charge now?

I really hope to see you soon. Write back or ring me asap so I can book the trip. Could you also tell me how much deposit you'd need? Thanks a lot. Give my love to Duncan and the kids.

Love from
Alison

Esszéírás (Fogalmazás)

Írásjelek használata

. A pont a mondat végét jelöli. Gyakran használjuk rövidítések és keresztnevek kezdőbetői után is.

, A vessző mondatrészeket és/vagy tagmondatokat választ el egymástól:
Only buses, taxis and bicycles can use this street ● *The new road was supposed to reduce traffic jams, but they are even worse now.*
használjuk még az idézet elválasztására a mondat többi részétől:
'I'll drive,' said Linda.

' ' " " Idézőjelbe tesszük az idézeteket, valamint könyvek, filmek stb. címeit, beceneveket stb.:
The car was nicknamed 'the Beetle' because of its shape. ● *A witness described the crash as 'horrific'.*

( ) Zárójelet használunk, ha magyarázatot stb. adunk, vagy megjegyzést fűzünk egy adott szöveghez. A szövegnek akkor is legyen értelme, ha a zárójelben lévő részt kihagyjuk.

— Gondolatjelet használunk, ha kiegészítő megjegyzést fűzünk a mondathoz:
I don't often drive long distances – hardly ever, in fact.

- Kötőjelet használunk sok összetett szó leírásakor, és szavak elválasztásakor. Mivel az elválasztás szabályai bonyolultak, jobb ha a szót nem választjuk el, hanem új sorban kezdjük:
anti-globalization protesters

: Kettőspont jelzi, hogy a mondat után még valami következik, például felsorolás:
Check the following things before a journey: fuel, tyre pressure, oil and water.

Ha esszét írunk, formális stílusban, világosan és egymástól jól elkülönített szakaszokba rendezve kell gondolatainkat megfogalmazni. Az alábbiakban mintát adunk ahhoz, hogyan kell összeállítani egy „előnyök és hátrányok" típusú esszét, és példát adunk a kötőszavak és az írásjelek használatára vonatkozóan is.
Írjunk bekezdéseket. Egy bekezdésben egy gondolatot fejtsünk ki. Az alábbi esszében négy bekezdés van:

1 bevezetés

2 előnyök

3 hátrányok

4 befejezés

Az írás megkezdése előtt készítsünk rövid vázlatot!

Esszéírás (Fogalmazás)

A bevezető részben röviden vázoljuk, miért tartjuk
érdekesnek vagy fontosnak a témát.

> *Discuss the advantages and disadvantages of having a car.*
>
> Nowadays, as roads are becoming more and more crowded,
> people are considering both the advantages and the disadvan-
> tages of having a car before they buy one.
> The main advantage of the car is that it gives the freedom
> to travel when and where you want, without being limited to
> fixed routes and timetables. **What is more,** you can carry sev-
> eral passengers and as much luggage as you like, at no extra
> cost. **In addition to this,** you can travel in comfort in a car,
> with a seat to yourself and the possibility of comforts such as a
> music system and air conditioning.
> **On the other hand,** owning a car is very expensive. As well
> as the price of the car, the cost of tax, insurance, petrol and
> repairs must also be considered before buying. **Moreover,** the
> increase in traffic means that drivers are spending more and
> more time stuck in traffic jams. Perhaps the major disadvan-
> tage of cars in general is the huge damage that they do to
> human life and to the environment, and all motorists must
> accept that they are making a small contribution to this.
> **To sum up,** provided you have access to an efficient public
> transport system, then buying and running your own car could
> be considered an expensive luxury.

Esszénk
legyen
arányos
felépítésű.
(Az alábbi
mintában
például
azonos
számú
előnyt és
hátrányt
sorolunk
fel.)

Ha kézzel
írunk,
minden
egyes
szakaszt
általában
öt betű-
hellyel
beljebb
kezdünk.
Így jelöljük
az új
bekezdést.

Gondolatainkat például
a fenti félkövérrel szedett
formális kötőszavakkal
fűzzük össze.

A befejezésben leírhatjuk a
tárggyal kapcsolatos
véleményünket.

Gyakran együtt előforduló szavak

Bizonyos szavak nagyon gyakran szerepelnek együtt. Ezeket állandósult szókapcsolatoknak nevezzük. Keresse meg a **work** főnevet, hogy lássa, hogyan jelzi e szótár a leggyakoribb szókapcsolatokat félkövér betűvel nyomtatva. Minél több ilyen szókapcsolatot használ, annál természetesebbnek tűnik az angol nyelvtudása. Tanulmányai során gyűjtse azokat a szókapcsolatokat, amelyek tetszenek, vagy amelyeket hasznosnak talál!

★ **work²** /wɜːk/ *noun* **1** [U] munka(hely): *It is very difficult to find work in this city.* • *He's been out of work* (munka nélkül) *for six months.* • *When do you start work?* • *I'll ask if I can leave work* (befejezhetem-e a munkát) *early today.* • *I go to work at 8 o'clock.* • *The people at work gave me some flowers for my birthday.* • *Police work is not as exciting as it looks on TV.* • *Students do* **work experience** *in local firms.* **2** [U] munka, feladat: *Her success is due to sheer* **hard work**. • *We hope to start work on* (nekifogunk) *the project next week.* • *a piece of written work* (írásbeli) dolgozat/ feladat • *The teacher marked their work.* • *Is this all your own work?* **3** [C] mű, alkotás:

A *make, do* és más gyakori igékkel szereplő kifejezések

Ezeket csak úgy tanulhatjuk meg, hogy összegyűjtjük és állandóan gyakoroljuk őket. Néhány tipp a megfelelő ige kiválasztásához.

A **do** igét gyakran használjuk feladattal, kötelességgel kapcsolatban, amely szükséges, de nem kreatív munka, valamint kifejezésekben, amelyekben a **thing, nothing, anything** stb. szó szerepel:

do the cleaning	do something wrong
do an exam	do things your own way
do a job	nothing to do

A **make** igét gyakran használjuk, ha valamit ügyességgel, gondolkodással vagy szavakkal hozunk létre:

make a comment	make a model
make a decision	make a movie
make dinner	make a promise
make an excuse	make a suggestion
make a guess	
make a judgement	(*de* do a painting)

A **give** igét is gyakran használjuk szóval kapcsolatos kifejezésekben. Fizikai tevékenységet jelentő szavakkal is gyakori:

give (sb) advice	give a reason
give evidence	give sb a slap/a kiss/a hug
give sth a kick/a twist/a push	give (sb) your word
give a lecture	

Saját szójegyzékednek egy külön részébe gyűjtsd a szókapcsolatokat! Próbáld meg külön csoportba írni azokat, amelyek pozitív ill. negatív jelentésűek! Ez segít majd, hogy könnyebben megjegyezd őket.

Hova írnád a **take a risk** kifejezést?

Kiejtés és helyesírás

Sok nyelvben ha egy leírt szót látunk, azonnal tudjuk, hogyan kell kiejteni. Az angol nyelvben azonban egy betűkombinációnak sokféle kiejtése lehet. Nézzük meg, hogyan ejtjük az -ei- betűket a következő szavakban:

receive /rɪ'si:v/   height /haɪt/   weight /weɪt/   weird /'wɪəd/
their /ðeə/   foreign /'forən/   leisure /'leʒə/

A következő szavak mindegyikében szerepelnek olyan mássalhangzók, amelyeket nem ejtünk.

B	D	K	talk	T
climb	handkerchief	knee	walk	ballet
comb	Wednesday	knife		castle
debt		knob	N	duvet
doubt	G	knock	autumn	fasten
dumb	champagne	know		listen
lamb	foreign		P	often
thumb	sign	L	psychiatrist	whistle
		calm	psychology	
C	H	could	receipt	W
fascinating	exhausted	should		answer
muscle	honest	would	R	who
science	hour	half	iron	whose
yacht	yoghurt	palm		wrong
		salmon	S	write
			island	

A következő szavakat nehéz helyesen leírni. A gondot okozó betűt/betűket itt vastagon nyomtatva látjuk.

accommodation	definitely	millennium	(a computer) program
address	disappointed	opposite	recommend
alright (de all right)	embarrassed	possession	separate
association	exaggerate	practise (verb)	successful
cassette	excellent	practice (noun)	unnecessary
cigarette	immediately	(a TV) programme	until (de till)
commercial	independent	(US program)	woollen
committee	jewellery		

Egy helyesírási szabály, amelyet érdemes megtanulni:

Az /i:/ hangnak írásban gyakran ie felel meg, mint például a piece és believe szavakban. A c betű után azonban mindig ei a sorrend, mint például a receive, ceiling vagy receipt szavakban.

Jegyezzük meg a következő rímet: *i before e except after c.*

gh

Ennek a betűkombinációnak háromféle kiejtése van:

nem ejtjük	/f/	/g/
although	tough	ghetto
night	cough	ghost
thorough	rough	
higher	enough	
daughter	laugh	

Kettős mássalhangzók

Néhány szóvégi mássalhangzó megkettőződik az -ing, -ed, -er, -able stb. végződések előtt. Ez általában azt jelzi, hogy az előtte álló magánhangzó rövid. Szótárunk feltünteti a szóvégi mássalhangzó megkettőződését. Lásd **fat**, **prefer**, **whine** és **win**.

False friends

Az angol és a magyar, bár egymástól gyökeresen eltérő nyelvek, számos ponton találkoznak. Több olyan szó, kifejezés fedezhető fel mindkét nyelv szókincsében, amely alakilag megegyezik vagy erősen hasonló. Ezek között számos olyan szó is van, amelynek jelentése különböző.

A nyelvtanuló ezeket a szavakat ismerősnek vélheti, és anyanyelvéből kiindulva félreértelmezheti, tévesen fordíthatja. Az ilyen megtévesztő szavakat nevezzük „hamis barátok"-nak (**false friends**).

A hamis barátoknak több típusa létezik. Előfordul, hogy az azonos eredetű szavak jelentése fokozatosan módosult a használatban, és az angol és magyar kifejezés ma már nem pontosan fedi egymást. Erre példa a „konzekvens" melléknév, amely a „következetes", szóval rokon értelmű. Az angol **consequent** ezzel szemben magyarra fordítva „következő/származó".

Előfordul olyan eset is, amikor a két szó, bár alakilag és etimológiailag hasonlít, egymástól eltérő fogalmat jelöl. Az „artista" magyarul „akrobatá"-t jelent, az **artist** magyarra fordítva viszont „(képző)művész"-t.

Ezen kívül az is előfordul, hogy két szó alakja véletlenül egyezik csak, sem a szavak történetét tekintve, sem jelentésben nincs közük egymáshoz. Ilyen például a **hat** betűsor, amelyen magyarul számjegyet vagy igét, angolul pedig „kalap"-ot értünk. Ilyen alkalmi egyezésekkel nem foglalkozunk.

Az alábbi táblázatokban aszerint foglaltuk össze a hamis barátokat, hogy melyik nyelvből fordítva okozhatnak nagyobb nehézségeket.

magyar kifejezés	angol jelentése	tehát angolul nem	ami magyarul
abszolvál	complete (studies)	absolve	felment, feloldoz
absztinens	teetotaller	abstinent	önmegtartóztató
adjunktus	university professor	adjunct	járulék(os)
agitáció	propaganda (*alt. rosszalló/negatív*)	agitation	izgatottság, nyugtalanság
akció	action; *de sale is*		
akkord	chord	accord	egyezmény (*de ige is, lásd* accord²)
akt	(*műv*) nude	act	cselekedet (*de ige is, lásd* act²)
aktuális	topical	actual	tényleges, valóságos
allűr	mannerism	allure	(egyéni) vonzerő
artista	acrobat	artist	(képző)művész
barakk	hut, shed	barracks	kaszárnya, laktanya
benzin	petrol	benzene	benzol
biléta	tag, ticket, label	billet	beszállásol(ás)
blanketta	form, chart	blanket	takaró, pléd
boksz	boxing	box	doboz
cenzúra	censorship	censure	elítélő bírálat (*de ige is, lásd a címszónál*)
chips	(*brit*) crisps; *de US* (potato) chips	(*brit*) chips	hasábburgonya
cilinder	top hat	cylinder	henger
civil	civilian (*noun*)	civil	polgári

magyar kifejezés	angol jelentése	tehát angolul nem	ami magyarul
dekád	a period of ten working days	decade	évtized
deszka	board	desk	íróasztal, iskolapad
diploma	(okt) degree	diploma	oklevél, bizonyítvány (tanfolyam/főiskola elvégzéséről)
dóm	cathedral	dome	kupola
drapp	beige, khaki	drape	(US) függöny (de ige is, lásd a címszónál)
fagott	bassoon	faggot	homoszexuális férfi (főleg US, sértő); rőzsenyaláb
fantázia	fantasy; de ált. imagination		
farmer	jeans (nadrág), denim (anyag)	farmer	gazdálkodó, farmer
fatális	catastrophic, fateful, unfortunate	fatal	halálos; végzetes
flipper	pinball (machine)	flipper	úszóláb; (gumi)uszony
frakció	wing of (parliamentary) party	fraction	vminek a tört része/töredéke; tört(számnév)
gimnázium	grammar school	gymnasium	tornaterem
gipsz	plastercast	gypsum	kalcium-szulfát
hazárd	gamble	hazard	kockázat, veszély (de ige is, lásd hazard²)
impregnál	waterproof	impregnate	átitat
kandidátus	PhD	candidate	jelölt, pályázó; vizsgázó
karton	carton; de cardboard is		
kollégium	hall of residence, student hostel	college	főiskola
konfekció	off-the-peg (cheap) clothing	confection	édesség
konkurens	competing	concurrent	egyidejű
kontroll	check(-up), inspection	control	hatalom (egyéb jelentéseit lásd control¹ alatt)
konkurencia	competition	concurrence	egybeesés; jóváhagyás
konzekvencia	conclusion	consequence	következmény; fontosság
konzekvens	consistent, logical	consequent	vmiből következő/származó
konzerv	tinned food	conserve	konzervál, megóv
lektűr	pulp fiction	lecture	előadás
lokál	night club, bar	local	helyi, sarki (de lásd még local²)
mappa	folder	map	térkép
márka	(Deutsch)mark; brand, make	mark	folt, nyom (egyéb jelentéseit lásd mark¹,² alatt)
masiniszta	engine driver	machinist	gépész
massza	paste	mass	(fiz) tömeg
masszív	solid	massive	óriási, hatalmas
mimika	facial expression	mimic	utánoz; utánzó
módi	fashion	mode	(üzem)mód; állás
molesztál	harass	molest	zaklat (főleg szexuálisan)
ordenáré	vulgar	ordinary	hétköznapi
panel	prefabricated building block	panel	(fa/fém/üveg)tábla; zsűri
pantomim	mime	pantomime	karácsonykor előadott zenés darab, mely régi meséken alapul

magyar kifejezés	angol jelentése	tehát angolul nem	ami magyarul
panzió	guest house, bed and breakfast, B & B	pension	nyugdíj
parcella	strip of land	parcel	csomag
paszta	paste	pasta	száraztészta, főtt tészta
patetikus	solemn	pathetic	szánalmas
patron	cartridge, refill (noun)	patron	pártfogó; védnök
perspektíva	perspective; de ált. prospects		
pléd	blanket	plaid	kockás szövet
porta	reception (desk), porter's lodge	port	kikötő (egyéb jelentéseit lásd a címszónál)
praktika	trick	practice	gyakorlat (egyéb jelentéseit lásd a címszónál)
prémium	bonus	premium	biztosítási díj; felár
puding	blancmange	pudding	desszert; felfújt
pulpitus	lectern, music stand	pulpit	(vall) szószék
puzzle	ált. jigsaw	puzzle	rejtvény(játék); rejtély
ráció	reason	ratio; ration	arány(szám), viszonyszám; fejadag
recept	prescription; recipe	receipt	nyugta
reklamáció	complaint	reclamation	talajjavítás, lecsapolás
reklamál	complain	reclaim	visszaszerez (egyéb jelentéseit lásd a címszónál)
reklám	advertisement	reclaim	visszaszerez (egyéb jelentéseit lásd a címszónál)
reprezentatív	representative; de ált. elegant, stylish		
revízió	inspection	revision	átdolgozás; ismétlés
saláta	(fejes) lettuce	salad	(elkészített) saláta
strand	beach	strand	szál, fonal
szentencia	axiom	sentence	mondat; ítélet
szmoking	dinner jacket	smoking	dohányzás
szolid	low-key, restrained	solid	kemény, szilárd (egyéb jelentéseit lásd solid[1,2] alatt)
szinkronizált	dubbed	synchronized	összehangolt
transzparens	placard, banner	transparent	átlátszó
(személy)vagon	railway carriage	wagon	tehervagon
winchester	hard disk drive	Winchester	Winchester (város Angliában)
zsakett	tails	jacket	zakó
zseni	genius	genie	dzsinn
zseniális	brilliant	genial	barátságos

angol kifejezés	magyar megfelelője	tehát magyarul nem	ami angolul
academic	akadémiai; de gyakrabban tanulmányi, oktatási; humántudományokkal kapcsolatos; elméleti	akadémikus	member of an academy
accord	egyezmény	akkord	chord
actual	tényleges, valóságos	aktuális	topical

angol kifejezés	magyar megfelelője	tehát magyarul nem	ami angolul
actually	igazán; tulajdonképpen	aktuálisan	currently, urgently
artist	(képző)művész	artista	acrobat
barracks	kaszárnya, laktanya	barakk	hut, shed
blanket	takaró	blanketta	form, chart
camping	kempingezés	kemping	camp(site)
canapé	*(fogadásokon felszolgált apró)* szendvics	kanapé	sofa
caution	óvatosság, óvás, figyelmeztetés	kaució	bail; deposit
chips	hasábburgonya *(de US* **chips**)	chips	*(brit)* crisps
closet	beépített szekrény	klozett	loo
college	kb. főiskola; egy nagyobb egyetem önálló szervezeti egysége; *főleg US* egyetem	kollégium	hall of residence, student hostel
concrete *(noun)*	beton	konkrétum	fact
cylinder	henger	cilinder	top hat
cymbals	cintányér	cimbalom	cimbalom, Hungarian dulcimer
diversion	irányváltoztatás, eltérítés; terelőút; figyelemelterelés	diverzió	subversive activity, distraction
dome	kupola	dóm	cathedral
dress	női ruha	dressz	leotard; sports clothes
espresso	presszókávé	eszpresszó	cafe
fatal	halálos, végzetes	fatális	catastrophic, fateful, unfortunate
formula	képlet *is*	formula	model, recipe
gymnasium	tornaterem, edzőterem	gimnázium	grammar school
hazard	kockázat, veszély	hazárd	hazardous
jury	zsűri; *de* esküdtszék *is*		
marquee	nagy sátor	márki	marquis
massive	óriási, hatalmas	masszív	solid, weighty
pasta	száraztészta, főtt tészta	paszta	paste
pathetic	szánalmas, szívszaggató	patetikus	full of pathos; moving
patron	pártfogó; védnök	patron	cartridge, refill
pension	nyugdíj	panzió	small hotel, B & B
plaid	kockás szövet	pléd	blanket
professor	professzor; *de gyakran* tanár *(egyetemen, főiskolán)*		
propaganda	téves/félrevezető hírverés	propaganda	publicity
prospects	kilátás, perspektíva	prospektus	brochure
protection	védelem	protekció	connections
pudding	desszert	puding	*ált.* blancmange
receipt	nyugta	recept	prescription; recipe
rubric	feladat, utasítás *(tesztlapon)*	rubrika	heading, column
smoking	dohányzás	szmoking	dinner jacket
solid	kemény, szilárd	szolid	low-key, restrained
suggestive	kihívó (szexuálisan), kétértelmű	szuggesztív	impressive, forceful
sympathetic	együttérző; megértő	szimpatikus	nice, likable

FIGYELEM!

– a drinkbar nem angol szó (a **bar** azonban igen)

– az angol **hello** csak találkozáskor hangzik el (búcsúzáskor soha)

– vesd össze az angol **programme** és a magyar **program** jelentéseit.

Talking about yourself

My name is …
I'm sixteen years old.
My birthday is 11th November.
I was born in Szeged.
I come from Hungary.
My family originally came from Greece.
I'm half Hungarian and half Italian.

I'm 5 foot 6 inches/1.67 metres tall.
I weigh 8 stone 5 pounds/53 kilos.
I've got fair/dark/olive skin.
I've got freckles.
I've got long/short/shoulder-length/cropped/
*   black/brown/dark/blond/fair/red/ginger/*
*   curly/straight/wavy/frizzy/permed hair.*

I live in Budapest.
I live in the country/on a farm/in a city/in an industrial town/in a village.
I live in the centre of town/ in a busy part of town/in the suburbs/in a quiet residential area/on the outskirts of town.
I live in a large/small two-bedroom flat/house.
We have a small garden/a lot of land.
We have an allotment.

I come from a large/small family.
I've got one brother and one sister.
I haven't got any brothers or sisters./I'm an only child.
I am the youngest/the oldest/in the middle.

My parents are divorced/separated.
I live with my mother/father/grandparents.
I was adopted.
My maternal/paternal grandparents are still alive.
I've got five cousins.

My mother/father is a doctor/civil servant/plumber.
She/He works for a big company/a local firm/
in the Ministry of Health/from home.
My sister is training to be a nurse.
My elder brother is studying Law at university.
My younger/other brother is in the army.

I'm a secondary school/college/university student.
I go to ... Grammar School/High School/College/University.
I get to school/college/university by bus/car/train.
I cycle/walk to school/college/university.
My favourite subject is Chemistry/English/Maths, etc.
I'm studying History/Law/Medicine, etc.
When I leave school/college/university, I want to be a chef/journalist/lawyer, etc.
I want to travel around the world.

My hobbies are painting/writing/acting, etc.
I'm interested in art/the cinema/animals, etc.
I enjoy cooking/shopping/hiking, etc.
I collect stamps/dolls/cards, etc.
I like playing football/tennis, etc.
I play the guitar/piano, etc.
I go camping/swimming/sailing, etc. in the summer.
I'm a member of a chess/drama/basketball club.

I would describe myself as adventurous/ambitious/energetic/extrovert/lively.
I'm rather introverted/quiet/shy.
I like to be the leader.
I don't like making decisions.
I'm flexible/easy to get along with/friendly/sociable.
I'm a bit stubborn.
I think my strongest point is ... and my weakest point is ... .
I'm quite superstitious. I believe in ghosts.

In the evening/At the weekend, I
usually watch TV/do my homework/
read a book/go out with my friends/
play computer games.
I like going to parties/clubs/the cinema.
My favourite kind of music/band/author/director/film is ... .

Christmas/Easter/New Year's Eve, etc. is a special time in my country/for my family.
My whole family gets together then.
We give each other presents.

I'm Catholic/Protestant/Jewish/Muslim, etc.
I go to church/the synagogue/the mosque, etc.
every week.
I'm very religious.
I don't believe in God./I don't have a religion.

Példák párbeszédre

Az osztályban

Amit a diák mond

How do you say ... in English?

What does this word mean?

How do you spell it?

Can you say that again, please?

Could you speak more slowly?

I'm sorry, I don't understand.

I can't see the board from here.

Amit a tanár mond

Do you understand?

Do you want me to say it again?

Get into pairs.

Open your books at page 65.

Can you read the first paragraph, please?

If you know the answer, put your hand up.

If you don't understand a word, look it up in the dictionary.

Egy angol családnál

Can I use the phone to ring my family, please?

Can I help you with the washing-up?

I'm a vegetarian.

Sorry, I don't like mushrooms.

Thanks for that meal – it was delicious!

Would you mind doing some washing for me?

Could I borrow a hairdryer?

I'm going out with some friends tonight - is that OK?

Would it be all right to bring some friends round for coffee tomorrow?

Tomorrow is my last day, so I thought I would cook dinner for you.

This is my address in Hungary - I hope we can keep in touch!

Thank you very much for looking after me.

Telefonálás

Hello.

Hello, is that Helen?

Yes, speaking.

Oh, hello. This is Mike.

Hello, could I speak to Simon, please?
> Yes, of course. Can I ask who's calling?

It's Liz.
> OK, just a minute, please.

> Good morning. Could I speak to Dr Jones, please?
>> I'm afraid Dr Jones is out at the moment. Can I take a message?
>> No, thank you. I'll call back later. Goodbye.

Good morning. Smiths Limited. How can I help you?
> Good morning. Could you put me through to Customer Services, please?

Yes. Hold the line, please.

Good morning. Customer Services.
> Hello. I'd like to complain about a toaster I bought last week.

> Hi, Will. This is Sarah.
>> Hi, Sarah. Where are you calling from?

> I'm on my mobile. I just wanted to tell you that I'll be an hour late.
>> Thanks for letting me know. I'll see you later then.

OK. See you later.

To make a **phone call**, you **pick up the receiver** and **dial the number**. When the phone **rings**, the person you are calling **answers** it. If they are already **on the phone**, the phone is **engaged**. If you have a **mobile (phone)**, it can sometimes be difficult to **get a signal**. Sometimes, for example in a theatre or on a plane, you are asked to **switch off your mobile phone**.

Az utcán

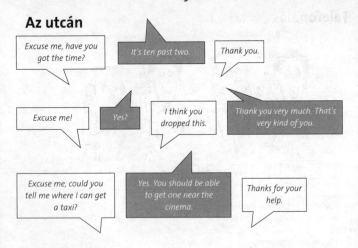

Útbaigazítás

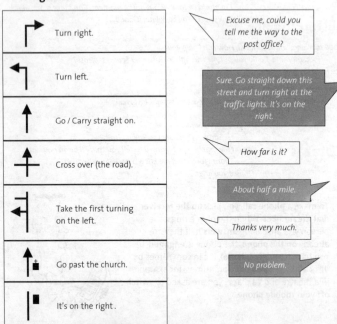

Vásárlás

A vevő

How much is this/are these?

Do you sell postcards?

Where can I buy stamps?

Can I have seven stamps for Hungary, please?

Do you have these shoes in (a) size 5?

Could I try these jeans on, please?

Where are the changing rooms?

Can I pay by credit card?

I think you've given me the wrong change.

I'm just looking.

Az eladó

Can I help you?

Sorry, we've sold out.

We'll be getting some more in next week.

That's ten pounds, please.

How would you like to pay?

We don't accept credit cards.

Étteremben

Vendég

A table for four, please.

Could we see the menu, please?

I'll have the fish, please.

Could we have the bill, please?

Felszolgáló

Smoking or non-smoking?

Have you booked a table?

Are you ready to order?

Would you like to see the dessert menu?

Utazás

Where's the bus/railway station?

Can I have a return/single (ticket) to Glasgow, please?

Can I reserve a seat on the 6.45 to Manchester, please?

Which platform is it for the London train?

Where does the bus to York leave from?

How much is a ticket to Cardiff?

What time does the next bus leave?

Which buses go to Summertown?

Could you tell me where to get off the bus, please?

Oxford – London
ADULT RETURN
0813 030400

Angol barátokkal

Ebben a részben azt nézzük meg, hogyan beszélnek az angolok, különösen a fiatalok, egymás között. Ne felejtsük el, hogy ez a rész a beszélt nyelvet mutatja, és a legtöbb kifejezés csak a mindennapi beszédben használatos. Az olyan hivatalosabb kommunikációban, mint levelezés vagy felvételi beszélgetés, ezeket a kifejezéseket nem használják

Mit mondanak az angolok

Ha meg akarják kérdezi, miért, azt mondják:
How come? vagy **How's that?**

How come you didn't tell me?
'I'm going home early today.' '**How's that**?'

Ha véleményt nyilvánítanak: **I reckon** vagy **I bet.**

I reckon she'll pass the exam.
I bet they're late.

Ha javasolnak valamit: **Do you fancy...?** vagy **How about ...?**

Do you fancy going for a pizza?
How about meeting up at the cinema?

Kérésre válaszul: **No problem** vagy **Not a problem.**

'Can I have a Coke?' 'Yes, *no problem*.'

A „rengeteg"szó megfelelőjeként: **loads/masses/tons (of)** vagy **an awful lot (of).**

She gave me *loads* to do.
There were *masses* of people at the concert.
I've got *an awful lot* of homework.

Igen.	Yeah!	Right!
	Yep!	You bet!
	OK!	Sure!
Nem.	No way!	
	Nope!	
	You must be joking!	
Köszönöm.	Thanks!	Ta!
	Cheers!	
Nem probléma!	No problem!	
Szia!	Hiya!	
	Hi (there)!	
	All right?	
Viszlát!	See you (in a bit)!	
	See you later!	
	Bye!	
	Cheers!	

Ha tetszik valami

Ha valami jó vagy klassz, azt mondják:

It's **magic!**

It's **brilliant!**

Excellent!

Wicked!

Ha valaki klassz, vagy valamit nagyon jól csinál:

*You're a **star**!*
*She's a **genius**!*

Ha egy ötlet vagy terv nagyszerű:

*'Let's go and see a film.' '**Cool**!'*
*'I'll ring you tonight.' '**Great**.'*

Divatos dologra mondhatják:

*I know a really **hip/cool** bar.*
*Those shoes are very **trendy**.*
*What a **groovy** jacket!*

Vonzó, csinos személyre azt mondják:

*He's **drop-dead gorgeous**.*
*She's **fit**.*

Ha nem tetszik valami

Ha valami nem jó, azt mondják:

*It's **rubbish**/(a pile of) **pants**/(a load of) **crap** (egyesek szerint a **crap** durva).*

Ha valaki semmit nem csinál jól:

*You're **useless**!*
*What a **loser**!*
*She's a real **waste of space**.*

Ha valaki vagy valami közönséges vagy ízléstelen: **naff**. Unalmas vagy sajnálandó tevékenységre vagy emberre: **sad**.

*That's a rather **naff** shirt!*
*He's just a **sad** old man.*
*Staying at home all weekend watching TV is pretty **sad**.*

Ha butának tartanak valakit:

You **dummy!**

What a **moron!**

Ha unalmas, amit csinálniuk kell:

*It's a **pain in the neck** having to stay indoors and work!*
*That's a real **drag**.*

Rövid szószedet

guy, bloke	= pasas
mate, buddy (főleg US)	= haver
kid	= kölyök, srác
cash	= dohány, lé, pénz
booze	= pia
the box / telly	= a tévé
check out that car!	= nézd csak azt a kocsit!
chill out!	= nyugi!
get lost!	= tűnés!

hang on/hold on!	= várj egy kicsit!
to crash out	= elalszik, kinyúlik
to flip	= bepöccen
to hang out	= lófrál
to skive/ to bunk off	= meglóg
to throw a wobbly	= felkapja a vizet
to veg out	= ejtőzik

A beszélt angol nyelv jellegzetességei

Nagyon gyakori az összevont alakok használata, pl. **I'm, you're, didn't.**

Gyakran elhagyják a mondat első szavát, különösen akkor, ha az személyes névmás:

Must go! (= I must go!)
Like the tie! (= I like your tie!)
Going out? (= Are you going out?)

Gyakoriak az olyan általános jellegű szavak, mint **things** és **stuff**, valamint olyan kifejezések, mint **sort of** és **kind of**:

*You can leave your **things** here.*
*Where shall I put my **stuff**?*
*I've got a **kind of** feeling they won't come.*
*I felt **kind of** scared.*
*Her new dress is **sort of** red.*

Ha nem tudjuk, mit mondjunk, vagy bizonytalanok vagyunk mondanivalónkban, a következő kifejezéseket használhatjuk: **well, you know, you see, I mean.**

Well, you know, *it's hard to remember.*
You see*, she said she was going to France.*
Are we leaving? ***I mean****, it's getting quite late.*

Az angol sokkal gyakrabban használja a **please** és a **thank you** kifejezéseket, mint a magyar:

*Can you tell me the way to the zoo, **please**?*

Indulatszók

A leggyakrabban használt indulatszók:

helyesírás	kiejtés	mikor használjuk	=	példák
ah!	/ɑː/	érzelmek vagy megértés kifejezésére	ó!	*Ah, that's nice! Ah, I see!*
aha!	/ɑːˈhɑː/	hirtelen észrevevés, felismerés kifejezésére	aha!	*Aha! That's where I left it!*
boo!	/buː/	ijesztésként	hu!	*Boo! Clear off!*
gosh!	/ɡɒʃ/	meglepetés kifejezésére	jaj!	*Gosh! Is that the time?*
hey!	/heɪ/	figyelemkeltésre	hé!	*Hey! What are you doing there?*
oh!	/eʊ/	érzelmek kifejezésére	óh, jaj!	*Oh look! Oh no! I forgot!*
ouch! vagy **ow!**	/aʊtʃ/ /aʊ/	fájdalom kifejezésére	juj!	*Ow! That hurt!*
ugh! vagy **yuk!**	/ɜː, ʊx/ /jʌk/	undor vagy bosszúság kifejezésére	fuj!	*Yuck! This soup's horrid!*
whoops! vagy **oops!**	/wʊps/ /ʊps/	ha megbotlunk, elesünk, vagy vmit elejtünk	hoppá!	*Whoops! I nearly broke that plate!*
wow!	/waʊ/	csodálat kifejezésére	hű!	*Wow! I like your bike!*

objective² /əb'dʒektɪv/ *adj.* tárgyilagos: *an objective report* ❶ Ellentéte: **subjective**.

▸ **objectively** *adv.* tárgyilagosan
objectivity /ˌɒbdʒek'tɪvəti/ *noun* [U] tárgyilagosság

obligation /ˌɒblɪ'geɪʃn/ *noun* [C,U] (an) **obligation (to sb) (to do sth)** kötelezettség: *The shop is under no obligation* (nem köteles) *to give your money back.* • *We have an obligation* (kötelességünk) *to help the poor.*

obligatory /ə'blɪɡətri/ *adj.* (*formális*) kötelező ❶ Ellentéte: **optional**.

oblige /ə'blaɪdʒ/ *verb* **1** [T] (*ált. szenvedő szerkezetben*) kötelez, köteles vmit megtenni: *I felt obliged to eat the food they offered.* **2** [I,T] (*formális*) engedelmeskedik, megtesz: *If you ever need any help, I'd be happy to oblige.*
▸ **obliged** *adj.* lekötelezettje vkinek: *Thanks for your help. I'm much obliged* (igen hálás vagyok) *to you.*
obliging *adj.* előzékeny

obliterate /ə'blɪtəreɪt/ *verb* [T] (*formális*, *gyakran szenvedő szerkezetben*) nyomtalanul eltüntet

oblivion /ə'blɪviən/ *noun* [U] **1** öntudatlan állapot **2** (el)feledés: *His work faded into oblivion* (feledésbe merült) *after his death.*

oblivious /ə'blɪviəs/ *adj.* **oblivious (to/of sb/sth)** nincs tudatában vminek, megfeledkezve vmiről

oblong /'ɒblɒŋ/ *adj., noun* [C] téglalap(alakú) ❶ Szinonimája: **rectangle**.

obnoxious /əb'nɒkʃəs/ *adj.* visszataszító

oboe /'əʊbəʊ/ *noun* [C] oboa ➲ Magyarázat a **piano** szónál.

obscene /əb'siːn/ *adj.* **1** trágár: *obscene books/gestures/language* **2** szemérmetlenül nagy: *He earns an obscene amount of money.*

obscenity /əb'senəti/ *noun* [C,U] (*plural* **obscenities**) trágárság: *to shout a string of obscenities*

obscure¹ /əb'skjʊə(r)/ *adj.* **1** alig ismert **2** homályos, zavaros: *For some obscure reason, he decided to give up his job and become a writer.*
▸ **obscurity** /əb'skjʊərəti/ *noun* [U] homály, ismeretlenség

obscure² /əb'skjʊə(r)/ *verb* [T] elrejt, elhomályosít

observance /əb'zɜːvəns/ *noun* [U, *sing.*] **(an) observance (of sth)** vmi betartása

observant /əb'zɜːvənt/ *adj.* jó megfigyelő

observation /ˌɒbzə'veɪʃn/ *noun* **1** [U] (meg)figyelés: *The patient is being kept under observation.* **2** [U] megfigyelőképesség: *Scientists need good powers of observation.* **3** [C] an observation (about/on sth) megjegyzés/-állapítás ➲ Lásd a **remark** és **comment** szavakat, melyeket gyakrabban használnak.

observatory /əb'zɜːvətri/ *noun* [C] (*plural* **observatories**) csillagvizsgáló

★**observe** /əb'zɜːv/ *verb* [T] **1** megfigyel **2** (*formális*) észlel, észrevesz **3** (*formális*) megjegyez **4** (*formális*) betart (*pl. előírást, szabályt*): *to observe the speed limit*

observer /əb'zɜːvə(r)/ *noun* [C] (meg)figyelő

obsess /əb'ses/ *verb* [T] (*ált. szenvedő szerkezetben*) **be obsessed (about/with sb/sth)** állandóan csak ugyanazon jár az esze: *He became obsessed with getting his revenge.*

obsession /əb'seʃn/ *noun* **obsession (with sb/sth) 1** [U] megszállottság **2** [C] rögeszme

obsessive /əb'sesɪv/ *adj.* rögeszmés, megszállottja vminek: *He's obsessive about cleanliness.*

obsolete /'ɒbsəliːt/ *adj.* elavult

obstacle /'ɒbstəkl/ *noun* [C] **an obstacle (to sth/doing sth)** akadály

obstetrician /ˌɒbstə'trɪʃn/ *noun* [C] szülész

obstinate /'ɒbstɪnət/ *adj.* makacs ❶ Szinonimája: **stubborn**.
▸ **obstinacy** /'ɒbstɪnəsi/ *noun* [U] makacsság
obstinately *adv.* makacsul

obstruct /əb'strʌkt/ *verb* [T] elzár/-torlaszol, akadályoz

obstruction /əb'strʌkʃn/ *noun* **1** [U] akadályozás **2** [C] akadály: *This car is causing an obstruction* (forgalmi zavart).

obstructive /əb'strʌktɪv/ *adj.* akadályozó

* **obtain** /əb'tem/ *verb* [T] (*formális*) megszerez: *to obtain advice/permission*

obtainable /əb'teməbl/ *adj.* beszerezhető: *That make of TV is no longer obtainable.*

* **obvious** /'ɒbviəs/ *adj.* **obvious (to sb)** nyilvánvaló: *For obvious reasons, I'd prefer not to give my name.*
  ▶ **obviously** *adv.* nyilvánvalóan

* **occasion** /ə'keɪʒn/ *noun* [C] alkalom: *I met Bill on two occasions.* **2** (*C*) esemény: *a memorable occasion* **3** [*sing.*] megfelelő alkalom: *I shall tell her what I think if the occasion arises.*

A „megfelelő alkalom" kifejezésére használjuk az **occasion** szót: *I saw them at the funeral, but it was not a suitable occasion for discussing holiday plans.* Az **opportunity** és **chance** szavak lehetőséget fejeznek ki: *I was only in Paris for one day and I didn't get the opportunity/chance to visit the Louvre.*

IDIOM **on occasion(s)** alkalomadtán

* **occasional** /ə'keɪʒənl/ *adj.* alkalmi, időnkénti
  ▶ **occasionally** /-nəli/ *adv.* időnként

occult /'ɒkʌlt/ *adj.* **1** (*csak főnév előtt*) okkult **2** (**the occult**) /ə'kʌlt/ *noun* [*sing.*] mágikus erők

occupant /'ɒkjəpənt/ *noun* [C] lakó, bérlő, adott helyen, adott időben tartózkodó személy (*lakó, autó utasa, állás betöltője, stb.*)

* **occupation** /ˌɒkju'peɪʃn/ *noun* **1** [C] (*írott nyelv*) foglalkozás: *Please state your occupation.* **Ⓓ** Magyarázat a **work**¹ szónál. **2** [U] megszállás **3** [U] birtokba vétel

occupational /ˌɒkju'peɪʃənl/ *adj.* (*csak főnév előtt*) foglalkozási, munka-: *Accidents are an occupational hazard* (*foglalkozási ártalom*) *on building sites.*

occupied /'ɒkjupaɪd/ *adj.* **1** (*főnév előtt nem állhat*) foglalt **2** elfoglalt **Ⓓ** Lásd **pre-occupied. 3** megszállt

occupier /'ɒkjupaɪə(r)/ *noun* [C] (*írott nyelv*) lakó, bérlő, ház/föld használója

* **occupy** /'ɒkjupaɪ/ *verb* [T] (*pres. part.* **occupying**; *3rd pers. sing. pres.* **occupies**; *pt, pp* **occupied**) **1** időt/helyet vesz/foglal el **Ⓘ** Szinonimája: **take up. 2** (*formális*) elfoglal, lakik **3** (*kat*) megszáll **4 occupy sb/yourself** elfoglal vkit vmi

* **occur** /ə'kɜː(r)/ *verb* [I] (**occurring**; **occurred**) **1** (*formális*) (meg)történik **Ⓓ** Magyarázat a **happen** szónál. **2** előfordul: *The virus occurs frequently in children.* **3 occur to sb** eszébe jut

occurrence /ə'kʌrəns/ *noun* [C] (meg)történés, előfordulás

* **ocean** /'əʊʃn/ *noun* **1** [U] (*főleg US*) óceán: *Two thirds of the earth's surface is covered by ocean.* **2** [C] (**Ocean** is) óceán: *the Atlantic/Pacific Ocean* **Ⓓ** Lásd **sea.**
  IDIOM **a drop in the ocean** → DROP²

* **o'clock** /ə'klɒk/ *adv.* óra

Figyelem! Az **o'clock** szó csak egész óráknál használható: *We arranged to meet at 5 o'clock. It's 5.30 already and he's still not here.*

Oct. *abbr.* (**October** rövidítése) okt.: *13 Oct. 1999*

octagon /'ɒktəgən/ *noun* [C] nyolcszög
  ▶ **octagonal** /ɒk'tægənl/ *adj.* nyolcszögű

octave /'ɒktɪv/ *noun* [C] oktáv

* **October** /ɒk'təʊbə(r)/ *noun* [U, C] (*abbr.* **Oct.**) október **Ⓓ** Példák és magyarázat a **January** szónál.

octopus /'ɒktəpəs/ *noun* [C] (*plural* **octopuses**) polip

* **odd** /ɒd/ *adj.* **1** furcsa, szokatlan: *There's something odd about him.* **Ⓘ** Szinonimája: **peculiar. 2** (**odd-**) (*összetett melléknevekben*) furcsa: *an odd-sounding name* **3** (*csak főnév előtt*) időnkénti: *He makes the odd mistake, but nothing serious.* **4** (*csak főnév előtt*) fel nem használt, megmaradt: *He made the shelves out of a few odd bits of wood.* **5** párját vesztett: *You're wearing odd socks.* **6** páratlan szám: *odd numbers* **Ⓘ** Ellentéte: **even. 7** fölött: *'How old do you think he is?' 'Thirty-odd, I suppose.'*
  ▶ **oddly** *adv.* furcsán: *Oddly enough* (*elég furcsa*), *the most expensive tickets sold fastest.*

oddness *noun* [U] furcsaság
  IDIOM **the odd man/one out** kakukktojás: *Her brothers and sisters were very different. She was always the odd one out.*

oddity /'ɒdəti/ noun (plural **oddities**) [c] különc, különcség

odd 'jobs noun [plural] alkalmi munkák

oddment /'ɒdmənt/ noun [c, usually plural] (főleg brit) maradék

odds /ɒdz/ noun [plural] **the odds (on/against sth/sb)** valószínűség, esély: The odds are against you. Nincs sok esélyed. • The odds are in your favour. Minden esélyed megvan.
IDIOMS against (all) the odds váratlanul | **be at odds (with sb) (over sth)** vitában áll vkivel | **be at odds (with sth)** ellentétben áll vmivel | **odds and ends** (brit, informális) lim-lom

odometer /əʊ'dɒmɪtə(r)/ (US) = MILO-METER

odour (US **odor**) /'əʊdə(r)/ noun [c] (formális) szag

odourless (US **odorless**) /'əʊdələs/ adj. szagtalan

★ **of** /əv; erős alak ɒv/ prep. **1** vkinek/vminek a vmije/vkije (birtokviszony kifejezése): the roof of the house • a friend of mine • the poems of Milton • a map of York • a photograph of my parents fénykép a szüleimről • the arrival of the president az elnök érkezése • the murder of the president az elnök megyilkolása **2** (annak kifejezésére, hogy vki/vmi vmilyen, vmi vmit tartalmaz, vagy miből készült): a woman of intelligence egy okos nő • the city of Paris • It's made of silver. • a feeling of anger **3** (részmennyiség/távolság/dátum/életkor kifejezésére): some of the people • a litre of milk • the fourth of July • a girl of 12 • an increase of 2.5% • five miles north of Leeds • a glass of milk • a crowd of people **4** (ok kifejezésére): He died of pneumonia. Tüdőgyulladásban halt meg. **5** (egyes melléknevek vonzataként): I'm proud of you. • She's jealous of her. **6** (egyes igék vonzataként): This perfume smells of roses. • Think of a number. • It reminds me of you.

★ **off¹** /ɒf/ adv., prep. ❶ További kifejezések az **off** elöljáróval kapcsolatban a kifejezésben szereplő igénél találhatók, pl. **go off** lásd **go**. **1** le, el: to fall off a ladder/motorbike • We got off the bus. • I shouted to him but he just walked off. • I must be off. • When are you off to Spain? • (átv) We've got off the subject. Eltértünk a

tárgytól. **2** le: She took her coat off. • He shook the rain off his umbrella. ❶ Ellentéte: **on. 3** vhonnan nyíló, vmi melletti: My road is off the Cowley Road. **4** bizonyos távolságra: The Isle of Wight is just off the south coast of England. • Christmas is still a long way off. **5** kikapcsolva: Please make sure the TV/light/heating is off. ❶ Ellentéte: **on. 6** nincs jelen (munkahelyén, iskolában): She's off work/off sick with a cold. • I'm having a day off (szabadnapos leszek) next week. The meeting/wedding/trip is off. ❶ Ellentéte: **on. 8** vmennyivel olcsóbb: cars with £400 off • £400 off the price of a car **9** abbahagy vmit mert nem szereti már vagy nem akarja: The baby's off his food.
IDIOMS off and on; on and off időnként: It rained on and off all day. | **off limits** (US) tilos a belépés | **off the top of your head** → TOP¹ | **well/badly off** jól/rosszul megy (vkinek)

off² /ɒf/ adj. (főnév előtt nem állhat) **1** (meg)romlott **2** (beszélt nyelv) barátságtalan: My neighbour was rather off with me today.

offal /'ɒfl/ noun [U] állati belsőség

off chance noun [sing.] csekély valószínűség: She popped round **on the off chance** (hátha) of finding him at home.

off-day noun [c] (informális) rossz/peches nap: to have an off-day

★ **offence** (US **offense**) /ə'fens/ noun **1** [c] (formális) **an offence (against sth)** bűntett, törvénysértés: to commit an offence • a criminal/minor/serious offence **2** [U] **offence (to sb/sth)** sértés, megbántás: I didn't mean to **cause** you any **offence**.
IDIOM take offence (at sth) megsértődik

★ **offend** /ə'fend/ verb **1** [T] (gyakran szenvedő szerkezetben) megbánt/-sért: I hope they won't be/feel offended if I don't come. **2** [I] (formális) megszeg/-sért (törvényt)

offender /ə'fendə(r)/ noun [c] **1** (formális) törvényszegő, bűnöző: **Young offenders** should not be sent to adult prisons. • a first offender **2** vétkező

offensive¹ /ə'fensɪv/ adj. **1 offensive (to sb)** bántó, sértő: offensive behaviour/language/remarks ❶ Ellentéte: **inoffensive**.

ð **then** | s **so** | z **zoo** | ʃ **she** | ʒ **vision** | h **how** | m **man** | n **no** | ŋ **sing** | l **leg** | r **red** | j **yes** | w **wet**

2 (*formális*) (*csak főnév előtt*) támadó: *offensive weapons* **❶** Ellentéte: **defensive**.
▸ **offensively** sértőn, támadóan

offensive² /əˈfensɪv/ *noun* [C] támadás

IDIOM **be on the offensive** támadólag (*lép fel*)

★ **offer¹** /ˈɒfə(r)/ *verb* **1** [T] offer sth (to sb) (for sth); offer (sb) sth (fel)ajánl, kínál: *I've been offered a job in London.* **2** [I] offer (to do sth) ajánlkozik **3** [T] nyújt (*átv*)

★ **offer²** /ˈɒfə(r)/ *noun* [C] **1** an offer (of sth); an offer (to do sth) ajánlat: *to make an offer* • *to accept an offer* • *to refuse/turn down an offer* • *to withdraw an offer* **2** an offer (of sth) (for sth) árajánlat **3** kedvezményes ár: *a special offer*

IDIOMS **on offer 1** eladó, rendelkezésre álló: *The college has a wide range of courses on offer* (tanfolyamot ajánl). **2** (*főleg brit*) kedvezményes áron | **or nearest offer; ono** → NEAR¹

offering /ˈɒfərɪŋ/ *noun* [C] kínálat

offhand¹ /ˌɒfˈhænd/ *adj.* nyegle: *an offhand manner/voice*

offhand² /ˌɒfˈhænd/ *adv.* kapásból

★ **office** /ˈɒfɪs/ *noun* **1** [C] hivatal, iroda: *The firm's head office is in Leeds.* • *Please phone during office hours.*

Amerikai angolban az **office** szó fogorvosok és más orvosok rendelőjét jelenti, brit angolban ennek megfelelője a **surgery**.

2 [C] (*gyakran összetett főnevekben*) -hivatal, -iroda: *the tax/ticket/tourist office* ➔ Lásd **booking office, box office, post office**. **3** (Office) [*sing.*] minisztérium: *the Foreign/Home Office* **4** [U] tisztség: *The Labour party has been in office* (hatalmon van) *since 1997.*

office block *noun* [C] irodaház

★ **officer** /ˈɒfɪsə(r)/ *noun* [C] **1** (katona)tiszt: *an army officer* **2** (köz)tisztviselő: *a prison/customs/welfare officer* (szociális intézmény alkalmazottja) **3** (also **police officer**) rendőr(tiszt) ➔ Magyarázat az **official²** szónál.

★ **official¹** /əˈfɪʃl/ *adj.* **1** (*csak főnév előtt*) hivatali: *official duties* **2** hivatalos: *official figures* • *The country's official language is Spanish.* **❶** Ellentéte: **unofficial**.

official² /əˈfɪʃl/ *noun* [C] hivatalos személy, tisztviselő

Az **office worker** irodában dolgozik, íróasztalnál. Az **official** az a személy, aki felelősségteljes állást tölt be valamilyen szervezetnél, többnyire kormányhivatalban: *senior government officials.* Az **officer** a fegyveres erőknél vagy a rendőrségnél szolgál és parancsokat ad. Ez utóbbi szó jelentése néha azonos az **official** szóval: *She's a tax officer in the Civil Service.*

officialdom /əˈfɪʃldəm/ *noun* [U] hivatalnoki kar

officially /əˈfɪʃəli/ *adv.* **1** hivatalosan **2** szabály szerint

officious /əˈfɪʃəs/ *adj.* parancsolgató

offing /ˈɒfɪŋ/ *noun*
IDIOM **in the offing** (*informális*) vmi készülőben van, várható

off-licence *noun* [C] (*US* **liquor store**) italbolt

off-line *adj., adv.* off-line, a hálózattól független

offload /ˌɒfˈləʊd/ *verb* [T] (*informális*) offload sth (on/onto sb) rásóz, elpasszol

off-peak *adj., adv.* (*csak főnév előtt*) csúcsidőn/szezonon kívüli: *an off-peak train ticket/phone call* • *to travel off-peak* ➔ Lásd **peak**.

off-putting *adj.* (*főleg brit*) elkedvetlenítő, taszító

offset /ˈɒfset/ *verb* [T] (offsetting; *pt, pp* offset) ellensúlyoz: *The disadvantages are more than offset by the advantages.*

offshoot /ˈɒfʃuːt/ *noun* [C] sarj(adék)

offshore /ˌɒfˈʃɔː(r)/ *adj.* partmenti: *an offshore oil rig*

offside *adj.* **1** /ˌɒfˈsaɪd/ leshelyzetben van (*futball játékos*) **2** /ˈɒfsaɪd/ (*brit*) jármű vezető felőli oldala

offspring /ˈɒfsprɪŋ/ *noun* [C] (*plural* offspring) (*formális*) utód, ivadék: *to produce/raise offspring*

off-white *adj.* törtfehér

★ **often** /ˈɒfn; ˈɒftən/ *adv.* **1** gyakran, sokszor: *We often go swimming at the weekend.* • *I'm sorry I didn't write very often.* • *How*

❶ = magyarázat [C] megszámlálható (*főnév*): *one book, two books*

[U] megszámlálhatatlan (*főnév*): *some sugar*

often should you go to the dentist? **2** sok esetben

IDIOMS every so often időről időre | more often than not elég gyakran

ogre /ˈəʊgə(r)/ noun [C] **1** emberevő óriás **2** vadállat (átv értelemben személyre)

★ **Oh** /əʊ/ (also **O**) interj. Ó!: 'I'm a teacher.''Oh? Where?' ● 'Oh no!' she cried.

★ **oil** /ɔɪl/ noun [U] **1** olaj **2** étkezési olaj: vegetable/sunflower/olive oil
► **oil** verb [T] beolajoz

oilfield /ˈɔɪlfiːld/ noun [C] olajlelőhely

'**oil painting** noun [C] olajfestmény

'**oil rig** (also **rig**) noun [C] (olaj)fúrótorony

'**oil slick** (also **slick**) noun [C] olajszennyeződés (tengeren)

'**oil well** (also **well**) noun [C] olajkút

oily /ˈɔɪli/ adj. olajos: oily food ● Mechanics always have oily hands.

ointment /ˈɔɪntmənt/ noun kenőcs

★ **OK¹** (also **okay**) /ˌəʊˈkeɪ/ adj., adv., interj. (informális) **1** (elég) jó(l): 'Did you have a nice day?' 'Well, it was OK, I suppose.' ● Is it okay if I come at about 7? **2** rendben van: 'Do you want to come?''OK.'

OK² (also **okay**) /ˌəʊˈkeɪ/ noun [sing.] beleegyezés: As soon as my parents **give me the OK**, I'll come and visit you.
► **OK** (also **okay**) (3rd pers. sing. pres. **OK's**; pres. part. **OK'ing**; pt, pp **OK'd**) verb [T] **OK sth (with sb)** beleegyezik, jóváhagy: If you need time off, you have to OK it (jóvá kell hagyatnod) with your boss.

★ **old** /əʊld/ adj. **1** régi: In the old days, people had larger families. **❶** Ellentéte: **new** vagy **modern. 2** öreg: He looks older (idősebbnek) than 50. ● to get/grow old (meg)öregedni **❶** Ellentéte: **young. 3** vmennyi idős, (-)éves: That building is 500 years old. ● a six-year-old (child) ● How old are you? **➔** Magyarázat az **age¹** szónál.

Az **old** szó közép- és felsőfoka általában **older** és **oldest**: My father's older than my mother. ● I'm the oldest in the class. Az **elder** és **eldest** alakot akkor használjuk, ha emberek, főleg családtagok életkorát hasonlítjuk össze. Az **elder** szó **than** kötőszóval nem állhat.

4 (the old) noun [plural] az idősek/öregek **➔** Lásd **the elderly**, **the aged. 5** régi (használt) **❶** Ellentéte: **new. ➔** Lásd **second-hand. 6** (csak főnév előtt) korábbi, előző: my old job **7** (csak főnév előtt) régi, régről ismert: She's a very old friend of mine. **8** (csak főnév előtt, informális) jelentéktelen, érdektelen: I write any old rubbish (irkafirkálok) in my diary.

IDIOM be an old hand (at sth) már ismeri vmi minden csínját-bínját, tapasztalt

ˌold 'age noun [U] idős kor, öregkor: He's enjoying life in his old age. **➔** Lásd **youth.**

ˌold-age 'pension noun [U] (öregségi) nyugdíj
► ˌold-age 'pensioner (also **pensioner**) noun [C] (abbr **OAP**) nyugdíjas **❶** Az old-age pensioner kifejezés kezd kikopni a használatból. **➔** Lásd még **senior citizen.**

ˌold-'fashioned adj. **1** elavult, divatjamúlt: old-fashioned clothes/ideas **2** régimódi, maradi: My parents are quite old-fashioned about some things. **➔** Lásd **modern, unfashionable.**

ˌold 'people's home (brit) (also reˈtirement home) noun [C] öregek otthona

the ˌOld 'Testament noun [sing.] Ószövetség

olive /ˈɒlɪv/ noun **1** [C] oliva, olajbogyó: olive oil **2** (also ˌolive 'green) [U] adj. olajzöld

the Oˌlympic 'Games (also the Olympics /əˈlɪmpɪks/) noun [plural] olimpia(i játékok): to win a medal at/in the Olympics ● the Winter Olympics
► **Olympic** adj. olimpiai (csak főnév előtt): Who holds the Olympic record for the 800 metres?

ombudsman /ˈɒmbʊdzmən; -mæn/ noun [sing.] állampolgári jogok országgyűlési biztosa

omelette (also **omelet**) /ˈɒmlɪt/ noun [C] omlett

omen /ˈəʊmən/ noun [C] előjel: a good/bad omen for the future

ominous /ˈɒmɪnəs/ adj. vészjósló, fenyegető: Those black clouds look ominous.

omission /əˈmɪʃn/ noun [C,U] vminek az elhagyása/kihagyása, kihagyott dolog:

There were several omissions (több név hiányzott) *on the list.*

omit /əˈmɪt/ *verb* [T] (**omitting; omitted**) **1** kihagy, elhagy vhonnan/vmiből **2** (*formális*) **omit to do sth** elmulaszt/elfelejt vmit megtenni

★**on** /ɒn/ *adv., prep.* ❶ A szó számos igei és főnévi összetétele, pl. **get on, on holiday**, a kifejezésben szereplő igénél, ill. főnévnél található. **1** (*formális* **upon**) -on/-en/-ön/-n: *on the table/ceiling/wall* • *We sat on the beach/grass/floor.* • *Write it down on a piece of paper* (egy darab papírra). • *The ball hit me on the head* (fejbe talált). **2** -on/-en/-ön/-n (levő/fekvő): *on a farm/housing estate/campsite* • *a house on the river/seafront/border* • *I live on the other side of town.* **3** vmerre, vmilyen irányban: *on the right/left* • *on the way to school* iskolába menet **4** -on/-en/-ön/-n (*utazik, megy*): *on the bus/train/plane* • *We came on foot* (gyalog). • *Eddie went past on his bike.* **5** (*utazás*) -ra/-re: *to go on a trip/journey* **6** -on/-en/-ön/-n (*idő kifejezése*): *on August 19th* • *on Monday* • *on your birthday* **7** be van kapcsolva, működik: *All the lights were on.* • **Switch** *the television* **on.** **8** vmilyen ruhában van, vmi nála van: *What did she* **have** *on?* Mi volt rajta? • *to put your shoes/coat/make-up* **on** • *I've got no money on me* (nálam). **9** vmiről, vmilyen témáról: *a talk/a book/an article on Japan* **10** műsoron van, megtartják: *What's on at the cinema?* • *Is the meeting still on, or has it been cancelled?* **11** vmivel (*eszközzel*): *I was (talking)* **on the phone** *to Laura.* • *I saw it* **on television.** • *I cut my hand on some glass* (üvegdarabbal). • *Dave spends most evenings* **on the Internet** (internetezik). **12** -ra/-re (*amire a cselekvés irányul, ill. hatással van*): *Divorce can have a bad effect on children.* • *He spends a lot on clothes.* • *Don't waste your time on that.* Ne pocsékold vele az időt. **13** -on/-en/-ön/-n, -val/-vel (*vmit szed, fogyaszt*): *to be on medication/antibiotics/heroin* • *Gorillas live on leaves and fruit.* • *Does this car run on petrol or diesel?* **14** (*pénz*) -ból/-ből (él): *What will you be on* (mennyit fogsz keresni) *in your new job?* • *He's been (living) on unemployment benefit since he lost his job.* **15** tovább: *The man shouted at us but we walked on.* • *The*

speeches went on and on (nem akartak véget érni). **16** vmilyen okból, vminek az alapján: *She doesn't eat meat on principle* (elvből). • *The film is based on a true story.* **17** vmihez képest: *Sales are up 10% on last year* (10%-kal több a tavalyinál). **18** rögtön vmi után, vmit követően: *He phoned her on his return* (amint visszatért) *from New York.* **19** állja a költségeket: *The drinks are on me* (én fizetem)!

IDIOMS **be on about sth** (*informális*) szövegel vmiről: *I didn't know what he was on about* (valójában mit akart). | **from now/then on** mostantól/attól fogva/ kezdve | **not on** szó se lehet róla, olyan nincs: *No, you can't stay out that late. It's just not on.* | **off and on; on and off** → OFF[1] | **be/go on at sb** → GO[1]

★**once** /wʌns/ *adv., conj.* **1** egyszer: *I've only been to France once.* • *once a week/month/year* • *I visit them about once every six months* (kb. félévenként). **2** azelőtt, egykor: *This house was once the village school.* **3** amint, ha majd/már: *Once you've practised a bit you'll find that it's quite easy.* **IDIOMS** **all at once 1** mind egyszerre **2** egyszer csak, hirtelen: *All at once she got up and left the room.* | **at once 1** rögtön, azonnal: *Come here at once!* **2** (mind) egyszerre: *I can't understand if you all speak at once.* | **just this once**; **(just) for once** most az egyszer | **once again/more** újra (*mint azelőtt*) | **once and for all** egyszer s mindenkorra, végleg(esen) | **once in a blue moon** (*informális*) nagyon ritkán, száz évben egyszer | **once in a while** nagy néha | **once more** még egyszer | **once upon a time** Egyszer volt, hol nem volt...

oncoming /ˈɒnkʌmɪŋ/ *adj.* (csak főnév előtt) szembejövő, vki felé tartó: *oncoming traffic*

★**one[1]** /wʌn/ *pron., determiner, noun* [C] **1** (*számnév*) egy: *There's only one biscuit left.* ➔ Lásd **first**. Példák a **six** szónál. **2** egy(ik) (*meghatározatlan időpont*): *He came to see me one evening last week.* • *We must go and visit them one day.* **3** (*a* **the other**, *another* vagy *other(s)* kifejezésekkel szembeállítva fejezi ki) az egyik: *The twins are so alike that it's hard to tell one from the other.* **4** (**the one**) az egyetlen: *She's the one* *person I trust.* • *We can't all get in the one car.*

IDIOMS **(all) in one** (*több dolog*) egyben: *It's a phone and fax machine all in one.* | **one after another/the other** egymás után, sorban | **one at a time** egyenként, egyszerre csak egy | **one by one** egyesével | **one or two** egy-két, néhány

★ **one²** /wʌn/ *pron., noun [C]* **1** névmás a főnév megismétlésének elkerülésére: *I think I'll have an apple. Would you like one?*

> Tőszámnév után csak jelzővel együtt állhat: *In the field there were three white horses and two black ones.*

2 one of az egyik **❶** A *one of* kifejezés után a főnév mindig többes számban áll. Az ige egyes számban van, mivel alanya az **one**: *One of our assistants is ill.* • *One of the buses was late.* **3** (*főnév helyett* **this, that, which** *vagy melléknév után*): *'Which dress do you like?' 'This one.'* • *'Can I borrow some books of yours?' 'Yes. Which ones?'* • *'This coat's a bit small. You need a bigger one.'* **4** (**the one/the ones**) (*olyan kifejezés előtt, amely meghatározza, kiről/miről/melyikről van szó*): *My house is the one after the post office.* **5** (*formális*) az ember: *One must be sure of one's facts before criticizing other people.*

> A **one** szó ebben az értelemben nagyon formális, helyette az angol köznyelvben a **you** személynévmást szokták használni.

ˌone aˈnother *pron.* egymást/egymással stb.: *We exchanged news with one another.*

ˌone-ˈoff *noun [C] adj.* (*informális*) egyszeri és megismételhetetlen: *a one-off payment/opportunity*

★ **oneself** /wʌnˈself/ *pron.* **1** saját magát: *One can teach oneself to play the piano but it is easier to have lessons.* **2** (*nyomatékosítás*) egyedül, (saját) maga: *One could easily arrange it all oneself.*
IDIOM **(all) by oneself** (teljesen) egyedül, segítség nélkül **➋** Magyarázat az **alone** szónál.

ˌone-ˈsided *adj.* **1** egyoldalú: *Some newspapers give a very one-sided view of politics.* **2** egyenlőtlen (*verseny, viszony*): *The match was very one-sided - we lost 12-1.*

ˌone-to-ˈone (*US* ˌone-on-ˈone) *adj., adv.* kétszemélyes, négyszemközti: *one-to-one* (*egy tanár – egy diák*) *English lessons*

ˌone-ˈway *adv., adj.* **1** egyirányú (*út, utca*): *a one-way street* **2** egy(szeri) utazásra szóló (*menetjegy*): *a one-way ticket* **❶** Szinonimája: **single**. Ellentéte: **return**.

ongoing /ˈɒŋɡəʊɪŋ/ *adj.* (*csak főnév előtt*) folyamatban levő, folyamatos(an létező): *an ongoing debate/process/situation*

★ **onion** /ˈʌnjən/ *noun [C,U]* vöröshagyma: *onion soup*

online /ˌɒnˈlaɪn/ *adj., adv.* online, számítógépes (kapcsolaton alapuló): *an online ticket booking system* • *I'm studying French online.*

onlooker /ˈɒnlʊkə(r)/ *noun [C]* szemlélő, bámészkodó személy

★ **only** /ˈəʊnli/ *adj., adv., conj.* (*csak főnév előtt*) **1** az egyetlen: *I was the only woman in the room.* **2** csak: *She only likes pop music.* • *It's only one o'clock.* **3** a legjobb, az egyetlen: *It's so cold that the only thing to do is to sit by the fire.*

> Az írott nyelvben az **only** szó rendszerint azelőtt a szó előtt áll, amelyikre vonatkozik. Beszédben hangsúlyozással fejezhetjük ki, hogy melyik szóra vonatkozik az **only** szó, anélkül, hogy a helyét meg kellene változtatni: *I only kissed 'Jane.* Csak Jane-t csókoltam meg. • *I only 'kissed Jane.* Csak megcsókoltam Jane-t (de mást nem csináltam).

4 (*informális*) attól eltekintve, hogy, csak: *The film was very good, only it was a bit too long.*
IDIOMS **if only** → IF | **not only... but also** nemcsak..., hanem... is: *He not only did the shopping but he also cooked the meal.* | **only just 1** nemrég, épp az imént: *I've only just started this job.* **2** épp hogy, alig: *We only just had enough money to pay for the meal.*

ˌonly ˈchild *noun [C]* egyetlen gyerek, egyke

onset /ˈɒnset/ *noun [sing.]* **the onset (of sth)** kezdet (*gyakran vmi kellemetlen dologé*)

onslaught /ˈɒnslɔːt/ *noun [C]* **an onslaught**

(on/against sb/sth) heves támadás, kiro-hanás

★ **onto** (also **on to**) /'ɒntə; magánhangzó előtt 'ɒntu; erős alak 'ɒntu:/ *prep.* -ra/-re (*vminek a tetejére, felszínére*): *The bottle fell off the table onto the floor.* • *The crowd ran onto the pitch* (a pályára).

IDIOMS **be onto sb** (*informális*) vkinek a nyomára bukkan, nyomában van | **be onto sth** vminek a nyomában van, helyes úton halad vmi felé

onwards /'ɒnwədz/ (also **onward** /'ɒnwəd/) *adv.* **1** from...onwards -tól/-től kezdve (*idő*) **2** (*formális*) előre (*térben*)

ooze /u:z/ *verb* **ooze from/out of sth; ooze (with) sth** [*I,T*] szivárog: *Blood was oozing from a cut on his head.*

op /ɒp/ *noun* [*C*] (*beszélt nyelv*) műtét

opaque /əʊ'peɪk/ *adj.* **1** átlátszatlan, homályos **2** (*formális*) homályos (*értelmű*) ❶ Ellentéte: **transparent**.

OPEC /'əʊpek/ *abbr.* (Organization of Petroleum Exporting Countries *rövidítése*) OPEC, Olajexportáló Államok Szövetsége

★ **open¹** /'əʊpən/ *adj.* **1** nyitott, nyitva: *Don't leave the door open.* • *I can't get this bottle of wine open* (kinyitni). • *Her eyes were wide open.* • *His shirt was open at the neck.* **2** open (to sb/sth); open (for sth) nyilvános, nyitva áll vki számára: *The hotel is now open for business* (üzemkész) *again.* • *The competition is open to everyone* (akárki benevezhet). • *The gardens are open to the public in the summer.* ❶ Ellentéte: **closed** vagy **shut**. **3** nyílt természetű: *Elena always talks about her feelings – she's a very open person.* • *He looked at him with open* (leplezetlen) *dislike.* **4** (*csak főnév előtt*) nyílt (*terület, tenger*): *open country* **5** (*főnév előtt nem állhat*) nyitott, még nem eldöntött: *Let's leave the details open.* A *részletekre térjünk vissza később.*

IDIOMS **have/keep an open mind (about/on sth)** nyitott (szemléletű) (*még nem foglalt (véglegesen) állást*) | **in the open air** a szabadban | **keep an eye open/out (for sb/sth)** → EYE¹ | **open to sth** nyitott (*új dolgok elfogadására*): *to be open to suggestions/new ideas* | **with your eyes open** → EYE¹ | **with open arms** tárt karokkal (*átv is*)

★ **open²** /'əʊpən/ *verb* **1** [*I,T*] (ki)nyílik, (ki)nyit: *This window won't open* (nem nyílik). • *The parachute failed to open* (nem nyílt ki). • *Open the curtains* (húzd el a függönyt), *will you?* • *to open your eyes/hand/mouth* • *to open a bag/letter/box* ❶ Ellentéte: **close** vagy **shut**. **2** [*I,T*] (ki)nyit (*közönséget/látogatókat fogad*): *The museum opens at 10 on Sundays.* • *Police finally opened* (megnyitotta) *the road six hours after the accident.* ❶ Ellentéte: **close** vagy **shut**. **3** [*I,T*] (meg)nyit, elindít: *to open a meeting/bank account* ❶ Ellentéte: **close**. **4** [*T*] kinyit (*programot, fájlt*)

IDIOM **open fire (at/on sb/sth)** tüzet nyit, lőni kezd

PHRASAL VERBS **open into/onto sth** vmerre nyílik, vezet (*ajtó*) | **open out** kiszélesedik | **open up 1** felenged (*őszintén kezd beszélni érzelmeiről, gondolatairól*) **2** ajtót nyit | **open (sth) up 1** megnyit, megnyílik, lehetővé válik/tesz vki számára: *When I left school all sorts of opportunities opened up for me.* **2** megnyílik (*pl. üzlet*)

the open³ /'əʊpən/ *noun* [*sing.*] szabad levegő, nyílt tér(ség): *I like to be out in the open* (a szabadban) *at weekends.*

IDIOM **bring sth out into the open; come out into the open** nyilvánosságra hoz/kerül

open-¹air *adj.* nyitott, szabadtéri: *an open-air swimming pool*

¹open day *noun* [*C*] nyílt nap (*nyilvánosság elől elzárt intézményben*)

opener /'əʊpnə(r)/ *noun* [*C*] (*összetett főnevekben*) -nyitó: *a tin-opener* konzervnyitó • *a bottle-opener* sörnyitó ➔ Ábra **kitchen** alatt.

opening /'əʊpnɪŋ/ *noun* [*C*] **1** nyílás, hézag **2** kezdete, eleje vminek **3** ünnepélyes megnyitó, felavatás (*középületé, úté stb.*) **4** (*megüresedett*) állás: *We have an opening for a new secretary.* **5** kedvező alkalom, lehetőség

▶ **opening** *adj.* kezdő-, nyitó- (*csak főnév előtt*): *the opening chapter/ceremony*

openly /'əʊpənli/ *adv.* nyíltan, őszintén

open-¹minded *adj.* nyitott, fogékony (*új gondolatokra, nézetekre*)

openness /'əʊpənnəs/ *noun* [*U*] nyíltság, őszinteség

open-'plan adj. egy légterű (nagy helyiség, amely nincs külön szobákra osztva): an open-plan office

the 'Open Uni'versity noun [sing.] (brit) Szabadegyetem (levelező és a média közvetítésével működő távoktatás)

opera /'ɒprə/ noun [C, U] opera: an opera by Wagner • a comic opera ⊃ Lásd soap opera.

'opera house noun [C] opera(ház)

★ **operate** /'ɒpəreɪt/ verb 1 [I,T] működik (szerkezet), működtet ❶ Szinonimája: function. 2 [I,T] működik, működtet (céget), vállalkozás(t) stb.): The firm operates from its central office in Bristol. 3 [I] közrejátszik, szerepet játszik vmiben 4 [I] operate (on sb/sth) (for sth) (meg)műt, (meg)operál

operatic /ˌɒpə'rætɪk/ adj. opera-

'operating system noun [C] operációs rendszer

'operating theatre (also theatre) noun [C] műtő

★ **operation** /ˌɒpə'reɪʃn/ noun 1 [C] (beszélt nyelv op) műtét, operáció: He had an operation to remove his appendix (kivették a vakbelét/vakbélműtéte volt). 2 [C] (közös) akció, (had)művelet: a rescue operation 3 [C] nagy cég, nagyvállalkozás 4 [C] működés, művelet (gépé, számítógépé) 5 [U] működtetés, kezelés (gépé, készüléké)

IDIOM be in operation; come into operation működik, érvényben van, működésbe lép

operational /ˌɒpə'reɪʃənl/ adj. 1 (ált. főnév előtt) operációs, műveleti 2 (főnév előtt ált. nem állhat) működőképes, működésre kész: The new factory is now fully operational. 3 (csak főnév előtt) hadműveleti, harcászati

operative /'ɒpərətɪv/ adj. (formális) 1 érvényes, hatályos: The new law will be operative (érvénybe lép) from 1 May. 2 műtéti

★ **operator** /'ɒpəreɪtə(r)/ noun [C] 1 telefonközpontos: a switchboard operator 2 kezelő (gépé, készüléké): a computer operator számítógép-kezelő 3 vállalkozó, vállalkozás, vállalat: a tour operator

★ **opinion** /ə'pɪnjən/ noun 1 [C] an opinion (of sb/sth); an opinion (on/about sth) vélemény, nézet: to have/hold strong opinions • **In my opinion** (szerintem), you're making a big mistake. 2 [U] (köz)vélemény: public opinion

IDIOMS be of the opinion that... (formális) úgy véli/gondolja, azon a véleményen van, hogy | **have a good/high opinion of sb/sth; have a bad/low/poor opinion of sb/sth** jó/rossz véleménnyel van vkiről/vmiről | **a matter of opinion** → MATTER¹

o'pinion poll (also poll) noun [C] közvélemény-kutatás

opium /'əʊpiəm/ noun [U] ópium

opp. abbr. (opposite rövidítése) vmivel szemben (levő), vmivel ellentétben (álló)

★ **opponent** /ə'pəʊnənt/ noun [C] ellenfél (sportban, versenyben is)

opportunist /ˌɒpə'tjuːnɪst/ (also opportunistic) adj. (ált. főnév előtt) alkalom szülte: an opportunist crime
▶ **opportunist** noun [C] opportunista

★ **opportunity** /ˌɒpə'tjuːnəti/ noun [C,U] (plural opportunities) an opportunity (for sth/to do sth) alkalom, lehetőség: I have a golden opportunity (soha vissza nem térő lehetőség) to go to America now that my sister lives there. • When we're finally alone, I'll **take the opportunity** (megragadom az alkalmat) to ask him that question. • I'll give Steve your message if I **get the opportunity** (ha alkalmam nyílik rá). ⊃ Lásd még chance(1,2) és possibility. Magyarázat az occasion szónál.

oppose /ə'pəʊz/ verb [T] ellenez: They opposed the plan to build a new road.

opposed /ə'pəʊzd/ adj. be opposed to sth vmi ellen van, vmit ellenez
IDIOM as opposed to szemben vmivel, eltérően vmitől: Your work will be judged by quality, as opposed to quantity.

opposite/in front of

opposite   in front of

opposite /'ɒpəzɪt/ adj., adv., prep. 1 szemközti, szembe(n): You sit there and

I'll sit opposite. **❶** Az **opposite** szót néha a főnév után használják: *Write your answer in the space opposite.* **2** ellenkező: *the opposite direction* • *members of the opposite sex* a másik nem képviselői

▸ **opposite** *noun* [C] vminek az ellentéte, ellenkezője: *'Hot' is the opposite of 'cold'.*

IDIOM your **opposite number** vkivel azonos beosztásban lévő személy egy másik vállalatnál, szervezetben: *The Prime Minister met his Italian opposite number* (találkozott olasz kollégájával).

★ **opposition** /ˌɒpəˈzɪʃn/ *noun* [U] **1** opposition (to sb/sth) ellenérzés, ellenzés **2** (the opposition) [sing.] (sport, üzleti élet stb.) ellenfél **3** (the Opposition) [sing.] (politika) az ellenzék: *Opposition MPs* **❶** A szó 2. és 3. jelentésében a vele egyeztetett ige egyes és többes számban is állhat.

oppress /əˈpres/ *verb* [T] (ált. szenvedő szerkezetben) elnyom (embercsoportot)

▸ **oppressed** *adj.* elnyomott: *an oppressed minority*

oppression *noun* [U] elnyomás

oppressive /əˈpresɪv/ *adj.* **1** elnyomó, zsarnoki **2** tikkasztó, fullasztó, nyomasztó (hőség, légkör)

opt /ɒpt/ *verb* [I] opt to do sth/for sth vhogyan/vmi mellett dönt

PHRASAL VERB opt **out (of sth)** úgy dönt, hogy kimarad/kilép vmiből

optical /ˈɒptɪkl/ *adj.* optikai: *optical fibre/instruments*

ˌoptical ilˈlusion *noun* [C] optikai csalódás

optician /ɒpˈtɪʃn/ *noun* [C] látszerész, optikus

optimism /ˈɒptɪmɪzəm/ *noun* [U] derűlátás, optimizmus **❶** Ellentéte: pessimism.

▸ **optimist** *noun* [C] optimista ember **❶** Ellentéte: pessimist.

optimistic /ˌɒptɪˈmɪstɪk/ *adj.* optimistic (about sth/that...) derűlátó, optimista **❶** Ellentéte: pessimistic.

▸ **optimistically** /-kli/ *adv.* optimistán, bizakodóan **❶** Ellentéte: pessimistically.

★ **option** /ˈɒpʃn/ *noun* [U, C] választás(i lehetőség): *Students have the option of studying part-time or full-time.* • *If you're late again, you will give us no option but to*

(nem lesz más választásunk, mint hogy) *dismiss you.* **❶** Szinonimája: **choice**.

optional /ˈɒpʃənl/ *adj.* választható, fakultatív: *an optional extra* **❶** Ellentéte: **compulsory** vagy **obligatory**.

★ **or** /ɔː(r)/ *conj.* **1** vagy (pedig): *Are you interested or not?* • *Would you like lamb, beef or fish?* ➔ Lásd **either...or....** **2** vagy (különben): *Don't drive so fast or you'll have an accident!* **❶** Ebben az értelemben az **or else** vagy **otherwise** is használható. **3** (tagadás után) sem, és nem (is): *I've never been either to Italy or Spain.* ➔ Lásd **neither...nor....** **4** *I've been there five or six times* (ötször-hatszor). **❶** Amikor e szó jelentése „körülbelül", a magyarban a két szám közé tett kötőjellel fordítjuk. **5** azaz, vagyis: *20% of the population, or one in five*

IDIOMS or **else** → ELSE | or **so** körülbelül, vagy úgy valahogy: *You should feel better in three days or so.* | or **something/somewhere** (beszélt nyelv) vagy valami olyasmi

> További lehetőség a bizonytalanság kifejezésére az **...or other**: *He muttered something or other* (valami olyasfélét motyogott) *about having no time and disappeared.*

★ **oral¹** /ˈɔːrəl/ *adj.* **1** szóbeli: *an oral test* **2** száj-, szájjal kapcsolatos: *oral hygiene* ➔ Lásd **aural**.

▸ **orally** *adv.* **1** szóban (nem írásban) **2** szájon át: *This medicine is taken orally.*

oral² /ˈɔːrəl/ *noun* [C] szóbeli (vizsga)

★ **orange¹** /ˈɒrɪndʒ/ *noun* **1** [C,U] (brit) narancs: *orange juice* • *orange peel* narancshéj • *an orange tree* **2** [U, C] narancsital, narancslé **3** [U, C] narancsszín, narancssárga

★ **orange²** /ˈɒrɪndʒ/ *adj.* narancsszínű, narancssárga

ˌorange ˈsquash *noun* [C,U] (brit) narancsszörp

orator /ˈɒrətə(r)/ *noun* [C] (formális) szónok

orbit /ˈɔːbɪt/ *noun* [C,U] (csillagászat, űrkutatás) (röp)pálya, keringési pálya: *a space station in orbit round the moon*

▸ **orbit** *verb* [I,T] (röppályán) kering

❶ = magyarázat   [C] megszámlálható (főnév): *one book, two books*   [U] megszámlálhatatlan (főnév): *some sugar*

orbital /ˈɔːbɪtl/ *adj.* **1** elkerülő (*város körüli út*) **2** pálya-, röppályával kapcsolatos
▸ **orbital** *noun* [*C*, *usually sing.*] körgyűrű (*város körül*)

orchard /ˈɔːtʃəd/ *noun* [*C*] gyümölcsöskert

★ **orchestra** /ˈɔːkɪstrə/ *noun* [*C*] zenekar: *a symphony orchestra* ➲ Lásd még **band**.
▸ **orchestral** /ɔːˈkestrəl/ *adj.* zenekari

orchid /ˈɔːkɪd/ *noun* [*C*] orchidea

ordeal /ɔːˈdiːl; ˈɔːdiːl/ *noun* [*C*, *usually sing.*] megpróbáltatás

★ **order¹** /ˈɔːdə(r)/ *noun* **1** [*U*, *sing.*] sorrend: *a list of names in* **alphabetical order** • *Put the things you have to do* **in order of importance** (fontossági sorrendbe). **2** [*U*] rend: *I really must* **put** *my notes* **in order**. ❶ Ellentéte: **disorder**. **3** [*C*] **an order (for sb) (to do sth)** parancs, utasítás: *In the army, you have to* **obey orders** (parancsnak engedelmeskedni). • *She gave the order to start the work.* **4** [*U*] (törvényes) rend: *to restore order* ➲ Lásd **disorder**. **5** [*C,U*] **an order (for sth)** megrendelés: *The company has just received a major export order.* • *The book I need is* **on order** (meg van rendelve). **6** [*C*] rendelés (*étteremben*): *Can I* **take your order** *now, sir?*

IDIOMS **be in working order** (jól) működik | **in order to do sth** azért, hogy, abból a célból, hogy | **in/into reverse order** → REVERSE³ | **law and order** → LAW | **be out of order 1** nem működik **2** (*informális*) megengedhetetlen, elfogadhatatlan (*viselkedés*)

★ **order²** /ˈɔːdə(r)/ *verb* **1** [*T*] **order sb (to do sth)** utasít, parancsol **2** [*T*] megrendel **3** **order (sb) (sth); order (sth) (for sb)** [*I,T*] rendel (*étteremben*): *Can you order me a sandwich?*

PHRASAL VERB **order sb about/around** parancsolgat vkinek

orderly¹ /ˈɔːdəli/ *adj.* **1** rendes, rendben tartott: *an orderly office/desk/queue* **2** jól viselkedő, nyugodt ❶ Ellentéte: **disorderly**.

orderly² /ˈɔːdəli/ *noun* [*C*] (*plural* **orderlies**) beteghordó, műtőssegéd (*szakképzetlen kórházi alkalmazott*)

ordinal /ˈɔːdɪnl/ (*also* ,**ordinal 'number**) *noun* [*C*] sorszámnév ➲ Lásd **cardinal**.

ordinarily /ˈɔːdnrəli/ *adv.* rendszerint, általában

★ **ordinary** /ˈɔːdnri/ *adj.* hétköznapi, átlag-: *ordinary people*
IDIOM **out of the ordinary** rendkívüli, szokatlan

ore /ɔː(r)/ *noun* [*C,U*] érc: *iron ore*

★ **organ** /ˈɔːɡən/ *noun* [*C*] **1** belső szerv: *vital organs* létfontosságú szervek • *sexual/reproductive organs* nemi szervek **2** (*zene*) orgona ➲ Magyarázat a **piano** szónál.
▸ **organist** *noun* [*C*] orgonista

organic /ɔːˈɡænɪk/ *adj.* **1** bio-: *organic vegetables/farming* biozöldség/biogazdálkodás **2** szerves, organikus: *organic chemistry* ❶ Ellentéte: **inorganic**.
▸ **organically** /-kli/ *adv.* bio-módszerekkel (*termesztett*): *organically grown*

organism /ˈɔːɡənɪzəm/ *noun* [*C*] élő szervezet, organizmus

★ **organization** (*also* **-isation**) /ˌɔːɡənaɪˈzeɪʃn/ *noun* **1** [*C*] szervezet: *a voluntary organization* **2** [*U*] szervezés, szervezőmunka **3** [*U*] (meg)szervezés, szervezettség ❶ Ellentéte: **disorganization**
▸ **organizational** (*also* **-isational**) /-ʃənl/ *adj.* szervező-, szervezési: *organizational skills*

★ **organize** (*also* **-ise**) /ˈɔːɡənaɪz/ *verb* **1** [*T*] (meg)szervez **2** [*I,T*] (meg)szervez, rendez
▸ **organizer** (*also* **-iser**) *noun* [*C*] szervező

organized (*also* **-ised**) /ˈɔːɡənaɪzd/ *adj.* **1** (vhogyan) szervezett: *a carefully/badly/well organized trip* **2** rendezett, (jól) szervezett (*munkában, tervezésben, életben*) ❶ Az **1.** és **2.** jelentés ellentéte **disorganized**. **3** (*csak főnév előtt*) szervezett (*sok embert megmozgató*): *organized crime* szervezett bűnözés

orgasm /ˈɔːɡæzəm/ *noun* [*U*, *C*] orgazmus: *to have an orgasm*

orgy /ˈɔːdʒi/ *noun* [*C*] (*plural* **orgies**) **1** orgia, dorbézolás **2** **an orgy (of sth)** tombolás, őrjöngés: *an orgy of destruction*

the Orient /ˈɔːriənt/ *noun* [*sing.*] (*írott nyelv*) a Kelet (*főleg Távol-Kelet*)

orient /ˈɔːriənt; ˈɒrient/ (*brit also* **orientate** /ˈɔːriənteɪt/) *verb* [*T*] **orient yourself** tájékozódik, kiismeri magát ➲ Lásd **disorientate**.

---

oriental /ˌɔːriˈentl/ adj. (Oriental) (rég) (távol-)keleti

> Vigyázat! Ezt a szót ma már sokan sértőnek érzik, ezért helyesebb az **Asian** szót használni helyette.

oriented /ˈɔːrientɪd/ (also **orientated**) /ˈɔːrɪənteɪtɪd/ adj. vkire/vmire irányuló: *Our products are male-oriented* (a férfiakat célozzák meg). • *She's very career orientated.*

orienteering /ˌɔːriənˈtɪərɪŋ/ noun [U] tájékozódási futás

origin /ˈɒrɪdʒɪn/ noun [C,U] (gyakran tsz) eredet, származás: *This particular tradition has its origins in Wales* (Wales-ből származik). • *Many English words are of Latin origin* (latin eredetű). • *people of African origin*

★ **original¹** /əˈrɪdʒənl/ adj. 1 (csak főnév előtt) eredeti (későbbi változások előtti): *The original meaning of this word is different from its meaning now.* 2 eredeti, új: *an original idea* 3 eredeti (elsőként készült): *'Is that the original painting?' 'No, it's a copy.'*

original² /əˈrɪdʒənl/ noun [C] az eredeti (példány): *Could you photocopy my passport and give the original back to me?*

originality /əˌrɪdʒəˈnæləti/ noun [U] eredetiség, újdonság

originally /əˈrɪdʒənəli/ adv. 1 eredetileg 2 eredetien, eredeti módon

originate /əˈrɪdʒɪneɪt/ verb [I] (formális) ered, származik vhonnan/vmiből

ornament /ˈɔːnəmənt/ noun [C] dísz(tárgy)

ornamental /ˌɔːnəˈmentl/ adj. díszítő, dísz-

ornate /ɔːˈneɪt/ adj. gazdagon díszített

ornithology /ˌɔːnɪˈθɒlədʒi/ noun [U] ornitológia, madártan
▸ **ornithologist** /-ɪst/ noun [C] ornitológus

orphan /ˈɔːfn/ noun [C] árva (gyerek)
▸ **orphan** verb [T] (ált. szenvedő szerkezetben) elárvul, árvaságra jut: *She was orphaned when she was three.*

orphanage /ˈɔːfənɪdʒ/ noun [C] árvaház
❶ Gyakoribb szó a **children's home**.

orthodox /ˈɔːθədɒks/ adj. 1 hagyományos, általánosan elfogadott: *orthodox*

opinions/methods ❶ Ellentéte: **unorthodox**. 2 ortodox, óhitű (aki a régi tanokat, szertartásokat szigorúan betartja): *an orthodox Jew* • *the Greek Orthodox Church*

ostentatious /ˌɒstenˈteɪʃəs/ adj. 1 hivalkodó 2 hivalkodó, feltűnősködő (viselkedés)
▸ **ostentatiously** adv. hivalkodóan, feltűnően

ostracize (also -ise) /ˈɒstrəsaɪz/ verb [T] (formális) kiközösít, kivet magából (társadalmi csoport)

ostrich /ˈɒstrɪtʃ/ noun [C] strucc

★ **other** /ˈʌðə(r)/ determiner, pron. 1 más(ik), egyéb: *If you're busy now, I'll come back some other time* (majd máskor). • *This jumper's too small. Have you got any others?* • *Some of my friends went to university, others didn't.* ❶ Az **other** szó nem állhat an után. ➔ Lásd **another**. 2 (the, my, your, his, her stb. szavak után egyes számú főnévvel) (kettő közül) a másik: *I can only find one sock. Have you seen the other one?* 3 (the, my, your, his, her stb. szavak után többes számú főnévvel) (a) többi(ek) (ember, dolog): *I'll have to wear this shirt because all my others are dirty.* • *Mick and I got a taxi, the others walked.*

IDIOMS **every other** → EVERY | **in other words** azaz, más szóval | **one after another/the other** → ONE¹ | **other than** (ált. tagadás után) ezt leszámítva, egyébként: *The plane was a bit late, but other than that the journey was fine.* | **the other day** a napokban, nemrég: *An old friend rang me the other day.* | **the other morning** egyik reggel | **the other way round** → ROUND² | **the other week** néhány hete | **sb/sth/somewhere or other** → OR

★ **otherwise** /ˈʌðəwaɪz/ adv. 1 (más)különben: *You have to press the red button, otherwise it won't work.* 2 ettől eltekintve: *I'm a bit tired but otherwise I feel fine.* 3 másképpen: *Bismarck, otherwise known as 'the Iron Chancellor'*

otter /ˈɒtə(r)/ noun [C] vidra

ouch /aʊtʃ/ (also **ow** /aʊ/) interj. Jaj! (hirtelen fájdalom kifejezése)

★ **ought to** /ˈɔːt tə; maganhangzó előtt ˈɔːt tuː/ modal verb (negative **ought not to**; short form **oughtn't to** /ˈɔːtnt tə/ maganhangzó előtt ˈɔːtnt tuː/) 1 (nem) kellene (vkinek vmit megtennie) (*elvárják tőle*): *You ought to visit your parents.* • *He oughtn't to have been driving so fast.* Nem kellett volna olyan gyorsan vezetnie. **2** kellene (vminek történnie) (*számítunk rá*): *She ought to pass her test.* **3** kellene, jó lenne (ha vki megtenne vmit): *You ought to read this interesting book.* Ə Lásd a *Rövid nyelvtani összefoglalást*.

ounce /aʊns/ *noun* **1** [*C*] (*abbr.* **oz**) uncia (*súly mértékegység: 28,35 gramm. 1 fontban 16 uncia van*) **2** [*sing.*] **an ounce of sth** (*ált. negatív kijelentésekben*) nagyon kevés, egész pici: *He hasn't got an ounce of imagination.* Egy csepp fantáziája sincs.

★ **our** /ɑː(r); 'aʊə(r)/ *determiner* a(z) ...-(i)nk: *This is our first visit to Britain.*

★ **ours** /ɑːz; 'aʊəz/ *pron.* a miénk/mieink: *Their garden is quite nice but I prefer ours.*

★ **ourselves** /ɑː'selvz; ˌaʊə's-/ *pron.* **1** (*saját*) magunkat: *Let's just enjoy ourselves* (*érezzük jól magunkat*). • *We sat down and made ourselves comfortable* (kényelembe helyeztük magunkat). **2** (*nyomatékosítás*) mi (*saját*) magunk: *Should we paint the flat ourselves?*
IDIOM (all) by ourselves **1** magunk(ban), egyedül: *Now that we're by ourselves, could I ask you something?* Ə Magyarázat az **alone** szónál. **2** önállóan

★ **out¹** /aʊt/ *adj., adv.* ❶ További kifejezések az out elöljáróval kapcsolatban a kifejezésben szereplő igénél találhatók, pl. **look out** lásd **look**. **1** (*vhonnan, vmiből*) ki(-): *She opened the window and put her head out.* • *Can you show me the way out?* Meg tudná mutatni, hol jutok ki? **2** távol, házon kívül: *My manager was out when she called.* • *I'd love a night out* (elmenni este valahová). **3** messze, messzire (*pl. szárazföldtől, vki hazájától*): *The current is quite strong so don't swim too far out* (ne ússzál ki túl messzire). **4** apálykor: *Don't swim when the tide is on the way out.* **5** előjön, kiderül: *In spring all the flowers are out* (kibújnak). • *The secret's out now.* **6** be/come out megjelenik, kiadják **7** hangosan, fennhangon: *She cried out in pain.* **8** be out kiment a divatból, divatjamúlt: *Short skirts are out this season.* **9** (*beszélt nyelv*) ki van zárva vmi, nem jó: *I'm afraid Friday is out. I've got a meeting.*

10 be out vki kiesik, kiállítják (*játékban, sportban*) **11** be out kint van (*a játéktéren kívül*) **12** be out eltér a helyestől, téves (*becslés*): *My guess was only out by a few centimetres.* **13** be out nem ég/világít, el van oltva
IDIOMS be/come out leleplezi/bevallja, hogy homoszexuális | be out for sth; be out to do sth nagyon igyekszik elérni vmit | out-and-out teljes, totális | out loud hangosan

out² /aʊt/ *verb* [*T*] leleplezi vki homoszexualitását: *The politician was outed by a tabloid newspaper*

the outback /'aʊtbæk/ *noun* [*sing.*] Ausztrália belső részének vad, elhagyatott területe

outboard motor /ˌaʊtbɔːd 'məʊtə(r)/ *noun* [*C*] csónakmotor

outbreak /'aʊtbreɪk/ *noun* [*C*] kitörés (*járványé*), kirobbanás (*erőszakos eseményé*): *an outbreak of cholera/fighting*

outburst /'aʊtbɜːst/ *noun* [*C*] érzelemkitörés

outcast /'aʊtkɑːst/ *noun* [*C*] kiközösített, kitaszított személy: *a social outcast*

outclass /ˌaʊt'klɑːs/ *verb* [*T*] (*gyakran szenvedő szerkezetben*) felülmúl, klasszisokkal jobb vkinél (*játékban, versenyben*)

outcome /'aʊtkʌm/ *noun* [*C*] eredmény, következmény

outcry /'aʊtkraɪ/ *noun* [*C, usually sing.*] (*plural* **outcries**) felzúdulás, tömeges tiltakozás: *a public outcry*

outdated /ˌaʊt'deɪtɪd/ *adj.* elavult

outdo /ˌaʊt'duː/ *verb* [*T*] (*pres. part.* **outdoing**; *3rd pers. sing. pres.* **outdoes** /-'dʌz/; *pt* **outdid** /-'dɪd/; *pp* **outdone** /-'dʌn/) felülmúl vkit: *Not to be outdone* (mivel senki mögött nem akart lemaradni), *she tried again.*

★ **outdoor** /'aʊtdɔː(r)/ *adj.* (*csak főnév előtt*) szabadtéri: *an outdoor swimming pool* • *outdoor clothing/activities* ❶ Ellentéte: **indoor**.

★ **outdoors** /ˌaʊt'dɔːz/ *adv.* kint, a szabadban: *In summer we often eat outdoors.* ❶ Szinonimája: **out of doors**. Ellentéte: **indoors**. Ə Lásd **outside**.

★ **outer** /'aʊtə(r)/ adj. (csak főnév előtt)
1 külső: the outer layer of skin on an onion
a hagyma külső héja **2** külső, szélső: the
outer suburbs of a city **❶** Ellentéte: **inner**.

outermost /'aʊtəməʊst/ adj. (csak főnév
előtt) legkülső **❶** Ellentéte: **innermost**.

ıouter 'space noun [U] világűr

outfit /'aʊtfɪt/ noun [C] (teljes) öltözék: I
bought a whole new outfit in the sales

outgoing /'aʊtɡəʊɪŋ/ adj. **1** közvetlen,
barátságos (modorú) **2** (csak főnév előtt)
távozó, el-/kimenő: the outgoing presi-
dent/government (a leköszönő kormány)
• Put all the outgoing mail (kimenő posta)
on that table. **❶** Ellentéte: **incoming**.

outgoings /'aʊtɡəʊɪŋz/ noun [plural] (brit)
(rendszeres) kiadások, költségek
❶ Ellentéte: **income**.

outgrow /ˌaʊt'ɡrəʊ/ verb [T] (pt outgrew
/-'ɡruː/; pp outgrown /-'ɡrəʊn/) túlnő
vkin/vmin, kinő, kiöregszik vmiből

outing /'aʊtɪŋ/ noun [C] kirándulás, rövid
utazás: to go on an outing to the zoo

outlandish /aʊt'lændɪʃ/ adj. idegenszerű,
szokatlan: outlandish clothes

outlast /aʊt'lɑːst/ verb [T] tovább (ki)tart,
mint

outlaw¹ /'aʊtlɔː/ verb [T] törvényen kívül
helyez vmit

outlaw² /'aʊtlɔː/ noun [C] (rég) (régies)
törvényen kívül helyezett ember, betyár

outlay /'aʊtleɪ/ noun [C, usually sing.]
outlay (on sth) költség(ek), kiadás(ok)
(vállalkozás elindításához)

outlet /'aʊtlet/ noun [C] an outlet (for sth)
1 levezetés (érzelemé, energiáé): Gary
found an outlet for his aggression in boxing.
2 márkabolt: fast food/retail outlets
3 kivezető cső (gáz, folyadék eltávozásá-
hoz)

★ **outline¹** /'aʊtlaɪn/ noun [C] **1** vázlat,
felvázolás (tényeké, gondolatoké): a brief
outline of Indian history **2** körvonal

outline² /'aʊtlaɪn/ verb [T] outline sth (to
sb) felvázol (tényeket, gondolatokat)

outlive /ˌaʊt'lɪv/ verb [T] túlél vkit

outlook /'aʊtlʊk/ noun [C] **1** an outlook (on
sth) szemléletmód **2** outlook (for sth)

kilátás(ok): The outlook for the economy is
not good.

> Vigyázat! Az **outlook** nem fordítható a
> „kinézet" szóval, mert ennek megfele-
> lője az **appearance**.

outlying /'aʊtlaɪŋ/ adj. (csak főnév előtt)
távoli, a központtól távol fekvő: outlying
villages/areas

outmoded /aʊt'məʊdɪd/ adj. (csak főnév
előtt) ódivatú, divatjamúlt

outnumber /ˌaʊt'nʌmbə(r)/ verb [T]
(gyakran szenvedő szerkezetben) több-
ségben van, (lét)számban felülmúl: The
enemy troops outnumbered us by three to
one.

★ **out of** prep. **1** vhonnan ki-: to get out of bed
❶ Ellentéte: **into**. **2** (már) vhonnan távol,
vmin kívül (hely): He's out of the country
(külföldön van) on business. • The doctors
say she's **out of danger** (túl van a
veszélyen). **3** messze vhonnan/vmitől:
We live a long way out of London. **4** (érzelem) miatt **5** -ból/ből (készült):
What is this knife made out of? • to be made
out of wood/metal/gold **6** -ból/-ből (adott
mennyiségből, készletből): Nine out of ten
people have a TV. **7** -ból/-ből (vmilyen
forrásból): I copied the recipe out of a book.
• I paid for it out of the money (abból a
pénzből, amit) I won on the lottery. **8 be out
of sth** kifogyott vmiből, elfogyott vmije:
to be out of milk/sugar/tea • He's been out
of work (állás/munka nélkül) for months.
9 rendetlen/rendellenes állapotban: My
notes are all out of order.

IDIOMS be/feel out of it rosszul/magányos-
nak érzi magát, kilóg (társaságból) | out
of bounds → BOUNDS | out of order
→ ORDER¹

out-of-work adj. munkanélküli, állás-
talan

outpatient /'aʊtpeɪʃnt/ noun [C] bejáró
beteg, ambuláns beteg

output /'aʊtpʊt/ noun [U, C] **1** (gyártási)
teljesítmény **2** kimenet (információ
számítógépen) **Ɔ** Lásd input.

outrage /'aʊtreɪdʒ/ noun **1** [C] felháborító
dolog, gyalázat **2** [U] düh
► **outrage** verb [T] (gyakran szenvedő
szerkezetben) dühít, felháborít

outrageous /aʊt'reɪdʒəs/ *adj.* felháborító, gyalázatos: *outrageous behaviour/prices*
▶ **outrageously** *adv.* felháborítóan, elképesztően

outright /ˌaʊt'raɪt/ *adj.* **1** őszinte, nyílt: *There was outright opposition to the plan.* **2** teljes, totális: *an outright victory*
▶ **outright** *adv.* **1** őszintén, nyíltan: *She told them outright what she thought about it.* **2** teljesen, totálisan: *to win outright* **3** azonnal, egycsapásra: *They were able to buy the house outright.*

outset /'aʊtset/ *noun*
IDIOM **at/from the outset (of sth)** (vminek) az elején, az elejétől fogva

★**outside¹** /ˌaʊt'saɪd/ *adv., prep.* **1** (oda)kint, kívül, előtt: *Please wait outside.* • *Let's meet outside the cinema.* • *Leave your boots outside the door.* ➔ Lásd **outdoors, out of doors** (a **door** címszónál). **2** (*US also* **outside of**) vmin kívül (*időben, térben*): *outside office hours* • *a small village just outside Stratford* (közvetlenül Stratford mellett)

★**outside²** /'aʊtsaɪd/ *adj.* (*csak főnév előtt*) **1** külső (*felszíni*): *the outside walls of a building* **2** külső, kinti: *an outside toilet* **3** külső (*egy csoporton, szervezeten kívüli*): *We can't do all the work ourselves. We'll need outside help.* **4** csekély, kismértékű (*esély, lehetőség*)
IDIOM **the outside world** a külvilág, a nagyvilág

★**outside³** /ˌaʊt'saɪd/ *noun* **1** [*C, usually sing.*] külseje/felszíne vminek: *the outside of a packet* **2** [*sing.*] külső rész: *I've seen the church from the outside* (kívülről). **3** [*sing.*] belső sáv (*futópályán*): *The other runners all overtook him on the outside.* ❶ Valamennyi jelentés ellentéte: **inside**.
IDIOM **at the outside** legfeljebb, maximum

outsider /ˌaʊt'saɪdə(r)/ *noun* [*C*] **1** kívülálló (*csoporthoz nem tartozó*) **2** esélytelen versenyző ❶ Ellentéte: **favourite**.

outsize /'aʊtsaɪz/ *adj.* különlegesen nagy méretű (*pl. ruha*)

outskirts /'aʊtskɜːts/ *noun* [*plural*] külváros: *on the outskirts of Athens*

outspoken /aʊt'spəʊkən/ *adj.* nyílt, szókimondó: *Linda is very outspoken in her criticism.*

outstanding /aʊt'stændɪŋ/ *adj.* **1** kiemelkedő(en jó) **2** kifizetetlen, rendezetlen (*számla, ügy*): *Some of the work is still outstanding.* • *outstanding debts/issues*

outstandingly /aʊt'stændɪŋli/ *adv.* kiemelkedően (jól)

outstretched /ˌaʊt'stretʃt/ *adj.* kinyújtott: *with his arms outstretched* (kitárt karokkal)

outward /'aʊtwəd/ *adj.* (*csak főnév előtt*) **1** külső, felszíni: *Despite her cheerful outward appearance, she was very unhappy.* **2** oda- (*út, utazás*) ❶ Ellentéte: **return**. **3** ki-/kifelé tartó/irányuló ❶ Ellentéte: **inward**.
▶ **outwardly** *adv.* kívülről, látszólag

outwards /'aʊtwədz/ (*főleg US* **outward**) *adv.* kifelé: *This door opens outwards.*

outweigh /ˌaʊt'weɪ/ *verb* [*T*] többet nyom a latban, fontosabb: *The advantages outweigh the disadvantages.*

outwit /ˌaʊt'wɪt/ *verb* [*T*] (**outwitting**; **outwitted**) túljár vki eszén

★**oval** /'əʊvl/ *adj., noun* [*C*] tojásdad, ovális

ovary /'əʊvəri/ *noun* [*C*] (*plural* **ovaries**) petefészek

ovation /əʊ'veɪʃn/ *noun* [*C*] éljenzés, ováció: *The dancers got a **standing ovation*** (a közönség felállva ünnepelte a táncosokat) *at the end of the show.*

★**oven** /'ʌvn/ *noun* [*C*] sütő (*tűzhelyben*): *a microwave oven*

> You **roast** or **bake** food in an oven.

★**over¹** /'əʊvə(r)/ *adv., prep.* ❶ További kifejezések az **over** elöljáróval kapcsolatban a kifejezésben szereplő igénél találhatók, pl. **get over sth** lásd **get**. **1** fölött: *There's a painting over the bookcase.* • *We watched the plane fly over.* ➔ Lásd **above**. **2** -on/-en/-ön/-n (*beborítva*): *She hung her coat over the back of the chair.* **3** fölött (*át a másik oldalra*): *a bridge over the river* **4** át-, meg- (*a másik oldalon/oldalra*): *The student turned the paper over and read the first question.* **5** le-, át-, oldalra (*álló helyzetből*): *He leaned over* (odahajolt) *to speak to the woman next to him.* • *I fell over* (elestem) *in the street.* **6** több, mint, fölött: *over ten years* • *children aged 10 and over*

7 (*távolság kifejezése*) át: *Sit down over there* (ott/odaát). ● *Come over here* (ide). **8** maradék, felhasználatlan: *There is a lot of food left over from the party.* **9** (*az all szóval*) mindenfelé: *There was blood all over the place.* ● *I can't find my glasses. I've looked all over for them.* **10** újra: *You'll have to start all over again* (elölről). ● *She said the same thing over and over again.* **11** -ról/-ről, miatt (*vmilyen témáról*) **12** közben, alatt (*időben*)

over² /'əʊvə(r)/ adj. **1** vége: *The exams are all over now.* **2** (*összetett igék, főnevek, melléknevek és határozók képzésére*) túl-, túlságosan: *overexcited/overworked* ● *to overeat/overreact*

overall¹ /'əʊvərɔ:l; ˌəʊvər'ɔ:l/ adv., adj. **1** teljes, átfogó **2** mindent összevetve: *Overall, it has been a good year.*

overall

overall   aprons   overalls/
                              boiler suit
                              (US coveralls)

overall² /'əʊvərɔ:l/ noun **1** [C] munkaköpeny **2** (overalls) (*US* coveralls) [*plural*] kezeslábas

overawe /ˌəʊvər'ɔ:/ verb [T] (*ált. szenvedő szerkezetben*) megfélemlít, lenyűgöz

overbalance /ˌəʊvə'bæləns/ verb [I] felborul, eldől

overboard /'əʊvəbɔ:d/ adv. hajóból ki/a vízbe

IDIOM go overboard (on/about/for sb/sth) túlzásba esik

overcast /ˌəʊvə'kɑ:st/ adj. borult, felhős (*ég*)

overcharge /ˌəʊvə'tʃɑ:dʒ/ verb [I,T] többet kér vmiért, túlfizettet (*becsap*) ➲ Lásd charge.

overcoat /'əʊvəkəʊt/ noun [C] nagykabát, télikabát

overcome /ˌəʊvə'kʌm/ verb [T] (*pt* overcame /-'keɪm/; *pp* overcome) **1** legyőz, uralkodik vkin/vmin **2** (*ált. szenvedő szerkezetben*) hatalmába keríti, elfogja (*érzés, érzelem, indulat*)

overcrowded /ˌəʊvə'kraʊdɪd/ adj. túlzsúfolt

overdo /ˌəʊvə'du:/ verb [T] (*pt* overdid /-'dɪd/; *pp* overdone /-'dʌn/) **1** túlzásba visz, eltúloz **2** agyonfőz, túlsüt: *The meat was overdone.*

overdose /'əʊvədəʊs/ noun [C] túl nagy adag (*gyógyszer, kábítószer*): *to take an overdose* (túladagolja magát) ➲ Lásd dose.

overdraft /'əʊvədrɑ:ft/ noun [C] hiteltúllépés, banki folyószámlahitel

overdrawn /ˌəʊvə'drɔ:n/ adj. be overdrawn hiteltúllépést követ el (*többet költ, mint amennyi a bankszámláján van*)

overdue /ˌəʊvə'dju:/ adj. már esedékes, késik: *an overdue library book* (lejárt határidejű, már vissza kellett volna vinni) ● *Her baby is a week overdue.*

overestimate /ˌəʊvər'estɪmeɪt/ verb [T] túlbecsül, túlértékel **❶** Ellentéte: underestimate.

overflow /ˌəʊvə'fləʊ/ verb **1** [I,T] overflow (with sth) túlcsordul, kicsordul: *I left the tap on and the bath overflowed.* ● *The roads are overflowing with cars* (zsúfolásig teltek). **2** [I] overflow (into sth) kiszorul vhova (*helyhiány miatt*)

overgrown /ˌəʊvə'grəʊn/ adj. növényekkel benőtt

overhang /ˌəʊvə'hæŋ/ verb [I,T] (*pt, pp* overhung) ráhajlik/-lóg: *overhanging trees*

overhaul /ˌəʊvə'hɔ:l/ verb [T] átvizsgál, korszerűsít (*gépet, szerkezetet stb.*): *to overhaul an engine*
► **overhaul** /'əʊvəhɔ:l/ noun [C] felújítás, nagyjavítás

overhead /ˌəʊvə'hed/ adj., adv. fent(i), a fejünk felett(i): *overhead cables*

overheads /'əʊvəhedz/ noun [*plural*] fenntartási költségek (*vállalaté*), rezsi

overhear /ˌəʊvə'hɪə(r)/ verb [T] (*pt, pp* overheard /-'hɜ:d/) véletlenül meghall/kihallgat vmit

overjoyed /ˌəʊvə'dʒɔɪd/ adj. (*főnév előtt nem állhat*) overjoyed (at sth/to do sth) rendkívül boldog

overland /'əʊvəlænd/ adj. szárazföldi: *an overland journey*
► **overland** adv. szárazföldön

overlap /ˌəʊvə'læp/ verb [I,T] (overlapping;

❶ = magyarázat   [C] **megszámlálható** (*főnév*): *one book, two books*

[U] **megszámlálhatatlan** (*főnév*): *some sugar*

overlapped) 1 átfed, átfedésben van **2** átfedésben van, részben azonos: *Our jobs overlap to some extent.*
▶ **overlap** /ˈəʊvəlæp/ *noun [C,U]* **1** átfedés, hasonlóság **2** (át)fedés (*két tárgyé*)

overleaf /ˌəʊvəˈliːf/ *adv.* a lap másik oldalán, a túloldalon

overload /ˌəʊvəˈləʊd/ *verb* [T] **1** (*gyakran szenvedő szerkezetben*) túlságosan megrak, túlterhel: *an overloaded vehicle* **2** overload sb (with sth) túlterhel **3** (*el*) túlterhel

overlook /ˌəʊvəˈlʊk/ *verb* [T] **1** nem vesz észre, nem vesz tudomást: *to overlook a spelling mistake* • *The police often overlook minor offences.* **2** szemet húny vmi fölött **3** vmire/vmerre néz (*pl. ablak*)

overnight /ˌəʊvəˈnaɪt/ *adj., adv.* **1** egy éjszakára: *an overnight bag* • *to stay overnight* **2** egycsapásra, egyik napról a másikra: *She became a star overnight.*

overpass /ˈəʊvəpɑːs/ (*US*) = FLYOVER

overpay /ˌəʊvəˈpeɪ/ *verb* [T] (*pt, pp* overpaid) (*ált. szenvedő szerkezetben*) túlfizet vkit ❶ Ellentéte: **underpay**.

overpower /ˌəʊvəˈpaʊə(r)/ *verb* [T] legyőz, felülkerekedik vkin: *The fireman was overpowered by the heat and smoke.*
▶ **overpowering** *adj.* erős, lehengerlő: *an overpowering smell* mellbevágó szag

over-priced /ˌəʊvəˈpraɪst/ *adj.* indokolatlanul drága

overrate /ˌəʊvəˈreɪt/ *verb* [T] (*gyakran szenvedő szerkezetben*) túlbecsül, túlértékel ❶ Ellentéte: **underrate**.

override /ˌəʊvəˈraɪd/ *verb* [T] (*pt* overrode /-ˈrəʊd/; *pp* overridden /-ˈrɪdn/) **1** felülbírál, hatástalanít: *The chairman overrode the committee's objections and signed the agreement.* **2** fontosabb vminél, előbbrevaló

overriding /ˌəʊvəˈraɪdɪŋ/ *adj.* (*csak főnév előtt*) mindennél fontosabb: *the overriding concern/aim*

overrule /ˌəʊvəˈruːl/ *verb* [T] megváltoztat, hatályon kívül helyez: *The Appeal Court overruled the judge's decision.*

overrun /ˌəʊvəˈrʌn/ *verb* (*pt* overran /-ˈræn/; *pp* overrun) **1** [T] (*gyakran szenvedő szerkezetben*) eláraszt **2** [I,T]

túllép (*időt, költségvetést*): *The meeting overran by 30 minutes* (30 perccel tovább tartott a tervezettnél).

overseas /ˌəʊvəˈsiːz/ *adj.* (*csak főnév előtt*) *adv.* tengeren túli, tengeren túl(ra): *to live overseas* • *overseas students* (külföldi diákok) *in Britain*

oversee /ˌəʊvəˈsiː/ *verb* [T] (*pt* oversaw /-ˈsɔː/; *pp* overseen /-ˈsiːn/) felügyel vmire, ellenőriz

overshadow /ˌəʊvəˈʃædəʊ/ *verb* [T] **1** beárnyékol, háttérbe szorít **2** beárnyékol, megzavar (*vmi kellemes dolgot*)

oversight /ˈəʊvəsaɪt/ *noun* [C,U] figyelmetlenség, tévedésből történő elnézés

oversimplify /ˌəʊvəˈsɪmplɪfaɪ/ *verb* [I,T] (*pres. part.* oversimplifying; *3rd pers. sing. pres.* oversimplifies; *pt, pp* oversimplified) túlságosan leegyszerűsít

oversleep /ˌəʊvəˈsliːp/ *verb* [I] (*pt, pp* overslept /-ˈslept/) elalszik (*nem ébred fel időben*) ➋ Vesd össze **lie in, sleep in**.

overstate /ˌəʊvəˈsteɪt/ *verb* [T] felnagyít, eltúloz ❶ Ellentéte: **understate**.

★**overtake** /ˌəʊvəˈteɪk/ *verb* [I,T] (*pt* overtook /-ˈtʊk/; *pp* overtaken /-ˈteɪkən/) (meg)előz (*mozgásban*)

overthrow /ˌəʊvəˈθrəʊ/ *verb* [T] (*pt* overthrew /-ˈθruː/; *pp* overthrown /-ˈθrəʊn/) megbuktat, megdönt (*vezetőt, kormányt*)
▶ **overthrow** /ˈəʊvəθrəʊ/ *noun* [*sing.*] megbuktatás, megdöntés (*kormányé, hatalomé*)

overtime /ˈəʊvətaɪm/ *noun* [U] túlóra, túloradíj: *Betty did ten hours' overtime last week.*
▶ **overtime** *adv.* túlórában: *I have been working overtime for weeks.* Hetek óta túlórázom.

overtone /ˈəʊvətəʊn/ *noun* [C, usually plural] felhang, mögöttes értelem: *The novel has subtle political overtones.*

overture /ˈəʊvətʃʊə(r); -tjʊə(r)/ *noun* **1** [C] (*zene*) nyitány **2** [C, usually plural] (*formális*) barátságos közeledés (*jó kapcsolatok reményében*)

overturn /ˌəʊvəˈtɜːn/ *verb* [I,T] felfordul, felfordít, a feje tetejére állít **2** [T] hivatalosan megváltoztat, érvénytelenít

overweight /ˌəʊvəˈweɪt/ *adj.* túlsúlyos,

[I] **tárgyatlan** (*ige*): *He laughed.*   [T] **tárgyas** (*ige*): *He ate an apple.*

kövér ➔ Magyarázat a **fat** szónál. ❶ Ellentéte: **underweight**.

overwhelm /ˌəʊvəˈwelm/ verb [T] (ált. szenvedő szerkezetben) **1** elönt/-áraszt (érzelem): The new champion was overwhelmed (egészen elkábította/lenyűgözte) by all the publicity. **2** legyőz, vki fölébe kerekedik: The TV company were overwhelmed (elárasztották) by complaints.

overwhelming /ˌəʊvəˈwelmɪŋ/ adj. elementáris, elsöprő erejű: an overwhelming desire/impression/majority
▸ **overwhelmingly** adv. elsöprő erővel/ mértékben

overwork /ˌəʊvəˈwɜːk/ verb [T] agyondolgoztat, túlhajszol: They are overworked and underpaid.
▸ **overwork** noun [U] túlfeszített munka

★ **owe** /əʊ/ verb [T] **1** owe sth (to sb); owe sb for sth pénzzel tartozik: I owe Katrina a lot of money.

> A pénz, amivel tartozunk, **debt**.

2 tartozik, adósa vkinek (átv): I owe you an apology. Bocsánatot kell kérnem tőled. **3** owe sth (to sb/sth) vkinek/vminek köszönhet vmit

owing /ˈəʊɪŋ/ adj. (főnév előtt nem állhat) owing (to sb) vkinek járó, (ki)fizetendő (pénz)

owing to prep. vmi miatt, következtében

owl /aʊl/ noun [C] bagoly

★ **own¹** /əʊn/ determiner, pron. **1** (csak birtokos névmással együtt használjuk) saját: I saw him do it with my own eyes. • This is his own house. • Rachel would like her own room/a room of her own (egy saját szobát). **2** saját, maga készítette: The children can get their own breakfast.

IDIOMS come into your own kiderül róla/megmutathatja, hogy mire képes/ mit ér | hold your own (against sb/sth) megállja a helyét (vkivel/vmivel szemben), kitart | (all) on your, etc. own egyedül: John lives all on his own (teljesen egyedül). • I managed to repair the car all on my own. ➔ Magyarázat az **alone** szónál. | get/have your own back (on sb) (informális) visszavág, bosszút áll

★ **own²** /əʊn/ verb [T] birtokol, tulajdonában van vmi: We don't own the house. We just rent it. • a privately owned company
PHRASAL VERB own up (to sth) (informális) beismer, bevall ➔ Lásd **confess**, amely hivatalosabb szó.

★ **owner** /ˈəʊnə(r)/ noun [C] tulajdonos: a house/dog owner

ownership /ˈəʊnəʃɪp/ noun [U] tulajdon(jog): in private/public ownership (magán/köztulajdonban)

ox /ɒks/ noun [C] (plural oxen /ˈɒksn/) ökör ➔ Lásd **bull**.

★ **oxygen** /ˈɒksɪdʒən/ noun [U] (symbol O) oxigén

oyster /ˈɔɪstə(r)/ noun [C] osztriga

oz abbr. (ounce, ounces rövidítése) uncia (28,3 g)

ozone /ˈəʊzəʊn/ noun [U] ózon

ozone-ˈfriendly adj. ózonréteget kímélő

the ˈozone layer noun [sing.] az ózonréteg: a hole in the ozone layer ➔ Lásd **CFC**.

Pp

P, p¹ /piː/ noun [C] (plural P's; p's) P/p betű

p² abbr. **1** (plural pp) (page rövidítése) l. (lapszám), o.: See p94. • pp 63-96 **2** (penny vagy pence rövidítése, brit, informális) penny(s): a 27p stamp **3** (P) (parking rövidítése) P (parkoló)

PA¹ /ˌpiː ˈeɪ/ abbr., noun [C] (főleg brit) (personal assistant rövidítése) személyi titkár

p.a.² abbr. (per annum rövidítése) évi: salary £15 000 p.a.

★ **pace¹** /peɪs/ noun **1** [U, sing.] pace (of sth) tempó, iram: at a steady (egyenletes)/ gentle pace (kényelmes tempóban) • Students put igével kapcsolatban a can

work at their own pace. **2** [C] lépés
(*távolság*): *Take two paces forward.*

IDIOMS **keep pace (with sb/sth)** lépést tart |
set the pace iramot diktál

pace² /peɪs/ *verb* [I,T] fel-alá járkál

pacemaker /'peɪsmeɪkə(r)/ *noun* [C]
1 szívritmus szabályozó, pészméker
2 iramot diktáló versenyző

pacifier /'pæsɪfaɪə(r)/ (*US*) = DUMMY(3)

pacifism /'pæsɪfɪzəm/ *noun* [U] pacifiz-
mus
  ▸ **pacifist** /-ɪst/ *noun* [C] pacifista

pacify /'pæsɪfaɪ/ *verb* [T] (*pres. part.* **pacify-
ing**; *3rd pers. sing. pres.* **pacifies**; *pt, pp* **paci-
fied**) megnyugtat, lecsillapít

★ **pack¹** /pæk/ *noun* [C] **1** csomag: *an infor-
mation pack* • *These batteries are sold in
packs of four.* • (*átv*) *Everything she told me
was **a pack of lies*** (szemenszedett hazug-
ság). ➜ Lásd **package, packet, parcel.** Ábra
container alatt. **2** (*US*) = PACKET (1)
3 (háti)zsák **❶** Szinonimája: **rucksack**
vagy **backpack. 4** [*with sing. or plural verb*]
falka: *a pack of dogs/wolves* **5** falka (*átv*),
banda: *a pack of thieves* **6** (*US* **deck**) pakli
(*kártya*): *a pack of cards* ➜ Magyarázat a
card szónál.

★ **pack²** /pæk/ *verb* **1** [I,T] (be)csomagol
(*bőröndbe stb.*): *to pack your suitcase* •
Have you packed your toothbrush? **❶** A **do
your packing** kifejezés jelentése ugyanaz.
Ellentéte: **unpack. 2** [I,T] (be)csomagol:
*The pottery was packed in boxes and
shipped to the US.* **❶** Ellentéte: **unpack.**
3 [T] (*gyakran szenvedő szerkezetben,
informális*) beletöm, telezsúfol: *The train
was absolutely packed* (zsúfolásig meg-
telt). • *The book is **packed with*** (tele van)
useful information.

PHRASAL VERBS **pack sth in** (*informális*) abba-
hagy: *I've packed in my job.* | **pack sth
in/into sth** sokat végez rövid idő alatt |
pack sth out (*ált. szenvedő szerkezetben*)
telezsúfol: *The bars **are packed out***
(zsúfolásig megtelnek) *every night.* | **pack
up** (*informális*) **1** összepakol, befejezi a
munkát **2** bedöglik

★ **package** /'pækɪdʒ/ *noun* [C] **1** (*brit*) cso-
mag (*nem postai*) ➜ Lásd **pack, packet,
parcel.** Ábra **container** alatt. **2** (pro-
gram)csomag: *a software package* • *a*

financial aid package **3** (*US*) = PARCEL and
PACKET (1)
  ▸ **package** *verb* [T] (be)csomagol

package '**holiday** (*US* '**package tour**) *noun*
[C] szervezett társasutazás

packaging /'pækɪdʒɪŋ/ *noun* [U] csoma-
golás, csomagolóanyag

packed '**lunch** *noun* [C] csomagolt, hideg
élelem

packer /'pækə(r)/ *noun* [C] csomagoló
(*személy, vállalat, stb.*)

★ **packet** /'pækɪt/ *noun* **1** (*US* **pack, package**)
[C] csomag, doboz: ***a packet of*** *sweets/bis-
cuits/crisps* • *a cigarette packet* ➜ Lásd
pack, package, parcel. Ábra **container**
alatt. **2** [*sing.*] (*beszélt nyelv*) egy csomó
pénz: *That new kitchen must have cost
them a packet.*

packing /'pækɪŋ/ *noun* [U] **1** csomagolás:
*We're leaving tomorrow so I'll **do my pack-
ing** tonight.* **2** (*brit*) csomagolás, cso-
magolóanyag: *The price includes postage
and packing.*

pact /pækt/ *noun* [C] egyezmény

★ **pad¹** /pæd/ *noun* [C] **1** párna, párnázás,
tömítés: *a cotton-wool pad* • *a jacket with
shoulder pads* (válltömés) **2** (*papír*) tömb,
blokk: *a notepad* **3** kilövőhely (*űrhajóé*):
a launch pad **4** mancs

pad² /pæd/ *verb* (**padding**; **padded**) **1** [T]
pad sth (**with sth**) (*ált. szenvedő
szerkezetben*) kipárnáz, kitöm: *I sent the
CD in a padded* (bélelt) *envelope.* **2** [I] **pad
about, along, around, etc.** neszttelenül
járkál

PHRASAL VERB **pad sth out** felduzzaszt (*szöve-
get, beszédet*)

padding /'pædɪŋ/ *noun* [U] tömőanyag,
vattázás

paddle¹ /'pædl/ *noun* [C] (*kajak, kenu*)
evezőlapát ➜ Lásd **oar.**

paddle² /'pædl/ *verb* **1** [I,T] kajakozik,
kenuzik ➜ Lásd **row. 2** [I] vízben tocsog/
lubickol

paddock /'pædək/ *noun* [C] bekerített
rét/legelő (*lovaknak*)

padlock /'pædlɒk/ *noun* [C] lakat
  ▸ **padlock** *verb* [T] **padlock sth** (**to sth**)
(hozzá/le)lakatol

paediatrician (*US* pediatrician) /ˌpiːdɪə‑ˈtrɪʃn/ *noun* [*C*] gyermekorvos

paediatrics (*US* pediatrics) /ˌpiːdiˈætrɪks/ *noun* [*U*] gyermekgyógyászat
▶ **paediatric** (*US* pediatric) *adj.* gyermekgyógyászati

paedophile (*US* pedo‑) /ˈpiːdəʊfaɪl/ *noun* [*C*] pedofil

paella /paɪˈelə/ *noun* [*U, C*] rizs, hús, hal és zöldséggel készített spanyol étel

pagan /ˈpeɪɡən/ *adj., noun* [*C*] pogány

★ **page¹** /peɪdʒ/ *noun* [*C*] (*abbr* p) oldal, lap (*könyvben stb.*): *The letter was three pages long.* • *Turn over the page.* • *the front page of a newspaper* újság címlapja

page² /peɪdʒ/ *verb* [*T*] csipogón hív, hangosbeszélőn keres vkit

pageant /ˈpædʒənt/ *noun* [*C*] **1** jelmezes parádé **2** (*US*) szépségverseny

pager /ˈpeɪdʒə(r)/ *noun* [*C*] csipogó **❶** Szinonimája: **bleeper**.

paid *past tense, past participle* of PAY²

ˈ**paid-up** *adj.* (*csak főnév előtt*) a fizetési kötelezettségnek eleget tevő (*tag*): *He's a fully paid-up member* (fizetési kötelezettségének eleget tett tagja) *of Greenpeace.*

★ **pain¹** /peɪn/ *noun* [*C,U*] fájdalom (*átv is*), fájás: *to be in pain* fájdalma(i) van(nak) • *chest pains*

> Az **ache** hosszú, tartós, a **pain** rövid, éles fájdalom. Például: *I've got earache/backache/a headache*, de: *He was admitted to hospital with pains in his chest.* Az **ache** előtti névelőhasználatra vonatkozó magyarázatot lásd az **ache** szónál.

IDIOM **be a pain (in the neck)** (*beszélt nyelv*) kellemetlen (*személy, dolog, esemény*)

pain² /peɪn/ *verb* [*T*] (*formális*) elszomorít: *It pains me to think* (bánt, ha arra gondolok) *of the money we've wasted.*

pained /peɪnd/ *adj.* fájdalmas (*arckifejezés*)

★ **painful** /ˈpeɪnfl/ *adj.* **painful (for sb) (to do sth)** fájdalmas: *A wasp sting can be very painful.* • *The break-up of their marriage was very painful for the children.* **❶** Ellentéte **painless**.
▶ **painfully** /‑fəli/ *adv.* **1** kínosan, fáradságosan **2** fájdalmasan

painkiller /ˈpeɪnkɪlə(r)/ *noun* [*C*] fájdalomcsillapító

painless /ˈpeɪnləs/ *adj.* fájdalommentes **❶** Ellentéte **painful**.
▶ **painlessly** *adv.* fájdalommentesen

pains /peɪnz/ *noun*
IDIOM **be at/take (great) pains to do sth; take (great) pains (with/over sth)** fáradságot nem kímél

painstaking /ˈpeɪnzteɪkɪŋ/ *adj.* gondos, lelkiismeretes: *painstaking research/detail*
▶ **painstakingly** *adv.* lelkiismeretesen

★ **paint¹** /peɪnt/ *noun* **1** [*U*] festék: *The door will need another coat of paint* (festékréteg). • *Wet paint!* Frissen mázolva! • *oil/watercolour paint* **2** (**paints**) [*plural*] festékkészlet

★ **paint²** /peɪnt/ *verb* [*I,T*] **1** (be/ki/le)fest: *The walls were painted pink.* **2** (meg/le)fest

paintbox /ˈpeɪntbɒks/ *noun* [*C*] festékdoboz

paintbrush /ˈpeɪntbrʌʃ/ *noun* [*C*] ecset **⊃** Ábra **brush¹** alatt.

★ **painter** /ˈpeɪntə(r)/ *noun* [*C*] **1** (szoba)festő **2** festő(művész)

★ **painting** /ˈpeɪntɪŋ/ *noun* **1** [*C*] festmény, kép: *a painting by Monet* **⊃** Vesd össze **drawing**. **2** [*U*] festés, festészet

paintwork /ˈpeɪntwɜːk/ *noun* [*U*] festés, fényezés

★ **pair¹** /peə(r)/ *noun* **1** [*C*] pár (*cipő stb.*): *a pair of shoes/gloves/earrings* **2** [*C*] két részből álló dolog: *a pair of scissors* (olló) / *glasses* (szemüveg) /*trousers* (nadrág) **3** [*C, with plural verb*] pár: *These boxers have fought several times, and tonight the pair meet again.*

> Házas-/élettársi viszonyban élőkre a **couple** szót használjuk.

IDIOM **in pairs** párosan, párosával: *These earrings are only sold in pairs.*

pair² /peə(r)/ *verb*
PHRASAL VERBS **pair (sb/sth) off (with sb)** összejön vkivel, összehoz vkit vkivel

(*párkapcsolatban*) | **pair up (with sb)** párt alkot vkivel

pajamas (*US*) = PYJAMAS

★ **palace** /'pæləs/ *noun* [*C*] palota

palate /'pælət/ *noun* [*C*] szájpadlás

★ **pale** /peɪl/ *adj.* **1** sápadt, halvány: *to have a pale complexion/skin* • *I felt myself* **go/turn pale** *with fear* (elsápadok a félelemtől). **❶** Főnév: **pallor**. **❷** Vesd össze **pallid. 2** halvány, fakó (*szín*): *a pale yellow dress* **❶** Ellentéte: **dark**.
▸ **pale** *verb* [*I*] elsápad, elhalványul

pall /pɔːl/ *verb* [*I*] veszít érdekességéből/fontosságából: *The novelty of his new job soon began to pall.*

pallid /'pælɪd/ *adj.* (betegesen) sápadt **❷** Vest össze **pale.**

pallor /'pælə(r)/ *noun* [*U*] (beteges) sápadtság

palm¹ /pɑːm/ *noun* [*C*] **1** tenyér: *She held the coins tightly in the palm of her hand.* **2** (also **palm tree**) pálmafa

palm² /pɑːm/ *verb*
PHRASAL VERBS **palm sb off (with sth)** (*informális*) leráz vkit (*vmilyen ürüggyel*) | **palm sth off (on sb)** rásóz vmit vkire

paltry /'pɔːltri/ *adj.* jelentéktelen: *paltry sum of money*

pamper /'pæmpə(r)/ *verb* [*T*] dédelget, kényeztet

pamphlet /'pæmflət/ *noun* [*C*] brosúra

pans

handle

frying pan (US frypan)   casserole

lid

wok   saucepan

pan /pæn/ *noun* [*C*] (főző)edény, lábas: *I'll wash the pots and pans.* **❷** Lásd **frying pan, saucepan.**

pancake /'pænkeɪk/ *noun* [*C*] palacsinta

Pancake Day (also ¸Shrove ˈTuesday) húshagyókedd (*Angliában ilyenkor ált. palacsintát esznek.*)

panda /'pændə/ *noun* [*C*] panda

pandemonium /ˌpændə'məʊniəm/ *noun* [*U*] pokoli lárma/zűrzavar

pander /'pændə(r)/ *verb*
PHRASAL VERB **pander to sb/sth** kiszolgál

p and p *abbr.* (**postage and packing** rövidítése) (*brit*) postai és kézbesítési költség: *price: £29 incl. p and p*

pane /peɪn/ *noun* [*C*] ablaktábla: *a windowpane*

panel /'pænl/ *noun* [*C*] **1** (fa/fém/üveg)tábla **2** [*with sing. or plural verb*] nyilvános (rádió, tv) vitára, vetélkedőre meghívott szakértői csoport, zsűri: *a panel of judges* zsűri • *a panel game* televíziós vetélkedőjáték **3** műszerfal: *a control/display panel*

panellist (*US* **panelist**) /'pænəlɪst/ *noun* [*C*] zsűritag, televíziós/rádiós vitaműsor résztvevője

pang /pæŋ/ *noun* [*C, usually plural*] nyilallás, éles fájdalom: *a pang of jealousy* féltékenységi roham • *hunger pangs* éhségérzet

★ **panic** /'pænɪk/ *noun* [*C,U*] pánik, riadalom: *People fled* **in panic** (hanyatt-homlok menekültek).
▸ **panic** *verb* [*I*] (**panicking; panicked**) pánikba esik, megrémül: *Stay calm and don't panic.*

panic-stricken *adj.* rémült, fejvesztett

panorama /ˌpænə'rɑːmə/ *noun* [*C*] panoráma, körkép
▸ **panoramic** /ˌpænə'ræmɪk/ *adj.* panoráma-

pant /pænt/ *verb* [*I*] liheg
▸ **pant** *noun* lihegés

panther /'pænθə(r)/ *noun* [*C*] párduc

panties /'pæntiz/ (*főleg US*) = KNICKERS

pantomime /'pæntəmaɪm/ *noun* [*C,U*] **1** (*informális* **panto** /'pæntəʊ/) (*brit*) Angliában karácsonykor előadott zenés darab, mely régi meséken alapul **2** (*US*) = MIME

pantry /'pæntri/ *noun* [*C*] (*plural* **pantries**) éléskamra, spájz **❶** Szinonimája: **larder.**

★ **pants** /pænts/ *noun* [*plural*] **1** (also **underpants**) (*brit*) alsónadrág **2** (*US*) = TROUSERS

pantyhose /'pæntihəʊz/ (*US*) = TIGHTS

ð then | s so | z zoo | ʃ she | ʒ vision | h how | m man | n no | ŋ sing | l leg | r red | j yes | w wet

paparazzi /ˌpæpəˈrætsi/ noun [plural] paparazzók

papaya /pəˈpaɪə/ (also **pawpaw** /ˈpɔːpɔː/) noun [C] papaya

* **paper** /ˈpeɪpə(r)/ noun **1** [U] papír: a piece/sheet of paper • toilet (vécé-)/writing (levél-) paper • tissue paper selyempapír **2** [C] újság, napilap, hetilap

> You buy a paper at a **paper shop** or **newsagent's**.

3 (papers) [plural] iratok: a pile of papers on the desk **4** [C] írásbeli vizsga/dolgozat **5** [C] tanulmány, értekezés

IDIOM on paper **1** írásban **2** elméletben: The plan seems fine on paper, but will it work?

paperback /ˈpeɪpəbæk/ noun [C,U] puha kötésű/olcsó kiadású könyv: The novel is available in paperback. ➔ Lásd **hardback**.

paper boy noun [C] lapkihordó (fiú)

paper clip noun [C] gemkapocs

paper girl noun [C] lapkihordó (lány)

paper round noun [C] (brit) noun újságkihordás, újságkihordás útvonala

paperwork /ˈpeɪpəwɜːk/ noun [U] **1** papírmunka: I hate doing paperwork. **2** dokumentáció: Some of the paperwork is missing from this file.

paprika /ˈpæprikə/ noun [U] pirospaprika (őrölt)

par¹ /pɑː(r)/ noun [U] egy-egy lyukra, ill. az egész körre megszabott ütések száma (golfban)

IDIOMS below par (informális) színvonal alatti, nincs formában | on a par with sb/sth egyenértékű/-rangú

par.² (also **para**) abbr. (paragraph rövidítése) bekezdés

parable /ˈpærəbl/ noun [C] példabeszéd

parabola /pəˈræbələ/ noun [C] parabola

parachute /ˈpærəʃuːt/ noun [C] ejtőernyő
▶ **parachute** verb [I] ejtőernyős ugrást végez

parade /pəˈreɪd/ noun [C] felvonulás, (dísz)szemle: a military/an identity parade • a fashion parade divatbemutató

paradise /ˈpærədaɪs/ noun **1** (Paradise) [sing.] (előtte a vagy the nem állhat) mennyország **2** [C] paradicsom, éden (átv is)

paradox /ˈpærədɒks/ noun [C] paradoxon
▶ **paradoxical** /ˌpærəˈdɒksɪkl/ adj. paradox
▶ **paradoxically** /ˌpærəˈdɒksɪkli/ adv. paradox módon

paraffin /ˈpærəfɪn/ (US **kerosene**) noun [U] petróleum

paragliding /ˈpærəɡlaɪdɪŋ/ noun [U] siklóernyőzés: to go paragliding

* **paragraph** /ˈpærəɡrɑːf/ noun [C] bekezdés

* **parallel¹** /ˈpærəlel/ adj., adv. **1** parallel (to sth) párhuzamos(an): parallel lines **2** hasonló: The two brothers followed parallel careers in different companies.

parallel² /ˈpærəlel/ noun [C,U] párhuzam: The government's huge election victory is without parallel (páratlan).

paralyse (US **paralyze**) /ˈpærəlaɪz/ verb [T] **1** megbénít: Miriam is paralysed from the waist down (deréktól lefelé béna). **2** megbénít (átv)
▶ **paralysis** /pəˈræləsɪs/ noun [U] (meg)bénulás

paramedic /ˌpærəˈmedɪk/ noun [C] mentős tiszt

paramilitary /ˌpærəˈmɪlətri/ adj. katonai jellegű: a paramilitary group

paramount /ˈpærəmaʊnt/ adj. (formális) kiemelkedő jelentőségű: Safety is of paramount importance.

paranoia /ˌpærəˈnɔɪə/ noun [U] **1** üldözési mánia **2** (informális) túlzott gyanakvás

paranoid /ˈpærənɔɪd/ adj. üldözési mániás

paraphernalia /ˌpærəfəˈneɪliə/ noun [U] kellékek

paraphrase /ˈpærəfreɪz/ verb [T] körülír, egyszerűbb szavakkal elmond
▶ **paraphrase** noun [C] körülírás

parasite /ˈpærəsaɪt/ noun [C] élősködő

parasol /ˈpærəsɒl/ noun [C] napernyő

paratroops /ˈpærətruːps/ noun [plural] ejtőernyős alakulat

* **parcel** /ˈpɑːsl/ (US also **package**) noun [C] csomag (postai) ➔ Lásd **pack, package, packet**.

parched /pɑːtʃt/ adj. kiszáradt

* **pardon¹** /ˈpɑːdn/ noun [C,U] kegyelem, megkegyelmezés

---

❶ = magyarázat [C] **megszámlálható** (főnév): one book, two books

[U] **megszámlálhatatlan** (főnév): some sugar

Az **I beg your pardon** formális kifejezés, jelentése „elnézést kérek": *Oh, I do beg your pardon. I had no idea this was your seat.* Használjuk még, emelkedő hanglejtéssel, ha nem hallottuk, amit mondtak nekünk. Ilyenkor a jelentése „Tessék?".

▶ **pardon** *verb* [T] **pardon sb (for sth/doing sth)** megkegyelmez, megbocsát

pardon² /'pɑːdn/ (also ,pardon 'me) *interj.* **1** Tessék?, Nem értem. **2** Bocsánat!, Elnézést!

★ **parent** /'peərənt/ *noun* [C] **1** szülő: *a single parent* gyermekét egyedül nevelő szülő • *a foster-parent* nevelőszülő **2** anyavállalat: *the parent company*

parental /pə'rentl/ *adj. (csak főnév előtt)* szülői: *parental consent/responsibility*

parentheses /pə'renθəsiːz/ *(főleg US)* = BRACKET¹(1)

parenthood /'peərənthʊd/ *noun* [U] apaság/anyaság

parish /'pærɪʃ/ *noun* [C] plébánia, egyházközség: *the parish church*
▶ **parishioner** /pə'rɪʃənə(r)/ *noun* [C] egyházközséghez tartozó hívő/ember

★ **park¹** /pɑːk/ *noun* [C] **1** park **2** *(szóösszetételekben)* park: *a national park* • *a theme park* vidámpark

★ **park²** /pɑːk/ *verb* [I,T] parkol

parking /'pɑːkɪŋ/ *noun* [U] parkolás

Az autóparkoló **car park**, a parkolóhely **parking space**.

parking lot *(US)* = CAR PARK

parking meter *noun* [C] parkolóóra

parking ticket *noun* [C] bírságcédula *(tiltott parkolásért)*

★ **parliament** /'pɑːləmənt/ *noun* [C] **1** országgyűlés **❶** Utána az ige állhat egyes vagy többesszámban. **2 (Parliament)** *[sing.]* a brit parlament: *a Member of Parliament (MP)* országgyűlési képviselő

A brit parlamentnek két része van, a Lordok Háza **(the House of Lords)**, melynek tagjai öröklés vagy kinevezés útján szerezték a címet, és az Alsóház **(the House of Commons)**, melynek tagjait a nép szavazással

választja és egy-egy választókerületet **(constituency)** képviselnek.

parliamentary /,pɑːlə'mentri/ *adj. (csak főnév előtt)* országgyűlési

parody /'pærədi/ *noun* [C,U] *(plural parodies)* paródia
▶ **parody** *verb* [T] *(pres. part.* **parodying**; *3rd pers. sing. pres.* **parodies**; *pt, pp* **parodied)** parodizál, kifiguráz

parole /pə'rəʊl/ *noun* [U] feltételes szabadlábra helyezés: *He's going to be released on parole.*

parrot /'pærət/ *noun* [C] papagáj

parrot-fashion *adv.* papagáj módra: *to learn sth parrot-fashion* (szóról-szóra)

parsley /'pɑːsli/ *noun* [U] petrezselyem

parsnip /'pɑːsnɪp/ *noun* [C] paszternák

★ **part¹** /pɑːt/ *noun* **1** [C,U] (a) **part (of sth)** (alkat)rész: *Which part of Spain do you come from?* • *The film is good in parts.* • *spare parts* (tartalék alkatrészek) *for a car* • *a part of the body* • *I enjoy being part of a team.* **2** [C] szerep: *He played the part of Macbeth.* **3 (parts)** *[plural]* országrész, tájék: *Are you from these parts?* **4** [C] rész, epizód: *Part two of the series is at the same time next week.* • *Use one part cleaning fluid to ten parts water.*

IDIOMS **the best/better part of sth** vminek a java(része) | **for the most part** többnyire | **for my, his, their, etc. part** részemről/a magam részéről stb. | **have/play a part (in sth)** szerepe van/szerepet játszik vmiben | **in part** részben | **on the part of sb/on sb's part** vkinek a részéről: *I'm sorry. It was a mistake on my part.* | **take part (in sth)** részt vesz vmiben

part² /pɑːt/ *verb* [I,T] *(formális)* **part (sb) (from sb)** el-/szétválik, el-/szétválaszt **2** [I,T] szétválik, szétválaszt: *Her lips were slightly parted.* **3** [T] elválaszt *(hajat)* ➔ Lásd **parting.**

IDIOM **part company (with sb/sth)** elválik, elbúcsúzik vkitől

PHRASAL VERB **part with sth** megválik vmitől

part³ /pɑːt/ *adv.* részben: *She's part Russian and part Chinese.*

part ex'change *noun* [U] régi (pl. autó) értékének az új árába való beszámítása

partial /'pɑːʃl/ *adj.* **1** részleges: *a partial*

[I] **tárgyatlan** *(ige):* He laughed.　　　　　[T] **tárgyas** *(ige):* He ate an apple.

success **2** (*rég*) **partial to sb/sth** különösen kedvel vmit
▶ **partially** *adv.* részben, részlegesen

partiality /ˌpɑːʃiˈæləti/ *noun* [U] (*formális*) elfogultság: *The referee was accused of partiality towards the home team.*
❶ Ellentéte: **impartiality**.
➔ Lásd **impartial**.

participant /pɑːˈtɪsɪpənt/ *noun* [C] résztvevő

participate /pɑːˈtɪsɪpeɪt/ *verb* [I] **participate (in sth)** részt vesz
▶ **participation** /pɑːˌtɪsɪˈpeɪʃn/ *noun* [U] részvétel

participle /ˈpɑːtɪsɪpl; pɑːˈtɪsɪpl/ *noun* [C] melléknévi igenév: *'Hurrying' and 'hurried' are the present and past participles of 'hurry'.*

particle /ˈpɑːtɪkl/ *noun* [C] **1** részecske: *dust particles* **2** szócska: *In the phrasal verb 'break down', 'down' is an adverbial particle.*

★ **particular** /pəˈtɪkjələ(r)/ *adj.* **1** (*csak főnév előtt*) egy bizonyos: *Is there any particular dish you enjoy making?* **2** (*csak főnév előtt*) különös, különleges: *of particular interest* **3** sajátos: *We all have our own particular problems.* **4** particular **(about/over sth)** (*főnév előtt nem állhat*) finnyás, igényes
➔ Lásd **fussy**.
IDIOM in particular különösen: *Is there anything in particular* (valami elképzelésed) *you'd like to do tonight?*

★ **particularly** /pəˈtɪkjələli/ *adv.* különösen

particulars /pəˈtɪkjələz/ *noun* [*plural*] (*formális*) részletes/személyi adatok

parting /ˈpɑːtɪŋ/ *noun* **1** [C,U] elválás, búcsú **2** [C] választék: *a side/centre parting*
➔ Lásd **part**. Ábra **hair** alatt.

partition /pɑːˈtɪʃn/ *noun* **1** [C] válaszfal **2** [U] felosztás
▶ **partition** *verb* [T] **1** leválaszt, elkülönít **2** feloszt

partly /ˈpɑːtli/ *adv.* részben: *She was only partly to blame.*

★ **partner** /ˈpɑːtnə(r)/ *noun* [C] **1** házas-/élettárs **2** (*üzlet*)társ: *business partners* **3** partner **4** partnerország/-cég
▶ **partner** *verb* [T] párja-/társaként szerepel: *Hales partnered his brother in the doubles* (a férfi párosban fivérével játszott).

partnership /ˈpɑːtnəʃɪp/ *noun* **1** [U] társas viszony: *Simona went into partnership* (társult) *with her sister to open a shop.* **2** [C] partnerkapcsolat **3** [C] társas vállalkozás

part of speech *noun* [C] szófaj

part-time *adj., adv.* részmunkaidős/ -időben, félállású/-állásban: *a part-time job* **➔** Lásd **full-time**.

★ **party** /ˈpɑːti/ *noun* [C] (*plural* **parties**) **1** vendégség, buli: *Next week we're going to* **have a party**. • *a birthday/dinner party* **2** (also **Party**) párt

> Nagy-Britanniában két nagy politikai párt van, a baloldali **Labour** és a jobboldali **Conservative** párt. Középen helyezkedik el a **Liberal Democrat** párt és más kisebb pártok. Az USA-ban a fő politikai pártok a **Republican** és a **Democrat**.

3 (*gyakran szóösszetételekben*) csoport: *a party of tourists* **4** (*formális*) (*jog*) (*peres*)fél: *the guilty/innocent party* **➔** Lásd **third party**.

★ **pass¹** /pɑːs/ *verb* **1** [I,T] elmegy, elhalad (*vmi mellett*): *I passed him in the street but he didn't say hello.* • *The number of children at the school has passed* (meghaladja) *500.*

> A **pass** múlt ideje **passed**. A **past** melléknév és elöljárószó: *The summer months passed slowly.* • *The past week has been very hot.* • *Our house is just past the church* (a templomon túl).

2 [I,T] **pass (sth) along, down, through, etc. (sth)** el-/áthalad, el-/átvezet (*vmi mellett stb.*): *A train passed through the tunnel.* **3** [T] **pass sth (to sb)** odaad: *Could you pass (me) the salt, please?* **4** [I,T] **pass (sth) (to sb)** leadja/passzolja a labdát **5** [I] (el)telik: *It was a long journey but the time passed very quickly.* **6** [T] eltölt (*időt*): *I need something to do to* **pass the time** *in hospital.* **7** [I,T] átmegy (*vizsgán*) **❶** Ellentéte: **fail. 8** [T] átenged (*vizsgán*) **9** [T] törvényjavaslatot megszavaz: *to pass a new law.* **10** [T] **pass sth (on sb/sth)** ítélkezik: *The judge passed sentence* (kimondta az ítéletet) *on the young man.* **11** [I] átsiklik vmin: *I didn't like what they were saying but I* **let it pass**.
IDIOMS pass the buck (to sb) áthárítja a felelősséget | **pass water** (*formális*) vizel
PHRASAL VERBS pass away elhuny | **pass by**

(sb/sth) elhalad (*vmi mellett*) | **pass sth down** örökül hagy | **pass for sb/sth** elmegy vmiként/vminek: *His mother looks so young she'd pass for his sister* (akár a nővérének is nézhetik). | **pass sb/sth off (as sb/sth)** kiadja magát vkinek/vminek, elsóz vmit (*átv*) | **pass sth on (to sb)** át-/továbbad | **pass out** elájul ❶ Ellentéte: **come round/to.**

★ **pass²** /pɑːs/ *noun* [C] **1** sikeres vizsga, megfelelt fokozat: *The pass mark is 50%.* ❶ Ellentéte: **fail. 2** igazolvány, engedély: *a student pass* **3** leadás, passz (*sportban*) **4** hágó

passable /'pɑːsəbl/ *adj.* **1** tűrhető **2** (*főnév előtt nem állhat*) járható ❶ Ellentéte: **impassable.**

★ **passage** /'pæsɪdʒ/ *noun* **1** [C] (*also* **passageway**) átjáró **2** [C] járat, vezeték (*emberi testben*) **3** [C] szakasz, részlet (*irodalmi/zenei műből*): *The students were given a passage from the novel to study.* **4** [*sing.*] vminek az elmúlása: *His painful memories faded with* **the passage of time.**

★ **passenger** /'pæsɪndʒə(r)/ *noun* [C] utas

ˌpasser-'by *noun* [C] (*plural* **passers-by**) járókelő

passing¹ /'pɑːsɪŋ/ *adj.* (*csak főnév előtt*) **1** múló: *a passing phase/interest* **2** arra járó: *a passing car*

passing² /'pɑːsɪŋ/ *noun* [U] múlás

IDIOM **in passing** futólag: *He mentioned the house in passing but he didn't give any details.*

passion /'pæʃn/ *noun* **1** [C,U] szenvedély, indulat **2** [*sing.*] **a passion (for sb/sth)** szenvedély(es szerelem)

passionate /'pæʃənət/ *adj.* szenvedélyes, heves: *a passionate interest/speech/affair/ kiss*

▶ **passionately** *adv.* szenvedélyesen

passive /'pæsɪv/ *adj.* **1** passzív, tétlen: *passive smoking* **2** szenvedő (*szerkezet*): *In the sentence 'He was bitten by a dog', the verb is (in the) passive.* ➔ Lásd **active.**

▶ **passively** *adv.* passzívan, tétlenül

Passover /'pɑːsəʊvə(r)/ *noun* [*sing.*] zsidó húsvét

★ **passport** /'pɑːspɔːt/ *noun* [C] **1** útlevél

You **apply for** or **renew** your passport at the **passport office.** This office **issues** new passports.

2 a passport to sth vminek a nyitja: *a passport to success*

password /'pɑːswɜːd/ *noun* [C] **1** jelszó **2** kód, jelszó: *Please enter your password.*

★ **past¹** /pɑːst/ *adj.* **1** (el)múlt, régi: *the past decade/few weeks* **2** (*csak főnév előtt*) az elmúlt: *He's worked hard during the past year.*

★ **past²** /pɑːst/ *prep., adv.* **1** után (*időben*): *It's ten (minutes) past* (tíz perccel múlt) *three.* • *It was past midnight when we got home.* **2** el (*vmi mellett*): *He walked straight past me.* **3** túl: *Unemployment is now past the 2 million mark.* • *I'm so tired that I'm* **past caring** (már nem érdekel) *what we eat.*

IDIOMS **not put it past sb (to do sth)** (*előtte* **would** *áll*) kitelik tőle, hogy: *I wouldn't put it past him to do a thing like that.* | **past it** (*informális*) túl öreg

★ **past³** /pɑːst/ *noun* **1** (**the past**) [*sing.*] a múlt: *in the recent/distant past* a közel-/régmúlt • *The art of writing letters seems to be* **a thing of the past** (már a múlté). **2** [C] múlt **3** (**the past**) (*also* **the ˌpast 'tense**) [*sing.*] az ige múlt idejű alakja: *The past (tense) of the verb 'come' is 'came'.* ➔ Lásd még a *Rövid nyelvtani összefoglalást.*

pasta /'pæstə/ *noun* [U] száraztészta, főtt tészta

paste¹ /peɪst/ *noun* **1** [C,U] pép, csiriz **2** [U] (*ált. összetett főnevekben*) pástétom: *fish/almond paste*

paste² /peɪst/ *verb* [T] **1** (be/fel)ragaszt **2** (*infor*) beilleszt: *to* **cut and paste** *text* szöveget kivágni és beilleszteni

pastel /'pæstl/ *adj.* pasztell

pasteurized (*also* **-ised**) /'pɑːstʃəraɪzd/ *adj.* pasztőrizált

pastime /'pɑːstaɪm/ *noun* [C] időtöltés ❶ Szinonimája: **hobby.**

pastoral /'pɑːstərəl/ *adj.* **1** lelkipásztori **2** pásztor-

ˌpast 'participle *noun* [C] múlt idejű melléknévi igenév ➔ Vesd össze **present participle.**

ˌpast 'perfect *noun* [*sing.*] az ige befejezett

múlt ideje ➲ Lásd még a *Rövid nyelvtani összefoglalást*.

pastry /'peɪstri/ *noun* (*plural* **pastries**) **1** [*U*] liszt, zsiradék és víz összegyúrásával készített tészta **2** [*C*] (cukrász)sütemény (*levelestésztából*)

pasture /'pɑːstʃə(r)/ *noun* [*C,U*] legelő

pasty /'pæsti/ *noun* [*C*] (*plural* **pasties**) (*brit*) húsos/zöldséges táska

pat¹ /pæt/ *verb* [*T*] (**patting**; **patted**) (meg)veregeţ, megpaskol

pat² /pæt/ *noun* [*C*] veregetés, paskolás: *He gave her knee an affectionate pat.*
IDIOM **a pat on the back** (for sth/doing sth) vállonveregetés, elismerés: *She deserves a pat on the back for all her hard work.*

pat³ /pæt/ *adj., adv.* (*csak főnév előtt*) kapásból adott (*válasz stb.*)

patch¹ /pætʃ/ *noun* [*C*] **1 a patch** (of sth) folt: *patches of ice* • *a bald patch* **2** folt(ozás) **3** szemvédő **4** kis darab föld: *a vegetable patch* veteményes
IDIOMS **go through a bad patch** (*főleg brit, informális*) rájár a rúd | **not a patch on sb/sth** (*főleg brit, informális*) nem lehet vele egy lapon említeni

patch² /pætʃ/ *verb* [*T*] (meg)foltoz: *patched jeans*
PHRASAL VERB **patch sth up 1** toldoz-foldoz **2** kibékül: *Have you tried to patch things up with her?*

patchwork /'pætʃwɜːk/ *noun* [*U*] különböző darabokból összeállított takaró/terítő

patchy /'pætʃi/ *adj.* **1** foltokban előforduló: *patchy fog/rain* **2** hiányos: *patchy evidence/knowledge*

pâté /'pæteɪ/ *noun* [*U*] pástétom: *liver pâté* kenőmájas

patent¹ /'peɪtnt/ *adj.* (*formális*) nyilvánvaló: *a patent lie*
▶ **patently** *adv.* nyilvánvalóan

patent² /'pætnt; 'peɪtnt/ *noun* [*C,U*] szabadalom
▶ **patent** *verb* [*T*] szabadalmaztat

patent 'leather *noun* [*U*] lakkbőr

paternal /pə'tɜːnl/ *adj.* **1** atyai: *paternal love* **2** (*csak főnév előtt*) apai: *my paternal grandparents* ➲ Lásd **maternal**.

paternity /pə'tɜːnəti/ *noun* [*U*] apaság:

paternity *leave* szüléskor az apának engedélyezett szabadság ➲ Lásd **maternity**.

★ **path** /pɑːθ/ *noun* [*C*] **1** ösvény, gyalogút: *the garden path*

> A **pathway** hasonló jelentésű: *There was a narrow pathway leading down the cliff.* Lásd **footpath**.

2 út(vonal): *the flight path of a plane*

pathetic /pə'θetɪk/ *adj.* **1** szívszaggató, szánalmas **2** (*informális*) kétségbeejtően rossz, gyatra: *a pathetic performance/excuse*
▶ **pathetically** /-kli/ *adv.* **1** szánalmasan **2** nevetségesen

pathological /ˌpæθə'lɒdʒɪkl/ *adj.* **1** beteges: *He's a pathological liar.* • *pathological fear/violence* **2** kóros: *pathological depression* **3** patológiai
▶ **pathologically** /-kli/ *adv.* betegesen

pathologist /pə'θɒlədʒɪst/ *noun* [*C*] kórboncnok

pathology /pə'θɒlədʒi/ *noun* [*U*] kór(bonc)tan

★ **patience** /'peɪʃns/ *noun* [*U*] **1 patience** (with sb/sth) türelem: *to lose patience* ➊ Ellentéte: **impatience**. **2** (*US* **solitaire**) pasziánsz

★ **patient¹** /'peɪʃnt/ *adj.* patient (with sb/sth) türelmes ➊ Ellentéte: **impatient**.
▶ **patiently** *adv.* türelmesen: *to wait patiently*

★ **patient²** /'peɪʃnt/ *noun* [*C*] páciens, beteg

patio /'pætiəʊ/ *noun* [*C*] (*plural* **patios** /-əʊz/) földszinti terasz ➲ Lásd **balcony**, **verandah**, **terrace**.

patriot /'peɪtriət; 'pæt-/ *noun* [*C*] hazafi
▶ **patriotism** /'peɪtriətɪzəm; 'pæt-/ *noun* [*U*] hazaszeretet

patriotic /ˌpeɪtri'ɒtɪk; ˌpæt-/ *adj.* hazafias

patrol¹ /pə'trəʊl/ *verb* [*I,T*] (**patrolling**; **patrolled**) őrjáratot tart

patrol² /pə'trəʊl/ *noun* **1** [*C,U*] őrjárat, járőrszolgálat: *a police car on patrol* **2** [*C*] őrjárat: *a naval/police patrol* • *a patrol car* járőrkocsi

patron /'peɪtrən/ *noun* [*C*] **1** pártfogó: *a patron of the arts* **2** védnök ➲ Lásd

sponsor. **3** (*formális*) vevő, vendég: *This car park is for patrons only.*

patronize (also **-ise**) /'pætrənaɪz/ *verb* [T] **1** leereszkedően viselkedik/bánik vkivel: *Some television programmes tend to patronize children.* **2** (*formális*) rendszeresen jár/vásárol vhova/vhol
▸ **patronizing** (also **-ising**) *adj.* lenéző: *a patronizing smile/attitude*
patronizingly (also **-isingly**) *adv.* leereszkedően

patron 'saint *noun* [C] védőszent

patter /'pætə(r)/ *noun* [sing.] (*halk*) kopogás, dobolás: *the patter of tiny feet/raindrops*
▸ **patter** *verb* [I] kopog (*léptek*), dobol (*eső*)

★ **pattern** /'pætn/ *noun* [C] **1** minta, rendszer, a dolgok megszokott rendje: *changing patterns of behaviour/work/weather* **2** minta: *a floral pattern* ❶ Szinonimája: **design**. **3** sablon

patterned /'pætənd/ *adj.* mintás

★ **pause¹** /pɔːz/ *noun* **1** [C] **a pause (in sth)** szünet, megszakítás ❍ Magyarázat az **interval** szónál. **2** [U] pause-gomb, pillanatmegállító: *Can you press pause to stop the tape?*

pause² /pɔːz/ *verb* [I] **pause (for sth)** megáll, szünetet tart

pave /peɪv/ *verb* [T] **pave sth (with sth)** (*gyakran szenvedő szerkezetben*) kikövez, burkol

pavement /'peɪvmənt/ (*US* **sidewalk**) *noun* [C] járda

pavilion /pə'vɪliən/ *noun* [C] (*brit*) klubház (*sportpálya mellett*)

'paving stone *noun* [C] burkolókő

★ **paw¹** /pɔː/ *noun* [C] mancs (*állaté*)

paw² /pɔː/ *verb* [I,T] **paw (at) sth** mancsával megfog(dos)

pawn¹ /pɔːn/ *noun* [C] **1** gyalog (*sakkban*) **2** vki eszköze/játékszere

pawn² /pɔːn/ *verb* [T] zálogba ad

pawnbroker /'pɔːnbrəʊkə(r)/ *noun* [C] zálogkölcsönző

★ **pay¹** /peɪ/ *verb* (*pt, pp* **paid**) **1** [I,T] **pay (sb) (for sth); pay (sb) sth (for sth)** fizet vmiért, fizetést ad: *She is very well paid.* **2** [T] **pay sth (to sb)** (ki)fizet: *Have you paid her the* rent yet? ● **to pay a bill/fine 3** [I,T] kifizetődik, megéri: *It would pay you to get professional advice.* **4** [I] **pay (for sth)** ráfizet vmire (*átv*), meglakol vmiért: *You'll pay for that remark!*

IDIOMS **be paid in arrears** → ARREARS | **pay attention (to sb/sth)** (oda)figyel | **pay sb a compliment; pay a compliment to sb** bókol vkinek | **pay your respects (to sb)** (*formális*) tiszteletét teszi vkinél: *Hundreds came to pay their last respects to her* (kísérték el utolsó útjára). | **pay tribute to sb/sth** tisztelettel adózik vkinek | **put paid to sth** elront

PHRASAL VERBS **pay sb back (for sth)** bosszút áll: *What a mean trick! I'll pay you back* (ezért még megfizetsz) *one day.* | **pay sth back (to sb)** visszafizet: *Have you got £5? I'll pay you back/I'll pay it back to you soon.* | **pay off** (*informális*) kifizetődik, beválik: *All her hard work has paid off* (megtérült)! *She passed her exam.* | **pay sth off** kifizet, kiegyenlít: *to pay off a debt/mortgage* | **pay up** (*informális*) kifizet (*teljes összeget, azonnal*)

★ **pay²** /peɪ/ *noun* [U] fizetés

A **pay** fizetés általában. A **wages** napi/heti bér, melyet készpénzben fizetnek ki. A **salary** havi fix fizetés, mely bankszámlára történik. A **fee** orvos, ügyvéd stb. tiszteletdíja. A **payment** egyszeri kifizetés. Az **income** az összes jövedelemre vonatkozik, mely állhat fizetésből és egyéb bevételekből (pl. kamatból) is.

payable /'peɪəbl/ *adj.* fizetendő: *A 10% deposit is payable in advance.* ● *Make the cheque payable to Paul Nolan.* Paul Nolan nevére állítsd ki a csekket.

payee /ˌpeɪ'iː/ *noun* [C] (*írott nyelv*) kedvezményezett

★ **payment** /'peɪmənt/ *noun* **payment (for sth) 1** [U] fizetés ❍ Magyarázat a **pay²** szónál. **2** [C] fizetség, (be)fizetés

PC /ˌpiː 'siː/ *noun* [C] **1** személyi számítógép **2** (*köz*)rendőr
▸ *adj.* körültekintően megfogalmazott (*hogy bizonyos csoportokat ne sértsen*): *The minister made great efforts to use PC language in his meeting with the women.*

PE /ˌpiː ˈiː/ abbr. (physical education rövidítése) testnevelés: a PE lesson tornaóra

pea /piː/ noun [C] borsó

★ **peace** /piːs/ noun [U] **1** béke, közrend: The two communities now live **in peace**. • A UN force has been sent in to **keep the peace** (a béke fenntartására). **2** békesség, nyugalom: the **peace and quiet** of the countryside a vidéki csönd és nyugalom

★ **peaceful** /ˈpiːsfl/ adj. **1** békés: a peaceful protest/solution **2** csendes, nyugodt
  ▶ **peacefully** /-fəli/ adv. békésen: The siege ended peacefully.
  peacefulness noun [U] **1** csend **2** békesség

peacetime /ˈpiːstaɪm/ noun [U] béke(idő)

peach /piːtʃ/ noun **1** [C] őszibarack **2** [U] barackszín

peacock /ˈpiːkɒk/ noun [C] páva

peak¹ /piːk/ noun [C] **1** csúcs(pont): at the peak of his career **2** (hegy)csúcs **3** ellenző (sapkán) ⊃ Ábra **hat** alatt.

peak² /piːk/ adj. (csak főnév előtt) csúcs-: Summer is the peak season for most hotels. • The athletes are all in peak condition. ⊃ Lásd **off-peak**.

peak³ /piːk/ verb [I] eléri a csúcspontot

peal /piːl/ noun [C] harangzúgás: peals of laughter hahota
  ▶ **peal** verb [I] zeng

peanut /ˈpiːnʌt/ noun **1** [C] amerikai mogyoró, földimogyoró **2** (peanuts) [plural] (informális) jelentéktelen összeg: We get paid peanuts for doing this job.

pear /peə(r)/ noun [C] körte

★ **pearl** /pɜːl/ noun [C] gyöngy: pearl earrings

peasant /ˈpeznt/ noun [C] paraszt

peat /piːt/ noun [U] tőzeg

pebble /ˈpebl/ noun [C] kavics

pecan /ˈpiːkən/ noun [C] pekándió

peck /pek/ verb **1** [I,T] peck (at) sth csipked, csipeget **2** [T] (informális) megpuszil
  ▶ **peck** noun [C] **1** puszi **2** csipkedés

peckish /ˈpekɪʃ/ adj. (informális) éhes

peculiar /pɪˈkjuːliə(r)/ adj. **1** furcsa ❶ Szinonimája: odd. **2** peculiar to sb/sth sajátos, jellegzetes: a species of bird peculiar to South East Asia

peculiarity /pɪˌkjuːliˈærəti/ noun (plural peculiarities) **1** [C] furcsaság **2** [C] sajátosság: the cultural peculiarities of the English **3** [U] különlegesség

peculiarly /pɪˈkjuːliəli/ adv. **1** furcsán **2** különösen: Her laugh is peculiarly annoying. **3** jellegzetesen: a peculiarly French custom

pedagogical /ˌpedəˈɡɒdʒɪkl/ adj. pedagógiai

pedal /ˈpedl/ noun [C] pedál
  ▶ **pedal** verb [I,T] (pedalling; pedalled; US pedaling; pedaled) tapossa a pedált: to pedal hard up a hill

pedantic /pɪˈdæntɪk/ adj. tudálékos
  ▶ **pedantically** /-kli/ adv. aprólékosan, tudálékosan

pedestal /ˈpedɪstl/ noun [C] talapzat

pedestrian /pəˈdestriən/ noun [C] gyalogos ⊃ Lásd **motorist**.

pe,destrian 'crossing (US crosswalk) noun [C] gyalogátkelőhely ⊃ Lásd **zebra crossing**.

pediatrician (US) = PAEDIATRICIAN

pedigree¹ /ˈpedɪɡriː/ noun [C] **1** pedigré ⊃ Lásd **mongrel**. **2** (ősi) származás

pedigree² /ˈpedɪɡriː/ adj. (csak főnév előtt) törzskönyvezett

pee /piː/ verb [I] (informális) pisil
  ▶ **pee** noun [sing.] pisi(lés)

peek /piːk/ verb [I] (informális) **peek (at sth)** kukucskál
  ▶ **peek** noun [sing.] kukucskálás: to have a quick peek

peel¹ /piːl/ verb **1** [T] (meg)hámoz **2** [I,T] **peel (sth) (off/away/back)** lehámoz, leválik
  IDIOM keep your eyes peeled/skinned (for sb/sth) → EYE¹

peel² /piːl/ noun [U] héj (gyümölcsé, zöldségé) ⊃ Lásd **rind, skin**.

peeler /ˈpiːlə(r)/ noun [C] hámozókés: a potato peeler ⊃ Ábra **kitchen** alatt.

peep¹ /piːp/ verb [I] **1** peep (at sth) kukucskál **2** kikandikál: The moon is peeping out from behind the clouds.

peep² /piːp/ noun [sing.] (informális) **1** röpke pillantás: **Have a peep** in the bedroom and see if the baby is asleep.

---

❶ = magyarázat [C] megszámlálható (főnév): one book, two books

[U] megszámlálhatatlan (főnév): some sugar

2 nyikkanás: *I haven't heard a peep out of the children for ages.*

peer¹ /pɪə(r)/ *noun* [C] **1** vkivel egyenlő (*korban, társadalmi helyzetben*): *Children hate to look stupid in front of their peers.* **2** (*brit*) (fő)nemes

peer² /pɪə(r)/ *verb* [I] peer (at sb/sth) szemügyre vesz

peerage /'pɪərɪdʒ/ *noun* **1** [*with sing. or plural verb*] (fő)nemesség **2** [C] (fő)nemesi rang

'**peer group** *noun* [C] (*korban, társadalmi helyzetben*) azonosak csoportja

peeved /piːvd/ *adj.* (*informális*) zabos, pipa

peg¹ /peg/ *noun* [C] **1** ruhaakasztó **2** (*also* '**tent peg**) sátorcövek **3** (*also* '**clothes peg**, *US* '**clothes pin**) ruhacsipesz

peg² /peg/ *verb* [T] (**pegging**; **pegged**) **1** peg sth (**out**) (*oda*)csipeszel **2** peg sth (**at/to** sth) (*bizonyos szinten*) rögzít: *Wage increases were pegged at 5%.*

pelican /'pelɪkən/ *noun* [C] pelikán

pellet /'pelɪt/ *noun* [C] **1** golyó, labdacs **2** sörét

pelt /pelt/ *verb* **1** [T] megdobál **2** [I] pelt (**down**) zuhog (*eső*) **3** [I] (*informális*) nyargal

pelvis /'pelvɪs/ *noun* [C] (*plural* **pelvises**) (*anat*) medence
  ▶ **pelvic** /'pelvɪk/ *adj.* medence-

★ **pen** /pen/ *noun* [C] **1** toll: *a ballpoint/ marker/fountain pen* **2** karám

penal /'piːnl/ *adj.* (*csak főnév előtt*) büntető(-): *the penal system*

penalize (*also* **-ise**) /'piːnəlaɪz/ *verb* [T] (*jog is*) (meg)büntet

penalty /'penəlti/ *noun* [C] (*plural* **penalties**) **1** büntetés: *the death penalty* • *What's the maximum penalty for smuggling drugs?* • *I didn't work hard enough and I paid the penalty* (megfizettem érte) *in my exams.* **2** büntető (*rúgás, dobás stb.*), tizenegyes: *The referee awarded a penalty to the home team.*

the '**penalty area** *noun* [C] (*labdarúgás*) a tizenhatos vonalon belüli terület

penance /'penəns/ *noun* [C,U] vezeklés

★ **pence** *plural of* PENNY

★ **pencil¹** /'pensl/ *noun* [C,U] ceruza: *Write in pencil* (ceruzával).

pencil² /'pensl/ *verb* [T] (**pencilling**; **pencilled**; *US* **penciling**; **penciled**) ceruzával ír/rajzol
  PHRASAL VERB **pencil sth/sb in** feljegyez (*nem végleges dolgot*): *Shall we pencil the next meeting in for the twelfth?*

'**pencil case** *noun* [C] tolltartó

'**pencil sharpener** *noun* [C] ceruzahegyező

pendant /'pendənt/ *noun* [C] függő

pending /'pendɪŋ/ *adj., prep.* (*formális*) **1** elintézetlen, függőben lévő **2** -ig, amíg: *He was released pending an appeal.*

pendulum /'pendjələm/ *noun* [C] **1** inga **2** ingatag/változó dolog: *Recently the pendulum of public opinion* (a közvélemény ingadozása) *has swung against the government.*

penetrate /'penətreɪt/ *verb* **1** [I,T] keresztül-/behatol **2** [T] rájön vmire **3** [I,T] eljut vki agyába (*megérti*)
  ▶ **penetration** /ˌpenə'treɪʃn/ *noun* [U] át-/behatolás

penetrating /'penətreɪtɪŋ/ *adj.* **1** átható, metsző (*pillantás*): *a penetrating look/ stare* • *penetrating blue eyes* **2** lényegre tapintó: *a penetrating question/analysis* **3** átható, jól érzékelhető

penfriend /'penfrend/ (*főleg US* '**pen pal**) *noun* [C] levelezőpartner

penguin /'peŋgwɪn/ *noun* [C] pingvin

penicillin /ˌpenɪ'sɪlɪn/ *noun* [U] penicillin

peninsula /pə'nɪnsjələ/ *noun* [C] félsziget

penis /'piːnɪs/ *noun* [C] hímvessző

penitent /'penɪtənt/ *adj.* (*formális*) bűnbánó

penitentiary /ˌpenɪ'tenʃəri/ *noun* [C] (*plural* **penitentiaries**) (*US*) büntetőintézet

penknife /'pennaɪf/ *noun* [C] (*plural* **penknives**) bicska

penniless /'peniləs/ *adj.* pénztelen

★ **penny** /'peni/ *noun* [C] (*plural* **pence** /pens/ *or* **pennies**) **1** (*abbr.* **p**) penny (*brit váltópénz*): *a fifty-pence piece/coin* **2** (*US*) cent (*US váltópénz*)

★ **pension** /'penʃn/ *noun* [C] nyugdíj
  ▶ **pensioner** *noun* [C] nyugdíjas **Ɔ** Lásd még **old-age pensioner**, **senior citizen**.

[I] **tárgyatlan** (*ige*): *He laughed.*

[T] **tárgyas** (*ige*): *He ate an apple.*

pentagon /'pentəgən/ noun **1** [C] szabályos ötszög **2** (the Pentagon) [sing.] US Honvédelmi Minisztérium, ill. annak épülete

pentathlon /pen'tæθlən/ noun [C] öttusa

penthouse /'penthaʊs/ noun [C] legfelső emeleti luxuslakás (sokemeletes házban)

pent-up /'pent ʌp/ adj. (csak főnév előtt) elfojtott (érzés, érzelem): pent-up anger/ frustration

penultimate /pen'ʌltɪmət/ adj. utolsó előtti

★ **people** /'pi:pl/ noun **1** [plural] emberek: How many people are coming to the party?

> Vigyázat! A többes számú **persons** helyett szinte mindig a **people** szót használjuk. A **persons** nagyon hivatalos és csak a jogi nyelvben használatos: Persons under the age of sixteen are not permitted to buy cigarettes.

2 [C] (plural **peoples**) (formális) nép: the French-speaking peoples of the world **3** [plural] azonos tevékenységet folytató emberek: business/sports people üzletemberek/sportolók **4** (the people) [plural] a nép, közemberek

pepper¹ /'pepə(r)/ noun **1** [U] bors: salt and pepper **2** [C] zöldpaprika: a green/red/ yellow pepper

pepper² /'pepə(r)/ verb [T] **pepper sb/sth with sth** (ált. szenvedő szerkezetben) pergőtűz alá vesz, teleszór/lövöldöz/ -dobál vkit/vmivel

peppermint /'pepəmɪnt/ noun **1** [U] borsmenta **2** [C] (also **mint**) mentolos cukorka ➔ Lásd spearmint.

pep talk /'pep tɔ:k/ noun [C] (informális) buzdítás, lelkesítő duma

★ **per** /pə(r); erős alak pɜ:(r)/ prep. per, -nként: to drive at 90 kilometres per hour • Rooms cost 60 dollars per person per night.

perceive /pə'si:v/ verb [T] (formális) **1** érzékel, felfog **2** érzékel, értelmez ❶ Főnév: perception.

★ **per ˈcent** (US **percent**) adj., adv., noun [C, with sing. or plural verb] (plural **per cent**) (symbol **%**) százalék: You get 10% off if you pay cash. • 90% of the population • The

price of bread has gone up **by** 50 per cent (50%-kal) in two years.

percentage /pə'sentɪdʒ/ noun [C, with sing. or plural verb] százalék(arány): What percentage of people voted?

perceptible /pə'septəbl/ adj. (formális) érzékelhető: a barely perceptible change in colour (alig észrevehető színváltozás) ❶ Ellentéte: imperceptible.
▸ **perceptibly** /-əbli/ adv. érezhetően, érzékelhetően

perception /pə'sepʃn/ noun **1** [U] érzékelés, észlelés **2** [C] értelmezés ❶ Ige: perceive.

perceptive /pə'septɪv/ adj. (formális) lényeglátó, éles szemű
▸ **perceptively** adv. lényeglátóan, problémaérzékenyen

perch¹ /pɜ:tʃ/ verb **1** [I] (madár) ágon ül, gubbaszt **2** [I,T] vminek a szélén van/székre helyez: The house was perched on the edge of a cliff.

perch² /pɜ:tʃ/ noun [C] (ülő)rúd, ág (amin a madár ül)

percussion /pə'kʌʃn/ noun [U] ütőhangszerek

perennial /pə'reniəl/ adj. örökös, gyakran/újra visszatérő: a perennial problem/ favourite

★ **perfect¹** /'pɜ:fɪkt/ adj. **1** tökéletes: The car is in perfect condition. ❶ Ellentéte: imperfect. **2** **perfect (for sb/sth)** tökéletesen alkalmas/megfelelő **3** (csak főnév előtt) tökéletes, teljes: What he was saying made perfect sense to me. • a perfect stranger **4** (a **has/have/had** segédigével és a főige **past participle** alakjával képzett igeidők nevének egyik tagja) befejezett
▸ **perfectly** adv. hibátlanul, tökéletesen

perfect² /pə'fekt/ verb [T] tökéletesít

perfection /pə'fekʃn/ noun [U] tökéletesség: The steak was cooked **to** perfection (tökéletesen volt elkészítve).

perfectionist /pə'fekʃənɪst/ noun [C] maximalista

the ˈperfect tense (also **the perfect**) noun [sing.] (a **has/have/had** segédigével és a főige **past participle** alakjával képzett igeidő): 'I've finished' is in the present per-

fect tense. ➔ Lásd még a *Rövid nyelvtani összefoglalást.*

perforate /'pɜːfəreɪt/ *verb* [T] perforál, átlyukaszt

perforation /ˌpɜːfə'reɪʃn/ *noun* 1 [C] perforáció 2 [U] perforálás

★ **perform** /pə'fɔːm/ *verb* 1 [T] (*formális*) elvégez, végrehajt (*feladatot, megbízatást*) 2 [I,T] fellép, előad: *She is performing in Aida at the National Opera.* 3 [I] **perform (well/badly/poorly)** (jól/rosszul) működik, teljesít

IDIOM work/perform miracles → MIRACLE

★ **performance** /pə'fɔːməns/ *noun* 1 [C] előadás 2 [C] előadás(mód): *His moving performance in the film won him an Oscar.* 3 [C,U] teljesítmény: *The company's performance was disappointing last year.* ● *a high performance engine* 4 [U, sing.] (*formális*) elvégzés, végrehajtás (*feladaté*): *the performance of your duties*

performer /pə'fɔːmə(r)/ *noun* [C] 1 előadó(művész) 2 vhogyan szereplő/teljesítő (*személy, dolog*): *Diana is a poor performer in exams.*

★ **perfume** /'pɜːfjuːm/ *noun* [C,U] 1 (*brit also* scent) parfüm: *to wear perfume* 2 parfümös illat

★ **perhaps** /pə'hæps; præps/ *adv.* talán: *She was, perhaps, the best writer of her age.*

> A **perhaps** és a **maybe** szavak jelentése nagyjából megegyezik. Gyakran használjuk őket arra, hogy mondanivalónk udvariasabban hangozzék: *Perhaps I could borrow your book, if you're not using it?* ● *Maybe I'd better explain...*

peril /'perəl/ *noun* (*írott nyelv*) 1 [U] veszedelem: *A shortage of nurses is putting patients' lives **in peril** (veszélyezteti).* 2 [C] veszély(es dolog): *the perils of drug abuse* ▶ **perilous** /'perələs/ *adj.* veszélyes **❶** A **danger** és **dangerous** szavakat gyakrabban használjuk.

perimeter /pə'rɪmɪtə(r)/ *noun* [C] (*föld*)terület külső kerülete: *the perimeter fence*

★ **period** /'pɪəriəd/ *noun* [C] 1 időszak, periódus: *The scheme will be introduced for a six-month trial period.* ● *Her son is going* through a difficult period at the moment. 2 óra (*iskolában*) 3 menstruáció 4 (*főleg US*) = FULL STOP

periodic /ˌpɪəri'ɒdɪk/ (*also* **periodical** /-kl/) *adj.* rendszeres(en ismétlődő) ▶ **periodically** /-kli/ *adv.* rendszeresen, időről időre

periodical /ˌpɪəri'ɒdɪkl/ *noun* [C] (*formális*) folyóirat

perish /'perɪʃ/ *verb* [I] (*írott nyelv*) elpusztul

perishable /'perɪʃəbl/ *adj.* romlandó (*étel*) **❶** Ellentéte: **non-perishable**.

perjury /'pɜːdʒəri/ *noun* [U] (*formális*) hamis tanúzás, hamis eskü (*bíróságon*) ▶ **perjure** /'pɜːdʒə(r)/ *verb* [T] **perjure yourself** hamisan esküszik

perk¹ /pɜːk/ *verb* **PHRASAL VERB** **perk (sb/sth) up** felélénkül, felvidul, felélénkít, felvidít

perk² /pɜːk/ *noun* [C] (*informális*) mellékes juttatás (*a fizetésen kívül*): *Travelling abroad is one of the perks of the job.*

perm /pɜːm/ *noun* [C] dauer ➔ Lásd **wave**. ▶ **perm** *verb* [T] (be)dauerol: *to have your hair permed*

★ **permanent** /'pɜːmənənt/ *adj.* állandó, tartós: *Is it a permanent or a temporary job?* ▶ **permanence** *noun* [U] állandóság, tartósság **permanently** *adv.* tartósan, végleg

permissible /pə'mɪsəbl/ *adj.* (*formális*) **permissible (for sb) (to so sth)** megengedhető, megengedett

★ **permission** /pə'mɪʃn/ *noun* [U] **permission (for sth); permission (for sb) (to do sth)** engedély(ezés): *I'm afraid you can't leave without permission.* ● *to ask/give permission for sth*

> Vigyázat! A **permission** megszámlálhatatlan. Az engedélyt tanúsító dokumentum: **permit**.

permissive /pə'mɪsɪv/ *adj.* (*erkölcsi kérdésekben*) elnéző, engedékeny

★ **permit¹** /pə'mɪt/ *verb* (**permitting**; **permitted**) 1 [T] (*formális*) megenged, engedélyez: *You are not permitted to smoke.* ➔ Magyarázat az **allow** szónál. 2 [I,T] lehetővé tesz: *Let's go out at the weekend,*

permit 484

weather permitting (ha az időjárás megengedi).

permit² /'pɜ:mɪt/ *noun* [C] engedély (*a dokumentum*): *to apply for a* **work permit** (munkavállalási engedély).

perpendicular /ˌpɜ:pən'dɪkjələ(r)/ *adj.* **1** merőleges: *Are the lines perpendicular to each other?* ➔ Vesd össze **horizontal, vertical. 2** álló, függőleges: *The path was almost perpendicular* (nagyon meredek).

perpetual /pə'petʃuəl/ *adj.* **1** állandó, örökös **2** állandó, folytonos (*idegesítő*)
► **perpetually** /-tʃuəli/ *adv.* állandóan

perpetuate /pə'petʃueɪt/ *verb* [T] (*formális*) állandósít, életben tart (*átv*)

perplexed /pə'plekst/ *adj.* értetlen, zavarodott

persecute /'pɜ:sɪkju:t/ *verb* [T] **1 persecute sb (for sth)** (*gyakran szenvedő szerkezetben*) üldöz (*főleg faji, vallási vagy politikai okokból*) **2** gyötör, zaklat
► **persecution** /ˌpɜ:sɪ'kju:ʃn/ *noun* [C,U] üldözés
persecutor /'pɜ:sɪkju:tə(r)/ *noun* [C] üldöző

persevere /ˌpɜ:sɪ'vɪə(r)/ *verb* [I] **persevere (at/in/with sth)** kitart(óan csinál vmit), nem adja fel
► **perseverance** *noun* [U] kitartás, állhatatosság

persist /pə'sɪst/ *verb* [I] **1 persist (in sth/doing sth)** makacsul ragaszkodik vmihez, (rendületlenül) tovább csinál vmit **2** nem múlik el
► **persistence** *noun* [U] **1** kitartás, szívósság: *Finally her persistence was rewarded.* **2** tartós fennállás

persistent /pə'sɪstənt/ *adj.* **1** makacs(ul kitartó), szívós: *The salesman was very persistent.* **2** makacs, hosszadalmas: *a persistent cough* • *There is a persistent rumour that...* Tartja magát a hír, hogy...
► **persistently** *adv.* kitartóan, tartósan

★ **person** /'pɜ:sn/ *noun* [C] (*plural* **people**) **1** személy: *I would like to speak to the person in charge.*

Néha, nagyon hivatalos stílusban a **person** többes számaként előfordul a **persons.** Magyarázat a **people** szónál.

2 (-person) (*szóösszetételekben*) az adott feladatot ellátó személy: *a salesperson/ spokesperson* **3** (*személyes névmásoknál*: *első, második, harmadik*) személy
IDIOM **in person** személyesen

★ **personal** /'pɜ:sənl/ *adj.* **1** (*csak főnév előtt*) magán-, személyes: *personal possessions* • *to let your* **personal feelings** *affect your judgement* **2** személyes jellegű: *May I ask you a* **personal question**? **3** magán- (*nem hivatali*): *I try not to let work interfere with my* **personal life**. **4** (*csak főnév előtt*) személyes **5** (*csak főnév előtt*) személyre szóló, egyéni **6** személyeskedő: *It started as a general discussion but then people started to* **get personal** *and an argument began.* **7** (*csak főnév előtt*) személyi, testi: *personal hygiene* testápolás

personal as'sistant *noun* [C] magántitkár(nő)

personal com'puter *noun* [C] személyi számítógép

personality /ˌpɜ:sə'næləti/ *noun* (*plural* **personalities**) **1** [C,U] személyiség, jellem **2** [U] kiváló/vonzó személyiség/jellem **3** [C] ismert személyiség: *a television personality*

personalize (*also* -ise) /'pɜ:sənəlaɪz/ *verb* [T] **1** (*monogramjával*) jelzi, hogy vmi az övé **2** beállít (*pl. számítógépet*), alakít (*egyéni igényhez*)

personally /'pɜ:sənəli/ *adv.* **1** személy szerint, a magam részéről **2** személyesen, maga **3** személy szerint: *I wasn't talking about you personally – I meant all teachers.* **4** személyeskedően, bántóan: *Please don't* **take it personally** (ne vedd sértésnek), *but I'd rather be alone this evening.* **5** személyes jellegű

personal 'pronoun *noun* [C] személyes névmás

personal 'stereo *noun* [C] hordozható magnó/CD-lejátszó

personify /pə'sɒnɪfaɪ/ *verb* [T] (*pres. part.* **personifying**; *3rd pers. sing. pres.* **personifies**; *pt, pp* **personified**) **1** megtestesít vmit, mintapéldánya vminek: *She is kindness personified* (maga a megtestesült kedvesség). **2** (*irod*) megszemélyesít (*tárgyat, érzést*)
► **personification** /pəˌsɒnɪfɪ'keɪʃn/ *noun*

MÁSSALHANGZÓK p **pen** | b **bad** | t **tea** | d **did** | k **cat** | g **got** | tʃ **chin** | dʒ **June** | f **fall** | v **van** | θ **thin**

1 [C, usually sing.] megtestesítése vminek **2** [U, C] (irod) megszemélyesítés

personnel /ˌpɜːsə'nel/ noun **1** [plural] személyzet, személyi állomány: sales/ medical/technical personnel **2** (also person'nel department) [U, with sing. or plural verb] személyzeti osztály

perspective /pə'spektɪv/ noun **1** [U] mértéktartás, reális megítélés: Hearing others' experiences helps to **put** your own problems **into perspective** (kellő megvilágításba helyezi). • Try to **keep** these issues **in perspective** (túlzások nélkül kezelni). **2** [C] nézőpont, szemszög **3** [U] (képzőművészet) perspektíva

perspire /pə'spaɪə(r)/ verb [I] (formális) verejtékezik
▶ **perspiration** /ˌpɜːspə'reɪʃn/ noun [U] verejték(ezés) ❶ Gyakoribb szó: **sweat**.

★ **persuade** /pə'sweɪd/ verb [T] **1** persuade sb (to do sth); persuade sb (into sth/doing sth) rábeszél vkit vmire ❶ Ellentéte: **dissuade**. **2** (formális) persuade sb that...; persuade sb (of sth) elhitet vkivel vmit, meggyőz vkit vmiről ➔ Lásd **convince**.

persuasion /pə'sweɪʒn/ noun **1** [U] rábeszélés, meggyőzés: It took a lot of persuasion to get Alan to agree. **2** [C] (formális) (vallási, politikai) hit, meggyőződés: politicians of all persuasions (beállítottságú)

persuasive /pə'sweɪsɪv/ adj. jó rábeszélő/ meggyőző képességű, meggyőző: the persuasive power of advertising
▶ **persuasively** adv. meggyőzően
persuasiveness noun [U] meggyőző erő, rábeszélő képesség

pertinent /'pɜːtɪmənt/ adj. (formális) idevágó, szorosan a témához tartozó: a pertinent question

perturb /pə'tɜːb/ verb [T] (formális) feldúl, felzaklat
▶ **perturbed** adj. feldúlt

pervade /pə'veɪd/ verb [T] (formális) áthat vmit

pervasive /pə'veɪsɪv/ adj. mindent átható: the pervasive influence of the Church • a pervasive (penetráns) smell of damp

perverse /pə'vɜːs/ adj. (formális) természetellenes, perverz

perversely adv. természetellenes módon

perversity noun [U] különcködés, megátalkodottság

perversion /pə'vɜːʃn/ noun [U, C] **1** (szexuális) perverzió **2** vminek a kiferdítése/elferdítése

pervert¹ /pə'vɜːt/ verb [T] **1** eltorzít, a visszájára fordít: to pervert the course of justice akadályozni az igazság érvényre juttatását **2** (erkölcsileg) megront vkit

pervert² /'pɜːvɜːt/ noun [C] perverz/ beteges hajlamú személy

pessimism /'pesɪmɪzəm/ noun [U] pessimism (about/over sth) pesszimizmus, borúlátás ❶ Ellentéte: **optimism**.
▶ **pessimistic** /ˌpesɪ'mɪstɪk/ adj. pesszimista, borúlátó ❶ Ellentéte: **optimistic**.
pessimistically /-kli/ adv. pesszimistán, borúlátóan ❶ Ellentéte: **optimistically**.

pessimist /'pesɪmɪst/ noun [C] pesszimista személy ❶ Ellentéte: **optimist**.

pest /pest/ noun [C] **1** rovarkártevő, kártékony állat **2** (informális) nyűg, kellemetlen személy/dolog: That child is such a pest!

pester /'pestə(r)/ verb [T] pester sb (for sth); pester sb (to do sth) nyaggat, nem hagy békén

pesticide /'pestɪsaɪd/ noun [C,U] rovarirtó szer ➔ Lásd **insecticide**.

★ **pet** /pet/ noun [C] **1** kedvtelésből tartott kisállat: a pet dog/cat • a pet shop kisállat-kereskedés **2** vki kedvence: teacher's pet

petal /'petl/ noun [C] (virág)szirom

peter /'piːtə(r)/ verb
PHRASAL VERB peter **out** lassan elfogy/ -enyészik

pet 'hate noun [C] amit különösen utál vki, vkinek a halála (átv)

petition /pə'tɪʃn/ noun [C] petíció: to sign a petition
▶ **petition** verb [I,T] hivatalosan kérvényez (ált. több személy)

petrified /'petrɪfaɪd/ adj. (félelemtől) megkövült

★ **petrol** /'petrəl/ (US gas, gasoline) noun [U] benzin ➔ Lásd **diesel**.

petroleum /pə'trəʊliəm/ noun [U] ásványolaj, nyersolaj

'petrol station (US **gas station**) noun [C] benzinkút ➲ Lásd **garage**.

petty /'peti/ adj. **1** jelentéktelen, apró: *petty details/rules* • *petty crime* kihágások • *petty theft* **2** kicsinyes, kisszerű: *petty jealousy*

PG /ˌpiː'dʒiː/ abbr. (**parental guidance** rövidítése) csak szülői javaslatra

> Ez egyike annak az 5 minősítésnek, amivel Nagy-Britanniában a **British Board of Film Classification** a mozifilmeket és a videofilmeket minősíti. A többi minősítés: **U** (= universal) jelentése: korhatár nélküli film; **12**: 12 éven felülieknek; **15**: 15 éven felülieknek; **18**: 18 éven felülieknek.

phantom /'fæntəm/ noun [C] **1** (*írott nyelv*) kísértet, fantom ❶ Gyakoribb szó: **ghost**. **2** fantom (*valójában nem létező*): *a phantom illness*

pharmaceutical /ˌfɑːmə'sjuːtɪkl; -'suː-/ adj. gyógyszer(vegy)észeti

pharmacist /'fɑːməsɪst/ noun [C] gyógyszerész

pharmacy /'fɑːməsi/ noun (*plural* **pharmacies**) **1** [C] gyógyszertár

> A gyógyszert árusító bolt neve lehet még a **chemist's (shop)** (GB) vagy **drugstore** (US).

2 [U] gyógyszerészet

★ **phase¹** /feɪz/ noun [C] szakasz, fázis: *My daughter's going through a difficult phase.*

phase² /feɪz/ verb

PHRASAL VERBS **phase sth in** fokozatosan bevezet vmit | **phase sth out** fokozatosan megszüntet/kivon a forgalomból

PhD /ˌpiː eɪtʃ 'diː/ abbr. (**Doctor of Philosophy** rövidítése) PhD: *She has a PhD in History.*

pheasant /'feznt/ noun [C] (*plural* **pheasants** or **pheasant**) fácán

phenomenal /fə'nɒmɪnl/ adj. óriási méretű, fenomenális: *phenomenal success* ► **phenomenally** /-nəli/ adv. óriási mértékben

phenomenon /fə'nɒmɪnən/ noun [C] (*plu-*

ral **phenomena** /-mə/) jelenség: *Immigration is not a new phenomenon.*

phew /fjuː/ interj. hűl: *Phew, it's hot!* • *Phew, I'm glad that interview's over!*

philanthropist /fɪ'lænθrəpɪst/ noun [C] emberbarát, jótékony személy

philosopher /fə'lɒsəfə(r)/ noun [C] filozófus

philosophical /ˌfɪlə'sɒfɪkl/ (also **philosophic**) adj. **1** filozófiai **2** **philosophical (about sth)** filozofikus, higgadt ► **philosophically** /-kli/ adv. **1** filozófiailag **2** filozofikusan, higgadtan

★ **philosophy** /fə'lɒsəfi/ noun (*plural* **philosophies**) **1** [U] filozófia **2** [C] életelv/ -filozófia

phlegm /flem/ noun [U] slejm, takony

phlegmatic /fleg'mætɪk/ adj. (*formális*) nyugalmából nehezen kizökkenthető

phobia /'fəʊbiə/ noun [C] (*gyakran szóösszetételekben*) irtózás, beteges félelem vmitől: *arachnophobia* (a pókoktól való irtózás)

★ **phone** /fəʊn/ noun (*informális*) **1** [U] telefon(álás): *a phone conversation* • *You can book tickets over the/by phone.* **2** [C] telefon(készülék): *The phone is ringing.* • *a phone call/number* • *I was on the phone when he called round.* ► **phone** verb [I,T] telefonál ❶ Szinonimája: **ring** vagy **call**. **IDIOMS** **be on the phone/telephone** van telefonja | **on the phone/telephone** telefonon

'phone book noun [C] telefonkönyv

'phone box noun [C] telefonfülke

phonecard /'fəʊnkɑːd/ noun [C] telefonkártya

'phone-in noun [C] telefonos műsor (*rádióban, televízióban*)

phonetic /fə'netɪk/ adj. **1** fonetikai **2** kiejtés szerinti (*helyesírás*): *English spelling is not phonetic.* ► **phonetically** /-kli/ adv. fonetikusan, kiejtés szerint

phonetics /fə'netɪks/ noun [U] fonetika, hangtan

phoney (US **phony**) /'fəʊni/ adj. hamis(ított) ► **phoney** (US **phony**) noun [C] szélhámos, kókler

---

❶ = magyarázat [C] megszámlálható (*főnév*): *one book, two books*

[U] megszámlálhatatlan (*főnév*): *some sugar*

★ **photo** /'fəʊtəʊ/ noun [C] (plural photos /-təʊz/) (informális) = PHOTOGRAPH

photocopier /'fəʊtəʊkɒpiə(r)/ noun [C] fénymásoló(gép)

photocopy /'fəʊtəʊkɒpi/ noun [C] (plural photocopies) fénymásolat ❶ Szinonimája: Xerox. ⯈ Lásd copy.
  ▸ photocopy verb [I,T] (pres. part. photocopying; 3rd pers. sing. pres. photocopies; pt, pp photocopied) fénymásolatot készít

★ **photograph** /'fəʊtəgrɑːf/ (also photo) noun [C] fénykép, felvétel: to take a photograph • She looks younger than in the photograph. ⯈ Lásd negative, slide.
  ▸ photograph verb [T] (le)fényképez

photographer /fə'tɒgrəfə(r)/ noun [C] fényképész ⯈ Lásd cameraman.

photographic /ˌfəʊtə'græfɪk/ adj. fényképészeti

photography /fə'tɒgrəfi/ noun [U] fényképészet, fényképezés

phrasal verb /ˌfreɪzl 'vɜːb/ noun [C] egy igéből és egy határozószóból vagy/és elöljárószóból álló igei kifejezés, amely így új, önálló jelentést kap: 'Look after sb' and 'put up with sth' are phrasal verbs.

★ **phrase¹** /freɪz/ noun [C] (több szóból álló, ige nélküli) kifejezés: 'First of all' and 'a bar of chocolate' are phrases. ⯈ Lásd sentence.

phrase² /freɪz/ verb [T] (vhogyan) megfogalmaz: She wondered how to phrase the question.

'**phrase book** noun [C] társalgási zsebkönyv

★ **physical** /'fɪzɪkl/ adj. **1** testi, fizikális: physical fitness/strength/disabilities **2** (csak főnév előtt) természeti, fizikai: physical geography **3** (csak főnév előtt) fizikai, fizikával kapcsolatos
  ▸ physically /-kli/ adv. testileg, fizikailag: to be physically fit • It's physically impossible to get to London by ten.

physician /fɪ'zɪʃn/ (US, formális) = DOCTOR¹(1)

physicist /'fɪzɪsɪst/ noun [C] fizikus

★ **physics** /'fɪzɪks/ noun [U] fizika

physiotherapist /ˌfɪziəʊ'θerəpɪst/ noun [C] fizi(k)oterapeuta

physiotherapy /ˌfɪziəʊ'θerəpi/ (US ˌphysical 'therapy) noun [U] fizi(k)oterápia

physique /fɪ'ziːk/ noun [C] fizikai/testi felépítés, fizikum: a strong muscular physique

pianist /'pɪənɪst/ noun [C] zongorista

★ **piano** /pi'ænəʊ/ noun [C] (plural pianos /-nəʊz/) zongora: an upright piano pianínó • a grand piano hangversenyzongora

> Figyelem! Az általánosan használt kifejezés play the piano, the violin, the guitar stb. A play szó után soha nincs elöljáró: I've been learning the piano for four years. Ha modern, mai zenéről, pl. dzsesszről, rockról stb. van szó, gyakoribb a the nélküli play drums, guitar stb. forma: He plays bass in a band. • This recording features Miles Davis on trumpet.

★ **pick¹** /pɪk/ verb [T] **1** (ki)választ **2** szed (virágot, gyümölcsöt stb.) **3** (ki)piszkál, (ujjal) felcsippent: Don't pick your nose! • She picked a hair off her jacket. **4** pick your way across, over, through, etc. sth óvatosan lépeget
  IDIOMS have a bone to pick with sb → BONE¹ | pick a fight (with sb) beleköt vkibe | pick a lock zárat kipattint (kulcs nélkül) | pick and choose kiválogat(ja a legjobbat) | pick sb's pocket kizsebel vkit (zsebtolvaj)
  PHRASAL VERBS pick at sth étvágytalanul csipeget **2** ujjal ütöget | pick on sb pikkel vkire | pick sb/sth out kiszúr vkit/vmit (több közül) | pick up javul | pick sb up érte megy, felvesz vkit (pl. autóval) | pick sb/sth up **1** felvesz, felemel **2** fog, vesz (adást) | pick sth up **1** felszed (tudást) **2** szerez vmit, rábukkan vmire **3** elmegy vmiért, érte megy

pick² /pɪk/ noun **1** [sing.] választott dolog: Have whichever cake you like. **Take your pick.** Válassz. **2** [sing.] színe-java: **the pick of** this year's films **3** (also pickaxe; US pickax /'pɪkæks/) [C] csákány

picket /'pɪkɪt/ noun [C] sztrájkőr(ség): a picket line sztrájkőrség/sztrájkőrök kordonja
  ▸ picket verb [I,T] sztrájkőrséget tart

pickle /'pɪkl/ noun [C,U] savanyúság
  ▸ pickle verb [T] (be)savanyít, pácolással tartósít: pickled onions

---

[I] **tárgyatlan** (ige): He laughed.   [T] **tárgyas** (ige): He ate an apple.

pickpocket /'pɪkpɒkɪt/ noun [C] zsebtolvaj

pickup /'pɪkʌp/ (also 'pickup truck) noun [C] (felül nyitott) kisteherautó ➔ Ábra **vehicle** alatt.

picky /'pɪki/ adj. (informális) finnyás, válogatós ➔ Lásd **fussy**.

★ **picnic** /'pɪknɪk/ noun [C] a szabadban fogyasztott, általában otthonról hozott ebéd/uzsonna, piknik: to have a picnic
▸ **picnic** verb [I] (pres. part. **picnicking**; pt, pp **picnicked**) (társasággal) kirándul (és a szabadban eszik)

pictorial /pɪk'tɔːriəl/ adj. képi, képes

★ **picture¹** /'pɪktʃə(r)/ noun [C] **1** kép: The teacher asked us to draw a picture. • They showed pictures of the crash on the news. • There's a strange animal in the picture. **2** (össz)kép, elképzelés vmiről: The police are trying to build up a picture of what happened.

picture² /'pɪktʃə(r)/ verb [T] **1** picture sb/sth (as sth) elképzel, (lelki szemeivel) lát **2** képen ábrázol

picture researcher noun [C] képszerkesztő

picturesque /ˌpɪktʃə'resk/ adj. festői(en szép): a picturesque village

★ **pie** /paɪ/ noun [C,U] pite, sült töltött tészta: apple/meat pie

★ **piece¹** /piːs/ noun [C] **1** egy darab: a piece of paper • a piece of furniture egy bútor(darab) • a good piece of work jó munka • a piece of advice/information/news egy tanács/információ/hír

> A piece szót használjuk megszámlálhatatlan főnevek mellett, ha az adott dologból egy darabról van szó. Magyarra sokszor nem is fordítjuk.

2 (alkotó)rész: We'll have to take the engine to pieces (darabokra szétszed). **3** (letört) darab: The plate fell and smashed to pieces. • The vase lay in pieces on the floor. **4** a piece (on/about sb/sth) (újság)cikk **5** mű(alkotás), darab: a piece by Chopin **6** figura, bábu (társasjátékban) **7** (megnevezett értékű) pénzérme: a ten-pence piece egy tízpennys

IDIOMS bits and pieces → BIT¹ | give sb a piece of your mind jól megmondja a magáét | go to pieces (lelkileg) széthullik, összeomlik | in one piece épen, egészségesen: I've only been on a motorbike once, and I was just glad to get home in one piece. | a piece of cake (informális) gyerekjáték (átv)

piece² /piːs/ verb
PHRASAL VERB piece sth together **1** apránként összerak(ja a tényeket) **2** összerak/állít (több darabból)

piecemeal /'piːsmiːl/ adj., adv. apránként(i), fokozatos(an történő)

pie chart noun [C] kördiagram

pier /pɪə(r)/ noun [C] **1** kikötőgát, móló (favagy fémépítmény) **2** (brit) (fa/fém) móló

pierce /pɪəs/ verb **1** [T] kilyukaszt: to have your ears pierced. **2** [I,T] pierce (through/into) sth át-/behatol: A scream pierced the air (hasította a levegőbe).

piercing /'pɪəsɪŋ/ adj. **1** átható, éles (szél, fájdalom, zaj stb.) **2** szúrós, vesébe látó (pillantás)

piety /'paɪəti/ noun [U] ájtatosság, vallásosság ❶ Melléknév: pious.

★ **pig¹** /pɪg/ noun [C] **1** disznó, sertés ➔ Magyarázat a **meat** szónál.

> A male pig is a **boar**, a female pig is a **sow** and a young pig is a **piglet**. When they make a noise, pigs **grunt** and piglets **squeal**.

2 (informális) (mohó) disznó

pig² /pɪg/ verb [T] (pigging; pigged) (szleng) pig yourself sokat zabál
PHRASAL VERB pig out (on sth) (szleng) bezabál

pigeon /'pɪdʒɪn/ noun [C] galamb

pigeon-hole noun [C] rekesz (papírok, levelek tárolására), fach

piggyback /'pɪgibæk/ noun [C] gyermeknek háton való szállítása: to give sb a piggyback (a hátán visz vkit)

piggy bank noun [C] malacpersely

pig-'headed adj. (informális) csökönyös, nyakas ➔ Lásd **stubborn, obstinate**.

piglet /'pɪglət/ noun [C] (kis)malac

pigment /'pɪgmənt/ noun [C,U] festékanyag, pigment

pigsty /'pɪgstaɪ/ (also **sty**; US 'pigpen) noun [C] (plural pigsties) disznóól

pigtail /'pɪgteɪl/ (US braid) noun [C] hajfonat, copf ➔ Ábra hair alatt.

★ **pile¹** /paɪl/ noun [C] **1** halom, rakás: a pile of books/sand • He put the coins in neat piles. • She threw the clothes in a pile.

> A **pile** lehet rendezett és rendetlen is. A **heap** mindig rendetlen.

2 [usually plural] (informális) piles of sth rengeteg, irtó sok: I've got piles of work to do. **3** (piles) aranyér

pile² /paɪl/ verb [T] **1 pile sth (up)** halomba rak **2 pile A on(to) B; pile B with A** megrak vmivel, halomba rak vmit

PHRASAL VERBS pile into, out of, off, etc. sth (informális) vhová fel-/ki-/betódul: The children piled onto the bus. | pile up (fel)halmozódik: Our problems are really piling up.

pile-up noun [C] tömeges karambol

pilgrim /'pɪlgrɪm/ noun [C] zarándok

pilgrimage /'pɪlgrɪmɪdʒ/ noun [C,U] zarándoklat

pill /pɪl/ noun **1** [C] pirula: a sleeping pill altató ➔ Lásd tablet. **2** (the pill) [sing.] fogamzásgátló tabletta: She is on the pill. Fogamzásgátlót szed.

pillar /'pɪlə(r)/ noun [C] **1** pillér, tartóoszlop **2** vki támasza, vmi talpköve: Dave was a pillar of strength to his sister when she was ill.

pillar box noun [C] postaláda (Nagy-Britanniában piros és gyakran oszlop alakú) ➔ Lásd postbox, letter box.

pillion /'pɪliən/ noun [C] hátsó ülés (motorkerékpáron)
  ▸ **pillion** adv. a hátsó ülésen: to ride pillion

★ **pillow** /'pɪləʊ/ noun [C] párna ➔ Ábra bed¹ alatt.

pillowcase /'pɪləʊkeɪs/ noun [C] párnahuzat

★ **pilot¹** /'paɪlət/ noun [C] pilóta: an airline pilot

pilot² /'paɪlət/ verb [T] **1** járművet irányít (főleg repülőgépet, hajót) **2** (el)kalauzol, irányít (átv): The booklet pilots you through the process of starting your own business. **3** tesztel, kipróbál: The new exam is being piloted in fifty schools.

pilot³ /'paɪlət/ adj. (csak főnév előtt) kísérleti, próba-: The pilot scheme will run for six months.

pimple /'pɪmpl/ noun [C] pattanás, kiütés

PIN /pɪn/ (also 'PIN number) noun [C, usually sing.] (titkos) kódszám, pin-kód (bankkártya használatához)

★ **pin¹** /pɪn/ noun [C] **1** gombostű **2** -tű: a hairpin • a two-pin plug villásdugó ➔ Ábra plug¹ alatt.

pin² /pɪn/ verb [T] (pinning; pinned) **1** pin sth to/on sth; pin sth together rá-/fel-/odatűz **2** pin sb/sth against, to, under, etc. sth vmi alá/vminek (neki)szorít

IDIOM pin (all) your hopes on sb/sth vkihez/vmihez fűzi minden reményét

PHRASAL VERBS pin sb down **1** erősen tart vkit **2** döntésre kényszerít vkit; ráveszi, hogy kinyilvánítsa, mi a szándéka: Can you pin her down to an exact time? | pin sth down pontosan leír/meghatároz vmit

pincer /'pɪnsə(r)/ noun **1** (pincers) [plural] harapófogó, csípőfogó **2** [C] olló (pl. ráké)

pinch¹ /pɪntʃ/ verb **1** [I,T] meg-/becsíp ➔ Ábra az A6. oldalon. **2** [T] (informális) elcsór, elemel

pinch² /pɪntʃ/ noun [C] **1** csípés (ujjal): She gave him a little pinch on the arm. **2** egy csipet(nyi vmiből): a pinch of salt

IDIOMS at a pinch szükség esetén: The car is small but seats five at a pinch. | take sth with a pinch of salt fenntartással fogad vmit

pinched /pɪntʃt/ adj. (arc) nyúzott, elgyötört (betegségtől, hidegtől)

pine¹ /paɪn/ noun **1** [C] (also 'pine tree) fenyő(fa)

> A fenyő és a többi olyan fa neve, amely télen nem hullatja el levelét, **evergreen**.

2 [U] fenyőfa (anyag)

pine² /paɪn/ verb [I] pine (for sb/sth) kesereg vki/vmi miatt (mert meghalt, elment), sirat

pineapple /'paɪnæpl/ noun [C,U] ananász

ping /pɪŋ/ noun [C] (hang) (meg)pendülés: The lift went ping and the doors opened.

▶ **ping** *verb* [*I*] (meg)pendül, (meg)csendül

ping-pong *noun* [*U*] (*informális*) asztalitenisz

★ **pink** /pɪŋk/ *adj., noun* [*U*] rózsaszín

pinnacle /'pɪnəkl/ *noun* [*C*] **1** csúcs(pont): *Celia is at the pinnacle of her career.* **2** hegycsúcs

pinpoint /'pɪnpɔɪnt/ *verb* [*T*] **1** hajszálpontosan megjelöl: *to pinpoint a place on the map* **2** pontosan meghatároz/-fogalmaz: *First we must pinpoint the cause of the failure.*

pins and needles *noun* [*plural*] zsibbadás, bizsergés: *I've got pins and needles in my arm.*

★ **pint** /paɪnt/ *noun* [*C*] **1** (*abbr.* **pt**) (űrmérték) pint (*0.57 liter*): *a pint of milk* ❶ Egy **gallon** 8 pint. Az amerikai pint 0.47 liter. **2** (*brit, informális*) egy pint sör

pin-up *noun* [*C*] (*informális*) vonzó nő vagy férfi falra tűzött képe, a képen szereplő személy

pioneer /ˌpaɪə'nɪə(r)/ *noun* [*C*] **a pioneer (in/of sth)** úttörő
▶ **pioneer** *verb* [*T*] elsőnek felfedez, elsőként alkalmaz

pioneering /ˌpaɪə'nɪərɪŋ/ *adj.* (*ált. főnév előtt*) úttörő, újonnan bevezetett: *pioneering work on infant mortality* • *the pioneering days of radio*

pious /'paɪəs/ *adj.* vallásos, istenfélő, ájtatos
▶ **piously** *adv.* ájtatosan, istenfélően
❶ Főnév: **piety**.

pip /pɪp/ *noun* [*C*] (*brit*) (alma-, citrom-, narancs- stb.) mag

★ **pipe¹** /paɪp/ *noun* [*C*] **1** cső, vezeték **2** pipa **3** duda, egykezes furulya

pipe² /paɪp/ *verb* [*T*] csővezetéken továbbít
PHRASAL VERB **pipe up** váratlanul megszólal

pipeline /'paɪplaɪn/ *noun* [*C*] csővezeték
IDIOM **in the pipeline** már úton/folyamatban van

piper /'paɪpə(r)/ *noun* [*C*] dudás

piracy /'paɪrəsi/ *noun* [*U*] kalózkodás (*könyv-, videó-, CD-kiadásban is*)

pirate¹ /'paɪrət/ *noun* [*C*] **1** kalóz **2** (*könyv/ lemez/video/komputer*) -kalóz

pirate² /'paɪrət/ *verb* [*T*] kalózkiadást készít

Pisces /'paɪsiːz/ *noun* [*C,U*] (*asztrol*) Halak

pistol /'pɪstl/ *noun* [*C*] pisztoly ➲ Magyarázat a **gun** szónál.

piston /'pɪstən/ *noun* [*C*] dugattyú

pit¹ /pɪt/ *noun* **1** [*C*] gödör **2** [*C*] szénbánya ➲ Lásd **colliery**. **3** (**the pits**) [*plural*] depó, box (*autóversenyen*)
IDIOM **be the pits** (*szleng*) pocsék

pit² /pɪt/ *verb* [*T*] (**pitting; pitted**) kilyuggat: *The building was pitted with bullet holes.*
PHRASAL VERB **pit A against B** szembeállít vkit/vmit vkivel/vmivel (*erőpróbára*)

pitch¹ /pɪtʃ/ *noun* **1** [*C*] (*brit*) játéktér (*pl. labdarúgás, gyeplabda, krikett*) ➲ Vesd össze **court, field**. **2** [*sing.*] vminek az erőssége/intenzitása: *The children's excitement reached fever pitch.* **3** [*U*] hangmagasság **4** [*C*] hírverés (*eladandó terméknek*): *a sales pitch* • *to make a pitch for sth*

pitch² /pɪtʃ/ *verb* **1** [*T*] vmilyen szintre helyez/szinten tart: *The talk was pitched at people with more experience than me.* • *a high-pitched voice* **2** [*I,T*] hajít, (neki)esik **3** [*T*] sátrat ver/felállít: *to pitch a tent* **4** [*T*] **pitch sth (at sb)** leendő vásárlóként vkit megcéloz
PHRASAL VERB **pitch in** (*informális*) besegít (*pl. munkába*)

pitch-black *adj.* koromfekete

pitcher /'pɪtʃə(r)/ *noun* [*C*] **1** nagy korsó **2** (*baseball*) dobó(játékos)

piteous /'pɪtiəs/ *adj.* (*formális*) szánalmas, szánalomra méltó
▶ **piteously** *adv.* szánalmat keltően

pitfall /'pɪtfɔːl/ *noun* [*C*] rejtett veszély

pith /pɪθ/ *noun* [*U*] (*narancs, citrom*) belső fehér héj

pithy /'pɪθi/ *adj.* velős, tömör: *a pithy comment*

pitiful /'pɪtɪfl/ *adj.* szánalmat keltő, szívszorító
▶ **pitifully** /-fəli/ *adv.* szánalmat keltően, szívszorítóan

pitiless /'pɪtɪləs/ *adj.* szánalmat nem ismerő, könyörtelen
▶ **pitilessly** *adv.* szánalom nélkül, könyörtelenül

* **pity¹** /'pɪti/ *noun* **1** [U] szánalom, sajnálat: *I don't feel any pity for him.* **2** [*sing.*] sajnálatos dolog: *'You're too late. Emily's just left.' 'Oh, what a pity* (milyen kár)*!'* • *It's a pity that Ben couldn't come.*

IDIOM **take pity on sb** megsajnál vkit, megesik a szíve vkin

pity² /'pɪti/ *verb* [T] (*pres. part.* **pitying**; *3rd pers. sing. pres.* **pities**; *pt, pp* **pitied**) sajnál vkit, (meg)szán vkit

pivot¹ /'pɪvət/ *noun* [C] **1** (*tech*) forgáscsap **2** középpont, pillér (*átv*)

pivot² /'pɪvət/ *verb* [I] vmi körül forog

pixie /'pɪksi/ *noun* [C] kobold

pizza /'piːtsə/ *noun* [C,U] pizza

pl. *abbr.* (**plural** rövidítése) (*nyelv*) tsz, többes szám

placard /'plækɑːd/ *noun* [C] feliratos tábla, transzparens

placate /plə'keɪt/ *verb* [T] kiengesztel

* **place¹** /pleɪs/ *noun* [C] **1** hely: *This is a good place to have a rest.* **2** település: *Which places did you go to in Italy?* **3** hely(szín): *The square is a popular* **meeting place**. **4** vkinek a helye: *Go on ahead and* **save me a place** *in the queue.*

> A **place** szó jelentése lehet „ülőhely" vagy „vkinek a helye vhol". A „parkolóhely" lehet **space** is. Az „üres hely/terület" **space** vagy **room**: *This piano* **takes up** *too much* **space**. • *There is enough* **room for** (elfér) *three people in the back of the car.*

5 hely, szerep (*a társadalomban*): *I feel it is not my place* (nem az én dolgom) *to criticize my boss.* **6** hely, pozíció (*oktatási intézményben, csapatban*) **7** vminek a megszokott helye: *The room was tidy. Everything was* **in its place**. **8** (*mat*) helyiérték **9** [*sing.*] (*beszélt nyelv*) lakóhely: *Let's have lunch at my place* (nálam). **10** helyezés: *Cara finished* **in second place**.

IDIOM **all over the place** mindenfelé | **change/swap places (with sb)** helyet cserél | **fall/slot into place** áttekinthetővé válik, összeáll a kép (*átv*) | **in my, your, etc. place/shoes** vkinek a helyében: *If I were in your place I would take the job.* | **in place 1** a helyén: *to hold sth in place* **2** készen áll | **in**

place of sb/sth; in sb/sth's place helyett | in the first, second, etc. place (*informális*) elsősorban/másodsorban stb. | out of place 1 nem odaillő: *to feel out of place* 2 nincs a helyén | put sb in his/her place vkit helyretesz | put yourself in sb's place vkinek a helyébe képzeli magát | take place sor kerül vmire, (meg)történik

* **place²** /pleɪs/ *verb* [T] **1** (*formális*) (el)helyez **2** vkit vmilyen helyzetbe hoz, vmilyen beosztásba helyez: *to place sb in charge* • *Rhoda was placed third in the competition.* **3** vhogyan érez vmivel/vkivel kapcsolatban: *We placed our trust in you* (bíztunk benned). • *The blame for the disaster was placed firmly on the company* (a vállalatot hibáztatták). **4** (*ált. tagadó*) felismer, azonosít: *Her face is familiar but I just can't place her.* **5** megbízást ad vmire: *to place a bet on sth* • *to place an order for sth*

'**place name** *noun* [C] helységnév

placid /'plæsɪd/ *adj.* szelíd, nyugodt
  ▸ **placidly** *adv.* békésen

plagiarism /'pleɪdʒərɪzəm/ *noun* [U, C] plagizálás
  ▸ **plagiarize** (also **-ise**) /'pleɪdʒəraɪz/ *verb* [I,T] plagizál

plague¹ /pleɪg/ *noun* **1** [C,U] járvány **2** (**the plague**) [U] pestis **3** [C] **a plague of sth** tömeges elszaporodás: *a plague of locusts*

plague² /pleɪg/ *verb* [T] csapásokkal sújt

plaice /pleɪs/ *noun* [C,U] (*plural* **plaice**) lepényhal

* **plain¹** /pleɪn/ *adj.* **1** egyértelmű, világos: *She* **made it plain** *that she didn't like me.* **2** őszinte **3** egyszerű **4** (*csak főnév előtt*) egyszínű: *a plain blue jumper* **5** jelentéktelen: *She's a rather plain child.*

plain² /pleɪn/ *noun* [C] síkság

plain³ /pleɪn/ *adv.* (*beszélt nyelv*) kimondottan: *That's plain silly.*

,**plain 'clothes** *noun* [*plural*] civil ruha
  ▸ ,**plain-'clothes** *adj.* (*csak főnév előtt*) civil ruhás: *a plain-clothes detective*

,**plain 'flour** *noun* [U] liszt **⊃** Lásd **self-raising flour**.

plainly /'pleɪmli/ *adv.* **1** szemmel láthatóan **2** világosan, érthetően **3** egyszerűen, szerényen: *plainly dressed*

plaintiff /'plemtɪf/ *noun* [C] felperes ⊃ Lásd **defendant**.

plaintive /'plemtɪv/ *adj.* siránkozó
▶ **plaintively** *adv.* panaszosan

plait /plæt/ (*US* **braid**) *verb* [T] (be)fon ⊃ Ábra **hair** alatt.
▶ **plait** *noun* [C] copf

★ **plan¹** /plæn/ *noun* **1** [C] **a plan (for sth/to do sth)** terv: *to make your holiday plans* • *a change of plan* • *If everything goes according to plan we'll be home by six.* **2** [C] alaprajz, térkép: *a street plan of Berlin* **3 plans** [*plural*] tervrajz: *We're getting an architect to draw up some plans for a new kitchen.* **4** [C] vázlat

plan² /plæn/ *verb* (**planning**; **planned**) **1** [I,T] **plan (sth) (for sth)** tervez, szervez **2** [I] **plan (on sth/doing sth); plan (to do sth)** tervez, készül vmire **3** [T] tervrajzot készít
▶ **planning** *noun* [U] tervezés: *town/family planning*

★ **plane¹** /pleɪn/ *noun* [C] **1** repülőgép **2** gyalu ⊃ Ábra **tool** alatt. **3** sík felület

plane² /pleɪn/ *verb* [T] gyalul

★ **planet** /'plænɪt/ *noun* [C] **1** bolygó **2 (the planet)** [*sing.*] a Föld

planetarium /ˌplænɪ'teəriəm/ *noun* [C] planetárium

plank /plæŋk/ *noun* [C] palánk, léc, palló

★ **plant¹** /plɑːnt/ *noun* **1** [C] növény: *a tomato plant* • *a plant pot* virágcserép **2** [C] (gyár)telep: *a car plant* • *a nuclear power plant*

★ **plant²** /plɑːnt/ *verb* [T] **1** ültet **2 plant sth (with sth)** beültet/-vet vmit **3** betelepszik vhova: *He planted himself in the best seat.* **4 plant sth (on sb)** (*titokban*) elhelyez vmit vhol: *Terrorists may have planted the bomb.*

plantation /plɑːn'teɪʃn/ *noun* [C] **1** ültetvény **2** erdőgazdaság

plaque /plæk; *brit* also plɑːk/ *noun* **1** [C] emléktábla **2** [U] lepedék (*fogon*)

plaster¹ /'plɑːstə(r)/ *noun* **1** [U] vakolat **2** (also 'sticking plaster) [C] sebtapasz **3** [U] gipsz: *Alan's leg has been in plaster for six weeks.*

plaster² /'plɑːstə(r)/ *verb* [T] **1** (be)vakol **2 plaster sb/sth (in/with sth)** teleaggat vmit vmivel

★ **plastic¹** /'plæstɪk/ *noun* [C,U] plasztik, műanyag

plastic² /'plæstɪk/ *adj.* plasztik, műanyag: *a plastic bag/cup* ⊃ Ábra **cup¹** alatt.

plastic 'surgery *noun* [U] plasztikai sebészet ⊃ Lásd **facelift**, **surgery**.

★ **plate** /pleɪt/ *noun* **1** [C] tányér: *a paper/china plate* • *a dinner/side plate* lapostányér/kistányér **2** [C] (*fém/üveg*) lap **3** [C] névtábla **4** [U] bevonat: *gold plate*

plateau /'plætəʊ/ *noun* [C] (*plural* **plateaus** /-təʊz/ or **plateaux** /-təʊ/) **1** fennsík **2** (*korábbi emelkedés utáni*) változatlan szint: *House prices have reached a plateau.*

plateful /'pleɪtfʊl/ *noun* [C] egy tányérnyi

★ **platform** /'plætfɔːm/ *noun* [C] **1** peron: *Which platform* (melyik vágányról) *does the train to York leave from?* **2** pódium **3** [*usually sing.*] politikai program **4** [*usually plural*] vastag talpú cipő: *She went out in a short skirt and platforms.* • *platform shoes*

platinum /'plætɪnəm/ *noun* [U] (*symbol* Pt) platina

platonic /plə'tɒnɪk/ *adj.* plátói

platoon /plə'tuːn/ *noun* [C] (*kat*) szakasz

platypus /'plætɪpəs/ *noun* [C] kacsacsőrű emlős

plausible /'plɔːzəbl/ *adj.* hihető: *a plausible excuse* ❶ Ellentéte: **implausible**.

★ **play¹** /pleɪ/ *verb* **1** [I] **play (with sb/sth)** játszik **2** [I,T] játszik (*sportol*): *to play football/golf* • *Who are Brazil playing next in the World Cup?* **3** [I,T] **play (sth) (on sth)** ((*vmit*) *vmilyen hangszeren*) játszik ⊃ Magyarázat a **piano** szónál. **4** [T] bekapcsol (*magnót, videót*), lejátszik vmit **5** [T] játszik (*szerepet*): *She played the part of Juliet.*

> A **play** ige után ebben a jelentésben mindig van tárgy. Ha nincs tárgy, akkor az **act** igét kell használni: *Most of the cast act well.* A **play a part/role** stb. kifejezéseket gyakran használják átvitt értelemben: *Britain has played an active part in the recent discussions.* • *John played a key role in organizing the protest.*

6 [I] (*formális*) táncol (*fény*) ❶ További kifejezések a **play** igével kapcsolatban a kifejezésben szereplő főnévnél, melléknévnél stb. találhatók, pl. **play it by ear** lásd **ear**.

PHRASAL VERBS **play at sth** idétlenkedik: *What is that driver playing at?* | **play at sth/being sth** megjátszik vmit: *He's only playing at studying.* | **play sth back (to sb)** visszajátszik (*magnón, videón*) | **play sth down** lekicsinyel, háttérbe szorít | **play A off against B** kijátszik vkit vki más ellen | **play on sth** kihasznál vmit: *This advertising campaign plays on people's fears of illness.* | **play (sb) up** (*informális*) kellemetlenkedik

★**play²** /pleɪ/ *noun* **1** [C] színdarab: *a radio/television play*

> Actors and actresses **rehearse** a play. A theatre company, drama group, etc. **produces** a play. A play is usually acted on a **stage**.

2 [U] meccs: *Bad weather stopped play yesterday.*

> Vigyázat! A helyes kifejezés **a game of tennis** stb. (Helytelen az ~~a play of tennis~~ stb.)

3 [U] játék, játszás: *the sound of children at play* **4** [U] indítógomb (*videón*): *Put the video in and press play.*
IDIOM **fair play** → FAIR¹

playboy /ˈpleɪbɔɪ/ *noun* [C] aranyifjú

★**player** /ˈpleɪə(r)/ *noun* [C] **1** játékos: *a tennis player* **2** (*összetett főnevekben*) (*CD/magnó*) lejátszó **3** vmilyen hangszeren játszó személy: *a piano player*

playful /ˈpleɪfl/ *adj.* **1** tréfás **2** játékos kedvű

playground /ˈpleɪɡraʊnd/ *noun* [C] játszótér: *the school playground*

playgroup /ˈpleɪɡruːp/ (also **playschool** /ˈpleɪskuːl/) *noun* [C] (*brit*) óvoda ⊃ Lásd **kindergarten**.

playhouse /ˈpleɪhaʊs/ *noun* **1** [*sing.*] színház **2** [C] babaház

playing card *noun* [C] játékkártya

playing field *noun* [C] sportpálya
IDIOM **a level playing field** → LEVEL²

play-off *noun* [C] (*sp*) rájátszás

plaything /ˈpleɪθɪŋ/ *noun* [C] (*formális*) játék

playtime /ˈpleɪtaɪm/ *noun* [C,U] (*óraközi*) szünet

playwright /ˈpleɪraɪt/ *noun* [C] színműíró

PLC (also **plc**) /ˌpiː el ˈsiː/ *abbr.* (*brit*) (**Public Limited Company** rövidítése) Rt, Részvénytársaság

plea /pliː/ *noun* [C] **1** (*formális*) **a plea (for sth)** kérelem **2** **a plea of sth** nyilatkozat (*utolsó szó jogán*): *a plea of guilty/not guilty*

plead /pliːd/ *verb* **1** [I] **plead (with sb) (to do/for sth)** könyörög: *He pleaded for mercy.* **2** [T] (*jog*) (*ártatlannak/bűnösnek*) érzi magát: *The defendant pleaded not guilty to the charge of theft.* **3** [I,T] **plead (sth) (for sb/sth)** (*jog*) képvisel vkit **4** [T] hivatkozik vmire: *He pleaded family problems as the reason for his behaviour.*

★**pleasant** /ˈpleznt/ *adj.* kellemes: *a pleasant evening/climate/view • a pleasant smile/manner* ❶ Ellentéte: **unpleasant**.
▸ **pleasantly** *adv.* kellemesen

★**please¹** /pliːz/ *interj.* legyen/légy szíves: *Come in, please. • Please don't spend too much money. • Two cups of coffee, please.*

> Vigyázat! A **please** szó nem lehet válasz a **thank you** mondatra. Általában erre semmiféle válasz nem szükséges, de ha valaki valamilyen szívességet tett nekünk, akkor többnyire a következő választ adjuk **that's all right/OK**, **it's/it was a pleasure**, **my pleasure**, **don't mention it**, (*elsősorban amerikai*) **you're welcome** vagy (*formálisabb*) **not at all**. Akkor sem használható a **please**, amikor valakinek átnyújtunk valamit, valamivel megkínálunk valakit, amikor elkezdünk enni stb.

IDIOM **yes, please** köszönöm, igen/kérek: *'Sugar?' 'Yes, please.'* ❶ Ellentéte: **No, thank you.**

★**please²** /pliːz/ *verb* **1** [I,T] örömet szerez vkinek: *There's just no pleasing* (*nem lehet a kedvükre tenni*) *some people.* **2** [I] (*Sohasem a főmondat állítmánya, olyan szavak után áll, mint as, what, whatever, anything stb.*) akar: *You can't always do as you please.*
IDIOM **please yourself** kedve szerint cselek-

[I] **tárgyatlan** (*ige*): *He laughed.*   [T] **tárgyas** (*ige*): *He ate an apple.*

pleased   494

szik: *I live alone so I can please myself what I eat.*

* **pleased** /pliːzd/ *adj.* (*főnév előtt nem állhat*) pleased (with sb/sth); pleased to do sth; pleased that... elégedett vmivel, örül vminek: *John seems very pleased with his new car.* • We're **only too pleased** (boldogan) *to help.* • *Pleased to meet you.* Örülök, hogy megismertem (bemutatkozáskor). ➔ Magyarázat a **glad** szónál. ❶ Ellentéte: **displeased.**

  pleasing /ˈpliːzɪŋ/ *adj.* kellemes ❶ Ellentéte: **displeasing.**

  pleasurable /ˈpleʒərəbl/ *adj.* (*formális*) élvezetes

* **pleasure** /ˈpleʒə(r)/ *noun* **1** [C,U] élvezet: *I get a lot of pleasure out of gardening.* • *It gives me great pleasure to introduce our next speaker.* • *It's been a pleasure to work with you.* • *'Thanks for your help.' 'It's a pleasure* (szívesen).' **2** [U] szórakozás **IDIOMS** take (no) pleasure in sth/doing sth örömét leli/nem leli vmiben | with pleasure örömmel

  pleat /pliːt/ *noun* [C] berakás (*szoknyán*): *a skirt with pleats* rakott szoknya

  pledge /pledʒ/ *noun* [C] a pledge (to do sth) fogadalom
  ▶ **pledge** *verb* [T] pledge (sth) (to sb/sth) elkötelezi magát vmire

  plentiful /ˈplentɪfl/ *adj.* bőséges ❶ Ellentéte: **scarce.**

* **plenty** /ˈplenti/ *pron., adv.* **1** plenty (of sb/sth) (még) bőven van vmiből: *'More coffee?' 'No, we've still got plenty.'* • *There's still plenty of time to get there.* • *There's plenty more ice cream.* **2** (*informális, pl. olyan szavakkal együtt, mint big, long, tall stb., az enough szó előtt*) bőven elég (nagy stb.): *'This shirt's too small.' 'Well, it looks plenty big enough to me.'*

  pliable /ˈplaɪəbl/ (also **pliant** /ˈplaɪənt/) *adj.* **1** hajlékony (*anyag*) **2** (könnyen) befolyásolható

  pliers /ˈplaɪəz/ *noun* [*plural*] harapófogó: *a pair of pliers* egy harapófogó ➔ Ábra **tool** alatt.

  plight /plaɪt/ *noun* [*sing.*] (*formális*) keserves helyzet, balsors

  plimsoll /ˈplɪmsəl/ (*US* **sneaker**) *noun* [C]

papucscipő: *a pair of plimsolls* egy pár papucscipő ➔ Lásd **trainer.**

plod /plɒd/ *verb* [I] (**plodding; plodded**) plod (along/on) **1** vánszorog, cammog **2** töri magát, átrágja magát vmin (*átv*): *I just plod on with my work and never seem to get anywhere.*

plonk¹ /plɒŋk/ *verb* [T] (*beszélt nyelv*) **1** plonk sth (down) lecsap-/dob vmit vhol **2** plonk (yourself) (down) ledobja magát

plonk² /plɒŋk/ *noun* [U] (*brit, informális*) lőre, olcsó bor

plop¹ /plɒp/ *noun* [*usually sing.*] loccs

plop² /plɒp/ *verb* [I] (**plopping; plopped**) (bele)toccsan: *The frog plopped back into the water.*

* **plot¹** /plɒt/ *noun* [C] **1** cselekmény **2** a plot (to do sth) összeesküvés **3** kis telek, parcella: *a plot of land*

  plot² /plɒt/ *verb* (**plotting; plotted**) **1** [I,T] plot (with sb) (against sb) összeesküvést sző **2** [T] bejelöl (*adatokat*)

  plough (*US* **plow**) /plaʊ/ *noun* [C] eke ➔ Lásd **snowplough.**
  ▶ **plough** *verb* **1** [I,T] szánt **2** [I] plough on (with sth); plough through sth átvergődik vmin (*átv*), tovább kínlódik vmivel: *The book was very long but I managed to plough through it.*

  ploy /plɔɪ/ *noun* [C] a ploy (to do sth) trükk, tisztességtelen húzás

  pluck¹ /plʌk/ *verb* [T] **1** pluck sth/sb (from sth/out) kiszed **2** megkopaszt (*baromfit*) **3** penget (*hangszer húrjait*)
  IDIOM pluck up (the/your) courage (to do sth) összeszedi a bátorságát
  PHRASAL VERB pluck at sth penget, húzogat

  pluck² /plʌk/ *noun* [U] (*informális*) elszántság, merészség
  ▶ **plucky** *adj.* merész, elszánt

plugs

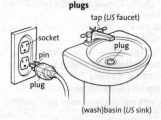

tap (*US* faucet)

socket

pin

plug

plug

(wash)basin (*US* sink)

MAGÁNHANGZÓK iː **see** | i **any** | ɪ **sit** | e **ten** | æ **hat** | ɑː **arm** | ɒ **got** | ɔː **saw** | ʊ **put** | uː **too** | u **usual**

plug¹ /plʌg/ noun [C] **1** villásdugó ➔ Ábra az előző oldalon. **2** dugó (lefolyóé) **3** reklámszöveg (könyvé, filmé stb.)

plug² /plʌg/ verb [T] (**plugging; plugged**) **1** bedugaszol **2** (informális) reklámoz: They're going on TV to plug their new album.
PHRASAL VERB **plug sth in** bedug (villásdugót) ➊ Ellentéte: **unplug**.

plughole /'plʌghəʊl/ noun [C] (brit) lefolyó (pl. fürdőkádé)

plum /plʌm/ noun [C] szilva

plumber /'plʌmə(r)/ noun [C] vízvezeték-szerelő

plumbing /'plʌmɪŋ/ noun [U] **1** vízveze-tékhálózat **2** vízvezetékszerelés

plume /pluːm/ noun [C] **1** füstgomoly **2** tollbokréta

plump¹ /plʌmp/ adj. duci: the baby's plump cheeks

plump² /plʌmp/ verb
PHRASAL VERBS **plump (yourself/sb/sth) down** lehuppan | **plump for sb/sth** (brit, informális) vmi mellett dönt

plunder /'plʌndə(r)/ noun [U] fosztogatás, zsákmány
▸ **plunder** verb [I,T] fosztogat

plunge¹ /plʌndʒ/ verb **1** [I] **plunge (into sth/in)** beleugrik/-esik (vízbe): (átv) Share prices plunged (lezuhantak) overnight. **2** [T] **plunge sth in/into sth** belevág vmit vmibe **3** [T] beletaszít (átv): The country has been plunged into chaos by the floods. **4** [I] **plunge into sth** belekezd vág

plunge² /plʌndʒ/ noun [C] ugrás, esés: a plunge in profits
IDIOM **take the plunge** beleugrik vmibe (átv): After two years together, they took the plunge and got married.

pluperfect /ˌpluːˈpɜːfɪkt/ noun [sing.] az ige befejezett múlt ideje ➊ Gyakoribb szó: **past perfect**.

★ **plural** /'plʊərəl/ noun [C] többes szám: The plural of 'boat' is 'boats'. • The verb should be in the plural.
▸ **plural** adj. többes számú ➔ Lásd **singular**.

★ **plus¹** /plʌs/ prep. **1** plusz: Two plus two is four (2 + 2 = 4). ➊ Ellentéte: **minus**. **2** valamint, és még

plus² /plʌs/ noun [C] **1** összeadásjel ➊ Ellentéte: **minus**. **2** előny

plus³ /plʌs/ adj. (csak főnév után) **1** vagy valamivel több: There were 30 000 plus at the match. **2** (okt) fölé (valamivel jobb, mint az adott érdemjegy): an A plus (csillagos ötös) ➊ Ellentéte: **minus**.

plush /plʌʃ/ adj. elegáns, drága: a plush hotel

Pluto /'pluːtəʊ/ noun [sing.] Pluto

ply /plaɪ/ verb (pres. part. **plying**; 3rd pers. sing. pres. **plies**; pt, pp **plied**) [I,T] szolgáltatásait kínálja: Boat owners were plying their trade to passing tourists. • to ply for business
PHRASAL VERB **ply sb with sth** ellát, ostromol: They plied us with food from the moment we arrived. • He plied me with questions.

plywood /'plaɪwʊd/ noun [U] furnér lemez

★ **p.m.** (US **P.M.**) /ˌpiː'em/ abbr. (post meridiem rövidítése) du., délután/este: 2 p.m.

pneumonia /njuːˈməʊniə/ noun [U] tüdő-gyulladás

PO /ˌpiːˈəʊ/ abbr. (**Post Office** rövidítése) (összetett főnevekben) postai: a PO box

poach /pəʊtʃ/ verb [T] **1** párol: poached eggs buggyantott tojás **2** engedély nélkül vadászik **3** ellopja vkinek az ötleteit **4** alkalmazottakat elcsábít vhonnan

poacher /'pəʊtʃə(r)/ noun [C] vadorzó

PO box /ˌpiːˈəʊ bɒks/ noun [C] postafiók

★ **pocket¹** /'pɒkɪt/ noun [C] **1** zseb: trouser/shirt pockets • a pocket dictionary/calculator • There are safety instructions in the pocket of the seat in front of you. ➔ Ábra **bag¹** alatt. **2** (vkinek a rendelkezésére álló) pénzösszeg, anyagi lehetőségei: They sell cars to suit every pocket. • The teacher bought the class cassettes out of his own pocket (a saját pénzéből). **3** zárvány: a pocket of warm air légbuborék
IDIOM **pick sb's pocket** → PICK¹

pocket² /'pɒkɪt/ verb [T] **1** zsebre vág **2** bezsebel

pocket money noun [U] (US **allowance**) zsebpénz

pod /pɒd/ noun [C] (növ) hüvely

podiatrist /pə'daɪətrɪst/ (US) = CHIROPO-DIST

podium /ˈpəʊdiəm/ noun [C] pódium

★ **poem** /ˈpəʊɪm/ noun [C] vers

★ **poet** /ˈpəʊɪt/ noun [C] költő

poetic /pəʊˈetɪk/ (also **poetical** /-ɪkl/) adj. költői
  ▸ **poetically** /-kli/ adv. költőien

★ **poetry** /ˈpəʊətri/ noun [U] költészet
  ➲ Vesd össze **prose**.

poignant /ˈpɔɪnjənt/ adj. megrendítő: a poignant memory
  ▸ **poignancy** /-jənsi/ noun [U] vmi megrendítő volta
  poignantly adv. szívbemarkolóan

★ **point¹** /pɔɪnt/ noun 1 [C] vélemény, nézet: You **make** some good **points** in your essay. • I see your point but I don't agree. • to bring up/illustrate a point 2 (the point) [sing.] a lényeg: The price doesn't matter - **the point is** we don't have any money! • She always takes ages to **get to the point**. 3 [C] szempont: 'Have you checked the bus times?' 'That's a point - no I haven't.' 4 [C] sajátosság, tulajdonság: Make a list of your **strong points** and your **weak points**. 5 [sing.] the point (of/in sth/doing sth) vminek az értelme, vminek a célja: She said no, so **what's the point** of asking her again? • **There's no point** in talking to my parents – they never listen. 6 [C] (gyakran szóösszetételekben) egy bizonyos pont (térben, időben): The library is a good **starting point** for research. • He is at the **high point** of his career. • the boiling/freezing point of water • He waved to the crowd and **at that point** (abban a pillanatban) the shot was fired. • **At one point** I thought I was going to laugh. 7 [C] vminek a hegye: the point of a pin/pencil 8 [C] tizedespont: She won in 11·2 (eleven point two) seconds. 9 [C] (sp) pont: to score a point pontot szerez 10 [C] pontérték: The value of the dollar has fallen by a few points.
  IDIOMS be on the point of doing sth éppen csinálni készül vmit | **beside the point** → BESIDE | have your, etc. (good) points vannak jó tulajdonságai | make a point of doing sth súlyt helyez vminek az elvégzésére | point of view szempont, nézet: From my point of view it would be better to wait. ❶ Szinonimája: **viewpoint** vagy **standpoint**.

Vigyázat! A **from my point of view** és az **in my opinion** jelentése teljesen más. A **from my point of view** jelentése „az én szemszögemből (mint nő, üzletember, tanár stb.)", az **in my opinion** jelentése „szerintem, én úgy gondolom": From an advertiser's point of view, television is a wonderful medium. • In my opinion people watch too much television.

prove your/the case/point → PROVE | a sore point → SORE¹ | sb's strong point → STRONG | take sb's point elfogadja vkinek a véleményét | to the point lényegretörő: His speech was short and to the point. | up to a point részben: I agree with you up to a point.

★ **point²** /pɔɪnt/ verb 1 [I] point (at/to sb/sth) rámutat 2 [I,T] point (sth) (at/towards sb/sth) céloz vmire 3 [I] vmilyen irányba néz, mutat: The sign pointed towards the motorway. 4 [I] point to sth vmire enged következtetni
  PHRASAL VERB point sth out (to sb) felhívja a figyelmet/figyelmét: I'd like to point out that we haven't got much time left.

point-ˈblank adj., adv. 1 közvetlen közeli/közelről: He was shot **at point-blank range**. 2 határozott(an), köntörfalazás nélkül: He told her point-blank to get out of the house.

pointed /ˈpɔɪntɪd/ adj. 1 hegyes: a pointed stick/nose 2 éles, csípős (megjegyzés): to make a pointed comment
  ▸ **pointedly** adv. félreérthetetlenül

pointer /ˈpɔɪntə(r)/ noun [C] 1 útmutatás: Could you give me some **pointers** on how to tackle the problem? 2 (infor) cursor, nyíl ➲ Ábra az A10. oldalon. 3 mutatópálca

pointless /ˈpɔɪntləs/ adj. értelmetlen, felesleges
  ▸ **pointlessly** adv. értelmetlenül
  pointlessness noun [U] értelmetlenség

poise /pɔɪz/ noun [U] kiegyensúlyozottság, kifinomult modor, kecses testtartás

poised /pɔɪzd/ adj. 1 készenlétben álló: 'Shall I call the doctor or not?' he asked, his hand poised above the telephone. 2 poised (to do sth) készen áll vmire 3 higgadt

★ **poison¹** /ˈpɔɪzn/ noun [C,U] méreg: rat poison • poison gas mérgesgáz

poison² /ˈpɔɪzn/ verb [T] 1 megmérgez

2 mérget kever vmibe **3** tönkretesz vmit
▶ **poisoned** *adj.* mérgezett

poisoning /ˈpɔɪzənɪŋ/ *noun* [U] mérgezés:
*He got **food poisoning** from eating fish that wasn't fresh.*

poisonous /ˈpɔɪzənəs/ *adj.* **1** mérgező
2 *(biol)* mérges: *a poisonous snake* **3** utálatos: *a poisonous letter/atmosphere*

poke /pəʊk/ *verb* **1** [T] bök **2** [I,T] poke (sth)
into, through, out of, down, etc. sth
(bele)bök: *A child's head poked up
(bukkant föl) from behind the wall.*
➔ Ábra az A6. oldalon.
▶ **poke** *noun* [C] bökés
IDIOMS poke fun at sb/sth kigúnyol |
poke/stick your nose into sth → NOSE¹

poker /ˈpəʊkə(r)/ *noun* **1** [U] póker **2** [C]
piszkavas ➔ Ábra **fireplace** alatt.

poky /ˈpəʊki/ *adj.* (brit, informális) szűk
(szoba, ház): *a poky little office*

polar /ˈpəʊlə(r)/ *adj.* (csak főnév előtt)
(földr) sarki

'polar bear *noun* [C] jegesmedve

★ **pole** /pəʊl/ *noun* [C] **1** rúd: *a flagpole* • *a tent
pole* **2** *(földr)* sarok: *the North/South Pole*

the 'pole vault *noun* [C] rúdugrás

★ **police¹** /pəˈliːs/ *noun* [plural] rendőrség: *to
call the police • *a police car* • *to **join the
police force** • *the local **police station***

> A **police** többesszámú főnév, mellette
> az ige mindig többesszámban áll.
> Nem mondhatjuk, hogy ~~a police~~, ha
> egy rendőrről beszélünk. Amikor egy
> személyről beszélünk, a **policeman**
> vagy a **policewoman** szót használjuk.
> Amikor a rendőrségről mint szer-
> vezetről beszélünk, a **police** szó előtt
> mindig a **the** névelő áll: *There were
> over 100 police on duty.* • *The police are
> investigating the murder.*

police² /pəˈliːs/ *verb* [T] fenntartja a rendet

po,lice 'constable (also **constable**) *noun*
[C] *(brit)* (abbr. **PC**) (köz)rendőr

policeman /pəˈliːsmən/ *noun* [C] (*plural
-men* /-mən/) rendőr *(férfi)*

po'lice officer (also **officer**) *noun* [C] rendőr-
(tiszt)

policewoman /pəˈliːswʊmən/ *noun* [C]
(*plural -women* /-wɪmɪn/) rendőrnő

★ **policy** /ˈpɒləsi/ *noun* [C,U] (*plural* **policies**)
1 policy (on sth) vkinek a politikája,
irányvonal (*pl.kormány, vezető testület*):
It is company policy not to allow smoking.
2 szokás, viselkedésmód **3** biztosítási
kötvény: *an insurance policy*

polio /ˈpəʊliəʊ/ *noun* [U] gyermekbénulás

polish¹ /ˈpɒlɪʃ/ *verb* [T] kifényesít
PHRASAL VERB polish sth off (informális)
gyorsan elintéz, befejez

polish² /ˈpɒlɪʃ/ *noun* **1** [U] fényesítéshez
használt anyag: *shoe polish* **2** [sing.]
fényezés, fényesítés: *I'll **give** the glasses a
polish.*

polished /ˈpɒlɪʃt/ *adj.* **1** kifényesített: *pol-
ished wood floors* **2** elsőrendű, kifinomult:
*The singer gave a **polished performance**.*

★ **polite** /pəˈlaɪt/ *adj.* udvarias: *Please be
polite to our guests.* ❶ Ellentéte: **impolite**
vagy **impertinent**.
▶ **politely** *adv.* udvariasan
politeness *noun* [U] udvariasság

★ **political** /pəˈlɪtɪkl/ *adj.* **1** politikai: *a polit-
ical leader/debate/party* • *I suspect he was
dismissed for political reasons.* **2** politika
iránt érdeklődő
▶ **politically** *adv.* politikailag

po,litical a'sylum *noun* [U] politikai
menedékjog

po,litically cor'rect *adj.* (abbr. **PC**) körül-
tekintően megfogalmazott (hogy bizo-
nyos embereket ne sértsen)
▶ **po,litical cor'rectness** *noun* [U] politikai
korrektség

★ **politician** /ˌpɒləˈtɪʃn/ *noun* [C] politikus

★ **politics** /ˈpɒlətɪks/ *noun* **1** [U, with sing. or
plural verb] politika: *to go into politics*
2 [plural] vkinek a politizálása **3** [U, with
sing. or plural verb] hatalmi harc: *I never
get involved in office politics.* **4** (US Po,litical
'Science) [U] politikatudomány: *a degree
in Politics*

poll¹ /pəʊl/ *noun* [C] **1** (also o'pinion poll)
közvélemény-kutatás **2** választás: *The
country will **go to the polls** (szavazni fog) in
June.*

poll² /pəʊl/ *verb* [T] **1** szavazatot kap
2 (meg)szavaztat

pollen /ˈpɒlən/ *noun* [U] virágpor

polling /'pəʊlɪŋ/ noun [U] szavazás

pollutant /pə'luːtənt/ noun [C] szennye-zőanyag

★ **pollute** /pə'luːt/ verb [T] szennyez

★ **pollution** /pə'luːʃn/ noun [U] 1 környezet-szennyezés 2 környezetszennyező anyag

polo /'pəʊləʊ/ noun [U] lovaspóló

'**polo neck** noun [C] garbónyak

polyester /ˌpɒli'estə(r)/ noun [U] poli-észter

polystyrene /ˌpɒli'staɪriːn/ noun [U] poli-stirol

polythene /'pɒlɪθiːn/ (US **polyethylene** /ˌpɒli'eθəliːn/) noun [U] polietilén

pomp /pɒmp/ noun [U] pompa

pompous /'pɒmpəs/ adj. nagyképű, fel-lengzős

pond /pɒnd/ noun [C] tavacska ➔ Lásd még **lake, pool, puddle**.

ponder /'pɒndə(r)/ verb [I,T] **ponder (on/over) sth** elgondolkodik vmin

pong /pɒŋ/ noun [C] (brit, szleng) büz
▸ **pong** verb [I] büzlik

pony /'pəʊni/ noun [C] (plural **ponies**) pónió

ponytail /'pəʊniteɪl/ noun [C] lófarok (frizura) ➔ Ábra **hair** alatt.

'**pony-trekking** (US '**trail riding**) noun [U] lovaglás (pónílovon)

poodle /'puːdl/ noun [C] uszkár

pooh /puː/ interj. (brit, informális) pfuj

★ **pool¹** /puːl/ noun 1 [C] **a pool (of sth)** tócsa ➔ Magyarázat a **pond** szónál. 2 [C] fényfolt: a pool of light 3 (also '**swimming pool**) [C] úszómedence, uszoda 4 [C] közös készlet: There is a pool of cars (gépjármű-park) that all employees can use. 5 [U] biliárdszerű játék ➔ Lásd **billiards, snooker**. 6 (**the pools**) [plural] totó

pool² /puːl/ verb [T] összevon, bead (közös használatra): to pool resources/ideas

★ **poor** /pɔː(r)/ adj. 1 szegény ❶ Ellentéte: **rich**. 2 (**the poor**) noun [plural] a szegények 3 gyenge, silány: to be in poor health • The industry has a poor safety record. 4 szegény (sajnálkozást fejez ki)

poorly¹ /'pɔːli/ adv. gyengén, rosszul: a poorly-paid job

poorly² /'pɔːli/ adj. (brit, informális) rosszul (betegen): I feel a bit poorly.

pop¹ /pɒp/ verb (popping; popped) 1 [I,T] pukkan, pukkant 2 [I] **pop across, down, out, etc.** ki-/beugrik vhova (átv): I'm just popping out to the shops. 3 [T] **pop sth in, into, etc. sth** (hirtelen) bedug, betesz: She popped the note into her bag.

PHRASAL VERBS pop in beugrik (egy gyors látogatásra) | **pop out** kiugrik | **pop up** (informális) felbukkan

★ **pop²** /pɒp/ noun 1 [U] (also '**pop music**) popzene: a pop group/singer/star • pop music ➔ Lásd **jazz, rock, classical**. 2 [C] pukkanás

pop.³ abbr. (**population** rövidítése) népes-ség, lakosság

popcorn /'pɒpkɔːn/ noun [U] pattogatott kukorica

★ **pope** /pəʊp/ noun [C] pápa

popper /'pɒpə(r)/ (US **snap**) noun [C] patent(kapocs)

poppy /'pɒpi/ noun [C] (plural **poppies**) (növ) mákvirág

Popsicle™ /'pɒpsɪkl/ noun [C] (US) = ICE LOLLY

★ **popular** /'pɒpjələ(r)/ adj. 1 **popular (with sb)** népszerű: a popular holiday resort ❶ Ellentéte: **unpopular**. 2 könnyen ért-hető: popular newspapers 3 (csak főnév előtt) köz-: The programme is being repeated by popular demand (közkívánatra).

popularity /ˌpɒpju'lærəti/ noun [U] nép-szerűség

popularize (also **-ise**) /'pɒpjələraɪz/ verb [T] népszerűsít

popularly /'pɒpjələli/ adv. általában (a köznyelvben)

populate /'pɒpjuleɪt/ verb [T] (ált. szenvedő szerkezetben) benépesít: The area is very thinly populated.

★ **population** /ˌpɒpju'leɪʃn/ noun 1 [C,U] népesség: an increase/a fall in population 2 [C] populáció (ember vagy állat): the local/male/prison population

porcelain /'pɔːsəlɪn/ noun [U] porcelán

porch /pɔːtʃ/ noun [C] 1 (brit) fedett bejárat (temploméi vagy családi házéi) 2 (US) = VERANDA

---

❶ = magyarázat [C] **megszámlálható** (főnév): one book, two books

[U] **megszámlálhatatlan** (főnév): some sugar

pore¹ /pɔ:(r)/ noun [C] (biol) pórus

pore² /pɔ:(r)/ verb
PHRASAL VERB **pore over sth** (gondosan) tanulmányoz vmit

pork /pɔ:k/ noun [U] sertéshús ➔ Lásd **bacon** és **ham**, magyarázat a **meat** szónál.

pornography /pɔ:'nɒɡrəfi/ (informális **porn** /pɔ:n/) noun [U] pornográfia
▸ **pornographic** /ˌpɔ:nə'ɡræfɪk/ adj. pornográf

porpoise /'pɔ:pəs/ noun [C] delfin

porridge /'pɒrɪdʒ/ noun [U] zabkása

★ **port** /pɔ:t/ noun 1 [C,U] kikötő: a fishing port • The ship reached port safely. 2 [C] kikötőváros 3 [U] portói bor 4 [U] hajó menetirány szerinti bal oldala ❶ Ellentéte: **starboard**.

portable /'pɔ:təbl/ adj. hordozható ➔ Lásd **movable**, **mobile**.

porter /'pɔ:tə(r)/ noun [C] 1 hordár 2 (hotel)portás

porthole /'pɔ:thəʊl/ noun [C] kerek hajóablak

portion /'pɔ:ʃn/ noun [C] a portion (of sth) 1 rész: What portion of your salary goes on tax? 2 adag: a portion of chips ➔ Lásd **helping**.

portrait /'pɔ:treɪt/ noun [C] 1 portré 2 jellemzés, vminek a leírása

portray /pɔ:'treɪ/ verb [T] 1 lefest/-ír: Zola portrayed life in 19th-century France. 2 **portray sb/sth as sth** vmilyen módon ábrázol 3 alakít (szerepet)
▸ **portrayal** /pɔ:'treɪəl/ noun [C] ábrázolás, alakítás

pose¹ /pəʊz/ verb 1 [T] okoz, jelent: to pose a problem/threat/challenge • to pose a question kérdést tesz fel 2 [I] modellt áll/ül 3 [I] **pose as sb/sth** kiadja magát vkinek/vminek 4 [I] pózol, megjátssza magát

pose² /pəʊz/ noun [C] 1 póz, testtartás 2 nagyképűsködés

posh /pɒʃ/ adj. (informális) 1 flancos (divatos, drága) 2 (brit) elegáns, a felső tízezerhez tartozó

★ **position¹** /pə'zɪʃn/ noun 1 [C,U] hely, elhelyezés: to hold sth **in position** 2 [C,U] testtartás, helyzet: My leg hurts when I **change position**. 3 [C, usually sing.] vkinek a

helyzete: to be in a **difficult position** • I'm sorry, I'm not **in a position** (nem áll módomban) to help you. 4 [C] a position (on sth) álláspont, vélemény 5 [C,U] (vmilyen sorrendben elfoglalt) hely(zet): the position of women in society • Max finished the race in second position. 6 [C] állás ❶ Szinonimája: **post**. 7 [C] (csapatban elfoglalt) hely, pozició: Danny can play any position except goalkeeper.

position² /pə'zɪʃn/ verb [T] elhelyez (egy meghatározott helyen): Mary positioned herself near the door.

★ **positive** /'pɒzətɪv/ adj. 1 bizakodó, pozitív: I feel very positive about the future. • **positive thinking** ❶ Ellentéte: **negative**. 2 positive (about sth/that...) bizonyos vmiben 3 világos, határozott: to take positive action 4 (orv) pozitív: Two athletes tested positive for steroids. ❶ Ellentéte: **negative**. 5 pozitív (szám) ❶ Ellentéte: **negative**.

positively /'pɒzətɪvli/ adv. 1 határozottan 2 bizakodóan, pozitívan 3 magabiztosan 4 (informális) kifejezetten: He wasn't just angry - he was positively furious!

★ **possess** /pə'zes/ verb [T] ❶ Az igét continuous igeidőkben nem használjuk, azonban -ing alakban gyakran előfordul: Any student possessing the necessary qualifications will be considered for the course. 1 (formális) birtokol vmit 2 rávesz vkit vmire: What possessed you to say that?

★ **possession** /pə'zeʃn/ noun 1 [U] tulajdonlás: He was caught **in possession of** stolen goods (lopott holmik voltak a birtokában). • Enemy forces managed to **take possession of** (elfoglalták) the town. 2 [C, usually plural] tulajdon

possessive /pə'zesɪv/ adj. 1 possessive (of/about sb/sth) tulajdonához ragaszkodó 2 (nyelv) birtokos

possessor /pə'zesə(r)/ noun [C] tulajdonos

★ **possibility** /ˌpɒsə'bɪləti/ noun (plural possibilities) 1 [U, C] (a) possibility (of sth/doing sth); (a) possibility that... esély: There's not much possibility of the letter reaching you before Monday. • There is **a strong possibility** that the fire was started deliberately. ➔ Lásd még **chance**(1,2), **opportunity**. 2 [C] lehetőség: There is a wide range of possibilities open to us.

possible /ˈpɒsəbl/ adj. **1** lehetséges: I'll phone you as soon as possible. • Could you tell me today, if possible? • The doctors did everything possible to save his life. • Their donation makes it possible (lehetővé teszi) to hire a band. ❶ Figyelni kell a példában szereplő it használatára. A make possible... kifejezés it nélkül hibás. Ellentéte: impossible. **2** lehetséges ➲ Lásd probable. **3** lehetséges (elképzelhető): the worst possible result

possibly /ˈpɒsəbli/ adv. **1** talán **2** lehetőség szerint: I will leave as soon as I possibly can.

★ **post¹** /pəʊst/ noun **1** (főleg US mail) [U] posta: to send sth by post. • If you hurry you might catch the post (mielőtt elviszik a leveleket). ➲ Magyarázat a first class kifejezésnél. **2** (US mail) [U] vkinek a postája (érkező levelei, csomagjai) **3** [C] állás ❶ Szinonimája: position. **4** [C] őrhely **5** [C] jelzőoszlop: a goal post kapufa • a signpost

IDIOM by return (of post) → RETURN²

★ **post²** /pəʊst/ verb [T] **1** (főleg US mail) felad (levelet, csomagot)

> A brit angolban a post ige és főnév a gyakoribb, az amerikai angolban a mail. Ennek ellenére a mail főnév sem ritka a brit angolban. A brit posta hivatalos neve Royal Mail. Használatos továbbá az airmail és a surface mail kifejezés. Ha postán rendelünk árut, akkor az igénybe vett szolgáltatás elnevezése mail-order service.

2 kiküld/-helyez vkit (vmilyen munkahelyre) **3** elhelyez vkit (egy bizonyos poszton) **4** (formális, gyakran szenvedő szerkezetben) kiragaszt/-tesz (hirdetést)

postage /ˈpəʊstɪdʒ/ noun [U] postaköltség

postage stamp (also stamp) noun [C] bélyeg ➲ Magyarázat a stamp¹(1) szónál.

★ **postal** /ˈpəʊstl/ adj. postai

postal order noun [C] pénzesutalvány

postbox /ˈpəʊstbɒks/ (US mailbox) noun [C] postaláda ➲ Lásd pillar box.

postcard /ˈpəʊstkɑːd/ noun [C] levelezőlap

postcode /ˈpəʊstkəʊd/ (US ˈZIP code) noun [C] postai irányítószám

★ **poster** /ˈpəʊstə(r)/ noun [C] **1** plakát **2** poszter

posterity /pɒˈsterəti/ noun [U] utókor: The writer's letters were preserved for posterity.

postgraduate /ˌpəʊstˈɡrædʒuət/ noun [C] posztgraduális hallgató (egy diplomával már rendelkező, egyetemen továbbtanuló hallgató) ➲ Lásd graduate, undergraduate.

posthumous /ˈpɒstjʊməs/ adj. posztumusz (halál utáni)
▸ **posthumously** adv. vkinek a halála után

posting /ˈpəʊstɪŋ/ noun [C] külföldi kiküldetés

postman /ˈpəʊstmən/ (US mailman) noun [C] (plural -men /-mən/) postás

postmark /ˈpəʊstmɑːk/ noun [C] postabélyegző

post-mortem /ˌpəʊst ˈmɔːtəm/ noun [C] boncolás

post-natal /ˌpəʊst ˈneɪtl/ adj. (csak főnév előtt) születés utáni ❶ Ellentéte: antenatal.

post office noun [C] **1** postahivatal **2** (the Post Office) a posta (mint szervezet)

postpone /pəˈspəʊn/ verb [T] elhalaszt ➲ Lásd cancel.
▸ **postponement** noun [C,U] elhalasztás

postscript /ˈpəʊstskrɪpt/ noun [C] utóirat ➲ Lásd PS.

posture /ˈpɒstʃə(r)/ noun [C,U] testtartás

post-ˈwar adj. háború utáni (ált. a második világháború)

pots

pot   potter   clay   potter's wheel

teapot   flowerpot   pots

pot¹ /pɒt/ noun [C] **1** lábas **2** edény: a flowerpot virágcserép • a pot of paint **3** adag (amennyi egy edénybe, bögrébe stb. belefér): We drank two pots (teáskanna) of tea.

MAGÁNHANGZÓK iː see | i any | ɪ sit | e ten | æ hat | ɑː arm | ɒ got | ɔː saw | ʊ put | uː too | u usual

pot² /pɒt/ *verb* [T] (**potting; potted**) **1** ültet (*cserépbe*) **2** lyukba lök (*pl.biliárdban*)

★ **potato** /pə'teɪtəʊ/ *noun* [C,U] (*plural* **potatoes**) burgonya: *mashed potato* krumplipüré • *to peel potatoes*

potato 'crisp (*US* po'tato chip) *noun* [C] burgonyaszirom

potent /'pəʊtnt/ *adj.* hatásos, erős: *a potent drug/drink*
▶ **potency** /-nsi/ *noun* [U] hatásosság, potencia (*nemzőképesség*)

★ **potential¹** /pə'tenʃl/ *adj.* (*csak főnév előtt*) lehetséges: *potential customers/problems*
▶ **potentially** /-ʃəli/ *adv.* lehetségesen

potential² /pə'tenʃl/ *noun* [U] képesség, potenciál: *That boy has great potential* (*sokra viheti*).

pothole /'pɒthəʊl/ *noun* [C] **1** gödör **2** sziklaüreg

potholing /'pɒthəʊlɪŋ/ *noun* [U] barlangászás: *to go potholing*

'**pot plant** *noun* [C] (*brit*) szobanövény

potter¹ /'pɒtə(r)/ (*US* **putter** /'pʌtə(r)/) *verb* [I] **potter (about/around)** (el)pepecsel, (el)piszmog: *Grandpa spends all the time pottering in the garden.*

potter² /'pɒtə(r)/ *noun* [C] fazekas ➔ Ábra **pot¹** alatt.

pottery /'pɒtəri/ *noun* (*plural* **potteries**) **1** [U] agyagáru **2** [U] fazekasmesterség **3** [C] fazekasműhely

potty¹ /'pɒti/ *adj.* (*brit, informális*) **1** hibbant **2** **potty about sb/sth** bolondul vkiért/vmiért

potty² /'pɒti/ *noun* [C] (*plural* **potties**) bili

pouch /paʊtʃ/ *noun* [C] **1** zacskó, tasak (*ált. bőrből*) **2** erszény (*erszényes állaté*)

poultry /'pəʊltri/ *noun* **1** [*plural*] baromfi **2** [U] baromfihús

pounce /paʊns/ *verb* [I] **pounce (on sb/sth)** lecsap vkire/vmire

★ **pound¹** /paʊnd/ *noun* **1** [C] (also ,pound 'sterling) (*symbol* £) (angol) font (*pénznem*): *She earns £28 000 a year.* • *Can you change a ten-pound note?* • *a pound coin* **2** [*sing.*] (**the pound**) a(z angol) font (*pénzérték*): *The pound has fallen against the dollar.* • *How many yen are there to the pound* (egy fontért)? **3** [C] (*abbr.* **lb**) font

(*súlymérték*): *The carrots cost 50p a pound.* • *Half a pound of mushrooms, please.* ➔ Lásd a *Számokkal kapcsolatos kifejezések* részt.

pound² /paʊnd/ *verb* **1** [I] **pound (at/ against/on sth)** erősen üt/ver, ütlegel **2** [I] **pound along, down, up, etc.** súlyos/ dübörgő léptekkel megy **3** [I] lüktet, ver: *Her heart was pounding with fear.* **4** [T] apróra zúz

★ **pour** /pɔ:(r)/ *verb* **1** [T] önt **2** [I] ömlik: *Sunlight poured into the room.* **3** [T] **pour sth (out)** beönt vmit vmibe **4** [I] **pour (down) (with rain)** zuhog: *The rain poured down.* • *It's pouring with rain.* **5** [I] tódul
IDIOM **pour your heart out (to sb)** kiönti a szívét
PHRASAL VERB **pour sth out** árad a szó vkiből

pout /paʊt/ *verb* [I] biggyeszti az ajkát, csücsörít
▶ **pout** *noun* [C] ajakbiggyesztés

★ **poverty** /'pɒvəti/ *noun* [U] szegénység: *to live in poverty*

poverty-stricken /'pɒvəti strɪkn/ *adj.* nyomorgó

POW /,pi: əʊ 'dʌblju:/ *noun* [C] (**prisoner of war** *rövidítése*) hadifogoly

★ **powder** /'paʊdə(r)/ *noun* [U, C] por: *washing powder*
▶ **powder** *verb* [T] beszór/-púderoz

powdered /'paʊdəd/ *adj.* porított: *powdered milk* tejpor

★ **power¹** /'paʊə(r)/ *noun* **1** [U] **power (over sb/sth)** ; **power (to do sth)** hatalom: *to have sb in your power* • *It's not in my power* (nem áll módomban) *to help you.* **2** [U] uralom: *When did this government come to power?* • *to take/seize power* **3** [C] **the power (to do sth)** hatáskör **4** [C] nagyhatalom: *a world/a military/an economic power* **5** (**powers**) [*plural*] képesség: *He has great powers of observation* (megfigyelő képesség). • *She used all her powers of persuasion* (rábeszélő képesség) *on him.* **6** [U] (testi) erő, energia **7** [U] energia, (természeti) erőforrás: *nuclear/wind/ solar power* • *power steering* szervókormány(zás)

power² /'paʊə(r)/ *verb* [T] (meg)hajt (*pl. motort*)
▶ **-powered** *adj.* vmilyen energiaforrást felhasználó: *a solar-powered* (napelemes)

calculator • *a high-powered* (nagy teljesítményű) *engine*

'**power cut** *noun* [C] áramszünet

★ **powerful** /'pauəfl/ *adj.* **1** nagy hatalommal rendelkező **2** erős, erőteljes: *a powerful car/engine/telescope* • *a powerful swimmer* **3** nagyhatású: *to make a powerful speech* • *a powerful drug*
▶ **powerfully** /-fəli/ *adv.* **1** erőteljesen, nyomós érvekkel (*állít*) **2** rendkívüli módon

powerless /'pauələs/ *adj.* **1** erőtlen **2** powerless to do sth tehetetlen

'**power point** *noun* [C] (*brit*) konnektor

'**power station** (*US* 'power plant) *noun* [C] erőmű

pp *abbr.* **1** (pages rövidítése) oldalak **2** (per procurationem *rövidítése*) h. (*aláírásnál, vki helyett/nevében*): *pp J Symonds* J Symonds h.

PR /ˌpiː 'ɑː(r)/ *abbr.* **1** (public relations *rövidítése*) PR, közkapcsolatok, kapcsolatszervezés **2** (proportional representation *rövidítése*) arányos képviselet

practicable /'præktɪkəbl/ *adj.* megvalósítható ❶ Ellentéte: **impracticable.**

★ **practical** /'præktɪkl/ *adj.* **1** gyakorlati: *Have you got any practical experience?* ➔ Lásd **theoretical. 2** célravezető **3** hasznos **4** gyakorlatias ❶ 2., 3., 4. jelentésekben ellentéte **impractical. 5** ügyes kezű

practical² /'præktɪkl/ *noun* [C] (*brit, informális*) gyakorlati óra/vizsga

practicality /ˌpræktɪ'kæləti/ (*plural* **practicalities**) *noun* **1** [U] megvalósíthatóság **2** (**practicalities**) [*plural*] a gyakorlati oldala vminek

ˌ**practical** '**joke** *noun* [C] durva/otromba tréfa

practically /'præktɪkli/ *adv.* **1** (beszélt nyelv) gyakorlatilag, szinte **2** a gyakorlatban

★ **practice** /'præktɪs/ *noun* **1** [U] gyakorlat: *But would your idea work in practice?* • *I can't wait to put what I've learnt into practice* (megvalósít). **2** [C,U] (*formális*) szokás, eljárás: *It is standard practice to pay bills at the end of the month.* **3** [C,U] gyakorlás: *piano/football practice* • *a practice session* • *His English should improve*

with practice. **4** [U, C] prakszis (*orvosi/ügyvédi tevékenység/munkahely*): *Dr Jones doesn't work in a hospital. He's in general practice* (körzeti orvos). • *a successful medical/dental practice*

IDIOMS be/get out of practice kijön a gyakorlatból | **in practice** gyakorlatilag

★ **practise** (*US* **practice**) /'præktɪs/ *verb* [I,T] **1** gyakorol: *He wants to practise his English on me.* **2** gyakorol, rendszeresen folytat: *a practising Catholic/Muslim* **3** practise (sth/as sth) praktizál

practised (*US* **practiced**) /'præktɪst/ *adj.* practised (in sth) gyakorlott

practitioner /præk'tɪʃənə(r)/ *noun* [C] (*formális*) (gyakorló) orvos/fogorvos/ügyvéd ➔ Lásd **GP.**

pragmatic /præg'mætɪk/ *adj.* gyakorlati(as)

prairie /'preəri/ *noun* [C] préri

★ **praise¹** /preɪz/ *verb* [T] praise sb/sth (for sth) dicsér

★ **praise²** /preɪz/ *noun* [U] dicséret

praiseworthy /'preɪzwɜːði/ *adj.* dicséretre méltó

pram

pram

carrycot   pushchair

pram /præm/ (*US* 'baby carriage) *noun* [C] gyermekkocsi

prance /prɑːns/ *verb* [I] peckesen lépdel

prat /præt/ *noun* [C] (*brit, szleng*) hülye alak

prawn /prɔːn/ (*US* shrimp) *noun* [C] garnélarák ➔ Lásd **shrimp.**

★ **pray** /preɪ/ *verb* [I,T] pray (to sb) (for sb/sth) imádkozik, könyörög vmiért

★ **prayer** /preə(r)/ *noun* **1** [C] a prayer (for sb/sth) ima: *Let's say a prayer for the poor.* •

a prayer book **2** [U] imádkozás: *to kneel in prayer*

preach /priːtʃ/ *verb* **1** [I,T] prédikál, igét hirdet **2** [T] vmire int **3** [I] papol (*erkölcsi prédikációt tart*)

preacher /ˈpriːtʃə(r)/ *noun* [C] prédikátor

precarious /prɪˈkeəriəs/ *adj.* bizonytalan, ingatag
▸ **precariously** *adv.* bizonytalanul

precaution /prɪˈkɔːʃn/ *noun* [C] a **precaution (against sth)** óvintézkedés: *You should always take the precaution of locking your bicycle.*
▸ **precautionary** /prɪˈkɔːʃənəri/ *adj.* biztonsági (*pl. intézkedés*)

precede /prɪˈsiːd/ *verb* [I,T] (*írott nyelv*) (meg)előz: *the preceding page*

precedence /ˈpresɪdəns/ *noun* [U] **precedence (over sb/sth)** elsőbbség: *In business, profit seems to take precedence* (elsőbbséget élvez) *over everything else.*

precedent /ˈpresɪdənt/ *noun* [C,U] precedens: *We don't want to set a precedent* (precedenst teremt) *by allowing you to wear jeans at work.* • *Such protests are without precedent* (példátlan) *in history.* ➾ Lásd **unprecedented**.

precinct /ˈpriːsɪŋkt/ *noun* **1** [C] (*brit*) gyalogos övezet: *a shopping precinct* **2** [C] (*US*) körzet **3** (**precincts**) [*plural*] (*formális*) (közvetlen) környék: *the hospital and its precincts*

* **precious** /ˈpreʃəs/ *adj.* **1** értékes, drága **2** drága vki számára: *The book was very precious to her.* ➾ Vesd össze **valuable**.

ı**precious ˈmetal** *noun* [C] nemesfém

ı**precious ˈstone** (also **stone**) *noun* [C] drágakő

precipice /ˈpresəpɪs/ *noun* [C] szakadék

precis /ˈpreɪsiː/ *noun* [C,U] (*plural* **precis** /ˈpreɪsiːz/) kivonat ❶ Szinonimája: **summary**.

* **precise** /prɪˈsaɪs/ *adj.* **1** világos, precíz: *precise details/measurements* • *He's in his forties – forty-four, to be precise* (pontosabban). • *She couldn't be very precise about her attacker's clothes.* ❶ Ellentéte: **imprecise**, pontos (*csak főnév előtt*): *I can't come just at this precise moment*

(éppen ebben a pillanatban). **3** pedáns (*ember*)

* **precisely** /prɪˈsaɪsli/ *adv.* **1** éppen ❶ Szinonimája: **exactly**. **2** pontosan: *It's precisely because I love you that I get worried when you stay out late.* **3** (*beszélt nyelv*) úgy van

precision /prɪˈsɪʒn/ *noun* [U] precizitás, pontosság

precocious /prɪˈkəʊʃəs/ *adj.* koraérett (*gyerek*) ❶ Néha kritikai észrevételként.

preconceived /ˌpriːkənˈsiːvd/ *adj.* (*csak főnév előtt*) előre kialakított (*pl. vélemény*)

preconception /ˌpriːkənˈsepʃn/ *noun* [C] előítélet

predator /ˈpredətə(r)/ *noun* [C] ragadozó állat

predecessor /ˈpriːdɪsesə(r)/ *noun* [C] **1** elődje vkinek **2** előd ➾ Lásd **successor**.

predicament /prɪˈdɪkəmənt/ *noun* [C] kellemetlen helyzet

predicative /prɪˈdɪkətɪv/ *adj.* állítmány névszói része ❶ Azt a melléknevet, amely főnév előtt is állhat, jelzői melléknévnek nevezzük (**attributive** szerep). Sok melléknév pl. **big**, jelzőként és az állítmány névszói részeként (**predicative** szerep) is állhat: *The house is big.* • *It's a big house.*
▸ **predicatively** *adv.* állítmányként

* **predict** /prɪˈdɪkt/ *verb* [T] (meg)jósol

predictable /prɪˈdɪktəbl/ *adj.* **1** megjósolható **2** kiszámítható
▸ **predictably** *adv.* előre láthatóan

prediction /prɪˈdɪkʃn/ *noun* [C,U] előrejelzés, jóslat

predominance /prɪˈdɒmɪnəns/ *noun* [*sing.*] túlsúlya vminek: *There is a predominance of Japanese tourists in Hawaii.*

predominant /prɪˈdɒmɪnənt/ *adj.* meghatározó

predominantly /prɪˈdɒmɪnəntli/ *adv.* túlnyomóan

predominate /prɪˈdɒmɪneɪt/ *verb* [I] (*formális*) **predominate (over sb/sth)** érvényesül vkivel/vmivel szemben, túlsúlyban van

preface /ˈprefəs/ *noun* [C] előszó

prefect /'pri:fekt/ *noun* [C] (*brit*) fiatalab-bakra felügyelő idősebb diák

* **prefer** /prɪ'fɜ:(r)/ *verb* [T] (**preferring; preferred**) prefer sth (to sth); prefer to do sth; prefer doing sth vmit vminél jobban szeret, vmit vminél szívesebben csinál: *Paula prefers not to walk home on her own at night.* ● *My parents would prefer me to go to university.* ❶ Az igét *continuous* igeidők-ben nem használjuk, azonban *-ing* alak-ban gyakran előfordul: *Their elder son had gone to London, preferring not to join the family firm.*

> Ha a **prefer** igét általános értelemben használjuk, utána az ige *-ing* alakja áll: *Helen prefers going by train to flying.* A **would prefer** egyes esetekre vonat-kozik, utána főnévi igenév áll: *Helen would prefer to go by train rather than (to) fly.* Helen inkább vonattal utazna, mint repülőgéppel.
>
> A **prefer** szó meglehetősen hivatalos: *Would you prefer tea or coffee?* helyett mondhatjuk: *Would you rather have tea or coffee?* és *I prefer skating to skiing* helyett: *I like skating better than skiing.*

preferable /'prefrəbl/ *adj.* **preferable (to sth/doing sth)** előnyösebb, kívánatosabb

preferably /'prefrəbli/ *adv.* lehetőleg

preference /'prefrəns/ *noun* **1** [C, U] (a) **preference (for sth)** előny(ben részesítés): *What you wear is a matter of **personal pref-erence*** (magánügy). ● *Please list your choices in **order of preference*** (tetszés sze-rinti sorrendben). **2** [U] kedvezés: *When allocating rooms, we will **give preference to*** (előnyben részesítjük) *families with chil-dren.*

preferential /ˌprefə'renʃl/ *adj.* (csak főnév előtt) kedvező, kedvezményes: *to get **pref-erential treatment*** kedvező elbánásban részesül

prefix /'pri:fɪks/ *noun* [C] (*nyelv*) előtag ➲ Lásd **suffix**.

pregnancy /'pregnənsi/ *noun* (*plural* **pregnancies**) [U, C] terhesség

* **pregnant** /'pregnənt/ *adj.* állapotos, vemhes: *Liz is five months pregnant.* ● *to get pregnant* teherbe esik

> Mondhatjuk még: *Liz is expecting a baby.* ● *Liz is going to have a baby.*

prehistoric /ˌpri:hɪ'stɒrɪk/ *adj.* történe-lem előtti

* **prejudice¹** /'predʒudɪs/ *noun* [C,U] preju-dice **(against sb/sth)** előítélet, elfogultság: *racial prejudice* faji előítélet

prejudice² /'predʒudɪs/ *verb* [T] **1** prejudice **sb (against sb/sth)** elfogulttá tesz vkit vkivel szemben **2** hátrányosan befolyá-sol

prejudiced /'predʒudɪst/ *adj.* előítélettel van vki/vmi iránt, elfogult

preliminary¹ /prɪ'lɪmɪnəri/ *adj.* előzetes: *a preliminary report/meeting/round*

preliminary² /prɪ'lɪmɪnəri/ *noun* [C, usu-ally plural] (*plural* **preliminaries**) előké-szítő lépések/intézkedések

prelude /'prelju:d/ *noun* [C] **1** prelűd **2** (*írott nyelv*) **prelude (to sth)** előzmény

premature /'premətʃʊə(r)/ *adj.* **1** idő előtti, korai: *Her baby was premature* (koraszülött). **2** elhamarkodott: *a prema-ture decision*

▶ **prematurely** *adv.* idő előtt

premeditated /ˌpri:'medɪtetɪd/ *adj.* előre megfontolt

premier¹ /'premiə(r)/ *adj.* (csak főnév előtt) első osztályú: *the Premier Division* Nemzeti Bajnokság

premier² /'premiə(r)/ *noun* [C] minisz-terelnök

premiere /'premieə(r)/ *noun* [C] premier

premises /'premɪsɪz/ *noun* [*plural*] épület (üzleté, intézményé): *Smoking is not allowed **on the premises*** (a helyszínen).

premium /'pri:miəm/ *noun* [C] **1** biztosí-tási díj: *a monthly premium of £25* **2** felár: *You must pay a premium for express delivery.*

premonition /ˌpri:mə'nɪʃn; ˌprem-/ *noun* [C] **a premonition (of sth)** előérzet

preoccupation /priˌɒkju'peɪʃn/ *noun* [U, C] preoccupation **(with sth)** vmivel való (túlzott) foglalatoskodás

preoccupied /pri'ɒkjupaɪd/ *adj.* preoccu-pied **(with sth)** vmibe belefeledkezett ➲ Lásd **occupied**.

preoccupy /pri'ɒkjupaɪ/ *verb* [T] (*pres. part.* **preoccupying**; *3rd pers. sing. pres.* pre-

---

❶ = magyarázat   [C] **megszámlálható** (*főnév*): *one book, two books*   [U] **megszámlálhatatlan** (*főnév*): *some sugar*

occupies; *pt, pp* **preoccupied**) vkinek a figyelmét egészen lekötni vmi

★ **preparation** /ˌprepəˈreɪʃn/ *noun* **1** [*U*] felkészülés/-készítés: *The team has been training hard in preparation for the big game.* • *exam preparation* **2** [*C, usually plural*] **preparation (for sth/to do sth)** előkészület: *We started to make preparations* (elkezdtük az előkészületeket) *for the wedding six months ago.*

preparatory /prɪˈpærətri/ *adj.* felkészítő

pre|paratory school (*also* ˈprep school) *noun* [*C*] **1** (*brit*) magániskola Nagy-Britanniában (7 és 13 év között) **2** (*US*) magániskola az USA-ban (*egyetemre előkészítő*)

★ **prepare** /prɪˈpeə(r)/ *verb* [*I,T*] **prepare (sb/sth) (for sb/sth)** (fel)készül/-készít: *Bo helped me prepare for the exam.* • *to prepare a meal*
  IDIOMS **be prepared for sth** fel van készülve (*a legrosszabbakra*) | **be prepared to do sth** hajlandó vmit megtenni

preposition /ˌprepəˈzɪʃn/ *noun* [*C*] elöljáró(szó)

preposterous /prɪˈpɒstərəs/ *adj.* képtelen, nevetséges

prerequisite /ˌpriːˈrekwəzɪt/ *noun* [*C*] a **prerequisite (for/of sth)** előfeltétel: *Is a good education a prerequisite of success?*

prerogative /prɪˈrɒgətɪv/ *noun* [*C*] előjog: *It is the Prime Minister's prerogative to fix the date of the election.*

Pres. *abbr.* (**President** rövidítése) elnök

prescribe /prɪˈskraɪb/ *verb* [*T*] **1** felír, rendel **2** (*formális*) előír: *The law prescribes that the document must be signed in the presence of two witnesses.*

prescription /prɪˈskrɪpʃn/ *noun* [*C,U*] orvosi vény, recept: *Some medicines are only available on prescription.*

presence /ˈprezns/ *noun* **1** [*U*] jelenlét, előfordulás: *He apologized to her in the presence of the whole family.* ❶ Ellentéte: **absence**. **2** [*sing.*] készültség: *There was a huge police presence at the demonstration.*

★ **present¹** /ˈpreznt/ *adj.* **1** (*csak főnév előtt*) jelenlegi **2** (*főnév előtt nem állhat*) jelenlevő: *There were 200 people present at the meeting.* ❶ Ellentéte: **absent**.

IDIOM **the present day** napjaink: *In some countries traditional methods of farming have survived to the present day.*

★ **present²** /ˈpreznt/ *noun* **1** [*C*] ajándék: *a birthday/wedding/leaving/Christmas present* ❶ A **gift** szó hivatalosabb, üzletben, katalógusokban stb. használatos. **2** (*ált.* **the present**) [*sing.*] (a) jelen: *We live in the present but we must learn from the past.* • *I'm rather busy at present* (jelenleg). **3** (**the present**) [*sing.*] (*nyelv*) jelen idő
  IDIOM **for the moment/present** → MOMENT

present³ /prɪˈzent/ *verb* [*T*] **1** **present sb with sth; present sth (to sb)** átnyújt, megajándékoz: *All the dancers were presented with flowers.* **2** **present sth (to sb)** bemutat **3** **present sb with sth; present sth (to sb)** benyújt: *Learning English presented no problem* (nem jelentett problémát) *to him.* **4** ismertet és vezet (*műsort*) **5** előad **6** **present sb (to sb)** bemutat vkit vkinek

presentable /prɪˈzentəbl/ *adj.* szalonképes

presentation /ˌpreznˈteɪʃn/ *noun* **1** [*C,U*] átadás, bemutatás: *The head will now make a presentation to the winners of the competition.* **2** [*U*] a bemutatás módja, külalak: *Untidy presentation of your work may lose you marks.* **3** [*C*] előadás: *Each student has to give a short presentation on a subject of his/her choice.* **4** [*C*] díj/ajándék átadása

presenter /prɪˈzentə(r)/ *noun* [*C*] műsorvezető

presently /ˈprezntli/ *adv.* **1** hamarosan: *I'll be finished presently.* **2** (*írott nyelv*) kisvártatva: *Presently I heard the car door shut.* **3** (*főleg US*) éppen most: *The management are presently discussing the matter.*

> A **presently** szó „hamarosan" értelemben rendszerint a mondat végére kerül, „kisvártatva" értelemben a mondat elejére, „éppen most" értelemben az ige elé.

present |participle *noun* [*C*] jelen idejű melléknévi igenév ⊃ Lásd a *Rövid nyelvtani összefoglalást.*

the |present |perfect *noun* [*sing.*] igeidő (megnevezése): *'I've finished', 'She hasn't arrived' and 'I've been studying' are all in the*

[*I*] **tárgyatlan** (*ige*): *He laughed.*

[*T*] **tárgyas** (*ige*): *He ate an apple.*

present perfect. ➔ Lásd a *Rövid nyelvtani összefoglalást.*

the present ¹tense (also **the present**) *noun* [C] *(nyelv)* jelen idő

preservative /prɪˈzɜ:vətɪv/ *noun* [C,U] tartósítószer

★ **preserve** /prɪˈzɜ:v/ *verb* [T] megóv
▶ **preservation** /ˌprezəˈveɪʃn/ *noun* [U] megóvás, konzerválás: *The paintings were in an excellent state of preservation* (kitűnő állapotban).

preside /prɪˈzaɪd/ *verb* [I] elnököl
PHRASAL VERB **preside over sth** igazgat, felel vmiert

presidency /ˈprezɪdənsi/ *noun* (*plural* **presidencies**) [*usually sing.*] elnökség (*tisztség tartama*)

★ **president** /ˈprezɪdənt/ *noun* [C] (also **President**) elnök
▶ **presidential** /ˌprezɪˈdenʃl/ *adj.* elnöki, elnök-: *presidential elections*

★ **press¹** /pres/ *noun* **1** (ált. **the press**) [*sing.*, *with sing. or plural verb*] sajtó: *The story has been reported on TV and in the press* (a sajtóban). • *the local/national press* • *The press support/supports government policy.* **2** [*sing.*, *U*] sajtó: *This company has had a bad press* (rossz sajtója van) *recently.* • *The strike got very little press* (nagyon kevés sajtóvisszhangot kapott). **3** [C,U] nyomdagép, nyomtatás: *All details were correct at the time of going to press* (lapzártakor). **4** [C] kiadó-(vállalat): *Oxford University Press* **5** [C] nyomás: *Give that button a press* (nyomd meg azt a gombot) *and see what happens.*

★ **press²** /pres/ *verb* **1** [I,T] nyom, szorít: *to press a button* **2** [T] (ki)présel ➔ Ábra **squeeze¹** alatt. **3** [T] (ki)vasal **4** [T] magához szorít, átölel: *She pressed the photo to her chest.* **5** [I] **press across, against, around, etc. (sth)** vhová nyomul **6** [I,T] **press (sb) (for sth/to do sth)** sürget: *I pressed them to stay for dinner.* • *to press sb for an answer* • *I don't want to press the point, but you still owe me money.*
IDIOMS **be hard pressed/pushed/put to do sth** → HARD² | **be pressed for sth** szűkében van vminek: *I'm really pressed for*

time. | **bring/press charges (against sb)** → CHARGE¹
PHRASAL VERB **press ahead/forward/on (with sth)** eltökélten folytatja munkáját/útját: *They pressed on with the building work in spite of the bad weather.*

press conference *noun* [C] sajtóértekez-let, sajtótájékoztató: *to hold a press conference*

pressing /ˈpresɪŋ/ *adj.* sürgető, sürgős

press stud *noun* [C] patent(kapocs)

press-up (*US* ˈ**push-up**) *noun* [C] fekvőtámasz: *I do 50 press-ups every morning.* ➔ Ábra az A7. oldalon.

★ **pressure** /ˈpreʃə(r)/ *noun* **1** [U] nyomás: *Apply pressure to the cut and it will stop bleeding.* **2** [C,U] (gáz/folyadék)nyomás: *high/low blood pressure* magas/alacsony vérnyomás • *tyre pressure* **3** [C,U] stressz: *financial pressures* pénzügyi nehézségek • *I find it difficult to cope with pressure at work.*
IDIOMS **put pressure on sb (to do sth)** nyomást gyakorol vkire | **under pressure** **1** kényszerhelyzetben **2** stressz helyzetben: *I perform poorly under pressure.* **3** nyomás alatt (*gáz, folyadék*): *Water is forced out through the hose under pressure.*
▶ **pressure** *verb* [T] = PRESSURIZE

pressure group *noun* [C, with sing. or plural verb] érdekszövetség, lobby

pressurize (also **-ise**) /ˈpreʃəraɪz/ (also **pressure**) *verb* [T] **pressurize sb (into sth/doing sth)** kényszerít vmire

pressurized (also **-ised**) /ˈpreʃəraɪzd/ *adj.* megfelelő légnyomású

prestige /preˈsti:ʒ/ *noun* [U] tekintély: *Nursing isn't a high prestige job.*
▶ **prestigious** /preˈstɪdʒəs/ *adj.* tekintélyes, köztiszteletben álló: *a prestigious prize*

presumably /prɪˈzju:məbli/ *adv.* feltehetően

presume /prɪˈzju:m/ *verb* [T] feltételez, vélelmez
▶ **presumption** /prɪˈzʌmpʃn/ *noun* [C] feltételezés, vélelmezése vminek

presumptuous /prɪˈzʌmptʃuəs/ *adj.* elbizakodott, önhitt: *It was very presumptuous of him to say that I would help without asking me first.*

pretence (*US* **pretense**) /prɪ'tens/ *noun* [*U*, *sing.*] látszat(keltés), színlelés: *She was unable to keep up the pretence that she loved him.*

IDIOM **on/under false pretences** → FALSE

★ **pretend** /prɪ'tend/ *verb* [*I,T*] **1** úgy tesz, mintha vmit csinálna, színlel: *You can't just pretend that the problem doesn't exist.* • *Paul's not really asleep. He's just pretending.* **2** azt játssza, hogy: *The kids were under the bed pretending to be snakes.*

pretentious /prɪ'tenʃəs/ *adj.* kérkedő, hencegő

pretext /'pri:tekst/ *noun* [*C*] ürügy: *Terry left on the pretext of* (azzal az ürüggyel) *having an appointment at the dentist's.*

★ **pretty¹** /'prɪti/ *adj.* (**prettier**; **prettiest**) csinos, vonzó: *a pretty girl/smile/dress/garden/name*

> Férfiakra rendszerint nem használják. **Good-looking** használható mindenkire, és **handsome** általában férfiakra. Lásd még **beautiful**.

▶ **prettily** *adv.* csinosan
prettiness *noun* [*U*] szépség, báj

★ **pretty²** /'prɪti/ *adv.* (*informális*) meglehetősen, elég(gé): *I'm pretty certain that Alex will agree.* ➔ Magyarázat a **rather** szónál.

IDIOM **pretty much/nearly/well** nagyjából: *I've pretty well finished.*

prevail /prɪ'veɪl/ *verb* [*I*] **1** dominál, elterjedt: *In some remote areas traditional methods of farming still prevail.* **2** (*formális*) **prevail (against/over sb/sth)** diadalmaskodik: *In the end justice prevailed and the men were set free.*

prevailing /prɪ'veɪlɪŋ/ *adj.* (csak főnév előtt) uralkodó, elterjedt: *the prevailing climate of opinion* • *The prevailing wind is from the south-west.*

prevalent /'prevələnt/ *adj.* (*formális*) elterjedt, általános: *The prevalent atmosphere was one of fear.*

★ **prevent** /prɪ'vent/ *verb* [*T*] **prevent sb/sth (from) (doing sth)** (meg)akadályoz: *This accident could have been prevented.* ❶ **Prevent** hivatalosabb szó, mint **stop**.

▶ **prevention** *noun* [*U*] megelőzés: *accident/crime prevention*

preventable /prɪ'ventəbl/ *adj.* megelőzhető

preventive /prɪ'ventɪv/ (also **preventative** /prɪ'ventətɪv/) *adj.* megelőző: *preventive medicine*

preview /'pri:vju:/ *noun* [*C*] előzetes bemutató

★ **previous** /'pri:viəs/ *adj.* előző, korábbi: *Do you have previous experience of this type of work?*

▶ **previously** *adv.* előzőleg, korábban

prey¹ /preɪ/ *noun* [*U*] zsákmány, préda: *The eagle is a bird of prey* (ragadozó madár).

prey² /preɪ/ *verb*

IDIOM **prey on sb's mind** bántja vmi
PHRASAL VERB **prey on sth** zsákmányul ejt

★ **price¹** /praɪs/ *noun* **1** [*C*] ár: *What's the price of petrol now?* • *We can't afford to buy the car at that price.* • *to raise/increase/bring down/reduce/freeze prices* • *Prices rise/go up/fall/go down.*

> A **charge** szó azt a pénzösszeget jelenti, melyet valami használatáért fizetünk: *Is there a charge for parking here?* • *admission charges.* A **cost** szót használjuk, ha szolgáltatásokról vagy árakról beszélünk általában, anélkül, hogy a tényleges összeget említenénk: *The cost of electricity is going up.* • *the cost of living.* A **price** szó azt a pénzösszeget jelenti, amit egy áru megvásárlásakor fizetünk.

2 [*sing.*] áldozat: *Sleepless nights are a small price to pay for having a baby.*

IDIOM **at a price** nem akármilyen áron: *He'll help you get a job – at a price.* | **at any price** mindenáron: *Richard was determined to succeed at any price.* | **not at any price** semmi áron

price² /praɪs/ *verb* [*T*] árat megállapít, (be)áraz: *The books were all priced at between £5 and £10.*

priceless /'praɪsləs/ *adj.* megfizethetetlen: *priceless antiques* ➔ Lásd még **worthless**, **valuable**, **invaluable**.

price list *noun* [*C*] árlista

pricey /'praɪsi/ *adj.* (*informális*) borsos

prick¹ /prɪk/ *verb* [*T*] (meg)szúr

IDIOM **prick up your ears** hegyezi a fülét

prick² /prɪk/ *noun* [*C*] szúrás

prickle¹ /'prɪkl/ noun [C] tövis, tüske
➔ Lásd **spine**.

prickle² /'prɪkl/ verb [I] bizsereg, szúr: *This
shirt prickles.* • *His skin prickled with fear.*

prickly /'prɪkli/ adj. **1** tövises **2** szúrós:
That T-shirt makes my skin go all prickly.
3 (*informális*) tüskés: *Don't mention his
accident – he's a bit prickly about it.*

★ **pride¹** /praɪd/ noun **1** [U, sing.] **pride (in
sth/doing sth)** büszkeség: *I take a great
pride in my work.* Nagyon büszke a
munkájára. • *You should feel pride in your
achievement.* ❶ Melléknév: **proud**. **2** [U]
önérzet: *to hurt sb's pride* **3** [U] önhittség
4 [sing.] **the pride of sb/sth** vki/vmi
büszkesége
IDIOM **sb's pride and joy** vkinek a szeme
fénye

pride² /praɪd/ verb
PHRASAL VERB **pride yourself on sth/doing sth**
büszke vmire

★ **priest** /priːst/ noun [C] lelkész, pap
❶ Egyes vallásokban a lelkésznő **priest-
ess.**

prim /prɪm/ adj. merev, prűd
▸ **primly** adv. szemérmesen

primarily /'praɪmərəli; praɪ'merəli/ adv.
elsősorban

★ **primary¹** /'praɪməri/ adj. **1** elsődleges
2 általános iskolai: *primary school*

primary² /'praɪməri/ (also ˌprimary eˈlec-
tion) noun [C] (*plural* **primaries**) (*US*)
elnökjelölő pártgyűlés

ˌprimary ˈcolour noun [C] alapszín

prime¹ /praɪm/ adj. (*csak főnév előtt*) **1** fő:
*She is a prime candidate as the next team
captain.* **2** elsőrendű: *prime pieces of beef*
3 legjellemzőbb: *That's a prime example of
what I was talking about.*

prime² /praɪm/ noun [sing.] vmi tetőfoka:
Several of the team are past their prime (túl
vannak pályájuk csúcsán). • *In his prime,
he was a fine actor.* • *to be in the prime of
life* (erejének teljében)

prime³ /praɪm/ verb [T] **prime sb (for/with
sth)** elő-/felkészít: *The politician had been
well primed with all the facts before the
interview.*

ˌprime ˈminister noun [C] (*abbr.* **PM**)
miniszterelnök ➔ Lásd **minister**.

primitive /'prɪmətɪv/ adj. **1** primitív
2 (*csak főnév előtt*) ős-: *Primitive man lived
in caves.*

primrose /'prɪmrəʊz/ noun [C] kankalin

★ **prince** /prɪns/ noun [C] **1** királyfi, herceg
2 fejedelem (*kisebb ország uralkodója*)

★ **princess** /ˌprɪn'ses/ noun [C] **1** királykisasz-
szony **2** hercegnő

★ **principal¹** /'prɪnsəpl/ adj. (*csak főnév előtt*)
fő-, főbb
▸ **principally** /-pli/ adv. (leg)főként

principal² /'prɪnsəpl/ noun [C] igazgató
(*oktatási intézményben*)

★ **principle** /'prɪnsəpl/ noun **1** [C,U] elv: *He
doesn't eat meat on principle* (elvből). • *She
refuses to wear fur. It's a matter of principle*
(elvi kérdés) *with her.* **2** [C] alapelv: *The
system works on the principle that heat
rises.* • *The course teaches the basic prin-
ciples of car maintenance.*
IDIOM **in principle** elvben

★ **print¹** /prɪnt/ verb **1** [T] (ki)nyomtat **2** [T]
megjelentet: *The newspaper should not
have printed the photographs of the crash.*
3 [T] fényképmásolatot készít **4** [I,T] nyom-
tatott betűkkel ír **5** [T] nyomással mintáz
(*pl. szövetet*)
PHRASAL VERB **print (sth) out** kinyomtat
▸ **printing** noun [U] nyom(tat)ás, után-
nyomás

★ **print²** /prɪnt/ noun **1** [U] nyomtatott szö-
veg **2** [U] nyomdaipar: *the print workers*
3 [C] lenyomat, nyom: *The police are
searching the room for fingerprints.* • *foot-
prints in the snow* **4** [C] (le)nyomat, met-
szet **5** [C] fényképmásolat
IDIOMS **in print 1** kapható **2** megjelenik
nyomtatásban | **out of print** (minden
példány) elfogyott

printer /'prɪntə(r)/ noun [C] **1** nyomdász,
nyomda **2** nyomtató, nyom: *a laser printer*
➔ Ábra A10. oldalon.

ˈprinting press (also **press**) noun [C] nyom-
dagép

printout /'prɪntaʊt/ noun [C,U] kinyomta-
tott lap/eredmény

prior /'praɪə(r)/ adj. (*csak főnév előtt*) elő-
zetes, megelőző

★ **priority** /praɪ'ɒrəti/ noun (*plural* **priorities**)
1 [U] **priority (over sb/sth)** elsőbbség: *We*

give priority to large families. • Emergency cases *take priority* (elsőbbségük van) over other patients. **2** [c] legelső teendő: Our *top priority* (legfontosabb feladatunk) is to get food to the refugees. • I'll *make it my priority* to help you.

ᴵ**prior to** prep. (formális) vmit megelőzően

prise /praɪz/ (főleg US **prize**; also **pry**) verb [T] *prise sth off, apart, open, etc.* felfeszít

★ **prison** /'prɪzn/ noun [C,U] börtön: The terrorists were *sent to prison* (bebörtönözték). • He will be *released from prison* soon. ➔ Lásd **imprison, jail**.

> A **prison** szó előtt nem áll a határozott névelő, ha azt fejezzük ki, hogy valakit börtönbe zárnak *send sb to prison*, vagy börtönben rabként ül *be in prison*: He was sent to prison for two years. Ha valaki csak látogatást tesz a börtönben, a határozott névelőt is ki kell tenni *the prison*: The politician visited the prison and said that conditions were poor.

★ **prisoner** /'prɪznə/ noun [C] rab, fogoly: a political prisoner

ᴵ**prisoner of** ᴵ**war** noun [C] (abbr. **POW**) hadifogoly

privacy /'prɪvəsi/ noun [U] (zavartalan) egyedüllét, magánélet: The actress claimed that the photos were an *invasion of privacy* (magánélet megsértése).

★ **private**¹ /'praɪvət/ adj. **1** magán-, zártkörű: This is private property. You may not park here. • a private letter/conversation **2** magán-: He never discusses his *private life*. • a private hospital/school • a private detective ➔ Lásd **public**. **3** magán-, bizalmas: I would like a private interview (magánbeszélgetés) with the manager. • to give private English lessons **4** magának való

▸ **privately** adv. **1** bizalmasan **2** magánúton, magán-

private² /'praɪvət/ noun [C] közlegény
IDIOM *in private* bizalmasan

privatize (also **-ise**) /'praɪvətaɪz/ verb [T] privatizál ❶ Ellentéte: **nationalize**.
▸ **privatization** (also **-isation**) /ˌpraɪvətaɪ-ˈzeɪʃn/ noun [U] privatizáció

★ **privilege** /'prɪvəlɪdʒ/ noun **1** [C,U] előjog,

kiváltság: Company directors *enjoy special privileges*. **2** [sing.] kiváltság, megtiszteltetés: It was a great privilege to hear her sing.

privileged /'prɪvəlɪdʒd/ adj. kiváltságos: Only *a privileged few* may enter this room. ❶ Ellentéte: **underprivileged**.

★ **prize**¹ /praɪz/ noun [C] díj, jutalom: to win *first prize* in a competition • a prize-winning novel díjnyertes regény

prize² /praɪz/ adj. (csak főnév előtt) díjnyertes, kitűnő: a prize flower display

prize³ /praɪz/ verb [T] **1** nagyra tart/értékel: my most prized possessions **2** (főleg US) = PRISE

pro /prəʊ/ noun [C] (plural **pros**) (informális) profi: a golf pro ❶ Szinonimája: **professional**.
IDIOM *the pros and cons* mellette és ellene szóló érvek

probability /ˌprɒbəˈbɪləti/ noun (plural **probabilities**) **1** [U, sing.] valószínűség: There is little probability of success. **2** [C] eshetőség: Closure of the factory now seems a probability. A gyár bezárása most valószínűnek látszik.

★ **probable** /'prɒbəbl/ adj. valószínű ❶ Ellentéte: **improbable**. ➔ Lásd **possible**.

> A **probable** és a **likely** szavak jelentése azonos, de használatuk eltérő: It's *probable that* he will be late. • He is *likely to* be late. A **probable** főnévi igenévvel nem használható.

probably /'prɒbəbli/ adv. valószínűleg
probation /prəˈbeɪʃn/ noun [U] **1** feltételes szabadlábra helyezés: Jamie is *on probation* for two years. • a probation officer feltételesen szabadlábra helyezetteket gondozó tiszt **2** próbaidő: a six-month probation period

probe¹ /prəʊb/ verb [I,T] **1** *probe (into sth)* puhatolódzik, kérdezősködik **2** szondáz (sebet), megvizsgál
▸ **probing** adj. fürkésző: to ask probing questions

probe² /prəʊb/ noun [C] **1** kérdezősködés, vizsgálat: a police probe into tax evasion **2** (orv) szonda

★ **problem** /'prɒbləm/ noun [C] **1** gond, probléma: social/family/financial/tech-

problematic 510

nical problems • We must **solve the problem.** • *The company will* **face problems** (problémákkal kerül szembe) *if sales do not improve.* • *His attitude is going to* **cause problems.** • *I've got* **a problem with** *my knee.* • *'Can you fix this for me?' '***No problem.***'* • *It's a great book – ***the problem is*** (csak az a baj) *it's too long.* **2** példa, feladat: *a maths problem* matematikai feladvány

problematic /ˌprɒbləˈmætɪk/ (also **problematical** /-ɪkl/) *adj.* problémás
❶ Ellentéte: **unproblematic.**

*procedure /prəˈsiːdʒə(r)/ *noun* [C,U] eljárás: *What's the procedure for making a complaint?*

*proceed /prəˈsiːd/ *verb* [I] **1** *(formális)* folytat(ódik), halad **2** *(formális)* **proceed (with sth/to do sth)** hozzáfog, belekezd

proceedings /prəˈsiːdɪŋz/ *noun* [plural] **1** **proceedings (against sb/for sth)** bírósági eljárás: *to start divorce proceedings* **2** lefolyás *(pl. értekezleté, gyűlésé)*

proceeds /ˈprəʊsiːdz/ *noun* [plural] **proceeds (of/from sth)** (eladásból származó) bevétel

*process¹ /ˈprəʊses/ *noun* [C] **1** eljárás **2** folyamat: *the learning process*
IDIOM **in the process (of sth/doing sth)** (vmi) közben: *We washed the dog yesterday and we all got very wet in the process.* • *They are in the process of moving house.*

process² /ˈprəʊses/ *verb* [T] **1** feldolgoz, tartósít: *processed cheese* ömlesztett sajt • *I sent two rolls of film away to be processed.* • *a sewage processing plant* **2** feldolgoz *(adatokat)*: *It will take a week to process* (elbírálni) *your application.*

procession /prəˈseʃn/ *noun* [C,U] felvonulás, (kör)menet: *to walk in procession* • *a funeral procession*

processor /ˈprəʊsesə(r)/ *noun* [C] processzor: *a food processor* háztartási robotgép • *a word processor* szövegszerkesztő

proclaim /prəˈkleɪm/ *verb* [T] (írott nyelv) kihirdet: *The day was proclaimed a national holiday.*
▶ **proclamation** /ˌprɒkləˈmeɪʃn/ *noun* [C,U] kihirdetés, kiáltvány: *to make a proclamation of war* (hadüzenet)

procure /prəˈkjʊə(r)/ *verb* [T] (írott nyelv) **procure sth (for sb)** (meg)szerez

prod /prɒd/ *verb* [I,T] (**prodding; prodded**) döfköd, piszkál, nógat: *She prodded him in the ribs.* • *(átv) Ruth works quite hard but she does need prodding at times.* ➲ Ábra az A6. oldalon.
▶ **prod** *noun* [C] döfködés, piszkálás: *to give the fire a prod with a stick*
prodding *noun* [U] nógatás

prodigious /prəˈdɪdʒəs/ *adj.* töméntelen, bámulatos

prodigy /ˈprɒdədʒi/ *noun* [C] (*plural* **prodigies**) rendkívüli tehetség: *Mozart was* **a child prodigy** (csodagyerek). ➲ Lásd **genius.**

*produce¹ /prəˈdjuːs/ *verb* [T] **1** gyárt **❶** Szinonimája: **manufacture. 2** terem, termel: *This region produces most of the country's wheat.* • *(átv) He's the greatest athlete this country has produced.* Ő az ország legkiválóbb atlétája. **3** alkot, készít **4** előidéz, okoz **5** (be/fel)mutat: *to produce evidence in court* **6** színre visz

produce² /ˈprɒdjuːs/ *noun* [U] (*mezőgazdasági*) termény: *fresh farm produce*
➲ Magyarázat a **production** szónál.

producer /prəˈdjuːsə(r)/ *noun* [C] **1** termelő: *Brazil is a major coffee producer.* **2** producer ➲ Vesd össze **director. 3** gyártásvezető

*product /ˈprɒdʌkt/ *noun* [C] **1** termék: *dairy/meat/software products* • *the waste products of the car industry* ➲ Magyarázat a **production** szónál. **2** product of sth eredmény, következmény

*production /prəˈdʌkʃn/ *noun* **1** [U] termelés, gyártás: *The latest model will be in production from April.* • *mass production* tömeggyártás **2** [U] termelés: *a rise/fall in production* **3** [C] előadás, produkció

A **produce** főnév mezőgazdasági terményt, a **product** gyári terméket, a **production** szó pedig színdarab, film stb. előállítását jelenti: *The label on the bottle says 'Produce of Italy'.* • *The company's main products are plastic toys.* • *the Bolshoi Ballet's production of Swan Lake.*

IDIOM **on production of sth** vmi felmutatásakor: *You can get a ten per cent discount on production of your membership card.*

productive /prəˈdʌktɪv/ *adj.* **1** termelé-

❶ = magyarázat [C] megszámlálható (*főnév*): *one book, two books*

[U] megszámlálhatatlan (*főnév*): *some sugar*

keny **2** eredményes: *a productive discussion*

▶ **productivity** /ˌprɒdʌkˈtɪvəti/ *noun* [U] termelékenység

profess /prəˈfes/ *verb* [I,T] (*formális*) **1** állít: *Marianne professed to know nothing about the crime.* **2** vall (*nézetet, hitet stb.*)

★ **profession** /prəˈfeʃn/ *noun* [C] **1** (*felsőfokú végzettséghez kötött*) foglalkozás: *to enter the medical/legal/teaching profession* ➔ Magyarázat a **work¹** szónál. **2** (the... profession) [*with sing. or plural verb*] a szakmabeliek

IDIOM **by profession** foglalkozására nézve: *Tim is a lawyer by profession.*

★ **professional¹** /prəˈfeʃənl/ *adj.* **1** (*csak főnév előtt*) szakértői, szak-: *You should get professional advice from your lawyer.* **2** szakszerű: *Her CV looked very professional.* ❶ Ellentéte: **unprofessional**. **3** profi, hivatásos: *He's planning to* **turn professional** *after the Olympics.* • *professional football* ❶ Ellentéte: **amateur**.

★ **professional²** /prəˈfeʃənl/ *noun* [C] **1** értelmiségi, szakember **2** (*informális* pro) professzionista (*sportoló stb.*) **3** (*informális* pro) szakértő vmiben

professionalism /prəˈfeʃənəlɪzəm/ *noun* [U] szakszerűség

professionally /prəˈfeʃənəli/ *adv.* **1** szakmailag **2** hivatásszerűen

★ **professor** /prəˈfesə(r)/ *noun* [C] (*abbr.* Prof.) **1** (*egyetemi*) professzor: *She's a professor of English at York University.* **2** (US) tanár (*egyetemen, főiskolán*)

proficient /prəˈfɪʃnt/ *adj.* proficient (in/at sth/doing sth) jártas vmiben: *We are looking for someone who is proficient in French.* Valaki olyat keresünk, aki jól tud franciául.

▶ **proficiency** *noun* [U] **proficiency (in sth/doing sth)** jártasság, szakértelem: *a certificate of proficiency in English* (felsőfokú) angol nyelvvizsga

profile /ˈprəʊfaɪl/ *noun* [C] **1** profil: *I did a sketch of him* **in profile** (profilból). **2** leírás vmiről: *We're building up a profile of our average customer.*

IDIOM **have a high/low profile** (szándékosan) felhívja a figyelmet magára/kerüli a feltűnést: *I don't know much*

about the subject – *I'm going to keep a low profile at the meeting.*

★ **profit¹** /ˈprɒfɪt/ *noun* [C,U] profit, haszon, nyereség: *Did you* **make a profit** *on your house when you sold it?* • *I hope to sell my shares* **at a profit** (nyereséggel). ➔ Lásd **loss**.

profit² /ˈprɒfɪt/ *verb* [I,T] (*formális*) profit (from/by sth) hasznot hajt, előnyére szolgál

profitable /ˈprɒfɪtəbl/ *adj.* **1** jól jövedelmező: *a profitable business* **2** hasznos
▶ **profitably** *adv.* hasznosan, nyereségesen
profitability /ˌprɒfɪtəˈbɪləti/ *noun* [U] jövedelmezőség

profound /prəˈfaʊnd/ *adj.* **1** mély(séges): *to have a profound influence/effect on sb* **2** mélyreható, alapos
▶ **profoundly** *adv.* mély(séges)en

profuse /prəˈfjuːs/ *adj.* (*formális*) bőséges, hosszas: *profuse apologies*
▶ **profusely** *adv.* bőségesen, hosszasan

★ **program¹** /ˈprəʊɡræm/ *noun* [C] **1** (*infor*) program: *to write a program*

> Mind az amerikai, mind a brit angolban a komputerprogram helyesírása **program**. A szó minden más jelentésének helyesírása a brit angolban **programme**, az amerikaiban pedig **program**.

2 (US) = **PROGRAMME¹**

★ **program²** /ˈprəʊɡræm/ *verb* [T] (**programming; programmed**) (*infor*) programoz

★ **programme¹** (US program) /ˈprəʊɡræm/ *noun* [C] **1** tévé/rádióműsor: *a TV/radio programme on elephants* **2** hivatalos program: *What's (on) your programme today?*

> Ha saját programunkról beszélünk, pl. „Hétfőn jó programunk volt", nem használjuk a **programme** szót. Helyette: *We had a good time at Dan's place.* vagy: *We enjoyed ourselves at the party.*

3 műsor(füzet)

programme² /ˈprəʊɡræm/ (US program) *verb* [T] (**programming; programmed**; US also **programing; programed**) **1** vmikorra tervez vmit **2** (be)programoz

programmer /'prəʊgræmə(r)/ *noun* [c] programozó

★ **progress¹** /'prəʊgres/ *noun* [U] haladás, fejlődés: *Anna's making progress* (jól halad) *at school.* • *to make slow/steady/ rapid/good progress* • *a progress report* • *scientific progress*

IDIOM in progress folyamatban

progress² /prə'gres/ *verb* [I] **1** javul, halad, fejlődik **2** halad, múlik: *I got more and more tired as the day progressed.*

progression /prə'greʃn/ *noun* [c,U] (a) progression (from sth) (to sth) (előre)haladás

progressive /prə'gresɪv/ *adj.* **1** haladó, modern: *a progressive school* **2** folyamatos

progressively /prə'gresɪvli/ *adv.* folyamatosan: *The situation became progressively worse.*

the pro,gressive 'tense *noun* [sing.] folyamatos igeidő: *In the sentence 'It was raining' the verb is in the past progressive (tense).* ◆ Lásd a *Rövid nyelvtani összefoglalást.*

prohibit /prə'hɪbɪt/ *verb* [T] (*formális*) prohibit sb/sth (from doing sth) (törvény, szabály) (meg)tilt

prohibition /ˌprəʊɪ'bɪʃn/ *noun* [c,U] a prohibition (of/on/against sth) tilalom, (el/ meg)tiltás

prohibitive /prə'hɪbətɪv/ *adj.* (megfizethetetlenül) drága: *prohibitive house prices* ▶ **prohibitively** *adv.* (megfizethetetlenül) drágán

★ **project¹** /'prɒdʒekt/ *noun* [c] **1** terv(ezet), projekt **2** (*feldolgozandó*) téma: *to do a project on rainforests*

project² /prə'dʒekt/ *verb* **1** [T] (*ált. szenvedő szerkezetben*) tervez, tervbe vesz: *a projected increase of 10%* **2** [T] project sth (on/onto sth) vetít **3** [T] (be)mutat vkit/vmit vhogyan: *The government is trying to project a more caring image.* **4** [I] (*formális*) kiáll, (ki)nyúlik vmi fölé **5** [T] (ki)lök, (el)hajít, sugároz: *Actors have to learn to project their voice.* A színészeknek meg kell tanulniuk hangosan és tisztán beszélni.

projection /prə'dʒekʃn/ *noun* **1** [c] tervezés: *sales projections for next year* **2** [U] vetítés

projector /prə'dʒektə(r)/ *noun* [c] vetítő: *a film/a slide/an overhead projector* film-/ dia-/írásvetítő

proliferate /prə'lɪfəreɪt/ *verb* [I] (*formális*) burjánzik, elszaporodik ▶ **proliferation** /prəˌlɪfə'reɪʃn/ *noun* [U] burjánzás, elterjedés

prolific /prə'lɪfɪk/ *adj.* termékeny (*átv*): *a prolific goalscorer*

prologue /'prəʊlɒg/ *noun* [c] bevezető, előszó ◆ Lásd **epilogue**.

prolong /prə'lɒŋ/ *verb* [T] meghosszabbít

prolonged /prə'lɒŋd/ *adj.* hosszan tartó, hosszú: *a prolonged silence*

prom /prɒm/ *noun* [c] **1** = PROMENADE **2** (*US*) diákbál **3** (*brit, informális*) (also ˌpromenade 'concert) hangverseny, amelyet nagyrészt állva vagy a padlón ülve hallgatnak

promenade /ˌprɒmə'nɑːd/ (also **prom**) *noun* [c] tengerparti sétány

prominent /'prɒmɪnənt/ *adj.* **1** híres, kiemelkedő: *a prominent political figure* **2** kimagasló: *a prominent feature of the landscape* ▶ **prominence** *noun* [U] **1** fontosság: *The newspaper gave the affair great prominence.* **2** előtér (*átv*), szembetűnőség ▶ **prominently** *adv.* szembetűnően

promiscuous /prə'mɪskjuəs/ *adj.* (szexuálisan) kicsapongó ▶ **promiscuity** /ˌprɒmɪ'skjuːəti/ *noun* [U] szexuális kicsapongás

★ **promise¹** /'prɒmɪs/ *verb* **1** [I,T] promise (to do sth); promise (sb) that... (meg)ígér: *She promised not to forget to write.* **2** [T] promise sth (to sb); promise sb sth (oda)ígér **3** [T] vminek ígérkezik: *It promises to be an exciting occasion.*

★ **promise²** /'prɒmɪs/ *noun* **1** [c] a promise (to do sth/that...) ígéret: *You must make a promise that you won't do it again.* • *Make sure you keep your promise* (állja a szavát) *to always do your homework.* • *You should never break a promise* (megszegi az ígéretét). • *I give you my promise that I won't tell anyone.* **2** [U] ígéret, (nagy) remények: *He showed great promise as a musician.*

promising /'prɒmɪsɪŋ/ *adj.* ígéretes: *a promising young player*

promote /prə'məʊt/ *verb* [T] **1** elősegít, támogat **2 promote sth (as sth)** reklámoz **3 promote sb (from sth) (to sth)** (*gyakran szenvedő szerkezetben*) előléptet

promoter /prə'məʊtə(r)/ *noun* [C] támogató, szervező

★ **promotion** /prə'məʊʃn/ *noun* **1** [C,U] promotion (to sth) előléptetés **2** [U, C] reklám(ozás) **3** [U] (*formális*) promotion (of sth) elősegítés

★ **prompt¹** /prɒmpt/ *adj.* **1** azonnali: *prompt action/payment* **2 prompt (in doing sth/to do sth)** (*főnév előtt nem állhat*) gyorsan, habozás nélkül (*cselekszik*)

prompt² /prɒmpt/ *verb* **1** [T] késztet, sugalmaz: *What prompted you to give up your job?* **2** [I,T] buzdít, súg
► **prompting** *noun* [U] buzdítás

prompt³ /prɒmpt/ *noun* [C] **1** súgás **2** (*infor*) prompt

promptly /'prɒmptli/ *adv.* **1** nyomban **2** (also **prompt**) pontosan: *We arrived promptly at 12 o'clock.* • *I'll pick you up at 7 o'clock prompt.*

prone /prəʊn/ *adj.* prone to sth/to do sth hajlamos vmire: *prone to infection/ injury/error* • *to be **accident-prone*** vonzza a baleseteket

prong /prɒŋ/ *noun* [C] **1** villafog **2** él (*átv is*) **3** (-pronged) (*összetett melléknevekben*) -ágú: *a three-pronged attack*

pronoun /'prəʊnaʊn/ *noun* [C] névmás
➔ Lásd még **personal pronoun**.

★ **pronounce** /prə'naʊns/ *verb* **1** [T] kiejt (*hangot, szót*) ❶ Főnév: **pronunciation**. **2** [T] (*formális*) kimond, (ki)hirdet: *The judge will pronounce sentence today.* **3** [I,T] (*formális*) **pronounce on/upon sth** kijelent, (ki)nyilvánít: *He feels able to pronounce on all kinds of subjects.*

pronounced /prə'naʊnst/ *adj.* erős, markáns: *He walks with a pronounced limp.*

★ **pronunciation** /prə,nʌnsi'eɪʃn/ *noun* [U, C] kiejtés ❶ Ige: **pronounce**.

★ **proof** /pruːf/ *noun* **1** [U] proof (of sth); proof that... bizonyíték: *to carry proof of identity* (személyazonosság igazolása) ❶ Ige: **prove**. **2** [C, *usually plural*] kefelenyomat

-proof /pruːf/ *adj.* (*összetett melléknevekben*) -álló (*vmi ellen védő*): *a soundproof room* hangszigetelt szoba • *a waterproof/ windproof jacket* vízhatlan/széldzseki • *bulletproof glass* golyóálló üveg

prop¹ /prɒp/ *verb* [T] (**propping; propped**) (meg/neki/ki)támaszt: *I'll use this book to prop the window open.*

PHRASAL VERB **prop sth up** aládúcol

prop² /prɒp/ *noun* [C] **1** támasz(ték) **2** (*usually plural*) (*szính*) kellék: *stage props*

propaganda /,prɒpə'gændə/ *noun* [U] propaganda (*elítélő*): *political propaganda* ➔ Vesd össze **publicity**, mely semleges.

propel /prə'pel/ *verb* [T] (**propelling; propelled**) (előre)hajt

propeller /prə'pelə(r)/ *noun* [C] propeller

★ **proper** /'prɒpə(r)/ *adj.* **1** (*főleg brit, csak főnév előtt*) megfelelő: *If you're going skiing you must have the proper clothes.* **2** (*csak főnév előtt*) alapos(abb), kellő: *I'm seeing the flat again today to have a proper look.* **3** (*formális*) helyénvaló, illendő: *I think it would be only proper for you to apologize.* ❶ Ellentéte: **improper**. **4** (*csak főnév után*) tulajdonképpeni: *There were miles of suburbs before we got to the city proper.*

properly /'prɒpəli/ *adv.* **1** (*főleg brit*) rendesen, megfelelően: *These shoes don't fit properly.* **2** illedelmesen: *If you two children can't behave properly then we'll have to go home.* ❶ Ellentéte: **improperly**.

proper 'name (also ,proper 'noun) *noun* [C] tulajdonnév

★ **property** /'prɒpəti/ *noun* (*plural* **properties**) **1** [U] tulajdon, vki holmija: *The sack contained stolen property.* • *Is this bag your property?* ➔ Lásd **lost property**. **2** [U] ingatlan: *property prices* **3** [C] birtok: *There are a lot of empty properties in the area.* Sok az üres ház a környéken. **4** [C, *usually plural*] (*formális*) tulajdonság, sajátosság: *healing properties*

prophecy /'prɒfəsi/ *noun* [C] (*plural* **prophecies**) jóslat: *to fulfil a prophecy* (jóslatot beteljesít)

prophesy /'prɒfəsaɪ/ *verb* [T] (*pres. part.* **prophesying**; *3rd pers. sing. pres.* **prophesies**; *pt, pp* **prophesied**) (meg)jósol: *to prophesy disaster/war*

ʌ **cup** | ɜː **fur** | ə **ago** | eɪ **pay** | əʊ **home** | aɪ **five** | aʊ **now** | ɔɪ **join** | ɪə **near** | eə **hair** | ʊə **pure**

prophet /'prɒfɪt/ *noun* [C] **1** (also Prophet) próféta **2** látnok

▶ **prophetic** /prə'fetɪk/ *adj.* látnoki

★ proportion /prə'pɔːʃn/ *noun* **1** [C] rész, hányad: *a large/great/high/low proportion of sth* **2** [U] **proportion (of sth to sth)** arány **3** (**proportions**) [*plural*] arányok, méretek: *a room of odd proportions* furcsa alakú/méretű szoba • *Political unrest is reaching alarming proportions.*

IDIOMS be out of proportion (to sth) nem áll arányban vmivel | in proportion arányosan: *It's hard for her to keep the problem in proportion* (reálisan megítélni). | in proportion to sth **1** vmi arányában **2** vmihez viszonyítva: *In proportion to student numbers as a whole, there are very few women.*

proportional /prə'pɔːʃənl/ *adj.* proportional (to sth) arányos

pro,portional ,represen'tation *noun* [U] (*abbr.* PR) (*pol*) arányos képviselet ➜ Lásd representation.

★ proposal /prə'pəʊzl/ *noun* [C] **1 a proposal (for/to do sth); a proposal that...** javaslat, ajánlat: *a new proposal for raising money* • *a proposal to build more houses* • *May I make a proposal?* **2** leánykérés

★ propose /prə'pəʊz/ *verb* **1** [T] javasol **2** [T] tervez (*tenni vmit*) **3** [I,T] **propose (to sb)** megkéri vki kezét: *to propose marriage* **4** [T] **propose sb for/as sth** ajánl (*jelöltet*)

proposition /,prɒpə'zɪʃn/ *noun* [C] **1** indítvány, ajánlat: *A month's holiday is an attractive proposition.* **2** állítás

proprietor /prə'praɪətə(r)/ *noun* [C] (*fem.* **proprietress** /prə'praɪətres/) tulajdonos

prose /prəʊz/ *noun* [U] próza: *to write in prose* ➜ Vesd össze poetry.

prosecute /'prɒsɪkjuːt/ *verb* [I,T] **prosecute sb (for sth)** vádat emel: *the prosecuting counsel/lawyer/attorney* ➜ Lásd defend.

prosecution /,prɒsɪ'kjuːʃn/ *noun* **1** [U, C] bűnvádi eljárás: *to bring a prosecution against sb* vádat emel vki ellen **2** (**the prosecution**) [*sing.*, *with sing. or plural verb*] a vád képviselője ➜ Lásd defence.

prospect /'prɒspekt/ *noun* **1** [U, *sing.*] prospect (of sth/of doing sth) remény, kilátás: *There's little prospect of good weather this week.* **2** [*sing.*] **prospect (of sth/of doing** sth) lehetőség, kilátás, kilátás **3** (**prospects**) [*plural*] kilátás, perspektíva: *good job/career/promotion prospects*

prospective /prə'spektɪv/ *adj.* várható: *a prospective buyer/employer*

prospectus /prə'spektəs/ *noun* [C] prospektus

prosper /'prɒspə(r)/ *verb* [I] virágzik (*főleg anyagilag*)

prosperity /prɒ'sperəti/ *noun* [U] jólét, fellendülés

prosperous /'prɒspərəs/ *adj.* virágzó, jómódú

prostitute /'prɒstɪtjuːt/ *noun* [C] prostituált

prostitution /,prɒstɪ'tjuːʃn/ *noun* [U] prostitúció

prostrate /prɒ'streɪt/ *adj.* arcra borult

★ protect /prə'tekt/ *verb* [T] **protect sb/sth (against/from sth)** megvéd/-óv: *Bats are a protected species* (védett faj).

★ protection /prə'tekʃn/ *noun* [U] **protection (against/from sth)** védelem, védettség: *After the attack he was put under police protection.*

protective /prə'tektɪv/ *adj.* **1** (*csak főnév előtt*) védő-: *protective clothing* **2** protective (of/towards sb/sth) óvó, védelmező

protector /prə'tektə(r)/ *noun* [C] védelmező

protein /'prəʊtiːn/ *noun* [C,U] fehérje

★ protest¹ /'prəʊtest/ *noun* [U, C] protest (against sth) tiltakozás, ellenkezés: *He resigned in protest* (tiltakozásul) *against the decision.*

IDIOM under protest vonakodva: *Fiona paid in the end, but only under protest* (kényszerből).

★ protest² /prə'test/ *verb* **1** [I] protest (about/against/at sth) tiltakozik: *Students have been protesting against the government's decision.*

> Az amerikai angolban a **protest** ige után nem áll elöljáró: *They protested the government's handling of the situation.*

2 [T] leghatározottabban állít, hangoztat: *She has always protested her innocence.*

▶ **protester** *noun* [C] tiltakozó

★ **Protestant** /'prɒtɪstənt/ *noun* [C] *adj.* protestáns ➔ Lásd **Roman Catholic**.

prototype /'prəʊtətaɪp/ *noun* [C] prototípus

protrude /prə'truːd/ *verb* [I] protrude (from sth) kiáll/-dudorodik: *protruding eyes/teeth*

★ **proud** /praʊd/ *adj.* **1** proud (of sb/sth); proud to do sth/that... büszke **2** öntelt **3** büszke, önérzetes: *He was too proud to ask for help.* ❶ Főnév: **pride**.
▶ **proudly** *adv.* büszkén

★ **prove** /pruːv/ *verb* (*pp* proved; *US* proven) **1** [T] prove sth (to sb) (be)bizonyít: *He felt he needed to prove a point* (az igazát bizonyítani). ❶ Főnév: **proof**. **2** *linking verb* [I] vmilyennek bizonyul: *The job proved harder than we'd expected.* **3** [T] prove yourself (to sb) igazolja önmagát

proven /'pruːvn; 'pruːvn/ *adj.* (be)bizonyított: *a proven fact/track record*

proverb /'prɒvɜːb/ *noun* [C] közmondás ➔ Lásd saying.

★ **provide** /prə'vaɪd/ *verb* [T] provide sb (with sth); provide sth (for sb) ellát, biztosít vmit vki számára ❶ Főnév: **provision**.
PHRASAL VERBS provide for sb ellát, gondoskodik vkiről: *Robin has four children to provide for.* Robinnak négy gyerekről kell gondoskodnia. | **provide for sth** felkészül vmire

★ **provided** /prə'vaɪdɪd/ (*also* **providing**) *conj.* provided/providing (that) feltéve, hogy, (csak) abban az esetben, ha: *She agreed to work abroad provided (that) her family could go with her.*

★ **province** /'prɒvɪns/ *noun* **1** [C] tartomány ➔ Vesd össze **county**, **state**. **2** (the provinces) [*plural*] (*brit*) a vidék

provincial /prə'vɪnʃl/ *adj.* **1** (*csak főnév előtt*) tartományi: *provincial governments/elections* **2** vidéki: *a provincial town/newspaper* **3** szűk látókörű, régimódi, provinciális: *provincial attitudes*

★ **provision** /prə'vɪʒn/ *noun* **1** [U] biztosítás, gondoskodás **2** [U] provision for sb/sth intézkedés: *She made provision for* (gondoskodott) *the children in the event of her death.* **3** (provisions) [*plural*] (*formális*) ellátmány ❶ Ige: **provide**.

provisional /prə'vɪʒənl/ *adj.* ideiglenes,

átmeneti: *The provisional date for the next meeting is 18 May.* • *a provisional driving licence* ideiglenes jogosítvány
▶ **provisionally** /-nəli/ *adv.* ideiglenesen

provocation /ˌprɒvə'keɪʃn/ *noun* [U, C] provokáció, (fel)bosszantás: *You should never hit children, even under extreme provocation* (erős felindulásban). ❶ Ige: provoke.

provocative /prə'vɒkətɪv/ *adj.* **1** (fel)ingerlő: *to make a provocative remark* **2** kihívó
▶ **provocatively** *adv.* **1** (fel)ingerlően **2** kihívóan

provoke /prə'vəʊk/ *verb* [T] **1** kivált (*pl. vmilyen érzelmet*), ingerel: *an article intended to provoke discussion* **2** provoke sb (into sth/into doing sth) provokál ❶ Főnév: **provocation**.

prow /praʊ/ *noun* [C] hajóorr ❶ Ellentéte: stern.

prowess /'praʊəs/ *noun* [U] (*formális*) ügyesség, vitézség: *academic/sporting prowess*

prowl¹ /praʊl/ *verb* [I,T] prowl (about/around) lopakodik, ólálkodik: *I could hear someone prowling around outside so I called the police.*
▶ **prowler** *noun* [C] csavargó

★ **prowl²** *noun*
IDIOM be/go on the prowl lesben áll/zsákmány után jár: *There was a fox on the prowl near the hens.*

proximity /prɒk'sɪməti/ *noun* [U] (*formális*) proximity (of sb/sth) (to sb/sth) közelség

proxy /'prɒksi/ *noun* [U] meghatalmazás: *to vote by proxy* (megbízásból)

prude /pruːd/ *noun* [C] szemérmes ember
▶ **prudish** *adj.* prűd, szemérmes

prudent /'pruːdnt/ *adj.* (*formális*) előivigyázatos, körültekintő ❶ Ellentéte: imprudent.
▶ **prudence** *noun* [U] elővigyázatosság
prudently *adv.* körültekintően

prune¹ /pruːn/ *noun* [C] aszalt szilva

prune² /pruːn/ *verb* [T] megmetsz, nyes(eget)

pry /praɪ/ *verb* (*pres. part.* prying; *3rd pers. sing. pres.* pries; *pt, pp* pried) **1** [I] pry (into

sth) kíváncsiskodik, szimatol (*átv*): *I'm sick of you prying into my affairs.* **2** [T] (*főleg US*) = PRISE

PS (also **ps**) /ˌpiːˈes/ *abbr.* (**postscript** *rövidítése*) Ui., utóirat: *Love Tessa. PS I'll bring the car.*

pseudonym /ˈsuːdənɪm; ˈsjuː-/ *noun* [C] (írói) álnév

psych /saɪk/ *verb*
PHRASAL VERB **psych yourself up** (*informális*) lelkileg felkészül

psyche /ˈsaɪki/ *noun* [C] (*formális*) lélek, szellem: *the human/female/national psyche*

psychedelic /ˌsaɪkəˈdelɪk/ *adj.* káprázatos, bizarr, pszichedelikus: *psychedelic rock*

psychiatrist /saɪˈkaɪətrɪst/ *noun* [C] pszichiáter

psychiatry /saɪˈkaɪətri/ *noun* [U] pszichiátria ➔ Vesd össze **psychology**.
▸ **psychiatric** /ˌsaɪkiˈætrɪk/ *adj.* pszichiátriai: *a psychiatric hospital/unit/nurse*

psychic /ˈsaɪkɪk/ *adj.* okkult

psychoanalysis /ˌsaɪkəʊəˈnæləsɪs/ (also **analysis**) *noun* [U] pszichoanalízis
▸ **psychoanalyse** (*US* **-lyze**) /ˌsaɪkəʊˈænəlaɪz/ *verb* [T] lélekelemzést végez

psychoanalyst /ˌsaɪkəʊˈænəlɪst/ *noun* [C] pszichoanalitikus

psychological /ˌsaɪkəˈlɒdʒɪkl/ *adj.* **1** pszichés **2** pszichológiai
▸ **psychologically** /-kli/ *adv.* lélektanilag

psychologist /saɪˈkɒlədʒɪst/ *noun* [C] pszichológus

psychology /saɪˈkɒlədʒi/ *noun* **1** [U] pszichológia: *child psychology* ➔ Vesd össze **psychiatry. 2** [*sing.*] gondolkodásmód

psychometric /ˌsaɪkəˈmetrɪk/ *adj.* (*csak főnév előtt*) pszichometrikus (*szellemi képességeket mérő*): *psychometric testing*

psychopath /ˈsaɪkəpæθ/ (*beszélt nyelv* **psycho**) *noun* [C] pszichopata

psychosis /saɪˈkəʊsɪs/ *noun* [C,U] (*plural* **psychoses** /-siːz/) (*orv*) elmebetegség
▸ **psychotic** /saɪˈkɒtɪk/ *adj., noun* [C] elmebeteg: *a psychotic patient/illness*

psychotherapy /ˌsaɪkəʊˈθerəpi/ *noun* [U] pszichoterápia

pt (*plural* **pts**) *abbr.* **1** (**pint** *rövidítése*) pint

(*GB 0,57 l; US 0,47 l*) **2** (**point** *rövidítése*) pont

PTO (also **pto**) /ˌpiːtiːˈəʊ/ *abbr.* (**please turn over** *rövidítése*) Fordíts! (*lap alján*)

★ **pub** /pʌb/ (*formális* ˌpublic ˈhouse) *noun* [C] (*brit*) söröző, kocsma

puberty /ˈpjuːbəti/ *noun* [U] serdülőkor: *to reach puberty*

pubic /ˈpjuːbɪk/ *adj.* ágyéki: *pubic hair* fanszőr

★ **public¹** /ˈpʌblɪk/ *adj.* **1** (*csak főnév előtt*) köz-, általános: *Public opinion was against the war.* ● *public support for a referendum* **2** köz-, nyilvános: *a public library/telephone* ● *public spending* (közkiadások) **3** nyilvános: *We're going to make the news public* (közzétenni). ➔ Lásd **private**.
▸ **publicly** /-kli/ *adv.* nyilvánosan
IDIOMS **be common/public knowledge** → KNOWLEDGE | **go public 1** nyilvánosságra hoz: *The sacked employee went public with his stories of corruption.* **2** (*gazd*) tőzsdére megy | **in the public eye** a nyilvánosság előtt

★ **public²** /ˈpʌblɪk/ *noun* [*sing., with sing. or plural verb*] **1** (**the public**) a nyilvánosság, az emberek: *The university swimming pool is also open to the public.* ● *members of the public* ● *The public is/are generally in favour of the new law.* **2** közönség: *the travelling public*
IDIOM **in public** nyilvánosan

publican /ˈpʌblɪkən/ *noun* [C] kocsmáros

★ **publication** /ˌpʌblɪˈkeɪʃn/ *noun* **1** [U] kiadás **2** [C] kiadvány **3** [U] közzététel

ˌpublic ˈcompany (also ˌpublic ˌlimited ˈcompany) *noun* [C] (*brit*) (*abbr.* **plc**) részvénytársaság

ˌpublic conˈvenience *noun* [C] (*brit*) nyilvános vécé

ˌpublic ˈhouse (*formális*) = PUB

publicity /pʌbˈlɪsəti/ *noun* [U] **1** közfigyelem, nyilvánosság: *to seek/avoid publicity* **2** hírverés: *There has been a lot of publicity for the film.*

publicize (also **-ise**) /ˈpʌblɪsaɪz/ *verb* [T] reklámoz: *The event has been well publicized.*

ˌpublic reˈlations *noun* (*abbr.* **PR**) **1** [*plural*] közönségkapcsolatok **2** [U] kapcsolatteremtés: *a Public Relations Officer*

ₗ**public** ˈ**school** *noun* [*C*] **1** (*ált. bentlakásos*) magán középiskola (*Nagy-Britanniában, különösen Angliában*) **2** állami iskola (*pl. az Egyesült Államokban, Ausztráliában, Skóciában*)

ₗ**public-**ˈ**spirited** *adj.* közösségi szellemű

ₗ**public** ˈ**transport** *noun* [*U*] tömegközlekedés: *to travel by/on public transport*

★ **publish** /ˈpʌblɪʃ/ *verb* **1** [*T*] kiad, megjelentet **2** [*T*] publikál: *Dr Wreth has published several articles on the subject.* **3** [*T*] nyilvánosságra hoz: *Large companies must publish their accounts every year.*

publisher /ˈpʌblɪʃə(r)/ *noun* [*C*] kiadó (vállalat)

publishing /ˈpʌblɪʃɪŋ/ *noun* [*U*] (könyv)kiadás

★ **pudding** /ˈpʊdɪŋ/ *noun* [*C,U*] (*brit*) **1** desszert, édesség: *What's for pudding today?* ❶ Formálisabb szó: **dessert**. ➲ Lásd **sweet**. **2** édes felfújt: *rice pudding*

puddle /ˈpʌdl/ *noun* [*C*] pocsolya ➲ Magyarázat a **pond** szónál.

puff¹ /pʌf/ *verb* **1** [*I,T*] (ki)fúj (*füstöt stb.*) **2** [*I,T*] pöfékel (*cigarettával stb.*): *to puff on a cigarette* **3** [*I*] liheg: *He was puffing hard as he ran up the hill.* **4** [*I*] puff along, in, out, up, etc. végigpöfög vhol: *The train puffed into the station.*

PHRASAL VERBS puff sth out/up (*levegővel*) felfúj | puff up feldagad

puff² /pʌf/ *noun* [*C*] **1** lehelet, fuvallat: *a puff of smoke* **2** pöfékelés, szippantás: *to take/have a puff on a cigarette*

puffed /pʌft/ (*also* ˌpuffed ˈout*) *adj.* lihegő, ziháló

puffin /ˈpʌfɪn/ *noun* [*C*] (*áll*) északi lunda

puffy /ˈpʌfi/ *adj.* puffadt: *Your eyes look a bit puffy. Have you been crying?*

puke /pjuːk/ *verb* [*I,T*] (*szleng*) hány ▸ **puke** *noun* [*U*] hányás

★ **pull¹** /pʊl/ *verb* **1** [*I,T*] (ki/meg)húz: *to pull the trigger of a gun • I felt someone pull at my sleeve.* **2** [*T*] pull sth on, out, up, down, etc. fel-/ki-/lehúz: *She pulled her sweater on/She pulled on her sweater. • I switched off the TV and pulled out the plug.* **3** [*T*] (el)húz **4** [*I,T*] elhúz(ódik): *She pulled away as he tried to kiss her.* **5** [*T*] megrándít/-húz: *I've pulled a muscle in my thigh.*

IDIOMS make/pull faces/a face (at sb)

→ FACE¹ | pull sb's leg (*informális*) ugrat vkit | pull out all the stops (*informális*) mindent megtesz | pull your punches (*informális, ált. tagadó mondatokban*) türtőzteti magát: *The film pulls no punches in its portrayal of violence.* | pull strings protekciót vesz igénybe | pull your weight kiveszi a részét (*munkából stb.*)

PHRASAL VERBS pull away (from sb/sth) elhúz, elindul

pull sth down lebont

pull in (to sth); pull into sth **1** befut (*vonat*) **2** félreáll (*jármű*)

pull off; pull off sth kiáll a forgalomból | pull sth off (*informális*) sikeresen véghez visz: *to pull off a business deal*

pull out elindul (*jármű*): *A car suddenly pulled out in front of me.* | pull out (of sth) kigördül (*vonat*) | pull (sb/sth) out (of sth) kivon(ul): *The UN has pulled its forces out of the area.* • *to pull out of* (*visszalép*) *a deal* | pull sth out kirínt

pull over félreáll (*jármű*)

pull through (sth) átvészel

pull together összefog, összetart | pull yourself together összeszedi magát

pull up megáll(ít) (*jármű, járművet*)

pull² /pʊl/ *noun* **1** [*C*] a pull (at/on sth) húzás, rántás: *I gave a pull on the rope to check it was secure.* **2** [*sing.*] vonzás: *the earth's gravitational pull a föld gravitációs ereje • He couldn't resist the pull of the city.* **3** [*sing.*] szippantás (*pl. cigarettából*)

pulley /ˈpʊli/ *noun* [*C*] (emelő)csiga

pullover /ˈpʊləʊvə(r)/ *noun* [*C*] pulóver ➲ Magyarázat a **sweater** szónál.

pulp /pʌlp/ *noun* **1** [*sing., U*] pép: *Mash the beans to a pulp.* **2** [*U*] gyümölcs/zöldség húsa

pulsate /pʌlˈseɪt/ *verb* [*I*] lüktet, vibrál: *a pulsating rhythm*

pulse¹ /pʌls/ *noun* **1** [*C, usually sing.*] érverés, pulzus: *to feel/take sb's pulse* megméri vki pulzusát **2** (pulses) [*plural*] (*növ*) hüvelyesek

pulse² /pʌls/ *verb* [*I*] lüktet

★ **pump¹** /pʌmp/ *verb* **1** [*T*] (ki/fel)pumpál **2** [*I*] (ki)szivattyúz **3** [*I,T*] kalimpál

PHRASAL VERBS pump sth into sth/sb belefektet (*főleg sok pénzt, energiát*) | pump sth up felfúj, felpumpál: *to pump up a tyre*

pump² /pʌmp/ *noun* [*C*] **1** szivattyú,

[*I*] **tárgyatlan** (*ige*): *He laughed.*   [*T*] **tárgyas** (*ige*): *He ate an apple.*

pumpa: *a bicycle pump* • *a petrol pump*
2 [*usually plural*] papucscipő: *ballet pumps*
balettcipő

pumpkin /'pʌmpkɪn/ *noun* [*C,U*] sütőtök

pun /pʌn/ *noun* [*C*] szójáték

punch¹ /pʌntʃ/ *verb* [*T*] **1** punch sb (in/on
sth) öklöz, ököllel üt: *He punched the air
when he heard the good news.* ➲ Ábra az
A6. oldalon. **2** (ki)lyukaszt: *He punched a
hole in the ticket.*

punch² /pʌntʃ/ *noun* **1** [*C*] ökölcsapás **2** [*C*]
lyukasztó: *a ticket /hole punch* **3** [*U*] puncs
IDIOM pull your punches → PULL¹

punchline /'pʌntʃlaɪm/ *noun* [*C*] csattanó,
poén

'**punch-up** *noun* [*C*] (*brit, informális*) vere-
kedés

* **punctual** /'pʌŋktʃuəl/ *adj.* pontos

> Ha vonatról, autóbuszról stb. mond-
> juk, hogy pontos, az **on time** kifejezést
> használjuk.

> ▸ **punctuality** /ˌpʌŋktʃu'ælɪti/ *noun* [*U*]
> pontosság
> **punctually** *adv.* pontosan

punctuate /'pʌŋktʃueɪt/ *verb* **1** [*T*] punctu-
ate sth (with sth) meg-megszakít: *Her
speech was punctuated with bursts of
applause.* **2** [*I,T*] írásjelekkel ellát

punctuation /ˌpʌŋktʃu'eɪʃn/ *noun* [*U*]
központozás: *punctuation marks* írásjelek

puncture /'pʌŋktʃə(r)/ *noun* [*C*] (gumi)-
defekt
▸ **puncture** *verb* [*I,T*] kilyukaszt, kilyukad

pungent /'pʌndʒənt/ *adj.* átható (*szag*)

* **punish** /'pʌnɪʃ/ *verb* [*T*] punish sb (for
sth/for doing sth) (meg)büntet

punishable /'pʌnɪʃəbl/ *adj.* punishable (by
sth) büntetendő: *In some countries drug
smuggling is an offence punishable by
death.*

punishing /'pʌnɪʃɪŋ/ *adj.* kimerítő: *a pun-
ishing schedule*

* **punishment** /'pʌnɪʃmənt/ *noun* [*C,U*]
(meg)büntetés: *capital punishment* halál-
büntetés

punitive /'pjuːnətɪv/ *adj.* (*formális*) bün-
tető, megtorló: *to take punitive measures
against sb* • *punitive taxation* büntetővám

punk /pʌŋk/ *noun* **1** [*U*] punk-zene **2** [*C*]
punk

puny /'pjuːni/ *adj.* satnya, vézna

pup /pʌp/ *noun* [*C*] **1** = PUPPY **2** (állat)-
kölyök

* **pupil** /'pjuːpl/ *noun* [*C*] **1** tanuló, iskolás
(gyerek) **2** tanítvány (*művész*) ➲ Vesd
össze **student**. **3** pupilla

puppet /'pʌpɪt/ *noun* [*C*] **1** báb(u) **2** báb
(*átv*): *The occupying forces set up a puppet
government.*

puppy /'pʌpi/ (also **pup**) *noun* [*C*] (*plural
puppies*) kölyökkutya

purchase /'pɜːtʃəs/ *noun* (*formális*) **1** [*U*]
vásárlás **2** [*C*] megvásárolt dolog: *to make
a purchase* megvásárol
▸ **purchase** *verb* [*T*] (meg)vásárol

purchaser /'pɜːtʃəsə(r)/ *noun* [*C*] (*for-
mális*) vevő ➲ Lásd **vendor**.

* **pure** /pjʊə(r)/ *adj.* **1** (szín)tiszta: *pure
silk/alcohol/orange juice* • *She was dressed
in pure white.* **2** tiszta: *pure air/water*
O Ellentéte: **impure**. **3** (*csak főnév előtt*)
tiszta, merő (*átv*): *We met by pure chance.*
Teljesen véletlenül találkoztunk. **4** (*csak
főnév előtt*) (*tud*) elméleti: *pure math-
ematics* **O** Ellentéte: **applied**. **5** tiszta,
ártatlan: *a young girl still pure in mind and
body* **O** Ellentéte: **impure**.

purée /'pjʊəreɪ/ *noun* [*C,U*] püré: *apple/
tomato purée*

purely /'pjʊəli/ *adv.* pusztán, csupán

purge /pɜːdʒ/ *verb* [*T*] purge sth (of sb);
purge sb (from sth) kizár (*átv*)
▸ **purge** *noun* [*C*] (*pol*) tisztogatás: *The
General carried out a purge of his enemies.*

purify /'pjʊərɪfaɪ/ *verb* [*T*] (*pres. part.* puri-
fying; *3rd pers. sing. pres.* purifies; *pt, pp*
purified) (meg)tisztít, finomít: *purified
water*

puritan /'pjʊərɪtən/ *noun* [*C*] puritán
▸ **puritan** (also **puritanical** /ˌpjʊərɪ-
'tænɪkl/) *adj.* puritán: *a puritan attitude to
life*

purity /'pjʊərəti/ *noun* [*U*] (*anyagi/
erkölcsi*) tisztaság ➲ Lásd **impurity**.

* **purple** /'pɜːpl/ *adj., noun* [*U*] sötét lila

* **purpose** /'pɜːpəs/ *noun* **1** [*C*] szándék, cél:
the main purpose of the meeting **2** (**pur-
poses**) [*plural*] cél, rendeltetés: *For the pur-*

poses of (a céloknak megfelelően) *this demonstration, I will use model cars.* **3** [U] cél, szándék: *A good leader inspires people with a sense of purpose* (céltudatosság). • *I was impressed by his strength of purpose.*
IDIOMS **on purpose** szándékosan ➊ Szinonimája: **deliberately.** | **to/for all intents and purposes** → INTENT²

purposeful /'pɜːpəsfl/ *adj.* céltudatos, eltökélt
▶ **purposefully** /-fəli/ *adv.* céltudatosan

purposely /'pɜːpəsli/ *adv.* szándékosan ➊ Szinonimája: **deliberately.**

purr /pɜː(r)/ *verb* [I] dorombol ➾ Lásd miaow.

★ **purse¹** /pɜːs/ *noun* [C] **1** pénztárca ➾ Lásd **wallet.** **2** (US) = HANDBAG ➾ Ábra **bag¹** alatt.

purse² /pɜːs/ *verb*
IDIOM **purse your lips** elhúzza a száját

★ **pursue** /pə'sjuː/ *verb* [T] (*formális*) **1** üldöz, hajszol ➊ A **pursue** formálisabb szó, mint a **chase. 2** törekszik vmire, folytat: *to pursue a career in banking* • *She didn't want to pursue the discussion so I changed the subject.*

pursuer /pə'sjuːə(r)/ *noun* [C] üldöző

pursuit /pə'sjuːt/ *noun* **1** [U] űzés, hajszolás: *the pursuit of pleasure* **2** [C] tevékenység, elfoglaltság: *outdoor/leisure pursuits*
IDIOMS **in hot pursuit** → HOT¹ | **in pursuit (of sb/sth)** hajszolás, kergetés

pus /pʌs/ *noun* [U] (*orv*) genny

★ **push¹** /pʊʃ/ *verb* **1** [I,T] tol, (be/el/meg)lök, (be/meg)taszít: *She pushed the door shut with her foot.* **2** [I,T] (előre/keresztül)tolakszik: *to push your way through a crowd* • *to push past sb* • *People were pushing and shoving* (tolakodtak és furakodtak) *to get to the front.* **3** [I,T] megnyom (*kapcsológombot*) **4** [T] **push sb (to do sth /into doing sth); push sb (for sth)** sürget: *Ella will not work hard unless you push her.* **5** [T] (*informális*) feldicsér, forszíroz
IDIOM **be hard pressed/pushed/put to do sth** → HARD¹ | **be pushed for sth** (*informális*) szűkölködik vmiben: *Hurry up. We're really pushed for time* (szorít az idő).
PHRASAL VERBS **push sth about/around** parancsolgat | **push ahead/forward (with sth)** előrenyomul | **push for sth** szorgalmaz

vmit | **push in** betolakszik (*sorba*) | **push on** továbbutazik, továbbmegy: *Although it was getting dark, we decided to push on.* | **push sb/sth over** feldönt

★ **push²** /pʊʃ/ *noun* [C] lökés, nyomás: *Can you give the car a push* (meglökni) *to get it started?* • *The door opened at the push of a button.*
IDIOMS **at a push** (*informális*) ha muszáj: *The car seats five at a push.* | **give sb the push** kirúg vkit

'push-button *adj.* (csak főnév előtt) nyomógombos: *a push-button telephone*

pushchair /'pʊʃtʃeə(r)/ *noun* [C] (összecsukható) gyermekkocsi ➾ Ábra **pram** alatt.

pusher /'pʊʃə(r)/ *noun* [C] kábítószer-díler

pushover /'pʊʃəʊvə(r)/ *noun* [C] (*informális*) **1** gyerekjáték (*átv*) **2** balek

'push-up (US) = PRESS-UP

pushy /'pʊʃi/ *adj.* (*informális*) rámenős: *a pushy salesperson*

★ **put** /pʊt/ *verb* [T] (*pres. part.* **putting**; *pt, pp* **put**) **1** (le/oda)tesz, (oda)rak, (el)helyez: *Did you put sugar in my tea?* • *When do you put the children to bed* (lefektet)? **2** feltesz, felerősít: *Can you put* (felvarr) *a button on this shirt?* **3** (fel/le)ír, feljegyez: *12.30 on Friday?* *I'll put it in my diary.* **4 put sb in/into sth** vmilyen helyzetbe/állapotba hoz: *This sort of weather always puts me in a bad mood.* • *I was put in charge of the project.* Én lettem felelős a projektért. **5 put sth in/into sth** megvalósít: *to put your ideas into practice.* **6** vmilyen hatást fejt ki vkire/vmire: *This will put pressure on* (nyomást gyakorol) *them to work quickly.* • *Don't put the blame on* (hibáztat) *me!* • *The new teacher put a stop to* (véget vetett) *cheating in tests.* **7** vmilyen (pl. fontossági) sorrendben tart számon: *to put a limit on* (határt szabni) *spending* • *I'd put him in my top five favourite writers.* Az öt kedvenc íróm között van. **8** (vhogyan) megfogalmaz, kifejez: *To put it another way* (más szóval)... • *Put simply* (egyszóval), *he just wasn't good enough.*
IDIOMS **put it to sb that...** (*formális*) meg kell hogy mondja, meg kell hagyni (*átv*) | **put together** (*a jelzett szó után*) együttvéve: *You got more presents than the rest of us put together.* ➊ További kifejezések a

kifejezésben szereplő főnévnél, melléknévnél stb. találhatók, pl. put an end to sth lásd end.

PHRASAL VERBS put sth/yourself across/over meggyőzően kifejt: *to put a message across*

put sth aside 1 tartalékol, félretesz (*főleg pénzt*) **2** eltekint vmitől: *We agreed to put aside our differences.*

put sth away (*informális*) becsuk (*börtönbe*) | **put sth away 1** eltesz, a helyére tesz **2** félretesz (*pénzt*)

put sth back 1 visszatesz, a helyére tesz **2** elhalaszt **⊖** Ellentéte: **bring sth forward**. **3** órát visszaállít **⊖** Ellentéte: **put sth forward**.

put sb/sth before/above sb/sth mindennél fontosabbnak tart

put sth by félretesz (*pénzt*)

put sb down 1 (*informális*) letol: *He's always putting his wife down.* **2** letesz (*gyereket aludni*) | **put sth down 1** letesz **2** fel-/leír, feljegyez **3** előleget ad vmire: *We put down a 10% deposit on a car.* **4** elfojt, lever: *to put down a rebellion* **5** kiirt (*állatot*): *The dog was put down after it bit a child.* | **put sth down to sth** tulajdonít

put yourself/sb forward jelöl(tet) | **put sth forward 1** órát előreállít **⊖** Ellentéte: **put sth back**. **2** javasol, előterjeszt: *to put forward a plan/an idea*

put sth in 1 be-/felszerel: *We're having a shower put in.* **⊖** Szinonimája: **install**. **2** betesz, beír **3** benyújt: *to put in an invoice/a request* | **put sth in; put sth into sth/into doing sth** befektet (*munkát, fáradságot*)

put sb off (sb/sth/doing sth) 1 megutáltat, elveszi a kedvét vmitől **2** későbbre halaszt: *They were coming last weekend but I had to put them off.* **3** megzavar, kizökkent: *Don't stare at me – you're putting me off!* | **put sth off** leolt: *to put off the light* | **put sth off; put off doing sth** elhalaszt

put sth on 1 felvesz, feltesz, beken: *Put on your coat!* • *You'd better put some sun cream on.* **2** felgyújt (*villanyt*) **3** feltesz (*pl. lemezt*), bekapcsol (*magnót stb.*): *Let's put some music on.* **4** (meg)hízik: *I put on weight easily.* **⊖** Ellentéte: **lose**. **5** előad, színpadra állít, beállít: *The school is putting on 'Macbeth'.* • *They put on extra trains in the summer.* **6** tettet: *He's not angry with*

you really: he's just putting it on. | **put sth on sth 1** kivet (*pl. adót*) **2** fogad vmire (*pl. lóra*) **⊖** Szinonimája: **bet**.

put sb out 1 kellemetlenséget okoz: *He put his hosts out by arriving very late.* **2** idegesít: *I was quite put out by their selfish behaviour. Önző viselkedésük egészen kiborított.* | **put sth out 1** elolt (*tüzet stb.*) **⊖** Szinonimája: **extinguish**. **2** elolt (*villanyt*) **3** kitesz, kirak: *to put the rubbish out* **4** közzétesz | **put yourself out** (*informális*) fárad(ozik): *'I'll give you a lift home.' 'I don't want you to put yourself out. I'll take a taxi.'*

put sth/yourself over → **PUT STH/YOURSELF ACROSS/OVER**

put sb through sth kitesz (*vkit vmi kellemetlennek*) | **put sb/sth through** kapcsol (*telefonon*)

put sth to sb felvet, javasol: *I put the question (kérdést tesz fel) to her.*

put sth together összeállít, összerak

put sth towards sth összead (*pénzt*): *We all put a pound towards a leaving present for Joe.*

put sb up elszállásol, befogad | **put sth up 1** felemel, feltart **2** (fel)épít, (fel)állít: *to put up a fence/tent* **3** kifüggeszt **4** felemel: *to put up prices* | **put up sth** küzd, ellenállást fejt ki: *The old lady put up a struggle against her attacker.* | **put up with sb/sth** eltűr, elvisel

putt /pʌt/ *verb* [I,T] (be)gurít (*golflabdát*)

putty /'pʌti/ *noun* [U] gitt

puzzle¹ /'pʌzl/ *noun* [C] **1** (*usually sing.*) rejtély **2** rejtvény(játék): *a crossword puzzle* keresztrejtvény • *a jigsaw puzzle* kirakójáték • *to do puzzles*

puzzle² /'pʌzl/ *verb* **1** [T] zavarba ejt, fejtörést okoz **2** [I] **puzzle over sth** töpreng vmin

PHRASAL VERB **puzzle sth out** (*sok fejtörés után*) megfejt

puzzled /'pʌzld/ *adj.* értetlen, zavart: *a puzzled look*

★ **pyjamas** (*US* pajamas) /pə'dʒɑːməz/ *noun* [*plural*] pizsama **⊖** Figyelem! Egy másik főnév előtt a **pyjama** alakot használjuk (s nélkül): *pyjama trousers*.

pylon /'paɪlən/ *noun* [C] villanyoszlop

pyramid /'pɪrəmɪd/ *noun* [C] **1** gúla **2** piramis

python /'paɪθən/ *noun* [C] óriáskígyó

Qq

Q, q¹ /kjuː/ noun [C] (plural **Q's**; **q's**) Q/q betű

Q² abbr. (**question** rövidítése) kérdés: *Qs 1-5 are compulsory.*

qt abbr. (**quart(s)** rövidítése) negyedgallon (űrmérték, 1.14 l)

quack /kwæk/ noun [C] háp(ogás)
▶ **quack** verb [I] hápog (kacsa)

quadrangle /'kwɒdræŋgl/ (also **quad**) noun [C] (négyszögletű) zárt belső udvar (pl. iskolában)

quadruple /'kwɒdruːpl/ verb [I,T] néggyel szoroz, megnégyszerez(ődik)

quaint /kweɪnt/ adj. régies, ódon

quake /kweɪk/ verb [I] reszket (ember): *to quake with fear*
▶ **quake** noun [C] (informális) (föld)rengés

★ **qualification** /ˌkwɒlɪfɪ'keɪʃn/ noun **1** [C] képzettség, végzettség: *to have a teaching/nursing qualification* • *She left school with no formal qualifications* (anélkül, hogy levizsgázott volna). **2** [C] alkalmassági előírás **3** [C,U] megszorítás, fenntartás: *I can recommend him without qualification.* **4** [U] megfelelés, kvalifikálás (versenyre, állásra)

qualified /'kwɒlɪfaɪd/ adj. **1** qualified (for sth/to do sth) (megfelelően) képzett: *a fully-qualified doctor* **2** feltételekhez szabott, korlátozott: *My boss gave only qualified approval to the plan* (csak bizonyos feltételekkel hagyta jóvá). ❶ Ellentéte: **unqualified**.

★ **qualify** /'kwɒlɪfaɪ/ verb (pres. part. **qualifying**; 3rd pers. sing. pres. **qualifies**; pt, pp **qualified**) **1** [I] qualify (as sth) milyen képzettséget szerez, elég jó ahhoz, hogy vmi legyen: *A cup of coffee and a sandwich doesn't really qualify as a meal.* **2** [I,T] qualify (sb) (for sth/to do sth) jogosultságot szerez vmire, feljogosít vkit vmire **3** [I] qualify (for sth) (versenyben) be-/továbbjut, kvalifikál (vmilyen szintre) **4** [T] szűkít, fenntartásai vannak

★ **quality** /'kwɒləti/ noun (plural **qualities**) **1** [U, sing.] minőség: *This paper isn't very* good quality. • *to be of good/poor/top quality* • *high-quality goods* jó minőségű áru • *the quality of life in our cities* **2** [U] (jó) minőség: *Aim for quality rather than quantity in your writing.* **3** [C] tulajdonság

qualm /kwɑːm/ noun [C, usually plural] (erkölcsi) aggály, kétely: *I don't have any qualms about asking them for money.*

quandary /'kwɒndəri/ noun [C, usually sing.] bizonytalanság: *I'm in a quandary* (dilemmában van) – *should I go or not?*

★ **quantity** /'kwɒntəti/ noun (plural **quantities**) [C,U] **1** mennyiség: *It's cheaper to buy goods in large quantities.* **2** nagy mennyiség: *It's cheaper to buy goods in quantity.*
IDIOM an unknown quantity → UNKNOWN¹

quarantine /'kwɒrəntiːn/ noun [U] karantén, vesztegzár

★ **quarrel¹** /'kwɒrəl/ noun [C] **1** a quarrel (about/over sth) veszekedés: *We often have a quarrel about who should do the washing-up.* ❷ Lásd **argument**, **fight** ²(3). **2** a quarrel with sb/sth kifogás vmivel szemben

★ **quarrel²** /'kwɒrəl/ verb [I] (quarrelling; quarrelled; US quarreling; quarreled) **1** quarrel (with sb) (about/over sth) veszekszik ❷ Lásd **argue**, **fight** ¹(4).

> Figyelem! A **quarrel** szót csak akkor használhatjuk, ha ketten veszekszenek egymással. Ha valaki a másikkal veszekszik (pl. felnőtt gyerekkel), a **shout at sb** vagy **tell sb off** kifejezést használjuk.

2 quarrel with sth nem ért egyet vmivel

quarry¹ /'kwɒri/ noun (plural **quarries**) **1** [C] kőbánya ❷ Lásd **mine**. **2** [sing.] üldözött (ember, állat)

quarry² /'kwɒri/ verb [I,T] (pres. part. **quarrying**; 3rd pers. sing. pres. **quarries**; pt, pp **quarried**) bányászik (követ, homokot stb.)

quart /kwɔːt/ noun [C] (abbr. qt) 1,14 liter ❶ Az amerikai **quart** 0,94 liter. 1 quart = 2 pint.

★ **quarter** /'kwɔːtə(r)/ noun **1** [C] (egy)-

ð then | s so | z zoo | ʃ she | ʒ vision | h how | m man | n no | ŋ sing | l leg | r red | j yes | w wet

negyed: *The show lasts for three quarters of an hour.* ● *a mile and a quarter* ● *to cut sth into quarters* **2** [*sing.*] negyedóra: *I'll see you at (a) quarter past six* (negyed hétkor). ● *It's (a) quarter to three* (háromnegyed három).

> US nyelvhasználatban **(a) quarter after** és **(a) quarter of**: *I'll meet you at (a) quarter after six.* ● *It's a quarter of three.*

3 [*C*] negyedév **4** [*C*] (város)negyed: *the old/Chinese quarter* **5** [*C*] (bizonyos) körök **6** [*C*] (*US, Kanada*) 25 centes pénzérme **7** (quarters) [*plural*] szállás (*főleg katonai*) **8** [*C*] (*súlymérték*) 4 uncia, 1/4 font
IDIOM at close quarters → CLOSE³

¡quarter-'final *noun* [*C*] negyeddöntő
Ɔ Lásd semi-final.

quarterly /'kwɔːtəli/ *adj., adv.* negyed-évenként(i): *a quarterly magazine/bill*

quartet /kwɔː'tet/ *noun* [*C*] (*zene*) kvartett, -négyes (*négytagú együttes ill. nekik írt mű*)

quartz /kwɔːts/ *noun* [*U*] kvarc

quash /kwɒʃ/ *verb* [*T*] (*formális*) **1** (*hivatalos határozatot*) hatályon kívül helyez **2** elfojt, eltipor: *to quash a decision/revolt*

quay /kiː/ *noun* [*C*] rakodópart

quayside /'kiːsaɪd/ *noun* [*sing.*] rakodópart környéke

★ **queen** /kwiːn/ *noun* [*C*] **1** (also Queen) királynő: *Queen Elizabeth II* **Ɔ** Lásd king, prince, princess. **2** (also Queen) királyné **3** (*biol*) királynő: *the queen bee* **4** (*kártyalap*) dáma: *the queen of hearts* kőr dáma **Ɔ** Magyarázat a card szónál. **5** (*sakk*) királynő

quell /kwel/ *verb* [*T*] (*formális*) elfojt, véget vet vminek

quench /kwentʃ/ *verb* [*T*] csillapít (*szomjúságot*): *to quench your thirst*

query /'kwɪəri/ *noun* [*C*] (*plural* queries) kérdés, kétely
▸ **query** *verb* [*T*] (*pres. part.* querying; *3rd pers. sing. pres.* queries; *pt, pp* queried) megkérdőjelez vmit

quest /kwest/ *noun* [*C*] (*formális*) (*hosszas*) keresés, kutatás: *the quest for happiness/truth*

★ **question¹** /'kwestʃən/ *noun* **1** [*C*] a ques-

tion (about/on sth) kérdés: *to ask a question* kérdést feltenni. ● *In the exam, you must answer five questions in an hour.* ● *What's the answer to Question 5?* **2** [*C*] kérdés, probléma: *The resignations raise the question* (felvetik a kérdést) *of who will take over.* ● *The question is,* how can we raise the money? **3** [*U*] kérdés, kétely: *There is no question about Jane's ability.* ● *His honesty is beyond question* (kétségtelen/vitán felül áll). ● *She accepted the decision without question.*
IDIOMS (be) a question of sth/of doing sth vmin múlik, a kérdés az, hogy: *It's not hard – it's just a question of finding time to do it.* | in question szóban forgó | out of the question ki van zárva, szó sem lehet róla | there is/was no question of nincs/nem lehet szó vmiről: *There is no question of him leaving hospital yet.*

★ **question²** /'kwestʃən/ *verb* [*T*] **1** question sb (about/on sth) kérdést tesz fel vkinek, kikérdez **2** megkérdőjelez vmit, kételkedik vmiben: *to question sb's sincerity/motives*

questionable /'kwestʃənəbl/ *adj.* **1** kérdéses, bizonytalan **2** (*erkölcsileg*) kétes
Ɵ Ellentéte: unquestionable.

¹question mark *noun* [*C*] kérdőjel

questionnaire /ˌkwestʃə'neə(r)/ *noun* [*C*] kérdőív: *to complete/fill in a questionnaire* (kérdőívet kitölteni)

¹question tag (also tag) *noun* [*C*] (*nyelv*) ugye? (*rövid visszakérdezés a mondat végén*)

★ **queue** /kjuː/ (*US* line) *noun* [*C*] sor (*várakozóké*): *We had to wait in a queue for hours.* ● *to join the end of a queue* (beállni a sor végére) ● *We were told to form a queue* (sorban állni) *outside the doors.*
▸ **queue** *verb* [*I*] queue (up) (for sth) sorban áll/vár
IDIOM jump the queue → JUMP¹

quiche /kiːʃ/ *noun* [*C,U*] sütőben készített töltött tésztaféle, tölteléke tojás, tej valamint sajt, hagyma stb. keveréke

★ **quick¹** /kwɪk/ *adj.* **1** gyors: *May I make a quick telephone call?* ● *His quick thinking saved her life.* ● *It's quicker to travel by train.*

> Ha mozgási sebességről beszélünk, gyakoribb a **fast** szó: *a fast horse/*

Ɵ = magyarázat [*C*] megszámlálható (*főnév*): one book, two books

[*U*] megszámlálhatatlan (*főnév*): some sugar

car/runner. A **quick** szót inkább olyan cselekvésre használjuk, amely rövid idő alatt megy végbe: *a quick decision/visit*.

2 (*összetett melléknevekben*) gyors: *quick-drying* (gyorsan száradó) *paint*
IDIOMS (as) quick as a flash villámgyorsan | quick/slow on the uptake → UPTAKE

quick² /kwɪk/ *adv.* (*informális*) gyorsan: *Come here quick!*

* **quickly** /'kwɪkli/ *adv.* gyorsan, hamar: *Get here as quickly as possible.*

quid /kwɪd/ *noun* [C] (*plural* **quid**) (*brit, informális*) font (*pénz*)

* **quiet¹** /'kwaɪət/ *adj.* **1** csendes, halk: *Be quiet!* **❶** Ellentéte: loud. **2** csendes, nyugodt, eseménytelen: *Business is quiet in winter.* • *a quiet street* • *We lead a quiet life.* **3** csendes, szótlan
  ▸ **quietly** *adv.* csendben, halkan
  quietness *noun* [U] csend, nyugalom
  IDIOM keep quiet about sth; keep sth quiet hallgat vmiről

quiet² /'kwaɪət/ *noun* [U] csend, nyugalom: *the peace and quiet of the countryside*
IDIOM on the quiet titokban

quieten /'kwaɪətn/ *verb* [I,T] quieten (sb/sth) (down) le-/megnyugtat, lecsendesít, le-/megnyugszik, lecsendesül

quilt /kwɪlt/ *noun* [C] steppelt ágytakaró **➲** Lásd duvet.

quintet /kwɪn'tet/ *noun* [C] (*zene*) kvintett, -ötös (*öttagú együttes ill. nekik írt mű*)

quirk /kwɜːk/ *noun* [C] **1** furcsaság (*jelleme, viselkedése*), vkinek a bogara **2** különös véletlen: *By a strange quirk of fate* (a sors furcsa fintorának köszönhetően) *they met again some years later.*
▸ **quirky** *adj.* furcsa, nyakatekert

quit /kwɪt/ *verb* (*pres. part.* **quitting**; *pt, pp* **quit**) **1** [I,T] quit (as sth) távozik, otthagy (*pl. állást*) **2** [T] (*főleg US, informális*) abbahagy: *to quit smoking* **3** [I,T] kilép (*számítógépes programból*)

* **quite** /kwaɪt/ *adv.* **1** elég(gé): *The film's quite good.* • *It's quite a good film.* • *I quite enjoy cooking.* • *We still meet up quite often.* **➲** Magyarázat a rather szónál. **2** egészen, teljesen (*nyomatékosítás*): *Are you quite sure?* • *I quite agree.* **3** úgy van, szerintem is
IDIOMS not quite majdnem, nem egészen: *There's not quite enough milk for breakfast.* • *These shoes don't quite fit.* | quite a jó kis (*nem megszokott méretű/mennyiségű stb.*): *It's quite a climb to the summit.* | quite a few; quite a lot (of) elég sok, jó néhány | quite enough éppen/bőven elég: *I've had quite enough of you two arguing!*

quits /kwɪts/ *adj.*
IDIOM be quits (with sb) (*informális*) kvittek, egyik sem tartozik a másiknak

quiver /'kwɪvə(r)/ *verb* [I] reszket: *to quiver with rage/fear*

quiz¹ /kwɪz/ *noun* [C] (*plural* **quizzes**) vetélkedő: *a quiz programme on TV* • *a general knowledge quiz*

quiz² /kwɪz/ (*3rd pers. sing. pres.* **quizzes**; *pres. part.* **quizzing**; *pt* **quizzed**) *verb* [T] kikérdez vkit vmiről

quizzical /'kwɪzɪkl/ *adj.* kérdő (*pillantás, mosoly stb.*)
▸ **quizzically** /-kli/ *adv.* kérdőn

quorum /'kwɔːrəm/ *noun* [sing.] határozatképességhez szükséges minimális létszám

quota /'kwəʊtə/ *noun* [C] kvóta, megszabott mennyiség

quotation /kwəʊ'teɪʃn/ (*informális* **quote**) *noun* [C] **1** idézet: *a quotation from Shakespeare* **2** árajánlat **➲** Lásd estimate.

quo'tation marks (*informális* **quotes**) *noun* [*plural*] idézőjel

quote /kwəʊt/ *verb* **1** [I,T] quote (sth) (from sb/sth) idéz (*más szavait*) **2** [T] példaként (meg)említ **3** [T] árajánlatot tesz

---

Rr

R, r¹ /ɑː(r)/ noun [C] (plural **R's; r's**) R/r betű

R.² abbr. (**river** rövidítése) folyó: R. Thames

rabbi /'ræbaɪ/ noun [C] (plural **rabbis**) rabbi

★ **rabbit** /'ræbɪt/ noun [C] nyúl: a rabbit hutch (nyúlketrec)

> A gyereknyelvben a nyúl neve **bunny**.

rabble /'ræbl/ noun [C] csőcselék

rabies /'reɪbiːz/ noun [U] veszettség

RAC /,ɑːr eɪ 'siː/ abbr. (**Royal Automobile Club** rövidítése, brit) Királyi Autóklub

★ **race¹** /reɪs/ noun **1** [C] a race (against/with sb/sth); a race for sth/to do sth (gyorsasági) verseny: to run/win/lose a race • to come first/last in a race • Rescuing earthquake victims is now a race against time (versenyfutás az idővel). **2** (the races) [plural] (brit) lóverseny (több futam)

> In Britain going to horse races and dog races is very popular. People often **bet** with a **bookie** on the result of a race.

3 [C,U] (emberi) faj ➜ Lásd human race. **4** [C] népcsoport
IDIOM the rat race → RAT

★ **race²** /reɪs/ verb **1** [I,T] race (against/with (sb/sth) versenyt fut, versenyez: I'll race you home. Versenyt futok veled hazáig. **2** [I,T] rohan, vkit/vmit nagyon gyorsan visz: to race up/down the stairs • The child had to be raced to hospital (nagyon gyorsan kórházba kellett vinni). **3** [T] versenyeztet (állatot, járművet)

racecourse /'reɪskɔːs/ (US **racetrack**) noun [C] lóversenypálya

racehorse /'reɪshɔːs/ noun [C] versenyló

race re'lations noun [plural] emberfajták közötti kapcsolatok

racial /'reɪʃl/ adj. faji: racial discrimination/identity
▶ **racially** /-ʃəli/ adv. fajilag, faji szempontból: a racially mixed school

★ **racing** /'reɪsɪŋ/ noun [U] **1** (also horse racing) lóverseny **2** verseny(zés): motor racing • a racing driver/car

racism /'reɪsɪzəm/ noun [U] rasszizmus, fajgyűlölet
▶ **racist** /'reɪsɪst/ noun [C] adj. rasszista, fajgyűlölő: racist abuse/jokes/views

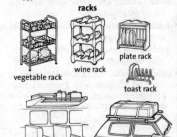

racks

vegetable rack

wine rack

plate rack

toast rack

luggage rack

roof rack

rack¹ /ræk/ noun [C] (gyakran szóösszetételekben) csomagtartó (rács): I got on the train and put my bags up in the luggage rack. • We need a roof rack on the car.
IDIOM go to rack and ruin pusztul, tönkremegy

rack² /ræk/ verb
IDIOM rack your brains töri a fejét

racket /'rækɪt/ noun **1** [sing.] (informális) lárma, ricsaj: Stop making that terrible racket! **2** [C] törvénytelen pénzkereset: a drugs racket **3** (also **racquet**) [C] ütő (pl. tenisz, tollaslabda) ➜ Ábra az A7. oldalon.

> A **racket** olyan ütő, aminek húrjai **strings** vannak, ezért más, mint a **bat**.

radar /'reɪdɑː(r)/ noun [U] radar

radiant /'reɪdiənt/ adj. **1** sugárzóan boldog: a radiant smile **2** (fényt, hőt) sugárzó

radiate /'reɪdieɪt/ verb **1** [T] (tulajdonság, érzelem) sugárzik belőle **2** [T] (fényt, hőt) sugároz, áraszt **3** [I] (központból) sugár alakban szétágazik

radiation /,reɪdi'eɪʃn/ noun [U] **1** (káros) sugárzás, sugarak ➜ Lásd radioactive. **2** (hő-, fény-, energia-) sugárzás

radiator /'reɪdieɪtə(r)/ *noun* [C] **1** fűtőtest **2** hűtő (*autóban*)

radical¹ /'rædɪkl/ *adj.* **1** gyökeres, radikális: *radical change* **2** radikális (*gyökeres változást akar*): *to have radical views* ➔ Lásd **moderate¹**(2), **extreme²**.
▶ **radically** /-kli/ *adv.* gyökeresen, radikálisan

radical² /'rædɪkl/ *noun* [C] radikális személy ➔ Lásd **moderate³**, **extremist**.

★ **radio** /'reɪdiəʊ/ *noun* (*plural* **radios**) **1** (*gyakran* the radio) [U, *sing.*] rádióadás: *to listen to the radio* • *I heard it on the radio* (a rádióban). • *a radio station/programme* • *national/local radio* **2** [C] rádió(készülék)

> You may **put**, **switch** or **turn** a radio **on** (bekapcsol/kinyit) or **off** (kikapcsol/elzár). You may also **turn** it **up** (felhangosít) or **down** (lehalkít).

3 [U] rádió-, rádiózás: *radio signals/waves*
▶ **radio** *verb* [I,T] (*pt, pp* **radioed**) rádión üzen/továbbít

radioactive /ˌreɪdiəʊˈæktɪv/ *adj.* radioaktív: *radioactive waste* (radioaktív hulladék) *from power stations* ➔ Lásd **radiation**.
▶ **radioactivity** /ˌreɪdiəʊækˈtɪvəti/ *noun* [U] radioaktivitás

radiographer /ˌreɪdiˈɒɡrəfə(r)/ *noun* [C] röntgenorvos

radish /'rædɪʃ/ *noun* [C] retek

radius /'reɪdiəs/ *noun* [C] (*plural* **radii** /-diaɪ/ **1** (*geometria*) sugár ➔ Lásd **diameter, circumference**. **2** sugár, kör (*alakú terület*): *The wreckage of the plane was scattered over a radius of several miles* (több mérföldes körben/körzetben).

RAF /ˌɑːr eɪ 'ef; ræf/ *abbr.* (the Royal Air Force *rövidítése*) (*brit*) Királyi Légierő

raffle /'ræfl/ *noun* [C] tombola

raft /rɑːft/ *noun* [C] tutaj

rafter /'rɑːftə(r)/ *noun* [C] (*épít*) szarufa

rag /ræɡ/ *noun* **1** [C,U] rongy (*takarításhoz*) **2** (rags) [*plural*] rongyok, ócska göncök

rage¹ /reɪdʒ/ *noun* [C,U] düh: *to fly into a rage* dühbe gurul

rage² /reɪdʒ/ *verb* [I] **1** rage (at/against/ about sb/sth) dühöng (vmi miatt) **2** tombol, dúl (*csata, járvány, vihar stb.*)

▶ **raging** *adj.* tomboló, őrjítő (*csak főnév előtt*): *a raging thirst*

ragged /'ræɡɪd/ *adj.* **1** rongyos, szakadt **2** egyenetlen, töredezett: *a ragged edge/ coastline*

raid /reɪd/ *noun* [C] **a raid (on sth) 1** rajtaütés, váratlan támadás: *an air raid* **2** (*rendőrségi*) razzia **3** rablótámadás: *a bank raid*
▶ **raid** *verb* [T] rajtaüt, razziát tart

★ **rail** /reɪl/ *noun* **1** [C] (-tartó)rúd: *a towel/ curtain/picture rail* **2** [C] korlát **3** [C, *usually plural*] sín **4** [U] vasút: *rail travel/services/fares*

railcard /'reɪlkɑːd/ *noun* [C] (*brit*) vasúti kedvezményre jogosító igazolvány (*pl. nyugdíjasoknak, diákoknak*)

railing /'reɪlɪŋ/ *noun* [C, *usually plural*] rács(kerítés)

★ **railway** /'reɪlweɪ/ (*US* **railroad**) *noun* [C] **1** (*brit* 'railway line) vasútvonal **2** a vasút: *He works on the railways* (a vasútnál). • *a railway engine/company*

'**railway station** *noun* [C] (also **station**) vasútállomás

★ **rain¹** /reɪn/ *noun* **1** [U] eső: *It looks like rain.* Úgy tűnik, esni fog. • *It's pouring with rain.* Zuhog/ömlik. ➔ Lásd **shower³, acid rain**. **2** (rains) [*plural*] esős évszak (*trópusi országokban*)
IDIOM (as) right as rain → **RIGHT¹**

★ **rain²** /reɪn/ *verb* **1** [I] (*az it szóval együtt*) esik (az eső): *Oh no! It's raining again!* • *Is it raining hard* (nagyon esik)? • *We'll go when it stops raining* (ha eláll az eső). **2** [I,T] rain (sth) (down) (on sb/sth) (*nagy tömegben*) zuhog vmi, zúdít vmit (vkire/vmire): *Bombs rained down on the city.*
PHRASAL VERB be rained off eső miatt elhalasztják/félbeszakad

rainbow /'reɪnbəʊ/ *noun* [C] szivárvány

'**rain check** *noun* (*főleg US*)
IDIOM take a rain check on sth (*beszélt nyelv*) meghívást/ajánlatot későbbi időpontra fogad el

raincoat /'reɪnkəʊt/ *noun* [C] esőkabát, ballonkabát

raindrop /'reɪndrɒp/ *noun* [C] esőcsepp

rainfall /'reɪnfɔːl/ *noun* [U, *sing.*] (évi, havi *stb.*) csapadékmennyiség

---

ʌ **cup** | ɜː **fur** | ə **ago** | eɪ **pay** | əʊ **home** | aɪ **five** | aʊ **now** | ɔɪ **join** | ɪə **near** | eə **hair** | ʊə **pure**

rainforest /'reɪnfɒrɪst/ *noun* [C] esőerdő

rainy /'reɪni/ *adj.* esős: *the rainy season*
IDIOM keep/save sth for a rainy day félretesz, tartalékol (*nehezebb időkre*)

★ **raise** /reɪz/ *verb* [T] **1** felemel: *If you want to go raise your hand.* ● *He raised himself up on one elbow* (feltámaszkodott a fél könyökére). **2** raise sth (to sth) (fel)emel (*átv*): *to raise taxes/prices* ● *The hotel needs to raise its standards* (emelni a színvonalat). ● *There's no need to raise your voice.* ❶ Az 1. és 2. jelentés ellentéte lower. ➜ Vesd össze rise². **3** szerez, gyűjt (*pénzt*): *to raise money for charity* ● *a fund-raising event* adománygyűjtő rendezvény **4** felvet (*témát, kérdést, problémát stb.*): *I would like to raise the subject of money.* ● *This raises the question of why nothing was done before.* **5** kivált (*reakciót, érzelmet*): *The neighbours raised the alarm* (mindenkit fellármáztak) *when they saw the smoke.* ● *to raise hopes/fears/suspicions in people's minds* **6** felnevel: *You can't raise a family* (gyerekeket felneveini/eltartani a családot) *on my salary.* ➜ Lásd bring sb up. **7** tenyészt, termeszt (*speciális célra*)
▸ **raise** *noun* [C] (*US*) = RISE¹(2)
IDIOM raise your eyebrows felvonja a szemöldökét (*meglepetten vagy helytelenítően*)

raisin /'reɪzn/ *noun* [C] mazsola ➜ Lásd sultana.

rake /reɪk/ *noun* [C] gereblye ➜ Ábra garden¹ alatt.
▸ **rake** *verb* [T,I] (össze)gereblyéz: *to rake up the leaves*
PHRASAL VERBS rake sth in (*informális*) besöpör (*pénzt*): *She's raking it in* (dől hozzá a pénz) *in her new job.* | rake sth up felhánytorgat, felemleget

rally¹ /'ræli/ *noun* [C] (*plural* rallies) **1** nagygyűlés: *a peace rally* **2** (*brit*) rali (*közúti autó- ill. motorverseny*) **3** labdamenet

rally² /'ræli/ *verb* (*pres. part.* rallying; *3rd pers. sing. pres.* rallies; *pt, pp* rallied) **1** [I,T] rally (sb/sth) (around/behind/to sb) (*milyen céllal*) összegyűlik, összegyűjt: *The cabinet rallied* (felsorakozott) *behind the Prime Minister.* **2** [I] megerősödik, felgyógyul

PHRASAL VERB rally round vki mögé állnak (*hogy segítsenek*)

ram¹ /ræm/ *noun* [C] kos ➜ Magyarázat a sheep szónál.

ram² /ræm/ *verb* [T] (ra**mm**ing; ra**mm**ed) (*nagy erővel*) nekirohan vminek

Ramadan /'ræmədæn; ˌræmə'dæn/ *noun* [C,U] Ramadán (*mohamedán vallási ünnep, amikor egy hónapon keresztül kora reggeltől napnyugtáig böjtölnek*)

ramble¹ /'ræmbl/ *verb* [I] **1** (*a szabadban*) kószál: *to go rambling* csoportosan túrázik **2** ramble (on) (about sth) összevissza/összefüggéstelenül beszél

ramble² /'ræmbl/ *noun* [C] kószálás, (*csoportos*) túra, túrázás

rambling /'ræmblɪŋ/ *adj.* **1** zavaros, összefüggéstelen (*beszéd, írás*) **2** zegzugos (*épület*)

ramp /ræmp/ *noun* [C] rámpa

rampage¹ /ræm'peɪdʒ/ *verb* [I] pusztítva végig-/átvonul vmin, végigtombol: *The hooligans rampaged through the town.*

rampage² /'ræmpeɪdʒ/ *noun*
IDIOM be/go on the rampage pusztítva végig-/átvonul

rampant /'ræmpənt/ *adj.* elburjánzott, elterjedt (*vmi rossz*)

ramshackle /'ræmʃækl/ *adj.* düledező, roskadozó (*épület*)

ran *past tense of* RUN¹

ranch /rɑːntʃ/ *noun* [C] ranch, farm (*főleg US és Ausztrália*)

random /'rændəm/ *adj.* esetleges, találomra kiválasztott: *A random selection of people were interviewed.*
▸ **randomly** *adv.* esetlegesen, találomra
IDIOM at random véletlenszerűen, találomra: *to choose sb/sth at random*

randy /'rændi/ *adj.* (*brit, informális*) (*szexuálisan*) begerjedt

rang *past tense of* RING²

★ **range¹** /reɪndʒ/ *noun* **1** [C, *usually sing.*] a range (of sth) dolgok (széles) skálája: *The course will cover a whole range of topics* (a témák széles körét). ● *This shop has a wide range* (nagy választék/sokféleség) *of clothes.* **2** [C] (két határ közötti) tartomány, kör (*átv*): *That car is outside my price* *range* (túl drága nekem). • *This game is not suitable for all age ranges* (korcsoportnak). **3** [C,U] távolság: *Keep out of range of* (lőtávolságon kívül) *the guns.* • *The gunman shot him at close range* ((közvetlen) közelről). • *They can pick up signals at a range of* 400 *metres* (400 méteres körzetben). **4** [C] hegylánc

range² /reɪndʒ/ *verb* [I] range between A and B; range (from A to B) A-tól B-ig terjed/tartalmaz vmit

★ **rank¹** /ræŋk/ *noun* **1** [C,U] rang, (magas) pozíció: *She's higher in rank than I am.* **2** [C] sor, csoport *(embereké, dolgoké): a taxi rank* taxiállomás **3** (the ranks) [plural] egyszerű tagok, közkatonák: *At the age of 43, he was forced to join the ranks of the unemployed* (beállni a munkanélküliek közé).

IDIOM the rank and file közkatonák, egyszerű tagok

rank² /ræŋk/ *verb* [I,T] rank (sb/sth) (as sth) *(continuous igeidőkben nem állhat)* számít vminek, vmilyen pozícióba/ helyre besorol, vmilyen helyet/pozíciót foglal el: *She's ranked* (tartják számon) *as the world number one.* • *a high-ranking* (magas rangú) *police officer*

ransom /ˈrænsəm/ *noun* [C,U] váltságdíj: *The kidnappers demanded a ransom of $500 000 for the boy's release.*

IDIOM hold sb to ransom vkit váltságdíj kifizetéséig fogvatart ➔ Lásd **hostage**.

rap¹ /ræp/ *noun* **1** [C] kopogás, koppantás: *a sharp rap on the door* **2** [C,U] (zene) rap

rap² /ræp/ *verb* (**rapping; rapped**) **1** [I,T] kopogtat, kopog vmin **2** [T] *(informális)* hevesen támad vkit *(sajtóban)* **3** [I] rappel *(rap szám szövegét mondja)*

rape¹ /reɪp/ *verb* [T] megerőszakol

rape² /reɪp/ *noun* **1** [U, C] nemi erőszak: *to commit rape* **2** [sing.] *(írott nyelv)* the rape (of sth) vminek a tönkretevése/meggyalázása *(átv)*

rapid /ˈræpɪd/ *adj.* gyors: *rapid growth/ change*
  ▸ **rapidity** *noun* [U] gyorsaság
  rapidly *adv.* gyorsan

rapids /ˈræpɪdz/ *noun* [plural] zúgó, zuhatag *(gyorsfolyású, sziklás folyószakasz)*

rapist /ˈreɪpɪst/ *noun* [C] erőszakos nemi közösülést elkövető személy

rapport /ræˈpɔː(r)/ *noun* [sing., U] (a) rapport (with sb); (a) rapport (between A and B) viszony, jó kapcsolat: *Honesty is essential if there is to be good rapport between patient and therapist.*

rapture /ˈræptʃə(r)/ *noun* [U] elragadtatás
IDIOM go into raptures (about/over sb/sth) áradozik vkiről/vmiről, el van ragadtatva vkitől/vmitől

★ **rare** /reə(r)/ *adj.* **1** rare (for sb/sth to do sth); rare (to do sth) ritka: *a rare bird/plant* **2** gyengén átsütött, véres *(hússzelet): a rare steak* ➔ Vesd össze **medium, well done**.
  ▸ **rarely** *adv.* ritkán

raring /ˈreərɪŋ/ *adj.* raring to do sth alig várja, hogy (elkezdhessen vmit)

rarity /ˈreərəti/ *noun* (*plural* rarities) **1** [C] *(értékes, különleges)* ritkaság: *Women lorry drivers are still quite a rarity.* **2** [U] ritkaság, ritka előfordulás

rash¹ /ræʃ/ *noun* **1** [C, usually sing.] *(bőr)*kiütés: *He came out in a rash* (kiütések jelentek meg rajta). **2** [sing.] a rash (of sth) *(kellemetlen események)* sorozata

rash² /ræʃ/ *adj.* meggondolatlan: *a rash decision/promise*
  ▸ **rashly** *adv.* meggondolatlanul

rasher /ˈræʃə(r)/ *noun* [C] *(brit)* vékony szelet *(szalonnából, sonkából)*

raspberry /ˈrɑːzbəri/ *noun* [C] *(plural* raspberries) málna

Rastafarian /ˌræstəˈfeəriən/ *(informális* Rasta) *noun* [C] rasztafari *(Hailé Szelasszié etióp császárt imádó szekta)*
  ▸ **Rastafarian** *(informális* Rasta) *adj.* raszta *(a rasztafari szekta tagja)*

★ **rat** /ræt/ *noun* [C] patkány

> Rats belong to the family of animals that are called **rodents**.

IDIOM the rat race versenyfutás *(sikerért, javakért)*, mókuskerék *(átv)*

★ **rate¹** /reɪt/ *noun* [C] **1** mérték, arány- (szám): *The birth rate* (születések száma) *is falling.* • *The population is growing at the rate of* 0.5% *a year.* • *an exchange rate* (árfolyam) *of one pound to ten francs*

ð then | s so | z zoo | ʃ she | ʒ vision | h how | m man | n no | ŋ sing | l leg | r red | j yes | w wet

2 (*fizetendő*) díj(szabás), ár: *The basic rate of pay is £10 an hour.* • *reduced rates for students* ➔ Lásd **first-rate, second-rate.**

IDIOMS **at any rate** (*beszélt nyelv*) **1** legalábbis: *He said he'd be here by ten. At any rate, I think that's what he said.* **2** legalább, mindenesetre: *Well, that's one good piece of news at any rate.* | **the going rate** (**for sth**) → GOING²

rate² /reɪt/ *verb* (**continuous igeidőkben nem állhat**) **1** [I,T] (*ált. szenvedő szerkezetben*) értékel, tart vminek/vmilyennek: *She's rated* (tartják számon) *among the best players of all time.* **2** [T] megér, megérdemel vmit: *The accident didn't rate a mention* (említésre sem méltatták) *in the local newspaper.* • *The match rated* (számított) *as one of their worst defeats.*

★ **rather** /'rɑ:ðə(r)/ *adv.* elég(gé): *It was a rather nice day.* • *It was rather a nice day.* • *It cost rather a lot of money.* • *I was rather hoping that you'd be free on Friday.*

A **fairly, quite, rather** és **pretty** szavak jelentése egyaránt lehet „nem nagyon". A **fairly** a leggyengébb, a **rather** és a **pretty** a legerősebb. Ha a **fairly** és **quite** szavakat főleg pozitív jelentésű szavakkal használjuk: *The room was fairly tidy.* A **rather** szóval bírálatot fejezünk ki: *This room's rather untidy.* Ha a **rather** szót pozitív jelentésű szóval használjuk, kellemes meglepetést fejezünk ki: *The new teacher is actually rather nice, though she doesn't look very friendly.*

IDIOMS **or rather** azaz, jobban mondva | **rather than** inkább mint, helyett | **would rather... (than)** inkább, szívesebben (*tenne vmit*)

rating /'reɪtɪŋ/ *noun* [C] **1** (*népszerűségi, fontossági, minőségi*) mutató, besorolás **2** (*ált.* **the ratings**) nézettségi/népszerűségi mutató

ratio /'reɪʃiəʊ/ *noun* [C] **ratio (of A to B)** arány(szám), viszonyszám

ration /'ræʃn/ *noun* [C] fejadag (*ínséges időkben*)
▶ **ration** *verb* [T] (ki)adagol korlátozva ad
rationing *noun* [U] jegyrendszer, fejadagrendszer

rational /'ræʃnəl/ *adj.* **1** értelmes, józan

❶ Ellentéte: **irrational. 2** ésszerű, racionális
▶ **rationally** *adv.* ésszerűen, racionálisan

rationalize (also **-ise**) /'ræʃnəlaɪz/ *verb* **1** [T] megindokol, ésszerű magyarázatot ad vmire **2** [T] ésszerűsít
▶ **rationalization** (also **rationalisation**) /ˌræʃnəlaɪˈzeɪʃn/ *noun* **1** [C,U] megindoklás, magyarázat **2** [U] ésszerűsítés, racionalizálás

rattle¹ /'rætl/ *verb* **1** [I,T] zörög, csörög, zörget, csörget **2** [T] (*informális*) felkavar, megráz vkit
PHRASAL VERB **rattle sth off** elhadar vmit

rattle² /'rætl/ *noun* [C] **1** csörgő (*csecsemőé*) **2** zörgés, csörgés

raucous /'rɔ:kəs/ *adj.* harsány, durva (*hang*): *raucous laughter*

ravage /'rævɪdʒ/ *verb* [T] tönkretesz, feldúl vmit

rave¹ /reɪv/ *verb* [I] **1** (*informális*) **rave (about sb/sth)** áradozik, lelkendezik vmiről **2** (*beszédben*) dühöng, őrjöng

rave² /reɪv/ *noun* [C] (*brit*) zajos buli (*a szabadban vagy üres épületben*)

raven /'reɪvn/ *noun* [C] holló

ravenous /'rævənəs/ *adj.* farkaséhes
▶ **ravenously** *adv.* farkaséhesen

ˌrave reˈview *noun* [C] lelkendező kritika (*sajtóban*)

ravine /rəˈviːn/ *noun* [C] szurdok, hegyszoros

raving /'reɪvɪŋ/ *adj., adv.* (*informális*) tök(re), baromi(ra) (*nyomatékosítás*): *Have you gone raving mad?*

★ **raw** /rɔ:/ *adj.* **1** nyers **2** nyers- (*feldolgozatlan*): *raw materials* **3** felhorzsolt (*bőr*)

ray /reɪ/ *noun* [C] (*fény-, hő-, energia-*) sugár: *the sun's rays* • *ultraviolet rays* ➔ Lásd **X-ray.**
IDIOM **a ray of hope** reménysugár

★ **razor** /'reɪzə(r)/ *noun* [C] borotva: *an electric razor* • *a disposable razor* eldobható borotva

ˈrazor blade *noun* [C] borotvapenge

Rd *abbr.* (**road** *rövidítése*) út, utca: *21 Hazel Rd*

re² /riː/ *prep.* (*írott nyelv*) tárgy (*hivatalos levélben*): *Re your letter of 1 September...*

❶ = magyarázat   [C] megszámlálható (*főnév*): *one book, two books*   [U] megszámlálhatatlan (*főnév*): *some sugar*

Válaszul szeptember 1-jén kelt leve-
lükre...

reach¹ /riːtʃ/ verb **1** [T] elér vmit, eljut
vhova: We won't reach Dover before 12. •
The two sides hope to **reach an agreement**
(hogy megállapodásra jutnak) sometime
today. • Sometimes the temperature
reaches 45°C. • The team reached the semi-
final last year. • to reach a decision/conclu-
sion/compromise **2** [I,T] **reach (out) (for
sb/sth); reach (sth) (down)** vki/vmi felé,
vhová nyúl: The child reached out for her
mother (kinyújtotta a karját az anyja
felé). • She reached into her bag for her
purse. **3** [I,T] (kézzel) elér vmit: He couldn't
reach the light switch. • This ladder won't
reach. Ez a létra nem ér fel odáig. **4** [T] elér
vkit (pl. telefonon): You can reach me at
this number.

reach² /riːtʃ/ noun [U] karnyújtásnyi
távolság
IDIOMS beyond/out of (sb's) reach 1 vki
számára (kézzel) nem elérhető helyen,
túl messze: Keep this medicine out of the
reach of children (gyermekek számára
nem elérhető helyen). **2** vki számára
elérhetetlen/megoldhatatlan: A job like
that is completely beyond his reach (túl
magas neki). | **within (sb's) reach 1** keze
ügyében (lévő), hozzáférhető helyen
2 karnyújtásnyira (átv): We were one goal
ahead and could sense that victory was
within our reach. | **within (easy) reach of
sth** vhonnan könnyen/jól elérhető
helyen

react /riˈækt/ verb [I] **1 react (to sth) (by
doing sth)** reagál (vmire) (vhogy) **2 react
(to sth)** rosszul lesz/megbetegszik vmitől
(ételtől, szagtól stb.) **3 react (with
sth/together)** (kémia) reakcióba lép
vmivel
PHRASAL VERB react against sb/sth szembe-
szegül

reaction /riˈækʃn/ noun **1** [C,U] **(a) reaction
(to sb/sth)** reagálás vmire: Could we have
your reaction to the latest news, Prime Min-
ister? **2** [C,U] **(a) reaction (against sb/sth)**
szembeszegülés **3** [C] **a reaction (to sth)**
(beteges) reakció (ételre, anyagra, gáz-
neműre): She had an **allergic reaction** (aller-
giás rohamot kapott vmitől) to something
in the food. **4** [C, usually plural] reakció,
reagálóképesség: If the other driver's reac-

tions hadn't been so good, there would have
been an accident. **5** [C,U] kémiai reakció

reactionary /riˈækʃənri/ noun [C] (plural
reactionaries) reakciós/haladás-ellenes
ember
▶ **reactionary** adj. reakciós, haladás-
ellenes: reactionary views/politics/groups

reactor /riˈæktə(r)/ noun [C] (atom)reak-
tor

read¹ /riːd/ verb (pt, pp read /red/) **1** [I,T]
olvas: He never learnt to read and write. •
Can you read music (kottát olvasni)? **2** [I,T]
**read (sb) (sth); read sth (to sb); read sth out
(to sb)** felolvas (vkinek) (vmit): I hate read-
ing out loud. **3** [T] leolvas: A man came to
read the gas meter. • Profoundly deaf people
train to **read lips** (szájról olvasni). • I can't
read his mind (a gondolataiban olvasni).
4 [T] az van odaírva: The sign read (a
táblán az állt)'Keep Left'. **5** [T] (formális)
hallgat, tanul vmit (egyetemen): She read
Modern Languages at Cambridge.
PHRASAL VERBS read sth into sth belemagya-
ráz: Don't read too much into what she says.
| **read on** továbbolvas, folytatja az olva-
sást | **read sth through** átolvas (ellenőr-
zésként) | **read up on sth** (mindent)
hozzáolvas (egy témához)

read² /riːd/ noun [sing.] (informális) olva-
sás, olvasmány: Her detective novels are
usually **a good read**.

readable /ˈriːdəbl/ adj. **1** olvasható:
machine-readable data ➔ Lásd legible.
2 olvasmányos

reader /ˈriːdə(r)/ noun [C] **1** olvasó: She's an
avid reader of science fiction. **2** (mellék-
névvel) (vmilyen/vhogyan) olvasó: a
fast/slow reader **3** olvasókönyv

readership /ˈriːdəʃɪp/ noun [sing.] olvasó-
közönség, olvasótábor (újságé, képeslapé
stb.): The newspaper has a readership of
200000.

readily /ˈredɪli/ adv. **1** könnyen, gond
nélkül: Most vegetables are **readily avail-
able** at this time of year. **2** készségesen,
azonnal: He readily admitted that he was
wrong.

readiness /ˈredinəs/ noun [U] **1 readiness
(for sth)** készenlét **2 readiness (to do sth)**
készség(esség)

reading /ˈriːdɪŋ/ noun **1** [U] olvasás: I

530

haven't had time to do much reading lately.
2 [U] olvasmány, olvasnivaló: *The information office gave me a pile of reading matter to take away.* **3** [C] egyéni értelmezése vminek, olvasat: *What's your reading of the situation?* **4** [C] (műszer)állás: *a reading of 20°*

readjust /ˌriːəˈdʒʌst/ *verb* **1** [I] readjust (to sth) hozzászokik vmihez, beleszokik (*helyzetbe*), alkalmazkodik (*új helyzethez*) **2** [T] megigazít
▸ **readjustment** *noun* [C,U] hozzászokás vmihez, (meg)igazítás

★ **ready** /ˈredi/ *adj.* **1** ready (for sb/sth); ready (to do sth); ready (with/for sth) kész(en áll) vmire: *I'm meeting him at 7, so I don't have long to get ready* (elkészülni). • *I'll go and get the dinner ready* (elkészítem). • *Have your money ready* (készítsd elő a pénzt) *before you get on the bus.* • *I'm always ready to help.* • *Charlie's always ready with advice.* • *I know it's early, but I'm ready for bed.* **2** *adv.* (összetett melléknevekben) kész-, előregyártott: *ready-cooked food*

ready-made *adj.* kész (*-áru, -étel stb.*): *ready-made pastry/pizzas*

★ **real¹** /rɪəl/ *adj.* igazi, valódi: *The film is based on real life.* • *We have a real chance of winning.* • *She was my first real girlfriend.* • *This shirt is real silk.* • *Money is a real problem* (súlyos probléma) *for us at the moment.* • *He made a real effort* (komoly erőfeszítést) *to be polite.*
IDIOMS for real igazi, valódi, komoly: *Her tears weren't for real.* • *Was he for real* (komolyan beszélt) *when he offered you the job?* | **the real thing** az eredeti(je vminek), a valódi: *She's had boyfriends before but this time she says it's the real thing* (ez most az igazi szerelem).

real² /rɪəl/ *adv.* (*US, informális*) igazán, nagyon

ˈ**real estate** *noun* [U] ingatlan (*föld, épületek*)

ˈ**real estate agent** (*US*) = ESTATE AGENT

realism /ˈrɪəlɪzəm/ *noun* [U] **1** realista szemlélet, józan ítélet/ítélőképesség ➔ Lásd **idealism**. **2** (*műv*) realizmus

realist /ˈrɪəlɪst/ *noun* [C] **1** realista (*szemléletű ember*) **2** (*műv*) realista

realistic /ˌrɪəˈlɪstɪk/ *adj.* **1** józan, realista,

reális **2** valósághű, élethű: *a realistic drawing* • *The monsters in the film were very realistic.*
▸ **realistically** /ˌrɪəˈlɪstɪkli/ *adv.* **1** reálisan (*szemlélve/nézve vmit*) **2** reálisan, igazából **3** valószerűen, élethűen

★ **reality** /rɪˈæləti/ *noun* (*plural* **realities**) [U, C] valóság: *I enjoyed my holiday, but now it's back to reality.* • *We have to face reality* (szembenézni a valósággal) *and accept that we've failed.* • *Films portray war as heroic and exciting, but the reality is very different.*
IDIOM in reality valójában

★ **realize** (also **-ise**) /ˈrɪəlaɪz/ *verb* [T] **1** tisztában van vmivel, tudatában van vminek ➔ Vesd össze **understand**. **2** ráébred/rájön vmire: *When I got home, I realized that I had left my keys at the office.*

Figyelem! A **realize** ige nem állhat a **can** segédigével.

3 valóra vált: *His worst fears were realized when he saw the damage caused by the fire.*
▸ **realization** (also **-isation**) /ˌrɪəlaɪˈzeɪʃn/ *noun* [U] **1** felismerés (*helyzeté*), ráeszmélés **2** megvalósítás, megvalósulás

★ **really** /ˈrɪəli/ *adv.* **1** tényleg, igazán, valóban: *I couldn't believe it was really happening.* **2** nagyon, igazán: *I'm really tired.* • *I really hope you enjoy yourself.* **3** Tényleg?: *'She's left her husband.' 'Really? When did that happen?'* **4** (nem) igazán/teljesen: *I don't really agree with that.* **5** ugye nem igazán ...?: *You don't really expect me to believe that, do you?*

Realtor™ /ˈriːəltə(r)/ (*US*) = ESTATE AGENT

reap /riːp/ *verb* [T] (le)arat: (*átv*) *Work hard now and you'll reap the benefits* (élvezi a hasznát) *later on.*

reappear /ˌriːəˈpɪə(r)/ *verb* [I] újra megjelenik
▸ **reappearance** /-rəns/ *noun* [C,U] újbóli/ismételt megjelenés

reappraisal /ˌriːəˈpreɪzl/ *noun* [C,U] újraértékelés, átértékelés

★ **rear¹** /rɪə(r)/ *noun* [sing.] **1** (**the rear**) vminek a hátulsó része/vége: *Smoking is only permitted at the rear of the bus.* **2** fenék (*testrész*)
▸ **rear** *adj.* hátsó, hátulsó: *the rear window/lights of a car*

MAGÁNHANGZÓK iː **see** | i **any** | ɪ **sit** | e **ten** | æ **hat** | ɑː **arm** | ɒ **got** | ɔː **saw** | ʊ **put** | uː **too** | u **usual**

IDIOM bring up the rear ő az utolsó, zárja a sort

rear² /rɪə(r)/ verb **1** [T] felnevel (gyereket) **2** [T] tenyészt: to rear cattle **3** [I] rear (up) (ló) ágaskodik

rearrange /ˌriːəˈreɪndʒ/ verb [T] **1** átrendez **2** átszervez

* **reason¹** /ˈriːzn/ noun **1** [C] a reason (for sth/for doing sth); a reason why.../that... ok: He said he couldn't come but he didn't **give a reason** (az okát nem mondta meg). • The reason (that) I'm phoning you is (azért hívtalak) to ask a favour. • **For some reason** (vmi miatt) they can't give us an answer until next week . • She left the job for personal reasons. **2** [C,U] (a) reason (to do sth); (a) reason (for sth/for doing sth) oka, indoka vminek: I **have reason** to believe (okom van azt hinni) that you've been lying. • I think we have reason for complaint. • You **have every reason** (minden okod megvan rá, hogy) to be angry, considering how badly you've been treated. **3** [U] (józan) ész, értelem: Only human beings are capable of reason. **4** [U] ésszerűség, józan ész: He just wouldn't **listen to reason** (nem hallgatott a józan ész szavára). • I'll pay anything **within reason** (az ésszerűség határain belül) for a ticket. **IDIOM** it stands to reason (informális) nyilvánvaló, kézenfekvő

reason² /ˈriːzn/ verb [I,T] érvel, következtet **PHRASAL VERB** reason with sb érvel, megpróbál rábeszélni/meggyőzni

* **reasonable** /ˈriːznəbl/ adj. **1** méltányos, józan (ítéletű): I tried to be reasonable even though I was very angry. **2** elfogadható, méltányos: It was a lovely meal and the bill was very reasonable! ❶ Ellentéte: unreasonable. **3** elfogadható, nem kiemelkedő: His work is of a reasonable standard.

reasonably /ˈriːznəbli/ adv. **1** eléggé, viszonylag **2** ésszerűen, méltányosan

reasoning /ˈriːzənɪŋ/ noun [U] érvelés, megfontolás: What's the reasoning behind his sudden decision to leave?

reassure /ˌriːəˈʃɔː(r)/ verb [T] megnyugtat, biztosít vkit vmiről
▸ **reassurance** /-ˈʃɔːrəns/ noun [U, C] megnyugtatás, megerősítés (döntés helyességéről)
reassuring adj. megnyugtató

reassuringly adv. megnyugtatóan, biztatóan

rebate /ˈriːbeɪt/ noun [C] visszafizetés, (pénz)visszatérítés: to get a tax rebate

rebel¹ /ˈrebl/ noun [C] lázadó

rebel² /rɪˈbel/ verb [I] (rebelling; rebelled) rebel (against sb/sth) (fel)lázad

rebellion /rɪˈbeljən/ noun [C,U] (fel)lázadás, felkelés: Voting against the leader of the party was an act of open rebellion.

rebellious /rɪˈbeljəs/ adj. lázadó, lázongó

reboot /ˌriːˈbuːt/ verb [I,T] (infor) újraindít, újratölt

rebound /rɪˈbaʊnd/ verb [I] rebound (from/off sth) (vmiről lepattanva) irányt változtat, visszapattan, gellert kap
▸ **rebound** /ˈriːbaʊnd/ noun [C] visszapattanás

rebuff /rɪˈbʌf/ noun [C] (goromba) vissza-/elutasítás
▸ **rebuff** verb [T] (gorombán) vissza-/elutasít

rebuild /ˌriːˈbɪld/ verb [T] (pt, pp rebuilt /ˌriːˈbɪlt/) újjáépít

rebuke /rɪˈbjuːk/ verb [T] (formális) megszid, korhol
▸ **rebuke** noun [C] korholás, feddés

recall /rɪˈkɔːl/ verb [T] **1** felidéz, visszaemlékezik vmire: I don't recall exactly when I first met her. • She couldn't recall meeting him before. **2** visszahív, visszarendel: The company has recalled all the fridges that have this fault.

recap /ˈriːkæp/ (recapping; recapped) (beszélt nyelv) (írott nyelv recapitulate /ˌriːkəˈpɪtʃuleɪt/) verb [I,T] átismétel, röviden összefoglal (elhangzottakat): Let's quickly recap what we've done in today's lesson, before we finish.

recapture /ˌriːˈkæptʃə(r)/ verb [T] **1** (ellenségtől) visszafoglal **2** újra elfog (szökevényt) **3** felidéz: The film brilliantly recaptures life in the 1930s.

recede /rɪˈsiːd/ verb [I] **1** eltávolodik, visszahúzódik: The coast began to recede into the distance. **2** halványul (remény, esély, félelem stb.) **3** (fel)kopaszodik (homlokon): He's got a **receding hairline** (egyre magasabb a homloka). ➔ Ábra hair alatt.

* **receipt** /rɪˈsiːt/ noun **1** [C] a receipt (for sth)

nyugta, átvételi elismervény **2** [U] (*formális*) **receipt (of sth)** kézhezvétel, átvétel

★ **receive** /rɪˈsiːv/ *verb* [T] **1 receive sth (from sb/sth)** kap: *to receive a letter/phone call/prize* **2** kap, része van vmiben: *We received a warm welcome from our hosts.* • *He received* (szenvedett) *several cuts and bruises in the accident.* **3** (*gyakran szenvedő szerkezetben*) vhogyan fogad: *The film has been well received by the critics.* **4** fog, vesz (*rádió-/tévéadást stb.*)

receiver /rɪˈsiːvə(r)/ *noun* [C] **1** telefonkagyló: *to pick up/lift/put down/replace the receiver* ➔ Lásd **hang up**. **2** vevőkészülék

★ **recent** /ˈriːsnt/ *adj.* nem régi, közelmúltbeli: *In recent years* (az utóbbi években) *there have been many changes.*

★ **recently** /ˈriːsntli/ *adv.* **1** nemrég: *She worked here until quite recently.* **2** az utóbbi időben, mostanában: *Have you seen Paul recently?*

> A **recently** szó időpontot és időtartamot is jelenthet. Ha időpontot fejez ki, *past simple* igeidővel áll: *He got married recently.* Ha időtartamra utal, a *present perfect* vagy *present perfect continuous* igeidőt kell használni: *I haven't done anything interesting recently.* • *She's been working hard recently.* A **lately** szó csak időtartamot fejez ki és csak *present perfect* vagy *present perfect continuous* igeidővel állhat: *I've seen a lot of films lately.* • *I've been spending too much money lately.*

receptacle /rɪˈseptəkl/ *noun* [C] (*formális*) tartály

★ **reception** /rɪˈsepʃn/ *noun* **1** [U] recepció: *Leave your key at/in reception if you go out, please.* • *the reception desk* **2** [C] (ünnepélyes) fogadás: *a wedding reception* **3** [*sing.*] fogadtatás: *The play got a mixed reception.* **4** [U] (*rádió, tévé*) vétel(i lehetőség)

receptionist /rɪˈsepʃənɪst/ *noun* [C] recepciós (*hotelben stb.*)

receptive /rɪˈseptɪv/ *adj.* **receptive (to sth)** fogékony, befogadókész (*új dolgokra*)

recess /rɪˈses; ˈriːses/ *noun* **1** [C,U] szünet (*hivatalos intézmények, pl. a Parlament*

munkájában) **2** [U] (*US*) tárgyalási szünet (*bíróságon*) ➔ Magyarázat az **interval** szónál. **3** [C] fali fülke **4** [C] sötét, eldugott hely (*szobában*)

recession /rɪˈseʃn/ *noun* [C,U] (*gazdasági*) visszaesés, recesszió: *The country is now in recession.*

recharge /ˌriːˈtʃɑːdʒ/ *verb* [I,T] (*el*) fel-/újratölt: *He plugged the drill in to recharge it.* ➔ Lásd **charge**.
▸ **rechargeable** *adj.* újratölthető: *rechargeable batteries*

★ **recipe** /ˈresəpi/ *noun* [C] **1 a recipe (for sth)** (étel)recept **2 a recipe for sth** recept, eljárási mód: *Putting Dave in charge of the project is a recipe for disaster* (biztos/garantált katasztrófa).

recipient /rɪˈsɪpiənt/ *noun* [C] (*formális*) átvevő, elfogadó, kedvezményezett (*személy*)

reciprocal /rɪˈsɪprəkl/ *adj.* kölcsönös, kétirányú (*kapcsolat*): *a reciprocal arrangement*

recital /rɪˈsaɪtl/ *noun* [C] előadás, szólóest: *a piano recital* ➔ Lásd **concert**.

recite /rɪˈsaɪt/ *verb* [I,T] előad, elmond (*prózát, verset*)

reckless /ˈrekləs/ *adj.* vakmerő, meggondolatlan: *reckless driving* gondatlan vezetés
▸ **recklessly** *adv.* vakmerően, meggondolatlanul

reckon /ˈrekən/ *verb* [T] (*informális*) **1** gondol, vél: *I reckon (that) she isn't coming.* **2** (úgy) számít, kalkulál: *I reckon the journey will take about half an hour.*

PHRASAL VERBS **reckon on sth** számít vmire: *I didn't book in advance because I wasn't reckoning on tickets being so scarce.* | **reckon sth up** összeszámol | **reckon with sb/sth** számol vkivel/vmivel (*mint várható problémával*)

reclaim /rɪˈkleɪm/ *verb* [T] **1 reclaim sth (from sb/sth)** visszaszerez, visszaigényel: *Reclaim your luggage after you have been through passport control.* **2** visszanyer, újrahasznosít (*használt anyagot*) **3** lecsapol, újra termővé tesz (*talajt*)

recline /rɪˈklaɪn/ *verb* [I] hátradől
▸ **reclining** *adj.* hátrahajló, hátrahajtható: *The car has reclining seats at the front.*

recognition /ˌrekəgˈnɪʃn/ noun 1 [U] meg-/felismerés: When I arrived no sign of recognition showed on her face at all. 2 [U, sing.] elismerés (tényé) 3 [U] hivatalos elismerés, megbecsülés: She has **received** public **recognition** for her services to charity. • Please accept this gift **in recognition** of the work you have done.

recognizable (also **recognisable**) /ˈrekəgnaɪzəbl; ˌrekəgˈnaɪzəbl/ adj. **recognizable (as sb/sth)** meg-/felismerhető
▸ **recognizably** /-əbli/ adv. felismerhetően

* **recognize** (also -ise) /ˈrekəgnaɪz/ verb [T]
1 meg-/felismer 2 (tényként, igazságként) elismer 3 (hivatalosan) elismer, elfogad: My qualifications are not recognized in other countries. 4 elismer, méltányol

recoil /rɪˈkɔɪl/ verb [I] hátra-/visszahőköl, visszaretten: She recoiled in horror at the sight of the corpse.

recollect /ˌrekəˈlekt/ verb [I,T] (vissza)-emlékszik, felidéz

recollection /ˌrekəˈlekʃn/ noun 1 [U] recollection **(of sth/doing sth)** emlék(ezet): I **have no recollection** of (nem emlékszem rá, hogy) promising to lend you money. 2 [C, usually plural] emlék: I have only vague recollections of the town where I spent my early years.

* **recommend** /ˌrekəˈmend/ verb [T] ajánl, javasol: Which film would you recommend? • Could you recommend me a good hotel? • We hope that you'll recommend this restaurant to all your friends. • Doctors don't always recommend drugs as the best treatment for every illness. • I recommend that you get some legal advice. • I wouldn't recommend (your) travelling on your own. It could be dangerous. ➔ Lásd **suggest**.

recommendation /ˌrekəmenˈdeɪʃn/ noun 1 [C,U] ajánlás, javaslat: I visited Seville on a friend's **recommendation** (javaslatára) and I really enjoyed it. 2 [C] javaslat: In their report on the crash, the committee **make** several **recommendations** (számos javaslatot tesz) on how safety could be improved.

recompense /ˈrekəmpens/ verb [T] (formális) **recompense sb (for sth)** kárpótol, kártérítést fizet
▸ **recompense** noun [sing., U] kártérítés, kárpótlás: Please accept this cheque **in recompense for** (kárpótlásként) our poor service.

reconcile /ˈrekənsaɪl/ verb [T] 1 **reconcile sth (with sth)** összeegyeztet, összehangol (ellentétes dolgokat): She finds it difficult to reconcile her career ambitions with her responsibilities to her children. 2 (gyakran szenvedő szerkezetben) **reconcile sb (with sb)** kibékít vkit (vkivel): After years of not speaking to each other, she and her parents were eventually reconciled. 3 **reconcile yourself to sth** megbékél vmivel, beletörődik
▸ **reconciliation** /ˌrekənsɪliˈeɪʃn/ noun [U, sing.] kibékülés, megegyezés: The negotiators are hoping to bring about a reconciliation between the two sides.

reconnaissance /rɪˈkɒnɪsns/ noun [C,U] katonai felderítés: The plane was shot down while on a reconnaissance mission over enemy territory.

reconsider /ˌriːkənˈsɪdə(r)/ verb [I,T] újból fontolóra vesz

reconstruct /ˌriːkənˈstrʌkt/ verb [T] 1 újjáépít, helyreállít 2 rekonstruál (tényeket, eseményeket)
▸ **reconstruction** /-ˈstrʌkʃn/ noun 1 [U] újjáépítés, helyreállítás 2 [C] rekonstrukció (tényeké, eseményeké)

* **record¹** /ˈrekɔːd/ noun 1 [C] **a record (of sth)** feljegyzés, nyilvántartás: The teachers **keep records** (feljegyzéseket készítenek) of the children's progress. • medical records • It's **on record** (hivatalos nyilvántartásban szerepel) that he was away at the time of the crime. 2 [sing.] nyilvántartás: to have **a criminal record** büntetett előéletű • This airline has a bad safety record (rossz a baleseti statisztikája). 3 [C] (also **album**) (hang)lemez 4 [C] rekord, csúcs: Who **holds** the world **record** for the javelin? • She's hoping to **break the record** (csúcsot dönt). • He did it **in record time** (nagyon gyorsan). • to **set a new record**
IDIOMS **off the record** nem hivatalosan | **put/set the record straight** helyesbít, helyreigazít

* **record²** /rɪˈkɔːd/ verb 1 [T] feljegyez, nyilvántartásba vesz: The coroner **recorded a verdict** of accidental death. 2 [I,T] (hang/

film)felvételt készít: *to record an album/a film on TV*

'record-breaking *adj. (csak főnév előtt)* csúcs-: *We did the journey in record-breaking time.*

recorder /rɪˈkɔːdə(r)/ *noun* [C] **1** lejátszó: *a tape/cassette/video recorder* szalagos/ kazettás magnetofon/videó lejátszó **2** furulya ➔ Magyarázat a **piano** szónál.

recording /rɪˈkɔːdɪŋ/ *noun* **1** [C] (hang-/ film)felvétel **2** [U] lemez-/kazetta-/film-készítés: *a recording session/studio*

'record player *noun* [C] lemezjátszó

recount /rɪˈkaʊnt/ *verb* [T] (*formális*) elmond

recourse /rɪˈkɔːs/ *noun* [C] (*formális*) igénybevétel: *She recovered without recourse to surgery.*

★ **recover** /rɪˈkʌvə(r)/ *verb* **1** [I] recover (from sth) meggyógyul, felépül **2** [I] recover (from sth) kihever vmit **3** [T] recover sth (from sb/sth) megtalál, visszaszerez **4** [T]: *to recover consciousness* magához tér • *She seemed upset but quickly recovered herself* (visszanyerte önuralmát).

★ **recovery** /rɪˈkʌvəri/ *noun* **1** [usually sing., U] recovery (from sth) (fel)gyógyulás, felépülés: *to make a good/quick/speedy/ slow recovery* szépen/gyorsan/lassan gyógyul • *She's on the road to recovery* (gyógyulófélben van). • *economic recovery* **2** [U] recovery (of sth/sb) visszaszerzés, megtalálás

recreation /ˌrekriˈeɪʃn/ *noun* [U, sing.] kikapcsolódás

recrimination /rɪˌkrɪmɪˈneɪʃn/ *noun* [C, usually plural; U] vádaskodás

recruit¹ /rɪˈkruːt/ *noun* [C] újonc

recruit² /rɪˈkruːt/ *verb* [I,T] toboroz: *to recruit graduates to the teaching profession* ▶ **recruitment** *noun* [U] toborzás

rectangle /ˈrektæŋɡl/ *noun* [C] téglalap ❶ Szinonimája: **oblong**. ▶ **rectangular** /rekˈtæŋɡjələ(r)/ *adj.* téglalap alakú

rectify /ˈrektɪfaɪ/ *verb* [T] (*pres. part.* rectifying; *3rd pers. sing. pres.* rectifies; *pt, pp* rectified) (*formális*) helyrehoz, helyesbít

recuperate /rɪˈkuːpəreɪt/ *verb* [I] (*for-*

mális) **recuperate (from sth)** meg-/fel-gyógyul ▶ **recuperation** /rɪˌkuːpəˈreɪʃn/ *noun* [U] (fel)gyógyulás

recur /rɪˈkɜː(r)/ *verb* [I] (**recurring**; **recurred**) ismétlődik: *a recurring problem/illness/ nightmare* ▶ **recurrence** /rɪˈkʌrəns/ *noun* [C,U] ismét-lődés **recurrent** /rɪˈkʌrənt/ *adj.* ismétlődő, visz-szatérő

recycle /ˌriːˈsaɪkl/ *verb* [T] **1** újra feldolgoz: *recycled paper* **2** újra felhasznál ▶ **recyclable** *adj.* újra felhasználható **recycling** *noun* [U] újra feldolgozás: *a recycling plant*

★ **red** /red/ *noun* [C,U], *adj.* (**redder**; **reddest**) **1** piros, vörös: *red wine* • *to be dressed in red* ➔ Lásd még **crimson, maroon, scarlet**. **2** vörös: *He went bright red* (lángvörös lett) *when he saw her.* • *to turn/be/go red in the face* elvörösödik/elpirul **3** vörös: *She's got red hair and freckles.*

IDIOMS be in the red mínuszban van (*bank-számlán*): *I'm £500 in the red.* ❶ Ellentéte: **be in the black**. | **catch sb red-handed** → CATCH¹ | **a red herring** mellébeszélés | **see red** (*informális*) dühbe gurul

ˌred ˈcard *noun* [C] (*futballban*) piros lap

the ˌred ˈcarpet *noun* [sing.] piros szőnyeg (*átv*), különleges bánásmód: *I didn't expect to be given the red carpet treatment!*

redcurrant /ˌredˈkʌrənt/ *noun* [C] ribizli

redden /ˈredn/ *verb* [I,T] elvörösödik, pirosra fest ❶ Gyakoribb a **go red** vagy **blush**.

reddish /ˈredɪʃ/ *adj.* vöröses

redeem /rɪˈdiːm/ *verb* [T] **1** ellensúlyoz: *The redeeming feature of the job* (az állás jó oldala) *is the salary.* **2** redeem yourself helyrehozza régi bűnét, jóvátesz

redemption /rɪˈdempʃn/ *noun* [U] meg-váltás

IDIOM beyond redemption menthetetlen, javíthatatlan

redevelop /ˌriːdɪˈveləp/ *verb* [T] újjáépít, átrendez: *They're redeveloping the city cen-tre.* ▶ **redevelopment** *noun* [U] újjáépítés, átrendezés

---

❶ = magyarázat [C] megszámlálható (*főnév*): *one book, two books*

[U] megszámlálhatatlan (*főnév*): *some sugar*

redhead /'redhed/ *noun* [C] vöröshajú ember

ˌred-ˈhot *adj.* vörösen izzó

redial /ˌriː'daɪəl/ *verb* [I,T] újra tárcsáz

redistribute /ˌriːdɪ'strɪbjuːt; riː'dɪs-/ *verb* [T] újra (f)eloszt
▸ **redistribution** /ˌriːdɪstrɪ'bjuːʃn/ *noun* [U] új (f)elosztás

ˌred-ˈlight district *noun* [C] türelmi zóna, vigalmi negyed

ˌred ˈpepper *noun* [C] piros paprika ➋ Lásd még pepper(2), green pepper.

ˌred ˈtape *noun* [U] bürokrácia

★ **reduce** /rɪ'djuːs/ *verb* [T] **1** reduce sth (from sth) (to sth); reduce sth (by sth) csökkent: *The sign said 'Reduce speed now'.* ❶ Ellentéte: increase. **2** reduce sb/sth (from sth) to sth (*gyakran szenvedő szerkezetben*) vmibe/vmire kényszerít: *The older boy reduced the small child to tears* (könnyekre fakasztotta).

★ **reduction** /rɪ'dʌkʃn/ *noun* **1** [C,U] reduction (in sth) csökken(t)és **2** [C] (ár)engedmény

redundant /rɪ'dʌndənt/ *adj.* **1** létszám feletti (*alkalmazott*): *The factory closed and 500 people were made redundant* (elbocsátottak). **2** felesleges
▸ **redundancy** /-dənsi/ *noun* [C,U] (*plural* redundancies) **1** (munkahelyi) leépítés, munkaerő-feleslég: *redundancy pay* végkielégítés **2** dagályosság

reed /riːd/ *noun* [C] **1** nád, sás **2** nádsíp

reef /riːf/ *noun* [C] zátony: *a coral reef*

reek /riːk/ *verb* [I] reek (of sth) bűzlik
▸ **reek** *noun* [sing.] bűz

reel¹ /riːl/ *noun* [C] orsó, tekercs: *a cotton reel* ● *a reel of film* ➋ Lásd spool. Ábra garden¹ alatt.

reel² /riːl/ *verb* [I] **1** tántorog **2** reszket vmitől: *His mind was still reeling* (még nem tért magához) *from the shock.*
PHRASAL VERB reel sth off elhadar

ref. *abbr.* (reference *rövidítése*) hivatkozás(i), iktatószám: *ref. no 3456*

★ **refer** /rɪ'fɜː(r)/ *verb* (referring; referred) **1** [I] refer to sb/sth (as sth) utal vkire/vmire, (vminek) nevez vkit/vmit **2** [I] refer to sb/sth vonatkozik vkire/vmire **3** [I] refer to sb/sth fordul vkihez/vmihez **4** [T] refer sb/sth to sb/sth irányít vkit/vmit vkihez/vmihez: *The doctor referred me to a specialist.*

referee /ˌrefə'riː/ *noun* [C] **1** (*informális* ref) (*sp*) játékvezető

> A játékvezető teniszben és krikettben umpire.

2 (*brit*) ajánló személy: *Could you act as my referee?*
▸ **referee** *verb* [I,T] meccset vezet, játékvezető(ként szerepel)

★ **reference** /'refrəns/ *noun* **1** [C,U] (a) reference (to sb/sth) utalás, hivatkozás: *The article made a direct reference to the scandal.* **2** [U] információ-szerzés: *The book may be useful for future reference.* **3** [C] (*abbr.* ref.) iktatószám **4** [C] ajánlólevél: *My boss gave me a good reference.*
IDIOM with reference to sb/sth (*formális*) hivatkozva vkire/vmire

ˈreference book *noun* [C] kézikönyv

referendum /ˌrefə'rendəm/ *noun* [C,U] (*plural* referendums *or* referenda /-də/) népszavazás: *to hold a referendum*

refill /ˌriː'fɪl/ *verb* [T] újratölt
▸ **refill** /'riːfɪl/ *noun* [C] utántöltés: *a refill for a pen* tollbetét

refine /rɪ'faɪn/ *verb* [T] finomít (*átv is*): *to refine sugar/oil* ● *to refine a theory*

refined /rɪ'faɪnd/ *adj.* **1** finom(ított): *refined sugar/oil* **2** kifinomult ❶ Ellentéte: unrefined.

refinement /rɪ'faɪnmənt/ *noun* **1** [C] finomítás **2** [U] kifinomultság

refinery /rɪ'faɪnəri/ *noun* [C] (*plural* refineries) finomító: *an oil/a sugar refinery*

★ **reflect** /rɪ'flekt/ *verb* **1** [T] visszaver **2** [T] reflect sb/sth (in sth) (*ált. szenvedő szerkezetben*) visszatükröz **3** [T] tükröz (*átv*) **4** [I] reflect (on/upon sth) elmélkedik, átgondol
PHRASAL VERB reflect (well, badly, etc.) on sb/sth (jó/rossz stb.) fényt vet vkire/vmire

★ **reflection** (*brit also* reflexion) /rɪ'flekʃn/ *noun* **1** [C] tükörkép **2** [U] visszaverődés **3** [C] vminek a tükre: *Your clothes are a reflection of your personality.* **4** [sing.] be a reflection on/upon sb/sth jó/rossz fényt

---

[I] **tárgyatlan** (*ige*): He laughed.

[T] **tárgyas** (*ige*): He ate an apple.

vet vkire/vmire **5** [U, C] elmélkedés: a book of his *reflections* on life

IDIOM on reflection alapos mérlegelés után

reflective /rɪˈflektɪv/ adj. **1** (írott nyelv) elmélkedő: a *reflective* mood **2** hő-/fényvisszaverő **3** reflective (of sth) jellemző (vmire), vmit tükröző

reflector /rɪˈflektə(r)/ noun [C] **1** reflektor **2** macskaszem

reflex /ˈriːfleks/ noun **1** [C] (also 'reflex action) reflex, reakció **2** (reflexes) [plural] reflex: to have good *reflexes*

reflexion (brit) = REFLECTION

reflexive /rɪˈfleksɪv/ adj., noun [C] visszaható: a *reflexive* verb • a *reflexive* pronoun

★ **reform** /rɪˈfɔːm/ verb **1** [T] megújít **2** [I,T] megjavít/-javul: *Prisons should reform criminals, not simply punish them.*
  ▸ **reform** noun [C,U] reform

reformer /rɪˈfɔːmə(r)/ noun [C] reformer

refrain¹ /rɪˈfreɪn/ verb [I] (formális) refrain (from sth/doing sth) tartózkodik vmitől

refrain² /rɪˈfreɪn/ noun [C] (formális) refrén **❶** Szinonimája: **chorus**.

refresh /rɪˈfreʃ/ verb [T] felfrissít
  IDIOM refresh your memory (about sb/sth) feleleveníti az emlékezetét

refreshing /rɪˈfreʃɪŋ/ adj. **1** üdítő: It makes *a refreshing change* (kellemes fordulat) to meet new people. **2** frissítő: a *refreshing swim/shower/drink*

refreshment /rɪˈfreʃmənt/ noun **1** (refreshments) [plural] üdítőitalok, büféáruk **2** [U] (formális) felfrissülés, frissítők

refrigerate /rɪˈfrɪdʒəreɪt/ verb [T] (le)hűt
  ▸ **refrigerator** (formális) noun [C] hűtőszekrény, fridzsider ➔ Lásd **freezer**.

refuge /ˈrefjuːdʒ/ noun [C,U] refuge (from sb/sth) menedék(hely): We had to *take refuge* (menedéket kellett találnunk) under a tree while it rained. • a *refuge* for the homeless

★ **refugee** /ˌrefjuˈdʒiː/ noun [C] menekült: a *refugee camp* ➔ Lásd **fugitive, exile**.

refund /ˈriːfʌnd/ noun [C] visszatérítés: to claim/demand/get a *refund*
  ▸ **refund** /rɪˈfʌnd; ˈriːfʌnd/ verb [T] visszatérít

refundable adj. visszatéríthető/-térítendő: a *refundable* deposit

★ **refusal** /rɪˈfjuːzl/ noun [U, C] (a) refusal (of sth); (a) refusal (to do sth) visszautasítás

★ **refuse¹** /rɪˈfjuːz/ verb [I,T] visszautasít: My job application was *refused*. **❶** Ellentéte: **agree**.

refuse² /ˈrefjuːs/ noun [U] (formális) hulladék, szemét: the *refuse collection* szemétszállítás

regain /rɪˈgeɪn/ verb [T] visszanyer: to *regain consciousness*

regal /ˈriːgl/ adj. fejedelmi

★ **regard¹** /rɪˈgɑːd/ verb [T] **1** regard sb/sth as sth; regard sb/sth (with sth) tekint vkit/vmit vmilyennek/vminek: Her work is highly *regarded* (nagyra becsült). **2** (formális) néz vkire/vmire
  IDIOM as regards sb/sth (formális) vkit/vmit illetően

regard² /rɪˈgɑːd/ noun **1** [U] regard to/for sb/sth figyelem, vkire/vmire való tekintet: He shows little *regard* (alig törődik) for other people. **2** [U, sing.] (a) regard (for sb/sth) tisztelet: She obviously *has great regard* (nagyon tiszteli) for your ability. **3** (regards) [plural] üdvözlet: *Give my regards* to your parents.
  IDIOM in/with regard to sb/sth; in this/that/one regard (formális) vkire/vmire vonatkozóan

regarding /rɪˈgɑːdɪŋ/ prep. (formális) vonatkozóan

regardless /rɪˈgɑːdləs/ adv., prep. regardless (of sth) vkire/vmire való tekintet nélkül, vmi/mindennek ellenére: I told her to stop but she *carried on regardless*.

regatta /rɪˈgætə/ noun [C] evezős-/vitorlásverseny

reggae /ˈreɡeɪ/ noun [U] (zene) reggae

★ **regime** /reɪˈʒiːm/ noun [C] rezsim, uralom: a *military/fascist regime*

regiment /ˈredʒɪmənt/ [C, with sing. or plural verb] ezred
  ▸ **regimental** /ˌredʒɪˈmentl/ adj. ezred-

regimented /ˈredʒɪmentɪd/ adj. (formális) (túl) erősen korlátozott

★ **region** /ˈriːdʒən/ noun [C] **1** terület, övezet: desert/coastal *regions* ➔ Magyarázat a **district** szónál. **2** (test) tájék
  IDIOM in the region of sth körülbelül: There

were somewhere in the region of 30 000 people at the rally.

regional /'ri:dʒənl/ *adj.* körzeti, területi ➔ Lásd **local, international, national**.

★ **register¹** /'redʒɪstə(r)/ *verb* **1** [*I,T*] (hivatalosan) bejelentkezik, nyilvántartásba vesz: *You should register with a doctor nearby.* **2** [*I,T*] mutat, mutatkozik: *The earthquake registered 6.4 on the Richter scale.* **3** [*T*] kifejez **4** [*I,T*] (*gyakran tagadó mondatokban*) ismerősnek tűnik, tudomást vesz vmiről: *He told me his name but it didn't register* (nem ugrott be). **5** [*T*] ajánlottan ad fel

★ **register²** /'redʒɪstə(r)/ *noun* **1** [*C*] névjegyzék, nyilvántartás: *The teacher calls the register* (névsort olvas) *first thing in the morning.* ● *the electoral register* választói névjegyzék **2** [*C,U*] nyelvi regiszter

ˌ**registered ˈpost** *noun* [*U*] (*brit*) ajánlott küldemény

ˈ**register office** = REGISTRY OFFICE

registrar /ˌredʒɪˈstrɑː(r); ˈredʒɪstrɑː(r)/ *noun* [*C*] **1** anyakönyvvezető **2** tanulmányi hivatal vezetője

registration /ˌredʒɪˈstreɪʃn/ *noun* [*U*] beiratkozás: *Registration for evening classes will take place on 8 May.*

ˌ**regiˈstration number** *noun* [*C*] rendszám

registry /'redʒɪstri/ *noun* [*C*] (*plural* **registries**) hivatalos/központi nyilvántartó

ˈ**registry office** (also ˈ**register office**) *noun* [*C*] anyakönyvi hivatal ➔ Magyarázat a **wedding** szónál.

★ **regret¹** /rɪ'gret/ *verb* [*T*] (**regretting**; **regretted**) **1** megbán, sajnál: *Do you regret not taking the job?* **2** (*formális*) sajnál: *I regret to inform you* (sajnálattal értesítem) *that your application has been unsuccessful.*

★ **regret²** /rɪ'gret/ *noun* [*C,U*] megbánás, sajnálat: *Do you have any regrets that you didn't go to college?*
▶ **regretful** /-fl/ *adj.* sajnálkozó: *a regretful look/smile*
regretfully /-fəli/ *adv.* sajnálkozva, sajnos

regrettable /rɪ'gretəbl/ *adj.* sajnálatos
▶ **regrettably** *adv.* sajnos

★ **regular¹** /'regjələ(r)/ *adj.* **1** egyenletes, rendszeres: *Nurses checked her blood pres-*

sure *at regular intervals* (rendszeres időközönként). ● *The fire alarms are tested on a regular basis* (rendszeresen). ❶ Ellentéte: **irregular**. **2** gyakori: *regular exercise* ● *Accidents are a regular occurrence* (gyakori jelenség) *on this road.* **3** rendszeres: *a regular customer* törzsvásárló ● *We're regular visitors to Britain.* **4** állandó **5** szabályos: *regular teeth/features* ❶ Ellentéte: **irregular**. **6** állandó, hivatásos: *a regular income* ● *a regular army* **7** (*főleg US*) normál: *Regular or large fries?* **8** (*nyelv*) szabályos: *'Walk' is a regular verb.* ❶ Ellentéte: **irregular**.
▶ **regularly** *adv.* rendszeresen
regularity /ˌregjuˈlærəti/ *noun* [*U,C*] rendszeresség: *with increasing/depressing regularity*

regular² /'regjələ(r)/ *noun* [*C*] **1** (*informális*) törzsvendég **2** rendszeres résztvevő **3** hivatásos

regulate /'regjuleɪt/ *verb* [*T*] szabályoz, irányít, beállít

★ **regulation** /ˌregjuˈleɪʃn/ *noun* **1** [*C, usually plural*] előírás, rendszabály: *safety regulations* **2** [*U*] szabályozás

rehabilitate /ˌriːəˈbɪlɪteɪt/ *verb* [*T*] normális életvitelre visszaállít
▶ **rehabilitation** /ˌriːəˌbɪlɪˈteɪʃn/ *noun* [*U*] rehabilitáció(s): *a rehabilitation centre/programme*

rehearsal /rɪ'hɜːsl/ *noun* [*C,U*] próba: *a dress rehearsal* kosztümös főpróba
▶ **rehearse** /rɪ'hɜːs/ *verb* [*I,T*] **rehearse (for sth)** próbál

reign /reɪn/ *verb* [*I*] **reign (over sb/sth)** uralkodik: (*átv*) *the reigning world champion* címvédő világbajnok ● *Chaos reigned after the first snow of the winter.*
▶ **reign** *noun* [*C*] uralkodás

reimburse /ˌriːɪmˈbɜːs/ *verb* [*T*] (*formális*) pénzt visszatérít: *The company will reimburse you in full for your expenses.*

rein /reɪn/ *noun* [*C, usually plural*] gyeplő

reincarnation /ˌriːɪnkɑːˈneɪʃn/ *noun* [*U,C*] reinkarnáció ➔ Lásd **incarnation**.

reindeer /'reɪndɪə(r)/ *noun* [*C*] (*plural* **reindeer**) rénszarvas

reinforce /ˌriːɪnˈfɔːs/ *verb* [*T*] megerősít

reinforcement /ˌriːɪnˈfɔːsmənt/ *noun* **1** [*U*]

megerősítés **2** (**reinforcements**) [*plural*] utánpótlás

reinstate /ˌriːmˈsteɪt/ *verb* [T] **1 reinstate sb (in/as sth)** állásába visszahelyez **2** visszaállít
► **reinstatement** *noun* [U] **1** eredeti állásba visszahelyezés **2** visszaállítás

★ **reject¹** /rɪˈdʒekt/ *verb* [T] vissza-/elutasít
► **rejection** *noun* [C,U] vissza-/elutasítás: *There has been total rejection of the new policy.*

reject² /ˈriːdʒekt/ *noun* [C] kiselejtezett tárgy, alkalmatlannak minősített személy: *Rejects are sold at half price.*

rejoice /rɪˈdʒɔɪs/ *verb* [I] (*formális*) **rejoice (at/over sth)** örvendezik
► **rejoicing** *noun* [U] örömünnep, örvendezés

rejuvenate /rɪˈdʒuːvəneɪt/ *verb* [T] (*gyakran szenvedő szerkezetben*) fiatalít
► **rejuvenation** /rɪˌdʒuːvəˈneɪʃn/ *noun* [U] fiatalítás

relapse /rɪˈlæps/ *verb* [I] visszaesik: *to relapse into bad habits*
► **relapse** /ˈriːlæps/ *noun* [C] visszaesés: *The patient had a relapse and died.*

★ **relate** /rɪˈleɪt/ *verb* [T] **1 relate A to/with B** összefüggésbe hoz **2** (*formális*) **relate sth (to sb)** elmond
PHRASAL VERB relate to sb/sth 1 vonatkozik vkire/vmire **2** megért

related /rɪˈleɪtɪd/ *adj.* **related (to sb/sth) 1** (vkivel/vmivel) összefüggésben **2** rokoni kapcsolatban

★ **relation** /rɪˈleɪʃn/ *noun* **1** (**relations**) [*plural*] **relations (with sb); relations (between A and B)** kapcsolat, viszony **2** [U] **relation (between sth and sth); relation (to sth)** összefüggés: *Their salaries bear no relation* (nincs összefüggésben) *to the hours they work.* **3** [C] rokon: *a close/distant relation* • *What relation are you to each other?* Milyen rokoni kapcsolat van köztetek? • *Are you any relation to each other?* Rokonok vagytok? **❶** Szinonimája: **relative**.
IDIOM in/with relation to sb/sth 1 vkivel/vmivel kapcsolatban **2** vkihez/vmihez viszonyítva

★ **relationship** /rɪˈleɪʃnʃɪp/ *noun* [C] **1 a relationship (with sb/sth); a relationship (between A and B)** kapcsolat **2 a relationship (with sb); a relationship (between A and B)** kapcsolat, viszony: *to have a relationship with sb* • *He'd never been in a serious relationship before.* • *a close relationship* **3 a relationship (to sth); a relationship (between A and B)** összefüggés **4 a relationship (to sb); a relationship (between A and B)** rokoni kapcsolat

★ **relative¹** /ˈrelətɪv/ *adj.* **1 relative (to sth)** vmihez viszonyítva, viszonylagos: *the relative importance of small firms in the economy today* **2** vonatkozó: *In the phrase 'the lady who lives next door', 'who' is a relative pronoun* (vonatkozó névmás). **Ͻ** Lásd a *Rövid nyelvtani összefoglalást*.

★ **relative²** /ˈrelətɪv/ *noun* [C] rokon: *a close/distant relative* **❶** Szinonimája: **relation**.

relatively /ˈrelətɪvli/ *adv.* aránylag

★ **relax** /rɪˈlæks/ *verb* **1** [I] lazít, kikapcsolódik **2** [I] megnyugszik: *Relax – it's going to be OK!* **3** [I,T] (ki)lazít, (ki/el)lazul **4** [T] enyhít

★ **relaxation** /ˌriːlækˈseɪʃn/ *noun* **1** [C,U] kikapcsolódás, lazítás **2** [U] mérséklés

★ **relaxed** /rɪˈlækst/ *adj.* fesztelen: *a relaxed atmosphere*

relaxing /rɪˈlæksɪŋ/ *adj.* pihentető: *a relaxing holiday*

relay¹ /rɪˈleɪ, ˈriːleɪ/ *verb* [T] (*pt, pp* **relayed**) **1** továbbít **2** (*brit*) közvetít, sugároz

relay² /ˈriːleɪ/ (*also* **ˈrelay race**) *noun* [C] váltófutás

★ **release¹** /rɪˈliːs/ *verb* [T] **1 release sb/sth (from sth)** szabadon bocsát, el-/kienged: *He's been released from prison.* • (*átv*) *His firm released him for a week to go on a course.* **2** el-/felenged: *1000 balloons were released at the ceremony.* • (*átv*) *It is good to release pent-up emotions.* **3** el-/kienged: *He released the handbrake and drove off.* **4** közread **5** forgalomba hoz: *to release an album*

★ **release²** /rɪˈliːs/ *noun* [C,U] **1 (a) release (of sth) (from sth)** (ki)szabadulás, felszabadultság **2** (forgalomban levő) könyv, film, lemez stb., forgalomba hozatal: *a press release* sajtókiadvány • *The film won't be/go on release* (mutatják be) *until March.*

relegate /'relɪgeɪt/ verb [T] visszaminősít
▶ **relegation** /ˌrelɪ'geɪʃn/ noun [U] visszaminősítés

relent /rɪ'lent/ verb [I] **1** engedékenyebb lesz: *Her parents finally relented and let her go to the concert.* **2** enyhül

relentless /rɪ'lentləs/ adj. hajthatatlan, könyörtelen
▶ **relentlessly** adv. könyörtelenül

★ **relevant** /'reləvənt/ adj. relevant (to sb/sth) **1** tárgyhoz tartozó, vkivel/vmivel összefüggő **2** fontos, időszerű ❶ Ellentéte: **irrelevant**.
▶ **relevance** noun [U] összefüggés

★ **reliable** /rɪ'laɪəbl/ adj. megbízható: *a reliable car • a reliable witness/guide* ❶ Ellentéte: **unreliable**. Ige: **rely**.
▶ **reliability** /rɪˌlaɪə'bɪləti/ noun [U] megbízhatóság
reliably /-əbli/ adv. megbízhatóan: *I have been reliably informed that there will be no trains tomorrow.*

reliance /rɪ'laɪəns/ noun [U] reliance on sb/sth **1** bizalom: *Don't place too much reliance* (ne nagyon bízz) *on her promises.* **2** függés vkitől/vmitől

reliant /rɪ'laɪənt/ adj. reliant on sb/sth vkire/vmire rászoruló: *They are totally reliant on the state for financial support.* ❶ Ige: **rely**. ⊃ Lásd **self-reliant**.

relic /'relɪk/ noun [C] a relic (of/from sth) maradvány, tárgyi emlék

★ **relief** /rɪ'liːf/ noun **1** [U, sing.] relief (from sth) megkönnyebbülés: *What a relief! That awful noise has stopped. • to breathe a sigh of relief* megkönnyebbülten felsóhajt **• To my relief,** *he didn't argue with my suggestion. • These tablets provide pain relief for up to four hours.* **2** [U] segély: *disaster/debt relief* **3** [U] adócsökkentés

relieve /rɪ'liːv/ verb [T] megkönnyebbülést okoz, megszabadít vmitől: *This injection will relieve the pain. • We played cards to relieve the boredom* (hogy ne unatkozzunk).
PHRASAL VERB **relieve sb of sth** (formális) felment vmi alól

★ **relieved** /rɪ'liːvd/ adj. megkönnyebbült

★ **religion** /rɪ'lɪdʒən/ noun **1** [U] hit **2** [C] vallás

★ **religious** /rɪ'lɪdʒəs/ adj. vallásos, vallási: *religious belief • a deeply religious person*

religiously /rɪ'lɪdʒəsli/ adv. **1** gondosan, rendszeresen: *She stuck to the diet religiously.* **2** vallásosan

relinquish /rɪ'lɪŋkwɪʃ/ verb [T] (formális) abbahagy, felad ❶ Gyakoribb a **give up** kifejezés.

relish¹ /'relɪʃ/ verb [T] élvez vmit, epedve vár: *I don't relish the prospect of getting up at 5.30.*

relish² /'relɪʃ/ noun **1** [U] (írott nyelv) élvezet: *She began to eat with great relish.* **2** [U, C] öntet

relive /ˌriː'lɪv/ verb [T] újra átél

reload /ˌriː'ləʊd/ verb [I,T] újratölt, újra betesz/-rak: *to reload a gun/a programme*

reluctant /rɪ'lʌktənt/ adj. reluctant (to do sth) vonakodó
▶ **reluctance** noun [U] vonakodás: *Tony left with obvious reluctance.*
reluctantly adv. vonakodva

★ **rely** /rɪ'laɪ/ verb [I] (pres. part. **relying**; 3rd pers. sing. pres. **relies**; pt, pp **relied**) rely on/upon sb/sth (to do sth) **1** támaszkodik vkire/vmire, rászorul vkire/vmire **2** (meg)bízik vkiben/vmiben ❶ Főnév: **reliance**. ⊃ Lásd **reliable, reliant**.

★ **remain** /rɪ'meɪn/ verb, linking verb [I] marad: *to remain silent/standing/seated • Ferenc went to America but his family remained in Europe. • the remaining chapters of the novel • It remains to be seen* (majd meglátjuk) *whether we've made the right decision. • Although he seems pleasant, the fact remains* (továbbra is fennáll) *that I don't trust him.*

remainder /rɪ'meɪndə(r)/ noun [sing., with sing. or plural verb] (ált. **the remainder**) maradék

remains /rɪ'meɪnz/ noun [plural] **1** maradvány, maradék: *the remains of a Roman villa/the breakfast* **2** (formális) földi maradványok: *human remains*

remand /rɪ'mɑːnd/ noun [U] (brit) előzetes letartóztatás: *a remand prisoner*
▶ **remand** verb [T] előzetes letartóztatásba helyez: *The man was remanded in custody* (vizsgálati fogságban volt).
IDIOM **on remand** előzetesben

⋆ remark /rɪˈmɑːk/ verb [I,T] **remark (on/ upon sb/sth)** megjegyzést tesz, megjegyez ⊃ Lásd **observation, comment**.
► **remark** noun [C] megjegyzés

remarkable /rɪˈmɑːkəbl/ adj. figyelemre méltó, rendkívüli: a remarkable achievement /performance
► **remarkably** /-əbli/ adv. rendkívül, meglepő módon

remedial /rɪˈmiːdiəl/ adj. **1** javító **2** (ki)-segítő: remedial English classes

remedy¹ /ˈremədi/ noun [C] (plural remedies) a remedy (for sth) **1** orvosság **2** megoldás: There is no easy remedy for unemployment.

remedy² /ˈremədi/ verb [T] (pres. part. remedying; 3rd pers. sing. pres. remedies; pt, pp remedied) helyrehoz

⋆ remember /rɪˈmembə(r)/ verb [I,T] **1** remember (sb/sth); remember (doing sth); remember that... emlékszik: As far as I can remember (úgy emlékszem, hogy), I haven't seen him before. • Remember that we're having visitors tonight. **2** remember (sth/to do sth) eszébe jut, nem felejt el

> Ha nem felejtünk el valamit megtenni, a **remember to do sth** szerkezetet használjuk: Remember to take your keys when you go out. Ha arra emlékszünk, amit tettünk, a **remember doing sth** szerkezetet használjuk: I remember leaving my keys on the table last night.

IDIOM remember me to sb üdvözletét átadja vkinek ⊃ Vesd össze **remind**.

remembrance /rɪˈmembrəns/ noun [U] (formális) megemlékezés: a service in remembrance of (emlékére) those killed in the war

⋆ remind /rɪˈmaɪnd/ verb [T] **1** remind sb (about/of sth); remind sb (to do sth/that...) emlékeztet, figyelmeztet: Can you remind me of your address? • He reminded (figyelmeztette) the children to wash their hands. **2** remind sb of sb/sth emlékeztet ⊃ Vesd össze **remember**.

reminder /rɪˈmaɪndə(r)/ noun [C] emlékeztető

reminisce /ˌremɪˈnɪs/ verb [I] reminisce (about sb/sth) felidéz (kellemes emléket)

reminiscent /ˌremɪˈnɪsnt/ adj. (főnév előtt nem állhat) vkire/vmire emlékeztető: His eyes were reminiscent of his father's.

remnant /ˈremnənt/ noun [C] maradék

remorse /rɪˈmɔːs/ noun [U] remorse (for sth/doing sth) lelkiismeret-furdalás: She was filled with remorse for what she had done. ⊃ Lásd **guilt**.
► **remorseful** /-fl/ adj. lelkifurdalással teli

remorseless /rɪˈmɔːsləs/ adj. **1** könyörtelen **2** szüntelen
► **remorselessly** adv. könyörtelenül, szüntelenül

remote /rɪˈməʊt/ adj. **1** remote (from sth) távoli: a remote island in the Pacific • The farmhouse is remote from any other buildings. • the remote past **2** halvány: I haven't the remotest idea (a leghalványabb fogalmam sincs) who could have done it. • a remote possibility **3** visszahúzódó
► **remoteness** noun [U] **1** távol(i)ság **2** visszahúzódás

reˌmote conˈtrol noun **1** [U] távirányítás **2** (also remote) [C] távirányító

remotely /rɪˈməʊtli/ adv. távolról (sem), alig: I'm not remotely interested in your problems.

removal /rɪˈmuːvl/ noun **1** [U] eltávolítás **2** [C,U] költöz(köd)és: a removal van

⋆ remove /rɪˈmuːv/ verb [T] (formális) **1** remove sb/sth (from sth) eltávolít: to remove a tumour/a stain • Please remove my name from your mailing list. ⊕ Bizalmasabb szó **take off, out** stb. **2** remove sb (from sth) elmozdít

removed /rɪˈmuːvd/ adj. (főnév előtt nem állhat) távol álló (átv): Hospitals today are far removed from (nagyon távol állnak attól) what they were in the past.

remover /rɪˈmuːvə(r)/ noun [C,U] (folt)-tisztító: make-up remover (arc)lemosó

render /ˈrendə(r)/ verb [T] (írott nyelv) **1** vmilyenné tesz **2** ad, nyújt: to render sb a service/render a service to sb

rendezvous /ˈrɒndɪvuː; -deɪ-/ noun [C] (plural rendezvous /-vuːz/) **1** a rendezvous (with sb) randevú **2** találkahely

renew /rɪˈnjuː/ verb [T] **1** újra kezd, fel-/ megújít: renewed outbreaks of violence **2** megújít, felfrissít: After a break he set to

work with renewed enthusiasm. **3** meg-/felújít, meghosszabbít: *to renew a contract/library book*
▶ **renewal** /-'nju:əl/ *noun* **1** [*C,U*] meg-/felújítás: *When is your passport due for renewal?* **2** [*U*] feléledés, meg-/kiújulás

renewable /rɪ'nju:əbl/ *adj.* **1** kifogyhatatlan (*energiaforrás*): *renewable resources* **❶** Ellentéte: **non-renewable. 2** megújítható

renounce /rɪ'naʊns/ *verb* [*T*] (*formális*) megtagad, lemond vmiről **❶** Főnév: **renunciation.**

renovate /'renəveɪt/ *verb* [*T*] tataroz, felújít (*nagy épületet*)
▶ **renovation** /ˌrenə'veɪʃn/ *noun* [*C,U*] tatarozás: *The house is in need of renovation.*

renown /rɪ'naʊn/ *noun* [*U*] (*formális*) hírnév
▶ **renowned** *adj.* **renowned (for/as sth)** híres (vmiről)

★ **rent¹** /rent/ *noun* [*U, C*] (lak)bér: *a high/low rent* • *She was allowed to live there **rent-free*** (ingyen). • *Is this house **for rent*** (kiadó)?

★ **rent²** /rent/ *verb* [*T*] **1 rent sth (from sb)** bérel: *to rent a flat* ➔ Magyarázat a **hire¹**(1) szónál. **2 rent sth (out) (to sb)** bérbe ad, kiad ➔ Lásd **hire¹**(3). **3** (*US*) = HIRE¹(1) **4** (*US*) = HIRE¹ (3)

rental /'rentl/ *noun* [*C,U*] bérleti díj

renunciation /rɪˌnʌnsi'eɪʃn/ *noun* [*U*] (*formális*) lemondás vmiről, megtagadás **❶** Ige: **renounce.**

reorganize (also **-ise**) /ri'ɔ:gənaɪz/ *verb* [*I,T*] átszervez
▶ **reorganization** (also **-isation**) /riˌɔ:gənaɪ'zeɪʃn/ *noun* [*C,U*] átszervezés

Rep. *abbr.* (*US politikában*) **1** (**Representative** *rövidítése*) (kongresszusi) képviselő **2** (**Republican** *rövidítése*) Republikánus (Párt tagja/képviselője)

rep /rep/ *noun* (*informális*) (also **representative**) *noun* [*C*] (*vállalati*) ügynök, képviselő: *a sales rep*

★ **repair¹** /rɪ'peə(r)/ *verb* [*T*] megjavít: *We need to have the TV repaired.* **❶** Szinonimája: **fix, mend.** ➔ Lásd **irreparable.**

repair² /rɪ'peə(r)/ *noun* [*C,U*] javítás: *The road is **in need of repair*** (javításra szorul). • *The bridge is **under repair.*** • *The bike was*

*damaged **beyond repair*** (megjavíthatatlan) *so I threw it away.*
IDIOM **in good, bad, etc. repair** jó, rossz stb. állapotban

repatriate /ˌri:'pætrieɪt/ *verb* [*T*] hazájába visszaküld, visszatoloncol
▶ **repatriation** /ˌri:ˌpætri'eɪʃn/ *noun* [*C,U*] visszatoloncolás, hazájába visszaküldés

repay /rɪ'peɪ/ *verb* [*T*] (*pt, pp* **repaid** /rɪ'peɪd/) **1 repay sth (to sb); repay (sb) sth** visszafizet: *to repay a debt/loan* **2 repay sb (for sth)** viszonoz

repayable /rɪ'peɪəbl/ *adj.* visszafizetendő: *The loan is repayable over three years.*

repayment /rɪ'peɪmənt/ *noun* **1** [*U*] visszafizetés **2** [*C*] részletfizetés: *I make monthly repayments on my loan.*

repeal /rɪ'pi:l/ *verb* [*T*] (*formális*) hatálytalanít

★ **repeat¹** /rɪ'pi:t/ *verb* **1** [*I,T*] **repeat (sth/yourself)** (meg)ismétel: *Could you repeat what you just said?* • *The essay is quite good, but you repeat yourself several times.* **2** [*T*] **repeat sth (to sb)** (el)mond: *Repeat each sentence after me.* **❶** Főnév: **repetition.**

repeat² /rɪ'pi:t/ *noun* [*C*] ismétlés: *There are too many repeats on TV.*

repeated /rɪ'pi:tɪd/ *adj.* (*csak főnév előtt*) ismételt: *There have been repeated accidents on this road.*
▶ **repeatedly** *adv.* ismételten: *I've asked him repeatedly not to do it.*

repel /rɪ'pel/ *verb* [*T*] (**repelling; repelled**) **1** visszaver, (vissza)taszít **2** undorral tölt el **❶** Főnév: **repulsion.**

repellent¹ /rɪ'pelənt/ *noun* [*C,U*] rovarírtó: *mosquito repellent*

repellent² /rɪ'pelənt/ *adj.* undorító, visszataszító

repent /rɪ'pent/ *verb* [*I,T*] (*formális*) **to repent (sth); repent of sth** megbán: *He repented his hasty decision.*
▶ **repentance** /-əns/ *noun* [*U*] megbánás **repentant** /-ənt/ *adj.* bűnbánó

repercussion /ˌri:pə'kʌʃn/ *noun* [*C, usually plural*] kellemetlen utóhatás/következmény: *His resignation will have serious repercussions.*

repertoire /'repətwɑ:(r)/ *noun* [*C*] reper-

[I] **tárgyatlan** (*ige*): *He laughed.*

[T] **tárgyas** (*ige*): *He ate an apple.*

toár: *He must have sung every song in his repertoire last night.*

repetition /ˌrepə'tɪʃn/ *noun* [U, C] ismétlés, ismétlődés **❶** Ige: **repeat**.

repetitive /rɪ'petətɪv/ (*also* **repetitious** /ˌrepə'tɪʃəs/) *adj.* ismétlődő

★ **replace** /rɪ'pleɪs/ *verb* [T] **2** replace sb/sth (as/with sb/sth) felvált **2** replace sb/sth (with sb/sth) át-/kicserél: *We will replace any goods that are damaged.* **3** visszatesz **❶** Gyakoribb szó: **put back**.

replaceable /rɪ'pleɪsəbl/ *adj.* pótolható, helyettesíthető **❶** Ellentéte: **irreplaceable**.

replacement /rɪ'pleɪsmənt/ *noun* **1** [U] csere, pótlás **2** [C] utód (*állásban*)

replay¹ /'riːpleɪ/ *noun* [C] **1** (*brit*) (*sp*) újrajátszás **2** visszajátszás: *Now let's see an action replay of the goal!*

replay² /ˌriː'pleɪ/ *verb* [T] **1** újra lejátssza **2** visszajátssza

replica /'replɪkə/ *noun* [C] **a replica (of sth)** másolat

★ **reply** /rɪ'plaɪ/ *verb* [I,T] (*pres. part.* **replying;** *3rd pers. sing. pres.* **replies;** *pt, pp* **replied**) reply (to sb/sth) (with sth) válaszol: *'Yes, I will,' she replied.* • *to reply to a question* **➲** Magyarázat az **answer¹** szónál.
▸ **reply** *noun* [C,U] (*plural* **replies**) válasz: *Jo nodded in reply to* (válaszul) *my question.*

★ **report¹** /rɪ'pɔːt/ *verb* **1** [I,T] report (on sb/sth) (to sb/sth); report sth (to sb); report sb (to sb) (for sth/doing sth) (be)jelent: *Several people reported seeing/having seen the boy.* • *The company reported huge profits last year.* • *The boy was reported missing late last night.* **2** [I,T] **report (on) sth** beszámol vmiről, tudósít **3** [I] **report (to sb/sth) for sth** (be)jelentkezik: *On arrival, report to the reception desk.* **4** [T] (*formális*) **be reported to be/as sth** vkiről/vmiről azt mondják, hogy

PHRASAL VERBS **report back (on sth) (to sb)** visszajelzést ad | **report to sb ❶** Az igét *continuous* igeidőkben nem használjuk, azonban *-ing* alakban gyakran előfordul: *A new team was put together for the project, reporting to Michael Nolan.* vki vezetése alá tartozik

★ **report²** /rɪ'pɔːt/ *noun* [C] **1** a report (on/of sth) jelentés: *a report on the company's*

finances • *a first-hand report* elsőkézből származó jelentés **2** iskolai bizonyítvány: *to get a good/bad report*

re‚ported **'speech** *noun* [U] függő beszéd **➲** Lásd **direct speech** és az **indirect speech** szónál az első magyarázatot. Lásd a *Rövid nyelvtani összefoglalást.*

reporter /rɪ'pɔːtə(r)/ *noun* [C] riporter **➲** Lásd **journalist.**

★ **represent** /ˌreprɪ'zent/ *verb* [T] **1** képvisel: *You will need a lawyer to represent you in court.* **2** *linking verb* jelent: *These results represent a major breakthrough in our understanding of cancer.* **3** jelez, mutat: *The yellow lines on the map represent minor roads.* **4** ábrázol

★ **representation** /ˌreprɪzen'teɪʃn/ *noun* **1** [U, C] ábrázolás(i mód) **➲** Lásd **proportional representation.** **2** [U] (*formális*) képviselet

representative¹ /ˌreprɪ'zentətɪv/ *adj.* **representative (of sb/sth)** (vkit/vmit) jól tükröző, jellemző

representative² /ˌreprɪ'zentətɪv/ *noun* [C] **1** képviselő, megbízott **2** (*formális*) (*vállalati*) ügynök, képviselő **❶** Bizalmasabb szó: **rep**.

repress /rɪ'pres/ *verb* [T] elnyom, elfojt
▸ **repression** /rɪ'preʃn/ *noun* [U] elnyomás: *sexual/police repression*

repressed /rɪ'prest/ *adj.* **1** érzelmileg gúzsbakötött, elnyomott **2** vissza-/elfojtott: *repressed anger/homosexuality*

repressive /rɪ'presɪv/ *adj.* elnyomó

reprieve /rɪ'priːv/ *verb* [T] (halál)büntetést felfüggeszt
▸ **reprieve** *noun* [C] halálbüntetés felfüggesztése: *a last-minute/temporary reprieve*

reprimand /'reprɪmɑːnd/ *verb* [T] **reprimand sb (for sth)** megró
▸ **reprimand** *noun* [C] megrovás: *a severe reprimand*

reprisal /rɪ'praɪzl/ *noun* [C,U] megtorlás

reproach /rɪ'prəʊtʃ/ *verb* [T] **reproach sb (for/with sth)** szemrehányást tesz, hibáztat
▸ **reproach** *noun* [C,U] szemrehányás: *His behaviour is beyond reproach* (kifogástalan).

reproachful /-fl/ *adj.* szemrehányó: *a reproachful look/tone*
reproachfully /-fəli/ *adv.* szemrehányóan

★ **reproduce** /ˌriːprə'djuːs/ *verb* **1** [*T*] reprodukál **2** [*I*] szaporodik

★ **reproduction** /ˌriːprə'dʌkʃn/ *noun* **1** [*U*] szaporodás: *sexual reproduction* **2** [*U*] másolás: *sound reproduction* **3** [*C*] reprodukció

reproductive /ˌriːprə'dʌktɪv/ *adj.* nemző: *reproductive organs*

reproof /rɪ'pruːf/ *noun* [*C,U*] (*formális*) rosszallás, megrovás

reptile /'reptaɪl/ *noun* [*C*] hüllő ◑ Vesd össze **amphibian**.

★ **republic** /rɪ'pʌblɪk/ *noun* [*C*] köztársaság ◑ Lásd **monarchy**.

republican /rɪ'pʌblɪkən/ *noun* [*C*] **1** köztársaságpárti **2** (**Republican**) a Republikánus Párt tagja ◑ Lásd **Democrat**.
▸ **republican** *adj.* köztársasági

the Re'publican Party *noun* [*sing.*] a Republikánus Párt

> A másik nagy párt a **Democratic Party**, amelynek a tagjai a demokraták **Democrats**.

repudiate /rɪ'pjuːdieɪt/ *verb* [*T*] visszautasít: *to repudiate an accusation/a contract*

repulsive /rɪ'pʌlsɪv/ *adj.* undorító, viszszataszító
▸ **repulsion** *noun* [*U*] undor, ellenszenv

reputable /'repjətəbl/ *adj.* jó hírű, elismert ❶ Ellentéte: **disreputable**.

★ **reputation** /ˌrepju'teɪʃn/ *noun* [*C*] **a reputation (for/as sth)** hírnév: *to have a good/bad reputation* • *Adam has a reputation for being late* (a késéseiről híres). ❶ Szinonimája: **name**.

reputed /rɪ'pjuːtɪd/ *adj.* tartják vminek, vmiként ismert: *He's reputed to be the richest man in the world.*
▸ **reputedly** *adv.* állítólag

★ **request¹** /rɪ'kwest/ *noun* [*C,U*] **request (for sth/that...)** kérés: *I'm going to make a request* (kérni) *for a larger desk.* • *to grant/ turn down a request* • *Single rooms are available on request* (kérésre).

request² /rɪ'kwest/ *verb* [*T*] (*formális*) **request sth (from/of sb)** kér: *Passengers are requested not to smoke.* ❶ A **request** szó formálisabb, mint az **ask**.

★ **require** /rɪ'kwaɪə(r)/ *verb* [*T*] **1** igényel: *a situation that requires tact and diplomacy* ❶ A **require** szó formálisabb, mint a **need**. **2** (*gyakran szenvedő szerkezetben*) (meg)-követel: *Passengers are required by law to wear seat belts.*

requirement /rɪ'kwaɪəmənt/ *noun* [*C*] igény, követelmény: *university entrance requirements*

★ **rescue** /'reskjuː/ *verb* [*T*] **rescue sb/sth (from sb/sth)** megment
▸ **rescue** *noun* [*C,U*] (meg)mentés: *Blow the whistle if you're in danger, and someone will come to your rescue.* • *rescue workers/boats*
rescuer *noun* [*C*] megmentő

★ **research** /rɪ'sɜːtʃ; 'riːsɜːtʃ/ *noun* [*U*] **research (into/on sth)** kutatás: *scientific/historical research* • *to carry out market research* (piackutatást)
▸ **research** *verb* [*I,T*] **research (into/in/on) (sth)** kutat(ómunkát végez)

researcher /rɪ'sɜːtʃə(r)/ *noun* [*C*] (tudományos) kutató

resemble /rɪ'zembl/ *verb* [*T*] hasonlít
▸ **resemblance** /rɪ'zembləns/ *noun* [*C,U*] **(a) resemblance (between A and B); (a) resemblance (to sb/sth)** hasonlóság: *a close/passing resemblance* • *The boys bear no resemblance* (nem hasonlítanak) *to their father.*

resent /rɪ'zent/ *verb* [*T*] zokon vesz, neheztel: *I resent his criticism.*
▸ **resentful** /-fl/ *adj.* neheztelő, dühös
resentment *noun* [*sing., U*] neheztelés, düh: *to feel resentment towards sb/sth*

reservation /ˌrezə'veɪʃn/ *noun* **1** [*C*] hely-/asztal-/jegy-/szobafoglalás: *We have reservations in the name of Petrovic.* • *I'll phone the hotel to make a reservation* (hogy szobát foglaljunk). **2** [*C,U*] fenntartás, kétség: *I have some reservations about letting Julie go out alone.*

★ **reserve¹** /rɪ'zɜːv/ *verb* [*T*] **reserve sth (for sb/sth) 1** fenntart **2** (le)foglal

reserve² /rɪ'zɜːv/ *noun* **1** [*C, usually plural*] tartalék: *oil/foreign exchange reserves* **2** [*C*] védett terület: *a nature reserve* természetvédelmi terület • *He works on a game* *reserve* (vadrezervátum) *in Kenya.* **3** [U] visszafogottság **4** [C] (sp) tartalék

IDIOM **in reserve** tartalékban: *Keep some money in reserve for emergencies.*

reserved /rɪˈzɜːvd/ adj. **1** tartózkodó **Ɔ** Lásd **unreserved. 2** foglalt

reservoir /ˈrezəvwɑː(r)/ noun [C] víztározó

reside /rɪˈzaɪd/ verb [I] (formális) reside (in/at...) lakik

residence /ˈrezɪdəns/ noun **1** [U] lakhely, tartózkodási hely: *to apply for a US residence permit* • *a* **hall of residence** (kollégium) *for college students* • *Some birds have taken up residence in our roof.* **2** [C] (formális) rezidencia

★ **resident** /ˈrezɪdənt/ noun [C] **1** lakos: *local residents* **2** hotel lakója
▸ **resident** adj. helyben lakó, vhol hoszszabb ideig tartózkodó

residential /ˌrezɪˈdenʃl/ adj. **1** lakó-: *a quiet residential area* **2** bennlakási: *This home provides residential care for the elderly.*

residue /ˈrezɪdjuː/ noun [C, usually sing.] (formális) maradvány: *The detergent left a white residue on the clothes.*

resign /rɪˈzaɪn/ verb **1** [I,T] resign (from/as) (sth) lemond **2** [T] **resign yourself to sth/doing sth** beletörődik vmibe

resignation /ˌrezɪɡˈneɪʃn/ noun **1** [C,U] resignation (from sth) fel-/lemondás: *to hand in your resignation* • *a letter of resignation* **2** [U] beletörődés

resigned /rɪˈzaɪnd/ adj. **resigned (to sth/doing sth)** beletörődő

resilient /rɪˈzɪliənt/ adj. rugalmas
▸ **resilience** noun [U] rugalmasság

resist /rɪˈzɪst/ verb [I,T] ellenáll: *The government are resisting pressure to change the law.* • *I couldn't resist telling Nora the secret.* • *to resist arrest*

resistance /rɪˈzɪstəns/ noun [U] **resistance (to sb/sth)** ellenállás: *The government troops overcame the resistance of the rebel army.* • *Aids lowers the body's resistance to infection.*

resistant /rɪˈzɪstənt/ adj. **resistant (to sth)** ellenálló: *resistant to change* • *This watch is water-resistant* (vízálló).

resolute /ˈrezəluːt/ adj. eltökélt, határozott: *resolute opposition* **ℹ** Gyakoribb szó a **determined**.
▸ **resolutely** adv. határozottan

resolution /ˌrezəˈluːʃn/ noun **1** [U] eltökéltség, határozottság **2** [U] megoldás **3** [C] határozat: *The UN resolution condemned the invasion.* **4** [C] elhatározás

resolve /rɪˈzɒlv/ verb (formális) **1** [T] megold **2** [I,T] (el)határoz

resort¹ /rɪˈzɔːt/ noun [C] üdülőhely: *a seaside/ski resort*

IDIOM **in the last resort; (as) a last resort** → LAST¹

resort² /rɪˈzɔːt/ verb [I] resort to sth/doing sth folyamodik vmihez (végső megoldásként)

resounding /rɪˈzaʊndɪŋ/ adj. (csak főnév előtt) **1** harsogó: *resounding cheers* **2** óriási: *a resounding victory/defeat/success*

resource /rɪˈsɔːs, -ˈzɔːs/ noun [C, usually plural] erőforrás, anyagi eszközök/források: *Russia is rich in* **natural resources** (természeti kincsekben).

resourceful /rɪˈzɔːsfl, -ˈsɔːs-/ adj. leleményes

★ **respect¹** /rɪˈspekt/ noun **1** [U] respect (for sb/sth) megbecsülés, tisztelet: *I have little respect* (nem tudom igazán tisztelni) *for arrogant people.* • *to win/lose sb's respect* **Ɔ** Lásd **self-respect. 2** [U] respect (for sb/sth) tisztelet: *to treat sb with respect* **ℹ** Ellentéte: **disrespect. 3** [C] szempont: *In what respects* (milyen szempontból?) *has the town changed?* • *The show was brilliant in every respect* (minden tekintetben).

IDIOMS **with respect to sth** (formális) vmire vonatkozóan | **pay your respects** → PAY¹

★ **respect²** /rɪˈspekt/ verb [T] **1** respect sb/sth (for sth) tisztel, becsül **2** tisztel(etben tart)
▸ **respectful** adj. **respectful (to/towards sb)** tiszteletteljes **ℹ** Ellentéte: **disrespectful.** **respectfully** /-fəli/ adv. tisztelettudóan

respectable /rɪˈspektəbl/ adj. **1** tiszteletre méltó, tisztességes: *a respectable family* • *You must look respectable for the interview.* **2** tekintélyes: *a respectable salary*
▸ **respectability** /rɪˌspektəˈbɪləti/ noun [U] tisztesség, tekintély

respective /rɪˈspektɪv/ adj. (csak főnév előtt) saját

respectively /rɪˈspektɪvli/ *adv.* külön-külön, illetve: *Julie Wilson and Mark Thomas, aged 17 and 19 respectively*

respiration /ˌrespəˈreɪʃn/ *noun* [U] (*formális*) légzés

respite /ˈrespaɪt/ *noun* [*sing.*, U] respite (from sth) pihenő, szünet: *There was a brief respite from the fighting.*

★ **respond** /rɪˈspɒnd/ *verb* [I] **1** (*formális*) respond (to sb/sth) (with/by sth) válaszol **❶** A respond formálisabb mint az answer vagy reply. **2** respond (to sb/sth) reagál: *The patient did not respond well to the treatment.*

★ **response** /rɪˈspɒns/ *noun* [C,U] (a) response (to sb/sth) válasz, reagálás: *The government acted in response to* (eleget téve) *economic pressure.*

★ **responsibility** /rɪˌspɒnsəˈbɪləti/ *noun* [U, C] (*plural* responsibilities) responsibility (for sb/sth); responsibility (to do sth) felelősség(tudat): *I refuse to take responsibility* (vállalni a felelősséget) *if anything goes wrong.* • *I feel that I have a responsibility* (kötelességem) *to help them.* • *Who has responsibility* (felelős) *for the new students?* • *to admit responsibility for doing sth* **IDIOM** shift the blame/responsibility (for sth) (onto sb) → SHIFT¹

★ **responsible** /rɪˈspɒnsəbl/ *adj.* **1** (*főnév előtt nem állhat*) responsible (for sb/sth); responsible (for doing sth) felelős **2** (*főnév előtt nem állhat*) responsible (to sb/sth) felelősséggel tartozik **3** megbízható **❶** Ellentéte: **irresponsible. 4** bizalmi, felelősségteljes

★ **responsibly** /rɪˈspɒnsəbli/ *adv.* felelősséggel

responsive /rɪˈspɒnsɪv/ *adj.* érzékenyen/pozitívan reagáló

★ **rest¹** /rest/ *verb* **1** [I] (meg)pihen **2** [T] pihentet **3** [I,T] rest (sth) on/against sth fektet, támaszt **IDIOM** let sth rest annyiban hagy **PHRASAL VERB** rest on sb/sth támaszkodik vmire/vkire (*átv*)

★ **rest²** /rest/ *noun* **1** [C,U] pihenés: *to have a rest* lepihen • *Get some rest* (pihenj egy kicsit) *and start again tomorrow.* • *I sat down to give my bad leg a rest* (pihentessem a lábamat). **2** [*sing.*, with

sing. or plural verb] the rest (of sb/sth) a többi(ek), a maradék: *We spent the rest of the day on the beach.* • *She takes no interest in what happens in the rest of the world* (a világ többi részén). • *The first people arrived at 7, but the rest came later.*
IDIOMS at rest nyugalmi állapotban | come to rest (végleg) megáll: *The car crashed through a wall and came to rest in a field.* | put/set your/sb's mind at rest → MIND¹

★ **restaurant** /ˈrestrɒnt/ *noun* [C] vendéglő: *a fast food/hamburger restaurant* gyorsétterem • *a Chinese/an Italian restaurant* **➲** Lásd **cafe, takeaway.**

restful /ˈrestfl/ *adj.* pihentető

restless /ˈrestləs/ *adj.* **1** nyugtalan: *The children always get restless on long journeys.* **2** álmatlan
► **restlessly** *adv.* nyugtalanul

restoration /ˌrestəˈreɪʃn/ *noun* **1** [C,U] helyreállítás: *The house is in need of restoration.* **2** [U] visszaadás

★ **restore** /rɪˈstɔː(r)/ *verb* [T] restore sb/sth (to sth) **1** restaurál, helyreállít: *In the election, the former president was restored to power* (újra megválasztották). **2** (*formális*) restore sth to sb visszaad

restrain /rɪˈstreɪn/ *verb* [T] restrain sb/sth (from sth/doing sth) fékentart, visszatart vmitől

restrained /rɪˈstreɪnd/ *adj.* visszafogott

restraint /rɪˈstreɪnt/ *noun* **1** [U] önuralom: *It took a lot of restraint on my part not to hit him.* • *Soldiers must exercise self-restraint even when provoked.* **2** [C] a restraint (on sb/sth) korlátozás

restrict /rɪˈstrɪkt/ *verb* [T] restrict sb/sth (to sth/doing sth) korlátoz

restricted /rɪˈstrɪktɪd/ *adj.* korlátozott

restriction /rɪˈstrɪkʃn/ *noun* restriction (on sth) **1** [C] korlátozás: *parking restrictions* • *The government is to impose tighter restrictions* (szigorúbb megszorításokat léptet életbe) *on immigration.* **2** [U] korlátozás

restrictive /rɪˈstrɪktɪv/ *adj.* korlátozó

rest room *noun* [C] (*US*) WC (*nyilvános helyen*) **➲** Magyarázat a **toilet** szónál.

★ **result¹** /rɪˈzʌlt/ *noun* **1** [C] eredmény, következmény: *The traffic was very heavy* *and as a result* (emiatt) *I was late.* **2** [C,U] eredmény: *The treatment is beginning to show results.* **3** [C] eredmény: *the football results* • *the result of the election* **4** [C, usually plural] (vizsga)eredmény: *When do you get your exam results?* **5** [C] eredmény (*pl. orvosi vizsgálaté*)

result² /rɪˈzʌlt/ *verb* [I] **result (from sth)** származik, vminek a következménye

PHRASAL VERB **result in sth** eredményez, okoz

resume /rɪˈzuːm; -ˈzjuː-/ *verb* [I,T] újrakezd, folytat

resumé /ˈrezjumeɪ/ (US) = CV

resumption /rɪˈzʌmpʃn/ *noun* [sing., U] (*írott nyelv*) újrakezdés, folytatás

resurrect /ˌrezəˈrekt/ *verb* [T] feltámaszt

resurrection /ˌrezəˈrekʃn/ *noun* **1** [U] feltámasztás **2 (the Resurrection)** [sing.] a feltámadás

resuscitate /rɪˈsʌsɪteɪt/ *verb* [T] újraéleszt
▶ **resuscitation** /rɪˌsʌsɪˈteɪʃn/ *noun* [U] újraélesztés: *mouth-to-mouth resuscitation* szájon át történő mesterséges lélegeztetés

retail /ˈriːteɪl/ *noun* [U] kiskereskedelem
➲ Lásd **wholesale**.

retailer /ˈriːteɪlə(r)/ *noun* [C] kiskereskedő

retain /rɪˈteɪn/ *verb* [T] (*formális*) megőriz
❶ Főnév **retention**.

retaliate /rɪˈtælieɪt/ *verb* [I] **retaliate (against sb/sth)** megbosszul
▶ **retaliation** /rɪˌtæliˈeɪʃn/ *noun* [U] **retaliation (against sb/sth) (for sth)** megtorlás: *The terrorists said the shooting was in retaliation* (megtorlásképpen) *for army attacks.*

retard /rɪˈtɑːd/ *verb* [T] (*formális*) késleltet, visszatart
▶ **retarded** *adj.* (fejlődésben) visszamaradt

> Ez a szó sértő és ezért már nem nagyon használjuk.

retention /rɪˈtenʃn/ *noun* [U] megőrzés
❶ Ige: **retain**.

rethink /ˈriːθɪŋk; ˌriːˈθɪŋk/ *verb* [I,T] (*pt, pp* **rethought** /-ˈθɔːt/) újra átgondol

★ **retire** /rɪˈtaɪə(r)/ *verb* [I] **1 retire (from sth)** visszavonul, nyugdíjba megy **2** (*formális*) visszavonul vhová

★ **retired** /rɪˈtaɪəd/ *adj.* nyugdíjas: *a retired teacher*

★ **retirement** /rɪˈtaɪəmənt/ *noun* **1** [C,U] nyugdíjazás, visszavonulás: *to take early retirement* (korkedvezménnyel nyugdíjba megy) **2** [sing., U] nyugdíjas élet: *We all wish you a long and happy retirement.*

retiring /rɪˈtaɪərɪŋ/ *adj.* tartózkodó

retort /rɪˈtɔːt/ *verb* [T] visszavág (*átv*)
▶ **retort** *noun* [C] visszavágás: *an angry retort*

retrace /ˌriːˈtreɪs/ *verb* [T] megismétel (*pl. múltbéli utazást*), végigkövet: *If you retrace your steps* (visszamész ugyanazon az úton), *you might find your keys.*

retract /rɪˈtrækt/ *verb* [I,T] (*formális*) visszavon (*pl. állítást*)

retreat¹ /rɪˈtriːt/ *verb* [I] **1** visszavonul, (meg)hátrál ❶ Ellentéte: **advance**. **2** visszavonul

retreat² /rɪˈtriːt/ *noun* **1** [C,U] visszavonulás: *The invading forces are now in retreat.* ❶ Ellentéte: **advance**. **2** [C] pihenőhely: *a religious retreat* lelkigyakorlat

retribution /ˌretrɪˈbjuːʃn/ *noun* [U] (*írott nyelv*) **retribution (for sth)** megtorlás, büntetés

retrieve /rɪˈtriːv/ *verb* [T] **1 retrieve sth (from sb/sth)** visszaszerez: *The police retrieved the body from the canal.* **2** visszakeres (információt, számítógépen) **3** helyrehoz: *United were losing at half-time but they managed to retrieve the situation in the second half.*
▶ **retrieval** /-vl/ *noun* [U] **1** helyrehozás **2** információ visszakeresése

retrospect /ˈretrəspekt/ *noun*
IDIOM **in retrospect** visszatekintés: *In retrospect,* (visszagondolva) *I can see it was stupid.*

retrospective /ˌretrəˈspektɪv/ *adj.* **1** visszatekintő **2** visszamenőleges
▶ **retrospectively** *adv.* visszatekintve/-menőlegesen

★ **return¹** /rɪˈtɜːn/ *verb* **1** [I] **return (to/from...)** visszamegy/-jön: *I leave on the 10th May and return on the 25th.* **2** [I] **return (to sth/doing sth)** visszatér: *The strike is over and they will return to work* (visszamennek dolgozni) *on Monday.* • *Train services will return to normal soon.* **3** [I] visszatér: *If*

---

❶ = magyarázat [C] **megszámlálható** (*főnév*): *one book, two books*

[U] **megszámlálhatatlan** (*főnév*): *some sugar*

the pain returns, make another appointment to see me. **4** [T] **return sth (to sb/sth)** visszaad/-visz/-küld **5** [T] viszonoz: *I've phoned several times but they haven't returned any of my calls.* • *to return sb's hospitality* **6** [T] visszaüt/-dob

★ **return²** /rɪˈtɜːn/ *noun* **1** [*sing.*] **a return (to/from...)** visszatérés: *I'll call you on my return* (mikor visszaérkezem). • *He has recently made a return to form* (ismét formában van). **2** [U] visszaadás/-küldés/-szolgáltatás **3** [C] visszadobás/-ütés: *She hit a brilliant return.* **4** [C,U] **(a) return (on sth)** nyereség: *This account offers high returns on all investments* (minden befektetésre nagy nyereséget ígér). **5** [C] (*brit* also re‚turn ˈticket) (*US* ‚round-trip ˈticket) retúrjegy: *A day return to Oxford, please.* • *a return fare* ❶ Ellentéte: **single** vagy **one-way**. **6** (also **the reˈturn key**) [*sing.*] az enter billentyű (*számítógépen*)

IDIOMS **by return (of post)** (*brit*) postafordultával | **in return (for sth)** cserébe, viszonzásul | **Many happy returns (of the day)!** Sok boldog születésnapot!

returnable /rɪˈtɜːnəbl/ *adj.* visszaváltható/-küldendő: *a non-returnable* (nem visszatérítendő) *deposit*

reunion /riːˈjuːniən/ *noun* **1** [C] találkozó **2** [C,U] **a reunion (with sb/between A and B)** (újra)egyesülés

reunite /ˌriːjuːˈnaɪt/ *verb* [I,T] **reunite (A with/and B)** újraegyesül/-egyesít

Rev. *abbr.* (**Reverend** rövidítése) tisztelendő/tiszteletes úr

rev¹ /rev/ *verb* [I,T] (**revving; revved**) rev (sth) (up) felpörget/-pörög (*motor*)

rev² /rev/ *noun* [C] (*informális*) fordulatszám: *4000 revs per minute* ➔ Lásd **revolution**.

★ **reveal** /rɪˈviːl/ *verb* [T] **1** **reveal sth (to sb)** felfed, elárul **2** feltár, leleplez

revealing /rɪˈviːlɪŋ/ *adj.* **1** leleplező: *a revealing insight* (alapos betekintést nyújt) *into politics* **2** sokat eláruló: *a revealing swimsuit*

revel /ˈrevl/ *verb* (**revelling; revelled;** *US* **reveling; reveled**)
PHRASAL VERB **revel in sth/doing sth** örömét leli

revelation /ˌrevəˈleɪʃn/ *noun* **1** [C] leleplezés **2** [*sing.*] (valóságos) felfedezés

revenge /rɪˈvendʒ/ *noun* [U] **revenge (on sb) (for sth)** bosszú, megtorlás: *I want to get my revenge* (meg akarom bosszúlni) *on him.* • *He wants to take revenge* (bosszút akar állni) *on society.* • *The shooting was in revenge* (megtorlásul) *for a guerrilla attack.* ➔ Lásd **vengeance**.
▸ **revenge** *verb* [T] **revenge yourself on sb** bosszút áll ➔ Lásd **avenge**.

revenue /ˈrevənjuː/ *noun* [U, *plural*] (*állami/vállalati*) jövedelem

reverence /ˈrevərəns/ *noun* [U] (*formális*) **reverence (for sb/sth)** tisztelet, hódolat

Reverend (also **reverend**) /ˈrevərənd/ *adj.* (*abbr.* **Rev.**) (*vall*) tisztelendő, tiszteletes (*úr*)

reverent /ˈrevərənt/ *adj.* (*formális*) tiszteletteljes

reversal /rɪˈvɜːsl/ *noun* [U, C] visszafordulás, irányváltás: *Today's decision is a complete reversal of previous policy.*

★ **reverse¹** /rɪˈvɜːs/ *verb* **1** [T] megfordít: *to reverse a decision* **2** [T] meg-/felcserél: *Jane and her husband have reversed roles – he stays at home now and she goes to work.* **3** [I,T] tolat
IDIOM **reverse (the) charges** (*brit*) a hívott féllel fizetteti a hívást: *a reverse charge call* R-beszélgetés ❶ US kifejezés **call collect**.

★ **reverse²** /rɪˈvɜːs/ *noun* **1** [*sing.*] **the reverse (of sth)** vmi ellenkezője: *Of course I don't hate you – quite the reverse* (éppen ellenkezőleg). **2** (also re‚verse ˈgear) [U] hátramenet: *Leave the car in reverse* (rükvercben) *if you park it on a hill.*
IDIOM **in reverse** fordítva

reverse³ /rɪˈvɜːs/ *adj.* fordított
IDIOM **in/into reverse order** fordított sorrendbe(n)

reversible /rɪˈvɜːsəbl/ *adj.* kifordítható

revert /rɪˈvɜːt/ *verb* [I] **revert (to sth)** visszatér (*korábbi állapothoz*)

review¹ /rɪˈvjuː/ *noun* **1** [C,U] felülvizsgálat **2** [C] áttekintés **3** [C] kritika: *The film got bad reviews.*

review² /rɪˈvjuː/ *verb* [T] **1** felülvizsgál **2** áttekint **3** ismertetőt/kritikát ír

reviewer /rɪˈvjuːə(r)/ *noun* [C] kritikus

[I] **tárgyatlan** (*ige*): *He laughed.*

[T] **tárgyas** (*ige*): *He ate an apple.*

★ **revise** /rɪ'vaɪz/ verb **1** [T] módosít, (ki)javít: *I revised my opinion of him when I found out that he had lied.* **2** [I,T] (*brit*) **revise (for sth)** ismétel

revision /rɪ'vɪʒn/ noun **1** [C,U] átdolgozás, javítás **2** [U] (*brit*) ismétlés: *to do revision*

revival /rɪ'vaɪvl/ noun **1** [C,U] megújulás: *economic revival* • *a revival of interest in traditional methods* **2** [C] felújítás (*színházi darabé*)

revive /rɪ'vaɪv/ verb [I,T] **1** feléled/-éleszt: *I'm sure a cup of coffee will revive me* (egy kávétól magamhoz térek). **2** megújul, felújít: *to revive an old custom*

revolt /rɪ'vəʊlt/ verb **1** [I] **revolt (against sb/sth)** (fel)lázad **2** [T] undorít ❶ Főnév: **revulsion**.
▸ **revolt** noun [C,U] lázadás, felkelés: *The people rose in revolt* (fellázadtak) *against their corrupt leader.*

revolting /rɪ'vəʊltɪŋ/ adj. undorító

★ **revolution** /ˌrevə'lu:ʃn/ noun **1** [C,U] forradalom: *a country on the brink of revolution* (közel a forradalomhoz) **2** [C] **a revolution (in sth)** gyökeres változás, forradalom: *the Industrial Revolution* **3** [C,U] fordulat ➲ Lásd **rev²**.

revolutionary¹ /ˌrevə'lu:ʃənəri/ adj. **1** forradalmi **2** gyökeresen új: *a revolutionary new scheme to reduce traffic*

revolutionary² /ˌrevə'lu:ʃənəri/ noun [C] (*plural* **revolutionaries**) forradalmár

revolutionize (also **-ise**) /ˌrevə'lu:ʃənaɪz/ verb [T] forradalmasít

revolve /rɪ'vɒlv/ verb [I] kering, forog
PHRASAL VERB **revolve around sb/sth** vki/vmi körül forog (*átv*)

revolver /rɪ'vɒlvə(r)/ noun [C] revolver

revolving /rɪ'vɒlvɪŋ/ adj. forgó-: *revolving doors*

revulsion /rɪ'vʌlʃn/ noun [U] undor ❶ Ige: **revolt**.

★ **reward¹** /rɪ'wɔ:d/ noun **reward (for sth/doing sth)** **1** [C,U] jutalom: *Victory was just reward* (megérdemelt jutalom) *for all the effort.* **2** [C] jutalom: *Police are offering a reward for information leading to a conviction.*

reward² /rɪ'wɔ:d/ verb [T] **reward sb (for**

sth/for doing sth) (*gyakran szenvedő szerkezetben*) megjutalmaz

rewarding /rɪ'wɔ:dɪŋ/ adj. sikerélményt nyújtó/biztosító, hálás (*pl. munka*)

rewind /ˌri:'waɪnd/ verb [T] (*pt, pp* **rewound**) visszateker(csel)
▸ **rewind** noun [U] rewind gomb (*magnón*): *Press rewind to get to the beginning of the tape.* • *the rewind button* ➲ Lásd **fast forward**.

rewrite /ˌri:'raɪt/ verb [T] (*pt* **rewrote** /-'rəʊt/; *pp* **rewritten** /-'rɪtn/) átír

rhetoric /'retərɪk/ noun [U] (*formális*) ékesszólás
▸ **rhetorical** /rɪ'tɒrɪkl/ adj. szónoki
rhetorically /-kli/ adv. szónokian

rhe,torical 'question noun [C] költői kérdés

rheumatism /'ru:mətɪzəm/ noun [U] reuma

rhino /'raɪnəʊ/ (*plural* **rhinos**) (*informális*) = RHINOCEROS

rhinoceros /raɪ'nɒsərəs/ noun [C] (*plural* **rhinoceros** or **rhinoceroses**) orrszarvú

rhubarb /'ru:bɑ:b/ noun [U] rebarbara

rhyme¹ /raɪm/ noun **1** [C] rím(elő szó) **2** [C] vers(ike) ➲ Lásd **nursery rhyme**. **3** [U] rím: *All his poetry is written in rhyme* (rímel).

rhyme² /raɪm/ verb **1** [I] **rhyme (with sth)** rímel **2** [T] **rhyme sth (with sth)** rímeltet

rhyming slang noun [U] valamilyen szó helyett egy másik, arra rímelő szó használata (a kelet-londoni cockney nyelvjárásra jellemző) (*pl. stairs helyett apples and pears*)

★ **rhythm** /'rɪðəm/ noun [C,U] ritmus, ütem: *He can't dance because he has no sense of rhythm* (ritmusérzéke). • *He tapped his foot in rhythm with the music* (a zene ütemére).
▸ **rhythmic** /'rɪðmɪk/ (also **rhythmical** /'rɪðmɪkl/) adj. ritmikus
rhythmically /-kli/ adv. ritmikusan

rib /rɪb/ noun [C] borda

ribbon /'rɪbən/ noun [C,U] szalag ➲ Ábra **hat** alatt.

★ **rice** /raɪs/ noun [U] rizs: *boiled/fried/steamed rice*

★ **rich** /rɪtʃ/ adj. **1** gazdag: *a rich family/coun-*

try ➜ Lásd **wealthy**. ❶ Ellentéte: **poor**.
2 (the rich) noun [plural] a gazdagok **3** rich in sth gazdag vmiben: *Oranges are rich in vitamin C.* **4** nehéz, kalóriadús (*étel*): *a rich chocolate cake* **5** dús (*talaj*) **6** erős, mély (*szín, hang*)
▸ **richness** noun [U] gazdagság

riches /'rɪtʃɪz/ noun [plural] (*formális*) gazdagság ❶ Szinonimája: **wealth**.

richly /'rɪtʃli/ adv. **1** gazdagon: *She was richly rewarded for her hard work.* **2** megérdemelten: *His promotion was richly deserved* (nagyon is kiérdemelte).

rickety /'rɪkəti/ adj. rozoga: *a rickety bridge/table*

ricochet /'rɪkəʃeɪ/ verb [I] (pt, pp **ricocheted** /-ʃeɪd/) **ricochet (off sth)** visszapattan

★ **rid** /rɪd/ verb [T] (pres. part. **ridding**; pt, pp **rid**) (*formális*) **rid yourself/sb/sth of sb/sth** megszabadul vkitől/vmitől (*brit*): *He was a nuisance and we're well rid of him* (jobb lesz nélküle).
IDIOM **get rid of sb/sth** megszabadul vkitől/vmitől

riddance /'rɪdns/ noun
IDIOM **good riddance (to sb/sth)** (*beszélt nyelv*) Csakhogy megszabadultam tőle!

ridden¹ past participle of RIDE¹

ridden² /'rɪdn/ adj. (*formális, ált. összetett melléknevekben*) tele vmivel: *She was guilt-ridden.* Tele volt bűntudattal. • *She was ridden with guilt.*

riddle /'rɪdl/ noun [C] **1** találós kérdés **2** rejtély

riddled /'rɪdld/ adj. **riddled with sth** hemzseg vmitől

★ **ride¹** /raɪd/ verb (pt **rode** /rəʊd/; pp **ridden** /'rɪdn/) **1** [I,T] lovagol ❶ A „lovagolni megy" kifejezés fordítása **go riding** (GB), ill. **go horseback riding** (US): *She goes riding every weekend.* ➜ Magyarázat a **drive¹**(2) szónál. **2** [I,T] kerékpározik, motorozik: *She got on her bike and rode off* (elhajtott). **3** [I] (*főleg US*) utazik (*járművön*)
▸ **rider** noun [C] lovas, kerékpáros, motoros

★ **ride²** /raɪd/ noun [C] **1** utazás (*pl. autóbuszon, autóban*), lovaglás: *It's only a short bus/train ride into town.* • *to go for a bike ride* **2** utazás: *a bumpy/comfortable ride*

3 menet (*vidámparkban*): *My favourite fairground ride is the roller coaster.*
IDIOM **take sb for a ride** (*informális*) átejt

ridge /rɪdʒ/ noun [C] **1** (hegy)gerinc **2** the ridge of the roof tetőnyereg • *The ridges on the soles of my boots* (a bordázat a cipőm talpán) *stopped me from slipping.*

ridicule /'rɪdɪkjuːl/ noun [U] nevetség: *He had become an object of ridicule.* Nevetség tárgya lett.
▸ **ridicule** verb [T] kinevet

★ **ridiculous** /rɪ'dɪkjələs/ adj. nevetséges: *to ask a ridiculous* (nevetségesen nagy) *price for sth*
▸ **ridiculously** adv. nevetségesen

riding /'raɪdɪŋ/ (US **horseback riding**) noun [U] lovaglás: *riding* (lovagló) *boots* • *a riding* (lovas) *school*

rife /raɪf/ adj. (*főnév előtt nem állhat, formális*) elterjedt: *Rumours are rife that his wife has left him.*

rifle¹ /'raɪfl/ noun [C] puska: *to load/aim/fire a rifle*

rifle² /'raɪfl/ verb [I,T] **rifle (through) sth** átkutat (*lopás céljából*)

rift /rɪft/ noun [C] **1** szakadás: *a growing rift* (növekvő ellentét) *between the twins* **2** hasadék

rig¹ /rɪg/ verb [T] (**rigging**; **rigged**) manipulál, megbundáz
PHRASAL VERB **rig sth up** összetákol

rig² /rɪg/ (also **oil rig**) noun [C] (olaj)-fúrótorony

rigging /'rɪgɪŋ/ noun [U] vitorlakötélzet

★ **right¹** /raɪt/ adj. **1** helyes, igaz: *the right answer* • *Have you got the right time* (a pontos időt)? • *You're quite right* (igazad van) *about the film – it does start at 7.15.* • *'You're Greek, aren't you?' 'Yes, that's right* (így van).' **2 right (for sb/sth)** helyes, megfelelő: *I hope I've made the right decision.* • *He is the right person for the job.* **3** helyes, becsületes: *It's not right to pay people so badly.* • *What do you think is the right thing to do?* ❶ Az 1., 2. és 3. jelentés ellentéte **wrong**. **4** rendben: *The car doesn't sound right – it's making a funny noise.* **5** jobb (*oldali*): *He's blind in his right eye.* ❶ Ellentéte: **left**. **6** (*brit, beszélt nyelv*) kész: *I'll look a right idiot in that hat!*

▶ **rightness** *noun* [U] **1** helyesség **2** igazságosság

IDIOMS get/start off on the right/wrong foot (with sb) → FOOT¹ | get on the right/wrong side of sb → SIDE¹ | on the right/wrong track → TRACK¹ | put/set sth right rendbe hoz | right (you are)! (*beszélt nyelv*) rendben: *'See you later.' 'Right you are!'* | (as) right as rain makkegészséges

★ **right²** /raɪt/ *adv.* **1** pontosan: *The train was right on time.* ● *He was sitting right beside me.* **2** helyesen, jól: *Have I spelt your name right?* ● *Nothing is going right for me at the moment.* ❶ Ellentéte: **wrong. 3** egészen: *Did you watch the film right to the end?* **4** jobbra: *turn right* ❶ Ellentéte: **left. 5** azonnal: *Wait here – I'll be right back* (azonnal visszajövök). **6** (*beszélt nyelv*) rendben

IDIOMS right/straight away → AWAY | right now most azonnal | serve sb right → SERVE

★ **right³** /raɪt/ *noun* **1** [U] a jó, a helyes: *right and wrong* ● *You did right* (helyesen tetted) *to tell me what happened.* ❶ Ellentéte: **wrong. 2** [*sing.*] a jobb oldal: *We live in the first house on the right.* ● *Take the first right and then the second left.* Fordulj az első utcán jobbra és aztán a másodikon balra. **3** [U, C] the right (to sth/to do sth) jog vmihez: *Freedom of speech is a basic human right* (alapvető emberi jog). ● *civil rights* polgárjogok ● *You have no right to tell me what to do.* **4** (the Right) [*sing.*, with sing. or plural verb] a jobboldal

IDIOMS be in the right az igazság az ő oldalán van | by rights igazság szerint | in your own right a maga/saját jogán | within your rights (to do sth) jogában áll

right⁴ /raɪt/ *verb* [T] visszatér eredeti helyzetébe: *The boat tipped over and then righted itself again.*

IDIOM right a wrong helyrehoz (*pl. igazságtalanságot*)

right angle *noun* [C] derékszög

righteous /ˈraɪtʃəs/ *adj.* (*formális*) jogos: *righteous anger/indignation* ➔ Lásd self-righteous.

rightful /ˈraɪtfl/ *adj.* (*csak főnév előtt, formális*) törvényes
▶ **rightfully** /-fəli/ *adv.* törvényesen

right-hand *adj.* (*csak főnév előtt*) jobb (oldali): *on the right-hand side of the road* ● *in the top right-hand corner of the screen*

right-ˈhanded *adj.* jobbkezes

right-hand ˈman *noun* [*sing.*] vki jobbkeze: *the President's right-hand man*

rightly /ˈraɪtli/ *adv.* jogosan, helyesen: *He's been sacked and quite rightly, I believe.*

right of ˈway *noun* (*plural* rights of way) **1** [C,U] (*főleg brit*) magánterületen átvezető, de a nagyközönség által használható út, átjárási jog **2** [U] elsőbbség (*közlekedésben*): *He should have stopped – I had the right of way.*

right ˈwing *noun* [*sing.*, with sing. or plural verb] a jobboldal (*politikai*)
▶ **right-wing** *adj.* jobboldali ❶ Ellentéte: **left-wing.**

rigid /ˈrɪdʒɪd/ *adj.* merev (*átv is*): *She was rigid with fear.*
▶ **rigidity** /rɪˈdʒɪdəti/ *noun* [U] merevség (*átv is*)
rigidly *adv.* mereven

rigorous /ˈrɪɡərəs/ *adj.* szigorú
▶ **rigorously** *adv.* szigorúan

rigour (*US* rigor) /ˈrɪɡə(r)/ *noun* (*formális*) **1** [U] szigorúság **2** [C, *usually plural*] zord körülmények

rim /rɪm/ *noun* [C] perem: *the rim of a glass* ➔ Ábra cup¹ alatt.

rind /raɪnd/ *noun* [C,U] héj (*vastag, kemény, pl. dinnyéé, sajté*)

> A citrom ill. narancshéj **rind** vagy peel. Puhább héjú gyümölcs pl. a banán héja **skin**.

★ **ring¹** /rɪŋ/ *noun* **1** [C] gyűrű: *a gold/diamond/wedding ring* **2** [C] (*ált. összetett főnevekben*) karika: *curtain rings* ● *a key ring* **3** [C] kör(alakú folt) **4** [C] ring, porond: *a circus/boxing ring* **5** (*US* burner) [C] gázkarika **6** [C] banda: *a spy/drugs ring* kémhálózat/kábítószercsempész banda **7** [C] cseng(et)és **8** [*sing.*] a ring of sth vmilyen hangzás: *What the man said had a ring of truth about it* (őszintén hangzott).

IDIOM give sb a ring (*brit, informális*) felhív (*telefonon*)

★ **ring²** /rɪŋ/ *verb* (*pt* rang /ræŋ/; *pp* rung /rʌŋ/) **1** [I,T] (*főleg US* call) ring (sb/sth) (up) telefonál ❶ Szinonimája: **phone.**

2 [I,T] cseng(et) **3** [I] ring (for sb/sth) csenget/telefonál vmiért **4** [I] vmilyennek hangzik: *Her words didn't **ring true*** (nem hangzottak őszintének). **5** [I] ring (with sth) cseng: *The loud music made my ears ring* (csengett tőle a fülem). **6** [T] (*pt, pp* **ringed**) (*gyakran szenvedő szerkezetben*) körbevesz **7** [T] (*US* **circle**) (*pt, pp* **ringed**) bekarikáz

IDIOM **ring a bell** ismerősen hangzik: *'Do you know Chris James?' 'Well, the name rings a bell.'*

PHRASAL VERBS **ring (sb) back** (*brit*) visszahív (*telefonon*) | **ring in** (*brit*) betelefonál: *Mandy rang in sick this morning.* | **ring out** tisztán hallatszik

'ring binder *noun* [C] gyűrűs iratrendező

ringleader /'rɪŋliːdə(r)/ *noun* [C] bandavezér

'ring road *noun* [C] (*brit*) körgyűrű ⊃ Lásd **bypass¹**.

rink /rɪŋk/ (*also* **'ice rink, 'skating rink**) *noun* [C] (mű)jégpálya

rinse /rɪns/ *verb* [T] kiöblít
▸ **rinse** *noun* [C] öblítés

riot /'raɪət/ *noun* [C] lázongás, zavargás
▸ **riot** *verb* lázong
rioter *noun* [C] lázadó
IDIOM **run riot 1** megvadul, zabolátlanul viselkedik **2** felszabadul (*képzelet, érzés stb.*)

riotous /'raɪətəs/ *adj.* **1** lázadó **2** tomboló (*pl. siker*)

RIP /ˌɑːr aɪ 'piː/ *abbr.* (**rest in peace** rövidítése) béke poraira, nyugodjék békében

rip¹ /rɪp/ *verb* (**ripping; ripped**) **1** [I,T] szakít, tép, (el)szakad: *He **ripped** the letter in half/two.* ● *The bomb **ripped** the house apart.* **2** [T] letép
PHRASAL VERBS **rip through sth** végigsöpör | **rip sb off** (*informális*) megvág (*anyagilag*) | **rip sth up** összetép

rip² /rɪp/ *noun* [C] hasadás

★ **ripe** /raɪp/ *adj.* **1** érett (*gyümölcs, termés*) **2 ripe (for sth)** megérett vmire
▸ **ripen** /-ən/ *verb* [I,T] (meg)érik/érlel

'rip-off *noun* [C] (*informális*) hihetetlen drága dolog: *That restaurant is a complete rip-off* (tiszta rablás)!

ripple /'rɪpl/ *noun* [C] **1** fodrozódás **2** [*usually sing.*] **a ripple (of sth)** hullámzó moraj/érzés: *a ripple of laughter* hullámzó kacagás
▸ **ripple** *verb* **1** [I,T] fodroz(ódik) **2** [I] hullámszerűen terjed

★ **rise¹** /raɪz/ *noun* **1** [C] **a rise (in sth)** emelkedés: *There has been a **sharp rise** in crime.* ❶ Ellentéte: **drop** vagy **fall. 2** [C] (*US* **raise**) (fizetés)emelés: *to **get a rise*** ● *a 5% **pay rise*** **3** [*sing.*] **the rise (of sth)** felemelkedés, előretörés: *her meteoric **rise to power*** (hatalomra kerülés)
IDIOM **give rise to sth** (*formális*) előidéz

★ **rise²** /raɪz/ *verb* [I] (*pt* **rose** /rəʊz/; *pp* **risen** /'rɪzn/)

> Vigyázat! Ne tévesszük össze a **raise** igével!

1 (fel)emelkedik ❶ Ellentéte: **fall. 2** (*írott nyelv*) felkel **3** felkel (*nap, hold*) ❶ Ellentéte: **set. 4** felemelkedik: *He **rose** through the ranks to become managing director.* Egészen az ügyvezető igazgatói beosztásig vitte. ● *She **rose to power** (hatalomra került) in the 90s.* **5** emelkedik **6** jön vhonnan **7 rise (up) (against sb/sth)** fellázad vki/vmi ellen
▸ **rising** *adj.* emelkedő: *rising prices* ● *a rising* (feltörekvő) *young star*
IDIOM **rise to the occasion, challenge, task, etc.** felnő a feladathoz, kihíváshoz, alkalomhoz stb.

★ **risk¹** /rɪsk/ *noun* **1** [C,U] **(a) risk (of sth/that…); (a) risk (to sb/sth)** kockázat, veszély: *Don't **take any risks** (ne kockáztass) when you're driving.* ● *You could drive a car without insurance, but it's **not worth the risk*** (nem éri meg a kockázatot). ● *Pesticides **pose a risk** (veszélyt jelentenek) to wildlfe.* ● *If we don't leave soon, we **run the risk** (kockáztatjuk, hogy) of missing the plane.* ● *Children are **most at risk** (vannak leginkább veszélyeztetve) from the disease.* **2** [*sing.*] veszélyt jelentő személy/dolog: *If he knows your real name, he's a **security risk** (a biztonságot veszélyezteti).*
IDIOMS **at your own risk** saját felelősségére: *This building is in a dangerous condition – enter at your own risk.* | **at the risk of sth/doing sth** kockáztatva: *He rescued the girl at the risk of his own life.*

ð **then** | s **so** | z **zoo** | ʃ **she** | ʒ **vision** | h **how** | m **man** | n **no** | ŋ **sing** | l **leg** | r **red** | j **yes** | w **wet**

★ **risk²** /rɪsk/ *verb* [T] kockáztat, veszélyeztet: *If you don't work hard now, you risk failing your exams.* • *The man had to* **risk** *his* **life** *to save the little boy.*

risky /'rɪski/ *adj.* (**riskier; riskiest**) kockázatos, veszélyes

ritual /'rɪtʃuəl/ *noun* [C,U] szertartás, rítus
▶ **ritual** *adj.* rituális, szertartásos
ritually *adv.* rituálisan, szertartásosan

rival¹ /'raɪvl/ *noun* [C] vetélytárs, ellenfél

rival² /'raɪvl/ *verb* [T] (**rivalling; rivalled**; *US* **rivaling; rivaled**) rival sb/sth (for/in sth) vetekedik: *Nothing rivals skiing for sheer excitement.*

rivalry /'raɪvlri/ *noun* [C,U] (*plural* **rivalries**) rivalry (with sb); rivalry (between A and B) versengés, vetélkedés

★ **river** /'rɪvə(r)/ *noun* [C] folyó: *the River Nile*

> A river **flows** into the sea. Where it joins the sea is the river **mouth**. A boat sails on the river. We walk, sail, etc. **up** or **down** river.

riverside /'rɪvəsaɪd/ *noun* [sing.] folyópart(i)

rivet¹ /'rɪvɪt/ *noun* [C] szegecs

rivet² /'rɪvɪt/ *verb* [T] (*ált. szenvedő szerkezetben*) lenyűgöz
▶ **riveting** *adj.* lenyűgöző

rm *abbr.* (**room** rövidítése) szoba

roach /rəʊtʃ/ (*US*) = COCKROACH

★ **road** /rəʊd/ *noun* **1** [C] út, közút: *Turn left off the* **main road**. • *road signs* (közúti) jelzőtáblák

> A településeket összekötő út **road** (*US* **highway**): *a road map of Hungary.* A **street** utcát jelent településen belül: *a street map of London.* Sugárút lásd **avenue**. A **motorway** (*US* **freeway/ expressway**) autópályát jelent, ennek egy irányba vezető része a **carriageway**, amely sávokra **lanes** oszlik. Az **A-road** főútvonalat, a **B-road** alsórendű utat jelöl. Térképen az **M** a **motorway** rövidítése.

2 (**Road**) (*abbr.* **Rd**) [sing.] út (*városon belül*): *60 Cowley Road, Oxford*
IDIOMS **be on the road** úton van | **by road** közúton, autóval

roadblock /'rəʊdblɒk/ *noun* [C] úttorlasz

roadside /'rəʊdsaɪd/ *noun* [C, usually sing.] út széle: *a roadside cafe* útszéli kávézó

road tax *noun* [C,U] (*brit*) gépjárműadó

road test *noun* [C] közlekedésbiztonsági vizsgálat

the roadway /'rəʊdweɪ/ *noun* [sing.] úttest

roadworks /'rəʊdwɜːks/ *noun* [plural] útjavítás/-építés

roadworthy /'rəʊdwɜːði/ *adj.* műszakilag alkalmas (*jármű*)

roam /rəʊm/ *verb* [I,T] kóborol, csatangol: *Gangs of youths roamed the streets at night.*

roar /rɔː(r)/ *verb* **1** [I] üvölt, bőg: *She roared with laughter* (harsogva nevetett). • *The engine roared to life* (dübörögve beindult). **2** [I,T] ordít **3** [I] roar along, down, past, etc. (el)zúg/-robog
▶ **roar** *noun* [C] üvöltés, zúgás, morajlás: *the roar of heavy traffic* • *roars of laughter* hahota

roaring /'rɔːrɪŋ/ *adj.* **1** üvöltő, zúgó **2** lobogó (*tűz*) **3** átütő, irtó (*jó/rossz*)

roast¹ /rəʊst/ *verb* **1** [I,T] (meg)süt/sül (*húst, nyílt tűzön vagy sütőben*) ➔ Magyarázat a **cook** szónál. **2** [T] (meg)pörköl: *roasted peanuts*
▶ **roast** *adj.* sült, pörkölt (*csak főnév előtt*): *roast beef/potatoes*

roast² /rəʊst/ *noun* **1** [C,U] egybesült hús **2** [C] (*főleg US*) pecsenyesütés ➔ Lásd **barbecue**.

★ **rob** /rɒb/ *verb* [T] (**robbing; robbed**) rob sb/sth (of sth) **1** ki-/elrabol: *to rob a bank* ➔ Magyarázat a **steal** szónál. **2** rob sb/sth (of sth) megfoszt

★ **robber** /'rɒbə(r)/ *noun* [C] rabló ➔ Magyarázat a **thief** szónál.

robbery /'rɒbəri/ *noun* [C,U] (*plural* **robberies**) rablás: *They were found guilty of* **armed robbery** (fegyveres rablás).

robe /rəʊb/ *noun* [C] **1** palást, köntös **2** (*US*) = DRESSING GOWN

robin /'rɒbɪn/ *noun* [C] vörösbegy

robot /'rəʊbɒt/ *noun* [C] robot(gép)

robust /rəʊ'bʌst/ *adj.* erős és egészséges

★ **rock¹** /rɒk/ *noun* **1** [U] kőzet **2** [C] szikla: *The*

---

❶ = magyarázat   [C] **megszámlálható** (*főnév*): *one book, two books*   [U] **megszámlálhatatlan** (*főnév*): *some sugar*

ship hit the rocks and started to sink. **3** [C] (*US*) kő **4** (also 'rock music) [U] rock(zene): *a rock singer/band* ➔ Lásd **classical, jazz, pop. 5** [U] (*brit*) nyalóka
IDIOM on the rocks **1** zátonyra futott (*átv is*) **2** jéggel: *whisky on the rocks*

rock² /rɒk/ *verb* **1** [I,T] ring(at): *He rocked the baby in his arms.* **2** [T] megráz(kódtat) **3** [T] megráz (*átv*)
IDIOM rock the boat bonyodalmat okoz: *They only employ quiet people who won't rock the boat* (nem sok vizet zavarnak).

ˌrock and ˈroll (also rock 'n' roll) *noun* [U] rock and roll

ˌrock ˈbottom *noun* [U] mélypont: *He hit rock bottom* (elérte a mélypontot) *when his wife left him.* • *rock-bottom* (legalsó) *prices*

ˈrock climbing *noun* [U] sziklamászás

rocket¹ /'rɒkɪt/ *noun* [C] **1** rakéta: *a space rocket* • *to launch a rocket* **2** rakéta-(fegyver) ❶ Szinonimája: **missile. 3** (*tűzijáték*) rakéta

rocket² /'rɒkɪt/ *verb* [I] ugrásszerűen emel(kedik), felszökik

rocky /'rɒki/ *adj.* sziklás, köves: *a rocky coastline*

rod /rɒd/ *noun* [C] (*gyakran összetett főnevekben*) rúd, pálca: *a fishing rod* horgászbot

rode *past tense* of RIDE¹

rodent /'rəʊdnt/ *noun* [C] rágcsáló

rodeo /'rəʊdiəʊ; rəʊ'deɪəʊ/ *noun* [C] (*plural rodeos*) rodeó

roe /rəʊ/ *noun* [U] (hal)ikra

rogue /rəʊg/ *adj.* elfajzott: *a rogue gene/regime*

★ **role** /rəʊl/ *noun* [C] szerep: *Parents play a vital role in their children's education.* • *to play the role of sb* • *a leading role in the film*

ˈrole play *noun* [C,U] szerepjáték

★ **roll¹** /rəʊl/ *noun* [C] **1** tekercs: *a roll of film/wallpaper* **2** zsemle ➔ Ábra **bread** alatt. **3** gurítás, gurulás: *Everything depended on one roll of the dice.* **4** névlista: *the electoral roll* a választók jegyzéke **5** dübörgés: *a roll of drums* dobpergés **6** ring(atóz)ás, dülöngélés

★ **roll²** /rəʊl/ *verb* **1** [I,T] gurul, gurít **2** [I]

gördül: *Tears rolled down her cheeks.* **3** [I,T] **roll (sth) (over)** hempereg, megfordít: *The car rolled over* (felborult) *in the crash.* **4** [I,T] **roll (sth) (up)** felteker, összegöngyöl(ődik): *He was rolling himself a cigarette.* ❶ Ellentéte: **unroll. 5** [T] **roll sth (out)** kinyújt (*tésztát*), hengerel (*utat*) **6** [I] himbálózik, dülöngél
IDIOM be rolling in money/in it (*szleng*) felveti a pénz
PHRASAL VERBS roll in (*informális*) beözönlik, dől: *Offers of help have been rolling in.* | **roll up** (*informális*) befut (*késve*)

roller /'rəʊlə(r)/ *noun* [C] **1** henger, görgő: *a roller blind on a window* **2** [*usually plural*] hajcsavaró

Rollerblade™ /'rəʊləbleɪd/ *noun* [C] egysoros görkorcsolya: *a pair of Rollerblades*
▶ **rollerblade** *verb* [I] görkorcsolyázik ❶ A go rollerblading jelentése „görkorcsolyázni megy": *We go rollerblading every weekend.*

ˈroller coaster *noun* [C] hullámvasút

ˈroller skate (also skate) *noun* [C] görkorcsolya: *a pair of roller skates*
▶ 'roller skate *verb* [I] görkorcsolyázik
'roller skating *noun* [U] görkorcsolyázás

ˈrolling pin *noun* [C] sodrófa ➔ Ábra **kitchen** alatt.

ROM /rɒm/ *noun* [U] rom (*csak olvasható, nem változtatható memória*) ❶ Vesd össze **CD-ROM.**

Roman /'rəʊmən/ *adj., noun* [C] római

the ˌRoman ˈalphabet *noun* [*sing.*] a latin ábécé

ˌRoman ˈCatholic (also Catholic) *noun* [C] *adj.* római katolikus

ˌRoman Caˈtholicism (also Catholicism) *noun* [U] római katolicizmus

romance /rəʊ'mæns; 'rəʊmæns/ *noun* **1** [C] románc, szerelmi idill **2** [U] kaland, romantika **3** [C] romantikus történet: *historical romances*

ˌRoman ˈnumerals *noun* [*plural*] római számok

★ **romantic¹** /rəʊ'mæntɪk/ *adj.* **1** romantikus: *a romantic candlelit dinner* • *romantic fiction/comedy* **2** szerelmi **3** romantikus: *a romantic idea*

[I] **tárgyatlan** (*ige*): *He laughed.*   [T] **tárgyas** (*ige*): *He ate an apple.*

romantic 554

▶ **romantically** /-kli/ *adv.* romantikusan

romantic² /rəʊˈmæntɪk/ *noun* [C] romantikus (*ember*)

romanticize (also **-ise**) /rəʊˈmæntɪsaɪz/ *verb* [I,T] romantikussá tesz, ábrándvilágban él

romp /rɒmp/ *verb* [I] hancúrozik
▶ **romp** *noun* [C] hancúrozás
IDIOM romp home/to victory könnyen nyer

★ **roof** /ruːf/ *noun* [C] (*plural* **roofs**) **1** tető, fedél: *a flat/sloping* (sátor) */tiled* (cserép) *roof* • *the roof of a car* • *The library and the sports hall are **under one roof*** (egy épületben vannak). **2** boltozat: *the roof of your mouth* a szájpadlás
IDIOM a roof over your head tető vki feje felett: *I might not have any money, but at least I've got a roof over my head.*

roof rack *noun* [C] tetőcsomagtartó
➜ Ábra **rack¹** alatt.

rooftop /ˈruːftɒp/ *noun* [C, usually plural] háztető

★ **room** /ruːm; rʊm/ *noun* **1** [C] szoba, terem, helyiség: *a sitting/dining/living/waiting room* • *I'd like to book a double* (kétágyas) *room for two nights.* **2** [U] **room (for sb/sth); room (to do sth)** hely: *These chairs take up too much room* (túl sok helyet foglalnak el). • *I threw away my old clothes to make room* (helyet csináljak) *for some new ones.* ➜ Lásd **space**. Magyarázat a **place¹** szónál. **3** [U] **room for sth** lehetőség: *There's room for improvement* (van mit javítani) *in your work.* • *The lack of time gives us little room for manoeuvre.*

roomful /ˈruːmfʊl; ˈrʊm-/ *noun* [C] egy szobára való (*dolog/ember*)

room-mate *noun* [C] szoba-/lakótárs

roomy /ˈruːmi/ *adj.* (**roomier**; **roomiest**) tágas

roost /ruːst/ *noun* [C] (kakas/tyúk)ülő
▶ **roost** *verb* [I] elül (*madár*)

rooster /ˈruːstə(r)/ (*US*) = COCK¹ (1)

★ **root¹** /ruːt/ *noun* **1** [C] gyökér: *root vegetables* **2** [C] gyökér **3** (**roots**) [plural] a gyökerek, származás **3 4** [C] gyökér, alapvető ok: *Let's get to the root of the problem.* ➜ Lásd **square root**.

root² /ruːt/ *verb*

PHRASAL VERBS root about/around (for sth) turkál | **root for sb** szurkol | **root sth out** kiirt

★ **rope¹** /rəʊp/ *noun* [C,U] kötél
IDIOM show sb/know/learn the ropes megmutatja/tudja/megtanulja vminek a csínját-bínját

rope² /rəʊp/ *verb* [T] **rope A to B/A and B together** összeköt(öz)
PHRASAL VERBS rope sb in (to do sth) (*informális*) beszervez | **rope sth off** kötéllel elkerít

rosary /ˈrəʊzəri/ *noun* [C] (*plural* **rosaries**) rózsafüzér

rose¹ *past tense* of RISE²

★ **rose²** /rəʊz/ *noun* [C] rózsa

rosé /ˈrəʊzeɪ/ *noun* [U] rozé (*bor*)

rosette /rəʊˈzet/ *noun* [C] kokárda

roster /ˈrɒstə(r)/ (*főleg US*) = ROTA

rostrum /ˈrɒstrəm/ *noun* [C] szónoki emelvény

rosy /ˈrəʊzi/ *adj.* (**rosier**; **rosiest**) **1** rózsaszínű: *rosy cheeks* **2** rózsás: *The future was looking rosy.*

rot /rɒt/ *verb* [I,T] (**rotting**; **rotted**) (el)rothad/rohaszt ❶ Szinonimája: **decay**.
▶ **rot** *noun* [U] rothadás

rota /ˈrəʊtə/ [C] (*US* also **roster**) *noun* (szolgálati) névsor/beosztás: *We do the cleaning on a rota basis* (beosztás szerint).

rotary /ˈrəʊtəri/ *adj.* körben forgó

rotate /rəʊˈteɪt/ *verb* [I,T] **1** forog, forgat (*vmi körül*) **2** vált(akozik), rotál: *We rotate the duties* (egymást váltjuk a munkában) *for the sake of variety.*

rotation /rəʊˈteɪʃn/ *noun* [C,U] **1** körforgás, fordulat **2** vált(akoz)ás: *The company is chaired by all the workers in rotation* (egymást váltva).

rotor /ˈrəʊtə(r)/ *noun* [C] forgószárny

rotten /ˈrɒtn/ *adj.* **1** ro(t)hadt, romlott **2** (*informális*) rohadt, pocsék: *That was a rotten thing to say!* **3** (*beszélt nyelv*) rohadt

rouge /ruːʒ/ *noun* [U] (*rég*) rúzs

★ **rough¹** /rʌf/ *adj.* **1** durva, egyenetlen: *rough ground* ❶ Ellentéte: **smooth** vagy **soft**. **2** durva, goromba: *He was rather rough with the baby.* • *The sea was rough*

MAGÁNHANGZÓK iː **see** | i **any** | ɪ **sit** | e **ten** | æ **hat** | ɑː **arm** | ɒ **got** | ɔː **saw** | ʊ **put** | uː **too** | u **usual**

(viharos). ❶ Ellentéte: **calm. 3** kemény, nehéz: *He's had a really rough time recently.* Igazán nehéz időszakot élt most át. **4** hozzávetőleges, vázlatos: *a rough estimate* **5** (*informális*) megviselt: *You look a bit rough – are you feeling all right?*

▶ **roughness** *noun* [U] **1** egyenetlenség, érdesség **2** durvaság, keménység

IDIOM **be rough (on sb)** kellemetlen, kemény próba vki számára

rough² /rʌf/ *noun*

IDIOMS **in rough** vázlatosan | **take the rough with the smooth** jót és rosszat egyaránt elfogad

rough³ /rʌf/ *adv.* **1** durván **2** (*informális*) nehezen, rosszul: *He's had it rough* (rossz passzban van) *since she left.*

IDIOM **live/sleep rough** fedél nélkül él

rough⁴ /rʌf/ *verb*

IDIOM **rough it** komfort/fedél nélkül él

roughage /ˈrʌfɪdʒ/ *noun* [U] rost(anyag)

roughen /ˈrʌfn/ *verb* [T] eldurvít, érdessé tesz

★ **roughly** /ˈrʌfli/ *adv.* **1** durván, keményen: *He grabbed her roughly by her arm.* **2** nagyjából, hozzávetőleg

roulette /ruːˈlet/ *noun* [U] rulett

★ **round¹** /raʊnd/ *adj.* kerek, gömbölyű

IDIOM **in round figures/numbers** kerekítve

★ **round²** /raʊnd/ *adv., prep.* ❶ További kifejezések a **round** elöljáróval kapcsolatban a kifejezésben szereplő igénél találhatók, pl. **come round, get round, go round** lásd **come, get, go. 1** körül: *We sat round the table.* • *We were just talking about Ravi and he came **round the corner*** (befordult a sarkon). • (*átv*) *It's hard to see a way round* (kikerülni) *the problem.* **2** körbe(n): *The wheels spun **round and round*** (körbe-körbe). **3** ellenkező irányba: *Don't **look round*** (ne nézz hátra) *but the teacher's just come in.* • *She turned the car **round*** (viszszafordult). **4** körbe: *Pass the photos **round** for everyone to see.* • *I've been rushing **round*** (rohangáltam) *all day.* **5** *Do you live **round** here* (errefelé)? • *I'll come **round*** (átugrom) *at about 8.30.* **6** körül: *Let me show you **round** the house.*

IDIOMS **round about (sth)** körül(belül), közel (vmihez): *We hope to arrive round about 6.* | **the other way round** ellenkezőleg

> Az **around** és a **round** azonos jelentésűek, az **around** gyakoribb az amerikai angolban.

★ **round³** /raʊnd/ *noun* [C] **1** sorozat: *a round of talks* **2** (*szolgálati*) körút: *Dr Adamou is on his daily round of the wards* (vizitel a kórtermekben). **3** rund, kör: *It's my round.* Ezt a kört én állom. **4** forduló, játszma, menet: *Parma will play Real Madrid in the next round.* • *to play a round of golf* **5** lövedék(ek), lövés(sorozat) **6** hirtelen nagy zaj: *a round of applause* (tapsvihar)

round⁴ /raʊnd/ *verb* [T] megkerül vmit (körbe)

PHRASAL VERBS **round sth off** befejez | **round sb/sth up** összeterel, összeszed | **round sth up/down** fel-/lekerekít

roundabout/
merry-go-round

merry-go-round/roundabout
(US carousel)

roundabout¹ /ˈraʊndəbaʊt/ *noun* [C] **1** körforgalom **2** körhinta (*játszótéren*) **3** körhinta, ringlispíl

roundabout

roundabout² /ˈraʊndəbaʊt/ *adj.* kerülő (út): *We came by rather a roundabout route.*

rounders /ˈraʊndəz/ *noun* [U] métaszerű játék

round ˈtrip *noun* [C] **1** oda-vissza út: *a four-mile round trip* **2** (*US*) = RETURN² (5)

rouse /raʊz/ *verb* [T] **1** (*formális*) felébreszt **2** felizgat

rousing /ˈraʊzɪŋ/ *adj.* lelkes(ítő), nagy érzelmeket keltő: *a rousing speech*

rout /raʊt/ *verb* [T] fölényesen legyőz

ʌ **cup** | ɜː **fur** | ə **ago** | eɪ **pay** | əʊ **home** | aɪ **five** | aʊ **now** | ɔɪ **join** | ɪə **near** | eə **hair** | ʊə **pure**

▶ **rout** *noun* [C] teljes vereség

★ **route** /ruːt/ *noun* [C] **1 a route (from A) (to B)** út(vonal): *bus routes* **2 a route to sth** út (*átv*)

★ **routine¹** /ruːˈtiːn/ *noun* **1** [C,U] rutin, rendszeresség: *your daily routine* **2** [U] szokásos tevékenység, taposómalom **3** [C] (betét)-szám (*előadásban*): *a dance/comedy routine*

routine² /ruːˈtiːn/ *adj.* rutin-: *a routine check*

routinely /ruːˈtiːnli/ *adv.* rendszeresen, rutinból

★ **row¹** /rəʊ/ *noun* [C] sor: *The children were standing in a row.* • *a seat in the back row* • *a front-row seat*
IDIOM **in a row** egymás után, egyfolytában

row² /rəʊ/ *verb* **1** [I,T] evez: *to go rowing* **2** [T] csónakkal elvisz ➜ Lásd **paddle**.
▶ **row** *noun* [sing.] evezés

★ **row³** /raʊ/ *noun* **1** [C] **a row (about/over sth)** veszekedés, éles vita: *to have a row* (*összeveszik*) *with sb* **2** [sing.] lárma, zsivaj
▶ **row** *verb* [I] **row (with sb) (about/over sth)** veszekszik, vitázik

rowdy /ˈraʊdi/ *adj.* lármázó, duhajkodó: *rowdy behaviour/youths*
▶ **rowdily** *adv.* zajongva
rowdiness *noun* [U] duhajkodás

rowing boat (*US* **rowboat** /ˈrəʊbəʊt/) *noun* [C] evezős csónak

★ **royal** /ˈrɔɪəl/ *adj.* királyi: *the royal family*
▶ **royal** *noun* [C] királyi család tagja(i)

Royal Highness *noun* [C] királyi fenség

royalty /ˈrɔɪəlti/ *noun* (*plural* **royalties**) **1** [U] királyi család tagja **2** [C] szerzői jogdíj: *The author earns a 2% royalty on each copy sold.*

rpm /ˌɑː piː ˈem/ *abbr.* (**revolutions per minute** *rövidítése*) percenkénti fordulatszám: *engine speed 2500 rpm*

RSI /ˌɑːr es ˈaɪ/ *noun* [U] ismételt, fokozott igénybevételből adódó lágyrész elváltozás

RSVP /ˌɑːr es viː ˈpiː/ *abbr.* (**répondez s'il vous plaît** *rövidítése*) visszajelzést kérek (*meghívásra*)

Rt Hon *abbr.* (*brit*) (**Right Honourable**

rövidítése) méltóságos (*kormánytanácsosok stb. rangja*)

★ **rub** /rʌb/ *verb* (**rubbing**; **rubbed**) **1** [I,T] dörzsöl, dörgölődzik: *Ralph rubbed his hands together to keep them warm.* **2** [T] **rub sth in (to sth)** bedörzsöl **3** [I,T] **(on/against sth)** (fel)dörzsöl(ődik)
▶ **rub** *noun* [C] dörzsölés
IDIOMS **rub salt into the wound/sb's wounds** nehezíti a helyzetet/vki helyzetét | **rub shoulders with sb** összejön (vkivel) (*híres emberekkel*)
PHRASAL VERBS **rub it/sth in** felhánytorgat: *I know it was stupid, but there's no need to rub it in!* | **rub off (on/onto sb)** átterjed (vkire) | **rub sth off (sth)** ledörzsöl | **rub sth out** kiradíroz, kitöröl

★ **rubber** /ˈrʌbə(r)/ *noun* **1** [U] gumi(-): *rubber gloves* • *foam rubber* **2** [C] (*főleg US* **eraser**) radír, táblatörlő

rubber band *noun* [C] gumiszalag, gumipánt

rubber stamp *noun* [C] **1** (gumi)bélyegző **2** gépiesen jóváhagyó személy/testület
▶ **rubber-stamp** *verb* [T] gépiesen jóváhagy

rubbery /ˈrʌbəri/ *adj.* gumiszerű

★ **rubbish** /ˈrʌbɪʃ/ (*US* **garbage**, **trash**) *noun* [U] **1** szemét, hulladék: *a rubbish bin* ➜ Lásd **waste**. Ábra **bin** alatt. **2** hülyeség, ostobaság: *He often talks absolute rubbish.*

rubbish tip (*also* **tip**) *noun* [C] szemétlerakóhely

rubble /ˈrʌbl/ *noun* [U] törmelék, sitt

rubella /ruːˈbelə/ *noun* [U] rubeola

ruby /ˈruːbi/ *noun* [C] (*plural* **rubies**) rubin

rucksack /ˈrʌksæk/ *noun* [C] (*brit*) hátizsák ❶ Szinonimája: **backpack** vagy **pack**. ➜ Ábra **bag¹** alatt.

rudder /ˈrʌdə(r)/ *noun* [C] kormány(lapát)

★ **rude** /ruːd/ *adj.* **1** **rude (to sb) (about sb/sth)** udvariatlan: *It was rude of them not to phone before coming.* ➜ Lásd **impolite**. **2** durva, illetlen: *a rude joke/word/gesture* **3** hirtelen, kellemetlen: *If you're expecting him to help, you're in for a rude shock.*
▶ **rudely** *adv.* udvariatlanul, durván

rudeness *noun* [U] udvariatlanság, go-rombaság

rudimentary /ˌruːdɪˈmentri/ *adj.* kezdet-leges, alapvető

ruffle /'rʌfl/ *verb* [T] **1** ruffle sth (up) össze-kócol, felborzol: *to ruffle sb's hair* **2** (*gyak-ran szenvedő szerkezetben*) feldühít/-izgat

rug /rʌg/ *noun* [C] **1** szőnyeg ➔ Vesd össze carpet, mat. **2** pléd, takaró

rugby /'rʌgbi/ *noun* [U] rögbi ❶ A Rugby League csapataiban 13, a Rugby Union csapataiban 15 játékos szerepel. ➔ Lásd league.

rugged /'rʌgɪd/ *adj.* **1** sziklás (*terület*) **2** markáns **3** erős, strapabíró

★ **ruin¹** /'ruːm/ *verb* [T] **1** romba dönt, tönkretesz: *a ruined building* **2** tönkretesz: *The cost of the court case nearly ruined them.*

★ **ruin²** /'ruːm/ *noun* **1** [U] rom **2** [U] (*anyagi*) összeomlás, tönkremenés: *to face finan-cial ruin* **3** [C] rom: *the ruins of Pompeii* **IDIOMS** go to rack and ruin → RACK¹ | in ruin(s) romokban

ruinous /'ruːməs/ *adj.* végzetes (*anyagi-lag*)

★ **rule¹** /ruːl/ *noun* **1** [C] szabály, előírás: *to obey/break a rule* szabályt betart/megszeg ● *It's against the rules* (szabályel-lenes) *to smoke here.* ● *There are strict rules and regulations* (rendszabályok) *govern-ing employees' dress.*

> A law erősebb, megszegése hivatalos büntetéssel járhat.

2 [C] (*szokásos*) szabály: *To run a mara-thon, the golden rule* (aranyszabály) *is: don't start too fast.* **3** [*sing.*] szokás: *Large families are the exception rather than the rule today.* ● *As a general rule* (nagy álta-lánosságban), *women live longer than men.* ● *I don't read much as a rule* (általá-ban). **4** [C] (*nyelvi*) szabály **5** [U] uralom, kormányzás: *The country is under military rule.*

IDIOMS bend the rules → BEND¹ | a rule of thumb gyakorlati szabály | work to rule munkalassítás

★ **rule²** /ruːl/ *verb* [I,T] **1** rule (over sb/sth)

ural(kodik), kormányoz: (*átv*) *His whole life was ruled by ambition.* **2** rule (on sth); rule (in favour of/against sb/sth) dönt **PHRASAL VERB** rule sb/sth out kizár

★ **ruler** /'ruːlə(r)/ *noun* [C] **1** uralkodó **2** vo-nalzó

ruling¹ /'ruːlɪŋ/ *adj.* (*csak főnév előtt*) uralkodó: *the ruling party/class*

ruling² /'ruːlɪŋ/ *noun* [C] hivatalos döntés

rum /rʌm/ *noun* [U, C] rum

rumble /'rʌmbl/ *verb* [I] dörög, dübörög: *My stomach was rumbling* (korgott a gyom-rom).
▶ **rumble** *noun* [*sing.*] dörgés, korgás: *a rumble of thunder*

rummage /'rʌmɪdʒ/ *verb* [I] turkál, kotorászik

★ **rumour** (US rumor) /'ruːmə(r)/ *noun* [C,U] (a) rumour (about/of sb/sth) kósza hír, szóbeszéd: *Rumour has it* (az a hír járja) *that Lena has resigned.* ● *to con-firm/deny/start a rumour* híresztelést megerősít/tagad/elkezd

rumoured (US rumored) /'ruːməd/ *adj.* be rumoured azt beszélik, hogy: *They are rumoured to be getting divorced.*

rump /rʌmp/ *noun* [C] far: *rump steak* hátszín

★ **run¹** /rʌn/ *verb* [I,T] (*pres. part.* **running**; *pt* ran /ræn/; *pp* run) **1** [I,T] fut, szalad: *I often go running* (futni járok). **2** [I,T] fut, szalad: *I've been running around after the kids all day.* ● *She ran her finger down* (ujjával végigfutott) *the list of passengers.* **3** [I] fut, vezet: *The road runs along the river bank.* **4** [T] vezet (*szogáltatást*): *She runs a restaurant.* ● *They run English courses all year round.* **5** [I,T] működik, működtet: *We're running* (futtatunk) *a new computer program today.* **6** [I] közlekedik, jár: *All the trains are running late today.* ● *We'd better hurry up – we're running behind schedule.* **7** [T] (*autót*) tart: *It costs a lot to run a car.* **8** [I] tart vmeddig, érvényben/műsoron van: *My contract has two months left to run.* ● *The play ran for over two years in Lon-don.* **9** [I,T] folyik, folyat: *When it's cold, my nose runs.* ● *I can hear a tap running.* ● *to run a bath/a tap* **10** [I] run with sth vmit elborít vmi **11** [I] ereszt (*színét*) **12** [I] run (for sth)

jelöltként indul: *He's running for president.*
13 [*T*] *közöl (cikket)* **14** [*T*] **run a test/check
(on sth)** *tesztel, ellenőriz*
IDIOMS **be running at** *vmilyen szinten van* |
run for it *(futva) menekül* **❶** *További kife-
jezések a* **run** *igével kapcsolatban a kife-
jezésben szereplő főnévnél, melléknév-
nél stb. találhatók, pl.* **run in the family**
lásd **family**.
PHRASAL VERBS **run across sb/sth** *összefut
vkivel, rábukkan vmire*
run after sb/sth *fut vki/vmi után*
run away *elszökik*
run sb/sth down 1 *elüt* **2** *ócsárol* | **run (sth)
down** *kimerül, kimerít: Turn the lights off
or you'll run the battery down.*
run into sb *összefut vkivel* | **run into sth**
(bajba) kerül | **run (sth) into sb/sth** *belero-
han (járművel)*
run sth off *fénymásol(atot készít)* | **run off
with sth** *ellóg vmivel*
run out (of sth) *kifogy (vmiből), lejár: My
passport runs out next month.*
run sb/sth over *elüt*
run through sth *átfut vmin: She ran
through the names on the list.*

★ **run²** /rʌn/ *noun* **1** [*C*] futás: *I go for a three-
mile* **run** *every day.* • *The prisoner tried to
make a* **run for it** *(futva elmenekülni).*
2 [*C*] *utazás, (szokásos) út* **3** [*sing.*] *sorozat:
We've had a* **run** *of bad luck (kudarcok
sorozata ért) recently.* **4** [*sing.*] **a run on sth**
nagy kereslet vmi iránt **5** [*C*] *(base-
ball/cricket)* *találat*
IDIOMS **in the long run** → LONG¹ | **on the run**
*szökésben (van): The escaped prisoner is
still on the run.*

runaway¹ /ˈrʌnəweɪ/ *adj.* **1** *elszabadult,
megvadult: a* **runaway** *horse/car* **2** *köny-
nyű: a* **runaway** *victory*
runaway² /ˈrʌnəweɪ/ *noun* [*C*] *szökevény*
ˌ**run-ˈdown** *adj.* **1** *lerobbant: a* **run-down**
block of flats **2** *kimerült, lestrapált*
rung¹ /rʌŋ/ *noun* [*C*] *létrafok*
rung² *past participle of* RING²
runner /ˈrʌnə(r)/ *noun* [*C*] **1** *futó: a long-
distance* **runner** **2** *csempész*
ˌ**runner-ˈup** *noun* [*C*] *(plural* **runners-up**)
verseny második/további helyezettje
★ **running¹** /ˈrʌnɪŋ/ *noun* [*U*] **1** futás: *to go*

---

running *futni jár* • **running shoes** *futócipő*
2 *vezetés, irányítás: the day-to-day run-
ning of the office* • *the* **running costs** *(fenn-
tartási költségek) of a car.*
IDIOM **in/out of the running (for sth)**
(informális) esélyes/esélytelen
★ **running²** /ˈrʌnɪŋ/ *adj.* **1** egyfolytában:
United have won the league for four years
running. **2** *(csak főnév előtt)* folyó (víz):
There is no running water in the cottage.
3 *(csak főnév előtt)* folytonos: *a running
battle between two rival gangs*
ˌ**running ˈcommentary** *noun* [*C*] *(plural*
running commentaries) *helyszíni közvetí-
tés*
ˌ**running ˈtime** *noun* [*usually sing.*] *időtar-
tam (filmé, utazásé)*
runny /ˈrʌni/ *adj.* *(informális)* **1** *túl folyós*
2 *folyós/taknyos (orr): to have a runny
nose*
ˌ**run-up** *noun* [*sing.*] **1** *megelőző időszak:
the run-up to the election* **2** *nekifutás*
runway /ˈrʌnweɪ/ *noun* [*C*] *kifutó-/
leszállópálya*
rupture /ˈrʌptʃə(r)/ *noun* [*C,U*] **1** *törés,
repedés, szakadás* **2** *(formális)* *szakítás
(kapcsolatban)*
▸ **rupture** *verb* [*I,T*] *reped, repeszt, szakad,
szakít: Her appendix ruptured (átfúródott
a vakbele).* • *He* **ruptured himself** *(sérvet
kapott) trying to lift the piano.*
rural /ˈrʊərəl/ *adj.* *vidéki, falusi* **Ɔ** Lásd
urban, rustic.
ruse /ruːz/ *noun* [*C*] *trükk, fortély*
★ **rush¹** /rʌʃ/ *verb* **1** [*I,T*] *rohan, sietve csinál
vmit/végez vmivel: I rushed back home
when I got the news.* • *The public rushed to
buy shares in the new company.* **2** [*T*]
sürgősen (el)visz: He **was rushed to hos-
pital**. **3** [*I,T*] **rush (sb) (into sth/into doing
sth)** *elkapkod, siet(tet), (bele)hajszol
(vkit) (vmibe): Don't let yourself be rushed
into marriage.*
IDIOM **be rushed/run off your feet** → FOOT¹
★ **rush²** /rʌʃ/ *noun* **1** [*sing.*] *rohanás: There
was a rush for the exits.* • *I was so nervous,
all my words came out* **in a rush**. **2** [*sing.,
sing.*] *sietség: I'm* **in a terrible rush** *(szörnyen
sietek).* • *There's no rush. Van idő.* **3** [*sing.*]

---

❶ = *magyarázat* [*C*] **megszámlálható** *(főnév):
one book, two books*

[*U*] **megszámlálhatatlan** *(főnév):
some sugar*

a **rush (on sth)** tülekedés (vmiért) **4** [*sing.*] nyüzsgés, tolongás **5** [*C*] káka

rush hour *noun* [*C*] csúcsforgalom: *the morning/evening rush hour* • *rush-hour traffic*

rust /rʌst/ *noun* [*U*] rozsda
► **rust** *verb* [*I,T*] rozsdásodik, rozsdásít

rustic /'rʌstɪk/ *adj.* rusztikus, falusias ⊃ Lásd **rural, urban.**

rustle /'rʌsl/ *verb* [*I,T*] zizeg, zörget
► **rustle** *noun* [*sing.*] zizegés, zörrenés

PHRASAL VERB **rustle sth up (for sb)** (*informális*) felhajt vkit: *to rustle up* (gyorsan összeüt) *a quick snack*

★ **rusty** /'rʌsti/ *adj.* **1** rozsdás **2** berozsdásodott: *My French is rather rusty.*

rut /rʌt/ *noun* [*C*] mély keréknyom
IDIOM **be in a rut** taposómalomban él

ruthless /'ruːθləs/ *adj.* könyörtelen
► **ruthlessly** *adv.* könyörtelenül
ruthlessness *noun* [*U*] könyörtelenség

rye /raɪ/ *noun* [*U*] rozs

Ss

S, s¹ /es/ *noun* [*C*] (*plural* **S's; s's**) S/s betű

S² *abbr.* **1** (**small (size)** rövidítése) S, kis méret **2** (*US* **So.**) (**south(ern)** rövidítése) D(-i), dél(i): *S Yorkshire* Dél-Yorkshire

sabbath /'sæbəθ/ (also **the Sabbath**) *noun* [*sing.*] pihenés és imádkozás napja (*keresztényeknél a vasárnap, zsidóknál a szombat*)

sabotage /'sæbətɑːʒ/ *noun* [*U*] szabotázs: *industrial/economic/military sabotage*
► **sabotage** *verb* [*T*] szabotál

saccharin /'sækərɪn/ *noun* [*U*] szaharin

sachet /'sæʃeɪ/ *noun* [*C*] kis tasak: *a sachet of shampoo/sugar* ⊃ Ábra **container** alatt.

sack¹ /sæk/ *noun* [*C*] zsák
IDIOMS **get the sack** (*brit*) elbocsátják, kirúgják (*állásából*) | **give sb the sack** (*brit*) elbocsát, kirúg (*állásából*)

sack² /sæk/ (*főleg US* **fire**) *verb* [*T*] elbocsát, kirúg (*állásból*)

sacred /'seɪkrɪd/ *adj.* **1** szent, egyházi: *The Koran is the sacred book of Muslims.* **2** szent és sérthetetlen: *a sacred tradition*

sacrifice¹ /'sækrɪfaɪs/ *noun* [*U, C*] **1** áldozat: *If we're going to have a holiday this year, we'll have to make some sacrifices* (áldozatot kell hoznunk). **2** **sacrifice (to sb)** (*állat-*) áldozat

sacrifice² /'sækrɪfaɪs/ *verb* **1** [*T*] sacrifice

sth (for sb/sth) feláldoz **2** [*I,T*] (*állat*)-áldozatot mutat be

sacrilege /'sækrəlɪdʒ/ *noun* [*U, sing.*] szentségtörés

★ **sad** /sæd/ *adj.* (**sadder; saddest**) **1** **sad (to do sth); sad (that...)** szomorú, elszomorító: *We are very sad to hear that you are leaving.* • *a sad film* **2** szomorú, sajnálatos: *It's a sad state of affairs when your best friend doesn't trust you.*
► **sadden** /'sædn/ *verb* [*T*] (*formális*) elszomorít: *The news of your father's death saddened me greatly.*
sadness *noun* [*C,U*] szomorúság, bánat

saddle /'sædl/ *noun* [*C*] **1** nyereg **2** (motor)-bicikliülés, nyereg
► **saddle** *verb* [*T*] felnyergel
PHRASAL VERB **saddle sb with sth** megterhel vkit vmivel

sadism /'seɪdɪzəm/ *noun* [*U*] szadizmus

sadist /'seɪdɪst/ *noun* [*C*] szadista
► **sadistic** [*adj.*] /sə'dɪstɪk/ szadista
sadistically /-kli/ *adv.* szadista módon

sadly /'sædli/ *adv.* **1** sajnos: *Sadly, after eight years of marriage they had grown apart.* **2** szomorúan **3** sajnálatosan, szánalmasan: *If you think that I've forgotten what you did, you're sadly mistaken* (nagyon tévedsz).

sae /ˌes eɪ 'iː/ *abbr.* (**stamped addressed**

[*I*] **tárgyatlan** (*ige*): He laughed.

[*T*] **tárgyas** (*ige*): He ate an apple.

envelope, **self-addressed envelope** *rövidítése*) megcímzett és felbélyegzett válaszboríték

safari /sə'fɑːri/ *noun* [C,U] (*plural* **safaris**) szafári: *to be/go on safari*

★ **safe¹** /seɪf/ *adj.* **1** (*főnév előtt nem állhat*) safe (from sb/sth) biztonságos, biztonságban: *She didn't feel safe in the house on her own.* • *Keep the papers where they will be safe from fire.* **2 safe (to do sth); safe (for sb)** biztonságos: *Don't sit on that chair – it isn't safe.* • *I left my suitcase in a safe place and went for a cup of coffee.* • *a safe driver* • *I think it's safe to say* (biztosan állíthatjuk) *that the situation is unlikely to change for some time.* **3** (*főnév előtt nem állhat*) biztonságban, sértetlenül: *After five days the child was found, safe and sound* (épen és egészségesen).
  ▸ **safely** *adv.* biztonságosan, biztonságban: *I rang my parents to tell them I had arrived safely* (szerencsésen).
  IDIOMS **in safe hands** biztos kezekben | **on the safe side** a biztonság kedvéért

safe² /seɪf/ *noun* [C] páncélszekrény

safeguard /'seɪfɡɑːd/ *noun* [C] **a safeguard (against sb/sth)** védelem, biztosíték
  ▸ **safeguard** *verb* [T] megvéd: *to safeguard sb's interests*

★ **safety** /'seɪfti/ *noun* [U] biztonság: *In the interests of safety, smoking is forbidden.* • *road safety* útbiztonság • *New safety measures* (biztonsági intézkedések) *have been introduced on trains.*

'**safety belt** *noun* [C] biztonsági öv

'**safety net** *noun* [C] biztonsági háló (*átv is*)

'**safety pin** *noun* [C] biztosítótű

'**safety valve** *noun* [C] biztonsági szelep

sag /sæɡ/ *verb* [I] (**sagging; sagged**) megereszkedik, le-/belóg

saga /'sɑːɡə/ *noun* [C] hosszú történet, (események) sorozat(a)

Sagittarius /ˌsædʒɪ'teəriəs/ *noun* [C,U] (*asztrol*) Nyilas

said *past tense, past participle of* SAY¹

★ **sail¹** /seɪl/ *verb* **1** [I,T] hajózik, vitorlázik: *I stood at the window and watched the ships sailing by.* • *to sail round the world* • *My father is teaching me to sail.* • *I've never sailed this kind of yacht before.* ❶ A „vi-

torlázni megy/jár" fordítása go sailing: *We often go sailing at weekends.* **2** [I] (*hajó(val)*) útnak indul: *We sail for Santander at six o'clock tomorrow morning.* **3** [I] száll, siklik: *The ball sailed over the fence.* • *Mary sailed* (belibegett) *into the room.*
  IDIOM **sail through (sth)** könnyedén levizsgázik

sail² /seɪl/ *noun* **1** [C] vitorla **2** [*sing.*] vitorlázás
  IDIOM **set sail → SET¹**

sailboard /'seɪlbɔːd/ *noun* [C] szörfdeszka

sailing /'seɪlɪŋ/ *noun* [U] vitorlázás

'**sailing boat** (US **sailboat**) *noun* [C] vitorlás(hajó)

★ **sailor** /'seɪlə(r)/ *noun* [C] matróz, tengerész, vitorlázó

★ **saint** /seɪnt/ *noun* [C] **1** szent ❶ A szentek neve előtt a **saint** szót nagybetűvel írjuk: *Saint Patrick.* Helységek, templomok stb. neve előtt a rövid alak áll **St**: *St Andrew's Church.* Nevek előtt a **saint** kiejtése /snt/. ➔ Lásd **patron saint**. **2** szent (*átv*)

sake /seɪk/ *noun* [C]
  IDIOMS **for Christ's/God's/goodness'/ Heaven's/pity's, etc. sake** (*beszélt nyelv*) az ég/Isten/Krisztus szerelmére: *For goodness' sake, hurry up!* • *Why have you taken so long, for God's sake?*

A **for God's sake** és különösen a **for Christ's sake** erős kifejezések, sérthetik egyesek jóérzését.

for the sake of sb/sth/doing sth; for sb's/sth's sake vki/vmi kedvéért, vmi miatt: *Don't go to any trouble for my sake.* • *They only stayed together for the sake of their children/for their children's sake.*

★ **salad** /'sæləd/ *noun* [C,U] saláta: *a salad bar* salátás pult

salami /sə'lɑːmi/ *noun* [U,C] (*plural* **salamis**) szalámi

★ **salary** /'sæləri/ *noun* [C,U] (*plural* **salaries**) fizetés: *a high/low salary* ➔ Magyarázat a **pay²** szónál.

★ **sale** /seɪl/ *noun* **1** [C,U] árusítás, eladás **2** (**sales**) [*plural*] (áru)forgalom, eladás: *Sales of personal computers have increased rapidly.* • *The company reported excellent sales figures.* **3** (**sales**) [U] (also '**sales** department) kereskedelmi osztály: *a sales representative/sales rep* • *a sales assistant* **4** [C] leértékelés, kiárusítás: *I got several bargains in the sales.* ➔ Lásd **car boot sale**, **jumble sale**.

IDIOMS **for sale** eladó: *I see our neighbours have put their house up for sale* (árulják). | **on sale 1** kapható: *This week's edition is on sale now at your local newsagents.* **2** (US) akciós

'**sales clerk** (also **clerk**) (US) = SHOP ASSISTANT

salesman /'seɪlzmən/ *noun* [C] (*plural* -**men** /-men/) kereskedelmi ügynök, eladó

salesperson /'seɪlzpɜːsn/ *noun* [C] (*plural* **salespeople** /'seɪlzpiːpl/) (bolti) eladó

saleswoman /'seɪlzwʊmən/ *noun* [C] (*plural* -**women** /-wɪmɪn/) (bolti) eladónő

salient /'seɪliənt/ *adj.* (csak főnév előtt) legfontosabb, legfeltűnőbb

saliva /sə'laɪvə/ *noun* [U] nyál ➔ Lásd **spit**.

salmon /'sæmən/ *noun* [C,U] (*plural* **salmon**) lazac: *smoked salmon*

salmonella /ˌsælmə'nelə/ *noun* [U] szalmonella

salon /'sælɒn/ *noun* [C] (*fodrász-/ kometikus- stb.*) szalon

saloon /sə'luːn/ *noun* (US **sedan**) *noun* [C] (nagy) négyajtós, csomagtartós autó

★ **salt¹** /sɔːlt/ *noun* [U] só: *Season with salt and pepper.* • *Add a pinch of salt* (egy csipetnyi sót).

  ▸ **salt** *adj.* sós: *salt water*

  IDIOMS **rub salt into the wound/sb's wounds** → RUB | **take sth with a pinch of salt** → PINCH

salt² /sɔːlt/ *verb* [T] (ált. szenvedő szerkezetben) (meg)sóz: *salted peanuts*

'**salt water** *adj.* tenger(víz)i

A folyókban élő halak **freshwater** „édesvízi" halak.

salty /'sɔːlti/ *adj.* sós

salute /sə'luːt/ *noun* [C] **1** szalutálás: *to give a salute* **2** tisztelgés: *The next programme is a salute to one of the world's greatest film stars.*

  ▸ **salute** *verb* [I,T] szalutál, tiszteleg

salvage¹ /'sælvɪdʒ/ *noun* [U] mentés, meg

mentett dolgok: *a salvage operation/company/team*

salvage² /'sælvɪdʒ/ *verb* [T] **salvage sth (from sth)** megment: *They salvaged as much as they could from the house after the fire.*

salvation /sæl'veɪʃn/ *noun* **1** [U] üdvözülés **2** [U, *sing.*] megmentő

★ **same** /seɪm/ *adj., adv., pron.* **1** the same... (as sb/sth); the same... that... ugyanaz, ugyanolyan, ugyanúgy: *My brother and I had the same teacher at school.* • *I'm going to wear the same clothes as/that I wore yesterday.* • *This one looks exactly the same as that one.* **2** the same... (as sb/sth); the same... that... ugyanaz (mint vmi), ugyanolyan (mint vki/vmi), ugyanúgy (mint vki/vmi): *I wouldn't buy the same car* (ugyanolyan márkájú kocsit) *again.* • *We treat all the children in the class the same.* • *Is there another word that means the same as this?*

Az **a** névelő nem állhat előtte. Az „egy ugyanolyan" fordítása **the same sort of**: *I'd like the same sort of job as my father.*

IDIOMS **all/just the same** mégis, mindenesetre: *I understand what you're saying. All the same, I don't agree with you.* • *I don't need to borrow any money but thanks all the same for offering.* | **at the same time 1** egyszerre **2** ugyanakkor: *It's a very good idea but at the same time it's rather risky.* | **much the same** → MUCH | **on the same wavelength** egy hullámhosszon | **(the) same again** (*beszélt nyelv*) mégegyszer ugyanazt (kérem) | **same here** (*beszélt nyelv*) rám ugyanez vonatkozik: 'I'm bored.' 'Same here (én is).' | **(the) same to you** (*beszélt nyelv*) viszont (kívánom): 'You idiot!' 'Same to you (te is)!' • 'Have a good weekend.' 'The same to you.'

sample /'sɑːmpl/ *noun* [C] minta: *The interviews were given to a random sample of shoppers.* • *to take a blood sample* • *a free sample of shampoo* ❶ Szinonimája: **specimen**.

  ▸ **sample** *verb* [T] kipróbál, megkóstol

sanatorium /ˌsænə'tɔːriəm/ (US **sanitarium** /ˌsænə'teəriəm/) *noun* [C] szanatórium

---

[*I*] **tárgyatlan** (*ige*): He laughed.　　　　[*T*] **tárgyas** (*ige*): He ate an apple.

sanction¹ /'sæŋkʃn/ *noun* **1** [*C, usually plural*] **sanctions (against sb)** szankció: *The sanctions against those countries have now been lifted.* **2** [*U*] (*formális*) jóváhagyás **3** [*C*] büntetőintézkedés

sanction² /'sæŋkʃn/ *verb* [*T*] jóváhagy

sanctuary /'sæŋktʃuəri/ *noun* (*plural* **sanctuaries**) **1** [*C*] (*állatoknak*) rezervátum **2** [*C,U*] menedékhely

★**sand** /sænd/ *noun* **1** [*U*] homok **2** (**the sands**) [*plural*] homokos terület

sandal /'sændl/ *noun* [*C*] szandál ➜ Ábra **shoe¹** alatt.

sandcastle /'sændkɑːsl/ *noun* [*C*] homokvár

sand dune (also **dune**) *noun* [*C*] düne

sandpaper /'sændpeɪpə(r)/ *noun* [*U*] csiszolópapír

★**sandwich¹** /'sænwɪdʒ/ *noun* [*C*] szendvics: *a ham sandwich*

sandwich² /'sænwɪdʒ/ *verb* [*T*] **sandwich sb/sth (between sb/sth)** beszorít (vkik/vmik közé)

sandy /'sændi/ *adj.* homokos

sane /seɪn/ *adj.* **1** épelméjű **2** józan **❶** Ellentéte: **insane**. Főnév: **sanity**.

sang *past tense of* SING

sanitarium (*US*) = SANATORIUM

sanitary /'sænətri/ *adj.* egészségügyi, higiéniai: *Sanitary conditions in the refugee camps were terrible.* ➜ Lásd **insanitary**.

sanitary towel (*US* **sanitary napkin**) *noun* [*C*] egészségügyi betét ➜ Lásd **tampon**.

sanitation /,sænɪ'teɪʃn/ *noun* [*U*] közegészségügy, higiéniai felszerelés

sanity /'sænəti/ *noun* [*U*] **1** épelméjűség **2** józan gondolkodás **❶** Ellentéte: **insanity**. Melléknév: **sane**.

sank *past tense of* SINK¹

Santa Claus /'sæntə klɔːz/ *noun* [*C*] Télapó

sap¹ /sæp/ *noun* [*U*] nedv

sap² /sæp/ *verb* [*T*] (**sapping**; **sapped**) **sap (sb of) sth** ki-/elszív (*erőt, önbizalmat*): *Years of failure have sapped (him of) his confidence.*

sapling /'sæplɪŋ/ *noun* [*C*] facsemete

sapphire /'sæfaɪə(r)/ *noun* [*C,U*] zafír

sarcasm /'sɑːkæzəm/ *noun* [*U*] maró gúny **➜** Lásd **ironic**.

▸ **sarcastic** /sɑː'kæstɪk/ *adj.* gúnyos **sarcastically** /-kli/ *adv.* gúnyosan

sardine /,sɑː'diːn/ *noun* [*C*] szardínia

sari /'sɑːri/ *noun* [*C*] szári

sash /sæʃ/ *noun* [*C*] széles derék-/vállszalag

Sat. *abbr.* (**Saturday** rövidítése) szombat: *Sat. 2 May*

sat *past tense, past participle* of SIT

Satan /'seɪtn/ *noun* [*sing.*] sátán **➜** Lásd **devil**.

satchel /'sætʃəl/ *noun* [*C*] háti-/iskolatáska

satellite /'sætəlaɪt/ *noun* [*C*] **1** műhold: *a weather/communications satellite* **2** mellékbolygó

satellite dish (also **dish**) *noun* [*C*] parabolaantenna

satellite television (also '**satellite TV**) *noun* [*U*] műholdas televízió

satin /'sætɪn/ *noun* [*U*] szatén

satire /'sætaɪə(r)/ *noun* **1** [*U*] csipős gúny, pellengérre állítás **2** [*C*] **a satire (on sb/sth)** szatíra

▸ **satirical** /sə'tɪrɪkl/ *adj.* szatirikus: *a satirical magazine* **satirically** /-kli/ *adv.* gúnyosan, szatirikusan

★**satisfaction** /,sætɪs'fækʃn/ *noun* [*U, C*] (meg)elégedettség, jóleső érzés: *We finally found a solution that was to everyone's satisfaction* (közmegelégedésre). ● *She was about to* **have the satisfaction of** (megvolt az az öröme, hogy) *seeing her book in print.* **❶** Ellentéte: **dissatisfaction**.

★**satisfactory** /,sætɪs'fæktəri/ *adj.* kielégítő, megfelelő **❶** Ellentéte: **unsatisfactory**.

▸ **satisfactorily** /-tərəli/ *adv.* megfelelően: *Work is progressing satisfactorily.*

satisfied /'sætɪsfaɪd/ *adj.* **satisfied (with sb/sth)** elégedett: *a satisfied smile* ● *a satisfied customer* **❶** Ellentéte: **dissatisfied**.

★**satisfy** /'sætɪsfaɪ/ *verb* [*T*] (*pres. part.* **satisfying**; *3rd pers. sing. pres.* **satisfies**; *pt, pp* **satisfied**) **1** kielégít: *No matter how hard I try, my piano teacher is never satisfied.* **2** eleget tesz (vminek): *Make sure you* ***sat-***

isfy the entry **requirements** before you apply to the university. • I had a quick look inside the parcel just to **satisfy my curiosity**. **3 satisfy sb (that...)** meggyőz vkit: Once the police were satisfied that they were telling the truth, they were allowed to go.

satisfying /'sætɪsfaɪɪŋ/ adj. örömet/elégtételt okozó: I find it satisfying to see people enjoying something I've cooked.

satsuma /sæt'su:mə/ noun [C] mandarin

saturate /'sætʃəreɪt/ verb [T] **1** el-/átáztat **2** (meg)telít: The market is saturated with cheap imports.
 ► **saturation** /ˌsætʃə'reɪʃn/ noun [U] telítettség

★**Saturday** /'sætədeɪ; -di/ noun [C,U] (abbr. **Sat.**) szombat **❶** A hét napjainak nevét mindig nagy kezdőbetűvel írjuk. **⌾** Példák a **Monday** szónál.

Saturn /'sætɜːn; -tən/ noun [sing.] Szaturnusz

★**sauce** /sɔːs/ noun [C,U] szósz, mártás **⌾** Lásd **gravy**.

★**saucepan** /'sɔːspən/ noun [C] (nyeles) lábos **⌾** Ábra **pan** alatt.

★**saucer** /'sɔːsə(r)/ noun [C] csészealj **⌾** Ábra **cup¹** alatt.

sauna /'sɔːnə/ noun [C] szauna: to have a sauna

saunter /'sɔːntə(r)/ verb [I] sétál, császkál

★**sausage** /'sɒsɪdʒ/ noun [C,U] kolbász

savage /'sævɪdʒ/ adj. kegyetlen, vad: He was the victim of a savage attack. • The book received savage criticism.
 ► **savage** verb [T] (meg)támad: The boy died after being savaged by a dog.
 savagely adv. kegyetlenül, vadul
 savagery /'sævɪdʒri/ noun [U] kegyetlenség, barbárság

★**save¹** /seɪv/ verb **1** [T] **save sb/sth (from sth/from doing sth)** megment: to **save sb's life 2** [I,T] **save (sth) (up) (for sth)** (meg)spórol, gyűjt vmire **3** [T] megtart, félretesz: I'll be home late so please save me some dinner. • If you get there first, please save me a seat. **4** [I,T] **save (sb) (sth) (on) sth** (meg)spórol, megtakarít: It will save you twenty minutes on the journey if you take the express train. • You can save on petrol by getting a smaller car. • This car will save you

a lot on petrol. **5** [T] **save (sb) sth/doing sth** megkímél (vkit) vmitől, megspórol vmit: If you make an appointment it will save you waiting. **6** [T] (számítógépen) elment **7** [T] kivéd (gólt)
 IDIOMS **keep/save sth for a rainy day** → RAINY | **save face** (legalább) megőrzi a hírnevét/tisztességét

save² /seɪv/ noun [C] védés: The goalkeeper made a great save.

saver /'seɪvə(r)/ noun [C] **1** takarékoskodó ember, bankbetétes **2** (gyakran szóösszetételekben) (vmit) megtakarító dolog

saving /'seɪvɪŋ/ noun **1** [C] **a saving (of sth) (on sth)** megtakarítás: The sale price represents a saving of 25% on the usual price. **2** (savings) [plural] spórolt pénz

saviour (US savior) /'seɪvjə(r)/ noun **1** [C] megmentő **2** (the Saviour) [sing.] Megváltó

savoury (US savory) /'seɪvəri/ adj. (étel) nem édes **⌾** Lásd **sweet**.

saw¹ past tense of SEE

★**saw²** /sɔː/ noun [C] fűrész **⌾** Ábra **tool** alatt.
 ► **saw** verb [I,T] (pt sawed; pp sawn /sɔːn/) fűrészel: to saw through the trunk of a tree • He sawed the log up into small pieces. **❶** US angolban a past participle alakja **sawed**.

sawdust /'sɔːdʌst/ noun [U] fűrészpor

sax /sæks/ (informális) = SAXOPHONE

saxophone /'sæksəfəʊn/ (informális sax) noun [C] szaxofon **⌾** Magyarázat a **piano** szónál.

★**say¹** /seɪ/ verb [T] (3rd pers. sing. pres. **says** /sez/; pt, pp **said** /sed/) **1 say sth (to sb); say that...; say sth (about sb)** mond: 'Please come back,' she said. • The teacher said we should hand in our essays on Friday. • I said goodbye to her (elbúcsúztam tőle) at the station. • We can ask him, but I'm sure he'll say no. • He said to his mother that he would phone back later. • They just sat there without saying anything. • 'This isn't going to be easy,' she said to herself (gondolta magában). • **It is said that** cats can sense the presence of ghosts. • I wouldn't say she's unfriendly – just shy. • What is the artist trying to say in this painting? • Well, **what do you say** (mi a véleményed)? Do you think it's a good idea? • It's **hard to say** (nehéz megmondani) *what I like about the book.* • *'When will it be finished?'* **I couldn't say** (nem tudom megmondani).'

> A **say** igét használjuk idézetek mellett vagy függő beszédben: *'I'll catch the 9 o'clock train,' he said.* • *He said that he would catch the 9 o'clock train.* Ha megmondjuk, hogy kihez szólunk, a to elöljárót használjuk: *He said to me that he would catch the 9 o'clock train.* A **tell** ige után meg kell mondanunk, hogy kivel közlünk valamit: *He told me that he would catch the 9 o'clock train.* Csak a **tell** igét használhatjuk, ha valakinek utasítást vagy tanácsot adunk: *I told them to hurry up.* • *She's always telling me what I ought to do.*

2 mutat, jelöl: *What time does it say on that clock?* • *The map says the hotel is just past the railway bridge.* • *The sign clearly says 'No dogs'.* **3 say sth (to sb)** mutat: *His angry look said everything about the way he felt.* **4** mondjuk, tegyük fel: *We will need, say, £5000 for a new car.* • *Say you don't get a place at university, what will you do then?*

IDIOMS go without saying magától értetődik: *It goes without saying that the children will be well looked after at all times.* | have a lot, nothing, etc. to say for yourself fel tud hozni a mentségére vmit, semmit sem tud felhozni a mentségére: *Late again! What have you got to say for yourself?* | I must say (*beszélt nyelv*) be kell vallanom: *I must say, I didn't believe him at first.* | I wouldn't say no (*beszélt nyelv*) nagyon jólesne | Say when (*beszélt nyelv*) Szólj, ha elég! (*étel/ital*) | that is to say... azaz

say² /seɪ/ *noun* [*sing.*, *U*] **(a) say (in sth)** beleszólási jog: *I'd like to have some say in the arrangements for the party.*
IDIOM have your say szót kap

saying /'seɪɪŋ/ *noun* [*C*] szólásmondás ⊃ Lásd proverb.

scab /skæb/ *noun* [*C,U*] var ⊃ Lásd scar.

scaffold /'skæfəʊld/ *noun* [*C*] vesztőhely

scaffolding /'skæfəldɪŋ/ *noun* [*U*] (épület előtti) állványzat

scald /skɔːld/ *verb* [*T*] leforráz
▶ scald *noun* [*C*] leforrázás nyoma

scalding *adj.* zubogó, forró: *scalding hot water*

★ **scale¹** /skeɪl/ *noun* **1** [*C,U*] méret, arány: *We shall be making the product* **on a large scale** *next year.* • *At this stage it is impossible to estimate* **the full scale of** *the disaster.* **2** [*C*] skála, beosztás: *The ruler's scale is in centimetres.* **3** [*C*] skála: *The earthquake measured 6.5 on the Richter scale.* • *the new pay scale* (fizetési fokozat) *for nurses* **4** [*C*] méretarány, lépték: *The map has a scale of one centimetre to a kilometre.* • *We need a map with a larger scale.* • *a scale model* **5** **(scales)** [*plural*] mérleg: *kitchen scales* **6** [*C*] hangskála **7** [*C*] pikkely

scale² /skeɪl/ *verb* [*T*] felmászik
PHRASAL VERB scale sth up/down növel/csökkent: *Police have scaled up their search for the missing boy.*

scalp /skælp/ *noun* [*C*] fejbőr

scalpel /'skælpəl/ *noun* [*C*] szike

scamper /'skæmpə(r)/ *verb* [*I*] szaladgál, elinal

scan /skæn/ *verb* [*T*] (**scanning**; **scanned**) **1** átnéz, átolvas **2** átvizsgál
▶ scan *noun* [*C*] átvilágítás, szűrés: *The scan showed the baby was in the normal position.*

scandal /'skændl/ *noun* **1** [*C,U*] botrány, felháborító dolog: *The chairman resigned after being involved in a financial scandal.* • *There was no suggestion of scandal in his private life.* • *The poor state of school buildings is a real scandal.* **2** [*U*] pletyka: *to spread scandal about sb*

scandalize (also -ise) /'skændəlaɪz/ *verb* [*T*] megbotránkoztat

scandalous /'skændələs/ *adj.* botrányos

Scandinavia /ˌskændɪˈneɪviə/ *noun* [*sing.*] Skandinávia
▶ Scandinavian *adj.* skandináv

scanner /'skænə(r)/ *noun* [*C*] elektronikus vizsgáló, szkenner

scant /skænt/ *adj.* (*csak főnév előtt*) csekély

scanty /'skænti/ *adj.* túl kicsi/kevés: *We didn't learn much from the scanty information they gave us.*
▶ scantily *adv.* hiányosan: *scantily dressed*

scapegoat /'skeɪpɡəʊt/ *noun* [*C*] bűnbak:

*When Alison was sacked she felt she had been **made a scapegoat** (bűnbakként használták) for all the company's problems.*

★ **scar** /skɑː(r)/ *noun* [*C*] sebhely: *The operation didn't leave a very big scar.* ➜ Lásd **scab**.

  ► **scar** *verb* [*I,T*] (**scarring**; **scarred**) sebhelyet hagy, elcsúfít: *William's face was **scarred for life** (egy életre szóló sebhely maradt) in the accident.*

★ **scarce** /skeəs/ *adj.* ritka ❶ Ellentéte: **plentiful**.

  ► **scarcity** /'skeəsəti/ *noun* [*C,U*] (*plural* **scarcities**) hiány: *(a) scarcity of food/jobs/resources*

  scarcely /'skeəsli/ *adv.* alig: *There was scarcely a car in sight.* • *I scarcely know her.* • *You can scarcely expect me to believe that!* ➜ Lásd **hardly**.

★ **scare¹** /skeə(r)/ *verb* 1 [*T*] megrémít: *The sudden noise scared us all.* • *It scares me to think what might happen.* 2 [*I*] megijed: *I don't scare easily.*

  PHRASAL VERB **scare sb/sth away/off** elijeszt

scare² /skeə(r)/ *noun* [*C*] 1 rémület: *It wasn't a serious heart attack but it gave him a scare.* 2 pánikhelyzet: *a **bomb scare** bombariadó*

scarecrow /'skeəkrəʊ/ *noun* [*C*] madárijesztő

★ **scared** /skeəd/ *adj.* scared (of sb/sth); scared (of doing sth/to do sth) fél (vkitől/vmitől), (meg)rémült: *Are you scared of the dark?* • *Everyone was too scared to move.*

scarf /skɑːf/ *noun* [*C*] (*plural* **scarfs** /skɑːfs/ or **scarves** /skɑːvz/) 1 sál 2 fej-/vállkendő

scarlet /'skɑːlət/ *adj., noun* [*U*] skarlátvörös

scary /'skeəri/ *adj.* (**scarier**; **scariest**) (*informális*) ijesztő

scathing /'skeɪðŋ/ *adj.* erősen bíráló, sértő: *a scathing attack on the new leader*

scatter /'skætə(r)/ *verb* 1 [*I*] szétszóródik 2 [*T*] szétszór

scattered /'skætəd/ *adj.* szórványos: *There will be sunny intervals with scattered showers today.*

scavenge /'skævɪndʒ/ *verb* [*I,T*] guberál
  ► **scavenger** *noun* [*C*] dögevő, guberáló

SCE /ˌes siː 'iː/ *abbr.* (**Scottish Certificate of Education** rövidítése) (*Skóciában*) középiskolai záróvizsga

scenario /sə'nɑːriəʊ/ *noun* [*C*] (*plural* **scenarios**) 1 jövő(kép): *A likely scenario is that the company will get rid of some staff.* 2 szöveg-/forgatókönyv

★ **scene** /siːn/ *noun* 1 [*C*] színhely, helyszín: *the scene of a crime/an accident* • *An ambulance was **on the scene** (a helyszínen) in minutes.* 2 [*C*] jelenet, szín: *The first scene of 'Hamlet' takes place on the castle walls.* • *There was quite a scene when she refused to pay the bill.* 3 [*C,U*] környezet: *Her new job was no better, but at least it would be a **change of scene**.* 4 (**the scene**) [*sing.*] vmilyen helyzet, tevékenységi terület: *The political scene in Eastern Europe is very confused.* • *the fashion scene* divatszakma

scenery /'siːnəri/ *noun* [*U*] 1 szép táj: *The scenery is superb in the mountains.* 2 díszlet: *The scenery is changed during the interval.*

A **scenery** egy táj /terület/vidék szépségét és látványosságát, a **landscape** a jellegét és jellegzetes vonásait jelöli: *Trees and hedges are a typical feature of the British landscape.* • *an urban landscape.* A **view** kilátást jelent: *There was a marvellous view of the sea from our hotel room.*

scenic /'siːnɪk/ *adj.* festői, látványos

scent /sent/ *noun* 1 [*C,U*] illat: *This flower has no scent.* 2 [*C,U*] szag 3 [*U*] (*főleg brit*) parfüm 4 [*sing.*] vmi érzése: *The scent of victory was in the air.*
  ► **scent** *verb* [*T*] szimatol: *The dog scented a rabbit and shot off.*
  ► **scented** *adj.* illatosított

sceptic (*US* **skeptic**) /'skeptɪk/ *noun* [*C*] szkeptikus
  ► **sceptical** (*US* **skeptical**) /-kl/ *adj.* sceptical (of/about sth) szkeptikus

scepticism (*US* **skepticism**) /'skeptɪsɪzəm/ *noun* [*U*] kételkedés

schedule¹ /'ʃedjuːl/ *noun* 1 [*C,U*] ütemmunkaterv, tervezet: *Max has a busy schedule for the next few days.* • *to be ahead of/behind schedule* határidő előtt/után van 2 (*US*) = TIMETABLE

schedule² /'ʃedjuːl/ *verb* [T] **schedule sth (for sth)** beütemez, (be)tervez: *We've scheduled the meeting for Monday morning.* • *The train was scheduled* (menetrend szerint) *to arrive at 10.07.*

scheme¹ /skiːm/ *noun* [C] **1 a scheme (to do sth/for doing sth)** terv(ezet) **2** ügyes terv/elgondolás: *He's thought of a new scheme for making money fast.* ➔ Lásd **colour scheme**.

scheme² /skiːm/ *verb* [I,T] mesterkedik

schizophrenia /ˌskɪtsə'friːniə/ *noun* [U] skizofrénia
▸ **schizophrenic** /ˌskɪtsə'frenɪk/ *adj., noun* [C] skizofréniás

scholar /'skɒlə(r)/ *noun* [C] **1** tudós **2** ösztöndíjas: *a British Council scholar* ➔ Lásd **student**.

scholarship /'skɒləʃɪp/ *noun* **1** [C] ösztöndíj: *to win a scholarship to Yale* **2** [U] tudományos munka

★ **school** /skuːl/ *noun* **1** [C] iskola: *Where did you go to school?* • *They're building a new school in our area.* • *Do you have to wear school uniform?* • *Was your school co-educational* (koedukációs) *or single-sex?* **2** [U] iskola(i tanulmányok), tanítás: *Their children are still at school* (iskolások). • *Children start school at 5 years old in Britain and can leave school at 16.* • *School starts at 9 o'clock and finishes at about 3.30.* • *After school we usually have homework to do.*

> A **school** (nem *the*) iskola, ahol diákok tanulnak és tanítók/tanárok tanítanak: *Where do your children go to school?* • *I enjoyed being at school.* • *Do you walk to school?* Névelőt használunk **the school**, ha más célból (pl. szülőként) megyünk egy iskolába: *I have to go to the school on Thursday to talk to John's teacher.* Ha egyéb információt is adunk, az **a** vagy **the** névelőt kell használni: *Maya goes to the school in the next village.* • *She teaches at a school for children with learning difficulties.*

3 [*sing., with sing. or plural verb*] iskola (*diákok és tanárok*): *The whole school cheered the winner.* **4** (*szóösszetételekben*) iskolás-, iskolai: *children of school age* tanköteles gyerekek • *schoolchildren* • *It is*

getting increasingly difficult for **schoolleavers** (végzősöknek) *to find jobs.* • *a* **schoolteacher** • *I don't have many good memories of my* **schooldays.** **5** [C] iskola: *a language/driving/drama/business school* **6** [C] (*US*) főiskola, egyetem **7** [C] fakultás, kar: *the school of geography at Leeds University* **8** [C] iskola, irányzat: *the Flemish school of painting* **9** [C] halraj

IDIOM **a school of thought** gondolkodásmód, irányzat: *There are various schools of thought on this matter.*

schooling /'skuːlɪŋ/ *noun* [U] iskolázottság, iskoláztatás

★ **science** /'saɪəns/ *noun* **1** [U] természettudomány: *Modern science has discovered a lot about the origin of life.* • *to study science* **2** [C] tudomány(ág): *Biology, chemistry and physics are all sciences.* • *social science* társadalomtudomány

ˌ**science 'fiction** (*informális* **sci-'fi**) *noun* [U] tudományos-fantasztikus mű

★ **scientific** /ˌsaɪən'tɪfɪk/ *adj.* **1** (természet)tudományos: *scientific research* • *scientific instruments* **2** tudományos, módszeres: *a scientific study of the way people use language*
▸ **scientifically** /-kli/ *adv.* **1** tudományosan **2** módszeresen

★ **scientist** /'saɪəntɪst/ *noun* [C] (természet)tudós

★ **scissors** /'sɪzəz/ *noun* [*plural*] olló ❶ A **scissors** többes számú főnév: *These scissors are blunt.* Ha egy ollóról van szó (~~a scissors~~ helytelen) a helyes kifejezés **a pair of scissors**.

scoff /skɒf/ *verb* **1** [I] scoff (at sb/sth) gúnyolódik **2** [T] (*brit, informális*) befal

scold /skəʊld/ *verb* [T] scold sb (for sth/for doing sth) (meg)szid ❶ Gyakoribb a **tell off**.

scone /skɒn; skəʊn/ *noun* [C] pogácsa

scoop¹ /skuːp/ *noun* [C] **1** mérőkanál, fagylaltoskanál **2** egy kanálnyi (mennyiség) **3** szenzációs hír, exkluzív riport

scoop² /skuːp/ *verb* [T] **1** scoop sth (out/up) kimer, kiváj: *Scoop out the middle of the pineapple.* **2** scoop sb/sth (up) felnyalábol: *He scooped up the child and ran.* **3** elnyer: *The film has scooped all the awards this year.* **4** elsőként közöl (*szenzációs hírt*)

---

❶ = magyarázat   [C] megszámlálható (*főnév*): one book, two books

[U] megszámlálhatatlan (*főnév*): some sugar

567 **scrape**

scooter /'sku:tə(r)/ noun [C] **1** robogó **2** roller

scope /skəʊp/ noun **1** [U] scope (for sth/to do sth) (cselekvési) lehetőség: *The job offers plenty of scope for creativity.* **2** [sing.] terület (tevékenységé, tudományé): *The government was unwilling to extend the scope of the inquiry* (a vizsgálat körét).

scorch /skɔːtʃ/ verb [T] megperzsel

scorching /'skɔːtʃɪŋ/ adj. nagyon forró: *It was absolutely scorching* (perzselő hőség volt) *on Tuesday.*

★ **score¹** /skɔː(r)/ noun **1** [C] eredmény, pontszám: *The score is 3-2 to Liverpool.* **2** (scores) [plural] rengeteg **3** [C] partitúra

IDIOM on that score amiatt, ezt/azt illetően: *Ian will be well looked after – don't worry on that score.*

★ **score²** /skɔː(r)/ verb [I,T] pontot szerez (sportban), gólt lő, elér vmilyen pontszámot (vizsgán)

scoreboard /'skɔːbɔːd/ noun [C] eredményjelző tábla

scorn¹ /skɔːn/ noun [U] scorn (for sb/sth) megvetés

scorn² /skɔːn/ verb [T] megvet, lenéz: *The President scorned his critics.* **2** visszautasít, méltóságán alulinak tartja elfogadni: *The old lady scorned all offers of help.*
▸ **scornful** /-fl/ adj. megvető, lenéző: *a scornful look/smile/remark*
scornfully /-fəli/ adv. megvetően, lenézően

Scorpio /'skɔːpiəʊ/ noun [C,U] (plural Scorpios) (asztrol) Skorpió

scorpion /'skɔːpiən/ noun [C] skorpió

Scot /skɒt/ noun [C] skót (ember)

Scotch /skɒtʃ/ noun [U, C] (egy pohár) skót whisky ➔ Magyarázat a **Scottish** szónál.

Scots /skɒts/ adj. skót ➔ Magyarázat a **Scottish** szónál.

Scotsman /'skɒtsmən/ noun [C] skót (férfi)

Scottish /'skɒtɪʃ/ adj. skót

A **Scots** szót csak emberekkel kapcsolatban használjuk: *a Scots piper.* A **Scottish** vonatkozhat az országra, valamint bármire ami Skóciából származik, embereket beleértve: *Scottish law/dancing/music* • *She speaks with a strong Scottish accent.* • *the Scottish highlands.* A **Scotch** szót csak whiskyre és bizonyos ételekre vonatkozóan használhatjuk, emberekre nem.

scoundrel /'skaʊndrəl/ noun [C] (rég) gazember

scour /'skaʊə(r)/ verb [T] **1** (ki/le)súrol **2** átfésül

scourge /skɜːdʒ/ noun [C] csapás, veszedelem

scout /skaʊt/ noun [C] **1** (Scout) (also **Boy 'Scout**) cserkész ➔ Lásd **guide¹**(5). **2** felderítő

scowl /skaʊl/ noun [C] haragos/mogorva tekintet ➔ Lásd **frown**.
▸ **scowl** verb [I] mogorván néz, összeráncolja a homlokát

scrabble /'skræbl/ verb [I] kotorászik: *She scrabbled about in her purse for some coins.*

scramble /'skræmbl/ verb [I] **1** nagy igyekezettel halad/mászik: *He scrambled up the hill and over the wall.* • *He scrambled to his feet* (feltápászkodott) *and ran off into the trees.* • *The children scrambled into the car.* **2** scramble (for sth/to do sth) tülekedik vmiért: *People stood up and began scrambling for the exits.*
▸ **scramble** noun [sing.] **1** mászás **2** tülekedés

scrambled 'egg noun [U, plural] tojásrántotta

scrap¹ /skræp/ noun **1** [C] kis darab(ka): *a scrap of paper/cloth* • *scraps of food* ételmaradék **2** [U] újrafelhasználható (régi) holmi: *The old car was sold for scrap* (ócskavasnak). • *scrap paper* piszkozatpapír **3** [C] (informális) bunyó

scrap² /skræp/ verb [T] (scrapping; scrapped) kidob, elvet (pl. ötletet)

scrapbook /'skræpbʊk/ noun [C] album (újságkivágásoknak, fotóknak stb.)

scrape¹ /skreɪp/ verb **1** [T] scrape sth (down/out/off) levakar, lekapar **2** [T] scrape sth (against/along/on sth) megkarcol, lehorzsol: *Sunita scraped the car against the wall.* **3** [I,T] scrape (sth) against/along/on sth horzsol(ódik): *The branches scraped against the window.* **4** [T]

[I] **tárgyatlan** (ige): *He laughed.*

[T] **tárgyas** (ige): *He ate an apple.*

éppen csak sikerül megszerezni: *I just scraped a pass in the maths exam.*

PHRASAL VERBS **scrape by** épphogy megél: *We can just scrape by on my salary.* | **scrape through (sth)** átjut vmin: *to scrape through an exam* átcsúszik a vizsgán | **scrape sth together/up** nagy nehezen összekapar

scrape² /skreɪp/ *noun* [C] **1** karcolás, kaparás **2** horzsolás **3** (*informális*) slamasztika

scrap heap *noun* [C] szemétdomb
IDIOM **on the scrap heap** szemétdombra való: *Many of the unemployed feel that they are on the scrap heap.*

scrappy /'skræpi/ *adj.* szedett-vedett, széteső: *a scrappy essay/football match*

★ **scratch¹** /skrætʃ/ *verb* **1** [I,T] **scratch (at sth)** (meg)vakar: *Don't scratch at your insect bites.* **2** [I,T] (meg)karmol, (meg)karcol **3** [I] kapar: *The dog was scratching at the door to go outside.* **4** [T] belevés, levakar: *He scratched his name on the top of his desk.* • *I tried to scratch the paint off the table.*

★ **scratch²** /skrætʃ/ *noun* **1** [C] karmolás, karcolás **2** [sing.] vakaródzás: *The dog had a good scratch.*
IDIOMS **from scratch** nulláról indulva: *I'm learning Spanish from scratch.* | **(be/come) up to scratch** (*informális*) megüti a szintet

scrawl /skrɔːl/ *verb* [I,T] firkál
▸ **scrawl** *noun* [sing.] firkálás: *Her signature was just a scrawl.* ➲ Lásd **scribble**.

★ **scream¹** /skriːm/ *verb* [I,T] **scream (sth) (out) (at sb)** (fel)sikolt, sikít, sikoltozik: *She saw a rat and screamed out.* • *She screamed at the children to stop.* • *He screamed with pain.* ➲ Lásd **shout**.

scream² /skriːm/ *noun* **1** [C] visítás, sikol(toz)ás: *a scream of pain* **2** [sing.] (*informális*) irtó jópofa (*ember, dolog*)

screech /skriːtʃ/ *verb* [I,T] visít, rikácsol ➲ Lásd **shriek**.
▸ **screech** *noun* [sing.] visítás, csikorgás: *the screech of brakes*

★ **screen¹** /skriːn/ *noun* **1** [C] paraván, spanyolfal: *The nurse pulled the screen round the bed.* **2** [C] képernyő ➲ Ábra az A10. oldalon. **3** [C] vetítővászon **4** [U, sing.] film és televízió: *Some actors look better in real life than on screen.*

screen² /skriːn/ *verb* [T] **1** screen sb/sth

(off) (from sb/sth) elfed, eltakar: *to screen your eyes from the sun* **2** screen sb (for sth) szűr(ővizsgálatnak vet alá) **3** vetít

screen saver *noun* [C] képernyővédő

★ **screw¹** /skruː/ *noun* [C] csavar ➲ Ábra **tool** alatt.

screw² /skruː/ *verb* **1** [T] screw sth (on, down, etc.) (be/oda)csavar(oz), rögzít **2** [I,T] (be)csavar(oz): *Make sure that you screw the top of the jar on tightly.* **3** screw sth (up) (into sth) összegyűr: *He screwed the letter up into a ball and threw it away.*
PHRASAL VERBS **screw (sth) up** (*szleng*) elszúr: *You'd better not screw up this deal.* | **screw your eyes, face, etc. up** fintorog, hunyorog

★ **screwdriver** /'skruːdraɪvə(r)/ *noun* [C] csavarhúzó ➲ Ábra **tool** alatt.

scribble /'skrɪbl/ *verb* [I,T] **1** firkál, lefirkant: *to scribble a note down on a pad* ➲ Lásd **scrawl**. **2** firkál
▸ **scribble** *noun* [C,U] firkálás

script /skrɪpt/ *noun* **1** [C] forgatókönyv **2** [C,U] írás (*rendszer*): *Arabic/Cyrillic/Roman (latin betűs) script*

scripture /'skrɪptʃə(r)/ *noun* [U] (also **the scriptures** [*plural*]) a Szentírás

scroll¹ /skrəʊl/ *noun* [C] kézirattekercs

scroll² /skrəʊl/ *verb* [I] scroll (up/down) görget (*szöveget, monitoron*)

scroll bar /'skrəʊlbaː/ *noun* [C] görgetősáv (*képernyőn*) ➲ Ábra A10. oldalon.

scrounge /skraʊndʒ/ *verb* [I,T] (*informális*) scrounge (sth) (from/off sb) potyázik: *Lucy is always scrounging money off her friends* (pénzt kunyerál a barátaitól).

scrub¹ /skrʌb/ *verb* [I,T] (**scrubbing**; **scrubbed**) **1** scrub (sth) (down/out) súrol, sikál: *to scrub (down) the floor/walls* **2** scrub (sth) (off/out); scrub (sth) (off sth/out of sth) le-/kisúrol: *I hope these coffee stains will scrub out* (kijönnek).

scrub² /skrʌb/ *noun* **1** [sing.] súrolás, sikálás: *This floor needs a good scrub.* **2** [U] bozót(os terület)

scruff /skrʌf/ *noun*
IDIOM **by the scruff (of the/your neck)** a tarkójánál fogva

scruffy /'skrʌfi/ *adj.* ápolatlan, elhanyagolt, ócska: *scruffy jeans*

scrum /skrʌm/ *noun* [C] tolongás (*labda*

bedobása a körbenálló játékosok közé (rögbiben))

scrunchy /'skrʌntʃi/ (also **scrunchie**) (*plural* **scrunchies**) *noun* [C] (*textillel bevont*) hajgumi

scruples /'skru:plz/ *noun* [*plural*] lelkiismeretfurdalás: *I've got no scruples about* (nem csinálok lelkiismereti kérdést abból) *asking them for money.*

scrupulous /'skru:pjələs/ *adj.* **1** alapos, aprólékos: *a scrupulous investigation into the causes of the disaster* **2** lelkiismeretes, aggályoskodó **❶** Ellentéte: **unscrupulous**.
▸ **scrupulously** *adv.* túlzott mértékben: *scrupulously clean/honest/tidy*

scrutinize (also **-ise**) /'skru:tɪnaɪz/ *verb* [T] tüzetesen megvizsgál: *The customs official scrutinized every page of my passport.*
▸ **scrutiny** /'skru:təni/ *noun* [U] alapos vizsgálat: *The police kept all the suspects **under close scrutiny*** (szigorú megfigyelés alatt tartotta).

scuba-diving /'sku:bə daɪvɪŋ/ *noun* [U] könnyűbúvárkodás: *to go scuba-diving*

scuff /skʌf/ *verb* [T] elkoptat

scuffle /'skʌfl/ *noun* [C] dulakodás

sculptor /'skʌlptə(r)/ *noun* [C] szobrász

sculpture /'skʌlptʃə(r)/ *noun* **1** [U] szobrászat **2** [C,U] szobor

scum /skʌm/ *noun* [U] **1** tajték **2** (*szleng*) genyó alak: *Drug dealers are scum.*

scurry /'skʌri/ *verb* [I] (*pres. part.* **scurrying**; *3rd pers. sing. pres.* **scurries**; *pt, pp* **scurried**) rohan, siet (*pl. egér*)

scuttle /'skʌtl/ *verb* [I] siet, menekül: *The spider scuttled away when I tried to catch it.*

scythe /saɪð/ *noun* [C] kasza

SE *abbr.* (**south-east(ern)** *rövidítése*) DK(-i), délkelet(i): *SE Asia* Délkelet-Ázsia

★ **sea** /si:/ *noun* **1** (gyakran **the sea**) [U] tenger: *The sea is quite calm/rough today.* • *Do you live **by the sea?*** • *to travel **by sea*** (hajóval) • *There were several people swimming **in the sea.*** **2** (gyakran **Sea**) [C] tenger: *the Mediterranean Sea* **ᗕ** Lásd **ocean**. **3** [*sing.*] (also **seas** [*plural*]) erős hullámzás: *The boat sank in heavy seas* (a viharos tengeren) *off the Scottish coast.* **4** [*sing.*] tengernyi

ᴵᴰᴵᴼᴹ **at sea 1** tengeren: *They spent about*

three weeks at sea. **2** tanácstalan: *I'm **all at sea*** with these new regulations.*

the ˈsea bed *noun* [*sing.*] tengerfenék

seafood /'si:fu:d/ *noun* [U] (*tengeri*) hal/rák/kagyló (*étel*)

the ˈsea front [*sing.*] tengerpart (*városban, üdülőhelyen stb.*): *The hotel is right **on the sea front.*** • *to walk **along the sea front***

seagull /'si:gʌl/ (also **gull**) *noun* [C] sirály

seal¹ /si:l/ *noun* [C] **1** fóka **2** pecsét **3** leragasztás, pecsét **4** tömítés: *The seal has worn and oil is escaping.*

seal² /si:l/ *verb* [T] **1** seal sth (up/down) leragaszt/-pecsétel: *to seal (down) an envelope* **2** seal sth (up) lezár (*légmentesen*): *The food is packed in sealed bags.* **3** (*formális*) megpecsétel: *to seal an agreement* • *They drank a glass of wine to seal their new friendship.*

ᴾᴴᴿᴬˢᴬᴸ ᵛᴱᴿᴮ seal sth off körbezár: *The building was sealed off by the police.*

ˈsea level *noun* [U] tengerszint: *The town is 500 metres above sea level.*

ˈsea lion *noun* [C] oroszlánfóka

seam /si:m/ *noun* [C] **1** varrás, szegély **2** szénréteg

seaman /'si:mən/ *noun* [C] (*plural* **-men** /-mən/) tengerész

seance /'seɪɒs/ *noun* [C] spiritiszta szeánsz

★ **search** /sɜ:tʃ/ *verb* [I,T] search (sb/sth) (for sb/sth); search (through sth) (for sth) keres, (át)kutat, (meg)motoz: *Were your bags searched at the airport?* • *They are still searching for the missing child.*
▸ **search** *noun* [C,U] keresés, kutatás: *She walked round for hours **in search of** her missing dog.*

ˈsearch engine *noun* [C] keresőprogram

searcher /'sɜ:tʃə(r)/ *noun* [C] **1** kereső (*személy*) **2** keresőprogram

searching /'sɜ:tʃɪŋ/ *adj.* fürkésző, kutató (*pillantás stb.*): *The customs officers asked a lot of searching questions about our trip.*

ˈsearch party *noun* [C] (*plural* **search parties**) mentőosztag

ˈsearch warrant *noun* [C] házkutatási engedély

seashell /'si:ʃel/ *noun* [C] tengeri kagyló

seashore /'si:ʃɔ:(r)/ (*ált.* **the seashore**)

ʌ **cup** | ɜ: **fur** | ə **ago** | eɪ **pay** | əʊ **home** | aɪ **five** | aʊ **now** | ɔɪ **join** | ɪə **near** | eə **hair** | ʊə **pure**

noun [*sing.*] tengerpart: *We were looking for shells on the seashore.*

seasick /'si:sɪk/ *adj.* tengeribeteg: *to feel/get/be seasick* ➔ Lásd **airsick, carsick, travel-sick**.

seaside /'si:saɪd/ *noun* (gyakran **the seaside**) [*sing.*] tengerpart(i): *to go to the seaside* • *a seaside town*

★ **season¹** /'si:zn/ *noun* [C] **1** évszak: *the dry/rainy season* **2** időszak, szezon: *the holiday/football season*

IDIOMS **(be) in season 1** vminek az évadja **2** (*áll*) tüzel | **out of season 1** nincs szezonja **2** holt szezon

season² /'si:zn/ *verb* [T] fűszerez, ízesít
▸ **seasoning** *noun* [C,U] fűszer(ezés), ízesítés

seasonal /'si:zənl/ *adj.* idény-, idényjellegű: *seasonal jobs*

seasoned /'si:znd/ *adj.* tapasztalt: *a seasoned traveller*

'season ticket *noun* [C] bérlet

★ **seat¹** /si:t/ *noun* [C] **1** ülés, (ülő)hely: *Please take a seat* (foglalj helyet). • *There are no seats left on that flight.* • *the back/driving/passenger seat of a car* **2** mandátum: *to win/lose a seat*

IDIOMS **be in the driving seat** nyeregben van | **take a back seat** → BACK²

seat² /si:t/ *verb* [T] **1** (*gyakran szenvedő szerkezetben, formális*) helyet foglal: *Please be seated.* **2** üléssel rendelkezik

'seat belt *noun* [C] biztonsági öv: *to fasten/unfasten your seat belt* ➔ Lásd **belt**.

seating /'si:tɪŋ/ *noun* [U] ülőhelyek száma: *The conference hall has seating for* (befogadóképessége) *500 people.*

seaweed /'si:wi:d/ *noun* [U] hínár, tengeri moszat

sec /sek/ *noun* [C] (*informális*) = SECOND² (2)

secluded /sɪ'klu:dɪd/ *adj.* félreeső (*hely*): *a secluded beach/garden*
▸ **seclusion** /sɪ'klu:ʒn/ *noun* [U] magány, elhagyatottság

★ **second¹** /'sekənd/ *pron., determiner, adv., noun* második: *Birmingham is the second largest city in Britain after London.* • *Our team finished second.* • *I came second* (második lettem) *in the competition.* • *the second of January* • *January the second*

IDIOMS **be/become second nature (to sb)** megszokott, élete szerves részévé válik: *With practice, typing becomes second nature.* | **second thoughts** jobban belegondolva: *On second thoughts, let's go today.* Meggondoltam magam: mégis ma menjünk. • *I'm starting to have second thoughts* (elbizonytalanodtam) *about accepting their offer.*

★ **second²** /'sekənd/ *noun* **1** [C] másodperc **2** (*informális* **sec**) [C] egy pillanat: *Wait a second, please.* **3** [U] kettes (*második sebességfokozat*): *Once the car's moving, put it in second.* **4** [C, *usually plural*] másodosztályú, leértékelt (*áru*): *The clothes are all seconds.* **5** [C] (*formális*) a **second (in sth)** másodosztály, jó (*GB diploma minősítése*): *to get an upper/lower second* (brit diploma másodosztályú kategóriáján belül az erősebb/gyengébb fokozat) *in physics*

second³ /'sekənd/ *verb* [T] csatlakozik (*vkinek a véleményéhez*)

★ **secondary** /'sekəndri/ *adj.* **1** mellékes **2** másodlagos

secondary school *noun* [C] (*brit*) középiskola (*GB 11-18 év közötti gyerekek számára*)

second-'best¹ *adj.* második legjobb: *the second-best time in the 100 metres race* ➔ Lásd **best**.

second-'best² *noun* [U] nem a legjobb: *I'm not prepared to accept second-best.* Csak a legjobbat vagyok hajlandó elfogadni.

second 'class¹ *noun* [U] **1** (also 'standard class) másodosztály **2** GB postai szolgáltatás, amely a küldeményeket lassabban és olcsóbban továbbítja ➔ Magyarázat a **first class** kifejezésnél.
▸ **second-'class** *adv.* másodosztályon: *to travel second-class* • *to send a letter second-class*

second-'class² *adj.* **1** (also 'standard class) másodosztályú: *a second-class ticket/compartment* **2** jó minősítéssel végzett: *a second-class honours degree in geography* **3** másodrendű: *Old people should not be treated as second-class citizens.*

second 'cousin *noun* [C] másodfokú unokatestvér

ˌsecond ˈfloor *noun* [C] második emelet
❶ US ált. első emelet.

the ˈsecond hand *noun* [C] másodpercmutató

ˌsecond-ˈhand *adj., adv.* **1** használt(an): *a second-hand car* • *I bought this camera second-hand.* • *a second-hand shop* • *a second-hand bookshop* antikvárium ➔ Lásd old. **2** másodkézből (származó) ➔ Lásd hand.

ˌsecond ˈlanguage *noun* [C] második nyelv

secondly /ˈsekəndli/ *adv.* másodszor: *Firstly, I think it's too expensive and secondly, we don't really need it.*

ˌsecond-ˈrate *adj.* másodrendű, középszerű

secrecy /ˈsiːkrəsi/ *noun* [U] titkosság, titoktartás

secret¹ /ˈsiːkrət/ *noun* **1** [C] titok: *to keep a secret* • *to let sb in on* (beavat)/*tell* (elárul) *sb a secret* • *It's no secret that* (köztudott, hogy) *they don't like each other.* **2** [*sing.*] the secret (of/to sth/doing sth) vmi nyitja/titka: *What is the secret of your success?*

IDIOM in secret titokban: *to meet in secret*

★ secret² /ˈsiːkrət/ *adj.* **1** secret (from sb) titkos: *We have to keep the party secret* (titokban kell tartanunk) *from Carmen.* • *a secret love affair* **2** titkos, rejtett: *a secret drinker* • *She's got a secret admirer.*
► secretly *adv.* titokban: *The government secretly agreed to pay the kidnappers.*

ˌsecret ˈagent *noun* [C] titkosügynök ➔ Lásd spy.

secretarial /ˌsekrəˈteəriəl/ *adj.* titkári: *secretarial skills/work*

★ secretary /ˈsekrətri/ *noun* [C] (*plural* secretaries) **1** titkár(nő): *the director's personal secretary* **2** (*US*) miniszter **3** (*brit*) = SECRETARY OF STATE(1)

ˌSecretary of ˈState *noun* [C] **1** (also Secretary) miniszter (*GB*): *the Secretary of State for Defence* **2** külügyminiszter (*US*)

secrete /sɪˈkriːt/ *verb* [T] **1** kiválaszt (váladékot) **2** (*formális*) rejteget

secretion /sɪˈkriːʃn/ *noun* (*formális*) [C,U] váladék(képződés)

secretive /ˈsiːkrətɪv/ *adj.* titokzatoskodó:

Wendy is very secretive about her private life.
► secretively *adv.* titokzatosan
secretiveness *noun* [U] titkolózás

the ˌsecret ˈservice *noun* [*sing.*] titkosszolgálat

sect /sekt/ *noun* [C] szekta

★ section /ˈsekʃn/ *noun* [C] **1** rész(leg), szekció: *The library has an excellent reference section.* • *the string section of an orchestra* a vonósok **2** keresztmetszet: *The illustration shows a section through a leaf* (egy levél keresztmetszetét).

sector /ˈsektə(r)/ *noun* [C] **1** szektor, szféra: *the public/private sector* **2** körzet: *the Christian sector of the city*

secular /ˈsekjələ(r)/ *adj.* világi

secure¹ /sɪˈkjʊə(r)/ *adj.* **1** biztonságos: *Children need to feel secure* (szükséges, hogy biztonságban érezzék magukat). • *to be financially secure* biztos anyagi helyzetben van ❶ Ellentéte: insecure. **2** biztos, biztonságos, stabil: *Business is good so his job is secure.* • *a secure investment* • *That ladder doesn't look very secure.* **3** secure (against/from sth) biztonságos(an zárt): *Make sure the house is secure before you go to bed.*
► securely *adv.* biztonságosan

secure² /sɪˈkjʊə(r)/ *verb* [T] **1** secure sth (to sth) rögzít, bezár (*kulccsal*) **2** secure sth (against/from sth) biztosít, megvéd: *The sea wall needs strengthening to secure the town against flooding.* **3** megszerez, elnyer: *The company has secured a contract to build ten planes.*

★ security /sɪˈkjʊərəti/ *noun* (*plural* securities) **1** [U] biztonság: *Children need the security of a stable home environment.* • *financial/job security* ❶ Ellentéte: insecurity. **2** [U] biztonság, védelem: *Security has been tightened* (szigorú biztonsági intézkedéseket vezettek be) *at the airport.* • *a security camera* **3** [U] biztonsági szolgálat: *airport security* **4** [C,U] fedezet

sedan /sɪˈdæn/ *noun* [C] (*US*) = SALOON

sedate¹ /sɪˈdeɪt/ *adj.* higgadt

sedate² /sɪˈdeɪt/ *verb* [T] nyugtatót ad
► sedation /sɪˈdeɪʃn/ *noun* [U] nyugtatás: *The doctor put her under sedation* (nyugtatót adott neki).

ð then | s so | z zoo | ʃ she | ʒ vision | h how | m man | n no | ŋ sing | l leg | r red | j yes | w wet

sedative /'sedətɪv/ *noun* [C] nyugtató ⊃ Lásd **tranquillizer**.

sedentary /'sedntri/ *adj.* ülő (*pl. foglalkozás*): *a sedentary lifestyle/job*

sediment /'sedmənt/ *noun* [C,U] üledék

seduce /sɪ'dju:s/ *verb* [T] **1 seduce sb (into sth/doing sth)** rávesz: *Special offers seduce customers into spending their money.* **2** elcsábít
  ▶ **seduction** /sɪ'dʌkʃn/ *noun* **1** [U, C] csábítás **2** [C, *usually plural;* U] vonzerő

seductive /sɪ'dʌktɪv/ *adj.* **1** csábító: *a seductive smile* **2** megtévesztő: *a seductive argument/opinion*

★ **see** /si:/ *verb* (*pt* **saw** /sɔ:/; *pp* **seen** /si:n/) **1** [I,T] lát: *It was so dark that we couldn't see.* ⊃ Magyarázat a **look**[1] szónál. Vesd össze **watch**[1](1). **2** [T] lát, megnéz: *Have you seen Spielberg's latest film?* **3** [T] utánanéz vminek: *Go and see if the postman has been yet.* ● *We'll wait and see what happens* (előbb megvárjuk, mi történik) *before making any decisions.* ● *'Can we go swimming today, Dad?' 'I'll see* (majd meglátjuk).*'* ● *I saw in the paper that they're building a new theatre.* **4** [T] összejön/találkozik vkivel: *I saw Alan at the weekend – we had dinner together.* ● *You should see a doctor* (orvoshoz kellene menned) *about that cough.* **5** (*gyakran continuous igeidőkben*) [T] jár vkivel: *Are you seeing anyone?* ● *They've been seeing a lot of each other recently.* **6** [I,T] (meg)ért: *Do you see what I mean?* Érted mire gondolok? ● *She doesn't see the point in* (nem látja értelmét annak, hogy) *spending so much money on a car.* ● *'You have to key in your password first.' 'Oh, I see.'* **7** [T] vhogyan lát vmit: *How do you see the situation developing?* **8** [T] elképzel: *I can't see her changing her mind.* **9** [T] gondoskodik arról, hogy: *I'll see that he gets the letter.* **10** [T] elkísér: *I'll see you to the door.* **11** [T] tanúja (*vmilyen eseménynek*): *Last year saw huge changes* (nagy változások történtek) *in the education system.*
  IDIOMS as far as the eye can see → FAR[2] | **as far as I can see** → FAR[2] | **let me see; let's see** → LET | **see eye to eye (with sb)** egy véleményen van vkivel: *We don't always see eye to eye on political matters.* | **see for yourself** saját maga győződik meg vmiről: *If you don't believe me, go and see*

for yourself! | **see if...** megpróbál: *I'll see if I can find time to do it.* | **see you around** (*informális*) viszlát, szia | **see you (later)** viszlát (később találkozunk) | **you see** ′tudod: *She's very unhappy. He was her first real boyfriend, you see.*
  PHRASAL VERBS see about sth/doing sth intézkedik vmi ügyben: *I've got to go to the bank to see about my traveller's cheques.* | **see sb off** kikísér | **see through sb/sth** átlát vkin/vmin: *The police immediately saw through his story.* | **see to sb/sth** elintéz, gondoskodik: *I'll see to the travel arrangements and you book the hotel.*

★ **seed** /si:d/ *noun* **1** [C,U] (*vető-, virág-*) mag **2** [C] csíra (*átv*) **3** [C] kiemelt játékos

seeded /'si:dɪd/ *adj.* kiemelt (*játékos*)

seedless /'si:dləs/ *adj.* mag nélküli

seedling /'si:dlɪŋ/ *noun* [C] magról nevelt növény

seedy /'si:di/ *adj.* lepusztult: *a seedy hotel/neighbourhood*

seeing /'si:ɪŋ/ (also **seeing that, seeing as**) *conj.* (*informális*) mivel(hogy): *Seeing as we're going the same way, I'll give you a lift.*

seek /si:k/ *verb* [T] (*pt, pp* **sought** /sɔ:t/) (*formális*) **1** keres, kutat: *Politicians are still seeking a peaceful solution.* **2 seek sth (from sb)** kér, igénybe vesz: *You should seek advice from a solicitor about what to do next.* **3 seek (to do sth)** törekszik vmire: *They are still seeking a peaceful solution to the conflict.* **4** (**-seeking**) (*összetett melléknevekben*) vmire törekvő: *attention-seeking* (figyelmet követelő) *behaviour* ● *job-seeking* álláskeresés

★ **seem** /si:m/ *linking verb* [I] **seem (to sb) (to be) sth; seem (like) sth** (*continuous igeidőkben nem állhat*) (úgy) látszik, (vmilyennek) tűnik: *Emma seems (like) a very nice girl.* ● *Emma seems to be a very nice girl.* ● *It seems to me that we have no choice.* ● *You seem happy today.* ● *This machine doesn't seem to work.*

seeming /'si:mɪŋ/ *adj.* (*csak főnév előtt*) látszólagos: *Despite her seeming enthusiasm, Sandra didn't really help much.*
  ▶ **seemingly** *adv.* látszólag: *a seemingly endless list of complaints*

seen *past participle of* SEE

seep /si:p/ *verb* [I] szivárog

see-saw *noun* [C] libikóka, mérleghinta

seethe /siːð/ *verb* [I] **1** forr a dühtől: *I was absolutely seething.* **2 seethe (with sth)** hemzseg: *The streets were seething with people.*

segment /'segmənt/ *noun* [C] **1** rész: *a segment of the population* **2** gerezd

segregate /'segrɪgeɪt/ *verb* [T] **segregate sb/sth (from sb/sth)** különválaszt ➔ Lásd **integrate**.
▶ **segregation** /ˌsegrɪ'geɪʃn/ *noun* [U] különvál(aszt)ás: *racial segregation* megkülönböztetés/apartheid

seize /siːz/ *verb* [T] **1** megragad: *The thief seized her handbag and ran off with it.* • *(átv) to seize a chance/an opportunity* **2** lefoglal, elkoboz: *The police seized 50 kilos of illegal drugs.* **3** *(ált. szenvedő szerkezetben)* elhatalmasodik vkin *(érzés)*: *I felt myself seized by panic* (elfog a pánik).
PHRASAL VERBS seize (on/upon) sth kihasznál *(lehetőséget)*: *He seized on a mistake by the goalkeeper and scored.* | **seize up** besül *(motor)*

seizure /'siːʒə(r)/ *noun* **1** [U] *(erőszakos)* birtokbavétel, lefoglalás: *the seizure of 30 kilos of heroin by police* **2** [C] roham *(pl. szívbetegségnél)*

seldom /'seldəm/ *adv.* ritkán

select¹ /sɪ'lekt/ *verb* [T] (ki)választ, (ki)válogat **❶** A **select** formálisabb, mint a **choose** és nagy gondossággal történő válogatás esetén használják.

select² /sɪ'lekt/ *adj.* *(formális)* **1** *(csak főnév előtt)* kiválasztott, válogatott: *A university education is no longer the privilege of a select few* (az elit privilégiuma). **2** exkluzív

selection /sɪ'lekʃn/ *noun* **1** [U] kiválasztás, (ki)válogatás: *The manager is responsible for team selection.* **2** [C] válogatás: *a selection of hits from the fifties* **3** [C] választék: *This shop has a good selection of toys.*

selective /sɪ'lektɪv/ *adj.* **1** válogatós, igényes: *She's very selective about who she invites to her parties.* **2** szelektív: *selective schools/education*
▶ **selectively** *adv.* szelektíven

self /self/ *noun* [C] *(plural* **selves** /selvz/) (saját) maga, önmaga: *It's good to see you back to your old self again* (ismét a régi

önmagad vagy). • *Her spiteful remark revealed her true self* (megmutatta a valódi énjét).

self-addressed 'envelope *noun* [C] *(abbr.* **sae)** megcímzett válaszboríték ➔ Lásd **stamped addressed envelope**.

self-as'sured *adj.* magabiztos
▶ **self-as'surance** *noun* [U] önbizalom

self-'catering *adj.* *(brit)* önellátó

self-'centred *(US* **self-centered)** *adj.* önző ➔ Lásd **selfish**.

self-con'fessed *adj.* magát nyíltan vminek (vagy vmilyen csoportba tartozónak) valló

self-'confident *adj.* magabiztos ➔ Lásd **confident**.
▶ **self-'confidence** *noun* [U] önbizalom

self-'conscious *adj.* feszélyezett, zavart

> Vigyázat! A **self-conscious** soha nem jelenti azt, hogy „magabiztos"!

▶ **self-consciously** *adv.* feszélyezetten
self-consciousness *noun* [U] feszélyezettség

self-con'tained *adj.* *(brit)* önálló *(lakás)*: *a self-contained apartment*

self-con'trol *noun* [U] önuralom: *to lose/keep your self-control*

self-de'fence *(US* **self de'fense)** *noun* [U] önvédelem: *to shoot sb in self-defence* (önvédelemből)

self-des'truct *verb* [I] megsemmisíti önmagát
▶ **self-destructive** *adj.* önpusztító
self-destruction *noun* [U] önpusztítás, önmegsemmisítés

self-'discipline *noun* [U] önfegyelem

self-em'ployed *adj.* magánvállalkozó, maszek

self-es'teem *noun* [U] önbecsülés: *a man with high/low self-esteem*

self-'evident *adj.* nyilvánvaló

self-ex'planatory *adj.* magától értetődő

self-in'dulgent *adj.* önmagát kényeztető
▶ **self-indulgence** *noun* [C,U] élvezkedés

self-'interest *noun* [U] önérdek

★ **selfish** /'selfɪʃ/ *adj.* önző **❶** Ellentéte: **unselfish** vagy **selfless**. ➔ Lásd **self-centred**.

▶ **selfishly** adv. önző módon
selfishness noun [U] önzés

selfless /'selfləs/ adj. önzetlen

ˌself-ˈmade adj. maga erejéből lett: a self-made millionaire

ˌself-ˈpity noun [U] önsajnálat

ˌself-ˈportrait noun [C] önarckép

self-ˈraising flour (US **self-rising flour**) noun [U] sütőport tartalmazó liszt ➲ Lásd plain flour.

ˌself-reˈliant adj. önálló ➲ Lásd reliant.

ˌself-reˈspect noun [U] önbecsülés, önérzet ➲ Lásd respect.

▶ **self-respecting** adj. (gyakran tagadó mondatokban) önérzetes, valamire való: No self-respecting language student should be without this book.

ˌself-ˈrighteous adj. önelégült ➲ Lásd righteous.

▶ **self-righteously** adv. önelégülten
self-righteousness noun [U] önelégültség

ˌself-ˈsacrifice noun [U] önfeláldozás

ˌself-ˈservice adj. önkiszolgáló

ˌself-sufˈficient adj. önellátó

★ **sell** /sel/ verb (pt, pp **sold** /səʊld/) **1** [I,T] sell (sb) (sth) (at/for sth); sell (sth) (to sb) (at/for sth) (el)ad: I sold my guitar to my neighbour for £200. **2** [T] árul, árusít: Excuse me, do you sell stamps? ● to sell insurance/advertising space **3** [I,T] kapható: These watches sell at £1000 each in the shops but you can have this one for £500. ● Her books sell well (kelendőek) abroad. **4** [T] elad: They rely on advertising to sell their products. ❶ Az első négy jelentésben a fonév: **sale**. **5** [T] sell sth/yourself to sb elfogadtat (pl. ötletet, magát): Now we have to try and sell the idea to the management.

IDIOM be sold on sth (informális) odavan vmiért

PHRASAL VERBS sell sth off kiárusít: The shops sell their remaining winter clothes off in the spring sales. | sell out; be sold out elkelt (jegyek): The concert was sold out weeks ago. | sell out (of sth); be sold out (of sth) mindent elad: I'm afraid we've sold out of bread (elfogyott a kenyér). | sell up mindenét pénzzé teszi

ˈsell-by date noun [C] (brit) lejárati idő: This milk is past its sell-by date.

seller /'selə(r)/ noun [C] **1** (gyakran szó-összetételekben) eladó, árus(ító): a book-seller ● a flower seller **2** (jól/rosszul) menő árucikk: This magazine is a big seller (nagyon kelendő) in the 25-40 age group. ➲ Lásd best-seller.

Sellotape™ /'seləterp/ noun [U] (brit) cellux ➲ Lásd tape.

▶ **sellotape** verb [T] ragaszt (celluxszal)

selves plural of SELF

semblance /'semblans/ noun [sing., U] (formális) (a) semblance of sth látszat

semen /'si:men/ noun [U] ondó

semester /sɪ'mestə(r)/ noun [C] egyetemi/főiskolai félév

semi- /'semi/ (melléknevekben és főnevekben) fél-, félig: semi-skimmed milk

semi /'semi/ noun [C] (plural **semis** /'semiz/) (brit, informális) ikerház (egyik fele)

semicircle /'semisɜːkl/ noun [C] félkör: I want you all to sit in a semicircle.

semicolon /ˌsemi'kəʊlən/ noun [C] pontosvessző

ˌsemi-deˈtached adj. iker (ház)

ˌsemi-final /ˌsemi'faɪnl/ noun [C] elődöntő ➲ Lásd quarter-final, final.

▶ **semi-finalist** /-'faɪnlɪst/ noun [C] elődöntős

seminar /'semɪnɑː(r)/ noun [C] **1** szemináriumi: I've got a seminar on Shakespeare this morning. **2** konferencia: a one-day management seminar

Sen. abbr. (Senator rövidítése) (US politikában) szenátor

senate /'senət/ noun (gyakran **the Senate**) [C, with sing. or plural verb] szenátus ➲ Lásd Congress, House of Representatives.

senator /'senətə(r)/ noun (gyakran **Senator**) (abbr. **Sen.**) [C] szenátor

★ **send** /send/ verb [T] (pt, pp **sent** /sent/) **1** send sth (to sb/sth); send (sb) sth; send sb somewhere (el)küld: to send a letter/parcel/message/fax to sb ● My company is sending me on a training course next month. ● She sent the children to bed early. ● to send sb to prison ● I'll send someone round to collect you at 10.00. **2** lök, hajít: I accidentally pushed the table and sent all *the drinks flying* (szanaszét repítettem az italokat). **3 send sb (to/into sth)** vmilyenné tesz: *The movement of the train sent me to sleep* (elaltatott).

IDIOM give/send sb your love → LOVE¹

PHRASAL VERBS send for sb/sth elküld vkiért/ vmiért, hivat: *Quick! Send for an ambulance!* | send sth in benyújt: *I sent my application in three weeks ago.* | send off (for sth); send away (to sb) (for sth) megrendel (*postán*): *Let's send off for some holiday brochures.* | send sb off kiállít (*játékost*): *Beckham was sent off for a foul in the first half.* | send sth off (el)küld (*postán*) | send sth out 1 (szét)küld: *We sent out the invitations two months before the wedding.* **2** kibocsát | send sb/sth up (*brit, informális*) kifiguráz

senile /'siːnaɪl/ *adj.* szenilis: *I think she's going senile* (kezd szenilis lenni).
▸ **senility** /sə'nɪləti/ *noun* [U] szenilitás

senior¹ /'siːniə(r)/ *adj.* **1** senior (to sb) magas(abb) rangú/beosztású: *a senior lecturer* (docens)/*officer* (rangidős tiszt)/ *manager* • *He's senior to me.* **2** (gyakran Senior) (*főleg US*) (*abbr.* Sr.) (*brit also abbr.* Snr) idősebb, id. (*név után*) **3** (*brit*) idősebb **4** (*US*) középiskola/egyetem utolsó évével kapcsolatos ➲ Lásd junior¹.

senior² /'siːniə(r)/ *noun* [C] **1** idősebb/ magasabb rangú ember: *My oldest sister is ten years my senior.* **2** (*brit*) idősebb diák **3** (*US*) végzős diák ➲ Lásd junior².

,**senior 'citizen** *noun* [C] idős/nyugdíjas ember ➲ Vesd össze old-age pensioner.

seniority /ˌsiːni'ɒrəti/ *noun* [U] rangidősség: *The names are listed below in order of seniority* (rangsor szerint).

sensation /sen'seɪʃn/ *noun* **1** [C] érzés: *a pleasant/an unpleasant/a tingling sensation* **2** [U] érzékelés: *For some time after the accident he had no sensation in his legs.* **3** [C, usually sing.] érzés, benyomás: *I had the peculiar sensation that I was floating in the air.* **4** [C, usually sing.] feltűnés, szenzáció: *The young American caused a sensation by beating the top player.*

sensational /sen'seɪʃənl/ *adj.* **1** feltűnést keltő, szenzációs **2** (*informális*) szédületes
▸ **sensationally** *adv.* **1** szenzációsan **2** feltűnően

sensationalism /sen'seɪʃənəlɪzəm/ *noun* [U] szenzációhajhászás
▸ **sensationalist** /-ʃənəlɪst/ *adj.* szenzációhajhászó

★**sense¹** /sens/ *noun* **1** [U] (józan) ész, ítélőképesség: *At least he had the sense to stop when he realized he was making a mistake.* • *I think there's a lot of sense* (van értelme) *in what you're saying.* ➲ Lásd **common sense**. **2** [U, sing.] fogékonyság, érzék: *She seems to have lost all sense of reality* (minden kapcsolatát elvesztette a valósággal). • *He's got a great sense of humour.* • *I've got absolutely no sense of direction.* Nagyon rossz a tájékozódó képességem. **3** [U] sense (in doing sth) vminek az értelme: *There's no sense in* (nincs semmi értelme, hogy) *going any further.* • *What's the sense in making things more difficult for yourself?* **4** [U, sing.] érzék vmihez: *Good business sense made her a millionaire.* • *He's got absolutely no dress sense.* Nincs semmi érzéke az öltözködéshez. **5** [sing.] érzet: *I felt a tremendous sense of relief* (megkönnyebbülést éreztem) *when the exams were finally over.* • *She only visits her family out of a sense of duty* (kötelességtudatból). **6** [C] érzék(szerv): *I've got a cold and I've lost my sense of smell* (szaglóképességemet). • *Dogs have an acute sense of hearing* (éles hallásuk van). **7** [C] jelentés (*szóé*)

IDIOMS come to your senses észhez tér | in a sense bizonyos értelemben: *In a sense you're right, but...* | make sense 1 van értelme: *It doesn't make sense to me* (értelmetlen). **2** ésszerű: *I think it would make sense to wait for a while.* | make sense of sth kibogozza vminek az értelmét: *I can't make sense of these instructions.* | talk sense → TALK¹ (6)

sense² /sens/ *verb* [T] megérez, érzékel: *I sensed that something was wrong as soon as I went in.* ❶ Az igét *continuous* igeidőkben nem használjuk, azonban *-ing* alakban gyakran előfordul: *Sensing a scandal, the tabloid photographers rushed to the star's hotel.*

senseless /'sensləs/ *adj.* **1** értelmetlen **2** eszméletlen: *He was beaten senseless.* Úgy megverték, hogy elvesztette az eszméletét.

sensibility /ˌsensə'bɪləti/ *noun* (*plural*

sensibilities) 1 [U, C] érzékenység, fogékonyság **2 (sensibilities)** [plural] érzékenység

★ **sensible** /'sensəbl/ adj. józan, ésszerű **❶** Ellentéte: **silly** vagy **foolish**.
▸ **sensibly** /-əbli/ adv. józanul: Let's sit down and discuss the matter sensibly.

> Vesd össze **sensible, sensitive**. A **sensible** a józan ésszel, ésszerű cselekvéssel, míg a **sensitive** érzésekkel és az öt érzékkel kapcsolatos.

★ **sensitive** /'sensətɪv/ adj. **1** sensitive (to sth) érzékeny, tapintatos: It wasn't very sensitive of you to keep mentioning her ex-boyfriend. • to be sensitive to sb's feelings/wishes **2** sensitive (about/to sth) érzékeny: She's still a bit sensitive about her divorce. • He's very sensitive to criticism. **❶** 1 és 2 jelentés ellentéte: **insensitive**. **3** kényes **4** sensitive (to sth) érzékeny: My teeth are very sensitive to cold food. **5** érzékeny (műszer) **➔** Magyarázat a **sensible** szónál.
▸ **sensitively** adv. érzékenyen, tapintatosan
sensitivity /ˌsensə'tɪvəti/ noun [U] érzékenység, tapintat: I think your comments showed a complete lack of sensitivity.

sensual /'senʃuəl/ adj. érzéki: sensual pleasure • Food is a great sensual experience.
▸ **sensuality** /ˌsenʃu'æləti/ noun [U] érzékiség

sensuous /'senʃuəs/ adj. érzékekre ható, érzéki: the sensuous feel of pure silk • her full sensuous lips
▸ **sensuously** adv. érzékien
sensuousness noun [U] érzékiség

sent past tense, past participle of SEND

★ **sentence¹** /'sentəns/ noun [C] **1** mondat **➔** Lásd **phrase. 2** ítélet: 20 years in prison was a very harsh sentence.

sentence² /'sentəns/ verb [T] sentence sb (to sth) (el)ítél: The judge sentenced her to three months in prison for shoplifting.

sentiment /'sentɪmənt/ noun **1** [C, often plural; U] (formális) felfogás, érzés: His comments expressed my sentiments exactly. **2** [U] érzelmesség

sentimental /ˌsentɪ'mentl/ adj. **1** érzelgős,

érzelmes: How can you be sentimental about an old car! **2** érzelmi: The jewellery wasn't worth much but it had great sentimental value.
▸ **sentimentality** /ˌsentɪmen'tæləti/ noun [U] érzelmesség, érzelgősség
sentimentally /-təli/ adv. érzelmesen

sentry /'sentri/ noun [C] (plural sentries) őr(szem)

separable /'sepərəbl/ adj. el-/szét-/leválasztható **❶** Ellentéte: **inseparable**.

★ **separate¹** /'seprət/ adj. **1** separate (from sth/sb) külön: You should always keep your cash and credit cards separate. **2** külön(böző): We stayed in separate rooms in the same hotel.

★ **separate²** /'sepəreɪt/ verb **1** [I,T] separate (sb/sth) (from sb/sth) szét-/különválaszt, különválik: I think we should separate into two groups. • The friends separated at the airport. • I got separated (elszakadtam) from my friends in the crowd. **2** [T] separate sb/sth (from sth) elválaszt: The two sides of the city are separated (kettészeli) by the river. **3** [I] elválnak egymástól

separated /'sepəreɪtɪd/ adj. **be separated** különváltan (él): My wife and I are separated.

separately /'seprətli/ adv. külön(-külön): Shall we pay separately or all together?

★ **separation** /ˌsepə'reɪʃn/ noun **1** [C,U] el-/szétvál(aszt)ás **2** [C] különélés: a trial separation

Sept. abbr. **(September** rövidítése) szept.: 2 Sept. 1920

★ **September** /sep'tembə(r)/ noun [U, C] (abbr. **Sept.**) szeptember **➔** Példák és magyarázat a **January** szónál.

septic /'septɪk/ adj. fertőző: The wound went septic (elfertőződött).

sequel /'si:kwəl/ noun [C] a sequel (to sth) **1** folytatás (pl. filmé) **2** folytatás, következmény

sequence /'si:kwəns/ noun **1** [C] sorozat **2** [U] sorrend: The photographs are in sequence.

sequin /'si:kwɪn/ noun [C] flitter

serene /sə'ri:n/ adj. derűs: a serene smile
▸ **serenely** adv. derűsen
serenity /sə'renəti/ noun [U] derű

sergeant /'sɑ:dʒənt/ noun [C] (abbr. **Sgt**) **1** őrmester **2** rendőrőrmester

serial /'sɪəriəl/ noun [C] sorozat, folytatásos film, regény stb.: *the first part of a six-part drama serial* ➜ Magyarázat a **series** szónál.
► **serialize** (also **-ise**) /-rɪəlaɪz/ verb [T] regényt, filmet stb. folytatásokban közöl

'**serial number** noun [C] sor(ozat)szám

★ **series** /'sɪəri:z/ noun [C] (plural **series**) **1** sor(ozat): *a series of events* **2** (rádió, tévé) sorozat

> Vesd össze **series**, **serial**. A **series** olyan sorozat, melynek egyes részei önmagukban is kerek egészek. A **serial** pedig folytatásos történet tévében, rádióban stb.

★ **serious** /'sɪəriəs/ adj. **1** súlyos: *a serious accident/illness/offence/problem* • *Her condition is serious.* **2** serious (about sth/about doing sth) komoly: *Don't laugh – it's a serious matter.* • *Are you serious about* (tényleg komolyan gondolod) *starting your own business?* • *You're looking very serious. Was it bad news?*
► **seriousness** noun [U] komolyság

★ **seriously** /'sɪəriəsli/ adv. **1** komolyan, súlyosan: *seriously ill/injured* • *It's time you started to think seriously about the future.* **2** komolyra fordítva a szót: *Seriously, you've got nothing to worry about.* **3** komolyan?, tényleg?: *'I'm 40 today.' 'Seriously?'*
IDIOM take sb/sth seriously komolyan vesz

sermon /'sɜ:mən/ noun [C] prédikáció

serrated /sə'reɪtɪd/ adj. fűrészszerű, fogazott

servant /'sɜ:vənt/ noun [C] cseléd, szolga ➜ Lásd **civil servant**.

★ **serve** /sɜ:v/ verb **1** [T] kiszolgál, felszolgál (ételt, italt) **2** [T] elegendő (étel): *According to the recipe, this dish serves four.* **3** [I,T] kiszolgál (üzletben) **4** [I,T] szolgál (vmilyen célra): *The judge said the punishment would serve as a warning to others.* • *It's an old car but it will serve our purpose* (a céljainknak megfelel) *for a few months.* **5** [I,T] szolgálatot teljesít **6** [T] (börtönbüntetést) tölt: *He is currently serving a ten-year sentence for fraud.* **7** [I,T] (sp) szervál

IDIOMS first come, first served → FIRST² | **serve sb right** úgy kell neki: *'I feel sick.' 'It serves you right for eating so much.'*

server /'sɜ:və(r)/ noun [C] (infor) szerver ➜ Lásd **client**.

★ **service¹** /'sɜ:vɪs/ noun **1** [C] szolgáltatás, szolgálat: *There is a regular bus service* (rendszeres autóbuszjárat) *to the airport.* • *the postal service* • *the National Health Service* ➜ Lásd **Civil Service**. **2** [U] (also **the services**) [plural] a hadsereg: *They both joined the services when they left school.* • *Do you have to do **military service*** (katonai szolgálat) *in your country?* **3** [U,C] szolgálat, munkaviszony (intézményben): *He left the police force after thirty years' service.* **4** [U] kiszolgálás (étteremben): *I enjoyed the meal but the service was terrible.* • *Is service included in the bill?* **5** [C] szerviz **6** [C] (vall) szertartás **7** [C] szerva, szerválás **8** (services) [plural] (also '**service station**) benzinkút

service² /'sɜ:vɪs/ verb [T] karbantartást végez (gépkocsin)

serviceable /'sɜ:vɪsəbl/ adj. használható: *The carpet is worn but still serviceable.*

'**service station** = SERVICE¹(8)

serviette /,sɜ:vi'et/ noun [C] szalvéta ❶ Szinonimája: **napkin**.

session /'seʃn/ noun **1** [C] ülés, rendszeresen végzett tevékenység: *The whole tape was recorded in one session.* • *She has a session at the gym every week.* **2** [C,U] ülésszak

★ **set¹** /set/ verb (pres. part. **setting**; pt, pp **set**) **1** [T] elhelyez, letesz: *I set the box down carefully on the floor.* **2** [T] (gyakran szenvedő szerkezetben) (el)helyez (bizonyos korba, környezetbe): *The film is set* (játszódik) *in 16th-century Spain.* **3** [T] (sokféle főnévvel alkot okoz, előkészít, szervez stb. jelentésű kifejezéseket): *The new government **set** the prisoners **free*** (szabadon bocsátotta). • *The rioters **set** a number of cars **on fire*** (felgyújtottak). • *I **set** (beállítottam) my alarm for 6.30.* • *to **set the table** megterít* • *Can we **set a limit** of two hours for the meeting?* • *They haven't **set the date*** (kijelöl) *for their wedding yet.* **4** [T] (fel)mutat (példát, eredményt): *Try to **set a good example** to the younger children.* • *He has **set a new world record**. Új világcsúcsot állított fel.* •

They set high standards (magas színvonalon végzik) *of customer service.* **5** [T] kijelöl, előír: *We've been set a lot of homework* (sok házi feladatot kaptunk) *this weekend.* • *I've set myself a target* (azt tűztem ki célul) *of four hours' study every evening.* **6** [I] megkeményedik: *The concrete will set solid/hard in just a few hours.* **7** [T] befoglal (*drágakövet*) **8** [T] (*orv*) csontot helyretesz: *The doctor set her broken leg.* **9** [I] lemegy (*nap*) **❶** Ellentéte: **rise**.

IDIOMS set eyes on sb/sth megpillant: *He loved the house the moment he set eyes on it.* | set foot (in/on sth) belép, beteszi a lábát: *No woman has ever set foot in the temple.* | set your heart on sth; have your heart set on sth → HEART | set/put your/sb's mind at rest → MIND¹ | set/put sth right → RIGHT¹ | set sail tengerre száll

PHRASAL VERBS set about sth/doing sth nekilát: *How would you set about tackling this problem?* | set sth aside félretesz: *I try to set aside part of my wages every week.* | set sb/sth back hátráltat, visszavet: *The bad weather has set our plans back six weeks.* | set forth (*formális*) útra kel | set sth forth (*formális*) ismertet, közzétesz | set in (meg)kezdődik: *I'm afraid that the bad weather has set in* (beállt). | set off útnak indul | set sth off működésbe hoz: *When this door is opened, it sets off an alarm.* • *to set off a bomb* felrobbant egy bombát • *Panic on the stock market set off* (megindított) *a wave of selling.* | set out útnak indul | set out to do sth elhatározza magát, nekifog: *He set out to prove that his theory was right.* | set (sth) up létesít, alapít

★ **set²** /set/ *noun* [C] **1** készlet, sorozat: *a set of kitchen knives* • *a spare set of keys* tartalék kulcsok • *a chess set* **2** (rádió, tévé) készülék **3** díszlet **4** (*sp*) szett: *She won in straight sets.*

set³ /set/ *adj.* **1** vhol elhelyezkedő: *deep-set eyes* mélyenülő szem • *Our house is quite set back* (távol fekszik) *from the road.* **2** állandó, kötött: *There are no set hours in my job.* • *I'll have the set menu.* A menüt kérem. **3** előírt, kötelező: *We have to study three set texts for French.* **4** set (for sth); set (to do sth) készen áll: *Okay, I'm set – let's go!* • *The Swiss team look set for victory.*

IDIOMS be set against sth/doing sth ellene

van, szembehelyezkedik | be set on sth/doing sth törekszik vmire: *She's set on a career in acting.*

setback /'setbæk/ *noun* [C] akadály, hátráltatás: *She suffered a major setback when she missed the exams through illness.*

settee /se'ti:/ *noun* [C] kanapé **❶** Szinonimája: **sofa**.

setting /'setɪŋ/ *noun* [C] **1** környezet **2** állás, beállítás (*szerkezeté*): *Cook it in the oven on a moderate setting.*

settle /'setl/ *verb* **1** [I,T] (el)rendez, eldönt (*vitát*): *They settled out of court.* Tárgyaláson kívül egyeztek meg. • *We didn't speak to each other for years, but we've settled our differences* (tisztáztuk a félreértéseket) *now.* **2** [T] elhatároz, elintéz: *Everything's settled. We leave on the nine o'clock flight on Friday.* **3** [I] letelepszik **4** [I,T] kényelmesen elhelyez(kedik): *I settled in front of the television for the evening.* **5** [I,T] megnyugszik, megnyugtat **6** [T] rendez, kiegyenlít: *to settle a bill/a debt* **7** [I] leszáll/-telepszik vhol: *A flock of birds settled on the roof.*

PHRASAL VERBS settle down **1** kényelmesen elhelyezkedik **2** megállapodik vhol: *She had a number of jobs abroad before she eventually settled down.* **3** lecsillapodik: *Settle down! It's time to start the lesson.* | settle down to sth beletemetkezik vmibe: *Before you settle down to your work, could I ask you something?* | settle for sth megelégszik vmivel: *We're going to have to settle for the second prize.* | settle in/into sth kezd belakni (*új lakást*), kezd megszokni vmit: *How are the children settling in at their new school?* | settle on sth dönt vmi mellett | settle up (with sb) rendezi az adósságát

settled /'setld/ *adj.* **1** változatlan: *More settled weather is forecast for the next few days.* **2** megállapodott, otthonos: *We feel very settled here.*

settlement /'setlmənt/ *noun* [C,U] **1** egyezség: *a divorce settlement* • *the settlement* (rendezés) *of a dispute* **2** (be)település, betelepítés

settler /'setlə(r)/ *noun* [C] telepes

★ **seven** /'sevn/ *number* **1** hét **⊃** Példák a **six** szónál. **2** (összetett melléknevekben) hét-: *a seven-sided coin*

---

❶ = magyarázat [C] megszámlálható (*főnév*): one book, two books

[U] megszámlálhatatlan (*főnév*): some sugar

★ **seventeen** /ˌsevn'tiːn/ *number* tizenhét ➲ Példák a **six** szónál.

seventeenth /ˌsevn'tiːnθ/ *pron., determiner, adv.* tizenhetedik ➲ Példák a **sixth¹** szónál.

seventh¹ /'sevnθ/ *noun* [C] heted ➲ Példák a **sixth¹** szónál.

seventh² /'sevnθ/ *pron., determiner, adv.* hetedik ➲ Példák a **sixth¹** szónál.

seventieth /'sevntiəθ/ *pron., determiner, adv.* hetvenedik ➲ Példák a **sixth¹** szónál.

★ **seventy** /'sevnti/ *number* hetven ➲ Példák a **sixty** szónál.

sever /'sevə(r)/ *verb* [T] **1** el-/levág: *The builders accidentally severed a water pipe. • His hand was almost severed in the accident.* **2** el-/megszakít (*átv*): *He has severed all links (megszakított) with his former friends.*

★ **several** /'sevrəl/ *pron., determiner* számos, (jó)néhány

severe /sɪ'vɪə(r)/ *adj.* **1** szigorú, kemény: *Such terrible crimes deserve the severest punishment. • I think your criticism of her work was too severe.* **2** súlyos, komoly: *The company is in severe financial difficulty. • He suffered severe injuries in the fall. • severe weather conditions*
▸ **severely** *adv.* súlyosan, keményen: *The roof was severely damaged in the storm. • The report severely criticizes the Health Service.*

severity /sɪ'verəti/ *noun* [U] súlyosság: *the severity of the problem*

★ **sew** /səʊ/ *verb* [I,T] (*pt* sewed; *pp* sewn /səʊn/ or sewed) sew (sth) (on) varr: *I'll have to sew this button back on.*
PHRASAL VERB sew sth up **1** összevarr **2** (*informális*) lerendez

sewage /'suːɪdʒ/ *noun* [U] szennyvíz

sewer /'suːə(r)/ *noun* [C] szennyvízgyűjtő csatorna

sewing /'səʊɪŋ/ *noun* [U] **1** varrás, ruhajavítás: *I always take a sewing kit* (varrókészlet) *when I travel. • a sewing machine* varrógép **2** varrás (*a varrott holmik*)

sewn *past participle* of **sew**

★ **sex** /seks/ *noun* **1** [C,U] (*biol*) nem: *Do you mind what sex your baby is? • the male/female sex • He's always found it diffi-*

cult to get on with **the opposite sex** (az ellenkező nem). ❶ Szinonimája: **gender**. **2** (also *formális*) [U] nemi aktus: *to have sex* (közösül) *with somebody • sex education* (szexuális nevelés) *in schools*

sexism /'seksɪzəm/ *noun* [U] nemi előítélet(ek)
▸ **sexist** /'seksɪst/ *adj.* nemi előítéleteket valló személy: *a sexist attitude to women • sexist jokes*

★ **sexual** /'sekʃuəl/ *adj.* szexuális: *the sexual organs* nemi szervek *• a campaign for sexual equality* (a nemek közötti egyenlőség) *• sexual harassment* szexuális zaklatás ➲ Vesd össze **sexy**.
▸ **sexually** /'sekʃəli/ *adv.* szexuálisan: *to be sexually attracted to sb*

ˌsexual ˈintercourse (*formális*) = SEX (2)

sexuality /ˌsekʃu'æləti/ *noun* [U] szexualitás, nemiség

sexy /'seksi/ *adj.* (sexier; sexiest) (*informális*) (nemileg) vonzó, erotikus

Sgt *abbr.* (**sergeant** rövidítése) őrmester

sh /ʃ/ *exclam.* pszt!: *Sh! People are trying to sleep in here.*

shabby /'ʃæbi/ *adj.* **1** viseltes, rongyos: *a shabby suit* **2** kopott külsejű **3** komisz
▸ **shabbily** *adv.* **1** kopottan, rongyosan **2** aljasul: *She felt she'd been treated shabbily by her employers.*

shack /ʃæk/ *noun* [C] kunyhó, viskó

shade/shadow

shadow   shade

shade¹ /ʃeɪd/ *noun* **1** [U] árnyék: *It was so hot that I had to go and sit in the shade.* **2** [C] fényellenző: *a lampshade* lámpaernyő **3** (shades) [*plural*] (*informális*) napszemüveg **4** [C] a shade (of sth) színárnyalat: *a shade of green* **5** [C] árnyalat: *a word with* *various shades of meaning* 6 [*sing.*] **a shade** egy árnyalatnyi/árnyalattal

shade² /ʃeɪd/ *verb* [T] **1** (be)árnyékol (*megvéd a fénytől*): *The sun was so bright that I had to shade* (el kellett takarnom) *my eyes.* **2 shade sth (in)** (be)satíroz

★**shadow¹** /ˈʃædəʊ/ *noun* **1** [C] vminek az árnyéka: *The shadows lengthened as the sun went down.* ➔ Ábra **shade¹** alatt. **2** [U] beárnyékolt rész: *His face was in shadow.* **3** [*sing.*] parányi rész: *I know without **a shadow of doubt** (kétség sem férhet hozzá) that he's lying.*
IDIOM cast a shadow (across/over sth) → CAST¹

shadow² /ˈʃædəʊ/ *verb* [T] (*gyakran titokban*) követ, megfigyel: *The police shadowed the suspect for three days.*

shadow³ /ˈʃædəʊ/ *adj.* árnyék (*átv*): *the shadow Cabinet* árnyékkormány (ellenzéki kormánylista)

shadowy /ˈʃædəʊi/ *adj.* **1** árnyas, árnyékos: *a shadowy forest* **2** homályosan látható: *A shadowy figure was coming towards me.* **3** rejtélyes

shady /ˈʃeɪdi/ *adj.* **1** árnyas: *I found a shady spot under the trees and sat down.* **2** (*informális*) gyanús (*nem tisztességes*)

shaft /ʃɑːft/ *noun* [C] **1** akna: *a lift/mine shaft* **2** tengely

shaggy /ˈʃægi/ *adj.* borzas, bozontos: *a shaggy dog*

★**shake¹** /ʃeɪk/ *verb* (*pt* **shook** /ʃʊk/; *pp* **shaken** /ˈʃeɪkən/) **1** [I,T] (meg)rázkódik, (meg)ráz: *I was so nervous that I was shaking.* • *Shake the bottle before taking the medicine.* • (*átv*) *His voice shook* (remegett) *with emotion as he described the accident.* **2** [T] (*érzelmileg*) megráz, feldúl: *The scandal has shaken the whole country.* **3** [T] megingat (*átv*): *Nothing seems to shake her belief that she was right.*
IDIOMS shake sb's hand/shake hands (with sb)/shake sb by the hand kezet fog ➔ Ábra az A6. oldalon. | shake your head (meg)rázza a fejét ➔ Ábra az A6. oldalon.
PHRASAL VERB shake sth/sb off leráz vmit/vkit: *Shake the crumbs off the tablecloth.* • *I don't seem to be able to shake off this cold.*

shake² /ʃeɪk/ *noun* [C] rázás, rázkódás

ˈshake-up *noun* [C] átszervezés

shaky /ˈʃeɪki/ *adj.* (**shakier**; **shakiest**) **1** reszketeg, reszkető **2** ingatag, bizonytalan: *The table's a bit shaky.* • *They've had a **shaky start** (gyengén kezdtek) to the season, losing most of their games.*
► **shakily** *adv.* remegve

★**shall** /ʃəl/; *erős alak* /ʃæl/ *modal verb* (*negative* **shall not**; *short form* **shan't** /ʃɑːnt/) **1** (*információ vagy tanács kérését ill. felajánlást kifejező segédige*): *What time shall I come?* Mikor jöjjek? • *Where shall we go* (hová menjünk) *for our holiday?* • *Shall I help you* (segítsek) *carry that box?* • *Shall we drive you home?* Hazavigyünk? **2 shall we** (*tevékenység közös végzését javasló segédige*): *Shall we go out for a meal this evening?* Ne menjünk el ma valahova vacsorázni? ➔ Lásd a *Rövid nyelvtani összefoglalást.* **3** (*formális, az I és a we személyes névmás mellett a will segédige helyett*): *I shall be very happy to see him again.* • *We shan't be arriving until ten o'clock.* **4** (*formális, valaminek a bekövetkezését kifejező segédige*): *In the rules it says that a player shall be sent off* (ki kell állítani) *for using bad language.*

★**shallow** /ˈʃæləʊ/ *adj.* **1** sekély, lapos: *The sea is very shallow here.* • *a shallow dish* **2** felszínes, felületes: *a shallow person/book* ❶ Mindkét jelentés ellentéte **deep.**
► **shallowness** *noun* [U] **1** felszínesség, üresség **2** sekély vízszint

★**shame¹** /ʃeɪm/ *noun* **1** [U] szégyen(érzet): *She was **filled with shame** (szégyenkezett) at the thought of how she had lied to her mother.* • *His actions have **brought shame on** (szégyent hozott) his whole family.* • *He's got no shame!* Nincs benne szégyenérzet. ❶ Melléknév: **ashamed. 2** (**a shame**) [*sing.*] szégyen(teljes dolog), kár (*szomorúság*): *It's a shame about Adam failing his exams, isn't it?* • *What a shame* (milyen kár) *you have to leave so soon.* • *It would be a shame* (kár lenne) *to miss an opportunity like this.*

shame² /ʃeɪm/ *verb* [T] megszégyenít

shameful /ˈʃeɪmfl/ *adj.* szégyenteljes, gyalázatos: *a shameful waste of public money*
► **shamefully** *adv.* szégyenletesen

shameless /'ʃeɪmləs/ adj. szégyentelen: a shameless display of greed
▶ **shamelessly** adv. szemérmetlenül, szégyentelenül

★ **shampoo** /ʃæm'pu:/ noun 1 [C,U] sampon: shampoo for greasy/dry/normal hair 2 [C] hajmosás
▶ **shampoo** verb [T] (pres. part. shampooing; 3rd pers. sing. pres. shampoos; pt, pp shampooed) mos (hajat, szőnyeget stb.)

shamrock /'ʃæmrɒk/ noun [C,U] lóhere

shandy /'ʃændi/ noun [C,U] (plural shandies) sör és limonádé keveréke

shan't short for SHALL NOT

shanty town /'ʃænti taʊn/ noun [C] bódéváros

★ **shape¹** /ʃeɪp/ noun 1 [C,U] forma, alak(zat): a round/square/rectangular shape • a cake in the shape of a heart (szívalakú) • clothes to fit people of all shapes and sizes • I could just make out a dark shape in the distance. • The country is roughly square in shape (nagyjából négyzet alakú). 2 (-shaped) (összetett melléknevekben) -alakú: an L-shaped room 3 [U] (fizikai) állapot: She was in such bad shape (annyira rossz bőrben) that she had to be taken to hospital. • I go swimming regularly to keep in shape (hogy megőrizzem a kondíciómat). 4 [sing.] the shape (of sth) vminek a felépítése
IDIOMS out of shape 1 formátlan: My sweater's gone out of shape (elvesztette a formáját). 2 nincs formában | take shape alakul: Plans to expand the company are beginning to take shape.

★ **shape²** /ʃeɪp/ verb [T] 1 shape sth (into sth) formáz 2 befolyásol, kialakít: His political ideas were shaped by his upbringing.

shapeless /'ʃeɪpləs/ adj. formátlan

★ **share¹** /ʃeə(r)/ verb 1 [T] share sth (out) szétoszt, feloszt 2 [I,T] share (sth) (with sb) megoszt vmit vkivel: I share a flat with four other people. • We share the same interests. Azonos az érdeklődési körünk. 3 [T] share sth (with sb) megoszt (gondolatokat, gondokat stb.)

★ **share²** /ʃeə(r)/ noun 1 [sing.] share (of sth) rész (vmiből): We each pay a share of the household bills. • I'm willing to take my share (vállalom a rám eső részt) of the

blame. 2 [C, usually plural] shares (in sth) részvény
IDIOM (more than) your fair share of sth → FAIR¹

shareholder /'ʃeəhəʊldə(r)/ noun [C] részvényes

shark /ʃɑ:k/ noun [C] (plural sharks or shark) cápa

★ **sharp¹** /ʃɑ:p/ adj. 1 éles ❶ Ellentéte: blunt. 2 hirtelen, éles: a sharp rise/fall in inflation • This is a sharp bend so slow down. 3 határozott, éles: the sharp outline of the hills • a sharp contrast between the lives of the rich and the poor 4 éles, gyors: a sharp mind • sharp eyes 5 váratlan, gyors: One short sharp blow was enough to end the fight. 6 éles, bántó (szavak) 7 éles, szúró (fájdalom): a sharp pain in the chest ❶ Ellentéte: dull. 8 éles, csípős: a sharp taste • a sharp wind 9 (symbol #) félhanggal (fel)emelt: in the key of C sharp (cisz) minor ➔ Lásd flat¹(5). 10 hamis (a kelleténél magasabb) ➔ Lásd flat¹(6).
▶ **sharply** /'ʃɑ:pli/ adv. 1 élesen, meredeken: The road bends sharply to the left. • Share prices fell sharply this morning. • sharply defined (markáns) features 2 hirtelen
sharpness noun [U] élesség

sharp² /ʃɑ:p/ adv. 1 pontosan: Be here at three o'clock sharp. 2 hirtelen, derékszögben: Go to the traffic lights and turn sharp right. 3 hamisan (magasabban) ➔ Lásd flat¹(6).

sharp³ /ʃɑ:p/ noun [C] (symbol #) félhanggal magasabb hang ➔ Lásd flat²(2).

sharpen /'ʃɑ:pən/ verb [I,T] élesít, kihegyez

sharpener /'ʃɑ:pnə(r)/ noun [C] hegyező, fenőkő: a pencil/knife sharpener

shatter /'ʃætə(r)/ verb 1 [I,T] összetör(ik) 2 [T] összerombol: Her hopes were shattered by the news.

shattered /'ʃætəd/ adj. 1 összetört (átv) 2 (informális) kimerült

★ **shave¹** /ʃeɪv/ verb [I,T] shave (sth) (off) borotválkozik, (le)borotvál
PHRASAL VERB shave sth off (sth) lefarag: We'll have to shave a bit off the door to make it close properly.

shave² /ʃeɪv/ noun [C, usually sing.] borotválkozás: to have a shave • I need a shave.
IDIOM a close shave/thing → CLOSE³

shaven /'ʃeɪvn/ adj. borotvált: clean-shaven simára borotvált

shaver /'ʃeɪvə(r)/ noun [C] villanyborotva

shawl /ʃɔːl/ noun [C] sál, vállkendő

★ **she** /ʃiː/ pron. ő (nőnem)

shear /ʃɪə(r)/ verb [T] (pt sheared; pp sheared or shorn) (meg)nyír (pl. birkát)

shears /ʃɪəz/ noun [plural] nyesőolló: a pair of shears ⊃ Ábra **garden¹** alatt.

sheath /ʃiːθ/ noun [C] (plural sheaths /ʃiːðz/) hüvely, tok (fegyveré)

she'd /ʃiːd/ short for SHE HAD, SHE WOULD

shed¹ /ʃed/ noun [C] fészer: a garden/bicycle shed • a cattle shed tehénistálló

shed² /ʃed/ verb [T] (pres. part. shedding; pt, pp shed) 1 levedlik, lehullat: This snake sheds its skin every year. • Autumn is coming and the trees are beginning to shed their leaves. 2 megszabadul vmitől
IDIOM shed blood (írott nyelv) vért ont | shed light on sth fényt derít vmire | shed tears (írott nyelv) könnyet ejt

★ **sheep** /ʃiːp/ noun [C] (plural sheep) birka ⊃ Magyarázat a **meat** szónál.

> A male sheep is a **ram**, a female sheep is a **ewe** and a young sheep is a **lamb**. Sheep **bleat**. This sound is written as **baa**. The meat from sheep is called **lamb** or **mutton**.

sheepdog /'ʃiːpdɒg/ noun [C] juhászkutya

sheepish /'ʃiːpɪʃ/ adj. szégyenlős, zavarban lévő: a sheepish grin
▸ **sheepishly** adv. szégyenlősen

sheepskin /'ʃiːpskɪn/ noun [U] birkabőr: a sheepskin rug/jacket

sheer /ʃɪə(r)/ adj. 1 (csak főnév előtt) merő, tiszta, igazi: It's sheer stupidity to drink and drive. • It was sheer luck that I happened to be in the right place at the right time. • Her success is due to sheer hard work. • I only agreed out of sheer desperation. 2 meredek: It's a sheer drop (meredeken lejt) to the sea.

★ **sheet** /ʃiːt/ noun [C] 1 lepedő ⊃ Ábra **bed¹** alatt. 2 (papír)lap, ív: Write each answer on a separate sheet. ⊃ Lásd **balance sheet**.

3 (üveg, fém) lap, lemez: a sheet of metal/glass 4 réteg, takaró (átv): a sheet of ice.

sheikh (also **sheik**) /ʃeɪk/ noun [C] sejk

★ **shelf** /ʃelf/ noun [C] (plural shelves /ʃelvz/) polc: I put up a shelf in the kitchen. • a book-shelf

★ **shell¹** /ʃel/ noun 1 [C,U] (biol) (kemény) héj, páncél, kagyló 2 [C] burkolat, borítás: the body shell of a car az autó karosszériája 3 [C] robbanó lövedék
IDIOMS come out of your shell előbújik a csigaházából (felbátorodik) | go, retreat, etc. into your shell begubózik, magába zárkózik

shell² /ʃel/ verb [T] 1 kifejt, héjából kibont: to shell peas 2 gránátokkal lő

she'll /ʃiːl/ short for SHE WILL

shellfish /'ʃelfɪʃ/ noun (plural shellfish) 1 [C] kagyló(féle), rák(féle) 2 [U] rák(hús)

★ **shelter¹** /'ʃeltə(r)/ noun 1 [U] shelter (from sth) menedék, védelem: to give somebody food and shelter (ételt és szállást) • We looked around for somewhere to take shelter (menedéket keres/talál) from the storm. 2 [C] menedék(hely): a bus shelter fedett buszmegálló • an air-raid shelter óvóhely

shelter² /'ʃeltə(r)/ verb 1 [I] shelter (from sth) meghúzódik vmi elől: Let's shelter from the rain under that tree. 2 [T] shelter sb/sth (from sb/sth) védelmet nyújt

sheltered /'ʃeltəd/ adj. 1 védett (időjárástól) 2 védett, gondtalan: She had a sheltered childhood.

shelve /ʃelv/ verb [T] elhalaszt, ad acta tesz: Plans for a new motorway have been shelved.

shelves /ʃelvz/ plural of SHELF

shelving /'ʃelvɪŋ/ noun [U] polcrendszer

shepherd¹ /'ʃepəd/ noun [C] pásztor

shepherd² /'ʃepəd/ verb [T] vezet, kalauzol

shepherd's 'pie (also ,cottage 'pie) noun [C,U] (brit) burgonyapürével borított darálthús

sheriff /'ʃerɪf/ noun [C] seriff

sherry /'ʃeri/ noun [C,U] (plural sherries) (egy pohár) sherry

she's /ʃiːz, ʃiz/ short for SHE IS, SHE HAS

shield¹ /ʃi:ld/ noun [C] **1** pajzs **2** (riot shield) védőpajzs (rendőré) **3** védelem: The metal door acted as a shield against the explosion. **4** pajzsalakú érem

shield² /ʃi:ld/ verb [T] shield sb/sth (against/ from sb/sth) védelmez, megóv: I shielded my eyes from the bright light.

shift¹ /ʃɪft/ verb [I,T] **1** mozdul, mozdít: He shifted his desk closer (közelebb helyezte) to the window. • She shifted uncomfortably in her chair. **2** (meg)változik, (meg)változtat (véleményt)
IDIOM shift the blame/responsibility (for sth) (onto sb) áthárítja a felelősséget

shift² /ʃɪft/ noun **1** [C] a shift (in sth) változás (véleményé) **2** [C, with sing. or plural verb] műszak: The night shift has/have just gone off duty. • to work in shifts (több műszakban) • shift work/workers • to be on the day/night shift **3** [sing.] (infor) shift (billentyű): the shift key

shifty /ʃɪfti/ adj. megbízhatatlan: shifty eyes hamis tekintet

shilling /ʃɪlɪŋ/ noun [C] shilling (pénzegység)

shimmer /ʃɪmə(r)/ verb [I] csillámlik, vibrál

shin /ʃɪn/ noun [C] sípcsont

★ **shine¹** /ʃaɪn/ verb (pt, pp shone /ʃɒn/) **1** [I] fénylik, csillog **2** [T] rávilágít: The policeman shone a torch on the stranger's face.

shine² /ʃaɪn/ noun [sing.] **1** fény(esség) **2** fényezés, fényesítés

shingle /ʃɪŋgl/ noun [U] tengeri kavics

shin pad noun [C] (sp) lábszárvédő

shiny /ʃaɪni/ adj. (shinier; shiniest) fényes, csillogó

★ **ship¹** /ʃɪp/ noun [C] hajó: to travel by ship • to launch a ship

> A **boat** kisebb, mint a **ship**. A **liner** (óceánjáró) hosszú hajóutakra (**voyage**) szállítja az utasokat, a **ferry** (komp) rövid távolságokra, átkelésekre (**crossings**).

ship² /ʃɪp/ verb [T] (**shipping**; **shipped**) szállít

shipbuilder /ʃɪpbɪldə(r)/ noun [C] hajóépítő (ember, cég)
▸ shipbuilding noun [U] hajóépítés

shipment /ʃɪpmənt/ noun **1** [U] szállítás **2** [C] szállítmány

shipping /ʃɪpɪŋ/ noun [U] **1** hajózás, hajóállomány **2** szállítás: a shipping company hajózási társaság

shipwreck /ʃɪprek/ noun [C,U] hajótörés
▸ shipwrecked verb [T] be shipwrecked hajótörést szenved
shipwrecked adj. hajótörött

shipyard /ʃɪpjɑːd/ noun [C] hajógyár

shirk /ʃɜːk/ verb [I,T] húzódozik vmitől, kibújik (vmilyen feladat alól): to shirk your responsibilities

★ **shirt** /ʃɜːt/ noun [C] ing

shiver /ʃɪvə(r)/ verb [I] reszket: shivering with cold/fright
▸ shiver noun [C] reszketés: The thought sent a shiver down my spine (végigfutott tőle a hátamon a hideg).

shoal /ʃəʊl/ noun [C] halraj

★ **shock¹** /ʃɒk/ noun **1** [C,U] megrázkódtatás, sokk: The sudden noise gave him a shock (megrémítette). • The bad news came as a shock to her. • I'm still suffering from shock at the news. • His mother is in a state of shock (sokkos állapotban van). **2** [U] (orv) sokk: He was in/went into shock (sokkot kapott) after the accident. **3** [C] rázkódás **4** noun [C] áramütés

shoes

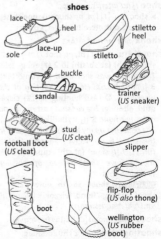

lace
heel
sole
lace-up
stiletto heel
stiletto

buckle
sandal
trainer (US sneaker)

stud (US cleat)
football boot (US cleat)
slipper

boot
flip-flop (US also thong)
wellington (US rubber boot)

shock 584

★ **shock²** /ʃɒk/ verb **1** [T] megrémít **2** [I,T] megbotránkoztat, sért: *These films deliberately set out to shock.*
▸ **shocked** adj. megdöbbent: *a shocked expression/look*

shocking /'ʃɒkɪŋ/ adj. **1** megdöbbentő, megbotránkoztató: *a shocking accident* • *shocking behaviour/news* **2** (*főleg brit, informális*) botrányos

shod past tense, past participle of SHOE²

shoddy /'ʃɒdi/ adj. **1** ócska, vacak: *shoddy goods* **2** hamis, tisztességtelen
▸ **shoddily** adv. rossz minőségben, méltánytalanul

shoe¹ /ʃuː/ noun [C] **1** cipő: *a pair of shoes* • *running shoes* • *What size are your shoes/What is your shoe size?* • *to try on a pair of shoes* • *a shoe shop* ⊃ Ábra az előző oldalon. **2** (also **horseshoe**) patkó
IDIOM in my, your, etc. place/shoes → PLACE¹

shoe² /ʃuː/ verb [T] (*pt, pp* **shod** /ʃɒd/) patkol

shoelace /'ʃuːleɪs/ (*főleg US* **shoestring**) noun [C] cipőfűző: *to tie/untie a shoelace*

shoestring /'ʃuːstrɪŋ/ (*főleg US*) = SHOELACE
IDIOM on a shoestring szerény anyagi körülményekben: *to live on a shoestring*

shone past tense, past participle of SHINE¹

shoo /ʃuː/ interj. hess!, sicc!
▸ **shoo** verb [T] (*pt, pp* **shooed**) shoo sb/sth away, off, out, etc. elhessegeti, kizavar

shook past tense of SHAKE¹

★ **shoot¹** /ʃuːt/ verb (*pt, pp* **shot** /ʃɒt/) **1** [I,T] shoot (sth) (at sb/sth) lő **2** [T] meg-/lelő: *The soldier was shot dead* (agyonlőtték). **3** [I,T] vadászik: *He goes shooting at the weekends.* ⊃ Lásd hunting. **4** [I,T] elszáguld, elrobog: *The car shot past me at 100 miles per hour.* **5** [I] nyilallik (*fájdalom*): *The pain shot up my leg.* • *shooting pains in the chest* **6** [I,T] felvesz, forgat (*fotóz, filmez*) **7** [I] shoot (at sth) (kapura) lő: *He should have shot instead of passing.* ❶ Főnév: **shot**.
PHRASAL VERBS shoot sb/sth down lelő | shoot up meg-/felnő, felszökik (*pl. ár, ill. vmi/vki magassága*)

shoot² /ʃuːt/ noun [C] hajtás (*növényé*)

shooting star noun [C] hullócsillag

★ **shop¹** /ʃɒp/ (*US* **store**) noun [C] üzlet: *a cake/shoe shop* • *a corner shop* a közeli bolt • *a butcher's/baker's shop* ❶ Rendszerint azt mondjuk **at the butcher's** stb. (nem **at the butcher's shop**).
IDIOM talk shop → TALK¹

★ **shop²** /ʃɒp/ verb [I] (**shopping**; **shopped**) shop (for sth) (be)vásárol: *He's shopping for some new clothes.* ❶ A **go shopping** kifejezés gyakoribb, mint a **shop**: *We go shopping every Saturday.*
▸ **shopper** noun [C] vásárló
PHRASAL VERB shop around (for sth) körülnéz (*vásárlás előtt, hogy megtalálja a legmegfelelőbbet*)

shop assistant (*US* **sales clerk, clerk**) noun [C] bolti eladó

shop floor noun [sing.] (*brit*) műhely, a műhelyben dolgozók (*gyárban*)

shopkeeper /'ʃɒpkiːpə(r)/ (*US* **storekeeper**) noun [C] üzlettulajdonos

shoplifter /'ʃɒplɪftə(r)/ noun [C] bolti tolvaj ⊃ Magyarázat a **thief** szónál.

shoplifting /'ʃɒplɪftɪŋ/ noun [U] bolti lopás ⊃ Lásd lift¹(6).

★ **shopping** /'ʃɒpɪŋ/ noun [U] **1** (be)vásárlás: *We always do the shopping on a Friday night.* • *a shopping basket/bag/trolley* **2** (*főleg brit*) (be)vásárolt holmik

shopping centre (*US* **shopping mall, mall**) noun [C] bevásárlóközpont

★ **shore** /ʃɔː(r)/ noun [C,U] tengerpart, tópart ❶ Az **ashore** szó ugyanazt jelenti, mint az **on shore**.

shorn past participle of SHEAR

★ **short¹** /ʃɔːt/ adj. **1** rövid: *a short line/distance/dress* • *a short visit/film* • *She left a short time ago* (nemrég). • *to have a short memory* (gyorsan felejt) ❶ Ellentéte: **long**. Ige: **shorten**. **2** alacsony: *a short, fat man* ❶ Ellentéte: **tall**. **3** short (of/on sth) kevés: *Because of illness, the team is two players short* (két játékos hiányzik). • *Good secretaries are in short supply* (kevés van). • *We're a bit short of money* (pénzszűkében vagyunk) *at the moment.* • *Your essay is a bit short on detail* (elnagyolt). ❶ Főnév: **shortage**. **4** short for sth vminek a rövidítése: *'Bill' is short for 'William'.* **5** short (with sb) türelmetlen vkivel ❶ Határozó: **shortly**.

❶ = magyarázat [C] megszámlálható (*főnév*): *one book, two books*

[U] megszámlálhatatlan (*főnév*): *some sugar*

IDIOMS in the long/short term → TERM¹ | the short answer is... röviden (szólva)

★ **short²** /ʃɔːt/ adv. hirtelen: She stopped short when she saw the accident.

IDIOMS cut sth/sb short közbevág | fall short (of sth) a vártnál kevesebb, nem felel meg a várakozásnak: The pay rise fell short of the workers' demands. | go short (of sth) nélkülöz | run short (of sth) kifogy vmiből | short of sth/doing sth kivéve, vmin kívül: Nothing short of a miracle will save (már csak a csoda mentheti meg) the business now. | stop short of sth/doing sth → STOP¹

short³ /ʃɔːt/ noun [C] 1 (informális) = SHORT CIRCUIT 2 (főleg brit) rövidital
IDIOMS for short rövidítve: She's called 'Diana', or 'Di' for short. | in short röviden

shortage /ˈʃɔːtɪdʒ/ noun [C] hiány: a water shortage vízhiány • a shortage of trained teachers

ˌshort ˈcircuit (informális short) noun [C] rövidzárlat
▶ ˌshort-ˈcircuit verb rövidzárlatot okoz, zárlatos lesz [I,T]

shortcoming /ˈʃɔːtkʌmɪŋ/ noun [C, usually plural] hiba, hiányosság

ˌshort ˈcut noun [C] rövidebb út: He took a short cut (átvágott) to school through the park.

shorten /ˈʃɔːtn/ verb [I,T] (meg)rövidül, (meg)rövidít

shortfall /ˈʃɔːtfɔːl/ noun [C] shortfall (in sth) hiány, deficit

shorthand /ˈʃɔːthænd/ noun [U] gyorsírás: to write in shorthand • a shorthand typist

shortlist /ˈʃɔːtlɪst/ noun [C, usually sing.] jelöltlista (állásra jelentkezők közül): She's one of the four people on the shortlist.
▶ **shortlist** verb [T] listát készít (az esélyesekről): Six candidates were shortlisted for the post.

ˌshort-ˈlived adj. rövid életű

shortly /ˈʃɔːtli/ adv. 1 rövidesen 2 türelmetlenül

> Vigyázat! A „röviden" nem shortly, hanem briefly: He had spoken to Emma only briefly.

shorts /ʃɔːts/ noun [plural] 1 rövidnadrág

2 (US) alsónadrág: boxer shorts ➔ Magyarázat a trousers szónál.

ˌshort-ˈsighted adj. 1 (also főleg US ˌnear-ˈsighted) rövidlátó ❶ Ellentéte: long-sighted. 2 rövidlátó (átv): a short-sighted policy

ˌshort-ˈstaffed adj. munkaerőhiánnyal küszködő

ˌshort ˈstory noun [C] novella

ˌshort ˈterm adj. rövid ideig tartó, rövid távú: short-term plans/memory ❶ Ellentéte: long-term.

★ **shot¹** /ʃɒt/ noun [C] 1 a shot (at sb/sth) lövés: to take a shot at the target • The policeman fired a warning shot into the air. 2 (sp) lövés: Owen scored with a low shot into the corner of the net. • Good shot! 3 (fénykép, film) felvétel: I got some good shots of the runners as they crossed the line. 4 [usually sing.] (informális) a shot (at sth/at doing sth) próbálkozás: Let me have a shot at it. Hadd próbáljam meg! • Just give it your best shot. Mindent bele! 5 injekció 6 (gyakran the shot) (sp) súlygolyó
IDIOMS call the shots → CALL¹ | like a shot (informális) mint a villám: If someone invited me on a free holiday, I'd go like a shot. | a long shot → LONG¹

shot² past tense, past participle of SHOOT¹

shotgun /ˈʃɒtɡʌn/ noun [C] vadászpuska

★ **should** /ʃəd; erős alak ʃʊd/ modal verb (negative should not; short form shouldn't /ˈʃʊdnt/) 1 kellene (szükséges lenne): The police should do something about street crime in this area. • I shouldn't have (nem kellett volna) gone to bed so late. 2 kellene (jó lenne): You should try (meg kellene próbálnod) that new restaurant. • Do you think I should phone him (hívjam fel)? • What should I do? Mit tegyek? 3 kell (várható): They should be in New York by now. 4 (brit, formális, feltételes mellékmondatokban egyes és többes szám első személyében a would segédige helyett): I should be most grateful if you could send me... 5 (formális) ha netán: If you should decide to accept, please phone us. • Should you decide to accept... 6 (a shall segédige múlt idejű alakja függő beszédben): He asked me if he should come today. Azt kérdezte, eljöjjön-e ma.

[I] **tárgyatlan** (ige): He laughed.

[T] **tárgyas** (ige): He ate an apple.

7 I should imagine, say, think, etc. bizonytalanságot fejez ki ➜ Lásd a *Rövid nyelvtani összefoglalást*.

★ **shoulder¹** /'ʃəʊldə(r)/ *noun* **1** [C] váll: *to shrug your shoulders* vállat von **2** (-shouldered) *(összetett melléknevekben)* -vállú: *a broad-shouldered man* **3** [C] vállrész *(ruhadarabé)* ➜ Lásd **hard shoulder**.

IDIOMS **have a chip on your shoulder** → CHIP¹ | **rub shoulders with sb** → RUB | **a shoulder to cry on** együttérző személy

shoulder² /'ʃəʊldə(r)/ *verb* [T] **1** vállalja a felelősséget: *to shoulder the blame/responsibility* for sth **2** (vállával) meglök

'**shoulder bag** *noun* [C] válltáska ❶ Szinonimája: **handbag**.

'**shoulder blade** *noun* [C] lapockacsont

★ **shout** /ʃaʊt/ *verb* **1** [I] shout (at/to sb); **shout out** kiált, kiabál: *to shout out (felkiált) in pain/excitement* **2** [T] **shout sth (at/to sb); shout sth out** kiabál: *The students kept shouting out the answers.* • *The captain shouted instructions to his team.* ➜ Lásd **scream**.
▸ **shout** *noun* [C] kiáltás

PHRASAL VERB **shout sb down** túlkiabál: *The speaker was shouted down by a group of protesters.*

shove /ʃʌv/ *verb* [I,T] *(informális)* taszít: *Everybody in the crowd was pushing and shoving* (lökdösődött).
▸ **shove** *noun* [C, usually sing.] taszítás: *to give sb/sth a shove*

shovel /'ʃʌvl/ *noun* [C] lapát ➜ Lásd még **spade**. Ábra **garden¹** alatt.
▸ **shovel** *verb* [I,T] (**shovelling; shovelled;** *US* **shoveling; shoveled**) lapátol

★ **show¹** /ʃəʊ/ *verb* (*pt* **showed;** *pp* **shown** /ʃəʊn/ or **showed**) **1** [T] **show sb/sth (to sb); show sb (sth)** (meg)mutat: *I showed the letter to him.* • *I showed him the letter.* • *They're showing his latest film at our local cinema.* • *She was showing signs of stress.* • *This white T-shirt really shows* (látszik rajta) *the dirt.* • *The picture showed him arguing with a photographer.* **2** [T] megmagyaráz, megvilágít: *Research shows that* (a kutatások szerint) *most people get too little exercise.* **3** [I] megmutatkozik, láthatóvá válik: *I tried not to let my disappointment show.* • *His latest film is showing at the local cinema.* A legújabb filmje

megy a helyi moziban. **4** [T] megmutat, megmagyaráz: *Can you show me how to put the disk in the computer?* **5** [T] körül-/odavezet, mutatja az utat: *to show sb the way* • *Shall I show you to your room?* • *A guide showed us round the museum.*

IDIOM **show your face** vki megjelenik vhol, mutatkozik vhol: *She stayed at home, afraid to show her face.*

PHRASAL VERBS **show (sth) off** *(informális)* felvág vmivel, nagyképűsködik | **show up** *(informális)* eljön, megjelenik vhol: *I thought you'd never show up.* | **show (sth) up** láthatóvá tesz: *The sunlight shows up those dirty marks on the window.* | **show sb up** *(informális)* zavarba hoz, megszégyenít: *He showed her up by shouting at the waiter.*

★ **show²** /ʃəʊ/ *noun* **1** [C] showműsor, előadás: *a quiz show* **2** [C,U] kiállítás, bemutató: *a dog/fashion show* • *His paintings are currently on show* (megtekinthetők) *at the local gallery.* **3** [C,U] képmutatás, színlelés: *Although she hated him, she put on a show of politeness* (udvariasságot színlelt). • *His bravery is all show* (csak színlelés). **4** [sing.] vminek a megnyilatkozása: *a show of emotion/gratitude/temper* • *a show of hands* nyílt szavazás

'**show business** *(informális* **showbiz** /'ʃəʊbɪz/) *noun* [U] szórakoztatóipar: *He's been in show business since he was five.*

showdown /'ʃəʊdaʊn/ *noun* [C] végső megbeszélés, leszámolás: *The management are preparing for a showdown with the union.*

★ **shower¹** /'ʃaʊə(r)/ *noun* [C] **1** zuhany(ozó): *She's in the shower.* **2** zuhany(ozás): *I'll have a quick shower.* **3** zápor ➜ Lásd **rain**. **4** zápor(ozás) *(átv)*: *a shower of sparks/broken glass*

shower² /'ʃaʊə(r)/ *verb* **1** [I,T] **shower (down) on sb/sth; shower sb with sth** záporozik, zúdul: *Ash from the volcano showered down on the town.* **2** [I] (le)zuhanyozik

showing /'ʃəʊɪŋ/ *noun* **1** [C] bemutatás, vetítés **2** [sing.] szereplés, megméretés: *On its present showing, the party should win the election.*

showjumping /'ʃəʊdʒʌmpɪŋ/ *noun* [U] díjugratás

shown *past participle of* SHOW¹

'**show-off** *noun* [C] nagyképűsködő/ felvágós személy

showroom /'ʃəʊruːm; -rʊm/ *noun* [C] bemutatóterem, mintaterem

shrank *past tense of* SHRINK

shrapnel /'ʃræpnəl/ *noun* [U] robbanólövedék

shred¹ /ʃred/ *noun* **1** [C] szilánk, cafat: *His clothes were torn to shreds by the rose bushes.* **2 not a shred of sth** [*sing.*] (*tagadó mondatokban*) egy szemernyi sem: *There wasn't a shred of truth in her story.*

shred² /ʃred/ *verb* [T] (**shredding**; **shredded**) (szét)szaggat, széttép: *shredded* (reszelt) *cabbage*

shrewd /ʃruːd/ *adj.* okos, éles elméjű: *a shrewd thinker/decision*
▸ **shrewdly** *adv.* okosan

shriek /ʃriːk/ *verb* **1** [I] visít: *She shrieked in fright.* • *The children were shrieking with laughter.* **2** [T] sikít ➔ Lásd **screech**.
▸ **shriek** *noun* [C] sikoltás

shrill /ʃrɪl/ *adj.* fülsiketítő: *a shrill cry*

shrimp /ʃrɪmp/ *noun* [C] garnélarák ❶ A shrimp kisebb, mint a **prawn**.

shrine /ʃraɪn/ *noun* [C] síremlék, kegyhely

shrink /ʃrɪŋk/ *verb* (*pt* **shrank** /ʃræŋk/ or **shrunk** /ʃrʌŋk/; *pp* **shrunk**) **1** [I,T] összemegy (*textil*), csökken, összezsugorít: *My T-shirt shrank in the wash.* **2** [I] visszahúzódik: *We shrank back against the wall when the dog appeared.*
PHRASAL VERB shrink from sth/doing sth visszariad

shrivel /'ʃrɪvl/ *verb* [I,T] (**shrivelling**; **shrivelled**; *US* **shriveling**; **shriveled**) **shrivel (sth) (up)** kiszárad, összezsugorodik

shroud¹ /ʃraʊd/ *noun* [C] szemfedél

shroud² /ʃraʊd/ *verb* [T] **shroud sth (in sth)** (*ált. szenvedő szerkezetben*) (be)fed, (be)takar

Shrove Tuesday /ˌʃrəʊv 'tjuːzdeɪ; -di/ *noun* (also '**Pancake Day**) [C] húshagyókedd (*Angliában ilyenkor ált. palacsintát esznek.*)

shrub /ʃrʌb/ *noun* [C] kis bokor

shrubbery /'ʃrʌbəri/ *noun* [C] (*plural* **shrubberies**) bokrokkal beültetett terület

shrug /ʃrʌɡ/ *verb* [I,T] (**shrugging**; **shrugged**) vállat von: *to shrug your shoulders* vállat von ➔ Ábra az A6. oldalon.

shrug

'How should I know?' he shrugged.

▸ **shrug** *noun* vállrándítás, vállvonogatás: *He answered with a shrug.*

PHRASAL VERB shrug sth off nem veszi a szívére: *An actor has to learn to shrug off criticism.*

shrunk *past tense, past participle of* SHRINK

shudder /'ʃʌdə(r)/ *verb* [I] megborzong, megrázkódik
▸ **shudder** *noun* [C] borzongás, rázkódás

shuffle¹ /'ʃʌfl/ *verb* **1** [I] csoszog **2** [I,T] fészkelődik, tologat: *The audience were so bored that they began to shuffle in their seats.* **3** [I,T] (*kártyát*) kever

shuffle² /'ʃʌfl/ *noun* [C, usually sing.] **1** csoszogás **2** (*kártya*) keverés

shun /ʃʌn/ *verb* [T] (**shunning**; **shunned**) (*írott nyelv*) elkerül, távol tartja magát

★ **shut¹** /ʃʌt/ *verb* (*pres. part.* **shutting**; *pt*, *pp* **shut**) **1** [I,T] becsuk(ódik): *Could you shut the door, please?* **2** [I,T] (be)zár (*bolt*) **3** [T] bezár vkit/vmit vhova, rázár: *She shut herself in her room and refused to come out.* • *Tony shut his fingers in the door of the car.*
PHRASAL VERB shut sb/sth away elrejt vkit/vmit | **shut (sth) down** véglegesen bezár, felszámol | **shut sb/sth off (from sth)** elzár (*külvilágtól*): *He shuts himself off from the rest of the world.* | **shut sb/sth out** kizár: *He tried to shut out all thoughts of the accident.* Megpróbált nem gondolni a balesetre. | **shut (sb) up** (*informális*) **1** befogja a száját **2** elhallgattat | **shut sb/sth up (in sth)** bezár vkit vhova: *He was shut up in prison for nearly ten years.*

shut² /ʃʌt/ *adj.* (*főnév előtt nem állhat*) be van zárva

Vigyázat! A **closed** szó állhat főnév előtt, a **shut** szó nem: *a closed door.*

IDIOM keep your mouth shut → MOUTH¹

shutter /'ʃʌtə(r)/ *noun* [C] **1** redőny, roló **2** (*fotó*) zár

shuttle /'ʃʌtl/ *noun* [C] ingajárat

shuttlecock /'ʃʌtlkɒk/ *noun* [C] tollaslabda (*sportszer*) **◯** Ábra az A7. oldalon.

★ **shy¹** /ʃaɪ/ *adj.* **1** félénk, gátlásos: *She's very shy with strangers.* • *a shy smile* **2** shy (of/about sth/doing sth) félős, bátortalan, szemérmes

  ▶ **shyly** *adv.* félénken, szemérmesen

shyness *noun* [U] félénkség: *He didn't overcome his shyness till he had left school.*

shy² /ʃaɪ/ *verb* (*pres. part.* shying; *3rd pers. sing. pres.* shies; *pt, pp* shied) [I] visszahőköl

PHRASAL VERB shy away from sth/from doing sth húzódozik, visszariad

sibling /'sɪblɪŋ/ *noun* [C] (*formális*) testvér

> A köznyelvben **brother(s) and sister(s)**: *Have you got any brothers or sisters?*

★ **sick¹** /sɪk/ *adj.* **1** beteg: *a sick child* • *Do you get paid for days when you're off sick* (betegállományban vagy)? • *You're too ill to work today – you should phone in sick* (beteget kellene jelentened).

> Vigyázat! A **be sick** kifejezés jelentése a brit angolban gyakran: „hány".

2 (the sick) *noun* [*plural*] a betegek **3** hányingere van, forog a gyomra: *I feel sick.* • *Don't eat any more or you'll make yourself sick.* **◯** Lásd nausea, travel-sick, seasick, airsick, carsick. **4** sick of sb/(doing) sth torkig van vmivel **5** sick (at/about sth) rosszul érzi magát vmitől, undorodik: *He felt sick at the sight of so much waste.* **6** (*informális*) morbid, beteges: *a sick joke*

IDIOMS be sick hány | make sb sick feldühít | sick to death of sb/sth elege van vmiből, halálosan un vmit

sick² /sɪk/ *noun* [U] hányadék

sicken /'sɪkən/ *verb* [T] undorít

  ▶ **sickening** *adj.* undorító: *His head made a sickening sound as it hit the road.*

sick leave *noun* [U] betegállomány: *Mike's been off on sick leave since March.*

sickly /'sɪkli/ *adj.* **1** beteges: *a sickly child* **2** émelyítő: *the sickly smell of rotten fruit*

sickness /'sɪknəs/ *noun* **1** [U] betegség

2 [U] émelygés **3** [C,U] -betegség: *seasickness* tengeribetegség

★ **side¹** /saɪd/ *noun* [C] **1** oldal(a vminek/vkinek): *A cube has six sides.* • *Write on both sides of the paper.* • *She lay on her side.* • *The soldier stood with his hands by his sides.* **2** (-sided) (*összetett melléknevekben*) -oldalú: *a six-sided* (hatszögletű) *coin* **3** széle vminek: *Make sure you stay at the side of the road when you're cycling.* • *We moved to one side* (arrébb) *to let the doctor get past.* **4** vminek a széle/oldala: *We live (on) the other side of the main road.* • *In Japan they drive on the left-hand side of the road* (az út bal oldalán). • *She sat at the side of his bed/at his bedside.* **5** (*szembenálló*) oldal, fél (felek): *the winning/losing side* • *Whose side are you on?* Kinek szurkolsz? **6** egyik/másik oldalág véleménye: *I don't know whose side of the story to believe.* **7** (*apai/anyai*) oldalág: *There is no history of illness on his mother's side.*

IDIOMS get on the right side of sb vkinek a kedvében jár | get on the wrong side of sb (fel)bosszant vkit | look on the bright side → LOOK¹ | on/from all sides; on/from every side minden oldalon/oldalról | on the big, small, high, etc. side (*informális*) kicsit túl nagy/kicsi/magas stb. | on the safe side → SAFE¹ | put sth on/to one side; leave sth on one side félretesz (*átv*): *You should put some money to one side for the future.* | side by side egymás mellett | take sides (with sb) vkinek a pártját fogja

side² /saɪd/ *verb*

PHRASAL VERB side with sb (against sb) támogat (*vitában*)

sideboard /'saɪdbɔːd/ *noun* [C] tálalóasztal

sideburns /'saɪdbɜːnz/ *noun* [*plural*] pofaszakáll

'**side effect** *noun* [C] (*kellemetlen, váratlan*) mellékhatás

sideline /'saɪdlaɪn/ *noun* **1** [C] mellékfoglalkozás: *He's an engineer, but he repairs cars as a sideline.* **2** (sidelines) [*plural*] (*sp*) oldalvonal

IDIOM on the sidelines kívülálló(ként)

sidelong /'saɪdlɒŋ/ *adj.* oldalsó: *a sidelong glance* oldalpillantás

'**side road** *noun* [C] bekötőút

¹side show noun [C] **1** kiegészítő műsorszám **2** mellékesemény

¹side street noun [C] mellékutca

sidetrack /'saɪdtræk/ verb [T] (ált. szenvedő szerkezetben) eltérít (vkinek a figyelmét)

sidewalk /'saɪdwɔ:k/ (US) = PAVEMENT

sideways /'saɪdweɪz/ adv., adj. **1** oldalra/oldalról: He jumped sideways to avoid being hit. • a sideways move **2** oldalára fordítva: We'll have to turn the sofa sideways to get it through the door.

sidle /'saɪdl/ verb [I] sidle up/over (to sb/sth) (oda)lopakodik

siege /si:dʒ/ noun [C,U] ostrom

siesta /si'estə/ noun [C] szieszta (ebéd utáni pihenő)

sieve /sɪv/ noun [C] szita: Pour the soup through a sieve to get rid of any lumps. ➔ Ábra **kitchen** alatt.
▸ **sieve** verb [T] szitál

sift /sɪft/ verb **1** [T] szitál **2** [I,T] sift (through) sth átvizsgál: It took weeks to sift through all the evidence.

★ **sigh** /saɪ/ verb **1** [I] bánatosan sóhajt: She sighed with disappointment at the news. **2** [T] sóhajtva mond: 'I'm so tired,' he sighed. **3** [I] mélyet sóhajt
▸ **sigh** noun [C] sóhaj, sóhajtás
IDIOM heave a sigh → HEAVE¹

★ **sight¹** /saɪt/ noun **1** [U] látás (képessége): He lost his sight (elvesztette a szeme világát) in the war. • My grandmother has very poor sight. **2** (-sighted) (összetett melléknevekben) -látó: I'm short-sighted/long-sighted (rövidlátó/távollátó). **3** [sing.] the sight of sb/sth látás, látvány: I feel ill at the sight of blood. Rosszul leszek, ha vért látok. **4** [U] látómező: They waited until the plane was in/within sight. • When we get over this hill the town should come into sight. • She didn't let the child out of her sight (nem tévesztette szem elől). **5** [C] látvány: The burned-out building was a terrible sight. **6** (sights) [plural] látnivalók: When you come to New York I'll show you the sights. **7** (a sight) [sing.] (informális) (furcsa, vicces) látvány **8** [C, usually plural] célgömb
IDIOMS at first glance/sight → FIRST¹ | catch sight/a glimpse of sb/sth → CATCH¹ | in

sight várható, a láthatáron van (átv): A peace settlement is in sight. | lose sight of sb/sth → LOSE | on sight amint láthatóvá válik: The soldiers were ordered to shoot the enemy on sight.

sight² /saɪt/ verb [T] megpillant

sighting /'saɪtɪŋ/ noun [C] megpillantás, észlelés: the first sighting of a new star

sightseeing /'saɪtsi:ɪŋ/ noun [U] városnézés: We did some sightseeing in Rome.

sightseer /'saɪtsi:ə(r)/ noun [C] városnéző
➔ Lásd **tourist**.

★ **sign¹** /saɪn/ noun [C] **1** sign (of sth) jel: The patient was showing some signs (javulás jeleit mutatta) of improvement. • As we drove into the village there wasn't a sign of life anywhere. **2** jelzőtábla, felirat: What does that sign say? • a road sign • Follow the signs to Banbury. **3** jel(zés) (mozdulat): I made a sign for him to follow me. • I'll give you a sign when it's time for you to speak. **4** jel: a plus sign **5** (also ,sign of the 'zodiac) (állatövi) jegy: I'm a Leo. What star are you? Mi a horoszkópod?

★ **sign²** /saɪn/ verb **1** [I,T] aláír ❶ Főnév: signature. **2** [T] sign sb (up) szerződtet, alkalmaz: Real Madrid have signed two new players. **3** [I] jelbeszéddel kommunikál (pl. süketnéma)
PHRASAL VERBS sign in/out be-/kijelentkezik (szálloda, klub stb.) | sign up (for sth) feliratkozik, jelentkezik: I've signed up for evening classes.

★ **signal** /'sɪɡnəl/ noun [C] **1** jelzés, jel (hang, mozdulat stb.): When I give (you) the signal, run! • The fall in unemployment is a clear signal that the economy is improving. • a signal from a satellite **2** szemafor
▸ **signal** verb [I,T] (signalling; signalled; US signaling; signaled) int(eget), jelez, jelt ad (átv is)

signatory /'sɪɡnətri/ noun [C] (plural signatories) signatory (to sth) szerződő fél

★ **signature** /'sɪɡnətʃə(r)/ noun [C] aláírás

¹signature tune noun [C] (brit) szignál (zene)

significance /sɪɡ'nɪfɪkəns/ noun [U] jelentőség

★ **significant** /sɪɡ'nɪfɪkənt/ adj. **1** jelentős, lényeges: Police said that the time of the murder was extremely significant. • There

ð then | s so | z zoo | ʃ she | ʒ vision | h how | m man | n no | ŋ sing | l leg | r red | j yes | w wet

has been a significant improvement in your work. **2** fontos (*informatív*): *It could be significant* (utalhat vmire) *that he took out life insurance shortly before he died.*

▶ **significantly** *adv.* jelentősen

signify /'sɪɡnɪfaɪ/ *verb* [T] (*pres. part.* **signifying;** *3rd pers. sing. pres.* **signifies;** *pt, pp* **signified**) (*formális*) **1** jelez, jelent: *What do those lights signify?* **2** jelez, kifejezésre juttat: *They signified their agreement by raising their hands.*

sign language *noun* [U] jelbeszéd

signpost /'saɪnpəʊst/ *noun* [C] útjelző tábla

Sikh /siːk/ *noun* [C] szikh
▶ **Sikhism** /'siːkɪzəm/ *noun* [U] szikh vallás

★ **silence** /'saɪləns/ *noun* **1** [U,C] csend, némaság: *My question was met with an awkward silence.* • *We ate in silence* (szótlanul). **2** [U] hallgatás
▶ **silence** *verb* [T] elhallgattat

silencer /'saɪlənsə(r)/ (*US* **muffler**) *noun* [C] **1** kipufogó **2** hangtompító

silent /'saɪlənt/ *adj.* **1** csendes **2** **silent (on/about sth)** hallgat vmiről: *The policeman told her she had the right to remain silent.* **3** hangtalan, néma: *a silent prayer/protest* **4** néma, nem kiejtett (*betű*): *The 'b' in 'comb' is silent.*
▶ **silently** *adv.* csendesen, csendben

silhouette /ˌsɪluˈet/ *noun* [C] sziluett
▶ **silhouetted** *adj.* (*vmi árnyképe*) kirajzolódott

silicon chip /ˌsɪlɪkən ˈtʃɪp/ *noun* [C] szilíciumcsip

silk /sɪlk/ *noun* [U] selyem

silky /'sɪlki/ *adj.* selymes: *silky hair*

sill /sɪl/ *noun* [C] (ablak)párkány: *a window sill*

★ **silly** /'sɪli/ *adj.* (**sillier; silliest**) **1** ostoba, buta: *a silly mistake* **2** ostoba, nevetséges: *You look silly in that hat.*
▶ **silliness** *noun* [U] ostobaság

silt /sɪlt/ *noun* [U] iszap (*folyómederben*)

★ **silver¹** /'sɪlvə(r)/ *noun* **1** (*symbol* Ag) [U] (*fém*)ezüst **2** [U] ezüst(pénz) **3** [U] ezüst(nemű) **4** [U, C] ezüst(színű)
IDIOM **every cloud has a silver lining** → CLOUD¹

★ **silver²** /'sɪlvə(r)/ *adj.* **1** ezüst(ös színű) **2** ezüst- (*huszonötödik évforduló*): *They're celebrating their silver wedding this year.*
➔ Lásd **diamond, golden.**

silver medal (also **silver**) *noun* [C] ezüstérem ➔ Lásd **gold medal, bronze medal.**
▶ **silver medallist** *noun* [C] ezüstérmes

silvery /'sɪlvəri/ *adj.* ezüstös: *an old lady with silvery hair*

★ **similar** /'sɪmələ(r)/ *adj.* **similar (to sb/sth); similar (in sth)** hasonló: *Our houses are very similar in size.* • *Your handwriting is very similar* (nagyon hasonlít) *to mine.*
❶ Ellentéte: **different** vagy **dissimilar.**
▶ **similarly** *adv.* hasonlóképpen, éppúgy: *The plural of 'shelf' is 'shelves'. Similarly, the plural of 'wolf' is 'wolves'.*

> Az „éppúgy, mint" fordítása általában **as with** vagy **as in the case of**.

similarity /ˌsɪməˈlærəti/ *noun* (*plural* **similarities**) **1** [U, *sing.*] **similarity (to sb/sth); similarity (in sth)** hasonlóság: *She bears a remarkable/striking similarity to her mother.* **2** [C] **a similarity (between A and B); a similarity (in/of sth)** hasonlatosság: *There are some similarities between the two towns.* • *similarities in/of style*

simmer /'sɪmə(r)/ *verb* [I,T] lassú tűzön főz

★ **simple** /'sɪmpl/ *adj.* **1** egyszerű, könnyen érthető: *This dictionary is written in simple English.* • *a simple task* • *I can't just leave the job. It's not as simple as that.* **2** egyszerű, dísztelen: *a simple black dress* • *The food is simple but perfectly cooked.* **3** egyszerű, szerény: *a simple life in the country* **4** együgyű, naiv: *He's not mad – just a bit simple.* **5** egyszerű, kézenfekvő: *I'm not going to buy it for the simple reason that* (csak azért, mert) *I haven't got enough money.*

simplicity /sɪmˈplɪsəti/ *noun* [U] egyszerűség, természetesség

simplify /'sɪmplɪfaɪ/ *verb* [T] (*pres. part.* **simplifying;** *3rd pers. sing. pres.* **simplifies;** *pt, pp* **simplified**) (le)egyszerűsít
▶ **simplification** /ˌsɪmplɪfɪˈkeɪʃn/ *noun* [C,U] (le)egyszerűsítés

simplistic /sɪmˈplɪstɪk/ *adj.* túlzottan leegyszerűsített

---

❶ = magyarázat   [C] megszámlálható (*főnév*): one book, two books   [U] megszámlálhatatlan (*főnév*): some sugar

simply /'sɪmpli/ *adv.* **1** egyszerűen: *Simply add hot water and stir.* **2** (*nyomatékosít*) egyszerűen, kifejezetten: *That meal was simply excellent.* **3** egyszerűen, (könnyen) érthetően: *Could you explain it more simply?* **4** egyszerűen, szerényen: *They live simply, with very few luxuries.* **5** csupán: *There's no need to get angry. The whole problem is simply a misunderstanding.*

simulate /'sɪmjuleɪt/ *verb* [T] szimulál
▶ **simulation** /ˌsɪmju'leɪʃn/ *noun* [C,U] szimulálás, szimuláció: *a computer simulation of a nuclear attack*

simultaneous /ˌsɪml'teɪniəs/ *adj.* egyidejű: *simultaneous translation* szinkrontolmácsolás
▶ **simultaneously** *adv.* egyidejűleg

sin /sɪn/ *noun* [C,U] (*vall*) bűn
▶ **sin** *verb* [I] (**sinning**; **sinned**) vétkezik
sinner *noun* [C] vétkező

★ **since** /sɪns/ *adv., conj., prep.* **1** azóta, óta (*időponttól*): *My parents bought this house in 1975 and we've been living here ever since* (azóta is). • *I've been working in a bank ever since I left school.* • *It was the first time they'd won since 1974.* • *I haven't seen him since last Tuesday.* • *She has had a number of jobs since leaving university.* • *It's ages since I've seen him.* Évek óta nem láttam. • *We were divorced two years ago and she has since married someone else.*

A **since** és a **for** előljárókkal fejezzük ki, hogy valami mennyi ideje tart. A **since** egy időtartam kezdőpontját, a **for** pedig az időtartamot jelöli: *I've known her since 1997* (1997 óta). • *I've known her for three years* (három éve).

2 mivel: *Since they've obviously forgotten to phone me, I'll have to phone them.*

★ **sincere** /sɪn'sɪə(r)/ *adj.* **1** őszinte, egyenes **2** őszinte, szívből jövő: *Please accept our sincere thanks/apologies.* ❶ Ellentéte: **insincere**.
▶ **sincerely** *adv.* **1** őszintén: *I am sincerely grateful to you for all your help.* **2** (*levél végén, amikor a megszólítás Dear Mr/Mrs/Ms, stb.*) Üdvözlettel, Tisztelettel: *Yours sincerely, ...*
sincerity /sɪn'serəti/ *noun* [U] őszinteség ❶ Ellentéte: **insincerity**.

sinful /'sɪnfl/ *adj.* vétkes, bűnös

★ **sing** /sɪŋ/ *verb* [I,T] (*pt* **sang** /sæŋ/; *pp* **sung** /sʌŋ/) (el)énekel, dalol
▶ **singing** *noun* [U] ének-, éneklő: *singing lessons*

singe /sɪndʒ/ *verb* [I,T] (*pres. part.* **singeing**) megperzsel(ődik)

singer /'sɪŋə(r)/ *noun* [C] énekes(nő): *an opera singer*

★ **single¹** /'sɪŋgl/ *adj.* **1** (*csak főnév előtt*) egyetlen: *I managed to finish the whole job in a single afternoon.* • *I went to a single-sex* (nem koedukált) *school.* **2** (*csak főnév előtt*) egyes: *You answered every single* (minden egyes) *question correctly. Well done!* **3** egyedülálló, nőtlen, hajadon: *Are you married or single?* • *a single man/woman* **4** (*csak főnév előtt*) egyszemélyes: *I'd like to book a single* (egyágyas) *room, please.* ➔ Magyarázat a **bed¹** szónál. Ábra **bed¹** alatt. **5** (*csak főnév előtt*) egy(szeri) utazásra szóló: *How much is the single fare to Rome?* ➔ Lásd **return²**(5).
IDIOM **in single file** → **FILE¹**

single² /'sɪŋgl/ *noun* **1** [C] egy(szeri) utazásra szóló (*menetjegy*): *Two singles to Hull, please.* Két jegyet kérek Hull-ba, csak oda. ➔ Lásd **return²**(5). **2** [C] (*zene*) kislemez: *Catatonia's new single* ➔ Lásd **album**. **3** [C] egyágyas szoba ➔ Lásd **double³**(5) **4** (**singles**) [*plural*] egyedülállók **5** (**singles**) [*plural*] (*sp*) egyes ➔ Lásd **doubles**.

single³ /'sɪŋgl/ *verb*
PHRASAL VERB **single sb/sth out** (**for sth**) kiszemel: *She was singled out for criticism.*

ˌsingle-'handed *adj., adv.* egyedül, segítség nélkül

ˌsingle-'minded *adj.* céltudatos
▶ **single-mindedness** *noun* céltudatosság

ˌsingle 'parent *noun* [C] egyszülős: *a single-parent family* csonka család

singly /'sɪŋgli/ *adv.* egyesével: *You can buy the tapes either singly or in packs of three.*

singular /'sɪŋgjələ(r)/ *adj.* **1** (*nyelv*) egyes számú: *'Table' is a singular noun; 'tables' is a plural noun.* ➔ Lásd **plural**. **2** (*írott nyelv*) egyedülálló, páratlan
▶ **singular** *noun* [*sing.*] (*nyelv*) egyes szám

sinister /'sɪnɪstə(r)/ *adj.* vészjósló, fenyegető: *There's something sinister about him.*

[I] **tárgyatlan** (*ige*): *He laughed.*   [T] **tárgyas** (*ige*): *He ate an apple.*

★ **sink¹** /sɪŋk/ verb (pt sank /sæŋk/; pp sunk /sʌŋk/) **1** [I,T] (el)süllyed/süllyeszt **2** [I] beleveti magát, be(le)süpped: I came home and sank into a chair, exhausted. **3** [I] leszáll, aláhanyatlik: We watched the sun sink slowly below the horizon. **4** [I] csökken, hanyatlik

IDIOM your heart sinks → HEART

PHRASAL VERBS sink in eljut a tudatáig: It took a long time for the terrible news to sink in. | sink in; sink into sth felszívódik (folyadék)

★ **sink²** /sɪŋk/ noun [C] (konyhai) mosogató
⊃ Lásd washbasin.

sinus /'saɪnəs/ noun [C, often plural] arc-/homlok-/orrüreg

sip /sɪp/ verb [I,T] (sipping; sipped) kortyol(gat)
▸ **sip** noun [C] korty

siphon (also **syphon**) /'saɪfn/ verb [T] **1** siphon sth into/out of sth; siphon sth off/out (folyadékot) szívócsővel elvezet **2** siphon sth off; siphon sth (from/out of sb/sth) sikkaszt, elszipkáz

★ **sir** /sɜː(r)/ noun **1** [sing.] (pl. tanár, férfi vevő tiszteletteljes megszólítása) uram: I'm afraid we haven't got your size, sir.
⊃ Lásd madam. **2** [C] (hivatalos levelekben férfi(ak) megszólításában) Uram: Dear Sir... ● Dear Sirs... ⊃ Lásd Madam. **3** /sə(r)/ (Sir) [sing.] Nagy-Britanniában lovagok keresztneve előtt használt cím

siren /'saɪrən/ noun [C] sziréna: an air-raid siren ● Three fire engines raced past, sirens wailing.

sis /sɪs/ noun [C, sing.] (informális) húgi/húgocskám = SISTER ❶ Megszólításként gyakori.

★ **sister** /'sɪstə(r)/ noun [C] **1** lánytestvér, húg, nővér: We're sisters. ⊃ Lásd half-sister, stepsister.

A „testvér" szónak nincs angol megfelelője, a **sibling** nagyon formális. Használjuk helyette a **brothers and sisters** kifejezést: Have you got any brothers and sisters? Van testvéred?

2 (gyakran **Sister**) (brit) ápolónő, nővér **3** (**Sister**) apáca, nővér **4** (ált. melléknévként) testvér-: We have a sister company in Japan. **5** (informális) nőtárs

sister-in-law noun [C] (plural sisters-in-law) sógornő

★ **sit** /sɪt/ verb (pres. part. sitting; pt, pp sat /sæt/) **1** [I] ül **2** [T] sit sb (down) leültet: He picked up his daughter and sat her down on a chair. ● She sat me down and offered me a cup of tea. **3** [I] vmi vhol van/hever: The letter sat on the table for several days before anybody opened it. **4** [T] (brit) vizsgázik: If I fail, will I be able to **sit the exam** again? **5** [I] (formális) ülésezik

IDIOM sit on the fence várakozó álláspontra helyezkedik (pl. vitában)

PHRASAL VERBS sit about/around (informális) üldögél: We just sat around chatting all afternoon. | sit back kényelembe helyezi magát: Sit back and take it easy while I make dinner. | sit down leül: He sat down in an armchair. | sit sth out **1** kivárja a végét vminek **2** kihagy (pl. egy táncot) | sit through sth végigül vmit | sit up **1** felül, egyenesen ül: Sit up straight and concentrate! **2** (késő éjszakáig) fenn marad: We sat up all night talking.

sitcom /'sɪtkɒm/ (formális ˌsituation 'comedy) noun [C,U] (helyzetkomikumra épülő) tévésorozat

site /saɪt/ noun [C] **1** építési terület, házhely: a building/construction site **2** helyszín, terület: the site of a famous battle
▸ **site** verb [T] (írott nyelv) elhelyez(kedik)

sitting /'sɪtɪŋ/ noun [C] **1** ülés(ezés) **2** (étkezési) turnus: Dinner will be in two sittings.

sitting room (brit) noun [C] nappali (szoba)

situated /'sɪtʃueɪtɪd/ adj. fekvő, elhelyezkedő: The hotel is conveniently situated close to the beach.

★ **situation** /ˌsɪtʃu'eɪʃn/ noun [C] **1** helyzet: Tim is **in a difficult situation** at the moment. ● the economic/financial/political situation **2** (írott nyelv) fekvés, elhelyez(ked)és **3** (írott nyelv, rég) állás: Situations Vacant Állást ajánl (rovat)

sit-up noun [C] felülés: to **do sit-ups** ⊃ Ábra az A7. oldalon.

★ **six** /sɪks/ number **1** hat(os): The answers are on page six. ● There are six of us for dinner tonight. ● They have six cats. ● My son is six (years old) next month. ● She lives at 6 Elm

Drive. • *a birthday card with a big six on it* • *You take the number six bus to Marble Arch.* **2** (**six-**) *(szóösszetételekben)* hat-: *She works a six-day week.* ➔ Lásd a *Számokkal kapcsolatos kifejezések* részt.

★ **sixteen** /ˌsɪksˈtiːn/ *number* tizenhat ➔ Példák a **six** szónál.

sixteenth /ˌsɪksˈtiːnθ/ *pron., determiner, adv.* tizenhatodik ➔ Példák a **sixth¹** szónál.

sixth¹ /sɪksθ/ *pron., determiner, adv.* hatodik: *I've had five cups of tea already, so this is my sixth.* • *This is the sixth time* (hatodszor) *I've tried to phone him.* ➔ Lásd a *Számokkal kapcsolatos kifejezések* részt.

sixth² /sɪksθ/ *noun* [C] hatod

sixth form *noun* [C, usually sing.; with sing. or plural verb] (brit) az angol középiskola legfelsőbb két osztálya a 16-18 év közötti diákok számára
▸ **sixth-former** *noun* [C] legfelső osztályos, végzős *(angol középiskolában)*

sixtieth /ˈsɪkstiəθ/ *pron., determiner, adv.* hatvanadik ➔ Példák a **sixth¹** szónál.

★ **sixty** /ˈsɪksti/ *number* **1** hatvan: *He retired at sixty* (hatvanéves korában). ➔ Példák a **six** szónál. **2** (**the sixties**) [plural] hatvanas: *The most famous pop group of the sixties* (a hatvanas évek) *was The Beatles.* • *The temperature tomorrow will be in the high sixties* (65-70 Fahrenheit körül lesz). ▨ **in your sixties** hatvanas éveiben: *in your early/mid/late sixties* (hatvanas évei elején/közepén/végén) ➔ Lásd a *Számokkal kapcsolatos kifejezések* részt.

★ **size¹** /saɪz/ *noun* **1** [U] méret, nagyság: *The planet Uranus is about four times the size* (négyszer akkora) *of Earth.*

> Ha valami nagyságára kérdezünk, a **How big...?**, ha azonban a nagyság mérettáblázatban megadható, a **What size...?** kérdést használjuk: *How big is your house?*, de: *What size shoes do you take?* Milyen méretű cipőt hord? • *What size are you?* Mi az ön mérete?

2 [C] méret: *Have you got this dress in a bigger size?* • *I'm a size 12.* • *What size* (mekkora) *pizza would you like? Medium or large?* **3** (**-sized**) (also **-size**) *(összetett*

melléknevekben) -méretű: *a medium-sized flat*

size² /saɪz/ *verb*
▨▨▨▨▨ **size sb/sth up** felmér, véleményt formál

sizeable (also **sizable**) /ˈsaɪzəbl/ *adj.* jókora: *a sizeable sum of money*

sizzle /ˈsɪzl/ *verb* [I] serceg, sistereg

skate¹ /skeɪt/ *noun* [C] **1** (also **'ice skate**) korcsolya **2** görkorcsolya **3** rája

skate² /skeɪt/ *verb* [I] **1** (also **'ice-skate**) korcsolyázik ❶ Ha szabadidős tevékenységről beszélünk, leggyakrabban a **go skating** kifejezést használjuk. **2** görkorcsolyázik
▸ **skater** *noun* [C] (gör)korcsolyázó

skateboard /ˈskeɪtbɔːd/ *noun* [C] gördeszka
▸ **skateboarding** *noun* [U] gördeszkázás: *When we were children we used to go skateboarding in the park.*

skating /ˈskeɪtɪŋ/ *noun* [U] **1** (also **'ice skating**) korcsolyázás: *Would you like to go skating this weekend?* **2** (also **'roller skating**) görkorcsolyázás

skating rink (also **rink**) *noun* [C] (mű)jégpálya

★ **skeleton¹** /ˈskelɪtn/ *noun* [C] csontváz

skeleton² /ˈskelɪtn/ *adj.* minimum létszámmal működő

skeptic, skeptical, skepticism (US) = SCEPTIC, SCEPTICAL, SCEPTICISM

sketch /sketʃ/ *noun* [C] **1** vázlat: *He drew a rough sketch* (durva vázlat) *of the new building on the back of an envelope.* **2** tréfás jelenet: *The drama group did a sketch about a couple buying a new house.* **3** vázlatos leírás
▸ **sketch** *verb* (fel)vázol [I,T]

sketchy /ˈsketʃi/ *adj.* vázlatos

ski¹ /skiː/ *verb* [I] (pres. part. **skiing**; pt, pp **skied**) síel: *They go skiing every year.*
▸ **ski** *adj.* sí-: *a ski resort/instructor/ slope/suit*
skiing *noun* [U] síelés: *alpine/downhill/ cross-country skiing* alpesi síelés/sílesiklás/sífutás

ski² /skiː/ *noun* [C] sí(talp): *a pair of skis*

skid /skɪd/ *verb* [I] (**skidding; skidded**) megcsúszik *(jármű)*

ʌ **cup** | ɜː **fur** | ə **ago** | eɪ **pay** | əʊ **home** | aɪ **five** | aʊ **now** | ɔɪ **join** | ɪə **near** | eə **hair** | ʊə **pure**

▶ **skid** noun [C] megcsúszás: *The car went into a skid.*

skier /'ski:ə(r)/ noun [C] síző

★ **skilful** (*US* skillful) /'skɪlfl/ adj. ügyes: *a skilful painter/politician* ● *He's very skilful with his hands.*

▶ **skilfully** /-fəli/ adv. ügyesen

★ **skill** /skɪl/ noun **1** [U] ügyesség, jártasság: *It takes great skill to make such beautiful jewellery.* **2** [C] (szak)képzettség, készség: *The course will help you to develop your reading and listening skills.*

skilled /skɪld/ adj. **1** szakképzett: *a skilled worker* szakmunkás **2** szak- (*munka*): *a highly skilled job* nagy szakképzettséget igénylő állás ● *Skilled work is difficult to find in this area.* **❶** Ellentéte: **unskilled.**

skim /skɪm/ verb (**skimming; skimmed**) **1** [T] skim sth (off/from sth) lefölöz **2** [I,T] alacsonyan (el)suhan vmi fölött: *The plane flew very low, skimming the tops of the buildings.* **3** [I,T] skim (through/over) sth (futólag) átnéz/-olvas/-fut: *I usually just skim through the newspaper in the morning.*

ıskimmed ˈmilk noun [U] sovány tej

skimp /skɪmp/ verb [I] skimp (on sth) fukarkodik

skimpy /'skɪmpi/ adj. hiányos, szűkre szabott

★ **skin¹** /skɪn/ noun [C,U] **1** bőr: *to have (a) fair/dark/sensitive skin* ● *skin cancer* **2** (-skinned) (*összetett melléknevekben*) -bőrű: *My sister's very dark-skinned.* **3** (*gyakran szóösszetételekben*) -bőr: *a sheepskin jacket* irhadzseki ● *a bag made of crocodile skin* **4** héj (*pl. gyümölcse, zöldségé*): *(a) banana/tomato skin* ● *a sausage skin* hurkabél **Ͻ** Magyarázat a **rind** szónál. **5** hártya (*folyadékon*): *A skin had formed on top of the milk.*

IDIOMS by the skin of your teeth (*informális*) hajszál híján: *I ran into the airport and caught the plane by the skin of my teeth.* | have a thick skin → THICK¹ | skin-deep felszínes: *I knew his concern about me was only skin-deep.*

skin² /skɪn/ verb [T] (**skinning; skinned**) (le/meg)hámoz

IDIOM keep your eyes peeled/skinned (for sb/sth) → EYE¹

skinhead /'skɪnhed/ noun [C] szkinhed

skinny /'skɪni/ adj. vézna, csontsovány **Ͻ** Magyarázat a **thin** szónál.

ıskinˈtight adj. testhezálló

skip¹ /skɪp/ verb (**skipping; skipped**) **1** [I] ugrándozik, szökdécsel: *A little girl came skipping along the road.* **2** [I] ugrókötelezik: *Some girls were skipping in the playground.* **3** [T] kihagy vmit: *I got up rather late, so I skipped breakfast.*

skip² /skɪp/ noun [C] **1** ugrándozás **2** konténer (*építési törmeléknek*)

skipper /'skɪpə(r)/ noun [C] (*informális*) (hajós/csapat)kapitány

ıskipping rope noun [C] ugrókötél

skirmish /'skɜ:mɪʃ/ noun [C] összecsapás

★ **skirt¹** /skɜ:t/ noun [C] szoknya

skirt² /skɜ:t/ verb [I,T] vmi szélén halad **PHRASAL VERB** skirt round sth kerülget (*témát*)

skittles /'skɪtlz/ noun [U] teke, kugli

skive /skaɪv/ verb [I] (*brit, informális*) **skive (off)** lóg (*átv*)

skulk /skʌlk/ verb [I] ólálkodik

★ **skull** /skʌl/ noun [C] koponya: *She suffered a fractured skull in the fall.*

★ **sky** /skaɪ/ noun [C, usually sing.; U] (*plural* skies) ég(bolt): *a cloudless/clear blue sky* ● *I saw a bit of blue sky between the clouds.* ● *I saw a plane high up in the sky* (az égen).

ısky-ˈhigh adj., adv. égig érő

skyline /'skaɪlaɪn/ noun [C] (*pl. város, épületek*) égre kirajzolódó körvonalai: *the Manhattan skyline*

skyscraper /'skaɪskreɪpə(r)/ noun [C] felhőkarcoló

slab /slæb/ noun [C] (*pl. kő*) (vastag) lap: *huge concrete slabs*

slack /slæk/ adj. **1** laza: *Leave the rope slack.* **2** lanyha (*pl. üzleti forgalom*): *Trade is very slack here in winter.* **3** nemtörődöm, gyenge: *Slack security made terrorist attacks possible.* **4** hanyag: *You've been rather slack about your homework lately.*

slacken /'slækən/ verb [I,T] **1** (meg)lazít, (meg)lazul: *The rope slackened.* **2** slacken (sth) (off) (meg)lassít, lassul: *He slackened off his pace towards the end of the race.*

slacks /slæks/ noun [plural] nadrág: *a pair of slacks*

slag¹ /slæg/ verb
PHRASAL VERB slag sb off (*informális*) lepocskondiáz

slag² /slæg/ noun [U] salak (*ércé*)

slag heap noun [C] salakhányó

slain past participle of SLAY

slalom /ˈslɑːləm/ noun [C] szlalom

slam /slæm/ verb (slamming; slammed) **1** [I,T] le-/becsap(ódik), bevág(ódik) (*pl. vmi fedelét, ajtót*): *I heard the front door slam.* • *She slammed her book shut.* **2** [T] oda-/lecsap: *He slammed the book down on the table.* ⊃ Lásd grand slam.

slander /ˈslɑːndə(r)/ noun [C,U] (szóbeli) rágalmazás, becsületsértés
▸ **slander** verb [T] (meg)rágalmaz, gyaláz
slanderous /-dərəs/ adj. rágalmazó

★ **slang** /slæŋ/ noun [U] szleng

slant¹ /slɑːnt/ verb **1** [I] dől, ferdén áll, lejt: *My handwriting slants backwards.* • *That picture isn't straight – it's slanting to the right.* **2** [T] (ált. szenvedő szerkezetben) célzatosan elferdít (*átv*)
▸ **slanting** adj. ferde, dőlt: *She has beautiful slanting eyes.*

slant² /slɑːnt/ noun **1** [sing.] dőlés, lejtés: *The sunlight fell on the table at a slant* (rézsútosan). **2** [C] szemszög

slap¹ /slæp/ verb [T] (slapping; slapped) **1** (*tenyérrel*) (meg)csap(kod), megüt: *She slapped him across the face* (pofon vág). • *People slapped him on the back* (hátát veregették) *and congratulated him on winning.* ⊃ Ábra az A6. oldalon. **2** le-/odacsap
▸ **slap** noun [C] pofon, ütés: *I gave him a slap across the face.*

slap² /slæp/ (also ˌslap ˈbang) adv. (*informális*) egyenest, durr: *I hurried round the corner and walked slap into someone coming the other way.*

slapdash /ˈslæpdæʃ/ adj. összecsapott, elkapkodott, gondatlan: *slapdash building methods* • *He's a bit slapdash about doing his homework on time.*

slapstick /ˈslæpstɪk/ noun [U] helyzetvígjáték

slap-up adj. (*brit, informális*) klassz (*étkezés*)

slash /slæʃ/ verb **1** [I,T] slash (at) sb/sth (fel)hasít, szabdal **2** [T] (mélyen) leszállít (*pl. árat*)

slat /slæt/ noun [C] léc

slate /sleɪt/ noun [U, C] pala(lemez)

slaughter /ˈslɔːtə(r)/ verb [T] **1** (le)vág (*állatot*) **2** lemészárol ⊃ Magyarázat a kill szónál.
▸ **slaughter** noun [U] (le)vágás, mészárlás

slaughterhouse /ˈslɔːtəhaʊs/ noun [C] vágóhíd

slave¹ /sleɪv/ noun [C] rabszolga
▸ **slavery** noun [U] rabszolgaság: *the abolition of slavery in America*

slave² /sleɪv/ verb [I] slave (away) robotol

slay /sleɪ/ verb [T] (pt slew /sluː/; pp slain /sleɪn/) (*rég*) meggyilkol

sleazy /ˈsliːzi/ adj. züllött, gyanús: *a sleazy nightclub*

sledge /sledʒ/ (US also sled /sled/) noun [C] szán(kó) ⊃ Lásd bobsleigh, toboggan.
▸ **sledge** verb [I] szánkózik

sleek /sliːk/ adj. **1** selymes(en csillogó) (*pl. haj*) **2** elegáns, mutatós (*autó*): *a sleek new sports car*

★ **sleep¹** /sliːp/ noun [U, sing.] alvás: *I didn't get much sleep last night.* • *Do you ever talk in your sleep* (álmodban)? • *You'll feel better after a good night's sleep.* • *I sometimes have a short sleep* (alszom egy kicsit) *in the afternoon.* • *I couldn't get to sleep* (elalszik) *last night.*
IDIOMS go to sleep **1** elalszik **2** elzsibbad | put (an animal) to sleep elaltat

★ **sleep²** /sliːp/ verb (pt, pp slept /slept/) **1** [I] alszik: *Did you sleep well?* • *I slept solidly from 10 last night till 11 this morning.*

> A be asleep kifejezés jelentése „alszik": *The baby's asleep.* A go to sleep jelentése „elalszik": *I was reading in bed last night, and I didn't go to sleep until about one o'clock.*

2 [T] éjszakára szállást nyújt: *The hotel sleeps 100 guests.* A szálloda 100 ágyas/férőhelyes.
IDIOM sleep/live rough → ROUGH³
PHRASAL VERBS sleep in reggel sokáig alszik ⊃ Vesd össze oversleep. | sleep over alszik vkinél: *Can I sleep over at my friend's*

house? | **sleep together**; **sleep with sb** lefekszik vkivel

sleeper /'sli:pə(r)/ *noun* [C] **1** (*mellék-névvel*) alvó: *a light/heavy sleeper* éber/ mély alvó (ember) **2** hálókocsi

sleeping bag *noun* [C] hálózsák

sleeping pill *noun* [C] altató (tabletta)

sleepless /'sli:pləs/ *adj.* álmatlan
▸ **sleeplessness** *noun* [U] álmatlanság ➔ Lásd **insomnia**.

sleepwalk /'sli:pwɔːk/ *verb* [I] alva jár

sleepy /'sli:pi/ *adj.* álmos (*átv is*)
▸ **sleepily** *adv.* álmosan

sleet /sli:t/ *noun* [U] havas eső

* **sleeve** /sli:v/ *noun* [C] **1** (*ruha*)ujj: *a blouse with long sleeves* **2** (**-sleeved**) (*összetett melléknevekben*) -ujjú: *a short-sleeved shirt*

sleeveless /'sli:vləs/ *adj.* ujjatlan

sleigh /sleɪ/ *noun* [C] szán ➔ Lásd **bob-sleigh**.

slender /'slendə(r)/ *adj.* **1** karcsú: *long slender fingers* **2** csekély: *My chances of winning are very slender.*

slept *past tense, past participle* of SLEEP[1]

slew *past tense* of SLAY

* **slice[1]** /slaɪs/ *noun* [C] **1** szelet: *a thick/thin slice of bread* • *Cut the meat into thin slices.* ➔ Ábra **bread** alatt. **2** rész(esedés): *The directors have taken a large slice of the profits.*

* **slice[2]** /slaɪs/ *verb* **1** [T] (fel)szel(etel): *a loaf of sliced bread* **2** [I,T] (el/ketté)vág: *He sliced through the rope with a knife.* • *The glass sliced into her hand.* **3** [T] nyes (*labdát*)

slick[1] /slɪk/ *adj.* **1** ügyes, sima (*vmi intézése*) **2** minden hájjal megkent

slick[2] /slɪk/ (*also* '**oil slick**) *noun* [C] olaj-szennyeződés (*tengeren*)

* **slide[1]** /slaɪd/ *verb* (*pt, pp* slid /slɪd/) **1** [I,T] (meg/el)csúszik, (be)csúsztat: *She fell over and slid along the ice.* • *The doors slide open (nyitódnak) automatically.* • *She slid her hand into her pocket and took out a gun.* **2** [I,T] (be/ki/el)oson, (be/ki)lopakodik: *I slid out of the room when nobody was looking.* **3** [I] folyamatosan csökken **4** [T] lejtőre kerül/jut (*átv*): *The company slid into debt and eventually closed.*

* **slide[2]** /slaɪd/ *noun* [C] **1** lemez (*mikrosz-kópon*) **2** csúszda **3** folyamatos csökkenés **4** dia(pozitív) ➔ Lásd **transparency**.

* **slight** /slaɪt/ *adj.* **1** enyhe, csekély: *I've got a slight problem, but it's nothing to be worried about.* • *a slight change/difference/increase/improvement* • *I haven't the slightest idea* (halvány fogalmam sincs róla) *what you're talking about.* **2** vékony, törékeny (*testalkat*): *His slight frame is perfect for a long-distance runner.*
IDIOM **not in the slightest** egyáltalán nem, egy cseppet sem: *'Are you angry with me?' 'Not in the slightest.'*

* **slightly** /'slaɪtli/ *adv.* **1** egy kicsit/kissé **2** törékeny-/apró termetű: *a slightly-built person*

* **slim[1]** /slɪm/ *adj.* (**slimmer**; **slimmest**) **1** karcsú, vékony ➔ Magyarázat a **thin** szónál. **2** csekély, halvány: *Her chances of success are very slim.*

slim[2] /slɪm/ *verb* [I] (**slimming**; **slimmed**) fogyókúrázik ➔ Lásd **diet**.

slime /slaɪm/ *noun* [U] nyálka: *The pond was covered with slime.*

slimy /'slaɪmi/ *adj.* **1** nyálkás **2** mézes-mázos

sling[1] /slɪŋ/ *noun* [C] (kar)felkötő kendő

sling[2] /slɪŋ/ *verb* [T] (*pt, pp* slung) **1** (el)hajít **2** felfogat

slingshot /'slɪŋʃɒt/ (*US*) = CATAPULT[1]

slink /slɪŋk/ *verb* [I] (*pt, pp* slunk) settenkedik

* **slip[1]** /slɪp/ *verb* (**slipping**; **slipped**) **1** [I] **slip (over) (on sth)** (el/meg)csúszik: *She slipped over on the wet floor.* **2** [I] (ki/le)csúszik: *My hat keeps slipping down over my eyes.* • *The glass slipped out of my hand.* **3** [I] (be/el/ki)oson, elillan vhová/vhonnan: *While everyone was dancing we slipped away and went home.* **4** [T] **slip sth (to sb); slip (sb) sth** be-/odacsúsztat: *She picked up the money and slipped it into her pocket.* **5** [I,T] **slip into/out of sth; slip sth on/off** be-/kibújik (*ruhából*): *I slipped off my shoes.* **6** [I] csökken, hanyatlik
IDIOMS **let sth slip** → LET | **slip your mind** kimegy a fejéből: *I'm sorry, the meeting completely slipped my mind.*
PHRASAL VERBS **slip out** kicsúszik/-szalad a száján: *I didn't intend to tell them. It just*

---

slipped out. | **slip up** *(informális)* melléfog, téved

slip² /slɪp/ *noun* [C] **1** (kis) hiba, tévedés: *to make a slip* hibázik **2** cédula: *I made a note of her name on a slip of paper.* *(brit)*: *There seems to be a mistake on my payslip* (fizetési jegyzék). **3** (el/meg)csúszás **4** kombiné

IDIOMS **give sb the slip** *(informális)* leráz *(követőt)* | **a slip of the tongue** nyelvbotlás

slipped disc *noun* [C] porckorongsérv

slipper /ˈslɪpə(r)/ *noun* [C] papucs: *a pair of slippers* ➔ Ábra **shoe¹** alatt.

slippery /ˈslɪpəri/ *(informális* **slippy**) *adj.* síkos, csúszós

slip road (*US* **ramp**) *noun* [C] *(közl)* le-/felhajtósáv

slit¹ /slɪt/ *noun* [C] nyílás, rés, hasíték: *a long skirt with a slit up the back*

slit² /slɪt/ *verb* [T] (**slitting**; *pt, pp* **slit**) (fel)hasít, felvág

slither /ˈslɪðə(r)/ *verb* [I] siklik, csúszik: *I saw a snake slithering down a rock.*

slob /slɒb/ *noun* [C] *(informális)* trehány ember

slog¹ /slɒg/ *verb* [I] (**slogging**; **slogged**) **1** *(informális)* **slog (away) (at sth)**; **slog (through) sth** (el)kínlódik, strapálja magát: *I've been slogging away at this homework for hours.* **2 slog down, up, along**, etc. alig vonszolja magát

slog² /slɒg/ *noun* [sing.] strapa, gürcölés

slogan /ˈsləʊgən/ *noun* [C] jelszó, jelmondat: *anti-government slogans* • *an advertising slogan*

slop /slɒp/ *verb* [I,T] (**slopping**; **slopped**) kilöttyen(t)

★ **slope** /sləʊp/ *noun* **1** [C] lejtő: *The village is built on a slope.* • *a steep/gentle slope* • *The best ski slopes* (sípálya) *are in the Alps.* **2** [sing.] lejtés
▸ **slope** *verb* [I] lejt: *The road slopes down to the river.* • *a sloping roof*

sloppy /ˈslɒpi/ *adj.* **1** hanyag, rendetlen: *a sloppy worker/writer/dresser* • *a sloppy piece of work* **2** lötyögő *(ruha)* **3** *(brit, informális)* érzelgős: *I can't stand sloppy love songs.* ❶ Formálisabb szó: **sentimental.**

slosh /slɒʃ/ *verb* *(informális)* **1** [I] lötyög *(folyadék)* **2** [T] (ki)löttyent

sloshed /slɒʃt/ *adj.* *(szleng)* piás

slot¹ /slɒt/ *noun* [C] **1** rés, nyílás: *Put your money into the slot.* **2** meghatározott hely/időpont: *The single has occupied the Number One slot for the past two weeks.* A kislemez már második hete első helyen áll az eladási toplistán.

slot² /slɒt/ *verb* [I,T] (**slotting**; **slotted**) becsúsztat, becsúszik *(nyílásba)*: *He slotted a tape into the VCR.*
IDIOM **fall/slot into place** → PLACE¹

slot machine *noun* [C] *(ital, játék stb.)* automata

slouch /slaʊtʃ/ *verb* [I] lomhán ül/áll/megy

slovenly /ˈslʌvnli/ *adj.* *(rég)* slampos, trehány

★ **slow¹** /sləʊ/ *adj., adv.* **1** lassú, lassan: *The traffic is always very slow in the city centre.* • *a slow driver/walker/reader* ❶ Ellentéte: **fast**.

> A **slow** mind melléknévként, mind határozóként használható, de határozóként a **slowly** alak sokkal gyakoribb. Szóösszetételekben gyakori a **slow** alak: *slow-moving traffic*. Középfokban mind a **slower**, mind a **more slowly** alak előfordul: *Could you drive a bit slower/more slowly, please?*

2 slow to do sth; slow (in/about) doing sth lassan/késlekedve csinál vmit: *She was rather slow to realize what was going on.* **3** nehéz felfogású **4** pangó: *Business is very slow at the moment.* **5 be slow** késik *(óra)*: *That clock is five minutes slow.*
▸ **slowness** *noun* [U] lassúság *(átv is)*
IDIOM **quick/slow on the uptake** → UPTAKE

★ **slow²** /sləʊ/ *verb* [I,T] (le)lassul, (le)lassít: *He slowed his pace* (lassított) *a little.*
PHRASAL VERB **slow (sb/sth) down/up** (le)lassul, (le)lassít, késleltet: *Can't you slow down a bit?*

★ **slowly** /ˈsləʊli/ *adv.* lassan

slow motion *noun* [U] lassított felvétel: *They showed the winning goal again, this time in slow motion.*

sludge /slʌdʒ/ *noun* [U] iszap, üledék

slug /slʌg/ *noun* [C] meztelen csiga

[I] **tárgyatlan** *(ige)*: *He laughed.*

[T] **tárgyas** *(ige)*: *He ate an apple.*

sluggish /'slʌgɪʃ/ adj. tunya, lomha

slum /slʌm/ noun [C] nyomornegyed

slump¹ /slʌmp/ verb [I] **1** zuhan (ár(folyam) stb.): *Shares in BP slumped 33p to 181p yesterday.* • *The newspaper's circulation has slumped by 30%.* **2** le-/összerogy

slump² /slʌmp/ noun [C] **1 a slump (in sth)** hirtelen esés/zuhanás (ár, érték stb.): *a slump in house prices* **2** gazdasági válság: *The British car industry is in a slump.*

slung past tense, past participle of SLING²

slunk past tense, past participle of SLINK

slur¹ /slɜː(r)/ verb [T] (**slurring; slurred**) érthetetlenül beszél

slur² /slɜː(r)/ noun [C] **a slur (on sb/sth)** sértő megjegyzés

slurp /slɜːp/ verb [I,T] (*informális*) szürcsöl

slush /slʌʃ/ noun [U] **1** latyak **2** (*informális*) csöpögős film/könyv stb.
▸ **slushy** adj. **1** latyakos **2** csöpögős

sly /slaɪ/ adj. **1** alattomos ❶ Szinonimája: cunning. **2** titokzatos: *a sly smile/look*
▸ **slyly** adv. **1** alattomosan **2** titokzatosan

smack /smæk/ verb [T] (rá)üt (*tenyérrel*)
▸ **smack** noun pofon, ütés (*tenyérrel*): *You're going to get a smack* (megpofozlak) *if you don't do as I say!*
PHRASAL VERB **smack of sth** (*vmilyen kellemetlen*) mellékíze van (*átv*)

★ **small** /smɔːl/ adj., adv. kis, kicsi: *That dress is too small for you.* • *She's painted the picture far too small* (kicsire). • *Is 'east' written with a capital or a small 'e'* (kisbetű)*?* • *He has a wife and three small children.* • *a small problem*

A **small** leggyakrabban használt ellentéte **big** vagy **large**. A **little** szót gyakran használják más melléknévvel bővítve érzelmi töltésű kifejezésekben: *a horrible little man* • *a lovely little girl* • *a nice little house.* A **small** középfokát, **smaller** és felsőfokát, **(the) smallest** gyakran használjuk. Sokszor áll a **rather, quite, very** szavakkal: *My flat is smaller than yours.* • *The village is quite small.* • *a very small car.* A **little** ezekkel a szavakkal, illetve közép- és felsőfokban ritkán fordul elő.

IDIOM **in a big/small way** → WAY¹

small ad noun [C, usually plural] (brit, informális) apróhirdetés

small ¹**change** noun [U] aprópénz

the ¹**small hours** noun [plural] kora hajnali órák

smallpox /'smɔːlpɒks/ noun [U] himlő

the ¹**small** ¹**print** (US the ¸fine ¹print) noun [U] apró betűs rész: *Make sure you read the small print before you sign anything.*

¸**small-**¹**scale** adj. kisipari, kisméretű

¹**small talk** noun [U] könnyed társalgás, csevegés: *We had to make small talk for half an hour.*

★ **smart¹** /smɑːt/ adj. **1** (*főleg brit*) elegáns: *a smart suit* • *a smart restaurant/hotel* **2** értelmes **3** erőteljes, lendületes
▸ **smartly** adv. **1** elegánsan **2** lendületesen: *He ran off pretty smartly.* Kereket oldott.

smart² /smɑːt/ verb [I] **1 smart (from sth)** (*égőn*) fáj, szúr **2 smart (from/over sth)** neheztel

¹**smart card** noun [C] aktív memóriakártya

smarten /'smɑːtn/ verb (*főleg brit*)
PHRASAL VERB **smarten (yourself/sb/sth) up** kicsinosít(ja magát)/vkit/vmit

★ **smash¹** /smæʃ/ verb **1** [I,T] összezúz, darabokra tör(ik): *The police had to smash the door open* (betörni). **2** [I,T] **smash (sth) against, into, through, etc.** nekicsap(ódik), nekirohan: *He smashed his fist through* (bever) *the window.* **3** [T] **smash sth (up)** összetör (*pl. autót*) **4** [T] megöli (*labdát, teniszben*)

smash² /smæʃ/ noun **1** [sing.] darabokra törés, csörömpölés **2** [C] lecsapás (*pl. teniszben*) **3** (also smash ¹hit) [C] (*informális*) bombasiker

smear¹ /smɪə(r)/ verb [T] **smear sth on/over sth/sb; smear sth/sb with sth** bemocskol, összemaszatol

smear² /smɪə(r)/ noun [C] **1** maszat(folt) **2** rágalom: *He was the victim of a smear campaign* (rágalomhadjárat).

★ **smell¹** /smel/ verb (pt, pp smelt /smelt/ or smelled /smeld/) **1** [I] **smell (of sth)** vmilyen szaga/illata van: *Dinner smells good!* • *This perfume smells of roses.* **2** [I] bűzlik **3** [T] vmilyen szagot érez: *He could smell something burning.* Égett szagot érzett. •

Can you smell gas? Érzed a gázszagot? • *I could still smell her perfume in the room.* Még éreztem a parfümje illatát a szobában.

> Az érzékelést kifejező igéket, **smell**, **taste**, **see**, **hear** stb., nem használjuk *continuous* igeidőkben. Jelen időben a **can**, múlt időben a **could** segédige fejezi ki a cselekvés folyamatát: *I can smell smoke.*

4 [T] megszagol **5** [I] szagol, érzi a szagokat: *I can't smell properly because I've got a cold.*

★ **smell²** /smel/ *noun* **1** [C] szag, illat: *What's that smell?* • *a sweet/musty/fresh/sickly smell* • *a strong/faint smell of garlic* **2** [sing.] bűz

> Kellemetlen szagot a következő szavak fejeznek ki: **stink**, **stench**, **odour**, **pong**, kellemes illatot pedig a következők: **aroma**, **fragrance**, **perfume**, **scent**.

3 [U] szaglás: *Dogs have a very good sense of smell* (szaglóérzék). **4** [C] (meg)szagolás: *Have a smell of* (szagold csak meg) *this milk.*

smelly /'smeli/ *adj.* (informális) büdös

★ **smile¹** /smaɪl/ *noun* [C] mosoly(gás): *to have a smile on your face* • *'It's nice to see you,' he said with a smile.* ⊃ Lásd **beam**, **grin**, **smirk**.

★ **smile²** /smaɪl/ *verb* [I,T] (rá)mosolyog: *to smile sweetly/faintly/broadly* • *He smiled at me.* • *She smiled at the camera.* • *I smiled a greeting to them.* Mosolyogva üdvözöltem őket.

smirk /smɜːk/ *noun* [C] önelégült vigyor(gás)
▸ **smirk** *verb* [I] önelégülten mosolyog

smog /smɒg/ *noun* [U] szmog

★ **smoke¹** /sməʊk/ *noun* **1** [U] füst: *Thick smoke poured from the chimney.* • *a room full of cigarette smoke* **2** [C, usually sing.] dohányzás
IDIOM **go up in smoke** **1** porig ég: *The whole house went up in smoke.* **2** füstbe megy: *Hopes of an early end to the dispute have gone up in smoke.*

★ **smoke²** /sməʊk/ *verb* **1** [I,T] dohányzik, (el)szív (*pl.* cigarettát): *Do you mind if I smoke?* Rágyújthatok? **2** [I] füstöl(ög)
▸ **smoker** *noun* [C] dohányos: *She's a chain smoker* (láncdohányos). ❶ Ellentéte: **nonsmoker**.
smoking *noun* [U] dohányzás: *My doctor has advised me to give up smoking.* • *Would you like a table in the smoking or nonsmoking section* (dohányzó vagy nemdohányzó)?

> A „szmoking" angol megfelelője a **dinner jacket**.

smoked /sməʊkt/ *adj.* füstölt: *smoked salmon*

smoky /'sməʊki/ *adj.* **1** füstös: *a smoky room/fire* **2** füstízű/-szagú

smolder (US) = SMOULDER

★ **smooth¹** /smuːð/ *adj.* **1** sima, egyenletes, bársonyos: *smooth skin* • *a smooth piece of wood* ❶ Ellentéte: **rough**. **2** (egyenletesen) sima (*keverék*): *Stir the sauce until it is smooth.* ❶ Ellentéte: **lumpy**. **3** sima, zökkenésmentes: *The transition from the old method to the new has been very smooth.* **4** sima, egyenletes: *You get a very smooth ride in this car.* ❶ Ellentéte: **bumpy**. **5** mézes-mázos: *I don't like him. He's far too smooth.*
▸ **smoothness** *noun* [U] **1** simaság **2** zökkenésmentesség
IDIOM **take the rough with the smooth** → ROUGH²

smooth² /smuːð/ *verb* [T] **smooth sth (away, back, down, out, etc.)** (le/ki/el)simít

smoothly /'smuːðli/ *adv.* simán: *My work has been going quite smoothly.*

smother /'smʌðə(r)/ *verb* [T] **1 smother sb (with sth)** megfojt vkit (*arca letakarásával*) **2 smother sth/sb in/with sth** be-/elborít **3** vissza-/elfojt (*érzést*) **4** elfojt (*tüzet*)

smoulder (US **smolder**) /'sməʊldə(r)/ *verb* [I] parázslik: *a cigarette smouldering in an ashtray.*

smudge /smʌdʒ/ *verb* **1** [T] össze-/elken **2** [I] elkenődik
▸ **smudge** *noun* [C] mocsok(folt)

smug /smʌg/ *adj.* öntelt: *Don't look so smug!*
▸ **smugly** *adv.* öntelten: *He smiled smugly as the results were announced.*
smugness *noun* [U] önteltség

smuggle /'smʌgl/ *verb* [T] (át/be/ki)-csempészik
▸ **smuggler** *noun* [C] csempész: *a drug smuggler*

★ **snack** /snæk/ *noun* [C] (néhány) falat (*főétkezések között*)
▸ **snack** *verb* [I] (*informális*) **snack on sth** eszeget, bekap egy falatot

'snack bar *noun* [C] falatozó

snag¹ /snæg/ *noun* [C] bökkenő: *His offer is very generous – are you sure there isn't a snag?*

snag² /snæg/ *verb* [T] (**snagging; snagged**) fennakad és elszakad

snail /sneɪl/ *noun* [C] csiga

'snail mail *noun* [U] (*informális*) hagyományos posta

★ **snake¹** /sneɪk/ *noun* [C] kígyó

snake² /sneɪk/ *verb* [I] (*írott nyelv*) kígyózik

★ **snap¹** /snæp/ *verb* (**snapping; snapped**) **1** [I,T] (le)pattan, letör(ik): *The top has snapped off my pen.* • *The branch snapped.* • *He snapped a twig off a bush.* **2** [I,T] bekattan, bekattint: *She snapped the bag shut.* **3** [I,T] snap (sth) (at sb) ingerülten odaszól vkinek, rámordul **4** [I] vmi után kap (*foggal*): *The dog snapped at the child's hand.* **5** [I,T] (*informális*) (*fotó*) lekap **6** [I] vmi elpattan benne, hirtelen kiborul (*átv*): *Suddenly something just snapped and I lost my temper with him.*
IDIOM **snap your fingers** ujjával csettint/pattint
PHRASAL VERB **snap sth up** elkap(kod), felkap: *All the best bargains were snapped up within hours.*

snap² /snæp/ *noun* **1** [C] csattanás, recscsenés **2** (also **snapshot**) [C] (*pillanat*)-felvétel **3** [U] (*brit*) angol kártyajáték

snap³ /snæp/ *adj.* (*informális, csak főnév előtt*) hirtelen, elhamarkodott: *a snap decision/judgement*

snapshot /'snæpʃɒt/ *noun* [C] **1** = SNAP **2** [*usually sing.*] pillanatkép (*rövid leírás*):
The play offers a snapshot (bepillantást enged) *of life in Britain under the Romans.*

snare /sneə(r)/ *noun* [C] (hurkos) csapda (*madaraknak, kisebb állatoknak*)
▸ **snare** *verb* [T] csapdával elejt

snarl /snɑːl/ *verb* [I,T] snarl (sth) (at sb) rámordul
▸ **snarl** *noun* [C, *usually sing.*] fogvicsorgató morgás

snatch¹ /snætʃ/ *verb* **1** [I,T] kap vmi után, kiránt (*pl. vmit vki kezéből*) ⊃ Lásd a hasonló jelentésű **grab** szót. **2** [T] megragad (*alkalmat, lehetőséget*): *I managed to snatch some sleep* (szundikálni egy kicsit) *on the train.*
PHRASAL VERB **snatch at sth** kap/nyúl vmi után (*hogy elvegye*): *The man snatched at my wallet but I didn't let go of it.*

snatch² /snætʃ/ *noun* **1** [*sing.*] vmi felé kapás **2** [C, *usually plural*] rövid részlet, foszlány: *I heard snatches of conversation from the next room.*

sneak¹ /sniːk/ *verb* **1** [I] sneak into, out of, past, etc. sth; sneak in, out, away, etc. oson, lopakodik **2** [T] (*informális*) elemel, titokban tesz vmit: *I tried to sneak a look* (lopva kilesni) *at the test results in the teacher's bag.*
PHRASAL VERB **sneak up (on sb/sth)** vki mellé/mögé oson

sneak² /sniːk/ *noun* [C] (*informális*) árulkodó(s) ember/gyerek ❶ A szót elítélően használják.

sneaker /'sniːkə(r)/ (*US*) = PLIMSOLL, TRAINER(1) ⊃ Ábra **shoe¹** alatt.

sneaking /'sniːkɪŋ/ *adj.* titkolt (*érzelem*): *I've a sneaking suspicion* (titkos gyanúm) *that he's lying.*

sneer /snɪə(r)/ *verb* [I] sneer (at sb/sth) fitymál, csúfondárosan beszél vkiről/vmiről: *She sneered at his attempts to speak French.*
▸ **sneer** *noun* [C] gúnyoros arckifejezés/megjegyzés

sneeze /sniːz/ *verb* [I] tüsszent, tüsszög
▸ **sneeze** *noun* [C] tüsszentés

snide /snaɪd/ *adj.* (burkoltan) becsmérlő

sniff /snɪf/ *verb* **1** [I] szipákol, szipog **2** [I,T] sniff (at) sth szimatol
▸ **sniff** *noun* [C] szimatolás: *Have a sniff of* (szagold csak meg) *this milk – is it OK?*

sniffle /'snɪfl/ verb [I] szipog

snigger /'snɪgə(r)/ verb [I] snigger (at sb/sth) kuncog
▸ snigger noun [C] kuncogás

snip¹ /snɪp/ verb [I,T] (snipping; snipped) snip (sth) (off, out, in, etc.) nyisszant

snip² /snɪp/ noun [C] 1 nyisszantás: She made a small snip in the cloth. 2 (brit, informális) (nagyon) jó vétel

snippet /'snɪpɪt/ noun [C] (hír, információ) töredék, foszlány

snivel /'snɪvl/ verb [I] (snivelling; snivelled; US sniveling; sniveled) sírdogál, siránkozik

snob /snɒb/ noun [C] sznob
▸ snobbish adj. sznob
snobbishly adv. sznob módon, előkelősködően
snobbishness noun [U] sznobság, sznobizmus

snobbery /'snɒbəri/ noun [U] sznobság, sznobizmus

snog /snɒg/ verb [I,T] (snogging; snogged) (brit, informális) (hosszan) csókol(ózik), smárol
▸ snog noun [sing.] csókolózás, smárolás

snooker /'snuːkə(r)/ noun [U] snooker: to play snooker ➔ Lásd billiards, pool.

snoop /snuːp/ verb [I] snoop (around); snoop (on sb) szaglászik (átv), fürkész

snooty /'snuːti/ adj. (informális) beképzelt, gőgös, lekezelő

snooze /snuːz/ verb [I] (informális) szunyókál, szundít egyet
▸ snooze noun [C, usually sing.] szundikálás, kis alvás: I had a bit of a snooze on the train. ➔ Lásd nap.

snore /snɔː(r)/ verb [I] horkol
▸ snore noun [C] horkolás: He's got the loudest snore I've ever heard.

snorkel /'snɔːkl/ noun [C] légzőcső, (búvár)pipa ➊ Ha valaki ezzel úszik, azt mondjuk: go snorkelling.

snort /snɔːt/ verb [I] 1 (állat) (fel)horkant, prüszköl 2 (rosszalló, türelmetlen) horkantás (emberé)
▸ snort noun [C] horkantás

snot /snɒt/ noun [U] (informális) takony

snout /snaʊt/ noun [C] orr, pofa (állaté): a pig's snout

★ **snow¹** /snəʊ/ noun [U] hó: Three inches of snow fell during the night. • The snow melted before it could settle. • a snowstorm

★ **snow²** /snəʊ/ verb [I] havazik, esik a hó

snowball¹ /'snəʊbɔːl/ noun [C] hógolyó

snowball² /'snəʊbɔːl/ verb [I] lavina módra növeszik

snowboard /'snəʊbɔːrd/ noun [C] hódeszka
▸ snowboarding noun hódeszkázik: Have you ever been snowboarding?

snowdrift /'snəʊdrɪft/ noun [C] hótorlasz

snowdrop /'snəʊdrɒp/ noun [C] hóvirág

ˌ**snowed ˈin** adj. be van havazva (nem tud mozdulni)

ˌ**snowed ˈunder** adj. be van havazva (átv), ki sem látszik a munkából

snowfall /'snəʊfɔːl/ noun 1 [C] havazás, (egy alkalommal) lehullott hó (mennyisége): heavy snowfalls • the average annual snowfall for the region 2 [U] az összes hullott hó mennyisége

snowflake /'snəʊfleɪk/ noun [C] hópehely

snowman /'snəʊmæn/ noun [C] (plural -men /-men/) hóember

snowplough (US snowplow) /'snəʊ plaʊ/ noun [C] hóeke, hókotró ➔ Lásd plough.

snowy /'snəʊi/ adj. havas: snowy weather • a snowy scene

Snr abbr. → Sr.

snub /snʌb/ verb [T] (snubbing; snubbed) lekezel vkit, keresztülnéz vkin
▸ snub noun [C] nyers visszautasítás: When they weren't invited to the party, they felt it was a snub.
snub adj. (csak főnév előtt) pisze
ˌsnub-ˈnosed adj. pisze orrú: a snub-nosed child

snuff /snʌf/ noun [U] tubák, burnót

snuffle /'snʌfl/ verb [I] szipákol, szuszog(va lélegzik)

snug /snʌg/ adj. 1 meghitt, kényelmes: a snug little room • The children were snug (jó melegen betakarózva) in bed. 2 vkihez/vmihez szorosan illő: Adjust the safety belt to give a snug fit (hogy pont jó legyen).

► **snugly** adv. **1** meghitten, kényelmesen **2** szorosan illeszkedően

snuggle /'snʌgl/ verb [ɪ] snuggle (up to sb); snuggle (up/down) odabújik vkihez, kényelmesen bevackolódik: She snuggled up to her mother. • I snuggled down under the blanket.

★ **so¹** /səʊ/ adv. **1** olyan, annyira, hogy: She's so ill (that) she can't get out of bed. ➔ Magyarázat a such szónál. **2** (tagadó mondatban) nem olyan/annyira, mint: She's not so clever as we thought. **3** igen, ebben az esetben: Are you coming by plane? If so, I can meet you at the airport. • 'I failed, didn't I?' 'I'm afraid so (sajnos igen).'

> Formális stílusban a do és a so együttes használata egy előzőleg megnevezett cselekvésre utalhat: He asked me to write to him and I did so (meg is tettem).

4 (tagadóban lévő igével nem állhat) szintén, is: He's a teacher and so is his wife (a felesége is az). • 'I've been to New York.' 'So have I (én is).' • I like singing and so does Helen. ❶ A tagadó mondatokról lásd neither. **5** bizony, úgy (is) van: 'It's getting late.' 'So it is. We'd better go.' **6** (formális) ilyen, így (miközben mutatjuk): It was a black insect, about so big (körülbelül ekkora). • Fold the paper in two diagonally, like so (így).

IDIOMS and so on (and so forth) és így tovább (és így tovább), és a többi (és a többi): They sell pens, pencils, paper and so on. | I told you so nem megmondtam?: 'I missed the bus.' 'I told you so. I said you needed to leave earlier.' | it (just) so happens úgy esett/alakult, az történt: It just so happened that we were going the same way, so he gave me a lift. | just so → JUST¹ | or so körülbelül, úgy: A hundred or so people came to the meeting. | so as to do sth azért, hogy, azzal a szándékkal, hogy | so much for na, ennyit a...-ról/-ről: So much for that diet! I didn't lose any weight at all. | that is so (formális) ez így van

★ **so²** /səʊ/ conj. **1** így, tehát, ezért: She felt very tired so she went to bed early. **2** so (that) azért, hogy: She wore dark glasses so (that) nobody would recognize her (nehogy felismerjék). **3** és aztán (mi volt)?: So what happened next?

IDIOM so what? (informális) és akkor mi van?, na és/bumm!: 'It's late.' 'So what? We don't have to go to school tomorrow.'

soak /səʊk/ verb **1** [ɪ,ᴛ] ázik, áztat: Leave the dishes to soak for a while. • The dog came out of the river and shook itself, soaking everyone. **2** [ɪ] soak into/through sth; soak in átáztat, átázik vmin

PHRASAL VERB soak sth up felitat: I soaked the water up with a cloth.

soaked /səʊkt/ adj. (főnév előtt nem állhat) átáztott, bőrig ázott: I got soaked waiting for my bus in the rain.

soaking /'səʊkɪŋ/ (also ,soaking 'wet) adj. bőrig ázott

¹so-and-so noun [C] (plural so-and-so's) (informális) **1** XY, ez meg ez (meg nem nevezett személy): Imagine a Mrs So-and-so telephones. What would you say? **2** alak (vki, akit nem szeretünk): He's a bad-tempered old so-and-so.

★ **soap** /səʊp/ noun [U] szappan: a bar of soap egy darab szappan • soap powder mosópor
► **soapy** adj. szappanos, mosószeres

¹soap opera (informális soap) noun [C] szappanopera ➔ Lásd opera.

soar /sɔ:(r)/ verb [ɪ] **1** magasan száll, szárnyal **2** magasba/magasra szökik (átv): Prices are soaring because of inflation.

sob /sɒb/ verb [ɪ] (sobbing; sobbed) zokog, hüppög
► **sob** noun [C] zokogás, hüppögés

sober¹ /'səʊbə(r)/ adj. **1** józan: stone-cold sober színjózan **2** józan, komoly: a sober expression • Her death is a sober reminder of just how dangerous drugs can be. **3** diszkrét, nem harsány (szín, öltözék): a sober grey suit

sober² /'səʊbə(r)/ verb
PHRASAL VERB sober (sb) up kijózanít, kijózanodik

sobering /'səʊbərɪŋ/ adj. kijózanító, elgondolkodtató: It is a sobering thought (riasztó gondolat) that over 25 million people have been killed in car accidents.

¹sob story noun [C] (informális) könnyfakasztó történet (hatásvadász)

Soc. abbr. (Society rövidítése) társaság, társulat: Amateur Dramatic Soc.

¹so-called adj. **1** úgynevezett, állítólagos:

---

❶ = magyarázat [C] megszámlálható (főnév): one book, two books [U] megszámlálhatatlan (főnév): some sugar

Her so-called friends only wanted her money. **2** úgynevezett: *artists from the so-called 'School of London'*

soccer /'sɒkə(r)/ (*főleg US*) = FOOTBALL (1)

sociable /'səʊʃəbl/ *adj.* társaságkedvelő

★**social** /'səʊʃl/ *adj.* **1** társadalmi: *social problems/issues/reforms* **2** szociális: *We share the same social background.* **3** társasági: *a social club* • *She has a busy social life.* • *Children have to develop their social skills* (szocializációs képességüket) *when they start school.* **4** csoportosan élő (*állatok*)
▸ **socially** /-ʃəli/ *adv.* **1** társadalmilag **2** a társasági életben: *We work together but I don't know him socially.*

socialism /'səʊʃəlɪzəm/ *noun* [U] szocializmus
▸ **socialist** *adj., noun* [C] szocialista: *socialist beliefs/policies/writers* • *Tony was a socialist when he was younger.*

ˌ**social** ˈ**science** *noun* [C,U] társadalomtudomány

ˌ**social** se**ˈcurity** (*US* welfare) *noun* [U] társadalombiztosítás: *to live on social security*

ˌ**social** ˈ**services** *noun* [*plural*] (a helyi önkormányzat által szervezett) szociális intézmények

ˈ**social** ˈ**work** *noun* [U] szociális munka
▸ **social worker** *noun* [C] szociális gondozó

★**society** /sə'saɪəti/ *noun* (*plural* societies) **1** [C,U] társadalom: *a civilized society* • *Society's attitude to women has changed considerably this century.* • *The role of men in society is changing.* **2** [C] (vmilyen tevékenységre szerveződött) klub, kör, társaság: *a drama society* színjátszó kör

sociologist /ˌsəʊsi'ɒlədʒɪst/ *noun* [C] szociológus

sociology /ˌsəʊsi'ɒlədʒi/ *noun* [U] szociológia
▸ **sociological** /ˌsəʊsiə'lɒdʒɪkl/ *adj.* szociológiai

★**sock** /sɒk/ *noun* [C] zokni: *a pair of socks*
IDIOM **pull** **your** **socks** **up** (*brit*) nekigyürkőzik

socket /'sɒkɪt/ *noun* [C] **1** konnektor ➔ Lásd **plug¹** alatt. **2** (*el*) csatlakozó aljzat **3** lyuk, üreg (*vminek a számára*): *your eye socket* (szemgödör)

soda /'səʊdə/ *noun* **1** (also ʹ**soda water**) [U] szódavíz **2** [C] (*US*) = FIZZY DRINK

sofa /'səʊfə/ *noun* [C] kanapé: *a sofa bed* kinyitható kanapé ❶ Szinonimája: **settee**.

★**soft** /sɒft/ *adj.* **1** puha: *a soft bed/seat* ❶ Ellentéte: **hard. 2** lágy, sima: *soft skin/hands* • *a soft towel* ❶ Ellentéte: **rough. 3** lágy, halk (*hang, beszéd*): *She spoke in a soft whisper.* ❶ Ellentéte: **loud** vagy **harsh. 4** tompa, meleg (*fény, szín stb.*): *The room was decorated in soft pinks and greens.* ❶ Ellentéte: **bright. 5** (*néha túlzottan*) szelíd, kedves (*ember*): *A good manager can't afford to be too soft.* ❶ Ellentéte: **hard** vagy **strict. 6** könnyű, lágy (*kábítószer*) ➔ Vesd össze **hard drug.**
▸ **softly** *adv.* **1** halkan, finoman: *He closed the door softly behind him.* **2** lágyan **3** tompán
softness *noun* [U] lágyság, puhaság
IDIOM **have a soft spot for sb/sth** (*informális*) vki a szíve csücske, elfogult vki mellett

ˌ**soft** ˈ**drink** *noun* [C] alkoholmentes üdítőital

soften /'sɒfn/ *verb* **1** [I,T] lágyít, lágyul, puhul: *a lotion to soften the skin* **2** [T] lágyít, enyhít: *Her letter sounded too angry so she softened the language.* • *The air bag softened the impact of the crash.*

ˌ**soft-**ˈ**hearted** *adj.* jószívű, lágyszívű ❶ Ellentéte: **hard-hearted.**

ˌ**soft** ˈ**option** *noun* [C] a könnyebbik út/megoldás (*átv*): *The government has taken the soft option of agreeing to their demands.*

ˌ**soft-**ˈ**spoken** *adj.* halkszavú

software /'sɒftweə(r)/ *noun* [U] szoftver ➔ Lásd **hardware.**

soggy /'sɒgi/ *adj.* fel-/átázott, vizenyős

★**soil¹** /sɔɪl/ *noun* **1** [C,U] talaj: *poor/dry/acid/sandy soil* ➔ Magyarázat a **ground¹** szónál. **2** [U] (*írott nyelv*) föld (*országé, vidéké*): *It was the first time I had set foot on African soil.*

soil² /sɔɪl/ *verb* [T] (*formális, gyakran szenvedő szerkezetben*) beszennyez, összepiszkol

solace /'sɒləs/ *noun* [U, sing.] (*írott nyelv*)

[I] **tárgyatlan** (ige): *He laughed.*   [T] **tárgyas** (ige): *He ate an apple.*

solace (in sth) vigasz: *to find/seek solace in sb/sth*

solar /'səʊlə(r)/ *adj.* (*csak főnév előtt*)
1 nap-: *a solar eclipse* napfogyatkozás
2 napenergiával működő: *solar heating/power*

the ˈsolar system *noun* [*sing.*] naprendszer

sold *past tense, past participle* of SELL

* **soldier** /'səʊldʒə(r)/ *noun* [*C*] katona

sole¹ /səʊl/ *adj.* (*csak főnév előtt*)
1 egyetlen, egyedüli: *His sole interest is football.* **2** egyszemélyes, kizárólagos
▶ **solely** *adv.* csak, kizárólag: *I agreed to come solely because of your mother.*

sole² /səʊl/ *noun* **1** [*C*] talp (*cipőé, zoknié is*) ➔ Ábra **shoe¹** alatt. **2** [*C,U*] (*plural* **sole**) nyelvhal

solemn /'sɒləm/ *adj.* **1** komoly, fennkölt: *Her solemn face told them that the news was bad.* **2** ünnepélyes: *to make a solemn promise*
▶ **solemnity** /sə'lemnəti/ *noun* [*U*] komolyság, ünnepélyesség
solemnly *adv.* ünnepélyesen, szertartásosan

solicit /sə'lɪsɪt/ *verb* **1** [*T*] (*formális*) (*pénzért, támogatásért*) folyamodik: *They tried to solicit support for the proposal.* **2** [*I,T*] (*prostituált*) árulja magát

solicitor /sə'lɪsɪtə(r)/ *noun* [*C*] (*brit*) ügyvéd, jogtanácsos ➔ Magyarázat a **lawyer** szónál.

* **solid¹** /'sɒlɪd/ *adj.* **1** kemény, szilárd (*halmazállapotú*): *It was so cold that the village pond had frozen solid* (fenékig befagyott). **2** tömör (*nem üreges*): *a solid mass of rock* **3** erős, masszív: *a solid little car* ● (*átv*) *They built up a solid friendship* (tartós barátságot) *over the years.* **4** megbízható, megalapozott: *The police cannot make an arrest without solid evidence.* **5** (*csak főnév előtt*) szín-, egyetlen anyagból készült: *a solid gold chain* **6** (*beszélt nyelv*) megszakítás nélkül(i): *I was so tired that I slept for twelve solid hours/twelve hours solid* (egyhuzamban tizenkét órát).
▶ **solidity** /sə'lɪdəti/ *noun* [*U*] szilárdság, megbízhatóság

solid² /'sɒlɪd/ *noun* [*C*] **1** szilárd halmazállapotú anyag: *Liquids become solids when frozen.* ● *The baby is not yet on*

solids (még nem kap szilárd táplálékot). **2** téridom, szilárd test

solidarity /ˌsɒlɪ'dærəti/ *noun* [*U*] solidarity (**with sb**) szolidaritás: *Many local people expressed solidarity with the strikers.*

solidify /sə'lɪdɪfaɪ/ *verb* [*I*] (*pres. part.* **solidifying**; *3rd pers. sing. pres.* **solidifies**; *pt, pp* **solidified**) megszilárdul

solidly /'sɒlɪdli/ *adv.* **1** szilárdan, erősen: *a solidly built house* **2** megszakítás nélkül: *It rained solidly all day.*

solitaire /ˌsɒlɪ'teə(r)/ *noun* [*U*] **1** egyszemélyes táblajáték **2** (*US*) = PATIENCE(2)

solitary /'sɒlətri/ *adj.* **1** magányos, egyedül végzett (*tevékenység*): *Writing novels is a solitary occupation.* **2** magának való, magányt kedvelő: *She was always a solitary child.* **3** (*csak főnév előtt*) magányos (*egyedül van*): *a solitary figure walking up the hillside* ➔ Szinonimája: **lone**. **4** (*csak főnév előtt, ált. tagadó és kérdő mondatokban*) egyetlen: *I can't think of a solitary example.* Egyetlenegy példa sem jut az eszembe.

ˌsolitary conˈfinement *noun* [*U*] magánzárka

solitude /'sɒlɪtjuːd/ *noun* [*U*] magány, egyedüllét: *She longed for peace and solitude.* ➔ Vesd össze **loneliness, isolation.**

solo¹ /'səʊləʊ/ *noun* [*C*] (*plural* **solos**) (*zene*) szóló (*darab*) ➔ Lásd **duet.**
▶ **soloist** *noun* [*C*] szólista

solo² /'səʊləʊ/ *adj., adv.* **1** egyedül(i) (*kísérő, segítség nélkül(i)*): *a solo flight* ● *to fly solo* **2** szóló- (*egyedül fellépő*): *a solo artist*

soluble /'sɒljəbl/ *adj.* **1** soluble (**in sth**) oldódó, (fel)oldható **2** (*formális*) megoldható (*pl. probléma*) **❶** Ellentéte: **insoluble.**

* **solution** /sə'luːʃn/ *noun* **1** [*C*] a/the solution (**to sth**) megoldás: *a solution to the problem of unemployment* ● *The solution to the quiz will be published next week.* **2** [*C,U*] oldat: *saline solution*

* **solve** /sɒlv/ *verb* [*T*] megold: *The government is trying to solve the problem of inflation.* ● *to solve a crime/mystery* ● *to solve a puzzle/equation/riddle* **❶** Főnév: **solution.** Melléknév: **soluble.**

solvent /'sɒlvənt/ *noun* [C,U] oldószer

sombre (*US* **somber**) /'sɒmbə(r)/ *adj.*
1 sötét, komor (*szín*) 2 komor, rosszkedvű
▸ **sombrely** *adv.* komoran

★ **some** /səm erős alaksʌm/ *determiner, pron.*
1 (*megszámlálhatatlan és többes szám-
ban álló megszámlálható főnevek előtt,
azonban gyakran nem is fordítjuk*) néhá-
ny, némi: *We need some butter and some
potatoes.* • *I don't need any more money –
I've still got some.*

> Tagadó és kérdő mondatokban a **some**
> helyett az **any** szót használjuk: *Do we
> need any butter?* • *I need some more
> money. I haven't got any.* A **some**
> használatára kérdő mondatban lásd a
> példákat a **2.** jelentés alatt.

2 (*kérdésben, ha igenlő választ várunk ill.
kívánunk*): *Would you like some more cake*
(még egy kis süteményt)? • *Can I take
some of this paper* (ebből a papírból)?
3 **some (of sb/sth)** néhány (*de nem mind*):
Some pupils (egyes diákok) *enjoy this kind
of work, some don't.* • *Some of his books are
very exciting.* • *Some of us* (közülünk
néhányan) *are going to the park.* 4 (*egyes
számú megszámlálható főnevekkel*)
valami(féle), valamilyen, valaki: *I'll see
you again some time, I expect.* • *There must
be some mistake.* • *I read about it in some
newspaper or other* (valamelyik újság-
ban).

★ **somebody** /'sʌmbədi/ (also **someone**)
pron. valaki: *There's somebody at the door.*
• *I think you should talk to someone else
about this problem.*

> A **somebody, anybody** és **everybody**
> szavakat az igék egyes számú
> alakjával használjuk, de gyakran
> többes számú névmás áll utánuk. (Ez
> alól kivétel a hivatalos stílus, amikor
> mindig a **his/her** ill. **him/her** szavakat
> kell használni): *Somebody has left their
> coat behind.* • *Has anyone not brought
> their books* (a könyvét)? • *I'll see every-
> body concerned and tell them the news.*
> A **somebody** és az **anybody** szavak
> közötti különbség megegyezik a **some**
> és az **any** szavak közötti különbséggel.
> Magyarázat a **some** szónál.

some day *adv.* (also **someday**) egyszer
(majd)

★ **somehow** /'sʌmhaʊ/ *adv.* 1 valahogy(an):
*The car's broken down but I'll get to work
somehow.* • *Somehow we had got com-
pletely lost.* 2 (nem tudja miért, de) vala-
hogyan, valamiért: *I somehow get the
feeling that I've been here before.*

★ **someone** /'sʌmwʌn/ = SOMEBODY

someplace /'sʌmpleɪs/ (*US*) = SOME-
WHERE

somersault /'sʌməsɔːlt/ *noun* [C] bukfenc

★ **something** /'sʌmθɪŋ/ *pron.* 1 valami: *I've
got something in my eye.* • *Would you like
something else to drink?* ➔ Magyarázat a
some szónál.

> A **something** és az **anything** szavak
> közötti különbség megegyezik a **some**
> és az **any** szavak közötti különbséggel.

2 valami (*fontos, érdekes*): *There's some-
thing in* (van valami abban) *what your
mother says.* • *I think you've got something
there – I like that idea.* 3 (*informális*) úgy,
körülbelül, olyasmi: *a new comedy series
aimed at thirty-somethings* (a harminca-
soknak szól)

IDIOMS or something (*informális*) vagy
valami olyasmi: *I think he's a plumber, or
something.* | **something like** olyasmi mint
| **something to do with** köze van vmihez,
kapcsolódik vmihez: *The programme's
something to do with the environment.*

★ **sometime** (also **'some time**) /'sʌmtaɪm/
adv. valamikor (*a jövőben*): *I'll phone you
sometime this evening.* • *I must go and see
her sometime.*

★ **sometimes** /'sʌmtaɪmz/ *adv.* időnként,
néha: *Sometimes I drive to work and some-
times I go by bus.* • *I sometimes watch televi-
sion in the evenings.*

somewhat /'sʌmwɒt/ *adv.* meglehetősen,
némileg: *We missed the train, which was
somewhat unfortunate.*

★ **somewhere** /'sʌmweə(r)/ (*US* also **some-
place**) *adv.* 1 valahol, valahova: *I've seen
your glasses somewhere downstairs.* •
They've gone somewhere else (máshova)
this year.'

A **somewhere** és az **anywhere** szavak közötti különbség megegyezik a **some** és az **any** szavak közötti különbséggel.

➲ Magyarázat a some szónál. **2** körülbelül, úgy: *Your ideal weight should probably be somewhere around 70 kilos.*

★**son** /sʌn/ *noun* [C] vkinek a fia ➲ Lásd **daughter**.

sonata /sə'nɑːtə/ *noun* [C] (*zene*) szonáta

★**song** /sɒŋ/ *noun* **1** [C] dal, ének: *a folk/love/pop* song **2** [U] ének(szó): *to burst/break into song* (dalra fakadt) **3** [U, C] madárdal: *birdsong*

songwriter /'sɒŋraɪtə(r)/ *noun* [C] dalszerző

sonic /'sɒnɪk/ *adj.* (*tech*) hang-, hangsebességű

¹**son-in-law** *noun* [C] (*plural* **sons-in-law**) vő, vkinek a veje

★**soon** /suːn/ *adv.* **1** hamarosan, nem sokkal vmi után: *It will soon be dark.* • *He left soon after me.* • *We should arrive at your house soon after twelve.* • (*beszélt nyelv*) *See you soon.* **2** hamar, gyorsan: *Don't leave so soon.* • *How soon can you get here?*

IDIOMS **as soon as** amint, abban a pillanatban, hogy: *Phone me as soon as you hear some news.* • *I'd like your reply as soon as possible* (minél előbb). | **no sooner...than** (*írott nyelv*) amint, alighogy: *No sooner had I shut the door than I realized I'd left my keys inside.* ❶ Figyelem, itt megváltozik a szórend: a segédige közvetlenül a **no sooner** kifejezés után áll és csak azután következik az alany, majd a főige (mint a kérdő mondatokban). | **sooner or later** előbb-utóbb

soot /sʊt/ *noun* [U] korom, pernye

soothe /suːð/ *verb* [T] **1** megnyugtat, lecsendesít vkit **2** csillapít, enyhít (*fájdalmat*)

▸ **soothing** *adj.* (meg)nyugtató, csillapító: *soothing music* • *a soothing massage*

soothingly *adv.* (meg)nyugtatólag, vigasztalóan

sophisticated /sə'fɪstɪkeɪtɪd/ *adj.* **1** tájékozott (*a világ dolgairól*), hozzáértő **2** fejlett és bonyolult, kifinomult (*eszköz, módszer stb.*) **3** tájékozott, tisztánlátó: *Voters are much more sophisticated these days.*

▸ **sophistication** /sə,fɪstɪ'keɪʃn/ *noun* [U] kifinomultság, fejlettség

sophomore /'sɒfəmɔː(r)/ *noun* [C] (*US*) **1** másodéves (*egyetemen*) **2** tizedikes (*középiskolában*)

soppy /'sɒpi/ *adj.* (*informális*) érzelgős: *a soppy romantic film*

soprano /sə'prɑːnəʊ/ *noun* [C] (*plural* **sopranos** /-nəʊz/) szoprán (*hang, énekes*)

sordid /'sɔːdɪd/ *adj.* mocskos, aljas: *We discovered the truth about his sordid past.*

★**sore¹** /sɔː(r)/ *adj.* érzékeny, fájó(s): *to have a sore throat* fáj a torka • *My feet were sore from walking so far.*

▸ **soreness** *noun* fájdalom, érzékenység: *a cream to reduce soreness and swelling*

IDIOMS **a sore point** vki fájó/érzékeny pontja, kényes téma | **stand/stick out like a sore thumb** szemet szúr: *A big new office block would stand out like a sore thumb in the old part of town.*

sore² /sɔː(r)/ *noun* [C] seb(hely), sérülés

sorely /'sɔːli/ *adv.* (*formális*) nagyon, rettentően: *You'll be sorely missed* (nagyon fogsz hiányozni) *when you leave.*

sorrow /'sɒrəʊ/ *noun* (*formális*) **1** [U] szomorúság, bánat **2** [C] bánat, szomorú esemény

▸ **sorrowful** *adj.* szomorú, bánatos

sorrowfully *adv.* szomorúan, bánatosan

★**sorry¹** /'sɒri/ *adj.* (**sorrier; sorriest**) **1** (*főnév előtt nem állhat*) **be sorry** (to see, hear, etc.); **be sorry that...** sajnál(,, hogy), sajnálattal látja/értesül: *I was sorry to hear that you've been ill.* • *I am sorry that we have to leave so soon.* • 'Simon's mother died last week.' 'Oh, I am sorry.' **2** (*főnév előtt nem állhat*) **sorry (for/about sth)**; **sorry (to do sth/that...)** sajnálja, hogy (*megtett/kénytelen megtenni vmit*): *I'm awfully sorry for spilling that coffee.* • *I'm sorry I've kept you all waiting.* • *I'm sorry* (ne haragudjon) *to disturb you so late in the evening, but I wonder if you can help me.* **3** (*főnév előtt nem állhat*) sajnos (nem) (*udvarias elutasítás*): 'Would you like to come to dinner on Friday?' 'I'm sorry – I'm busy that evening.' • *I'm sorry, I don't agree with you. I think we should accept the offer.* • *I'm sorry to tell you* (sajnálattal értesítem) *that your application has been unsuc-*

cessful. **4** (*csak főnév előtt*) szánalmas, siralmas: *The house was in a* ***sorry state*** (siralmas állapotban volt) *when we first moved in.* • *They were a* ***sorry sight*** (szánalmasan néztek ki) *when they finally got home.*

IDIOM **be/feel sorry for sb** (meg)sajnál vkit: *Stop feeling sorry for yourself!*

★ **sorry²** /'sɒri/ *interj.* **1** bocsánat, elnézést: *Sorry I'm late – the bus didn't come on time.* • *He didn't even* ***say sorry!*** Még csak elnézést sem kért! **2** (*főleg brit*) tessék? (*ha nem értettük/hallottuk jól, amit mondtak*): *'My name's Dave Harries.''Sorry? Dave who?'* **3** bocsánat (mégsem) (*saját tévedés korrigálása*): *Take the second turning, sorry, the third turning on the right.*

★ **sort¹** /sɔːt/ *noun* **1** [C] a sort of sb/sth fajta: *What sort of music do you like?* • *She's got* ***all sorts of*** (mindenféle) *problems at the moment.* • *There were snacks - peanuts, olives,* ***that sort of*** (ilyesmik). **2** [sing.] (*főleg brit*) fajta (*ember*) **⊕** Szinonimája: **kind¹**.

IDIOMS **a sort of sth** (*informális*) (vmilyen) fajta (*dolog*): *Can you hear a sort of* (valamiféle) *ticking noise?* | **sort of** (*beszélt nyelv*) nagyjából, többé-kevésbé: *'Do you see what I mean?''Sort of.'* • *I'd sort of like to go, but I'm not sure.*

★ **sort²** /sɔːt/ *verb* [T] **1** sort sth (into sth) rendez, szortíroz: *I'm just sorting these papers into the correct files.* **2** (*főleg brit, informális*) (*gyakran szenvedő szerkezetben*) elrendez, elintéz: *I'll have more time when I've* ***got things sorted*** at home.

PHRASAL VERBS **sort sth out 1** megold, rendez, elintéz: *I haven't found a flat yet but I hope to sort something out soon.* **2** rendbe tesz: *The toy cupboard needs sorting out.* | **sort through sth** átvizsgál, átkutat

sorted /'sɔːtɪd/ *adj.* (*brit, informális*) El van intézve!: *'And what about the money?' 'Sorted!'*

so-so /'səʊ səʊ/ *adj., adv.* (*informális*) tűrhető(en), nem valami jó(l): *'How are you?''So-so* (megvagyok).*'

soufflé /'suːfleɪ/ *noun* [C,U] (*étel*) felfújt

sought *past tense, past participle of* SEEK

ˈ**sought after** *adj.* keresett (*áru, termék*)

soul /səʊl/ *noun* **1** [C,U] lélek: *There was a feeling of restlessness deep in her soul* (a

lelke mélyén). **2** [C] (*rég*) ember, teremtés: *She's lost all her money, poor soul* (szegény pára). **⊃** Lásd **spirit**. **3** [*sing.*] (*tagadó mondatokban*) lélek (*ember*): *There wasn't a* ***soul*** (egy árva lélek sem) *in sight.* • *Promise me you won't tell a soul* (teremtett léleknek sem). **4** (also 'soul music) [U] soul zene: *a soul singer*

IDIOM **heart and soul** → HEART

soulful /'səʊlfl/ *adj.* (*mély érzelmeket*) kifejező: *a soulful expression*

soulless /'səʊlləs/ *adj.* rideg, lélektelen: *soulless industrial towns*

★ **sound¹** /saʊnd/ *noun* **1** [C,U] hang: *the sound of voices* • *a clicking/buzzing/scratching sound* • *After that, he didn't* ***make a sound*** (meg se nyikkant). • *She opened the door without a sound.* • *Light travels faster than sound.* • *sound waves* **2** [U] hangerő (*rádióé, televízióé stb.*): *Can you turn the sound up/down?*

IDIOM **by the sound of it/things** a hallottak/olvasottak alapján ítélve: *She must be an interesting person, by the sound of it.*

★ **sound²** /saʊnd/ *verb* **1** linking verb [I] (*continuous igeidőkben rendszerint nem áll*) hangzik, tűnik (*vminek/vmilyennek*): *That* ***sounds like*** (ez úgy hangzik, mintha) *a child crying.* • *She sounded upset and angry on the phone.* • *You sound like your father when you say things like that!* • *He sounds a very nice person* (kellemes embernek tűnik) *from his letter.* • *Does she sound like the right person for the job?* • *It doesn't* ***sound as if/though*** *he's very reliable.* Ezek szerint nem túl megbízható.

> A beszélt nyelvben (*főleg US*) az **as if** vagy az **as though** helyett gyakran használják a **like** szót, de a brit írott nyelvben ez helytelennek számít.

2 (-sounding) (*összetett melléknevekben*) vmilyennek hangzó/tűnő: *a Spanish-sounding surname* **3** [T] megszólaltat vmit: *to sound the horn of your car* • *A student on one of the upper floors* ***sounded the alarm***.

PHRASAL VERB **sound sb out (about sth)** kipuhatol (*véleményt, szándékot*), kikéri vkinek a véleményét

★ **sound³** /saʊnd/ *adj., adv.* **1** értelmes,

ésszerű: *sound advice* • *a sound investment* **2** jó állapotú: *The structure of the bridge is basically sound.* **❶** Ellentéte: **unsound**.

▶ **soundness** *noun* [U] ésszerűség, szilárdság, jó állapot

IDIOM **be sound asleep** mélyen alszik

'**sound effect** *noun* [C, usually plural] *(mesterséges)* hanghatás

soundly /'saʊndli/ *adv.* mélyen, alaposan: *The children were sleeping soundly.*

soundproof /'saʊndpru:f/ *adj.* hangszigetelt

soundtrack /'saʊndtræk/ *noun* [C] hangsáv, hanganyag *(filmé, számítógépes játéké)*, filmzene ➔ Lásd **track**.

★ **soup** /su:p/ *noun* [U, C] leves

★ **sour** /'saʊə(r)/ *adj.* **1** savanyú, fanyar **2** savanyú, (meg)romlott: *This cream has gone sour* (megsavanyodott). **3** keserű, barátságtalan *(ember)*: *a sour expression* • *a sour-faced old woman*

▶ **sour** *verb* [T] *(formális)* megmérgez *(átv)*, elront: *The disagreement over trade tariffs has soured relations between the two countries.*

sourly *adv.* keserűen, barátságtalanul

sourness *noun* [U] savanyú íz, keserűség *(átv)*

IDIOMS **go/turn sour** el-/megromlik *(kapcsolat, hangulat stb.)* | **sour 'grapes** savanyú a szőlő

★ **source** /sɔ:s/ *noun* [C] vminek a forrása: *Britain's oil reserves are an important source of income* (bevételi forrás). • *The television is a great source of entertainment.* • *Police have refused to reveal the source of their information.*

★ **south¹** /saʊθ/ (also **the south**) *noun* [sing.] *(abbr.* **S)** **1** dél *(égtáj)*: *warm winds from the south* • *Which way is south?* • *We live to the south of London.* **2** (**the South**) dél- *(ország, város stb. része)*: *Nice is in the South of France* (Dél-Franciaországban). ➔ Lásd **north, east, west.**

south² /saʊθ/ *adj., adv.* **1** (also **South**) *(csak főnév előtt)* déli, délen: *the south coast of Cornwall* **2** dél felé, vmitől délre: *The house faces south.* • *We live just south of Birmingham.* **3** déli *(szél)*

southbound /'saʊθbaʊnd/ *adj.* délnek/dél felé tartó

¡**south-'east¹** (also **the South-East**) *noun* [sing.] *(abbr.* **SE)** délkelet

¡**south-'east²** *adj., adv.* délkeleti, délkeleten: *the south-east coast of Spain*

¡**south-'easterly** *adj.* **1** délkeleti (irányban lévő): *in a south-easterly direction* **2** délkeleti *(szél)*

¡**south-'eastern** *adj. (csak főnév előtt)* délkeleti *(országrész)*: *the south-eastern states of the US*

¡**south-'eastward(s)** *adv.* délkelet felé, délkeleti irányba: *Follow the B409 south-eastward for ten miles.*

southerly /'sʌðəli/ *adj.* **1** déli, dél felé tartó: *Keep going in a southerly direction.* **2** déli *(szél)*

★ **southern** (also **Southern**) /'sʌðən/ *adj.* dél(vidék)i, dél-: *a man with a southern accent* • *Greece is in Southern Europe.*

southerner (also **Southerner**) /'sʌðənə(r)/ *noun* [C] délvidéki/délről származó ember **❶** Ellentéte: **northerner**.

the ¡South 'Pole *noun* [sing.] Déli-sark

southward /'saʊθwəd/ (also **southwards**) *adj., adv.* dél felé (tartó), délnek (tartó)

¡**south-'west¹** (also **the South-West**) *noun* [sing.] *(abbr.* **SW)** délnyugat

¡**south-'west²** *adj., adv.* délnyugati, délnyugaton: *the south-west coast of France* • *Our garden faces south-west.*

¡**south-'westerly** *adj.* **1** délnyugati (irányban lévő): *in a south-westerly direction* **2** délnyugati *(szél)*

¡**south-'western** *adj. (csak főnév előtt)* délnyugati *(országrész)*: *the south-western states of the US*

¡**south-'westward(s)** *adv.* délnyugat felé, délnyugati irányba: *Follow the B409 south-westward for twenty miles.*

souvenir /ˌsu:və'nɪə(r)/ *noun* [C] emlék(tárgy)

sovereign¹ /'sɒvrɪn/ *noun* [C] uralkodó *(király/nő)*

sovereign² /'sɒvrɪn/ *adj.* **1** független, szuverén *(ország)* **2** legfőbb, legfelső *(hatalom, tekintély)*

sovereignty /'sɒvrənti/ *noun* [U] függetlenség, szuverenitás

---

❶ = magyarázat [C] **megszámlálható** *(főnév)*: one book, two books

[U] **megszámlálhatatlan** *(főnév)*: some sugar

sow¹ /saʊ/ *noun* [C] anyadisznó, koca ⊃ Magyarázat a **pig** szónál.

sow² /səʊ/ *verb* [T] (*pt* **sowed**; *pp* **sown** /səʊn/ *or* **sowed**) **sow A (in B)**; **sow B (with A)** vet (*magot*), bevet (*földet*): *to sow seeds in pots* • *to sow a field with wheat*

soya bean /ˈsɔɪə biːn/ (*US* **soy bean** /ˈsɔɪ biːn/) *noun* [C] szójabab

ˌsoy ˈsauce (also ˌsoya ˈsauce) *noun* [U] szójaszósz

spa /spɑː/ *noun* [C] gyógyfürdő(hely)

★ **space¹** /speɪs/ *noun* **1** [C,U] **space (for sb/sth) (to do sth)** (*szabad*) hely: *Shelves would take up less space* (kevesebb helyet foglalnának) *than a cupboard.* • *a parking space* • *We're a bit short of space.* Helyszűkében vagyunk. ⊃ Lásd **room**. Magyarázat a **place¹** szónál. **2** [U] (also ˌouter ˈspace) (*gyakran összetett főnevekben*) világűr: *space travel* • *a spaceman/spacewoman* űrhajós • *a spacecraft/spaceship* **3** [C, *usually sing.*] időszak, időköz: *Priti had been ill three times* **in/within the space of** *four months* (négy hónapon belül). • *He's achieved a lot in* **a short space of time** (rövid idő alatt). **4** [U] (*szabad*) idő(szak): *I need some space to think.*

space² /speɪs/ *verb* [T] **space sth (out)** elrendez, eloszt (*sorba, időn át*)

spacious /ˈspeɪʃəs/ *adj.* tágas
▶ **spaciousness** *noun* [U] tágasság

spade /speɪd/ *noun* **1** [C] ásó ⊃ Lásd **shovel.** Ábra **garden¹** alatt. **2** (**spades**) [*plural*] pikk (*kártyaszín, kártyalap*): *the king of spades* pikk király • *Have you got a spade?* ⊃ Magyarázat a **card** szónál.

spaghetti /spəˈɡeti/ *noun* [U] spagetti

span¹ /spæn/ *noun* [C] **1** fesztávolság: *the wingspan of a bird* **2** időtartam: *Young children have a short* **attention span** (rövid ideig képesek figyelni).

span² /spæn/ *verb* [T] (**spanning**; **spanned**) **1** áthidal, átível **2** egy bizonyos ideig tart, vmennyi időt felölel

spank /spæŋk/ *verb* [T] elfenekel (*gyereket*)

★ **spanner** /ˈspænə(r)/ (*US* **wrench**) *noun* [C] csavarkulcs ⊃ Ábra **tool** alatt.

★ **spare¹** /speə(r)/ *adj.* **1** tartalék, pót-: *The spare tyre is kept in the boot.* • *a spare room*

2 szabad (*idő, hely*): *What do you do in your* **spare time**?
▶ **spare** *noun* [C] tartalék

spare² /speə(r)/ *verb* [T] **1** spare sth (for sb); **spare (sb) sth** rászán vkire vmit (*pl. pénzt, időt*)

> Vigyázat! Ne keverjük össze a **save** szóval: *You'll save money/time if you go by bus.*

2 spare sb (from) sth/doing sth megkímél vkit vmitől: *You could spare yourself waiting if you book in advance.* **3** spare no effort, expense, etc. nem sajnálja a pénzt, fáradságot stb. **4** spare sb/sth (from sth) óv, kímél

IDIOM to spare nélkülözhető, fölösleges: *There's no time to spare.* Nincs vesztegetni való időnk.

ˌspare ˈpart *noun* [C] pótalkatrész

sparing /ˈspeərɪŋ/ *adj.* (*formális*) takarékos, mértékletes
▶ **sparingly** *adv.* takarékosan, mértékletesen

spark¹ /spɑːk/ *noun* **1** [C] szikra: *A spark set fire to the carpet.* **2** [C] (*elektromos*) kisülés, szikra **3** [C,U] sziporkázó szellem, izgalmasság

spark² /spɑːk/ *verb*
PHRASAL VERB spark sth off elindít, kirobbant (*átv*): *Eric's comments sparked off a tremendous argument.*

sparkle /ˈspɑːkl/ *verb* [I] szikrázik, csillog
▶ **sparkle** *noun* [C,U] csillogás, szikrázás

sparkling /ˈspɑːklɪŋ/ *adj.* **1** szikrázó, csillogó **2** szénsavas (*ital*): *sparkling wine/mineral water*

ˈspark plug *noun* [C] (*gépkocsi*) (gyújtó)-gyertya

sparrow /ˈspærəʊ/ *noun* [C] veréb

sparse /spɑːs/ *adj.* gyér, elszórt: *a sparse crowd* • *He just had a few sparse hairs on his head.*
▶ **sparsely** *adv.* ritkásan, elszórtan: *a sparsely populated* (gyéren lakott) *area*
sparseness *noun* [U] visszafogottság

spartan /ˈspɑːtn/ *adj.* (*formális*) spártai (*átv*), rideg: *spartan living conditions*

spasm /ˈspæzəm/ *noun* [C,U] (izom)görcs

spat *past tense, past participle* of SPIT¹

---

spate /speɪt/ noun [sing.] temérdek, rengeteg: There has been a spate of burglaries in the area recently.

spatial /ˈspeɪʃl/ adj. (formális) térbeli, tér-

spatter /ˈspætə(r)/ verb [T] **spatter sb/sth (with sth); spatter sth (on sb/sth)** be-/telefröcsköl

spatula /ˈspætʃələ/ noun [C] keverő-/kenőlapát ➲ Ábra **kitchen** alatt.

★ **speak** /spiːk/ verb (pt spoke /spəʊk/; pp spoken /ˈspəʊkən/) **1** [I] **speak (to sb) (about sth/sb); speak (of sth)** beszél: I'd like to speak to the manager, please. • Could you speak more slowly? • I was so angry I could hardly speak.

> A **speak** és a **talk** szavak jelentése nagyon hasonló. A **talk** közvetlenebb stílusú, azt fejezi ki, hogy két vagy több ember beszélget, míg a **speak** azt jelenti, hogy egy ember mond valamit, főleg hivatalos, formális helyzetben: I'd like to speak to the manager, please. • We talked all night. • The head teacher spoke to the class about university courses.

2 [T] (continuous igeidőkben nem állhat) beszél (vmilyen nyelven): Does anyone here speak German? • She speaks (in) Greek to her parents. • a French-speaking guide **3** [I] **speak (on/about sth)** beszédet mond **4** [I] (informális) **be speaking (to sb)** (ismét) szóba áll vkivel

IDIOMS **be on speaking terms (with sb)** beszélő viszonyban van vkivel: Thankfully they are back on speaking terms again. | **so to speak** hogy úgy mondjam, mondhatni: She turned green, so to speak, after watching a television programme about the environment. | **speak for itself** önmagáért beszél (átv): The statistics speak for themselves. | **speak/talk of the devil** → DEVIL | **speak your mind** kimondja, amit gondol, megmondja véleményét

PHRASAL VERBS **speak for sb** vki helyett/nevében beszél/szól | **speak out (against sth)** (nyilvánosan) szót emel/felszólal (vmi ellen) | **speak up** hangos(abb)an beszél

speaker /ˈspiːkə(r)/ noun [C] **1** szónok, előadó **2** vmilyen nyelven beszélő/tudó személy: She's a fluent Italian speaker. **3** hangszóró, hangfal

spear /spɪə(r)/ noun [C] dárda, lándzsa

spearhead /ˈspɪəhed/ noun [C, usually sing.] támadást vezető személy/csoport ▸ **spearhead** verb [T] vezet, vmi élére/élén áll

spearmint /ˈspɪəmɪnt/ noun [U] fodormenta: spearmint (mentolos) chewing gum ➲ Lásd **peppermint**.

★ **special¹** /ˈspeʃl/ adj. **1** különleges, rendkívüli: a special occasion • Please take special care of it. • Are you doing anything special tonight? **2** (csak főnév előtt) speciális, külön(leges), szak-: Andy goes to a special school for the deaf. • There's a special tool for doing that.

special² /ˈspeʃl/ noun [C] különlegesség, különkiadás: I'm going to cook one of my specials tonight. • an all-night election special on TV

special ef'fects noun [plural] filmtrükkök

specialist /ˈspeʃəlɪst/ noun [C] szakértő, specialista: She's a specialist in diseases of cattle. • a heart specialist • to give specialist advice (szaktanácsadás)

speciality /ˌspeʃiˈæləti/ noun [C] (plural specialities) (US specialty /ˈspeʃəlti/; plural specialties) **1** vki szakterülete **2** különlegesség, specialitás

specialize (also -ise) /ˈspeʃəlaɪz/ verb [I] **specialize (in sth)** vmire szakosodik (szakterületre, termékre stb.): This shop specializes in clothes for taller men.
▸ **specialization** (also -isation) /ˌspeʃəlaɪˈzeɪʃn/ noun [U] szakosodás, specializálódás

specialized (also -ised) /ˈspeʃəlaɪzd/ adj. **1** speciális célt szolgáló: a specialized system **2** szakképzett, vmire szakosodott: specialized staff

specially /ˈspeʃəli/ (also especially) adv. **1** külön, kifejezetten: I made this specially for you. **2** különösen, különösképpen: The restaurant has a great atmosphere but the food is not specially good. • It's not an especially difficult exam.

specialty (US) = SPECIALITY

★ **species** /ˈspiːʃiːz/ noun [C] (plural species)

(*biol*) faj: *the protection of endangered species* • *a rare species of frog*

★ **specific** /spə'sɪfɪk/ *adj.* **1** **specific (about sth)** pontos, részletes: *You must give the class specific instructions on what they have to do.* • *Can you be more specific about what the man was wearing?* **2** konkrét, meghatározott: *Everyone has been given a specific job to do.*
▸ **specifically** /-kli/ *adv.* külön, kimondottan: *a play written specifically for radio*

specification /ˌspesɪfɪ'keɪʃn/ *noun* [C,U] pontos leírás/instrukció

specify /'spesɪfaɪ/ *verb* [T] (*pres. part.* **specifying**; *3rd pers. sing. pres.* **specifies**; *pt, pp* **specified**) pontosan meghatároz/megmond: *The fire regulations specify the maximum number of people allowed in.*

specimen /'spesɪmən/ *noun* [C] **1** egy példánya vminek **2** minta(darab), mintapéldány: *a blood specimen* ❶ Szinonimája: **sample**.

speck /spek/ *noun* [C] folt, petty, szem: *a speck of dust/dirt*

specs /speks/ (*informális*) = SPECTACLES

spectacle /'spektəkl/ *noun* [C] látvány-(osság)

spectacles /'spektəklz/ *noun* [*plural*] (*formális*) szemüveg

spectacular /spek'tækjələ(r)/ *adj.* látványos: *a spectacular view*
▸ **spectacularly** *adv.* látványosan

★ **spectator** /spek'teɪtə(r)/ *noun* [C] néző (*közönség tagja*)

spectre (*US* **specter**) /'spektə(r)/ *noun* [C] **1** kísértet (*átv*): *the spectre of unemployment* **2** (*rég*) szellem, kísértet

spectrum /'spektrəm/ *noun* [C, *usually sing.*] (*plural* **spectra** /'spektrə/) **1** színkép **2** széles skála, lehetséges változatok: *The speakers represented the whole spectrum of political opinions.*

speculate /'spekjuleɪt/ *verb* **1** [I,T] **speculate (about/on sth)**; **speculate that...** találgat, feltételez: *to speculate about the result of the next election* **2** [I] (*üzleti életben*) spekulál: *to speculate on the stock market*
▸ **speculation** /ˌspekju'leɪʃn/ *noun* **1** [C,U] találgatás, feltételezés **2** [U] (*üzleti életben*) spekuláció

speculator *noun* [C] (*üzleti életben*) spekuláns

sped *past tense, past participle* of SPEED²

★ **speech** /spiːtʃ/ *noun* **1** [C] beszéd, szónoklat: *The Chancellor is going to* **make a speech** (*beszédet tart*) *to city businessmen.* **2** [U] beszédképesség: *He lost the* **power of speech** *after the accident.* • *freedom of speech* szólásszabadság **3** [U] beszéd-(mód) **4** [C] szöveg (*szerepé*)

speechless /'spiːtʃləs/ *adj.* elnémult (*érzelemtől, indulattól*)

★ **speed¹** /spiːd/ *noun* **1** [U] sebesség, gyorsaság: *I intend to start the race slowly and gradually* **pick up speed** (*fokozatosan felgyorsulni*). • *The bus was travelling* **at speed** (*nagy sebességgel*) *when it hit the wall.* **2** [C,U] (*mozgási/haladási*) sebesség: *The car was travelling* **at a speed of** *140 kilometres an hour.* • *to travel at* **top/high/full/maximum speed**

speed² /spiːd/ *verb* [I] (*pt, pp* **sped** /sped/) **1** száguld, robog: *He sped round the corner on his bicycle.* **2** (*csak* **continuous** igeidőkben állhat) gyorsan hajt (*túllépve a megengedett sebességhatárt*)
PHRASAL VERB **speed (sth) up** (*pt, pp* **speeded**) felgyorsul, felgyorsít: *The new computer system should speed up production in the factory.*

speedboat /'spiːdbəʊt/ *noun* [C] verseny-motorcsónak

speeding /'spiːdɪŋ/ *noun* [U] gyorshajtás

speed limit *noun* [C, *usually sing.*] megengedett sebesség: *He was going way* **over the speed limit**.

speedometer /spiː'dɒmɪtə(r)/ *noun* [C] sebességmérő

speedway /'spiːdweɪ/ *noun* [U] motor-versenyzés

speedy /'spiːdi/ *adj.* gyors: *a speedy response/reply*
▸ **speedily** *adv.* gyorsan, hamar
speediness *noun* [U] gyorsaság

★ **spell¹** /spel/ *verb* (*pt, pp* **spelled** /speld/ or **spelt** /spelt/) **1** [I,T] betűz (*szót*), helyesen ír: *I could never spell very well* (*nem volt túl jó a helyesírásom*) *at school.* • **How do you spell** (*hogy írod*) *your surname?* • *His name is spelt P-H-I-L-I-P.* **2** [T] (*betűsor*) vmilyen szót alkot **3** [T] vmit jelent, vmit hoz (*átv*):

Another poor harvest would spell disaster for the region.

PHRASAL VERB **spell sth out 1** (le)betűz: *I have an unusual name, so I always have to spell it out to people.* **2** pontosan meg-/elmagyaráz

spell² /spel/ *noun* [C] **1** rövid idő(szak): *a spell of cold weather* **2** varázslat, varázsige

spell check *verb* [I,T] helyesírást ellenőriz
▶ 'spell check = S P E L L C H E C K E R

spellchecker /'speltʃekə(r)/ (also 'spell check) *noun* [C] helyesírást ellenőrző program

spelling /'spelɪŋ/ *noun* **1** [C,U] írásmód **2** [U] helyesírás: *Roger is very poor at spelling.*

spelt *past tense, past participle* of S P E L L¹

★ **spend** /spend/ *verb* (*pt, pp* spent /spent/) **1** [I,T] **spend (sth) (on sth)** költ (*pénzt*): *How much do you spend on food each week?* • *You shouldn't go on spending like that* (így költekezned). **2** [T] **spend sth (on sth/doing sth)** tölt (*időt*): *I spent a whole evening writing letters* (levélírással töltöttem).

spending /'spendɪŋ/ *noun* [U] kiadás, pénzköltés (*kormányé, hivatalos szervé*)

sperm /spɜːm/ *noun* **1** [C] (*plural* sperm *or* sperms) spermium **2** [U] ondó, sperma

sphere /sfɪə(r)/ *noun* [C] **1** gömb **2** (*érdeklődési, tevékenységi*) kör
▶ **spherical** /'sferɪkl/ *adj.* gömbölyű, gömb alakú

spice¹ /spaɪs/ *noun* **1** [C,U] fűszer ➲ Lásd herb. **2** [U] zamat, pikáns íz (*átv*), savaborsa vminek: *to add spice* (izgalmasabbá tesz) *to a situation*
▶ **spicy** *adj.* fűszeres

spice² /spaɪs/ *verb* [T] **spice sth (up) (with sth)** **1** fűszerez **2** izgalmasabbá tesz, fűszerez (*átv*)

spider /'spaɪdə(r)/ *noun* [C] pók

spike /spaɪk/ *noun* [C] (*fa, fém*) cövek, pecek

★ **spill** /spɪl/ *verb* [I,T] (*pt, pp* spilt /spɪlt/ *or* spilled) **1** kilöttyen/-ömlik/-löttyint: *The bag split, and sugar spilled everywhere* (szétszóródott). **2** [I] **spill out, over, into, etc.** kiárad/-tódul: *The train stopped and everyone spilled out.*

▶ **spill** *noun* [C] folt (*kiömlött folyadéké*): *an oil spill*

IDIOM **spill the beans** (*informális*) kikotyog, ki-/elfecseg

★ **spin¹** /spɪn/ *verb* (**spinning**; *pt, pp* spun /spʌn/) **1** [I,T] **spin (sth) (round)** forog, pörget, fordul: *Mary spun round when she heard someone call her name.* • *to spin a ball/coin/wheel* **2** [I,T] fon, sodor (*fonalat*): *A spider spins a web* (hálót sző). **3** [T] centrifugáz

PHRASAL VERB **spin sth out** sokáig elhúz

spin² /spɪn/ *noun* [C,U] **1** forgás, pörgés: *She put a lot of spin on* (megpörgette) *the ball.* **2** információ kozmetikázása (*főleg politikában*)

IDIOM **go/take sb for a spin** kocsival kiruccan, elvisz vkit kocsikázni

spinach /'spɪnɪtʃ; -ɪdʒ/ *noun* [U] spenót

spinal /'spaɪnl/ *adj.* (hát)gerinc-

spin doctor *noun* [C] PR tanácsadó (*valaki jó imázsát elősegítő személy, főleg politikában*)

spin 'dryer *noun* [C] (*brit*) centrifuga
▶ **spin-'dry** *verb* [T] centrifugáz

spine /spaɪn/ *noun* [C] **1** gerinc(oszlop) **❶** Szinonimája: backbone. **2** tüske ➲ Lásd prickle. **3** (könyv)gerinc

spineless /'spaɪnləs/ *adj.* gyáva

spin-off *noun* [C] **a spin-off (from/of sth)** vmi mellékterméke (*hasznos, váratlan*)

spinster /'spɪnstə(r)/ *noun* [C] (*rég*) vénlány ➲ Lásd bachelor.

Újabban **single** a leggyakoribb szó, amely egyedülálló nőkre és férfiakra egyaránt alkalmazható.

spiral /'spaɪrəl/ *noun* [C] csigavonal, spirál
▶ **spiral** *adj.* spirális: *a spiral staircase*
spiral *verb* [I] (**spiralling**; **spiralled**; *US* **spiraling**; **spiraled**) kígyózik

spire /'spaɪə(r)/ *noun* [C] hegyes templomtorony

★ **spirit¹** /'spɪrɪt/ *noun* **1** [*sing.*] lélek, szellem: *the power of the human spirit to overcome difficulties* **2** [C] szellem: *It was believed that people could be possessed by evil spirits.* ➲ Lásd soul. **3** [C] kedv: *to be in high/low spirits* jókedvű/rosszkedvű **4** (*összetett melléknevekben*) -kedvű: *a* *group of high-spirited teenagers* **5** (**spirits**) [*plural*] (*főleg brit*) rövidital **6** [*U*] lelkierő, hozzáállás: *The group had plenty of team spirit* (csapatszellem). **7** [*sing.*] vmi szelleme: *the pioneer spirit* • *The painting perfectly captures the spirit of the times.*

spirit² /'spɪrɪt/ *verb*
PHRASAL VERB spirit sb/sth away/off eltüntet

spirited /'spɪrɪtɪd/ *adj.* energikus

spiritual /'spɪrɪtʃuəl/ *adj.* **1** lelki, szellemi: *spiritual development/growth/needs* ➔ Lásd **material. 2** vallási, egyházi: *a spiritual leader*
▸ **spiritually** /-tʃuəli/ *adv.* lelkileg, szellemileg

spiritualism /'spɪrɪtʃuəlɪzəm/ *noun* [*U*] spiritizmus
▸ **spiritualist** *noun* [*C*] spiritiszta

★ **spit¹** /spɪt/ *verb* [*I,T*] (**spitting**; *pt, pp* **spat** /spæt/) ❶ US angolban a múlt idejű és *past participle* alak is lehet **spit**. **spit (sth) (out)** köp

spit² /spɪt/ *noun* **1** [*U*] (*informális*) köpet ➔ Lásd **saliva. 2** [*C*] földnyelv **3** [*C*] nyárs: *chicken roasted on a spit*

★ **spite** /spaɪt/ *noun* [*U*] rosszindulat: *He stole her letters out of spite* (rosszindulatból).
▸ **spite** *verb* bosszant
IDIOM in spite of ellenére: *In spite of all her hard work, Sue failed her exam.* ❶ Szinonimája: **despite**.

spiteful /'spaɪtfl/ *adj.* rosszindulatú
▸ **spitefully** *adv.* /-fəli/ rosszindulatúan

★ **splash¹** /splæʃ/ *verb* [*I,T*] fröccsen, fröcsköl: *The children were splashing each other with water.*
PHRASAL VERB splash out (on sth) (*brit, informális*) (*egy alkalommal*) nagyon sokat költ vmire

splash² /splæʃ/ *noun* [*C*] **1** loccsanás, csobanás: *Paul jumped into the pool with a big splash.* **2** fröccs **3** élénk színfolt: *Flowers add a splash of colour to a room.*

splatter /'splætə(r)/ *verb* [*I,T*] fröccsen(t), loccsan(t)

splay /spleɪ/ *verb* [*I,T*] **splay (sth) (out)** széttár, szétterül: *splayed fingers*

splendid /'splendɪd/ *adj.* **1** nagyszerű: *What a splendid idea!* **2** csodálatos, pompás, gyönyörű: *the splendid royal palace*

▸ **splendidly** *adv.* nagyszerűen

splendour (*US* **splendor**) /'splendə(r)/ *noun* [*U*] pompa, ragyogás

splint /splɪnt/ *noun* [*C*] rögzítő kötés

splinter /'splɪntə(r)/ *noun* [*C*] szálka, szilánk
▸ **splinter** *verb* [*I,T*] szilánkokra tör(ik)

★ **split** /splɪt/ *verb* (*pres. part.* **splitting**; *pt, pp* **split**) **1** [*I,T*] **split (sb) (up) (into sth)** szétválik, szétválaszt: *Let's split into two groups.* **2** [*T*] **split sth (between sb/sth)**; **split sth (with sb)** fel-/megoszt: *We split the cost of the meal between the six of us.* **3** [*I,T*] **split (sth) (open)** hasad, reped, hasít
IDIOMS split the difference (különbség) felében megegyeznek | split hairs szőröz: *Now you're splitting hairs* (ne légy annyira szőrszálhasogató). *It was a great performance!*
PHRASAL VERB split up (with sb) szakít (vkivel)

split² /splɪt/ *noun* [*C*] **1** szakítás **2** hasadás, repedés

split second *noun* [*C*] másodperc töredéke

splutter /'splʌtə(r)/ *verb* **1** [*I,T*] dühtől fröcsköl, akadozva beszél **2** [*I*] pattogó/köhögő hangot ad
▸ **splutter** *noun* [*C*] akadozó hang

★ **spoil** /spɔɪl/ *verb* [*T*] (*pt, pp* **spoilt** /spɔɪlt/ or **spoiled** /spɔɪld/) **1** elront: *The new office block will spoil the view.* • *Eating between meals will spoil your appetite.* **2** elkényeztet, félrenevel: *a spoilt child* **3** spoil sb/yourself kényeztet

spoils /spɔɪlz/ *noun* [*plural*] (*írott nyelv*) (hadi)zsákmány: *the spoils of war*

spoilsport /'spɔɪlspɔːt/ *noun* [*C*] (*informális*) ünneprontó

spoke¹ /spəʊk/ *noun* [*C*] küllő

spoke² *past tense* of SPEAK

spoken *past participle* of SPEAK

spokesman /'spəʊksmən/ *noun* [*C*] (*plural* -men /-mən/) szóvivő

★ **spokesperson** /'spəʊkspɜːsn/ *noun* [*C*] (*plural* **spokespersons** or **spokespeople** /'spəʊkspiːpl/) szóvivő

A **spokesman** vagy **spokeswoman** helyett inkább a **spokesperson** szót használjuk, mert egyaránt vonatkozik férfira és nőre.

spokeswoman /'spəʊkswʊmən/ noun [C]
(plural -women /-wɪmɪn/) szóvivő (nő)

sponge¹ /spʌndʒ/ noun [C,U] **1** szivacs **2** =
SPONGE CAKE

sponge² /spʌndʒ/ verb [T] szivaccsal
letöröl

PHRASAL VERB sponge off sb (informális)
élősködik vkin, kiszipolyoz vkit

sponge bag noun [C] (brit) piperetáska

sponge cake (also **sponge**) noun [C,U] piskó-
tatorta

sponsor /'spɒnsə(r)/ noun [C] **1** szponzor
Ⅾ Lásd **patron. 2** támogató
▶ **sponsor** verb [T] szponzorál, támogat:
sports events sponsored by the tobacco
industry • a sponsored walk to raise money
for children in need
sponsorship noun [U] szponzorálás, támo-
gatás

spontaneous /spɒn'teɪniəs/ adj. spontán:
a spontaneous burst of applause
▶ **spontaneously** adv. spontánul
spontaneity /ˌspɒntə'neɪəti/ noun [U]
spontaneitás

spooky /'spuːki/ adj. (informális) kísér-
teties

spool /spuːl/ noun [C] orsó, tekercs Ⅾ Lásd
reel.

★ **spoon** /spuːn/ noun [C] kanál: Give each
person a **knife, fork and spoon.** • a wooden
spoon Ⅾ Ábra **kitchen** alatt.
▶ **spoon** verb [T] kanalaz

spoonful /'spuːnfʊl/ noun [C] kanálnyi

sporadic /spə'rædɪk/ adj. szórványos
▶ **sporadically** /-kli/ adv. szórványosan

★ **sport** /spɔːt/ noun **1** [U] sport: John **did** a lot
of sport (sokat sportolt) when he was at
school. • sports clothes **2** [C] sport(ág): **win-
ter sports**
▶ **sporting** adj. sport-: a major sporting
event

sports car noun [C] sportkocsi

sportsman /'spɔːtsmən/ noun [C] (plural
-men /-mən/) sportember, sportoló: a
keen sportsman

sportsmanlike /'spɔːtsmənlaɪk/ adj. sport-
szerű

sportsmanship /'spɔːtsmənʃɪp/ noun [U]
sportszerűség

sportswoman /'spɔːtswʊmən/ noun [C]
(plural -women /-wɪmɪn/) sportember,
sportoló (nő)

sporty /'spɔːti/ adj. (sportier; sportiest)
(informális, főleg brit) sportos

★ **spot¹** /spɒt/ noun [C] **1** pötty ❶ Melléknév:
spotted. **2** (piszok)folt: grease/rust spots
3 pattanás: Many teenagers **get spots.**
❶ Melléknév: spotty. **4** hely: a quiet/
lonely/secluded spot **5** [usually sing.] a spot
of sth (brit, informális) egy kis vmi
6 reflektor
IDIOMS have a soft spot for sb/sth → SOFT |
on the spot 1 azonnal: Paul was caught
stealing money and was dismissed on the
spot. **2** a helyszínen: The fire brigade were
on the spot within five minutes. | **put sb on
the spot** zavarba hoz

spot² /spɒt/ verb [T] (spotting; spotted)
észrevesz: I've spotted a couple of spelling
mistakes. ❶ Az igét continuous igeidők-
ben nem használjuk, azonban -ing alak-
ban gyakran előfordul: Spotting a familiar
face in the crowd, he began to push his way
towards her.

spot check noun [C] szúrópróba

spotless /'spɒtləs/ adj. makulátlan

spotlight /'spɒtlaɪt/ noun **1** (also spot) [C]
reflektor **2** (the spotlight) [sing.] az
érdeklődés központja: to be **in the spot-
light**

spot on adj. (brit, informális, főnév előtt
nem állhat) tökéletes: Your estimate was
spot on.

spotted /'spɒtɪd/ adj. pöttyös

spotty /'spɒti/ adj. pattanásos

spouse /spaʊs/ noun [C] (írott nyelv)
házastárs ❶ Hivatalos iratokon szereplő
szó.

spout¹ /spaʊt/ noun [C] kifolyócső: the
spout of a teapot teáskanna csőre

spout² /spaʊt/ verb [I,T] **1** kilövell,
sugárban ömlik **2** (informális) spout
(on/off) (about sth); spout sth locsog

sprain /spreɪn/ verb [T] kificamít: to sprain
your ankle
▶ **sprain** noun [C] ficam

sprang past tense of SPRING²

sprawl /sprɔːl/ verb [I] **1** (el)terpeszkedik:

❶ = magyarázat [C] megszámlálható (főnév):
one book, two books

[U] megszámlálhatatlan (főnév):
some sugar

People lay sprawled out in the sun.
2 hosszan elterül

▶ **sprawling** *adj.* nagy kiterjedésű: *the sprawling city suburbs*

spray¹ /spreɪ/ *noun* **1** [U] permet **2** [C,U] spray: *hairspray* ➔ Ábra **container** alatt.

spray² /spreɪ/ *verb* [I,T] permetez, fröcsköl, befúj

★ **spread¹** /spred/ *verb* (*pt, pp* **spread**) **1** [I,T] terjed, terjeszt: *The fire spread rapidly because of the strong wind.* • *Rats and flies spread disease.* • *to spread rumours about sb* **2** [T] **spread sth (out) (on/over sth)** kiterít, szétterjeszt: *Spread the map out on the table.* **3** [T] **spread A on/over B; spread B with A** (meg)ken: *to spread jam on bread* • *to spread bread with jam* **4** [T] **spread sth (out) (over sth)** feloszt: *You can spread your repayments over a period of three years.*

PHRASAL VERB **spread (sb/yourself) out** szétszóródik, csoportokra oszlik: *The police spread out to search the whole area.*

spread² /spred/ *noun* **1** [U] terjedés: *Dirty drinking water encourages the spread of disease.* **2** [C,U] -krém (*kenhető étel*): *cheese spread* **3** [C] többoldalas cikk: *a double-page spread*

spreadsheet /'spredʃiːt/ *noun* [C] táblázatkezelő program

spree /spriː/ *noun* [C] (*informális*) nagy buli: *to go on a shopping/spending spree* (egy alkalommal) őrült költekezést csap

sprig /sprɪg/ *noun* [C] kis gally

★ **spring¹** /sprɪŋ/ *noun* **1** [U,C] tavasz: *Daffodils bloom in spring.* **2** [C] rugó ➔ Ábra **coil²** alatt. **3** [C] forrás: *a hot spring* **4** [C] ugrás

spring² /sprɪŋ/ *verb* [I] (*pt* **sprang** /spræŋ/; *pp* **sprung** /sprʌŋ/) **1** ugrik: *When the alarm went off, Ray sprang out of bed.* • *to spring to your feet* • (*átv*) *to spring to sb's defence/assistance* vki védelmére/segítségére siet **2** csapódik: *The branch sprang back and hit him in the face.* **3** felbukkan: *Tears sprang to her eyes.* • *Where did you just spring from?*

IDIOM **come/spring to mind** → MIND¹

PHRASAL VERBS **spring from sth** (*írott nyelv*) ered vmiből: *The idea for the book sprang from an experience she had while travelling in India.* | **spring sth on sb** (*informális*)

meglep vmivel vkit | **spring up** keletkezik, szaporodik

springboard /'sprɪŋbɔːd/ *noun* [C] **1** ugródeszka **2** a **springboard (for/to sth)** ugródeszka (*átv*)

spring-'clean *verb* [T] nagytakarítást végez

spring 'onion *noun* [C,U] újhagyma

springtime /'sprɪŋtaɪm/ *noun* [U] (*írott nyelv*) tavasz

springy /'sprɪŋi/ *adj.* rugalyos: *soft springy grass*

sprinkle /'sprɪŋkl/ *verb* [T] **sprinkle A (on/onto/over B); sprinkle B (with A)** szór, (meg)hint: *to sprinkle sugar on a cake* • *to sprinkle a cake with sugar*

sprinkler /'sprɪŋklə(r)/ *noun* [C] locsoló

sprint /sprɪnt/ *verb* [I,T] sprintel, vágtázik
▶ **sprint** *noun* sprint

sprout¹ /spraʊt/ *verb* [I,T] csírázik, kihajt

sprout² /spraʊt/ *noun* [C] **1** [*usually plural*] (also ,Brussels 'sprout) kelbimbó **2** csíra, hajtás

spruce /spruːs/ *verb*
PHRASAL VERB **spruce (sb/yourself) up** kicsinosít(ja magát)

sprung *past participle* of **SPRING²**

spud /spʌd/ *noun* [C] (*informális*) krumpli

spun *past participle* of **SPIN¹**

spur¹ /spɜː(r)/ *noun* [C] **1** sarkantyú **2** a **spur (to sth)** buzdítás, lökés: *My poor exam results acted as a spur to make me study harder.*

IDIOM **on the spur of the moment** hirtelen, meggondolás nélkül

spur² /spɜː(r)/ *verb* [T] (**spurring; spurred**) **spur sb/sth (on/onto sth)** buzdít, sarkall: *The letter spurred me into action.* • *We were spurred on by the positive feedback from customers.*

spurn /spɜːn/ *verb* [T] (*formális*) visszautasít: *to spurn an offer of friendship*

spurt /spɜːt/ *verb* **1** [I,T] kilövell, sugárban ömlik: *Blood spurted from the wound.* **2** [I] rákapcsol, hajrázik
▶ **spurt** *noun* [C] **1** nagy sugár/kitörés **2** nagy hajrá

spy¹ /spaɪ/ *noun* [C] (*plural* **spies**) kém

spy² /spaɪ/ *verb* (*pres. part.* **spying**; *3rd pers.*

[I] **tárgyatlan** (*ige*): He laughed.   [T] **tárgyas** (*ige*): He ate an apple.

sing. pres. **spies;** *pt, pp* **spied) 1** [ɪ] kémkedik
➔ Lásd **espionage. 2** [τ] (*formális*) lát
IDIOM **spy on sb/sth** leskelődik: *The man next door is spying on us.*

spyhole /ˈspaɪhəʊl/ *noun* [C] kémlelő-
lyuk/-nyílás

sq. *abbr.* (**square** *rövidítése*) **1** = SQUARE²(6):
10 sq cm **2** (**Sq.**) = SQUARE¹(2): *6 Hanover Sq.*

squabble /ˈskwɒbl/ *verb* [ɪ] **squabble**
(over/about sth) veszekszik
▶ **squabble** *noun* [C] veszekedés

squad /skwɒd/ *noun* [C, *with sing. or plural verb*] szakasz, csapat: *He's a policeman with the drugs squad.*

squadron /ˈskwɒdrən/ *noun* [C, *with sing. or plural verb*] (repülési/hajózási) katonai osztag

squalid /ˈskwɒlɪd/ *adj.* ocsmány: *squalid housing conditions*

squall /skwɔːl/ *noun* [C] széllökés, szélvi-
har

squalor /ˈskwɒlə(r)/ *noun* [U] mocsok: *to live in squalor*

squander /ˈskwɒndə(r)/ *verb* [τ] squander
sth (on sth) pazarol: *He squanders his time on TV and computer games.*

★ **square¹** /skweə(r)/ *noun* [C] **1** négyzet:
There are 64 squares on a chess board.
2 (also Square) (*abbr.* **Sq.**) tér: *Protesters gathered in the town square.* • *Trafalgar Square* **3** négyzet (*számé*): *Four is the square of two.* ➔ Lásd **square root.**

★ **square²** /skweə(r)/ *adj., adv.* **1** négyszög-
letes, négyzet alakú: *a square tablecloth*
2 (négy)szögletes: *a square face* • *square shoulders* **3** (*főnév előtt nem állhat*) egye-
nesben (*elszámolásban*): *Here is the money I owe you. Now we're (all) square* (kvittek vagyunk). **4** (*főnév előtt nem állhat*) azonos eredményű: *The teams were all square* (egyformán álltak) *at half-
time.* **5** becsületes: *a square deal* **6** (*abbr.* **sq.**) négyzet-: *The room is 20 square metres in area.* **7** vmilyen oldalhosszúságú
(*négyzet*): *The picture is twenty centimetres square.* **8** (also **squarely**) egyenesen: *to look sb square in the eye* • *I think the blame falls squarely on her.*
IDIOM **a square meal** kiadós étkezés

square³ /skweə(r)/ *verb* [ɪ,τ] **square (sth) with sb/sth** egyezik, egyeztet: *Your conclu-*

sion doesn't really square with the facts. • *If you want time off, you'll have to square it with the boss.*
PHRASAL VERB **square up (with sb)** elszámol
(vkivel)

squared /skweəd/ *adj.* a négyzeten: *Four squared is sixteen.* ➔ Lásd **square root**

ᵢ**square ¹root** *noun* [C] négyzetgyök: *The square root of sixteen is four.* ➔ Lásd
square, squared, root.

squash¹ /skwɒʃ/ *verb* **1** [τ] összenyom: *The fruit at the bottom of the bag will get squashed.* • *Move up - you're squashing me!*
➔ Ábra **squeeze¹** alatt. **2** [ɪ,τ] bepré-
sel(ődik): *We all squashed into the back of the car.* **3** [τ] leállít, elfojt: *to squash sb's suggestion/plan/idea*

squash² /skwɒʃ/ *noun* **1** [C, *usually sing.*] zsúfoltság: *We can get ten people around the table, but it's a bit of a squash.* **2** [U, C] (*brit*) szörp, (gyümölcs)lé: *orange squash*
3 [U] fallabda: *a squash racket*

squat¹ /skwɒt/ *verb* [ɪ] (**squatting; squat-
ted) 1** guggol ➔ Ábra **kneel** alatt. **2** lakást jogtalanul elfoglal

squat² /skwɒt/ *adj.* zömök: *a squat ugly building*

squatter /ˈskwɒtə(r)/ *noun* [C] jogcím nélküli lakó

squawk /skwɔːk/ *verb* [ɪ] vijjog
▶ **squawk** *noun* [C] vijjogás

squeak /skwiːk/ *noun* [C] nyikkanás, nyikorgás: *the squeak of a mouse* egér-
cincogás • *She gave a little squeak of sur-
prise.*
▶ **squeak** *verb* [ɪ,τ] nyikorog, nyüszít
squeaky *adj.* nyikorgó, nyüszítő: *a squeaky floorboard/voice*

squeal /skwiːl/ *verb* [ɪ,τ] sikít: *The baby squealed in delight at the new toy.*
▶ **squeal** *noun* [C] sikoly, csikorgás

A **squeal** hangosabb és hosszabb, mint
a **squeak,** de nem olyan erős, mint a
scream.

squeamish /ˈskwiːmɪʃ/ *adj.* kellemetlen látványra érzékeny

squeeze¹ /skwiːz/ *verb* **1** [τ] **squeeze sth (out); squeeze sth (from/out of sth)** (meg)-
szorít, kifacsar/-présel: *She squeezed his hand as a sign of affection.* • *to squeeze a*

squeeze

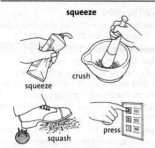

squeeze

crush

squash

press

tube of toothpaste • *Squeeze a lemon/the juice of a lemon into a glass.* • *I squeezed the water out of the cloth.* **2** [*I,T*] **squeeze (sb/sth) into, through,** etc. **sth; squeeze (sb/sth) through, in, past,** etc. (be)gyömöszöl, (át)furakszik: *We can squeeze another person into the back of the car.* • *There was just room for the bus to squeeze past.*

squeeze² /skwiːz/ noun **1** [C] szorítás: *He gave her hand a squeeze and told her he loved her.* **2** [C] kipréselt (gyümölcs)lé: *a squeeze of lemon* **3** [*sing.*] helyszűke: *It was a tight squeeze* (a kevés hely miatt alig sikerült) *to get everybody around the table.* **4** [C, usually sing.] megszorítás

squelch /skwelt∫/ verb [*I*] cuppog

squid /skwɪd/ noun [*C,U*] (*plural* squid or squids) tintahal

squiggle /'skwɪɡl/ noun [C] (*informális*) kacskaringó

squint /skwɪnt/ verb [*I*] **1** **squint (at sth)** hunyorít: *to squint in bright sunlight* **2** bandzsít
► squint *noun* [C] bandzsítás

squirm /skwɜːm/ verb [*I*] fészkelődik

squirrel /'skwɪrəl/ noun [C] mókus

squirt /skwɜːt/ verb [*I,T*] spriccel, fecskendez: *I cut the orange and juice squirted out.* • *She squirted water on the flames.* • *He squirted me with water.*
► squirt *noun* [C] spricc: *a squirt of lemon juice*

Sr. *abbr.* (*US*) (*brit also* Snr) (Senior rövidítése) Id./id.: *John Brown Sr.*

St *abbr.* **1** (Saint rövidítése) Szt.: *St Peter* **2** (street rövidítése) u., utca: *20 Swan St* **3** (st) (stone rövidítése) (*brit*) 6,35 kg

stab¹ /stæb/ verb [*T*] (**stabbing; stabbed**) szúr, döf: *The man had been stabbed in the back.* • *He stabbed a potato with his fork.*

stab² /stæb/ noun [C] **1** szúrás: *He received stab wounds to his neck.* **2** szúró fájdalom
IDIOM **have a stab at sth/doing sth** (*informális*) belevág, (meg/ki)próbál

stabbing¹ /'stæbɪŋ/ noun [C] késelés

stabbing² /'stæbɪŋ/ adj. (*csak főnév előtt*) szúró (*fájdalom*)

stability /stə'bɪləti/ noun [U] stabilitás: *a period of stability* • *The ladder is slightly wider at the bottom for greater stability.* ❶ Ellentéte: **instability**. Melléknév: **stable**.

stabilize (*also* -ise) /'steɪbəlaɪz/ verb [*I,T*] stabilizál(ódik): *The patient's condition has stabilized.* ⊃ Lásd **destabilize**.

stable¹ /'steɪbl/ adj. stabil, biztos: *This ladder doesn't seem very stable.* • *The patient is in a stable condition.* ❶ Ellentéte: **unstable**. Főnév: **stability**.

stable² /'steɪbl/ noun [C] (ló)istálló

stack¹ /stæk/ noun [C] **1** rakás: *a stack of plates/books/chairs* **2** [*often plural*] (*informális*,) egy halom: *I've still got stacks of work to do.*

stack² /stæk/ verb [*T*] **stack sth (up)** halomba/egymásra rak: *Could you stack those chairs for me?*

stacked /stækt/ adj. felhalmozott: *The room was stacked high with books.*

★ **stadium** /'steɪdiəm/ noun [C] (*plural* stadiums *or* stadia /-diə/) stadion

★ **staff** /stɑːf/ noun [C, usually sing.; U] személyzet, testület: *hotel/library/medical staff* • *a **member of staff*** • *The hotel has over 200 people **on its staff.*** • *full-time/part-time staff* • *a staffroom* tanári szoba ❶ A **staff** szót általában egyes számban használjuk többes számú igével: *The staff all speak good English.*
► staff *verb* személyzettel ellát [*T*] (*ált. szenvedő szerkezetben*): *The office is staffed 24 hours a day.*

stag /stæg/ noun [C] szarvasbika

★ **stage¹** /steɪdʒ/ noun **1** [C] szakasz, fokozat: *The first stage of the course lasts for three weeks.* • *I suggest we do the journey in two stages.* • *At this stage it's too early to say*

Λ **cup** | ɜː **fur** | ə **ago** | eɪ **pay** | əʊ **home** | aɪ **five** | aʊ **now** | ɔɪ **join** | ɪə **near** | eə **hair** | ʊə **pure**

what will happen. **2** [C] színpad **3** [*sing., U*] színművészet: *Her parents didn't want her to go on the stage* (színészi pályára lépjen). • *an actor of stage and screen* színész és filmszínész

stage² /steɪdʒ/ *verb* [T] **1** színpadra állít **2** (meg)szervez: *They have decided to stage a 24-hour strike.*

stage 'manager *noun* [C] ügyelő

stagger /'stægə(r)/ *verb* [I] tántorog: *He staggered across the finishing line and collapsed.*

staggered /'stægəd/ *adj.* **1** (*informális*) megdöbbent: *I was absolutely staggered when I heard the news.* **2** lépcsőzetes: *staggered working hours*

staggering /'stægərɪŋ/ *adj.* megdöbbentő, bámulatos
► **staggeringly** *adv.* megdöbbentően, hihetetlenül

stagnant /'stægnənt/ *adj.* **1** posványos: *stagnant water* állóvíz **2** stagnáló, pangó: *a stagnant economy*

stagnate /stæg'neɪt/ *verb* [I] **1** stagnál: *a stagnating economy* **2** posványosodik
► **stagnation** /stæg'neɪʃn/ *noun* [U] stagnálás, pangás

'stag night (also **'stag party**) *noun* [C] kanbuli (*esküvő előtt*) **Ͻ** Vesd össze **hen party**.

staid /steɪd/ *adj.* régimódi, komor/komoly

★**stain** /steɪn/ *verb* [I,T] bepiszkol(ódik), foltot ejt/hagy: *Don't spill any of that red wine - it'll stain the carpet.*
► **stain** *noun* [C] folt: *The blood had left a stain on his shirt.*

stained 'glass *noun* [U] festett üveg: *a stained-glass window*

stainless 'steel *noun* [U] rozsdamentes acél: *a stainless steel pan*

★**stair** /steə(r)/ *noun* **1** (**stairs**) [*plural*] lépcső(k): *a flight of stairs* lépcsősor • *I heard somebody coming down the stairs* (a lépcsőn lefelé). • *She ran up the stairs.* **Ͻ** Lásd **downstairs, upstairs.**

> Vesd össze **stair** és **step**! A **stairs** vagy **flight of stairs** általában épületen belül, a **steps** épületen kívül találhatók és kőből vagy betonból vannak.

2 [C] lépcsőfok

staircase /'steəkeɪs/ (also **stairway**) *noun* [C] lépcsőház/-sor **Ͻ** Lásd **escalator.**

stake¹ /steɪk/ *noun* **1** [C] karó **2** [C] tulajdonrész, érdekeltség: *Foreign investors now have a 20% stake in the company.* **3** (**stakes**) [*plural*] tét: *We play cards for money, but never for very high stakes.*
IDIOM **at stake** kockán forgó: *He knew his future was at stake.*

stake² /steɪk/ *verb* [T] **stake sth (on sth)** kockáztat: *He is staking his political reputation on this issue.*
IDIOM **stake a/your claim (to sth)** jogot formál (vmire)
PHRASAL VERB **stake sth out 1** kijelöl **2** egyértelműen megfogalmaz: *In his speech, the President staked out his position on tax reform.* **3** titokban megfigyel: *The police had been staking out the house for months.*

★**stale** /steɪl/ *adj.* **1** állott, áporodott: *The bread will go stale if you don't put it away.* **2** unalmas, elcsépelt **Ͻ** Lásd **fresh.**

stalemate /'steɪlmeɪt/ *noun* [*sing., U*] **1** holtpont **2** patt

stalk¹ /stɔːk/ *noun* [C] szár

stalk² /stɔːk/ *verb* **1** [T] lopakodva közelít: *a lion stalking its prey* **2** [T] zavaróan követ: *The actress claimed the man had been stalking her for two years.* **3** [I] dühösen/peckesen lépked

stall¹ /stɔːl/ *noun* **1** [C] (*árusító*) (-)bódé, stand: *a market stall* • *a bookstall at the station* **2** (**stalls**) [*plural*] zsöllye, földszint(i ülések) **3** [C, *usually sing.*] (motor) leállás: *The plane went into a stall and almost crashed.*

stall² /stɔːl/ *verb* [I,T] **1** leáll, leállít: *The bus often stalls on this hill.* • *I kept stalling the car.* **2** halogat, késleltet

stallion /'stæliən/ *noun* [C] csődör **Ͻ** Magyarázat a **horse** szónál.

stalwart /'stɔːlwət/ *adj.* hűséges: *a stalwart supporter of the club*
► **stalwart** *noun* [C] oszlopos tag

stamina /'stæmɪnə/ *noun* [U] kitartás, állóképesség: *You need a lot of stamina to run long distances.*

stammer /'stæmə(r)/ *verb* dadog: *He stammered an apology.*
► **stammer** *noun* [*sing.*] dadogás: *to have a stammer*

★ **stamp¹** /stæmp/ *noun* [C] **1** (also '**postage stamp**) bélyeg: *a first-class/second-class stamp* • *Barry's hobby is collecting stamps.*

> Nagy-Britannián belül **first-class** és **second-class** postai szolgáltatás van. Az elsőosztályú kézbesítés gyorsabb, a bélyeg drágább.

2 bélyegző: *a date stamp* **3** bélyegzés, pecsét: *a visa stamp* • (*átv*) *The government has given the project its stamp of approval* (jóváhagyta). **4** the stamp of sth [*usually sing.*] vmi jegye/jellege

stamp² /stæmp/ *verb* **1** [I,T] **stamp (on sth)** rátapos, toppant: *He stamped on the spider and squashed it.* • *It was so cold that I had to stamp my feet* (topogni) *to keep warm.* • *She stamped her foot* (dobbantott) *in anger.* **2** [I] trappol: *She stamped around the room, shouting angrily.* **3** [T] **stamp A (on B); stamp B (with A)** lebélyegez: *to stamp a passport*
PHRASAL VERB stamp sth out megszüntet: *The police are trying to stamp out this kind of crime.*

¡**stamped addressed 'envelope** *noun* [C] (*abbr.* **sae**) megcímzett és felbélyegzett válaszboríték

stampede /stæm'piːd/ *noun* [C] eszeveszett rohanás
► **stampede** *verb* [I] fejvesztve rohan

stance /stæns; stɑːns/ *noun* [C, *usually sing.*] **1 stance (on sth)** hozzáállás, nyíltan hangoztatott vélemény: *the Prime Minister's stance on foreign affairs* **2** testtartás

★ **stand¹** /stænd/ *verb* (*pt, pp* **stood** /stʊd/) **1** [I] *He was standing near the window.* • *Stand still* (ne mozdulj) *– I'm trying to draw you!* • *Only a few houses were left standing after the earthquake.* • *The castle stands on a hill.* • *The house has stood empty for ten years.* **2** [I] **stand (up)** feláll: *He stood up when I entered the room.* **3** [T] állít: *We stood the mirror against the wall.* **4** [I] (fenn)áll: *Does your decision still stand?* • *The world record has stood for ten years.* **5** [I,T] **stand (at) sth** áll (*magasságban, szinten stb.*): *The world record stands at*

6·59 *metres.* • *The building stands nearly 60 metres high.* **6** [I] **stand (on sth)** állást foglal **7** [I] **stand to do sth** ki van téve annak, hogy: *If he has to sell the company, he stands to lose a lot of money.* **8** [I] **stand (for/as sth)** jelölteti magát: *She's standing for the European Parliament.* **9** [T] (*tagadó és kérdő mondatokban a* **can**/**could** *segédigével*) ki nem áll(hat), utál: *I can't stand that woman – she's so rude.* • *I couldn't stand the thought of waiting another two hours so I went home.* **10** [T] (*főleg a* **can**/**could** *segédigével*) elvisel: *Camels can stand extremely hot and cold temperatures.*
❶ Szinonimája: **bear** vagy **take**.
PHRASAL VERBS stand around álldogál: *A lot of people were just standing around outside.* | **stand aside** félreáll: *People stood aside to let the police pass.* | **stand back** visszahúzódik: *The policeman told everybody to stand back.* | **stand by 1** tétlenül áll: *How can you stand by and let them treat their animals like that?* **2** készenlétben áll: *The police are standing by in case there's trouble.* | **stand for sth 1** vmi rövidítése: *What does BBC stand for?* **2** képvisel vmit: *I hate everything that the party stands for.* | **stand in (for sb)** helyettesít | **stand out** kitűnik | **stand up** (fel)áll: *You'll look taller if you stand up straight.* | **stand sb up** (*informális*) átver vkit (*nem megy el a találkára*) | **stand up for sb/sth** kiáll vkiért/vmiért: *He really stands up for his rights.* | **stand up to sb/sth** megvédi magát vkivel/vmivel szemben

★ **stand²** /stænd/ *noun* [C] **1** stand, pult: *a newspaper/hamburger stand* • *a company stand at a trade fair* **2** lelátó **3** [*usually sing.*] **a stand (on/against sth)** állásfoglalás: *The workers have decided to* **take/make a stand** (állást foglalnak) *against further job losses.*

★ **standard¹** /'stændəd/ *noun* [C] **1** színvonal, minőség: *We complained about the low standard of service in the hotel.* • *This work is not* **up to** *your usual* **standard**. **2** mérték, mérce: *By European* **standards** *this is a very expensive city.* • *He is a brilliant player* **by any standard**. **3** [*usually plural*] erkölcsi színvonal: *Many people are worried about falling standards in modern society.*

standard² /'stændəd/ *adj.* **1** normál, átlagos: *He's got long arms, so standard sizes of* *shirt don't fit him.* **2** szabályos, általánosan elfogadott: *standard English*

standardize (also **-ise**) /'stændədaɪz/ *verb* [T] szabványosít: *Safety tests on old cars have been standardized throughout Europe.*
▸ **standardization** (also **-isation**) /ˌstændədaɪ'zeɪʃn/ *noun* [U] szabványosítás

ˌ**standard of ˈliving** *noun* [C] életszínvonal: *There is a higher standard of living in the north than in the south.*

> Hasonló jelentésű a többes számú **living standards**: *Living standards have improved.*

standby /'stændbaɪ/ *noun* **1** [C] (*plural* **standbys**) tartalék: *We always keep candles as a standby in case there is a power cut.* **2** [U] készenlét: *Ambulances were on standby along the route of the marathon.* • *We were put on standby* (várakozólistára tettek) *for the flight to Rome.*
▸ **standby** *adj.* (csak főnév előtt) standby (várólistás): *a standby ticket/passenger*

standing¹ /'stændɪŋ/ *noun* [U] **1** státusz, tekintély: *The agreement has no legal standing.* ❶ Szinonimája: **status**. **2** fennállás (ideje)

standing² /'stændɪŋ/ *adj.* állandó

ˌ**standing ˈorder** *noun* [C] közvetlen terhelési megbízás (*banknál*)

standpoint /'stændpɔɪnt/ *noun* [C] álláspont, szempont ❶ Szinonimája: **point of view.**

standstill /'stændstɪl/ *noun* [*sing.*] teljes mozdulatlanság/nyugalom: *The traffic is at/has come to a complete standstill* (teljesen leállt).
IDIOM grind to a halt/standstill → GRIND¹

stank *past tense of* STINK

staple /'steɪpl/ *noun* [C] fűzőkapocs
▸ **staple** *verb* [T] (össze)fűz
stapler *noun* [C] fűzőgép

ˌ**staple ˈdiet** *noun* [C, *usually sing.*] legfontosabb élelmiszer(ek)

★ **star¹** /stɑː(r)/ *noun* **1** [C] csillag: *The stars were shining brightly.* • *I've marked the possible candidates on the list with a star.* • *a five-star hotel* **2** [C] csillag, sztár: *a pop/rock/film/movie star* • *a football/tennis star* **3** (**stars**) [*plural*] horoszkóp

star² /stɑː(r)/ *verb* (**starring**; **starred**) **1** [I] **star (in sth)** főszerepet játszik **2** [T] főszerepben alkalmaz: *The film stars Kate Winslet.* Kate Winslet a film főszereplője.

starboard /'stɑːbəd/ *noun* [U] hajó jobb oldala ❶ Ellentéte: **port.**

starch /stɑːtʃ/ *noun* [C,U] keményítő

stardom /'stɑːdəm/ *noun* [U] sztárság, hírnév: *She shot to stardom* (befutott) *in a Broadway musical.*

★ **stare** /steə(r)/ *verb* [I] **stare (at sb/sth)** bámul, (rá)mered: *Everybody stared at his hat.* • *He stared into the distance.*

stark¹ /stɑːk/ *adj.* **1** kopár, csupasz: *a stark landscape* **2** kellemetlen és elkerülhetetlen: *He now faces the stark reality of life in prison.* **3** egyértelmű

stark² /stɑːk/ *adv.* teljesen: *stark naked* • *Have you gone stark raving mad?* Teljesen megbolondultál?

starlight /'stɑːlaɪt/ *noun* [U] csillagfény

starry /'stɑːri/ *adj.* csillagos: *a starry night*

★ **start¹** /stɑːt/ *verb* **1** [I,T] **start (sth/to do sth/doing sth)** (el)kezd, kezdődik: *Turn over your exam papers and start now.* • *Let's start again.* Kezdjük elölről. • *We started the game again when Tom arrived.* • *We'll have to start* (elindulni) *early if we want to be in Dover by 10.00* • *Prices start at £5.* • *After waiting for an hour, the customers started to complain.* • *She started playing the piano when she was six.* • *What time do you have to start work in the morning?* • *What time does the concert start?* • *I'd like to start the meeting now.* • *The police think a young woman may have started the fire.* ➔ Magyarázat a **begin** szónál. **2** [I,T] **start (sth) (up)** (el-/be)indul, el-/beindít: *The car won't start.* **3** [I,T] **start (sth) (up)** alapít, elindít/-indul: *They've decided to start their own business.* **4** [I] összerezzen: *A loud noise outside made me start.*
IDIOMS start/get off on the right/wrong foot (with sb) → FOOT¹ | set/start the ball rolling → BALL | to start (off) with **1** először is: *Well, to start off with, you're late, and secondly you've lied to me.* **2** eleinte először: *Everything was fine to start with, but...*
PHRASAL VERBS start off kezd: *I'd like to start off by welcoming you all to Leeds.* | start on

sth nekilát vminek | **start out** kezd vmiként: *She started out as a teacher in Glasgow.* | **start over** (US) újrakezd

★ **start²** /stɑːt/ noun **1** [C, usually sing.] kezdet, kezdés időpontja: *The chairman made a short speech at the start of the meeting.* • *I told you it was a bad idea from the start* (kezdettől fogva). **2** [C, usually sing.] kezdés (másképpen): *to make a fresh start* újra kezd **3** (**the start**) [sing.] rajt, start: *The athletes are now lining up at the start.* **4** [C, usually sing.] (a gyengébbnek adott) előny ➔ Vesd össze **head start**. **5** [C, usually sing.] összerezzenés: *She woke up with a start.* Felriadt álmából.

IDIOMS **for a start** (beszélt nyelv) először is: *'Why can't we go on holiday?' 'Well, for a start we can't afford it...'* | **get off to a flying start** → FLYING | **get off to a good, bad, etc. start** jól, rosszul stb. kezdődik

starter /ˈstɑːtə(r)/ (ált. US **appetizer**) noun [C] előétel

starting point noun [C] **starting point (for sth)** **1** kiindulópont **2** indulási hely

startle /ˈstɑːtl/ verb [T] megriaszt/-döbbent

▸ **startled** adj. riadt, megdöbbent **startling** /ˈstɑːtlɪŋ/ adj. riasztó, megdöbbentő

starvation /stɑːˈveɪʃn/ noun [U] éhezés, éhhalál: *to die of starvation*

★ **starve** /stɑːv/ verb [I,T] éhezik, éhen hal, éheztet: *That winter many animals starved to death.*

IDIOMS **be starved of sth** vmi hiányától szenved: *The children had been starved of love* (szeretetért sóvárogtak). | **be starving** (informális) farkaséhes

★ **state¹** /steɪt/ noun **1** [C] állapot: *the state of the economy* • *He is in a state of shock.* • *The house is in a terrible state.* **2** (also **State**) [C] állam ➔ Magyarázat a **country** szónál. **3** (főleg **the State**) [U] állam(i) (kormány): *affairs/matters of state* • *the relationship between the Church and the State* • *a state-owned* (állami) *company* • *She went to a state school.* • *heads of State* állami vezetők **4** (also **State**) [C] állam: *the southern States of the US* ➔ Vesd össze **county, province.** **5** [U] hivatalos állami: *The Queen is going on a state visit to China.* **6** (**the States**) [plural] (informális) Amerika

IDIOMS **be in/get into a state** (főleg brit, informális) agybajt kap | **state of affairs** helyzet: *This state of affairs must not be allowed to continue.* | **state of mind** lelkiállapot: *She's in a very confused state of mind.*

★ **state²** /steɪt/ verb [T] (főleg formális) feltüntet, állít: *Your letter states that you sent the goods on 31 March.*

stately /ˈsteɪtli/ adj. impozáns: *a stately old building*

stately home noun [C] (brit) régi, főúri kastély (látogatható, történelmi jelentőségű)

★ **statement** /ˈsteɪtmənt/ noun [C] **1** nyilatkozat: *The Prime Minister will make a statement about the defence cuts today.* **2** számlakivonat

state of the art adj. csúcs- (legmodernebb): *The system was state of the art.* • *a state-of-the-art system*

statesman /ˈsteɪtsmən/ noun [C] (plural -men /-mən/) államférfi, neves politikus

static¹ /ˈstætɪk/ adj. változatlan: *House prices are static* (stagnálnak).

static² /ˈstætɪk/ noun [U] **1** légköri zavar(ok) **2** (also **static electricity**) elektrosztatikus töltés: *My hair gets full of static when I brush it.*

★ **station¹** /ˈsteɪʃn/ noun [C] **1** (also **railway station**) vasútállomás **2** (ált. összetett főnevekben) (-)pályaudvar **3** (ált. összetett főnevekben) állomás: *a police/fire station* rendőrőrs/tűzoltóság • *a petrol station* • *a power station* erőmű **4** (gyakran összetett főnevekben) állomás: *a local radio/TV station* • *He tuned in to another station.* ➔ Lásd **channel**.

station² /ˈsteɪʃn/ verb [T] (gyakran szenvedő szerkezetben) kihelyez (ideiglenesen)

stationary /ˈsteɪʃənri/ adj. mozdulatlan, álló

stationer's /ˈsteɪʃənəz/ noun [sing.] papír- és írószerbolt

★ **stationery** /ˈsteɪʃənri/ noun [U] papíráru és írószer

station wagon (US) = ESTATE CAR

statistician /ˌstætɪˈstɪʃn/ noun [C] statisztikus

[I] **tárgyatlan** (ige): *He laughed.*

[T] **tárgyas** (ige): *He ate an apple.*

statistics /stə'tɪstɪks/ noun [plural, U] sta-
tisztika

▶ **statistical** /stə'tɪstɪkl/ adj. statisztikai
statistically /-kli/ adv. statisztikailag

★ **statue** /'stætʃuː/ noun [C] szobor

stature /'stætʃə(r)/ noun [U] (írott nyelv)
1 nagy tekintély/jelentőség **2** termet:
He's quite small **in stature** (alacsony ter-
metű).

status /'steɪtəs/ noun **1** [U] státusz: your
marital status családi állapot • They were
granted refugee status. **2** [sing.] társadalmi
rang/elismertség: Teachers don't have a
very high status in this country. ❶ Szi-
nonimája: **standing**. **3** [U] nagy társa-
dalmi elismertség/rang, rang: The new
job gave him much more status.

the status quo /ˌsteɪtəs 'kwəʊ/ noun
[sing.] status quo, fennálló helyzet

status symbol noun [C] státusszimbólum

statute /'stætʃuːt/ noun [C] (formális)
törvény

statutory /'stætʃətri/ adj. (formális) tör-
vényben meghatározott: a statutory right

staunch /stɔːntʃ/ adj. hithű, rendíthe-
tetlen

stave /steɪv/ verb
PHRASAL VERB **stave sth off** elhárít: to stave
off hunger/illness/inflation/bankruptcy

★ **stay¹** /steɪ/ verb [I] **1** marad: I can't stay long.
• Pete's staying late at the office tonight.
2 marad: I can't **stay awake** any longer.
❶ A remain a stay szinonimája, de formá-
lisabb. **3** lakik/megszáll vhol, marad:
Which hotel are you **staying at**? • Why don't
you **stay the night**? Miért nem maradsz itt
éjszakára?
IDIOM **stay put** (informális) marad (a
helyén)
PHRASAL VERBS **stay away (from sb/sth)** távol
tartja magát vkitől/vhonnan: I want you
to stay away from my daughter. | **stay
behind** (ott) marad: I'll stay behind and help
you wash up. | **stay in** otthon marad: I'm
going to stay in and watch TV. | **stay on
(at...)** tovább marad | **stay out** kimarad
(pl. éjszakára) | **stay up** (későig) fenn-
marad

stay² /steɪ/ noun [C] tartózkodás vhol,
ottlét: Did you enjoy your stay in Crete?

STD /ˌes tiː 'diː/ abbr. (sexually transmitted

disease rövidítése) sexuálisan terjedő
betegség

★ **steady¹** /'stedi/ adj. (steadier; steadiest)
1 folyamatos, kitartó: a steady increase/
decline **2** stabil, megbízható: a steady
job/income **3** biztos, stabil: You need a
steady hand to take good photographs. • He
held the ladder steady.
▶ **steadily** adv. folyamatosan, kitartóan:
Unemployment has risen steadily since April
1998.

steady² /'stedi/ verb [I,T] (pres. part. **steady-
ing**; 3rd pers. sing. pres. **steadies**; pt, pp
steadied) stabilan megáll, megszilárdít:
She put out a hand to steady herself. • He
had to **steady** his **nerves/voice** before begin-
ning his speech.

steak /steɪk/ noun [C,U] hús-/halszelet
➲ Lásd **chop²**.

★ **steal** /stiːl/ verb (pt stole /stəʊl/; pp stolen
/'stəʊlən/) **1** [I,T] **steal (sth) (from sb/sth)**
(el)lop

> Valaki ellop **steal** valamit, de kirabol
> **rob** valakit vagy valamit: My camera
> has been stolen! • I've been robbed! • to
> rob a bank.

➲ Magyarázat a **thief** szónál. **2** [I] **steal
away, in, out, etc.** lopakodik, surran

stealth /stelθ/ noun [U] (formális) észre-
vétlenség, álcázás
▶ **stealthy** adj. észrevétlen, lopakodó: a
stealthy approach/movement
stealthily adv. észrevétlenül, lop(akod)va

★ **steam¹** /stiːm/ noun [U] gőz: Steam was ris-
ing from the coffee. • a steam engine
gőzgép
IDIOMS **let off steam** (informális) kiengedi a
gőzt (átv) | **run out of steam** kimerül, kifúj

steam² /stiːm/ verb **1** [I] gőzölög: a bowl of
steaming hot soup **2** [I,T] párol: steamed
vegetables/fish
IDIOM **be/get steamed up** (informális) fel-
kapja a vizet
PHRASAL VERB **steam (sth) up** bepárásodik,
bepárásít

steamroller /'stiːmrəʊlə(r)/ noun [C] gőz-
henger

★ **steel¹** /stiːl/ noun [U] acél

steel² /stiːl/ verb [T] **steel yourself** fel-
készül (rosszra): Steel yourself for a shock.

steelworks /'sti:lwɜ:ks/ noun [C, with sing. or plural verb] (plural **steelworks**) acél-mű(vek)

★ **steep** /sti:p/ adj. **1** meredek **2** hatalmas **3** (informális) baromi drága
▶ **steeply** adv. meredeken: House prices have risen steeply this year.
steepness noun [U] meredekség

steeped /sti:pt/ adj. steeped in sth tele vmivel: a city steeped in history

steeple /'sti:pl/ noun [C] (hegyes) (templom)torony

★ **steer** /stɪə(r)/ verb **1** [I,T] kormányoz (járművet): to steer a boat/ship/bicycle/motorbike ➔ Lásd még ride¹, sail¹. **2** [T] kézben tart és irányít: She tried to steer the conversation away from the subject of money.
IDIOM keep/stay/steer clear (of sb/sth) → CLEAR²

steering /'stɪərɪŋ/ noun [U] kormányzás, irányítás: a car with power steering

steering wheel (also **wheel**) noun [C] kormánykerék

★ **stem¹** /stem/ noun [C] **1** szár **2** szótő

stem² /stem/ verb [T] (**stemming**; **stemmed**) leállít, megfékez
PHRASAL VERB stem from sth ered vmiből
❶ Az igét continuous igeidőkben nem használjuk, azonban -ing alakban gyakran előfordul: He was treated for depression stemming from his domestic and business difficulties.

stench /stentʃ/ noun [C, sing.] bűz

★ **step¹** /step/ noun [C] **1** lépés: Nick took a step forward. • I heard steps outside the window. • We were obviously lost so we decided to **retrace our steps** (visszamegyünk ugyanazon az úton). **2** lépés: This will not solve the problem completely, but it is **a step in the right direction**. **3** lépcsőfok: on the top/bottom step ➔ Magyarázat a **stair** szónál.
IDIOMS in/out of step (with sb/sth) lépést tartva/nem tartva | step by step fokozatos(an), lépésről lépésre: clear step-by-step instructions | take steps to do sth lépéseket tesz (vmi érdekében) | watch your step **1** óvatos(an) jár/lép), Nézz a lábad elé! **2** okosan viselkedik

★ **step²** /step/ verb [I] (**stepping**; **stepped**) lép:

to step forward/back • I stepped outside for a minute to get some air.
PHRASAL VERBS step down lemond | step in közbelép | step sth up növel, fokoz: The Army has decided to step up its security arrangements.

step- /step-/ (összetett főnevekben) mostoha-

stepbrother /'stepbrʌðə(r)/ noun [C] mostohatestvér (fiú) ➔ Vesd össze **half-brother**.

stepchild /'steptʃaɪld/ noun [C] (plural stepchildren) mostohagyerek, nevelt gyerek

stepdaughter /'stepdɔːtə(r)/ noun [C] vki mostohalánya, vki nevelt lánya

stepfather /'stepfɑːðə(r)/ noun [C] mostohaapa, nevelőapa

stepladder /'steplædə(r)/ noun [C] háztartási/lépcsős létra

stepmother /'stepmʌðə(r)/ noun [C] mostohaanya, nevelőanya

stepping stone noun [C] **1** gázló-kő **2** ugródeszka (átv)

stepsister /'stepsɪstə(r)/ noun [C] mostohatestvér (lány) ➔ Vesd össze **half-sister**.

stepson /'stepsʌn/ noun [C] vki mostohafia, vki nevelt fia

stereo /'steriəʊ/ (plural stereos) noun **1** (also '**stereo system**) [C] sztereó (berendezés): a car/personal stereo **2** [U] sztereó: This programme is broadcast **in stereo**.
▶ **stereo** adj. sztereó: a stereo television

stereotype /'steriətaɪp/ noun [C] sztereotípia
▶ **stereotype** verb [T] sablonosan kezel: In advertisements, women are often stereotyped as housewives.

sterile /'steraɪl/ adj. **1** meddő **2** steril **3** meddő, hiábavaló: a sterile discussion/argument
▶ **sterility** /stə'rɪləti/ noun [U] **1** meddőség **2** üresség (életé stb.)
sterilization (also **sterilisation**) /ˌsterəlaɪ-'zeɪʃn/ noun [U] sterilizálás

sterilize (also **-ise**) /'sterəlaɪz/ verb [T] **1** sterilizál **2** (ált. szenvedő szerkezetben) sterilizál, ivartalanít

sterling¹ /'stɜːlɪŋ/ noun [U] (font) sterling

sterling² /'stɜːlɪŋ/ adj. kiváló: sterling work

stern¹ /stɜːn/ adj. komor, zord: a stern expression/warning
▸ **sternly** adv. komoran, szigorúan

stern² /stɜːn/ noun [C] hajófar, tat ➔ Lásd **bow²**.

stethoscope /'steθəskəʊp/ noun [C] sztetoszkóp

stew /stjuː/ noun [C,U] pörkölt, ragu
▸ **stew** verb [I,T] párol, kompótot készít

steward /'stjuːəd/ noun [C] **1** utaskísérő **2** (brit) rendező (eseményé stb.)

stewardess /ˌstjuːə'des; 'stjuːə-/ noun [C] **1** utaskísérő (nő), légikisasszony **❶** Szinonimája: **air hostess**. **2** utaskísérő (nő) (hajón/vonaton)

★ **stick¹** /stɪk/ verb (pt, pp stuck /stʌk/) **1** [I,T] **stick (sth) in/into (sth)** beleszúr(ódik) **2** [I,T] ragaszt, ragad **3** [T] (informális) lehány vmit vhova, dug: Stick your bags in the bedroom. • James stuck his head round the door. **4** [I] **stick (in sth)** elakad, beragad: This drawer keeps sticking. **5** [T] (informális, gyakran tagadó és kérdő mondatokban) elvisel: I can't stick this job much longer.
IDIOMS poke/stick your nose into sth → NOSE¹ | stick/put your tongue out → TONGUE
PHRASAL VERBS stick around (informális) ődöng | stick at sth (informális) kitartóan csinál | stick by sb (informális) nem hagy cserben | stick out (informális) ki-/feltűnik: The new office block really sticks out from the older buildings around it. | stick (sth) out kiáll/-lóg, kidug: The boy's head was sticking out of the window. | stick it/them out (informális) kitart | stick to sth (informális) ragaszkodik vmihez | stick together (informális) kitartanak egymás mellett | stick up feláll: Your hair's sticking up! | stick up for yourself/sb/sth (informális) kiáll vkiért/vmiért/magáért: Don't worry! I'll stick up for you if there's any trouble.

★ **stick²** /stɪk/ noun [C] **1** gally, ág **2** (főleg brit) (also 'walking stick) bot, sétapálca **3** ütő, bot: a hockey stick ➔ Lásd még **bat¹**(1), **club¹**(4), **racket**(3). Ábra A7. oldalon. **4** vékony rúd/szál, szár: a stick of celery/dynamite

sticker /'stɪkə(r)/ noun [C] matrica

★ **sticky** /'stɪki/ adj. (stickier; stickiest) **1** ragadós: These sweets are very sticky. • sticky tape ragasztószalag **2** (informális) cikis

★ **stiff¹** /stɪf/ adj. **1** merev: My new shoes feel rather stiff. • The door handle is stiff (nehezen jár). **2** merev (testrész): My arm feels really stiff (izomláz van a karomban) after playing tennis yesterday. **3** kemény, sűrű (hab/keverék): Beat the egg whites until they are stiff. **4** erős, kemény: The firm faces stiff competition from its rivals. • a stiff breeze/wind **5** kimért **6** erős (ital tisztán): a stiff whisky
▸ **stiffness** noun [U] merevség, kimértség

stiff² /stɪf/ adv. (informális) halálosan, baromian: to be bored/frozen/scared/worried stiff

stiffen /'stɪfn/ verb **1** [I] megmerevedik **2** [I,T] merevedik, merevít

stiffly /'stɪfli/ adv. mereven: He smiled stiffly.

stifle /'staɪfl/ verb **1** [T] elfojt: Her strict education had stifled her natural creativity. • to stifle a yawn/cry/giggle **2** [I,T] fojt(ogat), fullad: Richard was almost stifled by the smoke.
▸ **stifling** /'staɪflɪŋ/ adj. fullasztó, fojtogató: The heat was stifling.

stigma /'stɪgmə/ noun [C,U] előítélet, bélyeg (átv): There is still a lot of stigma attached to being unemployed.

stiletto /stɪ'letəʊ/ noun [C] (plural -os or -oes) (főleg brit) tűsarkú cipő ➔ Ábra **shoe¹** alatt.

★ **still¹** /stɪl/ adv. **1** még mindig: It's still raining. **2** még (van): There are still ten days to go until my holiday. **3** mégis, annak ellenére: He had a bad headache but he still went to the party. **4** még (nagyobb mértékben): It was very cold yesterday, but today it's colder still.

★ **still²** /stɪl/ adj., adv. **1** mozdulatlan(ul): Stand still! • Children find it hard to **keep/stay still** for long periods. **2** nyugodt, csendes: The water was perfectly still. **3** nem szénsavas: still mineral water ➔ Lásd **fizzy**, **sparkling**.
▸ **stillness** noun [U] mozdulatlanság, nyugalom

still³ /stɪl/ noun [C] egy kép(kocka) (filmből, videóból)

stillborn /'stɪlbɔːn/ *adj.* halva született

stilt /stɪlt/ *noun* [C] **1** gólyaláb: *to walk on stilts* **2** cölöp

stilted /'stɪltɪd/ *adj.* mesterkélt (*stílus*)

stimulant /'stɪmjələnt/ *noun* [C] élénkítő szer

stimulate /'stɪmjuleɪt/ *verb* [T] **1** élénkít, serkent: *Exercise stimulates the blood circulation.* • *The government has decided to cut taxes in order to stimulate the economy.* **2** felkelti vki érdeklődését: *The lessons don't really stimulate him.*
► **stimulation** /ˌstɪmju'leɪʃn/ *noun* [U] ösztönzés, stimulálás

stimulating /'stɪmjuleɪtɪŋ/ *adj.* ösztönző, érdeklődést keltő: *a stimulating discussion*

stimulus /'stɪmjələs/ *noun* [C,U] (*plural* **stimuli** /-laɪ/) ösztönzés, indíték: *Books provide children with ideas and a stimulus for play.*

★ **sting¹** /stɪŋ/ *verb* [I,T] (*pt, pp* **stung** /stʌŋ/) **1** (meg)csíp: *Ow! I've been stung by a bee!* • *Soap stings if it gets in your eyes.* **2** megsért (*szavakkal*)

★ **sting²** /stɪŋ/ *noun* [C] **1** fullánk **2** csípés (*rovaré*): *I got a wasp sting on the leg.* **3** szúró fájdalom

stink /stɪŋk/ *verb* [I] (*pt* **stank** /stæŋk/ or **stunk** /stʌŋk/; *pp* **stunk**) (*informális*) **stink (of sth)** bűzlik (*átv is*): *to stink of fish* halszag van • *The whole business stinks of corruption.*
► **stink** *noun* [C] bűz

'**stink bomb** *noun* [C] bűzbomba

stint /stɪnt/ *noun* [C] (*meghatározott*) időtartam: *He did a brief stint* (egy rövid ideig szolgált) *in the army.*

stipulate /'stɪpjuleɪt/ *verb* [T] (*formális*) előír, meghatároz: *The law stipulates that all schools must be inspected every three years.*
► **stipulation** /ˌstɪpju'leɪʃn/ *noun* [C,U] előírás

★ **stir¹** /stɜː(r)/ *verb* (**stirring**; **stirred**) **1** [T] (meg)kever **2** [I,T] megmoccan, megmozdít: *She heard the baby stir in the next room.* **3** [T] felkavar, felizgat: *The story stirred Carol's imagination.* • *a stirring speech*

PHRASAL VERB **stir sth up** felkavar (*átv*): *He's always trying to stir up trouble.*

stir² /stɜː(r)/ *noun* **1** [C] keverés: *Give the soup a stir.* **2** [*sing.*] felfordulás, izgalom

stirrup /'stɪrəp/ *noun* [C] sarkantyú

★ **stitch¹** /stɪtʃ/ *noun* [C] **1** öltés **2** (*orv*) öltés **3** szem (*kötésben, horgolásban*) **4** [*usually sing.*] nyilallás, szúrás
IDIOM **in stitches** (*informális*) nevetőgörcs

stitch² /stɪtʃ/ *verb* [T] varr, ölt

★ **stock¹** /stɒk/ *noun* **1** [U, C] árukészlet: *to order extra stock* • *I'm afraid that book's **out of stock*** (kifogyott) *at the moment.* • *I'll see if we have your size **in stock*** (raktáron). **2** [C] készlet, tartalék: *Food stocks in the village were very low.* **3** [C,U] részvény, részvénytőke: *to invest in stocks and shares* **4** [C,U] zöldséges csontlé (*leves alapanyag*)
IDIOM **take stock (of sth)** alaposan megfontol

stock² /stɒk/ *verb* [T] **1** raktáron tart **2** feltölt (*raktárt*): *a well-stocked library*
PHRASAL VERB **stock up (on/with sth)** felhalmoz, készletez

stock³ /stɒk/ *adj.* (*csak főnév előtt*) szokványos: *He always gives the same stock answers.*

stockbroker /'stɒkbrəʊkə(r)/ (*also* **broker**) *noun* [C] tőzsdeügynök, bróker

stock exchange *noun* [C] **1** tőzsde **2** (*also* '**stock market**) értéktőzsde ➲ Lásd **exchange**.

stocking /'stɒkɪŋ/ *noun* [C] harisnya: *a pair of stockings* ➲ Lásd **tights**.

stockist /'stɒkɪst/ *noun* [C] márkabolt

stocktaking /'stɒkteɪkɪŋ/ *noun* [U] leltározás: *to do the stocktaking*

stocky /'stɒki/ *adj.* zömök

stoic /'stəʊɪk/ (*also* **stoical** /-kl/) *adj.* (*formális*) sztoikus (*bajokat szótlanul elviselő*)
► **stoically** /-kli/ *adv.* sztoikusan, egykedvűen

stoicism /'stəʊɪsɪzəm/ *noun* [U] belenyugvás

stole *past tense* of STEAL

stolen *past participle* of STEAL

stolid /'stɒlɪd/ *adj.* egykedvű, közönyös

▶ **stolidly** adv. közönyösen

★ **stomach¹** /'stʌmək/ noun [C] **1** gyomor **2** has: She turned over onto her stomach.

stomach² /'stʌmək/ verb [T] (informális, ált. tagadó és kérdő mondatokban) elvisel: I can't stomach (nem vesz be a gyomrom) too much violence in films.

'**stomach-ache** noun [C,U] gyomorfájás: I've got terrible stomach-ache. ➔ Magyarázat az ache szónál.

stomp /stɒmp/ verb [I] (informális) dübörögve jár

★ **stone** /stəʊn/ noun **1** [U] kő (anyag): The house was built of stone. • a stone wall **2** [C] kődarab **3** [C] (also ˌprecious 'stone) drágakő **4** [C] mag (gyümölcsé) **5** [C] (plural stone) 6,35 kg (brit súlyegység)

stoned /stəʊnd/ adj. (szleng) tökrészeg, be van lőve

stony /'stəʊni/ adj. **1** köves **2** rideg: There was a stony silence (jeges csönd) as he walked into the room.

stood past tense, past participle of STAND¹

★ **stool** /stuːl/ noun [C] támla nélküli szék: a piano stool

stoop /stuːp/ verb [I] előregörnyed
▶ **stoop** noun görnyedtség: to walk with a stoop görnyedten jár
PHRASAL VERB **stoop to sth/doing sth** lealacsonyodik (átv)

★ **stop¹** /stɒp/ verb (stopping; stopped) **1** [I,T] megáll/-állít: Does this train stop at Didcot? • My watch has stopped. • I stopped someone in the street to ask the way. **2** [I,T] megszűnik/-szüntet: I think the rain has stopped (elállt). • It's stopped raining now. • Stop (hagyd abba) making that terrible noise! • Stop it! You're hurting me. • The bus service stops at midnight. A busz éjfélig jár. • We tied a bandage round his arm to stop (hogy elállítsuk) the bleeding.

A **stop to do** azt jelenti, hogy valaki azért áll meg, hogy valamit megtegyen: On the way home I stopped to buy a newspaper. A **stop doing** jelentése, hogy valaki abbahagy valamit: Stop talking and listen to me.

3 [T] stop sb/sth (from) doing sth megakadályoz vkit/vmit vmiben: They've built a fence to stop the dog getting out. **4** [I,T]

stop (for sth); stop (and do/to do sth) megáll, abbahagy (vmilyen célból): Shall we stop for lunch now? • Let's stop and look at the map. • We stopped work for half an hour to have a cup of coffee.
IDIOMS stop at nothing semmi nem állíthatja meg | stop short of sth/doing sth majdnem megtesz vmit
PHRASAL VERBS stop off (at/in...) megszakítja az útját | stop over (at/in...) útja során megszáll vhol

★ **stop²** /stɒp/ noun [C] **1** megállás, leállás: Our first stop (első megálló) will be in Edinburgh. • Production at the factory will come to a stop (le fog állni) at midnight tonight. • I managed to bring the car to a stop (sikerült megállítanom) just in time. **2** megálló: a bus stop • I'm getting off at the next stop.
IDIOMS pull out all the stops → PULL¹ | put a stop to sth véget vet (vmi rossznak)

stopgap /'stɒpgæp/ noun [C] átmeneti megoldás

stopover /'stɒpəʊvə(r)/ noun [C] megszállás (utazás közben)

stoppage /'stɒpɪdʒ/ noun [C] **1** munkabeszüntetés **2** megszakítás (sportmérkőzésen)

stopper /'stɒpə(r)/ noun [C] dugasz

stopwatch /'stɒpwɒtʃ/ noun [C] stopperóra

storage /'stɔːrɪdʒ/ noun [U] tárolás

★ **store¹** /stɔː(r)/ noun [C] **1** áruház: a department store ➔ Lásd chain store. **2** (US) = SHOP¹(1) **3** raktár, készlet: a good store of food for the winter
IDIOMS in store (for sb/sth) várható (be fog következni): There's a surprise in store (meglepetés vár rád) for you when you get home! | set... store by sth (sokra/kevésre) becsül, tart: Nick sets great store by his mother's opinion.

★ **store²** /stɔː(r)/ verb [T] (el)raktároz, összegyűjt: to store information on a computer

storekeeper /'stɔːkiːpə(r)/ (US) = SHOP-KEEPER

storeroom /'stɔːruːm; -rʊm/ noun [C] raktár

storey (US story) /'stɔːri/ noun [C] (plural storeys; US stories) emelet: The building *will be five storeys high.* ● *a two-storey house* ● *a multi-storey car park*

stork /stɔːk/ *noun* [C] gólya

★ **storm¹** /stɔːm/ *noun* [C] vihar: *a hailstorm/snowstorm/sandstorm/thunderstorm*

> A **storm** szó a nagyon rossz, viharos idő általános leírására szolgál. Lásd még **gale, hurricane, cyclone, tornado, typhoon, whirlwind, blizzard.**

storm² /stɔːm/ *verb* **1** [I] be-/kiviharzik: *He threw down the book and stormed out of the room.* **2** [T] megrohamoz

stormy /'stɔːmi/ *adj.* viharos *(átv is): a stormy night* ● *stormy weather* ● *a stormy relationship*

★ **story** /'stɔːri/ *noun* [C] (*plural* **stories**) **1** a story (about sb/sth) mese, történet: *I'll tell you a story about the animals that live in that forest.* ● *I always read the children a bedtime story.* Mindig olvasok a gyerekeknek, amikor lefektetem őket. ● *a detective/fairy/ghost/love story* **2** (szóban elmondott) beszámoló: *The police didn't believe his story.* **3** (igaz) történet: *He's writing his life story.* **4** beszámoló, riport: *The plane crash was the front-page story in most newspapers.* **5** (US) = STOREY

stout /staʊt/ *adj.* **1** tömzsi **2** vastag, erős: *stout walking boots*

stove /stəʊv/ *noun* [C] **1** főzőlap (villany/gáztűzhelyé): *He put a pan of water to boil on the stove.* **2** kályha: *a wood-burning stove*

stow /stəʊ/ *verb* [T] stow sth (away) eltesz, elrak(tároz)

stowaway /'stəʊəweɪ/ *noun* [C] potyautas (hajón, repülőn)

straddle /'strædl/ *verb* [T] **1** lovaglóülésben ül: *to straddle a chair* **2** átível, közrefog (híd, épület)

straggle /'strægl/ *verb* [I] **1** lemarad(ozik) (sor végén): *The children straggled along behind their parents.* **2** összevissza nő/terjed/mozog: *Her wet hair straggled across her forehead.*
▸ **straggler** *noun* [C] lemaradó
straggly /'strægli/ *adj.* kusza: *long straggly hair*

★ **straight¹** /streɪt/ *adj.* **1** egyenes (nem görbe): *a straight line* ● *straight hair* ● *Keep your back straight!* ● *He was so tired he*

couldn't walk in a straight line. ➔ Ábra hair alatt. **2** (*főnév előtt nem állhat*) egyenes (*nem ferde*): *That picture isn't straight.* **3** egyenes, tisztességes: *Politicians never give a straight answer.* ● *Are you being straight with me?* **4** rendezett: *It took ages to put the room straight* (rendet csinálni) *after we'd decorated it.* **5** (*informális*) heteroszexuális ❶ Ellentéte: **gay. 6** (*informális*) unalmas (*ember*)

IDIOMS **get sth straight** világosan megért | **keep a straight face** közömbös arcot vág | **put/set the record straight** → RECORD¹

★ **straight²** /streɪt/ *adv.* **1** egyenesen: *Go straight on* (egyenesen előre) *for about two miles until you come to some traffic lights.* ● *He was looking straight ahead.* ● *Sit up straight!* Ülj egyenesen! **2** egyenesen, azonnal: *I took the children straight home after school.* ● *to walk straight past sb/sth* ● *I'm going straight to bed when I get home.* ● *He joined the army straight from school.* **3** egyenesen, tisztességesen: *Tell me straight, doctor – is it serious?*

IDIOMS **go straight** megjavul | **right/straight away** → AWAY | **straight out** őszintén: *I told Asif straight out that I didn't want to see him any more.*

straighten /'streɪtn/ *verb* [I,T] straighten (sth) (up/out) kiegyenesedik, kiegyenesít: *The road straightens out at the bottom of the hill.* ● *to straighten your tie*

PHRASAL VERBS **straighten sth out** megold (zavaros helyzetet) | **straighten up** ki-/felegyenesedik

straightforward /ˌstreɪt'fɔːwəd/ *adj.* **1** világos, egyszerű: *straightforward instructions* **2** egyenes, szókimondó: *a straightforward person*

strain¹ /streɪn/ *noun* **1** [U] túlzott (meg)terhelés: *Running downhill puts strain on the knees.* ● *The rope finally broke under the strain.* **2** [C,U] túlfeszítettség, nyomás (*átv*): *to be under a lot of strain at work* **3** [C] megterhelés (*átv*): *I always find exams a terrible strain.* **4** [C,U] túlerőltetés **5** [C] fajtaváltozat

strain² /streɪn/ *verb* **1** [I,T] erőlködik: *I was straining to see what was happening.* **2** [T] meg-/túlerőltet: *to strain your eyes/a muscle* **3** [T] meg-/túlterhel (*átv*), próbára tesz: *Money problems have strained their*

[I] **tárgyatlan** (*ige*): *He laughed.*   *[T]* **tárgyas** (*ige*): *He ate an apple.*

relationship. **4** [T] meg-/leszűr: *to strain tea/vegetables/spaghetti*

strained /stremd/ *adj.* feszült: *Relations between the two countries are strained.* • *Martin looked tired and strained.*

strait /streɪt/ *noun* **1** [C, *usually plural*] (*földr*) szoros **2** (**straits**) [*plural*] szorult helyzet: *The company is in financial straits.*
IDIOM **be in dire straits** → DIRE

straitjacket (also **straightjacket**) /'streɪt-dʒækɪt/ *noun* [C] kényszerzubbony

strand /strænd/ *noun* [C] (*pamut, gyapjú, haj, átv is*) szál, fonal

stranded /'strændɪd/ *adj.* kilátástalan helyzetben hagyott: *We were left stranded when our car broke down in the mountains.*

★ **strange** /streɪndʒ/ *adj.* **1** különös, váratlan: *A very strange thing happened to me on the way home.* **2** ismeretlen: *My mother told me not to talk to strange men.*

> A **strange** szó nem jelent külföldit. Lásd **foreign**.

▸ **strangely** *adv.* szokatlanul, különös módon: *Tim's behaving very strangely at the moment.*
strangeness *noun* [U] furcsaság

★ **stranger** /'streɪndʒə(r)/ *noun* [C] ismeretlen, idegen: *I had to ask a **complete** stranger to help me.* • *I'm a stranger to this part of the country.*

> A **stranger** szó nem jelent külföldit. Lásd **foreigner**.

strangle /'stræŋgl/ *verb* [T] **1** megfojt ❶ Szinonimája: **throttle**. ➲ Lásd **choke**. **2** megakadályoz/lehetetlenné tesz (*fejlődést*), elfojt

★ **strap** /stræp/ *noun* [C] szíj, pánt: *I managed to fasten my watch strap but now I can't undo it.* ➲ Ábra **bag¹** alatt.

▸ **strap** *verb* [T] (**strapping**; **strapped**) beszíjaz: *The racing driver was securely strapped into the car.*

strategic /strə'tiːdʒɪk/ (also **strategical**) *adj.* **1** célirányos, előnyt biztosító: *They made a strategic decision to sell off part of the company.* **2** stratégiai jelentőségű **3** stratégiai (*fegyverek*)

▸ **strategically** /-kli/ *adv.* stratégiai szem-

pontból: *The island is strategically important.*

strategy /'strætədʒi/ *noun* (*plural* **strategies**) [C,U] stratégia

★ **straw** /strɔː/ *noun* **1** [U] szalma: *a straw hat* **2** [C] szalmaszál **3** [C] szívószál ➲ Ábra **container** alatt.
IDIOM **the last/final straw** az utolsó csepp a pohárban

strawberry /'strɔːbəri/ *noun* [C] (*plural* **strawberries**) eper

stray¹ /streɪ/ *verb* [I] **1** elkóborol: *The sheep had strayed onto the road.* **2** elkalandozik (*a tárgytól*): *My thoughts strayed for a few moments.*

stray² /streɪ/ *noun* [C] kóbor állat
▸ **stray** [*adj.*] (*csak főnév előtt*) kóbor: *a stray dog*

streak¹ /striːk/ *noun* [C] **1** streak (of sth) csík: *The cat had brown fur with streaks of white in it.* **2** jellemvonás: *Vesna is quite nice, but she does have a selfish streak.* **3** szerencsés/balszerencsés időszak: *The team is **on a losing/winning streak** at the moment.*

streak² /striːk/ *verb* [I] (*informális*) elhúzza a csíkot

streaked /striːkt/ *adj.* **streaked (with sth)** csíkozott: *black hair streaked with grey*

★ **stream¹** /striːm/ *noun* [C] **1** patak: *I waded across the shallow stream.* **2** (*folyadék, gáz*) folyás, ömlés **3** (*személyek, tárgyak*) áramlás, áradat **4** özön(lés) (*sorozatos előfordulás*)

stream² /striːm/ *verb* [I] **1** ömlik: *Tears were streaming down his face.* • *Sunlight was streaming in through the windows.* **2** özönlik: *People were streaming out of the station.*

streamer /'striːmə(r)/ *noun* [C] szerpentin(-szalag)

streamline /'striːmlaɪn/ *verb* [T] **1** áramvonalasra tervez **2** korszerűsít (*szervezetet, folyamatot*)
▸ **streamlined** *adj.* modernizált, áramvonalas

★ **street** /striːt/ *noun* [C] **1** utca: *to walk along/down the street* (az utcán végig) • *to cross the street* • *I met Karen in the street this morning.* • *a street map of Rome*

➔ Magyarázat a road szónál. **2 (Street)** (*abbr.* **St**) [*sing.*] utca (*utcanevekben*): *The post office is in Sheep Street.* • *64 High St*

IDIOMS the man in the street → MAN¹ | streets ahead (of sb/sth) (*informális*) százszor jobb | (right) up your street (*informális*) épp neked való

★ **strength** /streŋθ/ *noun* **1** [U] erő: *He pulled with all his strength.* • *I didn't have the strength to walk any further.* • *Germany's economic strength* **2** [U] szilárdság, tartósság **3** [C] vkinek/vminek az erőssége: *His greatest strength is his ability to communicate with people.* • *the strengths and weaknesses of a plan* ❶ Ellentéte: **weakness.**

IDIOMS at full strength teljes számban: *Nobody is injured, so the team will be at full strength for the game.* | below strength nem teljes számban | on the strength of (*információ, tanács*) alapján

strengthen /'streŋθn/ *verb* [I,T] megerősít, megerősödik ❶ Ellentéte: **weaken.**

strenuous /'strenjuəs/ *adj.* megerőltető, fárasztó: *Don't do strenuous exercise after eating.* • *She's making a strenuous effort to be on time every day.*
▸ **strenuously** *adv.* **1** intenzíven **2** határozottan

★ **stress¹** /stres/ *noun* **1** [C,U] feszültség, stressz: *He's been under a lot of stress since his wife went into hospital.* ➔ Lásd **trauma. 2** [U] **stress (on sth)** fokozott figyelem: *We should put more stress (on sth)* (több figyelmet kellene fordítanunk) *on preventing crime.* **3** [C,U] **(a) stress (on sth)** (*nyelv*) hangsúly: *In the word 'dictionary' the stress is on the first syllable, 'dic'.* **4** [C,U] (*fiz*) nyomás: *Heavy lorries put too much stress on this bridge.*

stress² /stres/ *verb* [T] hangsúlyoz: *The minister stressed the need for a peaceful solution.* • *Which syllable is stressed in this word?* ❶ Szinonimája: **emphasize.**

stressful /'stresfl/ *adj.* megterhelő, idegőrlő: *a stressful job*

★ **stretch¹** /stretʃ/ *verb* **1** [I,T] megnyújt/-nyúlik, kifeszít **2** [I,T] **stretch (sth) (out)** nyújtózkodik, kinyújt: *She stretched out on the sofa and fell asleep.* ➔ Ábra az A6. oldalon. **3** [I] elnyúlik, kiterjed (*terület, időtartam*) **4** [T] igénybe vesz, kihasznál:

The test has been designed to really stretch students' knowledge.

IDIOM stretch your legs sétál egyet (*megmozgatja a tagjait*)

stretch² /stretʃ/ *noun* [C] **1 a stretch (of sth)** terület, szakasz (*földterületé, vízé*): *a dangerous stretch of road* **2** [*usually sing.*] nyújtózkodás: *Stand up, everybody, and have a good stretch.*

IDIOMS at a stretch egyhuzamban: *We travelled for six hours at a stretch.* | at full stretch → FULL¹

stretcher /'stretʃə(r)/ *noun* [C] hordágy

★ **strict** /strikt/ *adj.* **1** szigorú: *Samir's very strict with his children.* • *I gave her strict instructions to be home before 9.00.* **2** szószerinti, pontos: *a strict interpretation of the law*

strictly /'striktli/ *adv.* szigorúan: *Smoking is strictly forbidden.*

IDIOM strictly speaking szigorúan véve, valójában

stride¹ /straɪd/ *verb* [I] (*pt* **strode** /strəʊd/; *pp* **stridden** /'strɪdn/) nagyokat lép: *He strode up to the house and knocked on the door.*

stride² /straɪd/ *noun* [C] hosszú lépés

IDIOMS get into your stride belejön vmibe | make great strides gyorsan halad előre (*átv*) | take sth in your stride könnyedén megold/vesz vmit

strident /'straɪdnt/ *adj.* fülsiketítő

strife /straɪf/ *noun* [U] (*írott nyelv*) viszály

★ **strike¹** /straɪk/ *noun* [C] **1** sztrájk: *a one-day strike* • *Union members voted to go on strike* (megszavazták, hogy sztrájkolni fognak). **2** (légi)csapás

★ **strike²** /straɪk/ *verb* (*pt, pp* **struck** /strʌk/) **1** [T] (*formális*) (meg)üt, nekiütközik ❶ A hit ige gyakoribb: *The stone hit her on the head.* **2** [I,T] megtámad, sújt: *The earthquake struck Kobe in 1995.* • *The building had been struck by lightning* (belecsapott a villám). **3** [I] sztrájkol: *The workers voted to strike for more money.* **4** [T] **strike sb (as sth)** vmilyen benyomást kelt: *Does anything here strike you as unusual?* **5** [T] rádöbben: *It suddenly struck me that she would be the ideal person for the job.* **6** [T] csihol: *to strike a match* **7** [I,T] üt (*óra*) **8** [T] lel, rábukkan

IDIOMS strike a balance (between A and B)

megtalálja a középutat | **strike a bargain (with sb)** egyezséget köt | **within striking distance** (a) közel(é)ben

PHRASAL VERBS **strike back** visszaüt | **strike up sth (with sb)** belekezd (*beszélgetésbe, kapcsolatba*)

striker /'straɪkə(r)/ *noun* [C] **1** sztrájkoló **2** csatár

striking /'straɪkɪŋ/ *adj.* szembeötlő, feltűnő: *There was a striking similarity between the two men.*
▶ **strikingly** *adv.* feltűnően

★ **string¹** /strɪŋ/ *noun* **1** [C,U] spárga: *a ball/piece/length of string • The key is hanging on a string.* **2** [C] húr **3** [C] (*sp*) húr **4** (**the strings**) [*plural*] vonósok **5** [C] **a string of sth** füzér: *a string of beads* **6** [C] **a string of sth** egy sor(ozat): *a string of visitors*
IDIOMS **(with) no strings attached; without strings** feltételek nélkül | **pull strings** → PULL¹

string² /strɪŋ/ *verb* [T] (*pt, pp* **strung** /strʌŋ/) **string sth (up)** felaggat
PHRASAL VERBS **string sb/sth out** sorba rendez | **string sth together** összekapcsol/-köt

stringent /'strɪndʒənt/ *adj.* szigorú (*szabály, eljárás*)

★ **strip¹** /strɪp/ *noun* [C] csík, szalag: *a strip of paper*

strip² /strɪp/ *verb* (**stripping; stripped**) **1** [I,T] **strip (sth) (off)** levetkőzik, levetkőztet: *The doctor asked him to strip to the waist.* **2** [T] **strip sb/sth (of sth)** megfoszt vmitől **3** [T] **strip (sth) (off)** leszed (*borítást*)

★ **stripe** /straɪp/ *noun* [C] csík
▶ **striped** /straɪpt/ *adj.* csíkos

stripper /'strɪpə(r)/ *noun* [C] sztriptíztáncos

striptease /'strɪptiːz/ *noun* [C,U] sztriptíz

strive /straɪv/ *verb* [I] (*pt* **strove** /strəʊv/; *pp* **striven** /'strɪvn/) (*formális*) **strive (for sth/to do sth)** erőfeszítést tesz: *to strive for perfection*

strode *past tense of* STRIDE¹

★ **stroke¹** /strəʊk/ *noun* **1** [C] (*toll, ceruza, ecset*) vonás: *a brush stroke* **2** [C] (*sp*) karcsapás, ütés **3** [C,U] (*szóösszetételekben*) úszás: *I can do backstroke* (hátúszás) *and breaststroke* (mellúszás). **Ɔ** Lásd **crawl**. **4** [C] agyvérzés: *to have a stroke* **5** [*sing.*] a

stroke of sth váratlan vmi (*jó esemény/ötlet stb.*): a *stroke of luck* váratlan szerencse • a *stroke of genius* zseniális ötlet
IDIOMS **at a/one stroke** egy csapásra | **not do a stroke (of work)** egy szalmaszálat sem tesz keresztbe

stroke² /strəʊk/ *verb* [T] **1** simogat **2** (*gyengéden*) odébbtol, elsimít

stroll /strəʊl/ *noun* [C] séta: *to go for a stroll along the beach*
▶ **stroll** *verb* [I] sétál

★ **strong** /strɒŋ/ *adj.* **1** erős: *to have strong arms/muscles • That chair isn't strong enough for you to stand on.* • *strong winds/currents/sunlight* • *a strong smell* of garlic átható fokhagymaszag • *strong coffee* • *a strong drink* • *I have the **strong impression** that they don't like us.* **2** erőteljes, szilárd (*meggyőződés*): *There was strong opposition to the idea.* • *strong support* for the government's plan **3** esélyes: *She's a strong candidate for the job.* • *a strong team* **4** (*számnév után*) főből álló: *The crowd was 5000 strong.* **❶** Főnév: **strength** mind a négy jelentés esetén.
▶ **strongly** *adv.* erősen, erőteljesen
IDIOMS **going strong** (*informális*) jól megy: *The company was formed in 1851 and is still going strong.* | **sb's strong point** vkinek erős oldala

strong-ˈminded *adj.* határozott, erélyes

stroppy /'strɒpi/ *adj.* (*brit, szleng*) érzékenykedő, akadékoskodó

strove *past tense of* STRIVE

struck *past tense, past participle of* STRIKE²

★ **structure¹** /'strʌktʃə(r)/ *noun* **1** [C,U] rendszer (*vminek a felépítése*): *the political and social structure of a country* • *the grammatical structures of a language* **2** [C] szerkezet, építmény: *The old office block had been replaced by a modern glass structure.*
▶ **structural** /'strʌktʃərəl/ *adj.* szerkezeti

structure² /'strʌktʃə(r)/ *verb* [T] szervez, felépít: *a carefully-structured English course*

★ **struggle¹** /'strʌgl/ *verb* [I] **1 struggle (with sth/for sth/to do sth)** küszködik, erőlködik: *We struggled up the stairs with our heavy suitcases.* • *Maria was struggling with her English homework.* • *The country is* *struggling for independence.* **2 struggle (with sb/sth); struggle (against sth)** harcol, viaskodik

PHRASAL VERB **struggle on** folytatja a küzdelmet: *I felt terrible but managed to struggle on to the end of the day.*

struggle² /'strʌgl/ *noun* [C] **1** harc, küzdelem: *All countries should join together in the struggle against drug trafficking.* • *He will not give up the presidency without a struggle.* • *a struggle for independence* **2** [*usually sing.*] erőfeszítés: *It will be a struggle to get there on time.*

strum /strʌm/ *verb* [I,T] (**strumming; strummed**) penget

strung *past tense, past participle of* STRING²

strut /strʌt/ *verb* [I] (**strutting; strutted**) peckesen jár

stub¹ /stʌb/ *noun* [C] csikk, csonk

stub² /stʌb/ *verb* [T] beüti a lábujját vmibe: *She stubbed her toe on the step.*

PHRASAL VERB **stub sth out** elnyom (*csikket*): *He stubbed out his cigarette in the ashtray.*

stubble /'stʌbl/ *noun* [U] **1** tarló **2** borosta ⊃ Ábra **hair** alatt.

stubborn /'stʌbən/ *adj.* makacs ❶ Szinonimája: **obstinate.** ⊃ Lásd **pig-headed.**
▸ **stubbornly** *adv.* makacsul
stubbornness *noun* [U] makacsság

stuck¹ *past tense, past participle of* STICK²

stuck² /stʌk/ *adj.* **1** be van ragadva: *This drawer's stuck* • *We were stuck in traffic for over two hours.* **2** elakadt: *If you get stuck, ask your teacher for help.*

stud /stʌd/ *noun* **1** [C] szegecs **2** [C] fülbevaló, testékszer: *a nose stud* **3** [C] szög, stopli (*sportcipő talpán*) **4** [C,U] mén(es), tenyésztálló: *a stud farm*

studded /'stʌdɪd/ *adj.* **1** szeggel kivert (*díszített*) **2 studded (with sth)** tele(szórt)

★ **student** /'stjuːdnt/ *noun* [C] diák, hallgató: *a full-time/part-time student* • *a postgraduate/research student* ⊃ Vesd össze **pupil.** Lásd még **scholar, graduate, undergraduate.**

studied /'stʌdid/ *adj.* (*formális*) keresett, kiszámított (*hatás*): *He treated them with studied politeness.*

★ **studio** /'stjuːdiəʊ/ *noun* [C] (*plural* studios)

1 műterem **2** stúdió: *a film/TV/recording studio*

studious /'stjuːdiəs/ *adj.* szorgalmas (*tanulmányaiban*)

studiously /'stjuːdiəsli/ *adv.* alaposan, gondosan

★ **study¹** /'stʌdi/ *noun* (*plural* studies) **1** [U] tanulmány(ok), tudomány(ág): *One hour every afternoon is left free for individual study.* • *Physiology is the study of how living things work.* • *study skills* **2** (studies) [*plural*] tudományág, tanulmányok: *business/media/Japanese studies* **3** [C] kutatás: *They are doing a study of the causes of heart disease.* **4** [C] dolgozószoba

★ **study²** /'stʌdi/ *verb* (*pres. part.* studying; *3rd pers. sing. pres.* studies; *pt, pp* studied) **1** [I,T] **study (sth/for sth)** tanul, tanulmányoz: *to study French at university* • *Leon has been studying hard for his exams.* ⊃ Vesd össze **learn.** **2** [T] tanulmányoz: *to study a map*

★ **stuff¹** /stʌf/ *noun* [U] (*informális*) **1** izé, mindenféle, holmi: *What's that green stuff at the bottom of the bottle?* • *The shop was burgled and a lot of stuff was stolen.* • *They sell stationery and stuff (like that).* • *I'll put the swimming stuff in this bag.* **2** dolog, szöveg: *I've got lots of stuff to do tomorrow.* • *I don't believe all that stuff about him being robbed.* • *I like reading and stuff* (meg ilyeneket).

stuff² /stʌf/ *verb* **1** [T] **stuff sth (with sth)** megtölt,-töm **2** [T] (*informális*) **stuff sth into sth** bedobál **3** [T] (*informális*) **stuff yourself (with sth)** pukkadásig tömi magába: *Barry just sat there stuffing himself with sandwiches.* **4** [T] kitöm (*állatot*)

stuffing /'stʌfɪŋ/ *noun* [U] **1** töltelék (*ételben*) **2** tömés (*anyaga*)

stuffy /'stʌfi/ *adj.* **1** áporodott, fülledt **2** (*informális*) betokosodott, régimódi

stumble /'stʌmbl/ *verb* [I] **1 stumble (over/on sth)** megbotlik **2 stumble (over/through sth)** megbotlik a nyelve: *The commentator stumbled over the names of the Hungarian players.*

PHRASAL VERB **stumble across/on sb/sth** összefut vkivel, rábukkan vmire

'stumbling block *noun* [C] buktató: *Money*

is still the stumbling block to settling the dispute.

stump¹ /stʌmp/ noun [C] (fa)tönk, csonk: *a tree stump*

stump² /stʌmp/ verb [T] (informális) kifog rajta, sarokba szorít (átv): *I was completely stumped by question 14.*

stun /stʌn/ verb [T] (**stunning; stunned**) **1** elkábít (ütéssel) **2** megdöbbent
▶ **stunned** adj. (meg)döbbent: *There was a stunned silence when I told them the news.*

stung past tense, past participle of STING¹

stunk past participle of STINK

stunning /ˈstʌnɪŋ/ adj. (informális) lenyűgöző, klassz

stunt¹ /stʌnt/ noun [C] **1** szenzációs hír/fogás: *a publicity stunt* **2** (veszedelmes) mutatvány: *Some actors do their own stunts – others use a stuntman.*

stunt² /stʌnt/ verb [T] akadályozza a növekedést: *A poor diet can stunt a child's growth.*

stuntman, stuntwoman /ˈstʌntmæn; ˈstʌntwʊmən/ noun [C] (plural -men /men; wɪmɪn/) kaszkadőr

stupendous /stjuːˈpendəs/ adj. elképesztő, óriási: *a stupendous achievement*

★ **stupid** /ˈstjuːpɪd/ adj. **1** ostoba, hülye: *a stupid mistake/suggestion/question* **2** (csak főnév előtt, informális) vacak: *I'm tired of hearing about his stupid car.*
▶ **stupidity** /stjuːˈpɪdəti/ noun [U] ostobaság
stupidly adv. ostobán

stupor /ˈstjuːpə(r)/ noun [sing., U] bódultság

sturdy /ˈstɜːdi/ adj. (**sturdier; sturdiest**) (élet)erős, vastag, strapabíró: *sturdy legs • sturdy shoes*
▶ **sturdily** adv. tartósan, szilárdan
sturdiness noun [U] keménység, tartósság

sturgeon /ˈstɜːdʒən/ noun [C,U] (plural **sturgeon** or **sturgeons**) tok (halfajta)

stutter /ˈstʌtə(r)/ verb [I,T] dadog
▶ **stutter** noun [C] dadogás: *to have a stutter*

sty (also **stye**) /staɪ/ noun [C] (plural **sties** or **styes**) **1** (orv) árpa (szemhéjon) **2** (also **pigsty**) disznóól

★ **style** /staɪl/ noun **1** [C,U] stílus: *a new style of architecture • an American-style education system* **2** [C,U] divat, (ruha, cipő) modell: *We stock all the latest styles. • I like your new hairstyle* (frizurádat). **3** [U] stílus, elegancia: *He's got no sense of style.*

stylish /ˈstaɪlɪʃ/ adj. divatos, elegáns

suave /swɑːv/ adj. udvariaskodó, kifinomult

subconscious /ˌsʌbˈkɒnʃəs/ noun [sing.] (**the subconscious**) (pszich) a tudatalatti
➔ Vesd össze **the unconscious**.
▶ **subconscious** adj. tudat alatti: *the subconscious mind • Many advertisements work at a subconscious level.*
subconsciously adv. tudat alatt

subdivide /ˌsʌbdɪˈvaɪd/ verb [I,T] feloszt(ódik)
▶ **subdivision** /ˈsʌbdɪvɪʒn/ noun [C,U] felosztás

subdue /səbˈdjuː/ verb [T] leigáz

subdued /səbˈdjuːd/ adj. **1** levert (átv) **2** visszafogott: *subdued laughter/lighting*

★ **subject¹** /ˈsʌbdʒɪkt/ noun [C] **1** téma, tárgykör: *What subject is the lecture on? • I've tried several times to bring up/raise the subject* (szóba hozni) *of money.* **2** tantárgy **3** (nyelv) alany ➔ Lásd **object**. **4** állampolgár, alattvaló: *a British subject*
IDIOM change the subject → CHANGE¹

subject² /səbˈdʒekt/ verb
PHRASAL VERB subject sb/sth to sth alávet vkinek/vminek, kitesz vminek: *He was subjected to verbal and physical abuse from the other boys.*

subject³ /ˈsʌbdʒɪkt/ adj. **subject to sth 1** hajlamos vmire, ki van téve vminek: *The area is subject to regular flooding.* **2** függ vmitől: *The plan for new housing is still subject to approval by the minister.* **3** alávetett

subjective /səbˈdʒektɪv/ adj. szubjektív
❶ Ellentéte: **objective**.
▶ **subjectively** adv. szubjektíven, egyénien

ˈsubject matter noun [U] téma, tartalom

subjunctive /səbˈdʒʌŋktɪv/ noun [C] (nyelv) kötőmód
▶ **subjunctive** adj. kötőmódbeli

sublime /səˈblaɪm/ adj. (formális) fenséges

▶ **sublimely** *adv.* fenségesen

submarine /ˌsʌbməˈriːn/ *noun [C]* tengeralattjáró

submerge /səbˈmɜːdʒ/ *verb [I,T]* el-/lemerül, lesüllyeszt, eláraszt
▶ **submerged** *adj.* elsüllyedt, elárasztott

submission /səbˈmɪʃn/ *noun* **1** [U] behódolás, engedelmeskedés **2** [U, C] (*jog*) benyújtás, bemutatás

submissive /səbˈmɪsɪv/ *adj.* engedelmes, megalázkodó

submit /səbˈmɪt/ *verb* (**submitting; submitted**) **1** [T] **submit sth (to sb/sth)** benyújt (*iratot*): *to submit an application/complaint/claim* **2** [I] **submit (to sb/sth)** aláveti magát

subordinate¹ /səˈbɔːdmət/ *adj.* **subordinate (to sb/sth)** alárendelt
▶ **subordinate** *noun [C]*: *the relationship between superiors and their subordinates* (főnökök és beosztottaik)

subordinate² /səˈbɔːdmeɪt/ *verb [T]* alárendel, kisebb értékűnek minősít

su₁bordinate ˈclause *noun [C]* alárendelt mellékmondat

subscribe /səbˈskraɪb/ *verb [I]* **1** **subscribe (to sth)** előfizet **2** (*formális*) **subscribe to sth** elfogad, oszt (*nézetet*): *I don't subscribe to the view that all war is wrong.*

subscriber /səbˈskraɪbə(r)/ *noun [C]* előfizető: *subscribers to satellite and cable television*

subscription /səbˈskrɪpʃn/ *noun [C]* előfizetés(i díj)

subsequent /ˈsʌbsɪkwənt/ *adj.* (*formális, csak főnév előtt*) (be)következő, későbbi: *I thought that was the end of the matter but subsequent events proved me wrong.*
▶ **subsequently** *adv.* később

subservient /səbˈsɜːviənt/ *adj.* **1** **subservient (to sb/sth)** megalázkodó **2** (*formális*) **subservient (to sth)** alárendelt
▶ **subservience** *noun [U]* függőség

subside /səbˈsaɪd/ *verb [I]* **1** elcsitul, lecsendesedik: *The storm seems to be subsiding.* **2** besüpped
▶ **subsidence** /ˈsʌbsɪdns; səbˈsaɪdns/ *noun [U]* süllyedés

subsidiary¹ /səbˈsɪdiəri/ *adj.* mellék-

subsidiary² /səbˈsɪdiəri/ *noun [C]* (*plural* **subsidiaries**) leányvállalat

subsidize (also **-ise**) /ˈsʌbsɪdaɪz/ *verb [T]* támogat (*pénzzel*)

subsidy /ˈsʌbsədi/ *noun [C,U]* (*plural* **subsidies**) támogatás (*anyagi*): *agricultural/state/housing subsidies*

subsist /səbˈsɪst/ *verb [I]* (*formális*) **subsist (on sth)** tengődik
▶ **subsistence** *noun [U]* fennmaradás, létezés

★ **substance** /ˈsʌbstəns/ *noun* **1** [C] (*kémia, szilárd, cseppfolyós*) anyag **2** [U] jelentőség, bizonyíték: *The commissioner's report **gives substance to** these allegations.* **3** [U] lényeg: *What was the substance of his argument?*

substandard /ˌsʌbˈstændəd/ *adj.* selejtes (*az elvárhatónál gyengébb*)

substantial /səbˈstænʃl/ *adj.* **1** jelentős mennyiségű: *The storms caused substantial damage.* • *a substantial sum of money* **2** nagy, erős **❶** Ellentéte: **insubstantial**.

substantially /səbˈstænʃəli/ *adv.* **1** nagymértékben: *House prices have fallen substantially.* **2** alapvetően

substitute /ˈsʌbstɪtjuːt/ *noun [C]* **a substitute (for sb/sth)** helyettes
▶ **substitute** *verb [T]* **substitute sb/sth (for sb/sth)** helyettesít: *You can substitute margarine for butter.* A vaj helyett lehet margarint használni.
substitution /ˌsʌbstɪˈtjuːʃn/ *noun [C,U]* helyettesítés

subtitle /ˈsʌbtaɪtl/ *noun [C, usually plural]* felirat (*filmen*)

subtle /ˈsʌtl/ *adj.* **1** apró, finom: *subtle colours* • *I noticed a subtle difference in her.* **2** ravasz: *Advertisements persuade us to buy things in very subtle ways.*
▶ **subtlety** /ˈsʌtlti/ *noun [C,U]* (*plural* **subtleties**) finomság, érzékeny különbségtétel
subtly /ˈsʌtli/ *adv.* finoman, ravaszul

★ **subtract** /səbˈtrækt/ *verb [T]* **subtract sth (from sth)** (*mat*) kivon: *If you subtract five from nine you get four.* **❶** Ellentéte: **add**.
▶ **subtraction** /səbˈtrækʃn/ *noun [C,U]* (*mat*) kivonás

★ **suburb** /ˈsʌbɜːb/ *noun [C]* előváros: *Most*

[I] **tárgyatlan** (*ige*): He laughed.

[T] **tárgyas** (*ige*): He ate an apple.

people live in the suburbs and work in the centre of town.
▶ **suburban** /sə'bɜːbən/ *adj.* elővárosi, város környéki

> Sokan úgy gondolják, hogy a városok külső kerületeiben unalmas az élet, ezért gyakran a **suburban** szó azt jelenti, hogy unalmas.

suburbia /sə'bɜːbiə/ *noun* [U] elővárosok, elővárosi életmód/életvitel

subversive /səb'vɜːsɪv/ *adj.* romboló, felforgató: *subversive literature/activities*
▶ **subversive** *noun* [C] (*politikailag*) felforgató egyén
subversion /səb'vɜːʃn/ *noun* [U] (*politikai*) felforgatás

subvert /səb'vɜːt/ *verb* [T] (*politikailag*) (fel)bomlaszt

subway /'sʌbweɪ/ *noun* [C] **1** (*gyalogos*) aluljáró **2** (*US*) = UNDERGROUND³

* **succeed** /sək'siːd/ *verb* **1** [I] succeed (in sth/doing sth) sikerül, sikert ér el: *Our plan succeeded.* • *A good education will help you succeed (boldogulni) in life.* • *to succeed in passing an exam sikeresen letesz egy vizsgát* ❶ Ellentéte: **fail. 2** [I,T] követ (*utána következik*): *Tony Blair succeeded John Major as Prime Minister in 1997.*

* **success** /sək'ses/ *noun* **1** [U] siker: *Hard work is the key to success.* • *Her attempts to get a job for the summer have not met with much success* (nem jártak sikerrel). • *What's the secret of your success?* **2** [C] siker: *He really tried to make a success of (sikerre vinni) the business.* • *The film 'Titanic' was a huge success.* ❶ Ellentéte: **failure.**

* **successful** /sək'sesfl/ *adj.* sikeres
▶ **successfully** /-fəli/ *adv.* sikeresen

succession /sək'seʃn/ *noun* **1** [C] sor(ozat): *a succession of events/problems/visitors* **2** [U] öröklés
IDIOM **in succession** egymást követően: *There have been three deaths in the family in quick succession.*

successor /sək'sesə(r)/ *noun* [C] örökös, utód ➲ Lásd **predecessor.**

succinct /sək'sɪŋkt/ *adj.* világos, tömör
▶ **succinctly** *adv.* tömören

succulent /'sʌkjələnt/ *adj.* nedvdús, zamatos

succumb /sə'kʌm/ *verb* [I] (*formális*) **succumb (to sth)** megadja magát

* **such** /sʌtʃ/ *determiner, pron.* **1** olyan: *I don't believe in ghosts. There's no such thing.* • *The economic situation is such that we all have less money to spend.* • *The statement was worded in such a way that* (olymódon) *it did not upset anyone.* **2** olyan (*nagyon*): *It was such a fascinating book that I couldn't put it down.*

> A **such** szót főnév vagy jelzős főnév előtt használják: *Simon is such a bore.* • *Susan is such a boring woman.* A **so** szó olyan melléknév előtt állhat, amelyet nem követ főnév: *Don't be so boring.* Hasonlítsuk össze a következő két mondatot.: *It was so cold we stayed at home.* • *It was such a cold night that we stayed at home.*

IDIOMS **as such** mint olyan: *It's not a promotion as such* (valójában ez nem előléptetés)*, but it will mean more money.* | **such as** (mint) például: *Fatty foods such as chips are bad for you.*

* **suck** /sʌk/ *verb* **1** [I,T] szív (*folyadékot*): *to suck milk up through a straw* **2** [I,T] szopogat: *He was noisily sucking (on) a sweet.* **3** [T] kiszív: *Vacuum cleaners suck up the dirt.*

sucker /'sʌkə(r)/ *noun* [C] **1** (*informális*) hiszékeny ember **2** szívókorong

suction /'sʌkʃn/ *noun* [U] szívás: *A vacuum cleaner works by suction.*

* **sudden** /'sʌdn/ *adj.* hirtelen, váratlan
▶ **suddenly** *adv.* váratlanul
suddenness *noun* [U] váratlanság
IDIOM **all of a sudden** váratlanul | **sudden death** (*sp*) hirtelen halál

suds /sʌdz/ *noun* [*plural*] szappanhab

sue /suː/ *verb* [I,T] **sue (sb) (for sth)** (*jog*) keresetet indít, perel

suede /sweɪd/ *noun* [U] antilopbőr

suet /'suːɪt/ *noun* [U] faggyú

* **suffer** /'sʌfə(r)/ *verb* **1** [I,T] **suffer (from/for sth); suffer sth** szenved: *Mary often suffers from severe headaches.* • *Our troops suffered heavy losses.* • *He made a rash decision and now he's suffering for it.* **2** [I] kárt

szenved, romlik: *My work is suffering as a result of problems at home.*
▶ **sufferer** *noun* [C] szenvedő: *asthma sufferers*
suffering *noun* [U] szenvedés

sufficient /sə'fɪʃnt/ *adj.* (*formális*) elegendő: *We have sufficient oil reserves to last for three months.* ❶ Ellentéte: **insufficient**.
▶ **sufficiently** *adv.* eléggé

suffix /'sʌfɪks/ *noun* [C] (*nyelv*) toldalék ➔ Lásd **prefix**.

suffocate /'sʌfəkeɪt/ *verb* [I,T] megfullad, megfojt
▶ **suffocating** *adj.* fullasztó (*pl. hőség*)
suffocation /ˌsʌfə'keɪʃn/ *noun* [U] fulladás

★ **sugar** /'ʃʊɡə(r)/ *noun* **1** [U] cukor: *Do you take sugar in tea?* Cukorral iszod a teát? **2** [C] egy kockacukor, egy kávéskanál(nyi) cukor

sugary /'ʃʊɡəri/ *adj.* túl édes

★ **suggest** /sə'dʒest/ *verb* [T] **1 suggest sth (to sb); suggest doing sth; suggest that...** javasol

> Vigyázat! A **suggest** ige után nem állhat részeshatározó és főnévi igenév ~~Tony suggested us to go for a walk.~~ A következő példák mutatják, hogyan lehet a **suggest** igét használni: *Can anybody suggest ways of raising more money?* • *Tony suggested going out for a walk.* • *Tony suggested (that) we go out for a walk.* • *Tony suggested a walk.* • *It was suggested that they were lying.*

2 suggest sb/sth (for/as sth) javaslatot tesz: *Who would you suggest* (javasolnál) *for the job?*

> Ha azt akarjuk mondani, hogy valaki ajánl valakinek valamit, ne a **suggest** igét használjuk.

➔ Lásd **recommend**. **3** céloz vmire: *Are you suggesting the accident was my fault?*

★ **suggestion** /sə'dʒestʃən/ *noun* **1** [C] javaslat: *May I make a suggestion?* • *Has anyone got any suggestions for how to solve this problem?* **2** [U] tanács **3** [*sing.*] vminek a nyoma (*egészen kevés*)

suggestive /sə'dʒestɪv/ *adj.* **1 suggestive (of sth)** vmire utaló/emlékeztető **2** kihívó, kétértelmű: *a suggestive dance/remark/posture*

> Vigyázat! A **suggestive** szó jelentése nem „szuggesztív"! A magyar „szuggesztív" angol megfelelője **impressive** vagy **forceful**.

▶ **suggestively** *adv.* kétértelműen, kihívóan

suicidal /ˌsuːɪ'saɪdl/ *adj.* **1** öngyilkosságra kész: *to be/feel suicidal* **2** végzetes

★ **suicide** /'suːɪsaɪd/ *noun* [U, C] öngyilkosság: *to commit suicide* öngyilkosságot elkövetni

★ **suit¹** /suːt/ *noun* [C] **1** öltöny, kosztüm: *He always wears a suit and tie to work.* **2** -ruha: *a tracksuit/swimsuit* tréningruha/fürdőruha **3** szín (*kártyában*) ➔ Magyarázat a **card** szónál.
IDIOM follow suit → FOLLOW

★ **suit²** /suːt/ *verb* [T] (*continuous igeidőkben nem állhat*) **1** megfelel vkinek: *Would Thursday at 9.30 suit you?* **2** jól áll vkinek: *That dress really suits you.*

★ **suitable** /'suːtəbl/ *adj.* **suitable (for sb/sth); suitable (to do sth)** megfelelő, vkinek való: *I've got nothing suitable to wear for a wedding.* ❶ Ellentéte: **unsuitable**.
▶ **suitability** /ˌsuːtə'bɪləti/ *noun* [U] alkalmasság
suitably *adv.* megfelelően

★ **suitcase** /'suːtkeɪs/ (also **case**) *noun* [C] bőrönd ➔ Ábra **bag¹** alatt.

suite /swiːt/ *noun* [C] **1** lakosztály, részleg: *the honeymoon/penthouse suite* • *a suite of rooms/offices* ➔ Lásd **en suite**. **2** (*bútor*) garnitúra: *a three-piece suite* (egy kanapé és két fotel)

suited /'suːtɪd/ *adj.* **suited (for/to sb/sth)** megfelelő vkinek/vmilyen célra

sulfur (*US*) = SULPHUR

sulk /sʌlk/ *verb* [I] duzzog
▶ **sulky** *adj.* duzzogó, rosszkedvű
sulkily /-ɪli/ *adv.* duzzogva, mogorván

sullen /'sʌlən/ *adj.* komor, mogorva: *a sullen face/expression/glare*
▶ **sullenly** *adv.* komoran, mogorván

sulphur (*US* **sulfur**) /'sʌlfə(r)/ *noun* [U] (*symbol* S) (*kémia*) kén

sultan (also **Sultan**) /'sʌltən/ *noun* [C] szultán

sultana /sʌl'tɑːnə/ *noun* [C] mazsola (*főzéshez*) ➔ Lásd **raisin**.

ʌ **cup** | ɜː **fur** | ə **ago** | eɪ **pay** | əʊ **home** | aɪ **five** | aʊ **now** | ɔɪ **join** | ɪə **near** | eə **hair** | ʊə **pure**

sultry /'sʌltri/ adj. **1** tikkasztó, fülledt **2** szenvedélyes (nő)

* **sum¹** /sʌm/ noun [C] **1** összeg: The industry has spent huge sums of money modernizing its equipment. **2** [usually sing.] the sum (of sth) összeg: The sum of two and five is seven. **3** összeadás: to do sums (összead) in your head

sum² /sʌm/ verb (summing; summed)
PHRASAL VERBS sum (sth) up összegez: To sum up (összegezve), there are three options here... | sum sb/sth up véleményt alkot: He summed the situation up (felmérte a helyzetet) immediately.

summary¹ /'sʌməri/ noun [C] (plural summaries) összegezés: a brief summary of the report ❶ Szinonimája: précis.
▸ summarize (also -ise) /'sʌməraɪz/ verb [T] összefoglal

summary² /'sʌməri/ adj. (formális) elhamarkodott: a summary judgment gyorsított eljárással hozott ítélet

* **summer** /'sʌmə(r)/ noun [U,C] nyár: Is it very hot here in summer? • a summer's day nyári nap
▸ summery adj. nyárias: summery weather • a summery dress

summertime /'sʌmətaɪm/ noun [U] nyár(idő): It's busy here in the summertime.

summing-'up noun [C] (plural summings-up) (jog) tenyek összegzése, (bírói) záróbeszéd

summit /'sʌmɪt/ noun [C] **1** hegycsúcs **2** csúcstalálkozó

summon /'sʌmən/ verb [T] **1** (formális) berendel, beidéz: The boys were summoned to the head teacher's office. **2** summon sth (up) összeszed (erőt, bátorságot stb.): She couldn't summon up the courage to leave him.

summons /'sʌmənz/ noun [C] (plural summonses) (jog) idézés

Sun.¹ abbr. (Sunday rövidítése) vasárnap: Sun. 5 April

* **sun²** /sʌn/ noun **1** (the sun) [sing.] nap (égitest): The sun rises in the east and sets in the west. • the rays of the sun **2** [sing., U] napfény: Don't sit in the sun (a napon) too long. • Too much sun can be harmful.
IDIOM catch the sun → CATCH¹

sun³ /sʌn/ verb [T] (sunning; sunned) sun yourself sütkérezik

sunbathe /'sʌnbeɪð/ verb [I] napozik
➔ Lásd bathe.

sunbeam /'sʌnbiːm/ noun [C] napsugár

sunburn /'sʌnbɜːn/ noun [U] leégés (bőré)
▸ sunburned (also sunburnt) adj. leégett

* **Sunday** /'sʌndeɪ; -di/ noun [C,U] (abbr. Sun.) vasárnap ❶ A hét napjainak nevét mindig nagy kezdőbetűvel írjuk. ➔ Példák a Monday szónál.

sundial /'sʌndaɪəl/ noun [C] napóra

sundry /'sʌndri/ adj. (csak főnév előtt) különféle, vegyes
IDIOM all and sundry (informális) mindenki

sunflower /'sʌnflaʊə(r)/ noun [C] napraforgó

sung past participle of SING

sunglasses /'sʌnɡlɑːsɪz/ noun [plural] napszemüveg

sunk past participle of SINK¹

sunken /'sʌŋkən/ adj. **1** elsüllyedt, elmerült: a sunken ship **2** beesett (arc/szem) **3** süllyesztett: a sunken bath/garden

sunlight /'sʌnlaɪt/ noun [U] napfény

sunlit /'sʌnlɪt/ adj. napsütötte: a sunlit terrace

sunny /'sʌni/ adj. (sunnier; sunniest) napos, napfényes: a sunny day/garden

sunrise /'sʌnraɪz/ noun [U] napkelte: to get up at sunrise ➔ Lásd dawn, sunset.

sunset /'sʌnset/ noun [C,U] napnyugta: The park closes at sunset.

sunshine /'sʌnʃaɪn/ noun [U] napfény, napsütés: We sat down in the sunshine and had lunch.

sunstroke /'sʌnstrəʊk/ noun [U] napszúrás: to get sunstroke

suntan /'sʌntæn/ (also tan) noun [C] lesülés, barnaság: to have/get a suntan • suntan oil napolaj
▸ suntanned (also tanned) adj. napbarnított

* **super** /'suːpə(r)/ adj. (informális) **1** (gyakran összetett főnevekben) klassz, isteni: a new super computer • superglue pillanatragasztó **2** (rég) csodálatos

► **super** adv. (informális) különlegesen: She's super fit. Csúcsformában van.

superb /suːˈpɜːb/ adj. kitűnő, remek
► **superbly** adv. kitűnően, remekül

supercilious /ˌsuːpəˈsɪliəs/ adj. fölényes, gőgös: a supercilious smile
► **superciliously** adv. fölényesen, gőgösen

superficial /ˌsuːpəˈfɪʃl/ adj. **1** felszínes: a superficial knowledge of the subject **2** felületi: a superficial wound/cut/burn **3** felületes: He's a very superficial sort of person.
► **superficiality** /ˌsuːpəˌfɪʃiˈæləti/ noun [U] felszínesség, felületesség
superficially /-ʃəli/ adv. felületesen

superfluous /suːˈpɜːfluəs/ adj. fölösleges

superhuman /ˌsuːpəˈhjuːmən/ adj. emberfölötti: superhuman strength

superimpose /ˌsuːpərɪmˈpəʊz/ verb [T] superimpose sth (on sth) ráhelyez, rávetít

superintendent /ˌsuːpərɪnˈtendənt/ noun [C] **1** rendőr főfelügyelő: Detective Superintendent Waters **2** gondnok, házfelügyelő

★ **superior¹** /suːˈpɪəriə(r)/ adj. **1** superior (to sb/sth) átlagon felüli, különb ❶ Ellentéte: **inferior. 2** superior (to sb) magasabb rangú **3** fölényes
► **superiority** /suːˌpɪəriˈɒrəti/ noun [U] felsőbbrendűség

superior² /suːˈpɪəriə(r)/ noun [C] felettes: Report any accidents to your superior. ❶ Ellentéte: **inferior.**

superlative /suˈpɜːlətɪv/ noun [C] felsőfok

★ **supermarket** /ˈsuːpəmɑːkɪt/ noun [C] ABC-áruház

supernatural /ˌsuːpəˈnætʃrəl/ adj. **1** természetfölötti: a creature with supernatural powers **2** (the supernatural) noun [sing.] a természetfölötti: I don't believe in the supernatural.

supersede /ˌsuːpəˈsiːd/ verb [T] kiszorít, túlhalad: Steam trains were gradually superseded by electric trains.

supersonic /ˌsuːpəˈsɒnɪk/ adj. szuperszonikus

superstar /ˈsuːpəstɑː(r)/ noun [C] szupersztár

superstition /ˌsuːpəˈstɪʃn/ noun [C,U]

babona: According to superstition, it's unlucky to walk under a ladder.
► **superstitious** /ˌsuːpəˈstɪʃəs/ adj. babonás

superstore /ˈsuːpəstɔː(r)/ noun [C] óriás szupermarket

supervise /ˈsuːpəvaɪz/ verb [I,T] felügyel, ellenőriz
► **supervision** /ˌsuːpəˈvɪʒn/ noun [U] felügyelet, ellenőrzés
supervisor /ˈsuːpəvaɪzə(r)/ noun [C] témavezető (pl. diplomamunkánál)

supper /ˈsʌpə(r)/ noun [C,U] (rég) vacsora

supple /ˈsʌpl/ adj. rugalmas, hajlékony
► **suppleness** noun [U] rugalmasság, hajlékonyság

supplement /ˈsʌplɪmənt/ noun [C] kiegészítés, pótlék
► **supplement** /ˈsʌplɪment/ verb [T] supplement sth (with sth) kiegészít
supplementary /ˌsʌplɪˈmentri/ adj. kiegészítő

supplier /səˈplaɪə(r)/ noun [C] (be)szállító

★ **supply¹** /səˈplaɪ/ verb [T] (pres. part. supplying; 3rd pers. sing. pres. supplies; pt, pp supplied) supply sth (to sb); supply sb (with sth) ellát, beszállít

supply² /səˈplaɪ/ noun (plural supplies) [C] készlet: Food supplies were dropped by helicopter. • In many parts of the country water is in short supply (hiánycikk).

★ **support¹** /səˈpɔːt/ verb [T] **1** támogat **2** anyagilag támogat **3** meg-/alátámaszt vmit **4** alátámaszt (pl. elméletet, vádat): What evidence do you have to support what you say? **5** szurkol

★ **support²** /səˈpɔːt/ noun **1** [U] support (for sb/sth) támogatás: public support for the campaign • Steve spoke in support of the proposal (a javaslat érdekében). **2** [C,U] támaszték: She held on to his arm for support. **3** [U] anyagi támasz: She has no job, no home and no means of support.
🔲 moral support → MORAL¹

supporter /səˈpɔːtə(r)/ noun [C] vki híve/ támogatója, szurkoló

supportive /səˈpɔːtɪv/ adj. támogató, segítőkész

★ **suppose** /səˈpəʊz/ verb **1** [T] feltételez: What do you suppose could have happened?

2 [T] tegyük fel, hogy: *Suppose you won the lottery. What would you do?* **3** [T] elképzelhető (lenne), hogy: *I don't suppose you'd lend me your car tonight, would you?* **4** [I,T] gondolom, igen (*de nem szívesen*): *'Can we give Andy a lift?' 'Yes, I suppose so, if we must.'*

IDIOM **be supposed to do sth 1** elvileg meg kell történnie (*elvárják tőle*): *The train was supposed to arrive* (a vonatnak elvileg meg kellett volna érkezni) *ten minutes ago.* • *This is secret and I'm not supposed to talk about it* (elvileg nem szabadna beszélnem róla). **2** (*informális*) állítólag: *This is supposed to be the oldest building in the city.*

supposedly /sə'pəʊzɪdli/ *adv.* vélhetően, állítólag

supposing /sə'pəʊzɪŋ/ *conj.* tegyük fel, hogy: *Supposing the plan goes wrong, what will we do then?*

supposition /ˌsʌpə'zɪʃn/ *noun* [C,U] feltételezés, vélekedés

suppress /sə'pres/ *verb* [T] **1** eltipor, elnyom **2** eltitkol **3** elfojt (*pl. érzelmet*): *to suppress laughter/a yawn*
▶ **suppression** /sə'preʃn/ *noun* [U] elfojtás, elnyomás

supremacy /suː'preməsi/ *noun* [U] **supremacy (over sb/sth)** felsőbbség

supreme /suː'priːm/ *adj.* legmagasabb, legnagyobb: *the Supreme Court* legfelsőbb bíróság

supremely /suː'priːmli/ *adv.* a legteljesebb mértékben

surcharge /'sɜːtʃɑːdʒ/ *noun* [C] pótdíj

★ **sure** /ʃɔː(r)/ *adj., adv.* **1** (*főnév előtt nem állhat*) biztos: *Craig was sure that he'd made the right decision.* • *You must be sure of your facts before you make an accusation.*

> Bár a **sure** és a **certain** szavak jelentése nagyon hasonló, használatuk azonban kissé eltér egymástól. Vesd össze: *It is certain that there will be an election next year.* • *There is sure to be an election next year.*

2 (*főnév előtt nem állhat*) **sure of sth; sure to do sth** biztosan, biztos, hogy: *If you work hard, you are sure to pass the exam.*

3 biztos: *A noise like that is a sure sign of engine trouble.* **4** (*informális*) Persze!

IDIOM **be sure to do sth** okvetlenül tedd meg: *Be sure to write* (okvetlenül írj) *and tell me what happens.* | **for sure** minden kétséget kizáróan: *Nobody knows for sure what happened.* | **make sure 1** meggyőződik vmiről: *I must go back and make sure I closed the window.* **2** feltétlenül (tegyen meg vmit): *Make sure you are back home by 11 o'clock.* | **sure enough** és tényleg: *I expected him to be early, and sure enough he arrived five minutes before the others.* | **sure of yourself** magabiztos | **sure (thing)** (*főleg US, informális*) Persze! Hogyne!

★ **surely** /'ʃɔːli/ *adv.* **1** bizonyára **2** (*meglepődés kifejezésére*): *'Meena's looking for another job.' 'Surely not* (csak nem?).*'* **3** (*US, informális*) Igen! Persze!

surf¹ /sɜːf/ *noun* [U] hullámtaraj

surf² /sɜːf/ *verb* [I] szörfözik
IDIOM **surf the net** szörföl az interneten

★ **surface¹** /'sɜːfɪs/ *noun* **1** [C] felület, felszín: *the earth's surface* **2** (**the surface**) [*sing.*] vízfelület: *leaves floating on the surface of a pond* **3** [C] munkafelület: *a work surface* • *kitchen surfaces* **4** [*sing.*] látszat: *Everybody seems very friendly but there are a lot of tensions below/beneath the surface* (a felszín alatt).

surface² /'sɜːfɪs/ *verb* **1** [I] felszínre jön **2** [I] felmerül: *All the old arguments surfaced again in the discussion.* **3** [T] burkol

surface mail *noun* [U] földi/vízi úton szállított küldemény ➔ Lásd **airmail**.

surfeit /'sɜːfɪt/ *noun* [*sing.*] (*írott nyelv*) a **surfeit (of sth)** bőség

surfer /'sɜːfə(r)/ *noun* [C] szörföző

surge /sɜːdʒ/ *noun* [C, *usually sing.*] a **surge (of/in sth) 1** nekilódulás, előrelendülés: *a surge forward* • *a surge* (hirtelen növekedés) *in the demand for electricity* **2** érzelmi roham/kitörés
▶ **surge** *verb* [I] nekilódul, előrelendül: *The crowd surged forward.*

★ **surgeon** /'sɜːdʒən/ *noun* [C] sebész: *a brain surgeon*

★ **surgery** /'sɜːdʒəri/ *noun* (*plural* **surgeries**) **1** [U] műtét: *to undergo surgery* ➔ Lásd **plastic surgery**, **operation**. **2** [C,U] rendelő, rendelési idő: *Surgery hours are from 9.00 to 11.30.*

surgical /'sɜːdʒɪkl/ adj. sebészeti: *surgical instruments*
► **surgically** /-kli/ adv. műtéti úton

surly /'sɜːli/ adj. mogorva, goromba: *a surly expression*

surmount /sə'maʊnt/ verb [T] leküzd, legyőz ➔ Lásd **insurmountable**.

★ **surname** /'sɜːneɪm/ noun [C] vezetéknév ➔ Magyarázat a **name** szónál.

surpass /sə'pɑːs/ verb [T] (formális) felülmúl vkit/vmit: *The success of the film surpassed all expectations.*

surplus /'sɜːpləs/ noun [C,U] többlet, felesleg
► **surplus** adj. többlet-: *They sell their surplus grain to other countries.*

★ **surprise¹** /sə'praɪz/ noun **1** [U] meglepődés: *They looked up in surprise* (meglepődve) *when she walked in.* • *To my surprise* (meglepetésemre) *they all agreed with me.* **2** [C] meglepetés: *What a pleasant surprise to see you again!* • *The news came as a complete surprise.* • *a surprise* (váratlan) *visit/attack/party*
IDIOM take sb by surprise meglep vkit, rajtaüt vkin

surprise² /sə'praɪz/ verb [T] **1** meglepetést okoz **2** meglep, tetten ér

★ **surprised** /sə'praɪzd/ adj. meglepett: *I was very surprised to see Cara there.*

★ **surprising** /sə'praɪzɪŋ/ adj. meglepő
► **surprisingly** adv. meglepően: *Surprisingly few people got the correct answer.*

surreal /sə'rɪəl/ (also **surrealistic** /sə,riːə'lɪstɪk/) adj. szürreális, szürrealista: *a surreal film/painting/situation*

surrender /sə'rendə(r)/ verb **1** [I,T] **surrender (yourself) (to sb)** megadja magát **❶** Szinonimája: **yield**. **2** [T] (formális) **surrender sb/sth (to sb)** beszolgáltat, átad
► **surrender** noun [C,U] megadás, átadás

surreptitious /,sʌrəp'tɪʃəs/ adj. rejtett, titkos: *I had a surreptitious look at what she was writing.*
► **surreptitiously** adv. lopva, titokban

surrogate /'sʌrəgət/ noun [C] adj. helyettes: *a surrogate mother* béranya

★ **surround** /sə'raʊnd/ verb [T] **surround sb/sth (by/with sth)** körülvesz, körülfog

surrounding /sə'raʊndɪŋ/ adj. (csak főnév előtt) környező

surroundings /sə'raʊndɪŋz/ noun [plural] környék, környezet: *to live in pleasant surroundings* • *animals living in their natural surroundings* ➔ Lásd **environment**.

surveillance /sɜː'veɪləns/ noun [U] megfigyelés: *The building is protected by surveillance cameras* (figyelő kamerák).

survey¹ /'sɜːveɪ/ noun [C] **1** felmérés: *to carry out/conduct/do a survey* **2** földmérés **3** állapotfelmérés

survey² /sə'veɪ/ verb [T] **1** megtekint, szemrevételez: *We stood at the top of the hill and surveyed the countryside.* **2** feltérképez **3** felmér

★ **survive** /sə'vaɪv/ verb **1** [I,T] életben marad, fennmarad: *How can she survive on such a small salary?* • *to survive a plane crash* • *Not many buildings survived the bombing.* **2** [T] túlél vkit/vmit
► **survival** /sə'vaɪvl/ noun [U] életben maradás, túlélés: *A heart transplant was his only chance of survival.*
survivor noun [C] túlélő

susceptible /sə'septəbl/ adj. (főnév előtt nem állhat) **susceptible to sth** hajlamos, fogékony

★ **suspect¹** /sə'spekt/ verb [T] **1** gyanít: *The situation is worse than we first suspected.* ➔ Lásd **unsuspecting**. **2** kételkedik: *I rather suspect his motives for offering to help.* **3 suspect sb (of sth/of doing sth)** gyanakszik, gyanúsít: *I suspect Laura of taking the money.* **❶** Főnév: **suspicion**.

suspect² /'sʌspekt/ noun [C] gyanúsított

suspect³ /'sʌspekt/ adj. gyanús, gyanút keltő: *to have suspect motives* • *a suspect parcel*

suspend /sə'spend/ verb [T] **1 suspend sth (from sth) (by/on sth)** (fel)függeszt, lógat **2** átmenetileg szüneteltet, félbeszakít (átv): *Some rail services were suspended during the strike.* • *The young man was given a suspended sentence* (felfüggesztett börtönbüntetés). **3 suspend sb (from sth)** átmenetileg el-/kitilt: *He was suspended from school for a week for stealing.* **❶** Főnév: **suspension**.

suspender /sə'spendə(r)/ noun 1 [c, usually plural] (brit) harisnyakötő 2 (suspenders) [plural] (US) = BRACE¹(2)

suspense /sə'spens/ noun [U] izgatott várakozás, bizonytalanság: Don't keep us in suspense.

suspension /sə'spenʃn/ noun 1 [C,U] felfüggesztés, kitiltás 2 [U] szüneteltetés (pl. szolgáltatásé) ❶ Ige: suspend. 3 (the suspension) [U] (kerék)felfüggesztés

★**suspicion** /sə'spɪʃn/ noun 1 [U] gyanakvás, gyanú: I always treat smiling politicians with suspicion. • She was arrested on suspicion of murder (gyilkosság gyanújával). • He is under suspicion (azzal gyanúsítják) of being involved in drug smuggling. 2 [C] sejtelem: I have a suspicion that he's forgotten he invited us. ❶ Ige: suspect.

★**suspicious** /sə'spɪʃəs/ adj. 1 suspicious (of/about sb/sth) gyanakvó 2 gyanús, gyanúra okot adó: The old man died in suspicious circumstances. • a suspicious-looking person gyanús kinézetű ember
▶ **suspiciously** adv. gyanút keltően: to behave suspiciously

sustain /sə'steɪn/ verb [T] 1 (életben) tart: Oxygen sustains life. 2 fenntart, megőriz: It's hard to sustain interest for such a long time. 3 (formális) elszenved/-visel: to sustain damage/an injury/a defeat

SW abbr. (south-west, south-western rövidítése) DNy(-i), délnyugat(i): SW Australia Délnyugat-Ausztrália

swagger /'swægə(r)/ verb [I] páváskodik, büszkélkedik
▶ **swagger** noun [sing.] túl büszke/magabiztos viselkedés

★**swallow¹** /'swɒləʊ/ verb 1 [I,T] lenyel: It's easier to swallow pills if you take them with water. • She swallowed (nyelt egyet) hard and tried to speak, but nothing came out. 2 [T] elhisz/-fogad: You shouldn't swallow everything they tell you! 3 [T] lenyel (pl. sértést): I find her criticisms very hard to swallow. 4 [T] swallow sth (up) elnyel: The rent swallows up most of our monthly income.
▶ **swallow** noun [C] korty(olás)
IDIOM hard to swallow → HARD¹

swallow² past tense of SWIM

swamp¹ /swɒmp/ noun [C,U] mocsár, ingovány

swamp² /swɒmp/ verb [T] 1 vízzel tölt meg: The fishing boat was swamped by enormous waves. 2 swamp sb/sth (with sth) (ált. szenvedő szerkezetben) elhalmoz, eláraszt: We've been swamped with applications for the job. ❶ Szinonimája: inundate.

swan /swɒn/ noun [C] hattyú

★**swap** (also swop) /swɒp/ verb [I,T] (swapping; swapped) swap (sth) (with sb); swap A for B (el)cserél: Would you swap seats with me? • I'd swap my job for hers any day.
▶ **swap** noun csere: Let's do a swap.
IDIOM change/swap places (with sb) → PLACE¹

swarm¹ /swɔːm/ noun [C] 1 rajzás (főleg méheké): a swarm of bees/locusts/flies 2 sokaság

swarm² /swɔːm/ verb [I] rajzik
PHRASAL VERB swarm with sb/sth hemzseg vmitől

swat /swɒt/ verb [T] (swatting; swatted) agyoncsap

sway /sweɪ/ verb 1 [I] hajladozik, leng: The trees were swaying in the wind. 2 [T] meggyőz, befolyásol: Many people were swayed by his convincing arguments.

★**swear** /sweə(r)/ verb (pt swore /swɔː(r)/; pp sworn /swɔːn/) 1 [I] swear (at sb/sth) káromkodik ⊃ Lásd curse. 2 [I,T] swear (to do sth); swear that... (meg)esküszik, esküt tesz: Will you swear not to tell anyone?
PHRASAL VERBS swear by sth vmire esküszik | swear sb in (ált. szenvedő szerkezetben) feleskit: The President will be sworn in next week.

'**swear word** noun [C] káromkodás

★**sweat** /swet/ verb [I] 1 izzad 2 sweat (over sth) vmi megizzasztja: I've been sweating over that problem all day.
▶ **sweat** noun [C,U] izzadtság: He woke up in a sweat. ⊃ Lásd perspiration.
IDIOMS in a cold sweat → COLD | work/sweat your guts out → GUT¹

★**sweater** /'swetə(r)/ noun [C] pulóver

A **sweater, jumper, pullover, jersey** szavak ugyanarra a ruhadarabra vonatkoznak és leginkább gyapjúból vagy ehhez hasonló anyagból vannak. A **sweatshirt** pamutból készül, nem hivatalos öltözet, sportoláshoz viselhető. A **cardigan** elől gombolódik.

sweatshirt /'swetʃɜːt/ noun [C] hosszú ujjú pamutpóló

sweaty /'sweti/ adj. **1** izzadt **2** izzasztó: *a hot sweaty day*

swede /swiːd/ noun [C,U] karórépa

★ **sweep¹** /swiːp/ verb (pt, pp swept /swept/) **1** [I,T] (el/fel/ki)söpör **2** [T] lesöpör: *He swept the books angrily off the table.* **3** [I,T] végigsöpör vmin: *Fire swept through the building.* **4** [T] el-/lesodor: *The huge waves swept her overboard.* • *He was swept along by the huge crowd.* **5** [I] elsuhan: *Five big black Mercedes swept past us.* **6** [I,T] átfésül vmit: *The army were sweeping the fields for mines.* • *His eyes swept quickly over the page.*

PHRASAL VERBS sweep sb/sth aside félretol | **sweep sth out** kisöpör | **sweep over sb** magával ragad, hatalmába kerít | **sweep (sth) up** fel-/összesöpör

sweep² /swiːp/ noun [C] **1** [usually sing.] söprés: *I'd better give the floor a sweep.* **2** lendítés: *He showed us which way to go with a sweep of his arm.* **3** átfésülés (pl. területé) **4** (also 'chimney sweep) kéményseprő

IDIOM a clean sweep → CLEAN¹

sweeper /'swiːpə(r)/ noun [C] **1** utcaseprő(gép): *He's a road sweeper.* • *Do you sell carpet sweepers?* **2** söprögető (labdarúgásban)

sweeping /'swiːpɪŋ/ adj. **1** általánosító: *He made a sweeping statement about all politicians being dishonest.* **2** gyökeres (átv): *sweeping reforms*

★ **sweet¹** /swiːt/ adj. **1** édes ➜ Lásd savoury. **2** aranyos: *a sweet little girl* **3** kedves: *a sweet smile* • *It's very sweet of you to remember my birthday!* **4** jóillatú, kellemes (hangú)
▸ **sweetness** noun [U] **1** kedvesség **2** vmi édes illata/íze
IDIOM have a sweet tooth édesszájú

★ **sweet²** /swiːt/ noun **1** [C, usually plural] (US candy [U]) édesség: *a sweet shop* **2** [C,U] desszert ➜ Lásd pudding, dessert.

¹**sweet corn** noun [U] csemegekukorica

sweeten /'swiːtn/ verb [T] (meg)édesít

sweetener /'swiːtnə(r)/ noun [C,U] édesítő(szer): *artificial sweeteners*

sweetheart /'swiːthɑːt/ noun [C] **1** édes(em) (személy) **2** (rég) kedvese vkinek

sweetly /'swiːtli/ adv. kedvesen, édesen: *She smiled sweetly.* • *sweetly-scented flowers*

★ **swell¹** /swel/ verb (pt swelled /sweld/; pp swollen /'swəʊlən/ or swelled) **1** [I,T] swell (up) meg-/feldagad, meg-/felduzzaszt: *After the fall her ankle began to swell up.* • *Heavy rain had swollen the rivers.* A folyók megáradtak a nagy esőtől. **2** [I,T] megnövel, megnövekszik: *The crowd swelled to 600 by the end of the evening.* **3** [I] (írott nyelv) erősödik, növekszik: *Hatred swelled inside him.*

swell² /swel/ noun [sing.] hullámzás

★ **swelling** /'swelɪŋ/ noun **1** [C] duzzanat **2** [U] dagadás

sweltering /'sweltərɪŋ/ adj. (informális) tikkasztó (hőség)

swept past tense, past participle of SWEEP¹

swerve /swɜːv/ verb [I] elkanyarodik/-tér: *The car swerved to avoid the child.*
▸ **swerve** noun [C] kanyarodás

swift /swɪft/ adj. hirtelen, gyors: *a swift reaction/decision/movement* • *a swift runner*
▸ **swiftly** adv. gyorsan, sebesen

swig /swɪg/ verb [I,T] (swigging; swigged) (informális) bedob egy italt, hörpint
▸ **swig** noun [C] slukk

swill /swɪl/ verb [T] swill sth (out/down) (ki)öblít, kimos

★ **swim** /swɪm/ verb (pres. part. **swimming**; pt swam /swæm/; pp swum /swʌm/) **1** [I,T] (át)úszik ➜ Ábra az A7. oldalon.

Gyakori forma a **go swimming**, ha az úszásról, mint kedvtelésről beszélünk: *We go swimming every Saturday.* Használhatjuk még a **go for a swim** kifejezést, ha egy bizonyos esetről van szó: *I went for a swim this morning.*

2 [I] be swimming (in/with sth) úszik vmiben: *The salad was swimming in oil.* **3** [I] forog: *The floor began to swim before*

my eyes and I fainted. **4** [*I*] szédül: *My head was swimming with so much new information.*
  ▸ **swim** *noun* [*sing.*] úszás: *to go for/have a swim*
swimmer *noun* [*C*] úszó: *a strong/weak swimmer*

'**swimming bath** (also **swimming baths** [*plural*]) *noun* [*C*] fedett uszoda

'**swimming costume** (*brit, informális* **costume**) *noun* [*C*] (*brit*) fürdőruha ➲ Lásd **bikini.**

★'**swimming pool** (also **pool**) *noun* [*C*] úszómedence, uszoda: *an indoor/outdoor/open-air swimming pool*

'**swimming trunks** (also **trunks**) *noun* [*plural*] fürdőnadrág: *a pair of swimming trunks*

swimsuit /'swimsu:t/ (also '**swimming costume**) *noun* [*C*] fürdőruha ➲ Lásd **bikini.**

swindle /'swindl/ *verb* [*T*] **swindle sb/sth (out of sth)** megkárosít vkit, kicsal vkitől vmit
  ▸ **swindle** *noun* [*C*] csalás: *a tax swindle*

swine /swam/ *noun* **1** [*C*] (*informális*) piszok alak! **2** [*plural*] (*rég*) sertés

★ **swing¹** /swiŋ/ *verb* (*pt, pp* swung /swʌŋ/) **1** [*I,T*] himbálózik, hintázik, hintáztat: *The rope was swinging from a branch.* ● *She sat on the wall, swinging her legs.* **2** [*I,T*] lendül, lendít: *The door swung open* (az ajtó kicsapódott). ● *He swung the child up onto his shoulders.* **3** [*I*] lendül, vissza-/átlendül: *She swung round when she heard the door open.* ● *His moods swing from one extreme to the other.* Egyik végletből a másikba esik. **4** [*I,T*] **swing (sth) (at sb/sth)** rátámad, (neki)lendít

★ **swing²** /swiŋ/ *noun* **1** [*sing.*] lendítés: *He took a swing at the ball.* Ellendítette a labdát. **2** [*C*] hinta **3** [*C*] fordulat
  IDIOM **in full swing** → **FULL¹**

swipe /swaip/ *verb* **1** [*I,T*] (*informális*) **swipe (at) sb/sth** rácsap: *He swiped at the wasp with a newspaper but missed.* **2** [*T*] (*informális*) elcsen **3** [*T*] lehúz (*elektronikus kártyát*): *The receptionist swiped my credit card.*
  ▸ **swipe** *noun* [*C*] csapás: *She took a swipe at him with her handbag.*

'**swipe card** *noun* [*C*] mágneskártya

swirl /swɜ:l/ *verb* [*I,T*] forog, forgat: *Her long skirt swirled round her legs as she danced.* ● *He swirled some water round in his mouth and spat it out.*
  ▸ **swirl** *noun* [*C*] örvény, forgatag

★ **switch¹** /switʃ/ *noun* [*C*] **1** kapcsoló: *a light switch* **2** hirtelen váltás: *a switch in policy*

★ **switch²** /switʃ/ *verb* [*I,T*] **1** switch (sth) (over) (from sth) (to sth); switch (between A and B) átáll vmire, felvált vmit vmire: *I'm fed up with my glasses – I'm thinking of switching over to contact lenses.* ● *Press these two keys to switch between documents on screen.* ● *The match has been switched from Saturday to Sunday.* **2** switch (sth) (with sb/sth); switch (sth) (over/round) (meg)cserél: *This week you can have the car and I'll go on the bus, and next week we'll switch over.* ● *Someone switched the signs round and everyone went the wrong way.*
  PHRASAL VERBS **switch (sth) off/on** ki-/bekapcsol | **switch (sth) over** csatornát vált

switchboard /'switʃbɔ:d/ *noun* [*C*] telefonközpont

swivel /'swivl/ *verb* [*I,T*] (**swivelling; swivelled;** *US* **swiveling; swiveled**) swivel (sth) (round) fordul, fordít: *She swivelled round to face me.* ● *He swivelled his chair towards the door.*

swollen¹ *past participle* of **SWELL¹**

swollen² /'swəʊlən/ *adj.* meg-/feldagadt

swoop /swu:p/ *verb* [*I*] **1** lecsap vmire: *The bird swooped down on its prey.* **2** rajtaüt: *Police swooped at dawn and arrested the man.*
  ▸ **swoop** *noun* [*C*] **a swoop (on sb/sth)** rajtaütés

swop = SWAP

sword /sɔ:d/ *noun* [*C*] kard

swore *past tense* of **SWEAR**

sworn *past participle* of **SWEAR**

swot¹ /swɒt/ *verb* [*I,T*] (**swotting; swotted**) swot (up) (for/on sth); swot sth up (be)magol: *She's swotting for her final exams.*

swot² /swɒt/ *noun* [*C*] (*informális*) stréber

swum *past participle* of **SWIM**

swung *past tense, past participle* of **SWING¹**

syllable /'sɪləbl/ noun [C] szótag

syllabus /'sɪləbəs/ noun [C] (plural **syllabuses**) tanmenet ➔ Lásd **curriculum**.

★**symbol** /'sɪmbl/ noun [C] **1 a symbol (of sth)** jelkép: The cross is the symbol of Christianity. **2 a symbol (for sth)** vminek a jele: O is the symbol for oxygen.

symbolic /sɪm'bɒlɪk/ (also **symbolical** /-kl/) adj. jelképes: The white dove is symbolic of peace.
► **symbolically** adv. /-kli/ jelképesen

symbolism /'sɪmbəlɪzəm/ noun [U] szimbolizmus

symbolize (also -**ise**) /'sɪmbəlaɪz/ verb [T] jelképez

symmetric /sɪ'metrɪk/ (also **symmetrical** /-rɪkl/) adj. szimmetrikus
► **symmetrically** /-kli/ adv. szimmetrikusan

symmetry /'sɪmətri/ noun [U] szimmetria

★**sympathetic** /ˌsɪmpə'θetɪk/ adj. **1 sympathetic (to/towards sb)** együttérző: I felt very sympathetic towards him.

> Angolban a **sympathetic** nem jelenti, hogy barátságos és kedves. Helyette használjuk a **nice** szót: I met Alex's sister yesterday. She's very nice.

2 sympathetic (to sb/sth) meg-/egyetértő, támogató: I explained our ideas but she wasn't sympathetic to them.
► **sympathetically** /-kli/ adv. együttérzőn

sympathize (also -**ise**) /'sɪmpəθaɪz/ verb [I] **sympathize (with sb/sth) 1** együttérez **2** támogat: I find it difficult to sympathize with his opinions.

sympathizer (also -**iser**) /'sɪmpəθaɪzə(r)/ noun [C] szimpatizáns

★**sympathy** /'sɪmpəθi/ noun (plural **sympathies**) **1** [U] **sympathy (for/towards sb)** együttérzés: Everyone **feels** great **sympathy** for the victims of the attack. • I **have** no **sympathy** for Mark – it's his own fault. **2** (**sympathies**) [plural] egyetértés
IDIOM **in sympathy (with sb/sth)** szolidaritást vállalva, támogatóan: Taxi drivers stopped work in sympathy with the striking bus drivers.

symphony /'sɪmfəni/ noun [C] (plural **symphonies**) szimfónia

symptom /'sɪmptəm/ noun [C] **1** tünet **2** rossz előjel
► **symptomatic** /ˌsɪmptə'mætɪk/ adj. vmire jellemző

synagogue /'sɪnəgɒg/ noun [C] zsinagóga

synchronize (also -**ise**) /'sɪŋkrənaɪz/ verb [T] összehangol: We synchronized our watches. ❶ Figyelem! „Filmet szinkronizál" jelentése **dub a film**.

syndicate /'sɪndɪkət/ noun [C] szindikátus

syndrome /'sɪndrəʊm/ noun [C] **1** tünetcsoport: Down's syndrome Down-kór • Acquired Immune Deficiency Syndrome (Aids) **2** szindróma

synonym /'sɪnənɪm/ noun [C] szinonima
► **synonymous** /sɪ'nɒnɪməs/ adj. (átv) **synonymous (with sth)** rokon értelmű, azonos vmivel: Wealth is not necessarily synonymous with happiness.

syntax /'sɪntæks/ noun [U] mondattan

synthesizer (also -**iser**) /'sɪnθəsaɪzə(r)/ noun [C] szintetizátor

synthetic /sɪn'θetɪk/ adj. műszálas, mű-: synthetic materials/fibres
► **synthetically** /-kli/ adv. mesterséges úton

syphon = SIPHON

syringe /sɪ'rɪndʒ/ noun [C] fecskendő

syrup /'sɪrəp/ noun [U] szirup ➔ Lásd **treacle**.

★**system** /'sɪstəm/ noun **1** [C] rendszer, hálózat: a new computerized system in the library • the education system • a central heating system • a transport system **2** [C] szervezet: the central nervous system a központi idegrendszer **3** (**the system**) [sing.] (informális) a rendszer (mint társadalmi rend): You can't **beat the system**. Nem tehetsz a rendszer ellen semmit.
IDIOM **get sth out of your system** (informális) nem rágódik többé (vmin)

systematic /ˌsɪstə'mætɪk/ adj. rendszeres, módszeres: a systematic search
► **systematically** /-kli/ adv. rendszeresen, módszeresen

systems analyst noun [C] rendszertervező

Tt

T, t¹ /tiː/ noun [C] (plural **T's; t's**) T/t betű

t² (US **tn**) abbr. (**ton(s), tonne(s)** rövidítése) t, tonna

ta /tɑː/ interj. (brit, informális) kösz!

tab /tæb/ noun [C] **1** fül, pánt: You open the tin by pulling the metal tab. **2** (informális) számla
IDIOM **keep tabs on sb/sth** (informális) szemmel tart

★**table** /'teɪbl/ noun [C] **1** asztal: a dining/ coffee (dohányzó)/kitchen table • bedside table éjjeli szekrény • Could you lay/set the table for lunch (megterít)? • to clear the table leszedi az asztalt • Put the vase on the table. • Don't read the newspaper at the table. **2** táblázat

tablecloth /'teɪblklɒθ/ noun [C] abrosz

'**table manners** noun [plural] asztali illem(szabályok)

tablespoon /'teɪblspuːn/ noun [C] **1** evőkanál **2** (also '**tablespoonful**) evőkanálnyi

★**tablet** /'tæblət/ noun [C] tabletta: Take two tablets every four hours.

'**table tennis** noun [U] asztalitenisz

tabloid /'tæblɔɪd/ noun [C] bulvárlap

taboo /tə'buː/ noun [C] (plural **taboos**) tabu
▶ **taboo** adj. tiltott, tilos: a taboo subject/word

tacit /'tæsɪt/ adj. (formális) hallgatólagos
▶ **tacitly** adv. hallgatólagosan

tack¹ /tæk/ noun **1** [sing.] taktika, megközelítés(i mód): If people won't listen, we'll have to try a different tack. **2** [C] lapos fejű, hegyes kis szög

tack² /tæk/ verb [T] **1** le-/odaszögez **2** (össze)fércel
PHRASAL VERB **tack sth on (to sth)** hozzá-/ megtold

★**tackle¹** /'tækl/ verb **1** [T] megbirkózik, megküzd: The government must tackle the problem of rising unemployment. • Firemen were brought in to tackle the blaze. **2** [I,T] szerel (sportban) **3** [T] megragad, derekán/lábánál elkap/-fog **4** [T] **tackle sb**

---

about sth kérdőre von: I'm going to tackle him about the money he owes me.

tackle² /'tækl/ noun **1** [C] szerelés (sportban) **2** [U] felszerelés: fishing tackle

tacky /'tæki/ adj. (informális) **1** giccses: tacky souvenirs **2** ragacsos, ragadós

tact /tækt/ noun [U] tapintat: She handled the situation with great tact.

tactful /'tæktfl/ adj. tapintatos
▶ **tactfully** /-fəli/ adv. tapintatosan

★**tactic** /'tæktɪk/ noun **1** [C, usually plural] taktika **2** (**tactics**) [plural] harcászat

tactical /'tæktɪkl/ adj. **1** taktikai: a tactical error • tactical planning **2** taktikus: a tactical decision
▶ **tactically** /-kli/ adv. taktikai szempontból

tactless /'tæktləs/ adj. tapintatlan: It was rather tactless of you to ask her how old she was.
▶ **tactlessly** adv. tapintatlanul

tadpole /'tædpəʊl/ noun [C] ebihal

tag¹ /tæg/ noun [C] **1** (gyakran összetett főnevekben) cédula, címke: a price tag ⊃ Ábra label¹ alatt. **2** (also '**question tag**) ugye? (rövid visszakérdezés a mondat végén)

tag² /tæg/ verb [T] (**tagging; tagged**) fel-/ megcímkéz
PHRASAL VERB **tag along** hozzácsapódik vkihez

★**tail¹** /teɪl/ noun **1** [C] farok: The dog wagged its tail. **2** [C] hátsó rész, far **3** (**tails**) [plural] frakk **4** (**tails**) [plural] írás(os oldal): 'We'll toss a coin to decide,' said my father. 'Heads or tails (fej vagy írás)?' **5** [C] (informális) vki árnyéka
IDIOM **make head or tail of sth** → HEAD¹

tail² /teɪl/ verb [T] sarkában van
PHRASAL VERB **tail away/off** (főleg brit) elhal-(kul), lemarad

tailor¹ /'teɪlə(r)/ noun [C] szabó

tailor² /'teɪlə(r)/ verb [T] (ált. szenvedő szerkezetben) **1** tailor sth to/for sb/sth (vminek megfelelően) alakít, igazít: pro-

---

❶ = magyarázat   [C] megszámlálható (főnév): one book, two books   [U] megszámlálhatatlan (főnév): some sugar

grammes tailored to the needs of specific groups **2** szab, varr: *a well-tailored coat*

ˌtailor-ˈmade *adj.* tailor-made (for sb/sth) testreszabott

taint /teɪnt/ *noun* [*usually sing.*] (*formális*) (szenny)folt: *the taint of corruption*
▶ **taint** *verb* [T] (*ált. szenvedő szerkezetben*) beszennyez

★ **take** /teɪk/ *verb* [T] (*pt* **took** /tʊk/; *pp* **taken** /'teɪkən/) **1** (el)visz, magával visz: *Could you take this letter home to your parents?* • *The ambulance took him to hospital.* • *I'm taking the children swimming.* ➔ Ábra **bring** alatt. **2** (meg)fog: *She took my hand/me by the hand.* **3** el-/levesz: *Who's taken my pen?* • *My name had been taken off the list.* **4** elfogad: *If you take my advice, you'll forget all about him.* • *Do you take credit cards?* • *What coins does the machine take?* • *I'm not going to take the blame* (felelősséget vállal) *for the accident.* • *She's not going to take the job.* **5** átvesz: *The state will take control of* (irányítása alá vonja) *the company.* **6** vmit vminek/vmilyennek tekint: *She took what he said as a compliment.* • *I wish you would take things more seriously* (komolyan vennéd). **7** talál (*pl.* örömet, vigaszt): *He takes great pleasure in his grandchildren.* • *When she failed the exam she took comfort from the fact that it was only by a few marks.* **8** eltűr, elvisel: *I can't take much more of this heat.* **❶** Szinonimája: **stand. 9** igényel: *It took three people to move the piano.* • *How long did the journey take?* Mennyi ideig tartott az út? **10** (be)vesz, fogyaszt: *Take two tablets four times a day.* • *Do you take sugar in tea?* **11** le-/feljegyez: *She took notes* (jegyzetet készített) *during the lecture.* • *The police officer took my name and address.* **12** (fény)képet készít: *I took some nice photos of the wedding.* **13** (meg)mér: *The doctor took my temperature/pulse/blood pressure* **14** (*continuous igeidőkben nem állhat*) vmilyen méretű cipőt, ruhát hord: *What size shoes do you take?* **15** (*continuous igeidőkben nem állhat*) vmi/vki elfér benne: *How many passengers can this bus take?* **16** főnévvel egy cselekvés leírására: *Take a look* (vess egy pillantást) *at this article.* • *We have to take a decision.* Döntenünk kell. **17** vizsgára készül, vizsgázik: *to take an exam* **18 take sb (for**

sth) tanít vkit: *Who takes you for History?* **19** közlekedik, vmilyen úton megy: *I always take the train to York.* • *Which road do you take to Hove?* • *Take the second turning on the right.* A második keresztutcán forduljon jobbra. **20** (*continuous igeidőkben nem állhat*) (*nyelv*) vonz vmit: *The verb 'depend' takes the preposition 'on'.*

IDIOMS be taken with sb/sth el van ragadtatva vkitől/vmitől | take it (that...) ezek szerint: *I take it that you're not coming?* | take it from me nekem elhiheted | take a lot of/some doing nem kis munkába kerül | take a lot out of sb vmi kimerít vkit **❶** További kifejezések a **take** igével kapcsolatban a kifejezésben szereplő főnévnél, melléknévnél stb. találhatók, pl. **take place** lásd **place**[1].

PHRASAL VERBS take sb aback meghökkent
take after sb (*continuous igeidőkben nem állhat*) vkire üt, hasonlít vkire
take sth apart darabokra szed
take sth away **1** megszüntet: *These aspirins will take the pain away.* **2** meleg ételt étteremből elvisz **❶** Főnév: **takeaway.** | take sb/sth away (from sb) elvesz vmit, magával visz vkit
take sth back **1** visszavisz **2** visszavon
take sth down **1** lebont, leszerel: *to take a tent down* **2** lejegyez
take sb in **1** rászed vkit: *I was completely taken in by her story.* **2** befogad | take sth in megemészt (*átv*): *There was too much in the museum to take in at one go.*
take off **1** felszáll **❶** Ellentéte: **land. 2** beindul (*sikeres pályán*)
take sth off kifiguráz | take sth off **1** levet: *Come in and take your coat off.* **2** kivesz (*pl. szabadságot*)
take sb on felvesz vkit munkára | take sth on (el)vállal: *He's taken on a lot of extra work.*
take sb out elvisz (vkit szórakozni): *I'm taking Sarah out for a meal tonight.* | take sth out kivesz: *He took a sweater out of the drawer.* • *He's having two teeth taken out* (kihúzat). | take sth out (of sth) ki-/elővesz: *I need to take some money out of the bank.* | take it out on sb kitölti a haragját vkin
take (sth) over átvesz, elfoglal: *The firm is being taken over by a large company.* • *Who's going to take over as assistant?*

[I] **tárgyatlan** (*ige*): *He laughed.*   [T] **tárgyas** (*ige*): *He ate an apple.*

take to sb/sth megkedvel | **take to sth/ doing sth** vmire rászokik/-kap

take sth up belefog, foglalkozni kezd vmivel: *I've taken up yoga recently.* | **take up sth** igénybe veszi (*idejét*), leköti (*energiáját, figyelmét*): *All her time is taken up looking after the new baby.* ❶ Szinonimája: **occupy.** | **take sb up on sth 1** megállít (*szavába vágva indoklást/ helyesbítést kér*): *I must take you up on that last point.* **2** (*informális*) szaván fog vkit | **take sth up with sb** vki elé terjeszt (vmi ügyet)

takeaway /'teɪkəweɪ/ (*US* **takeout, carryout**) *noun* [*C*] **1** meleg ételt hazaszállításra árusító hely **2** elvihető étel: *Let's have a takeaway.*

take-off *noun* [*U, C*] felszállás ❶ Ellentéte: **landing.**

takeover /'teɪkəʊvə(r)/ *noun* [*C*] (hatalom)átvétel: *They made a takeover bid for the company.* • *a military takeover of the government*

takings /'teɪkɪŋz/ *noun* [*plural*] bevétel

talcum powder /'tælkəm paʊdə(r)/ (also **talc** /tælk/) *noun* [*U*] hintőpor

tale /teɪl/ *noun* [*C*] **1** mese: *fairy tales* **2** szóbeszéd, mendemonda: *I've heard tales of people seeing ghosts in that house.*

★ **talent** /'tælənt/ *noun* [*C,U*] **(a) talent (for sth)** tehetség: *She has a talent for painting.* • *His work shows great talent.*
  ▸ **talented** *adj.* tehetséges

★ **talk¹** /tɔ:k/ *verb* **1** [*I*] **talk (to/with sb) (about/of sb/sth)** beszélget, beszél: *I could hear them talking downstairs.* • *Can I talk to you for a minute?* • *Nasreen is not an easy person to talk to.* • *We need to talk about the plans for the weekend.* • *He's been talking of going to Australia for some time now.* • *Dr Hollis will be talking about Japanese Art in her lecture.* ➔ Magyarázat a **speak** szónál. **2** [*I,T*] (meg)beszél, (meg)tárgyal: *We can't go on like this. We need to talk.* • *Could we talk business after dinner?* **3** [*I*] pletykál: *His strange lifestyle started the local people talking.* ❶ Szinonimája: **gossip. 4** [*I*] beszél (*pl. vallatásnál*)
  IDIOMS know what you are talking about ➔ **KNOW** | **talk sense** értelmesen beszél | **talk shop** szakmai dolgokról beszélget

(*társaságban*) | **talk/speak of the devil** ➔ **DEVIL**
  PHRASAL VERBS talk down to sb lekezelően beszél vkivel | **talk sb into/out of doing sth** rábeszél vmire, lebeszél vmiről | **talk sth over (with sb)** megbeszél, megvitat

★ **talk²** /tɔ:k/ *noun* **1** [*C*] **a talk (with sb) (about sth)** beszélgetés, társalgás: *Tim and I had a long talk about the problem.* **2** (**talks**) [*plural*] tárgyalás(ok): *The Foreign Ministers will meet for talks next week.* • *arms/pay/peace talks* **3** [*C*] **a talk (on sth)** előadás: *He's giving a talk on 'Our changing world'.* **4** [*U*] (*informális*) szóbeszéd: *He says he's going to resign but it's just talk.* ➔ Lásd még **small talk.**

talkative /'tɔ:kətɪv/ *adj.* bőbeszédű

★ **tall** /tɔ:l/ *adj.* **1** magas: *a tall young man* • *a tall tree/tower/chimney* **2** magas (termetű): *Claire is five feet tall.* • *How tall are you?* ❶ Főnév: **height.** ❶ Ellentéte: **short.**

A **tall** és **high** szavak jelentése azonos. A **tall** szóval emberek és fák magasságát (pl. *He is six foot three inches tall.* • *A tall oak tree stands in the garden.*) valamint egyéb nem széles tárgyak magasságát (pl. *the tall skyscrapers of Manhattan*). A **high** szóval írjuk le vmi méreteit (pl. *The fence is two metres high*) és vminek a földtől való távolságát (pl. *a room with high ceilings*).

tambourine /ˌtæmbə'ri:n/ *noun* [*C*] csörgődob

tame¹ /teɪm/ *adj.* **1** szelíd **2** egyhangú: *After the big city, you must find village life very tame.*

tame² /teɪm/ *verb* [*T*] megszelídít

tamper /'tæmpə(r)/ *verb*
  PHRASAL VERB tamper with sth illetéktelenül hozzányúl vmihez, babrál vmivel (és elrontja)

tampon /'tæmpɒn/ *noun* [*C*] tampon ➔ Lásd **sanitary towel.**

tan¹ /tæn/ *noun* **1** [*C*] (also **suntan**) lesülés, barnaság **2** [*U*] sárgásbarna
  ▸ **tan** *adj.* sárgásbarna színű

tan² /tæn/ *verb* [*I,T*] (**tanning; tanned**) lebarnul, lebarnít: *Do you tan easily?*
  ▸ **tanned** (also **suntanned**) *adj.* napbarnított

tandem /ˈtændəm/ noun [C] tandem
IDIOM in tandem (with sb/sth) párban,
párhuzamosan

tangent /ˈtændʒənt/ noun [C] érintővonal
IDIOM go off at a tangent; (US) go off on a
tangent hirtelen más tárgyra tér át

tangerine /ˌtændʒəˈriːn/ noun 1 [C] man-
darin 2 [U], sötét narancsvörös színű
▶ **tangerine** adj. sötét narancsvörös színű

tangible /ˈtændʒəbl/ adj. érzékelhető,
kézzelfogható: There are tangible benefits
in the new system. ❶ Ellentéte: intangible.

tangle /ˈtæŋgl/ noun [C] összeguban-
colódás: My hair's full of tangles. • This
string's **in a tangle**.
▶ **tangled** adj. összekuszálódott

★ **tank** /tæŋk/ noun [C] 1 tartály: a water/
fuel/petrol tank • a fish tank akvárium • We
drove there and back on one tank of petrol.
2 tank

tanker /ˈtæŋkə(r)/ noun [C] tartályhajó/
-vagon/-kocsi: an oil tanker

Tannoy™ /ˈtænɔɪ/ noun [C] hangosbe-
mondó: They announced **over the Tannoy**
that our flight was delayed.

tantalizing (also **tantalising**) /ˈtæntə-
laɪzɪŋ/ adj. csábító, ínycsiklandozó: a tan-
talizing aroma of cooking
▶ **tantalizingly** (also **tantalisingly**) adv.
csábítóan

tantrum /ˈtæntrəm/ noun [C] hiszti(zés)

★ **tap¹** /tæp/ verb (**tapping**; **tapped**) 1 [I,T] tap
(at/on sth); tap sb/sth (on/with sth)
ütöget, (meg)kopogtat: Their feet were
tapping in time to the music. • She tapped
me on the shoulder. ➔ Ábra az A6. oldalon.
2 [I,T] tap (into) sth megcsapol (átv is),
támaszkodik vmire: to tap the skills of
young people 3 [T] lehallgatókészüléket
beszerel

★ **tap²** /tæp/ noun [C] 1 (US faucet) csap: Turn
the hot/cold tap on/off. ➔ Ábra plug¹ alatt.
2 könnyű ütés 3 lehallgatókészülék

tap dance noun [C] sztepptánc

★ **tape¹** /teɪp/ noun 1 [U] (magnó/videó)-
szalag: I've got the whole concert **on tape**
(szalagra vettem). 2 [C] (magnó-, videó-)
kazetta: a blank tape üres szalag • to
rewind a tape • to fast forward a tape 3 [U]
-szalag: sticky/adhesive tape ragasztó-/

szigetelőszalag ➔ Lásd **Sellotape**. 4 [C,U]
szalag ➔ Lásd **red tape**. 5 [C] célszalag

tape² /teɪp/ verb [T] 1 szalagra rögzít 2 tape
sth (up) szalaggal összeköt

tape measure noun [C] mérőszalag
➔ Lásd **tape**.

tape recorder noun [C] magnetofon

tapestry /ˈtæpəstri/ noun [C,U] (plural
tapestries) falikárpit

tap water noun [U] csapvíz

tar /tɑː(r)/ noun [U] 1 szurok ➔ Lásd
Tarmac. 2 kátrány: low-tar (alacsony kát-
ránytartalmú) cigarettes

★ **target¹** /ˈtɑːgɪt/ noun 1 [C,U] cél(-), terv: Our
target is to finish the job by Friday. • So far
we're **right on target** (terv szerint hala-
dunk). • a target area/audience/group 2 [C]
célpont (átv is), vminek a tárgya: Doors
and windows are **an easy target** for burg-
lars. • The education system has been the
target of heavy criticism. 3 [C] céltábla: to
aim at/hit/miss a target

target² /ˈtɑːgɪt/ verb [T] (ált. szenvedő
szerkezetben) target sb/sth; target sth
at/on sb/sth (meg)céloz

tariff /ˈtærɪf/ noun [C] 1 vámtarifa
2 díjszabás

Tarmac™ /ˈtɑːmæk/ noun 1 [U] aszfalt
➔ Lásd **tar**. 2 (the tarmac) [sing.] aszfalto-
zott kifutópálya

tarnish /ˈtɑːnɪʃ/ verb [I,T] fényét veszti,
megfakít 2 [T] befeketít (hírnevet)

tarpaulin /tɑːˈpɔːlɪn/ noun [C,U] vízhatlan
ponyva

tart¹ /tɑːt/ noun 1 [C,U] gyümölcslepény/
-torta 2 [C] (brit, informális) ringyó

tart² /tɑːt/ verb
PHRASAL VERB tart sb/sth up (brit, informális)
felcicomáz vmit, kicsípi magát

tartan /ˈtɑːtn/ noun [U, C] 1 skót szövet-
minta 2 skót kockás gyapjúszövet

★ **task** /tɑːsk/ noun [C] feladat: to per-
form/carry out/undertake a task

★ **taste¹** /teɪst/ noun 1 [C, U] íz: a sweet/
bitter/sour/salty taste 2 [U] ízlelés: I seem
to have lost my sense of taste (ízlelő-
képességem). 3 [C, usually sing.] a taste (of
sth) ízelítő vmiből: Have a taste of
(kóstold meg) this cheese. 4 [sing.] ízlelés:

That was my first taste of success. **5** [U] ízlés: *He has excellent taste in music.* **6** [sing.] **a taste (for sth)** vminek a szeretete: *She has developed a taste for (megkedvelte) modern art.*

IDIOM **in bad, poor, etc. taste** ízléstelen

★taste² /teɪst/ *verb* **1** *linking verb* [I] **taste (of sth)** vmilyen íze van, vmilyen ízű: *The pudding tasted of oranges.* • *to taste sour/sweet/delicious* **2** [T] ízét érzi vminek: *Can you taste the garlic in this soup?* **3** [T] megízlel: *Can I taste a piece of that cheese to see what it's like?*

tasteful /'teɪstfl/ *adj.* ízléses ❶ Ellentéte: **tasteless.**
▸ **tastefully** /-fəli/ *adv.* ízlésesen, elegánsan

tasteless /'teɪstləs/ *adj.* **1** ízetlen ❶ Ellentéte: **tasty.** **2** tapintatlan: *a tasteless joke* **3** ízléstelen ❶ Ellentéte: **tasteful.**

tasty /'teɪsti/ *adj.* (**tastier; tastiest**) zamatos, jóízű

tattered /'tætəd/ *adj.* rongyos

tatters /'tætəz/ *noun*
IDIOM **in tatters** rongyos: *Her dress was in tatters.*

tattoo /tə'tu:/ *noun* [c] (*plural* **tattoos**) tetoválás
▸ **tattoo** *verb* [T] (**tattooing; tattooed**) tetovál

tatty /'tæti/ *adj.* (*informális*) kopott(as), toprongyos: *tatty old clothes*

taught *past tense, past participle* of **TEACH**

taunt /tɔ:nt/ *verb* [T] (ki)gúnyol
▸ **taunt** *noun* [c] gúnyos megjegyzés

Taurus /'tɔ:rəs/ *noun* [c,U] (*asztrol*) Bika

taut /tɔ:t/ *adj.* feszes

tavern /'tævən/ *noun* [c] (*rég*) kocsma

★tax /tæks/ *noun* [c,U] **(a) tax (on sth)** adó: *income tax* jövedelemadó • *a tax inspector* • *There used to be a tax on windows.* • *tax avoidance*
▸ **tax** *verb* [T] (*gyakran szenvedő szerkezetben*) megadóztat

taxable /'tæksəbl/ *adj.* adóköteles: *taxable income*

taxation /tæk'seɪʃn/ *noun* [U] **1** adózás(i rendszer), adóztatás: *direct/indirect taxation* **2** adó(k): *high/low taxation*

---

tax-'free *adj.* adómentes

★taxi¹ /'tæksi/ (*also* '**taxicab**; *főleg US* **cab**) *noun* [c] taxi: *Shall we get/take a taxi?*

> The **fare** that you pay when you take a taxi is shown on a **meter.**

taxi² /'tæksi/ *verb* [I] (*repülő*) (kifutó-/ leszállópályán) halad/gurul

taxing /'tæksɪŋ/ *adj.* próbára tevő, kimerítő: *a taxing exam*

'**taxi rank** *noun* [c] taxiállomás

TB /,ti: 'bi:/ *abbr.* (**tuberculosis** rövidítése) tüdőbaj

tbsp *abbr.* (**tablespoonful(s)** rövidítése) evőkanál(nyi): *Add 3 tbsp sugar.*

★tea /ti:/ *noun* **1** [U, c] tea: *a cup/pot of tea* • *weak/strong tea* • *herb/mint/camomile tea* • *a packet of tea* **2** [c,U] (*főleg brit*) uzsonna **3** [c,U] (*főleg brit*) korai vacsora (*főtt étel*)

IDIOM **(not) sb's cup of tea** → CUP¹

'**tea bag** *noun* [c] filtertasak (*teás*)

★teach /ti:tʃ/ *verb* (*pt, pp* **taught** /tɔ:t/) **1** [I,T] **teach sb (sth/to do sth); teach sth (to sb)** tanít: *My mother taught me to play the piano.* • *Jeremy is teaching us how to use the computer.* **2** [T] megtanít: *My parents taught me always to tell the truth.* **3** [T] elveszi a kedvét attól, hogy újra (megtegye), megtanít arra, hogy máskor ne (tegye): *A week in prison? That'll teach him to drink and drive!*

IDIOM **teach sb a lesson** móresre tanít vkit, megleckéztet

★teacher /'ti:tʃə(r)/ *noun* [c] tanár(nő): *a maths teacher* ➔ Magyarázat a **head¹**(6) szónál.

teaching /'ti:tʃɪŋ/ *noun* **1** [U] tanári pálya, tanítás(i): *My son went into teaching.* • *teaching methods* **2** [c, usually plural] vki tanításai: *the teachings of Gandhi*

'**tea cloth** (*brit*) = TEA TOWEL

teacup /'ti:kʌp/ *noun* [c] teáscsésze

'**tea leaves** *noun* [plural] tealevél

★team¹ /ti:m/ *noun* [c] **1** csapat: *a football team* • *Are you in/on the team?* **2** (*munka*) csoport: *a team of doctors* ❶ A **team** szó egyes vagy többes számú igével is állhat: *The team play/plays two matches every week.*

---

team² /tiːm/ *verb*
PHRASAL VERB **team up (with sb)** együtt dolgozik (vkivel): *I teamed up with Kati to plan the project.*

teamwork /'tiːmwɜːk/ *noun* [U] csapatmunka

teapot /'tiːpɒt/ *noun* [C] teáskancsó ⊃ Ábra **pot¹** alatt.

★ **tear¹** /tɪə(r)/ *noun* [C, usually plural] könny: *I was **in tears*** (sírtam) *at the end of the film.* • *The little girl **burst into tears*** (könnyekre fakadt).
IDIOM shed tears → SHED²

★ **tear²** /teə(r)/ *verb* (*pt* **tore** /tɔː(r)/; *pp* **torn** /tɔːn/) **1** [I,T] tép(ődik), szakít, szakad: *I tore my shirt on that nail.* • *She tore the letter in half.* • *I tore a page out of my notebook.* **2** [T] le-/kitép: *Paul tore the poster down from the wall.* • *He tore the bag out of her hands.* **3** [T] lyukat vág, kihasít **4** [I] **tear along, up, down, past,** etc. repeszt, (el)robog: *An ambulance went tearing past.*
▸ **tear** *noun* [C] szakadás
IDIOM wear and tear → WEAR²
PHRASAL VERBS **tear sth apart 1** széttép **2** ketté-/szétszakít: *The country has been torn apart by the war.* | **tear yourself away (from sb/sth)** elszakad (vmitől) | **be torn between A and B** nehezen választ A és B közül | **tear sth down** lerombol | **tear sth up** darabokra tép

tearful /'tɪəfl/ *adj.* könnyes

tear gas /'tɪə gæs/ *noun* [U] könnygáz

tease /tiːz/ *verb* [I,T] cukkol: *They teased her about being fat.*

teaspoon /'tiːspuːn/ *noun* [C] **1** teáskanál **2** (*also* **teaspoonful** /-fʊl/) teáskanálnyi

'**tea towel** (*also* '**tea cloth**) *noun* [C] konyharuha

★ **technical** /'teknɪkl/ *adj.* **1** technikai, műszaki **2** szakmai: *This computer magazine is too technical for me.*

technicality /ˌteknɪ'kæləti/ *noun* [C] (*plural* **technicalities**) szakmai részlet/szempont

technically /'teknɪkli/ *adv.* **1** igazság szerint: *Technically, you should pay by 1st May, but it doesn't matter if it's a few days late.* **2** technikailag, műszakilag: *The country is technically not very advanced.* **3** a technikáját illetően: *He's a technically brilliant dancer.*

technician /tek'nɪʃn/ *noun* [C] technikus: *a laboratory technician*

★ **technique** /tek'niːk/ *noun* **1** [C] módszer: *new techniques for teaching languages* • *marketing/management techniques* **2** [U] technika: *He's a naturally talented runner, but he needs to work on his technique.*

★ **technology** /tek'nɒlədʒi/ *noun* [C,U] (*plural* **technologies**) technológia, technika: *developments in computer technology*
▸ **technological** /ˌteknə'lɒdʒɪkl/ *adj.* műszaki, technikai: *technological developments*
technologist /tek'nɒlədʒɪst/ *noun* [C] műszaki szakember

teddy /'tedi/ (*also* '**teddy bear**) *noun* [C] (*plural* **teddies**) játék mackó

tedious /'tiːdiəs/ *adj.* unalmas és fárasztó: *a tedious train journey*

teem /tiːm/ *verb* [I] **teem with sth** hemzseg vmitől: *The streets were teeming with people.*

teen /tiːn/ *adj.* (*csak főnév előtt*) tizenéves/tini(-): *a teen idol*

teenage /'tiːneɪdʒ/ *adj.* (*csak főnév előtt*) **1** tizenéves, tinédzser: *teenage children* **2** tinédzser: *teenage magazines/fashion*

teenager /'tiːneɪdʒə(r)/ *noun* [C] tinédzser ⊃ Lásd **adolescent**.

teens /tiːnz/ *noun* [*plural*] serdülő-/tizenéves kor: *to be **in your** early/late **teens***

teeshirt (*also* '**T-shirt**) /'tiːʃɜːt/ *noun* [C] póló(ing), (rövid ujjú) trikó

teeth *plural of* TOOTH

teethe /tiːð/ *verb* [I] (*ált. -ing alakban*) jön a foga

'**teething troubles** (*also* '**teething problems**) *noun* [*plural*] kezdeti problémák: *We're having a few teething troubles with the new software.*

teetotal /ˌtiː'təʊtl/ *adj.* (*főnév előtt nem állhat*) antialkoholista
▸ **teetotaller** (*US* **teetotaler**) /-tlə(r)/ *noun* [C] antialkoholista

TEFL /'tefl/ *abbr.* (**Teaching English as a Foreign Language** *rövidítése*) az angol mint idegen nyelv tanítása

tel. *abbr.* (**telephone, telephone number** rövidítése) telefon(szám)

telecommunications /ˌtelikəˌmjuːnɪ-ˈkeɪʃnz/ *noun* [*plural*] híradástechnika és távközlés

telegram /ˈteligræm/ *noun* [*C*] távirat

telegraph /ˈteligrɑːf/ *noun* [*U*] távíró

telegraph pole *noun* [*C*] táviróoszlop

telemarketing /ˈteliˌmɑːkɪtɪŋ/ = TELE-SALES

telepathy /təˈlepəθi/ *noun* [*U*] telepátia

★ **telephone** /ˈtelɪfəʊn/ (*informális* **phone**) *noun* **1** [*U*] telefon: *Can I contact you by telephone?* • *to make a phone call* • *What's your telephone number?* ❶ Főleg a beszélt nyelvben a **phone** gyakoribb, mint a **telephone**. **2** [*C*] telefon(készülék): *Could I use your telephone?* • *a mobile phone* • *a public telephone*

> When you make a telephone call, first you **dial** the number. The telephone **rings** and the person at the other end **answers** it. If he/she is already using the telephone, it is **engaged** (*US* **busy**). When you finish speaking, you **hang up** or **put the phone down**. The number that you dial before the telephone number if you are telephoning a different area or country is called the **code**: *What's the code for Spain?*

▸ **telephone** (also **phone**) *verb* [*I,T*] telefonál

IDIOM **on the phone/telephone** → PHONE

telephone box (also **'phone box**) *noun* [*C*] telefonfülke

telephone directory (also **'phone book**) *noun* [*C*] telefonkönyv

telephone exchange (also **exchange**) *noun* [*C*] telefonközpont

telesales /ˈteliseɪlz/ (also **telemarketing**) *noun* [*U*] telefonon való eladás: *He works in telesales.*

telescope /ˈteliskəʊp/ *noun* [*C*] távcső, teleszkóp

teletext /ˈtelitekst/ *noun* [*U*] teletext

televise /ˈtelɪvaɪz/ *verb* [*T*] tévén közvetít

★ **television** /ˈtelɪvɪʒn/ *noun* (also **TV**; *brit, informális* **telly**) *noun* **1** (also **'television set**) [*C*] televízió(készülék): *to turn the*

television on/off **2** [*U*] televízió(adás): *Paul's watching television.* **3** [*U*] televízió(-): *a television presenter/series/documentary* • *cable/satellite/terrestrial/digital television* • *She works in television.*

IDIOM **on television** a televízióban: *What's on television tonight?*

★ **tell** /tel/ *verb* (*pt, pp* **told** /təʊld/) **1** [*T*] **tell sb (sth/that...); tell sb (about sth); tell sth to sb** (meg/el)mond, mesél vkinek (vmiről): *She told me her address but I've forgotten it.* • *He wrote to tell me that his mother had died.* • *Tell us about your holiday.* • *to tell the truth/a lie* • *to tell a story* • *Excuse me, could you tell me where the station is?* • *He tells that story to everyone he sees.* ➔ Magyarázat a **say** szónál. **2** [*T*] **tell sb to do sth** utasít vkit, megmondja vkinek, hogy tegyen vmit: *The policewoman told us to get out of the car.* **3** [*I,T*] megállapít, megmond: *'What do you think Jenny will do next?' 'It's hard to tell.'* • *I could tell that he had enjoyed the evening.* • **You can never tell** (sosem lehet tudni) *what he's going to say next.* • *I can't tell the difference between* (megkülönböztetni) *Dan's sisters.* **4** [*T*] megmond, felvilágosít vmiről: *This book will tell you all you need to know.* **5** [*I*] elmond (titkot): *Promise you won't tell!* **6** [*I*] **tell (on sb/sth)** erősen érezteti hatását: *I can't run as fast as I could – my age is beginning to tell!*

IDIOMS **all told** összesen | **I told you (so)** (*informális*) én mondtam neked | **tell A and B apart** → APART | **tell the time** megmondja a pontos időt | **(I'll) tell you what** (*informális*) tudod, mit?: *I'll tell you what – let's ask Diane to take us.*

PHRASAL VERBS **tell sb off** (for sth/for doing sth) megszid | **tell on sb** beárul vkit

telling /ˈtelɪŋ/ *adj.* **1** árulkodó, sokatmondó: *The number of homeless people is a telling comment on today's society.* **2** hatásos, nyomós: *That's quite a telling argument.*

tell-tale *adj.* árulkodó: *He said he was fine, but there were tell-tale signs of worry on his face.*

telly /ˈteli/ (*plural* **tellies**) *noun* (*brit, informális*) **1** [*C*] tévé(készülék) **2** [*U*] tévé(adás)

temp¹ /temp/ *noun* [*C*] (*informális*) időszakos helyettes

▸ **temp** *verb* [*I*] átmenetileg dolgozik/ helyettesít

temp² *abbr.* (**temperature** *rövidítése*) hőmérséklet

temper /'tempə(r)/ *noun* **1** [*C,U*] indulatos természet: *He's got quite a temper* (hirtelen dühbe jön)! • *You must learn to control your temper* (uralkodj az érzelmeiden). **2** [*C*] kedv, hangulat: *It's no use talking to him when he's in a bad temper* (rosszkedvű). ❶ Szinonimája: **mood**.

IDIOMS **in a temper** nagyon dühösen | **keep/lose your temper** nyugodt marad/ kijön a sodrából ➔ Lásd **bad-tempered**.

temperament /'temprəmənt/ *noun* [*C,U*] vérmérséklet, alkat: *to have an artistic/ a fiery/a calm temperament*

temperamental /,temprə'mentl/ *adj.* szeszélyes

temperate /'tempərət/ *adj.* mérsékelt (*éghajlat*)

★ **temperature** /'temprətʃə(r)/ *noun* [*C,U*] hőmérséklet: *Heat the oven to a temperature of 200°C.* • *a high/low temperature* • *an increase in temperature*

IDIOMS **have a temperature** lázas | **take sb's temperature** lázat mér

temple /'templ/ *noun* [*C*] **1** templom **2** halánték

tempo /'tempəʊ/ *noun* (*plural* **tempos** /'tempəʊz/ or **tempi** /'tempi:/) [*sing., U, C*] tempó, ütem: *a fast/slow tempo*

★ **temporary** /'temprəri/ *adj.* ideiglenes: *a temporary job*
    ▸ **temporarily** /'temprərəli/ *adv.* ideiglenesen

★ **tempt** /tempt/ *verb* [*T*] **tempt sb** (**into sth/into doing sth**); **tempt sb** (**to do sth**) csábít: *His dream of riches had tempted him into a life of crime.*

temptation /temp'teɪʃn/ *noun* [*C,U*] kísértés, csábítás: *I managed to resist the temptation to tell him what I really thought.* • *She wanted a cigarette badly, but didn't give in to temptation* (nem engedett a csábításnak). • *All that money is certainly a big temptation.*

tempting /'temptɪŋ/ *adj.* csábító: *a tempting offer*

★ **ten** /ten/ *number* tíz ➔ Példák a **six** szónál.

tenacious /tə'neɪʃəs/ *adj.* állhatatos
    ▸ **tenacity** /tə'næsəti/ *noun* [*U*] állhatatosság

tenancy /'tenənsi/ *noun* [*C,U*] (*plural* **tenancies**) bérlés (ideje), bérleti jog/viszony: *a six-month tenancy*

tenant /'tenənt/ *noun* [*C*] bérlő ➔ Lásd még **landlord, landlady**.

★ **tend** /tend/ *verb* **1** [*I*] **tend to do sth** hajlamos vmire, általában csinál vmit/megtörténik: *Women tend to live longer than men.* • *My brother tends to talk a lot when he's nervous.* **2** [*I*] (*vélemény udvarias bevezetése*): *I tend to think* (úgy vélem) *that we shouldn't interfere.* **3** [*I,T*] (*formális*) **tend** (**to**) **sb/sth** gondoz, gondoskodik vkiről/vmiről: *Paramedics tended (to) the injured.*

tendency /'tendənsi/ *noun* [*C*] (*plural* **tendencies**) **a tendency** (**to do sth/towards sth**) hajlam, tendencia: *They both have a tendency to be late for appointments.* • *The dog began to show vicious tendencies.*

tender¹ /'tendə(r)/ *adj.* **1** gyengéd: *tender words/looks/kisses* **2** puha, porhanyós (*étel*) **3** érzékeny (*fájós testrész*)

IDIOM **at a tender age; at the tender age of...** zsenge korban: *She went to live in London at the tender age of 15.*
    ▸ **tenderly** *adv.* gyengéden, finoman
    tenderness *noun* [*U*] **1** gyengédség **2** érzékenység (*fájós testrész*)

tender² /'tendə(r)/ *verb* [*I,T*] (*írott nyelv*) hivatalosan felajánl/benyújt: *to tender your resignation*
    ▸ **tender** *noun* [*C*] versenytárgyalás, árajánlat: *Several firms submitted a tender for the catering contract.*

tendon /'tendən/ *noun* [*C*] ín

tenement /'tenəmənt/ *noun* [*C*] (olcsó) bérház

★ **tennis** /'tenɪs/ *noun* [*U*] tenisz: *Let's play tennis.* • *to have a game of tennis* • *a tennis match* • *a tennis racquet/court*

> A **singles** egyes, a **doubles** páros játék.

tenor /'tenə(r)/ *noun* [*C*] **1** tenor(ista) **2** tenor-: *a tenor saxophone*

tenpin bowling /,tenpɪn 'bəʊlɪŋ/ *noun* [*U*] kuglizás

[*I*] **tárgyatlan** (*ige*): *He laughed.*

[*T*] **tárgyas** (*ige*): *He ate an apple.*

★ **tense¹** /tens/ adj. **1** feszült, szorongó **2** merev, feszes

tense² /tens/ verb [I,T] tense (up) szorong, feszült idegállapotba kerül

★ **tense³** /tens/ noun [C,U] igeidő ⊃ Lásd a *Rövid nyelvtani összefoglalást.*

tension /'tenʃn/ noun **1** [U] feszültség, szorongás: *I could hear the tension in her voice.* • *There are signs of growing tensions between the two countries.* **2** [U] feszesség: *The massage relieved the tension in my neck.*

★ **tent** /tent/ noun [C] sátor: *to put up/take down a tent*

tentacle /'tentəkl/ noun [C] csáp

tentative /'tentətɪv/ adj. bizonytalan: *a tentative suggestion/smile*
▶ **tentatively** adv. bizonytalanul, próbaképpen

tenterhooks /'tentəhʊks/ noun [plural]
IDIOM (be) on tenterhooks tűkön ül

★ **tenth¹** /tenθ/ pron., determiner, adv. tizedik ⊃ Példák a **sixth** szónál.

★ **tenth²** /tenθ/ noun [C] tized ⊃ Példák a **sixth** szónál.

tenuous /'tenjuəs/ adj. nagyon gyenge: *The connection between Joe's story and what actually happened was tenuous.*

tenure /'tenjə(r)/ noun [U] használati jog, szolgálati/megbízási idő

tepid /'tepɪd/ adj. langyos

★ **term¹** /tɜːm/ noun **1** [C] (szak)kifejezés: *What exactly do you mean by the term 'racist'?* • *a technical term in computing* **2** (terms) [plural] in terms of ...; in ... terms vmit tekintve, vmit illetően: *The flat would be ideal in terms of size.* **3** (terms) [plural] feltételek: *Under the terms of the contract* (a szerződés feltételei értelmében) *you must give a week's notice.* • *Both sides agreed to the peace terms.* **4** [C] tanulmányi időszak: *the autumn/spring/summer term* • *an end-of-term test* **5** [C] (meghatározott) időtartam, időszak: *The US President is now in his second term of office.*
IDIOMS be on equal terms (with sb) → **EQUAL¹** | be on good, friendly, etc. terms (with sb) jó, baráti, stb. kapcsolatban van (vkivel) | come to terms with sth bele-

nyugszik vmibe | in the long/short term hosszú/rövid távon

★ **term²** /tɜːm/ verb [T] megnevez

terminal¹ /'tɜːmɪnl/ adj. halálos: *terminal cancer*
▶ **terminally** /-nəli/ adv. halálosan: *a terminally ill patient*

terminal² /'tɜːmɪnl/ noun [C] **1** pályaudvar, végállomás, repülőtér(i terminál) **2** terminál

terminate /'tɜːmɪneɪt/ verb [I,T] (formális) megszűntet, lejár: *to terminate a contract/an agreement*
▶ **termination** noun **1** [U] elévülés, megszünés **2** [C,U] magzatelhajtás ❶ Szinonimája: **abortion**.

terminology /ˌtɜːmɪˈnɒlədʒi/ noun [U] szaknyelv

terminus /'tɜːmɪnəs/ noun [C] (plural terminuses /-nəsɪz/) végállomás

terrace /'terəs/ noun **1** [C] terasz ⊃ Lásd **patio, veranda, balcony**. **2** (brit) [C] sorház **3** [C, usually plural] terasz **4** (terraces) [plural] lelátó

terraced /'terəst/ adj. **1** (brit) sor(ház) **2** teraszos, lépcsőzetes

terrain /tə'reɪn/ noun [U] terep: *mountainous/steep/rocky terrain*

terrestrial /tə'restriəl/ adj. **1** földi (nem vízben vagy levegőben élő állat vagy növény) **2** földi (a Földhöz tartozó): *terrestrial life* **3** földi (rádió-/tévécsatorna)

★ **terrible** /'terəbl/ adj. **1** borzalmas, szörnyű: *terrible news* • *I feel terrible.* • *a terrible hotel/book/memory/driver* **2** (csak főnév előtt) szörnyű: *in terrible pain/trouble* • *The room was in a terrible mess.*

★ **terribly** /'terəbli/ adv. **1** szörnyen: *I'm terribly sorry.* **2** borzalmasan, iszonyatosan: *I played terribly.* • *The experiment went terribly wrong.*

terrier /'teriə(r)/ noun [C] terrier

terrific /tə'rɪfɪk/ adj. **1** (informális) klassz, tök jó: *You're doing a terrific job!* **2** (csak főnév előtt) óriási: *I've got a terrific amount of work to do.*
▶ **terrifically** /-kli/ adv. nagyon: *terrifically expensive/talented*

★ **terrified** /'terɪfaɪd/ adj. terrified (of sb/sth) (meg)rémült

terrify /'terɪfaɪ/ verb [T] (pres. part. **terrifying**; 3rd pers. sing. pres. **terrifies**; pt, pp **terrified**) megrémít
▶ **terrifying** adj. ijesztő

territorial /ˌterəˈtɔːriəl/ adj. (csak főnév előtt) területi (egy országhoz tartozó): territorial waters

territory /'terətri/ noun (plural **territories**) 1 [C,U] (felség)terület: to fly over enemy territory 2 [C,U] terület (állaté) 3 [U] terület (átv): Computer programming is Frank's territory.

terror /'terə(r)/ noun 1 [U] rettegés, rémület: He screamed in terror. 2 [C] borzalom, rémség: the terrors of the night 3 [U] terror: a campaign of terror 4 [C] borzadály: Joey's a little terror.

terrorism /'terərɪzəm/ noun [U] terrorizmus: an act of terrorism
▶ **terrorist** /'terərɪst/ noun [C] adj. terrorista ⊃ Lásd freedom fighter.

terrorize (also -ise) /'terəraɪz/ verb [T] terrorizál

terse /tɜːs/ adj. tömör: a terse reply

tertiary /'tɜːʃəri/ adj. felsőfokú: a tertiary college

TESL /'tesl/ abbr. (Teaching English as a Second Language rövidítése) az angol mint második nyelv tanítása

★ **test¹** /test/ noun [C] 1 teszt, vizsga: We have a spelling test every Friday. • to take a test • to pass/fail a test 2 vizsgálat: to have an eye test 3 kísérlet: Tests show that the new drug is safe and effective. • to carry out/perform/do a test 4 (erő)próba
IDIOM put sb/sth to the test kipróbál

★ **test²** /test/ verb [T] 1 test sb/sth (for sth); test sth (on sb/sth) kipróbál, próbára tesz: These cars have all been tested for safety. 2 megvizsgál: to have your eyes tested 3 test sb (on sth) tesztel, felmér: We're being tested on irregular verbs this morning.

testament /'testəmənt/ noun [C, usually sing.] (írott nyelv) a testament (to sth) (vmi) bizonyíték(a)

testicle /'testɪkl/ noun [C] here(golyó)

testify /'testɪfaɪ/ verb [I,T] (pres. part. **testifying**; 3rd pers. sing. pres. **testifies**; pt, pp **testified**) tanúskodik, tanúsít

testimony /'testɪməni/ noun (plural **testi-** monies) 1 [C,U] tanúvallomás 2 [U, sing.] (formális) (vmi) bizonyíték(a)

¹**test tube** noun [C] kémcső

tetanus /'tetənəs/ noun [U] tetanusz

tether¹ /'teðə(r)/ verb [T] ki-/megköt (állatot)

tether² /'teðə(r)/ noun [C]
IDIOM at the end of your tether → END¹

★ **text¹** /tekst/ noun 1 [U, C] szöveg: The newspaper printed the complete text of the interview. 2 [C] (tan/nyelv)könyv: a set text kötelező olvasmány

text² verb [T] SMS-t küld

textbook /'tekstbʊk/ noun [C] tankönyv: a history textbook

textile /'tekstaɪl/ noun [C] szövet, textil: cotton textiles • the textile industry

¹**text message** noun [C] SMS

texture /'tekstʃə(r)/ noun [C,U] vmi tapintása, vmi állaga: a rough/smooth/coarse texture • This cheese has a very creamy texture.

★ **than** /ðən; erős alak ðæn/ conj., prep. mint: He's taller than me. • He's taller than I am. • I've worked here for more than three years.

★ **thank** /θæŋk/ verb [T] thank sb (for sth/for doing sth) megköszön vkinek (vmit): I'm writing to thank you for the present you sent me.

A **thank you** és **thanks** szavakkal megköszönünk valamit. A **thanks** bizalmasabb: Thank you very much for your letter. • 'How are you, Rachel?' 'Much better, thanks.' A **no, thank you** vagy **no, thanks** kifejezésekkel utasíthatunk vissza valamit: 'Would you like some more tea?' 'No, thanks.'

IDIOM thank God/goodness/heavens hála Istennek: Thank goodness it's stopped raining.

thankful /'θæŋkfl/ adj. thankful (for sth/to do sth/that...) (főnév előtt nem állhat) boldog, nagyon örül (vminek): I was thankful to hear that you got home safely.

thankfully /'θæŋkfəli/ adv. 1 szerencsére ❶ Szinonimája: **fortunately**. 2 nagy örömmel: I accepted her offer thankfully.

thankless /'θæŋkləs/ adj. hálátlan

★ **thanks** /θæŋks/ noun [plural] köszönet: I'd

like to express my thanks to all of you for coming here today.
IDIOMS **thanks to sb/sth** vkinek/vminek köszönhetően | **a vote of thanks** → VOTE¹

Thanksgiving (Day) /ˌθæŋksˈgɪvɪŋ deɪ/ *noun* [U, C] hálaadási ünnep

> A **Thanksgiving Day** ünnepét az Egyesült Államokban november negyedik csütörtökén, Kanadában október második hétfőjén tartják. Hagyományosan ez volt az aratásért és az indiánok segítségnyújtásáért tartott hálaadás napja.

'**thank you** *exclam., noun* [C] köszönöm, köszönjük

★**that** /ðæt/ *determiner, pron., conj., adv.*
1 (*plural* **those** /ðəʊz/) az: *I like that house over there.* • *That was the year we went to Spain, wasn't it?* • *Can you give me back that money I lent you last week?* **2** /ðət; erős alak ðæt/ (*mellékmondat bevezetése*) aki, ami, amely: *The people that live next door are French.*

> A **that** vonatkozó névmást gyakran kihagyjuk, ha nem alanyi mellékmondatban szerepel: *I want to see the doctor (that) I saw last week.* • *I wore the dress (that) I bought in Paris.*

3 /ðət; erős alak ðæt/ hogy: *She told me that she was leaving.* • *I hope that you feel better soon.*

> A **that** gyakran kihagyható az ilyen típusú mondatokban: *I thought you would like it.*

4 olyan, annyira: *30 miles? I can't walk that far.*
IDIOMS **that is (to say)** azaz: *I'm on holiday next week. That's to say, from Tuesday.* | **that's that** erről ennyit: *I'm not going and that's that.*

thatched /θætʃt/ *adj.* zsúpfedelű

thaw /θɔː/ *verb* [I,T] **thaw (sth) (out)** olvad, olvaszt ➷ Lásd **melt**.
▸ **thaw** *noun* [C, usually sing.] olvadás

★**the** /ðə; magánhangzó előtt ði; erős alak ðiː/ *definite article* **1** a(z) (*tudjuk, hogy kiről/miről van szó*): *I took the children to the dentist.* • *We met the man who bought your house.* • *The milk is in the fridge.* **2** a(z) (*csak egy létezik, az a bizonyos* vki/vmi): *The sun is*

very strong today. • *Who won the World Cup?* • *the government* **3** a(z) (*sorszámnevek/egy évtized megnevése előtt*): *This is the third time I've seen this film.* • *Friday the thirteenth* • *I grew up in the sixties* (a hatvanas években). **4** a(z) (*egy ország népét/speciális embercsoportot jelentő melléknév előtt*): *the French* a franciák • *the poor* a szegények **5** (*formális*) a(z) (*pl. állatfajt jelölve*): *The dolphin is an intelligent animal.* **6** minden egyes (*mértékegységekkel*): *Our car does forty miles to the gallon.* A kocsink egy gallon benzint fogyaszt negyven mérföldenként./Egy gallon benzinnel a kocsinkkal negyven mérföldet tudunk megtenni. • *You get paid by the hour.* **7** (*hangszerek előtt*): *Do you play the piano?* Zongorázol? ➷ Lásd még a magyarázatot a **piano** szónál. **8** az a bizonyos: *'My best friend at school was Tony Blair.' 'You mean the Tony Blair?'* ➊ Ebben a jelentésben a kiejtése /ðiː/. **9 the... the...** minél (-bb), annál (-bb): *The more you eat, the fatter you get.* ➷ Lásd a **Rövid nyelvtani összefoglalást**.

★**theatre** /ˈθɪətə(r)/ (*US* **theater**) *noun* **1** [C] színház: *How often do you* **go to the theatre**? **2** [U] dráma(irodalom) **3** (*sing., U*) színház, szín(műv)észet: *He's worked in (the) theatre for thirty years.* **4** (also **'operating theatre**) *noun* [C] műtő

theatrical /θiˈætrɪkl/ *adj.* **1** (*csak főnév előtt*) színházi **2** affektáló, színészkedő

theft /θeft/ *noun* [C,U] lopás ➷ Magyarázat a **thief** szónál.

★**their** /ðeə(r)/ *determiner* **1** a(z) ...-(j)ük/-(j)uk, a(z) ...-(e)ik/-(a)ik: *The children picked up their books* (a könyveiket/könyvüket) *and walked to the door.* **2** (*informális*) a(z) ...-(j)a/-(j)e (a „his/her" helyett): *Has everyone got their books?*

★**theirs** /ðeəz/ *pron.* az övék: *Our flat isn't as big as theirs.*

★**them** /ðəm erős alakðem/ *pron.* (*a mondat tárgya, részeshatározója vagy elöljárószó utáni alakja*) **1** őket/azokat/nekik/azoknak stb.: *I'll phone them now.* • *'I've got the keys here.' 'Oh good. Give them to me.'* • *We have students from several countries but* **most of them** (legtöbbjük) *are Italian.* • *They asked for your address so I gave it to them.*

A **them** írásban néha **'em**, amikor közvetlen beszédet tükröz.

2 (*informális*) neki (*a him/her helyett*): *If anyone phones, tell them I'm busy.*

theme /θiːm/ *noun* [C] téma, tárgy

¹**theme park** *noun* [C] vidámpark (*amely egy adott témára épül*)

★**themselves** /ðəmˈselvz/ *pron.* **1** (*saját*) maguk(at): *Helen and Sarah seem to be enjoying themselves* (*jól érzik magukat*). • *People often talk to themselves* (*magukban beszélnek*) *when they are worried.* **2** (*ők*) maguk: *They themselves say that the situation cannot continue.* • *Did they paint the house themselves?*

IDIOM **(all) by themselves 1** egyedül: *The boys are too young to go out by themselves.* ➜ Magyarázat az **alone** szónál. **2** önállóan: *The children cooked the dinner all by themselves.*

★**then** /ðen/ *adv.* **1** akkor: *In 1990? I was at university then.* • *I spoke to him on Wednesday, but I haven't seen him since then* (azóta). • *They met in 1941 and remained close friends from then on* (attól kezdve). • *Can you wait until then* (addig)? • *Phone me tomorrow – I will have decided by then* (addigra). **2** azután: *I'll have a shower and get changed, then we'll go out.* **3** akkor, ebben az esetben: *'I don't feel at all well.' 'Why don't you go to the doctor then?'* • *If you don't do any work then you'll fail the exam.* **4** (*beszélt nyelv*) (*beszélgetés vagy kijelentés kezdetét vagy végét jelzi a* **now**, **okay** *vagy* **right** *szavak után*) akkor: *Now then* (no akkor), *are we all ready to go?* • *Right then* (jó, akkor), *I'll see you tomorrow.*

IDIOMS **then/there again** → **AGAIN** | **there and then; then and there** → **THERE**

thence /ðens/ *adv.* (*rég*) onnan

theology /θiˈɒlədʒi/ *noun* [U] hittudomány

▸ **theological** /ˌθiːəˈlɒdʒɪkl/ *adj.* hittudományi

theoretical /ˌθɪəˈretɪkl/ *adj.* **1** elméleti, elvi **2** elméleti, elképzelhető: *There is a theoretical possibility that the world will end tomorrow.* ➜ Lásd **practical**.

▸ **theoretically** /-kli/ *adv.* elméletileg

★**theory** /ˈθɪəri/ *noun* (*plural* **theories**) **1** [C] elmélet, teória: *the theory about how life*

on earth began **2** [U] (tudományos) elmélet: *political theory* • *the theory and practice of language teaching* **3** [C] nézet, elképzelés

IDIOM **in theory** elméletben: *Your plan sounds fine in theory, but I don't know if it'll work in practice.*

therapeutic /ˌθerəˈpjuːtɪk/ *adj.* **1** terápiás: *I find listening to music very therapeutic.* **2** gyógyító: *therapeutic drugs*

therapy /ˈθerəpi/ *noun* [U] terápia, gyógymód: *to have/undergo therapy*

▸ **therapist** /ˈθerəpɪst/ *noun* [C] gyógyász: *a speech therapist* logopédus

★**there** /ðeə(r)/ *adv., pron.* **1** (*a* **be**, **seem** (**to be**), **appear** *stb. igékkel*) nyelvtani alanyként, amikor vmi meglétéről/nemlétéről van szó. Magyarra sohasem fordítjuk: *Is there a god?* Van isten? • *'Is there anything to eat?' 'Yes, there's some cheese.'* • *There's a man at the door.* Egy férfi van az ajtónál. • *There wasn't much to eat.* Nem sok ennivaló volt. • *There's somebody singing outside.* Valaki énekel odakint. • *There seems to be a mistake here.* Úgy látszik, itt valami hiba van. **2** ott, oda: *Could you put the table there, please?* • *Have you looked under there?* **3** (*figyelemkeltés*) ott: *Oh look, there's Kate!* • *Hello there! Can anyone hear me?* **4** ezen a ponton, itt: *Could I interrupt you there for a minute?* **5** ott, vki/vmi mellett: *Her parents are always there if she needs help.*

IDIOMS **be there for sb** (*segítőleg*) vki mellett áll: *Whenever I'm in trouble, my sister is always there for me.* | **then/there again** → **AGAIN** | **there and then; then and there** akkor és ott | **there you are 1** parancsolj(on)/tessék(, itt van): *There you are. I've bought you a newspaper.* **2** (*magyarázáskor*) íme, tessék: *Just press the switch and there you are!*

thereabouts /ˌðeərəˈbauts/ *adv.* (*ált. or* után) nagyjából, körül(belül): *There are 100 students, or thereabouts.* • *She lives in Sydney, or thereabouts.*

thereafter /ˌðeərˈɑːftə(r)/ *adv.* (*irott nyelv*) ezt követően

thereby /ˌðeəˈbaɪ/ *adv.* (*írott nyelv*) ezáltal

therefore /ˈðeəfɔː(r)/ *adv.* következésképpen ❶ Szinonimája: **thus**(2).

therein /ˌðeər'ɪn/ adv. (írott nyelv) benne/ abban/ott található

thereupon /ˌðeərə'pɒn/ adv. (írott nyelv) ennek következtében, erre

thermal¹ /'θɜːml/ adj. 1 hő-: thermal energy 2 meleg: thermal underwear

thermal² /'θɜːml/ noun 1 (thermals) [plural] meleg alsónemű 2 [C] hőlégáram

★**thermometer** /θə'mɒmɪtə(r)/ noun [C] hőmérő, lázmérő

Thermos™ /'θɜːməs/ (also 'Thermos flask) noun [C] termosz

thermostat /'θɜːməstæt/ noun [C] termosztát

thesaurus /θɪ'sɔːrəs/ noun [C] (plural thesauruses) szinonimaszótár, fogalomköri szótár

these → THIS

thesis /'θiːsɪs/ noun [C] (plural theses /'θiːsiːz/) 1 diplomamunka, (doktori) disszertáció, szakdolgozat: He did his thesis on Japanese investment in Europe. ➔ Lásd **dissertation**. 2 (tan)tétel

★**they** /ðeɪ/ pron. (alany) 1 ők, azok: We've got two children. They're both boys. • 'Have you seen my keys?' 'Yes, they're on the table.' 2 (általános alanyként) az ember(ek): They say it's going to be a mild winter. 3 (informális) ő: Somebody phoned for you but they didn't leave their name.

they'd /ðeɪd/ short for THEY HAD, THEY WOULD

they'll /ðeɪl/ short for THEY WILL

they're /ðeə(r)/ short for THEY ARE

they've /ðeɪv/ short for THEY HAVE

★**thick¹** /θɪk/ adj. 1 vastag: a thick black line • a thick coat/book • The ice was six centimetres thick. 2 sűrű: a thick forest • thick hair/cream • This paint is too thick. 3 sűrű, áthatolhatatlan: There'll be a thick fog tonight. • thick clouds of smoke ❶ Az 1.–3. jelentések ellentéte **thin**. 4 **be thick (with sth)** tele van vmivel, vmitől nyüzsög: The air was thick with dust. 5 erős (akcentus) 6 (informális) nehéz felfogású
▸ **thick** adv. vastagon: Snow lay thick on the ground.
thickly adv. vastagon, sűrűn: Spread the butter thickly. • a thickly wooded area

❶ = magyarázat   [C] megszámlálható (főnév): one book, two books

IDIOM have a thick skin vastag bőre van, érzéketlen (sértéssel stb. szemben)

thick² /θɪk/ noun
IDIOMS in the thick of sth vmi sűrűjében (átv is) | **through thick and thin** tűzönvízen át

thicken /'θɪkən/ verb [I,T] (be)sűrít, (be)sűrűsödik

thickness /'θɪknəs/ noun [C,U] vastagság, sűrűség

thick-'skinned adj. vastag bőrű

★**thief** /θiːf/ noun [C] (plural thieves /θiːvz/) tolvaj

> A **thief** erőszak alkalmazása nélkül lop el valamit, e bűntett neve **theft**. A **robber** gyakran erőszak alkalmazásával, fenyegetéssel bankot, üzletet stb. rabol ki. A **burglar** gyakran éjszaka tör be házba, üzletbe stb. A **shoplifter** boltok nyitvatartása alatt erőszak nélkül emel el valamit. A **mugger** az utcán erőszakkal, fenyegetéssel rabol ki valakit. Magyarázat még a **steal** szónál.

thigh /θaɪ/ noun [C] comb

thimble /'θɪmbl/ noun [C] gyűszű

★**thin¹** /θɪn/ adj. (thinner; thinnest) 1 vékony: a thin book/shirt • a thin slice of meat 2 vékony, sovány

> A **thin**, **skinny**, **slim** és **underweight** szavak hasonló jelentésűek. A legáltalánosabb szó a **thin**. A **slim** szó jelentése karcsú: You're so slim! How do you do it?, a **skinny** viszont azt jelenti, hogy vézna. Az **underweight** sokkal hivatalosabb stílusú, gyakran mondják olyan emberre, aki orvosi értelemben túl sovány: The doctor says I'm underweight.

3 híg: a thin sauce 4 ritka, áttetsző 5 ritka, gyér: The population is rather thin in this part of the country. ❶ Az 1., 3. és 4. jelentések ellentéte **thick**.
▸ **thin** adv. vékonyan, vékonyra: Don't slice the onion too thin.
thinly adv. vékonyan, gyéren: thinly sliced bread • thinly populated areas
IDIOMS thin on the ground → GROUND¹ | **through thick and thin** → THICK² | **vanish,**

[U] megszámlálhatatlan (főnév): some sugar

etc. **into thin air** nyomtalanul eltűnik | **wear thin** → WEAR¹

★ **thin²** /θɪn/ verb [I,T] (**thin**ning; **thin**ned) **thin (sth) (out)** (fel)hígít, (meg)ritkít, (fel)hígul, (meg)ritkul: *The trees thin out towards the edge of the forest.* ● *Thin the sauce by adding milk.*

★ **thing** /θɪŋ/ noun **1** [C] tárgy: *What's that red thing?* **2** [C] dolog: *There's **no such thing as** a ghost.* ● *The best thing about my job is ...* ● *A strange thing happened to me today.* ● *What a nice thing to say!* ● *He told me a few things that I didn't know before.* **3** (**things**) [plural] ruhanemű, felszerelés: *I'll go and pack my things.* ● *All the cooking things are in this cupboard.* **4** (**things**) [plural] vki dolgai/ügyei: *How are things with you?* Hogy megy a sorod? ● *to talk things over* alaposan megbeszél vkivel vmit **5** [C] teremtés, lény: *You poor thing!* Te szegény! **6** (**the thing**) [sing.] éppen az (a dolog): *That's just the thing I was looking for!* Ez pont az, amit kerestem.

IDIOMS **a close shave/thing** → CLOSE³ | **be a good thing (that)** szerencsére; jó, hogy: *It's a good thing you remembered your umbrella.* | **do your own thing** csinálja a (maga) dolgát | **first/last thing** mindenekelőtt/utoljára: *I'll telephone her first thing tomorrow morning* (első dolgom lesz holnap reggel). | **for one thing** először is: *We should go by bus. For one thing, it's cheaper.* | **have a thing about sb/sth** (*informális*) a rögeszméje vmi | **to make matters/things worse** → WORSE | **take it/things easy** → EASY² | **the thing is** (*spoken*) a helyzet az, hogy: *I'm sorry my essay isn't finished. The thing is, I've had a lot of other work this week.*

★ **think** /θɪŋk/ verb (pt, pp **thought** /θɔːt/) **1** [I,T] **think (sth) (of/about sb/sth)**; **think that...** azt gondolja/hiszi, vmi(lyen)nek gondol vmit: *'Do you think (that) we'll win?' 'No, I **don't think so**'* (nem hiszem).' ● *'Sue's coming tomorrow, isn't she?' 'Yes, I **think so*** (igen, azt hiszem).' ● *I think (that) they've moved to York but I'm not sure.* ● *What did you think of the film?* Mi a véleményed a filmről? ● *What do you think about going out tonight?* Mit szólnál hozzá, ha elmennénk valahova ma este? ● *Gary's on holiday, I think* (úgy tudom). **2** [I] **think (about sth)** gondolkozik (vmin): *Think before you speak.* ● *What are you*

thinking about? ● *He had to think hard about the question.* Sokat kellett gondolkodnia a kérdésen. **3** [I] **think of/about doing sth**; **think (that)...** fontolgat vmit, tervezi, hogy: *We're thinking of moving house.* ● *I think I'll go for a swim.* **4** [I] elképzel: *Just think what we could do with all that money!* **5** [I] **think about/of sb** tekintetbe vesz, gondol vkire: *She never thinks about anyone but herself.* **6** [T] eszébe jut, gondol vmire: *Can you think where you left the keys?* ● *I didn't think to ask him his name.* **7** [T] vmilyennek gondol vmit: *The job took longer than we thought.* **8** [I] vhogyan gondolkodik: *If you want to be successful, you have to **think big*** (nagy terveket sző). ● *We've got to **think positive**.*

▶ **think** noun [sing.] gondolkodás, megfontolás: *I'll have to **have a think** about* (átgondolni) *it.*

IDIOMS **think better of (doing) sth** meggondolja magát | **think highly, a lot, not much,** etc. **of sb/sth** jó/rossz stb. véleménnyel van vkiről/vmiről: *I didn't think much of that film.* Nem sokat gondolok arról a filmről. | **think the world of sb** nagyon nagyra tart, (valósággal) bálványoz

PHRASAL VERBS **think of sth** kigondol: *Who first thought of the plan?* | **think sth out** kitervel, kigondol: *a well-thought-out scheme* | **think sth over** megfontol: *I'll think your offer over and let you know soon.* | **think sth through** átgondol: *He made a bad decision because he didn't think it through.* | **think sth up** kigondol, kiagyal (vmi újat): *to think up an advertising slogan*

thinker /ˈθɪŋkə(r)/ noun [C] gondolkodó: *a quick/creative/clear thinker*

thinking¹ /ˈθɪŋkɪŋ/ noun [U] **1** gondolkodás: *We're going to have to do some quick thinking.* **2** gondolkodásmód, vélemény: *This accident will make them change their thinking on safety matters.* ↪ Lásd **wishful thinking**.

thinking² /ˈθɪŋkɪŋ/ adj. gondolkodó

★ **third¹** /θɜːd/ pron., determiner, adv. harmadik ↪ Példák a **sixth¹** szónál.

third² /θɜːd/ noun [C] **1** harmad **2** (*brit*) a leggyengébb minősítésű egyetemi/főiskolai diploma

thirdly /ˈθɜːdli/ adv. harmadsorban, harmadszor: *We have made savings in three*

[I] **tárgyatlan** (*ige*): *He laughed.*   [T] **tárgyas** (*ige*): *He ate an apple.*

areas: firstly, defence, secondly, education and thirdly, health.

▸ **thoroughness** *noun* [U] alaposság

¡**third ¡party** *noun* [C] (*jog*) harmadik/kívülálló személy

thoroughly /'θʌrəli/ *adv.* **1** alaposan: *to study a subject thoroughly* **2** teljesen: *We thoroughly enjoyed our holiday.*

the ¡Third 'World *noun* [*sing.*] a harmadik világ

those *plural* of THAT (1,2)

thirst /θɜ:st/ *noun* **1** [U, *sing.*] szomj(úság): *to quench your thirst* • *to die of thirst* **2** [*sing.*] a thirst for sth szomj, vágy ➣ Lásd **hunger.**

★**though** /ðəʊ/ *conj., adv.* **1** bár, noha: *Though he had very little money, Alex always managed to dress smartly.* • *She still loved him even though* (annak ellenére, hogy) *he had treated her so badly.* **2** de: *I'll come as soon as I can, though I can't promise to be on time.* **3** (*informális*) azonban: *I quite like him. I don't like his wife, though.* Őt kedvelem, a feleségét azonban nem. ➣ Magyarázat az **although** szónál.

★**thirsty** /'θɜ:sti/ *adj.* (**thirstier; thirstiest**) szomjas ➣ Lásd **hungry.**
▸ **thirstily** *adv.* szomjasan

★**thirteen** /ˌθɜː'tiːn/ *number* tizenhárom ➣ Példák a **six** szónál.

IDIOMS **as if** → AS | **as though** → AS

thirteenth /ˌθɜː'tiːnθ/ *pron., determiner, adv.* tizenharmadik ➣ Példák a **sixth**[1] szónál.

thought[1] *past tense, past participle* of THINK

thirtieth /'θɜːtiəθ/ *pron., determiner, adv.* harmincadik ➣ Példák a **sixth**[1] szónál.

★**thought**[2] /θɔːt/ *noun* **1** [C] gondolat, ötlet: *What are your thoughts* (mi a véleményed) *on this subject?* • *The thought of living alone filled her with fear.* • *I've just had a thought.* **2** [U] gondolkodás: *I need to give this problem some thought* (átgondol). **3** (**thoughts**) [*plural*] vki gondolatai: *You are always in my thoughts.* Mindig te jársz az eszemben. **4** [*sing.*] figyelmesség: *They sent me flowers. What a kind thought!* Milyen kedves figyelmesség! **5** [U] gondolkodásmód, eszme: *a change in medical thought on the subject*

★**thirty** /'θɜːti/ *number* harminc ➣ Példák a **sixty** szónál.

★**this** /ðɪs/ *determiner, pron.* (*plural* **these** /ðiːz/) **1** ez a(z) (*a közelben lévő dolog*): *Have a look at this photo.* • *These are the letters to be filed, not those over there.* **2** ez (*a szóban forgó dolog*): *Where did you hear about this?* **3** (*bemutatkozáskor*) bemutatom: *This is my wife, Claudia, and these are our children, David and Vicky.* • *It's easier if you do it like this* (így). **4** ez(en), ma (*utána napszak*): *Are you busy this afternoon* (ma délután)? • *this Friday* pénteken **5** (*informális*) (*történet mesélésekor*) ez (a bizonyos): *Then this woman said...*
▸ **this** *adv.* ennyire, ilyen: *The road is not usually this busy.*

IDIOMS **deep in thought/conversation** → DEEP[1] | **a school of thought** → SCHOOL | **second thoughts** → SECOND[1]

IDIOM **this and that; this, that and the other** ez-az, erről-arról: *We chatted about this and that.* Mindenféléről beszélgettünk.

thoughtful /'θɔːtfl/ *adj.* **1** elgondolkodó: *a thoughtful expression* **2** figyelmes, előzékeny: *It was very thoughtful of you to send her some flowers.*
▸ **thoughtfully** /-fəli/ *adv.* **1** elgondolkodva **2** előzékenyen
thoughtfulness *noun* [U] **1** elgondolkodás **2** előzékenység, figyelmesség

thistle /'θɪsl/ *noun* [C] bogáncs

thong /θɒŋ/ (*US*) = FLIP-FLOP ➣ Ábra **shoe**[1] alatt.

thoughtless /'θɔːtləs/ *adj.* meggondolatlan, figyelmetlen ➊ Szinonimája: **inconsiderate.**
▸ **thoughtlessly** *adv.* meggondolatlanul, figyelmetlenül
thoughtlessness *noun* [U] meggondolatlanság, figyelmetlenség

thorn /θɔːn/ *noun* [C] tövis, tüske

thorny /'θɔːni/ *adj.* **1** bonyolult, kényes: *a thorny problem* fogas kérdés **2** tövises, tüskés

★**thorough** /'θʌrə/ *adj.* alapos: *a thorough search* • *Pam is slow but she is very thorough.*

★**thousand** /'θaʊznd/ *number* ezer ➣ Példák a **six** szónál. Lásd még a *Rövid nyelvtani összefoglalást.*

Számokban a **thousand** szó mindig egyes számban áll. Többes számát csak akkor használjuk, ha valaminek a sokaságáról beszélünk: *There were over 70 000 spectators at the match.* • *Thousands of people attended the meeting.*

thousandth¹ /ˈθaʊznθ/ *determiner* ezredik

thousandth² /ˈθaʊznθ/ *noun* [C] ezred- (rész)

thrash /θræʃ/ *verb* [T] 1 elver vkit, elcsépel vkit 2 [I,T] thrash (sth) (about/around) csapkod, dobálja magát 3 [T] tönkrever (*ellenfelet*)
PHRASAL VERB thrash sth out alaposan megvitat

thrashing /ˈθræʃɪŋ/ *noun* [C] 1 verés, elpáholás 2 (*informális*) vereség, tönkreverés

★ **thread¹** /θred/ *noun* [C,U] cérna, fonal (*átv is*): *a needle and thread* • *I've lost the thread of this argument.*

thread² /θred/ *verb* [T] 1 befűz: *to thread a needle* 2 (fel)fűz
IDIOM thread your way through sth átfurakodik

threadbare /ˈθredbeə(r)/ *adj.* (el)kopott, foszlott

★ **threat** /θret/ *noun* 1 [C] fenyegetés: *to make threats* (*against sb*) • *He keeps saying he'll resign, but he won't carry out his threat* (beváltja a fenyegetést). 2 [U, sing.] fenyegetettség: *The forest is under threat* (fenyegetett helyzetben) *from building developments.* 3 [C] fenyegető veszedelem

★ **threaten** /ˈθretn/ *verb* 1 [T,I] threaten sb (with sth); threaten (to do sth) (meg)fenyeget: *The boy threatened him with a knife.* • *She was threatened with dismissal.* 2 [I,T] vmi fenyeget, (vmi rossz) készül: *The wind was threatening to destroy the bridge.*
▶ **threatening** *adj.* fenyegető
threateningly *adv.* fenyegetően

★ **three** /θriː/ *number* 1 három, hármas 2 (*összetett melléknevekben*) három-: *a three-legged stool* ⊃ Lásd third. Példák a six szónál.

three-di'mensional (also ˌ3-'D) *adj.* háromdimenziós

threshold /ˈθreʃhəʊld/ *noun* [C] küszöb (*átv is*): *He stepped across the threshold.* • *Young children have a low boredom threshold.* • *We could be on the threshold of a scientific breakthrough.*

threw *past tense* of THROW

thrift /θrɪft/ *noun* [U] takarékosság
▶ **thrifty** *adj.* takarékos

thrill /θrɪl/ *noun* [C] (bizsergető) öröm, izgalom
▶ **thrill** *verb* [T] elragadtat, felvillanyoz: *His singing thrilled the audience.*
thrilled *adj.* be thrilled örvendezik: *He was absolutely thrilled with my present.*
thrilling *adj.* izgalmas, szenzációs

thriller /ˈθrɪlə(r)/ *noun* [C] krimi ⊃ Lásd detective story.

thrive /θraɪv/ *verb* [I] (*pt* thrived or throve /θrəʊv/; *pp* thrived) gyarapszik
▶ **thriving** *adj.* gyarapodó, viruló: *a thriving industry*

★ **throat** /θrəʊt/ *noun* [C] torok: *I've got a sore throat* (torokfájás).
IDIOMS clear your throat → CLEAR³ | have/feel a lump in your throat → LUMP¹

throb /θrɒb/ *verb* [I] (**throbbing**; **throbbed**) lüktet, dobog: *Her finger throbbed with pain.*
▶ **throb** *noun* [C] dobogás, zakatolás

throne /θrəʊn/ *noun* 1 [C] trón 2 (the throne) [*sing.*] királyi hatalom

throng¹ /θrɒŋ/ *noun* (*írott nyelv*) sokaság

throng² /θrɒŋ/ *verb* [I,T] (*írott nyelv*) tolong, összesereglik

throttle¹ /ˈθrɒtl/ *verb* [T] fojtogat, megfojt ❶ Szinonimája: **strangle**.

throttle² /ˈθrɒtl/ *noun* [C] (*tech*) fojtószelep

★ **through** /θruː/ *prep., adv.* 1 át(-), keresztül(-): *We drove through the centre of London.* • *to look through a telescope* • *She cut through the rope.* • *to push through a crowd of people* • *Food supplies will not last through the winter.* • *We're halfway through the book.* A könyv felénél tartunk. 3 át(-), tovább(-): *He lifted the rope to let us through.* 4 vki/vmi miatt/következtében, vki/vmi segítségével/révén: *Errors were made through bad* *organization.* • *David got the job through his uncle.* **5** (also **thru**) (*US*) -ig: *They are staying Monday through Friday.*

PHRASAL VERB **be through (with sb/sth)** túl van vmin, befejez: *Jack and I are through* (szakítottunk).

throughout /θru:'aʊt/ *adv., prep.* **1** mindenütt: *The house is beautifully decorated throughout.* • *The match can be watched live on television throughout the world* (szerte a világon). **2** (mind)végig: *We didn't enjoy the holiday because it rained throughout.*

throve *past tense of* THRIVE

★ **throw** /θrəʊ/ *verb* (*pt* **threw** /θru:/; *pp* **thrown** /θrəʊn/) **1** [*I,T*] **throw (sth) (to/at sb); throw sb sth; throw sth on** dob(ál), hajít: *How far can you throw?* • *Throw the ball to me.* • *Throw me the ball.* Dobd nekem a labdát. • *Don't throw stones at people.* Ne dobáld kővel az embereket. • *She threw on a sweater and ran out of the door.* Felkapott magára egy pulóvert, és kiszaladt az ajtón. **2** [*T*] dob, vet: *Jenny threw herself onto the bed and sobbed.* • *Lee threw back his head and roared with laughter.* **3** [*T*] földhöz vág/csap: *The bus braked and we were thrown to the floor.* **4** [*T*] vmilyen (kellemetlen) helyzetbe hoz: *We were thrown into confusion by the news.* **5** [*T*] (*informális*) megzavar, meghökkent: *The question threw me.* **6** [*T*] vet (*pl. árnyékot*): *The tree threw a long shadow across the lawn.*

▶ **throw** *noun* [*C*] dobás, hajítás: *It's your throw.* Te következel a (kocka)dobásban. • *a throw of 97 metres*

PHRASAL VERBS **throw sth away 1** (also **throw sth out**) el-/kidob **2** elszalaszt: *to throw away a good opportunity* | **throw sth in** (*informális*) ráadásul ad | **throw sb out** kidob vkit | **throw sth out** elvet (*pl. ötletet*) **2** = THROW STH AWAY(1) | **throw up** (*informális*) hány | **throw sth up 1** kihány **2** felmutat (*átv*) **3** felad vmit, felhagy vmivel

thru (*US*) = THROUGH (5)

thrust¹ /θrʌst/ *verb* [*I,T*] (*pt, pp* **thrust**) **1** lök, taszít, tol(akszik): *The man thrust his hands deeper into his pockets* (zsebébe süllyesztette). • *She thrust past him and*

ran out of the room. **2** döf: *He thrust the knife at me.* ➔ Vesd össze **stab**.

PHRASAL VERB **thrust sb/sth upon sb** ráerőszakol (vmit) vkire

thrust² /θrʌst/ *noun* **1** (**the thrust**) [*sing.*] vmi lényege **2** [*C*] lökés, döfés

thud /θʌd/ *noun* [*C*] puffanás: *Her head hit the floor with a dull thud.*
▶ **thud** *verb* [*I*] (**thudding**; **thudded**) puffan, huppan

thug /θʌg/ *noun* [*C*] bandita

★ **thumb¹** /θʌm/ *noun* [*C*] hüvelykujj

IDIOMS **a rule of thumb** → RULE¹ | **stand/ stick out like a sore thumb** → SORE¹ | **the thumbs up/down** remek/vacak (jele): *to give sb/sth the thumbs down* elutasít • *Our proposal got the thumbs up* (zöld utat kapott). | **under sb's thumb** vki uralma alatt: *She's got him under her thumb.*

thumb² /θʌm/ *verb* [*I,T*] **thumb (through) sth** átlapoz

IDIOM **thumb a lift** autóstoppol ➔ Magyarázat a **hitchhike** szónál.

thumbtack /'θʌmtæk/ (*US*) = DRAWING PIN

thump /θʌmp/ *verb* **1** [*T*] ütlegel, (ököllel) ver: *He started coughing and Jo thumped him on the back.* **2** [*I,T*] odacsap, kalapál: *His heart was thumping with excitement.*
▶ **thump** *noun* [*C*] ütés, puffanás

thunder¹ /'θʌndə(r)/ *noun* [*U*] mennydörgés: *a clap/crash/roll of thunder* ➔ Lásd **lightning**.

thunder² /'θʌndə(r)/ *verb* [*I*] **1** (*A mondat alanya az it névmás.*) mennydörög **2** dübörög: *Traffic thundered across the bridge.*

thunderstorm /'θʌndəstɔːm/ *noun* [*C*] zivatar

Thur. (also **Thurs.**) *abbr.* (**Thursday** rövidítése) csütörtök: *Thurs. 26 June*

★ **Thursday** /'θɜːzdeɪ; -di/ *noun* [*C,U*] (*abbr.* **Thur., Thurs.**) csütörtök ❶ A hét napjainak nevét mindig nagy kezdőbetűvel írjuk.
➔ Példák a **Monday** szónál.

★ **thus** /ðʌs/ *adv.* (*formális*) **1** ilyen módon: *Thus began the series of incidents which changed her life.* **2** ennek következtében, így ❶ Szinonimája: **therefore**.

thwart /θwɔːt/ *verb* [*T*] **thwart sth; thwart**

sb (in sth) meghiúsít: *to thwart sb's plans/ambitions/efforts* • *She was thwarted in her attempt to gain control.*

thyme /taɪm/ *noun* [U] kakukkfű

tic /tɪk/ *noun* [C] arcizomrángás: *He has a nervous tic.*

tick¹ /tɪk/ *verb* **1** [I] ketyeg **2** (US **check**) [T] kipipál: *Please tick the appropriate box.*

> In British English you **tick** (kipipál) an answer, a piece of writing, etc. that is **correct** and **put a cross** (keresztet tesz) (x) next to sth that is wrong. In US English, you can also **tick** (**check**) sth to show that sth is **wrong**.

IDIOM **what makes sb/sth tick** mi mozgat/tart működésben vkit/vmit: *He has a strong interest in people and what makes them tick.*

PHRASAL VERBS **tick away/by** (gyorsan) múlik (*idő*) | **tick sb/sth off** kipipál (*listán*) | **tick over** (*informális*) (*ált.* **continuous** *igeidőkben*) üresjáratban van, alapjáraton működik (*átv is*)

tick² /tɪk/ *noun* [C] **1** (US **check mark, check**) pipa (*jelölés*): *Put a tick after each correct answer.*

> In British English a tick shows that sth is **correct** (helyes) and a **cross** (x) (kereszt) is used to indicate a mistake. In US English a **check mark** next to an answer in a piece of writing, etc. can also be used to show that sth is **wrong** (helytelen).

2 (also **ticking**) ketyegés **3** (*brit, informális*) pillanat

★**ticket** /'tɪkɪt/ *noun* [C] **1 a ticket (for/to sth)** jegy: *a single/return ticket* (egy utazásra szóló/menettérti jegy) *to London* • *a ticket office/machine/collector* jegypénztár/jegyautomata/jegyszedő ➋ Lásd **season ticket**. **2** árcédula ➋ Ábra **label¹** alatt. **3** (*szabálytalan parkolást/közlekedést közlő*) büntetőcédula: *I got a parking ticket today.*

IDIOM **just the job/ticket** → JOB

tickle /'tɪkl/ *verb* **1** [T] (meg)csiklandoz **2** [I,T] csiklandoz, viszket, szúr (*anyag*): *My nose tickles/is tickling.* • *The woollen scarf tickled her neck.* **3** [T] (*informális*) megnevettet: *That joke really tickled me.*

▸ **tickle** *noun* [C] csiklandozás

ticklish /'tɪklɪʃ/ *adj.* csiklandós

tidal /'taɪdl/ *adj.* árapály-

'tidal wave *noun* [C] szökőár

tide¹ /taɪd/ *noun* [C] **1** árapály: *high/low tide* dagály/apály **2** dagály: *The tide is coming in/going out.* • *The tide is in/out.* ❶ Ellentéte: **ebb**. **3** [*usually sing.*] irány(zat): *It appears that the tide has turned* (megfordítja a dolgok menetét) *in the government's favour.*

tide² /taɪd/ *verb*

PHRASAL VERB **tide sb over** átsegít vkit (*nehézségeken*)

★**tidy¹** /'taɪdi/ *adj.* (tidier; tidiest) **1** (*főleg brit*) rendes **2** rendszerető ❶ Ellentéte: **untidy**.

▸ **tidily** *adv.* rendesen

tidiness *noun* [U] rendszeretet

★**tidy²** /'taɪdi/ *verb* [I,T] (*pres. part.* tidying; *3rd pers. sing. pres.* tidies; *pt, pp* tidied) **tidy (sb/sth/yourself) (up)** rendet rak/csinál, rendbe tesz/hoz

PHRASAL VERB **tidy sth away** helyére rak, elrak

★**tie¹** /taɪ/ *noun* [C] **1** (US also **necktie**) nyakkendő ➋ Lásd **bow tie**. **2** [*usually plural*] kapcsolat, kötelék: *personal/emotional ties* • *family ties* **3** lekötöttség **4** (*sp*) döntetlen: *There was a tie for first place.*

★**tie²** /taɪ/ *verb* (*pres. part.* tying; *3rd pers. sing. pres.* ties; *pt, pp* tied) **1** [T] meg-/át-/odaköt(öz): *The prisoner was tied to a chair.* • *Kay tied her hair back with a ribbon.* • *to tie sth in a knot* csomóra köt • *to tie your shoelaces* ❶ Ellentéte: **untie**. **2** [T] **tie sb (to sth/to doing sth)** (*ált. szenvedő szerkezetben*) meg-/leköt (*átv*), akadályoz: *I don't want to be tied to staying in this country permanently.* **3** [I] **tie (with sb) (for sth)** holtversenyben végez: *England tied with Italy for third place.*

IDIOM **your hands are tied** → HAND¹

PHRASAL VERBS **tie sb/yourself down** korlátoz (*átv*): *Having young children really ties you down.* | **tie in (with sth)** egybevág (*vmivel*): *The new evidence seems to tie in with your theory.* | **tie sb/sth up 1** át-/összeköt, kiköt **2** (*ált. szenvedő szerkezetben*) lefoglal vkit: *Mr Jones is tied up in a meeting.* Mr Jones nem ér rá, értekezleten van.

tier /tɪə(r)/ *noun* [C] sor, réteg, szint

tiger /'taɪgə(r)/ *noun* [C] tigris

> A female tiger is called a **tigress** and a baby tiger is called a **cub**.

★**tight** /taɪt/ *adj., adv.* **1** szoros(an): *a tight knot* • *Keep a tight grip/hold* (szorosan tart/kapaszkodik) *on this rope.* • *Hold tight so that you don't fall off.* Kapaszkodj, hogy le ne ess. • *The suitcase was packed tight.*

> A múlt idejű melléknévi igenevek után a **tight**, előttük a **tightly** alakot használjuk: *clusters of tightly packed flowers.*

2 szűk: *These shoes are too tight.* • *a tight-fitting skirt* ❶ Ellentéte: **loose**. **3** szigorú(an ellenőrzött): *Security is very tight at the airport.* **4** feszes, kifeszített: *The rope was stretched tight.* **5** szoros, zsúfolt: *My schedule this week is very tight.* **6** (-tight) (összetett *melléknevekben*) -mentes: *an airtight/watertight container* légmentes/vízhatlan tartály

> ▶ **tightly** *adv.* szorosan: *Screw the lid on tightly.* • *She kept her eyes tightly closed.*

tightness *noun* [U] szorítás, szorosság

tighten /'taɪtn/ *verb* [I,T] **tighten (sth) (up)** (meg/össze)szorít, összeszorul: *His grip on her arm tightened.* • *He tightened* (meghúz) *the screws as far as they would go.*

IDIOM tighten your belt összébb húzza a nadrágszíjat (*átv*)

PHRASAL VERB tighten up (on) sth megszigorít: *to tighten up security/a law*

tight-'fisted *adj.* szűkmarkú

tightrope /'taɪtrəʊp/ *noun* [C] kifeszített kötél (*kötéltáncosnak*)

tights /taɪts/ (*US* **pantyhose**) *noun* [*plural*] harisnyanadrág: *a pair of tights* ➔ Lásd **stocking**.

★**tile** /taɪl/ *noun* [C] csempe, (tető)cserép, burkolólap

> ▶ **tile** *verb* [T] csempéz, burkol

till¹ /tɪl/ *prep., conj.* (*informális*) -ig (*időben*), (a)míg (nem) ➔ Lásd **until**.

till² /tɪl/ *noun* [C] kassza(fiók): *Please pay at the till.*

tilt /tɪlt/ *verb* [I,T] (meg)billen(t), vmerre dönt/dől: *The front seats of the car tilt forward.* • *She tilted her head to one side.*

> ▶ **tilt** *noun* [*sing.*] billen(t)és, vmerre dőlés

timber /'tɪmbə(r)/ *noun* **1** (*főleg US* **lumber**) [U] épületfa **2** [C] gerenda: *roof timbers*

★**time¹** /taɪm/ *noun* **1** [U, *sing.*] idő: *As time passed, we got more worried.* • *You're wasting time* (vesztegeti az időt)*! • I'll go by car to save time* (időt nyer). • *free/spare time* • *We haven't got time to stop now.* • *I've been waiting a long time* (hosszú ideje). • *Learning a language takes time* (sok időt vesz igénybe). **2** [U, C] **time (to do sth); time (for sth)** az idő, vminek az ideje: *What's the time?/What time is it?* • *Can you tell me the times of trains to Bristol, please?* • *It's time to go home.* • *By the time* (amikorra/mire) *I get home, Alex will have cooked the dinner.* • *This time tomorrow* (holnap ilyenkor) *I'll be on the plane.* • *It's time for lunch.* • *Look at the time! We'll be late.* **3** [*sing.*] időszámítás: *eleven o'clock local time* (helyi idő) **4** [C] alkalom, -szor/-szer/-ször: *I phoned them three times.* • *I'll do it better next time* (legközelebb). • *Last time* (utoljára) *I saw him, he looked ill.* • *How many times* (hányszor) *have I told you not to touch that?* **5** [C] időtöltés: *Have a good time* (érezd jól magad) *tonight.* • *We had a terrible time* (sokat kínlódtunk) *at the hospital.* **6** [C] kor(szak), idő(k): *In Shakespeare's times, few people could read.* • *The 19th century was a time of great industrial change.* **7** [C,U] idő(tartam): *What was his time in the hundred metres?*

IDIOMS (and) about time (too); (and) not before time (*beszélt nyelv*) épp/legfőbb ideje volt már | **ahead of your time** → AHEAD | **all the time/the whole time** (mind)végig, az egész idő alatt: *I searched everywhere for my keys and they were in the door all the time.* | **at the same time** → SAME | **at a time** egy alkalommal, egyszerre: *The lift can hold six people at a time.* • *She ran down the stairs two at a time* (kettesével). | **at one time** valamikor (régen), egykor | **at the time** akkor(iban): *I agreed at the time but later changed my mind.* | **at times** néha, időnként: *At times I wish we'd never moved house.* | **before your time** vki születése előtt | **behind the times** elavult, maradi | **bide your time** → BIDE | **buy time** → BUY¹ | **for the time being** jelenleg, egyelőre | **from time to time** néha,

---

❶ = magyarázat   [C] megszámlálható (*főnév*): *one book, two books*   [U] megszámlálhatatlan (*főnév*): *some sugar*

időnként | **give sb a hard time** → HARD¹ | **have a hard time doing sth** → HARD¹ | **have no time for sb/sth** nem veszteget időt | **have the time of your life** nagyon jól szórakozik/még soha ilyen jól nem érezte magát | **in the course of time** → COURSE | **in good time** időben, idejében | **in the nick of time** → NICK¹ | **in time** (**for sth/to do sth**) időben: *We'll get to the station in time for your train.* | **It's about/high time** (*beszélt nyelv*) (*legfőbb*) ideje, hogy: *It's about time you told him what's going on.* | **kill time, an hour, etc.** → KILL¹ | **on time** pontosan: *The train left the station on time.* | **once upon a time** → ONCE | **one at a time** → ONE¹ | **take your time** nem siet el vmit, (*csak*) szép lassan csinál vmit | **tell the time** → TELL | **time after time; time and (time) again** újra meg újra, minduntalan

time² /taɪm/ *verb* [T] **1** (*gyakran szenvedő szerkezetben*) időzít: *Their request was badly timed* (rosszkor jön). **2** méri vmi idejét: *Try timing yourself when you write your essay.*

time-consuming *adj.* időigényes

time lag (also **lag**) *noun* [C] időeltolódás ⊃ Lásd **jet lag**.

timeless /ˈtaɪmləs/ *adj.* (*formális*) időtlen

time limit *noun* [C] időhatár: *We have to set a time limit* (meghatározza az időtartamot) *for the work.*

timely /ˈtaɪmli/ *adj.* időszerű, aktuális

time machine *noun* [C] időgép

timer /ˈtaɪmə(r)/ *noun* [C] időmérő: *an oven timer*

times¹ /taɪmz/ *prep.* (*symbol* ×) -szor/-szer/-ször, szorozva: *Three times four is twelve.*

times² /taɪmz/ *noun* [*plural*] -szor/-szer/-ször olyan: *three times as long as sth* • *three times longer than sth* • *three times the length of sth* • *Men have four times as many* (négyszer annyi) *heart attacks as women.* • *It cost five times as much.* Ötször annyiba került.

timetable /ˈtaɪmteɪbl/ (*US* **schedule**) *noun* [C] menetrend, órarend: *a bus/train/school timetable*

timid /ˈtɪmɪd/ *adj.* félénk, bátortalan
▸ **timidity** *noun* [U] félénkség
timidly *adv.* félénken

timing /ˈtaɪmɪŋ/ *noun* [U] időzítés, (be)ütemezés: *The manager was very careful about the timing of his announcement.* • *The timing of her speech was perfect.*

★ **tin** /tɪn/ *noun* **1** [U] (*symbol* **Sn**) ón **2** (**tin can** *főleg US* **can**) [C] (konzerv)doboz: *a tin of soup* ⊃ Ábra **container** alatt. **3** [C] fémdoboz: *a biscuit/cake tin*
▸ **tinned** *adj.* konzerv-: *tinned peaches*

tinfoil /ˈtɪnfɔɪl/ (also **foil**) *noun* [U] alufólia

tinge /tɪndʒ/ *noun* [C, *usually sing.*] árnyalat, egy csepp (*szín, érzelem*): *a tinge of sadness* egy árnyalatnyi szomorúság
▸ **tinged** *adj.* **tinged (with sth)** árnyalt: *Her joy at leaving was tinged with regret.* Távozásának örömébe egy kis sajnálkozás is vegyült.

tingle /ˈtɪŋgl/ *verb* [I] bizsereg: *His cheeks tingled as he came in from the cold.*
▸ **tingle** *noun* [*usually sing.*] bizsergés: *a tingle of excitement/fear*

tinker /ˈtɪŋkə(r)/ *verb* [I] **tinker (with sth)** bütyköl, összetoldoz

tinkle /ˈtɪŋkl/ *verb* [I] csilingel, (meg)össze)csendül
▸ **tinkle** *noun* [C, *usually sing.*] csilingelés, csengés

tin-opener (*főleg US* **can-opener**) *noun* [C] konzervnyitó ⊃ Ábra **kitchen** alatt.

tinsel /ˈtɪnsl/ *noun* [U] lametta

tint /tɪnt/ *noun* [C] színárnyalat: *white paint with a pinkish tint*
▸ **tint** *verb* [T] színez: *tinted glasses* • *She had her hair tinted.*

★ **tiny** /ˈtaɪni/ *adj.* (**tinier; tiniest**) pici, apró

★ **tip¹** /tɪp/ *noun* [C] **1** vmi vége/hegye: *the tips of your toes/fingers* • *the tip of your nose* • *the southernmost tip of South America* **2 a tip (on/for sth/doing sth)** tipp: *useful tips on how to save money* **3** borravaló: *to leave a tip for the waiter* • *I gave the porter a $5 tip.* **4** (*brit*) (also **'rubbish tip**) szemétlerakóhely ❶ Szinonimája: **dump**. **5** (*brit, informális*) szemétdomb (*átv*), rumli

IDIOMS (**have sth**) **on the tip of your tongue** a nyelve hegyén van (*átv*) | **the tip of the iceberg** a jéghegy csúcsa (*átv*)

tip² /tɪp/ *verb* (**tipping; tipped**) **1** [I,T] tip (**sth**) (**up**) (meg)dönt, billent, feldönt/-borít, feldől/-borul: *When I stood up, the*

[I] **tárgyatlan** (*ige*): *He laughed.*

[T] **tárgyas** (*ige*): *He ate an apple.*

bench tipped up and the person on the other end fell off. **2** [T] (ki)borít: *Tip the dirty water down the drain.* • *The child tipped all the toys onto the floor.* **3** [I,T] borravalót ad **4** [T] **tip sb/sth (as sth/to do sth)** tippel: *He is widely tipped as the next Prime Minister.* **PHRASAL VERBS** **tip sb off** (*bizalmasan*) előre szól/figyelmeztet | **tip (sth) up/over** felborít/-dönt/-borul/-bukik: *An enormous wave tipped the little boat over.*

tip-off *noun* [C] bizalmas információ, tipp: *Acting on a tip-off, the police raided the house.*

Tipp-Ex™ /'tɪpeks/ *noun* [U] (*brit*) hibajavító folyadék
▸ **tippex** *verb* [T] **tippex sth (out)** hibajavító folyadékkal korrigál: *I tippexed out the mistakes.*

tiptoe¹ /'tɪptəʊ/ *noun*
IDIOM **on tiptoe** lábujjhegyen

tiptoe² /'tɪptəʊ/ *verb* [I] lábujjhegyen megy

tire¹ /'taɪə(r)/ *verb* [I,T] el-/kifárad, el-/kifáraszt
PHRASAL VERBS **tire of sth/sb** beleun | **tire sb/yourself out** kimerít

tire² (*US*) = TYRE

★**tired** /'taɪəd/ *adj.* fáradt: *I was completely tired out* (kimerült) *after all that.*
▸ **tiredness** *noun* fáradtság
IDIOM **be tired of sb/sth/doing sth** un vmit, belefárad vmibe: *I'm tired of this game.* • *I'm sick and tired* (torkig van) *of listening to the same thing again and again.*

tireless /'taɪələs/ *adj.* fáradhatatlan

tiresome /'taɪəsəm/ *adj.* (*formális*) boszszantó, unalmas

tiring /'taɪərɪŋ/ *adj.* fárasztó: *a tiring journey/job*

tissue /'tɪʃuː; 'tɪsjuː/ *noun* **1** [U, plural] (*biol*) szövet: *muscle/brain/nerve/scar tissue* **2** [C] papírzsebkendő: *a box of tissues* **3** (also **'tissue paper**) [U] selyempapír

tit /tɪt/ *noun* [C] (*szleng*) csöcs, cici ❶ Sokan bántónak tartják ezt a szót.
IDIOM **tit for tat** szemet szemért

titbit /'tɪtbɪt/ (*US* **tidbit**) *noun* [C] **1** ínyencfalat **2** pikáns részlet (*vmilyen értesülésé*)

★**title** /'taɪtl/ *noun* [C] **1** cím (*könyvé, filmé stb.*) **2** cím, rang: *'Lord', 'Doctor', 'Reverend',* 'Mrs' and 'General' are all titles. **3** bajnoki cím: *Sue is playing this match to defend her title.*

titled /'taɪtld/ *adj.* (nemesi) címet viselő

'title-holder *noun* [C] a bajnoki cím védője

'title role *noun* [C] címszerep

titter /'tɪtə(r)/ *verb* [I] kuncog, visszafojtottan nevet
▸ **titter** *noun* [C] kuncogás

'T-junction *noun* [C] T-csatlakozás/elágazás

★**to** /mássalhangzó előtt tə; magánhangzó előtt tu; erős alak tuː/ *prep., adv.* **1** -hoz/-hez/-höz, -ba/-be, -ra/-re: *She's going to London.* • *Turn to the left.* • *Pisa is to the west of Florence.* • *He has gone to school.* **2** -ig (*időben*): *from Monday to Friday* • *from beginning to end* **3** -nak/-nek: *Give that to me.* • *I am very grateful to my parents.* • *What have you done to your hair?* **4** -hoz/-hez/-höz: *He put his hands to his ears.* • *They sat back to back.* • *She made no reference to her personal problems.* • *Sorry, I didn't realize you were talking to me.* **5** -ba/-be (*vmilyen állapotba kerülve*): *The meat was cooked to perfection.* • *His speech reduced her to tears* (megkönnyeztette). **6** vmihez képest: *I prefer theatre to opera.* • *We won by six goals to three.* **7** (*vmilyen egységre vonatkoztatva*) -ban/-ben: *How many euros are there to the forint?* Hány euro egy forint? • *The hostel sleeps three to a room* (háromágyas szobái vannak). **8** múlva (*óra kifejezésekor*): *It's ten to three.* Tíz perc múlva három. **9** vki (véleménye) szerint, vki számára: *To me, it was the wrong decision.* • *It sounded like a good idea to me.* **10** -ra/-re: *To my surprise* (meglepetésemre), *I saw two strangers coming out of my house.* • *His paintings aren't really to my taste* . Képei nem az én ízlésemnek felelnek meg. **11** (*a főnévi igenév teljes alakjában*) -ni: *I want to go home now* **12** /tuː/ be (*ajtót*): *Push the door to.*
IDIOM **to and fro** föl és alá, ide-oda

toad /təʊd/ *noun* [C] varangy(os béka)

toadstool /'təʊdstuːl/ *noun* [C] mérges gomba ➔ Lásd **mushroom, fungus.**

toast /təʊst/ *noun* **1** [U] pirítós: *a piece/slice of toast* **2** [C] **a toast (to sb/sth)** pohár-

köszöntő, tószt: *I'd like to* **propose a toast** *to* (felköszönteni) *the bride and groom.* ⊃ Lásd **drink.**
▸ **toast** *verb* **1** [*I,T*] pirít, megpirul **2** [*T*] iszik vki egészségére

toaster /'təʊstə(r)/ *noun* [*C*] kenyérpirító

tobacco /tə'bækəʊ/ *noun* [*U*] dohány

tobacconist /tə'bækənɪst/ *noun* **1** [*C*] trafikos **2** (also the **tobacconist's**) [*sing.*] trafik, dohánybolt

toboggan /tə'bɒɡən/ *noun* [*C*] bob ⊃ Lásd még **bobsleigh.**

★ **today** /tə'deɪ/ *noun* [*U*] *adv.* **1** ma: *Today is Monday.* • *School ends* **a week today** (mához egy hétre). • *Where is today's paper?* **2** ma(napság), mostanában: *Young people today have far more freedom.* ❶ Szinonimája: **nowadays.**

toddle /'tɒdl/ *verb* [*I*] **1** totyog **2** (*informális*) elballag vhova

toddler /'tɒdlə(r)/ *noun* [*C*] totyogós (*kisgyermek*)

★ **toe¹** /təʊ/ *noun* [*C*] **1** lábujj **2** orr (*cipőé, zoknié stb.*)

toe² /təʊ/ *verb* (*pres. part.* **toeing**; *pt, pp* **toed**)
IDIOM **toe the (party) line** engedelmeskedik (*híven követi az irányelveket*)

TOEFL /'təʊfl/ *abbr.* (**T**est of **E**nglish as a **F**oreign **L**anguage *rövidítése*) angol nyelvből mint idegen nyelvből tett vizsga (*pl. amerikai egyetemre pályázva*)

toenail /'təʊneɪl/ *noun* [*C*] lábujjköröm

toffee /'tɒfi/ *noun* [*C,U*] tejkaramella

★ **together¹** /tə'ɡeðə(r)/ *adv.* **1** együtt, össze-: *Can we have lunch together?* • *I'll get all my things together tonight because I want to leave early.* **2** össze-: *Mix the butter and sugar together.* **3** egyszerre: *Don't all talk together.*
IDIOMS **get your act together** → ACT² | **together with** vkivel/vmivel együtt: *I enclose my order together with a cheque for £15.*

together² /tə'ɡeðə(r)/ *adj.* (*informális*) összeszedett (*ember*): *I'm not very together this morning.*

togetherness /tə'ɡeðənəs/ *noun* [*U*] összetartozás

toil /tɔɪl/ *verb* [*I*] (*formális*) keményen dolgozik, fáradozik
▸ **toil** *noun* [*U*] fáradozás, küszködés

★ **toilet** /'tɔɪlət/ *noun* [*C*] vécé: *I need to go to the toilet.*

> A lakásban lévő vécé megnevezése általában **toilet** vagy közvetlen stílusban **loo.** A **lavatory** és **WC** szavak hivatalosabb stílusúak, régimódiak. A nyilvános helyeken lévő vécé megnevezése **Ladies** illetve **Gents.** Az amerikai angolban a lakásban lévő vécé **bathroom,** nyilvános helyeken lévő **restroom, ladies' room** illetve **men's room.**

'toilet bag *noun* [*C*] piperetáska

'toilet paper (also **'toilet tissue**) *noun* [*U*] vécépapír

toiletries /'tɔɪlətriz/ *noun* [*plural*] pipereszerek

'toilet roll *noun* [*C*] vécépapírtekercs

token¹ /'təʊkən/ *noun* [*C*] **1** érme (*automatákhoz*) **2** (*brit*) ajándék-/vásárlási utalvány: *a £10 book/CD/gift token* ⊃ Lásd **voucher. 3** jel, szimbólum: *Please accept this gift* **as a token of** *our gratitude* (hálánk jeléül).

token² /'təʊkən/ *adj.* (*csak főnév előtt*) **1** a forma kedvéért való: *There is a token woman on the board of directors.* **2** jelképes: *a token payment*

told *past tense, past participle of* TELL

tolerable /'tɒlərəbl/ *adj.* **1** egész jó **2** elviselhető: *Drugs can reduce the pain to a tolerable level.* ❶ Ellentéte: **intolerable.**

tolerant /'tɒlərənt/ *adj.* **tolerant (of/towards sb/sth)** türelmes, elnéző, toleráns ❶ Ellentéte: **intolerant.**
▸ **tolerance** *noun* [*U*] **tolerance (of/for sb/sth)** türelem, tolerancia: *religious/racial tolerance* ❶ Ellentéte: **intolerance.**

tolerate /'tɒləreɪt/ *verb* [*T*] **1** megenged, tolerál **2** (meg/el)tűr
▸ **toleration** /ˌtɒlə'reɪʃn/ *noun* türelem, türelmesség = TOLERANCE

toll /təʊl/ *noun* **1** [*C*] út-/hídhasználati díj: *motorway tolls* • *a toll bridge* **2** [*C, usually sing.*] az áldozatok száma, a kár nagysága: *The official death toll has now reached 5000.*

tomato

666

IDIOM take a heavy toll/take its toll (on sth) nagy károkat okoz, sok/nagy áldozatot követel

★ **tomato** /tə'mɑːtəʊ/ noun [C] (plural tomatoes) paradicsom

tomb /tuːm/ noun [C] sír(emlék) ⊃ Lásd grave.

tomboy /'tɒmbɔɪ/ noun [C] fiús lány

tombstone /'tuːmstəʊn/ noun [C] sírkő ⊃ Lásd még gravestone, headstone.

tomcat /'tɒmkæt/ (also tom) noun [C] kandúr

★ **tomorrow** /tə'mɒrəʊ/ noun [U] adv. 1 holnap: See you tomorrow. • the day after tomorrow holnapután • a week tomorrow holnaphoz egy hétre • I've got to get up early tomorrow morning.

> Figyeljünk rá, hogy a **tomorrow morning/afternoon/etc.** „holnap reggel/délután/stb." kifejezésben nem használunk sem elöljárót, sem névelőt. Magyarázat a **morning** szónál.

2 a holnap: The schoolchildren of today are tomorrow's workers.

ton /tʌn/ noun 1 [C] tonna (1016 kg)

> A **ton** GB 2240 font azaz 1016 kg, illetve US 2000 font azaz 907 kg, a **tonne** viszont metrikus egység, 1000 kg.

2 (tons) [plural] (informális) rengeteg: I've got tons of homework to do.

tone¹ /təʊn/ noun 1 [C,U] hangnem: 'Do you know each other?' she asked in a casual tone of voice. 2 [sing.] hangnem, tónus: The tone of the meeting was optimistic. 3 [C] (szín)árnyalat, tónus: warm tones of red and orange 4 [C] tárcsahang, hangjelzés (telefonban): Please speak after the tone.

tone² /təʊn/ verb [T] tone sth (up) megerősít (főleg tornázással)
PHRASAL VERB tone sth down tompít, mérsékel

tone-'deaf adj. botfülű

tongs /tɒŋz/ noun [plural] (konyha) fogó, csipesz ⊃ Ábra kitchen alatt.

★ **tongue** /tʌŋ/ noun 1 [C,U] nyelv (testrész) 2 [C] (formális) nyelv: your mother tongue
IDIOMS on the tip of your tongue → TIP¹ |

put/stick your tongue out nyelvet ölt | a slip of the tongue → SLIP² | (with) tongue in cheek incselkedve, viccből

'tongue-tied adj. hallgatag

'tongue-twister noun [C] nyelvtörő

tonic /'tɒnɪk/ noun 1 (also 'tonic water) [U, C] tonik 2 [C, usually sing.] erősítő-/frissítőszer: A relaxing holiday is a wonderful tonic.

★ **tonight** /tə'naɪt/ noun [U] adv. ma este/éjjel: What's on TV tonight?

tonne /tʌn/ noun [C] tonna (1000 kg) ⊃ Lásd ton.

tonsil /'tɒnsl/ noun [C] mandula (testrész): She had to have her tonsils out. Kivették a manduláját.

tonsillitis /ˌtɒnsə'laɪtɪs/ noun [U] mandulagyulladás

too/enough

Kevin's sweater is too big.   Tom's sweater is not big enough.

too /tuː/ adv. 1 túl(ságosan): These boots are too small. • It's far too cold to go out without a coat. • It's too long a journey for you to make alone.

> Melléknév és határozószó előtt áll. Jelzős főnév előtt a szórend a következő: **too** + melléknév + **a(n)** + megszámlálható főnév. A következő szórend tehát nem helyes It's a too long journey, helyesen: It's too long a journey.

2 (tagadó mondatban nem használható) is, szintén: Red is my favourite colour but I like blue, too. • Phil thinks you're right and I do too.

> A **too** az állító, az **either** a tagadó egyetértés kifejezésére szolgál, de mindkettő a mondat végén áll: I like eating out and Ray does too. • I don't like cooking and Ray doesn't either.

tools

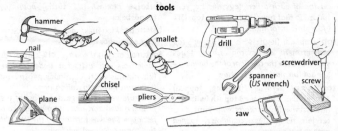

hammer | nail | mallet | drill | screwdriver | chisel | spanner (US wrench) | screw | plane | pliers | saw

3 ráadásul: *Her purse was stolen. And on her birthday too.* **4** (*ált. tagadó mondatban*) nagyon: *The weather is not too bad today.*

took *past tense of* TAKE

tool /tu:l/ *noun* [C] szerszám: *garden tools* • *a tool kit* szerszámkészlet

> A **tool** általában valamilyen kézi szerszám, mint pl. a kalapács vagy a csavarkulcs. Az **implement** szó kint, kertben, gazdaságban használatos eszközt jelent. A **machine** általában elektromos meghajtású motorral működő gép. Az **instrument** gyakran finomabb munkáknál használt szerszám: *a dentist's instruments.* A **device** valamilyen speciális célra tervezett eszköz: *The machine has a safety device which switches the power off if there is a fault.*

toolbar /'tu:lba:/ *noun* [C] (*infor*) eszköztár ⊃ Ábra az A10. oldalon.

toot /tu:t/ *noun* [C] dudálás
▸ **toot** *verb* [I,T] dudál: *to toot a horn*

★ **tooth** /tu:θ/ *noun* [C] (*plural* **teeth** /ti:θ/)
1 fog

> You **brush/clean** your teeth to remove bits of food. If a tooth is **decayed**, the dentist may **fill** it or **extract** it/**take** it **out**. If you have had all your teeth out, you can have **false teeth** or **dentures**.

⊃ Lásd **wisdom tooth**. **2** fog (*pl. fésűé*)
IDIOMS **by the skin of your teeth** → SKIN¹ | **gnash your teeth** → GNASH | **grit your teeth** → GRIT² | **have a sweet tooth** → SWEET¹

toothache /'tu:θeɪk/ *noun* [U, C, usually

sing.] fogfájás ⊃ Magyarázat az **ache** szónál.

toothbrush /'tu:θbrʌʃ/ *noun* [C] fogkefe ⊃ Ábra **brush¹** alatt.

toothpaste /'tu:θpeɪst/ *noun* [U] fogkrém

toothpick /'tu:θpɪk/ *noun* [C] fogpiszkáló

★ **top¹** /tɒp/ *noun* **1** [C] tető, vmi felső része: *The flat is at the top of the stairs.* • *Snow was falling on the mountain tops.* • *Start reading at the top of the page.* **2** [C] vmi teteje/(felső) lapja: *a desk/table/bench top* **3** [*sing.*] **the top (of sth)** a legmagasabb rang, csúcsa vminek (*átv*): *to be at the top of your profession* **4** [C] tető, kupak: *Put the top back on the pen.* ⊃ Ábra **container** alatt.

> A **top** és a **cap** általában olyan teteje valaminek, amely kicsi és kerek, és rendszerint csavarással lehet levenni: *a bottle top* • *Unscrew cap to open.* A **lid**, valaminek a fedele, nagyobb és felemelhető: *a saucepan lid* • *Put the lid back on the box.*

5 [C] top, felső(rész): *a tracksuit/bikini/pyjama top* **6** [C] pörgettyű
IDIOMS **at the top of your voice** torkaszakadtából | **be on top** az első helyen van, befut: *Josie always seems to come out on top.* | **get on top of sb** (*informális*) eláraszt (*tennivaló*): *I've got so much work to do. It's really getting on top of me.* (összecsapnak a hullámok a fejem fölött) | **off the top of your head** (*informális*) kapásból | **on top** a tetején, a tetejére: *a mountain with snow on top* | **on top of sb/sth 1** vki/vmi tetején: *Books were piled on top of one another.* **2** mindennek tetejébe: *On top of everything else, the car's broken down.* **3** (*informális*) szorosan: *We were all living

on top of each other (egymás hegyén-hátán) *in that tiny flat.* | **over the top**; OTT (*főleg brit, informális*) eltúlzott

★ **top²** /tɒp/ *adj.* (leg)felső: *one of Britain's top businessmen* ● *at top speed* teljes sebességgel ● *the top floor of the building* ● *She got top marks for her essay.*

top³ /tɒp/ *verb* [T] (**topping; topped**) **1** meghalad **2** élen jár **3 top sth (with sth)** (*ált. szenvedő szerkezetben*) vmit vmi tetejére tesz, rátesz: *cauliflower topped with cheese sauce*

PHRASAL VERB **top (sth) up** feltölt, utántölt

ˌtop ˈhat *noun* [C] cilinder ⊃ Ábra **hat** alatt.

ˌtop-ˈheavy *adj.* fejnehéz (*rossz egyen-súlyú*)

★ **topic** /ˈtɒpɪk/ *noun* [C] téma, tárgy

topical /ˈtɒpɪkl/ *adj.* aktuális

topless /ˈtɒpləs/ *adj., adv.* derékig meztelen (*nő*)

topmost /ˈtɒpməʊst/ *adj.* (*csak főnév előtt*) legmagasabb, legfelsőbb: *the topmost branches of the tree*

topping /ˈtɒpɪŋ/ *noun* [C,U] díszítés, öntet (*ételen*)

topple /ˈtɒpl/ *verb* **1** [I] **topple (over)** ledől, leborul **2** [T] megbuktat (*pl. kormányt*)

ˌtop ˈsecret *adj.* szigorúan titkos

★ **torch** /tɔːtʃ/ *noun* [C] **1** (*US* **flashlight**) zseblámpa: *Shine the torch under the sofa.* **2** fáklya: *the Olympic torch*

tore *past tense* of TEAR²

torment /ˈtɔːment/ *noun* [U, C] kín(szen-vedés), kínszenvedés okozója: *to be in torment* (kínok közt)
▸ **torment** /tɔːˈment/ *verb* [T] (meg)kínoz, gyötör

torn *past participle* of TEAR²

tornado /tɔːˈneɪdəʊ/ *noun* [C] (*plural* **tornadoes**) forgószél, tornádó

torpedo /tɔːˈpiːdəʊ/ *noun* [C] (*plural* **torpedoes**) torpedó

torrent /ˈtɒrənt/ *noun* [C] ár(adat): *The rain was coming down in torrents* (patakok-ban).

torrential /təˈrenʃl/ *adj.* ömlő, szakadó (*eső*)

torso /ˈtɔːsəʊ/ *noun* [C] (*plural* **torsos**) törzs

tortoise /ˈtɔːtəs/ (*US* **turtle**) *noun* [C] teknősbéka

tortuous /ˈtɔːtʃuəs/ *adj.* **1** nyakatekert **2** kacskaringós

torture /ˈtɔːtʃə(r)/ *noun* [U, C] **1** kínzás: *His confession was extracted under torture* (kínvallatás alatt). **2** kínlódás, gyötrelem: *It's torture having to wait so long.*
▸ **torture** *verb* [T] megkínoz: *Most of the prisoners were tortured into making a confession.* ● *She was tortured by the thought that the accident was her fault.*

torturer *noun* [C] kínvallató, kínzó

Tory /ˈtɔːri/ *noun* [C] *adj.* (*plural* **Tories**) tory (*a Brit Konzervatív Párt tagja*) ⊃ Magyarázat a **party** szónál.

toss /tɒs/ *verb* **1** [T] (el)hajít **2** [I,T] ide-oda dobál, hánykolódik: *He lay tossing and turning* (forgolódik) *in bed, unable to sleep.* ● *The ship was tossed about by huge waves.* **3** [T] rázza a fejét: *I tried to apologise but she just tossed her head and walked away.* **4** [I,T] **toss (up) (for sth)** pénzfel-dobással sorsol: *to toss a coin*

> Lásd **heads** és **tails**, amelyek a pénzérme két oldalának a nevei. A „fej vagy írás" angol megfelelője **heads or tails**.

▸ **toss** *noun* [C] (fel)dobás
IDIOM **win/lose the toss** nyer/veszít pénz-feldobáskor: *Hingis won the toss and chose to serve first.*

tot¹ /tɒt/ *noun* [C] **1** (*informális*) totyogós (*kisgyermek*) **2** (*főleg brit*) egy kupica/pohár (*pálinka stb.*)

tot² /tɒt/ *verb* (**totting; totted**)
PHRASAL VERB **tot (sth) up** (*informális*) min-dent összeszámol

★ **total¹** /ˈtəʊtl/ *adj.* összes, össz-, teljes: *the total number of students* ● *a total failure* ● *They ate in total silence.*

total² /ˈtəʊtl/ *noun* [C] végösszeg
▸ **total** *verb* (**totalling; totalled**; *US* **total-ing; totaled**) összead, kitesz vmennyit: *His debts totalled more than £10 000.*
IDIOM **in total** összesen: *The repairs came to £500 in total.*

★ **totally** /ˈtəʊtəli/ *adv.* teljesen, maxi-málisan: *I totally agree with you.*

totter /ˈtɒtə(r)/ *verb* [I] támolyog

---

❶ = magyarázat [C] megszámlálható (*főnév*): one book, two books

[U] megszámlálhatatlan (*főnév*): some sugar

★ touch¹ /tʌtʃ/ verb **1** [T] (meg)érint, hozzányúl: *He touched her gently on the cheek.* • *The police asked us not to touch anything.* **2** [I,T] érintkezik, hozzá-/összeér: *They were sitting so close that their shoulders touched.* • *My feet don't touch the ground* (leér). **3** [T] meghat, megindít **ᴐ** Lásd a **touched** melléknevet. **4** [T] (tagadó mondatokban) felér hozzá: *He's a much better player than all the others. No one else can touch him.* Utolérhetetlen.
IDIOM touch wood; knock on wood → WOOD
PHRASAL VERBS touch down leszáll, földet ér *(repülőgép)* | touch on/upon sth témát érint

★ touch² /tʌtʃ/ noun **1** [C, usually sing.] érintés: *I felt the touch of her hand on my arm.* **2** [U] tapintás: *Marble is cold to the touch.* • *the sense of touch* **3** [C] parányi részlet: *The flowers in our room were a nice touch.* • *She's just putting the finishing touches to* (az utolsó simításokat végzi) *the cake.* **4** [sing.] jelleg(zetesség): *She prefers to write her letters by hand for a more personal touch* (egyéni jelleg). **5** [sing.] a touch (of sth) egy pici
IDIOMS in/out of touch (with sb) kapcsolatban van/nincs (vkivel): *They kept in touch* (tartották a kapcsolatot) *by letter.* | in/out of touch with sth tájékozott/tájékozatlan vmiben: *We're out of touch with what's going on.* | lose touch → LOSE | lose your touch → LOSE

touchdown /'tʌtʃdaʊn/ noun [C,U] földetérés

touched /tʌtʃt/ adj. *(főnév előtt nem állhat)* touched (by sth); touched that... meghatott, megindult: *I was touched that he offered to help.*

touching /'tʌtʃɪŋ/ adj. megható, megindító

¹touch screen noun [C] *(infor)* érintésérzékeny képernyő: *touch screen technology*

touchy /'tʌtʃi/ adj. **1** touchy (about sth) sértődékeny, túlérzékeny **2** kényes *(pl. ügy)*: *Don't mention the exam. It's a very touchy subject.*

★ tough /tʌf/ adj. **1** nehéz, kemény: *It will be a tough decision to make.* • *He's had a tough time of it* (nehéz idők járnak rá) *recently.* **2** tough (on/with sb/sth) kemény, szigorú

vkivel: *The government plans to get tough with* (szigorúan fellép) *people who drink and drive.* **3** szívós, kitartó: *You need to be tough to go climbing in winter.* **4** kemény, rágós *(hús)* **5** erős, ellenálló, strapabíró: *a tough pair of boots* **6** *(informális)* tough (on sb) nagy pech vkinek
▶ **toughness** noun [U] **1** szigorúság **2** szívósság, erősség

toughen /'tʌfn/ verb [I,T] toughen (sb/sth) (up) (meg)edz, szívóssá tesz

★ tour /tʊə(r)/ noun **1** [C] a tour (of/round/around sth) (kör)utazás: *to go on a ten-day coach tour of/around Scotland* • *a sightseeing tour* városnézés • *a tour operator* utazásszervező, utazási iroda **ᴐ** Magyarázat a **travel** szónál. **2** [C] megtekintés, meglátogatás *(látnivalóé)*: *a guided tour* (idegenvezetővel) *round St Paul's Cathedral* **3** [C,U] turné *(művészé, sportolóé)*: *The band is currently on tour in America.* • *a concert/cricket tour*
▶ **tour** verb [I,T] bejár, beutazik *(helyet)*

tourism /'tʊərɪzəm/ noun [U] idegenforgalom

tourist /'tʊərɪst/ noun [C] turista **ᴐ** Lásd **sightseer**.

tournament /'tɔːnəmənt/ noun [C] *(sp)* -torna, verseny(sorozat)

tousled /'taʊzld/ adj. kócos, zilált *(haj)*

tow /təʊ/ verb [T] (el)vontat *(járművet)*
▶ **tow** noun vontatás
IDIOM in tow *(informális)* szorosan vki nyomában: *He arrived with his wife and five children in tow.*

★ towards /tə'wɔːdz/ (also toward /tə'wɔːd/) prep. **1** irányába(n), felé: *I saw Ken walking towards the station.* • *She had her back towards me.* • *a first step towards world peace* **2** tájt, felé *(időben)*: *It gets cool towards evening.* **3** *(érzelem)* vki/vmi iránt, vkivel/vmivel kapcsolatban: *Patti felt very protective towards her younger brother.* • *What is your attitude towards this government?* **4** *(anyagi)* hozzájárulás vmihez: *The money will go towards the cost of a new minibus.*

★ towel /'taʊəl/ noun [C] törülköző: *a bath/hand/beach towel* • *kitchen/paper towels* **ᴐ** Lásd **sanitary towel**, **tea towel**.

[I] **tárgyatlan** *(ige)*: He laughed.

[T] **tárgyas** *(ige)*: He ate an apple.

★ **tower** /'taʊə(r)/ noun [C] torony: a church tower

'**tower block** noun [C] (brit) toronyház

★ **town** /taʊn/ noun 1 [C] város: a market town • She's decided to move back to her **home town** (szülővárosába) 2 (**the town**) [sing.] a város (összes lakója): The whole town is talking about it. 3 [U] a (bel)város: I've got to go into town (be kell mennem a városba) this afternoon.
IDIOMS go to town (on sth) (informális) belead anyait-apait, szórja a pénzt | **be (out) on the town; go out on the town** (informális) (éjjel, szórakozva) kimarad

ˌ**town** ˈ**council** noun [C] (brit) városi tanács

ˌ**town** ˈ**hall** noun [C] városháza ➔ Lásd **hall**.

toxic /'tɒksɪk/ adj. mérgező

★ **toy¹** /tɔɪ/ noun [C] játékszer: The little boy continued playing with his toy cars. • a toy soldier játékkatona • a toyshop játékbolt

toy² /tɔɪ/ verb
PHRASAL VERB toy with sth 1 játszik/ eljátszadozik egy gondolattal: She's **toying with the idea of** going abroad for a year. 2 (szórakozottan) játszik vmivel: He **toyed with** (csak piszkálta) his food but hardly ate any of it.

trace¹ /treɪs/ verb [T] 1 **trace sb/sth (to sth)** nyomára bukkan, sikerül megtalálnia vhol: The wanted man was traced to an address in Amsterdam. 2 **trace sth (back) (to sth)** visszavezet (eredetet/vmit vmire): She traced her family tree back to the 16th century. 3 (vékony másolópapírral) le-/átmásol

★ **trace²** /treɪs/ noun 1 [C,U] nyoma vminek: traces of an earlier civilization • The man **disappeared/vanished without trace** (nyomtalanul eltűnt). 2 [C] **a trace (of sth)** elenyésző mennyiség

★ **track¹** /træk/ noun 1 [C] ösvény, földút: Follow the dirt track through the wood. 2 [C, usually plural] nyom ➔ Lásd **footprint**. 3 [C,U] sínpár, vágány 4 [C] (verseny)pálya: a running track 5 [C] szám (kazettán, CD-n, hanglemezen) ➔ Lásd **soundtrack**.
IDIOMS keep track of sb/sth nyomon követ, nem veszít szem elől | **lose track of sb/sth** szem elől téveszt, nem tudja nyomon követni | **off the beaten track** → BEAT¹ | **on**

the **right/wrong track** jó/rossz úton/ nyomon jár (átv): That's not the answer but you're on the right track.

track² /træk/ verb [T] nyomon követ: to track enemy planes on a radar screen
PHRASAL VERB track sb/sth down vki/vmi nyomára bukkan, megtalál

'**track event** noun [C] futószám (atlétika) ➔ Lásd **field event**.

'**track record** noun [sing.] korábbi teljesítmények (személyé, szervezeté)

tracksuit /'træksuːt/ noun [C] tréningruha, melegítő

tractor /'træktə(r)/ noun [C] traktor

★ **trade¹** /treɪd/ noun 1 [U] kereskedés, kereskedelem: an international trade agreement • Trade is not very good (nem megy jól az üzlet) at this time of year. 2 [C] szakma, üzletág: the tourist/building/retail trade 3 [C,U] mesterség, szakma: Jeff is a plumber **by trade** (foglalkozását tekintve). • to learn a trade ➔ Magyarázat a **work** szónál.

★ **trade²** /treɪd/ verb 1 [I] **trade (in sth) (with sb)** kereskedik (áruval): to trade in luxury goods • to trade in stocks and shares 2 [T] **trade sth (for sth)** elcserél vmit (vmire)
▸ **trading** noun [U] kereskedés
PHRASAL VERB trade sth in (for sth) beszámíttat (régi tárgyat az új árába), becserél: We traded in our old car for a van.

trademark /'treɪdmɑːk/ noun [C] (abbr. **TM**) márkajelzés, védjegy

trader /'treɪdə(r)/ noun [C] kereskedő, árus

tradesman /'treɪdzmən/ noun [C] (plural -men /-mən/) kereskedő, boltos

ˌ**trade** ˈ**union** (also ˌtrades ˈunion, union) noun [C] szakszervezet

★ **tradition** /trə'dɪʃn/ noun [C,U] hagyomány: religious/cultural/literary traditions • **By tradition** (a hagyomány szerint), the bride's family pays the costs of the wedding.
▸ **traditional** /-ʃənl/ adj. hagyományos **traditionally** /-ʃənəli/ adv. hagyományosan

★ **traffic¹** /'træfɪk/ noun [U] 1 (közúti, légi stb.) forgalom: heavy/light traffic nagy/kis forgalom • We got stuck **in traffic**. • air traffic control repülésirányítás ➔ Vesd össze **transport**. 2 **traffic (in sth)** illegális kereskedelem, üzérkedés: *the traffic in drugs/firearms*

traffic² *verb* (*pres. part.* **trafficking**; *pt, pp* **trafficked**)

PHRASAL VERB **traffic in sth** illegális kereskedelmet folytat, üzérkedik: *He was arrested for trafficking in drugs.*
► **trafficker** *noun* illegális áruval kereskedő személy, üzér
trafficking *noun* [U] illegális kereskedés, üzérkedés: *drug trafficking*

¹**traffic island** (also **island**) *noun* [c] járdasziget

¹**traffic jam** *noun* [c] közlekedési dugó: *to be stuck in a traffic jam.*

¹**traffic light** *noun* [c, usually plural] közlekedési lámpa

¹**traffic warden** *noun* [c] (*brit*) parkolást ellenőrző, közterület-felügyelő

tragedy /'trædʒədi/ *noun* (*plural* **tragedies**) **1** [c,U] tragédia, tragikus eset: *It's a tragedy that he died so young.* **2** [c] tragédia (*műfaj*): *Shakespeare's 'King Lear' is a tragedy.* ➔ Lásd **comedy**.

tragic /'trædʒɪk/ *adj.* **1** tragikus: *a tragic accident* **2** (*csak főnév előtt*) (*irod*) tragédia-, tragikus: *a tragic actor/hero*
► **tragically** /-kli/ *adv.* tragikusan

trail¹ /treɪl/ *noun* [c] **1** nyomok sora: *a trail of blood/footprints* **2** (*hátrahagyott*) nyom: *The dogs ran off* **on the trail of** *the fox.* **3** ösvény, gyalogút

trail² /treɪl/ *verb* **1** [I,T] maga után húz, vonszolódik: *The skirt was too long and trailed along the ground* (a földet söpörte). **2** [I] nehézkesen cammog, vánszorog vki/vmi mögött: *It was impossible to do any shopping with the kids trailing around after me.* **3** [I,T] **trail (by/in sth)** (*ált. continuous igeidőkben*) vesztésre áll: *At half-time Liverpool were trailing by two goals to three.* **4** [I] (*vmi felszínén*) tekereg, indázva befon: *Computer wires trailed across the floor.*
PHRASAL VERB **trail away/off** fokozatosan elhal (*hang*)

trailer /'treɪlə(r)/ *noun* [c] **1** pótkocsi, utánfutó: *a car towing a trailer with a boat on it* **2** (*főleg brit*) filmelőzetes ➔ Lásd **clip**.

★**train¹** /treɪn/ *noun* [c] **1** vonat: *a passenger/*

goods/freight train személy/áruszállító-/ tehervonat ● *a fast/slow/express train* ● *to catch/take/get the train to London* ● *the 12 o'clock train to Bristol* ● *to get on/off a train* ● *Hurry up or we'll* **miss the train** (lekéssük). ● *You have to* **change trains** (át kell szállnunk) *at Reading.* ● *Miranda travels to work by train* (vonattal). ● *Yesterday she fell asleep on the train* (a vonaton) *and missed her station.* **2** [*usually sing.*] sor(ozat) (*gondolatoké, eseményeké*): *A knock at the door interrupted my* **train of thought** (gondolatmenetemet).

★**train²** /treɪn/ *verb* **1** [T] **train sb (as sth/to do sth)** betanít, (ki)képez **2** [I] **train (as/in sth) (to do sth)** vminek tanul: *She trained as an engineer.* ● *He's training to be a doctor.* **3** [I] **train (for sth)** vmire edz, treníroz: *I'm training for the London Marathon.* **4** [T] **train sth (at/on sb/sth)** vmire irányít/szegez (*fegyvert, kamerát stb.*)
► **training** *noun* [U] edzés, tréning: *to be in training for the Olympics* ❶ A **training** megszámlálhatatlan főnév. Többeszámban a **training session(s)** kifejezést használjuk.

trainee /ˌtreɪ'niː/ *noun* [c] gyakornok, gyakorló (*még képzés alatt álló*)

trainer /'treɪnə(r)/ *noun* [c] **1** (*US* **sneaker**) [*usually plural*] edzőcipő ➔ Lásd **plimsoll**. Ábra **shoe** alatt, ill. a az A7. oldalon. **2** edző, betanító, oktató: *teacher trainers* ● *a racehorse trainer*

trainspotter /'treɪnspɒtə(r)/ *noun* [c] (*brit*) **1** olyan ember, akinek a mozdonyok számának gyűjtése a hobbija **2** unalmas dolgok iránt érdeklődő személy ➔ Lásd még **anorak**(2).
► **trainspotting** *noun* [U] **1** mozdonyok számának gyűjtése (*szórakozásból*) **2** unalmas(nak tartott) hobbi

trait /treɪt/ *noun* [c] jellemvonás

traitor /'treɪtə(r)/ *noun* [c] **a traitor (to sb/sth)** áruló: *He was a traitor who* **betrayed** (elárulta) *his friends and country.* ➔ Lásd még **treason**.

tram /træm/ (*US* **streetcar, trolley**) *noun* [c] villamos

tramp¹ /træmp/ *noun* **1** [c] csavargó **2** [*sing.*] lábdobogás

tramp² /træmp/ *verb* [I,T] nehéz léptekkel

trample 672

jár: *We tramped across the muddy field.* • *She tramped the streets looking for a job.*

trample /ˈtræmpl/ verb [I,T] **trample on/over sb/sth; trample sb/sth (down)** rátapos, eltipor: *The boys trampled on the flowers.*

trampoline /ˈtræmpəliːn/ noun [C] ugróasztal, trambulin

trance /trɑːns/ noun [C] önkívület(i állapot), transz: *to go/fall into a trance*

tranquil /ˈtræŋkwɪl/ adj. (*formális*) nyugodt, békés

tranquillizer (also **-iser**; *US* also **tranquilizer**) /ˈtræŋkwəlaɪzə/ noun [C] nyugtató(szer) Ⓢ Lásd **sedative**.

transaction /trænˈzækʃn/ noun [C] üzlet(kötés), tranzakció: *financial transactions*

transatlantic /ˌtrænzətˈlæntɪk/ adj. tengerentúli, az Atlanti-óceánon túli: *a transatlantic flight/voyage*

transcend /trænˈsend/ verb [T] (*formális*) meghalad vmit, túllép vmi határán

transcript /ˈtrænskrɪpt/ (also **transcription**) noun [C] írott változat, átirat (*szóban elhangzottaké*): *a transcript of the interview/trial*

transfer¹ /trænsˈfɜː(r)/ verb (**transferring**; **transferred**) 1 [I,T] **transfer (sb/sth) (from...) (to...)** áthelyez, átmegy: *He's transferring to our Tokyo branch next month.* • *I'd like to transfer* (átutalni) *£1 000 from my deposit account.* • *Transfer* (másold át) *the data onto a disk.* 2 [T] átruház (vagyont, jogot): *She transferred the property to her son.*
▶ **transferable** /-ˈfɜːrəbl/ adj. átruházható: *This ticket is not transferable.*

transfer² /ˈtrænsfɜː(r)/ noun 1 [C,U] áthelyezés 2 [U] (át)szállítás 3 [C] (*US*) átszállójegy 4 [C] (*főleg brit*) matrica

transform /trænsˈfɔːm/ verb [T] **transform sb/sth (from sth) (into sth)** (*teljesen*) átalakít
▶ **transformation** /ˌtrænsfəˈmeɪʃn/ noun [C,U] átalakulás, átalakítás

transfusion /trænsˈfjuːʒn/ noun [C] transzfúzió, vérátömlesztés: *a blood transfusion*

transistor /trænˈzɪstə(r)/ noun [C] tranzisztor

transit /ˈtrænzɪt/ noun [U] 1 (át)szállítás:

The goods had been damaged in transit (szállítás közben). 2 áthaladás (*útban egy másik hely felé*), átutazás

transition /trænˈzɪʃn/ noun [C,U] (a) **transition (from sth) (to sth)** átmenet: *the transition from childhood to adolescence*
▶ **transitional** /-ʃənl/ adj. átmeneti: *a transitional stage/period*

transitive /ˈtrænsətɪv/ adj. tárgyas (*ige*) ❶ Ellentéte: **intransitive**. Szótárunkban a tárgyas igék jelzése [T]. Ⓢ Lásd a *Rövid nyelvtani összefoglalást.*

★ **translate** /trænzˈleɪt/ verb [I,T] **translate (sth) (from sth) (into sth)** (le)fordít (*másik nyelvre*): *This book has been translated from Hungarian into English.* Ⓢ Lásd **interpret**.
▶ **translation** /trænzˈleɪʃn/ noun [C,U] fordítás (*másik nyelvre*): *a word-for-word translation* szó szerinti fordítás

translator /trænzˈleɪtə(r)/ noun [C] fordító Ⓢ Lásd **interpreter**.

transmission /trænzˈmɪʃn/ noun 1 [U] továbbítás, át-/továbbadás: *the transmission of television pictures by satellite* • *the transmission of a disease/virus* 2 [C] közvetítés, adás (*rádió-/tévéműsoré*) 3 [U, C] erőátvitel (*pl. autóban*)

transmit /trænzˈmɪt/ verb [T] (**transmitting**; **transmitted**) 1 (*rádió, tévé*) közvetít, ad 2 át-/továbbad: *a sexually transmitted disease* szexuális úton terjedő betegség

transmitter /trænzˈmɪtə(r)/ noun [C] adó(készülék)

transparency /trænsˈpærənsi/ noun [C] (*plural* **transparencies**) írásvetítő-fólia: *a transparency for the overhead projector* Ⓢ Lásd **slide²**(4).

★ **transparent** /trænsˈpærənt/ adj. átlátszó ❶ Ellentéte: **opaque**.

transplant¹ /trænsˈplɑːnt/ verb [T] átültet (*emberi szervet, növényt*) Ⓢ Lásd **graft**.

transplant² /ˈtrænsplɑːnt/ noun [C] szervátültetés: *to have a heart/liver/kidney transplant*

★ **transport** /ˈtrænspɔːt/ (*főleg US* **transportation**) noun [U] 1 szállítás: *road/rail/sea transport* Ⓢ Vesd össze **traffic**. 2 közlekedés: *Do you have your own transport?* • *I travel to school by* **public transport**

MÁSSALHANGZÓK p **pen** | b **bad** | t **tea** | d **did** | k **cat** | g **got** | tʃ **chin** | dʒ **June** | f **fall** | v **van** | θ **thin**

(tömegközlekedéssel). • *His bike is his only means of transport* (közlekedési eszköze). ▸ **transport** /træn'spɔːt/ *verb* [T] (el/át)-szállít

transvestite /trænz'vestaɪt/ *noun* [C] transzvesztita

★ **trap¹** /træp/ *noun* [C] csapda, kelepce (*átv is*): *a mousetrap* • *She walked straight into the trap.* Simán belesétált a csapdába. • *Some women see marriage as a trap.*

★ **trap²** /træp/ *verb* [T] (**trapping**; **trapped**) **1** (*gyakran szenvedő szerkezetben*) csapdába ejt, csapdában tart: *Many people are trapped in low-paid jobs.* **2** (f)elfog és tárol: *Solar panels trap energy from the sun.* **3** csapdába/kelepcébe csal **4** csapdával (el)fog (*állatot*) **5 trap sb (into sth/into doing sth)** csapdába ejt (*átv*), behúz a csőbe: *She had been trapped into revealing her true identity.*

trapdoor /'træpdɔː(r)/ *noun* [C] csapóajtó (*padlóban vagy tetőn*)

trapeze /trə'piːz/ *noun* [C] (*cirkuszi*) trapéz

trappings /'træpɪŋz/ *noun* [plural] társadalmi rang, pozíció külső jegyei (*tárgyak, öltözék stb.*)

trash /træʃ/ (*US*) = RUBBISH

'**trash can** (*US*) = DUSTBIN

trashy /'træʃi/ *adj.* vacak, szemét (*minőségű*): *trashy novels*

trauma /'trɔːmə/ *noun* [C,U] megrázkódtatás: *the trauma of losing your parents* ➔ Lásd **stress**. ▸ **traumatic** /trɔː'mætɪk/ *adj.* megrázó, traumatikus

★ **travel¹** /'trævl/ *verb* (**travelling**; **travelled**; *US* **traveling**; **traveled**) [I,T] utazik, utat megtesz: *to travel abroad* • *to travel the world* beutazza a világot • *to travel by sea/air/car* • *to travel to work* • *travelling expenses* útiköltség • *They travelled 60 kilometres to come and see us.* IDIOM **travel light** kevés holmival utazik

★ **travel²** /'trævl/ *noun* **1** [U] utazás, út: *air/rail/space travel* • *a travel bag/clock/iron* útitáska/óra/vasaló **2** (**travels**) [plural] utazgatás, utazások

A **travel** megszámlálhatatlan főnév és akkor használjuk, ha általában beszélünk helyváltoztatásról: *Foreign travel is very popular these days.* Ha két hely közötti konkrét utazásról beszélünk, a **journey** szót használjuk. A **journey** lehet hosszú (*the journey across Canada*) vagy rövid, de ismétlődő (*the journey to work*). A **tour** körutazás vagy séta, melynek során több helyet is meglátogatunk. Lehet körbeutazni vagy körbejárni egy országát, várost, nevezetes helyet stb.: *a three-week tour around Italy* • *a guided tour of the castle*. Gyakori szó a **trip**, amelyet olyankor használunk, amikor az egész utazásról beszélünk: az oda-vissza-útról és az ott-tartózkodásról: *They're just back from a trip to Japan.* (de: '*How was the journey back?*' '*Awful – the plane was delayed!*'). A **trip** lehet rövid (*a day trip*) vagy hosszabb (*a trip round the world*) valamint lehet üzleti út vagy szórakozás: *How about a shopping trip to London this weekend?* • *He's on a business trip to New York to meet a client.* Az **excursion** rövid szervezett csoportos utazás: *The holiday includes a full-day excursion by coach to the capital.* Gyakori kifejezések: **go on a journey/a tour/a trip/an excursion**.

'**travel agency** *noun* [C] (*plural* **travel agencies**) utazási iroda

'**travel agent** *noun* **1** [C] utazási iroda vezetője/alkalmazottja **2 the travel agent's** [*sing.*] utazási iroda (*helyiség*)

traveller (*US* **traveler**) /'trævələ(r)/ *noun* [C] **1** utazó **2** (*brit*) utazó ember (*állandó lakóhely nélküli, az utakon, járművében élő személy*) ➔ Lásd **gypsy**.

'**traveller's cheque** (*US* '**traveler's check**) *noun* [C] utazási csekk

'**travel-sick** *adj.* az utazástól beteg/hány ➔ Lásd **airsick**, **carsick**, **seasick**.

★ **tray** /treɪ/ *noun* [C] **1** tálca **2** irattálca

treacherous /'tretʃərəs/ *adj.* **1** alattomos, áruló **2** csalóka

treachery /'tretʃəri/ *noun* [U] (el)árulás

treacle /'triːkl/ (*US* **molasses**) *noun* [U] melasz ➔ Lásd **syrup**.

tread¹ /tred/ *verb* (*pt* **trod** /trɒd/; *pp* **trodden** /'trɒdn/) **1** [I] **tread (on/in/over sb/sth)** lép, tapos: *Don't tread in the puddle!* • *He trod on my foot and didn't even say sorry!*

2 [T] **tread sth (in/into/down)** (le/el)tapos: *This wine is still made by treading grapes.*

tread² /tred/ *noun* **1** [*sing.*] lépés (zaja), járás(mód) **2** [*C,U*] futófelület (*gumiabroncsé*)

treason /'triːzn/ *noun* [*U*] (haza)árulás ➔ Magyarázat a **traitor** szónál.

★ **treasure¹** /'treʒə(r)/ *noun* [*U, C*] kincs (*átv is*): *to find buried treasure*

treasure² /'treʒə(r)/ *verb* [*T*] kincsként őriz, nagy becsben tart: *I will treasure those memories forever.*

ˈ**treasure hunt** *noun* [*C*] kincsvadászat

treasurer /'treʒərə(r)/ *noun* [*C*] pénztáros, kincstárnok

the Treasury /'treʒəri/ *noun* [*sing., with sing. or plural verb*] államkincstár, (*brit*) Pénzügyminisztérium

★ **treat¹** /triːt/ *verb* [*T*] **1** **treat sb/sth (with/as/like sth)** kezel vkit vhogyan, bánik vkivel vhogyan (*beszélt nyelv*): *They treat their workers like dirt.* Rohadtul bánnak a munkásaikkal. • *You should treat older people with respect.* • *to treat sb badly/fairly/well* **2** **treat sth as sth** vminek tekint/vesz: *I decided to treat his comment as a joke.* **3** tárgyal, taglal (*kérdést, problémát*): *The article treats this question in great detail.* **4** **treat sb/sth (for sth)** kezel (*beteget, betegséget*) **5** **treat sth (with sth)** vegyileg kezel **6** **treat sb/yourself (to sth)** megvendégel: *Clare treated the children to an ice cream.*

treat² /triːt/ *noun* [*C*] csemege, ritka élvezet: *I've brought some cream cakes as a treat.* • *It's a real treat for me to stay in bed late.*

IDIOM **trick or treat** → TRICK

★ **treatment** /'triːtmənt/ *noun* **1** [*U, C*] **treatment (for sth)** (*orv, vegyi*) kezelés: *to require hospital/medical treatment* **2** [*U*] bánásmód: *The treatment of the prisoners of war was very harsh.*

treaty /'triːti/ *noun* [*C*] (*plural* **treaties**) (*államközi*) szerződés, (*nemzetközi*) egyezmény: *to sign a peace treaty*

treble¹ /'trebl/ *verb* [*I,T*] háromszor szoroz, megháromszoroz(ódik): *Prices have trebled in the past ten years.*

▸ **treble** *determiner* háromszoros(a vmi-

nek): *This figure is treble the number five years ago.*

treble² /'trebl/ *noun* [*C*] **1** szoprán (fiú)hang **2** szoprán énekes fiú

★ **tree** /triː/ *noun* [*C*] (*élő*) fa: *an oak tree*

trek /trek/ *noun* [*C*] **1** vándorút, gyalogtúra (*hegyekben*) **2** (*informális*) hosszú gyaloglás

▸ **trek** *verb* [*I*] (**trekking; trekked**) vándorol, gyalogol ❶ A **go trekking** kifejezést használjuk, ha valaki kellemes időtöltésként gyalogtúrázik.

tremble /'trembl/ *verb* [*I*] **tremble (with sth)** remeg, reszket: *She was trembling with shock.*

▸ **tremble** (also **trembling**) *noun* [*C*] remegés, reszketés

tremendous /trə'mendəs/ *adj.* **1** óriási, hatalmas: *a tremendous amount of work* **2** (*informális*) baromi jó, isteni: *It was a tremendous experience.*

tremendously /trə'mendəsli/ *adv.* nagyon, rettentően: *tremendously exciting* • *Prices vary tremendously from one shop to another.*

tremor /'tremə(r)/ *noun* [*C*] enyhe remegés: *There was a tremor in his voice.*

trench /trentʃ/ *noun* [*C*] **1** árok **2** lövészárok

trend /trend/ *noun* [*C*] **a trend (towards sth)** irányzat: *The current trend is towards smaller families.* • *He always followed the latest trends in fashion.*

IDIOM **set a/the trend** meghatározza a divatot/irányzatot

trendy /'trendi/ *adj.* (*informális*) divatos, menő

trespass /'trespəs/ *verb* [*I*] behatol (*idegen területre*)

▸ **trespasser** *noun* [*C*] behatoló személy

★ **trial** /'traɪəl/ *noun* [*C,U*] **1** bírósági tárgyalás: *a fair trial* • *He was on trial for* (*bíróság előtt állt*) *murder.* **2** próba, kipróbálás, teszt: *New drugs must go through extensive trials.* • *a trial period* (*kipróbálási/tesztelési időszak*) *of three months*

IDIOM **trial and error** próba-szerencse

ˌ**trial ˈrun** *noun* [*C*] próbajárat (*átv is*)

★ **triangle** /'traɪæŋgl/ *noun* [*C*] **1** háromszög:

❶ = magyarázat [*C*] megszámlálható (*főnév*): *one book, two books*

[*U*] megszámlálhatatlan (*főnév*): *some sugar*

a right-angled triangle derékszögű három-szög **2** triangulum

triangular /traɪˈæŋɡjələ(r)/ *adj.* három-szögű, háromszög alakú

tribe /traɪb/ *noun* [C] (nép)törzs
▶ **tribal** /ˈtraɪbl/ *adj.* törzsi: *tribal art*

tribunal /traɪˈbjuːnl/ *noun* [C] döntő-bíróság: *an industrial tribunal*

tributary /ˈtrɪbjətri/ *noun* [C] (*plural* **tribu-taries**) mellékfolyó

tribute /ˈtrɪbjuːt/ *noun* **1** [C,U] **tribute (to sb)** tiszteletadás: *A special concert was held as a tribute to the composer.* **2** [*sing.*] **be a tribute (to sb/sth)** vki/vmi dicséretére válik: *The success of the festival is a tribute to the organizers.*
📌 **pay tribute to sb/sth** → PAY¹

★ **trick** /trɪk/ *noun* [C] **1** trükk, cselfogás: *The thieves used a trick to get past the security guards .* **2** beugratás: *It was a trick question* (beugrató(s) kérdés) **3** mutatvány, trükk: *The magician performed a trick* (bemuta-tott egy trükköt/előadott egy mutat-ványt) *in which he made a rabbit disappear.* • *a card trick* **4** [*usually sing.*] megoldás, trükk *(helyzeté, problémáé)*
▶ **trick** *verb* [T] beugrat, becsap: *I've been tricked!*
📌 **do the job/trick** → JOB | **play a joke/trick on sb** → JOKE¹ | **trick or treat** *(főleg US)* gyerekek szokása Hallowe'en estéjén: *to go trick or treating*

A gyerekek október 31-én este min-denféle jelmezekbe, pl. kísértetnek öltözve bekopogtatnak a házakba és megfenyegetik az ott lakókat, hogy ha nem adnak nekik valami ajándékot, pl. édességet, akkor valami csínnyel „megbüntetik" őket.

📌 **trick sb into sth/doing sth** beleugrat vmibe: *He tricked me into lend-ing him money.* | **trick sb out of sth** kicsal vkitől vmit: *Stella was tricked out of her share of the money.*

trickery /ˈtrɪkəri/ *noun* [U] csalás, becsa-pás, trükk

trickle /ˈtrɪkl/ *verb* [I] **1** csordogál: *Rain-drops trickled down the window.* **2** (be)szivárog vhová
▶ **trickle** *noun* [C, *usually sing.*] csordo-gálás, szivárgás: *a trickle of water*

tricky /ˈtrɪki/ *adj.* (**trickier; trickiest**) bo-nyolult, rázós: *a tricky situation*

tricycle /ˈtraɪsɪkl/ *noun* [C] tricikli

trifle /ˈtraɪfl/ *noun* **1** (a trifle) [*sing.*] (*formális*) egy kissé, némileg **2** [C] apróság, semmiség **3** [C,U] *(brit)* sütemény-fajta (*piskótatészta, gyümölcs, tejsodó*)

trifling /ˈtraɪflɪŋ/ *adj.* jelentéktelen, elha-nyagolható

trigger¹ /ˈtrɪɡə(r)/ *noun* [C] **1** ravasz (*fegyveré*): *to pull the trigger* **2** kiváltó ok

trigger² /ˈtrɪɡə(r)/ *verb* [T] **trigger sth (off)** el-/beindít (*eseményt, folyamatot*)

trillion /ˈtrɪljən/ *number* trillió (*egy millió millió*) ⊃ Példák a **six** szónál. Lásd a *Számokkal kapcsolatos kifejezések* részt.

trilogy /ˈtrɪlədʒi/ *noun* [C] (*plural* **trilogies**) trilógia (*háromrészes mű*)

trim¹ /trɪm/ *verb* [T] (**trimming; trimmed**) **1** levág/-nyes (*csinosít*): *to trim your hair/fringe/beard* • *The hedge needs trim-ming.* **2 trim sth (off sth)** levág (*vmi fölöslegeset*) **3 trim sth (with sth)** díszít (*vmi szélét díszíti*)
▶ **trim** *noun* [C, *usually sing.*] vágás, formára igazítás: *My hair needs a trim.*

trim² /trɪm/ *adj.* **1** csinos, jó külsejű **2** ápolt, gondozott

trimming /ˈtrɪmɪŋ/ *noun* **1** (trimmings) [*plural*] dísz(ítés), körítés: *a feast of turkey with all the trimmings* **2** [C,U] paszomány, bordűr, szegélydísz

trio /ˈtriːəʊ/ *noun* (*plural* **trios**) [C, *with sing. or plural verb*] (zene) trió (*háromtagú együttes ill. nekik írt mű*)

★ **trip¹** /trɪp/ *noun* [C] út, utazás (*pihenés vagy üzleti célú*): *How was your trip to Turkey?* • *We had to make several trips to move all the furniture.* • *to go on a busi-ness/shopping trip* ⊃ Magyarázat a **travel** szónál.
▶ **tripper** *noun* [C] kiránduló, turista: *Brighton was full of day trippers* (kirándulók, akik egy napra jöttek) *from London.*

★ **trip²** /trɪp/ *verb* (**tripping; tripped**) **1** [I] **trip (over/up); trip (over/on sth)** el-/megbotlik vmiben **2** [T] **trip sb (up)** elgáncsol vkit (*baklövésbe*)
📌 **trip (sb) up** bakot lő, beugrat vkit (*baklövésbe*)

[I] **tárgyatlan** *(ige): He laughed.*   *[T]* **tárgyas** *(ige): He ate an apple.*

triple /'trɪpl/ adj. (csak főnév előtt) háromrészes, háromszoros
▶ **triple** verb [I,T] megháromszoroz, megháromszorozódik

triplet /'trɪplət/ noun [C] hármasikrek egyike ➔ Lásd **twin**.

tripod /'traɪpɒd/ noun [C] háromlábú állvány

★**triumph¹** /'traɪʌmf/ noun [C,U] győzelem, diadal: *The new programme was a triumph with the public.* • *The team returned home in triumph* (diadalmasan).

triumph² /'traɪʌmf/ verb [I] triumph (over sb/sth) győz, diadalmaskodik

triumphant /traɪˈʌmfənt/ adj. diadalmas, diadalittas: *a triumphant cheer*
▶ **triumphantly** adv. győztesen, diadalmasan

trivia /'trɪviə/ noun [U] 1 jelentéktelen apróságok 2 (dit. szóösszetételekben) különböző témákkal kapcsolatos tények (gyakran kvízkérdések): *a trivia quiz*

trivial /'trɪviəl/ adj. jelentéktelen, elhanyagolható: *a trivial detail/problem*
▶ **triviality** /ˌtrɪviˈæləti/ noun [C,U] (plural trivialities) apróság, jelentéktelen dolog

trivialize (also -ise) /'trɪviəlaɪz/ verb [T] (el)bagatellizál, jelentéktelennek tüntet fel

trod past tense of TREAD¹

trodden past participle of TREAD¹

trolley /'trɒli/ noun [C] 1 (US cart) (bolti) bevásárlókocsi, kofferkuli (pályaudvaron, repülőtéren): *a supermarket/shopping/luggage trolley* 2 (brit) zsúr-/tálalókocsi: *a tea/sweet/drinks trolley* 3 (US) = TRAM

trombone /trɒmˈbəʊn/ noun [C] harsona ➔ Magyarázat a **piano** szónál.

troop /tru:p/ noun 1 (troops) [plural] csapat (katonák) 2 [C] csoport, csapat, falka (emberek, állatok)
▶ **troop** verb [I] tódul, csoportosan vonul: *When the bell rang everyone trooped into the hall.*

trophy /'trəʊfi/ noun [C] (plural trophies) (versenyen nyert) trófea, kupa

tropic /'trɒpɪk/ noun 1 [C, usually sing.]: the Tropic of Cancer Ráktérítő • the Tropic of

Capricorn Baktérítő 2 (the tropics) [plural] forró égöv, a trópusok
▶ **tropical** /-kl/ adj. forró égövi, trópusi: *tropical fruit* déligyümölcs

trot¹ /trɒt/ verb (trotting; trotted) [I] 1 üget (ló, lovas) ➔ Lásd **canter**, **gallop**. 2 gyors léptekkel megy/jár
PHRASAL VERB trot sth out (informális) csak a régi nótát fújja: *to trot out the same old story*

trot² /trɒt/ noun [sing.] ügetés
IDIOM on the trot (informális) egymás után, egyfolytában: *We worked for six hours on the trot.*

★**trouble¹** /'trʌbl/ noun 1 [U, C] trouble (with sb/sth) gond, baj, probléma: *If I don't get home by 11 o'clock, I'll be in trouble* (baj lesz). • *I'm having trouble with my car* (gondjaim vannak). • *I'm having trouble getting the car started.* • *financial troubles* • *Marie is clever. The trouble is* (a baj az, hogy) *she's very lazy.* 2 [U] fáradság, megerőltetés: *Let's eat out tonight – it will save you the trouble* of cooking (megtakaríthatod a főzés gondját). • *Why don't you stay the night with us. It's no trouble.* Nem gond. • *I'm sorry to put you to so much trouble* (hogy olyan sok gondot okozok). 3 [U,C] rendzavarás: *There's often trouble in town on Saturday night after the bars have closed.* • *the troubles in Northern Ireland* 4 [U] baj, betegség: *back/heart trouble*
IDIOMS ask for trouble → ASK | get into trouble bajba jut | go to a lot of trouble (to do sth) fáradozik (vmin): *They went to a lot of trouble to make us feel welcome.* | take trouble over/with sth; take trouble to do sth/doing sth gondos(an csinál vmit), nem sajnálja a fáradságot | take the trouble to do sth veszi a fáradságot, hogy megtegyen vmit

trouble² /'trʌbl/ verb [T] 1 aggaszt, zavar: *Is there something troubling you?* 2 (formális) trouble sb (for sth) zavar, zaklat vkit: *Sorry to trouble you, but would you mind answering a few questions?* ❶ Szinonimája: **bother**.

troublemaker /'trʌblmeɪkə(r)/ noun [C] bajkeverő

troublesome /'trʌblsəm/ adj. nehéz, kellemetlen, zavaró

trough /trɒf/ *noun* [C] **1** vályú **2** mélypont, bemélyedés

★ **trousers** /ˈtraʊzəz/ (*US* **pants**) *noun* [*plural*] (hosszú)nadrág

> A **trousers** többes számú főnév (nem mondhatjuk pl. ~a new trouser~). A következő kifejezéseket lehet használni: *I need some new trousers.* • *I need a new pair of trousers.* Egy másik főnév előtt, összetételekben a **trouser** alakot használjuk: *a trouser suit* nadrágkosztüm.

trout /traʊt/ *noun* [C,U] (*plural* **trout**) pisztráng

trowel /ˈtraʊəl/ *noun* [C] (*palántaásó*) lapátka ➲ Ábra **garden** alatt.

truant /ˈtruːənt/ *noun* [C] iskolakerülő
► **truancy** /-ənsi/ *noun* lógás (*iskolából*)
IDIOM **play truant**; (*US*) **play hooky** lóg az iskolából

truce /truːs/ *noun* [C] fegyverszünet ➲ Lásd **ceasefire**.

★ **truck** /trʌk/ *noun* [C] **1** (*főleg US*) = **LORRY**: *a truck driver* **2** (*brit*) tehervagon: *a cattle truck* ➲ Ábra **vehicle** alatt.

trudge /trʌdʒ/ *verb* [I] vánszorog, cammog

★ **true** /truː/ *adj.* **1** igaz: *Is it true that Adam is leaving?* • *I didn't think the film was at all true to life* (élethű). • *Read the statements and decide if they are true or false.* ❶ Ellentéte: **untrue** vagy **false**. **2** igaz(i): *The novel was based on a true story.* ❶ Ellentéte: **false**. **3** igazi, valódi: *How do you know when you have found true love?* **4** **true (to sb/sth)** hűséges, megbízható: *He was true to his word* (állta a szavát). • *She has been a true friend to me.* ❶ Főnév: **truth**.
IDIOMS **come true** megvalósul, valóra válik: *My dream has come true!* | **too good to be true** túl szép ahhoz, hogy igaz legyen | **true to form** a szokásos (módon)

truly /ˈtruːli/ *adv.* **1** igazán, őszintén: *We are truly grateful to you.* **2** (*nyomatékosítás*) igazán, ténylegesen: *I cannot truly say that I was surprised at the news.*

> Hivatalos levelek végén gyakran használják a **Yours truly** kifejezést.

IDIOM **well and truly** → **WELL¹**

trump /trʌmp/ *noun* [C] adu: *Spades are trumps.*

trump card *noun* [C] adu, ütőkártya: *It was time for her to play her trump card* (hogy kijátssza az ütőkártyáját).

trumpet /ˈtrʌmpɪt/ *noun* [C] trombita ➲ Magyarázat a **piano** szónál.

truncheon /ˈtrʌntʃən/ (*brit*) *noun* [C] (*rég*) gumibot

trundle /ˈtrʌndl/ *verb* [I,T] görget, gurít, gördül, gurul (*lassan, nehezen*): *A lorry trundled down the hill.*

trunk /trʌŋk/ *noun* **1** [C] fatörzs **2** [C] (*US*) = **BOOT¹** (2) **3** [C] (*elefánt*)ormány **4** (**trunks**) (*also* ˈ**swimming trunks**) [*plural*] fürdőnadrág **5** [C] (*utazó*)láda **6** [*usually sing.*] törzs (*testrész*)

★ **trust¹** /trʌst/ *noun* **1** [U] **trust (in sb/sth)** bizalom vki/vmi iránt: *Our marriage is based on love and trust.* • *I should never have put my trust in him* (nem bíztam volna meg benne). ➲ Lásd **distrust**, **mistrust**. **2** [C,U] bizalmi tulajdon-/vagyonátruházás (*jogi megállapodás:* ált. *fiatalkorúak vagyonának kezelésére*)
IDIOM **take sth on trust** becsületszóra elhisz: *I can't prove it. You must take it on trust.*

★ **trust²** /trʌst/ *verb* [T] **trust sb (to do sth)**; **trust sb (with sth)** megbízik vkiben, rábíz vkire vmit: *You can't trust her with money.* ➲ Lásd **mistrust**, **distrust**.
IDIOM **trust sb (to do sth)** (*beszélt nyelv*) mérget vehetsz rá: *Trust Alice to be late – she's never on time!*

trustee /trʌˈstiː/ *noun* [C] (*vki más vagyonának kezelésére*) meghatalmazott személy

trusting /ˈtrʌstɪŋ/ *adj.* vakon bízó, jóhiszemű

trustworthy /ˈtrʌstwɜːði/ *adj.* megbízható, bizalomra méltó

★ **truth** /truːθ/ *noun* (*plural* **truths** /truːðz/) **1** (**the truth**) [*sing.*] igazság: *Please tell me the truth.* • *Are you telling me the whole truth about what happened?* • *The truth is* (az az igazság, hogy), *we can't afford to live here any more.* **2** [U] igazság(tartalom): *There's a lot of truth in what she says.* **3** [C] általános igazság: *scientific/universal truths* ❶ Melléknév: **true**.

truthful /'truːθfl/ *adj.* **1 truthful (about sth)** becsületes, őszinte: *I don't think you're being truthful with me.* **2** valósághű, hiteles: *a truthful account*
▶ **truthfully** /-fəli/ *adv.* becsületesen, őszintén

★ **try¹** /traɪ/ *verb* (*pres. part.* **trying**; *3rd pers. sing. pres.* **tries**; *pt, pp* **tried**) **1** [*I*] **try (to do sth)** (meg)próbál: *I'm sure you can do it if you try.* • *She was **trying hard** (nagyon igyekezett) not to laugh.* • *She'll **try her best** (mindent meg fog kísérelni) to help you.*

> A **try and** kifejezés kevésbé hivatalos, mint a **try to** és múlt időben nem állhat: *I'll try and get there on time.* • *I tried to get there on time, but I was too late.*

2 [*T*] **try (doing) sth** meg-/kipróbál, megkísérel: *I've tried everything but I can't get the baby to sleep.* • *Have you ever tried raw fish?* • *We tried the door but it was locked.* **3** [*T*] **try sb (for sth)** bíróság elé állít: *He was tried for murder.*
IDIOMS **try sb's patience** próbára teszi vki türelmét | **try your hand at sth** megpróbál, kipróbálja magát vmiben
PHRASAL VERBS **try sth on** felpróbál: *Can I try these jeans on, please?* | **try sb/sth out** kipróbál, próbára tesz

try² /traɪ/ *noun* [*C*] (*plural* **tries**) kísérlet, vmi ki-/megpróbálása: *I don't know if I can move it by myself, but I'll **give it a try** (megpróbálom).*

trying /'traɪɪŋ/ *adj.* fárasztó, bosszantó: *a trying journey*

T-shirt (also **teeshirt**) *noun* [*C*] póló(ing), (rövid ujjú) trikó

tsp *abbr.* (**teaspoonful**, **teaspoonfuls** rövidítése) kiskanál(nyi): *Add 1 tsp salt.*

tub /tʌb/ *noun* [*C*] **1** kád, dézsa **2** doboz (élelmiszer tárolására): *a tub of margarine/ice cream* ➲ Ábra **container** alatt.

tuba /'tjuːbə/ *noun* [*C*] (*zene*) tuba ➲ Magyarázata a **piano** szónál.

★ **tube** /tjuːb/ *noun* **1** [*C*] cső, tömlő: *the inner tube of a bicycle tyre* ➲ Lásd **test tube**. **2** [*C*] **a tube (of sth)** tubus: *a tube of toothpaste* ➲ Ábra **container** alatt. **3** (**the tube**) [*sing.*] (*brit, informális*) = **UNDERGROUND³**

tuberculosis /tjuːˌbɜːkjuˈləʊsɪs/ *noun* [*U*] (*abbr.* **TB**) TBC, tüdőbaj

tubing /'tjuːbɪŋ/ *noun* [*U*] cső(darab)

TUC /ˌtiː juː ˈsiː/ *abbr.* (**the Trades Union Congress** rövidítése) (*brit*) Szakszervezetek Szövetsége

tuck /tʌk/ *verb* [*T*] **1 tuck sth in, under, round, etc. (sth)** begyűr, betűr **2 tuck sth (away)** elrak, el-/bedug: *The letter was tucked behind a pile of books.*
PHRASAL VERBS **tuck sth away 1** (*csak szenvedő szerkezetben*) elrejt, eldug: *The house was tucked away* (megbújt) *among the trees.* **2** eldug: *He tucked his wallet away in his inside pocket.* | **tuck in**; **tuck into sth** (*főleg brit, beszélt nyelv*) jóízűen eszik/fal(atozik) vmiből | **tuck sb in/up** betakar(gat), bebugyolál (*ágyban*)

Tue. (also **Tues.**) *abbr.* (**Tuesday** rövidítése) kedd: *Tue. 9 March*

★ **Tuesday** /'tjuːzdeɪ; -di/ *noun* [*C,U*] (*abbr.* **Tue., Tues.**) kedd ❶ A hét napjainak nevét mindig nagy kezdőbetűvel írjuk. ➲ Példák a **Monday** szónál.

tuft /tʌft/ *noun* [*C*] (*haj-/fű- stb.*) csomó

tug¹ /tʌg/ *verb* [*I,T*] (**tugging**; **tugged**) **tug (at/on sth)** rán(ga)t, ráncigál: *The little boy tugged at his father's trouser leg.*

tug² /tʌg/ *noun* [*C*] **1** (meg)rántás: *She gave the rope a tug.* Rántott egyet a kötélen. **2** (also **tugboat**) vontatóhajó

tuition /tjuˈɪʃn/ *noun* [*U*] **tuition (in sth)** (*főleg kiscsoportos*) tanítás, oktatás: *private tuition in Italian* • *tuition fees* tandíj

tulip /'tjuːlɪp/ *noun* [*C*] tulipán

tumble /'tʌmbl/ *verb* [*I*] **1** lebukfencezik vhonnan: *He tripped and tumbled all the way down the steps.* **2** hirtelen lezuhan (*ár, érték*) **3** ki-/lezuhan (*egymás hegyén-hátán*): *She opened her suitcase and all her things tumbled out of it.*
▶ **tumble** *noun* [*C*] esés, zuhanás
PHRASAL VERB **tumble down** le-/összedől

tumble-'dryer (also **tumble-drier**) *noun* [*C*] (*brit*) ruhaszárító gép

tumbler /'tʌmblə(r)/ *noun* [*C*] magas vizespohár

tummy /'tʌmi/ *noun* [*C*] (*plural* **tummies**) (*informális*) = **STOMACH¹**

tumour (US **tumor**) /'tju:mə(r)/ noun [C] (kóros) daganat: a brain tumour

tumultuous /tju:ˈmʌltʃuəs/ adj. zajos, viharos: tumultuous applause

tuna /'tju:nə/ (also 'tuna fish') noun [C,U] (plural tuna) tonhal

★ **tune¹** /tju:n/ noun [C,U] dallam: The children played us a tune on their recorders.
IDIOMS call the shots/tune → CALL¹ | change your tune → CHANGE¹ | (be) in tune 1 tisztán (zenél, énekel) 2 egyetért vkivel | (be) out of tune 1 hamisan (zenél, énekel): You're singing out of tune. 2 nem ért egyet, nincs összhangban

tune² /tju:n/ verb 1 [T] (fel)hangol (hangszert) 2 [T] beállít (motort, gépet) 3 [T] (ált. szenvedő szerkezetben) tune sth (in) (to sth) rádióadóra kapcsol: Stay tuned to this station (maradjanak velünk) for the latest news.
PHRASAL VERBS tune in (to sth) beállít/-kapcsol (rádió/televízió csatornát) | tune (sth) up hangol (zenekar)

tuneful /'tju:nfl/ adj. dallamos

tunic /'tju:nɪk/ noun [C] 1 tunika (laza női ruhadarab) 2 (brit) (katonai, rendőri stb.) zubbony

★ **tunnel** /'tʌnl/ noun [C] alagút: The train disappeared into a tunnel.
▶ **tunnel** verb [I,T] (**tunnelling**; **tunnelled**; US **tunneling**; **tunneled**) alagutat fúr

turban /'tɜ:bən/ noun [C] turbán

turbulent /'tɜ:bjələnt/ adj. 1 zűrzavaros, lármás 2 kavargó, viharos (víz, levegő)
▶ **turbulence** noun [U] 1 zűrzavar 2 vihar, légörvény

turf¹ /tɜ:f/ noun [U, C] gyeptégla

turf² /tɜ:f/ verb [T] gyeptéglákkal borít
PHRASAL VERB turf sb out (of sth) (brit, informális) kirúg, kidob vkit

turkey /'tɜ:ki/ noun [C,U] pulyka
IDIOM cold turkey → COLD¹

turmoil /'tɜ:mɔɪl/ noun [U, sing.] zűrzavar, kavarodás: His mind was in (a) turmoil.

turn¹ /tɜ:n/ verb 1 [I,T] forog, fordul, forgat, fordít: Turn the steering wheel to the right. • She turned the key in the lock. • He turned round when he heard my voice. • She turned her back on me. Hátat fordított nekem. 2 [I,T] (el/meg/fel stb.)fordít vmit: I turned

the box upside down. • to turn a page • Turn (lapozzatok) to page 33 in your books. 3 [T] fordít, irányít vmerre/vmire: She turned her attention back to the television. 4 [I,T] fordul vmerre: Turn left at the church. • The car turned the corner (befordult a sarkon). 5 [I,T] lesz/változik vmivé/vmilyenné: He turned very red (elvörösödött) when I asked him about the money. • These caterpillars will turn into butterflies. 6 [T] (continuous igeidőkben nem állhat) elér (kort), már, elmúlt (idő): It's turned midnight.
❶ További kifejezések a turn igével kapcsolatban a kifejezésben szereplő főnévnél, melléknévnél stb. találhatók, pl. turn a blind eye lásd blind.
PHRASAL VERBS turn (sth) around/round hátra-/visszafordul, hátra-/visszafordít
turn away el-/félrefordul: She turned away in horror at the sight of the blood. | turn sb away elküld, nem enged be
turn back visszafordul
turn sb/sth down visszautasít: Why did you turn that job down? | turn sth down lehalkít, lecsavar (pl. fűtést): Turn the television down!
turn off (sth) lekanyarodik (útról) | turn sth off le-/kikapcsol, elzár (csapot, készüléket stb.): He turned the TV off.
turn sth on bekapcsol, kinyit (csapot, készüléket)
turn out (for sth) megjelenik (eseményen) | turn out (to be sth) vmilyennek bizonyul, vmilyen lesz, kiderül róla, hogy: The weather turned out fine. • The house that they had promised us turned out to be a tiny flat. | turn sth out le-/kikapcsol, elzár (világítást): Turn the lights out before you go to bed.
turn over 1 megfordul: He turned over and went back to sleep. 2 elindul, jár (motor) | turn over (to sth) (brit) átkapcsol (másik tv-csatornára) | turn sth over 1 megfordít, másik oldalára fordít: You may now turn over your exam papers and begin. 2 alaposan átgondol: She kept turning over what he'd said in her mind.
turn to sb/sth vkihez fordul (tanácsért, segítségért)
turn up 1 megérkezik, befut: What time did they finally turn up? 2 előkerül: I lost my glasses a week ago and they haven't turned up yet. | turn sth up felerősít, feljebb csavar (hangerőt, fűtést)

★ **turn²** /tɜːn/ *noun* [C] **1** csavarás, fordulat: *Give the screw another couple of turns* **2** (meg)fordulás (*járműé*): *to make a left/right turn* • *a U-turn* 180°-os fordulat **3** (*brit* turning) kanyar, bekanyarodás/-fordulás: *Take the next turn on the left.* A következő sarkon forduljon be balra. **4** [*usually sing.*] sora vkinek, sorra kerülés: *Whose turn is it to do the cleaning?* • *to take turns* felváltva/egymás után csinálnak vmit • *to miss a turn* ❶ Szinonimája: **go**. **5** (váratlan) fordulat: *The patient's condition has taken a turn for the worse* (roszszabbra fordult).

IDIOMS (**do sb**) **a good turn** jótett(et hajt végre) | **in turn** felváltva, sorjában: *I spoke to each of the children in turn.* | **take turns** (**at sth**) felváltva/sorjában csinálnak vmit | **the turn of the century/year** századforduló, az év fordulója | **wait your turn** → WAIT¹

turning /'tɜːnɪŋ/ (*brit*) (also **turn**) *noun* [C] útelágazás: *We must have taken a wrong turning.*

turning point *noun* [C] **a turning point (in sth)** fordulópont

turnip /'tɜːnɪp/ *noun* [C,U] fehérrépa

turn-off *noun* [C] leágazás, mellékút-(vonal): *This is the turn-off for York.*

turnout /'tɜːnaʊt/ *noun* [C, *usually sing.*] a megjelentek száma

turnover /'tɜːnəʊvə(r)/ *noun* [*sing.*] **a turnover** (**of sth**) **1** (*üzleti*) forgalom: *The firm has an annual turnover of $50 million.* **2** fluktuáció, cserélődés (*alkalmazottaké*): *a high turnover of staff*

turnstile /'tɜːnstaɪl/ *noun* [C] forgókaros beléptető

turntable /'tɜːnteɪbl/ *noun* [C] forgókorong (*lemezjátszóé*)

turpentine /'tɜːpəntaɪn/ *noun* [U] terpentin

turquoise /'tɜːkwɔɪz/ *adj.*, *noun* **1** [C,U] türkiz (*drágakő*) **2** [U] türkiz (*szín*)

turret /'tʌrət/ *noun* [C] kis torony

turtle /'tɜːtl/ *noun* [C] **1** tengeri teknős **2** (*US*) = TORTOISE

tusk /tʌsk/ *noun* [C] agyar (*elefánté, rozmáré stb.*)

tussle /'tʌsl/ *noun* [C] (*informális*) **a tussle**

(for/over sth) verekedés, lökdösődés (*vminek a megszerzéséért*)

tut /tʌt/ (also ,tut-'tut) *interj.* cö-cö, na ne!

tutor /'tjuːtə(r)/ *noun* [C] **1** magántanár **2** (*brit*) tanár/oktató

> A **tutor** néhány diákért, egyetemi hallgatóért felel és tanácsaival segíti őket mind tanulmányaikban, mind magánéletükben.

tutorial /tjuː'tɔːriəl/ *noun* [C] magánóra, kiscsoportos óra (*egyetemen, főiskolán*)

tuxedo /tʌk'siːdəʊ/ (*plural* **tuxedos** /-dəʊz/) (*informális* **tux**) (*US*) = DINNER JACKET

★ **TV** /ˌtiː 'viː/ (also **television**) *noun* [C,U] tévé: *What's on TV tonight?*

twang /twæŋ/ *noun* [C] pengés
  ▸ **twang** *verb* [I,T] pendül, pendít

tweed /twiːd/ *noun* [U] tweed (*gyapjúszövet*)

tweezers /'twiːzəz/ *noun* [*plural*] csipesz: *a pair of tweezers*

★ **twelfth** /twelfθ/ *pron.*, *determiner*, *adv.* tizenkettedik ➔ Példák a **sixth**¹ szónál.

★ **twelve** /twelv/ *number* tizenkettő ➔ Lásd **dozen**, példák a **six** szónál.

★ **twentieth** /'twentiəθ/ *pron.*, *determiner*, *adv.* huszadik ➔ Példák a **sixth**¹ szónál.

★ **twenty** /'twenti/ *number* húsz ➔ Példák a **sixty** szónál.

★ **twice** /twaɪs/ *adv.* kétszer: *Take the medicine twice a day.* • *Prices have risen twice as fast* (kétszer olyan gyorsan) *in this country as in Japan.*

twiddle /'twɪdl/ *verb* [I,T] (*brit*) **twiddle** (**with**) **sth** ujjai között forgat, pödörget

twig /twɪg/ *noun* [C] ágacska, gally

twilight /'twaɪlaɪt/ *noun* [U] (*esti*) szürkület ➔ Lásd **dusk**.

★ **twin** /twɪn/ *noun* [C] **1** (*az egyik*) iker: *a twin brother/sister* • *identical twins* egypetéjű ikrek **2** párosan használt dolgok egyik tagja: *twin engines* • *twin beds* két ágy egymás mellett ➔ Magyarázat a **bed**¹ szónál.

twinge /twɪndʒ/ *noun* [C] **1** nyilallás, éles fájdalom: *He suddenly felt a twinge in his*

---

❶ = magyarázat   [C] megszámlálható (*főnév*): one book, two books

[U] megszámlálhatatlan (*főnév*): some sugar

back. **2 a twinge (of sth)** belenyilallás *(rossz érzésé)*

twinkle /'twɪŋkl/ *verb* [I] **1** pislákol **2** csillog *(szem)*
▶ **twinkle** *noun* [sing.] csillogás, pislogás

twin 'town *noun* [C] testvérváros

twirl /twɜːl/ *verb* [I,T] **twirl (sb/sth) (around/round)** forog, pörög, forgat, pörget

★ **twist¹** /twɪst/ *verb* **1** [I,T] csavar, hajlít, csavarodik: *She twisted her long hair into a knot.* • *Her face twisted* (eltorzult) *in anger.* • *He twisted his ankle* (kificamította a bokáját) *while he was playing squash.* **2** [I,T] forgat, fordít *(testrészt)*: *She twisted round to see where the noise was coming from.* **3** [T] *(kézzel)* forgat: *She twisted the ring on her finger nervously.* • *Most containers have twist-off caps* (lecsavarható kupak). **4** [I] kanyarog: *a narrow twisting lane* • *The road twists and turns along the coast.* **5** [I,T] **twist (sth) (round/around sth)** köré-/rácsavar, köré-/rácsavarodik: *The telephone wire has got twisted round the table leg.* **6** [T] kicsavar, eltorzít *(vminek az értelmét)*: *Journalists often twist your words.*
IDIOM **twist sb's arm** *(informális)* rákényszerít vkit vmire

twist² /twɪst/ *noun* [C] **1** csavarás, tekerés: *She killed the chicken with one twist of its neck.* **2** váratlan fordulat **3** kanyar(ulat): *the twists and turns of the river* **4** csavarodás, görbület: *There's a twist in the wire.*

twit /twɪt/ *noun* [C] *(brit, informális)* tökkelütött alak, hülye

twitch /twɪtʃ/ *verb* [I,T] meg-/összerándul, megvonaglik, megránt: *The cat's tail twitched.* • *He twitched* (elfintorította) *his nose.*
▶ **twitch** *noun* [C] rándulás, rángatózás, rántás: *He has a nervous twitch.*

twitter /'twɪtə(r)/ *verb* [I] csicsereg *(madár)*

★ **two** /tuː/ *number* **1** kettő ⊃ Lásd **second**. Példák a **six** szónál. **2** (**two-**) *(összetett*

melléknevekben) két-, kettős: *a two-week* (kéthetes) *holiday*
IDIOMS **be in two minds (about sth/about doing sth)** → **MIND¹** | **in two** kettéː *The plate fell on the floor and broke in two.*

tycoon /taɪ'kuːn/ *noun* [C] iparmágnás

★ **type¹** /taɪp/ *noun* **1** [C] **a type (of sth)** típus, fajta: *Spaniels are a type of dog.* • *the first building of its type in the world* • *I love this type of book.* • *I love these types of books.* **2** [C] *(ember)* típus: *He's the careful type.* • *She's not the type to* (nem olyan ember, aki) *do anything silly.* ⊃ Lásd **typical**. **3** (**-type**) *(összetett melléknevekben)* típusú, -féle: *a ceramic-type material* **4** [U] betű(típus) *(nyomtatott)*

★ **type²** /taɪp/ *verb* [I,T] gépel *(írógépen)*
▶ **typing** *noun* [U] gépelés: *typing skills*

typewriter /'taɪpraɪtə(r)/ *noun* [C] írógép

typewritten /'taɪprɪtn/ *adj.* géppel írott, gépelt

typhoid /'taɪfɔɪd/ *noun* [U] (has)tífusz

typhoon /taɪ'fuːn/ *noun* [C] tájfun

★ **typical** /'tɪpɪkl/ *adj.* **typical (of sb/sth) 1** tipikus, jellegzetes ❶ Ellentéte: **untypical, atypical**. **2** jellemző vkire: *It was absolutely typical of him not to reply to my letter.*

★ **typically** /'tɪpɪkli/ *adv.* **1** jellemzően, többnyire: *Typically, it is the girls who offer to help, not the boys.* **2** jellegzetesen: *Mothers typically worry about their children.*

typify /'tɪpɪfaɪ/ *verb* [T] *(pres. part.* **typifying**; *3rd pers. sing. pres.* **typifies**; *pt, pp* **typified**) jellemző példája vminek, jellemző vmire: *This film typified the Hollywood westerns of that time.*

typist /'taɪpɪst/ *noun* [C] gépíró(nő)

tyranny /'tɪrəni/ *noun* [U] zsarnokság
▶ **tyrannical** /tɪ'rænɪkl/ *adj.* zsarnoki
tyrannize (also **-ise**) /'tɪrənaɪz/ *verb* [I,T] zsarnokoskodik vki felett

tyrant /'taɪrənt/ *noun* [C] zsarnok ⊃ Lásd **dictator**.

★ **tyre** (*US* **tire**) /'taɪə(r)/ *noun* [C] gumiabroncs, kerékgumi: *We got a flat tyre* (gumidefektet) *on the way.*

[I] **tárgyatlan** (*ige*): He laughed.　　　[T] **tárgyas** (*ige*): He ate an apple.

Uu

U,u¹ /juː/ noun [C] (plural U's; u's) U/u betű

U² /juː/ abbr. (**universal** rövidítése, brit) korhatár nélkül megtekinthető (film)

udder /'ʌdə(r)/ noun [C] tőgy

UEFA /juː'eɪfə/ abbr. (**the Union of European Football Associations** rövidítése) UEFA, Európai Labdarúgó Szövetség: the UEFA cup

UFO (also **ufo**) /juː ef 'əʊ/ abbr. (**unidentified flying object** rövidítése) ufó ➜ Lásd **flying saucer**.

ugh /ɜː/ interj. pfuj!, juj!

★ **ugly** /'ʌgli/ adj. (**uglier; ugliest**) 1 csúnya 2 csúnya (átv), szörnyű: an ugly incident
▸ **ugliness** noun [U] csúnyaság

UHT /juː eɪtʃ 'tiː/ abbr. (**ultra heat treated** rövidítése) tartósított: UHT milk

UK /juː 'keɪ/ abbr. (**the United Kingdom** rövidítése) Egyesült Királyság

ulcer /'ʌlsə(r)/ noun [C] fekély: a mouth/stomach ulcer

ulterior /ʌl'tɪəriə(r)/ adj. rejtett: an ulterior motive hátsó szándék

ultimate¹ /'ʌltɪmət/ adj. (csak főnév előtt) 1 végső: Our ultimate goal is complete independence. 2 az elképzelhető leg-(jobb/rosszabb/fontosabb stb.)

ultimate² /'ʌltɪmət/ noun [sing.] (informális) **the ultimate (in sth)** csúcs (átv): This new car is the ultimate in comfort.

ultimately /'ʌltɪmətli/ adv. 1 végül is: Ultimately, the decision is yours. 2 alapjában véve

ultimatum /ʌltɪ'meɪtəm/ noun [C] (plural **ultimatums**) ultimátum: I gave him an ultimatum – either he paid his rent or he was out.

ultra- /'ʌltrə/ (szóösszetételekben) ultra-: ultra-modern

ultraviolet /ʌltrə'vaɪələt/ adj. ibolyántúli

umbilical cord /ʌm,bɪlɪkl 'kɔːd/ noun [C] köldökzsinór

★ **umbrella** /ʌm'brelə/ noun [C] esernyő: to put an umbrella up/down (kinyit/becsuk)

umpire /'ʌmpaɪə(r)/ noun [C] játékvezető (krikettben, teniszben, de nem futballban) ➜ Lásd **referee**.
▸ **umpire** verb [I,T] mérkőzést vezet

umpteen /ˌʌmp'tiːn/ pron., determiner (informális) számtalan, nem tudom hány
▸ **umpteenth** /ˌʌmp'tiːnθ/ pron., determiner számtalanszor: For the umpteenth time (milliószor mondtam már, hogy) – phone if you're going to be late!

UN /juː 'en/ abbr. (**the United Nations** rövidítése) ENSZ, Egyesült Nemzetek Szövetsége

★ **unable** /ʌn'eɪbl/ adj. **unable to do sth** képtelen vmire ❶ Főnév: **inability**.

unacceptable /ˌʌnək'septəbl/ adj. elfogadhatatlan ❶ Ellentéte: **acceptable**.
▸ **unacceptably** /-bli/ adv. elfogadhatatlanul

unaccompanied /ˌʌnə'kʌmpənid/ adj. kísérő nélküli: Unaccompanied children are not allowed in the bar.

unaffected /ˌʌnə'fektɪd/ adj. 1 nem érintett: People's rights are unaffected by the new law. 2 természetes, keresetlen: She had an unaffected manner. ❶ Ellentéte: **affected**.

unaided /ʌn'eɪdɪd/ adv. segítség nélkül

unanimous /ju'nænɪməs/ adj. 1 **be unanimous** egyetért: The judges were unanimous in their decision. 2 egyhangú: The jury reached a unanimous verdict of guilty.
▸ **unanimously** adv. egyhangúlag

unarmed /ˌʌn'ɑːmd/ adj. fegyvertelen ❶ Ellentéte: **armed**.

unashamed /ˌʌnə'ʃeɪmd/ adj. szégyentelen, arcátlan ❶ Ellentéte: **ashamed**.
▸ **unashamedly** adv. szégyentelenül, szégyenérzet nélkül

unassuming /ˌʌnə'sjuːmɪŋ/ adj. szerény

unattached /ˌʌnə'tætʃt/ adj. 1 független 2 egyedülálló

unattended /ˌʌnə'tendɪd/ adj. őrizetlen(ül): Do not leave children unattended.

unattractive /ˌʌnə'træktɪv/ *adj.* csúnya ❶ Ellentéte: **attractive**.

unauthorized /ʌn'ɔːθəraɪzd/ *adj.* illetéktelen, jogtalan, nem engedélyezett

unavoidable /ˌʌnə'vɔɪdəbl/ *adj.* elkerülhetetlen ❶ Ellentéte: **avoidable**.
▶ **unavoidably** /-əbli/ *adv.* elkerülhetetlenül

unaware /ˌʌnə'weə(r)/ *adj.* (*főnév előtt nem állhat*) be/seem unaware (of sb/sth) nincs tudatában/nem látszik tudatában lenni vminek ❶ Ellentéte: **aware**.

unawares /ˌʌnə'weəz/ *adv.* váratlanul: *I was taken completely unawares* (nagyon váratlanul ért) *by his suggestion.*

unbalanced /ˌʌn'bælənst/ *adj.* **1** labilis (*személy*) **2** kiegyensúlyozatlan ❶ Ellentéte: **balanced**.

unbearable /ʌn'beərəbl/ *adj.* elviselhetetlen ❶ Szinonimája: **intolerable**. Ellentéte: **bearable**.
▶ **unbearably** /-əbli/ *adv.* elviselhetetlenül: *It was unbearably hot.*

unbeatable /ʌn'biːtəbl/ *adj.* verhetetlen: *unbeatable prices*

unbeaten /ʌn'biːtn/ *adj.* veretlen

unbelievable /ˌʌnbɪ'liːvəbl/ *adj.* hihetetlen ❶ Ellentéte: **believable**. ➾ Lásd **incredible**.
▶ **unbelievably** /-əbli/ *adj.* hihetetlenül: *His work was unbelievably bad.*

unblemished /ʌn'blemɪʃt/ *adj.* makulátlan: *The new party leader has an unblemished reputation* (feddhetetlen jóhíre van).

unborn /ʌn'bɔːn/ *adj.* (még) meg nem született

unbroken /ʌn'brəʊkən/ *adj.* **1** megszakítatlan: *a period of unbroken silence* **2** megdöntetlen: *His record for the 1500 metres remains unbroken.*

unbutton /ˌʌn'bʌtn/ *verb* [T] kigombol

uncalled-for /ʌn'kɔːld fɔː(r)/ *adj.* nem helyénvaló, fölösleges: *That comment was quite uncalled-for.*

uncanny /ʌn'kæni/ *adj.* rejtelmes: *an uncanny coincidence*

★ **uncertain** /ʌn'sɜːtn/ *adj.* **1** be uncertain (about/of sth) nem biztos vmiben

2 bizonytalan: *His future seems very uncertain.* ❶ Ellentéte: **certain**.
▶ **uncertainly** *adv.* bizonytalanul
uncertainty *noun* [C,U] (*plural* **uncertainties**) bizonytalanság: *Today's decision will put an end to all the uncertainty.* ❶ Ellentéte: **certainty**.

unchanged /ʌn'tʃeɪndʒd/ *adj.* változatlan

uncharacteristic /ˌʌnkærəktə'rɪstɪk/ *adj.* nem jellemző ❶ Ellentéte: **characteristic**.
▶ **uncharacteristically** /-kli/ *adv.* nem jellemző módon

★ **uncle** /'ʌŋkl/ *noun* [C] **1** nagybácsi **2** bácsi

★ **uncomfortable** /ʌn'kʌmftəbl/ *adj.* **1** kényelmetlen **2** kínos, kellemetlen ❶ Ellentéte: **comfortable**.
▶ **uncomfortably** /-əbli/ *adv.* **1** kellemetlenül **2** kínosan

uncommon /ʌn'kɒmən/ *adj.* szokatlan, ritka ❶ Ellentéte: **common**.

uncompromising /ʌn'kɒmprəmaɪzɪŋ/ *adj.* hajthatatlan

unconcerned /ˌʌnkən'sɜːnd/ *adj.* unconcerned (about/by/with sth) közömbös ❶ Ellentéte: **concerned**.

unconditional /ˌʌnkən'dɪʃənl/ *adj.* feltétel nélküli: *an unconditional surrender* ❶ Ellentéte: **conditional**.
▶ **unconditionally** /-ʃənəli/ *adv.* feltétel nélkül

★ **unconscious** /ʌn'kɒnʃəs/ *adj.* **1** eszméletlen: *He was found lying unconscious on the kitchen floor.* **2** be unconscious of sb/sth nincs tudatában vminek **3** nem tudatos/szándékos, öntudatlan: *The article was full of unconscious humour.* ❶ Ellentéte: **conscious**. **4** (the unconscious) *noun* [sing.] a tudatalatti ➾ Vesd össze **the subconscious**.
▶ **unconsciously** *adv.* nem tudatosan, öntudatlanul
unconsciousness *noun* [U] eszméletlenség

uncontrollable /ˌʌnkən'trəʊləbl/ *adj.* fékezhetetlen: *I suddenly had an uncontrollable urge to laugh* (ellenállhatatlan nevetési ingert éreztem).
▶ **uncontrollably** /-əbli/ *adv.* féktelenül

uncountable /ʌn'kaʊntəbl/ *adj.* megszámlálhatatlan (*főnév*): *Uncountable nouns are marked* [U] *in this dictionary.* ❶ Ellentéte: **countable**.

Több olyan főnév van, amely magyarban megszámlálható, de angol megfelelője megszámlálhatatlan, mint pl. **advice, furniture, information**. Ezért ~~an advice~~ és ~~some advices~~ helytelen alakok. Néhány példa az **advice** helyes használatára: *I'd like some advice on how to apply for a scholarship.* • *a lot of advice* • *Let me give you a piece of advice.* Ritkák viszont az olyan esetek, amikor a magyar főnév megszámlálhatatlan, de angol megfelelője megszámlálható: *Would you like peas or beans with the meal?* ➜ Lásd még a *Rövid nyelvtani összefoglalást*.

uncover /ʌnˈkʌvə(r)/ *verb* [T] **1** fedőt/fedelet levesz, kitakar ❶ Ellentéte: **cover**. **2** leleplez: *to uncover a plot to murder the King*

undecided /ˌʌndrˈsaɪdɪd/ *adj.* **1** bizonytalan, határozatlan: *I'm still undecided about whether to take the job or not.* **2** eldöntetlen ❶ Ellentéte: **decided**.

undeniable /ˌʌndrˈnaɪəbl/ *adj.* tagadhatatlan
▶ **undeniably** /-əbli/ *adv.* tagadhatatlanul

★ **under** /ˈʌndə(r)/ *prep., adv.* **1** alatt, alá: *He was hiding under the table.* • *The dog crawled under the gate.* • *Most of an iceberg is under the water.*

Vesd össze **under, below, beneath, underneath**. Az **under** jelentése „alatt": *The cat is asleep under the table.* • *I think your letter is under that book.* Az **under** szót használjuk annak leírására, hogy egy dolog közvetlenül egy másik alatt helyezkedik el, míg a **below** akkor használatos, amikor egy dolog egy másikhoz képest lejjebb van: *They live on the floor below us.* • *The skirt comes down to just below the knee.* Az **under** és nem a **below** használatos olyan mozgás leírására, amely egyik oldalról a másik felé halad: *We swam under the bridge.* A **beneath** formális, főleg írásban használjuk és azt jelenti, hogy vmi közvetlen egy másik dolog alatt van, de az **under** gyakoribb ebben a jelentésben. Az **underneath** hangsúlyozza, hogy egy dolgot teljesen befed/eltakar egy

másik: *Have you looked underneath the sofa as well as behind it?*

2 kevesebb, mint, alatt: *people working under 20 hours a week* • *Nobody under eighteen is allowed to buy alcohol.* **3** (vki vezetése, uralkodása) alatt: *The country is now under martial law.* **4** szerint, értelmében: *Under English law you are innocent until you are proved guilty.* **5** (érzés/folyamat/hatás) alatt: *driving under the influence of alcohol* • *a building under construction* • *The manager is under pressure to resign.* • *I was under the impression that* (azt hittem, hogy) *Bill was not very happy there.* **6** (vmilyen néven): *to travel under a false name* **7** (vmilyen címszó) alatt: *You'll find some information on rugby under 'team sports'.*

under- /ˈʌndə(r)/ (szóösszetételekben) **1** alacsonyabb szintű/rangú: *an under-secretary* miniszterhelyettes/magasrangú kormánytisztviselő **2** nem eléggé: *under-cooked food*

underclothes /ˈʌndəkləʊðz/ *noun* [plural] fehérnemű

undercover /ˌʌndəˈkʌvə(r)/ *adj.* titkos, beépített: *an undercover reporter/detective*

undercut /ˌʌndəˈkʌt/ *verb* [T] (*pres. part.* **undercutting**; *pt, pp* **undercut**) olcsóbban árusít vkinél

underdog /ˈʌndədɒg/ *noun* [C] a gyengébb/esélytelenebb fél

underestimate /ˌʌndərˈestɪmeɪt/ *verb* [T] **1** alábecsül **2** lebecsül ❶ Ellentéte: **overestimate**.
▶ **underestimate** /-mət/ *noun* [C] alábecslés

underfoot /ˌʌndəˈfʊt/ *adv.* a talp alatt: *It's very wet underfoot.*

undergo /ˌʌndəˈgəʊ/ *verb* [T] (*pt* **underwent** /-'went/; *pp* **undergone** /-'gɒn/) keresztülmegy (kellemetlen élményen): *She underwent a five-hour operation.*

undergraduate /ˌʌndəˈgrædʒuət/ *noun* [C] egyetemi hallgató ➜ Lásd **graduate**, **postgraduate**.

★ **underground¹** /ˈʌndəgraʊnd/ *adj.* **1** föld alatti: *an underground car park* **2** illegális: *an underground radio station*

★ **underground²** /ˌʌndəˈgraʊnd/ *adv.* **1** a

föld alatt: *The cables all run underground.*
2 illegalitásba: *She went underground to escape from the police.*

★ **underground³** /'ʌndəɡraʊnd/ (*US* **subway**) *noun* [*sing.*] földalatti (*vasút*): *an underground station*

A londoni földalatti neve **the underground** vagy **the tube**.

undergrowth /'ʌndəɡrəʊθ/ *noun* [*U*] aljnövényzet

underhand /ˌʌndə'hænd/ *adj.* alattomos

★ **underline** /ˌʌndə'laɪn/ *verb* [*T*] **1** aláhúz **2** kihangsúlyoz

underlying /ˌʌndə'laɪŋ/ *adj.* vmi alapját képező, mögöttes: *the underlying causes of the disaster*

undermine /ˌʌndə'maɪn/ *verb* [*T*] aláás: *The public's confidence in the government has been undermined by the crisis.*

the underneath /ˌʌndə'ni:θ/ *noun* [*sing.*] vminek az alja: *There is a lot of rust on the underneath of the car.*

★ **underneath** /ˌʌndə'ni:θ/ *prep., adv.* alatt, alá ➔ Magyarázat az **under** szónál.

underpants /'ʌndəpænts/ (*brit also* **pants**) *noun* [*plural*] alsónadrág

underpass /'ʌndəpɑːs/ *noun* [*C*] aluljáró

underpay /ˌʌndə'peɪ/ *verb* [*T*] (*pt, pp* **underpaid**) rosszul fizet ❶ Ellentéte: **overpay.**

underprivileged /ˌʌndə'prɪvəlɪdʒd/ *adj.* hátrányos helyzetű ❶ Ellentéte: **privileged.**

underrate /ˌʌndə'reɪt/ *verb* [*T*] alulértékel ❶ Ellentéte: **overrate.**

undershirt /'ʌndəʃɜːt/ (*US*) = VEST(1)

★ **understand** /ˌʌndə'stænd/ *verb* (*pt, pp* **understood** /-'stʊd/) **1** [*I,T*] (meg)ért: *I'm not sure that I really understand.* • *I didn't understand the instructions.* • *Please speak more slowly. I can't understand you.* • *Do you understand what I'm asking you?* • *I can't understand why the engine won't start.* • *As far as I understand it, the changes won't affect us.* • *It's easy to understand why she felt so angry.* ➔ Vesd össze **realize.** **2** [*T*] (*formális*) úgy tudja/értesült, hogy **IDIOMS** **give sb to believe/understand (that)** → BELIEVE | **make yourself understood**

megérteti magát: *I can just about make myself understood in Japanese.*

understandable /ˌʌndə'stændəbl/ *adj.* érthető
▶ **understandably** /-əbli/ *adv.* érthetően: *She was understandably angry at the decision.*

★ **understanding¹** /ˌʌndə'stændɪŋ/ *noun* **1** [*U, sing.*] megértés: *a basic understanding of physics* • *He has little understanding of how computers work.* **2** [*C, usually sing.*] egyezség: *I'm sure we can* **come to/reach an understanding** (meg tudunk állapodni) *about the money I owe him.* **3** [*U*] megértés **4** [*U*] értelmezés: *My understanding of the arrangement is that...*
IDIOM **on the understanding that...** azzal a feltétellel, hogy: *We let them stay in our house on the understanding that it was only for a short period.*

★ **understanding²** /ˌʌndə'stændɪŋ/ *adj.* megértő

understate /ˌʌndə'steɪt/ *verb* [*T*] kevesebbnek tüntet fel, visszafogottan fogalmaz ❶ Ellentéte: **overstate.**
▶ **understatement** *noun* [*C*] vminek a visszafogottabb, enyhébb megfogalmazása, ami kevesebb a valóságnál: *'Is she pleased?' 'That's an understatement* (enyhe kifejezés). *She's delighted.'*

understudy /'ʌndəstʌdi/ *noun* [*C*] (*plural* **understudies**) beugró színész(nő)

undertake /ˌʌndə'teɪk/ *verb* [*T*] (*pt* **undertook** /-'tʊk/; *pp* **undertaken** /-'teɪkən/) **1** vállalkozik vmire **2** megígér, vállal

undertaker /'ʌndəteɪkə(r)/ (*US also* **mortician**) *noun* [*C*] temetkezési vállalkozó

undertaking /ˌʌndə'teɪkɪŋ/ *noun* [*C, usually sing.*] **1** vállalkozás, feladat: *a risky undertaking* **2** an undertaking (**that.../to do sth**) kötelezettség(vállalás)

undertone /'ʌndətəʊn/ *noun* [*C*] ki nem mondott érzelem/jelentés
IDIOM **in an undertone; in undertones** halkan

undervalue /ˌʌndə'væljuː/ *verb* [*T*] alábecsül

★ **underwater** /ˌʌndə'wɔːtə(r)/ *adj., adv.* víz alatt(i): *underwater exploration* • *an underwater camera* • *Can you swim underwater?*

ð **then** | s **so** | z **zoo** | ʃ **she** | ʒ **vision** | h **how** | m **man** | n **no** | ŋ **sing** | l **leg** | r **red** | j **yes** | w **wet**

★ **underwear** /'ʌndəweə(r)/ *noun* [U] fehérnemű

underweight /,ʌndə'weɪt/ *adj.* normálisnál kisebb súlyú ➜ Magyarázat a **thin** szónál. **❶** Ellentéte: **overweight**.

the underworld /'ʌndəwɜːld/ *noun* [*sing.*] az alvilág

undesirable /,ʌndɪ'zaɪərəbl/ *adj.* nem kívánatos **❶** Ellentéte: **desirable**.

undid *past tense* of UNDO

undignified /ʌn'dɪɡnɪfaɪd/ *adj.* nem méltóságteljes **❶** Ellentéte: **dignified**.

undivided /,ʌndɪ'vaɪdɪd/ *adj.*

IDIOMS get/have sb's undivided attention osztatlan figyelemben részesül | give your undivided attention (to sb/sth) teljes figyelmét vkinek/vminek szenteli

★ **undo** /ʌn'duː/ *verb* [T] (*3rd pers. sing. pres.* undoes; *pt* undid; *pp* undone) **1** kibont, meglazít: *to undo a knot/zip* (lehúz)/ *button* (kigombol) **2** tönkretesz, megsemmisít: *His mistake has undone all our good work.*

undone /ʌn'dʌn/ *adj.* **1** kibomlott, meglazult: *I realized that my zip was undone* (nem volt felhúzva). **2** elvégezetlen

undoubted /ʌn'daʊtɪd/ *adj.* vitathatatlan
▶ **undoubtedly** *adv.* kétségtelenül

★ **undress** /ʌn'dres/ *verb* **1** [I] levetkőzik **❶** A **get undressed** gyakoribb mint az **undress**: *He got undressed and had a shower.* **2** [T] levetkőztet **❶** Ellentéte: **dress**.
▶ **undressed** *adj.* öltözetlen

undue /,ʌn'djuː/ *adj.* túlzott, indokolatlan: *The police try not to use undue force when arresting a person.*
▶ **unduly** *adv.* túlságosan, indokolatlanul: *She didn't seem unduly worried by their unexpected arrival.*

unearth /ʌn'ɜːθ/ *verb* [T] kiás, felfedez

unearthly /ʌn'ɜːθli/ *adj.* kísérteties: *an unearthly scream*
IDIOM at an unearthly hour (*informális*) lehetetlen időben

unease /ʌn'iːz/ (*also* uneasiness) *noun* [U] nyugtalanság, aggodalom

uneasy /ʌn'iːzi/ *adj.* **1** uneasy (about sth/doing sth) nyugtalan, szorongó **2** bizonytalan: *an uneasy compromise*
▶ **uneasily** *adv.* **1** nyugtalanul **2** kényel-

metlenül, kínosan: *His reliance on cars sits uneasily* (összeférhetetlen) *with his membership of the Green Party.*

uneconomic /,ʌniːkə'nɒmɪk; ,ʌnek-/ *adj.* veszteséges **❶** Ellentéte: **economic**.

uneconomical /,ʌniːkə'nɒmɪkl; ,ʌnek-/ *adj.* gazdaságtalan, pazarló **❶** Ellentéte: **economical**.

uneducated /ʌn'edʒukeɪtɪd/ *adj.* tanulatlan, műveletlen: *an uneducated point of view* **❶** Ellentéte: **educated**.

★ **unemployed** /,ʌnɪm'plɔɪd/ *adj.* **1** munkanélküli **❶** Szinonimája: **jobless**. Ellentéte: **employed**. **2** (the unemployed) *noun* [*plural*] a munkanélküliek

★ **unemployment** /,ʌnɪm'plɔɪmənt/ *noun* [U] munkanélküliség: *to claim unemployment benefit* (munkanélküli segélyt) • *Unemployment is rising.* **❶** Szinonimája: **joblessness**. Ellentéte: **employment**. ➜ Lásd **the dole**.

unending /ʌn'endɪŋ/ *adj.* véget nem érő

unequal /ʌn'iːkwəl/ *adj.* **1** egyenlőtlen: *an unequal distribution of power* **2** nem egyenlő **❶** Ellentéte: **equal**.
▶ **unequally** *adv.* egyenlőtlenül

uneven /ʌn'iːvn/ *adj.* **1** egyenetlen, szabálytalan: *The sign was painted in rather uneven letters.* **❶** Ellentéte: **even**. **2** egyenetlen: *an uneven performance* hullámzó teljesítmény
▶ **unevenly** *adv.* egyenlőtlenül

★ **unexpected** /,ʌnɪk'spektɪd/ *adj.* váratlan
▶ **unexpectedly** *adv.* váratlanul

★ **unfair** /,ʌn'feə(r)/ *adj.* **1** unfair (on/to sb) igazságtalan, méltánytalan **2** tisztességtelen: *He was sent off for unfair* (sportszerűtlen) *play.* **❶** Ellentéte: **fair**.
▶ **unfairly** *adv.* igazságtalanul
unfairness *noun* [U] igazságtalanság

unfaithful /ʌn'feɪθfl/ *adj.* unfaithful (to sb/sth) hűtlen **❶** Ellentéte: **faithful**.
▶ **unfaithfulness** *noun* [U] hűtlenség

unfamiliar /,ʌnfə'mɪliə(r)/ *adj.* **1** unfamiliar (to sb) ismeretlen, kevéssé ismert: *an unfamiliar part of town* **2** be unfamiliar (with sth/sb) nem/alig ismer: *I'm unfamiliar with this author.* **❶** Ellentéte: **familiar**.

unfashionable /ʌn'fæʃnəbl/ *adj.* divatjamúlt: *unfashionable ideas/clothes* **❶** Ellentéte: **fashionable**. ➔ Lásd még **old-fashioned**.

unfasten /ʌnˈfɑːsn/ verb [T] kikapcsol, kigombol: *to unfasten a belt/button/chain/lock* ❶ Szinonimája: **undo**. Ellentéte: **fasten**.

unfavourable (US **unfavorable**) /ʌnˈfeɪvərəbl/ adj. kedvezőtlen ❶ Ellentéte: **favourable**. ➔ Lásd még **adverse**.

unfit /ʌnˈfɪt/ adj. **1** unfit (for sth/to do sth) alkalmatlan **2** be unfit nincs jó formában/egészségben ❶ Ellentéte: **fit**.

unfold /ʌnˈfəʊld/ verb [I,T] **1** szétnyit, szétnyílik: *The sofa unfolds into a spare bed.* • *I unfolded the letter and read it.* ❶ Ellentéte: **fold (up)**. **2** kibontakozik, kibontakoztat

unforeseen /ˌʌnfɔːˈsiːn/ adj. előre nem látható: *an unforeseen problem*

unforgettable /ˌʌnfəˈgetəbl/ adj. felejthetetlen ❶ Ellentéte: **forgettable**.

★ **unfortunate** /ʌnˈfɔːtʃənət/ adj. **1** szerencsétlen ❶ Ellentéte: **fortunate**. **2** sajnálatos
▸ **unfortunately** adv. sajnos

unfounded /ʌnˈfaʊndɪd/ adj. alaptalan: *unfounded allegations*

★ **unfriendly** /ʌnˈfrendli/ adj. unfriendly (to/towards sb) barátságtalan ❶ Ellentéte: **friendly**.

ungainly /ʌnˈgeɪmli/ adj. esetlen

ungrateful /ʌnˈgreɪtfl/ adj. hálátlan ❶ Ellentéte: **grateful**.
▸ **ungratefully** /-fəli/ adv. hálátlanul

unguarded /ʌnˈgɑːdɪd/ adj. **1** őrizetlen **2** meggondolatlan ❶ Ellentéte: **guarded**.

unhappily /ʌnˈhæpɪli/ adv. **1** boldogtalanul **2** sajnos ❶ Ellentéte: **happily**.

★ **unhappy** /ʌnˈhæpi/ adj. (unhappier; unhappiest) **1** unhappy (about sth) boldogtalan, szomorú: *She's terribly unhappy about losing her job.* • *He had a very unhappy childhood.* **2** unhappy (about/at/with sth) elégedetlen: *They're unhappy at having to accept a pay cut.* ❶ Ellentéte: **happy**.
▸ **unhappiness** noun [U] boldogtalanság

unhealthy /ʌnˈhelθi/ adj. **1** beteg(es) **2** egészségtelen **3** természetellenes: *an*

unhealthy interest in death ❶ Ellentéte: **healthy**.

unheard /ʌnˈhɜːd/ adj. (főnév előtt nem állhat) meg nem hallgatott: *My suggestions went unheard* (figyelmen kívül hagyták).

unˈheard-of adj. ismeretlen, példa nélkül álló

unicorn /ˈjuːnɪkɔːn/ noun [C] egyszarvú

unidentified /ˌʌnaɪˈdentɪfaɪd/ adj. ismeretlen: *An unidentified body has been found in the river.*

★ **uniform¹** /ˈjuːnɪfɔːm/ noun [C,U] egyenruha: *I didn't know he was a policeman because he wasn't in uniform.*
▸ **uniformed** adj. egyenruhás

uniform² /ˈjuːnɪfɔːm/ adj. egységes, egyforma
▸ **uniformity** /ˌjuːnɪˈfɔːməti/ noun [U] egyformaság

unify /ˈjuːnɪfaɪ/ verb [T] (pres. part. **unifying**; 3rd pers. sing. pres. **unifies**; pt, pp **unified**) egyesít, egységessé tesz
▸ **unification** /ˌjuːnɪfɪˈkeɪʃn/ noun [U] egységesítés, egyesítés

unilateral /ˌjuːnɪˈlætrəl/ adj. egyoldalú: *a unilateral declaration of independence* ➔ Lásd **multilateral**.
▸ **unilaterally** /-rəli/ adv. egyoldalúan

uninhabitable /ˌʌnɪnˈhæbɪtəbl/ adj. lakhatatlan ❶ Ellentéte: **habitable**.

uninhabited /ˌʌnɪnˈhæbɪtɪd/ adj. lakatlan ❶ Ellentéte: **inhabited**.

uninhibited /ˌʌnɪnˈhɪbɪtɪd/ adj. gátlásoktól mentes, felszabadult ❶ Ellentéte: **inhibited**.

unintelligent /ˌʌnɪnˈtelɪdʒənt/ adj. korlátolt, nem intelligens ❶ Ellentéte: **intelligent**.

unintelligible /ˌʌnɪnˈtelɪdʒəbl/ adj. érthetetlen ❶ Ellentéte: **intelligible**.

uninterested /ʌnˈɪntrəstɪd/ adj. uninterested (in sb/sth) nem érdeklődő, közömbös ❶ Ellentéte: **interested**. ➔ Vesd össze **disinterested**, amelynek más a jelentése.

★ **union** /ˈjuːniən/ noun **1** [U, sing.] egyesülés, egyesítés **2** [C] unió: *the European Union* **3** (also ˌtrade ˈunion, ˌtrades ˈunion) [C] szakszervezet **4** [C] szövetség

the ˌUnion ˈJack *noun* [*sing.*] Nagy-Britannia zászlója

★ **unique** /juːˈniːk/ *adj.* **1** egyedülálló, páratlan: *Shakespeare made a unique contribution to the world of literature.* **2** unique to sb/sth kizárólagosan jellemző vmire: *This dance is unique to this region* (ennek a vidéknek a sajátossága). **3** kivételes

unisex /ˈjuːnɪseks/ *adj.* uniszex: *unisex fashions*

unison /ˈjuːnɪsn/ *noun*
[IDIOM] in unison egyetértésben, összhangban: *'No, thank you,' they said in unison.*

★ **unit** /ˈjuːnɪt/ *noun* [*C*] **1** egység: *The book is divided into ten units.* • *The heart of a computer is the central processing unit.* **2** (mérték)egység: *a unit of currency* **3** részleg: *the intensive care unit* intenzív osztály **4** (bútor)elem: *matching kitchen units*

unite /juːˈnaɪt/ *verb* **1** [*I,T*] egyesül, összefog, egyesít: *Unless we unite, our enemies will defeat us.* **2** [*I*] unite (in sth/in doing sth) összefog vminek az érdekében: *We should all unite in seeking a solution to this terrible problem.*

united /juːˈnaɪtɪd/ *adj.* egyesült, egyesített

the Uˌnited ˈKingdom *noun* [*sing.*] (*abbr.* **UK**) az Egyesült Királyság

> Az Egyesült Királysághoz (**the UK**) tartozik Anglia, Skócia, Wales és Észak-Írország. Az Ír Köztársaság (**the Republic of Ireland** vagy **Eire**) azonban független állam. Nagy-Britannia (**Great Britain**) Angliából, Skóciából és Walesből áll. A Brit Szigetek (**the British Isles**) magában foglalja Angliát, Skóciát, Walest, Észak-Írországot és az Ír Köztársaságot.

the Uˌnited ˈNations *noun* [*sing., with sing. or plural verb*] (*abbr.* **UN**) az ENSZ

the Uˌnited ˈStates (of Aˈmerica) *noun* [*sing., with sing. or plural verb*] (*abbr.* **US**; **USA**) az (Amerikai) Egyesült Államok

unity /ˈjuːnəti/ *noun* [*U*] egység, egyetértés

★ **universal** /ˌjuːnɪˈvɜːsl/ *adj.* egyetemes, univerzális
▸ **universally** /-səli/ *adv.* általánosan

the universe /ˈjuːnɪvɜːs/ *noun* [*sing.*] világegyetem

★ **university** /ˌjuːnɪˈvɜːsəti/ *noun* [*C*] (*plural* **universities**) egyetem: *Which university did you go to?* • *I did History at university.* • *a university lecturer*

> Nem használunk névelőt, ha azt fejezzük ki, hogy vki diákként jár az egyetemre, pl.at university és go to university: *He's hoping to go to university next year.* Minden más esetben azonban névelőt használunk: *I'm going to a conference at the university in July.*

★ **unkind** /ˌʌnˈkaɪnd/ *adj.* durva, barátságtalan: *That was an unkind thing to say.* • *The zoo was accused of being unkind to its animals.* ❶ Ellentéte: **kind**.
▸ **unkindly** *adv.* csúnyán, ridegen
unkindness *noun* [*U*] ridegség

★ **unknown¹** /ˌʌnˈnəʊn/ *adj.* **1** unknown (to sb) ismeretlen vkinek, vki tudta nélkül: *Unknown to the boss, she went home early.* **2** ismeretlen: *an unknown actress* ❶ Ellentéte: **well-known** vagy **famous**.
[IDIOM] an unknown quantity ismeretlen személy/dolog

unknown² /ˌʌnˈnəʊn/ *noun* **1** (ált. the unknown) [*sing.*] az ismeretlen: *a fear of the unknown* **2** [*C*] névtelen/kevéssé ismert ember

unleaded /ˌʌnˈledɪd/ *adj.* ólommentes: *unleaded petrol*

★ **unless** /ənˈles/ *conj.* ha(csak) nem: *I was told that unless my work improved, I would lose the job.* • *'Would you like a cup of coffee?' 'Not unless* (csak akkor, ha) *you've already made some.'* • *Unless anyone has anything else to say* (ha nincs más hozzászólás)*, the meeting is closed.* • *Don't switch that on unless I'm here.*

★ **unlike** /ˌʌnˈlaɪk/ *adj., prep.* **1** egész más, mint, szemben: *She's unlike anyone else I've ever met.* • *He's extremely ambitious, unlike me* (ellentétben velem)*.* **2** nem jellemző rá: *It's unlike him to be so rude.*

★ **unlikely** /ʌnˈlaɪkli/ *adj.* (**unlikelier**; **unlikeliest**) **1** unlikely (to do sth/that...) valószínűtlen: *It's highly unlikely* (nagyon valószínűtlen) *that I'll have any free time next week.* ❶ Ellentéte: **likely**. **2** alig hihető: *an unlikely excuse* ❶ Szinonimája: **improbable**.

unlimited /ʌnˈlɪmɪtɪd/ *adj.* korlátlan ❶ Ellentéte: **limited**.

★ **unload** /ˌʌnˈləʊd/ *verb* **1** [*I,T*] **unload (sth) (from sth)** ki-/lerak(odik): *We unloaded the boxes from the back of the van.* ❶ Ellentéte: **load**. **2** [*T*] (*informális*) **unload sb/sth (on/onto sb)** megszabadul vmitől, rásóz: *He shouldn't try and unload the responsibility onto you.*

unlock /ˌʌnˈlɒk/ *verb* [*I,T*] kinyit, kinyílik (*zár*) ❶ Ellentéte: **lock**.

★ **unlucky** /ʌnˈlʌki/ *adj.* (**unluckier; unluckiest**) szerencsétlen(séget hozó): *They were unlucky to lose because they played so well.* ❶ Ellentéte: **lucky**.
  ▶ **unluckily** *adv.* szerencsétlenül

unmarried /ˌʌnˈmærɪd/ *adj.* nőtlen, hajadon ❶ Ellentéte: **married**.

unmistakable /ˌʌnmɪˈsteɪkəbl/ *adj.* félreismerhetetlen: *She had an unmistakable French accent.*
  ▶ **unmistakably** /-əbli/ *adv.* kétségtelenül

unmoved /ˌʌnˈmuːvd/ *adj.* érzéketlen: *The judge was unmoved* (nem hatotta meg) *by the boy's sad story.* ❶ Ellentéte: **moved**.

unnatural /ʌnˈnætʃrəl/ *adj.* szokatlan, természetellenes ❶ Ellentéte: **natural**.
  ▶ **unnaturally** /-rəli/ *adv.* szokatlanul: *It's unnaturally quiet in here.*

★ **unnecessary** /ʌnˈnesəsəri/ *adj.* felesleges, szükségtelen ➔ Lásd **needless**, amelynek más a jelentése. ❶ Ellentéte: **necessary**.
  ▶ **unnecessarily** /ˌʌnˌnesəˈserəli/ *adv.* feleslegesen

unnoticed /ˌʌnˈnəʊtɪst/ *adj.* észrevétlen: *He didn't want his hard work to go unnoticed* (ne vegyék észre).

unobtrusive /ˌʌnəbˈtruːsɪv/ *adj.* tartózkodó, szerény
  ▶ **unobtrusively** *adv.* feltűnés nélkül

unofficial /ˌʌnəˈfɪʃl/ *adj.* nem hivatalos: *an unofficial strike* • *Unofficial reports say that four people died in the explosion.* ❶ Ellentéte: **official**.
  ▶ **unofficially** /-ˈʃəli/ *adv.* nem hivatalosan

unorthodox /ʌnˈɔːθədɒks/ *adj.* nem szokványos, újszerű ❶ Ellentéte: **orthodox**.

unpack /ˌʌnˈpæk/ *verb* [*I,T*] kicsomagol ❶ Ellentéte: **pack**.

unpaid /ˌʌnˈpeɪd/ *adj.* **1** kifizetetlen **2** nem fizetett/díjazott: *an unpaid assistant* **3** fizetség nélkül végzett: *unpaid overtime*

★ **unpleasant** /ʌnˈpleznt/ *adj.* **1** kellemetlen: *This news has come as an unpleasant surprise.* ❶ Ellentéte: **pleasant**. **2** barátságtalan, ellenszenves
  ▶ **unpleasantly** *adv.* kellemetlenül

unplug /ˌʌnˈplʌg/ *verb* [*T*] (**unplugging; unplugged**) kihúz (*dugót, konnektorból*) ❶ Ellentéte: **plug sth in**.

unpopular /ˌʌnˈpɒpjələ(r)/ *adj.* **unpopular (with sb)** népszerűtlen ❶ Ellentéte: **popular**.
  ▶ **unpopularity** /ˌʌnˌpɒpjuˈlærəti/ *noun* [*U*] népszerűtlenség

unprecedented /ʌnˈpresɪdentɪd/ *adj.* példa/előzmény nélkül álló ➔ Lásd **precedent**.

unprovoked /ˌʌnprəˈvəʊkt/ *adj.* indokolatlan (*pl. agresszió*) ❶ Ellentéte: **provoked**.

unqualified /ˌʌnˈkwɒlɪfaɪd/ *adj.* **1** képesítés nélküli, szakképzetlen: *I'm unqualified* (nem vagyok eléggé felkészült) *to offer an opinion on this matter.* ❶ Ellentéte: **qualified**. **2** teljes: *an unqualified success*

unquestionable /ʌnˈkwestʃənəbl/ *adj.* kétségbevonhatatlan ❶ Ellentéte: **questionable**.
  ▶ **unquestionably** /-əbli/ *adv.* kétségtelenül

unravel /ʌnˈrævl/ *verb* (**unravelling; unravelled**; *US* **unraveling; unraveled**) [*I,T*] **1** kibogoz, felbomlik, felfejt(ődik) **2** megfejt (*rejtélyt*), tisztázódik

unreal /ˌʌnˈrɪəl/ *adj.* **1** furcsa, valószerűtlen: *Her voice had an unreal quality about it* **2** irreális: *unreal expectations of marriage*

unreasonable /ʌnˈriːznəbl/ *adj.* ésszerűtlen, túlzott: *He makes unreasonable demands on his staff.* ❶ Ellentéte: **reasonable**.
  ▶ **unreasonably** /-əbli/ *adv.* ésszerűtlenül

unrelenting /ˌʌnrɪˈlentɪŋ/ *adj.* hajthatatlan

unreliable /ˌʌnrɪˈlaɪəbl/ adj. megbízhatatlan: *He's totally unreliable as a source of information.* ❶ Ellentéte: **reliable**.

unreserved /ˌʌnrɪˈzɜːvd/ adj. **1** nem foglalt (*helyek*) ❶ Ellentéte: **reserved**. **2** fenntartás nélküli: *The government's action received the unreserved support of all parties.*
▶ **unreservedly** /ˌʌnrɪˈzɜːvɪdli/ adv. fenntartás nélkül

unrest /ʌnˈrest/ noun [U] elégedetlenség, nyugtalanság: *social unrest*

unrivalled (*US* unrivaled) /ʌnˈraɪvld/ adj. egyedülálló, utolérhetetlen: *His knowledge of Greek theology is unrivalled.*

unroll /ʌnˈrəʊl/ verb [I,T] kigöngyöl(ődik), kiteker(edik) ❶ Ellentéte: **roll up**.

unruly /ʌnˈruːli/ adj. féktelen, fegyelmezetlen: *an unruly crowd*
▶ **unruliness** noun [U] féktelenség, engedetlenség

unsavoury (*US* unsavory) /ˌʌnˈseɪvəri/ adj. visszataszító: *His friends are all unsavoury characters.*

unscathed /ʌnˈskeɪðd/ adj. sértetlen(ül): *He came out of the fight unscathed.*

unscrew /ˌʌnˈskruː/ verb [T] ki-/lecsavar

unscrupulous /ʌnˈskruːpjələs/ adj. lelkiismeretlen ❶ Ellentéte: **scrupulous**.

unselfish /ʌnˈselfɪʃ/ adj. önzetlen: *unselfish motives*

unsightly /ʌnˈsaɪtli/ adj. csúnya, visszatetsző: *an unsightly new building*

unskilled /ʌnˈskɪld/ adj. szakképzetlen: *an unskilled job/worker* ❶ Ellentéte: **skilled**.

unsolicited /ˌʌnsəˈlɪsɪtɪd/ adj. kéretlen, meg nem rendelt: *unsolicited praise/advice*

unsound /ˌʌnˈsaʊnd/ adj. **1** rossz állapotban levő, gyenge: *The building is structurally unsound.* **2** téves ❶ Ellentéte: **sound**.

unstable /ʌnˈsteɪbl/ adj. **1** ingatag **2** bizonytalan **3** labilis ❶ Ellentéte: **stable**.

unstuck /ˌʌnˈstʌk/ adj. leválik (*ragasztás*): *to come unstuck*
IDIOM **come unstuck** (*brit, informális*) meghiúsul: *His plan came unstuck*

(dugába dőlt a terve) *when he realized he didn't have enough money.*

unsuitable /ʌnˈsuːtəbl/ adj. alkalmatlan, nem megfelelő: *This film is unsuitable for children under 12.* ❶ Ellentéte: **suitable**.

unsure /ˌʌnˈʃɔː(r)/ adj. **1** be unsure of yourself nincs önbizalma **2** unsure (about/of sth) bizonytalan: *I was unsure of the facts.* ❶ Ellentéte: **sure** vagy **certain**.

unsuspecting /ˌʌnsəˈspektɪŋ/ adj. gyanútlan ➲ Lásd **suspect, suspicious**.

unsympathetic /ˌʌnˌsɪmpəˈθetɪk/ adj. unsympathetic (to/towards sb) részvétlen

untangle /ˌʌnˈtæŋgl/ verb [T] kibogoz

unthinkable /ʌnˈθɪŋkəbl/ adj. elképzelhetetlen

unthinking /ʌnˈθɪŋkɪŋ/ adj. meggondolatlan
▶ **unthinkingly** adv. meggondolatlanul

★ **untidy** /ʌnˈtaɪdi/ adj. rendetlen: *My flatmate is so untidy!* • *untidy* (*ápolatlan*) *hair* ❶ Ellentéte: **tidy** vagy **neat**.
▶ **untidily** adv. rendetlenül
untidiness noun [U] rendetlenség

untie /ʌnˈtaɪ/ verb [T] (*pres. part.* untying; *3rd pers. sing. pres.* unties; *pt, pp* untied) kiold, kibont ❶ Ellentéte: **tie up** vagy **fasten**.

until /ənˈtɪl/ (*also* till) prep., conj. -ig (*időben*), (a)míg: *The restaurant is open until midnight.* • *Until that moment she had been happy.* • *We won't leave until the police get here* (míg meg nem érkezik a rendőrség).

Az **until** formális és közvetlen nyelvben egyaránt használatos. A **till** inkább közvetlen stílusra jellemző, mondat elején nem állhat. Mindkettő azt mutatja, hogy vmi meddig tart időben. Ha távolságról van szó, az **as far as** kifejezést használjuk: *I walked as far as the shops.* Ha egy mennyiség felső határára gondolunk, az **up to** kifejezést használjuk: *You can take up to 20 kilos of luggage.* ➲ Vesd össze **by**(3).

untold /ˌʌnˈtəʊld/ adj. elmondhatatlan, mérhetetlen: *untold suffering*

untoward /ˌʌntəˈwɔːd/ adj. kellemetlen és váratlan, nem helyénvaló: *The security guard noticed nothing untoward.*

untrue /ʌn'truː/ adj. valótlan, nem igaz: It would be untrue to say that something like this could never happen again. ❶ Ellentéte: **true**.

untruth /ˌʌn'truːθ/ noun [C] (plural **untruths** /-'truːðz/) (írott nyelv) valótlanság
▸ **untruthful** /-fl/ adj. hazug, valótlan

untypical /ʌn'tɪpɪkl/ adj. nem jellemző, szokatlan ❶ Ellentéte: **typical**. ➔ Vesd össze **atypical**.

unused¹ /ˌʌn'juːzd/ adj. használatlan

unused² /ʌn'juːst/ adj. be unused to sth/to doing sth nincs hozzászokva vmihez

★ **unusual** /ʌn'juːʒuəl; -ʒəl/ adj. **1** szokatlan: It's unusual for Joe to be late. ❶ Ellentéte: **usual**. **2** különleges: What an unusual hat!

unusually /ʌn'juːʒuəli; -ʒəli/ adv. **1** szokatlan módon: Unusually for her, she forgot his birthday. ❶ Ellentéte: **usually 2** rendkívül

unveil /ˌʌn'veɪl/ verb [T] leleplez: to unveil a memorial

unwanted /ˌʌn'wɒntɪd/ adj. felesleges: an unwanted gift

unwarranted /ʌn'wɒrəntɪd/ adj. alaptalan, indokolatlan: unwarranted criticism

unwell /ʌn'wel/ adj. (főnév előtt nem állhat) nincs jól: to feel unwell gyengélkedik

unwieldy /ʌn'wiːldi/ adj. ormótlan

unwilling /ʌn'wɪlɪŋ/ adj. nem hajlandó, vonakodó ❶ Ellentéte: **willing**.

unwind /ˌʌn'waɪnd/ verb (pt, pp unwound /-'waʊnd/) **1** [I,T] leteker(edik) **2** [I] (informális) kikapcsolódik, lazít: After a busy day, it takes me a while to unwind. ➔ Lásd **wind³**.

unwise /ʌn'waɪz/ adj. nem okos/ajánlatos ❶ Ellentéte: **wise**.
▸ **unwisely** adv. oktalanul

unwitting /ʌn'wɪtɪŋ/ adj. vmivel tisztában nem lévő, nem szándékos: an unwitting accomplice to the crime tudtán kívül bűnrészes
▸ **unwittingly** adv. tudtán kívül, akaratlanul

unwrap /ʌn'ræp/ verb [T] (unwrapping; unwrapped) kicsomagol, kibont (pl. ajándékot)

unzip /ˌʌn'zɪp/ verb [I,T] (unzipping; unzipped) cipzárt kinyit/lehúz, kinyílik (cipzár) ❶ Ellentéte: **zip (up)**.

★ **up** /ʌp/ prep., adv. ❶ További kifejezések az up elöljáróval kapcsolatban a kifejezésben szereplő igénél találhatók, pl. **pick sth up** lásd **pick**. **1** fel, fent: The monkey climbed up the tree. • I carried her suitcase up to the third floor. • **Put** your **hand up** if you know the answer. • They live up in the mountains. **2** fel, fenn: **Stand up**, please. • Is he up yet? Felkelt már? **3** fel: Prices have **gone up**. • Turn the volume up. Hangosítsd fel! **4** (lezárást, befedést jelentő igék mellett): **Do up** (gombold be) your coat. • She tied the parcel up (összekötötte) with string. • I found some wood to **cover up** (amivel be lehet fedni) the hole. **5** oda vkihez/vmihez: She ran up to her mother. • A car drove up (megállt egy autó) and two men got out. **6** össze-: The teacher collected up our exam papers. • Asif and Joe teamed up in the doubles competition. **7** lejárt (az idő): Stop writing. Your time's up. **8** darabokra: We chopped the old table up. • She tore up (összetépte) the letter. **9** (a cselekvés befejezésének hangsúlyozására): **Eat up** (egyetek meg mindent), everybody. • Can you help me **clean up** (kitakarítani) the kitchen? **10** egy bizonyos irányba: I live just **up the road** (tovább ezen az úton). • **Move up** (menj odébb) a little. **11** fel (északra), fenn (északon): My parents have just moved **up north**. • When are you going up to Scotland? **12** működik (számítógép): Are the computers back up yet? **13** (informális) I really messed up (elszúrtam az egészet) when I told the interviewer I liked sleeping.

IDIOMS be up for sth **1** That house is up for sale (eladó). • How many candidates are up for election (jelöltette magát)? **2** (informális) lelkesedik vmiért: Is anyone up for a swim? Van kedve vkinek egy úszásra? | be up to sb vkitől függ, vkin múlik | not up to much (informális) nem valami jó | up against sth/sb szemben találja magát vkivel/vmivel | up and down fel-alá, felle: He was nervously walking up and down outside the interview room. | up and running (már be van vezetve és) jól működik | up to sth **1** maximum: We're expecting up to 100 people at the meeting. **2** (mind)eddig: Up to now, things have been easy.

3 képes vmire: *I don't feel up to cooking this evening.* **4 be up to sth** sántikál vmiben: *What are the children up to?* | **what's up?** (*informális*) Mi a baj?, (Na,) mi van?

upbringing /'ʌpbrɪŋɪŋ/ *noun* [*sing.*] nevel(tet)és: *a strict upbringing*

update /,ʌp'deɪt/ *verb* [*T*] **1** korszerűsít **2** felfrissít (*pl. adatbázist*), legfrissebb információval ellát
▸ **update** /'ʌpdeɪt/ *noun* [*C*] friss/újabb értesülés: *an update on a news story*

upgrade /,ʌp'greɪd/ *verb* [*T*] fejleszt (*pl. színvonalat*), felújít: *to upgrade computer software*
▸ **upgrade** /'ʌpgreɪd/ *noun* felújítás

upheaval /ʌp'hiːvl/ *noun* [*C,U*] felfordulás

uphill /,ʌp'hɪl/ *adj., adv.* **1** felfelé (*lejtőn*) ❶ Ellentéte: **downhill**. **2** fáradságos, (szinte) reménytelen: *It was an uphill struggle to find a job.*

uphold /ʌp'həʊld/ *verb* [*T*] (*pt, pp* **upheld** /-'held/*) védelmez

upholstered /ʌp'həʊlstəd/ *adj.* kárpitozott

upholstery /ʌp'həʊlstəri/ *noun* [*U*] kárpit(ozás)

upkeep /'ʌpkiːp/ *noun* [*U*] **1** fenntartás(i költségek): *The landlord pays for the upkeep of the building.* **2** gyerek-/állat-tartás (költségei)

upland /'ʌplənd/ *adj.* felvidéki
▸ **upland** *noun* [*C, usually plural*] felvidék

uplifting /,ʌp'lɪftɪŋ/ *adj.* lélekemelő: *an uplifting speech*

upon /ə'pɒn/ *prep.* (*formális*) -on/-en/-ön/-n ➔ Lásd **on**(1).

★ **upper** /'ʌpə(r)/ *adj.* felső(bb): *He had a cut on his upper lip.* ❶ Ellentéte: **lower**.
IDIOM **get, have, etc. the upper hand** fölébe kerekedik vkinek

upper ˈcase *noun* [*U*] nagybetű: *'BBC' is written in upper case.* ❶ Ellentéte: **lower case**.

uppermost /'ʌpəməʊst/ *adj.* legfelső, legfontosabb: *Concern for her family was uppermost in her mind.* Leginkább családjának a sorsa járt az eszében.

★ **upright** /'ʌpraɪt/ *adj., adv.* **1** egyenes/álló helyzetbe(n): *I was so tired I could hardly*

stay upright. ❶ Szinonimája: **erect**. **2** egyenes, becsületes
IDIOM **bolt upright** → BOLT³

uprising /'ʌpraɪzɪŋ/ *noun* [*C*] felkelés

uproar /'ʌprɔː(r)/ *noun* [*U, sing.*] felfordulás, felzúdulás: *The meeting ended in uproar.*

uproot /,ʌp'ruːt/ *verb* [*T*] kitép (*gyökerestől*)

ups /ʌps/ *noun*
IDIOM **ups and downs** az élet viszontagságai: *We're happy together but we've had our ups and downs.*

★ **upset¹** /,ʌp'set/ *verb* [*T*] (*pres. part.* **upsetting**; *pt, pp* **upset**) **1** felizgat, felzaklat **2** meghiúsít: *to upset someone's plans* **3** felborít: *I upset a cup of tea all over the tablecloth.* **4** gyomorrontást okoz

★ **upset²** /,ʌp'set/ *adj.* **1** feldúlt, zaklatott **2** rendetlen (*emésztés*): *I've got an upset stomach.* Gyomorrontásom van.

> Ha a melléknév főnév előtt áll, kiejtése /'ʌpset/, minden más esetben /,ʌp'set/.

upset³ /'ʌpset/ *noun* **1** [*C,U*] felfordulás, zűrzavar: *The company survived the recent upset in share prices.* **2** [*C*] enyhe gyomorrontás: *a stomach upset* **3** [*C,U*] kiborulás: *She's had a few upsets recently.* ● *the cause of much emotional upset*

upshot /'ʌpʃɒt/ *noun* [*sing.*] **the upshot (of sth)** kimenetel (*pl. vitáé*), (az lett) a vége

★ **upside down** /,ʌpsaɪd 'daʊn/ *adv.* **1** fejjel lefelé, (fel)fordítva: *You're holding the picture upside down.* ➔ Ábra **back to front** alatt. **2** (*informális*) össze-vissza: *I had to turn the house upside down* (fel kellett forgatnom) *looking for my keys.*

★ **upstairs** /,ʌp'steəz/ *adv.* fel (a lépcsőn), fenn (az emeleten): *to go upstairs* ● *She's sleeping upstairs.* ❶ Ellentéte: **downstairs**.
▸ **upstairs** /'ʌpsteəz/ *adj.* emeleti
the upstairs *noun* [*sing.*] felső szint, az emelet (*informális*) *We're going to paint the upstairs.*

upstream /,ʌp'striːm/ *adv., adj.* az ár ellen: *He found it hard work swimming upstream.* ❶ Ellentéte: **downstream**.

upsurge /'ʌpsɜːdʒ/ *noun* [*C, usually sing.*] **an upsurge (in sth)** (hirtelen) emelkedés

uptake /'ʌpteɪk/ *noun*
IDIOM quick/slow on the uptake gyors/ lassú felfogású: *I gave him a hint but he's slow on the uptake.*

uptight /ˌʌp'taɪt/ *adj.* (*informális*) feszült: *He gets uptight before an exam.*

★ ¡up-to-'date *adj.* **1** modern, korszerű **2** naprakész

¡up-to-the-'minute *adj.* naprakész, leg- frissebb

upturn /'ʌptɜ:n/ *noun* [C] **an upturn (in sth)** fellendülés: *an upturn in support for the government* ❶ Ellentéte: **downturn**.

upturned /ˌʌp'tɜ:nd/ *adj.* **1** felfelé mutató: *an upturned (pisze) nose* **2** felfordított

★ **upward** /'ʌpwəd/ *adj.* emelkedő: *an upward trend* (növekedés) *in exports* ❶ Ellentéte: **downward**.
▶ **upward** *adv.* = UPWARDS

upwards /'ʌpwədz/ (*főleg US* **upward**) *adv.* felfelé

¡**upwards of** *prep.* több mint: *They've invited upwards of a hundred guests.*

uranium /jʊ'reɪniəm/ *noun* [U] (*symbol* U) urán(ium)

Uranus /'jʊərənəs; jʊ'reɪnəs/ *noun* [*sing.*] Uránusz

★ **urban** /'ɜ:bən/ *adj.* városi: *urban develop- ment* ➷ Lásd **rural**.

★ **urge¹** /ɜ:dʒ/ *verb* [T] **1 urge sb (to do sth); urge sth** buzdít, ösztönöz: *Police urge cau- tion on the icy roads.* **2** hajt: *He urged his horse over the fence.*
PHRASAL VERB urge sb on buzdít: *The captain urged his team on.*

urge² /ɜ:dʒ/ *noun* [C] (ellenállhatatlan) vágy/kényszer: *sexual/creative urges*

★ **urgent** /'ɜ:dʒənt/ *adj.* sürgős: *an urgent message*
▶ **urgency** /-dʒənsi/ *noun* [U] sürgősség: *a matter of the greatest urgency*
urgently *adv.* sürgősen: *I must see you urgently.*

urinate /'jʊərɪneɪt/ *verb* [I] (*formális*) vizel

urine /'jʊərɪn; -rən/ *noun* [U] vizelet

urn /ɜ:n/ *noun* [C] **1** urna **2** hőtárolós kávé/tea adagoló

US /ˌju: 'es/ *abbr.* (**the United States, the United States of America** *rövidítése*) USA, (Amerikai) Egyesült Államok

★ **us** /əs; erős alak ʌs/ *pron.* minket/ bennünket, nekünk stb.: *Come with us.* ● *Leave us alone.* ● *Will you write to us?*

USA /ˌju: es 'eɪ/ *abbr.* (**the United States of America** *rövidítése*) USA, Amerikai Egye- sült Államok

usable /'ju:zəbl/ *adj.* használható

usage /'ju:sɪdʒ/ *noun* **1** [U] használat, igénybevétel **2** [C,U] nyelvhasználat: *a guide to English grammar and usage*

★ **use¹** /ju:z/ *verb* [T] (*pres. part.* using; *pt, pp* used /ju:zd/) **1 use sth (as/for sth); use sth (to do sth)** használ, igénybe vesz: *Could I use your phone?* ● *The building was used as a shelter for homeless people.* ● *A corkscrew is used for opening bottles of wine.* ● *What's this thing used for?* ● *We used the money to buy a house.* ● *Use your imagination!* ● *That's a word I never use.* **2** (fel)használ: *Don't use all the milk.* **3** kihasznál
PHRASAL VERB use sth up el-/felhasznál

★ **use²** /ju:s/ *noun* **1** [U] használat, fel- használás: *The use of computers is now widespread.* ● *for use in an emergency* **2** [C,U] alkalmazás: *This machine has many uses.* **3** [U] használat(i képesség/lehető- ség): *He lost the use of his hand after the accident.* ● *She offered them the use of her car.* **4** [U] vminek a haszn(oss)ág)a: *It's no use* (nincs értelme) *studying for an exam at the last minute.* ● *What's the use of* (mi értelme van) *trying?* ● *Will this jumper be of use to* you (tudod használni) *or should I get rid of it?*
IDIOMS come into/go out of use használatba jön, kimegy a használatból: *E-mail came into widespread use in the 1990s.* | make use of sth/sb használ vmit/vkit

★ **used** *adj.* **1** /ju:zd/ használt: *I've bought a used car.* ❶ Szinonimája: **second-hand**. **2** /ju:st/ **used to sth/to doing sth** hozzá van szokva vmihez: *He's used to the heat.* ● *I'll never get used to* (sohasem fogom megszokni) *getting up so early.*

used to /'ju:st tə; magánhangzó előtt, ill. mondat végén 'ju:st tu:/ *modal verb* (*múltbeli szokásos cselekvés/állapot kife- jezésére*) rég(ebb)en, valamikor/valaha: *She used to live with her parents.* ● *Did you use to smoke?* ● *He didn't use to speak to me.*

A kérdő és tagadó alak képzése did és use to segítségével történik: *I didn't use to like jazz.* • *Did she use to be in your class?* Vigyázat! A used to + főnévi igenév mindig a múltra vonatkozik, de a be used to (doing) sth vonatkozhat a múltra, jelenre vagy a jövőre. Vesd össze: *I used to live on my own.* Régebben egyedül laktam (de most nem). • *I'm used to* (hozzá vagyok szokva) *living on my own.*

★ **useful** /'ju:sfl/ *adj.* hasznos: *a useful tool* • *useful advice*
▶ **usefully** /-fəli/ *adv.* hasznosan
usefulness *noun* [U] hasznosság
IDIOM come in useful jól jön: *Don't throw that box away – it might come in useful for something.*

★ **useless** /'ju:sləs/ *adj.* **1** használhatatlan: *This new machine is useless.* • *It's useless* (semmi értelme) *complaining/to complain.* **2** (*informális*) useless (at sth/at doing sth) gyenge vmiben: *I'm useless at sport.*
▶ **uselessly** *adv.* hasztalan(ul)
uselessness *noun* [U] tehetetlenség, hiábavalóság

★ **user** /'ju:zə(r)/ *noun* [C] (*szóösszetételekben gyakori*) (fel)használó: *users of public transport* • *drug users*

user-ˈfriendly *adj.* felhasználóbarát

usher¹ /'ʌʃə(r)/ *noun* [C] jegyszedő

usher² /'ʌʃə(r)/ *verb* [T] helyére kísér: *I was ushered* (bevezettek) *into an office.*
PHRASAL VERB usher sth in beharangoz: *The agreement ushered in* (az egyezménnyel beköszöntött) *a new period of peace for the two countries.*

★ **usual** /'ju:ʒuəl; -ʒəl/ *adj.* usual (for sb/sth) (to do sth) szokásos, (meg)szokott: *It's usual for her to work at weekends.* • *He got home later than usual.* • *I sat in my usual seat.* **❶** Ellentéte: **unusual**.
IDIOM as usual mint általában, szokás szerint

usually /'ju:ʒuəli; -ʒəli/ *adv.* általában

utensil /ju:'tensl/ *noun* [C] eszköz: *kitchen/cooking utensils* ➔ Ábra **kitchen** alatt.

uterus /'ju:tərəs/ *noun* [C] (*plural* uteruses tudományos szóhasználatban **uteri** /-raɪ/) (*formális*) (anya)méh **❶** Gyakrabban használt szó: **womb**.

utility /ju:'tɪləti/ *noun* (*plural* utilities) **1** [C] (*főleg US*) szolgáltatás, ellátás: *the administration of public utilities* (közművek) **2** [U] (*formális*) hasznosság **3** [C] (*infor*) utility-program, felhasználói segédprogram: *a utility program*

uˈtility room *noun* [C] raktárszoba, mosóhelyiség

utilize (also **-ise**) /'ju:təlaɪz/ *verb* [T] (*formális*) hasznosít, kiaknáz: *to utilize natural resources*

utmost¹ /'ʌtməʊst/ *adj.* (*formális, csak főnév előtt*) (lehető) legnagyobb: *a message of the utmost importance* (rendkívül fontos)

utmost² /'ʌtməʊst/ *noun* [sing.] maximum, a lehetőség határa: *Resources have been exploited to the utmost* (a végletekig). • *I will do my utmost* (minden tőlem telhetőt megteszek) *to help.*

Utopia (also **utopia**) /ju:'təʊpɪə/ *noun* [C,U] utópia
▶ **Utopian** (also **utopian**) /-pɪən/ *adj.* utópisztikus

utter¹ /'ʌtə(r)/ *adj.* (*csak főnév előtt*) teljes: *He felt an utter fool.*
▶ **utterly** *adv.* teljesen

utter² /'ʌtə(r)/ *verb* [T] kimond, kiejt (*hangot*): *She did not utter a word* (meg sem mukkant).
▶ **utterance** /'ʌtərəns/ *noun* [C] (*formális*) kijelentés, megnyilatkozás

U-turn /'ju: tɜ:n/ *noun* [C] **1** 180°-os fordulat, visszafordulás **2** (*informális*) 180° -os/teljes fordulat (*átv*) ➔ Lásd **about turn**.

Vv

V, v¹ /viː/ noun [C] (plural **V's; v's**) **1** V/v betű **2** V alak/kivágás: a V-neck sweater

v² abbr. **1** (also **vs**) (**versus** rövidítése) ellen: Liverpool vs Everton **2** (**V**) (**volt(s)** rövidítése) volt(os): a 9V battery **3** (**verse** rövidítése) vers (a Bibliában) **4** (**very** rövidítése, informális) nagyon: v good

vacancy /'veɪkənsi/ noun [C] (plural **vacancies**) **1** a vacancy (for sb/sth) üresedés **2** szabad/kiadó szoba: The sign outside the hotel said 'No Vacancies'.

★ **vacant** /'veɪkənt/ adj. **1** üres, szabad **2** (meg)üres(edett): the 'Situations Vacant' page álláshirdetések **3** üres, kiüresedett: a vacant expression
  ▶ **vacantly** adv. kifejezéstelenül, értelmetlenül: She stared at him vacantly.

vacate /vəˈkeɪt; vəˈk-; ˈveɪkeɪt/ verb [T] (formális) szabaddá tesz, elhagy

vacation /vəˈkeɪʃn/ noun **1** [C] (brit) szünet, szünidő: the Christmas/Easter vacation **2** [C,U] (US) szabadság, nyaralás: The boss is on vacation. ➔ Magyarázat a **holiday** szónál.

vaccinate /'væksɪneɪt/ verb [T] **vaccinate sb (against sth)** (gyakran szenvedő szerkezetben) beolt, védőoltást ad ❶ Az **immunize** és **inoculate** szavak jelentése hasonló.
  ▶ **vaccination** /ˌvæksɪˈneɪʃn/ noun [C,U] védőoltás

vaccine /'væksiːn/ noun [C] oltóanyag

vacuum¹ /'vækjuəm/ noun [C] **1** vákuum: vacuum-packed (légmentesen csomagolt) foods **2** [usually sing.] vákuum, űr: His resignation has created a vacuum which cannot easily be filled. **3** [usually sing.] porszívózás: Give the room a quick vacuum. **4** (informális) = VACUUM CLEANER

vacuum² /'vækjuəm/ verb [I,T] porszívózik, kiporszívóz

'vacuum cleaner (informális **vacuum**) noun [C] porszívó ➔ Lásd **cleaner**.

vagina /vəˈdʒaɪnə/ noun [C] (anat) hüvely

vagrant /'veɪɡrənt/ noun [C] (formális) csavargó

vague /veɪɡ/ adj. **1** bizonytalan, pontatlan: He was very vague about how much money he'd spent. ● a vague shape in the distance **2** bizonytalan, értelen: She looked vague when I tried to explain.
  ▶ **vagueness** noun [U] **1** pontatlanság, homályosság **2** bizonytalanság, értetlenség

vaguely /'veɪɡli/ adv. **1** egy kissé, nagyjából: Her name is vaguely familiar (nem teljesen ismeretlen számomra). **2** bizonytalanul: He smiled vaguely.

★ **vain** /veɪn/ adj. **1** hiábavaló: She turned away **in a vain attempt to** hide her tears. **2** hiú ❶ Főnév: **vanity**.
  ▶ **vainly** adv. **1** hiába(valóan) **2** hiú módon
  IDIOM **in vain** hiába: The firemen tried in vain to put out the fire.

valentine /'væləntaɪn/ noun [C] **1** (also **'valentine card**) Valentin-napi üdvözlőlap (aláírás nélkül)

> Ezeket a lapokat a hagyomány szerint Bálint-napon, (**St Valentine's Day**) február 14-én küldjük.

2 vki szerelme/kedvese

valiant /'væliənt/ adj. (formális) hősies
  ▶ **valiantly** adv. hősiesen

★ **valid** /'vælɪd/ adj. **1** valid (for sth) érvényes **2** megalapozott, elfogadható: Jeff's making a perfectly valid point. ❶ Ellentéte: **invalid**.
  ▶ **validity** /vəˈlɪdəti/ noun [U] **1** érvényesség, elfogadhatóság **2** megalapozottság

★ **valley** /'væli/ noun [C] völgy

★ **valuable** /'væljuəbl/ adj. **1** értékes **2** értékes, hasznos: a valuable piece of information ❶ Ellentéte: **valueless** vagy **worthless**.

> Vigyázat! Az **invaluable** jelentése „nagyon értékes/hasznos". Vesd össze **precious**.

valuables /'væljuəblz/ noun [plural] értéktárgyak: Please put your valuables in the hotel safe.

valuation /ˌvælju'eɪʃn/ noun [C] értékelés, becslés

★**value¹** /'vælju:/ noun **1** [U, C] érték: *The thieves stole goods with a total value of $10 000.* • *to go up/down in value* ➔ Lásd **face value.** **2** [U] (*brit*) érték (*megéri az árát*): *The hotel was good/excellent value* (nagyon megérte). • *Package holidays give the best value for money.* **3** [U] (*eszmei*) érték: *to be of great/little/no value to sb* nagyon/kicsit/nem értékes vki számára • *This bracelet is of great sentimental value to me.* **4** (values) [*plural*] értékek (*erkölcsi*): *a return to traditional values* • *Young people have a different set of values* (értékrend).

value² /'vælju:/ verb [T] (*pres. part.* valuing) **1** value sb/sth (as sth) értékel: *I really value her as a friend.* **2** (*ált. szenvedő szerkezetben*) value sth (at sth) (fel)becsül, értékel

valueless /'vælju:ləs/ adj. értéktelen ❶ Ellentéte: **valuable.** ➔ Lásd **invaluable,** más a jelentése.

valve /vælv/ noun [C] szelep: *a radiator valve* • *the valve on a bicycle tyre*

vampire /'væmpaɪə(r)/ noun [C] vámpír

★**van** /væn/ noun [C] furgon, kis zárt teherautó ➔ Ábra **vehicle** alatt.

vandal /'vændl/ noun [C] vandál
▶ **vandalism** /-dəlɪzəm/ noun [U] vandalizmus: *acts of vandalism*
vandalize (also -ise) /'vændəlaɪz/ verb [T] (*ált. szenvedő szerkezetben*) vandál módon (meg)rongál

vanilla /və'nɪlə/ noun [U] vanília

★**vanish** /'vænɪʃ/ verb [I] eltűnik: *When he turned round, the two men had vanished without trace.* **2** kihal

vanity /'vænəti/ noun [U] hiúság ❶ Melléknév: **vain.**

vantage point /'vɑːntɪdʒ pɔɪnt/ noun [C] előnyös/kedvező hely(zet), nézőpont: (*átv*) *From our modern vantage point, we can see why the Roman Empire collapsed.*

vapour (*US* vapor) /'veɪpə(r)/ noun [C,U] pára: *water vapour*

variable /'veəriəbl/ adj. változó, változékony
▶ **variability** /ˌveəriə'bɪləti/ noun [U] változékonyság, variációs lehetőség

variant /'veəriənt/ noun [C] változat

★**variation** /ˌveəri'eɪʃn/ noun **1** [C,U] (a) variation (in sth) eltérés, különbség: *There was a lot of variation in the examination results.* • *There may be a slight variation in price from shop to shop.* **2** [C] a variation (on/of sth) változat, variáció: *All her films are just variations on a basic theme.*

varied /'veərid/ adj. változatos, különféle

★**variety** /və'raɪəti/ noun (*plural* varieties) **1** [*sing.*] a variety (of sth) sokféle vmi: *There is a wide variety* (rendkívül sokféle) *of dishes to choose from.* **2** [U] változatosság **3** [C] a variety (of sth) fajta, típus: *a new variety of apple called 'Perfection'* **4** (*US* also **vaudeville**) [U] varieté(műsor): *a variety show/theatre*

★**various** /'veəriəs/ adj. különböző, többféle: *I decided to leave London for various reasons.*

varnish /'vɑːnɪʃ/ noun [U] lakk, politúr ➔ Lásd **nail varnish.**
▶ **varnish** verb [T] lakkoz, politúroz

★**vary** /'veəri/ verb (*pres. part.* varying; *3rd pers. sing. pres.* varies; *pt, pp* varied) **1** [I] vary (in sth) változik, különbözik: *The hotel bedrooms vary in size from medium to very large.* **2** [I] vary (from... to...) változik (*két érték között*) **3** [T] változatossá tesz: *I try to vary my work as much as possible so I don't get bored.*

★**vase** /vɑːz/ noun [C] váza

vasectomy /və'sektəmi/ noun [C] (*plural* vasectomies) vasectomia (*férfiaké*)

★**vast** /vɑːst/ adj. hatalmas: *a vast sum of money* • *a vast country*
▶ **vastly** adv. rendkívüli mértékben: *a vastly improved traffic system*

VAT (also **Vat**) /ˌvæt; eɪ 'tiː; væt/ abbr. (value added tax rövidítése) áfa, általános forgalmi adó: *prices include VAT*

vault¹ /vɔːlt/ noun [C] **1** páncélterem **2** kripta: *a family vault* **3** boltozat

vault² /vɔːlt/ verb [I,T] vault (over) sth (át)ugrik (vmin)

VCR /ˌviː siː 'ɑː(r)/ abbr. (video cassette recorder rövidítése) képmagnó

VDU /ˌviː diː 'juː/ noun [C] monitor

★**veal** /viːl/ noun [U] borjúhús ➔ Magyarázat a **meat** szónál.

veer /vɪə(r)/ verb [I] (jármű) hirtelen irányt változtat, átvág: *The car veered across the road and hit a tree.*

veg¹ /vedʒ/ noun [U] (brit, informális) zöldség: *a fruit and veg stall*

veg² /vedʒ/ verb (brit, szleng)
PHRASAL VERB veg out ejtőzik, lazsál: *I'm just going to veg out in front of the telly.*

vegan /'vi:gən/ noun [C] adj. vegán (tejterméket és tojást sem fogyasztó vegetáriánus) Ⓒ Lásd **vegetarian.**

★ **vegetable** /'vedʒtəbl/ (informális **veg, veggie**) noun [C] zöldség

vegetarian /,vedʒə'teəriən/ (brit, informális **veggie**) noun [C] adj. vegetáriánus Ⓒ Lásd **vegan.**

vegetation /,vedʒə'teɪʃn/ noun [U] (formális) növényzet: *tropical vegetation*

veggie /'vedʒi/ noun [C] (informális) **1** (brit) vegetáriánus **2** zöldség
▸ **veggie** adj. zöldség-: *a veggie burger*

vehement /'vi:əmənt/ adj. vehemens, heves: *a vehement attack on the government*

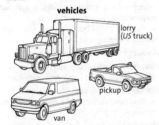

vehicles

lorry
(US truck)

pickup

van

vehicle /'vi:əkl/ noun [C] **1** jármű **2** vmi közvetítője/eszköze: *This newspaper has become a vehicle for Conservative opinion.*

veil /veɪl/ noun [C] fátyol

vein /veɪn/ noun **1** [C] ér, véna Ⓒ Lásd **artery. 2** [sing., U] stílus, hangnem: *After a humorous beginning, the programme continued in a more serious vein.*

Velcro™ /'velkrəʊ/ noun [U] tépőzár

velocity /və'lɒsəti/ noun [U] sebesség

velvet /'velvɪt/ noun [U] bársony

vendetta /ven'detə/ noun [C] (véget nem érő/folytonos) vérbosszú, ellenségeskedés

'vending machine noun [C] (árusító) automata

vendor /'vendə(r)/ noun [C] (formális) árus Ⓒ Lásd **purchaser.**

veneer /və'nɪə(r)/ noun **1** [C,U] furnérlemez **2** [sing.] (formális) a veneer (of sth) (vmi) látszat(a), máz: *a thin veneer of politeness*

venetian blind /və,ni:ʃn 'blaɪnd/ noun [C] reluxa (redőny)

vengeance /'vendʒəns/ noun [U] (írott nyelv) vengeance (on sb) bosszú Ⓒ Lásd **revenge.**
IDIOM with a vengeance még hevesebben: *After a week of good weather winter returned with a vengeance.*

venison /'venɪsn/ noun [U] szarvashús

venom /'venəm/ noun [U] **1** méreg **2** gyűlölet: *She shot him a look of pure venom.*
▸ **venomous** /'venəməs/ adj. **1** mérges **2** gyűlölködő

vent /vent/ noun [C] (szellőző-, füst- stb.) nyílás: *an air vent • a heating vent*

ventilate /'ventɪleɪt/ verb [T] szellőztet
▸ **ventilation** /,ventɪ'leɪʃn/ noun [U] szellőzés, szellőztetés

venture¹ /'ventʃə(r)/ noun [C] (kockázatos) vállalkozás: *a business venture*

venture² /'ventʃə(r)/ verb [I] merészkedik, kockáztat: *He ventured out into the storm to look for the lost child. • The company has decided to venture into computer production as well as design.*

venue /'venju:/ noun [C] színhely

Venus /'vi:nəs/ noun [sing.] Vénusz

veranda (also **verandah**) /və'rændə/ (US also **porch**) noun [C] veranda Ⓒ Lásd **balcony, patio, terrace.**

★ **verb** /vɜ:b/ noun [C] ige Ⓒ Lásd **phrasal verb.**

verbal /'vɜ:bl/ adj. (formális) **1** szóbeli, verbális: *verbal skills* **2** szóbeli: *a verbal agreement/warning*
▸ **verbally** /'vɜ:bəli/ adv. szóban

★ **verdict** /'vɜ:dɪkt/ noun [C] **1** ítélet, döntés: *The jury **returned a verdict** of 'not guilty'.* Az esküdtszék a vádlottat ártatlannak ítélte. *• Has the jury **reached a verdict** (meghozta döntését)?* **2** a verdict (on sb/sth) döntés, vélemény: *The general verdict was that the restaurant was too expensive.*

verge¹ /vɜːdʒ/ *noun* [C] (*brit*) (út)szegély (*ált. füves*), útpadka

IDIOM **on the verge of sth/doing sth** vmi(nek a) határán: *He was on the verge of a nervous breakdown.*

verge² /vɜːdʒ/ *verb*

PHRASAL VERB **verge on sth** súrolja vmi határát: *What they are doing verges on the illegal.*

verify /ˈverɪfaɪ/ *verb* [T] (*pres. part.* **verifying**; *3rd pers. sing. pres.* **verifies**; *pt, pp* **verified**) (*formális*) igazol, hitelesít: *to verify a statement*
▸ **verification** /ˌverɪfɪˈkeɪʃn/ *noun* [U] hitelesítés, megerősítés, igazolás

vermin /ˈvɜːmɪn/ *noun* [*plural*] kártevők

versatile /ˈvɜːsətaɪl/ *adj.* sokoldalú

★ **verse** /vɜːs/ *noun* **1** [U] vers(forma), költemény: *He wrote his valentine's message in verse.* **2** [C] versszak

★ **version** /ˈvɜːʃn/ *noun* [C] változat

versus /ˈvɜːsəs/ *prep.* **1** (*abbr.* **v, vs**) ellen: *England versus Hungary* **2** szemben: *It's a question of quality versus price.*

★ **vertical** /ˈvɜːtɪkl/ *adj.* függőleges ➜ Vesd össze horizontal, perpendicular.
▸ **vertically** /-kli/ *adv.* függőlegesen

★ **very** /ˈveri/ *adv., adj.* **1** nagyon: *I don't like milk very much.* • *'Are you hungry?' 'Not very.'*

> Felsőfokú melléknevek előtt állhat a **very**: *very best/youngest*, jelentése „legeslegjobb, legeslegfiatalabb", de középfokú melléknevek előtt csak a **much** ill. a **very much**: *much better* • *very much younger.*

2 pont, éppen: *We climbed to the very top of the mountain* (legtetejére). • *You're the very person I wanted to talk to.*

vessel /ˈvesl/ *noun* [C] **1** (*írott nyelv*) hajó **2** (*rég*) edény: *ancient drinking vessels*

★ **vest** /vest/ *noun* **1** (US **undershirt**) atlétatrikó, alsóing **2** (US) = WAISTCOAT

vested interest /ˌvestɪd ˈɪntrest/ *noun* [C] (rejtett) érdek(eltség)

vestige /ˈvestɪdʒ/ *noun* [C] maradvány: *the last vestige of the old system* ❶ Szinonimája: trace.

★ **vet¹** /vet/ (*formális* **'veterinary surgeon**; US **veterinarian**) *noun* [C] állatorvos: *We took the cat to the vet/to the vet's.*

vet² /vet/ *verb* [T] (**vetting**; **vetted**) meg-/átvizsgál: *All new employees at the Ministry of Defence are carefully vetted* (a múltját átvilágítják).

veteran /ˈvetərən/ *noun* [C] veterán

veterinary /ˈvetnri/ *adj.* állatorvosi: *a veterinary practice* ➜ Lásd vet.

veto /ˈviːtəʊ/ *verb* [T] (*pres. part.* **vetoing**; *3rd pers. sing. pres.* **vetoes**; *pt, pp* **vetoed**) megvétóz, vétót emel
▸ **veto** *noun* [C,U] (*plural* **vetoes**) vétó: *the right of veto*

vexed /vekst/ *adj.* problémás, vitás: *the vexed question of our growing prison population*

via /ˈvaɪə/ *prep.* keresztül, át: *We flew from Paris to Sydney via Bangkok.* • *These pictures come to you via our satellite link.*

viable /ˈvaɪəbl/ *adj.* megvalósítható, kivitelezhető: *I'm afraid your idea is just not commercially viable* (rentábilis).
▸ **viability** /ˌvaɪəˈbɪləti/ *noun* [U] megvalósíthatóság, rentabilitás

viaduct /ˈvaɪədʌkt/ *noun* [C] viadukt

vibrant /ˈvaɪbrənt/ *adj.* életteli, vibráló: *a vibrant city/atmosphere/personality/colour*

vibrate /vaɪˈbreɪt/ *verb* [I] rezeg, remeg
▸ **vibration** /vaɪˈbreɪʃn/ *noun* [C,U] rezgés, remegés

vicar /ˈvɪkə(r)/ *noun* [C] lelkész (*anglikán*) ➜ Lásd minister.

vicarage /ˈvɪkərɪdʒ/ *noun* [C] lelkészlakás, parókia

vice /vaɪs/ *noun* **1** [U] bűnözés (*szexuális, kábítószeres*) **2** [C] erkölcstelenség, bűn: *Greed and envy are terrible vices.* • *My only vice is smoking.* ➜ Lásd virtue. **3** (US **vise**) [C] satu: (*átv*) *He held my arm in a vice-like grip* (vasmarokkal).

vice- /vaɪs/ (*összetett főnevekben*) al-, -helyettes: *Vice-President* • *the vice-captain*

vice versa /ˌvaɪs ˈvɜːsə/ *adv.* fordítva

vicinity /vəˈsɪnəti/ *noun*
IDIOM **in the vicinity (of sth)** (*formális*)

---

❶ = magyarázat [C] megszámlálható (*főnév*): *one book, two books*

[U] megszámlálhatatlan (*főnév*): *some sugar*

környék: *There's no bank in the immediate vicinity.*

vicious /ˈvɪʃəs/ *adj.* **1** gonosz, kegyetlen: *a vicious attack* **2** veszélyes, vad (*állat*)
▶ **viciously** *adv.* gonoszul, kegyetlenül, vadul
IDIOM a vicious circle ördögi kör

★ **victim** /ˈvɪktɪm/ *noun* [C] áldozat: *a murder victim* • *The children are often the innocent victims of a divorce.*

victimize (also **-ise**) /ˈvɪktɪmaɪz/ *verb* [T] meggyötör, meghurcol(tat)
▶ **victimization** (also **-isation**) /ˌvɪktɪmaɪˈzeɪʃn/ *noun* [U] megtorlás (*személyes áldozattal*)

victor /ˈvɪktə(r)/ *noun* [C] (*formális*) győztes

Victorian /vɪkˈtɔːriən/ *adj., noun* [C] viktoriánus

★ **victory** /ˈvɪktəri/ *noun* [C,U] (*plural* victories) győzelem: *Keane led his team to victory in the final.*
▶ **victorious** /vɪkˈtɔːriəs/ *adj.* győztes
IDIOM romp home/to victory → ROMP

★ **video** /ˈvɪdiəʊ/ *noun* (*plural* videos) **1** [U] képmagnó: *We recorded the wedding on video.* • *The film is coming out on video in May.* **2** (also ˌvideo casˈsette, videotape) [C] videokazetta: *Would you like to see the video we made on holiday?* • *to rent a video* • *a video shop* **3** = VIDEO RECORDER
▶ **video** (*formális* videotape) *verb* [T] (*3rd pers. sing. pres.* videos; *pres. part.* videoing; *pt, pp* videoed) videóra (fel)vesz

ˈvideo recorder (also video, ˌvideo casˈsette recorder) *noun* [C] (*abbr.* VCR) képmagnó

videotape /ˈvɪdiəʊteɪp/ *noun* [C] = VIDEO (2)
▶ **videotape** *verb* [T] = VIDEO

★ **view¹** /vjuː/ *noun* **1** [C] a view (about/on sth) vélemény, nézet: *He expressed the view that standards were falling.* • *In my view* (szerintem), *she has done nothing wrong.* • *She has strong views on the subject.* **2** [U] láthatóság, látás: *The garden was hidden from view behind a high wall.* • *to come into view* feltűnik • *to disappear from view* eltűnik **3** [C] kilátás, látvány: *a view of the surrounding countryside* • *There are breathtaking views from the top of the*

mountain. • *a room with a sea view*
➲ Magyarázat a scenery szónál.
IDIOMS have, etc. sth in view (*formális*) eltervez | in full view (of sb/sth) → FULL¹ | in view of sth tekintettel vmire: *In view of her apology we decided to take no further action.* | a point of view → POINT¹ | with a view to doing sth (*formális*) azzal a céllal, hogy

★ **view²** /vjuː/ *verb* [T] (*formális*) **1** view sth (as sth) tekint vmilyennek **2** néz: *Viewed from this angle, the building looks much taller than it really is.*

viewer /ˈvjuːə(r)/ *noun* [C] (tévé)néző

viewpoint /ˈvjuːpɔɪnt/ *noun* [C] nézőpont, szemszög: *Let's look at this problem from the customer's viewpoint.* ➊ Szinonimája: point of view.

vigil /ˈvɪdʒɪl/ *noun* [C,U] virrasztás: *All night she kept vigil* (virrasztott) *over the sick child.*

vigilant /ˈvɪdʒɪlənt/ *adj.* (*formális*) éber
▶ **vigilance** /-əns/ *noun* [U] éberség

vigilante /ˌvɪdʒɪˈlænti/ *noun* [C] nem hivatalos önkéntes rendfenntartó/őr

vigour (*US* vigor) /ˈvɪgə(r)/ *noun* [U] életerő: *After the break we started work again with renewed vigour.*
▶ **vigorous** /ˈvɪgərəs/ *adj.* erőteljes: *vigorous exercise*
vigorously *adv.* **1** erősen, élénken **2** erőteljesen

vile /vaɪl/ *adj.* undorító: *She's in a vile mood.* • *a vile smell*

villa /ˈvɪlə/ *noun* [C] **1** nyaraló **2** villa

★ **village** /ˈvɪlɪdʒ/ *noun* **1** [C] falu (*település*): *a small fishing village* • *the village shop* **2** [*sing.,* with sing. or plural verb] falu (*népe*): *All the village is/are taking part in the carnival.*

villager /ˈvɪlɪdʒə(r)/ *noun* [C] falusi ember

villain /ˈvɪlən/ *noun* [C] **1** gonosz, negatív hős: *In most of his films he has played villains, but in this one he's a good guy.* ➲ Lásd hero. **2** (*informális*) bűnöző, gazember

vindictive /vɪnˈdɪktɪv/ *adj.* gonoszkodó, bosszúvágyó: *a vindictive comment/person*
▶ **vindictiveness** *noun* [U] gonoszság, gonoszkodás

vine /vaɪn/ *noun* [C] szőlőtő

vinegar /'vɪnɪɡə(r)/ *noun* [U] ecet

vineyard /'vɪnjəd/ *noun* [C] szőlőskert

vintage¹ /'vɪntɪdʒ/ *noun* [C] szüret, évi szőlő-/bortermés: *1999 was an excellent vintage.*

vintage² /'vɪntɪdʒ/ *adj.* **1** régi évjáratú és kimagasló minőségű (*bor*): *a bottle of vintage* (márkás) *champagne* **2** kimagasló színvonalú: *a vintage performance by Robert De Niro*

vinyl /'vaɪnl/ *noun* [C,U] pévécé, bakelit

viola /vi'əʊlə/ *noun* [C] brácsa ➔ Magyarázat a **piano** szónál.

violate /'vaɪəleɪt/ *verb* [T] (*formális*) **1** megsért, megszeg: *to violate a peace treaty* **2** megsért: *to violate sb's privacy/rights*
▸ **violation** /ˌvaɪə'leɪʃn/ *noun* [C,U] megsértés: *(a) violation of human rights*

★ **violence** /'vaɪələns/ *noun* [U] **1** erőszak: *They threatened to use violence if we didn't give them the money.* • *an act of violence* tettlegesség **2** hevesség: *the violence of the storm*

★ **violent** /'vaɪələnt/ *adj.* **1** erőszakos: *The demonstration later turned violent.* • *a violent death* • *violent crime* **2** heves: *He has a violent temper.* • *a violent storm/collision*
▸ **violently** *adv.* erőteljesen: *The ground shook violently.*

violet /'vaɪələt/ *noun* **1** [C] ibolya **2** [U] ibolyakék
▸ **violet** *adj.* ibolyakék

★ **violin** /ˌvaɪə'lɪn/ *noun* [C] hegedű ➔ Magyarázat a **piano** szónál. ❶ A közvetlen nyelvben néha a **fiddle** szó szerepel helyette.

violinist /ˌvaɪə'lɪnɪst/ *noun* [C] hegedűs, hegedűművész

VIP /ˌviː aɪ 'piː/ *abbr.* (**very important person** rövidítése, *informális*) VIP, nagyon fontos személy: *the VIP lounge at the airport* • *give someone the VIP* (megkülönböztetett) *treatment*

virgin¹ /'vɜːdʒɪn/ *noun* [C] szűz

virgin² /'vɜːdʒɪn/ *adj.* szűz: *virgin forest* őserdő

virginity /və'dʒɪnəti/ *noun* [U] szüzesség: *to lose your virginity*

Virgo /'vɜːɡəʊ/ *noun* [C,U] (*asztrol*) Szűz

virile /'vɪraɪl/ *adj.* férfias

virility /və'rɪləti/ *noun* [U] férfiasság

virtual /'vɜːtʃuəl/ *adj.* (*csak főnév előtt*) **1** tulajdonképpeni, szinte teljes: *The country is in a state of virtual civil war.* **2** virtuális: *virtual reality*
▸ **virtually** /-tʃuəli/ *adv.* jóformán: *The building is virtually finished.*

★ **virtue** /'vɜːtʃuː/ *noun* **1** [U] erény(esség): *to lead a life of virtue* ❶ Szinonimája: **goodness**. **2** [C] erény, jó tulajdonság: *Patience is a great virtue.* ➔ Lásd **vice**. **3** [C,U] the **virtue (of sth/of being/doing sth)** vmi előnye: *This new material has the virtue of being strong as well as very light.*
IDIOM **by virtue of sth** (*formális*) vmi alapján, révén

virtuoso /ˌvɜːtʃu'əʊsəʊ/ *noun* [C] (*plural* **virtuosos** or **virtuosi** /-siː; -ziː/) virtuóz

virtuous /'vɜːtʃuəs/ *adj.* erényes

virulent /'vɪrələnt; 'vɪrjələnt/ *adj.* **1** virulens, heveny: *a particularly virulent form of influenza* **2** (*formális*) heves: *a virulent attack on the leader*

★ **virus** /'vaɪrəs/ *noun* [C] (*plural* **viruses**) **1** vírus: *to catch a virus* ➔ Lásd **bacteria**, **germ**. **2** (*infor*) vírus

visa /'viːzə/ *noun* [C] vízum: *a tourist/work/student visa*

vise (*US*) = VICE(3)

visibility /ˌvɪzə'bɪləti/ *noun* [U] látási viszonyok, látástávolság: *In the fog visibility was down to 50 metres.* • *poor/good visibility*

★ **visible** /'vɪzəbl/ *adj.* látható: *The church tower was visible from the other side of the valley.* • *a visible improvement in his work* ❶ Ellentéte: **invisible**.
▸ **visibly** /-əbli/ *adv.* láthatóan: *Rosa was visibly upset.*

★ **vision** /'vɪʒn/ *noun* **1** [U] látás: *to have good/poor/normal/perfect vision* **2** [C] elképzelés, látvány, (rém)látomás: *They have a vision of a world without weapons.* • *I had visions of being left behind.* **3** [C] vízió, látomás **4** [U] látnoki képesség: *a leader of great vision* **5** [U] kép (*képernyőn*): *a temporary loss of vision*

visionary /ˈvɪʒənri/ adj. látnoki képességekkel rendelkező: a visionary leader
▶ **visionary** noun látnoki képességekkel rendelkező személy

★ **visit** /ˈvɪzɪt/ verb [I,T] (meg)látogat: I don't live here. I'm just visiting. • When you go to London you must visit the Science Museum.
▶ **visit** noun [C] látogatás: The Prime Minister is **on a visit** to Hungary. • We had a flying visit (futó látogatás) from Richard on Sunday.

★ **visitor** /ˈvɪzɪtə(r)/ noun [C] látogató: visitors to London from overseas

visor /ˈvaɪzə(r)/ noun [C] **1** szemellenző **2** napellenző ➔ Ábra **hat** alatt.

★ **visual** /ˈvɪʒuəl/ adj. vizuális, látási: the visual arts
▶ **visually** /ˈvɪʒuəli/ adv. látásra, látványra: The film is visually stunning.

ˌ**visual ˈaid** noun [C] szemléltetőeszköz

visualize (also -ise) /ˈvɪʒuəlaɪz/ verb [T] elképzel, felidéz

★ **vital** /ˈvaɪtl/ adj. **1** létfontosságú: vital information **2** életteli, vidám
▶ **vitally** /ˈvaɪtəli/ adv. életbe vágóan: vitally important

vitality /vaɪˈtæləti/ noun [U] életerő, vitalitás

★ **vitamin** /ˈvɪtəmɪn/ noun [C] vitamin: Oranges are rich in vitamin C.

vivacious /vɪˈveɪʃəs/ adj. életvidám

vivid /ˈvɪvɪd/ adj. élénk: vivid dreams/memories • the vivid reds and yellows of the flowers
▶ **vividly** adv. élénken

vivisection /ˌvɪvɪˈsekʃn/ noun [U] állatkísérlet, élveboncolás

vixen /ˈvɪksn/ noun [C] nőstény róka

viz. /vɪz/ abbr. (**videlicet** rövidítése, kiolvasva gyakran **namely**) azaz

★ **vocabulary** /vəˈkæbjələri/ noun (plural **vocabularies**) **1** [C,U] szókincs: He has an amazing vocabulary for a five-year-old. • There are many ways to increase your English vocabulary. **2** [sing.] szókincs (nyelvé): New words are always coming into the vocabulary. **3** [C,U] szószedet

vocal /ˈvəʊkl/ adj. **1** (csak főnév előtt) vokális, hang-: vocal cords hangszálak

2 harsány: a small but vocal group of protesters

vocalist /ˈvəʊkəlɪst/ noun [C] énekes(nő): a lead/backing vocalist

vocation /vəʊˈkeɪʃn/ noun [C,U] hivatás: Peter has finally found his vocation in life. ➔ Magyarázat a **work** szónál.

vocational /vəʊˈkeɪʃənl/ adj. szakmai: vocational training

vociferous /vəˈsɪfərəs/ adj. (formális) hangoskodó
▶ **vociferously** adv. hangoskodva

vodka /ˈvɒdkə/ noun [C,U] vodka

vogue /vəʊg/ noun [C,U] **a vogue (for sth)** divat: a vogue for large cars • That hairstyle is **in vogue** (divatos) at the moment.

★ **voice**[1] /vɔɪs/ noun **1** [C] hang: He had a bad cold and **lost** his **voice**. • to speak in a loud/soft/low/hoarse (hangos/lágy/halk/rekedt) voice • to lower/raise your voice halkabban beszél/felemeli a hangját • Shh! **Keep your voice down!** Beszélj halkabban! • Alan is 13 and his **voice is breaking** (mutál a hangja). **2** (-voiced) (összetett melléknevekben) -hangú: husky-voiced **3** [sing.] a **voice (in sth)** beleszólás: The workers want more of a voice in the running of the company. **4** [C] hang, szó: You should listen to the voice of reason and apologize. **5** [sing.] igealak: written in the **active/passive voice** ➔ Lásd a Rövid nyelvtani összefoglalást.

IDIOM at the top of your voice → TOP[1]

voice[2] /vɔɪs/ verb [T] kifejezésre juttat, hangot ad vminek: to voice complaints

voicemail /ˈvɔɪsmeɪl/ noun [U] hangposta

ˈ**voice-over** noun [C] hangbemondás: She does voice-overs for TV commercials.

void[1] /vɔɪd/ noun [C, usually sing.] (formális) űr, üresség: Her death left a void in their lives.

void[2] /vɔɪd/ adj. **1** érvénytelen: The agreement was declared void. **2** (formális) **void (of sth)** mentes vmitől: This book is totally void of interest (teljesen érdektelen) for me.

vol. abbr. (**volume** rövidítése) **1** (plural **vols**) kötet, évfolyam **2** térfogat

volatile /ˈvɒlətaɪl/ adj. **1** változékony: a

highly volatile situation • *a volatile person-ality* **2** illékony

volcano /vɒl'keɪməʊ/ *noun* [C] (*plural* **volcanoes**; **volcanos**) vulkán: *an active/dormant/extinct volcano* • *When did the volcano last erupt?*
▸ **volcanic** /vɒl'kænɪk/ *adj.* vulkanikus: *volcanic rock/ash*

★ **volley** /'vɒli/ *noun* [C] **1** (*tenisz*) röpte: *a forehand/backhand volley* **2** kőzápor, sortűz: *The soldiers fired a volley over the heads of the crowd.* **3** özön, sorozat: *a volley of abuse*
▸ **volley** *verb* [I,T] (*tenisz, futball stb.*) röptében üt/rúg, röptézik: *Rios volleyed the ball into the net.*

volleyball /'vɒlibɔːl/ *noun* [U] röplabda

volt /vəʊlt/ *noun* [C] (*abbr.* **V**) (*fiz*) volt

voltage /'vəʊltɪdʒ/ *noun* [C,U] feszültség

★ **volume** /'vɒljuːm/ *noun* **1** [U, C] térfogat, űrtartalom ⊃ Lásd **area**(2). **2** [C,U] (nagy) mennyiség: *the sheer volume of traffic* (hatalmas forgalom) *on the roads* • *I've got volumes of work to get through.* **3** [U, sing.] hangerő(sség): *to turn the volume on a radio up/down* • *a low/high volume* **4** [C] (*abbr.* **vol.**) kötet

★ **voluntary** /'vɒləntri/ *adj.* **1** önkéntes: *He took voluntary redundancy and left the firm last year.* • *She does some voluntary work at the hospital.* ⊃ Lásd **compulsory**. **2** tudatos, szándékos ⊕ Ellentéte: **involuntary**.
▸ **voluntarily** /'vɒləntrəli/; ˌvɒlən'terəli/ *adv.* önkéntesen

★ **volunteer¹** /ˌvɒlən'tɪə(r)/ *noun* [C] önkéntes ⊃ Lásd még **conscript²**.

★ **volunteer²** /ˌvɒlən'tɪə(r)/ *verb* **1** [I,T] volunteer (sth); volunteer (for/as sth); volunteer (to do sth) önként jelentkezik, ajánlkozik: *They volunteered their services free.* • *She frequently volunteers for extra work.* **2** [I] volunteer (for sth) katonasághoz önként jelentkezik **3** [T] javasol: *I volunteered a few helpful suggestions.*

vomit /'vɒmɪt/ *verb* [I,T] hány: *He suddenly felt ill and vomited all over the seat.* ⊕ A hétköznapi brit angolban **be sick**.
▸ **vomit** *noun* [U] hányás

★ **vote¹** /vəʊt/ *noun* **1** [C] a vote (for/against

sb/sth) szavazat: *There were 10 **votes for**, and 25 **against** the motion.* **2** [C] a vote (on sth) szavazás: *to **take a vote** szavazást tartani* • *Let's **have a vote/put it to the vote**.* Szavazzunk!/Bocsássuk szavazásra! **3** (the vote) [*sing.*] az összes szavazat: *She obtained 30% of the vote.* **4** (the vote) [*sing.*] szavazati jog: *Women did not get the vote in this country until the 1920s.*

IDIOMS cast a/your vote → CAST¹ | a vote of thanks rövid köszönő beszéd: *The club secretary proposed a vote of thanks to the guest speaker.*

★ **vote²** /vəʊt/ *verb* **1** [I] vote (for/against sb/sth); vote (on sth); vote to do sth szavaz: *Who did you vote for?* • *46% voted in favour of the proposed change.* • *We voted on the motion.* • *They voted to change the rules of the club.* • *I voted Liberal Democrat.* **2** [T] (*ált. szenvedő szerkezetben*) megszavaz: *He was voted best actor at the Oscars.*
▸ **voter** *noun* [C] szavazó

vouch /vaʊtʃ/ *verb* [I] vouch for sb/sth kezeskedik vkiért/vmiért

voucher /'vaʊtʃə(r)/ *noun* [C] (*brit*) utalvány, bon ⊃ Lásd **token**.

vow /vaʊ/ *noun* [C] eskü: *to keep/break your marriage vows*
▸ **vow** *verb* [T] esküszik

★ **vowel** /'vaʊəl/ *noun* [C] magánhangzó ⊃ Lásd **consonant**.

voyage /'vɔɪdʒ/ *noun* [C] utazás (*tengeren, űrben*)
▸ **voyager** *noun* [C] utazó

VSO /ˌviː es 'əʊ/ *abbr.* (**Voluntary Service Overseas** *rövidítése*) (*brit*) a fejlődő országokban önkéntes szolgálatot végzőket támogató szervezet

vulgar /'vʌlɡə(r)/ *adj.* közönséges, ízléstelen: *vulgar furnishings* • *a vulgar joke*
▸ **vulgarity** /vʌl'ɡærəti/ *noun* [C,U] (*plural* **vulgarities**) közönségesség, ízléstelenség

vulnerable /'vʌlnərəbl/ *adj.* vulnerable (to sth/sb) sebezhető, érzékeny: *vulnerable to enemy attack* ⊕ Ellentéte: **invulnerable**.
▸ **vulnerability** /ˌvʌlnərə'bɪləti/ *noun* [U] sebezhetőség, érzékenység

vulture /'vʌltʃə(r)/ *noun* [C] keselyű

Ww

W, w¹ /'dʌblju:/ *noun* [C] (*plural* **W's; w's**)
W/w betű

W² *abbr.* **1** (**watt(s)** rövidítése) watt(os): *a
60W light bulb* **2** (**west(ern)** rövidítése)
Ny(-i), nyugat(i): *W Cumbria* Nyugat-
Cumbria

wacky (also **whacky**) /'wæki/ *adj.* (*infor-
mális*) lökött

wad /wɒd/ *noun* [C] **1** köteg: *He pulled a wad
of £20 notes out of his pocket.* **2** (*vatta-
/rongy-*) csomó, adag: *a wad of cotton wool*

waddle /'wɒdl/ *verb* [I] kacsázva jár

wade /weɪd/ *verb* [I] átvergődik, átgázol
PHRASAL VERB **wade through sth** átrágja
magát vmin

wafer /'weɪfə(r)/ *noun* [C] ostya

waffle¹ /'wɒfl/ *noun* **1** [C] édes/ropogós
ostya **2** [U] (*brit, informális*) süket duma

waffle² /'wɒfl/ *verb* [I] (*brit, informális*)
waffle (on) (about sth) nyomja a sódert

waft /wɒft/ *verb* [I,T] (*levegőben*) finoman
terjed/terjeszt: *The smell of her perfume
wafted across the room.*

wag /wæg/ *verb* [I,T] (**wagging; wagged**)
csóvál: *The dog wagged its tail.*

★ **wage¹** /weɪdʒ/ *noun* [*sing.*] (or **wages**; *plu-
ral*) (munka)bér, fizetés: *a weekly wage of
£200* • *the national **minimum wage***

> A **wage** főleg a kifizetett összeget
> jelenti, ill. szóösszetételekben szere-
> pel: *a wage packet/rise*. A többes számú
> alakja **wages** „a fizetés": *I have to pay
> the rent out of my wages.* ➔ Magya-
> rázat a **pay²** szónál.

wage² /weɪdʒ/ *verb* [T] **wage sth (against/
on sb/sth)** háborút folytat (vki/vmi ellen):
to wage war on your enemy

waggle /'wægl/ *verb* [I,T] (*informális*) bil-
leg, billeget

wagon /'wægən/ *noun* [C] (*US* **freight car**)
tehervagon: *goods wagons*

waif /weɪf/ *noun* [C] lelenc

wail /weɪl/ *verb* **1** [I,T] jajgat, siránkozik

2 [I] sivít: *sirens wailing in the streets out-
side*
▶ **wail** *noun* [C] jajgatás, sivítás: *a wail of
anguish*

★ **waist** /weɪst/ *noun* [C, *usually sing.*] derék

waistband /'weɪstbænd/ *noun* [C] övrész

waistcoat /'weɪskəʊt/ (*US* **vest**) *noun* [C]
mellény

waistline /'weɪstlaɪm/ *noun* [C, *usually
sing.*] **1** derékbőség **2** derékvonal

★ **wait¹** /weɪt/ *verb* [I] **wait (for sb/sth) (to do
sth)** vár: *Have you been waiting long?* • *Is
this matter urgent or **can it wait** (várhat)?*

> Vesd össze a **wait** és **expect** szavakat: *I
> was expecting him to be there at 7.30 but
> at 8 I was still waiting.* • *I'm waiting for
> the exam results but I'm not expecting to
> pass.* A **wait** passzív várakozást jelent: *I
> waited outside the theatre until they
> arrived.* Az **expect** igét a „valamire
> számít" jelentésben használjuk: *I'm
> expecting you to get a good grade in
> your exam.*

IDIOMS **can't wait/can hardly wait** alig várja
| **keep sb waiting** megvárakoztat | **wait
and see** türelmesen vár (*majd kiderül*):
We'll just have to wait and see. | **wait your
turn** vár a sorára | (**just**) **you wait** csak
várd ki a végét (*fenyegetés vagy ígéret*):
I'll be famous one day, just you wait!
PHRASAL VERBS **wait behind** hátramaradva
vár: *She waited behind after class to speak
to her teacher.* | **wait in** otthon vár | **wait
on sb** kiszolgál vkit | **wait up (for sb)**
(ébren) megvár vkit

★ **wait²** /weɪt/ *noun* [C, *usually sing.*] **a wait
(for sth/sb)** várakozás
IDIOM **lie in wait (for sb)** → LIE²

★ **waiter** /'weɪtə(r)/ *noun* [C] pincér

'waiting list *noun* [C] várólista: *to put your
name on a waiting list*

'waiting room *noun* [C] váró(terem)

★ **waitress** /'weɪtrəs/ *noun* [C] pincérnő

waive /weɪv/ *verb* [T] (*formális*) eláll
(vmitől), felad (*pl. jogát*): *In your case, we*

ð **then** | s **so** | z **zoo** | ʃ **she** | ʒ **vision** | h **how** | m **man** | n **no** | ŋ **sing** | l **leg** | r **red** | j **yes** | w **wet**

will waive your tuition fees (felmentjük a tandíjfizetés alól).

★ **wake¹** /weɪk/ *verb* [I,T] (*pt* woke /wəʊk/; *pp* woken /'wəʊkən/) wake (sb) (up) felébred, felébreszt: *Wake up!* • *Could you wake me at 7.30, please?* ❶ Melléknév: awake.

PHRASAL VERBS wake sb up felébreszt: *She always has a coffee to wake her up when she gets to work.* | wake up to sth rádöbben vmire

wake² /weɪk/ *noun* [C] **1** halottvirrasztás **2** nyomdokvíz

IDIOM in the wake of sb/sth vki/vmi után/nyomában: *The earthquake left a trail of destruction in its wake.*

waken /'weɪkən/ *verb* [I,T] (*formális, rég*) felébred, felébreszt: *She wakened from a deep sleep.*

★ **walk¹** /wɔːk/ *verb* **1** [I] (gyalog) megy: *The door opened and Billy walked in.* • *He walks with a limp.* Bicegve jár. • *Are the shops within walking distance* (gyalog megközelíthető)? **2** [I] sétál ❶ Ha gyalogtúrára megyünk, a **go walking** kifejezést használjuk: *We often go walking in the Alps in the summer.* ➾ Magyarázat a walk² szónál. **3** [T] elkísér: *I'll walk you home.* • *He walked me to my car.* **4** [T] sétáltat: *I'm just going to walk the dog.*

▸ **walker** *noun* [C] gyalogló, sétáló: *She's a fast walker.*

PHRASAL VERBS walk off with sth **1** könnyen megnyer: *She walked off with all the prizes.* **2** ellop, véletlenül elvisz: *When I got home I realized that I had walked off with her pen.* | walk out (of sth) kivonul: *She walked out of the meeting in disgust.* | walk out on sb (*informális*) elhagy vkit (*kapcsolatban*): *He walked out on his wife and children after 15 years of marriage.* | walk (all) over sb (*informális*) **1** a feje tetején táncol (*átv*): *I don't know why she lets her husband walk all over her like that.* **2** lesöpör (*ellenfelet*): *He played brilliantly and walked all over his opponent.* | walk up (to sb/sth) odamegy (vkihez/vmihez)

★ **walk²** /wɔːk/ *noun* **1** [C] gyaloglás, séta: *to go for a walk* • *to take the dog for a walk* • *The beach is five minutes' walk/a five-minute walk from the hotel.*

Ha sétálni megyünk, a **go for a walk** kifejezést, ha gyalogtúrára, akkor a **go walking** kifejezést használjuk.

2 [C] sétaút **3** [*sing.*] járás(mód): *He has a funny walk.* **4** [*sing.*] gyalogtempó: *She slowed to a walk.*

IDIOM a walk of life társadalmi réteg/helyzet: *She has friends from all walks of life.*

walkie-talkie /ˌwɔːki 'tɔːki/ *noun* [C] (*informális*) kézi adó-vevő

'walking stick (also stick) *noun* [C] sétapálca ➾ Vesd össze crutch.

Walkman™ /'wɔːkmən/ *noun* (*plural* -mans /-mənz/) (also ˌpersonal 'stereo) walkman, hordozható CD-lejátszó

walkover /'wɔːkəʊvə(r)/ *noun* [C] könnyű győzelem

★ **wall** /wɔːl/ *noun* [C] fal: *He put the picture up on the wall.*

IDIOM up the wall (*informális*) őrült, dühös: *That noise is driving me up the wall.* A falra mászom attól a zajtól.

walled /wɔːld/ *adj.* fallal körülvett

★ **wallet** /'wɒlɪt/ (*US* billfold) *noun* [C] levéltárca ➾ Lásd purse.

wallop /'wɒləp/ *verb* [T] (*informális*) püföl, elagyabugyál

wallow /'wɒləʊ/ *verb* [I] wallow (in sth) **1** hentereg, dagonyázik: *I spent an hour wallowing in the bath.* **2** kéjeleg (vmiben): *to wallow in self-pity*

wallpaper /'wɔːlpeɪpə(r)/ *noun* [U] tapéta
▸ **wallpaper** *verb* [I,T] tapétáz

ˌwall-to-'wall *adj.* (*csak főnév előtt*) faltól falig

wally /'wɒli/ *noun* [C] (*plural* wallies) (*brit, szleng*) tökfej

walnut /'wɔːlnʌt/ *noun* **1** [C] dió **2** (also 'walnut tree) [C] diófa **3** [U] diófa (*anyag*)

walrus /'wɔːlrəs/ *noun* [C] rozmár

waltz¹ /wɔːls; wɔːlts/ *noun* [C] keringő (*tánc, zene*): *a Strauss waltz*

waltz² /wɔːls; wɔːlts/ *verb* **1** [I,T] keringőzik: *They waltzed around the floor.* • *He waltzed her round the room.* **2** [I] (*informális*) betoppan: *You can't just waltz in and expect your meal to be ready for you.*

wan /wɒn/ *adj.* sápadt, nyúzott

---

❶ = magyarázat   [C] megszámlálható (*főnév*): *one book, two books*

[U] megszámlálhatatlan (*főnév*): *some sugar*

wand /wɒnd/ *noun* [C] varázspálca: *I wish I could wave a magic wand and make everything better.*

★ **wander** /ˈwɒndə(r)/ *verb* **1** [I,T] kószál: *He had been wandering the streets.* **2** [I] **wander (away/off) (from sb/sth)** elkószál **3** [I] elkalandozik: *My attention began to wander.*

wane¹ /weɪn/ *verb* [I] **1** (*írott nyelv*) fogyatkozik, hanyatlik: *My enthusiasm was waning rapidly.* **2** fogy (*hold*)

wane² /weɪn/ *noun*
IDIOM **on the wane** (*írott nyelv*) fogyóban, hanyatlóban: *The singer's popularity seems to be on the wane.*

wangle /ˈwæŋgl/ *verb* [T] (*informális*) kiügyeskedik vmit: *Somehow he wangled a day off to meet me.*

wanna /ˈwɒnə/ (*a* **want to** *vagy* **want a** *írott formája annak érzékeltetésére, hogy valaki nagyon köznapi stílusban beszél*) akar: *I wanna go home now!* ➔ Magyarázat a **gonna** szónál.

★ **want¹** /wɒnt/ *verb* [T] **❶** Az igét *continuous* igeidőkben nem használjuk, azonban *-ing* alakban gyakran előfordul: *She kept her head down, not wanting to attract attention.* **1 want sth (for sth); want (sb) to do sth; want sth (to be) done** akar: *He wants a new bike.* • *What do they want for breakfast?* • *I don't want to discuss it now.* • *I don't want Emma going out on her own at night.*

> A **want** és a **would like** jelentése hasonló, de az utóbbi udvariasabb: *'I want a drink!' screamed the child.* • *'Would you like* (kér) *some more tea, Mrs Atwal?'*

2 (*informális*) már nagyon ráfér, szüksége van: *The button on my shirt wants sewing on.* • *The house wants a new coat of paint.* **3** (*informális*) kellene: *He wants to be more careful about what he tells people.* **4** (*ált. szenvedő szerkezetben*) keresik: *Mrs Lewis, you are wanted on the phone.* • *She is wanted by the police.* Körözi a rendőrség. **5** kíván vkit

★ **want²** /wɒnt/ *noun* (*formális*) **1** (**wants**) [*plural*] igény: *All our wants were satisfied.* **2** [*sing.*] vmi hiánya: *He's suffering due to a want of care.*

IDIOM **for (the) want of sth** vmi hiányában: *I took the job for want of a better offer.*

wanting /ˈwɒntɪŋ/ *adj.* (*formális*) **wanting (in sth)** (*főnév előtt nem állhat*) **1** hiányt szenvedő: *The children were certainly not wanting in enthusiasm.* **2** nem kielégítő: *The new system was found wanting.*

wanton /ˈwɒntən/ *adj.* (*formális*) indokolatlan, féktelen: *wanton vandalism*

WAP /wæp/ *abbr.* WAP, adatátviteli szabvány: *a WAP phone*

★ **war** /wɔː(r)/ *noun* **1** [U, C] háború: *The country is at war.* Az országban háború folyik. • *to declare war on* (hadat üzen) *another country* • *When war broke out, thousands of men volunteered for the army.* • *a civil war* polgárháború • *to go to war against sb* • *to fight a war* **2** [C,U] háború, harc: *a price war among oil companies* **3** [U, *sing.*] **war (against/on sb/sth)** háború, küzdelem: *We seem to be winning the war against organized crime.*

'war crime *noun* [C] háborús bűn

★ **ward¹** /wɔːd/ *noun* [C] **1** kórházi osztály, kórterem: *the psychiatric ward* **2** (*brit*) választási körzet **3** gyámság alá helyezett (gyerek): *The child was made a ward of court.*

ward² /wɔːd/ *verb*
PHRASAL VERB **ward sb/sth off** elhárít, kivéd

warden /ˈwɔːdn/ *noun* [C] **1** felügyelő: *a traffic warden* parkoló őr **2** (*főleg US*) börtönfelügyelő/-parancsnok

warder /ˈwɔːdə(r)/ *noun* [C] (*brit*) börtönőr ➔ Lásd **guard**.

wardrobe /ˈwɔːdrəʊb/ *noun* [C] **1** ruhaszekrény **2** ruhatár (*egyéné*): *I need a whole new summer wardrobe.* **3** [*usually sing.*] jelmeztár

ware /weə(r)/ *noun* **1** [U] (*szóösszetételekben*) -áru: *glassware* • *kitchenware* **2** (**wares**) [*plural*] (*rég*) áruk

warehouse /ˈweəhaʊs/ *noun* [C] raktár

warfare /ˈwɔːfeə(r)/ *noun* [U] háború(skodás): *guerrilla warfare*

warily → WARY

warlike /ˈwɔːlaɪk/ *adj.* harcias, harcedzett

★ **warm¹** /wɔːm/ *adj.* **1** meleg (*öltözet, szín is*): *It's quite warm in the sunshine.* • *warm colours* ➔ Magyarázat a **cold¹** szónál.

[I] **tárgyatlan (ige):** *He laughed.*

[T] **tárgyas (ige):** *He ate an apple.*

2 szívélyes: *I was given a very warm welcome.*

▶ **the warm** *noun* [*sing.*] meleg(ség): *I want to go back into the warm.*

warmly *adv.* **1** melegen: *warmly dressed* **2** szívélyesen, hálásan: *She thanked him warmly for his help.*

★ **warm²** /wɔːm/ *verb* [*I,T*] **warm (sb/sth) (up)** (fel/meg)melegedik, (fel/meg)melegít
PHRASAL VERBS **warm to/towards sb** megkedvel vkit | **warm to sth** belejön vmibe | **warm up** bemelegít: *The team warmed up before the match.*

warm-¹hearted *adj.* melegszívű

warmth /wɔːmθ/ *noun* [*U*] **1** melegség **2** szívélyesség: *I was touched by the warmth of their welcome.*

★ **warn** /wɔːn/ *verb* [*T*] **1 warn sb (of sth); warn sb (about sb/sth)** figyelmeztet **2 warn (sb) against doing sth; warn sb (not to do sth)** óva int vkit (*vmi megtételétől*)

warning /'wɔːnɪŋ/ *noun* [*C,U*] figyelmeztetés, figyelmeztető: *Your employers can't dismiss you without warning.* • *You could have given me some warning* (szólhattál volna előbb) *that your parents were coming to visit.*

warp /wɔːp/ *verb* **1** [*I,T*] elgörbül: *The window frame was badly warped.* **2** [*T*] megront vkit: *His experiences in the war had warped him.*

▶ **warped** *adj.* eltorzult: *a warped sense of humour*

warpath /'wɔːpɑːθ/ *noun*
IDIOM **(be/go) on the warpath** (*informális*) harcias kedvében van, harcba száll

warrant¹ /'wɒrənt/ *noun* [*C*] végrehajtási parancs: *a search warrant* házkutatási parancs

warrant² /'wɒrənt/ *verb* [*T*] (*formális*) indokol, szükségessé tesz: *I don't think her behaviour warrants such criticism.*

warranty /'wɒrənti/ *noun* [*C,U*] (*plural* **warranties**) garancia: *Fortunately my stereo is still under warranty* (garanciális).
➲ Lásd **guarantee**.

warrior /'wɒriə(r)/ *noun* [*C*] (*rég*) harcos

warship /'wɔːʃɪp/ *noun* [*C*] hadihajó

wart /wɔːt/ *noun* [*C*] szemölcs

wartime /'wɔːtaɪm/ *noun* [*U*] háborús időszak

wary /'weəri/ *adj.* **wary (of sb/sth)** elővigyázatos, gyanakvó
▶ **warily** /-rəli/ *adv.* óvatosan, bizalmatlanul

was → BE

★ **wash¹** /wɒʃ/ *verb* **1** [*I,T*] (meg)mos, (meg)mosakodik: *That shirt needs washing.* • *I'll wash* (mosogat), *you dry.* **2** [*I,T*] folyik: *I let the waves wash over my feet.* • *The current washed the ball out to sea* (kisodorta). **3** [*I*] mosható: *Does this material wash well?*
IDIOM **wash your hands of sb/sth** (a továbbiakban) nem vállalja a felelősséget vki/vmi miatt: *They washed their hands of their son when he was sent to prison.*
PHRASAL VERBS **wash sb/sth away** elmos | **wash (sth) off** lemos(ódik): *Go and wash that make-up off!* | **wash out** eltávolíthat (*mosással*) | **wash sth out** kimos vmit | **wash (sth) up 1** (*brit*) (el)mosogat **2** (*US*) megmosakszik: *Go and wash up quickly and put on some clean clothes.* **3** (*ált. szenvedő szerkezetben*) partra sodor vmit: *Police found the girl's body washed up on the beach.*

★ **wash²** /wɒʃ/ *noun* **1** [*C, usually sing.*] mosás, mosakodás: *I'd better go and have a wash before we go out.* **2** [*sing.*] hullámverés
IDIOM **in the wash** szennyes: *'Where's my red T-shirt?' 'It's in the wash.'*

washable /'wɒʃəbl/ *adj.* mosható

washbasin /'wɒʃbeɪsn/ (also **basin**; *US* **sink**) *noun* [*C*] mosdókagyló ➲ Lásd **sink**. Ábra **plug¹** alatt.

washed ¹out *adj.* kimerült: *They arrived looking washed out after their long journey.*

★ **washing** /'wɒʃɪŋ/ *noun* [*U*] **1** szennyes: *Could you put the washing in the machine?* • *a pile of dirty washing* **2** mosás: *I usually do the washing on Mondays.*

¹washing machine *noun* [*C*] mosógép

¹washing powder *noun* [*U*] mosópor

¹washing-¹up *noun* [*U*] **1** mosogatás: *I'll do the washing-up.* • *washing-up liquid* **2** mosogatnivaló: *Put the washing-up next to the sink.*

washout /'wɒʃaʊt/ *noun* [*C*] (*informális*) teljes kudarc

washroom /'wɒʃruːm; -rʊm/ *noun* [C] (US) (nyilvános) vécé

wasn't *short for* WAS NOT

wasp /wɒsp/ *noun* [C] darázs

wastage /'weɪstɪdʒ/ *noun* [U] (*formális*) pazarlás, veszteség

★ **waste¹** /weɪst/ *verb* [T] **1** waste sth (on sb/sth); waste sth (in doing sth) (el)pazarol, (el)veszteget: *She wastes a lot of money on cigarettes.* • *She wasted no time* (halogatás nélkül nekilátott) *in decorating her new room.* **2** (*ált.* szenvedő *szerkezetben*) kár vmit vkire pazarolni: *Expensive wine is wasted on me.*

★ **waste²** /weɪst/ *noun* **1** [*sing.*] a waste (of sth) pazarlás: *The seminar was a waste of time.* • *It seems a waste* (nem kár-e) *to throw away all these old newspapers.* **2** [U] hulladék: *chemical/nuclear waste* • *household waste* • *waste disposal* hulladékkezelés ⊃ Lásd **rubbish**. **3** (wastes) [*plural*] (*formális*) pusztaság: *the wastes of the Sahara desert*

IDIOM go to waste kárba vész: *I can't bear to see good food going to waste!*

waste³ /weɪst/ *adj.* (csak főnév előtt) **1** kihasználatlan, parlagon hagyott föld: *There's an area of waste ground outside the town where people dump their rubbish.* **2** hulladék-: *waste paper* • *waste material*

wasted /'weɪstɪd/ *adj.* **1** hiábavaló, sikertelen: *a wasted journey* **2** lesoványodott **3** (*szleng*) be van lőve

wasteful /'weɪstfl/ *adj.* pazarló

waste-'paper basket (US wastebasket) *noun* [C] papírkosár ⊃ Ábra **bin** alatt.

★ **watch¹** /wɒtʃ/ *verb* **1** [I,T] figyel, néz: *I watched in horror as the car swerved and crashed.* • *We watch television most evenings.* • *Watch what she does next.* ⊃ Vesd össze **look¹**(1), **see**(1-3). **2** [T] ügyel vmire: *Could you watch my bag for a second while I go and get a drink?* **3** [T] óvatos vkivel/vmivel, szemmel tart: *You'd better watch what you say to her.*

IDIOM watch your step → STEP¹

PHRASAL VERBS watch out óvatos: *Watch out* (vigyázz)! *There's a car coming.* | watch out for sb/sth ügyel vmire: *Watch out for snakes if you walk through the fields.* | watch over sb/sth őrködik (*vki/vmi felett*)

★ **watch²** /wɒtʃ/ *noun* **1** [C] karóra: *a digital watch* • *My watch is a bit fast/slow.* ⊃ Lásd **clock**. **2** [*sing.*, U] őrködés, felügyelet: *Tour companies have to keep a close watch on* (éberen figyeli) *the political situation in the region.*

watchdog /'wɒtʃdɒg/ *noun* [C] felügyelő (testület/szerv): *a consumer watchdog*

watchful /'wɒtʃfl/ *adj.* óvatos, éber

★ **water¹** /'wɔːtə(r)/ *noun* **1** [U] víz: *a glass of water* • *All the rooms have hot and cold running water.* • *drinking water* • *tap water* • *Don't go too near the edge or you'll fall in the water!* • *After the heavy rain several fields were under water.*

When water is heated to 100°Celsius, it **boils** and becomes **steam**. When steam touches a cold surface, it **condenses** and becomes water again. When water is cooled below 0°Celsius, it **freezes** and becomes **ice**.

---

2 [U] vízfelület: *Can you swim under water?* • *I can see my reflection in the water.* **3** (waters) [*plural*] vizek, felségvizek (országé): *The ship was still in British waters.* **IDIOMS** keep your head above water → HEAD¹ | pass water → PASS¹

water² /'wɔːtə(r)/ *verb* **1** [T] öntöz **2** [I] könnyezik: *The smoke in the room was starting to make my eyes water.* • *These menus will really make your mouth water* (kicsordul a nyála).

PHRASAL VERB water sth down **1** felvizez **2** enyhít, (le)tompít

watercolour /'wɔːtəkʌlə(r)/ *noun* **1** (watercolours) [*plural*] vízfesték **2** [C] akvarell

watercress /'wɔːtəkres/ *noun* [U] vízitorma

waterfall /'wɔːtəfɔːl/ *noun* [C] vízesés

'watering can *noun* [C] locsolókanna ⊃ Ábra **garden¹** alatt.

waterlogged /'wɔːtəlɒgd/ *adj.* **1** vízzel átitatott: *Our boots sank into the waterlogged ground.* **2** vízzel teli

watermelon /'wɔːtəmelən/ *noun* [C,U] görögdinnye

waterproof /'wɔːtəpruːf/ *adj.* vízhatlan

watershed /'wɔːtəʃed/ *noun* [C] vízválasztó

waterski /'wɔːtəskiː/ verb [I] vízisíel

water sports noun [plural] vízi sportok

watertight /'wɔːtətaɪt/ adj. **1** vízhatlan: a watertight container **2** helytálló, támadhatatlan: His alibi was absolutely watertight.

waterway /'wɔːtəweɪ/ noun [C] vízi út, (hajózó) csatorna

watery /'wɔːtəri/ adj. **1** híg: watery soup **2** bágyadt: watery sunshine • a watery smile

watt /wɒt/ noun [C] watt: a 60-watt light bulb

★ **wave¹** /weɪv/ noun [C] **1** hullám: We watched the waves roll in and break on the shore. ➜ Lásd **tidal wave**. **2** hullám (átv): There has been a wave of sympathy for the refugees. • a crime wave • The pain came in waves. ➜ Lásd **heatwave**. **3** tömege vminek: There is normally a wave of tourists in August. **4** legyintés, intés: With a wave of his hand, he said goodbye and left. **5** hullám (távközlésben, fizikában): sound waves • shock waves from the earthquake ➜ Lásd **long wave**, **medium wave**, **short wave**. **6** hajhullám ➜ Lásd **perm**.

★ **wave²** /weɪv/ verb **1** [I,T] integet: She waved to me as the train left the station. • I leant out of the window and **waved goodbye** (búcsút intettem) to my friends. ➜ Ábra az A6. oldalon. **2** [T] **wave sth (at sb)**; **wave sth (about)** lenget, lóbál: to wave a flag • She was talking excitedly and waving her arms about. **3** [T] **wave sb/sth away, on, through, etc.** int (hogy mutassa az irányt): There was a policeman in the middle of the road, waving us on (intett, hogy menjünk tovább). **4** [I] leng, hajladozik: The branches of the trees waved gently in the breeze.

PHRASAL VERBS **wave sth aside** legyint vmire | **wave sb off** búcsút int

waveband /'weɪvbænd/ noun [C] hullámsáv

wavelength /'weɪvleŋθ/ noun [C] hullámhossz

IDIOM **on the same wavelength** → **SAME**

waver /'weɪvə(r)/ verb [I] **1** ingadozik: He never wavered in his support for her. **2** (meg)remeg: His hand wavered as he reached for the gun.

wavy /'weɪvi/ adj. hullámos: wavy hair • a wavy line ➜ Ábra **hair** alatt.

wax /wæks/ noun [U] **1** viasz **2** fülzsír

waxworks /'wækswɜːks/ noun [C, with sing. or plural verb] panoptikum (viaszfigurákat bemutató múzeum)

★ **way¹** /weɪ/ noun **1** [C] a way (to do sth/of doing sth) mód, módszer: What is the best way to learn a language? • They'll have to find the money one way or another (valahogyan). • He always does things his own way (saját feje után megy). • She smiled in a friendly way. **2** [C, usually sing.] út, útvonal: Can you tell me the way to James Street? • Which way should I go to get to the town centre? • If you lose your way (eltéved), phone me. • We stopped on the way to Leeds (útban Leeds felé) for a meal. • We had breakfast on the way (útközben). • Can I drive you home? It's on my way (útba esik). • Get out of my way! • Can you move that box – it's in my/the way. **3** [sing.] irány: Look this way! • That painting is the wrong way up (fejjel lefelé). • Shouldn't you be wearing that hat the other way round? (fordítva) • He thought I was older than my sister but in fact it's the other way round (éppen ellenkezőleg). ➜ Lásd **back to front**. **4** [C] út ➜ Lásd **highway**, **motorway**, **railway**. **5** [sing.] távolság: It's a long way from London to Edinburgh. • The exams are still a long way off. • We came all this way to see him and he's not at home!

IDIOMS **be set in your ways** megrögzött | **by the way** mellesleg, egyébként: Oh, by the way, I saw Mario in town yesterday. | **change your ways** → **CHANGE¹** | **get/have your own way** keresztülviszi akaratát | **give way** eltörik, leszakad: The branch of the tree suddenly gave way and he fell. | **give way (to sb/sth)** **1** elsőbbséget ad: Give way to traffic coming from the right. **2** enged vkinek: We shall not give way to the terrorists' demands. | **go a long way** → **LONG¹** | **go out of your way (to do sth)** mindent elkövet (hogy) | **have a long way to go** → **LONG¹** | **the hard way** → **HARD¹** | **in a/one/any way; in some ways** bizonyos fokig/tekintetben | **in a big/small way** nagy/kis mértékben: 'Have you done any acting before?' 'Yes, but in a very small way.' | **in the way 1** útban van: There's a big lorry in the way. **2** felesleges: I felt rather in the *way at my daughter's party.* | **learn the hard way** → LEARN | **no way** (*informális*) kizárt dolog | **under way** folyamatban van: *Discussions between the two sides are now under way.* | **a/sb's way of life** életmód, életforma

way² /weɪ/ *adv.* (*informális*) messze, jóval: *I finally found his name way down at the bottom of the list.* • *Matt's got way more experience than me.*

WC /ˌdʌblju: 'si:/ *abbr.* (**water-closet** rövidítése) vécé

★ **we** /wi:/ *pron.* mi: *We are both very pleased with the house.*

★ **weak** /wi:k/ *adj.* **1** gyenge, erőtlen: *Her legs felt weak.* • *The child was weak with hunger.* • *That bridge is too weak to take heavy traffic.* • *a weak currency/economy/market* • *She made some weak excuse about washing her hair tonight.* **2** határozatlan, erőtlen: *a weak character* **3** erőtlen, bágyadt: *a weak voice* • *She gave a weak smile.* **4** híg: *weak coffee* • *I like my tea quite weak.* **5** weak (at/in/on sth) gyenge vmiből/vmiben: *He's weak at maths.* • *His maths is weak.* **❶** Ellentéte: minden jelentésben **strong.**
▶ **weakly** *adv.* erőtlenül, bátortalanul

★ **weaken** /'wi:kən/ *verb* [I,T] **1** (el/le)gyengül, (el/le)gyengít: *The illness had left her weakened.* **❶** Ellentéte: **strengthen. 2** elgyengül, elgyengít: *She eventually weakened and allowed him to stay.*

'**weak form** *noun* [C] gyenge (kiejtésű) alak

★ **weakness** /'wi:knəs/ *noun* **1** [U] gyengeség: *He thought that crying was a sign of weakness.* **2** [C] gyenge pont: *It's important to know your own strengths and weaknesses.* **❶ 1.** és **2.** jelentés ellentéte: **strength. 3** [C, usually sing.] a weakness for sth/sb vki gyengéje: *I have a weakness for chocolate.*

★ **wealth** /welθ/ *noun* **1** [U] jómód, gazdagság: *They were a family of enormous wealth.* **❶** Szinonimája: **riches. 2** [sing.] a wealth of sth bőség: *a wealth of information/experience/talent*

★ **wealthy** /'welθi/ *adj.* (**wealthier; wealthiest**) vagyonos, gazdag

wean /wi:n/ *verb* [T] elválaszt (*szopós gyermeket/állatot*)

★ **weapon** /'wepən/ *noun* [C] fegyver

★ **wear¹** /weə(r)/ *verb* (*pt* **wore** /wɔ:(r)/; *pp* **worn** /wɔ:n/) **1** [T] hord, visel: *He was wearing a suit and tie.* • *I wear glasses for reading.* **2** [T] hordoz (*arckifejezést*): *His face wore a puzzled look.* **3** [I,T] (el/le)kopik, (el/le)koptat: *These tyres are badly worn.* **4** [T] koptat: *Put some slippers on or you'll wear a hole (kilyukaszt) in your socks!* **5** [I] tartósnak bizonyul: *This material wears well.*
IDIOM **wear thin** egyre kevésbé meggyőző: *We've heard that excuse so often that it's beginning to wear thin.*
PHRASAL VERBS **wear (sth) away/down** elkopik, elkoptat: *The wind had worn the soil away.* • *The heels on these shoes have worn right down.* | **wear sb/sth down** megtör (*ellenállást*): *They wore him down with constant arguments until he changed his mind.* | **wear off** (lassan) elmúlik: *The effects of the drug wore off after a few hours.* | **wear (sth) out** elhord, elkoptat | **wear sb out** kimerít ➔ Lásd **worn-out.**

★ **wear²** /weə(r)/ *noun* [U] **1** használat: *You'll need jeans and jumpers for everyday wear.* **2** (*ált.* szóösszetételekben) viselet, ruhák: *casual/evening/sports wear* • *children's wear* **3** elhasználódás: *The engine is checked regularly for signs of wear.*
IDIOM **wear and tear** természetes kopás/elhasználódás | **the worse for wear** → WORSE

weary /'wɪəri/ *adj.* fáradt: *He gave a weary smile.*
▶ **wearily** /'wɪərəli/ *adv.* fáradtan
weariness *noun* [U] fáradtság

★ **weather¹** /'weðə(r)/ *noun* [U] idő(járás): *What's the weather like where you are?* • *hot/warm/sunny/fine weather* • *cold/wet/windy/wintry weather* • *I'm not going for a run in this weather!*
IDIOMS **make heavy weather of sth** → HEAVY | **under the weather** (*informális*) nincs túl jól

weather² /'weðə(r)/ *verb* **1** [I,T] változik (*időjárás hatására*), időjárásnak kitesz: *The farmer's face was weathered by the sun* (*naptól cserzett volt az arca*). **2** [T] átvészel: *Their company managed to weather the recession and recover.*

'**weather-beaten** *adj.* viharvert, napbarnított

'**weather forecast** (also **forecast**) *noun* [C] időjárás-jelentés/előrejelzés

weave /wi:v/ verb [I,T] (*pt* **wove** /wəʊv/ , ill. a második jelentésben **weaved**; *pp* **woven** /ˈwəʊvn/, ill. a második jelentésben **weaved**) **1** sző: *woven cloth* **2** cikázik: *The cyclist weaved in and out of the traffic.*

web /web/ noun **1** [C] háló: *A spider spins webs.* ⊃ Lásd **cobweb**. **2** (**the Web**) (also **the World Wide Web**) [*sing.*] (*infor*) világháló

website /ˈwebsaɪt/ noun [C] webhely, honlap

Wed. *abbr.* (**Wednesday** rövidítése) szerda: *Wed. 4 May*

we'd /wi:d/ *short for* WE HAD, WE WOULD

★ **wedding** /ˈwedɪŋ/ noun [C] esküvő: *a wedding ring* jegygyűrű • *a wedding anniversary* házassági évforduló • *All her friends could hear wedding bells.* Minden barátja arra gondolt, hogy ebből házasság lesz.

> A **marriage** szó jelentése házasság, azaz házas állapot. Jelentheti ezenkívül a házasságkötést is, ebben a jelentésben azonos a **wedding** szóval. A vőlegény a **bridegroom**, a menyasszony a **bride**. Fontos személyek még az esküvőn a vőlegény tanúja, a **best man** és a nyoszolyólányok (**bridesmaids**). Házasságot lehet kötni templomban (**church wedding**) vagy az anyakönyvi hivatalban (**registry office**). Huszonötévi házasság után ünneplik az ezüstlakodalmat (**silver wedding**), ötven év után az aranylakodalmat (**golden wedding**), hatvan év után a gyémántlakodalmat (**diamond wedding**).

wedge¹ /wedʒ/ noun [C] ék

wedge² /wedʒ/ verb [T] **1** kiékel, ékkel rögzít: *to wedge a door open* **2** beszorít, beöröltet: *The cupboard was wedged between the table and the door.*

★ **Wednesday** /ˈwenzdeɪ/ -di/ noun [C,U] (*abbr.* **Wed.**) szerda ❶ A hét napjainak nevét mindig nagy kezdőbetűvel írjuk. ⊃ Példák a **Monday** szónál.

wee /wi:/ (also **ˈwee-wee**) noun [C,U] (*informális*) pisi
▸ **wee** verb [I] pisil

weed¹ /wi:d/ noun **1** [C] gyom **2** [U] hínár

weed² /wi:d/ verb [I,T] gyomlál
PHRASAL VERB **weed sth/sb out** kigyomlál, kihúz: *He weeded out all the weaker candidates from the list.*

weedy /ˈwi:di/ adj. (*informális*) cingár: *a small weedy man*

★ **week** /wi:k/ noun [C] **1** hét: *We arrived last week* (múlt héten). • *They'll be back in a week/in a week's time* (egy hét múlva).

> A brit angolban használatos **fortnight** szó jelentése két hét.

2 a hétköznapok: *I work a 40-hour week.* Negyven órát dolgozom egy héten. **IDIOMS** **today, tomorrow, Monday, etc. week** (mához/holnaphoz/hétfőhöz stb.) egy hétre | **week in, week out** hétről hétre: *He's played for the same team week in, week out for 20 years.* | **a week yesterday, last Monday, etc.** (tegnap/múlt hétfőn stb.) múlt egy hete

★ **weekday** /ˈwi:kdeɪ/ noun [C] hétköznap

★ **weekend** /ˌwi:kˈend/ noun [C] hétvége: *What are you doing at the weekend?*

> A brit angolban „a hétvégén" megfelelője **at the weekend**, az amerikai angolban **on the weekend**.

★ **weekly¹** /ˈwi:kli/ adj. heti: *a weekly report*
▸ **weekly** adv. hetenként: *We are paid weekly.*

weekly² /ˈwi:kli/ noun [C] (*plural* **weeklies**) hetilap

weep /wi:p/ verb [I,T] (*pt, pp* **wept** /wept/) (*formális*) sír: *She wept at the news of his death.*

★ **weigh** /weɪ/ verb **1** [T] (meg/le)mér **2** *linking verb* [T] vmennyit nyom: *How much does this weigh?* • *I weigh 56 kilos.* Ötvenhat kiló vagyok. **3** [T] **weigh sth (up)** felmér, megfontol: *You need to weigh up your chances of success.* **4** [T] **weigh sth (against sb/sth)** mérlegel (két dolgot szembeállít egymással) **5** [I] **weigh against (sb/sth)** ellene szól: *She didn't get the job because her lack of experience weighed against her.*
PHRASAL VERBS **weigh sb down** nyomaszt | **weigh sb/sth down** lehúz (*súly*) | **weigh on sb/sth** nyomaszt(ólag hat) ❶ Használható a **weigh on sb's mind** kifejezést is: *That problem has been weighing on my mind for*

---

❶ = magyarázat [C] megszámlálható (*főnév*):
one book, two books

[U] megszámlálhatatlan (*főnév*):
some sugar

a long time. | **weigh sb/sth up** felmér vkit/vmit (*átv*): *I weighed up my chances and decided it was worth applying.*

★ **weight¹** /weɪt/ *noun* **1** [*U*] súly: *The weight of the snow broke the branch.* • *to lose weight* lefogyni • *He's put on weight.* Meghízott. **2** [*C*] súlyos tárgy: *The doctor has told me not to lift heavy weights.* **3** [*C*] súly (*mérlegen*): *a 500-gram weight* 50 dekás súly • *She lifts weights* (súlyzókat emel) *in the gym as part of her daily training.* ➔ Ábra az A7. oldalon. **4** [*sing.*] teher (*gond*): *Telling her the truth took a weight off his mind.* Attól, hogy megmondta neki az igazat, megkönnyebbült.

IDIOMS carry weight → CARRY | **pull your weight** → PULL¹

weight² /weɪt/ *verb* [*T*] **1 weight sth (down) (with sth)** nehezékkel lát el, telerak vmivel: *to weight down a fishing net* **2** (*ált. szenvedő szerkezetben*) vkit előnyben/hátrányos elbánásban részesít, vkinek megnehezít vmit: *The system is weighted in favour of/against people with children.*

weightless /'weɪtləs/ *adj.* súlytalan
▸ **weightlessness** *noun* [*U*] súlytalanság

weightlifting /'weɪtlɪftɪŋ/ *noun* [*U*] súlyemelés

weight training *noun* [*U*] súlyzózás: *I do weight training to keep fit.*

weighty /'weɪti/ *adj.* (**weightier**; **weightiest**) súlyos (*átv*): *a weighty question*

weir /wɪə(r)/ *noun* [*C*] (bukó)gát, fenékküszöb

weird /wɪəd/ *adj.* furcsa, szokatlan: *a weird noise/experience*
▸ **weirdly** *adv.* kísértetiesen

★ **welcome¹** /'welkəm/ *verb* [*T*] **1** üdvözöl **2** örömmel fogad: *I've no idea what to do next, so I'd welcome any suggestions.*
▸ **welcome** *noun* [*C*] fogadtatás: *Let's give a warm welcome to our next guest.*

★ **welcome²** /'welkəm/ *adj.* **1** szívesen látott/fogadott: *You're always welcome here.* • *welcome news* **2 welcome to sth/to do sth** rendelkezésére áll vmi (*megengedik, felajánlják*): *You're welcome to use my bicycle.* **3** vkié lehet (*szívesen elajándékozva vmit*): *Take the car if you want. You're welcome to it. It's always breaking down.*
▸ **welcome** *interj.* Isten hozta!: *Welcome to*

London! Üdvözöljük Londonban. • *Welcome home!*

IDIOMS make sb welcome szívélyesen fogad vkit | **you're welcome** (*beszélt nyelv*) szívesen: *'Thank you for your help.' 'You're welcome.'*

weld /weld/ *verb* [*I,T*] hegeszt

★ **welfare** /'welfeə(r)/ *noun* [*U*] **1** jólét, jó körülmények: *The doctor is concerned about the child's welfare.* **2** (*társadalmi*) gondoskodás: *education and welfare services* **3** (*US*) = SOCIAL SECURITY

welfare state *noun* [*sing.*] jóléti állam

★ **well¹** /wel/ *adv.* (**better**; **best**) **1** jól: *You speak English very well.* • *I hope your work is going well.* • *You passed your exam! Well done!* Gratulálok! • *He took it well* (jól fogadta) *when I told him he wasn't on the team.* **❶** Ellentéte: **badly**. **2** teljesen, alaposan: *Shake the bottle well before opening.* • *How well do you know Henry?* **3** jóval, nagyon: *They arrived home well past midnight.* • *She says she's 32 but I'm sure she's well over 40.* • *This book is well worth reading* (érdemes elolvasni). **4** (**can**, **could**, **may** vagy **might** *segédigékkel*) valószínűleg, (nagyon is) lehet, hogy: *He might well be right.* **5** (**can**, **could**, **may** vagy **might** *segédigékkel*) teljes joggal: *I can't very well* (nemigen) *refuse to help them after all they've done for me.* • *'Where's Bill?' 'You may well ask!'* Jó kérdés. (Fogalmam sincs róla.)

IDIOMS as well (as sb/sth) még ... is, valamint: *Can I come as well?* ➔ Magyarázat az **also** szónál. | **augur well/ill for sb/sth** → AUGUR | **bode well/ill (for sb/sth)** → BODE | **do well 1** jól megy vkinek, jól tanul **2** gyógyulófélben van: *Mr Singh is doing well after his operation.* | **do well to do sth** helyesen/jól teszi, ha: *He would do well to check the facts before accusing people.* | **may/might (just) as well** akár: *I may as well tell you the truth* (akár meg is mondhatom az igazat) – *you'll find out anyway.* | **mean well** → MEAN¹ | **well and truly** teljesen: *We were well and truly lost.* | **well/badly off** → OFF¹

★ **well²** /wel/ *adj.* (**better** /'betə(r)/, **best** /best/) (*főnév előtt nem állhat*) **1** egészséges, jól van: *'How are you?' 'I'm very well, thanks.'* • *This medicine will make you feel better.* • *Get well soon.* Mielőbbi gyógyulást kívánok! **2** rendben lévő: *I hope all is well with you.*

IDIOMS **all very well (for sb)** (*informális*) könnyű (vkinek) (*helytelen/felelőtlen dolgot megtenni*): *It's all very well for her to criticize but it doesn't help the situation.* | **(just) as well (to do sth)** helyes, nem árt(ana) (*vmit megtenni*): *It would be just as well to ask his permission.* ➔ Lásd **it is just as well (that)** a **just** címszónál.

★ **well³** /wel/ *interj.* **1** nahát, nocsak: *Well, thank goodness you've arrived.* **2** hát: *'Do you like it?' 'Well, I'm not really sure.'* **3** hát, szóval: *Well, the next thing that happened was...* • *Well now, let me see...* **4** nos: *Well? Are you going to tell us what happened?* **5** szóval hát, végül is: *Well, it's been nice talking to you.* **6** (also **,oh 'well**) sajnos, ez van: *Oh well, there's nothing we can do about it.*

well⁴ /wel/ *noun* [C] **1** kút: *to draw water from a well* **2** (also **'oil well**) olajkút

well⁵ /wel/ *verb* [I] **well (out/up)** feltör, kicsordul: *Tears welled up in her eyes.*

we'll /wi:l/ *short for* WE SHALL, WE WILL

,well 'balanced *adj.* kiegyensúlyozott: *a well-balanced diet*

,well be'haved *adj.* jó magaviseletű: *a well-behaved child*

'well-being *noun* [U] jólét, (jó) egészség

,well 'done *adj.* jól átsütött: *He prefers his steak well done.* ➔ Vesd össze **rare**, **medium**.

,well 'dressed *adj.* jól öltözött: *a well-dressed man*

,well 'earned *adj.* (jól) megérdemelt: *a well-earned holiday*

,well 'fed *adj.* jól táplált: *well-fed pets*

,well in'formed *adj.* jól értesült

wellington /'welɪŋtən/ (*informális* **welly** /'weli/) *noun* [C] (*plural* **wellingtons; wellies**) (*brit*) gumicsizma: *a pair of wellingtons* ➔ Ábra **shoe¹** alatt.

,well 'kept *adj.* (jól) gondozott: *a well-kept garden*

,well 'known *adj.* (jól) ismert: *a well-known composer* ❶ Ellentéte: **unknown**.

,well 'meaning *adj.* jóindulatú, jóhiszemű: *a well-meaning attempt to be helpful*

,well 'meant *adj.* jó szándékú: *a well-meant comment*

well-to-'do *adj.* jómódú

'well-wisher *noun* [C] jóakaró

★ **Welsh** /welʃ/ *adj.* walesi ➔ Lásd a *Földrajzi nevek és térképek* c. részt.

went *past tense of* GO¹

wept *past tense, past participle of* WEEP

were → BE

we're /wɪə(r)/ *short for* WE ARE

★ **west** /west/ *noun* [*sing.*] (*abbr.* **W**) **1** (also **the west**) nyugat: *Rain is spreading from the west.* • *There's a road to the west of here.* **2** (**the west; the West**) nyugati rész: *I live in the west of Scotland.* • *The climate in the West is much wetter than the East.* **3** (**the West**) [*sing.*] a nyugati világ

▸ **west** *adj.*, *adv.* nyugat(on), nyugatra: *The island is five miles west of here.* • *to travel west* • *West London*

westbound /'westbaʊnd/ *adj.* nyugatra tartó: *the westbound carriageway of the motorway*

westerly /'westəli/ *adj.* **1** nyugati irányú: *in a westerly direction* **2** nyugati (szél)

★ **western¹** (also **Western**) /'westən/ *adj.* **1** nyugati, nyugaton fekvő **2** nyugati (*nyugat-európai ill. észak-amerikai*)

western² /'westən/ *noun* [C] vadnyugati film/történet

westerner /'westənə(r)/ *noun* [C] nyugaton élő ember (*Nyugat-Európa, Észak-Amerika*)

westernize (also **-ise**) /'westənaɪz/ *verb* [T] (*ált. szenvedő szerkezetben*) nyugati mintára átalakít: *Young people in our country are becoming westernized through watching American television programmes.*

the ,West 'Indies *noun* [*plural, with sing. or plural verb*] Nyugat-India, Karib-tengeri szigetek

▸ **,West 'Indian** *noun* [C] nyugat-indiai, karibi

,West 'Indian *adj.* nyugat-indiai, karibi

westward /'westwəd/ *adj.* nyugat felé (tartó): *in a westward direction*

▸ **westward** (also **westwards**) *adv.* nyugati irányba(n): *to fly westwards*

★ **wet¹** /wet/ adj. (**wetter; wettest**) **1** vizes, átázott: Don't get your feet wet. •

> A **moist** szó jelentése „nedves", a **damp** „nyirkos, kicsit nedves (és ezért kellemetlen)": Don't sit on the grass. It's damp.

2 esős, nyirkos: a wet day **3** nedves: The ink is still wet (még nem száradt meg). **❶** Az első három jelentés ellentéte: **dry**. **4** sótlan, halvérű (egyén)
▶ **the wet** noun [sing.] az eső: Come in out of the wet.

IDIOMS a **wet blanket** (informális) ünneprontó | **wet through** bőrig ázott, csuromvizes

wet² /wet/ verb [T] (pres. part. **wetting**; pt, pp **wet** or **wetted**) **1** megnedvesít, bevizez **2** bepisil

wet suit noun [C] gumiból készült kezeslábas (vízi sporthoz)

we've /wiːv/ short for WE HAVE

whack /wæk/ verb [T] (informális) elver, megüt

whacky = WACKY

whale /weɪl/ noun [C] bálna

whaling /'weɪlɪŋ/ noun [U] bálnavadászat

wharf /wɔːf/ noun [C] (plural **wharves** /wɔːvz/) rakpart

★ **what** /wɒt/ determiner, pron. **1** mi(t): What's their phone number? • What time is it? Hány óra van? • What kind of (milyen) music do you like? • She asked him what (mit) he was doing. **❷** Magyarázat a **which** szónál. **2** ami(t): What he says is true. • You can borrow what money I have. **3** milyen, micsoda (nyomatékosítást fejez ki): What strange eyes she's got! • What a kind thing to do! **4** hogyhogy (meglepetés kifejezése): 'I've asked Alice to marry me.' 'What?'

IDIOMS how/what about...? → ABOUT² | what(...) for? milyen célra, minek: What's this little switch for? • What did you say that for? Ezt miért mondtad? | what if...? mi lenne, ha, és ha: What if the car breaks down?

★ **whatever** /wɒt'evə(r)/ determiner, adv., pron. **1** akármi(t), akármilyen(t): You can say whatever you like. • He took whatever help he could get. **2** bármi(t) is, bármilyen:

I still love you, whatever you may think. **3** mi a csuda: Whatever could have happened to them? **4** (also **whatsoever**) egyáltalán (semmi): I've no reason whatever to doubt him.

IDIOMS or **whatever** (informális) vagy valami olyasmi: You don't need to wear anything smart – jeans and a sweater or whatever. | **whatever you do** semmilyen körülmények között: Don't touch the red switch, whatever you do.

★ **wheat** /wiːt/ noun [U] búza: a field of wheat

★ **wheel¹** /wiːl/ noun **1** [C] kerék: By law, you have to carry a spare wheel (pótkerék) in your car. • (informális) a set of wheels autó **2** [usually sing.] (also '**steering wheel**) kormánykerék: Her husband was at the wheel (a férje vezetett) when the accident happened.

wheel² /wiːl/ verb **1** [T] tol (gurít): He wheeled his bicycle up the hill. • She was wheeled back to her bed on a trolley. **2** [I] köröz, kering: Birds wheeled above the ship. **3** [I] (hirtelen) megfordul: Eleanor wheeled round, with a look of horror on her face.

wheelbarrow /'wiːlbærəʊ/ (also **barrow**) noun [C] egykerekű targonca, talicska **◆** Ábra garden¹ alatt.

wheelchair /'wiːltʃeə(r)/ noun [C] tolókocsi

wheel clamp noun [C] (brit) (also **clamp**) kerékbilincs

wheeze /wiːz/ verb [I] zihál, liheg

★ **when** /wen/ adv., conj. **1** mikor: When did she arrive? **2** amikor: Sunday is the day when I can relax. • I don't know when she arrived. • I last saw her in May, when she was in London. • He jumped up when the phone rang.

> A **when** szó után jelen időt használunk, amikor a jövőben bekövetkező dologról beszélünk: I'll call you when (majd ha) I'm ready.

3 hiszen, tekintettel arra, hogy: Why do you want more money when you've got enough already?

> Amikor úgy tudjuk vagy gondoljuk, hogy valami be fog következni, a **when** szót használjuk, ha nem tudjuk bizonyosan, akkor az **if** szót: I'll ask her

when she comes. azt jelenti, hogy bizonyosan el fog jönni: *I'll ask her if she comes.* azt jelenti, hogy nem tudom bizonyosan, eljön-e vagy sem.

★ **whenever** /wen'evə(r)/ *conj., adv.* **1** akármikor, bármikor: *You can borrow my car whenever you want.* • *You can give it back the next time you see me, or whenever.* **2** de mikor *(meglepetés, türelmetlenség kifejezése)*: *Whenever did you find time to do all that cooking?*

★ **where** /weə(r)/ *adv., conj.* **1** hol, hová **2** ahol: *the town where you were born* • *Where possible, you should travel by bus, not taxi.* • *Where maths is concerned* (ami a matematikát illeti), *I'm hopeless.*

whereabouts¹ /ˌweərə'baʊts/ *adv.* hol, merrefelé: *Whereabouts did you lose your purse?*

whereabouts² /'weərəbaʊts/ *noun* [*plural*] tartózkodási hely, hollét: *The whereabouts of the stolen painting are unknown.*

whereas /ˌweər'æz/ *conj.* míg *(ellenben)*: *He eats meat, whereas she's a vegetarian.* ❶ Szinonimája: **while**.

whereby /weə'baɪ/ *adv.* (*írott nyelv*) melynek értelmében, minélfogva: *These countries have an agreement whereby foreign visitors can have free medical care.*

whereupon /ˌweərə'pɒn/ *conj.* (*írott nyelv*) amit követően, mire: *He fell asleep, whereupon she walked quietly from the room.*

★ **wherever** /weər'evə(r)/ *conj., adv.* **1** bárhol, bárhova: *You can sit wherever you like.* • *She comes from Desio, wherever that is* (bárhol legyen is az). **2** mindenhol: *Wherever* (bárhová) *I go, he goes.* **3** hol (a csodában): *Wherever did you learn to cook like that?*
IDIOM **or wherever** ki tudja hol: *The students might be from Sweden, Denmark or wherever.*

whet /wet/ *verb* (**whetting; whetted**)
IDIOM **whet sb's appetite** felkelti vkinek az érdeklődését, kedvet csinál vmihez: *Our short stay in Dublin whetted our appetite to spend more time there.*

★ **whether** /'weðə(r)/ *conj.* vajon: *He asked me whether we would be coming to the*

party. • *I can't make up my mind whether to go or not* (hogy menjek-e vagy ne).

Az első jelentésben a **whether** vagy az **if** szó egyaránt használható, de a **to** + ige szókapcsolat előtt csak a **whether** szó használható: *Have you decided whether to accept the offer yet?* Elöljáró után csak a **whether** szó állhat: *the problem of whether to accept the offer.*

IDIOM **whether or not** akár igen, akár nem, egyaránt: *We shall play on Saturday whether it rains or not* (akár esik, akár nem). • *Whether or not it rains, we shall play on Saturday.*

★ **which** /wɪtʃ/ *determiner, pron.* **1** melyik (*kérdésekben*): *Which is your bag?* • *I can't remember which of the boys is the older.*

Which vagy **what**? A **which** szót használjuk, amikor korlátozott számú dologból választunk: *Which car is yours? The Ford or the Volvo?* (= csak két autó van ott). A **what** szót használjuk, amikor nincs meghatározva, hány dolog közül választhatunk: *What car would you choose* (= az összes létező autómárka közül) *if you could have any one you wanted?* • *What is your name?*

2 amely(ik)(et), amelyek(et), ami(t)

That használható ebben a jelentésben a **which** helyett, de nem állhat közvetlenül az elöljárószó után: *Cars which use unleaded petrol are more eco-friendly.* • (*formális*) *The situation in which he found himself was very difficult.*

Ugyanez közvetlenebb stílusban: *The situation which he found himself in was very difficult.* Az utóbbi példában a **which** elhagyható: *The situation he found himself in...*

3 amelyik(et), amelyek(et): *My first car, which I bought as a student, was a Renault.*

Figyeljük meg, hogy a **which** előtt és az általa bevezetett mellékmondat után vessző van.

4 ami(t): *We had to wait 16 hours for our plane, which was really annoying.*

Figyelem: ez előtt a which előtt vessző van.

★ **whichever** /wɪtʃˈevə(r)/ *determiner, pron.* **1** bármelyik(et), akármelyik(et), amelyik(et) csak: *You can choose whichever book you want.* **2** (*meglepetés kifejezésére*) melyik: *You're very late. Whichever way* (hogy a csudába) *did you come?*

whiff /wɪf/ *noun* [*usually sing.*] a whiff (of sth) halvány illat/szag: *He caught a whiff* (megcsapta az orrát) *of her perfume.*

★ **while¹** /waɪl/ (*formális* **whilst** /waɪlst/) *conj.* **1** (a)míg, mialatt: *He always phones while we're having lunch.* **2** miközben: *He always listens to the radio while he's driving to work.* **3** (*formális*) míg: *Some countries are rich, while others are extremely poor.* ❶ Szinonimája: **whereas.**

★ **while²** /waɪl/ *noun* [*sing.*] rövid idő: *Let's sit down here for a while* (egy kicsit).
IDIOMS once in a while → ONCE | worth sb's while → WORTH¹

while³ /waɪl/ *verb*
PHRASAL VERB while sth away elüti az időt: *We whiled away the evening chatting and listening to music.*

whim /wɪm/ *noun* [*C*] szeszély: *We bought the house on a whim* (hirtelen ötlettől vezérelve).

whimper /ˈwɪmpə(r)/ *verb* [*I*] nyafog, pityereg, nyüszít
▸ whimper *noun* [*C*] nyafogás, nyüszítés

whine /waɪn/ *verb* **1** [*I,T*] nyafog, siránkozik: *The children were whining all afternoon.* **2** [*I*] nyüszít, vinnyog: *The dog is whining to go out.*
▸ whine *noun* [*C*] siránkozás, vinnyogás

whip¹ /wɪp/ *noun* [*C*] **1** ostor, korbács: *He cracked the whip.* Megpattogtatta az ostorát. **2** (*GB, US*) parlamenti párt szavazási fegyelemért felelős tisztviselője

whip² /wɪp/ *verb* (**whipping; whipped**) **1** [*T*] (meg)korbácsol, ostoroz **2** [*I*] (*informális*) hirtelen gyors mozdulatot tesz: *She whipped round* (hirtelen megfordult) *to see what had made the noise behind her.* **3** [*T*] ki-/előránt: *He whipped out a pen and made a note of the number.* **4** [*T*] whip sth (up) (*habot*): *whipped cream* tejszínhab **5** [*T*] (*brit, informális*) megfúj: *Who's whipped my pen?*

PHRASAL VERBS whip through sth (*informális*) összecsap | whip sb/sth up (fel)szít, felkavar (*érzelmet*): *to whip up excitement* | whip sth up (*informális*) összedob (*ételt*): *to whip up a quick snack*

whir (*főleg US*) = WHIRR

whirl¹ /wɜːl/ *verb* [*I,T*] forog, forgat: *The dancers whirled round* (keringtek) *the room.* • (*átv*) *My mind was whirling* (kavargott a fejem) *after all the excitement.*

whirl² /wɜːl/ *noun* [*sing.*] **1** pörgés **2** kavargás: *My head's in a whirl* (kavarog a fejem). **3** nyüzsgés: *The next few days passed in a whirl of activity* (lázas tevékenykedéssel telt).
IDIOM give sth a whirl (*informális*) kipróbál vmit

whirlpool /ˈwɜːlpuːl/ *noun* [*C*] örvény

whirlwind /ˈwɜːlwɪnd/ *noun* [*C*] forgószél

whirr (*főleg US* **whir**) /wɜː(r)/ *verb* [*I*] búg, zümmög
▸ whirr (*főleg US* **whir**) *noun* [*C, usually sing.*] búgás, zümmögés

whisk¹ /wɪsk/ *noun* [*C*] habverő ➔ Ábra **kitchen** alatt.

whisk² /wɪsk/ *verb* [*T*] **1** (fel)ver (*habot*) **2** gyorsan elvisz (*egyik helyről a másikra*): *The prince was whisked away in a black limousine.*

whisker /ˈwɪskə(r)/ *noun* [*C*] bajusz (*pl. macskáé*)

whisky /ˈwɪski/ *noun* (*plural* **whiskies**) ❶ US és Írországban helyesírása **whiskey**. **1** [*U*] whisky: *Scotch whisky* **2** [*C*] egy pohár whisky

★ **whisper** /ˈwɪspə(r)/ *verb* [*I,T*] suttog, sugdolózik
▸ whisper *noun* [*C*] suttogás: *to speak in a whisper* (suttogva)

★ **whistle¹** /ˈwɪsl/ *noun* [*C*] **1** síp: *The referee blew his whistle.* **2** füttyszó, fütyülés: *United scored just moments before the final whistle.* • *He gave a low whistle of surprise* (füttyentett meglepetésében).

★ **whistle²** /ˈwɪsl/ *verb* **1** [*I,T*] fütyül, sípol: *He whistled* (fütyörészett) *a tune to himself.* **2** [*I*] süvít: *A bullet whistled past his head.*

★ **white¹** /waɪt/ *adj.* **1** fehér: *white coffee* tejeskávé • *her experiences as a black girl in a predominantly white city* (*főleg fehérek* által lakott városban) **2 white (with sth)** sápadt: *to be white with shock/anger/fear* sápadt az ijedtségtől/dühtől/félelemtől • *She went **white as a sheet** (holtsápadt lett) when they told her.*

IDIOM black and white → BLACK¹

★**white²** /waɪt/ *noun* **1** [U] fehér: *She was dressed in white.* **2** [C, usually plural] fehér ember **3** [C,U] tojásfehérje **4** [C] szem fehérje

IDIOM in black and white → BLACK²

,white-'collar *adj.* (*ált. főnév előtt*) szellemi (*munka*), irodai (*dolgozó*) ⊃ Lásd blue-collar.

,white 'elephant *noun* [sing.] drága, de hasznavehetetlen dolog

the 'White House *noun* [sing.] **1** a Fehér Ház (*US*) **2** az amerikai elnök és tanácsadói

,white 'lie *noun* [C] füllentés, kegyes hazugság

whitewash¹ /'waɪtwɒʃ/ *noun* [U] **1** mész **2** [sing.] ködösítés

whitewash² /'waɪtwɒʃ/ *verb* [T] **1** (ki)-meszel **2** tisztára mos (*átv*)

,white-water 'rafting *noun* vadvízi evezés/tutajozás

whizz¹ (*főleg US* whiz) /wɪz/ *verb* [I] (*informális*) süvít: *The racing cars went whizzing by.*

whizz² (*főleg US* whiz) /wɪz/ *noun* [sing.] zseni: *She's a whizz at crosswords.* • *He's our new marketing* **whizz-kid** (csodagyerek).

★**who** /huː/ *pron.* **1** ki(k), ki(ke)t (*kérdésben*): *Who was on the phone?* **2** aki(k), aki(ke)t: *I like people who say what they think.* • *That's the man who (akivel) I met at Ann's party* • *The woman who I work for is very nice.*

> Az utóbbi két példában (ahol a **who** a mondat tárgya, ill. amikor elöljáróval használjuk) a **who** kihagyható: *That's the man I met at Ann's party.* • *The woman I work for is very nice.*

3 aki(k): *My mother, who's over 80, still drives a car.*

> Ebben a mondattípusban valakiről plusz információt közlünk, ami a főmondaton belül, két vessző között található. ⊃ Magyarázat a **whom** szónál.

who'd /huːd/ *short for* WHO HAD, WHO WOULD

whodunnit (*brit*) (*főleg US* whodunit) /ˌhuːˈdʌnɪt/ *noun* [C] (*informális*) krimi

★**whoever** /huːˈevə(r)/ *pron.* **1** bárki(t), aki(t) csak: *I want to speak to whoever is in charge.* **2** bárki, akárki: *I don't want to see anybody – whoever it is.* **3** ki a csoda: *Whoever could have done that?*

★**whole¹** /həʊl/ *adj.* **1** egész, teljes: *I drank a whole bottle of water.* • *Let's just forget **the whole thing**.* • *She wasn't telling me the **whole truth**.* **2** egyben: *Snakes swallow their prey whole* (egészben). **❶** Határozószó: **wholly**.

whole² /həʊl/ *noun* [sing.] **1** (az) egész: *Two halves make a whole* (egy egészet tesz ki). **2** the whole of sth vminek az egésze: *I spent the whole of the morning cooking.*

IDIOMS as a whole egészében véve: *This is true in Britain, but also in Europe as a whole.* | on the whole alapjában véve, nagyjából

wholefood /'həʊlfuːd/ *noun* [U] (**wholefoods**) [*plural*] bio-/tartósítószert nem tartalmazó élelmiszer

wholehearted /ˌhəʊlˈhɑːtɪd/ *adj.* szívből jövő: *to give sb your wholehearted* (teljes mértékű) *support*

▸ **wholeheartedly** *adv.* őszintén

wholemeal /'həʊlmiːl/ (also **wholewheat**) *adj.* teljes kiőrlésű, korpás lisztből készült: *wholemeal bread/flour*

wholesale /'həʊlseɪl/ *adv., adj.* (*a melléknév csak főnév előtt*) **1** nagykereskedelmi (*ár stb.*): *They get all their building materials wholesale.* • *wholesale goods/prices* ⊃ Lásd retail. **2** nagyszabású, tömeges (*pusztítás stb.*): *the wholesale slaughter of wildlife*

wholesome /'həʊlsəm/ *adj.* **1** egészséges: *simple wholesome food* **2** jótékony (hatású): *clean wholesome fun*

who'll /huːl/ *short for* WHO WILL

wholly /'həʊlli/ *adv.* teljes mértékben: *George is not wholly to blame for the situation.*

★**whom** /huːm/ *pron.* (*formális*) kit, kiket, kivel, kikkel: *Whom did you meet there?*

> A **whom** manapság ritkán használatos, helyette inkább a **who** áll. A

következő mondat: *He asked me with whom I had discussed it,* mindennapi nyelven így hangzik: *He asked me who I had discussed it with.* (Az elöljárószó a mondat végére kerül.)

whooping cough /'hu:pɪŋ kɒf/ *noun* [U] szamárköhögés

whoops /wʊps/ *interj.* hoppá

whoosh /wʊʃ/ *noun* [usually sing.] suhanás
▸ **whoosh** *verb* [I] (el)suhan

whopper /'wɒpə(r)/ *noun* (informális) **1** oltári nagy: *Pete has caught a whopper* (óriási halat). **2** oltári nagy hazugság: *She's told some whoppers about her past.*

who're /'hu:ə(r)/ *short for* WHO ARE

who's /hu:z/ *short for* WHO IS, WHO HAS

★ **whose** /hu:z/ *determiner, pron.* **1** ki(k)é, ki(k)nek a: *Whose car is that?* • *Whose is that car?* **2** aki(k)nek a, aki(k)é, ami(k)nek a, amely(ek)nek a: *That's the boy whose mother I met.* • *My neighbours, whose house is up for sale, are splitting up.*

> Amikor a **whose** után plusz információt adunk egy személyről/dologról, a mellékmondatot két vessző közé téve választjuk el a főmondattól.

who've /hu:v/ *short for* WHO HAVE

★ **why** /waɪ/ *adv.* **1** miért: *Why was she so late?* **2** (az) amiért: *The reason why I'm leaving you is obvious.* • *I'm tired and that's why* (ezért) *I'm in such a bad mood.*
IDIOMS **why ever** mi a csodának/fenének: *Why ever didn't you phone?* | **why not?** miért ne(m)?: *Why not phone her tonight?* • *'Shall we go out tonight?' 'Yes, why not?'*

wick /wɪk/ *noun* [C] kanóc

★ **wicked** /'wɪkɪd/ *adj.* **1** gonosz **2** (informális) csintalan: *a wicked sense of humour*
▸ **wickedly** *adv.* **1** gonoszul **2** pajkosan
wickedness *noun* [U] **1** gonoszság **2** pajkosság

★ **wide¹** /waɪd/ *adj.* **1** széles: *a wide river* • *The box was only 20 centimetres wide.* • *How wide is the river?* **❶** Ellentéte: **narrow**. Főnév: **width**. **❸** Magyarázat a **broad** szónál. **2** tág, széles: *You're the nicest person in the whole wide world* (az egész világon)! •

a **wide range/choice/variety** (széles választék) *of goods* • *a manager with wide* (széleskörű) *experience of industry* **3** tágranyílt: *The children's eyes were wide with excitement.* **4** mellé (talál): *His first serve was wide.*
▸ **widely** *adv.* széles körben: *Their opinions differ widely* (nagyon eltérőek). • *Steve travelled widely* (sokfelé) *in his youth.*

★ **wide²** /waɪd/ *adv.* szélesre: *Open your mouth wide* (nagyra). • *She was wide awake* (teljesen éber). • *The front door was wide open* (tárva-nyitva).

widen /'waɪdn/ *verb* [I,T] (ki)szélesedik, (ki)szélesít

wide-'ranging *adj.* széles körű, szerteágazó: *a wide-ranging discussion*

widespread /'waɪdspred/ *adj.* széles körben elterjedt, messzeható: *The storm has caused widespread damage.*

widow /'wɪdəʊ/ *noun* [C] özvegyasszony
▸ **widowed** /'wɪdəʊd/ *adj.* megözvegyült

widower /'wɪdəʊə(r)/ *noun* [C] özvegyember

★ **width** /wɪdθ/ *noun* **1** [C,U] szélesség: *The room is eight metres in width* (széles). **❶** Melléknév: **wide**. **2** [C] hossz (uszodában) **❸** Lásd **length**, **breadth**.

wield /wi:ld/ *verb* [T] **1** rendelkezik (hatalommal, befolyással): *She wields enormous power in the company.* **2** forgat (fegyvert)

wiener /'wi:nər/ (US) = FRANKFURTER

★ **wife** /waɪf/ *noun* [C] (plural **wives** /waɪvz/) feleség

wig /wɪg/ *noun* [C] paróka

wiggle /'wɪgl/ *verb* [I,T] (informális) ide-oda mozog/mozgat, csóvál: *You have to wiggle your hips in time to the music.*
▸ **wiggle** *noun* [C] ide-oda mozgás

wigwam /'wɪgwæm/ *noun* [C] indián sátor

★ **wild¹** /waɪld/ *adj.* **1** vad: *wild animals/flowers/strawberries* **2** megműveletlen: *the wild plains of Siberia* **3** féktelen, szertelen: *The crowd went wild with excitement* (őrjöngött az izgalomtól). • *They let their children run wild* (felügyelet nélkül kóborolni). **4** találomra történő: *She made a wild guess.* • *wild* (képtelen) *accusations/rumours* **5** (informális) **be wild (about**

---

sb/sth) odavan vmiért: *I'm not wild about their new house.* **6** viharos: *It was a wild night last night.*

▶ **wildly** *adv.* **1** vadul **2** őrülten
wildness *noun* [U] vadság, féktelenség

wild² /waɪld/ *noun* **1** (**the wild**) [*sing.*] vadon: *the thrill of seeing elephants in the wild* (vadon/a természetben) **2** (**the wilds**) [*plural*] ember nem járta vidék: *They live somewhere out in the wilds.*

wilderness /ˈwɪldənəs/ *noun* [C, usually sing.] **1** érintetlen táj, vadon/pusztaság: *The Antarctic is the world's last great wilderness.* **2** dzsungel (*átv*): *Their garden is a wilderness.*

wildlife /ˈwaɪldlaɪf/ *noun* [U] vadvilág

wilful (US also **willful**) /ˈwɪlfl/ *adj.* **1** szándékos: *wilful damage/neglect* **2** akaratos: *a wilful child*

▶ **wilfully** /-fəli/ *adv.* **1** szándékosan **2** önfejűen

★ **will¹** /wɪl/ *modal verb* (*short form* **'ll**; *negative* **will not**; *short form* **won't** /wəʊnt/) **1** (használatos a jövő idő képzésére): *He'll be here soon.* ● *I'm sure you'll pass your exam.* ● *I'll be sitting on the beach this time next week.* ● *Next Sunday, they'll have been in England for a year.* **2** (ajánlat, hajlandóság, képesség kifejezésére): *We need some more milk.' 'OK, I'll get it.'* **3** (tagadó alakban nem akarás, vmire való képtelenség kifejezésére): *Why won't you* (nem vagy hajlandó) *tell me where you were last night?* ● *My car won't* (nem akar) *start.* **4** (udvarias kérés kifejezésére): *Will you sit down, please?* **5** (parancs kifejezésére): *Will you all be quiet!* **6** (valószínűség kifejezésére): *That'll be the postman at the door.* ● *He'll have left work by now* (már bizonyára eljött a munkahelyéről), *I suppose.* **7** (csak állító mondatokban, bosszúság kifejezésére vkinek a szokásával kapcsolatban)

A **will** szót külön hangsúlyozni kell és nem lehet rövid alakban használni akkor, ha azt akarjuk kifejezni, hogy vkinek a viselkedése bosszantó számunkra: *He **will** keep interrupting me* (állandóan félbeszakít) *when I'm trying to work.* ➔ Lásd a *Rövid nyelvtani összefoglalást.*

★ **will²** /wɪl/ *noun* **1** [C,U] akarat(erő): *Both her children have got very strong wills.* ● *My father seems to have lost the will to live* (az életkedvét). **2** (**-willed**) (*összetett melléknevekben*) -akaratú: *a strong-willed/weak-willed person* **3** [*sing.*] kívánság: *I don't want to go against her will* (az akarata ellenére tenni). **4** [C] végrendelet: *You really ought to make a will* (végrendelkezned kellene). ● *Gran left us some money in her will.*

IDIOM of your own free will → FREE¹

will³ /wɪl/ *verb* [T] akaraterejével elér: *He willed himself* (kényszerítette magát) *to carry on to the end of the race.*

★ **willing** /ˈwɪlɪŋ/ *adj.* **1** willing (to do sth) (*főnév előtt nem állhat*) hajlandó: *She's perfectly willing to lend* (szívesen kölcsönadja) *me her car.* ● *I'm not willing to take any risks.* **2** készséges: *a willing helper/volunteer* ❶ Ellentéte: **unwilling**.

▶ **willingly** *adv.* készségesen
willingness *noun* [U, sing.] hajlandóság

willow /ˈwɪləʊ/ (also **'willow tree**) *noun* [C] fűzfa

'will power *noun* [U] akaraterő: *It takes a lot of will power to give up smoking.*

willy /ˈwɪli/ *noun* [C] (*plural* **willies**) (*informális*) fütyi

willy-nilly /ˌwɪli ˈnɪli/ *adv.* (*informális*) **1** felelőtlenül: *Don't spend your money willy-nilly.* **2** kénytelen-kelletlen

wilt /wɪlt/ *verb* [I] (el)kókad

wily /ˈwaɪli/ *adj.* agyafúrt ❶ Szinonimája: **cunning**.

wimp /wɪmp/ *noun* [C] (*informális*) pipogya fráter

▶ **wimpish** *adj.* puhány

★ **win** /wɪn/ *verb* (*pres. part.* **winning**; *pt, pp* **won** /wʌn/) **1** [I,T] (meg)nyer, győz: *to win a game/match/championship* ● *I never win at table tennis.* ● *to win an election* **2** [T] megszerez, (el)nyer: *Who won the gold medal?* **3** [T] elnyer, kiérdemel: *Her brilliant performance won her a great deal of praise* (nagy elismerést vívott ki). ● *to win support for a plan*

▶ **win** *noun* [C] győzelem, nyeremény: *We have had two wins and a draw.*
winning *adj.* nyerő: *The winning ticket is number 65.*

IDIOMS win/lose the toss → TOSS | you can't win (*informális*) reménytelen, nem tehetsz mindenki kedvére: *Whatever you do you will upset somebody. You can't win.*

PHRASAL VERB win sb over/round (to sth) megnyer magának: *They're against the proposal at the moment, but I'm sure we can win them over.*

wince /wɪns/ *verb* [I] megvonaglik az arca

winch /wɪntʃ/ *noun* [C] csörlő
▶ **winch** *verb* [T] csörlővel felemel: *The injured climber was winched up into a helicopter.*

★ **wind¹** /wɪnd/ *noun* **1** [C,U] szél: *There was a strong wind blowing.* • *A gust of wind* (egy hirtelen széllökés) *blew his hat off.* • *gale-force* (viharos erejű) /*strong/high winds* **2** [U] lélegzet: *She stopped running to get her wind back.* **3** [U] szél (*belekben*): *The baby cries when he has wind.* **4** [U] fúvós hangszerek

IDIOM get wind of sth megszimatol vmit

wind² /wɪnd/ *verb* [T] **1** kifullaszt: *The punch in the stomach winded her.* **2** büfiztet (*kisbabát*)

★ **wind³** /waɪnd/ *verb* (*pt, pp* wound /waʊnd/) **1** [I] kanyarog: *The path winds down the cliff to the sea.* **2** [T] csavar(gat) **3** [T] teker: *He wound the car window down.* • *Wind the tape on a bit to the next song.* • *to wind a clock/watch* felhúzza az órát

PHRASAL VERBS wind down kikapcsolódik ⊃ Lásd unwind. | wind up kiköt vhol (*átv*): *We got lost and wound up in a dangerous-looking part of town.* | wind sb up felhergel | wind sth up felszámol: *The company was losing money and was soon wound up.*

windfall /'wɪndfɔːl/ *noun* [C] talált pénz, váratlan nyereség

winding /'waɪndɪŋ/ *adj.* kanyargós: *a winding road*

'**wind instrument** *noun* [C] fúvós hangszer

windmill /'wɪndmɪl/ *noun* [C] szélmalom

★ **window** /'wɪndəʊ/ *noun* [C] **1** ablak: *a shop window* kirakat **2** ablak (*számítógép képernyőjén*) ⊃ Ábra az A10. oldalon. **3** szabad idő: *I'm busy all Tuesday morning, but I've got a window from 2 until 3* (2-től 3-ig ráérek).

windowpane /'wɪndəʊpem/ *noun* [C] ablaktábla

'**window-shopping** *noun* [U] kirakatok nézegetése

'**window sill** (also '**window ledge**) *noun* [C] ablakpárkány

windpipe /'wɪndpaɪp/ *noun* [C] légcső

windscreen /'wɪndskriːn/ (*US* windshield /'wɪndʃiːld/) *noun* [C] szélvédő

'**windscreen wiper** (also **wiper;** *US* '**windshield wiper**) *noun* [C] ablaktörlő (*autón*)

windsurf /'wɪndsɜːf/ *verb* [I] szörfözik ❶ Gyakoribb kifejezés go windsurfing: *Have you ever been windsurfing?*
▶ **windsurfing** *noun* [U] szörfözés

windsurfer /'wɪndsɜːfə(r)/ *noun* [C] **1** (also **sailboard**) szörfdeszka **2** szörföző

windswept /'wɪndswept/ *adj.* **1** szeles, szélfútta: *a windswept coastline* **2** borzas (*széltől*): *windswept hair*

windy /'wɪndi/ *adj.* (**windier; windiest**) szeles: *a windy day*

★ **wine** /waɪn/ *noun* [C,U] bor: *sweet/dry wine* • *red/white wine* • *German wines* ⊃ Ábra cup¹ alatt.

★ **wing** /wɪŋ/ *noun* **1** [C] szárny (*pl. madáré, repülőgépé*): *The chicken ran around flapping its wings.* **2** [C] (épület)szárny: *the maternity wing of the hospital* **3** (*US* fender) [C] sárhányó **4** [C, usually sing.] szárny (*politikai*): *the right wing* (jobboldal) *of the Conservative Party* ⊃ Lásd left-wing, right-wing. **5** [C] pálya széle (*pl. futballban*): *to play on the wing* szélsőt játszik **6** (also **winger**) [C] szélső (*pl. futballban*) **7** (**the wings**) [*plural*] a kulisszák

IDIOM take sb under your wing szárnyai alá vesz

wink /wɪŋk/ *verb* [I] wink (at sb) (rá)kacsint ⊃ Lásd blink.
▶ **wink** *noun* kacsintás: *He gave her a wink.* • *I didn't sleep a wink* (egy szemhunyás-(nyi)t sem).

IDIOM forty winks → FORTY

★ **winner** /'wɪnə(r)/ *noun* [C] **1** győztes, nyertes **2** (*informális*) nyert ügy: *I think your idea is a winner* (nyerő). **3** győztes gól: *Anelka scored the winner in the last minute.*

winning → WIN

★ **winter** /'wɪntə(r)/ *noun* [U,C] tél: *It snows a*

lot here in winter. • *a cold winter's day* • *We went skiing in France last winter.*
► **wintry** /'wɪntri/ *adj.* télies: *wintry weather*

winter 'sports *noun [plural]* téli sportok

wintertime /'wɪntətaɪm/ *noun [U]* tél(idő)

★ **wipe¹** /waɪp/ *verb [T]* **1** le-/megtöröl: *She wiped her eyes with a tissue.* **2 wipe sth from/off sth; wipe sth away/off/up** le-/feltöröl: *Wipe up the milk you spilled.* **3 wipe sth (off) (sth)** (le)töröl (*hangot, információt stb.*): *I accidentally wiped the tape.* • *I tried to wipe the memory from my mind.*

PHRASAL VERB **wipe sth out** elpusztít: *Whole villages were wiped out in the bombing raids.*

wipe² /waɪp/ *noun [C]* **1** törlés: *He gave the table a quick wipe.* **2** törlőkendő: *a box of baby wipes*

wiper /'waɪpə(r)/ (*also* **'windscreen wiper**) *noun [C]* ablaktörlő (*autón*)

★ **wire¹** /'waɪə(r)/ *noun [C,U]* **1** drót: *a piece of wire* • *a wire fence* **2** vezeték: *telephone wires*

wire² /'waɪə(r)/ *verb [T]* **1 wire sth (up) (to sth)** vezetéket beköt: *to wire a plug* • *The microphone was wired up to* (hozzákötötték) *a loudspeaker.* **2 wire sth (to sb); wire sb sth** táviratilag pénzt küld **3** összedrótoz

wiring /'waɪərɪŋ/ *noun [U]* a (villany)-vezetékek

wiry /'waɪəri/ *adj.* inas

wisdom /'wɪzdəm/ *noun [U]* bölcsesség: *I don't see the wisdom* (az értelmét) *of this plan.* ❶ Melléknév: **wise**.

'wisdom tooth *noun [C]* bölcsességfog ➔ Magyarázat a **tooth** szónál.

★ **wise** /waɪz/ *adj.* bölcs: *a wise choice*
► **wisely** *adv.* bölcsen

★ **wish¹** /wɪʃ/ *verb* **1** [T] **wish (that)** (*gyakran múlt idejű igével*) azt kívánja, hogy, bár(csak): *I wish I had listened more carefully.* • *I wish that I knew what was going to happen.* • *She wishes she was taller.* • *I wish I could help you.*

Formálisabb stílusban az **I** ill. **he/she** után a **were** szót használjuk **was**

helyett: *I wish I were rich.* • *She wishes she were in a different class.*

2 [*I*] **wish for sth** az a kívánsága/vágya, hogy: *She wished for her mother to get better.* **3** [*I*] (*formális*) **wish (to do sth)** szeretne (vmit tenni), óhajt: *I wish to make a complaint about one of the doctors.* **4** [T] kíván (*vmi jót*): *I rang him up to wish him a happy birthday.* • *We wish you all the best for your future career.*

★ **wish²** /wɪʃ/ *noun* **1** [C] kívánság, óhaj: *I have no wish* (nem kívánom) *to see her ever again.* • *Doctors should respect the patient's wishes.* • *to make a wish* kíván vmit • *My wish came true* (valóra vált). **2 (wishes)** [*plural*] jókívánságok: *Please give your parents my best wishes* (add át az üdvözletemet). • *Best wishes* Üdvözlettel ❶ A kifejezést levél végén használjuk.

wishful 'thinking *noun [U]* vágyálom ➔ Lásd **thinking**.

wisp /wɪsp/ *noun [C]* **1** egy-két hajszál **2** füstgomolyag
► **wispy** *adj.* **1** gyér **2** foszlányszerű

wistful /'wɪstfl/ *adj.* (*szomorkásan*) sóvárgó
► **wistfully** /-fəli/ *adv.* epekedőn

wit /wɪt/ *noun [U]* **1** szellemesség ❶ Melléknév: **witty**. **2** (-**witted**) (*összetett melléknevekben*) vmilyen észjárású: *quick-witted* • *slow-witted* **3** (*also* **wits** [*plural*]) intelligencia: *The game of chess is essentially a battle of wits* (szellemi párbaj).

IDIOMS **at your wits' end** nem tudja, mitévő legyen | **keep your wits about you** helyén van az esze

witch /wɪtʃ/ *noun [C]* boszorkány ➔ Lásd **wizard**.

witchcraft /'wɪtʃkrɑːft/ *noun [U]* boszorkányság

★ **with** /wɪð; wɪθ/ *prep.* **1** -val/-vel (*együtt*): *I live with my parents.* • *He is staying with a friend.* Egyik barátjánál lakik. • *We went there with a friend.* Egy barátunkkal mèntünk oda.* (= Legalább hárman voltunk.) • *Are you coming with us* (velünk) *?* **2** (*jelzős szerkezetekben*): *a girl with red hair* (vörös hajú) • *a house with a garden* (kertes) • *the man with the suitcase* (bőröndöt cipelő) **3** -val/-vel (*vmilyen eszközzel*): *Cut it with a*

knife. ● *I did it with his help.* **4** -val/-vel (*megtölt, beborít*): *Fill the bowl with water.* ● *His hands were covered with oil* (olajos). **5** -val/-vel (*ellen*): *He's always arguing with his brother.* ● *I usually play tennis with my sister.* **6** vkivel/vmivel kapcsolatban: *Is he angry with us* (ránk)? ● *There's a problem with my visa.* ● *Compared with Canada* (Kanadához képest), *England has mild winters.* **7** -val/-vel (*beleértve*): *The price is for two people with all meals.* **8** vmilyen módon: *Open this parcel with care* (óvatosan). ● *to greet sb with a smile* (mosolyogva) **9** -tól/-től (*vmi miatt*): *We were shivering with cold.* ● *With all the problems we've got* (mivel ennyi problémánk van), *we're not going to finish on time.* **10** -nál/-nél (*vki gondjaira bízva*): *We left the keys with the neighbours.* **11** -val/-vel (*egyetértésben*): *We've got everybody with us* (mindenki velünk van) *on this issue.* ❶ Ellentéte: **against**. **12** vmivel egyidőben: *I can't concentrate with you watching me all the time* (úgy, hogy állandóan nézel).
IDIOM **be with sb** követi (*vkinek a gondolatmenetét*): *I'm not quite with you.*

★ **withdraw** /wɪðˈdrɔː/ *verb* (*pt* **withdrew** /-ˈdruː/; *pp* **withdrawn** /-ˈdrɔːn/) **1** [*I,T*] **withdraw (sb/sth) (from sth)** ki-/visszavon(ul) **2** [*T*] visszavon (*pl. ajánlatot*) **3** [*T*] kivesz (*pénzt bankból*) ➔ Lásd **deposit**. **4** [*I*] visszalép: *Jackson withdrew from the race at the last minute.*

withdrawal /wɪðˈdrɔːəl/ *noun* **1** [*C,U*] kivonás **2** [*C*] pénzfelvétel, kivét: *to make a withdrawal* készpénzt felvesz **3** [*U*] elvonás: *When he gave up alcohol he suffered severe withdrawal symptoms* (elvonási tünetei voltak).

withdrawn /wɪðˈdrɔːn/ *adj.* visszahúzódó

wither /ˈwɪðə(r)/ *verb* **1** [*I,T*] **wither (sth) (away)** elhervad, elhervaszt: *The plants withered in the hot sun.* **2** [*I*] **wither (away)** elsorvad: *This type of industry will wither away in the years to come.*

withering /ˈwɪðərɪŋ/ *adj.* lesújtó: *a withering look*

withhold /wɪðˈhəʊld/ *verb* [*T*] (*pt, pp* **withheld** /-ˈheld/) (*formális*) **withhold sth (from sb/sth)** megtagad vmit vkinek, elhallgat vmit vki előtt: *to withhold information from the police*

★ **within** /wɪˈðɪn/ *prep., adv.* **1** (*időn*) belül: *I'll be back within an hour.* **2 within sth (of sth)** (*távolságon*) belül: *The house is within a kilometre of the station.* **3** (*határon*) belül: *Each department must keep within its budget.* **4** (*formális*) vkin/vmin belül: *The anger was still there deep within him* (mélyen benne).

★ **without** /wɪˈðaʊt/ *prep., adv.* **1** nélkül: *I drink my coffee without milk.* ● *He spoke without much enthusiasm.* ● *If there's no salt we'll have to manage without* (meg kell lennünk nélküle). **2** anélkül, hogy vmit csinálna, ill. csinált volna: *She left without saying goodbye.* ● *I used her phone without her knowing* (a tudta nélkül).

withstand /wɪðˈstænd/ *verb* [*T*] (*pt, pp* **withstood** /-ˈstʊd/) (*formális*) ellenáll, kibír: *These animals can withstand very high temperatures.*

★ **witness¹** /ˈwɪtnəs/ *noun* [*C*] **1** (also **eyewitness**) **a witness (to sth)** szemtanú **2** tanú: *a witness for the defence/prosecution*
IDIOM **bear witness (to sth)** → BEAR²

witness² /ˈwɪtnəs/ *verb* [*T*] **1** szemtanúja vminek **2** tanúként aláírásával igazol

witness box (*US* **'witness-stand**) *noun* [*C*] tanúk padja

witty /ˈwɪti/ *adj.* (**wittier; wittiest**) szellemes ❶ Főnév: **wit**.

wives *plural* of WIFE

wizard /ˈwɪzəd/ *noun* [*C*] varázsló ➔ Lásd **witch, magician**.

wk *abbr.* (**week** rövidítése) (*plural* **wks**) hét

wobble /ˈwɒbl/ *verb* [*I,T*] billeg(tet)
► **wobbly** /ˈwɒbli/ *adj.* billegő, lötyögő

woe /wəʊ/ *noun* (*formális*) **1** (**woes**) [*plural*] megpróbáltatások **2** [*U*] (*rég*) lelki fájdalom
IDIOM **woe betide sb** jaj annak, aki: *Woe betide anyone who yawns while the boss is talking.*

wok /wɒk/ *noun* [*C*] vok (*kínai serpenyő*) ➔ Ábra **pan** alatt.

woke *past tense* of WAKE¹

woken *past participle* of WAKE¹

wolf /wʊlf/ *noun* [*C*] (*plural* **wolves** /wʊlvz/) farkas

★ **woman** /ˈwʊmən/ *noun* [*C*] (*plural* **women** /ˈwɪmɪn/) **1** nő, asszony: *men, women and* children • *Would you prefer to see a woman doctor?* **2** (**-woman**) (*szóösszetételekben*) vmilyen foglalkozású nő/asszony: *a businesswoman*

womanhood /'wʊmənhʊd/ *noun* [U] asszonykor

womanly /'wʊmənli/ *adj.* női(es)

womb /wuːm/ *noun* [C] (anya)méh ❶ Formálisabb szó: **uterus**.

won *past tense, past participle* of WIN

★ **wonder**[1] /'wʌndə(r)/ *verb* **1** [I,T] szeretné tudni/kíváncsi, hogy; azon tűnődik, hogy: *I wonder* (vajon) *what the new teacher will be like.* • *I wonder if she's all right.* • *It was something that she had been wondering about for a long time.* **2** [T] udvarias kér(d)és bevezetése: *I wonder if you could* (szeretném megkérni, hogy) *help me.* • *I was wondering if you'd like to come to dinner at our house.* **3** [I,T] **wonder (at sth)** csodál(kozik): *We wondered at the speed with which he worked.* • *'She was very angry.' 'I don't wonder* (nem csodálom)*!'*

★ **wonder**[2] /'wʌndə(r)/ *noun* **1** [U] csodálkozás, ámulat: *The children just stared in wonder* (csodálkozva bámultak) *at the acrobats.* **2** [C] csoda: *the wonders of modern technology*

IDIOMS **do wonders (for sb/sth)** csodá(ka)t művel: *Working in Mexico did wonders for my Spanish.* | **it's a wonder (that)...** (tiszta) csoda, hogy: *It's a wonder we managed to get here on time, with all the traffic.* | **no wonder** nem csoda, hogy

★ **wonderful** /'wʌndəfl/ *adj.* csodá(lato)s
▸ **wonderfully** /-fəli/ *adv.* csodálatosan

won't *short for* WILL NOT

★ **wood** /wʊd/ *noun* **1** [U, C] fa(anyag): *Pine is a soft wood* (fafajta). **2** [C, often plural] (*gyakran tsz*) erdő: *a walk in the woods* ❶ A **wood(s)** kisebb mint a **forest**.

IDIOM **touch wood;** (US) **knock on wood** lekopogom: *I've been driving here for 20 years and I haven't had an accident yet – touch wood!*

wooded /'wʊdɪd/ *adj.* erdős

wooden /'wʊdn/ *adj.* fa-, fából készült

woodland /'wʊdlənd/ *noun* [C,U] erdős vidék: *woodland birds*

woodwind /'wʊdwɪnd/ *noun* [sing., with sing. or plural verb] fafúvósok

woodwork /'wʊdwɜːk/ *noun* [U] **1** faszerkezet **2** famunka

woof /wʊf/ *noun* [C] (*informális*) vau (*ugatás*)

★ **wool** /wʊl/ *noun* [U] gyapjú ➲ Lásd **cotton wool**.

woollen (US **woolen**) /'wʊlən/ *adj.* gyapjú-: *a warm woollen jumper*

woolly (US **wooly**) /'wʊli/ *adj.* gyapjú(szerű): *The dog had a thick woolly coat.* • *long woolly socks* ➲ Ábra **hat** alatt.

★ **word**[1] /wɜːd/ *noun* **1** [C] szó: *What's the Hungarian word for 'mouth'?* Hogy mondják magyarul azt, hogy „mouth"? • *What does this word mean?* **2** [C] rövid beszéd/beszélgetés: *Could I have a word* (beszélhetnék veled) *with you in private?* • *Don't say a word about this to anyone.* **3** [sing.] ígéret: *I give you my word* (szavamat adom) *that I won't tell anyone.* • *I'll keep my word* (megtartom az ígéretemet) *to her and lend her the money.* • *You'll just have to trust him not to go back on his word* (megszegni az ígéretét). • *to break your word* megszegi a szavát

IDIOMS **a dirty word** → DIRTY[1] | **have, etc. the last word** → LAST[1] | **in other words** → OTHER | **lost for words** → LOST[2] | **not breathe a word (of/about sth) (to sb)** → BREATHE | **not get a word in edgeways** alig tud szóhoz jutni | **put in a (good) word for sb** szól egy (jó) szót vki érdekében | **take sb's word for it** elhiszi vkinek | **word for word 1** szóról szóra: *Sharon repeated word for word what he had told her.* **2** szó szerint(i): *a word-for-word translation*

word[2] /wɜːd/ *verb* [T] (*gyakran szenvedő szerkezetben*) (meg)fogalmaz: *The statement was carefully worded.*

wording /'wɜːdɪŋ/ *noun* [sing.] (meg)szövegezés: *The wording of the contract was vague.*

word-'perfect *adj.* szerepet/leckét szó szerint tudó

wordpower /'wɜːdpaʊə(r)/ *noun* [U] kifejezőkészség, szókincs: *exercises to help you improve your wordpower*

word 'processor *noun* [C] szövegszerkesztő

---

❶ = magyarázat [C] megszámlálható (*főnév*): *one book, two books*

[U] megszámlálhatatlan (*főnév*): *some sugar*

▶ **word processing** noun [U] szövegszerkesztés

wore past tense of WEAR¹

★ **work¹** /wɜːk/ verb **1** [I,T] work (as sth) (for sb) ; work (at/on sth); work (to do sth) dolgozik: *Doctors often work extremely long hours.* • *She's working for a large firm in Glasgow.* • *I'm going to stay in tonight and work at my project.* • *The committee is working to get the prisoners freed.* **2** [T] (meg)dolgoztat: *The coach works the players very hard.* **3** [I,T] működik, működtet: *Our telephone isn't working.* • *Can you show me how to work the photocopier?* **4** [I] működik, beválik: *I don't think his idea will work.* • *The heat today could work in favour (kedvez) of the African runners.* **5** [I,T] (idővel) vmilyen állapotba kerül: *A nut has worked loose* (meglazult). • *I watched the snail work its way up* (felküzdötte magát) *the wall.* **6** [I,T] dolgozik (vmilyen anyaggal), megmunkál: *He worked (formálta) the clay into the shape of a horse.* • *She usually works in/with oils.*

IDIOMS work/perform miracles → MIRACLE | work/sweat your guts out → GUT¹ | work to rule → RULE¹

PHRASAL VERBS work out **1** jól alakul, beválik: *I hope things work out for you.* **2** testgyakorlatokat végez: *We work out to music.* | work out (at) kitesz, kijön (végeredményül): *If we divide the work between us it'll work out at about four hours each.* | work sb out megért vkit: *I've never been able to work her out.* | work sth out **1** rájön, megfejt: *I can't work out how to do this.* **2** kiszámol: *I worked out the total cost.* **3** kidolgoz: *Have you worked out the route through France?* | work sb/yourself up (into sth) felizgat(ja magát), belelovalja magát: *He had worked himself up into a state of anxiety about his interview.* | work sth up kifejleszt magában: *I'm trying to work up the energy* (energiát gyűjtök) *to go out.* | work up to sth (fokozatosan) közeledik/halad vmi felé, (végül) elér: *Gradually work up to 30 minutes' exercise.*

★ **work²** /wɜːk/ noun **1** [U] munka(hely): *It is very difficult to find work in this city.* • *He's been out of work* (munka nélkül) *for six months.* • *When do you start work?* • *I'll ask if I can leave work* (befejezhetem-e a munkát) *early today.* • *I go to work at 8*

o'clock. • *The people at work gave me some flowers for my birthday.* • *Police work is not as exciting as it looks on TV.* • *Students do work experience in local firms.*

> A **work** megszámlálhatatlan főnév. „Állás" értelemben gyakran a **job** szót használjuk: *I've found work at the hospital.* • *I've got a new job at the hospital.* Az **employment** jelentése szintén „állás", de formálisabb és hivatalosabb mint a **work** vagy **job**: *Many married women are in part-time employment.* Az **occupation** jelentése „foglalkozás", főleg kérdőíveken használják: *Occupation: student. Occupation: bus driver.* A **profession** diplomához és szakképesítéshez kötött „szellemi foglalkozás": *the medical profession.* A **trade** mesterséget jelent: *He's a carpenter by trade.*, a **vocation** pedig hivatást: *Teaching is not just a job – it's a vocation.*

2 [U] munka, feladat: *Her success is due to sheer hard work.* • *We hope to start work on (nekifogunk) the project next week.* • *a piece of written work* (írásbeli) dolgozat/feladat • *The teacher marked their work.* • *Is this all your own work?* **3** [C] mű, alkotás: *the complete works of Shakespeare* **4** (works) [plural] munkálatok: *roadworks* **5** (works) [C, with sing. or plural verb] (gyakran szóösszetételekben) művek: *The steelworks is/are closing down.* Bezár a vasmű.

IDIOM get/go/set to work (on sth) nekilát vminek

workable /'wɜːkəbl/ adj. megvalósítható, használható: *a workable plan/solution*

workaholic /ˌwɜːkə'hɒlɪk/ noun [C] munkamániás

workbook /'wɜːkbʊk/ noun [C] munkafüzet

★ **worker** /'wɜːkə(r)/ noun [C] **1** (gyakran szóösszetételekben) munkás, dolgozó: *factory/office/farm workers* • *skilled/manual (fizikai) workers* **2** vhogyan dolgozó ember: *a slow/fast worker*

workforce /'wɜːkfɔːs/ noun [C, with sing. or plural verb] **1** dolgozói állomány/létszám **2** munkaerő: *Ten per cent of the workforce is/are unemployed.*

[I] **tárgyatlan** (ige): *He laughed.*   [T] **tárgyas** (ige): *He ate an apple.*

★ **working** /ˈwɜːkɪŋ/ adj. (csak főnév előtt) **1** dolgozó: the problems of childcare for working mothers **2** munka-, munkás-: He stayed with the same company for the whole of his **working life** (aktív/munkával töltött éveiben). ● The company offers excellent working conditions. **3** gyakorlatban jól használható: We are looking for someone with **a working knowledge** of Hungarian.
IDIOM in working order → ORDER¹

workings /ˈwɜːkɪŋz/ noun [plural] működés: It's very difficult to understand the workings of the legal system.

workload /ˈwɜːkləʊd/ noun [C] munkahelyi terhelés, munkamennyiség: She often gets home late when she has a **heavy workload**.

workman /ˈwɜːkmən/ noun [C] (plural -men /-mən/) mesterember, iparos

workmanlike /ˈwɜːkmənlaɪk/ adj. szakszerű: The leading actor gave a workmanlike performance.

workmanship /ˈwɜːkmənʃɪp/ noun [U] szakmai tudás, kivitelezés

ₗ**work of ¹art** noun [C] (plural works of art) műalkotás ⊃ Lásd **art**.

workout /ˈwɜːkaʊt/ noun [C] torna, edzés: She does a twenty-minute workout every morning.

workplace /ˈwɜːkpleɪs/ noun [sing.] (gyakran **the workplace**) munkahely: the introduction of new technology into the workplace

worksheet /ˈwɜːkʃiːt/ noun [C] feladatlap

workshop /ˈwɜːkʃɒp/ noun [C] **1** műhely **2** (alkotó)műhely: a drama/writing workshop

worktop /ˈwɜːktɒp/ noun [C] (also ¹work surface) noun [C] munkafelület (konyhában)

★ **world** /wɜːld/ noun **1** (the world) [sing.] a világ, a föld: a map of the world ● the most beautiful place **in the world** ● to travel **round the world** világ körüli útra megy ● She is famous **all over the world** (az egész világon) **2** [sing.] világ (egy része): the western world ● the Arab world ● the Third World **3** [sing.] az élet: It's time you learned something about the real world! ● the modern world **4** [C] (gyakran szóösszetételekben) vminek a világa: the world of

sport/fashion/politics ● the medical/business/animal/natural world **5** [sing.] a világon mindenki: **The whole world** seemed to know the news before me! **6** [C] bolygó (melyen élet van): Do you believe there are other worlds out there, like ours?
IDIOMS do sb a/the world of good (informális) nagyon jót tesz vkinek: The holiday has done her the world of good. | in the world (a mondanivaló nyomatékosítására): He doesn't have a care in the world. Az égvilágon semmi gondja nincs. ● We've got all the time in the world (rengeteg időnk van). ● What in the world (mi a csudát) are you doing? | out of this world (informális) fantasztikusan jó: The meal was out of this world! | the outside world → OUTSIDE² | think the world of sb/sth → THINK

ₗ**world-¹famous** adj. világhírű

worldly /ˈwɜːldli/ adj. **1** (e)világi: He left all his worldly possessions to his nephew. **2** a világ dolgaiban jártas: a sophisticated and worldly man

ₗ**world ¹war** noun [C] világháború: the Second World War ● World War One

worldwide /ˈwɜːldwaɪd/ adj. világméretű: The situation has caused worldwide concern.
▶ **worldwide** adv. /ˌwɜːldˈwaɪd/ világszerte: The product will be marketed worldwide.

the ₗWorld Wide ¹Web (also the Web) noun [sing.] (abbr. **WWW**) (infor) világháló: web pages ● a website webhely/honlap ⊃ Lásd **the Internet**.

worm¹ /wɜːm/ noun [C] **1** féreg, kukac: an earthworm földigiliszta **2** (worms) [plural] giliszta(féreg) (betegség): He's got worms.

worm² /wɜːm/ verb [T] worm your way/yourself along, through, etc. (át)furakodik: I managed to worm my way through the crowd.
PHRASAL VERB worm your way/yourself into sth vkinek a bizalmába/kegyeibe férkőzik

worn past participle of WEAR¹

ₗ**worn ¹out** adj. **1** agyonhasznált, elnyűtt: worn-out shoes **2** kimerült, holtfáradt: I'm absolutely worn out. ⊃ Lásd **wear**.

★ **worried** /ˈwʌrid/ adj. worried (about sb/sth); worried (that...) gondterhelt, nyugtalan: *I'm worried sick* (halálra idegesítem magam) *about the exam.* • *We were worried stiff* (agyon izgultuk magunkat) *that you might have had an accident.*

★ **worry¹** /'wʌri/ *verb* (*pres. part.* **worrying**; *3rd pers. sing. pres.* **worries**; *pt, pp* **worried**) **1** [*I*] **worry (about sb/sth)** aggódik, nyugtalan(kodik): *There's nothing to worry about.* **2** [*T*] **worry sb/yourself (about sb/sth)** aggaszt, nyugtalanít, izgat: *What worries me is how are we going to get home?* • *She worried herself sick* (örökösen aggódott) *when he was away in the army.* **3** [*T*] **worry sb (with sth)** zaklat: *I'm sorry to worry you with my problems but I really do need some advice.*

IDIOM **not to worry** nem/semmi baj

★ **worry²** /'wʌri/ *noun* (*plural* **worries**) **1** [*U*] aggodalom: *His son has caused him a lot of worry recently.* **2** [*C*] gond: *Crime is a real worry for old people.* • *financial worries*
▶ **worrying** *adj.* aggasztó: *a worrying situation*

★ **worse** /wɜːs/ *adj., adv.* (*a* **bad** *ill.* **badly** középfoka) **1** rosszabb: *My exam results were far/much worse* (sokkal rosszabb) *than I thought they would be.* • *She speaks German even worse* (még rosszabbul) *than I do.* **2** (*főnév előtt nem állhat*) betegebb: *If you get any worse* (rosszabbul érzed magad), *we'll call the doctor.*
▶ **worse** *noun* [*U*] rosszabb (*dolog*): *There was worse to come.* A neheze még hátra volt.

IDIOMS **none the wiser/worse** → NONE² | **to make matters/things worse** mindennek a tetejébe | **the worse for wear** (*informális*) erősen viseltes: *This suitcase looks a bit the worse for wear.* | **worse luck!** (*beszélt nyelv*) sajnos: *The dentist says I need three fillings, worse luck!*

worsen /'wɜːsn/ *verb* [*I,T*] rosszabbodik, (el)ront

worship /'wɜːʃɪp/ *verb* (**worshipping**; **worshipped**; *US* **worshiping**; **worshiped**) **1** [*I,T*] imád(kozik), istentiszteleten vesz részt: *People travel from all over the world to worship at this shrine.* **2** [*T*] imád, rajong
▶ **worship** *noun* [*U*] istentisztelet, imádat: *Different religions have different forms of worship.*

worshipper *noun* [*C*] hívő

★ **worst¹** /wɜːst/ *adj., adv.* (*a* **bad** *ill.* **badly** felsőfoka) a legrosszabb(ul)

worst² /wɜːst/ *noun* [*sing.*] a legrosszabb (*dolog*): *My parents always expect the worst if I'm late.*

IDIOMS **at (the) worst** a legrosszabb esetben | **if the worst comes to the worst** ha a legrosszabbra kerül(ne) a sor

★ **worth¹** /wɜːθ/ *adj.* **1 be worth sth** ér vmennyit: *How much do you think that house is worth?* **2 be worth doing sth** megéri, érdemes: *That museum's well worth visiting.* • *The library closes in 5 minutes – it's not worth going in.*

> Kétféleképpen használhatjuk: *It isn't worth repairing the car,* vagy: *The car isn't worth repairing.* A **worth** szót mindig az ige -*ing* alakja követi, nem a főnévi igenév.

3 megéri, érdemes: *Don't bother cooking a big meal. It isn't worth it – we're not hungry.* • *It's worth the effort.*

IDIOMS **get your money's worth** → MONEY | **worth sb's while** megéri az időt/fáradságot

worth² /wɜːθ/ *noun* [*U*] **1** érték: *She has proved her worth* (bebizonyította, hogy milyen értékes) *as a member of the team.* **2** vmennyi értékű (*dolog*): *ten pounds' worth of petrol* **3** vmennyi időre elegendő (*dolog*): *two days' worth of food*

worthless /'wɜːθləs/ *adj.* **1** értéktelen **2** hitvány **⊃** Lásd **priceless, valuable, invaluable.**

worthwhile /ˌwɜːθ'waɪl/ *adj.* érdemes: *Working for so little money just isn't worthwhile* (nem éri meg).

★ **worthy** /'wɜːði/ *adj.* (**worthier**; **worthiest**) **1 worthy of sth/to do sth** méltó, érdemes: *He felt he was not worthy to accept such responsibility.* **❶** Ellentéte: **unworthy. 2** tiszteletreméltó, derék: *a worthy leader* • *a worthy cause* jó ügy

★ **would** /wəd/ *strong form* /wʊd/ *modal verb* (*short form* **'d**; *negative* **would not**; *short form* **wouldn't** /'wʊdnt/) **1** -na/-ne/-ná/-né: *He would be delighted if you went to see him.* • *She'd be stupid not to accept.* • *I would have done more* (többet tettem volna), *if I'd had the time.* **2** (*udvarias kérés kifejezése*): *Would you come this way,* please? **3** (*like* és *love* igével kívánság kifejezésére): **Would you like** (van/lenne kedved) *to come with us?* • *I'd love a piece of cake.* **4** (hajlandóság kifejezésére): *She just wouldn't do what I asked her.* **5** (jövő idő kifejezésére múlt idejű függő beszédben): *They said that they would help us* (majd segítenek nekünk). **6** (*wish* után): *I wish the sun would come out.* Bárcsak kisütne a nap. **7** (múltbeli szokásos cselekvés kifejezése): *When he was young he would often walk* (gyakran sétált) *in these woods.* **8** (rövid alakban nem használható; bosszankodás kifejezése vmi ismétlődő dolog miatt): *You would say that* (ez rád vall) - *you always support him.* **9** (vélemény kifejezésére) szerintem: *I'd say she's about 40.* ➔ Lásd a *Rövid nyelvtani összefoglalást.*

★ **wound¹** /wuːnd/ *noun* [C] (nyílt) seb: *a bullet wound*

IDIOM **rub salt into the wound/sb's wounds** → RUB

wound² /wuːnd/ *verb* [T] (ált. szenvedő szerkezetben) **1** megsebesít: *He was wounded in the leg* (megsebesült a lába) *during the war.* ➔ Magyarázat a **hurt** szónál. **2** (formális) megsért, megsebez (átv): *I was wounded by his criticism.*

► **wounded** /ˈwuːndɪd/ *adj.* sebesült
the wounded *noun* [plural] a sebesültek

wound³ past tense, past participle of WIND³

wove past tense of WEAVE

woven past participle of WEAVE

wow /waʊ/ *interj.* (informális) meglepetés, ámulat kifejezése: *Wow!* (Hű/hú!) *What a fantastic boat!*

WP *abbr.* (**word processor/processing** rövidítése) szövegszerkesztő/-szerkesztés

wrangle /ˈræŋgl/ *noun* [C] perlekedés: *The company is involved in a legal wrangle* (pereskedik) *over copyrights.*
► **wrangle** *verb* [I] perlekedik

★ **wrap** /ræp/ *verb* [T] (**wrapping; wrapped**) **1 wrap sth (up) (in sth)** (be)csomagol, (be)göngyöl: *to wrap up a present* **2 wrap sth round/around sb/sth** beburkol, bebugyolál: *The man had a bandage wrapped round his head.*

IDIOM **be wrapped up in sth** bele-/elmerül

vmibe(n): *They were completely wrapped up in each other.* Csak egymásnak éltek.
PHRASAL VERB **wrap (sb/yourself) up** melegen felöltözik/-öltöztet

wrapper /ˈræpə(r)/ *noun* [C] csomagolás, csomagolópapír: *a sweet/chocolate wrapper*

wrapping /ˈræpɪŋ/ *noun* [C,U] csomagolás: *Remove the wrapping before heating the pie.*

wrapping paper *noun* [U] csomagolópapír

wrath /rɒθ/ *noun* [U] (írott nyelv) düh

wreak /riːk/ *verb* [T] (formális) **wreak sth (on sb/sth)** kárt okoz: *Fierce storms wreak havoc* (nagy pusztítást visznek végbe) *at this time of year.*

wreath /riːθ/ *noun* [C] (plural **wreaths** /riːðz/) koszorú

wreck /rek/ *noun* **1** [C] (hajó/autó/repülőgép)roncs: *The car was a wreck but the lorry escaped almost without damage.* **2** [C, usually sing.] (informális) roncs: *He drove so badly I was a nervous wreck* (idegroncs lettem) *when we got there.*
► **wreck** *verb* [T] tönkretesz

wreckage /ˈrekɪdʒ/ *noun* [U] roncs: *Investigators searched the wreckage of the plane for evidence.*

wrench¹ /rentʃ/ *verb* [T] **1 wrench sb/sth (away, off, etc.)** kiránt, kicsavar: *They had to wrench the door off the car to get the driver out.* • (átv) *The film was so exciting that I could hardly wrench myself away* (alig tudtam elszakadni). **2** kificamít

wrench² /rentʃ/ *noun* **1** [C] rántás: *With a wrench I managed to open the door.* **2** [sing.] (szívtépő) fájdalom **3** [C] (US) = SPANNER ➔ Ábra **tool** alatt.

wrestle /ˈresl/ *verb* [I] **1 wrestle (with) sb** birkózik: *He managed to wrestle the man to the ground and take the knife from him.* **2 wrestle (with sth)** küszködik

wrestling /ˈreslɪŋ/ *noun* [U] birkózás: *a wrestling match*
► **wrestler** *noun* [C] birkózó

wretch /retʃ/ *noun* [C] (rég) szerencsétlen/nyomorult alak: *The poor wretch was clearly starving.*

wretched /ˈretʃɪd/ *adj.* **1** szerencsétlen, nyomorult **2** (informális) átkozott: *That* *wretched dog has chewed up my slippers again!*

wriggle /'rɪgl/ verb **1** [I,T] **wriggle (sth) (about /around)** ide-oda mozog/mozgat, izeg-mozog: *She wriggled her fingers about in the hot sand.* • *The baby was wriggling around* (ficánkolt) *on my lap.* **2** [I] kígyózik, vonaglik: *The worm wriggled back* (befúrta magát) *into the soil.*

PHRASAL VERB **wriggle out of sth/doing sth** (*informális*) kibújik vmi alól (*átv*): *It's your turn to wash up – you can't wriggle out of it* (nem úszod meg) *this time!*

wring /rɪŋ/ verb [T] (*pt, pp* **wrung** /rʌŋ/) **wring sth (out)** kicsavar, kifacsar (*pl. vizes ruhát*)

wrinkle¹ /'rɪŋkl/ noun [C] ránc, gyűrődés: *She's got fine wrinkles around her eyes.* • *Smooth out the wrinkles in the fabric.* ➲ Lásd **furrow**.
► **wrinkled** /'rɪŋkld/ adj. ráncos

wrinkle² /'rɪŋkl/ verb [I,T] **wrinkle (sth) (up)** (össze)ráncol(ódik): *She wrinkled her nose* (elfintorodott) *at the nasty smell.* • *My skirt had wrinkled up* (összegyűrődött) *on the journey.*

★ **wrist** /rɪst/ noun [C] csukló

wristwatch /'rɪstwɒtʃ/ noun [C] karóra

writ /rɪt/ noun [C] bírói végzés/idézés

★ **write** /raɪt/ verb (*pt* **wrote** /rəʊt/; *pp* **written** /'rɪtn/) **1** [I,T] (le)ír: *I can't write with this pen.* **2** [T] (meg)ír (*pl. könyvet, verset*), zenét szerez: *Jane Austen wrote 'Pride and Prejudice'.* • *Who wrote the music for that film?* **3** [I,T] **write (sth) (to sb); write (sb) sth** (levelet) ír: *I've written a letter to my son./I've written my son a letter.* • *I've written to him.* • *(US gyakrabban) I've written to him.* • *She wrote that they would be home soon.* **4** [T] **write sth (out) (for sb)** kitölt (*pl. űrlapot*): *I wrote out* (kiállítottam) *a cheque for £10.*

PHRASAL VERBS **write back (to sb)** válaszol (*írásban*) | **write sth down** leír | **write in (to sb/sth) (for sth)** levélben fordul vkihez | **write off/away (to sb/sth) (for sth)** írásban megrendel vmit | **write sb/sth off** (kudarcként) elkönyvel, lemond vkiről/vmiről: *Don't write him off yet. He could still win.* | **write sth off** leír (*veszteséget*) | **write sth out** ki-/lemásol | **write sth up** letisztáz: *to write up lecture notes*

¹**write-off** noun [C] totálkáros (*jármű*)

★ **writer** /'raɪtə(r)/ noun [C] író

writhe /raɪð/ verb [I] vonaglik, rángatózik: *She was writhing in pain.*

★ **writing** /'raɪtɪŋ/ noun [U] **1** (kéz)írás: *I can't read your writing.* **2** írás: *He had problems with his reading and writing at school.* **3** írás (*irodalmi műé*): *It's difficult to earn much money from writing.* **4** írás(mű): *Love is a common theme in his early writing.*
IDIOM **in writing** írásban: *I'll confirm the offer in writing.*

¹**writing paper** noun [U] levélpapír

written¹ *past participle of* WRITE

written² /'rɪtn/ adj. írott, írásbeli: *a written agreement*

★ **wrong¹** /rɒŋ/ adj., adv. **1** helytelen(ül), hibás(an), rossz(ul): *the wrong answer* • *I always pronounce that word wrong.* • *You've got the wrong number.* Téves (telefonhívás). **❶** Ellentéte: **right**. **2** **be wrong (about sth/sb)** téved, nincs igaza: *I think you're wrong about Nicola – she's not lazy.* **3** nem megfelelő(en): *That's the wrong way* (nem úgy kell) *to hold the bat.* • *I think she married the wrong man.* • *I think he's wrong for the job.* **4** (*főnév előtt nem állhat*) **wrong (with sb/sth)** baj: *You look upset. Is something wrong?* • *What's wrong* (mi a baj) *with the car this time?* • *She's got something wrong* (valami baj van) *with her leg.* **5** **wrong (to do sth)** helytelen(ül), rossz(ul): *It's wrong to tell lies.* Hazudni bűn. • *The man said that he had done nothing wrong.*

IDIOMS **get on the right/wrong side of sb** → SIDE¹ | **get sb wrong** (*informális*) félreért: *Don't get me wrong! I don't dislike him.* | **go wrong 1** hibát követ el: *I'm afraid we've gone wrong* (eltévedtünk). *We should have taken the other road.* **2** elromlik: *My computer's gone wrong and I've lost all my work.* | **get/start off on the right/wrong foot (with sb)** → FOOT¹ | **on the right/wrong track** → TRACK¹

wrong² /rɒŋ/ noun **1** [U] a rossz, a helytelen: *Children quickly learn the difference between right and wrong.* **2** [C] igazságtalanság: *A terrible wrong has been done.*
IDIOM **be in the wrong** téved, nincs igaza

wrong³ /rɒŋ/ verb [T] vét vki ellen,

igazságtalanul/méltatlanul bánik vkivel: *I wronged her when I said she was lying.*

wrongful /'rʊŋfl/ *adj.* (*formális, csak főnév előtt*) igazságtalan, jogtalan: *He sued the company for wrongful dismissal.*

wrongly /'rʊŋli/ *adv.* helytelenül, tévesen: *He was wrongly accused (ártatlanul vádolták) of stealing money.*

A **wrong** határozószót elsősorban beszédben használjuk, az ige ill. a tárgy után: *He's spelt my name wrong.* A

wrongly szó viszont főleg ige ill. múlt idejű melléknévi igenév előtt használatos: *My name's been wrongly spelt.*

wrote *past tense* of WRITE

wrung *past tense, past participle* of WRING

wry /raɪ/ *adj.* fanyar: *'Never mind,' she said with a wry grin. 'At least we got one vote.'*
▸ **wryly** *adv.* fanyarul

wt *abbr.* (**weight** *rövidítése*) súly: *net wt 500g*

WWW /ˌdʌblju: dʌblju: 'dʌblju:/ *abbr.* (*infor*) világháló

Xx

X, x /eks/ *noun* [C] (*plural* **X's; x's**) X/x betű

Az **X** jelet használják a tanárok annak jelzésére, hogy a válasz helytelen. Használjuk még egy olyan személy neve helyett, akit nem tudunk vagy nem akarunk megnevezni: *Mr and Mrs X.* Levél végén puszit jelképez: *Lots of love, Mary XX.*

xenophobia /ˌzenə'fəʊbiə/ *noun* [U] idegengyűlölet
▸ **xenophobic** *adj.* idegengyűlölő

Xerox™ /'zɪərɒks/ *noun* [C] **1** fénymáso-

ló(gép) **2** fénymásolat ➊ Szinonimája: **photocopy**.
▸ **xerox** *verb* [T] fénymásolatot készít

XL *abbr.* (**extra large (size)** *rövidítése*) XL, extra nagy méret

Xmas /'krɪsməs; 'eksməs/ *noun* [C,U] (*informális, a* **Christmas** *szó rövidített alakja írásban*) karácsony: *Happy Xmas*

X-ray *noun* [C] **1** [*usually plural*] röntgen **2** röntgenfelvétel ➜ Lásd **ray**.
▸ **X-ray** *verb* [T] (meg)röntgenez

xylophone /'zaɪləfəʊn/ *noun* [C] xilofon
➜ Magyarázat a **piano** szónál.

Yy

Y, y /waɪ/ *noun* [C] (*plural* **Y's; y's**) Y/y betű

yacht /jɒt/ *noun* [C] **1** vitorlás hajó/jacht **2** motoros jacht ➜ Lásd **dinghy**.

yachting /'jɒtɪŋ/ *noun* [U] (verseny)-vitorlázás, jachtozás

yachtsman /'jɒtsmən/ *noun* [C] (*plural* -**men** /-mən/) vitorlázó, jachtozó (*személy*)

yachtswoman /'jɒtswʊmən/ *noun* [C] (*plural* -**women** /-wɪmɪn/) női vitorlázó/jachtozó

yank /jæŋk/ *verb* [I,T] (*informális*) (meg)ránt: *She yanked at the door handle.*
▸ **yank** *noun* [C] hirtelen rántás

yap /jæp/ *verb* [I] (**yapping; yapped**) vakkant (*kis kutya*)

★ **yard** /jɑːd/ *noun* [C] **1** (*brit*) udvar: *a school/prison yard* ➜ Lásd **courtyard, churchyard**. **2** (*US*) = GARDEN¹(1) **3** (*ált. szóösszetételekben*) -telep: *a shipyard/boatyard ● a builder's yard*

➊ = magyarázat [C] megszámlálható (*főnév*): *one book, two books*

[U] megszámlálhatatlan (*főnév*): *some sugar*

A brit angolban a **garden** szót használják, ha fűvel, virágokkal beültetett területről van szó. A **yard** talaját beton vagy kő borítja. Az amerikai angolban mindkét esetben a **yard** szót használják.

4 (abbr. **yd**) 0,914 m.

yardstick /ˈjɑːdstɪk/ noun [C] mérték, mérce (átv)

yarn /jɑːn/ noun **1** [U] fonal **2** [C] (informális) hosszú meseszerű történet

★ **yawn** /jɔːn/ verb [I] ásít(ozik)
▸ **yawn** noun [C] ásítás

yd (plural **yds**) abbr. (**yard** rövidítése) yard (0,914 m)

yeah /jeə/ interj. (informális) aha, ja

★ **year** /jɜː(r); jɪə(r)/ noun **1** [C] év: last year/this year/next year • a calendar year • The population of the country will be 70 million by the year 2010. • a leap year szökőév • the New Year az év első napjai • In a year's time, you'll be old enough to vote. • the academic/school year • the tax/financial year **2** [C] (főleg brit) (iskolai, egyetemi) évfolyam: My son is in year ten now. • The first-years (elsőévesek) do French as a compulsory subject. • He was a year below me at school. **3** [C, usually plural] év (életkor): He's ten years old today. • a six-year-old daughter • The company is now in its fifth year.

Azt mondhatjuk He's ten. vagy He's ten years old., (de azt nem ~~He's ten years.~~, ~~He has ten years.~~ vagy ~~a ten-years-old boy~~). Magyarázat az **age** szónál.

4 (**years**) [plural] (hosszú) évek: It happened years ago.

IDIOMS **all year round** egész évben/évre | **donkey's years** → DONKEY | **take a year out** kivesz egy évet (egyetem vagy munkába állás előtt): I decided to take a year out of university to travel. | **year after year; year in year out** évről évre

yearbook /ˈjɪəbʊk/ noun [C] **1** évkönyv: The Artists' and Writers' Yearbook **2** (főleg US) (iskolai, egyetemi) évkönyv

★ **yearly** /ˈjɜːli; ˈjɪəli/ adj., adv. évente, évenként(i)

yearn /jɜːn/ verb [I] (írott nyelv) **yearn (for**

sb/sth); **yearn (to do sth)** vágyakozik/ sóvárog vmi után
▸ **yearning** noun [C,U] vágyakozás, sóvárgás

yeast /jiːst/ noun [U] élesztő

yell /jel/ verb [I,T] **yell (out) (sth); yell (sth) (at sb/sth)** kiabál, ordít: She yelled out his name.
▸ **yell** noun [C] kiáltás, kiabálás, ordít(oz)ás

★ **yellow** /ˈjeləʊ/ noun [C,U] adj. sárga: a pale/light yellow dress • a bright shade of yellow

yellow card noun [C] (futballban) sárga lap ➔ Lásd **red card**.

yellowish /ˈjeləʊɪʃ/ adj. (also **yellowy** /ˈjeləʊi/) sárgás

yellow line noun [C] (brit) várakozni tilos (jelzés az út mentén felfestve): double yellow lines megállni tilos (jelzés)

the Yellow Pages™ noun [plural] Arany Oldalak, szaknévsor (telefonkönyv)

yelp /jelp/ verb [I] vakkant, élesen felkiált (fájdalomtól)
▸ **yelp** noun [C] vakkantás, éles kiáltás (fájdalomtól)

★ **yes** /jes/ interj. **1** igen: 'Are you having a good time?' 'Yes, thank you.' • 'You're married, aren't you?' 'Yes, I am.' • 'May I sit here?' 'Yes, of course.' • 'More coffee?' 'Yes, please.' **2** Igen?, Tessék? (válasz megszólításra): 'Waiter!' 'Yes, madam?' **3** dehogynem: 'You don't care about anyone but yourself.' 'Yes, I do.' ❶ Ellentéte: **no**.
▸ **yes** noun [C] (plural **yeses** /ˈjesɪz/) igen(lő válasz): Was that a yes or a no?

★ **yesterday** /ˈjestədeɪ; ˈjestədi/ adv., noun [C,U] tegnap(i nap): yesterday morning/afternoon/evening • I posted the form **the day before yesterday** (tegnapelőtt). • Have you still got yesterday's paper (tegnapi újság)? • I spent the whole of yesterday (tegnap egész nap) walking round the shops.

★ **yet** /jet/ adv., conj. **1** (kérdő mondatban) már: Has it stopped raining yet? **2** (tagadó mondatban) még nem: I haven't seen that film yet.

Amerikai angolban ezt is mondják: I **didn't** see that film yet.

[I] **tárgyatlan** (ige): He laughed.   [T] **tárgyas** (ige): He ate an apple.

YHA 730

3 még *(a jövőben)*: She isn't that old – she'll live for years yet. **4** *(főleg a* **may** *vagy* **might** *segédigékkel)* egyszer még *(a jövőben)*: With a bit of luck, they may yet win. **5** *(felsőfokú melléknévvel)* (mind)eddig, mostanáig: This is her best film yet. **6** *(középfokú melléknévvel)* és mégis, (és) még (annál is) vmilyenebb: a recent and yet more improbable theory **7** mégis, de *(ennek ellenére)*: He seems pleasant, yet there's something about him I don't like. **IDIOMS** **as yet** mindeddig, egyelőre: As yet little is known about the disease. | **yet again** már megint, újra *(meglepetés, bosszúság)*: I found out that he had lied to me yet again. | **yet another** még egy, egy újabb: They're opening yet another fast food restaurant in the square. | **yet to do**, etc. még hátravan *(tennivaló)*: The final decision has yet to be made.

YHA /ˌwaɪ eɪtʃ ˈeɪ/ abbr. **(Youth Hostels Association** rövidítése, brit) Ifjúsági Turistaszállók Szövetsége

yield¹ /jiːld/ verb **1** [T] hoz, ad *(termést, eredményt stb.)*: How much wheat does each field yield? • Did the experiment yield any new information? **2** [I] *(formális)* **yield (to sb/sth)** enged vkinek/vminek, engedelmeskedik: The government refused to yield to the hostage takers' demands. **❶** Közvetlenebb kifejezés **give in**. **3** [T] **yield sb/sth (up) (to sb/sth)** átad, átenged *(hatalmat, irányítást, ellenőrzést stb.)*: The army has yielded power to the rebels. **4** [I] *(formális)* enged, meghajlik, törik *(anyag)*: The dam finally yielded under the weight of the water. **❶** Közvetlenebb kifejezés **give way**. **5** [I] *(US)* **yield (to sb/sth)** elsőbbséget ad *(járművel)*: You have to yield to traffic from the left here. **❶** A brit angolban a **give way** kifejezést használják. **PHRASAL VERB** **yield to sth** *(formális)* átadja helyét vmi újnak: Old-fashioned methods have yielded to new technology. **❶** Közvetlenebb kifejezés **give way**.

yield² /jiːld/ noun [C] hozam, termés(eredmény): Wheat yields were down 5% this year. • This investment has an annual yield of 12%.

yo /jəʊ/ interj. *(főleg US, szleng)* szia *(baráti üdvözlés találkozáskor)*

yob /jɒb/ noun [C] *(brit, szleng)* huligán, garázda **Ӛ** Lásd **lout**, **hooligan**.

yoga /ˈjəʊgə/ noun [U] jóga

yoghurt (also **yogurt**) /ˈjɒgət/ noun [C,U] joghurt

yoke /jəʊk/ noun **1** [C] járom, iga **2** [sing.] rabság, rabiga *(átv)*: the yoke of parental control

yolk /jəʊk/ noun [C,U] tojássárgája

yonks /jɒŋks/ noun [U] *(brit, informális, elavulóban)* ezer év(e) *(átv)*: I haven't been to the theatre for yonks.

Yorkshire pudding /ˌjɔːkʃə ˈpʊdɪŋ/ noun [U, C] *(brit étel)* kelt tészta, hagyományosan marhasülttel fogyasztják

★ **you** /jə; ju:/ pron. **1** te, maga, ön, ti, maguk, önök: You can play the guitar, can't you? • I've told you about this before. • Bring your photos with you. **2** *(megszólításban, főnévvel vagy melléknévvel)* te, ti: You idiot! What do you think you're doing? **3** az ember *(általában)*: The more you earn, the more tax you pay.

> Ugyanezt jelenti a **one** szó is, de kevésbé közvetlen és ma már elavulóban van: The more one earns, the more tax one pays.

you'd /juːd/ short for YOU HAD, YOU WOULD

you'll /juːl/ short for YOU WILL

★ **young¹** /jʌŋ/ adj. **(younger** /ˈjʌŋgə(r)/, **youngest** /ˈjʌŋgɪst/) fiatal: I'm a year younger than her. • They have two young children. Két kisgyerekük van. • my younger brothers az öcséim **❶** Ellentéte: **old**. **IDIOM** **young at heart** lélekben fiatal, fiatalos *(gondolkodású)*

young² /jʌŋ/ noun [plural] **1** kölyök, fióka, *(állat)* kicsinye **2** **(the young)** a fiatalok, a fiatalság

youngish /ˈjʌŋɪʃ/ adj. elég fiatal, fiatalos

youngster /ˈjʌŋstə(r)/ noun [C] *(informális)* fiatal ember *(csak lány(ok)ra ritkán használják)*

★ **your** /jə(r); jɔː(r)/ determiner **1** a(z) ...-(i)d, a(z) ...-tök/-(i)tek/-(i)tok, a(z) (ön/önök/maga/maguk) ...-(j)a(i)/-(j)e(i), a(z) ... -(j)uk/-(j)ük/-(i)k: What's your flat like? **2** az ember

MAGÁNHANGZÓK i: see | i any | ɪ sit | e ten | æ hat | ɑː arm | ɒ got | ɔː saw | ʊ put | uː too | u usual

...-(j)a/-(j)e: *When your life is as busy as mine, you have little time to relax.* **3** (*informális*) az a híres: *So this is your typical English pub, is it?* **4** (also **Your**) (*magas rangú személyek megszólítása*): *your Highness* Felséged • *Your Majesty*

you're /jɔː(r); jʊə(r)/ *short for* YOU ARE

★ **yours** /jɔːz/ *pron.* **1** a tie(i)d, a tie(i)tek, a magáé(i)/maguké(i), az öné(i)/önöké(i): *Is this bag yours or mine?* • *I was talking to a friend of yours* (egyik barátoddal) *the other day.* **2** (**Yours**) (*levél befejezéseként*) üdvözlettel: *Yours sincerely.../faithfully...* őszinte tisztelettel • *Yours...*

★ **yourself** /jɔːˈself; jəˈself/ *pron.* (*plural* **yourselves** /-ˈselvz/) **1** magadat, magatokat, (ön)magát, (ön)magukat: *Be careful or you'll hurt yourself.* • *Here's some money. Buy yourselves* (magatoknak) *a present.* • *You're always talking about yourself!* **2** (*nyomatékosítás*) (te) magad, (ti) magatok: *You yourself told me there was a problem last week.* • *Did you repair the car yourselves?* **3** te, maga, ön, ti, maguk, önök: *'How are you?' 'Fine, thanks. And yourself?'* **4** (a megszokott) önmaga, a régi: *You don't look yourself today.*

IDIOM (**all**) **by yourself/yourselves 1** egyedül: *Do you live by yourself?* ➔ Magya-

rázat az **alone** szónál. **2** önállóan, egymagad: *You can't cook dinner for ten people by yourself.*

★ **youth** /juːθ/ *noun* (*plural* **youths** /juːðz/) **1** [U] fiatalkor, fiatalság (*életszakasz*): *He was quite a good sportsman in his youth.* **2** [U] fiatal kor (*vki éveinek száma*) **3** [C] fiatal(ember): *a gang of youths* **4** (**the youth**) [U] a fiatalok, a fiatalság: *the youth of today* ➔ Lásd **age**, **old age**.

youthful /ˈjuːθfl/ *adj.* **1** fiatalos, fiatalokra jellemző: *youthful enthusiasm* **2** fiatalos (*a koránál fiatalabbnak tűnő*): *She's a youthful fifty-year-old.*

youth hostel *noun* [C] ifjúsági szálló, diákszálló (*turistáknak*)

you've /juːv/ *short for* YOU HAVE

Yo-Yo™ (also **'yo-yo**) *noun* [C] (*plural* **Yo-Yos**; **yo-yos**) jojó (*játék*)

yr (*plural* **yrs**) *abbr.* (**year** rövidítése) év(es)

yuck /jʌk/ *interj.* (*informális*) pfuj! (*undor kifejezése*)
  ► **yucky** *adj.* undorító

yummy /ˈjʌmi/ *adj.* (*informális*) finom, fincsi

yuppie (also **yuppy**) /ˈjʌpi/ *noun* [C] (*plural* **yuppies**) sikeres fiatal értelmiségi

---

Zz

Z, z /zed/ *noun* [C] (*plural* **Z's; z's**) Z/z betű

zany /ˈzeɪni/ *adj.* lökött (*mulatságos*)

zap /zæp/ *verb* (**zapping; zapped**) (*informális*) **1** [T] **zap sb/sth (with sth)** kinyír, eltrafál (*fegyverrel*): *It's a computer game where you have to zap aliens with a laser.* **2** [I] kapcsolgat (*egyik tv-csatornáról a másikra*)

zeal /ziːl/ *noun* [U] (*írott nyelv*) buzgóság, lelkesedés: *religious zeal*

zealous /ˈzeləs/ *adj.* buzgó, lelkes
  ► **zealously** *adv.* buzgón, lelkesen

zebra /ˈzebrə/ *noun* [C] (*plural* **zebra** or **zebras**) zebra

zebra 'crossing *noun* [C] (*brit*) zebra (*gyalogos-átkelőhely*) ➔ Lásd **pedestrian crossing**.

★ **zero** /ˈzɪərəʊ/ *noun* **1** [C] nulla ➔ Példák a **six** szónál. **2** [U] fagypont, nulla fok: *The temperature is likely to fall to five degrees below zero* (mínusz 5°-ra). **3** [U] nulla, semmi: *zero growth/inflation/profit*

A **o** számjegyet többféleképpen lehet az angolban kifejezni. A **zero** leggyakrabban tudományos és technikai szövegekben fordul elő. A **nil** szót leginkább a sportban (főleg a futballban) használják az eredményről beszélve. A **nought** szót akkor használják, ha egy hosszabb számban előforduló nulláról van szó: *A million is one followed by six noughts.* Az **o** /əʊ/ általában telefonszámokban, repülőgép-járatok számában stb. fordul elő.

¹zero hour *noun* [U] nulla óra (visszaszámláláskor): *It's five minutes to zero hour.*

zest /zest/ *noun* [U, sing.] zest (for sth) gyönyörűség, élvezet: *She has a great zest for life* (életöröm).

zigzag /ˈzɪɡzæɡ/ *noun* [C] *adj.* cikcakk(os): *a zigzag pattern/line*
▸ **zigzag** *verb* [I] (**zigzagging**; **zigzagged**) cikcakkban halad

zinc /zɪŋk/ *noun* [U] cink

★ **zip** /zɪp/ (*US* **zipper**) /ˈzɪpə/ *noun* [C] cipzár: *to do up/undo a zip*
▸ **zip** *verb* [T] (**zipping**; **zipped**) zip sth (up) becipzároz, cipzárt be-/felhúz: *There was so much in the bag that it was difficult to zip it up.* ❶ Ellentéte: **unzip**.

¹ZIP code (also **zip code**) (*US*) = POSTCODE

the zodiac /ˈzəʊdɪæk/ *noun* [sing.] állatöv, zodiákus: *Which sign (of the zodiac) are you?*

zone /zəʊn/ *noun* [C] övezet, zóna: *a war zone*

zoo /zuː/ *noun* [C] (*plural* **zoos**) állatkert

zoology /zəʊˈɒlədʒi; zuˈɒl-/ *noun* [U] állattan
▸ **zoological** /ˌzəʊəˈlɒdʒɪkl; ˌzuːəˈl-/ *adj.* állattani
zoologist /zəʊˈɒlədʒɪst; zuːˈɒl-/ *noun* [C] zoológus

zoom /zuːm/ *verb* [I] robog, száguld: *A motorbike zoomed past us.*
PHRASAL VERB **zoom in (on sb/sth)** (*fényképezőgép, filmkamera*) ráközelít: *The camera zoomed in on the actor's face.*

¹zoom lens *noun* [C] gumilencse, gumiobjektív

zucchini /zuˈkiːni/ (*plural* **zucchini** or **zucchinis**) (*főleg US*) = COURGETTE

Függelékek

Rövid nyelvtani összefoglalás

Tenses (showing regular verb forms) (Igeidők)

The Simple Tenses (Egyszerű igeidők)

FIGYELEM: Az **I, you, we** és **they** névmások mellett azonos igealakok állnak.
A **he, she** és **it** névmásokkal azonos igealakok állnak.

The present simple

I look	do I look?	I do not look (**don't look**)
he looks	does he look?	he does not look (**doesn't look**)

The simple past

I looked	did I look?	I did not look (**didn't look**)
he looked	did he look?	he did not look (**didn't look**)

The present perfect

I have looked (**I've looked**)	have I looked	I have not looked (**haven't looked**)
he has looked (**he's looked**)	has he looked?	he has not looked (**hasn't looked**)

The past perfect

I had looked (**I'd looked**)	had I looked?	I had not looked (**hadn't looked**)
he had looked (**he'd looked**)	had he looked?	he had not looked (**hadn't looked**)

The future simple

I will look (**I'll look**)	will I look?	I will not look (**won't look**)
he will look (**he'll look**)	will he look?	he will not look (**won't look**)

The future perfect

I will have looked (**I'll have looked**)	will I have looked?	I will not have looked (**won't have looked**)
he will have looked (**he'll have looked**)	will he have looked?	he will not have looked (**won't have looked**)

The conditional

I would look (**I'd look**)	would I look?	I would not look (**wouldn't look**)
he would look (**he'd look**)	would he look?	he would not look (**wouldn't look**)

The conditional perfect

I would have looked (**would've looked**)	would I have looked?	I would not have looked (**wouldn't have looked**)
he would have looked (**would've looked**)	would he have looked?	he would not have looked (**wouldn't have looked**)

Tenses (showing regular verb forms) (Igeidők)

The Continuous Tenses (Folyamatos igeidők)

FIGYELEM: A **continuous** igeidőket néha **progressive** igeidőknek nevezik.

The present continuous

I am looking (**I'm looking**)	am I looking?	I am not looking (**I'm not looking**)
you are looking (**you're looking**)	are you looking?	you are not looking (**aren't looking**)
he is looking (**he's looking**)	is he looking?	he is not looking (**isn't looking**)

The past continuous

I was looking	was I looking?	I was not looking (**wasn't looking**)
you were looking	were you looking?	you were not looking (**weren't looking**)
he was looking	was he looking?	he was not looking (**wasn't looking**)

The present perfect continuous

I have been looking	have I been looking?	I have not been looking (**haven't been looking**)
you have been looking	have you been looking?	you have not been looking (**haven't been looking**)
he has been looking	has he been looking?	he has not been looking (**hasn't been looking**)

The past perfect continuous

I had been looking	had I been looking?	I had not been looking (**hadn't been looking**)
he had been looking	had he been looking?	he had not been looking (**hadn't been looking**)

The future continuous

I will be looking (**I'd been looking**)	will I be looking?	I will not be looking (**won't be looking**)
he will be looking (**he'll be looking**)	will he be looking?	he will not be looking (**won't be looking**)

The future perfect continuous

I will have been looking (**I'll have been looking**)	will I have been looking?	I will not have been looking (**won't have been looking**)
he will have been looking (**he'll have been looking**)	will he have been looking?	he will not have been looking (**won't have been looking**)

The conditional continuous

I would be looking (**I'd be looking**)	would I be looking?	I would not be looking (**wouldn't be looking**)
he would be looking (**he'd be looking**)	would he be looking?	he would not be looking (**wouldn't be looking**)

The conditional perfect continuous

I would have been looking (**would've been looking**)	would I have been looking?	I would not have been looking (**wouldn't have been looking**)
he would have been looking (**would've been looking**)	would he have been looking?	he would not have been looking (**wouldn't have been looking**)

737

Verbs (Igék)

Az alábbi nyelvtani összefoglaló részben a „főnévi igenév" alatt az ige **to** nélküli szótári alakját értjük. A **present participle** az ige *–ing* végződéses alakja, a **past participle** pedig az ige 3. szótári alakja.

Talking about the present (Jelen)

A beszéddel egy időben zajló cselekvésre a **present continuous** igeidőt használjuk:
*We're just **having** breakfast.*
*What **are** you **reading**?*
*She's not **listening** to me.*

A **present continuous** igeidőt használjuk, ha a cselekvés még nem fejeződött be, még akkor is, ha a beszéd pillanatában nincs folyamatban:
*I'm **learning** Japanese.*
*She's **writing** a book about snails.*

Ha valami gyakran történik, és ez a beszélőt bosszantja, **present continuous** igeidőt használ az **always** szóval:
*He's always **asking** silly questions.*
*They're always **coming** round here to borrow something.*

Bizonyos igéket nem használunk **continuous** igeidőkben, pl. **need, want, know:**
*I **need** some new shoes.*
*He **wants** to go home.*
*Do you **know** Tania Smith?*
*They **love** Mexican food.*
*She **hates** her job.*

➔ Lásd még **promise, agree, seem, appear, understand, appreciate.** Ezek az igék nem cselekvést, hanem állapotot fejeznek ki.

Ha cselekvést fejeznek ki, egyes igéket **present continuous** igeidőben, ha állapotot, **present simple** igeidőben használunk:
*He's **tasting** the soup.*
*The soup **tastes** salty.*
*She's **being** difficult again.*
She's a difficult child.
*What **are** you **thinking** about?*
*Do you **think** I should leave?*

Ha olyasmiről beszélünk, ami mindig igaz, a **present simple** igeidőt használjuk:
*Whales **are** mammals.*
*Rice **doesn't grow** in this climate.*
*What temperature **does** water **boil** at?*
*He **lives** in Spain.*

A **present simple** igeidővel fejezzük ki a rendszeres vagy ismétlődő cselekvéseket is:
*She **leaves** for school at 8 o'clock.*
***Does** he **work** in a factory?*
*We **don't** often **go** out for a meal.*

Verbs (Igék)

Talking about the past (Múlt)

Past simple igeidőt használunk olyan cselekvések kifejezésére, amelyek a múltban befejeződtek:	*He **got** up, **paid** the bill, and **left**.* *I **didn't read** the letter, I just **gave** it to Lee.* *What **did** you **say**?*
Gyakran a pontos időpontot is megadjuk:	***Did** you **speak** to Amy yesterday?*
Ugyancsak a **past simple** igeidőt használjuk, ha a cselekvés a múltban huzamosabb ideig tartott, de mostanra már befejeződött:	*I **went** to school in Scotland.* ***Did** she really **work** there for ten years?* *He **didn't grow** up in Canada – he **went** there as an adult.*
A múltban gyakran végbement cselekvések kifejezésére:	*I often **played** tennis with her. She always **won**.* *They never **went** to the cinema when they **lived** in the country.*
Ha a cselekvés a múltban kezdődött és a jelenben is tart, a **present perfect** igeidőt használjuk:	*They **have lived** here for ten years, and they don't want to move.* *I**'ve worked** here since 1998.* *I**'ve known** Caroline for years.*
Szintén gyakran használunk **present perfect** igeidőt, ha a cselekvés időpontját nem említjük meg, illetve az nem fontos:	*He**'s written** a book.* *We**'ve bought** a new computer.*
Ha a cselekvés a múltban befejeződött ugyan, de hatása a jelenben is érezhető:	*He**'s lost** his calculator (and he still hasn't found it).*
A **since** és **for** elöljárókkal és a **present perfect** igeidővel azt fejezzük ki, hogy a cselekvés vagy állapot mennyi ideje tart:	*I **have known** about it since Christmas. How long **have** you **known**?* *She **hasn't bought** any new clothes for years.*
A brit angolban a **present perfect** gyakran használatos a **just, ever, already** és **yet** szavakkal:	*I**'ve** just **arrived**.* ***Have** you ever **been** here before?* *He**'s** already **packed** his suitcases.* ***Haven't** you **finished** yet?*
vagy a jelen pillanatig le nem zárult időszakban zajló esemény, cselekvés leírására:	*The train **has been** late three times this week.* *He still **hasn't visited** her.*

Verbs (Igék)

A **present perfect continuous** igeidőt használjuk az olyan cselekvés leírására, amely a múltban kezdődött és a jelenben is zajlik, vagy amely éppen most fejeződött be és a hatása még érzékelhető:

I**'ve been working** since eight o'clock – can I have a break now?
My hands are dirty because I**'ve been gardening**.
They **haven't been learning** English very long.

A **past continuous** igeidőt használjuk az olyan cselekvés leírására, amely már folyamatban volt, amikor egy másik cselekvés megtörtént:

It **was raining** when I left the house.
Was he **cooking** dinner when you got home?
I **wasn't wearing** a coat and I got very wet.

A **present continuous** igeidőhöz hasonlóan ez az igeidő sem használható állapotot kifejező igékkel:

The fresh bread **smelled** wonderful.
(nem ~~was smelling~~)

A **past perfect** igeidőt használjuk az olyan cselekvés leírására, amely egy másik múltbeli cselekvést megelőzően történt:

When I got to the station, the train **had left**.
I **had** never **met** Ed before he came to Bath.
They **had moved** into the flat three months before Joe lost his job.

A **past perfect continuous** igeidőt használjuk az olyan cselekvés leírására, amely egy másik múltbeli cselekvést vagy időpontot megelőzően egy bizonyos ideig folyamatban volt:

My hands were dirty because I **had been gardening**.
She **hadn't been working** at the shop very long when they sacked her.

Talking about the future (Jövő)

A **future** igeidőn kívül még számos módja van annak, hogy a jövőben végbemenő cselekvésről beszéljünk.

A **present continuous** igeidőt használjuk, ha az időpont megjelölésével a jövőre tervezett cselekvésről beszélünk:

He**'s flying** to Japan in August.
What **are** you **doing** this evening?
I**'m** not **starting** my new job'till next Monday.

A **be going to** + főnévi igenév szerkezetet használjuk, ha egy szándékunkban álló, de részletesen még ki nem dolgozott cselekvésről van szó:

I**'m going to phone** Michael tonight.
What **are** you **going to do** when you leave school?
I**'m** not **going to be** as strict with my children as my parents were with me.

Verbs (Igék)

Ha azonban a beszéd közben született elhatározásról beszélünk, a **will** + főnévi igenév szerkezetet használjuk:	I can't do this. **I'll ask** the teacher. **I'll take** the blue one. We**'ll have** the salad, please.
Ha olyasmiről beszélünk, amiről tudjuk vagy úgy gondoljuk, hogy meg fog történni (de nem a saját szándékunk vagy tervünk), akkor a **will** + főnévi igenév szerkezetet használjuk:	It **will be** 25° tomorrow. She**'ll be** in the office on Monday. **Will** he **pass** the exam, do you think? This job **won't take** long.
When, as soon as, before, until stb. után azonban a **present simple** igeidőt használjuk:	Ring me as soon as you **hear** any news. I'll look after Jo until you **get** back. You'll recognize the street when you **see** it.
Kérések, ígéretek, ajánlatok kifejezésére szintén a **will** + főnévi igenév szerkezetet használjuk:	**Will** you **buy** some bread on your way home? We**'ll be** back early, don't worry. I**'ll help** you with your maths.
A nagyon közeli jövőről beszélve használhatjuk az **about to** + főnévi igenév szerkezetet:	Go and ask him quickly. He**'s about to go** out.
Ha olyan cselekvésről van szó, amely a jövőben egy bizonyos ideig fog tartani, a **future continuous** igeidőt használjuk:	I**'ll be waiting** near the ticket office. I**'ll be wearing** a green hat. This time next week you**'ll be relaxing** in the sun!
Ha valakit terveiről, szándékairól kérdezünk, szintén a **will be** + -*ing* szerkezetet használjuk:	How many nights **will** you **be staying**? **Will** you **be flying** back or going by train?
Ha olyan cselekvésről van szó, ami egy bizonyos jövőbeli időpontig be fog fejeződni, a **future perfect** igeidőt használjuk:	I **will have finished** this work by 3 o'clock. They**'ll have lived** here for four years in May.
Hivatalosan megszervezett jövőbeli tervekről, pl. menetrendekről, műsorokról beszélve használhatjuk a **present simple** igeidőt:	We **leave** Palma at 10 and **arrive** in Luton at 12.30. School **starts** on 9 September.

Verbs (Igék)

Transitive and intransitive verbs (Tárgyas és tárgyatlan igék)

[*T*] A tárgyas igék (**transitive verbs**) jelölése ebben a szótárban [*T*]. Lásd az **include** igét:
He included four new names on the list.
Nem mondhatjuk: ~~He included.~~

[*I*] A tárgyatlan igék (**intransitive verbs**) jelölése ebben a szótárban [*I*]. Lásd az **arrive** igét:
We arrived very late at the hotel.
Nem mondhatjuk: ~~We arrived the hotel.~~

[*I, T*] Sok olyan ige van, amely tárgyas és tárgyatlan is lehet – jelölésük ebben a szótárban
[*I, T*]:

He spoke for two hours.   *Do you speak Japanese?*
This door only locks from the outside.   *Have you locked the door?*

Néhány igének két tárgya is lehet, egy közvetlen és egy közvetett tárgy (ez utóbbi a
magyarban a részeshatározónak felel meg). Lásd a **give** igét és az ott bemutatott
szerkezeteket: **give sb sth**, **give sth to sb**. Mondatban így használhatjuk:
He gave his mother the CDs. **vagy** *He gave the CDs to his mother.*

A két tárgy közül akármelyik vagy mindkettő lehet névmás:
He gave her the CDs.   *He gave them to her.*
He gave the CDs to her.   *He gave her them.*
He gave them to his mother.

Conditionals (Feltételes mód)

Az **if**-mondatok lehetőséget fejeznek ki. Három fő típusuk van:

1 *If I **write** my essay this afternoon, I **will have** time to go out tonight.*

Ha ma délután megírom a fogalmazást, este lesz időm elmenni szórakozni. (Még
délelőtt van, és valószínű, hogy meg fogom tenni – **if** után **present tense**, a
főmondatban **future tense**.)

2 *If I **wrote** my essay this afternoon, I **would have** time to go out tonight.*

Ha ma délután megírnám a fogalmazást, este lenne időm elmenni szórakozni. (Még
mindig délelőtt van, de kevésbé érzem valószínűnek, hogy meg fogom tenni – **if** után
simple past, a főmondatban **would** + főnévi igenév.)

3 *If I **had written** my essay this afternoon, I **would have had** time to go out tonight.*

Ha ma délután megírtam volna a fogalmazást, este lett volna időm elmenni
szórakozni. (Este van, nem írtam meg a fogalmazást, most már nem tudok elmenni
itthonról. – **if** után **past perfect**, a főmondatban **would have** + **past participle**.) Alább az
if-mondatok néhány további típusa következik, azt fejezik ki, hogy valami:

*If you **mix** blue and red, you **get** purple.*
   (Mindkét tagmondatban **present simple**.)
*If I **asked** her to come with us, she always **said** no.*
   (Mindkét tagmondatban **past simple**.)

Verbs (Igék):

Reported speech (Függő beszéd)

Egyenes beszédből függő beszéd

Ha valakinek a szavait a **said, asked** stb. idéző igék segítségével függő beszéddé alakítjuk, az igeidő rendszerint megváltozik:

'*I **don't know** whether Jane **wants** to come.*'	→ *He said he **didn't know** whether Jane **wanted** to come.*
*She **is thinking** of staying at home tomorrow.*'	→ *He said she **was thinking** of staying at home the following day.*
'***Have** you **booked** your ticket?*'	→ *She asked whether he **had booked** his ticket.*
'*I **finished** my exams yesterday.*'	→ *He said he **had finished** his exams the day before.*
'*I**'ll ring** from the station.*'	→ *He told me he **would ring** from the station.*

A **should, would, might, could, must** és **ought to** segédigék általában nem változnak meg:

'*We **might** go to the cinema.*'	→ *They said they **might** go to the cinema.*

Ha a főmondatban lévő idéző ige (**say, ask** stb.) **present** vagy **present perfect** igeidőben van, a mellékmondatban az igeidő általában nem változik:

'*I**'m going** home.*'	→ *Barry says he**'s going** home.*
	→ *Barry's just told me he**'s going** home.*

Függő kérések, parancsok

Ha kérést vagy parancsot tolmácsolunk, általában főnévi igeneves szerkezetet használunk:

'*Please will you do the dishes?*'	→ *She **asked** me **to do** the dishes.*
'*Don't touch the stove!*'	→ *She **told** the children **not to touch** the stove.*

Függő kérdések

Eldöntendő kérdések tolmácsolásakor csak az **if** vagy **whether** szót használjuk. Kiegészítendő kérdések átalakításakor a kérdőszó megmarad a mondatban:

'*Are you ready?*'	→ *She asked **if/whether I was ready**.*
'*When are you leaving?*'	→ *She asked me **when I was leaving**.*

A szórend a kijelentő mondatéval egyezik meg:

'*Did you see them?*'	→ *He asked me **if I had seen** them.*

Idéző igék

Az alábbiakban megadunk néhány mondatot függő beszédben, különböző idéző igékkel:

'*Will you come with me?*''*All right.*'	→ *She **agreed** to come with me.*
'*Sorry I didn't phone you.*'	→ *She **apologized** for not phoning me.*
'*Did you steal the money?*' '*Yes, I did.*'	→ *He **admitted** (to) stealing the money.*
	*He **admitted** that he'd stolen the money.*
'*Shall we take a break now*'	→ *He **suggested** taking a break.*
'*You should have a holiday.*'	→ *He **advised** me to have a holiday.*
'*I'm freezing!*'	→ *He **complained** that he was freezing.*

Verbs (Igék):

The passive (Szenvedő szerkezet)

Cselekvő szerkezetben az alany az a személy vagy dolog, aki/ami végrehajtja a cselekvést:
Masked thieves stole a valuable painting from the museum last night.

Ha ezt a szerkezetet szenvedővé alakítjuk át, a cselekvő mondat tárgya lesz a szenvedő mondat alanya:
A valuable painting was stolen from the museum last night.

A szenvedő szerkezetet akkor használjuk, amikor nem tudjuk, hogy ki hajtotta végre a cselekvést, vagy ez az információ nem fontos. Ez a szerkezet formális stílusban, pl. tudományos szövegekben gyakori:
The liquid was heated to 60° and then filtered.

Ha meg akarjuk nevezni, hogy ki végezte a cselekvést, a mondat végén **by** elöljáróval említjük meg:
*The painting was stolen **by masked thieves**.*

A szenvedő szerkezet használatának további oka az lehet, hogy az új információt a hangsúly kedvéért a mondat végére akarjuk hagyni:
The picture was painted by Constable.

A szenvedő szerkezetet a **to be** megfelelő alakjával és a főige **past participle** alakjával képezzük:
*The painting **is valued** by experts at 2 million dollars.*
*The theft **is being investigated** by the police.*
*Other museums **have been warned** to take extra care.*
*The painting **was kept** in a special room.*
*The lock **had been broken** and the cameras had been switched off.*
*This morning everything possible **was being done** to find the thieves.*
*Staff at the museum **will be questioned** tomorrow.*
*An international search is **to be started**.*
*The theft must **have been planned** with the help of someone inside the museum.*

Olyan ige is állhat szenvedő szerkezetben, amelynek tárgya és részeshatározója van:
An American millionaire gave the museum the painting.
→ *The museum **was given** the painting by an American millionaire.*
The director told the staff the news this morning.
→ *The staff **were told** the news this morning by the director.*

Modal verbs (Módbeli segédigék)

Képesség   can   could   be able to

Can he swim?
*My brother **could** swim when he was two.*
*I **couldn't** find my keys this morning.*
*I **could have** run faster, but I didn't want the others to get tired.*
*She **has** not **been able to** walk since the accident.*
*He **was able to** speak to Ann before she left.*
*Will people **be able to** live on the moon one day?*
A **could** és a **managed to** közötti különbségről lásd a **could** szónál található magyarázatot.

Verbs (Igék):

Modal verbs (Módbeli segédigék)

Lehetőség   could   may   might

Could/Might you have lost it on the way home?
She *may/might/could* be ill. I'll phone her.
I *may have/might have* left my purse in the shop.
Amy *might/may* know the answer.
I *might/may* not go if I'm tired.
He *might have* enjoyed the party if he'd gone.

Engedély   can   could   may   may not   must not

Can we come in?
You *can't* get up until you're better.
Could we possibly stay at your flat?
(írott nyelvben) Staff *may* take their break between 12 and 2.
(formális stílusban) *May* I sit here?
(írott nyelvben) Crockery *may not* be taken out of the canteen.
(formális stílusban) You *must not* begin until I tell you.

Kötelesség   ought to/should (javasolt)   have (got) to/must (erős)

I *ought to/should* go on a diet.
I *ought to have/should have* asked her first.
(írott nyelvben) All visitors *must* report to reception on arrival.
I *must* get that report finished today.
Do you *have to* write your name on the form?
She *had to* throw the burnt cake away.
You *will have to* wait, I'm afraid.

Tanács   ought to   should

Ought I to/Should I write and thank him?
She *ought to/should* go out more often.
You *ought to have/should have* gone to bed earlier.
You *shouldn't* borrow the car without asking.

Szükségesség hiánya   don't have to   shouldn't have   didn't need to   needn't have

You *don't have to* pick us up – we can take a taxi.
They *didn't have to* go through customs.
You *shouldn't have* bothered making lunch – we could have bought a sandwich.
He *didn't need to* have any fillings at the dentist's.
They *needn't have* waited.
A didn't need to és a needn't have kifejezések közötti különbségről lásd a need² szónál
található magyarázatot.

Kérés   can   could   will   would

Can you pass me the dictionary?   *Could* you help me with my translation?
Will you buy me an ice cream, Mum?   *Would* you type this letter for me, please?
A could és a would udvariasabb, mint a can és a will.

Felajánlás és javaslat   shall   will

Shall I do the washing-up?   *Shall* we go now?
I'll take you to the airport.

Nouns (Főnevek)

Countable and uncountable nouns
(Megszámlálható és megszámlálhatatlan főnevek)

[C]   A megszámlálható főnevek állhatnak egyes és többes számban is:
    a friend/two friends   *one book/five books*
    Ebben a szótárban jelölésük [C].

[U]   A megszámlálhatatlan főnevek nem állhatnak többes számban és **a/an** névelő után.
    Ebben a szótárban jelölésük [U].
    ➲ Lásd a következő címszavakat:
    rice, money, water, information, advice, valamint **furniture**.

    Azt mondhatjuk: *some rice*, de azt nem: ~~a rice~~ vagy ~~two rices~~.
    Az elvont főnevek, mint **importance, luck, happiness** általában megszámlálhatatlanok.

[C,U]   Néhány főnév megszámlálható és megszámlálhatatlan jelentésű is lehet. Ebben a
    szótárban jelölésük [C,U] vagy [U,C].
    ➲ Lásd a következő címszavakat: **cheese, coffee, paper**, valamint **friendship**.
    [U] *Have some cheese!*
    [C] *They sell a variety of cheeses.*
    [U] *I don't drink much coffee.*
    [C] *She ordered too many coffees.*
    [U] *I haven't got any more paper.*
    [C] *Can you buy me a paper?* (=a newspaper)
    [U] *Friendship is more important than wealth.*
    [C] *None of these were lasting friendships.*

[sing.]   Néhány főnév csak egyes számban állhat. Ebben a szótárban jelölésük [*sing*].
    ➲ Lásd a következő címszavakat: **aftermath, dearth, upshot, brink**, valamint **bearing**.
    Többes számban nem állhatnak, de névelőjük lehet (**a/an** vagy **the**):
    in the aftermath of the earthquake
    There was a dearth of fresh food.
    We are on the brink of disaster.
    I don't think your opinion has a bearing on this case.

[plural]   Más szavak csak többes számúak.
    ➲ Lásd a következő címszavakat: **jeans, sunglasses, scissors**.
    Ebben a szótárban jelölésük [*plural*].
    Nem mondhatjuk ~~a sunglasses~~.
    Ha egyes darabokról beszélünk, az **a pair** kifejezést kell használni:
    a pair of sunglasses   *two pairs of sunglasses.*
    Az olyan szavakat mint pl. **headphones, clothes** és **goods** csak többes számban lehet
    használni:
    I need to buy some new clothes.
    Az olyan főnevek, amelyek emberek csoportját jelentik, pl. **the poor**, többes
    számúaknak számítanak:
    The poor are getting poorer and the rich are getting richer.

Nouns (Főnevek)

Articles (Névelők)

The definite article (A határozott névelő)

A **the** határozott névelőt akkor használjuk, amikor arra számítunk, hogy hallgatóságunk tudja, kiről/miről van szó:

Thank you for the flowers (= amit hoztál).
The teacher said my essay was the best (= a mi tanárunk).

A **the** névelőt használjuk a folyók és szigetcsoportok neve előtt:

Which is longer, the Rhine or the Danube?   *Where are the Seychelles?*
Menorca is one of the Balearic Islands.

The indefinite article (A határozatlan névelő)

Az **a** (magánhangzók előtt **an**) határozatlan névelőt akkor használjuk, amikor a másik személy nem tudja, hogy kiről/miről van szó, vagy amikor nem egy bizonyos személyre ill. tárgyra utalunk:

He's got a new bike. (= Ezt még nem említettem eddig.)
Could you bring me a knife? (= Akármilyen kés megfelel.)

Akkor is az **a/an** névelőt használjuk, ha személyek vagy dolgok egy típusáról vagy kategóriájáról, pl. valakinek a foglalkozásáról van szó:

She's an accountant.

Az **a/an** névelőt használjuk, ha árakról, sebességről stb. beszélünk:

$100 a day   50 cents a pack   70 kilometres an hour   three times a week

Névelő nélkül

Nem használunk semmilyen névelőt, ha valamiről általánosságban beszélünk:

I love flowers (= minden virágot).   *Honey* (= mindenféle méz) *is sweet.*
Are nurses (= az ápolónőket általában) *well paid here?*

Nem használjuk a **the** névelőt a legtöbb ország, megye, grófság, állam, utca vagy tó neve előtt:

I'm going to Turkey.   *She's from Yorkshire.*   *They live in Iowa.*
a house in Walton Street   *Lake Louise*

vagy egy személy hivatalos címe előtt, ha utána a név is elhangzik:

President Kennedy de: *the President of the United States*

➲ További információk a névelők használatáról a következő címszavaknál találhatók: **school, university, college, hospital, prison, piano.**

The possessive with 's (Birtokos 's)

A birtokviszony kifejezésére a birtokos után **'s** végződést tehetünk. Leggyakrabban olyan főnevekkel használjuk, amelyek embereket, országokat vagy állatokat jelentenek.

Ann's job   *the children's clothes*   *the manager's secretary*
the dog's basket   *my brother's computer*   *Spain's beaches*

Ha a szónak már többes számú végződése van **s**, ez után csak az aposztrófot tesszük ki:

the boys' rooms   *the Smiths' house*

Nouns (Főnevek)

much, many, a lot, a little, a few

A **much** megszámlálhatatlan főnevekkel áll, rendszerint tagadó és kérdő mondatokban:	*I haven't got **much** money left.* *Did you watch **much** television?*

Állító mondatokban a **much** hivatalos stílusú:	*There will be **much** discussion before a decision is made.*

A **many** megszámlálható főnevekkel áll, rendszerint tagadó és kérdő mondatokban:	*There aren't **many** tourists here in December.* *Are there **many** opportunities for young people?*

Állító mondatokban a **many** hivatalosabb, mint az **a lot of**:	***Many** people prefer to stay at home*

Az **a lot of** vagy (közvetlen stílusban) **lots of** megszámlálható és megszámlálhatatlan főnevekkel egyaránt állhat:	*A **lot of** tourists visit the castle* *He's been here **lots of** times.* *I've spent **a lot of** money.* *You need **lots of** patience to make model aircraft.*

Az **a little** megszámlálhatatlan főnevekkel áll:	*Add **a little** vinegar.* (Tégy bele egy kevés ecetet.)

Az **a few** megszámlálható főnevekkel áll:	*I've got **a few** letters to write.* (Meg kell írnom néhány levelet.)

FIGYELEM! A fenti a mondatok pozitív jelentésűek. A **few** és **little** a határozatlan **a** névelő nélkül negatív jelentésű:
*****Few** people (kevés ember) have ever seen these animals in the wild.*
*There is now **little** hope (kevés remény) that they can win the championship.*

Adjectives (Melléknevek)

Comparatives and superlatives (Közép- és felsőfok)

Az alábbi szövegben számos közép- és felsőfokú melléknév van.
A melléknevek közép- és felsőfokának képzése:
*Temperatures yesterday were **highest** in the south-east. The **sunniest** place was Brighton, and the **wettest** was Glasgow. Tomorrow will be **cooler** than today, but in Scotland it will be a **drier** day. **Better** weather is expected for the weekend, but it will become **more changeable** again next week.*

Adjectives (Melléknevek)

Az egy szótagú melléknevek **-er** ill. **-est** végződést kapnak:

cool	cooler	coolest
high	higher	highest

Az **-e** betűre végződő melléknevek végződése csak **-r, -st**:

nice	nicer	nicest

Néhány melléknév utolsó betűje megkettőződik:

wet	wetter	wettest
big	bigger	biggest

A három vagy több szótagú mellékneveket a **more, most** szavak segítségével fokozzuk:

changeable	more changeable	most changeable
interesting	more interesting	most interesting

Néhány két szótagú melléknév úgy viselkedik, mint a **cool** szó, főleg azok, amelyek végződése **-er, -y** vagy **-ly**:

clever	cleverer	cleverest

A szóvégi **-y** i betűre változik:

sunny	sunnier	sunniest
friendly	friendlier	friendliest

Vannak olyan két szótagú melléknevek, amelyeket úgy fokozunk, mint az **interesting** szót:

harmful	more harmful	most harmful

Néhány melléknevet rendhagyó módon fokozunk:

good	better	best
bad	worse	worst

Melléknév – főnév szókapcsolatok

A legtöbb melléknév állhat az általa jelzett főnév előtt vagy az ige után:

I need a **new** bike.	This bike isn't **new**
It's an **interesting** book.	She said the film sounded **interesting**.

Vannak olyan melléknevek, amelyek nem állhatnak főnév előtt. Ennek a jelenségnek a leírására lásd az **asleep** címszót. Mondhatjuk, hogy:

Don't wake him – he's asleep, de azt nem, hogy: ~~an asleep child~~
Ⴢ Lásd az **afraid, alive, ashamed, certain** és **pleased** címszavakat.

Néhány melléknév csak főnév előtt állhat. Ennek a jelenségnek a leírására lásd a **chief** címszót. Mondhatjuk, hogy:

That was the chief disadvantage, de nem azt, hogy: ~~This disadvantage was chief.~~
Ⴢ Lásd a **downright, flagrant, former** és **main** címszavakat.

Az -ed és -ing szótagokra végződő melléknevek

Az **interested, bored, excited** stb. **-ed** képzésű melléknévi igenevek melléknévként érzelmeket fejeznek ki. Az **interesting, boring, exciting** stb. **-ing** alakok pedig ezen érzelmek okozóit, kiváltóit minősítik:

I was bored during the lesson.	The lesson was boring.

Relative clauses (Vonatkozói mellékmondatok)

Defining relative clauses (Szűkítő vonatkozói mellékmondatok)

Ezek a kifejezések meghatározzák azt a személyt vagy dolgot, akiről/amiről szó van:
> *Which of them is the boss?*   *The man **who came in late** is the boss.*

Fontos, hogy a szűkítő vonatkozói mellékmondat előtt nincs vessző. Ezekben a mellékmondatokban a **who, whom, that** és **which** vonatkozó névmásokat használjuk:

Ha az alany személy:
> *the man **who** came in late* vagy *the man **that** came in late*

Ha a tárgy személy:
> *the girl **that** I saw* vagy *the girl I saw* vagy *the girl **whom** I saw* (formális)

Ha az alany élettelen dolog:
> *the chair **that** is in the corner* vagy *the chair **which** is in the corner* (formális)

Ha a tárgy élettelen dolog:
> *the book **that** I'm reading* vagy *the book I'm reading* vagy
> *the book **which** I'm reading* (formális)

A **that, who** és **which** kihagyható, ha a mellékmondat állítmányának a tárgya.
A **whose** azt jelenti, hogy valami valakié, valakihez tartozik:
> *the woman **whose** car broke down*
> *the people **whose** house was burgled*

A **whose** névmást élettelen dologra nem szoktuk használni:
> *the chair ~~whose~~ leg is broken*

Természetesebben hangzik, ha így mondjuk:
> *the table with the broken leg*

Non-defining relative clauses
(Bővítő vonatkozói mellékmondatok)

Ezek olyan kiegészítő információt adnak valakiről vagy valamiről, amely elhagyható a mondat értelmének megváltozása nélkül. Ezt a kiegészítő, bővítő információt vesszőkkel választjuk el a főmondattól:
> *The film, which was shot in Mexico, has won an Oscar.*

A bővítő vonatkozói mellékmondatokban használható névmások: személyre **who**, élettelen dologra **which**, birtokosra **whose**:
> *My sister, who is a vegetarian, ordered a cheese salad.*
> *The tickets, which can be bought at the station, are valid for one day.*
> *Lucy, whose car had broken down, arrived by bus.*

Irregular verbs (Rendhagyó igék)

Az alábbi lista az igék főnévi igenevét, múlt idejű (**past tense**) és múlt idejű melléknévi igenévi (**past participle** – 3. alak) alakját tartalmazza. Ahol két alak van megadva, ott az adott címszónál lehet megnézni, hogy van-e köztük jelentéskülönbség.

Infinitive	Past tense	Past participle	Infinitive	Past tense	Past participle
(Főnévi igenév)	(Múlt idő)	(Múlt idejű melléknévi igenév)	(Főnévi igenév)	(Múlt idő)	(Múlt idejű melléknévi igenév)
arise	arose	arisen	dream	dreamt	dreamt
awake	awoke	awoken		/dremt/,	/dremt/,
be	was/were	been		dreamed	dreamed
bear	bore	borne		/driːmd/	/driːmd/
beat	beat	beaten	drink	drank	drunk
become	became	become	drive	drove	driven
befall	befell	befallen	dwell	dwelt,	dwelt,
begin	began	begun		dwelled	dwelled
bend	bent	bent	eat	ate	eaten
beset	beset	beset	fall	fell	fallen
bet	bet, betted	bet, betted	feed	fed	fed
bid	bid, bade	bid, bidden	feel	felt	felt
bind	bound	bound	fight	fought	fought
bite	bit	bitten	find	found	found
bleed	bled	bled	flee	fled	fled
blow	blew	blown, blowed	fling	flung	flung
break	broke	broken	fly	flew	flown
breed	bred	bred	forbid	forbade,	forbidden
bring	brought	brought		forbad	
broadcast	broadcast	broadcast	forecast	forecast,	forecast,
build	built	built		forecasted	forecasted
burn	burnt, burned	burnt, burned	foresee	foresaw	foreseen
burst	burst	burst	forget	forgot	forgotten
bust	bust, busted	bust, busted	forgive	forgave	forgiven
buy	bought	bought	forgo	forwent	forgone
cast	cast	cast	forsake	forsook	forsaken
catch	caught	caught	freeze	froze	frozen
choose	chose	chosen	get	got	got; (US) gotten
cling	clung	clung	give	gave	given
come	came	come	go	went	gone
cost	cost	cost	grind	ground	ground
creep	crept	crept	grow	grew	grown
cut	cut	cut	hang	hung,	hung,
deal	dealt /delt/	dealt /delt/		hanged	hanged
dig	dug	dug	have	had	had
dive	dived;	dived	hear	heard /hɜːd/	heard /hɜːd/
	(US) dove		hide	hid	hidden
do	did	done	hit	hit	hit
draw	drew	drawn	hold	held	held

Infinitive (Főnévi igenév)	Past tense (Múlt idő)	Past participle (Múlt idejű melléknévi igenév)	Infinitive (Főnévi igenév)	Past tense (Múlt idő)	Past participle (Múlt idejű melléknévi igenév)
hurt	hurt	hurt	oversleep	overslept	overslept
input	input, inputted	input, inputted	overtake	overtook	overtaken
keep	kept	kept	overthrow	overthrew	overthrown
kneel	knelt, (főleg US) kneeled	knelt, (főleg US) kneeled	pay	paid	paid
			prove	proved	proved, proven
			put	put	put
know	knew	known	quit	quit, quitted	quit, quitted
lay	laid	laid	read	read /red/	read /red/
lead	led	led	rebuild	rebuilt	rebuilt
lean	leant /lent/, leaned /li:nd/	leant /lent/, leaned /li:nd/	repay	repaid	repaid
			rethink	rethought	rethought
leap	leapt /lept/, leaped /li:pt/	leapt /lept/, leaped /li:pt/	rewind	rewound	rewound
			rewrite	rewrote	rewritten
learn	learnt, learned	learnt, learned	rid	rid	rid
			ride	rode	ridden
leave	left	left	ring	rang	rung
lend	lent	lent	rise	rose	risen
let	let	let	run	ran	run
lie	lay	lain	saw	sawed	sawn; (US) sawed
light	lighted, lit	lighted, lit	say	said	said
lose	lost	lost	see	saw	seen
make	made	made	seek	sought	sought
mean	meant /ment/	meant /ment/	sell	sold	sold
			send	sent	sent
meet	met	met	set	set	set
mislay	mislaid	mislaid	sew	sewed	sewn, sewed
mislead	misled	misled	shake	shook	shaken
misread	misread /,mɪs'red/	misread /,mɪs'red/	shear	sheared	shorn, sheared
			shed	shed	shed
misspell	misspelt, misspelled	misspelt, misspelled	shine	shone	shone
			shoe	shod	shod
mistake	mistook	mistaken	shoot	shot	shot
misunderstand	misunderstood	misunderstood	show	showed	shown, showed
mow	mowed	mown, mowed	shrink	shrank, shrunk	shrunk
outdo	outdid	outdone			
outgrow	outgrew	outgrown	shut	shut	shut
overcome	overcame	overcome	sing	sang	sung
overdo	overdid	overdone	sink	sank	sunk
overhang	overhung	overhung	sit	sat	sat
overhear	overheard /-'hɜːd/	overheard /-'hɜːd/	slay	slew	slain
			sleep	slept	slept
overpay	overpaid	overpaid	slide	slid	slid
override	overrode	overridden	sling	slung	slung
overrun	overran	overrun	slink	slunk	slunk
oversee	oversaw	overseen	slit	slit	slit

Infinitive (Főnévi igenév)	Past tense (Múlt idő)	Past participle (Múlt idejű melléknévi igenév)	Infinitive (Főnévi igenév)	Past tense (Múlt idő)	Past participle (Múlt idejű melléknévi igenév)
smell	smelt, smelled	smelt, smelled	take	took	taken
sow	sowed	sown, sowed	teach	taught	taught
speak	spoke	spoken	tear	tore	torn
speed	sped, speeded	sped, speeded	tell	told	told
spell	spelt, spelled	spelt, spelled	think	thought	thought
spend	spent	spent	thrive	thrived, throve	thrived
spill	spilt, spilled	spilt, spilled	throw	threw	thrown
spin	spun	spun	thrust	thrust	thrust
spit	spat, (US also) spit	spat, (US also) spit	tread	trod	trodden, trod
			undercut	undercut	undercut
split	split	split	undergo	underwent	undergone
spoil	spoilt, spoiled	spoilt, spoiled	underpay	underpaid	underpaid
spread	spread	spread	understand	understood	understood
spring	sprang	sprung	undertake	undertook	undertaken
stand	stood	stood	undo	undid	undone
steal	stole	stolen	unwind	unwound	unwound
stick	stuck	stuck	uphold	upheld	upheld
sting	stung	stung	upset	upset	upset
stink	stank, stunk	stunk	wake	woke	woken
stride	strode	stridden	wear	wore	worn
strike	struck	struck	weave	wove, weaved	woven, weaved
string	strung	strung	weep	wept	wept
strive	strove	striven	wet	wet, wetted	wet, wetted
swear	swore	sworn	win	won	won
sweep	swept	swept	wind	wound	wound
swell	swelled	swollen, swelled	withdraw	withdrew	withdrawn
			withhold	withheld	withheld
swim	swam	swum	withstand	withstood	withstood
swing	swung	swung	wring	wrung	wrung
			write	wrote	written

Képzők, képzőszerű elő- és utótagok

Az itt szereplő példák többségének fordítása megtalálható a szótárban.

Képzőszerű előtagok

a- nem: *atypical*

ante- elő-, előtti: *antenatal*

anti- ellen(es): *anti-American, antisocial*

auto- ön-: *autobiography*

bi- két-: *bicycle, bilingual, bimonthly* (kéthavonta, esetleg havonta kétszer)

cent-, centi- száz-, centi-: *centenary, centimetre*

circum- körül-: *circumnavigate* (körülhajóz)

co- együtt, -társ: *co-pilot, coexist, cooperation*

con- együtt: *context*

contra- ellen(t)-: *contradict*

counter- ellen-, -ellenes: *counter-revolution, counterproductive*

de- eltávolítás, vmilyen ellentét: *defrost, decentralize* (decentralizál)

deca- tíz-: *decathlon* (tízpróba)

deci- deci-: *decilitre*

dis- ellentéte: *displeasure, disembark, discomfort*

ex- volt, egykori: *ex-wife, ex-president*

extra- 1 extra-: *extra-thin, extra-special* **2** (-)kívüli: *extraordinary, extraterrestrial* (földön kívüli/-túli)

fore- 1 elő-, előre(-): *foreword* **2** elöl levő: *foreground, forehead*

hexa- hat-: *hexagon*

in-, il-, im-, ir- nem, -talan/-telen: *incorrect, invalid, illegal, illegible, immoral, impatient, impossible, irregular, irrelevant*

inter- -közi, közötti: *international, interracial*

kilo- kilo-: *kilogram, kilowatt*

maxi- maxi: *maximum*

mega- mega-, millió, hatalmas: *megabyte, megabucks* (temérdek pénz)

micro- mikro-, parányi: *microchip*

mid- közép-, közepén: *mid-afternoon, mid-air*

milli- milli-, ezred-: *millisecond, millimetre*

mini- mini-: *miniskirt, miniseries*

mis- helytelen, félre-, mellé-: *misbehave, miscalculate, misunderstand*

mono- egy-: *monolingual, monorail*

multi- multi-: *multinational*

non- nem: *non-alcoholic, nonsense, non-smoker, non-stop*

nona- kilenc-: *nonagon* (kilencszög), *nonagenarian* (kilencvenes éveiben lévő személy)

oct(o)- nyolc-: *octagon, octogenarian* (nyolcvanas éveiben lévő személy)

out- többet, túl-: *outdo, outrun* (jobban fut)

over- túl-, túlzott mértékben: *overeat, oversleep*

penta- öt-: *pentagon, pentathlon*

post- után(i): *post-war*

pre- elő-, előtti, előre: *prepay, preview*

pro- -barát, -párt(i): *pro-democracy, pro-hunting*

quad- négy-: *quadruple, quadruplet* (négyes iker)

re- újra-: *rewrite, rebuild*

semi- fél-: *semicircle, semi-conscious* (félig eszméleténél levő)

sept(a)- hét-: *septagon* (hétszög), *septuagenarian* (hetvenes éveiben lévő személy)

sub- 1 alá-, alatti: *sub-zero* **2** alatt: *subway, subtitles*

super- különlegesen, vmin túli: *superhuman, supersonic*

tele- táv-, tele-: *telecommunications, telephoto lens* (teleobjektív)

trans- át(-), keresztül: *transatlantic* (Atlanti-óceánon át/túli), *transcontinental* (transzkontinentális)

tri- három-: *triangle, tricycle*

ultra- ultra-, szélsőségesen: *ultra-modern*

un- nem, ellentét, eltávolítás: *uncertain, uncomfortable, unsure, undo, undress*

uni- egy-, uni-: *uniform* (adj.)

Képzők, képzőszerű utótagok

-able, -ible, -ble (mn képző) -ható/-hető:
acceptable, noticeable, convertible, divisible, irresistible

-age (fn képző) folyamat vagy állapot: *storage, shortage*

-al (mn képző) vmivel kapcsolatos, -i:
experimental, accidental, environmental

-ance, -ence, -ancy, -ency (fn képző) cselekvés, folyamat vagy állapot, -ás/-és, -ság/-ség:
appearance, performance, existence, intelligence, pregnancy, efficiency

-ant, -ent (fn képző) foglalkozás, szakma, -ó/-ő: *assistant, immigrant, student*

-ation (fn képző) állapot vagy cselekvés:
examination, imagination, organization

-ble → **-able**

-ed (mn képző) bizonyos állapot vagy minőség: *bored, patterned*

-ee (fn képző) akivel vmit tesznek: *employee, trainee*

-en (igeképző) vmilyenné tesz, -ít: *shorten, widen, blacken, sharpen, loosen* (Vigyázat!: *lengthen*)

-ence: → **-ance**

-ent: → **-ant**

-er (fn képző) foglalkozás, szakma, -ó/-ő, -ár:
rider, painter, banker, driver, teacher

-ese (fn/mn képző) nemzetiség/származás, nyelv: *Japanese, Chinese, Viennese*

-ess (fn képző) női foglalkozás/szakma:
waitress, actress

-ful (mn képző) vmivel teli: *helpful, useful, beautiful*

-hood (fn képző) **1** időszakos állapot: *childhood, motherhood* **2** csoport közös vonással: *sisterhood* (nők testvérisége), *neighbourhood*

-ian 1 (fn képző) foglalkozás, szakma: *historian, comedian, politician* **2** (fn/mn képző) nemzetiség, nyelv: *Hungarian, Ukrainian*

-ible: → **-able**

-ical (-y vagy –ics végű főnévből képzett mn) vmivel kapcsolatos: *economical, mathematical, physical*

-ify (igeképző) vmilyenné tesz, -ít: *beautify, simplify, purify*

-ing (mn képző) állapotot vagy hatást kiváltó: *interesting*

-ish 1 (fn/mn képző) nemzetiség, nyelv:
English, Swedish, Polish **2** (mn képző) mint vmi: *babyish, foolish* **3** (mn képző) meglehetősen, -féle, -szerű: *longish, youngish, brownish*

-ist (fn képző) **1** foglalkozás, szakma: *artist, scientist, economist* **2** vmiben hívő, vmilyen csoporthoz tartozó, -ista: *capitalist, pacifist, feminist*

-ion (fn képző) állapot vagy folyamat: *action, connection, exhibition*

-ive (mn képző) bizonyos tulajdonságú:
attractive, effective

-ize, -ise (igeképző) vmilyen állapotot hoz létre, -ít, -izál: *magnetize, standardize, modernize, generalize*

-less (mn képző) vmi nélküli, -t(a)lan/-t(e)len: *hopeless, friendless*

-like (mn képző) vmihez hasonló, -atag/-eteg: *childlike*

-ly (hat képző) -an/-en, -lag/-leg: *badly, beautifully, completely*

-ment (fn képző) állapot, tevékenység vagy minőség: *development, arrangement, excitement, achievement*

-ness (fn képző) állapot vagy minőség, -ság/-ség: *kindness, happiness, weakness*

-ology (fn képző) -(o)lógia, tudomány: *biology, psychology, zoology*

-or (fn képző) foglalkozás, szakma: *actor, conductor, sailor*

-ous (mn képző) bizonyos tulajdonságú:
dangerous, religious, ambitious

-ship (fn képző) -ság/-ség, státusz: *friendship, membership, citizenship*

-ward, -wards (hat képző) (-)felé, vmilyen irányban: *backward, upwards*

-wise (hat képző) vmilyen irányban/módon: *clockwise, edgewise*

-y (mn képző) minőség, -s/-as/-os/-es/-ös: *cloudy, rainy, fatty, thirsty*

Számokkal kapcsolatos kifejezések

Számok

1	one	1st	first
2	two	2nd	second
3	three	3rd	third
4	four	4th	fourth
5	five	5th	fifth
6	six	6th	sixth
7	seven	7th	seventh
8	eight	8th	eighth
9	nine	9th	ninth
10	ten	10th	tenth
11	eleven	11th	eleventh
12	twelve	12th	twelfth
13	thirteen	13th	thirteenth
14	fourteen	14th	fourteenth
15	fifteen	15th	fifteenth
16	sixteen	16th	sixteenth
17	seventeen	17th	seventeenth
18	eighteen	18th	eighteenth
19	nineteen	19th	nineteenth
20	twenty	20th	twentieth
21	twenty-one	21st	twenty-first
22	twenty-two	22nd	twenty-second
30	thirty	30th	thirtieth
40	forty	40th	fortieth
50	fifty	50th	fiftieth
60	sixty	60th	sixtieth
70	seventy	70th	seventieth
80	eighty	80th	eightieth
90	ninety	90th	ninetieth
100	a/one hundred*	100th	hundredth
101	a/one hundred and one*	101st	hundred and first
200	two hundred	200th	two hundredth
1000	a/one thousand*	1000th	thousandth
10 000	ten thousand	10 000th	ten thousandth
100 000	a/one hundred thousand*	100 000th	hundred thousandth
1 000 000	a/one million*	1 000 000th	millionth

Példák   697: six hundred and ninety-seven
3 402: three thousand, four hundred and two
80 534: eighty thousand, five hundred and thirty-four

* **One hundred, one thousand** stb. használatos **a hundred, a thousand** stb. helyett, ha hangsúlyozni akarjuk, hogy egy százról, egy ezerről, stb. van szó (nem két százról, két ezerről, stb.) A négy- és többjegyű számokat vesszővel vagy helykihagyással tagoljuk: **1,200** vagy **1 200**.

Telefonszámok

Számjegyenként mondjuk ki őket, gyakran kettes vagy hármas csoportokban, szünettel:

509236: five o nine – two three six

A 66: **six six** vagy **double six**:

02166: o two one - double six vagy *o two one – six six*

Távolsági hívásnál a körzetszámot (**area code**) kell használni a telefonszám előtt:

01865 is the code for Oxford.

Ha egy nagyvállalatnál hívunk valakit, kérhetjük a mellékállomás számát:

(01865) 556767 x 4840 (extension 4840)

Törtek és tizedes törtek

1/2	a half	1/3	a/one third
1/4	a quarter	2/5	two fifths
1/8	an/one eighth	7/12	seven twelfths
1/10	a/one tenth	1 1/2	one and a half
1/16	a/one sixteenth	2 3/8	two and three eighths

0.1	(nought) point one
0.25	(nought) point two five
0.33	(nought) point three three
1.75	one point seven five
3.976	three point nine seven six

Százalékok

90% of all households have a television.
Nine out of ten households have a television.
Nine tenths of all households have a television.

Matematikai kifejezések

+	plus	%	per cent
-	minus	3^2	three squared
×	times *vagy* multiplied by	5^3	five cubed
÷	divided by	6^{10}	six to the power of ten
=	equals		

Példák		
	7+6=13	*seven plus six equals/is thirteen*
	5×8=40	*five times eight equals forty*
	vagy	*five eights are forty*
	vagy	*five multiplied by eight is forty*

Hőmérséklet

Angliában a hőmérséklet mértékegysége Celsius fok (**degrees Celsius**), bár még sokan mérik Fahrenheitben (**Fahrenheit**). Amerikában **Fahrenheit** a mértékegység, kivéve a természettudományokban.

Fahrenheit fokot úgy számítunk át **Celsius** fokra, hogy a
számból kivonunk 32-t: **68°F** - 32
a maradékot megszorozzuk öttel: = 36 × 5
majd elosztjuk kilenccel: = 180 ÷ 9
     = **20°C**

Példák	
	Water freezes at 32°F and boils at 212°F.
	The maximum temperature this afternoon will be 15°, and the minimum tonight may reach −5° (minus five).
	She was running a temperature of 102° last night, and it's still above normal.

Súlymértékek

	Brit		Metrikus
	1 ounce (oz)	=	28.35 grams (g)
16 ounces =	1 pound (lb)	=	0.454 kilogram (kg)
14 pounds =	1 stone (st)	=	6.356 kilograms
112 pounds =	1 hundredweight (cwt)	=	50.8 kilograms
20 hundredweight =	1 ton (t)	=	1.016 tonnes

Példák	
	The baby weighed 8 lb 2 oz (eight pounds two ounces).
	For this recipe you need 750 g (seven hundred and fifty grams) of flour.

MEGJEGYZÉS: Amerikában 1 **hundredweight** (kb. félmázsa) egyenlő 100 fonttal és 1 tonna egyenlő 2 000 fonttal vagy 0,907 metrikus tonnával. Amerikában nem használják a **stone** mértékegységet, testsúlyukat fontban mérik: *He weighs 180 pounds.*

Hosszmértékek

	Brit		Metrikus
	1 inch (in.)	=	25.4 millimetres (mm)
12 inches =	1 foot (ft)	=	30.48 centimetres (cm)
3 feet =	1 yard (yd)	=	0.914 metre (m)
1 760 yards =	1 mile	=	1.609 kilometres (km)

Példák	
	300 dots per inch
	flying at 7 000 feet
	The speed limit is 30 mph (thirty miles per hour).
	The room is 11' x 9'6" (eleven feet by nine feet six vagy eleven foot by nine foot six).

Terület

	Brit		Metrikus
	1 square inch (sq in.)	=	6.452 square centimetres
144 square inches =	1 square foot (sq ft)	=	929.03 square centimetre
9 square feet =	1 square yard (sq yd)	=	0.836 square metre
4840 square yard =	1 acre	=	0.405 hectare
640 acres =	1 square mile	=	2.59 square kilometres
			vagy 259 hectares

Példák	
	an 80-acre country park
	160 000 square miles of the jungle have been destroyed.

Térfogat

	Brit		Metrikus
	1 cubic inch (cu in.)	=	16. 39 cubic centimetres (cc)
1 728 cubic inches =	1 cubic foot (cu ft)	=	0.028 cubic metre
27 cubic feet =	1 cubic yard	=	0.765 cubic metre

Példák   *a car with a 1500 cc engine*

Űrmértékek

	Brit	Amerikai	Metrikus
20 fluid ounces (fl oz) =	1 pint (pt)	= 1.201 pints	= 0.568 litre (l)
2 pints =	1 quart (qt)	= 1.201 quarts	= 1.136 litres
4 quarts =	1 gallon (gal.)	= 1.201 gallons	= 4.546 litres

Példák   *I drink a litre of water a day.*
a quart of orange juice

MEGJEGYZÉS: Brit angolban **a quart** ritka.

Idő/Óra

	Mindennapi nyelvben	Hivatalos nyelvben
06.00	six o'clock	(o) six hundred (hours)
06.05	five past six	(o) six o five
06.10	ten past six	(o) six ten
06.15	(a) quarter past six	(o) six fifteen
06.20	twenty past six	(o) six twenty
06.30	half past six	(o) six thirty
06.35	twenty-five to seven	(o) six thirty-five
06.40	twenty to seven	(o) six forty
06.45	(a) quarter to seven	(o) six forty-five
06.50	ten to seven	(o) six fifty
06.55	five to seven	(o) six fifty-five
10.12	twelve minutes past ten	ten twelve
13.10	ten past one	thirteen ten
19.56	four minutes to eight	nineteen fifty-six

Amerikai angolban gyakran az **after** szót használják a **past**, ill. az **of** szót a **to** helyett.

MEGJEGYZÉS: A 24 órás időmegadás csak a hivatalos nyelvben szokásos: *The next train is the 07.02 (o seven o two) to Marlow.* A mindennapi nyelvben mondhatjuk: *I left at seven in the morning/two in the afternoon/eight in the evening/eleven at night.*

Az **a.m.** rövidítés (éjféltől délig) és **p.m.** (déltől éjfélig) használatos hivatalosabb stílusban:
School starts at 9 a.m.

Dátum

A dátumot írhatjuk számmal vagy számmal és betűvel:
    15/4/01 (US 4/15/01)   *15 April 2001*   *April 15th, 2001* (főleg Amerikában)
Mondhatjuk: *April the fifteenth, two thousand and one* vagy
the fifteenth of April, two thousand and one
(Amerikai angolban: *April fifteenth, two thousand and one*)

Például   *She was born on 4 May (May the fourth/the fourth of May).*
My passport expires in 2009 (two thousand and nine).

Földrajzi nevek és térképek

Az alábbi lista földrajzi nevek és a belőlük képzett melléknevek helyesírását és kiejtését adja meg. Ha egy ország népét általában említjük, a **people** szót használjuk:

Moroccan people, French people, Israeli people, Japanese people

Ezt úgy is kifejezhetjük, hogy a melléknévi alakhoz az **–s** végződést tesszük:

Moroccans, Israelis

Ha a melléknév /s/, /z/ vagy /ʃ/ hangra végződik, a **the** névelőt használjuk, az **-s** végződés pedig elmarad:

the Swiss, the Chinese, the French

Ha egy országból származó néhány vagy bizonyos számú emberről beszélünk, a melléknévi alakhoz adjuk az -s végződést, ha az nem /s/, /z/ vagy /ʃ/ hangra végződik:

two Germans, some Pakistanis, a group of Japanese, a few Swiss

Néhány esetben külön főnév is használható bizonyos országokból származó emberekre, ezt a melléknévi alak mellett találjuk. Például: **Denmark: Danish, a Dane**:

two Danes, several Turks, a roomful of Dutchwomen

A listán szereplő helyek nem mindig jelentenek önálló országokat.

Hely	Melléknév/Főnév
Afghanistan /ˈæfɡænɪstɑːn/	Afghan /ˈæfɡæn/
Africa /ˈæfrɪkə/	African /ˈæfrɪkən/
Albania /ælˈbeɪniə/	Albanian /ælˈbeɪniən/
Algeria /ælˈdʒɪəriə/	Algerian /ælˈdʒɪəriən/
America /əˈmerɪkə/	→ (the) United States of America
Angola /æŋˈɡəʊlə/	Angolan /æŋˈɡəʊlən/
Antarctica /ænˈtɑːktɪkə/	Antarctic /ænˈtɑːktɪk/
(the) Arctic /ˈɑːktɪk/	Arctic /ˈɑːktɪk/
Argentina /ˌɑːdʒənˈtiːnə/	Argentine /ˈɑːdʒəntaɪn/, Argentinian /ˌɑːdʒənˈtɪniən/
Armenia /ɑːˈmiːniə/ (Örményország)	Armenian /ɑːˈmiːniən/
Asia /ˈeɪʃə, ˈeɪʒə/	Asian /ˈeɪʃn, ˈeɪʒn/
Australia /ɒˈstreɪliə/	Australian /ɒˈstreɪliən/
Austria /ˈɒstriə/	Austrian /ˈɒstriən/
Azerbaijan /ˌæzəbaɪˈdʒɑːn/	Azerbaijani /ˌæzəbaɪˈdʒɑːni/, an Azeri /əˈzeəri/
(the) Bahamas /bəˈhɑːməz/	Bahamian /bəˈheɪmiən/
Bahrain /bɑːˈreɪn/	Bahraini /bɑːˈreɪni/
Bangladesh /ˌbæŋɡləˈdeʃ/	Bangladeshi /ˌbæŋɡləˈdeʃi/
Barbados /bɑːˈbeɪdɒs/	Barbadian /bɑːˈbeɪdiən/
Bavaria /bəˈveəriə/ (Bajorország)	Bavarian /bəˈveəriən/

Hely	Melléknév/Főnév
Belarus /ˌbeləˈruːs/ (Fehéroroszország)	Belorussian /ˌbeləˈrʌʃn/
Belgium /ˈbeldʒəm/	Belgian /ˈbeldʒən/
Benin /beˈniːn/	Beninese /ˌbenɪˈniːz/
Bolivia /bəˈlɪviə/	Bolivian /bəˈlɪviən/
Bosnia-Herzegovina /ˌbɒzniə ˌhɜːtsəɡəˈviːnə/	Bosnian /ˈbɒzniən/
Botswana /bɒtˈswɑːnə/	Botswanan /bɒtˈswɑːnən/, egyén: Motswana /mɒtˈswɑːnə/, nép: Batswana /bætˈswɑːnə/
Brazil /brəˈzɪl/	Brazilian /brəˈzɪliən/
Brunei Darussalam /ˌbruːnaɪ dæˈruːsæləm/	Bruneian /bruːˈnaɪən/
Bulgaria /bʌlˈɡeəriə/	Bulgarian /bʌlˈɡeəriən/
Burkina /bɜːˈkiːnə/	Burkinese /ˌbɜːkɪˈniːz/
Burma /ˈbɜːmə/ (ma hivatalosan Myanmar)	Burmese /bɜːˈmiːz/
Burundi /bʊˈrʊndi/	Burundian /bʊˈrʊndiən/
Cambodia /kæmˈbəʊdiə/	Cambodian /kæmˈbəʊdiən/
Cameroon /ˌkæməˈruːn/	Cameroonian /ˌkæməˈruːniən/
Canada /ˈkænədə/	Canadian /kəˈneɪdiən/
(the) Central African Republic /ˌsentrəl ˌæfrɪkən rɪˈpʌblɪk/	Central African /ˌsentrəl ˈæfrɪkən/

Hely	Melléknév/Főnév
Cape Verde /ˌkeɪp ˈvɜːd/	Cape Verdean /ˌkeɪp ˈvɜːdiən/
Chad /tʃæd/	Chadian /ˈtʃædiən/
Chile /ˈtʃɪli/	Chilean /ˈtʃɪliən/
China /ˈtʃaɪnə/ (Kína)	Chinese /ˌtʃaɪˈniːz/
Colombia /kəˈlɒmbiə/	Colombian /kəˈlɒmbiən/
Congo /ˈkɒŋɡəʊ/	Congolese /ˌkɒŋɡəˈliːz/
Costa Rica /ˌkɒstə ˈriːkə/	Costa Rican /ˌkɒstə ˈriːkən/
Côte d'Ivoire /ˌkəʊt diːˈvwɑː/ (Elefántcsontpart)	Ivorian /aɪˈvɔːriən/
Croatia /krəʊˈeɪʃə/ (Horvátország)	Croatian /krəʊˈeɪʃən/
Cuba /ˈkjuːbə/	Cuban /ˈkjuːbən/
Cyprus /ˈsaɪprəs/	Cypriot /ˈsɪpriət/
(the) Czech Republic /ˌtʃek rɪˈpʌblɪk/	Czech /tʃek/
(the) Democratic Republic of the Congo /deməˈkrætɪk rɪˌpʌblɪk əv ðə ˈkɒŋɡəʊ/	Congolese /ˌkɒŋɡəˈliːz/
Denmark /ˈdenmɑːk/	Danish /ˈdeɪnɪʃ/, a Dane /deɪn/
Djibouti /dʒɪˈbuːti/	Djiboutian /dʒɪˈbuːtiən/
(the) Dominican Republic /dəˈmɪnɪkən rɪˈpʌblɪk/	Dominican /dəˈmɪnɪkən/
East Timor /ˌiːst ˈtiːmɔː(r)/	East Timorese /ˌiːst tɪməˈriːz/
Ecuador /ˈekwədɔː(r)/	Ecuadorian /ˌekwəˈdɔːriən/
Egypt /ˈiːdʒɪpt/	Egyptian /iˈdʒɪpʃn/
El Salvador /el ˈsælvədɔː(r)/	Salvadorean /ˌsælvəˈdɔːriən/
England /ˈɪŋɡlənd/	English /ˈɪŋɡlɪʃ/, an Englishman /ˈɪŋɡlɪʃmən/, an Englishwoman /ˈɪŋɡlɪʃwʊmən/
Eritrea /ˌerɪˈtreɪə/	Eritrean /ˌerɪˈtreɪən/
Estonia /eˈstəʊniə/ (Észtország)	Estonian /eˈstəʊniən/
Ethiopia /ˌiːθiˈəʊpiə/	Ethiopian /ˌiːθiˈəʊpiən/
Europe /ˈjʊərəp/	European /ˌjʊərəˈpiːən/
Fiji /ˈfiːdʒiː/ (Fidzsi-szigetek)	Fijian /fɪˈdʒiːən/
Finland /ˈfɪnlənd/	Finnish /ˈfɪnɪʃ/, a Finn /fɪn/
France /frɑːns/	French /frentʃ/, a Frenchman /ˈfrentʃmən/, a Frenchwoman /ˈfrentʃwʊmən/
(the) Former Yugoslav Republic of Macedonia (Macedónia) /(ðə) ˌfɔːmə juːɡəʊslɑːv rɪˌpʌblɪk əv mæsəˈdəʊniə/	Macedonian /ˌmæsəˈdəʊniən/
Gabon /ˈɡæbɒn/	Gabonese /ˌɡæbəˈniːz/
(the) Gambia /ˈɡæmbiə/	Gambian /ˈɡæmbiən/
Georgia /ˈdʒɔːdʒə/ (Grúzia)	Georgian /ˈdʒɔːdʒən/
Germany /ˈdʒɜːməni/	German /ˈdʒɜːmən/
Ghana /ˈɡɑːnə/	Ghanaian /ɡɑːˈneɪən/
Great Britain /ˌɡreɪt ˈbrɪtn/	British /ˈbrɪtɪʃ/, a Briton /ˈbrɪtn/
Greece /griːs/ (Görögország)	Greek /griːk/
Grenada /ɡrəˈneɪdə/	Grenadian /ɡrəˈneɪdiən/
Guatemala /ˌɡwɑːtəˈmɑːlə/	Guatemalan /ˌɡwɑːtəˈmɑːlən/
Guinea /ˈɡɪni/	Guinean /ˈɡɪniən/
Guyana /ɡaɪˈænə/	Guyanese /ˌɡaɪəˈniːz/
Haiti /ˈheɪti/	Haitian /ˈheɪʃn/
Holland /ˈhɒlənd/	→ (the) Netherlands
Honduras /hɒnˈdjʊərəs/	Honduran /hɒnˈdjʊərən/
Hungary /ˈhʌŋɡəri/	Hungarian /hʌŋˈɡeəriən/
Iceland /ˈaɪslənd/ (Izland)	Icelandic /aɪsˈlændɪk/, an Icelander /ˈaɪsləndə(r)/
India /ˈɪndiə/	Indian /ˈɪndiən/
Indonesia /ˌɪndəˈniːʒə/	Indonesian /ˌɪndəˈniːʒn/
Iran /ɪˈrɑːn/	Iranian /ɪˈreɪniən/
Iraq /ɪˈrɑːk/	Iraqi /ɪˈrɑːki/
Ireland /ˈaɪələnd/	Irish /ˈaɪrɪʃ/, an Irishman /ˈaɪrɪʃmən/, an Irishwoman /ˈaɪrɪʃwʊmən/
Israel /ˈɪzreɪl/	Israeli /ɪzˈreɪli/
Italy /ˈɪtəli/	Italian /ɪˈtæliən/
(the) Ivory Coast /ˌaɪvəri ˈkəʊst/	→ Côte d'Ivoire
Jamaica /dʒəˈmeɪkə/	Jamaican /dʒəˈmeɪkən/
Japan /dʒəˈpæn/	Japanese /ˌdʒæpəˈniːz/
Jordan /ˈdʒɔːdn/	Jordanian /dʒɔːˈdeɪniən/
Kazakhstan /ˌkæzæk ˈstɑːn/	Kazakh /kəˈzæk/
Kenya /ˈkenjə/	Kenyan /ˈkenjən/
Korea, North /ˌnɔːθ kəˈrɪə/	North Korean /ˌnɔːθ kəˈrɪən/
Korea, South /ˌsaʊθ kəˈrɪə/	South Korean /ˌsaʊθ kəˈrɪən/
Kyrgyzstan /ˌkɪəɡɪ ˈstɑːn/	Kyrgyz /ˈkɪəɡɪz/
Kuwait /kʊˈweɪt/	Kuwaiti /kʊˈweɪti/
Laos /laʊs/	Laotian /ˈlaʊʃn/
Latvia /ˈlætviə/ (Lettország)	Latvian /ˈlætviən/
Lebanon /ˈlebənən/	Lebanese /ˌlebəˈniːz/

Hely	Melléknév/Főnév	Hely	Melléknév/Főnév
Lesotho /ləˈsuːtuː/	Sotho /ˈsuːtuː/, egyén: Mosotho /məˈsuːtuː/, nép: Basotho /bəˈsuːtuː/	Norway /ˈnɔːweɪ/	Norwegian /nɔːˈwiːdʒən/
		Oman /əʊˈmɑːn/	Omani /əʊˈmɑːni/
		Pakistan /ˌpɑːkɪˈstɑːn/	Pakistani /ˌpɑːkɪˈstɑːni/
Liberia /laɪˈbɪəriə/	Liberian /laɪˈbɪəriən/	Panama /ˈpænəmɑː/	Panamanian /ˌpænəˈmeɪniən/
Libya /ˈlɪbiə/	Libyan /ˈlɪbiən/	Papua New Guinea /ˌpæpuə ˌnjuː ˈgɪni/	Papuan /ˈpæpuən/
Liechtenstein /ˈlɪktənstaɪn/	Liechtenstein, a Liechtensteiner /ˈlɪktənstaɪnə(r)/	Paraguay /ˈpærəgwaɪ/	Paraguayan /ˌpærəˈgwaɪən/
Lithuania /ˌlɪθjuˈeɪniə/	Lithuanian /ˌlɪθjuˈeɪniən/	Peru /pəˈruː/	Peruvian /pəˈruːviən/
Luxembourg /ˈlʌksəmbɜːg/	Luxembourg, a Luxembourger /ˈlʌksəmbɜːgə(r)/	(the) Philippines /ˈfɪlɪpiːnz/ (Fülöp-szigetek)	Philippine /ˈfɪlɪpiːn/, a Filipino /ˌfɪlɪˈpiːnəʊ/
Madagascar /ˌmædəˈgæskə(r)/	Madagascar /ˌmædəˈgæskən/, a Malagasy /ˌmæləˈgæsi/	Poland /ˈpəʊlənd/ (Lengyelország)	Polish /ˈpəʊlɪʃ/, a Pole /pəʊl/
		Portugal /ˈpɔːtʃʊgl/	Portuguese /ˌpɔːtʃʊˈgiːz/
Malawi /məˈlɑːwi/	Malawian /məˈlɑːwiən/	Qatar /kæˈtɑː(r), ˈkʌtɑ(r)/	Qatari /kæˈtɑːri/
Malaysia /məˈleɪʒə/	Malaysian /məˈleɪziən/	Romania /ruˈmeɪniə/	Romanian /ruˈmeɪniən/
(the) Maldives /ˈmɔːldiːvz/	Maldivian /mɔːlˈdɪviən/	Russia /ˈrʌʃə/ (Oroszország)	Russian /ˈrʌʃn/
Mali /ˈmɑːli/	Malian /ˈmɑːliən/	Rwanda /ruˈændə/	Rwandan /ruˈændən/
Malta /ˈmɔːltə/	Maltese /mɔːlˈtiːz/	Samoa /səˈməʊə/	Samoan /səˈməʊən/
Mauritania /ˌmɒrɪˈteɪniə/	Mauritanian /ˌmɒrɪˈteɪniən/	Saudi Arabia /ˌsaʊdi əˈreɪbiə/	Saudi /ˈsaʊdi/, Saudi Arabian /ˌsaʊdi əˈreɪbiən/
Mauritius /məˈrɪʃəs/	Mauritian /məˈrɪʃn/		
Mexico /ˈmeksɪkəʊ/	Mexican /ˈmeksɪkən/	Scotland /ˈskɒtlənd/	Scottish /ˈskɒtɪʃ/, Scots /skɒts/, a Scot /skɒt/, a Scotsman /ˈskɒtsmən/, a Scotswoman /ˈskɒtswʊmən/
Moldova /mɒlˈdəʊvə/	Moldovian /mɒlˈdəʊvən/		
Mongolia /mɒŋˈgəʊliə/	Mongolian /mɒŋˈgəʊliən/, a Mongol /ˈmɒŋgl/		
Montenegro /ˌmɒntɪˈniːgrəʊ/	Montenegrin /ˌmɒntɪˈniːgrɪn/	Senegal /ˌsenɪˈgɔːl/	Senegalese /ˌsenɪgəˈliːz/
Morocco /məˈrɒkəʊ/	Moroccan /məˈrɒkən/	Serbia /ˈsɜːbiə/	Serbian /ˈsɜːbiən/
Mozambique /ˌməʊzæmˈbiːk/	Mozambican /ˌməʊzæmˈbiːkən/	(the) Seychelles /seɪˈʃelz/	Seychellois /ˌseɪʃelˈwɑː/
Myanmar /miˌænˈmɑː(r)/	→ Burma	Sierra Leone /siˌerə liˈəʊn/	Sierra Leonean /siˌerə liˈəʊniən/
Namibia /nəˈmɪbiə/	Namibian /nəˈmɪbiən/	Singapore /ˌsɪŋəˈpɔː(r)/	Singaporean /ˌsɪŋəˈpɔːriən/
Nauru /ˈnaʊruː/	Nauruan /ˌnaʊˈruːən/	Slovakia /sləʊˈvækiə/	Slovak /ˈsləʊvæk/
Nepal /nɪˈpɔːl/	Nepalese /ˌnepəˈliːz/	Slovenia /sləʊˈviːniə/	Slovene /ˈsləʊviːn/, Slovenian /sləʊˈviːniən/
(the) Netherlands /ˈneðələndz/ (Hollandia)	Dutch /dʌtʃ/, a Dutchman /ˈdʌtʃmən/, a Dutchwoman /ˈdʌtʃwʊmən/		
		(the) Solomon Islands /ˈsɒləmən aɪləndz/	Solomon Islander /ˈsɒləmən aɪləndə(r)/
New Zealand /ˌnjuː ˈziːlənd/	New Zealand, a New Zealander /ˌnjuː ˈziːləndə(r)/	Somalia /səˈmɑːliə/	Somali /səˈmɑːli/
		South Africa /ˌsaʊθ ˈæfrɪkə/	South African /ˌsaʊθ ˈæfrɪkən/
Nicaragua /ˌnɪkəˈrægjuə/	Nicaraguan /ˌnɪkəˈrægjuən/	Spain /speɪn/ (Spanyolország)	Spanish /ˈspænɪʃ/, a Spaniard /ˈspænɪəd/
Niger /ˈnaɪdʒə(r)/	Nigerien /naɪˈdʒɪəriən/	Sri Lanka /sri ˈlæŋkə/	Sri Lankan /sri ˈlæŋkən/
Nigeria /naɪˈdʒɪəriə/	Nigerian /naɪˈdʒɪəriən/	St Lucia /snt ˈluːʃə/	St Lucian /snt ˈluːʃən/
Northern Ireland /ˌnɔːðən ˈaɪələnd/	Northern Irish /ˌnɔːðən ˈaɪrɪʃ/, a Northern Irishman /ˌnɔːðən ˈaɪrɪʃmən/, a Northern Irishwoman /ˌnɔːðən ˈaɪrɪʃwʊmən/	Sudan /suˈdɑːn/	Sudanese /ˌsuːdəˈniːz/
		Suriname /ˌsʊərɪˈnæm/	Surinamese /ˌsʊərɪnəˈmiːz/
		Swaziland /ˈswɑːzilænd/	Swazi /ˈswɑːzi/

Hely	Melléknév/Főnév	Hely	Melléknév/Főnév
Sweden /'swi:dn/	Swedish /'swi:dɪʃ/, a Swede /swi:d/	(the) United Kingdom /ju,naɪtɪd 'kɪŋdəm/	British /'brɪtɪʃ/ a Briton /'brɪtn/
Switzerland /'swɪtsələnd/	Swiss /swɪs/	(the) United States of America /ju,naɪtɪd ,steɪts əv ə'merɪkə/	American /ə'merɪkən/
Syria /'sɪriə/	Syrian /'sɪriən/		
Tajikistan /tæ,dʒi:kɪ'stɑ:n/	Tajik /tæ'dʒi:k/	Uruguay /'juərəgwaɪ/	Uruguayan /,juərə'gwaɪən/
Tanzania /,tænzə'ni:ə/	Tanzanian /,tænzə'ni:ən/	Uzbekistan /ʊz,beki'stɑ:n/	Uzbek /'ʊzbek/
Thailand /'taɪlænd/	Thai /taɪ/	Vanuatu /,vænu'ɑ:tu:/	Vanuatuan /,vænuɑ:'tu:ən/
Tonga /'tɒŋə, 'tɒŋgə/	Tongan /'tɒŋən, 'tɒŋgən/	Venezuela /,venə'zweɪlə/	Venezuelan /,venə'zweɪlən/
Togo /'təʊgəʊ/	Togolese /,təʊgə'li:z/	Vietnam /,vjet'næm/	Vietnamese /,vjetnə'mi:z
Transylvania /,trænsɪl'veɪniə/ (Erdély)	Transylvanian /,trænsɪl'veɪniən/	Wales /weɪlz/	Welsh /welʃ/, a Welshman /'welʃmən/, a Welshwoman /'welʃwʊmən/
Trinidad and Tobago /,trɪnɪdæd ən tə'beɪgəʊ/	Trinidadian /,trɪnɪ'dædiən/, Tobagonian /,təʊbə'gəʊniən/		
Tunisia /tju'nɪziə/	Tunisian /tju'nɪziən/	(the) West Indies /,west 'ɪndiz/ (Karib-szigetek)	West Indian /,west 'ɪndiən/
Turkey /'tɜːki/ (Törökország)	Turkish /'tɜːkɪʃ/, a Turk /tɜːk/	(the)Yemen Republic /,jemən rɪ'pʌblɪk/	Yemeni /'jeməni/
Turkmenistan /tɜːk,meni'stɑ:n/	Turkmen /'tɜːkmen/	Zambia /'zæmbiə/	Zambian /'zæmbiən/
Uganda /ju'gændə/	Ugandan /ju'gændən/	Zimbabwe /zɪm'bɑːbwi/	Zimbabwean /zɪm'bɑːbwiən/
Ukraine /ju'kreɪn/	Ukrainian /ju'kreɪniən/		
(the) United Arab Emirates /ju,naɪtɪd ,ærəb 'emɪrəts/	Emirian /ɪ'mɪəriən/		

A világ nagyobb városai

Amsterdam	/'æmstədæm/	The Hague (Hága)	/ðə 'hɑːg/	New Delhi	/,nju: 'deli/
Athens	/'æθɪnz/	Helsinki	/hel'sɪŋki/	Paris	/'pærɪs/
Bangkok	/bæŋ'kɒk/	Istanbul	/ɪstæn'bʊl/	Prague (Prága)	/prɑːg/
Barcelona	/,bɑːsə'ləʊnə/	Jakarta	/dʒə'kɑːtə/	Rio de Janeiro	/,riəʊ dɪ dʒə'neərəʊ/
Beijing (Peking)	/beɪ'(d)ʒɪŋ/	Jerusalem	/dʒə'ru:sələm/	Rome	/rəʊm/
Beirut	/beɪ'ru:t/	Johannesburg	/dʒəʊ'hænɪsbɜːg/	Saigon	/saɪg'ɒn/
Berlin	/bɜː'lɪn/	Kabul	/'kɑːbʊl/	Seoul	/səʊl/
Brussels	/'brʌslz/	Lagos	/'leɪgɒs/	Stockholm	/'stɒkhəʊm/
Budapest	/'buːdəpest/	Lisbon (Lisszabon)	/'lɪzbən/	St. Petersburg	/,snt 'pi:təzbɜːg/
Buenos Aires	/,bwenəs 'aɪri:z/	Madrid	/mə'drɪd/	Tokyo	/'təʊkɪəʊ/
Cairo	/'kaɪrəʊ/	Mexico City	/,meksɪkəʊ 'sɪti/	Venice (Velence)	/'vənɪs/
Cape Town (Fokváros)	/'keɪp taʊn/	Moscow	/'mɒskəʊ/	Vienna (Bécs)	/vi'enə/
Frankfurt	/'fræŋkfət/	Munich (München)	/'mju:nɪk/	Warsaw	/'wɔːsɔː/
Geneva (Genf)	/dʒə'ni:və/	Nairobi	/naɪ'rəʊbi/	Zurich	/'zʊrɪk/
Hanoi	/hæ'nɔɪ/				

The British Isles

Az Egyesült Királyság (**the United Kingdom**) megyékre (**counties**) és – 1995 januárja óta – bizonyos önálló hatalommal felruházott területi egységekre (**unitary authorities**) van felosztva. Néhány megye és neve változatlan maradt, pl. **Devon** és **Cumbria**. Néhány korábbi megyét kisebb önálló területi egységre osztottak fel. Bár ezeknek a nevét és határait meghatározták, sokan továbbra is a korábbi megye elnevezését használják.

A Brit-szigetek országai és városai

Nagy-Britannia (**Britain** vagy **Great Britain** /ˌɡreɪtˈbrɪtn/) országai Anglia (**England** /ˈɪŋɡlənd/), Skócia (**Scotland** /ˈskɒtlənd/) és Wales (**Wales** /weɪlz/) , de Írország (**Ireland** /ˈaɪələnd/) nem.

A Britain elnevezést gyakran helytelenül használják a korábban **the United Kingdom of Great Britain and Northern Ireland** néven említett államra. Manapság ez a név röviden **the United Kingdom** vagy **UK**.

A Brit-szigetek (**the British Isles**) részei Nagy-Britannia, Írország és számos kisebb sziget. Az Ír Köztársaság (**the Republic of Ireland**, más néven **the Irish Republic**, korábban **Eire** /ˈeərə/) önálló állam, amely az Ír-sziget déli részén helyezkedik el.

A Brit-szigetek bizonyos városaiból származó emberekre használhatunk néhány különleges melléknevet ill. főnevet. Például: egy londoni emberre mondhatjuk, hogy **Londoner** /ˈlʌndənə(r)/, egy dublinire, hogy **Dubliner** /ˈdʌblɪnə(r)/, egy glasgow-ira, hogy **Glaswegian** /ɡlæzˈwiːdʒən/, egy manchesterire, hogy **Mancunian** /mænˈkjuːniən/, egy liverpoolira, hogy **Liverpudlian** /ˌlɪvəˈpʌdliən/. Ha egy londoni a helyi akcentussal beszél, azt mondjuk **Cockney** /ˈkɒkni/. Egy birminghami emberre a közvetlen szó **Brummie** /ˈbrʌmi/.

Aberdeen /ˌæbəˈdiːn/	Cork /kɔːk/	Leeds /liːdz/	Portsmouth /ˈpɔːtsməθ/
Bath /bɑːθ/	Coventry /ˈkɒvəntri/	Leicester /ˈlestə(r)/	Ramsgate /ˈræmzɡeɪt/
Belfast /ˌbelˈfɑːst, ˈbelfɑːst/	Derby /ˈdɑːbi/	Limerick /ˈlɪmərɪk/	Reading /ˈredɪŋ/
Berwick-upon-Tweed /ˌberɪk əpɒn ˈtwiːd/	Douglas /ˈdʌɡləs/	Lincoln /ˈlɪŋkən/	Salisbury /ˈsɔːlzbəri/
	Dover /ˈdəʊvə(r)/	Liverpool /ˈlɪvəpuːl/	Sheffield /ˈʃefiːld/
Birmingham /ˈbɜːmɪŋəm/	Dublin /ˈdʌblɪn/	London /ˈlʌndən/	Shrewsbury /ˈʃrəʊzbəri/
Blackpool /ˈblækpuːl/	Dundee /dʌnˈdiː/	Londonderry /ˈlʌndənderi/	Southampton /saʊˈθæmptən/
Bournemouth /ˈbɔːnməθ/	Durham /ˈdʌrəm/	Luton /ˈluːtn/	St Andrews /ˌsnt ˈændruːz/
Bradford /ˈbrædfəd/	Eastbourne /ˈiːstbɔːn/	Manchester /ˈmæntʃɪstə(r)/	
Brighton /ˈbraɪtn/	Edinburgh /ˈedɪnb(ə)rə/		St David's /ˌsnt ˈdeɪvɪdz/
Bristol /ˈbrɪstl/	Ely /ˈiːli/	Middlesbrough /ˈmɪdlzbrə/	Stirling /ˈstɜːlɪŋ/
Caernarfon /kəˈnɑːvn/	Exeter /ˈeksɪtə(r)/	Newcastle upon Tyne /ˌnjuːkɑːsl əpɒn ˈtaɪn/	Stoke(-on-Trent) /ˌstəʊk ɒnˈtrent/
Cambridge /ˈkeɪmbrɪdʒ/	Galway /ˈɡɔːlweɪ/		
	Glasgow /ˈɡlɑːzɡəʊ/	Northampton /nɔːˈθhæmptən/	Stratford(-upon-Avon) /ˌstrætfəd əpɒn ˈeɪvn/
Canterbury /ˈkæntəbəri/	Gloucester /ˈɡlɒstə(r)/	Norwich /ˈnɒrɪdʒ/	
Cardiff /ˈkɑːdɪf/	Hastings /ˈheɪstɪŋz/	Nottingham /ˈnɒtɪŋəm/	Swansea /ˈswɒnzi/
Carlisle /kɑːˈlaɪl/	Hereford /ˈherɪfəd/	Oxford /ˈɒksfəd/	Taunton /ˈtɔːntən/
Chester /ˈtʃestə(r)/	Holyhead /ˈhɒlihed/	Plymouth /ˈplɪməθ/	Warwick /ˈwɒrɪk/
Colchester /ˈkəʊltʃestə(r)/	Inverness /ˌɪnvəˈnes/	Poole /puːl/	Worcester /ˈwʊstə(r)/
	Ipswich /ˈɪpswɪtʃ/		York /jɔːk/
	Keswick /ˈkezɪk/		
	Kingston (upon Hull) /ˌkɪŋstən əpɒn ˈhʌl/		

The United States and Canada

international boundary
national boundary
capital city
city or town
river
lake
mountain
land over 200 metres above sea level

0   50   100 km

Shetland Islands

SCOTLAND

Outer Hebrides

The Minch

Orkney Islands

John o'Groats

Inner Hebrides

Skye

NORTHWEST HIGHLANDS

Inverness

Spey

Aberdeen

Dee

Atlantic Ocean

▲1344m Ben Nevis

GRAMPIAN MOUNTAINS

Tiree
Coll

Jura

Loch Lomond

Dundee

Forth

St Andrews

Firth of Forth

Stirling

Glasgow

Edinburgh

NORTHERN IRELAND

Islay

Firth of Clyde

Clyde

SOUTHERN UPLANDS

Berwick-upon-Tweed

Tweed

Londonderry

ANTRIM MOUNTAINS

CHEVIOT HILLS

Donegal Bay

Lough Neagh

Belfast

Solway Firth

Carlisle

Tyne

Newcastle upon Tyne

North Sea

Lough Conn

ISLE OF MAN

652m Slieve Donard

LAKE DISTRICT

Keswick

978m Scafell Pike

Durham

Tees

Middlesbrough

NORTH YORK MOORS

Lough Mask

Lough Corrib

Douglas

PENNINES

Lough Ree

Shannon

Boyne

Liffey

Dublin

Irish Sea

Blackpool

Leeds

Aire

York

Kingston upon Hull

Galway

WICKLOW MOUNTAINS

Anglesey

Holyhead

Liverpool

Mersey

Manchester

Sheffield

Galway Bay

Barrow

Caernarfon

1085m Snowdon

CAMBRIAN MOUNTAINS

Chester

Stoke-on-Trent

Derby

Lincoln

Lough Derg

Limerick

Dee

Shrewsbury

Nottingham

Trent

The Wash

Wensum

Norwich

Blackwater

WALES

Birmingham

Leicester

Coventry

Warwick

Great Ouse

Ely

Cambridge

Ipswich

1041m Carrauntoohill

Cork

Worcester

Wye

Stratford

Hereford

THE FENS

REPUBLIC OF IRELAND

Avon

BRECON BEACONS

Gloucester

COTSWOLD HILLS

Oxford

Luton

Colchester

Swansea

Cardiff

Bristol

Bath

Thames

Reading

London

Thames Estuary

Ramsgate

Saint George's Channel

Bristol Channel

SALISBURY PLAIN

Salisbury

NORTH DOWNS

Canterbury

Dover

EXMOOR

Taunton

Southampton

SOUTH DOWNS

Hastings

Strait of Dover

Exeter

Bournemouth

Poole

Portsmouth

Brighton

Eastbourne

DARTMOOR

Plymouth

Isle of Wight

Isles of Scilly

Land's End

English Channel

ENGLAND

The United States and Canada

The states of the United States of America

Alabama /ˌæləˈbæmə/
Alaska /əˈlæskə/
Arizona /ˌærɪˈzəʊnə/
Arkansas /ˈɑːkənsɔː/
California /ˌkælɪˈfɔːniə/
Colorado /ˌkɒləˈrɑːdəʊ/
Connecticut /kəˈnetɪkət/
Delaware /ˈdeləweə(r)/
Florida /ˈflɒrɪdə/
Georgia /ˈdʒɔːdʒə/
Hawaii /həˈwaɪi/
Idaho /ˈaɪdəhəʊ/
Illinois /ˌɪləˈnɔɪ/
Indiana /ˌɪndiˈænə/
Iowa /ˈaɪəwə/
Kansas /ˈkænzəs, kænsəs/
Kentucky /kenˈtʌki/
Louisiana /luˌiːziˈænə/
Maine /meɪn/
Maryland /ˈmeərilənd/

Massachusetts /ˌmæsəˈtʃuːsɪts/
Michigan /ˈmɪʃɪɡən/
Minnesota /ˌmɪnɪˈsəʊtə/
Mississippi /ˌmɪsɪˈsɪpi/
Missouri /mɪˈzʊəri/
Montana /mɒnˈtænə/
Nebraska /nəˈbræskə/
Nevada /nəˈvɑːdə/
New Hampshire /ˌnjuː ˈhæmpʃə(r)/
New Jersey /ˌnjuː ˈdʒɜːzi/
New Mexico /ˌnjuː ˈmeksɪkəʊ/
New York /ˌnjuː ˈjɔːk/
North Carolina /ˌnɔːθ kærəˈlaɪnə/
North Dakota /ˌnɔːθ dəˈkəʊtə/
Ohio /əʊˈhaɪəʊ/

Oklahoma /ˌəʊkləˈhəʊmə/
Oregon /ˈɒrɪɡən/
Pennsylvania /ˌpenslˈveɪniə/
Rhode Island /ˌrəʊd ˈaɪlənd/
South Carolina /ˌsaʊθ kærəˈlaɪnə/
South Dakota /ˌsaʊθ dəˈkəʊtə/
Tennessee /ˌtenəˈsiː/
Texas /ˈteksəs/
Utah /ˈjuːtɑː/
Vermont /vəˈmɒnt/
Virginia /vəˈdʒɪniə/
Washington /ˈwɒʃɪŋtən/
West Virginia /ˌwest vəˈdʒɪniə/
Wisconsin /wɪsˈkɒnsɪn/
Wyoming /waɪˈəʊmɪŋ/

The provinces and territories of Canada

Alberta /ælˈbɜːtə/
British Columbia /ˌbrɪtɪʃ kəˈlʌmbiə/
Manitoba /ˌmænɪˈtəʊbə/
New Brunswick /ˌnjuː ˈbrʌnzwɪk/
Newfoundland /ˈnjuːfəndlənd/

Northwest Territories /ˌnɔːθwest ˈterətriz/
Nova Scotia /ˌnəʊvə ˈskəʊʃə/
Nunavut /ˈnʊnəvʊt/
Ontario /ɒnˈteəriəʊ/
Prince Edward Island /ˌprɪns ˈedwəd aɪlənd/

Quebec /kwɪˈbek/
Saskatchewan /səˈskætʃəwən/
Yukon Territory /ˈjuːkɒn terətri/

Towns and cities

Atlanta /ətˈlæntə/
Anchorage /ˈæŋkərɪdʒ/
Baltimore /ˈbɔːltɪmɔː(r)/
Boston /ˈbɒstən/
Chicago /ʃɪˈkɑːgəʊ/
Cincinnati /ˌsɪnsɪˈnæti/
Cleveland /ˈkliːvlənd/
Dallas /ˈdæləs/
Denver /ˈdenvə(r)/
Detroit /dɪˈtrɔɪt/
Honolulu /ˌhɒnəˈluːluː/
Houston /ˈhjuːstən/
Indianapolis /ˌɪndiəˈnæpəlɪs/

Kansas City /ˌkænzəs ˈsɪti/
Los Angeles /ˌlɒs ˈændʒəliːz/
Miami /maɪˈæmi/
Milwaukee /mɪlˈwɔːki/
Minneapolis /ˌmɪniˈæpəlɪs/
Montréal /ˌmɒntriˈɔːl/
New Orleans /ˌnjuː ɔːˈliːənz/
New York /ˌnjuː ˈjɔːk/
Ottawa /ˈɒtəwə/
Philadelphia /ˌfɪləˈdelfiə/
Pittsburgh /ˈpɪtsbɜːg/

Québec /kwɪˈbek/
San Diego /ˌsæn diˈeɪgəʊ/
San Francisco /ˌsæn frənˈsɪskəʊ/
Seattle /siˈætl/
St Louis /snt ˈluːɪs/
Toronto /təˈrɒntəʊ/
Vancouver /vænˈkuːvə(r)/
Washington D.C. /ˈwɒʃɪŋtən diː ˈsiː/
Winnipeg /ˈwɪnɪpeg/

Arctic Ocean

ALASKA

6194m ▲ Mt. McKinley

ALASKA

Anchorage

YUKON TERRITORY

NORTHWEST TERRITORIES

NUNAVUT

BRITISH COLUMBIA

C A N A D A

ALBERTA

4042m ▲ Mt. Waddington

Vancouver

Seattle

Mt. Rainier ▲4392m

WASHINGTON

OREGON

▲16m Shasta

NEVADA

San Francisco

4418m ▲ Mt. Whitney

UTAH

CALIFORNIA

Angeles

San Diego

ARIZONA

NEW MEXICO

SASKATCHEWAN

MANITOBA

Winnipeg

ONTARIO

Hudson Bay

QUÉBEC

NEWFOUNDLAND

MONTANA

NORTH DAKOTA

SOUTH DAKOTA

WYOMING

IDAHO

U N I T E D

NEBRASKA

4399m ▲ Mt. Elbert

COLORADO

Denver

KANSAS

S T A T E S

MINNESOTA

Minneapolis

WISCONSIN

Milwaukee

IOWA

Chicago

ILLINOIS

Kansas City

St. Louis

MISSOURI

OKLAHOMA

ARKANSAS

TEXAS

Dallas

Houston

LOUISIANA

New Orleans

MICHIGAN

Detroit

Indianapolis

INDIANA

OHIO

Cincinnati

KENTUCKY

TENNESSEE

MISSISSIPPI

ALABAMA

GEORGIA

Atlanta

Cleveland

Pittsburgh

PENN.

W. VIRGINIA

VIRGINIA

NORTH CAROLINA

SOUTH CAROLINA

FLORIDA

Miami

Québec

Montréal

Ottawa

Toronto

NEW YORK

Boston

New York

Philadelphia

Baltimore

Washington

NEW BRUNSWICK

PRINCE EDWARD

MAINE

NEW HAMPSHIRE

VERMONT

MASSACHUSETTS

CONN.

DELAWARE

MARYLAND

NOVA SCOTIA

Atlantic Ocean

Pacific Ocean

Gulf of Mexico

Caribbean Sea

HAWAII

Honolulu

250 km

1000 km

- - - international boundary
—— internal boundary
■ capital city
• city or town

⬭ lake
▲ mountain
land over 1500 metres above sea level

500   1000 km

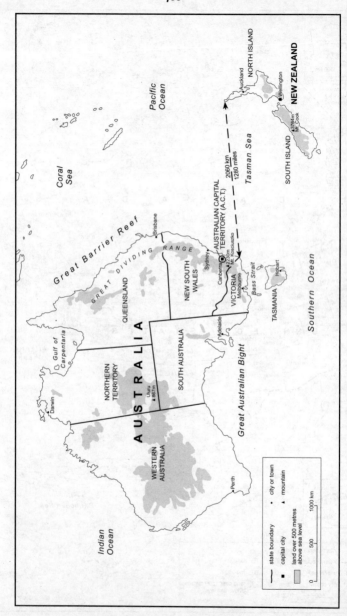

Pacific Ocean

NORTH ISLAND

NEW ZEALAND

Auckland

Wellington

SOUTH ISLAND

▲3764m
Mt Cook

Tasman Sea

Coral Sea

Great Barrier Reef

2060 km
1280 miles

Brisbane

GREAT DIVIDING RANGE

QUEENSLAND

AUSTRALIAN CAPITAL
TERRITORY (A.C.T.)

NEW SOUTH
WALES

Canberra
Sydney
▲2228m
Mt Kosciuszko

VICTORIA
Melbourne

Bass Strait

TASMANIA

Hobart

Gulf of
Carpentaria

A U S T R A L I A

SOUTH AUSTRALIA

Adelaide

Great Australian Bight

Southern Ocean

Darwin

NORTHERN
TERRITORY

Uluru
▲ 867m

WESTERN
AUSTRALIA

Perth

Indian
Ocean

state boundary

■ capital city

• city or town

▲ mountain

land over 500 metres
above sea level

0   500   1000 km

Australia and New Zealand

The states and territories of Australia

Australian Capital Territory
/ˌɒˌstreɪliən kæpɪtl ˈterətri/
New South Wales /ˌnjuː saʊθ ˈweɪlz/
Northern Territory /ˌnɔːðən ˈterətri/
Queensland /ˈkwiːnzlənd/

South Australia /ˌsaʊθ ɒˈstreɪliə/
Tasmania /tæzˈmeɪniə/
Victoria /vɪkˈtɔːriə/
Western Australia /ˌwestən ɒˈstreɪliə/

Cities of Australia and New Zealand

Adelaide /ˈædəleɪd/
Auckland /ˈɔːklənd/
Brisbane /ˈbrɪzbən/
Canberra /ˈkænbərə/

Darwin /ˈdɑːwɪn/
Hobart /ˈhəʊbɑːt/
Melbourne /ˈmelbən/
Perth /pɜːθ/

Sydney /ˈsɪdni/
Wellington /ˈwelɪŋtən/

Kiejtés

Ha egy szónak két kiejtése szerepel, mindkettő elfogadható. Az elsőt tekintjük gyakoribbnak.

/-/ Kötőjelet használunk a kiejtés egy másik változatában, ha a kiejtésnek csak egy része változik. A kötőjel helyettesíti azt a részt, amelyik nem változik.

accent /'æksent: -sənt/

/'/ Ez a jel azt mutatja, hogy az utána álló szótag hangsúlyosabb, mint a többi. Például az **any** /'eni/ szóban az első, a **depend** /dɪ'pend/ szóban a második szótag hangsúlyos.

/,/ Ez a jel azt mutatja, hogy az utána álló szótag szintén hangsúlyos, de nem annyira, mint az, amelyik előtt a /'/ jel áll. Így a **pronunciation** /prə,nʌnsi'eɪʃn/ szóban a főhangsúly az /'eɪʃn/ szótagra esik, és a /,nʌn/ szótag másodlagos hangsúlyt kap.

Erős és gyenge alakok

Néhány nagyon gyakori szónak, mint például az **an, as, that, of** két vagy több kiejtése is van: egy erős és egy gyenge alak. Beszédben a gyenge alak a gyakoribb. Például a from kiejtése /frəm/ a *He comes **from** Spain* mondatban. Az erős alakot használjuk, ha a szó a mondat végén áll vagy különleges hangsúlyt kap. Például a from kiejtése /frɒm/ a *Where are you **from?*** és a *The present's not **from** John - it's **for** him* mondatokban.

A képzett és összetett szavak kiejtése

Sok képzett szót kapunk végződés hozzáadásával. A végződést a szó részeként ejtjük. Például a **slowly** /'sləʊli/ szóban a -**ly** /-li/ végződést együtt ejtjük a **slow** /sləʊ/ szóval.

A szótár feltünteti a fonetikai átírást, ha a képzett szó kiejtése kétséges. Kötőjel helyettesíti azt a részt, amelynek a kiejtése változatlan.

accidental /,æksɪ'dentl/; *accidentally* /-təli/

Az összetett szavaknál (ha két vagy több szóból áll) az egyes szavak kiejtése nem szerepel. A szótár jelzi a hangsúlyokat: /'/ és /,/. Az '**air steward** összetett szóban az első szó hangsúlyos, az ,**air ,traffic con'troller** összetett szóban másodlagos hangsúlyt kap az **air** és a **traffic** szó első szótagja, a főhangsúly a **controller** második szótagjára esik.